lex:tra

Hamblock / Wessels

Wörterbuch Wirtschaftsenglisch

lex:tra

Dieter Hamblock / Dieter Wessels

Wörterbuch **Wirtschaftsenglisch**

Deutsch | Englisch
Englisch | Deutsch

7., erweiterte und
aktualisierte Auflage

Cornelsen

Verlagsredaktion: Christine Schlagmann
Umschlaggestaltung: Cornelsen Verlag Design
Layout und technische Umsetzung: Text & Form, Karon / Düsseldorf

Informationen über Cornelsen Fachbücher und Zusatzangebote:
www.cornelsen.de/berufskompetenz

7. Auflage

Druck: Druckhaus Thomas Müntzer, Bad Langensalza

ISBN 978-3-589-24054-8

Inhalt gedruckt auf säurefreiem Papier aus nachhaltiger Forstwirtschaft.

Vorwort

Seit Erscheinen der 6. Auflage des *Wörterbuchs Wirtschaftsenglisch* vor nunmehr sechs Jahren haben sich sowohl die deutsche wie auch die englische Sprache erkennbar gewandelt. Von dieser Entwicklung ist besonders auch die Wirtschaftssprache betroffen. Neue Wörter und Wendungen sind in großer Zahl hinzugekommen, anderes ist in den Hintergrund getreten. Darin wird eine Veränderung sprachlich erkennbar, deren Zeuge wir tagtäglich im Alltags- und Berufsleben sind. Mit der Globalisierung und dem durch die elektronischen Medien bedingten Wandel in der Kommunikation seien nur zwei Aspekte genannt.

Dieser Entwicklung haben die Verfasser bei der Überarbeitung und Ergänzung des *Wörterbuchs Wirtschaftsenglisch* in maßvoller Weise Rechnung getragen. Eine umfassende Abbildung dieser Veränderungen verbietet sich jedoch, zum einen weil ein kompaktes Wörterbuch wie dieses die überaus zahlreichen innovativen Aspekte des Wirtschaftslebens nicht in allen Details abbilden kann, zum anderen weil manche der Neuschöpfungen sich noch nicht so weit verfestigt haben, dass eine Berücksichtigung zum jetzigen Zeitpunkt gerechtfertigt wäre.

Darüber hinaus haben die Verfasser die Möglichkeit genutzt, einzelne Einträge noch klarer zu gliedern und die Bedeutungsvarianten sichtbarer zu machen. Das bewährte Modell der Anordnung der Einträge wurde natürlich bewahrt.

Die Verfasser hoffen, dass die Benutzer die Auswahl der hier angebotenen Einträge und zielsprachlichen Lösungen bei ihrer täglichen Arbeit als hilfreich empfinden. Dort, wo dieses Wörterbuch nicht ausreicht, wird auf das *Großwörterbuch Wirtschaftsenglisch* sowie die anderen Spezialwörterbücher des Verlags verwiesen. Natürlich freuen sich die Verfasser über Anregungen und Kritik seitens der Benutzer und nehmen solche bei der nächsten Bearbeitung gern auf.

Bochum, im Mai 2008

Dieter Hamblock
Dieter Wessels

Preface

Since the publication of the sixth edition of the *Wörterbuch Wirtschaftsenglisch* six years ago there have been significant changes in both the English and the German language. The language of business has been particularly affected by this development. A considerable number of new words and phrases have been added, others have become less relevant. All this is linguistic evidence of the manifold changes we witness everyday in our daily life and in our work. Globalisation and the changes in communication resulting from the use of electronic media are just two such areas of considerable linguistic development.

In their revision work for the current edition of the *Wörterbuch Wirtschaftsenglisch* the compilers have taken these developments into account, albeit in moderation. There are two reasons for this: a compact dictionary of this size cannot possibly cover all the numerous changes in today's business world in detail. Furthermore, some of the new coinages have not become fully established yet; so their inclusion cannot be justified at this stage.

The compilers have used the possibility offered by this revised edition to improve the structure of some entries even further and to indicate semantic differences even more clearly while at the same time maintaining the well-proven arrangement of the entries.

It is hoped that the user will find the selection of target language solutions helpful in their daily work with the language. In fields where this dictionary does not seem quite adequate the user is referred to the *Großwörterbuch Wirtschaftsenglisch* or to the other special dictionaries available from *Cornelsen Verlag*. The compilers would be pleased to have comments, suggestions and/or criticism from dictionary users and will consider them for the next edition.

Bochum, May 2008

Dieter Hamblock
Dieter Wessels

Erläuterungen für den Benutzer

Anordnung
Die Stichwörter sind streng nach dem Alphabet angeordnet. Dabei gilt das Hierarchieprinzip Nomen, Verb, Adjektiv, Adverb, Präposition, Konjunktion.

Für das Stichwort gilt folgende Anordnung:
1. Nomen: **Bank** *f*
2. Präposition + Nomen: **auf der Bank**
3. Nomen + präpositionale Verbindungen: **Bank der Länder**
4. Wendungen: **durch eine Bank gesichert**
5. Kollokation Nomen + Verb: **zur Bank gehen**
6. Kollokation Adjektiv + Nomen: **ausstellende Bank**
7. Komposita: **Bankadresse.**

(Die Anordnung im englisch-deutschen Teil erfolgt analog wie hier an den deutschen Beispielen erläutert.)

Stichwort
Jedes Stichwort ist beim Ersteintrag grammatisch definiert nach Wortart (Adjektiv, Adverb, Präposition, Konjunktion) bzw. Genus (Nomen) bzw. nach den Kategorien transitiv, intransitiv, reflexiv, präpositional (Verb). Das Stichwort wird im Weiteren durch den Anfangsbuchstaben abgekürzt (ausstellende B.). Bei Komposita wird der Stichwortbestandteil durch einen senkrechten Strich angezeigt (Bank|adresse).

Bedeutungsunterschiede
Die Lösungen in der Zielsprache sind nach Bedeutung geordnet und in diesem Fall durch Semikolon getrennt. Vielfach erfolgt eine Zuordnung des Verwendungsbereichs durch ein Symbol (vgl. nachfolgende Aufstellung) oder durch einen Verweis in Kursivschrift in runder Klammer.

Zeichen

~ Die Tilde vertritt ein Wort oder eine Wortgruppe.

↘ Dieses Verweiszeichen „Pfeil" verweist auf ein Stichwort mit denselben zielsprachlichen Lösungen, die nur an einer Stelle aufgenommen sind.

\- Der Bindestrich beim Ersteintrag einer Kompositagruppe beschließt einen in der deutschen Sprache unvollständigen Eintrag, dem im Englischen in der Regel adjektivische Lösungen entsprechen.

( ) Runde Klammern mit Text in Kursivschrift kennzeichnen den Verwendungsbereich einer Lösung und auch – mit entsprechenden Abkürzungen – die Sprachebene des Stichworts oder der Lösung.

[ ] Eckige Klammern mit einer Länderabkürzung geben die Herkunft eines Worts an (Ausnahmen: (lat./frz.)).

/ Der Schrägstrich dient der Zusammenfassung von Lösungsalternativen und auch zur Aufzählung mehrerer Verwendungsbereiche von Stichwörtern oder deren Lösungen.

Orthografie und Trennungen
Für die Orthografie und Trennung der englischen Einträge war die Schreibweise in *Collins Dictionary of the English Language* maßgebend. In wenigen ausgewählten Fällen wurde neben der britischen auch die amerikanische Schreibweise angeführt.

Verzeichnis der Symbole

Baukunst/architecture
Bergbau/mining
Biologie/biology
Chemie/chemistry
Druck/printing
EDV/EDP
Eisenbahn/railway
Elektrotechnik/electrical engineering
Flugwesen/aviation
Forstwirtschaft/forestry
Handwerk; Technik/handicraft; engineering
Hüttenwesen/metallurgy
Industrie/industry
Kraftfahrzeugwesen/automobile engineering
Landwirtschaft/agriculture
Lärm/noise
π Mathematik/mathematics
Medizin/medicine
Meteorologie/meteorology
militärisch/military term
Nukleartechnik/nuclear technology
Öl; Gas/oil; gas
Postwesen/postal affairs
§ Rechtswissenschaft/law
Schifffahrt/nautical term
Statistik/statistics
Telekommunikation/telecommunications
Theater/theatre
TM Warenzeichen/trademark
Wasserwirtschaft/water industry
Zoll/customs

Verzeichnis der Abkürzungen

A	Österreich/Austria
adj	Adjektiv/adjective
adv	Adverb/adverb
abbr.	Abkürzung/abbreviation
AG	Aktiengesellschaft/stock corporation
AUS	Australien/Australia
BWL	Betriebswirtschaftslehre/business administration
CAN	Kanada/Canada
CH	Schweiz/Switzerland
conj	Konjunktion/conjunction
coll	umgangssprachlich/colloquial
D	Deutschland/Germany
DDR	Deutsche Demokratische Republik/German Democratic Republic
d.h.	das heißt/that is
e.g.	zum Beispiel/for example
E	Spanien/Spain
etc.	usw./and others
etw.	etwas/something
EU	Europäische Union/European Union
EWS	Europäisches Währungssystem/European Monetary System
f	Femininum/feminine
fig	bildlich/figuratively
frz.	französisch/French
GB	Großbritannien/Great Britain
GmbH	Gesellschaft mit beschränkter Haftung/private limited company
HV	Hauptversammlung/general meeting
I	Italien/Italy
i.e.	das heißt/that is
interj	Ausruf/interjection
IRL	Irland/Eire
IWF	Internationaler Währungsfonds/International Monetary Fund
jdm	jemandem/someone
jdn	jemanden/someone
jds	jemandes/someone's
lat.	lateinisch/Latin
Lit.	Literatur/literature
m	Maskulinum/masculine
Mus.	Musik/music
n	Nomen/noun
NL	Niederlande/Netherlands
nt	Neutrum/neuter
obs.	veraltet/obsolete
OHG	Offene Handelsgesellschaft/general partnership
os.	sich/oneself
OR	Operations Research
Pat.	Patent/patent
pej.	pejorativ/pejorative
pl	Plural/plural
prep	Präposition/preposition
prov.	Sprichwort/proverb
Scot.	Schottland/Scotland
sl	slang
so.	jemand/someone
sth.	etwas/something
UN	Vereinte Nationen/United Nations
US	Vereinigte Staaten/United States
v/i	intransitives Verb/intransitive verb
v/prep	präpositionales Verb/prepositional verb
v/refl	reflexives Verb/reflexive verb
v/t	transitives Verb/transitive verb
Vers.	Versicherungswesen/insurance
VWL	Volkswirtschaftslehre/economics
z.B.	zum Beispiel/for instance

Deutsch – Englisch

A

ab *prep* *(Versandort)* ex
abänder|n *v/t* 1. to alter/modify; 2. *(Text)* to revise; 3. *(Gesetz)* to amend; **A.ung** *f* 1. alteration, modification; 2. revision; 3. amendment
Abbau *m* 1. *(Personal/Schulden)* cut(back), reduction; 2. ⚒ mining, extraction, quarrying; 3. *(Lager)* rundown; 4. *(Kontrolle)* removal; **A. von Arbeitsplätzen** job cuts; **~ Handelsschranken** removal of trade barriers; **~ Lagerbeständen/Vorräten** destocking, inventory rundown; **~ Zwangsbewirtschaftung** deregulation
biologisch abbaubar *adj* biodegradable; **wirtschaftlich a.** ⚒ commercially exploitable
abbauen *v/t* 1. *(Betrieb)* to run down; 2. ⚒ to mine/extract; 3. *(Personal)* to reduce/cut/shed; **schrittweise a.** to phase out
Abbau|konzession; A.recht *f/nt* ⚒ mining concession/right; **A.wirtschaft** *f* extractive industry; **a.würdig** *adj* exploitable, min(e)able
(vertraglich) abbedingen *v/t* to contract out
abbestel|len *v/t* to cancel/countermand; **A.lung** *f* cancellation
abbezahlen *v/t* to pay off
abbröckeln *v/i* *(Börse/Preise)* to drift lower, to ease
Abbruch *m* 1. *(Beziehungen)* severance; 2. 🏛 demolition; 3. *(Verhandlungen)* breakdown; **A.anordnung; A.verfügung** *f* demolition order; **a.reif** *adj* derelict, dilapidated; **A.unternehmer** *m* demolition contractor; **A.wert** *m* break-up value
abbuchen *v/t* to debit
Abbuchung *f* *(Konto)* debit (entry); **automatische A.(en)** direct debit(ing); **A.sbeleg** *m* debit slip; **A.sermächtigung** *f* direct debit mandate; **A.skarte** *f* debit card; **A.sverfahren** *nt* direct debiting
abdeck|en *v/t* 1. *(Kredit)* to cover; 2. *(Börse)* to hedge; **A.ung** *f* 1. coverage; 2. hedging
Abdruck *m* ✂ (re)print, copy; **a.en** *v/t* to (re)print; **A.erlaubnis** *f* copyright
Aber|depot; A.konto *nt* fungible security/securities account
aberken|nen *v/t* to disqualify/disallow; **A.nung** *f* disqualification; **~ der Rechtsfähigkeit** incapacitation
abernten *v/t* 🚜 to harvest/lift (the crop)
ab|fahren *v/i* 1. to depart; 2. ⚓ to sail; **A.fahrhafen** *m* port of departure/embarkation; **A.fahrt** *f* 1. departure; 2. ⚓ sailing; **A.fahrtszeit** *f* 1. time of departure; 2. ⚓ sailing time; **tatsächliche A.fahrtszeit** actual time of departure (atd); **voraussichtliche A.fahrtszeit** expected time of departure (etd)
Abfall *m* 1. waste, refuse, trash *[US]*, garbage *[US]*; 2. 🏭 reject(s); 3. *(Bodenaushub)* spoil; **Abfälle behandeln** to treat waste; **~ beseitigen** to dispose of waste; **~ verwerten** to recycle waste
Abfall|behandlung *f* waste treatment; **A.berater** *m* waste disposal consultant; **A.beseitigung** *f* waste disposal; **A.beseitigungsanlage** *f* waste disposal facility; **A.erzeugnis; A.produkt** *nt* waste product, by-product; **A.material** *nt* 1. waste material; 2. *(Aushub)* spoil; 3. *(Metall)* scrap; **A.stoff** *m* waste, refuse; **A.stück** *nt* reject; **A.vermeidung** *f* waste avoidance; **A.verwertung** *f* recycling; **A.wirtschaft** *f* recycling industry
abfassen *v/t* to draw up, to draft
ab|fertigen *v/t* 1. to handle; 2. *(Kunden)* to serve; 3. ⊖ to clear
Abfertigung *f* 1. *(Ware)* dispatch, forwarding; 2. *(Passagiere)* check-in; 3. *(Gepäck)* handling; 4. ⊖ clearance
Abfertigungs|agent; A.spediteur *m* clearing/dispatch agent; **A.bescheinigung** *f* clearance certificate; **A.gebühr** *f* handling charge; **A.hafen** *m* port of clearance; **A.schalter** *m* check-in desk; **A.zeit** *f* 1. check-in time; 2. ⚓ turn(a)round time
abfinden *v/t* 1. to pay off, to indemnify/compensate; 2. *(Gläubiger)* to satisfy
Abfindung *f* 1. compensation, indemnity; 2. *(Entlassung)* redundancy/severance/termination pay(ment)
Abfindungs|anspruch; A.forderung *m/f* redundancy/severance claim; **A.entschädigung** *f* compensatory payment; **A.kosten** *pl* redundancy/severance costs; **A.leistung; A.summe** *f* redundancy pay(ment); **A.zahlung** *f* severance/redundancy/termination payment

A

abfla|chen *v/refl* 1. to level off; 2. *(auf unterem Niveau)* to bottom out; **A.chung** *f* 1. levelling-off; 2. bottoming out
abflauen *v/i* 1. to ease (off); 2. *(Nachfrage)* to level off
Abflug *m* ✈ departure, takeoff; **A.gewicht** *nt* takeoff weight; **A.hafen** *m* airport of departure; **frei A.hafen** free/fob ... airport; **A.halle** *f* departure lounge, **A.-karte** *f* boarding card; **A.zeit** *f* departure time
Abfluss *m* outflow, drain; **A. von Barmitteln; A. liquider Mittel** cash drain
Abfolge *f* sequence
abfors|ten *v/t* ♣ to deforest; **A.tung** *f* deforestation
Abfrage *f* 🖳 inquiry; **A.einrichtung** *f* inquiry feature; **A.möglichkeit** *f* inquiry facility
abfragen *v/t* 🖳 to inquire; **zyklisch a.** to poll
Ab|fuhr *f* *(Spedition)* cartage; **a.führen** 1. *(Geld)* to pay over, to remit; 2. *(überweisen)* to remit/transfer **A.fuhrlohn** *m* cartage; **A.führung** *f* 1. *(Geld)* payment; 2. *(Überweisung)* remittance, (bank) transfer
Abgabe *f* 1. *(Steuer)* tax, duty; 2. *(Umlage)* levy; 3. *(Gebühr)* charge; 4. *(Verkauf)* sale; **A. eines Angebots** 1. submission of an offer; 2. *(Ausschreibung)* tendering; **A. einer Steuererklärung** tax return
frei von Abgaben tax-free, duty-free
gesetzliche Abgaben statutory duties/levies; **öffentliche A.n** public dues/charges
Abgabe|druck *m* *(Börse)* selling pressure; **A.frist** *f* deadline; **A.kurs** *m (Börse)* selling price; **A.nbefreiung** *f* tax exemption; **a.nfrei** *adj* tax-exempt, duty-free, zero-rated; **A.nlast** *f* tax burden; **a.npflichtig** *adj* taxable, dutiable; **A.preis** *m* selling price; **A.termin** *m* due date, deadline
Abgang *m* 1. outflow; 2. *(Bilanz)* (asset) disposal; 3. *(Warenversand)* dispatch; **natürlicher A.** *(Personal)* natural wastage, attrition
Abgänge *pl* 1. *(Börse)* disposals; 2. *(Personal)* leavers
Abgangs|bahnhof *m* departure station; **A.datum** *nt* date of dispatch; **A.flughafen** *m* airport of departure; **A.hafen** *m* port of departure; **A.stelle** *f* point of dispatch; **A.tabelle** *f (Vers.)* mortality table; **A.zeugnis** *nt* school-leaving certificate; **A.zollstelle** *f* ⊖ outgoing goods customs office
Abgas *nt* exhaust/waste gas
abgeben *v/t* 1. to deliver/surrender, to hand in; 2. *(Verkauf)* to sell; **kostenlos a.** to give away free (of charge)
Abgeld *nt* discount
abgel|ten *v/t* to discharge/reimburse/compensate; **A.tung** *f* discharge, reimbursement, compensation; **A. von Leistungen** payment for services rendered; **~ Schäden** compensation for damage; **pauschale A.** lump sum payment/settlement
abgenutzt *adj* worn (out)
abgeordnet von *adj* on secondment from
abge|packt *adj* (pre)packed, packaged; **a.schlossen** *adj* 1. finished, completed; 2. locked; 3. *(Lage)* secluded; **a.schrieben** *adj* written off
abgestimmt *adj* 1. concerted; 2. *(Konto)* reconciled; **schlecht a.** *(Zeit)* ill-timed
Abgleich *m* check; **a.en** *v/t* to 1. match/balance; 2. 🖳 to collate; **A.ung** *f* 1. adjustment; 2. collation; **~ von Konten** reconciliation/squaring of accounts
abgrenzen *nt* 1. to demarcate; 2. *(Bilanz)* to defer/adjust
Abgrenzung *f* 1. demarcation; 2. *(Bilanz)* accruals and deferrals
Abrenzungs|kosten *pl* accruals and deferrals; **A.posten** *mpl* 1. adjusting item; 2. *(aktiv)* deferred charges; 3. *(passiv)* deferred income; **A.rechnung** *f* statement of accruals and deferrals
abgruppieren *v/t* *(Personal)* to downgrade/delayer
abhaken *v/t* to tick (off)
abhängen von *v/i* to depend on, to be subject to
Abhängigkeit *f* dependence; **A.sbericht** *m* dependent company report; **A.sprüfung** *f* dependence audit; **A.sverhältnis** *nt* dependency
Abhebegebühr *f* *(Geld)* withdrawal charge
abheben *v/ti* 1. *(Geld)* to withdraw; 2. ✈ to take off
Abhebung *f* *(Geld)* withdrawal; **A. mittels Kreditkarte/Scheckkarte** card withdrawal
begebbarer Abhebungsauftrag negotiable order of withdrawal (NOW)
ab|heften *v/t* to file; **a.helfen** *v/t* to rem-

edy/redress; **a.heuern** 1. *v/t* ⚓ to pay off; 2. *v/i* to be paid off

Abhilfe *f* remedy, remedial/corrective action, redress; **A. schaffen; für A. sorgen** to take remedial action

abhol|bereit *adj* ready for collection; **A.datum** *nt* collection date; **A.- und Zustelldienst** *m* pick-up and delivery service

abholen *v/t* to collect, to pick up; **a. lassen** to send for

Abhol|fach *nt* 1. ✉ post office box (P. O. B.); 2. pigeonhole; **A.großhandel** *m* cash and carry; **A.grossist** *m* cash-and-carry wholesaler

Abholung *f* collection; **A. und Auslieferung** pick-up and delivery; **A. vom Werk** collection ex works

Abkommen *nt* 1. agreement; 2. *(Völkerrecht)* treaty; **A. mit den Gläubigern** arrangement/settlement with the creditors; **gütliches A.** amicable settlement; **unwiderrufliches A.** binding agreement

abkömmlich *adj* available

abkühlen *v/refl* *(Konjunktur)* to cool off

Abkühlung *f* cooling off; **A. der Konjunktur; A. des Konjunkturklimas; konjunkturelle/wirtschaftliche A.** cyclical/economic downturn, downswing

Ablade|gebühr *f* unloading charge; **A.gewicht** *nt* delivered weight; **A.hafen** *m* port of discharge; **A.konnossement** *nt* shipped bill of lading

abladen *v/t* to unload/discharge

Ablage *f* file(s), filing (tray); **A.fach** *nt* 1. *(Dokumente)* pigeonhole; 2. *(Material)* storage bin

Ablauf *m* 1. sequence; 2. expiry, termination; **bei A.** on expiry; **A. der Frist** expiry of the deadline; **A. eines Patents** lapse of a patent; **A. einer Police** expiry of a policy; **A. eines Vertrages** termination of a contract; **~ Wechsels** maturity of a bill; **A.diagramm** *nt* flow chart

ablaufen *v/i* to expire/terminate/lapse

Ablauf|hemmung *f* § suspension of the running of a period; **A.organisation** *f* process organisation; **A.organisator(in)** *m/f* operations manager/scheduler; **A.plan** *m* flow chart; **A.planung** *f* operations planning, production sequencing; **A.termin** *m* date of expiry/maturity, deadline

Ableben *nt* death; **bei A.** in the event of death

ableh|nen *v/ti* to refuse/decline/reject, to turn down; **A.nung** *f* refusal, rejection; **ausdrückliche A.nung** express rejection

abliefern *nt* to deliver

Ablieferung *f* delivery; **bis zur A.** pending delivery; **zahlbar bei A.** cash *[GB]*/ collect *[US]* on delivery (c. o. d.)

Ablieferungs|anzeige *f* advice of delivery; **A.schein** *m* delivery order (D/O); **A.termin** *m* delivery date

Ablöse *f* 1. compensation; 2. *(Personal)* transfer fee

ablösen *v/t* 1. *(entfernen)* to detach; 2. *(ersetzen)* to supersede; 3. *(Schulden)* to repay/discharge

Ablösung *f* 1. *(Schulden)* discharge, (re)payment; 2. *(Anleihe)* redemption

Ablösungs|anleihe *f* redemption bond; **A.anrecht** *nt* right of redemption; **A.fonds** *m* sinking fund; **A.pfandbrief** *m* redemption bond; **A.recht** *nt* right of redemption; **A.schuld** *f* commutation debt; **A.termin** *m* redemption date; **A.wert** *m (Lebensvers.)* surrender value

abmachen *v/t* to arrange/agree/settle; **gütlich a.** to settle amicably

Abmachung *f* arrangement, agreement, settlement, deal; **ausdrückliche A.** express stipulation; **außergerichtliche A.** out-of-court agreement/settlement; **bindende A.** binding agreement; **einschränkende A.** § restrictive covenant; **mündliche A.** oral/parol agreement; **schriftliche A.** agreement in writing; **vertragliche A.** contractual agreement

abmahn|en *v/t* to warn, to serve notice; **A.ung** *f* § legal letter

abmeld|en 1. v/*t* to cancel/withdraw; 2. *v/refl (Hotel)* to check out; 3. 🖳 to log off; **A.ung** *f* 1. cancellation, withdrawal; 2. check-out

Abmessungen *pl* dimensions

abmontieren *v/t* to dismantle

Abnahme *f* 1. reduction, decline; 2. ☼ acceptance (test), inspection; 3. *(Ware)* purchase, taking delivery; **A.attest** *nt* acception certificate; **A.beamter** *m* acceptance/quality inspector; **A.bescheinigung** *f* certificate of acceptance/ inspection; **A.garantie** *f (Emission)* underwriting guarantee; **A.kontrolle** *f* acceptance test; **A.menge** *f* quantity ordered; **A.pflicht** *f* obligation to take delivery; **A.protokoll; A.schein** *nt/m* inspection/acceptance certificate;

A

A.prüfung *f* ⚙ acceptance/inspection test; **A.verweigerung** *f* non-acceptance, refusal to take delivery; **A.verzug** *m* delay in taking delivery; **A.zeugnis** *nt* inspection/acceptance certificate
abnehmen *v/ti* 1. to diminish/decrease/decline; 2. *(Ware)* to buy/purchase, to take delivery; 3. ⚙ to inspect/accept
Abnehmer *m* buyer, customer, consumer, taker; **keine A. finden** to find no market/sale; **A. sein** to be in the market (for)
abnutz|bar *adj* wasting, liable to wear (and tear); **a.en** *v/t* to wear (out)
Abnutzung *f* wear (and tear), use
Abnutzungs|entschädigung *f* compensation for wear and tear; **A.grad** *m* rate of wear; **A.gut** *nt* wasting asset; **A.wert** *m* scrap value
Abon|nement *nt* *(frz.)* subscription; **A.nent** *m* subscriber; **a.nieren** *v/t* to subscribe
abord|nen *v/t* *(Personal)* to second; **A.nung** *f* secondment
abpacken *v/t* to pack
Abraum *m* waste, spoil; **A.halde** *f* slag heap
abrechnen *v/t* 1. *(abwickeln)* to settle; 2. *(Bank)* to clear; 3. *(abziehen)* to deduct; 4. *(Börse)* to liquidate
Abrechnung *f* 1. *(Abwicklung)* settlement; 2. *(Abzug)* deduction; 3. *(Bank)* clearance; 4. *(Kontoauszug)* statement (of account); 5. *(Börse)* contract note; **laut A.** as per account rendered
Abrechnung nach Bau-/Projektfortschritt progress billing; **A. des Börsenmaklers** contract note; **~ Einkaufskommissionärs** account purchases (A/P); **~ des Verkaufskommissionärs** account sales (A/S)
Abrechnungs|bank *f* clearing bank; **A.bedingungen** *pl* settlement terms; **A.datum** *nt* settlement day; **A.jahr** *nt* accounting year; **A.kurs** *m (Börse)* settlement price; **A.nota** *f* settlement/contract note; **A.periode** *f* 1. accounting period; 2. *(Vers.)* underwriting account; **A.posten** *m* clearing item; **A.preis** *m* settlement price; **A.saldo** *m* clearing balance; **A.stelle** *m* clearing house; **A.tag** *m* settlement day; **A.verfahren; A.verkehr** *nt/m* clearing (system); **A.währung** *f* settlement currency; **A.zeitraum** *m* accounting period
Abrede *f* *(Vereinbarung)* agreement; **mündliche A.** oral/parol agreement; **wettbewerbswidrige A.** agreement in restraint of trade
Abreise *f* departure; **a.n** *v/i* to depart
abreißen *v/t* 🏛 to pull down, to demolish
Abriss *m* 1. *(Entwurf)* draft; 2. *(Darstellung)* overview; 3. 🏛 demolition; **A.verfügung** *f* demolition order
abroll|en *v/t* *(Spediteur)* to cart away; **A.kosten** *pl* cartage, drayage
Abruf *m* 1. call; 2. 🖳 retrieval; **auf A.** 1. *(Personal)* on call; 2. *(Ware)* ready for delivery; **bei A. zahlbar** payable on demand
Abrufauftrag; A.bestellung *m/f* call order; **a.bereit** *adj* ready for collection
abrufen *v/t* 1. to call (off); 2. 🖳 to retrieve
abrund|en *v/t* π to round off/down; **A.ung** *f* rounding off/down
abrüst|en *v/i* ⚙ to dismantle; **A.zeit** *f* dismantling time
Absage *f* 1. cancellation, countermand; 2. refusal, rejection; **A. erteilen** to decline/refuse; **glatte/offene A.** point-blank refusal
absagen *v/t* 1. to cancel; 2. to countermand/counterorder; 3. to decline, to turn down
Absahn|en *nt* *(coll)* rip-off; **a.en** *v/t (coll)* to cream off; **A.strategie** *f* skimming strategy
Absatz *m* 1. *(Ergebnis)* sale(s), turnover, sales volume; 2. ready sale, market; 3. *(Verkauf)* distribution, marketing; 4. § subsection; 5. *(Text)* (sub)paragraph; 6. *(Vers.)* acquisition; **A. an gewerbliche Abnehmer; ~ die Industrie** sales to industry; **A. durch ein Kartell** pool selling; **A. von Massengütern** mass marketing; **A. und Vertrieb** marketing
Absatz ankurbeln to boost sales; **A. finden** to find a market; **guten/regen A. finden** to sell well; **laufenden/raschen A. finden** to find a ready market; **reißenden A. finden** to sell like hot cakes *(coll)*; **A. fördern** to promote sales; **A. steigern** to boost sales
direkter Absatz direct marketing; **flauer A.** flagging sales; **flotter A.** quick/ready sale; **lebhafter/reger A.** brisk sales; **schlechter/schleppender A.** slow/sluggish sale
Absatz|abkommen *nt* marketing agreement; **A.analyse** *f* market analysis; **A.aufgliederung** *f* sales breakdown; **A.aussich-**

ten *pl* sales prospects; **A.bedingungen** *pl* market conditions; **A.bemühungen** *pl* sales/marketing effort(s); **A.berater** *m* marketing consultant; **A.beschränkung** *f* sales restriction; **A.bezirk** *m* distribution area; **A.bindung** *f* tying distribution arrangement; **A.chancen** *pl* sales prospects; **A.einbruch** *m* slump in sales; **A.einnahmen** *pl* sales revenues; **A.entwicklung** *f* sales trend/development; **A.erwartungen** *pl* sales/market prospects; **A.fachmann** *m* marketing expert/specialist; **a.fähig** *adj* sal(e)able, marketable, merchantable

Absatz|flaute *f* stagnating/slack sales; **a.fördernd** *adj* sales-promoting; **A.förderung** *f* sales/product promotion; **A.-forscher** *m* marketing specialist; **A.forschung** *f* market/marketing research; **A.genossenschaft** *f* marketing cooperative/association; **A.kampagne** *f* sales (promotion) drive/campaign; **A.kanal** *m* channel of distribution; **A.kapazität** *f* sales potential; **A.kartell** *nt* sales/distribution cartel; **A.kette** *f* sales chain; **A.konjunktur** *f* sales boom; **A.kontingent** *nt* market/sales quota; **A.kosten** *pl* marketing/distribution/selling cost(s); **A.krise** *f* sales crisis; **A.kurve** *f* distribution curve; **A.lage** *f* market/sales situation; **A.lehre** *f* marketing theory/science; **A.leiter** *m* marketing manager/executive

Absatzmarkt *m* sales market/outlet; **A. für industrielle Erzeugnisse** industrial market

(neuen) Absatzmarkt eröffnen/erschließen to open up a (new) market, to find a new outlet; **A. schaffen** to create a market; **günstiger A.** seller's market

Absatz|forschung *f* market research; **A.-logistik** *f* distribution logistics; **A.menge** *f* sales volume; **A.methode** *f* marketing/selling technique; **A.mittler** *m* marketing/sales/selling agent, marketing intermediary; **A.möglichkeiten** *pl* sales potential; **A.netz** *nt* distribution/sales network; **A.organisation** *f* sales/marketing organisation; **A.plan** *m* sales budget; **A.politik** *f* marketing/sales/distribution policy; **A.potenzial** *nt* sales potential; **A.-prognose** *f* sales forecast; **A.provision** *f* seller's/sales commission; **A.quote** *f* sales quota; **A.region** *f* marketing territory; **A.-renner** *m* fast-moving article; **A.risiko** *nt* marketing/merchandising risk; **A.rückgang** *m* decline/drop/slump in sales; **A.-schwierigkeiten** *pl* marketing difficulties/problems; **A.schwund** *m* dwindling sales, decline in sales; **A.spezialist** *m* marketing specialist; **A.steigerung** *f* sales increase; **A.stockung** *f* market stagnation; **A.strategie** *f* marketing/sales strategy; **A.studie** *f* market study; **A.technik** *f* marketing technique; **A.verband; A.vereinigung** *m/f* marketing association; **A.vereinbarung** *f* distribution/sales agreement, **A.volumen** *nt* sales volume; **A.wachstum** *nt* sales growth; **A.weg** *m* channel(s) of distribution; **A.werbung** *f* sales promotion; **A.wirtschaft** *f* marketing; **A.zahlen** *pl* sales figures, market data; **A.zentrum** *nt* distribution center *[US]*/centre *[GB]*; **A.ziel** *nt* sales goal; **A.-ziffern** *pl* sales figures

abschaffen *v/t* 1. to abolish; 2. *(Gesetz)* to repeal; **in Etappen a.** to phase out

Abschaffung *f* 1. abolition; 2. repeal

abschalten *v/t* 1. to switch off/turn off; 2. *(Anlage)* to shut down

abschätzbar *adj* appraisable, rat(e)able; **A.-keit** *f* rat(e)ability

abschätz|en *v/t* to assess/estimate/appraise; **A.er** *m* appraiser, valuer, assessor; **A.ung** *f* assessment, estimate, appraisal, valuation

abschicken *v/t* 1. to dispatch/ship/forward; 2. ✉ to post/mail

Abschied *m* 1. farewell, departure; 2. retirement

Abschieds|essen *nt* farewell dinner; **A.feier** *f* farewell celebration; **A.geschenk** *nt* farewell present; **A.gesuch einreichen** *nt* to tender one's resignation

Abschlag *m* 1. reduction, discount, deduction; 2. instalment *[GB]*, installment *[US]*; 3. advance pay; 4. *(Preis)* markdown; 5. payment on account; **auf A.** on account; **mit A.** at a discount; **ohne A.** net

abschlagen *v/t* *(Gesuch)* to refuse/decline, to turn down

abschlägig *adj* negative

Abschlags|dividende *f* 1. interim (dividend); 2. *(Vers.)* interim bonus; **vierteljährliche A.dividende** quarter(ly) dividend; **A.zahlung** *f* payment on account

Abschlepp|dienst *m* breakdown/recovery service; **A.fahrzeug** *nt* recovery/breakdown vehicle, tow truck; **A.gebühr** *f* towage

abschließen *v/t* 1. to lock (up); 2. *(Vertrag)* to conclude/negotiate; 3. *(Handel)* to strike a bargain; 4. *(Projekt)* to complete; 5. *(beenden)* to finalize; 6. *(Konto)* to balance; 7. *(Vers.)* to take out

ausgeglichen abschließen to break even; **erfolgreich a.** to bring to a successful conclusion; **fest a.** to close/clinch a deal; **passiv a.** to show a loss/deficit; **mit Plus Minus Null a.** to break even

Abschluss *m* 1. close, termination; 2. *(Projekt)* completion; 3. *(Vertrag)* conclusion; 4. *(Zahlung)* settlement; 5. *(Bilanz)* financial statement; 6. *(Tarifvertrag)* wage settlement; 7. sales contract; **bei A.** on completion

Abschluss mit Bestätigungsvermerk certified financial statement; **bei A. unserer Bücher** on closing/balancing our books; **A. von Deckungsgeschäften** hedging; **A. des Geschäftsjahres/Haushaltsjahres** close of the financial year; **A. auf künftige Lieferung** futures contract; **~ Termin** time contract; **A. einer Versicherung** taking out a policy; **A. durch Zuruf** *(Börse)* open outcry

zum Abschluss bringen to finalize/terminate; **A. erzielen** to close/clinch a deal; **zum A. gelangen** to reach agreement; **A. machen** to make up the accounts; **vor dem A. stehen** to be nearing completion; **A. tätigen** 1. to land a contract *(coll)*, to strike a deal; 2. *(Vers.)* to write insurance; **neue Abschlüsse tätigen** to secure new business; **Abschlüsse kamen nicht zustande** *(Börse)* there were no dealings

akademischer Abschluss university qualification; **außerbörslicher A.** *(Börse)* off-market deal; **fester A.** firm deal; **konsolidierter A.** consolidated/group financial statement; **testierter A.** certified financial statement; **veröffentlichter A.** published/disclosed accounts; **vorläufiger A.** provisional financial statement

Abschluss|abrechnung *f* contract note; **A.bericht** *m* financial/annual report; **A.-bestätigung** *f* 1. *(Devisenbörse)* purchase and sale memorandum; 2. *(Börse)* transaction slip; **A.bilanz** *f* (final) balance; **A.-buchung** *f* final/closing entry; **A.datum** *nt* 1. contract date; 2. *(Geldhandel)* transaction date; **A.dividende** *f* final/year-end dividend; **A.einheit** *f (Börse)* even/full *[US]* lot; **A.ergebnis** *nt* 1. trading/operating result; 2. *(Vers.)* underwriting result; **A.erläuterungen** *pl* notes to the accounts; **A.examen** *nt* final (examination); **~ machen** *(Universität)* to graduate; **A.formel** *f (Brief)* complimentary close; **A.gebühr** *f* sales fee; **A.gratifikation** *f* year-end bonus; **A.konto** *nt* final/closing account; **A.kosten** *pl (Vers.)* acquisition costs; **A.kurs** *m* closing/contract price; **A.posten** *m* closing/end-of-year item; **A.prämie** *f* sales premium; **A.preis** *m* 1. closing price; 2. *(Optionshandel)* strike price; **A.provision** *f (Vers.)* acquisition commission; **A.prüfer** *m (Bilanz)* auditor

Abschlussprüfung *f* 1. *(Bilanz)* final audit; 2. *(Examen)* final examination; **vorgeschriebene A.** statutory audit

Abschluss|quote *f (Konkurs)* final dividend; **A.rechnung** *f* 1. *(Bilanz)* final accounts; 2. *(Börse)* settlement note; **A.-stichtag** *m (Bilanz)* balance sheet date, cut-off date; **A.tag** *m* 1. closing date; 2. *(Börse)* settlement day; **A.testat** *nt* final audit certificate; **A.vergütung** *f* end-of-year bonus; **A.vollmacht** *f* power of attorney; **A.vorschriften** *pl* generally accepted accounting principles (GAAP); **A.zahlung** *f* final payment/instalment; **A.zeitraum** *m* accounting period

abschneiden *v/t* 1. to cut off; 2. to perform

Abschnitt *m* 1. segment, section; 2. § clause, 3. ✂ counterfoil; 4. *(Text)* paragraph, chapter

abschöpfen *v/t* 1. *(Gewinn)* to siphon/skim/cream off; 2. *(Kaufkraft)* to absorb; 3. ⊖/*(EU)* to levy

Abschöpfung *f* 1. absorption, skimming; 2. import/agricultural levy *(EU)*

abschott|en *v/t* to insulate, to seal off; **A.ung** *f (Markt)* sealing-off

abschreibbar *adj* depreciable

abschreiben *v/t* to write off/down; **degressiv a.** to write down on a reducing-balance basis; **linear a.** to write down at a constant rate; **steuerlich a.** to write off against tax; **vollständig a.** to write off

Abschreibepolice *f* floating policy, floater

Abschreibung *f* 1. write-down, writing down, depreciation; 2. *(Substanzverzehr)*

A

depletion; **A. für Abnutzung (AfA)** depreciation for wear and tear; **A. auf Anlagen** plant write-down; **A. von Anlagewerten** asset write-off; **A. vom Anschaffungspreis** original cost method; **~ Anschaffungswert** straight-line method (of depreciation); **A. auf Beteiligungen** write-down of trade investments; **~ Betriebsanlagen** depreciation of plant (and equipment); **~ Finanzanlagen** write-down of investments; **~ Forderungen** allowance for bad and doubtful accounts; **A. für Gebäude** depreciation of buildings; **A. auf Geschäftswert** amortization of goodwill; **~ Inventar** inventory write-down; **~ Investitionen** 1. investment write-down; 2. *(Steuer)* investment allowance; **~ Lagerbestände** stock write-down; **A. mit konstanten Quoten** straight-line method (of depreciation); **A. vom Restwert** reducing/declining balance method (of depreciation); **A. auf Sachanlagen** fixed depreciation; **A. wegen Substanzverzehr** depletion; **A. auf Warenbestände** inventory write-down; **A. für Wertminderung** (allowance for) wear and tear; **A. auf Grundlage der Wiederbeschaffungskosten** replacement method; **A. unter Berücksichtigung der Zinseszinsen** compound interest depreciation method

Abschreibungen verdienen to earn one's depreciation; **A. verrechnen** to charge depreciation; **A. vornehmen** to write off/down

akkumulierte/aufgelaufende Abschreibung accumulated depreciation; **steuerlich anerkannte A.** tax depreciation/write-off; **außerordentliche/außerplanmäßige A.** extraordinary depreciation; **beschleunigte A.** accelerated depreciation, ~ cost recovery system (ACRS) *[US]*; **degressive A.** declining-balance depreciation; **arithmetisch-degressive/digitale A.** sum-of-the-year-digits depreciation; **geometrisch-degressive A.** declining-balance depreciation; **eingeholte A.** recaptured depreciation; **entstandene A.en** depreciation accruals; **erhöhte A.** accelerated depreciation; **gleichmäßige A.** straight-line method (of depreciation); **jährliche A.** annual depreciation; **leistungsabhängige/-bezogene/proportionale A.** unit-of-production method; **lineare A.** straight-line depreciation; **normale/ordentliche A.** ordinary depreciation; **passivierte A.** accrued depreciation; **planmäßige A.** ordinary/normal depreciation; **progressive/steigende A.** sinking-fund method (of depreciation); **steuerliche A.** tax depreciation/write-off; **verbrauchsbedingte A.** physical depreciation, capital (asset) consumption; **verdiente A.en** realized depreciation; **vorzeitige A.** accelerated depreciation; **steuerlich zulässige A.** tax-allowable depreciation/write-off

Abschreibungs|aufwand *m* depreciation charge; **A.ausgangsbetrag; A.basis** *m/f* depreciation base; **A.bedingungen** *pl* depreciation terms/conditions; **A.bestimmungen** *pl* depreciation provisions; **A.betrag** *m* depreciation charge/allowance; **jährlicher A.betrag** annual rate of depreciation; **A.dauer** *f* period of depreciation; **A.erleichterungen** *pl* depreciation concessions/privileges; **a.fähig** *adj* amortizable; **A.fonds** *m* depreciation fund/reserve; **A.formel** *f* depreciation formula; **A.freibetrag** *m* depreciation/writing-down allowance; **A.gesellschaft** *f* tax shelter company; **A.-grundlage** *f* depreciation base; **A.konto** *nt* depreciation account; **A.kosten** *pl* depreciation charges

Abschreibungsmethode *f* depreciation method; **degressive A.** declining balance; **digitale A.** sum-of-the-years-digit method; **lineare A.** straight-line depreciation method

Abschreibungsmöglichkeit *f* write-off facility; **steuerliche A.** tax allowance, tax write-off facility

Abschreibungs|objekt *nt* write-off facility; **a.pflichtig** *adj* liable to depreciation; **A.plan** *m* depreciation schedule; **A.politik** *f* depreciation policy; **A.quote** *f* depreciation rate; **A.rechnung** *f* depreciation accounting; **A.reserve** *f* depreciation reserve; **A.richtlinien** *pl* depreciation rules; **A.rücklage; A.rückstellung** *f* depreciation fund; **A.stichtag** *m* depreciation date; **A.summe** *f* 1. depreciation expense; 2. *(Bemessungsgrundlage)* depreciation base

Abschreibungsverfahren *nt* depreciation method; **degressives A.** declining-balance method; **lineares A.** straight-line method

A

Abschreibungs|vergünstigung *f* depreciation allowance; **A.wert** *m* written-down value; **A.zeitraum** *m* depreciation/writing-down period

Abschrift *f* copy; **beglaubigte A.** certified copy; **mit der Urschrift übereinstimmende A.** true copy; **vollständige A.** full copy

abschwächen *v/refl (Preise/Konjunktur)* to decline, to ease (off); **a.d** *adj* weakening, flagging

Abschwächung *f* 1. decline; 2. *(Kurse)* easing-off; **A. der Binnenkonjunktur** domestic recession; **konjunkturelle A.** cyclical/economic downturn; **A.stendenz** *f* downward trend

Abschwung *m (Konjunktur)* downswing, downturn, decline; **konjunktureller A.** decline in cyclical/economic activity, cyclical decline/downturn; **saisonaler/saisonbedingter A.** seasonal downswing

Abschwung|phase *f* downward phase; **A.-potenzial; A.wahrscheinlichkeit** *nt/f (Börse)* downside risk

absenden *v/t* 1. to dispatch/forward; 2. ✉ to post *[GB]*/mail *[US]*

Absender *m* sender, consignor, shipper, forwarder; **an den A. zurück** ✉ return to sender

Absendung *f* 1. dispatch; 2. ✉ posting *[GB]*/mailing *[US]*

absenken *v/t* to reduce/cut

absetzbar *adj* 1. *(verkäuflich)* sal(e)able, marketable; 2. *(abschreibbar)* depreciable; 3. *(steuerlich)* (tax-)deductible; **nicht a.** *(Steuer)* non-deductible; **schlecht/schwer a.** slow-moving

Absetzbarkeit *f* 1. *(Steuer)* deductibility; 2. *(Verkauf)* marketability, sal(e)ability

absetzen *v/t* 1. *(Ware)* to sell/market; 2. *(Kosten)* to set off; 3. *(Steuer)* to deduct; **bestens/bestmöglich a.** to sell on a best offer basis; **billig a.** to sell cheap

Absetzung *f* 1. *(Beamter)* dismissal; 2. *(Kosten/Steuer)* allowance, deduction; **A. für Abnutzung (AfA)** 1. deduction for depreciation; 2. *(Steuer)* depreciation (for wear and tear); 3. *(immaterielle Anlagewerte)* amortization; **~ Substanzverringerung (AfS)** deduction for material depletion; **A. von der Steuer** (tax) deduction

absichern *v/t* 1. to secure/cover; 2. *(Kursrisiko)* to hedge

Absicherung *f* 1. cover(ing); 2. hedge, hedging; **A. gegen Inflation** hedge against inflation; **A. eines Kredits** securitization of a loan; **A.sgeschäft** *nt* hedging operation; **A.sstrategie** *f (Börse)* hedging strategy

Absicht *f* 1. intention, object, aim; 2. § intent; **A. der Gewinnerzielung** gainful intent; **~ Parteien** § intention of the parties; **in böser/böswilliger A.** § with malice aforethought; **stillschweigende A.** implied intention

absicht|lich *adj* intentional; **A.serklärung** *f* § letter of intent, memorandum of understanding

Absolvent(in) *m/f* 1. school-leaver; 2. *(Universität)* graduate

absondern *v/t* 1. to separate/segregate; 2. *(Konkurs)* to obtain preferential treatment

Absonderung *f* 1. separation, segregation; 2. *(Konkurs)* preferential treatment

Absonderungs|anspruch *m (Konkurs)* preferential claim; **a.berechtigt** *adj* preferential, secured; **A.sberechtigter; A.sgläubiger** *m* preferential/preferred creditor

absorbieren *v/t* to absorb, to mop up

Absorption *f* absorption; **A.sfähigkeit** *f (Markt)* absorbing capacity; **A.stheorie** *f* absorption approach

ab|spalten *v/t* to split off; **A.spaltung von Unternehmen** *f* hiving/spinning off; **a.-spenstig machen** *adj* to poach, to entice away

Absprache *f* understanding, agreement; **geheime/heimliche A.** collusion; **ohne vorherige A.** without prior consultation

Abstand *m* 1. distance; 2. *(Zeit)* interval; **A. nehmen von** refrain from; **bezahlter A.** *(Miete)* key money; **in regelmäßigen Abständen** at regular intervals

Abstands|erlass *m* 🏛 spacing ordinance; **A.geld** *nt* 1. compensation; 2. *(Entlassung)* redundancy payment, severance pay; 3. *(Miete)* key money; 4. *(Börse)* option money

abstellen *v/t* 1. *(Fehler)* to redress/remedy; 2. *(Gas/Wasser)* to turn off; 3. ⚡ to cut off; 4. *(Personal)* to second; 5. *(Ärgernis)* to abate

Abstell|gebühr *f (Autoverleih)* drop-off charge; **A.gleis** *nt* 🚂 siding *[GB]*, sidetrack *[US]*; **A.möglichkeiten** *pl* storage

A

facilities; **A.platz** *m* 1. storage space; 2. 🚗 parking area
abstempeln *v/t* 1. to stamp; 2. *(routinemäßig)* to rubberstamp
abstimmbar *adj* *(Buchhaltung)* reconcilable
abstimmen *v/t* 1. to coordinate/harmonize; 2. *(Konten)* to balance/reconcile/square; *v/i* to vote; **a. auf** to gear to; **a. über** to vote; **a. lassen über etw.** to put sth. to the vote; **aufeinander a.** *(Maßnahmen)* to concert/harmonize; **geheim a.** to vote by secret ballot; **~ lassen** to ballot; **zeitlich a.** 1. to time; 2. to synchronize
Abstimmung *f* 1. vote, voting; 2. coordination, harmonization; 3. *(Bücher)* balancing; 4. *(Konten)* reconciliation; **A. der Bücher** checking of books; **A. laufender Einnahmen und Ausgaben** cash management; **A. der Fälligkeiten** maturities planning; **A. zwischen Produktion und Lager** production smoothing
durch Abstimmung beschließen to vote; **per A. befragen** to ballot; **zur A. bringen/stellen/vorlegen** to put to the vote;
geheime Abstimmung secret ballot; **offene A.** open vote, show of hands; **ressortmäßige A.** interdepartmental coordination; **zeitliche A.** timing
Abstimmungs|arbeiten *pl* *(Buchhaltung)* reconciliation work; **a.berechtigt** *adj* entitled to vote
Abstoßen *nt* divestiture; **a.** *v/t* to unload/offload/divest/shed, to hive off
abstreiten *v/t* to deny/dispute
Abstrich *m* cut, deduction; **A.e machen** to make cuts, to retrench
Ab|sturz *m* crash; **a.stürzen** *v/i* to crash
abtasten *v/t* ⚡/💻 to scan
Abteilung *f* department, division; **A. für Börsenzulassung** quotations department; **~ Forderungsinkasso** collection department; **~ Verkaufsförderung** promotion department
mehrere Abteilungen betreffend interdepartmental
beratende Abteilung advisory department; **juristische A.** legal department; **technische A.** engineering department; **versicherungsmathematische A.** actuarial department; **volkswirtschaftliche A.** economic research department
Abteilungs|bericht *m* departmental report; **A.chef; A.direktor** *m* head of department; **A.erfolgsrechnung** *f* profit centre accounting; **A.gemeinkosten** *pl* departmental overheads; **A.gewinn** *m* departmental profit; **A.gliederung** *f* departmental/divisional structure; **A.kalkulation** *f* departmental costing; **A.kosten** *pl* departmental cost(s)/expenses; **A.leiter** *m* head of department, divisional manager; **A.organisation** *f* departmental/divisional organisation; **A.rechnung** *f* departmental costing; **A.struktur** *f* departmental/divisional structure; **a.übergreifend** *adj* transdepartmental
abtragen *v/t* 1. *(Hypothek)* to redeem; 2. *(Schulden)* to pay off
abträglich *adj* detrimental, harmful
Abtransport *m* removal; **a.ieren** *v/t* to remove
abtrenn|en *v/t* 1. to detach/separate; **A.ung** *f* 1. separation; 2. § severance
abtreten *v/t* *(Anspruch/Recht)* to cede/assign/relinquish
Abtretung *f* 1. § cession, assignment; 2. *(Vers.)* surrender; **A. einer Forderung** assignment of a claim; **A. von Forderungen** assignment of accounts receivable; **~ von Gewährleistungsansprüchen** assignment of warranty claims; **~ Lohn- und Gehaltsansprüchen** assignment of wages; **A. und Übergabe** assignment and delivery; **A. an Zahlungs Statt** assignment in lieu of payment
Abtretungs|begünstigte(r) *f/m* assignee; **A.erklärung** *f* 1. declaration of assignment; 2. *(Vers.)* letter of subrogation; **A.-gläubiger(in)** *m/f* assignee; **A.urkunde** *f* 1. deed of assignment; 2. *(Land)* deed of conveyance; 3. *(Verpfändung)* bill of sale; **A.vertrag** *m* contract of assignment
abwägen *v/t* to consider/weigh; **das Für und Wider a.** to weigh the pros and cons
Abwägung *f* consideration; **bei A. aller Umstände** considering the facts and circumstances of the case; **nach sorgfältiger A.** after careful consideration
abwälzen *v/t* to shift
abwarten *v/ti* 1. to wait and see; 2. *(Börse)* to stay on the sidelines
Abwärtsbewegung *f* 1. downtrend, downward trend; 2. *(Börse)* bearish tendency
Abwasser *nt* effluents, waste water, sewage; **A. einleiten** to discharge effluents

A

gewerbliche Abwässer trade effluents; **häusliche A.** domestic sewage; **ungeklärte A.** raw sewage

Abwasser|aufbereitung *f* sewage treatment; **A.behandlungsanlage** *f* sewage water treatment plant; **A.beseitigung; A.entsorgung** *f* waste water/sewage disposal; **A.einleitung** *f* waste (water)/ sewage/effluent discharge; **A.reinigung** *f* waste water/sewage treatment

Abwehr|klausel *f* protective clause; **A.maßnahme** *f* defensive measure; **A.mechanismus** *m* defence mechanism; **A.streik** *m* defensive strike; **A.zoll** *m* ⊖ protective tariff

abweichen (von) *v/i* to deviate (from)

Abweichung *f* 1. difference, discrepancy; 2. deviation; 3. *(Gewicht)* tolerance; **absolute A.** 📊 absolute deviation; **durchschnittliche A.** mean/average deviation; **mittlere A.** mean/average deviation

Abweichungs|analyse *f* *(Kalkulation)* margin/variance analysis; **A.klausel** *f* deviation clause; **A.rechnung** *f* variance accounting; **A.spanne** *f* divergence margin; **A.verteilung** *f* allocation of variances

abweisen *v/t* 1. to reject/refuse/repudiate; 2. § to dismiss/quash; **kostenpflichtig a.** § to dismiss with cost(s); **sich nicht a. lassen** not to take no for an answer

Abweisung *f* 1. refusal, rejection; 2. § dismissal

abwend|bar *adj* avoidable, preventable; **a.en** *v/t* avoid/prevent

Abwendung *f* avoidance; **A. des Konkurses** avoidance of bankruptcy

abwerben *v/t* 1. to entice/lure away; 2. *(Arbeitskräfte)* to poach/head-hunt

abwerfen *v/t* 1. *(Gewinn)* to yield; 2. ⚓ to drop/jettison

abwerten *v/t* to devalue/devaluate/depreciate

Abwertung *f* devaluation, depreciation; **A. aus Wettbewerbsgründen** competitive devaluation

Abwertungs|druck *m* devaluation pressure; **A.gewinn** *m* devaluation gain; **A.satz** *m* rate of devaluation; **A.verlust** *m* devaluation loss

abwesend *adj* absent; **A.e(r)** *f/m* absentee

Abwesenheit *f* absence

Abwesenheits|geld *nt* absence allowance; **A.quote; A.rate** *f* level/rate of absenteeism

ab|wickeln *v/t* 1. to execute/handle/effect; 2. to phase out; 3. *(Schaden)* to adjust; 4. *(liquidieren)* to liquidate, to wind up; **federführend a.** *(Emission)* to lead-manage; **in Stufen a.; stufenweise a.** to phase/stagger

Abwickler *m* 1. receiver, liquidator; 2. *(Vers.)* claims adjuster

Abwicklung *f* 1. processing, execution; 2. adjustment; 3. liquidation, winding-up; **außergerichtliche A.** out-of-court settlement

Abwicklungs|antrag *m* winding-up petition; **A.bank** *f* liquidating/settlement bank; **A.bedingungen** *pl* settlement terms; **A.bilanz** *f* liquidating balance sheet; **A.geschäft** *nt* winding-up transaction; **A.gewinn** *m (Vers.)* winding-up profit; **A.konto** *nt* liquidation account; **A.kosten** *pl* handling cost(s); **A.periode** *f* *(Börse)* settlement period; **A.provision** *f* handling commission; **A.stelle** *f* 1. liquidating agency; 2. clearing house; **A.system** *nt* settlement/clearing system; **A.überschuss** *m (Vers.)* winding-up surplus; **A.verfahren** *nt* winding-up proceedings; **A.wert** *m* liquidation value

abwrack|en *v/t* to break up, to scrap; **A.er** *m* ⚓ shipbreaker; **A.werft** *f* breaker's yard

abzahlen *v/t* to pay off, ~ by instalments; **monatlich a.** to pay in monthly instalments

Abzahlung *f* hire-purchase *[GB]*/deferred *[US]* payment

Abzahlungs|bank *f* hire-purchase finance company; **auf A.basis** *f* on the instalment plan; **A.bedingungen** *pl* hire-purchase terms; **A.darlehen** *nt* instalment loan; **A.finanzierung** *f* hire-purchase finance; **A.frist** *f* repayment period; **A.geschäft** *nt* hire-purchase transaction; **A.gesellschaft** *f* hire-purchase company; **A.hypothek** *f* instalment/repayment mortgage; **A.konto** *nt* hire-purchase/instalment account; **A.kosten** *pl* hire-purchase/instalment charges; **A.kredit** *m* hire-purchase/deferred-payment credit; **A.preis** *m* hire-purchase/deferred-payment price; **A.rate** *f* hire-purchase instalment; **A.system** *nt* hire-purchase/deferred-payment system; **A.verkauf** *m* hire-purchase/deferred-payment sale; **A.verpflichtungen** *pl* hire-purchase/deferred-payment commitments;

A.vertrag *m* hire-purchase/deferred-payment contract
ab|zeichnen *v/t* 1. to initial/sign; 2. *(abhaken)* to tick off; **a.ziehbar** *adj* allowable, deductible; **a.ziehen** *v/t* to deduct/subtract *(coll)*; **a.zielen auf** *v/t* to aim/level at; **a.zinsen** *v/t* to discount
Abzinsung *f* discounting
Abzinsungs|betrag *m* amount discounted; **A.satz** *m* discount rate; **A.tabelle** *f* discount table; **A.titel** *m* discount instrument
Abzug *m* deduction, discount, reduction; **nach A. von** net of; **unter A. von** less
Abzug für Betriebsausgaben deduction from gross income; **nach A. aller Kosten** after deduction of expenses, after costs; **A. an der Quelle** deduction at source; **nach A. der Spesen** after deduction of expenses; **~ Steuern** net of tax; **vor A. der Steuern** pre-tax; **nach A. aller Unkosten** all charges/expenses paid
bar ohne Abzug; ohne A. gegen bar net cash; **sofort bar ohne A.** prompt net cash; **frei von Abzügen** net; **ohne jeglichen A.** strictly net
in Abzug bringen to deduct; **A. gewähren** to discount; **in A. kommen** to be deducted
abzüglich *prep* minus, less, net of
Abzugs|betrag *m* deductible amount; **a.fähig** *adj* allowable, deductible; **A.franchise** *f (Vers.)* deductible franchise; **A.steuer** *f* withholding tax, tax deducted at source
abzweigen *v/t* *(Geld)* to set aside, to siphon off, to divert
Achse *f* 1. ☼ axle; 2. *(geometrisch/politisch)* axis
Achs|gewicht *nt* axle weight; **A.last** *f* axle load
achten *v/t* to respect
ächten *v/t* to ban/proscribe/boycott
Achtstunden|schicht *f* eight-hour shift; **A.tag** *m* eight-hour day
Achtung *f* respect, esteem; **A. vor dem Gesetz** respect for the law
Acker *m* 🚜 arable land; **A. bestellen** to till the soil
Ackerbau *m* arable farming; **A. nur für den Eigenbedarf** subsistence farming; **A.betrieb** *m* arable farm; **A.er** *m* arable farmer; **A.kunde** *f* agronomy
Acker|boden *m* arable land; **A.frucht** *f* field crop; **A.land** *nt* arable land
ad acta *adv* *(lat.)* to be filed; **~ legen** to shelve/file
addieren *v/t* 1. to add (up), to tot up *(coll)*; 2. *(Buchführung)* to foot
Addition *f* 1. addition; 2. *(Buchführung)* footing; **A. der Gemeinkosten zur Summe der Einzelkosten** loading; **A.sanweisung** *f* 🖳 add statement; **A.sübertrag** *m* add carry; **A.szeichen** *nt* plus sign
Adhäsions|verfahren *nt* adhesive procedure; **A.verschluss** *m* adhesive flap; **A.vertrag** *m* adhesion contract
Adjudi|kation *f* adjucation; **a.zieren** *v/t* to adjudge
Adressant *m* consignor, sender
Adressat *m* 1. addressee, consignee; 2. *(Geld)* payee; 3. *(Wechsel)* drawee; **A.enkreis** *m* target group
Adress|buch *nt* address book, directory; **A.datei** *f* address file
Adresse *f* address; **per A.** care of (c/o); **A. hinterlassen** to leave an address; **sich an die richtige A. wenden** to apply to the proper quarters
erste Adresse *(Kredit)* prime-/first-rate borrower, blue-chip customer; **genaue A.** full address; **richtige A.** proper address; **risikoreiche A.** high-risk (borrower); **ständige A.** permanent/fixed address
Adressen|änderung *f* change of address; **A.aufkleber** *m* address label; **A.feld** *nt* address field; **A.kartei** *f* address file; **A.liste** *f* (mailing) list; **A.schreiber** *m* mailer; **A.verwaltung** *f* 🖳 address filing system; **A.verzeichnis** *nt* directory, mailing list; **A.zettel** *m* docket, label
adressieren *v/t* to address; **falsch a.** to misaddress
Adressiermaschine *f* mailer
Advokat *m* advocate, lawyer
Affektionswert *m* emotional value
à-forfait-Geschäft *nt* factoring transaction
AG *f* ↘ **Aktiengesellschaft**
Agent *m* agent, representative; **A.enprovision** *f* agent's commission
Agentur *f* agency; **A. für Groß- und Kleinleben** *(Vers.)* combination agency; **staatliche A.** public agency
auf Agentur|basis *f* on an agency basis; **A.geschäft** *nt* agency business; **A.tätigkeit** *f* agency service; **A.vergütung** *f* agency commission; **A.vertrag** *m* agency

A

agreement, contract of agency; **A.vertrieb** *m* agency distritubtion
Aggregat *nt* 1. ☼ (power) unit; 2. *(Geld)* aggregate
agieren *v/i* to act
Agio *nt* 1. premium; 2. *(Emission)* share premium; **mit A. verkaufen** to sell at a premium; **stehendes A.** constant premium; **variables/veränderliches A.** fluctuating premium
Agio|erlös *m* paid-in surplus; **A.erträge** *pl* premiums received; **A.gewinn** *m* premium gain; **A.konto** *nt* share premium account; **A.papier** *nt* premium bond; **A.reserve; A.rücklage** *f* share premiumreserve
Agio|tage *f* premium hunting, jobbing; **A.teur** *m* stockjobber; **a.tieren** *v/t* operate in stocks; **A.überschuss** *m* share premium reserve
Agrar|- agricultural, agrarian; **A.abgaben; A.abschöpfung** *pl/f* agricultural levy; **A.ausfuhren** *pl* agricultural/farm exports; **A.ausgaben** *pl* agricultural spending; **A.bevölkerung** *f* farming/rural population; **A.einfuhren** *pl* agricultural imports; **A.einkommen** *nt* farm income; **A.erzeugnisse** *pl* agricultural products, produce; **einheimische A.erzeugnisse** home/domestic produce; **A.exporte** *pl* agricultural/farm exports; **A.fläche** *f* farming land; **A.(garantie)fonds** *m (EU)* common agricultural fund; **A.genossenschaft** *f* agricultural/farm cooperative; **A.güter** *pl* agricultural/farm products; **A.handelsbilanz** *f* agricultural trade balance; **A.haushalt** *m (EU)* farm budget; **A.importe** *pl* agricultural imports; **A.industrie** *f* agro-industry
agrarisch *adj* agricultural, agrarian
Agrar|kommissar *m (EU)* farm commissioner; **A.kredit** *m* agricultural credit
Agrarmarkt *m* agricultural market; **gemeinsamer A.** *(EU)* Common Agricultural Market; **A.ordnung** *f* agricultural regime; **A.politik** *f* agricultural market policy
Agrar|ministerrat *m (EU)* Council of Agricultural/Farm Ministers; **gemeinsame A.politik** *(EU)* Common Agricultural Policy (CAP)
Agrarpreis *m* farm price; **A.stützung** *f* farm price support; **A.subvention** *f* farm price subsidy; **A.system** *nt (EU)* farm price regime
Agrar|produkt(e) *nt/pl* agricultural product/produce; **A.produktion** *f* agricultural production; **A.reform** *f* agrarian/agricultural reform; **A.rohstoff** *m* agricultural commodity; **A.schutz** *m* agricultural protection; **A.sektor** *m* agriculture, agricultural sector; **A.staat** *m* agrarian state, agricultural nation; **A.steuer** *f* farm tax; **A.struktur** *f* agricultural structure; **A.stützpreis** *m* farm support price; **A.subvention** *f* farm support/subsidies; **A.technik** *f* agricultural engineering; **A.wirtschaft** *f* 1. agricultural/rural economics, agronomics; 2. agro-industry; **A.wissenschaftler** *m* agronomist; **A.zoll** *m* ⊖ agricultural duty; **A.zyklus** *m* agricultural cycle
Agro|chemie- agrochemical; **A.industrie** *f* agro-industry; **A.nom** *m* agronomist, agricultural economist; **A.nomie** *f* agronomy, agricultural economics; **a.nomisch** *adj* agronomic(al)
ahnden *v/t* to punish/penalize
Akademie *f* academy
Akademiker *m* (university) graduate; **A.arbeitslosigkeit** *f* graduate unemployment
Akkord *m* 1. *(Arbeit)* piecework; 2. *(Vereinbarung)* composition, agreement, arrangement; **im A. arbeiten** to do piecework; **~ bezahlt werden** to be paid by the piece; **linearer A.** straight piecework
Akkord|abrechnung *f* piecework accounting; **A.arbeit** *f* piecework; **A.arbeiter(in)** *m/f* pieceworker; **A.brecher** *m* rate buster; **A.festsetzung** *f* rate fixing; **A.karte; A.laufzettel** *f/m* job ticket
Akkordlohn *m* piece(work) wage, piece rate bonus; **A. erhalten** to be paid by the piece
Akkord|richtarbeiter *m* pacesetter; **A.richtsatz** *m* standard piece rate; **A.satz** *m* piece rate; **differenzierter A.satz** differential piece rate; **A.system** *nt* piece rate plan; **A.zeit** *f* allowed/incentive time; **A.zettel** *m* piecework/rate slip, job ticket; **A.zuschlag** *m* piecework bonus
akkreditier|en *v/t* 1. to accredit; 2. *(Kreditbrief)* to open a credit in so.'s favour; **A.te(r)** *f/m* 1. accreditee; 2. beneficiary of a letter of credit
Akkreditierung *f* 1. *(Diplomat)* accreditation; 2. opening of a letter of credit; **A.sstelle** *f* accrediting agency

Akkreditiv *nt* (commercial) letter of credit (L/C); **A. mit Dokumentenaufnahme** documentary (letter of) credit; **A. ohne Dokumente** clean letter of credit; **A. zur Verfügung für eine bestimmte Bank** straight credit; **A. mit hinausgeschobener Zahlung** deferred payment credit

Akkreditiv annullieren to cancel a letter of credit; **A. anzeigen** to notify a letter of credit; **A. bestätigen** to confirm a letter of credit; **jdm ein A. einräumen** to open a (letter of) credit in favour of so.; **A. eröffnen/stellen** to open/issue a (letter of) credit; **A. zurückziehen** to revoke a letter of credit

anweisbares Akkreditiv assignable (letter of) credit; **begebbares A.** negotiable (letter of) credit; **bestätigtes A.** confirmed (letter of) credit; **unwiderruflich gültiges und ~ A.** irrevocable and confirmed (letter of) credit; **dokumentäres A.** documentary (letter of) credit; **einfaches A.** clean (letter of) credit; **sich automatisch erneuerndes/revolvierendes A.** revolving (letter of) credit; **negoziierbares/übertragbares A.** negotiable (letter of) credit; **normales A.** straight (letter of) credit; **unbestätigtes A.** unconfirmed (letter of) credit; **unwiderrufliches A.** irrevocable (letter of) credit; **bestätigtes ~ A.** confirmed irrevocable (letter of) credit; **widerrufliches A.** revocable (letter of) credit

Akkreditiv|anzeige *f* notification of credit; **A.auftrag** *m* order to open a (letter of) credit; **A.bank** *f* issuing/opening bank; **A.begünstigter** *m* beneficiary of a credit; **A.deckung** *f* credit cover(age); **A.ermächtigung** *f* letter of authority; **A.eröffnung; A.(ge)stellung** *f* opening a letter of credit, insuance/issue of a letter of credit; **A.inanspruchnahme** *f* drawing under a credit; **A.inhaber** *m* accreditee; **A.klausel** *f* letter of credit clause; **A.partei** *f* party to a letter of credit; **A.verpflichtung** *f* liability under a letter of credit; **A.widerruf** *m* revocation of a (letter of) credit

akkumulieren *v/t* to accumulate; **a.d** *adj* accumulative

Akontozahlung *f* payment on account, down payment; **als A. erhalten** received on account

akquirieren *v/t* *(Vers.)* to canvass, to drum up *[US]*

Akquisiteur *m* canvasser, salesman

Akquisition *f* canvassing; **A.sabteilung** *f* new business department; **A.skosten** *pl* sales development cost(s)

Akt *m* act; **ungesetzlicher A.** unlawful act

Akte *f* file, folder; **bei den A.n** on file; **für Ihre A.n** for your reference; **zu den A.n** to be filed

bei den Akten bleiben to be retained in the files; **A. einsehen** to inspect the files; **nach Lage der A. entscheiden** to judge sth. on its merits; **A. führen** to keep files/records; **zu den A. legen/nehmen** to put on file

Akten|auszug *m* abstract of records; **A.deckel** *m* folder; **A.einsicht** *f* inspection of files; **~ haben** to have access to the files

aktenkundig *adj* 1. on record; 2. § known to the court; **a. machen** to place on record

Aktenlage *f* the record as it stands; **nach A.** on (the) record; **~ entscheiden** to judge sth. on its merits

Akten|notiz *f* memo; **A.ordner** *m* file; **A.schrank** *m* filing cabinet; **A.stück** *nt* file; **A.tasche** *f* briefcase; **A.vermerk** *m* memo; **A.zeichen** *nt* reference (number) (Ref. No.)

Aktie *f* share *[GB]*/stock *[US]*; **A.n** equities

Aktie(n) einer AG corporate share/stock; **A. mit normaler Dividendenberechtigung** equity share/stock; **A. mit rückwirkender Dividendenberechtigung** cumulative share/stock; **A. mit Dividendengarantie** guaranteed stock; **~ Gewinnbeteiligung** participating stock; **~ Nennwert** nominal value share/stock, par value share/stock; **~ einem Nennwert von $ 25** quarter stock *[US]*; **~ einem Nennwert von $ 50** half stock *[US]*; **A.n und Obligationen** equities and debentures; **A. mit Stimmrecht** voting share/stock; **A.n der Universalversicherungsgesellschaften** composites *[US]*; **~ Unterhaltungsindustrie** entertainments; **A.n konjunkturempfindlicher Unternehmen** cyclical shares/stocks; **A.n öffentlicher Versorgungsunternehmen** (public) utilities; **A. mit Vetorecht** golden share *[GB]*

Aktien abstoßen to sell shares/stocks; **A. auflegen/ausgeben** to issue shares/stocks; **A. zur Zeichnung auflegen** to

A

invite subscriptions for shares/stocks; **A. besitzen** to hold shares/stocks; **A. einreichen** to surrender share/stock certificates; **A. einziehen** to recall in shares/stocks; **A. erwerben** to buy shares/stocks; **mit A. handeln** to job; **A. hereinnehmen** to borrow stock *[US]*; **A. kaduzieren** to cancel shares/stocks; **A. lombardieren** to lend money on shares/stocks; **A. notieren** to quote shares *[GB]*, to list stocks *[US]*; **in A. spekulieren** to speculate in shares/stocks, to play the (stock) market; **A. splitten/teilen** to split shares/stocks; **A. übertragen/umschreiben** to assign/transfer shares/stocks; **A. unterbringen** to place shares/stocks; **A. zeichnen** to subscribe shares/stocks; **A. zusammenfassen/-legen** to consolidate shares/stocks; **A. zuteilen** to allocate/allot shares, ~ stocks

alte Aktie existing share/stock; **ausgegebene/begebene Aktie** issued share/stock; **~ A.n** issued capital; **ausstehende A.n** outstanding capital stock; **nicht bevorrechtigte A.** deferred share/stock; **bewilligte A.** authorized share/stock; **bezahlte A.** paid-up share/stock; **börsenfähige/-gängige/-notierte A.** listed/quoted share, ~ stock; **dividendenberechtigte A.** participating share/stock; **amtlich eingeführte A.** listed share/stock; **nicht ~ A.** unlisted share/stock; **voll eingezahlte A.n** fully paid capital shares/stock; **nicht voll ~ A.** partly paid share/stock; **eingezogene A.** recalled share/stock; **emittierte A.n** shares issued and outstanding; **erstklassige A.** blue chip; **gangbare A.** sal(e)able share/stock; **gängige A.** active share/stock; **lebhaft gefragte A.** glamour share/stock; **auf Baisse gekaufte A.** short share/stock; **klein gestückelte A.** fractional share/stock; **gewinnberechtigte A.** participating share/stock; **gewöhnliche A.** ordinary/common share *[GB]*, common stock *[US]*; **gezeichnete A.** subscribed share/stock; **hochrentierliche A.** high-yield share/stock; **junge A.** baby/new share/stock; **kaduzierte A.** forfeited share/stock; **konjunkturempfindliche A.** cyclical share/stock; **auf den Inhaber lautende A.** bearer share/stock; **nennwertlose A.** non-par (value) share/stock; **notierte A.** quoted share *[GB]*, listed stock *[US]*; **im Freiverkehr ~ A.** kerb share *[GB]*, curb stock *[US]*; **spekulative A.** hot share/stock; **stimmberechtigte A.** voting share/stock; **nicht ~/stimmrechtlose A.** non-voting share/stock; **umsatzstärkste A.** volume leader; **verwässerte A.** watered/diluted share, ~ stock; **zinsreagible A.** interest-rate-sensitive share/stock; **zyklische A.** cyclical share/stock

Aktien|abschnitt *m* dividend warrant, coupon; **A.agio** *nt* share/stock premium; **A.analyse** *f* share/stock analysis; **A.angebot** *nt (Übernahme)* share/stock bid; **A.anlage** *f* investment in shares/stocks; **A.anleger** *m* investor in shares/stocks; **A.-aufgeld** *nt* share/stock premium; **A.aufteilung** *f* share/stock split; **A.bank** *f* joint stock *[GB]*/incorporated *[US]* bank

Aktienbesitz *m* shareholding(s), stockholding(s); **A.er** *m* shareholder, stockholder

Aktien|bestand *m* shareholding, stockholding; **A.beteiligung** *f* shareholding/stockholding interest; **A.bewertung** *f* share/stock valuation

Aktienbezugsrecht *nt* share/stock option; **A.sobligation** *f* option bond

Aktien|börse *f* stock exchange/market; **A.buch** *nt* shareholders'/stockholders' register; **A.depot** *nt* stock portfolio; **A.-derivat** *nt* equity derivative; **A.disagio** *nt* share/stock discount; **A.dividende** *f* share/stock dividend

Aktienemission *f* share/stock/equity issue, initial public offering (IPO)

Aktienemissions|agio *nt* share/stock issue premium; **A.disagio** *nt* share/stock issue discount; **A.kurs** *m* share/stock offering price

Aktien|fachmann *m* share/stock analyst; **A.fonds** *m* share/stock/equity fund; **A.geschäft** *nt* share/stock deal

Aktiengesellschaft (AG) *f* public limited company (plc) *[GB]*, joint-stock company, open corporation *[US]*; **A. gründen** to promote a joint-stock company *[GB]*; **in eine A. umgewandelt werden** to go public

Aktiengesetz *nt* stock corporation act, Companies Act *[GB]*

Aktienhandel *m* share/stock/equity trading, dealing in shares/stocks; **A. aussetzen** to suspend trading (in shares/stocks)

Aktien|händler *m* stockbroker, market

maker, share/stock dealer; **A.hausse** *f* bull(ish) market, bull run; **A.index** *m* share/stock index, Financial Times (F.T.) Index *[GB]*, Dow Jones Index *[US]*; **A.inhaber** *m* shareholder, stockholder

Aktienkapital *nt* share/stock/equity capital, shareholders'/stockholders' equity; **A. ohne Vorrechte** ordinary share capital *[GB]*, common stock *[US]*

Aktienkapital erhöhen to increase the share/stock capital; **A. herabsetzen** to reduce the share/stock capital; **A. verwässern** to water the stock/capital, to dilute shares/stocks

ausgegebenes Aktienkapital issued share capital, ~ capital stock; **nicht ~ A.** unissued capital (stock); **ausstehendes A.** outstanding capital stock; **nicht bevorrechtigtes A.** common stock; **dividendenberechtigtes A.** participating share/stock capital; **eingezahltes A.** paid-up share capital *[GB]*, ~ capital stock *[US]*; **genehmigtes A.** authorized capital; **stimmberechtigtes A.** voting stock; **verwässertes A.** diluted share capital *[GB]*, ~ capital stock *[US]*

Aktien|kauf *m* share/stock purchase; **A.konto** *nt* share/stock account

Aktienkurs *m* share/stock price, equity price; **~ in die Höhe treiben** to send shares/stocks soaring; **A.index** *m* share/stock price index; **A.liste; A.zettel** *f/m* share/stock (price) list

Aktienmarkt *m* share/stock/equity market; **auf dem A. spekulieren** to play the stock market

Aktienmehrheit *f* majority of shares/stocks

Aktiennotierung; A.notiz *f* share/stock quotation, ~ listing; **A. aussetzen** to suspend the stock exchange quotation/listing

Aktien|option *f* share/stock (option) warrant; **A.paket** *nt* parcel of shares/stocks; **A.portefeuille** *nt* stock/equity portfolio; **A.preis** *m* share/stock/equity price; **A.recht** *nt* company law, corporation law *[US]*; **A.register** *nt* share register *[GB]*, stock record *[US]*; **A.rendite** *f* earnings per share, stock yield; **A.rücklauf** *m* share/stock buy-back; **A.schein** *m* share/stock warrant; **A.sparplan** *m* personal equity plan (PEP); **A.spekulation** *f* speculation in shares/stocks, stockjobbing; **A.split** *m* share/stock split; **A.stückelung** *f* share/stock denomination; **A.tausch** *m* share/stock/equity swap; **A.teilung** *f* share/stock split; **A.übernahme** *f* share/stock takeover; **A.übertragung; A.umschreibung** *f* share/stock transfer; **A.umtausch** *m* share/stock swap; **A.urkunde** *f* share/stock certificate, ~ warrant; **A.verzeichnis** *nt* share/stock register; **A.wert** *m* share/stock value; **führender A.wert** leading equity/share/stock; **A.zeichner** *m* subscriber for shares/stocks; **spekulativer A.zeichner** stag; **A.zeichnung** *f* subscription (for shares/stocks); **A.zertifikat** *nt* share/stock warrant; **A.zettel** *m* share/stock list; **A.zusammenlegung** *f* share/stock consolidation; **A.zuteilung** *f* allotment of shares/stocks

Aktion *f* action, campaign; **A. starten** to launch a campaign; **in A. treten** to swing into action; **konzertierte A.** concerted action

Aktionär *m* shareholder *[GB]*, stockholder *[US]*; **im Aktienbuch eingetragener A.** shareholder/stockholder of record; **namentlich ~ A.** registered shareholder *[GB]*, stockholder of record *[US]*; **freier A.** outside/free shareholder, ~ stockholder

Aktionärs|brief *m* shareholders'/stockholders' newsletter; **A.buch** *nt* shareholders'/stockholders' ledger; **A.klage** *f* shareholder's/stockholder's (group) action; **A.rechte** *pl* shareholder's/stockholder's rights; **A.register** *nt* shareholders'/share register; **A.ssprecher** *m* shareholders'/stockholders' representative; **A.vereinigung** *f* shareholders'/stockholders' association; **A.versammlung** *f* annual (general) meeting of shareholders/stockholders (AGM); **A.vertreter(in)** *m/f* shareholders'/stockholders' representative

Aktions|freiheit *f* freedom of action; **A.gemeinschaft** *f* pressure group; **A.plan** *m* course of action

aktiv *adj* 1. active; 2. *(Bilanz)* on the asset side; 3. *(Zahlungsbilanz)* favourable; **a.-sein** to operate

Aktiva *pl* assets; **A. und Passiva** assets and liabilities; **A. feststellen** *(Konkurs)* to marshal assets

antizipatorische Aktiva accrued assets; **ertragbringende A.** earning assets; **festliegende A.** fixed assets; **flüssige A.** cur-

A

rent/revolving assets; **jederzeit greifbare A.** tangible assets; **nicht ~ A.; immaterielle A.** intangible assets; **laufende A.** current assets; **leicht realisierbare A.** quick assets; **nicht ~ A.** frozen assets; **sofort ~ A.** liquid assets; **reine A.** net assets; **sonstige A.** *(Bilanz)* other assets; **transitorische A.** deferred assets; **unzureichende A.** insufficient assets; **werbende A.** earning assets; **verzinsliche/zinstragende A.** interest-bearing assets; **zentralbankfähige A.** eligible assets

Aktiv|antizipation *f* accrued assets; **A.bilanz** *f* favourable balance; **A.forderungen** *pl* accounts receivable; **A.geschäft** *nt* *(Bank)* lendings; **A.hypotheken** *pl* mortgage lending

aktivieren *v/t* 1. to activate/mobilize; 2. *(Bilanz)* to capitalize, to show on the asset(s) side

Aktivierung *f* 1. activation, mobilization; 2. capitalization

Aktivität *f* activity, operation; **A.en außerhalb des Fertigungsbereichs** non-manufacturing activities; **~ im Fertigungsbereich; ~ in der Produktion** manufacturing activities; **~ zum Schutz der Umwelt** environmental protection activities

gesamtwirtschaftliche Aktivität general business activity; **konjunkturelle A.** economic activity; **nachgeschaltete A.** downstream operation; **vorgeschaltete A.** upstream operation

Aktivitätskennzahl *f* activity ratio

Aktiv|kapital *nt* active capital/assets; **A.kredit** *m* lending; **A.legitimation** *f* § entitlement to sue; **A.masse** *f* assets; **A.position** *f* asset

Aktivposten *m* asset (item), credit item; **antizipative A.** accrued income; **potenzieller A.** contingent asset; **verzinslicher A.** earning asset

Aktiv|saldo *m* 1. favourable balance; 2. *(Bank)* credit balance; **A.schuld** *f* account receivable; **A.seite** *f* 1. *(Konto)* credit side; 2. *(Bilanz)* assets (side); **A.vermögen** *nt* assets; **A.zins** *m* interest receivable

aktualisier|en *v/t* to update; **A.ung** *f* updating

Aktuar *m* actuary

Akzept *nt* acceptance, accepted bill; **A.e** *(Bilanz)* notes payable; **mangels A.** in default of acceptance; **A. gegen Dokumente** acceptance against documents; **A.e im Umlauf** outstanding acceptances; **mangels A. protestiert** protested for non-acceptance; **~ zurück** returned for want of acceptance

Akzept decken to provide for acceptance; **A. einholen** to present for acceptance; **A. einlösen** to honour a draft; **mit A. versehen** to accept; **zum A. vorlegen** to present for acceptance

allgemeines Akzept clean acceptance; **bedingtes A.** qualified/conditional acceptance; **bedingungsloses A.** unconditional acceptance; **eigenes A.** *(Bilanz)* promissory note (P/N); **eingeschränktes/qualifiziertes A.** qualified acceptance; **reines A.** clean acceptance; **unbedingtes A.** absolute/unconditional acceptance; **unbeschränktes/uneingeschränktes A.** general/unconditional acceptance; **ungedecktes A.** blank acceptance

Akzeptant *m* acceptor

Akzeptanz *f* 1. acceptance; 2. acceptability

Akzeptationskredit *m* blank credit

Akzept|bank *f* accepting house; **A.besorgung; A.einholung** *f* presentation for acceptance; **A.bestand** *m* bill holdings; **A.buch** *nt* acceptance ledger; **A.einlösung** *f* bill discounting; **a.fähig** *adj* negotiable; **A.frist** *f* term of acceptance; **A.gläubiger(in)** *m/f* acceptance creditor; **A.haus** *nt* accepting house; **A.höchstkredit** *m* acceptance line

akzeptieren *v/t* 1. to accept; 2. *(Wechsel)* to honour; **nicht a.** 1. to refuse to accept; 2. *(Wechsel)* to dishonour

Akzeptkonto *nt* acceptance account

Akzeptkredit *m* (banker's) acceptance credit; **A.linie; A.rahmen** *f/m* acceptance line

Akzept|leistung *f* acceptance; **A.limit; A.linie** *nt/f* line of acceptance; **A.obligo** *nt* 1. bills receivable; 2. bills payable; **A.provision** *f* acceptance commission; **A.schuldner** *m* acceptance debtor; **A.umlauf** *m* bills in circulation; **A.verbindlichkeiten** *pl* 1. bills receivable; 2. bills payable; **A.verweigerung** *f* non-acceptance; **A.vorlage** *f* presentation for acceptance

Akzise *f* excise duty

Aliment *nt* *(Vers.)* input; **A.e** maintenance/affiliation payments

Alkohol *m* alcohol; **a.frei** *adj* non-alcoholic; **A.gehalt** *m* alcohol content; **A.steuer** *f* alcohol duty

Allbranchen|versicherer; A.versicherung *m/f* all-line(s) insurance (company)

Allein|- single, exclusive, sole; **A.aktionär** *m* sole shareholder; **A.auftrag** *m (Makler)* exclusive order; **A.auslieferer** *m* sole distributor; **A.berechtigung** *f* exclusive/sole right; **A.besitz** *m* exclusive/sole possession; **A.besitzer(in)** *m/f* sole proprietor; **A.betrieb** *m* sole trader/proprietor(ship); **A.betriebsrecht** *nt* operating monopoly; **A.eigentum** *nt* sole/exclusive ownership; **A.eigentümer(in)** *m/f* sole owner; **A.erbe; A.erbin** *m/f* universal heir; **A.erzieher(in)** *m/f* single parent; **A.handel** *m* monopoly; **A.hersteller** *m* sole manufacturer; **A.herstellungsrecht** *nt* manufacturing monopoly

alleinig *adj* exclusive, sole

Allein|import *m* sole/exclusive import; **A.importeur** *m* sole importer; **A.inhaber** *m* sole proprietor; **A.lizenz** *f* sole/exclusive licence; **A.rechte** *pl* exclusive rights; **A.stehende(r)** *f/m* single person; **A.stellungsmerkmal** *nt (Werbung)* unique selling proposition (USP); **A.unternehmer** *m* sole trader/proprietor; **a.verantwortlich** *adj* solely responsible; **A.verkauf** *m* exclusive sale, (sales) monopoly; **A.verkäufer** *m* exclusive distributor; **A.vertretung** *f* sole/exclusive agency; **A.vertrieb** *m* monopoly; **A.vertriebsberechtigte(r)** *f/m* exclusive distributor

All|finanzbank *f* full-service bank; **A.gefahrenpolice** *f* all-risks policy

allgemein *adj* general, universal

Allonge *f (frz.) (Wechsel)* rider, apron

(kumulative) Allphasen(-Umsatz)steuer *f* (cumulative) all-stage turnover tax, cascading tax, value-added tax (VAT)

Allzweck|- all-purpose, general-purpose

Alt|- existing; **A.aktionär** *m* existing shareholder; **A.bestände** *pl* existing stock

Alteisen *nt* scrap iron

Alter *nt* old age; **erwünschtes A.** *(Anzeige)* probable age; **gesetzliches A.** legal age; **ruhegehaltsfähiges A.** retiring age; **vollendetes A.** full age; **vorgeschriebenes A.** statutory age

alternativ *adj* alternative; **A.angebot** *nt* alternative offer/tender; **A.auftrag** *m* either-or order; **A.begünstigte(r)** *f/m* alternative beneficiary/payee; **A.bezogene(r)** *f/m* alternative drawee

Alternative *f* alternative

Alternativ|kosten *pl* opportunity cost(s); **A.plan** *m* contingency plan

Alters|bedingungen; A.beschränkungen *pl* age restrictions; **A.bezüge** *pl* retirement pay; **A.entlastungsbetrag** *m* old-age allowance; **A.erfordernisse** *pl* age requirements; **A.freibetrag** *m* (old) age allowance; **A.grenze** *f* 1. age limit; 2. retirement age; **aus A.gründen** *pl* for reasons of age; **A.gruppe** *f* 1. age bracket; 2. age cohort; **A.kapital** *nt (Vers.)* endowment sum; **A.rente** *f* old-age retirement/pension; **A.rentner(in)** *m/f* old-age pensioner (O.A.P.), senior citizen

Altersruhegeld *nt* ↘ **Altersrente**

Alters|struktur *f* age structure/pyramid; **A.stufe** *f* age group/bracket/cohort; **A.tabelle** *f* age schedule; **A.unterstützung** *f* old-age relief; **A.versicherung** *f* retirement/old-age insurance

Altersversorgung *f* old-age pension; **berufliche A.** occupational pension scheme; **(inner)betriebliche A.** company pension scheme; **einkommensbezogene A.** earnings-related pension scheme; **private A.** private pension plan; **staatliche A.** state pension (scheme)

Alters|verteilung *f* age distribution; **A.voraussetzungen** *pl* age requirements; **A.vorsorge** *f* old-age provision; **A.zulage; A.zuschlag** *f* age allowance, seniority bonus

Alt|forderung *f* existing claim; **A.gesellschafter** *m* 1. senior partner; 2. existing shareholder

Altglas *nt* waste glass; **A.behälter; A.container** *m* bottle bank; **A.verwertung** *f* waste glass recycling

Alt|gläubiger *m* existing creditor; **A.industrie** *f* sundown industry *[US]*, smokestack industry *[GB]*; **industrielle A.last** derelict/contaminated (industrial) land

Altmaterial *nt* scrap; **A.händler** *m* scrap merchant; **A.wert** *m* scrap/breakup value

Alt|metall *nt* scrap metal; **A.mieter** *m* sitting tenant; **A.öl** *nt* waste oil; **A.papier** *nt* waste paper; **A.schulden** *pl* existing debts; **A.stoffbehandlung** *f* waste treatment/processing; **A.vertrag** *m* existing

A

contract; **A.warenhandel** *m* second-hand trade; **A.warenhändler** *m* scrap/second-hand dealer

ambulant *adj* 1. *(Handel)* itinerant; 2. ⚕ out-patient

Amortisation *f* 1. *(Hypothek)* repayment; 2. *(Anleihe)* redemption

Amortisations|anleihe *f* redemption bond; **A.darlehen** *nt* redemption loan; **A.fonds** *m* sinking fund; **A.hypothek** *f* redemption mortgage; **A.plan** *m* redemption table; **A.quote** *f* redemption rate; **A.rücklage** *f* sinking fund reserve; **A.verlauf** *m* amortization scheme; **A.wert** *m* redemption value; **A.zahlung** *f* redemption/amortization payment; **A.zeit(raum)** *f/m* 1. *(Projekt)* payout time; 2. *(Anleihe)* payback/amortization period

amortisier|bar *adj* redeemable; **a.en** *v/t* to redeem; **A.ung** *f* amortization, redemption

Amt *nt* 1. office; 2. *(Behörde)* authority; **von A.s wegen** officially, ex officio *(lat.)*

Amt antreten to take office; **aus dem A. ausscheiden** to retire; **A. bekleiden/innehaben** to hold (an) office; **im A. bleiben** to remain in office; **jdn seines A.es entheben** to dismiss so. from office; **von A.s wegen handeln** to act in an official capacity; **A. niederlegen; aus dem A. scheiden** to resign; **A. verwalten/wahrnehmen** to hold (an) office; **von einem A. zurücktreten** to resign

amtieren *v/i* to act/officiate; **stellvertretend a.** to deputize

amtlich *adj* official

Amts|antritt *m* assumption of office; **A.anwalt** *m* § official solicitor; **A.aufgabe** *f* resignation; **A.befugnis** *f* authority; **A.bereich** *m* 1. area of competence; 2. ☎ (local) area; **A.bescheinigung** *f* official certification; **A.bezeichnung** *f* official title; **A.bezirk** *m* 1. administrative district; 2. jurisdiction; **A.dauer** *f* term of office; **A.delikt** *nt* § malfeasance; **A.eid** *m* oath of office; **A.enthebung** *f* removal from office; **A.geheimnis** *nt* official secret; **A.gericht** *nt* magistrates' court *[GB]*, district court *[US]*, sheriff court *[Scot.]*; **A.geschäfte** *pl* official functions/duties; **A.gewalt** *f* authority; **A.haftung** *f* public liability; **A.handlung** *f* official act; **A.inhaber(in)** *m/f* office holder; **A.leiter(in)** *m/f* head of department; **A.periode** *f* term of office; **A.richter** *m* magistrate *[GB]*, district judge *[US]*; **A.zeichen** *nt* ☎ dial *[US]*/dialling *[GB]* tone; **A.zeit** *f* term of office

Analyse *f* 1. analysis; 2. 📊 breakdown; **A. der Kapitalverhältnisse** financial analysis; **~ Kostenabweichung** variance analysis; **~ Kostenvorteile** cost-benefit analysis; **~ Umweltwirkungen** environmental impact analysis; **~ Werbeträger** media analysis

charttechnische Analyse chart analysis; **eingehende/gründliche A.** in-depth study

analy|sieren *v/t* to analyze; **A.st; A.tiker** *m* analyst; **a.tisch** *adj* analytic(al)

anbahnen *v/t* to open (up), to initiate

Anbahnung *f* approach, inquiry; **A. von Geschäftsbeziehungen** opening up of new business contacts, business development; **A.skosten** *pl* business development costs

Anbau *m* 1. 🏛 wing; 2. 🚜 cultivation, farming; **biologischer A.** organic farming

anbauen *v/t* 1. 🏛 to extend; 2. 🚜 to cultivate/grow

Anbau|fläche *f* acreage; **A.gebiet** *nt* cultivated area; **A.land** *nt* producer country; **biologische A.methode** organic farming; **A.sorte** *f* 🚜 crop

anbei *adv* enclosed, attached

in Anbetracht considering, given

anbieten *v/t* to offer/tender/proffer/quote; **fest a.** to offer firm, to submit a firm offer; **freibleibend a.** to offer subject to confirmation; **gratis/kostenlos a.** to offer free of charge; **öffentlich a.** to offer for public subscription

Anbietender; Anbieter *m* 1. offerer, supplier, tenderer; 2. *(Dienstleistung)* provider

billigster Anbieter lowest bidder; **erfolgreicher A.** successful bidder

Anbieter|absprache *f* *(Submission)* collusive bidding/tendering; **A.inflation** *f* supply inflation; **A.markt** *m* suppliers' market

Anbietung *f* tender; **A.spflicht** *f* obligation to offer for sale

Ander|depot *nt* trust deposit; **A.konto** *nt* third-party account

ändern *v/t* to change/modify/alter; **sich geringfügig ä.** *(Börsenkurs)* to move narrowly; **sich ständig ä.** to fluctuate

Änderung *f* change, modification, alteration; **Ä. der Adresse** change of address; **~ Gerichtsstands** change of venue; **Ä. eines Gesetzes** amendment of a law
vorbehaltlich Änderungen subject to change; **drastische Ä.** sweeping changes
andienen *v/t* to proffer/tender/offer
Andienung *f* offer, tender
Andrang *m* run, rush; **A. auf eine Bank** run on a bank
jdm etw. andrehen *v/t* *(coll)* to fob/foist sth. on so., to miss-sell so. sth.
aneignen *v/refl* to acquire; **sich widerrechtlich a.** to misappropriate
Aneignung *f* acquisition; **betrügerische/rechtswidrige/widerrechtliche A.** misappropriation
Anerbieten *nt* offer, offering
anerkannt *adj* recognized, acknowledged
anerkennen *v/t* to recognize/acknowledge; **steuerlich a.** to allow for tax purposes; **voll a.** *(Steuer)* to allow in full
Anerkennung *f* 1. acknowledgment, recognition; 2. *(Wechsel)* acceptance; **A. finden** to gain acceptance
de facto/faktische Anerkennung de facto recognition; **de iure A.** de iure *(lat.)*/formal recognition; **stillschweigende A.** implied/tacit acceptance
Anerkennungs|betrag *m* nominal amount; **A.dividende** *f* notional dividend; **A.preis** *m* notional price; **A.zinsen; A.zinssatz** *pl/m* notional interest
Anfall *m* 1. *(Häufigkeit)* incidence; 2. *(Ertrag)* yield; **a.en** *v/i* 1. to arise; 2. *(Kosten)* to accrue
Anfang *m* beginning, start; **a.en** *v/ti* to begin/start/commence; **neu a.en** to start from scratch
Anfangs|- initial; **A.ausgabe** *f* initial outlay; **A.belastung** *f* initial charge(s); **hohe A.belastung** front-end load; **A.bestand** *m* 1. *(Bilanz)* opening capital/stock; 2. *(Lager)* opening inventory; **A.finanzierung** *f* front-end/up-front finance; **A.gehalt** *nt* starting/commencing salary; **A.guthaben** *nt* initial credit balance; **A.gewinne** *pl* *(Börse)* early gains; **A.inventar** *nt* opening stock; **A.kurs** *m* opening price; **A.-lohn** *m* starting wage; **A.notierung** *f* opening quotation; **A.saldo** *m* opening balance; **A.schwierigkeiten** *pl* teething troubles *(fig)*; **A.stadium** *nt* early stage; **A.tarif** *m* starting rate; **A.termin** *m* commencing/starting date; **A.verluste** *pl* *(Börse)* early losses; **A.warenbestand** *m* original inventory; **A.wert** *m* initial value
anfechten *v/t* 1. to rescind/annul; 2. to challenge
Anfechtung *f* 1. nullification; 2. *(Vertrag)* rescission; 3. *(Urteil)* appeal; **A.sgrund** *m* cause of appeal; **A.sklage** *f* rescissory action
anfertig|en *v/t* to make/manufacture; **A.ung** *f* manufacture
anfordern *v/t* to requisition, to call/ask for
Anforderung *f* requisition, request; **auf A. zahlbar** payable on demand; **den A.en entsprechen/genügen/gerecht werden** to meet standards/requirements
betriebliche Anforderungen operational requirements; **gesetzliche A.** legal requirements; **personelle A.** staff requirements
Anforderungs|grad *m* required standard; **A.profil** *nt (Personal)* job specification; **A.schein** *m* requisition note/slip
Anfrage *f* (letter of) inquiry/enquiry
anfragen (wegen) *v/i* to inquire/enquire (about)
anfüg|en *v/t* to enclose/attach; **A.ung** *f* enclosure, attachment
Anfuhr *f* delivery, cartage
anführ|en *v/t* 1. *(Beispiel)* to cite/quote; 2. *(Liste)* to lead
Anfuhr|gebühren; A.kosten *pl* cartage; **A.-rechnung** *f* cartage note
Angabe *f* 1. statement; 2. *(Anweisung)* instruction; 3. ⊖ declaration; 4. *(Einzelheiten)* specification; **A. von Ankaufs- und Verkaufskurs** double-barrelled quotation; **~ Gründen** statement of reasons; **A.n zur Person** personal data
ausführliche Angaben detailed information; **betriebswirtschaftliche A.** business data; **falsche A.** § misrepresentation; **nähere A.** details, particulars; **statistische A.** statistical data; **technische A.** technical data; **vertrauliche A.** confidential data
angeben *v/t* to state/declare; **einzeln/näher a.** to specify/itemize
Angebot *nt* 1. *(Vorschlag)* proposal, proposition; 2. offer, quotation, bid, tender, quote *(coll)*; 3. *(Ware)* range; 4. *(Börse)* offering; 5. *(VWL)* supply; **im A.** on offer

A

Angebot und Annahme offer and acceptance; **A. ohne Festpreis** *m* subject bid; **A. am Geldmarkt** money supply; **A. und Nachfrage** supply and demand
mehr Angebot als Nachfrage *(Börse)* sellers over
Angebot abgeben to submit an offer, to tender; **A. ablehnen** to refuse/reject an offer; **A. annehmen** to accept an offer; **A. einholen** to ask for a quotation; **A.e einholen** to invite quotations/tenders; **A. einreichen** to submit an offer; **A. machen** to make an offer, to tender/bid; **von einem A. Gebrauch machen; A. nutzen** to take up an offer; **A. übersteigen** *(Nachfrage)* to outstrip supply; **A. unterbreiten/vorlegen** to submit an offer; **A. verwerfen/zurückweisen** to reject an offer; **A. widerrufen** to revoke an offer; **A. zurückziehen** to withdraw an offer
abgesprochenes Angebot collusive tender; **bindendes/festes A.** firm/binding offer; **nicht ~ A.** subject offer; **elastisches A.** *(VWL)* elastic supply; **freibleibendes A.** subject offer; **gesamtwirtschaftliches A.** aggregate supply; **günstiges A.** attractive offer; **wirklich ~ A.** real bargain; **laufendes A.** *(Börse)* floating supply; **letztes A.** final offer; **maßgeschneidertes A.** tailor-made offer; **offenes A.** open bid/tender; **preisgünstiges A.** competitive offer; **schriftliches A.** written offer, offer in writing; **stillschweigendes A.** implied offer; **unverbindliches A.** subject offer; **unverlangtes A.** unsolicited offer; **verbindliches A.** firm/binding offer; **verlockendes A.** attractive/tempting offer; **vorbehaltloses A.** unconditional offer
angeboten *adj* offered, on offer
Angebots|abgabe *f* tendering, bidding; **A.absprache** *f* collusive tendering/bidding; **A.annahme** *f* acceptance (of an offer); **A.aufforderung** *f* invititation to tender; **A.ausschreibung** *f* public invitation to tender; **A.elastizität** *f* elasticity of supply; **A.empfänger** *m* tenderee, offeree; **A.eröffnung** *f* bid opening; **A.eröffnungstermin** *m* tendering/submission date; **A.erstellung** *f (Ausschreibung)* tendering; **A.funktion** *f (VWL)* supply function; **A.garantie** *f* bid/tender guarantee; **A.gesetz** *nt (VWL)* law of supply; **a.induziert** *adj* supply-side; **A.inflation** *f* supply(-push) inflation; **A.knappheit** *f* supply shortage; **A.kurve** *f* supply curve; **A.menge** *f* (volume of) supply; **A.monopol** *nt* suppliers' monopoly; **A.nehmer** *m* offeree; **a.orientiert** *adj* supply-side; **A.palette** *f* range (on offer); **A.politik** *f (VWL)* supply-side policy; **A.politiker** *m* supply-sider; **A.preis** *m* asking/offer/quoted price; **A.qualität** *f* product quality; **A.seite** *f* supply side; **A.situation** *f* supply situation; **A.steller** *m* tenderer, offeror; **A.steuerung** *f* supply management; **A.termin** *m (Ausschreibung)* closing date for tenders; **A.theorie** *f (VWL)* supply theory; **A.theoretiker** *m* supply theorist; **A.überhang; A.überschuss** *m* supply overhang/surplus; **A.unterlage** *f* tender/offer document; **A.verschiebung** *f* shift in supply; **A.verzeichnis** *nt* list of offers; **A.wachstum** *nt* supply growth; **A.zinssatz Londoner Banken** *m* London interbank offered rate (Libor)
ange|fallen *adj* accrued, earned; **einzeln/speziell a.fertigt** *adj* made to order, custom-made, customized; **unten a.führt** *adj* undermentioned (u/m); **oben a.führt** *adj* above-mentioned (a/m)
angehen *v/t* 1. to concern; 2. *(Problem)* to approach
Angehörige(r) *f/m* dependant, relative; **nächste(r) A.(r)** next of kin
Angeklagte(r) *f/m* § accused, defendant
Angeld *nt* deposit, down payment
Angelegenheit *f* matter, affair, case, business; **A. beilegen** to settle a matter; **A. besprechen** to discuss a matter; **sich wegen einer A. mit jdm besprechen** to take up a matter with so.; **A. bereinigen/erledigen/ordnen/regeln; A. in Ordnung bringen** to settle a matter/an affair; **A. zur Sprache bringen** to raise a matter; **A. prüfen** to look into a matter
dienstliche Angelegenheit official business; **dringende A.** matter of urgency; **finanzielle A.en** financial affairs; **laufende A.en** day-to-day matters; **schwebende A.** pending question; **streitige/strittige A.** § controversial matter
angelegt *adj* invested; **fest a.** tied up; **nicht a.** idle; **sicher a.** safely invested; **verteilt a.** diversified; **voll a.** fully invested
ange|lernt *adj* semi-skilled; **a.meldet** *adj* registered; **a.messen** *adj* appropriate, adequate

angenehm *adj* pleasant, agreeable; **das A.e mit dem Nützlichen verbinden** to combine business with pleasure

angenommen *adj* 1. assumed; 2. § constructive

angepasst *adj* adapted; **individuell a.** *adj* customized, tailor-made; **jahreszeitlich a.** seasonally adjusted

ange|rechnet *adj* accounted for; **a.sammelt** *adj* 1. accumulated; 2. *(Erträge)* earned; 3. *(Zinsen)* accrued; **a.schlagen** *adj* 1. battered, stricken; 2. *(Unternehmen)* ailing; **a.schlossen** *adj* affiliated; **a.schmutzt** *adj* shopsoiled *[GB]*, shopworn *[US]*; **a.sehen** *adj* reputable, respectable, esteemed, reputable; **a.spannt** *adj* tense, tight, strained; **a.staubt** *adj* shopsoiled *[GB]*, shopworn *[US]*

angestellt *adj* employed, on the payroll

Angestellte(r) *f/m* white-collar employee/worker, salaried employee; **A. einer Bank** bank clerk; **~ in der Buchhaltung** accounts clerk; **~ im öffentlichen Dienst** public sector employee; **A. in der Kostenbuchhaltung** cost clerk; **~ Lohnbuchhaltung** wages clerk; **A. für das Rechnungswesen** accounts clerk; **~ im Schalterdienst** counter clerk; **A. in leitender Stellung** executive

festbesoldeter Angestellter salaried employee; **führender A.** executive; **kaufmännischer A.** clerical employee; **leitender A.** (senior) executive; **technischer A.** technician; **zeichnungsberechtigter A.** confidential clerk

Angestellten|- white-collar, clerical; **A.beruf** *m* white-collar/clerical occupation; **A.beurteilung** *f* employee appraisal; **A.einstufung** *f* employee rating; **A.gewerkschaft** *f* white-collar union; **A.haushalt** *m* salary earner's household; **A.stelle** *f* white-collar job; **A.tätigkeit** *f* white-collar occupation; **A.verhältnis** *nt* salaried employment

ange|wachsen *adj* accrued; **a.wandt** *adj* applied

angleichen *v/t* to adapt/adjust, to bring into line

Angleichung *f* adaptation, adjustment; **automatische A. der Löhne an das Preisniveau** cost-of-living escalator; **~ der Währungen** monetary alignment; **~ Zollsätze** alignment/adjustment of tariff rates

Angleichungsklausel *f* *(Preis)* escalator clause

anglieder|n *v/t* to affiliate; **A.ung** *f* affiliation

angreifen *vt/* 1. to attack/raid; 2. *(Reserven)* to eat into *(fig)*, to tap

angrenzen *v/i* to border/adjoin; **a.d** *adj* adjacent, adjoining

Angriff *m* attack, raid; **A. der Baissepartei** bear campaign; **~ Haussepartei** bull run; **in A. nehmen** to tackle

Angst *f* fear, anxiety; **A.indossament** *nt* qualified indorsement/endorsement; **A.käufe** *pl* panic buying; **A.sparen** *nt* panic saving; **A.verkäufe** *pl* panic selling

Anhalten *nt* stop, stoppage; **A. von Konsumgewohnheiten** habit persistence; **A. der Ware auf dem Transport** stoppage in transit

anhalten *v/t* 1. to stop/halt; 2. to persist; **jdn zu etw. a.** to enjoin so. to do sth.

anhaltend *adj* prolonged, sustained; **lang a.** long-running, protracted

Anhalterecht *nt* right of stoppage in transit

Anhalts|punkt *m* pointer, clue; **A.wert** *m* reference value

Anhang *m* 1. *(Geschäftsbericht)* notes (to the accounts); 2. *(Vertrag)* appendix; 3. *(Beilage)* enclosure; **A. an einen Wechsel (Allonge)** rider, allonge

anhängen *v/t* to attach/affix

Anhänger *m* 1. trailer; 2. *(Zettel)* tag, label; 3. *(Person)* disciple, adherent; **A. ohne Aufbauten** platform trailer; **A. der Expansionspolitik** expansionist; **A. des Freihandels** free trader; **A. der freien Marktwirtschaft** free marketeer

Anhänger|kupplung *f* trailer coupling; **A.last** *f* trailer load

Anhänge|schild(chen) *nt* *(Preis)* tag; **A.schloss** *nt* padlock; **A.zettel** *m* tag, tie-on label

anhängig *adj* § pending; **A.keit** *f* pendency

anhäufen *v/t/refl* 1. *(Geld/Zinsen)* to accumulate/accrue; 2. *(Vorräte)* to stockpile

Anhäufung *f* 1. accumulation; 2. cluster; 3. aggregation, aggregate; 4. *(Zinsen)* accrual

anheben *v/t* to lift/raise/increase

Anhebung *f* increase; **lineare A.** across-the-board increase

anheim fallen *adj* to revert to, to devolve upon

A

anheuern *v/ti* 1. to hire; 2. ⚓ to sign on/up
anhören *v/t* *(Gericht)* to hear
Anhörung *f* hearing; **A. ansetzen** to appoint a hearing; **A. veranstalten** to conduct a hearing; **A. vertagen** to adjourn a hearing
Anhörungs|anspruch *m* right of audience; **A.frist** *f* consultation period; **A.pflicht** *f* duty to hear the parties; **A.recht** *nt* right to be heard; **A.termin** *m* hearing date; **A.verfahren** *nt* hearing
Ankauf *m* purchase, acquisition, buying, purchasing; **A. und Verkauf** 1. purchase and sale; 2. *(Börse)* round turn; **freihändiger A.** purchase at market prices
ankauf|bar *adj* *(Wechsel)* discountable; **a.en** *v/t* to purchase/buy/acquire
Ankäufer *m* 1. buyer, purchaser; 2. *(Vertragstext)* vendee
Ankauf|kurs; A.satz *m* buying rate
Ankaufs|ermächtigung *f* *(Dokumententratte)* order to negotiate; **a.fähig** *adj* *(Wechsel)* discountable; **A.kosten** *pl* acquisition cost(s); **A.kredit** *m* vendor credit; **A.kurs** *m* buying rate, purchase price; **zum A.kurs** at cost; **A.- und Verkaufskurs** *(Börse)* double price; **A.option** *f* purchase option; **A.preis** *m* 1. purchase price; 2. *(EU)* intervention price; **A.-wert** *m* cost price
Anker *m* ⚓ anchor; **vor A. gehen** to anchor; **A. heben/lichten** to weigh anchor; **vor A. liegen** to lie/ride at anchor; **A. werfen** to cast/drop anchor
Ankergebühr; A.geld *f/nt* anchorage
ankern *v/i* to anchor
Ankerplatz *m* 1. anchorage; 2. *(Hafen)* berth; **A. für den Exportverkehr** export berth; **A. für die kranlose Verladung** roll-on/roll-off berth
Anklage *f* 1. § (criminal) charge, indictment; 2. *(Staatsanwalt)* prosecution; **A. erheben (gegen jdn)** to prefer/bring a charge (against so.); **A. fallen lassen** to drop a charge; **unter A. stellen** to charge/indict; **sich wegen einer A. verantworten** to answer a charge; **A. vertreten** to act for the prosecution; **A. verwerfen**f to quash an indictment
öffentliche Anklage public prosecution; **schwebende A.** pending charge
Anklagebank *f* dock; **auf der A.** in the dock; **~ A. sitzen** to be in the dock
Anklage|behörde *f* (the) prosecution, Director of Public Prosecution (DPP) *[GB]*, District Attorney *[US]*; **A.erhebung** *f* indictment; **a.fähig** *adj* indictable
anklagen *v/t* to charge
Anklagepunkt *m* count, charge; **jdn in allen A.en für schuldig befinden** to find so. guilty on all charges/counts; **~ freisprechen** to clear so. on all counts
Ankläger *m* (public) prosecutor, counsel for the prosecution, district attorney *[US]*
Anklage|schrift *f* (bill of) indictment, charge (sheet); **A.vertreter** *m* counsel for the prosecution; **A.vertretung** *f* prosecution
Anklang *m* appeal, acceptance; **A. finden** to appeal, to find a ready market
Ankommen *nt* arrival; **a.** *v/i* 1. to arrive; 2. *(Anklang finden)* to be a success; **a. auf** to depend on
ankündigen *v/t* 1. to give notice; 2. to announce; 3. *(Ware)* to advise; **fristgemäß/rechtzeitig a.** *v/t* to give due notice
Ankündigung *f* 1. announcement; 2. notice; 3. *(Ware)* advice; **besondere A.** special notice; **öffentliche A.** public announcement; **vorherige A.** advance notice; **ohne weitere A.** without further notice
Ankunft *f* arrival; **bei/nach A.** on arrival
Ankunfts|anzeige *f* notice of arrival; **A.-hafen** *m* port of arrival; **A.halle** *f* arrival lounge
Ankunftszeit *f* time of arrival; **tatsächliche A.** actual time of arrival (ata); **voraussichtliche A.** expected time of arrival (eta)
ankurbeln *v/t* to boost/stimulate
Ankurbelung *f* boost, stimulation; **A. der Konjunktur** pump-priming, reflation; **~ Nachfrage** stimulation of demand
Anlage *f* 1. *(Anordnung)* layout; 2. *(Kapital)* investment; 3. *(Beilage)* enclosure; 4. *(Betrieb)* plant, factory, facility; 5. *(Vertrag)* schedule, supplement; **in der A.** enclosed
Anlage in Aktien equity investment, investment in shares/stocks; **A. im Ausland** foreign investment; **A. mit festem Ertrag** fixed-yield investment; **A. in Immobilien** real estate investment; **A. überschüssiger**

A

Mittel employment/investment of surplus funds; **A. in Obligationen/Rentenwerten** investment in fixed-interest securities; **~ Schuldverschreibungen** investment in bonds; **~ Staatspapieren** investment in government bonds; **A.n für kranlose Verladung** roll-on/roll-off facilities; **A. mit variabler Verzinsung** variable-yield investment; **A. in Wertpapieren** investment in securities

Anlage abschreiben to write down an asset; **in der A. beifügen** to enclose/attach

ausgesuchte Anlage choice investment; **außerbetriebliche A.n** non-operating assets; **im Bau befindliche A.** plant(s) under construction; **fest eingebaute A.n** fixtures; **erste/erstklassige A.** first-class/prime investment; **ertragreiche A.** profitable investment; **feste/fixe A.(n)** 1. fixture; 2. fixed asset(s); **festverzinsliche A.n** fixed(-interest/-yield) investment(s); **gestreute A.** scattered/diversified investments; **gewerbliche A.n** industrial plant and equipment; **gewinnbringende A.** earning asset; **immaterielle A.n** intangibles, intangible assets; **krisensichere A.** crisis-proof investment; **kurzfristige A.** short-term investment; **langfristige A.** long-term investment; **maschinelle A.n** machinery, plant and equipment; **mündelsichere A.** trustee *[GB]*/eligible *[US]* investment; **produktive A.** productive investment; **rentierliche A.** profitable investment; **schlüsselfertige A.** turnkey plant; **selbsterstellte A.n** company-manufactured assets; **technische A.** plant; **~ A.n und Maschinen** plant and machinery; **unproduktive A.n** dead assets; **verfahrenstechnische A.** processing plant; **verlockende A.** attractive investment; **vermögensbildende A.** capital-forming investment; **werbende A.** earning asset

Anlage|abgang *m* investment disposal; **A.abschreibung** *f* capital depreciation; **A.analyse** *f* investment analysis; **A.art** *f* type/form of investment; **A.aufschreibungen; A.aufzeichnungen** *pl* (plant) property records; **A.aufwand** *m* investment expenditure; **A.bank** *f* investment bank; **A.bedarf** *m* investment requirements; **A.berater** *m* investment adviser/consultant; **A.beratung** *f* investment advice/counselling; **a.bereit** *adj (Mittel)* investment-seeking; **A.bereitschaft** *f* propensity/readiness to invest, investor confidence; **A.beschränkungen** *pl* investment restrictions; **A.besitz** *m* investment holdings; **A.betrag** *m* amount (to be) invested; **A.bewertung** *f* investment appraisal/rating, asset valuation; **A.buchführung** *f* investment accounting; **A.dauer** *f* period of investment; **A.empfehlung** *f* investment advice; **A.entscheidung** *f* investment decision; **A.erfahrung** *f* investment experience; **A.erfolg; A.ergebnis** *m/nt* 1. (investment) performance; 2. *(Gewinne)* investment yield(s); **A.ertrag** *m* return on investment (ROI); **A.erträge; A.erträgnisse** *pl* investment earnings; **A.experte; A.fachmann** *m* investment analyst

Anlagefonds *m* (investment/mutual) fund; **offener A.** open-ended fund

Anlageform *f* form/type of investment

Anlagegegenstand *m* fixed/capital asset; **immaterieller A.** intangible asset

Anlage|geschäft *nt* investment business; **A.gesellschaft** *f* investment trust/company; **A.gewinn** *m* return on investment (ROI), yield

Anlagegut *nt* (fixed/capital) asset; **A.güter** *pl* assets, capital goods

abschreibungsfähige Anlagegüter depreciable assets; **bewegliche A.** movable assets; **immaterielle A.** intangible assets; **kurzfristige/kurzlebige A.** wasting assets; **unbewegliche A.** fixed assets

Anlage|institut *m* investment bank; **A.instrument** *nt* investment medium; **A.interesse** *nt* investor interest; **A.interessent** *m* prospective investor; **A.investition(en)** *f/pl* investment(s) in fixed assets, fixed/capital investment(s)

Anlagekapital *nt* fixed/capital assets; **A. zurückziehen** to disinvest; **A.aufwand** *m* fixed capital expenditure

Anlage|klima *nt* investment climate; **A.konto** *nt* investment account; **A.kosten** *pl* prime/plant/capital cost(s); **A.kredit** *m* investment credit; **A.kriterien** *pl* investment criteria; **A.kundschaft** *f* investing public, investors **A.mittel** *pl* investment funds; **A.möglichkeit** *f* investment opportunity

Anlagen ↘ **Anlage**

Anlagen|abgang; A.abgänge *m/pl* retirement/disposal/sale of assets; **A.abschreibung** *f* asset write-down; **A.ausfall** *m*

A

machine failure; **A.auslastung** *f* capacity utilization; **A.ausschlachtung** *f* asset stripping; **A.bau** *m* construction and engineering; **A.bauer** *m* (plant) contractor; **A.betreiber** *m* operator; **A.besitz** *m* investment holding(s); **A.bestand** *m* 1. investment holdings; 2. fixed/capital assets; **A.deckung** *f* equity-assets ratio; **A.deckungsgrad** *m* fixed-assets-to-net-worth ratio; **A.einheit** *f* fixed-asset unit; **A.erhaltung** *f* plant maintenance; **A.erneuerung** *f* plant renewal; **A.ersatz** *m* plant replacement; **A.erweiterung** *f* plant extension; **A.ingenieur** *m* plant engineer; **A.intensität** *f* capitalization ratio, ratio of fixed to total assets; **A.kartei** *f* plant ledger; **A.kauf** *m* fixed asset acquisition; **A.konfiguration** *f* system(s) configuration; **A.konto** *nt* plant ledger; **A.leasing** *nt* capital leasing; **A.nutzung** *f* capacity utilization; **A.pachtung** *f* plant hire/leasing; **A.streuung** *f* diversification of investments; **A.struktur** *f* asset structure; **A.tausch; A.umlagerung** *m/f* asset swap; **A.übertrag** *m* fixed-asset transfer; **A.umschichtung** *f* asset switch; **A.veräußerung** *f* asset divestiture; **A.verkäufe** *pl* asset sales; **A.vermietung** *f* plant leasing; **A.verschleiß** *m* wear and tear (of equipment); **A.vertrag** *m* construction contract; **A.verwalter** *m* 1. asset manager; 2. *(Bank)* treasurer; **A.verwaltung** *f* asset management; **A.wertzuwachs** *m* appreciation of assets; **A.wirtschaft** *f* fixed-asset/plant management; **A.zugänge** *pl* additions to capital account

Anlage|objekt *nt* investment object; **A.pachtung** *f* plant hire, asset leasing; **A.palette** *f* investment facilities, range of investment vehicles/instruments

Anlagepapiere *pl* investment securities; **festverzinsliche A.** fixed-interest securities; **mündelsichere A.** gilt-edged/legal *[US]* investments

Anlage|plan *m* investment plant; **A.politik** *f (Fonds)* investment strategy/policy; **A.portefeuille** *nt* investment portfolio; **A.posten** *m* asset (item); **A.potenzial** *nt* investment potential; **A.programm** *nt* investment scheme; **A.projekt** *nt* investment project; **A.publikum** *nt* investing public; **A.rechnung** *f* asset accounting; **A.rendite** *f* return on investment (ROI); **A.richtlinien** *pl* investment rules; **A.risiko** *nt* investment risk; **A.rückgang per Saldo** *m* net disinvestment; **A.seite** *f (Bilanz)* asset(s) side; **A.spiegel** *m* fixed-asset investment schedule; **A.status** *m* asset status; **A.strategie** *f* investment strategy; **A.studie** *f* investment analysis; **a.suchend** *adj* investment-seeking; **A.titel** *m* security; **A.verhalten** *nt* investment behaviour

Anlagevermögen *nt* fixed (capital) assets, fixed/invested capital; **A. zum Anschaffungswert** fixed assets at cost; **~ Nettobuchwert** fixed assets at net book value

abnutzbares Anlagevermögen depreciable fixed assets; **bewegliches A.** movables; **buchmäßiges A.** fixed assets as shown in the balance sheet; **gesamtes A.** total investments; **immaterielles A.** intangible assets; **materielles A.** tangible assets

Anlage|vermögensabgang *m* asset retirement; **A.verwaltung** *f* investment/property management; **A.verzinsung** *f* (investment) yield, return on investment (ROI); **A.volumen** *nt* total investments, investment volume; **langfristiges A.vorhaben** capital project; **A.vorschriften** *pl* investment rules/regulations; **A.wagnis** *nt* investment risk; **A.währung** *f* investment currency

Anlagewert *m* 1. asset value; 2. *(Börse)* security; **ausgesuchter/hochwertiger A.** *(Börse)* blue chip *[GB]*, glamor stock *[US]*; **goldgeränderte/mündelsichere A.e** gilt-edged securities/stocks *[GB]*, legal securities *[US]*, trust investment *[US]*; **immaterielle A.e** intangibles, intangible assets; **liquide A.e** cash assets; **materieller A.** physical asset

Anlagewert|minderung *f* capital depreciation; **A.steigerung** *f* capital appreciation

anlage|willig *adj* investment-seeking; **A.zeitraum** *m* investment period; **A.ziel; A.zweck** *nt/m* investment object

Anlande|gewicht *nt* landed weight; **a.n** *v/t* to land; **A.vertreter** *m* landing agent

Anlass *m* occasion, reason, cause; **aus A. von** on the occasion of; **A. zur Beschwerde/Klage** cause for complaint; **~ Besorgnis geben** to give rise for concern

anlastbar *adj* imputable (to), chargeable

Anlauf *m* start(-up); **A.betrag** *m* start-up cost(s)

Anlaufen *nt* 1. start-up, phase-in; 2. *(Hafen)* call; **a.** *v/i* 1. *(Betrieb)* to start; 2. *v/t* ⚓ to call

Anlauf|finanzierung *f* start-up finance; **A.hafen** *m* port of call; **A.kapital** *nt* start-up capital; **A.kosten** *pl* 1. start-up cost(s); 2. *(VWL)* pump-priming costs; **A.kredit** *m* start-up loan; **A.phase** *f* start-up period; **A.schwierigkeiten** *pl* teething troubles, start-up problems; **A.-verlust** *m* start-up loss; **A.zeit** *f* 1. start-up period; 2. ☼ set-up time

Anlege|brücke *f* ⚓ jetty, landing stage; **A.gebühren** *pl* berthage, anchorage, moorage; **A.hafen** *m* port of call

Anlegen *nt* *(Geld)* investment; **A. von Vorräten** stockpiling

anlegen 1. *v/t* *(Kapital)* to invest; 2. *v/i* ⚓ to berth/land; **verzinslich/zinsbringend a.** to put out/invest at interest; **wieder a.** to reinvest, to plough back

Anlegeplatz *m* ⚓ dock, berth

Anleger *m* investor; **ausländischer A.** foreign investor; **gebietsfremder A.** non-resident investor; **institutioneller A.** institutional investor; **möglicher/potenzieller A.** prospective investor

Anleger|gruppe *f* group of investors; **A.interesse** *nt* investor interest; **A.käufe** *pl* *(Börse)* investment/portfolio buying; **A.-kreise; A.publikum** *pl/nt* investing public; **A.schutz** *m* investor protection; **A.vertrauen** *nt* investor confidence

Anlege|station *f* ⚓ terminal; **A.stelle** *f* jetty

Anleihe *f* loan (stock), debenture, bond; **A. ohne Begrenzung des Gesamtbetrages** open-end bond; **A. mit variabler Verzinsung; ~ schwankendem/variablem Zins(satz)** floating-rate note (FRN), floater

Anleihe auflegen to issue/launch/float a bond; **A. neu auflegen** to refloat a bond; **A. zur Zeichnung auflegen** in invite subscriptions for a bond; **A. aufnehmen** to take up a bond; **A. ausgeben/begeben/emittieren** to issue/float a bond; **A. bedienen** to service a bond; **A. auf den Markt bringen** to place a bond; **A. einlösen** to redeem/retire a bond; **A. konsolidieren** to fund a bond; **A. platzieren/unterbringen** to place/negotiate a bond; **A. tilgen** to redeem a bond; **A. überzeichnen** to oversubscribe a bond; **A. zeichnen** to subscribe a bond

abgezinste Anleihe discount/zero coupon bond; **ablösbare A.** redeemable bond; **nachrangig ~ A.** subordinated bond; **nicht ~ A.** unsecured bond; **deckungsstockfähige a.** gilt-edged stock; **festverzinsliche A.** fixed-interest-bearing bond; **fundierte A.** consolidated bond; **gesicherte A.** secured/collateral bond; **nicht ~ A.** unsecured bond; **durch Gesamthypothek ~ A.** general mortgage bond; **hypothekarisch ~ A.** mortgage bond; **hypothekenunterlegte A.** mortgage-backed bond; **kommunale A.** local government stock; **konsolidierte A.** consolidated bond; **konvertible A.** convertible bond; **kündbare/kündigungsreife A.** redeemable bond; **kurzfristige A.** short-term bond; **langfristige A.** long-term bond; **mittelfristige A.** medium-term bond; **mündelsichere A.** gilt-edged *[GB]*/trust *[US]* stock; **nachrangige A.** secondary bond; **notierte A.** listed/quoted bond; **öffentliche A.** government stock, public authority/sector bond; **städtische A.** local government stock; **steuerbegünstigte A.** privileged/tax-favoured bond; **steuerfreie A.** tax-free/tax-exempt bond; **überzeichnete A.** oversubscribed bond; **unbesicherte/ungesicherte A.** unsecured stock; **unkündbare A.** irredeemable bond; **unverzinsliche A.** non-interest bond; **verzinsliche A.** interest-bearing bond; **variabel ~ A.** variable-interest bond, floating rate note (FRN), floater *(coll)*; **wertlose A.** junk bond; **zinslose A.** no-interest bond

Anleihe|aufnahme *f* borrowing; **A.bedarf** *m* borrowing requirement; **A.bedingungen** *pl* bond terms; **A.begebung** *f* floating of a bond; **A.besitzer** *m* bondholder; **A.emission** *f* bond issue; **A.erlös** *m* bond issue proceeds; **A.ertrag** *m* bond yield; **A.inhaber** *m* bondholder; **A.kapital** *nt* debenture capital; **A.konversion** *f* bond conversion; **A.kosten** *pl* bond issue cost; **A.kurs** *m* bond price; **A.mantel** *m* bond certificate; **A.markt** *m* debenture/bond market; **A.papier** *nt* debenture, bond; **A.portefeuille** *nt* bond portfolio; **A.rendite** *f* bond yield; **A.rückkauf** *m* bond redemption; **A.rückzahlung** *f* bond redemption; **A.schein** *m* bond certificate; **A.schuld** *f* bonded debt; **A.schuldner** *m*

A

bond debtor, borrower; **A.stückelung** *f* bond denomination; **A.tilgungsfonds** *m* sinking fund; **A.titel** *m* bond; **A.umwandlung** *f* bond conversion; **A.verschuldung** *f* bonded debt; **A.währung** *f* bond issue currency; **A.zeichner** *m* bond subscriber; **A.zertifikat** *nt* bond certificate; **A.zinsen** *pl* bond stock interest

anleit|en *v/t* to instruct/direct/guide; **A.ung** *f* instruction, direction, guidance

Anlern|beruf *m* semi-skilled occupation; **a.en** *v/t* to train; **A.ling** *m* trainee

anliefern *v/t* to deliver

Anlieferung *f* delivery; **einsatz-/fertigungssynchrone / produktionsabgestimmte A.** just-in-time delivery

Anlieferungs|kosten *pl* delivery cost(s); **A.schein** *m* delivery note; **a.synchron** *adj* just-in-time (JIT)

anliegend *adj* 1. ✉ enclosed, attached; 2. *(Grundstück)* adjoining, adjacent

Anlieger *m* 1. adjacent owner; 2. *(Straße)* resident; **A. frei** *(Schild)* 🚗 residents only; **A.grundstück** *nt* adjacent plot; **A.-straße** *f* access road

Anmelde|datum *nt* date of application, filing date; **A.frist** *f* filing period; **A.gebühr** *f* registration fee

anmelden *v/t* 1. to register; 2. ⊖ to enter; *v/refl* 1. to register, to check in; 2. 🖳 to log in/on

Anmeldepflicht *f* compulsory registration; **a.ig** *adj* notifiable

Anmelder *m* applicant

Anmelde|schluss *m* deadline for applications; **A.stelle** *f* registration office; **A.tag** *m* application date; **letzter A.tag** closing date for applications; **A.verfahren** *nt* application/registration procedure

Anmeldung *f* 1. registration; 2. *(Hotel)* check-in; 3. *(Kurs)* enrolment; 4. ⊖ declaration; 5. 🖳 log-in; **handelsgerichtliche A. einer Firma** registration of a company *[GB]*/corporation *[US]*; **A. einer Forderung** notice of a claim; **A. zum Handelsregister** application for registration in the commercial register, ~ with the Registrar of Companies *[GB]*; **A. des Konkurses** bankruptcy notice; **A. einer Konkursforderung** proof (of debt) in bankruptcy; **A. der Ladung** ⊖ freight declaration; **A. eines Warenzeichens** registration of a trademark

Anmeldung einreichen to file an application; **A. zurückziehen** to withdraw an application

ältere/frühere Anmeldung *(Pat.)* prior registration; **anhängige/schwebende A.** pending application; **vorliegende A.en** applications received

anmiet|en *v/t* to hire/rent/lease; **A.er** *m* lessee; **A.ung** *f* leasing (of capital assets), hiring

annähern *v/t* to approximate; **a.d** *adj* approximative, approximate

Annäherung *f* 1. approach; 2. π approximation

Annahme *f* 1. acceptance, receipt; 2. *(Vermutung)* assumption; **gegen A.** against acceptance; **in der A.** assuming (that); **mangels A.** for lack/want of acceptance; **nach A.** upon acceptance

Annahme eines Angebots acceptance of an offer; **A. mit Einschränkungen** qualified acceptance; **A. an Erfüllungs Statt** acceptance in lieu of performance; **A. nach Protest** acceptance supra protest; **A. unter Vorbehalt** qualified acceptance; **A. eines Wechsels** acceptance of a bill; **A. der Zustellung** acceptance of service

mangels Annahme zurück returned for non-acceptance, ~ want of acceptance

Annahme der Leistung ablehnen to refuse to accept performance; **A. einer Bestellung bestätigen** to acknowledge an order; **A. finden** to gain acceptance; **A. verweigern** 1. *(Ware)* to refuse acceptance; 2. *(Wechsel)* to dishonour; **zur A. vorlegen** to present for acceptance

bedingte/beschränkte Annahme 1. conditional acceptance; 2. *(Wechsel)* qualified acceptance; **bedingungslose A.** unconditional acceptance; **eingeschränkte A.** qualified acceptance; **stillschweigende A.** implied/tacit acceptance; **uneingeschränkte A.** unqualified acceptance; **vorbehaltlose A.** outright acceptance

Annahme|bedingungen *pl* conditions of acceptance; **A.bestätigung** *f* 1. letter of acceptance; 2. acknowledgment of receipt; **A.erklärung** *f* letter of acceptance; **A.-prüfung** *f* ☼ acceptance inspection/test; **A.quote** *f* take-up rate; **A.schreiben** *nt* letter of acceptance; **A.stelle** *f* receiving office; **A.vermerk** *m (Wechsel)* (note of) acceptance; **A.vermutung** *f* implied acceptance; **A.verweigerung** *f* non-acceptance; **A.verzug** *m* default of acceptance

annehmbar *adj* acceptable, reasonable
annehmen *v/t* 1. to accept; 2. *(vermuten)* to assume/presume
Annehm|ender; A.er *m* *(Wechsel)* acceptor
Annonce *f* advertisement, ad, advert
Annoncen|agent; A.akquisiteur *m* advertising agent; **A.gebühr; A.tarif** *f/m* advertising rate
annoncieren *v/ti* to advertise
Annuität *f* annuity; **lebenslängliche A.** life annuity
Annuitäten|darlehen; A.kredit *nt/m* annuity loan
annullierbar *adj* voidable
annullieren *v/t* 1. *(Auftrag)* to cancel/rescind; 2. *(Urteil)* to quash; 3. *(entwerten)* to void/invalidate
Annullierung *f* *(Vertrag)* cancellation, rescission; **A. eines Auftrags** cancellation of an order
anordnen *v/t* 1. *(befehlen)* to order/prescribe; 2. *(ordnen)* to arrange/sequence/marshall
Anordnung *f* 1. *(Befehl)* order, instruction; 2. § order; 3. arrangement, organisation, set-up; **bis auf weitere A.** until further notice; **A. erlassen** to issue/make an order
einstweilige Anordnung § injunction; **tabellarische A.** table
anpassen *v/t* to adapt/adjust
Anpassung *f* adjustment, adaptation; **A. der Löhne und Gehälter an die Lebenshaltungskosten** cost-of-living adjustment (COLA)
automatische Anpassung *(Löhne)* escalator adjustment; **jahreszeitliche A.** seasonal adjustment; **konjunkturelle/wirtschaftliche A.** economic adjustment
Anpassungs|beihilfe *f* adaptation subsidy; **a.fähig** *adj* adaptable; **A.fähigkeit** *f* adaptability; **A.geld** *nt* adaptation grant; **A.klausel** *f (Preis)* escalator clause; **A.periode; A.phase** *f* period of adjustment; **A.subvention** *f* adaptation subsidy; **A.-vermögen** *nt* adaptability
anrechenbar *adj* chargeable, imputable
anrechnen *v/t* to set off, to offset, to take into account
Anrechnung *f* 1. *(Abzug)* allowance, deduction; 2. *(Belastung)* charge, debit; 3. *(Gutschrift)* credit; **A. gezahlter Steuern** tax credit; **in A. bringen** to allow for
anrechnungs|fähig *adj* deductible, allowable; **A.system; A.verfahren** *nt* tax credit method
Anrecht *nt* entitlement, claim, right, title; **A. haben auf** to be entitled to
anreg|en *v/t* to suggest; **A.ung** *f* suggestion
anreichern *v/t* to enrich
Anreicherung *f* enrichment; **A. der Arbeits- / Aufgaben- / Tätigkeitsinhalte** job enrichment
anreise|n *v/i* to arrive; **A.tag** *m* date/day of arrival
Anreiz *m* incentive, stimulus; **finanzieller A.** financial/cash incentive; **steuerlicher A.** tax incentive
Anruf *m* ☏ call; **gebührenfreier A.** (toll-) free call, freephone
Anrufbeantworter *m* answering machine, answerphone
anruf|en *v/t* to (tele)phone/call/ring (up); **A.er** *m* ☏ caller
Ansage *f* announcement; **a.n** *v/t* to announce
ansammeln *v/t* to accumulate; *v/refl (Zinsen)* to accrue
Ansammlung *f* 1. accumulation, collection 2. *(Zinsen)* accrual
ansässig (in) *adj* 1. resident; 2. *(Firma)* domiciled, based; **A.e(r)** *f/m* resident
Ansatz *m* 1. *(Voranschlag)* estimate; 2. *(Haushalt)* appropriation; **in A. bringen** to budget (for); **güterorientierter A.** commodity approach; **wissenschaftlicher A.** scientific approach
anschaffen *v/t* 1. to buy/purchase; 2. *(Vers.)* to provide cover
Anschaffung *f* 1. purchase, acquisition; 2. provision (of cover); **größere A.** major investment
auf Anschaffungs|basis *f* at cost; **A.darlehen** *nt* personal/consumer loan; **A.jahr** *nt* year of acquisition/purchase
Anschaffungskosten *pl* initial/historical/acquisition/up-front cost(s); **zu A.** at cost; **A.- oder Herstellungskosten** *(Bilanz)* cost(s) of acquisition or production; **A.-prinzip** *nt* historical cost principle
Anschaffungs|kredit *m* consumer/personal loan; **A.nebenkosten** *pl* incidental acquisition cost(s); **A.preis** *m* cost price
Anschaffungswert *m* cost/initial value; **zum A.wert; ~ oder Handelswert** at cost
Anschaffungszeitpunkt *m* date of acquisition/purchase

Anschauungs|material *nt* visual aids; **A.-unterricht** *m* object lesson
Anschein *m* appearance, semblance; **A.s-vollmacht** *f* ostensible/apparent authority
Anschlag *m* estimate; **in A. bringen** to allow for; **A. einreichen** to submit an estimate
Anschlag|brett *nt* notice board; **A.fläche** *f* billboard, hoarding
anschlagen *v/t* 1. *(bewerten)* to value/asses; 2. *(Plakat)* to post
Anschlag|preis *m* posted price; **A.tafel** *f* notice board; **A.wand** *f* hoarding; **A.-werbung** *f* billboard advertising
anschließen *v/t* *(Gas/Wasser)* to lay on; *v/refl* to join
Anschluss *m* 1. connection; 2. *(Organisation)* affiliation; 3. *(Fahrplan)* connection; 4. *(Versorgungsleitungen)* mains connection, hook-up *[US]*; **A.-auftrag** *m* follow-up order; **A.berufung** *f* § cross-appeal; **A.finanzierung** *f* follow-up finance; **A.flug** *m* connecting flight; **A.fracht** *f* onward transport; **A.fracht-führer** *m* oncarrier; **A.gebühr** *f* *(Versorgungsunternehmen)* hookup fee; **A.gerät** *nt* 🖳 peripheral; **A.geschäft** *nt* follow-up business; **A.gleis** *nt* 🚂 siding *[GB]*, sidetrack *[US]*; **A.käufe; A.kaufaufträge** *pl* follow-up buying; **A.kosten** *pl* 1. connection charges; 2. follow-up cost(s); **A.kredit** *m* follow-up credit; **A.reeder** *m* ⚓ oncarrier; **A.vertrag** *m* follow-up agreement
Anschreibekonto *nt* charge account
Anschreiben *nt* covering letter; **a.** *v/t* 1. to contact, to write to; 2. *(Kredit)* to charge
Anschrift *f* address; **A.enänderung** *f* change of address **A.enkartei; A.enverzeichnis** *f/nt* mailing list
Anschubfinanzierung *f* start-up finance
anschwärz|en *v/t* to disparage; **A.ung** *f* 1. disparagement; 2. *(Ware)* slander of goods; **~ der Konkurrenz** trade libel, disparagement of a competitor
Ansehen *nt* reputation, repute, standing; **berufliches A.** professional reputation/standing; **geschäftliches A.** commercial reputation
ansehen (als) *v/t* to regard (as), to consider/deem
ansehnlich *adj* siz(e)able, considerable
ansetzen *v/t* 1. *(schätzen)* to assess/estimate; 2. *(Haushalt)* to appropriate
Ansetzung *f* 1. *(Preis)* quotation; 2. *(Termin)* appointment
Ansicht *f* view, opinion; **zur A.** on approval, for inspection; **~ senden** to send on approval
Ansichts|exemplar *nt* inspection copy; **A.muster** *nt* (inspection) sample; **A.-sendung** *f* „on approval" consignment; **A.ware** *f* goods on approval
ansiedeln *v/t* to locate
Ansiedlung *f* location
Ansiedlungs|erfolg *m* successful location; **A.sfläche; A.sgelände** *f/nt* site for industrial development; **A.vergünstigung; A.-zuschuss** *f/m* establishment grant
anspannen *v/t* to strain/tax
Anspannung *f* strain, tension; **A. des Geldmarktes** monetary strain; **finanzielle A.** financial strain(s); **wirtschaftliche A.** economic strain(s)
ansparen *v/t* to save up
Ansporn *m* incentive, stimulus; **a.en** *v/t* to stimulate
Ansprache *f* address
ansprechen *v/t* 1. to approach; 2. *(Werbung)* to appeal; 3. *(Kunden)* to canvass; **a.d** *adj* attractive, appealing
Ansprechpartner *m* contact
Anspruch *m* claim, title; **Ansprüche Dritter** third-party claims; **A. auf Erfüllung** claim to performance; **~ Schadenersatz** claim for damages; **A. aus einem Vertrag** contractual claim
Anspruch ableiten/herleiten von to derive a claim; **A. abtreten** to assign a claim; **A. abweisen** to reject/dismiss a claim; **A. anerkennen** to recognize a claim; **A. anmelden** to file a claim; **A. aufgeben** to abandon a claim; **A. aufrechterhalten** to sustain a claim; **A. befriedigen** to satisfy/settle a claim; **A. begründen** to substantiate/support a claim; **A. bestreiten** to contest/dispute a claim **A. durchsetzen** to enforce a claim; **A. erfüllen** to meet a claim; **A. erheben (auf)** to claim, to lay claim (to); **A. fallen lassen** to waive a claim; **A. geltend machen** to file/lodge a claim; **den Ansprüchen genügen** to meet the requirements; **A. haben auf** to be entitled to; **A. nachweisen** to substantiate a claim; **in A. nehmen** to make use of; **A.verwerfen** to dismiss a claim; **auf einen A. verzichten** to waive a claim; **A. zedieren** to assign a

claim; **A. zurückweisen** to reject/repudiate a claim

älterer Anspruch prior claim; **bedingter A.** contingent claim; **begründeter A.** substantiated/good/sound claim; **berechtigter A.** legitimate claim; **billiger A.** equitable claim; **einklagbarer A.** enforceable claim; **erworbener A.** acquired right; **fehlerhafter A.** defective title/claim; **klagbarer A.** enforceable claim; **rechtmäßiger A.** lawful claim; **rechtsgültiger A.** valid claim; **unbegründeter A.** unfounded claim; **unberechtigter A.** unjustified claim; **vertraglicher A.** contractual claim; **verwirkter A.** stale claim; **vollstreckbarer A.** enforceable claim; **wohlerworbener A.** vested right; **zweifelhafter A.** doubtful claim

anspruchs|berechtigt *adj* eligible; **A.-berechtigte(r)** *f/m* beneficiary, eligible/entitled person; **A.berechtigung** *f* eligibility, entitlement; **A.nehmer(in); A.steller(in)** *m/f* claimant; **A.verzicht** *m* waiver (of a claim); **a.voll** *adj* 1. demanding, exacting; 2. *(Produkt)* up-market; **weniger a.voll** *(Produkt)* down-market

Anstalt *f* 1. institute, institution; 2. *(Stiftung)* foundation; **A. des öffentlichen Rechts; öffentliche/öffentlich-rechtliche A.** public body

anstatt *prep* instead, in lieu/place of

anstehen *v/i* to queue, to line up *[US]*

Ansteigen *nt* rise, increase

ansteigen *v/i* 1. to rise/increase; 2. *(Börse)* to advance; **allmählich/langsam/leicht a.** to edge up; **rasch/schnell/steil a.** to surge/soar

ansteigend *adj* advancing, growing; **sprunghaft a.** exponential

anstellen *v/t* to engage/employ; **wieder a.** to reinstate/reemploy

Anstellung *f* employment, recruitment; **A. auf Lebenszeit** life/permanent tenure; **~ Probe** hiring on probation; **A. finden** to find employment; **pensions-/ruhegehaltsfähige A.** pensionable employment

Anstellungs|bedingungen *pl* terms/conditions of employment; **A.verhältnis** *nt* employment; **A.vertrag** *m* employment contract

Anstieg *m* 1. rise, increase; 2. *(Börse)* advance

anstreben *v/t* to aim/strive for, to seek

anstrengen *v/refl* to endeavour; **a.d** *adj* strenuous, demanding

Anstrengung *f* endeavour, effort

Ansturm *m* rush; **A. auf eine Bank** run on a bank

Anteil *m* share, stake; **A. am Gewinn** share of the profit; **~ Kapital** share of the capital; **A. aus heimischer Produktion** local content

jdm seinen Anteil auszahlen to pay so. out; **A. beanspruchen** to claim a share; **seinen A. beitragen/bezahlen/zahlen** to pay one's share

voll (ein)bezahlter Anteil fully paid share; **gerechter A.** fair share; **rechtmäßiger A.** lawful share; **zustehender A.** due share

anteilig *adj* proportionate, pro-rata

Anteilpacht *f* share tenancy, sharecropping *[US]*

Anteils|besitz *m* share/stock ownership; **A.eigner** *m* (equity) shareholder *[GB]*, stakeholder *[GB]*, stockholder *[US]*; **A.-kapital** *nt* shareholders' *[GB]*/stockholders' *[US]* equity; **A.mehrheit** *f* majority of shares *[GB]*/stocks *[US]*; **A.schein** *m* share *[GB]*/stock *[US]* certificate; **A.umlauf** *m* shares *[GB]*/stocks *[US]*/units outstanding; **A.verkauf** *m* sale of shares/*(Fonds)* units; **A.werte** *pl* shares, stocks, equities; **A.zeichner** *m* subscriber; **A.-zeichnung** *f* subscription; **A.zertifikat** *nt* share *[GB]*/stock *[US]*/unit certificate

anti-inflationär *adj* anti-inflationary

anti|zipativ *adj* *(Bilanz)* accrued; **a.zyklisch** *adj* countercyclical, anticyclical

Antrag *m* 1. application 2. *(Vers.)* proposal; **A. auf Baugenehmigung** planning application; **~ Börseneinführung/-zulassung** application for listing/quotation; **~ ein Darlehen** loan application; **~ Einstellung des Verfahrens** § application to stay proceedings; **~ Erlass einer einstweiligen Verfügung** § petition for a temporary injunction; **~ Eröffnung des Konkursverfahrens** § petition in bankruptcy; **A. zur Geschäftsordnung** motion on a point of order; **A. auf Gewährung eines Darlehens/Kredit** loan application; **~ Konkurseröffnung** petition in bankruptcy; **~ Lebensversicherung** life policy proposal; **~ Zwangsliquidation** petition for (the) compulsory winding-up

Antrag ablehnen to decline/reject/refuse an application; **über einen A. abstimmen** to put a motion to the vote; **A. annehmen** to carry/adopt a motion; **A. bearbeiten** to handle an application; **A. einbringen** to bring in/table a motion; **A. einreichen** to file an application; **A. stellen** to make/file an application; **A. unterstützen** to second/support a motion; **A. zurücknehmen/-ziehen** to withdraw a motion; **A. zurückweisen** to dismiss a petition

Antrags|berechtigte(r) *f/m* eligible party; **A.datum** *nt* date of application; **A.eingang** *m* receipt of application(s); **A.entwurf** *m* draft proposal; **A.formular** *nt* 1. application (form); 2. *(Vers.)* proposal form; **A.frist** *f* application period; **A.gegner(in)** *m/f* opponent

Antrag|steller(in) *m/f* 1. applicant; 2. § petitioning party; 3. *(Sozialhilfe)* claimant; 4. *(Entschließung/Vers.)* proposer; **A.stellung** *f* application, filing (of) an application

Antrieb *m* 1. incentive, impetus; 2. ☼ drive

Antwort *f* answer, reply, reponse; **A. bezahlt; A. zahlt Empfänger** ✉ reply paid

ablehnende/abschlägige Antwort refusal; **ausweichede A.** evasive reply; **bejahende A.** affirmative reply; **befriedigende A.** statisfactory reply; **postwendende/prompte/sofortige/umgehende A.** immediate/prompt answer, ~ reply

antworten *v/i* to answer/reply/respond

Antwort|karte *f* business reply card; **A.quote** *f* response rate; **A.schein** *m* ✉ reply coupon

Anwachsen *nt* growth, increase; **a.** *v/i* to grow/increase

Anwalt *m* solicitor, lawyer, advocate *[Scot.]*, attorney *[US]*; **A. für Arbeitsrecht** employment lawyer; **A. des Beklagten** counsel for the defence; **~ Klägers** counsel for the plaintiff; **A. für Steuersachen** tax attorney; **~ für Strafsachen** criminal lawyer

Anwalt beauftragen/beschäftigen/mandieren/nehmen to retain/engage a lawyer, ~ solicitor; **A. bestellen** to brief a counsel/lawyer/solicitor; **Angelegenheit einem A. übergeben** to put a matter into the hands of a solicitor; **durch einen A. vertreten sein** to be legally represented

Anwalts|anderkonto *nt* solicitor's trust account; **A.büro** *nt* law firm

Anwaltschaft *f* legal profession, bar

Anwalts|firma *f* law firm, firm of solicitors; **A.gebühren; A.honorar** *pl/nt* solicitor's/lawyer's fee(s); **vorläufiges A.honorar** retainer; **weiteres A.honorar** refresher; **A.kammer** *f* Law Society *[GB]*, Bar Council *[US]*; **A.kanzlei** *f* chambers, law firm; **A.rechnung** *f* solicitor's bill; **A.sonderkonto** *nt* solicitor's trust account; **A.sozietät** *f* law firm/partnership; **A.tätigkeit** *f* advocacy

Anwärter(in) *m/f* candidate, probationer

Anwartschaft *f* 1. candidacy; 2. qualifying period; 3. *(Vers.)* expectancy

Anwartschafts|recht *nt* reversionary interest, expectancy; **A.rente** *f* reversionary/deferred annuity

anweisen *v/t* 1. to instruct/order; 2. *(Geld)* to remit/transfer; 3. *(zuweisen)* to allocate

Anweisung *f* 1. order, instruction; 2. *(Auftrag)* commission; 3. *(Geld)* remittance, transfer; 4. *(Zuweisung)* assignment, allocation; **auf A. von** by order of; **entsprechend/gemäß Ihren A.en; Ihren A.en gemäß** in accordance with your instructions; **laut A.** as per advice

Anweisung zur Arbeitsunterbrechung stop work order; **bis auf gegenteilige A.** unless countermanded; **~ weitere A.en** pending further instructions

Anweisung|en abwarten to await instructions; **durch A. bezahlen** to remit; **A. erlassen/erteilen** to issue a directive; **A. geben** to brief/instruct

ausdrückliche Anweisung express instruction

Anweisungs|betrag *m* remittance; **A.empfänger** *m* payee; **A.gebühr** transfer charge

anwendbar *adj* applicable

anwenden *v/t* to apply/employ/utilize

Anwender *m* user; **A.datei** *f* 🖳 user file; **a.freundlich** *adj* user-friendly; **A.programm** *nt* application program

Anwendung *f* use, application, utilization; **zur A. bringen** to apply

kommerzielle Anwendung commercial applications/use; **praktische A.** practical application; **rückwirkende A.** retroactive application

Anwendungs|analyse *f* application analysis; **A.bedingung** *f* condition of use; **A.bereich** *m* 1. scope (of application); 2. *(Gesetz)* scope of a law; **~ eines Vertra-**

ges purview; **A.erfahrung** *f* application know-how; **A.ingenieur** *m* applications engineer; **a.orientiert** *adj* application-orient(at)ed; **A.technik** *f* applications engineering; **A.techniker** *m* applications engineer; **A.vorschrift** *f* instructions for use

Anwerbe|gebühr *f* recruitment fee; **A.-land** *nt* country of recruitment

anwerb|en *v/t* to recruit/hire; **A.er** *m* recruiting agent

Anwerbestopp *m* recruitment ban

Anwerbung *f* recruitment, recruiting, hiring; **A. von Arbeitskräften** labour recruitment; **~ Führungskräften** executive recruitment; **~ Hochschulabsolventen** graduate recruitment; **A.skampagne** *f* recruitment drive

Anwesen *nt* premises, property; **sofort beziehbares A.** vacant possession

anwesend *adj* present; **a. sein** to attend; **die A.en** those present/attending

Anwesenheit *f* 1. attendance, presence; 2. *(in der Vergangenheit)* attendance record

Anwesenheits|bereitschaft *f* duty; **A.-buch** *nt* attendance register; **A.dauer** *f* duration of stay; **~ im Betrieb** portal to portal time; **A.geld** *nt* attendance allowance; **A.sliste; A.nachweis** *f/m* attendance list/record; **A.prämie** *f* attendance bonus/allowance; **A.verzeichnis** *nt* attendance register; **A.zeit** *f* attendance time; **A.zulage** *f* attendance allowance

Anwohner(in) *m/f* (local) resident

Anzahl *f* number, quantity; **A. der Beförderungsfälle** carryings; **~ Beschäftigten** payroll; **~ Buchungsposten** number of transactions

beschlussfähige Anzahl quorum; **stattliche A.** fair number

anzahlen *v/t* to pay a deposit, to pay down, ~ on account

Anzahlung *f* down payment, deposit, payment on account; **A. leisten** to leave/pay a deposit, to make a down payment, to pay on account

Anzahlungs|bedingungen *pl* deposit terms; **A.summe** *f* deposit

Anzeichen *nt* 1. sign, indicator; 2. ⚕ symptom

Anzeige *f* 1. *(Presse)* advertisement, ad, advert; 2. *(Ankündigung)* notification; 3. *(Avis)* advice, notice; 4. 🖳 panel, display; 5. ⚙ reading; 6. *(Polizei)* information; **laut A.** as per advice; **ohne weitere A.** without further notice; **A. unter Chiffre** keyed advertisement

Anzeige aufgeben/platzieren/unterbringen to place an advertisement, to advertise; **A. erstatten** § to lay an information

chiffrierte Anzeige keyed adverstisement; **doppelseitige A.** double(-page) spread; **kleine A.** classified/small ad; **unverzügliche A.** immediate notice

optische Anzeigeeinheit 🖳 visual display unit (VDU)

anzeigen *v/t* 1. to notify/advise; 2. to publish/advertise; 3. § to report; 4. to indicate/show; 5. 🖳 to display

Anzeigen|abteilung *f* advertising department; **A.agentur** *f* advertising agency; **A.akquisiteur** *m* advertising agent; **A.blatt** *nt* advertiser, freebie *(coll)*; **A.datei** *f* 🖳 display file; **A.fachmann** *m* advertising expert; **A.gebühr** *f* advertising charge; **A.kampagne** *f* advertising campaign; **A.kosten** *pl* advertising rates/charges; **A.preis** *m* advertising rate; **A.-raum** *m* advertising space; **A.spalte** *f* advertising column; **A.tarif** *m* advertising rate; **A.teil** *m* advertising columns/section; **A.text** *m* copy; **A.texter** *m* copywriter; **A.umfang** *m* advertising volume; **A.vertrag** *m* advertising contract; **A.vertreter** *m* advertising agent; **A.werber** *m* canvasser

Anzeigepflicht *f* disclosure requirement; **a.ig** *adj* notifiable, reportable

Anzeiger *m* 1. *(Presse)* advertiser; 2. indicator, index

Anzeigetafel *f* 1. indicator/display panel; 2. *(Börse)* quotations board

Anziehen *nt* *(Kurse/Preise)* rise, advance; **A. der Kreditzügel** tightening of credit; **~ Steuerschraube** tightening of the tax screw; **~ Zinssätze** firming of interest rates

anziehen *v/t* 1. ⚙ to tighten; 2. *(Kunden)* to attract; *v/i (Preis)* to rise/advance/increase; **kräftig a.** to rise sharply; **langsam a.** to edge up

Anziehungskraft *f* appeal, attraction

Apotheke *f* chemist's (shop), pharmacy

Apotheker *m* pharmacist, (dispensing) chemist; **A.preise** *pl (coll)* stiff prices

Apparat *m* 1. apparatus; 2. gadget, device,

appliance; 3. ☎ telephone (extension); 4. organisation, set-up; **am A.** speaking, on the (tele)phone; **~ bleiben** to hold the line

Apparatebau *m* instruments engineering

Appoint *m* number; **per netto A. ziehen** to draw the exact amount

Approbation *f* ⚕ licence (to practise as a physician); **ärztliche A. entziehen** to strike off the medical register

Äquivalent *nt* equivalent

Äquivalenz *f* equivalence; **Ä.prinzip** *nt* cost of service principle, principle of equivalence; **Ä.ziffer** *f* weighting figure

Arbeit *f* 1. work; 2. *(VWL)* labor *[US]* labour *[GB]*; 3. *(Tätigkeit)* activity, job, occupation, employment; 4. *(Aufgabe)* task, assignment; 5. *(Mühe)* effort; 6. *(Leistung)* performance; 7. *(Ausführung)* workmanship

in Arbeit in hand; **bei der A.** at/during work; **ohne A.** out of work, unemployed

Arbeit und Kapital capital and labo(u)r; **A. statt Sozialhilfe** *[D]* welfare-to-work program *[US]*, workfare *[GB]*; **A. nach Vorschrift** work to rule, go-slow

Arbeit annehmen to accept a job, to take up employment; **A. aufgeben** to quit, to give up work; **A.en ausschreiben** to put work out to tender; **A. aussetzen** to suspend work; **A. beenden** to cease work; **A. beschaffen** to create/provide employment; **bei der A. bummeln** to go slow; **sich vor der A. drücken** to shirk work; **A. einstellen** 1. to stop work(ing); 2. *(Streik)* to down tools, to walk out; **A. erledigen** to complete a job; **zur A. erscheinen** to turn up for work; **von der A. freistellen** to release from work; **A. außer Haus geben** to outsource, to contract out; **A. haben** to have a job, to be employed; **etw. in A. haben** to be working on sth.; **an eine A. herangehen** to tackle a job; **ganze A. leisten** to make a proper job of it; **sich an die A. machen** to get/settle/buckle *(coll)* down to work; **sich zur A. melden** to report for duty; **einer A. nachgehen** to go about one's work/business; **A. niederlegen** to down tools, to walk out; **in A. sein** to be in hand; **ohne A. sein** to be out of work; **tief in der A. stecken** to be up to one's neck in work *(fig)*; **in A. stehen** to be employed/in (gainful) employment; **A. suchen** to seek employment, to look for a job; **A. verdingen/vergeben** to contract out work; **A. verrichten** to do a job; **A. verschaffen** to provide work; **A. wieder aufnehmen** to resume work

anstrengende Arbeit arduous job; **nachlässig/schlecht ausgeführte A.** slipshod work; **in der Ausführung begriffene A.** work in progress; **fachmännische A.** professional job; **fehlerhafte A.** poor workmanship; **feste A.** regular employment; **geistige A.** intellectual/mental work; **gutbezahlte A.** well-paid job; **körperliche A.** manual labo(u)r; **leichte A.** light work; **minderwertige A.** inferior workmanship; **öffentliche A.en** public works; **saubere A.** neat work; **schlampige A.** slipshod work; **schlechte A.** poor workmanship; **schwere A.** hard work/job; **stumpfsinnige A.** tedious work; **unerledigte A.** work in arrears; **ungelernte A.** unskilled work; **unselbstständige A.** (paid) employment; **untergeordnete A.** menial task/work; **vordringliche A.** priority job; **vorübergehende/zeitweilige A.** temporary employment

arbeiten *v/i* 1. to work; 2. *(Maschine)* to operate; **einwandfrei a.** ☼ to run smoothly; **ganztägig a.** to work full-time; **gewinnbringend a.** to trade profitably; **halbtags a.** to work half-time; **hart a.** to toil; **hauptamtlich a.** to work on a full-time basis; **kostendeckend a.** to break even; **lange a.** to work long hours; **nachts a.** to work nights; **schwer a.** to work hard, to labo(u)r; **sich tot a.** to work o.s. to death; **umschichtig a.** to take turns; **wieder a.** to return to work; **wirtschaftlich a.** to operate economically

arbeiten gehen to go out to work

arbeitend *adj* 1. working, at work; 2. ☼ operating; **nicht a.** *(Kapital)* idle

Arbeiter *m* 1. worker, workman; 2. manual/blue-collar worker, labo(u)rer; 3. 🏭 operative; *pl* labo(u)r (force)

Arbeiter und Angestellte wage and salary earners

Arbeiter anwerben to recruit workers; **A. einstellen** to employ workers; **A. entlassen** to dismiss workers; **A. vorübergehend entlassen** to lay off workers

angelernter Arbeiter semi-skilled worker; **geistiger A.** white-collar worker; **ge-**

lernter A. skilled worker; **gewerblicher A.** industrial worker; **landwirtschaftlicher A.** agricultural labo(u)rer; **tüchtiger A.** hard worker; **ungelernter A.** unskilled worker

Arbeiter|bevölkerung *f* working class population; **A.gewerkschaft** *f* labor *[US]*/trade *[GB]*/blue-collar union; **A.haushalt** *m* working-class household; **A.in** *f* woman/female worker; **A.klasse** *f* working class; **A.mangel** *m* scarcity of workers

Arbeiterschaft *f* 1. working class; 2. labo(u)r force, workforce; **organisierte A.** unionized labo(u)r

Arbeiter|stunde *f* manhour; **A.unfall** *m* industrial accident; **A.unfallversicherung** *f* workmen's compensation insurance; **A.vertreter** *m* labo(u)r/workers' representative; **A.vertretung** *f* labo(u)r representation; **A.wohlfahrt** *f* workers' welfare (organisation)

Arbeitgeber *m* employer; **A. und Arbeitnehmer** employers and employees, both sides of industry; **A.-Arbeitnehmer-Beziehungen/Verhältnis** *pl/nt* industrial/labo(u)r relations; **öffentlicher A.** public-sector employer

Arbeitgeber|anteil; A.beitrag *m* *(Sozialvers.)* employer's (social security) contribution; **a.freundlich** *adj* employer-friendly

Arbeitgeberhaftpflicht *f* employer's liability; **A.versicherung** *f* employers's liability insurance

Arbeitgeber|haftung *f* employer's liability; **A.organisation** *f* employers' federation/association; **A.seite** *f* employers; **A.verband; A.vereinigung** *m/f* employers' federation/association; **A.zuschuss** *m* employer's contribution

Arbeitnehmer *m* employee; *pl* labo(u)r, wage and salary earners; **A. und Arbeitgeber** both sides of industry; **A. im öffentlichen Dienst** public-sector employee

ausländischer Arbeitnehmer foreign worker/employee; **gewerblicher A.** manufacturing worker; **organisierte A.** unionized labo(u)r; **nicht ~ A.** non-union labo(u)r

Arbeitnehmer|anteil *m* employee('s social security) contribution; **A.beitrag** *m* *(Sozialvers.)* employee (social securtiy) contribution; **A.freibetrag** *m* employee's personal tax allowance, personal allowance; **a.freundlich** *adj* employee-friendly; **A.haushalt** *m* employee household; **A.in** *f* female worker; **A.pauschale** *f* earned income credit (EIC) *[US]*; **A.seite** *f* labo(u)r; **A.überlassung; A.verleih** *f/m* hiring out of employees; **A.verband; A.-vereinigung** *m/f* employee(s') association; **A.vergütung** *f* employee compensation package; **A.vertreter** *m* employee(s')/worker(s') representative; **A.vertretung** *f* employee representation

Arbeits|ablauf *m* work flow; **A.abschluss** *m* finishing-off time; **~ registrieren** to clock out

arbeitsam *adj* diligent, industrious

Arbeits|amt *nt* labo(u)r exchange, job centre *[GB]*, department of employment *[US]*; **A.analyse** *f* work analysis, job study; **A.anfall** *m* workload; **A.anforderung** *f* job/work requirement; **A.angebot** *nt* labo(u)r supply; **A.angebotskurve** *f* labo(u)r supply curve; **A.anreiz; A.ansporn** *m* work incentive; **A.anteil** *m* labo(u)r content; **A.antritt** *m* commencement of work; **~ registrieren** to clock in; **A.anweisung** *f* instruction, job sheet; **A.anzug** *m* overalls; **A.atmosphäre** *f* working climate; **A.auffassung** *f* attitude to work

Arbeitsauftrag *m* commission, job, job/work/shop order; **A.skostenrechnung** *f* job order cost accounting; **A.snummer** *f* job number

Arbeitsaufwand *m* 1. effort, energy; 2. labo(u)r/manpower input; **A. pro Einheit** unit labo(u)r cost(s); **unmittelbarer A.** direct labo(u)r (costs)

arbeits|aufwendig *adj* labo(u)r-intensive; **A.auseinandersetzung** *f* industrial dispute/unrest; **A.ausfall** *m* loss of manhours; **bezahlter A.ausfall** paid absence; **A.ausweitung** *f* job enlargement; **A.bedarf** *m* manpower requirement(s); **A.bedingungen** *pl* working conditions; **A.-befreiung** *f* release from work, time off; **A.befriedigung** *f* job satisfaction; **A.beginn** *m* commencement/start of work; **~ registrieren** to clock in; **A.belastung** *f* 1. workload; 2. *(Gericht)* case load; **A.beratung** *f* employment guidance; **A.bereich** *m* field of work; **A.bereicherung** *f* job enrichment; **A.bereitschaft** *f* 1. readiness to work; 2. *(Zeit)* standby time

A

Arbeitsbeschaffung *f* job creation; **A.smaßnahme (ABM)** *f* job-creation scheme

Arbeits|bescheinigung *f* certificate of employment; **A.beschreibung** *f* job description/specification; **A.besuch** *m* working visit; **A.bewertung** *f* job evaluation/rating; **A.bewilligung** *f* labo(u)r permit; **A.beziehungen** *pl* industrial/labo(u)r relations; **A.blatt** *nt* 1. work sheet; 2. *(Lohnzettel)* time sheet; **A.buch** *nt* workbook; **A.datei** *f* 🖳 work file; **A.dauer** *f* working time; **A.direktor** *m* worker director; **A.disposition** *f* work layout; **A.eifer** *m* zeal, enthusiasm for work; **A.eignung** *f* aptitude for work; **A.einheit** *f* unit of work; **A.einkommen** *nt* earned income; **A.einstellung** *f* 1. *(Haltung)* attitude to work; 2. *(Schließung)* shutdown; 3. *(Streik)* stoppage, strike; **vorübergehende A.einstellung** suspension of work; **A.ende registrieren** *nt* to clock out; **A.entgelt** *nt* wage(s), pay; **A.erfahrung** *f* work experience; **A.ergebnis** *nt* result (of one's labo(u)r); **A.erlaubnis** *f* work permit; **A.ersparnis** *f* labo(u)r saving; **A.essen** *nt* working dinner/lunch; **A.ethos** *nt* work ethic

arbeitsfähig *adj* 1. employable; 2. capable of work, able-bodied; **vorübergehend nicht a.** temporarily incapacitated; **jdn für a. erklären; jdn a. schreiben** to pronounce so. fit for work; **A.keit** *f* 1. employability; 2. fitness for work

Arbeits|feld *nt* field/sphere of action; **A.fläche** *f* 1. working area; 2. worktop

Arbeitsfluss *m* work flow; **A.darstellung; A.diagramm** *f/nt* operations flow chart; **A.überwacher** *m* progress/record chaser

Arbeitsfolge *f* job/operating sequence; **A.n** sequencing; **A. der Werkstattfertigung** job shop sequencing

Arbeitsform *f* mode of working

Arbeitsfortschritt *m* progress; **A.sbericht** *m* progress report; **A.sdiagramm** *nt* progress chart; **A.splanung** *f* progress planning

Arbeits|freistellung *f* release from (employment) duties; **A.friede(n)** *m* peaceful labo(u)r relations; **A.gang** *m* work segment, operating sequence, work flow; **A.gebiet** *nt* line, field (of work), sphere of operations; **A.gelegenheit** *f* job opportunity

Arbeitsgemeinschaft *f* 1. working party; 2. joint venture, consortium; **A. bilden mit** to team up with

Arbeitsgenehmigung *f* labo(u)r/work permit

Arbeitsgericht *nt* employment/industrial tribunal; **A.sbarkeit** *f* industrial jurisdiction; **A.sentscheidung; A.surteil** *f/nt* industrial tribunal decision

Arbeits|gesetz *nt* industrial act; **A.gesetzgebung** *f* industrial/employment legislation; **A.gestaltung** *f* job design; **A.gesuch** *nt* job application; **A.gewohnheiten** *pl* work habits

Arbeitsgruppe *f* 1. working party, task force; 2. *(Kolonne)* gang

Arbeits|haltung *f* attitude to work; **A.hygiene** *f* industrial hygiene; **A.hypothese** *f* working assumption/hypothesis; **A.inhalt** *m* job content; **A.intensität** *f* labo(u)r content/intensity; **a.intensiv** *adj* labo(u)r-intensive; **A.jahr** *nt* working/business year

Arbeitskampf *m* industrial dispute/conflict, labo(u)r dispute; **A.maßnahme** *f* industrial action

Arbeits|kapital *nt* working capital; **A.kleidung** *f* industrial/occupational clothing, workwear; **A.klima** *nt* industrial climate; **A.kollege** *m* fellow worker; **A.kolonne; A.kommando** *f/nt* working party, gang; **A.konflikt** *m* industrial conflict

Arbeitskosten *pl* labo(u)r/employment cost(s); **direkte A.** direct labo(u)r cost(s); **a.intensiv** *adj* labo(u)r-intensive

Arbeitskraft *f* worker; **Arbeitskräfte** 1. workers; 2. labo(u)r, labo(u)r force, workforce, human resources; **knapp an Arbeitskräften** short of hands/staff

Arbeitskräfte abbauen to shed labo(u)r; **A. einsetzen** to employ labo(u)r; **A. einsparen** to save labo(u)r; **A. einstellen** to recruit/hire labo(u)r; **A. freisetzen** to shed jobs; **A. horten** to hoard labo(u)r; **A. umsetzen/umgruppieren** to redeploy labo(u)r; **A. vermitteln** to place workers; **A. zuweisen** to allocate labo(u)r

angelernte Arbeitskräfte semi-skilled workers; **ausgebildete/qualifizierte A.** skilled workers; **billige A.** cheap labo(u)r; **freigesetzte/freigewordene A.** redundant workers; **gewerkschaftlich organisierte A.** unionized labo(u)r; **ständige A.** permanent staff; **überschüssige A.** surplus manpower; **ungelernte A.** unskilled labo(u)r; **verfügbare A.** manpower (resources)

Arbeitskräfte|abbau *m* labo(u)r-shedding; **A.angebot** *nt* supply of labo(u)r/manpower; **A.auslastungskurve** *f* workload curve; **A.bedarf** *m* manpower/labo(u)r requirements; **A.besatz** *m* manpower/staffing level; **A.beschaffung** *f* recruitment; **A.bewegung** *f* labo(u)r turnover; **A.defizit** *nt* labo(u)r shortage; **A.disponent(in)** *m/f* manpower planner; **A.einsatz** *m* manpower allocation; **A.einsparung** *f* labo(u)r saving; **A.engpass** *m* manpower bottleneck; **A.fluktuation** *f* labo(u)r turnover; **A.knappheit; A.mangel** *f/m* shortage of manpower/labo(u)r, mapower/labo(u)r shortage, scarcity of labo(u)r/workers; **A.mobilität** *f* labo(u)r mobility; **A.nachfrage** *f* demand for labo(u)r; **A.planung** *f* human resources planning, manpower planning; **A.potenzial** *m* human/manpower resources; **A.-reserve** *f* manpower reserve; **A.reservoir** *nt* manpower reserve, **a.sparend** *adj* labo(u)r-saving; **A.statistik** *f* manpower/labo(u)r force statistics **A.überangebot; A.überschuss** *nt/m* labo(u)r/manpower surplus, **A.überhang** *m* overmanning, surplus labo(u)r; **A.verteilung** *f* allocation of labo(u)r/manpower

Arbeits|kreis *m* working party; **A.laufzettel** *m* job ticket; **A.leben** *nt* working/professional life; **A.leistung** *f* (job) performance; **A.lenkung** *f* human resources management; **A.lohn** *m* wage, pay; **A.-löhne** *(Bilanz)* labo(u)r cost(s)

arbeitslos *adj* unemployed, out of work, redundant, jobless, on the dole *(coll)*; **a. gemeldet** on the (unemployment) register

arbeitslos machen to make redundant, to put/throw out of work; **sich a. melden** to register for employment; **a. sein** to be out of work; **als a. gemeldet/registriert sein** to be on the (unemployment) register; **a. werden** to be made redundant, to join the dole queue

Arbeitslose(r) *f/m* unemployed person; **vermittlungswillige(r) A.(r)** available worker

Arbeitslosengeld *nt* unemployment benefit/compensation *[US]*, dole *(coll)*; **A. beziehen** to draw unemployment benefit, to be on the dole *(coll)*

Arbeitslosen|hilfe *f* unemployment relief/aid; **A.pflichtversicherung** *f* statutory unemployment insurance; **A.quote; A.rate** *f* unemployment/jobless rate; **A.-register** *nt* unemployment register; **A.-statistik** *f* unemployment figures/statistics; **aus der ~ fallen** to leave the register

Arbeitslosenunterstützung *f* unemployment benefit/relief, dole *[GB]*; **A. beziehen** to draw/receive unemployment benefit, to be on the dole *(coll)*; **A.sempfänger(in)** *m/f* recipient of unemployment benefit; **A.sfonds** *m* unemployment fund; **A.skasse** *f* unemployment fund

Arbeitslosenversicherung *f* unemployment insurance (fund/scheme), ~ compensation *[US]*; **A.sbeitrag** *m* unemployment insurance contribution, ~ tax *[US]*; **A.sträger** *m* unemployment insurance fund

Arbeitslosen|zahl; A.ziffer *f* unemployment/jobless figure, dole queue

Arbeitslosigkeit *f* (level of) unemployment, joblessness; **A. unter Erwachsenen** adult unemployment; **A. durch Fluktuation** frictional/transitional unemployment; **A. bei Hochschulabsolventen** graduate unemployment; **A. unter Jugendlichen** youth unemployment

Arbeitslosigkeit abbauen to reduce/curb unemployment; **A. bekämpfen** to fight/combat unemployment

allgemeine Arbeitslosigkeit general/mass unemployment; **außerökonomisch bedingte A.** incidental unemployment; **chronische/dauernde A.** hard-core/persistent unemployment; **fluktuierende/friktionelle A.** fluctuating/frictional unemployment; **freiwillige A.** voluntary unemployment; **konjunkturbedingte/konjunkturelle A.** cyclical unemployment; **langfristige A.** long-term unemployment; **latente A.** concealed unemployment; **nachfragebedingte A.** demand-deficient unemployment; **saisonale/saisonbedingte A.** seasonal unemployment; **sektorielle A.** sectoral unemployment; **ständige A.** chronic/persistent unemployment; **strukturbedingte/strukturelle A.** structural unemployment; **technische/technologische A.** technological unemployment; **unfreiwillige/unverschuldete A.** invol-

A

untary unemployment; **verdeckte/verkappte/verschleierte/versteckte A.** concealed/hidden/camouflaged unemployment; **vorübergehende/zeitweilige A.** temporary unemployment; **zunehmende A.** rising unemployment; **zyklische A.** cyclical unemployment

Arbeitslosigkeits|dauer *f* period of unemployment; **A.kurve** *f* unemployment curve

Arbeitsmangel *m* lack of work

Arbeitsmarkt *m* labo(u)r/job/employment market; **für den A. verfügbar** available for work

angespannter/leerer Arbeitsmarkt tight labo(u)r market; **regionaler A.** regional labo(u)r market

Arbeitsmarkt|aussichten *pl* employment/job prospects; **A.daten** *pl* labo(u)r market data; **A.entwicklung** *f* employment trend/development; **A.forschung** *f* labo(u)r market research, employment research; **A.gleichgewicht** *nt* labo(u)r market equilibrium; **A.lage** *f* employment situation; **A.politik** *f* labo(u)r market policy; **A.prognose** *f* labo(u)r market forecast; **A.situation** *f* employment/labo(u)r market situation; **A.statistik** *f* employment/labo(u)r market statistics; **A.theorie** *f* labo(u)r market theory; **A.-ungleichgewicht** *nt* labo(u)r market disequilibrium; **A.zahlen** *pl* employment statistics

arbeits|mäßig *adj* in terms of work, work-wise; **A.material** *nt* stock-in-trade; **A.medizin** *f* industrial medicine; **A.merkmale** *pl* job characteristics; **A.methode** *f* working method; **A.minister** *m* minister of employment, Employment Secretary *[GB]*, Secretary of Labor *[US]*; **A.ministerium** *nt* employment ministry, Department of Employment *[GB]*/Labor *[US]*; **A.minute** *f* manit (= man-minute); **A.-mittel** *pl* tools, equipment

Arbeitsmobilität *f* occupational/labo(u)r mobility

Arbeits|modell *nt* working model; **A.möglichkeit** *f* job opportunity/opening; **A.-moral** *f* attitude to work, work ethic; **A.-nachweis** *m* performance record

Arbeitsniederlegung *f* strike, stoppage, walk-out; **plötzliche/spontane A.** wildcat/lightning strike

Arbeits|normen *pl* work norms/standards; **A.ökonomie** *f* labo(u)r economics; **A.ordnung** *f* 1. shop regulations; 2. code of practice; **A.organisation** *f* job/work organisation; **A.orientierung** *f* labo(u)r orientation; **A.ort** *m* place of work; **A.papier** *nt* working paper/document; **A.papiere** *pl* employment records; **A.pause** *f* rest period, (work) break; **A.pensum** *nt* workload; **A.pflicht** *f* compulsory work; **A.phase** *f* work phase

Arbeitsplan *m* (work/production) schedule; **A.er** *m* work scheduler; **A.ung** *f* job/work/production scheduling

Arbeitsplatz *m* 1. *(Stellung)* job, post, position; 2. *(Stätte)* workplace, place of work/employment; **am A.** at work, on the shop floor

Arbeitsplätze abbauen/aufgeben to shed/cut jobs; **jdm einen Arbeitsplatz anbieten** to offer so. a job/position; **Arbeitsplatz aufwerten** to upgrade a job; **~ besetzen** to fill a job; **A. bieten** to provide employment; **A. einsparen** to cut jobs; **A. freisetzen** to shed jobs; **A. schaffen** to create/provide jobs; **A. streichen** to axe/cut jobs; **Arbeitsplatz umgestalten** to redesign a job; **~ verlieren** to lose one's job; **A. vernichten** to destroy jobs; **Arbeitsplatz wechseln** to change jobs; **am ~ wohnen** to live in

freier Arbeitsplatz (job) vacancy; **gewerblicher A.** manufacturing job; **sicherer A.** safe job; **unproduktiver A.** make-work job; **verfügbarer A.** available job

Arbeitsplatz|abbau *m* job cuts/shedding; **A.analyse** *f* job analysis; **A.anforderungen** *pl* job requirements; **A.angebot** *nt* vacancies, jobs offered, ~ on offer; **A.-aufwertung; A.bereicherung** *f* job enrichment; **A.beschaffung** *f* job creation; **A.beschreibung** *f* job specification/description; **A.bewertung** *f* job evaluation; **A.bezeichnung** *f* job title; **a.bezogen** *adj* job-related; **A.computer** *m* desk(-top) personal computer, workstation; **A.daten** *pl* job data; **A.defizit** *nt* job shortage; **A.-erweiterung** *f* job enlargement; **A.förderung** *f* job promotion; **A.garantie** *f* 1. job security/guarantee; 2. *(öffentlicher Dienst)* security of tenure; **A.gestaltung** *f* job layout; **A.mangel** *m* job shortage/scarcity; **A.rechner** *m* desk(-top) computer, workstation; **A.risiko** *nt* occupational hazard; **A.sicherheit** *f* 1. *(Beschäftigung)* job/employment security; 2. job safety;

A.situation *f* job situation; **a.spezifisch** *adj* job-specific; **A.suche** *f* job search; **A.-teilung** *f* job sharing; **A.verknappung** *f* job shortage; **A.verlust** job loss, loss of job; **A.vernichtung** *f* job destruction; **A.-wechsel** *m* change of job/employment

Arbeits|politik *f* employment policy; **A.potenzial** *nt* labo(u)r potential; **A.produktivität** *f* labo(u)r/productivity; **A.-programm** *nt* work(ing) program(me)/schedule; **A.prozess** *m* 1. (working/work) process; 2. § employment case; **A.psychologie** *f* industrial psychology; **A.qualität** *f* quality of work, workmanship; **A.raum** *m* workroom; **A.rechner** *m* host computer; **A.recht** *m* industrial (relations) law, employment law; **A.rechtler** *m* employment lawyer; **A.reserve** *f* labo(u)r reserve; **A.rhythmus** *m* work rhythm; **A.richter** *m* industrial tribunal judge; **A.richtlinien** *pl* rules of work; **A.-rückstand** *m* backlog; **a.scheu** *adj* work-shy; **A.schicht** *f* shift; **A.schiedsgericht** *nt* industrial tribunal *[GB]*; **A.schluss** *m* knocking-off (time); **~ registrieren** to clock out

Arbeitsschutz *m* occupational safety/health, industrial safety/protection; **A.bestimmung** *f* health and safety regulation; **A.gesetz** *nt* Health and Safety at Work Act *[GB]*; **A.gesetze; A.gesetzgebung** *pl/f* industrial safety legislation; **A.vorschriften** *pl* health and safety regulations, job safety regulations

Arbeits|sicherheit *f* job/occupational safety, safety at work; **A.sitzung** *f* working session; **A.soziologie** *f* industrial sociology; **a.sparend** *adj* labour-saving; **A.speicher** *m* 🖳 random access memory (RAM); **A.sprache** *f* working language; **A.stab** *m* study group, team; **A.station** *f* 🖳 workstation; **A.statistik** *f* labo(u)r (market) statistics

Arbeitsstätte *f* place of work/employment; **A.nzählung** *f* job census

Arbeitsstelle *f* 1. job, place of work; 2. 🖳 workstation

Arbeits|störung *f* disruption; **A.streitigkeit** *f* labo(u)r/industrial dispute; **A.-stück** *nt* workpiece; **A.studie** *f* work study, time and motion study; **A.stufe** *f* production stage

Arbeitsstunde *f* manhour, working hour; **A.n** hours worked

Arbeitssuche *f* job hunting; **auf A. sein** to look for work; **a.nd** *adj* seeking employment

Arbeits|suchende(r) *f/m* job hunter/seeker; **A.süchtige(r)** *f/m* workaholic; **A.-tag** *m* working day; **a.täglich** *adj* workaday; **A.tagung** *f* business conference; **A.takt** *m* work cycle

Arbeitstätigkeit *f* job, work; **bezahlte A.** gainful employment

Arbeits|team *nt* working team; **A.technik** *f* working technique; **A.teilung** *f* division of labo(u)r, job-sharing; **A.tempo** *nt* pace of work; **A.trupp** *m* 1. working party; 2. *(Kolonne)* gang; **A.überlastung** *f* pressure of work, excessive workload; **A.überwachung** *f* job control; **A.umfeld; A.umgebung; A.welt** *nt/f* work(ing)/job environment

arbeitsunfähig *adj* disabled, incapacitated

Arbeitsunfähigkeit *f* disability (for work), disablement, unfitness/incapacity for work

Arbeitsunfähigkeits|beihilfe *f* invalidity benefit; **A.sbescheinigung** *f* certificate of disability; **ärztliche A.bescheinigung; A.meldung** *f* sick note; **A.geld** *nt* disablement benefit; **A.rente** *f* breakdown pension

Arbeitsunfall *m* occupational/industrial accident, accident at work; **A.entschädigung** *f* industrial injury benefit/compensation; **A.versicherung** *f* workmen's compensation insurance, industrial injuries insurance

Arbeits|unlust *f* job boredom/dissatisfaction; **A.unruhen** *pl* industrial unrest; **a.untauglich** *adj* unemployable; **A.unterbrechung** *f* stoppage; **A.unterweisung** *f* job instruction; **A.unzufriedenheit** *f* job dissatisfaction; **A.verbot** *nt* prohibition of (gainful) employment; **A.verdienst** *nt* wage, pay, earnings, earned income; **A.-verdienstgrenze** *f* earned income ceiling; **A.vereinbarung** *f* industrial agreement; **A.verfahren** *nt* production/working method

Arbeitsverhältnis *nt* 1. labo(u)r relations, employer-employee relationship; 2. employment, job; 3. *(Vertrag)* contract of employment; **A.se** working conditions; **A. kündigen** to terminate a contract of employment; **im Zusammenhang mit dem A. stehen** to go with the job

abhängiges Arbeitsverhältnis dependent employment; **befristetes A.** temporary employment; **begrenztes A.** limited employment

Arbeits|verlangsamung *f* go-slow; **A.vermittler** *m* employment agent

Arbeitsvermittlung *f (Arbeitsamt)* labo(u)r exchange, job centre *[GB]*, employment agency; **A.sbüro** *nt* employment agency/bureau

Arbeits|vernichtung *f* job destruction; **A.versäumnis** *nt* absenteeism; **A.verteilung** *f* assignment of work; **A.vertrag** *m* contract of employment, service contract; **A.verweigerung** *f* refusal to work; **A.verzögerung** *f* go-slow, ca'canny *[US]*; **A.visum** *nt* work visa; **A.volumen** *nt* volume of work; **A.vorbereiter** *m* operations engineer; **A.vorbereitung** *f* operations/work scheduling, (operation and) process planning; **A.vorgang** *m* operation, working cycle/process; **A.vorrat** *m* order backlog

Arbeits|weise *f* 1. working (method); 2. ⚙ mode of operation; **A.welt** *f* working world; **A.wiederaufnahme** *f* resumption of work; **a.willig** *adj* willing to work; **A.willigkeit** *f* willingness to work; **A.wissenschaft** *f* ergonomics, labo(u)r economics, occupational science; **A.wissenschaftler** *m* ergonomist; **a.wissenschaftlich** *adj* ergonomic

Arbeitswoche *f* working week, man-week; **normale A.** standard working week

Arbeits|wut *f* passion for work, work mania; **A.zeichnung** *f* working drawing, rough draft

Arbeitszeit *f* hours of work, working hours/time; **während der A.** in the company's/employer's time

betriebsübliche Arbeitszeit normal hours; **tariflich festgelegte A.** agreed hours; **flexible/gleitende A.** flex(i)time; **gestaffelte A.** staggered work(ing) hours; **halbe A.** half-time; **nachgeholte A.** make-up work; **normale A.** normal/standard hours; **starre A.** fixed working hours; **tarifliche A.** contract(ual) hours; **tatsächliche A.** actual hours worked; **verkürzte A.** short time; **vertragliche A.** contract(ual) hours; **wöchentliche A.** working week *[GB]*, workweek *[US]*

Arbeitszeit|abkommen *nt* agreement on hours; **A.aufzeichnungen** *pl* time records; **A.ausfall** *m* loss of working hours; **A.ermittlung** *f* work measurement; **A.nachweis** *m* time sheet; **A.ordnung; A.regelung** *f* working-time regulations; **A.verkürzung; A.verringerung** *f* reduction of (working) hours; **A.vorgabe** *f* labo(u)r/operation time standard

Arbeits|zettel *m* time sheet, job card/ticket; **A.zeug** *nt* tools, equipment; **A.zeugnis** *nt* 1. certificate of employment; 2. reference; **A.zimmer** *nt* study; **A.zufriedenheit** *f* job satisfaction; **A.zyklus** *m* operation/working cycle

Arbitrage *f (Börse)* arbitrage; **A.geschäft** *nt* arbitrage transaction; **A.gewinn** cross trading profit; **A.händler** *m* arbitrageur *(frz.)*; **A.klausel** *f* arbitrage clause; **A.operation** *f* switching transaction

Arbitrageur *m* cross trader, arbitrageur *(frz.)*

Arbitrage|verkäufe *pl* arbitrage selling; **A.werte** *pl* arbitrage stocks

Architekt *m* architect; **A.enplan** *m* architect's drawing; **A.ur** *f* architecture

Archiv *nt* 1. archive(s), filing room; 2. files, records; **A.ar(in)** *m/f* archivist, keeper of records, filing clerk; **a.ieren** *v/t* to file; **A.material** *nt* records; **A.schrank** *m* filing cabinet

Areal *nt* area, site, premises

Ärger *m* trouble; **Ä. im Betrieb** trouble at t'mill *(coll)*

Ärgernis *nt* annoyance, nuisance; **Ä. abstellen** to abate a nuisance; **öffentliches Ä.** public nuisance

Arglist *f* malice; **a.ig** *adj* malicious

Argument *nt* argument, point

Argwohn *m* suspicion; **A. erregen** to arouse suspicion

argwöhn|en *v/t* to suspect; **a.isch** *adj* suspicious

Arithme|tik *f* arithmetic; **a.tisch** *adj* arithmetic

Arm *m* arm; **A. des Gesetzes** arm of the law; **jdm unter die A.e greifen** to help so. out

arm *adj* poor, indigent; **a. machen** to impoverish

Armen|fürsorge; A.hilfe *f* poor relief; **A.kasse** *f* relief fund

Armenrecht *nt (Rechtshilfe)* legal aid; **A. beantragen** to apply for legal aid; **im A. klagen** to sue in forma pauperis *(lat.)*

armselig *adj* miserable, poor

Armut *f* poverty, destitution; **von der A. heimgesucht** poverty-stricken; **drückende A.** grinding poverty

Armuts|falle *f* poverty trap; **A.sgrenze; A.linie** *f* poverty line

Arrangement *nt (frz.)* 1. arrangement; 2. § composition, settlement; **A. mit Gläubigern treffen** to compound with one's creditors

arrangieren *v/t* to arrange; *v/refl* to come to an arrangement

Arrest *m* 1. *(Haft)* detention, arrest; 2. *(Sachen)* attachment, seizure, distraint; **A. eines Schiffes** arrest of a vessel; **A. anordnen; mit A. belegen** to distrain/attach; **A. aufheben** to lift an attachment; **dinglicher A.** attachment, distraint; **offener A.** *(Konkurs)* receiving order

Arrest|anordnung *f* distress warrant; **A.-befehl** *m (Zwangsvollstreckung)* writ of attachment; **~ bewirken** to obtain a writ of attachment; **A.beschluss** *m* attachment/distraint order; **A.verfahren** *nt* attachment procedure

Art *f* 1. kind, type; 2. character, category; **A. der Beförderung** mode of transport; **von mittlerer A. und Güte** of average kind and quality, of merchantable quality

Artikel *m* 1. article, product, item; 2. commodity, line; 3. *(Presse)* article, story; 4. § paragraph, clause, section; **A. mit geringen Umsätzen** low-volume item

Artikel auf den Markt bringen to market a product; **A. führen** to stock a product; **A. vertreiben** to distribute a product

ausgegangener Artikel out-of-stock item; **ausgelaufener A.** discontinued line; **bewirtschaftete A.** rationed goods; **neu eingeführter A.** novelty; **fehlerhafter A.** faulty product; **gängiger/gut gehender A.** fast-selling item; **schlecht gehender A.** hard-to-sell item; **geschützter A.** branded commodity; **höherwertiger A.** superior product; **kleinpreisiger A.** low-price item; **kontingentierte A.** rationed goods; **kostenloser A.** giveaway; **meistverkaufter/umsatzstärkster A.** volume leader; **minderwertiger A.** inferior product; **modischer A.** trendy article; **neuer A.** novelty; **patentierter/einem Alleinvertriebsrecht unterliegender A.** proprietary article; **hoch rentabler A.** profit spinner; **leicht verkäuflicher A.** fast-selling item; **schwer verkäuflicher A.** hard-to-sell item; **stets vorrätiger A.** stock article

Artikel|analyse *f* item analysis; **A.aufschlag** *m* item markup; **A.bereich** *m* product section; **A.einstandswert** *m* item cost; **A.gemeinkosten** *pl* product overhead(s); **A.gruppe** *f* line; **A.identifizierung** *f* product identification; **A.karte** *f* item/commodity card; **A.muster** *nt* (product) sample; **A.position** *f* item

Arznei *f* medicine, drug; **A. verordnen/verschreiben** to prescribe a drug; **lizenzfreie A.** generic drug; **nicht ~ A.** proprietary drug; **rezept-/verschreibungspflichtige A.** ethical drug; **nicht ~ A.** over-the-counter drug

Arznei|hersteller *m* drugs company; *pl* pharmaceutical industry; **A.kosten** *pl* cost of medicaments/medication

Arzneimittel *nt* drug, medicine; *pl* pharmaceuticals; **gesetzlich geschütztes A.** proprietory drug; **rezept-/verschreibungspflichtiges A.** prescription-only drug

Arzneimittel|hersteller *m* drugs company/manufacturer; *pl* 1. pharmaceutical industry; 2. *(Börse)* pharmaceuticals; **A.industrie** *f* pharmaceutical industry; **A.konzern** *m* pharmaceutical group; **A.-produktion** *f* pharmaceuticals production; **A.werte** *pl (Börse)* pharmaceuticals

Arzt *m* physician, doctor, medical practitioner; **A. aufsuchen; sich an einen A. wenden** to consult a doctor; **sich als A. niederlassen** to set up in practice

approbierter Arzt qualified doctor, licensed physician; **diensttuender A.** duty physician; **niedergelassener/praktischer A.** general/medical practitioner (GP); **zuständiger A.** doctor in charge

Arzt|beruf *m* medical profession; **~ ausüben** to practise medicine; **A.besuch** *m* doctor's visit

Ärzte|ausschuss *m* medical board; **Ä.bedarf** *m* medical supplies; **Ä.besucher** *m* medical representative; **Ä.kammer** *f* General Medical Council *[GB]*, State Medical Board of Registration *[US]*; **Ä.-schaft** *f* the medical profession; **Ä.verband** *m* medical association

Arzt|hausbesuch *m* doctor's visit; **A.honorar** *nt* medical/doctor's fee; **A.kosten** *pl* medical cost(s)/expenses

ärztlich *adj* medical

A

Arzt|praxis *f* medical practice; **A.rechnung** *f* doctor's/medical bill; **freie A.-wahl** free choice of doctor
Aspekt *m* aspect, feature, consideration; **steuerlicher A.** taxation aspect; **wirtschaftlicher A.** economic consideration
Assekurant *m* insurer, assurer, underwriter
Assekuranz *f* insurance, assurance; **A.-branche** *f* insurance industry; **A.geschäft** *nt* underwriting
assekurieren *v/t* to insure/assure/underwrite
Asservatenkonto *nt* suspense/holding account
asservieren *v/t* to set aside
Asssistent(in) *m/f* assistant
Assistenzarzt *m* junior doctor, intern *[US]*, houseman *[GB]*
Assoziation *f* association; **A.sabkommen** *nt* association agreement
assoziieren *v/t* to associate
Assoziierung *f* association; **A.sabkommen; A.svereinbarung; A.svertrag** *nt/f/m* association agreement, treaty of association
Atom|- nuclear, atomic; **A.abfall** *m* nuclear waste
atomar *adj* nuclear, atomic
Atomenergie *f* nuclear energy/power, atomic energy; **A.behörde** *f* Atomic Energy Authority *[GB]*; **A.kommission** *f* Atomic Energy Commission *[US]*
Atom|forschung *f* nuclear research; **A.industrie** *f* nuclear industry; **A.kraft** *f* nuclear power; **A.kraftwerk (AKW)** *nt* nuclear power station; **A.meiler** *m* nuclear reactor/pile; **A.müll** *m* nuclear/radioactive waste; **A.reaktor** *m* nuclear reactor; **A.technik** *f* nuclear engineering/technology; **A.wirtschaft** *f* nuclear industry
Attest *nt* medical/doctor's certificate
Attrakt|ion *f* attraction, draw; **a.tiv** *adj* attractive
Attrappe *f* dummy (display/pack)
Attribut *nt* attribute, feature
Audit *nt* audit, **A.durchführung** *f* auditing; **A.feststellung** *f* audit finding
auf|addieren *v/t* to add up, to tot up *(coll)*; **a.arbeiten** *v/t* 1. to work off (arrears); 2. ⚙ to recondition; **A.arbeitung** *f* reconditioning
Aufbau *m* 1. organisation, set-up; 2. structure; 3. *(Montage)* erection, construction; **A. von Lagerbeständen** stockpiling, inventory buildup; **A. eines Wirtschaftsimperiums** corporate empire building
Aufbau|anleihe *f* reconstruction/development loan; **A.arbeit** *f* reconstruction work; **A.darlehen** *nt* reconstruction/rehabilitation loan
aufbauen *v/t* 1. to erect/build; 2. *(Maschine)* to assemble; 3. to set up
Aufbau|finanzierung *f* reconstruction finance; **A.kredit** *m* reconstruction loan; **A.kurs; A.lehrgang** *m* 1. advanced/continuation course; 2. *(Wiederholung)* refresher course; **A.möbel** *pl* sectional/knockdown/flatpack furniture; **A.organisation** *f* organisational structure; **A.prinzip** *nt* design/structural principle; **A.programm** *nt* reconstruction program(me); **A.bauten** *pl* 1. ⚓ superstructure; 2. *(LKW)* bodywork
aufbereiten *v/t* 1. to prepare/process; 2. 🖳 to edit
Aufbereitung *f* 1. preparation, processing; 2. 🖳 editing; **chemische A.** chemical processing; **manuelle A.** manual processing; **maschinelle A.** mechanical processing
Aufbereitungs|anlage *f* processing/treatment plant; **A.technik** *f* process engineering
aufbesser|n *v/t* 1. to improve/increase; 2. *(Einkommen)* to raise; **A.ung** *f* 1. increase; 2. *(Einkommen)* rise, raise *[US]*
aufbewahren *v/t* to keep/deposit/store; **kühl a.!** to be kept in a cool place; **trocken a.!** keep dry, do not store in a damp place; **sicher a.** to keep in a safe place
Aufbewahrung *f* 1. safekeeping, custody; 2. storage; **A. von Aufzeichnungen** record-keeping; **ordnungsgemäße A.** proper custody; **sichere A.** safekeeping
Aufbewahrungs|frist *f* 1. safekeeping period; 2. retention period; **A.sgebühr** *f* 1. *(Lager)* storage charge; 2. *(Bank)* safe deposit charge; **A.gepäck** *nt* left luggage *[GB]*, checked baggage*[US]*; **A.pflicht** *f* *(Dokument)* filing requirement; **A.schein** *m* certificate of deposit; **A.zeitraum** *m* (file) retention period
Auf- und Abbewegung *f* ups and downs
auf|blähen *v/t* to inflate; **a.brauchen** to use up, to exhaust; **a.brechen** *v/i* 1. to start; 2. to burst; *v/t* 1. to prize open; 2. *(Schloss)* to pick
aufbringen *v/t* 1. *(Geld)* to raise/provide,

to stump/put up, 2. *(Kapital)* to subscribe; 3. ⚓ to arrest/seize

Aufbringung *f* 1. *(Geld)* raising, funding; 2. ⚓ arrest, seizure; **A. und Beschlagnahme nicht versichert** free of capture and seizure (f. c. s.) **A. von Finanzbeträgen** funding, fund raising

Aufbringungs|klausel *f* *(Vers.)* contributory clause; **A.- und Beschlagnahmeklausel** ⚓ free of capture and seizure clause; **a.pflichtig** *adj* contributory; **A.pflichtige(r)** *f/m* contributor; **A.soll** *nt* required contribution; **A.stelle** *f* collecting agency; **a.umlage** *f* levy, contribution

aufbürden *v/t* to (impose a) burden, to saddle

aufdeck|en *v/t* to disclose/reveal; **A.ung** *f* disclosure, revelation

Auf-Deck-Verladung auf Risiko des Befrachters *f* shipped on deck at shipper's risk

aufdringlich *adj* *(Werbung)* aggressive

Aufdruck *m* imprint; **a.en** *v/t* to imprint

Aufeinander|folge *f* sequence, succession; **a.folgend** *adj* consecutive, successive

Aufenthalt *m* stay, residence, sojourn; **dauernder/ständiger A.** permanent residence, fixed abode; **gewöhnlicher A.** ordinary residence; **kurzer A.** stopover; **langer A.** extended stay; **ordnungsgemäßer A.** lawful residence

Aufenthalts|bescheinigung *f* residence certificate; **A.bestimmung** *f* residence provisions; **A.dauer** *f* duration of stay; **A.erfordernis** *f* residential requirement(s); **A.serlaubnis; A.sgenehmigung** *f* residence permit

Aufenthaltsort *m* (place of) residence; **ohne festen A.** of no fixed abode/address

Aufenthaltsrecht *nt* right of abode/residence; **A. erwerben** to acquire residence *[US]*

Aufenthalts|steuer *f* residents' tax; **A.verbot** *nt* exclusion order; **A.verlängerung** *f* extension of stay

auferle|gen *v/t* to impose; **A.gung** *f* imposition; **unter ~ der Kosten** § with costs

auffangen *v/t* to absorb/cushion

Auffang|gesellschaft *f* recipient/shell/receiving company; **A.konsortium** *nt* support group; **A.reserve** *f* cushioning reserve

Auffassung *f* opinion, view; **A. vertreten** to maintain, to take the view; **irrige A.** mistaken belielf

auffind|bar *adj* traceable; **a.en** *v/t* to trace/locate; **wieder a.en** to retrieve; **A.ungssystem** *nt (Informationen)* retrieval system

auffordern *v/t* to demand/request

Aufforderung *f* request, demand; **ohne A.** unsolicited

Aufforderung zur Abgabe eines Angebots invitation to tender/treat; **~ Erhöhung der Einschusszahlung** margin call; **~ Einzahlung der Aktien** call on shares; **~ Kapitaleinbringung; A. zum Kapitaleinschuss** cash call; **A. zur Unterbreitung eines Angebots** invitation to tender/treat; **~ Zahlung gezeichneter Aktienbeträge** call on unpaid subscriptions

zahlbar bei Aufforderung payable on demand

einer Aufforderung nachkommen to comply with a demand

dringende Aufforderung urgent request; **förmliche A.** formal request; **letzte A.** final call; **schriftliche A.** demand/request in writing

Aufforst|en *nt* (af)forestation; **a.en** *v/t* to afforest; **wieder a.en** to re(af)forest; **A.ung** *f* (af)forestation

auffrischen *v/t* 1. *(Wissen)* to brush/polish up; 2. *(Vorräte)* to replenish

Auffrischung *f* *(Vorrat)* replenishment; **A.sausbildung** *f* booster training; **A.skurs; A.slehrgang** *m* refresher course

aufführen *v/t* 1. to quote; 2. *(Posten)* to enter; 3. 🏛 to build/erect; **einzeln/postenweise a.** to specify/itemize

Aufführung *f* 1. quotation; 2. *(Buchung)* entry; 3. 🏛 erection, construction

Auffülldeponie *f* landfill (site)

auffüll|en *v/t* to replenish/refill/restock; **A.ladung** *f* ⚓ berth cargo

Auffüllung *f* replenishment; **A. von Lagerbeständen** inventory buildup, stockpiling

Aufgabe *f* 1. task; 2. duty, responsibility, assignment, remit; 3. *(Absendung)* dispatch; 4. *(Preisgabe)* waiver, abandonment; 5. ⚓ abandonment; 6. *(Geschäft)* closing-down; **laut A.** as per advice

Aufgabe von Ansprüchen relinquishment of claims; **A. einer Anwartschaft** renunciation of an expectancy; **~ Bestellung**

placing of an order; **A. eines Briefes** posting/mailing *[US]* of a letter; **~ Geschäfts** closing down; **~ Rechts** relinquishment of a right

Aufgabe folgt advice in due course; **A. vorbehalten** *(Börse)* name to follow

Aufgabe bewältigen to cope with a task; **A. erfüllen** to carry out a task; **seine A. erfüllen/tun** to do one's duty; **A. erledigen** to perform a task; **A. lösen** to solve a problem; **es sich zur A. machen** to make sth. one's business; **einer A. nicht gerecht werden** to fall down on a job; **~ gewachsen sein** to be up to a job, ~ equal to a task; **A. übernehmen** to take on/assume a responsibility; **A. wahrnehmen** to discharge a duty, to carry out a task; **A. zuweisen** to assign a task

mit beratender Aufgabe in an advisory capacity; **dankbare A.** rewarding task; **einfache A.** menial task; **lockende A.** challenge; **schwere/schwierige A.** arduous job, onerous task, chore; **untergeordnete A.n** menial duties; **zugewiesene A.** assigned task

Aufgabe|bescheinigung *f* ✉ postal receipt; **A.erklärung** *f* ⚓ notice of abandonment; **a.gemäß** *adj* as per advice

Aufgabenanalyse *f* functional/task analysis

Aufgabenbereich *m* 1. (scope of) duties, area of responsibility, remit; 2. *(Ausschuss)* terms of reference, brief; **außerhalb des A.s** outside one's remit

Aufgaben|bereicherung *f* job enrichment; **A.erfüllung** *f* task fulfilment; **A.erweiterung** *f* job enlargement; **A.gebiet** *nt* 1. duties, brief, remit; 2. *(Ausschuss)* terms of reference; **A.gliederung** *f* breakdown of activities; **A.katalog** *m* set of objectives/targets; **A.kreis** *m* duties, remit; **a.orientiert** *adj* task-orient(at)ed, job-orient(at)ed; **A.pensum** *nt* workload; **A.stellung** *f* 1. problem (definition); 2. *(Ausschuss)* terms of reference; **A.verteilung** *f* job allocation; **A.verwalter** *m* 🖳 task manager; **A.verwaltung** *f* task management; **A.wahrnehmung** *f* discharge of duties; **A.wechsel** *m* job rotation; **A.zuweisung** *f* assignment of duties/tasks, job allocation

Aufgabe|ort *m* ✉ place of mailing/posting; **A.postamt** *nt* mailing office; **A.schein** *m* 1. advice of delivery; 2. *(Gepäck)* receipt, check *[US]*; **A.spediteur; A.spedition** *m/f* initial carrier; **A.stelle** *f* place of dispatch; **A.stempel** *m* ✉ date stamp, postmark; **A.tag** *m* date of dispatch; **A.zeit** *f* time of dispatch

aufgeben *v/t* 1. ✉ to post/mail; 2. *(Sendung)* to consign/dispatch; 3. *(Gepäck)* to register, to check in; 4. *(Anspruch/Besitz)* to abandon; 5. *(aufhören)* to stop/cease/discontinue; 6. *(Stelle)* to vacate/resign; 7. *(Bestellung)* to place; 8. § to waive/surrender/relinquish

Aufgeber *m* sender, consignor

Aufgebot *nt* 1. *(Wertpapiere)* cancellation; 2. *(Patent)* public invitation to file claims

Aufgebots|frist *f* period set for public notice; **A.verfahren** *nt* 1. *(Wertpapiere)* cancellation procedure, public citation; 2. *(Patent)* public announcement procedure

aufge|braucht *adj* used up, spent; **a.führt** *adj* listed; **oben a.führt** above mentioned (a/m); **unter a.führt** undermentioned (u/m), below-mentioned (b/m)

Aufgehen *nt* *(Fusion)* merger; **a.** *v/i (Rechnung)* to work out, to tally; **in etw. a.** to be merged with; **a. lassen** to merge

aufge|hoben *adj* 1. lifted, cancelled; 2. *(Urteil)* reversed, set aside; **a.lassen** *adj* *(Grundstück)* conveyed; **a.laufen** *adj* accrued, accumulated

Aufgeld *nt* 1. premium; 2. surcharge, mark-up; 3. *(Börse)* contango; **mit A.** at a premium; **A. verlangen** to charge a premium

aufge|legt *adj* *(Anleihe)* issued, open for subscription; **a.löst** *adj* wound-up; **a.nommen** *adj* received, accepted; **gut/positiv ~ werden** to go down well; **a.rundet** *adj* rounded-up; **a.schlossen** *adj* 1. open-minded, receptive; 2. ⚒ proven; **a.schlüsselt** *adj* itemized, broken down; **a.wendet** *adj* expended, spent; **a.wertet** *adj* revalued

aufgliedern *v/t* 1. to break down, to itemize; 2. to classify/subdivide; **anteilmäßig a.** to average/prorate

Aufgliederung *f* 1. breakdown, itemization; 2. classification, subdivision; **A. in Abteilungen** departmentalization; **A. der Ausgaben** breakdown of expenditure; **~ Bilanz** analysis sheet; **~ Kosten** itemization of cost(s); **A. des Reingewinns** *(Bilanz)* appropriation section; **A. nach Sachgebieten** functional classification; **A. des Sozialprodukts nach dem Ursprung** breakdown of the national product according to sources; **A. nach Sparten** divisional breakdown

berufliche Aufgliederung occupational distribution; **branchenmäßige A.** industrial classification

aufgreifen *v/t* to take/pick up

auf haben *v/i* *(Geschäft)* to be open

aufhald|en *v/t* to stockpile; **A.ung** *f* stockpiling

aufhalten *v/t* 1. to hold up, to detain; 2. *(Verfahren)* to stay; *v/refl* to reside/stay

Aufhänger *m* 1. (coat) hanger; 2. *(Marketing)* sales anchor

aufhäuf|en *v/t* to accumulate; **A.ung** *f* accumulation

aufhebbar *adj* voidable, rescindable, annullable

aufheben *v/t* 1. to pick up; 2. *(Beschränkung)* to remove/lift/abolish; 3. *(Entscheidung)* to reverse/annul/cancel; 4. *(Gesetz)* to repeal; 5. *(sparen)* to save; 6. § to quash/overturn, to set aside; *v/refl* to balance/offset; **zeitweilig a.** to suspend

Aufhebung *f* 1. *(Beschränkung)* lifting, removal; 2. *(Entscheidung)* annulment, cancellation; 3. § reversal, repeal; **A. von Beschränkungen** deregulation; **A. der Börsenzulassung** delisting; **~ Devisenkontrolle** lifting of currency controls; **A. einer Gesellschaft** 1. winding up a company; 2. dissolution of a partnership; **A. eines Gesetzes** repeal of a law; **A. einer Klage** withdrawal of an action; **A. der Kontrollbestimmungen** deregulation; **~ Kreditkontrollen** removal of credit controls; **A. eines Pachtvertrages** cancellation of a lease; **A. der Preisbindung** abolition of resale price maintenance; **A. einer Verfügung** lifting of an injunction; **A. eines Vertrages** rescission/cancellation of a contract; **A. von Zöllen** abolition of tariffs; **A. der Zwangsbewirtschaftung** deregulation

einstweilige Aufhebung suspension

Aufhebungs|bestimmung *f* rescinding clause; **A.entgelt** *nt (Arbeitsvertrag)* redundancy payment; **A.erklärung** *f* declaration of avoidance; **A.klage** *f* action for rescission; **A.klausel** *f* overriding clause; **A.prämie** *f (Vers.)* cancellation premium; **A.vertrag** *m* termination agreement/contract

aufholen *v/ti* 1. to make up for; 2. *(Börse)* to rally

aufhören *v/i* to cease/stop; **rechtzeitig (zu spekulieren) a.** to cut one's losses; **a. zu bestehen** to cease to exist

Aufkauf *m* buyout, acquisition; **A. durch Betriebsleitung / Firmenleitung / Geschäftsführung** management buyout (MBO); **A. von Buch-/Warenforderungen** factoring; **~ Gesellschaften** corporate acquisition; **A. eines Unternehmens durch die Belegschaft** employee buyout

durch Aufkauf den Markt beherrschen to forestall the market; **mit Krediten finanzierter A.** leveraged buyout (LBO)

aufkaufen *v/t* to buy out, to acquire

Aufkäufer *m* buyer; **A.gruppe** *f* corner

Aufkaufgerücht *nt* takeover rumour

Aufklärung *f* enlightenment; **A. über ein Produkt** product information

Aufklärungs|aktion; A.kampagne *f* information campaign; **A.werbung** *f* educational/informative advertising

Aufklebe|adresse *f* gummed address label; **A.marke** *f* adhesive stamp

aufkleben *v/t* to paste/stick on

Aufklebezettel *m* sticker, adhesive label

Aufkommen *nt* 1. emergence; 2. *(Einnahmen)* yield, receipts, revenue, accrual, proceeds; 3. output; **A. für die Kosten** defrayal of cost(s)/expenses; **A. an Steuer** tax revenue(s)

aufkommen *v/i* 1. *(entstehen)* to emerge/arise; 2. *(zahlen)* to pay/defray; **für etw. a.** *(Kosten)* to bear; **gesamtschuldnerisch a.** to be jointly responsible

Aufkommens|elastizität *f (Steuer)* revenue elasticity; **a.neutral** *adj* revenue-neutral

aufkündbar *adj* terminable, revocable

aufkündigen *v/t* 1. to cancel; 2. *(Kapital)* to recall; 3. *(Dienst)* to give notice; 4. *(Vertrag)* to terminate; 5. *(Hypothek)* to foreclose

Aufkündigung *f* 1. *(Kapital)* recall; 2. *(Dienst)* notice to quit; 3. *(Vertrag)* termination; 4. *(Hypothek)* foreclosure

Aufladen *nt* loading; **a.** *v/t* to load

Auflage *f* 1. *(Anweisung)* direction, instruction; 2. *(Verpflichtung)* obligation, commitment, stipulation; 3. *(Zeitung)* circulation; 4. *(Buch)* edition; 5. *(Produktionsmenge)* production run; 6. ✂ print

A

run; 7. § enjoinder, requirement; **gerichtliche A. zwecks Unterlassung/Vornahme einer Handlung** § writ of mandamus *(lat.)*

Auflage|n erfüllen/genügen to satisfy/meet the requirements; **~ machen** to impose conditions/terms; **zur A. machen** to make mandatory

begrenzte/beschränkte Auflage ✂ limited edition; **gerichtliche A.** court order; **hohe A.** 1. ✂ wide circulation; 2. large production run; **verkaufte A.** net paid circulation

Auflagen|degression *f* economies of scale; **A.höhe** *f* ✂ circulation, print run; **A.rückgang** *m* drop in circulation

auflass|en *v/t* *(Grundstück)* to convey; **A.ung** *f* conveyance

Auflassungs|eintragung *f* entry of conveyance; **A.erklärung** *f* conveyance; **A.-urkunde** *f* transfer deed

Auflaufen *nt* 1. accumulation, accrual; 2. ⚓ grounding; **A. von Kosten** accrual of cost(s); **~ Zinsen** accrual of interest

auflaufen *v/i* 1. to accrue/accumulate; 2. *(Rückstände)* to fall into arrears; 3. ⚓ to run aground

Aufleben *nt* 1. revival, recovery; 2. *(Vers.)* reinstatement; **a.** *v/i* to revive/recover; **wieder a. lassen** to revive/reactivate

auflegen *v/t* 1. ☎ to ring off, to hang up; 2. ✂ to publish; 3. *(Steuern)* to levy/impose; 4. *(Fonds)* to launch; 5. *(Aktien)* to issue

Auflegung *f* *(Anleihe)* issue, flo(a)tation; **öffentliche A.** public offering

Auflieferer|er *m* sender, consignor; **a.n** *v/t* to dispatch/consign; **A.ung** *f* consignment, dispatch

auflieg|en *v/i* 1. to be open for inspection; 2. ⚓ to lie up; **A.er** *m* 🚗 (semi-)trailer; **A.ertonnage** *f* ⚓ laid-up tonnage

auflist|en *v/t* to list; **einzeln a.en** to itemize; **A.ung** *f* listing

auflösbar *adj* 1. ⚗ soluble; 2. *(Vertrag)* terminable

auflösen *v/t* 1. *(Geschäft)* to liquidate, to wind up; 2. *(Konto)* to close; 3. *(Vertrag)* to terminate/rescind; 4. *(Reserven)* to write back; 5. *(Kartell)* to break up; *v/refl* to dissolve

Auflösung *f* 1. dissolution, break-up; 2. *(Konto)* closing; 3. *(Vertrag)* rescission, termination; 4. *(Geschäft)* closing, winding-up; 5. *(Gesellschaft)* dissolution, liquidation; 6. *(Reserven)* writing-back; 7. *(Kartell)* breaking-up; **A. durch Beschluss der Gesellschafter** dissolution by agreement/assent of the partners; **A. von Eigenkapital** withdrawal from reserves; **A. durch Gerichtsentscheid** dissolution by decree of court; **A. eines Geschäfts** winding up of a business; **A. einer Gesellschaft** dissolution of a company; **A. kraft Gesetzes** dissolution by operation of the law; **A. eines Kontos** closing of an account; **A. einer OHG/KG** dissolution of a partnership; **A. von Rechnungsabgrenzungsposten** amortization of accruals and deferrals; **~ Rücklagen** liquidation of reserves, writing back (of reserves); **~ Rückstellungen** writing back of provisions; **A. eines Vertrags** cancellation of a contract

freiwillige Auflösung voluntary winding-up

Auflösungs|antrag *m* winding-up petition; **A.beschluss** *m* 1. § winding-up order; 2. resolution to liquidate (the business); **A.-klage** § petition for judicial dissolution; **A.preis** *m* *(EU) (Agrarmarkt)* activating price; **A.verfügung** *f* winding-up order

aufmach|en *v/t* 1. to open; 2. *(Dispache)* to draw up; **A.ung** *f* 1. display, presentation, layout; 2. *(Ware)* get-up; 3. *(Havarie)* average adjustment

Aufmerksamkeit *f* attention

Aufmerksamkeits|erreger *m* attention getter; **A.faktor** *m* attention factor

Aufnahme *f* 1. reception, acceptance; 2. *(Waren)* take-up; 3. *(Geld)* borrowing; **A. der Bestände** stocktaking; **A. des Betriebs** start-up; **A. von Fremdmitteln** borrowing; **A. der Geschäftstätigkeit** commencement of trading; **A. von Kapital** raising of capital; **A. eines Kredits** borrowing; **A. von Schulden** contraction of debts; **A. eines Teilhabers** admission of a partner; **A. einer Tratte** honouring a bill of exchange

günstige Aufnahme 1. *(Produkt)* favourable acceptance; 2. *(Angebot)* high/take-up rate; **körperliche/tatsächliche A.** *(Inventur)* physical inventory

Aufnahme|antrag *m* application for membership/admission; **A.bedingungen** *pl* conditions of admission; **a.bereit** *adj* receptive; **A.bereitschaft** *f* receptiveness; **~ der Verbraucher** *f* consumer acceptance;

a.fähig *adj* 1. receptive; 2. *(Markt)* ready; **A.fähigkeit** *f* (absorbing/absorptive) capacity; **~ des Marktes** sales potential; **A.-gebühr** *f* admission fee; **A.gesuch** *nt* application for membership; **A.land** *nt* host/receiving country; **A.potenzial** *nt* absorbing power; **A.prüfung** *f* entrance examination
aufnehmen *v/i* 1. to admit/receive/accept; 2. to absorb; 3. *(Kredit)* to raise/borrow; 4. *(Lager)* to stock; 5. *(Mitglied)* to enlist/enrol
Aufpasser *m* *(Behörde)* watchdog *(fig)*
Aufprall *m* impact, collision; **a.en** *v/ti* to hit/impact, to collide (with)
Aufpreis *m* mark-up, premium, extra charge; **mit einem A.** at a premium; **A. der Kassaware/Spotware gegenüber der Terminware** *(Rohstoffbörse)* backwardation; **~ Terminware gegenüber der Kassaware/Spotware** contango
Aufräum|(ungs)arbeiten *pl* clean-up (operation); **a.en** *v/t* to tidy/clean (up); **A.ungskosten** *pl* clearance costs
aufrech|enbar *adj* offsettable; **a.nen** *v/t* to set off, to offset; **~ gegen** to offset (against), to set off (against)
Aufrechnung *f* set(ting)-off, offset(ting), squaring/balancing of accounts; **gegenseitige A.** *(Vers.)* knock for knock (arrangement); **A.sanspruch** *m* set-off claim
aufrechterhalten *v/t* to maintain/uphold
Aufrechterhaltung *f* maintenance, preservation; **A. der Betriebsfähigkeit** care and maintenance; **A.sgebühr** *f (Patent)* renewal fee
Aufriss *m* 1. *(Anzeige)* layout; 2. 🏛 front view, elevation
aufrücken *v/i* to advance, to move up, to be promoted
Aufruf *m* 1. call; 2. appeal; 3. public notification/notice; 4. *(Gericht)* summons; 5. *(Gläubiger)* recall; **letzter A.** final call; **namentlicher A.** roll call
aufrufen *v/t* 1. to call (for/in); 2. summon; 3. to recall
Aufruhr *m* insurrection, riot, (civil) commotion; **A. und bürgerliche Unruhen** § riots and civil commotion; **A., Bürgerkrieg und Streik** riots, civil commotion and strike (r.c.c.&s.)
Aufruhr|klausel *f* riot clause; **A.schäden** *pl* riot damage; **A.versicherung** *f* civil commotion insurance
aufrund|en *v/t* π to round up/off; **A.ung** *f* rounding up/off
aufschieben *v/t* 1. to put off/back, to delay/postpone; 2. *(vertagen)* to adjourn; **sich nicht a. lassen** to brook no delay; **a.d** *adj* dilatory, suspensive; **~ bedingt** conditional, subject to condition precedent
Aufschiebung *f* 1. delay, suspension; 2. adjournment
Aufschlag *m* surcharge, premium, extra charge; **mit einem A.** at a premium; **~ versehen** *(Vers.)* to load
Aufschlag für Bearbeitung service charge; **A. bei Bruchteilkursen** trading difference; **A. für den Einfuhrpreis** import mark-up; **A. für vorzeitige Tilgung** redemption fee
Aufschlags|gewinn *m* mark-up; **A.(preis)-kalkulation** *f* cost-plus pricing
aufschließen *v/t* ⛏ to open up, to develop
Aufschließung *f* development; **A.seffekt** *m* trade-creating effect; **A.skosten** *pl* development cost(s); **A.smaßnahmen** *pl* land improvements
Aufschluss *m* 1. information, explanation; 2. ⛏ development; **A.bergbau** *m* prospecting; **a.reich** *adj* revealing
aufschlüsseln *v/t* to break down, to itemize
Aufschlüsselung *f* (detailed) breakdown, itemization; **A. der Ausgaben** breakdown/classification of expenditure(s); **A. nach Berufen** breakdown by occupations
Aufschreibungen *pl* records
Aufschrift *f* inscription; **A.zettel** *m* label
Aufschub *m* 1. delay; 2. suspense, suspension; 3. *(Vertagung)* adjournment; 4. *(Zahlung)* respite, extension; 5. *(Wechsel)* period of grace; **A. der Zwangsvollstreckung** § stay of execution; **~ Zahlungsfrist** respite
um Aufschub bitten to ask for time; **keinen A. dulden/leiden** to brook no delay; **A. erlangen/erwirken** to win a reprieve, to obtain a delay; **A. gewähren** to grant an extension, ~ a respite
Aufschub|frist *f* respite; **A.konto** *nt* deferment account
jdm etw. aufschwätzen/aufschwatzen *v/t* to talk so. into (buying) sth.
Aufschwung *m* 1. *(Konjunktur)* recovery, upturn, upswing, boom; 2. *(Preis)* rally;

A. nach Maß tailor-made recovery; **im A. begriffen** booming; **A. tragen** to support the upturn/recovery

gesamtwirtschaftlicher Aufschwung nationwide boom; **konjunktureller A.** cyclical recovery/upswing; **konsuminduzierter A.** consumer-led recovery; **saisonaler/saisonbedingter A.** seasonal recovery; **wirtschaftlicher A.** economic revival, cyclical expansion

Aufseher *m* supervisor, foreman, inspector, controller, overseer

aufsetzen *v/t* *(Schriftstück)* to draft, to draw up

Aufsicht *f* 1. inspection, supervision; 2. care, surveillance; 3. *(Examen)* invigilation; 4. *(Geschäft)* shopwalker; 5. *(Branche)* regulator(s); **A. führen** 1. to supervise, to watch over; 2. *(Prüfung)* to invigilate

amtliche Aufsicht official supervision; **ärztliche A.** medical supervision; **behördliche A.** official supervision; **staatliche A.** government supervision; **unter staatlicher A.** state-controlled

Aufsichts|- supervisory, regulatory

Aufsichtsamt *nt* supervisory board, inspectorate, regulatory authority, regulator, watchdog *(fig)*; **A. für den Finanz- und Wertpapiermarkt** Securities and Exchange Commission (SEC) *[US]*, ~ Investment Board (SIB) *[GB]*; **~ einen Wirtschaftszweig** industry regulator

Aufsichts|beamter *m* supervisor, superintendent; **A.befugnis** *f* supervisory power(s); **A.behörde** *f* regulatory authority, regulator; **A.führende(r)** *f/m* 1. supervisor; 2. *(Prüfung)* invigilator; **A.führung** *f* 1. supervision; 2. *(Prüfung)* invigilation; **A.gewalt** *f* supervisory power(s); **A.gremium** *nt* governing body; **A.organ** *nt* supervisory body/authority, regulator, watchdog; **A.person** *f* 1. supervisor; 2. *(Geschäft)* shopwalker; **A.personal** *nt* supervisory staff

Aufsichtsrat *m* board of (non-managing/non-executive) directors; **im A.** on the board; **in den A. eintreten** to join the board; **im A. sitzen** to be/sit on the (supervisory) board; **A. wählen** to elect the board

Aufsichtsrats|bericht *m* directors' report; **A.beschluss** *m* board decision; **A.bezüge** *pl* directors' emoluments; **auf A.ebene** *f* at board level; **A.mandat** *nt* directorship; **A.mehrheit** *f* board majority; **A.mitglied** *nt* member of the board, non-executive director; **A.posten** *m* directorship; **~ innehaben** to be on the board; **A.sitzung** *f* board meeting; **A.tantiemen; A.vergütungen** *pl* directors' emoluments; **A.vorsitz** *m* chairmanship (of the board) *[GB]*, presidency *[US]*; **A.vorsitzender** *m* chairman of the board of directors, non-executive chairman *[GB]*, president *[US]*, chairman and chief executive (officer); **A.wahl** *f* board elections

Aufsichtsrecht *nt* right of control

aufspalt|en *v/t* to split (up); **A.ung** *f* 1. disaggragation; 2. split

Aufstandsversicherung *f* riot and civil commotion insurance

auf|stapeln *v/t* to stack, to pile (up); **a.-stauen** *v/refl* to pile up

aufsteig|end *adj* rising; **A.er** *m* climber

aufstellen *v/t* 1. to set up, to mount/fit; 2. to install; 3. *(Bilanz)* to prepare; 4. *(Kosten)* to specify

Aufsteller *m* point-of sale (POS) advertising

Aufstellung *f* 1. list, schedule, table; 2. installation; 3. *(Bilanz)* preparation; 4. *(Anordnung)* arrangement; 5. *(Personen)* deployment; **A.en** records, accounts; **laut A.** as per account

Aufstellung von Aktiva und Passiva statement of assets and liabilities; **A.en über Betriebsvorgänge** operational records; **A. der Bilanz** preparation of a balance sheet; **A. eines Flächennutzungsplans** zoning; **A. des Jahresabschlusses** preparation of the annual financial statement; **A. der Kosten** statement of charges; **A. einer Präferenzordnung** ranking/marshalling of preferences; **A. von Streikposten** picketing; **A. der Verlustquellen** deficiency account

amtliche Aufstellung official register; **detaillierte A.** breakdown; **monatliche A.** monthly statement; **statistische A.** statistical table; **steuerliche A.** tax statement; **tabellarische A.** table, schedule

Aufstellungs|fläche *f* floor space; **A.kosten** *pl* installation cost(s); **A.ort** *m* site; **am A.ort** on site; **A.plan** *m* layout plan

Aufstieg *m* 1. rise; 2. *(Konjunktur)* recovery; 3. promotion, career development; **A.schancen** *pl* career/promotion prospects

aufstock|en *v/i* 1. to raise/increase; 2. *(Lager)* to replenish/stockpile; **A.ung** *f* 1. increase; 2. *(Kapital)* capital increase
auf|summieren *v/t* to add up; **a.tabellieren** *v/t* to tabulate
Auftauchen *nt* emergence; **a.** *v/t* to emerge, to crop up; **wieder a.** to reappear
aufteilbar *adj* allocable, divisible
aufteilen *v/t* 1. to divide/partition, to split up; 2. *(zuteilen)* to allot/allocate
Aufteilung *f* 1. division, split(ting); 2. *(Land)* parcelling; 3. *(Kosten/Kapital)* allocation, apportionment; **A. der verfügbaren Märkte** job sharing; **~ Einsatzfaktoren** input distribution; **~ Gewinne** apportionment of profits; **~ Märkte** market sharing; **A. auf verschiedene Werbeträger** media allocation
anteilmäßige Aufteilung proration
Aufteilungs|plan *m* allocation scheme; **A.-verhältnis** *nt* allocation ratio
Auftrag *m* 1. order, commission, contract; 2. *(Befehl)* instruction, assignment; 3. **§** *(Anwalt)* mandate, brief; **aus meinem A.** on account of my order; **Ihrem A. gemäß** as per instructions; **im A. (i. A.)** per procurationem (p.p.) *(lat.)*; **~ von/für** on behalf of, by order of, commissioned by; **~ und für Rechnung von** by order and for account of; **laut A.** as per order; **ohne A.** without mandate
Auftrag auf Abruf option order; **A. zur sofortigen Ausführung** immediate or cancel order; **A. mit interessewahrender Ausführung** not held order; **A. zur Bestandsauffüllung** replacement order; **A. zum Festpreis** *(Option)* stop order; **A. für die Lieferung einer schlüsselfertigen Anlage** turnkey order; **A. zum nächst günstigen Preis** *(Börse)* market order; **A. mit Preisbegrenzung** stop order; **A. zur Risikoabdeckung** *(Börse)* hedging order; **A. gültig für einen Tag** good for today order; **A. gültig bis zum Widerruf** good till cancelled order; **A. zur Zahlungseinstellung** stop(-payment) order
Auftrag ablehnen to refuse to accept an order; **A. abwickeln/bearbeiten** to execute/handle/process an order; **nach A. anfertigen** to make to order; **A. annehmen** to accept an order; **A. annullieren** to cancel/rescind an order; **A. aufgeben** to (place an) order; **A. ausführen** 1. to carry/execute an order; 2. *(Botengänge)* to run an errand; **jdn mit einem A. beehren/begünstigen** to favour so. with an order; **sich um Aufträge bemühen** to solicit orders; **A. beschaffen/hereinholen** to land/clinch/secure an order; **A. bestätigen** to confirm an order; **sich um einen A. bewerben** to bid, to tender for a contract; **A. unter Dach und Fach bringen** to clinch an order; **A. buchen** to book/secure an order; **A. erhalten** to secure/win an order; **A. erledigen** to execute an order; **erste Aufträge erledigen** *(Börse)* to clear up early orders; **A. erneuern** to reorder; **A. erteilen** to place an order, to award a contract; **in A. geben** to commission; **im A. von jdm handeln** to act on behalf of so.; **Aufträge hereinholen** to win business; **neue ~ hereinholen** to pick up new business; **A. rückgängig machen** to cancel/rescind an order; **A. notieren** to book an order; **mit Aufträgen ausgelastet sein** to have full order books; **sich neue Aufträge sichern** to secure new business; **A. stornieren** to rescind/cancel/countermand an order; **sich nach Aufträgen umsehen** to look for business; **A. untervergeben** to outsource/subcontract; **A. verbuchen (können)** to secure a contract; **A. vergeben** to award a contract, to place an order; **A. nach außerhalb/an Subunternehmer vergeben** to contract/farm out, to outsource/subcontract; **über einen A. verhandeln** to negotiate an order; **A. vormerken** to book/enter an order; **A. weiter(ver)geben** to farm out a contract, to outsource/subcontract; **um Aufträge werben** to solicit orders; **A. widerrufen/zurücknehmen** to countermand/cancel/rescind an order; **A. zuerkennen** to award a contract; **Aufträge zusammenfassen** to pool orders; **A. zuschlagen** to award a conctract
abgerechneter Auftrag billed contract; **bedingter A.** conditional order; **eiliger A.** rush job; **eingehender A.** incoming order; **fester A.** firm/binding order; **freibleibender A.** conditional order; **gesetzlicher A.** statutory mandate; **innerbetrieblicher A.** shop order; **limitierter A.** *(Börse)* limited/stop order; **neue Aufträge** new business; **öffentlicher A.** govern-

A

ment conctract; **rückständige Aufträge** back orders; **schlüsselfertiger A.** turn-key order; **umfangreicher A.** substantial order; **unerledigte Aufträge** backlog of orders, outstanding orders; **unlimitierter A.** *(Börse)* market order; **vordringlicher A.** rush job

jdm etw. auftragen *v/t* to charge/instruct so. to do sth.

Auftraggeber *m* 1. principal, contractor, customer, client; 2. sponsor, employer; 3. *(Bau)* client; 4. *(Werbung)* advertiser; **A. und Auftragnehmer** principal and agent

Auftragnehmer *m* supplier, contractor

Auftrags|abrechnung *f* invoicing, job order cost accounting; **A.abschluss** *m* award of contract; **A.abteilung** *f* order department; **A.abwicklung** *f* order processing, order handling (system); **A.akquisition** *f* (order) canvassing; **A.änderung** *f* change of order; **A.annahme** *f* acceptance of an order; **A.annahmestelle** *f* order-booking office; **A.anstieg** *m* increase in orders; **A.arbeit** *f* job order; **A.ausführung** *f* execution of orders, order handling/processing; **A.baisse** *f* decline in orders; **A.bearbeitung** *f* order/contract processing; **A.bedingungen** *pl* terms of a contract; **A.berechnung** *f* job/contract costing; **A.beschaffung; A.besorgung** *f* canvassing for orders

Auftragsbestand *m* orders on hand, order backlog; **gegenwärtiger A.** orders on hand; **gesamter A.** total backlog

Auftrags|bestätigung *f* confirmation/acknowledgment of (an) order; **A.buch** *nt* order book; **A.buchhalter** *m* order clerk; **A.datei** *f* job/order file; **A.deckung** *f* *(Vers.)* contract coverage; **A.disposition** *f* ordering

Auftragseingang *m* incoming orders, order(s) intake; **hoher A.** rush of orders; **nachlassender A.** flagging orders

Auftrags|erhalt *m* receipt of an order; **A.erledigung** *f* execution of an order; **A.erneuerung** *f* renewal of an order

Auftragserteilung *f* placing an order, award of contract; **bei A.** on ordering, with order; **zahlbar ~ A.** cash with order (cwo)

Auftrags|fertigung *f* contract/customized production; **A.flut** *f* flood/spate of (new) orders; **A.formular** *nt* order form; **A.forschung** *f* contract research; **a.gemäß** *adv* as per order, to order; **A.geschäft** *nt* commission business; **A.größe** *f* order size, (job) lot; **A.häufigkeit** *f* order frequency; **A.höhe** *f* order(ing) level; **A.kalkulation** *f* job cost estimate; **A.karte** *f* order/job card

Auftragskosten *pl* job/contract cost(s); **A.rechnung** *f* job (order) costing

Auftragslage *f* order position/situation; **gute A.** full order books

Auftrags|lohnschein *m* job card/ticket; **A.lohnverfahren** *nt* contract processing; **A.lücke; A.mangel** *f/m* shortage/lack/dearth of orders; **A.meldung** *f* order note; **A.planung** *f* job order planning; **A.polster** *nt* backlog of orders; **A.produktion** *f* production to order; **A.prüfung** *f* order checking; **A.reserve** *f* order backlog; **A.rückgang** *m* drop/slow-down in orders; **A.rückstand** *m* backlog of orders; **A.schein** *m* order form; **A.schwemme** *f* flood/spate of orders; **A.schub** *m* rush of orders; **A.sendung** *f* drop shipment; **A.stornierung; A.streichung** *f* cancellation of an order; **A.stoß** *m* rush of orders; **A.teilung** *f* job-splitting; **A.-überhang** *m* backlog of orders, order backlog; **A.überwachung** *f* order control; **A.umfang** *m* size of order; **A.verfolgung** *f* order tracking

Auftragsvergabe *f* commissioning, award(ing)/letting of contract(s); **öffentliche A.** public procurement

Auftrags|verhältnis *nt* agency; **A.volumen** *nt* volume/size of order, contract volume; **A.welle** *f* spate/rush of (new) orders; **A.wert** *m* 1. contract/order value; 2. *(Werbung)* billings; **öffentliches A.wesen** public procurement; **a.widrig** *adj* contrary to instructions; **A.zeit** *f* job/process time; **A.zettel** *m* order form, contract note; **A.zugang** *m* order intake; **A.zusammenstellung** *f* (order) picking; **A.zyklus** *m* order cycle

auftreiben *v/t* 1. to get hold of, to find; 2. *(Geld)* to raise/procure

Auftrieb *m* 1. upswing, upsurge, expansionary phase; 2. *(Börse)* buoyancy, rally; **A. geben** to buoy up, to give a boost/fillip; **konjunktureller A.** cyclical upswing

Auftriebs|faktor *m* 1. expansive factor; 2. *(Preis)* inflationary factor; **A.kräfte** stimulating/expansive factors; **A.tendenz** *f* rising tendency

Aufwand *m* 1. (operating) expenditure, cost(s); 2. luxury, extravagance; **verteilbarer A. für Anlagegüter** depreciable cost(s); **A. für ungenutzte Anlagen** carrying charges; **A. und Ertrag** income/revenue and expense; **A. für Ertragssteuern** provision for income taxes; **A. der öffentlichen Hand** government spending

in den Aufwand gebucht expensed; **mit einem A. von** at a cost of; **als A. (ab-/ver)buchen/verrechnen** to (charge to) expense

abgegrenzter Aufwand deferred charges; **aktivierungspflichtiger A.** capital expenditure; **außerordentlicher A.** non-recurring charge; **betrieblicher A.** current cost; **betriebsbedingter/-bezogener A.** operating expenditure; **betriebsfremder A.** non-operating expenditure; **mit großem A.** at great expense; **kapitalisierter A.** capitalized expenditure; **neutraler A.** non-operating expenditure; **sonstiger A.** other charges, sundries; **sozialer A.** social/welfare expenditure

aufwändig *adj* expensive, costly

Aufwands|art *f* type of expenditure; **A.-budget** *nt* expense budget; **A.sentschädigung(en)** *f* expense allowance, emoluments; **A.-Ertragsbudget bei gegebenem Beschäftigungsgrad** *nt* current budget; **A.skonto** *nt* expense account; **A.- und Ertragskonto (eines Bereichs)** *nt* activity account; **~ Ertragskonten** *pl* profit and loss accounts; **A.kontrolle** *f* cost control; **A.kosten** *pl* current outlay cost(s); **A.position; A.posten** *f/m (Bilanz)* expense/expenditure item; **A.- und Ertragsrechnung** *f* income statement; **A.-Ertrag-Relation; A.rentabilität** *f* cost-income ratio; **A.rückstellung** *f* provision for operating expenses; **A.steigerung** *f* cost increase; **A.steuer** *f* tax on consumption/expenditure, outlay/use *[US]* tax; **A.verteilung** *f* cost allocation; **A.zinsen** *pl* interest charges

Aufwärts|bewegung *f (Börse/Preise/Konjunktur)* rise, advance, upturn, upswing, uptrend; **A.druck** *m* upward pressure; **A.-entwicklung** *f* rise, growth, upswing, upsurge; **A.tendenz; A.trend** *f/m* uptrend, upward movement

auf|weisen *v/t* to show; **a.wenden** *v/t* to spend/expend

Aufwendungen *pl* (operating) expenditure(s), spending; **A. für die Altersversorgung** pension contributions; **~ Aufsichtsrat und Vorstand** boardroom pay bill; **~ die Betriebsführung** operating cost(s); **A. und Erträge** income account; **A. für Fahrten zwischen Wohnung und Arbeitsstätte** cost of travel to work; **~ Forschung und Entwicklung** spending on research and development; **~ die berufliche Fortbildung** training costs; **~ für Roh-, Hilfs- und Betriebsstoffe** expenditure on raw materials, auxiliary and operating materials; **~ Verkehrsleistungen** transportation expenses

Aufwendungen bestreiten to defray (the) expenses

aktivierte Aufwendungen capitalized expenditure; **andere A.** other expenses; **anfängliche A.** start-up costs; **außergewöhnliche/außerordentliche A.** non-recurrent expenditure; **betriebliche A.** operating cost(s)/expenditure; **betriebsfremde A.** non-operating expenses; **einmalige A.** non-recurring expenditure; **entstandene, aber noch nicht fällige A.** accrued expenses; **kapitalisierte A.** capitalized expenses; **laufende A.** 1. current expenditure; 2. *(Bilanz)* operating expenses; **neutrale A.** non-operating expense; **sonstige A.** miscellaneous expenses, sundries; **soziale A.** social/welfare expenditure; **steuerabzugsfähige A.** deductible/allowable expenses; **verschiedene A.** miscellaneous expenses; **nicht zurechenbare A.** unallocated expenses; **zusätzliche A.** extra cost(s)

Aufwendungsbeihilfe *f* interest and redemption subsidy

aufwerten *v/t* 1. to enhance/upgrade; 2. to revalue (upward); 3. *(Güter)* to write up

Aufwertung *f* revaluation; **A. einer Währung** revaluation of a currency; **versteckte A.** hidden revaluation

Aufwertungs|druck *m* upward pressure; **A.effekt** *m* revaluation effect; **A.gewinn** *m* revaluation gain; **A.rate; A.satz** *f/m* revaluation rate; **a.trächtig; a.verdächtig** *adj* revaluation-prone; **A.verlust** *m* revaluation loss

aufwiegen *v/t* to counterbalance/offset/outweigh

Aufwind *m* 1. *(Börse)* rising tendency; 2. *(Preise)* upward pressure

A

aufzähl|en *v/t* to enumerate/list; **A.ung** *f* enumeration
auf|zehren *v/t* 1. to use up, to eat into; 2. *(Gewinn)* to erode; **a.zeichnen** *v/t* to record/note
Aufzeichnung *f* record, note; **A.en** records
Aufzeichnungen der Kundenbuchhaltung accounts receivable records; **A. über Löhne** payroll records; **~ Vorräte** inventory records; **~ Warenausgang** merchandise sales records; **~ Wareneingang** merchandise purchases records; **~ Zeitaufwand** time records
sich Aufzeichnungen machen to take notes
Aufzeichnungs|fehler *m* recording error; **A.pflicht** *f* obligation to keep (books and) records; **a.pflichtig** *adj* liable to be recorded
aufzeigen *v/t* 1. to point out; 2. to disclose/show
aufzinsen *v/t* to compound
Aufzinsung *f* compounding; **A.sfaktor** *m* compound factor
Auktion *f* auction (sale), sale by auction, vendue *[US]*; **A. mit fallenden Geboten** Dutch auction; **zur A. bringen** to auction; **~ kommen** to come up for sale; **durch/im Wege der A. verkaufen** to auction (off)
Aution|ator *m* auctioneer, appraiser *[US]*, vendue master *[US]*; **a.ieren** *v/t* to sell by auction, to auction
Auktions|ankündigung *f* auction notice; **A.firma** *f* (firm of) auctioneers; **A.halle; A.lokal; A.raum** *f/nt/m* auction/sales room; **A.preis** *m* knock-down price; **A.-verkauf** *m* auction sale, sale by auction
Ausbau *m* 1. expansion, development; 2. 🏛 extension; 3. *(Sicherung)* consolidation; 4. *(Demontage)* dismantlement; **externer A.** *(Firma)* outward investment; **innerer A.** inward investment; **A.anleihe** *f* development loan
ausbauen *v/t* 1. to extend/develop; 2. *(Demontage)* to dismantle
ausbaufähig *adj* 1. promising; 2. capable of extension; **a. sein** *(fig)* to have potential
Ausbau|gebiet *nt* (structural) development area; **A.gewerbe; A.handwerk** *nt* 🏛 finishing/fitting-out trade; **A.patent** *nt* improvement patent; **A.phase** *f* development phase; **A.plan** *m* development scheme; **A.-programm** *nt* (plant) extension, program(me); **A.stufe** *f* development stage
ausbedingen *v/t* to stipulate
ausbessern *v/t* to repair/mend
Ausbesserung *f* repair; **A.sarbeiten** *pl* repairs; **A.swerk; A.swerkstatt** *nt/f* repair shop
(wirtschaftlich) ausbeutbar *adj* (economically) exploitable/harnessable
Ausbeute *f* 1. profit, gain, yield; 2. *(Menge)* output; **A.abweichung** *f* yield variation; **a.fähig** *adj* exploitable
ausbeuten *v/t* 1. *(Person)* to exploit/milk *(coll)*; 2. ⚒ to explait/work; 3. *(aufbrauchen)* to deplete; **industriell/kommerziell a.** to exploit commercially
Ausbeuter *m* exploiter; **A.betrieb** *m* sweatshop
Ausbeutung *f* 1. exploitation, utilization; 2. ⚒ extraction; **rücksichtslose A.** ruthless exploitation
ausbezahlen *v/t* to pay out/off
ausbild|en *v/t* to train/school/instruct; **A.er** *m* instructor, training officer
Ausbildung *f* instruction, (manpower/skills) training; **A. leitender Angestellter** executive training; **A. am Arbeitsplatz** on-the-job/in-service/in-house training; **A. außerhalb des Arbeitsplatzes** off-the.job/institutional training; **A.- und Fortbildung; A.- und Weiterbildung** further and advanced training; **A. von Führungskräften** management/executive training
akademische Ausbildung college/university/academic education; **auffrischende A.** refresher/booster training; **außerbetriebliche A.** outside/institutional training; **berufliche A.** vocational/occupational training; **berufsbezogene A.** career-orient(at)ed training; **(inner)betriebliche A.** 1. industrial/in-service/in-house training; 2. *(gewerblich)* shop/vestibule training; **fachliche A.** vocational/specialized training; **gewerbliche A.** industrial apprenticeship; **intensive A.** hands-on training; **juristische A.** legal training; **kaufmännische A.** commercial education/apprenticeship; **praktische A.** on-the-job/hands-on training; **vielseitige A.** all-round training; **wissenschaftliche A.** academic training
Ausbildungs|abgabe *f* training levy; **A.-beihilfe** *f* training grant; **A.berater** *m*

training adviser/counsel(l)or; **A.beratung** *f* educational guidance; **A.beruf** *m* apprenticeable trade; **A.dauer** *f* training period; **A.förderung** *f* training grant; **A.-freibetrag** *m* education(al) allowance; **A.gang** *m* educational background; **A.-kammer** *f* industrial training board; **A.-kosten** *pl* training cost(s); **A.kostenzuschuss** *m* training allowance; **A.kurs** *m* training course; **A.lehrgang** *m* 1. training/vocational course; 2. *(Aufbaulehrgang)* refresher course; **A.leiter** *m* instructor; **A.möglichkeiten** *pl* training facilities; **A.ordnung** *f* training regulation(s); **A.-personal** *nt* training staff

Ausbildungsplatz *m* apprenticeship, traineeship; **A.abgabe** *f* training levy; **A.angebot** *nt* available apprenticeships/traineeships

Ausbildungs|programm *nt* training scheme/program(me); **A.stätte** *f* training center *[US]*/centre *[GB]*; **A.umlage** *f* training levy; **A.vergütung** *f* apprentice's pay, trainee's salary; **A.verhältnis** *nt* apprenticeship, traineeship; **A.versicherung** *f* educational endowment insurance; **A.vertrag** *m* articles of apprenticeship, training contract; **A.werkstatt** *f* training shop, vestibule school *[US]*; **A.-zeit** *f* apprenticeship/training period; **A.-zulage** *f* trainee allowance

Ausbleiben *nt* *(Dienst)* absence, non-attendance; **A. der Zahlung** default, non-payment

Ausblick *m* outlook, prospect

ausbreit|en *v/refl* to spread; **A.ung** *f* spread, proliferation

ausbringen *v/t* to produce

Ausbringung *f* output, production; **A. bei Vollbeschäftigung** full employment equilibrium; **betriebsoptimale A.** optimum output

Ausbringungs|einheit *f* unit of output; **A.-menge** *f* (volume of) output, production volume; **A.quote** *f* output quota; **A.soll** *nt* production target

ausbuch|en *v/t* 1. to debit, to charge/write off; 2. *(Konto)* to balance; **A.ung** *f* 1. debit, charge-off, debit, write-off; 2. balancing

ausdehnen *v/t* to extend/expand; *v/refl* to expand/spread

Ausdehnung *f* 1. extension, dimension; 2. expansion, enlargement; **wirtschaftliche A.** economic expansion

Ausdruck *m* 1. expression; 2. *(Fachausdruck)* term; 3. ✂/🖳 printout; **bilanztechnischer A.** balance sheet term; **juristischer A.** legal term; **technischer A.** technical term

aus|drucken *v/t* to print out; **a.drücken** *v/t* to phrase/express

ausdrücklich *adj* express, distinct, specific; *adv* expressly; **a. oder stillschweigend** expressly or by implication

auseinander *adv* apart, separate; **a. bauen** *v/t* to dismantle; **a. brechen** *v/i* to disintegrate, to fall apart; *v/t* to break up, to dismember; **a. fallen** *v/i* to disintegrate, to break/crack up; **a. gehend** *adj* diverging; **a. klaffen** *v/i* to diverge; **a. nehmen** *v/t* to dismantle, to strip down

Auseinandersetzung *f* 1. *(Streit)* dispute, argument; 2. § arrangement, settlement; **A. der Tarifparteien** industrial strife; **A. in der Unternehmensleitung** boardroom row

arbeitsrechtliche/tarifpolitische Auseinandersetzung labor *[US]*/labour *[GB]*/ industrial dispute; **gerichtliche A.** § litigation

Auseinandersetzungs|anspruch *m* claim to a distribution quota; **A.bilanz** *f* dissolution/apportioning balance sheet; **A.vertrag** *m* deed of partition

auserlesen *adj* choice, select

ausfahren *v/i* 1. to depart; 2. ⚓ to sail, to put to sea; 3. *(Waren)* to deliver

Ausfahrt *f* 1. 🚗 exit; 2. *(Hafen)* mouth

Ausfall *m* 1. deficiency, shortfall; 2.*(Ergebnis)* outturn, result; 3. *(Veranstaltung)* cancellation; 4. *(Ausbleiben)* non-response, absence; 5. *(Fehlbetrag)* deficit; 6. ⚙ breakdown, failure; 7. *(Dividende)* omission; 8. ϟ outage *[US]*, blackout

Ausfall|art *f* failure mode; **A.analyse** *f* failure analysis; **A.betrag** *m* deficiency, deficit; **A.bürge** *m* deficiency guarantor, surety; **A.bürgschaft** *f* letter/bond of indemnity, indemnity bond; **A.dauer** *f* 🏭 downtime

ausfallen *v/i* 1. *(Ergebnis)* to turn out; 2. 🏭 to break down, to fail; 3. *(Veranstaltung)* to be cancelled; **a. lassen** 1. to cancel; 2. *(Dividende)* to pass

Ausfall|haftung *f* deficit guarantee, contingent liability; **A.häufigkeit** *f* ⚙ failure frequency/rate; **A.klasse** *f* risk allowance group; **A.klausel** *f* indemnity clause;

A

A.muster *nt* reference sample; **A.provision** *f* deficiency commission; **A.quote** *f* 1. failure rate; 2. *(Darlehen)* loss rate; **A.-rate** *f* 1. failure rate; 2. *(Erhebung)* non-response rate; 3. *(Produktion)* proportion of defectives; **A.risiko** *nt* credit/default risk, loan loss risk; **A.satz** *m* deficiency rate; **a.sicher** *adj* fail-safe; **A.stunden** *pl* manhours lost; **A.tag** *m* day lost; **A.versicherung** *f* contingency insurance; **A.-wahrscheinlichkeit** *f* probability of failure; **A.zahlung** *f* deficiency payment; **A.-zeit** *f* down time

ausfertigen *v/t* 1. to make out; 2. *(Wechsel/Kreditbrief)* to issue; 3. *(Vertrag)* to draw up; 4. *(Formular)* to complete; 5. *(Urkunde)* to engross; **doppelt a.** to make out in duplicate

Ausfertigung *f* 1. *(Abschrift)* (official) copy; 2. *(Wechsel/Kreditbrief)* issue; 3. *(Vertrag)* draft; 4. *(Urkunde)* engrossment; **A. einer Police** *(Vers.)* issue of a policy

in doppelter/zweifacher Ausfertigung in duplicate; **in dreifacher A.** in triplicate

amtliche Ausfertigung official copy; **erste A.** 1. original; 2. *(Wechsel)* First of Exchange; **zweite A.** 1. copy; 2. *(Wechsel)* Second of Exchange

Ausfertigungs|datum *nt* date of issue; **A.gebühr** *f (Vers.)* issuing fee; **A.tag** *m* day of issue

Ausflagg|en; A.ung *nt/f* ⚓ flagging out; **a.en** *v/i* to flag out

Ausflug *m* excursion

Ausflugs|fahrkarte *f* excursion ticket; **A.-tarif** *m* excursion fare

ausfolg|en *v/i* to deliver, to hand over; **A.eschein** *m* bill of delivery, delivery order (D/O); **A.ung** *f* delivery; **A.ungsprotest** *m* protest for non-delivery

Ausfracht *f* ⚓ outward freight

Ausfuhr *f* ↘ **Export** export(s), exporting; **A. zu Schleuderpreisen** export dumping; **zur A. geeigneet** exportable; **bei A. verzollen** ⊖ to clear outward

gewerbliche Ausfuhr industrial export(s); **indirekte/mittelbare A.** indirect export(s); **sichtbare A.** visible export(s); **unsichtbare A.** invisible export(s); **~ Aus- und Einfuhren** invisibles; **vorübergehende A.** temporary export(ation)

Ausfuhr|abfertigung *f* ⊖ export clearance; **A.abgabe** *f* export duty/levy; **a.abhängig** *adj* export-dependent; **A.abhängigkeit** *f* export dependency; **A.abschluss** *m* export transaction; **A.abschöpfung** *f* export levy; **A.abteilung** *f* export department; **A.anmeldung** *f* ⊖ entry outwards; **A.anreiz** *m* export incentive; **A.anstieg** *m* rise in exports; **A.auftrag** *m* export order

ausführbar *adj* 1. feasible, practicable; 2. *(zur Ausfuhr geeignet)* exportable

Ausfuhr|bedingungen; A.bestimmungen *pl* export regulations/terms; **A.beihilfe** *f* export bonus/subsidy; **A.bescheinigung** *f* ⊖ certificate of clearance outwards, export certificate; **A.beschränkungen** *pl* export restrictions; **A.bestimmungen** *pl* export regulations; **A.bewilligung** *f* export approval/authorization/licence; **A.-bürgschaft** *f* export (credit) guarantee; **A.defizit** *nt* export deficit; **A.deklaration** *f* ⊖ entry outwards; **A.einnahmen** *pl* export receipts

ausführen *v/t* 1. to export; 2. to carry out; **wieder a.** to re-export

Ausfuhr|erklärung *f* ⊖ entry outwards, export declaration; **A.erlaubnis** *f* export licence

Ausfuhrerlös|(e) *pl* export earnings/receipts; **A.defizit** *nt* export deficit

Ausfuhr|erstattung *f* export refund; **A.erzeugnis** *nt* export product; **a.fähig** *adj* exportable; **A.förderung** *f* export promotion; **A.förderungsprogramm** *nt* export incentive scheme; **A.genehmigung** *f* export licence/permit; **A.geschäft** *nt* export transaction; **A.güter** *pl* exports; **A.hafen** *m* port of exportation; **A.handel** *m* export trade; **A.höchstgrenze** *f* export ceiling; **a.intensiv** *adj* export-intensive; **A.kartell** *nt* export cartel; **A.kaution** *f* ⊖ export security; **A.kommissionär** *m* export commission house; **A.konnossement** *nt* outward/export bill of lading (B/L); **A.kontingent** *nt* export quota

Ausfuhrkredit *m* export credit; **A.garantie; A.versicherung** *f* export credit guarantee insurance; **A.risiko** *nt* export credit risk; **A.vereinbarungen** *pl* export credit arrangements; **A.versicherungsanstalt** *f* Export Credit Guarantee Department (ECGD) *[GB]*

Ausfuhr|land *nt* exporting country; **A.lizenz** *f* export licence; **A.menge** *f* volume of exports; **A.nachweis** *m* export certificate; **a.orientiert** *adj* export-oriented;

A.ort *m* exit point; **A.prämie** *f* export premium/bounty; **A.preis** *m* export price; **A.risiko** *nt* export risk; **A.rückerstattung; A.rückvergütung** *f* export refund/rebate; **A.schein** *m* 1. export document/certificate; 2. ⊝ certificate of clearance outwards; **A.sendung** *f* export consignment; **A.sperre** *f* export ban/embargo; **A.steuer** *f* export tax; **A.subvention** *f* export subsidy; **A.überschuss** *m* export surplus; **A.überwachung** *f* export control(s); **A. umsatzsteuer** *f* export turnover tax

Ausführung *f* 1. execution, implementation; 2. *(Produkt)* make, version, design; 3. *(Qualität)* workmanship, finish; **A. eines Auftrags** execution of an order

zur Ausführung bringen to implement/effect; **~ gelangen/kommen** to be effected/implemented

in doppelter Ausführung in duplicate; **fehlerhafte/mangelhafte A.** faulty/defective workmanship; **normale A.** standard version

Ausführungs|anweisung *f* implementing instruction; **A.anzeige** *f* 1. advice note; 2. *(Wertpapiergeschäft)* contract note; **A.behörde** *f* executive/implementing authority; **A.bestätigung** *f* contract note; **A.bestimmung** *f* implementing regulation; **A.datum** *nt* date of execution; **A.ebene** *f* operating level; **A.frist** *f* period of performance; **A.garantie** *f* performance guarantee; **A.geschäft** *nt* implementing transaction; **A.nachweis** *m* evidence/proof of execution; **A.ordnung** *f* implementing regulations; **A.phase** *f* implementation phase; **A.qualität** *f* workmanship; **A.verordnung** *f* implementing ordinance; **A.-verordnungen** § statutory rules and orders (s. r. & o.); **A.zeit** *f* completion time

Ausfuhr|verbot *nt* export ban, embargo on exports; **A.verfahren** *nt* export procedure; **A.vergütung** *f* export rebate/refund/drawback; **staatliche A.versicherung** export credit guarantee insurance; **A.vertrag** *m* export contract; **A.volumen** *nt* volume of exports; **A.waren** *pl* exports; **A.wirtschaft** *f* export trade

Ausfuhrzoll *m* export duty/tariff; **A.erklärung** *f* ⊝ entry outwards; **A.tarif** *m* export tariff

ausfüllen *v/t* to fill in *[GB]*/out *[US]*, to complete

Ausgabe *f* 1. *(Geld)* expense, expenditure, spending; 2. *(Aktie)* issue; 3. ✎ edition, issue; **A. von Aktien** issue of shares; **A.n für Anlagen** capital expenditure; **A. von Banknoten** note issue; **~ Bezugsrechten zur Kapitalerhöhung** rights issue; **A.n für Entwicklung** development spending; **~ Forschung** research spending; **~ Forschung und Entwicklung (FE)** research and development (R&D) spending; **A. von Gratisaktien** issue of bonus shares, scrip/capitalization issue; **A.n der öffentlichen Hand** public spending; **A.n für Investitionsgüter** capital equipment spending; **~ zur freien Verfügung** discretionary spending; **~ für Werbemaßnahmen** promotional spending; **A. von Wertpapieren** issue of securities

Ausgaben aufschlüsseln to itemize expenditure(s); **A. belegen** to account for expenses; **A. beschneiden/beschränken** to cut expenditure(s); **A. bestreiten/bezahlen** to defray expenses; **als Ausgabe buchen** to enter as expenditure; **A. decken** to cover expenses; **A. drosseln** to curb spending; **A. einschränken** to cut/curtail expenditure(s); **A. erhöhen** to step up spending; **A. erstatten** to refund expenses; **über A. Buch führen** to keep an account of expenses; **A.kürzen** to cut spending, to clamp down on spending; **A. übernehmen** to pick up the bill *(fig)*; **A. überwachen** to control spending; **A. vermindern/verringern** to cut/reduce spending; **A. wieder einbringen** to recover expenses

absetzbare/abzugsfähige Ausgaben (tax-)deductible expenses; **angefallene A.** incurred expenses; **außerordentliche A.** extraordinary expenditure; **außerplanmäßige A.** unbudgeted expenditure; **bare A.** cash expenditure; **betriebliche A.** operating expenditure; **betriebsfremde A.** non-operating items; **einmalige A.** non-recurring expenditure; **gesetzlich fixierte A.** statutory expenditure; **fortdauernde/fortlaufende A.** (re)current expenses; **gelegentliche A.** incidentals; **geplante A.** budgeted expenditure; **investive A.** investment spending; **kassenmäßige A.** cash expenditure; **kleinere A.** minor expenses; **konsumtive A.** consumer spending; **laufende A.** current expenses; **öffentliche A.**

A

public(-sector) spending; **private A.** private spending; **sonstige A.** other expenditure; **unerwartete/unvorhergesehene A.** contingencies; **veranschlagte A.** budgeted expenditure; **verschiedene A.** sundry expenses; **werbende A.** productive expenditure; **wiederkehrende A.** recurrent expenditure

Ausgabe|abstrich *m* expenditure cut; **A.-ansatz** *m* expenditure appropriation(s); **A.aufschlag** *m (Fonds)* issuing premium, front-end-load; **A.bank** *f* issuing bank; **A.-bedingungen** *pl* terms of issue; **A.beleg** *m* disbursement voucher; **A.bewilligung** *f* budget appropriation; **A.entscheidung** *f* spending decision; **A.ermächtigung** *f* capital commitment; **a.freudig** *adj* spendthrift, free-spending; **A.gewohnheiten** *pl* spending habits; **A.kurs** *m* issue price; **A.-modalitäten** terms of issue

Ausgaben|beleg *m* disbursement voucher; **A.beschränkung** *f* expenditure cut; **A.bewilligung** *f* budget appropriation

Ausgabeneigung *f* propensity to spend

Ausgaben|einschränkung *f* spending/expenditure cut; **A.ermächtigung** *f* spending authorization; **A.etat** *m* budget appropriation(s); **A.gleichung** *f* spending equation; **A.grenze** *f* budget ceiling; **A.-Konsum-Kurve** *f* expenditure consumption curve; **A.kurve** *f* outlay curve; **A.-kürzung** *f* spending cut; **A.plafond** *m* expenditure ceiling; **A.position; A.posten** *f/m* expenditure item; **A.rausch** *m* spending spree; **A.rechnung** *f* bill of cost(s); **A.rückgang** *m* drop in spending; **A.schätzung** *f* budget estimates; **A.seite** *f* payment/spending side; **A.sperre** *f* spending freeze; **A.steigerung** *f* expenditure growth; **A.überhang** *m* excess expenditure; **A.überziehung** *f* expenditure overrun; **A.verzeichnis** *nt* schedule of expenses; **A.vollmacht** *f* spending power; **A.voranschlag** *m* expenditure estimate; **A.wirtschaft** *f* expenditure management; **A.zuwachs** *m* rise/increase in expenditure

Ausgabe|ort *m* place of issue; **A.preis** *m* offer/issue price; **A.stelle** *f* issuing agency; **A.tag** *m* date/day of issue; **A.verpflichtung der öffentlichen Hand** *f* public spending commitment; **A.wert** *m* issue price

Ausgang *m* 1. result, outcome; 2. exit, way out; **Ausgänge** *(Geld)* outgoings; **grüner A.** ⊖ green exit/channel; **roter A.** ⊖ red exit/channel

Ausgangs|- initial; **A.abfertigung** *f* ⊖ clearance outwards; **A.abgaben** *pl* export duties; **A.basis** *f* starting point; **A.bedingung** *f* starting condition; **A.betrag** *m* initial amount; **A.daten** *m* source/raw data; **A.fakturenbuch** *nt* sales book; **A.-fracht** *f* outward freight, carriage outwards; **A.gebot** *nt (Auktion)* starting price; **A.gesamtheit** *f* 📊 universe, (parent) population; **A.gewicht** *nt* base weight; **A.hafen** *m* port of embarkation; **A.korb** *m* out-tray; **A.material** *nt* raw/basic material; **A.parität** *f* starting parity; **A.post** *f* outgoing mail; **A.preis** *m* issue price; **A.produkt** *nt* primary product; **A.-punkt** *m* starting point; **A.rechnung** *f* sales invoice; **A.stand** *m* starting total; **A.stoff** *m* source material; **A.wert** *m* original value; **A.zahl** *f* reference/benchmark figure; **A.zeitpunkt** *m* base period; **a.zeitraum** *m* reference period

Ausgangszoll *m* ⊖ export duty; **A.stelle** *f* outgoing-goods customs office

Ausgangszustand *m* initial/starting state

ausgeben *v/t* 1. *(Geld)* to spend/expend/disburse; 2. *(Wertpapiere)* to issue

ausgebildet *adj* trained, skilled, qualified; **juristisch a.** legally trained; **voll a.** fully qualified

ausge|bucht *adj* charged/written off; **a.-dehnt** *adj* extensive, extended; **a.dient** *adj* 1. retired; 2. worn out

ausge|fertigt *adj* *(Urkunde)* given, executed; **a.führt** *adj* 1. executed; 2. exported; **a.gangen** *adj (Ware)* sold out; **a.geben** *adj* 1. *(Geld)* spent; 2. *(Aktie)* issued; **a.glichen** *adj* balanced

ausgehen *v/i* *(Vorräte)* to run out; **a.d** *adj (Ladung)* outward, outbound

ausge|lastet *adj* utilized, employed; **voll ~ sein** to work to capacity; **verzinslich a.-liehen** *adj* out at interest; **a.macht** *adj* agreed, stipulated; **a.nommen** *adv* except(ed), exempt(ed); **a.reift** *adj* advanced; **a.reizt** *adj (Möglichkeiten)* exhausted; **a.rüstet mit** equipped/fitted with; **a.schieden** *adj* retired; **a.schöpft** *adj* exhausted; **a.schrieben** *adj* 1. written in full; 2. *(Stelle)* advertised; **a.schüttet** *adj (Dividende)* distributed; **a.setzt** *adj* 1. *(Termin)* suspended; 2. *(Preis)* offered; 3.

(Rente) settled; 4. ⌂ exposed; **a.sperrt** *adj (Arbeiter)* locked out

ausgestalt|en *v/t* to arrange; **A.ung** *f* 1. layout; 2. *(Pat.)* embodiment

ausge|stattet *adj* provided, furnished; **a.-stellt** *adj* 1. *(Dokument)* issued; 2. *(Wechsel)* made out; 3. *(Messe)* exhibited; **a.sucht** *adj* choice, selected; **a.wachsen** *adj* fully grown/fledged; **a.wählt** *adj* select(ed), choice; **a.wiesen** *adj (Betrag/Dividende)* declared, shown

ausgewogen *adj* balanced; **A.heit** *f* balance

ausge|zahlt *adj* paid-off; **a.zeichnet** *adj* 1. first-rate, excellent; 2. *(Preis)* priced

Ausgleich *m* 1. *(Abrechnung)* balance; 2. *(Mangel)* compensation; 3. *(Schulden)* settlement; 4. *(Unterschied)* offset; 5. *(Handel)* swing; **als/zum A.** to compensate for; **zum vollen A.** in full discharge

Ausgleich von Angebot und Nachfrage equilibrium of supply and demand; **A. in bar** cash settlement; **zum A. aller Forderungen** in settlement of all claims; **A. durch Kauf und Verkauf** *(Börse)* evening up; **zum A. des Kontos** to balance the account; **~ unseres Kontos/unserer Rechnung** in settlement of our account; **A. der Zahlungsbilanz** balance of payments equilibrium

gütlicher Ausgleich amicable settlement; **vollständiger A.** full settlement

ausgleichen *v/t* 1. to make good; ~ up (for); 2. to balance/compensate/offset; 3. *(Verlust)* to wipe out; 4. *(decken)* to cover; 5. *(glattstellen)* to even up; *v/refl* to balance, to level out; **in bar a.** to settle in cash; **mehr als a.** to outweigh

ausgleichend *adj* countervailing, compensatory

Ausgleichs|- compensatory; **A.abgabe** *f* compensatory levy, countervailing duty; **A.abschöpfung** *f (EU)* compensatory levy; **A.anspruch** *m* equitable damages; **A.betrag** *m* compensatory amount; **A.-buchung** *f* balancing entry; **A.entschädigung** *f* compensation, compensatory damages; **a.fähig (durch)** *adj* offsettable (against); **A.faktor** *m* balancing/compensatory factor; **A.fonds** *m* equalization fund; **A.guthaben** *nt* compensating balance; **A.klausel** *f (Lohn)* escalator clause; **A.konto** *nt* overs and shorts account; **A.kredit** *m* compensatory credit; **A.kurs** *m* clearing rate; **A.lager** *nt* buffer stocks; **A.leistung** *f* compensation payment; **A.operation** *f* settling transaction; **A.posten** *m* per contra/adjusting item; **A.preis** *m* compensatory price; **A.reserve** *f* buffer stocks; **A.stelle** *f* clearing house; **A.steuer** *m* compensatory duty; **A.stock** *m* equalization fund; **A.termin** *m* settlement date; **A.umlage** *f* equalization levy; **A.vorrat** *m* buffer stocks; **A.zahlung** *f* deficiency/equalization/compensatory payment; **A.zeit** *f* balancing time; **A.zoll** *m* ⊝ compensatory/countervailing duty; **A.zulage** *f* cost-of-living allowance; **A.zuweisung** *f* deficiency grant

Ausgleichung *f* clearing, settlement, adjustment

ausgliedern *v/t* 1. *(Unternehmen)* to hive/spin off; 2. *(Bilanz)* to show separately

ausgrün|den *v/t* to hive/spin off; **A.dung** *f* hiving-off, spin-off

aushalten *v/t* 1. to endure/bear; 2. *(Druck)* to withstand; **sich a. lassen** to live at so.'s expense

aushandelbar *adj* negotiable; **A.keit** *f* negotiability

aushandeln *v/t* to negotiate/bargain; **neu a.** to renegotiate

aushändig|en *v/t* 1. to hand over; 2. *(Dokument)* to surrender; **A.ung** *f* 1. handing-over; 2. surrender

Aushang *m* notice

Aushängeschild *nt* 1. § / $ shingle *[US]*; 2. *(fig)* flagship, showpiece

aushelfen (mit) *v/i* 1. to help out, to assist; 2. *(Geld)* to accommodate

Aushilfe *f* 1. assistance, help, aid; 2. temporary (worker), temp *(coll)*; 3. *(Geld)* accommodation

Aushilfs|arbeit *f* casual work; **A.arbeiter** *m* odd-job man; *pl* casual labour, call workforce; **A.bestimmungen** *pl* subsidiary provisions; **A.kraft** *f (Büro)* temp *(coll)*; **A.kräfte; A.personal** *pl/nt* temporary staff/personnel; **A.tätigkeit** *f* temporary work, temping *(coll)*; **a.weise** *adj* temporary; *adv* on a temporary basis

aushöhlen *v/t* to erode/undermine

Aushöhlung *f* erosion; **A. des Gehalts-/Lohngefälles** erosion of differentials; **A. der Steuerbasis** tax erosion

aus|kalkulieren *v/t* to cost; **a.kaufen** to buy out

Ausklarier|en *nt* ⊝ clearance outwards;

a.en *v/t* to clear out/outwards; **A.ung** *f* clearance outwards; **~ aus dem Zolllager** clearance from bond

auskleid|en *v/t* *(Kiste)* to line; **A.ung** *f* lining

Auskommen *nt* livelihood, subsistence; **kärgliches A. haben** to eke out a (scanty) living

auskommen (mit) *v/i* to manage (with sth.); **gerade so/knapp a.** to make both ends meet *(fig)*

auskömmlich *adj* sufficient

Auskunft *f* 1. information, intelligence, disclosure; 2. information/enquiry office; 3. *(Bewerbung)* reference; 4. ☎ directory enquiries/assistance *[US]*; **A. über Kreditwürdigkeit** status report

Auskunft einholen to obtain information; **A. erteilen** to furnish information; **A. geben** to provide information

sach-/zweckdienliche Auskünfte § relevant/pertinent information

Auskunftei *f* inquiry/credit agency

Auskunfts|abteilung *f* information department; **A.büro** *nt* information/inquiry/enquiry office; **A.dienst** *m* 1. information service; 2. ☎ directory enquiries; **A.ersuchen** *nt* letter of inquiry; **A.person** *f* informant; **A.pflicht** *f* duty of disclosure; **A.schalter; A.stand** *m* information desk; **A.stelle** *f* inquiry/information office; **A.verfahren** *nt (Bank)* reference procedure

Ausladehafen *m* port of discharge

Ausladen *nt* unloading, discharge; **beim A.** on discharge; **a.** *v/t* to unload/discharge

Ausladeort *m* place of discharge

Ausladung *f* discharge, unloading; **A. über Schiffsseite** discharge overside

Auslage *f* 1. *(Geld)* expense, outlay, disbursement; 2. *(Schaufenster)* display

Auslagen bestreiten to defray expenses; **A. ersetzen/(zurück)erstatten/vergüten** to refund/reimburse expenses; **A. wieder hereinbekommen** to recover one's outlay; **A. tragen** to meet the expenses

allgemeine Auslagen ordinary expenses; **erstattungsfähige A.** reimbursable expenses; **kleine A.** petty expenses; **sonstige A.** sundries

Auslagen|abrechnung *f* statement of expenses, expense account; **A.ersatz; A.erstattung** *m/f* reimbusement of expenses; **A.nota** *f* account of disbursements; **A.rechnung** *f* note of disbursements

auslager|n *v/t* 1. to take out of store; 2. *(Arbeit)* to outsource; **A.ung** *f* 1. release from store/stock; 2. outsourcing

aus dem Ausland *nt* from abroad; **im/ins A.** abroad; **im A. hergestellt** foreign-made; **aus dem A. zurückbringen** to repatriate

Ausländer(in) *m/f* 1. foreigner; 2. *(Steuer)* non-resident

Ausländer|amt *nt* aliens department; **A.anlage** *f* inward investment; **A.guthaben** *nt* external assets; **A.konto** *nt* external account; **A.reiseverkehr** *m* foreign tourist trade; **A.vermögen** *nt* foreign-owned property

Auslands|- offshore, overseas; **A.absatz** *m* export/external sales, sales abroad; **A.abteilung** *f* foreign department, international division; **A.aktiva** *pl* foreign/external assets; **A.aktivitäten** *pl* overseas/external operations; **A.akzept** *nt* foreign bill/acceptance; **A.anlage** *f* foreign investment, investment abroad; **A.anleihe** *f* foreign bond; **A.anteil** *m* foreign content; **A.aufenthalt** *m* residence/stay abroad; **A.auftrag** *m* export/overseas order; **A.bank** *f* foreign/offshore bank; **A.bedarf** *m* foreign demand; **A.belegschaft** *f* overseas employees; **A.besitz** *m* overseas/foreign holdings; **A.bestellung** *f* export order; **A.beteiligung** *f (Investition)* investment abroad, foreign interests; **A.beteiligungen** *pl* foreign/overseas holdings; **A.bezüge** *pl* imports; **A.debitoren** *pl* foreign receivables; **A.einkommen; A.einkünfte** *nt/pl* overseas income; **A.einlagen** *pl* foreign/non-resident deposits; **A.emission** *f* foreign issue; **A.erfahrung** *f* international experience; **A.erträge** *pl* foreign earnings; **A.erzeugnis** *nt* foreign product; **A.fertigung** *f* manufacturing abroad; **A.filiale** *f* overseas/foreign branch; **A.flug** *m* international flight; **A.fonds (mit Sitz in Steueroase)** *m* offshore fund; **A.forderung** *f* foreign debt; **A.forderungen** foreign debtors/receivables; **A.geld(er)** *nt/pl* foreign funds; **A.geschäft** *nt* international operations; **A.gespräch** *nt* ☎ international call; **A.gewinne** *pl* offshore profits; **A.gläubiger(in)** *m/f* foreign creditor; **A.guthaben** *pl* foreign deposits/balances; **A.handelskammer** *f* international chamber of commerce; **A.hilfe** *f* foreign aid; **A.investition(en)** *f/pl* foreign/offshore investment; **A.kapital** *nt* foreign capital/funds; **A.kapitalanlage** *f* offshore investment; **A.käufe** *pl (Börse)* foreign buying; **A.konkurrenz** *f* foreign competitors, competition from abroad; **A.konto** *nt* external/foreign account; **A.korrespondent(in)** *m/f* foreign correspondent; **A.korrespondenz** *f* foreign correspondence

Auslandskredit *m* foreign credit; **A.geschäft** *nt* international lending

Auslands|kunde *m* foreign buyer/customer; **A.markt** *m* overseas/foreign/export market; **A.nachfrage** *f* foreign/overseas demand, demand from abroad; **A.niederlassung** *f* overseas/foreign branch; **A.order** *f* foreign/overseas order; **A.passiva** *pl* external liabilities; **A.porto** *nt* international/overseas postage; **A.postanweisung** *f* international money order

Auslandsreise|n *pl* foreign travel; **A.versicherung** *f* foreign travel insurance

Auslands|risiken *pl (Kredit)* cross-border exposure; **A.scheck** *m* foreign check *[US]*/cheque *[GB]*; **A.schuld(en)** *f/pl* overseas/foreign debt(s); **A.schutzbrief** *m* international travel cover; **A.status** *m* foreign assets and liabilities; **A.telefongespräch** *nt* international call; **A.tochter** *f* foreign/overseas subsidary; **A.tourismus** *m* foreign travel; **A.überweisung** *f* foreign currency remittance; **A.umsatz** *m* overseas/foreign/international sales, sales abroad; **A.verbindlichkeit** *f* external/foreign liability; **A.verkäufe** *pl* foreign sales, sales abroad; **A.vermögen** *nt* external/foreign assets; **A.verschuldung** *f* foreign debt(s); **A.vertreter** *m* representative abroad; **A.vertretung** *f* foreign branch; **A.währung** *f* foreign currency; **A.wechsel** *m* foreign bill of exchange; **A.werte; A.wertpapiere** *pl* foreigners, foreign securities; **A.wohnsitz** *m* residence abroad; **A.zahlungsverkehr** *m* international payments; **A.zulage** *f* overseas allowance

auslass|en *v/t* to omit; **A.ung** *f* omission

auslasten *v/t* to utilize/employ, to use to capacity

Auslastung *f* 1. workload, volume of work; 2. *(Produktion)* (capacity) utilization; **durchschnittliche A.** average utilization; **geplante A.** budgeted level of capacity; **kostendeckende A.** break-even load; **volle A.** working to capacity

Auslastungs|grad *m* capacity utilization rate, load factor; **A.quote** *f* 1. revenue load factor; 2. *(Hotel)* occupancy rate

Auslaufdatum *nt* 1. expiry date; 2. ⚓ sailing date

Auslaufen *nt* 1. *(Gültigkeit)* expiry; 2. ⚓ sailing; 3. *(Produktion)* phasing out; 3. *(Flüssigkeit)* leakage

auslaufen *v/i* 1. *(Gültigkeit)* to expire; 2. ⚓ to sail; 3. *(Produkt)* to be phased out; 4. *(Flüssigkeit)* to leak out; **a. lassen** to phase out

Auslauf|hafen *m* port of departure; **A.modell** *nt* 1. discontinued line; 2. 🚗 end-of-range model; **A.phase** *f* 1. *(Produktionszyklus)* abandonment stage; 2. *(Konjunktur)* waning phase; **A.produkt** *nt* discontinued item; **A.verlust** *m* 1. terminal loss; 2. *(Flüssigkeit)* leakage, ullage

auslegen *v/t* 1. to design; 2. *(Ware)* to display; 3. *(Geld)* to disburse; 4. *(Kredit)* to grant/lend/advance; 5. *(Kiste)* to line; 6. § to interpret/construe

Ausleger *m* ⚓ boom; **A.kran** *m* jib crane

Auslegung *f* 1. interpretation; 2. ⚙ specification(s), configuration, layout, design; **abweichende A.** divergent interpretation; **einheitliche A.** uniform interpretation; **verbindliche A.** authoritative interpretation; **verfahrenstechnische A. (von Anlagen)** process design

Auslegungs|bestimmung *f* interpretation clause; **A.sache** *f* matter of interpretation

ausleih|en *v/t* 1. *(entleihen)* to borrow; 2. *(verleihen)* to lend/loan; **A.er** *m* 1. lender; 2. borrower

Ausleihung *f* 1. borrowing; 2. lending; **A.en** 1. loans; 2. lendings

Ausleihungs|quote *f* lending ratio; **A.satz** *m* borrowing/lending rate; **A.stand** *m* total lendings

Auslese *f* selection, choice; **A.prüfung** *f* competitive examination

Ausliefer|er *m* distributor; **a.n** *v/t* 1. to deliver; 2. *(Dokumente)* to surrender

Auslieferung *f* 1. delivery; 2. *(Dokumente)* surrender; **zahlbar bei A.** cash *[GB]*/collect *[US]* on delivery (c. o. d.); **A. der Schiffspapiere gegen Bezahlung** documents against payment (D/P); **A. innerhalb von 24 Stunden** next-day delivery;

A

A. von Stücken *(Wertpapiere)* delivery of securities

Auslieferungs|abteilung *f* delivery department; **A.agent** *m* distributing/forwarding agent; **A.anweisung; A.auftrag** *f/m* delivery order (D/O); **A.bedingungen** *pl* terms/conditions of delivery; **A.beleg; A.bescheinigung** *m/f* certificate of delivery; **A.buch** *nt* delivery book; **A.datum** *nt* date of delivery; **A.fahrer** *m* delivery (rounds) man; **A.gebühr** *f* delivery charge; **A.gewicht** *nt* delivered weight; **A.hafen** *m* port of delivery; **A.klausel** *f* delivery clause; **A.lager** *nt* distribution center *[US]*/centre *[GB]*/depot/warehouse; **A.nachweis** *m* proof of delivery; **A.provision** *f* delivery commission; **A.schein** *m* delivery note; **A.tag** *m* date of delivery; **A.vertrag** *m* delivery contract; **A.zettel** *m* delivery note/slip

auslob|en *v/t* to offer a reward/prize; **A.ung** *f* (offer of a) reward

auslösbar *adj* redeemable; **A.keit** *f* redeemability

auslos|en *v/t* to draw (by lot); **A.ung** *f* draw

Auslosungs|anleihe *f* premium bond *[GB]*; **A.kurs** *m* redemption/drawing price; **A.recht** *nt* drawing right; **A.tag; A.termin** *m* drawing date

auslösen *v/t* 1. to release; 2. to trigger (off), to set/park off; 3. *(tilgen)* to redeem/pay

Auslösung *f* 1. severance pay; 2. *(Tilgung)* redemption

Auslösungs|preis *m* *(EU)* activating price; **A.recht** *nt* right of redemption

ausmachen *v/t* 1. to account for, to make up; 2. to represent/constitute; 3. *(Vereinbarung)* to arrange/stipulate

Ausmaß *nt* 1. degree, extent, scale, rate; 2. measure, size, dimension(s); **A. der Steuerbelastung** tax exposure

ausmessen *v/t* 1. to measure (out); 2. *(Grundstück)* to survey

ausmuster|n *v/t* 1. to decommission; 2. *(Ware)* to reject/discard; **A.ung** *f* 1. decommissioning; 2. rejection

Ausnahme *f* 1. exception; 2. *(Befreiung)* exemption; **mit A. von** except for, saving, save (that); **A. von der Regel** exception to the rule

Ausnahme|- exceptional; **A.bescheinigung** *f* exempting certificate; **A.bestimmung** *f* saving clause, exceptional provision; **A.bewilligung** *f* dispensation; **A.fall** *m* exception, special/exceptional case; **A.frachtsatz** *m* differential rate; **A.genehmigung** *f* special licence/authorization; **A.klausel** *f* exemption clause; **A.preis** *m* special price; **A.regelung** *f* exception; **A.situation** *f* special/exceptional situation; **A.tarif** *m* preferential/differential rate; **A.zustand** *m* state of emergency

ausnehmen (von) *v/t* 1. to exempt/except (from); 2. *(ausbeuten)* to exploit (so.)

ausnutzen; ausnützen *v/t* 1. to utilize/exploit, to take (undue) advantage; 2. *(Kapazität)* to employ

Ausnutzung; Ausnützung *f* utilization, exploitation; **A. von Auslagen** capacity utilization; **mangelnde A.** underemployment; **rationelle A.** effective/rational utilization; **A.sgrad** *m* capacity utilization level/ratio, load factor

aus|packen *v/t* 1. to unpack/unwrap; 2. *(Container)* to destuff/strip; **a.plündern** *v/t* to pillage/loot; **A.plünderung** *f* pillage; **a.probieren** *v/t* to test, to try out

ausrangieren *v/t* to withdraw/discard

ausrechnen *v/t* to calculate/compute, to figure/work out

ausreichen *v/i* 1. to suffice; 2. *(Kredit)* to grant/extend; **a.d** *adj* satisfactory, sufficient, adequate

ausreif|en *v/i* to mature; **A.ungszeit des Kapitals** *f* gestation period

Ausreise *f* departure, outward voyage/journey; **auf der A. (befindlich)** outbound, outward-bound; **bei A. verzollen** ⊝ to clear outward; **A.erlaubnis; A.genehmigung** *f* 1. exit permit; 2. sailing permit *[US]*; **A.visum** *nt* exit visa

ausrichten *v/t* 1. to gear/tailor; 2. ✪ to align/adjust; 3. *(Veranstaltung)* to organise

Ausrichtung *f* 1. alignment; 2. organisation; **A. auf den Kunden** client orientation

Ausruf *m* exclamation, outcry; **a.en** *v/t* 1. to call out; 2. *(Lautsprecher)* to page; **A.preis** *m* reserve price

ausrüsten *v/t* 1. to equip; 2. 🏭 to tool up; **jdn a. mit** to issue so.with; **nachträglich a.** to retrofit

Ausrüstung *f* 1. equipment; 2. fitting-out

Ausrüstungs|aufwand *m* equipment spending; **A.gegenstand** *m* piece of equipment; **A.gegenstände** fittings, fixings *[US]*; **A.güter** *pl* machinery and equipment; **A.investitionen** *pl* equipment investment/spending, capital expenditure on equipment; **gewerbliche A.investitionen** business investment in plant and equipment; **A.investitionsgüter** *pl* capital equipment; **A.kosten** *pl* cost of equipment; **A.stück** *nt* piece of equipment; **A.vermietung** *f* equipment leasing

Aussage *f* 1. *(Erklärung)* statement; 2. *(Behauptung)* allegation; 3. *(Werbung)* message; **A. verweigern** to refuse to give evidence; **A. widerrufen** to retract a statement

eidesstattliche Aussage solemn declaration; **eidliche A.** affidavit, sworn testimony

Aussage|kraft *f* significance; **a.kräftig** *adj* significant

aussagen *v/t* 1. § to state (in evidence), to declare; 2. *(Zeuge)* to testify; **eidlich a.** to declare on oath, to swear; **falsch a.** to give false evidence

Aussageverweigerung *f* refusal to give evidence

ausschalten *v/t* 1. ✿ to switch/turn off; 2. to eliminate

Ausschaltung saisonaler Einflüsse; A. von Sonderbewegungen *f* seasonal adjustment; **A. der Konkurrenz** elimination of competitiors; **A. des Trends** trend elimination; **A. von Verlusten** loss elimination; **A. des Zwischenhandels** elimination of the middleman

Ausschau halten nach *f* to be in the market for, to look (out) for

Ausscheiden *nt* retirement, termination of employment; **A. eines Gesellschafters** retirement of a partner; **A. der besseren Risiken** *(Vers.)* adverse selection; **A. eines Wirtschaftsgutes** retirement of an asset

freiwilliges Ausscheiden voluntary redundancy; **vorzeitiges A.** early retirement

ausscheiden *v/i* *(Pensionierung)* to retire/resign; **vorzeitig a.** to take early retirement

ausscheid|end *adj* outgoing; **A.etafel** *f* *(Vers.)* decrement table

ausschiffen *v/t* *(Ladung)* to unload/discharge

Ausschiffung *f* 1. disembarkation, landing; 2. unloading, discharging; **A.shafen** *m* port of disembarkation; **A.skosten** *pl* landing charges

Ausschlachten *nt* ↘ **Ausschlachtung**; **a.** *v/t* 1. ✿ to cannibalize; 2. ⚓ to break up; 3. *(Firma)* to asset-strip; **A. von Unternehmen** *nt* asset-stripping

Ausschlachter *m* 1. asset stripper; 2. ⚓ ship-breaker

Ausschlachtung *f* 1. ⚓ breaking up; 2. ✿ cannibalization; 3. *(Firma)* asset-stripping; **A.swert** *m* break-up value

Ausschlag *m* 1. decisive factor; 2. *(Preis)* fluctuation; **A. des Preisbarometers** price movement; **A. geben** to tip the scales

ausschlagen *v/t* 1. to reject/refuse/decline; 2. *(Kiste)* to line

ausschlaggebend *adj* decisive, crucial

Ausschlagung *f* 1. refusal, rejection; 2. *(Erbschaft)* disclaimer

ausschließen *v/t* to exclude, to rule out

ausschließlich *adj* exclusive, sole; **A.keit** *f* exclusiveness

Ausschließlichkeits|abkommen *nt* exclusive agreement; **A.erklärung** *f* exclusive agency arrangement; **A.klausel** *f* tying clause; **A.vertrag** *m* sole agency contract

Ausschließung *f* exclusion; **A.sgrund** *m* disqualification

Ausschluss *m* exclusion, disqualification; **unter A. von** excluding

Ausschluss aller Abreden exclusion of verbal agreements; **unter A. weiterer Ansprüche** any further claims excluded; **A. der Gewährleistung** non-warranty clause; **unter ~ Gewährleistung** with all faults; **A. der/jeglicher Haftung** non-liability; **unter A. der Konkurrenz** non-competitive; **~ der Öffentlichkeit** 1. behind closed doors; 2. § in camera *(lat.)*; **A. des Rechtswegs** no recourse to courts of law; **A. der Schadensersatzpflicht** exclusion of remedy

Ausschluss|frist *f* preclusive period; **A.kauf** *m* preclusive buying; **A.klage** *f* foreclosure action; **A.klausel** *f (Vers.)* exclusion/memorandum clause; **A.recht** *nt* exclusive right, monopoly

Ausschnitt *m* section, sector

ausschöpfen *v/t* to exhaust/utilize

Ausschöpfung *f* exhaustion, full utilization; **A. des Rechtsweges** exhaustion of the legal remedies

ausschreiben *v/t* 1. *(öffentlich)* to invite tenders, to put out to tender; 2. *(Stellung)* to advertise, to invite applications

Ausschreibung *f* 1. invitation to tender; 2.

(Stelle) (job) advertisement; **sich an einer A. beteiligen; an einer A. teilnehmen** to tender; **A. veranstalten** to invite tenders, to put out to tender; **beschränkte/eingeschränkte A.** limited/restricted tender; **echte/freie A.** competitive tendering; **öffentliche A.** public invitation to tender

Ausschreibungs|absprache *f* collusive tendering; **A.angebot** *nt* tender offer; **A.bedingungen** *pl* tender terms; **A.frist** *f* deadline for tenders; **A.garantie** *f* tender guarantee; **A.schluss; A.termin** *m* closing date for tenders; **A.unterlagen** *pl* tender documents; **A.verfahren** *nt* tendering procedure; **A.zeitraum** *m* tender period

Ausschuss *m* 1. committee, panel, commission; 2. *(Abfall)* waste, refuse, wastage; 3. *(Produktion)* defective items, rejects; **A. für Konjunkturpolitik** economic policy committee

einem Ausschuss angehören to be on a committee; **in einen A. berufen** to appoint to a committee; **A. bestellen/einsetzen/konstituieren** to appoint a committee; **A. bilden** to form a committee; **an einen A. überweisen** to refer to a committee

beratender Ausschuss consultative/advisory committee; **engerer A.** select committee; **gemeinsamer/gemischter A.** joint committee; **geschäftsführender A.** managing committee; **konjunktur-/wirtschaftspolitischer A.** economic policy committee; **leitender A.** steering committee; **ständiger A.** standing committee; **vollziehender A.** executive committee

Ausschuss|anteil *m* scrap rate, percentage of defective terms; **A.artikel** *m* reject; **A.-bericht** *m* committee report; **A.mitglied** *nt* committee member; **A.prozentsatz** *m* percentage defective; **A.quote** *f* wastage/reject rate; **A.sitzung** *f* committee meeting; **A.stück** *nt* reject; **A.vorsitzende(r)** *f/m* committee chairman/chairwoman; **A.-ware** *f* rejects, defective goods

ausschütten *v/t* *(Dividende)* to distribute

Ausschüttung *f* distribution (of profits), dividend; **ohne A.** ex distribution/dividend; **A. einer Dividende** distribution of a dividend; **~ beschließen** to declare a dividend; **zur A. gelangen** to be distributed

anrechenbare/berücksichtigungsfähige Ausschüttung qualifying distribution; **steuerfreie A.** tax-free distribution; **verdeckte A.** hidden distribution; **vorgeschlagene A.** proposed distribution

Ausschüttungs|anspruch *m* dividend entitlement; **a.berechtigt** *adj* dividend-carrying; **A.betrag** *m* amount (to be) distributed; **a.fähig** *adj* distributable; **A.politik** *f* dividend policy; **A.quote** *f* payout ratio; **A.summe** *f* total dividend

Außen|- external; **A.absatz** *m* external sales, sales to third parties; **A.anlagen** grounds; **A.anschluss** *m* outside number; **A.ansicht** *f* exterior view; **A.arbeit** 1. *(Außendienst)* field work; 2. *(Heimarbeit)* outwork; **A.arbeiter** *m* 1. field worker; 2. outworker; **A.beruf** *m* outdoor occupation; **A.bezirk** *m* outskirts, suburb; **A.bilanz** *f* external/foreign balance

Außendienst *m* *(Personal)* field service; **technischer A.** customer engineering

Außendienst|bericht *m* field-service report; **A.leiter** *m* field sales executive; **A.-mitarbeiter** *m* sales representative, rep *(coll)*; *pl* field staff; **A.organisation** *f* sales force; **A.personal** *nt* field staff; **A.tätigkeit** *f* field service; **A.techniker** *m* customer engineer

Außen|finanzierung *f* external finance; **A.hafen** *m* outer harbour

Außenhandel *m* external/foreign/international trade

Außenhandels|abteilung *f* foreign trade department; **A.aktivsaldo** *m* favourable foreign trade balance; **A.bank** *f* merchant bank; **A.beschränkungen** *pl* foreign trade restrictions; **A.beziehungen** *pl* foreign trade relations

Außenhandelsbilanz *f* balance of trade, (foreign) trade balance; **aktive/günstige A.** favourable trade balance; **defizitäre/passive/ungünstige A.** adverse trade balance

Außenhandels|bürgschaft *f* foreign trade guarantee; **A.defizit** *nt* (foreign) trade deficit, trade gap; **A.finanzierung** *f* foreign trade finance; **A.förderung** *f* foreign trade promotion; **A.geschäft** *nt* external transaction; **A.kammer (AHK)** *f* chamber of foreign trade; **A.konto** *nt* external current account; **A.kredit** *m* foreign trade credit; **A.lücke** *f* trade gap; **A.papiere** *pl* foreign trade documents; **A.passivsaldo** *m* adverse (foreign) trade balance; **A.risiko** *nt* foreign trade risk; **A.saldo** *m* (foreign) trade balance; **A.struktur** *f* trade pattern; **A.überschuss** *m* foreign trade surplus; **A.unternehmen** *nt* foreign trade firm; **A.volumen** *nt* volume of imports and exports; **A.zahlen; A.ziffern** *pl* foreign trade figures

Außen|kräfte *pl* field staff; **A.lager** *nt* external depot; **A.montage** *f* field assembly; **A.organisation** *f* field staff; **A.prüfer; A.revisor** *m* field auditor; **A.prüfung** *f* field auditing

Außenstände *pl* accounts receivable, outstandings, receivables; **A. eintreiben** to recover debts; **A. einziehen** to collect outstanding accounts; **verlorene A.** irrecoverable debts; **zweifelhafte A.** doubtful debts

Außen|stehende(r) *f/m* outsider; **A.stelle** *f* branch; **A.temperatur** *f* ambient/outside temperature

Außenumsatz; Außenumsätze *m/pl* external sales, sales to third parties

Außen|verhältnis *nt* external relationship; **A.vertreter** *m* (field/sales) representative, travelling salesman, rep *(coll)*; **A.welt** *f* outside (world); **A.werbung** *f* outdoor advertising

Außenwert *m* *(Währung)* external value

Außenwirtschaft *f* foreign/international trade

Außenwirtschafts|abteilung *f* foreign trade department; **A.bilanz** *f* external balance/account; **A.partner** *m* trading partner; **A.politik** *f* foreign trade policy; **A.zahlen** *pl* (foreign) trade data/figures

Außenzoll *m* ⊖ external tariff; **Gemeinsamer A./A.tarif** *(EU)* Common External Tariff (CET)

außerberuflich *adj* non-occupational

außerbetrieb|lich *adj* 1. private, off-the-job; 2. *(Ausgaben)* non-operational; **A.-nahme; A.setzung** *f* 1. closure, decommissioning; 2. *(zeitweilig)* shutdown

außerbörslich *adj* unofficial, over the counter (OTC)

außerdienst|lich *adj* private, unofficial; **A.stellung** *f* withdrawal, decommissioning, closure

außer|fahrplanmäßig *adj* unscheduled; **a.gerichtlich** *adj* out-of-court, amicable; **a.geschäftlich** *adj* private; **a.gesetzlich** outside the law; **a.gewöhnlich** *adj* unusual, extraordinary, exceptional

Außer|kraftsetzung *f* 1. suspension, invalidation; 2. *(Gesetz)* repeal; **A.kurssetzung** *f* *(Börse)* suspension (of a quotation)

außer|ökonomisch *adj* non-economic; **a.ordentlich** *adj* 1. extraordinary; 2. exceptional; **a.planmäßig** *adj* 1. unscheduled; 2. *(Ausgabe)* unbudgeted; **a.tariflich** *adj* above the agreed rate

aussetzen *v/t* 1. *(Zahlung)* to suspend; 2. *(Verfahren)* to stay/suspend; 3. *(Preis)* to offer

Aussetzung *f* 1. *(Aufschub)* suspension; 2. *(Vollstreckung)* stay of execution; 3. *(Preis)* offer; 4. *(Rente)* settlement; **A. eines Anhörungstermins** § adjournment of a hearing; **A. der Börsennotiz** suspension of trading; **A. des Handels** *(Börse)* suspension of dealings; **~ des Konkursverfahrens** § suspension bankruptcy proceedings; **A. der (Kurs-)Notierung** suspension of the quotation; **A. des Schuldendienstes** moratorium on principal and interest; **A. eines Termins** § adjournment of a hearing; **A. des Verfahrens** § stay/suspension of proceedings; **A. der Vollstreckung/Vollziehung** § stay of execution; **~ Zahlung** suspension of payment; **~ Zwangsvollstreckung** stay/suspension of execution

Aussicht *f* outlook; **keine A.en bieten** *(Beruf)* to offer no scope; **in A. nehmen** to envisage; **~ stehen** to be in the offing; **~ stellen** to hold out the prospect of

allgemeine Aussichten general outlook; **glänzende A.** brights prospects; **günstige A.** good prospects; **konjunkturelle/wirtschaftliche A.** economic prospects/outlook; **trübe A.** clouded outlook

aussichts|los *adj* hopeless, futile; **a.reich** *adj* promising

aussondern *v/t* 1. *(ausmustern)* to reject; 2. *(Konkurs)* to separate

Aussonderung *f* 1. rejection; 2. *(Konkurs)* separation

Aussonderungs|anspruch *m* claim of exemption; **a.berechtigt** *adj* entitled to recovery from the bankrupt's estate; **a.fähig** *adj* recoverable; **A.recht** *nt (Konkurs)* right of recovery/separation; **A.verfahren** *nt* recovery proceedings

aussortieren *v/t* 1. to sort out; 2. to grade

aussper|ren *v/t* *(Arbeiter)* to lock out; **A.rung** *f* lockout

Ausspruch *m* 1. § pronouncement; 2.

(Schiedsspruch) award; **A. im Schiedsverfahren** arbitration award
Ausstand *m* strike, stoppage; **im A.** on strike; **in den A. treten** to go/come out on strike, to take industrial action
ausstatten *v/t* 1. to equip/furnish/provide; 2. to tool up; **finanziell a.** to fund/resource
Ausstattung *f* 1. equipment; 2. *(Kapital)* endowment; 3. *(Anleihe)* terms; 4. *(Verpackung)* get-up; **finanzielle A.** funding; **unzureichende ~ A.** underfunding; **originäre A.** initial allocation
Ausstattungs|gegenstand *m* fixture; **A.grad** *m (Kapital)* funding level; **A.investitionen** *pl* equipment investment; **A.kosten** *pl* cost of fixed assets
aus|stechen *v/t* *(Konkurrenz)* to outperform; **a.stehen** *v/i (Forderung)* to be (over)due/outstanding; **a.stehend** *adj* outstanding, receivable; **a.steigen** *v/i* 1. *(Vertrag)* to contract/opt out; 2. *(Geschäft)* to pull out
Ausstelldatum *nt* *(Wechsel/Scheck)* date of issue
Ausstellen *nt* 1. exhibiting; 2. *(Scheck)* issuing, making out; **A. einer Bescheinigung** certification
ausstellen *v/t* 1. to exhibit/display; 2. *(Dokument)* to issue, to make/write out; 3. *(Wechsel)* to draw
Aussteller(in) *m/f* 1. exhibitor; 2. *(Scheck/Wechsel)* drawer; 3. *(Wertpapiere)* issuer; **an den A. zurück** refer to drawer (R/D)
Aussteller|haftung *f* 1. liability of drawer; 2. *(Akkreditiv)* issuer's liability; **A.provision** *f* drawing commission
Ausstellung *f* ↘ **Messe** 1. exhibition, (trade) fair; 2. *(Ware)* display; 3. *(Scheck/Wechsel)* drawing; 4. *(Akkreditiv)* issue; 5. *(Rechnung)* invoicing
Ausstellungs|artikel *m* exhibit; **A.besuch** *m* fair attendance; **A.besucher** *m* fairgoer; **A.datum** *nt* date of issue/issuance; **A.fläche** *f* floor/exhibition space; **A.gegenstand** *m* exhibit; **A.gelände** *nt* exhibition grounds/site; **A.güter** *pl* exhibits; **A.jahr** *nt* year of issue; **A.lokal** *nt* showroom; **A.material** *nt* display material; **A.raum** *m* showroom; **A.stück** *nt* exhibit; **A.tag** *m* *(Scheck/Wechsel)* date of issue
Ausstieg *m* withdrawal; **A.sklausel** *f* get-out clause
Ausstoß *m* 1. output, production; 2. *(Abfallstoff)* discharge, emission; **A. pro Betrieb** plant output; **A. der herstellenden Industrie** manufacturing output
ausstoßen *v/t* 1. to turn out, to produce; 2. *(Schadstoff)* to discharge/emit
Ausstoßrate *f* rate of output/production
ausstrahl|en *v/t* 1. *(Radio)* to transmit; 2. *(Fernsehen)* to screen; **A.ung** *f* 1. *(Radio)* transmission; 2. *(Fernsehen)* screening
aus|streichen *v/t* to delete/cancel; **a.strömen** *v/i* to escape; **a.suchen** *v/i* to choose/select
austarieren *v/t* to average out, to balance
Austausch *m* 1. exchange, barter; 2. *(Ersatz)* replacement, substitution
austauschbar *adj* 1. exchangeable, interchangeable; 2. *(Währung)* convertible; **A.keit** *f* 1. exchangeability, interchangeability; 2. convertibility
austauschen *v/t* 1. to exchange/interchange; 2. to replace/substitute
Austausch|geschäft *nt* barter deal/transaction; **A.produkt** *nt* substitute; **A.recht** *nt* right of exchange; **A.relationen (im Außenhandel)** *pl* terms of trade; **A.stück; A.teil** *nt (Ersatzteil)* replacement, spare part
Austauschverhältnis *nt* 1. exchange rate/ratio, rate of exchange; 2. *(Handel)* terms of trade
austeil|en *v/t* to distribute, to deal/share out; **A.ung** *f* distribution, shareout
Austrag *m* *(Umwelt)* emission, discharge; **a.en** *v/t* 1. ✉ deliver; 2. *(löschen)* to cancel
Aus|träger *m* delivery man, roundsman; **A.tragung** *f* 1. ✉ delivery; 2. *(Posten)* retirement, cancellation; **a.treten** *v/i* to resign/withdraw
Austritt *m* 1. resignation, retirement; 2. *(Gas)* leak; 3. *(Umwelt)* discharge
Austritts|alter *m* *(Vers.)* age at withdrawal; **A.anzeige** *f* notice of withdrawal; **A.erklärung** *f* letter of resignation; **A.klausel** *f* excape clause; **A.ort** *m* ⊝ place/point of exit
ausüb|bar *adj* exercisable; **a.en** *v/t* 1. to exercise; 2. *(Druck)* to exert
Ausübung *f* exercise; **A. des Bezugsrechts** exercise of the subscription right; **~ Ermessens** exercise of discretion; **A. einer Pflicht** discharge of a duty; **A. eines Rechts** exercise of a right
Ausübungs|frist *f* *(Option)* exercise period; **A.preis** *m* exercise/settlement price

Ausverkauf *m* 1. (bargain/clearing/clearance) sale; 2. *(Geschäftsaufgabe)* winding-up/closing-down/close-out sale
ausverkaufen *v/t* to sell off/out
Ausverkaufs|preis *m* sale/bargain price; **A.ware** *f* clearance items
ausverkauft *adj* sold out, out of stock
Auswahl *f* 1. choice, range; 2. selection, assortment; 3. ⫼ sample; **gute A. bieten** to offer a wide range; **in die engere A. gelangen** to be shortlisted; **freie A. haben** to be able to pick and choose; **gute A. haben** to be well-stocked; **in der A. stehen** *(Bewerbung)* to be in the running; **A. treffen** to make a choice/selection; **A. unter Bewerbern treffen** to shortlist candidates
adäquate Auswahl ⫼ adequate sample; **engere A.** *(Bewerber)* shortlist; **geschichtete A.** ⫼ stratified sample; **gewogene A.** weighted sample; **große A.** great choice, wide range; **mehrstufige A.** ⫼ nested sampling; **reiche A.** wide selection; **repräsentative A.** representative selection; **typische A.** cross section; **verzerrte A.** ⫼ selective bias
auswählen *v/t* to select, to (pick and) choose
Auswahl|feld *nt* 🖳 selection fied; **A.frage** *f* multiple-choice/cafeteria *(coll)* question; **A.gespräch** *nt* selection interview; **A.gremium** *nt* selection board/committee; **A.gruppe** *f* ⫼ sampling fraction; **A.käufe** *pl* selective buying; **A.kommission** *f* selection board; **A.muster** *nt* reference sample; **A.prüfung** *f* qualifying examination; **A.sendung** *f* on-approval consignment; **A.test** *m* selection test; **A.-verfahren** *nt* 1. selection procedure; 2. ⫼ sampling procedure
Auswärtsvergabe *f* sub-contracting, outsourcing
auswechsel|bar *adj* exchangeable, interchangeable; **a.n** *v/t* to exchange/interchange
Auswechslung *f* exchange, replacement
Ausweich|- alternative; **A.betrieb** *m* 🏭 overspill plant, shadow factory
ausweichen *v/i* 1. to evade; 2. *(Verantwortung)* to shirk; **a.d** *adj* evasive, elusive
Ausweich|klausel *f* escape clause; **A.lager** *nt* buffer stocks; **A.plan** *m* contingency plan; **A.stoff** *m* substitute
Ausweis *m* 1. permit, pass; 2. *(Bilanz)* report, return; 3. *(Konto)* statement of account
aus|weisen *v/t* 1. to expel; 2. *(Wohnung)* to evict/oust; 3. *(Bilanz)* to show/report/disclose
Ausweis|karte *f* identity card, pass; **A.kontrolle** *f* identity check; **a.lich** *prep* as evidenced by; **A.pflicht** *f (Bilanz)* disclosure/reporting requirement(s); **A.schema** *nt* form of return; **A.stichtag** *m* return date
Ausweisung *f* 1. expulsion, deportation; 2. *(Wohnung)* eviction; **A. als Bauland** designation as building land; **A.sbefehl; A.sbeschluss** *m* 1. § deportation/expulsion order; 2. *(Wohnung)* § eviction order
ausweiten *v/t* 1. to expand/enlarge/widen/broaden; 2. *(Sortiment)* to diversify
Ausweitung *f* 1. expansion, enlargement, extension; 2. *(Sortiment)* diversification
auswerten *v/t* to evaluate/analyse/appraise; **kommerziell a.** to commercialize/exploit
Auswertung *f* evaluation, analysis, appraisal
Auswertungs|bogen *m* evaluation sheet; **A.zeitraum** *m* evaluation period
auswirken (auf) *v/refl* to have/take effect (on), to impact (on); **sich günstig a. auf/für** to have a favourable effect on; **sich nachteilig/ungünstig a. (für)** to be detrimental to, to have a adverse effect (on)
Auswirkung *f* consequence, result, effect, impact, implication; **A.en auf den Arbeitsmarkt** employment effect; **A. der Inflation** impact of inflation; **A. auf die Umwelt** environmental impact
auszahl|bar *adj* disbursable, payable; **a.en** *v/t* 1. to pay out/off, to disburse; 2. to buy off; *v/refl* to pay (off)
auszählen *v/t* *(Stimmen)* to count
Auszahlung *f* payment, payout, disbursement; **A. der Gläubiger** satisfaction of creditors; **A. eines Teilhabers** buying out a partner
zur Auszahlung gelangen to be paid out; **~ fällig werden** to become payable; **A. sperren** to stop/suspend payment
Auszählung *f* count(ing); **erneute A.** recount
Auszahlungs|anweisung; A.auftrag *f/m* disbursement order; **A.beleg** *m* disbursement voucher; **A.betrag** *m* amount payable, ~ paid out; **A.bewilligung** *f* payment authorization; **A.kurs** *m (Hypothek)* pay-

A

out ratio; **A.schein** *m* withdrawal slip; **A.-sperre** *f* stop payment order; **A.stelle** *f* paying agency/agent; **A.summe** *f* 1. amount payable; 2. amount paid; **A.verkehr** *m* outpayments

auszehr|en *v/t* to deplete/exhaust/drain; **A.ung des Eigenkapitals** *f* depletion of assets; **~ der Ertragskraft** erosion of earnings capacity

auszeichnen *v/t* to price/label; **billiger a.** *(Ware)* to mark down; **neu a.** to reprice; **teurer a.** to mark up

Auszeichnung *f* 1. *(Waren)* labelling, pricing; 2. prize; **A. mit gebrochenen Preisen** odd pricing; **~ runden Preisen** round pricing; **höhere A.** *(Preis)* mark-up; **niedrigere A.** *(Preis)* markdown

Auszeichnungsbestimmungen *f* labelling provisions

Auszubildende(r) *f/m* trainee, apprentice; **gewerbliche(r) A.** craft apprentice/trainee; **kaufmännische(r) A.** commercial trainee/ apprentice

Auszug *m* 1. extract, abstract, excerpt; 2. outline, summary; 3. *(Bank)* statement; **laut A.** according to/as per statement; **A. aus der Bilanz** condensed balance sheet; **~ dem Grundbuch** abstract of title

autark *adj* self-sufficient; **A.ie** *f* self-sufficiency, autarky

Auto *nt* automobile, (motor) car, motor vehicle; **A. zulassen** to license a vehicle; **abgasarmes/umweltfreundliches A.** low-pollution car; **verschrottetes A.** junked car

Autoaktien *pl* ↘ **Automobilaktien**

Autobahn *f* motorway *[GB]*, freeway *[US]*; **A.gebühr** *f* motorway toll

Auto|bank *f* drive-in bank; **A.branche** *f* car/motor/automobile industry; **A.-dieb** *m* car thief; **A.diebstahl** *m* car theft; **A.fähre** *f* ⚓ car ferry; **A.fahrer(in)** *m/f* motorist; **A.haftpflichtversicherung** *f* third-party (liabilty) car insurance; **A.-händler** *m* car dealer; **A.hersteller** *m* automobile/car manufacturer, automaker; **A.importeur** *m* car importer; **A.industrie** *f* automobile/motor/car industry; **A.-markt** *m* car market

Automat *m* 1. ▰ robot; 2. vending machine; **A.ion** *f* automation; **~ im Büro** office automation; **A.isierung** *f* automation

Automiete *f* car hire/rental

Automobil *nt* (motor) car, automobile, motor vehicle; **A.-** automotive; **A.aktien** *pl* motors, motor shares/manufactures, automotive stocks; **A.arbeiter** *m* autoworker; **A.ausstellung** *f* motor/automobile show; **A.bau** *m* car/automobile manufacture; **A.einfuhr** *f* car imports; **A.-fabrikant; A.hersteller** *m* car/automobile/vehicle manufacturer, automaker; **A.handel** *m* motor trade; **A.händler** *m* motor trader; **A.herstellung** *f* automaking; **A.industrie** *f* car industry, motor (vehicle)/automobile/automotive industry; **A.konjunktur** *f* car boom; **A.-konzern** *m* automotive/motor group; **A.-markt** *m* car market; **A.produktion** *f* car/automobile production; **A.versicherung** *f* motor insurance; **A.werte** *pl* ↘ **Automobilaktien**

autonom *adj* autonomous

Autonomie *f* autonomy; **finanzielle A.** financial autonomy

Autonummer *f* car/licence/registration number

Autoren|anteil *m* royalty; **A.exemplar** *nt* author's copy; **A.rechte** *pl* author's rights

autorisier|en *v/t* to authorize; **A.ung** *f* authorization

Autorität *f* authority

Auto|schalter *m* drive-in bank, autobank; **A.steuer** *f* vehicle/car tax; **A.teil** *m* car part; **A.transportgewerbe** *nt* motor transport industry; **A.unfall** *m* motor(ing)/ car accident; **A.verkauf** *m* car/vehicle sale; **A.verkäufer** *m* car salesman; **A.verleih; A.vermietung** *m/f* car hire/rental; **A.vermieter** *m* rental firm; **A.versicherung** *f* automobile/motor (car) insurance; **A.werkstatt** *f* car repair (work)shop, garage; **A.zubehör** *nt* car/automobile accessories; **A.zulieferindustrie** *f* automotive component industry

Aval *m* guarantee, surety; **A.bürge** *m* guarantor

avalieren *v/t* to guarantee

Aval|konsortium *nt* guarantee syndicate; **A.kredit** *m* surety credit

Avis *m* advice (note), notification; **laut A.** as per advice; **mangels A.** for want of advice

avisieren *v/t* to advise/notify

Avistawechsel *m* sight bill

Aviszettel *m* advice slip

B

Bagatell|ausgaben *pl* minor disbursements; **B.betrag** *m* trifle; **B.delikt** *nt* § petty/minor offence; **B.diebstahl** *m* petty theft, pilferage; **B.forderung** *f* small claim; **b.isieren** *v/t* to belittle **B.schaden** *m* petty/minor damage; **B.vergehen** *nt* § petty/minor offence

Bahn *f* 1. way, path; 2. railway (Ry) *[GB]*, railroad *[US]*; **mit der B.; per B.** by rail; **frei B.** free on rail (f.o.r.)

Bahn|anschluss *m* siding; **B.beförderung** *f* rail transport; **B.betrieb** *m* rail operation; **b.brechend** *adj* groundbreaking; **B.fahrkarte** *f* train ticket

Bahnfracht *f* rail freight; **B.brief** *m* railway/railroad bill (of lading); **B.gut** *nt* rail cargo; **B.kosten** *pl* rail freight charges; **B.satz; B.tarif** *m* railroad rate, railway (freight) rate

bahnfrei *adj* carriage paid, free on rail (FOR)

Bahnhof *m* (railway/railroad/train) station

Bahn|reisen *pl* rail travel; **B.rollfuhr** *f* cartage; **B.-Sammelverkehr** *m* railway groupage; **B.-Sammelwaggon** *m* railway groupage wag(g)on; **B.spediteur** *m* rail/railway carrier, rail forwarding agent; **B.-spedition** *f* railway express agency; **frei B.station** free on rail (FOR)

Bahn|tarif *m* 1. rail(way) fare/tariff; 2. *(Fracht)* rail charges; **B.tourismus; B.-touristik** *m/f* rail travel; **B.transport** *m* rail(road) transport, railage; **B.unternehmen** *nt* railway/railroad company; **B.versand** *m* dispatch by rail, rail shipment; **B.-zustellung** *f* rail(road) delivery

Baisse *f* 1. slump, depression, downturn; 2. *(Börse)* bear market; **B. herbeiführen** to bear the market/stocks; **auf/in B. spekulieren** to bear *[GB]*, to sell short *[US]*, to go for a fall

Baisse|angebot *nt* short offer; **B.angriff** *m* bear operation; **B.bewegung** *f* bearish/downward movement; **B.engagement** *nt* short/bear position; **B.geschäft** *nt* bear transaction, short sale; **B.kampagne** *f* bear campaign/tack *[US]*; **B.manöver** *nt* bear raid; **B.markt** *m* bear(ish)/short market; **B.partei** *f* operators for a fall; **B.-position** *f* bear position; **B.spekulant** *m* bear, speculator for a fall; **B.spekulation** *f* bear operation, selling short; **B.stimmung** *f* bearish mood; **B.tendenz** *f* downward/bearish tendency

Baissier *m* bear

Balken|code *m* bar code; **B.codeleser** *m* bar code scanner; **B.diagramm** *nt* bar chart

Ballast *m* ballast, deadweight; **B.fracht** *f* ⚓ dead freight

Ballen *m* bale; **in B. pressen/verpacken** to bale

Ballung *f* concentration

Ballungs|gebiet; B.raum; B.zone *nt/m/f* conurbation, urban agglomeration

Band *nt* 1. strap; 2. *(Tonband)* tape; 3. *(Eisen)* band; 4. *(Breite)* range; 5. *(Fertigung)* assembly/production line; 6. *(Transport)* (conveyor) belt; 7. *(Buch)* volume; **vom B. laufen** to come/roll off the assembly line; **am laufenden B. produzieren** to churn out

Band|arbeiter *m* assembly-line worker; **B.aufnahme; B.aufzeichnung** *f* tape recording

Bandbreite *f* 1. range, band; 2. *(Preis/Kurs)* (fluctuation) margin; **B. für Kursschwankungen** *(Währung)* parity band

Band|datei; B.datenbestand *f/m* tape file; **B.diagramm** *nt* band chart; **B.-eisen** *nt* metal band/strap

Banderole *f* revenue stamp; **B.nsteuer** *f* revenue stamp duty

Band|fertigung *f* assembly-line production; **B.förderer** *m* conveyor belt; **B.-geschwindigkeit** *f* line speed; **B.leiter** *m* assembly-line manager; **B.maß** *nt* tape measure; **B.montage** *f* (progressive) assembly; **B.produktion** *f* assembly-line production; **B.stahl** *m* strip steel; **B.-verschluss** *m* metal/steel strapping; **B.-walzwerk; B.walzstraße** *nt/f* strip mill

Bank *f* bank; **B. mit Autoschalter** drive-in bank; **B. der Banken** bankers' bank; **B. von England** Bank of England; **führende B. im Konsortium** lead manager; **B. für internationalen Zahlungsausgleich (BIZ)** Bank for International Settlements (BIS); **B. mit mehreren Zweigstellen** multiple-branch bank; **B. ohne Zweigstellen** single-outlet bank

durch die Bank gesichert bank-backed

B

mit einer Bank arbeiten to bank with; **auf die B. bringen** *(Geld)* to bank; **durch eine B. zahlbar machen** *(Scheck)* to cross; **~ die B. überweisen** to remit through the bank; **auf eine B. ziehen** to draw on a bank

akkreditivstellende Bank issuing/opening bank; **angeschlossene B.** affiliated bank; **dem Abrechnungsverkehr/Clearingsystem ~ B.** clearing bank; **ausstellende B.** issuing bank; **avisierende B.** advising bank; **bestätigende B.** confirming bank; **bezogene B.** drawee bank; **einziehende B.** collecting bank; **emittierende B.** issuing bank; **eröffnende B.** issuing/opening bank; **(feder-)führende B.** leading bank; **genossenschaftliche B.** cooperative bank; **kontoführende B.** account-keeping bank; **konzessionierte B.** chartered bank; **vom Einzelstaat ~ B.** state bank *[US]*; **korrespondierende B.** correspondent bank; **kreditgebende B.** lending bank; **negoziierende B.** negotiating bank; **überweisende B.** remitting bank; **verwahrende B.** custodian bank; **zugelassene B.** chartered bank; **zweitbeauftragte B.** *(Akkreditiv)* correspondent bank

Bank|abbuchungs-; B.abrufverfahren *nt* direct debiting; **B.abhebung** *f* bank withdrawal; **B.abrechnungsstelle** *f* clearing house; **B.abstimmung** *f* bank reconciliation; **B.aktien** *pl (Börse)* banks; **B.akzept** *nt* banker's acceptance; **B.angestellte(r)** *f/m* bank clerk, teller; **B.anleihe** *f* bank bond; **B.anweisung** *f* banker's order; **B.aufsicht** *f* banking regulator; **B.auftrag** *m* banker's order; **B.auskunft** *f* banker's/bank reference; **B.ausleihungen** *pl* bank lendings; **B.-ausweis** *m* bank return; **B.auszug** *m* statement of account; **B.automat** *m* cash dispenser, automated teller (machine) (ATM); **B.aval** *m* bank guarantee; **B.-avis** *m* bank advice; **B.bericht** *m* bank return *[GB]*/report *[US]*; **B.beteiligungen** *pl* banking interests; **B.bilanz** *f* bank balance sheet; **B.buch** *nt* pass book; **B.-bürgschaft** *f* banker's/bank guarantee; **B.darlehen** *nt* bank credit/loan; **B.-dienstleistungen** *pl* banking/financial services; **B.direktor** *m* bank manager; **B.diskont** *m* Bank Rate *[GB]*, bank discount, discount rate; **B.einlage** *f* bank deposit; **B.einzug** *m* direct debit(ing)

Banken|abrechnung *f* clearing; **B.abrechnungsstelle** *f* clearing house

Bankenaufsicht *f* bank regulator; **B.sbehörde** *f* banking supervisory/regulatory authority

Banken|filialsystem *nt* branch banking; **B.fusion** *f* bank merger

Bankengeldmarkt *m* wholesale/interbank money market; **B.satz** *m* wholesale/interbank money market rate

Banken|handel *m* interbank dealings/trading; **B.konsortium** *nt* banking syndicate; **B.kreditoren** *pl* accounts payable/due to banks; **B.krise** *f* bank(ing) crisis; **B.markt** *m* interbank/banking market; **~ für Kleinkunden** retail banking market; **B.sektor** *m* banking sector, banks; **B.-stimmrecht** *nt* bankers' proxy vote; **B.struktur** *f* banking structure; **B.titel; B.werte** *pl (Börse)* banks; **B.vereinigung** *f* banking/bankers' association; **B.-vertreter** *m* bank representative; **B.welt** *f* bank(ing) community; **B.zentrum** *nt* banking center*[US]*/centre *[GB]*

Bank|fach *nt (Schließfach)* safe, safe deposit box; **b.fähig** *adj* bankable, eligible, negotiable; **B.fähigkeit** *f* bankability, negotiability; **B.fazilität** *f* banking/bank/credit facility; **B.filiale** *f* bank branch, banking outlet; **B.filialnetz** *nt* network of branches; **b.finanziert** *adj* bank-financed; **B.finanzierung** *f* bank finance; **B.fusion** *f* bank merger; **B.garantie** *f* banker's/bank guarantee; **B.gebühren** *pl* bank charges; **B.geheimnis** *nt* banker's discretion; **B.geld** *nt* bank money

Bankgeschäft *nt* banking; **B.e** banking operations/transactions; **~ in Anlagewerten** investment banking; **B.e mit Privatkunden** personal/retail banking; **~ Unternehmen** corporate/wholesale banking; **B.e machen mit; ~ tätigen bei** to bank with

Bankgesellschaft *f* banking corporation *[US]*, joint-stock bank *[GB]*

Bankgesetz *nt* banking act, Financial Services Act *[GB]*; **B.gebung** *f* banking legislation

Bank|gewerbe *nt* banking (industry); **b.-giriert** *adj* bank-endorsed; **B.giro** *nt* bank endorsement; **B.gläubiger(in)** *m/f* bank creditor; **B.gruppe** *f* bank group;

B.guthaben *nt* bank balance/deposit(s); **B.haus** *nt* bank
Bankier *m* banker
Bank|indossament *nt* bank endorsement; **B.institut** *nt* bank; **B.kapital** *nt* bank funds; **B.karte** *f* bank/bankers' card; **B.kassierer** *m* cashier, teller; **B.kauffrau; B.kaufmann** *f/m* bank clerk; **B.konkurs** *m* bank crash/failure; **B.konsortium** *nt* banking consortium
Bankkonto *nt* bank account; **B. eröffnen** to open a bank account; **B. haben/unterhalten bei** to bank with
Bank|konzern *m* banking group; **B.konzession** *f* bank charter; **B.krach** *m* bank crash
Bankkredit *m* bank credit/loan; **B. aufnehmen** to borrow
Bankkunde *m* bank client/customer; **B.nkarte** *f* bankers'/bank card
Bank|kundschaft *f* customers (of a bank); **B.leistungen** *pl* banking/bank's services; **B.leitzahl (BLZ)** *f* bank/sort code
Banknote *f* banknote, bank bill
Banknoten aufrufen to call in (bank) notes; **B. einlösen** to cash/redeem banknotes; **B. einziehen** to withdraw banknotes; **B. fälschen** to forge banknotes; **B. in Umlauf setzen** to issue banknotes
falsche/gefälschte/unechte Banknote forged/counterfeit banknote
Banknoten|ausgabe *f* note issue; **B.fälschung** *f* bill forgery; **B.rolle** *f* bankroll; **B.umlauf** *m* notes in circulation
Bankomat *m* cash dispenser, automated teller machine (ATM)
Bank|platz *m* banking center *[US]*/centre *[GB]*; **B.raub** *m* bank raid; **B.rembours** *m* commercial (letter of) credit; **B.reserve** *f* bank reserve(s); **B.revision** *f* banking audit; **B.revisor** *m* bank auditor
Bankrott *m* bankruptcy, failure, insolvency; **b.** *adj* bankrupt, insolvent
Bankrott anmelden to file a petition in bankruptcy; **b. gehen/machen** to go bankrupt/bust, to fail; **kurz vor dem B. stehen** to be on the verge of bankruptcy; **für b. erklärt werden** to be adjudicated bankrupt; **betrügerischer B.** fraudulent bankruptcy
Bankrott|erklärung *f* adjudication in bankruptcy; **B.eur** *m* bankrupt, defaulter
Bank|rücklage *f* bank reserve; **B.saldo** *m* bank balance; **B.schalterstunden** *pl* banking hours; **B.scheck** *m* bank check *[US]*/cheque *[GB]*, banker's draft; **B.schließfach** *nt* (bank) safe, safe deposit box
Bankschuld|en *pl* bank debts; **B.verschreibung** *f* bank bond
Bank|spesen *pl* bank charges; **B.steuer** *f* bank levy/tax; **B.tätigkeit** *f* banking operations; **B.tochter(gesellschaft)** *f* bank(ing) subsidiary; **B.tratte** *f* bank/banker's draft (b/d); **B.tresor** *m* bank vault; **B.überweisung** *f* bank remittance/transfer; **B.überziehung** *f* overdraft; **B.überziehungskredit** *m* overdraft facility; **B.usancen** *pl* banking customs/practice(s); **B.valoren** bank shares *[GB]*/stocks *[US]*; **B.verbindung** *f* account; **B.verein; B.vereinigung** *m/f* bankers'/banking association; **B.verkehr** *m* bank transactions; **B.vorschuss** *m* bank loan; **B.vorstand** *m* bank management; **B.wechsel** *m* banker's draft (b/d); **B.werte** *pl* bank shares *[GB]*/stocks *[US]*; **B.zinsen** *pl* bank interest; **B.zinsrate/-satz für erstklassige Adressen** *f/m* prime rate; **B.zusammenbruch** *m* bank failure/crash; **B.zusammenschluss** *m* bank merger
bar *adj* cash (down); **b. ohne Abzug** net cash; **sofort ~ Abzug** prompt net cash
Bar|abfindung; B.abgeltung *f* cash settlement; **B.abhebung** *f* cash withdrawal; **B.ablösung** *f* cash settlement; **B.ablösungswert** *m* cash surrender value; **B.akkreditiv** *nt* cash/standby *[US]* letter of credit (L/C); **B.anforderung** *f* cash requirement; **B.angebot** *nt* cash offer; **B.anteil** *m* cash share *[GB]*/stock *[US]*; **B.aufwand** *m* cash outlay; **B.aufwendungen; B.auslagen** *pl* out-of-pocket expenses; **B.ausgaben** *pl* cash expenditures; **B.ausgänge** *pl* cash outgoings; **B.ausschüttung** *f* cash distribution; **B.ausstattung** cash allocation; **B.auszahlung** *f* cash disbursement; **B.bedarf** *m* cash requirement(s); **B.bestand** *m* cash holdings; **B.bonus** *m* cash bonus; **B.diskont** *m* cash discount; **B.dividende** *f* 1. cash dividend; 2. *(Vers.)* cash bonus; **B.eingänge** *pl* cash receipts; **B.einkauf** *m* cash purchase/buying; **B.einlage** *f* cash deposit; **B.einnahmen** *pl* cash receipts; **B.einschuss** *m* 1. payment on account; 2. cash deposit; **B.einschusspflicht** *f* cash margin requirement; **B.einzahlung** *f*

B

cash deposit; **B.entlohnung** *f* cash remuneration; **B.entnahme** *f* cash withdrawal; **B.erlös** *m* net/cash proceeds; **B.-erstattung** *f* cash refund

Bares *nt* cash

Bargebot *nt* cash bid/offer; **reines B.** all-cash bid

Bargeld *nt* (ready) cash, cash in hand; **B. abheben** to draw (out) cash; **in B. schwimmen** to be cash-rich; **verfügbares B.** cash in hand

Bargeld|abfluss *m* cash drain; **B.abhebung** *f* cash withdrawal; **B.anforderung** *f* cash call; **B.ausgaben** *pl* cash payments; **B.(auszahlungs)automat** *m* cashomat *[US]*, cash dispenser, automated teller machine (ATM); **B.bedarf** *m* cash requirements; **B.bestand** *m* cash holdings/balance; **B.einlage** *f* cash deposit; **B.einnahmen** *pl* cash receipts; **B.einschuss** *m* payment on account; **B.knappheit; B.-mangel** *f/m* cash shortage/squeeze; **an ~ leiden** to be cash-strapped; **B.leistung** *f* *(Vers.)* cash benefit; **b.los** *adj* cashless; **B.-reserve** *f* cash reserve, spare cash; **B.sendung** *f* cash remittance; **B.spende** *f* cash donation; **B.umlauf** *m* note and coin circulation; **B.verkehr** *m* cash transaction

Bar|geschäft *nt* 1. cash transaction/deal; 2. *(Börse)* spot transaction; **B.gründung** *f* formation by cash subscription; **B.guthaben** *nt* cash assets/balance; **B.gutschrift** *f* cash credit; **B.kasse** *f* 1. petty cash; 2. ⚓ launch; **B.kauf** *m* cash purchase/sale; **B.kaution** *f* cash bond

Barkredit *m* cash credit/advance, clean credit (c/c); **B.rahmen** *m* overdraft facility

Bar|kunde *m* cash customer; **B.leistung** *f* cash payment; **B.liquidität** *f* cash liquidity; **B.lohn** *m* money wage

Barmittel *pl* cash (in/on hand), liquid funds; **B. und Bankforderungen** cash and due from banks; **mangels B.** for lack of funds; **um B. verlegen** cash-strapped; **B.verknappung** *f* cash shortage

Bar|position *f* cash position; **B.prämie** *f* cash bonus; **B.preis** *m* cash price; **B.preisbedingungen** *pl* cash terms; **B.rabatt** *m* cash discount

Barren *m* 1. ♁ ingot; 2. *(Gold/Silber)* bullion

Barreserve *f* cash reserve; **B.satz** *m* cash ratio

Bar|rückkaufswert *m* cash surrender value; **B.saldo** *m* cash balance; **B.schaft** *f* cash, ready money; **B.scheck** *m* cross-the-counter check *[US]*, open cheque *[GB]*; **B.schuld** *f* cash debt; **B.sendung** *f* cash remittance

Bartergeschäft *nt* barter transaction

Bar|transaktion *f* cash transaction; **B.übernahmeangebot** *nt* cash takeover bid; **B.überschuss** *m* cash surplus; **B.-überweisung** *f* cash transfer/remittance; **B.umsätze** *pl* cash transactions; **B.vergütung** *f* cash payment; **B.verkauf** *m* cash sale/transaction; **B.verkehr** *m* cash transactions; **B.verkehrsmarkt** *m* spot market; **B.verlust** *m* net loss; **B.vermögen** *nt* net/cash assets, cash in hand; **B.vorrat** *m* cash reserve(s); **B.vorschuss** *m* cash advance; **B.wert** *m* cash value

Barzahler *m* cash buyer

Barzahlung *f* cash payment/settlement, cash *[GB]*/collect *[US]* on delivery (COD, c.o.d.); **gegen B.** for cash, cash down; **B. ohne Abzug** net cash; **B. bei Auftragserteilung** cash with order (CWO); **B. gegen Dokumente** cash against documents (C/D); **B. bei Lieferung** cash *[GB]*/collect *[US]* on delivery (COD, c. o. d.); **B. vor Lieferung** cash before delivery; **gegen B. und bei eigenem Transport** cash and carry; **B. leisten** to pay cash; **sofortige B.** spot cash

Barzahlungs|angebot *nt* cash offer; **B.bedingungen** *pl* cash terms; **B.geschäft** *nt* cash transaction; **B.kunde** *m* cash customer; **B.nachlass** *m* cash discount; **B.-preis** *m* cash price; **B.rabatt** *m* cash discount; **B.vertrag** *m* cash contract

Bar|zeichnung *f* cash subscription; **B.zufluss** *m* cash inflow; **B.zuschuss** *m* cash grant

basieren auf *v/i* to be based on

Basis *f* basis, base; **auf breiter B.** broadly based; **industrielle B.** industrial/manufacturing base

Basis|chemikalie *f* commodity chemical; **B.einstandspreis** *nt* basic cost; **B.jahr** *nt* base year; **B.preis** *m* 1. reference price; 2. *(Optionshandel)* striking price; **B.stichtag** *m* reference date; **B.währung** *f* reference currency; **B.zins(satz)** *m* base (lending) rate

Bau *m* 1. building, construction; 2. *(Vorgang)* erection; **im B. (befindlich)** under construction; **frei B.** free construction site; **B. aufführen** to erect a building; **im B. sein** to be under construction; **B. vergeben** to award a construction contract

gewerblich genutzte/gewerbliche Bauten commercial/industrial buildings

Bau|abnahme *f* building/final inspection; **B.aktien** *pl* building issues/shares *[GB]*/ stocks *[US]*; **B.amt** *nt* (local) planning authority; **B.anschlag** *m* building estimate; **B.antrag** *m* planning application; **B.arbeiten** *pl* building/construction work(s); **B.arbeiter** *m* 1. building/construction worker; 2. *(ungelernt)* (builder's) labo(u)rer; **B.arbeitsgemeinschaft** *f* construction consortium; **B.artgenehmigung/-zulassung** *f* pattern/type approval; **B.auflage** *f* building regulations; **B.aufschwung** *f* construction boom; **B.-aufsicht(sbehörde)** *f* building inspector(ate)

Bauauftrag *m* construction order; **öffentliche Bauaufträge** public works contracts

Bau|aufwand *m* building expenditure/ cost(s), cost of construction; **B.ausschuss** *m* planning committee; **B.bedarf** *m* building supplies/materials; **B.beginn** *m* construction start; **B.behörde** *f* planning department; **B.berufe** *pl* building and allied trades; **B.beschränkungen** *pl* planning/ zoning restrictions; **B.bestand** *m* existing buildings, housing stock; **B.bestimmungen** *pl* building regulations; **B.betreuer** *m* construction supervisor; **B.betreuung** *f* construction management; **B.bewilligung** *f* planning permission; **B.branche** *f* building industry/trade, construction industry; **B.darlehen** *nt* building/construction loan; **anerkanntes B.denkmal** listed building; **B.dezernat** *nt* construction department; **B.einheit** *f* module; **B.element** *nt* component

bauen *v/t* to construct/build/erect

Bauer *m* farmer; **kleine B.** smallholder

bäuerlich *adj* rural, agricultural

Bauern|fänger *m* confidence trickster, con-man *(coll)*; **B.fängerei** *f* confidence trick

Bauernhof *m* farm, farmstead; **ge-/verpachteter B.** tenanted farm

Bauernverband *m* farmers' association/ union

Bauerwartungsland *nt* development land

baufällig *adj* dilapidated, derelict; **b. werden** to fall into disrepair; **B.keit** *f* dilapidation, disrepair, dereliction

Bau|fehler *m* structural fault; **B.fertigstellung** *f* completion

Baufinanzierung *f* building finance; **B.s-kredit** *m* building/construction loan

Bau|firma *f* building contractor/firm, construction company; **B.führer** *m* site superintendent; **B.gelände** *nt* (building) site

Baugenehmigung *f* planning permission, building/development permit *[US]*; **B.s-behörde** *f* planning authority

Bau|genossenschaft *f* 1. (mutual) building association; 2. *(Bausparkasse)* building society *[GB]*, savings and loan association *[US]*; **B.geschäft** *nt* building contractor/firm; **B.gesellschaft** *f* construction company; **B.gesuch** *nt* building application; **B.gewerbe** *nt* building (and construction) trade(s); **B.grund** *m* building land/site; **B.grundstück** *nt* (building) plot; **~ auf der grünen Wiese** greenfield site; **B.gruppe** *f* ⛟ sub-assembly; **B.-gutachter** *m* surveyor; **B.haftpflichtversicherung** *f* builder's risk insurance; **B.handwerk** *nt* building trade(s); **B.-handwerker** *m* builder; **B.hauptgewerbe** *nt* building trade; **B.herr** *m* builder-owner, principal; **B.hilfsarbeiter** *m* builder's labourer; **B.hilfsgewerbe** *nt* ancillary building trade; **B.hof** *m* builder's yard; **B.holz** *nt* timber *[GB]*/lumber *[US]*; **B.hypothek** *f* building/construction mortgage; **B.industrie** *f* building industry/trade, construction industry; **B.-ingenieur** *m* 1. construction engineer; 2. *(Tiefbau)* civil engineer; **B.interessent** *m* would-be builder; **B.investition(en)** *f/pl* construction spending/investment; **B.-jahr** *nt* 1. 🏛 year of construction; 2. 🚗 year of manufacture; **B.kapazität** *f* construction/building capacity

Baukasten *m* construction set; **B.-** modular

Bau|kolonne *f* construction gang; **B.konjunktur** *f* building/construction boom; **B.konsortium** *nt* construction consortium

Baukosten *pl* construction/building cost(s); **B.voranschlag** *m* builder's estimate; **B.zuschuss** *m* building grant/subsidy

Baukredit *m* building/construction loan

B

Bauland *nt* building land/plot/site; **B. erschließen** to develop land; **B.erschließung** *f* land/real estate development; **B.erschließungsabgabe; B.steuer** *f* development land tax

Bauleistung *f* building/construction output

bauleit|end *adj* *(Architekt)* directing construction; **B.ter** *m* site superintendent; **B.plan** *m* development plan; **B.planung** *f* development planning, town and country planning, zoning; **B.planverfahren** *nt* planning procedure; **B.ung** *f* 1. site management/supervision; 2. *(Büro)* site office

Bau|los *nt* lot; **B.löwe** *m* building tycoon, (property) developer

Baumarkt *m* do-it-yourself (DIY) store

Baumaschine *f* construction/building machine; **B.n** construction machinery/plant; **B.nvermietung** *f* plant hire

Baumaßnahme *f* building project, construction work

Baumaterial *nt* building/construction material(s); **B.händler; B.lieferant** *m* builders' merchant

Baumdiagramm *nt* tree diagram

Baumuster *nt* type; **B.prüfung** *f* type approval

Baumwollbörse *f* cotton exchange

Baumwolle *f* cotton

Baumwoll|ernte *f* 1. cotton harvest; 2. *(Ertrag)* cotton crop; **B.industrie** *f* cotton industry; **B.spinnerei** *f* cotton mill; **B.stoffe; B.waren** *pl* cottons

Bau|nachfrage *f* construction demand; **B.objekt** *nt* building/construction project; **B.ordnung** *f* building regulations/code; **B.parzelle** *f* building plot; **B.plan** *m* architect's drawing/plan

Bauplanung *f* construction planning; **B.samt** *nt* planning department/authority

Bau|platz *m* (building) plot/site; **B.projekt** *nt* building/construction project; **B.recht** *nt* building law; **B.reederei** *f* shipyard; **b.reif** *adj* developed; **B.reihe** *f* construction series; **B.rezession** *f* construction slump

Baurisiko *nt* builder's risk; **B.police** *f* builder's risk polcy; **B.versicherung** *f* builder's risk insurance

Bau|sachverständiger *m* surveyor; **B.satz** *m* kit; **B.schaden** *m* structural damage; **B.schein** *m* builder's certificate; **B.schutt** *m* (builder's) rubble

Bauspar|beitrag; B.einlage *m/f* building society deposit; **B.darlehen** *nt* building society loan

Bau|sparen *nt* saving through building societies; **B.sparer** *m* building society saver

Bauspar|finanzierung *f* building society funding; **B.geld(er); B.guthaben** *nt/pl* building society deposits/funds; **B.hypothek** *f* building society mortgage

Bausparkasse *f* building society *[GB]*, savings and loan association (S&L) *[US]*

Bauspar|kredit *m* building society loan; **B.verein** *m* building society *[GB]*, savings and loan association (S&L) *[US]*; **B.zinsen** *pl* building society interest

Bau|spekulant *m* speculative builder; **B.spekulation** *f* speculative building; **im B.stadium** *nt* under construction; **B.stahl** *m* structural steel

Baustein *m* 1. brick; 2. *(System)* building block, module

Baustelle *f* construction/building site; **auf der B.** on(-)site; **außerhalb der B.** off(-)site; **frei B.** free site; **B.nleiter** *m* site manager

Baustoff *m* building/construction material; **B.händler** *m* builder's merchant

Bau|stopp *m* building freeze; **B.summe** *f* construction/total building cost(s); **B.tätigkeit** *f* construction activity; **B.teil** *nt* element, component; **B.titel** *m (Börse)* building issue/share *[GB]*/stock *[US]*; *pl* buildings

Bauträger|(gesellschaft/-unternehmen) *m/f/nt* builder, (commercial/property) developer; **B.versicherung** *f* builder's risk insurance

Bau|unternehmen; B.unternehmer *nt/m* construction company, building contractor, builder; **B.vergabe** *f* building/construction award; **B.vertrag** *m* building/construction contract; **B.volumen** *nt* construction/building volume; **B.vorhaben** *nt* construction/building project; **B.vorschriften** *pl* 1. building regulations; 2. *(Flächenplan)* zoning regulations; **B.weise** *f* (type of) construction; **B.werte** *(Börse)* buildings; **B.wirtschaft** *f* construction industry; **B.zeit** *f* construction period; **B.zuschuss** *m* building subsidy

Beamten|besoldung; B.bezüge *f/pl* civil service pay; **B.haftung** *f* public liability; **B.pension** *f* civil service pension; **B.-**

B

recht *nt* civil service law; **B.status; B.verhältnis** *m/nt* civil service status
Beamter; Beamtin *m/f* civil/public servant
beanspruchen *v/t* 1. *(belasten)* to strain, 2. to claim/demand
Beanspruchung *f* 1. *(Belastung)* strain; 2. claim, demand; 3. *(Finanzen)* drain; **B. des Kapitalmarkts** recourse to the capital market
beanstand|en *v/t* 1. to object to, to complain about; 2. *(Ware)* to reject; **B.ung** *f* 1. objection, complaint; 2. notice of defect
beantrag|en *v/t* to apply for; **B.ung** *f* application
beantworten *v/t* to answer/reply; **umgehend b.** to answer/reply by return of post *[GB]*/mail *[US]*
Beantwortung *f* reply, answer; **in B. Ihres Schreibens** in reply to your letter
bearbeiten *v/t* 1. to handle; 2. to process; 3. ☼ to machine; 4. 🚜 to cultivate; **fertig b.** to finish; **redaktionell b.** to edit
Bearbeitung *f* 1. handling, processing; 2. treatment; 3. 🚜 cultivation; 4. *(Text)* edition
Bearbeitungs|aufschlag *m* service charge; **B.betrieb** *m* processing plant; **B.dauer** *f* processing/handling time; **B.fehler** *m* processing error; **B.gebühr** *f* 1. handling/service charge; 2. transaction fee; **B.kosten** *pl* handling/processing cost(s); **B.zeit** *f* handling time
beaufsichtig|en *v/t* 1. to supervise; 2. to inspect/control; 3. *(Prüfung)* to invigilate; **B.ung** *f* 1. supervision; 2. control, inspection; 3. invigilation
beauftrag|en *v/t* 1. to charge/instruct; 2. to engage/hire/commission; 3. to authorize/empower; **b.t** *adj* authorized, commissioned; **B.te(r)** *f/m* representative, agent; **B.ung** *f* 1. instruction; 2. *(Anwalt)* retention
bebau|bar *adj* 1. suitable for building; 2. 🚜 cultivable; **b.en** *v/t* 1. to build (on); 2. to cultivate
Bebauung *f* 1. development; 2. 🚜 cultivation, tillage
Bebauungs|beschränkungen *pl* planning *[GB]*/zoning *[US]* restrictions; **b.fähig** *adj* 1. suitable for development; 2. 🚜 arable; **B.gebiet** *nt* building/development area; **B.genehmigung** *f* planning permission; **B.plan** *m* development/zoning plan *[US]*; **B.verordnung** *f* development order *[GB]*, zoning law *[US]*; **B.vorschriften** *pl* planning/zoning regulations
Bedachte(r) *f/m* beneficiary; **testamentarisch B.** beneficiary under a will
Bedarf *m* need(s), want(s), requirements; **bei B.** on demand
Bedarf an Arbeitskräften manpower requirements; **~ Bargeldreserven** cash reserve requirements; **~ flüssigen/liquiden Mitteln** cash/liquid requirements
Bedarf befriedigen/decken to meet/cover requirements; **B. haben an** to need/require, to be in the market for; **B. hervorrufen/schaffen/wecken** to create a demand; **B. übersteigen** to exceed/outstrip demand
aktueller/aufgestauter Bedarf pent-up demand; **dringender B.** urgent need; **einheimischer B.** domestic demand/needs; **laufender B.** current requirements; **lebensnotwendiger/-wichtiger B.** essential supplies; **örtlicher B.** local needs; **steigender B.** growing demand; **tatsächlicher/vorhandener/wirklicher B.** effective demand
Bedarfs|analyse *f* demand analysis; **B.artikel** *m* requisites, necessaries; **B.befriedigung** *f* satisfaction of demand
Bedarfsdeckung *f* meeting of requirements; **B.swirtschaft** *f* subsistence economy
Bedarfs|elastizität *f* demand elasticity; **B.ermittlung; B.feststellung** *f* determination of demand; **im B.fall** *m* in case of need; **B.gegenstand** *m* commodity; **B.güter** *pl* staple/basic commodities, consumer goods; **B.landwirtschaft** *f* subsistence farming/agriculture; **B.lenkung** *f* demand management; **b.orientiert** *adj* demand-orient(at)ed; **B.preis** *m* demand price; **B.quote** *f (Arbeitskräfte)* vacancy ratio; **B.sättigung** *f* saturation of demand; **B.spitze** *f* peak demand; **B.steuerung** *f* demand management; **B.verlagerung** *f* shift in demand; **B.wirtschaft** *f* subsistence economy
Bedenkfrist *f* 1. time for consideration; 2. *(Wechsel)* period of grace
bedienen *v/t* 1. to serve/attend; 2. *(Maschine)* to operate; 3. *(Kredit)* to service; *v/refl* to help o. s.
Bediener|(in) *m/f* operator; **b.freundlich** *adj* user-friendly; **B.oberfläche; B.schnittstelle** *f* 🖳 user interface

öffentliche(r) Bedienstete(r) *f/m* public employee

Bedienung *f* 1. service; 2. *(Maschine)* operation; 3. *(Anleihe)* service (charge); **B. des Kredits** debt service; **falsche B.** *(Maschine)* improper handling

Bedienungs|anleitung; B.anweisung *f* (operating) instructions; **B.aufschlag** *m* service charge; **B.einrichtungen** *pl* operating facilities; **B.fehler** *m* operating error; **B.feld** *nt* 1. 🖳 keyboard; 2. (operator) control panel; **b.freundlich** *adj* convenient, user-friendly; **B.freundlichkeit** *f* convenience; **B.geld** *nt* service charge; **B.handbuch** *nt* operating/service manual; **B.konsole** *f* control panel; **B.-personal** *nt* 1. operators; 2. waiters; 3. shop assistants; **B.pult** *nt* control console; **B.vorschriften** *pl* operating instructions; **B.zuschlag** *m* service charge

bedingen *v/t* to necessitate

bedingt *adj* conditional, contingent

Bedingt|geschäft *nt* conditional transaction; **B.lieferung** *f* sale or return delivery

Bedingung *f* 1. condition, stipulation; 2. *(Vertrag)* clause; **B.en** terms and conditions; **~ angeben** to quote terms; **~ annehmen** to accept the terms; **~ auferlegen** to impose conditions; **~ aufstellen/festhalten** to stipulate (terms); **~ erfüllen** to comply with the conditions

allgemeine Bedingung|en standard terms and conditions; **aufschiebende B.** suspensive condition; **ausdrückliche B.** express condition; **einschränkende B.** restrictive stipulation; **gesetzliche B.** statutory provision; **unter gleichen B.en** on equal terms; **günstige B.en** easy terms; **rechtliche B.** legal condition; **stillschweigende B.** implied condition; **übliche B.en** usual terms (u. t.); **volle (übliche) B.en** full terms (f. t.); **wesentliche B.** essential

Bedingungs|kauf *m* conditional sale; **b.-los** *adj* unconditional

bedrängen *v/t* 1. to press/urge; 2. *(Schuldner)* to dun

Bedrängnis *nt* need, hardship

bedrängt *adj* troubled, hard-pressed; **finanziell b.** financially battered

bedürfen *v/i* to require/need

Bedürfnis *nt* 1. need, requirement, want; 2. *(Nachfrage)* demand; **B. befriedigen** to satisfy a need/want; **berufliche B.se** occupational needs; **dringendes B.** urgent need; **öffentliche B.se** public wants

Bedürfnis|befriedigung *f* satisfaction of needs/wants; **B.lohn** *m* subsistence wage

bedürftig *adj* needy, indigent; **B.keit** *f* 1. need, indigence; 2. § poverty

Bedürftigkeits|nachweis *m* means test *[GB]*; **B.zuschlag** *m* hardship allowance

beeinflussen *v/t* to influence/affect/impact; **nachteilig/negativ/ungünstig b.** to affect adversely

beeinträchtigen *v/t* to harm/impair, to affect adversely

Beeinträchtigung *f* 1. impairment; 2. § detriment; **ohne B. irgendwelcher Ansprüche** without prejudice to any claim; **B. abstellen/beseitigen** to abate a nuisance

beenden; beendigen *v/t* 1. to finish/end/terminate; 2. to complete/finalize; **schrittweise b.** to phase out

Beendigung *f* termination, completion; **B. des Arbeits-/Beschäftigungsverhältnisses** termination of employment

befähig|en (zu) *v/prep* to enable; **b.t** *adj* able, competent; **B.ung** *f* ability, competence

befahr|bar *adj* 1. open to traffic; 2. ⚓ navigable; **b.en** *v/t* 1. to use; 2. to navigate

befangen *adj* biased, prejudiced; **B.heit** *f* prejudice, bias

Befehl *m* 1. command, order; 2. 🖳 instruction; **bis auf weiteren B.** pending further orders; **B. ausführen** to execute an order; **B. verweigern** to refuse to obey an order

befehlen *v/t* to order/command

Befehls|code *m* 🖳 instruction code; **B.-ebene** *f* echelon; **B.gewalt** *f* authority; **B.kette** *f* chain/lines of command; **B.sprache** *f* 🖳 command language; **B.struktur** *f* command structure; **B.verweigerung** *f* refusal to obey orders; **B.-weg** *m* line of command; **b.widrig** *adj* contrary to orders; **B.wirtschaft** *f* planned/command economy

befestigen *v/t* to attach/fix/fasten; *v/refl* *(Börse)* to firm

Befestigung *f* 1. attachment, fastening; 2. *(Börse)* firming; **B.smittel** *pl* ⊖ *(T. I. R.)* fastenings

befolg|en *v/t* to observe, to comply with; **B.ung** *f* compliance (with), observance (of)

Beförderer *m* carrier

befördern *v/t* 1. to carry/convey/transport; 2. to ship/freight; 3. *(höherstufen)* to promote/upgrade

Beförderung *f* 1. *(Güter)* carriage, transport(ation), shipment; 2. *(Personen)* carriage; 3. *(Stellung)* promotion; **B. per Bahn** rail transport; **B. nach Dienstalter** promotion by seniority; **B. von Haus zu Haus** door-to-door transport; **B. auf dem Landweg; B. zu Lande** land transport; **B. mit Lastkraftwagen** road haulage/transport; **B. auf dem Luftweg** air transport; **B. von Massengütern** bulk transport; **~ Personen** passenger transport; **B. per Schiff; B. auf dem Wasser (-weg)** waterborne transport

durchgehende Beförderung through transport(ation); **öffentliche B.** public transport

Beförderungs|anweisungen *pl* forwarding instructions; **B.art** *f* mode of transport/carriage; **B.aufkommen** *nt* carryings; **B.aussichten** *pl* career/promotion prospects; **B.bedingungen** *pl* terms of carriage/transportation; **B.chancen** *pl* promotion prospects; **B.einheit** *f* transport unit; **B.einrichtungen** *pl* transport(ation) facilities; **B.entgelt** *nt* 1. transport charges; 2. *(Person)* fare; **B.fall** *m (Taxi)* fare; **B.fälle** passenger carryings; **B.gebühr** *f* 1. carriage; 2. *(Person)* fare; **B.gut** *nt* cargo; **B.kosten** *pl* transport(ation) cost(s); **B.leistung** *f* 1. volume of traffic; 2. *(öffentliche Verkehrsmittel)* ridership figures *[US]*; **B.menge** *f* volume (to be) carried; **B.mittel** *nt* means of transport(ation); **B.pflicht** *f* ✉/*(Verkehr)* public service obligation (PSO); **B.risiko** *nt* transport(ation) risk; **B.schein** *m* waybill (W.B.); **B.unternehmen** *nt* transport undertaking, carrier; **B.unternehmer** *m* 1. carrier; 2. 🚗 haulage contractor; **B.vertrag** *m* contract of carriage/transport(ation), shipping contract; **B.volumen** *nt* transport volume; **B.vorschriften** *pl* forwarding instructions; **B.weg** *m* (transport/transit) route; **B.zahlen** *pl (Fahrgäste)* carryings, ridership figures *[US]*; **B.zulage** *f (Stellung)* seniority allowance/pay; **B.zwang** *m* ✉/*(Verkehr)* public service obligation (PSO)

befrachten *v/t* to charter/affreight/ship

Befrachter *m* charterer, shipper; **B. zahlt Abgaben** charterer pays dues (c.p.d.)

Befrachtung *f* charter(age), freightage, affreightment

Befrachtungs|bedingungen *pl* conditions of affreightment; **B.büro** *nt* shipping agency; **B.makler** *m* chartering broker; **B.tarif** *m* charter rates; **B.vertrag** *m* charter party

befragen *v/t* 1. to interview/question; 2. § to interrogate; 3. to examine/consult; 4. *(Meinungsforschung)* to survey

Befragte(r) *f/m* respondent, interviewee

Befragung *f* 1. interview; 2. survey; 3. § questioning, interrogation; **B. durchführen** to carry out a survey

befreien *v/t* 1. to free/release/liberate; 2. *(Steuer)* to exempt; 3. *(entlasten)* to exonerate/discharge

befreit *adj* exempt from; **nicht b.** non-exempt

Befreiung *f* 1. liberation; 2. *(Steuer)*/⊖ exemption; 3. exoneration, dispensation; **B. von Abgaben** exemption from duties and taxes; **~ Eingangsabgaben** waiver of import duties; **~ der Steuer** tax exemption

absolute Befreiung *(Schuldner)* absolute discharge; **pauschale B.** blanket exemption

Befreiungsbestimmungen *pl* exempting provisions

befriedigen *v/t* 1. to satisfy; 2. *(Forderung)* to meet/discharge; 3. *(Schuld)* to pay (off); 4. *(Anspruch)* to settle

Befriedigung *f* satisfaction; **B. eines Anspruchs** satisfaction of a claim; **B. des Bedarfs** satisfaction of demand; **B. einer Forderung** settlement of a claim; **B. der Gläubiger** satisfaction of creditors

abgesonderte Befriedigung; bevorzugte/ gesonderte B. preferential settlement; **berufliche B.** job satisfaction

befrist|en *v/t* to set a time limit, to fix a deadline; **B.ung** *f* limitation

Befugnis *f* 1. authority; 2. authorization, entitlement; **außerhalb der B.se; über die B.se hinausgehend** § ultra vires *(lat.)*; **seine B.se überschreiten** 1. to exceed one's authority; 2. § to act ultra vires *(lat.)*; **B.se übertragen** to delegate authority

befugt *adj* authorized, entitled

Befund *m* finding(s)

befürwort|en *v/t* to approve/favour/support/advocate; **B.er(in)** *m/f* supporter, advocate; **B.ung** *f* approval, advocacy

begebbar *adj* negotiable, marketable

begeben *v/t* 1. to negotiate; 2. *(Anleihe)* to float/issue

Begebung *f* 1. *(Wertpapier)* issue; 2. *(Wechsel)* negotiation; **B. von Aktien** share *[GB]*/stock *[US]* issue; **B. einer Anleihe** issue of a loan

Begebungs|konsortium *nt* issuing syndicate; **B.kosten** *pl* issuing cost(s); **B.kurs; B.preis** *m (Wertpapier)* issuing price; **B.-ort** *m* place of issue; **B.tag** *m* date of issue

begehrt *adj* sought-after

beginnen *v/ti* 1. to begin/start/commence; 2. *(Versicherungsschutz)* to attach

beglaubig|en *v/t* to attest/certify/authenticate; **B.ung** *f* certification, authentication

begleichen *v/t* 1. to pay/settle; 2. *(Schuld)* to discharge; 3. *(Konto)* to square; **vollständig b.** to settle in full

Begleichung *f* 1. payment, settlement; 2. discharge; **zur B. von** in payment/settlement of; **zur teilweisen B.** in part-payment; **B. einer Rechnung** settlement of an account, payment of an invoice

Begleit|brief *m* covering letter; **B.papier** *nt* accompanying document; **B.risiko** *nt* attendant risk; **B.schein** *m* 1. delivery note; 2. 🚗 waybill (W.B.); **B.schiff** *nt* ⚓ escort vessel; **B.schreiben** *nt* cover(ing) letter; **B.umstände** *pl* attendant circumstances; **B.zettel** *m* 1. compliment(s) slip; 2. 🚗 waybill; **B.zeugnis** *nt* waybill

begrenzen *v/t* to limit/restrict

Begrenzung *f* limitation, restriction; **B. der Haftung** limitation of liability; **~ Kreditaufnahme; B. des Kreditvolumens** credit restriction; **gesetzliche B.** statutory limit; **zeitliche B.** time limit

begründen *v/t* 1. to establish/create; 2. *(erklären)* to account for; 3. *(Anspruch)* to substantiate

Begründung *f* 1. foundation, formation; 2. justification, substantiation; **B. eines Anspruchs** substantiation of a claim; **B. einer Forderung** statement of a claim

begünstigen *v/t* 1. to favour; 2. § to aid and abet

Begünstigte(r) *f/m* 1. beneficiary; 2. designee, nominee; **~ einsetzen** *(Vers.)* to nominate a beneficiary

Begünstigung *f* preferential treatment; **steuerliche B.** tax privilege

Begünstigungs|klausel *f* benefit clause; **B.tarif** *m* preferential tariff; **B.zeitraum** *m* (tax) concession period

begutacht|en *v/t* to examine/appraise; **B.er** *m* 1. appraiser, assessor, expert; 2. 🏛 surveyor

Begutachtung *f* 1. examination, appraisal; 2. 🏛 survey; **B.sgebühr** *f* 🏛 survey fee

begütert *adj* wealthy, affluent, well-heeled

Behälter *m* container; **in B.n transportieren, auf B. umstellen; in B.n verpacken** to containerize; **leere B.** empties

Behälter|anlagen *pl* container facilities; **B.schiff** *nt* ⚓ container vessel; **B.verkehr** *m* container traffic

Behältnis *nt* receptacle

behandeln *v/t* to treat; **abschließend b.** 1. to finalize; 2. 🏭 to finish; **bevorzugt b.** to give priority to; **schonend b.** *(Objekt)* to handle with care; **steuerlich b.** to treat for tax purposes; **unterschiedlich b.** to discriminate; **vertraulich b.** to treat as confidential; **zollamtlich b.** to clear through customs

Behandlung *f* handling, treatment; **ärztliche B.** medical treatment; **bevorzugte B.** preferential treatment; **nachlässige B.** negligent handling; **privatärztliche B.** private treatment; **sachgemäße B.** proper handling; **steuer(recht)liche B.** treatment for tax(ation) purposes; **unsachgemäße B.** improper treatment; **zahnärztliche B.** dental treatment

Behandlungskosten *pl* 1. ⚕ medical cost(s)/expenses; 2. handling charges

behaupten *v/t* to claim/maintain; *v/refl* 1. to hold one's own; 2. *(Preis)* to remain steady; 3. *(Börse)* to hold firm

Behauptung *f* claim, assertion, contention

beheb|bar *adj* remediable; **b.en** *v/t* 1. to remedy/repair/rectify; 2. *(Schaden)* to redress

Behebung *f* 1. redress, repair; 2. *(Ärgernis)* abatement

Behelf *m* makeshift, expedient; **b.en** *v/refl* to manage, to make do

Behelfs|- makeshift; **B.mittel** *nt* expedient; **B.unterkunft** *f* makeshift accommodation

beherber|gen *v/t* to accommodate; **B.-gung** *f* accommodation

Beherbungs|betrieb *m* hotel, boarding house; **B.gewerbe** *nt* hotel industry/trade; **B.steuer** *f* accommodations tax *[US]*

beherrschen *v/t* 1. dominate/rule; 2. to control
Beherrschung *f* 1. domination; 2. control; 3. *(Sprachen)* command; **B.svertrag** *m* subordination agreement
behindern *v/t* to impede/obstruct/hamper
Behinderung *f* 1. obstruction; 2. impediment; 3. *(Invalidität)* disablement, disability; **ohne jede B.** § without let or hindrance; **B. des Wettbewerbs** restraint of trade
Behörde *f* authority, board, government department/agency; **aus-/durchführende B.** executive body; **ausstellende B.** issuing authority; **kommunale B.** local authority; **mittlere/nachgeordnete B.** subordinated authority; **örtliche B.** local authority; **staatliche B.** 1. government authority/agency; 2. *(EU)* national authority; **zuständige B.** appropriate/proper authority
behördlich *adj* official, governmental
bei *prep* 1. ✉ care of (c/o); 2. near (nr.)
bei|bringen *v/t* *(Dokumente)* to furnish/submit; **b.fügen** *v/t* to enclose/attach; **B.-fügung** *f* enclosure; **b.gefügt** *adj* 1. enclosed, attached; 2. *(Vertrag)* annexed
Beihilfe *f* grant, allowance, subsidy; **B.-empfänger(in)** *m/f* benefit recipient; **B.-zahlung** *f* payment of subsidies
beilad|en *v/t* to co-load; **B.ung** *f* additional load
Beilage *f* ✂ supplement
beilegen *v/t* 1. to enclose/attach; 2. *(Streit)* to settle; **freundschaftlich/gütlich b.** to settle amicably
Beilegung *f* settlement, adjustment; **B. einer Auseinandersetzung** dispute settlement; **B. durch Schlichtung** arbitral settlement; **B. eines Streites/einer Streitigkeit** settlement of a dispute; **B. im Vergleichswege** composition
außergerichtliche Beilegung out-of-court settlement; **friedliche/gütliche B.** amicable settlement; **schiedsgerichtliche/schiedsrichterliche B.** settlement by arbitration
beiliegend *adj* enclosed, attached
Beinahe|geld *nt* quasi-money; **B.zusammenstoß** *m* 🚗/✈ near-miss
beipack|en *v/t* to add, to enclose; **B.liste; B.zettel** *f/m* packing list
Beirat *m* advisory council; **juristischer B.** legal adviser
beiseite bringen/schaffen *(Geld)* to misappropriate/abstract; **b. legen** to put aside
Beiseiteschaffen *nt* *(Geld)* misappropriation
Beistand *m* 1. help, assistance, support; 2. *(Person)* adviser, backer; **B. leisten** to render assistance; **gegenseitiger B.** mutual assistance
Beistandskredit *m* standby credit
bei|stehen *v/i* to help/support; **b.stellen** *v/t* *(Material)* to provide; **b.steuern** *v/t* to contribute
Beitrag *m* 1. contribution; 2. *(Zuschuss)* allowance; **Beiträge** dues
Beiträge zur Arbeitslosenversicherung unemployment insurance contributions; **~ gesetzlichen Rentenversicherung** state earnings-related pension contributions; **~ Sozialversicherung** National Insurance contributions *[GB]*
Beitrag entrichten/erbringen/leisten to contribute; **anteiliger/anteilmäßiger B.** pro-rata contribution; **gesetzlich fälliger B.** statutory contribution; **pauschaler/pauschalierter B.** flat-rate/lump-sum contribution
beitragen *v/ti* to contribute
Beitrags|- contributory; **B.abführung** *f* payment/remittance of contributions; **B.abschnitt** *m* contribution period; **B.abzug** *m* 1. *(Sozialvers.)* deduction of social security contributions; 2. *(Gewerkschaft)* check-off; **B.angleichung; B.anpassung** *f* *(Vers.)* premium adjustment; **B.aufkommen** *nt* 1. contribution(s) income; 2. *(Vers.)* premium income; **B.befreiung** *f* 1. exemption from contributions; 2. *(Vers.)* waiver of premium
Beitragsbemessung *f* rating, contribution assessment; **B.sgrenze** *f* 1. contribution assessment ceiling; 2. *(Vers.)* earnings ceiling
Beitrags|berechnung *f* premium computation; **b.bezogen** *adj* contribution-related; **B.einnahmen** *pl* premium income, contributions received; **B.einzugsverfahren** *nt* contribution check-off system; **B.entrichtung** *f* premium payment; **B.erhöhung** *f* premium increase; **B.ermäßigung** *f* premium discount; **B.erstattung** *f* premium refund; **b.frei** *adj* 1. non-contributory; 2. paid-up; **B.höhe** *f* (level of) contribution; **B.leistende(r)** *f/m* contrib-

B

B

utor; **B.leistung** *f* premium payment, contribution; **B.neufestsetzung** *f* reassessment of contributions; **B.rückerstattung; B.rückvergütung** *f* premium refund/rebate; **B.satz** *m* contribution rate; **B.wert** *m* contributory value; **B.zahler(in)** *m/f* contributor; **B.zahlung** *f (Vers.)* premium payment; **B.zeit** *f* contribution period

beitreib|bar *adj* recoverable, collectible, enforceable; **b.en** *v/t* to recover/collect

Beitreibung *f* recovery, collection; **B. von Außenständen** collection of outstanding accounts; ~ accounts receivable

beitreten *v/i* 1. to join; 2. *(Abkommen)* to accede to, to sign up to

Beitritt *m* *(EU)* accession

Beitritts|alter *nt* *(Vers.)* age at entry; **B.datum** *nt* date of entry; **B.zwang** *m* compulsory membership

bekannt geben *v/t* to announce/notify; **wir geben hiermit b.; hiermit wird b. gegeben (, dass)** notice is hereby given (that)

bekannt machen *v/t* to announce

Bekanntgabe *f* 1. notice, announcement; 2. *(Zeitung)* publication

Bekanntmachung *f* announcement, notice; **amtliche B.** official announcement; **öffentliche B.** public notice/announcement

Beklagte(r) *f/m* § defendant

Bekleidung *f* clothing, clothes, garments, apparel

Bekleidungs|artikel *m* garment; **B.gewerbe; B.industrie** *nt/f* garment industry

belad|en *v/t* 1. to load; 2. *(Container)* to stuff; **B.ung** *f* 1. loading; 2. load, cargo

Belang *m* 1. concern, interest; 2. importance; **öffentliche B.e** public interest(s); **wirtschaftliche B.e** economic interests

belasten *v/t* 1. *(Konto)* to debit/charge; 2. *(beanspruchen)* to put a strain on; 3. *(Umwelt)* to pollute; 4. § to encumber; **dinglich/hypothekarisch b.** to encumber/hypothecate/mortgage; **steuerlich b.** to tax

belast|end *adj* 1. § incriminating; 2. burdensome; **b.et** *adj* 1. *(Konto)* charged, debited; 2. *(verpfändet)* bonded; 3. *(Hypothek)* mortgaged, encumbered; 4. *(Umwelt)* polluted

Belästigung *f* 1. disturbance, nuisance; 2. harassment; **sexuelle B.** sexual harassment

Belastung *f* 1. strain, stress; 2. *(Konto)* debit item/entry; 3. *(Hypothek)* mortgage, charge, encumbrance; 4. workload; **B. bestellen** to create a charge

außerordentliche Belastung|en 1. extraordinary charge; 2. *(Steuer)* extraordinary expenses; **dauernde B.** standing charge; **dingliche B.** encumbrance; **finanzielle B.** financial strain/burden; **hypothekarische B.** mortgage, encumbrance; **schwebende B.** floating charge; **schwere B.** severe strain; **steuerliche B.** tax burden; **vorrangige B.** prior charge; **höchst zulässige B.** maximum load

Belastungs|anzeige; B.aufgabe *f* debit note/advice; **B.beleg** *m* debit slip; **B.buchung** *f* debit entry; **B.faktor** *m* 1. load factor; 2. *(Börse)* depressive factor; **B.grenze** *f* 1. weight limit; 2. maximum capacity; **B.tendenz** *f (Börse)* bearish factor

belaufen auf *v/refl* to amount to, to add up to; **sich insgesamt b. a.** to total/aggregate

beleben *v/t* to stimulate/encourage; *v/refl* *(Wirtschaft)* to pick up

Belebung *f* *(Konjunktur/Nachfrage)* recovery, pick-up, upturn; **B. der Binnenkonjunktur** domestic recovery; **~ Konjunktur** economic recovery; **~ Nachfrage** upturn in demand; **konjunkturelle/wirtschaftliche B.** cyclical upswing, economic recovery

Beleg *m* 1. record; 2. *(Buchhaltung)* voucher; 3. *(Quittung)* receipt; **B.e beibringen/einreichen/vorlegen** to submit/furnish evidence

Beleg|abschnitt *m* *(Scheck)* stub, counterfoil; **B.aufbereitung** *f* voucher processing; **B.drucker** *m* voucher/document printer

belegen *v/t* 1. to prove; 2. *(mit Abgaben)* to levy/impose; 3. *(Zimmer/Platz)* to reserve/occupy

Belegenheit *f* location, situation

Beleg|erstellung *f* voucher/document preparation; **B.exemplar** *nt* specimen/author's copy; **B.fluss** *m* document flow; **B.lesen** *nt* 💻 document reading; **B.leser** *m* document reader; **B.material; B.nachweis** *nt/m* documentary evidence; **B.quote; B.rate** *f (Hotel)* occupancy level

Belegschaft *f* workforce, staff, payroll, labo(u)r force; **B. abbauen/reduzieren/verringern** to reduce the labo(u)r force, to shed jobs

Belegschaftsabbau *m* staff cut; **natürlicher B.abgang** natural wastage; **B.aktien** *pl* employee/staff shares *[GB]*, ~ stocks *[US]*; **B.aktionär** *m* stockholder/shareholder employee; **B.angehörige(r)** *f/m* employee, staff member; **B.mitglied** *nt* employee; **B.stärke** *f* manpower level; **B.versammlung** *f* employee/staff meeting; **B.vertretung** *f* works council; **B.zahl** *f* payroll

Belegstück *nt* 1. voucher copy; 2. *(Buch)* author's copy

belegt *adj* 1. occupied, engaged, reserved; 2. on record

Belegung *f* 1. occupancy; 2. documentation

Belegungs|quote; B.rate *f* *(Hotel)* occupancy rate

beleihen *v/t* 1. to lend (on security/collateral); 2. *(Grundstück)* to mortgage/hypothecate

Beleihung *f* 1. lending; 2. *(Grundstück)* hypothecation

beleihungs|fähig *adj* acceptable as collateral; **B.garantie** *f* loan guarantee; **B.geschäft** *nt* lending (business); **B.grenze** *f* lending limit/ceiling, credit line; **B.höhe** *f* lending volume; **B.quote; B.satz** *f/m* lending rate; **B.wert** *m* loan/collateral/hypothecation value

beliefern *v/t* to supply/provide

Belieferung *f* delivery, supply; **pünktliche/termingetreue B.** on-time delivery; **B.sfolge; B.splan; B.szyklus** *f/m* delivery/supply schedule

belohn|en *v/t* to reward/remunerate; **B.ung** *f* reward, remuneration

bemerk|en *v/t* 1. to observe; 2. to notice; 3. *(äußern)* to remark; **B.ung** *f* remark, comment

bemes|sen *v/t* to rate/assess; **B.sung** *f* rating, assessment

Bemessungs|grundlage *f* 1. assessment basis; 2. *(Steuer)* tax base; **B.maßstab** *m* standard of assessment; **B.zeitraum** *m* assessment period

Bemühung *f* endeavour, effort

be|mustern *v/t* 1. to pattern; 2. to sample; **b.nachbart** *adj* adjacent, adjoining

benachrichtigen *v/t* to inform/notify/advise

Benachrichtigung *f* 1. information, notification, advice; **rechtzeitige/satzungsgemäße B.** due notice

Benachrichtigungs|adresse *f* notify address; **B.schein; B.schreiben** *m/nt* advice note

benachteiligen *v/t* to affect adversely

Benachteiligung *f* 1. discrimination; 2. *(Gläubiger)* prejudice; **B. im Arbeitsleben; B. am Arbeitsplatz** job discrimination

Benennung *f* description, designation

benötigen *v/t* to need/require

benutzen *v/t* to use/utilize; **missbräuchlich b.** to misuse/misappropriate

Benutzer|(in) *m/f* user; **B.akzeptanz** *f* user acceptance; **b.freundlich** *adj* user-friendly; **B.gebühr** *f* user fee; **B.sprache** *f* 🖳 user language; **B.zeit** *f* user time; **B.zugang** *m* user access

Benutzung *f* 1. use, utilization, employment; 2. *(Pat.)* exploitation; **B. und Besitz** use and occupation; **ausschließliche B.** exclusive use; **missbräuchliche B.** misuse, improper use; **unbefugte B.** unauthorized use

Benutzungs|anleitung *f* directions; **B.bedingungen** *pl* terms and conditions of use; **B.entgelt; B.gebühr** *nt/f* user fee, occupancy/hire charges

Benzin *nt* petrol *[GB]*, gas(oline) *[US]*; **bleifreies/unverbleites B.** unleaded/lead-free petrol, ~ gasoline; **bleihaltiges/verbleites B.** leaded petrol/gasoline

Benzin|geld *nt* fuel allowance; **B.knappheit** *f* fuel shortage; **B.preis** *m* fuel/petrol/gasoline price; **b.sparend** *adj* fuel-efficient; **B.steuer** *f* petrol duty/tax *[GB]*, gasoline tax *[US]*; **B.verbrauch** *m* petrol/gas consumption

beobacht|en *v/t* to observe/monitor/watch; **B.ung** *f* observation

Beobachtungs|auftrag *m* *(Anwalt)* § watching brief; **B.fehler** *m* error of observation; **B.periode; B.zeitraum** *f/m* observation period

be|ordern *v/t* to commission/order; **b.packen** *v/t* to pack/load

beraten *v/t* 1. to advise/counsel; 2. to discuss; *v/refl* to debate; **sich b. mit** to confer with; **~ b. lassen** to seek advice

Berater(in) *m/f* 1. adviser, advisor; 2. *(Bank)* account manager; **B. für Absatzfragen** marketing consultant; **B. der Geschäftsführung** management consultant; **B. in Steuerfragen/-sachen** tax adviser

juristischer Berater legal adviser; **technischer/technologischer B.** consulting engineer; **wirtschaftlicher B.** economic

B

adviser; **wissenschaftlicher B.** scientific adviser
Berater|firma *f* consulting firm, consultancy; **B.gebühr** *f* consultancy fee; **B.gremium; B.gruppe** *nt/f* advisory group; **B.tätigkeit** *f* consultancy, consulting; **B.vertrag** *m* consultancy contract
Beratung *f* 1. advice, counsel(ling), 2. consultancy; 3. discussion, deliberation; **B. auf dem Anlagengebiet** investment advice; **B. in Berufsfragen** vocational guidance; **~ Finanz-/Geldangelegenheiten** financial advice
fachmännische Beratung expert advice; **finanzielle B.** financial advice; **juristische B.** legal advice; **sachkundige B.** expert guidance; **technische B.** engineering consultancy
Beratungs|- consultative; **B.auftrag** *m* consultancy contract; **B.büro** *nt* consultancy; **B.dienst** *m* advisory service; **B.firma** *f* consulting firm, consultancy; **technische B.firma** consulting engineers; **B.gebühr** *f* consultancy fee; **B.gesellschaft** *f* consultancy/consulting firm; **B.gremium** *nt* advisory body; **B.ingenieur** *m* consulting engineer; **B.kosten** *pl* consultancy fee(s); **B.tätigkeit** *nt* consultancy; **B.unternehmen** *nt* consultancy firm; **B.vertrag** *m* consultancy contract
berechenbar *adj* 1. calculable; 2. predictable
berechnen *v/t* 1. to calculate; 2. *(schätzen)* to estimate; 3. *(Rechnung)* to invoice; 4. to debit/charge; **grob b.** to make a rough estimate; **zu viel b.** to overcharge
Berechnung *f* 1. calculation; 2. *(Rechnung)* invoicing, billing; 3. *(Belastung)* charge; 4. *(Schätzung)* estimate; **ohne B.** free of charge
annähernde Berechnung approximation; **nach ungefährer B.** at a rough estimate; **versicherungsmathematische B.** actuarial computation; **vorsichtige B.** conservative estimate
Berechnungs|art *f* mode/method of calculation; **B.fehler** *m* computational error; **B.formel** *f* computational formula; **B.grundlage** *f* 1. basis of calculation; 2. *(Steuer)* basis of assessment; **B.schema; B.schlüssel** *nt/m* computational formula
berechtigen *v/t* to authorize/entitle
berechtigt *adj* 1. justified, legitimate; 2. eligible, entitled
Berechtigte(r) *f/m* 1. (rightful) claimant, eligible person; 2. *(Eigentum)* rightful owner; 3. *(Vers.)* beneficiary
Berechtigung *f* 1. justification; 2. eligibility, entitlement; 3. *(Vollmacht)* power, authority
Berechtigungs|bestimmungen; B.erfordernisse *pl* eligibility requirements; **B.nachweis** *m* proof of entitlement; **B.schein** *m* 1. voucher; 2. *(Dividende)* warrant; 3. *(Vers.)* benefit certificate; **B.urkunde** *f* certificate of entitlement
Bereich *m* 1. sector, area; 2. *(Tätigkeit)* sphere, scope; 3. *(Branche)* trade, industry; 4. *(Organisation)* group, division; **B. mit selbstständiger Ergebnisrechnung/-verantwortung** profit center *[US]*/centre *[GB]*; **B. der Wirtschaft** economic sector; **B. mit hohen Zuwachsraten** high-growth area
gewerblicher Bereich manufacturing/secondary sector; **öffentlicher/staatlicher B.** public sector; **privater B.** private sector
bereicher|n *v/t* to enrich; **B.ung** *f* enrichment; **ungerechtfertigte B.ung** § unjustified enrichment
Bereichs|- divisional; **B.abkommen** *nt* area agreement; **B.direktor; B.leiter** *m* divisional manager; **B.leitung** *f* divisional management; **B.struktur** divisional structure
bereinigen *v/t* 1. to tidy/clean up; 2. to streamline; 3. *(Streit)* to settle; 4. 📊 to adjust
bereinigt *adj* adjusted
Bereinigung *f* 1. streamlining; 2. 📊 adjustment; **B. des Programms** streamlining the range; **strukturelle B.** structural adjustment
Bereitschaft *f* readiness, willingness; **in B.** on call/duty
Bereitschafts|dienst *m* standby duty; **B.-erklärung** *f* letter of intent; **B.kosten** *pl* standby charges/cost(s); **B.kredit** *m* 1. standby credit; 2. *(Kontokorrent)* overdraft facility; **B.zusage** *f* *(Kredit)* loan commitment
bereitstellen *v/t* 1. to provide, to make available; 2. *(Geld)* to appropriate
Bereitstellung *f* 1. provision; 2. *(Geld)* appropriation; **B. von Dienstleistungen** provision of services; **~ Finanzmitteln** provision of finance; **~ Geldbeträgen**

appropriation of funds; **~ Geldbeträgen für bestimme Zwecke** earmarking of funds; **~ Gütern** provision/supply of goods; **~ Haushaltsmitteln** appropriation/allocation of budget funds; **~ Krediten** allocation of credits; **~ Mitteln** appropriation of funds

Bereitstellungs|fonds *m* appropriation fund; **B.garantie** *f* commitment guarantee; **B.gebühr** *f (Kredit)* arrangement/procurement fee; **B.kosten** *pl* 1. standby cost(s); 2. *(Kredit)* arrangement fee; **B.kredit** *m* standby credit; **B.plafond** *m* commitment ceiling; **B.provision** *f (Kredit)* commitment fee; **B.zinsen** *pl* commitment interest

Bergarbeiter *m* ⚒ miner; **B.gewerkschaft** *f* miners' union; **B.streik** *m* miners' strike

Bergbau *m* ⚒ mining (industry); **B.gesellschaft; B. unternehmen** *f/nt* mining company *[GB]*/corporation *[US]*; **B.industrie** *f* mining industry; **B.ingenieur** *m* mining engineer; **B.konzession** *f* mining licence; **B.technik** *f* mining technology

Berge|geld; B.lohn *nt/m* ⚓ salvage money

bergen *v/t* 1. to recover/retrieve; 2. ⚓ to salvage

Berg|mann *m* ⚒ miner; **B.rutsch** *m* landslide; **B.schaden; B.senkung** *m/f* subsidence

Bergung *f* 1. recovery; 2. ⚓ salvage

Bergungs|aktion; B.arbeiten *f/pl* 1. ⚓ salvage operation; 2. rescue operation; **B.-fahrzeug** *nt* 1. 🚗 recovery vehicle; 2. salvage vessel; **B.gesellschaft** *f* salvage company; **B.kommando; B.mannschaft** *nt/f* 1. rescue/team party; 2. salvage party; **B.unternehmen** *nt* salvage company; **B.-vertrag** *m* salvage contract; **B.wert** *m* salvage value

Bergwerk *nt* mine

Bergwerks|aktien *pl* mining shares *[GB]*/stocks *[US]*; **B.betrieb** *m* mining operation; **B.gesellschaft; B.unternehmen; B.verein** *f/nt/m* mining company *[GB]*/corporation *[US]*; **B.konzession** *f* mining concession

Bericht *m* 1. report, account; 2. *(Unternehmen)* return, statement; 3. *(Mitteilung)* memorandum; **laut B.** as per advice; **mangels B.** 1. for want of advice; 2. *(Wechsel)* no advice

Bericht der Auskunftei credit/status report; **B. des Buchprüfers** auditor's report; **B. über die Finanzlage** financial statement; **B. der Unternehmensleitung** management report; **B. des Wirtschaftsprüfers** auditor's report

Bericht abfassen/anfertigen to draw up a report; **B. ab-/erstatten** to report (back), to render account; **B. einreichen** to file/submit a report; **B. vorlegen** to present/submit a report

amtlicher Bericht official report/returns; **genauer B.** detailed account; **jährlicher B.** annual report; **statistischer B.** statistical returns; **vertraulicher B.** confidential report

berichten *v/t* to report

Berichterstattung *f* 1. report(ing); 2. *(Presse)* coverage

berichtig|en *v/t* to correct/rectify/adjust/revise; **B.ung** *f* correction, rectification, adjustment, revision

Berechtigungs|aktie *f* scrip issue *[GB]*, stock dividend *[US]*; **B.aktienemission** *f* capitalization/scrip issue; **B.ausgabe** *f* capitalization issue; **B.bilanz** *f* revised balance sheet; **B.buchung** *f* adjusting entry; **B.feststellung** *f* adjusting assessment; **B.konto** *nt* reconciliation/adjustment account; **B.posten** *m (Bilanz)* adjusting entry; **B.verhältnis** *nt* scrip issue ratio

Berichts|abschnitt *m* period under review; **B.auflagen** *pl* reporting requirements; **B.entwurf** *m* draft report; **B.jahr** *nt* year under review; **B.monat** *m* month under review; **B.periode** *f (Revision)* 1. audit period; 2. period under review; **B.pflicht** *f (AG)* disclosure requirement(s); **B.termin** *m* reporting date; **B.zeit(raum)** *f/m* period under review

Berliner Testament double/mutual will

berücksichtigen *v/t* 1. to consider, to take into account/consideration, to allow for; 2. *(Börse)* to discount

Berücksichtigung *f* consideration; **nach B. von** after allowing for; **unter B. aller Umstände** having considered the facts and circumstances

Beruf *m* occupation, profession, job, trade; **von B.** by trade/profession; **B. ohne Aufstiegsmöglichkeiten** blind-alley/dead-end job

Beruf ausüben; einem B. nachgehen to pursue an occupation/a profession; **keinen festen B. ausüben** to have no regular employment; **seinen B. wechseln** to change job

B

akademischer Beruf profession; **erlernter B.** (skilled) trade; **geistiger B.** white-collar job; **gewerblicher B.** industrial/manufacturing job; **sozialer B.** caring profession; **ständiger B.** regular occupation; **technischer B.** engineering profession

berufen *v/t* 1. to appoint; 2. *(Versammlung)* to convene; **sich b. auf** 1. to cite/plead; 2. § to invoke

beruflich *adj* occupational, vocational, professional

Berufs|abschluss *m* training/vocational qualification; **B.akademie** *f* professional academy; **B.sanfänger(in)** *m/f* job entrant, rookie *(coll)*

Berufsausbildung *f* industrial/vocational/professional training; **B. am Arbeitsplatz** on-the-job training; **betriebliche B.** in-plant/in-service training

Berufsausbildungs|beihilfe *f* occupational training grant; **B.lehrgang** *m* vocational training course; **B.vertrag** *m* contract of apprenticeship/traineeship

Berufs|aussichten *pl* job/career prospects; **b.bedingt** *adj* occupational; **B.beginn** *m* job start; **B.berater(in)** *m/f* vocational counsellor, careers officer; **B.beratung** *f* vocational/occupational/careers guidance; **B.bewertung** *f* job evaluation; **B.-bezeichnung** *f* job title

Berufsbildung *f* vocational/professional training; **B.sabgabe** *f* training levy

Berufs|chance *f* job/career opportunity; **B.einkommen** *nt* earned income; **B.einstieg** *m* job start; **B.einstufung** *f* job rating; **b.erfahren** *adj* experienced; **B.erfahrung** *f* work(ing)/professional/job experience; **B.erfolg** *m* track record *(coll)*; **B.erwartung** *f* career expectations; **B.-ethik; B.ethos** *f/nt* professional ethics; **B.förderung** *f* career advancement; **B.forschung** *f* occupational research; **B.fortbildung** *f* advanced training; **b.fremd** *adj* non-occupational; **B.geheimnis** *nt* professional/trade secret; **B.genossenschaft** *f* employers' liability insurance association; **B.gruppe** *f* occupational category/group; **B.haftpflichtversicherung** *f* professional risk indemnity insurance; **B.invalidität** *f* occupational disability; **B.klassifizierung** *f* job classification; **B.kleidung** *f* occupational clothing; **B.krankheit** *f* $ industrial/occupational disease; **B.laufbahn** *f* career (path); **B.leben** *nt* working/professional life; **b.mäßig** *adj* occupational, professional; **B.merkmal** *nt* job characteristic; **B.möglichkeiten** *pl* job opportunities; **B.organisation** *f* professional/trade association; **B.planung** *f* career planning; **B.praktikum** *nt* work experience (scheme); **B.risiko** *nt* occupational hazard; **B.schaden** *m* industrial injury; **B.schule** *f* vocational school, commercial/technical college; **B.stand** *m* trade, profession

berufstätig *adj* (gainfully) employed, working; **B.keit** *f* gainful employment, occupation

berufsunfähig *adj* disabled, incapacitated

Berufsunfähigkeit *f* disablement, (industrial/occupational) disability; **B.srente** *f* disability/breakdown pension

Berufs|unfall *m* occupational accident/injury; **B.verband; B.vereinigung** *m/f* professional association/body; **B.verlauf** *m* career (path); **B.wahl** *f* career choice; **B.-wechsel** *m* change of job; **B.welt** *f* working/professional world

Berufung *f* 1. appointment; 2. § appeal; **B. in eine leitende Stellung** managerial appointment; **B. eines Treuhänders** appointment of a trustee; **B. in den Vorstand** board appointment

Berufung anmelden/einlegen to appeal; **der B. stattgeben** to allow/uphold an appeal; **B. verwerfen/zurückweisen** to dismiss an appeal

Berufungs|gericht; B.instanz *nt/f* court of appeal, appeal/appellate court; **B.verfahren** *nt* appellate procedure/proceedings

beruhig|en *v/refl* *(Preise)* to ease; **B.ung** *f* *(Nachfrage)* slackening, easing

Besatzung *f* ⚓/✈ crew; **B.smitglied** *nt* crew member

beschädigen *v/t* to damage

beschädigt *adj* 1. damaged; 2. *(Ware)* shopsoiled *[GB]*, shopworn *[US]*; 3. ⚓ averaged; **unterwegs b.** damaged in transit

Beschädigte(r) *f/m* § injured party

Beschädigung *f* 1. damage; 2. ⚓ average; 3. $ disability; **B. während des Transports** damage in transit; **einschließlich B.** ⚓ with average (w.a.); **frei von B.** free of particular average (f.p.a.); **~ jeder B.** free of all average (f.a.a.); **absichtliche/**

vorsätzliche B. wilful damage; **böswillige B.** malicious damage; **leichte B.** slight damage; **mutwillige B.** vandalism

beschaffen *v/t* 1. to buy/purchase/procure/source; 2. to supply/provide; 3. *(Geld)* to raise

Beschaffenheit *f* condition, state; **äußerlich gute B.** apparent good order and condition; **mangelhafte B.** state of disrepair

Beschaffenheits|schaden *m* inherent defect; **B.zeugnis** *nt* certificate of inspection

Beschaffung *f* buying, purchasing, procurement, sourcing; **B. für die lagerlose Fertigung** stockless buying; **B. von Geld/Mitteln** fund raising; **~ Kreditmitteln** procurement of finance

direkte Beschaffung direct purchasing; **gemeinsame B.** joint purchasing; **lagerlose/produktionssynchrone B.** stockless buying; **öffentliche B.** public procurement; **weltweite B.** global sourcing

Beschaffungs|abteilung *f* purchasing department; **B.amt** *nt* procurement office; **B.budget** *nt* procurement budget; **B.engpass** *m* supply bottleneck; **B.ermächtigung** *f* procurement authorization; **B.-etat; B.haushalt** *m* purchasing budget; **B.jahr** *nt* year of purchase; **B.kanäle** *pl* procurement channels; **B.kosten** *pl* purchasing cost(s); **B.kredit** *m* procurement loan; **B.leiter** *m* purchasing manager; **B.menge** *f* purchasing volume; **B.-politik** *f* purchasing policy; **B.preis** *m* purchase price; **B.programm** *nt* purchasing program(me); **B.quelle** *f* source of supply; **B.rhythmus** *m* procurement cycle; **B.stelle** *f* procurement agency; **B.-vertrag** *m* supply contract; **B.weg** *m* procurement channel; **B.wert** *m* acquisition value

Beschaffungswesen *nt* procurement, purchasing; **öffentliches B.** public procurement

Beschaffungs|wirtschaft *f* procurement; **B.zeit** *f* procurement/purchasing cycle

beschäftigen *v/t* 1. to occupy; 2. to employ/engage; **wieder b.** to reemploy/reinstate

beschäftigt *adj* 1. occupied, busy; 2. employed; **bei jdm b.** in so.'s employ; **voll b. sein** *(Betrieb)* to work to capacity; **einträglich/gewerblich b.** gainfully employed

Beschäftigte(r) *f/m* employee; **die B.n** the (gainfully) employed; **B. im öffentlichen Dienst** public(-sector) employee/worker; **B. in der Fertigung** production/process worker; **abhängig B.; unselbstständige B.** wage/salary earners

Beschäftigten|abbau *m* labour shedding; **B.stand** *m* level of employment; **B.stunde** *f* man-hour; **B.zahl** *f* employment figure, payroll

Beschäftigung *f* 1. *(Arbeit)* employment, occupation, job, work; 2. *(Auslastung)* capacity utilization; 3. output, (production) volume; 4. *(Zahl)* number of employees, payroll; **ohne B.** unemployed, jobless

Beschäftigung im öffentlichen Dienst public service employment; **~ Dienstleistungsbereich/-gewerbe** service employment; **B. von Frauen** female employment; **B. im öffentlichen Sektor** public sector employment

Beschäftigung aufnehmen to take up work; **ohne B. sein** to be out of work; **B. suchen** to look for/seek employment; **B. wechseln** to change jobs

abhängige Beschäftigung dependent employment; **befristete B.** temporary employment; **einträgliche B.** gainful employment; **feste B.** regular employment; **gefahrgeneigte B.** hazardous occupation; **geregelte B.** regular employment; **nebenberufliche B.** part-time employment/job; **pensions-/ruhegehaltsfähige B.** pensionable employment; **vorübergehende/zeitweilige B.** temporary employment

Beschäftigungs|abbau *m* labour shedding; **b.abhängig** *adj* employment-related; **B.art** *f* type of employment; **B.aussichten** *pl* job/employment prospects; **B.bedingungen** *pl* terms of employment; **B.dauer** *f* period/duration of employment; **B.garantie** *f* employment/job guarantee; **B.gesellschaft** *f* employment corporation; **B.grad** *m* 1. level of employment; 2. capacity utilization rate; **b.intensiv** *adj* labour-intensive; **B.lage** *f* employment/job situation

beschäftigungs|los *adj* unemployed, jobless; **B.losigkeit** *f* unemployment, joblessness

Beschäftigungsmöglichkeit *f* job opportunity; **B.en** job/employment prospects

Beschäftigungs|nachweis *m* employment

B

record; **B.niveau** *nt* employment level; **B.ort** *m* place of employment; **B.programm** *nt* job-creation scheme; **B.rückgang** *m* decline in/of employment; **B.-situation** *f* job/employment situation; **B.stand** *m* employment level; **B.statistik** *f* employment statistics; **B.theorie** *f* theory of income and employment; **B. therapie** *f* occupational therapy; **B.verhältnis** *nt* employment; **B.volumen** *nt* volume of employment; **B.wachstum** *nt* employment growth; **b.wirksam** *adj* employment-boosting; **B.zahlen** *pl* employment figures/statistics; **B.zeit** *f* period of employment; **B.ziffern** *pl* employment figures; **B.zugang; B.zunahme; B.zuwachs** *m/f/m* employment growth

Beschau *f* examination, inspection; **b.en** *v/t* to inspect/examine

Bescheid *m* 1. answer, reply, notification; 2. decision; 3. *(Steuer)* assessment notice; **abschlägiger B.** adverse decision; **endgültiger B.** final decision; **vorläufiger B.** interim decision

bescheinigen *v/t* to certify/certificate; **amtlich b.** to authenticate

bescheinigt *adj* certified; **hiermit wird b.** this is to certify

Bescheinigung *f* 1. certificate, certification; 2. *(Quittung)* receipt; 3. *(Überschrift)* to whom it may concern; **B. des Abschlussprüfers** audit/auditor's certificate; **~ Ursprungs** certificate of origin; **B. der Zahlungsfähigkeit** certificate of discharge; **~ Zahlungsunfähigkeit** certificate of disability; **~ Zollstelle** customs certificate

Bescheinigung ausstellen to issue a certificate; **B. beibringen/vorlegen** to furnish a certificate

amtliche Bescheinigung (official) certificate/certification; **ärztliche B.** medical certificate, doctor's note; **beglaubigte B.** authenticated certification; **vorläufige B.** provisional/interim certificate

beschilder|n *v/t* *(Waren)* to label; **B.ung** *f* labelling

Beschlag *m* § confiscation, seizure, distraint, sequestration; **mit B. belegen; in B. nehmen** to confiscate/seize/sequester

Beschlagnahme *f* confiscation, seizure, distraint, sequestration; **B. beim Drittschuldner** garnishment; **B. eines Schiffes** arrest of a ship; **B. von Schmuggelware** ⊖ seizure of contraband; **B. des Vermögens** attachment of property; **B. und Zwangsvollstreckung** sequestration

frei von Beschlagnahme und Aufbringung ⚓ free of capture and seizure (f. c. & s.)

Beschlagnahme anordnen/verfügen to levy an attachment order

Beschlagnahme|anordnung; B.beschluss *f/m* sequestration order; **b.fähig** *adj* seizable, attachable, sequestrable; **b.frei** *adj* exempt from seizure; **B.recht** *nt* right of seizure; **B.risiko** *nt* risk of seizure; **B.verfügung** *f* § writ of attachment

Beschlagnahmung *f* seizure; **B. einer Forderung** garnishment; **B. des Vermögens; B. von Vermögenswerten** asset seizure

beschleunigen *v/t* to expedite/acceretate, to speed up

Beschleunigung *f* 1. acceleration; 2. *(Inflation)* velocity growth

beschließen *v/t* to decide/determine

Beschluss *m* 1. resolution, decision; 2. § ruling, decree; **B. des Aufsichtsrats** board decision; **B. über die Dividendenausschüttung** declaration of the dividend; **B. zur Einsetzung eines Konkursverwalters** receiving order; **B. über die Eröffnung des Konkursverfahrens** bankruptcy order; **B. des Vorstands** board decision

Beschluss aufheben to rescind a decision; **B. ausführen** to execute a decision; **B. aussetzen** to stay the execution of a decree; **B. ergehen lassen** to issue a decree; **B. fassen** to pass a resolution

einstimmiger Beschluss unanimous vote; **gerichtlicher B.** writ; **richterlicher B.** judge's order

Beschlussfähigkeit *f* quorum

Beschlussfassung *f* decision; **B. zur Dividendenausschüttung** declaration of a dividend

Beschluss|gremium; B.organ *nt* decision-marking body; **B.unfähigkeit** *f* absence of a quorum; **B.vorlage** *f* draft resolution

beschmutz|en *v/t* to stain; **b.t** *adj* *(Ware)* shopsoiled *[GB]*, shopworn *[US]*

beschneid|en *v/t* to cut/trim/curtail; **B.ung** *f* cut, curtailment

beschränk|en *v/t* to limit/restrict/curb; **b.t** *adj* limited, restricted

Beschränkung *f* restriction, limitation; **ohne B.** ⚓ with average (w. a.)

Beschränkungen der Ausfuhr/des Exports export restrictions; **B. abbauen** to deregulate; **B. auferlegen** to impose restrictions (on); **B. aufheben/beseitigen** to remove/lift restrictions

devisenrechtliche Beschränkung|en currency restrictions; **freiwillige B.** voluntary restraint; **gesetzliche B.** statutory restriction; **mengenmäßige B.** quota; **zeitliche B.** time limit

beschreiben *v/t* to describe; **ausführlich/genau b.** to detail

Beschreibung *f* description, specification; **der B. entsprechen** *(Ware)* to conform to specifications

beschrift|en *v/t* to label/mark; **B.ung** *f* label(ling), marking

beschuldig|en *v/t* to accuse; **B.ung** *f* accusation

Beschwerde *f* 1. complaint; 2. *(Betrieb)* grievance; 3. § appeal; **einer B. abhelfen** to remedy a complaint; **B. einlegen/einreichen/erheben** 1. to appeal; 2. to lodge a complaint; **B. führen** to complain; **B. verwerfen** to dismiss an appeal; **B. vorbringen/vortragen** 1. to lodge a complaint; 2. to air a grievance; **B. zulassen** to allow an appeal; **B. zurückweisen** 1. to dismiss an appeal; 2. to repudiate a complaint

berechtigte Beschwerde justifiable complaint; **leichte B.** ⚕ minor ailment

Beschwerde|abteilung *f* complaints department; **B.ausschuss** *m* grievance committee; **B.brief** *m* letter of complaint; **B.frist** *f* time for appeal; **B.führer(in)** *m/f* 1. § appellant; 2. complainant, aggrieved party; **B.gericht; B.instanz** *nt/f* court of appeal; **B.grund** *m* cause for complaint, grievance; **B.schreiben** *nt* letter of complaint; **B.stelle** *f* complaints department; **B.verfahren; B.weg** *nt/m* 1. § appellate/appeal procedure; 2. grievance/complaints procedure

beschweren *v/refl* 1. to complain; 2. § to appeal

beschwindeln *v/t* to cheat/defraud

wie besehen *adj* as seen

beseitigen *v/t* 1. *(entfernen)* to remove; 2. *(aufheben)* to lift; 3. *(abräumen)* to clear; 4. *(Mängel)* to remedy/redress

Beseitigung *f* 1. removal; 2. lifting; 3. remedy, redress; **B. von Beschränkungen** deregulation, lifting of restrictions; **B. einer Störung** abatement of a nuisance; **B. von Verlustquellen** loss elimination

besetz|en *v/t* 1. to occupy; 2. to take possession; 3. *(Arbeitsplätze)* to fill/man; **b.t** *adj* 1. occupied; 2. ☎ engaged *[GB]*, busy *[US]*

Besetzung *f* 1. occupation; 2. manning; **B. einer Führungsposition** managerial appointment; **~ Schlüsselposition** key appointment; **~ Stelle** filling of a vacancy

besicher|n *v/t* to securitize/collateralize *[US]*; **B.ung** *f* securitization, collateralization

Besicht *f* inspection; **ohne B.** sight unseen; **auf B. kaufen** to buy subject to inspection

besichtigen *v/t* to inspect/survey

Besichtigung *f* inspection, survey; **B. vor Ort; B. an Ort und Stelle** on-site inspection; **B. vorbehalten** subject to inspection

Besichtigungs|bericht *m* surveyor's/inspector's report; **B.fahrt; B.reise** *f* tour of inspection; **B.gebühr** *f* survey fee; **B.-rundfahrt; B.rundgang** *f/m* tour of inspection; **B.zeugnis** *nt* certificate of inspection

Besitz *m* 1. possession; 2. *(Effekten)* holding; 3. *(Grundbesitz)* property; **B. von Aktien** shareholding *[GB]*, stockholding *[US]*

Besitz abstoßen to sell off one's property/possessions; **B. antreten/ergreifen** to take possession of; **B. aufgeben** to surrender possession; **in B. bringen** to take possession; **B. entziehen** to dispossess; **B. erlangen** to come into possession; **B. erwerben** to acquire possession; **im B. haben** to hold, to be in possession; **in B. nehmen** to take possession; **wieder ~ nehmen** to repossess; **im B. verbleiben** to remain in possession; **aus dem B. vertreiben** to oust; **B. wiedererlangen** to resume possession

im ausländischen Besitz foreign-owned; **ausschließlicher B.** exclusive possession; **fiktiver/fingierter B.** constructive possession; **gemeinsamer B.** joint possession; **gutgläubiger B.** bona-fide *(lat.)* possession; **persönlicher B.** 1. personal belongings; 2. *(Grundbesitz)* private property; **rechtmäßiger B.** lawful possession; **ungestörter B.** full/quiet possession; **widerrechtlicher B.** unlawful possession

Besitz|anspruch *m* possessory claim; **B.aufgabe** *f* surrender of possession; **B.ausübung** *f* enjoyment of possession; **B.dauer** *f*

B

tenure; **B.einweisung** *f* § writ of possession

besitzen *v/t* to possess/hold/occupy, to have and to hold

Besitz|enthebung; B.entsetzung; B.entziehung; B.entzug *f/m* § dispossession, eviction

Besitzer(in) *m/f* 1. proprietor; 2. occupant, occupier; **B. der Aktienmehrheit** majority shareholder/stockholder; **B. auf Lebenszeit** holder for life

alleiniger Besitz sole proprietor; **bösgläubiger/böswilliger B.** mala-fide *(lat.)* possessor; **gutgläubiger B.** bona-fide *(lat.)* possessor; **rechtmäßiger B.** lawful possessor, holder in due course

Besitz|ergreifung *f* occupation, seizure, taking possession; **B.erwerb** *m* acquisition; **B.fehler** *m* improper title; **B.firma; B.gesellschaft** *f* holding firm/company; **B.klage** *f* possessory action; **b.los** *adj* unpropertied; **B.nachfolger(in)** *m/f* subsequent holder

Besitznahme *f* (taking) possession; **erneute B.** repossession

Besitzrecht *nt* title, right of possession; **B. aufgeben** to surrender possession; **B. erwerben** to gain possession

Besitz|stand *m* vested/acquired rights; **B.steuer** *f* property tax; **B.störer(in)** *m/f* § trespasser

Besitzstörung *f* § trespass(ling); **B.sklage** *f* action for trespass

Besitz|titel *m* 1. possessory title; 2. *(Urkunde)* title deed(s), document of title; **B.tum** *nt* property, possession; **B.übergang** *m* change of possession; **B.übertragung; B.überschreibung** *f* transfer of possession/title; **B.urkunde** *f* title deed(s), document of title; **B.verhältnis** *nt* tenure; **B.verlust** *m* loss of possession/property; **B.vertreibung** *f* eviction, ouster, ejection; **B.wechsel** *m* 1. change of title/holder, ~ in possession; 2. *(Wechsel)* trade note receivable; *(Bilanz) pl* bills receivable (B.R.)

besolden *v/t* to pay/remunerate

Besoldung *f* pay(ment), salary, remuneration; **B.sgruppe** *f* salary bracket; **B.sstufe** *f* salary grade/bracket

besorgen *v/t* to provide/supply/procure

Besorgung *f* 1. procurement; 2. *(Botengang)* errand; **B. von Geld** fund raising

besprech|en *v/t* to discuss; *v/refl* to confer; **B.ung** *f* discussion, conference, talk

besser *adj* better, superior; **b. gestellt** *adj* better off

bessern *v/refl* to improve

Besserung *f* recovery, upturn, improvement; **geringfügige B.** marginal improvement; **offensichtliche/sichtbare B.** marked improvement

die Besser|verdienenden; B.verdiener *pl* the higher-paid

Bestand *m* 1. *(Geld)* balance, funds; 2. *(Effekten)* portfolio; 3. *(Waren)* stock, inventory; 4. *(Bank)* cash assets; **Bestände** stock-in-trade

Bestand an Aufträgen orders in hand; **~ Bargeld** cash in hand; **~ Effekten** *(Bilanz)* securities in hand; **B. am Jahresende** year-end stocks; **B. an Waren** stocks of goods on hand; **~ Wertpapieren** investment portfolio

Bestände abbauen 1. *(Börse)* to liquidate one's position; 2. *(Lager)* to destock; **B. auffüllen** to restock, to replenish stocks, to stock up; **Bestand aufnehmen** to take stock; **B. räumen** to clear stocks

eiserner Bestand contingency reserve; **liquide Bestände** cash holdings; **unverkäufliche Bestände** dead stock

Bestands|abbau *m* destocking; **B.abschreibung** *f* inventory write-down; **B.änderung** *f* inventory change; **B.aufbau; B.auffüllung** *m/f* restocking, replenishment of stocks; **B.aufnahme** *f* 1. (physical) inventory, stocktaking; 2. *(Firmenlage)* corporate appraisal; **B.aufstockung** *f* 1. increase in inventories/stocks; 2. *(Wertpapiere)* increase in portfolio holdings; **B.bericht** *m* stock status report; **B.berichtigung** *f* inventory adjustment; **B.bewegung** *f* stock movement

Bestandsbewertung *f* stock appreciation/valuation; **B. zu Anschaffungs- oder Herstellungskosten** inventory valuation at acquisition or production cost; **B.s-methode** *f* stock/inventory valuation method

Bestands|bilanz *f* inventory balance; **B.-buch** *nt* inventory, warehouse book; **B.-buchführung** *f* stock/inventory accounting; **B. datei; B.daten** *f/pl* inventory data; **B.erhöhung** *f* increase in stocks; **B.ermittlung** *f* stocktaking; **B.erneuerung** *f* stock renewal, restocking; **B.führung** *f* inventory management, stock control; **B.-größe** *f* stock size; **B.kartei** *f* inventory file; **B.konto** *nt* inventory account; **B.-kontrolle** *f* stock/inventory control; **B.-meldung** *f* stock report; **B.mehrung** *f* inventory/stock increase; **B.nachweis** *m* stocktaking; **B.pflege; B.schutz** *f/m* *(Vers.)* portfolio management; **B.plan** *m* *(Bebauung)* asbuilt plan; **B.planung** *f* inventory planning; **B.posten** *m* inventory item; **B.prüfung** *f* inventory audit; **B.risiko** *nt* inventory risk; **B.steuerung** *f* inventory control; **B.überwachung** *f* stock monitoring; **B.umschichtung** *f* 1. *(Lager)* stock exchange; 2. *(Wertpapier)* change in portfolio holdings; **B.veränderung** *f* 1. inventory change; 2. *(Vers./Wertpapiere)* portfolio change, **B.verlust** *m* inventory loss; **B.vermehrung** *f* 1. increase in stocks; 2. *(Wertpapiere)* increase in portfolio holdings; **B.verminderung; B.verringerung** *f* 1. decrease in stock/inventories; 2. *(Wertpapiere)* decrease in portfolio holdings; **B.verwaltung** *f* 1. inventory/stock management; 2. *(Vers./Wertpapiere)* portfolio holdings; **B.verzeichnis** *nt* stock book; **B.zunahme; B.zuwachs** *f/m* 1. inventory growth/build-up; 2. *(Vers.)* new business

Bestandteil *m* part, component; **fester B.** permanent feature; **notwendiger/wesentlicher B.** essential part

bestätigen *v/t* 1. to confirm/acknowledge; 2. *(Urkunde)* to certify; **amtlich b.** to authenticate; **schriftlich b.** to confirm in writing

bestätigt *adj* confirmed, certified; **es wird hiermit b.** this is to certify

Bestätigung *f* 1. confirmation, acknowledgment; 2. *(Dokument)* certification; **B. des Abschlusses; ~ Buchprüfers** auditors' report *[GB]*, certification of financial statements *[US]*; **~ Empfangs** (confirmation of) receipt; **B. eines Schecks** certification of a check *[US]*/cheque *[GB]*

amtliche Bestätigung official certification/confirmation; **schriftliche B.** confirmation in writing

Bestätigungs|brief *m* letter of confirmation; **B.karte** *f (Vers.)* cover note; **B.-schreiben** *nt* letter of acknowledgment/confirmation

Bestätigungsvermerk *m* *(Bilanz)* audit certificate; **B. des Rechnungs-/Wirtschaftsprüfers** auditor's opinion; **eingeschränkter B.** qualified audit certificate; **uneingeschränkter B.** unqualified audit certificate

Bestauftrag *m* market order

bestech|en *v/t* to bribe; **b.lich** *adj* open to bribery

Bestechung *f* corruption, bribery; **B.s-geld** *nt* bribe, backhander *(coll)*

bestehen *v/t* 1. to exist; 2. *(Prüfung)* to pass

Bestell|abschnitt *m* order coupon; **B.abteilung** *f* ordering department; **B.abwicklung** *f* order handling/processing; **B.block** *m* order pad; **B.buch** *nt* order book; **B.datum** *nt* date of order; **B.eingang** *m* incoming orders, order intake, orders received

bestellen *v/t* 1. to order; 2. *(abonnieren)* to subscibe; 3. *(ernennen)* to appoint; 4. 🚜 to cultivate; 5. *(Platz)* to book

Besteller(in) *m/f* 1. buyer, customer, client; 2. *(Abonnennt)* subscriber

Bestell|formular *nt* order form; **B.karte** *f* order card; **B.menge** *f* order size/quantity; **B.nummer** *f* order number; **B.produktion** *f* make-to-order production; **B.punkt-modell** *nt* economic order quantity (EOQ) model; **B.rhythmus** *m* order cycle; **B.-schein** *m* order form

bestellt *adj* 1. on order, ordered; 2. booked, reserved

Bestellung *f* 1. placing an order; 2. 🚜 cultivation, tillage; 3. *(Ernennung)* appointment; 4. *(Platz)* booking; 5. *(Zeitung)* subscription; **bei B.** on order; **B. auf Abruf** off-the-shelf order; **B. des Aufsichtsrats** election of the board; **B. eines/einer Bevollmächtigten** appointment of a proxy; **B. von Wirtschaftsprüfern** appointment of auditors

auf/nach Bestellung (an)gefertigt custom-made, custom-built, customized, made to order

auf Bestellung anfertigen to make to order; **B. annullieren** to cancel/rescind an order; **B. aufgeben** to place an order, to order; **B. aufnehmen** to book an order; **B. ausführen** to execute an order; **auf B. fertigen/produzieren** to make to order; **B. in Auftrag geben** to put an order in hand; **B. rückgängig machen/stornieren/widerrufen** to cancel/rescind an order; **B. vormerken** to book an order

feste Bestellung firm order; **laufende B.** standing order; **unerledigte B.en** unfilled orders

B

B

Bestell|wert *m* order value; **B.zeitpunkt** *m* date of order; **B.zettel** *m* order form

bestens *adv (Börse)* at best, at (the) market; **B.auftrag; B.order** *m/f* market order

besteuer|bar *adj* taxable, liable for tax; **b.n** *v/t* to tax

Besteuerung *f* taxation; **von der B. ausgenommen** tax-exempted; **der B. unterliegend** taxable, liable for tax; **~ unterliegen** to be subject to taxation, ~ liable for tax

abgestufte/gestaffelte Besteuerung graduated taxation; **doppelte B.** double taxation; **zu hohe B.** prohibitive taxation; **mehrfache B.** multiple taxation; **progressive B.** progressive/sliding-scale taxation; **übermäßige B.** excessive taxation; **versteckte B.** hidden taxation

Besteuerungs|art *f* type of taxation; **B.-bestimmungen** *pl* tax provisions; **B.-einheit** *f* tax unit; **b.fähig** *adj* taxable; **B.gegenstand** *m* taxable event; **B.grundlage** *f* tax base; **B.satz** *m* rate of taxation, tax rate; **B.vorschriften** *pl* tax regulations

bestimmen *v/t* 1. to specify/stipulate; 2. *(entscheiden)* to determine

Bestimmung *f* 1. determination; 2. *(Gesetz/Vertrag)* stipulation, provision; **B.en** terms, provisions; **~ für den Aktienhandel** trading rules; **~ des Vertrags** terms of the contract

Bestimmung anwenden to apply a provision; **B. auslegen** to construe a clause; **B.en aufheben** to lift provisions; **den ~ entsprechen** to comply with/conform to the regulations; **~ lockern** to relax rules; **~ verschärfen** to tighten regulations

allgemeine Bestimmung|en general provisions; **amtliche B.en** official regulations; **vorbehaltlich anderer B.en** § unless otherwise provided; **ausdrückliche B.(en)** express stipulation/terms; **einschlägige B.en** relevant provisions; **einschränkende B.** restrictive provision; **entgegenstehende/gegenteilige B.** stipulation to the contrary; **gesetzliche B.** statutory provision; **rechtliche B.en** provisions of the law; **steuerrechtliche B.en** tax regulations; **umfassende B.** omnibus clause; **vertragliche B.** contractual provision; **wesentliche B.** essential proviso

Bestimmungs|adresse *f* notify address; **B.-faktor** *m* determining factor; **b.gemäß** *adj* according to the rules, as agreed; **B.größe** *f* parameter, determinant; **B.hafen** *m* (port of) destination; **B.land** *nt* country of destination; **B.ort** *m* (place of) destination; **B.zweck** *m* intended purpose

Best|kauf *m* purchase at the lowest price; **B.kurs** *m* best price; **b.möglich** *adj* 1. best possible; 2. *(Börse)* at best; **B.preis** *m* best price

bestrafen *v/t* to punish/penalize

Bestreiken *nt* picketing; **B. eines mittelbar betroffenen Betriebs; B. von Drittbetrieben** secondary picketing; **b.** *v/t* to picket

Bestreiten *nt* 1. denial; 2. *(Kosten)* defrayal

bestreiten *v/t* 1. to deny/repudiate; 2. *(anfechten)* to contest/dispute; 3. *(Kosten)* to defray; **es läßt sich nicht b.** there is no denying

Bestreitung *f* 1. *(Klage)* defence; 2. *(Kosten)* defrayal

Besuch *m* 1. visit, call; 2. *(Veranstaltung)* attendance; **B. absagen** to cancel a visit; **jdn einen B. abstatten** to call on so.

guter Besuch *(Veranstaltung)* good attendance; **nachfassender B.** *(Vertreter)* follow-up visit; **schwacher B.** *(Veranstaltung)* poor attendance; **unangemeldeter B.** *(Vertreter)* cold call

besuchen *v/t* 1. to call/visit; 2. *(Kunden)* to canvass; 3. *(als Kunde)* to patronize; 4. *(Veranstaltung)* to attend

Besucher(in) *m/f* visitor, caller

Besucher|visum *nt* tourist visa; **B.zahl** *f* number of visitors

Besuchs|erlaubnis *f* visitor's permit; **B.-frequenz; B.häufigkeit** *f* call frequency; **B.stunden; B.zeit** *pl/f* visiting hours

betätigen *v/t* to operate/work; **sich geschäftlich b.** to be in business

Betätigung *f* activity; **B.sbereich; B.sfeld** *m/nt* field of activity

Beteiligte(r) *f/m* 1. party; 2. *(Teilhaber)* partner

Beteiligung *f* 1. participation; 2. investment, holding, stake, share; 3. *(Veranstaltung)* attendance; **B. an Gesellschaften** investment in companies; **B. am Gewinn** profit-sharing (scheme); **B. an Kapitalgesellschaften** equity investment; **B. am Stammkapital** equity interest

Beteiligung abstoßen to hive/spin off a stake; **B. aufstocken/erhöhen/erwei-**

tern to increase a holding; **B. erwerben** to acquire an interest; **B. haben/halten** to hold a stake; **B. verkaufen** to sell off an interest

angemessene Beteiligung fair share; **ausländische B.en** foreign interests; **finanzielle B.** financial interest; **kommanditistische B.** limited partnership interest; **konsolidierte B.en** interests in subsidiaries and consolidated companies; **rege B.** good attendance; **schlechte/schwache B.** poor attendance; **stille B.** silent/dormant partnership; **wechselseitige B.en** cross shareholdings

Beteiligungs|besitz *m* trade investments; **B.betrag** *m* amount invested; **B.ergebnis** *nt* investment income; **B.erwerb** *m* acquisition; **B.fonds** *m* investment fund; **B.geschäft** *nt* joint venture; **B.gesellschaft** *f* investment company; **B.gewinn** *m* investment earnings; **B.investition** *f* direct investment; **B.kapital** *nt* equity capital; **B.konto** *nt* investment account; **B.-lohn** *m* profit-related pay (PRP) *[GB]*; **B.modell** *nt* profit-sharing scheme; **B.-portefeuille** *nt* investment portfolio; **B.quote** *f* share, interest; **B.stichtag** *m* date of acquisition; **B.system** *nt (Vermögensbildung)* profit-sharing scheme, sharing plan *[US]*; **B.verhältnis** *nt* share, interest; **B.vertrag** *m* partnership agreement

Betr. *(Brief)* re., subject

beträchtlich *adj* considerable, substantial

Betrag *m* amount, figure, sum; **B. erhalten** *(Quittung)* for value received

Betrag abbuchen to debit an amount; **B. abheben** to withdraw an amount; **B. abzweigen** to set aside an amount; **B. anrechnen** to credit an amount; **B. auszahlen** to pay out an amount; **B. einzahlen** to pay in an amount; **B. gutschreiben** to credit an account; **B. hinterlegen** to deposit an amount; **B. überschreiten** to exceed an amount; **B. überweisen** to remit an amount; **B. vorlegen/vorschießen** to advance an amount

abgehobener Betrag amount withdrawn; **angelegter B.** amount invested; **aufgelaufener B.** accrual; **ausgewiesener B.** amount stated; **ausstehender B.** amount owing; **auszuzahlender B.** amount payable; **beliebiger B.** any amount; **frei disponierbarer B.** discretionary allowance; **einbehaltener B.** amount withheld; **eingeplanter/haushaltsmäßig eingesetzter B.** budgeted amount; **erheblicher B.** substantial amount; **fälliger B.** amount due; **gesamter B.** sum total; **geschuldeter B.** amount owing; **namhafter/nennenswerter B.** considerable amount; **offener B.** amount owing; **restlicher B.** remainder; **rückständiger B.** arrears; **steuerpflichtiger B.** taxable amount; **überwiesener B.** amount remitted; **voller B.** full amount; **zugeflossener B.** accrual

betragen *v/i* to amount to; **durchschnittlich b.** to average; **im Ganzen b.** to aggregate

Betreff *m* 1. reference; 2. *(Brief)* re.

betreffen *v/t* to concern; **b.d** *prep* re. (reference), concerning

Betreiben *nt* operation; **b.** *v/t* to operate/run

Betreiber|(in) *m/f* operator; **B.gesellschaft** *f* operating company

Betreten *nt* entry; **unbefugtes B.** § trespass; **b.** *v/t* to enter; **unbefugt/widerrechtlich b.** to trespass

betreu|en *v/t* to look after; **B.er(in)** *m/f (Kunde)* account manager

Betreuung *f* 1. care; 2. servicing; **ärztliche B.** medical care; **häusliche B.** home care; **nachträgliche B.** 1. after-sales service; 2. ⚕ after-care

Betrieb *m* 1. plant, factory; 2. firm, enterprise, company; 3. ⚙ operation; **außer B.** out of order; **im B.** on the shop floor; **in B.** operational

Betrieb für Auftragsfertigung job shop; **B. mit Gewerkschaftszwang** closed *[GB]*/union *[US]* shop; **B. an der Grenze der Rentabilität** marginal plant; **B. mit Kundenauftragsfertigung** job-order/make-to-order plant; **~ Lagerfertigung** make-to-stock plant; **B.e der Urproduktion** extractive industry

Betrieb aufgeben to close a plant; **B. aufnehmen** to start production; **B. einstellen** to close down; **in B. gehen** to come on stream; **außer B. nehmen** to shut down, to decommission; **in B. nehmen** to put into operation; **B. rationalisieren** to streamline operations; **B. schließen** to close (down) a plant; **B. vorübergehend schließen** to shut down a plant; **in B. sein** to be operational; **voll ~ sein** to be fully

B

operational; **außer B. setzen** to render inoperative; **in B. setzen** to put on stream; **B. stilllegen** to close down (a plant); **B. verlagern/verlegen** to relocate a plant; **B. wiederaufnehmen** to resume operations

billig arbeitender Betrieb low-cost plant; **bestreikter B.** strike-bound plant; **durchgehender B.** continuous operation; **einträglicher B.** profitable concern; **gemeinnütziger B.** non-profit-making enterprise; **gewerblicher B.** manufacturing facility; **gewerkschaftsfreier B.** non-union shop; **gewerkschaftsgebundener/-pflichtiger B.** closed shop; **kaufmännischer B.** commercial enterprise; **kleine und mittlere B.e** small and medium-sized enterprises (SMEs); **mittelständischer B.** small firm; **sparsamer B.** economic operation; **wirtschaftlicher B.** profitable operation

betrieblich *adj* operational

Betriebs|- operational; **B.ablauf** *m* operational sequene; **B.ablaufplanung** *f* operation sequencing; **B.abrechner** *m* cost accountant; **B.abrechnung** *f* operational/cost accounting

Betriebsabteilung *f* operating department, division; **kaufmännische B.** commercial department; **technische B.** engineering department

Betriebs|analyse *f* operation(al) analysis; **B.angehörige(r)** *f/m* employee, staff member; **B.anlage** *f* plant, (operational) facility; **B.anordnung; B.anweisung** *f* operating instruction; **B.art** *f* mode/type (of operation); **B.assistent(in)** *m/f* managerial assistant; **B.aufgabe** *f* closure; **B.auflösung** *f* closing-down, (plant) closure; **B.aufsicht** *f* plant inspection/inspectorate; **B.aufwand; B.aufwendungen** *m/pl* operating cost(s); **B.ausbildung** *f* industrial/in-service training; **B.ausfall** *m* breakdown; **B.ausgaben** *pl* operating expenditure, operating cost(s); **B.auslastung; B.ausnutzung** *f* plant utilization; **B.ausschuss** *m* shop/works committee; **B.ausstattung** *f* plant equipment; **B.bedingungen** *pl* operating conditions; **B.bedürfnisse** *pl* operating requirements; **B.besetzung** *f* factory sit-in; **B.bestimmungen** *pl* operating instructions; **B.bilanz** *f* operating statement; **b.-blind** *adj* blinkered

Betriebsbuch *nt* log(book); **B.halter** *m* cost accountant; **B.haltung** *f* cost accounting

Betriebs|daten *pl* operating data; **B.dauer** *f* service life; **B.direktor** *m* plant/works manager; **B.einheit** *f* operating unit; **B.-einkommen** *nt* operating income; **B.einstellung** *f* (plant) closure; **B.erfolg** *m* operating result(s); **B.erfordernis** *nt* operating requirement

Betriebsergebnis *nt* operating result; **B.-rechnung** *f* operating statement

Betriebs|erlaubnis *f* operating licence; **B.-erträge** *pl* operating profit

Betriebs|ferien *pl* plant/works holidays; **B.fonds** *m* operating fund; **B.form** *f* 1. type of firm/business; 2. *(Einzelhandel)* outlet; **b.fremd** *adj* outside; **B.führer** *m* plant manager

Betriebsführung *f* (plant) management; **B.sgesellschaft** *f* operating company

Betriebsgebäude *nt* (company) premises, factory building; **B., Maschinen und Einrichtungen** *(Bilanz)* plant and equipment

Betriebs|geheimnis; B.- und Geschäftsgeheimnis *nt* industrial/trade secret; **B.gelände** *nt* (factory) premises, plant site; **B.gemeinkosten** *pl* operating overheads; **B.genehmigung** *f* operating licence; **B.gesellschaft** *f* operating company; **B.gewinn** *m* operating profit/income; **B.größe** *f* plant size; **B.größennachteile** *pl* diseconomies of scale; **B.größenvorteile** *pl* economies of scale; **B.grundstück** *nt* factory/plant site, company premises; **B.gründung** *f* (business) start-up; **B.gründungsfinanzierung** *f* start-up finance; **B.-gründungszuschuss** *m* start-up grant; **B.haftpflicht** *f* employer's liability; **B.handbuch** *nt* operating manual; **B.haushaltsplan** *m* operating budget; **B.hygiene** *f* industrial hygiene; **B.ingenieur** *m* production engineer; **B.inspektion** *f* factory inspection; **B.inspektor** *m* factory inspector; **b.intern** *adj* in-house, in-company; **B.inventar** *nt* plant/business inventory; **B.investition(en)** *f/pl* plant investment; **B.kalkulation** *f* operational/cost accounting; **B.kantine** *f* works canteen; **B.kapital** *nt* trading/operating/working capital; **B.kennzahlen** *pl* operating ratios; **B.klima** *nt* industrial/working climate; **B.konto** *nt* operating account; **B.-konzession** *f* operating licence

Betriebskosten *pl* operating cost(s); **B. pro**

Einheit unit cost(s); **B.rechner** *m* cost accountant; **B.rechnung** *f* cost accounting; **B.zuschuss** *m* operational grant

Betriebs|krankenkasse *f* company health insurance (scheme); **B.kredit** *m* operating/business loan; **B.leistung** *f* operating performance; **B.leiter** *m* works/production/plant manager, ~ superintendent; **B.leitung** *f* works/plant management; **B.material** *nt* stock-in-trade, plant/factory supplies

Betriebsmittel *pl* 1. working/current/operating capital; 2. machines and equipment, stock-in-trade; **B.kredit** *m* operational credit; **B.vorrat** *m* working stock; **B.zuweisung** *f* resource allocation

Betriebs|modernisierung *f* plant modernization; **b.neutral** *adj* non-operating; **B.obmann** *m* shop steward; **B.ordnung** *f* company/factory regulations; **B.organisation** *f* plant/management organization; **B.panne** *f* breakdown; **B.periode** *f* operating/busy period; **B.personal** *nt* (operating) staff/personnel, workforce; **B.pflicht** *f* *(Versorgungsbetriebe)* public service obligation (PSO); **B.planung** *f* corporate/operational/management planning; **B.politik** *f* management/corporate policy; **B.praktikum** *nt* industrial/work placement, work experience (scheme); **B.problem** *nt* operational problem; **B.programm** *nt* 1. production program(me); 2. 🖳 software; **B.prüfer** *m* 1. auditor; 2. *(Steuer)* tax inspector

Betriebsprüfung *f* audit; **steuerliche B.** tax audit

Betriebspsycholog|e; B.in *m/f* industrial psychologist; **B.ie** *f* industrial psychology

Betriebsrat *m* works/staff/workers' council; **B.smitglied** *nt* member of the works council; **B.svorsitzende(r)** *f/m* (works) convener *[GB]*, chairman/chairwoman of the works council

Betriebs|rechnung *f* operating statement; **B.reingewinn** *m* net operating income; **B.rentabilität** *f* operating return; **B.rente** *f* company/occupational pension; **B.reserve** *f* 1. operating reserve; 2. *(Personal)* call workforce; **B.revision** *f* (internal) audit; **B.revisor** *m* internal/company auditor; **B.risiko** *nt* operational hazard; **B.schließung** *f* 1. (plant) closure; 2. *(zeitweilig)* (plant) shutdown; **B.schlosser** *m* maintenance engineer; **B.schluss** *m* closing hours; **B.selbstkosten** *pl* net production cost(s); **B.sicherheit** *f* operational/industrial/occupational safety; **B.spannung** *f* ϟ operating voltage; **B.standort** *m* plant location; **B.stätte** *f* 1. business premises, (company) plant; 2. manufacturing facility; **B.steuer** *f* operating tax; **B.stilllegung** *f* 1. (plant) closure; 2. *(zeitweilig)* shutdown; **B.stillstandskosten** *pl* down-time cost(s), **B.stillstandsversicherung** *f* business interruption insurance; **B.stoffe** *pl* operating materials; **B.störung** *f* breakdown; **B.struktur** *f* company/plant structure; **B.stunde** *f* operating hour; **B.system** *nt* operating system; **B.technik** *f* production engineering, **B.teil** *m* operating unit; **B.teile ausgliedern** to hive/spin off operations; **B.typ** *m* 1. type of plant; 2. *(Einzelhandel)* outlet; **B.übernahme** *f* (plant) takeover; **B.überschuss** *m* operating surplus; **B.überwachung** *f* factory inspection

Betriebsunfall *m* industrial accident; **B.versicherung** *f* industrial accident insurance

Betriebsunterbrechung *f* interruption of business; **B.sschaden** *m* business interruption loss; **B.sversicherung** *f* business interruption insurance

Betriebs|unterlagen *pl* plant/factory records; **B.urlaub** *m* works holidays; **B.vereinbarung** *f* plant/shop/works agreement

Betriebsverfassung *f* works constitution; **B.sgesetz** *nt* industrial constitution act

Betriebs|vergleich *m* interplant comparison; **B.verhältnisse** *pl* operating conditions; **B.verlagerung; B.verlegung** *f* factory/plant relocation; **B.verlust** *m* operating/trading loss

Betriebsvermögen *nt* business capital/assets; **produktives B.** operating/productive assets

Betriebs|versammlung *f* works/staff meeting; **B.versicherung** *f* business insurance; **B.vertrauensmann** *m* shop steward; **B.vertretung** *f* employee representation; **B.vorrat** *m* stock-in-trade; **B.weise** *f* operating method

Betriebswirt *m* business administrator; **graduierter B.** Bachelor/Master of Business Administration (BBA/MBA)

Betriebswirtschaft *f* business administration/studies; **B.ler(in)** *m/f* business

B

administrator; **b.lich** *adj* managerial; **B.s-lehre** *f* business administration
Betriebs|wissenschaft *f* management science; **B.zeit** *f* 1. service life; 2. operating time; **B.zugehörigkeit; B.dauer** *f* length of service; **B.zuschuss** *m* operating grant
Betrug *m* § fraud
betrügen *v/t* § to defraud/cheat
Betrüger|(in) *m/f* § fraudster; **B.ei** *f* fraudulent practice(s); **b.isch** *adj* fraudulent
beurkunden *v/t* to certify/authenticate
Beurkundung *f* certification, authentication; **notarielle B.** notarial authentication
Beurlaubung *f* leave of absence
beurteilen *v/t* to assess/appraise
Beurteilung *f* assessment, appraisal; **B. von Angestellten** employee appraisal; **B. der Anlagemöglichkeiten** investment appraisal; **~ Kreditwürdigkeit** credit rating; **~ Leistung** performance appraisal; **bilanzmäßige B.** balance sheet assessment
Beurteilungs|blatt; B.bogen *nt/m* appraisal sheet; **leistungsbezogenes B.system** performance appraisal system; **B.verfahren** *nt* assessment procedure
Bevölkerung *f* population; **arbeitende/beschäftigte/erwerbstätige B.** working population
Bevölkerungs|dichte *f* density of population; **B.entwicklung** *f* demographic trend
Bevölkerungsschicht *f* demographic stratum; **alle B.en** all walks of life
Bevölkerungsstruktur *f* demographic structure
bevollmächtig|en *v/t* to authorize/empower; **b.gt** *adj* authorized, entitled, empowered
Bevollmächtigte(r) *f/m* 1. (authorized) agent, (mandatory) proxy; 2. *(Treuhänder)* trustee
Bevollmächtigung *f* authorization, authority, mandate, proxy (statement)
bevorrat|en *v/t* to stockpile; **B.ung** *f* stockpiling
bevorrechtigt *adj* 1. preferential, preferred; 2. *(Gläubiger)* secured
bevorschuss|en *v/t* to advance; **B.ung** *f* advance
bevorzug|en *v/t* to prefer/favour; **b.t** *adj* preferential, preferred
be|wahren *v/t* to keep; **b.währt** *adj* proven
Bewährung *f* 1. trial; 2. § probation; **auf B.** on probation
bewältigen *v/t* to manage/master
bewegen *v/t* to move/shift; **sich von ... bis ... b.** *(Preise)* to range from … to …
beweglich *adj* 1. mobile, flexible; 2. *(Zins)* variable
Beweglichkeit *f* mobility, flexibility; **berufliche B.** occupational/job mobility
Bewegung *f* movement
Bewegungs|bilanz; B.rechnung *f* statement (of sources and) of application of funds, flow-of-funds statement; **B.daten** *pl* movement data; **B.freiheit** *f* leeway, scope; **B.spielraum** *m* scope, room for manoeuvre; **B.zeitstudie** *f* time and motion study
Beweis *m* § proof, evidence; **mangels B.es** for lack of evidence; **B. des ersten An-/Augenscheins** prima facie *(lat.)* evidence
zum Beweis anführen to cite in evidence; **B. antreten; B. erbringen** to furnish evidence
auf Indizien beruhender Beweis circumstantial evidence; **eindeutiger/einwandfreier B.** proof positive; **hinlänglicher/hinreichender B.** ample proof; **rechtserheblicher B.** material evidence; **schlagender/schlüssiger B.** conclusive evidence; **unwiderleglicher B.** incontrovertible evidence
Beweis|aufnahme *f* § hearing of evidence; **b.bar** *adj* demonstrable, provable
beweisen *v/t* to prove/substantiate
Beweislast *f* § burden/onus of proof
bewerben *v/t* *(Produkt)* to advertise for, to promote; **sich b. bei** *(Firma)* to apply to; **~ um** 1. to apply for; 2. *(Auftrag)* to tender/bid for
Bewerber(in) *m/f* 1. applicant, candidate; 2. *(Auftrag)* competitor, bidder
Bewerbung *f* 1. (job) application; 2. *(Auftrag)* bid, tender; 3. *(Produkt)* promotion; **B. aufsetzen** to write a letter of application
Bewerbungs|bogen; B.formular *m/nt* application (form); **B.frist** *f (Ausschreibung)* tender period; **B.gespräch** *nt* (job) interview; **B.schluss; letzter B.termin** *m* deadline/closing date for applications; **B.schreiben** *nt* letter of application; **B.-vordruck** *m* application form
bewerkstelligen *v/t* to effect/manage
bewertbar *adj* assessable, appraisable
bewerten *v/t* to assess/appraise; **neu b.** to revalue/reasses/reappraise

Bewertung *f* assessment, appraisal; **B. fester Anlagen; B. des Anlagevermögens** fixed-asset valuation; **B. einer Arbeit** job rating; **B. eines Betriebs** going-concern valuation; **B. zu Durchschnittspreisen; B. zum Mittel der Einstandspreise** average cost(ing) method; **B. von Forderungen** valuation of claims; **B. des Lagerbestandes** stock assessment; **B. zum Nettowert** net valuation; **B. nach dem Niederstwertprinzip** valuation at the lower of cost or market; **B. des Unternehmens als Ganzes** valuation of the enterprise as a going concern; **B. zu festen Verrechnungspreisen** standard cost method; **B. zum Verkehrswert** market valuation

erneute Bewertung revaluation; **handelsmäßige/-rechtliche B.** commercial valuation; **marktgemäße B.** market valuation; **versicherungstechnische B.** actuarial valuation; **vorsichtige B.** conservative estimate

Bewertungs|abschlag *m* depreciation, write-down; **B.agentur** *f* rating agency; **B.bestimmungen** *pl* valuation principles; **B.freiheit** *f (Bilanz)* discretionary valuation; **B.gebühr** *f* appraisal fee; **B.-grenze** *f* assessment limit; **B.grundlage** *f* 1. valuation basis; 2. *(Aufwandsrechnung)* cost basis; **B.korrektur** *f* reappraisal, revaluation; **B.maßstab** *m* 1. criterion; 2. *(Bilanz)* standard of valuation; **B.prinzip** *nt* valuation/assessment principle; **B.richtlinien** *pl* 1. assessment principles; 2. *(Bilanz)* valuation rules; **B.skala** *f* rating scale; **B.stichtag** *m* valuation date; **B.verfahren** *nt* valuation method; **B.verhältnis** *nt* valuation ratio; **B.vorschriften** *pl* 1. *(Bilanz)* valuation rules; 2. *(Steuer)* assessment principles; **B.wahlrecht** *nt* discretionary valuation

bewilligen *v/t* 1. to allow/grant; 2. to authorize/approve; 3. *(Geldmittel)* to appropriate

Bewilligung *f* 1. consent, permission; 2. authorization; 3. allowance, appropriation; **B. von Geldmitteln** appropriation of funds; **B. einer Hypothek** mortgage approval; **B. eines Kredits** approval of a loan

be|wirken *v/t* to effect/cause; **b.wirten** *v/t* to entertain/treat

bewirtschaft|en *v/t* 1. to manage/operate; 2. 🚜 to farm; 3. *(zwangsweise)* to ration; **b.et** *adj* 1. rationed; 2. *(Wohnung)* rent-controlled; 3. 🚜 cultivated

Bewirtschaftung *f* 1. management, operation; 2. rationing; 3. 🚜 farming **B. aufheben; aus der B. herausnehmen** to deregulate

Bewirtschaftungs|kosten *pl* management cost(s); **B.plan** *m* 1. rationing scheme; 2. 🚜 cultivation scheme

Bewirtung *f* entertainment; **B.skosten** *pl* entertainment expenses

bewohn|en *v/t* to inhabit/occupy; **B.er(in)** *m/f* inhabitant, resident, occupant

bezahlbar *adj* affordable

bezahlen *v/t* 1. to pay; 2. *(Rechnung)* to settle; 3. *(Schulden)* to discharge; **bar b.** to pay cash; **ganz b.; restlos b.; voll(ständig) b.** to pay in full; **netto b.** to pay net; **nicht b.** to default; **pünktlich b.** to pay promptly; **teilweise b.** to make a part payment; **teuer b.** to pay dear(ly); **im Voraus b.** to pay in advance

bezahlt *adj* paid (pd); **b. und Brief (dB)** *(Börse)* sellers over; **~ Geld (bG)** buyers over/ahead; **stundenweise b. werden** to be paid by the hour

niedrig/schlecht/ungenügend bezahlt low-paid, underpaid; **voll b.** fully paid (up) (f.p.); **im Voraus b.** prepaid (ppd)

Bezahlung *f* 1. payment; 2. *(Rechnung)* settlement; 3. *(Schulden)* discharge; **B. bei Auftragserteilung/Bestellung** cash with order (CWO); **B. nach Erfolg** payment by results; **~ Lieferung** cash on delivery (COD); **B. einer Rechnung** settlement of an account; **B. von Schulden** payment of debts

Bezahlung ablehnen/verweigern to refuse payment; **auf B. bestehen/dringen** to insist on payment

bis zur endgültigen Bezahlung pending payment in full; **leistungsbezogene B.** performance-based payment; **leistungsgerechte B.** payment by results; **teilweise B.** part payment; **volle/vollständige B.** payment/settlement in full

bezeichnen *v/t* 1. *(beschriften)* to mark/label; 2. to name

bezeichnet *adj* marked; **nachstehend b.** here(in)after referred to

Bezeichnung *f* description, term, title; **B. der Ware** description of goods; **amtliche B.** official designation; **falsche B.** mis-

B

nomer; **irreführende/missverständliche B.** misleading description
bezeugen *v/t* to witness/testify
beziehen *v/t* 1. *(Kauf)* to buy/purchase/obtain; 2.*(Haus)* to occupy; 3. *(Einkünfte)* to draw/derive; 4. *(Aktien)* to subscribe; **sich b. auf** to refer to
Bezieher(in) *m/f* 1. *(Einkommen)* recipient; 2. *(Kauf)* buyer; 3. *(Zeitung/Aktien)* subscriber
Beziehung *f* relation(ship), connection; **geschäftliche B.** business relationship; **vertragliche B.en** contractual relations
Beziehungs|kauf *m* direct purchase; **B.-preis** *m* direct purchase price; **b.weise (bzw.)** *adv* respectively
beziffern (auf) *v/t* to put at
Bezirk *m* district, region, area
Bezirks|agentur *f* district office; **B.direktion** *f* regional (head) office; **B.direktor** *m* area/district manager; **B.gericht** *nt* county/district court; **B.inspektor** *m* area controller; **B.leiter** *m* area manager; **B.leitung** *f* area headquarters; **B.vertreter** *m* area/regional representative; **B.vertretung** *f* area office
bezogen *adj* *(Wechsel)* drawn; **B.e(r)** *f/m* *(Wechsel)* drawee
Bezug (Bez.) *m* 1. reference, re.; 2. *(Kauf)* purchase, buying; **bei B.** when odering; **in B. auf** with regard to
Bezüge *pl* 1. emoluments, remuneration, earnings, pay; 2. *(Ware)* supplies; **ruhegehaltsfähige B.** pensionable pay
bezüglich (bez.) *prep* re., referring to
Bezugnahme *f* reference; **unter B. auf** with reference to
bezugnehmend auf referring to
Bezugs|adresse *f* reference address; **B.-angebot** *nt (Aktien)* rights issue *[GB]*, subscription warrant *[US]*; **B.basis** *f* reference base; **B.bedingungen** *pl* 1. terms of delivery; 2. *(Katalog)* conditions of sale; **B.berechtigte(r)** *f/m* beneficiary
Bezugsberechtigung *f* subscription privilege; **B.sschein** *m* subscription warrant
Bezugs|datum *nt* reference date; **b.fertig** *adj* 🏛 1. ready for immediate occupancy; 2. *(Anzeige)* vacant possession; **B.formular** *nt* 1. order form; 2. *(Aktien)* subscription form
Bezugsgröße *f* base, reference/benchmark figure, parameter; **B.n** terms of reference
Bezugs|jahr *nt* reference year; **B.kontingent** *nt* purchasing quota; **B.kosten** *pl* purchase cost(s), cost(s) of acquisition; **B.kurs** *m* issue/subscription price; **B.-land** *nt* country of origin; **B.lohn** *m* reference wage; **B.nummer** *f* reference number (Ref. No.); **B.preis** *m* 1. *(Aktien)* subscription rate; 2. reference/purchase price
Bezugsquelle *f* source (of supply); **B.nverzeichnis** *nt* trade directory
Bezugsrahmen *m* terms of reference
Bezugsrecht *nt* 1. subscription right, preemptive right; 2. rights issue; **ex B. (ex Bez.)** ex rights (x.r.); **inklusive/mit B.** cum rights (c.r.); **B. ausüben** to exercise an option; **mit B.en handeln** to deal in rights
Bezugsrechts|dividende *f* scrip dividend; **B.emission** *f* rights issue; **B.schein** *m* option warrant
Bezugs|schein *m* 1. *(Aktien)* subscription warrant, scrip; 2. *(Waren)* coupon, ration card; **B.tag; B.termin** *m* reference date; **B.wert** *m* base; **B.zeitraum** *m* reference/base period
bezuschuss|en *v/t* to subsidize; **B.ung** *f* subsidization
bG (bezahlt und Geld) *(Börse)* buyers ahead
bieten *v/t* 1. to offer/tender; 2. *(Versteigerung)* to bid; **höher b.** to raise the bid; **mehr b. als** to outbid (so.)
Bietende(r); Bieter(in) *m/f* bidder, tenderer
Bietergruppe *f* bidding syndicate
Bietungs|garantie *f* tender/bid guarantee; **B.konsortium** *nt* bidding syndicate; **B.-kurs** *m* bidding price
Bilanz *f* balance sheet, accounts, assets and liabilities statement *[US]*; **B. aufmachen** to make up a balance sheet; **B. aufschlüsseln** to break down a balance sheet; **B. fälschen/frisieren/manipulieren/verschleiern** to cook the books, to fake the balance sheet; **B. genehmigen** to approve (of) a balance sheet; **B. prüfen** to audit a balance sheet; **B. zergliedern** to break down a balance sheet; **B. ziehen** to make up the accounts, to balance one's books
abgekürzte Bilanz condensed balance sheet; **ausgeglichene B.** break-even result; **außenwirtschaftliche B.** 1. *(Handel)* balance of trade; 2. *(Zahlung)* balance of payments; **frisierte/gefälschte B.** cooked/

doctored balance sheet; **konsolidierte B.; zusammengefasste/-gezogene B.** consolidated/group balance sheet; **vorläufige B.** interim balance sheet

Bilanz|abschluss *m* financial statement; **B.abschreibung** *f* depreciation; **B.abteilung** *f* accounting department; **B.akrobatik** *f* creative accounting; **B.analyse** *f* financial statement analysis; **B.aufstellung** *f* statement of assets and liabilities

Bilanzausgleich *m* balancing adjustment; **B.sposten** *m* adjustment item

Bilanz|ausweis *m* financial statement; **B.auszug** *m* abstract of a balance sheet; **B.bereinigung** *f* balance sheet adjustment; **B.bericht** *m* notes to the balance sheet; **B.bewertung** *f* balance sheet valuation; **B.buchhalter** *m* accountant; **B.delikt** *nt* accounting fraud; **B.entwurf** *m* draft balance sheet

Bilanz|erklärungen *pl* balance sheet notes; **B.fälschung** *f* window-dressing, cooking the books; **B.gewinn** *m* net earnings/profit; **B.gliederung** *f* balance sheet layout

bilanzieren *v/t* to draw/make up the balance sheet

Bilanzierung *f* drawing up a balance sheet, accounting

Bilanzierungs|bestimmung *f* accounting rule; **B.erfordernisse** *pl* accounting requirements; **B.gliederung** *f* balance sheet format

Bilanzierungsgrundsätze *pl* accounting principles; **allgemein anerkannte B.** generally accepted accounting principles (GAAP)

Bilanzierungs|maßstäbe *pl* accounting standards; **B.periode** *f* accounting period; **B.politik** *f* accounting policy; **B.-regel** *f* accounting rule; **B.richtlinien** *pl* accounting standards/principles; **allgemeine anerkannte B.richtlinien** generally accepted accounting principles (GAAP); **B.stichtag** *m* reporting date; **B.-vorschriften** *pl* accounting regulations; **B.weise** *f* accounting method; **B.zeitraum** *m* reporting period

Bilanz|kennzahl *f* accounting ratio; **B.kosmetik** *f* window-dressing; **B.kurs** *m (Aktie)* book value; **B.periode** *f* accounting period; **B.politik** *f* accounting policy

Bilanzposten *m* balance sheet item

Bilanz|pressekonferenz *f* results presentation; **B.prüfer** *m* auditor, comptroller *[US]*; **B.prüfung** *f* audit; **~ durchführen** to audit the accounts; **B.regel** *f* accounting rule; **B.relationen** *pl* balance sheet ratios; **B.revision** *f* balance sheet audit; **B.richtlinien** *pl* accounting conventions, Fourth Directive *(EU)*; **B.stichtag** *m* reporting date; **B.struktur** *f* balance sheet structure; **B.summe** *f* balance sheet total; **B.theorie** *f* accounting theory; **B.vergleich** *m* comparison of financial statements, ~ balance sheets; **B.verlust** *m* balance sheet loss; **B.vermerk** *m* note(s) to the accounts; **B.verschleierung; B.verschönerung** *f* window-dressing; **B.volumen** *nt* balance sheet total; **B.wert** *m* book value; **B.zahlen; B.ziffern** *pl* balance sheet figures; **B.zeitraum** *m* period under review

Bild *nt* 1. picture; 2. *(Vorstellung)* image; **B.-beilage** *f* colo(u)r/illustrated supplement

bilden *v/t* 1. to form/shape; 2. to constitute, to make up; *v/refl* to develop

Bild|feld *nt* 🖳 scanning field; **B.fernsprecher** *m* video(tele)phone; **B.katalog** *m* illustrated catalog(ue)

Bildschirm *m* 🖳 screen, visual display unit (VDU), monitor; **B.anzeige** *f* visual display; **B.arbeitsplatz** *m* 🖳 workstation; **B.arbeiter(in)** *m/f* VDU operator; **B.einheit; B.gerät** *f/nt* visual display unit (VDU); **B.text** *m* teletext

Bild|überschrift; B.unterschrift *f* caption

Bildung *f* 1. formation, foundation; 2. *(Erziehung)* education; 3. *(Kapital)* accumulation; **berufliche B.** vocational training; **höhere B.** higher education

Bildungs|- educational; **B.abschluss** *m* educational qualification(s); **B.anforderung; B.erfordernisse** *f/pl* educational requirement(s); **B.aufwand; B.ausgaben** *m/pl* education spending; **B.einrichtung** *f* educational establishment/institution; **B.-gang** *m* 1. educational background; 2. school/university/college career; **B.grad** *m* level of education; **B.niveau** *nt* level/standard of education

Bild|wörterbuch *nt* illustrated/pictorial dictionary; **B.zeichen** *nt* 1. pictogram; 2. logo; **B.zerleger** *m* scanner; **B.zerlegung** *f* scanning

Billiarde *f* thousand trillion

billig *adj* 1. cheap, inexpensive, cut-price, low-priced; 2. § equitable

Billig|- cut-price; **B.anbieter** *m* discounter, cut-price competitor/supplier; **B.angebot** *nt* bargain(-basement) offer; **B.artikel** *m* catchpenny article *[GB]*; **B.einfuhr** *f* cut-price imports
billigen *v/t* to approve/back/endorse
billiger cheaper, lower-priced
Billig|flagge *f* ⚓ flag of convenience; **B.-fluglinie** *f* budget carrier; **B.importe** *pl* low-cost/cut-price imports
Billigkeit *f* § equity; **B.sanspruch** *m* equitable claim; **B.srecht** *nt* (law of) equity
Billig|kredit *m* 1. cheap credit/loan; 2. *(subventioniert)* soft loan; **B.laden** *m* discount/cut-price store; **B.land** *nt* low-cost country; **B.lohnland** *nt* low-wage country; **B.marke** *f* discount brand; **B.preisgeschäft** *nt* cut-price/discount store
billigst *adv* *(Börse)* at best, at the market; **B.(ens)auftrag; B.(ens)order** *m/f* market order
Billigtarif *m* bargain/cut-price fare
Billigung *f* approval, backing, endorsement; **stillschweigende B.** tacit approval
Billigware *f* low-price(d) goods; **B.ngeschäft** *nt* cut-price/discount/penny *[GB]*/ dime *[US]* store
Billion *f* trillion (tn)
binden *v/t* 1. to bind; 2. *(Gelder)* to lock/ tie up; *v/refl* to commit o.s.; **b.d** *adj* 1. binding; 2. *(Zusage)* definite
Bindung *f* 1. *(Vertrag)* commitment; 2. bond; 3. *(Preise/Zinsen)* pegging; 4. *(Geldmittel)* immobilization; **B. von Geldmitteln** earmarking of funds; **B. freier/vagabundierender Mittel** soaking up loose funds; **B. von Preisen** price maintenance; **~ im Einzelhandel** retail price maintenance (rpm); **B. von Währungen** currency pegging
gegenseitige Bindung mutual commitment; **indexmäßige B.** indexation; **rechtliche B.** legal obligation; **vertragliche B.** contractual commitment
Binnen|- domestic, national *(EU)*; **B.flotte** *f* inland waterways fleet; **B.flughafen** *m* domestic airport; **B.fracht** *f* inland/ domestic transport; **B.frachtführer** *m* domestic carrier; **B.geldwert** *m (Währung)* internal value; **B.gewässer** *nt* inland waterways; **B.hafen** *m* 1. inland port; 2. inner harbour; **B.handel** *m* 1. domestic/home trade; 2. intra-Community trade *(EU)*; **B.kaufkraft** *f* domestic purchasing power; **B.konjunktur** *f* domestic boom; **B.konnossement** *nt* inland (waterway) bill of lading; **B.konsum** *m* domestic consumption; **B.luftverkehr** *m* domestic air traffic/services; **B.markt** *m* home/domestic market, national market; **europäischer B.markt** single European market; **B.marktpreis** *m* domestic price; **B.nachfrage** *f* domestic/home demand; **B.schiff** *nt* barge; **~ für Containertransporte** container-carrying barge
Binnenschifffahrt *f* inland waterway transport, inland navigation; **B.sempfangsbescheinigung** *f* inland waterway consignment note; **B.sspediteur; B.sunternehmen** *m/nt* inland waterway carrier; **B.sversicherung** *f* inland waterway insurance; **B.sweg** *m* inland waterway
Binnen|tarif *m* inland rate; **B.transportversicherung** *f* inland marine insurance *[US]*; **B.umsätze** *pl* internal turnover; **B.wachstum** *nt* domestic growth; **B.währung** *f* domestic currency
Binnenwasser|fahrzeug *nt* barge; **B.-straße** *f* inland waterway
Binnen|wert *m* domestic value; **B.wirtschaft** *f* domestic economy; **b.wirtschaftlich** *adj* domestic
Binnenzoll|amt; B.stelle *nt/f* inland customs office
Bio|-Bauer *m* organic farmer; **B.chemie** *f* biochemistry; **b.chemisch** *adj* biochemical; **B.kost** *f* organic food; **B.laden** *m* organic food shop; **B.masse** *f* biomass; **B.müll** *m* organic waste; **B.-technik; B.-technologie** *f* biotechnology, bioengineering; **B.wissenschaft(en)** *f/pl* life science(s)
Bitte *f* request, plea; **B. um Kreditauskunft** status *[GB]*/credit *[US]* inquiry
bitten *v/t* to ask/request
BIZ (Bank für internationalen Zahlungsausgleich) BIS (Bank for International Settlements)
Blankett *nt* blank (form); **B.einkaufsauftrag** *m* blanket purchse order; **B.police** *f* blank policy; **B.vorschrift** *f* outline provision
blanko *adj* 1. blank; 2. *(Kredit)* unsecured
Blanko|abgaben *pl* *(Börse)* shortselling; **B.abtretung** *f* assignment in blank; **B.-akzept; B.annahme** *nt/f* blank acceptance; **B.auftrag** *m* blank order; **B.formular; B.-giro** *nt* blank; **B.geschäft** *nt* blank trans-

action; **B.indossament** *nt* blank/general endorsement; **B.instrument** *nt* inchoate instrument; **B.konnossement** *nt* blank bill of lading; **B.kredit** *m* unsecured credit/loan; **B.papier** *nt* blank instrument; **B.police** *f* blank policy; **B.scheck** *m* blank cheque *[GB]*, counter check *[US]*; **B.verkauf** *m (Börse)* shortselling; **B.verkäufer** *m* shortseller; **B.vollmacht** *f* carte blanche *(frz.)*; **B.wechsel** *m* blank bill/acceptance; **B.zession** *f* blank transfer

Blatt *nt* sheet

Blaumachen *nt (coll)* absenteeism; **b. machen** *v/i* to be absent from work

blechen *v/t (coll)* to shell/fork out *(coll)*

Blind|bewerbung *f* unsolicited application; **B.erinnerungstest** *m (Werbung)* blind product test; **B.muster** *nt* dummy

Blitz *m* lightning; **B.besuch** *m* flying visit; **B.meldung** *f* news flash; **B.schaden** *m* lightning damage

Blitzschlag *m* (stroke of) lightning; **B.klausel** *f* lightning clause; **B.versicherung** *f* lightning insurance

Blitz|streik *m* lightning strike; **B.test** *m (Werbung)* blind product test; **B.umfrage** *f* straw poll

Block|adresse *f* block address; **B.buchung** *f* block booking; **B.diagramm** *nt* block diagram

blocken *v/t* to block

blockieren *v/t* 1. to block (up); 2. *(Kapital)* to freeze, to tie up; 3. 🖳 to inhibit

blockiert *adj (Konto)* frozen

Block|police *f* ticket policy; **B.posten** *m* lot; **B.schrift** *f* block/printed letters; **Bitte in ~ ausfüllen** please print

blühen *v/i* to flourish/prosper/thrive; **b.d** *adj* booming, flourishing, thriving, buoyant

Blüte *f* 1. *(fig)* prime; 2. *(coll) (Falschgeld)* counterfeit(ed) banknote

Blütezeit *f* heyday, prime

BLZ (Bankleitzahl) *f* bank (sort) code

Boden *m* 1. ground; 2. soil; 3. land; 4. base; **B. bestellen** 🚜 to till the soil; **B. gutmachen** to make up/recover lost ground; **an B. verlieren** to lose ground; **verlorenen B. wiedergewinnen/-gutmachen** to make up lost ground

landwirtschaftlich genutzter Boden farm/agricultural land; **verseuchter B.** contaminated soil

Boden|bearbeitung; B.bewirtschaftung *f* 🚜 tillage, tilling; **B.belastung** *f* (level of) soil pollution; **B.ertrag** *m* crop yield; **B.erzeugnis** *nt* product of the soil; **B.fläche** *f* 1. floor space; 2. 🚜 acreage; **B.knappheit** *f* shortage of land

Bodenkredit *m* agricultural credit; **B.anstalt; B.bank; B.institut; B.kasse** *f/nt/f* (land) mortgage bank; **B.pfandbrief** *m* mortgage bond

boden|los *adj* bottomless; **B.nutzung** *f* land use; **B.personal** *nt* ✈ ground staff; **B.pfandbrief** *m* mortgage bond; **B.preis** *m* land price; **B.produkt** *nt* produce; **B.reform** *f* agrarian/land reform; **B.rente** *f* ground rent

Bodensatz *m* 1. sediments; 2. *(Einlagen)* core deposits; 3. *(Arbeitslosigkeit/Kriminalität)* hard core

Boden|schätze *pl* (natural/mineral) resources; **nach B.schätzen suchen** to prospect; **B.senkung** *f* subsidence; **B.spekulant** *m* land speculator; **B.spekulation** *f* land speculation; **b.ständig** *adj* native, indigenous; **B.temperatur** *f* ground temperature; **B.transport** *m* surface transport; **B.verbesserung** *f* amelioration, land improvement; **B.verkehr** *m* 1. surface transport; 2. *(Grundstückskäufe)* property transactions; **B.vermessung** *f* surveying; **B.verschmutzung; B.verunreinigung** *f* soil pollution; **B.verseuchung** *f* soil contamination; **B.vorrat** *m* land bank; **B.wert** *m* land value; **B.zins** *m* ground rent

Bodmerei *f* ⚓ bottomry; **B.brief** *m* bottomry bond; **~ auf Schiff und Ladung** repondentia bond; **B.darlehen; B.kredit** *nt/m* bottomry loan; **B.versicherung** *f* bottomry insurance

Bogen *m* 1. sheet (of paper); 2. *(Wertpapiere)* coupon sheet

Bohr|gesellschaft *f* drilling company; **B.insel** *f* drilling rig; **B.loch** *nt* well, borehole; **B.tätigkeit** *f* drilling

Bombe *f* bomb

Bomben|erfolg *m (coll)* huge success; **B.geschäft** *nt (coll)* gold mine *(coll)*, roaring business/trade *(coll)*; **B.stelle** *f (coll)* plum job *(coll)*

Bonbon *nt (fig)* sweetener *(fig)*

Bonifikation *f* 1. compensation; 2. underwriting commission; 3. bonus

Bonität *f* creditworthiness, credit status/standing

B

Bonitäts|auskunft *f* credit information; **B.beurteilung; B.einstufung** *f* credit rating; **B.prüfung** *f* credit check/investigation

Bonus *m* 1. bonus; 2. surplus dividend; **B. bei Schadensfreiheit** no-claims bonus; **B.aktie** *f* bonus share

Bord *m* board; **an B.** on board (ship), afloat (aflt); **an B. gebracht und gestaut** free on board and trimmed; **franko B.; frei an B.** free on board (FOB); **frei an B. und wieder frei von B.** free on board/free off board (f.o.b./f.o.b.)

an Bord bringen to put on board; **an B. des Schiffes liefern** to deliver on board ship; **frei ~ zu liefern** to be delivered free on board; **~ nehmen** to take/receive on board; **~ verladen** to ship on board; **über B. werfen** ⚓ to jettison

Bord|- 1. ⚓ on board; 2. ✈ in-fight; **B.-bescheinigung; B.empfangsschein** *f/m* ⚓ mate's receipt (M/R); **B.buch** *nt* logbook; **B.gepäck** *nt* cabin baggage; **B.karte** *f* boarding card; **B.konnossement** *nt* shipped/ocean/on-board bill of lading; **B.personal** *nt* 1. crew; 2. ✈ flying personnel

borgen *v/t* to borrow

Börse *f* 1. (stock) exchange, stock market; 2. *(Geldbörse)* purse; **an der B. eingeführt/notiert/zugelassen** listed *[US]*/quoted *[GB]* (on the stock exchange)

(Unternehmen) an die Börse bringen to float (a company); **an die B. gehen** to go public; **~ der B. notieren** to list/quote at the stock exchange; **B. zeitweilig schließen** to suspend trading; **an der B. spekulieren/spielen** to play the market

feste Börse firm market; **flaue B.** dull market; **gedrückte B.** depressed market; **gehaltene B.** steady market; **inoffizielle B.** curb *[US]*/kerb *[GB]* market; **lustlose B.** listless market; **steigende B.** buoyant market

Börsen|abrechnung *f* broker's ticket; **B.-abschluss** *m* stock exchange transaction; **B.abteilung** *f* stock exchange department, securities trading department; **B.analyse** *f* market analysis/report; **B.-aufschwung** *m* market upturn; **B.aufsichtsbehörde** *f* Securities and Exchange Commission (SEC) *[US]*, Stock Exchange Council (SEC) *[GB]*; **B.auftrag** *m* stock exchange order; **B.auskunft** *f* stock market information; **B.beobachter** *m* market analyst; **B.bericht** *m* stock exchange report, (stock) market report; **B.blatt** *nt* stock exchange gazette; **B.brief** *m* market letter; **B.dilettant** *m* dabbler (in stocks and shares); **B.effekten** *pl* listed/quoted securities; **B.einführung** *f* listing *[US]*, quotation *[GB]*, float, flo(a)tation, initial public offering (IPO); **B.entwicklung** *f* market trend; **B.erholung** *f* (stock) market rally; **b.fähig** *adj* marketable, negotiable; **B.flaute** *f* dull market; **B.freiverkehr** *m* curb *[US]*/kerb *[GB]* market; **B.gang** *m* flo(a)tation, initial public offering (IPO); **b.gängig** *adj* listed, quoted; **B.geschäft** *nt* (stock) exchange transaction; **B.gesetz** *nt* Financial Services Act *[GB]*, Securities and Exchange Act *[US]*; **B.handel** *m* stock exchange dealing/trading; **B.-händler** *m* market trader/maker; **B.-hausse** *f* bull market; **B.index** *m* stock exchange index. Financial Times (F.T.) Index *[GB]*, Footsie *(coll) [GB]*, Dow Jones Index *[US]*; **B.kapitalisierung** *f* market capitalization; **B.kommission** *f* Stock Exchange Council (SEC) *[GB]*, Securities and Exchange Commission (SEC) *[US]*; **B.konsortium** *nt* stock exchange syndicate; **B.krach** *m* stock market crash

Börsenkurs *m* market quotation/price; **zum B.** at the market; **B.e hochtreiben** to bull the market; **automatische B.notierung** Stock Exchange Automated Quotation System (SEAQ) *[GB]*

Börsen|lage *f* stock market situation; **B.-liebling** *m* stock exchange/market favourite; **B.makler** *m* stockbroker, market maker; **B.manipulation** *f* market rigging; **B.monat** *m* trading month; **B.mitglied** *nt* member of the stock exchange; **B.nachrichten** *pl* stock exchange news, City news *[GB]*; **b.notiert** *adj* listed *[US]*, quoted *[GB]*

Börsennotierung *f* (market) quotation *[GB]*, (stock market) listing *[US]*; **B. aussetzen** to suspend listings/quotations; **amtliche B.** official quotation/list

Börsen|papiere *pl* quoted securities *[GB]*, listed stocks *[US]*; **B.parkett** *nt* (trading) floor; **B.platz** *m* stock exchange/market; **B.preis** *m* stock market price; **B.prospekt** *m* (flotation) prospectus; **B.regeln** *pl* stock exchange rules; **B.saal** *m* (trading) floor, trading room, pit *[US]*; **B.schluss** *m*

1. (official) close; 2. *(Handelseinheit)* lot; **B.sitzung** *f* trading hours, (trading) session; **B.spekulant** *m* stock exchange speculator, punter; **B.spekulation** *f* stock exchange speculation; **B.stimmung** *f* market/investor sentiment; **B.stunden** *pl* trading/official hours; **B.tag** *m* trading session; **B.tendenz** *f* (stock) market trend

Börsentermin|geschäft *nt* futures deal; **B.handel** *m* futures trading

Börsen|trend *m* market trend; **B.umsatzsteuer** *f* (security/stock) transfer tax, stamp duty *[GB]*; **B.verkehr** *m* stock exchange dealings/transactions; **B.vorstand** *m* Securities and Exchange Commission *[US]*, Stock Exchange Commission (SEC) *[GB]*; **B.wert** *m* listed/quoted security; **B.woche** *f* trading week

Börsenzulassung *f* listing *[US]*, admission (of securities); **B.santrag** *m* application for quotation at the stock exchange *[GB]*, listing application *[US]*; **B.sausschuss** *m* listing/quotation committee; **B.sprospekt** *m* listung/quotation prospectus

Börsenzusammenbruch *m* stock market crash

Börsianer *m* market operator, stockbroker

Bote *m* messenger, courier; **B.ndienst** *m* messenger service; **B.ngang** *m* errand

Boykott *m* boycott; **B. aufheben** to lift a boycott

Brach|e *f* fallow/waste/derelict land; **B.zeit** *f* down/idle time

Branche *f* (branch) of industry

Branchen|- sectoral; **B.adressbuch** *nt* (trade/classified) directory; **B.beobachter** *m* industrial observer; **B.bericht** *m* industry survey; **B.experte** *m* industry analyst; **B.index** *m* industrial/sectoral index; **B.kenner** *m* industry analyst; **B.kennzahl; B.kennziffer; B.koeffizient** *f/m* industry ratio; **B.konjunktur** *f* sectoral trend; **in B.kreisen** in trade circles, ~ the trade; **B.telefonbuch** *nt* Yellow Pages *[GB]*; **B.trend** *m* industrial trend; **b.üblich** *adj* customary in the industry; **B.verzeichnis** *nt* classified/trade directory

Brand *m* fire, blaze; **b.beschädigt** *adj* fire-damaged; **B.beschädigung** *f* fire damage; **B.gefahr** *f* fire risk/hazard; **B.kasse** *f* fire insurance/office; **B.legung** *f* arson; **B.meldeeinrichtung** *f* fire alarm; **B.risiko** *nt* fire hazard; **B.schaden** *m* fire loss/damage; **B.schätzer** *m (Vers.)* fire/loss adjuster; **B.schutz** *m* fire protection; **B.stiftung** *f* arson; **B.ursache** *f* cause of the fire; **B.verhütung** *f* fire prevention; **B.verhütungsvorschriften** *pl* fire regulations; **B.versicherung** *f* fire insurance

Brauch *m* custom, usage; **b.bar** *adj* useful

Brauchbarkeit *f* usefulness; **handelsübliche B.** merchantableness

brauchen *v/t* 1. to use; 2. *(benötigen)* to require/need

Brauerei *f* brewery; **B.aktien; B.titel; B.werte** *pl* breweries; **B.gewerbe; B.wirtschaft** *nt/f* brewing industry; **B.konzern** *m* brewing group

Braunkohle *f* lignite, soft coal

brechen *v/t* 1. to break; 2. § to violate/infringe

Breite *f* width, breadth

Breitengeschäft *nt* 1. bulk/core business; 2 *(Bank)* retail business

breit gefächert *adj* wide-ranging

Bremse *f* brake; **b.** *v/ti* to brake

Brennpunkt *m* focus, focal point

Brennstoff *m* fuel; **fester B.** solid fuel; **flüssiger B.** liquid fuel; **fossiler B.** fossil fuel; **gasförmiger B.** gaseous fuel

Brennstoff|bedarf *m* fuel requirements; **B.behälter** *m* fuel tank; **B.ersparnis** *f* fuel savings; **B.knappheit** *f* fuel shortage; **B.rechnung** *f* fuel bill; **b.sparend** *adj* fuel-efficient; **B.verbrauch** *m* fuel consumption; **B.versorgung** *f* fuel supply; **B.vorräte** *pl* fuel stocks; **B.zelle** *f* fuel cell

Brett *nt* board, plank

Bretter|kiste; B.verschlag *f/m* crate

Brief *m* 1. letter; 2. *(Börse)* many sellers; **B. und Geld** *(Börse)* ask and bid; **mehr B. als Geld** buyers over; **B. angeboten** mainly sellers; **bezahlt B. (bB)** more sellers than buyers; **gehandelt und B.** sellers ahead; **vorwiegend B.** sellers over

Brief abheften/ablegen to file a letter; **B. abschicken/absenden/aufgeben** to post/mail a letter; **B. aufsetzen** to draft a letter; **B. einschreiben** to register a letter; **B. erhalten** to receive a letter; **B. frankieren/freimachen** to frank a letter; **B. nachsenden** to forward a letter; **B.e ordnen/sortieren** to sort letters; **B. unterschlagen** to suppress a letter; **B. mit Datum versehen** to date a letter; **B. zustellen** to deliver a letter

beiliegender Brief enclosed letter; **eingeschriebener B.** ✉ registered letter; **~ mit**

Empfangsbestätigung recorded delivery letter; **frankierter B.** stamped/prepaid letter; **geschäftlicher B.** business letter; **unzustellbarer B.** dead letter; **versiegelter B.** sealed letter; **vertraulicher B.** confidential letter

Brief|abholung *f* collection of letters; **B.anordnung** *f* layout of a letter; **B.aufschrift** *f* address; **B.ausgang** *m* outgoing mail; **B.beilage** *f* enclosure; **B.bogen** *m* notepaper; **B.bote** *m* mailman *[US]*, postman *[GB]*; **B.drucksache** *f* printed matter; **B.eingang** *m* incoming letters/mail; **B.entwurf** *m* draft (of a) letter; **B.fach** *nt* pigeonhole; **B.gebühr(ensatz)** *f/m* letter/mail rate; **B.grundschuld** *f* certified land charge; **B.hypothek** *f* registered/certified mortgage

Briefkasten *m* letterbox, mailbox; **B.firma; B.gesellschaft** *f* accommodation address, dummy company

Brief|kopf *m* letterhead; **B.kurs** *m (Börse)* offer/asked price; **B.marke** *f* (postage) stamp; **B.notierung; B.notiz** *f (Börse)* asked/offer quotation; **B.papier** *nt* stationery, notepaper; **B.post** *f* letter post, mail matter *[US]*; **B.satz** *m (Börse)* selling/offer rate; **~ unter Banken** interbank offered rate; **B.sendung** *f* ✉ letter post, mail matter *[US]*; **B.tagebuch** *nt* letter book, daily mail ledger *[US]*; **B.tasche** *f* wallet, billfold *[US]*; **B.träger** *m* mailman *[US]*, postman *[GB]*; **B.überweisung** *f* postal order (p.o.); **B.umschlag** *m* envelop, cover

Briefwechsel *m* correspondence; **B. führen; im B. stehen** to correspond

Briefzustell|er *m* mailman *[US]*, postman *[GB]*; **B.ung** *f* mail *[US]*/postal *[GB]* delivery

bringen *v/t* 1. to bring/take; 2. *(Ertrag/Zinsen)* to earn/yield

Bring|geld *nt* deposits; **B.schuld** *f* debt lying in render

Broschüre *f* brochure, leaflet

sein Brot ehrlich verdienen *nt* to earn an honest living; **~ schwer verdienen** to work hard for one's living

Broterwerb *m* breadwinning; **als B.** for a living; **nur auf den B. bedacht** bread-and-butter-minded

brot|los *adj* unemployed; **B.verdiener** *m* breadwinner

Bruch *m* 1. crack, break; 2. *(Transport)* breakage; 3. § breach; 4. π fraction; **B. der Garantiehaftung** breach of warranty; **B. eines Vertrages** breach/infringement of (a) contract

frei von Bruch free from breakage; **~ und Beschädigung** free from breakage and damages

bruch|fest *adj* unbreakable; **B.festigkeit** *f* breaking strength; **b.frei** *adj* free from breakage; **B.gefahr** *f* risk of breakage; **B.klausel** *f* breakage clause; **B.last** *f* breaking load; **B.probe** *f* breaking test; **B.punkt** *m* breaking point; **B.risiko** *nt* risk of breakage

Bruchschaden *m* breakage; **frei von B.** free from breakage; **versichert gegen B.- und Transportschäden** insured against breakage and damage in transit; **B.versicherung** *f* insurance against breakage

Bruch|schluss *m (Börse)* odd lot; **B.stück** *nt* fragment

Bruchteil *m* fraction; **zu einem B. der Kosten** at a fraction of the cost; **B.fonds** *m* unit trust fund

Bruchteils|aktie *f* fractional share; **B.eigentum** *nt* part/fractional ownership; **B.vermögen** *nt* severalty; **B.wert** *m* fractional value

Bruchzahl *f* fraction

brutto *adj* gross; **b. für netto** gross for net

Brutto|- gross; **B.absatz** *m* gross sales; **B.-Allphasen-Umsatzsteuer** *f* cascade tax; **B.anlagevermögen** *nt* gross fixed assets; **B.arbeitseinkommen** *nt* earned income before deductions; **B.arbeitslohn** *m* gross wage; **B.ausweis** *m* gross statement; **B.berechnung** *f* grossing up; **B.bestand** *m* gross inventory; **B.betrag** *m* gross amount

Bruttobetriebs|ergebnis *nt* gross operating result; **B.gewinn** *m* gross trading profit; **B.verlust** *m* gross trading loss

Brutto|bezüge *pl* gross pay; **B.buchwert** *m* gross book value; **B.dividende** *f* gross dividend; **B.eigenkapitalrendite** *f* gross return on net assets; **B.einkaufspreis** *m* gross purchasing price; **B.einkommen** *nt* gross income/pay/earnings; **B.einkünfte** *pl* gross income; **B.einnahmen** *pl* gross receipts/revenues, **B.ergebnis** *nt* gross operating result; **B.erlös(e)** *m/pl* gross proceeds; **B.ersparnis** *f* gross savings

Bruttoertrag *m* gross earnings; **B.sanalyse** *f* cash flow statement; **B.slage** *f* cash flow position; **B.ssteuer** *f* gross receipts tax; **B.sziffer** *f* gross yield

Brutto|fracht *f* gross freight; **B.gehalt** *nt* gross pay/salary; **B.gehaltssumme** *f* gross/total salaries; **B.geschäftsgewinn** *m* gross trading profit; **B.gewicht** *nt* gross weight (gr. wt.)

Bruttogewinn *m* gross profit/income/earnings; **B.marge; B.spanne** *f* gross (profit) margin

Bruttoinlands|investitionen *pl* gross domestic investment; **B.produkt (BIP)** *nt* gross domestic product (GDP/gdp); **B.-produktion** *f* gross domestic production

Bruttojahres|arbeitsentgelt *nt* annual gross wages or salaries; **B.gehalt** *nt* gross (annual) salary

Bruttokapitalrendite *f* gross yield on investment

Bruttokredit|aufnahme *f* gross borrowing; **B.vergabe** *f* gross lending

Bruttolohn *m* gross wage/pay; **B.summe** *f* total gross wages

Brutto|marge *f* gross margin; **B.miete** *f* gross rent; **B.nationalprodukt (BNP)** *nt* gross national product (GNP/gnp); **B.-preis** *m* gross price; **B.produktion** *f* gross/total output; **B.registertonnage** *f* ⚓ gross (registered) tonnage; **B.registertonne** *f* gross (registered) tonne (GRT); **B.rendite** *f* gross yield/return; **B.rente** *f (Boden)* gross return; **B.schaden** *m (Vers.)* gross loss; **B.sozialprodukt (BSP)** *nt* gross national product (GNP/gnp); **B.spanne** *f* gross margin; **B.tonnage** *f* ⚓ gross tonnage; **B.tonne** *f* gross ton

Bruttoumsatz *m* gross sales/turnover; **B.-steuer** *f* gross turnover tax

Buto|verdienst *m* gross earnings; **B.verdienstspanne** *f* gross margin; **B.verkäufe; B.verkaufserlös; B.verkaufswert** *pl/m* gross sales; **B.verkaufspreis** *m* gross selling price; **B.verlust** *m* gross loss; **B.vermögen** *nt* gross assets; **B.wert** *m* gross value; **B.wertschöpfung** *f* gross value added; **B.zahlungen** *pl* gross payments

Bruttozins *m* gross interest; **B.satz** *m* all-in-rate; **B.spanne** *f* gross interest margin

Buch *nt* 1. book; 2. *(Hauptbuch)* ledger; **B. führen (über)** to keep account (of); **zu B. schlagen** to stand at; **B. verlegen/veröffentlichen** to publish a book

Buch|abschluss *m* closing the books, balancing of the accounts; **B.abschreibung** *f* book depreciation; **B.auszug** *m* statement of account; **B.beleg** *m* voucher; **B.bewegung** *f* book transfer; **B.einlagen** *pl (Bank)* time deposits and savings accounts; **B.einsicht** *f* inspection of books, access to books and accounts

buchen *v/t* 1. to book/enter/post; 2. *(Kasse)* to register; 3. *(reservieren)* to book/reserve

Bücher *pl* books (and records), accounts; **B. abschließen** to balance/close books; **B. einsehen** to inspect the books; **B. fälschen/frisieren** *(coll)* to cook/doctor the books *(coll)*; **B. führen** to keep the books; **B. kontrollieren/(über)prüfen** to audit the books; **B. saldieren** to balance the books; **B. schließen** to close the books

kaufmännische Bücher books of account

Bücher|einsicht *f* inspection of books; **B.-revision** *f* audit

Bücherrevisor *m* auditor; **beeideter/geprüfter/vereidigter B.** chartered accountant *[GB]*, certified public accountant *[US]*

Buchforderung *f* account receivable, outstanding account; **B.en** receivables, accounts receivable

Buchführer *m* bookkeeper, accountant

Buchführung *f* bookkeeping, accounting; **B. erledigen** to do the books

amerikanische Buchführung tabular bookkeeping; **doppelte B. (Doppik)** double-entry bookkeeping; **einfache B.** single-entry bookkeeping; **kontenlose B.** ledgerless accounting; **kaufmännische B.** commercial bookkeeping/accounting; **periodengerecht B.** accounting on an accrual basis

Buchführungs|- accounting; **B.abteilung** *f* accounting department; **B.belege** *pl* accounting records; **B.grundsätze; B.regeln; B.richtlinien** *pl* accounting principles; **B.methode** *f* accounting method; **B.system; B.verfahren** *nt* accounting system; **B.unterlagen** *pl* accounting records; **handelsrechtliche B.vorschriften** commercial accounting standards

Buch|geld *nt* book/bank (account) money; **B.gewinn** *m* accounting/book/paper profit; **B.gläubiger(in)** *m/f* book creditor; **B.grundschuld** *f* registered land charge; **B.guthaben** *nt* book credit

Buchhalter(in) *m/f* bookkeeper, account-

B

ant; **geprüfter B.** chartered accountant *[GB]*, certified public accountant *[US]*

Buchhaltung *f* bookkeeping, accounting; **EDV-gestützte B.** computer-aided accounting; **kaufmännische B.** commercial accounting; **offene-Posten-B.** open-item system

Buchhaltungs|abteilung *f* accounts department; **B.aufzeichnungen** *pl* accounting records; **B.beleg** *m* accounting voucher; **B.gepflogenheiten** *pl* accounting practices; **B.grundsätze** *pl* accounting principles; **B.kraft** *f* accounts clerk, bookkeeper; **B.regel** *f* accounting rule; **B.sachbearbeiter(in)** *m/f* accounts clerk; **B.system; B.verfahren** *nt* accounting system; **B.vorgang** *m* accounting transaction

Buch|handel *m* book trade; **B.händler(in)** *m/f* bookseller *[GB]*, book dealer *[US]*; **B.handlung** *f* bookshop *[GB]*, bookstore *[US]*; **B.hypothek** *f* registered mortgage, ~ land charge; **B.inventur** *f* book/record inventory; **B.kredit** *m* book/open-account credit; **B.laden** *m* bookshop *[GB]*, bookstore *[US]*

Buchprüfer *m* auditor; **beeidigter/vereidigter/öffentlich zugelassener B.** chartered accountant *[GB]*, certified public accountant *[US]*

Buchprüfung *f* audit(ing) (of accounts); **B. durch betriebsfremde Prüfer** external audit; **B. durchführen** to audit

Buchprüfungs|bericht *m* audit/auditor's report; **B.gesellschaft** *f* firm of auditors; **B.termin** *m* audit date; **B.vermerk** *m* audit certificate

Buch|revision *f* audit(ing); **B.schuld** *f* book debt; **B.schulden** *pl* accounts payable

Buchstabe *m* letter; **B. des Gesetzes** letter of the law

Buchung *f* 1. booking, entry (in the accounts); 2. *(Reservierung)* booking; **B. ohne Spezifizierung** blind entry; **B. berichtigen** to adjust an entry; **B. stornieren** to reverse/cancel an entry

debitorische Buchung debit(-side) entry; **durchlaufende B.** transit entry; **einfache B.** single entry; **feste B.** firm booking; **provisorische/transitorische/vorläufige B.** suspense entry

Buchungs|abteilung *f* 1. accounts department; 2. booking department; **B.aufgabe** *f* entry advice; **B.ausweis** *m* accounting statement; **B.beleg** *m* accounting record/voucher; **B.datum** *nt* date of entry; **B.posten** *m* (booking) item, bookkeeping entry; **B.regel** *f* accounting rule; **B.stelle** *f* 1. accounting office; 2. booking office; **B.system** *nt* accounting system; **B.unterlage** *f* accounting record; **B.unterlagen** *pl* accounting documents/records; **B.verfahren** *nt* accounting system; **B.vorfall; B.vorgang** *m* accounting event; **B.zeitraum** *m* accounting period

Buch|verlag *m* (book) publisher; **B.verlust** *m* accounting loss

Buchwert *m* book value, balance sheet value; **B. vor Abschreibungen** gross book value; **B. bei Unternehmensfortführung** going-concern value; **B.abschreibung** *f* diminishing balance depreciation

Budget *nt* ↘ **Etat/Haushalt** budget, estimates

Budget aufstellen to prepare a budget; **B.ausgleichen** to balance the budget; **B. genehmigen** to vote the (budget) estimates; **B. vorlegen** to submit the budget

Budget|abweichung *f* budget variance; **B.ansatz** *m* budget estimate(s); **B.defizit** *nt* budget deficit; **B.einsparungen** *pl* budget cuts; **B.entwurf** *m* draft budget; **B.gerade** *f* opportunity curve; **B.gleichung** *f* budget equation

Budgetierung *f* budgeting

Budget|jahr *nt* fiscal year; **B.kürzung** *f* (budget) cut; **B.posten** *m* budget(ary) item; **B.überschreitung** *f* budget overrun; **B.überschuss** *m* budget surplus; **B.unterschreitung** *f* budget underrun; **B.voranschlag** *m* budget estimate(s)

Bündel *nt* bundle, parcel; **B. von Banknoten** wad of banknotes; **~ Maßnahmen** package of measures; **~ Sanierungsmaßnahmen** rescue package; **~ Sozialleistungen** fringe benefits package; **~ Sparmaßnahmen** austerity package

in Bündeln packen to bundle

Bundes|- federal; **B.amt** *nt* federal bureau/agency; **B.anleihe** *f* federal loan/bond; **B.anstalt** *f* federal institution/agency; **B.arbeitsgericht** *nt* federal labo(u)r court; **B.arbeitsmininsterium** *nt* federal ministry of labo(u)r; **B.aufsicht** *f* federal supervision; **B.aufsichtsamt** *nt* federal supervisory office; **B.behörde** *f* federal agency; **B.bürgschaft; B.deckung** *f [D]* federal (loan) guarantee; **B.durchschnitt** *m* federal/national average; **auf B.ebene** *f* at national/federal level; **B.einkommens-**

steuer *f* federal income tax *[US]*; **B.etat** *m* federal budget
Bundesfinanz|behörde *f* Commissioner of Internal Revenue *[US]*; **B.minister** *m* federal minister of finance, Secretary of the Treasury Department *[US]*; **B.ministerium** *nt* federal ministry of finance, Treasury Department *[US]*
Bundesgericht(shof) *nt/m* federal court (of justice), Supreme Court *[US]*
Bundesgesetz *nt* federal act; **B.gebung** *f* federal legislation
Bundeshaushalt *m* federal budget
Bundesminister *m* federal minister; **B. für Arbeit** federal minister of labo(u)r, Secretary of State for Employment *[US]*; **~ Finanzen** federal minister of finance, Treasury Secretary *[US]*; **~ Wirtschaft** federal minister of economic affairs
Bundesministerium *nt* federal department/ministry
Bundes|mittel *pl* federal funds; **B.obligation** *f* federal bond; **B.rechnungshof** *m* federal audit court, General Accounting Office (GAO) *[US]*
Bundes|recht *nt* federal law; **B.regierung** *f* federal government
Bundesschuld *f* federal debt; **B.schein** *m* federal note; **B.verschreibung** *f* federal bond
Bundes|sozialgericht *nt* federal social court; **B.steuer** *f* federal tax; **B.verband** *m* federal association; **~ der deutschen Industrie (BDI)** (con)federation of German industry; **B.vereinigung** *f* federal association
Bundesversicherungs|amt *nt* federal insurance regulator; **B.anstalt** *f* federal pensions office
Bundes|verwaltungsgericht *nt* federal administrative court; **B.wirtschaftsministerium** *nt* federal ministry for economic affairs; **B.zuschuss** *m* federal grant
Bürde *f* burden, load
Bürge *m* 1. guarantor, surety; 2. § bailer, bailor; **als B. auftreten/haften** to stand security; **selbstschuldnerischer B.** absolute guarantor
Bürgegeld *nt* surety
bürgen *v/i* 1. to vouch; 2. to stand security
Bürgengemeinschaft *f* joint guarantors
Bürgerliches Gesetzbuch (BGB) *nt* (German) Civil Code
Bürgersteuer *f* poll/local tax
Bürgschaft *f* 1. security, guarantee, guaranty *[US]*, surety(ship); 2. § *(Strafrecht)* bail; **B. einer Bank** bank guarantee; **B. Dritter** third-party guarantee
Bürgschaft aufbringen to raise bail; **B. leisten; B. übernehmen** to stand security
gesamtschuldnerische Bürgschaft joint and several guarantee *[GB]*/guaranty *[US]*; **selbstschuldnerische B.** absolute guarantee/guaranty
Bürgschafts|brief *m* letter of indemnity; **B.darlehen** *nt* loan secured by personal guarantee; **B.empfänger(in)** *m/f* 1. warrantee; 2. bailee; **B.erklärung** *f* declaration of suretyship/guarantee; **B.kredit** *m* guaranteed/secured credit; **B.leistung** *f* guarantee, guaranty *[US]*; **B.linie; B.obergrenze, B.plafond; B.rahmen** *f/m* guarantee line; **B.schein; B.urkunde** *m/f* security bond; **B.sicherheit** *f* collateral; **B.verpflichtung** *f* guarantee, guaranty *[US]*; **B.versicherung** *f* suretyship/guarantee insurance; **B.-versprechen; B.vertrag** *nt/m* covenant of warranty/suretyship
Büro *nt* office, bureau *[US]*; **B.angestellte(r)** *f/m* office/clerical/white-collar worker
Büroarbeit *f* office/clerical work; **B.er** *m* clerical/white-collar worker; **B.splatz** *m* office/white-collar job
Büro|artikel; B.bedarf(sartikel) *pl/m/pl* office supplies; **B.ausstattung** *f* office equipment; **B.beruf** *m* clerical/white-collar occupation; **B.einrichtung; B.- und Geschäftseinrichtung** *f* office equipment; **B.fachkraft** *f* trained clerk; **B.fläche** *f* office space; **B.gegenstände** *pl* office fixtures; **B.gehilfe; B.gehilfin** *m/f* clerical assistant; **B.handel** *m (Börse)* unofficial trading; **B.immobilie** *f* office property; **B.kauffrau; B.kaufmann** *f/m* (trained) office clerk; **B.kraft** *f* clerical employee
Bürokrat|ie *f* red tape, bureaucracy; **b.isch** *adj* bureaucratic
Büro|material *nt* office supplies; **B.miete** *f* office rent; **B.personal** *nt* office/clerical staff; **B.raum** *m* office space; **B.schluss** *m* (office) closing time; **B.stunden** *pl* office hours; **B.tätigkeit** *f* office work; **B.technik** *f* office technology; **B.verwaltung** *f* office management; **B.zeit** *f* office hours
Bußgeld *nt* (administrative) fine, penalty
bzw. ↘ **beziehungsweise**

C

C

Cashflow *m* cash-flow; **abgezinster C.** discounted cash-flow; **C.-Rate** *f* cash-flow rate
Chance *f* chance, opportunity
Chancengleichheit *f* equality of opportunity
Chart|analyse *f* chart analysis; **C.-Analyst** *m* chartist
Charter *m* charter; **C. für die ganze Reise** voyage charter; **C. auf Zeit** time charter
Charter|bedingungen *pl* charter terms; **C.flug** *m* charter flight
chartern *v/t* to charter
Charter|partie; C.vertrag *f/m* ⚓ charter party (C/P)
Chef *m(coll)* principal, boss, chief *(coll)*
Chemie *f* chemistry; **C.aktien** *pl* chemicals; **C.anlage** *f* chemical plant; **C.erzeugnis; C.produkt** *nt* chemical (product); **C.industrie** *f* chemical industry; **C.konzern** *m* chemical group; **C.werk** *nt* chemical plant; **C.werte** *pl* chemicals
Chemiker(in) *m/f* chemist
Chiffre *f* *(frz.)* code, cipher, key; **C.werbung** *f* keyed advertising
chiffrieren *v/t* to code/encode
Chip *m* chip; **C.karte** *f* chip/smart card
Cif|-Agent *m* CIF agent; **C.-Preis** *m* CIF price
Clearing *nt* clearing; **durch C. abrechnen** to clear
Clearing|abkommen *nt* clearing agreement; **C.bank; C.haus; C.institut; C.stelle** *f/nt/nt/f* clearing house; **C.verkehr** *m* clearing transactions
Computer *m* computer; **mit C.n ausrüsten; auf C. umstellen** to computerize
Computer|arbeitsplatz *m* workstation; **C.-ausdruck** *m* printout; **C.börse; C.handel** *f/m* computerized trading; **C.branche** *f* computer industry; **C.geld** *nt* electronic money; **c.gesteuert** *adj* computerized, computer-controlled; **c.gestützt** *adj* computer-aided; **C.grundwissen** *nt* computer literacy; **C.kriminalität** *f* computer crime; **C.verbund** *m* computer link/network
Container *m* container; **C.anlage** *f* container facility; **C.auskleidung** *f* container lining; **C.bahnhof; C.depot** *m/nt* container terminal; **C.einrichtungen** *pl* container facilities; **C.fracht** *f* containerized freight; **C.-Komplettladung** *f* full container load (F.C.L.)
Containerladung *f* container load; **weniger/kleiner als eine C.** *f* less than container load (L.C.L.); **volle C.** full container load (F.C.L.)
Container|sendung *f* container shipment; **C.schiff** *nt* container vessel; **C.umschlag** *m* container handling; **C.umschlagstelle** *f* container terminal; **C.verkehr** *m* container service/traffic
Courtage *f* *(frz.)* brokerage, commission; **C.satz** *m* brokerage rate; **C.tarif** *m* scale of commission *[GB]*, schedule of commission charges *[US]*

D

Dach *nt* 🏛 roof; **alles unter einem D.** *(Einkauf)* one-stop (shopping/banking)
Dach|gesellschaft *f* umbrella/parent/proprietary/controlling company, holding (company); **D.marke** *f* umbrella brand; **D.organisation; D.verband** *f/m* umbrella organisation; **D. der amerikanischen Gewerkschaften** American Federation of Labor/Congress of Industrial Organizations/ (AFL/CIO); **~ der britischen Gewerkschaften** Trades Union Congress (TUC)
Damnum *nt* 1. loss; 2. *(Bank)* discount
dämpf|en *v/t* to dampen/curb; **D.ung** *f* dampening, curb(ing)
dankbar *adj* grateful, obliged
darbiet|en *v/t* to present; **D.ung** *f* presentation
Darleh(e)n *nt* ↘ **Kredit** 1.credit, loan; 2. *(Vorschuss)* advance; **D. aufnehmen** to raise a loan; **D. beantragen** to apply for a loan; **D. beschaffen** to procure a loan; **D. gewähren** to grant a loan; **D. tilgen/zurückzahlen** to repay a loan
besichertes Darleh(e)n collateralized loan; **hypothekarisches D.** mortgage loan; **nachrangiges D.** junior loan; **tilgungsfreies D.** interest-only loan; **unverzinsliches/zinsfreies D.** interest-

free loan; **verzinsliches D.** interest-bearing loan; **zinsgünstiges D.** soft/low-interest loan

Darlehens|abgeld *nt* loan discount; **D.abteilung** *f* credit department; **D.antrag** *m* credit/loan application; **D.aufnahme** *f* borrowing; **D.bank** *f* lending bank, lender; **D.bedingungen** *pl* loan terms; **D.besicherung** *f* collateralization, securitization; **D.-bestimmungen** *pl* loan terms; **D.bürgschaft** *f* loan guarantee; **D.empfänger** *m* borrower

Darlehens|geber *m* lender; **D.gebühren** *pl* loan charges; **D.nehmer; D.schuldner** *m* borrower; **D.verbindlichkeiten** *pl* borrowings

darstellen *v/t* 1. to (re)present/constitute; 2. to show; **falsch d.** to misrepresent

Darstellung *f* 1. account, story; 2. demonstration, description; **amtliche D.** official version; **grafische D.** diagram, graph, chart; **tabellarische D.** table; **zusammengefasste D.** summary

Datei *f* 🖳 file; **D.aufbau** *m* file layout; **D.-bezeichnung** *f* file identification; **D.verzeichnis** *nt* (data file) directory

Daten *pl* data, particulars; **D. abrufen** 🖳 to retrieve data; **D. verarbeiten** to process data

Daten|aufbereitung *f* data processing; **D.austausch** *m* data interchange/exchange; **D.autobahn** *f* data highway; **D.-bank** *f* database; **D.eingabe** *f* data input; **D.endgerät** *nt* terminal; **D.erfassung** *f* data gathering/collection; **D.erfassungsgerät** *nt* data recorder; **D.erfassungskasse** *f* scanner till; **D.fernübertragung (DFÜ)** *f* teleprocessing; **D.fernverarbeitung** *f* remote (data) processing, telecomputing, teleprocessing; **D.fluss** *m* data flow; **D.kasse** *f* point-of-sale (POS) terminal scanner till; **D.netz** *nt* data network

Datenschutz *m* data protection; **D.gesetz** *nt* Data Protection Act *[GB]*, Privacy Act *[US]*

Daten|sichtgerät *nt* visual display unit (VDU); **D.übermittlung; D.übertragung** *f* data transfer/transmission

Datenverarbeitung *f* 🖳 data processing; **automatische/automatisierte D. (ADV)** automated data processing (ADP); **elektronische D. (EDV)** electronic data processing (EDP); **schritthaltende D.** real-time processing

Daten|verwaltung *f* data management; **D.-zugriff** *m* data retrieval

datieren *v/t* to date

Datowechsel *m* date draft/bill

Datum *nt* date; **nach D.** after date; **ohne D.** undated; **D. der Einreichung** filing date; **D. des Inkrafttretens** effective date

Dauer *f* duration, length; **D. der Arbeitsunfähigkeit** period of disability; **D. des Aufenthalts** duration of stay; **D. der Beschäftigung; ~ Betriebszugehörigkeit** length of service; **D. eines Patents** life of a patent; **während der D. des Vertrages** during the life of the contract

Dauerarbeits|losigkeit *f* chronic/hardcore unemployment; **D.platz** *m* permanent job

Dauerauftrag *m* standing order; **D.betrieb** *m* continuous operation; **D.einrichtung** *f* permanent feature; **D.emission** *f* tap stock; **D.erprobung** *f* endurance test; **D.güter** *pl* durables

dauerhaft *adj* 1. permanent; 2. *(Güter)* durable, non-perishable

dauern *v/i* to last

Dauer|produkt *nt* durable (product); **D.-rente** *f* perpetual annuity; **D.schaden** *m* 1. permanent damage; 2. *(Person)* permanent injury; **D.stelle;D.stellung** *f* permanent position/job/post, tenure; **D.-verlust** *m* permanent loss; **D.waren** *pl* durables; **D.wohnsitz** *m* permanent residence

davonlaufen *v/i* *(Preise)* to get out of control

Debet *nt* debit (side); **D. und Kredit** debit and credit

Debet|anzeige; D.note *f* debit note; **D.-beleg** *m* debit voucher; **D.buchung** *f* debit entry; **D.konto** *nt* debit account; **D.-posten** debit item; **D.saldo** *m* debit balance; **D.seite** *f* debit (side)

debitieren *v/t* to debit/charge

Debitor *m* debtor; **D.en** debtors, accounts receivable

Debitoren *pl* *(Bilanz)* accounts receivable; **dubiose/zweifelhafte D.** doubtful debtors; **sichere D.** good debtors; **sonstige/verschiedene D.en** sundry debtors

Debitoren|aufstellung; D.auszug *f/m* accounts receivable statement; **D.ausfälle** *pl* loan write-offs; **D.buchhaltung** *f* accounts receivable department; **D.geschäft** *nt* lending; **D.guthaben** *nt* accounts receivable;

D

D.konto *nt* debit account, accounts receivable account; **D.kontoauszug** *m* accounts receivable statement; **D.verkauf** *m* factoring; **D.versicherung** *f* accounts receivable insurance

debitorisch *adj* on the debit side

Deck *nt* ⚓ deck; **an D. verladen** to ship on deck

Decke *f* 1. blanket; 2. 🏛 ceiling; **sich nach der D. strecken** *(coll)* to make both ends meet *(coll)*

Deckel *m* lid, cap; **d.n** *v/t (coll)* to cap

decken *v/t* to cover(age)/secure

Deck|güter; D.ladung *pl/f* ⚓ deck cargo, deckload

Deckung *f* 1. *(Vers.)* cover(age), covering; 2. *(Banknote)* backing; 3. *(Kapital)* funds; 4. *(Sicherheit)* security, collateral; 5. *(Termingeschäft)* margin; 6. *(Wechsel)* protection; **mangels D.** lack of funds; **ohne D.** uncovered, short

Deckung des Akkreditivs cover(age) of a letter of credit (L/C); **D. des Bedarfs** meeting of requirements; **D. gegen alle Schäden und Gefahren** comprehensive cover

keine Deckung no funds (N/F)

Deckung ablehnen to disclaim liability; **Deckung anschaffen; D. beschaffen/besorgen/gewähren/verschaffen; mit D. versehen** to provide/furnish cover(age); **als D. dienen** to serve as cover(age)/collateral *[US]*; **~ hinterlegen** to lodge as cover(age); **in D. nehmen** to cover; **ohne D. verkaufen** to sell short, to shortsell

ausreichende Deckung sufficient funds; **ungenügende D.** insufficient funds (I/F); **volle D.** full cover(age); **vorgeschriebene D.** legal reserve; **vorläufige D.** provisional cover(age)

Deckungs|auftrag *m* covering order

Deckungsbeitrag *m* contribution margin; **D.srechnung** *f* break-even analysis, **D.sverhältnis** *nt* marginal income ratio

Deckungs|bescheid; D.bestätigung *m/f* cover(ing) note; **D.bestand** *m* cover(age) funds; **D.erfordernis** *nt* cover(age) requirement; **D.erweiterung** *f* extension of cover(age); **d.fähig** *adj* 1. eligible to serve as collateral; 2. *(Vers.)* coverable; **D.gegenstand** *m* risk; **D.geschäft** *nt* hedge, hedging operation; **D.grad** *m* liquidity ratio; **D.guthaben** *nt* covering balance; **D.höhe** *f* cover(age); **D.kapital** *nt* premium/mathematical reserve; **D.lücke** *f* shortfall, deficit; **D.masse** *f* cover(age)/guarantee fund; **D.nehmer** *m* the insured; **D.note** *f* cover(age) note; **D.quote; D.rate** *f* cover(age)/reserve ratio; **D.rechnung** *f (Kalkulation)* break-even analysis; **D.rücklage** *f* cover(age)/premium reserve; **D.satz** *m* cover(age) ratio, minimum reserve ratio; **D.schein** *m* cover(age) note; **D.schuldverschreibung** *f* collateral bond; **D.schutz** *m* insurance cover(age)

Deckungsstock *m* cover(age) fund, premium reserve fund; **d.fähig** *adj* eligible to serve as collateral

Deckungs|summe; D.umfang *f/m* sum insured; **D.umsatz** *m* break-even sales; **D.verhältnis** *nt* reserve/cover(age) ratio; **gesetzlich vorgeschriebenes D.verhältnis** statutory reserve requirement; **D.verkauf** *m* hedge selling; **D.zusage** *f (Vers.)* cover note

Deckverladung *f* shipment on deck

Defekt *m* defect, flaw; **D. beheben** to remedy a defect; **d.** *adj* defective, faulty

Defizit *nt* deficit, shortfall; **D. im Außenhandel** foreign-trade deficit; **D. der öffentlichen Hand** public-sector deficit; **D. in der Handelsbilanz** balance-of-trade deficit; **D. im Haushalt** budget deficit; **D. in der Leistungsbilanz; ~ laufender Rechnung** current account deficit; **~ der Zahlungsbilanz** balance-of-payments deficit

Defizit abbauen/verringern to reduce the deficit; **mit einem D. abschließen; D. aufweisen** to show a deficit; **im D. sein** to be in the red

defizitär *adj* loss-making

Defizit|finanzierung; D.spending; D.wirtschaft *f/nt/f (VWL)* deficit spending

Deflation *f* deflation; **d.är** *adj* deflationary

Deflations|anhänger; D.befürworter *m* deflationist; **D.druck** *m* deflationary pressure; **D.faktor** *m* deflator; **D.maßnahmen** *pl* deflationary measures; **D.politik** *f* deflation(ary) policy

Degression *f* degression; **D.seffekt; D.sgewinne** *m/pl* economies of scale, scale economies

deklarieren *v/t* ⊝ to declare/enter

dekotieren *v/t (Börse)* to delist

Dekret *nt* decree; **d.ieren** *v/t* to decree

Delegation *f* delegation

delegieren *v/t* to delegate; **nach unten d.** to delegate down the line

Delikt *nt* § tort, wrong; **D.haftung** *f* liability in tort

Delkredere|fonds *m* contingency fund; **D.geschäft** *nt* del credere business; **D.haftung** *f* del credere liability; **D.klausel** *f* guarantee/del credere clause; **D.konto** *nt* contingency/del credere account; **D.provision** *f* del credere commission; **D.reserve** *f* contingency reserve; **D.risiko** *nt* collection/del credere risk; **D.rückstellung** *f* provision for doubtful debts; **D.versicherung** *f* credit/del credere insurance

Dement|i *nt* denial, disclaimer; **d.ieren** v/t to deny/disclaim

Demont|age *f* dismantlement; **d.ieren** *v/t* to dismantle, to break up

Deponent *m* depositor, bailor

Deponie *f* waste/refuse disposal site, landfill (site), dumping ground, tip; **d.ren** *v/t* *(Geld)* to deposit

Deport *m* backwardation, deport; **D.kurs; D.satz** *m* backwardation rate

Depositar *m* despositary, bailee

Depositen *pl* deposits; **befristete D.** time/term deposits; **sofort/täglich fällige D.** demand/sight deposits; **durch effektive Einlagen geschaffene D.** primary deposits; **durch Kreditwährung ~ D.** derivative/secondary deposits

Depositen|bank *f* deposit bank; **D.brief** *m* certificate of deposit; **D.buch** *nt* pass/deposit book; **D.einlagen; D.gelder** *pl* (term/time) deposits; **D.geschäft** *nt* deposit banking; **D.konto** *nt* deposit account; **D.schein; D.zertifikat** *m* certificate of deposit (C/D); **D.versicherung** *f* (bank) deposit insurance

Depot *nt* 1. *(Bank)* portfolio; 2. *(Lager)* depot, (distribution) warehouse; **D. für unverzollte Ware** bonded warehouse

auf Wertsteigerung angelegtes Depot aggressive portfolio; **gesperrtes D.** frozen deposit; **hochrentierliches D.** high-yield portfolio; **offenes D.** safe custody *[GB]*/custodianship *[US]* account; **verschlossenes D.** safe/sealed deposit

Depot|abteilung *f* *(Bank)* safe custody *[GB]*/securities *[US]* department; **D.bank** *f* depository/custodian bank; **D.bestand** *m* *(Wertpapiere)* portfolio holdings; **D.buch** *nt* securities ledger; **D.konto** *nt* deposit account; **D.kunde** *m* depositor; **D.mischung** *f* portfolio mix; **D.quittung; D.schein** *f/m* certificate of deposit (C/D); **D.steuer** *f* bank deposit tax *[US]*; **D.stimmrecht** *nt* proxy; **D.stück** *nt* safe-custody item; **D.umschichtung** *f* portfolio switch(ing); **D.veränderung** *f* portfolio change; **D.verwalter** *m* portfolio manager; **D.verwaltung** *f* portfolio management; **D.zertifikat** *nt* certificate of deposit (C/D)

Deputat *nt* allowance/payment in kind

deregulier|en *v/t* to deregulate; **D.ung** *f* deregulation

Derivat *nt* derivative; **D.ehandel** *m* derivatives trading

Deroute *f* *(Börse)* collapse, slump

desinvest|ieren *v/i* to disinvest; **D.ition** *f* disinvestment

destabilisier|en *v/t* to destabilize; **D.ung** *f* destabilization

Detail *nt* 1. detail; 2. *(Handel)* retail; **en d. verkaufen** to sell at retail

Detail|geschäft *nt* retail business; **D.handel** *m* retail trade; **D.händler** *m* retailer, retail trader

Detaillist *m* retailer

Detail|preis *m* retail price; **D.verkauf** *m* retail sale; **D.verkäufer** *m* 1. retailer; 2. *(Börse)* jobber; **D.waren** *pl* retail goods

Devisen *pl* foreign exchange/currency; **D. beschaffen** to provide foreign currency; **D.tauschen** to exchange foreign currencies; **D. umrechnen** to convert foreign currencies; **in D. bezahlen** to pay in foreign currency

Devisen|abfluss; D.abgang *m* (foreign) currency outflow/drain; **D.abrechnung** *f* foreign exchange clearing; **D.abteilung** *f* foreign exchange department

Devisen|beschränkungen *pl* currency restrictions; **D.bestände** *pl* foreign exchange holdings; **D.bestimmungen** *pl* currency/foreign exchange regulations; **D.bewirtschaftung** *f* currency control(s); **D.bilanz** *f* net inflow/outflow of foreign currency; **D.börse** *f* foreign exchange market; **D.einkünfte; D.einnahmen** *pl* currency earnings; **D.freibetrag; D.freigrenze** *m/f* currency allowance; **D.geschäft** *nt* currency transaction; **D.guthaben** *nt* foreign currency/exchange holdings; **D.handel** *m* foreign exchange dealings; **D.händler** *m* currency dealer; **D.konto** *nt* foreign currency ac-

D

count; **D.kontrolle** *f* currency control(s); **D.kredit** *m* foreign currency loan

Devisenkurs *m* exchange rate; **D.gewinne** *pl* currency gains; **D.notierung** *f* exchange rate quotation; **D.sicherung** *f* currency hedging; **D.sicherungsgeschäft** *nt* currency hedging transaction

D

Devisen|makler *m* foreign exchange broker; **D.mangel** *m* currency shortage; **D.-markt** *m* foreign exchange/currency market; **D.notierung** *f* currency/foreign exchange quotation

Devisen|reserven *pl* currency reserves; **D.-schwankungen** *pl* currency fluctuations; **D.spekulation** *f* currency speculation

Devisentermin|börse *f* forward currency market; **D.geschäft** *nt* forward foreign exchange transaction/contract; **D.handel** *m* forward/foreign exchange trading/transaction; **D.kontrakt** *m* foreign exchange futures contract

Devisen|überschuss *m* foreign exchange/currency surplus; **D.verkehr** *m* currency dealings, foreign exchange transactions; **D.vorschriften** *pl* currency regulations; **D.zwangswirtschaft** *f* currency/foreign exchange controls

Dezernat *nt* department, division, section

Dezimal|- decimal; **D.komma; D.punkt** *nt/m* decimal point; **D.zahl** *f* decimal

Dialog *m* dialog *[US]*, dialogue *[GB]*; **D.-betrieb** *m* interactive mode; **D.datenverarbeitung** *f* dialog processing; **D.rechner** *m* interactive computer

dicht *adj* dense, tight, compact; **D.e** *f* density, compactness

Dieb(in) *m/f* 1. thief, 2. *(Einbrecher)* burglar

Diebstahl *m* 1. theft, burglary; 2. *(geringfügig)* pilfering, pilferage; **D., Beraubung, Nichtauslieferung** § theft, pilferage, non-delivery (t.p.n.d.); **kleiner D.** petty theft; **schwerer D.** aggravated theft

diebstahl|sicher *adj* theft-proof, burglar-proof; **D.sicherung** *f* anti-theft device, burglar alarm; **D.versicherung** *f* theft insurance

dienen *v/i* to serve; **gleichzeitig d. als** to double as

Dienst *m* service, duty; **außer D.** retired; **im D.** on duty; **nicht ~ D.** off duty; **D. nach Vorschrift** work to rule

seine Dienst|e anbieten to offer/tender one's services; **aus dem D. ausscheiden** to retire; **~ D. entfernen/entlassen** to dismiss; **D. leisten** to render a service; **in D. nehmen** to employ/hire; **D. quittieren** to resign; **außer D. stellen** ☼ 1. to decommission; 2. *(zeitweilig)* to mothball *(fig)*; **in D. stellen** to commission

eingeschränkter Dienst skeleton service; **gute D.e** good offices; **häusliche D.e** domestic services; **niedrige D.e** menial services; **öffentlicher D.** public service; **schlechter D.** disservice

Dienst|abwesenheit *f* absence from duty; **D.alter** *nt* length/years of service; **d.älter** *adj* senior

Dienstaufsicht *f* supervision; **D.sbehörde** *f* supervisory/superior authority; **D.sbeschwerde** *f* disciplinary/formal complaint

Dienst|aufwandsentschädigung *f* service/expense allowance; **D.ausweis** *m* (official) pass; **D.barkeit** *f* 1. § servitude; 2. *(Immobilien)* easement; **D.bereitschaft** *f* standby duty; **~ haben** to be on duty/call; **D.bezüge** *pl* remuneration; **D.einstufung** *f* service rating; **D.enthebung** *f* discharge; **vorläufige D.enthebung** suspension from duty; **D.entlassung** *f* dismissal; **D.erfindung** *f* employee invention; **d.fähig** *adj* fit for service/duty; **D.fahrzeug** *nt* official vehicle; **d.frei** *adj* free, off-duty; **D.gebrauch** *m* official use; **D.gehalt** *nt* salary; **D.geheimnis** *nt* official secret; **D.geschäft** *nt* official business; **D.gespräch** *nt* ☎ business/official call; **D.jahre** *pl* years of service; **d.leistend** *adj* service-rendering; **D.leister** *m* service provider/renderer

Dienstleistung *f* service; **D.en** 1. services; 2. *(Handelsbilanz)* invisibles; **D. erbringen** to render a service

Dienstleistungs|anbieter *m* service provider; **D.ausfuhr** *f* service export; **D.bereich** *m* services/tertiary sector; **D.betrieb** *m* service company; **D.bilanz** *f* balance of invisible trade; **D.branche** *f* service industry; **D.einfuhr** *f* service imports; **D.erbringer; D.geber** *m* service provider/renderer; **D.gebühr** *f* service fee/charge; **D.gesellschaft** *f* service economy; **D.gewerbe; D.industrie** *nt/f* service/tertiary industry; **D.nachfrage** *f* demand for services; **D.paket** *nt* service package; **D.sektor; D.sparte** *m/f* services/tertiary sector; **D.unternehmen** *nt* service company/corporation (SC) *[US]*, service provider; **D.verkehr** *m* services, invisible imports and exports; **D.vertrag** *m* service contract

dienst|lich *adj* official; **D.ordnung** *f* service/official regulations; **D.ort** *m* place of employment

Dienstpflicht *f* duty; **D. verletzen** to neglect one's duty

Dienst|plan *m* rota, roster; **D.post** *f* official mail; **D.programm** *nt* 🖳 utility/service program; **D.reise** *f* business trip; **D.schluss** *m* closing hours; **D.siegel** *nt* official stamp/seal; **D.sitz** *m* registered office; **D.stunden** *pl* office/business hours; **d.tuend** *adj* charge, on duty; **d.unfähig** *adj* unfit for work, disabled; **D.unfähigkeit** *f* disability; **D.unfall** *m* occupational/industrial accident; **D.vergehen** *nt* § malfeasance, disciplinary offence; **D.verhältnis** *nt* employment; **D.vertrag** *m* service contract/agreement; **D.vorgesetzte(r)** *f/m* superior; **D.vorschrift** *f* service/official regulation; **D.wagen** *m* official/company car

Dienstweg *m* official channels; **D. benutzen** to go through (the proper) channels

Dienst|zeit *f* length of service; **D.zulage** *f* service allowance

Differential|kosten *pl* differential cost; **D.rechnung** *f* π differential calculus; **D.zoll** *m* discriminating duty

Differenz *f* difference, spread *[US]*; **D. zwischen Angebot und Nachfrage** demand-supply gap; **D. halbieren/teilen** to split the difference

Differenz|betrag *m* difference, balance; **D.geschäft** *nt (Börse)* margin business, call; **D.zoll** *m* differential duty

digital *adj* digital; **D.abschreibung** *f* sum-of-the-years digit method; **d.isieren** *v/t* to digit(al)ize

Diktat *nt* dictation; **nach D. verreist** dictated by ... and signed in his/her absence

diktier|en *v/t* to dictate; **D.gerät** *nt* dictaphone

Diplom *nt* diploma, certificate, degree; **D.-arbeit** *f* thesis; **D.-Betriebswirt; D.-Kaufmann** *m* bachelor/master of business administration (BBA/MBA); **D.ingenieur** *m* Master of Science (Industrial Engineering) (MSc); **D.-Ökonom; D.-Volkswirt** *m* economics graduate

direkt *adj/adv* 1. direct, immediate; 2. *(Radio/Fernsehen)* live

Direkt|abbuchung *f* direct debiting; **D.absatz** *m* direct sell(ing); **D.belieferung** *f* direct/drop shipment; **D.bezug; D.einkauf; D.erwerb** *m* direct buying/purchasing; **D.flug** *m* through flight

Direktion *f* 1. management, administration; 2. head office, headquarters

Direktive *f* directive

Direkt|kostenrechnung *f* direct costing; **D.lieferung** *f* direct/drop shipment; **D.-marketing** *nt* direct marketing

Direktor *m* director, manager, executive; **geschäftsführender D.** managing director; **stellvertretender D.** deputy manager; **technischer D.** director of engineering

Direktorin *f* manageress

Direktorium *nt* board of directors/management; **D.smitglied** *nt* board member

Direkt|platzierung *f* *(Emission)* direct placement; **D.verbindung** *f* 🚆/✈ through connection; **D.verkauf** *m* direct selling/sale; **D.versand; D.verschiffung** *m/f* direct/drop shipment; **D.versandwerbung** *f* direct mail advertising; **D.versicherer** *m* direct/original insurer; **D.versicherung** *f* direct/original insurance; **D.vertrieb** *m* direct sale/selling; **~ über das Internet** business-to-consumer (B2C) distribution; **D.werbung durch die Post** *f* mailshot(s); **D.zugriff** *m* 🖳 random access; **D.zugriffsspeicher** *m* random access memory (RAM)

dirigieren *v/t* 1. to manage/direct, 2. *(Ware)* to route

Dirigismus *m* regulation, dirigism

Disagio *nt* (loan/debt) discount; **mit D. verkaufen** to sell at a discount

Discount|geschäft; D.laden *nt/m* cut-price/discount shop

Diskont *m* 1. discount; 2. rate of discount; **D. einräumen/gewähren** to allow/grant (a) discount; **D. erhöhen** to raise the bank *[GB]*/rediscount *[US]* rate; **D. senken** to lower the bank *[GB]*/rediscount *[US]* rate

Diskontbank *f* discount house/bank, acceptance house

Diskonter *m* discount/cut-price retailer

Diskont|erhöhung *f* rise/increase in the rediscount rate *[US]*, ~ bank rate *[GB]*; **D.erlös; D.ertrag** *m* discount(s) earned, net avails *[US]*; **D.ermäßigung** *f* bank rate reduction *[GB]*, lowering of the rediscount rate *[US]*; **d.fähig** *adj* discountable, bankable; **D.geber** *m* bill *[GB]*/note *[US]* broker

D

diskontier|bar *adj* bankable, discountable; **d.en** *v/t* to discount, to rediscount *[US]*; **D.ung** *f* 1. discounting; 2. *(Wechsel)* negotiation

Diskont|kontingent *nt* rediscount quota; **D.laden** *m* discount store/shop, cut-price shop; **D.makler** *m* bill *[GB]*/note *[US]* broker; **D.politik** *f* bank/discount rate policy

Diskontsatz *m* bank *[GB]*/discount/rediscount *[US]* rate

Diskontwechsel *m* discounted bill; **D. zum Einzug hereinnehmen** to accept bills for collection; **D.händler** *m* note broker

Diskontzinsen *pl* discount interest

Diskretion *f* discretion; **D.stage** *pl (Wechsel)* days of grace

diskriminieren *v/t* to discriminate (against); **d.d** *adj* discriminatory

Diskriminierung *f* discrimination; **D. am Arbeitsplatz; berufliche D.** job discrimination; **D. wegen des Geschlechts** gender discrimination; **positive D.** positive discrimination *[GB]*, affirmative action *[US]*

Dispach|e *f* average/loss adjustment, statement/adjustment of average; **D.eur** *m* (general-)average adjuster; **d.ieren** *v/t* to adjust average

Dispon|ent(in) *m/f* 1. chief/managing clerk; 2. purchasing manager, ~ officer; **d.ieren** *v/ti* 1. to arrange, to make arrangements; 2. *(Börse)* to buy/sell

Disposition *f* arrangement; **kurzfristige D.en** 1. short-term trading; 2. short-term arrangements

Dispositions|befugnis *f* managerial powers; **D.fonds** *m* appropriation fund; **D.-kredit** *m* overdraft facility, credit line; **D.-papier** *nt* document of title; **D.reserve** *f* available reserve, general (operating) reserve; **D.schein** *m* banker's note; **D.zeichnung** *f* outline drawing

Distanz *f* distance; **D.fracht** *f* distance freightage, pro-rata freight; **D.handel** *m* mail-order trade; **D.kauf** *m* mail-order purchase; **D.scheck** *m* out-of-town check *[US]*/cheque *[GB]*; **D.wechsel** *m* out-of-town bill

Distribution *f* distribution

Distributions|betrieb *m* distributor; **D.-dienstleistungen** *pl* distribution services; **D.funktion** *f* distributive function; **D.-kette** *f* chain of distribution; **D.lager** *nt* distribution warehouse; **D.weg** *m* channel of distribution

Disziplin *f* discipline

Disziplinar|- disciplinary; **D.befugnis; D.-gewalt** *f* disciplinary powers; **D.gericht** *nt* disciplinary tribunal

disziplinarisch *adj* disciplinary

Disziplinar|strafe *f* disciplinary penalty; **D.verfahren** *nt* disciplinary proceedings; **D.vergehen** *nt* disciplinary offence

Diversifi|kation *f* diversification; **d.zieren** *v/t* to diversify

Dividende *f* dividend; **abzüglich/ausschließlich/ex/ohne D.** dividend off, ex dividend; **einschließlich/inklusive/mit D.** dividend on, cum dividend

Dividende pro Aktie dividend per share; **D. mit aufgeschobener Fälligkeit** deferred dividend; **D. in Form von Aktien** scrip/stock *[US]* dividend; **D. auf Stammaktien** ordinary dividend; **~ Vorzugsaktien** preferred (stock) dividend

Dividende abwerfen to yield a dividend; **D. ausfallen lassen; keine D. ausschütten** to pass the dividend; **D. ausschütten** to distribute a dividend; **D. beschließen/erklären/festsetzen** to declare a dividend; **D. halten** to maintain the dividend; **D. herabsetzen/kürzen/senken** to cut the dividend; **D. heraufsetzen** to increase the dividend; **D. streichen/nicht verteilen; keine D. zahlen** to pass the dividend; **D. vorschlagen** to propose a dividend

aufgelaufene Dividende accumulated/accrued dividend; **aufgeschobene D.** deferred dividend; **ausgeschüttete D.** distributed dividend; **außerordentliche D.** extraordinary/special dividend, melon *[US]*; **noch ausstehende D.** pending dividend; **fällige D.** payable dividend; **festgesetzte D.** declared dividend; **satzungsmäßige D.** statutory dividend; **unbare D.** non-cash dividend; **vorläufige D.** interim dividend; **zusammengesetzte D.** compound dividend; **zusätzliche D.** additional dividend

Dividenden|abrechnung *f* dividend (settlement) note; **D.abschlag** *m* 1. *(Börse)* quotation ex dividend; 2. interim (dividend); **D.abschnitt** *m* dividend warrant/coupon; **D.aktien** *pl* participating shares *[GB]*/stocks *[US]*; **D.anspruch** *m* dividend claim/entitlement; **~ haben** to qualify/rank for dividend; **D.ausschüttung** *f*

dividend distribution; **d.berechtigt** *adj* dividend-bearing
Dividendenberechtigung *f* dividend entitlement; **D.sschein** *m* dividend warrant
Dividenden|beschluss *m* declaration of dividend; **D.besteuerung** *f* dividend taxation; **D.bezugsschein** *m* dividend warrant/coupon; **D.deckung** *f* dividend cover; **D.einkommen; D.einnahme** *nt/f* dividend income; **D.einkünfte** *pl* dividend receipts; **D.entwicklung** *f* dividend performance; **D.erklärung; D.festsetzung** *f* declaration of dividend; **D.ertrag** *m* dividend yield; **D.garantie** *f* dividend guarantee; **D.gewinnverhältnis** *nt* dividend ... times covered; **D.gutschrift** *f* dividend credit; **D.höhe** *f* level of dividend; **D.konto** *nt* dividend (payout) account; **D.kürzung** *f* dividend cut; **d.los** *adj* ex/without dividend *[GB]*, dividend off *[US]*; **D.papier** *nt* dividend-bearing security/share *[GB]*/stock *[US]*; **D.prognose** *f* dividend forecast; **D.rechte** *pl* dividend rights; **ohne alle D.rechte** ex all; **D.rendite** *f* (dividend) yield; **D.renditeverhältnis** *nt* dividend-yield ratio; **D.rücklage** *f* dividend reserve fund; **D.satz** *m* dividend/payout rate; **D.scheck** *m* dividend check *[US]*/ cheque *[GB]*; **D.schein** *m* dividend coupon/warrant; **D.schnitt; D.senkung** *m/f* dividend cut; **D.steuer** *f* dividend tax; **D.verbindlichkeiten** dividends payable; **D.vorhersage** *f* dividend forecast; **D.vorschlag** *m* proposed dividend; **D.wert** *m* *(Aktie)* dividend-bearing security; **D.zahlung** *f* dividend payment
divi|dieren *v/t* π to divide; **D.sion** *f* division
Dock *nt* ⚓ dock, wharf, quay, berth; **D.-anlagen** *pl* dock(ing) facilities; **D.arbeiter** *m* docker, longshoreman *[US]*; **D.-empfangsschein** *m* dock warrant
docken *v/ti* to dock/berth
Dock|gebühren; D.geld *pl/nt* wharfage, dock dues/charges; **~ und Verschiffung** dock dues and shipping (DD&Shpg); **D.lagerschein** *m* dock warrant (DW)
Dokument *nt* document, deed, instrument; **D.e anbei** documents attached
Dokumente gegen Akzept documents against acceptance (D/A); **~ bar** documents against cash; **~ Kasse/Zahlung** documents against payment (D/P), cash against documents (C.A.D.)
Dokumente beibringen to furnish documents; **~ übergeben** to surrender documents; **~ vorlegen** to tender/present documents
amtliches Dokument official document; **begebbares D.** negotiable instrument; **handelsübliches D.** commercial document
dokumentarisch *adj* documentary
Dokumentar|kredit *m* documentary credit; **D.tratte** *f* documentary bill
Dokumentation *f* documentation, documents; **D. abwickeln/erledigen** to handle the documentation
Dokumentenakkreditiv *nt* documentary (letter of) credit (L/C); **unwiderrufliches D.** irrevocable documentary credit; **~ und bestätigtes D.** irrevocable and confirmed documentary credit; **widerrufliches D.** revocable documentary credit
Dokumenten|aushändigung *f* surrender of documents; **D.einreichung** *f* presentation of documents; **D.inkasso** *nt* documents against payment (D/P), collection against documents; **D.kredit(brief)** *m* documentary (letter of) credit; **D.tratte** *f* documentary bill/draft (D/B; D/D); **D.-übergabe** *f* surrender of documents; **D.-wechsel** *m* documentary acceptance/bill (D/B), documentary draft (D/D)
dokumentieren *v/t* to document/evidence
Dollar *m* dollar, buck *(coll)*; **D.abfluss** *m* dollar outflow; **D.abwertung** *f* dollar devaluation; **D.agio** *nt* dollar premium; **D.-akzept** *nt* dollar acceptance; **D.anleihe** *f* dollar bond; **D.bestände** *pl* dollar holdings; **D.guthaben** *nt* dollar deposit(s); **D.-kredit** *m* dollar loan; **D.notierung; D.-notiz** *f* dollar quotation; **D.obligation** *f* dollar bond; **D.parität** *f* dollar parity; **D.raum** *m* dollar area; **D.wert** *m* dollar value
dolmetsch|en *v/ti* to interpret; **D.er(in)** *m/f* interpreter
dominieren *v/i* to dominate
Domizil *nt* domicile, residence; **D.akzept** *nt* domiciled acceptance; **D.ort** *m* *(Wechsel)* place of payment; **D.provision** *f* domicile commission; **D.wechsel** *m* domiciled bill
Doppel *nt* copy, duplicate; **D.belastung** *f* 1. double burden; 2. *(Steuer)* double taxation; **D.belegung** *f* double booking; **D.beschäftigung** *f* double employment;

D

D

D.besteuerung *f* double taxation; **D.buchhaltung** *f* double-entry bookkeeping
doppeln *v/t* to double/duplicate
Doppel|packung *f* twin-pack; **D.prämie** *f* compound/double premium; **D.preissystem** *nt* dual pricing
doppelt *adj* double, twofold
Doppelveranlagung *f* double assessment
Doppelverdiener *pl* double wage earner; **D.haushalt** *m* two-earner/two-paycheck family
Doppik *f* double-entry bookkeeping
Dotation *f* endowment; **D.skapital** *nt* endowment capital
dotier|en *v/t* 1. to endow; 2. to fund; 3. *(vergüten)* to remunerate/pay; **D.ung** *f* endowment, allocation, funding
Draht *m* wire; **D.akzept; D.annahme** *nt/f* telegraphic acceptance; **D.anschrift** *f* telegraphic/cable address; **D.anweisung** *f* telegraphic/cable transfer (C.T.); **D.aviso** *nt* cable advice
drastisch *adj* drastic, sweeping
Drauf|gabe; D.geld *f/nt* earnest money; **d.zahlen** *v/ti* to lose money on sth.
Dreck *m* dirt, filth
Dreh|kreuz *nt* 1. turnstile; 2. ✈ hub; **D.scheibe** *f (fig)* ✈ hub
Dreieck *nt* π triangle; **magisches D.** *(VWL)* magic/uneasy triangle (full employment, price stability and balance of payments equilibrium)
Dreiecks|arbitrage *f* triangular exchange; **D.geschäft** *nt* triangular transaction; **D.handel** *m* triangular trade
drei|fach *adj* triple, threefold; **d.jährig** *adj* triennial; **d.monatlich** *adj* quarterly
Dreimonats|akzept *nt* three-month(s) acceptance; **D.einlage; D.geld** *f/nt* three-month(s) deposit; **D.papier** *nt* three-month(s) bill/draft; **D.wechsel** *m* three-month(s) bill/draft
Dreingabe *f* bargain money
Drei|produkttest *m* triadic product test; **D.schichtenbetrieb** *m* three-shift operation
dringend; dringlich *adj* urgent
Dringlichkeit *f* urgency
Dringlichkeits|auftrag *m* rush job *(coll)*; **D.fall** *m* urgent case; **D.sache** *f* matter of urgency
Dritt|anspruch *m* § third-party claim; **D.ausfertigung** *f* 1. triplicate; 2. *(Wechsel)* third of exchange
Dritte|(r) *f/m* § third party; **zum D.n und Letzten** *(Auktion)* for the (third and) last time of asking, going, going, gone; **gutgläubiger D.r** innocent (third) party
Dritt|eigentümer(in) *m/f* third-party owner; **D.geschäft** *nt* third-party transaction; **D.gläubiger(in)** *m/f* third-party creditor; **d.klassig; d.rangig** *adj* third-rate; **D.land** *nt* third country; **D.mittel** *pl* third-party funds; **D.schaden** *m* third-party damage
Droge *f* drug
Drogen|handel *m* drug trafficking/trade; **D.händler** *m* drug trafficker; **D.schmuggel** *m* drug smuggling; **D.sucht** *f* drug addiction; **D.süchtige(r)** *f/m* drug addict; **D.vergehen** *nt* § drug offence
drosseln *v/t* to reduce/restrict/curb/curtail
Drosselung *f* reduction, curb(ing), restriction; **D. der Ausgabe(n)** expenditure cut; **~ Einfuhr** curb on imports; **~ Produktion** production cut
Druck *m* 1. pressure; 2. ✂ print(ing); **D. auf die Erträge/den Gewinn** squeeze on profits; **~ die Gewinnspanne/-marge** squeeze on margins
Druck ausüben to exert pressure; **unter D. geraten** to come under pressure; **~ handeln** to act under pressure; **D. mindern** to reduce the pressure; **dem D. nachgeben** to give way/bow to pressure
finanzieller Druck financial squeeze; **wirtschaftlicher D.** economic pressure
Druck|anwendung; D. ausübung *f* exertion of pressure; **D.auflage** *f* print run; **D.buchstabe** *m* block letter
Drückeberger *m* dodger, shirker
Drucken *nt* ✂ printing; **d.** *v/t* to print; **fett d.** to set in bold type; **gesperrt d.** to space out; **kursiv d.** to print in italics
drücken *v/t* 1. to press/squeeze; 2. *(Preis)* to beat down; *v/refl* to shirk; **d.d** *adj* onerous
Drucker *m* printer; **D.ei** *f* printing plant, printery *[US]*
Druck|erzeugnis *nt* publication; **d.fähig** *adj* fit for printing; **D.fehler** *m* misprint; *pl (Verzeichnis)* errata *(lat.)*; **d.fertig** *adj* ready for going to press; **D.genehmigung** *f* licence to print; **D.gewerbe; D.industrie** *nt/f* printing trade/industry; **D.kosten** *pl* printing cost(s)
Drucksache *f* ✉ printed matter; **D.nwerbung** *f* direct mail advertising

Druckschrift *f* 1. block/capital letters; 2. *(Veröffentlichung)* publication; **in D. schreiben** to write in printed/block letters
dubios *adj* doubtful, dubious; **D.e** *pl* doubtful accounts/debts/receivables
Dukatenesel *m* *(fig)* cash cow *(fig)*
dulden *v/t* to tolerate/permit; **stillschweigend d.** to condone/acquiesce
Duldung *f* toleration; **stillschweigende D.** acquiescence
Dumping *nt* dumping; **negatives/umgekehrtes D.** reverse dumping; **räuberisches D.** predatory dumping; **soziales D.** social dumping; **verschleiertes D.** hidden dumping
Dumping|bekämpfungszoll *m* anti-dumping tariff; **D.einfuhr** *f* dumped import(s); **D.verfahren** *nt* § dumping proceedings
Duo|pol *nt* duopoly; **D.pson** *nt* duopsony
Duplikat *nt* duplicate, copy; **D. anfertigen/machen** to duplicate
durch|bringen *v/t* 1. *(Gesetz)* to pass; 2. *(Geld)* to squander; **d.buchen** *v/t* to book through; **d.deklarieren** *v/t* ⊖ to declare/enter as transit; **d.dringen** *v/t* to penetrate
durchdrück|en *v/t* to force through; **D.packung** *f* blister pack(age)
durchfahren *v/ti* to go/drive through
Durchfahrt *f* 1. ⚓ passage; 2. thoroughfare, channel; **D.erlaubnis** *f* ⊖ transit licence; **D.srecht** *nt* right of passage; **D.sstraße** *f* thoroughfare, through road; **D.zoll** *m* 1. ⊖ transit duty; 2. 🚗 toll
durchforsten *v/t* 1. *(Akten)* to go through; 2. 🌲 to thin out
Durchfracht *f* through/transit freight; **D.brief; D.konnossement** *m/nt* through bill of lading (B/L)
durchfrachten *v/t* to freight through
Durchfracht|rate; D.satz *f/m* through rate
Durchfuhr *f* transit
durchführbar *adj* feasible, viable
Durchführbarkeit *f* feasibility, viability; **D.sstudie** *f* feasibility study
Durchfuhr|bescheinigung *f* transit certificate; **D.bewilligung** *f* transit permit; **D.deklaration** *f* ⊖ transit declaration
durchführen *v/t* to carry out, to implement
Durchfuhr|erklärung *f* ⊖ transit entry; **D.erlaubnis; D.genehmigung** *f* transit permit; **D.fracht** *f* transit freight; **D.gut** *nt* transit goods; **D.handel** *m* transit trade; **D.land; D.staat** *nt/m* transit country; **D.recht** *nt* transit licence; **D.spediteur; D.spedition** *m/f* forwarding agency/agent; **D.tarif** *m* transit/through rate
Durchführung *f* implementation, execution
Durchführungs|anordnung *f* implementing order; **D.bestimmungen** *pl* implementing instructions; **D.gesetz** *nt* implementing act; **D.vorschrift** *f* implementing rule
Durchfuhr|verkehr *m* transit traffic; **D.waren** *pl* transit goods; **D.zoll** *m* transit duty
Durchgang *m* 1. passage, throughfare; 2. ⊖ channel
Durchgangsfracht *f* through freight; **D.brief** *m* through bill of lading (B/L), waybill *[US]*
Durchgangs|gebühr *f* ⊖ transit charge; **D.güter** *pl* transit goods; **D.halle** *f* transit hall; **D.handel** *m* transit trade; **D.hafen** *m* transit port; **D.konnossement** *nt* through bill of lading (B/L); **D.ladung** *f* through shipment; **D.land** *nt* transit country; **D.posten** *m* transit/suspense item; **D.recht** *nt* right of transit; **D.reisende(r)** *f/m* transit passenger; **D.satz** *m* through/transit rate; **D.sendung** *f* through shipment; **D.stelle** *f* transit point; **D.straße** *f* through road; **D.strecke** *f* transit route; **D.tarif** *m* transit rate; **D.verkehr** *m* through traffic; **D.visum** *nt* transit visa; **D.waren** *pl* ⊖ transit goods; **D.zoll** *m* transit duty
durchgehend *adj* continuous, uninterrupted
Durchgriff *m* § enforcement of liability
Durchkonnossement *nt* through bill of lading
Durchlauf|betrieb *m* continuous operation; **D.konto** *nt* interim account; **D.posten** *m* suspense item; **D.zeit** *f* 1. flow/production time; 2. door-to-door time
durch|leiten *v/t* 1. *(Kredit)* to transmit, to channel through; 2. ϟ to transmit; **D.leitung** *f* transmission; **D.rechte** *pl* transmission rights
durchleuchten *v/t* 1. to investigate/examine; 2. *(Marketing)* to audit
durchrationalisier|en *v/t* to streamline; **D.ung des Betriebs** *f* streamlining of operations
durchrechnen *v/t* to go over the figures, to check/calculate

D

Durchreise *f* passage, transit; **D.genehmigung** *f* transit permit; **D.nde(r)** *f/m* transit/through passenger; **D.sichtvermerk; D.visum** *m/nt* transit visa
Durchsatz *m* throughput, thruput *[US]*
durchschlagen (auf) *v/i* to have an effect (on), to feed through; **sich gerade noch d.** to make both ends meet; **sich kümmerlich/mühsam/schlecht und recht d.** to eke out a living
durchschlagend *adj* sweeping, striking
Durchschlagskraft *f* punch, impact
Durchschnitt *m* 1. average; 2. ▥ arithmetic mean; **im D.** on average; **über dem D.** above average; **unter dem D.** below average
Durchschnitt berechnen to average; **im D. betragen/ergeben/erzielen** to average; **hinter dem D. zurückbleiben** to underperform
annähernder Durchschnitt rough average; **gewichteter/gewogener D.** *(Kurs)* (trade-)weighted average
durchschnittlich *adj* average
Durchschnitts|alter *nt* average age; **D.aufwand** *m* average cost(s); **D.bestand** *m* average stock; **D.betrag** *m* average amount; **D.bewertung** *f* average valuation; **D.bezahlung** *f* average pay; **D.einkommen** *nt* average income; **D.einstandspreis** *m* average cost price; **D.ergebnis** *nt* average result; **D.erlös** *m* average revenue/proceeds; **D.ertrag** *m* average profit/returns/yield; **D.erzeugnis** *nt* run-of-the-mill product; **D.gehalt** *nt* average pay/salary; **D.gemeinkostensatz** *m* average burden rate; **D.gestehungspreis** *m* average cost price; **D.gewinn** *m* average profit; **D.größe** *f* average size; **D.kosten** *pl* average cost(s); **D.kurs** *m* average rate/price; **D.laufzeit** *f* average/mean life; **D.leistung** *f* average performance/output; **D.lohn** *m* average pay/wage; **D.menge** *f* average quantity; **D.preis** *m* average price, market average; **D.produktion** *f* average output; **D.qualität** *f* fair average quality (f.a.q.); **D.rendite** *f* average yield/return; **D.satz** *m* average rate; **D.spanne** *f* average profit margin; **D.stückkosten** *pl* average unit cost(s); **D.temperatur** *f* average/mean temperature; **D.verbrauch** *m* average consumption; **D.verdiener** *m* average earner; **D.verdienst** *m* average earnings; **D.verzinsung** *f* average yield; **gute/gesunde D.ware** fair average quality (f.a.q.), fair merchantable (f.m.); **D.wert** *m (Börse)* market average; **gewogener D.wert** weighted average (price)
durchsehen *v/t* to look through/over, to inspect
Durchsicht *f* inspection, examination; **bei D. unserer Bücher** on inspecting our books; **~ der Sendung** on checking the consignment; **zur gefälligen D.** for your kind inspection
Durchsickern *nt* seepage, leakage; **d.** *v/i (Flüssigkeit)* to seep through, to leak out
durch|stellen *v/t* ☎ to put through, to connect; **d.streichen** *v/t* to delete, to cross/strike out; **d.suchen** *v/t* to search
Durchsuchung *f* search; **D.sbefehl** *m* § search warrant; **D.srecht** *nt* right of search; **D.svollmacht** *f* power of entry and search
Durchwahl *f* ☎ extension (number)
dürftig *adj* 1. needy, poor; 2. slim, meagre, scant(y), lean
Durststrecke *f* lean period/patch
Dutzend *nt* dozen; **im D. billiger** cheaper by the dozen; **großes D.** long dozen; **knappes D.** bare dozen; **rundes D.** good dozen; **D.ware** *f* mass-produced article; **d.weise** *adv* by the dozen
Dynam|ik *f* drive, dynamics; **d.isch** *adj* 1. dynamic, energetic; 2. *(Rente)* index-linked; **d.isieren** *v/t* to index; **D.isierung** *f* index-linking, indexation

E

Ebene *f* level, tier
echt *adj* real, genuine
Echtheit *f* authenticity; **E. feststellen/prüfen** to verify
Echtzeit *f* 🖳 real time; **E.verarbeitung** *f* real-time processing
Eck|artikel *m (Handel)* key line; **E.daten** *pl* key/benchmark data
Ecke *f* corner
Eck|laden *m* corner shop; **E.lohn** *m* basic wage; **E.wert** *m* 1. key datum (*pl* data), benchmark; 2. *(Lohn)* basic wage; **E.zins** *m* (bank) base rate, prime rate *[US]*
Edelmetall *nt* precious/noble metal; **ungemünztes E.** bullion

Edelmetall|börse *f* bullion market; **E.gewicht** *nt* troy weight; **E.handel** *m* bullion trade; **E.händler** *m* bullion dealer; **E.-makler** *m* bullion broker; **E.markt** *m* bullion market; **E.terminkontrakt** *m* precious metal futures contract

Edelstahl *m* special/fine steel

EDV (elektronische Datenverarbeitung) *f* EDP (electronic data processing); **E.-Berater(in)** *m/f* IT consultant; **E.-Fachmann** *m* computer specialist; **E.-Kenntnisse** *pl* computer literacy

Effekt *m* effect; **externe E.e** external effects; **kumulative E.e** aggregative effects

Effekten *pl* securities, stocks (and shares); **börsengängige E.; fungible E. marktfähige E.** marketable securities; **erstklassige/hochwertige E.** blue chips; **festverzinsliche E.** fixed-interest(-bearing) securities; **lombardierte E.** pledged securities, pawned stocks *[US]*; **persönliche E.** personal belongings/effects

Effekten|abrechnung *f* stock account, contract note; **E.abteilung** *f* investment/securities department, stock office *[US]*; **E.anlage** *f* investment in securities; **E.-arbitrage** *f* securities/stock arbitrage; **E.aufstellung** *f* statement of securities; **E.auftrag** *m* buying/selling/stock order; **E.austausch** *m* portfolio switch; **E.baisse** *f* bear market; **E.bank** *f* issuing house; **E.-bankgeschäft** *nt* investment banking; **E.-beleihung** *f* advance against securities; **E.berater** *m* investment adviser; **E.beratung** *f* in vestment counselling; **E.besitz** *m* stock holdings; **E.besitzer(in)** *m/f* stockholder; **E.börse** *f* stock exchange/market; **E.buch** *nt* securities/stock ledger; **E.depot** *nt* safe custody *[GB]*/custodianship *[US]* account, securities portfolio; **E.differenzgeschäft** *nt* margin buying/business

Effektenemission *f* issue of securities, stock flo(a)tation; **E. garantieren** to underwrite an issue; **E.sbank** *f* issuing house *[GB]*, trust company *[US]*; **E.skonsortium** *nt* underwriting syndicate; **E.sprovision** *f* underwriting commission

Effektengeschäft *nt* stockbroking, stockjobbing, dealing in stocks/securities

Effektenhandel *m* securities trading/dealing, dealing in stocks and shares; **außerbörslicher E.** over-the.counter (OTC) trading

Effekten|händler *m* stockbroker, securities dealer, stockjobber *[US]*, market maker; **E.hausse** *f* stock-market boom, bull(ish) market; **E.index** *m* share *[GB]*/stock *[US]* index; **E.inhaber** *m* 1. stockholder; 2. *(Anleihen)* bondholder; **E.kapital** *nt* equity capital; **E.kauf** *m* securities/stock purchase; **E.kommissionär** *m* securities commission agent; **E.konto** *nt* stock account; **E.kredit** *m* advance on securities; **E.kreditkonto** *nt* margin account; **E.kundschaft** *f* investing public; **E.kurs** *m* stock market price; **E.makler** *m* stockbroker, securities broker; **E.markt** *f* stock/security market; **E.notierung** *f* stock quotation; **E.order** *f* stock order; **E.pensionierung** *f* bed and breakfasting *(coll) [GB]*; **E.platzierung** *f* securities placing; **E.portefeuille; E.portfolio** *nt* (securities/investment) portfolio; **E.provision** *f* stock (exchange) commission; **E.rechnung** *f* stock/security account; **E.-register** *nt* securities register; **E.sammeldepot** *nt* collective securities deposit; **E.sparen** *nt* portfolio investment; **E.sparer** *m* portfolio investor; **E.spekulant** *m* stock market speculator; **E.spekulation** *f* stock market speculation; **E.strazze** *f* securities journal *[GB]*, blotter *[US]*; **E.-termingeschäft** *nt* trading in securities futures

Effektenverkauf *m* sale of securities, stock sale; **E.sabrechnung** *f* securities/sold note; **E.sbefugnis; E.svollmacht** *f* stock power *[US]*

Effekten|verkehr *m* dealings in securities, stockbroking; **E.verwalter** *m* portfolio manager; **E.verwaltung** *f* 1. portfolio/securities/investment management; 2. *(Bank)* custodianship; **E.verzeichnis** *nt* securities register

effektiv *adj* effective, in real terms; **E.bezüge; E.einkommen** *pl/nt* real/net earnings; **E.geschäft** *nt* cash/spot transaction; **E.lohn** *m* effective pay; **E.zahl** *f* actual number; **E.zins** *m* real/effective interest (rate)

effizient *adj* efficient

Effizienz *f* efficiency; **E.gewinn** *m* efficiency gain; **E.kriterium** *nt* performance criterion; **E.steigerung** *f* increase in efficiency, efficiency gain(s)

E-Handel *m* e-business, e-commerce

EU-Landwirtschaftspolitik *f* Common

E

Agricultural Policy (CAP); **EU-Marktordnung** *f* EU regime; **EU-Marktpreis** *m* Community market price
Ehefrau *f* wife; **arbeitende/berufstätige E.** working wife
Ehegatte *m* 1. spouse; 2. husband; 3. wife; **mitarbeitender E.** working spouse/husband/wife; **überlebender E.** surviving spouse

E

Ehegatten|freibetrag *m* married couple's allowance; **E.testament** *nt* mutual will of spouses
ehelich *adj* 1. conjugal, matrimonial; 2. *(Kind)* legitimate
Ehepaar *nt* (married) couple; **berufstätiges E.** dual career couple (DCC); **gemeinsam veranlagtes E.** jointly assessed couple
Ehepartner *m* spouse
Ehre *f* honour
Ehren|akzept *nt* acceptance supra protest; **E.akzeptant** *m* acceptor supra protest; **e.amtlich** *adj* honorary, unpaid; **e.rührig** *adj* defamatory; **E.tage** *pl (Wechsel)* days of grace; **E.vorsitzende(r)** *f/m* honorary chairman/president; **E.zahler** *m (Wechsel)* payer for honour; **E.zahlung** *f* payment supra protest
Ehrgeiz *m* ambition; **e.ig** *adj* ambitious
ehrlich *adj* honest, sincere
eichen *v/t* to calibrate/gauge *[GB]*/gage *[US]*
Eich|gewicht *nt* stamped weight; **E.maß** *nt* ga(u)ge; **E.schein** *m* ga(u)ger's certificate; **E.stab** *m* ga(u)ging rod
Eichung *f* calibration, ga(u)ging
Eid *m* oath; **an E.es Statt** in lieu of an oath; **E. ablegen** to swear/take an oath
Eigen|akzept *nt* promissory note (P.N.); **E.anfertigung** *f* own make; **E.anteil** *m* own share; **E.arbeit** *f* do-it-yourself (DIY) work; **E.ausgaben** *pl* own expenditure; **E.bedarf** *m* 1. own/personal requirements; 2. *(Handel)* in-house requirements; **E.behalt** *m* retention; **E.besitz** *m* 1. proprietary ownership, proprietorship; 2. *(Grundstück)* freehold; **E.betrieb** *m* owner-operator; **E.dynamik** *f* (own) momentum; **E.erzeugnis** *nt* own/company-manufactured product; **E.fabrikat** *nt* own make; **E.fertigung** *f* own/in-house production
Eigenfinanzierung *f* self-financing; **E.squote** *f* 1. equity financing ratio; 2. *(Außenhandel)* exporter's retention
Eigen|gefahr *f (Vers.)* individual risk; **e.gefertigt** *adj* company-manufactured; **E.geschäft** *nt* transaction on own account; **E.gewicht** *nt* dead/tare weight; **E.handel** *m* proprietary trade, trading on own account; **e.händig** *adj* 1. single-handed; 2. handwritten; **E.händler** *m* 1. trader on own account; 2. *(Börse)* jobber *[GB]*, floor trader *[US]*
Eigenheim *nt* owner-occupied dwelling/home; **selbstgenutztes E.** owner-occupied home; **E.besitz** *m* home ownership; **E.besitzer** *m* owner-occupier; **E.erwerber** *m* home buyer; **E.finanzierung** *f* home finance; **E.hypothek** *f* home loan; **E.nutzung** *f* owner-occupancy
Eigen|initiative *f* self-starting qualities, own initiative; **E.interesse** *nt* own/vested interest
Eigenkapital *nt* 1. equity (capital), owners' equity, share/proprietary *[US]* capital; 2. *(Bilanz)* capital and reserves, proprietorship *[US]*; **E. je Aktie** net assets per share; **E. minus Firmenwert** tangible net worth; **E.- und Fremdkapital** equity and debt capital; **E. und Rücklagen** capital and retained earnings
ausgewiesenes Eigenkapital reported net worth; **berichtigtes E.** adjusted net worth; **haftendes E.** liable (equity) funds/capital; **konsolidiertes E.** consolidated net assets; **verwendbares E.** available net equity
Eigenkapital|anteil *m* equity ratio, proprietary interest; **E.ausstattung** *f* equity base/capitalization; **E.auszehrung** *f* depletion of proprietary capital, ~ shareholders' equity; **E.basis** *f* equity/capital base; **E.bildung** *f* equity capital formation; **E.decke** *f* equity capital cover; **E.erhöhung** *f* increase in equity (capital); **E.finanzierung** *f* equity finance; **E.kosten** *pl* cost of equity (capital); **E.quote** *f* debt-equity ratio, capital to assets ratio; **E.rendite; E.rentabilität** *f* return on equity (RoE); **E.schwund** *m* dwindling assets; **E.umschlag** *m* sales-equity ratio; **E.verzinsung** *f* equity yield (rate), (rate of) return on equity (RoE); **E.zinsen** *pl* interest on equity; **E.zufuhr** *f* new equity injection
Eigen|kosten *pl* primary cost(s); **E.lager** *nt* own warehouse
Eigenleistung *f* 1. *(Fertigung)* self-construction; 2. *(Finanzen)* borrowers' own

funding; **aktivierte E.** company-produced additions to plant and equipment
eigen|mächtig *adj* arbitrary, unauthorized; **E.marke** *f* own/private brand, ~ label
Eigenmittel *pl* own funds; **E.quote** *f* equity ratio; **E.zufuhr** *f* capital injection
Eigen|nutz *m* self-interest; **E.nutzung** *f* private/own use; **auf E.rechnung** *f* on own account
Eigenschaft *f* quality, property; **in amtlicher/dienstlicher E.** in an official capacity; **beratende E.** advisory capacity; **wesentliche E.** indispensable feature; **zugesicherte E.** warranted quality
Eigentum *nt* 1. property; 2. ownership, proprietorship; 3. *(Vermögen)* estate; **E. der Gesellschaft** corporate/company property; **E. an beweglichen Sachen** movable property; **~ Waren** title to goods
Eigentum auflassen to convey a property; **E. beanspruchen** to claim (a) title; **E.belasten** to encumber property; **E. besitzen; E. haben** to own property; **E. erwerben** to acquire property; **E. übertragen** to convey property; **jds E. verletzen** to trespass on so.'s property; **in ~ vollstrecken** to distrain upon so.'s property
belastetes Eigentum encumbered/mortgaged property; **einwandfreies E.** clear title; **freies E.** freehold property; **fremdes E.** third-party property; **im gemeinsamen E.** jointly owned; **gewerbliches E.** proprietary rights; **lastenfreies E.** unencumbered estate; **im öffentlichen E.** publicly owned; **persönliches E.** personal belongings; **rechtmäßiges E.** good/lawful title; **treuhänderisches E.** trust capital; **vermutetes/vermutliches E.** reputed ownership; **volles E.** good title
Eigentümer *m* 1. owner, proprietor; 2. *(Haus/Wohnung)* owner-occupier; **vom E. bewohnt** owner-occupied; **E. wechseln** to change hands
absoluter/alleiniger Eigentümer § sole (and unconditional) owner; **eingetragener E.** registered owner; **früherer E.** previous owner; **gutgläubiger E.** holder in good faith, bona-fide *(lat.)* owner; **mutmaßlicher E.** presumed owner; **rechtlicher/-mäßiger E.** 1. lawful/legal owner; 2. *(Effekten)* holder in due course; **unbeschränkter / uneingeschränkter E.** absolute owner, freeholder
Eigentümer|-Besitzer-Verhältnis *nt* owner-occupier relationship; **E.gemeinschaft** *f* joint owners; **E.grundschuld** *f* owner's (land) charge; **E.haftpflicht** *f* owner's liability; **E.hypothek** *f* owner's mortgage; **E.wechsel** *m* change of ownership
Eigentums|anspruch *m* ownership/property claim; **E.anteil** *m* ownership interest; **E.belastung** *f* charge on property; **E.benutzer** *m* owner-user; **E.erwerb** *m* acquisition of property; **E.klage** *f* property/ownership suit; **E.mangel** *m* § defect of title; **E.nachweis** *m* proof of ownership
Eigentumsrecht *nt* right of ownership; **unbeschränktes E. am Grundbesitz** freehold; **E. an Waren** title to goods
volles Eigentumsrecht besitzen; volle E.e haben to own outright; **E. bestreiten** to dispute a title; **E. erwerben** to acquire title; **E.e geltend machen** to claim ownership
absolutes Eigentumsrecht absolute ownership; **alleiniges E.** sole ownership/proprietorship; **bedingtes E.** qualified title
Eigentums|schutz *m* protection of property; **E.störung** *f* 1. actionable nuisance; 2. *(Grundstück)* trespass; **E.störungsklage** *f* action for trespass; **E.titel** *m* instrument/document of title; **E.übertragung** *f* transfer of ownership/title, conveyance; **E.urkunde** *f (Immobilien)* title deed; **E.vergehen** *nt* property offence; **E.-verzicht** *m* relinquishment of title; **E.vorbehalt** *m* reservation of title/ownership; **E.wechsel** *m* change of ownership; **E.-wert** *m* property value; **E.wohnung** *f* privately owned flat, freehold flat, condominium *[US]*, condo *(coll) [US]*
Eigen|verbrauch *m* own/personal consumption; **E.vermögen** *nt* propietary/owner's capital; **E.versicherung** *f* self-insurance; **E.versorgung** *f* 1. self-sufficiency; 2. 🚜 subsistence farming; **E.wechsel** *m* sola/single bill, promissory note (P.N.); **E.wert** *m* instrinsic value; **E.wirtschaftlichkeit** *f* economic viability
Eigner(in) *m/f* owner, proprietor; **E.s Gefahr** owner's risk (O.R.)
Eignung *f* 1. ability, aptitude, fitness; 2. feasibility, suitability; **berufliche/fachliche E.** professional qualification(s); **E.sprüfung; E.stest** *f/m* aptitude test
Eil|auftrag *m* rush/urgent order, rush job *(coll)*; **E.bote** *m* courier, special delivery/

E

express messenger; **E.brief** *m* ✉ express letter *[GB]*, special delivery *[US]*; **E.dienst** *m* express service; **E.fracht** *f* fast/express freight, expressage *[US]*
Eilgut *nt* fast/express freight; **E.fracht** *f* express goods, expressage *[US]*; **E.tarif** *m* express tariff
eilig *adj* urgent, pressing
Eil|kurier *m* express messenger; **E.paket** *nt* ✉ express package *[US]*/parcel *[GB]*; **E.-post** *f* ✉ express *[GB]*, special delivery *[US]*; **E.zustellgebühr** *f* expressage; **E.zustellung** *f* rush delivery, express (delivery) *[GB]*, special delivery *[US]*
Einarbeitung *f* training, breaking-in, familiarization
Einbau *m* 1. installation, fitting; 2. incorporation, integration; **e.n** *v/t* to install/fit; **E.ten** *pl* 🏛 fixtures (and fittings)
einbegriffen *adj* included, inclusive
Einbehalt *m* retention (money); **e.en** *v/t* 1. *(Geldbetrag)* to withhold; 2. *(Gewinn)* to retain
Einbehaltung *f* 1. retention; 2. *(Geldbetrag)* withholding; **E. von Gewerkschaftsbeiträgen** check-off of union dues; **~ Gewinnen** profit retention; **E. der Lohnsteuer** withholding of income tax
einberufen *v/t* *(Versammlung)* to call/convene
einbrechen *v/i* 1. to burgle *[GB]*/burglarize *[US]*; 2. *(Preis/Kurs)* to cave in
Einbrecher *m* burglar; **E.warngerät** *nt* burglar alarm
einbringen *v/t* 1. to contribute/invest; 2. *(Gewinn)* to yield/fetch; 3. *(Antrag)* to move
einbring|lich *adj* profitable, remunerative; **E.ung** *f* 1. contribution; 2. 🚜 harvesting
Einbruch *m* 1. § burglary, breaking and entering; 2. *(Preis/Kurs)* drop, slump; **Einbrüche erzielen** *(Markt)* to make inroads; **konjunktureller E.** cyclical downswing; **saisonbedingter E.** seasonal slump
Einbruchdiebstahl *m* burglary; **E.police** *f* burglary policy
einbruchsicher *adj* burglar-proof
Einbruchs|sicherung *f* burglar-alarm; **E.-versicherung** *f* burglary insurance; **E.versuch** *m* § attempted burglary
einbuchen *v/t* *(Hotel)* to book in
Einbuße *f* damage, loss
eindämmen *v/t* to contain/curb
eindecken *v/refl* to provide os. (with sth.)
Eindeckung *f* stocking up, replenishment; **E. einer offenen Position** *(Börse)* cover(ing)
Eindringen *nt* 1. intrusion; 2. *(Markt)* penetration, inroads; **e.** *v/i* 1. to penetrate/intrude; 2. *(widerrechtlich)* to enter forcibly
Eindruck *m* impression; **E. haben** to feel; **E. vermitteln** to create/give an impression
eindrucksvoll *adj* impressive
einengen *v/t* to narrow/restrict
einfach *adj* 1. simple, basic, plain; 2. *(Arbeit)* menial; 3. *(Buchführung)* single-entry
einfahren *v/ti* 1. to drive in; 2. 🚗 to run in; 3. *(Ergebnis)* to turn in
Einfahrt *f* entry, entrance
Einfluss *m* influence; **E. ausüben** to exert/exercise influence; **seinen E. geltend machen** to exert/use one's influence
beherrschender/bestimmender Einfluss control; **expansive Einflüsse** expansionary forces; **saisonbedingter E.** seasonable influence
Einfluss|bereich *m* sphere of influence; **wirtschaftliche E.faktoren** economic environment; **E.größe** *f* factor, determinant; **e.reich** *adj* influential
einfordern *v/t* to call (in), to claim
Einforderung *f* *(Geld)* call, claim
einfrieren *v/t* 1. to freeze; 2. *(Vertrag)* to suspend; 3. to deep-freeze/quick-freeze
Einfuhr *f* ↘ **Import** import, importing, importation, import trade
Einfuhr von Billigwaren cut-price imports; **~ Fertigwaren** manufacturing imports; **E. unter Zollvermerkschein** entry under bond
Einfuhr und Ausfuhr imports and exports; **sichtbare Ein- und Ausfuhren** visible items/trade, visibles; **unsichtbare Ein- und Ausfuhren** invisible items/trade, invisibles
Einfuhr beschränken to restrict imports; **bei E. verzollen** ⊖ to clear inward
abgabenfreie Einfuhr duty and tax-free importation; **begünstigte E.** preferential imports; **kontingenfreie E.en** non-quota imports; **präferenzbegünstigte E.** preferential imports; **zollfreie E.** (duty-)free import(ation)
Einfuhr|abfertigung *f* ⊖ import clearance, clearance inwards; **E.abgabe** *f* import

levy/duty/tariff; **E.anmeldung** *f* import declaration; **E.bescheinigung** *f* certificate of clearance inwards; **E.beschränkungen** *pl* import restrictions; **mengenmäßige E.beschränkungen** import quotas; **E.bestimmungen** *pl* import regulations; **E.deklaration** *f* ⊝ bill of entry

einführen *v/t* 1. to import; 2. to phase in, to introduce; 3. to put on the market, to launch

Einfuhr|erklärung *f* ⊝ bill of entry; **E.erlaubnis; E.freigabe; E.genehmigung** *f* import licence/permit; **E.erzeugnis** *nt* imported product; **E.geschäft** *nt* import transaction; **E.gesellschaft** *f* importing firm; **E.handel** *m* import/inward trade; **E.händler** *m* importer, import merchant; **E.konnossement** *nt* inward bill of lading (B/L); **E.kontingent** *nt* import quota; **E.land** *nt* importing country; **E.menge** *f* volume of imports; **E.ort** *m* place of entry; **E.plafond** *m* import ceiling; **E.preis** *m* import/entry price; **E.schein** *m* import certificate; **E.sperre** *f* embargo/ban on imports; **E.steuer** *f* tax on imports; **E.subvention** *f* import subsidy; **E.tarif** *m* import duty/tariff; **E.überschuss** *m* import surplus; **E.umfang** *m* import volume; **E.umsatzsteuer** *f* import turnover tax

Einführung *f* 1. introduction, adoption; 2. *(Markt)* launch, launch(ing)

Einführungs|- introductory; **E.angebot** *nt* introductory offer; **E.brief** *m* introductory letter; **E.datum** *nt* launch date; **E.kampagne** *f* introductory campaign; **E.konsortium** *nt* underwriting syndicate; **E.kosten** *pl* launch(ing) cost(s); **E.kurs** *m* 1. introduction price; 2. *(Lehrgang)* introductory course, induction program(me); **E.phase** *f* phase-in period, introduction stage; **E.preis** *m* 1. introductory price; 2. *(Börse)* opening/placing price; **E.prospekt** *m (Börse)* (listing) prospectus; **E.provision** *f* listing commission; **E.rabatt** *m* introductory discount; **E.schreiben** *nt* introductory letter; **E.test** *m* product placement test; **E.werbung** *f* launch advertising

Einfuhr|verbot *nt* import ban; **E.vorschriften** *pl* import regulations; **E.waren** *pl* imports; **E.wert** *m* import value; **E.ziffern** *pl* import figures

Einfuhrzoll *m* ⊝ import duty/tariff; **E.anmeldung** *f* import declaration; **E.kontingent** *nt* import tariff quota; **E.schein** *m* bill of entry

Einfuhr|zusatzabgabe; E.steuer *f* import surcharge; **E.zuschuss** *m* import subsidy

Eingabe *f* 1. 🖳 input, keying-in; 2. *(Bittschrift)* petition; 3. *(Klageschrift)* exhibit

Eingabe|-Ausgabeanweisung *f* 🖳 input-output statement; **E.befehl** *m* 🖳 read instruction; **E.datei** *f* input file; **E.gerät** *nt* input device; **E.tastatur** *f* (data) entry keyboard

Eingang *m* 1. entrance, entry; 2. receipt; 3. *(Schulden)* recovery; 4. *(Aufträge)* intake; **Eingänge** 1. receipts; 2. *(Waren)* arrivals; **~ aus Akzepten/Wechseln** notes receivable

Eingang bestätigen to acknowledge receipt

Eingangs|abfertigung *f* ⊝ clearance inwards; **E.abgabe** *f* ⊝ import duty; **E.anzeige** *f* 1. notice of arrival/receipt; 2. *(Gutschrift)* credit advice; **E.bescheinigung** *f* receipt; **E.bestätigung** *f* acknowledgment/confirmation of receipt; **E.buchung** *f* original entry; **E.deklaration** *f* ⊝ bill of entry; **E.formel** *f* 1. § preamble; 2. *(Brief)* opening phrase; **E.fracht** *f* carriage inwards; **E.gewicht** *nt* weight delivered; **E.hafen** *m* port of entry; **E.halle** *f* entrance hall; **E.journal** *nt* book of entries; **E.korb** *m* in-tray; **E.ort** *m* place of entry; **E.qualifikation** *f* entrance qualification; **E.satz** *m (Steuer)* basic/standard rate; **E.stempel** *m* receipt/received stamp; **E.tag** *m* date of receipt; **E.tarif** *m (EU)* threshold tariff

Eingangszoll *m* inward duty; **E.amt; E.stelle** *nt/f* import customs office

einge|deckt *adj* 1. stocked, bought in; 2. *(Börse)* covered; **e.führt** *adj* 1. introduced; 2. imported; 3. *(Börse)* listed *[US]*, quoted *[GB]*; 4. *(Geschäft)* established

Eingehen *nt* 1. *(Angebot)* acceptance; 2. *(Aufhören)* closing down; **e.** *v/i* 1. to arrive; 2. *(Firma)* to close down, to fold (up); *v/t* 1. *(Risiko)* to incur; 2. *(Verpflichtung)* to assume

einge|rückt *adj* ✂ indented; **e.schlossen** *adj* inclusive; **e.schränkt** restricted, limited; **e.schrieben** *adj* ✉ registered; **e.tragen** *adj* registered, incorporated; **e.zahlt** *adj* paid in, paid-up; **e.zogen** *adj* 1. ✂ indented; 2. *(konfisziert)* seized; 3. *(Geld/Steuern)* collected

eingliedern *v/t* to integrate/incorporate

Eingliederung *f* 1. integration; 2. *(Unternehmen)* incorporation; **berufliche E.** occupational integration; **wirtschaftliche E.** economic integration
eingreifen *v/i* to intervene/interfere
Eingriff *m* 1. action, interference, intervention; 2. *(Rechte)* encroachment, infringement
eingruppier|en *v/t* to classify/grade; **E.ung** *f* classification, grading

E

einhalt|en *v/t* to comply with, to observe; **E.ung** *f* observance, adherence; **~ der Bedingungen** compliance with the terms/conditions; **~ der Frist** meeting a deadline; **~ von Vorschriften** compliance with regulations; **strenge/strikte E.** strict adherence/compliance
einheimisch *adj* domestic, indigenous, home
Einheit *f* 1. unit; 2. *(Währung)* denomination; **in sich abgeschlossene/selbstständige E.** self-contained unit; **wirtschaftliche E.** economic unit
einheitlich *adj* uniform, standard(ized); **E.keit** *f* unifomity
Einheits|- standard; **E.bewertung** *f* 1. standard evaluation; 2. *(Grundstück)* rating; **E.brief** *m* ✉ standard letter; **E.format** *nt* standard size/format; **E.frachtrate/-tarif** *f/m* ⚓ group/all-commodity rate; **E.gebühr** *f* standard rate/fee; **E.geschäft** *nt (Vers.)* omnium business; **E.gewicht** *nt* standard weight; **E.größe** *f* standard size; **E.kurs** *m* 1. *(Börse)* official rate; 2. uniform rate; **E.ladung** *f* ⚓ unitized load/cargo; **E.lohn** *m* standard wage; **E.miete** *f* standard rent; **E.notierung** *f (Börse)* standard quotation; **E.police** *f* 1. standard policy; 2. *(Muster)* policy specimen; **E.prämie** *f (Lebensvers.)* single premium
Einheitspreis *m* standard price; **E.geschäft** *nt* one-price shop
Einheits|qualität *f* standard quality; **E.-rechnung** *f (Kostenrechnung)* job order cost system; **E.rente** *f* flat/basic pension, state pension *[GB]*; **E.satz** *m* flat/standard rate; **E.sorte** *f* standard grade; **E.steuer** *f* single/flat-rate tax; **E.stücklohn** *m* standard piece rate; **E.tarif** *m* flat rate; **E.-versicherung** *f* all-risks insurance; **E.vertrag** *m* standard form contract; **E.währung** *f* standard currency; **E.waren** *pl* standard articles; **E.wechsel** *m* standard bill (of exchange); **E.wert** *m (Grundstück/Haus)* rat(e)able value; **E.zins** *m* standard rate of interest
einholen *v/t* 1. *(Genehmigung)* to obtain; 2. *(Verluste)* to recoup
einig|en *v/refl* to come to terms; **E.keit** *f* unanimity, agreement
Einigung *f* settlement, agreement; **E. erzielen; zu einer E. gelangen/kommen** to reach (an) agreement; **außergerichtliche E.** out-of-court settlement; **gütliche E.** amicable settlement
Einigungs|amt; E.stelle *nt/f (Schlichtung)* arbitration/conciliation board/tribunal; **E.verfahren** *nt* conciliation procedure/proceedings
einkalkulieren *v/t* to take into account
einkassier|en *v/t* 1. *(Geld)* to collect/encash; 2. *(Wechsel)* to call in; **E.ung** *f* encashment, collection; **~ ausstehender Schulden** recovery of outstanding debts
Einkauf *m* 1. purchase; 2. shopping; 3. purchasing department; **E. (alles) unter einem Dach; E. im Einkaufszentrum** one-stop shopping; **Ein- und Verkauf** buying and selling
bargeldloser Einkauf cashless shopping; **en gros E.** wholesale buying; **genossenschaftlicher E.** cooperative buying; **weltweiter E.** global sourcing; **zentraler E.** centralized purchasing
Einkaufen *nt* shopping; **e.** *v/t* to shop, to buy (in); **E. über das Internet** internet shopping; **e. gehen** to go shopping; **en gros e.** to buy wholesale
Einkäufer *m* 1. *(Firma)* buyer; 2. shopper
Einkaufs|abrechnung *f* account purchases (A/P); **E.- und Verkaufsabteilung** *f* buying and sales department; **E.agent** *m* 1. buying/purchasing agent; 2. *(im Einkaufsland)* resident buyer; **E.anweisung; E.anforderung** *f* purchase requisition (form); **E.auftrag** *m* purchase order; **E.ausweis** *m* buyer's pass; **E.bedingungen** *pl* conditions of purchase; **E.beleg** *m* purchase voucher; **E.berechtigung** *f* purchasing authorization; **E.bruttopreis** *m* gross purchase price; **E.buch** *nt* purchase book/ledger; **E.budget; E.etat** *nt/m* purchase budget; **E.bummel** *m* shopping spree; **E.chef** *m* head buyer; **E.disponent(in)** *m/f* purchasing manager; **E.ermächtigung** *f* purchasing authorization; **E.fahrt** *f* shopping trip/expedition; **E.ge-**

nossenschaft *f* cooperative purchasing association; **E.gewohnheit** *f* buying habit; **E.kontingent** *nt* buying quota; **E.korb** *m* shopping basket; **E.kosten** *pl* procurement costs; **E.kreditkarte** *f* charge/store card; **E.leiter** *m* (chief) buyer, purchasing manager; **E.liste** *f* shopping list; **E.möglichkeiten** *pl* shopping facilities; **E.organisation** *f* purchasing organisation; **E.politik** *f* procurement policy; **E.potenzial** *nt* purchasing power; **E.praxis** *f* shopping habit; **E.preis** *m* 1. purchase/purchasing price; 2. cost price; **E.provision** *f* buying commission; **E.quelle** *f* source of supply; **E.retouren** *pl* purchase returns; **E.sachbearbeiter(in)** *m/f* purchasing clerk; **E.steuer** *f* purchase tax; **e.steuerfrei** *adj* exempt from purchase tax

Einkaufsstraße *f* high *[GB]*/main *[US]* street; **autofreie E.** pedestrianized shopping street; **überdachte E.** mall *[US]*

Einkaufs|syndikat *nt* buying syndicate; **E.tour** *f* shopping trip; **E.verband; E.vereinigung** *m/f* purchasing association; **E.-verhalten** *nt* buying habit(s); **E.vertreter** *m* purchasing agent; **E.viertel** *nt* (shopping) precinct; **E.wagen** *m* shopping trolley; **E.-wert** *m* acquisition cost; **E.zentrum** *nt* shopping center *[US]*/centre *[GB]*, distribution park; **überdachtes E.zentrum** mall; **E.zettel** *m* shopping list

einklag|bar *adj* § actionable; **e.en** *v/t* to sue (for)

einklarier|en *v/t* ⊖ to enter, to clear in(-wards); **E.ung** *f* entry, clearance inwards

Einkommen *nt* 1. *(Lohn)* income, wage; 2. *(Einnahmen)* revenue(s); **E. nach Abzug der Steuern** income after tax; **E. vor Abzug der Steuern** pre-tax income; **E. einer AG** corporate income; **E. aus selbstständiger Arbeit** self-employed income; **~ nichtselbstständiger Arbeit** earned income; **E., Ertrag und Vermögen** income, profit and net worth; **verfügbares E. der privaten Haushalte** personal disposable income; **E. aus Kapitalgewinn/-vermögen** investment/unearned income; **E. pro Kopf der Bevölkerung** per capita income; **E. vor Steuerabzug** pre-tax income; **E. aus Unternehmenstätigkeit** entrepreneurial income; **~ freiberuflicher Tätigkeit** freelance income; **~ Vermietung und Verpachtung** income from rent and lease

angemessenes Einkommen fair income; **antizipatorisches E.** deferred income; **besteuerungsfähiges E.** taxable income; **disponibles E.** disposable/available income; **effektives E.** real income; **erarbeitetes E.** earned income; **festes E.** fixed income; **gemeinsames E.** joint/combined income; **gewerbliches E.** business income; **jährliches E.** annual income; **nationales E.** gross national product (gnp); **persönliches E.** private/personal income; **ruhegehaltsfähiges E.** pensionable income; **sozialversicherungspflichtiges E.** income liable to social security contributions; **ständiges E.** regular income; **steuerbares/-pflichtiges E.** taxable income; **steuerfreies E.** tax-exempt income; **tatsächliches E.** real income; **veranlagungspflichtiges E.** assessable income; **verfügbares E.** disposable/net income; **zu versteuerndes E.** taxable income; **zurückbehaltenes E.** retained earnings

einkommens|abhängig *adj* 1. earnings-related, income-related; 2. *(Beihilfe)* means-tested; **E.art** *f* type/class of income; **E.aufstellung** *f* income statement; **E.beihilfe** *f* income support *[GB]*/supplement *[US]*; **E.bestandteil** *m* income component, earnings element; **E.besteuerung** *f* personal/income taxation; **E.bezieher** *m* income earner; **e.bezogen** *adj* 1. earnings-related; 2. *(Beihilfe)* means-tested; **E.differenz** *f* earnings gap; **E.einbuße** *f* loss of income; **E.empfänger** *m* income recipient; **allgemeine E.entwicklung** general earnings growth; **E.ermittlung** *f* income determination; **E.gefälle** *nt* income/pay differential; **E. gruppe** *f* income bracket; **E.höhe** *f* level of income/earnings; **E.kategorie; E.klasse** *f* income bracket; **E.minderung** *f* loss of income; **E.-Nachfragefunktion** *f* income-demand function; **E.pfändung** *f* attachment of earnings; **E.politik** *f* incomes policy; **E.quelle** *f* source of income; **E.quellensteuerabzug/-besteuerung** *m/f* taxation (of income) at source, pay-as-you-earn (PAYE) system; **e.schwach** *adj* low-income; **E.schwelle** *f* income threshold; **E.skala** *f* pay league; **e.stark** *adj* high-income

Einkommensteuer *f* (federal) income tax *[US]*, personal income tax *[GB]*; **von der**

E

E

E. befreien to exempt from income tax; **E. einbehalten** to withhold income tax; **E. hinterziehen** to evade income tax; **der E. unterliegen** to be liable for income tax; **zur E. veranlagen** to assess for income tax

Einkommensteuer|aufkommen *nt* income tax revenue(s); **E.behörde** *f* Inland Revenue Department *[GB]*, Internal Revenue Service (IRS) *[US]*; **E.bemessung** *f* income tax assessment; **E.bemessungsgrundlage** *f* income tax base; **E.bescheid** *m* income tax assessment/bill; **E.erhebung** *f* collection of income tax

Einkommensteuererklärung *f* income tax return; **E. abgeben** to file an income tax return

Einkommensteuer|erleichterung; E.ermäßigung *f* income tax relief/credit; **E.erstattung** *f* income tax refund; **E.-festsetzung** *f* income tax assessment; **E.-formular** *nt* income tax form/schedule; **E.freibetrag** *m* income tax allowance/credit; **E.gesetz** *nt* Income Tax Act *[GB]*; **E.gruppe** *f* income tax bracket; **E.hinterziehung** *f* income tax evasion; **E.prüfer** *m* tax inspector; **E.erstattung/-rückzahlung** *f* income tax refund; **E.satz** *m* income tax rate; **E.schuld** *f* income tax liability; **E.schwelle** *f* income tax threshold; **E.zahler** *m* income tax payer; **E.zuschlag** *m* income tax surchage

Einkommens|umschichtung; E.umverteilung *f* redistribution of income; **E.-unterstützung** *f (Sozialhilfe)* income support *[GB]*, supplementary benefit *[US]*; **E.verteilung** *f* income/earnings distribution

Einkünfte *pl* 1. income, earnings, pay, emoluments; 2. receipts, revenue(s), proceeds; 3. rents; **E. aus selbstständiger Arbeit** self-employment income; **~ unselbstständiger Arbeit** earned income; **~ dem Fremdenverkehr** tourist earnings/receipts; **~ Geldvermögen** capital income; **~ operativem Geschäft** operating revenues; **~ Gewerbetrieb** business income; **E. der öffentlichen Hand** public revenue(s); **E. aus Kapitalanlagen** investment income; **~ Wertpapiervermögen** income from securities

Einkünfte beziehen to derive income; **E. an der Quelle steuerlich erfassen** to tax income at source

ausgewiesene Einkünfte declared income; **außerbetriebliche E.** non-operating revenue(s); **berufliche E.** earned income; **betriebliche E.** operating income; **einmalige E.** non-recurring revenue(s); **feste E.** regular income; **gewerbliche E.** business income; **inländische E.** domestic income; **steuerfreie E.** tax-exempt income; **thesaurierte E.** accumulated earnings; **überseeische E.** overseas income; **unerwartete E.** windfall profits

Einkunfts|art; E.kategorie *f* type/class of income; **E.quelle** *f* source of income; **E.-tabelle** *f* income schedule

einladen *v/t* 1. to load/ship; 2. to invite

Einladung *f* 1. invitation; 2. *(Versammlung)* convening notice; **E. zur HV** notice of meeting; **~ Subskription/Zeichnung** subscription offer

Einlage *f* 1. *(Kapital)* deposit; 2. *(Gesellschaftsanteil)* share; **E.n** *(Bank)* deposits; **~ von Anteilseignern** shareholders' *[GB]*/stockholders' *[US]* capital contribution; **E. des persönlich haftenden Gesellschafters** general partner's share; **~ Kommanditisten** limited partner's share; **E.n mit fester Laufzeit** time/term deposits

auf die Einlage beschränkt *(Haftung)* limited by shares; **bis zur Höhe seiner E.n haften** to be liable to the extent of one's investment

abrufbare Einlagen call deposits; **Bank-bei-Bank-E.** interbank deposits; **befristete E.** time/term deposits; **sofort/täglich fällige E.** demand deposits; **terminierte E.** term/time deposits; **unverzinsliche E.** non-interest-bearing deposits; **versicherte E.** insured deposits; **verzinsliche E.** interest-bearing deposits

Einlage|buch *nt* pass book; **E.kapital** *nt* deposit capital; **E.konto** *nt* deposit account

Einlagen|bestand *m* (total) deposits; **E.-garantiefonds** *m* deposit guarantee fund; **E.geschäft** *nt* deposit banking/business; **E.institut** *nt* deposit-taking institution; **E.konto** *nt* deposit account; **E.schein** *m* certificate of deposit (C/D); **E.sicherung** *f (Bank)* deposit insurance (scheme); **E.termingeschäfte** *pl* deposit futures transactions; **E.überschuss** *m* net deposits

Einlagenversicherung *f* (bank) deposit insurance; **staatliche E.** Federal Deposit Insurance Corporation (FDIC) *[US]*
Einlagen|volumen *nt* total deposits; **E.-zertifikat** *nt* certificate of deposit (C/D) *[US]*; **begeb-/handel-/übertragbares E.zertifikat** negotiable certificate of deposit; **E.zins(en)** *m/pl* deposit rate
einlagern *v/t* to warehouse/stock
Einlagerung *f* storage, warehousing; **E. unter Zollverschluss** ⊝ bonding; **vorübergehende E.** temporary storage/warehousing
Einlagerungs|gebühr *f* warehouse charge(s); **E.kapazität** *f* storage capacity; **E.kredit** *m* warehouse loan; **E.schein** *m* warehouse receipt; **E.wechsel** *m* warehouse bill
Einlagezinsen *pl* interest on deposits
Einlass *m* admission, admittance, access; **sich E. verschaffen** to gain access; **E. verwehren** to refuse access
einlass|en *v/t* to admit; *v/refl* **§** *(Gericht)* to testify (on sth.); **E.ung** *f* testimony, appearance
Einlaufen *nt* 1. ⚓ entry; 2. *(Waren)* arrival; **e.** *v/i* 1. to arrive; 2. ⚓ to put in
Einlaufhafen *m* ⚓ port of entry
einleg|en *v/t* 1. *(Geld)* to deposit; 2. *(Protest)* to register/lodge/file; **E.er** *m* 1. depositor; 2. *(Gesellschaft)* investor
einleiten *v/t* 1. to initiate/start; 2. *(Abwässer)* to discharge; **e.d** *adj* introductory
Einleitung *f* 1. introduction, initiation; 2. *(Abwässer)* discharge; **E. eines Konkursverfahrens** institution of bankruptcy proceedings; **~ beantragen** to file a petition in bankruptcy; **E. von Schadstoffen** discharge of polluting substances; **E. gerichtlicher Schritte; E. eines gerichtlichen Verfahrens** institution of legal proceedings
Einliefer|er *m* depositor; **e.n** *v/t* 1. to hand; 2. ✉ to post/mail; 3. *(Effekten)* to deliver
Einlieferung *f* 1. handing in; 2. ✉ posting, mailing; 2. *(Effekten)* delivery; **E.sbescheinigung; E.sschein** *f/m* 1. ✉ certificate of posting; 2. *(Geld)* pay(ing)-in slip; 3. *(Effekten)* deposit slip
einlös|bar *adj* (en)cashable, redeemable; **e.en** *v/t* 1. *(Wechsel)* to pay/honour; 2. *(Scheck)* to cash; 3. *(Tilgung)* to redeem; 4. *(Vers.)* to surrender
Einlösung *f* 1. *(bar)* encashment; 2. *(Tilgung)* redemption; 3. *(Wechsel)* honouring, payment; 4. *(Vers.)* surrender; **E. einer Anleihe** redemption of a loan; **E. bei Fälligkeit** redemption at maturity; **E. zum Nennwert; E. zu pari** redemption at par; **E. von Schuldverschreibungen** redemption of bonds
Einlösungs|auftrag *m* encashment/collection order; **E.fonds** *m* sinking/amortization fund; **E.frist** *f* redemption period; **E.kurs; E.preis** *m* redemption price; **E.-wert** *m* 1. redemption value; 2. *(Lebensvers.)* surrender value
Einmal|- 1. disposable; 2. one-off, non-recurring; **E.anlage** *f* one-off investment; **E.aufwand; E.aufwendung** *m/f* non-recurring expenditure; **E.betrag** *m* 1. lump sum; 2. *(Vers.)* single premium; **E.erträge** *pl* non-recurring earnings
einmalig *adj* 1. non-recurring; 2. unique
Einmal|kosten *pl* non-recurring cost(s); **E.packung** *f* disposable package; **E.prämie** *f* single premium; **E.zahlung** *f* single payment
Einmann|betrieb *m* one-man operation; **E.firma; E.gesellschaft; E.unternehmen** *f/nt* one-man firm/business, sole trader, single proprietorship; **E.-GmbH** *f* one-man private limited company
einmisch|en *v/refl* to interfere/intervene; **E.ung** *f* interference, intervention
einmütig *adj* unanimous; **E.keit** *f* unanimity
Einnahmen *pl* 1. (cash) receipts, revenues, takings; 2. income, earnings; 3. proceeds; **E. und Ausgaben** income/receipts and expenditure(s); **E. aus dem Fremdenverkehr** tourist receipts; **~ laufendem Geschäft** trading revenues; **~ unsichtbaren Leistungen** invisible earnings; **E. in laufender Rechnung** current account receipts
außerordentliche Einnahmen extraordinary income; **außerplanmäßige E.** unbudgeted income; **betriebsfremde E.** non-operating income; **einmalige E.** non-recurring income; **jährliche E.** annual receipts; **laufende E.** current receipts; **öffentliche/staatliche E.** public/government revenue(s); **passivierte E.** deferred liabilities; **sonstige E.** *(Bilanz)* sundry receipts; **wirkliche E.** actuals; **zweckgebundene E.** earmarked receipts
Einnahme|aufgliederung *f* revenue classification; **E.ausfall; E.defizit** *m/nt*

E

revenue shortfall; **E.konto** *nt* revenue account

Einnahmen|- und Ausgabenbuch *nt* book of receipts and disbursements/expenditures; **~ Ausgabenbudget/-plan/-planung** *nt/m/f* cash budge(ting); **E. und Ausgabenrechnung** *f* statement of revenue(s) and expenditure(s)

Einnahme|posten *m* credit/revenue item; **E.quelle** *f* source of revenue/income; **E.-seite** *f* revenue side

E

Einnahmeüberschuss *m* 1. surplus/excess revenue, revenue surplus, net receipts; 2. *(Vers.)* premium income; **E.rechnung** *f* net income method

Einnahmeverlust *m* loss of income/revenue, lost revenue

einnehm|en *v/t* to receive/collect; **E.er** *m* receiver, collector

ein|ordnen *v/t* 1. to arrange/sort; 2. to class/classify; 3. to file; **e.packen** *v/t* to wrap (up)/pack; **e.pendeln** *v/refl (Kurs)* to level off

Einpersonengesellschaft *f* sole trader, corporation sole, single proprietorship *[GB]*, one-man corporation *[US]*

Einphasensteuer *f* one-stage/single-stage tax

einplanen *v/t* 1. to allow for, to plan/schedule; 2. *(Zeit)* to budget for

Einprodukt|betrieb; E.unternehmen *m/nt* single-product firm

einräumen *v/t* to grant/allow/admit

Einräumung *f* admission, concession; **E. eines Zahlungsziels** extension of credit

Einrede *f* § objection, plea; **E. erheben/vorbringen; E. geltend machen** to enter a plea

einreich|en *v/t* 1. to hand/submit; 2. *(Scheck)* to present; 3. *(Steuererklärung)* to file; **E.er** *m* 1. exhibitor; 2. *(Wechsel)* presenter

Einreichung *f* 1. presentation, submission; 2. *(Offerte)* tender; **E. zum Akzept** presentation for acceptance; **zur E. von Angeboten auffordern** to invite tenders

Einreichungs|datum *nt* filing date; **E.frist** *f* 1. tender/submission period; 2. deadline (for presentation); **E.termin** *m* filing/closing date

einrichten *v/t* to establish, to set up

Einrichtung *f* 1. institution; 2. equipment, fittings, furnishing; 3. device, scheme; **E.en** facilities, fixtures and fittings

betriebliche Einrichtung|en plant facilities; **bleibende/fest installierte E.** permanent fixture; **gewerbliche E.en** commercial premises; **karitative/mildtätige E.** charitable institution; **öffentliche E.** public facility; **soziale E.en** social services; **staatliche E.** government institution; **ständige E.** permanent institution; **werkseigene E.** company facility

Einrichtungs|darlehen *nt* installation loan; **E.gegenstände** *pl* (home) furnishings, fixtures; **E.haus** *nt* furniture shop *[GB]*/store *[US]*; **E.kosten** *pl* start-up expenditure(s)

Einrücken *nt* ✂ indentration; **e.** *v/t* to indent

Einsammeln *nt* collection; **e.** *v/t* to collect/gather

Einsatz *m* 1. *(Arbeit/Kapital)* use, employment, investment; 2. action, operation; 3. *(Material)* input; 4. *(Wette)* stake; 5. *(Personal)* deployment; **zum E. bringen** to employ; **E. erhöhen** *(Wette)* to raise/up the stakes; **zum E. kommen** to be employed; **anlieferungssynchroner E.** synchronized/just-in-time (jit) delivery

einsatzbereit *adj* operational, ready for use

Einsatz|bereitschaft *f* *(Personal)* stand-by (duty); **E.besprechung** *f* briefing (session); **E.erprobung** *f* field trial; **E.gebiet** *nt* field of application; **E.güter** *pl* 1. *(VWL)* factors of production; 2. 🏭 charge materials, feedstock(s); **E.kosten** *pl* input cost(s); **E.leiter** *m* director of operations; **E.material** *nt* 1. input/charge material; 2. 🏭 feedstock(s); **E.menge** *f* input; **E.möglichkeit** *f* (field of) application; **E.plan** *m* 1. plan of action; 2. *(Personal)* roster; **E.planung** *f* 1. applications planning; 2. rostering; **E.preis** *m* 1. input price; 2. *(Auktion)* starting price; **E.produkte** *pl* 1. input material(s); 2. 🏭 feedstocks; **E.spektrum** *nt* range of applications; **e.synchron** *adj (Anlieferung)* just in time (jit); **E.zweck** *m* intended use

einschalten *v/i* 1. to switch/turn on; 2. *(Person)* to bring/call in

einschätz|bar *adj* assessable; **e.en** *v/t* to value/estimate/assess/appraise

Einschätzung *f* valuation, estimate, assessment, appraisal; **E. der Kreditfähigkeit/-würdigkeit** credit rating/standing

einschießen *v/t* *(Kapital)* to contribute/inject

Einschiffung *f* embarkation; **E.shafen** *m* port of embarkation; **E.skarte** *f* embarkation card

einschlagen *v/i* *(Artikel)* to catch on; *v/t* 1. *(Weg)* to pursue/follow; 2. *(einpacken)* to wrap up

einschlägig *adj* relevant, appropriate, pertinent

einschließ|en *v/t* 1. to involve/comprise/include; 2. *(Brief)* to enclose; **e.lich** *prep* inclusive (of), including (incl.)

einschränken *v/t* to limit/restrict/curtail; *v/refl* to economize; **e.d** *adj* restrictive

Einschränkung *f* 1. reduction, restriction; 2. economy; 3. qualification, reservation; **E. von Ausgaben** expenditure cut; **E. des Bestätigungsvermerks** *(Bilanz)* qualification; **~ (freien) Wettbewerbs** restraint of trade

Einschreibe|brief *m* ✉ registered/certified letter; **~ mit Empfangsbestätiging** recorded delivery letter; **E.gebühr** *f (Kurs)* registration/entrance fee

Einschreiben *nt* ✉ registered letter

Einschreibe|paket *nt* ✉ registered/certified *[US]* parcel; **E.sendung** *f* registered *[GB]*/certified *[US]* mail

Einschuss *m* 1. *(Börse)* contribution, (trading) margin; 2. *(Kapital)* investment; **E. erhöhen** to raise the margin; **auf E. kaufen** to buy on margin; **E. leisten** to contribute

Einschuss|aufforderung *f* (margin) call; **E.-verrechnung** *f (Börse)* margin offset

einsehen *v/t* 1. to inspect; 2. *(verstehen)* to appreciate/realize

einseitig *adj* unilateral

einsend|en *v/t* to send in; **E.er** *m* sender; **E.eschluss** *m* deadline, closing date

einsetzbar *adj* usable, suitable

einsetzen *v/ti* 1. *(verwenden)* to use/employ/utilize; 2. to establish; 3. *(Personal)* to deploy/roster; **anderweitig e.** *(Personal)* to redeploy; **gemeinsam e.** to pool; **höher e.** *(Bilanz)* to write up; **wieder e.** to reinstate

Einsetzung *f* appointment; **E. von Arbeitskräften** deployment of labo(u)r; **E. eines Begünstigten** *(Lebensvers.)* nomination of a beneficiary; **~ Erben** appointment of an heir; **~ Nachfolgers** designation of a successor

Einsicht *f* 1. *(Verständnis)* insight; 2. *(Akten)* inspection; **zur E.** for inspection; **E. in die Bücher** inspection of the books (and records); **dem Publikum zur E. offen** open to inspection by the public; **zur öffentlichen E. ausliegen** to be open to public inspection; **E. nehmen** to inspect

Einsichtnahme *f* inspection; **E. in die Akten** inspection of the files

einsparen *v/t* to economize/save

Einsparung *f* economy, economizing, saving **E. durch rationelle Auslastung/Massenproduktion** economies of scale; **E. von Kosten** cost-cutting (exercise); **E.en vornehmen** to economize

Einsparungs|feldzug *m* cost-cutting drive; **E.maßnahmen** *pl* economy measures/exercise

einspringen *v/i* 1. to step in; 2. *(mit Geld)* to help out; 3. *(Vertretung)* to cover

Einspruch *m* 1. objection, protest; 2. intervention; 3. § appeal; **E. einlegen/erheben** 1. to /file an objection; 2. to (lodge an) appeal; **E. nicht gelten lassen** to overrule an objection; **einem E. stattgeben** to uphold an appeal; **E. verwerfen/zurückweisen** to disallow/over-rule an appeal; **E. zurücknehmen/-ziehen** to withdraw an objection

Einstand *m* start

Einstands|bedingungen *pl* *(Kredit)* all-in price; **E.kosten; E.kurs; E.preis** *pl/m* cost price; **unter E.preis** below cost; **zu E.preisen** at cost; **E.zinssatz** *m* effective/all-in interest rate

einstecken *v/t* *(Gewinn)* to pocket

einsteigen *v/i* 1. to get in, to enter; 2. to buy; 3. *(Vertrag)* to contract in; **e. bei** *(Firma)* to join

einstellen *v/t* 1. *(Personal)* to employ/hire/engage/recruit; 2. *(beenden)* to stop/cease/discontinue; 3. § *(Verfahren)* to stay; 4. *(Bilanz)* to transfer, to allocate to; 5. ⚙ to adjust

einstellig *adj* single, single-digit, single-figure

Einstell|kosten *pl* hiring cost; **E.quote** *f* hiring rate *[GB]*; **E.platz** *m* 🚗 parking bay; **überdachter E.platz** carport

Einstellung *f* 1. *(Personal)* recruitment, hiring, employment; 2. 🏭 abandonment, discontinuation, shutdown; 3. *(Haltung)* attitude, view, stance; 4. *(Verfahren)* § stay; 5. ⚙ adjustment; 6. *(Bilanz)* allocation, appropriation; 7. *(Zahlung)* suspension; **E. eines leitenden Angestellten**

E

senior appointment; **E. der Arbeit** stoppage; **E. von Arbeitskräften** recruitment; **E. des Handels** *(Börse)* suspension of dealings; **E. der Notierung** *(Börse)* delisting; **E. auf Probe** probationary appointment; **E. der Produktion** abandonment of production; **E. in die Rücklagen** allocation to reserves; **E. des Verfahrens §** stay of proceedings; **E. der Vollstreckung** stay of execution; **~ Zahlung** suspension of payment

E

Einstellungs|alter *nt* recruiting/hiring age; **E.bedingungen** *pl* conditions of employment; **E.chance** *f* opening, job opportunity; **E.gespräch** *nt* (job) interview; **E.sachbearbeiter** *m* recruitment officer; **E.sperre; E.stopp** *f/m* recruitment/recruiting ban; **E.verfahren** *nt* employment/hiring/recruitment process; **E.verfügung** *f* writ of supersedeas *(lat.) [GB]*/prohibition *[US]*; **E.vertrag** *m* contract of employment

Einstieg *m* 1. entry; 2. **§** *(Diebstahl)* entry; **E.sgehalt** *nt* starting salary; **E.skurs** *m* buying price; **E.spreis** *m (Optionshandel)* strike price

einstimmig *adj* unanimous

Einstimmigkeit *f* unanimity; **E. erzielen** to reach unanimity

einstreichen *v/t* to pocket *(coll)*

einstufen *v/t* to grade/rate/classify; **höher e.** to upgrade; **niedriger e.** to downgrade

einstufig *adj* single-tier, single-stage

Einstufung *f* grading, rating; **E. nach Leistung** performance rating; **E. der Risiken** *(Vers.)* rating of risks

Eintausch *m* barter, exchange, swap; **e.en** *v/t* to barter/swap, to trade (in); **E.wert** *m* trade-in value

einteilen *v/t* 1. to divide/classify; 2. *(zur Arbeit)* to allocate/detail

Einteilung *f* 1. (sub)division; 2. classification; **E. in Gruppen** grouping; **E. zollpflichtiger Güter** tariff classification; **E. in Zonen** zoning; **zeitliche E.** timing

Eintrag *m* ↘ **Eintragung** entry, registration; **E. ohne Gegenbuchung** single entry; **E. vornehmen** to enter/to make an entry

eintragen *v/t* to enter/record/register/book; *v/refl* to sign/register, to put one's name down

einträglich *adj* remunerative, rewarding, profitable, lucrative

Eintragung *f* ↘ **Eintrag** entry, registration

Eintragung im Aktionärsregister registration of stock; **E. der Auflassungsvormerkung; E. eines Eigentumsrechts ins Grundbuch** registration of (a) title to a property; **E. von Belastungen §** registration of charges; **E. ohne Gegenbuchung** single entry; **E. einer Gesellschaft** company registration; **E. von Grundbesitz; E. ins Grundbuch** entry in the land register; **E. im/ins Handelsregister** entry in the register of companies; **E. eines Warenzeichens** registration of a trademark

Eintragung abändern/berichtigen to rectify an entry; **zur E. einreichen** to file for registration; **E. löschen/tilgen** to delete/cancel an entry; **E. vornehmen** to make an entry

amtliche Eintragung official registration; **handelsgerichtliche E.** company registration, incorporation *[US]*

Eintragungs|bescheinigung; E.bestätigung *f* registration certificate; **E.datum** *nt* registration date; **E.erfordernis** *f* registration requirement; **E.gebühr** *f* registration fee; **E.stelle** *f* registry (office); **E.termin** *m* registration date; **handelsgerichtliche E.urkunde** certificate of registration/incorporation *[US]*

eintreib|bar *adj* recoverable, collectible; **e.en** *v/t* to collect/recover

Eintreibung *f* collection, recovery; **E. von Außenständen** collection of outstanding accounts; **~ Forderungen/Schulden** collection/recovery of debts

eintreten *v/i* 1. to enter; 2. *(Ereignis)* to occur/arise

Eintritt *m* 1. entry; 2. *(Ereignis)* event, occurrence; **E. der Bedingung** occurrence of the event; **E. in eine Firma** joining a firm; **~ die Geschäftsführung** joining the management; **E. eines Umstandes** occurrence of an event; **E. des Versicherungsfalls** *(Schaden)* occurrence of loss

Eintritts|gebühr; E.geld *f/nt* admission charge/fee; **E.karte** *f* (admission) ticket; **E.preis** *m* admission fee; **E.recht** *nt* right of access; **E.sperren** *pl* barriers to entry; **E.wahrscheinlichkeit** *f* probability of event

Einvernehmen *nt* understanding, agreement; **E. erzielen** to reach agreement; **im gegenseitigen E.** by mutual agreement

einvernehmlich *adj* amicable

Einverständnis *nt* consent, agreement, approval; **in beider-/gegenseitigem E.** by mutual consent/agreement; **schriftliches E.** written consent; **stillschweigendes E.** tacit agreement
Einwand *m* objection
Einwander|er *m* immigrant; **e.n** *v/i* to immigrate; **E.ung** *f* immigration
einwandfrei *adj* faultless, flawless
Einweg|- disposable, one-way; **E.behälter** *m* one-way/disposable container; **E.(ver)packung** *f* disposable/one-way package; **E.palette** *f* one-way pallet
einweisen *v/t* to instruct/brief
ein|werben *v/t* *(Auftrag)* to attract; **e.werfen** *v/t* 1. ✉ to mail *[US]*/post *[GB]*; 2. *(Münze)* to insert; **e.wickeln** *v/t* to wrap (up); **E.wickelpapier** *nt* wrapping paper
einwill|igen (in) *v/i* to consent/agree (to); **E.igung (in)** *f* agreement/consent (to)
einwirken (auf) *v/i* to affect/influence, to impact (on)
Einwohner(in) *m/f* resident; *pl* population; **E.steuer** *f* poll tax, community charge *[GB]*
Einwurf *m* 1. objection; 2. *(Münze)* insertion; 3. ✉ mailing *[US]*, posting *[GB]*
einzahl|en *v/t* to pay in, to deposit; **E.er** *m* (bank) depositor, payer
Einzahlung *f* deposit(ing), (in)payment; **E.en und Abhebungen** deposits and withdrawals; **zur E. einer Einlage auffordern; E. auf Aktien verlangen** to make a call on shares; **E. leisten** to (make a) deposit
Einzahlungs|beleg; E.bescheinigung; E.formular *m/f/nt* pay(ing)-in credit/ slip, certificate of deposit (C/D); **E.buch** *nt* paying-in book *[GB]*, bankbook *[US]*; **E.schein** ↘ **E.beleg**
Einzel|- single; **E.abnehmer** *m* private customer; **E.anfertigung** *f* job production; **E.anleger** *m* private investor; **E.aufgliederung; E.aufstellung** *f* specification; **E.auftrag** *m* separate/one-off order; **E.aufzählung** *f* itemization; **E.bank** *f* unit bank; **E.beispiel; E.erscheinung; E.fall** *nt/f/m* isolated instance; **E.beschaffung** *f* single-batch order; **E.besteuerung** *f* personal taxation; **E.bewertung** *f* unit/single(-asset) valuation; **E.erfinder** *m* sole inventor; **E.etat** *m* separate budget; **E.fahrkarte/-schein** *f/m* single (ticket), one-way ticket
Einzelfertigung *f* job production; **in E. hergestellt** made-to-order, customised
Einzel|firma; E.geschäft; E.gesellschaft *f/nt/f* sole trader/proprietorship, one-man business, single proprietorship *[US]*
Einzelhandel *m* retail trade/trading, retailing; **im E. kosten** to retail at/for; **~ verkaufen/vertreiben** to retail, to sell (goods by) retail; **elektronischer E.** e-tailing
Einzelhandels|betrieb *m* retail operation/ store/outlet; **E.branche** *f* retail trade/sector; **E.einkaufsgenossenschaft** *f* retail cooperative; **E.fachgeschäft** *nt* specialist retailer, specialty store; **E.geschäft** *nt* retail outlet/store/shop; **E.kaufmann** *m* retailer, shopkeeper; **E.kette** *f* retail chain; **E.konzern** *m* retail group; **E.kunde** *m* retail customer
Einzelhandelspreis *m* retail price; **E.bindung** *f* retail price maintenance (rpm); **E.-index** *m* retail price index (RPI)
Einzelhandels|rabatt *m* retail discount; **E.-richtpreis** *m* recommended retail price; **E.spanne** *f* retail(er's) margin; **E.steuer** *f* retail (trade) tax; **E.struktur** *f* pattern of retailing; **E.umsatz** *m* retail/shop/high-street sales; **E.umsatzsteuer** *f* retail sales tax; **E.unternehmen** *nt* retailer; **E.verband** *m* retail consortium; **E.verkauf** *m* retail selling; **E.verkaufsstelle** *f* retail outlet
Einzelhändler *m* retailer, retail trader; **E.-verband; E.vereinigung** *m/f* retail consortium
Einzel|haus *nt* detached house; **E.haushalt** *m* 1. departmental/separate budget; 2. single-person household
Einzelheit *f* detail; **E.en** details, particulars
Einzel|inhaber *m* sole proprietor; **E.kalkulation** *f* unit/job-order costing; **E.kapitallebensversicherung** *f* single-life insurance; **E.kaufmann** *m* sole trader/proprietor
Einzelkosten *pl* unit/direct cost; **E.lohn** *m* direct labour; **E.material** *nt* direct material
Einzel|kredit *m* personal loan; **E.lebensversicherung** *f* single-life assurance; **E.nachweis** *m* specification; **E.police** *f* 1. specific policy; 2. ⚓ voyage policy; **E.-position; E.posten** *f/m* single item; **E.-preis** *m* unit price; **e.staatlich** *adj (EU)* national; **E.teil** *nt* part, component; **E.unfallversicherung** *f* personal accident insurance; **E.unternehmen; E.unternehmung** *nt/f* sole trader/proprietorship,

single proprietorship *[US]*; **E.unternehmer** *m* sole trader/proprietor; **E.unterricht** *m* private lessons/tuition; **E.verkauf** *m* retailing, retail sale; **E.verkaufspreis** *m* retail (selling) price; **E.versicherer** *m* *(Lloyd's)* underwriter; **E.vertretung** *f* sole agency; **E.wechsel** *m* sola bill, sola/sole of exchange; **E.zimmer** *nt* single (bed)-room

E

einzieh|bar *adj* 1. collectible, recoverable; 2. *(Vermögen)* attachable; **e.en** *v/t* 1. *(Geld)* to collect/recover; 2. *(Kapital)* to call in; 3. *(beschlagnahmen)* to seize/confiscate/sequestrate; 4. *(Wechsel)* to retire/redeem

Einziehung *f* 1. recovery, collection; 2. confiscation; **E. von Aktien** recalling of shares *[GB]*/stocks *[US]*; **~ Außenständen** debt collection; **~ Banknoten** withdrawal of banknotes; **~ Forderungen** debt recovery; **E. der Miete** rent collection; **E. von Schulden** collection of debts; **~ Steuern** collection of taxes; **E. des Vermögens** confiscation/seizure of property

Einziehungs|auftrag *m* collection order; **E.befehl; E.beschuss** *m* § sequestration order; **E.gebühr** *f* collection fee/charge; **E.kosten** *pl* collection cost; **E.verfahren** *nt* collection procedure

einzig *adj* single, sole; **e.artig** *adj* unique, singular

Einzug *m* 1. collection; 2. retirement, redemption; 3. § seizure; 4. *(Geld)* withdrawal from circulation; **zum E.** for collection; **~ übergeben** *(Scheck)* to lodge for collection

Einzugs|auftrag *m* collection order; **E.bank** *f* collecting bank; **E.berechtigte(r)** *f/m* originator; **E.bereich; E.gebiet** *m/nt* catchment area; **E.ermächtigung** *f* direct debit mandate; **E.ermächtigungsverfahren** *nt* direct debit(ing); **E.gebühren; E.kosten; E.spesen** *pl* collection charges; **E.geschäft** *nt* collection business; **E.stelle** *f* collection agency; **E.verfahren** *nt* 1. collection procedure; 2. *(Bank)* direct debiting; **E.wechsel** *m* bill for collection

Eis *nt* ice; **auf E. legen** *(fig)* to shelve

Eisen *nt* iron

Eisenbahn *f* railroad *[US]*, railway (Ry) *[GB]*; **frei E.** free on rail (FOR)

Eisenbahn|aktien *pl* railroad stocks *[US]*, railroads *[US]*, rail(way) shares *[GB]*; **E.anschluss** *m* sidetrack *[US]*, siding *[GB]*; **E.beförderung** *f* rail transport; **E.betrieb** *m* railway/rail operation; **E.empfangsbescheinigung** *f* railway receipt

Eisenbahnfracht *f* rail freight; **E.brief** *m* railroad/railway bill of lading; **E.tarif** *m* rail freight rate(s)

Eisenbahn|gesellschaft *f* railway company *[GB]*; railroad corporation *[US]*; **E.konnossement; E.ladeschein** *nt/m* railway/railroad bill of lading; **E.tarif** *m* railway/railroad rate; **E.titel** *pl* railroad stocks *[US]*, railroads *[US]*, rail(way) shares *[GB]*; **E.transport** *m* rail transport; **E.übernahmebescheinigung** *f* railway/railroad receipt (R/R); **E.versand** *m* dispatch by rail

Eisenbahnwagen; E.waggon *m* 1. *(Personen)* (railway) carriage *[GB]*, (railroad) coach *[US]*; 2. *(Güter)* railway truck *[GB]*, freight car *[US]*; **frei E.** free on rail (FOR); **~ in E.** free in wag(g)on (FIW)

Eisen|erz *nt* iron ore; **E.- und Stahlindustrie** *f* iron and steel industry; **e.verarbeitend** *adj* iron-processing

Eisenwaren *pl* ironware, hardware; **E.geschäft; E.handlung** *nt/f* ironmonger's shop, hardware shop *[GB]*/store *[US]*

elastisch *adj* flexible, elastic

Elastizität *f* elasticity, flexibility; **E. des Angebots** elasticity of supply; **E. der Nachfrage** elasticity of demand; **unendliche/vollkommene E.** perfect elasticity

Elektrizität *f* electricity; **E. erzeugen** to generate electricity

Elektrizitäts|aktien *pl* electricals; **E.erzeugung** *f* electricity generation; **E.gesellschaft; E.(versorungs)unternehmen (EVU)** *f/nt* (electric) power company; **E.rechnung** *f* electricity bill; **E.titel; E.werte** *pl* electricals; **E.verbrauch** *m* electricity consumption; **E.versorgung** *f* electricity/power supply; **E.werk** *nt* power station/plant; **E.wirtschaft** *f* power industry, electricity(-generating/supply) industry

Elektro|aktien *pl* electricals; **E.artikel** *pl* electrical goods/appliances; **E. industrie** *f* electrical (engineering) industry; **E.ingenieur** *m* electrical engineer; **E.installateur** *m* electrician; **E.konzern** *m* electrical group; **E.motor** *m* electric motor

Elektronik *f* electronics; **E.industrie** *f* electronics industry; **E.unternehmen** *nt* electronics company

Elektro|technik *f* electrical engineering; **E.techniker** *m* electrical engineer; **e.tech-**

nisch *adj* electrical; **E.titel; E.werte** *pl* *(Börse)* electricals
Element *nt* 1. element, factor; 2. *(Bauelement)* component; **ausschlaggebendes E.** key determinant/element; **beitragendes E.** contributory factor; **konjunkturhemmendes E.** depressant; **stabilisierendes E.** stabilizing factor
elementar *adj* elementary; **E.ereignis** *nt* Act of God, force majeure *(frz.)*; **E.faktor** *m* (basic/elementary) production factor; **E.-schadenversicherung** *f* storm and tempest insurance; **E.zweig** *m (Vers.)* storm and tempest branch
eliminieren *v/t* to eliminate
Eliminierung *f* elimination; **E. konzerninterner (Lieferungen und) Leistungen** intercompany elimination
Eltern *pl* parents; **berufstätige/doppelverdienende E.** dual-career parents
Emball|age *f* package, baling; **e.ieren** *v/t* to bale
Embargo *nt* embargo; **E. aufheben** to lift an embargo; **E. erlassen; einem E. unterwerfen; E. verhängen** to (impose an) embargo
Emission *f* 1. ⛟ emission, pollution, discharge; 2. *(Wertpapiere)* issue, (initial) public offering (IPO); **E. einer AG** corporate issue *[US]*; **E. von Banknoten** issue of banknotes; **E. zum Nennwert** par issue; **E. von Obligationen/Schuldverschreibungen** bond/debenture issue; **~ Stammaktien** equity issue; **~ Wertpapieren** issue of securities
Emission begeben to launch/float an issue; **E. garantieren** to underwrite an issue; **E. platzieren/unterbringen** to place an issue; **E. federführend zeichnen** to lead-manage an issue
öffentlich begebene Emission public offering; **nicht ~ E.** private placement; **junge/nachrangige E.** junior stock; **laufende E.** tap issue
Emissions|abgabe *f* 1. *(Umwelt)* emissions levy; 2. *(Börse)* stamp duty on new issues; **E.abteilung** *f* issuing department; **E.agio; E.aufgeld** *nt* underwriting premium; **E.-bank** *f* issuing house; **E.bedingungen** *pl* terms of an issue; **E.disagio** *nt* issuing discount; **E.firma** *f* underwriting house; **e.frei** *adj* emission-free; **E.garantie** *f* underwriting; **E.gesellschaft** *f* issuing company; **E.gewinn** *m* underwriting profit; **E.handel** *m* emissions trading; **E.haus; E.institut** *nt* issuing house; **E.kapital** *nt* issued capital; **E.konsortium** *nt* underwriting syndicate; **E.kosten** *pl* stock issue/issuing cost(s), underwriting cost; **E.kurs** *m* issue/issuing/offer price, initial (public) offering (IPO) price; **E.markt** *m* new issue market; **E.ort** *m* place of issue; **E.preis** *m* ↘ **E.kurs**; **E.prospekt** *m* prospectus; **E.recht** *nt* emission permit; **E.-richtwert** *m* emission standard; **E.risiko** *nt* underwriting risk; **E.steuer** *f* 1. securities issue tax; 2. emission tax; **E.syndikat** *nt* underwriting syndicate; **E.tag** *m* date/day of issue; **E.übernahme(geschäft)** *f/nt* underwriting; **E.vergütung** *f* underwriting commission; **E.verlust** *m* underwriting loss; **E.vertrag** *m* underwriting contract; **E.wert** *m* emission level
Emitt|ent *m* issuer; **e.ieren** *v/t* 1. *(Wertpapiere)* to issue/float; 2. § to emit/discharge
Empfang *m* 1. receipt; 2. reception; 3. *(Begrüßung)* welcome; **E. eines Auftrags** receipt of an order; **E. der Ware** receipt of goods; **zahlbar bei E.** cash *[GB]*/collect *[US]* on delivery (C.O.D.)
Empfang bescheinigen/bestätigen/quittieren to (certify/acknowledge) receipt; **in E. nehmen** to receive, to take delivery; **bei E. zahlen** to pay on delivery
empfangen *v/t* to receive, to take delivery
Empfänger(in) *m/f* 1. addressee, consignee, recipient; 2. *(Zahlung)* payee, beneficiary; 3. *(Überweisung)* remittee, transferee; **E. bezahlt** cash *[GB]*/collect *[US]* on delivery (C.O.D.)
Empfangs|anzeige *f* notice of receipt; **E.-bescheinigung; E.bestätigung** *f* (notice/acknowledgment of) receipt, **E.konnossement** *nt* received for shipment bill of lading (B/L); **E.land** *nt* recipient country; **E.personal** *nt* reception staff; **E.quittung; E.schein** *f/m* receipt; **E.spediteur** *m* receiving forwarder; **E.station** *f* receiving station; **E.stempel** *m* receipt stamp
empfehlen *v/t* to recommend/advise
Empfehlung *f* 1. recommendation; 2. *(Person)* testimonial, reference; **erstklassige E.** first-class reference; **geschäftliche E.** business reference
Empfehlungs|brief *m* letter of recommendation; **E.preis** *m* recommended price; **E.-schreiben** *nt* letter of recommendation, reference

E

End|abnahme *f* final inspection; **E.abnehmer** *m* ultimate/end buyer; **E.alter** *nt* *(Vers.)* age of expiry; **E.anwender** *m* end-user; **E.ausbau** *m* 🏛 completion; **E.-bearbeitung; E.behandlung** *f* finish(ing); **E.benutzer** *m* end-user; **E.bestand** *m* closing inventory/stocks; **E.betrag** *m* total

Ende *nt* end(ing), termination; **E. der Beschäftigung**; **E. des Beschäftigungsverhältnisses** termination of employment; **E. der Geschäftszeit** close of business; **~ Versicherung** expiry of the policy

enden *v/i* to end/cease/finish/terminate

End|ergebnis *nt* final/ultimated result; **E.erwerber** *m* ultimate purchaser; **E.-erzeugnis; E.fabrikat** *nt* finished product; **E.fertigung** *f* finishing (process); **E.gehalt** *nt* final salary; **E.gerät** *nt* 🖳 terminal

endgültig *adj* 1. ultimate, final; 2. *(Angebot)* unconditional; 3. *(Beweis)* conclusive

End|kontrolle *f* final inspection; **E.lagerung** *f* ⚛ final repository

endlich *adj* *(Rohstoff)* non-renewable, finite

End|montage *f* 🏭 final assembly; **E.nachfrage** *f* ultimate/final demand; **E.phase** *f* 1. *(Produktionszyklus)* abandonment stage; 2. final stage; **E.produkt** *nt* final/finished product; **E.saldo** *m* closing balance; **E.summe** *f* total; **E.urteil** *nt* final decision; **E.verarbeitung** *f* finish(ing)

Endverbrauch *m* ultimate/final consumption; **E.er** *m* final/ultimate consumer, end-user; **E.preis** *m* consumer price; **E.-güter** *pl* consumer goods

Endverkaufspreis *m* retail price

Energie *f* ☼ energy, power; **alternative E.** alternative (source of) fuel; **erneuerbare E.** renewable energy

Energie|absatz *m* energy sales; **E.aktien** *pl* energy shares *[GB]*/stocks *[US]*; **E.bedarf** *m* energy/power requirements; **E.berater** *m* energy adviser; **E.bereich** *m* energy industry; **e.bewusst** *adj* energy-conscious; **E.durchleitung** *f* power transmission; **E.-einsatz** *m* ernergy input; **E.einsparung** *f* energy savings; **E.erzeuger** *m* electricity generator; **E.erzeugung** *f* electricity/power generation; **E.haushalt** *m* energy budget; **E.knappheit** *f* energy shortage; **E.kosten** *pl* energy/fuel cost; **E.leistung** *f* power output; **E.lieferant** *m* energy/power supplier; **E.markt** *m* energy/power-supply market; **E.nachfrage** *f* demand for energy; **E.quellen** sources of power/energy; **E.reserve** *f* energy reserve(s); **E.-rückführung/-gewinnung** *f* energy recovery; **E.umwandlung** *f* energy conversion

Energieverbrauch *m* energy/power consumption; **E.er** *m* energy consumer

Energieversorgung *f* (electric) power supply; **E.sunternehmen (EVU)** *nt* energy utility

Energie|vorräte *pl* energy resources; **E.-werte** *pl* energy shares *[GB]*/stocks *[US]*; **E.wirtschaft** *f* electric power industry

Engagement *nt* 1. commitment, involvement; 2. *(Beteiligung)* (acquiring an) interest

engagieren *v/t* to employ/engage; *v/refl* to commit o.s.; **sich zu hoch e.** *(Kredit)* to overexpose o.s.

Englisch|kenntnisse *pl* command of English; **kaufmännisches E.** business/commercial English

en gros *adj* *(frz.)* wholesale, bulk

Engros|abnehmer *m* wholesale/bulk buyer; **E.bezug** *m* wholesale/bulk buying; **E.-händler; E.kaufmann** *m* wholesaler, wholesale merchant; **E.preis** *m* wholesale price

Enkelgesellschaft *f* sub-subsidiary

entäußer|n *v/refl* to alienate/forego/relinquish; **E.ung** *f* alienation, relinquishment

entbehr|en *v/t* to dispense with, to do/manage without; **e.lich** *adj* dispensable, surplus to requirements

enteignen *v/t* to expropriate/dispossess

Enteignung *f* expropriation, dispossession; **E.sbeschluss** *m* § compulsory purchase order; **E.sverfahren** *nt* expropriation proceedings

Entfernung *f* 1. distance; 2. removal; **E. aus dem Amt** removal from office

entflech|ten *v/t* to break up, to demerge; **E.tung** *f* break-up, demerger

Entgegenkommen *nt* concession, accommodation; **e.** *v/i* to accommodate; **e.d** *adj* accommodating

Entgegen|nahme *f* acceptance, receipt; **e.nehmen** *v/t* to accept/receive; **e.sehen** *v/i* to look forward to, to await; **e.stehen** *v/i* to bar/impede

entgeg|nen *v/ti* to answer/reply; **E.nung** *f* answer, reply

Entgelt *nt* 1. payment, remuneration; 2. § valuable consideration; **als E. für** in return/exchange for; **gegen E.** for a consideration/fee; **ohne E.** free of charge (f.o.c.)
entgelten *v/t* to compensate/remunerate
enthaft|en *v/t* to release from a charge/liability; **E.ung** *f* disclaimer of liability
enthalt|en *v/t* to contain/comprise/include; *v/refl (Wahl)* to abstain; **E.ung** *f* abstention
entheben *v/t* to discharge/release; **vorläufig e.** to suspend
entkartellisier|en *v/t* to decartelize; **E.ung** *f* decartelization
Entlade|dauer *f* unloading time; **E.frist** *f* (stipulated) unloading period; **E.gebühr** *f* unloading charge; **E.hafen** *m* port of discharge
Entladen *nt* unloading, discharge; **e.** *v/t* to unload/discharge
entlassen *v/t* to dismiss/discharge; **e. werden** to get the sack, ~ one's cards; **vorübergehend e.** to lay off
Entlassung *f* dismissal, discharge; **E. aus dem Amt** removal from office; **E. mangels Beschäftigung** redundancy; **um seine E. bitten; seine E. einreichen** to tender one's resignation
bedingte Entlassung § conditional discharge; **bedingungslose E.** absolute discharge; **begründete E.** discharge for cause; **endgültige E.** *(Konkurs)* full discharge; **fristlose/sofortige E.** dismissal without notice; **grundlose/unberechtigte / ungerechtfertigte / unzulässige E.** unfair/wrongful dismissal; **gesetzlich unterstellte/vermutete E.** § constructive dismissal; **vorübergehende E.** layoff; **zwangsweise E.** compulsory redundancy
Entlassungs|abfindung; E.ausgleich; E.-entschädigung; E.geld *f/m/f/nt* severance pay, redundancy payment, golden handshake *(coll)*; **E.alter** *nt (Schüler)* school-leaving age; **E.bedingungen** *pl* conditions of discharge; **E.bescheid** *m* dismissal notice; **E.gesuch** *nt* (letter of) resignation; **~ einreichen** to tender one's resignation; **E.grund** *m* grounds for dismissal; **E.schreiben** *nt* redundancy notice; **E.welle** *f* spate/wave of redundancies; **E.-zeugnis** *nt* school-leaving certificate
entlasten *v/t* to relieve/discharge
Entlastung *f* 1. relief; 2. (grant of) discharge; 3. *(Schulden)* disencumbrance; **E. des Abschlussprüfers** discharge of the auditor; **~ Aufsichtsrats** discharge of the supervisory board; **E. eines Gemeinschuldners** discharge of a bankrupt; **E. des Vorstands** discharge of the board of managers, ~ executive board
Entlastung erteilen to (grant a) discharge; **steuerliche E.** tax relief
Entlastungs|anzeige *f* credit note; **E.beschluss** *m (HV)* vote of approval; **E.erteilung** *f (Vorstand)* discharge; **E.zeuge; E.zeugin** *m/f* witness for the defence; **E.-zeugnis** *nt* certificate of discharge
entleih|en *v/t* to borrow; **E.er** *m* borrower
entlohnen *v/t* to pay/remunerate
Entlohnung *f* remuneration, payment; **gegen E.** for a consideration; **E. auf Leistungsgrundlage** payment by results; **E. in Sachwerten** payment in kind; **leistungsbezogene E.** incentive pay/wage
Entnahme *f* 1. withdrawal, drawing; 2. *(Probe)* sampling; **E. aus den Rücklagen** transfer from reserves; **E. von Stichproben** random sampling
Entnahme|konto *nt* drawing account; **E.-schein** *m* stock requisition (sheet)
entnehmen *v/t (Geld)* to withdraw
entpflicht|en *v/t* to discharge/release; **E.ung** *f* discharge, release
entricht|en *v/t* to pay/discharge; **E.ung** *f* payment, discharge; **~ von Schulden** discharge of debts
entschädig|en *v/t* 1. to compensate/indemnify; 2. to reimburse/repay; **E.te(r)** *f/m* indemnitee
Entschädigung *f* indemnification, compensation; **E. in Geld** pecuniary compensation; **als E.** by way of compensation
Entschädigung beanspruchen/fordern/verlangen to claim compensation/damages; **E. gewähren/zahlen** to pay damages/compensation
angemessene Entschädigung fair damages; **billige E.** equitable remedy/redress; **finanzielle E.** pecuniary compensation; **freiwillige E.** ex gratia *(lat.)* payment
Entschädigungs|anspruch *m* claim for damages/compensation; **E.empfänger(in)** *f/m* indemnitee; **E.betrag** *m* indemnity; **E.fonds** *m* compensation fund; **E.forderung** *f* indemnity claim; **E.klage** *f* action for damages; **E.leistender** *m* indemnitor; **E.leistung** *f* compensatory payment

E

Entschädigungspflicht *f* liability for damages; **e.ig** *adj* liable to pay damages
Entschädigungs|summe *f* indemnity, damages; **E.verfahren** *nt* compensation proceedings; **E.zahlung** *f* compensatory/compensation payment
Entscheid *m* decision; **schiedsgerichtlicher E.** (arbitration) award
entscheiden *v/t* 1. to decide/determine/arbitrate; 2. § to rule/adjudicate; *v/refl* to make up one's mind; **endgültig e.** to settle (once and for all); **schiedsrichterlich e.** to arbitrate
entscheidend *adj* decisive, final
Entscheidung *f* 1. decision, determination; 2. § ruling, adjudication, judg(e)ment; **bis zur E.; solange eine E. aussteht** pending a decision
Entscheidung anfechten to appeal against a decision; **E. aufheben** § to overrule/overturn a decision; **E. aussetzen** to adjourn a decision; **E. billigen** to endorse a decision; **E. erzwingen** to force an issue; **E. fällen** 1. to make a decision; 2. § to render judg(e)ment; **zu einer E. gelangen/kommen** to arrive at/reach a decision; **E. rückgängig machen** to reverse a decision; **E. treffen** 1. to make a decision; 2. § to rule; **sich die E. vorbehalten** to reserve one's decision; **zur E. vorlegen** to submit for decision; **durch gerichtliche E. zusprechen** to award
bindende Entscheidung 1. binding decision; 2. § precedent; **gerichtliche E.** court ruling; **gleichlautende E.** concurrent decision; **rechtskräftige E.** final decision; **richterliche E.** court finding(s); **schiedsgerichtliche/-richterliche E.** arbitration award; **unwiderrufliche E.** irrevocable decision; **vollstreckbare E.** enforceable decision; **vorläufige E.** interlocutory decree
Entscheidungs|baum *m* decision tree; **E.befugnis** *f* jurisdiction; **E.ebene** *f* decision-making level; **E.findung** *f* decision-making; **E.freiheit** *f* discretionary powers; **E.instanz** *f* decision-making body; **E.träger** *m* decision-maker, decision-making body; **E.variable** *f* decision variable; **E.verzögerung** *f* action lag; **E.weg** *m* line of decision
Entschließung *f* resolution, motion
entschlossen *adj* determined, resolute, resolved; **E.heit** *f* determination, resolution, resolve
Entschluss *m* decision
entschuldbar *adj* exculpable, pardonable
entschulden *v/t* to disencumber
entschuldig|en *v/t* to excuse/pardon; *v/refl* to apologize; **E.ung** *f* excuse, apology
Entschuldung *f* disencumbrance
Entsetzung *f* 1. § dispossession; 2. *(Amt)* dismissal, removal
entsorg|en *v/t* to dispose of waste; **E.ung** *f* waste disposal/management
Entsorgungs|abgabe *f* waste disposal charge/levy; **E.anlage** *f* waste disposal facility; **E.betrieb** *m* 1. disposal company/firm; 2. waste disposal facility/plant; **E.-fläche; E.park** *f/m* waste disposal site; **E.gebühren** *pl* (waste) disposal charges; **E.technik** *f* waste disposal technology; **E.unternehmen** *nt* waste disposal company; **E.wirtschaft** *f* (waste) disposal industry
entspann|en *v/t* to relax; *v/refl* to relax; **E.ung** *f* relaxation; **~ des Geldmarktes** monetary relaxation
entspar|en *v/t* to dissave; **E.ung** *f* dissaving
entsprechen *v/i* 1. to correspond to; 2. *(Anordnung)* to comply with
entsprechend *adj/prep* 1. corresponding; 2. in accordance/compliance with; 3. like-for-like
entstaatlich|en *v/t* to privatize; **E.ung** *f* privatization
entstehen *v/i* to arise, emerge
Entstehung *f* 1. emergence; 2. *(Zinsen)* accrual; **E.sdatum** *nt* date of origin
entwend|en *v/t* 1. § to misappropriate/abstract; 2. *(unterschlagen)* to embezzle; **E.ung** *f* 1. misappropriation, abstraction; 2. embezzlement
Entwerfen *nt* design; **computergestütztes E.** computer-aided design (CAD); **e.** *v/t* 1. to design/draft; 2. to devise/contrive
entwerten *v/t* 1. *(Währung)* to devalue/depreciate; 2. *(Stempel)* to cancel/invalidate
Entwertung *f* 1. *(Währung)* depreciation; 2. devaluation; 3. *(Geld)* inflation
entwickeln *v/t* to develop; *v/refl* to develop/evolve; **sich gut e.** to perform well; **sich überdurchschnittlich/unterdurchschnittlich e.** *(Börse)* to outperform/underperform (the market); **sich uneinheitlich e.** *(Börse)* to be mixed
Entwicklung *f* 1. development, evolution;

2. *(Börse)* performance; **E. der Beschäftigungslage** employment trend; **~ Wechselkurse** exchange rate development; **~ Wirtschaft** economic development

berufliche Entwicklung career development/path; **gesamtwirtschaftliche E.** macroeconomic development; **konjunkturelle E.** cyclical/economic trend, ~ development; **regionale E.** regional development; **rezessive/rückläufige E.** downward trend/movement, recession; **(volks)wirtschaftliche E.** economic development

Entwicklungs|abteilung *f* development/research department; **E.agentur** *f* development agency; **E.anleihe** *f* development loan; **E.aufwand; E.aufwendungen** *m/pl* development cost; **E.behörde** *f* development authority; **E.bericht** *m* progress report; **E.dienst** *m* Voluntary Service Overseas (VSO) *[GB]*, Peace Corps *[US]*; **e.fähig** *adj* developable, promising, viable; **E.fähigkeit** *f* 1. viability, development potential; 2. *(Stelle)* prospects; **E.fonds** *m* development fund; **E.gebiet** *nt* development/growth area; **E.gesellschaft** *f* development agency/corporation; **E.gewinn(e)** *m/pl* development gains; **E.helfer** *pl* Voluntary Service Overseas (VSO) *[GB]*/Peace Corps *[US]* worker

Entwicklungshilfe *f* development/foreign/overseas aid; **E.bank** *m* development aid bank; **E.etat; E.haushalt** *m* (foreign) aid budget; **E.kredit** *m* development loan

Entwicklungs|ingenieur *m* development engineer; **E.kosten** *pl* development cost(s); **E.kredit** *m* development loan

Entwicklungsland *nt* developing country; **Entwicklungsländer mit geringem Pro-Kopf-Einkommen** less developed countries (LDC); **~ sehr geringem Pro-Kopf-Einkommen** least developed countries (LLDC)

Entwicklungs|möglichkeit *f* growth/development potential; **E.plan** *m* development plan; **E.politik** *f* development policy; **E.prognose** *f* development forecast; **(wirtschaftliches) E.programm** *nt* (economic) development program(me); **E.ruine** *f* white elephant *(fig)*; **E.schwerpunkt** *m* growth center *[US]*/centre *[GB]*, core development area; **E.stadium; E.stand** *nt/m* stage of development; **E.strategie** *f* development strategy; **E.tätigkeit** *f* development work; **E.vorhaben** *m* development project; **E.zeit** *f (Produkt)* lead time; **E.zentrum** *nt* development center *[US]*/centre *[GB]*

Entwurf *m* draft, plan, design; **E.sphase; E.sstadium** *f/nt* planning stage

entzerren *v/t* 1. to disentangle; 2. *(zeitlich)* to stagger

entziehen *v/t* 1. to withdraw/divest; 2. *(Besitz)* to dispossess; *v/refl* to evade/avoid

Entziehung *f* withdrawal; **E. des Besitzes** dispossession; **E. einer Konzession/Lizenz** withdrawal of a licence

entziffern *v/t* to decipher

Entzug *m* ↘ **Entziehung** withdrawal

entzünd|bar *adj* (in)flammable; **e.en** *v/i* to light/ignite; *v/refl* 1. to ignite; 2. ⚕ to become inflamed

Entzündung *f* 1. ignition; 2. ⚕ inflammation

Erb|anfall *m* inheritance; **E.anfallsteuer** *f* inheritance tax, estate duty; **E.anspruch** *m* title/claim to an inheritance; **E.anteil** *m* portion, share in an estate; **E.anwärter(in)** *m/f* expectant heir; **E.anwartschaft** *f* contingent estate

erbauen *v/i* to build/construct/erect

Erbbau|berechtigte(r) *f/m* leaseholder; **E.recht** *nt* leasehold; **E.rechtsvertrag** *m* leasehold contract; **E.zins** *m* ground rent

erbberechtigt *adj* entitled to an/the inheritance; **E.e(r)** *f/m* (legal) heir

Erbe *m* *(Person)* heir

Erben bestimmen to designate an heir; **keine E. hinterlassen** to die without issue; **auf die E. übergehen** to devolve upon one's heirs

alleiniger Erbe sole heir; **testamentarisch bestimmter E.** heir testamentary; **gesetzlicher E.** heir at law; **rechtmäßiger E.** lawful/rightful heir; **testamentarischer E.** heir testamentary

Erbe *nt* *(Erbschaft)* inheritance, estate; **E. antreten** to succeed to an inheritance; **E. ausschlagen** to disclaim/refuse an inheritance

erben *v/t* to inherit; **zusammen e.** to inherit (con)jointly

Erbengemeinschaft *f* community of heirs, joint heirs

Erbfolge *f* succession (by inheritance); **gesetzliche E.** legal/intestate succession; **gewillkürte/testamentarische E.** testamentary succession

E

E

Erbin *f* heiress
Erb|lasser *m* testator; **e.lich** *adj* hereditary
Erbmasse *f* estate; **steuerpflichtige E.** taxable estate
Erbpacht *f* leasehold; **E.berechtigte(r); E.-besitzer(in)** *m/f* leaseholder; **E.grundstück** *nt* leasehold property; **E.zins** *m* ground rent
Erbrecht *nt* right of inheritance
erbringen *v/t* *(Geld)* to realize/fetch
Erbring|er von Dienstleistungen *m* service renderer/provider; **E.ung von Dienstleistungen** *f* provision of services, tertiary production
Erbschaft *f* inheritance, legacy; **jdm durch E. anfallen** to devolve upon so.; **E. antreten** to enter upon/come into an inheritance; **E. ausschlagen** to disclaim an inheritance/estate; **auf eine E. verzichten** to relinquish an inheritance
angefallene Erbschaft vested estate; **dem Staat anheim gefallene E.** escheat; **rechtlich einwandfreie E.** rightful inheritance; **gemeinsame E.** co-inheritance; **nicht geregelte E.** unsettled estate; **unerwartete E.** windfall
Erbschafts|anfall *m* accrual of an inheritance; **E.annahme** *f* acceptance of an inheritance; **E.anspruch** *m* claim to an inheritance; **E.anwärter(in)** *m/f* expectant heir; **E.aufteilung** *f* partition of an estate; **E.auseinandersetzung** *f* dispute over an inheritance; **E.erschleichung** *f* subreption of a legacy; **E.gegenstände** *pl* hereditaments; **E.masse** *f* estate; **steuerpflichtige E.masse** taxable estate; **E.steuer** *f* estate duty, inheritance tax; **E.- und Schenkungssteuer** capital transfer tax *[GB]*; **E.teilung** *f* partition of an estate; **E.verfahren** *nt* § probate proceedings; **E.verwaltung** *f* administration of an estate; **E.-verzicht** *m* disclaimer (of an inheritance)
Erbschein *m* grant of probate
Erbteil *nt/m* 1. portion; 2. *(Witwe)* dowry; **gesetzlicher E.** legal portion
Erb|teilung *f* partition of an inheritance/estate; **durch E.übergang an jdn fallen** *m* to devolve up on so.; **E.vertrag** *m* testamentary contract; **E.verzicht** *m* relinquishment of an inheritance; **E.zins** *m* ground rent
Erdbeben *nt* earthquake; **E.klausel** *f* earthquake clause; **E.versicherung** *f* earthquake insurance
Erde *f* earth, world
Erderwärmung *f* global warming
Erdgas *nt* natural gas; **verflüssigtes E.** liquefied natural gas (LNG); **E.feld; E.vorkommen** *nt* gas field
Erdgeschoss *nt* first *[US]*/ground *[GB]* floor
Erdöl *nt* (crude) oil, petroleum; **E. fördern** to extract oil; **auf E. stoßen** to strike oil; **nach E. suchen** to prospect for oil
Erdöl|aktien *pl* oil shares *[GB]*/stocks *[US]*, oils; **E.ausfuhrland** *nt* oil-exporting/petroleum-exporting country; **E.chemieunternehmen** *nt* petrochemical company; **e.exportierend** *adj* oil-exporting, petroleum-exporting; **E.feld** *nt* oil field; **E.förderung; E.gewinnung** *f* oil/petroleum production; **E.industrie** *f* oil industry; **E.markt** *m* (crude) oil market; **E.produkt** *nt* petroleum product; **E.quelle** *f* oil well; **E.-raffinerie** *f* oil refinery; **E.titel; E.werte** *pl* *(Börse)* oil shares *[GB]*/stocks *[US]*, oils
ereignen *v/refl* to occur/happen
Ereignis *nt* event, occurrence; **E. mit überholdender Kausalität** § supervening cause/event; **falls keine unvorhergesehenen E.se eintreten** barring unforeseen developments/events
alltägliches Ereignis common occurrence; **kriegerische E.se** acts of war; **unabwendbares E.** force majeure *(frz.)*, Act of God; **ungewisses E.** contingent event, contingency; **unvorhergesehenes/-sehbares E.** unforeseen/fortuitious event; **zufälliges E.** *(Vers.)* fortuitous event
erfahren *v/t* to hear/learn/understand; *adj* experienced
Erfahrung *f* experience; **E.en im Anlagengeschäft** investment experience; **E. in der Betriebsführung** managerial experience; **~ Buchhaltung** accounting experience
Erfahrung|en austauschen to compare notes; **in E. bringen** to hear/learn; **E. machen** to experience; **aus eigener E. wissen** to know from experience
frühere Erfahrung previous experience; **geschäftliche/kaufmännische E.** commercial/business experience; **nachgewiesene/nachweisliche E.** track record, proven experience; **praktische E.** practical experience; **reiche/umfassende E.** ample experience; **unternehmerische E.** entrepreneurial experience

Erfahrungs|bericht *m* progress report; **e.-gemäß** *adv* (as) experience shows; **E.-richtsatz** *m (Vers.)* experience rate; **E.-wert** *m* empirical value; **E.wissen** *nt* know-how

Erfassen und Abrechnen von Kosten und Leistungen zur Wirtschaftlichkeits-kontrolle *nt* responsibility accounting

erfassen *v/t* 1. to register/gather; 2. gather/collect; **amtlich e.** to register; **listenmäßig e.** to list/register

Erfassung *f* 1. registration, recording; 2. *(Daten)* collection, acquisition

erfinden *v/t* to invent

Erfinder *m* inventor; **alleiniger E.** sole inventor; **gemeinsame E.** joint inventors

Erfinder|anteil *m* royalty; **e.isch** *adj* inventive, ingenious

Erfindung *f* invention; **E. (be)nutzen/verwerten** to exploit an invention; **E. patentieren lassen** to take out a patent for an invention

Erfolg *m* 1. success, result; 2. *(Gewinn- und Verlustrechnung)* profit or loss; **kein E., keine Zahlung** *(Vers.)* no cure, no pay; **zum E. führen** to lead to success; **E. haben** to succeed; **E. versprechen** to promise/augur well

geschäftlicher Erfolg commercial success; **nachweislicher E.** (proven) track record; **voller E.** complete success

erfolgen *v/i* 1. to take place, to occur; 2. to result; 3. to be effected, ~ carried out

erfolg|los *adj* unsuccessful, to no avail; **e.-reich** *adj* successful, effective

erfolgs|abhängig *adj* profit-related, profit-orient(at)ed; **E.aktie** *f* high performer; **E.analyse** *f (Aktie)* 1. performance analysis; 2. profit/earnings analysis; **E.aussicht** *f* chance/prospect of success; **E.ausweis** *m* trading report; **E.beteiligung** *f* profit-sharing scheme/plan; **e.bezogen** *adj* profit-related, profit-orient(at)ed; **E.bilanz** *f* 1. *(Bilanz)* operating statement, profit and loss account; 2. track/performance record; **E.ermittlung** *f* performance evaluation; **E.geheimnis** *nt* secret of success; **E.größen** *pl* profit/performance data; **E.honorar** *nt* payment by results; **E.-kennzahl; E.kennziffer** *f* operating ratio; **E.konsolidierung** *f* consolidation of earnings; **E.konto** *nt* profit and loss account, operating account; **E.kontrolle** *f* performance review; **E.lohn** *m* incentive pay, payment by results; **E.maßstab** *m* indicator of performance; **E.messung** *f (Werbung)* activation research; **E.nachweis** *m* (proven) track record; **e.orientiert** *adj* achievement-orient(at)ted; **E.-planung** *f* performance/profit planning; **E.posten** *m* profit and loss item; **E.prämie** *f* efficiency/performance-linked bonus; **E.quote** *f* rate of success; **E.rechnung** *f* profit and loss account; **E.rezept** *nt* recipe for success; **E.verwendung** *f* appropriation of profits; **E.ziel** *nt* profit target

erforder|lich *adj* necessary, required; **e.n** *v/t* to require, to call for

Erfordernis *nt* requirement(s); **den E.sen entsprechen/genügen** to meet the requirements

erfüllen *v/t* 1. to fulfil(l)/satisfy; 2. *(Pflicht)* to discharge; 3. *(Verbindlichkeiten)* to meet; 4. *(Erwartung)* to come up to; *v/refl* to materialize

Erfüllung *f* fulfilment, satisfaction, compliance (with); **E. eines Anspruchs; E. einer Forderung** satisfaction of a claim; **E. einer Bedingung** compliance with a condition; **E. von Pflichten** discharge of duties; **E. einer Verpflichtung** discharge of an obligation; **E. der Vertragspflichtungen** performance of contractual obligations

in Erfüllung Ihrer Anordnung in compliance with your order; **an E.s Statt** in lieu of performance

auf Erfüllung klagen to sue for (specific) performance

ausdrückliche Erfüllung *(Vertrag)* specific performance; **mangelhafte E.** defective performance; **sofortige E.** prompt discharge; **vergleichsweise E.** accord and satisfaction

Erfüllungs|angebot *nt* offer of performance; **E.annahme** *f* acceptance as performance; **E.anspruch** *m* claim to performance; **E.berechtigte(r)** *f/m* beneficiary; **E.garantie** *f* performance bond; **E.gehilfe; E.gehilfin** *m/f* vicarious agent; **für den E.gehilfen haftbar sein** to be vicariously liable; **E.mangel** *m* failure to perform; **E.ort** *m* 1. place of performance; 2. *(Börse)* delivery; 3. *(Wechsel)* domicile; **E.-tag** *m* 1. performance date; 2. *(Börse)* settlement day; **E.termin** *m* compliance/settlement date

ergänzen *v/t* 1. to supplement/complement;

E

2. *(Lager/Vorräte)* to replenish; 3. *(Gesetz)* to amend; *v/refl* to complement each other; **e.d** *adj* complementary

Ergänzung *f* 1. complement; 2. *(Lager/Vorräte)* replenishment

Ergänzungs|- supplementary, complementary; **E.abgabe** *f* surtax; **E.band** *m (Buch)* supplement; **E.gesetz** *nt* amendment; **E.lager** *nt* replenishment stock(s); **E.produkt** *nt* add-on product; **E.statut** *nt* bylaw, bye-law; **E.vorlage** *f* amending bill; **E.zuweisung** *f* supplementary appropriation

ergeben *v/t* 1. to yield/produce; 2. to result in; *v/refl* to follow/result; **durchschnittlich e.** to average

Ergebnis *nt* 1. result, yield; 2. *(Gewinn- u. Verlustrechnung)* profit or loss; **E. je Aktie** net earnings per share; **E. vor Finanzierungskosten/Zinsen und Ertragssteuern** earnings before interest and taxation (EBIT); **E. aus gewöhnlicher Geschäftstätigkeit** operating result; **E. der Gruppe** consolidated results; **E. nach Steuern** results after tax; **E. vor Steuern** pre-tax income; **E. im Versicherungsgeschäft** underwriting result

Ergebnis zuweisen/erzielen to show a result; **ausgeglichenes E. erwirtschaften/erzielen** to break even; **E.se zeitigen** *(fig)* to bear fruit *(fig)*

ausgeglichenes Ergebnis break-even result; **betriebliches/operatives E.** operating result; **greifbares/konkretes E.** tangible result; **versicherungstechnisches E.** underwriting result; **vorläufiges E.** provisional figures; **unerwartetes zusätzliches E.** windfall *(fig)*

Ergebnis|abführung(svereinbarung/-svertrag) *f/m* profit and loss transfer (agreement); **E.analyse** *f* performance analysis; **E.aufstellung** *f* earnings statement; **E.ausweis** *m* declared/disclosed profit; **E.beteiligung** *f* profit-sharing; **E.einbruch** *m* drop in earnings; **E.einheit** *f* profit center *[US]*/centre *[GB]*; **E.lohn** *m* payment by results; **e.neutral** *adj* not affecting profits; **E.rechnung** *f* profit and loss account, earnings statement; **E.situation** *f* net income situation; **E.übersicht** *f* earnings statement; **E.verbesserung** *f* profit improvement; **E.verschlechterung** *f* deterioration of profits; **E.verwendung** *f* appropriation of profits; **E.vortrag** *m* profit/loss brought forward; **e.wirksam** *adj* affecting net income; **E.ziel** *nt* performance target; **E.zuwachs** *m* increase in profits, earnings growth

ergiebig *adj* 1. profitable, (high-)yielding, lucrative; 2. 🚜 productive, fertile, rich

Erhalt *m* 1. receipt; 2. preservation; **nach E.** on receipt; **E. eines Auftrages** receipt of an order; **bei E. zahlbar** payable on receipt; **~ zahlen** to pay on receipt

erhalten *v/t* 1. to receive/obtain; 2. to preserve/maintain

erhältlich *adj* available

Erhaltung *f* preservation; **E. von Arbeitsplätzen** job preservation; **E. eines Gebäudes** preservation of a building

Erhaltungs|arbeiten *pl* maintenance work; **E.aufwand; E.aufwendungen** *m/pl* maintenance cost(s); **E.grad; E.zustand** *m* 🏛 state of repair; **E.subvention** *f* maintenance subsidy

erhärten *v/t* to corroborate/substantiate

erheben *v/t* to collect/charge/levy

erheblich *adj* considerable, siz(e)able, substantial

Erhebung *f (Untersuchung)* survey, investigation; **~ einer Abgabe** imposition of a levy; **~ Klage** § institution of proceedings

amtliche Erhebung official census; **statistische E.** statistical survey

Erhebungs|angaben; E.daten *pl* census/survey data; **E.auswahl** *f* sample; **E.bogen** *m* census form, questionnaire; **E.grundlage** *f* (sampling) frame; **E.jahr** *nt* census year; **E.plan** *m* survey; **E.stichtag** *m* reference date; **E.zeitraum** *m* 1. survey period; 2. *(Steuer)* levying period

erhöhen *v/t* 1. to raise/increase; 2. *(Wert)* to enhance; 3. *(Preis)* to raise/increase/lift

Erhöhung *f* 1. rise, increase; 2. *(Lager)* build-up; **E. des Aktienkapitals** increase in share capital; **~ lokalen Fertigungsanteils** indigenization; **E. liquider Mittel** increase in net funds

allgemeine/lineare/pauschale Erhöhung across-the-board increase; **saftige E.** hefty increase; **stufenweise E.** staggered increase

erholen *v/refl* to recover/rally; **sich schnell e.** to bounce back

Erholung *f* recovery, improvement, rally; **E. am Aktienmarkt** market rally; **ge-**

samtwirtschaftliche E. overall economic recovery; **konjunkturelle E.** economic/cyclical recovery; **kräftige E.** *(Börse)* marked recovery; **(markt-)technische E.** technical rally; **wirtschaftliche E.** economic recovery

Erholungs|- recreational; **E.einrichtungen** *pl* recreational facilities; **E.pause** *f* rest period; **E.tendenz** *f (Börse/Konjunktur)* recovery trend; **E.urlaub** *m* recreational leave; **E.zuschlag** *m (REFA)* fatigue/relaxation allowance, compensation relaxation (CR) factor

erinner|n *v/t* to remind; *v/refl* to remember; **E.ung** *f* 1. recollection; 2. *(Rechnung)* reminder

Erinnerungs|anzeige *f* reminder advertisement; **E.brief; E.schreiben** *m/nt* reminder; **E.hilfe; E.test (mit Gedächtnisstütze)** *f/m (Werbung)* aided recall; **E.posten** *m* memorandum item; **E.vermögen** *nt* memory; **E.werbung** *f* reminder advertising; **E.wert** *m* reminder value

erkannt *adj* 1. § held, ruled; 2. *(Konto)* credited

erkenn|en *v/t* 1. to recognize; 2. § to hold; 3. *(Konto)* to credit; **E.ung** *f* recognition, perception

erklären *v/t* 1. to explain; 2. to declare; **jdn bankrott e.** to declare/adjudge so. bankrupt; **eidlich e.** § to state under oath; **eidesstattlich e.** § to make a solemn declaration; **sich einverstanden e.** to agree; **für fällig e.** to declare due; **näher e.** so specify; **für (null und) nichtig e.** to declare nul and void; **~ rechtsmäßig e.** to legitimize; **~ ungültig e.** § to invalidate; **sich ~ zahlungsunfähig e.** to declare o.s. insolvent; **zollamtlich e.** ⊖ to declare

Erklärung *f* 1. explanation; 2. declaration; 3. § deposition; **E. abgeben** to make a statement; **keiner E. bedürfen** to be self-explanatory; **E. einschränken** to qualify a statement; **E. widerrufen** to retract a statement

amtliche Erklärung official statement; **ausdrückliche E.** express declaration; **beglaubigte E.** certification; **berichtigende E.** qualifying statement; **beschworene E.; eidliche E.** § affidavit; **eidesstattliche E.** solemn declaration; **gemeinsame E.** joint declaration; **gesetzliche E.** § statutory declaration; **kurze E.** brief statement; **schriftliche E.** written statement; **umfassende/vollständige E.** full statement

erkranken *v/i* to be taken ill

Erkrankung *f* illness, sickness; **E.sziffer** *f* sickness rate

erkunden *v/t* to explore/scout

erlangen *v/t* to achieve/obtain

Erlass *m* 1. *(Verordnung)* decree; 2. *(Schulden)* remission; 3. *(Rabatt)* reduction; **E. von Abgaben** exemption from duties; **E. einer Steuer** remission of (a) tax; **~ Verfügung** § issue of a writ

erlassen *v/t* 1. *(Rabatt)* to deduct; 2. *(Schuld)* to remit; 3. *(Strafe)* to remit; 4. *(Verordnung)* to issue

erlauben *v/t* to allow/permit

Erlaubnis *f* permission, leave; **E. ausstellen** to issue a permit; **E. erhalten** to obtain permission; **E. erteilen** to grant/give permission; **um E. nachsuchen** to seek permission; **E. versagen** to refuse permission

behördliche Erlaubnis official permit; **besondere E.** special permission

erlaubt *adj* permissible, allowable, permitted; **gesetzlich e.** legitimate, lawful

erläutern *v/t* to explain

Erläuterung *f* explanation, explanatory note(s); **E.en zur Bilanz und zur Gewinn- und Verlustrechnung; ~ zum Jahresabschluss** notes to the accounts

erleben *v/t* to experience

im Erlebensfall *m (Vers.)* in case of survival; **E.alter** *nt* qualifying age; **E.kapital** *nt* endowment sum; **E.leistung** *f* survival benefit; **E.versicherung** *f* endowment assurance/insurance (policy)

Erlebensrentenversicherung *f* endowment insurance

erledigen *v/t* to deal with, to attend to; *v/refl* to take care of itself

Erledigung *f* handling, execution, settlement, completion; **nach E.** on completion; **zur sofortigen E.** for immediate attention; **E. eines Auftrags** execution of an order; **E. einer Beschwerde** adjustment of a complaint

außergerichtliche Erledigung out-of-court-settlement; **gütliche E.** amicable settlement; **prompte/rasche/schnelle/umgehende E.** immediate attention

erleichtern *v/t* to facilitate

Erleichterung *f* relief; **steuerliche E.** tax relief

erlesen *adj* choice, exquisite, select

zum Erliegen bringen *nt* 1. *(Verkehr)* to immobilize; 2. to bring to a standstill; **~ kommen** to come to a standstill, to grind to a halt

Erlös *m* proceeds, returns, realization; **E.e** 1. revenue(s), takings; 2. sales

Erlös auf Anschaffungskostenbasis historical earnings; **E. einer Auktion** auction proceeds; **E.e aus Diskontierung** net avails *[US]*; **~ Veräußerungen** sales returns

Erlös maximieren to maximize revenue; **E. teilen** to split the proceeds; **E. überweisen** to remit the proceeds; **E. verteilen** to distribute the proceeds

erloschen *adj* 1. *(Firma)* extinct; 2. *(Vers.)* expired

Erlöschen *nt* 1. expiration; 2. *(Vers.)* expiry; 3. *(Firma)* extinction; **bei E.** on expiry

Erlöschen der Ansprüche expiration of claims; **E. eines Patents** expiry/lapse of a patent; **~ Schuldverhältnisses** cancellation of a debt; **E. einer Versicherung** expiration of an insurance; **E. eines Vertrages** lapse of a contract

erlöschen *v/i* 1. to expire; 2. *(Pat.)* to lapse

erlösen *v/t* *(Verkauf)* to realize

Erlös|funktion *f* revenue function; **E.-konto** *nt* revenue account; **e.mindernd; e.schmälernd** *adj* revenue-reducing; **E.-quelle** *f* revenue raiser; **E.rechnung** *f* revenue accounting; **E.rückgang** *m* decline in earnings; **E.-Kosten-Schere** *f* revenue-cost gap; **E.situation** *f* revenue picture; **E.steigerung** *f* increase in earnings; **E.summe** *f* total sales revenue; **E.-verfall** *m* profit slump

ermächtigen *v/t* to authorize/empower/enable

Ermächtigung *f* 1. authorization; 2. authority, mandate; 3. *(Vollmacht)* power (of attorney), proxy; **E. zur Abhebung** drawing authorization; **~ Auszahlung von Vorschüssen vor Einreichung der Dokumente** *(Akkreditiv)* red clause; **E., Dokumententratten auf den Käufer zu ziehen; E. zum Wechseleinzug** drawing authorization; **E. zur Kreditaufnahme** borrowing authorization; **~ Tätigung von Ausgaben** spending power(s)

Ermächtigungs|formular *nt* proxy form; **E.gesetz** *nt* enabling act; **E.indossament** *nt* restrictive endorsement; **E.klausel** *f* enabling provision; **E.rahmen** *m* scope of authority; **E.schreiben** *nt* letter of authority; **E.urkunde** *f* certificate of entitlement

ermahn|en *v/t* 1. to warn; 2. § to caution; **E.ung** *f* 1. warning; 2. § caution

in Ermangelung von *f* in the absence of, failing; **~ von Beweisen** for want of evidence; **~ eines Gegenbeweises** in the absence of proof to the contrary

ermäßig|en *v/t* to reduce/lower, to mark down, to decrease; **e.t** *adj* reduced, cut (-rate)

Ermäßigung *f* reduction, decrease; **E. bei Mengenabgaben** quantity discount

Ermessen *nt* discretion; **im E.** at the discretion; **dem E. anheim gegeben; ins E. gestellt** discretionary

sein Ermessen ausüben to exercise one's discretion; **jds. E. anheim gestellt sein; in jds. E. stehen** to be at so.'s discretion

nach bestem Ermessen to the best of one's judgment; **billiges E.** equitable discretion; **nach freiem E.** on a discretionary basis

ermessen *v/t* to judge, to weigh up

Ermessens|akt *m* (act of) discretion; **E.-ausübung** *f* exercise of discretion; **e.-bedingt** *adj* discretionary, **E.befugnis** *f* discretionary power(s); **E.beschluss; E.-entscheidung** *m/f* discretionary decision; **E.recht; E.vollmacht** *nt/f* discretionary powers; **E.sache** *f* matter of discretion; **E.-spielraum; E.umfang** *m* scope of discretion, discretionary powers

ermitteln *v/t* 1. to ascertain/investigate/determine; 2. to identify/locate; 3. π to compute

Ermittler *m* investigator

Ermittlung *f* 1. *(Untersuchung)* investigation, inquiry; 2. *(Schätzung)* valuation, appraisal; **E. von Amts wegen** official inquiry; **E. des Einkommens** determination of income; **E. des Preises** determination of the price; **E. und Verteilung der Wertminderung über die Nutzungsdauer** depreciation accounting

Ermittlungs|ausschuss *m* committee of inquiry; **E.befungis** *f* power(s) of investigation; **E.fehler** *m* ⅆ ascertainment error; **E.richter** *m* examining magistrate; **E.verfahren** *nt* preliminary proceedings/investigation; **E.zeitraum** *m* investigation period

ernähr|en *v/t* to feed/nourish; **E.er (der Familie)** *m* breadwinner
Ernährung *f* food, nourishment, nutrition
Ernährungs|- nutritional; **E.berater(in); E.fachmann; E.sachverständige(r)** *m/f* dietician, dietitian; **E.güter** *pl* foodstuffs; **E.gewerbe** *nt* food industry; **E.gewohnheiten** *pl* dietary/eating habits; **E.wirtschaft** *f* food industry; **E.wissenschaft** *f* nutritional science
ernennen *v/t* to appoint/designate; **wieder e.** to reappoint
Ernennung *f* appointment; **E. auf Lebenszeit** appointment for life; **E. zum Mitglied des Vorstands** appointment to the board; **E. eines Nachfolgers** designation of a successor; **E. von Rechnungsprüfern** appointment of auditors
erneuerbar *adj* renewable; **nicht e.** nonrenewable
erneuern *v/t* 1. to renew/replace; 2. *(Kredit)* to revolve; 3. *(Vertrag)* renew/to prolong
Erneuerung *f* 1. renewal, replacement; 2. *(Kredit)* extension; 3. *(Vertrag)* renewal, prolongation; **E. der Anlagen** plant refurbishment; **E. des Eigentumsanspruchs** renewal of title; **E. einer Police** renewal of a policy
wirtschaftliche Erneuerung economic regeneration
Erneuerungs|arbeit *f* repair; **e.bedürftig** *adj* in need of repair; **E.fonds** *m* renewal reserve; **E.gebühr** *f* renewal fee; **E.police** *f* renewal policy; **E.prämie** *f (Vers.)* renewal bonus; **E.wert** *m* replacement value
Ernte *f* 1. 🚜 harvest(ing); 2. crop, yield; **E. einbringen/einfahren** to harvest, to lift a crop; **zum Verkauf bestimmte E.; verkäufliche E.** cash crop; **reiche E.** bumper crop
Ernte|anfall *m* crop yield; **E.arbeit** *f* harvesting; **E.ausfall** *m* crop failure; **E.aussichten** *pl* crop prospects; **E.einbringung** *f* harvesting; **E.ergebnis; E.ertrag** *nt/m* crop (yield); **E.kredit** *m* crop loan
ernten *v/t* 1. to harvest/reap; 2. *(Bodenfrüchte)* to lift; 3. *(Obst)* to pick
Ernte|schaden *m* crop damage/loss; **E.-überschuss** *m* crop surplus; **E.verlust** *m* crop loss; **E.versicherung** *f* crop(s) insurance; **E.zeit** *f* harvest (time)
eröffnen *v/t* 1. to open; 2. *(Mitteilung)* to disclose; **fest e.** *(Börse)* to open on a firm note; **ruhig e.** to open on a quiet note
Eröffnung *f* 1. opening; 2. *(Mitteilung)* disclosure; **E. eines Akkreditivs** opening a (letter of) credit; **~ Geschäfts** setting up shop; **E. des Konkursverfahrens** institution of bankruptcy proceedings; **E. eines Testaments** probate of a will; **E. des Vergleichsverfahrens** institution of composition proceedings
Eröffnungs|ansprache *f* inaugural address; **E.bank** *f* opening bank; **E.beschluss** *m* *(Konkurs)* bankruptcy/receiving order, adjudication in bankruptcy *[US]*; **E.bestand** *m* opening inventory/stock; **E.bilanz** *f* opening balance (sheet); **E.feier; E.feierlichkeiten** *f/pl* opening ceremony, inauguration; **E.flug** *m* inaugural flight; **E.gebot** *nt* opening bid; **E.geschäft** *nt* *(Börse)* early trading; **E.inventur** *f* opening inventory; **E.kurs; E.notierung; E.-preis** *m/f/m* opening quotation/price; **E.-kurse; E.notierungen** *pl (Börse)* opening prices; **E.rabatt** *m* opening discount; **E.-rede; E.vortrag** *f/m* opening speech; **E.-sitzung** *f* opening session; **E.woche** *f* opening week
erprob|en *v/t* to test/prove, to put to the test; **E.ung** *f* testing, test
errechn|en *v/t* to calculate/compute; **E.ung** *f* calculation, computation
erreichbar *adj* 1. attainable, achievable; 2. *(Ort)* accessible
erreichen *v/t* to reach/achieve/attain/accomplish
errichten *v/t* 1. to erect/construct/build; 2. *(gründen)* to found/establish
Errichtung *f* 1. erection, construction; 2. establishment, formation, foundation; **E.skosten** *pl* 1. 🏛 construction cost(s); 2. formation cost(s)
Errungenschaft *f* achievement; **soziale/sozialpolitische E.** social achievement; **technische E.** technological achievement
Ersatz *m* 1. *(Gegenstand)* replacement, substitute; 2. *(Tätigkeit)* substitution; 3. *(Erstattung)* reimbursement, refund; **E. von Anlagegegenständen** replacement of assets; **E. der Auslagen** reimbursement for outlay incurred; **E. des Schadens** compensatory damages
als Ersatz einspringen to stand in (for so.); **E. erhalten** to receive compensation; **E. fordern/verlangen** to claim damages/compensation; **E. leisten** to compensate, to pay compensation; **zum E. verpflichtet**

E

sein to be liable for damages; **sich E. verschaffen** to recover (sth.)

behelfsmäßiger Ersatz makeshift, stopgap; **dürftiger E.** poor substitute; **kostenloser E.** free-of-charge replacement

Ersatz|- spare, substitute; **E.arbeitsplatz/-plätze** *m/pl* alternative employment; **E.artikel** *m* substitute; **E.aufwand; E.aufwendungen** *m/pl* replacement expenditure; **E.beschaffung** *f* replacement; **E.erzeugnis** *nt* substitute; **E.forderung** *f* claim for compensation; **E.geld** *nt* token money; **E.güter** *pl* compensating goods; **E.leistung** *f* indemnification, compensation; **E.lieferung** *f* replacement; **E.lösung** *f* alternative solution; **E.mann** *m* substitute; **E.mittel** *nt* surrogate, substitute

Ersatzpflicht *f* liability to pay damages/compensation; **e.ig** *adj* liable to pay damages/compensation

Ersatz|produkt *nt* substitute; **E.rad** *nt* spare wheel; **E.reifen** *m* spare tire *[US]*/tyre *[GB]*; **E.stoff** *m* substitute, surrogate; **E.stück** *nt* replacement; **E.teil** *nt* spare (part); **E.unterkunft** *f* alternative accommodation; **E.währung** *f* alternative currency; **E.ware** *f* substitute (goods); **e.-weise** *adv* alternatively, as a replacement

Erscheinen *nt* 1. appearance, emergence; 2. publication; **E. vor Gericht** appearance in court

erscheinen *v/i* 1. to appear, to turn up; 2. to be published

Erscheinung *f* 1. appearance; 2. phenomenon; **alltägliche E.** everyday occurrence; **äußere E.** outward appearance

Erscheinungsbild *nt* image; **E. in der Öffentlichkeit** public image; **E. des Unternehmens; einheitliches E. einer Unternehmung** corporate identity (CI); **äußere E.** 1. outward appearance; 2. *(Firma)* corporate image; **~ u. inneres E.** *(Firma)* corporate identity (CI); **inneres E.** *(Firma)* corporate culture (CC)

Erscheinungs|datum; E.tag; E.termin *nt/m* 1. publication date; 2. *(Börse)* date of issue

erschließen *v/t* 1. *(Markt/Gelände)* to develop; 2. *(Geldquelle)* to tap

Erschließung *f* development; **E. von Bauland** land development; **E. eines Marktes** opening a market

Erschließungs|abgabe *f* development (land) tax; **E.arbeit** *f* development work; **E.aufwand; E.aufwendungen** *m/pl* development expenditure; **E.gebiet** *nt* development area; **E.gesellschaft** *f* development corporation; **E.gewinn** *m* development gain; **E.kosten** *pl* development cost(s); **E.plan; E.vorhaben** *m/nt* development scheme/project

erschöpf|en *v/t* to exhaust/deplete; **e.t** *adj* 1. exhausted, depleted; 2. *(Person)* exhausted, worn-out

Erschöpfung *f* 1. depletion; 2. *(Person)* exhaustion; **E. des Instanzenzuges/Rechtsweges; E. der Rechtsmittel** exhaustion of remedies

erschweren *v/t* to aggravate/compound

Erschwernis *f* difficulty, handicap; **E.zulage** *f* hardship pay

erschwindeln *v/t* to obtain by fraud

erschwing|bar; e.lich *adj* affordable; **E.-barkeit; E.lichkeit** *f* affordability

ersetz|bar *adj* replaceable, substitutable; **e.en** *v/t* 1. to replace/substitute; 2. *(Kosten)* to reimburse/refund; **E.ung** *f* 1. replacement, substitution; 2. *(Kosten)* compensation, reimbursement

ersparen *v/t* 1. to save; 2. to spare

Ersparnis *f* saving(s); **E.se angreifen** to dip into one's savings; **~ zusammenlegen/-werfen** to pool savings; **auf ~ zurückgreifen** to draw on savings

echte Ersparnisse genuine savings; **negative externe E.** external diseconomies; **positive ~ E.** external benefits/economies; **negative interne E.** internal diseconomies; **positive ~ E.** internal economies; **private E.** private savings; **volkswirtschaftliche E.** aggregate savings

Erspartes *nt* savings, nest egg *(fig)*

erstatten *v/t* 1. to reimburse/repay/refund; 2. *(Bericht/Anzeige)* to report

Erstattung *f* 1. reimbursement, repayment, refund, restitution; 2. *(Steuer)* claw-back

Erstattungs|anspruch *m* claim to restitution; **E.beschluss** *m* § restitution order; **E.betrag** *m* 1. refund; 2. *(Ausfuhr)* export refund; **e.sfähig** *adj* refundable, reimbursable, repayable

Erst|auftrag *m* first/initial order; **E.ausbildung** *f* initial training; **E.ausfertigung** *f* original

Erstausgabe *f* 1. first edition; 2. *(Börse)* initial public offering (IPO); **E.kurs; E.-preis** *m (Emission)* issue price, initial offer price

Erst|ausrüster *m* original equipment manufacturer (OEM); **E.ausrüstung** *f* original equipment; **E.begünstigte(r)** *f/m* first/primary beneficiary; **E.bestellung** *f* initial/first order

erste(r,s) *adj* frist, prime, initial; **zum E.en, zum Zweiten, zum Dritten!** *(Auktion)* going, going, gone

ersteh|en *v/t* to purchase/buy/acquire; **E.er** *m* 1. purchaser/buyer; 2. *(Auktion)* highest/successful bidder

ersteiger|n *v/t* to purchase/buy at auction; **E.ung** *f* purchase by/at auction

Erst|einlage *f* original investment; **E.einzahlung** *f* initial deposit

erstell|en *v/t* 1. 🏛 to erect/construct; 2. *(Bericht)* to draw up; **E.ung** *f* 1. 🏛 construction, erection; 2. *(Bericht)* preparation, drawing up

Erst|erwerber *m* first(-time) buyer; **E.gebot** *nt* first bird; **E.geschäft** *nt (Börse)* early buying; **E.hypothek** *f* senior mortgage; **e.instanzlich** *adj* § at first instance; **E.investition** *f* start-up/original investment; **e.klassig** *adj* 1. first-rate, first-class, prime, A 1; 2. *(Wertpapiere)* gilt-edged, blue-chip; **E.kreditnehmer** *m* first-time borrower; **E.kunde** *m* launch customer; **e.malig** *adj* unprecedented, first-time; **E.platzierung** *f* initial placing; **e.rangig** *adj* 1. first rate; 2. *(Hypothek)* senior; **E.risikoversicherung** *f* first-loss insurance; **E.schuldner(in)** *m/f* primary/principal debtor; **E.versicherer** *m* direct/original underwriter, ~ insurer; **E.versicherung** *f* direct/original insurance; **E.-wohnung** *f* principal residence; **E.zeichner** *m* original subscriber; **E.zeichnung** *f* initial subscription

Ersuchen *nt* request, application, petition; **e. (um)** *v/t* to request/petition

erteilen *v/t* 1. to confer/grant; 2. *(Auftrag)* to place; 3. *(Auskunft)* to give

Erteilung von Einfuhrgenehmigungen/-lizenzen *f* import licensing; **E. einer Lizenz** licensure, grant of a licence; **~ Vollmacht** conferring power of attorney

Ertrag *m* 1. *(Einnahmen)* revenue, proceeds; 2. *(Gewinn)* (rate of) return, profit, yield; 3. *(Produktion)* output, production; 4. 🚜 crop

Erträge vor Abzug der Steuern pre-tax profits; **E. unserer Arbeit** fruits of our labo(u)r; **E. aus Beteiligungen** income from investments; **~ Tochtergesellschaften** income from subsidiaries; **~ Gewinnabführungsverträgen** income from profit transfer agreements; **~ Grund und Boden** income from property; **~ investiertem Kapital** return on investment (ROI); **~ dem Versicherungsgeschäft** underwriting yield

Ertrag abwerfen/bringen to yield a profit

abnehmender Ertrag diminishing return(s); **außerordentlicher/einmaliger E.** non-recurring income; **barer E.** net proceeds; **betrieblicher/betriebsbedingter/-bezogener E.** operating income; **betriebsfremde/-neutrale Erträge** non-operating income; **fette/reiche Erträge** rich pickings *(coll)*; **konsolidierter E.** consolidated earnings; **landwirtschaftlicher E.** produce, crop (yield); **laufender E.** operating income; **neutrale Erträge** non-operating income; **schrumpfender E.** diminishing returns; **zukünftige E.** future earnings

ertragbringend *adj* 1. 🚜 productive, fertile; 2. profitable, earning, remunerative

Erträgnis *nt* return; **E.se** returns, earnings, profits; **abnehmende E.se** diminishing returns; **einmalige E.se** non-recurring income; **sonstige E.se** non-operating income

Ertragsaufstellung *f* income statement, profit and loss account

ertragreich *adj* 1. profitable, lucrative, remunerative; 2. 🚜 fertile, productive

ertrags|abhängig *adj* earnings-linked; **E.-abnahme** *f* diminishing returns; **E.-analyse** *f* profit analysis; **e.arm** *adj* 1. unproductive; 2. *(Boden)* infertile; **E.-aufstellung; E.ausweis** *f/m* earnings statement, profit and loss account; **E.ausfall** *m* loss of earnings; **E.aussichten** *pl* profit prospects; **E.besteuerung** *f* taxation of earnings; **E.beteiligung** *f* profit-sharing; **E.druck** *m* squeeze on profits; **E.einbruch; E.einbuße** *m/f* slump in earnings; **E.entwicklung** *f* profit trend, performance; **E.erwartungen** *pl* profit expectations; **e.fähig** *adj* 1. productive; 2. profitable; **E.fähigkeit** *f* 1. productivity; 2. earning capacity; **an der Grenze der Rentabilität liegende E.fähigkeit** marginal productivity; **E.gesetz** *nt (VWL)* law of diminishing returns; **e.günstig** *adj* profitable, high-yield; **E.konto** *nt* income/revenue account; **E.-Kostenrelation** *f* earnings-cost ratio; **E.kraft** *f* earning capacity, profitability; **E.kurve** *f* yield curve; **E.lage** *f* income situation; **E.loch; E.lücke** *nt/f* yield/earnings gap; **E.marge** *f* profit margin; **E.miete** *f* break-even/economic rent; **E.minderung** *f* reduction/decline in earnings; **e.orientiert** *adj* income-related, profit-orient(at)ed; **E.-posten** *m* revenue item; **E.- und Aufwandsposten** *pl* revenue and expense items; **E.potenzial** *nt* profit potential; **E.quote; E.rate** *f* rate of return; **E.rechnung** *f* profit and loss account, earnings/income statement; **E.rückgang** *m* decline in earnings, diminishing returns; **E.-schein** *f* dividend warrant; **e.schwach** *adj* low-yield(ing); **E.schwankung** *f* earnings fluctuation; **E.schwelle** *f* break-even point; **~ überschreiten** to break even, to move into the black; **E.seite** *f* earnings side; **E.situation** *f* profit situation; **E.-spanne** *f* profit margin; **e.stark** *adj* high-yield(ing); **E.stelle** *f* profit center *[US]*/centre *[GB]*; **E.stellenrechnung** *f* profit center *[US]*/centre *[GB]* accounting

Ertragssteuer *f* profits/earnings tax, income tax; **E. für Körperschaften** corporation tax, corporate income tax

Ertrags|tief *nt* slump in earnings; **E.verfall; E.verlust** *m* loss of earnings; **E.vorschau** *f* profit(s) forecast; **E.zahlen** *pl* earnings/profit figures; **E.zentrum** *nt* profit center *[US]*/centre *[GB]*; **E.ziel** *nt* profit target; **E.zuwachs** *m* earnings growth

erwachsen (aus) *v/i* to accrue/result (from)

erwähnen *v/t* to mention, to refer to

erwähnt *adj* mentioned, referred to; **oben e.** mentioned above, above-mentioned (a/m); **unten e.** mentioned below, undermentioned (u/m)

Erwähnung *f* mention

erwarten *v/i* 1. to expect/anticipate; 2. *(passiv)* to await

Erwartung *f* expectation, anticipation; **in E. Ihrer Antwort** looking forward to hearing from you

den Erwartungen entsprechen; sich ~ entsprechend entwicklen; die E. erfüllen to come up to expectations; **E. übersteigen/übertreffen** to exceed expectations

erweisen *v/refl* to turn out (to be), to prove; **sich als nützlich e.** to prove useful

erweitern *v/t* to expand/extend/enlarge

Erweiterung *f* expansion, extension, enlargement; **E. der Arbeitsaufgaben; E. des Aufgabenbereichs** job enlargement; **~ Arbeitsinhalts** job enrichment; **E. der Deckungszusage** extension of cover; **~ Haftung** extension of liability

Erweiterungs|bau *m* 🏛 extension; **E.plan; E.programm** *m/nt* expansion scheme

Erwerb *m* *(Kauf)* purchase, buying, purchasing, acquisition; **E. einer Beteiligung** acquisition of an interest; **~ Kaufoption** *(Börse)* giving for a call; **auf E. gerichtet** acquisitive

gemeinschaftlicher Erwerb joint purchase; **gutgläubiger E.** bona-fide *(lat.)* purchase/acquisition; **unentgeltlicher E.** gratuitous acquisition

erwerben *v/t* to acquire/purchase/buy; **entgeltlich e.** to acquire for valuable consideration; **gutgläubig e.** to acquire in good faith; **rechtmäßig e.** to acquire lawfully

Erwerber(in) *m/f* purchaser, buyer, acquiror; **bösgläubiger E.** mala-fide *(lat.)* purchaser/buyer; **gutgläubiger E.** bona-fide *(lat.)* purchaser/buyer

Erwerbs|arbeit *f* gainful employment; **E.-beschränkung** *f* partial disablement; **E.betrieb** *m* commercial operation/enterprise; **E.bevölkerung** *f* working population; **E.datum** *nt* date of purchase; **E.-einkommen; E.einkünfte** *nt/pl* earned income; **E.fähigkeit** *f* ability to work, fitness for work; **E.gartenbau** *m* market gardening *[GB]*, truck farming *[US]*; **E.-grundlage** *f* source of income; **E.kosten** *pl* purchase price, cost of acquisition; **E.-kraft** *f* earning power

Erwerbsleben *nt* working life; **aus dem E. (aus)scheiden** to retire; **ins E. eintreten** to join the labo(u)r force; **im E. stehen** to be gainfully employed

erwerbslos *adj* unemployed, jobless, out of work

Erwerbslose(r) *f/m* unemployed/jobless person; **die E.n** the unemployed

Erwerbslosen|fürsorge *f* unemployment relief; **E.quote** *f* rate of unemployment; **E.unterstützung** *f* unemployment benefit; **E.ziffer** *f* unemployment figure

Erwerbs|losigkeit *f* unemployment; **E.-**

minderung *f* reduction of earning capacity; **E.möglichkeit** *f* job opportunity
Erwerbsperson *f* gainfully employed person; **selbstständige E.** self-employed person; **unselbstständige E.en** wage and salary earners
Erwerbs|preis *m* purchase price; **zum E.-preis** at cost; **E.quelle** *f* source of income; **E.quote** *f* employment rate; **E.schwelle** *f* earnings/income threshold; **E.steuer** *f* purchase/sales tax; **E.streben** *nt* acquisitive pursuit
erwerbstätig *adj* gainfully employed, working
Erwerbstätige(r) *f/m* gainfully employed (person); *pl* working population, wage and salary earners; **selbstständig E.** self-employed (person)
Erwerbstätigkeit *f* gainful employment; **selbstständige E.** self-employment; **vorübergehende E.** temporary employment
erwerbsunfähig *adj* disabled
Erwerbsunfähigkeit *f* (occupational) disability, disablement; **dauernde E.** permanent disability; **vollständige E.** total disability; **vorübergehende/zeitweilige E.** temporary disability; **E.srente** *f* breakdown pension
Erwerbs|unternehmen *nt* commercial enterprise; **E.vermögen** *nt* earning assets; **E.wert** *m* purchase cost; **zum E.wert** at cost; **e.wirtschaftlich** *adj* profit-making, commercial; **E.zeitpunkt** *m* time of purchase/acquisition; **E.zweig** *m* line of business, trade, profession
Erwerbung *f* acquisition, purchase
Erwiderung *f* answer, reply; **in E. Ihres Schreibens** in reply to your letter
erwiesen *adj* proven, established
er|wirken *v/t* to achieve/effect; **e.wirtschaften** *v/t* to earn/generate; **e.zeugen** *v/t* 1. to manufacture/produce; 2. to generate
Erzeuger *m* producer; **E.gemeinschaft; E.genossenschaft** *f* producers' association/cooperative; **E.kosten** *pl* production cost(s); **E.land** *nt* producer country
Erzeugerpreis *m* producer price; **landwirtschaftlicher E.** farm price; **E.index** *m* producer price index
Erzeuger|ring *m* 🚜 producers' cooperative; **E.subvention** *f* production subsidy; **E.verband** *m* producers' association
Erzeugnis *nt* 1. product; 2. 🚜 produce; **E. absetzen; E. auf den Markt bringen** to market a product; **E. eingehen/sterben lassen** to axe a product; **mit höherwertigen E.sen handeln** to trade up; **E. vermarkten** to market a product; **für ein E. werben** to promote a product
fertige Erzeugnis|se finished goods; **gewerbliches E.** manufactured product; **gewerbliche E.se** manufactures; **halbfertige E.se** semi-finished products; **konjunkturabhängiges E.** cyclical product; **konkurrierendes E.** competing product; **landwirtschaftliche E.se** agricultural produce; **minderwertiges E.** inferior product; **unfertige E.se** semi-finished products; **wichtiges E.** core product
Erzeugnis|bestand *m* stock of finished and unfinished products; **E.gruppe** *f* product group; **E.kosten** *pl* product cost(s); **E.kostenrechnung** *f* product cost accounting; **E.planung** *f* product planning; **E.programm; E.spektrum** *nt* product range
Erzeugung *f* 1. *(Herstellung)* manufacture, production; 2. *(Menge)* output; 3. ⚡ generation; **gewerbliche E.** manufacturing production; **landwirtschaftliche E.** agricultural production
Erzeugungs|einheit *f* 1. unit of production; 2. batch; **E.kosten** *pl* production/manufacturing cost(s); **E.land** *nt* producer country; **E.menge** *f* output; **E.ort** *m* place of production/manufacture; **E.-potenzial** *nt* production capacity/potential; **E.stadium; E.stufe** *nt/f* stage of production
Erziehung *f* education
Erziehungs|behörde *f* education authority; **E.beihilfe; E.geld** *f/nt* tuition assistance; **E.berechtigte(r)** *f/m* parent, guardian; **E.ministerium** *nt* ministry of education, Department of Education *[GB]*, Education Office *[US]*; **E.urlaub** *m* parental leave
erzielen *v/t* 1. to achieve/attain; 2. *(Gewinn)* to turn in; 3. *(Preis)* to secure/fetch; **durchschnittlich e.** to average
Eskompt *m* discount; **e.ieren** *v/t* to discount
Essen *nt* 1. dinner, 2. *(Mittag)* lunch(eon); 3. *(Nahrung)* food
Essens|bon; E.gutschein; E.marke *m/f* luncheon voucher (LV) *[GB]*, meal ticket *[US]*; **E.geld; E.zuschuss** *nt/m* meal allowance

E

Etage *f* floor, level, storey, story *[US]*; **erste E.** first *[GB]*/second *[US]* floor

Etappe *f* stage, phase

Etat *m* *(frz.)* ↘ **Budget, Haushalt** budget

Etat annehmen to pass the budget; **E. aufstellen** to draw up the budget; **E. ausgleichen** to balance the budget; **E. beschneiden** to prune the budget; **E. bewilligen/genehmigen** to approve the budget; **in den E. einstellen** to include in the budget; **E. kürzen** to cut the budget; **E. überschreiten/überziehen** to exceed the budget; **E. verabschieden** to adopt a budget; **E. vorlegen** to present the budget; **im E. vorsehen** to budget for

ausgeglichener Etat balanced budget; **außerordentlicher E.** special budget; **veranschlagter E.** (budget) estimates

Etat|ansatz *m* appropriation, budget estimates; **E.ausgleich** *m* balanced budget; **E.defizit** *nt* budget deficit; **E.einsparungen** *pl* budget savings

etatisieren *v/t* to budget for

Etat|jahr *nt* fiscal/financial year; **E.kürzung** *f* budget cut; **E.mittel** *pl* budget funds; **E.planung** *f* budgeting; **E.posten; E.titel** *m* budget(ary) item; **E.überschreitung/-ziehung** *f* budget overrun; **E.überschuss** *m* budget surplus; **E.unterschreitung** *f* budget underrun; **E.voranschlag** *m* budget estimates; **E.zuweisung** *f* budget appropriation

Etikett *nt* label, tag; **mit E. versehen** to label

Etiketten|fälschung; E.schwindel *f/m* false/fraudulent labelling

etikettieren *v/t* to label

EU (Europäische Union) *f* EU (European Union)

Euro *m* euro; **E.anleihe; E.bond** *f/m* Eurobond; **E.anleihe-/E.bondmarkt** *m* Eurobond market; **E.dollar** *m* Eurodollar; **E.geldmarkt** *m* Euro money market

europäisch *adj* European

Europäische Gemeinschaft für Kohle und Stahl (EGKS) European Coal and Steel Community (ECSC); **E.r Gerichtshof** European Court of Justice (ECJ); **E. Kommission** European Commission; **E.s Patentamt** European Patent Office; **E.r Rat** European Council; **E. Union (EU)** European Union; **E. Währungseinheit** European Currency Unit (ECU); **E.r Währungsfonds** European Monetary Fund (EMF); **E.s Währungssystem (EWS)** European Monetary System (EMS); **E. Wirtschaftsgemeinschaft (EWG)** European Economic Community (EEC); **E.r Wirtschaftsraum** European Economic Area (EEA); **E. Zentralbank (EZB)** European Central Bank (ECB)

Europa|rat *m* Council of Europe; **E.recht** *nt* European law

Euroscheck *m* Eurocheck *[US]*, Eurocheque *[GB]*; **E.karte** Eurocheck *[US]*/Eurocheque *[GB]* card

Eventual|anspruch *m* contingent (liability) claim; **E.beihilfe** *f* contingent benefit; **E.budget; E.haushalt** *nt/m* contingency budget; **E.fall** *m* contingency, eventuality; **E.haftung** *f* contingent liability

Eventualität *f* contingency, eventuality

Eventual|plan *m* contingency plan; **E.planung** *f* contingency planning; **E.verbindlichkeit; E.verpflichtung** *f* contingent liability

Examen *nt* examination, exam *(coll)*; **E. ablegen** to sit an examination; **E. bestehen** to pass an examination; **E. nicht bestehen; bei einem E. durchfallen** to fail an examination

exekutieren *v/t* 1. *(Börse)* to sell out (against so.); 2. *(Schuldner)* to distrain (upon so.)

Exekution *f* *(Börse)* selling out

Exekutiv|ausschuss *m* executive committee; **E.organ** *nt* executive body

Exemplar *nt* 1. copy; 2. *(Muster)* pattern, sample; **in zwei E.en** in duplicate

Existenz *f* existence, livelihood, living; **sich eine E. aufbauen** to set up as a self-employed person; **keine sichere E. haben** to eke out a precarious living

Existenz|aufbauberatung *f* start-up counselling; **E.aufbaudarlehen** *nt* business start-up loan; **e.fähig** *adj* viable; **E.fähigkeit** *f* viability; **E.frage** *f* matter of life and death; **E.grundlage** *f* livelihood; **E.gründung** *f* business start-up; **E.gründungsdarlehen** *nt* start-up loan; **E.lohn** *m* subsistence wage

exklusiv *adj* exclusive, select, upmarket; **E.handel** *m* exclusive dealership; **E.vertrag** *m* tying contract; **E.vertretung** *f* sole agency

expandieren *v/ti* to expand/grow

Expansion *f* expansion, growth

Expansions|gebiet *nt* growth area; **E.möglichkeit** *f* growth potential; **E.phase** *f*

growth stage; **E.rate; E.rhythmus; E.tempo** *f/m/nt* rate of growth/expansion
expansiv *adj* expansionary, expansionist
Exped|ient(in) *m/f* shipping/dispatch clerk, dispatcher; **e.ieren** *v/t* to forward/despatch/dispatch; **E.ition** *f* 1. forwarding, dispatch(ing); 2. shipping/dispatch department
Experte *m* expert, professional
Experten|gruppe; E.kommission; E.kreis *f/m* panel/body of experts
Expertise *f* expertise, survey
Exploration *f* exploration, prospecting
Explosion *f* explosion; **E. der Lohnkosten** wage explosion; **E.sversicherung** *f* explosion insurance; **E.szeichnung** *f* exploded view
explosiv *adj* explosive; **E.stoff** *m* explosive
Export *m* ↘ **Ausfuhr** 1. export(s); 2. export trade, exportation; **E. von Industriegütern/-erzeugnissen** industrial/manufactured exports; **sichtbare E.e** visible exports; **unsichtbare E.e** invisible exports
Export|abfertigung *f* ⊖ export clearance; **E.abgabe** *f* export duty; **e.abhängig** *adj* export-dependent; **E.abhängigkeit** *f* export dependency; **E.absatz** *m* export sales; **E.abteilung** *f* export department; **E.agent** *m* export broker/agent; **E.anreiz** *m* export incentive; **E.anstieg** *m* jump/rise in exports; **E.anstrengung** *f* export drive; **E.anteil** *m* export content/share; **E.artikel** *m* export; **E.auftrag** *m* export order; **E.ausführung** *f* export model; **E.beihilfe** *f* export subsidy; **E.bescheinigung** *f* export certificate; **E.beschränkung** *f* export restriction; **E.bestimmungen** *pl* export regulations; **E.bewilligung** *f* export licence; **E.bürgschaft** *f* export (credit) guarantee; **E.defizit** *nt* export deficit; **E.deklaration** *f* ⊖ entry outwards; **E.dokumente** *pl* export documents; **E.einnahmen; E.erlöse** *pl* export revenues/receipts; **E.erstattung von Einfuhrzoll** *f* customs drawback; **E.erschwernis** *f* export barrier; **E.erzeugnis** *nt* export (product)
Exporteur *m* exporter
Export|finanzierung *f* export finance/financing; **E.firma** *f* firm of exporters; **E.genehmigung** *f* export licence; **E.geschäft** *nt* export transaction; **E.güter** *pl* exports; **E.handel** *m* export trade; **E.händler** *m* export merchant, exporter; **E.haus** *nt* firm of exporters
exportieren *v/t* to export
Export|konjunktur *f* export boom; **E.konnossement** *nt* export/outward bill of lading (B/L); **E.kontingent** *nt* export quota
Exportkredit *m* export credit; **E.brief** *m* export letter of credit; **E.garantie** *f* export credit(s) guarantee; **E.risiko** *nt* export credit risk; **E.versicherung** *f* export (credit(s)) insurance
Export|kunde *m* export customer; **E.land** *nt* 1. exporting country; 2. *(Abnehmer)* importing country; **E.leistung** *f* export performance; **E.leiter(in)** *m/f* export (sales) manager; **E.lieferung** *f* export delivery/shipment; **E.lizenz** *f* export licence; **E.markt** *m* export market; **E.nachfrage** *f* export demand; **E.papiere** *pl* export documents; **E.potenzial** *nt* export potential; **E.preis** *m* export price; **E.quote** *f* export quota/ratio/share; **E.rückgang** *m* decline in exports; **E.rückvergütung** *f* ⊖ (customs) drawback *[GB]*, export rebate; **E.sachbearbeiter** *m* export clerk; **E.selbstbeschränkung** *f* voluntary export restraint; **E.sendung** *f* export shipment; **E.steuer** *f* export tax; **E.subvention** *f* export subsidy; **E.überschuss** *m* export surplus; **E.unternehmen** *nt* firm of exporters; **E.verbot** *nt* export ban; **E.vergütung** *f* ⊖ customs drawback; **E.versandliste** *f* ⚓ export manifest; **E.versicherer** *m* export underwriter; **E.versicherung** *f* export insurance; **E.vertreter** *m* export agent; **E.volumen** *nt* volume of exports; **E.wachstum** *nt* export growth; **E.ware(n)** *f/pl* exported articles, exports; **E.ziffern** *pl* export figures; **E.zoll** *m* export duty
Express *m* express; **E.beförderung** *f* express/special delivery; **E.brief** *m* ✉ express (letter), special delivery *[US]*; **E.gebühr; E.zustellungsgebühr** *f* expressage; **E.gut** *nt* express goods; **als E.gut** by express; **E.paket** *nt* express parcel; **E.zustellung** *f* express/special delivery
Extra|ausgaben *pl* sundry expenses, sundries; **E.ausstattung** *f* extras; **E.dividende** *f* special dividend; **E.rabatt** *m* special discount
Exzedent *m* *(Vers.)* excess of loss; **E.enrückversicherung** *f* excess reinsurance

F

F & E (Forschung und Entwicklung) research and development (R & D)

Fabrik *f* 1. plant, works, factory, manufacturing facility; 2. *(Textil/Papier)* mill; **ab F.** ex works; **F. besichtigen** to tour a plant; **F. schließen/stilllegen** to close/shut (down) a plant; **F. verlegen** to relocate a plant

Fabrik|abgabepreis *m* ex works (sales) price; **F.absatz** *m* direct selling; **F.abwässer** *pl* industrial effluents; **F.anlage** *f* (industrial) plant, works, manufacturing facility

Fabrikant *m* manufacturer

Fabrikarbeit *f* factory work; **F.er(in)** *m/f* factory/industrial worker

Fabrikat *nt* manufacture

Fabrikation *f* ↘ **Fertigung, Produktion** manufacturing, production

Fabrikations|ablauf *m* manufacturing/production process; **F.auftrag** *m* job/production order; **F.betrieb** *m* manufacturing operation; **F.einrichtungen** *pl* production/manufacturing facilities; **F.-kapazität** *f* production/manufacturing capacity; **F.kosten** *pl* manufacturing cost(s); **F.lohn** *m* direct labo(u)r; **F.ort** *m* place of manufacture; **F.partie** *f* job lot; **F.preis** *m* manufacturing/cost price; **F.-prozess** *m* manufacturing process; **F.stätte** *f* production plant; **F.verfahren** *nt* manufacturing/production process

Fabrik|auftrag *m* manufacturing order; **F.-auslieferung** *f* delivery ex works; **F.ausstoß** *m* manufacturing output; **F.besitzer** *m* factory owner; **F.bestände** *pl* factory stocks; **F.direktor** *m* plant/factory manager; **F.gebäude** *f* factory building; **F.geheimnis** *nt* industrial secret; **F.handel** *m* direct selling; **F.leitung** *f* plant/factory management; **F.marke** *f* manufacturer's brand; **f.neu** *adj* brand-new; **F.ort** *m* production site; **F.preis** *m* price ex works; **F.-schließung** *f* 1. plant closure; 2. *(zeitweilig)* plant shutdown; **F.unfall** *m* industrial accident; **F.verkaufsstelle** *f* factory outlet; **F.verlagerung** *f* plant/factory relocation; **F.ware** *f* manufactured goods, manufactures

fabrizieren *v/t* to manufacture/produce

Fach *nt* 1. *(Abteil)* compartment; 2. *(Arbeitsgebiet)* line; 3. *(Handwerk)* trade; 4. *(Geschäftszweig)* trade, division; 5. *(Thema)* field, subject

Facharbeiter(in) *m/f* skilled worker; *pl* skilled labo(u)r

Facharbeitermangel *m* skills shortage/gap

Fach|arzt *m* (medical) specialist; **F.ausdruck** *m* technical term; **F.ausstellung** *f* trade fair; **F.berater(in)** *m/f* consultant; **F.blatt** *nt* trade journal; **F.einzelhandel** *m* specialized retail trade; **F.einzelhändler** *m* specialist retailer; **F.gebiet** *nt* field; **F.geschäft** *nt* specialist shop *[GB]*, specialty store *[US]*; **F.gutachten** *nt* expert report/opinion; **F.händler** *m* specialist dealer; **F.-hochschule** *f* polytechnic (college) *[GB]*, professional school *[US]*; **F.jargon** *m* technical jargon; **F.kenntnis** *f* expert knowledge; **F.kenntnisse** *pl* know-how; **F.kraft** *f* specialist; **F.kräfte** skilled labo(u)r; **F.mann** *m* expert, authority; **F.-messe** *f* trade fair; **F.personal** *nt* skilled staff; **F.presse** *f* trade press; **F.richtung** *f* subject (area); **F.schulbildung** *f* technical/vocational training; **F.schule** *f* vocational school, technical college; **F.-schulreife** *f* vocational extension certificate; **F.sprache** *f* special/technical language; **juristische F.sprache** legalese *(coll)*; **F.-terminus** *m* technical term; **F.übersetzung** *f* technical translation; **F.verband** *m* trade/industrial/professional association; **F.verkäufer** *m* trained salesman; **F.welt** *f* the trade/profession; **F.wissen** *nt* know-how, expertise; **F.wort** *nt* technical term; **F.wörterbuch** *nt* special dictionary; **F.-zeitschrift** *f* trade journal

fähig *adj* able, capable, competent

Fähigkeit *f* ability, capability, competence; **berufliche F.** occupational/professional skill; **nachgewiesene F.** proven ability

Fahrausweis *m* ticket

Fahrbahn *f* 1. 🚗 roadway, carriageway; 2. *(Spur)* lane

Fähr|betrieb *m* ⚓ ferry service; **F.boot; Fähre** *nt/f* ferry(boat)

fahren *v/ti* 1. to go/travel/ride; 2. 🚗 to drive; 3. ⚓ to sail; 4. 🚆 to run

Fahrer(in) *m/f* driver, chauffeur

Fahrerlaubnis *f* driver's license *[US]*, driving licence *[GB]*

Fahrer|flucht *f* § hit-and-run offence; **F.-haus** *nt* 🚗 cab(in)
Fahrgast *m* 1. passenger; 2. *(Taxi)* fare; **F. auf Abruf** ✈ standby passenger; **F. absetzen** to drop a passenger; **Fahrgäste aufnehmen** to pick up passengers; **~ befördern** to carry passengers
Fahrgast|aufkommen; F.zahlen *nt/pl* passenger figures
Fahrgeld *nt* 1. fare; 2. ⚓ passage; **F. zum Arbeitsplatz** fare to work; **F. für Hin- und Rückfahrt** return fare
Fährgeld *nt* ⚓ ferry dues
Fahrgeld|erstattung *f* fare refund; **F.hinterziehung** *f* fare dodging; **F.zuschuss** *m* travel allowance
Fahrgemeinschaft *f* car pool
Fährgesellschaft *f* ⚓ ferry operator
Fahrkarte *f* (passenger) ticket; **durchgehende F.** through ticket; **einfache F.** single/one-way ticket
Fahrkosten *pl* travelling expenses; **F.zuschuss** *m* travel allowance
fahrlässig *adj* negligent; **grob f.** grossly negligent
Fahrlässigkeit *f* § negligence; **bewusste F.** wilful negligence; **große/schwere F.** gross negligence; **rechtserhebliche F.** actionable negligence; **schuldhafte F.** culpable negligence; **strafbare F.** criminal negligence
Fahr|leistung *f* mileage; **F.plan** *m* timetable *[GB]*, schedule *[US]*; **F.preis** *m* fare; **F.schein** *m* ticket
Fährschiff *nt* ⚓ ferry; **F. mit Ein- und Ausfahrrampe** roll-on/roll-off ship
Fahrt *f* 1. 🚗 drive; 2. ride, journey, trip; **F. antreten** 1. to start a journey; 2. ⚓ to sail; **F. unterbrechen** to break one's journey; **aus der F. ziehen** ⚓ to lay up
große Fahrt ⚓ ocean voyage; **kleine F.** home trade
Fahrten|buch *nt* 🚗 logbook; **F.schreiber** *m* tachograph, spy in the cab *(coll)*
Fahrtkosten *pl* travelling expenses; **F.erstattung** *f* reimbursement of travelling expenses; **F.zuschuss** *m* travel allowance
fahrtüchtig *adj* 🚗 roadworthy; **F.keit** *f* roadworthiness
Fähr|unternehmen; F.unternehmer *nt/m* ⚓ ferry operator
Fahrzeug *nt* 1. vehicle; 2. ⚓ vessel; **firmeneigenes F.** company(-owned) vehicle; **gewerbliches F.** commercial vehicle
Fahrzeug|abnahme *f* 🚗 vehicle test, M.O.T. (Ministry of Transport) test *[GB]*; **F.bau** *m* vehicle building/construction; **F.emissionen** *pl* vehicle emissions; **F.erneuerung** *f* vehicle replacement; **F.flotte** *f* vehicle fleet; **F.führer** *m* driver; **F.gewicht** *nt* vehicle weight; **F.halter** *m* registered vehicle owner; **F.handel** *m* motor trade; **F.händler** *m* car/motor dealer; **F.hersteller** *m* automobile/car/vehicle manufacturer; **F.industrie** *f* motor/vehicle/car/automotive industry; **F.insasse** *m* passenger; **F.nummer** *f* vehicle registration number; **F.papiere** *pl* vehicle documents; **F.park** *m* ↘ **Fuhrpark** vehicle fleet; **F.produktion** *f* vehicle/automobile/car production; **F.reparatur** *f* vehicle/car repair; **F.schaden** *m* vehicle damage; **F.steuer** *f* vehicle tax, ~ excise duty; **F.teile** *pl* vehicle parts; **F.überprüfung; F.untersuchung** *f* vehicle test, M.O.T. (Ministry of Transport) test *[GB]*; **F.unfall** *m* road/car accident; **F.unterhaltung** *f* vehicle maintenance; **F.vermietung** *f* car rental/hire/leasing; **F.versicherung** *f* vehicle/motor insurance; **F.vollversicherung** *f* comprehensive vehicle/car insurance; **F.werte** *pl (Börse)* motor shares *[GB]*/stocks *[US]*, motors; **F.zulassung** *f* vehicle licensing/registration
faktisch *adj* factual, effective
Faktor *m* 1. factor, element; 2. *(VWL)* factor of production; **arbeitshemmender F.** disincentive; **außerbetrieblicher F.** external factor; **bestimmender F.** key determinant; **hemmender F.** inhibiting factor; **konjunktureller F.** cyclical factor; **menschlicher F.** human factor; **produktiver F.** factor of production; **wachstumshemmender F.** growth-inhibiting factor
Faktor|allokation *f* allocation of resources; **F.angebot** *nt* factor supply; **F.ausstattung** *f* factor endowment; **F.bank** *f* factoring institution
Faktorei *f* agency, factoring company
Faktor|einkommen *nt* factor income; **F.-einsatz** *m* factor input; **F.erträge** *pl* factor returns; **F.geschäft** *nt* factoring business; **F.gesellschaft** *f* factoring com-pany; **F.-kosten** *pl* factor cost(s); **F.preis** *m* factor/input price
Faktura *f* ↘ **Rechnung** invoice, account, bill; **F.betrag** *m* invoice(d) amount; **F.preis** *m* invoice(d) price; **F.währung** *f* invoicing currency

Fakturierabteilung *f* billing/invoice department
Fakturieren *nt* billing, invoicing; **f.** *v/t* to bill/invoice
Fakultät *f* faculty; **betriebswirtschaftliche F.** business school; **ingenieurwissenschaftliche F.** faculty of engineering; **juristische/rechtswissenschaftliche F.** law school/faculty; **medizinische F.** medical school/faculty; **naturwissenschaftliche F.** science faculty; **wirtschaftswissenschaftliche F.** school/faculty of economics

F

fakultativ *adj* optional
Fall *m* 1. case, matter; 2. *(Sturz)* fall, plunge; 3. § case, precedent; **F. aufgreifen** to take up a case; **F. (wieder) aufrollen** to reopen a case; **F. bearbeiten; sich mit einem F. befassen** to handle a case; **F. für sich allein beurteilen** to consider a case on its merits; **F. vor Gericht bringen** to take an issue to court; **F. erledigen** to settle a case; **F. untersuchen** to investigate/study a case; **F. verhandeln** § to hear/try a case; **F. vortragen** to state/submit a case
abgeschlossener Fall closed case; **betreffender F.** case in point; **dringender F.** matter of urgency; **im schlimmsten/ungünstigsten F.** if the worst comes to the worst; **vereinzelter F.** isolated instance; **vorliegender F.** case at issue
fallen *v/i* to fall; **etw./leicht f.** *(Preis/Kurs)* to edge down; **kräftig/rapide/stark f.** *(Börsenkurs)* to (take a) plunge, to plummet/slump
fallieren *v/i* to fail/collapse
fällig *adj* 1. (falling) due, payable; 2. mature; **jederzeit/sofort/täglich f.** due at call, (payable) on demand; **längst f.** overdue
Fälligkeit *f* 1. due date; 2. maturity; **vor F. (be)zahlen** to pay in advance
Fälligkeits|darlehen *nt* fixed-term loan; **F.datum** *nt* due date, date of maturity; **F.hypothek** *f* fixed-date mortgage; **F.liste** *f* expiration/maturity list; **F.tag; F.termin** *m* due/maturity date
Fall|recht *nt* § case law; **F.sammlung** *f* casebook; **F.studie** *f* case study
falsch *adj* 1. false, wrong, incorrect; 2. *(Fälschung)* falsified, forged
Falsch|bezeichnung *f* *(Waren)* misbranding; **F.buchung** *f* misentry; **F.darstellung** *f* misrepresentation (of facts)
fälsch|en *v/t* 1. to forge/fake/counterfeit; 2. *(Bilanz)* to doctor/cook; **F.er** *m* forger, counterfeiter
Falsch|geld *nt* counterfeit/forged/false money; **F.lieferung** *f* wrong shipment
Fälschung *f* forgery, imitation, counterfeit
Falt|blatt; F.prospekt *nt/m* folder, leaflet
falten *v/i* to fold
Familie *f* family; **F. mit nur einem Elternteil** single-parent family; **F. ernähren/unterhalten** to maintain/support a family
Familien|abzug *m* *(Steuer)* allowance for dependants; **F.-Aktiengesellschaft** *f* family-owned/closed *[US]* corporation; **F.angehörige(r)** *f/m* family member; *pl* dependants; **F.beihilfe** *f* family allowance/grant; **in F.besitz; f.eigen** *adj* family-owned; **F.betrieb** *m* family(-owned) business; **F.einkommen** *nt* family income; **F.fürsorge** *f* family welfare; **F.-name** *m* family name, surname; **F.oberhaupt** *nt* head of (the) family; **F.packung** *f* family pack; **F.pauschalversicherung** *f* comprehensive family policy/insurance; **F.stand** *m* marital status; **F.unternehmen** *nt* family business; **F.unterstützung** *f* 1. *(Kindergeld)* family allowance; 2. *(Sozialhilfe)* (family) supplementary benefit; **F.wirtschaft** *f* family economy; **F.zulage; F.zuschlag; F.zuschuss** *f/m* family allowance
Fang *m* catch
fangen *v/t* to catch
Fang|ergebnis; F.ertrag *nt/m* catch, haul; **F.quote** *f* fishing quota; **F.rechte** *pl* fishing rights; **F.schiff** *nt* fishing vessel; **F.verbot** *nt* fishing ban
Farbe *f* 1. colour *[GB]*, color *[US]*; 2. paint, dye(stuff); 3. *(Farbton)* shade
Färbemittel *nt* 1. *(Lebensmittel)* colo(u)ring matter; 2. *(Textil)* dye(stuff)
färben *v/t* to dye/colo(u)r
Farben|geschäft *nt* paint shop *[GB]*/store *[US]*; **F.industrie** *f* paint/dyestuffs industry; **F.markt; F.werte** *m/pl (Börse)* chemical shares *[GB]*/stocks *[US]*, chemicals
Färber *m* dyer; **F.ei** *f* dye works
Farbstoff *m* 1.pigment, dye, dyestuff; 2. *(Lebensmittel)* artificial colo(u)ring; **F.-industrie** *f* dyestuff industry
Faser *f* fiber *[US]*, fibre *[GB]*
Fass *nt* barrel
Fassade *f* 1. face, façade; 2. (shop) front
Fässchen *nt* keg

fassen *v/t* 1. *(greifen)* to seize/grasp; 2. *(begreifen)* to understand/grasp; 3. *(Volumen)* to contain
Fassladung *f* barrel cargo
Fassung *f* 1. version, wording; 2. ⚡ socket; **abgeänderte F.** amended version; **überarbeitete F.** revised form
Fassungsvermögen *nt* capacity
Fass|waren *pl* barrelled goods; **f.weise** *adv* by the barrel
faul *adj* 1. lazy, idle; 2. *(Obst)* rotten; 3. *(fig)* fishy; 4. *(Kunde/Wechsel)* bad
Fäule *f* decay
faulen *v/i* to rot/decay/putrefy
Faulenzen *nt* idleness; **f.** *v/i* to idle
Faust|formel; F.regel *f* rule of thumb
Fautfracht *f* ⚓ dead freight
Fax *nt* fax; **f.en** *v/t* to fax; **F.gerät** *nt* fax (machine); **F.nummer** *f* fax number
Feder *f* 1. feather, 2. pen; 3. ⚙ spring; **f.führend sein** to lead-manage; **F.führer** *m* *(Konsortium)* lead manager; **F.führung** *f* lead management
Fehl|ablieferung *f* misdelivery; **F.anzeige** *f* nil-return; **F.bedarf** *m* shortfall; **F.berechnung** *f* miscalculation; **F.bestand** *m* shortage; **F.betrag** *m* deficit, shortfall, deficiency; **F.bezeichnung** *f* misnomer; **F.buchung** *f* misentry; **F.einschätzung** *f* error of judgment
Fehlen *nt* 1. *(Person)* absence; 2. lack; **häufiges F. am Arbeitsplatz** absenteeism; **F. wegen Krankheit** sick leave
fehlen *v/i* 1. *(Person)* to be missing/absent; 2. to be deficient
Fehl|entscheidung *f* wrong decision; **F.entwicklung** *f* ⚙ white elephant *(fig)*
Fehler *m* 1. error, mistake; 2. fault, flaw; **F. aufweisen** 1. to contain errors; 2. to prove faulty; **F. beheben/berichtigen/beseitigen/gutmachen** 1. to remedy a defect; 2. to correct an error; **voller F. stecken; von F.n strotzen** to teem with mistakes
grober Fehler severe mistake; **innerer F.** inherent defect; **latenter F.** hidden defect; **offener/offenkundiger F.** patent defect; **schwerer F.** serious mistake; **verborgener/versteckter F.** hidden/latent defect
Fehler|analyse *f* error analysis; **f.anfällig** *adj* fault-prone; **durchschnittlicher F.anteil** process average defective; **F.behebung; F.beseitigung** *f* debugging; **F.bereich** *m* margin of error; **F.erkennung; F.feststellung** *f* error detection; **f.frei** *adj* perfect, faultless, flawless; **F.grenze** *f* margin of error
fehlerhaft *adj* 1. faulty, defective, flawed; 2. incorrect; 3. *(Ware)* damaged, substandard; 4. *(Konnossement)* unclean, foul
Fehler|häufigkeit *f* error frequency/rate; **f.los** *adj* faultless, flawless; **F.marge** *f* margin of error; **F.quelle** *f* source of errors; **F.quote; F.rate** *f* error rate; **F.spanne; F.spielraum** *f/m* margin of error; **F.suche (und -behebung)** *f* debugging; **F.verzeichnis** *nt* ✂ errata *(lat.)*, corrigenda *(lat.)*
Fehl|fracht (für weniger als vereinbarte Ladung) *f* ⚓ dead freight (d/f); **f.geschlagen** *adj* abortive; **F.gewicht** *nt* false/short weight; **F.information** *f* misinformation; **f.informiert** *adj* misinformed; **F.interpretation** *f* misinterpretation, misconstruction; **F.investition** *f* white elephant *(fig)*; **F.kalkulation** *f* miscalculation; **F.konstruktion** *f* faulty design; **F.leistung** *f* failure; **unternehmerische F.leistung** mismanagement; **f.leiten** *v/t* ✉ to misdirect
Fehlleitung *f* misdirection; **F. von Ressourcen** misallocation of resources
Fehl|lenkung von Kapital *f* misapplication of funds; **F.lieferung** *f* misdirected delivery; **F.menge** *f* deficiency, shortage, shortfall; **F.quote** *f* level of absenteeism; **F.rechnung** *f* miscalculation
Fehlschlag *m* failure, flop; **f.en** *v/i* to fail/miscarry/misfire/flop
Fehl|streuung *f* *(Marketing)* circulation waste; **F.stunden** *pl* hours absent; **F.übersetzung** *f* mistranslation; **F.urteil** *nt* § miscarriage of justice; **F.verhalten** *nt* misconduct, misbehaviour, misdemeanour
Feierabend *m* closing/knocking-off time; **nach F.** after hours; **F. machen** to call it a day
feiern *v/t* 1. to celebrate; 2. *(fig)* to acclaim
Feiertag *m* (public) holiday; **gesetzlicher/öffentlicher/staatlicher F.** bank/legal [US]/public holiday
Feilhalten *nt* *(Ware)* offering for sale; **f.** *v/t* to offer for sale
Feilsch|en *m* bargaining, haggling; **f.en** *v/i* to bargain/haggle

Fein|abstimmung *f* fine tuning; **f.bearbeiten** *v/t* to finish; **F.bearbeitung** *f* finish; **F.chemikalie** specialty chemical

feindlich *adj* hostile

Fein|gehalt *m* *(Edelmetall)* assay value; **F.heit** *f* subtlety, nicety; **F.mechanik** *f* precision engineering; **F.planung** *f* detailed planning; **F.regulierung; F.steuerung** *f* fine tuning

Feld *nt* 1. field; 2. *(Bereich)* field, sphere; **F.arbeit** *f* 1. farm work; 2. *(Vertrieb)* field work; **F.arbeiter** *m* 1. agricultural labo(u)rer; 2. field worker; *pl* field staff; **F.bau; F.bestellung** *m/f* agriculture, tillage, cultivation; **F.forschung** *f* field research; **F.schaden** *nt* crop damage; **F.studie** *f* field study; **F.versuch** *m* field test; **F.weg** *m* farm road; **F.zug** *m* campaign

Fenster *nt* window; **F.(brief)umschlag** *m* window envelope; **F.glas** *nt* plate glass

Ferien *pl* ↘ **Urlaub** holiday(s), vacation

Ferien|adresse *f* holiday/vacation address; **F.arbeit** *f* holiday/vacation job; **F.budget** *nt* holiday/vacation budget; **F.gast** *m* holiday/paying guest; **F.gebiet** *nt* holiday/tourist area; **F.haus** *nt* holiday home/cottage; **F.industrie** *f* holiday/vacation trade; **F.kurs** *m* holiday/vacation course; **F.ordnung** *f* holiday/vacation schedule; **F.ort** *m* (holiday/tourist) resort; **F.reisende(r)** *f/m* holidaymaker *[GB]*, vacationer *[US]*; **F.saison** *f* holiday/tourist season; **F.schließung** *f* holiday/vacation shutdown; **F.tag** *m* holiday; **F.tätigkeit** *f* holiday/vacation job; **F.unterbringung; F.unterkunft** *f* holiday accommodation; **F.versicherung** *f* holiday insurance; **F.wohnung** *f* holiday flat/home; **F.zeit** *f* holiday season; **F.zulage; F.zuschlag** *f/m* holiday allowance

fern *adj* far, distant, remote; **F.bedienung** *f* remote control; **F.belastung** *f* out-of-town debit entry

Fernbleiben *nt* absence, non-attendance; **unentschuldigtes F.** absence without leave; **f.** *v/i* to stay away

Fern|buchung *f* remote entry; **F.fahrer** *m* long-distance driver, truck driver, trucker; **F.gespräch** *nt* trunk/long-distance/toll *[US]* call; **f.gesteuert** *adj* remote-controlled; **F.heizung** *f* district heating; **F.kauf** *m* teleshopping

fern|kopieren *v/t* to telecopy/fax; **F.kopierer** *m* fax (machine); **F.kurs** *m* correspondence course; **F.lastfahrer** *m* long-distance lorry driver, truck driver, trucker; **F.laster; F.lastzug** *m* long-distance lorry/truck; **F.lehranstalt/-institut** *f/nt* correspondence college; **F.lehrgang** *m* correspondence course

Fernmelde|anlage *f* telephone system; **F.ausrüstung** *f* telecommunications equipment; **F.einrichtungen** *pl* telecommunications facilities; **F.industrie** *f* telecommunications industry; **F.netz** *nt* telephone/telecommunications network; **F.technik** *f* telecommunications engineering; **F.verbindungen** *pl* telecommunications; **F.zentrale** *f* telecommunications center *[US]*/centre *[GB]*

fern|mündlich *adj* by phone; **F.pendler** *m* long-distance commuter; **F.ruf** *m* telephone call; **F.scheck** *m* out-of-town check *[US]*/cheque *[GB]*

Fern|schreiben *nt* telex; **F.schreiber** *m* teleprinter, telex; **f.schriftlich** *adj* by telex/teleprinter

Fernseh|apparat *m* television set/receiver; **F.aufnahme; F.aufzeichnung** *f* television recording

Fernsehen *nt* television; **innerbetriebliches F.** closed-circuit television (CCTV)

Fernseher *m* television set

Fernseh|gebühr *f* television licence; **F.gerät** *nt* television set; **F.gesellschaft** *f* television company/corporation; **F.konferenzschaltung** *f* confravision; **F.konzession** *f* television franchise; **F.kurs; F.lehrgang** *m* television course; **F.lizenz** *f* *(Gesellschaft)* television franchise; **innerbetriebliches F.netz** closed-circuit television (CCTV); **F.reklame** *f* television advertising; **F.telefon** *nt* video telephone; **F.werbesendung** *f* television commercial; **kurze F.werbesendung** television spot; **F.werbung** *f* television advertising

Fernsprech|alphabet *nt* telephone alphabet; **F.anlage** *f* telephone system; **F.anschluss** *m* (telephone) connection; **F.auskunft** *f* telephone directory assistance *[US]*/enquires *[GB]*; **F.buch** *nt* telephone directory

Fernsprecher *m* (tele)phone

Fernsprech|gebühr(ensatz) *f/m* telephone rate; **F.konferenz** *f* audio-conference; **F.leitung** *f* telephone line; **F.nebenstelle** *f* telephone extension; **F.netz** *nt* telephone network; **F.nummer** *f* (tele)phone/subscriber's number; **F.verbindung** *f* telephone link; ~ **herstellen** to put so. through; **F.-zentrale** *f* telephone exchange

Fern|steuerung *f* remote control; **F.straße** *f* trunk/major road *[GB]*, highway *[US]*; **F.studium** *nt* 1. distance education/learning; 2. correspondence (degree) course; **F.tourismus** *m* long-haul tourism; **F.-transport** *m* long-distance transport/haulage; **F.übertragung/-weisung** *f (Bank)* out-of-town transfer; **F.überwachung** *f* remote control; **F.unterricht** *m* 1. distance education/learning; 2. correspondence course; **F.verkehr** *m* long-distance transport/traffic

fertig *adj* 1. finished, ready, completed; 2. *(erschöpft)* exhausted, worn-out; 3. *(Ausbildung)* (fully) qualified

Fertigbau *m* prefabrication; **F.weise** *f* 🏛 prefabricated construction

Fertigbearbeitung *f* finish

fertigen *v/t* to manufacture/produce

Fertig|erzeugnis; F.fabrikat *nt* finished/end product

fertig|gestellt *adj* finished, completed; **F.-gewicht** *nt* finished weight; **F.güter** *pl* finished goods; **F.keit** *f* 1. skill, craft; 2. *(geistig)* proficiency; **F.lager** *nt* finished goods inventory; **F.montage** *f* final assembly; **F.produkt** *nt* finished/end product; **f.stellen** *v/t* to complete/finish; **F.-stellung** *f* completion, finishing

Fertigungs|garantie *f* completion guarantee; **F.termin** *m* completion date

Fertigteil *nt* prefabricated part

Fertigung *f* ↘ **Erzeugung, Herstellung, Produktion** production, manufacturing, assembly; **F. im Fließbetrieb** flow-line production

Fertigung drosseln to curb production; **F. einstellen** to cease production

automatisierte Fertigung automated production; **bedarfsorientierte F.** demand-orient(at)ed production; **computergestützte/-unterstützte F.** computer-aided manufacturing (CAM); **groß-technische/handelsübliche F.** commercial production; **handwerkliche F.** handicraft production; **industrielle F.** industrial production; **lagerlose F.** stockless production; **spanabhebende F.** machining production

Fertigungsablauf *m* manufacturing sequence; **F.plan** *m* process/organisation chart; **F.planung; F.steuerung** *f* production sequencing

Fertigungs|abteilung *f* production department; **F.anlage** *f* (manufacturing/production) plant, manufacturing facility

Fertigungsanteil *m* production share; **ausländischer F.** foreign content; **einheimischer F.** local content

Fertigungs|aufnahme *f* production start-up; **F.auftrag** *m* production order; **F.ausfall** *m* production loss; **F.automation** *f* automation of production; **F.betrieb** *m* manufacturing plant/facility; **F.datum** *nt* date of manufacture/production; **F.dauer** *f* production time; **F.diagramm** *nt* production chart; **F.einheit** *f* production unit; **F.einrichtungen** *pl* production/manufacturing facilities; **F.einzelkosten** *pl* prime cost; **F.fehler** *m* manufacturing defect; **F.gemeinkosten** *pl* production/direct overheads; **F.grad** *m* stage of completion; **F.ingenieur** *m* production engineer; **F.jahr** *nt* year of manufacture; **F.-kapazität** *f* manufacturing/production capacity; **F.kontrolle** *f* production/process control; **F.kosten** *pl* production/manufacturing cost(s); **F.lohn** *m* direct labo(u)r cost(s); **F.los** *nt* production lot/batch; **F.material** *nt* direct material(s); **optimale F.menge** economic manufacturing quantity; **F.methode** *f* production method; **F.ort** *m* manufacturing site; **F.-phase** *f* production stage; **F.plan** *m* production schedule; **F.planung** *f* production/order/shop planning; **F.programm** *nt* production/manufacturing program(me); **F.prozess** *m* production/manufacturing process; **F.qualität** *f* manufacturing/production quality; **F.stätte** *f* plant, manufacturing facility; **F.stelle** *f* production center *[US]*/centre *[GB]*; **F.stufe** *f* stage of production; **F.technik** *f* manufacturing/production technology; **F.techniker** *m* production engineer; **F.vorbereitung** *f* production scheduling

Fertig|verarbeitung *f* finishing; **F.waren** *pl* manufactures, finished goods

fest *adj* 1. fixed; 2. solid; 3. secure; 4. *(Personal)* regular; 5. *(Verpackung)* strong; 6. *(Plan)* definite; 7. *(Börse)* firm

Fest|angebot *nt* firm offer; **F.angestellte(r)** *f/m* permanent employee; **F.auftrag; F.bestellung** *m/f* firm order; **F.beitrag** *m (Vers.)* flat premium; **f.be-soldet** *adj* salaried; **F.-brennstoff** *m* solid fuel; **F.darlehen** *nt* fixed-rate loan; **F.gehalt** *nt* fixed salary

Festgeld; F.anlage; F.einlage *nt/f/f* time/term deposit; **F.konto** *nt* deposit/term account

festgelegt *adj* 1. scheduled, fixed; 2. *(Geld)* tied up

Festhypothek *f* fixed-interest mortage

festigen *v/t* to strengthen/reinforce; *v/refl (Preis/Kurs)* to steady/firm

Fest|kapital *nt* fixed capital; **F.komma** *nt* π fixed (decimal) point; **F.kurs** *m* fixed rate; **F.laufzeit** *f* fixed term

fest|legen *v/t* 1. to fix/determine; 2. *(Kapital)* to freeze; 3. *(Währung)* to peg; *v/refl* to commit o.s.; **F.legung** *f* 1. stipulation, fixing; 2. *(Geld)* immobilization; **f.liegen** *v/t (Kapital)* to be tied/locked up; **F.lohn** *m* fixed wage; **F.meter** *m* cubic meter *[US]*/metre *[GB]*; **F.miete** *f* fixed rent; **F.müll** *m* solid waste; **F.netz** *nt* ☎ landline network; **F.notierung** *f* fixed quotation; **F.offerte** *f* firm offer; **F.platte** *f* 💻 hard disk

Festpreis *m* fixed/firm price; **F.auftrag; F.vertrag** *m* fixed-price contract/order

festschreiben *v/t (Wertpapiere)* to lock up

Festschreibung *f* locking-up; **F.sfrist** *f (Zins)* commitment period

festsetzen *v/t* 1. to stipulate/determine, to lay down; 2. *(Frist)* to set/fix/appoint; 3. to assess

Festsetzung *f* 1. stipulation, determination; 2. assessment; 3. *(Termin)* appointment; **F. der Dividende** declaration of the dividend; **~ Entschädigung; F. von Schadenersatz** assessment of damages

Festsetzungs|bescheid *m* notice of assessment; **F.frist** *f* assessment period

Festspeicher *m* read-only memory (ROM)

feststellen *v/t* 1. to note/find/ascertain; 2. to state/declare; 3. *(Schaden)* to assess

Feststellung *f* 1. ascertainment, finding; 2. declaration, statement; 3. *(Schaden)* assessment; **amtliche F. der Devisenkurse** fixing; **F. der Echtheit** authentication; **F. des Jahresabschlusses** adoption of the annual accounts; **F. der Kreditwürdigkeit** credit investigation; **~ Richtigkeit** verification; **F. des Schadens** assessment of damage

abschließende Feststellung final statement; **gerichtliche F.** court finding(s)

Feststellungs|anspruch *m* § entitlement to a declaratory judgment; **F.beamter** *m* assessor, adjuster; **F.bescheid** *m (Steuer)* (notice of) assessment; **F.klage** *f* declaratory action; **F.urteil** *nt* declaratory judgment

Fest|verkauf *m* fixed sale; **f.verzinslich** *adj* fixed-interest, fixed-rate; **F.verzinsliche** *pl* fixed-interest-bearing issues/securities; **F.wertspeicher** *m* 💻 read-only memory (ROM)

Festzins *m* fixed(-rate) interest; **F.anleihe** *f* fixed-interest bond; **F.darlehen; F.kredit** *nt/m* fixed-rate loan; **F.emission** *f* fixed-interest issue; **F.hypothek** *f* fixed-rate mortgage; **F.satz** *m* fixed-interest rate

Feuchtigkeit *f* moisture, damp(ness); **vor F. schützen!** keep dry; **F.sbescheinigung** *f* moisture certificate; **f.sgeschützt** moisture-proof

Feuer *nt* fire, blaze; **F.abgabe** *f (Vers.)* fire cession; **F.assekuranz** *f* fire insurance; **f.beschädigt** *adj* fire-damaged; **f.beständig; f.fest** *adj* fire-proof; **F.festigkeit** *f* fire resistance; **F.gefahr** *f* fire hazard/risk; **f.gefährlich** *adj* (in-)flammable; **f.hemmend** *adj* fire-resistant; **F.industriegeschäft** *nt (Vers.)* industrial fire; **F.meldeanlage; F.melder** *f/m* 1. fire alarm; 2. *(automatisch)* fire detector

feuern *v/t (coll)* to fire/sack *(coll)*

Feuer|police *f* fire policy; **F.prämie** *f* fire insurance premium; **F.risiko** *nt* fire hazard/risk

Feuerschaden *m* fire damage/loss; **F.sabteilung** *(Vers.)* fire department

Feuerschutz *m* fire protection; **F.maßnahmen** *pl* fire precautions; **F.tür** *f* fire door

feuer|sicher *adj* fire-proof; **F.sparte** *f (Vers.)* fire insurance; **F.treppe** *f* fire escape; **F.tür** *f* fire door; **F.verhütung** *f* fire prevention; **F.verhütungsvorschriften** *pl* fire regulations *[GB]*/code *[US]*; **F.versicherer** *m* fire insurer/underwriter

Feuerversicherung *f* fire insurance; **F.sgesellschaft** *f* fire insurance company; **F.spolice** *f* fire policy

Feuer|vorkehrungen *pl* fire precautions; **F.vorschriften** *pl* fire regulations; **F.wand** *f* fire wall; **F.warnanlage** *f* fire alarm (system)

Feuerwehr *f* fire brigade/department *[US]*/service

Filial|abteilung *f* branch (office); **F.bank** *f* branch bank; **F.banksystem/-wesen** *nt* branch banking (system); **F.bereich** *m*

branch organisation; **F.betrieb** *m* 1. branch; 2. branch operation

Filiale *f* branch (office/establishment); **kontoführende F.** account-holding branch

Filialgeschäft *nt* 1. branch; 2. *(Bank)* branch banking; 3. chain store

Filialist *m* multiple (shop), chain store

Filial|kette *f* chain of stores; **F.leiter** *m* 1. (branch/store) manager; 2. *(Bank)* bank manager; **F.leitzahl** *f (Bank)* sort code; **F.netz** *nt* branch/store network; **F.unternehmen** *nt* chain store (company)

Finanz|abgabe *f* revenue duty, fiscal charge; **F.abteilung** *f* finance department

Finanzamt *nt* tax/revenue office, Board of Inland Revenue *[GB]*, Internal Revenue Service (IRS) *[US]*

Finanz|analyse *f* financial analysis; **F.analyst; F.analytiker** *m* financial analyst; **F.anlagen** *pl* financial assets; **F.auskunft** *f* status report; **F.auskunftei** *f* status enquiry agency; **F.ausschuss** *m* finance committee; **F.ausstattung** *f* funding, capital equipment; **F.beamter; F.beamtin** *m/f* tax inspector; **F.bedarf** *m* financial requirements; **F.behörde** *f* fiscal/treasury authority, tax office; **oberste F.behörde** Board of Inland Revenue *[GB]*, Internal Revenue Service (IRS) *[US]*; **F.beitrag** *m* financial contribution; **F.belastung** *f* financial burden; **F.berater** *m* financial consultant; **F.chef** *m* director of finance, vice president finance *[US]*; **F.daten** *pl* financials; **F.dienstleistungen** *pl* financial services; **F.direktor** *m* director of finance, vice president finance *[US]*

Finanzen *pl* finance(s)

Finanz|ergebnis *nt* financial performance; **F.experte; F.fachmann** *m* financial expert/analyst; **F.flussrechnung** *f* cash flow statement; **F.gebaren; F.gebarung** *nt/f* financial management; **F.gericht** *nt* Court of Exchequer *[GB]*/Claims *[US]*, tax tribunal; **F.geschäft** *nt* financial transaction/operation; **F.hilfe** *f* financial assistance/aid, pecuniary aid; **F.hoheit** *f* financial sovereignty

finanziell *adj* financial

Finanzier *m* financier, moneylender; **f.en** *v/t* to finance/fund

Finanzierung *f* financing, funding; **F. von Abzahlungsgeschäften** hire-purchase finance; **F. über Aktien; F. durch Aktienemission** equity finance/financing; **F. durch eine Bank** bank finance; **F. von Exportgeschäften** export finance; **F. von Investitionen** investment finance; **F. eines Projekts** project funding; **F. von Warenforderungen** accounts receivable financing

Finanzierung aus einer Hand bieten to offer one-stop financial shopping

Finanzierungs|angebot *nt* funding offer; **F.aufwand; F.aufwendungen** *m/pl* financial expenditure; **F.bedarf** *m* borrowing/funding requirements; **F.berater(in)** *m/f* financial advisor; **F.bilanz** *f* flow-of-funds analysis; **F.defizit** *nt* budget deficit; **F.ermächtigung** *f* expenditure appropriation; **F.gesellschaft** *f* finance company; **F.institut** *nt* credit institution; **F.instrument** *nt* financial instrument; **F.konsortium** *nt* financial syndicate; **F.kosten** *pl* funding/front-end cost(s); **F.leasing** *nt* finance lease; **F.makler** *m* credit broker; **F.mittel** *pl* credit instruments, funds; **F.möglichkeit** *f* credit facility; **F.paket** *nt* finance package; **F.quelle** *f* source of finance; **F.rechnung** *f* flow-of-funds statement; **F.spielraum** *m* financial margin; **F.strom** *m* flow of funds; **F.vereinbarung** *f* funding arrangement(s); **F.wechsel** *m* finance bill; **F.zusage** *f* loan commitment; **F.zuschuss** *m* grant-in-aid

Finanz|institut; F.institution *nt/f* financial institution; **F.intermediär** *m* financial intermediary; **F.jahr** *nt* fiscal/business year; **F.kapital** *nt* money capital; **F.kontrolle** *f* budgetary control; **F.konzern** *m* finance group; **F.kosten** *pl* cost(s) of finance; **F.kraft** *f* financial muscle/clout; **F.kreise** *pl* financial circles; **F.krise** *f* financial crisis; **F.lage** *f* financial situation; **F.makler** *m* loan/credit broker, financial intermediary; **F.markt** *m* capital market; **F.minister** *m* minister of finance, Chancellor of the Exchequer *[GB]*, Treasury Secretary *[US]*; **F.ministerium** *nt* ministry of finance, Treasury *[GB]*, Exchequer *[GB]*, Treasury Department *[US]*; **F.mittel** *pl* funds, capital; **F.not** *f* financial straits; **F.plan** *m* budget plan; **F.planung** *f* financial planning, budgeting; **F.platz** *m* money market, financial center *[US]*/centre *[GB]*; **F.politik** *f* financial/fiscal policy; **F.rechnung** *f* cash flow statement; **F.sachverständige(r)** *f/m* financial expert; **F.spritze** *f* cash injection; **F.stärke** *f* financial muscle;

F

F.status *m* financial status, statement of affairs; **F.terminbörse/-markt** *f/m* financial futures market; **F.theorie** *f* financial theory; **F.titel** *pl (Börse)* financials; **F.-transfer** *m* cash/revenue transfer; **F.-überschuss** *m* 1. cash fow; 2. financial surplus; **F.verhältnisse** *pl* financial conditions; **F.verwaltung** *f* tax authority, fiscal administration, Board of Inland Revenue *[GB]*, Internal Revenue Service (IRS) *[US]*; **F.vorstand** *m* finance director, vice president finance *[US]*; **F.wechsel** *m* accommodation bill; **F.welt** *f* financial world/community, the City *[GB]*, Wall Street *[US]*; **F.- und Rechnungswesen** *nt* finance and accounting; **F.werte** *pl (Börse)* financials

Finanzwirtschaft *f* (public/corporate) finance; **F.slehre** *f* theory of finance; **F.-wissenschaft** *f* public-sector economics; **F.zentrum** *nt* financial center *[US]*/centre *[GB]*; **F.zusage** *f* funding commitment; **F.zuschuss** *m* capital grant; **F.zuweisung** *f* budget appropriation

Firma *f* (name of a) firm, enterprise, **bei einer F. anfangen; in eine F. eintreten** to join a firm; **unter eigener F. auftreten; F. unter eigenem Namen betreiben** to trade under one's own name; **F. handelsgerichtlich eintragen (lassen)** to register *[GB]*/incorporate *[US]* a company; **für eine F. zeichnen** to sign on behalf of a firm

alteingesessene/gut eingeführte Firma (old-)established firm; **zahlungsfähige F.** solvent firm

Firmen|angehörige(r) *f/m* company employee; **F.anmeldung** *f* registration of a firm; **F.ansehen** *nt* goodwill; **F.anwalt** *m* company/corporate lawyer

Firmenaufkauf *m* buying-up of a firm; **F. durch Betriebsangehörige** employee buyout; **~ Führungskräfte** management buy-out (MBO); **~ (durch Betriebsangehörige) mit Kreditmitteln** leveraged buyout (LBO)

Firmen|aufkäufer *m* corporate raider; **F.-beratung** *f* business advisory service; **F.besitzer** *m* proprietor/owner of a company; **F.bezeichnung** *f* company/firm name; **F.briefpapier** *nt* company stationery; **F.chef(in)** *m/f* head of the firm/business; **F.eintragung** *f* company registration; **F.erwerb** *m* acquisition of a firm; **F.fahrzeug** *nt* company car/vehicle; **F.geheimnis** *nt* company secret; **F.gelände** *nt* company premises; **F.gläubiger(in)** *m/f* company/corporate creditor; **F.gründer** *m* founder/promotor of a company; **F.gründung** *f* company foundation/formation; **F.gruppe** *f* group (of companies); **F.haftung** *f* corporate liability; **F.hauptquartier** *nt* company/corporate headquarters; **F.inhaber(in)** *m/f* proprietor/owner (of a company/business); **f.intern** *adj* in-company, in-house; **F.kapital** *nt* company/corporate capital; **F.kauf** *m* acquisition of a firm; **F.kundengeschäft** *nt* business-to-business (B2B) transaction(s); **F.leitung** *f* company/corporate management; **F.mantel** *m* shell (company); **F.marke** *f* brand, trademark; **F.mittel** *nt* company/corporate funds; **F.name** *m* company/firm name; **F.neugründung** *f* business start-up; **F.persönlichkeit** *f* corporate identity; **F.register** *nt* register of companies; **F.registrierung** *f* company registration *[GB]*/incorporation *[US]*; **F.rente** *f* company works pension; **F.sanierung** *f* company reconstruction; **F.satzung** *f* articles of association *[GB]*/incorporation *[US]*; **F.-schulden** *pl* company/corporate debt(s); **F.sitz** *m* corporate/registered office, company/corporate headquarters; **F.-sprecher(in)** *m/f* company spokesman/spokeswoman; **F.statuten** *pl* articles of association; **F.syndikus** *m* company secretary; **F.tarif** *m* company pay scale; **F.-verband; F.verbund** *m* group of companies; **F.verbindlichkeiten** *pl* company/corporate liabilities; **F.verschmelzung** *f* merger (of companies); **F.vertreter(in)** *m/f* company representative; **F.verzeichnis** *nt* trade directory; **F.wagen** *m* company/fleet car; **F.wert** *m* goodwill; **F.zeitschrift** *f* company magazine; **F.zusammenbruch** *m* corporate/business failure; **F.zusammenschluss** *m* (company) merger

firmieren *v/i* to trade under a name/firm

Fischerei *f* 1. fishing; 2. *(Gewerbe)* fishing industry; **F.abkommen** *nt* fishing agreement; **F.(fang)flotte** *f* fishing fleet; **F.gebiet; F.gewässer** *nt/pl* fishing ground(s); **F.rechte** *pl* fishing rights; **F.schein** *m* fishing licence; **F.wirtschaft** *f* fishing industry

Fisch|fang *m* fishing; **F.verarbeitung** *f* fish processing; **F.wirtschaft** *f* fishing industry

fiskalisch *adj* fiscal
Fiskal|jahr *nt* fiscal year; **F.politik** *f* fiscal policy
Fiskus *m* revenue (department), Treasury *[GB]*, Exchequer *[GB]*
fix *adj* 1. fixed; 2. *(Kosten)* non-variable; **F.auftrag** *m* firm order
Fixen *nt* *(Börse)* shortselling; **f.** *v/t* to sell short
Fix|er *m* *(Börse)* shortseller; **F.geschäft** *nt* short sale; **F.kosten** *pl* overheads, fixed cost(s)
Fixum *nt* fixed allowance/commission
Fläche *f* 1. area; 2. surface; **bebaute F.** 1. built-up area; 2. 🚜 area under crops/cultivation; **landwirtschaftliche F.** agricultural land
Flächen|angebot *nt* land supply; **F.anspruch; F.bedarf** *m* space/land requirement(s); **F.aufteilung** *f* zoning; **f.deckend** *adj* area-wide; **F.ertrag** *m* yield per unit of area; **F.inanspruchnahme** *f* land use; **F.inhalt** *m* 1. acreage; 2. floor space; **F.maß** *nt* square measure; **F.nutzung** *f* 1. *(Raum)* space utilization; 2. *(Boden)* land use; **F.nutzungsplan** *m* municipal development plan, zoning plan *[US]*; **F.sanierung** *f* area redevelopment, rehabilitation; **F.stilllegung** *f* 🚜 *(EU)* set aside (scheme); **F.streik** *m* area-wide strike; **F.tarifvertrag** *m* area-wide/nationwide/industry-wide wage agreement; **F.umwidmung** *f* rezoning; **F.verbrauch** *m* land use; **F.vorrat** *m* land bank
Flagge *f* flag; **billige F.** ⚓ flag of convenience
Flasche *f* bottle; **in F.n abgefüllt** bottled; **auf F.n abfüllen/ziehen** to bottle
Flaschen|pfand *nt* (bottle) deposit; **f.weise** *adv* by the bottle
flau *adj* *(Börse/Geschäft)* quiet, flat, slack, sluggish
Flaute *f* flatness, weakness, stagnation, slack(ness); **in der F.** in the doldrums; **konjunkturelle F.** cyclical depression
fliegen *v/i* 1. ✈ to fly, to go by air; 2. *(entlassen werden)* to be fired/sacked *(coll)*
Fließband *nt* assembly/production line; **F.arbeit** *f* assembly line work; **F.arbeiter(in)** *m/f* assembly line worker; **F.arbeitsplatz** *m* screwdriver job *(coll)*; **F.-fertigung; F.montage; F.produktion** *f* assembly line production
Fließdiagramm *nt* flow chart/diagram
fließend *adj* fluent
Fließ|fertigung *f* 🏭 assembly line production; **F.komma** *nt* floating point; **F.straße** *f* assembly line; **F.text** *m* continuous text; **F.verfahren** *nt* flow process
florieren *v/i* to prosper/flourish/boom; **f.d** *adj* booming, prosperous, flourishing
Flotte *f* 1. fleet, navy; 2. 🚗 pool, fleet; **F.enrabatt** *m (Autovers.)* pool rebate
Flucht *f* flight, escape; **F. in die Sachwerte** flight into real assets; **F. aus einer Währung** flight from a currency
flüchten *v/i* to flee/escape
Fluchtgeld *nt* hot money
flüchtig *adj* 1. *(Person)* fugitive; 2. *(oberflächlich)* superficial; 3. *(kurz)* cursory; 4. *(kurzlebig)* short-lived
Flucht|kapital *nt* hot money; **F.linie** *f* 🏛 building line; **F.weg** *m* escape route
Flug *m* ✈ flight; **F. ohne Zwischenlandung** non-stop flight; **F. aufrufen** to call a flight; **F. buchen** to book a flight; **F. stornieren** to cancel a flight; **planmäßiger F.** scheduled flight
Flug|abfertigung *f* flight handling; **F.abschnitt** *m* flight coupon; **F.anschluss** *m* flight connection; **F.begleiter(in)** *m/f* steward(ess), flight attendant; **F.begleitpersonal** *nt* cabin crew; **F.betrieb** *m* air traffic; **F.bewegung** *f* aircraft movement; **F.blatt** *nt* leaflet, handbill, flyer
Flügel *m* ✈/🏛 wing
Flug|entfernung *f* flying distance; **F.feld** *nt* airfield
Fluggast *m* (air) passenger; **F. auf der Warteliste** standby passenger; **nicht erschienener F.** no-show
Fluggast|abfertigung *f* check-in; **F.abfertigungsgebäude** *nt* air terminal; **F.aufkommen** *nt* passenger figures; **F.kapazität** *f* passenger capacity; **F.kontrolle** *f* airport security check; **F.versicherung** *f* air passenger insurance
Fluggepäck *nt* passenger baggage *[US]*/luggage *[GB]*
Fluggesellschaft *f* airline, (air) carrier; **fahrplanmäßig verkehrende F.** scheduled airline; **nationale F.** flag carrier
Fluggewicht *nt* flying weight
Flughafen *m* airport; **frei F.** free airport; **F.-abfertigungsgebäude; F.gebäude** *nt* air(port) terminal; **F.behörde** *f* airport authority; **F.gebühr** *f* airport (service) charge; **F.steuer** *f* airport tax; **F.zollstelle** *f*

F

airport customs office; **F.zubringer** *m* airport access/feeder road

Flug|karte *f* air(line)/passenger ticket; **F.kosten** *pl* air fare(s); **F.krankheit** *f* airsickness; **F.lärm** *m* aircraft noise; **F.linie** *f* 1. airline; 2. air route; **F.netz** *nt* air network; **F.nummer** *f* flight number; **F.passagier** *m* air passenger; **F.pauschalreise** *f* air package tour; **F.personal** *nt* cabin crew; **F.plan** *m* flight timetable *[GB]*, flying schedule *[US]*; **F.platz** *m* airfield; **F.post** *f* air mail; **F.preis** *m* (air) fare; **F.radius** *m* flying range

Flugreise *f* air tour; **F.büro** *nt* air travel agency; **F.nde(r)** *f/m* air passenger; **F.veranstalter** *m* air tour operator; **F.versicherung** *f* air travel insurance

Flug|reservierung *f* flight reservation; **F.route** *f* air route

Flugschein *m* (flight/air(line)/plane) ticket; **F.gebühr** *f (Zuschlag)* flight ticket surcharge

Flug|speditionsvertreter *m* ramp agent; **F.steig** *m* (departure) gate; **F.steigkarte** *f* boarding card; **F.stornierung** *f* flight cancellation; **F.strecke** *f* air route

flugtauglich *adj* airworthy; **F.keit** *f* airworthiness; **F.keitsbescheinigung/-zeugnis** *f/nt* certificate of airworthiness

Flug|taxi *nt* air taxi; **F.techniker** *m* aircraft mechanic/engineer; **F.termin** *m* flight date; **F.ticket** *nt* flight ticket; **F.tourismus; F.touristik** *m/f* air travel/tourism; **F.tourist** *m* air tourist; **F.überwachung** *f* air traffic control; **F.unfall** *m* flying accident; **F.unterbrechung** *f* stopover; **F.verbindung** *f* connecting flight

Flugverkehr *m* air traffic; **F.sgesellschaft; F.slinie** *f* airline

Flug|versicherung *f* flight insurance; **F.zeit** *f* flying time

Flugzeug *nt* aeroplane *[GB]*, airplane *[US]*, aircraft; **F.abfertigung** *f* ground handling; **F.absturz** *m* air crash; **F.aktien** *pl (Börse)* aircrafts; **F.anschluss** *m* connecting flight; **F.behälter** *m* air container; **F.besatzung** *f* (flight) crew; **F.frachtbrief** *m* air waybill; **F.herstellung** *f* aircraft manufacture; **F.industrie** *f* aircraft industry; **F.kaskoversicherung** *f* aircraft hull insurance; **F.ladung** *f* plane load; **F.mieter** *m* (aircraft) charterer; **F.park** *m* aircraft fleet; **F.passagier** *m* air passenger; **F.produktion** *f* aircraft production; **F.rumpf** *m* aircraft hull; **F.treibstoff** *m* aviation fuel; **F.versicherer; F.versicherungsgesellschaft** *m/f* aviation insurer/underwriter; **F.versicherung** *f* aviation insurance; **F.wartung** *f* aircraft maintenance; **F.werte** *pl (Börse)* aircrafts

Flugziel *nt* destination

Fluktuation *f* 1. fluctuation; 2. *(Arbeitskräfte)* (labour) turnover; 3. *(Währung)* swing; **natürliche F.** *(Personal)* natural wastage

Fluktuations|abgang *m* attrition, natural wastage; **F.arbeitslosigkeit** *f* frictional unemployment; **F.kennzahl; F.quote; F.rate** *f (Personal)* (labo(u)r) turnover rate

fluktuieren *v/i* to fluctuate

Flur *f* farmland, field; **F.bereinigung** *f* (farm)land consolidation; **F.buch** *nt* cadastral map; **F.karte** *f* field map; **F.schaden** *m* field damage; **F.stück** *nt* plot, lot

Fluss *m* 1. river; 2. flow; **f.abwärts** *adv* downriver, downstream; **f.aufwärts** *adv* upriver, upstream; **F.bild; F.diagramm** *nt* flow chart; **F.fahrzeug** *nt* river craft

Flussfracht|geschäft *nt* inland waterways transport(ation); **F.gut** *nt* river freight; **F.satz** *m* river freight rate; **F.sendung** *f* inland waterway consignment/shipment

Flusshafen *m* river port

flüssig *adj* 1. liquid; 2. *(Verkehr)* flowing; 3. *(Lesen)* fluent; 4. *(Geldmittel) (coll)* cash-rich; **F.brennstoff** *m* liquid fuel; **F.gas** *nt* liquefied (petroleum) gas (LPG)

Flüssigkeit *f* 1. liquid, fluid; 2. *(Geld)* liquidity, solvency

Flüssigkeits|behälter; F.container *m* tank; **F.erfordernisse** *pl* commercial standards of solvency; **F.grad** *m* degree of liquidity; **F.verhältnis** *nt* acid test ratio; **F.verlust (am Fass)** *m* ullage

Flüssigkristallbildschirm *m* liquid crystal display (LCD)

Fluss|konnossement; F.ladeschein *nt/m* inland waterways bill of lading; **F.schiff** *nt* (river) barge; **F.schifffahrt** *f* river navigation; **F.spediteur** *m* inland waterways carrier

Flut *f* 1. flood; 2. (high) tide; **F. von Aufträgen** flood/rush of orders

Flut|hafen *m* tidal harbour; **F.katastrophe** *f* flood disaster; **F.schleuse** *f* tide lock; **F.welle** *f* tidal wave

Folge *f* 1. *(Ergebnis)* consequence, outcome, result; 2. series, sequel; **zur F. haben** to

entail/involve, to result in; **F.n auf sich nehmen; ~ tragen** to bear/take the consequences, to face the music *(coll)*
absehbare Folgen predictable consequences; **rechtliche F.** legal consequences; **schwerwiegende F.** serious consequences; **wirtschaftliche F.** economic effect
Folge|arbeitsplatz *m* knock-on job; **F.auftrag** *m* follow-up order; **F.ausgaben** *pl* follow-up expenditure; **F.erscheinung** *f* result, consequence; **F.erzeugnis** *nt* derived product; **F.geschäft** *nt* follow-up business; **F.investition** *f* follow-up investment; **F.kosten; F.last(en)** *pl/f* follow-up/resulting cost(s), on-costs
folgen *v/i* to ensue/result/follow; **f.d** *adj* following, subsequent
Folge|prämie *f* *(Vers.)* renewal premium; **F.produkt** *nt* derived product; **f.richtig** *adj* consistent
folger|n *v/t* to conclude/deduce; **F.ung** *f* conclusion, inference, deduction
Folge|schaden *m* consequential damage/loss; **F.schadensversicherung** *f* consequential loss insurance; **F.wirkung** *f* consequential/knock-on effect
Fonds *m* (investment) fund; **F. für unvorhergesehene Ausgaben** contingency fund; **F. einer Kapitalanlagegesellschaft** investment fund; **F. alimentieren/dotieren** to endow a fund
sich automatisch auffüllender Fonds; aufgeldfreier F. no load fund; **sich stets erneuernder F.** revolving fund; **dynamischer F.** index-tracking fund; **gemischter F.** mixed fund; **geschlossener F.** closed(-end) fund/trust; **konsolidierte F.** consols, consolidated stock/annuities; **thesaurierender F.** accumulating/cumulative fund; **von einer Treuhandstelle verwalteter F.** trust fund
Fonds|anlage *f* fund investment; **F.anteil** *m* unit, share; **F.anteilinhaber; F.anteilseigner** *m* unitholder; **F.besitzer** *m* fundholder; **F.bestände** *pl* fund holdings; **F.gesellschaft** *f* investment company; **F.konto** *nt* fund account, **F.manager; F.verwalter** *m* fund/portfolio manager; **F.vereinigung** *f* consolidation of funds; **F.verwaltung** *f* fund/portfolio management; **F.wert** *m* fund value
Förder|band *nt* conveyor belt; **F.beitrag** *m* contribution
Förderer *m* promoter, sponsor
Förder|ergebnis *nt* ⚒ output, production; **F.gebiet** *nt (Staatshilfe)* assisted area; **F.höchstgrenze** *f* maximum subsidy; **F.kosten** *pl* 1. extraction costs; 2. ⩚ lifting costs; **F.leistung; F.menge** *f* output
fordern *v/t* 1. to demand; 2. *(Preis)* to ask
fördern *v/t* 1. to promote/sponsor/support; 2. ⚒ to extract/mine; 3. ⩚ to lift
Förder|plattform *f* production platform; **F.programm** *nt* development program(me); **F.quote** *f* production quota; **F.technik** *f* conveyor technology
Forderung *f* 1. claim, demand; 2. *(Bilanz)* credit side; **F.en** accounts receivable, receivables
Forderungen an Gesellschafter *(GmbH)* due froms shareholders; **F. aus Inkassogeschäften** collections receivable; **F. an Konzernunternehmen** dues from affiliates; **~ Kreditinstitute** dues from banks; **~ Kunden** trade accounts receivable; **F. aus Lieferungen und Leistungen** trade debtors/receivables; **F. an/gegen verbundene Unternehmen** intercompany receivables; **F. und Verbindlichkeiten** debtors and creditors, receivables and payables *[US]*; **F. aus Warenlieferungen und Leistungen** trade debtors/receivables
Forderung abgelten to discharge a debt; **F. ablehnen/abweisen** to refute a claim; **F.en abschreiben** to write off debts; **von einer F. absehen** to waive a claim; **F. abtreten** to assign/cede a claim; **F. anmelden** to file/lodge a claim; **F. aufgeben** to abandon/waive a claim; **F.en aufkaufen** to factor receivables; **F. aufrechterhalten** to insist on a claim/demand; **gegenseitige F.en ausgleichen** to set off claims; **F.en befriedigen/begleichen** to satisfy/pay a claim; **~ beitreiben** to recover/collect accounts receivable; **F. belegen/beweisen** to prove/support a claim; **F. bestreiten** to contest a claim; **F. durchsetzen** to enforce a claim; **F. einbringen/einreichen** to lodge/file a claim; **F. eintreiben/einziehen** to collect an account, ~ a claim; **einer F. entgegentreten** to refute a claim; **F. erfüllen** to satisfy/meet a claim; **F. erheben** to lodge/file a claim; **F. erlassen/fallenlassen** to waive/remit a claim; **an einer F. festhalten** to press a claim; **F. geltend machen** to lodge/file a claim; **einer F. nachkommen** to accede to a demand; **F. nachweisen** to prove a

F

claim; **von einer F. Abstand nehmen** to relinquish/abandon/waive a claim; **F. pfänden** to arrest a debt; **F. regulieren** to settle a claim; **F. sichern** to secure a debt; **einer F. stattgeben** to allow a claim; **F. in Abrede stellen** to repudiate/refute a claim; **F. übertragen/zedieren** to assign a claim; **F. verrechnen** to offset a claim; **auf eine F. verzichten; von einer F. zurücktreten** to relinquish/waive a claim; **F. zulassen** to allow a claim; **F. zurückweisen** to repudiate/refute/reject a claim

abgetretene Forderung assigned claim; **ältere F.** anterior/prior debt; **anmeldefähige F.** provable claim; **ausstehende F.en** receivables, accounts receivable; **bedingte F.** contingent (liability) claim; **begründete F.** legitimate claim; **beitreibbare F.** recoverable debt, enforceable claim; **berechtigte/billige F.** equitable claim, reasonable demand; **bestrittene F.** disputed debt; **betagte F.** stale claim; **bevorrechtigte F.** preferential/preferred debt, prior claim/charge, preferential/preferred claim; **diverse F.en** *(Bilanz)* sundry debtors; **dubiose F.en** doubtful accounts; **einklagbare F.** enforceable/recoverable claim; **erdichtete/fingierte F.** specious/bogus claim; **erloschene F.** extinct claim; **fällige F.** matured claim; **faule F.en** bad debts; **gegenseitige F.en** mutual claims; **geldwerte F.** monetary claim; **gepfändete F.** garnished debt; **gesicherte F.** secured debt/claim; **hypothekarische F.** mortgage claim; **künftige F.** deferred debts/claims; **langfristige F.en** long-term receivables; **mäßige F.** moderate demand; **nachgewiesene F.** proved debt; **obskure F.en** doubtful claims; **privilegierte F.** preferential claim; **schuldrechtliche F.** contractual claim; **sichere F.** good/safe debt; **sonstige F.en** sundry/other debtors; **strittige F.** litigious claim; **titulierte F.** judgment debt; **überfällige F.en** overdue/delinquent accounts; **übertriebene/überzogene/unangemessene F.** exorbitant/unreasonable demand; **unberechtigte F.** unfounded claim; **ungedeckte F.** unsecured claim; **unbegründete F.** unsubstantiated claim; **uneinbringliche F.en** uncollectibles, bad debts; **uneintreibbare F.** irrecoverable debt; **ungedeckte/ungesichtere F.** unsecured debt; **unsichere F.** doubtful claim; **verbriefte F.** bonded claim/debt; **verjährte F.** statute-barred claim/debt; **verschiedene F.en** *(Bilanz)* sundry debtors; **verzinsliche F.** interest-bearing debt; **zweifelhafte F.en** doubtful debts

Forderungs|abschreibung *f* 1. *(Wertberichtigung)* bad debt allowance; 2. *(Kreditgeber)* debt write-down; **F.abtretung** *f* assignment of accounts receivable, ~ a claim/debt; **F.sausfall** *m* bad debt loss; **f.berechtigt** *adj* entitled to (a) claim, eligible; **F.berechtigte(r)** *f/m* 1. (rightful) claimant, creditor; 2. *(Vers.)* beneficiary; **F.bestand** *m (Bilanz)* accounts receivable; **F.einziehung; F.einzug; F.inkasso** *f/m/nt* collection of debts/receivables, ~ accounts receivable; **F.gläubiger(in)** *m/f* creditor, claimant; **F.inhaber(in)** *m/f* holder of a claim; **F.pfandgläubiger** *m* garnisher; **F.pfandrecht** *nt* right of attachment; **F.pfändung** *f* attachment of debts, (equitable) garnishment; **F.recht** *nt* legal claim; **F.sicherung** *f* securitization; **F.tilgung** *f* settlement of a claim; **F.übergang** *m* subrogation, assignment of a claim; **F.überhang** *m* net receivables; **F.übernehmer** *m* assign(ee); **F.übertragung** *f* assignment of a claim; **F.verkauf** *m* factoring; **F.verzicht** *m* waiver

Förderung *f* 1. promotion, advancement; 2. assistance, support; 3. *(Subvention)* subsidy; 4. ⚒ production, output; 5. 🛢 lifting; **berufliche F.** career advancement; **finanzielle F.** financial aid; **zweckgebundene ~ F.** tied aid; **regionale F.** regional development; **staatliche F.** government aid/assistance; **wirtschaftliche F.** economic aid/assistance

Förderungs|ausfall *m* ⚒ lost production/output; **F.berechtigung** *f* eligibility for assistance; **f.fähig** *adj* eligible for a grant/subsidy; **F.gebiet** *nt* development/assisted area; **F.kontingent** *nt* ⚒ production quota; **F.kredit** *m* development loan; **F.kriterien** *pl* development criteria; **F.maßnahmen** *pl* promotion(al) measures; **F.mittel** *pl* development funds; **F.paket** *nt* aid package; **F.politik** *f* aid/development policy; **F.programm** *nt* promotion(al)/development program(me); **F.satz** *m* rate of support; **F.summe** *f* level of subsidy; **F.tätigkeit** *f* sponsorship; **F.träger** *m* sponsor, promoter; **f.swürdig** *adj* eligible for a grant/subsidy

Förder|zahl; F.ziffer *f* ⛏ production/output figure; **F.zins** *m* (mining) royalties
Forfait|eur; F.ierer *m* forfaiting house; **F.ierung** *f* forfaiting
Form *f* 1. form, shape; 2. formality; **der F. halber** pro forma *(lat.)*; **in abgekürzter F.** *(Text)* abridged; **gehörige F.** due/requisite form; **gesetzliche F.** statutory form; **in schriftlicher F.** in writing; **vorgeschriebene F.** due form
formal *adj* formal; **F.ität** *f* formality; **f.-rechtlich** *adj* in accordance with the letter of the law
Format *nt* format
Form|blatt *nt* form, blank, schedule *[US]*; **F.brief** *m* form letter
Formel *f* formula
formen *v/t* 1. to form; 2. ⌂ to mould
Form|erfordernis *nt* formal requirement; **F.fehler** *m* formal error/defect; **F.frage** *f* matter of form; **f.frei** *adj* informal; **F.gebung** *f* design, styling; **f.gerecht** *adj* formal, in due form; **F.gestalter** *m* designer; **F.gestaltung** *f* design
förmlich *adj* formality; **F.keit** *f* formality
form|los *adj* 1. shapeless; 2. informal; **F.-mangel** *m* formal defect, irregularity; **f.rechtlich** *adj* § in accordance with the letter of the law; **F.sache** *f* formality, technicality
Formular *nt* printed/blank form, blank, schedule *[US]*; **F. ausfüllen** to fill in *[GB]*/out *[US]*/complete a form; **F.brief** *m* form letter; **F.vertrag** *m* standard/model form contract
formulieren *v/t* to phrase/word
Form|vorschrift *f* formal/procedural requirement, formality; **f.widrig** *adj* irregular, incorrect; **F.widrigkeit** *f* irregularity
forsch|en *v/i* to research; **F.er(in)** *m/f* research worker, researcher
Forschung *f* research; **F. und Entwicklung (F & E)** research and development (R & D); **angewandte F.** applied research; **betriebswirtschaftliche F.** business (management) research; **wissenschaftliche F.** scientific research
Forschungs|abteilung *f* research department; **F.anlage** *f* research facility; **F.anstalt** *f* research institute; **F.arbeit** *f* research (work); **F.auftrag** *m* research contract; **F.aufwand; F.aufwendungen; F.ausgaben** *m/pl* research expenditure/spending; **F.- und Entwicklungsausgaben** research and development (R&D) expenditure; **F.einrichtung** *f* research facility/institute; **F.etat** *m* research budget; **F.förderung** *f* promotion of research; **F.-gebiet** *nt* field of research; **F.gelder** *pl* research funds; **F.gemeinschaft; F.gruppe** *f* research team; **F.haushalt** *m* research budget; **F.institut** *nt* research insitute; **f.intensiv** *adj* research-intensive; **F.kosten** *pl* research cost(s); **F.s- und Entwicklungskosten** *pl* research and development costs; **F.labor** *nt* research laboratory; **F.-leiter(in)** *m/f* director of research; **F.mannschaft; F.personal** *f/nt* research team; **F.- und Investitionsmittel** *pl* research and investment funds; **~ Entwicklungspolitik** *f* research and development (R&D) policy; **F.programm** *nt* research program(me); **F.projekt** *nt* research project; **F.stätte; F.stelle** *f* research institute; **F.stipendium** *nt* research grant; **F.tätigkeit** *f* research work; **F.zentrum** *nt* research center *[US]*/centre *[GB]*; **F.zuschuss** *m* research grant
Forst *m* forest; **F.amt** *nt* forest authority; **F.-arbeiter** *m* forestry worker; **F.aufseher** *m* forest inspector; **F.aufsicht** *f* forest inspectorate; **F.behörde** *f* Forestry Commission *[GB]*; **F.betrieb** *m* forestry operation
Förster *m* forester
Forst|schaden *m* forest damage; **F.wirtschaft** *f* forestry, silviculture
Fortbildung *f* further/advanced training; **F.skurs; F.slehrgang** *m* in-service training course; **F.surlaub** *m* study leave
Fort|fall *m* cessation; **~ der Geschäftsgrundlage** § frustration of contract; **F.-führung** *f* continuation; **f.geschritten** *adj* advanced; **F.kommen** *nt* career (development); **F.schreibung** *f* (forward) projection, extrapolation
fortschreiten *v/i* to advance/develop, to (make) progress
Fortschritt *m* progress, advance(ment); **F.e machen** to make headway/progress; **technischer F.** technological advance/progress; **wirtschaftlicher F.** economic progress
fortschrittlich *adj* progressive, go-ahead
fortschritts|feindlich *adj* anti-progressive; **F.zahlung** *f* progress/milestone payment
Fortsetzung *f* continuation; **F.sanzeige** *f*

F

follow-on (advertisement); **F.sklausel** *f* renewal clause

Fotokopie *f* photostat(ic) copy, photocopy

Fotokopier|automat; F.er; F.gerät; F.maschine *m/m/nt/f* photocopier, photostat *[US]*

Fracht *f* 1. *(Ladung)* cargo, freight (frt.), shipment, load; 2. *(Gebühr)* freight(age), carriage, cartage; **F. und Versicherung** freight and insurance

Fracht bei Ankunft der Ware zu bezahlen; F. (be)zahlt Empfänger; F. zu Ihren Lasten; F. gegen/per Nachnahme; F. zahlbar am Bestimmungsort freight forward (frt. fwd.), carriage forward (carr. fwd., c/f); **F. bezahlt** carriage paid (c/p, cge. paid); **F. vorausbezahlt** freight prepaid (frt. ppd.)

Fracht befördern to carry cargo; **F. berechnen** to charge freight; **F. im Voraus bezahlen** to prepay freight; **F. führen** to carry goods; **F. löschen** to discharge cargo; **F. umschlagen** to handle freight/cargo; **F. zusammenstellen** to consolidate shipments, to group freight

abgehende/ausgehende Fracht outward freight; **zu Vorzugsbedingungen beförderte F.** preference freight; **durchgehende F.** through freight; **eingehende F.** inward freight; **gemischte F.** general cargo; **rollende F.** wheeled cargo; **tote F.** dead freight; **vorausbezahlte F.** freight prepaid (frt. ppd); **zahlende F.** revenue freight

Fracht|abfertigung *f* freight/cargo handling; **F.agent** *m* freight agent; **F.aufkommen** *nt* freight volume; **F.aufseher** *m* ⚓ supercargo; **F.bedingungen** *pl* freight terms; **F.betrieb** *m* transport/shipment operation; **F.brief** *m* 1. waybill, freight note; 2. ⚓ manifest; 3. 🚂 railroad bill of lading, (freight/railroad) waybill (W.B.)

Fracht|buch *nt* cargo book; **F.bündelung** *f* freight consolidation; **F.büro** *nt* freight/cargo office; **F.charter** *f* charter party (C/P); **F.dampfer** *m* cargo vessel; **zusätzliche F.deckungsklausel** institute cargo clause; **F.dienst** *m* cargo service; **F.dokument** *nt* freight document; **F.eigner** *m* cargo owner; **F.eingangsbenachrichtigung** *f* landing notice; **F.einkünfte** *pl* freight/cargo revenue(s); **F.empfänger** *m* consignee; **F.empfangsbescheinigung** *f* freight receipt

Frachten|börse *f* freight market, shipping exchange; **F.kontor** *nt* freight center *[US]*/centre *[GB]*; **F.makler** *m* freight broker/agent

Frachtentgelt *nt* freight, carriage charge(s)

Frachter *m* ⚓ freighter

Fracht|erstattung *f* refund of freight charges; **F.ertrag; F.erträgnisse** *m/pl* cargo revenue(s)

Frachtflug *m* cargo flight; **F.hafen** *m* cargo airport; **F.verkehr** *m* airfreight service; **F.zeug** *nt* cargo plane, airfreighter

frachtfrei *adj* carriage paid (c.p., c/p, cge. paid)/prepaid

Frachtführer *m* 1. carrier; 2. 🚚 haulage contractor; **frei F.** free carrier (FCA); **gewerbsmäßiger/öffentlicher F.** common carrier

Frachtführer|haftung *f* carrier's liability; **F.klausel** *f* carrier clause; **F.pfandrecht** *nt* carrier's/cargo lien

Frachtfuhrunternehmen *nt* haulage company

Frachtgebühr *f* 1. carriage, freight, freight charge; 2. *(Rollfuhr)* cartage; 3. 🚂 wag(g)onage

Frachtgeld und Liegegeld *nt* freight and demurrage

Frachtgut *nt* cargo, freight; **F. befördern** to carry cargo; **F.gutsendung** *f* consignment

Fracht|inhaber *m* cargo owner; **F.kahn** *m* ⚓ barge; **F.kontrakt** *m* freight contract

Frachtkosten *pl* 1. freight (frt.), freight charges, freightage, carriage; 2. *(Rollgut)* cartage; 3. 🚂 railage; **F. per Nachnahme; F. zahlt Empfänger** carriage forward (carr. fwd., c/f)

Frachtkosten|erstattung *f* refund of freight (charges); **F.nachnahme** *f* carriage forward (carr. fwd., c/f)

Fracht|lager *nt* freight depot; **F.liste** f ⚓ (cargo) manifest; **F.lohn** *m* 1. carriage, freightage; 2. *(Rollgut)* cartage; **F.makler** *m* freight broker; **F.manifest** *nt* ⚓ (cargo) manifest; **F.nachnahme** *f* carriage forward (carr. fwd., c/f); **F.niederlage** *f* goods depot; **F.note** *f* freight note; **F.papier** *nt* 1. shipping/transport document; 2. *(Konnossement)* bill of lading (B/L); **F.police** *f* cargo policy; **F.prämie** *f* cargo premium; **F.rate** *f* cargo rate; **F.raum** *m* 1. freight/cargo/shipping space; 2. ⚓ (cargo) hold; 3. ✈ cargo pit; **F.rechnung** *f* freight bill/note; **F.satz** *m* freight rate/tariff; **F.schaden** *m* damage in transit; **F.-schiff** *nt* freighter, cargo vessel; **~ im Liniendienst** cargo liner; **F.schifffahrt** *f* cargo shipping; **F.sendung** *f* consignment; **F.-spediteur** *m* shipper, (freight) forwarder; **F.spesen** *pl* carriage outwards/inwards; **F.-stück** *nt* package; **F.tarif** *m* shipping rate; **F.tonne** *f* freight ton; **F.transport** *m* transport of goods; **F.umschlag** *m* freight handling; **F.unternehmen; F.unternehmer** *nt/m* haulage contractor, freight corporation *[US]*, carrier, haulier; **F.verkehr** *m* cargo/goods traffic; **F.versender** *m* shipper; **F.-versicherer** *m* cargo underwriter; **F.versicherung** *f* cargo/freight insurance; **F.versicherungspolice** *f* cargo policy; **F.vertrag** *m* 1. contract of carriage/affreightment, freight contract; 2. ⚓ charter party; **F.vorlage; F.vorschuss** *f/m* freight prepaid (frt. ppd.); **F.zettel** *m* waybill; **F.zustellgebühr** *f* cartage; **F.zustellung** *f* cartage

Frage *f* question; **F. anschneiden/aufwerfen** to raise a question; **F. erledigen** to settle a question; **F. entscheiden** to decide/resolve a question; **F. stellen** to raise/put a question; **in F. stellen** to question/query

entscheidende Frage crucial question; **juristische F.** legal question; **soziale F.** social question

Fragebogen *m* questionnaire

fragen *v/t* to ask/question/inquire

fraglich *adj* questionable, debatable

Franchise *f* 1. franchise; 2. *(Vers.)* (deductible) excess insurance; **F.geber** *m* franchisor, franchiser; **F.geschäft** *nt* franchising; **F.klausel** *f* franchise clause; **F.nehmer(in)** *m/f* franchisee; **F.vertrag** *m* franchise/franchising agreement

franco (f.c.o.) *adv* ↘ **franko** free

Frankatur *f* *(Fracht)* prepayment (of freight); **F.maschine; F.automat** *f/m* franking machine, mailer

frankier|en *v/t* ✉ to frank/prepay; **f.t** *adj* postage paid (p.p.)

franko *adv* postage paid (p.p.), prepaid (ppd.), carriage paid (c.p., cge. paid)

Frau *f* woman; **alleinstehende F.** 1. single woman; 2. § feme sole; **berufstätige F.** working woman

Frauen|arbeit *f* female labo(u)r; **F.arbeitslosigkeit** *f* female unemployment; **F.bewegung** *f* women's movement; **F.erwerbstätigkeit** *f* female employment

frei *adj* 1. free, unrestricted; 2. *(Arbeit)* off duty; 3. *(Platz)* vacant; 4. *(kostenlos)* free (of charge); 5. ✉ postage paid (p.p.), postage prepaid (ppd), franco (f.c.o.)

frei aus free out; **f. ein und aus** free in and out (f.i.o.); **~ und gestaut** ⚓ free in and out stowed

Frei|aktie *f* bonus share *[GB]*/stock *[US]*; **F.antwort** *f* prepaid reply; **F.berufler(in)** *m/f* self-employed person, freelancer; **f.-beruflich** *adj* self-employed, freelance; **F.besitz** *m* freehold

Freibetrag *m* *(Steuer)* (personal) allowance; **F. für Arbeitseinkünfte** earned-income relief; **~ Ehepaare/Verheiratete** married couple's allowance; **~ Ledige** single person's allowance

frei|bleibend *adj* *(Angebot)* provisional, subject; **F.börse** *f* curb *[US]*/kerb *[GB]* market; **F.exemplar** *nt* complimentary copy; **F.fahrkarte; F.fahrschein** *f/m* free pass/ticket; **F.fahrt** *f* free ride; **f. finanziert** *adj* privately financed

Freigabe *f* 1. release; 2. deregulation, liberalization; **F. zur Veröffentlichung** release for publication; **F. der Wechselkurse** floating

freigeben *v/t* 1. to release; 2. *(Konto)* to clear; 3. *(Tarif)* to deregulate; 4. § *(Pfand)* to replevy

frei|giebig *adj* generous; **F.gelände** *nt* open-air site; **f.gemacht** *adj* ✉ prepaid (ppd)

Freigepäck *nt* free baggage *[US]*/luggage *[GB]*; **F.grenze** *f* baggage/luggage allowance

Frei|gewicht *nt* weight allowance; **F.grenze** *f* ⊖ duty-free allowance; **F.gut** *nt* duty-free goods

Freihafen *m* free port; **F.gebiet** *nt* free port area; **F.lager** *nt* free port warehouse; **F.lagerung** *f* free port warehousing; **F.veredelungsverkehr** *m* free port processing trade

Freihandel *m* 1. liberal trade; 2. *(Börse)* over-the-counter (OTC) trading; **im F. verkauft** sold by private treaty

Freihandels|abkommen; F.vertrag *nt/m* free trade agreement; **F.gebiet; F.zone** *f* free trade zone; **F.politik** *f* free trade policy; **F.politiker** *m* free trader

freihändig *adj* 1. § by private treaty; 2. *(Börse)* over-the-counter (OTC)

Freihändler *m* free trader

Freiheit *f* liberty, freedom; **F. der Meere**

F

freedom of the (high) seas; **~ Person** personal freedom; **F. des Wettbewerbs** free competition

bürgerliche Freiheit civil liberty; **unternehmerische F.** free enterprise; **wirtschaftliche F.** economic freedom

Freiheitssstrafe *f* § prison/jail/custodial sentence

Frei|karte *f* 1. free ticket; 2. complimentary ticket; **F.kurs** *m* free market rate; **F.-kux** *m* free share; **F.lager** *nt* 1. ⊖ bonded warehouse; 2. open-air storage

F

Freiland|hühner *pl* free-range chickens; **F.vieh** *nt* free-range cattle

Freilassung *f* release; **F. gegen Kaution** § release on bail

Frei|legen; F.legung *nt/f* exposure; **f.legen** *v/t* 1. to expose; 2. *(Fläche)* to open up; **F.leitung** *f* overhead line/cable; **F.-leitungsmast** *m* pylon

Frei|liste *f* ⊖ free list; **F.luftstand** *m (Messe)* open-air stand; **f.machen** *v/t* ✉ to prepay/frank; **F.makler** *m* outside/unofficial broker; **F.marke** *f* ✉ postage stamp; **F.menge** *f* ⊖ duty-free allowance; **F.-raum** *m* scope

freischaffend *adj* freelance; **F.(r)** *f/m* freelance

freisetz|en *v/t (Arbeitskräfte)* to lay off; **F.ung** *f* redundancy

frei|sprechen *v/t* 1. § to acquit; 2. *(Lehrling)* to release; **F.spruch** *m* acquittal

frei|stehen *v/i* to be vacant; **f.stellen** *v/t* to release

Freistellung *f* release; **F. von der Arbeit** release from work; **F. eines Gemeinschuldners** discharge of a bankrupt

Freistellungs|bescheid *m (Steuer)* notice of exemption; **F.klausel** *f* exemption clause; **F.verfügung** *f* exemption order; **F.-zeit** *f* exemption period

frei|stempeln *v/t* ✉ to frank; **F.stempler** *m* mailer; **F.stück** *nt* free copy/sample; **F.umschlag** *m* stamped addressed envelope (s.a.e.)

Freiverkehr *m (Börse)* curb *[US]*/kerb *[GB]*/ over-the-counter (OTC) market

Freiverkehrs|börse; F.handel; F.markt *f/m/m* unofficial/curb *[US]*/kerb *[GB]* market, unlisted securities market (USM); **F.händler** *m* street broker; **F.kurs** *m* curb *[US]*/ kerb *[GB]* price; **F.makler** *m* curb *[US]*/ kerb *[GB]* broker; **F.wert** *m* curb *[US]*/ kerb *[GB]* stock

freiwillig *adj* voluntary; **sich f. melden** to volunteer; **F.e(r)** *f/m* volunteer

Freizeichen *nt* ☎ dialling/call tone

Freizeichnung *f* opting/contracting out; **F.sgrenze** *f (Vers.)* free average, franchise; **F.sklausel** *f* 1. *(Havarie)* average clause; 2. *(Garantie)* non-warranty clause; 3. *(Abrechnung)* saving errors and omissions (SEAO)

Freizeit *f* leisure, spare/free time; **F.angebot** *nt* leisure-time facilities; **F.arbeit** *f* 1. spare-time job; 2. *(Schwarzarbeit)* moonlighting *(coll)*; **F.artikel** *m* leisure-time product; **F.ausgleich** *m* time off in lieu; **F.auto; F.fahrzeug** *nt* recreational vehicle (RV); **F.beschäftigung** *f* leisure-time pursuit; **F.einrichtung** *f* recreation(al)/ leisure facility; **F.gebiet; F.gelände** *nt* recreation area; **F.gesellschaft** *f* leisure company; **F.gestaltung** *f* leisure-time activities; **F.industrie** *f* leisure(-time) industry; **F.kleidung** *f* leisure/casual wear; **F.wert** *m* 1. recreational value; 2. *(Börse)* entertainment share *[GB]*/stock *[US]*; **F.wirtschaft** *f* leisure industry; **F.zentrum** *nt* leisure center *[US]*/centre *[GB]*

freiziehen *v/t (Immobilie)* to vacate

Frei|zone *f* free zone; **f.zügig** *adj* 1. unrestricted; 2. generous

Freizügigkeit *f* 1. freedom of movement; 2. *(Wohnsitz)* free choice of residence; **F. der Arbeitnehmer** free movement of labo(u)r; **F. des Devisenverkehrs** freedom of exchange movements; **F. im Handel** free trade; **~ Warenverkehr** free movement of goods

fremd *adj* 1. foreign; 2. alien; 3. *(extern)* third-party; **an F.e vergeben** *pl (Auftrag)* to outsource, to contract out

Fremd|absatz *m* customer/external sales; **F.anteil** *m* minority/outside interests; **F.-arbeiten** *pl* outside services; **F.arbeiter** *m* foreign/expatriate worker; *pl* 1. hired/ outside labo(u)r, 2. foreign labo(u)r; **F.-auftrag** *m* external order, outside contract; **F.aufwendungen** *pl* extraneous expenses; **F.bauteil** *nt* outside component; **f.beschafft; f.bezogen** *adj* outsourced, bought-in; **F.beschaffung** *f* ↘ **F.bezug; F.besitz** *m* outside ownership; **F.beteiligung** *f* minority/outside interest(s); **F.bezug** *m* outsourcing

Fremdenverkehr *m* tourism, tourist trade

Fremdenverkehrs|abgabe *f* tourist tax; **F.-**

amt; F.büro *nt* tourist office; **F.ausgaben** *pl* tourist expenditure(s); **F.behörde** *f* tourist authority/board; **F.bilanz** *f* tourist balance; **F.einnahmen** *pl* tourist receipts/revenues; **F.einrichtungen** *pl* tourist facilities; **F.förderung** *f* promotion of tourism; **F.führer(in)** *m/f* tourist guide; **F.gebiet** *nt* tourist area; **F.gewerbe; F.-industrie** *nt/f* tourist industry/trade; **F.land** *nt* tourist country; **F.ort; F.zentrum** *m/nt* tourist resort/ center *[US]*/ centre *[GB]*; **F.statistik** *f* tourist statistics; **F.steuer** *f* tourist tax; **F.verband** *m* tourist association; **F.verein; F.zentrale** *m/f* tourist office; **F.werbung** *f* tourist advertising; **F.wirtschaft** *f* tourist trade/industry

Fremd|ertrag *m* extraneous income; **F.erzeugnis; F.fabrikat** *nt* outsourced product; **F.faktor** *m* external factor; **F.fertigung** *f* outside manufacture

Fremdfinanzierung *f* borrowing, external financing/funding; **F.sgrad; F.squote** *m/f* leverage, gearing; **F.smittel** *nt* outside/borrowed funds

Fremd|geld *nt* borrowings; **F.geschäft** *nt* transaction for third account; **F.geschäftsführung** *f* outside management; **F.hersteller** *m* outside manufacturer; **F.-investition** *f* external investment

Fremdkapital *nt* debt/loan/debenture capital, borrowings; **mit hohem Anteil an F.** highly geared; **F. aufnehmen** to borrow, to raise funds

Fremdkapital|beschaffung *f* procurement of outside capital; **F.belastung** *f* gearing, leverage, exposure; **F.geber** *m* lender, (outside) creditor; **F.kosten** *pl* cost(s) of outside/loan capital; **F.zinsen** *pl* interest on borrowed capital

Fremd|konto *nt* third-party account; **F.-körper** *m* foreign body; **F.leistungen** *pl* outside services, outsourced/subcontracted supplies and services; **F.material** *nt* outsourced material

Fremdmittel *pl* borrowed funds, borrowings; **F.aufnahme** *f* borrowing; **F.bedarf** *m* borrowing requirements

Fremdsprache *f* foreign language

Fremdsprachen|korrespondent(in) *m/f* foreign-language correspondent; **F.sekretärin** *f* foreign-language/bilingual secretary; **F.unterricht** *m* (foreign-)language teaching/lessons/tuition

Fremd|umsatz *m* external sales/turnover; **F.vergabe** *f* contracting out, outsourcing; **f.vergeben** *v/t* to contract out, to outsource; **F.verschulden** *nt* third-party responsibility; **F.versicherung** *f* third-party insurance; **F.währung** *f* foreign currency/exchange

Fremdwährungs|anlagen *pl* foreign currency assets/investments; **F.anleihe** *f* foreign currency loan; **F.auftrag** *m (Bank)* foreign currency transfer; **F.finanzierung** *f* foreign currency finance; **F.gewinn** *m* currency gain; **F.gläubiger** *m* foreign currency creditor; **F.guthaben** *nt* foreign currency balance; **F.klausel** *f* foreign currency clause; **F.konto** *nt* foreign currency/exchange account; **F.kredit** *m* foreign currency credit/loan; **F.kreditaufnahme** *f* foreign currency borrowing; **F.passiva** *pl* foreign currency liabilities; **F.position** *f* foreign currency position/exposure; **F.risiko** *nt* foreign currency risk; **F.scheck** *m* foreign currency check *[US]*/cheque *[GB]*; **F.schuld** *f* foreign currency debt; **F.schuldner** *m* foreign currency debtor; **F.schuldverschreibung** *f* foreign currency bond; **F.titel** *m* foreign currency security; **F.verbindlichkeiten** *pl* foreign currency liabilities; **F.wechsel** *m* foreign (exchange/currency) bill

freundlich *adj (Börse)* bright, cheerful

Freundschaft *f* friendship; **F.sdienst** *m* good offices/turn; **F.swechsel** *m* accommodation bill *[GB]*/note *[US]*

Frieden *m* peace; **F. am Arbeitsplatz** good industrial relations; **sozialer F.** social/industrial piece

Friedens|pflicht *f (Streik)* cooling-down period; **F.wirtschaft** *f* peacetime economy

Frist *f* 1. deadline, (fixed) term, time (limit); 2. *(Aufschub)* respite, (period of) grace; 3. *(Kündigung)* period of notice; **F. bewilligen/einräumen/gewähren** to grant a respite; **F. einhalten** to meet the deadline; **F. nicht einhalten** to exceed the deadline; **F. festlegen/-setzen** to fix a deadline/term; **F. hemmen** to suspend the running of the period; **mit einer F. von 4 Wochen kündigen** to give four weeks' notice; **F. setzen** to set a time limit, ~ deadline; **F. überschreiten** to exceed the deadline; **F. verlängern** to grant an extension; **F. versäumen; F. verstreichen**

lassen to fail to meet a deadline; **F. wahren** to observe a time limit; **F. zugestehen** to grant/accord a respite
abgelaufene Frist expired time/term; **innerhalb der angegebenen F.** within the specified period; **angemessene F.** reasonable time/period; **äußerste F.** deadline; **gesetzliche F.** statutory period; **letzte F.** final respite; **vereinbarte F.** stipulated term
Frist|ablauf *m* expiration of period/term/time; **F.beginn** *m* 1. beginning of a period; 2. § dies a quo *(lat.)*; **F.bewilligung** *f* granting additional time; **F.einhaltung** *f* meeting the deadline; **F.einlage** *f* term/time deposit; **F.erfüllung** *f* meeting the deadline; **f.gemäß; f.gerecht** *adj* within the time limit; **f.- und formgerecht** *adj* in due course and time; **F.hemmung** *f* suspension of the time limit; **F.kalender** *m* tickler; **F.setzung** *f* fixing of a time limit; **F.tage** *pl (Wechsel)* days of grace; **F.überschreitung** *f* exceeding the deadline
Fristverlängerung *f* extension, respite, prolongation; **F. zugestehen** to grant a respite
Frist|versäumnis *nt* default, failure to meet the deadline; **F.wahrung** *f* observance of the deadline
Frost *m* frost, chill; **f.beständig** *adj* frost-proof; **F.periode** *f* cold spell; **F.schaden** *m* frost damage; **F.schadenversicherung; F.versicherung** *f* frost insurance; **f.sicher** *adj* frost-proof
Frucht *f* fruit, crop; **Früchte** 1. fruit(s); 2. *(fig)* benefits; **~ seiner Arbeit** products of one's labo(u)r; **F. auf dem Halm** 🚜 standing crop; **~ und Nutzungen** fruits and profits
fruchtbar *adj* 1. fertile; 2. *(nutzbringend)* productive
Fruchtbarkeit *f* fertility; **F.srente** *f* economic rent
Frucht|folge *f* crop rotation; **F.genuss** *m* enjoyment of the fruits and benefits; **f.los** *adj* fruitless, vain; **F.schiff** *nt* fruiter; **F.-wechsel** *m* ↘**F.folge; im ~ anbauen** to rotate crops; **F.wechselwirtschaft** *f* crop rotation system
Früh|geschäft *nt (Börse)* early trading; **F.-indikator** *m* early pointer; **F.invalidität** *f* pre-retirement disablement
Frühjahr *nt* spring; **F.smesse** *f* spring fair
Frühkapitalismus *m* Manchester capitalism
Früh|pensionierung *f* early retirement; **F.phase** *f (Unternehmen)* start-up phase; **F.post** *f* morning post; **F.rentner** *m* early retiree; **F.schicht** *f* early/morning/day shift; **F.stadium** *nt* early stage
Frühstück *nt* breakfast; **F.skartell** *nt* gentlemen's agreement; **F.spause** *f* morning/coffee break
Früh|symptom *nt* early pointer; **F.verrentung** *f* early retirement (scheme); **F.warnsystem** *nt* early-warning system; **F.zustellung** *f* ✉ early-morning delivery
Fuhre *f* 1. cartload, truckload; 2. *(Taxi)* fare
führen *v/t* 1. to lead/conduct/guide/direct; 2. *(Bücher)* to keep; 3. *(Waren)* to sell/stock/carry; 4. *(Betrieb)* to manage/run; 5. *(Transportmittel)* 🚗 to drive; 6. *(Kran)* to operate; **f.d** *adj* leading
Führer *m* 1. leader; 2. guide
Führerschein *m* driving licence *[GB]*, driver's license *[US]*; **F.entzug** *m* disqualification from driving; **F.prüfung** *f* driving test
Fuhr|geld; F.lohn *nt/m* 🚗 carriage, cartage, truckage; **F.geschäft** *nt* haulage business/operation; **F.mann** *m* carter
Fuhrpark *m* vehicle fleet; **F.disponent(in); F.leiter(in)** *m/f* fleet manager; **F.kosten** *pl* fleet operating cost(s); **F.leiter** *m* fleet manager
Führung *f* 1. management; 2. leadership; 3. *(Besichtigung)* guided tour; 4. *(Verhalten)* conduct; **F. durch Aufgabendelegation** management by delegation; **F. nach dem Ausnahmeprinzip** management by exception; **F. durch Erfolgsmessung** management by results; **~ Mitarbeitermotivation** management by motivation; **F. eines Namens** use of a name; **F. des Protokolls** keeping the minutes; **F. eines Titels** use of a title; **F. von Verhandlungen** conduct of negotiations; **F. durch Zielvereinbarung/-vorgaben** management by objectives
autokratische Führung Caesar management *(coll)*; **einwandfreie/gute F.** irreproachable conduct; **finanzielle F.** financial management; **mehrstufige F.** multiple management; **schlechte F.** 1. misconduct; 2. mismanagement; **straffe F.** hands-on management
Führungs|abteilung *f* operations department; **F.aufgaben** *pl* management duties/tasks; **F.ausschuss** *m* management

committee; **F.bank** *f (Konsortialkredit)* lead(ing) bank; **F.befugnis** *f* managerial authority

Führungsebene *f* management level; **mittlere F.** middle management; **oberste F.** top management; **untere F.** junior management; **unterste F.** first-line management

Führungs|eigenschaften; F.fähigkeiten *pl* managerial/management skills, ~ qualities; **F.entscheidung** *f* managerial decision; **F.erfahrung** *f* management experience; **F.etage** *f* boardroom; **F.funktion** *f* managerial function; **F.gesellschaft** *f* 1. management company; 2. *(Emission)* lead-manager; **F.gremium** *nt* management board, governing body; **F.grundsatz** *m* management principle; **F.gruppe** *f* 1. executive/management team; 2. *(Emission)* lead management group; **F.hierarchie** *f* management hierarchy; **F.instrument** *nt* management tool/instrument; **F.kollektiv** *nt* collective leadership

Führungs|kraft *f* executive, manager; **F.kräfte** *pl* senior/managerial staff

Führungskraft mit Hochschulabschluss graduate manager; **F. im Marketing** marketing executive; **F. für den Verkauf** sales executive

Führungs|lehre *f* management science; **F.mannschaft** *f* management team; **F.nachwuchskraft** *f* management trainee; **F.personal** *nt* management/managerial/executive staff; **F.position; F.posten** *f/m* managerial/management/executive position; **F.problem** *nt* management problem; **F.qualität(en)** *f/pl* leadership qualities, management/managerial skills; **F.stab** *m* management staff

Führungsstil *m* management/managerial/leadership style; **autoritärer F.** abrasive/authoritarian management style; **kooperativer F.** cooperative style of leadership; **teamorientierter F.** team-focused leadership style

Führungs|struktur *f* management/managerial structure; **F.theorie** *f* theory of management; **F.verhalten** *nt* leadership attitude; **F.wechsel** *m* change in leadership; **F.zeugnis** *nt* § certificate of good conduct; **F.ziele** *pl* managerial objectives

Fuhr|unternehmen; F.unternehmer *nt/m* haulage company/contractor/business, haulier, carrier, trucker *[US]*; **F.werk** *nt* cart, wag(g)on

Füllauftrag *m* stopgap order

Fülle *f* abundance, glut; **F. von Aufträgen** spate of orders

Füll|masse; F.material *f/nt* fillers, filling/cushioning material; **F.ung** *f* filling, stuffing

Fund *m* discovery, find

Fundament *nt* 🏛 foundation(s), base

fundamental *adj* fundamental; **F.analyse** *f* *(Wertpapiere)* fundamental/portfolio analysis

Fund|amt; F.büro *nt* lost property office *[GB]*, lost and found department *[US]*; **F.gegenstand** *m* find; **F.grube** *f* treasure trove

fundier|en *v/t* to fund/consolidate; **F.ung** *f* funding, consolidation

Fundierungs|anleihe *f* consolidation/funding loan; **F.emission** *f* funding issue; **F.methode** *f* sinking fund method (of depreciation); **F.schuldverschreibung** *f* funding bond

fündig werden *adj* ⛏ to strike

Fundsache *f* lost property/item

Fünf|centstück/-münze *nt/f* nickel *[US]*; **F.dollarstück** *nt* half eagle *[US]*

Fünf|jahresplan *m* five-year plan; **F.tagewoche** *f* five-day week; **f.tägig** *adj* five-day; **F.undzwanzigdollaraktie** *f* quarter stock *[US]*; **F.dollaraktie** *f* half stock *[US]*

fungib|el *adj* fungible, marketable; **F.ilität** *f* fungibility, marketability

fungieren *v/i* 1. to function; 2. to act/serve/officiate

Fungilien *pl* fungible goods

Funk *m* wireless, radio; **F.ausrüstung** *f* wireless/radio equipment; **F.dienst** *m* radio communication service

funkelnagelneu *adj* brand-new

Funker *m* wireless/radio operator

Funk|erlaubnis *f* radio licence; **F.meldung** *f* radio message; **F.ruf** *m* radio call; **F.rufempfänger** *m* bleeper; **F.rufzeichen; F.signal** *nt* radio signal; **F.station** *f* wireless/radio station

Funktion *f* 1. function; 2. duty, assignment; **amtliche F.** official capacity; **beratende F.** advisory function; **verwaltende F.** administrative function

funktional *adj* functional; **F.gliederung (der Ausgaben)** *f* functional breakdown (of expenditures)

Funktionär(in) *m/f* official

Funktionieren *nt* functioning, working;

F

fehlerhaftes F. malfunction; **reibungsloses F.** proper/smooth functioning
funktionieren *v/i* to function/work; **f.d** *adj* working
Funktions|anweisung *f* function statement; **F.bereich** *m* function
funktionsfähig *adj* workable, operational; **F.keit** *f* working order
Funktions|gliederung *f* functional departmentation; **F.prüfung** *f* operational/performance test; **F.störung** *f* malfunction; **F.träger** *m* officer; **f.tüchtig** *adj* serviceable, operational; **f.übergreifend** *adj* multifunctional; **F.weise** *f* mode of operation
Funk|telefon *nt* mobile/cellular phone, mobile *(coll);* **F.verbindung** *f* radio link/contact; **F.werbung** *f* radio advertising
das Für und Wider the pros and cons; **~ einer Sache erörtern** to discuss the merits of a case; **~ erwägen/überlegen** to weigh the pros and cons
Fürsorge *f* social welfare, welfare (work/services), relief; **der F. anheimfallen; F. beziehen/erhalten; von der F. leben** to be on relief, to live on social security; **in der F. tätig sein** to do welfare work
ärztliche Fürsorge medical care; **öffentliche/staatliche F.** public welfare/relief
Fürsorge|abteilung; F.amt; F.behörde *f/nt/f* social services department, welfare center *[US]*/centre *[GB]*/authority; **F.anspruch** *m* eligibility for public welfare; **F.arbeit** *f* social/welfare work; **F.aufwand; F.ausgaben** *m/pl* social/welfare expenditure, welfare spending; **f.berechtigt** *adj* eligible for relief; **F.bestimmungen** *pl* welfare provisions; **F.einrichtung** *f* welfare institution; **F.empfänger(in)** *m/f* welfare recipient; **F.fonds; F.- und Hilfskasse** *m/f* welfare/provident fund; **F.lasten** *pl* welfare expenditures; **F.leistungen** *pl* welfare/social benefits; **F.pflicht** *f* duty of care; **F.recht** *nt* welfare legislation; **F.stelle** *f* social services department, welfare department; **F.tätigkeit** *f* social/welfare work; **F.unterstützung** *f* public/social assistance; **F.unterstützungsempfänger(in)** *m/f* welfare recipient; **F.verband; F.verein** *m* charity
Fusion *f* merger, amalgamation, consolidation; **F. von Aktiengesellschaften** corporate merger/consolidation; **~ Banken** bank merger
fusionier|en *v/ti* to merge/amalgamate/consolidate; **F.ung** *f* merger, amalgamation, consolidation
Fusions|bilanz *f* consolidated balance sheet, group/consolidated financial statement; **F.gespräche; F.verhandlungen** *pl* merger talks; **F.kontrolle** *f* merger control; **F.richtlinie** *f* merger directive; **F.verbot** *nt* prohibition of merger(s); **F.welle** *f* spate of mergers
Fuß *m* 1. foot, 2. bottom, base; **(auf dem Markt) F. fassen** to gain a foothold; **auf großem F. leben** to live in style; **auf eigenen Füßen stehen** to stand on one's feet
fußen auf *v/i* to rest on, to be based on
Fußgänger *m* pedestrian; **F.bereich; F.zone** *m/f* pedestrian mall *[US]*/precinct *[GB]*
Fuß|kranker *m* *(Firma)* lame duck; **f.läufig** *adj (erreichbar)* within walking distance; **F.volk** *nt* rank and file
Futter *nt* feedstuff(s), (animal) feed(s); **F.getreide** *nt* feedgrain(s); **F.handel** *m* feed trade; **F.mittel** *pl* feedstuffs, fodder

G

Gabelstapler *m* fork-lift truck
Gang *m* 1. pace; 2. gear; 3. *(Bote)* errand; 4. *(Lager/Laden)* aisle; **G. an die Börse** stock market flo(a)tation, initial public offering (IPO), going public
in Gang bringen to start; **etw. ~ halten** to keep sth. going; **~ kommen** to get under way; **~ sein** to be under way; **~ setzen** to set in train
Gangart *f* pace, gait
gangbar *adj* 1. viable, practicable, feasible; 2. *(Ware)* sal(e)able, merchantable; **G.keit** *f* 1. viability, feasibility; 2. *(Ware)* sal(e)ability, marketability
gängig *adj* 1. current, ordinary, usual; 2. *(Ware)* popular, in demand, merchantable, sal(e)able; **G.keit** *f (Ware)* sal(e)ability, marketability
das Ganze *nt* the lot *(coll)*; **im G.n betragen** to aggregate
Ganz|fabrikat *nt* finished product; **G.heit** *f* entirety; **g.seitig** *adj* full-page; **g.tägig** *adj* all-day

Ganztags|arbeit; G.beschäftigung; G.stelle; G.tätigkeit *f* full-time job/employment/occupation

Garant *m* 1. guarantor, warrantor, surety; 2. *(Effektenemission)* underwriter

Garantie *f* guarantee, guaranty *[US]*, warranty; **G. einer Bank** bank guarantee; **G. des Direktabsatzes** *(Emission)* standby guarantee; **G. der Herstellerfirma** manufacturer's warranty; **G. auf Schadloshaltung** indemnity bond; **G. der Unterbringung** *(Effektenemission)* underwriting of new issues

Garantie annullieren/aufheben to cancel a guarantee; **G. ausstellen/erstellen/leisten/übernehmen** to issue a guarantee, to guarantee/warrant; **G. in Anspruch nehmen** to raise claims under a guarantee; **G. für jdn übernehmen** to vouch for so.; **G. zurückziehen** to withdraw a guarantee

abgelaufene Garantie expired guarantee; **ausdrückliche G.** express warranty; **stillschweigend gewährte G.; stillschweigende G.** implied warranty; **100-prozentige/absolut sichere G.** cast-iron guarantee; **unbedingte G.** unconditional guarantee; **vertragliche G.** contractual warranty/guarantee; **G.abteilung** *f (Emission)* underwriting department; **G.anspruch** *m* warranty claim; **G.ausschluss** *m* exclusion of warranty; **G.begünstigte(r)** *f/m* beneficiary under a guarantee; **G.bestimmungen** *pl* guarantee terms; **G.empfänger(in)** *m/f* warrantee; **G.erklärung** *f* letter of indemnity, warranty; **G.fonds** *m* guarantee fund; **G.frist** *f* guarantee/warranty period; **G.geber(in)** *m/f* guarantor, warrantor; **G.haftung** *f* liability under a guarantee; **G.inhaber(in)** *m/f* warrantee; **G.klausel** *f* warranty clause; **G.konsortium** *nt* underwriting syndicate; **G.leistung** *f* guarantee, guaranty *[US]*, warranty payment; **G.menge** *f* guaranteed quantity; **G.preis** *m* guaranteed price; **G.provision** *f* underwriting commission; **G.quote** *f* guaranteed/insured percentage

garantieren *v/ti* 1. to guarantee/warrant; 2. *(Emission)* to underwrite

Garantie|rücklage; G.rückstellung *f* contingency reserve; **G.schein** *m* surety bond *[US]*, warranty certificate; **G.schreiben** *nt* letter of indemnity; **G.schuldner(in)** *m/f* guarantor; **G.sicherheit; G.sicherstellung** *f* guarantee collateral; **G.syndikat** *nt* underwriting syndicate; **G.träger** *m* guarantor; **G.umfang** *m* scope of warranty; **G.verletzung** *f* breach of warranty; **G.verpflichtung** *f* indemnity/surety bond; **G.versicherung** *f* guarantee/fidelity insurance, warranty policy; **G.vertreter** *m* del credere agent *[GB]*; **G.wechsel** *m* security bill; **G.zeit** *f* guarantee/warranty period

Garten *m* garden, yard *[US]*; **G.arbeit** *f* gardening; **G.architekt** *m* landscape gardener; **G.bau** *m* (market) gardening, horticulture; **G.baubetrieb** *m* market garden *[GB]*, truck farm *[US]*; **G.erzeugnisse** *pl* horticultural products

Gärtner|(in) *m/f* gardener; **G.ei** *f* market garden *[GB]*, truck farm *[US]*

Gas *nt* gas; **G.anschluss** *m* gas mains; **G.austritt** *m* gas leakage; **G.behälter** *m* gasometer; **G.druck** *m* gas pressure; **G.erzeugung** *f* gas production; **G.flasche** *f* gas cylinder; **G.heizung** *f* gas heating; **G.industrie** *f* gas industry; **G.kraftwerk** *nt* gas-fired power station; **G.lager(stätte)** *nt/f* gas field; **G.leitung** *f* gas mains/pipe; **G.netz** *nt* gas supply system; **G.rechnung** *f* gas bill

Gasse *f* 1. alley(way); 2. *(Lager)* aisle

Gast *m* guest, visitor; **zahlender G.** paying guest

Gastarbeiter *m* guest/foreign worker; *pl* foreign labo(u)r; **G.überweisung** *f* migrant's remittance

Gäste|haus *nt* guest house; **G.ordnung** *f* hotel regulations; **G.rechnung** *f* (hotel) bill; **G.zimmer** *nt (Hotel)* (guest) room

Gast|gewerbe *nt* catering trade; **G.haus** *nt* public house, tavern, inn

Gastronom *m* caterer; **G.ie** *f* catering (trade)

Gaststätte *f* public house, inn, tavern; **brauereieigene/-gebundene G.** tied (public) house

Gaststätten|betrieb *m* catering establishment; **G.gewerbe** *nt* catering (trade); **G.n- und Beherbergungsgewerbe** *nt* hotel and catering trade; **G.inhaber** *m* landlord, publican

Gastwirt *m* 1. caterer; 2. publican, landlord, saloon keeper *[US]*; **G.schaft** *f* public house, pub, saloon *[US]*

Gas|uhr; G.zähler *f/m* gas meter; **G.verbrauch** *m* gas consumption; **G.verbund(netz)** *m/nt* gas grid; **G.versorgung** *f* gas supply; **G.vorkommen** *nt* gas field;

G

G.wirtschaft *f* gas (supply) industry; **G.-zentralheizung** *f* gas central heating
Gatte *m* husband, spouse
Gattin *f* wife, spouse
Gattung *f* type, species, kind
Gattungs|begriff; G.bezeichnung; G.name *m/f/m* 1. generic term; 2. *(Werbung)* household word; **G.kauf** *m* purchase by description; **G.merkmal** *nt* generic feature; **G.sachen; G.ware** *pl/f* fungible/generic goods
Gauner|(in) *m/f* crook, swindler, shyster *(coll) [US]*; **G.ei** *f* racket, swindle
Gebäude *nt* building; **G. abreißen** to demolish a building; **G. errichten** to erect a building; **in G. investieren** to invest in bricks and mortar *(coll)*; **G. schätzen** *(Steuer/Vers.)* to rate a buildling
baufälliges Gebäude dilapidated building; **gewerblich genutztes G.** industrial/commercial building; **leer stehendes G.** vacant building; **schlüsselfertiges G.** turnkey building; **unter Denkmalschutz stehendes G.** listed building
Gebäude|abnahme *f* final archtect's certificate; **G.abschätzer** *m* building surveyor; **G.abschreibung** *f* depreciation of buildings; **G.bestand** *m (Wohngebäude)* housing stock; **G.bewirtschaftung** *f* facility management; **G.errichtung; G.erstellung** *f* construction/erection of a building; **G.-erweiterung** *f* extension; **G.front** *f (Aufriss)* front elevation; **G.haftung** *f* owner's liability; **G.konto** *nt* buildling account; **G.miete** *f* rent; **G.modernisierung** *f* property redevelopment/refurbisment; **G.plan** *m* floor plan; **G.schaden** *m* structural/property damage; **G.steuer** *f* property tax; **G.unterhaltung** *f* building maintenance; **G.versicherung** *f* building/property insurance; **G.wert** *m* property value
Geben und Nehmen *nt* 1. give and take; 2. *(Prämiengeschäft)* put and call
Geber *m* 1. donor; 2. seller; **G. und Nehmer** *(Börse)* sellers and buyers
Gebiet *nt* 1. district, region, area; 2. *(Fach)* sector, field; **G. ausweisen** to designate a site; **G. bearbeiten** *(Verkauf)* to cover an area; **in das G. von jdm eindringen** to encroach on so.'s territory; **sich auf einem G. spezialisieren** to specialize in one subject
bebautes Gebiet built-up area; **dicht besiedeltes G.** densely populated ares; **dünn ~ G.** sparsely populated area; **ländliches G.** rural area; **strukturschwaches G.** development area; **unterentwickeltes G.** underdeveloped area
Gebiets|abgrenzung; G.aufteilung; G.ausweisung *f* demarcation, zoning; **G.abkommen** *nt* demarcation agreement; **G.änderung** *f* territorial change; **G.beschränkung** *f* zoning restriction; **G.direktor** *m* area manager; **G.entwicklungsplan** *m* zoning plan; **G.erschließung** *f* regional development; **G.kartell** *nt* regional cartel
Gebietskörperschaft *f* 1. governmental/political unit; 2. territorial authority/entity; **kommunale G.** local authority
Gebiets|leiter *m* area/regional manager; **G.markt** *m* area/regional market; **G.-monopol** *nt* area/regional monopoly; **G.veränderung** *f* territorial change; **G.-verkaufsleiter** *m* area sales manager; **G.-vertreter** *m* area/regional representative
Gebot *nt* 1. bid, offer, tender; 2. order, command; 3. *(Börse)* buyers; **ohne G.e** *(Börse)* no offers; **G. abgeben** to bid/tender; **G. erhöhen** to raise a bid
abgestimmtes Gebot agreed bid; **erstes G.** *(Auktion)* opening bid; **festes G.** fixed/firm offer, firm bid; **geringstes G.** minimum bid; **höheres G.** higher bid; **höchstes/letztes G.** closing/highest/last bid
geboten *adj* 1. required, necessary; 2. due, appropriate, 3. advisable
Gebrauch *m* 1. use, usage; 2. employment, exercise; **außer G.** disused, out of use, obsolete; **in G.** in use; **G. und Innehabung** use and occupancy; **sparsam im G.** economical
außer Gebrauch kommen to fall into disuse/desuetude; **in G. kommen** to come into use; **G. machen von** to avail o.s. of, to make use of
bestimmungsgemäßer Gebrauch intended/contractual use; **für den eigenen G.** for private use; **persönlicher G.** personal use; **sparsamer G.** economical use; **übermäßiger G.** excessive use; **unbefugter G.** unauthorized use; **unsachgemäßer/unzulässiger G.** improper use; **widerrechtlicher G.** unlawful use
gebrauchen *v/t* to use/employ
gebräuchlich *adj* usual, customary, common (practice)

Gebrauchs|abnahme *f* acceptance test; **G.abnutzung** *f* wear and tear; **G.abschreibung** *f* physical depreciation; **G.anleitung; G.anweisung** *f* instructions/directions for use; **G.artikel** *pl* articles of everyday use; **G.ausführung** *f* utility type; **G.eignung; G.fähigkeit** *f* usability; **g.fähig** *adj* serviceable; **g.fertig** *adj* 1. ready for use; 2. *(Lebensmittel)* instant; **G.gegenstand** *m* article of daily use; **persönliche G.gegenstände** personal effects; **G.grafik** *f* commercial/industrial art; **G.gut** *nt* commodity, consumer item

Gebrauchsgüter *pl* consumer durables/goods, commodities; **langlebige/technische G.** consumer durables; **G.industrie** *f* consumer goods industry; **G.sektor; G.sparte** *m/f* consumer durables sector

Gebrauchsmuster *nt* utility/design patent, utility pattern *[US]*; **G.rolle** *f* register of designs, ~ utility models; **G.schutz** *m* protection of utility patents, ~ pattern and designs; **G.verletzung** *f* pattern infringement

Gebrauchs|vorschrift *f* directions/instructions for use; **G.wert** *m* utility/functional/user value; **normaler G.zweck** ordinary use

gebraucht *adj* used, second-hand; **G.maschinen** *pl* used/second-hand equipment; **G.wagen** *m* used/second-hand car; **G.wagenhändler** *m* used/second-hand car dealer; **G.waren** *pl* second-hand goods; **G.warengeschäft** *nt* second-hand shop; **G.warenmarkt** *m* second-hand market

Gebrüder (Gebr.) *pl* *(Firma)* brothers (Bros.)

Gebühr *f* 1. charge, fee; 2. 🚗 toll; **G.en und Abgaben** rates and taxes; **~ Auslagen** fees and expenses; **G. pro Einheit** unit fee; **G. für das Gespräch** ☎ call charge; **~ Überliege-/Überstandszeit** ⚓/🚂 demurrage

Gebühr bezahlt ✉ post(age) paid (p.p.); **G.en zahlt Empfänger** ☎ reversed charge

Gebühr berechnen/erheben to charge/levy a fee; **G. einziehen** to collect a fee; **G. erlassen** to remit a fee; **G. erstatten/(rück)vergüten** to refund a fee

einmalige Gebühr single-use/one-off charge; **ermäßigte G.** reduced rate; **feste G.** fixed charge; **übliche G.** usual charge; **zusätzliche G.** surcharge

Gebühren|abrechnung *f* charging system; **G.aufschlag** *m* surcharge; **G.aufstellung** *f* table of charges; **G.befreiung** *f* remission of charges/fees; **G.belastung** *f* level of duties/charges

gebührend *adj* appropriate, due

Gebühren|einheit *f* unit; **G.entrichtung** *f* payment of fees; **G.erhebung** *f* collection/charging of fees; **G.erhöhung** *f* rate increase; **G.erlass** *m* remission of fees; **G.ermäßigung** *f* reduction of fees; **G.erstattung** *f* refund of charges; **g.frei** *adj* 1. free of charge (f.o.c.); 2. duty-free, tax-exempt; 3. *(Straße)* (toll-)free *[US]*; **G.freiheit** *f* 1. exemption from dues/charges; 2. *(Bank)* free banking; **G.hinterziehung** *f* evasion of (public) charges; **G.höhe** *f* level of charges; **G.liste** *f* list of tariffs; **G.marke** *f* (internal) revenue stamp; **G.nachlass** *m* reduction of fees, remission of charges; **G.ordnung** *f* schedule of charges; **g.pflichtig** *adj* chargeable; **G.rechnung** *f* 1. note of charges; 2. *(Anwalt)* bill of cost(s)/charges; **G.rückerstattung** *f* refund of charges; **G.satz; G.staffel** *m/f* scale of fees/charges; **G.senkung** *f* reduction of fees/charges; **G.struktur** *f* rate/fee structure; **G.tabelle; G.tarif; G.verzeichnis** *f/m/nt* schedule of fees/charges; **G.vorschuss** *m (Anwalt)* retainer; **G.zähler** *m* charge meter; **G.zuschlag** *m* surcharge

gebührlich *adj* due, proper

gebunden *adj* tied, bound, committed

Geburts|datum *nt* date/day of birth; **G.jahr** *nt* year of birth; **G.land** *nt* country of birth; **G.schein** *m* birth certificate; **G.tag** *m* birthday; **G.urkunde** *f* birth certificate; **G.zuschuss** *m* maternity grant

gedeckt *adj* 1. (held) covered, secured; 2. *(Wechsel)* protected

gedeihen *v/i* to prosper/thrive

gediegen *adj* solid, genuine, sound; **G.heit** *f* solidity, soundness

Gedinge *nt* contract system; **G.arbeit** *f* piecework; **G.arbeiter** *m* piece worker; **G.lohn** *m* piece wage

gedruckt *adj* printed; **fett g.** bold; **gesperrt g.** spaced; **kursiv/schräg g.** (printed) in italics

gedrückt *adj* depressed, subdued

Geduld *f* patience; **g.en** *v/refl* to be patient; **g.ig** *adj* patient

geeignet *adj* 1. qualified, proper, appropriate; 2. suitable, capable
Gefahr *f* ↘ **Risiko** danger, risk, hazard, peril
auf Gefahr des Absenders at consignor's risk; **G.en am Arbeitsplatz** occupational risks; **auf G. des Eigentümers** at owner's risk (O.R.); **~ Empfängers** at consignee's risk; **G.en der See** perils of the sea; **auf G. des Spediteurs/Transportunternehmers** carrier's risk (C.R.); **~ Versenders** at consignor's risk; **G. im Verzug** imminent danger
auf eigene Gefahr at one's peril, ~ own risk; **gegen alle G.en** against all risks (a.a.r.)
sich einer Gefahr aussetzen; sich in G. begeben to incur/run a risk; **in G. bringen** to jeopardize/endanger; **für die G. haften** to bear the risk; **G. laufen** to run a risk; **G. tragen** to bear the risk
akute/dringende/drohende Gefahr imminent danger; **augenscheinliche G.** apparent danger; **außergewöhnliche G.** extraordinary risk; **besondere G.en** special risks; **gemeinsame G.** *(Vers.)* common peril; **gesundheitliche G.** health hazard; **nahende/unmittelbare G.** imminent danger; **versicherungsfähige G.** insurable risk
gefahrbringend *adj* dangerous, hazardous
gefährd|en *v/t* to endanger/imperil/jeopardize; **g.et** *adj* vulnerable, fraught with risks, endangered
Gefährdung *f* risk, danger, jeopardy; **aus G. haften** to be strictly and absolutely liable; **G.shaftung** *f* strict/absolute liability
Gefahren|bereich *m* danger area; **G.einteilung** *f (Vers.)* classification of risks; **G.geld** *nt* danger money;**G.gemeinschaft** *f (Vers.)* identical risks; **G.klasse** *f* risk category; **G.klausel** *f* risk/perils clause; **G.prämie** *f* risk premium; **G.tafel** *f* hazard warning panel; **G.übergang** *m* transfer of risk; **G.übernahme** *f* assumption/acceptance of a risk; **G.zone** *f* danger zone/area; **G.zulage** *f* danger money
Gefahrgut *nt* dangerous/hazardous substances; **G.abwicklung** *f* handling of hazardous substances; **G.kennzeichen; G.kennzeichnung** *m/f* hazard warning panel; **G.lagerung** *f* storage of hazardous substances; **G.transport** *m* transportation of hazardous substances; **G.verordnung** *f* ordinance on hazardous substances; **G.vorschriften** *pl* regulations concerning hazardous substances
gefährlich *adj* dangerous, hazardous
Gefahr|müll *m* hazardous waste; **G.stoff** *m* hazardous substance
Gefährt *nt* vehicle, conveyance
Gefahr|übergang *m* passing of risk(s); **G.übernahme** *f* acceptance of the risk
Gefälle *nt* *(Unterschied)* difference, differential
Gefälligkeit *f* 1. kindness; 2. favour
Gefälligkeits|abrede *f* courtesy agreement; **G.adresse** *f* accommodation address; **G.akzept** *nt* accommodation acceptance/bill; **G.akzeptant** *m* accom-modation acceptor; **G.aussteller** *m* accommodation maker/party; **G.darlehen** *nt* accommodation credit/loan; **G.deckung** *f (Vers.)* accommodation line; **G.girant** *m* accommodation endorser; **G.giro; G.indossament** *nt* accommodation/collateral endorsement; **G.konnossement** *nt* accommodation bill of lading; **G.tratte** *f* accommodation draft; **G.vertrag** *m* accommodation agreement/contract; **G.wechsel** *m* accommodation bill/draft; **G.zeichner** *m* accommodation party
gefälscht *adj* counterfeit, forged, fake *(coll)*
Gefäß *nt* receptacle, container
Gefeilsche *nt* haggle, haggling
im Gefolge *nt* in the wake of
gefördert *adj* sponsored; **öffentlich/staatlich g.** *adj* state-subsidized
gefragt *adj* in demand, sought-after
Gefrier|gut; G. kost *nt/f* frozen food; **G.kühlschiff** *nt* cold-storage vessel; **G.ladung** *f* frozen cargo; **G.raum** *m* cold-storage/deep-freeze room; **g.trocknen** *v/t* to freeze-dry
gefrostet *adj* chilled
gegeben *adj* given, established
gegen *prep* 1. against; 2. in exchange for; 3. § versus; 4. *(zeitlich)* towards
Gegen|akkreditiv *nt* countervailing/back-to-back credit; **G.aliment** *nt (Vers.)* countercession; **G.angebot** *nt* counteroffer, counterbid; **G.anspruch** *m* § counterclaim; **G.anwalt** *m* opposing counsel; **G.auftrag** *m* counter-order; **G.auslese** *f (Vers.)* adverse selection; **G.beschuldigung** *f* counter-charge; **G.besuch** *m* return visit; **G.beweis** *m* rebutting evidence; **G.bieter** *m* counter-bidder; **G.-**

G

buch *nt (Bank)* pass book; **g.buchen** *v/t* to make a counter-entry; **G.buchung** *f* reverse/contra/offsetting entry, counter-entry; **G.bürgschaft** *f* counter-security

Gegend *f* 1. region, area; 2. neighbourhood

Gegen|darstellung *f* reply, counterstatement; **G.deckung** *f* hedge; **G.einrede; G.einspruch; G.einwand** *f/m* § counter-plea; **G.eintrag** *m* reverse entry; **G.forderung** *f* counter/cross claim; **G.gebot** *nt* counterbid; **G.geschäft** *nt* 1. off-set(ting) transaction, trade-off; 2. *(Börse)* hedge; 3. *(Bank)* contra business; **G.gewicht** *nt* counterweight; **G.gutachten** *nt* opposing opinion; **G.klage** *f* § countercharge, cross petition; **G.kläger(in)** *m/f* § counterclaimer, cross-petitioner; **G.konto** *nt* contra account

Gegenleistung *f* consideration, return; **als G.** in return/exchange; **mangels G.** for want of consideration; **G. erbringen** to reciprocate

angemessene Gegenleistung good consideration; **fehlende/mangelnde G.** want/lack of consideration; **geldwerte G.** pecuniary consideration

Gegenmaßnahme *f* countermeasure, retaliatory action; **G.(n) ergreifen** to retaliate; **handelspolitische G.** trade reprisal

Gegen|offerte *f* counter-offer; **G.order** *f* counter-order; **G.partei** *f* § respondent; **G.posten** *m* contra item; **g.rechnen** *v/t* to offset, to set off

als Gegenrechnung *f* as per contra; **in G. empfangen** received on account; **~ bringen/stellen** to offset, to set off

Gegensatz *m* opposite; **im G. zu** unlike

gegensätzlich *adj* opposite, conflicting

Gegen|schein *m* conterbond; **G.seite** *f* 1. opposite side/party; 2. *(Münze)* reverse (side)

gegenseitig *adj* mutual, reciprocal; **G.keit** *f* mutuality, reciprocity

Gegenseitigkeits|geschäft *nt* barter transaction, reciprocal deal; **G.klausel** *f* reciprocity clause/stipulation; **G.prinzip** *nt* reciprocity/mutuality principle; **G.verein** *m* mutual society; **G.versicherung** *f* mutual insurance company; **G.vertrag** *m* reciprocal contract

Gegen|sicherheit *f* countersecurity, counterbond; **G.sprechanlage** *f* intercom

Gegenstand *m* 1. *(Objekt)* article, item; 2. *(Thema)* subject, topic; **G. des Anlagevermögens** fixed asset; **Gegenstände des täglichen Bedarfs** convenience goods; **G. der Besteuerung** tax base; **G. des persönlichen Gebrauchs** personal effects; **G. der Gesellschaft; G. des Unternehmens** object of the company

in Zahlung gegebener Gegenstand trade-in; **gekaufter G.** buy, purchase; **persönliche Gegenstände** personal effects; **steuerpflichtiger G.** taxable object; **versicherbarer G.** insurable interest; **versicherter G.** risk

Gegen|stimme *f* dissenting vote; **ohne G.stimme** unanimously; **G.stück** *nt* counterpart

G

Gegenteil *nt* opposite; **im G.** on the contrary; **ganz ~** quite the reverse; **das G. bewirkend** counterproductive; **~ bewirken/erreichen** to be counterproductive/self-defeating

gegenteilig *adj* opposite; **falls wir nichts G.es hören** unless we hear to the contrary; **wenn nichts G.es vereinbart ist** in the absence of any provision to the contrary

Gegenüber *nt* counterpart, opposite number

Gegen|unterschrift *f* countersignature; **G.verkauf** *m* counter-sale; **g.versichern** *v/i* to counterinsure; **G.versicherung** *f* counterinsurance

Gegen|wart *f* presence; **g.wärtig** *adj* current, present

Gegenwechsel *m* cross/counter bill

Gegenwert *m* consideration, equivalent; **als G.wert** for value received; **G. (einem Konto) gutschreiben** to credit (the proceeds); **entsprechender G.** adequate consideration; **hinreichender G.** sufficient consideration

gegenzeich|nen *v/t* 1. to countersign; 2. *(Wechsel)* to back; **G.nende(r); G.ner(in)** *f/m* countersigning pary; **G.nung** *f* countersignature

im Gegenzug für *m* in return for

Gegner *m* 1. opponent, adversary; 2. § opposing party

Gehalt *nt* salary, earnings; *m* 1. *(Inhalt)* content; 2. *(Anteil)* level; 3. *(Metall)* grade; 4. substance; **G. und andere Bezüge** salary and other emoluments; **G. plus Nebenleistungen** pay package; **G. Verhandlungssache** salary negotiable; **festes G. beziehend** salaried

Gehalt beziehen to draw/receive a salary; **G. erhöhen** to raise/increase a salary; **G. herabsetzen/kürzen** to cut a salary

ansehnliches Gehalt handsome salary; **tatsächliches G.** take-home pay

gehalten *adj* 1. obliged, required; 2. *(Börse)* steady, maintained

Gehalts|abbau *m* salary cut; **G.abrechnung** *f* 1. *(Vorgang)* payroll computation; 2. *(Beleg)* pay slip, salary statement; **G.abteilung** *f* payroll department; **G.abtretung** *f* assignment of salary; **G.abzug** *m* salary deduction; **G.angabe** *f (Stellenanzeige)* stating salary; **G.angebot** *nt* salary offer; **G.anspruch** *m* salary claim; **G.ansprüche** *pl (Bewerbung)* desired salary; **G.anstieg; G.aufbesserung** *m/f* salary increase; **G.auszahlung** *f* salary payment; **G.auszug** *m* pay slip; **G.bestandteil** *m* pay component; **G.buchhalter** *m* salary administrator; **G.differenz** *f* salary/pay differential; **G.einbuße** *f* salary cut; **G.-eingruppierung; G.einstufung** *f* salary bracket; **G.empfänger(in)** *m/f* salaried employee; *pl* salaried staff/personnel; **G.-erhöhung** *f* salary/pay increase; **G.forderung** *f* salary/pay claim; **G.fortzahlung** *f (Krankheit)* salary continuation; **G.gefüge** *nt* salary structure; **G.gruppe; G.-klasse** *f* pay bracket; **G.konto** *nt* salary account; **G.kürzung** *f* pay/salary cut; **G.liste** *f* payroll; **G.niveau** *nt* pay/salary level; **G.ordnung** *f* salary scale; **G.pfändung** *f* attachment of earnings; **G.rahmen** *m* salary range; **G.rückstand; G.rückstände** *m/pl* salary/pay arrears; **G.scheck** *m* pay check *[US]*/cheque *[GB]*; **G.skala; G.staffelung** *f* salary scale; **G.struktur** *f* salary/pay structure; **G.stufe** *f* salary bracket; **G.-summe** *f* payroll total; **G.tabelle; G.tarif** *f/m* salary/pay scale; **~ mit eingebauten Steigerungsstufen** incremental scale; **G.überweisung** *f* salary remittance; **G.-verbesserung** *f* salary increase; **G.vorauszahlung; G.vorschuss** *f/m* pay/salary advance; **G.vorstellung; G.wünsche** *f/pl (Stellenanzeige)* stating salary; **G.zahlung** *f* salary payment; **G.zettel** *m* pay slip; **G.-zulage; G.zuschlag** *f/m* pay supplement

gehandelt *adj* *(Börse)* traded; **g. und Brief** *(Börse)* dealt and offered

geheim *adj* 1. secret, hidden; 2. confidential, classified; **G.akten** *pl* confidential documents; **G.anschluss** *m* ☎ unlisted telephone; **G.bericht** *m* classified report; **G.fach** *nt* secret compartment/drawer; **G.fonds** *m* secret fund; **g.halten** *v/i* to conceal

Geheimhaltung *f* secrecy, concealment; **jdn auf G. verpflichten** enjoin so. to secrecy

Geheim|konto *nt* private/secret account

Geheimnis *nt* secret; **G.krämerei; G.tuerei** *f* secrecy; **G.verletzung** *f* violation of a secret

Geheim|nummer *f* 1. ☎ ex-directory *[GB]*/unlisted *[US]* number; 2. *(Bank)* personal identification number (PIN); **G.sache** *f* classified information; **G.zahl** *f (Bargeldautomat)* personal identification number (PIN)

gehen *v/i* 1. to go/walk; 2. *(Ware)* to move; **glänzend/gut g.** to find a ready market, to sell/do well

Gehilfe; Gehilfin *m/f* 1. assistant; 2. § accessory, aider and abettor

gehoben *adj* 1. *(Stellung)* senior; 2. *(Ware)* up-market, high-end

Geistes|arbeit *f* mental work; **G.arbeiter** *m* white-collar worker; **G.gabe** *f* mental faculty

Geiz *m* parsimony, stinginess; **g.en** *v/i* to be mean/miserly; **G.hals; G.kragen** *m* miser, niggard, skinflint; **g.ig** *adj* tight-fisted, miserly, stingy

gekennzeichnet *adj* marked, labelled; **farblich g.** colour-coded

Gelände *nt* site, ground/land; **G. ausweisen** to zone land; **G. erschließen** to develop land; **G. pachten** to rent land

bebautes Gelände built-up area; **erschlossenes G.** developed land; **landwirtschaftlich genutztes G.** agricultural land; **unbebautes G.** idle land

Gelände|aufbereitung *f* site preparation; **G.auffüllung** *f* landfill; **G.aufnahme** *f* survey(ing); **G.erschließung** *f* (land) development; **G.fahrzeug** *nt* 🚗 cross-country/off-road vehicle

geläufig *adj* current, common

Gelbe Seiten *[D]* ☎ Yellow Book *[US]*/Pages *[GB]*

Geld *nt* 1. money; 2. *(Bargeld)* cash; 3. *(Hartgeld)* coins; 4. *(Wechselgeld)* change; 5. *(Börse)* buyers; **G.er** funds, monies; **am G.** *(Börse)* at the money; **aus dem G.** *(Börse)* out of the money; **im G.** *(Börse)* in the money; **ohne G.** out of funds

Geld auf Abruf money at call; **G. und Brief** *(Börse)* bid and asked; **G.er der öffentlichen Hand** public funds; **G. wie Heu** *(coll)* lots of money

Geld (G, g) bid price; **bezahlt (und) G. (bG, bg)** *(Börse)* more buyers than sellers, buyers ahead/over; **knapp an G.; verlegen um G.** cash-strapped; **bei Nichtgefallen G. zurück** money-back guarantee; **in G. schwimmend; mit G. wohl versehen** cash-rich, awash/flush with money; **auf G. wird nicht gesehen; G. spielt keine Rolle** money (is) no object

jdn mit Geld abfinden to buy so. off; **G. abheben** *(Konto)* to withdraw money; **G.er abrufen** to call in funds; **G. abzweigen** to divert money; **jdm um G. angehen** to touch so. for money; **G. anlegen** to invest money; **G. fest anlegen** to tie up money; **G. verzinslich anlegen; G. für sich arbeiten lassen** to put out money at interest; **G. aufbringen** to put up/raise money; **G. aufnehmen** to raise money/funds; **G. auftreiben** to find/raise money; **G. aufwenden/ausgeben** 1. to spend money; 2. to invest; **mit seinem G. auskommen** to make ends meet *(coll)*; **G. ausleihen** to lend/advance money; **G. auf Zinsen ausleihen** to loan/lend money at interest; **etw. für sein G. bekommen** to get one's money's worth *(coll)*; **G. bereitstellen** to provide money; **G. für einen bestimmten Zweck bereitstellen** to earmark funds; **G. beschaffen/besorgen** to raise money; **G.er bewilligen** to appropriate funds; **G. binden** to tie money up; **G. einkassieren/einstecken** to pocket money; **G. einschießen** to contribute money; **mit G. einspringen** to chip in; **G. einzahlen** to pay in/deposit money; **G. einziehen** to call in money; **G. entnehmen** to (with)draw money; **G. fälschen** to counterfeit money; **G. festlegen** to tie money up; **G. freimachen** to unlock money; **ins G. gehen** to cost a great deal, ~ a pretty penny *(coll)*; **kaum G. haben** to be hard up; **G. herausbekommen** to get change; **G. herausrücken** to fork/shell out money *(coll)*; **G. hinterlegen** to deposit money; **G. horten** to hoard money; **G. investieren** to invest money; **zu G. kommen** to come into money; **G. kündigen** to call in money; **G. auf die hohe Kante legen; ~ Seite legen** to save money, to put money by for a rainy day *(fig)*; **G. leihen** 1. to lend/advance money; 2. to borrow money; **G. machen** to make money; **zu G. machen** to turn into cash; **G. münzen/prägen** to coin money; **G. nehmen** to take bribes; **G. schicken** 1. *(Brief)* to send money; 2. *(Überweisung)* to remit/transfer money; **G. schulden** to owe money; **in G. schwimmen** to be flush/awash with money; **auf seinem G. sitzen** not to part with one's money; **G. sparen** to save money; **G. spenden** to donate money; **G. in etw. stecken** to put money into sth.; **G. stilllegen** to immobilize money; **G. übermitteln/überweisen** to transfer/remit money; **G.(er) unterschlagen** to embezzle funds; **G. verdienen** to make/earn money; **G. verleihen** to lend money; **G. verlieren** to lose money; **viel G. verschlingen** to cost a fortune *(coll)*; **G.er veruntreuen** to embezzle/misappropriate funds; **G. vorschießen/vorstrecken** to advance money; **G. waschen** *(coll)* to launder funds/money *(coll)*; **G. wechseln** to change money; **mit G. um sich werfen** to splash out; **G. zurückerstatten** to refund money; **G. zuschießen** to contribute money; **G. zuweisen** to appropriate money/funds; **G.er zweckbestimmen** to earmark funds

täglich abrufbares Geld money at call; **anlagesuchende G.er** investment-seeking capital; **aufgenommenes G.** borrowings; **bares G.** cash; **billiges G.** cheap money; **brachliegendes G.** idle funds; **erspartes G.** savings; **jederzeit/täglich fällige G.er** money at call, sight/demand deposit(s); **falsches/gefälschtes G.** counterfeit money; **flüssiges G.** cash, current funds; **fremde G.er** borrowings; **gewaschenes G.** *(coll)* laundered money; **hartes G.** hard currency; **heißes G.** hot money; **knappes G.** dear/tight money; **täglich kündbares G.** demand deposits; **kurzfristiges G.** short-term funds; **langfristiges G.** long-term funds; **mündelsichere G.er** trust funds; **öffentliche G.er** public funds; **stabiles G.** sound money; **stillgelegtes G.** tied-up money; **überschüssige(s) G.(er)** surplus funds; **umlaufendes G.** money in circulation; **vagabundierende(s) G.(er)** floating money;

verfügbares G. disposable money; **treuhänderisch verwaltete G.er** trust funds; **zweckgebundene G.er** earmarked funds

Geld|- financial, monetary, pecuniary; **G.abfindung** *f* cash settlement; **G.abfluss** *m* outflow of cash; **G.abgabe** *f (Kredit)* lendings; **G.abhebung** *f* withdrawal of funds; **G.abwertung** *f* currency devaluation; **G.aggregat** *nt (VWL)* monetary aggregate; **g.ähnlich** *adj* quasi-monetary; **G.angebot** *nt (VWL)* money supply

Geldanlage *f* (capital) investment; **G. in der Industrie** corporate investment; **befristete G.** time/term deposit; **werbende G.** earning assets

G

Geld|anleger *m* investor; **G.anspruch** *m* pecuniary claim; **G.anweisung** *f* 1. remittance; 2. ✉ money order

Geldaufnahme *f* borrowing; **G.bedarf der öffentlichen Hand** *m* public sector borrowing requirement (PSBR) *[GB]*

Geld|aufwand *m* expenditure; **G.aufwertung** *f* currency revaluation; **G.(ausgabe)automat** *m* cash dispenser/machine, automated teller machine (ATM), autoteller, cashpoint, cashomat *[US]*; **G.ausgänge** *pl* withdrawals; **G.ausgleich** *m (Banken)* clearing; **G.ausleiher** *m* moneylender; **G.ausleihung** *f* moneylending; **G.ausweitung** *f* monetary expansion; **G.automatenkarte** *f* cash card; **G.basis** *f* monetary base; **G.bedarf** *m* cash/financial requirements; **G.beihilfe; G.beitrag** *f/m* financial assistance; **G.bereitstellung** *f* appropriation of funds; **G.beschaffer** *m* fund raiser

Geldbeschaffung *f* 1. fund raising; 2. *(Kredit)* borrowing; **G.skosten** *pl* cost of finance; **G.smaßnahme** *f* fund-raising scheme

Geld|betrag *m* amount/sum of money; **G.beutel; G.börse** *m/f* purse; **G.bewegung** *f* flow of money; **G.bewilligung** *f* appropriation/allocation of funds

Geldbrief *m* ✉ insured *[GB]*/cash *[US]* letter; **Geld-Brief-Schlusskurs** *m (Börse)* bid-ask close; **Geld-Brief-Spanne** *f* bid-ask spread

Geldbringer *m* money earner/spinner

Geldbuße *f* fine, penalty; **G. auferlegen/festsetzen/verhängen** to (impose a) fine

Geld|disposition *f* cash management; **G.eingang; G.einnahme** *m/f* cash receipts; **G.einkommen** *nt* money income; **G.einlage** *f* deposit; **G.einschuss** *m* cash injection; **G.einstandskosten** *pl* cost of money; **G.einziehung; G.einzug** *f/m* collection of money; **G.empfänger(in)** *m/f* payee; **G.entschädigung** *f* pecuniary compensation; **G.entwertung** *f* inflation, currency depreciation; **G.ersatz** *m* token/substitute money; **G.ersparnis** *f* saving(s); **G.fälscher** *m* counterfeiter; **G.fluss** *m* cash flow; **G.flut** *f* glut/flood of money; **G.forderung** *f* money/pecuniary claim; **G.frage** *f* question of money; **G.fülle** *f* glut/abundance of money; **G.geber** *m* 1. backer, bankroller *(coll) [US]*; 2. investor, financier; 3. lender; **G.geschäft** *nt* financial transaction; **G.geschäfte** money dealings; **G.gewinn** *m* monetary gain; **g.gierig** *adj* money-grubbing; **G.handel** *m* 1. money broking/dealings; 2. money market; **G.händler** *m* money jobber/dealer; **G.hilfe** *f* pecuniary aid; **G.inflation** *f* (currency) inflation; **G.institut** *nt* financial institution; **G.kapital** *nt* money/monetary capital; **G.karte** *f* cash card; **wiederaufladbare G.karte** smart/top-up card; **G.kasse** *f* 1. *(Laden)* till, cash, register; 2. *(Safe)* strongbox; **G.kassette; G.kiste** *f* money box; **G.klemme** *f* financial straits; **G.knappheit** *f* cash squeeze/shortage; **G.kosten** *pl* cost(s) of money; **G.kreislauf** *m* circulation of money

Geldkurs *m* bid (price/quotation); **Geld- und Briefkurse** 1. bid and asked quotations; 2. *(Schlusskurs)* closing bid and asked prices

Geld|leistung *f* 1. cash payment; 2. *(Vers.)* cash benefit; **g.lich** *adj* monetary, pecuniary; **G.lohn** *m* money/cash wage; **G.makler** *m* money broker/jobber; **G.mangel** *m* shortage/scarcity of money

Geldmarkt *m* money/capital market; **G. für Finanzinstitute** wholesale money market; **G. in Anspruch nehmen** to tap the money market

Geldmarkt|anspannung *f* monetary strain; **G.dispositionen** *pl* money market trading; **G.einlage** *f* certificate of deposit (C/D); **g.fähig** *adj* eligible (for the money market); **G.geschäft** *nt* money market transaction; **G.kredit** *m* money market loan; **G.papiere** *nt* money market securities; **G.operationen** *pl* money market transactions; **G.satz** *m* money market rate; **G.sätze unter Banken** interbank money market rates; **G.verknappung** *f* money scarcity; **G.wechsel** *m* money market bill; **G.zins** *m* money market (interest) rate

Geldmenge *f* *(VWL)* money supply, monetary aggregate

Geldmengen|ausweitung; G.expansion *f* money supply expansion; **G.regulierung; G.steuerung** *f* control of the money supply; **G.vorgabe** *f* money supply (growth) target; **G.wachstum** *nt* money (supply) growth; **G.ziel** *nt* money supply target

Geldmittel *pl* means, funds; **G. anziehen** to attract funds; **G. aufbringen/beschaffen** tor raise funds; **G. bereitstellen/bewilligen** to set aside/appropriate funds; **G. binden** to tie up funds; **mit G.n versehen** to fund; **G. zusammenlegen/-werfen** to pool funds

fehlende Geldmittel lack of funds; **ungenutzte G.** idle funds

Geldmittelbewegung *f* flow of funds

Geld|münze *f* coin; **G.nehmer** *m* borrower; **G.not** *f* lack of funds; **in G.not** cash-strapped; **G.politik** *f* monetary policy; **G.preis** *m* 1. cash price; 2. cash prize; **G.-quelle** *f* source of income; **G.rente** *f* annuity; **G.reserve** *f* reserve fund; **G.rückgabe** *f* refund; **G.rückgabegarantie** *f* money-back guarantee; **G.sammlung** *f* (fund-raising) collection; **G.satz** *m (Zins)* interest rate; **G.schein** *m* banknote, (bank) bill *[US]*; **G.schöpfung** *f* cash generation; **G.schrank** *m* safe, strongbox; **G.schwemme** *f* glut of money; **G.sendung** *f* remittance; **G.sorgen** *pl* financial worries

Geldsorte *f* money, denomination; **G.n** *pl* notes and coins

Geld|spende *f* cash donation; **G.spender** *m (Automat)* cash dispenser; **G.spritze** *f* cash injection; **G.stabilität** *f* monetary stability

Geldstrafe *f* 1. fine; 2. penalty; **G. auferlegen; mit einer G. belegen** to levy/impose a fine, to fine; **G. erlassen/niederschlagen** to remit a fine; **G.strom** *m* flow of funds; **G.stück** *nt* coin; **G.substitut; G.surrogat** *nt* token money; **G.summe** *f* sum/amount of money; **G.termingeschäfte** *pl* financial futures (operations); **G.theorie; Geld- und Kredittheorie** *f* monetary theory; **G.transfer** *m* money transfer, remittance; **G.transportfahrzeug/-wagen** *nt/m* security van; **G.überfluss; G.überhang; G.überschuss** *m* excess money supply

Geldüberweisung *f* remittance, money transfer; **elektronische G.** electronic fund(s) transfer; **~ an der Ladenkasse** electronic funds transfer at the point of sale (eftpos)

Geldumlauf *m* 1. circulation of money; 2. money supply; **betrieblicher G.** cash flow

Geld|umtausch *m* currency exchange; **G.-unterstützung** *f* financial assistance; **G.verdiener** *m* moneymaker; **G.vergütung** *f* pecuniary reward; **G.verkehr** *m* money transactions; **G.verknappung** *f* scarcity of money; **G.verlegenheit** *f* (financial) embarrassment, squeeze; **in ~ sein** to be in dire straits; **G.verleiher** *m* moneylender; **wucherischer G.verleiher** loan shark; **G.vermächtnis** *nt* pecuniary legacy; **G.vermehrung** *f* increase in the money supply; **G.vermittler** *m* money broker; **G.vermögen** *nt* cash/financial assets; **G.vermögensrechnung** *f* financial assets statement; **G.vernichtung** *f* destruction of money; **G.verschwendung** *f* waste of money; **G.verteilung** *f* distribution of money; **G.volumen** *nt* 1. volume of money; 2. *(VWL)* money supply; **G.vorschuss** *m* (cash) advance; **G.währung** *f* currency; **G.wäsche** *f* money laundering; **G.wechsel** *m (Wechselstube)* bureau de change *(frz.)*

Geldwert *m* monetary/cash value, value of money; **g.** *adj* pecuniary; **G.beständigkeit; G.stabilität** *f* monetary stability; **G.theorie** *f* commodity theory of money

Geldwirtschaft *f* finance; **g.lich** *adj* monetary

Geld|zahlung *f* cash payment; **G.zirkulation** *f* note and coin circulation; **G.zufuhr; G.zufluss** *f/m* influx of money; **G.-zunahme; G.zuwachs** *f/m* monetary growth; **G.zuschuss; G.zuweisung; G.-zuwendung** *f* cash allowance

gelegen *adj* 1. situated, located; 2. *(günstig)* convenient; **G.heit** *f* opportunity, chance

Gelegenheits|arbeit *f* casual labo(u)r/work; **G.arbeiter** *m* casual worker/labo(u)rer; *pl* casual labo(u)r; **G.beschäftigung** *f* casual employment; **G.geschäft; G.kauf** *nt/m* bargain; **G.gesellschaft** *f* joint venture, ad-hoc consortium; **G.kunde** *m* casual customer; **G.preis** *m* bargain price

G

gelegentlich *adj* occasional, casual
gelenkt *adj (Preise)* controlled; **staatlich g.** state-controlled
gelernt *adj* trained, skilled
gelesen und genehmigt/geprüft *adj* read and approved
geliefert *adj* delivered, supplied; **zu knapp g.** ⚓ short-landed
ge|liehen *adj* borrowed, on loan; **g.löscht** *adj (Ladung)* landed
gelten *v/i* to apply, to be valid; **g.d** *adj* valid, current; **~ machen** § to claim/assert
Geltendmachung *f* assertion, enforcement; **gerichtliche G. eines Anspruchs** legal action to enforce a claim

G

Geltung *f* validity, force
Geltungs|bereich *m* 1. area of validity, ambit; 2. *(Banknote)* currency; 3. *(Gesetz)* scope; **G.dauer** *f* 1. validity, duration; 2. *(Patent)* life
gemäß *prep* in compliance/accordance with, pursuant to
Gemein|bedarf; G.bedürfnisse *m/pl* collective/public wants; **G.besitz** *m* public ownership
Gemeinde *f* ↘ **Kommunal-; Kommune** community, local government (unit), local authority
Gemeinde|abgaben *pl* local/muncipal rates, ~ taxes; **G.amt** *nt* local government office; **G.angestellte(r)** *f/m* local government employee; **G.anleihe** *f* local government bond/stock; **G.bank** *f* municipal bank; **G.beamter; G.beamtin** *m/f* local government officer; **G.behörde** *f* local authority; **G.eigentum** *nt* municipal property; **G.einkommensteuer** *f* local income tax; **G.finanzen; G.finanzierung** *pl/f* local/municipal finance; **G.haushalt** *m* municipal/city budget; **G.kämmerer** *m* borough treasurer; **G.kasse** *f* borough treasury; **G.kredit** *m* local government loan; **G.land** *nt* local authority land; **G.-obligation** *f* local government bond/ stock; **G.rat** *m* borough/municipal council; **G.steuer** *f* (local/municipal) rates, local/ municipal tax, community charge *[GB]*; **G.verordnung** *f* municipal ordinance; **G.vertretung** *f* local council; **G.-verwaltung** *f* local government/authority; **G.verwaltungsbeamter;G.verwaltungsbeamtin** *m/f* local government officer; **G.wahl** *f* local/municipal election(s)
Gemein|eigentum *nt* public/collective ownership; **G.gebrauch** *m* public/common use; **G.gefahr** *f* public/common danger; **G.gläubiger(in)** *m/f* general creditor; **G.gut** *nt* common/public property; **G.haftung** *f* joint liability
Gemeinkosten *pl* overheads, overhead cost(s), indirect/fixed/general cost(s); **G. verrechnen** to allocate overheads; **aktivierungspflichtige G.** capitalized overheads; **fixe G.** fixed overheads; **variable G.** variable overheads; **verrechnete G.** absorbed overheads
Gemeinkosten|abweichung *f* overhead variance; **G.löhne** *pl* indirect labo(u)r cost(s), unproductive wages; **G.material** *nt* indirect material; **G.satz** *m* overhead rate; **G.umlage** *f* overhead cost allocation; **G.verrechnung** *f* overhead absorption
Gemein|nutz *m* public/common good; **g.-nützig** *adj* in the public interest, non-profit(-making)
gemeinsam *adj* common, joint, combined; **g. und einzeln** § jointly and severally
Gemeinschaft *f* community, association; **g.lich** *adj* common, joint, collective
Gemeinschafts|abgabe *f (EU)* Community levy; **G.angebot** *nt* syndicated bid; **G.anleihe** *f (EU)* Community loan; **G.-anschluss** *m* ☎ party line; **G.arbeit** *f* joint/team effort; **G.aufgabe** *f* community task; **G.beschaffung** *f* group buying; **G.besitz** *m* joint ownership; **G.bestimmungen** *pl (EU)* Community provisions; **G.betrieb** *m* joint operation; **G.bilanz** *f* consolidated balance sheet; **G.depot** *nt* joint (security) deposit; **G.dienst** *m* community service; **G.durchschnitt** *m (EU)* Community average; **G.eigentum** *nt* collective ownership; **G.einkauf** *m* group/joint buying; **G.einkäufer** *m* group buyer; **G.einrichtung** *f* joint institution; **G.emission** *f* joint issue; **G.erfindung** *f* joint invention; **G.finanzierung** *f* group/joint financing; **G.firma** *f* joint venture company; **G.fonds** *m* joint stock, mutual fund; **G.geschäft** *nt* joint/syndicate business; **G.gründung** *f* joint venture; **G.güter** *pl* collective goods; **G.haftung** *f* joint liability; **G.haushalt** *m (EU)* Community budget; **G.kasse** *f* common fund; **G.kauf** *m* group buying; **G.käufer** *m* group buyer; **G.klage** *f* § class/group action; **G.konto** *nt* joint account; **G.kredit** *m* syndicate(d) loan/credit; **G.mittel** *pl*

(EU) Community funds; **G.patent** *nt* 1. joint patent; 2. *(EU)* Community patent; **G.police** *f* collective policy; **G.praxis** *f* ⚕ group/joint practice, health centre *[GB]*; **G.produktion** *f* joint production; **G.projekt** *nt* collaborative/joint venture; **G.recht** *nt (EU)* Community law; **G.reisen** *pl* group travel; **G.scheck** *m* joint check *[US]*/cheque *[GB]*; **G.sekretariat** *nt* secretarial pool; **G.stand** *m (Messe)* joint booth/stand; **G.unternehmen** *nt* joint venture; **G.verkauf** *m* joint sale; **G.versicherung** *f* group insurance; **G.vertrieb** *m* cooperative marketing; **G.vorhaben** *nt* 1. joint venture; 2. *(EU)* Community project; **G.waren** *pl (EU)* Community goods; **G.werbung** *f* joint/collective advertising; **G.zoll** *m (EU)* Community tariff

Gemein|schuldner(in) *m/f* (adjudicated) bankrupt, common debtor; **G.wert** *m* market value

Gemeinwirtschaft *f* non-profit-making sector; **g.lich** *adj* non-profit-making

Gemeinwohl *nt* common good/weal, public interest/good

Gemischtwaren *pl* groceries, general merchandise; **G.geschäft; G.laden** *nt/m* grocery/general store; **G.händler** *m* grocer

gemischtwirtschaftlich *adj* mixed

Gemüse *nt* vegetables; **G.anbau** *m* market gardening *[GB]*, truck farming *[US]*; **G.anbauer; G.gärtner** *m* market gardener *[GB]*, truck farmer *[US]*

genau *adj* accurate, exact, precise

Genauigkeit *f* accuracy, exactness, precision; **für G. und Vollständigkeit bürgen** to warrant accuracy and completeness

genehmigen *v/t* to approve/permit/grant/authorize

Genehmigung *f* approval, permission, authorization; **G. durch die Aufsichtsbehörde** regulatory approval; **G. der Bilanz** adoption of the balance sheet; **G. des Jahresberichtes** adoption of the annual report; **~ Protokolls** approval of the minutes; **vorbehaltlich der G.** subject to approval

Genehmigung beantragen to seek permission; **der G. bedürfen** to require approval; **G. erhalten** to obtain permission; **G. erteilen** to grant permission; **der G. unterliegen** to be subject to approval; **G. verweigern** to refuse permission

amtliche Genehmigung official authorization; **audrückliche G.** express permission; **besondere G.** special permission; **endgültige G.** final approval; **staatliche G.** government permission; **stillschweigende G.** tacit approval; **vorherige G.** prior approval

Genehmigungs|bescheid *m* notice of approval; **G.beschluss** *m (HV)* confirming vote; **G.erfordernisse** *pl* licensing requirements; **G.schreiben** *nt* letter of approval; **G.stelle** *f* licensing authority; **G.verfahren** *nt* licensing procedure, licensure *[US]*; **G.voraussetzungen; G.vorschriften** *pl* licensing requirements

General|bevollmächtigter *m* 1. chief executive (officer) (CEO); 2. *(Verhandlung)* plenipotentiary; **G.direktion** *f* head office, headquarters; **G.direktor** *m* managing director, director general, chief executive (officer) (CEO), president *[US]*; **stellvertretender G.direktor** executive vice president; **G.klausel** *f* omnibus/blanket clause, catch-all provision; **G.konsul** *m* consul general; **G.konsulat** *nt* consulate general; **G.kosten** *pl* overheads; **G.police** *f* 1. comprehensive policy; 2. ⚓ open cargo policy; **G.repräsentanz** *f* sole/exclusive agency; **G.schlüssel** *m* master key; **G.schuldverschreibung** *f* general bond; **G.sekretär** *m* secretary general; **G.streik** *m* general strike; **g.überholen** *v/t* ⚙ to recondition; **G.überholung** *f* 1. (radical/complete) overhaul; 2. reconditioning; **G.unkosten** *pl* overheads; **G.unternehmer(in); G.unternehmung** *m/f* main contractor

Generalversammlung *f* 1. general meeting; 2. shareholders' *[GB]*/stockholders' *[US]* meeting, annual general meeting (AGM); **außerordentliche G.** extraordinary general meeting (EGM); **gesetzliche G.** statutory general meeting

General|versicherung *f* comprehensive/all-in insurance; **G.spolice** *f* comprehensive policy; **G.vertrag** *m* blanket contract; **G.vertreter** *m* general agent; **G.vertretung** *f* general/exclusive agency; **G.vollmacht** *f* full/general power of attorney, general proxy

genesen *v/i* ⚕ to recover/convalesce

Genesung *f* recovery, convalescence; **G.surlaub** *m* convalescent leave

genetisch *adj* genetic; **g. verändert** genetically modified (GM)
genießen *v/t* to enjoy
Genosse *m* 1. associate, partner; 2. member (of a cooperative society)
Genossenschaft *f* 1. association, copartnership; 2. cooperative (society/association); **G. des Einzelhandels** retail cooperative; **eingetragene G.** registered cooperative (society); **gewerbliche G.** industrial cooperative; **landwirtschaftliche G.** agricultural/farmers' cooperative
Genossenschaft|ler *m* member of a cooperative; **g.lich** *adj* cooperative
Genossenschafts|- cooperative; **g.ähnlich** *adj* quasi-cooperative; **G.bank** *f* cooperative bank, mutual savings bank; **G.bauer** *m* cooperative farmer; **G.bewegung** *f* cooperative movement; **G.dividende** *f* cooperative society dividend; **G.kapital** *nt* cooperative capital; **G.kasse** *f* cooperative bank; **G.kredit** *m* cooperative credit; **G.laden** *m* cooperative store, co-op; **G.-mitglied** *nt* member of a cooperative society; **G.vertrag** *m* deed of association; **G.vertrieb** *m* cooperative marketing; **G.-wesen** *nt* cooperative movement
Gen|technik; G.technologie *f* genetic engineering
genügen *v/i* to suffice, to be sufficient; **g.d** *adj* sufficient
Genuskauf *m* sale by description
Genuss *m* 1. enjoyment; 2. consumption; **G. eines Rechts** enjoyment of a right
Genussachen *pl* unascertained goods
Genuss|aktie *f* bonus/dividend share; **G.-recht** *nt* 1. § right of enjoyment; 2. *(Aktie)* subscription right; **G.schein** *m* participating certificate
gewerblich genutzt *adj* commercial, industrial
Gepäck *nt* baggage *[US]*, luggage *[GB]*; **G. mit Übergewicht** excess baggage *[US]*/luggage *[GB]*
Gepäck|abfertigung(sstelle); G.annahme-(stelle) *f* baggage/luggage check-in; **G.-abschnitt; G.(aufbewahrungs)schein** *m* baggage/luggage check; **G.adresse; G.anhänger** *f/m* baggage/luggage label; **G.-aufgabe** *f* baggage/lug-gage check-in; **G.-träger** *m* porter, baggage/luggage man; **G.tragegebühr** *f* port(er)age; **G.verlust** *m* loss of baggage/luggage; **G.versicherung** *f* baggage/luggage insurance; **G.zettel** *m* baggage/luggage label
Gepflogenheit *f* usage, custom
Gerät *nt* appliance, device, gadget; **elektrische G.e** electrical appliances; **optisches G.** optical instrument; **periphäre G.e** peripheral equipment
Geräte|bau *m* instrument engineering; **G.hersteller** *m* equipment manufacturer; **G.miete** *f* plant hire, equipment rental
Gerätschaften *pl* equipment, plant, utensils
geräumig *adj* spacious, roomy
Geräusch *nt* noise; **g.arm** *adj* quiet; **G.bekämpfung** *f* noise abatement; **g.dämpfend** *adj* sound-absorbing; **G.kulisse** *f* background noise; **g.los** *adj* silent, noiseless; **G.messung** *f* noise measurement; **G.pegel; G.wert** *m* noise level
grob gerechnet *adj* at a rough estimate
gerecht *adj* fair, just, impartial; **g.fertigt** *adj* justifiable, justified; **G.igkeit** *f* justice, fairness
Gerede *nt* talk, rumour
geregelt *adj* 1. regular; 2. *(Schaden)* adjusted, liquidated
Gericht *nt* court (of law/justice), law court, tribunal; **G. erster Instanz** court of first instance; **G. zweiter Instanz** appellate court; **G. für Wettbewerbsbeschränkungen** Restrictive Practices Court *[GB]*
bei Gericht anhängig pending
vor Gericht anfechten to challenge in court; **G. anrufen** to take legal action, to go to court; **vor G. auftreten** to appear in court; **vor G. erscheinen** to appear in court; **vor G. klagen** to sue/litigate; **~ laden** to summon; **~ geltend machen** to assert (a claim) in court; **Sache vor G. verhandeln** to try a case; **jdn vor G. verklagen** to sue so.; **jdn ~ vertreten** to represent so. in court; **dem G.vorlegen/vortragen** to submit to the court
gerichtlich *adj* judicial, jurisdictional
Gerichtsanordnung *f* court order
Gerichtsbarkeit *f* jurisdiction; **ausländische G.** foreign jurisdiction; **ausschließliche G.** exclusive jurisdiction; **erstinstanzliche G.** original jurisdiction; **inländische G.** domestic jurisdiction; **konkurrierende G.** concurrent jurisdiction; **örtliche G.** local jurisdiction
Gerichtsbefehl *m* 1. injunction; 2. court order; 3. *(Räumungsklage)* eviction order

Gerichtsbeschluss *m* court ruling/decision; **G. beantragen** to take (out) a writ; **G. erwirken** to obtain a court ruling

Gerichts|dolmetscher(in) *m/f* court interpreter; **G.entscheid(ung)** *m/f* court/legal ruling, court decision

Gerichtshof *m* law court; **G. der Europäischen Gemeinschaften** European Court of Justice

Gerichts|hoheit *f* jurisdiction; **G.instanz** *f* (court) instance; **G.kosten** *pl* court cost(s)/fees; **G.sachverständige(r)** *f/m* court-appointed expert; **G.stand** *m* venue; **G.termin** *m* court sitting/hearing, day/date of hearing; **~ versäumen** to fail to appear; **G.verfahren** *nt* legal/judicial proceedings; **~ anstrengen** to institute proceedings; **G.verfügung** *f* court order, writ; **G.vollzieher** *m* bailiff, marshall *[US]*; **G.zuständigkeit** *f* jurisdiction

gering *adj* little, small, slight; **g.fügig** *adj* insignificant, trivial, little; **g.schätzen** *v/t* to disregard; **G.verdiener** *m* low-income earner; **g.verzinslich** *adj* low-interest; **g.-wertig** *adj* low-grade, inferior

Geruch *m* smell, odour; **durchdringender/scharfer G.** pungent smell; **übler/unangenehmer G.** nauseating/offensive smell, stench

Gerücht *nt* rumour; **G.en zufolge** rumour has it that

Gerümpel *nt* junk, lumber

Gerüst *nt* 1. 🏛 scaffold(ing); 2. *(fig)* framework, skeleton

gesalzen *adj* *(fig)* *(Preis)* steep, stiff *(coll)*

gesamt *adj* 1. whole, total, entire; 2. *(Haftung)* joint and several

Gesamt|- total, overall, aggregate; **G.absatz** *m* total sales; **G.abschluss** *m* overall result; **G.abschreibung** *f* lump-sum depreciation; **G.abtretung** *f* general assignment; **G.abweichung** *f* 1. overall variation; 2. *(Kosten)* gross variance; **G.aktiva** *pl* total assets; **volkswirtschaftliche G.analyse** macroeconomic analysis; **G.angebot** *nt* *(VWL)* aggregate supply; **G.arbeitslosigkeit** *f* unemployment total; **G.arbeitszeit** *f* total working hours; **G.aufkommen** *nt* total yield/revenue; **G.auflage** *(Zeitung)* total circulation; **G.aufsichtsrat** *m* group supervisory board; **G.aufträge** *pl* orders in hand; **G.auftragswert** *m* total order/contract value; **G.aufwand; G.aufwendungen** *m/pl* total outlay/expenditure; **G.ausbeute** *f* total yield; **G.ausfuhr** *f* total exports

Gesamtausgabe *f* *(Text)* complete works; **G.n** total expenditure

Gesamt|ausgabevolumen; G.auslagen *nt/pl* total expenditures; **G.ausleihungen** *pl* total lendings; **G.ausstoß** *m* aggregate output; **G.bedarf** *m* aggregate demand

Gesamtbelastung *f* total burden; **jährliche G.** *(Zinssatz)* annual(ized) percentage rate (APR); **steuerliche G.** total tax burden

Gesamt|belegschaft *f* total workforce; **G.beschäftigung** *f* total employment; **G.bestand** *m* total stock on hand; **G.betrag** *m* (sum) total; **G.betriebsrat** *m* group works council; **G.betriebswert** *m* going-concern value; **G.beurteilung** *f* general assessment

Gesamt|bezüge *pl* compensation/remuneration package; **G.bilanz** *f* group balance sheet; **volkswirtschaftliche G.bilanz** national accounts; **G.budget** *nt* master budget; **G.bürgschaft** *f* joint guarantee; **G.dauer** *f* *(Vers.)* total life; **G.-defizit** *nt* overall deficit; **G.dividende** *f* total dividend; **G.einfuhr** *f* total imports; **G.eingänge** *pl* total receipts; **G.einkommen** *nt* gross earnings, aggregate income; **G.einkünfte** *pl* total earnings; **G.-einlagen; G.einzahlungen** *pl* total deposits; **G.einnahme(n)** *f/pl* total/gross receipts; **G.ergebnis** *nt* overall result; **G.-ergebnisrechnung** *f* statement of income and accumulated earnings; **G.erlös** *m* total proceeds/revenue(s); **G.ersparnis** *f* total savings; **G.ertrag** *m* total yield; **G.-erwerbstätigenzahl** *f* total labo(u)r force; **G.finanzierung** *f* financing pack(age); **G.geldbestand** *m* *(VWL)* monetary aggregate; **G.gewicht** *nt* gross weight (gr.wt.), total weight; **zulässiges G.gewicht** maximum weight; **G.gewinn** *m* total profit; **G.gläubiger(in)** *m/f* joint/general creditor; *pl* joint and several creditors; **G.guthaben** *nt* credit total; **G.haftung** *f* joint (and several) liability

Gesamthands|besitz; G.eigentum *m/nt* ownership; **G.eigentümer(in)** *m/f* joint owner; **G.gläubiger(in)** *m/f* joint (and several) creditor; **G.schuld** *f* collective debt; **G.schuldner(in)** *m/f* joint (and several) debtor; **G.vermögen** *nt* joint ownership

Gesamtheit *f* 1. whole, entirety, totality, aggregate; 2. 📊 total population, universe

Gesamt|herstellungskosten *pl* total cost price; **G.hochschule** *f* polytechnic; **G.-höhe der Investitionen** *f* investment volume; **G.hypothek** *f* consolidated mortgage; **G.import** *m* import total; **G.investitionen** *pl* total investment; **G.kapazität** *f* total capacity

Gesamtkapital *nt* total capital/assets; **G.-ausstattung** *f* total capitalization

Gesamt|konjunktur *f* general economic trend; **G.kosten** *pl* all-in cost(s); **G.konsum(summe)** *m/f* aggregate consumer spending; **G.konzern** *m* combined group

Gesamtkosten *pl* all-inclusive/total cost(s); **G.kurve** *f* total cost curve; **G.verfahren** *nt* all-inclusive cost method

Gesamt|länge *f* overall length; **G.laufzeit** *f* total life

Gesamtleistung *f* 1. overall performance; 2. total output/production; **wirtschaftliche G.** gross national product (GNP)

Gesamt|nachfrage *f* *(VWL)* aggregate demand; **G.plan** *m* 1. master plan; 2. *(Unternehmen)* corporate plan

Gesamtplanung *f* overall planning; **volkswirtschaftliche G.** national economic planning

Gesamt|preis *m* (all-)inclusive price; **volkswirtschaftliches G.produkt** gross national product (GNP); **G.produktion** *f* total product/output

Gesamtrechnung *f* overall account; **volkswirtschaftliche G.** national/macroeconomic accounting

Gesamt|rechnungsbetrag *m* invoice total; **G.rechtsnachfolge** *f* universal succession; **G.rechtsnachfolger(in)** *m/f* universal successor; **G.rendite** *f* compound/overall yield; **G.risikenversicherung** *f* all-risk(s) insurance; **G.schaden** *m* total loss

Gesamtschuld *f* joint and several debt; **G.-ner(in)** *m/f* joint (and several) debtor(s); **als ~ haften** to be jointly and severally liable; **g.nerisch** *adj* jointly and severally liable

Gesamt|schule *f* comprehensive (school); **G.sparleistung** *f* total savings; **G.steueraufkommen** *nt* total tax yield/revenue; **G.summe** *f* (sum/combined/grand) total; **G.transportvolumen** *nt* total volume carried; **G.überschuss** *m* total surplus; **G.umfang** *m* total volume; **G.umlaufvermögen** *nt* total current assets; **G.umsatz** *m* total sales; **G.unternehmen** *nt* whole group; **G.unternehmer** *m* general contractor; **G.verantwortung** *f* overall responsibility; **G.verband** *m* umbrella organisation; **G.verbindlichkeit** *f* joint (and several) liability; **G.verbrauch** *m* total consumption; **G.verdienst** *m* total earnings; **G.vergütung** *f* compensation package; **G.verlust** *m* total loss

Gesamtvermögen *nt* total estate/assets; **haftendes G. der Gesellschaft** corporate equity

Gesamt|verschuldung *f* total indebtedness/exposure; **G.versicherung** *f* comprehensive/all-in/all-loss *[US]* insurance; **G.verzinsung** *f* aggregate/total interest yield; **G.vollmacht** *f* comprehensive authority; **G.wert** *m* 1. total value; 2. *(Unternehmen)* value of the enterprise as a going concern

Gesamtwirtschaft *f* national economy; **g.-lich** *adj* macroeconomic; **G.svolumen** *nt* gross national product (GNP)

Gesamtzahl *f* total (number)

geschädigt *adj* aggrieved; **G.e(r)** *f/m* 1. § aggrieved person/party; 2. *(Vers.)* claimant

Geschäft *nt* 1. *(Läden)* shop, store; 2. *(Gewerbe)* business; 3. *(Handel)* deal(ings), transaction, (business) operation; 4. occasion, bargain; **G. im Freiverkehr** open-market operation; **G. auf Geben und Nehmen** put and call; **G. mit Gegendeckung** hedge; **G. am offenen Markt** open-market operation; **G. mit effektiven Stücken** over-the-counter (OTC) trade

Geschäft(e) abschließen to close/strike/do/land/clinch *(coll)* a deal; **G. abwickeln** 1. to transact business; 2. *(Liquidation)* to wind up a business; **G.e anbahnen/ankurbeln** to drum up business; **G. anfangen/aufmachen** to start (up) a business, to set up shop *(coll)*; **G. aufgeben** to close down, to go out of business, to shut up shop *(coll)*; **G. auflösen** to wind up a business; **aus einem G. aussteigen** to pull out of a business; **G. betreiben** to conduct/run a business; **G. zum erfolgreichen Abschluss/unter Dach und Fach bringen** to clinch/close/sew up a deal *(coll)*; **G. eröffnen/errichten/gründen** to open/establish a business, to set up shop *(coll)*; **ins G. kommen** to do business; **G. leiten** to manage a business; **G. machen** to (do a) deal; **gewagte G.e machen** to speculate/gamble; **glänzende G.e machen** to do a roaring trade; **G. perfekt machen** to clinch/close a deal; **G. schließen** to close down, to shut up shop *(coll)*; **sein G. verkaufen** to sell out; **G. wiederaufnehmen/-eröffnen** to resume business; **G. zustandebringen** to negotiate/strike a deal

auf Treu und Glauben abgeschlossenes Geschäft bona-fide *(lat.)* transaction; **blühendes/florierendes G.** flourishing/roaring trade; **eigentliches G.** core business; **einträgliches G.** profitable/remunerative business; **fingiertes G.** bogus/sham transaction; **gewinnbringendes/lohnendes/rentables G.** paying/remunerative business; **gutes G.** (good) bargain; **krumme G.e** *(coll)* dishonest/shady dealings; **lebhaftes G.** *(Börse)* brisk trading; **mobiles G.** mobile shop; **operatives G.** operating business; **~ aufnehmen** to start trading; **ruhiges/schwaches/schleppendes G.** dull trading; **rundes G.** *(Börse)* round-lot transaction; **solides G.** sound business; **unerlaubtes/verbotenes G.** illicit/illegal transaction; **zähflüssiges G.** sluggish business; **zweifelhaftes G.** shady transaction/business

Geschäftemacher *m* profiteer, racketeer; **G.ei** *f* profiteering, racketeering

geschäft|ig *adj* busy, active; **g.lich** *adj* commercial, mercantile

Geschäfts|abschluss *m* (commercial) transaction, (business) deal; **G.abschlüsse** 1. transactions; 2. *(Aufträge)* orders secured; **G.abwicklung** *f* transaction; **G.-adresse; G.anschrift** *f* business address; **G.akten** *pl* business records; **G.aktiva** *pl* assets; **G.andrang** *m* pressure of business; **G.angelegenheiten** *pl* business affairs; **G.anteil** *m* share, interest; **maßgeblicher G.anteil** controlling interest; **G.art** *f* 1. line of business; 2. type of transaction; **G.-aufgabe; G.auflösung** *f* close-down, closing down; **G.ausfall** *m* loss of trade; **G.ausfallversicherung** *f* loss-of-trade insurance; **G.ausgaben** *pl* business expenses; **G.aussichten** *pl* trading prospects; **G.ausstatter** *m* shopfitter; **G.ausstattung** *f* 1. shopfitting; 2. *(Bilanz)* fixtures and fittings; **G.ausweitung** *f* business expansion; **G.bank** *f* commercial bank

Geschäftsbedingungen *pl* terms and conditions; **allgemeine G. (AGB)** (general) terms and conditions

Geschäfts|beginn *m* 1. commencement of business; 2. opening time; **G.begründung** *f* business start-up; **G.belebung** *f* trade revival

Geschäftsbereich *m* 1. *(Organisation)* business, division; 2. *(Aufgabe)* area of responsibility; **G.sleiter** *m* divisional manager

Geschäftsbericht *m* 1. *(jährlich)* company/annual/corporate *[US]* report, (annual) report and accounts; 2. *(zwischenzeitlich)* trading statement; **G. einer Bank** bank return(s); **G. des Vorsitzenden** chairman's report

Geschäftsbesorgung *f* agency; **G.svertrag** *m* agency agreement

Geschäftsbesprechung *f* business conference/meeting

Geschäftsbetrieb *m* operations; **G. aufnehmen/eröffnen** to commence trading; **G. einstellen** to cease trading

Geschäfts|bevollmächtigte(r) *f/m* agent; **G.bezeichnung** *f* trade/company name; **G.beziehung** *f* business connection/relationship, trading relationship; **G.brauch** *m* business usage; **G.brief** *m* business letter

Geschäftsbücher *pl* books of account; **G. frisieren** *(coll)* to cook the books *(coll)*; **G. prüfen** to audit the accounts

Geschäfts|buchführung; G.buchhaltung *f* accounting; **G.chancen** *pl* business opportunities; **G.drang** *m* rush of business; **G.einlage** *f* share (in a business); **G.einnahmen** *pl* trading receipts; **G.einstellung** *f* closing-down, closure; **G.empfehlung** *f* trade reference; **G.entwicklung** *f* business development; **G.erfahrung** *f* business/commercial experience; **G.erfolg** *m* commercial success; **G.ergebnis** *nt* operating result(s); **G.erlaubnis** *f* trading licence; **G.eröffnung; G.errichtung** *f* 1. shop/store opening; 2. business start-up; **G.erweiterung** *f* business expansion

geschäftsfähig *adj* § legally capable, competent; **G.keit** *f* contractual/legal capacity

Geschäfts|feld *nt* division; **G.fläche** *f* floor space; **G.flaute** *f* trade depression; **G.förderung** *f* business promotion; **uneinbringliche G.forderungen** bad debts; **G.frau** *f* businesswoman; **G.freund** *m* business friend, **g.führend** *adj* executive, managing

G

Geschäftsführer *m* 1. chief executive (officer) (CEO), managing director; 2. *(Vers./Investmentfonds)* plan manager; **G.in** *f* manageress

Geschäftsführung *f* 1. management; 2. conduct of business

Geschäftsführungs|befugnis *f* management authority; **G.kosten** *pl* management cost; **G.organ** *nt* executive body

Geschäftsgang *m* (course of) business

Geschäftsgebaren *nt* business conduct; **anständiges G.** honest dealing; **betrügerisches G.** fraudulent practices; **unlauteres G.** unfair practices

G

Geschäfts|gebäude *nt* (business) premises; **G.gebrauch** *m* business usage/practice(s); **G.gegend** *f* commercial district, high *[GB]*/main *[US]* street; **G.geheimnis** *nt* trade secret; **G.gewinn** *m* (trading) profit; **G.gläubiger** *pl* trade creditors; **G.grundstück** *nt* commercial property; **G.gründung** *f* business start-up; **G.guthaben** *nt* business assets; **G.haus** *nt* commercial building; **G.image** *nt* corporate image; **G.inhaber(in)** *m/f* proprietor, proprietress, shopkeeper, store owner; **G.inventar** *nt* business inventory; **G.jahr** *nt* financial year; **G.kapital** *nt* working capital; **G.klima** *nt* business climate; **G.kontakte** *pl* business contacts; **G.korrespondenz** *f* commercial correspondence; **G.kosten** *pl* 1. cost(s); 2. overheads; **G. kredit** *m* commercial credit/loan; **in G.kreisen** *pl* in trade circles; **G.kunde; G.kundin** *m/f* customer, client

Geschäftslage *f* 1. trading conditions/environment; 2. *(Standort)* (store) location

Geschäftsleitung *f* management; **oberste G.** top management

Geschäfts|leute *pl* 1. businessmen, business people; 2. *(Einzelhandel)* tradespeople; **G.lizenz** *f* licence to trade; **G.lokal** *nt* 1. (business) premises; 2. shop *[GB]*, store *[US]*; **G.mann** *m* businessman; **g.mäßig** *adj* businesslike, **G.methoden** *pl* business practices; **unlautere/unsaubere G.methoden** sharp practices; **G.name** *m* trade name; **G.neugründung** *f* business start-up

Geschäftsordnung *f* rules of procedure; **zur G.** on a point of order

Geschäfts|partner(in) *m/f* (business) partner; **G.periode** *f* trading period; **G.perspektiven** *pl* trading outlook; **G.plan** *m* business plan

Geschäftspolitik *f* company/corporate policy; **G.post** *f* business mail; **G.praktiken** *pl* trade practices; **wettbewerbsbeschränkende G.praktiken** restrictive (trade) practices; **G.praxis** *f* commercial practice; **G.prüfung** *f* audit(ing); **G.räume** *pl* (business) premises; **G.referenz** *f* trade reference; **G.reingewinn** *m* net trading profit

Geschäftsreise *f* business trip; **G.n** business travel; **G.nde(r)** *f/m* commercial traveller

Geschäfts|risiko *nt* commercial risk; **G.rückgang** *m* downturn in business, trade recession; **saisonaler/saisonbedingter G.rückgang** seasonal downturn; **G.sache** *f* business matter; **G.schädigung** *f* trade libel; **~ durch Herabsetzung der Ware** § slander of goods; **G.schließung** *f* closure, closing-down

Geschäftsschluss *m* closing time; **nach G.** after hours; **früher G.** early closing

Geschäfts|schulden *pl* business debts; **G.sinn** *m* business acumen/sense/instinct

Geschäftssitz *m* domicile, registered office; **eingetragener G.** registered office; **steuerlicher G.** tax domicile

Geschäfts|sitzung *f* business conference; **G.sparte** *f* line of business

Geschäftsstelle *f* branch (office), agency; **G.nleiter** *m* branch manager; **G.nnetz** *nt* branch network

Geschäfts|stockung *f* stagnation; **G.straße** *f* shopping/high *[GB]*/main *[US]* street; **G.stunden** *pl* business/opening hours

Geschäftstätigkeit *f* business activity, trading; **G. aufnehmen** to commence trading; **G. einstellen** to cease trading; **G. wiederaufnehmen** to resume trading; **geringe G.** *(Börse)* quiet trading; **rege G.** active trading; **stürmische G.** brisk dealing

Geschäfts|teilhaber(in) *m/f* partner; **stiller G.teilhaber** dormant/silent/limited partner; **G.übertragung** *f* transfer of business; **g.üblich** *adj* customary; **G.übung** *f* trade practice(s); **G.umfang** *m* business volume; **G.umfeld** *nt* business/trading environment

geschäftsunfähig *adj* incapable of contracting, (legally) incompetent; **G.keit** *f* incapacity (to contract), (legal) incompetence

Geschäfts|unkosten *pl* overheads; **G.unterbrechung** *f* 1. disruption of business; 2. *(Börse)* interruption of trading; **G.unterbrechungsversicherung** *f* business interrruption insurance; **G.unterlagen** *pl* business records/documents; **G.unternehmen** *nt* commercial enterprise; **G.-usancen** *pl* business customs/practices; **G.veräußerung** *f* sale of a business; **~ im Ganzen** sale of a business as a going concern; **G.verbindung** *f* business connection; **G.verkehr** *m* business (transactions); **G.verlagerung; G.verlegung** *f* relocation of business; **G.verlauf** *m* course of business; **G.verlust** *m* trading loss; **G.vermögen** *nt* business assets; **G.verpflichtungen** *pl* business commitments; **G.verteilung** *f* allocation of duties; **G.viertel** *nt* high *[GB]*/main *[US]* street, downtown *[US]*; **G.visum** *nt* business visa; **G.volumen** *nt* volume of business; **G.vorfall; G.vorgang** *m* (business) transaction; **G.vorstand** *m* management; **G.welt** *f* business/commercial world; **G.-wert** *m* value of a business (as a going concern); **immaterieller G.wert** goodwill; **G.zeichen** *nt* reference (number/mark); **G.zeit(en)** *f/pl* office/business/trading hours; **G.zentrum; G.zone** *nt/f* shopping center *[US]*/centre *[GB]*/precinct, downtown (district) *[US]*; **G.zunahme; G.zuwachs** *f/m* growth of business; **G.zweck** *m* object (of a company); **G.zweig** *m* 1. (branch/line) of business; 2. *(Konzern)* division

geschätzt *adj* 1. valued, estimated; 2. *(angesehen)* esteemed

Geschehen; Geschehnis *nt* occurrence, event

gescheitert *adj* 1. failed; 2. *(Verhandlungen)* abortive

Geschenk *nt* 1. present, (free) gift; 2. *(Werbung)* giveaway, handout; **als G. verpacken** to gift-wrap

Geschenk|abteilung *f* gifts department; **G.gutschein** *m* gift token/voucher; **G.-korb** *m* gift hamper; **G.packung** *f* 1. presentation pack; 2. gift wrapping

Geschick *nt* skill; **technisches G.** technical skill; **unternehmerisches G.** entrepreneurial skill

geschickt *adj* skilful

Geschmack *m* taste; **für jeden G. etw. bieten; jdm G. recht werden** to cater for all tastes; **vorherrschender G.** prevailing taste

Geschmacks|frage; G.sache *f* question of taste; **G.muster** *nt* (registered) design

geschützt *adj* protected; **gesetzlich g. (ges. gesch.)** patented, registered, proprietary; **nicht g.** *(Ware)* generic; **urheber-/verlagsrechtlich g.** copyrighted

Geschwindigkeit *f* speed, pace, velocity

Geschworene *pl* § jury

Geselle *m* journeyman, mate; **G.nprüfung** *f* trade test

Gesellschaft *f* 1. company, corporation *[US]*; 2. partnership; 3. *(allg.)* society; 4. *(AG)* public limited company (plc), open corporation *[US]*; 5. *(GmbH)* private limited company (Ltd) *[GB]*, close(d) corporation *[US]*; **G. mit beschränktem Aktionärskreis** closed company *[GB]*/corporation *[US]*; **~ beschränkter Haftung (GmbH)** private limited company (Ltd) *[GB]*, close(d) corporation *[US]*; **G. des bürgerlichen Rechts (GbR)** civil-law company; **~ öffentlichen Rechts** statutory company/corporation; **G. mit Sitz im Ausland** offshore company

Gesellschaft zur Eintragung anmelden to register a company; **G. aufheben/auflösen** to wind up a company; **in eine neue G. ausgliedern/ausgründen** to hive/spin off; **einer G. beitreten; in eine G. eintreten** to join a company; **G. handelsgerichtlich eintragen** to register *[GB]*/incorporate *[US]* a company; **G. errichten/gründen** to form/establish/float a company; **G. übernehmen** to take over a company

abhängige Gesellschaft subsidiary company/corporation; **angegliederte G.** affiliated company/corporation; **nicht auf das Betreiben eines Handelsgeschäfts ausgerichtete G.** non-trading company; **beherrschende G.** controlling company; **börsennotierte G.** quoted *[GB]*/listed *[US]* company; **(handelsgerichtlich) eingetragene G.** registered *[GB]*/incorporated (Inc.) *[US]* company; **gemeinnützige G.** non-profit(-making) company/organisation; **konzessionierte G.** chartered company; **öffentlich-rechtliche G.** public-law corporation; **privatrechtliche G.** private-law company/corporation; **rechtsfähige G.** incorporated company/society; **staatliche G.** nationalized company *[GB]*,

G

state corporation *[US]*; **stille G.** dormant/silent partnership; **unnotierte G.** unquoted *[GB]*/unlisted *[US]* company; **der Beförderungspflicht unterliegende G.** public-service company; **der Zwangswirtschaft unterliegende G.** regulated company; **verbundene G.** affiliated company; **vorgeschobene G.** dummy company/corporation

Gesellschafter(in) *m/f* 1. *(OHG/KG)* partner; 2. *(AG/GmbH)* shareholder *[GB]*, stockholder *[US]*; **ausgeschiedener G.** retired partner; **ausscheidender G.** retiring partner; **geschäftsführender G.** managing partner; **haftender G.** liable partner; **beschränkt ~ G.** limited partner; **persönlich ~ G.** general/full partner; **scheinbarer/vorgeschobener G.** ostensible partner; **stiller G.** dormant/silent partner

Gesellschafter|anteil *m* partner's interest; **G.ausschuss** *m* shareholder' committee; **G.beschluss** *m* shareholders' decision; **G.-darlehen** *nt* corporate/shareholder's loan; **G.einlage** *f* partner's investment; **G.-Geschäftsführer** *m* managing partner; **G.-haftung** *f* partners' liability; **G.kapital** *nt* partnership capital; **G.verhältnis** *nt* partnership; **G.versammlung** *f (GmbH)* shareholders'/*(OHG/KG)* partners' meeting; **G.vertrag** *m* articles of partnership/association; **G.verzeichnis** *nt* partnership/shareholders'/stockholders' register

gesellschaftlich *adj* social

Gesellschafts|anteil *m* partner's interest, share *[GB]*, stock *[US]*; **G.auflösung** *f* company liquidation; **G.bericht** *m* company/corporate report; **G.beschluss** *m* corporate/partners'/shareholders'/stockholders' resolution; **G.bilanz** *f* company/corporate balance sheet; **g.eigen** *adj* company-owned; **G.eigentum** *nt* company/corporate property; **G.finanzen** *pl* company/corporate finance(s); **G.form** *f* corporate structure, legal form (of business organisation); **G.fusion** *f* (corporate) merger; **G.gewinn** *m* company profit; **G.gründer** *m* founder, promoter; **G.gründung** *f* company formation; **G.-haftung** *f* corporate liability; **G.kapital** *nt* joint/capital stock, partnership/stock/share/equity/corporate capital; **G.leitung** *f* (corporate) management; **G.mantel** corporate shell; **G.mittel** *pl* company/corporate funds; **G.name** *m* corporate/company name; **G.politik** *f* company/corporate policy; **G.recht** *nt* company/corporation law; **G.register** *nt* register of companies; **G.reingewinn** *m* company/corporate net profit; **G.reisen** *pl* group travel; **G.satzung** *f* articles of association *[GB]*/incorporation *[US]*; **G.schicht** *f* social bracket/stratum *(lat.)*; **G.schuld** *f* 1. corporate debt/liability; 2. *(OHG/KG)* partnership debt; **G.sitz** *m* domicile, corporate/registered office; **G.statut(en)** *nt/pl* articles of association/incorporation; **G.steuer** *f* corporation tax; **G.struktur** *f* 1. social structure/fabric; 2. company/corporate structure; **G.verbindlichkeiten** *pl* company/corporate liabilities, ~ debts; **G.verlust** *m* company/corporate loss; **G.vermögen** *nt* 1. *(AG)* company/corporate assets; 2. *(OHG/KG)* partnership assets; **G.verpflichtungen** *pl* company/corporate liabilities; **G.versammlung** *f* 1. company meeting; 2. partners' meeting; **G.vertrag** *m* 1. *(OHG/KG)* articles/deed of partnership; 2. *(GmbH)* articles of association/incorporation; 3. *(vor Gründung)* memorandum of association; **G.zweck** *m* object(s) of the company

Gesetz *nt* 1. law, act, statute; 2. *(Entwurf)* bill; **G. von Angebot und Nachfrage** law of supply and demand; **G. des abnehmenden Bodenertrages; G. vom abnehmenden Ertragszuwachs** law of diminishing returns; **G. über Verjährung** statute of limitation(s); **~ den Verkauf von Waren** Sale of Goods Act *[GB]*; **G. gegen unlauteren Wettbewerb** Fair Trading Act *[GB]*, Restrictive Practices Act *[US]*

Gesetz abändern to amend a law; **G. aufheben** to repeal an act; **G. auslegen** to construe a law; **G. beachten/befolgen** to abide by the law; **G. einbringen** to table/introduce a bill; **G. erlassen** to enact legislation; **G. übertreten/verletzt haben; gegen das G. verstoßen haben** to be in breach of the law; **G. übertreten** to contravene/violate a law

bestehendes Gesetz existing law; **einschlägiges G.** relevant law; **geltendes G.** law in force; **zwingendes G.** binding law

Gesetzentwurf *m* bill

Gesetzes|anwendung *f* application of a law; **G.bruch** *m* breach of the law; **G.kon-**

kurrenz *f* concurrence of laws; **G.kraft** *f* force of law, legal force; **G.recht** *nt* statute/ statutory law; **G.sammlung** *f* statute book *[GB]*, statutes at large *[US]*; **G.übertretung** *f* breach/infringement of the law
gesetz|gebend; g.geberisch *adj* legislative
Gesetzgebung *f* legislation; **arbeitsrechtliche G.** industrial/labo(u)r legislation; **inländische G.** domestic legislation; **konkurrierende G.** concurrent legislation; **rückwirkende G.** retroactive legislation
Gesetzgebungs|befugnis; G.gewalt; G.-hoheit; G.kompetenz *f* legislative powers; **G.verfahren** *nt* legislative process
gesetz|lich *adj* 1. legal, statutory; 2. lawful, legitimate; **g.mäßig** *adj* legitimate, lawful; **g.widrig** *adj* illegal, unlawful, illicit
gesichert *adj* 1. safe, certain; 2. secured, assured
Gesichtspunkt *m* point of view, consideration; **kaufmännische G.e** commercial considerations
gespalten *adj* 1. split; 2. *(Kurse)* multiple
Gespräch *nt* 1. talk, discussion, dialogue; 2. ☎ call; **abgehendes G.** outgoing call; **ankommendes G.** incoming call; **dienstliches G.** business call; **vertrauliches G.** confidential talk
Gesprächs|dauer *f* length of call; **G.gebühr** *f* call charge; **G.notiz** *f* memo
gestaffelt *adj* 1. graduated, graded; 2. *(zeitlich)* staggered
Gestalt *f* shape, figure; **g.en** *v/t* to create/ shape/design
Gestaltung *f* 1. creation, design; 2. arrangement; **G. des Arbeitsplatzes** layout of the workplace
Gestaltungs|gruppe *f* *(Werbung)* creative team; **G.spielraum** *m* scope
gestatt|en *v/t* to allow/permit; **G.ungsvertrag** *m* licensing agreement
Gestehungskosten *pl* prime cost(s); **G. plus Gewinnspanne** cost-plus
gestellen *v/t* to make available, to provide/ furnish
Gestellung *f* provision; **G. eines Akkreditivs** opening a (letter of) credit
ge|streut *adj* diversified; **g.strichen** *adj* 1. cancelled, deleted; 2. *(Kurs)* unquoted
Gesuch *nt* request, petition; **g.t** *adj* wanted, sought-after, in demand
gesund *adj* healthy, fit, sound
Gesundheit *f* 1. health, fitness; 2. *(Geschäft)* soundness
Gesundheits|amt *nt* local health authority; **G.- und Gewerbeaufsichtsamt** *nt* local health and safety executive office; **G.attest** *nt* 1. health certificate; 2. ⚓ bill of health; **G.ausgaben** *pl* health spending; **G.behörde** *f* (public) health authority; **G.einrichtungen** *pl* health (care) facilities; **G.fürsorge** *f* health/medical care; **G.gefährdung** *f* health hazard/risk; **G.-ökonomie; G.ökonomik** *f* health economics; **G.pass** *m* health certificate; **G.risiko** *nt* health hazard/risk; **G.schutz** *m* health protection; **G.verordnungen; G.vorschriften** *pl* health/sanitary regulations; **G.wesen** *nt* health care system; **G.zeugnis** *nt* health certificate; **G.zustand** *m* state of health
gesundschrumpfen *v/t* to streamline/ downsize/slenderize
Gesundung *f* recovery, convalescence
Getränk *nt* drink, beverage
Getränke|industrie *f* beverage/drinks industry; **G.steuer** *f* beverage tax
Getreide *nt* corn, grain, cereal; **G.anbau** *m* cereal farm; **G.art** *f* cereal (crop); **G.börse** *f* corn/grain exchange; **G.ernte** *f* cereal/ grain crop; **G.händler** *m* corn factor *[GB]*, grain merchant; **G.termingeschäfte** *pl* grain futures; **G.wechsel** *m* grain bill
getrennt *adj* separate
Gewähr *f* guarantee, guaranty, warranty; **G. für zugesicherte Eigenschaften** warranty of fitness
gewähren *v/t* to grant/allow/concede
gewährleist|en *v/t* to guarantee/warrant; **G.(end)er** *m* guarantor, warrantor
Gewährleistung *f* guarantee, warranty; **G. der Durchschnittsqualität** warranty of merchantability; **~ zugesicherten Eigenschaften** express warranty; **G. für/wegen Rechtsmängel(n)** warranty of title
ausdrückliche/vertragliche Gewährleistung express warranty; **ausdrückliche oder stillschweigende G.** warranty express or implied; **gesetzliche G.** statutory warranty; **stillschweigende G.** implied warranty
Gewährleistungs|anspruch *m* warranty claim; **G.ausschluss** *m* caveat emptor *(lat.)*; **G.bruch** *m* breach of warranty; **G.frist** *f* guarantee/warranty period; **G.garantie** *f*

G

warranty, guarantee; **G.haftung** *f* liability for breach of warranty; **G.klage** *f* redhibitory action; **G.klausel** *f* warranty clause; **G.versicherung** *f* product liability insurance

Gewahrsam *m* 1. § custody, detention; 2. *(Verwahrung)* safekeeping

Gewährs|mangel *m* defect under a warranty; **G.mann** *m* 1. source, informant; 2. *(Bürge)* warrantor, guarantor; **G.pflicht** *f* warranty; **G.träger** *m* guarantor; **G.trägerhaftung** *f* guarantor's liability

Gewalt *f* 1. power, force; 2. violence; **höhere G.** force majeure *(frz.)*, Act of God; **vollziehende G.** executive authority/power

G

Gewerbe *nt* trade, (branch of) industry; **G. anmelden** to register a trade; **G. ausüben/betreiben; einem G. nachgehen** to pursue/ply/follow a trade; **G. erlernen** to learn a trade

ambulantes Gewerbe itinerant trade; **dienstleistendes G.** service industry; **heimisches G.** domestic industry; **produzierendes/verarbeitendes G.** manufacturing industry; **verteilendes G.** distributive trade

Gewerbe|abfall *m* industrial waste; **G.-amt** *nt* trading standards department; **G.-anmeldung** *f* registration of a trade; **G.-aufseher** *m* factory inspector, industrial executive *[US]*

Gewerbeaufsicht *f* shop and factory inspection; **G.samt** *nt* factory (and shop) inspectorate, trading standards authority; **G.sbeamter** *m* factory inspector, trading standards officer

Gewerbe|ausbildung *f* industrial training; **G.ausstellung** *f* industrial/trade fair; **G.bau** *m* industrial construction; **G.befugnis; G.berechtigung; G.erlaubnis** *f* trading licence; **G.betrieb** *m* business enterprise, commercial undertaking/enterprise; **G.ertrag** *m* operating/trading profit; **G.erzeugnis** *nt* industrial product; **G.fläche** *f* commercial/industrial site, ~ land; **G.förderung** *f* industrial/trade promotion; **G.förderungsprogramm** *nt* business expansion scheme *[GB]*; **G.freiheit** *f* economic freedom; **G.gebiet** *nt* trading estate, industrial estate/park; **G.-grundstück** *nt* industrial site/property; **G.immobilie** *f* commercial/industrial property; **G.inspektion** *f* factory and shop inspection; **G.inspektor** *m* factory inspector; **G.kapital** *nt* trading/working capital; **G.konzession; G.lizenz** *f* trading licence; **G.krankheit** *f* occupational disease; **G.müll** *m* industrial waste/refuse; **G.objekt** *nt* commercial property; **G.ordnung** *f* trading regulations; **G.park; G.- und Industriepark** *m* business/trading/industrial park, ~ estate; **G.polizei** *f* factory (and shop) inspectorate; **G.räume** *pl* premises; **G.recht** *nt* commercial/industrial law; **G.schein** *m* trading licence; **G.-schule** *f* trade/vocational/technical school; **G.standort** *m* industrial location

Gewerbesteuer *f* (local) business tax, commercial/industrial rate(s); **G.aufkommen** *nt* trade tax yield; **G.befreiung** *f* trade tax exemption; **G.bescheid** *m* trade tax assessment notice; **G.entlastung** *f* business/trade tax relief

Gewerbe|struktur *f* mix of industries; **G.-tarif** *m* ⚡ industrial tariff; **G.tätigkeit** *f* industrial/commercial activity; **G.technik** *f* industrial engineering; **G.treibende(r)** *f/m* trader; **G.unfallversicherung** *f* industrial (accident) insurance; **G.verband** *m* trade association; **G.verlust** *m* trading loss; **G.versicherung** *f* commercial/industrial insurance; **G.verzeichnis** *nt* trade directory; **G.zentrum** *nt* commercial/industrial center *[US]*, ~ centre *[GB]*; **G.zweig** *m* (branch of) industry, line of business

gewerb|lich; g.smäßig *adj* commercial, industrial

Gewerkschaft *f* (trade) union *[GB]*, labor union *[US]*

Gewerkschaft(l)er *m* 1. (trade) unionist, union member; 2. *(Funktionär)* union official

Gewerkschafts|angehörige(r) *f/m* (trade) unionist; **G.bank** *f* trade union bank *[GB]*, labor bank *[US]*; **G.beitrag** *m* (trade) union dues; **G.bewegung** *f* (trade) union movement

Gewerkschaftsbund *m* trade-union federation/confederation; **amerikanischer G.** American Federation of Labor/Congress of Industrial Organization (AFL/CIO); **britischer G.** Trades Union Congress (TUC)

gewerkschafts|frei *adj* non-unionized; **G.funktionär** *m* (trade) union official *[GB]*, labor union functionary *[US]*; **G.-mitglied** *nt* (trade) union member

Gewerkschaftsverband *m* trade union federation; **amerikanischer G.** American Federation of Labor/Congress of Industrial Organization (AFL/CIO); **britischer G.** Trades Union Congress (TUC)
Gewerkschafts|vertreter(in) *m/f* (trade) union representative; **G.zugehörigkeit** *f* union membership
Gewicht *nt* 1. weight (wt.); 2. *(Belastung)* load; **G. überschreiten** to exceed the weight limit; **nach G. verkaufen** to sell by weight
ausgeladenes Gewicht ⚓ landed weight; **ausgeliefertes G.**delivered weight; **knappes/leichtes G.** short weight; **volles G.** full weight; **zollpflichtiges G.** ⊖ dutiable weight
gewichten *v/i* 1. to weigh; 2. *(fig)* to weight
Gewichts|abgang *m* loss of weight; **G.abweichung** *f* weight tolerance; **G.basis** *f* weight basis; **G.bescheinigung** *f* certificate of weight; **G.klasse** *f* weight category; **G.kontrolle** *f* weight control/check; **G.mangel; G.manko** *m/nt* short weight; **G.maß** *nt* weight (wt.); **G.schein** *m* bill of weight; **G.tarif** *m* weight rate; **G.tonne** *f* freight ton; **G.überschuss** *m* excess weight; **G.verlust** *m* loss of weight; **G.zertifikat; G.zeugnis** *nt* certificate of weight; **G.zoll** *m* ⊖ specific duty
Gewichtung *f* weighting
Gewinn *m* ↘ **Profit** 1. *(Ertrag)* profit(s), yield; 2. *(Bezüge)* earnings, emolument(s); 3. *(Einnahmen)* proceeds, income, revenue(s); **G. vor Abschreibungen und Wertberichtigungen** gross trading profit; **einbehaltene G.e und Abschreibungen** retained cash flow; **G. vor Abzug der Steuern** pre-tax profit(s); **G. pro Aktie** earnings per share; **G. aus dem laufenden/operativen Geschäft** operating profit(s); **G. einer Kapitalgesellschaft** corporate profits; **G. in Prozent des investierten Kapitals** return on investment (ROI); **G. nach Steuern** profit(s)/earnings after tax(ation), after-tax earnings/profit(s); **G. vor Steuern** pre-tax profit(s), profits/earnings before tax(ation)
keinen Gewinn anstrebend; nicht auf G. gerichtet non-profit(-making); **auf G. gerichtet** profit-making, commercial
Gewinn abführen to surrender a profit; **mit G. abschließen** to show a profit; **ohne G. oder Verlust abschließen** to break even; **G.e abschöpfen** to siphon off profits; **mit G. absetzen** to sell at a premium; **G. abwerfen** to yield/generate a profit; **G.e aktivieren** to capitalize profits; **mit G. arbeiten** to trade profitably; **G. aufweisen** to show/post a profit; **G.e aufzehren** to eat up profits; **G. ausschütten** to distribute a profit; **G. ausweisen** to return/post a profit; **G. (ein)bringen/ergeben** to pay, to yield a profit; **G. einstecken/einstreichen** to pocket the profit(s); **G. erwirtschaften/erzielen/machen** to generate profits; **G.e mitnehmen/realisieren** to realize/take profits; **G.e reinvestieren** to plough back profits; **G.e steigern** to lift earnings; **G. teilen** to share profits; **am G. teilhaben** to share/participate in the profit(s); **G.e transferieren** 1. to transfer profits; 2. *(ins Heimatland)* to repatriate profits; **mit G. verkaufen** to sell at a premium; **G. verzeichnen** 1. to yield a profit; 2. *(Börse)* to make gains; **G. verwässern** to dilute earnings
abgeführter Gewinn surrendered profit; **unverhofft anfallende G.e** windfall profits; **ansehnlicher G.** handsome profit; **ausgeschütteter G.** distributed profit(s); **nicht ~ G.** retained earnings/profit(s); **ausschüttbarer/ausschüttungsfähiger G.** distributable profit(s)/earnings; **bereinigter/berichtigter G.** adjusted profit(s); **buchmäßiger G.** book/accounting profit(s); **einbehaltener G.** retained earnings; **einmaliger G.** one-off *(coll)* profit(s); **nicht entnommene G.e** (profit) retentions, retained income/earnings; **fette G.e** *(coll)* rich pickings *(coll)*; **gewerblicher G.** trading/operating profit(s); **konsolidierter G.** consolidated earnings; **operativer G.** operating profit; **reiner G.** net profit(s); **schöner/stattlicher G.** handsome profit(s); **steuerlicher/-pflichtiger G.** taxable income/profit(s); **technischer G.** 1. technical/book profit(s); 2. *(Vers.)* underwriting profit(s); **thesaurierte G.e** retained earnings; **unerwarteter/ungeplanter G.** windfall (profit); **veranlagungspflichtiger/zu versteuernder G.** *(Steuer)* taxable profit(s); **zu verteilender G.** distributable earnings/profit(s); **zurückbehaltene G.e** retained earnings, (profit) retentions
Gewinnabfall *m* profit(s) slump

G

Gewinnabführung *f* profit transfer; **G.s-abkommen; G.svertrag** *nt/m* profit transfer agreement

gewinn|abhängig *adj* profit-related; **G.-abnahme** *f* profit(s) slump; **G.abschwächung** *f* decline in earnings; **G.anstieg** *m* earnings rise

Gewinnanteil *m* 1. share (in the profits); 2. *(Vers.)* policy dividend; **G.schein** *m* dividend warrant

Gewinn|aufschlag *m* mark-up; **G.aufstellung** *f* earnings statement; **G.-ausfall** *m* loss of earnings; **G.ausschüttung** *f* income/profit(s)/dividend distribution; **G.aussichten** *pl* profit outlook; **G.ausweis** *m* earnings statement; **G.beeinträchtigung** *f* erosion of profits; **G.-beitrag** *m* (profit/earnings) contribution; **g.berechtigt** *adj* participating

Gewinnbeteiligung *f* profit-sharing (scheme); **G. der Arbeiter/Arbeitnehmer** employee profit-sharing (scheme)

Gewinn|bilanz *f* earnings statement; **g.-bringend** *adj* profitable, gainful, remunerative; **G.bringer** *m* profit maker, money spinner; **G.druck** *m* profit squeeze; **G.einbehaltung** *f* retention of earnings; **G.einbruch; G.einbuße** *m/f* earnings slump

gewinnen *v/ti* 1. to win; 2. *(Zugewinn)* to gain; 3. ⚒ to mine; 4. *(verdienen)* to earn

Gewinn|entgang *m* loss of earnings; **G.-entnahme** *f* withdrawal of profits; **G.-entwicklung** *f* earnings performance; **G.ermittlung; G.feststellung** *f* (net) income determination; **G.gemeinschaft** *f* profit pool(ing); **G.kennziffer** *f* earnings ratio

Gewinn- und Verlustkonto *nt* profit and loss account

Gewinn|los *nt* winning number/ticket; **G.marge** *f* profit margin; **G.mitnahme** *f* profit-taking; **G.motiv** *nt* profit motive; **G.multiplikator** *m* price-earnings ratio (P/E); **g.orientiert** *adj* profit-orient(at)ed; **G.prämie** *f* (share) bonus; **G.prognose** *f* earnings forecast; **düstere ~** profit(s) warning; **G.punkt** *m* break-even-point

Gewinn- und Verlustrechnung (GuV) *f* profit and loss account; **gemeinsame/konsolidierte G.** (group) consolidated profit and loss account

Gewinn|reserve *f* *(Vers.)* bonus reserve; **G.rückgang** *m* profit/earnings slump; **G.-rücklage** *f* retained earnings; **G.schätzung** *f* profit estimate

Gewinnschwelle *f* break-even point; **G. erreichen** to break even; **G.nanalyse; G.nrechnung** *f* break-even analysis

Gewinnspanne *f* profit/operating margin, margin of profit; **g.steigernd** *adj* profit-enhancing; **G.steigerung** *f* profit rise/growth; **G.stelle** *f* profit center *[US]*/centre *[GB]*; **G.steuer** *f* tax on earnings/income; **G.streben** *nt* profit motive; **G.-thesaurierung** *f* earnings retention; **g.-trächtig** *adj* profitable, high-profit; **G.-und Verlustübernahmevertrag** *m* profit and loss assumption agreement; **G.überschuss** *m* surplus profit; **G.übersicht** *f* earnings statement

Gewinnung *f* 1. ⚒ extraction, production; 2. *(Daten)* collection; **G. von Steinen und Erden** quarrying; **G.sanlage** *f* extracting plant; **G.sbetrieb** *m* mining operation

Gewinn|verbesserung *f* profit improvement; **G.verfall** *m* profits slide, erosion of profits; **G.vergleich** *m* earnings comparison; **G.verhältnis** *nt* profit ratio; **G.verteilung** *f* distribution of profits; **G.verteilungsrechnung** *f* appropriation of income statement

Gewinnverwendung *f* profit appropriation/distribution, appropriation of profits/earnings; **G.srechnung** *f* appropriation of earnings statement, (earned) surplus statement; **G.svorschlag** *m* proposed appropriation of earnings

Gewinn|verzehr *m* erosion of profits; **G.-vorhersage** *f* profit forecast; **G.vorschau** *f* earnings estimate; **G.vortrag** *m* surplus/profit brought forward, retained earnings; **G.warnung** *f* profit(s) warning; **G.zahlen** *pl* 1. profit figures; 2. *(Lotterie)* winning numbers; **G.ziel** *nt* profit target

Gewinnzone *f* 1. profit zone; 2. *(Diagramm)* profits wedge; **in der G.** in the black; **die G. erreichen** to break even

Gewinn|zunahme *f* earnings/profits growth; **G.zuschlag** *m* mark-up; **G.zuwachs** *m* profit(s) increase/growth

Gewissen *nt* conscience; **nach bestem G.** to the best of one's belief

gewissenhaft *adj* conscientious, diligent; **G.igkeit** *f* conscientiousness, diligence

Gewitter *nt* (thunder)storm; **G.- und Sturmschadenversicherung** *f* storm, tempest and hurricane insurance

Gewohnheit *f* usage, custom, habit; **G.s-recht** *nt* customary/common/unwritten law
gewöhnlich *adj* 1. conventional; 2. habitual
vorab gezahlt *adj* prepaid (ppd)
gezeichnet *adj* 1. signed; 2. *(Wertpapier)* subscribed
Gezeiten *pl* tides
Gießerei(betrieb) *f/m* ◯ foundry
giftig *adj* 1. poisonous; 2. ⚘ toxic, noxious
Gift|müll *m* toxic waste; **G.stoff** *m* poisonous/toxic substance, toxin
Giralgeld *nt* deposit/book money
Girant *m* endorser, indorser, backer; **G. aus Gefälligkeit** accommodation endorser; **später G.** subsequent endorser
Girat(ar) *m* endorsee
girierbar *adj* negotiable, endorsable, indorsable; **nicht g.** non-negotiable
girieren *v/t* to endorse/indorse/back
giriert *adj* endorsed, indorsed; **blanko g.** endorsed/indorsed in blank; **nicht g.** unendorsed, unindorsed; **ordnungsgemäß g.** duly endorsed/indorsed
Girierung *f* endorsement, indorsement
Giro *nt* 1. *(Wechsel)* giro, transfer; 2. endorsement, indorsement; **ohne G.** unendorsed, unindorsed; **G. einer Bank** bank endorsement; **G. ohne Gewähr** endorsement without recourse; **~ Verbindlichkeit** qualified endorsement; **mit G. versehen** endorsed, indorsed; **G. verweigern** to refuse endorsement
absolutes/unbeschränktes Giro absolute endorsement; **bedingtes G.** conditional endorsement; **beschränktes G.** restrictive/qualified endorsement; **gewöhnliches G.** regular endorsement; **offenes G.** blank endorsement
Giro|abteilung *f* giro department; **G.auftrag** *m* credit transfer order; **G.ausgleichsstelle** *f* clearing house; **G.bank** *f* clearing bank/house; **G.einlagen** *pl* deposits on current account; **G.geld** *nt* money in account; **G.gläubiger(in)** *m/f* bill creditor; **G.guthaben** *nt* credit balance; **G.kasse** *f* clearing house
Girokonto *nt* current/giro/checking *[US]*/cheque *[GB]* account; **verzinsliches G.** interest-bearing current/checking account
Giro|kunde; G.kundin *m/f* current account customer
Girosammel|depot *nt* omnibus deposit, safe custody account; **G.verwahrung** *f* collective safe deposit
Giro|scheck *f* clearing house check *[US]*/cheque *[GB]*; **G.stempel** *m* transfer stamp; **G.system** *nt* clearing/giro system; **G.überweisung** *f* bank/credit transfer; **G.verband** *m* clearing house association; **G.verbindlichkeiten** *pl* endorsement liabilities; **G.verkehr** *m* giro transactions/system; **G.zahlung** *f* bank transfer; **G.-zentrale** *f* clearing house
Gitter *nt* 1. grid; 2. railing; **G.boxpalette** *f* skeleton box pallet; **G.kiste** *f* crate
Glamourpapier *nt* *(Börse)* star performer, glamo(u)r stock
Glanz|leistung *f* brilliant feat/achievement; **G.papier** *nt* gloss paper; **G.punkt** *m* highlight
Glas *nt* 1. glass; 2. glassware; **G.bruchschaden** *m* glass breakage; **G.container** *m* bottle bank
Glasfaser *f* glass/optical fiber *[US]*, ~ fibre; **G.kabel** *nt* glass/optical fiber cable, ~ fibre cable; **G.technik** *f* glass fiber/fibre technology
Glas|hütte *f* glassworks; **G.iglu** *nt* bottle bank; **G.industrie** *f* glass industry; **G.-schaden** *m* glass breakage; **G.scheibe** *f* pane; **G.versicherung** *f* glass breakage insurance; **G.waren** *pl* glassware
glatt *adj* 1. even, plain; 2. smooth; 3. *(Straße)* slippery; **G.eis** *nt* (black) ice
glattstellen *v/t* *(Börse)* to realize, to sell off; *v/refl* 1. *(Börse)* to liquidate/square one's position; 2. *(Termin)* to close a position; 3. *(Baissier)* to cover; 4. *(Haussier)* to take profit
Glattstellung *f* *(Börse)* realization, smoothing operation, position squaring, stop-loss selling; **G. einer Baisseposition** short liquidation; **~ Hausseposition; G. eines Haussiers** stale bull liquidation; **G. vornehmen** *(Terminmarkt)* to close a position
Glaube *m* belief, faith; **böser G.** bad faith, mala fides *(lat.)*; **guter G.** good faith, bona fides *(lat.)*
glauben *v/t* to believe/feel
glaubhaft *adj* credible, **G.igkeit** *f* credibility
Gläubiger(in) *m/f* creditor; *pl* accounts payable; **G. als Aktiengesellschaft** corporate creditor; **G. aus Kontokorrentgeschäften** trade creditor

Gläubiger abfinden to settle with one's creditors; **sich mit seinen G.n akkordieren/arrangieren** to compound with one's creditors; **G. befriedigen** to satisfy/discharge a creditor; **G. hinhalten** to put off creditors; **von seinen G.n bedrängt sein** to be dunned by one's creditors; **sich mit seinen G.n vergleichen** to compound with one's creditors

bevorrechtigter/-zugter Gläubiger prior/secured/preferential creditor; **diverse G.** sundry creditors; **gesicherter G.** secured creditor; **hypothekarisch ~ G.** mortgagee; **nachrangiger G.; im Range nachstehender G.** junior creditor; **vorrangiger G.** senior creditor; **zwangsvollstreckender G.** executing/attaching creditor

G

Gläubiger|antrag *m* creditors' petition; **G.-ausgleich** *m* arrangement with creditors; **G.befriedigung** *f* satisfaction of creditors; **G.buch** *nt* creditors' ledger; **G.forderung** *f* creditor's claim; **G.liste** *f* schedule of creditors

Gläubigerschutz *m* protection of creditors; **G.verband** *m* trade protection society

Gläubigervergleich *m* arrangement with creditors, composition in bankruptcy; **G. eingehen/schließen** to compound with one's creditors

Gläubiger|versammlung *f* creditors' meeting; **G.verzeichnis** *nt* list/schedule of creditors; **G.vorrang; G.vorrecht** *m/nt* creditor's privilege

glaubwürdig *adj* credible; **G.keit** *f* credibility, credence

gleich *adj* 1. same, equal; 2. even; *conj* π equals

gleichbe|deutend *adj* synomymous, identical, equivalent; **G.handlung** *f* equal treatment; **g.rechtigt** *adj* equal-ranking; **G.rechtigung** *f* equality (of rights)

gleichbleibend *adj* 1. constant; 2. *(Bilanz/Abschreibung)* straight-line

gleichen *v/t* to equal

gleichförmig *adj* uniform; **G.keit** *f* uniformity

Gleichgewicht *nt* equilibrium, balance; **G. von Angebot und Nachfrage** equilibrium of supply and demand; **G. bei Vollbeschäftigung** full employment equilibrium

außenwirtschaftliches Gleichgewicht external equilibrium; **binnenwirtschaftliches G.** domestic (economic) equilibrium; **marktwirtschaftliches G.** free-market equilibrium; **ökologisches G.** ecological balance; **wirtschaftliches G.** economic equilibrium

Gleichgewichts|analyse *f* equilibrium analysis; **G.modell** *nt* equilibrium model; **G.störung** *f* disequilibrium

Gleichheit vor dem Gesetz *f* equality before the law

gleichkommen *v/i* 1. to amount to, to be tantamount to; 2. to match/equal

gleich lautend *adj* identical, of the same tenor

gleichmach|en *v/t* to equalize/level; **G.er** *m* egalitarian, leveller; **G.erei** *f* egalitarianism, levelling down; **g.erisch** *adj* egalitarian

gleich|mäßig *adj* even, uniform; **g.ordnen** *v/t* to coordinate; **G.ordnung** *f* coordination; **g.rangig** *adj* (equal-)ranking; **g.setzen** *v/t* to equate; **G.stand** *m* parity; **G.stellung** *f* equality of treatment; **G.stellungsbeauftragte(r)** *f/m* equal rights representative; **G.strom** *m* ϟ direct current (DC); **G.ung** *f* π equation; **G.verteilung** *f* uniform distribution; **g.wertig** *adj* equal, equivalent, on a par

gleichzeitig *adj* simultaneous, concurrent; **G.keit** *f* concurrence, simultaneity

Gleis *nt* 🚂 track, line; **G.anschluss** *m* (rail) siding *[GB]*, sidetrack *[US]*; **G.kettenfahrzeug** *nt* track-laying vehicle; **G.miete** *f* siding rent

Gleitboot *nt* hydrofoil

gleiten *v/i* 1. to glide/slide; 2. *(Arbeitszeit)* to be on flex(i)time; **g.d** *adj* sliding-scale

Gleit|klausel *f* escalator/index clause; **G.komma** *nt* floating point/decimal; **G.lohntarif** *m* sliding wage scale; **G.preisklausel** *f* escalator clause; **G.zeit** *f* flex(i)-time; **G.zeitbereich** *m* fringe time; **G.-zins** *m* variable interest (rate); **G.zoll** *m* ⊖ sliding(-scale) tariff

Glied *nt* *(Kette)* link; **g.ern** *v/t* to arrange/order/structure/classify

Gliederung *f* arrangement, structure, classification; **G. in Abteilungen** departmentalization; **G. in Geschäftsbereiche/Sparten** divisionalization

global *adj* 1. global; 2. *(fig)* across-the-board, comprehensive, all-inclusive

Global|abtretung *f* blank/blanket assignment; **G.akkreditiv** *nt* blanket letter of credit; **G.aktie(nurkunde)** *f* all-share certificate; **G.angebot** *nt* package/comprehensive offer; **G.anstieg** *m* across-the-board rise; **G.belastung** *f* total burden; **G.besteuerung** *f* overall taxation; **G.darlehen** *nt* blanket/lump-sum loan; **G.deckung** *f (Vers.)* comprehensive cover(age); **G.geschäft** *nt* package deal

globalisieren *v/t* to globalize

Globalisierung *f* globalization; **G. des Beschaffungswesens** global sourcing

Global|hypothek *f* blanket mortgage; **G.kürzung** *f* across-the-board cut; **G.-police** *f* blanket/comprehensive/all-risk(s) policy; **G.steuerung** *f (VWL)* demand management; **G.tarif** *m* all-inclusive rate; **G.versicherung** *f* comprehensive/blanket/all-in/all-risks insurance; **G.zession** *f* blank/blanket assignment; **G.zuschuss; G.zuweisung** *m/f* block grant

Glück *nt* 1. luck; 2. happiness

glück|lich *adj* 1. lucky, fortunate; 2. happy; **g.los** *adj* unfortunate

Glücks|fall *m* piece/stroke of luck; **unerwarteter G.** windfall, godsend; **G.spiel** *nt* gambling, gaming; **G.spieler** *m* gambler; **G.strähne** *f* lucky streak; **G.treffer** *m* lucky strike

GmbH (Gesellschaft mit beschränkter Haftung) *f* private limited company (Ltd), close(d) corporation; **GmbH & Co. KG** limited partnership with a limited liability company as general partner, S. corporation *[US]*; **GmbH und Still** limited liability company with a dormant partner

Gold *nt* gold; **G. in Barren** ingot gold; **G. von geringem Feingehalt** base gold; **G. am Kassamarkt** spot gold

Gold|abbau *m* gold mining; **G.abfluss; G.-abfluss** *m* bullion/gold drain; **G.aktien** *pl (Börse)* gold mines; **G.anleihe** *f* gold bond; **G.ausfuhr** *f* gold export(s); **G.barren** *m* gold ingot; **G.bestand** *m* gold holdings; **G.deckung** *f* gold backing/cover; **G.gehalt** *m* gold content; **g.gerändert** *adj* gilt-edged; **G.grube** *f* gold mine; **G.handel** *m* bullion dealing; **G.-händler** *m* bullion dealer; **G.kurs** *m* gold rate; **G.markt** *m* gold/bullion market

Goldmünze *f* gold coin; **20-Dollar-G.** double eagle *[US]*

Gold|notierung; G.notiz *f* gold quotation/quote; **G.preis** *m* gold price; **G.standard** *m* gold standard; **G.staub** *m* gold dust; **G.-stück** *nt* gold piece/coin; **G.vorkommen** *nt* gold deposits; **G.währung** *f* gold currency/standard

Grad *m* degree, grade; **G. der Arbeitslosigkeit** level of unemployment; **~ Fahrlässigkeit** degree of negligence; **G. des Verschuldens** degree of fault; **akademischer G.** university/college/academic degree

graduier|en *v/t* to graduate; **G.te(r)** *f/m* graduate; **G.ung** *f* graduation

Grafik *f* chart, graph, graphics

Gratifikation *f* bonus, gratuity, ex gratia *(lat.)* payment

gratis *adj* free (of charge), gratuitous; **G.-aktie** *f* bonus share *[GB]*/stock *[US]*; **G.-anteil** *m* bonus share; **G.emission** *f* scrip issue; **G.muster; G.probe** *nt/f* free sample; **G.zeitung** *f* freesheet, freebie *(coll)*

G

greifen *v/i* 1. to grab/grip; 2. *(Maßnahme)* to bite, to take effect; **g. zu** to resort to

Gremium *nt* body, committee

Grenz|abfertigung *f* ⊝ frontier/border clearance; **G.abnehmer** *m (Anlage)* investor at the margin; **G.anbieter** *m* 1. marginal seller; 2. *(Anlage)* investor at the margin; **~ von Kapital** marginal lender; **G.ausgaben** *pl* marginal outlay; **G.ausgleich** *m (EU)* import/export compensatory payment; **G.bedarf** *m* marginal requirements; **G.belastung** *f* marginal cost(s), critical load; **G.besteuerung** *f* marginal taxation; **G.betrieb** *m* marginal enterprise; **G.boden** *m* 🚜 marginal land

Grenze *f* 1. border, frontier; 2. *(Grundstück)* boundary; 3. borderline, limit; **frei G.** free border/frontier; **obere G.** ceiling

grenzen an *v/prep* 1. to border on; 2. *(fig)* to verge on

Grenzerlös *m* marginal revenue

Grenzertrag *m* marginal returns/yield; **G.sboden; G.sand** *m/nt* marginal land; **G.skurve** *f* marginal product curve

Grenz|erzeugnis *nt* marginal product; **G.-fall** *m* borderline case; **G.formalitäten** *pl* border formalities; **G.genuss** *m* marginal benefit; **G.kapazität** *f* marginal capacity; **G.konsum** *m* marginal consumption; **G.-kontrolle** *f* customs/border control

Grenzkosten *pl* marginal/differential/alternative cost(s); **G.kalkulation; G.rechnung** *f* marginal/direct costing

Grenz|kreditnehmer *m* marginal borrower; **G.leistungsfähigkeit** *f* marginal efficiency; **G.linie** *f* boundary (line), borderline; **G.nachfrage** *f* marginal demand; **G.nachfrager** *m* marginal buyer; **~ nach Kapital** marginal borrower

Grenznutzen *m* marginal utility; **abnehmender G.** diminishing marginal utility; **zunehmender G.** increasing marginal utility; **G.lehre; G.theorie** *f* marginal utility theory

Grenzplankosten|kalkulation; G.rechnung *f* marginal/differential costing

Grenzprodukt *nt* marginal product; **G. der Arbeit** marginal product of labo(u)r

Grenzproduktivität *f* marginal productivity; **G. der Arbeit** marginal productivity of labo(u)r; **G. des Geldes** marginal productivity of money; **~ Kapitals** marginal productivity of capital; **G.stheorie** *f* marginal productivity theory

Grenz|rate der Substitution *f* marginal rate of substitution; **G.rentabilität** *f* marginal profitability; **G.situation** *f* borderline situation; **G.spediteur** *m* ⊝ border/transit agent; **G.steuerbelastung; G.-steuerlast** *f* marginal tax burden; **G.-stückkosten** *pl* marginal unit cost(s); **G.übergang** *m* frontier/border crossing (point); **g.überschreitend** *adj* cross-border, cross-frontier; **G.umsatz** *m* marginal sales; **G.verbrauch** *m* marginal consumption; **G.verbraucher** *m* marginal consumer; **G.verkäufer** *m* marginal seller; **G.verkehr** *m* cross-border/cross-frontier traffic; **G.wert** *m* limit, threshold value

Grenzzoll|amt; G.stelle *nt/f* frontier customs office

Griff *m* 1. hold, grip; 2. handle; **etw. in den G. bekommen** to get a grip on sth.; **etw. im G. haben** to have sth. under control

grob *adj* coarse, rough; **G.kostenschätzung** *f* rough cost estimate; **G.planung** *f* aggregate/outline planning

Gros (= 12 Dutzend) *nt* 1. gross; 2. bulk, majority

groß *adj* 1. big, large; 2. great; 3. tall; 4. siz(e)able, major

im Großen *nt* in bulk, wholesale

Groß|abnahme *f* bulk buying; **G.abnehmer** *m* bulk/wholesale buyer; **G.abschluss** *m* major contract; **G.aktionär** *m* major shareholder *[GB]*/stockholder *[US]*; **G.anlage** *f* 1. large(-scale) plant; 2. 🖳 mainframe (computer); **G.anleger** *m* big/major investor; **G.auftrag** *m* 1. big/tall order; 2. *(Börse)* big-ticket order; **G.-bank** *f* big/large/major bank; **G.bauer** *m* big/large farmer; **G.baustelle** *f* large building/construction site; **G.betrieb** *m* 1. large enterprise; 2. major operation; 3. 🚜 big farm; **G.brand** *m* conflagration; **G.buchstabe** *m* capital letter; **G.computer** *m* mainframe (computer)

Größe *f* size, volume; **gängige/konstante/lagergängige G.** stock size; **nicht ~ G.** odd size; **genormte G.** standard size; **gesamtwirtschaftliche/makroökonomische G.** economic aggregate; **marktgängige G.** commercial size; **von mittlerer G.** medium-sized; **monetäre G.** monetary aggregate; **ökonomische G.** economic quantity; **überschaubare G.** manageable size; **übliche G.** standard size; **veränderliche G.** variable; **vorgeschriebene/vorschriftsmäßige G.** regulation size

Großeinkauf *m* 1. bulk purchase; 2. bulk buying; 3. *(Einkaufsbummel)* spending spree; **G.einkäufer** *m* bulk buyer; **G.einkaufsgenossenschaft** *f* cooperative wholesale society *[GB]*; **G.einlage** *f* large deposit

Größen|angaben *pl* measurements, dimensions; **G.beschränkungen** *pl* size restrictions; **G.degression** *f* economies of scale, scale economics; **G.nachteile** *pl* diseconomies of scale; **G.ordnung** *f* order (of magnitude); **G.verhältnis** *nt* 1. proportion; 2. scale; **G.verhältnisse** dimensions; **G.vorteile** *pl* economies of scale, scale economies

Groß|erzeuger *m* major producer/manufacturer; **G.fabrikation** *f* mass production; **G.feuer** *nt* conflagration; **G.finanz** *f* high finance; **G.firmengeschäft** *nt (Bank)* wholesale banking; **G.flugzeug** *nt* wide-bodied aircraft; **G.format** *nt* ✉ commercial size; **g.formatig** *adj* large-size(d); **G.fusion** *f* mega merger; **G.gebinde** *nt* bulk pack; **~ auflösen** to break bulk; **G.-geschäft** *nt* 1. *(Börse)* big-ticket transaction; 2. *(Bank)* wholesale banking

Großhandel *m* wholesale trade/trading, wholesaling; **im G.** wholesale; **Groß- und Außenhandel** wholesale and foreign trade; **~ Einzelhandel** wholesale and retail (trade); **G. umgehen** to eliminate the wholesaler(s)/middleman

Großhandels|abgabepreis *m* wholesale (output) price; **G.betrieb** *m* wholesale business/operation; **G.einkauf** *m* bulk buying; **G.geschäft** *nt* wholesale business; **G.haus** *nt* wholesale firm; **G.kaufmann** *m* wholesaler, wholesale trader; **G.lager** *nt* (wholesaler's) warehouse; **G.-markt** *m* wholesale market; **G.partie** *f* wholesale lot; **G.preis** *m* trade/wholesale price; **G.rabatt** *m* trade discount; **G.unternehmen** *nt* wholesale firm; **G.verband; G.vereinigung** *m/f* wholesale association; **G.verkäufer** *m* wholesaler; **G.vertreter** *m* wholesale representative; **G.werte** *pl (Börse)* big-volume stocks; **G.zentrum** *nt* wholesale (trade) center *[US]*/centre *[GB]*

Großhändler *m* wholesaler, wholesale trader, stockholder; **G. mit eingeschränkter Funktion** limited-function wholesaler; **~ eigenem Lager** full-function wholesaler; **G. im Streckengeschäft** drop shipper; **G. mit breitem Sortiment** general merchandiser

Groß|handlung *f* wholesale business; **G.-havarie** *f* general average; **G.hersteller** *m* large-scale/volume manufacturer; **G.industrie** *f* big industry; **G.industrieller** *m* industrial magnate; **G.investition** *f* major investment; **G.investor** *m* major investor

Grossist *m* wholesale merchant/trader, wholesaler, stockholder; **G. ohne eigenes Lager** drop shipper; **G.entarif** *m* trade rate

Groß|kapital *nt* high finance, big business; **G.kaufmann** *m* wholesale merchant/trader, wholesaler; **G.konzern** *m* major group

Großkredit *m* jumbo loan/credit; **G.nehmer** *m* big/large borrower

Großkunde *m* 1. big customer; 2. *(Werbung)* major/key account; 3. ⚡ large power user; **G.ngeschäft** *nt (Bank)* wholesale banking

Groß|lagerhaus *nt* wholesale warehouse; **G.lebensversicherung** *f* ordinary/straight life insurance; **G.lieferant** *m* major/bulk supplier; **G.markt** *m* wholesale market; **G.objekt** *nt* 1. large project; 2. *(Immobilie)* large property; **G.packung** *f* bulk/economy pack; **G.produktion** *f* large-scale production; **G.produzent** *m* major producer/manufacturer; **G.projekt** *nt* large-scale/major project

Großraum *m* area, conurbation; **G.büro** *nt* open(-plan) office; **G.flugzeug** *nt* wide-bodied aircraft

großräumig *adj* 1. extensive; 2. spacious

Großraum|tanker *m* giant tanker; **G.transporter** *m* ⚓ bulk carrier; **G.wagen** *m* 🚂 open(-plan) carriage; **G.waggon** *m* high-capacity wag(g)on

Groß|rechenanlage; **G.rechner** *f/m* 💻 mainframe (computer); **G.reparatur** *f* general overhaul; **G.schaden** *m (Vers.)* severe loss, major damage; **G.serienanfertigung; G.serienherstellung; G.-serienproduktion** *f* mass/volume production; **G.stücklager** *nt* consolidation warehouse; **G.unternehmen** *nt* big corporation, large-scale undertaking/enterprise; **G.verbraucher** *m* bulk consumer/user; **G.verbrauchermarkt** *m* cash and carry (market); **G.verdiener** *m* high-income earner; **G.verpflegung** *f* industrial catering; **G.verteiler** *m* wholesale distributor; **G.vertrieb** *m* wholesale/bulk distribution; **G.vorhaben** *nt* major project; **G.wetterlage** *f (Konjunktur)* overall economic situation

großzügig *adj* generous, open-handed

Grube *f* ⚒ mine; **im Tagebau betriebene G.** opencast *[GB]*/strip *[US]* mine

Gruben|anteil *m* royalty; **G.arbeiter** *m* miner; **G.kohle** *f* pit coal; **G.preis** *m* pit-head price; **G.revier** *nt* mining district; **G.schacht** *m* (pit) shaft; **G.schließung; G.stilllegung** *f* mine/pit closure; **G.-sicherheit** *f* mine safety

Grund *m* reason, cause; **auf G. von** on account of, due to; **im G.e** to all intents and purposes

Grund zur Annahme reason to believe; **~ Beanstandung/Beschwerde** cause for complaint; **~ Besorgnis** cause for concern; **G. und Boden** real estate, realty *[US]*

berechtigter Grund legitimate reason; **eigener G. (und Boden)** freehold property

aus finanziellen Gründe|n for financial reasons; **aus gesundheitlichen G.n** for health reasons; **steuerliche G.** tax reasons

Grund|abgabe *f* 1. ground rent; 2. land tax; **G.arbeitszeit** *f* basic work(ing) hours; **G.ausbildung** *f* basic training; **berufliche G.ausbildung** basic vocational training; **G.bedarf; G.bedürfnisse** *m/pl* basic needs/requirements

Grundbesitz *m* real estate (property), realty *[US]*; **G. belasten** to encumber an estate;

G

G. besteuern to tax property/land; **G. entschulden** to disencumber an estate; **G. parzellieren** to break up an estate
belasteter Grundbesitz encumbered estate; **hypothekarisch ~ G.** mortgaged property; **freier G.** freehold (property); **zu Wohnzwecken genutzter G.** residential property; **gepachteter G.** leasehold property; **öffentlicher G.** public/common land; **privater G.** private property; **staatlicher G.** crown *[GB]*/state *[US]* land(s)
grundbesitzend *adj* land-owning
Grundbesitzer *m* landlord, landowner; **abwesender/nicht ortsansässiger G.** absentee landlord

G

Grundbuch *nt* land register *[GB]*, register of deeds *[US]*; **G.abteilung für Grunddienstbarkeiten** *f* register of charges; **G.-amt** *nt* land/public registry, record office *[GB]*, registry of deeds *[US]*; **G.auszug** *m* abstract/certificate *[US]* of title; **G.beamter** *m* registrar of deeds/mortgages, recording officer *[US]*; **G.bescheinigung** *f* land certificate; **G.eintrag(ung)** *m/f* registration of land/title; **G.löschung** *f* cancellation of an entry in the land register; **G.pfandrecht** *nt* mortgage
Grunddienstbarkeit *f* easement, landed/real servitude
Grundeigentum *nt* ↘ **Grundbesitz** real estate, freehold property, realty *[US]*
belastetes Grundeigentum encumbered/mortgaged property; **freies G.** freehold property
Grundeigentümer *m* landowner, landlord; **G. mit dauerndem/freiem Eigentum** freeholder
Grundeigentumsurkunde *f* title deed(s)
Grundeinkommen *nt* basic income
gründen *v/t* 1. to establish/found/form/start/launch; 2. *(AG)* to float/incorporate *[US]*
Grundentgelt *nt* basic pay
Gründer *m* founder, promoter, incorporator *[US]*; **G. einer Gesellschaft/eines Unternehmens** 1. company founder/promoter; 2. incorporator of a stock company
Gründer|haftung *f* founders' liability; **G.-konsortium** *nt* promoting syndicate; **G.-versammlung** *f* founders' meeting
Grunderwerb *m* land purchase/acquisition; **G.ssteuer** *f* land/realty *[US]* transfer tax
Gründerzentrum *nt* new business center *[US]*/centre *[GB]*
Grund|erzeugnis *nt* primary product; **G.-fertigkeit(en)** *f/pl* basic skill(s); **G.fläche** *f* 1. 🏛 floor space; 2. 🚜 acreage; **G.freibetrag** *m (Steuer)* personal allowance; **G.gebühr** *f* 1. ⚡/*(Gas/Wasser)* standing charge; 2. basic charge; **G.gehalt** *nt* basic pay/salary; **~ plus Nebenleistungen** salary/pay package; **G.gesamtheit** *f* 📊 (parent) population; **G.geschäft** *nt* bread and butter business
Grundkapital *nt* capital stock, share/equity/registered/nominal capital; **autorisiertes G.** authorized capital stock; **verwässertes G.** diluted capital
Grundkenntnisse *pl* working knowledge
Grundkredit *m* real estate credit, mortgage loan; **G.anstalt; G.bank** *f* mortgage/land *[US]* bank
Grund|lage *f* basis, base; **G.last** *f* 1. ground rent; 2. ⚡ base load; **g.legend** *adj* 1. fundamental, basic; 2. radical, sweeping; **G.-leistung** *f (Vers.)* standard/flat-rate benefit
gründlich *adj* thorough
Grund|linie *f* base (line), underlying trend/tendency; **G.lohn** *m* basic wage; **g.los** *adj* groundless, unjustified, unfounded; **G.-menge** *f* 📊 universe; **G.nahrungsmittel** *pl* staple foods; **G.pacht** *f* ground rent
Grundpfand|brief *m* mortgage bond; **G.-recht** *nt* mortgage, encumbrance; **mit einem ~ belasten** to (encumber with a) mortgage; **G.schuld** *f* mortgage debt
Grund|plan *m* 🏛 ground plan; **G.preis** *m* basic price, standard rate; **wirtschaftliche G.prinzipien** economic fundamentals; **G.produkt** *nt* primary product; **G.produktion** *f* primary production
Grund|rente *f* 1. ground rent; 2. basic pension; **G.riss** *m* 🏛 floor/ground plan; **G.-satz** *m* principle, axiom
Grundsätze ordnungsmäßiger Abschlussprüfung generally accepted auditing standards; **~ Buchführung** generally accepted accounting principles (GAAP), international accounting standards (IAS); **G. der periodengerechten Erfolgsermittlung** *(Bilanz)* accrual principle; **~ Gegenseitigkeit** reciprocity (principle); **allgemeine ~ Kostenrechnung** general cost accounting principles; **G. ordnungsgemäßer Prüfung** generally accepted

auditing standards; **G. der Rechnungslegung** accounting/reporting policies; **~ Unternehmensführung** business/corporate/company policy

Grundsatz|abteilung *f* policy department; **G.entscheidung** *f* 1. policy decision; 2. § leading decision; **G.frage** *f* fundamental question

grundsätzlich *adj* basic, fundamental

Grundsatz|papier; G.programm *nt* mission statement; **G.rede; G.referat** *f/nt* keynote speech/address; **G.urteil** *nt* § test case

Grundschuld *f* encumbrance, land charge, mortgage; **G.bestellungsurkunde** *f* mortgage deed; **G.löschung** *f* cancellation of a land charge

Grundsteuer *f* land/property tax; **g.pflichtig** *adj* rat(e)able *[GB]*; **G.pflichtige(r)** *f/m* ratepayer; **G.satz** *m* local *[GB]*/realty *[US]* rate; **G.veranlagung** *f* property tax assessment; **G.wert** *m* rat(e)able value *[GB]*

Grund|stimmung *f* *(Börse)* underlying mood/sentiment; **G.stock** *m* basis, foundation

Grundstoff *m* primary product, raw material; **G.chemikalie** *f* commodity chemical; **G.güter** *pl* primary products, commodities; **G.industrie; G.sektor** *f/m* primary/extractive industry; **G.produktion** *f* primary production

Grundstück *nt* (plot of) land, lot; **G.e** real estate, realty *[US]*; **~ und Bauten/Gebäude** *(Bilanz)* land and buildings, realty *[US]*

Grundstück abschätzen to value a plot; **G. abstecken** to stake off a plot; **G. auflassen** to convey land; **G. ausmessen** to survey land; **G. (hypothekarisch) belasten** to mortgage land, to encumber a property; **G. widerrechtlich betreten** to trespass on a property; **G. entschulden; G. lastenfrei machen** to disencumber a property; **G. erschließen** to develop land; **G. in Pacht nehmen; G. pachten** to lease (a plot of) land; **G. parzellieren** to parcel an estate; **G. verpachten** to let a plot/piece of land

abgeschlossenes/eingefriedetes Grundstück enclosure; **angrenzendes/benachbartes G.** adjoining/adjacent property; **baureifes/erschlossenes G.** developed property/land; **(hypotheka-risch) belastetes G.** mortgaged property, encumbered real estate; **eigengenutztes G.** owner-occupied land; **freies G.** freehold property; **städtisches G.** municipal/urban property; **unbebautes G.** vacant site/plot; **verfügbares G.** available land; **verpachtetes G.** leased property

Grundstücks|abschreibung *f* land/property depreciation; **G.anlage** *f* land/real estate investment; **G.auflassung** *f* conveyance of real estate; **G.belastung** *f* encumbrance, land charge; **G.beschaffung** *f* land acquisiton; **G.besitz** *m* landed property; **G.beteiligungen** *pl* real estate holdings; **G.bewertung** *f* land/property valuation; **G.eigentum** *nt* real estate, realty *[US]*; **G.eigentümer(in)** *m/f* landowner; **G.einheitswert** *m* rat(e)able value *[GB]*; **G.enteignung** *f* expropriation of land; **G.entwicklung; G.erschließung** *f* (land/property) development; **G.erschließer** *m* developer; **G.erschließungsgesellschaft** *f* development company/corporation; **G.erwerb** *m* land purchase; **G.fonds** *m* real estate/fund; **G.geschäft** *nt* property deal; **G.gesellschaft** *f* real estate company; **G.haftung** *f* occupier's liability; **G.hypothek** *f* real estate mortgage; **G.kauf** *m* land purchase/acquisition; **G.-kosten** *pl* cost(s) of land; **G.kredit** *m* mortgage/real estate loan; **G.last** *f* land charge, encumbrance; **G.makler** *m* estate agent, realtor *[US]*; **G.markt** *m* property market; **G.nachbar** *m* adjoining landowner; **G.pacht** *f* ground lease; **G.papiere** *pl* title deeds; **G.parzelle** *f* plot of land; **G.-preis** *m* property price; **G.recht** *nt* law of property; **G.rente** *f* ground rent; **G.reserve** *f* land bank; **G.schätzung** *f* land appraisal; **G.spekulant** *m* property speculator; **G.spekulation** *f* property speculation; **G.steuer** *f* land/property tax; **G.übertragung** *f* transfer of (title to) land; **G.urkunde** *f* title deed(s); **G.veräußerung; G.verkauf** *f/m* land sale; **G.verletzung** *f* trespass; **G.vermittler** *m* estate agent *[GB]*, realtor *[US]*; **G.versicherung** *f* property insurance; **G.vertrag** *m* real covenant, warranty deed *[US]*; **G.verwalter** *m* estate/property manager; **G.verwaltung** *f* estate/property management; **G.wert** *m* property/land value

Grund|studium *m* basic course; **G.stufe** *f* first stage; **G.tarif** *m* base/basic rate; **G.-tendenz** *f* underlying mood/tendency/tone; **G.ton** *m* *(Bilanz)* prevailing mood

Gründung *f* 1. foundation, establishment, formation, incorporation *[US]*, start-up; 2. *(AG)* flo(a)tation
Gründungs|aktie *f* nominal share *[GB]*/stock *[US]*; **G.aufwand** *m* start-up cost(s); **G.bericht** *m (AG)* formation report; **G.bescheinigung; G.bestätigung** *f* certificate of incorporation; **G.bilanz** *f* start-up balance; **G.einlage** *f* original investment; **G.finanzierung** *f* start-up finance; **G.jahr** *nt* year of formation; **G.kapital** *nt* initial/original/seed/nominal capital; **G.kosten** *pl* promotion/start-up cost(s); **G.mitglied** *nt* founder member, incorporator *[US]*; **G.prämie** *f* start-up bonus; **G.protokoll** *nt* memorandum of association; **G.satzung** *f* charter; **G.urkunde; G.vertrag** *f/m* articles of association/incorporation; **G.versammlung** *f* founders' meeting
Grund|verfassung *f* *(Markt)* basic state/tone; **G.vergütung** *f* basic pay; **G.vermögen** *nt* real land, property, estate, realty *[US]*; **G.wert** *m* 1. property/real estate value; 2. ⫶ base
Grün|gürtel; G.zone; G.zug *m/f/m* green belt; **G.land** *nt* grassland; **G.landwirtschaft** *f* grassland farming
Gruppe *f* 1. group; 2. division, category; **G. von Banken** banking syndicate; **in G.n einteilen/einordnen** to group/classify
Gruppen|abschluss *m* group accounts; **G.abschreibung** *f* group depreciation; **G.arbeit** *f* team/group work; **G.bestellung; G.buchung** *f* block booking; **G.bewertung** *f* aggregate/group valuation; **G.bildung** *f* grouping, formation of groups; **G.fahrschein/-karte** *m/f* party ticket; **G.freistellung** *f* group exemption; **G.klage** *f* § class action; **G.lebensversicherung** *f* group life insurance; **G.leiter(in)** *m/f* team leader; **G.lohn** *m* gang rate; **G.reisen** *pl* group travel; **G.rentenversicherung** *f* group annuity insurance; **G.reservierung** *f* group booking; **G.tarif** *m* group rate; **G.umsatz** *m* consolidated sales; **G.unterricht** *m* group tuition; **G.versicherung** *f* group/collective insurance; **~ auf den Todes- und Erlebensfall** group endowment policy; **G.wertabschreibung** *f* composite depreciation
Grußformel *f* 1. *(Briefanfang)* salutation; 2. *(Briefende)* complimentary close
gültig *adj* valid, effective
Gültigkeit *f* 1. validity; 2. *(Zeit)* term; **G.sdauer** *f* life, term, duration
Gummi *nt/m* rubber; **G.industrie** *f* rubber industry; **G.markt** *m* rubber market; **G.stempel** *m* rubber stamp; **G.titel; G.werte** *pl (Börse)* rubbers; **G.waren** *pl* rubber goods
Gunst *f* favour; **zu unseren/meinen G.en** in our/my favour, to the credit of our/my account
günstig *adj* 1. favourable, advantageous, opportune; 2. *(Preise)* reasonable
Guss *m* ⌂ casting; **G.eisen** *nt* cast iron; **G.stahl** *m* cast steel; **G.stück; G.teil** *nt* casting
Gut *nt* 1. property, estate; 2. goods; 3. 🚜 farm(holding), farmstead; 4. *(Anlage)* asset, item; **Güter** goods, commodities, merchandise
Gutachten *nt* survey, expertise, (expert) opinion, appraisal
Gutachter|(in) *m/f* expert, appraiser, consultant; **G.ausschuss; G.gremium; G.kommission** *m/nt/f* advisory committee
gut|bezahlt; g.dotiert *adj* well-paid; **g.bringen** *v/t* to credit
Gutdünken *nt* discretion; **nach G.** discretionary
Güte *f* quality, grade; **handelsübliche G. und Beschaffenheit** good merchantable quality and condition
durchschnittliche Güte standard quality; **von erster G.** first-rate; **handelsübliche G.** merchantable quality; **marktfähige G.** marketable quality; **minderwertige G.** inferior quality
Güte|anforderung *f* standards of quality; **G.einteilung** *f* grading; **G.klasse** *f* grade, quality, category, standard; **G.kontrolle** *f* quality control; **G.norm** *f* quality standard; **G.prüfer** *m* quality engineer; **G.prüfung** *f* quality control
Güter des Anlagevermögens fixed assets; **immaterielle ~ Anlagevermögens** intangible fixed assets; **~ täglichen Bedarfs** necessaries; **G. und Dienstleistungen** goods and services; **G. unter Zollverschluss** ⊖ bonded goods
Güter befördern to transport freight; **G. lagern** to store goods; **G.löschen** to land goods; **G. über Bord werfen** to jettison goods
unterwegs befindliche Güter goods in transit; **bewegliche G.** movables; **dauer-**

hafte G. durables; **gebrauchsfertige G.** convenience goods; **haltbare G.** durable goods, durables; **immaterielle G.** intangible goods, intangibles; **kontingentierte G.** rationed goods; **langlebige G.** durables; **lebensnotwendige/-wichtige G.** essentials; **materielle G.** tangible goods; **ökonomische G.** economic goods; **rollendes Gut** wheeled cargo; **sperrige G.** bulky goods; **unfertige G.** in-process items; **verbrauchsfertige G.** convenience goods; **verderbliche G.** perishables; **versichertes Gut** interest; **wirtschaftliches Gut** commodity; **zollpflichtige G.** ⊖ dutiable goods

Güter|abfertigung *f* dispatch(ing) (of goods); **G.angebot** *nt* supply of goods; **G.annahme(stelle)** *f* receiving office; **G.aufkommen** *nt* freight volume; **G.austausch** *m* exchange of goods; **G.bahnhof** *m* 🚂 freight/goods station, ~ yard *[US]*; **G.bedarf** *m* demand for goods; **G.beförderung** *f* transportation/conveyance/shipment of goods; **G.begleitschein** *m* bill of lading (B/L), freight bill, waybill (W/B); **G.bewegung** *f* freight movement; **G.bezug** *m* purchase of goods; **G.expedition** *f* dispatch, forwarding; **G.export** *m* visible exports

Güterfernverkehr *m* long-haul freight traffic, ~ transport(ation); **G.sunternehmen** *nt* long-distance road haulage operator

Güter|flugzeug *nt* cargo plane; **G.gemeinschaft** *f* § community of goods/property; **G.halle** *f* 🚂 freight shed; **G.kraftverkehr** *m* road transport/haulage; **G.lagerung** *f* freight/goods storage; **G.markt** *m* commodity market; **G.nachfrage** *f* demand for goods; **G.niederlage** *f* freight depot; **G.produktion** *f* production of goods; **G.schuppen** *m* goods shed; **G.sendung** *f* consignment, shipment; **G.spediteur** *m* (freight) forwarder, shipper; **G.stand** *m* § property regime; **G.strom** *m* flow of goods; **G.tarif** *m* freight rate; **G.tausch** *m* barter; **G.tonnage** *f* freight tonnage

Gütertransport *m* freight transportation; **G. per Bahn** carriage of goods by rail; **G.markt** *m* freight market; **G.versicherung** *f* cargo insurance

Güter|trennung *f* § separation of property; **G.umschlag** *m* cargo/goods handling; **G.umschlagstelle/-zentrum** *f/nt* freight center *[US]*/centre *[GB]*; **G.verkauf** *m* sale of goods

Güterverkehr *m* 1. freight traffic; 2. visible trade; **G.- und Kapitalverkehr** goods and capital movements; **gewerbliche G.** commercial (goods) transport;

Güter|verkehrsanlagen; G.verladungsanlagen *pl* freight handling facilities; **G.verkehrszentrum** *nt* freight centre/village; **G.verlader** *m* shipper; **G.versand** *m* dispatch/shipping of goods; **G.versicherung** *f* freight/cargo insurance; **G.versorgung** *f* supply of goods; **G.verteilungskette** *f* chain of distribution; **G.verzehr** *m* consumption of goods; **G.volumen** *nt* volume of goods carried

Güterwagen *m* 🚂 railway truck *[GB]*, freight car *[US]*, goods wag(g)on; **frei G.** free on truck (f.o.t.)

Güter|wert *m* value of goods; **G.zug** *m* 🚂 goods/freight train; **G.zustellung** *f* delivery of goods

Güte|sicherung; G.überwachung *f* quality assurance; **G.siegel** *nt* stamp of quality, kite mark *[GB]*; **G.stelle** *f* § conciliation court; **G.verfahren; G.verhandlung** *nt/f* § conciliatory proceedings; **G.vorschrift** *f* quality specification; **G.zeichen** *nt* hallmark, mark of quality, kite mark *[GB]*

gut gehend *adj* 1. flourishing, thriving; 2. fast-selling; **g.geschrieben** *adj* credited; **G.gewicht** *nt* tare, tret

Gutglauben *m* § bona fides *(lat.)*, good faith; **G.serwerb** *m* bona-fide *(lat.)* acquisition

gutgläubig *adj* in good faith, bona fide *(lat.)*

Gutgrenze *f* acceptable quality level (AQL)

Guthaben *nt* 1. balance, credit; 2. *(Bilanz)* accounts receivable, receivables *[US]*, credit side; **ohne/kein G.** no funds (N/F)

Guthaben aufweisen/ausweisen to show a balace (in so.'s favour); **G. blockieren** to freeze assets; **G. freigeben** to release funds; **G. pfänden** to garnish/attach an account; **G. sperren** to freeze an account

täglich abhebbares Guthaben call deposits; **ausreichendes G.** sufficient funds; **nicht ~ G.** insufficient funds (I/F); **ausstehendes G.** accounts receivable; **befristete G.** term/time deposits; **täglich fälliges G.** demand deposit; **flüssige G.** liquid assets; **gesperrtes G.** frozen assets;

laufende G. current assets; **frei/jederzeit verfügbares G.** call money/deposit; **verzinsliches G.** interest-bearing deposit
Guthaben|saldo *m* credit balance; **G.zinsen** *pl* interest earned
gutheißen *v/t* to approve (of)/okay *(coll)*/ endorse
gütlich *adj* amicable, out of court
gut|machen *v/t* to make good, to indemnify; **g.sagen** *v/t* to stand bail/security
Gutsbesitzer *m* landowner, landlord
Gutschein *m* 1. voucher, coupon, token; 2. *(Einzahlung)* credit slip/note; **G. zu Geschenkzwecken** gift voucher

G

gutschreiben *v/t* to credit
Gutschrift *f* credit (note/entry/advice/item); **G.en und Lastschriften** credits and debits; **G. auf Konto des Zahlungsempfängers** account (of) payee (A/P)
Gutschrift|anzeige; G.aufgabe *f* credit advice/note; **G.(en)beleg; G.zettel** *m* credit slip
gut situiert *adj* well-off, well-to-do; **g. stehen für** *v/i* to stand bail/security for; **g. verdienend** *adj* high-income
G & V-Konto; ~ -Rechnung *nt/f* profit and loss account

H

Hab und Gut *nt* chattels, (personal) belongings
Habe *f* belongings, possessions; **bewegliche H.** movables
Haben *nt* 1. *(Konto)* (credit) balance; 2. *(Bilanz)* assets; **im H. buchen** to credit, to enter on the credit side
Haben|anzeige *f* credit advice; **H.bestände** *pl* assets; **H.buchung** *f* credit entry; **H.posten** *m* credit item; **H.saldo** *m* credit (balance); **H.seite** *f* 1. *(Konto)* credit (side); 2. *(Bilanz)* assets; **H.zins** *m* credit interest
Hafen *m* port, harbour; **H.abgaben** *pl* harbour dues, port charges; **H.amt** *nt* port authority, harbour board; **H.anlagen** *pl* port facilities, docks; **H.anlegeplatz** *m* dock, berth; **H.arbeiter** *m* docker, longshoreman *[US]*; **H.aufseher** *m* harbour master *[GB]*, port warden *[US]*; **H.ausbau** *m* port development; **H.beamter** *m* port official; **H.becken** *nt* harbour basin, dock; **H.behörde** *f* port authority, harbour board; **H.betrieb** *m* port operation; **H.dienst** *m* 1. port service; 2. *(Gebühr)* harbour dues, port charges; **H.einrichtungen** *pl* port facilities; **H.formalitäten** *pl* port formalities; **H.gebiet** *nt* port area, dockland(s); **H.gebühren; H.geld** *pl/nt* port/dock charges, dockage, wharfage; **H.kapitän; H.kommissar; H.meister** *m* harbour master; **H.konnossement** *nt* port bill of lading; **H.kosten** *pl* harbour dues; **H.leistungen** *pl* port services; **H.spediteur** *m* port agent; **H.umschlag** *m* port handling; **H.umschlageinrichtung** *f* port handling facility; **H.usancen** *pl* port customs; **H.vertreter** *m* port agent; **H.verwaltung** *f* port authority, harbour board; **H.zoll** *m* harbour dues; **H.zollamt** *nt* port customs office
Haft *f* § custody, imprisonment; **H.anordnung** *f* arrest warrant/order; **H.aussetzung** *f* suspended (prison) sentence
haftbar *adj* (legally) liable, accountable, answerable; **beschränkt h.** having limited liability; **finanziell h.** liable; **gemeinsam h.** jointly liable; **gesamtschuldnerisch h.** jointly and severally liable; **persönlich h.** personally liable/ responsible; **subsidiär h.** liable in the second degree; **unbeschränkt h.** absolutely liable; **voll h.** fully liable
Haft|barkeit *f* liability; **H.befehl** *m* 1. § arrest warrant; 2. *(Pfändung)* writ of attachment; **H.einlage** *f* liable capital
haften *v/i* 1. to be liable; 2. *(Klebstoff)* to stick; 3. *(Folie)* to cling; **bedingt h.** to be contingently liable; **beschränkt h.** to have limited liability; **gemeinsam/gesamtschuldnerisch/solidarisch h.** to be jointly and severally liable; **persönlich h.** to be personally liable; **selbstschuldnerisch h.** to be liable as principal debtor; **subsidiär h.** to be secondarily liable; **unbeschränkt/uneingeschränkt h.** to be fully liable
haftend *adj* 1. liable; 2. *(Klebstoff)* adhesive
Haftende(r) *f/m* liable person/party
Haft|etikett *nt* adhesive label; **H.folie** *f* cling foil; **H.geld** *nt (Pfändung)* earnest money; **H.kapital** *nt* liable/equity capital
Haftpflicht *f* (legal/public) liability; **H. des Frachtführers** carrier's liability; **H. ab-**

lehnen *(Vers.)* to decline liability; **von einer H. befreien** to discharge of a liability; **sich gegen eine H. versichern** to insure against third-party risks

absolute Haftpflicht unlimited liability; **beiderseitige H.** cross liability; **beschränkte H.** limited liability; **mit beschränkter H.** limited(-liability); **gesetzliche H.** statutory/public liability; **mittelbare H.** secondary liability; **solidarische H.** joint and several liability; **wechselseitige H.** cross liability

Haftpflichtanspruch *m* liability claim

haftpflichtig *adj* liable, accountable; **jdn h. machen** to hold so. liable; **h. sein** to be liable; **H.e(r)** *f/m* liable party/person

Haftpflicht|police *f* third-party (risks) policy; **H.risiko** *nt* third-party risk, liability hazard; **H.umfang** *m* liability cover(age); **H.versicherer** *m* third-party risk insurer; **h.versichert** *adj* insured against third-party risks

Haftpflichtversicherung *f* personal liability insurance, third-party (liability) insurance; **H. der freien Berufe** malpractice insurance; **H. gegen Veruntreuung** fidelity insurance; **H. mit Vollkaskoversicherung** fully comprehensive insurance

gesetzliche Haftpflichtversicherung statutory liability/third-party insurance; **kombinierte H.-, Insassen-, Unfall- und Gepäckversicherung** comprehensive policy; **öffentlich-rechtliche H.** public liability insurance

Haftpflichtzwangsversicherung *f* statutory liability insurance

Haft|strafe *f* prison/custodial sentence; **H.-summe** *f* (scope of) liability

Haftung *f* 1. liability, accountability, responsibility; 2. ☼ adhesion; **ohne H.** *(Wechsel)* without recourse; **H. einer Aktiengesellschaft** corporate liability; **H. des Arbeitgebers** employer's liability; **H. für Dritte** vicarious liability; **H. gegenüber Dritten** third-party liability; **H. für zugesicherte Eigenschaften** warranty; **H. des Erfüllungsgehilfen** liability of the vicarious agent; **H. für den Erfüllungsgehilfen** vicarious liability; **H. des Frachtführers** carrier's liability; **H. für vertragsgemäßen Gebrauch** warranty of fitness for contractual use; **H. des Gesellschafters** partner's liability; **H. aus unerlaubter Handlung** liability in tort; **H. des Herstellers** manufacturer's liability; **H. für Mängel** liability for defects; **H. gegenüber der Öffentlichkeit** public liability; **H. des Prüfers** auditor's liability; **H. für Schadenersatz** liability for damages; **H. des Spediteurs** carrier's liability; **~ Verkäufers** seller's liability; **H. für den Verrichtungsgehilfen** vicarious liability; **H. aus dem Vertrag** contractual liability

von der Haftung befreit discharged from liability

Haftung ablehnen to refuse (to accept) liability; **von der H. ausnehmen/befreien** to exempt from liability; **H. ausschließen** to exclude liability; **H. beschränken** to limit liability; **H. übernehmen** to accept liability

beschränkte Haftung limited liability; **mit beschränkter H.** limited (Ltd); **deliktische H.** tortious liability; **dingliche H.** liability in rem *(lat.)*; **gegenseitige H.** cross liability; **gesamtschuldnerische H.** joint (and several) liability; **gesetzliche H.** statutory liability; **persönliche H.** personal liability; **solidarische H.** joint (and several) liability; **stellvertretende H.** vicarious liability; **subsidiäre H.** secondary liability; **unbeschränkte/volle H.** unlimited liability; **vertragliche H.** contractual liability; **wechselseitige H.** cross liability; **zivilrechtliche H.** civil liability

Haftungs|anspruch *m* liability claim; **H.-ansprüche Dritter** third-party liability claims; **H.ausschlließungsklausel** *f* disclaimer clause

Haftungsausschluss *m* disclaimer/exclusion of liability; **H.klausel** *f* disclaimer clause

Haftungs|befreiung *f* exemption from liability; **H.begrenzung; H.beschränkung** *f* limitation of liability; **H.bestimmungen** *pl* liability provisions; **H.beteiligung** *f* retention; **H.durchgriff** *m* 1. enforcement of liability; 2. *(Kapitalgesellschaft)* piercing the corporate veil *[US]*; **H.erweiterung** *f* extension of liability; **h.fähig** *adj* liable; **H.fonds** *m* guarantee fund

Haftungsfreistellung *f* exemption from liability, indemnity; **H.sklausel** *f* indemnity clause

Haftungs|grenze *f* liability limit; **H.kapital** *nt* equity capital; **H.klausel** *f* liability

H

clause; **H.masse** *f* 1. guarantee fund; 2. *(Vers.)* liability cover(age); **H.pflicht** *f* statutory liability; **H.risiko** *nt* third-party risk; **H.schaden** *m* liability loss; **H.schuldner(in)** *m/f* indemnitor; **H.summe** *f* 1. amount guaranteed; 2. *(Vers.)* liability cover(age); **H.träger(in)** *m/f* liable party; **H.übernahme** *f* assumption of liability; **H.umfang** *m* 1. extent of liability; 2. *(Vers.)* liability cover(age); **H.verbindlichkeiten; H.verhältnisse** *pl* contingent liabilities; **wechselseitiges H.verhältnis** cross liability; **H.vertrag** *m* liability contract; **H.verzicht** *m* waiver of liability; **H.zuschlag** *m* liability surcharge

Hagel *m* hail(storm); **H.schadenversicherung** *f* hail(storm) insurance

halb *adj* half

Halb|- semi; **h.bar** *adj* semi-cashless; **H.belegung; H.deckung** *f (Vers.)* half cover(age)

halbe-halbe *adv (coll)* fifty-fifty

Halb|erzeugnis;H.fabrikat;H.fertigerzeugnis; H.fertigprodukt *nt* semi-finished product; **H.fabrikate; H.fertigwaren** *pl* semi-manufactured/semi-finished products

halbieren *v/t* to halve

Halbjahr *nt* half(-year)

Halbjahres|- mid-year, half-year; **H.abrechnung; H.abschluss; H.bericht** *f/m* interim/first-half report; **H.bilanz** *f* interim balance; **H.dividende** *f* interim dividend; **H.gewinn** *m* six months' earnings; **H.rechnung; H.ultimo** *f/m* mid-year settlement; **H.zins** *m* six months' interest

halb|jährig; h.jährlich *adj* half-yearly, six-month; **H.leiter** *m* ⚡ semiconductor; **h.monatlich** *adj* fortnightly; **H.monatsabrechnung** *f* fortnightly settlement; **h.öffentlich** *adj* semi-public; **H.pacht** *f* 🚜 share cropping *[US]*; **H.pächter** *m* sharecropper *[US]*; **H.pension** *f* half board; **h.staatlich** *adj* semi-public

Halbtags|arbeit *f* part-time work/job; **H.beschäftigte(r); H.kraft** *f/m* part-time worker, part-timer; **H.beschäftigung** *f* part-time job/employment/work; **H.stelle** *f* part-time job

Halb|waren *pl* semi-finished goods/manufactures; **h.wöchentlich** *adj* twice weekly

Halbzeit *f* half(-time); **zur H.** *(Bilanz)* at the interim stage

Halbzeug *nt* semi-manufactured/semi-finished goods, semi-manufactures

Halde *f* 1. stockpile, dump; 2. *(Abraum)* slag heap; **auf H. produzieren** to produce for stock

Hälfte *f* half

Halle *f* 1. hall; 2. lounge; 3. *(Hotel)* lobby

Hals *m* neck; **etw. am H. haben** *(coll)* to be lumbered/saddled with sth.; **sich etw. auf den H. laden** to saddle o.s. with sth.; **bis zum H. in Arbeit stecken** to be up the neck in work; **~ in Schulden stecken** to be head over ears in debt

Halsabschneider *m* cutthroat; **H.ei** *f* daylight robbery *(coll)*

Halt *m* 1. halt, stop; 2. foothold, footing

haltbar *adj* 1. durable; 2. stable, firm; 3. *(Lebensmittel)* non-perishable, long-life

Haltbarkeit *f* durability; **H.sdatum** *nt* eat-by/use-by date

halten *v/ti* 1. to hold/keep; 2. *(anhalten)* to stop; *v/refl* 1. to hold one's own; 2. *(Kurs)* to remain firm; 3. *(Lebensmittel)* to keep

für angemessen halten to deem fit and proper; **für günstig h.** to see fit; **jdn knapp h.** to keep so. on short commons *(coll)*; **~ auf dem Laufenden h.** to keep so. posted; **sich streng an etw. h.** to adhere strictly to sth.

Halte|platz; H.punkt *m* 1. stopping place; 2. 🚆 halt *[GB]*, flagstop *[US]*

Halter *m* 1. keeper; 2. 🚗 owner, registered user

Haltesignal *nt* 1. 🚆 danger signal; 2. 🚗 stop sign

Haltung *f* 1. attitude, stance; 2. *(Börse)* tone; **H. einnehmen** to adopt an attitude; **abwartende H. einnehmen** *(Börse)* to remain on the sidelines; **feste H. zeigen** *(Börse)* to put on a firm display

abwartende Haltung wait-and-see attitude; **matte H.** *(Börse)* dullness; **unnachgiebige H.** unyielding attitude

Hammer *m* 1. hammer; 2. *(Auktion/Richter)* gavel *[US]*; **unter den H. bringen** to auction (off)

Hamster|kauf *m* panic buying; **h.n** *v/t (coll)* to hoard

Hand *f* hand; **unter der H.** privately; **zu Händen von (z.H.; z.Hd.)** attention, care of (c/o)

alles aus einer Hand anbieten to offer one-stop shopping; **letzte H. an etw. anlegen** to put the finishing touches to sth.; **H. auf der Tasche halten** to tighten the purse strings; **aus erster H. kaufen** to buy (at) first hand; **aus zweiter H. kaufen** to buy (at) second-hand; **mit der H. nacharbeiten** to hand-finish; **in die Hände spucken** to buckle down to work; **an die tote H. veräußern** to amortize; **unter der H. verkaufen** to sell by private treaty; **von der H. weisen** to dismiss

von Hand betrieben manually operated; **~ gefertigt** hand-made

aus erster Hand at first hand, first-hand; **mit leeren Händen** empty-handed; **öffentliche H.** public sector; **rechte H.** personal assistant; **aus zweiter H.** at second hand, second-hand

Handakten *pl* reference files

Handarbeit *f* 1. manual labo(u)r; 2. *(Handwerk)* handicraft; **H.er** *m* manual worker

Hand|aufheben *nt (Abstimmung)* show of hands; **h.bedient; h.betrieben** *adj* manually operated; **H.bedienung** *f* manual operation; **H.buch** *nt* handbook, manual; **~ für den Betrieb** operating manual; **~ für Instandhaltung** maintenance manual; **~ Reparatur** repair manual; **~ Wartung** maintenance manual; **H.eingabe** *f* manual entry

Handel *m* 1. trade, commerce; 2. trading, dealing; 3. deal, bargain, transaction; 4. traders, merchants; **H. mit dem Ausland** foreign trade; **H. im Börsensaal** floor trading; **H. mit Emissionszertifikaten** *(Umwelt)* emissions trading; **H. und Gewerbe; ~ Wirtschaft** trade and industry; **H. in Freiverkehrswerten** over-the counter (OTC) trading in unlisted securities

Handel abschließen to strike a bargain; **H. aussetzen** to suspend trading; **H. betreiben (mit)** to trade (with); **in den H. bringen** to put on the market; **H. einstellen** 1. to cease/stop trading; 2. *(zeitweise)* to suspend trading; **H. festmachen; H. perfekt machen** to clinch a deal; **in den H. kommen** to come on the market; **H. rückgängig machen** to call off a bargain, to rescind a contract; **im H. sein** to be on the market; **H. treiben (mit)** to trade (in); **H. wiederaufnehmen** *(Börse)* to resume trading; **aus der H. ziehen** to take off the market

ambulanter Handel itinerant trade; **amtlicher H.** official trading; **außerbörslicher H.** over-the-counter (OTC) trading; **auswärtiger H.** foreign trade; **bilateraler H.** bilateral trade; **binnenstaatlicher H.** internal/domestic trade; **blühender H.** roaring/flourishing trade; **ehrlicher H.** square deal; **elektronischer H.** e-commerce; **freier H.** 1. free trade; 2. *(Börse)* unofficial trading; **geschützter H.** protected trade; **grenzüberschreitender H.** cross-frontier/cross-border/international trade; **inländischer H.** domestic/internal trade; **inoffizieller H.** *(Börse)* unofficial trading; **lauterer H.** fair trading; **lebhafter H.** brisk trade; **lustloser H.** listless trading; **schwunghafter H.** fourishing/roaring trade; **überseeischer H.** overseas trade; **unsichtbarer H.** 1. invisible trade; 2. *(Dienstleistungen)* invisibles; **zwischenstaatlicher H.** international trade

handelbar *adj* marketable, sal(e)able, merchantable, negotiable; **H.keit** *f* marketability, sal(e)ability, merchantability, negotiability

Handeln *nt* 1. action; 2. trading; 3. *(Feilschen)* bargaining

handeln *v/i* 1. to act; 2. to deal/trade, to buy and sell; **außerbörslich h.** to trade off the floor; **fahrlässig h.** to act negligently; **rasch h.** to move swiftly; **rechtmäßig h.** to act lawfully; **schnell h.** to take prompt action

Handels|- commercial; **H.abkommen** *nt* trade agreement; **H.abschlag** *m* trade margin; **H.abteilung** *f* commercial section; **H.adressbuch** *nt* trade directory; **H.agent(in)** *m/f* commercial agent; **H.agentur** *f* commercial agency; **H.akzept** *nt* trade acceptance; **H.artikel** *m* commodity; *pl* merchandise; **H.attaché** *m* commercial attaché; **H.auskunft** *f* credit inquiry, status report; **H.auskunftei** *f* (credit) inquiry agency; **H.aussichten** *pl* trade prospects; **H.ausstellung** *f* trade exhibition; **H.bank** *f* merchant bank; **H.bedingungen** *pl* terms of trade; **H.berechtigung** *f* licence to trade; **H.- und Dienstleistungsbereich** *m* trade and services sector; **H.beschränkung** *f* restraint of trade

Handelsbetrieb *m* trading company; **H.slehre** *f* business administration

Handels|bevollmächtigter *m* commercial agent; **H.bezeichnung** *f* trade name; **H.beziehungen** *pl* trade relations/ties

Handelsbilanz *f* 1. balance of trade; 2. *(Firma)* financial statement; **aktive/positive H.** favourable balance of trade;

H

defizitäre/negative/passive H. adverse balance of trade

Handelsbilanz|defizit *nt* (balance of) trade deficit; **~ verringern** to close the trade gap; **H.überschuss** *m* balance of trade surplus

Handels|brauch *m* commercial custom; **H.bücher** books of account; **H.defizit** *nt* trade deficit; **H.delegation** *f* trade delegation; **H.einheit** *f* 1. contract (unit); 2. *(Börse)* (regular) lot; **h.einig werden** *adj* to strike a bargain; **H.embargo** *nt* trade embargo; **H.englisch** *nt* business/commercial English; **H.ergebnis** *nt* trading result(s)/performance; **H.ertrag** *m* trading profit; **h.fähig** *adj* negotiable, merchantable, marketable; **H.faktura** *f* (commercial) invoice; **H.firma** *f* trading company; **H.-frau** *f* feme sole trader; **H.freiheit** *f* freedom of trade, free trade; **H.gärtner** *m* market gardener *[GB]*, truck farmer *[US]*; **H.gärtnerei** *f* market garden(er) *[GB]*, truck farm(ing) *[US]*; **H.gebrauch** *m* trade practice; **H.genossenschaft** *f* trading co-operative; **H.gepflogenheit** *f* commercial custom; **H.gericht** *nt* commercial court; **H.gerichtsbarkeit** *f* commercial jurisdiction

Handelsgeschäft *nt* 1. trading firm/business; 2. commercial transaction; **H. betreiben** to trade

Handelsgesellschaft *f* 1. trading company/corporation; 2. *(Tochterunternehmen)* trading arm; **offene H. (OHG)** (general) partnership; **eingetragene H.** registered *[GB]*/incorporated *[US]* company

Handels|gesetzbuch (HGB) *nt* (German) commercial code; **H.gewerbe** *nt* business trade; **H.gewinn** *m* trading profit; **unerwarteter H.gewinn** windfall (profit); **H.gruppe** *f* trading group; **H.gut mittlerer Art und Güte** *nt* fair average quality (f.a.q.); **H.güter** commodities; **H.haus** *nt* trading firm

Handelshemmnis *nt* trade barrier; **administratives H.** administrative barrier; **paratarifäres/nicht tarifäres/zollfremdes H.** non-tariff barrier; **tarifäres H.** tariff barrier; **technisches H.** technical trade barrier

Handels|hindernis *nt* trade barrier; **H.-hochschule** *f* 1. commercial college/academy; 2. *(BWL)* business school; **H.inkassobüro/-stelle** *nt/f* commercial collection agency; **H.innung** *f* corporation of traders; **H.interessen** *pl* trading/commercial interests; **H.kammer** *f* chamber of commerce; **H.kette** *f* marketing chain; **H.-klasse** *f* grade; **H.kommissionär** *m* commission merchant; **H.kompanie** *f* trading company; **H.konzern** *m* trading group; **H.konzession** *f* trading licence, licence to trade; **H.korrespondent(in)** *m/f* commercial correspondent; **H.korrespondenz** *f* commercial correspondence; **H.-kredit** *m* trade credit; **H.kreditbrief** *m* commercial letter of credit; **H.kreise** *pl* trade circles; **H.kunde; H.lehre** *f* commercial science; **H.kundschaft** *f* commercial customers; **H.kurs(us)** *m* commercial/business course; **H.makler** *m* merchandise broker; **H.mann** *m* merchant, trader; **H.marine** *f* merchant navy; **H.marke** *f* brand, trademark; **H.messe** *f* trade fair; **H.metropole** *f* commercial center *[US]*/centre *[GB]*; **H.minister** *m* minister of trade, Trade Secretary *[GB]*, Secretary of Commerce *[US]*; **H.ministerium** *nt* Department of Trade *[GB]*/Commerce *[US]*; **H.mittler** *m* trade intermediary; **H.monopol** *nt* trade monopoly; **H.name** *m* trade name; **H.objekt** *nt* commodity; **H.organ** *nt* trade body; **H.organisation** *f* trade/business organisation; **H.papier** *nt* negotiable instrument; **H.partner** *m* trading partner; **H.periode** *f (Börse)* dealing period; **H.plattform** *f (Börse)* trading platform; **H.platz** *m* market; **H.politik** *f* trade policy; **H.praktiken** *pl* trade practices; **H.preis** *m* market price; **H.privileg** *nt* trading privilege; **H.rabatt** *m* trade discount; **H.rechnung** *f* (commercial) invoice; **H.recht** *nt* commercial law, law merchant *[GB]*; **H.referenz** *f* trade reference

Handelsregister *nt* register of companies, Registrar of Companies *[GB]*; **ins H. eintragen** to register/incorporate

Handelsregister|amt *nt* registry office, Registrar of Companies *[GB]*; **H.eintragung einer Gesellschaft** *f* registration *[GB]*/incorporation *[US]* of a company

Handels|reisender *m* commercial traveller, representativer, rep *(coll)*; **H.restriktionen** *pl* trade restrictions; **H.risiko** *nt (Börse)* trading risk

Handels|schiff *nt* merchant vessel; **H.-schifffahrt** *f* merchant shipping; **H.-**

H

schluss *m (Börse)* close of trading; **H.-schranke** *f* trade barrier; **H.schule** *f* 1. commercial school, business college; 2. *(BWL)* business school; **H.sorte** *f* merchantable quality; **H.spanne** *f* (trading) margin; **H.tag** *m* trading day; **H.streit; H.streitigkeit** *m/f* commercial dispute; **H.tochter** *f* trading arm/subsidiary; **H.-überschuss** *m* trade surplus; **h.üblich** *adj* customary, in (the) trade; **H.übung** *f* commercial practice; **H.unternehmen** *nt* trading/commercial/business enterprise, trading firm; **H.usancen** *pl* trading practices; **H.verband; H.vereinigung** *m/f* trade association/body; **H.verbindungen** *pl* trading links; **H.vereinbarung** *f* trade agreement; **H.verkehr** *m* (trade and) commerce, trade; **H.vertrag** *m* trade agreement; **H.vertreter** *m* commercial agent/traveller/representative, rep *(coll)*; **H.vertretung** *f* (commercial) agency; **H.verzeichnis** *nt* trade directory; **H.volumen** *nt* volume of trade

Handelsware *f* merchandise, commodity; **~ mittlerer Art und Güte** fair average quality (f.a.q.)

Handels|wechsel *m* trade acceptance/bill; **H.welt** *f* the trade; **H.wert** *m* market/commercial value; **H.wörterbuch** *nt* business dictionary; **H.zentrum** *nt* trade/commercial center *[US]*/centre *[GB]*

handeltreibend *adj* trading; **H.er** *m* trader

hand|gearbeitet; h.gefertigt *adj* handmade

Handgeld *nt* advance, earnest money

Handgepäck *nt* hand baggage *[US]*/luggage *[GB]*; **H.schließfach** *nt* baggage *[US]*/luggage *[GB]* locker; **H.wagen** *m* baggage truck *[US]*, luggage *[GB]* trolley

handgeschrieben *adj* handwritten

hand|haben *v/t* 1. to handle; 2. to manage/operate; **H.habung** *f* 1. handling; 2. management

Hand|kasse *f* petty cash; **H.langer** *m* 🏛 (builder's) labo(u)rer, handyman

Händler *m* dealer, trader, merchant; **H.befragung** *f* dealer survey; **H.firma** *f* distributor; **H.gewinn** *m (Börse)* turn; **H.lager** *nt* dealer stocks; **H.marke** *f* private brand; **H.netz** *nt* dealer network; **H.preis** *m* trade price; **H.provision** *f* dealer('s) commission; **H.rabatt** *m* trade discount; **H.-spanne** *f* dealer's margin; **H.verband; H.vereinigung** *m/f* retail association; **H.-werbung** *f* trade advertising

Handlung *f* 1. § act; 2. action; 3. *(Laden)* shop, store *[US]*

Handlungs|anweisung *f* instruction; **H.-beauftragte(r)** *f/m* agent; **H.befugnis** *f* authority; **H.bevollmächtigte(r)** *f/m* authorized agent; **H.freiheit** *f* freedom of action; **H.gehilfe** *m* agent; **H.reisender** *m* travelling salesman, representative, rep *(coll) [GB]*; **H.spielraum** *m* scope; **H.vollmacht** *f* proxy, authority, power (of attorney); **H.weise** *f* 1. conduct; 2. (line of) action

Handschein *m* promissory note (P/N)

Handschrift *f* handwriting; **h.lich** *adj* handwritten

Handverkauf *m* 1. private sale; 2. *(Börse)* over-the-counter (OTC) sale

Handwerk *nt* trade, (handi)craft; **H. ausüben/betreiben** to ply a trade

Handwerker *m* 1. craftsman; 2. *(Arbeiten im Haus)* workman, repairman; **H.gemeinschaft; H.innung; H.vereinigung; H.zunft** *f* craft guild

Handwerks|beruf *m* skilled trade, craft; **H.betrieb** *m* handicraft business; **H.gilde; H.innung** *f* (trade/craft) guild; **H.kammer** *f* chamber of handicrafts; **H.lehrling** *f* craft apprentice; **H.messe** *f* handicrafts fair; **H.ordnung** *f* (handi-)crafts code; **H.prüfung** *f* trade test; **H.zeug** *nt* tools of the trade

Handzettel *m* handbill

hart *adj* 1. hard, firm; 2. severe, tough

Härte *f* 1. hardness, firmness; 2. toughness, severity; **H.ausgleich** *m* hardship allowance; **H.fall** *m* hardship case; **H.-fonds** *m* relief fund; **H.klausel** *f* hardship clause; **H.zulage** *f* hardship allowance

Hart|geld *nt* coinage, specie; **H.währung** *f* hard currency

Haufen *m* heap, pile; **H. Geld** pile of money

häufen *v/t* to pile up, to accumulate

Häufigkeit *f* frequency

Häufung *f* 1. accumulation; 2. 📊 cluster

Haupt *nt* head

Haupt|- chief, main, major; **H.abnehmer** *m* principal customer; **H.absatzgebiet** *nt* main market; **H.abteilung** *f* central department; **H.agentur** *f* general agency; **H.aktionär** *m* principal/main shareholder *[GB]*, ~ stockholder *[US]*; **H.aktivität** *f (Unternehmen)* core business/

H

operations; **h.amtlich** *adj* full-time; **H.-anbieter** *m* main supplier; **H.anschluss** *m* ⚡ mains connection; **H.anteil** *m* bulk; **H.auftragnehmer** *m* prime contractor; **H.bedürfnisse** *pl* core needs; **H.belastung** *f* ⚡ peak load; **H.beruf** *m* regular/chief occupation; **h.beruflich** *adj* full-time; **H.beschäftigung** *f* main occupation

Hauptbuch *nt* ledger; **H.auszug** *m* ledger abstract; **H.führer; H.halter** *m* chief accountant

Haupt|datei *f* master file; **H.einkäufer** *m* head buyer; **H.einkommen** *nt* principal income; **H.einschaltzeit** *f (Fernsehen)* prime (viewing) time; **H.erbe; H.erbin** *m/f* principal heir(ess); **H.feststellung** *f (Steuer)* principal assessment; **H.geschäft** *nt* mainstream operation(s), core business

Hauptgeschäfts|feld *nt* core business; **H.-führer** *m* general manager, chief executive (officer) (CEO); **H.sitz** *m* head office, headquarters; **H.straße** *f* high *[GB]*/main *[US]* street; **H.zeit** *f* peak business hours

Haupt|gesellschafter(in) *m/f* chief partner; **H.gewinn** *m* first prize; **H.gläubiger(in)** *m/f* chief/principal creditor; **H.konkurrent** *m* chief competitor; **H.konsorte** *f* lead manager; **H.konto** *nt* main/general account; **H.kunde** *m* 1. main customer; 2. *(Werbung)* key account; **H.lager** *m* distribution warehouse; **H.last** *f* main load; **~ tragen** to bear the brunt; **H.lieferant** *m* main/principal supplier; **H.luftfrachtbrief** *m* master air waybill (MAWB); **H.mangel** *m* chief/principal defect; **H.-markt** *m* primary/principal market; **H.-merkmal** *nt* key feature; **H.nahrungsmittel** *nt* staple food; **H.produkt** *nt* staple/core product; **H.prozessor** *m* 💻 central processing unit; **H.quartier** *nt* headquarter(s), head office; **H.sache** *f* main issue/point; **H.saison** *f* high/busy/peak season; **H.schalter** *m* ⚡ main/master switch; **H.schlüssel** *m* master key; **H.-schuldner(in)** *m/f* principal debtor; **H.-sendezeit** *f (Fernsehen)* prime (viewing) time; **H.sitz** *m* headquarters, head office; **H.straße** *f* 1. main *[US]*/major/trunk road; 2. *(Stadt)* high *[GB]*/main *[US]* street; **H.stütze** *f* mainstay; **H.tätigkeit** *f* 1. core activity/operation(s); 2. *(Beruf)* main occupation; **H.umsatzträger** *m* mainstay of sales; **H.veranlagung** *f* general assessment; **H.verband** *m* umbrella organization; **H.verdiener** *m* main earner; **H.verkehrszeit** *f* 1. peak-hour traffic, rush-hour; 2. *(Verkauf)* sales peak

Hauptversammlung (HV) *f* (annual) general meeting (AGM); **außerordentliche H.** extraordinary general meeting (EGM)

Haupt|versicherer *m* primary insurer; **H.-verwaltung** *f* head office, headquarters; **H.wohnort; H.wohnsitz, H.wohnung** *m/f* principal residence

Haus *nt* 1. house, building; 2. home; 3. firm; **von H. zu H.** door(-)to(-)door; **frei H.** delivered free, franco domicile

Haus abreißen to demolish a building; **H. besetzen** to squat; **in ein H. einbrechen** to break into a house; **H. mieten** to rent a house; **H. verwalten** to manage a house

allein/einzeln stehendes Haus detached house; **eigengenutztes H.** owner-occupied home; **frei stehendes H.** detached house; **führendes H.** leading firm; **zahlungsfähiges H.** solvent firm

Haus|anbau *m* extension; **H.anlage** *f* ☎ intercom; **H.anschluss** *m* 1. *(Gas/Wasser)* mains connection; 2. ☎ private line; **H.arbeit** *f* housework; **H.bedarf** *m* household requirements; **H.besetzer(in)** *m/f* squatter; **H.besetzung** *f* squatting; **H.besitz** *m* home ownership; **H.besitzbrief** *m* title deed(s); **H.besitzer(in)** *m/f* 1. home owner; 2. *(Vermieter(in))* landlord, landlady; **H.bestand** *m* housing stock; **H.bewohner(in)** *m/f* occupant; **H.diebstahl** *m* burglary; **h.eigen** *adj* company-owned; **H.eigentümer(in)** *m/f* landlord, landlady, home/house owner

Häuser|bestand *m* housing stock; **H.-makler** *m* estate agent *[GB]*, realtor *[US]*

Haus|erwerb *m* house purchase; **H.friedensbruch** *m* § 1. trespass; 2. unlawful entry; **h.gemacht** *adj* home-made

Haushalt *m* 1. household; 2. budget; **H. annehmen** to pass the budget; **H. ausgleichen** to balance the budget; **H. einbringen** to introduce the budget; **in den H. einstellen** to include in the budget; **H. genehmigen** to pass/approve the budget; **H. überschreiten/-ziehen** to exceed the budget; **H. vorlegen** to submit the budget; **H. zusammenstreichen** to slash the budget

ausgeglichener Haushalt balanced budget; **öffentlicher H.** government budget

haus|halten *v/i* to economize; **h.hälterisch** *adj* economical

Haushalts|abfall *m* residential waste; **H.abnehmer** *m* ϟ domestic consumer; **H.abteilung** *f* budget department; **H.anforderung** *f* budget requirement; **H.ansatz** *m* budget estimate(s); **H.artikel** *pl* household goods; **H.ausgaben** *pl* budget(ary) expenditure(s)

Haushalts|ausschuss *m* budget committee; **H.bedarf** *m* household requirements; **H.defizit** *nt* budget(ary) deficit; **H.einkommen** *nt* family/household income; **H.einnahmen** *pl* budget(ary) receipts; **H.entwurf** *m* draft budget; **H.fehlbetrag** *m* budget deficit; **H.führung** *f* 1. housekeeping; 2. financial management; **H.gas** *nt* domestic gas; **H.gegenstände** *pl* household effects/commodities; **H.geld** *nt* housekeeping allowance/money; **H.geräte** *pl* domestic appliances; **H.gesetz** *nt* budget act; **H.größe** *f* family size; **H.hilfe** *f* domestic help; **H.jahr** *nt* budget(ary)/financial year; **H.konsolidierung** *f* budget consolidation; **H.kosten** *pl* household expenses; **H.kürzung** *f* budget cut; **H.loch; H.lücke** *nt/f* budget gap/deficit; **H.mittel** *pl* budget(ary) funds; **H.müll** *m* residential waste; **H.plan** *m* budget; **H.politik** *f* budget(ary) policy; **H.titel** *m* budget(ary) item; **H.überschreitung** *f* budget overrun; **H.unterschreitung** *f* budget underrun; **H.verbrauch** *m* domestic consumption; **H.verbraucher** *m* domestic consumer; **H.versicherung** *f* household insurance; **H.volumen** *nt* size of the budget; **H.voranschlag** *m* budget estimate(s); **H.vorlage** *f* budget/finance *[GB]* bill; **H.waren** *pl* household articles; **H.zuweisung** *f* (budget) appropriation

Haushaltung *f* 1. housekeeping; 2. economy, economizing

Haushalts|geld *nt* housekeeping money; **H.kosten** *pl* housekeeping expenses

Hausieren *nt* hawking, peddling; **h.** *v/i* to hawk/peddle

Hausierer *m* (itinerant) peddler, doorstep salesman

Haus|industrie *f* domestic/cottage industry; **H.inhaber(in)** *m/f* home owner; **h.intern** *adj* in-house; **H.jurist** *m* corporate attorney

häuslich *adj* domestic

Haus|marke *f* own brand; **H.meister** *m* caretaker, janitor *[US]*; **H.modernisierung** *f* home improvement; **H.müll** *m* residential waste; **H.ordnung** *f* 1. house rules; 2. *(Hotel)* hotel regulations; **H.post** *f* inter-office mail; **H.putz** *m* spring cleaning

Hausrat *m* household goods/effects; **H.versicherung** *f* home contents insurance

Hausse *f* *(frz.)* 1. boom; 2. *(Börse)* bull run, bull(ish) market; **auf H. kaufen** to bull the market; **~ eine H. spekulieren** to speculate for a rise; **konjunkturbedingte H.** cyclical boom

Hausse|börse *f* bullish market; **H.- und Baissegeschäft** *nt* longs and shorts; **H.markt** *m* bull(ish) market; **H.neigung** *f* bullish tendency; **H.partei** *f* the bulls, bull ring; **H.preis** *m* boom price; **H.spekulant** *m* bull, speculator for a rise; **H.spekulation** *f* bull(ish) speculation; **H.stimmung; H.tendenz** *f* bullish mood

Haussier *m* *(frz.)* bull (operator)

haussieren *v/i* to soar/boom/rocket; **h.d** *adj* *(Börse)* bullish, booming

Haus|stand *m* household; **H.tarif** *m* 1. *(Lohn)* company pay scale; 2. ϟ */Gas/* 💧 household tariff

Haustür *f* front door; **H.geschäft** *nt* door-to-door/doorstep sale(s)

Haus|überweisung *f* *(Bank)* in-house transfer; **H.verkauf** *m* 1. house sale; 2. *(Hausierer)* doorstep selling; **H.vermietung** *f* house-letting; **H.versicherung** *f* home insurance; **H.verwalter** *m* 1. property manager; 2. caretaker; **H.verwaltung** *f* property management; **H.wirt** *m* landlord; **H.wirtin** *f* landlady; **H.wurfsendung** *f* mailshot; **H.zeitschrift** *f* company magazine

Havarie *f* ⚓/✈ average; **frei von H.** free of average (f.o.a.); **~ allgemeiner H.** free of all average (f.a.a.); **~ besonderer H.** free of particular average (f.p.a.)

Havarie aufmachen to adjust the average

allgemeine Havarie general average; **besondere/einfache/partikuläre H.** particular average; **mit besonderer H.** with particular average (w. p. a.); **große Havarie** general/gross average (G/A); **kleine H.** petty/small average

Havarie|agent *m* average adjuster; **H.aufmachung; H.berechnung** *f* adjustment of average; **H.ausschluss** *m* free of all average (f.a.a); **H.dispacheur** *m* average adjuster; **h.frei** *adj* free of average (f.o.a.)

H

Havarie|klausel *f* average clause; **H.kosten aufmachen** *pl* to adjust the average; **H.rechnung** *f* statement of average; **H.regelung** *f* average adjustment; **H.sachverständiger** *m* average adjuster; **H.schadensaufstellung** *f* statement of average; **H.vertrag** *m* average agreement; **H.vertreter** *m* average adjuster; **H.zertifikat** *nt* certificate of average

Havarist *m* ⚓ ship in distress

hebe|berechtigt *adj* entitled to levy charges/tax(es); **H.gebühr** *f* (tax) rate

Hebel *m* 1. lever; 2. *(Finanzwesen)* leverage

Hebeliste *f* register of taxes

Hebelwirkung (der Finanzierungsstruktur) *f* leverage (effect)

H

heben *v/t* to lift/raise

Hebe|recht *nt* right to levy charges/tax(es); **H.rolle** *f* assessment roll; **H.satz** *m* (tax) rate; **H.zeug** *nt* hoisting equipment

Hehler *m* receiver/handler of stolen goods; **H.ei** *f* receiving/handling stolen goods; **H.ware** *f* stolen goods

Heil *nt* welfare, well-being; **H.anstalt** *f* nursing home; **H.bad** *nt* health resort, spa; **H.behandlung** *f* therapeutic treatment; **H.beruf** *m* healing profession

heilen *v/t* to cure/heal

Heil|fürsorge *f* medical care; **H.kosten** *pl* medical expenses; **H.kurort** *m* health resort; **H.mittel** *nt* cure, remedy; **H.praktiker(in)** *m/f* homoeopath(ist); **H.verfahren** *nt* cure, therapy

Heim *nt* home

Heimarbeit *f* 1. teleworking; 2. outwork; **H.er(in)** *m/t* 1. 🖳 teleworker; 2. outworker

Heimat *nt* homeland, native country; **H.-adresse; H.anschrift** *f* home address; **H.-hafen** *m* home port; **H.land** *nt* native country; **ins ~ zurücküberweisen** *(Geld)* to repatriate; **H.staat** *m* native country

Heim|bewohner *m/f* resident; **H.computer** *m* home computer; **H.fahrt** *f* inward journey, return journey/voyage; **auf der ~ (befindlich)** homeward-bound, inward-bound, home-bound

Heimfall *m* § devolution, reversion; **H. an den Staat** escheat; **H.anspruch** *m* reversionary claim

heimfallen *v/i* 1. to revert; 2. *(Staat)* to escheat

heim|führen *v/t* to bring home; **H.führung** *f (Geld)* repatriation; **H.fürsorge** *f* residential care; **H.industrie** *f* cottage industry

heimlich *adj* clandestine, covert; **H.keit** *f* secrecy, stealth

Heim|rechner *m* home computer; **H.reise** *f* 1. ⚓ inward/homeward voyage; 2. return journey; **auf der ~ (befindlich)** inward-bound, homeward-bound; **h.reisen** *v/i* to travel home; **H.schaffung** *f* repatriation; **H.textilien** *pl* home furnishings/textiles

Heimwerker *m* do-it-yourself (DIY) man; **H.abteilung** *f* do-it-yourself (DIY) department; **H.bedarf** *m* do-it-yourself (DIY) goods; **H.markt** *m* do-it-yourself (DIY) shop, ~ store

Heimwirtschaft *f* 1. cottage industry; 2. 🖳 teleworking

Heirats|beihilfe *f* marriage grant; **H.gut** *nt* (marriage) portion; **H.vertrag** *m* marriage settlement; **H.zulage; H.zuschuss** *f/m* marriage allowance

Heizanlage *f* heating plant

heizen *v/t* to heat

Heiz|gas *nt* fuel gas; **H.gerät** *nt* heater; **H.-kessel** *m* boiler

Heizkosten *pl* heating cost(s); **H.beihilfe** *f* heating allowance; **H.rechnung** *f* fuel bill

Heiz|material *nt* fuel; **H.öl** *nt* heating oil; **H.periode** *f* heating period

Heizung *f* heating; **H.sanlage** *f* heating system; **H.skosten** *pl* heating cost(s); **H.smonteur** *m* heating engineer

helfen *v/i* to help/aid/assist

Helfer(in) *m/f* helper, assistant

hemm|en *v/t* to impede/hinder/hamper; **H.nis** *nt* impediment

herabsetzen *v/t* 1. to reduce/lower/cut; 2. *(Ruf)* to detract/disparage; **h.d** *adj* disparaging

Herabsetzung *f* 1. *(Preis)* reduction, cut; 2. *(Ruf)* disparagement; **H. des Aktienkapitals** reduction of the share capital; **H. der Löhne** wage cut; **H. von Mitbewerbern** disparagement of competitors; **H. der Ware des Konkurrenten** § slander of goods

herabstuf|en *v/t* to downgrade; **H.en; H.ung** *nt/f* 1. downgrading; 2. *(Arbeitsplätze)* deskilling (of jobs)

heran|gehen *v/i* *(Problem)* to approach/tackle; **h.ziehen** *v/t* 1. to refer to, to consult; 2. *(Steuer)* to subject to

heraufsetzen *v/t* to raise/increase

heraus|bringen *v/t* 1. *(Buch)* to publish; 2. *(Erzeugnis)* to put on the market; **h.drängen aus** *v/t* to squeeze out
Herausforder|er *m* challenger; **h.n** *v/t* to challenge; **H.ung** *f* challenge
Herausgabe *f* 1. return; 2. § restitution
Herausgabe|anspruch *m* right to recovery; **H.klage** *f* § action for possession
herausgeb|en *v/t* 1. return/surrender; 2. ✂ to publish/edit; **H.er** *m* 1. editor; 2. *(Verleger)* publisher
heraus|kommen *v/i* to be launched; **h.legen** *v/t* to lend; **h.rechnen** *v/t* to strip out; **h.rücken mit** *v/i* 1. to come out with; 2. *(Geld)* to cough up *(coll)*; **h.setzen** *v/t* *(Mieter)* to evict
herausstellen *v/t* to point out; *v/refl* to prove/emerge/transpire
heraus|streichen *v/t* to stress/underline; **h.verlangen** *v/i* to reclaim
herein|bekommen *v/t* 1. *(Ware)* to get in; 2. *(Schulden)* to recover; **h.bringen** *v/t* *(Ernte)* to gather, to bring in; **h.nehmen** *v/t* 1. to take in; 2. *(Geld)* to take on deposit; 3. *(Lager)* to take into stock; 4. *(Wechsel)* to discount; 5. *(Aufträge)* to book
Her|fahrt *f* inward/return journey; **H.fracht** *f* inward cargo/freight
hergestellt *adj* made, produced, manufactured
herkömmlich *adj* conventional, traditional
Herkunft *f* origin, source
Herkunfts|bescheinigung; H.zeugnis *f/nt* certificate of origin; **H.(kenn)zeichen** *nt* mark of orgin; **H.land** *nt* country of origin; **H.nachweis** *m* proof of origin; **H.ort** *m* point/place of origin
Herreise *f* ⚓ homeward/inward voyage
herrschen *v/i* to rule/control
herstellen *v/t* to produce/manufacture/make; **h.d** *adj* manufacturing
Hersteller *m* ↘ **Erzeuger, Produzent** manufacturer, producer
Hersteller|firma *f* manufacturer; **H.garantie** *f* manufacturer's warranty; **H.haftung** *f* manufacturer's liability; **H.land** *nt* country of manufacture; **H.marke** *f* manufacturer's brand; **H.preis** *m* factory price; **H.risiko** *nt* manufacturer's risk; **H.verband** *m* manufacturers' association; **H.zeugnis** *nt* manufacturer's certificate
Herstell|gemeinkosten *pl* manufacturing overheads; **H.konto** *nt* manufacturing account; **H.kosten** *pl* manufacturing cost(s)
Herstellung *f* ↘ **Erzeugung, Fertigung, Produktion** production, manufacture, manufacturing
Herstellung des Bauwerkes erection of the building; **H. am laufenden Band** mass production; **H. von Massengütern** volume production
Herstellungs|abteilung *f* manufacturing division; **H.aufwand** *m* production cost; **H.betrieb** *m* manufacturing plant/facility; **H.fehler** *m* (manufacturing/manufacturer's) fault; **H.firma; H.gesellschaft** *f* manufacturing company; **H.gemeinkosten** *pl* manufacturing overheads; **H.jahr** *nt* year of production; **H.kosten** *pl* production/manufacturing cost(s); **H.land** *nt* country of manufacture; **H.lizenz** *f* manufacturing licence; **H.ort** *m* place of manufacture; **H.preis** *m* manufacturing price; **H.programm** *nt* manufacturing/production program(me); **H.prozess** *m* production/manufacturing process; **H.stufe** *f* manufacturing/production stage; **H.verfahren; H.vorgang** *nt/m* production/manufacturing process; **H.werk** *nt* manufacturing/production plant, ~ facility; **H.wert** *m* production/cost value; **zum H.wert** at cost
herunter|drücken *v/t* to reduce, to cut back; **h.fahren** *v/t (Produktion/Kosten)* to cut/reduce; **h.gehen** *v/i* to go down, to decline; **h.gekommen** *adj* run-down; **h.gesetzt** *adj* marked down; **h.handeln** *v/t* to get/beat down; **h.laden** *v/t* 🖳 to download; **h.schrauben** *v/t (Ansprüche)* to scale down; **h.setzen** *v/t* to reduce/lower; **H.stufen; H.stufung** *nt/f (Personal)* demotion, downgrading; **h.stufen** *v/t* to downgrade; **h.wirtschaften** *v/t* to run down
hervorbringen *v/t* to produce/generate
Heuer *f* ⚓ hire, wages
heuern *v/t* to hire/engage; **h. und feuern** to hire and (to) fire
HGB (Handelsgesetzbuch) *nt* German commercial code
Hierarchie *f* hierarchy; **betriebliche H.** corporate hierarchy
hierarchisch *adj* hierarchic(al)
hierdurch *adv* hereby, herewith; **~ wird bestätigt** this is to certify
Hilfe *f* help, aid, relief, assistance, support; **(jdn) um H. anrufen/bitten** to appeal

(to so.) for help; **jdm zu H. eilen/kommen** to come to so.'s rescue; **H. gewähren/angedeihen lassen/leisten** to render assistance; **H. verweigern** to refuse (to render) assistance
erste Hilfe first aid; **finanzielle H.** financial assistance; **gebundene H.** tied aid; **staatliche H.** government assistance
Hilfeleistung *f* assistance; **gegenseitige H.** mutual assistance; **unterlassene H.** failure to render assistance
Hilfestellung *f* support
hilfreich *adj* helpful
Hilfs|- auxiliary; **H.adresse** *f (Wechsel)* accommodation address; **H.aktion** *f* rescue/relief operation; **H.arbeit** *f* unskilled work
Hilfsarbeiter(in) *m/f* unskilled worker, labo(u)rer; *pl* unskilled labo(u)r
hilfsbedürftig *adj* indigent, needy; **H.keit** *f* indigence
hilfs|bereit *adj* cooperative; **H.beruf** *m* unskilled trade; **H.betrieb** *m* auxiliary plant; **H.dienst** *m* 1. help, assistance; 2. emergency service; **H.ersuchen** *nt* request for help; **H.fonds** *m* rescue/relief fund; **H.gemeinschaft** *f* relief organisation; **H.güter** *pl* relief supplies; **H.konto** *nt* subsidary account; **H.kostenstelle** *f* indirect cost center *[US]*/centre *[GB]*; **H.kräfte** *pl* auxiliary personnel; **H.lager** *nt* standby inventory; **H.maßnahmen** *pl* relief action; **H.material** *nt* non-productive material
Hilfsmittel *nt/pl* aid, expedient, resources, means; **optisches H.** visual aid; **technisches H.** mechanical aid
Hilfs|organisation *f* relief organisation; **H.-personal** *nt* auxiliary staff, ancillary workers; **H.programm** *nt* relief/aid program(me); **H.projekt** *nt* aid project; **H.-stoffe** *pl* indirect materials; **H.trupp** *m* 1. rescue party; 2. *(Schaden)* breakdown gang; **H.verein** *m* provident society; **H.-werk** *nt* welfare organisation, charity
hinauf|schnellen *v/i (Preis)* to soar; **h.-schrauben; h.treiben** *v/t (Preis)* to force up; **h.setzen** *v/t (Preis)* to increase, to mark up
hinaus|drängen *v/t* to crowd/squeeze out; **h.laufen auf** *v/i* to amount to, to boil down to; **h.legen** *v/t* 1. *(Geld)* to put out; 2. *(Kredit)* to extend/grant; 3. *(Akkreditiv)* to open; **h.schieben** *v/t* to delay/defer; **h.werfen** *v/t* 1. to throw/kick out; 2. *(Besitz)* to evict; 3. *(Stelle)* to fire/sack *(coll)*

H

hindern *v/t* 1. to hinder/hamper/impede; 2. *(abhalten)* to prevent/stop
Hindernis *nt* hindrance, impediment, obstruction
hineinstecken *v/t (Geld/Arbeit)* to put in, to invest
Hinfahrkarte *f* one-way/outward ticket
Hinfahrt *f* 1. outward journey; 2. ⚓ outward voyage; **H.- und Rückfahrt** round trip
hinfällig *adj (Klausel)* void
Hinflug *m* outward flight; **Hin- und Rückflug** round-trip flight
Hinfracht *f* freight out, outward carriage/cargo; **Hin- und Her-/Rückfracht** freight out and home
Hingabe *f* 1. dedication, zeal; 2. § surrender, delivery; **H. erfüllungshalber; H. an Erfüllungs Statt** § accord and satisfaction
Hinhalte|manöver *nt* delaying tactics; **h.n** *v/t* to put off; **h.nd** *adj* dilatory; **H.taktik** *f* delaying tactics
hinlänglich *adj* sufficient
Hinnahme *f* acceptance; **stillschweigende H.** acquiescence
hinnehmen *v/t* to put up with; **ruhig/stillschweigend h.** to acquiesce/condone; **als selbstverständlich h.** to take for granted
hin- und herpendeln *v/i* to shuttle (back and forth)
hinreichend *adj* sufficient
Hinreise *f* outward voyage/journey/trip; **Hin- und Rückreise** round trip
hinschicken *v/t* to send
Hinsicht *f* respect, view; **in dieser H.** in this respect; **~ finanzieller H.** in money/financial terms; **~ rechtlicher und tatsächlicher H.** § in fact and in law
hinsichtlich *prep* concerning, with respect to
hinterblieben *adj* surviving; **H.e(r)** *f/m* survivor, surviving dependant
Hinterbliebenen|bezüge; H.rente *pl/f* survivor's pension; **H.versicherung** *f* survivor's insurance; **H.versorgung** *f* provision for dependants
Hintergrund *m* background; **H.wissen** *nt* background knowledge
hinterlassen *v/t* 1. to leave behind; 2. *(Testament)* to bequeath; **H.schaft** *f* estate, inheritance
ohne Hinterlassung eines Testaments *f* § intestate

hinterlegen *v/t* 1. to deposit/lodge; 2. to bank; 3. *(Dokument)* to surrender
Hinterleger *m* (bank) depositor
Hinterlegung *f* 1. deposit; 2. *(Dokument)* surrender; **gerichtliche H.** lodg(e)ment
Hinterlegungs|beleg; H.bescheinigung; H.schein; H.urkunde *m/f/m/f* certificate of deposit (C/D); **H.urkunde amerikanischer Banken (für europäische und japanische Aktien)** American Depository Receipt (ADR)
Hintermann *m* 1. ringleader; 2. backer; 3. *(Wechsel)* subsequent endorser
Hintertür *f* back door; **H.chen** *nt (fig)* loophole
hinter|ziehen *v/t* 1. to defraud; 2. *(Steuer)* to evade; 3. *(veruntreuen)* to embezzle; **H.ziehung** *f* 1. defraudation; 2. evasion; 3. embezzlement
Hinweis *m* 1. tip, piece of advice, 2. *(Anzeichen)* indication, clue, pointer; 3. *(Verweis)* reference; **h.en** *v/ti* to point out
hinzu|fügen *v/t* 1. to add (on), to include; 2. *(Brief)* to enclose; **h.rechnen; h.setzen; h.zählen** *v/t* to add/include; **H.ziehung** *f* consultation
hoch *adj* 1. high, tall; 2. *(Preis)* stiff; **zu h.** excessive, exorbitant
Hochachtung *f* esteem, respect; **mit vorzüglicher H.; h.svoll** *(Brief)* yours faithfully, yours truly *[US]*
Hochbau *m* construction/structural engineering; **H.- und Tiefbau** structural and civil engineering; **H.- und Tiefbauingenieur** *m* civil engineer
hoch beladen *adj* heavily laden; **h. belastet** *adj* 1. *(Umwelt)* highly polluted; 2. *(Steuer)* heavily taxed; 3. *(Schulden)* highly indebted; **H.betrieb** *m* rush, peak (period); **h. bezahlt; h. dotiert** *adj* highly paid; **h. bieten** *v/t* to bid up
Hochdruck *m* high pressure
hoch entwickelt *adj* highly developed; **h. ertragreich** *adj* high-yield; **H.finanz** *f* (world of) high finance; **H.garage** *f* multi-storey car park; **h.gehen** *v/i (Preise)* to soar/skyrocket; **h. gestellt** *adj* high-ranking; **H.gewichtsrate** *f (Fracht)* heavy freight rate
Hochglanz *m* gloss; **H.broschüre** *f* glossy brochure
Hochhaus *nt* high-rise/multi-storey building, tower block
hochjubeln *v/t* to hype (up)
Hochkonjunktur *f* (cyclical) boom, booming economy; **H. haben** to boom
Hochleistung *f* high performance; **H.s-** heavy-duty, high-performance
hochliquide *adj* awash/flush with money, cash-rich
Hochlohn|- high-wage; **H.industrie** *f* high-wage industry
hoch|modern *adj* ultra-modern, state-of-the-art; **H.preispolitik zur Schaffung eines Preissenkungspotenzials** *f* skimming price strategy; **H.preisstrategie** *f* skimming pricing; **h.qualifiziert** *adj* highly qualified; **H.raum-/H.regallager** *nt* high-bay storage facility; **h.rechnen** *v/t* to extrapolate; **H.rechnung** *f* extrapolation; **H.regal(lager)** *nt* high-bay storage facility; **h.rentierlich** *adj* high-yield(ing); **h.riskant** *adj* high-risk; **H.saison** *f* high/peak season; **h.schätzen** *v/t* to esteem; **H.schätzung** *f* esteem; **h.schieben; h.schleusen; h.schrauben** *v/t* to push up; **h.schnellen** *v/i* to soar/sky-rocket
Hochschul|abgänger(in); H.absolvent(in) *m/f* (university) graduate; **H.abschluss** *m* university qualification, (academic/university) degree; **H.(aus)bildung** *f* university/college/academic education
Hochschule *f* university, college, academy
Hochschul|lehrer *m* university professor/teacher; **H.qualifikation** *f* university qualification, degree; **H.reife** *f* university entrance qualification; **H.zugang** *m* university entrance/admission
Hochsee *f* ocean, high seas; **H.containerhafen** *m* deep-sea container port; **H.flotte** *f* ocean-going fleet; **H.reederei** *f* ocean carrier; **H.schiff** *nt* ocean(-going) vessel; **H.schifffahrt** *f* ocean shipping; **h.tauglich; h.tüchtig** *adj* ocean-going
Hochspannung *f* ⚡ high tension/voltage
Höchst|alter *nt* maximum age; **H.angebot** *nt* highest offer/tender/bid; **H.arbeitszeit** *f* maximum working time; **H.belastung** *f* ⚡ peak load; **H.bestand** *m* maximum inventory; **H.betrag** *m* maximum amount/sum; **H.bietende(r)** *f/m* highest bidder
hochsteigen *v/i* to rise (high)
Höchst|einkommen *nt* maximum income; **H.entschädigung** *f* maximum compensation; **H.ertrag** *m* maximum yield
Hochsteuerland *nt* high-tax country
Höchst|freibetrag *m* maximum allowance; **H.gebot** *nt* highest bid/tender;

H

H.gehalt *nt* maximum salary; **H.geschwindigkeit** *f* top/maximum speed; **H.gewicht** *nt* maximum weight; **H.grenze** *f* 1. ceiling; 2. *(Geld)* cash limit; **H.haftung** *f* maximum warranty/liability; **H.kredit** *m* credit line; **H.kurs** *m* all-time high; **H.ladegewicht** *nt* maximum load; **H.lademarke** *f* ⚓ plimsoll line; **H.last** *f* peak load, maximum permissible load; **H.leistung** *f* 1. peak/maximum rating; 2. *(Vers.)* maximum benefit

Höchstpreis *m* maximum price; **zum H. verkaufen** to sell at best

Höchst|satz *m* top/maximum rate; **H.schaden** *m* maximun damage/loss; **H.verkaufspreis** *m* maximum selling price; **H.zahl** *f* record number; **H.zoll** *m* maximum tariff

H

Hochtechnologie *f* high technology (hi-tech)

auf Hochtouren *pl* in full swing, at full capacity; **~ arbeiten** to work flat out

hoch|treiben *v/t* 1. to push/boost up; 2. *(Preis)* to drive up; **h.verdient** *adj* well-deserved; **h.verzinslich** *adj* high-interest(-yielding)

Hochwasser *nt* 1. *(Fluss)* flood(s); 2. *(See)* high tide; **H.katastrophe** *f* flood disaster; **H.risiko** *nt* flood risk; **H.schaden** *m* flood damage; **H.versicherung** *f* flood insurance

hochwertig *adj* high-grade, high-value

Hochzins|niveau *nt* high level of interest rates; **H.periode; H.phase** *f* period of high interest rates; **H.politik** *f* dear-money policy, policy of high interest rates

Hochzollland *nt* high-tariff country

Höflichkeit *f* courtesy

Höflichkeits|besuch *m* courtesy call; **H.formen** *pl* proprieties; **H.formel** *f (Brief)* complimentary close

Höhe *f* 1. height, level; 2. ✈ altitude; 3. degree, extent; 4. *(Hypothek)* size; **bis zur H. von** up to, not exceeding

Höhe der Beschäftigung level of employment; **~ Besteuerung** level of taxation; **H. des Kredits** credit line; **~ Schadens** extent of the damage; **~ (zugesprochenen) Schadenersatzes** quantum of damages; **~ Streitwerts** amount in controversy

in die Höhe gehen 1. *(Preis)* to go up, to rise/increase; 2. *(steil)* to soar/rocket; **~ treiben** 1. to push/drive up; 2. *(Geldumlauf)* to inflate

Hoheits|befugnis *f* sovereign power/authority; **H.betrieb** *m* public service enterprise; **H.gebiet** *nt* sovereign territory; **H.gewässer** *pl* territorial waters; **H.handlung** *f* act of state; **H.recht** *nt* sovereign right; **H.verwaltung** *f* public administration

Höhepunkt *m* 1. peak; 2. zenith, pinnacle, climax; 3. *(Veranstaltung)* highlight

höher *adj* 1. higher; 2. *(Börse)* ahead

Höher|bewertung *f* *(Bilanz)* write-up; **H.einstufung; H.gruppierung; H.stufung** *f* upgrading, promotion; **H.gebot** *nt* higher bid; **h.gruppieren** *v/t* to upgrade; **h.stehend** *adj* higher-ranking, superior; **h.stufen** *v/t* to upgrade; **h.verzinslich** *adj* higher-yielding; **h.wertig** *adj* higher-value(d)

hökern *v/t* to hawk/peddle

Holding *f* holding (company); **H.gesellschaft** *f* holding/proprietary company

Holschuld *f* debt lying in prender

Holz *nt* 1. wood; 2. *(Nutzholz)* timber, lumber *[US]*; **H.arbeiter** *m* woodcutter, lumberjack *[US]*; **H.auktion** *f* wood/timber auction; **H.bearbeitung** *f* woodworking; **H.bestand** *m* stock of timber; **H.einschlag** *m* logging, (tree) felling; **H.ernte** *f* forest cropping, logging operation; **H.fällen; H.fällerei** *nt/f* logging, tree-felling; **H.handel** *m* timber/lumber trade; **H.händler** *m* timber merchant, lumberman *[US]*; **H.kiste** *f* (wooden) chest; **H.kohle** *f* charcoal; **H.konstruktion** *f* timber construction; **H.lager** *nt* timber/lumber yard; **H.sorte** *f* timber grade; **h.verarbeitend** *adj* wood-processing; **H.verarbeitung** *f* wood processing; **H.verschlag** *m* crate; **H.vorrat** *m* timber stocks; **H.wirtschaft** *f* timber *[GB]*/lumber *[US]* industry; **H.wolle** *f* wood wool, excelsior *[US]*

Honorant *m* *(Wechsel)* acceptor for honour

Honorar *nt* 1. (professional) fee; 2. *(Autor)* royalties; **H. liquidieren** to charge a fee; **ärztliches H.** medical fee; **erfolgs-/leistungsbezogenes H.** 1. payment by results; 2. *(Anwalt)* contingent fee *[US]*

Honorar|abrechnung *f* 1. statement of account; 2. *(Autor)* royalties account; **H.festsetzung; H.rechnung** *f* bill of cost(s); **h.frei** *adj* free of charge; **H.konsul** *m* honorary consul; **H.konsulat** *nt* honorary consulate; **H.vorschuss** *m* § retainer

honorieren *v/t* to honour
hören *v/t* to hear
Hörer(in) *m/f* 1. *(Radio)* listener; 2. ☏ receiver; 3. student
Hörwerbung *f* radio advertising
horizontal *adj* horizontal; **H.konzern** *m* horizontal group; **H.verflechtung** *f* horizontal combination
horrend *adj* *(Preis)* exorbitant
Hort *m* hoard, treasure
Horten *nt* hoarding, stockpiling; **H. von Arbeitskräften** labo(u)r hoarding; **h.** *v/t* to hoard/stockpile
Hotel *nt* hotel; **H.besitzer** *m* hotelier; **H.-betrieb** *m* hotel operation; **H.direktion** *f* hotel management; **H.direktor** *m* hotel manager
Hotelfach *nt* 1. hotel management; 2. catering (trade); **H.schule** *f* catering college
Hotel|führer *m* hotel guide; **H.gewerbe** *nt* hotel trade; **H.- und Gaststättengewerbe** *nt* hotel and catering trade
Hotellerie *f* hotel industry
Hotel|nachweis *m* hotel register; **H.personal** *nt* hotel staff; **H.rechnung** *f* hotel bill; **H.register** *nt* hotel register; **H.unterkunft** *f* hotel accommodation; **H.verzeichnis** *nt* hotel guide
Huckepackverkehr *m* 🚗/🚂 piggyback service
humanisieren *v/t* to humanize
Humanisierung *f* humanization; **H. der Arbeit** humanization of work
Human|kapital; H.vermögen *nt* human resources; **H.kapitalrechnung** *f* human resources accounting; **H.relationen** *pl* human relations
vom Hundert *nt* per cent
Hundert|dollaraktie *f* full stock *[US]*; **h.-fach** *adj* hundredfold; **h.prozentig** *adj* 1. one hundred per cent; 2. *(Beteiligung)* wholly owned; **H.stelstelle** *f* percentile
Hunger *m* hunger, famine; **h.n** *v/i* to starve
Hungersnot *f* famine
am Hungertuch nagen *nt* to be poverty-stricken
hungrig *adj* hungry
Hürde *f* hurdle, obstacle; **juristische H.** legal barrier
Hüter *m* keeper, guardian; **H. des Gesetzes** guardian/arm of the law
Hütte *f* 1. hut, cabin; 2. ⌂ smelting plant, smelter; 3. *(Gießerei)* foundry
Hütten|industrie *f* iron and steel industry; **H.ingenieur** *m* metallurgist; **H.kapazität** *f* smelting capacity; **H.kombinat** *nt* integrated steel complex; **H.produktion** *f* smelter production; **H.werk** *nt* smelter(s), smelting plant
Hybridfahrzeug *nt* hybrid vehicle
Hydraulik *f* hydraulics
Hygiene *f* hygiene, sanitation
Hyper|inflation *f* hyperinflation, runaway inflation; **h.modern** *adj* state-of-the-art, ultra-modern
Hypothek *f* mortgage, encumbrance, charge; **H. auf Kapitalversicherungsbasis** endowment mortgage; **~ Rentenversicherungsbasis** annuity mortgage; **H. ohne Tilgung** interest-only mortgage
mit Hypotheken belastbar mortgageable; **~ belastet** mortgaged, encumbered; **durch H. gesichert** mortgage-backed; **frei von H.** unmortgaged, unencumbered
Hypothek ablösen/abzahlen/amortisieren to pay off/redeem/satisfy a mortgage; **H. aufnehmen** to raise a mortgage, to (take out a) mortgage; **mit einer H. belasten** to (encumber with a) mortgage; **H. bewilligen** to grant a mortgage; **H. (ins Grundbuch) eintragen (lassen)** to register/record a mortgage; **H. für verfallen erklären; H. kündigen** to foreclose on a mortgage; **H. löschen** to satisfy/cancel/release a mortgage; **H. tilgen/zurückzahlen** to repay/redeem a mortgage; **H. umschichten/umschulden** to remortgage; **aus einer H. zwangsvollstrecken** to foreclose on a mortgage; **H.en zusammenfassen** to tack mortgages
dynamische/indexierte Hypothek index-linked/tracker mortgage; **eingetragene H.** registered *[GB]*/recorded *[US]* mortgage; **erste/erstrangige/erststellige H.** senior mortgage; **gelöschte H.** discharged mortgage; **gesetzliche H.** statutory mortgage; **landwirtschaftliche H.** farm mortgage; **nachrangige/nachstellige H.** junior/subsequent mortgage; **tilgungsfreie H.** interest-only mortgage; **unablösliche/unkündbare H.** irredeemable mortgage; **variable H.** variable mortgage; **im Rang vorgehende/vorrangige H.** prior/senior mortgage
Hypothekar *m* mortgagee; **H.gläubiger(in)** *m/f* mortgage creditor; **H.institut** *nt*

mortgage bank; **H.kredit** *m* mortgage loan/credit; **H.pfandbrief; H.schuldverschreibung** *m/f* mortgage bond; **H.satz; H.zins** *m* mortgage loan rate; **H.verschuldung** *f* mortgage borrowing

Hypotheken|ablösung *f* mortgage redemption; **H.abtretung** *f* mortgage assignment; **H.anstalt** *f* mortgage bank

Hypothekenausfall *m* mortgage loss; **H.versicherer** *m* mortgage indemnity insurer; **H.versicherung** *f* mortgage indemnity insurance

Hypotheken|bank *f* mortgage bank/lender; **H.beleihung** *f* borrowing on mortgages; **H.bestellung** *f* creation of a mortgage; **H.brief** *m* mortgage bond; **H.darlehen** *nt* mortgage loan; **H.disagio** *nt* mortgage discount; **H.eintragung** *f* mortgage registration; **h.fähig** *adj* mortgageable; **H.finanzierung** *f* mortgage finance; **H.fonds** *m* mortgage fund

Hypothekenforderung *f* mortgage claim; **H.en** *(Bilanz)* mortgages receivable; **H. abtreten** to assign a mortgage

hypotheken|frei *adj* unmortgaged, unencumbered; **H.geschäft** *nt* mortgage banking; **H.gesuch** *nt* mortgage loan application; **H.gewährung gegen Abtretung einer Versicherung für den Erlebensfall** *f* mortgage endowment scheme; **H.gläubiger(in); H.inhaber(in)** *m/f* mortgage creditor; **H.institut** *nt* mortgage bank; **H.instrument** *nt* mortgage bond; **H.klage** *f* § foreclosure action; **H.konto** *nt* mortgage account

Hypothekenkredit *m* mortgage loan/credit; **H. auf Schiffsladung** respondentia *(lat.)*; **H.geschäft** *nt* mortgage lending (business); **H.versicherung** *f* mortgage loan insurance

Hypotheken|laufzeit *f* term of a mortgage; **H.löschung** *f* satisfaction of a mortgage; **H.makler** *m* mortgage broker; **H.-markt** *m* mortgage market; **H.nachfrage** *f* mortgage demand; **H.nehmer(in)** *m/f* mortgagor, mortgager

Hypothekenpfand|brief *m* mortgage bond; **H.gläubiger(in)** *m/f* encumbrancer, mortgagee; **H.schuldner** *m* mortgager, mortgagor

Hypotheken|register *nt* register of mortgages, Land Charges Register *[GB]*; **H.-rente** *f* home income plan; **H.schein** *m* mortgage certificate

Hypothekenschuld *f* mortgage/hypothecary debt; **H.en** *pl (Bilanz)* mortgages payable; **H.ner(in)** *m/f* mortgagor, mortgager

Hypotheken|stock *m* mortgage loan portfolio; **H.summe** *f* mortgage capital; **H.tilgung** *f* mortgage redemption/repayment; **H.tilgungsversicherung** *f* mortgage redemption insurance; **H.urkunde** *f* mortgage deed/instrument; **H.vermittler** *m* mortgage broker; **H.versicherung** *f* mortgage protection policy; **H.vertrag** *m* mortgage contract; **H.verzeichnis** *nt* mortgage register; **H.zertifikat** *nt* mortgage bond

Hypothekenzins *m* mortgage interest; **H.-satz** *m* mortgage (interest) rate

Hypotheken|zusage *f* mortgage commitment; **H.zwangsvollstreckung** *f* foreclosure

hypothekisier|bar *adj* mortgageable; **h.en** *v/t* to mortgage/hypothecate

Hypothese *f* hypothesis; **H. der Betriebsfortführung** *(Bilanz)* going-concern principle

hypothetisch *adj* hypothetical

I

Ideal *nt* ideal; *adj* ideal; **I.standardkosten** *pl* ideal standard cost; **I.verein** *m* non-profit association, friendly society; **I.wechsel** *m* accommodation bill

Idee *f* 1. thought; idea; 2. *(Nuance)* shade, trace; **I. ausnutzen; aus einer I. Kapital schlagen** to cash in on an idea; **I. fallen lassen** to relinquish an idea; **auf eine I. kommen/verfallen** to hit upon an idea

fixe Idee obsession, craze; **kluge I.** brainwave; **unausgegorene I.** half-baked idea

ideell *adj* notional, intangible

Ideen|anreger; I.gestalter; I.spezialist *m (Werbung)* ideas man *[GB]*, visualizer *[US]*; **I.findung; I.sitzung** *f* brainstorming (session) *(coll)*; **I.skizze** *f* artist's impression

Identifikation; Identifizierung *f* identification

identisch *adj* identical

Identität *f* identity; **I.snummer** *f* identification number

IHK (Industrie- und Handelskammer) *f* chamber of commerce and industry
illegal *adj* illegal, unlawful, illicit
illiquid|e *adj* insolvent, non-liquid, cash-starved; **I.ität** *f* insolvency, cash shortage
Illusion *f* illusion, wishful thinking
Illustr|ation *f* illustration; **i.ieren** *v/t* to illustrate/highlight
Image *nt* image; **I. pflegen** to cultivate an image; **neues I. verpassen** to reimage; **angeschlagenes/ramponiertes I.** battered image
Image|berater(in) *m/f* image consultant; **i.bewusst** *adj* image-conscious; **I.bildung** *f* image building; **I.pflege** *f* image polishing/building; **I.test** *m* image test; **I.verlust** *m* loss of image; **I.werbung** *f* goodwill advertising, image promotion
Imaginationswert *m* notional value
Imit|ation *f* 1. imitation, copy; 2. *(Fälschung)* forgery, fake; **i.ieren** *v/t* 1. to imitate/copy; 2. to fake
Immaterialgüter *pl* intangibles, intangible assets
Immission *f* pollution
Immissions|auflagen *pl* pollution standards; **I.schaden** *m* pollution damage; **I.schutz** *m* pollution control
Immobiliar|investmentfonds *m* real estate investment trust; **I.kredit** *m* real estate credit; **I.kreditbank; I.institut** *f/nt* mortgage bank; **I.pfändung** *f* seizure of real estate; **I.vermögen** *nt* real estate; **I.versicherung** *f* property insurance
Immobilie(n) *f/pl* real estate/property, realty *[US]*; **erstklassige I.** prime property; **gewerbliche I.n** commercial property; **leerstehende I.** vacant property/possession
Immobilien|abteilung *f* property department; **I.aktie** *f* property share *[GB]*/stock *[US]*; **I.anlage** *f* real estate investment; **I.anlagegesellschaft** *f* property investment company; **I.beratungsgesellschaft** *f* real estate consultancy; **I.besitz** *m* property ownership, real estate holdings; **I.bestand** *m* property portfolio; **I.boom** *m* property boom; **I.büro** *nt* estate *[GB]*/land *[US]* agency; **I.entwickler** *m* property developer; **I.finanzierung** *f* property finance; **I.firma** *f* real estate company; **I.fonds** *m* property fund, real estate (investment) fund, real estate investment trust (REIT); **I.geschäft** *nt* property deal; **I.gesellschaft** *f* property company; **I.händler** *m* estate agent *[GB]*, realtor *[US]*; **I.hausse** *f* property boom; **I.investition** *f* property investment; **I.investor** *m* property/real estate investor; **I.kredit** *m* home loan; **I.leasing** *nt* real estate leasing; **I.makler** *m* estate agent *[GB]*, realtor *[US]*; **I.markt** *m* property market; **I.objekt** *nt* property, realty *[US]*; **I.portfolio** *nt* real estate portfolio; **I.preise** *pl* property/real estate prices; **I.recht** *nt* property law; **I.rendite** *pl* property yield; **I.risiko** *nt* property risk; **I.spekulant** *m* property speculator; **I.spekulation** *f* property speculation; **I.titel** *m* property share *[GB]*/stock *[US]*; **I.unternehmen** *nt* property company; **I.veräußerung; I.verkauf** *f/m* property disposal; **I.vermögen** *nt* property assets; **I.versicherung** *f* property insurance; **I.verwalter** *m* property manager; **I.verwaltung** *f* property management; **I.wert** *m* property share *[GB]*/stock *[US]*
Imparitätsprinzip *nt* *(Bilanz)* inequality principle
implementier|en *v/t* to implement; **I.ung** *f* implementation
Impli|kation *f* implication; **i.zieren** *v/t* to imply; **i.ziert** *adj* implicit
Import *m* ↘ **Einfuhr** 1. *(Ware)* import(s); 2. *(Vorgang)* importation; **~ unter Zollvermerkschein** bonded imports
billige Importe cut-price imports; **kontingierte I.** import quotas; **sichtbare I.** visible imports; **symbolische I.** token imports; **unsichtbare I.** invisible imports; **zollfreie I.** duty-free imports
Import|abgabe; I.abschöpfung *f* import levy; **I.akkreditiv** *nt* import letter of credit; **I.anreiz** *m* import incentive; **I.anstieg** *m* rise in imports; **I.anteil** *m* import penetration; **I.artikel** *pl* imports; **I.aufschlag** *m* import mark-up
Import|begrenzung *f* import restriction; **I.beihilfe** *f* import subsidy; **I.bescheinigung** *f* import certificate; **I.beschränkungen** *pl* import restrictions; **I.bestimmungen** *pl* import regulations; **I.bewilligung** *f* import permit; **I.deklaration; I.erklärung** *f* entry inwards, bill of entry *[GB]*; **I.einschränkung** *f* import restriction; **I.embargo** *nt* import ban
Importeur *m* importer
Import|firma *f* firm of importers; **I.flut** *f* flood of imports; **I.genehmigung** *f* import permit; **I.geschäft** *nt* 1. import business;

2. import transaction; **I.gesellschaft; I.-handelsfirma** *f* firm of importers; **I.großhändler** *m* wholesale importer; **I.güter** *pl* imports; **I.handel** *m* import trade; **I.händler** *m* importer, import merchant; **I.hemmnis; I.hindernis** *nt* import barrier

importieren *v/t* to import

import|intensiv *adj* import-intensive; **I.-kaufmann** *m* import merchant; **I.kommissionär** *m* import commission agent; **I.konossement** *nt* inward bill of lading; **I.kontingent** *nt* import quota; **I.kontrolle** *f* import controls; **I.kredit** *m* import credit; **I.kreditbrief** *m* import letter of credit; **I.land** *nt* importing country; **I.lizenz** *f* import licence; **I.nachfrage** *f* import demand; **I.preis** *m* import price; **I.-quote** *f* import share; **I.rückgang** *m* decline in imports; **I.schutzzoll** *m* protective tariff (on imports); **I.sperre** *f* import ban; **I.steuer** *f* import duty; **I.strom** *m* flow of imports; **I.überhang; I.überschuss** *m* import surplus; **I.unternehmen** *nt* firm of importers; **I.verbot** *nt* import ban; **I.volumen** *nt* volume of imports; **I.ware** *f* imports; **I.wirtschaft** *f* import trade; **I.zahlen** *pl* import figures; **I.zoll** *m* import tariff/duty

Impuls *m* impulse, stimulus; **I.käufe** *pl* impulse buying; **I.kaufgegenstände** *pl* impulse items

Inanspruchnahme *f* 1. *(Nutzung)* use, utilization; 2. *(Beanspruchung)* claim (on), recourse (to); **I. eines Akkreditivs** drawing on a letter of credit; **I. des Gerichts** resort to litigation; **~ Kapitalmarktes** recourse to the capital market; **I. eines Kredits** recourse to a credit; **I. der Mittel** use of resources; **~ Rücklagen** call on reserves

Inaugenscheinnahme *f* inspection

inbegriffen *adj* inclusive (of), including

Inbesitznahme *f* possession, occupation; **erneute I.** repossession

Inbetriebnahme/-setzung *f* 1. activation; 2. commissioning, putting on stream

Indemnität *f* indemnity

Indent|geschäft *nt* indent; **I.kaufmann** *m* indent merchant

Index *m* index; **I. der Aktienkurse** share index, stock price index, Financial Times (Stock Exchange) Index (F.T.S.E.) *[GB]*, Dow Jones Index *[US]*; **~ Einzelhandelspreise** retail price index; **~ Erzeugerpreise** index of manufacturing prices; **~ Großhandelspreise** wholesale price index; **~ Lebenshaltungskosten** cost of living index; **~ Verbraucherpreise** consumer price index

bereinigter Index adjusted index; **nach Handelsvolumen gewichteter I.** trade-weighted index; **gewogener I.** weighted index; **kombinierter I.** aggregate index; **saisonbedingter/-bereinigter I.** seasonally adjusted index; **zusammengesetzer I.** composite index

Index|- index(ed), index-linked; **i.bezogen** *adj* index-linked; **I.bindung** *f* indexation, index-linking; **~ der Einkommenssteuer** income tax indexation; **I.familie** *f* standard family household; **I.-fonds** *m* tracker fund; **i.gebunden; i.-gekoppelt** *adj* indexed, index-linked

indexier|en *v/t* to index; **i.t** *adj* indexed, index-linked; **I.ung** *f* indexation, index-linking

Index|klausel *f* escalator/cost-of-living clause; **I.koppelung** *f* index-linking; **I.-lohn** *m* index-linked wage; **I.rente** *f* index-linked pension; **I.versicherung** *f* index-linked insurance; **I.zahl; I.ziffer** *f* index figure

Indienststellung *f* commissioning

Indifferenz *f* indifference; **I.kurve** *f* iso-utility/indifference curve

Indikator *m* indicator; **gesellschaftliche/soziale I.en** social indicators; **maßgeblicher/primärer I.** key indicator; **(volks-)wirtschaftliche I.en** economic indicators/pointers

Individual|bedürfnis *nt* individual need; **I.güter** *pl* private goods; **I.haftung** *f* personal liability; **I.kundschaft** *f* private customers; **I.sparen** *nt* private saving; **I.-versicherung** *f* 1. personal/private insurance; 2. *(Lebensvers.)* single-life insurance

indossabel *adj* endorsable, indorsable

Indossament *nt* endorsement, indorsement; **I. aus Gefälligkeit** accommodation endorsement; **I. mit Girovermerk** restrictive endorsement; **I. ohne Obligo/Rückkehr** qualified endorsement; **durch I. übertragbar** endorsable, negotiable; **durch ~ begeben/übertragen; mit einem I. versehen** to endorse

bedingtes/beschränktes/eingeschränktes Indossament restrictive/qualified en-

dorsement; **unbeschränktes I.** absolute endorsement; **vollständiges I.** full endorsement
Indossament|haftung *f* endorser's liability; **I.kette** *f* chain of endorsements; **I.-verbindlichkeit** *f* endorsement liability
Indossant *m* endorser, indorser; **nachfolgender I.** subsequent endorser; **vorgehender I.** previous endorser
Indossat(ar) *m* endorsee, indorsee, transferee
indossierbar *adj* endorsable, indorsable, negotiable; **I.barkeit** *f* negotiability
indossieren *v/t* 1. to endorse/indorse; 2. *(fremde Wechsel)* to back; **blanko i.** to endorse in blank
Indossierer *m* 1. endorser, indorser; 2. *(fremde Wechsel)* backer
indossierfähig *adj* endorsable, indorsable, negotiable
Indossierung *f* endorsement, indorsement
industrialisier|en *v/t* to industrialize; **i.t** *adj* industrialized; **hoch i.t** highly industrialized; **I.ung** *f* industrialization
Industrie *f* industry; **I. zur Gewinnung von Naturprodukten** extractive/primary industry; **I. in der Gründungsphase; ~ den Kinderschuhen** infant industry; **I. im Staatsbesitz** state-owned industry; **I. der Steine und Erden** quarrying industry
Industrie fördern to promote an industry; **I. gängeln** to nanny an industry; **I. verlagern** to recolate an industry; **I. verstaatlichen** to nationalize an industry
absterbende Industrie declining/sunset *[US]*/sundown *[US]* industry; **neu aufstrebende I.** sunrise industry *[US]*; **bearbeitende I.** manufacturing industry; **chemische I.** chemical industry; **einheimische I.** domestic industry; **elektrotechnische I.** electrical industry; **exportintensive I.** export-orient(at)ed industry; **gewerbliche/herstellende I.** manufacturing industry; **heimische I.** indigenous/domestic industry; **junge I.** fledgling industry; **klassische I.** smokestack *[GB]*/sunset *[US]*/sundown *[US]* industry; **lohnintensive I.** labo(u)r-intensive industry; **mittelständische I.** small and medium sized industries; **moderne I.** sunrise *[US]*/high-tech industry; **nachgelagerte I.** downstream industry; **niedergehende I.** declining/sundown *[US]*/sunset *[US]* industry; **örtliche/ortsansässige I.** local industry; **Rohstoff gewinnende I.** extractive industry; **staatliche I.** state industry; **veraltete I.** smokestack *[GB]*/sunset *[US]*/sundown *[US]* industry; **verarbeitende I.** manufacturing industry; **verstaatlichte I.** nationalized industry; **vorgelagerte I.** upstream industry; **weiterverarbeitende I.** manufacturing/secondary industry
Industrie|abbau *m* deindustrialization; **I.abfälle** *pl* industrial waste; **I.abgabepreis** *m* ex works price; **I.abnehmer** *m* industrial customer; **I.absatz** *m* industrial sales; **I.abwässer** *pl* industrial effluents; **I.aktien** *pl* industrial shares *[GB]*/stocks *[US]*, industrials
Industrieanlage *f* industrial plant; **I.nvermietung** *f* plant hire
Industrie|anleihe *f* corporate/industrial bond; **I.ansiedlung** *f* 1. industrial development; 2. *(Gewerbegebiet)* industrial/trading estate; 3. location of industries
Industriearbeit|er(in) *m/f* industrial worker; **I.erlöhne** *pl* industrial wages; **I.splatz** *m* 1. blue-collar job; 2. job in industry
Industrie|artikel *pl* manufactures, manufactured goods; **I.ausfuhr** *f* industrial exports; **I.ausrüstung** *f* industrial equipment; **I.ausstellung** *f* industrial fair/exhibition; **I.ausstoß** *m* industrial output; **I.basis** *f* manufacturing/industrial base; **I.bau** *m* industrial construction; **I.berater** *m* industrial consultant; **I.beratung** *f* industrial consulting/consultancy; **I.besatz** *m* industrial density; **I.beschäftigte(r)** *f/m* industrial employee/worker; **I.beteiligung** *f* industrial holding/interest; **I.betrieb** *m* 1. manufacturing plant/facility; 2. industrial company/enterprise; **I.brache** *f* industrial wasteland; **I.demontage** *f* dismantling of industries; **I.dichte** *f* industrial density; **I.durchschnitt** *m* industrial average; **I.emisson** *f* 1. *(Aktien)* industrial issue; 2. *(Verunreinigung)* industrial pollution; **I.entwicklung** *f* industrial development; **I.- und Gewerbeentwicklung** industrial and commercial development; **I.erfahrung** *f* industrial experience; **I.erzeugerpreise** *pl* industrial producer prices; **I.erzeugnis(se)** *nt/pl* industrial product(s), manufactures, manufactured goods; **I.erzeugung** *f* industrial output/production; **I.-Feuerversicherung** *f* industrial fire in-

IJ

surance; **I.firma** *f* industrial firm/company; **I.firmen** *(Aktien)* industrials; **I.fläche** *f* industrial land; **brachliegende I.fläche** industrial wasteland

Industrieförderung *f* promotion of industry; **I.sgesellschaft** *f* industrial development company/corporation; **I.sprogramm** *nt* business expansion scheme

Industrie|forschung *f* industrial research; **I.führer** *m* captain of industry; **I.gas** *nt* industrial gas; **I.gebäude** *nt* industrial building

Industriegebiet *nt* industrial area/region; **I.- und Gewerbegebiet** industrial/trading estate

Industrie|gelände *nt* industrial site; **I.gesetzgebung** *f* industrial legislation; **I.gewerkschaft** *f* industrial union; **I.gleis** *nt* industrial siding *[GB]*/sidetrack *[US]*; **I.grundstoff** *m* industrial raw material; **I.grundstück** *nt* factory site; **I.gürtel** *m* industrial belt

Industriegüter *pl* industrial goods, manufactures; **I.preise** *pl* industrial prices; **I.werbung** *f* industrial advertising

Industrie|hygiene *f* industrial hygiene; **I.index** *m* industrial index; **I.ingenieur** *m* industrial engineer; **I.investition(en)** *f/pl* industrial investment(s); **I.- und Handelskammer (IHK)** *f* chamber of industry and commerce; **I.kapital** *nt* industrial capital; **I.kapitän** *m* captain of industry; **I.kartell** *nt* industrial cartel; **I.kauffrau/-mann** *f/m* industrial clerk; **I.komplex** *m* industrial complex; **I.konjunktur** *f* industrial boom; **I.konzentration** *f* industrial concentration; **I.konzern** *m* industrial group/conglomerate

Industriekredit *m* industrial credit/loan; **I.e** corporate borrowings; **I.bank** *f* industrial (credit) bank; **I.genossenschaft** *f* industrial credit cooperative

Industrie|kreise *pl* industrial circles; **I.kunde** *m* industrial customer/client; **I.land** *nt* industrial country; **junges I.land** newly industrialized country (NIC); **I.lieferant** *m* industrial supplier

industriell *adj* industrial

Industrieller *m* industrialist; **führender I.** captain of industry

Industrie|markt *m* industrial market; **I.meister** *m* (factory) foreman; **I.messe** *f* industrial fair; **I.minister** *m* Industry Secretary *[GB]*; **I.ministerium** *nt* Department of Industry *[GB]*; **I.müll** *m* industrial waste; **I.nachfrage** *f* industrial demand; **I.nation** *f* industrial nation; **I.norm** *f* industrial standard; **I.obligation** *f* industrial bond/debenture; **I.ödland** *nt* industrial wasteland; **I.papiere** *pl (Börse)* industrials; **I.park; I.- und Gewerbepark** *m* industrial park/estate, trading estate; **I.politik** *f* industrial policy; **I.preise** *pl* industrial prices; **I.produkt(e)** *nt/pl* industrial product(s), manufactures; **I.produktion** *f* industrial output/production; **I.projekt** *nt* industrial project; **I.region** *f* industrial area; **I.reinigung** *f* industrial cleaning; **I.rohstoff** *m* industrial raw material; **I.schuldverschreibung** *f* industrial bond; **I.schutzbeauftragter** *m* industrial safety officer; **I.sektor** *m* industrial sector; **I.sparte** *f* line of business; **I.spionage** *f* industrial espionage; **I.staat** *m* industrial state/nation; **I.stadt** *f* industrial/manufacturing city; **I.standort** *m* location of industry; **I.statistik** *f* industrial statistics; **I.struktur** *f* industrial structure; **I.- und Handelstag** *m* association of chambers of commerce and industry; **I.tarif** *m* industrial tariff/rate; **I.tätigkeit** *f* industrial activity/work; **I.umsatz** *m* industrial sales; **I.unternehmen** *nt* industrial enterprise/firm/company; **I.verband** *m* industrial association; **britischer I.verband** Confederation of British Industry (CBI); **I.verlagerung** *f* relocation of industry; **I.versicherung** *f* industrial insurance; **I.versicherungssparte/-zweig** *f/m* industrial branch; **I.waren** *pl* manufactures, manufactured goods; **I.werbung** *f* industrial advertising; **I.werk** *nt* manufacturing/production plant; **I.werte** *pl (Börse)* industrials; **I.zeitalter** *nt* industrial age; **I.zone** *f* trading/industrial estate

Industriezweig *m* (branch/sector of) industry; **nachgelagerter I.** downstream industry; **vorgelagerter I.** upstream industry

ineffizien|t *adj* inefficient; **I.z** *f* inefficiency

Infinitesimalrechnung *f* π calculus

Inflation *f* inflation; **I. der Gewinne** profit inflation; **~ Großhandelspreise** wholesale price inflation; **I. bei gleichzeitiger Hochkonjunktur** boomflation; **~ Rezession** slumpflation; **~ Stagnation** stagflation; **I. der Verbraucherpreise** consumer price inflation

Inflation abbremsen to slow down inflation; **I. anheizen/antreiben** to boost/fuel/stoke inflation; **I. bekämpfen** to combat/fight inflation; **I. in den Griff bekommen; I. unter Kontrolle bekommen/bringen** to get inflation under control; **I. bremsen/dämpfen/drosseln** to curb/restrain inflation; **I. verstärken** to add another twist to the inflationary spiral

durch Lohnsteigerungen angeheizte/bedingte Inflation wage-push inflation; **aufgestaute I.** pent-up inflation; **durch Nachfrageüberhang ausgelöste I.** demand-pull inflation; **~ Nachfrageverschiebung ausgelöste I.** demand-shift inflation; **~ Produktionskostensteigerung ausgelöste I.** cost-push inflation; **galoppierende I.** runaway inflation; **hausgemachte I.** home-made inflation; **kostenbedingte/-induzierte I.** cost-push inflation; **lohninduzierte I.** wage-push inflation; **nachfragebedingte/-induzierte I.** demand-pull inflation; **übermäßige I.** hyperinflation; **ungezügelte I.** rip-roaring inflation; **unsichtbare/verdeckte/versteckte I.** concealed/hidden inflation; **zügellose I.** runaway inflation; **zurückgestaute I.** pent-up inflation; **zweistellige I.** double-digit inflation

inflationär; inflationistisch *adj* inflationary; **nicht i.** non-inflationary

inflationieren *v/i* to inflate

Inflations|- inflationary; **I.abbau** *m* deflation; **i.anfällig** *adj* inflation-prone; **i.bedingt** *adj* inflation-induced; **i.bereinigt** *adj* adjusted for inflation; **i.bewusst** *adj* inflation-conscious; **I.dämpfung; I.drosselung; I.eindämmung** *f* curbing (of) inflation; **I.druck** *m* inflationary pressure; **i.empfindlich** *adj* inflation-sensitive; **I.erscheinung** *f* inflationary symptom; **i.feindlich** *adj* anti-inflationary; **i.frei** *adj* non-inflationary; **I.gefahr** *f* risk of inflation; **I.gefälle** *nt* inflation differential; **i.geschützt** *adj* inflation-proof; **I.gewinn** *m* inflation gain; **i.hemmend** *adj* disinflationary; **I.klima** *nt* inflationary climate; **I.kräfte** *pl* inflationary forces; **I.krise** *f* inflationary crisis; **I.neigung** *f* inflationary trend; **I.niveau** *nt* level of inflation; **I.politik** *f* inflation(ary) policy; **I.rate** *f* rate of inflation, inflation rate; **bereinigte I.rate** core inflation rate; **I.schraube; I.spirale** *f* inflationary spiral; **I.schub** *m* burst of inflation; **I.schutz; I.sicherung** *m/f* hedge against inflation; **i.sicher** *adj* inflation-proof; **I.tempo** *nt* rate/pace of inflation; **I.wirkungen** *pl* effect of inflation; **I.zeichen** *nt* inflationary symptom; **I.zuschlag** *m* inflation surcharge

inflatorisch *adj* inflationary

Informatik *f* computer science, information technology (IT); **I.er** *m* computer scientist

Information *f* information; **I. und Kommunikation (IuK)** information and communication (I&C)

Informationen austauschen to exchange information; **I. beschaffen** to secure information; **I. eingeben/einfüttern** to input information; **I. zusammentragen** to collate information

Informations|abfrage; I.abruf *f/m* 🖳 information retrieval; **I.absprache** *f* price-reporting agreement; **I.abteilung** *f (Kredit)* credit department; **I.anbieter** *m* information provider; **I.austausch** *m* exchange of information; **I.bank** *f* databank; **I.beschaffung** *f* information gathering; **I.besuch** *m* fact-finding visit; **I.blatt; I.brief** *nt/m* newsletter; **I.dienst** *m* information/data service; **I.eingabe** *f* data input; **I.erschließung** *f* information retrieval; **I.fluss** *m* flow of information; **I.gewinnung** *f* information gathering; **I.material** *nt* (descriptive) literature; **I.pflicht** *f* disclosure duty; **I.quelle** *f* source of information; **I.rückfluss** *m* feedback; **I.sitzung** *f* briefing; **I.system** *nt* information system; **I.tafel** *f* notice *[GB]*/bulletin *[US]* board; **I.technik; I.technologie** *f* information technology (IT); **I.träger** *m* information carrier/medium; **I.übergabe; I.übermittlung; I.übertragung** *f* information transfer; **I.verarbeitung** *f* data processing; **I.weg** *m* channel of information; **I.werbung** *f* informative advertising; **I.wissenschaft** *f* computer/information science

informativ *adj* informative

informell *adj* informal

informieren *v/t* to inform/advise/notify

schlecht informiert *adj* ill-informed

Infrastruktur *f* infrastructure

Ingang|setzen; I.setzung *nt/f* launch(ing), start-up; **I.setzungskosten** *pl* start-up cost(s)

Ingenieur *m* engineer; **ausführender I.** project engineer; **beratender I.** consulting engineer; **leitender I.** chief engineer

Ingenieur|arbeit *f* engineering; **I.bau** *m* civil engineering; **I.büro** *nt* engineering consultancy/firm; **I.- und Tiefbau** *m* civil engineering; **I.wesen; I.wissenschaft** *nt/f* engineering

Inhaber|(in) *m/f* 1. owner, proprietor; 2. *(Besitz)* occupant, occupier; 3. *(Dokument)* holder, bearer; **I. von Aktien(zertifikaten)** shareholder *[GB]*, stockholder *[US]*; **I. der Aktienmehrheit** majority shareholder *[GB]*/stockholder *[US]*; **I. eines Schuldscheins** noteholder; **I. einer Schuldverschreibung** bondholder; **I. von Stammaktien** ordinary shareholder *[GB]*/stockholder *[US]*; **I. eines Zurückbehaltungsrechts** lienor

auf den Inhaber lautend made out to bearer

auf den Inhaber ausstellen to make out to bearer; **I. wechseln** to change hands

IJ

alleiniger Inhaber sole owner; **eingetragener I.** registered holder; **gutgläubiger I.** holder in good faith; **legitimer/rechtmäßiger I.** lawful owner/holder

Inhaber|aktie *f* bearer share *[GB]*/stock *[US]*; **I.anleihe** *f* bearer loan; **I.bezugsrechtsschein** *m* bearer warrant; **I.depositenschein; I.depotschein** *m* bearer depository receipt; **I.effekten** *pl* bearer securities; **I.emission** *f* bearer issue

Inhaberin *f* proprietress

Inhaber|indossament *m* endorsement made out to bearer; **I.klausel** *f* bearer clause; **I.konnossement** *nt* bearer bill of lading; **I.kreditbrief** *m* open letter of credit; **I.lagerschein** *m* negotiable warehouse receipt; **I.obligation** *f* bearer bond; **I.papier** *nt* bearer security; **I.police** *f* bearer policy; **I.schaft** *f* ownership; **I.-scheck** *m* bearer check *[US]*/cheque *[GB]*; **I.schuldbrief** *m* bearer mortgage note; **I.schuldverschreibung** *f* bearer bond/debenture; **I.stammaktie** *f* bearer share *[GB]*/stock *[US]*; **I.wechsel** *m* bill (payable) to bearer; **I.wertpapiere** *pl* bearer securities

Inhalt *m* 1. content(s); 2. *(Schrift/Urteil)* tenor

Inhalts|angabe *f* 1. summary; 2. ⊖ declaration of contents; **I.anzeige; I.aufstellung** *f* table of contents; **i.los** *adj* 1. empty; 2. devoid of content; **I.verzeichnis** *nt* (table of) contents

Initial|investition *f* *(VWL)* pump-priming investment; **I.zündung** *f* pump priming *(fig)*; **~ geben** to prime the pump *(fig)*

Initiativbewerbung *f* unsolicited application

Initiative *f* initiative, drive; **I. ergreifen** to seize/take the initiative

initiieren *v/t* to initiate

Inkasso *nt* collection, encashment; **zum I.** for collection (only); **I. von Schecks** check *[US]*/cheque *[GB]* encashment; **zum I. vorlegen** to present for collection

Inkasso|abteilung *f* collection department; **I.abtretung** *f* assignment of accounts receivable; **I.agent** *m* collection agent; **I.akzept** *nt* acceptance for collection; **I.anzeige; I.avis** *f/nt* advice of collection; **I.auftrag** *m* collection order; **I.beamter; I.beamtin** *m/f* collecting clerk; **I.beauftragter; I.bevollmächtigte(r)** *m/f/m* collecting agent; **I.büro** *nt* (debt) collecting agency; **I.dienst** *m* collection service; **I.forderungen** *pl (Bilanz)* accounts receivable; **I.gebühr** *f* collection fee/charge; **I.geschäft** *nt* collection business; **I.gesellschaft; I.institut** *f/nt* collection agency; **I.giro; I.indossament** *nt* restrictive endorsement; **I.konto** *nt* collection account; **I.kosten** *pl* collection expenses; **I.mandat** *nt* collection order; **I.risiko** *nt* collection risk; **I.spesen** *pl* collection cost(s)/expenses; **I.stelle; I.-unternehmen** *f/nt* collection agency; **I.-vertreter** *m* collecting agent; **I.wechsel** *m* bill for collection

inklusiv|e *prep* 1. inclusive of, including (incl.); 2. *(Wertpapier)* cum *(lat.)*; **I.preis** *m* inclusive rate

Inkorpor|ation *f* incorporation; **i.iern** *v/t* to incorporate

Inkraftsetzung *f* validation, putting into operation

Inkrafttreten *nt* coming into effect/force; **I. eines Vertrages** effective date of a contract

inkulant *adj* unaccommodating

Inland *nt* inland, home country; **für das I. bestimmt** ⊖ for domestic/home consumption; **im I. erzeugt/hergestellt** home-produced, domestic

Inländ|er *m* national, (permanent) resident; **i.isch** *adj* inland, domestic, home

Inlands|- internal, domestic, home; **I.-absatz** *m* domestic sales; **I.anleihe** *f* domestic loan; **I.auftrag** *m* domestic order; **I.bedarf; I.bedürfnisse** *m/pl* domestic/home demand; **I.bestellung** *f* domestic order; **I.brief** *m* ✉ inland letter; **I.-bruttosozialprodukt** *nt* gross domestic product (GDP/gdp); **I.emission** *f (Anleihe)* domestic issue

Inlandserzeug|er *m* domestic producer; **I.-nisse** 1. domestic manufactures; 2. 🚜 home produce; **I.ung** *f* domestic output/ production

Inlands|flug *m* domestic/internal flight; **I.-fracht** *f* domestic freight; **I.geschäft** *nt* domestic operations/business; **I.gespräch** *nt* ☎ inland call; **I.handel** *m* domestic/home trade; **I.investitionen** *pl* domestic investment(s); **I.konjunktur** *f* domestic boom; **I.konzern** *m* domestic group; **I.kredit** *m* domestic credit; **I.kunde** *m* domestic customer; **I.markt** *m* 1. home/domestic/national market; 2. *(EU)* internal market; **I.nachfrage** *f* domestic/ home demand; **I.porto** *nt* ✉ inland postage; **I.preis** *m* domestic price; **I.produkt** *nt* 1. domestic product; 2. 🚜 inland produce; **I.produktion** *f* domestic production; **(verstärkt) auf ~ umstellen** to indigenize; **I.rezession** *f* domestic recession; **I.spediteur; I.spedition** *m/f* domestic carrier; **I.strecke** *f* ✈ domestic route; **I.tarif** *m* domestic rate; **I.umsätze** *pl* home sales; **I.verbrauch** *m* domestic consumption; **I.verbraucher** *m* domestic consumer; **I.-vertrieb** *m* inland distribution; **I.währung** *f* internal/national currency; **I.ware** *f* home-produced merchandise; **I.wechsel** *m* domestic/inland bill (of exchange); **I.werte** *pl (Börse)* domestic securities; **I.zahlungsverkehr** *m* domestic transfers

in natura *(lat.)* in kind

Innehaben *nt* occupancy, tenure, possession; **i.** *v/t* to hold/possess/occupy

Innen|- 1. interior, indoor; 2. intra-firm; **I.architektur** *f* interior decoration/design; **I.auftrag** *m* factory/internal production order; **I.ausbau** *m* 🏛 interior finishing (work); **I.dienst** *m* office work/ duty, indoor duties

Innenfinanzierung *f* internal financing; **I.squote; I.srate** *f* self-generated financing ratio

Innen|hafen *m* ⚓ inner port; **I.lager** *nt* internal warehouse; **I.lieferung** *f* intracompany delivery; **I.maße** *pl* inside dimensions; **I.minister** *m* minister of the interior, Home Secretary *[GB]*, Secretary of the Interior *[US]*; **I.ministerium** *nt* ministry of the interior, Home Office *[GB]*, Department of the Interior *[US]*; **I.politik** *f* home affairs; **i.politisch** *adj* domestic; **I.revision** *f* internal audit(ing); **I.revisor** *m* internal auditor; **I.stadt** *f* city/ town center *[US]*, ~ centre *[GB]*, downtown *[US]*; **I.stadtlage** *f (Einzelhandel)* high-street location; **I.transport** *m* internal handling; **I.umsatz** *m* intra-group sales

inner|- *adj* internal; **i.betrieblich** *adj* internal, in-house; **i.europäisch** *adj* intra-European; **i.gemeinschaftlich** *adj (EU)* intra-Community; **i.konzernlich** *adj* intra-group; **i.staatlich** *adj* domestic; **i.-städtisch** *adj* city-center *[US]*/centre *[GB]*

Innovation *f* innovation

Innovations|aufwendungen *pl* innovation expenditure; **I.fähigkeit** *f* innovative ability; **I.grad; I.quote** *m/f* innovation ratio; **I.potenzial** *nt* innovation potential; **I.-zentrum; I.- und Transferzentrum** *nt* technology center *[US]*/centre *[GB]*, science park

innovativ *adj* innovative

Innung *f* (craft) guild

inoffiziell *adj* unofficial, inofficial

Input *m* input; **I.-Output-Analyse** *f* input-output analysis

Inrechnungstellung *f* invoicing, billing

Insasse; Insassin *m/f* 1. occupant, dweller; 2. 🚗 passenger; **I.nhaftpflicht** *f* personal injury protection; **I.nunfallschutz** *m* personal accident cover

Insel *f* island; **I.betrieb** *m* ⚓ off-line operation; **I.lage** *f* isolated location

Inserat *nt* advertisement, ad(vert); **I. aufgeben** to place an advertisement; **sich auf ein I. hin melden** to answer an advertisement

Inser|ent *m* advertiser; **i.ieren** *v/ti* to advert(ise)

insgesamt *adv* altogether, all in all

Insider *m* insider; **I.geschäfte** *pl* insider dealings; **I.handel** *m* insider dealings/ trading; **I.information; I.kenntnis; I.wissen** *f/nt* inside(r) information

Insolvent *m* defaulter; **i.** *adj* insolvent

Insolvenz *f* insolvency; **I.fonds** *m* insolvency (guarantee) fund; **I.liste** *f* black list; **I.quote; I.rate** *f* insolvency rate; **I.-versicherung** *f* insolvency insurance; **I.verwalter** *m* administrator, receiver

Inspektion *f* 1. inspection, examination, survey; 2. 🚗 service
Inspektions|bericht *m* survey report; **I.-fahrt; I.reise** *f* tour of inspection; **I.recht** *nt* right of inspection
instabil *adj* unstable; **I.ität** *f* instability
Installateur *m* plumber, fitter
Installation *f* plumbing, fitting; **I.stechnik** *f* domestic engineering
installieren *v/t* to install/fit
instand halten *v/t* to maintain, to service
Instandhaltung *f* maintenance
Instandhaltungs|abteilung *f* maintenance department; **I.arbeiten** *pl* maintenance work; **I.auftrag** *m* maintenance contract; **I.aufwand; I.kosten** *m/pl* maintenance cost(s); **I.rücklage** *f* provisions for repairs; **I.vertrag** *m* maintenance contract
instand setzen *v/t* to repair

Instandsetzung *f* repair, reconditioning
Instandsetzungs|abteilung *f* maintenance department; **I.arbeiten** *pl* maintenance (work), repairs; **I.auftrag** *m* repair order; **I.dienst** *m* repair service; **I.konto** *nt* maintenance expense account; **I.kosten** *pl* cost(s) of repairs; **I.rücklage** *f* maintenance reserve; **I.zuschuss** *m* 🏛 improvement grant
Instanz *f* 1. authority, institution; 2. instance; 3. *(BWL)* management unit; 3. § instance; **höhere/obere/übergeordnete I.** § appellate/higher court; **letzte I.** (court of) last instance; **untere/untergeordnete I.** lower court
Instanzenweg *m* § stages of appeal
Institut *nt* institute, institution
Institution *f* institution; **gemeinnützige I.** non-profit-making institution; **staatliche I.** governmental institution; **tragende I.** funding body
instruieren *v/t* 1. to instruct; 2. § to brief
Instrukt|ion *f* 1. instruction; 2. § brief(ing); **i.iv** *adj* instructive, informative
Instrument *nt* instrument; **I. der Führung** management tool; **~ Konjunkturpolitik/Wirtschaftspolitik** economic policy instrument; **absatzpolitisches I.** selling tool; **konjunkturpolitisches I.** economic policy instrument
Instrumentarium *nt* (set of) instruments, tools; **geldpolitisches I.** tools of monetary policy; **konjunkturpolitisches I.** economic policy tools
integral *adj* integral; **I.rechnung** *f* π integral calculus
Integr|ation *f* integration; **i.ieren** *v/t* to integrate/incorporate
Intelligenz *f* intelligence; **I.quotient** *m* intelligence quotient (IQ); **I.test** *m* intelligence test
Intensität *f* intensity
intensiv *adj* intensive; **I.haltung** *f* 🚜 *(Tiere)* battery farming
intensivier|en *v/t* to step up, to intensify; **I.ung** *f* intensification
Intensiv|kurs *m* crash course; **I.station** *f* ⚕ intensive care unit
Interbankaktiva *pl* interbank assets
Interbanken|einlagen *pl* interbank deposits; **I.geldmarkt** *m* interbank money market; **I.geldsatz** *m* interbank money rate; **I.geschäft** *nt* interbank operation
interessant *adj* 1. interesting; 2. remunerative, profitable, lucrative
Interesse *nt* interest, attention; **jds I.n beeinträchtigen** to impair so.'s interests; **I. bekunden** to show interest; **I.n berühren** to affect interests; **I. erregen/erwecken** to attract interest; **jds I.n schaden/schädigen** to be prejudicial to so.'s interests; **I. verdienen** to merit attention; **I. verlieren** to lose interest; **jds I. wecken** to arouse so.'s interest
allgemeines Interesse general interest; **berechtigtes I.** legitimate interest; **eigenes I.** private interest; **finanzielles I.** financial interest; **gegenseitiges I.** mutual interest; **geschäftliches I.** commercial interest; **lebenswichtiges I.** vital interest; **lebhaftes I.** keen interest; **nachlassendes I.** flagging interest; **öffentliches I.** public interest; **starkes I.** keen interest; **ureigenes I.** vested interest; **versicherbares/versicherungsfähiges I.** insurable interest; **versichertes I.** insured interest; **wirtschaftliche I.n** economic interests
Interessen|bekundung *f* expression of interest; **I.ausgleich** *m* reconciliation of interests; **I.bereich; I.feld; I.gebiet** *m/nt* sphere of interest; **I.deckung** *f (Vers.)* risk cover(age); **I.kollision; I.konflikt** *f/m* clash of interests
Interessent(in) *m/f* prospective client/customer, prospect
Interessen|verband *m* (trade) association; **I.vertreter** *m* lobbyist; **I.vertretung** *f* lobby; **I.wahrnehmung; I.wahrung** *f* protection of interests
interessieren *v/ti* to interest

Interessierte(r) *f/m* interested person
Interims|aktie *f* interim share *[GB]*/stock *[US]*; **I.bilanz** *f* interim balance (sheet); **I.buchung** *f* suspense entry; **I.dividende** *f* interim dividend; **I.ergebnis** *nt* interim/half-time result; **I.konto** *nt* suspense account; **I.schein** *m* interim receipt, scrip (certificate) *[GB]*; **I.wechsel** *m* interim bill
Interkalarzinsen *pl* intercalary interest
intern *adj* internal, in-house; **I.a** *pl* inside information
international *adj* international
Internationale Arbeitgeberorganisation International Organisation of Employers (IOE); **I. Arbeitsorganisation** International Labo(u)r Organisation (ILO); **I. Bank für Wiederaufbau und Entwicklung** International Bank for Reconstruction and Development (IBRD); **~ wirtschaftliche Zusammenarbeit (IBWZ)** International Bank for Economic Cooperation (IBEC); **I. Energieagentur** International Energy Agency (IEA); **I. Handelskammer (IHK)** International Chamber of Commerce (ICC); **I.r Luftverkehrsverband** International Air Transport Association (IATA); **I.r Normenausschuss; I. Normenorganisation** International Standards Organisation (ISO); **I. Schifffahrtskammer** International Chamber of Shipping; **I. Standardklassifikation der Berufe** International Standard Classification of Occupations (ISCO); **I. Standardorganisation** International Standards Organisation (ISO); **I.r Währungsfonds (IWF)** International Monetary Fund (IMF); **I. Warengruppeneinteilung; I.s Warenverzeichnis für den Außenhandel** Standard International Trade Classification (SITC); **I. Wiederaufbaubank** International Bank for Reconstruction and Development
Internet *nt* internet; **I.anbieter** *m* internet provider; **I.benutzer(in)** *m/f* internet user; **I.dienstleister** *m* internet service provider (ISP); **i.fähig** *adj* internet-compatible; **I.handel** *m* online trading, e-commerce; **I.kriminalität** *f* cybercrime; **I.seite** *f* website; **I.zugang** *m* access to the internet
Interpretation *f* interpretation, construction; **einschränkende I.** restrictive interpretation; **falsche I.** misinterpretation; **richterliche I.** judicial interpretation
interpretieren *v/t* to interpret/construe
Intervall *nt* interval; **I.schätzung** *f* interval estimation
Intervention *f* intervention; **I. auf dem/am Devisenmarkt** currency market intervention; **~ freien Markt** intervention in the open market; **I. der Zentralbank** central bank intervention
abgestimmte Intervention *(Devisenmarkt)* joint intervention; **kurssichernde I.** price support intervention; **staatliche I.** government intervention
Interventionis|mus *m* interventionism; **i.-tisch** *adj* interventionist
Interventions|akzept; I.annahme *nt/f* acceptance supra/protest, ~ for honour; **I.auftrag** *m (Bank)* supporting order; **I.bestände** *pl* intervention stocks; **I.-grenze** *f* 1. *(Börse)* stop limit; 2. *(EWS)* divergence threshold; **I.hilfe; I.käufe** *f/pl* *(Devisenmarkt)* support buying; **I.kurs** *m* *(IWS)* intervention price; **I.lager** *nt* intervention stocks; **I.mechanismus** *m* intervention mechanism; **I.politik** *f* interventionist policy; **I.preis** *m* intervention price; **I.punkt** *m* intervention/support point; **I.stelle** *f (EU)* intervention agency; **I.währung** *f* intervention currency; **I.zahlung** *f* payment for honour, ~ supra protest
Interview *nt* interview; **i.en** *v/t* to interview; **I.er** *m* interviewer; **I.te(r)** *f/m* interviewee
Intestat *nt* intestacy; **I.erbfolge** *f* intestate succession; **I.nachlass** *m* intestate estate
Intrahandel *m* intra-EU trade
Invalide *m* invalid, disabled person; **zum I.n machen** to disable/invalid
Invaliden|freibetrag *m* invalidity allowance; **I.kraftfahrzeug** *nt* invalid car; **I.rente** *f* disability pension; **I.unterstützung** *f* disability allowance; **I.versicherung** *f* disability/disablement insurance; **I.versicherungsleistung** *f* disability benefit
Invalidität *f* invalidity, disability, disablement; **dauernde I.** permanent disability/disablement; **vollständige I.** total disability/disablement
Invaliditäts|beihilfe *f* disability benefit; **I.-grad** *m* degree of disablement; **I.rente** *f* 1. invalid pension; 2. *(vorzeitige Invalidität)* breakdown pension; **I.unterstützung** *f* disability benefit; **I.versicherung** *f* disability/disablement insurance

Inventar *nt* 1. stock on/in hand, inventory; 2. *(Bilanz)* fixtures, plant; 3. *(Einrichtung)* fittings; 4. *(Geräte)* equipment; 5. *(Büro)* office furniture and equipment; **I. aufnehmen/aufstellen** to take stock

anfängliches Inventar initial inventory; **tatsächlich aufgenommenes I.** physical inventory; **buchmäßiges I.** book inventory; **festes/unbewegliches I.** fixtures; **lebendes I.** livestock; **totes I.** dead stock

Inventar|abbau *m* inventory reduction; **I.abschreibung** *f* inventory writedown; **I.aufnahme; I.aufstellung** *f* stocktaking; **I.bestände** *pl* inventory levels; **I.bewertung** *f* inventory valuation; **I.buch** *nt* stock ledger; **I.erfassung** *f* stocktaking; **I.gegenstand** *m* inventory item

inventarisier|en *v/t* to take stock; **I.ung** *f* stocktaking

Inventar|karte *f* stock card; **I.konto** *nt* inventory account; **I.kontrolle** *f* inventory check; **I.liste** *f* inventory; **I.objekt; I.posten** *nt/m* inventory item; **I.preis** *m* inventory price; **I.prüfung** *f* inventory audit; **I.stück** *nt* fixture; **I.verzeichnis** *nt* 1. inventory (sheet), stock register; 2. *(Konkurs)* statement of affairs; **I.wert** *m* 1. inventory/book value; 2. *(Investmentfonds)* net asset value

Inventur *f* stocktaking, inventory; **I. machen** to take stock; **effektive/körperliche I.** physical inventory; **(fort-)laufende/permanente I.** continuous inventory

Inventur|aufnahme *f* stocktaking; **I.aufnahmeliste** *f* inventory sheet; **I.(aus)verkauf** *m* clearance sale; **I.bewertung** *f* inventory valuation; **I.buch** *nt* inventory register; **I.liste** *f* inventory; **I.prüfung** *f* inventory audit; **I.stichtag** *m* inventory sale; **I.zettel** *m* inventory tag

Inverzugsetzung *f* service of default

investieren *v/t* to invest; **erneut i.** to reinvest, to plough back; **zinstragend i.** to put money out at interest

Investierung *f* investment

Investition *f* 1. investment, capital spending/expenditure; 2. *(Anlage)* capital project; **I.en** capital/investment expenditure

Investitionen im Ausland foreign investments; **inländische ~ Ausland** outward investment(s); **I. von Ausländern** inward investment; **I. in Betriebsstätten** plant investment; **I. der öffentlichen Hand** public/government investment(s); **I. im Inland** domestic investment(s); **ausländische ~ Inland** inward investment; **I. in Menschen** human resources investment(s); **I. der Privatwirtschaft** private sector investment(s); **I. im Produktionsbereich** manufacturing investment(s); **~ nachgelagerten Produktionsbereich** downstream investment(s); **~ vorgelagerten Produktionsbereich** upstream investment(s); **I. mit fester Rendite** fixed-yield investment(s); **I. zur Schaffung von Arbeitsplätzen** job-creating investment(s); **I. der öffentlichen Unternehmen** public sector investment(s); **I. auf nachgelagerte Wirtschaftsstufe(n)** downstream investment(s); **~ vorgelagerte Wirtschaftsstufe(n)** upstream investment(s)

Investitionen durchführen; I. vornehmen to invest, to make investments; **I. erhöhen** to step up investment(s); **I. finanzieren** to fund investment(s); **I. kürzen** to cut investment(s); **I. zurückstellen** to defer investments

betriebliche Investition plant investment; **festverzinsliche I.** fixed-interest investment; **gewinnbringende/lohnende I.** profitable investment; **industrielle I.** industrial investment; **laufende I.en** current investments; **öffentliche I.en** public-sector investment(s); **private I.** private investment

Pro-Kopf-Investitionen *pl* per-capita investment

sichere Investition sound investment; **staatliche I.** government investment; **verzinsliche I.** fixed-interest(-bearing) investment

Investitions|abbau *m* disinvestment; **I.-abschreibung** *f* investment allowance; **I.anleihe** *f* investment loan; **I.anreiz** *m* investment incentive; **I.anteil** *m (Haushalt)* capital budget

Investitions|aufwand; I.aufwendungen *m/pl* capital expenditure, investment cost(s)/spending/expenditure; **I.ausgaben** *pl* capital expenditure/spending, investment spending; **I.bank** *f* investment bank; **I.beihilfe** *f* investment grant; **I.belebung** *f* investment upturn; **I.bereitschaft** *f* readiness/propensity to invest; **I.betrag** *m* amount invested; **I.bilanz** *f* statement of sources and application of funds; **I.budget** *nt* capital (expenditure) budget; **I.chance** *f* investment opportunity; **I.darlehen** *nt* investment loan; **I.empfänger** *m* investee; **I.entscheidung; I.entschluss** *f/m* investment decision; **I.etat** *m* (expenditure) budget; **I.falle** *f* investment/cash *[US]* trap; **I.finanzierung** *f* investment funding; **I.fonds** *m* investment fund; **I.förderung** *f* promotion of investment; **I.freibetrag** *m* investment allowance; **i.freudig** *adj* ready to invest; **I.freudigkeit** *f* propensity to invest; **i.freundlich** *adj* investor-orient(at)ed; **I.funktion** *f* investment function; **I.genehmigung** *f* capital spending authorization

Investitionsgüter *pl* capital/investment goods; **I.aufwand** *m* capital goods outlay; **I.fertigwaren** *pl* finished capital goods; **I.gewerbe** *nt* capital goods industry; **I.hersteller** *m* capital goods manufacturer; **I.industrie** *f* capital goods industry; **I.leasing** *nt* equipment leasing, plant hire; **I.markt** *m* capital goods market; **I.nachfrage** *f* demand for capital goods; **I.sektor; I.zweig** *m* capital goods industry

Investitions|haushalt *m* capital (expenditure) budget; **I.hemmnis** *nt* investment disincentive; **I.hilfe** *f* investment aid; **I.-hindernis** *nt* investment impediment; **I.höhe** *f* level of investment; **I.kapital** *nt* investment capital; **I.klima** *nt* investment climate; **I.konjunktur** *f* investment boom; **I.kosten** *pl* capital (outlay) cost(s); **I.kredit** *m* investment credit/loan; **I.kürzung** *f* capital spending cut; **I.leistungen** *pl* capital spending volume; **I.lücke** *f* investment deficit; **I.lust** *f* propensity to invest; **I.mittel** *pl* investment funds; **I.möglichkeiten** *pl* investment opportunities; **I.-nachfrage** *f* demand for capital goods; **I.-neigung** *f* propensity to invest; **I.objekt** *nt* capital (expenditure) project; **i.orientiert** *adj* investment-orient(at)ed; **I.paket** *nt* investment package; **I.plan** *m* investment scheme; **I.planung** *f* investment planning, capital expenditure planning; **I.politik** *f* investment policy, capital spending policy; **I.prämie** *f (Steuer)* investment tax credit; **I.programm** *nt* capital (spending) program(me)/scheme; **I.projekt** *nt* investment project, capital expenditure project; **I.quote** *f* investment ratio/quota; **I.rate** *f* rate of investment; **I.rechnung** *f* capital expenditure account; **I.rendite** *f* return on investment (ROI); **I.richtlinien** *pl* investment guidelines; **I.risiko** *nt* investment risk; **I.rückgang** *m* drop in investment(s); **I.rücklage** *f* capital spending reserves; **I.schub** *m* investment surge; **I.schwerpunkt** *m* investment priority; **I.sektor** *m* capital goods sector; **I.spritze** *f* shot in the arm *(fig)*; **I.stau** *m* backlog of investment projects; **I.steuer** *f* investment tax; **I.steuerfreibetrag/-gutschrift** *m/f* investment tax credit; **I.summe** *f* capital expenditure (total)

Investitionstätigkeit *f* investment (activity/activities); **binnenwirtschaftliche I.** domestic investments; **gewerbliche I.** manufacturing investment(s); **staatliche I.** public investment

Investitions|tempo *nt* rate/pace of investment; **I.tendenz** *f* investment trend; **I.unlust** *f* reluctance to invest; **I.verhalten** *nt* investment behaviour; **I.volumen** *nt* volume of investments; **I.vorhaben** *nt* capital (expenditure) project; **I.wachstum** *nt* investment growth; **I.ziel** *nt* investment target; **I.zulage** *f* investment premium; **I.zuschuss** *m* investment grant/subsidy; **I.zyklus** *m* investment cycle

Investment *nt* investment; **I.anteil** *m* (investment trust) unit; **I.bank** *f* investment bank

Investmentfonds *m* investment/unit trust; **I. mit unbeschränkter Anlagepolitik** general management trust; **~ Direktverkauf** no-load fund; **~ begrenzter Emissionshöhe** closed(-end) fund; **~ Sitz in einer Steueroase** offshore fund

gebührenfreier Investmentfonds no-load fund; **an den Aktienindex gekoppelter I.** index(ed) fund; **geschlossener I.** closed(-end) fund; **offener I.** open-end(ed investment) fund; **versicherungseigener I.** in-house fund

Investment(fonds)anteil *m* unit

Investmentgesellschaft *f* investment trust/fund, unit trust; **I. mit konstantem Anlagekapital** closed(-end) investment trust; **~ unbegrenztem Anlagekapital** open-end(ed) investment trust; **~ offenem Anlageportefeuille** unit trust; **~ Auslandssitz** offshore fund; **~ unbeschränkter Emissionshöhe** open(-ended) investment company/fund

Investment|sparen *nt* investment saving; **I.trust** *m* investment/unit trust; **~ in einer**

IJ

Steueroase offshore fund; **I.zertifikat** *nt* unit trust certificate

Investor *m* 1. investor; 2. *(Fonds)* planholder; **ausländischer I.** inward investor; **institutioneller I.** institutional investor

Inzahlungnahme *f* part-exchange

irreführen *v/t* to mislead; **i.d** *aj* misleading

ir|reparabel *adj* beyond repair; **i.reversibel** *adj* irreversible

Irrtum *m* error, mistake

Irrtümer und Auslassungen vorbehalten errors and omissions excepted (E. & O.E.)

beachtlicher Irrtum substantial error; **rechtlicher I.** mistake in law; **sachlicher I.** factual error

irrtümlich *adj* erroneous, mistaken

Isogewinn|gerade *f* iso-revenue line; **I.-kurve** *f* iso-revenue curve

IJ

Isokosten *pl* iso-cost; **I.gerade** *f* iso-cost line; **I.kurve** *f* iso-cost curve

Iso|linie *f* contour line; **i.metrisch** *adj* isometric; **I.produktkurve** *f* product contour; **I.quante** *f* isoquant

Ist|- actual, effective; **I.aufkommen** *nt* real yield; **I.ausgaben** *pl* actual expenditure; **I.bestand** *m* stock on hand; **I.daten** *pl* actual data; **I.kapazität** *f* actual capacity

Istkosten *pl* effective cost(s); **I. der Gegenwart; I. zu Tagespreisen** current (outlay) cost(s); **I. der Vergangenheit** historic(al) cost(s); **I.rechnung** *f* current cost accounting

Ist|leistung *f* actual performance/output; **I.reserve** *f* de facto *(lat.)* reserve; **I.stunden** *pl* actual manhours; **I.zahl** *f* actual figure; **I.zeit** *f* effective time; **I.zustand** *m* current state

IT|-Berater *m* IT consultant; **I.-Beratung** *f* IT consultancy; **I.-Sicherheit** *f* IT security

J

Jagd *f* hunt(ing); **J. auf Führungspersonal** headhunt(ing); **J. nach Sonderangeboten** bargain hunting

jagen *v/t* to hunt/chase

Jahr *nt* year; **per/pro J.** per annum *(lat.)*; **auf das ganze J. umgerechnet** annualized; **zahlbar nach einem J.** payable after one year; **steuerpflichtiges J.** fiscal year; **tilgungsfreie J.e** redemption-free years

Jahres|- annual; **J.abgrenzung** *f (Bilanz)* year-end deferrals; **J.abonnement** *nt* annual subscription; **J.abrechnung** *f* 1. annual settlement; 2. *(Konto)* year-end statement; **J.abrechnungszeitraum** *m* annual accounting; **J.absatz** *m* annual sales

Jahresabschluss *m* (annual/year-end) financial statement, annual statement/accounts/report; **J. aufstellen/machen** to draw up the (annual) accounts; **J. vorlegen** to submit the annual accounts

festgestellter Jahresabschluss certified financial statement; **geprüfter J.** audited accounts; **konsolidierter J.** consolidated annual accounts

Jahresabschluss|bilanz *f* annual balance sheet; **J.prüfung** *f* annual audit; **J.zahlung** *f* end-of-year payment

Jahres|abschreibung *f* annual depreciation

Jahresarbeits|entgelt; J.verdienst *nt/m* annual earnings/wage, income for the year; **J.zeit** *f* annual working hours

Jahres|aufkommen *nt* yield per annum *(lat.)*, annual revenue(s); **J.ausgleich** *m (Steuer)* year-end adjustment; **J.ausschüttung** *f* annual dividend; **J.ausweis; J.auszug** *m* annual return/statement; **auf J.basis umrechnen** *f* to annualize; **J.bedarf** *m* annual requirements; **J.belastung** *f* annual charge; **J.bericht** *m* annual report; **J.bezüge** *pl* annual earnings; **J.bilanz** *f* annual balance (sheet); **J.bruttolohn** *m* gross annual earnings; **J.dividende** *f* annual dividend; **J.durchschnitt** *m* annual average; **J.durchschnittskurs** *m* average annual rate; **J.einkommen; J.einkünfte** *nt/pl* annual earnings/income; **J.einnahme** *f* annual receipts; **J.endbestand** *m* year-end stock(s); **J.endkurs** *m* year-end rate; **J.erfolgsrechnung** *f* annual profit and loss account; **J.ergebnis** *nt* year-end results; **J.ertrag** *m* yearly earnings; **J.etat** *m* annual budget; **J.fehlbetrag** *m* 1. annual deficit; 2. *(Bilanz)* net loss; **J.freibetrag** *m* annual allowance

Jahresfrist *f* one-year period; **binnen J.** within a year

Jahres|garantie *f* twelve-month guarantee; **J.gebühr** *f* annual fee; **J.gehalt** *nt* annual salary; **J.gewinn** *m* annual profits/earnings; **J.gratifikation** *f* annual bonus

Jahres|hauptversammlung *f* annual general meeting (of shareholders *[GB]*/stockholders *[US]*) (AGM); **J.höchstkurs** *m* annual peak; **J.inventur** *f* annual stocktaking; **J.kontingent** *nt* annual quota; **J.lohn** *m* annual wage; **zur J.mitte** *f* at the halfway stage; **J.prämie** *f* 1. annual premium; 2. *(Personal)* annual bonus; **J.prüfung** *f* annual audit; **J.rechnung** *f* annual account(s); **J.rendite** *f* annual return; **J.rente** *f* annuity; **J.revision** *f* annual audit; **J.rohmiete** *f* gross annual rental; **J.satz** *m* annual(-ized) rate

Jahresschluss *m* year-end; **J.dividende** *f* final/year-end *[US]* dividend; **J.rechnung** *f* annual accounts; **J.verkauf** *m* end-of-year sale

Jahres|tag *m* anniversary; **J.tiefstkurs/-stand** *m* year's low; **J.tonnen (jato)** *f/pl* tons per annum (tpa); **J.überschadenrückversicherung** *f* stop-loss (re-)insurance

Jahresüberschuss *m* 1. annual surplus; 2. *(Bilanz)* net income; **J. bzw. -fehlbetrag** *m* *(Bilanz)* bottom line; **~ nach Steuern** net income after tax; **~ vor Steuern** net income before tax

Jahres|übersicht *f* annual review; **J.ultimo** *m* year-end

Jahresumsatz *m* annual turnover/sales; **J.erlöse** *pl* annual receipts

Jahres|urlaub *m* annual leave/holidays/vacation; **J.verbrauch** *m* annual consumption; **J.verdienst** *m* annual earnings; **J.verlauf** *m* course of the year; **J.verlust** *m* annual loss; **J.versammlung** *f* annual meeting; **J.vertrag** *m* one-year contract; **J.wechsel; J.wende** *m/f* turn of the year; **J.zeit** *f* season

Jahreszins *m* annual (rate of) interest; **J.satz** *m* annual(ized) percentage rate (APR)

Jahrgang *m* 1. age cohort/group; 2. *(Wein)* vintage

jährlich *adj* per annum *(lat.)*, yearly, annual

Journal *nt* journal, day book; **J.beleg** *m* journal voucher

Journalismus *m* journalism

Journalist(in) *m/f* journalist; **freier J.** freelance journalist

Jubiläum *nt* anniversary, jubilee

Jubiläums|bonus; J.gabe *m/f* anniversary bonus

judi|katorisch *adj* § judicial; **J.katur** *f* judicature; **j.zieren** *v/t* to adjudicate

Jugend *f* youth; **J.arbeitslosigkeit** *f* youth unemployment; **J.gericht** *nt* juvenile court

Jungfern|fahrt *f* ⚓ maiden voyage; **J.flug** *m* ✈ maiden flight

Jungunternehmer *m* budding/young entrepreneur

junior *adj* junior; **J.chef** *m* deputy manager

Jura *pl* § law; **J. studieren** to read/study law

Jurisdiktion *f* jurisdiction

Jurist(in) *m* lawyer, solicitor

Juristen|jargon; J.sprache *m/f* legalese *(coll)*

juristisch *adj* legal, judicial

Jury *f* jury

Justitiar *m* corporate attorney/counsel, company lawyer

Justiz *f* justice, judiciary; **J.beamter** *m* court official; **j.iabel** *adj* justiciable, actionable; **J.irrtum** *m* miscarriage of justice

Juxtabuch *nt* voucher book

K

Kabel *nt* cable; **K.adresse; K.anschrift** *f* cable address; **K.angebot** *nt* cable(d) offer; **K.anweisung** *f* cable money order; **K.auftrag** *m* cable order; **K.auszahlung** *f* cable transfer; **K.fernsehen** *nt* cable television; **K.kurs** *m* cable rate; **K.notierung; K.preis** *f/m* cable(d) quotation; **K.überweisung** *f* telegraphic transfer

Kabotage *f* ⚓/🚗 cabotage

Kahlpfändung *f* attachment and sale of all assets

Kahlschlag *m* 1. clean sweep; 2. deforestation; **K.sanierung** *f* radical restructuring (scheme)

Kai *m* ⚓ dock, quay, wharf; **ab K.** ex quay/wharf/dock; **frei K.** free on quay (f.o.q.); **längsseits K.** alongside quay; **frei Längsseite K. (des Abgangshafens)** free alongside quay (f.a.q.)

Kai|ablieferungsschein; K.annahmeschein; K.empfangsschein *m* dock/wharfinger's *[GB]* receipt; **K.anlagen** *pl* waterfront facilities; **werkseigene K.anlage** factory wharf; **K.gebühr(en); K.geld** *f/pl/nt* dockage, wharfage, quayage; **K.konnossement** *nt*

K

wharf bill of lading; **K.lagerschein** *m* dock/wharfinger's warrant (D.W.); **K.platz** *m* (quay) berth; **K.quittung** *f* dock receipt, wharfinger's certificate *[GB]*; **K.umschlag** *m* quay handling/tran(s)shipment

Kalender *m* calendar; **K.jahr** *nt* calendar year

Kalkül *nt* calculation, analysis, consideration

Kalkulation *f* calculation, cost accounting, costing; **knappe/scharfe K.** 1. keen pricing; 2. close calculation

Kalkulations|abschlag *m* mark-down; **K.abteilung** *f* cost (accounting) department; **K.aufschlag** *m* mark-up; **K.buch** *nt* cost book; **K.büro** *nt* cost accounting department; **K.fehler** *m* miscalculation; **K.methode** *m* cost accounting method; **K.norm** *f* cost(ing) standard; **K.verfahren** *nt* costing procedure; **K.zeitraum** *m* accounting period; **K.zinsfuß; K.zinssatz** *m* conventional rate of interest; **K.zuschlag** *m* mark-up

Kalkulator *m* costing clerk, controller

kalkulieren *v/i* 1. to cost/estimate; 2. to calculate/compute; **falsch k.** to miscalculate

knapp/scharf kalkuliert keen, keenly priced

Kälte *f* cold, chill; **K.einbruch** *m* cold snap; **K.industrie** *f* refrigeration industry; **K.periode; K.welle** *f* cold spell; **K.technik** *f* refrigeration engineering/technology

Kalt|lagerung *f* cold storage; **K.wetterzuschlag/-zuschuss** *m* cold weather allowance

Kammer *f* 1. chamber; 2. § chamber; 3. professional association; 4. chamber of commerce

Kämmer|ei *f* treasurer's/budget office; **K.er** *m* treasurer

Kampagne *f* 1. campaign, drive; 2. 🚜 crop season

Kampf *m* fight, struggle; **K. gegen die Inflation** battle against inflation; **K. ums Überleben** struggle for survival

kämpfen *v/i* to fight/struggle

Kampf|fonds *m* *(Gewerkschaft)* strike fund; **(gewerkschaftliche) K.maßnahmen** *pl* industrial action; **K.preis** *m* cutthroat price; **K.zoll** *m* ⊖ retaliatory duty/tariff

Kanal *m* 1. canal; 2. channel; 3. *(Abwasser)* sewer; **K.fähre** *f* (cross-)Channel ferry *[GB]*; **K.gebühren** *pl* canal dues; **K.hafen** *m* canal/Channel port; **k.isieren** *v/t* to channel *(fig)*; **K.netz** *nt* 1. canal system; 2. sewage system; **K.schiff** *nt* canal barge; **K.schifffahrt** *f* canal navigation; **K.schleuse** *f* canal lock; **K.tunnel** *m* Channel Tunnel *[GB]*, Chunnel *(coll) [GB]*; **K.verkehr** *m* 1. canal traffic; 2. cross-Channel traffic *[GB]*

Kandidat(in) *m/f* 1. (prospective) candidate; 2. *(Bewerber)* applicant

Kann|kaufmann *m* optionally registrable trader; **K.leistung** *f (Vers.)* discretionary benefit; **K.vorschrift** *f* discretion(ary) clause

Kante *f* edge; **auf die hohe K. legen** *(fig)* to put aside for a rainy day *(fig)*

Kantine *f* canteen; **K.nlieferant** *m* industrial caterer; **K.nverpflegung** *f* industrial catering

Kanzlei *f* *(Anwalt)* chambers; **K.vorsteher** *m* chief clerk

Kapazität *f* 1. capacity; 2. *(Fachmann)* expert, authority; **K. abbauen; K. einschränken/reduzieren** 🏭 to cut back capacity; **mit voller K. arbeiten; K. voll ausfahren/ausnützen** to operate at full capacity, to work to capacity, ~ flat out *(coll)*; **K. erhöhen/erweitern** to expand capacity; **K. stilllegen** 🏭 to close capacity

brachliegende/freie Kapazität idle/spare capacity; **überschüssige K.** surplus/spare capacity; **unausgelastete/un(aus)genutzte K.** idle capacity; **mit voller K.** at full stretch

Kapazitäts|abbau *m* capacity cutback; **K.abweichung** *f* capacity variance; **K.angleichung; K.anpassung** *f* capacity adjustment

Kapazitätsauslastung; K.ausnutzung *f* plant/capacity utilization, level of activity; **K.sgrad** *m* rate of capacity utilization

Kapazitäts|bedarf *m* capacity requirement(s); **K.bedarfsplanung** *f* capacity requirements planning (CRP); **K.einschränkung** *f* capacity cut; **K.engpass** *m* capacity bottleneck; **K.faktor** *m* load factor

Kapazitätsgrenze *f* capacity limit; **nahe an der K. arbeiten** to operate near full capacity

Kapazitäts|kosten *pl* capacity/fixed cost(s); **K.nutzungsgrad** *m* load factor; **K.planung** *f* capacity planning/scheduling; **K.reduzierung; K.verminderung; K.verringerung** *f* capacity cut(back); **K.-reserve** *f* spare/idle/unused capacity; **K. überhang; K.überschuss** *m* surplus/spare capacity; **K.vorsorge** *f* capacity planning

Kapital *nt* capital, principal, assets, stock; **K. einer Aktiengesellschaft** equity/share *[GB]*/corporate *[US]* capital; **K. der Gesellschaft** *(Personengesellschaft)* partnership capital; **K. und Rücklagen** capital and retained earnings; **~ Zinsen** principal and interest

Kapital abschreiben to write off/down capital; **K. anlegen** to invest capital; **K. fest anlegen** to tie up capital; **K. anlocken/anziehen** to attract capital; **K. aufbringen** to put up capital; **K. aufnehmen** to raise capital; **K. aufstocken** to increase the capital stock; **K. aufzehren** to erode assets; **mit K. ausstatten** to endow with capital; **K. berichtigen** to adjust capital; **K. beschaffen** to raise funds/capital; **K. binden/festlegen/immobilisieren** to tie/lock up capital; **K. einbringen** to contribute capital; **K. einschießen** to inject capital; **K. einsetzen** to employ capital; **K. einziehen** to call in capital; **K. entnehmen** to withdraw capital; **K.erhöhen** to increase capital; **K. kündigen** to call in capital; **K.liquidieren** to realize assets; **K. nachschießen** to inject fresh capital; **K. aus etw. schlagen** to capitalize on sth.; **in K. umwandeln** to capitalize; **K. verwässern** to dilute capital, to water stocks *[US]*; **K. zeichnen** to subscribe capital; **K. zuführen** to inject fresh capital; **K. aus dem Ausland zurückführen** to repatriate capital

nicht angelegtes Kapital idle capital; **anlagesuchendes K.** investment-seeking capital; **arbeitendes K.** employed capital; **aufgerufenes K.** called-up capital; **ausgegebenes/begebenes K.** issued capital; **ausgewiesenes K.** declared capital; **autorisiertes/bewilligtes K.** authorized capital; **bedingtes K.** contingent capital; **bevorrechtigtes K.** preferred capital; **blockiertes K.** frozen capital; **brachliegendes K.** idle capital/funds; **dividendenberechtigtes K.** dividend-carrying capital; **einbezahltes/eingezahltes K.** paid-up capital; **eingeschlossenes K.** injected capital; **eingesetzes K.** employed capital; **eingetragenes K.** registered capital; **festgelegtes/festliegendes/gebundenes K.** tied-up/locked-up capital; **freies K.** available funds; **fremdes K.** outside/borrowed capital; **genehmigtes K.** authorized capital; **gezeichnetes K.** subscribed capital; **haftendes K.** equity capital; **investiertes K.** 1. invested capital; 2. *(Unternehmen)* capital expenditure; **menschliches K.** human resources; **produktives K.** productive capital; **satzungsmäßiges K.** statutory capital; **stimmberechtigtes K.** voting capital; **totes/unbeschäftigtes/ungenutztes K.** idle capital/funds; **unproduktives K.** dead capital; **verfügbares K.** available capital/funds; **frei ~ K.** spare capital; **verwässertes K.** diluted capital, watered stock *[US]*; **verzinsliches K.** interest-bearing capital

Kapital|abfindung *f* cash settlement; **K.-abfluss** *m* (cash/capital) drain, outflow of capital; **K.abgabe** *f* capital levy/tax; **K.-abschlussrechnung** *f* cash-flow statement; **K.abschreibung** *f* capital depreciation/write-off

Kapitalanlage *f* (capital) investment, capital spending; **K.n** capital assets

Kapitalanlage im Ausland offshore *[GB]*/outward investment; **K. mit fester Rendite** fixed-yield investment; **K. von Tilgungsfondsmitteln** sinking fund investment

ausgesuchte/erstklassige Kapitalanlage prime/choice investment; **gewinnbringende K.** earning asset; **inflationssichere K.** inflation-proof investment; **kurzfristige K.** short-term investment; **langfristige K.** long-term investment; **mündelsichere K.** gilt-edged *[GB]*/trustee *[US]* investment; **sichere K.** safe investment; **solide K.** sound investment; **verzinsliche K.** interest-bearing investment

Kapitalanlage|fonds *m* unit trust fund; **K.gesellschaft** *f* investment fund/trust, unit trust *[GB]*, mutual fund *[US]*; **K.-güter** *pl* capital assets

Kapitalanlagen|abschreibung *f* capital allowance *[GB]*; **K.berater** *m* investment adviser, security analyst; **K.beratung** *f* investment advice

Kapitalanlage|vermögen *nt* capital assets; **K.zertifikat** *nt* unit trust certificate
Kapital|anleger *m* investor; **K.ansammlung** *f* capital accumulation
Kapitalanteil *m* capital share/interest; **ausschlaggebener K.** controlling interest; **K.sschein** *m* share *[GB]*/stock *[US]* certificate
kapital|arm *adj* capital-starved; **K.aufbringer** *m* provider of capital; **k.aufnehmend** *adj* capital-raising; **K.aufnehmende(r)** *f/m* borrower; **K.aufstockung** *f* increase in share *[GB[* capital, ~ in capital stock *[US]*
Kapitalaufwand *m* capital spending/expenditure; **aktivierungspflichter K.** capital charges; **volkswirtschaftlicher K.** national capital expenditure
Kapital|aufwendung(en) *f/pl* capital expenditure; **K.aufzehrung** *f* depletion of capital
Kapitalausstattung *f* capital equipment/endowment, capitalization; **ungenügende/unzureichende K.** undercapitalization
Kapital|ausweitung *f* capital expansion; **K.basis** *f* capital/equity base
Kapitalbedarf *m* capital/funding requirement(s); **K. der öffentlichen Hand** public sector borrowing requirement (PSBR); **K.s(be)rechnung; K.sermittlung** *f* capital budgeting
Kapital|beihilfe *f* capital assistance/grant; **K.belastungen** *pl* capital charges; **K.bereitstellung** *f* provision of capital/funds
Kapitalberichtigung *f* capital adjustment; **K.saktie** *f* scrip issue *[GB]*, stock dividend *[US]*
Kapitalbeschaffung *f* provision of funds/capital; **K.smaßnahme** *f* fund-raising exercise
Kapitalbestand *m* capital stock
Kapitalbeteiligung *f* interest; **gegenseitige K. (von zwei Unternehmen)** cross shareholding; **K.sgesellschaft** *f* (equity) investment company
Kapital|betrag *m* (amount of) capital; **K.bewegung** *f* capital movement; **K.bewilligung** *f* appropriation of funds; **K.bilanz** *f* (balance on) capital account; **K.bildung** *f* capital formation; **K.bindung** *f* capital tie-up/lock-up; **K.bonus** *m* capital bonus *[GB]*, stock dividend *[US]*; **K.budget** *nt* capital budget; **K.decke** *f* capital/equity base
Kapitaldeckung *f* capital cover(age); **K.sfonds** *m (Lebensvers.)* unearned premium reserve; **K.sstock** *m* 1. capital cover fund; 2. *(Bausparkasse)* guarantee stock; 3. *(Lebensvers.)* unearned premium reserve; **K.sverfahren** *nt* funding principle
Kapital|dienst *m* loan/debt servicing, debt service; **~ leisten** to service one's debts; **K.eigner** *m* shareholder *[GB]*, stockholder *[US]*; **K.einbehaltung** *f* capital retention; **K.einbringung** *f* capital contribution; **K.einfuhr** *f* capital imports; **K.einkommen; K.einkünfte** *nt/pl* capital/unearned income; **K.einlage** *f* investment; **K.einleger** *m* investor; **K.einsatz** *m* capital input/investment; **K.einschuss** *m* capital injection; **K.emission** *f* capital issue; **K.entnahme** *f* withdrawal of capital; **K.entwertung** *f* capital depreciation; **K.-haltung** *f* capital conservation/maintenance; **K.erhöhung** *f* increase in (the share) capital, ~ capital stock *[US]*; **K.erlös** *m* return on investment (ROI)
Kapitalertrag *m* cash yield, return on investment (ROI); **K.sbilanz** *f* (balance on) net investment income; **K.ssteuer** *f* investment income tax, (capital) yield tax
Kapital|export *m* capital export; **K.fehlleitung** *f* misallocation of capital; **K.festlegung** *f* tying-up/locking-up of capital; **K.flucht** *f* flight/exodus of capital
Kapitalfluss *m* cash flow, flow of funds; **K.-rechnung** *f* cash flow statement, sources and application of funds statement
Kapital|fonds *m* capital fund; **K.freibetrag** *m* capital allowance; **K.geber** *m* financier, provider of capital
Kapitalgesellschaft *f* 1. (joint-)stock company *[GB]*, corporation *[US]*; 2. *(GmbH)* (private) limited company; 3. *(AG)* public limited company (plc) *[GB]*, (stock) corporation *[US]*; **börsennotierte K.** listed/quoted corporation
Kapitalgewinn *m* return on investment (ROI); **K.steuer** *f (Spekulation)* capital gains tax (CGT)
Kapitalgüter *pl* capital goods/assets; **K.industrie** *f* capital goods industry
Kapital|haltung *f* cash management; **K.hebelwirkung** *f* capital leverage; **K.herabsetzung** *f* capital reduction/write-down; **K.herkunft** *f* source of funds; **K.hilfe** *f* capital/financial aid; **K.höhe** *f* amount of capital; **K.import** *m* capital imports; **K.-**

intensität *f* capital gearing; **k.intensiv** *adj* capital-intensive; **K.interesse** *nt* financial interest; **maßgebendes K.interesse** controlling interest; **K.investition** *f* capital investment

kapitalisier|en *v/t* to capitalize/fund; **K.ung** *f* capitalization, funding

Kapitalisierungs|anleihe *f* funding loan; **K.aufwand** *m* capitalization expenditure; **K.faktor** *m* capitalization factor

Kapitalismus *m* capitalism

Kapitalist|(in) *m/f* capitalist, **k.isch** *adj* capitalist

Kapital|klemme; K.knappheit *f* capital shortage/scarcity; **k.knapp** *adj* cash-strapped, cash-starved; **K.koeffizient** *m* capital output-ratio/coefficient; **K.konsolidierung** *f* consolidation of capital/funds; **K.konto** *nt* capital/stock/equity account; **K.kontrolle** *f* capital/stock control; **K.kosten** *pl* 1. cost of capital, capital charges/expenditure; 2. *(Emission)* underwriting cost(s)

Kapital|kraft *f* financial strength; **k.kräftig** *adj* cash-rich; **K.lebensversicherung/-vertrag** *f/m (Vers.)* endowment insurance/policy; **K.lenkung** *f* investment/capital control; **K.mangel** *m* lack/dearth/scarcity of capital

Kapitalmarkt *m* capital/money market; **K. anzapfen/beanspruchen; K. in Anspruch nehmen** to tap the capital market; **freier K.** open (money) market; **unnotierter K.** unlisted securities market (USM)

Kapitalmarkt|anlage *f* capital market investment; **K.ausschuss** *m* money market committee; **K.beanspruchung** *f* recourse to the capital market; **K.effizienz** *f* capital market efficiency; **K.emission** *f* capital market issue; **k.fähig** *adj* eligible for the capital market; **K.gesellschaft** *f* quoted company *[GB]*, listed corporation *[US]*; **K.klima** *nt* capital market conditions; **K.papiere** *pl* stocks and shares, securities; **K.politik** *f* capital market policy; **K.titel** *m* capital market security; **K.zins(en)** *m/pl* capital market (interest) rate(s)

Kapitalmehrheit *f* controlling interest, majority of shares

Kapitalmittel *pl* funds, financial means/resources; **K.beschaffung** *f* fund raising

Kapital|nachfrage *f* demand for capital; **K.nehmer(in)** *m/f* borrower; **K.nettorendite** *f* net (real) return on capital; **K.not** *f* scarcity/dearth of capital; **K.nutzung** *f* capital utilization; **k.orientiert** *adj* capital-orient(at)ed; **K.prämie** *f* capital bonus *[GB]*, stock dividend *[US]*; **K.produktivität** *f* capital productivity; **K.quelle** *f* source of capital/funds; **K.rechnung** *f* capital account; **k.reich** *adj* cash-rich; **K.rendite** *f* return on investment (ROI)/equity (ROE)/capital employed (ROCE); **K.reserve** *f* capital reserve, reserve fund; **K.rückführung** *f* repatriation of capital; **K.rückzahlung** *f* repayment of principal; **K.sammelstelle** *f* 1. deposit-taking institution; 2. institutional investor; **K.sanierung** *f* financial restructuring; **k.schwach** *adj* cash-strapped, cash-starved; **K.schwund** *m* depletion; **K.spritze** *f* cash injection, injection of capital; **k.stark** *adj* cash-rich; **K.stärke** *f* financial strength/clout *(coll)*; **K.steuer** *f* capital levy/duty; **K.stock** *m* capital fund/stock

Kapitalstruktur *f* capital/financial structure; **K.kennziffer** *f* leverage ratio

Kapital|summe *f* principal; **K.titel** *m* capital market security; **K.transaktion** *f* capital transaction

Kapitaltransfer|(ierung) *m/f* capital transfer; **K.steuer** *f* capital transfer tax

Kapital|überschuss *m* capital surplus; **K.übertragung** *f* capital transfer; **K.überweisung** *f* capital transfer/remittance; **K.umschichtung** *f* switching/shifting of capital; **K.umschlag** *m* capital turnover; **K.unterdeckung** *f* undercapitalization; **K.verbrauch** *m* capital expenditure; **K.verflechtung** cross-shareholding; **K.verhältnis** *nt* capital ratio, capitalization

Kapitalverkehr *m* capital movements/transactions; **K.sbilanz** *f* capital account, balance (of payments) on capital account; **K.ssteuer** *f* capital transfer tax, stamp duty

Kapital|verlust *m* loss of capital; **K.vermögen** *nt* capital assets; **K.vermögenssteuer** *f* wealth tax; **K.verschleiß** *m* capital depreciation; **K.versicherung** *f (Lebensvers.)* endowment insurance; **K.versicherungspolice** *f* endowment policy; **K.vertreter** *m* shareholders' *[GB]*/stockholders' *[US]* representative(s); **K.verwaltung** *f* fund management; **K.verwaltungsgesellschaft** *f* investment fund; **K.verwässerung** *f* dilution of capital/equity, watering

K

of stock; **K.verwendung** *f* capital appropriation, use of funds; **K.verzehr** *m* capital depreciation, depletion; **K.verzinsung** *f* return/interest on capital (employed), return on investment (ROI); **K.volumen** *nt* total capital; **K.wachstum** *nt* capital growth; **K.wanderung** *f* migration/flow of capital

Kapitalwert *m* 1. capital(ized) value; 2. *(Vers.)* cash value; **K.erhöhung** *f* capital/stock appreciation; **K.methode** *f* (net) present value method (NPVM); **K.tabelle** *f (Vers.)* cash value table; **K.verlust** *m* stock depreciation; **K.zuwachs** *m* capital appreciation

Kapital|zahlung *f* capital payment; **K.-zeichnung** *f* subscription (of capital); **K.-zins** *m* interest on capital, (rate of) return on investment (ROI); **K.zufluss** *m* influx/inflow of capital, flow of funds; **K.zufuhr; K.zuführung** *f* capital/cash injection; **K.-zurückzahlung** *f* repayment of principal; **K.zusammenlegung** *f (Fusion)* capital consolidation; **K.zuschuss** *m* capital grant; **K.zustrom** *m* inflow/influx of capital

Kapitalzuwachs *m* capital growth/gain(s); **K.steuer** *f* capital gains tax (CGT)

Kapitän *m* ⚓ captain, master; **K. der Landstraße** *(coll)* 🚗 trucker; **K.skopie** *f (Konnossement)* master's copy; **K.spatent** *nt* master's certificate

Kapitel *nt* chapter, section

kappen *v/t* to cut/prune

kaputt *adj* *(coll)* out of order, done, clapped out *(coll)*; **k.gehen** *v/i* 1. to break down; 2. *(Bankrott)* to go bust

Kardinalzahl *f* π cardinal number

Karenz *f* 1. waiting/qualifying period; 2. *(Wettbewerb)* restraint of trade; **K.tag(e)** *m/pl* benefitless/unpaid day; **K.vereinbarung** *f* restraint agreement; **K.zeit** *f* 1. *(Anleihe)* redemption-free period; 2. cooling-off period; 3. *(Vers.)* qualifying period

Karibische Freihandelsorganisation Caribbean Free Trade Association (CARIFTA); **K. Gemeinschaft** Caribbean Community (CARICOM)

Karren *m* 1. cart; 2. *(Straßenhändler)* barrow; **k.** *v/t* to cart; **K.ladung** *f* cartload

Karriere *f* career (path); **K.aussichten; K.-chancen** *pl* career prospects; **K.hoffnungen** *pl* career aspirations; **K.leiter** *f* career path, ladder of success

Karte *f* 1. card; 2. *(Geografie)* map; **K. abstempeln** 1. *(Arbeitsbeginn)* to clock in; 2. *(Arbeitsende)* to clock out; **grüne K.** *(Vers.)* green card

Kartei *f* (card) index, (index) file; **K.buchführung** *f* card accounting; **K.karte** *f* index card; **K.schrank** *m* filing cabinet

Kartell *nt* cartel, pool, trust; **K.abkommen; K.abmachung; K.absprache** *nt/f* monopoly agreement, restrictive trading agreement, cartel agreement; **K.amt** *nt* Office of Fair Trading *[GB]*, Antitrust Division *[US]*, Monopolies and Mergers Commission *[GB]*; **K.aufsicht** *f* cartel-supervising authority; **K.bestimmungen** *pl* cartel/antitrust *[US]* provisions; **K.bildung** *f* formation of a cartel; **K.entflechtung** *f* decartelization; **k.feindlich** *adj* antitrust; **K.gericht** *nt* Restrictive Practices Court *[GB]*; **K.gesetz** *nt* Restrictive Trade Practices Act *[GB]*, Sherman Act *[US]*; **K.gesetzgebung** *f* antitrust/anti-cartel legislation; **K.hüter** *m* cartel watchdog; **K.klage** *f* antitrust suit *[US]*, monopoly charge *[GB]*; **K.politik** *f* antitrust/cartel policy; **K.recht** *nt* antitrust *[US]*/cartel law; **K.register** *nt* register of cartels; **K.-vereinbarung** *f* restrictive trade agreement; **K.verfahren** *nt* § monopoly charge, antitrust suit *[US]*; **K.vertrag** *m* cartel agreement; **K.vorschriften** *pl* cartel regulations, antitrust provisions *[US]*; **K.wächter** *m* cartel watchdog

Karten|brief *m* ✉ lettercard; **K.format** *nt* card format; **K.geschäft** *nt (Bank)* card business; **K.inhaber(in)** *m/f* card holder; **K.kredit** *m* card credit; **k.pflichtig** *adj* rationed; **K.telefon** *nt* cardphone; **K.verkauf** *m* ticket sale

Karton *m* 1. carton, cardboard box; 2. cardboard, paperboard

Kaskade *f* cascade; **K.nbesteuerung** *f* pyramiding (form of taxation); **K.nsteuer** *f* cascade tax, value-added tax (VAT)

Kasko *m* ⚓ hull; **K. und Maschinen** hull and machines; **K.police** *f* 1. 🚗 comprehensive insurance policy; 2. ⚓ hull policy; **K.schutz** *m* collision cover(age); **K.versicherer** *m* ⚓ hull underwriter; **K.versicherung** *f* 1. ⚓ hull/collision insurance; 2. 🚗 (fully) comprehensive insurance/policy, collision damage insurance *[US]*

Kassa *f* ↘ **bar** cash; **K. gegen Dokumente**

documents against payment (D/P), cash against documents (CAD)

Kassa|abzug *m* cash discount; **K.anweisung** *f* cash order; **K.devisen** *pl* spot (foreign) exchange; **K.fluss** *m* cash flow; **K.geschäft** *nt* 1. cash bargain/transaction; 2. *(Devisen)* spot exchange transaction; **K.geschäfte** *pl* cash dealings/transactions; **K.kauf** *m* cash purchase/buying; **K.käufer** *m* cash buyer; **K.kurs** *m* 1. spot price/quotation; 2. *(Währung)* spot (exchange) rate; 3. *(Börse)* cash rate/price/quotation; **K.lieferung** *f* spot delivery; **K.makler** *m* 1. *(Devisen)* spot broker; 2. *(Börse)* official broker; **K.markt** *m* cash/spot market; **K.notierung** *f* 1. cash quotation; 2. *(Devisen)* spot quotation; **K.operation** *f (Devisen)* spot operation; **K.papiere** *pl* spot market securities; **K.position** *f (Börse)* cash position; **K.posten** *m* cash item/entry; **K.preis** *m* cash/spot price

Kassa|umsatz *m* spot sales; **K.verkauf** *m* cash sale/transaction; **K.ware** *f* cash/spot commodity; **K.werte** *pl (Börse)* spot securities

Kasse *f* 1. cash (on hand); 2. kitty *(coll)*; 3. *(Handel)* till, checkout, cash desk/point/register, point-of-sale (POS) terminal; 4. *(Bank)* teller's department; 5. *(Firma)* cash department/office

Kasse gegen Dokumente cash against documents (CAD); **knapp/schlecht bei K.** cash-strapped, cash-starved; **netto K.** net cash; **sofort netto K.** prompt net cash

Kasse abstimmen to tally the cash; **K.n füllen** to fill the coffers *(coll)*; **per K. kaufen** to buy for (spot) cash; **K. machen** to tally/cash up; **(gut) bei K. sein** to be in funds; **knapp ~ sein** to be short of money, ~ in dire straits; **K. stürzen** to check the cash; **per K. verkaufen** to sell spot

gemeinsame Kasse pool, kitty *(coll)*; **kleine K.** petty cash (fund); **öffentliche K.** public purse; **sofortige K.** cash down, spot cash

Kassen|abgang *m* outflow of cash; **K.abhebung** *f* cash withdrawal; **K.abschluss** *m* cash statement; **K.abstimmung** *f* cash reconciliation; **K.abteilung** *f* cashier's department; **K.anweisung** *f* cash note, disbursement voucher *[GB]*; **K.aufnahme** *f* cash audit; **K.ausfall** *m* cash deficit; **K.ausgänge** *pl* cash disbursements; **K.ausgangsbuch** *nt* cash disbursement journal; **K.ausweis** *m* cash statement; **K.auszahlung** *f* cash disbursement; **K.automat** *m* cash dispenser; **K.beamter** *m* teller, cashier; **K.beleg** *m* cash record/voucher, sales check *[US]*; **K.bericht** *m* cash statement

Kassenbestand *m* 1. cash (balance), cash in/on hand, cash assets/holding; 2. *(Portokasse)* petty cash; **~ und Bankguthaben** *(Bilanz)* cash assets; **~ Guthaben bei Kreditinstituten** cash and due from banks; **K.sdifferenz** *f* over(s) and short(s) account

Kassen|bilanz *f* cash balance; **K.bon** *m* receipt, sales slip; **K.bote** *m* collecting clerk

Kassenbuch *nt* cash journal/book; **K.halter** *m* cash accountant; **K.haltung** *f* cash accounting

Kassen|buchung *f* cash entry; **K.budget** *nt* cash budget; **K.büro** *nt* cashier's/cash office; **K.darlehen** *nt* cash loan; **K.defizit** *nt* cash deficit; **K.disponent** *m* cashier, teller; **K.disposition** *f* cash management; **K.eingang; K.einnahmen** *m/pl* cash receipts, (cash) takings; **K.eingangsbuch** *nt* cash receipts/received journal; **K.einnehmer(in)** *m/f* cashier, collector; **K.entnahme** *f* cash withdrawal; **K.entwicklung** *f* cash movement; **K.fehlbestand; K.fehlbetrag** *m* cash short *[US]*/deficit; **K.führer** *m* treasurer, cashier; **K.führung; K.gebarung** *f* cash management; **K.geld** *nt* till money; **K.geschäft** *nt* cash transaction; **K.gewinn** *m* cash earnings; **K.guthaben** *nt* cash in hand, cash assets/balance; **K.halle** *f* banking hall

Kassenhaltung *f* cash management; **K.spolitik** *f* cash management policy

Kassen|hilfe *f* cash assistance; **K.konto** *nt* cashier's account; **K.kontrolle** *f* cash audit; **K.kredit** *m* cash advance/credit; **K.lage** *f* cash flow position; **K.leistung** *f (Vers.)* (medical) benefits; **K.liquidität** *f* cash liquidity; **K.manko** *nt* cash shortfall/deficit; **K.markt** *m (Börse)* spot market; **K.obligation** *f* cash bond/note; **K.patient** *m* health service patient *[GB]*, Medicare/Medicaid patient *[US]*; **K.posten** *m* cash item; **K.prüfer** *m* cash auditor; **K.prüfung** *f* cash audit; **K.quittung** *f* cashier's receipt; **K.rabatt** *m* cash discount; **K.raub** *m* bank raid; **K.raum;**

K

K.saal *m* banking hall; **K.rechnung** *f* statement of cash in hand; **K.reserve** *f* cash resources/reserves; **K.revision** *f* cash audit; **K.revisor** *m* cash auditor; **K.schalter** *m* cashier's desk; **K.scheck** *m* bank cheque *[GB]*, counter check *[US]*, open check *[US]*/cheque *[GB]*; **K.schein** *m* 1. deposit certificate; 2. *(Schatzanweisung)* treasury bill; **K.schlager** *m* money-spinner; **K.schrank** *m* safe; **K.skonto** *m/nt* cash discount; **K.stand** *m* cash balance/position; **K.strazze** *f* cash/till book; **K.stunden** *pl* banking/business hours; **K.sturz machen** *m (coll)* to cash/tally up; **K.terminal** *nt* cash/point of sale (POS); **K.tisch** *m* cash desk; **K.überschuss** *m* cash surplus; **K.umsatz** *m* cash sales/turnover; **K.verkehr** *m* cash transactions/movements; **K.verlust** *m* cash deficit; **K.vermögen** *nt* cash funds/assets; **K.verwalter** *m* treasurer; **K.verwaltung** *f* cash management; **K.vorschuss** *m* cash advance; **K.wart** *m* treasurer; **K.zettel** *m* sales slip; **K.zufluss** *m* cash flow; **K.zugang** *m* cash receipt

kassier|en *v/t* 1. to cash/collect/encash; 2. § to reverse/quash, to set aside; **K.er** *m* 1. cashier, teller; 2. *(Verein)* treasurer

Kasten *m* box, case, crate; **K.diagramm** *nt* box diagram; **K.wagen** 🚗 van

Katalog *m* catalog *[US]*, catalogue *[GB]*; **K.geschäft** *nt* mail-order business; **K.preis** *m* catalog(ue) price; **K.schauraum** *m* catalog(ue) showroom; **K.warenhaus** *nt* catalog(ue) store

Kataster *m/nt* 1. survey; 2. *(Grundbuch)* land register; **K.auszug** *m* cadastral abstract; **K.buch** *nt* lot book; **K.plan** *m* (survey) map

katastroph|al *adj* catastrophic, disastrous; **K.e** *f* catastrophe, disaster, calamity

Katastrophen|deckung *f (Vers.)* calamity cover(age); **K.dienst** *m* emergency service; **K.fonds** *m* disaster fund; **k.geschädigt** *adj* disaster-stricken; **K.hilfe** *f* disaster/calamity relief; **K.reserve, K.rücklage** *f* emergency/catastrophe reserve; **K.risiko** *nt* catastrophe hazard; **K.rückversicherung** *f* catastrophe reinsurance; **K.versicherung** *f* catastrophic hazard insurance

Kategorie *f* category, bracket, group

Kauf *m* 1. *(Gegenstand)* purchase, buy; 2. *(Tätigkeit)* buying, purchasing; 3. sale; **K. auf Abruf** call purchase; **~ Abzahlung** instalment buying, hire purchase *[GB]*, purchase on deferred terms *[US]*; **K. gegen Akzept** purchase for/against acceptance; **K. zur Ansicht** purchase on approval; **K. unter Ausschluss jeglicher Gewährleistungsansprüche** sale with all faults; **K. auf Baisse; K. à la Baisse** bear *[GB]*/short *[US]* purchase; **K. in Bausch und Bogen** bulk purchase; **K. nach Beschreibung** sale by description; **K. auf Besicht** sale on inspection, ~ as seen; **K. unter Eigentumsvorbehalt** conditional sale; **K. aus zweiter Hand** second-hand purchase; **K. auf Hausse; K. à la Hausse** bull purchase, buying for a rise; **K. gegen Kasse** cash purchase; **K. auf Kredit** purchase on account, credit purchase; **~ Kreditbasis** credit sale; **~ Lieferung** forward purchase; **K. nach Muster** sale to sample/pattern; **K. auf/nach Probe** purchase on approval; **K. auf Raten/Teilzahlung** hire purchase *[GB]*, deferred payment purchase *[US]*, instalment buying; **~ eigene Rechnung** purchase for own account; **~ fremde Rechnung** purchase on third account; **K. mit Umtauschrecht** sale or return; **K. und Verkauf** buying and selling; **K. und späterer Verkauf** *(Börse)* in and out; **K. einer Verkaufsoption** *(Börse)* put writing; **K. mit Vorbehalt** conditional purchase; **K. nach Warenbeschreibung** sale by description; **K. durch Wiederkäufer** trade purchase; **K. auf Zeit** forward purchase

Kauf wie besehen sale on inspection, ~ as seen; **K., wie es steht und liegt** sale with all faults; **K. bricht nicht Miete** sale subject to existing tenancies

Kauf abschließen to effect/complete a purchase; **zum K. anbieten** to offer for sale; **durch K. erwerben** to acquire by purchase; **K. rückgängig machen; vom K. zurücktreten** to repudiate/rescind/cancel a sale

billiger Kauf bargain; **fester K.** outright purchase; **frühe Käufe** *(Börse)* early buying; **geringfügige Käufe** *(Börse)* small buying; **günstiger/guter K.** good buy, bargain; **lebhafte Käufe** *(Börse)* active buyers; **schlechter K.** bad buy; **starke Käufe** *(Börse)* heavy buying; **vereinzelte/vorsichtige Käufe** *(Börse)* selective buying; **vorteilhafter K.** (real) bargain

Kauf|abrechnung *f (Börse)* bought note; **K.abschluss** *m* 1. sale, purchase; 2. *(Börse)* buying order; **~ durch Handschlag** hand sale; **K.absicht** *f* intention to buy; **K.absichtserklärung** *f* letter of intent; **K.angebot** *nt* bid, offer to buy; **K.anreiz** *m* inducement/incentive to buy; **K.anwärter** *m* prospective buyer, prospect; **K.anwartschaft** *f* option; **K.appell** *m* sales appeal

Kaufauftrag *m* purchase/buying order; **K. zum Marktpreis** market order; **K. mit Preisbegrenzung** stop order; **limitierter K.** stop-loss order

Kauf|bedingung *f* purchase terms; **K.bereitschaft** *f* 1. consumer acceptance; 2. *(Börse)* tendency to buy; **K.betrag** *m* purchase price; **K.brief** *m* contract of purchase/sale, deed/bill of sale; **K.datum** *nt* purchase date; **K.empfehlung** *f* „buy" recommendation

Kaufen *nt* buying; **gezieltes K.** selective buying; **plötzliches und unmotiviertes K.; spontanes K.** impulse buying

kaufen *v/t* 1. to buy/purchase; 2. *(bestechen)* to bribe; **etw. k. (wollen)** to be in the market for sth.; **gegen bar k.** to buy for cash; **bestens k.** to buy at best; **billig k.** to buy cheap; **fest k.** to buy firm; **im Ganzen k.; en gros k.** to buy wholesale, ~ in bulk; **gutgläubig k.** to buy in good faith; **qualitätsbewusst k.** to go (in) for quality; **spontan k.** to buy on impulse; **spottbillig k.** to buy for a song *(coll)*; **unbesehen k.** to buy unseen

Kaufentgelt *nt* purchase consideration

Kaufentscheidung *f* buying/purchasing decision; **Kauf- oder Lease-Entscheidung** lease-or-buy decision

Kaufentschluss *m* buying decision; **K.-analyse** *f (Werbung)* activation research

Käufer *m* buyer, purchaser, customer, shopper; **K. auf gut Glauben** bona-fide *(lat.)* purchaser; **K. aus zweiter Hand** second-hand buyer; **K. einer Kaufoption** *(Börse)* call writer; **K. eines Nochgeschäfts** *(Börse)* giver for a call of more; **K. einer Rückprämie** *(Börse)* taker for a put; **~ Stellage** *(Börse)* taker for a put and call; **K. einer Verkaufsoption** *(Börse)* put writer; **~ Vorprämie** *(Börse)* giver for a call

Käufer anlocken to attract buyers; **als K. auftreten** to be in the market (for sth.); **bösgläubiger K.** male-fide *(lat.)* buyer; **gutgläubiger K.** bona-fide *(lat.)* buyer; **möglicher/potenzieller K.; voraussichtlicher/zukünftiger K.** prospect, prospective buyer; **leicht zu überredender K.** barefoot pilgrim *(coll)*; **umsichtiger K.** discriminating buyer

Käufer|abruf *m (Börse)* buyer's call; **K.andrang; K.ansturm** *m* rush of customers; **K.forschung** *f* buyer research; **K.gewohnheiten** *pl* buying habits; **K.gruppe** *f* buyer category/group; **K.land** *nt* importing country; **K.markt** *m* buyer's market; **K.schaft** *f* shopping public; **K.streik** *m* buyers' strike; **K.verhalten** *nt* buying habits; **K.widerstand** *m* consumer resistance

Kauf|frau *f* business woman, female merchant; **K.geld** *nt* purchase money; **K.gelegenheit** *f* opportunity to buy; **K.geschäft** *nt* sale; **K.- und Verkaufsgeschäft** *(Börse)* round turn; **K.gesuch** *nt* bid; **K.gewohnheiten** *pl* buying habits

Kaufhaus *nt* department store; **K.aktien; K.titel; K.werte; Kaufhäuser** *pl (Börse)* stores; **K.detektiv** *m* store detective; **K.gruppe; K.konzern** *f/m* (department/retail) stores group; **K.kreditkarte** *f* charge card

Kauf|interessent *m* potential buyer, prospect, prospective customer/buyer; **K.kontrakt** *m* bill of sale, sales contract; **K.kosten** *pl* cost(s) of acquisition

Kaufkraft *f* purchasing/spending power; **K.abschöpfung** *f* absorption of purchasing power; **K.entzug** *m* drain on purchasing power; **K.index; K.kennziffer** *m/f* purchasing power index; **K.parität** *f* purchasing power parity (ppp); **K.schwund** *m* erosion of purchasing power; **K.überhang** *m* surplus purchasing power; **K.verlust** *m* loss of purchasing power; **K.zuwachs** *m* increase in purchasing power

Kauf|kredit *m* consumer/purchase credit; **K.kurs** *m* buying rate/price; **K.laden** *m* shop *[GB]*, store *[US]*; **K.leute** *pl* merchants, traders

käuflich *adj* 1. for sale; 2. *(bestechlich)* corrupt, bribable

Kauflust *f* propensity/inclination to buy

Kaufmann *m* 1. merchant, trader; 2. businessman, salesman; **gerissener/gewiefter K.** shrewd businessman; **kleiner K.** petty trader; **technischer K.** sales engineer; **umsichtiger K.** prudent businessman

kaufmännisch *adj* commercial, mercantile
Kaufmanns|beruf *m* commercial occupation; **K.brauch** *m* commercial custom; **K.gehilfe; K.gehilfin** *m/f* shop/sales assistant; **K.gilde; K.innung** *f* merchant guild
Kauf|miete *f* hire purchase; **K.neigung** *f* inclination to buy; **K.note** *f* sales/bought note; **K.offerte** *f* offer to buy, bid; **K.option** *f* 1. buy/purchase/buyer's option; 2. *(Börse)* (call) option; **K.order** *f* buying/purchase order; **K.ort** *m* point of sale (POS); **K.preis** *m* purchase price; **K.rausch** *m* spending spree; **K.recht** *nt* 1. sales law; 2. purchase option; **K.reflektant** *m* prospective buyer, prospect; **K.steuer** *f* purchase tax; **K.stimmung** *f* buying mood; **K.unlust** *f* consumer resistance; **K.vereinbarung** *f* sales/purchase agreement; **K.verhalten** *nt* buying consumer behaviour; **K.verkaufsoption** *f* *(Börse)* put and call option; **K.verpflichtung** *f* obligation to buy
Kaufvertrag *m* contract of sale, bill/deed of sale; **K.srecht** *nt* sales law
Kauf|welle *f* spate/surge of buying; **K.wert** *m* market value; **K.widerstand** *m* buyer's resistance; **K.zettel** *m* contract note; **K.zurückhaltung** *f* consumer resistance; **K.zusage** *f* letter of intent
Kausal|faktor *m* causative factor; **K.haftung** *f* liability for the consequences; **K.ität** *f* causality, causation; **K.kette** *f* chain of cause and effect; **K.zusammenhang** *m* causality, chain of causation
Kaution *f* 1. security, guarantee, bond; 2. § bail, bailment; 3. *(Miete)* deposit; **K. zur Freigabe beschlagnahmter Waren** delivery bond; **K. des Konkursverwalters** receiver's bond; **~ Lagerinhabers** warehouse bond; **K. im Pfändungsverfahren** replevin bond; **K. gegen Veruntreuung** fidelity bond
Kaution anbieten to offer surety; **K. (bereit)stellen** to provide/stand security; **K. hinterlegen/leisten** to put up bail; **K. stellen** 1. to provide/furnish security; 2. to put up bail
Kautions|depot; K.hinterlegung *nt/f* guarantee deposit; **K.effekten** *pl* deposited securities; **K.erklärung** *f* surety bond; **K.(ge)stellung** *f* provision of security; **K.kredit** *m* collateral loan; **K.leistung** *f* provision of bail; **K.risiko** *nt* fidelity guarantee risk; **(hinterlegte) K.summe** deposit, caution money; **K.verpflichtung** *f* fiduciary bond
Kautionsversicherung *f* surety/fidelity/guarantee *[GB]* insurance; **K.sgesellschaft** *f* guarantee/surety *[US]*/bonding company
Kautions|vertrag *m* surety bond; **K.wechsel** *m* security bill
Kehrseite *f* flip side *(coll)*
Keller *m* 1. cellar; 2. *(Bank)* vault; **K.geschoss** *nt* 🏛 (sub-)basement; **K.wechsel** *m* accommodation bill/note
Kenn|karte *f* identity card; **K.nummer** *f* 1. index/reference/identification number; 2. *(Bank)* account number; **persönliche K.nummer** personal identification number (PIN)
Kenntnis *f* knowledge; **einige K.se** *(Fremdsprache)* working knowledge; **technische K.se** know-how; **zur gefälligen K.nahme** with compliments
Kenn|wort *nt* code word, password; **K.zahl** *f* 1. code/indentification/reference number; 2. *(BWL)* ratio
Kennzeich|en *nt* 1. distinctive feature; 2. logo, brand; 3. 🚗 registration number; **k.nen** *v/t* to mark/brand/label
Kennzeichnung *f* marking, branding, labellling; **K.sbestimmungen; K.svorschriften** *pl* labelling regulations/rules
Kennziffer *f* 1. index/reference number (Ref. No.), code (number); 2. *(BWL)* ratio; **betriebswirtschaftliche K.** managerial ratio; **K.werbung** *f* keyed advertising
Kern *m* 1. core, nucleus; 2. *(Hauptsache)* gist, essence; **harter K. der Arbeitslosigkeit** hard-core unemployment
Kern|arbeitszeit *f* core hours/time; **K.belegschaft** *f* core workforce; **K.bereich** *m* core activity/operation; **K.brennstoff** *m* nuclear fuel; **K.energie** *f* nuclear energy/power; **K.forschung** *f* nuclear research; **K.gebiet** *nt* core area; **K.geschäft** *nt* core activity/business, mainstream operation; **K.inflation** *f* core inflations underlying rate of inflation; **K.kapital** *nt* core capital
Kernkraft *f* nuclear power; **K.reaktor** *m* nuclear reactor; **K.werk (KKW)** *nt* nuclear power station
Kern|problem *nt* crucial isse, key problem; **K.reaktor** *m* nuclear reactor; **K.peicher** *m*

🖳 core/memory storage; **K.stück** *nt* cornerstone, centrepiece; **K.technik** *f* nuclear engineering; **K.zeit** *f* core period/time

Kessel *m* ⚙ boiler; **K.anlage** *f* boiler plant; **K.bau** *m* boilermaking; **K.bauer; K.macher** *m* boilermaker; **K.- und Maschinenversicherung** *f* boiler and machinery insurance; **K.wagen** *m* 🚆 tank wag(g)on, tanker

Kette *f* chain; **freiwillige K.** *(Handel)* voluntary chain

Ketten|abschluss *m* *(Börse)* chain transaction; **K.banksystem/-wesen** *nt* chain banking; **K.brief** *m* chain letter; **K.geschäft; K.laden(unternehmen)** *nt/m* chain store; **K.handel** *m* chain trade; **K.-unternehmen** *nt* chain, multiple

Kfz ↘ **Kraftfahrzeug**; **K.-Haftpflichtversicherung** *f* third-party motor/automobile insurance; **K.-Kennzeichen** *nt* registration number, number/licence plate; **K.-Neuzulassung** *f* new vehicle registration; **K.-Papiere** *pl* registration papers; **K.-Reparaturwerkstatt** *f* vehicle repair workshop; **K.-Steuer** *f* vehicle excise duty; **K.-Versicherung** *f* motor/automobile insurance; **K.-Zulassung** *f* vehicle licensing

KG ↘ **(Kommanditgesellschaft)** *f* limited partnership; **KgaA (Kommanditgesellschaft auf Aktien)** partnership partly limited by shares

Kiel *m* ⚓ keel; **auf K. legen** to lay down (a ship); **K.geld** *nt* keelage; **K.wasser** *nt* wake; **im ~ von** in the wake of

Kilometer *m* kilometre; **K.geld** *nt* mileage (allowance/expenses); **K.pauschale** *f* mileage allowance; **K.tarif** *m* mileage rate; **K.zähler** *m* mileometer, odometer *[US]*

Kilowattstunde *f* ⚡ kilowatt hour

Kind *nt* 1. child; 2. § infant

Kinder|arbeit *f* child labo(u)r; **K.beihilfe** *f* child benefit; **K.betreuung** *f* child care; **K.ermäßigung** *f* reduced rate for children; **K.freibetrag** *m* child relief/allowance; **K.geld** *nt* family allowance, child benefit; **K.hort; K.krippe** *m/f* day nursery, crèche *(frz.)*; **K.krankheiten** *pl (fig)* teething troubles *(fig)*; **K.lebensversicherung** *f* children's endowment insurance; **K.mädchen** *nt* nanny; **K.unterhaltszahlung** *f* children's maintenance payment; **K.verwahrung** *f* child-minding; **K.zulage; K.zuschuss** *f/m* child benefit, family allowance

Kino *nt* cinema, motion picture *[US]*; **K.-werbung** *f* cinema advertising

Kirche *f* church

Kirchen|eigentum; K.vermögen *nt* church property; **K.ländereien** *pl* church lands; **K.steuer** *f* church tax

Kiste *f* box, case, *(aus Latten)* crate, chest; **K. aufbrechen** to prize open a box/crate/chest; **K. auskleiden** to line a case; **in K.n verpacken** to box/crate

klagbar *adj* § actionable, suable, enforceable; **K.keit** *f* enforceability, suability, actionability

Klage *f* 1. complaint, grievance; 2. § (law)-suit, litigation, (legal) action/proceedings; **K. auf abgesonderte Befriedigung** *(Konkurs)* creditor's bill; **Eigentumsverschaffung** action to gain title; **K. aus Besitz** possessory action; **K. auf Besitzeinräumung** action for possession; **K. wegen Besitzstörung** action for trespass; **K. aus Eigentum** action based on ownership; **K. auf Eigentumsverschaffung** action to gain title; **~ Einleitung/Eröffnung des Zwangsvollstreckungsverfahrens** foreclosure action; **~ Erlass einer einstweiligen Verfügung** injunction suit; **~ Feststellung der Unwirksamkeit einer Kündigung** action for wrongful dismissal; **K. wegen Gewährleistungbruchs** action for breach of warranty, redhibitory action *[US]*; **K. auf Herausgabe (von Eigentum)** action of replevin; **~ eines rechtswidrig angeeigneten Gegenstandes** action of/in trover; **K. auf Naturalrestitution** action for specific performance; **~ Nichtigkeitserklärung** nullity suit; **~ Nutzungsentschädigung** action for use and occupation; **~ Räumung** eviction suit; **~ Rückgabe gepfändeter Sachen** action of replevin; **~ Schadenersatz** action for damages; **~ Unterhalt** maintenance suit; **~ Unterlassung** prohibitory action; **K. aus dem Vertrag** action ex contractu *(lat.)*; **K. auf Vertragsannullierung** nullity suit; **~ Vertragserfüllung** action for contractual/specific performance; **K. wegen Vertragsverletzung** action for breach of contract; **K. auf Wandlung** action for cancellation of a contract, redhibitory action *[US]*; **~ Wiedereinräumung des Besitzes** action of replevin; **~ Zahlung** action for payment

K

Klage abändern to amend a claim; **K. abweisen** to dismiss/quash a claim, ~ a suit, ~ an action; **K. kostenpflichtig abweisen** to dismiss an action with costs; **K. anfechten** to contest an action; **K. anstrengen** to institute legal proceedings; **K. begründen** to substantiate a claim; **sich bei einer K. beteiligen** to be party to a suit; **mit einer K. drohen** to threaten to take legal proceedings/action; **sich auf die K. einlassen** to defend a case; **K.einreichen/erheben; K. anhängig machen** to file/lodge a suit, to sue; **K. fallen lassen** to withdraw/drop an action; **K. führen** 1. to complain; 2. § to institute proceedings; **keinen Grund zur K. haben** to have no cause for complaint; **K. unterlassen** to refrain from taking action/legal steps; **K.n miteinander verbinden; K.n zusammenfassen** to consolidate actions; **auf eine K. verzichten** to waive the right to instiute proceedings; **K. nicht zulassen** to nonsuit; **K. zurücknehmen** to withdraw/drop an action; **K. zustellen** to serve a writ

anhängige Klage pending action; **dingliche K.** action in rem *(lat.)*; **hypothekarische K.** foreclosure suit; **schikanöse K.** vexatious proceedings; **schuldrechtliche K.** action ex contractu *(lat.)*; **unzulässige K.** inadmissible action; **zivilrechtliche K.** civil action

Klage|abweisung *f* dismissal of an action; **K.androhung** *f* threat of legal proceedings; **K.anstrengung** *f* bringing/instituting an action; **K.begründung** *f* substantiation of a claim; **k.berechtigt** *adj* entitled to sue; **K.erhebung** *f* institution of legal proceedings; **K.erwiderung** *f* statement of defence; **K.frist** *f* period for filing a suit, ~ instituting proceedings; **K.grund** *m* 1. § cause of an action; 2. grievance; **K.häufung** *f* joinder of actions

klagen *v/i* 1. to complain; 2. § to take legal action, to sue (so.)/proceed (against so.), to institute legal proceedings; **k. und verklagt werden** to sue and be sued

Kläger|(in) *m/f* § plaintiff; **als K. auftreten** to appear as plaintiff; **zu Gunsten des K.s entscheiden** to find for the plaintiff; **K. vertreten** to appear for the plaintiff

Klage|recht *t* right to sue; **K.rücknahme** *f* withdrawal of an action; **K.schrift** *f* statement of claim; **K.verbindung** *f* joinder of actions; **K.verzicht** *m* (plaintiff's) waiver

Klageweg *m* litigation, legal proceedings; **K. beschreiten** to take legal action, to go to law, to resort to litigation, to institute (legal) proceedings, to proceed

Klage|zurücknahme *f* withdrawal of an action; **K.zurückweisung** *f* nonsuit, dismissal of an action; **K.zustellung** *f* service of the action/writ

Klammer *f* 1. bracket, parenthesis; 2. *(Büro)* clip

klar *adj* 1. clear, plain; 2. lucid; **K.heit** *f* clarity, lucidity

klarieren *v/t* ⊖ to clear

Klarierung *f* ⊖ clearance; **K.sbrief** *m* clearing bill; **K.sschein** *m* clearance certificate

Klartext *m* uncoded text

Klärung *f* clarification

Klasse *f* 1. (social) class; 2. order, category, bracket; 3. *(Güter)* grade; **höchste K.** *(Lloyd's)* A 1

Klassifikation *f* classification

klassifizier|en *v/t* to classify/group; **K.ung** *f* classification

Klauen *nt* *(coll)* pilfering; **k.** *v/t (coll)* to pilfer/nick *(coll)*

Klausel *f* clause, stipulation, proviso; **K. hinsichtlich des Gerichtsstands** jurisdictional/venue clause; **K. über die Haftung für versteckte Mängel** latent-defect clause; **K. frei von besonderer Havarie** free-of-particular average clause; **~ großer Havarie** general average clause; **K. über Kollisionen bei beiderseitigem Verschulden; ~ beiderseitiges Verschulden** both-to-blame collision clause; **K. hinsichtlich der Schiedsgerichtsbarkeit** arbitration clause; **K. für Seeschadensversicherung** *f* insitute cargo clause; **K. über den Selbstbehalt** co-insurance clause; **K. eines Vertrages** contract clause

Klausel aufnehmen/einfügen/einsetzen to insert a clause; **K. auslegen** to construe a clause

bedingte Klausel conditional clause; **einschränkende K.** restrictive clause; **entgegenstehende K.** stipulation to the contrary; **grün gedruckte K.; grüne K.** *(Akkreditiv)* green clause; **rot gedruckte K.; rote K.** red clause; **salvatorische K.** safeguarding clause; **vertragsauflösende K.** resolutory condition; **zwingende K.** mandatory clause/provision

Klebe|- adhesive; **K.band** *nt* adhesive tape; **K.folie** *f* adhesive film
kleben *v/t* to glue/stick/cling
Klebezettel *m* sticker, adhesive label
Klebstoff *m* adhesive, glue
Kleider|fabrikant(in) *m/f* clothing/garment manufacturer; **K.geld** *nt* clothing allowance; **K.gutschein** *m* clothing coupon; **K.-geschäft** *nt* clothing shop *[GB]*/store *[US]*; **K.karte** *f* clothing ration card, ~ coupon; **K.ordnung** *f* dress regulations; **K.zulage** *f* clothing allowance
Kleidung *f* clothing, clothes, garments; **fertige K.** off-the-peg/ready-made clothes; **K.sbeihilfe** *f* clothing grant; **K.sstück** *nt* garment
klein *adj* 1. small, little; 2. petty, minor
Klein|abnehmer *m* 1. private consumer; 2. ϟ domestic consumer; **K.aktie** *f* baby/small share, penny share *[GB]*/stock *[US]*; **K.aktionär** *m* small shareholder *[GB]*/stockholder *[US]*; **K.anleger** *m* small investor; **K.anzeige** *f* classified advertisement, small ad
Kleinarbeit *f* spadework, nitty-gritty (business) *(coll)*; **sich um die K. kümmern** to take care of the details
Klein|bahn *f* minor railway *[GB]*/railroad *[US]* (company); **K.bauer** *m* 🚜 smallholder; **K.behälter** *m* small container; **K.betrieb** *m* 1. 🚜 small farm; 2. small firm/business/unit; **K.- und Mittelbetriebe** *pl* small and medium-sized enterprises (SMEs); **K.darlehen** *nt* personal loan; **K.diebstahl** *m* petty theft *[GB]*, pilferage; **K.einfuhr** *f* small import(s); **K.format** *nt* 1. small format; 2. *(Zeitung)* tabloid; **K.gedrucktes** *nt* fine *[US]*/small *[GB]* print; **K.geld** *nt* (small) change; **das nötige K.geld** the wherewithal; **K.geschäft** *nt* 1. *(Bank)* retail banking; 2. small-scale business; **k.gestückelt** *adj* 1. fractional; 2. *(Geld)* in small denominations; **K.gewerbe** *nt* small-scale trade; **K.-gutverkehr** *m* less than car load (LCL) transport
Kleinhandel *m* ↘ **Einzelhandel** retail (trade/business) **K.sgeschäft** *nt* retail outlet/shop *[GB]*/store *[US]*; **K.spreis** *m* retail price; **K.srabatt** *m* retail discount
Kleinhändler *m* retailer
Kleinigkeit *f* trifle; **K. kosten** *(coll)* to cost a pretty penny *(coll)*
Klein|industrie *f* light/small industry; **K.-kaufleute** *pl* small traders; **K.konjunktur** *f* boomlet; **K.kredit** *m* small/personal loan; **K.kundeneinlage** *f (Bank)* retail deposit; **K.kundengeschäft** *nt* retail banking; **K.landbesitz** *m* smallholding; **K.-landbesitzer/-wirt** *m* smallholder; **K.-laster; K.lastwagen** *m* 🚗 pickup (truck)
Kleinlebensversicherung *f* industrial (life) insurance; **K.spolice** *f* industrial life policy
kleinlich *adj* petty, narrow-minded
Klein|lieferwagen *m* 🚗 small van, pickup; **K.material** *nt (Rechnung)* sundries; **K.obligation** *f* baby bond; **K.orderkauftätigkeit** *f (Börse)* small-lot buying; **K.-packung** *f* small pack; **K.preisgeschäft** *nt* penny shop, dime store *[US]*; **K.schaden** *m* minor damage/loss; **K.serienfertigung/-produktion** *f* small batch/job production; **K.sparer** *m* small saver
Kleinstbetrag *m* trifle
Klein|stück *nt* *(Wertpapier)* low-denomination security; **K.transporter** *m* pickup; **K.unternehmen** *nt* small business/enterprise; **K.- und Mittelunternehmen** small and medium-sized enterprises (SMEs); **K.verbraucher** *m* 1. small consumer; 2. ϟ domestic user; **K.verdiener** *m* low-income earner
Kleinverkauf *m* 1. retail sale; 2. *(Börse)* small-lot selling; **im K. absetzen** to (sell at) retail; **K.spreis** *m* retail price
Klein|wagen *m* minicar, (sub-)compact car *[US]*; **K.zeug** *nt (Rechnung)* sundries
Klient|(in) *m/f* client; **K.el; K.schaft** *f* clients, clientele
Klima *nt* 1. ☁ climate; 2. environment; 3. *(Börse)* tone, sentiment, mood; **K. am Aktienmarkt** tone of the market; **hektisches K.** *(Markt)* feverish state; **inflatorisches K.** inflationary environment; **konjunkturelles/wirtschaftliches K.** economic climate; **unternehmerfreundliches K.** pro-business environment; **wirtschaftliches K.** economic climate
Klimaanlage *f* air conditioning (unit); **mit K.** air-conditioned
Klimatechnik *f* air-condition engineering
voll klimatisiert *adj* 1. (fully) air-conditioned; 2. ✈ (fully) pressurized
Klima|umschwung; K.wandel; K.wechsel *m* 1. climate change; 2. *(Börse)* change of mood/tone

K

Klinik *f* clinic, hospital

Klinke *f* door handle, pawl; **K.n putzen** *(coll)* to hawk/canvass; **K.nputzen** *nt (coll)* canvassing; **K.nputzer** *m (coll)* canvasser, hawker, door-to-door/doorstep salesman

Kluft *f* gap, rift; **K. schließen** to close the gap; **K. überbrücken** to bridge the gap

knapp *adj* 1. *(Vorräte)* scarce, in short supply; 2. *(Geld)* short of funds, tight; 3. *(Abstand/Mehrheit)* narrow; 4. *(Äußerung)* brief, curt, crisp

Knappheit *f* 1. scarcity, shortage, shortfall; 2. *(Geld)* crunch; 3. *(Äußerung)* brevity, conciseness; **K. an Arbeitskräften/Personal** labo(u)r/manpower shortage

Knauser *m* niggard, pinchfist; **k.ig** *adj* stingy, mean; **k.n** *v/i* to stint/scrimp

Knebelungsvertrag *m* tying contract

Knete *f* *(coll)* lolly *(coll) [GB]*, dough *(coll) [US]*

Knoten *m* 1. knot; 2. *(OR)* node

Knüller *m* 1. (smash) hit; 2. *(Presse)* scoop; **K.preis** *m* sensational price

Koalition *f* coalition; **K.sfreiheit; K.srecht** *f/nt* right of free association

Köder *m* bait, lure; **k.n** *v/t* to bait/lure

Kode|schlüssel *m* key; **K.wort** *nt* code word

Koeffizient *m* coefficient, ratio

Koffer *m* (suit)case; **K.anhänger** *m* baggage *[US]*/luggage *[GB]* label; **K.kuli** *m* baggage/luggage trolley; **K.raum** *m* 1. luggage compartment; 2. boot *[GB]*, trunk *[US]*; **K.raumverkauf** *m* car boot sale

Kohle *f* 1. coal; 2. *(coll)* dough *(coll)*; **K.bergbau; K.förderung** *m/f* coal mining (industry); **K.industrie** *f* coal industry; **K.kraftwerk** *nt* coal-fired (power) station; **K.lagerstätte** *f* coal deposits

Kohlen|abbau; K.bergbau *m* coal mining; **k.beheizt** *adj* coal-fired; **K.bergwerk** *nt* coal mine, pit, colliery; **K.dioxid** *nt* carbon dioxide; **K.grube** *f* coal mine, pit, colliery; **K.halde** *f* coal stockpile/stocks; **K.händler** *m* coal merchant; **K.knappheit** *f* coal shortage; **K.lieferant** *m* coal supplier; **K.monoxid** *nt* carbon monoxide; **K.produktion** *f* coal output; **K.revier** *nt* coalfield; **K.schiff** *nt* collier

Kohlenstoff *m* carbon; **K.verbindung** *f* carbon compound

Kohlen|verbrauch *m* coal consumption; **K.vorkommen** *nt* coal deposits; **K.vorrat** *m* coal reserves/stocks; **K.wasserstoff** *m* hydrocarbon; **K.zeche** *f* coal mine, colliery

Kohle|umwandlung *f* coal conversion; **K.veredelung** *f* coal processing; **K.verflüssigung** *f* coal liquefaction; **K.vergasung** *f* coal gasification; **k.verstromung** *f* coal-based electricity/power generation; **K.vorkommen** *nt* coal deposits

Kokerei *f* coking plant

Koks *m* coke; **K.feuerung** *f* coke firing; **K.kohle** *f* coking coal

kollabieren *v/i* to collapse

Kollaps *m* collapse, breakdown

Kollation *f* collation; **k.ieren** *v/t* 1. to collate; 2. *(Kosten)* to reconcile; **K.ierung** *f* 1. collation; 2. *(Kosten)* reconciliation

Kolleg *nt* college

Kollege *m* 1. colleague; 2. *(Partner)* associate

kollegial *adj* cooperative, helpful; **K.prinzip** *nt* principle of collective responsibility; **K.system** *nt* board system

Kollegin *f* female colleague

Kollegium *nt* board, panel

Kollektion *f* range (of goods), assortment

kollektiv *adj* collective, joint; **K.abkommen** *nt* collective agreement; **K.abschreibung** *f* lump-sum depreciation; **K.arbeit** *f* team effort; **K.bedürfnisse** *pl* social/public wants; **K.besitz** *m* joint ownership; **K.eigentum** *nt* collective/public ownership; **K.frachtbrief** *m* blanket waybill; **K.güter** *pl* public goods; **K.haftung** *f* joint liability; **K.handlungsvollmacht** *f* joint power of attorney; **K.lebensversicherung** *f* group life insurance; **K.police** *f* collective policy; **K.prokura** *f* joint power of attorney; **K.sparen** *nt* group saving; **K.verantwortung** *f* joint responsibility; **K.verhandlungen** *pl* collective bargaining; **K.versicherung** *f* blanket/group insurance; **K.vollmacht** *f* joint power of attorney; **K.werbung** *f* group advertising

Kolli *pl* packages

kollidieren *v/i* to collide/clash

Kolliliste *f* packing specification(s)

Kollision *f* 1. crash, collision; 2. *(Streit)* clash, conflict; 3. § concurrence; 4. *(Pat.)* interference

Kollisions|klausel *f* collision/running-down clause (R.D.C.); **~ für beiderseitiges Verschulden** both-to-blame collision clause; **K.patent** *nt* interfering patent; **K.schaden** *m* collision damage; **K.versicherung** *f* collision insurance

Kollispezifikation *f* packing specification(s)

Kollo *nt* package (pkg); **jedes K. eigene Taxe** *(Vers.)* each pack(age)/item separately insured
Kollusion *f* collusion
Kolonial|- colonial; **K.anleihe** *f* colonial bond; **K.bank** *f* colonial bank; **K.papiere** *pl* colonial securities; **K.warengeschäft** *nt* grocery shop *[GB]*/store *[US]*; **K.werte** *pl* *(Börse)* colonials
Kolonne *f* 1. column; 2. gang; 3. convoy
Kolonnen|addition *f* footing; **K.arbeit** *f* gang work; **K.bogen** *m* columnar sheet; **K.führer** *m* gang leader, ganger; **K.system** *nt* gang system; **K.werbung** *f* group canvasing
Kolumne *f* column
Kombination *f* combination
Kombinations|frachtbrief *m* combined transport bill; **K.güterverkehr** *m* intermodal/multimodal transport; **K.tarif** *m* combined rate
kombinieren *v/t* to combine
Kombi|schiff *nt* combination carrier; **K.-verkehr** *m* intermodal/multimodal transport; **K.wagen** *m* estate car *[GB]*, station wagon *[US]*
Kommandit|aktionär *m* limited liability shareholder; **K.anteil** *m* limited partner's share; **K.beteiligung** *f* participation in a limited partnership; **K.einlage** *f* limited partner's share; **K.gesellschaft (KG)** *f* limited partnership; **~ auf Aktien (KGaA)** scrip company *[US]*, partnership partly limited by shares
Kommanditist|(in) *m/f* limited partner; **K.enanteil** *m* limited partnership interest/share; **K.enhaftung** *f* limited partner's liability
Kommanditkapital *nt* limited liability capital
Kommando *nt* command, order; **K.brücke** *f* bridge; **K.wirtschaft** *f* command/controlled economy
Kommastelle *f* π decimal point
Komment|ar *m* comment; **k.ieren** *v/t* to comment
kommerzialisier|en *v/t* to commercialize; **K.ung** *f* commercialization
kommerziell *adj* commercial
Kommission *f* 1. commission, committee; 2. *(Auftrag)* commission, production order; **auf K.** on consignment, ~ sale or return; **K. der Europäischen Gemeinschaften** Commission of the European Communities; **K. für Internationalen Handel** International Trade Commission *[US]*
Kommission bilden/einsetzen to set up/form a committee; **in K. geben** to consign; **~ (über)nehmen** *(Ware)* to take on consignment, ~ on a commission basis; **~ verkaufen** to sell on a commission/consignment basis
Kommissionär *m* 1. commission agent/merchant *[US]*, factor; 2. *(Verkauf)* consignee; **K.spfandrecht** *nt* factor's lien
Kommissionieren *nt* storage and retrieval; **k.** *v/t* 1. to order; 2. to pick (orders)
Kommissionierung *f* 1. consignment sale; 2. stock/order picking
Kommissions|agent *m* commission agent; **K.artikel** *pl* goods on consignment
Kommissionsbasis *f* consignment basis; **auf K.** on consignment, on a sale or return basis
Kommissions|bezug *m* purchase on commission; **K.buch** *nt* commission/order book; **K.einkauf** *m* purchase on commission; **K.firma** *f* commission house; **K.gebühr** *f* factorage; **K.geschäft; K.handel** *nt/m* commission business/trade; **K.gut** *nt* goods on commission/consignment; **K.-haus** *nt* commission merchant(s); **K.konto** *nt* consignment account; **K.lager** *nt* consignment stocks; **K.makler** *m* commission broker; **K.nota** *f* broker's note, memorandum *[US]*; **K.nummer** *f* order number; **K.provision** *f* factorage; **K.verkauf** *m* consignment/memorandum *[US]* sale; **K.vertrag** *m* consignment contract; **K.vertreter** *m* commission agent; **K.ware(n)** *f/pl* consignment/memorandum *[US]* goods; **k.weise** *adv* on consignment
Kommittent *m* principal, consignor
kommunal *adj* municipal, local; **K.abgaben** *pl* (municipal/local) rates *[GB]*, local taxes; **k.abgabepflichtig** *adj* rat(e)able; **K.anleihe** *f* local government bond/stock; **K.bank** *f* municipal bank; **K.behörde** local *[GB]*/municipal *[US]* authority; **K.darlehen** *nt* local authority loan *[GB]*, municipal loan *[US]*; **K.etat; K.haushalt** *m* local *[GB]*/municipal *[US]* budget; **K.obligation** *f* local government stock/bond; **K.recht** *nt* local (government)/municipal law; **K.schuldschein/-verschreibung** *m/f* local government bond *[GB]*, municipal bond *[US]*

K

Kommunalsteuer *f* community charge, local/poll/municipal/council tax; **K.aufkommen** *nt* local revenue(s); **k.pflichtig** *adj* rat(e)able *[GB]*; **K.pflichtige(r); K.zahler(in)** *f/m* ratepayer *[GB]*
Kommunal|verordnung *f* local ordinance; **K.verwaltung** *f* local *[GB]*/municipal *[US]* government
Kommune *f* municipality, local government/authority
Kommunikation *f* communication
Kommunikations|branche *f* communications industry; **K.fähigkeit** *f* communicative competence; **K.netz** *nt* communications network; **K.technik; K.technologie** *f* communications technology; **K.weg** *m* communication channel
Kompagniegeschäft *nt* joint venture
Kompensation *f* compensation, trade-off
Kompensations|abkommen *nt* barter/compensation agreement; **K.auftrag** *m* cross/compensation order; **K.fonds** *m* compensation fund; **K.geschäft** *nt* 1. barter deal/transaction; 2. *(Börse)* cross trade/dealing; **K.konto** *nt* clearing account; **K.order** *f* cross order; **K.steuer** *f* offset tax; **K.verkehr** *m* barter trade; **K.-zoll** *m* ⊝ countervailing duty
kompensieren *v/t* to compensate/offset
kompetent *adj* 1. competent, capable; 2. responsible
Kompetenz *f* 1. *(Fähigkeit)* competence, capacity, skills; 2. responsibility; **K.artikel** *m* *(Satzung)* objects clause; **K.bereich** *m* jurisdiction, province, scope; **K.delegation** *f* delegation of authority; **K.streit(igkeit)** *m/f* 1. demarcation dispute; 2. § concurrence of jurisdiction; **K.stufe** *f* level of authority; **K.verteilung; K.zuweisung** *f* allocation of rights and duties
Komplementär *m* (full/general) partner; **k.** *adj* complementary; **K.anteil** *m* general partner's interest; **K.einlagen** *pl* general partner's contribution; **K.güter** *pl* complementary goods
komplett *adj* complete; **k.ieren** *v/t* to complete; **K.ladung** *f* full load; **K.preis** *m* all-in price
Komplex *m* complex; **k.** *adj* complex; **K.i-tät** *f* complexity
kompliziert *adj* complicated, difficult
Komponente *f* component; **K.nlieferant** *m* component supplier
Komposit|gesellschaft *f* *(Vers.)* general insurance company; **K.versicherer; K.versicherung** *m/f* composite insurance company
komprimieren *v/t* to compress
Kompromiss *m* compromise; **K.bereitschaft** *f* readiness to (reach a) compromise; **k.los** *adj* intransigent; **K.losigkeit** *f* intransigence; **K.vorschlag** *m* compromise proposal
Kondition *f* condition; **K.en** conditions, terms (and conditions); **~ erfüllen** to comply with conditions; **~ festsetzen** to stipulate terms
Konditions|anpassung *f* *(Hypothek)* adjustment of the terms; **K.kauf** *m* qualified sale
Konfektions|- ready-to-wear; **K.industrie** *f* garment/apparel industry
Konferenz *f* conference, meeting; **K. abhalten** to hold a conference; **K. einberufen** to convene a conference; **K. leiten** to preside over/chair a conference; **an einer K. teilnehmen** to atttend a conference
Konferenz|bedingungen *pl* ⚓ conference terms (c.t.); **K.bericht** *m* conference report; **K.beschluss** *m* conference decision; **K.dolmetscher(in)** *m/f* conference interpreter; **K.fracht; K.rate** *f* ⚓ conference rate; **K.gespräch** *nt* conference call; **K.linie** *f* ⚓ conference line; **K.mitglied; K.-partner; K.teilnehmer** *m* conference member; **K.raum** *m* conference room; **K.-reederei** *f* ⚓ conference line; **K.saal** *m* conference hall; **K.schaltung** *f* ☎ conference circuit; **K.zentrum** *nt* conference center *[US]*/centre *[GB]*; **K.zimmer** *nt* 1. conference room; 2. *(Hotel)* commercial room
konferieren *v/i* to confer/discuss
Konfiskation *f* seizure, confiscation, sequestration; **K.sverfügung** *f* confiscation/sequestration order
konfiszier|en *v/t* to confiscate/seize/sequestrate; **K.ung** *f* confiscation, seizure, sequestration
Konflikt *m* conflict, clash; **K.kommission** *f* grievance committee; **K.strategie** *f* policy of confrontation
Kongress *m* congress, conference
Konjunktur *f* 1. economic/business/trade cycle; 2. *(Hochkonjunktur)* boom, buoyancy; **K. ankurbeln/anregen/beleben** to stimulate the economy, to prime the pump *(fig)*; **K. zügeln** to curb the economy

K

anhaltende Konjunktur continuing boom; **anziehende K.** increasing economic activity; **kreditinduzierte K.** credit boom; **nachlassende/rückläufige K.** cyclical downturn/slump; **überhitzte K.** overheated economy; **vorübergehende K.** boomlet

konjunktur|abhängig *adj* cyclical; **K.abkühlung; K.abschwächung; K.abschwung** *f/m* (cyclical) downswing; **K.ablauf** *m* trade cycle; **K.analyse** *f* analysis of cyclical/economic trends; **K.ankurbelung** *f* pump-priming (exercise) *(fig)*; **K.anregung; K.anreiz** *f/m* economic stimulus; **K.anstieg; K.aufschwung; K.auftrieb** *m* (cyclical) upswing, boom; **K.ausgleichsrücklage** *f* business cycle reserve; **K.aussichten** *pl* economic prospects; **K.barometer** *nt* economic indicator; **k.bedingt** *adj* cyclical; **K.bedingungen** *pl* economic environment; **K.belebung** *f* cyclical upswing; **K.beobachtung** *f* trade cycle analysis; **K.bewegung** *f* cyclical movement; **K.bremsung; K.dämpfung** *f* curbing the boom; **K.daten** *pl* economic data; **K.diagnose** *f* cyclical trend analysis; **K.dynamik** *f* business cycle dynamics; **K.einbruch** *m* slump

konjunkturell *adj* cyclical, economic

konjunktur|empfindlich *adj* cyclically sensitive; **K.entwicklung** *f* cyclical/business trend; **K.erholung** *f* (economic) recovery; **K.erwartungen** *pl* economic outlook; **K.faktor** *m* cyclical factor; **K.flaute** *f* (economic) recession, **k.fördernd** *adj* procyclical; **K.forscher** *m* business cycle analyst; **K.forschung** *f* business cycle research, economic research; **K.forschungsinstitut** *nt* economic research institute; **K.geschehen** *nt* economic activity; **K.-hilfsprogramm** *nt* pump-priming *(fig)* program(me); **K.indikator** *m* economic indicator; **K.institut** *nt* economic research institute; **K.klima** *nt* economic conditions/climate; **K.krise** *f* economic/cyclical crisis; **K.lage** *f* state of the economy; **K.maßnahme** *f* economic policy measure; **k.neutral** *adj* cyclically neutral; **K.niveau** *nt* level of economic activity; **K.phase** *f* trade cycle; **K.politik** *f* economic policy; **K.programm** *nt* reflationary program(me); **K.rückgang** *m* slump, recession, downtrend, downturn; **K.rückschlag** *m* recession, slump; **K.sachverständiger** *m* economic expert/pundit *(coll)*; **K.schwankung** *f* cyclical fluctuation; **k.sicher** *adj* recession-proof; **K.spritze** *f* shot in the arm *(fig)*; **K.steuerung** *f* 1. (macro-)economic management; 2. *(Feinsteuerung)* fine tuning; **K.sturz** *m* slump; **K.tendenz** *f* cyclical trend; **K.theorie** *f* trade cycle theory; **K.tief** *nt* cyclical depression, recession; **K.trend** *m* cyclical trend; **K.umbruch; K.umschwung; K.veränderung** *m/f* cyclical change; **K.umfrage** *f* trend survey; **K.untersuchung** *f* trend analysis; **K.verlauf** *m* (course/development of the) business/trade cycle; **K.vorhersage; K.vorschau** *f* economic forecaset; **K.-wende** *f* economic turnabout; **K.ziffern** *pl* economic indices; **K.zyklus** *m* trade/business cycle, boom-slump cycle

konkretisier|en *v/t* *(Güter)* to appropriate; **K.ung** *f* appropriation

Konkurrent(in) *m/f* competitor, rival

Konkurrenz *f* 1. *(Wettbewerb)* competition; 2. *(Anbieter)* competitor(s); 3. § concurrence; **zur K. abwandern** to take one's custom elsewhere, to change/switch suppliers; **K. anschwärzen** to disparage a competitor; **K. ausschalten** to eliminate a competitor; **der K. gewachsen sein** to meet competition; **in K. stehen** to compete; **K. unterbieten** to undercut/undersell the competitors; **K. verdrängen** to eliminate competitors

ausländische Konkurrenz foreign competition/competitors; **halsabschneiderische/mörderische K.** cutthroat competition; **inländische K.** domestic competition/competitors; **scharfe K.** keen/fierce competition; **unlautere K.** unfair competition; **vollkommene/vollständige K.** perfect competition

Konkurrenz|anbieter *m* competing supplier; **K.angebot** *nt* rival offer/bid; **K.artikel** *m* competing product; **K.beschränkung** *f* restraint of trade; **K.betrieb** *m* competitor; **K.erzeugnis; K.fabrikat** *nt* competing product; **k.fähig** *adj* competitive; **K.fähigkeit** *f* competitiveness; **K.-kampf** *m* competition; **K.klausel** *f* stipulation in restraint of trade; **K.land** *nt* competing country; **k.los** *adj* unrivalled; **K.marke** *f* rival brand; **K.produkt** *nt* competing product; **K.unternehmer** *nt* competitor; **K.vereinbarung** *f* restrictive covenant; **K.verhalten** *nt* competitive behaviour; **K.verzerrung** *f* distortion of competition; **K.ware** *f* competing goods; **K.werbung** *f* competitive advertising

konkurrieren *v/i* to compete; **k.d** *adj* 1. competitive, competing; 2. § concurrent

Konkurs *m* bankruptcy, insolvency, failure; **in K.** bankrupt, insolvent, bust *(coll)*

Konkurs abwenden to stave off bankruptcy; **K. anmelden/beantragen** to file a petition in bankruptcy; **jdm den K. erklären** to declare so. bankrupt; **K. eröffnen** to institute bankruptcy proceedings; **in K. gehen/geraten; K. machen** to go bankrupt/bust *(coll)*, to fail/crash *(coll)*; **jdn in den K./zum K. treiben** to bankrupt so.

betrügerischer Konkurs fraudulent bankruptcy; **freiwilliger K.** voluntary bankruptcy; **unfreiwiliger/zwangsweiser K.** involuntary bankruptcy

Konkurs|abwicklung *f* liquidation of a bankrupt's estate; **K.(abwicklungs)bilanz** *f* (statutory) statement of affairs *[GB]*, schedule of a bankrupt's debts *[US]*; **K.anmeldung** *f* bankruptcy notice; **K.antrag** *m* bankruptcy/insolvency petition; **K.ausfallgeld** *nt* redundancy benefit(s); **K.begehren** *nt* bankruptcy petition; **K.delikt** *nt* bankruptcy offence; **K.einstellung** *f* termination of bankruptcy proceedings

Konkurserklärung *f* 1. declaration of bankruptcy/insolvency; 2. *(Gericht)* adjudication in bankruptcy; **K.sbeschluss** *m* adjudication order

Konkurseröffnung *f* commencement of bankruptcy proceedings; **K. beantragen** to file a petition in bankruptcy

Konkurseröffnungs|antrag *m* petition in bankruptcy; **K.beschluss** *m* receiving/adjudication order; **K.termin** *m* date of adjudication; **K.verfahren** *nt* bankruptcy proceedings; **K.verfügung** *f* receiving order

Konkursfall *m* bankruptcy case; **im K.** in the event of bankruptcy

Konkursforderung *f* bankrupty claim, claim in bankruptcy; **K. anerkennen** to allow a bankruptcy claim; **K. anmelden** to file a bankruptcy claim; **bevorrechtigte K.** preferential debt

Konkursgericht *nt* bankruptcy court

Konkursgläubiger(in) *m/f* creditor in bankruptcy, bankruptcy creditor; **bevorrechtigter K.** preferred creditor; **einfacher K.** general creditor; **eingetragener K.** scheduled creditor; **gesicherter K.** secured creditor; **nachrangiger K.** deferred creditor

Konkurs|handlung *f* bankruptcy offence; **K.kosten** *pl* brankruptcy cost(s)

Konkursmasse *f* debtor's/bankrupt's assets; **K. ausschütten/liquidieren** to divide a bankrupt's estate; **K. verteilen** to marshal the assets; **K.verzeichnis** *nt* statement of affairs

Konkurs|ordnung *f* Bankruptcy Act *[GB]*, National Bankruptcy Act *[US]*; **K.pfleger** *m* trustee in bankruptcy; **K.recht** *nt* bankruptcy law; **K.richter** *m* bankruptcy judge *[GB]*; **K.sache** *f* § bankruptcy case

Konkursschuldner|(in) *m* debtor in bankruptcy, bankrupt; **K. entlasten** to discharge a bankrupt

Konkurs|status; K.tabelle *m/f* (statutory) statement of affairs *[GB]*, schedule of a bankrupt's debts *[US]*; **K.straftat** *f* bankruptcy offence

Konkursverfahren *nt* § bankruptcy proceedings; **K. eröffnen** to open bankruptcy proceedings

Konkurs|vergehen *nt* § bankruptcy offence; **K.vergleich** *m* composition; **K.-vergleichsverfahren** *nt* composition proceedings; **K.verkauf** *m* sale of a bankrupt's assets; **K.vermögen** *nt* bankrupt's estate

Konkursverwalter *m* receiver; **K. bestellen** to call in/appoint a receiver; **dem K. übertragen** to put into the hands of the receiver; **(öffentlich/gerichtlich) bestellter K.** § official receiver

Konkurs|verwaltung *f* receivership *[GB]*, trusteeship in bankruptcy *[US]*; **K.vorschriften** *pl* bankruptcy rules; **K.welle** *f* wave/spate of bankruptcies

Können *nt* ability, skill; **fachliches/fachmännisches K.** technical competence, know-how; **handwerkliches K.** craftsmanship

Konnossement *nt* (ocean) bill of lading (B/L); **K. ohne Einschränkung/Vorbehalt** clean bill of lading; **K. mit einschränkendem Vermerk** foul bill of lading; **auf den Inhaber ausgestelltes K.** bill of lading to bearer; **echtes/reines K.** clean bill of lading; **eingeschränktes/fehlerhaftes/unreines K.** foul/dirty bill of lading; **volles K.** full bill of lading

Konnossements|garantie; K.revers *f/m* letter of indemnity; **K.kopie** *f* memorandum copy of a bill of lading; **~ für den Kapitän** *f* master's copy; **K.teilschein** *m* delivery order (D/O)

Konsequenz *f* consequence; **K.en auf sich nehmen; ~ tragen** to bear the consequences

Konserven *pl* preserved/tinned *[GB]*/ canned *[US]* food, preserves

konservier|en *v/i* to preserve; **K.ung** *f* preservation, conservation; **K.ungsmittel** *nt* preservative

Konsign|ant *m* consignor, consigner; **K.atar** *m* consignee

Konsignation *f* consignment; **in K.** on consignment; **~ nehmen** to take on consignment; **~ verkaufen** to sell on a consignment basis

Konsignations|buch *nt* order book; **K.faktura** *f* pro-forma invoice; **K.geschäft** *nt* consignment sale; **K.güter** *pl* consignment goods; **K.konto** *nt* consignment account; **K.lager** *nt* consignment stocks; **K.verkauf** *m* consignment/memorandum *[US]* sale; **K.vertrag** *m* contract of consignment; **K.ware** *f* consignment goods

Konsign|ator *m* consigner, consignor; **k.ieren** *v/t* to consign, to ship goods on consignment

konsolidier|en *v/t* to consolidate/fund; **K.ung** *f* consolidation, funding

Konsolidierungs|anleihe *f* funding loan; **K.gewinn** *m* consolidation surplus; **K.-kredit** *m* consolidation/funding loan; **K.schuldverschreibung** *f* funding bond; **K.vorschriften** *pl* consolidation rules

Konsorte *m* associate, (consortium/syndicate) member

Konsortial|anleihe *f* syndicate(d) loan; **K.-anteil** *m* syndicate share; **K.bank** *f* consortium bank; **(feder)führende K.bank** lead manager; **K.(bank)geschäft** *nt* investment banking; **K.beteiligung** *f* share in a syndicate; **K.führer(in)** *m/f* lead manager; **K.führung** *f* lead/syndicate management; **~ haben** to lead-manage; **K.geschäft** *nt* 1. syndicate business/operation(s); 2. *(Vers.)* underwriting syndicate; **K.konto** *nt* joint/syndicate account; **K.kredit** *m* syndicate(d) loan/credit/facility; **K.mitglied** *nt* syndicate/underwriting/consortium member; **K.spanne** *f* spread; **K.vertrag** *m* syndicate/underwriting agreement

Konsortium *nt* consortium (of companies), (underwriting) syndicate

Konstruieren *nt* design, construction, engineering; **rechnergestütztes/rechnerunterstütztes K.** computer-aided design (CAD); **k.** *v/t* to design/construct

Konstrukteur *m* designer, design(ing) engineer

Konstruktion *f* design, construction; **computer-/EDV-/rechnergestützte K.** computer-aided design (CAD)

Konstruktions|abteilung *f* design department; **K.büro** *nt* drafting room *[US]*, drawing office *[GB]*, engineering department; **K.fehler** *m* 1. design fault; 2. structural defect; **K.firma** *f* engineering firm; **K.merkmal** *nt* design feature; **K.zeichner** *m* draftsman *[US]*, draughtsman *[GB]*

Konsul *m* consul

Konsular|abteilung *f* consular section; **K.-beamter** *m* consular official; **K.behörde** *f* consular authority; **K.bezirk** *m* consular district; **K.faktura; K.rechnung** *f* consular invoice; **K.vertreter** *m* consular representative/agent

Konsulat *nt* consulate

Konsulats|abteilung *f* consular department; **K.beamter** *m* consular official; **K.bescheinigung** *f* consular certificate; **K.bezirk** *m* consular district; **K.faktura; K.rechnung** *f* consular invoice; **K.papiere** *pl* consular documents; **K.sichtvermerk** *m* consular visa

Konsultation *f* consultation; **K.sgebühr** *f* consultation fee; **K.spflicht** *f* statutory consultation; **K.sverfahren** *nt* consultation procedure

konsultieren *v/t* to consult

Konsum *m* 1. consumption; 2. *(Laden)* co-op, cooperative store; **auffälliger K.** conspicuous comsumption; **gesamtwirtschaftlicher K.** aggregate consumption; **inländischer K.** domestic/home consumption; **privater K.** private consumption; **staatlicher K.** public sector consumption

Konsum|artikel *m* cosumer item; *pl* consumer goods; **K.aufwand; K.ausgaben** *m/pl* consumer spending; **K.bedarf** *m* consumer needs; **K.boom** *m* consumer boom; **K.dämpfung; K.drosselung** *f* curb(s) on consumption; **K.elektronik** *f* consumer electronics

Konsument *m* consumer

K

Konsumenten *pl* consuming public; **K.-analyse** *f* consumer analysis; **K.bedarf; K.bedürfnisse** *m/pl* consumer needs; **K.-befriedigung** *f* consumer satisfaction; **K.geschmack** *m* consumer preference; **K.gewohnheiten** *pl* consumer habits; **K.-gruppe** *f* consumer group; **K.haushalt** *m* consumer household; **K.kaufkraft** *f* consumer purchasing power; **K.kredit** *m* consumer credit/loan; **K.nachfrage** *f* consumer demand; **K.preis** *m* consumer price; **K.preisindex** *m* consumer price index; **K.schaft** *f* consumers; **K.treue** *f* consumer loyalty; **K.verband** *m* consumer association; **K.verhalten** *nt* consumer behaviour/habits; **K.vertrauen** *nt* consumer confidence; **K.werbung** *f* direct/consumer advertising

Konsum|finanzierung *f* consumer credit; **K.forschung** *f* consumer research; **K.-freude; K.freudigkeit** *f* propensity to consume; **k.freudig** *adj* free-spending; **K.funktion** *f* consumption function; **K.-genossenschaft** *f* cooperative (retail) society; **K.gesellschaft** *f* consumer society; **K.gewohnheit** *f* consumer habit

Konsumgut *nt* consumer product/item; **K.güter** consumer goods

dauerhafte/langlebige Konsumgüter consumer durables; **kurzlebige K.** consumer disposables, perishables

Konsumgüter|bereich; K.branche; K.gewerbe; K.industrie *m/f/nt/f* consumer goods sector/industry; **K.konjunktur** *f* consumer boom

konsumieren *v/t* to consume

Konsumkonjunktur *f* consumer boom

Konsumkredit *m* consumer credit; **K.genossenschaft** *f* consumer credit cooperative

Konsum|laden *m* cooperative store; **K.-nachfrage** *f* consumer demand; **k.nah; k.orientiert** *adj* consumer-orient(at)ed; **K.neigung** *f* propensity to consume; **K.-niveau** *nt* level of consumption; **K.rausch** *m* consumer binge, spending spree; **K.stau** *m* pent-up consumption; **K.steuer** *f* sales tax

Konsumtiv|darlehen; K.kredit *nt/m* consumer credit/loan

Konsum|verein *m* cooperative (retail) society; **K.verhalten** *nt* consumer habits; **K.-verzicht** *m* deferred demand; **K.waren** *pl* consumer goods; **K.werbung** *f* consumer (product) advertising; **K.werte** *pl* consumer shares *[GB]*/stocks *[US]*

Kontakt *m* contact; **K. aufnehmen/herstellen; in K. treten** to get in touch; **in K. bleiben; K. halten/pflegen** to keep in touch

Kontakt|adresse *f* contact address; **K.er(in)** *m/f* 1. contact (man); 2. *(Werbung)* account executive; **k.fähig; k.freudig** *adj* sociable, outgoing; **K.fähigkeit** *f* interpersonal skills; **K.mann; K.person** *m/f* contact

Konten|abbuchung *f* direct debit (transfer); **K.abrechnung** *f* settlement of accounts; **K.abstimmung** *f* reconciliation/squaring of accounts; **K.abweichung** *f* discrepancy between accounts; **K.aufgliederung** *f* breakdown of accounts; **K.-ausgleich** *m* balancing/squaring of accounts; **K.bewegung** *f* account movement; **K.bezeichnung** *f* account title; **K.blatt** *nt* account sheet; **K.fälschung** *f* falsification/manipulation of accounts; **K.form** *f (Bilanz)* account form; **K.führer(in)** *m/f* account manager

Kontenführung *f* accounting, account-keeping; **K.sgebühr** *f* account-keeping charge

Konten|gliederung *f* account classification; **K.inhaber(in)** *m/f* account holder; **k.los** *adj* ledgerless; **K.rahmen** *m* schedule of accounts; **K.sachbearbeiter(in)** *m/f* account executive; **K.saldo** *m* account balance; **K.sparen** *nt* account/passbook saving; **K.überziehung** *f* (bank) overdraft

Konterbande *f* ⊝ contraband (goods)

kontieren *v/t* to classify, to allocate to an account

Kontinent *m* continent

kontinental *adj* continental; **K.europa** *nt* mainland Europe

Kontingent *nt* quota, share; **K.beschränkung** *f* quota restriction; **k.frei** *adj* non-quota

kontingentieren *v/t* to fix a quota

Kontingents|erhöhung *f* quota increase; **K.kürzung** *f* quota cut; **K.zuweisung** *f* quota allocation

Konto *nt* account (a/c); **à K.** on account; **K. des Ausstellers** drawer's account; **K. für/pro Diverse** sundries account, overs and shorts; **K. in offener-Posten-Form** open-item account; **~ laufender**

Rechnung current account; **K. unter Zwangsverwaltung** sequestered account

vom Konto abheben to withdraw; **K. abschließen** to clear/balance/settle an account; **Konten abstimmen** to reconcile accounts; **K. anlegen** to open an account; **Konten aufgliedern** to itemize accounts; **K. aufheben/auflösen** to close an account; **K. ausgleichen** to settle/balance an account; **K. belasten mit (etw.)** to charge/debit an account; **K. bereinigen** to square an account; **K. blockieren** to freeze an account; **K. debitieren** to debit an account; **K. dotieren** to place an account in funds; **K. einrichten/eröffnen** to open an account; **auf ein K. einzahlen** to pay into an account; **K. entlasten** to discharge an account; **K. erkennen** to credit an account; **K. eröffnen** to open an account; **Konten frisieren** to cook accounts; **K. bei einer Bank führen; K. haben bei** to bank with; **K. glattstellen** to square an account; **einem K. gutschreiben; K. kreditieren** to credit an account; **K. löschen** to close an account; **Konten manipulieren** to cook accounts; **K. pfänden** to garnish/attach an account; **K. prüfen** to audit an account; **K. saldieren** to balance an account; **K. schließen** to close an account; **K. sperren** to freeze an account; **auf ein anderes K. überschreiben/übertragen** to transfer to another account; **K. überziehen** to overdraw an account, to go overdrawn; **K. unterhalten** to keep an account; **auf dem K. verbuchen** to enter into an account; **Konten zusammenlegen** to pool accounts

ausgeglichenes Konto balanced account; **debitorisches K.** debit account; **fiktives/fingiertes K.** pro-forma account; **gemeinsames K.** joint account; **interne Konten** intercompany accounts; **kreditorische Konten** accounts payable; **laufendes K.** current *[GB]*/checking *[US]*/cheque *[GB]* account; **~ mit Zinsertrag** negotiable order of withdrawal (NOW) account *[US]*; **provisorisches/transitorisches K.** suspense account; **ruhendes/totes/umsatzloses/unbewegtes K.** dormant/inactive account; **überzogenes K.** overdrawn account; **ungedecktes K.** unsecured account; **verzinsliches/zinstragendes K.** interest-bearing account; **zweifelhafte Konten** doubtful accounts

Konto|abhebung *f* withdrawal; **K.abrechnung; K.abschluss** *f/m* (bank) reconciliation statement; **K.abtretung** *f* assignment of (an) account; **K.änderung** *f* change of account; **K.auflösung** *f* closing of an account; **K.auftrag** *m* account order; **K.ausgleich** *m* balance; **K.auszug** *m* statement of account, account statement; **K.bearbeitungsgebühr** *f* account-keeping charge; **K.belastung** *f* debit; **K.bereinigung; K.berichtigung** *f* adjustment of an account; **K.besitzer** *m* account holder; **K.bewegung** *f* account movement; **K.-bezeichnung** *f* account title/heading; **K.-blatt** *nt* account form; **K.buch** *nt* account ledger, account/bank/pass book; **K.einlage** *f* (bank) deposit; **K.eröffnung** *f* opening an account; **K.form** *f* account/horizontal form; **k.führend** *adj* account-keeping; **K.führer(in)** *m/f* account manager

Kontoführung *f* account keeping/management; **K.sgebühr** *f* account-keeping charge; **K.sstelle** *f* account-keeping branch

Konto|gebühr *f* account-keeping charge; **K.guthaben** *nt* credit balance; **K.gutschrift(anzeige)** *f* credit advice/note/memo(randum) *[US]*; **K.inhaber(in)** *m/f* account holder

Kontokorrent *nt* current/open account; **K.auszug** *m* statement of account, account statement; **K.buch** *nt* (current) account ledger; **K.einlagen** *pl* current/demand deposits; **K.geschäft** *nt* current account banking/transaction; **K.gläubiger(in)** *m/f* trade creditor; **K.grenze** *f* overdraft limit; **K.guthaben** *nt* balance on current account; **K.konto** *nt* current/checking *[US]*/cheque *[GB]* account; **K.-kredit** *m* overdraft (facility on current account); **K.kunde** *m* current account customer; **K.schuldner(in)** *m/f* trade debtor; **K.zinsen** *pl* interest on current account

Konto|kosten *pl* bank/account-keeping charges; **K.name** *m* account title; **K.nummer** *f* account number; **K.pfändung** *f* attachment/garnishment of an account

Kontor *nt* office, counting house *(obs.)*

Kontoregulierung *f* settlement/adjustment of an account

Kontorist(in) *m/f* (office) clerk

Konto|sachbearbeiter(in) *m/f* account

K

officer; **K.saldo** *m* (account) balance; **K.spesen** *pl* account-keeping charges; **K.stand** *m* account balance; **K.überziehung** *f* overdraft; **K.vollmacht** *f* drawing authorization; **K.zahlung** *f* payment on account

Kontra|buch *nt* tally, account book; **K.hent(in)** *m/f* 1. § contracting party, party to a contract; 2. adversary; **k.hieren** *v/t* to contract, to enter into a contract

Kontrakt *m* contract, agreement; **K.bindung** *f* contractual obligation; **K.bruch** *m* breach of contract; **K.frachten** *pl* contract rates; **K.lieferung** *f* contract delivery

Kontraktor *m* contracting party

Kontrakt|preis *m* *(Option)* contract price; **K.rate** *f (Fracht)* contract rate; **K.wert** *m* contract value

Kontroll|abschnitt *m* counterfoil, stub; **K.abteilung** *f* auditing department; **K.ausschuss** *m* audit/supervisory board; **K.beamter** *m* inspector, controller; **K.befugnis** *f* supervisory power(s); **K.behörde** *f* regulatory agency/authority/body; **K.beleg; K.blatt** *m/nt* voucher, counterfoil; **K.buch** *nt* 1. *(Bank)* passbook *[GB]*, deposit book *[US]*; 2. *(Arbeit)* time sheet; 3. 🚗 log book

Kontrolle *f* 1. control; 2. supervision, examination, inspection, audit; **K. des Arbeitsablaufs** operational audit; **K. der Kostenabweichung** variance analysis; **~ Waren** inspection of the goods

Kontrolle|(n) aufheben to decontrol/deregulate; **K.n durchführen** to carry out/make checks; **alles/Situation unter K. haben** to be on top of the situation, to have everything (well) under control; **außer K. sein** to be out of control

administrative / amtliche / behördliche Kontrolle official supervision; **ergebnisorientierte K.** management by results; **innerbetriebliche/interne K.** internal control/check; **laufende K.** monitoring; **verfahrensorientierte K.** process-orient(at)ed supervision

Kontrolleur(in) *m/f* controller, inspector

Kontroll|funktion *f* 1. controlling function; 2. supervisory powers; **K.gesellschaft** *f* controlling/holding company

kontrollieren *v/t* 1. to check/control/inspect; 2. to supervise; 3. to audit

Kontroll|instanz *f* supervisory authority/body; **K.liste** *f* tally sheet; **K.mitteilung** *f* *(Steuer)* tracer note; **K.muster** *nt* reference sample; **K.nummer** *f* reference number; **K.organ** *nt* regulatory agency/body/authority; **K.recht** *nt* right of control/verification; **K.spanne** *f* span of control/responsibility; **K.stelle** *f* checkpoint; **K.stichprobe** *f* reference sample; **K.tätigkeit** *f* supervisory work; **K.uhr** *f* time clock; **~ stechen** to clock in/out; **K.unterschrift** *f* counter-signature; **K.untersuchung** *f* check(up); **K.verfahren** *nt* inspection procedure

Konvention *f* 1. § convention, treaty; 2. *(Gewohnheit)* convention; **kaufmännische K.** commercial practice

Konventionalstrafe *f* penalty; **K. für vorzeitige Tilgung** early redemption penalty

Konversion *f* conversion

Konversions|anleihe *f* conversion issue/loan; **K.guthaben** *nt* conversion balance; **K.klausel** *f* convertibility clause; **K.konto** *nt* conversion account; **K.kurs** *m* conversion price; **K.quote; K.satz** *f/m* conversion/exchange rate; **K.schuldverschreibung** *f* convertible bond; **K.tabelle** *f* conversion table

konvertibel *adj* convertible

Konvertibilität *f* convertibility; **volle K.** full/unrestricted convertibility

konvertierbar *adj* convertible; **frei k.** freely convertible; **voll k.** fully convertible

Konvertierbarkeit *f* convertibility; **beschränkte K.** restricted/limited convertibility; **freie/unbeschränkte/uneingeschränkte/volle K.** free/full convertibility

konvertier|en *v/t* to convert; **K.ung** *f* conversion

Konzentration *f* concentration; **K. in nachgelagerte Produktionsstufen** backward integration; **~ vorgelagerte Produktionsstufen** forward integration; **horizontale K.** horizontal integration/merger; **vertikale K.** vertical integration; **wirtschaftliche K.** economic/industrial concentration

Konzentrations|grad *m* level of concentration; **K.maß** *nt* concentration ratio; **K.theorie** *f* theory of concentration

konzentrieren *v/t* to concentrate; **(sich) k. auf** to concentrate/focus on

Konzept *nt* 1. concept, plan; 2. rough copy/draft

Konzeption *f* conception

Konzern *m* group, (vertical) combine, trust *[US]*; **im K.** at group level; **einschichtiger K.** single-tier/horizontal group; **faktischer K.** de facto *(lat.)* group; **inter-/multinationaler K.** multinational (corporation/ group); **mehrschichtiger/vertikaler K.** vertical group

Konzernabsatz *m* group sales

Konzernabschluss *m* consolidated/group financial statement; **K.prüfer** *m* group auditor

Konzern|abteilung *f* division; **K.aktien; K.anteile** *pl* consolidated shares *[GB]*/ stocks *[US]*; **K.aufsichtsrat** *m* group supervisory board; **K.ausweis** *m* group statement; **K.bereich** *m* (group) division; **K.bereichsleiter** *m* divisional manager; **K.beteiligungen** *pl* group holdings, affiliated interests

Konzernbetrieb *m* group/affiliated company; **K.srat** group/corporate works council

Konzernbilanz *f* consolidated balance sheet, consolidated/group accounts; **konsolidierte K.** group/consolidated balance sheet; **K.gewinn** *m* consolidated net earnings

Konzern|bildung *f* consolidation, merger; **K.buchhaltung/-führung** *f* group accounting; **K.chef** *m* group chairman, ~ chief executive; **auf K.ebene** *f* at group level; **K.entwicklung** *f* corporate development; **K.erfolgsrechnung; K.ertragsrechnung** *f* consolidated income statement; **K.ergebnis** *nt* group result/performance; **K.fusion** *f* group merger; **K.gesellschaft** *f* affiliated/group/subsidiary company

Konzerngewinn *m* consolidated/group profit; **K.- und Verlustrechnung** *f* consolidated profit and loss statement/account, ~ income statement

Konzern|handel *m* group trading; **k.-intern** *adj* intra-group; **K.kapitalflussrechnung** *f* group cash flow statement; **K.konto** *nt* consolidated/group account; **K.leitung** *f* group management; **K.prüfung** *f* group tax audit

Konzernrechnung *f* consolidated accounts; **K.slegung** *f* group accounting

Konzern|revision *f* group audit(ing); **K.-rücklagen** *pl* consolidated reserves; **K. sparte** *f* (group) division; **K.spitze** *f* group management; **K.strategie** *f* corporate/group strategy; **K.tochter** *f* (group) subsidiary; **K.überschuss** *m* consolidated surplus; **K.umsatz** *m* consolidated/group sales; **K.unternehmen** *nt* affiliated/group company; **K.unternehmensrat** *m* group works council; **K.verbindlichkeiten** *pl* intercompany/intra-group liabilities; **K.verlust** *m* consolidated/group loss; **K.vermögen** *nt* group assets; **K.verrechnung** *f* intercompany/transfer pricing; **K.verwaltung** *f* group management/headquarters; **K.vorstand** *m* group board; **K.weltbilanz** *f* world consolidated accounts; **K.zentrale** *f* group headquarters

Konzession *f* 1. concession; 2. licence, charter, franchise; **K. besitzen/haben** to hold a licence; **K. bewilligen/erteilen/ vergeben/verleihen** to grant/award a licence; **K. einholen; sich eine K. verschaffen** to take out a licence

Konzession|är *m* licensee, franchisee; **k.ieren** *v/t* to license/franchise

Konzessions|abgabe *f* licence fee; **K.-aussteller** *m* licensor, franchisor; **K.-bestimmungen** *pl* licensing regulations; **K.gewährung** *f* licensing, franchising; **K.-inhaber; K.nehmer; K.träger** *m* licensee, franchisee; **K.verfahren** *nt* licensing/ franchising procedure; **K.vergabe; K.verleihung** *f* licensing, licensure *[US]*

Kooper|ation cooperation, collaboration; **k.ativ** *adj* cooperative; **k.ieren** *v/i* to co-operate

Koordinat|ion *f* coordination; **K.or** *m* co-ordinator

koordinier|en *v/t* to coordinate; **K.ung** *f* coordination

Kopf *m* head; **nach Köpfen; pro K.** per capita/head; **K. eines Briefes** letterhead; **K. einer Rechnung** billhead

Kopf|arbeit *f* mental/intellectual work; **K.arbeiter** *m* white-collar worker; **K.-betrag** *m* amount per head; **K.jagd** *f (fig)* headhunt(ing); **K.jäger** *m (fig)* headhunter; **K.rechnen** *nt* mental arithmetic; **K.-steuer** *f* poll/capitation tax

Kopie *f* copy, duplicate

Kopier|apparat; K.automat; K.gerät *m/m/ nt* (photo)copier; **k.en** *v/t* to copy/duplicate

Koppel|geschäft *nt* tie-in sale/deal; **k.n** *v/t* to join/connect

Kopplung *f* linkage; **K.sgeschäft** *nt* tie-in sale/deal; **K.sklausel** *f* tying *[GB]*/tie-in *[US]* clause; **K.sverkauf** *m* tie-in sale;

K

K.svertrag *m* tying *[GB]*/tie-in *[US]* contract
Körper *m* body; **k.behindert** *adj* disabled, physically handicapped; **K.behinderte(r)** *f/m* disabled person, invalid; **K.beschädigung** *f* physical disability
Körperschaft *f* corporation, corporate body; **K. der öffentlichen Hand** public corporation; **K. des Privatrechts** private corporation; **~ öffentlichen Rechts; öffentliche K.; öffentlich-rechtliche K.** public corporation/body
körperschaftlich *adj* corporate
Körperschafts|- corporate; **K.besteuerung** *f* corporate taxation; **K.recht** *nt* corporation law
Körperschaftssteuer *f* corporation tax *[GB]*, corporate/company (income) tax *[US]*; **K. anrechnen** to impute corporation tax; **zur K. veranlagen** to assess for corporation tax; **vorausgezahlte K.** advance corporation tax

K

Körperschaftssteuer|anrechnung *f* imputation of corporation tax; **K.berechnung** *f* corporation tax computation; **K.erklärung** *f* corporation tax return; **K.gutschrift** *f* corporation tax credit; **k.pflichtig** *adj* liable for corporation tax; **K.satz** *m* corporation tax rate; **K.schuld** *f* corporation tax liability; **K.vergünstigung** *f* corporate tax privilege *[GB]*; **K.vorauszahlung** *f* advance corporation tax
Körperverletzung *f* physical/personal injury; **gefährliche K.** grievous bodily harm
Korporat|ion *f* corporation; **k.iv** *adj* corporate
korrekt *adj* correct, right; **K.heit** *f* correctness; **K.ur** *f* 1. correction, adjustment; 2. *(Preis)* upward/downward revision; 3. *(Börse)* markdown, markup
Korre|lation *f* correlation; **k.ieren** *v/t* to correlate
Korrespondent(in) *m/f* correspondent
Korrespondenz *f* correspondence; **K. erledigen** to handle the correspondence; **in K. stehen; K. unterhalten** to correspond; **geschäftliche/kaufmännische K.** commercial correspondence
Korrespondenz|bank *f* correspondent bank; **K.partner(in)** *m/f* correspondent; **K.reeder** *m* ship's husband; **K.spediteur** *m* connecting carrier; **K.unternehmen** *nt* correspondent firm; **K.versicherung** *f* home-foreign insurance
korrespondieren *v/i* to correspond
korrigieren *v/t* to correct/rectify; **nach oben k.** 1. to revise upwards; 2. *(Gehalt)* to top up; **nach unten k.** to revise downwards
korrupt *adj* corrupt; **K.ion** *f* corruption, bribery, graft *[US]*
Koryphäe *f* authority
Kost *f* 1. food, fare; 2. *(Börse)* carryover; **K. und Logis** board and lodging; **in K. geben** 1. to board out; 2. *(Börse)* to carry over; **~ nehmen** *(Börse)* to take in
kostbar *adj* valuable, precious
Kosten *pl* cost(s), expenses, expenditure(s), outlay; **auf K. von** at the expense of; **~ Ihre K.** at your expense; **ohne K.** 1. without expense; 2. *(Wechsel)* no protest, protest waived
Kosten der Abschreibung depreciation charges; **K. und Auslagen** cost(s) and expenses; **K. der Betriebsbereitschaft** standby cost(s); **~ Betriebsführung** operating cost(s); **~ Betriebsschließung** closure cost(s); **K. pro Einheit** unit cost(s); **immaterielle K. und Erträge** non-pecuniary cost(s) and benefits; **auf K. der Firma** at company expense; **K. und Gebühren** cost(s) and fee(s); **auf K. und Gefahr von** on account and at risk of; **~ des Käufers** at sellers's risk and expense; **K. der Geldbeschaffung** cost(s) of money; **~ Geschäftsaufgabe** closure cost(s); **K. plus zulässiger Gewinn** cost-plus; **K. der Kapitalbeschaffung** cost(s) of capital procurement; **~ Lagerhaltung** warehouse/storage cost(s); **~ Lebensführung/-haltung** cost of living; **K. zu indexierten Preisen** current cost; **K. der Produktionsbereitschaft** cost(s) of production; **K. für Rechtsberatung** legal fees; **auf K. ~ Reederei** at ship's expense; **K. des Schuldendienstes** debt service cost(s); **auf ~ Staates/Steuerzahlers** at public expense, at (the) taxpayer's expense; **K. (bewertet) zu Tagespreisen** current cost; **(einschließlich) K., Versicherung und Fracht** cost, insurance, freight (CIF); **K. Versicherung, Fracht, Käuferprovision, Bankzinsen** cost, insurance, freight, commission, interest (c.i.f.c.i.); **~ Kommission** cost, insurance, freight, commission (c.i.f.&c.); **~ Wechselkursveränderungen** cost, insurance, freight and exchange (c.i.f.&e.); **~ Zinsen** cost, insur-

ance, freight, interest (c.i.f.&i.); **K. der Wiederbeschaffung** replacement cost(s)

abzüglich aller Kosten clear of all expenses/cost(s); **~ (der) K.** less expenses; **ausschließlich (der) K.** exclusive of cost(s); **einschließlich (der) K.** including cost(s); **~ K., Versicherung und Fracht** cost, insurance, freight (CIF); **frei von K.** free of charge (FOC); **~ aller K.** free of all charges

Kosten und Fracht bezahlt cost and freight; **K., Versicherung und Fracht bezahlt** cost, insurance, freight (CIF); **mit großen/hohen K. verbunden** at great expense/cost; **K. vorausbezahlt** charges prepaid (ch. ppd.)

Kosten abbauen to trim costs; **K. absetzen** to deduct costs; **K. aufbringen** to defray/pay costs; **jdm die K. aufbürden/aufhalsen** to saddle/burden so. with the costs; **K. auffangen** to absorb costs; **K. aufgliedern** to itemize costs; **für die K. aufkommen** to defray/meet (the) cost(s); **K. aufschlüsseln** to break down/itemize costs; **K. aufwenden/bestreiten** to defray costs/expenses; **K. begleichen** to meet costs; **sich an den K. beteiligen** to contribute towards the cost(s); **K. bewerten** to cost; **K. decken** to break even, to meet/cover costs; **K. ermitteln** to determine costs; **K. ersetzen/erstatten** to refund expenses/costs; **K. (wieder) hereinholen** to recoup costs; **K. niederschlagen** to waive/cancel charges; **K.reduzieren** to cut costs; **keine K. scheuen** to spare no expense; **K. senken** to trim/cut/reduce/slash costs; **K. sparen** to save costs; **sich in große K. stürzen** to go to great expense; **sich die K. teilen** to share/split the cost(s); **K. tragen/übernehmen** to bear/cover the costs; **K. treiben** to inflate costs; **K. umlegen** to allocate/apportion costs; **K. vergüten** to reimburse expenses; **K. verringern** to cut/reduce costs; **K. weitergeben** to pass costs on; **K. zurückerstatten** to refund costs

abschreibbare Kosten depreciable cost(s); **abzugsfähige K.** deductible charges; **aktivierte K.** capitalized cost(s); **allgemeine K.** overhead costs, overheads; **anfallende K.** incidental costs; **angefallene K.** cost(s) incurred; **beeinflussbare K.** controllable costs; **bereitschaftsabhängige/beschäftigungsunabhängige K.** stand-by costs; **durchlaufende K.** transit costs; **effektive K.** real cost(s); **einmalige K.** non-recurring costs; **entstandene K.** incurred expenses; **feste K.** direct cost(s); **feststehende/fixe K.** overheads; **geschätzte K.** estimated cost(s); **historische K.** historic(al) cost(s); **indirekte K.** indirect cost(s)/expenses; **interne K.** own costs; **intervallfixe K.** step-variable costs; **kalkulatorische K.** imputed cost(s); **kleine K.** petty expenses; **komparative K.** comparative cost(s); **konstante K.** constant costs; **laufende K.** current cost(s)/expenses; **an der Grenze der Wirtschaftlichkeit liegende K.** marginal cost(s); **mittelbare K.** indirect cost(s); **sonstige K.** sundries; **soziale K.** social/welfare costs; **sprungfixe K.** step-fixed costs; **sprungvariable K.** step-variable costs; **steigende K.** rising cost(s); **rasant/sprunghaft/stark (an)steigende K.** soaring costs; **tatsächliche K.** real cost(s); **teilbewegliche K.** semi-variable costs; **teilfixe K.** semi-fixed costs; **untragbare K.** prohibitive cost(s); **variable/veränderliche K.** variable costs; **veranschlagte K.** budgeted costs; **verbundene K.** related costs; **verschiedene K.** sundry costs; **vorkalkulierte K.** target/estimated cost(s); **wirkliche K.** real cost(s); **zurechenbare K.** apportionable costs; **zusätzliche K.** additional cost(s)

kosten *v/t* to cost; **egal was es kostet** money's no object *(coll)*

Kosten|abbau *m* cost cutting (exercise); **K.abrechnung** *f* cost sheet; **K.abteilung** *f* cost center *[US]*/centre *[GB]*; **K.abweichung** *f* cost variance; **K.anfall** *m* cost accrual; **K.angleichung; K.anpassung** *f* cost adjustment; **K.ansatz; K.anschlag** *m* cost estimate/account; **K.anstieg** *m* increase/rise in cost(s); **K.art** *f* cost category/element; **K.aufgliederung; K.auflösung** *f* breakdown of cost(s); **K.aufschlagsmethode** *f* cost-plus method; **K.aufstellung** *f* statement of charges/cost(s); **K.aufteilung** *f* cost allocation; **K.aufteilungsverfahren** *nt* absorption costing

Kostenaufwand *m* expenditure, outlay; **K. berechnen** to cost

Kosten|ausgleich *m* 1. cost equalization; 2. *(Börse)* cost averaging; **K.auslagen** *pl* outlay; **K.befreiung** *f* exemption from costs; **K.belastung** *f* cost burden/impact; **K.beleg** *m* cost record

Kostenberechnung *f* costing, computation of cost(s); **K. vornehmen** to cost (a project)
Kosten|bescheid *m* taxation of cost(s); **K.bestandteil** *m* cost element; **K.beteiligung** *f* cost sharing; **k.bewusst** *adj* cost-conscious; **K.bild** *nt* cost picture/situation; **K.blatt; K.bogen** *nt/m* cost sheet
Kostenbuch *nt* cost book/ledger; **K.halter** *m* cost accountant; **K.haltung** *f* costing department
Kosten|budget *nt* cost budget; **K.dämmung; K.dämpfung** *f* cost-cutting exercise; **k.dämpfend** *adj* cost-saving, cost-cutting; **K.deckung** *f* cost recovery/cover(age); **K.degression** *f* cost decrease, declining cost(s), decline of marginal unit cost(s); **~ durch Betriebsvergrößerung** economies of scale; **K.degressionseffekte** *pl* scale effects; **K.denken** *nt* cost consciousness; **K.diagramm** *nt* break-even chart; **K.druck** *m* cost(-push) pressure; **K.druckinflation** *f* cost-push inflation; **K.eindämmung** *f* cost cutting; **K.einflussgröße** *f* cost determinant/factor; **K.einheit** *f* cost unit; **K.einsparungen** *pl* cost savings; **K.einschätzung** *f* cost estimate; **K.einsparung** *f* cost saving; **K.element** *nt* cost element; **K.erhöhung** *f* cost increase
Kosten-Erlös|-Relation; K.-E.-Verhältnis *f/nt* cost-sale price ratio
Kosten|ermittlung *f* costing; **K.ersparnis** *f* cost saving; **K.erstattung** *f* cost refund, reimbursement of cost(s)/expenses; **K.-Ertragsverhältnis** *nt* cost-income ratio; **K.eskalation** *f* cost escalation; **K.explosion** *f* cost explosion; **K.faktor** *m* cost factor/element; **K.festsetzung** *f* 1. determination/assessment of cost(s); 2. § taxation of cost(s) *[GB]*, taxed bill of cost(s) *[US]*; **K.feststellung** *f* determination of cost(s); **k.frei** *adj* free of charge; **K.funktion** *f* cost function; **K.gefälle** *nt* cost differential(s); **K.gefüge** *nt* cost structure; **K.-Gewinn-Verhältnis** *nt* cost-income ratio; **K.gliederung** *f* breakdown of costs; **k.günstig** *adj* low-cost; **K.güterpreis** *m* input price; **K.hauptbuch** *nt* cost ledger; **K.höhe** *f* level of cost(s); **K.index** *m* cost index; **K.inflation** *f* cost-push inflation; **k.intensiv** *adj* high-cost; **K.kalkulation** *f* costing; **K.kategorie** *f* cost category; **K.kennzahl** *f* cost ratio; **K.konto** *nt* cost account; **K.kurve** *f* cost curve/line; **K.lage** *f* cost situation; **K.last** *f* cost burden; **k.los** *adj* free of charge; **K.methode** *f* cost approach; **K.miete** *f* economic rent
Kosten-Nutzen|- cost-benefit; **K.-N.-Analyse** *f* cost-benefit analysis; **K.-N.-Ausgleich** *m* cost-benefit tradeoff; **K.-N.-Kennziffer; K.-N.-Verhältnis** *f/nt* cost-benefit ratio; **K.-N.-Vergleich** *m* cost-benefit equation
kosten|optimiert *adj* cost-optimized; **k.pflichtig** *adj* § with costs; **K.plan** *m* cost budget; **K.platz** *m* cost center *[US]*/centre *[GB]*
Kostenpreis *m* cost price; **zum K.** at cost
Kosten|prinzip *nt* full recovery principle; **K.progression** *f* diseconomies of scale; **K.punkt** *m* cost factor/item; **k.reagibel** *adj* cost-sensitive; **K.rechner** *m* cost accountant
Kostenrechnung *f* 1. cost accounting; 2. statement/note of charges, bill of cost(s); **K.- und Ertragsrechnung** cost and revenue accounting
Kosten|reduzierung *f* cost cutting (exercise); **K.revisor** *m* controller, comptroller
Kostensammel|blatt; K.bogen *nt/m* job cost sheet
Kosten|satz *m* 1. rate, tariff; 2. cost unit rate; **K.schätzung** *f* cost estimate; **K.schlüssel** *m* cost formula; **K.seite** *f* cost side; **k.senkend** *adj* cost-cutting
Kostensenkung *f* cost cutting/reduction; **K. durch hohe Stückzahlen** economies of scale; **K.smaßnahme** *f* cost-cutting exercise/measure; **K.sprogramm** *nt* cost cutting program(me)
Kosten|situation *f* cost situation; **k.sparend** *dj* cost-saving, economical; **K.spirale** *f* cost spiral; **K.stand** *m* cost level; **K.steigerung** *f* rising cost(s)
Kostenstelle *f* cost center *[US]*/centre *[GB]*
Kostenstellen|gemeinkosten *pl* cost center *[US]*/centre *[GB]* overhead(s); **K.gliederung** *f* functional expense classification; **K.konto** *nt* cost center *[US]*/centre *[GB]* account; **K.rechnung** *f* cost center *[US]*/centre *[GB]* accounting
Kosten|struktur *f* cost structure; **K.tabelle** *f* cost chart/schedule; **K.theorie** *f* cost theory; **k.trächtig** *adj* costly
Kostenträger *m* cost unit/center *[US]*/centre *[GB]*; **K.rechnung** *f* cost unit accounting

K

Kosten|überdeckung *f* cost overabsorption; **K.übernahme** *f* assumption of cost(s); **K.überschreitung** *f* cost overrun/overshoot; **K.umlage; K.umlegung** *f* cost allocation; **K.unterdeckung** *f* (cost) deficit

Kostenvergleich *m* comparison of cost(s); **K.smiete** *f* economic rent

Kosten|verlauf *m* cost trend; **K.verrechnung** *f* cost allocation; **K.verringerung** *f* cost reduction; **K.verteilung** *f* cost distribution/allocation; **K.verursacher** *m* cost factor; **K.verzeichnis** *nt* bill of cost; **K.voranschlag** *m* (cost) estimate; **K.vorsprung** *m* cost advantage; **K.vorteil** *m* cost advantage

kostenwirksam *adj* cost-effective; **K.keit** *f* cost effectiveness

Kosten|wirkung *f* cost effect; **K.ziel** *nt* cost objective; **K.zunahme** *f* increase in cost(s); **K.zuordnung; K.zurechnung** *f* cost distribution/allocation; **K.zuschlag** *m* surchage, oncost *[GB]*

Kost|geber *m* *(Börse)* giver on *[GB]*; **K.geld** *nt* 1. allowance, board; 2. *(Börse)* contango rate *[GB]*; **K.geschäft** *nt (Börse)* contango *[GB]*

Kost|nehmer *m* *(Börse)* receiver; **K.probe** *f* sample; **k.spielig** *adj* costly, expensive, pric(e)y; **K.wechsel** *m* bill on deposit

kotier|en *v/t* *(Börse)* to list *[US]*/quote *[GB]*; **K.ung** *f* quotation

Kraft *f* power, strength, force; **außer K.** not in force; **in K.** in force; **Kräfte gemeinsam einsetzen** to pool one's forces; **mit voller K. laufen** to run at (full) capacity; **die brachliegenden Kräfte nutzen** *(Wirtschaft)* to take up the slack; **außer K. setzen** § to set aside, to suspend; **in K. setzen** to put into effect; **außer K. treten** to expire/lapse; **in K. treten** to come into effect

bindende Kraft § binding force; **inflationistische Kräfte** inflationary forces; **rückwirkende K.** retroactive force/effect; **treibende K.** driving force; **ungelernte Kräfte** unskilled labo(u)r; **wirtschaftliche Kräfte** economic forces

kraft *prep* by virtue/operation of

Kraft|anschluss *m* ⚡ power supply connection; **K.anstrengung** *f* effort, exertion; **K.aufwand** *m* energy

Kräfte|bedarf; K.nachfrage *m/f* personnel/labo(u)r/manpower requirements

Kraftfahr|dienst *m* motor transport service; **K.er** *m* 🚗 driver, motorist

Kraftfahrzeug *nt* ↘ **Auto(mobil)** motor car/vehicle, automobile; **K. anmelden** to register a motor vehicle; **K. fahren/führen/steuern** to drive a car

Kraftfahrzeug|abnahme *f* vehicle test; **K.abnahmestelle** *f* vehicle testing station; **K.anmeldung** *f* (motor) vehicle registration; **K.bau** *m* car manufacture/manufacturing; **K.besitzer(in)** *m/f* car owner; **K.bestand** *m* car ownership; **K.branche** *f* automobile trade/industry; **K.diebstahl** *m* car theft; **K.führer(in)** *m/f* vehicle driver

Kraftfahrzeughaftpflicht *f* motor vehicle third-party liability; **K.schaden** *m* motor claim; **K.versicherung** *f* motor third-party (liability) insurance

Kraftfahrzeug|haftung *f* motor vehicle third-party liability; **K.halter(in)** *m/f* registered owner/user (of a motor vehicle); **K.haltung** *f* car/vehicle ownership; **K.handel** *m* motor/car trade; **K.händler** *m* motor car dealer/trader; **K.hersteller** *m* automaker, motor/vehicle manufacturer; **K.industrie** *f* car/motor (vehicle)/automobile/automotive industry; **K.insassenversicherung** *f* motor vehicle passenger insurance; **K.kennzeichen** *nt* numberplate *[GB]*, license plate *[US]*; **K.papiere** *pl* (motor) vehicle documents; **K.police** *f* vehicle/motor insurance policy; **K.produktion** *f* car/vehicle production; **K.reparaturwerkstatt** *f* garage; **K.sammelversicherung** *f* fleet insurance; **K.schadensabteilung** *f* motor claims department; **K.schein** *m* motor vehicle registration certificate; **K.sparte** *f (Vers.)* motor underwriting/insurance; **K.steuer** *f* motor vehicle excise duty *[GB]*, vehicle licence tax; **K.unfall** *m* car/motor accident; **K.unterhaltung** *f* vehicle maintenance; **K.vermietung** *f* car hire/rental; **K.versicherer** *m* motor insurer

Kraftfahrzeugversicherung *f* motor (vehicle/car) insurance; **K.sgesellschaft** *f* automobile/motor insurance company; **K.spolice** *f* vehicle/motor insurance policy; **K.sprämie** *f* motor insurance premium

Kraftfahrzeug|werkstatt *f* automobile/vehicle repair shop *[US]*, garage *[GB]*; **K.zubehör** *nt* automobile accessories; **K.zulassung** *f* motor vehicle licensing,

car/vehicle registration; **K.zulieferungsindustrie** *f* (automobile/automotive) component industry; **K.zuschuss** *m* car allowance
kräftig *adj* strong, vigorous
für kraftlos erklären *adj* 1. to declare and void; 2. *(Wechsel)* to cancel
Kraftstoff *m* fuel, gas(oline) *[US]*, petrol *[GB]*; **K.lager** *nt* fuel depot; **K.preis** *m* fuel price; **K.steuer** *f* fuel duty; **K.verbrauch** *m* fuel consumption; **K.vorräte** *pl* fuel reserves; **K.zuteilung** *f* fuel allocation
Kraftverkehr *m* road transport/haulage; **K.sunternehmen** *nt* road haulage enterprise *[GB]*, trucking company *[US]*
Kraftwagen *m* car, automobile, motor vehicle
Kraftwerk *nt* (electricity-)generating plant, power station
Kran *m* crane; **K.gebühren; K.geld** *pl/nt* cranage, crane dues
krank *adj* 1. ill, sick; 2. *(Wirtschaft)* ailing; **k. melden** to sick-list; *v/refl* to report sick; **k.schreiben** *v/t* to sick-list; **k. gemeldet/geschrieben sein** to be on sick leave, ~ the sick list; **sich k. stellen** to malinger; **k. werden** to fall ill, to be taken ill, to take sick *[US]*
kränkeln *v/i* to be ailing; **k.d** *adj* ailing, sickly
Kranken|anstalt *f* hospital, clinic; **K.attest** *nt* sick note; **K.ausfallquote** *f* sickness rate; **K.behandlung** *f* medical treatment; **K.beihilfe** *f* sickness allowance/benefit; **K.bestand** *m* sickness rate; **K.bezüge** *pl* sick pay
Kranken|geld *nt* sick pay, sick(ness) benefit; **gesetzliches K.** statutory sick pay; **K.-versicherung** *f* sickness benefit insurance
Krankengeschichte *f* medical history
Krankenhaus *nt* hospital, clinic; **in ein K. aufnehmen/einliefern/einweisen** to hospitalize; **jdn aus dem K. entlassen** to discharge so. from hospital
Krankenhausaufenthalt *m* hospitalization
Krankenhausbehandlung *f* hospital treatment; **ambulante K.** outpatient (hospital) treatment; **stationäre K.** inpatient (hospital) treatment
Krankenhaus|beihilfe *f* hospital benefit; **K.einlieferung; K.einweisung** *f* hospitalization; **K.entlassung** *f* hospital discharge; **K.kosten** *pl* hospital(ization) cost(s); **K.-kostenversicherung** *f* hospitalization insurance; **K.rechnung** *f* hospital bill; **K.tagegeld** *nt* daily benefit; **K.tagegeldversicherung** *f* daily benefits insurance; **K.unterbringung** *f* hospitalization; **K.-versicherung** *f* hospitalization insurance; **K.zusatzversicherung** *f* hospital benefit insurance
Krankenkasse *f* health/medical insurance (scheme/fund); **gesetzliche K.** statutory health insurance (scheme); **private K.** private patients plan (p.p.p.)
Krankenkassenbeitrag *m* health/medical insurance contribution
Kranken|liste *f* sick list; **K.pflichtversicherung** *f* statutory health insurance; **K.-schein** *m* health insurance voucher; **K.-schwester** *f* nurse; **K.stand** *m* sickness figures; **K.tagegeld** *nt* daily sickness benefit; **k.versichert** *adj* medically insured
Krankenversicherung *f* medical/health insurance; **gesetzliche K.** statutory health insurance (scheme); **private K.** private patients plan (p.p.p.); **staatliche K.** governmental/public health insurance (scheme)
Krankenversicherungs|beitrag *m* health insurance contribution; **K.leistung** *f* sickness benefit; **K.schutz** *m* sickness cover(age); **K.träger** *m* health/medical insurance (scheme)
Kranken|wagen *m* ambulance; **K.zulage** *f* sickness benefit; **K.zusatzversicherung** *f* supplementary sickness insurance; **K.zustandsmeldung** *f* sick report
krankfeiern *v/i* to be on sick leave
Krankheit *f* 1. illness; 2. sickness; **wegen K. beurlaubt** on sick leave; **wegen K. fehlen** to be off sick; **K. simulieren/vorschützen/vortäuschen** to malinger; **ansteckende K.** contagious/infectious disease; **berufsbedingte K.** occupational disease; **unheilbare K.** terminal illness
Krankheits|bericht *m* medical report; **im K.fall** *m* in the event of sickness; **k.halber; aus K.gründen** *adv/pl* for reasons of sickness/ill health; **K.häufigkeitsziffer** *f* sick rate; **K.kosten** *pl* sickness cost(s); **K.verlauf** *m* case history; **K.ziffer** *f* sick rate; **K.zuschuss** *m (Vers.)* sickness benefit
kränklich *adj* sickly, ailing

K

Kredit *m* credit, loan, advance; **K. mit niedriger Anfangsbelastung** low-start loan; **K. zu günstigen Bedingungen** soft loan; **K. in laufender Rechnung** open-account credit; **K. gegen Verpfändung der Schiffsfracht** respondentia loan; **K. mit variabler Verzinsung** variable-interest loan; **K. mit verbilligtem Zinssatz** soft loan

Kredit abbezahlen/abtragen to repay a credit/loan; **K. aufnehmen** to raise a credit/loan, to borrow; **K. aushandeln** to negotiate a credit; **K. ausschöpfen** to exhaust a loan; **K. beantragen** to apply for a loan; **K. bearbeiten** to process a loan application; **K. besichern** to collateralize/securitize a loan; **K. bewilligen** to grant a credit; **K. erhöhen** to increase a credit line; **K. erneuern** to renew a loan; **K. finanzieren** to fund a loan; **K. genehmigen** to agree/approve a loan; **K. gewähren** to grant/allow a credit; **auf K. kaufen/nehmen** to buy/take on credit (terms); **im K. stehen** to be in credit; **K. tilgen** to repay a credit; **K. überziehen** to overdraw a credit; **auf K. verkaufen** to sell on credit; **K. verlängern** to renew/extend a credit, ~ loan; **K. vermitteln** to arrange a loan; **K. zurückzahlen** to repay a credit

abgesicherter Kredit collateral/secured loan, ~ credit; **aufgeschobener K.** deferred credit; **auftragsgebundener K.** tied loan; **befristeter K.** time loan; **besicherter K.** secured loan; **erschöpfter K.** exhausted credit; **täglich/sofort fälliger K.** demand/call loan; **gebundener K.** tied loan; **gesicherter K.** secured credit/loan; **gewerblicher K.** commercial/industrial loan; **kurzfristiger K.** short(-term) credit/loan; **landwirtschaftlicher K.** agricultural credit; **nachrangiger K.** subordinated loan; **notleidender K.** delinquent/bad loan; **persönlicher K.** personal loan; **revolvierender K.** revolving/roll-over credit; **ungedeckter/ungesicherter K.** unsecured credit/loan; **unverzinslicher K.** no-interest loan; **verbilligter K.** soft loan; **zweckgebundener K.** tied loan

Kredit|abkommen *nt* credit/loan agreement; **K.abschreibung** *f* credit charge-off; **K.abteilung** *f* credit/loan department; **K.abwicklung** *f* loan management/processing; **K.anspannung** *f* credit strain; **K.anstalt** *f* credit bank/institution; **K.antrag** *m* credit/loan application; **K.art** *f* loan/credit category

Kreditaufnahme *f* borrowing; **K. des Auslands** foreign borrowing; **K. im Inland** domestic borrowing; **K. am offenen Markt** open-market borrowing; **K. der öffentlichen Hand; K. des Staates** public sector borrowing; **K. der Privatkundschaft** private borrowing; **~ Unternehmen** corporate borrowing

Kreditausfall *m* credit/loan loss; **K.rücklage** *f* credit/loan loss reserve; **K.rückstellung** *f* credit/loan loss provision; **K.versicherung** *f* credit/loan (loss) insurance

Kreditauskunft *f* status inquiry/report; **K.ei** *f* credit inquiry agency

Kredit|ausschuss *m* credit/loan committee; **K.ausweitung** *f* credit expansion; **K.auszahlung** *f* loan payout; **K.bank** *f* credit/loan bank, credit union *[US]*; **K.bearbeitung** *f* credit/loan processing

Kreditbedarf *m* borrowing requirement; **K. der öffentlichen Hand; öffentlicher K.** public sector borrowing requirement (PSBR)

Kredit|bedingungen *pl* credit/lending terms; **K.begrenzung** *f* credit line

Kreditbereitstellung *f* credit allocation; **K.sgebühr** *f* (loan) arrangement/procurement fee

Kreditbeschaffung *f* loan/credit procurement; **K.sprovision** *f* loan/credit procurement fee

Kredit|beschränkung *f* credit restriction; **K.besicherung** *f* collateralization, securitization; **K.bestand** *m* loan portfolio; **K.bestimmungen** *pl* loan terms; **K.betrug** *m* credit fraud; **K.beurteilung** *f* credit rating; **K.bewilligung** *f* credit allocation/authorization; **K.bremse** *f (fig)* credit squeeze

Kreditbrief *m* letter of credit (L/C); **K. ausstellen** to open a letter of credit; **bestätigter K.** confirmed letter of credit; **dokumentarischer K.** documentary letter of credit; **unwiderruflicher K.** irrevocable letter of credit; **widerruflicher K.** revocable letter of credit

Kreditbrief|ausstellung *f* issue of a letter of credit; **K.eröffnung** *f* opening (of) a letter of credit; **K.inhaber** *m* beneficiary of a letter of credit

K

Kredit|bürgschaft *f* loan/credit guarantee; **K.disagio** *nt* loan discount; **K.eckzins** *m* minimum lending rate (MLR) *[GB]*, prime (lending) rate *[US]*; **K.einschätzung** *f* credit rating; **K.einschränkung** *f* credit restriction/squeeze; **K.engagement** *nt* lending commitment; **K.ermächtigung** *f* borrowing authorization; **K.expansion** *f* credit expansion

kreditfähig *adj* creditworthy, good, sound; **K.keit** *f* creditworthiness, credit standing, soundness

Kredit|fazilität *f* loan/credit facility; **K.-garantie** *f* credit guarantee; **K.geber** *m* lender; **K.gebühr** *f* loan-processing fee; **K.genehmigung** *f* credit approval/authorization

Kreditgenossenschaft *f* (cooperative) credit union *[US]*, mutual loan society, credit cooperative; **gewerbliche K.** industrial credit cooperative; **landwirtschaftliche K.** agricultural credit cooperative

K

Kredit|geschäft *nt* credit transaction; **K.gesuch** *nt* credit/loan application; **K.-gewährung** *f* credit allocation, lending; **K.gewerbe** *nt* banking (industry); **K.-grenze** *f* credit line; **K.hai** *m (coll)* loan shark *(coll)*; **K.höchstgrenze** *f* credit line

kreditieren *v/t* *(Konto)* to credit

Kredit|inflation *f* credit inflation; **K.information** *f* credit information; **K.institut** *nt* bank, financial/credit institution, credit bank, moneyed corporation *[US]*; **K.instrument** *nt* credit/financial instrument; **K.kapital** *nt* loan capital

Kreditkarte *f* 1. credit card; 2. *(Handel)* store/charge card; **K.nbesitzer(in); K.n-inhaber(in)** *m/f* credit card holder; **K.n-gebühr** *f* credit card charge

Kreditkasse *f* credit bank

Kreditkauf *m* credit purchase/sale, deferred payment system *[US]*, hire purchase *[GB]*; **K.kunde** *f* charge (account) customer; **K.vertrag** *m* credit sale agreement

Kredit|klemme; K.knappheit *f* credit squeeze; **K.konditionen** *pl* borrowing/credit terms; **K.konsortium** *nt* loan/financial syndicate, credit consortium; **K.konto** *nt* credit account; **K.kosten** *pl* borrowing cost(s); **K.krise** *f* credit crisis; **K.kunde** *m* borrower, borrowing/credit customer; **K.kundschaft** *f* borrowing customers; **K.lasten** *pl* credit/loan charges; **K.laufzeit** *f* credit period, life of a loan

Kreditlinie *f* credit line, (credit/loan) facility; **K. einräumen/eröffnen** to open a credit line; **K. überschreiten** to exceed the credit line

Kredit|liste *f* *(Banken)* black list; **K.makler** *m* credit/money broker; **K.marge** *f* credit margin; **K.markt** *m* credit market; **K.missbrauch** *m* credit abuse; **K.mittel** *pl* loan funds

Kreditnachfrage *f* credit/borrowing demand; **öffentliche K.** public sector borrowing demand

Kreditnahme *f* borrowing

Kreditnehmer *m* borrower; **gewerblicher K.** industrial borrower; **institutioneller K.** institutional borrower; **kommerzieller K.** commercial borrower; **privater K.** private borrower

Kredit|norm *f* credit standard; **K.obergrenze** *f* credit line

Kreditor *m* creditor, debtee; **K.en** creditors, bills/accounts payable**; ~ und Debitoren** accounts payable and accounts receivable; **~ aus Wechseln** bills payable

Kreditoren|buch *nt* creditors' ledger; **K.-buchhaltung** *f* accounts payable department; **K.buchung** *f* accounts payable entry; **K.konto** *nt* creditor account; **K.-verzeichnis** *nt* list of creditors

kreditorisch *adj* on the credit side

Kredit|papier *nt* credit instrument; **K.-plafond** *m* 1. *(Bank)* loan portfolio; 2. *(Betrieb)* borrowing limit, credit line; **K.-politik** *f* 1. credit policy; 2. borrowing policy; 3. lending policy; **K.portefeuille** *nt* credit portfolio, total lendings; **K.posten** *m* credit item/entry; **K.potenzial** *nt* credit potential; **K.provision** *f* credit fee/commission; **K.prüfung** *f* loan appraisal; **K.-rahmen** *m* credit line/facility, loan facility; **K.reserve** *f* credit reserve; **K.restriktion(en)** *f/pl* credit restriction(s)/squeeze; **K.richtlinien** *pl* credit rules/standards

Kreditrisiko *nt* credit risk; **K.versicherung** *f* credit risk insurance

Kredit|rückzahlung *f* loan repayment; **K.-sachbearbeiter(in)** *m/f* credit/loan officer *[GB]*, credit man *[US]*; **K.saldo** *m* credit balance; **K.schraube** *f (fig)* credit restrictions/squeeze

Kreditschutz|organisation; K.vereinigung *f* trade protection society

Kredit|seite *f* credit side; **K.sicherheit** *f* security (against advances), collateral *[US]*; **K.sicherung** *f* securitization/collateralization (of a loan); **K.spanne** *f* credit margin; **K.sperre** *f* credit freeze; **K.spielraum** *m* credit line; **K.spritze** *f* credit injection; **K.status** *m* credit standing; **K.suchender; K.sucher** *m* credit/loan applicant; **K.summe** *f* principal; **K.tilgung** *f* loan repayment; **K.urteil** *nt* credit rating; **K.verbindlichkeiten** *pl* borrowings; **K.verein; K.vereinigung** *m/f* loan society, credit union *[US]*; **K.vereinbarung** *f* borrowing/credit agreement; **K.vergabe** *f* credit allocation, lending; **K.verkauf** *m* credit/charge sale; **K.verkehr** *m* 1. lending; 2. borrowing; **K.verknappung** *f* credit squeeze/restriction; **K.verlängerung** *f* credit renewal; **K.vermittler** *m* credit/loan broker; **K.verpflichtung** *f* credit commitment; **K.versicherer** *m* credit insurer/underwriter; **K.versicherung** *f* credit/loan insurance; **K.vertrag** *m* credit/loan agreement; **K.verwaltung** *f* credit management; **K.volumen** *nt* credit volume, loan portfolio, total lendings/borrowings; **K.wechsel** *m* credit bill; **K.wesen** *nt* banking, finance; **K.wirtschaft** *f* banking (industry), banks; **k.würdig** *adj* creditworthy, sound

Kreditwürdigkeit *f* creditworthiness, credit (standing); **K.sanalyse** *f* credit investigation

Kredit|zins *m* lending rate; **~ für erste Adressen** prime rate; **K.zusage** *f* loan/lending commitment

Kreis *m* 1. circle; 2. *(Gebietskörperschaft)* district; **K.e der Wirtschaft** business circles; **K.diagramm** *nt* pie chart

Kreislauf *m* cycle; **K. der Wirtschaft** trade cycle; **K.gleichgewicht** *nt* cyclical equilibrium

Kreuz *nt* cross; **K.elastizität des Angebots** *f (VWL)* cross elasticity of supply; **~ der Nachfrage** cross elasticity of demand; **K.fahrt** *f* cruise; **K.kurs; K.parität** *m/f* cross rate; **K.preiselastizität** *f* cross price elasticity; **K.produkt** *nt* cross product

Kreuzung *f* 1. (road) crossing, crossroads; 2. *(Scheck)* crossing; **K. nur zur Verrechnung** non-negotiable crossing

Kreuzwechselkurs *m* cross rate (of exchange)

Krida *f (A)* bankruptcy fraud/offence

Krieg *m* war

Kriegs|abweichungsklausel *f (Vers.)* war deviation clause; **K.ausschlussklausel** *f* ⚓/*(Vers.)* free of capture and seizure clause; **k.beschädigt** *adj* war-disabled; **K.besteuerung** *f* wartime taxation; **K.bewirtschaftung** *f* wartime controls

Kriegsfolge|rente *f* war pension; **K.schäden** *pl* war(-induced) damage

Kriegs|gefahr *f* war risk; **K.gefahrenklausel** *f* war-risk(s) clause; **K.industrie** *f* wartime industry; **K.kasse** *f (fig)* war chest *(fig)*; **K.kosten** *pl* cost(s) of the war; **K.nachwirkungen** *pl* aftermath of the war; **K.opfer** *nt* war victim; **K.produktion** *f* wartime production; **K.rente** *f* war pension

Kriegsrisiko *nt* war risk(s); **K.klausel** *f* war risks clause; **K.police** *f* war risks policy; **K.schutz** *m* war risks cover; **K.versicherung** *f* war risks insurance

Kriegs|rücklage *f* war (risk claims) reserve; **K.schäden** *pl* wartime damage; **K.schädensvergütung** *f* war indemnity; **K.schuldverschreibung** *f* war bond; **K.steuer** *f* war tax; **K.versicherung** *f* war risk(s) insurance; **K.vorräte** *pl* war stocks; **K.wirtschaft** *f* wartime economy

Krise *f* 1. crisis; 2. *(Konjunktur)* slump; **wirtschaftliche K.** economic crisis, depression

krisen|anfällig *adj* crisis-prone; **K.branche** *f* crisis-ridden industry; **k.fest** *adj* crisis-proof; **K.fonds** *m* emergency fund; **k.geschüttelt** *adj* crisis-ridden; **K.manager** *m* troubleshooter; **K.plan** *m* contingency/emergency plan; **K.region** *f* crisis/blighted area; **k.sicher** *adj* crisis-proof; **K.stab** *m* emergency staff; **K.vorräte** *pl* emergency stocks

Kriterium *nt* criterion; **Kriterien** criteria

Kritik *f* 1. criticism; 2. *(Rezension)* review; **K.er(in)** *m/f* critic

krit|isch *adj* critical; **k.isieren** *v/t* to criticize

Kubik|fuß *m* cu. ft. (cubic foot/feet); **K.wurzel** *f* π cube root

kühl *adj* cool, chilly

Kühl|anlage *f* refrigeration/cold-storage plant; **K.container** *m* refrigerated container, reefer (container); **K.gut** *nt* chilled/reefer cargo

Kühlhaus *nt* cold-storage depot, refrigerated warehouse, cold store; **im K. lagern** to cold-store

K

Kühl|kammer *f* chiller; **K.kette** *f* refrigerated chain; **K.ladung** *f* refrigerated cargo; **K.-lagerung** *f* cold storage; **K.raum** *m* chiller, cold room; **K.raumladung** *f* refrigerated cargo; **K.raumlagerung** *f* cold storage; **K.schiff** *nt* refrigerated carrier/vessel; **K.-schrank** *m* refrigerator, fridge *(coll)*; **K.transport und Lagerung** chilled distribution

Kühlung *f* refrigeration

Kühl|verfahren *nt* refrigerating process; **K.wagen; K.waggon** *m* 1. refrigerated carrier; 2. 🚃 refrigerated truck *[GB]*, refrigerator car *[US]*; **K.werk** *nt* refrigerating plant

Kulanz|entschädigung; K.regelung *f* ex gratia *(lat.)* payment; **auf dem K.weg** *m* ex gratia *(lat.)*

Kulisse *f* *(Börse)* unofficial/street market; **K.nmakler** *m* unofficial/street broker

kultivier|bar *adj* 🚜 arable, tillable; **k.en** *v/t* to cultivate/till/farm; **K.ung** *f* 🚜 cultivation, tillage

K

Kultur *f* 1. culture, civilization; 2. 🚜 cultivation; **K.fläche** *f* cultivated area; **K.land** *nt* arable/cultivated land; **K.pflanze** *f* cultivated plant

kümmern um *v/refl* to attend/see to, to take care of

Kumulation *f* accumulation; **K.ssteuer** *f* cumulative tax

kumulativ *adj* cumulative; **nicht k.** non-cumulative

kumulier|en *v/t* to accumulate; **K.ung** *f* accumulation

kündbar *adj* 1. *(Anleihe)* redeemable; 2. *(Vertrag)* terminable, subject to notice; 3. *(Hypothek)* foreclosable; **beiderseitig k.** subject to notice on either side

Kunde *m* 1. *(Waren)* customer, 2. *(Dienstleistung)* client; 3. *(Werbung)* account; 4. *(Börse)* market operator; **K. mit höchster Bonität** blue-chip customer; **K. aus der Industrie** industrial client

vom Kunden gestellt customer-provided; **auf den K. zugeschnitten** customized, tailor-made

Kunden abfangen/abwerben to entice customers away; **K. besuchen** to call on a client; **K. gewinnen** to attract customers; **jdn als K. gewinnen** 1. to get so.'s custom; 2. *(Werbung)* to win so.'s account; **K. sein bei** to patronize; **K. werben** to canvass customers; **woanders K. werden** to take one's custom elsewhere

auswärtiger Kunde overseas/foreign customer; **barzahlender K.** cash customer; **fauler K.** *(coll)* phon(e)y customer; **fester K.** regular customer; **gelegentlicher K.** occasional customer; **gewerblicher K.** trade buyer, corporate client; **inländischer K.** domestic customer; **möglicher/potenzieller/voraussichtlicher K.** potential/prospective customer, prospect; **säumiger K.** slow/delinquent customer; **gut verdienender K.** high-income customer; **zahlungsfähiger K.** solvent client

Kunden|abrechnung *f* customer accounting; **K.abteilung** *f* customer department; **K.abwerbung** *f* enticement of customers; **K.akzept** *nt* trade acceptance; **nach K.-angaben anfertigen/herstellen/(um)-gestalten** *pl* to customize/tailor-make

Kundenauftrag *m* customer's order; **K.s-fertigung** *f* make-to-order/job-order production

Kunden|außenstände *pl* *(Bilanz)* trade accounts receivable, customer receivables; **K.berater(in); K.betreuer(in)** *m/f* 1. customer adviser, (customer) relationship manager; 2. *(Bank)* client advisor, personal banker; **K.beratung** *f* customer counselling; **K.beschwerde** *f* customer's complaint; **K.betreuer(in)** *m/f* account manager; **K.betreuung** *f* 1. after-sales/customer service; 2. *(Bank)* relationship management; **K.beziehung** *f* customer relationship

Kundenbuch *nt* customers' ledger; **K.halter** *m* accounts receivable accountant/clerk

Kunden|darlehen *nt* loan to customers; **K.debitoren** *pl* customer receivables; **K.depot** *nt* safe custody account *[GB]*, custodianship account *[US]*

Kundendienst *m* 1. after-sales/customer service; 2. field staff; **K.abteilung** *f* service department; **K.bank** *f* finance company; **K.fahrzeug** *nt* service vehicle; **K.ingenieur** *m* maintenance engineer; **K.leiter** *m* service manager; **K.mechaniker; K.mitarbeiter; K.techniker** *m* serviceman, service/maintenance engineer; **K.organisation** *f* service organisation; **K.personal** *nt* service staff; **K.stelle; K.stütz-punkt** *f/m* service center *[US]*/centre *[GB]*; **K.vertrag** *m* servicing contract

Kunden|einlagen *pl* customer(s)/primary deposits; **K.erwartungen** *pl* customers expectations; **K.fang** *m* canvassing; **K.fänger** *m* tout, drummer; **K.finanzierungsbank** *f* finance company; **K.forderungen** *pl* customer receivables, accounts receivable; **k.freundlich** *adj* customer-friendly; **K.-geld(er)** *nt/pl* customers' money/deposits; **K.geschäft** *nt* 1. consumer sales; 2. *(Bank)* client business; **K.karte** *f* 1. charge/store card; 2. *(Bank)* bank/debit card; **K.kartei** *f* customer list/file, client list; **K.kontak-ter(in)** *m/f* account manager/manageress; **K.konto** *nt* charge account

Kundenkredit *m* consumer/retail credit; **K.anstalt; K.bank** *f* (commercial) finance company; **K.geschäft** *nt* 1. retail credit transaction; 2. retail credit business; **K.-karte** *f* charge/store card; **K.konto** *nt* charge account; **K.markt** *m* retail credit market

Kunden|kreis *m* clientele; **K.liste** *f* client list; **K.nachfrage** *f* customer demand; **k.-nah** *adj* close to customers; **K.nähe** *f* proximity to customers; **K.nummer** *f* customer/account number; **k.orientiert** *adj* customer-orient(at)ed; **K.orientierung** *f* customer orientation; **K.pflege** *f* customer relationship management; **K.potenzial** *nt* potential/prospective customers; **K.pro-duktion** *f* make-to-order production; **K.-profil** *nt* customer profile; **K.rabatt** *m* sales discount; **K.reklamation** *f* customer's complaint; **K.sachbearbeiter** *m* account executive; **K.scheck** *m* customer's check *[US]*/cheque *[GB]*; **K.schutz** *m* customer protection; **K.sichteinlagen** *pl* customer's sight/demand deposits; **k.spezifisch** *adj* *(Fertigung)* customized, tailor-made; **K.-stamm** *m* client/customer base; **K.treue** *f* customer/store loyalty; **K.verbindung** *f* client relationship; **K.verhalten** *nt* consumer behaviour; **K.verlust** *m* loss of custom; **K.verzeichnis** *nt* client list; **K.-wechsel** *m* trade bill, customer's acceptance; *pl (Bilanz)* bills receivable, trade notes receivable; **K.werber** *m* canvasser; **K.werbung** *f* canvassing; **K.widerstand** *m* consumer resistance; **K.zufriedenheit** *f* customer satisfaction

kündigen *v/ti* 1. *(Vertrag)* to give notice (of termination), to terminate; 2. *(Hypothek)* to foreclose; **fristlos k.** to terminate without notice; **jdm ~ k.** to dismiss so. on the spot; **mit Monatsfrist k.** to give one month's notice; **ordentlich/ordnungsgemäß / rechtzeitig / termingerecht k.** to give due notice (of termination); **schriftlich k.** to give notice in writing

Kündigung *f* 1. notice (of termination); 2. *(Vertrag)* cancellation; 3. *(Personal)* dismissal; 4. *(Hypothek)* foreclosure; **K. des Arbeitsverhältnisses** notice of termination of employment; **K. einer Hypothek** foreclosure; **K. des Miet-/Pachtvertrages; ~ Vermieters/Verpächters** notice to quit; **K. eines Versicherungsvertrages** cancellation of a policy; **~ Vertrages** cancellation/termination of a contract

Kündigung aussprechen to give (so.) notice; **K. einreichen** to hand in/give notice; **K. zustellen** to serve notice (on so.); **fristgemäße/-gerechte K.** due notice; **fristlose K.** termination without notice; **gesetzliche K.** statutory notice; **grundlose K.** *(Arbeitsverhältnis)* unfair/wrongful dismissal; **halbjährliche K.** six months' notice; **ordnungsgemäße K.** due (and proper) notice; **schriftliche K.** notice in writing; **termingerechte K.** due notice; **(sozial) ungerechtfertigte K.** unfair/wrongful dismissal; **gesetzlich unterstellte/vermutete K.** § constructive dismissal; **ordnungsgemäß zugestellte K.** due and proper notice

Kündigungs|abfindung; K.entschädigung *f* severance pay, redundancy payment *[GB]*; **K.benachrichtigung** *f* 1. notice of cancellation; 2. *(Mietverhältnis)* notice to quit

Kündigungsfrist *f* period/term of notice; **gesetzliche K.** 1. statutory (period of) notice; 2. *(Bank)* statutory withdrawal period

Kündigungs|geld *nt* *(Bank)* time/term deposit; **K.grund** *m* 1. reason for the termination; 2. *(Arbeitsverhältnis)* grounds for dismissal; **K.klausel** *f* cancellation/termination clause; **K.mitteilung; K.nachricht** *f* 1. *(Arbeitsverhältnis)* dismissal/redundancy notice; 2. *(Vertrag)* notice of cancellation; 3. *(Mietverhältnis)* notice to quit; 4. *(Geld)* notice of withdrawal; **K.schreiben** *nt* 1. written notice; 2. *(Arbeitsverhältnis)* letter of dismissal; **K.schutz** *m* 1. *(Mietverhältnis)* security of tenure; 2. *(Arbeitsverhältnis)* protection against (unfair/wrongful) dismissal; **K.termin** *m* termination date

Kundschaft *f* custom, clientele, customers; **K. anziehen** to attract custom; **K. aufbauen; sich K. erwerben** to build up custom; **K. abspenstig machen** to entice customers away; **K. verlieren** to lose custom; **K. vertreiben** 1. to alienate customers; 2. *(Preis)* to price os. out of the market

Kunst *f* art; **K.bauten** *pl* man-made structures; **K.dünger** *m* 🚜 (artificial/chemical) fertilizer

Kunstfaser *f* synthetic/man-made fiber *[US]*, ~ fibre *[GB]*; **K.karton** *m* fiberboard *[US]*, fibreboard *[GB]* (box)

Kunst|fehler *m* professional malpractice; **K.gewerbe** *nt* 1. applied art; 2. arts and crafts; **K.handel** *m* art trade; **K.händler(in)** *m/f* art dealer; **K.handwerk** *nt* arts and crafts

künstlich *adj* artificial, synthetic

Kunst|markt *m* art market; **K.sammler(in)** *m/f* art collector; **K.sammlung** *f* art collection

Kunststoff *m* synthetic(s), plastic(s); **K.industrie** *f* plastics industry; **k.verarbeitend** *adj* plastics-processing; **K.verarbeitung** *f* plastics processing

Kupfer *nt* copper; **K.aktien** *pl* coppers; **K.bergbau** *m* copper mining; **K.geld; K.münzen** *nt/pl* copper coins, coppers *(coll)*; **K.hütte** *f* copper smelter; **K.werte** *pl (Börse)* coppers

Kupon *m* coupon, warrant; **ex/ohne K.** ex coupon; **K.besitzer; K.inhaber** *m* coupon holder; **K.steuer** *f* coupon/(dividend-)withholding tax

Kuppel|produkt *nt* joint/complementary product; **K.produktion** *f* joint/linked production

Kur *f* ⚕ cure; **K. verschreiben** to prescribe a cure

kurant *adj* current; **K.geld** *nt* current money, legal tender; **K.münzen** *pl* specie

Kuratorium *nt* board of trustess/curators

kuren *v/i* ⚕ to take a cure

Kurier *m* courier; **K.dienst** *m* courier service

kurieren *v/t* ⚕ to cure/heal

Kurort *m* health resort, spa

Kurs *m* 1. quotation, (market) price, (going) rate; 2. *(Währung)* exchange rate, rate of exchange; 3. *(Lehrgang)* course; 4. *(Richtung)* direction; 5. ⚓ course; **auf K.** on course; **außer K.** out of circulation; **ohne K.** unquoted; **unter K.** below the current rate; **zum K. von** at the rate of

Kurs im Freiverkehr dealer/inside price; **K. der Nachbörse** price after hours; **K. unter Nennwert** price below par; **K. für Sichtpapiere** sight rate; **~ Termingeschäfte** forward/futures rate

Kurs|e abgeschwächt *(Börse)* market off; **K. gestrichen** no quotation/dealings; **hoch im K.** at a premium; **die K.e sind ins Bodenlose gefallen** the bottom has fallen out the market

Kurs ändern to change course/tack; **K.angeben** to quote the price; **K.aussetzen** to suspend a quotation, **K. unzulässig beeinflussen** to rig the market; **K. besuchen** to attend a class; **K.e drücken** to depress prices/the market, to bear the market; **K. einhalten** to stay the course; **K. festsetzen** to fix/determine the price; **K. herabsetzen** to mark down the price; **K. heraufsetzen** to mark up the price; **auf K. liegen; auf K. sein** to be on course/target; **K.e manipulieren** to rig prices; **K. nehmen auf** ⚓ to head/make for; **K. notieren** to quote a price; **außer K. setzen** *(Geld)* to withdraw (from circulation); **hoch im K. stehen** to be at/command a premium; **K. steuern** to steer a course, **K. stützen** to support a price; **an einem K. teilnehmen** to attend a course; **K.(e) hoch/in die Höhe treiben** to bull the market; **K. wechseln** to chance course/tack

amtlicher Kurs official quotation; **außerbörslicher K.** street/curb *[US]*/ kerb *[GB]* (market) price; **gedrückter K.** depressed price; **gebotener K.** bid price; **gegenwärtiger K.** going rate; **künstlich gehaltener/gestützter K.** pegged price; **höchster K.** top/maximum price; **laufender K.** current rate/price; **nachbörslicher K.** street/after-hours price, curb *[US]*/kerb *[GB]* (market) price; **nachgebender/-lassender K.** sagging price; **notierter K.** quoted/listed price; **rückläufiger/sinkender K.** falling rate/price; **überhöhter K.** inflated price; **variabler K.** variable rate/price

Kurs|abschlag *m* discount, markdown; **K.abschwung** *m* price decline; **K.absicherung(sgeschäft)** *f/nt* hedge, hedging (transaction); **K.änderung** *f* ⚓ change of course/tack; **K.angabe** *f* quotation; **K.an-**

stieg *m* rise in prices, upward price movement, price increase/rise; **K.anzeiger** *m* *(Börse)* stock price indicator; **K.anzeigetafel** *f* exchange/quote board; **K.aufschlag** *m* 1. (price) markup, price increase; 2. *(Devisen)* contango; 3. *(Termingeschäft)* premium; **K.aufschwung; K.auftrieb** *m* upturn in quotations/prices; **K.ausschlag** *m* price movement/fluctuation; **K.aussetzung** *f* suspension of a quotation; **K.befestigung** *f* firming of prices; **K.bericht** *m* 1. *(Börse)* stock market report; 2. *(Devisen)* exchange list; **K.bewegung** *f* *(Börse)* price/share *[GB]*/stock *[US]* movement

Kursbildung *f* price determination; **in die K. eingreifen** *(Börse)* to manipulate pirces/quotations

Kurs|bindung *f* 1. price pegging; 2. pegging of exchanges rates; **K.blatt** *nt* stock exchange list; **K.buch** *nt* 🚂 railway guide/timetable; **K.daten** *pl* *(Börse)* technicals; **K.depression** *f* stock market slump; **K.-deroute** *f* price collapse; **K.differenz** *f* 1. price difference; 2. exchange difference; **K.druck** *m* downward pressure on prices; **K.einbruch** *m* crash, price collapse; **k.-empfindlich** *adj* price-sensitive

Kursentwicklung *f* *(Börse)* stock/market trend; **baisseartige K.** bearish price trend; **durchschnittliche K.** market average; **hausseartige K.** bullish price trend; **zufallsbedingte K.** random walk

Kurs|erholung *f* (price) rally, rebound; **K.-ertragsmultiplikator** *m* price-earnings (p/e) multiplier; **K.ertragsverhältnis** *nt* price-earnings (p/e) ratio; **k.fähig** *adj* 1. *(Geld)* current; 2. *(Wertpapier)* listable *[US]*, quotable *[GB]*; **K.favorit** *m (Börse)* stock exchange favourite; **K.festigung** *f* firming of the market; **K.festsetzung; K.feststellung** *f* quotation, fixing; **amtliche K.feststellung** *(Devisen)* official fixing; **K.freigabe** *f* (free) floating; **K.gefälle** *nt* price differential; **K.gefüge** *nt* price/rate structure; **k.gesichert** *adj* (rate-)hedged

Kursgewinn *m* 1. (price) gain; 2. *(Devisen)* exchange gain; **K.e auf breiter Front** across-the-board gains; **realisierter K.** capital gain;

Kurs|gewinnverhältnis (KGV) *nt* price-earnings (p/e) ratio; **K.glättung** *f* smoothing (operations); **K.hausse** *f* bull run

kursieren *v/i* to circulate, **k.d** *adj* current

Kurs|index *m* (share *[GB]*/stock *[US]*) price index; **K.klausel** *f (Devisen)* currency clause; **K.korrektur** *f* 1. *(Börse)* price adjustment; 2. *(Devisen)* rate adjustment; **K.limit** *nt* price limit; **K.makler** *m* market maker; **K.manipulation** *f* market/price rigging; **K.niveau** *nt* price level

Kursnotierung *f* *(Börse)* (price/market) quotation; **K. aussetzen** to suspend a quotation; **amtliche K.** official quotation

Kurs|notiz *f* (price) quotation; **K.pflege** *f* support buying; **K.regulierung** *f* price support; **K.relationen** *pl* parities; **K.rendite** *f* earnings yield; **K.risiko** *nt* 1. (foreign) exchange risk; 2. market risk; **K.-rückgang** *m* fall/drop in prices

Kursschwankung *f* price fluctuation/volatility; **K.en** 1. *(Devisen)* exchange rate volatility; 2. *(Börse)* (market) volatility

Kurssicherung *f* forward cover, rate hedging, hedging (transaction), hedge; **wechselseitige K.** cross hedging; **K.sgeschäft** *nt* hedging transaction/operation

Kurs|spanne *f* 1. exchange difference; 2. *(Börse)* turn, spread; **K.stabilität** *f* 1. price stability; 2. *(Devisen)* currency stability; **K.stand** *m* 1. price level; 2. *(Devisen)* exchange rate; **K.steigerung** *f* 1. price advance, upturn, rise (in prices); 2. *(Devisen)* appreciation; 3. *(Börse)* advance, increase in share *[GB]*/stock *[US]* prices; **K.sturz** *m* *(Börse)* share price collapse; **K.stützung** *f* price support; **K.tabelle; K.tafel** *f* 1. *(Börse)* quotations board; 2. *(Devisen)* table of exchange rates; **K.treiber** *m* market rigger; **K.treiberei** *f* market rigging; **K.unterschied** *m* 1. price differential; 2. *(Devisen)* margin

Kurs|veränderung *f* 1. ⚓ change of course/tack; 2. price change; **K.- und Ertragsverhältnis (KEV)** *nt* price-earnings (p/e) ratio; **K.verlust** *m* 1. price loss; 2. *(Devisen)* exchange loss; **K.wechsel** *m* ⚓ change of course/tack; **K.wert** *m (Börse)* market price/value

Kurszettel *m* 1. price list; 2. *(Börse)* share *[GB]*/stock *[US]* list, daily official list; 3. *(Devisen)* exchange list; **amtliche K.** official list

Kurve *f* 1. curve; 2. 📊 graph; **K. konstanter Ausgaben** constant outlay curve

Kurven|blatt; K.darstellung; K.diagramm *nt/f/nt* graph; **K.schar** *f* family/array of curves; **K.zug** *m* curvature

kurz *adj* 1. short; 2. brief
Kurzabschreibung *f* accelerated allowance
Kurzarbeit *f* short-time; **k.en** *v/i* to be/go on short time; **K.er(in)** *m/f* short-time worker, short-timer; **K.ergeld** *nt* short-time benefit; **K.sbestimmungen** *pl* short-time provisions
Kurzbrief *m* memo
Kürze *f* brevity; **K.l** *nt* abbreviation, acronym; **k.n** *v/t* 1. to cut/curtail/reduce/prune; 2. *(Text)* to abridge/shorten
Kurz|fassung *f* abstract, summary; **k.fristig** *adj* short-term; **K.kredit** *m* short-term credit/loan; **K.läufer** *m (Anleihe)* short, short-dated issue/stock; **K.- und Langläufer** *pl* longs and shorts; **k.lebig** *adj* short-lived; **K.police** *f* short-term policy; **K.schrift** *f* shorthand, stenography; **k.sichtig** *adj* short-sighted; **K.sichtigkeit** *f* short-sightedness; **K.speicher** *m* 🖳 random access memory

Kurzstrecken|- short haul, short-range; **K.flugzeug** *nt* short-haul/short-range aircraft
Kürzung *f* 1. cut(back), curtailment, reduction; 2. *(Text)* abridg(e)ment; **K. des Gehalts** salary cut; **K. von Investitionsvorhaben** capital spending cut; **drastische/einschneidende K.** swingeing cut(back); **globale/lineare/pauschale K.** across-the-board reduction/cut
Kurz|urlaub *m* short(-break) holiday; **K.-versicherung** *f* term assurance
Küste *f* coast, seaboard *[US]*, shore; **an der K.** *(Gewässer)* inshore; **längs der K.** alongshore; **von der K. ab; vor der K. gelegen; der K. vorgelagert** offshore
Küsten|dampfer; K.fahrer; K.fahrzeug *m/m/nt* coaster; **K.fahrt** *f* coasting, coastal shipping; **K.fischerei** *f* inshore fishing; **K.-fracht** *f* coasting cargo; **K.gewässer** *pl* coastal/inshore waters; **K.handel** *m* coasting/home *[GB]* trade; **K.schiff** *nt* coaster, coasting vessel; **K.schifffahrt** *f* coasting, coastal shipping
Kuvert *nt* envelope

L

Lade|adresse *f* load address; **L.anlage(n)** *f/pl* loading facilities; **L.anweisung; L.befehl** *f/m* load instruction; **L.beginn** *m* commencing to load; **L.begleitschein** *m* shipping note *[GB]*; **l.bereit** *adj* ready for loading; **L.bestimmungen** *pl* loading regulations; **L.brief** *m* bill of lading (B/L); **L.buch** *nt* cargo book; **L.bühne** *f* loading platform/ramp; **L.deck** *nt* cargo deck; **L.dock** *nt* loading dock; **L.einheit** *f* load unit; **L.einrichtungen** *pl* loading facilities; **L.erlaubnis** *f* loading permit; **L.fähigkeit** *f* (cargo) capacity; **L.faktor** *m* load factor; **l.fertig** *adj* ready for loading; **L.fläche** *f* loading platform/space; **L.frist** *f* loading time; **L.gebühren; L.geld** *pl/nt* loading charges; **L.gerät** *nt* loading equipment; **L.geschäft** *nt* loading business/operation; **L.geschirr** *nt* loading gear/tackle; **L.gewicht** *nt* (pay)load; **L.gut** *nt* cargo, freight; **L.gutverzeichnis** *nt* (cargo) manifest; **L.hafen** *m* port of lading; **L.höhe** *f* loading height; **L.kapazität** *f* carrying/cargo capacity; **L.klappe** *f* tailboard, tailgate *[US]*; **L.kosten** *pl* loading charges; **L.linie; L.marke** *f* ⚓ plimsoll line; **L.liste** *f* (cargo) manifest; **L.luke** *f* cargo hatch; **L.maß** *nt* loading ga(u)ge
Laden *m* (retail) shop *[GB]*/store *[US]*; *nt* lading, loading; **L. und Löschen** loading and unloading
Laden aufmachen/eröffnen to set up shop; **L. dichtmachen** *(coll)* to shut up shop; **fahrender L.** mobile shop; **Tante Emma-L.** corner shop *[GB]*, old neighborhood store *[US]*, pop and mom store *[US]*
laden *v/t* 1. to load/lade; 2. § to cite/summon
Laden|arbeiter *m* shop/store worker; **L.auslage** *f* store display; **L.ausrüstung; L.ausstattung; L.einrichtung(en)** *f/pl* store fixtures *[US]*, shop *[GB]*/store fittings; **L.besitzer** *m* shopkeeper, storekeeper; **L.detektiv** *m* store detective; **L.dieb** *m* shoplifter; **L.diebstahl** *m* shoplifting; **~ begehen** to shoplift; **L.erweiterung** *f* shop *[GB]*/store *[US]* extension; **L.fläche** *f* (shop) floor space; **L.front** *f* shop *[US]*/store *[GB]* front; **L.gehilfe** *m* shop assistant; **L.geschäft** *nt* shop *[GB]*, (retail) store *[US]*/outlet; **L.handel** *m* retail trade *[GB]*, store business *[US]*; **L.hüter** *m (coll)* shelf-warmer *(coll)*, sleeper *(coll)* *[US]*, counter clogger; **L.inhaber** *m* shopkeeper, store owner; **L.kasse** *f* till, cash register; **elektronische L.kasse** electronic

point of sale (EPOS); **L.kette** *f* retail(ing) chain; **L.lokal(e)** *nt/pl* (shopping/shop) premises; **L.miete** *f* shop rent/rental; **L.-öffnungszeiten** *pl* (shop) opening hours

Ladenpreis *m* retail price; **empfohlener L.** recommended retail price; **L.schutz** *m* retail price maintenance (RPM) *[GB]*, fair-trade pricing *[US]*

Ladenregal *nt* shelf

Ladenschluss *m* closing time; **früher L.** half-day/early closing

Laden|straße *f* shopping street/mall *[US]*; **L.tisch** *m* counter; **L.verkauf** *m* reail sale/selling; **Lverkäufer(in)** *m/f* shop assistant *[GB]*, salesperson; **L.verkaufspreis** *m* retail (selling) price; **L.zeiten** *pl* opening hours

Lade|offizier *m* ⚓ supercargo; **L.palette** *f* loading pallet; **L.papiere** *pl* shipping documents; **L.platz** *m* loading bay/berth; **L.-rampe** *f* loading ramp/platform; **L.raum** *m* 1. storage/loading space; 2. *(Volumen)* tonnage; 3. ✈ luggage hold; **L.schein** *m* 1. shipping note; 2. ⚓ bill of lading (B/L); **L.schluss** *m* closing for cargo; **~ haben** to close for cargo; **L.stelle** *f* loading point; **L.tiefgang** *m* ⚓ load draft *[US]*/draught *[GB]*; **L.vermögen** *nt* cargo capacity; **L.-verzeichnis** *nt* 1. freight list; 2. ⚓ manifest; **L.zeit** *f* loading time

Ladung *f* 1. *(Fracht)* cargo, load, freight (frt.); 2. *(Sendung)* shipment, consignment; 3. *Einladen)* lading; 4. § (writ of) summons; **keine L. mehr annehmen** to close for cargo; **L. bergen** to salvage the cargo; **L. brechen** to break bulk; **L. löschen** to discharge a cargo; **L. über Bord werfen** to jettison (a) cargo

abgehende Ladung outward freight/cargo; **durchgehende L.** through shipment; **förmliche L.** § summons; **kostendeckende L.** break-even load; **lose L.** 1. bulk consignment; 2. shifting cargo; **satzungsgemäße L.** due notice; **schriftliche L.** § letters citatory; **sperrige L.** bulky cargo; **verderbliche L.** perishable cargo; **voll L.** full load; **zahlende L.** revenue freight

Ladungs|aufkommen *nt* 1. tonnage loaded; 2. load potential; **L.aufseher** *m* ⚓ supercargo; **L.disposition** *f* load planning; **L.-eigentümer** *m* cargo owner; **L.empfänger** *m* consignee; **L.fähigkeit** *f* carrying capacity; **L.gewicht** *nt* tonnage; **L.hafen** *m* port of loading; **L.kontrolleur; L.prüfer** *m* tally clerk; **L.manifest** *nt* (cargo) manifest; **L.schreiben** *nt* § summons, letters citatory; **L.verkehr** *m* cargo traffic; **kombinierter L.verkehr (KLV)** intermodal/multimodal transport; **L.verlust** *m* loss of cargo

Ladungsverzeichnis *nt* freight list, (cargo) manifest, waybill

Lage *f* 1. *(Zustand)* situation, state, condition; 2. *(örtlich)* position, location; **L. auf dem Arbeitsmarkt** employment situation; **beste L.** *(Grundstück)* prime/plum *(coll)* site; **finanzielle L.** financial situation; **(gesamt)wirtschaftliche/konjunkturelle L.** economic situation; **weltwirtschaftliche L.** world economic situation

Lage|bericht *m* status report; **L.besprechung** *f* briefing; **L.beurteilung; L.bewertung** *f* 1. assessment of the situation; 2. *(Standort)* locational evaluation; **L.plan** *m* site/ground plan

Lager *nt* 1. *(Gebäude)* warehouse, depot; 2. *(Raum)* stockroom; 3. *(Vorrat)* stock, inventory; **ab L.** ex/from stock, ex warehouse; **auf L.** in stock

Lager abbauen to run down stocks, to destock; **L. anlegen** to lay in stock; **L. (wieder) auffüllen/aufstocken** to stock up, to restock, to replenish stocks; **dem L. entnehmen** to take out of stock; **auf L. haben** to have in stock; **nicht mehr ~ haben** to be out of stock; **zu viel ~ haben** to be overstocked; **~ halten** to stock; **ab/vom L. liefern** to deliver from stock, ~ ex warehouse; **auf L. nehmen** to stock, to take into/to lay in stock; **aus dem L. nehmen** to withdraw from stock; **auf L. produzieren** to manufacture for stock; **L. räumen** to destock, to clear/offload stocks; **auf L. sein** to be in stock; **L. umschlagen** to turn (over) stock; **L. vervollständigen** to replenish stocks

erschöpftes Lager depleted stocks; **firmeneigenes L.** private warehouse; **reichhaltiges/reich sortiertes L.** well-assorted stock(s); **zentrales L.** central warehouse

Lager|abbau *m* stock reduction, destocking; **L.abnahme** *f* decrease in inventory; **L.abrechnung** *f* inventory account(ing); **L.anfertigung** *f* production for stock; **L.anforderung** *f* inventory requisition; **L.aufbau** *m* stockbuilding; **L.auffüllung** *f* stock/inventory replenishment; **L.auflösung** *f* liquidation of stocks; **L.aufnahme** *f*

L

stocktaking, inventory taking; **L.aufstellung** *f* inventory sheet; **L.aufstockung** *f* stockpiling; **L.auftrag** *m* stock order; **L.-ausgang** *m* withdrawals from stock; **L.-auslieferung** *f* delivery ex warehouse, ~ from stock; **L.behälter** *m* storage bin

Lagerbestand *m* stock (on/in hand), inventory (level/holdings), goods in stock/ on hand; **Lagerbestände** (warehouse) stocks; **L. abbauen** to destock; **L. auffüllen** to replenish stocks; **L. umschlagen** to turn over stock; **auf Lagerbestände zurückgreifen** to draw on stocks

Lagerbestands|auffüllung *f* restocking; **L.aufnahme** *f* stocktaking; **L.aufstellung; L.bericht** *f/m* inventory/stock status report; **L.bewegung** *f* stock flow; **L.bewertung** *f* inventory valuation; **L.führung** *f* inventory management; **L.karte** *f* stock record card; **L.kartei** *f* inventory/stock index; **L.menge** *f* stock quantity; **L.umschlag** *m* stock turnover; **L.veränderung** *f* stock exchange; **L.verzeichnis** *nt* inventory (status report); **L.wert** *m* inventory value

L

Lager|bestellung *f* stock order; **L.betrieb** *m* storage operation, warehousing; **L.bewegungen** *pl* stock movements

Lagerbewertung *f* inventory valuation; **höhere L.** stock appreciation; **niedrigere L.** stock depreciation

Lager|buch *nt* stock/warehouse book, ~ ledger; **L.buchführung** *f* stock/inventory accounting; **L.buchhaltung** *f* stock inventory accounting (department); **L.daten** *pl* inventory data; **L.dauer** *f* storage period; **L.disponibiliät** *f* stock availability; **L.disposition(en)** *f* inventory management; **L.einrichtungen** *pl* warehousing facilities; **L.empfangsbescheinigung/-schein** *f/m* warehouse receipt; **L.entnahme** *f* issue, withdrawal; **L.ergänzung; L.erneuerung** *f* stock replenishment, restocking; **L.fach** *nt* storage bin; **l.fähig** *adj* storable; **L.fähigkeit** *f* 1. *(Kapazität)* storage capacity; 2. shelf life; **L.fertigung** *f* production for stock; **L.fläche** *f* storage area/space; **L.führung** *f* warehouse management; **L.gebäude** *nt* warehouse; **L.gebühren; L.geld** *pl/nt* storage (charges/fee), warehouse charges; **L.geschäft** *nt* warehousing (business); **L.größe** *f* inventory level/size; **L.gut** *nt* goods in stock; **L.halle** *f* warehouse, storage shed

Lagerhalter *m* warehouseman, warehouse keeper, stockholder; **L.konnossement** *nt* custody bill of lading

Lagerhaltung *f* 1. warehousing, stockholding

Lagerhaltungs|konnossement *nt* custody bill of lading; **L.kosten** *pl* inventory (carrying)/storage/warehousing costs; **L.planung** *f* inventory planning/scheduling; **L.zyklus** *m* inventory cycle

Lagerhaus *nt* warehouse, storage depot/ facility; **ab L.** ex warehouse; **L. für zollpflichtige Güter** ⊖ bonded *[GB]*/ licensed *[US]* warehouse

Lagerhaus|bescheinigung *f* warehouse receipt (W/R); **L.bestände** *pl* (warehouse) inventories; **L.gesellschaft** *f* warehousing company, stockholder

Lager|herstellung *f* production for stock; **L.investition(en)** *pl* inventory investment

Lagerist *m* warehouseman, warehouse clerk, stockman *[US]*

Lager|journal *nt* inventory journal; **L.kapazität** *f* storage capacity; **L.kartei** *f* inventory record; **L.konto** *nt* warehouse account; **L.kontrolle** *f* inventory/stock control; **L.kosten** *pl* inventory (carrying)/storage/warehousing cost(s); **L.leiter(in)** *m/f* warehouse manager(ess); **L.liste** *f* stock register; **l.los** *adj* stockless; **L.miete** *f* storage (rental fee); **L.möglichkeiten** *pl* storage facilities

lagern *v/t* to stock/warehouse; **kühl l.** to cold-store

Lager|partie *f* stock lot; **L.pfandschein** *m* warehouse warrant (W/W)/receipt *[US]*, dock warrant (D/W); **L.platz** *m* depot, storage facility; **L.produktion** *f* production for stock; **L.raum** *m* storage capacity/space; **L.räumung** *f* (inventory/stock) clearance; **L.schaden** *m* inventory damage; **L.schein** *m* warehouse warrant (W/W), dock warrant; **L.schuppen** *m* storage shed; **L.spesen** *pl* storage (charges); **L.-steuerung** *f* inventory control; **L.überwachung** *f* inventory monitoring/control; **L.umfang** *m* stock level(s); **L.umschlag** *m* stockturn, stock (rate of) inventory turnover

Lagerung *f* warehousing, storage

Lager|verkauf *m* ex-stock sales; **L.verlust** *m* inventory/stock loss; **L.versicherung** *f* storage/warehouse insurance; **L.verwalter** *m* warehouseman, stockman; **L.verwaltung** *f* warehouse/inventory management; **L.verzeichnis** *nt* stock list; **L.vorrat** *m* stocks, supply; **L.wert** *m* inventory/stock value; **L.wirtschaft** *f* inventory/storage management, warehousing; **L.zeit** *f* storage period; **L.zugang** *m* incoming inventory/stock

Lager|zyklus *m* stock(ing) cycle; **L.- und Auftragszyklus** stock and order cycle

Land *nt* 1. land, country; 2. *[D]* federal state; 3. land, lot, plot; **an L.** onshore; **außer L.es** abroad; **im L.** at home; **im L. erzeugt** 🚜 home-grown; **das L. berührend und betreffend** § touching and concerning the land; **das ganze L. umfassend** nationwide

Land abstecken to peg out a plot of land; **L. auflassen** to release a property; **L. besitzen** to own land; **L. bewirtschaften** 🚜 to farm land; **an L. bringen** ⚓ to land; **L. erwerben** to acquire land; **L. freigeben/-ziehen** to release land; **L. gewinnen** to reclaim land; **L. urbar machen** to cultivate land; **L. parzellieren** to parcel out land; **L. vermessen** to survey land; **L. zuweisen** to assign land

anbaufähiges Land arable land; **baureifes L.** developed land; **weniger entwickeltes L.** less developed country (LDC); **am wenigsten ~ L.** least developed country (LLDC); **zu erschließendes L.** development land; **im ganzen L.** nationwide; **landwirtschaftlich genutztes L.** agricultural land; **an der Rentabilitätsgrenze liegendes L.** marginal land; **präferenzbegünstigtes L.** ⊖ beneficiary country; **unerschlossenes L.** green field (site)

Landarbeit *f* agricultural labo(u)r/work

Landarbeiter *m* agricultural worker/labo(u)rer, farm worker; **L.lohn** *m* agricultural wage

spekulativer Land|aufkauf land-grabbing; **L.bank** *f* agricultural bank; **L.bau** *m* agriculture; **L.beschaffung** *f* acquisition/purchase of land

Landbesitz *m* real estate, realty *[US]*; **L.er** *m* landowner, landed proprietor

Landbewirtschaftung *f* farming, tillage

Lande|brücke *f* ⚓ pier, jetty; **L.gebühr** *f* landing fee/charge

Landeigentümer *m* landowner

Landekosten *pl* landing charges

landen *v/i* to land

Lande|platz *m* 1. airstrip; 2. ⚓ berth; **L.-recht** *nt* ✈ landing rights

Ländereien *pl* lands, landed property

Land|erschließung *f* land development; **L.-erwerb** *m* land purchase/acquisition

Landes|bank *f* state/regional bank; **L.behörde** *f* state authority; **L.durchschnitt** *m* national average; **L.erzeugnisse** 1. 🚜 home produce; 2. domestic manufactures; **L.etat; L.haushalt** *m* state budget; **L.förderung; L.hilfe** *f* state aid; **L.kartellamt** *nt* state cartel office; **L.recht** *nt* state law; **L.sozialgericht** *nt* state social tribunal; **L.steuer** *f* state tax; **L.versicherungsanstalt** *f* state social insurance office; **L.verwaltung** *f* state administration; **L.-währung** *f* national/domestic currency; **l.weit** *adj* country-wide, nationwide; **L.-zentralbank** *f* central (state) bank

Land|flucht *f* rural exodus; **L.friedensbruch** *m* § breach of the peace; **L.gericht** *nt* district court; **L.gut** *nt* estate; **L.kauf** *m* land purchase

ländlich *adj* rural

Land|maschine *f* farm/agricultural machine; **L.nutzung** *f* land use

Landpacht *f* land tenancy; **L.vertrag** *m* farm lease

Landschaft *f* 1. countryside; 2. landscape; **L. verschandeln** to be a blot on the landscape

Landschafts|architekt *m* landscape architect; **L.entwicklung; L.gestaltung** *f* landscaping; **L.erhaltung** *f* rural conservation; **L.- und Gartenbau** *m* horticulture; **L.gestalter; L.gärtner** *m* landscape gardener; **L.pflege** *f* rural conservation; **L.planung** *f* landscape planning; **L.-schutz** *m* rural conservation; **L.schutzgebiet** *nt* conservation area; **L.verband** *m* regional assembly

Land|straße *f* country road; **L.stück** *nt* tract of land; **L.tausch** *m* land swap/exchange; **L.technik** *f* agricultural/rural engineering; **L.transport** *m* land carriage/transport(ation)

Landung *f* landing

Landungs|brücke *f* landing stage; **L.kosten** *pl* landing charges; **L.zoll** *m* dock charges/dues

Land|verkauf *m* disposal/sale of land; **L.-verkehr** *m* land transport; **auf dem L.-weg** *m* by land

Land|wirtschaft *f* agriculture, farming; **L.-und Forstwirtschaft** agriculture and forestry

L

land|wirtschaftlich *adj* agricultural; **l.- und forstwirtschaftlich** agricultural and silvicultural

Landwirtschafts|bank *f* agricultural *[GB]*/ land *[US]*/bank; **L.kammer** *f* chamber of agriculture; **L.kommissar** *m (EU)* Farm Commissioner; **L.kredit** *m* agricultural loan; **L.minister** *m (EU)* farm minister; **L.ministerium** *nt* ministry/department of agriculture; **L.politik** *f* agricultural/ farm(ing) policy; **~ der Gemeinschaft** *(EU)* common agricultural policy (CAP)

langfrist|ig *adj* long-term, long-range; **L.plan** *m* long-range/long-term plan

Lang|läufer *m (Anleihe)* long-dated gilt/ stock; **l.lebig** *adj* 1. long-life; 2. durable; **L.lebigkeit** *f* longevity

Langstrecke *f* long distance; **L.nflug** *m* long-distance/long-haul flight; **L.ntransport** *m* long-haul transport(ation)

Langzeit|arbeitslose(r) *f/m* long-term unemployed person; **L.arbeitslosigkeit** *f* long-term unemployment; **L.plan** *m* long-range plan; **L.planung** *f* long-term planning; **L.wachstum** *nt* secular growth; **L.-wirkung** *f* long-term effect

Lärm *m* noise; **L.bekämpfung; L.dämmung; L.minderung** *f* noise abatement; **L.belästigung** *f* noise pollution; **L.einwirkung** *f* noise impact; **L.intensität; L.-pegel** *f/m* noise level; **L.schutz** *m* noise/ sound protection, noise abatement; **L.-schwelle** *f* noise level; **L.verminderung** *f* noise abatement

Laserkasse *f* laser-scan till

Last *f* 1. load, burden; 2. *(Belastung)* charge; 3. *(Immobilie)* encumbrance; **frei von L.en** *(Land)* unencumbered; **zu ~ von** 1. to the account/debit of; 2. *(Nachteil)* to the detriment of

dauernde Last|en standing charges; **schwere L.** heavy load; **soziale L.en** welfare costs; **steuerliche L.** tax burden; **tote L.** deadweight, tare

Last|anhänger *m* trailer; **L.auto** *nt* lorry *[GB]*, truck *[US]*; **L.bereich** *m* ⚡ load period

Lasten|aufzug *m* freight elevator, hoist; **L.flugzeug** *nt* cargo plane; **l.frei** *adj (Immobilie)* unencumbered; **L.heft** ⚙ performance specification; **L.verteilung** *f* burden sharing

Laster *m* lorry *[GB]*, truck *[US]*

Last|fahrt *f* laden journey; **L.fahrzeug** *nt* load-carrying/goods vehicle; **L.grenze** *f* ⚙ maximum load; **L.kahn** *m* lighter, barge

Lastkraftwagen (LKW) *m* ↘ **LKW** heavy goods vehicle (HGV); **L.anhänger** *m* trailer

Lastschrift *f* debit (entry), counter credit; **L.en und Gutschriften** debits and credits

Lastschrift|anzeige; L.avis *f/nt* debit note/ advice; **L.auftrag** *m* direct debit mandate; **L.beleg** *m* debit voucher/slip; **L.formular** *nt* direct debit form; **L.posten** *m* debit item; **L.verfahren** *nt* direct debiting; **L.zettel** *m* debit/charge slip

Lastwagen *m* 🚗 lorry *[GB]*, truck *[US]*; **L. mit Anhänger** truck and trailer; **frei L.** free on truck (FOT); **mit L. befördern** to truck

leichter Lastwagen light van/truck; **schwerer L.** heavy goods vehicle (HGV)

Lastwagen|anhänger *m* trailer; **L.beförderung** *f* road haulage *[GB]*, truckage *[US]*; **L.flotte; L.park** *f/m* lorry *[GB]*/ truck *[US]* fleet; **L.ladung** *f* lorry-load, truckload; **L.miete** *f* truck rental; **L.spedition** *f* road haulage company; **L.spediteur** *m* road haulier; **L.verleih; L.vermietung** *m/f* truck rental

Lastzug *m* 🚗 1. tractor-trailer unit; 2. *(Sattelschlepper)* articulated lorry/truck

Lattenkiste *f* crate; **in L.n verpacken** to crate

Lauf *m* run, course; **L. einer Frist** running of a term/period

Laufbahn *f* career (path); **akademische L.** academic career; **berufliche L.** career path

Laufbahn|aussichten *pl* career prospects; **L.planung** *f* career planning

laufen *v/t* to run; **wie geplant l.** to go according to plan; **gut l.** to sell well; **reibungslos l.** to run smoothly; **zufriedenstellend l.** to perform satisfactorily

laufend *adj* current, running; **auf dem L.en** up-to date; **~ bleiben** to keep/be abreast of; **jdn ~ halten** to keep so. posted/ informed; **nicht mehr ~ sein** to be out of touch

Lauf|karte *f* 1. batch/operation card; 2. route card/slip; **L.kunde** *m* chance/casual customer; **L.schreiben** *nt* tracer

Laufzeit *f* 1. duration, life(span); 2. *(Anleihe/Kredit)* (time to) maturity, term; **L. eines Akkreditivs** life of a letter of credit;

L. einer Anleihe/eines Darlehens/eines Kredits life/term of a loan; **L. eines Mietvertrags/Pachtvertrags** duration of a lease; **~ Patents** term/life of a patent; **L. einer Police/Versicherung** duration/life of a policy; **L. des Tarifvertrages** duration of the collective agreement; **L. eines Wechsels** term of a bill (of exchange)

Laufzeit eines Vertrags erneuern to prolong/renew a contract

durchschnittliche Laufzeit average life (span); **mit kurzer L.** short-dated; **mit langer L.** long-dated; **restliche L.** remaining life; **vertragliche L.** contract/contractual period

Laufzettel *m* docket, batch card, tracer

lautend auf *adj* made to

lauter *adj* fair, honest; **L.keit im Wettbewerb** *f* fair competition

Leasing *nt* leasing, lease; **fremdfinanziertes L.** leveraged lease; **grenzüberschreitendes L.** cross-border lease

Leasing|finanzierung *f* leasing finance; **L.geber** *m* lessor; **L.geschäft** *nt* leasing operation; **L.nehmer** *m* lessee; **L.vertrag** *m* lease

Leben *nt* 1. life; 2. *(Unterhalt)* living, livelihood; **(armseliges/kärgliches/notdürftiges) L. fristen** to eke out a (scanty) living; **sorgenfreies L. führen** to live in comfort; **gerade genug zum L. haben; ~ zum L. reichen** to make both ends meet; **sein L. versichern** to insure one's life

verbundene Leben *(Vers.)* joint lives; **versichertes L.** assured *[GB]*/insured *[US]* life

von etw. leben *v/i* to live on sth.; **auf anderer Leute Kosten l.** to live at other people's expense

lebend *adj* 1. alive; 2. *(Vieh)* on the hoof; **getrennt l.** *(Steuer)* living separate and apart; **L.gewicht** *nt* 1. live weight; 2. weight on the hoof

Lebens|abriss *m* curriculum vitae (CV) *(lat.)*; **L.akte** *f (Maschine)* log book; **L.arbeitszeit** *f* (total) working life; **L.bedarf; L.bedürfnisse** *m/pl* necessities/necessaries of life

Lebensdauer *f* 1. life, lifespan/expectancy; 2. ☼ service/useful life; **durchschnittliche L.** *(Lebensvers.)* standard life; **mittlere L.** average/mean life; **unterduchschnittliche L.** substandard life; **voraussichtliche/wahrscheinliche L.** probable life, life expectancy; **wirtschaftliche L.** useful life

Lebens|erwartung *f* life expectancy; **L.fallversicherung** *f* endowment insurance; **L.gefährte** *m* common-law husband/spouse; **L.gefährtin** *f* common-law wife/spouse; **L.gemeinschaft** *f* partnership

Lebenshaltung *f* cost/standard of living; **L.sgleitklausel** *f* cost-of-living escalator clause; **L.sindex** *m* cost-of-living index

Lebenshaltungskosten *pl* cost of living; **L.angleichung; L.ausgleich** *f/m* cost-of-living adjustment; **L.freibetrag** *m* subsistence allowance *[US]*; **L.index** *m* cost-of-living index; **L.zuschlag** *m* cost-of-living bonus/allowance

Lebenshaltungs|preisindex *m* cost-of-living index; **L.zuschuss** *m* cost-of-living allowance

Lebenslauf *m* curriculum vitae (CV) *(lat.)* *[GB]*, resume *[US]*; **tabellarischer L.** personal data sheet (PDS)

Lebensmittel *pl* food(s), foodstuffs; **L. konservieren** to preserve food; **L. rationieren** to ration food

Lebensmittel|akien *pl* food shares *[GB]*/stocks *[US]*, foods; **L.amt; L.behörde** *nt/f* Food and Drug Administration (FDA) *[US]*; **L.ausfuhr(en)** *f/pl* food exports; **L.bewirtschaftung** *f* food rationing; **L.branche** *f* food industry; **L.einfuhren** *pl* food imports

Lebensmitteleinzel|handel *m* food/grocery retailing (industry); **L.händler** *m* grocer, food retailer

Lebensmittel|exporte *pl* food exports; **L.fabrikant** *m* food manufacturer; **L.filialist** *m* food multiple; **L.geschäft** *nt* food/grocery store; **L.großhandel** *m* wholesale food trade; **L.großhändler** *m* food wholesaler; **L.handel** *m* food/grocery trade; **L.händler** *m* grocer; **L.hersteller** *m* food manufacturer; **L.herstellung** *f* food manufacturing; **L.importe** *pl* food imports; **L.industrie** *f* food(-processing) industry; **L.karte** *f* (food) ration card; **L.kennzeichnung** *f* food labelling; **L.kette** *f* food (store) chain; **L.knappheit** *f* food shortage; **L.konserven** *pl* tinned *[GB]*/canned *[US]* food; **L.laden** *m* food shop *[GB]*/store *[US]*; **L.lager** *nt* food stocks; **L.lieferant** *m* food supplier; **L.mangel** *m* food shortage; **L.marke** *f* 1. food(ration) coupon; 2. food brand; **L.rationierung** *f* food rationing; **L.sektor** *m* food sector; **L.überschuss** *m* food surplus; **L.verarbeitung** *f* food processing; **L.versorgung; L.vorrat** *f/m* food supply; **L.vertrieb** *m* food distribution; **L.vorräte** *pl* food stocks; **L.werte** *pl (Börse)* food shares *[GB]*/stocks *[US]*, foods; **L.zuteilung** *f* food allowance; **L.zwangswirtschaft** *f* food rationing

Lebensunterhalt *m* living, livelihood, subsistence; **für seinen L. arbeiten** to work for one's living; **seinen L. bestreiten/verdienen** to earn one's living

Lebens|versicherer *m* life insurer/underwriter; **l.versichern** *v/refl* to assure *[GB]*/insure *[US]* o.s.; **L.versicherter** *m* life assured *[GB]*/insured *[US]*

Lebensversicherung *f* life assurance/insurance; **L. für Arbeitnehmer** industrial assurance; **L. mit festem Auszahlungstermin; L. auf den Erlebensfall** endowment insurance; **L. auf Gegenseitigkeit** mutual life insurance; **L. mit Gewinnbeteiligung** with-profits life insurance; **L. ohne Gewinnbeteiligung** non-participating life insurance; **L. auf den Todesfall** whole life assurance *[GB]*, ordinary life insurance *[US]*; **~ Todes- und Erlebensfall** endowment insurance

abgekürzte Lebensversicherung term insurance; **aufgeschobene L.** deferred life insurance; **gegenseitige L.** mutual life insurance; **verbundene/wechselseitige L.** joint life insurance

Lebensversicherungs|freibetrag *m (Steuer)* life insurance relief; **L.gesellschaft** *f* (life) insurance company, life insurer; **~ auf Gegenseitigkeit** *m* mutual life insurance company; **L.police** *f* life (insurance) policy; **L.prämie** *f* life (assurance/insurance) premium; **L.verein auf Gegenseitigkeit** *m* mutual life assurance/insurance company; **L.vertrag** *m* life (assurance/insurance) contract

Lebenszeit *f* lifetime; **auf L. anstellen/ernennen** to appoint for life; **L.anstellung; L.beschäftigung** *f* lifetime employment, tenure

Lebenzyklus *m* life cycle

lebhaft *adj* lively, brisk

Leck *nt* leak(age); **l.** *adj* leaky; **L.age** *f* leakage, ullage; **~ und Bruch** leakage und breakage; **l.en** *v/i* to leak; **L.schaden** *m* leakage, ullage

leer *adj* 1. empty, 2. *(Stelle)* vacant; 3. unladen; 4. *(Formular)* blank; **L.abgabe** *f (Börse)* bearish sale *[GB]*, short selling *[US]*

leeren *v/t* 1. to empty/deplete;.2. *(Flüssigkeit)* to drain

Leer|fahrt *f* empty run; **L.fracht** *f* dead freight; **L.gewicht** *nt* deadweight (dwt), empty/unladen weight, tare (weight); **L.gut** *nt* empties; **L.kosten** *pl* idle-capacity cost(s); **L.material** *nt* empties; **L.meldung** *f* nil advice; **L.packung** *f* dummy package; **L.position** *f (Börse)* bear/short position; **L.stand** *m (Immobilie)* vacancies; **L.standsrate** *f* vacancy rate; **l.stehend** *adj* vacant, unoccupied; **L.tiefgang** *m* ⚓ light draft *[US]*/draught *[GB]*; **L.tonne** *f* deadweight tonne; **L.tonnage** *f* ⚓ deadweight tonnage; **L.übertragung** *f* blank transfer

Leerung *f* 1. emptying; 2. clearance; 3. *(Briefkasten)* collection

Leer|verkauf *m (Börse)* bear(ish)/short sale; **~ abschließen/tätigen** to sell short; **L.verkäufer** *m* bear seller; **L.verkaufsposition** *f* bear/short position; **L.wohnung** *f* vacant flat; **L.wohnungsbestand** *m* vacancy level(s); **L.zeichen** *nt* space character; **l. ziehen** *v/t* to vacate

legal *adj* legal, lawful; **l.isieren** *v/t* to legalize/authenticate; **L.isierung** *f* legalization, authentication; **L.ität** *f* legality

Legat *nt* legacy, bequest

Legitimation *f* legitimation, identification

Legitimations|aktionär *m* proxyholder; **L.karte** *f* identification card; **L.papier** *nt* identification paper; **L.übertragung** *f (HV)* proxy; **L.urkunde** *f* document of title

legitimieren *v/t* 1. to legitimize; 2. to authorize

Lehr|abschlussprüfung *f* trade test; **L.betrieb** *m* training shop; **L.brief** *m* apprenticeship certificate

Lehre *f (Ausbildung)* apprenticeship, traineeship; **seine L. absolvieren/durchmachen** to serve one's time/apprenticeship; **in die L. gehen bei** to be articled/apprenticed to; **gewerbliche L.** craft apprenticeship; **kaufmännische L.** commercial apprenticeship

Lehrgang *m* course; **kaufmännischer L.** commercial course

Lehrgangs|gebühr *f* course fee; **L.teilnahme** *f* course attendance

Lehrling *m* apprentice, trainee; **gewerblicher L.** industrial/craft apprentice; **kaufmännischer L.** commercial trainee

Lehrlings|ausbildung *f* apprentice training (scheme); **L.beruf** *m* apprenticeable trade; **L.vergütung** *f* apprenticeship pay; **L.verhältnis** *nt* apprenticeship; **L.werkstatt** *f* training workshop, vestibule school *[US]*

Lehr|plan; L.programm *m/nt* curriculum; **L.stelle** *f* apprenticeship/traineeship; **L.vertrag** *m* articles of apprenticeship; **L.werkstatt; L.werkstätte** *f* trainee/training workshop, vestibule school *[US]*

Lehrzeit *f* (period of) apprenticeship, training period

Leibrente *f* life annuity; **L.nempfänger** *m* (life) annuitant; **L.nversicherung** *f* (life) annuity insurance

leicht *adj* 1. light(weight); 2. easy, effortless; 3. slight; **L.brief** *m* ✉ air letter, aerogram(me)

Leichter *m* ⚓ lighter, barge; **frei in L.** free into barge (f.i.b.); **auf L. umladen** to lighter; **L.gebühr; L.geld; L.lohn; L.miete** *f/nt/m/f* lighterage

leichtfertig *adj* negligent, reckless; **L.keit** *f* negligence, recklessness

Leicht|industrie *f* light industry; **L.last** *f* light load; **L.lastwagen** *m* pickup (truck); **L.lohn** *m* low wage; **L.lohngruppe** *f* low-wage bracket; **L.maschinenbau** *m* light engineering

leicht verderblich *adj* perishable

Leichtverpackung *f* lightweight packaging

Leiden *nt* illness, suffering; **altes L.** *(Vers.)* previous illness; **körperliches L.** physical ailment; **nervöses L.** nervous complaint; **seelisches L.** mental illness

Leih|amt; L.anstalt *nt/f* pawnshop; **auf das L.amt tragen** to (put in) pawn; **L.arbeit** *f* agency/contract/temporary work; **L.arbeiter(in); L.arbeitnehmer(in)** *m/f* agency/contract worker, temp *(coll)*; **L.arbeitsfirma** *f* temporary-employment agency; **L.arbeitskräfte** *pl* agency/contract/temporary labo(u)r, temps *(coll)*

Leihe *f* loan; **zur L.** on loan

Leihen *nt* 1. lending; 2. borrowing; **l.** *v/t* 1. to lend/loan/advance; 2. *(von jdm)* to borrow

Leiher *m* 1. lender; 2. borrower

Leih|frist *f* 1. lending period; 2. borrowing period; **L.gabe** *f* loan; **als L.gabe** as a/on loan; **L.gebühr** *f* 1. lending fee; 2. 🚗 rental/hire charge(s); **L.gelder** *pl* borrowed capital, loans

Leihhaus *nt* pawnshop; **etw. aus dem L. auslösen** to redeem a pawn; **ins L. tragen** to put into pawn

Leih|kapital *nt* borrowed/outside/loan capital; **L.kräfte** *pl* temporary/contract labo(u)r, temps *(coll)*; **L.pacht** *f* lend-lease; **L.personal** *nt* temporary staff, contract personnel; **L.satz** *m* interest rate; **L.schein** *m* pawn ticket

Leihwagen *m* rented/hired car; **L.dienst** *m* car hire service; **L.firma** *f* car rental/hire company; **L.geschäft** *nt* car rental/hire (business)

leih|weise *adj* on loan; **L.zins** *m* loan interest (rate)

leisten *v/t* 1. to perform/do/effect/achieve; 2. *(Dienst)* to render; **(es) sich l. (können)** to be able to afford

Leistung *f* 1. performance, efficiency; 2. *(Ergebnis)* result, achievement; 3. *(Produktion)* output, production; 4. ⚙ energy, power; 5. *(Maschine)* rating; 6. *(Vers.)* benefit; 7. *(Entschädigung)* indemnity; **L. am Arbeitsplatz** job performance; **L. an Erfülligungs Statt** payment in lieu of performance; **L. in Geld** pecuniary consideration; **L.en im Krankheitsfall** sickness allowance *[US]*/benefits *[GB]*; **~ in Naturalien** payments in kind; **L. der Unternehmensführung** managerial performance; **L. an Zahlungs Statt** performance in lieu of payment; **L. Zug um Zug** contemporaneous performance

Leistung abrechnen to bill/invoice services; **L. anbieten/andienen** to proffer services, to tender performance; **mit voller L. arbeiten** to work/run at full capacity; **L.en ausbezahlen** *(Vers.)* to pay benefits; **jds L. bewerten** to rate so.'s performance; **nach L. bezahlen** to pay by results; **L.en erbringen** 1. to render services; 2. *(Vers.)* to pay benefits; **L.en gewähren** *(Vers.)* to grant benefits; **L. verweigern** to refuse performance

abgegebene Leistung ⚙ output; **abgerechnete L.en** invoiced sales; **ärztliche L.en** medical services; **berufliche L.** job performance; **entgeltliche L.** valuable consideration; **erbrachte L.en** services rendered; **fachliche L.** professional achievement; **freiwillige L.** 1. *(Vers.)* ex-gratia payment; 2. *(Arbeitgeber)* fringe benefit; **innerbetriebliche L.** own work; **marktfähige L.** marketable service; **soziale L.en** welfare benefits; **unbare L.** consideration other than cash; **unentgeltliche L.** gratuitous service/performance; **unsichtbare L.en** invisible services, invisibles; **vereinbarte/vertragliche L.** contractual service; **vermögenswirksame L.** capital accumulation benefit; **wiederkehrende L.en** recurrent payments/benefits; **wirtschaftliche L.** industrial/economic performance; **zusätzliche L.en** *(Arbeitgeber)* fringe benefits

Leistungs|abfall *m* ⚡ power drop; **L.abgabe** *f* ☼/⚡ output; **l.abhängig** *adj* performance-related; **L.abweichung** *f* efficiency variance; **L.analyse** *f* efficiency rating; **L.anbieter** *m* service provider/renderer; **L.anforderungen** *pl* standards of performance; **L.angaben** *pl* 1. performance data; 2. ☼ power rating; **L.angebot** *nt* 1. range of services; 2. *(Vers.)* range of benefits; **L.anreiz** *m* incentive; **L.anspruch** *m* benefit entitlement; **L.anwärter** *m* claimant; **L.ausschluss** *m* *(Vers.)* exclusion of benefits; **L.bedarf** *m* ⚡ power requirements; **L.bemessung** *f* performance rating/appraisal; **l.berechtigt** *adj* eligible for benefit; **L.berechtigte(r)** *f/m* beneficiary; **L.berechtigung** *f* eligibility for benefit; **L.bereich** *m (Vers.)* benefit range; **L.bereitschaft** *f* motivation; **L.beschreibung** *f* performance specification; **L.beurteilung; L.bewertung** *f* performance rating, merit *[US]*/personnel/employee rating; **l.bezogen** *adj* performance-related

Leistungsbilanz *f* current account (balance), balance (of payments) on current account; **aktive/positive L.** current account surplus; **negative/passive L.** current account deficit; **L.defizit** *nt* current account deficit; **L.saldo** *m* current account balance; **L.überschuss** *m* current account surplus

Leistungs|bonus *m* incentive pay; **L.bündel** *nt* service package; **L.dauer** *f* benefit/indemnity *[US]* period; **L.defizit** *nt* performance deficit; **L.diagramm** *nt* performance chart; **L.einkommen** *nt* factor/productive income; **L.einstufung** *f* performance/merit *[US]* rating; **L.empfänger** *m* beneficiary; **L.entgelt** *nt* consideration (for services rendered); **L.entlohnung** *f* payment by results, incentive wage (system); **L.erbringer** *m* 1. service provider/renderer; 2. performer; **L.erfüllung** *f* performance

Leistungsergebnis *nt* operating result; **L.grad** *m* operating performance level

Leistungs|ermittlung *f* performance evaluation, merit rating *[US]*; **L.ersteller** *m* service provider/renderer; **L.erstellung** *f* 1. provision/rendering of services; 2. *(Vers.)* claims adjustment; **l.fähig** *adj* 1. efficient; 2. able, capable; 3. competitive; 4. solvent

Leistungsfähigkeit *f* 1. efficiency, productive capacity; 2. ability; 3. competitiveness; **betriebliche L.** plant capacity; **finanzielle L.** financial capacity/strength; **körperliche L.** physical fitness; **wirtschaftliche L.** economic efficiency

Leistungs|faktoren *pl* productive factors; **L.fall** *m (Vers.)* benefit case; **L.garantie** *f* performance guarantee; **L.geber** *m* service provider/renderer; **L.gerechtigkeit** *f* equal pay for equal work; **L.gesellschaft** *f* meritocracy; **L.grad** *m* performance/efficiency level; **L.grenze** *f* marginal productivity; **betriebliche L.gruppe** cost center *[US]*/centre *[GB]*; **L.hemmnis** *nt* disincentive; **~ bei Vertragserfüllung** frustration of contract; **L.höhe** *f* performance level; **L.honorar** *nt* performance fee, payment by results; **L.katalog** *m (Vers.)* range of benefits; **L.klage** *f* § action for specific performance; **L.kontrolle** *f* 1. efficiency survey; 2. assessment; **L.kraft** *f* efficiency, capacity; **L.kurve** *f* performance graph/curve; **L.kürzung** *f (Vers.)* benefit cut

Leistungslohn *m* incentive/performance-related wage/pay; **L.satz** *m* incentive rate; **L.system** *nt* incentive wage system, efficiency bonus plan *[US]*

Leistungs|maßstab *m* standard of performance, performance indicator; **L.messung** *f* performance appraisal/rating; **L.motiv** *nt* achievement motive; **L.nachweis** *m* performance record; **L.niveau** *nt* performance standard/level; **L.norm** *f* performance/efficiency standard; **l.orientiert** *adj* efficiency-orient(at)ed, performance-orient(at)ed; **L.ort** *m* place of performance; **L.paket** *nt* service package; **L.pflicht** *f* 1. *(Vers.)* liability; 2. obligation/

duty to perform; 3. ⚡/♨/*(Gas)* public service obligation (PSO); **L.potenzial** *nt* 1. performance potential; 2. production capacity; **L.prämie** *f* productivity/incentive/performance bonus; **L.prinzip** *nt* efficiency/merit principle; **L.programm** *nt* *(Vers.)* range of benefits; **L.prüfung** *f* performance test; **L.qualität** *f* performance standard; **L.rechnung** *f* output accounting; **L.reserve** *f* reserve capacity; **L.satz** *m* *(Vers.)* benefit rate; **L.schuldner(in)** *m/f* § obligor; **L.skala** *f* performance range; **L.soll** *nt* production target; **L.spitze** *f* ⚡ peak load; **L.stand** *m* efficiency/performance level; **L.standard** *m* performance standard; **l.stark** *adj* ⚙ efficient, powerful; **L.statistik** *f* performance statistics; **L.störung** *f* 1. default (in performance); 2. § frustration; **L.struktur** *f* *(Vers.)* benefit structure; **L.stufe** *f* level of performance; **L.system** *nt* merit system; **L.tabelle** *f* 1. performance table; 2. *(Vers.)* scale of benefits; **L.test** *m* achievement/performance test; **L.träger** *m* contributor; **L.überschuss** *m* current account surplus; **L.umfang** *m* 1. volume/scope of services; 2. *(Vers.)* range of benefits; **L.urteil** *nt* performance/merit *[US]* rating; **L.vergütung** *f* bonus; **L.verlust** *m* ⚡ power drop; **L.vermögen** *nt* power, capacity, potential; **L.versprechen** *nt* performance bond; **L.vertrag** *m* performance contract; **L.verzeichnis** *nt* specification, bill of quantities; **L.verzug** *m* default; **L.volumen** *nt* 1. volume of production/services; 2. *(Vers.)* volume of benefits; **L.wettbewerb** *m* efficiency contest; **L.wille** *m* motivation; **L.zeitraum** *m* *(Vers.)* benefit period; **L.ziel** *nt* performance objective; **L.zulage** *f* incentive/performance-related bonus

Leitartikel *m* leader, editorial

leiten *v/t* 1. to lead/guide; 2. *(Betrieb)* to manage/run; 3. *(Ware)* to route; 4. *(Sitzung)* to chair; **l.d** *adj* managing, executive, managerial

Leitentscheidung *f* § landmark ruling/decision

Leiter *m* manager, head, principal; **L. der Abteilung** head of department; **L. des Rechnungswesen; L. der Buchhaltung** chief accountant; **L. der Einkaufsabteilung** chief buyer; **L. des Exports; L. der Exportabteilung** export manager; **L. der Filiale** branch manager; **~ Finanzabteilung; L. des Finanzwesens** treasurer *[US]*, director of finance; **L. der Kreditabteilung** credit/loan manager; **~ Marketingabteilung** marketing manager; **~ Niederlassung** branch manager; **~ Öffentlichkeitsarbeit** public relations officer (PRO); **~ Personalabteilung; L. des Personalwesens** human resources manager; **~ Rechnungswesens** chief accountant; **L. der Transportabteilung; L. des Transportwesens** transport manager; **L. des Verkaufs; L. der Verkaufsabteilung** sales manager; **L. der Werbeabteilung** advertising manager

kaufmännischer Leiter commercial manager; **stellvertretender L.** assistant/deputy manager; **technischer L.** director of engineering

Leiterin *f* manageress

Leit|erzeugnis *nt* pilot product; **L.fall** *m* § leading case; **L.karte** *f* master card; **L.kurs** *m* *(Währung)* central (exchange) rate; **L.preis** *m* leading/guide price; **L.projekt** *nt* pilot project; **L.studie** *f* pilot study

Leitung *f* 1. management; 2. *(Logistik)* routing; 3. ☎ line; **L. der Gesellschaft; L. des Unternehmens** company/corporate management; **besetzte L.** ☎ busy *[US]*/engaged *[GB]* line; **fachkundige/fachmännische L.** professional management; **unter neuer L.** under new management; **staatliche L.** government control

Leitungs|ausfall *m* ⚡ mains failure, outage *[US]*; **L.befugnis** *f* decision-making powers; **L.ebene** *f* management level; **L.gremium** *nt* directorate; **L.netz** *nt* 1. (supply) network; 2. ⚡ (transmission) grid; **L.organ** *nt* managing body; **L.organisation; L.spanne; L.struktur** *f* management structure, chain of command; **L.wasser** *nt* tap water; **L.weg** *m* *(Transport)* route

Leit|vermerk *m* routing instruction; **L.währung** *f* key/leading currency; **L.weg** *m* route; **L.zahl** *f* 1. code number; 2. ✉ post(al) *[GB]*/zip *[US]* code; 3. *(Bank)* sort code; **L.zentrale** *f* control room; **L.zins** *m* (bank) base rate *[GB]*, prime rate *[US]*

lenken *v/t* 1. to control; 2. to direct/head

Lenkung *f* control; **L. des Außenhandels** export control; **innerbetriebliche L.** internal control

L

Lenkungs|ausschuss *m* steering committee; **L.maßnahmen** *pl* regulatory measures; **L.organ** *nt* regulatory body
Lern|beruf *m* apprenticeable trade; **l.en** *v/ti* to learn/study; **L.hilfe; L.mittel** *f/nt* teaching aid; **L.kurve** *f* learning curve; **L.ziel** *nt* objective
Lesart *f* version
lesbar *adj* readable, legible; **maschinell l.** machine-readable
Lese|befehl *m* 🖳 read instruction; **L.einrichtung** *f* 🖳 read future; **L.gerät** *nt* 🖳 scanner; **L.programm** *nt* 🖳 input program; **L.prüfung** *f* read check; **L.publikum** *nt* reading public
Leser *m* reader; **L.analyse** *f* readership survey; **L.brief** *m* letter to the editor; **L.schaft** *f* readership; **L.umfrage** *f* reader survey
Lese|- und Schreibtest *m* literacy test; **L.speicher** *m* 🖳 read only memory (ROM); **L.stift** *m* 🖳 code pen
Letzt|angebot *nt* highest bid; **L.begünstigte(r)** *f/m* ultimate beneficiary; **L.bietende(r)** *f/m* last and highest bidder; **L.käufer** *m* ultimate buyer; **L.verbrauch** *m* end use; **L.verbraucher** *m* final consumer, end-user; **L.verbraucherpreis** *m* retail price
Leucht|reklame; L.werbung *f* neon light advertising; **L.schrift** *f* luminous writing
Leugnen *nt* denial; **l.** *v/t* to deny/disclaim
Leumund *m* reputation, repute; **L.szeuge** *m* character witness
liberalisier|en *v/t* to liberalize/decontrol/deregulate; **L.ung** *f* liberalization, deregulation, decontrol
Liberalismus *m* liberalism; **wirtschaftlicher L.** laisser-faire *(frz.)*, Manchester School
Licht *nt* light(ing), illumination; **grünes L. erhalten** *(fig)* to receive/be given the go-ahead; **~ geben** *(fig)* to give the go-ahead
Licht|anlage *f* lighting (system); **L.band** *nt* luminous strip
Licht|faser *f* optical fiber *[US]*/fibre *[GB]*; **L.pause** *f* blueprint; **L.reklame** *f* neon (light) advertising; **L.verhältnisse** *pl* light(ing) condiions; **L.wellenleiter(kabel)** *m/nt* optical fiber *[US]*/fibre *[GB]* (cable); **L.werbung** *f* neon advertising
Liebhaber *m* *(Sammler)* collector; **L.objekt; L.stück** *nt* collector's item; **L.wert** *m* sentimental value
Lieferant *m* suppliert, vendor
Lieferanten|angebot *nt* supplier's offer; **L.beurteilung** *f* vendor appraisal; **L.buch** *nt* accounts payable ledger; **L.buchhaltung** *f* accounts payable accounting; **L.eingang** *m* tradesmen's entrance; **L.gläubiger(in)** *m/f* trade creditor
Lieferantenkredit *m* trade credit; **L.geber** *m* trade creditor; **L.klausel** *f* open account terms; **L.konto** *nt* supplier's account
Lieferanten|land *nt* supplier country; **L.liste** *f* list of suppliers; **L.preis** *m* supplier's price; **L.rechnung** *f* supplier's invoice; **offene L.rechnungen** trade accounts receivable; **L.risiko** *nt* supplier's risk; **L.schulden** *pl* trade debts/creditors; **L.skonto** *m/nt* trade discount; **L.verbindlichkeiten** *pl* *(Bilanz)* trade creditors; ~ accounts receivable; **L.vertreter** *m* supplier's representative; **L.wechsel** *m* trade acceptance
Liefer|anweisung *f* delivery instruction; **L.anzeige** *f* 1. advice of delivery; 2. *(Papier)* advice/delivery note; **L.auftrag** *m* delivery order (D/O); **L.ausfall** *m* non-delivery; **L.beschränkung** *f* supply restriction
lieferbar *adj* available, in stock; **begrenzt/beschränkt l.** in limited/short supply; **sofort l.** 1. for immediate delivery; 2. *(Börse)* spot; **nur l., solange der Vorrat reicht** available while stocks last
Lieferbarkeit *f* 1. availability; 2. *(Börse)* good dellivery
Liefer|bedingungen *pl* 1. delivery terms, terms of delivery; 2. *(Versand)* terms of shipment; **l.bereit** *adj* ready for delivery; **L.buch** *nt* delivery book; **L.datum** *nt* delivery date; **L.dienst** *m* delivery service; **L.engpass** *m* supply bottleneck; **L.fahrer** *m* delivery driver; **L.firma** *f* supplier(s); **L.forderungen** *pl* accounts receivable; **L.frist** *f* term/time of delivery; **L.garantie** *f* delivery/supply guarantee; **L.gebühr** *f* delivery charge; **L.gemeinschaft** *f* supply syndicate; **L.geschäft** *nt* 1. delivery/supply transaction; 2. *(Börse)* futures business; **L.gewicht** *nt* delivered weight; **L.hafen** *m* port of delivery; **L.kapazität** *f* supply capacity; **L.kette** *f* supply chain
Lieferklausel *f* delivery clause; **L.n** commercial terms; **internationale L.n** international commercial terms (Incoterms)
Liefer|konsortium *nt* suppliers'/supply syndicate; **L.kontingent** *nt* supply quota; **L.konto** *nt* trading account; **L.kontrakt** *m*

contract of supply; **L.kosten** *pl* delivery costs/expenses/charges; **L.kredit** *m* supplier's credit; **L.land** *nt* supplier country; **L.menge** *f* quantity supplied

liefern *v/t* 1. to supply; 2. *(ausliefern)* to deliver; **falsch l.** to misdeliver; **frei Haus l.** to deliver free; **pünktlich l.** to deliver on time

Liefer|ort *m* place/point of delivery; **geliefert Grenze benannter L.ort** delivered at frontier named place of delivery; **L.plan** *m* delivery schedule; **L.preis** *m* supply price; **L.problem** *nt* supply problem; **L.programm** *nt* range of goods; **L.quelle** *f* source of supply; **L.quote** *f* supply quota

Lieferschein *m* 1. delivery note; 2. *(Anweisung)* delivery order (D/O), shipping ticket *[US]*

Liefer|schwierigkeiten *pl* difficulties in delivery; **L.service** *m* delivery service; **L.-sperre** *f* embargo; **L.spesen** *pl* delivery charges; **L.tag; L.termin** *m* 1. delivery date; 2. *(Börse)* settlement day

Lieferung *f* 1. supply; 2. *(Auslieferung)* delivery; 3. *(Partie)* consignment, shipment (shpt.); 4. *(Börse)* allotment; **L. auf Abruf** delivery on call; **~ Abzahlungsbasis** supply on a deferred-payment basis; **L.en des Auslandes** imports; **~ ins Ausland** exports; **L. gegen bar/Barzahlung** cash *[GB]*/collect *[US]* on delivery (c.o.d.); **L. frei Baustelle** delivered free (on) site; **~ Bestimmungsort** free delivery; **~ an Bord** free on board (FOB); **~ Haus** delivery free domicile; **L. gegen Nachnahme** cash *[GB]*/collect *[US]* on delivery (c.o.d.); **L. frei längsseits Schiff** free along-side ship (FAS); **L. am gleichen Tag** same-day delivery; **L. nur an Wiederverkäufer** supplying to the trade only; **L. ab Werk** delivery ex works (EXW)

zahlbar bei Lieferung cash *[GB]*/collect *[US]* on delivery (c.o.d.)

Lieferung ab-/an-/entgegennehmen to take/accept delivery; **L. anbieten** to tender delivery; **L. beschleunigen** to speed up/expedite delivery; **bei L. bezahlen** to pay on delivery; **L. durchführen** to effect delivery; **L. einstellen** to cease delivery; **auf L. kaufen** *(Börse)* to buy forward; **gegen sofortige L. kaufen** *(Börse)* to buy spot *[GB]*/outright *[US]*; **L. verweigern** to refuse to supply

aufgeschobene Lieferung deferred delivery; **fehler-/mangelhafte L.** deficient/defective delivery; **frachtfreie L.** carriage-paid delivery; **freie L.** free delivery; **künftige L.** future delivery; **neue L.** new shipment; **prompte L.** speedy/prompt delivery; **pünktliche L.** punctual/on-time delivery; **rückständige L.** overdue delivery; **schnelle L.** speedy delivery; **sofortige/unverzügliche L.** immediate/spot/prompt delivery; **verspätete L.** late/delayed delivery

Lieferungs|anweisung *f* delivery order; **L.anzeige** *f* shipping advice; **L.auftrag** *m* purchase order; **L.bedingungen** *pl* terms/conditions of delivery; **L.- und Zahlungsbedingungen** terms of payment and delivery; **L.datum** *nt* date of delivery; **L.-frist** *f* term of delivery; **L.garantie** *f* delivery guarantee; **L.geschäft** *nt (Börse)* futures (trading); **L.kosten** *pl* delivery costs; **L.markt** *m (Börse)* futures market; **L.ort** *m* place of delivery; **L.preis** *m* delivery price; **L.schein** *m* delivery note; **L.-tag; L.termin** *m* 1. day/date of delivery; 2. *(Börse)* account day; **L.verkauf** *m (Börse)* futures trading; **konzerninterner L.- und Leistungsverkehr** intra-group shipments; **L.vertrag** *m* 1. delivery contract; 2. *(Börse)* futures contract; **L.verzögerung** *f* delayed delivery; **L.verzug** *m* default (of delivery)

Liefer|unterbrechung *f* interruption in supply; **L. und Leistungsverbindlichkeiten** *pl (Bilanz)* trade creditors; **L.-verpflichtung** *f* supply commitment; **L.vertrag** *m* 1. supply contract; 2. *(Börse)* forward contract; **L.verzug** *m* delay in delivery; **L.vorschriften** *pl* forwarding/shipping instructions; **L.wagen** *m* 🚗 (delivery) van, truck *[US]*; **L.wagenladung** *f* vanload, truckload; **L.weg** *m* delivery/supply channel

Lieferzeit *f* delivery time/period; **L. einhalten** to deliver on time, to meet the delivery deadline

Liefer|zettel *m* delivery note; **L.zusage** *f* delivery undertaking

Liege|geld; L.gebühr *nt/f* ⚓ quayage, demurrage

liegen *v/i* to lie, to be located/situated; **l. bleiben** *v/i* 1. to be left behind; 2. to be left unsold

Liegenschaft(en) *f/pl* real/landed estate, realty *[US]*; **L.en und bewegliche Sachen** land and chattles

L

Liegenschafts|agentur *f* real estate agency; **L.amt** *nt* real estate office; L.bewirtschaftung f facility management; **L.erschließungsgesellschaft** *f* property development company; **L.kataster** *m* land register *[GB]*; **L.konto** *nt* property account; **L.recht** *nt* property law; **L.steuer** *f* property tax; **L.übertragung** *f* conveyance; **L.verkauf** *m* property sale; **L.vertrag** *m* contract for the sale of property; **L.verwalter** *m* estate agent, realtor *[US]*; **L.verzeichnis** *nt* property record(s)

Liegeplatz *m* ⚓ berth; **L.gebühr** *f* mooring dues; **L.tage; L.zeit** *pl/f* ⚓ lay/ship's days

Limit *nt* (price) limit, ceiling; **L.auftrag** *m* stop order; **l.ieren** *v/t* to limit; **L.ierung** *f* limitation; **L.kurs; L.preis** *m* ceiling price

linear *adj* 1. linear, across-the-board; 2. *(Abschreibung)* on a straight-line basis

Linie *f* line, course; **auf breiter L.** across the board; **kreditpolitische L.** credit policy; **offene L.** *(Bank)* unutilized credit line

Linien|agent *m* shipping line agent; **L.dampfer** *m* liner; **L.diagramm** *nt* line graph; **L.dienst** *m* 1. scheduled operations/service; 2. ⚓ liner service; **L.fertigung** *f* line production

Linienflug *m* scheduled flight; **L.gesellschaft** *f* scheduled (air) carrier

Linien|frachter *m* cargo liner; **L.frachtbrief** *m* liner waybill; **L.frachtrate** *f* liner rate; **L.konferenz** *f* ⚓ liner conference; **L.konnossement** *nt* shipping line bill of lading (B/L); **L.organisation** *f* line organisation; **L.- und Stabsorganisation** *f* line-and-staff organisation; **L.raten** *pl* ⚓ liner (freight) rates; **L.reederei** *f* ⚓ scheduled carrier; **L.schiff** *nt* liner; **L.schifffahrt** *f* liner trade/traffic; **L.schifffahrtsbestimmungen** *pl* liner terms; **L.verkehr** *m* regular/scheduled service

liquid(e) *adj* solvent, liquid, fluid *[US]*, awash/flush with money, cash-rich

Liquidation *f* 1. *(Auflösung)* liquidation, winding up; 2. *(Ausverkauf)* clearance; 3. *(Begleichung)* clearing, settlement; 4. *(Rechnung)* account; 5. *(Honorar)* fee, note of fees; **L. durchführen** to wind up a company; **in L. treten** to go into liquidation

Liquidations|anteil *m* (liquidation) dividend; **L.ausverkauf** *m* clearance sale; **gerichtlicher L.beschluss** winding-up order; **L.bestimmungen** *pl* winding-up provisions; **L.bilanz** *f* liquidation balance sheet; **L.datum** *nt (Börse)* settlement day; **L.erlös** *m* winding-up proceeds; **L.gesellschaft** *f* company in liquidation; **L.gewinn** *m* winding-up profit; **L.guthaben** *nt* clearing balance; **L.konto** *nt* settlement account; **L.kosten** *pl* winding-up/liquidation costs; **L.kurs** *m (Börse)* settlement price; **L.plan** *m* scheme of arrangement; **L.preis** *m* 1. realization price; 2. *(Börse)* settlement price; **L.quote; L.rate** *f* liquidating dividend; **L.tag; L.termin** *m (Börse)* account/settlement day; **L.überschuss** *m* realization surplus; **L.verfahren** *nt* winding-up proceedings; **L.verkauf** *m* clearance sale; **L.wert** *m* 1. net asset value; 2. *(Zwangsauflösung)* break-up/liquidation value; **L.zeitraum** *m* liquidation period

Liquidator *m* receiver; **L. bestellen** to call in/appoint a receiver; **gerichtlich bestellter L.** official receiver

liquidieren *v/t* 1. to liquidate, to wind up; 2. to realize, to sell off; 3. *(Investmentanteil)* to redeem; 4. *(Termingeschäft)* to settle

Liquidierung *f* 1. realization; 2. winding-up; 3. *(Termingeschäft)* settlement

Liquidität *f* liquidity, (financial) solvency, cash flow, ability to pay; **L. einer AG** corporate liquidity; **~ Bank** bank liquidity; **L. ersten Grades** cash ratio, acid test ratio; **L. zweiten Grades** (net) quick ratio; **L. dritten Grades** current ratio

Liquidität absaugen/abschöpfen to drain liquidity; **L. anreichern** to increase liquidity; **L. verknappen** to cut liquidity

eingeengte/mangelnde Liquidität liquidity bottleneck, illiquidity

Liquiditäts|abdeckung *f* cash flow cover(age); **L.abfluss** *m* outflow of cash, cash drain; **L.abschöpfung** *f* skimming off (of) liquidity; **L.anspannung** *f* pressure/strain on liquidity; **L.anteil** *m (Bank)* cash ratio; **L.ausstattung** *f* allocation of funds; **L.bedarf** *m* liquidity needs/requirements; **L.beengung** *f* cash/liquidity squeeze; **L.beschaffung** *f* cash procurement; **L.bestimmungen** *pl* solvency rules; **L.bilanz** *f* net liquidity balance; **L.budget** *nt* cash budget; **L.defizit** *nt* liquidity shortfall; **L.dispositionen** *pl* liquidity management; **L.druck** *m* 1. pressure on liquidity; 2. *(Bank)* cash squeeze; **L.enge; L.engpass** *f/m* cash/liquidity shortage; **L.entzug** *m* absorption of liquidity; **L.erfordernisse** *pl* liquidity requirements; **L.erhaltung** *f* maintenance of liquidity; **L.falle** *f (Keynes)* liquidity trap; **L.gebaren** *nt* liquidity management; **L.grad** *m* 1. solvency level, acid test ratio; 2. *(Bank)* cash ratio; **L.guthaben** *nt (Bank)* liquid assets; **L.haltung** *f* cash management; **L.hilfe** *f* cash injection; **l.hungrig** *adj* cash-starved; **L.kennzahl; L.kennziffer** *f* liquid asset ratio; **L.klemme** *f* liquidity squeeze; **L.knappheit** *f* liquidity shortage; **L.koeffizient** *m* liquidity ratio; **L.krise** *f* cash flow crisis; **L.lage** *f* cash flow position; **angespannte L.lage** cash flow problem; **L.mangel** *m* cash shortage; **L.marge** *f* solvency margin; **L.menge** *f* solvency margin; **L.planung** *f* cash flow planning; **L.politik** *f* liquidity management; **L.position** *f* cash flow position; **L.problem** *nt* cash flow problem; **L.prüfung** *f* acid/solvency test; **L.quote** *f* liquid asset ratio; **L.rechnung** *f* cash flow statement; **L.reserve** *f* cash/liquidity reserve(s); **L.richtlinien** *pl* liquidity rules; **L.schwierigkeiten** *pl* cash flow problem(s); **L.spanne; L.spielraum** *f/m* liquidity/solvency margin; **L.spritze** *f* cash injection; **L.status** *m* 1. cash (flow) liquidity position; 2. *(Bilanz)* statement of sources and application of funds; **L.steuerung** *f* liquidity management; **L.stoß** *m* cash injection; **L.überfluss; L.überhang; L.überschuss** *m* cash surplus; **L.verhältnis** *nt* curent ratio, acid test ratio; **L.verknappung** *f* cash shortage; **L.verlauf; L.versorgung** *m/f* cash flow; **L.verlust** *m* cash loss; **L.voranschlag** *m* cash forecast; **L.vorrat** *m* cash reserve(s); **L.vorschriften** *pl* liquidity requirements

Liste *f* list, table; **L. der börsengängigen Effeken** official list; **~ zollpflichtigen Güter** ⊖ dutiable list; **~ kreditfähigen Kunden** credit list; **L. übernommener Risiken** *(Vers.)* risks list; **L. der Verbindlichkeiten** schedule of liabilities; **L. zollfreier Waren** free list

Liste anführen to head the list; **L. anlegen/aufstellen** to draw up a list; **L. führen** to keep a list; **auf die schwarze L. setzen** to blacklist; **von der L. streichen** to strike off the list; **L. zusammenstellen** to compile a list

Listenpreis *m* list/posted price

Lizenz *f* licence *[GB]*, license *[US]*, franchise; **L. beantragen** to apply for a licence; **L. besitzen** to hold a licence; **sich eine L. beschaffen** to take out a licence; **L. entziehen** to cancel/revoke/withdraw a licence; **L. erneuern** to renew a licence; **L. erteilen/gewähren/vergeben** to grant/issue a licence; **in L. fertigen/herstellen** to manufacture under licence; **L. nehmen** to take out a licence; **L. zeitweilig außer Kraft setzen** to suspend a licence

ausschließliche Lizenz exclusive licence; **stillschweigend gewährte L.** implied licence; **vertragliche L.** contractual licence

Lizenz|abgabe *f* licence fee, royalty; **L.abkommen** *nt* licensing agreement; **L.austausch** *m* cross licensing; **L.beschränkungen** *pl* licensing restrictions; **L.bewilligung; L.einräumung** *f* licensing; **L.dauer** *f* term of the licence; **L.einkünfte; L.einnahmen** *pl* royalties; **L.erteilung; L.gewährung** *f* licensing, licensure *[US]*; **L.fertigung** *f* production/manufacturing under licence; **L.geber** *m* licensor, franchisor; **L.gebühr** *f* licence fee, royalty

lizenzier|en *v/t* to license; **L.ung** *f* licensing, licensure *[US]*

Lizenz|makler *m* franchise broker; **L.nehmer; L.träger** *m* licensee, franchisee; **L.produktion** *f* manufacture/manufacturing under licence; **L.vereinbarung** *f* licensing arrangement/contract; **L.verfahren** *nt* licensing, licensure *[US]*; **L.vergeber** *m* licensor, franchisor; **L.verlängerung** *f* licence renewal; **L.vertrag** *m* licence/licensing contract; **L.vorschriften** *pl* licensing provisions

LKW *m* ↘ **Lastkraftwagen** lorry *[GB]*, truck *[US]*; **frei L.** free on truck (FOT); **schwerer L.** heavy goods vehicle (HGV)

LKW|-Fahrer *m* lorry *[GB]*/truck *[US]* driver, trucker; **L.-Teilladung** *f* less than truckload; **L.-Transport** *m* trucking; **L.-(Transport)Unternehmen** *nt* trucking company, haulage contractor *[GB]*, road haulier; **L.-Unternehmer** *m* haulier, trucker *[US]*

Loch *nt* hole, gap; **L. im Etat/Haushalt** budget gap; **L. stopfen** to stop/fill a gap

Loch|karte *f* 🖳 punch(ed) card; **L.streifen** *m*

L

1. punch/perforated tape; 2. *(Börsentelegraf)* ticker tape
Lockartikel *m* loss leader
lockern *v/t* to relax
Lockerung *f* relaxation; **L. von Beschränkungen** deregulation
Lock|mittel *nt* bait, lure; **L.preis** *m* loss-leader price; **L.(vogel)angebot** *nt* loss leader
loco *adj* local, spot
Logbuch *nt* logbook
Logistik *f* logistics; **L.branche** *f* logistics industry; **L.dienstleister** *m* logistics services company; **L.kette** *f* supply chain; **L.leiter(in)** *m/f* logistics manager(ess); **L.unternehmen** *nt* logistics operator/company; **L.zentrum (LZ)** *nt* logistics center *[US]*/centre *[GB]*
Lohn *m* wage(s), pay; **L. und Brot** *(coll)* livelihood; **Löhne und Gehälter** salaries and wages, wages and salaries; **L. plus Nebenkosten** package pay, compensation package *[US]*
vom Lohn abziehen to deduct from the wage; **Löhne aufbessern** to improve wages; **~ drosseln** to curb wages; **L. einbehalten** to stop wages; **Löhne erhöhen** to raise wages; **mehr L. fordern/verlangen** to claim higher wages; **L. herabsetzen/kürzen** to cut wages; **L. pfänden** to garnishee wages; **jdn auf halben L. setzen** to put so. on half-pay; **bei jdm in L. und Brot stehen** to be in so.'s employ
angemessener Lohn fair wage; **von der Gewerkschaft ausgehandelter L.** union wage; **auskömmlicher/ausreichender L.** living wage; **ausstehender L.** back wage; **das Existenzminimum gerade deckender L.** subsistence wage; **durchschnittlicher L.** average wage; **effektiver L.** take-home pay; **gleicher L. für gleiche Arbeit** equal pay for equal work; **gleitender/indexierter L.** indexed wage; **leistungsbezogener L.** performance-related pay; **nominaler L.** money wage; **rückständiger L.** wage arrears; **tariflicher L.** standard wage; **üblicher L.** going rate
Lohn|abbau *m* wage cut/reduction; **l.abhängig** *adj* wage-related; **L.abhängige(r)** *f/m* worker; **L.abkommen** *nt* wage settlement; **L.abrechner** *m* payroll clerk
Lohnabrechnung *f* 1. *(Zettel)* pay slip; 2. payroll/wage(s) accounting; 3. payroll accounts department; **L.skarte** *f* wage sheet
Lohn|abschlagszahlung *f* wage advance; **L.abschluss** *m* wage settlement; **L.abtretung** *f* wage assignment
Lohn|abzug *m* pay (check) deductions; **gesetzliche L.abzüge** statutory deductions; **L.abzugsverfahren** *nt* wage deduction
Lohn|angebot *nt* pay/wage offer; **L.-Angebotskurve** *f* wage supply curve; **L.anhebung** *f* wage increase; **L.anpassung** *f* wage adjustment; **L.anreiz** *m* wage incentive; **L.anspruch** *m* wage claim; **L.anstieg** *m* wage rise; **L.anteil** *m* wage portion; **L.arbeit** *f* wage work; **L.arbeiter** *m* wage earner; **L.aufbesserung** *f* wage increase, raise *[US]*, rise *[GB]*; **L.auftrag** *m* job order; **im ~ vergeben** to subcontract/outsource, to farm out
Lohnaufwand *m* wage/labo(u)r costs; **L. plus Material und Unternehmerverdienst** cost-plus
Lohn|aufwendungen *pl* wage/labo(u)r costs; **L.- und Gehaltsaufwendungen** wage(s) bill; **L.auseinandersetzung** *f* pay/wage dispute; **L.ausfall** *m* lost pay, loss of earnings; **L.ausgaben** *pl* wage costs
Lohnausgleich *m* make-up pay; **bei vollem L.** without loss of pay
lohn|bedingt *adj* wage-related; **L.bedingungen** *pl* wage conditions; **L.begrenzung** *f* wage control; **L.belastung** *f* wage burden; **L.beleg** *m* wage/pay slip; **L.berechnung** *f* wage computation; **L.bescheinigung** *f* wage slip; **L.beschlagnahme** *f* attachment of earnings; **L.bestandteil** *m* pay element/component; **L.betrieb** *m* sub-contractor; **L.bezieher** *m* wage earner; **l.bezogen** *adj* wage-related
Lohnbuch *nt* wages book; **L.halter** *m* payroll/wages clerk; **L.haltung** *f* 1. payroll/wage accounting; 2. payroll department
Lohn|büro *nt* pay/payroll/wages office; **L.differenz** *f* (wage) differential; **L.disziplin** *f* wage restraint; **L.drift** *f* wage/earnings drift; **L.druck** *m* wage pressure; **L.druckinflation** *f* wage-push inflation; **L.einbuße** *f* loss of pay; **L.eingruppierung; L.einstufung** *f* wage classification; **L.einheit** *f* wage unit; **L.einkommen** *nt* wage income; **L.einzelkosten** *pl* direct labo(u)r; **L.empfänger** *m* wage earner, payroller *[US]*; **L.- und Gehaltsempfänger** *pl* wage and salary earners
lohnen *v/refl* to pay

löhnen *v/t (coll)* to pay, to cough up *(coll)*

lohnend *adj* paying, remunerative, profitable, rewarding

Lohnentwicklung *f* wage(s) trend/development

Lohnerhöhung *f* wage increase/rise; **allgemeine/lineare L.** across-the-board wage increase; **nachziehende L.** catch-up wage increase; **rückwirkende L.** retroactive wage increase

Lohn|etat *m* wages bill *[GB]*, payroll *[US]*; **L.explosion** *f* wage explosion; **L.faktor** *m* wage factor; **L.fertigung** *f* contract manufacturing; **L.findung** *f* wage determination; **L.fonds** *m* wage fund

Lohnforderung *f* pay claim/demand; **mäßige L.en** wage restraint

Lohn|formel *f* wage formula; **L.fortzahlung (im Krankheitsfall)** *f* wage continuation; **L.garantie** *f* wage guarantee; **L.gefälle** *nt* pay/wage differential; **L.gefüge** *nt* wage structure; **l.gekoppelt** *adj* wage-related; **L.gleichheit** *f* pay parity, equal pay for equal work; **L.gleitklausel** *f* cost-of-living escalator clause; **L.gruppe** *f* wage/pay bracket; **L.höhe** *f* wage level; **L.index** *m* wage index; **L.inflation** *f* wage-push inflation; **l.intensiv** *adj* wage-intensive; **L.karte** *f* time/payroll card; **L.klasse** *f* wage bracket/group; **L.konflikt** *m* wage/pay/industrial dispute; **L.konto** *nt* wages/payroll *[US]* account

Lohnkosten *pl* wage/labo(u)r/payroll costs; **L.druck** *m* wage pressure; **L.explosion** *f* wage explosion; **L.faktor** *m* wage factor; **L.inflation** *f* wage-cost inflation; **l.intensiv** *adj* wage-intensive; **L.niveau** *nt* wage cost level; **L.steigerung** *f* increase in labo(u)r costs; **L.theorie** *(VWL)* subsistence theory of wages; **L.vorsprung; L.vorteil** *m* wage cost advantage

Lohn|kurve *f* wage curve; **L.kürzung** *f* wage/pay cut; **freiwillige L.kürzung** giveback *[US]*; **L.leitlinie** *f* pay/wage guideline; **L.liste** *f* payroll; **auf der ~ stehen** to be on the payroll; **L.minimum** *nt* subsistence wage; **L.nachzahlung** *f* back pay; **L.nebenkosten** *pl* wage incidentals; **L.nebenleistungen** *pl* fringe/employee benefits; **L.niveau** *nt* pay/wage level; **L.niveauunterschied** *m* wage differential; **L.parität** *f* wage/pay parity; **L.pause** *f* wage/pay freeze; **L.pfändung** *f* wage garnishment, attachment of wages/earnings

Lohnpolitik *f* wage/pay/income policy; **L. und Preispolitik** prices and incomes policy

Lohn|posten *m* labo(u)r item; **L.prämie** *f* wage dividend/bonus; **L.- und Preisgefüge; L.-Preisstruktur** *nt/f* wage-price structure; **L.-Preisspirale** *f* wage-price spiral; **L.produktion** *f* contract processing; **L.richtlinie** *f* wage guideline; **L.rückstand** *m* back pay; **L.rückstände** wage arrears; **L.runde** *f* pay/wage round

Lohnsatz *m* wage rate; **gängiger/herrschender/üblicher L.** going rate; **geltender L.** prevailing rate; **nomineller L.** money wage rate; **tariflicher L.** standard wage rate

Lohnsatzabweichung *f* rate variance

Lohn|scheck *m* pay/wages check *[US]*/cheque *[GB]*; **L.schein** pay slip; **L.schiedsspruch** *m* wage award; **L.schlichtung** *f* wage arbitration; **L.senkung** *f* wage cut; **L.skala** *f* pay/wage scale; **L.spirale** *f* wage(s) spiral; **L.steigerung** *f* wage increase/rise

Lohnsteuer *f* wage/income tax; **L.abführung** *f* PAYE (pay-as-you-earn) *[GB]*, witholding income tax *[US]*; **L.ausgleich** *m* (annual) wage/income tax adjustment; **L.bemessung** *f* income tax assessment; **L.berechnungstabelle** *f* income tax table; **L.bescheinigung** *f* withholding statement *[US]*, certificate of wage tax deduction; **L.einbehaltung(sverfahren)** *f/nt* withholding income tax *[US]*, PAYE (pay-as-you-earn) system *[GB]*; **l.frei** *adj* exempt from income tax; **L.freibetrag** *m* earned income relief *[GB]*, employee's withholding exemption; **L.jahresausgleich** *m* annual income tax assessment; **L.karte** *f* (wage) tax/deduction card; **l.pflichtig** *adj* liable for income tax; **L.rückvergütung** *f* income tax refund; **L.tabelle** *f* income tax table; **L.zahler** *m* income tax-payer

Lohnstopp *m* wage/pay freeze; **L. und Preisstopp** wage(s) and price(s) freeze

Lohn|streifen *m* pay slip/check *[US]*; **L.streitigkeit** *f* pay/wage dispute; **L.struktur** *f* wage/pay structure; **L.stückkosten** *pl* unit labo(u)r costs; **L.stufe** *f* wage bracket

Lohnsumme *f* payroll (total) *[US]*, pay/wage(s) bill; **L.- und Gehaltssumme** *f* payroll; **L.nstatistik** *f* payroll statistics; **L.nsteuer** *f* payroll tax

Lohn|tabelle *f* wage table/scale; **L.tarif** *m* wage rate/scale, pay scale

L

Lohn- und Gehaltstarif|abkommen; L.-abschluss *nt/m* wage agreement; **L.vertrag** *m* pay/wage agreement

Lohn|tendenz *f* wage drift; **L.tüte** *f* pay packet; **L.überweisung** *f* pay check *[US]*/cheque *[GB]*; **L.unternehmen; L.unternehmer** *nt/m* private contractor; **L.unterschied** *m* pay/wage differential; **L.veredelung** *f* job/contract/commission processing; **L.veredler** *m* commission finisher; **L.vereinbarung** *f* wage agreement; **L.verhandlung(en)** *f* wage/pay negotiation(s), ~ bargaining; **L.verzicht** *m* giveback *[US]*; **L.-vorauszahlung; L.vorschuss** *f/m* advance pay, wage advance; **L.wachstum** *nt* wage growth; **L.zahlung** *f* wage payment; **L.zettel** *m* pay/wage slip; **L.zugeständnis** *nt* wage concession; **L.zulage** *f* wage/pay supplement; **L.zurückhaltung** *f* wage restraint; **L.zusatzkosten** *pl* wage incidentals; **L.zuschlag** *m* pay supplement

Lokal *nt* *(Geschäft)* premises; **L.bank** *f* local bank; **L.bedarf** *m* local requirement(s); **L.behörde** *f* local authority; **L.konnossement** *nt* local/short-distance bill of lading; **L.markt** *m (Börse)* spot market; **L.tarif** *m* local rate; **L.wert** *m (Börse)* local stock/security

loko *adv* loco, (on the) spot, local; **l. und auf Termin** spot and forward

Loko|geschäft *nt* spot business/transaction/deal; **L.handel** *m* spot trading; **L.-kurs** *m* spot price; **L.markt** *m* spot market; **L.notiz; L.preis** *f/m* spot/loco price

Lombard *m* lending on securities, collateral loan business *[US]*; **L.anleihe** *f* collateral loan; **L.bestände** *pl* collateral holdings/deposits *[US]*; **L.darlehen** *nt* collateral loan/credit; **L.deckung** *f* collateral security; **L.fenster** *nt* lombard window/facility; **L.geschäft** *nt* (collateral) loan business

lombardier|en *v/t* to collaterate/hypothecate; **L.ung** *f* hypothecation

Lombardkredit *m* collateral loan/credit; **L. aufnehmen** to borrow on collateral; **abgesicherten L. gewähren** to lend on collateral, to collateralize

Lombard|pfand *nt* collateral security; **L.-satz** *m* mimimum lending rate (MLR) *[GB]*; **L.schuld** *f* collateral debt; **L.sicherheit** *f* collateral security; **L.vertrag** *m* collateral loan agreement; **L.vorschuss** *m* secured/collateral advance; **L.wechsel** *m* collateral(ized) bill; **L.wert** *m* collateral value, hypothercary/hypothecation value; **L.zins** *m* lombard rate

Londoner City/Finanzkreise/-welt/-zentrum *pl/f/nt* the City; **L. Finanzterminbörse/-markt** *f/m* London International Financial Futures Exchange (LIFFE); **L. Interbankzinssatz** *m* London Interbank Offered Rate (LIBOR)

Loro|forderung *f* claim on loro account; **L.-guthaben** *nt* loro balance; **L.konto** *nt* loro account; **L.verbindlichkeit** *f* loro liability

Los *nt* 1. *(Schicksal)* lot; 2. lottery/raffle ticket; 3. (production) batch; 4. *(Baulos)* lot; **durch L. entscheiden** to draw lots; **~ zuteilen** to allot

los *adj* loose

Losanleihe *f* lottery/premium *[GB]* bond

lösbar *adj* 1. removable, severable, detachable; 2. ⚗ soluble

Lösch|anlagen *pl* ⚓ wharfing/wharfage (facilities); **L.arbeiten** *pl* ⚓ unloading; **l.bereit** *adj* ready to discharge; **L.bescheinigung** *f* landing certificate

Löschen *nt* 1. deletion; 2. *(Hypothek)* satisfaction; 3. *(Ladung)* unloading, discharge; 4. ⚓ *(Gebühr)* wharfage; 5. *(Patent/Schuld)* cancellation; **freies l.** free discharge (f.d.)

löschen *v/t* 1. to delete; 2. ⚓ *(Ladung)* to unload/discharge; 3. *(Schuld)* to strike off; 4. *(Börse)* to cancel

Lösch|erlaubnis *f* ⚓ discharging/landing permit; **L.gebühren** *pl* wharf/landing charges; **L.geld; L.kosten** *nt/pl* wharfage, dockage, quayage, dock charges; **L.hafen** *m* port of discharge; **L.kommando** *nt* unloading party; **L.platz** *m* place of discharge, wharf, unloading berth; **L.schein** *m* landing certificate; **L.tage** *pl* lay(ing) days

Löschung *f* 1. *(Streichung)* deletion; 2. ⚓ *(Waren)* discharge, unloading; 3. *(Grundbuch)* cancellation, satisfaction; **L. einer Belastung** registration of satisfaction; **~ Buchschuld** extinguishment of a book account; **~ Dienstbarkeit** release of an easement; **L. eines Eintrags/einer Eintragung** cancellation of an entry; **L. einer Grundstücksbelastung** discharge of an encumbrance; **L. im Handelsregister** deregistration; **L. einer Hypothek** satisfaction of a mortgage; **L. eines Kontos** closure of an account; **L. durch Leichter** ⚓ lighterage; **L. eines Warenzeichens** cancellation of a trademark

franko Löschung ⚓ landed terms
Löschungs|antrag *m* *(Grundbuch)* memorandum of satisfaction; **L.bescheinigung** *f* ⚓ landing certificate; **L.bewilligung** *f* *(Grundbuch)* satisfaction/release of a mortgage; **L.buch** *nt* landing book; **L.gebühren; L.kosten** *pl* unloading/landing charges; **L.geld** *nt* wharfage; **L.hafen** *m* port of discharge; **L.ort; L.platz** *m* unloading berth, quay; **L.schein** *m* landing certificate; **L.tage** *pl* lay(ing) days; **L.vermerk** *m* 1. cancellation note; 2. *(Grundbuch)* entry of satisfaction
Löschzeit *f* ⚓ lay days
lose *adj* loose, unpacked, in bulk
Loseblatt|buchführung *f* loose-leaf accounting; **L.konto** *nt* loose-leaf account
lösen *v/t* 1. to loosen; 2. *(Problem)* to solve; 3. *(Börse)* to close (a position)
Los|größe *f* batch/lot size; **optimale L.größe** economic batch/lot size; **L.lösung** *f* separation; **l.machen** *v/t* 1. to detach; 2. ⚓ to cast off; **L.nummer** *f* 1. ticket number; 2. lot/batch number; **l.schlagen** *v/t* *(verkaufen)* to flog (off); **L.umfang** *m* batch/lot size
Losung *f* 1. password; 2. *(Geld)* takings
Lösung *f* 1. *(Problem)*/🖳 solution; 2. *(Vertrag)* termination, cancellation; **L. des Arbeitsverhältnisses** termination of employment
los|werden *v/t* to get rid of, to offload, to dispose of; **L.ziehung** *f* lottery draw
Lotse *m* ⚓ pilot; **L.n** *nt* pilotage; **l.** *v/t* to pilot/guide
Lotsen|dienst *m* pilot service; **L.gebühr; L.geld** *f/nt* pilotage (dues); **L.zwang** *m* compulsory/mandatory pilotage
Lotterie *f* lottery, prize draw, raffle; **L.anleihe** *f* lottery/premium bond; **L.steuer** *f* lottery tax
Lotto *nt* lotto, number(s) game, policy *[US]*
Lücke *f* 1. gap, space; 2. *(Bedürfnis)* want, need; 3. *(Formular)* blank; 4. *(Kasse)* deficiency, deficit; **L. ausfüllen** *(Formular)* to fill in *[GB]*/out *[US]* the blank; **L. füllen** to fill/stop the gap; **L. schließen** to bridge/close/plug the gap
Lücken|büßer; L.füller *m* stopgap; **l.haft** *adj* incomplete, fragmentary; **l.los** *adj* complete
Luft *f* air; **L.ansicht** *f* aerial view; **L.aufnahme** *f* aerial photo; **L.beförderung** *f* carriage/transport by air; **L.belastung** *f* atmospheric pollution; **L.beutel** *m* courier pouch; **L.bild** *nt* air/aerial photo(graph); **L.charter** *f* air charter; **l.dicht** *adj* airtight; **L.drehkreuz** *nt* hub airport
Luftdruck *m* air pressure; **L.bremse** *f* 🚗/🚂 air brake
Lufteilgut *nt* air express (cargo)
Luftexpress|fracht *f* air express; **L.tarif** *m* express rate
Luftfahrt *f* aviation; **L.- und Raumfahrt** aeronautics; **zivile L.** civil aviation
Luftfahrt|behörde *f* Civil Aviation Authority (CAA) *[GB]*, Federal Aviation Authority (FAA) *[US]*; **L.gesellschaft** *f* airline (company), air carrier; **L.industrie** *f* airline industry, air transport industry; **L.- und Raumfahrtindustrie** aerospace industry; **L.technik** *f* aviation technology; **L.unternehmer** *m* airline operator; **L.versicherung** *f* aviation insurance
Luftfahrzeug *nt* aircraft; **L.- und Raumfahrzeugindustrie** *f* aerospace industry
Luft|feuchtigkeit *f* humidity; **L.flotte** *f* air fleet
Luftfracht *f* airfreight, air cargo, airborne freight; **per L.** by air; **als/per L. versenden** to send by air, to airfreight
Luftfracht|beförderung *f* air transport; **L.begleitschein** *m* air consignment note; **L.branche** *f* airfreight industry; **L.container** *m* air container
Luftfrachter *m* airfreighter
Luftfracht|führer; L.gesellschaft; L.unternehmen *m/f/nt* air (cargo) carrier, cargo airline, airfreighter; **L.geschäft** *nt* airfreight forwarding; **L.sendung** *f* air (cargo) shipment; **L.tarif** *m* air cargo rate; **L.umschlag** *m* air cargo handling; **L.versicherung** *f* air cargo insurance
Luft|haftpflichtversicherung *f* aircraft liability insurance; **L.kaskoversicherung** *f* aircraft hull insurance; **L.kissenboot; L.kissenfahrzeug** *nt* ⚓ hovercraft; **L.kreuz** *nt* ✈ hub (airport); **L.kurier** *m* air courier; **L.meile** *f* air mile; **L.paketpost** *f* air parcel post; **L.pendeldienst** *m* air shuttle; **L.polsterfolie** *f* bubble wrap
Luftpost *f* air mail *[GB]*, airmail *[US]*; **mit/per L.** by/via air mail; **L.aufkleber** *m* air mail sticker; **L.brief** *m* air (mail) letter; **L.leichtbrief** *m* aerogramme *[GB]*, air letter *[US]*; **L.paket** *nt* air mail parcel; **L.sendung** *f* air mail consignment; **L.zuschlag** *m* air surcharge

L

Luftreise *f* air tour; **L.veranstalter** *m* air tour operator; **L.verkehr** *m* air tourism/travel
Luft|reklame *f* skywriting; **L.schadstoff** *m* air pollutant; **L.spediteur** *m* air carrier; **l.-tauglich** *adj* airworthy; **L.tauglichkeit** *f* airworthiness
Lufttransport *m* air transport(ation); **L.-frachtbrief** *m* airway bill; **L.gesellschaft** *f* air carrier; **L.unternehmen** *nt* air transport company; **L.versicherung** *f* air transport insurance
lufttüchtig *adj* airworthy; **L.keit** *f* airworthiness; **L.keitszeugnis** *nt* certificate of airworthiness
Luftunfallversicherung *f* air travel insurance
Luftverkehr *m* 1. air transport(ation); 2. air traffic
Luftverkehrs|aufkommen *nt* air traffic volume; **L.dienst** *m* air service; **L.fracht** *f* airfreight; **L.gesellschaft; L.unternehmen** *f/nt* airline, air carrier; **L.linie** *f* airline; **L.netz** *nt* airline network
L
Luft|verpestung; L.verseuchung; L.verschmutzung; L.verunreinigung *f* air polllution; **L.versicherung** *f* aviation insurance; **auf dem L.weg** *m* by air
lukrativ *adj* lucrative, profitable
lustlos *adj* *(Börse)* dull, sluggish; **L.igkeit** *f* sluggishness
Luxus|artikel; L.güter *pl* luxuries, luxury goods; **L.modell** *nt* de luxe model; **L.steuer** *f* luxury tax

M

machbar *adj* feasible, viable; **M.keit** *f* feasibility, viability; **M.keitsstudie** *f* feasibility/viability study
machen *v/t* to do/make/produce
Machenschaft *f* practice, manipulation; **betrügerische M.en** faudulent practices; **dunkle/unlautere M.en** sharp practices
Macher *m* maker, mover, achiever, fixer *(coll)*
Macht *f* 1. power, clout *(coll)*; 2. control, hold
Magazin *nt* *(Lager)* warehouse, (storage) depot; **M.arbeiter** *m* warehouseman; **M.-verwalter** *m* warehouse manager
Magistrale *f* trunk road
Magnat *m* magnate, tycoon
Mäh|binder *m* 🚜 reaper-binder; **M.drescher** *m* (combine) harvester
Mahn|bescheid *m* 1. reminder; 2. § default summons *[GB]*; **M.brief** *m* reminder, dunning/collection *[US]* letter
mahnen *v/t* 1. to remind/dun/urge; 2. § to put so. on notice
Mahn|gebühr *f* dunning charge, collection/reminder fee; **M.kosten** *pl* collection expenses; **M.schreiben** *nt* reminder, dunning/collection letter
Mahnung *f* 1. reminder, dunning letter, demand for payment; 2. *(Vers.prämie)* renewal notice; **dringende M.** urgent request; **letzte M.** final reminder; **schriftliche M.** notice in writing
Mahn|verfahren *nt* collection procedure/proceedings, default summons *[GB]*; **M.-zettel** *m* reminder, prompt note
makellos *adj* flawless, spotless, pristine
makeln *v/i* to broker/job
Makler *m* 1. *(Börse)* (stock)broker, jobber; 2. trader, dealer; 3. broker, factor; **M. für Anlagepapiere** investment broker; **amtlicher M.** government broker; **freier M.** unofficial broker; **amtlich zugelassener M.** official broker
Makler|buch *nt* broker's journal; **M.büro** *nt* broker's office; **M.courtage** *f* broker's commission; **M.firma** *f* brokerage house; **M.forderung; M.gebühr; M.lohn; M.-provision** *f/m/f* brokerage, broker's commission, dealing charge(s); **M.vertrag** *m* brokerage contract
Makro|größe *f* economic aggregate; **M.-ökonomie** *f* macroeconomics; **m.ökonomisch** *adj* macroeconomic; **M.theorie** *f* macroeconomic/aggregative theory
Malus; M.prämie *m/f* *(Vers.)* extra/supplementary premium
Mammut|fusion *f* mega merger; **M.konzern** *m* industrial heavyweight
Management *nt* management; **M.ausbildung** *f* management training; **M.berater** *m* management consultant; **M.beratung** *f* management consulting/consultancy; **M.-eigenschaften** *pl* managerial qualities; **M.informationssystem** *nt* management information system (MIS); **M.nachwuchs** *m* junior management
managen *v/t* to manage/operate/run
Manager *m* manager; **M.gehalt** *nt* mana-

gerial salary; **M.krankheit** *f* executivitis *(coll)*; **M.kurs** *m* management course; **M.-revolution** *f* managerial revolution; **M.-stellung** *f* managerial position

Mandant *m* client; **M.engelder** *pl* clients' money; **M.enstamm** *m* clientele

Mandat *nt* 1. mandate; 2. *(Vollmacht)* authority, proxy; 3. § brief; **M.ar** *m* proxy (holder); **M.geschäft** *nt* commission business

Mandats|auftrag *m* mandate; **M.formular** *nt* mandate form

Mangel *m* 1. *(Knappheit)* deficiency, scarcity, shortage; 2. ☼ (physical) defect, fault, flaw; 3. need, want, lack; **M. an Arbeitskräften** labo(u)r/manpower shortage; **~ Beweisen** lack of evidence; **~ Geld** lack of funds; **~ Kapital** lack of capital; **M. im Recht** defect of title; **M. der Vertretungsbefugnis/Vollmacht** absence/lack of authority; **M. an der Ware** defect in the goods; **M. an Wohnraum** housing shortage

mit allen Mängeln und sonstigen Fehlern with all faults and imperfections

Mangel beheben/beseitigen to remedy a defect; **für einen M. haften** to warrant/ be liable for a defect; **M. rügen** to notify a defect

baulicher Mangel structural defect; **behebbarer M.** remediable defect; **zur Wandelung berechtigender M.** redhibitory defect; **äußerlich erkennbarer M.** apparent defect; **formeller und offensichtlicher M.** formal and patent defect; **geheimer/heimlicher M.** hidden/ latent defect; **innerer M.** intrinsic defect; **innewohnender M.** inherent defect; **kleiner M.** minor defect; **materieller M.** substantive defect; **offenbarer/offener/ offensichtlicher M.** patent/overt/apparent defect; **schwerer M.** serious defect; **verborgener/versteckter M.** hidden defect

Mängel|anspruch *m* warranty claim; **M.-anzeige** *f* notice of defect; **M.ausschluss** *m* caveat emptor *(lat.)*

Mangel|beruf *m* scarce job; **M.erscheinung** *f* shortage, deficiency symptom; **m.-frei** *adj* free from defects, flawless

Mängelfrist|garantie; M.gewähr *f* (express) warranty; **ohne M.gewähr** with all faults

mangelhaft *adj* 1. defective, faulty; 2. *(Zeugnis)* poor

Mängelhaftung *f* liability for faults/defects, seller's warranty; **stillschweigende M.** implied warranty

Mängelliste *f* list of defects/faults

mangeln *v/t* to lack; **m.d** *adj* lacking

Mängelrüge *f* 1. *(Beschwerde)* (letter of) complaint; 2. *(Qualität)* notice of defect (in quality); **M. geltend machen** 1. to make/lodge a complaint; 2. to notify a defect

mangels *prep* failing, for want/lack of

Mangel|stück *nt* defective item; **M.ware(n)** *f* scarce goods/commodities

Manifest *nt* 1. *(Programm)* manifesto; 2. ⚓ manifest

Manipulation *f* 1. manipulation, fiddle *(coll)*; 2. handling of goods; **durch M. beeinflusst** *(Börse)* technical; **betrügerische M.en** fraudulent manipulations

Manipulations|fonds *m* general/working fund; **M.gebühr** *f* handling charge; **M.-lager** *nt* working stock; **M.reserve** *f* working reserve

manipulier|en *v/t* to manipulate; **m.t** *adj* *(Preis)* technical

Manipulierung *f* 1. manipulation; 2. *(Ware)* handling; **M. der Kurse** *(Börse)* rigging the market

Manko *nt* 1. shortage, deficit; 2. *(Gewicht)* underweight; **M.lieferung** *f* deficient delivery

an den Mann bringen to sell

der einfache/kleine Mann the man in the street

Mann|jahr *nt* man-year; **M.monat** *m* man-month

Mannschaft *f* 1. team, gang; 2. ⚓ company, crew, ratings; **sorgfältig zusammengestellt M.** hand-picked team

Mannstunde *f* manhour

Manövrier|fonds; M.masse *m/f* working fund; **M.raum** *m* room for manoeuvre

Mantel *m* 1. overcoat; 2. *(Firma)* corporate shell; 3. *(Wertpapier)* certificate; **M.-abtretung** *f* general/blanket assignment; **M.garantie** *f* blanket/frame guarantee; **M.gesellschaft** *f* shell company; **M.note** *f* 1. identical note; 2. *(Feuervers.)* cover(ing) note; **M.police** *f* comprehensive policy; **M.tarifabkommen** *nt* industry-wide collective agreement; **M.zession** *f* general/ blanket assignment

Manufaktur *f* 1. manufacture; 2. factory; **M.waren** *pl* manufactured goods, manufactures

M

Mappe *f* folder, file
Marge *f* margin, spread *[US]*; **M.ndruck** *m* pressure on margins; **M.nverfall** *m* collapse of margins
marginal *adj* marginal; **M.kosten** *pl* marginal costs; **M.steuersatz** *m* marginal tax rate
Marine *f* navy
Mark *f* *(Währung)* deutschmark; **mit jeder M./mit M. und Pfennig rechnen** to count/watch every penny
Marke *f* 1. *(Produkt)* brand, label, trademark; 2. *(Zeichen)* mark; 3. *(Bezugsschein)* coupon; 4. *(Wertmarke)* stamp; **aufgedruckte M.** embossed stamp; **aufgeklebte M.** affixed stamp; **aufklebbare M.** adhesive stamp; **ausländische M.** foreign make/brand; **bevorzugte M.** favourite brand; **eigene M.** own label; **gut eingeführte M.** popular brand/make; **eingetragene/geschützte M.** registered trademark; **hauseigene M.** in-house brand; **weiße M.** no-name/white product
Marken|abkommen *nt* trademark convention; **M.akzeptanz** *f* brand acceptance; **M.analyse** *f* brand trend survey; **M.anmeldung** *f* trademark registration
M
Markenartikel *m* brand, branded article/good(s); **M.werbung** *f* brand advertising
Marken|ausstattung *f* *(Ware)* branding, labelling; **M.beratungsunternehmen** *nt* branding consultancy; **M.betreuer** *m* brand manager; **M.bewusstsein** *nt* brand awareness/recognition; **M.bezeichnung** *f* brand name, trademark; **M.bild** *nt (Ware)* brand image; **M.differenzierung** *f* brand differentiation; **M.-eintragung** *f* trademark registration; **M.entwicklung** *f* brand development; **M.erweiterung** *f* brand extension; **M. erzeugnis** *nt* branded product/article; **~ von hoher Qualität** premium brand; **M.fabrikat(e)** *nt/pl* branded goods; **M.-familie** *f* brand family; **m.frei** *adj* 1. *(Produkt)* no-name; 2. *(Rationierung)* off ration; **M.führer** *m* brand leader; **M.führerschaft** *f* brand leadership; **M.identität** *f* brand identity; **M.image** *nt* brand image; **M.kennzeichnung** *f* branding; **M.nahrungsmittel** *pl* patent/proprietary *[US]* foods; **M.name** *m* brand (name), trademark; **M.piraterie** *f* brand piracy; **M.produkt** *nt* branded product; **M.profil** *nt* brand image; **M.recht** *nt* trademark law; **M.register** *nt* trademarks register; **M.registrierung** *f* trademark registration; **M.schutz** *m* trademark protection; **M.spezialist** *m* brand specialist; **m.spezifisch** *adj* brand-specific; **M.treue** *f* brand loyalty; **M.wahrnehmung** *f* brand identification; **M.ware** *f* branded/proprietary goods; **M.werbung** *f* brand advertising; **M.wert** *m* brand value; **M.zeichen** *nt* brand label; **mit neuem ~ ausstatten/versehen** to rebrand
Marketing *nt* marketing; **M.abteilung** *f* marketing department; **M.ausgaben** *pl* marketing spend; **M.berater** *m* marketing consultant; **M.fachmann** *m* marketing specialist; **M.informationssystem** *nt* marketing information system (MIS); **M.instrumentarium** *nt* marketing tools/mix; **M.konzept; M.konzeption** *nt/f* marketing concept; **M.leiter(in); M.manager(in)** *m/f* marketing director/manager; **M.referent; M.spezialist** *m* marketing expert; **M.ziel** *nt* marketing goal/objective
markieren *v/t* to mark/label/brand
Markierstift *m* highlighter, illuminator, brightliner *[US]*
Markierung *f* labelling, marking
Markt *m* market(place); **am/auf dem M.** in the market(place)
Markt für Anlagewerte investment market; **~ Bezugsrechte** rights market; **~ Festverzinsliche** bond market; **M. im Freiverkehr und am Schalter** over-the-counter (OTC) market; **M. für hochwertige Güter** upscale market; **~ Internetunternehmen** dotcom sector; **M. mit fallenden Kursen** bear market; **~ steigenden Kursen** bull(ish) market; **M. für Massenprodukte** mass market; **M. eines Monopolanbieters** captive market; **M. mit stabilen Preisen/stabiler Preisentwicklung** firm market; **M. für Termingeschäfte** futures market; **~ Verbrauchsgüter** consumer goods market; **~ unnotierte Werte** unlisted securities market (USM)
Markt abschöpfen to skim the market; **M. anzapfen** to tap the market; **aus dem M. ausscheiden** to drop out of the market; **M.bedienen** to serve the market; **M. beeinflussen** to rig/manipulate the market; **M. beherrschen** to dominate the market; **M. beliefern/beschicken** to sup-

ply the market; **am M. beschaffen** to buy in the market; **auf den M. bringen** to launch; **~ M. drücken** to depress the market; **M. durchkämmen** to scour the market; **in einen M. eindringen** to penetrate a market; **auf dem M. einführen** to launch (on the market); **am M. erproben** to test-market; **M. erschließen** to tap a market; **auf den M. kommen** to enter the market; **M. manipulieren** to rig the market; **aus dem M. nehmen** to take off the market; **M. pflegen** to nurse the market; **M. sättigen** to saturate/glut the market; **M. überhäufen/überschwemmen** to flood the market; **am M. unterbringen** to sell in the market; **vom M. verdrängen/vertreiben** to oust from the market; **M. versorgen** to supply/serve the market; **sich aus dem M. zurückziehen** to pull out of a market

im Freien abgehaltener Markt open-air market; **amtlicher M.** official market; **aufnahmebereiter / aufnahmefähiger M.** ready market; **ausgereifter M.** mature market; **ausländischer M.** foreign market; **außerbörslicher M.** over-the-counter (OTC) market; **einheimischer M.** domestic market; **enger M.** *(Börse)* narrow/tight market; **expandierender M.** buoyant/burgeoning market; **fallender M.** declining market; **fester M.** firm market; **flauer M.** slack/sluggish market; **freier M.** 1. free/open market; 2. *(Börse)* over-the-counter (OTC) market; **gedrückter M.** depressed market; **geordneter/geregelter M.** regular market; **gesättigter M.** saturated market; **grauer M.** gray/grey market; **haussierender M.** bull(ish) market; **heimischer/inländischer M.** home/domestic market; **lebhafter M.** buoyant market; **leerer/leergefegter M.** oversold market; **lustloser M.** dull/sluggish market; **offener M.** open/free market; **schrumpfender M.** shrinking market; **stark schwankender M.** volatile market; **stagnierender M.** stagnant market; **tatsächlicher M.** physical market; **überbesetzter M.** overcrowed market; **(heiß) umkämpfter M.** (highly) competitive market; **umsatzloser/umsatzschwacher M.** flat market; **unnotierter M.** curb *[US]*/kerb *[GB]* market; **unvollkommender M.** imperfect market; **verkaufsgünstiger M.** seller's market; **vollkommender M.** perfect market; **wettbewerbsfähiger M.** competitive market; **zersplitterter M.** fragmented market

Markt|abdeckung *f* market cover(age); **M.abgaben** *pl* market dues; **M.abrede; M.absprache** *f* marketing arrangement; **M.absatz** *m* sales; **M.akzeptanz** *f* market acceptance; **M.analyse** *f* market survey/analysis; **M.angebot** *nt* market supply; **M.anpassung** *f* market adjustment

Marktanteil *m* market share, (market) penetration; **M. aufbauen** to build up market share; **M. erobern** to make inroads into a market, to grab a chunk of the market; **M.en nachjagen** to chase market shares; **M. zurückerobern** to win back a market share

Markt|aufnahme *f* market acceptance; **M.aufsicht** *f* market supervision/surveillance

Marktaufteilung *f* market sharing; **M.sabkommen; M.sabrede; M.svereinbarung** *nt/f* market sharing agreement

Markt|aussichten *pl* market prospects; **M.austritt** *m* market exit; **M.auswahl** *f* market selection; **M.ausweitung** *f* market growth/expansion; **M.bedarf** *m* market demand; **M.bedingungen** *pl* market/trading conditions; **m.beherrschend** *adj* dominant; **M.beherrschung** *f* market domination; **M.belastung** *f* strain/pressure on the market; **M.beobachter** *m* market analyst/observer; **M.beobachtung** *f* market oberservation/survey; **M.bereich** *m* (segment of the) market; **M.bereinigung** *f* market adjustment; **M.bericht** *m* market report; **M.beunruhigung** *f* market turmoil; **M.beurteilung** *f* market analysis; **M.bewertung** *f* market assessment; **M.bude** *f* market stall; **M.chancen** *pl* sales/market prospects; **M.durchdringung** *f* market penetration; **M.einbuße** *f* loss of market share; **M.einführung** *f* launch; **M.eingriff** *m* intervention in the market; **M.einschätzung** *f* market assessment; **M.eintritt** *m* market entry; **M.elastizität** *f* market elasticity; **m.empfindlich** *adj* market-sensitive; **M.enge** *f* 1. narrow market; 2. *(Börse)* stock shortage; **M.entwicklung** *f* market development; **M.erfolg** *m* market success; **M.erhebung** *f* market survey; **M.erholung** *f* (market) rally; **M.erprobung** *f* test-marketing; **M.erschließung** *f* market development

M

marktfähig *adj* marketable, merchantable; **M.keit** *f* marketability

Marktforschung *f* market research; **M.s-institut** *nt* market research insitute

Marktführer *m* market leader; **M.schaft** *f* market leadership

markt|gängig *adj* marketable, merchantable; **M.gebühren** *pl* market dues; **M.gefälle** *nt* market differential; **M.gefüge** *nt* market structure; **m.gemäß; m.gerecht** *adj* 1. in line with market conditions/requirements; 2. *(Preis)* competitive, fair; **M.-gleichgewicht** *nt* market equilibrium; **M.halle** *f* market hall; **M.händler** *m* market trader; **M.intervention** *f* market intervention; **M.kapitalisierung** *f* market capitalization; **M.kenner** *m* market expert; **M.klima** *nt* market conditions; **m.konform** *adj* in line with the market; **M.kontrolle** *f* market supervision; **M.-kräfte** *pl* market forces; **M.krise** *f* market crisis; **M.kurs** *m* market price/quotation; **M.lage** *f* market (situation/conditions); **M.leistung** *f* market performance; **M.-lohn** *m* going rate; **M.lücke** *f* market gap/niche; **M.macher** *m (Börse)* marketmaker; **M.miete** *f* economic rent; **M.monopol** *nt* market monopoly; **M.nachfrage** *f* market demand; **M.nachrichten** *pl (Börse)* market news; **M.nähe** *f* market proximity; **M.neuling** *m* market entrant; **M.nische** *f* market niche

Marktordnung *f* market regime; **M.sgüter** *pl* regulated goods; **M.spreis** *m (EU)* support price

Markt|organisation *f* market organisation; **m.orientiert** *adj* market-orient(at)ed; **M.papier** *nt* marketable security; **M.perspektiven** *pl* market prospects; **M.pflege** *f* market support; **M.platz** *m* marketplace; **M.position** *f* trading/market position; **M.potenzial** *nt* market/sales potential

Marktpreis *m* going/current/market price; **zum M.** at the market (price); **gängiger M.** going (market) price

Markt|produktion *f* market production; **m.reagibel** *adj* sensitive to market forces; **M.reaktion** *f* market response; **m.reif** *adj* marketable, ready for the market; **M.-reife** *f* marketability; **M.rendite** *f* market yield; **M.risiko** *nt* market risk; **M.sättigung** *f* market saturation; **M.satz** *m* market rate

Marktsegment *nt* market segment; **sich in ein höheres/niedrigeres M. begeben** to trade up/down; **oberes M.** upmarket (segment), upscale, high end *[US]*; **unteres M.** downmarket (segment), low end *[US]*

Markt|segmentierung *f* market segmentation; **M.situation** *f* market situation; **M.spannung** *f* market pressure/tension; **M.stand** *m* market stall; **M.statistik** *f* market statistics

Marktstellung *f* trading/market position; **beherrschende M.** dominant market position

Markt|stimmung *f* sentiment, mood; **M.-stockung** *f* stagnation in the market; **M.-störung** *f* market disturbance; **M.strategie** *f* market strategy; **M.struktur** *f* market structure; **M.studie** *f* market analysis/study/survey; **M.stützung** *f* market/price support; **M.tag** *m* market day; **M.tarif** *m* market rate; **M.techniker** *m (Börse)* market operator; **M.teilnehmer** *m* 1. market participant; 2. *(Börse)* operator; **M.tendenz** *f* market trend/tendency; **M.-test** *m* acceptance test; **M.transparenz** *f* market transparency; **M.überwachung** *f* market supervision; **M.umfang** *m* market volume; **M.untersuchung** *f* market research/analysis; **M.verband; M.vereinigung** *m/f* marketing asssociation; **M.-vereinbarung** *f* marketing agreement; **M.verfall** *m* market collapse; **M.verfassung** *f* 1. state/health of the market, 2. *(Börse)* mood; **M.verhältnisse** *pl* trading conditions; **M.verzerrung** *f* market distortion; **M.volumen** *nt* market volume/size; **M.voraussagen; M.vorschau** *pl/f* market forecast; **M.vorteil** *m* trading advantage; **M.wachstum** *nt* market growth

Marktwert *m* market value/price; **angemessener M.** fair market value; **führender M.** *(Börse)* market leader; **gegenwärtiger M.** current market value

Marktwiderstand *m* market resistance

Marktwirtschaft *f* market economy; **freie M.** free enterprise system; **soziale M.** socially orient(at)ed free market economy

marktwirtschaftlich *adj* free-market, free-enterprise

Markt|zerrüttung *f* market distruption/distortion; **M.zins** *m* current interest, going rate; **M.zugang; M.zutritt** *m* market access

M

Maschine *f* engine, machine; **M.n** machinery, equipment; **~ und Anlagen** plant and equipment/machinery; **M. einrichten** to tool up a machine

Maschinen|abnutzung *f* machine wear; **M.arbeit** *f* machine work; **M.arbeiter(in)** *m/f* (machine) operator; **M.ausfall** *m* (machine) failure; **M.ausfallzeit** *f* (machine) idle/down time; **M.auslastung** *f* machine utilization

Maschinenbau *m* (mechanical) engineering; **M.er** *m* mechanical engineer; **M.erzeugnis** *nt* engineering product; **M.firma** *f* engineering company; **M.industrie** *f* engineering industry; **M.ingenieur** *m* mechanical engineer; **M.konzern** *m* engineering group; **M.produkt** *nt* engineering product; **M.sektor** *m* engineering industry; **M.titel; M.werte** *pl (Börse)* engineering shares *[GB]*/stocks *[US]*; **M.tochter** *f* engineering subsidiary; **M.unternehmen; M.unternehmung** *nt/f* engineering company/firm

Maschinenbetrieb *m* mechanical operation; **auf M. umstellen** to mechanize

Maschinen|brachzeit *f* down time; **M.defekt** *m* mechanical fault; **M.einrichter** *m* toolsetter; **M.kosten** *pl* cost of plant and machinery; **M.laufzeit** *f* machine time; **M.leistung** *f* engine capacity; **M.miete; M.pacht** *f* plant hire; **M.park** *m* machinery, equipment; **M.schlosser** *m* (engine) fitter; **M.stillstandszeit** *f* (machine) down time; **M.störung** *f* machine failure/malfunction; **M.stunde** *f* machine hour; **M.titel; M.werte** *pl (Börse)* engineering shares *[GB]*/stocks *[US]*; **M.vermietung** *f* plant hire; **M.versicherung** *f* machinery insurance; **M.zeit** *f* machine time

Maß *nt* 1. measure; 2. extent, degree; 3. *(Eichmaß)* gage *[US]*, gauge *[GB]*; **M.e** measurements, dimensions; **~ und Gewichte** weights and measures; **nach M. gefertigt** tailor-made, customized

Maß|angaben *pl* measurements; **M.arbeit** *f* precision work

Masse *f* 1. mass(es), crowd; 2. bulk, quantity; 3. *(Konkurs)* assets, estate; **mangels M.** *(Konkurs)* return unsatisfied, no funds

in Massen herstellen/produzieren to mass-produce

Masse|ansprüche; M.forderung *pl/f (Konkurs)* unsecured claim(s); **M.gläubiger** *m* ordinary/unsecured creditor

Maßeinheit *f* (unit of) measure

Massen|abnehmer *m* bulk buyer; **M.absatz** *m* bulk sales; **M.andrang; M.ansturm** *m* rush; **M.ankauf** *m* bulk buying; **M.arbeitslosigkeit** *f* mass unemployment; **M.artikel** *m* mass-produced article; **M.ausstoß** *m* volume output; **M.beförderung** *f* 1. bulk transport; 2. *(Personen)* mass transit *[US]*, public transport *[GB]*; **M.einkauf** *m* bulk buying/purchase; **M.entlassung(en)** *f/pl* mass redundancies; **M.erzeugung; M.fabrikation; M.fertigung** *f* volume/mass production; **M.frachtgut** *nt* bulk cargo; **M.geschäft** *nt* 1. *(Bank)* retail banking; 2. bulk business

Massengut *nt* bulk cargo/commodity; **Massengüter** bulk cargo/goods; **flüssiges M.** bulk liquid

Massengüter|transport; M.verkehr *m* bulk (goods) transport

Massengut|frachter; M.schiff *m/nt* ⚓ bulk carrier; **M.transport** *m* bulk transport; **M.umschlag** *m* bulk cargo handling

massen|haft *adj* wholesale, in bulk; **M.hersteller** *m* volume producer; **M.herstellung** *f* volume production; **M.käufe** *pl* bulk purchases; **M.konsum** *m* mass consumption; **M.lieferung** *f* bulk delivery; **M.medien** *pl* mass media; **M.phänomen** *nt* mass phenomenon; **M.produktion** *f* mass/volume production; **M.produktionsvorteile** *pl* economies of scale; **M.produzent** *m* volume producer; **M.tierhaltung** *f* battery farming; **M.transport** *m* bulk transport; **M.verbrauchsgüter** *pl* mass consumer goods; **M.verkauf** *m* bulk sale; **M.verkehrsmittel** *nt* mass transit *[US]*, public transport *[GB]*; **M.verzeichnis** *nt* schedule of quantities; **M.ware** *f* mass-produced articles; **M.werbung** *f* mass/large-scale advertising

Masse|schuld *f (Konkurs)* bankrupt's liabilities; **M.verwalter** *m* receiver; **M.verzeichnis** *nt* statement of affairs

mit der Maßgabe *f* subject to the proviso; **nach M. von** subject to

maß|gebend; m.geblich *adj* authoritative, relevant

Maßgeblichkeit der wirtschaftlichen Wirkung gegenüber der rechtlichen Form *f (Bilanz)* substance over form; **M.sprinzip** *nt* paramount principle

maß|gefertigt; m.geschneidert *adj* tailor-

M

made, made-to-measure *[GB]*, made-to-order *[US]*, customized

Maßhalten *nt* moderation, restraint

mäßig *adj* moderate; **m.en** *v/t* to moderate

massiv *adj* 1. massive, solid; 2. drastic

Maßnahme *f* measure, step, move

Maßnahmen zur Absatzsteigerung promotional measures; **~ Energieeinsparung** energy conservation meas-ures; **M. zum Erhalt von Arbeitsplätzen** job conservation measures; **M. zur beruflichen Förderung** vocational assistance measures; **~ Fortbildung und Umschulung** further education and retraining schemes; **~ Kapitalaufnahme** capital-raising operations; **~ Konjunkturbelebung / Konjunkturförderung** reflationary measures; **~ Rezessionsbekämpfung** anti-recession pack(age)

Maßnahmen ergreifen to take action/steps

abgestimmte Maßnahme concerted action; **behördliche M.** administrative measure; **einschneidende M.** sweeping measure; **geeignete M.** appropriate step; **hoheitliche M.** act of state; **konjunkturdämpfende M.** anticyclical step; **konjunkturfördernde M.** pump-priming exercise; **kostendämpfende/kostensenkende M.** cost-cutting exercise; **öffentlichkeitswirksame M.** public relations exercise; **rigorose M.** clampdown; **staatliche M.n** government action; **vorbereitende M.n** preliminaries; **vorbeugende M.** preventive action; **wettbewerbsbeschränkende M.n** restrictive practices

Maßnahmen|bündel; M.katalog; M.paket *nt/m/nt* package of measures

Maßstab *m* 1. criterion, standard; 2. rule, measure, scale

maßvoll *adj* moderate

Material *nt* 1. material; 2. *(Börse)* securities; **M. und Arbeitslöhne** material and labo(u)r

in Verarbeitung befindliches Material work in progress; **entlastendes M.** § exonerating evidence; **fehlerhaftes M.** defective material; **rollendes M.** rolling stock; **statistisches M.** statistical data

Material|abfall *m* waste, scrap; **M.abgaben** *pl (Börse)* selling, unloading; **M.abrechnung** *f* material(s) accounting; **M.anforderung** *f* material(s) requisition; **M.angebot** *nt (Börse)* securities on offer

Material|aufwand *m* cost of materials; **M.ausgabe** *f* materials issue; **M.auszug** *m* bill of quantities

Materialbedarf *m* materials requirement; **M.bedarfsplanung** *f* materials budgeting

Material|beistellung; M.bereitstellung *f* provision of material(s); **M.beschaffung** *f* purchase/procurement of materials; **M.bestand** *m* stock of materials, materials on hand; **M.bewegung** *f* material(s) movement; **M.buchführung; M.buchhaltung** *f* materials accounting; **M.budget** *nt* materials budget; **M.disposition** *f* inventory planning; **M.durchfluss; M.durchsatz** *m* materials throughput; **M.einkauf** *m* materials purchasing; **M.einsatz** *m* input; **M.einstand(skosten)** *m/pl* cost of materials; **M.empfangsbescheinigung** *f* materials received note; **M.entnahmeschein** *m* materials requisition slip; **M.fehler** *m* defective/faulty material

Materialfluss *m* materials flow; **M.kontrolle** *f* materials flow control; **M.planung** *f* materials flow planning

Materialgemeinkosten *pl* indirect material

Materialien *pl* 1. materials; 2. data

materialintensiv *adj* material-intensive, resource-intensive

Material|karte *f* stock ledger card; **M.käufe** *pl* materials purchasing; **M.knappheit** *f* 1. scarcity/shortage of materials; 2. *(Börse)* stock shortage; **M.konto** *nt* direct goods account; **M.kosten** *pl* cost of materials/supplies; **M.lager** *nt* stocks; **M.lieferung** *f* supply of materials; **M.liste** *f* bill of materials; **M.mangel** *m* 1. shortage/scarcity of material; 2. *(Börse)* shortage of securities on offer; **M.nachweis** *m* materials accounting; **M.planung** *f* materials planning; **M.preis(e)** *m/pl* material prices, cost(s) of material(s); **M.prüfung** *f* material(s) testing; **M.rechnung** *f* materials accounting; **M.schaden** *m* defective material; **M.schein** *m* bill of materials; **M.schwund** *m* wastage; **M.stelle** *f* materials cost center *[US]*/centre *[GB]*; **M.strom** *m* flow of material; **M.transport** *m* materials handling; **M.verbrauch** *m* consumption of materials; **M.verlust** *m* wastage; **M.versorgung** *f* supply of materials;

M.verwaltung *f* materials/inventory management; **M.verzeichnis** *nt* list of materials; **M.wirtschaft** *f* 1. materials management/handling; 2. *(Steuerung)* materials control (system;) **M.zuschlag** *m* materials allowance
Materie *f* matter
Mathematik *f* mathematics, maths *(coll)*
Mathematiker *m* mathematician; **M. für Anlagenrechnung** *(Vers.)* actuary
mathematisch *adj* 1. mathematical; 2. *(Vers.)* actuarial
Matrix *f* matrix; **M.management; M.organisation** *nt/f* matrix organisation; **M.struktur** *f* matrix structure
matt *adj* 1. dull; 2. *(Börse)* flat, depressed
mausen *v/t* *(coll)* to pilfer/filch/pinch *(coll)*
Maut *f* road toll
maximal *adj* maximum; **M.belastung** *f* ⚡ peak load; **M.betrag** *m* maximum sum; **M.gewicht** *nt* maximum load/weight; **M.kapazität** *f* maximum (plant) capacity; **M.leistung** *f* maximum output; **M.preis** *m* ceiling price
maximier|en *v/t* to maximize; **M.ung** *f* maximization
Maximum *nt* 1. maximum, ceiling; 2. *(Vers.)* line
Medien *pl* media; **M.konzern** *m* (multi-)media group/combine; **M.referent** *m* press officer; **M.werbung** *f* media advertising
Medikament *nt* drug, medicine; **M. verordnen/verschreiben** to prescribe a drug; **gesetzlich/patentrechtlich geschütztes M.** proprietary pharmaceutical/drug; **rezeptfreies M.** over-the-counter drug; **rezept-/verschreibungspflichtiges M.** prescription-only drug
Medio|abrechnung; M.arrangement *f/nt* mid-month account; **M.geld; M.gelder** *nt/pl* fortnightly loans; **M.liquidation** *f* fortnightly settlement
Medium *nt* medium, means
Medizin *f* 1. medicine, drug, medical preparation; 2. medicine, medical science
Meer *nt* sea; **die M.e** the high seas; **M.esboden** *m* seabed, ocean bed; **M.estechnik** *f* ocean technology; **M.esverschmutzung** *f* marine/ocean pollution
Mehrarbeit *f* extra/additional work, overtime; **M.svergütung; M.szuschlag** *f/m* overtime pay
Mehr|aufwand; M.ausgabe *m/f* additional expenditure; **M.bedarf** *m* additional requirements; **M.belastung** *f* additional burden; **M.betrag** *m* surplus, additional amount; **M.einkommen** *nt* additional income
Mehreinnahme *f* additional receipts/revenue(s); **M.n** net (surplus) receipts/takings
Mehr|erlös *m* surplus/additional proceeds; **M.ertrag** *m* surplus (income), additional yield
mehrfach *adj* multiple, manifold
Mehrfach|arbitrage *f* compound arbitration; **M.belastung; M.besteuerung** *f* multiple taxation; **M.nutzung** *f* multiple use; **M.versicherung** *f* multiple insurance
mehr|farbig *adj* multi-colo(u)r; **M.gepäck** *nt* excess baggage *[US]*/luggage *[GB]*; **M.gewicht** *nt* excess weight; **M.gewinn** *m* excess/surplus profit; **M.gewinnsteuer** *f* windfall tax
Mehrheit *f* majority, plurality *[US]*; **mit M. beschließen** to decide by a majority of votes cast; **über eine M. verfügen** to command a majority
absolute Mehrheit overall majority; **beschlussfähige M.** quorum; **erforderliche M.** required/requisite majority; **kapitalmäßige M.** majority stake; **zahlenmäßige M.** numerical majority
Mehrheits|aktionär *m* controlling/majority shareholder *[GB]*, ~ stockholder *[US]*; **M.anteil** *m* majority interest/stake; **M.beschluss** *m* majority decision/vote; **M.besitz** *m* majority holding; **M.beteiligung** *f* majority stake, controlling interest; **M.gesellschafter** *m* majority shareholder *[GB]*/stockholder *[US]*
Mehrkosten *pl* extra/additional costs, ~ charges
Mehr|leistung *f* 1. *(Vers.)* additional benefit(s); 2. ⚙ increased output; **M.lieferung** *f* additional/increased delivery; **M.menge** *f* surplus/excess quantity; **m.periodig** *adj* multi-period
Mehrphasen|- multi-phase, multi-stage; **M.lagerhaltung** *f* multi-echelon inventory; **M.steuer** *f* multi-stage tax; **M.umsatzsteuer** *f* multi-stage sales tax, value-added tax (VAT)
mehrphasig *adj* multi-phase, multi-stage
Mehr|porto *nt* additional postage; **M.preis** *m* surchage
Mehrprodukt|betrieb *m* multi-product operation; **M.fertigung** *f* multi-product

manufacturing; **M.unternehmen** *nt* multi-product firm

Mehr|prozent *nt* additional percentage point; **M.schicht(en)betrieb** *m* multiple-shift operation; **m.schichtig** *adj* multi-level; **M.spartengeschäft** *nt* multi-line business; **m.sprachig** *adj* multi-lingual, polyglot; **m.stellig** *adj* multi-digit; **M.stimmrechtsaktie** *f* multiple share *[GB]*/stock *[US]*; **m.stöckig** *adj* multi-stor(e)y; **M.stückpackung** *f* multi-pack; **m.stufig** *adj* multi-stage, multi-tier; **M.-verbrauch** *m* additional consumption

Mehrweg|- returnable, refillable, reusable

Mehrwert *m* added/increment value, value added; **M.besteuerung** *f* value-added taxation

Mehrwertsteuer *f* value-added tax (VAT); **M.befreiung** *f* zero-rating, exemption from value-added tax; **M.erstattung; M.rückvergütung** *f* value-added tax rebate; **m.frei** *adj* zero-rated, value-added tax-exempt; **M.nummer** *f* value-added tax registration number; **m.pflichtig** *adj* liable for value-added tax; **M.veranlagung** *f* value-added tax assessment

Mehrzweck|- multi-purpose, general-purpose; **M.fahrzeug** *nt* multi-purpose vehicle; **M.transporter; M.transportschiff** *m/nt* ⚓ combination carrier; **M.waggon** *m* general-purpose wag(g)on, combination car

Meile *f* mile; **gesetzliche M.** statutory mile; **nautische M.** nautical mile

Meineid *m* § perjury; **jdn zum M. anstiften/verleiten** to suborn so. to commit perjury; **M.schwören** to perjure os.

Meinung *f* opinion, view; **abweichende M.** dissenting opinion/view; **einhellige M.** unanimity; **herrschende M.** prevailing opinion; **öffentliche M.** public opinion

Meinungs|austausch *m* exchange of views; **M.befragung** *f* opinion poll; **M.-forschungsinstitut** *nt* opinion research institute; **M.führer** *m* opinion leader; **M.-käufe** *pl* speculative buying/purchases; **M.klima** *nt* climate of opinion; **M.umfrage** *f* (public) opinion poll; **M.verkäufe** *pl* *(Börse)* speculative selling; **M.verschiedenheit** *f* difference (of opinion/views)

meistbegünstigt *adj* most-favoured

Meistbegünstigung *f* 1. preference; 2. ⊖ most-favoured-nation treatment

Meistbegünstigungs|klausel *f* most-favoured-nation clause; **M.prinzip** *nt* most-favoured-nation principle; **M.satz** *m* most-favoured-nation rate; **M.stellung** *f* most-favoured-nations status; **M.tarif; M.zoll** *m* most-favoured-nation tariff

meistbietend *adj* highest-bidding; **M.r** *m* highest bidder

Meister *m* 1. master (craftsman); 2. 🏭 (shop) foreman

meistern *v/t* to master

Meisterstück *nt* masterpiece

Meist|gebot *nt* highest bid; **m.gekauft; m.verkauft** *adj* best-selling, top-selling

Melde|amt; M.behörde *nt/f* registration department/office; **M.bestand** *m* re-ordering quantity; **M.bestimmungen** *pl* registration requirements; **M.liste** *f* registration list

melden *v/t* to report/notify; *v/refl* to come forward; **sich arbeitslos m.** to sign on at the labo(u)r exchange; **rechtzeitig m.** to advise in due course

Meldepflicht *f* 1. compulsory registration; 2. *(Steuer)* disclosure requirement

melde|pflichtig *adj* notifiable; **M.schluss** *m* closing date, deadline; **M.stelle** *f* registration office; **M.stichtag; M.termin** *m* reporting date; **M.vorschriften** *pl* registration requirements; **M.zettel** *m* registration form

Meldung *f* 1. report, note; 2. notification; 3. *(Benachrichtigung)* advice; **dringende M.** urgent message; **unbestätigte M.** unconfirmed report; **verschlüsselte M.** coded message

Menge *f* 1. quantity, amount, volume; 2. mass, bulk; **in M.en erzeugen/herstellen** to mass-produce

bestellte Menge quantity ordered; **gebrochene M.** odd lot; **in großen M.n** in bulk; **handelsübliche M.** commercial quantity; **weniger als ~ M.** odd lot; **runde M.** round lot; **vertraglich vereinbarte M.** contract quantity; **verfügbare M.** available quantity; **zollfreie M.** duty-free amount

mengen *v/t* to mix/blend

Mengen|abnahme *f* bulk buying; **M.abnehmer** *m* bulk buyer; **M.absatz** *m* volume sale(s); **M.abschlag** *m* quantity discount; **M.auftrag** *m* volume order; **M.begrenzung; M.beschränkung; M.-bestimmung** *f* quota, quantitative restriction; **M.diskont** *m* volume discount, **M.einkauf** *m* bulk buying; **M.erzeugung** *f* volume production; **M.geschäft** *nt* 1. volume business; 2. *(Bank)* retail banking; **M.grenze** *f* ceiling; **M.hersteller** *m* volume maker; **M.kontingent** *nt* volume quota; **M.lieferung** *f* bulk supply; **M.liste** *f* bill of quantities; **m.mäßig** *adj/adv* in quantitative/volume terms; **M.nachfrage** *f* volume demand; **M.nachlass** *m* volume discount; **M.preis** *m* bulk price; **M.produktion** *f* volume production; **M.rabatt** *m* quantity/volume/bulk discount; **M.tarif** *m* 1. ⊖ specific tariff; 2. bulk (supply) tariff; **M.umsatz** *m* volume/bulk sales; **M.vorgabe** *f* quantity standard; **M.wachstum** *nt* volume growth; **M.zoll** *m* ⊖ specific duty

Menschenführung *f* human resources management

Merkmal *nt* feature, characteristic; **besonderes M.** special feature; **hervorstechendes M.** salient feature; **technisches M.** technical feature

Merkposten *m* pro memoria *(lat.)* item

messbar *adj* quantifiable

Messbetrag *m* *(Steuer)* rate

Messe *f* (trade) fair, exhibition; **M. besuchen** to attend a fair; **M. veranstalten** to hold a fair, to stage an exhibition

Messe|amt; M.behörde *nt/f* fair authority; **M.ausweis** *m* fair pass; **M.beschicker** *m* exhibitor; **M.besuch** *m* fair attendance; **M.gebäude** *nt* exhibition hall; **M.gelände** *nt* (trade) fair/exhibition site; **M.geschäft** *nt* trade fair transactions/results; **M.gesellschaft** *f* fair corporation; **M.halle** *f* exhibition hall; **M.leitung** *f* fair authority

messen *v/t* to measure

Messe|organisator(in) *m/f* fair organiser; **M.platz** *m* exhibition center *[US]*/centre *[GB]*; **M.rabatt** *m* trade fair discount; **M.-stand** *m* exhibition stand/booth; **M.teilnehmer** *m* exhibitor; **M.veranstalter** *m* organiser (of a fair); **M.zentrum** *nt* exhibition center *[US]*/centre *[GB]*

Messung *f* 1. measurement; 2. reading

Messzahl *f* datum (*pl* data), ratio, index

Metall *nt* metal; **M.arbeiter** *m* metalworker; **M.arbeitergewerkschaft** *f* metalworkers' union; **M.band** *nt* metal tape; **M.bearbeitung** *f* metal working/processing; **M.bestand** *m (Notenbank)* bullion reserves; **M.börse** *f* metal exchange

Metall|geld *nt* coins; **M.industrie** *f* metal industry; **M.währung** *f* metallic currency/standard

Metallwaren *pl* hardware, metal goods; **M.händler** *m* ironmonger *[GB]*, hardwareman *[US]*; **M.handlung** *f* ironmonger's shop, hardware store

Metallwert *m* *(Münze)* assay value

Metarechnung *f* fifty-fifty account

Meter *m* meter *[US]*, metre *[GB]*; **M.tonne** *f* metric ton; **M.ware** *f* piece/yard(age) goods

Methode *f* method, approach; **M. zur Feststellung der Werbewirkung** order-of-merit rating; **dynamische M. der Investitionsrechnung** discounted cash flow method; **M der Kostenrealisierung bei Vertrags- oder Arbeitsende** completed contract method of accounting; **~ gleitenden Mittelwerte** moving average method

buchungstechnische Methode accounting method; **finanzmathematische M.** time-adjusted method; **lineare M.** *(Abschreibung)* straight-line method; **veraltete M.** obsolete method

Methodenlehre *f* methodology

Metier *nt* trade, profession

Metist *m* half-sharing partner

metrisch *adj* metric

Miet|ablösung *f* commutation of rent; **M.abtretung** *f* assignment of lease/rent; **M.anhebung** *f* rent increase; **M.anlagengeschäft** *nt* rental/leasing business; **M.anpassung** *f* rent review; **M.anzahlung** *f* key money, rent advance; **M.aufkommen** *nt* rental income; **M.aufkündigung** *f* notice to quit; **M.aufwand** *m* rental expenditure; **M.ausfall** *m* loss of rent; **M.auto** *nt* rented/hired car; **m.bar** *adj* for hire; **M.bedingungen** *pl* 1. *(Gegenstand)* terms of hire; 2. *(Wohnung)* terms of tenancy; **M.beendigung** *f* termination of tenancy; **M.beihilfe** *f* rent allowance/subsidy; **M.besitz** *m* leasehold; **M.bindung** *f* rent restriction; **M.buch** *nt* rent book; **M.dauer** *f* rental period

Miete *f* lease, rent, hire (charge); **M. abwerfen** to yield rent; **M. schuldig bleiben** to be in arrears with one's rent; **M. einziehen/kassieren** to collect rent; **M. entrichten** to pay rent; **M. erhöhen/heraufsetzen** to put up/increase the rent; **M. festsetzen** to fix a rent; **M. schulden**

M

to owe rent; **M. stunden** to grant a rent respite; **M. vorauszahlen** to prepay rent; **zur M. wohnen** to live in rented accommodation

angemessene Miete fair rent; **aufgelaufene M.** accrued rent; **bewirtschaftete M.** controlled rent *[GB]*; **fällige/geschuldete M.** rent due, delinquent rent *[US]*; **freie M.** uncontrolled *[GB]*/open-market rent; **gebundene M.** controlled rent; **sehr geringe M.** nominal rent; **kontrollierte M.** controlled rent; **ortsübliche M.** local rent; **rückständige M.** rent arrears; **überhöhte M.** rack rent; **verkehrsübliche M.** open-market rent

Miet|eigentum *nt* rental property; **M.einkommen; M.einkünfte; M.einnahme(n)** *nt/pl/f/pl* rent(al) income; **M.einnehmer; M.einzieher** *m* rent collector; **M.einzug** *m* rent collection

mieten *v/t* 1. *(Immobilie)* to rent/hire/lease; 2. *(Verkehrsmittel)* to charter

Mieter(in) *m/f* 1. *(Immobilie)* tenant, rent payer, lessee; 2. *(Verkehrsmittel)* charterer; 3. *(Autoverleih)* renter, hirer; **M. und Vermieter** landlord and tenant

Mieter exmittieren/hinauswerfen/verdrängen to evict a tenant; **einem M. kündigen** to give a tenant notice (to quit)

alleiniger Mieter sole tenant; **ausziehender M.** outgoing tenant; **einziehender/neuer M.** incoming tenant; **gewerblicher M.** commercial/industrial tenant; **jederzeit kündbarer M.** tenant at will

Mieter|belästigung *f* § harassment of tenants; **M.bund** *m* tenants' association; **M.darlehen** *nt* tenant's loan; **M.haftpflicht** *f* tenant's liability; **M.haftpflichtversicherung** *f* tenant's liability insurance

Miet|erhöhung *f* rent increase; **M.kaution** *f* rent deposit; **M.ermäßigung** *f* remission of rent

Mieterrechte *pl* tenant's rights

Mieterschutz *m* rent control, tenant protection; **M.gesetz** *nt* Landlord and Tenant Act *[GB]*

Miet|erstattung *f* rent rebate; **M.ertrag** *m* rental income/yield; **M.ertragswert** *m* rental value

Mieter|vereinigung *f* tenants' association; **M.verzug** *m* tenant's default

Miet|fahrzeug *nt* rented vehicle; **M.festschreibung** *f* rent freeze; **M.fläche** *f* rented (floor) space; **M.forderung** *f* rent demand; **m.frei** *adj* rent-free; **M.freigabe** *f* deregulation of rents; **M.garantie** *f* rent guarantee; **M.gebäude** *nt* leasehold building; **M.gebühr** *f* rent, hiring charge; **M.gegenstand** *m* leased/rented item; **M.geräte** *pl* leased equipment; **M.gesetze** *pl* landlord and tenant laws; **M.-grundstück** *nt* leasehold plot; **M.höhe** *f* rent level; **M.inkasso** *nt* rent collection; **M.interessent** *m* prospective tenant

Mietkauf *m* hire purchase

Mietkäufer *m* hire-purchase customer

Miet|kaution *f* key money *[GB]*; **M.konto** *nt* rent account; **M.kosten** *pl* rentals; **M.-kostenzuschuss** *m* rent allowance; **M.-laufzeit** *f* 1. term of tenancy; 2. term of lease; **M.nachlass** *m* rent rebate; **M.niveau** *nt* rental level; **M.objekt** *nt* leased/rented property; **M.partei** *f* (co-)tenant

Mietpreis *m* rent(al) price, rent, rental charge; **M.bindung** *f* rent control; **M.erhöhung** *f* rent increase

Miet|räume *pl* rented premises; **M.recht** *nt* law of landlord and tenant; **M.richtsatz** *m* reference rent; **M.rückstand/-stände** *m/pl* rent arrears *[GB]*, delinquent rent *[US]*; **M.sache** *f* leased property; **M.satz** *m* rent rate, rental; **M.schuld(en)** *f/pl* rent arrears

Miets|haus *nt* tenement (building); **M. mit möblierten Zimmern/Wohnungen** rooming house

Miet|spiegel *m* rental table; **M.steigerung** *f* rent increase; **M.stopp** *m* rent freeze; **M.streitigkeit** *f* tenancy dispute; **M.summe** *f* rental; **M.vereinbarung** *f* tenancy agreement

Mietverhältnis *nt* tenancy, lease; **befristetes M.** fixed-term tenancy; **gewerbliches M.** commercial/industrial tenancy; **jederzeit kündbares M.** tenancy at will; **dem Mieterschutz unterliegendes M.** protected tenancy; **stillschweigend verlängertes M.** tenancy at sufferance

Miet|verlängerung *f* 1. renewal of tenancy; 2. lease renewal; **M.verlust** *m* loss of rent

Mietvertrag *m* 1. tenancy agreement/contract; 2. rental/leasing/hiring agreement; 3. ⚓ charter party

Miet|vorauszahlung; M.vorschuss *f/m* rent advance, key money

Mietwagen *m* hired/rented car; **selbst gefahrener M.** self-drive car; **M.firma** *f* car

rental/hire company; **M.verleih; M.vertretung** *m/f* car rental/hire agency
Miet|wert *m* rental/letting value; **M.wohngrundstück** *nt* leasehold/rented property; **M.wohnung** *f* rented flat *[GB]*, rental apartment *[US]*; **M.wucher** *m* rack renting, usurious/exorbitant rent; **M.zahlung** *f* payment of rent, rental payment; **M.zeit** *f* term of lease, tenancy; **M.zins** *m* rental tariff, rent(al); **M.stopp** *m* rent freeze; **M.zuschuss** *m* rent allowance/rebate/subsidy
Mikro|ökonomie *f* microeconomics; **m.ökonomisch** *adj* microeconomic; **M.theorie** *f* microeconomics
Milch|bauer; M.erzeuger *m* dairy farmer; **M.erzeugung** *f* milk/dairy production; **M.marktordnung** *f (EU)* milk market regime; **M.produkt(e)** *nt/pl* dairy produce; **M.produzent** *m* dairy farmer; **M.verarbeitung; M.verwertung** *f* milk processing; **M.vieh** *nt* dairy cattle; **M.wirtschaft** *f* dairy farming
Militär *nt* military, armed forces; **M.angehörige** *pl* military personnel; **M.haushalt** *m* military budget
Milliarde *f* billion (bn)
Million *f* million (m); **eine M. Dollar** megabuck *(coll)*; **M. Barrel pro Tag** million barrels per day (mbd)
Millionär(in) *m/f* millionaire(ss)
Minder|aufkommen *nt* revenue shortfall; **M.ausgabe** *f* underspending; **M.auslieferung** *f* short delivery; **m.begütert; m.bemittelt** *adj* less well-off; **M.bestand; M.betrag** *m* deficit, shortfall; **M.einnahme; M.erlös** *f/m* revenue shortfall; **M.gewicht** *nt* short weight
Minderheit *f* minority
Minderheits|aktionär *m* minority shareholder *[GB]*/stockholder *[US]*; **M.anteil; M.beteiligung** *m/f* minority interest/stake; **M.gesellschafter** *m* minority shareholder/stockholder/partner; **M.paket** *nt* minority holding
minderjährig *adj* unter(-)age, minor, nonaged; **M.e(r)** *f/m* minor; **M.keit** *f* minority, nonage
Minder|kaufmann *m* small merchant/trader; **M.lieferung** *f* short delivery/shipment
mindern *v/t* 1. to lessen/reduce/diminish; 2. *(Wert)* to depreciate
Minderpreis *m* reduced/lower price
Minderung *f* 1. diminution, reduction; 2. *(Abzug)* deduction; 3. *(Wert)* depreciation; **M. der Erwerbsfähigkeit** impairment of earning capacity; **M. des Kaufpreises** redhibition *[US]*; **~ Wertes** diminution in value, depreciation
Minderungsklage *f* redhibitory action
minderwertig *adj* inferior, poor, substandard
Mindest|- minimum, minimal; **M.abnahme** *f* minimum purchasing quantity; **M.abschlussbetrag** *m (Börse)* minimum dealing quota; **M.alter** *nt* minimum age; **M.anforderung** *f* minimum requirement; **M.angebot** *nt* lowest bid/offer/tender; **M.anzahlung** *f* minimum deposit; **M.arbeitszeit** *f* minimum working hours; **M.ausleihesatz** *m* minimum lending rate (MLR) *[GB]*, prime rate *[US]*; **M.bedarf** *m* minimum requirements; **M.bestand** *m (Vorrat)* minimum inventory; **M.bestellung** *f* minimum order; **M.betrag** *m* minimum; **M.bietender** *m* lowest bidder; **M.deckung** *f* minimum margin requirement; **M.diskontsatz** *m* minimum lending rate (MLR) *[GB]*, prime rate *[US]*; **M.dividende** *f* guaranteed dividend; **M.einkommen** *nt* minimum income; **M.einlage** *f* minimum deposit; **M.einschuss** *m (Börse)* minimum margin requirement; **M.erfordernis** *nt* minimum requirement; **M.ertrag** *m* minimum yield; **M.erzeugerpreis** *m* minimum producer price; **M.fracht** *f* minimum freight; **M.gebot** *nt* lowest/minimum bid; **M.gebühr** *f* minimum charge/fee; **M.gehalt** *nt* minimum salary; **M.gewicht** *nt* minimum weight; **M.grenze** *f* 1. minimum limit; 2. *(Haftpflicht)* minimum liability; **M.grundkapital** *nt (AG)* minimum equity; **M.guthaben** *nt* minimum balance; **M.haltbarkeit** *f (Auszeichnung)* best before, eat/sell by; **M.kapital** *nt* minimum capital; **M.kreditsatz für erste Adressen** *m* prime (interest) rate; **(gesetzliche) M.kündigungsfrist** (statutory) minimum period of notice; **M.lagerbestand** *m* minimum stock; **M.liquidität** *f* minimum liquidity (ratio); **M.lohn** *m* minimum/subsistence wage; **M.menge** *f* minimum quantity
Mindestpreis *m* minimum/reference/reserve price; **garantierter M.** *(EU)* intervention price

Mindest|produktion *f* minimum out-put; **M.qualität** *f* minimum acceptable quality; **M.rendite** *f* minimum/lowest yield; **M.rentenalter** *nt* minimum retiring/pensionable age

Mindestreserve(n) *f/pl* statutory/minimum reserve(s)

Mindestreserve|anforderungen *pl* *(Zentralbank)* minimum reserve requirements; **M.einlagen; M.guthaben** *nt* minimum reserve deposits; **M.verpflichtung** *f* (minimum) reserve requirement

Mindest|satz *m* minimum rate/percentage; **M.schluss** *m* 1. *(Aktienpaket)* round amount *[GB]*/lot *[US]*; 2. *(Börse)* minimum bargain/lot; **M.stückelung** *f* minimum denomination; **M.tarif** *m* minimum rate; **gesetzlicher M.urlaub** statutory minimum holiday; **M.verkaufspreis** *m* 1. minimum resale/selling price; 2. *(Auktion)* reserve price; **M.verzinsung** *f* minimum rate of return; **M.zahl** *f* 1. minimum number/figure; 2. *(Abstimmung)* quorum; **M.zinssatz** *m* minimum lending rate (MLR) *[GB]*, prime rate *[US]*

Mineralöl *nt* petroleum; **M.erzeugnis** *nt* petrochemical product; **M.gesellschaft** *f* oil/petroleum company; **M.industrie** *f* oil industry; **M.quelle** *f* oil well; **M.raffinerie** *f* oil refinery; **M.steuer** *f* tax on hydrocarbon fuels; **M.verarbeitung** *f* oil/petroleum processing; **M.vorkommen** *nt* petroleum deposit

Mini|boom; M.konjunktur *m/f* boomlet

minimal *adj* minimum, minimal

Minimal|betrag *m* minimum (amount); **M.forderung** *f* minimum demand; **M.fracht** *f* minimum freight (rate); **M.kosten** *pl* minimum cost; **M.preis** *m* minimal price; **M.verzinsung** *f* minimum interest rate

minimieren *v/t* to minimize

Minimum *nt* minimum; **auf ein M. reduzieren** to minimize

Minister *m* minister, secretary; **M. für Arbeit** Employment Secretary *[GB]*, Secretary of State for Employment *[US]*; **~ Finanzen** minister of finance, Chancellor of the Exchequer *[GB]*, Treasury Secretary *[US]*

Ministerial|abteilung *f* government department; **M.beamter** *m* civil servant

Ministerium *nt* ministry, (government) department; **M. für Arbeit** ministry of labo(u)r/employment, Department of Employment *[GB]*, Labor Department *[US]*; **M. der Finanzen** ministry of finance, Treasury *[GB]*; **M. für Handel und Industrie** Department of Trade and Industry (DTI) *[GB]*, Commerce Department *[US]*

Ministerrat *m* *(EU)* Council of Ministers

Minorität *f* minority; **M.saktionär** *m* minority shareholder; **M.sbeteiligung** *f* minority interest

Minus *nt* deficit; **mit einem M. abschließen** to show a deficit; **ins M. geraten** to run into the red; **im M. sein** to write red figures; **~ stecken** to be in the red

Minus|bestand *m* stock shortage; **M.betrag** *m* deficiency; **M.korrektur** *f* downward revision; **M.saldo** *m* negative balance; **M.seite** *f* debit side; **M.zins** *m* negative interest

Misch|betrieb *m* mixed enterprise; **M.finanzierung** *f* mixed/joint financing; **M.kalkulation** *f* combined costing; **M.konzern** *m* conglomerate; **M.kurs; M.preis** *m* composite price; **M.satz** *m* composite rate

Mischung *f* 1. mix(ing), blend(ing); 2. mixture, compound

Misch|währung *f* mixed currency; **M.wirtschaft** *f* mixed economy; **M.zins(satz)** *m* composite/blended *[US]* rate of interest; **M.zoll** *m* compound duty/tariff

Misere *f* plight, predicament; **wirtschaftliche M.** economic plight

missachten *v/t* to disregard/ignore

Missachtung *f* disregard, neglect; **M. des Gerichts** contempt of court

miss|billigen *v/t* to object to, to disapprove; **M.billigung** *f* dispproval

Missbrauch *m* abuse, misuse, improper/unauthorized use; **M. der Ermessensfreiheit** abuse of discretionary powers; **M. von Haushaltsmitteln** misappropriation of budget funds; **M. eines Monopols; M. der Monopolstellung** monopoly abuse

missbrauchen *v/t* to abuse/misuse

missbräuchlich *adj* improper

Missbrauchs|aufsicht *f* supervision of anti-competitive conduct; **M.verfahren** *nt* *(Kartellamt)* abuse proceedings

missdeut|en *v/t* to misinterpret; **M.ung** *f* misinterpretation, misconstruction

Miss|erfolg *m* failure, flop *(coll)*; **M.ernte** *f* ⚓ crop failure

Missfallen *nt* displeasure, disapproval
Misskredit *m* disrepute; **in M. bringen** to discredit
missleiten *v/t* to misdirect
Misslingen *nt* failure; **m.** *v/i* to fail/flop *(coll)*
Miss|management *nt* mismanagement; **m.raten** *v/i* to fail/flop *(coll)*
Missstand *m* grievance, nuisance; **einem M. abhelfen; M.abstellen; M. beseitigen** to remedy a grievance, to abate a nuisance
Misstrau|en *nt* suspicion; **m.isch** *adj* suspicious
Miss|verhalten *nt* misconduct; **M.verhältnis** *nt* imbalance, disproportion, disparity; **~ zwischen Angebot und Nachfrage** disproportion of supply and demand; **m.verständlich** *adj* misleading; **M.verständnis** *nt* misunderstanding, misapprehension; **m.verstehen** *v/t* to misunderstand; **M.wirtschaft** *f* mismanagement
Mit|aktionäre *pl* joint shareholders *[GB]*/ stockholders *[US]*; **M.angeklagte(r)** *f/m* co-defendant
Mitarbeit *f* assistance, collaboration, cooperation; **m.en** *v/i* to cooperate/collaborate/assist
Mitarbeiter(in) *m/f* 1. staff member, employee; 2. colleague; 3. *(Zeitung)* contributor; *pl* (back-up) staff, personnel; **M. im Angestelltenverhältnis** salaried staff/employee(s); **~ Außendienst** field worker; **M. der Geschäftsleitung** managerial assistant
freiberuflicher/freier Mitarbeiter freelance contributor; **hauptamtlicher M.** full-time staff member; **nebenberuflicher M.** part-time staff member
Mitarbeiter|abbau *m* staff/employee cutback; **M.angelegenheit** *f* personnel/ staff matter; **M.befragung** *f* employee survey; **M.besprechung** *f* staff meeting; **M.bestand** *m* payroll; **M.beteiligung** *f* employee profit-sharing scheme; **M.beurteilung** *f* staff/employee appraisal; **M.darlehen** *nt* employee/staff loan; **M.förderung** *f* personnel development; **M.führung** *f* personnel management; **M.produktivität** *f* employee productivity; **M.schulung** *f* staff/employee training; **M.stab** *m* staff; **M.versammlung** *f* staff/ employee meeting; **M.vertretung** *f* staff representation; **M.zufriedenheit** *f* employee satisfaction
Mit|aussteller *m* *(Wechsel)* co-drawer; **M.-autor(in)** *m/f* co-author; **M.begründer** *m* co-founder; **M.begünstigte(r)** *f/m* co-beneficiary; **M.beklagte(r)** *f/m* co-defendant; **m.benutzen** *v/t* to use jointly; **M.benutzung** *f* joint use; **M.besitz** *m* joint possession/ownership/tenancy; **M.-besitzer(in)** *m/f* joint owner/holder
Mitbestimmung (der Arbeitnehmer) *f* (worker/employee) participation, co-determination, co-decision; **M. am Arbeitsplatz** shop-floor participation; **M. auf Unternehmensebene** co-determination at company level
Mit|bewerber(in) *m/f* competitor, rival; **M.bürge** *m* joint guarantor/surety; **M.-bürgschaft** *f* joint security/surety/guarantee
Miteigen|tum *nt* joint ownership/property; **M.tümer(in)** *m/f* joint owner, co-owner, part-owner
Mit|erbe *m* joint heir; **M.erwerber(in)** *m/f* joint purchaser; **m.finanzieren** *v/t* to co-finance; **M.finanzierung** *f* co-financing; **M.gesellschafter** *m* fellow partner; **M.-gift** *f* dowry, (marriage) portion; **M.gläubiger(in)** *m/f* joint/fellow creditor, co-creditor
Mitglied *nt* member; **M. kraft Amtes** ex officio *(lat.)* member; **M. des Aufsichtsrats** board member, non-executive director; **M. des Konsortiums** consortium member; **~ Konzernvorstands/Konzernaufsichtsrats** group board member; **M. auf Lebenszeit** life member; **M. des Vorstandes** executive director
aktives Mitglied working member; **angeschlossenes/assoziiertes M.** associate (member); **korrespondierendes M.** correspondent member; **ordentliches M.** full member; **stellvertretendes M.** deputy member; **stimmberechtigtes M.** voting member; **zahlendes M.** contributing/paying member
Mitglieder|bestand *m* (total) membership; **M.versammlung** *f* members' meeting
Mitglieds|anteil *m* membership interest; **M.ausweis** *m* membership card; **M.beitrag** *m* membership dues/subscription
Mitgliedschaft *f* membership
Mitgliedschafts|rechte *pl* membership

M

rights; **M.zwang** *m (Gewerkschaft)* closed shop

Mitglieds|firma *f* member firm; **M.gewerkschaft** *f* affiliated union; **M.karte** *f* (membership/member's) card; **M.land** *nt* member country

mit|haften *v/i* to be jointly liable; **M.haftung** *f* joint/secondary liability; **m.helfen** *v/i* to assist; **M.hilfe** *f* assistance, aid, **M.inhaber** *m (Firma)* partner, joint proprietor, co-partner; **M.kläger(in)** *m/f* joint plaintiff, co-plaintiff; **M.konsorte** *m* fellow underwriter, ~ syndicate member

Mitnahme *f (Börse)* profit-taking; **M.markt** *m* cash and carry (outlet); **M.preis** *m* cash and carry price

Mit|pacht *f* joint tenancy; **M.pächter** *m* joint tenant; **M.reisende(r)** *f/m* fellow passenger

Mitsprache *f* say (in the matter), codetermination; **M.recht** *nt* right of codetermination

Mittäter *m* § accomplice, joint offender; **M.schaft** *f* complicity

Mitte *f* middle, center *[US]*, centre *[GB]*

mitteilen *v/t* to inform/notify/advise

Mitteilung *f* 1. message, report, notification, advice; 2. *(intern)* note, memo *(coll)*; **M. über Aktienzuteilung** allotment letter; **~ Eigeninteressen** disclosure of interests; **~ nicht erfolgte Zahlung** advice of non-payment

Mitteilung hinterlassen to leave a message

amtliche/dienstliche Mitteilung official communication/statement; **innerbetriebliche M.** interdepartmental memo; **sachdienliche M.en** pertinent information; **vertrauliche M.** confidential communication; **vorherige M.** prior notice

Mitteilungs|blatt *nt* bulletin, newssheet; **m.freudig** *adj* communicative, forthcoming; **M.pflicht(en)** *f/pl* duty of disclosure, disclosure requirement(s)

Mittel *nt* 1. means; 2. *(Gegenmittel/Hilfsmittel)* remedy; 3. *(Durchschnitt)* average, mean; 4. *(Vorrichtung)* device, appliance; *pl* 1. *(Geld)* means, funds, resources; 2. *(Haushalt)* appropriations; **M. abzweigen** to divert funds; **M. anlegen** to invest (funds); **M. aufbringen** to raise funds; **mit M.n ausstatten** to fund; **M. bereitstellen** to allocate funds; **M. beschaffen** to raise funds; **M. bewilligen** to appropriate funds; **M. binden/festlegen** to tie/lock up funds; **M. erschöpfen** to exhaust resources; **M. freigeben/freisetzen** to release funds; **M. unterschlagen** to embezzle/misappropriate funds; **über M. verfügen** to have (the) means; **mit M.n versehen** to provide with funds; **M. anderen Zwecken zuführen; M. zweckentfremden** to alienate/misappropriate funds; **M. zuweisen** to allocate funds

angelegte Mittel invested capital; **anlagebereite M.** idle funds; **arithmetisches M.** arithmectic mean; **aufgenommene M.** borrowings; **ausgeliehene M.** lendings; **ausreichende M.** sufficient means; **bereitgestellte/bewilligte M.** appropriations; **bewährtes M.** proven remedy; **durchlaufende M.** transitory items; **eigene/selbst erwirtschaftete M.** own funds; **festliegende M.** tied-up funds; **flüssige M.** liquid reserves/assets/funds; **fremde M.** borrowings; **gebundene M.** earmarked funds; **gewichtetes/gewogenes M.** weighted average; **gleitendes M.** moving average; **investierte M.** invested funds; **knappe M.** scarce means/resources; **liquide M.** cash, liquid/cash/quick *[US]* assets; **öffentliche M.** public funds/means; **personelle M.** human resources; **reichliche M.** ample funds/means; **spärliche M.** scarce resources; **überschüssige M.** surplus funds; **umfangreiche M.** ample means; **unzureichende M.** insufficient funds; **verfügbare M.** ready/available cash; **wirtschaftliche M.** economic resources; **zugewiesene M.** *(Haushalt)* appropriations; **zweckgebundene M.** earmarked funds

Mittel|abfluss *m* outflow of funds; **M.ansatz** *m* appropriation; **M.aufbringung** *f* fund raising; **M.aufkommen** *nt* revenue yield

Mittelaufnahme *f* borrowing, fund raising; **M. der öffentlichen Hand** public sector borrowing

Mittel|ausstattung *f* funding; **M.bereitstellung** *f* allocation/provision of funds; **M.beschaffung** *f* fund raising; **M.betrieb** *m* medium-sized business/firm/enterprise; **M.bewilligung** *f* appropriation of funds; **M.bewirtschaftung** *f* fund management; **M.einsatz** *m* use/employment of funds; **m.fein** *adj* medium(-grade); **M.freigabe; M.freisetzung** *f* release of funds; **m.fristig** *adj* medium-term; **m.-groß** *adj* medium-sized, mid-sized *[US]*; **M.herkunft** *f* source of funds; **~ und -verwendung** sources and application of funds; **M.herkunftsrechnung** *f* source of funds statement; **M.klasse** *f* middle class

Mittelkurs *m* market average, mean course/rate; **M. der Industriewerte** *(Börse)* industrial average

mittellos *adj* destitute, penniless, moneyless, cash-strapped, impecunious; **M.losigkeit** *f* destitution, poverty, lack of funds

Mittel|maß *nt* 1. average/medium size; 2. mediocrity; **m.mäßig** *adj* mediocre, inferior; **M.mäßigkeit** *f* mediocrity

Mittel|preis *m* medium price; **M.punkt** *m* center *[US]*, centre *[GB]*, focus; **M.qualität** *f* medium quality; **M.schicht** *f* middle class(es)

Mittel|smann *m* intermediary, middleman; **M.sorte** *f* average/medium/middling quality

Mittelstand *m* 1. middle class; 2. *(Firmen)* small and medium-sized enterprises (SMEs); **m.ständisch** *adj* small and medium-sized

Mittelstands|beratung *f* small fims' counselling (service); **M.förderung** *f* promotion of small (and medium-sized) businesses; **M.kredit** *m* loan to small (and medium-sized) businesses; **M.politik** *f* small firms policy; **M.unternehmen** *nt* small/medium-sized enterprise

Mittel|streckenflugzeug *nt* medium-range/medium-haul aircraft; **M.überhang** *m* surplus funds; **M.umschichtung** *f* funds transfer; **M.verwendung** *f* allocation of resources, use/employment of funds; **missbräuchliche M.verwendung** misappropriation of funds; **M.weg** *m* middle course

Mittelwert *m* average, mean value; **M. errechnen** to average

arithmetischer Mittelwert arithmetic mean; **gewogener M.** weighted average; **gleitender M.** moving average; **ungewogener M.** simple average

Mittel|zufluss *m* inflow of funds; **M.zuführung** *f* injection of new funds; **M.zuweisung** *f* appropriation of funds

Mittler *m* mediator, intermediary

mittler(e,s) *adj* 1. middle, average; 2. medium(-sized), mid-sized *[US]*

Mitunternehmer *m* (co-)partner; **M.anteil** *m* partnership share; **M.schaft** *f* (co-)partnership

mitunter|schreiben; m.zeichnen *v/t* to countersign; **M.schrift; M.zeichnung** *f* countersignature; **M.zeichner; M.zeichnender** *m* joint signatory

Mit|ursache *f* contributory factor; **m.verantwortlich** *adj* jointly responsible; **M.-verantwortung** *f* joint responsibility; **M.verfasser** *m* co-author; **M.verkäufer** *m* joint seller; **M.verklagte(r)** *f/m* co-defendant; **M.verschulden** *nt* § contributory negligence

Mitversicher|er *m* co-insurer; **m.n** *v/t* to co-insure; **M.ung** *f* co-insurance

mitwirken *v/i* to take part, to participate/contribute; **M.de(r)** *f/m* contributor, participant

Mitwirkung *f* participation, cooperation, collaboration

Mitzeichnung *f* 1. countersignature; 2. *(Vers.)* joint underwriting

Möbel *pl* furniture; **M.ausstellung** *f* furniture exhibition; **M.fabrikant; M.hersteller** *m* furniture manufacturer; **M.-geschäft; M.laden** *nt/m* furniture shop *[GB]*/store *[US]*; **M.industrie** *f* furniture industry; **M.spedition** *f* removal firm; **M.transport** *m* furniture transport; **M.-wagen** *m* furniture/removal van

Mobil|funk *m* mobile communication; **M.-telefon** *nt* cellular phone, mobile

Mobiliar *nt* 1. furniture, furnishing; 2. movables, movable property; **M. und Zubehör** furniture and fixtures

Mobiliar|eigentum *nt* personal effects/property; **M.hypothek** *f* chattel mortgage; **M.klage** *f* action in replevin; **M.-kredit** *m* chattel loan; **M.pfand** *nt* chattel pledge; **M.pfändung** *f* seizure of movables; **M.vermögen** *nt* personal property; **M.vollstreckung** *f* seizure and sale of movable property; **M.zwangsvollstreckung** *f* levy of execution

Mobilien *pl* movables, effects, personal property

mobilisier|en *v/t* 1. to mobilize; 2. *(flüssig machen)* to realize; **M.ung** *f* 1. mobilization; 2. realization

Mobilität *f* mobility; **berufliche M.** job/occupational mobility; **innerbetriebliche M.** intra-plant mobility; **vertikale M.** upward mobility; **zwischenbetriebliche M.** inter-plant mobility

Mobilitäts|hilfe; M.zuschuss *f/m* mobility allowance
möblieren *v/t* to furnish
Mode *f* fashion, style; **M.artikel** *pl* fashion goods; **M.ausstellung** *f* fashion show; **M.berater(in)** *m/f* fashion adviser; **M.-geschäft; M.händler** *nt/m* fashion shop; **M.heft; M.journal** *nt* fashion journal/ magazine
Modell *nt* 1. model, pattern, type; 2. design; **auslaufendes M.** end-of-range model; **billiges M.** economy model; **erstes M.** prototype; **geschütztes M.** registered design; **makroökonomisches M.** macroeconomic/aggregative model; **maßstabgerechtes / maßstabgetreues M.** scale model; **ökonomisches M.** economic model
Modell|abteilung; M.bau *f/m* pattern shop; **M.betrieb** *m* nursery factory; **M.-fall** *m* model case
modellieren *v/t* to model
Modell|jahr *nt* year of manufacture; **M.-macher; M.schlosser; M.schreiner** *m* pattern maker; **M.rechnung** *f* pilot calculation; **M.reihe** *f* range of cars; **M.-schreinerei; M.werkstatt** *f* pattern shop; **M.schutz** *m* protection of registered designs; **M.skizze** *f* artist's impression; **M.-studie** *f* pilot study; **M.versuch** *m* pilot scheme; **M.vertrag** *m* standard contract; **M.zeichnung** *f* pattern drawing
Mode|messe *f* fashion fair; **M.schau** *f* fashion parade
modern *adj* modern, up-to-date
modernisieren *v/t* 1. to modernize/update/ upgrade; 2. to refit/refurbish
Modernisierung *f* 1. modernization, update; 2. refurbishment
Modernisierungs|auftrag *m* refurbishment order; **M.beihilfe; M.zuschuss** *f/m* improvement grant; **M.darlehen; M.-kredit** *nt/m* improvement loan
Mode|schau *f* fashion parade; **M.schöpfer(in)** *m/f* fashion designer; **M.waren** *pl* fashion goods
Modifi|kation *f* modification; **m.zieren** *v/t* to modify
modisch *adj* fashionable
Modul *nt* module
modular *adj* modular; **m.isieren** *v/t* to modularize; **M.isierung** *f* modularization
möglich *adj* possible, feasible; **sobald wie m.** 1. *(Brief)* at your earliest convenience; 2. as soon as possible (asap)
Möglichkeit *f* 1. possibility, opportunity; 2. *(Machbarkeit)* feasibility; 3. *(Ereignis)* eventuality, contingency; **berufliche M.en** job opportunities, career prospects; **geschäftliche M.en** business opportunities; **vertane M.** wasted opportunity; **wirtschaftliche M.** economic potential
Molkerei *f* dairy, creamery; **M.erzeugnis(se); M.produkt(e)** *nt/pl* dairy produce/product(s); **M.genossenschaft** *f* dairy cooperative
Moment *m/nt* 1. moment, instant; 2. factor, element
momentan *adj* current
Monat *m* month; **M.(e) nach Datum** month(s) after date (m/d); **~ nach Sicht** month(s) after sight (m/s)
monatlich *adj* monthly
Monats|abonnement *nt* 1. *(Fahrkarte)* monthly ticket; 2. monthly subscription; **M.abrechnung** *f* monthly account/settlement; **M.abschluss** *m* monthly statement; **M.abstimmung** *f (Konto)* monthly reconciliation; **M.aufstellung; M.ausweis** *f/m* monthly return/statement; **M.beitrag** *m* monthly contribution; **M.belastung** *f* monthly charge; **M.bericht** *m* monthly report; **M.einkommen** *nt* monthly income; **M.endstand** *m* end-of-month figures/position; **M.ergebnis** *nt* monthly result; **M.gehalt** *nt* monthly salary; **M.-lohn** *m* monthly wage; **M.miete** *f* monthly rent; **M.rechnung** *f* monthly account; **M.satz** *m* monthly rate; **M.status; M.-übersicht** *m/f* monthly return; **im M.-vergleich** *m* on a month-to-month basis; **M.zahlung** *f* monthly payment
monetär *adj* monetary
Monetaris|mus *m* monetarism; **M.t** *m* monetarist
Monetärkredit *m* monetary credit
monetisieren *v/t* to monetize
Mono|funktionssystem *nt (Börse)* single-capacity system *[GB]*; **M.kultur** *f* single-crop system
Monopol *nt* monopoly; **M.abkommen; M.absprache** *nt/f* monopoly agreement; **m.ähnlich** *adj* quasi-monopolistic; **M.besitzer; M.inhaber** *m* monopoly holder; **M.gewinne** *pl* monopoly profits
monopolisier|en *v/t* to monopolize; **M.ung** *f* monopolization
Monopolist *m* monopolist
Monopol|kommission *f* Monopolies Com-

mission *[GB]*; **M.macht** *f* monopoly power; **M.preis** *m* monopoly price; **M.stellung** *f* monopoly (position); **M.unternehmen** *nt* monopoly enterprise
Mono|produktwirtschaft *f* one-product economy; **M.struktur** *f* monostructure
Montage *f* assembly; **M.arbeit** *f* assembly work; **M.arbeiter** *m* assembly (line) worker; **M.arbeitsplatz** *m* screwdriver job *(coll)*; **M.band** *nt* assembly line; **M.-bauweise** *f* prefabricated construction; **M.betrieb; M.fabrik** *m/f* assembly plant/shop; **m.fertig** *adj* ready for assembly; **M.halle** *f* assembling/erecting shop; **M.-kapazität** *f* assembly capacity; **M.kolonne** *f* construction crew; **M.kosten** *pl* assembly/erection costs; **M.technik** *f* assembly technique; **M.werk** *nt* assembly plant; **M.zeit** *f* assembly time
Montan|aktie(n) *f/pl* mining share(s) *[GB]*/stock(s) *[US]*; **M.union** *f* (European) Coal and Steel Community (ECSC)
Mon|teur *m* assembler, fitter; **m.tieren** *v/t* to assemble/fit/erect
Moratorium *nt* moratorium, standstill (agreement), respite (of payment)
Morgen *m* *(Flächenmaß)* (Dutch) acre
Mortalität *f* mortality rate; **M.sstaffel** *f* *(Lebensvers.)* decrement rate
Motivation *f* (self-)motivation
Motivforschung *f* motivation research
motivier|en *v/t* to motivate; **M.ung** *f* motivation; **M.ungsstudie** *f* motivation study
Motor *m* 1. ϟ motor; 2. 🚗 engine; 3. *(fig)* driving force; **M.ausfall** *m* engine failure; **M.defekt** *m* engine trouble
Motoren|bau *m* engine construction; **M.-fabrik; M.werk** *f/nt* engine plant; **M.werte** *pl (Aktien)* motors
Motor|schaden *m* engine trouble; **M.-schiff (M.S.)** *nt* motor ship (M.S.), motor vessel (M.V.); **M.störung** *f* engine breakdown
Mühe *f* trouble, effort
Müll *m* refuse, waste, trash *[US]*, garbage *[US]*; **gewerblicher M.** industrial waste; **radioaktiver M.** radioactive waste
Müll|abfuhr *f* refuse/waste/garbage *[US]* collection; **M.container** *m* rubbish skip, trash dumpster *[US]*; **M.deponie** *f* waste disposal site, landfill site; **M.entsorgung** *f* waste disposal; **M.fahrzeug** *nt* dustcart *[GB]*, garbage truck/wagon *[US]*; **M.halde; M.kippe** *f* waste disposal site, landfill site; **M.tonne** *f* dustbin, trash dumpster *[US]*; **M.verbrennung** *f* waste incineration; **M.verwertung** *f* recycling
Multi *m* *(coll)* multinational/transnational company
Multipli|kation *f* multiplication; **M.kator** *m* multiplier; **m.izieren** *v/t* to multiply
Mund *m* mouth; **sich alles vom M.e absparen** to pinch and scrape; **von der Hand in den M. leben** to live from hand to mouth
mündig *adj* of age, adult; **M.e(r)** *f/m* adult
Mündigkeit *f* majority; **M.salter** *nt* age of consent
mündlich *adj* oral, verbal
Mund|propaganda *f* word-of-mouth propaganda; **M.raub** *m* petty theft, pilferage
Münz|amt; M.anstalt *nt/f* mint; **M.automat** *m* slot machine; **m.betrieben** *adj* coin-operated
Münze *f* 1. coin; 2. *(Münzamt)* mint; **sich in klingender M. auszahlen** to pay off (very handsomely); **M.n schlagen** to mint coins; **in klingender M. zahlen** to pay cash
münzen *v/t* to mint/coin
Münz|fälscher *m* counterfeiter; **M.fälschung** *f* counterfeiting of coins; **M.fuß** *m* monetary/coinage standard; **M.geld** *nt* coins, specie; **M.prägung** *f* minting; **M.-stätte** *f* mint
Murks *m* *(coll)* botch, hash *(coll)*
Muster *nt* 1. *(Design)* design, pattern; 2. *(Probe)* sample, specimen; **dem M. entsprechend** true to sample; **beigefügtes M.** enclosed sample; **eingetragenes M.** registered design
Muster|abkommen *nt* model agreement; **M.abnahme** *f* type approval (test); **M.-arbeitsvertrag** *m* model employment conctract; **M.beispiel** *nt* object lesson; **M.betrieb** *m* model plant/factory; **M.-brief** *m* model/specimen letter; **M.buch** *nt* pattern book; **M.entnahme** *f* sampling; **M.fall** *m* test case; **M.farm; M.gut; M.-hof** *f/nt/m* model farm; **M.formular** *nt* specimen form; **m.getreu** *adj* true to sample; **M.größe** *f* sample size; **m.gültig; m.haft** *adj* exemplary; **M.heft** *nt* pattern book; **M.karte** *f* pattern card; **M.kollektion** *f* collection of samples/patterns; **M.-messe** *f* trade fair; **M.mietvertrag** *m* specimen rental agreement, ~ tenancy contract

mustern *v/t* 1. to examine/scrutinize; 2. *(Stoff)* to pattern
Muster|packung *f* sample pack; **M.patent** *nt* design patent; **M.police** *f* policy specimen; **M.prozess** *m* § test case; **M.sammlung** *f* collection of samples; **M.schutz** *m* design copyright; **M.stück** *nt* sample, specimen; **M.studie** *f* pilot study
Musterung *f* 1. examination, scrutiny; 2. patterning
Muster|unterschrift *f* specimen signature; **M.vertrag** *m* specimen/standard contract; **M.vordruck** *m* specimen form; **M.zeichner** *m* designer, draughtsman *[GB]*, draftsman *[US]*
Mutter *f* *(Unternehmen)* parent (company); **M. und Tochter** parent and subsidiary; **berufstätige M.** working mother
Mutter|boden *m* topsoil; **M.gesellschaft; M.haus** *f/nt* parent company *[GB]*/corporation *[US]*
Mutterschaft *f* maternity, motherhood; **M.sbeihilfe** *f* 1. maternity allowance *[GB]*, 2. *(einmalig)* maternity grant *[GB]*; **M.surlaub** *m* maternity leave; **M.sversicherung** *f* maternity insurance

N

nachahmen *v/t* 1. to copy/imitate; 2. *(fälschen)* to counterfeit/forge/fake *(coll)*
Nachahmer *m* imitator; **N.präparat** *nt* ⚕ generic drug; **N.produkt** *nt* me-too product *(coll)*
Nachahmung *f* 1. imitation, copy; 2. *(Fälschung)* counterfeit, forgery, fake *(coll)*
nachaktivier|en *v/t* to postcapitalize; **N.ung** *f* postcapitalization
Nachanmeld|er *m* *(Pat.)* subsequent applicant; **N.ung** *f* *(Pat.)* subsequent application
Nacharbeit *f* finishing; **n.en** *v/t* to finish
Nachauftrag *m* follow-up order
Nachbar *m* neighbo(u)r; **N.gefahr** *f* *(Vers.)* surrounding risk; **N.grundstück** *nt* adjacent site/land/property
Nachbarschaft *f* 1. neighbo(u)rhood; 2. vicinity, proximity; **gefahrerhöhende N.** *(Vers.)* surrounding risk
Nachbarschafts|effekt *m* neighbo(u)rhood effect; **N.laden** *m* neighbo(u)rhood/local shop
Nachbau *m* 1. copy, duplicate; 2. reproduction
nachbearbeit|en *v/t* to finish; **N.ung** *f* finish(ing)
nach|belasten; n.berechnen *v/t* to make an additional charge; **N.belastung; N.berechnung** *f* supplementary/additional charge; **N.besitzer** *m* subsequent owner; **n.bessern** *v/t* to mend/repair
Nachbesprechung *f* debriefing; **N. abhalten** to debrief
nachbestell|en *v/t* to reorder; **N.ung** *f* repeat/follow-up order
Nach|besteuerung *f* supplementary taxation; **N.besuch** *m* follow-up call; **N.bewilligung** *f* supplementary allowance/appropriation
nachbild|en *v/t* 1. to copy/imitate/reproduce; 2. *(fälschen)* to counterfeit/fake *(coll)*; **N.ung** *f* 1. reproduction; 2. *(Fälschung)* forgery, fake *(coll)*
Nachbörse *f* curb *[US]*/kerb *[GB]* (market), street/inofficial market
nachbuch|en *v/t* to make a subsequent entry; **N.buchung** *f* subsequent entry
Nachbürg|e *m* 1. collateral guarantor; 2. *(Wechsel)* subsequent endorser; **N.schaft** *f* collateral guarantee
nachdatieren *v/t* to postdate
Nachdeklar|ation; N.ierung *f* post-entry
Nachdruck *m* 1. emphasis; 2. ✂ reprint; **N. auch auszugsweise verboten** not to be reproduced in part or in whole; **unberechtigter/unerlaubter N.** pirate(d) edition
nachdrucken *v/t* to reprint
Nachentrichtung *f* retrospective payment
Nach|erbe *m* reversionary/second heir; **N.erbfolge** *f* reversionary succession; **N.erbschaft** *f* estate in expectancy
Nach|erhebung *f* subsequent assessment; **N.erwerber** *m* subsequent buyer
Nachfass|besuch *m* follow-up call; **N.brief; N.schreiben** *m/nt* follow-up letter; **N.interview** *nt* follow-up interview; **N.werbung** *f* follow-up advertising
Nachfeststellung *f* subsequent assessment
Nachfolge *f* succession; **N.firma; N.gesellschaft** *f* successor company; **N.haftung** *f* secondary liability; **N.investition** *f* follow-up investment

nachfolgen *v/i* to succeed; **n.d** *adj* subsequent(ly), following
Nachfolge|organisation *f* successor organisation; **N.markt** *m* aftermarket
nachforder|n *v/t* to claim subsequently; **N.ung** *f* 1. subsequent/supplementary claim
nachforschen *v/t* to investigate
Nachforschung *f* investigation; **N.sanweisung** *f (Bank)* tracing order
Nachfrage *f* 1. *(VWL)* demand; 2. enquiry, inquiry; **N. nach Arbeitskräften** demand for labo(u)r; **N. der öffentlichen Hand** public-sector demand; **N. seitens der Industrie** industrial demand; **N. übersteigt die Liefermöglichkeiten** demand exceeds (the ability to) supply
Nachfrage abwürgen/dämpfen to choke (off) demand; **N. anheizen/ankurbeln** to fuel demand; **N. befriedigen** to meet demand; **N.beleben** to stimulate demand; **N.drosseln** to rein back demand; **N. stützen** to bolster demand; **N. übersteigen** to outstrip/exceed demand
abgeleitete Nachfrage derived demand; **abnehmende/sich abschwächende N.** decreasing demand; **aufgeschobene N.** deferred demand; **aufgestaute N.** pent-up demand; **jahreszeitlich bedingte/saisonbedingte N.** seasonal demand; **effektive N.** effective demand; **fehlende N.** lack of demand; **gedrückte N.** depressed demand; **gesamtwirtschaftliche N.** aggregate demand; **industrielle N.** industrial demand; **inländische/innere/interne N.** domestic demand; **lebhafte N.** brisk demand; **lustlose N.** sluggish demand; **nachlassende N.** flagging demand; **saisonale/saisonbedingte N.** seasonal demand; **schleppende N.** sluggish demand; **schwache N.** weak demand; **sinkende N.** declining demand; **starke N.** brisk demand; **starre N.** inelastic demand; **tatsächliche/wirksame N.** effective demand; **träge N.** sluggish demand; **verdeckte N.** latent demand; **zusammengesetzte N.** composite demand
Nachfrage|abschwächung *f* downturn in demand; **N.anstieg** *m* upturn in demand; **N.ausweitung** *f* demand expansion; **n.bedingt** *adj* demand-induced; **N.belebung** *f* revival of demand; **n.bezogen** *adj* demand-orient(at)ed; **N.dämpfung** *f* choking of demand; **N.druck** *m* pressure of demand; **N.effekt** *m* demand effect; **N.einbruch** *m* slump in demand; **N.elastizität** *f* demand elasticity; **N.entwicklung** *f* demand trend; **N.funktion** *f* demand function; **N.größe** *f* demand parameter; **n.induziert** *adj* demand-led; **N.inflation** *f* demand(-pull) inflation; **N.kurve** *f* demand curve; **N.lenkung** *f* demand management; **N.lücke** *f* demand shortfall; **N.markt** *m* buyers' market; **N.-monopolist** *m* monopoly buyer
nachfragen *v/i* 1. to demand; 2. to inquire/enquire
Nachfrage|niveau *nt* demand level; **n.-orieniert** *adj* demand-orient, demand-side; **N.prognose** *f* demand forecast
Nachfrager *m* consumer
Nachfrage|regulierung; N.steuerung *f* demand management; **N.rückgang** *m* slump in demand; **N.schub** *m* demand push; **N.seite** *f* demand side; **N.sog** *m* demand pull; **N.soginflation** *f* demand-pull inflation; **N.stau** *m* pent-up demand; **n.steigernd** *adj* demand-boosting; **N.stoß** *m* surge of demand; **N.-theorie** *f* demand theory; **N.überhang; N.überschuss** *m* excess/surplus demand; **N.verhalten** *nt* demand behaviour; **N.-verlagerung; N.verschiebung** *f* demand shift; **N.volumen** *nt* volume/level of demand; **N.welle** *f* spate of demand; **N.wirkung** *f* demand effect; **N.zuwachs** *m* demand growth
Nachfrist *f* 1. extension, respite; 2. *(Wechsel)* period/days of grace **N. setzen** to grant an extension, ~ a respite
im Nachgang zu *m* further to; **N.shypothek** *f* junior mortgage
Nachgeben der Kurse/Preise *nt* decline in prices
Nachgebühr *f* 1. surcharge; 2. extra postage
nach|gelagert *adj* ⛏ downstream; **n.gemacht** *adj* 1. reproduced, imitated; 2. forged, counterfeit(ed), fake *(coll)*; **n.geordnet** *adj* subordinate; **N.geschäft** *nt* 1. follow-up deal/transaction; 2. *(Börse)* call/put of more (transaction); **n.geschaltet** *adj* ⛏ downstream; **n.gewiesen** *adj* proven; **N.girant** *m* subsequent endorser; **N.giro** *nt* subsequent endorsement; **N.-haftung** *f* secondary liability
nachhaltig *adj* *(Umwelt)* sustainable; **N.-keit** *f* sustainability

Nachhieb *m* ⚘ secondary felling, relogging *[US]*
Nachhilfe *f* 1. assistance, 2. *(Schule)* private coaching/tuition
Nachholbedarf *m* pent-up demand, backlog of demand
Nach|indossament *nt* subsequent endorsement; **N.indossant** *m* subsequent endorser; **n.industriell** *adj* post-industrial; **N.kauf** *m* repeat purchase; **N.komme** *m* descendant
Nachlass *m* 1. estate; 2. *(Preis)* discount; 3. *(Steuer)* relief; **N. abwickeln/auseinandersetzen / liquidieren / ordnen / regulieren** to wind up/settle an estate; **N. bewilligen; N. gewähren** to grant a discount; **N. verteilen** to divide an estate
Nachlass|abwicklung *f* probate proceedings; **N.berechtigte(r)** *f/m* beneficiary under a will
Nachlassen *nt* decrease, slowdown; **n.** *v/i* 1. *(Preis)* to fall/drop; 2. to weaken/sag/recede
Nachlassfeststellung *f* probate of an estate
nachlässig *adj* 1. negligent; 2. *(Arbeit)* slipshod *(coll)*; **N.keit** *f* negligence
Nachlass|liquidierung *f* winding up of an estate; **N.ordnung** *f* probate code, statute of distributions; **N.recht** *nt* probate law; **N.steuer** *f* estate duty, inheritance tax; **N.verfahren** *nt* probate proceedings; **N.vermögen** *nt* estate; **N.verteilung** *f* distribution of the estate; **N.verwalter** *m* administrator; **N.verwaltung** *f* administration (of an estate/inheritance)
nachliefern *v/t* to make a further delivery
Nachlieferung *f* subsequent/additional delivery; **N.sgeschäft** *nt (Börse)* put of more
nach|machen *v/t* 1. to imitate/copy; 2. to forge/counterfeit; **N.mann** *m (Wechsel)* subsequent holder; **N.markt** *m* downstream market; **N.meldung** *f (Tagung)* late entry/application; **N.mieter** *m* subsequent/new tenant
Nachmittag *m* afternoon; **freier N.** afternoon off; **geschäftsfreier N.** early closing
nachmittags *adv* in the afternoon, post meridiem (p.m.) *(lat.)*
Nachmittags|börse *f* afternoon curb *[US]*/kerb *[GB]*; **N.schluss der Geschäfte** *m* early closing day
Nachnahme *f* cash *[US]*/collect *[GB]* on delivery (c.o.d.); **unter N. der Spesen** charges forward (ch. fwd); **durch N. erheben** to collect on delivery; **per N. schicken/senden** to send (goods) cash on delivery (c.o.d.)
Nachnahme|paket *nt* c.o.d. parcel; **N.sendung** *f* c.o.d. consignment; **N.spesen** *f/pl* cash-on-delivery *[GB]*/collect-on-delivery *[US]* charges
nach|nehmen *v/t* to charge forward, to collect on delivery; **N.order** *f* follow-up order; **N.pächter** *m* subsequent tenant; **N.porto** *nt* excess postage
nachprüf|bar *adj* verifiable; **n.en** *v/t* to verify/check
Nachprüfung *f* verification, check(ing); **N. vorbehalten** subject to inspection; **gerichtliche N.** judicial review
nachrang|ig *adj* inferior, junior; **N.kapital** *nt* subordinated capital
nachrech|nen *v/t* to check/recalculate; **N.nung** *f* check, recalculation
üble Nachrede § slander, libel
Nachricht *f* 1. (piece of) news; 2. message; **bis zum Erhalt einer neuen N.** until further notice; **mangels gegenteiliger N.** unless countermanded; **ohne vorherige N.** without prior notice
eilige Nachricht urgent message; **marktbeeinflussende N.** market-moving news item; **rechtzeitige N.** due notice; **schlechte N.(en)** bad news; **verschlüsselte N.** coded message
Nachrichten|agentur; N.dienst *f/m* news agency; **N.austausch** *m* exchange of information; **N.zentrale** *f* information center *[US]*/centre *[GB]*
nach|rüsten 1. to upgrade; 2. ⚙ to retrofit; **N.rüstung** *f* 1. upgrade; 2. retrofit; **N.schaden** *m* consequential damage; **N.schau** *f* follow-up inspection; **n.schicken** *v/t* to forward
Nachschlage|bibliothek *f* reference library; **N.buch** *nt* reference book
nachschlagen *v/t* *(Buch)* to consult, to look up
Nach|schlagewerk *nt* reference book; **N.schlüssel** *m* 1. duplicate/master key; 2. *(Dietrich)* picklock; **N.schrift** *f* postscript (PS); **zusätzliche N.schrift** postpostscript (PPS)
Nachschub *m* supply; **N.güter** *pl* supplies; **N.problem** *nt* logistical problem; **N.wesen** *nt* logistics

Nachschuss *m* 1. additional/supplementary payment; 2. *(Börse)* further/margin call; **N.aufforderung** *f* margin call *[US]*; **N.haftung** *f (Börse)* stockholders' liability

nachschüssig *adj (Zinsen)* deferred

Nachschuss|klausel *f (Vers.)* safety clause; **N.pflicht** *f* 1. *(Börse)* liability for further calls; 2. *(Vers.)* reserve liability; **n.pflichtig** *adj (Konkurs)* contributory; **N.prämie** *f* additional premium

Nachsende|adresse; N.anschrift *f* ✉ forwarding address; **N.anweisung** *f* forwarding instructions; **N.gebühr** *f* forwarding charge

nachsenden *v/t* to (re)forward/redirect/reroute; **bitte n.** please forward

Nachsichtakkreditiv *nt* documentary acceptance credit

Nachsichts|frist *f* period of grace; **N.tage** *pl* days of grace; **N.wechsel** *m* after-sight bill

nachstehend *adv* below, hereinafter

Nachsteuer *f* supplementary tax; **N.gewinn** *m* after-tax profit; **N.rendite** *f* after-tax return/yield

Nachtarbeit *f* night work; **N.sverbot** *nt* prohibition of night work; **N.szuschlag** *m* night work premium

nachtaxier|en *v/t* to reassess; **N.ung** *f* reassessment

Nachteil *m* 1. disadvantage, drawback, downside *[US]*; 2. *(Schaden)* prejudice, detriment; **betriebswirtschaftlicher N.** operational disadvantage; **externe N.e** external diseconomies; **wirtschaftlicher N.** economic drawback

nachteilig *adj* detrimental, disadvantageous

Nach|trag *m* 1. supplement; 2. *(Brief)* postscript (PS); 3. *(Vers.)* endorsement, rider; **n.tragen** *v/t* to add; **n.träglich** *adj* supplementary, additional

Nachtrags|bewilligung *f* supplementary appropriation; **N.etat; N.haushalt** *m* supplementary budget; **N.police** *f* supplementary policy; **N.prüfung** *f (Bilanz)* supplementary audit

Nachtschalter *m* night desk

Nachtschicht *f* night shift; **N.vergütung** *f* night shift bonus

Nachtsprung *m* 🚗/🚂 next morning delivery

Nacht|tarif *m* ⚡ off-peak rate/tariff; **N.wächter** *m* nightwatchman; **N.zuschlag** *m* 1. overnight charge; 2. night-work supplement; **N.zustellgebühr** *f* late-delivery fee

Nach|unternehmer *m* subcontractor; **N.veranlagung** *f* additional assessment; **N.sicherung** *f* supplementary/additional insurance; **N.versteuerung** *f* subsequent taxation; **N.verzollung** *f* post entry; **n.wachsend** *adj (Rohstoff)* renewable, regenerative

Nachweis *m* 1. record, evidence; 2. *(Papiere)* documentation, certification; **N. über den Abschluss einer Versicherung** certificate of insurance (c/i); **N. der Befähigung** certificate of qualification; **~ Echtheit** proof of authenticity; **N. einer Forderung** proof of a claim; **N. des eingetretenen Schadens** proof of loss; **N. der Vertretungsbefugnis** proof of authority

Nachweis erbringen/führen/liefern/vorlegen to furnish evidence

nachweis|bar *adj* provable, verifiable; **n.en** *v/t* to prove/establish/substantiate; **n.lich** *adj* proven

Nachwort *nt* postscript (PS)

Nachwuchs|(führungs)kraft *f* junior executive/manager; **N.lehrgang** *m* trainee course; **N.stelle** *f* junior position

nachzahl|bar *adj* 1. subsequently payable; 2. *(Dividende)* cumulative, deferred; **n.en** *v/t* to pay extra/additionally

nachzählen *v/t* to recount

Nachzahlung *f* 1. supplementary payment; 2. *(Lohn)* back pay

Nachzahlungs|aufforderung *f (Aktien)* margin call; **n.pflichtig** *adj* contributory; **N.veranlagung** *f* additional assessment

Nach|zoll *m* additional duty; **N.zügler** *m* laggard, straggler; **N.zugsaktie** *f* deferred (ordinary) share *[GB]*/stock *[US]*

nagel|neu *adj* brand new; **N.probe** *f (fig)* acid/litmus test

Nähe *f* proximity, vicinity

nähern *v/t* π to approximate

Näherung *f* approximation; **N.sverfahren** *nt* approximation method

Nahrung *f* food

Nahrungsmittel *nt/pl* food(s), foodstuffs; **Nahrungs- und Genussmittel** food, beverages and tobacco; **N. verfälschen** to adulterate food

Nahrungsmittel|aktien *pl* foods; **N.ausgaben** *pl* spending on food; **N.bedarf** *m*

N

food requirements/needs; **N.betrieb** *m* food plant; **N.branche** *f* food industry; **N.handel** *m* food trade; **N.herstellung** *f* food processing; **N.hilfe** *f* food aid; **N.industrie** *f* food(-procesing) industry; **N.knappheit** *f* food shortage; **N.preis** *m* food price; **N.rohstoff** *m* basic foodstuff; **N.sektor** *m* food sector; **N.überschuss** *m* food surplus; **N.verbrauch** *m* food consumption; **N.versorgung** *f* food supply; **N.vorräte** *pl* food supplies; **N.werte** *pl* *(Börse)* foods; **N.zuschuss** *m* food allowance

Nahverkehr *m* local service/transport; **öffentlicher N.** local (public) transport, mass transit *[US]*

Name *m* 1. name; 2. denomination, brand

im eigenen Namen abschließen to contract in one's own name; **unter einem N. firmieren** to trade under a name; **auf jds N. gehen** *(Rechnung)* to be charged to so.'s account; **im eigenen N. handeln** to act on one's own behalf; **unter dem N. laufen** to go by the name of; **sich einen N. machen** to make a name for os., to win a reputation; **nur im eigenen N. sprechen** to speak only for os.; **mit seinem vollen N. unterschreiben** to sign in full

überall bekannter Name household name; **handelsgerichtlich eingetragener N.** registered *[GB]*/corporate *[US]* name; **gesetzlich geschützter N.** proprietary name; **vollständiger N.** full name

Namens|aktie *f* registered share *[GB]*/stock *[US]*; **N.aktionär** *m* registered shareholder *[GB]*, stockholder of record *[US]*; **N.aufruf** *m* roll call; **N.indossament** *nt* special endorsement; **N.konnossement** *nt* straight/non-negotiable bill of lading (B/L); **N.lagerschein** *m* non-negotiable warehouse receipt; **N.liste** *f* list of names, roll; **N.obligation** *f* registered bond/debenture; **N.papier** *nt* registered share *[GB]*/stock *[US]*; **N.police** *f* registered policy; **N.register** *nt* register of names; **N.scheck** *m* non-negotiable check *[US]*/cheque *[GB]*; **N.schild** *nt* name plate; **N.schildchen** *nt* name tag; **N.schuldverschreibung** *f* registered bond; **N.stammaktie** *f* registered share *[GB]*/stock *[US]*; **N.verzeichnis** *nt* 1. list of names; 2. *(Aktionäre)* shareholders' register *[GB]*, stock book *[US]*; **N.wechsel** *m* change of name

namhaft *adj* 1. well-known, renowned; 2. *(Geldbetrag)* substantial; **N.machung** *f* naming, identification

Nämlichkeit *f* identity; **N. des Versicherungsgegenstandes** identity of the subject matter

Nämlichkeits|bescheinigung; N.schein *f/m* certificate of identity; **N.prüfung** *f* verification of identity

Nassauer *m* *(coll)* freeloader, sponger

nationalisier|en *v/t* to nationalize; **N.ung** *f* nationalization

Nationalität *f* nationality; **N.enprinzip** *nt* nationality principle

National|ökonom *m* (political) economist; **N.ökonomie** *f* economics; **N.produkt** *nt* national product; **N.schuld** *f* national/public debt

Natural|ausgleich *m* settlement/compensation in kind; **N.bezüge** *pl* payment in kind; **N.einkommen; N.einkünfte** *nt/pl* income paid in kind; **in N.form** *f* in kind

in Naturalien (zahlen) *pl* (to pay) in kind

Natural|pacht *f* sharecropping (system); **N.pächter** *m* sharecropper; **N.restitution** *f* § restitution in kind; **N.tausch** *m* barter; **N.tauschwirtschaft** *f* barter economy; **N.vergütung** *f* payment in kind, store pay *[US]*; **N.wirtschaft** *f* barter economy

Natur|ereignis *nt* force majeure *(frz.)*, Act of God; **N.erzeugnis** *nt* (natural) produce; **N.güter** *pl* original goods; **N.haushalt** *m* ecosystem; **N.katastrophe** *f* natural disaster

Natur|schätze *pl* natural resources; **N.schutz** *m* conservation, nature conservancy; **N.wissenschaft** *f* science

Nautik *f* navigation

nautisch *adj* nautical

Naviciert *nt* navigation certificate

Navigation *f* navigation

Navigations|fehler *m* navigational error; **n.tüchtig** *adj* navigable

Neben|abrede *f* supplementary agreement, additional stipulation; **N.aktivitäten** *pl* peripheral activities; **n.amtlich** *adj* part-time; **N.anschluss** *m* (telephone) extension; **N.anschlussgleis** *nt* sidetrack *[US]*, siding *[GB]*; **N.arbeit** *f* side job; **N.artikel** *m* sideline; **N.ausgaben** *pl* incidental expenses, incidentals; **N.bedingung** *f* collateral condition; **N.beklagte(r)** *f/m* § co-defendant

Neben|beruf; N.beschäftigung; N.tätig-

keit *m/f* sideline (employment); **~ ausüben** *(Schwarzarbeit)* to moonlight *(coll)*; **N.berufler** *m* moonlighter *(coll)*; **n.beruflich** *adj* in/as a secondary occupation

Neben|bestimmung *f* incidental provision, rider; **N.betrieb** *m* 1. sideline; 2. subsidiary factory; **N.bezüge** *pl* fringe benefits; **N.börse** *f* curb *[US]*/kerb *[GB]* exchange; **N.bürge** *m* co-guarantor; **N.bürgschaft** *f* co-surety, collateral security; **N.effekt** *m* side-effect; **N.einkommen; N.einkünfte; N.einnahmen** *nt/pl* additional income

Nebenerwerb *m* sideline

Nebenerwerbs|bauer; N.landwirt *m* part-time farmer; **N.betrieb** *m* smallholding

Neben|erzeugnis *nt* by-product; **N.fach** *nt* subject, minor *[US]*; **N.folge** *f* incidental consequence; **N.forderung** *f* accessory claim; **N.gebäude** *nt* 1. annex; 2. outbuilding; **N.gebühr** *f* extra charge, supplement; **N.geschäft** *nt* sideline (business); **N.gesellschaft** *f* subsidiary (company); **N.gewinn** *m* extra gain; **N.gleis** *nt* sidetrack *[US]*, siding *[GB]*; **N.interesse** *nt* private interest; **N.intervenient** *m* § intervenor; **N.intervention** *f* intervention; **N.kasse** *f* petty cash; **N.klage** *f* ancillary suit, derivative action; **N.kläger(in)** *m/f* joint plaintiff; **N.konto** *nt* subsidiary account

Nebenkosten *pl* incidental costs, incidentals; **N.stelle** *f* indirect cost center *[US]*/centre *[GB]*

Neben|lasten *pl* additional charges; **N.leistung** *f* fringe benefit; **N.markt** *m* secondary market; **N.patent** *nt* subordinate patent; **N.pflicht** *f* accessory obligation; **N.produkt** *nt* by-product; **N.prozess** *m* § ancillary suit; **N.raum** *m* adjoining room; **N.sache** *f* minor matter; **n.sächlich** *adj* secondary, irrelevant, peripheral; **N.sächlichkeit** *f* irrelevance; **N.schaden** *m* collateral damage; **N.spesen** *pl* incidentals

nebenstehend *adj* attached

Nebenstelle *f* 1. branch; 2. extension; **N.nanlage** *f* private (automatic) branch exchange (PABX) *[GB]*

Neben|straße *f* 1. minor road; 2. side street; **N.strecke** *f* branch line; **N.tätigkeit** *f* ↘ **Nebenberuf**; **N.beschäftigung**; **N.unternehmer** *m* subcontractor; **N.verdienst** *m* supplementary income; **N.vereinbarung** *f* supplementary stipulation; **N.verfahren** *nt* § ancillary proceedings; **N.vergünstigungen; N.vergütung** *pl/f* fringe benefits; **N.versicherung** *f* collateral insurance; **N.vertrag** *m* subsidiary contract; **N.wert** *m (Börse)* secondary issue/security; **N.zeit** *f* 1. auxiliary process time; 2. *(REFA)* downtime; **N.zentrum** *nt* neighbo(u)rhood center *[US]*/centre *[GB]*; **N.zimmer** *nt* adjoining room; **N.zweck** *m* secondary object; **N.zweig** *m* sideline; **N.zweigstelle** *f* sub-branch

Negativ|attest *nt* clearance certificate; **N.beweis** *m* negative evidence; **N.kommission** *f (Zins)* negative interest; **N.liste** *f* 1. *(Handel)* list of non-liberalized goods; 2. ⊖ dutiable goods list; 3. denials list *[US]*; **N.rendite** *f* negative yield; **N.saldo** *m* negative balance; **N.verpflichtung** *f* negative covenant; **N.wachstum** *nt* negative growth; **N.zins** *m* negative interest

negoziierbar *adj* negotiable; **N.keit** *f* negotiability

Negoziierung *f* negotiation; **N.sstelle** *f* negotiating agency

nehmen *v/t* 1. to take; 2. *(kaufen)* to buy

Nehmer *m* 1. taker, buyer; 2. *(Kurszettel)* money, bid; **N.land** *nt* recipient country

zur Neige gehen *f (Vorräte)* to run out of (supplies)

Neigung *f* 1. tendency, propensity; 2. list; 3. *(Vorliebe)* preference

NE-Metall *nt* non-ferrous metal

Nennbetrag *m* nominal amount

nennenswert *adj* significant, appreciable

Nenner *m* π denominator; **gemeinsamer N.** common denominator; **kleinster ~ N.** lowest common denominator

Nenn|kapazität *f* nominal capacity; **N.kapital** *nt* nominal capital; **N.leistung** *f (Maschine)* rated capacity

Nennwert *m* denomination, par/face/nominal value; **über dem N.** above par, at a premium; **unter dem N.** below par, at a discount; **zum N.** at par

Nennwertaktie *f* par-value share *[GB]*, par(-value) stock *[US]*

Neo|liberalismus *m* neo-liberalism, New Manchester School; **N.merkantilismus** *m* neo-mercantilism; **n.merkantilistisch** *adj* neo-mercantilist

Nepp *m* rip-off, gyp *[US]*; **n.en** *v/t* to fleece/gyp

netto 1. net; 2. *(Preis)* after tax

N

Netto|aktiva *pl* net assets; **N.-Bruttoeinkommen** *nt* net gross income; **N.absatzwert** *m* net sales value; **N.abzug** *m* net deduction

Nettoanlage|einkommmen; N.einkünfte *nt/pl* net investment income; **N.investition(en)** *f* net investment; **N.vermögen** *nt* net fixed assets; **N.wert** *m* net asset value

Netto|anteil *m* net equity/worth *[US]*; **~ der Aktionäre** shareholders' equity; **N.-arbeitslohn** *m* net wage; **N.aufwand; N.-ausgabe** *m/f* net expenditure; **N.auslandsinvestitionen** *pl* net foreign investment; **N.ausschüttung** *f* net payout/distribution; **N.ausweis** *m (Bank)* net statement; **N.beitragszahler** *m* net contributor; **N.belastung** *f (Zins/Steuer)* net burden; **N.bestände** *pl* holdings; **N.betrag** *m* net amount

Nettobetriebs|ergebnis; N.erfolg; N.gewinn *nt/m* net operating income; **N.gewinne nach/vor Steuerabzug** not operating earnings after/before tax(es); **N.-kapital** *nt* net working capital; **N.verlust** *m* net operating/trading loss

Netto|bewertung *f* net valuation; **N.bezüge** *pl* net emoluments/salary; **N.bilanz** *f* net balance; **N.buchwert** *m* net book value

Nettodevisen|abfluss *m* net currency outflow; **N.aufwendungen** *pl* net foreign exchange expenditure; **N.zufluss; N.zugang** *m* net currency inflow

Netto|dividende *f* net dividend; **N.einkaufspreis** *m* cost price; **N.einkommen** *nt* net income/earnings; **N.einkünfte** *pl* net receipts/earnings; **N.einnahmen** *pl* net receipts; **N.einzahler** *m* net contributor; **N.einzahlungen** *pl* net contributions; **N.empfänger** *m* net recipient; **N.erfolgsrechnung** *f* netted income statement; **N.-ergebnis** *nt* net result(s); **N.erhöhung** *f* net increase; **N.erlös** *m* net proceeds; **N.ersparnis** *f* net savings; **N.ertrag** *m* 1. net income/yield/profit; 2. *(Grundstück)* net rental; **N.export** *m* net exports; **N.-fakturenwert** *m* net invoice value; **N.-finanzierungsbedarf** *m* net funding requirement; **N.fracht** *f* net freight; **N.-gehalt** *nt* net salary, take-home pay; **N.-geldanlagen** *pl* net investments; **N.gewicht** *nt* net weight (nt. wt.)

Nettogewinn *m* net profit/earnings/income; **N. nach/vor Steuern** net profit after/before tax(es)

Netto|grenzprodukt *nt* marginal net product; **N.guthaben** *nt* net (credit) balance; **N.inlandsprodukt** *nt* net domestic product (ndp); **N.investition** *f* net investment

Nettokapital *nt* net capital; **N.vermögen** *nt* net capital stock

Netto|kassenposition *f* net cash position; **N.konditionen** *pl* net terms; **N.kosten** *pl* net costs; **N.kreditaufnahme** *f* net borrowing(s); **N.kreditvergabe** *f* net lending(s); **N.lohn** *m* net wage, take-home pay; **N.marge** *f* net margin; **N.miete; N.-pacht** *f* net rental; **N.mittelzufluss** *m* net accruals; **N.position** *f (Option)* net position; **N.prämie** *f* net premium; **N.preis** *m* net/cash price; **N.produktion** *f* net production

Netto|provision *f* net commission; **N.-raumgehalt** *m* ⚓ net (registered) tonnage; **N.rechnung** *f* netted income statement; **N.rechnungswert** *m* net invoice price

Nettoregister|tonnage *f* ⚓ net (registered) tonnage; **N.tonne** *f* net register ton

Netto|rendite *f* net yield; **N.rente** *f* 1. *(Miete)* net rental yield; 2. *(Kapital)* net annual return; **N.resultat** *nt* net result(s); **N.saldo** *m* net balance; **N.sozialprodukt** *nt* net national product; **N.steueraufkommen** *nt* net tax revenue(s); **N.tara** *f* net tare; **N.tonnage** *f* net tonnage; **N.überschuss** *m* net surplus

Nettoumsatz *m* net sales/turnover; **N.-steuer** *f* net turnover tax

Netto|verbindlichkeiten *pl* net liabilities; **kurzfristige N.verbindlichkeiten** net current liabilities; **N.verdienst** *m* net earnings/income, take-home pay; **N.-verkaufserlös** *m* net sales; **N.verkaufspreis** *m* net sales price; **N.verlust** *m* net loss; **N.vermögen** *nt* net assets/worth *[US]*; **N.verzinsung** *f* net (rate of) interest

Nettowert *m* net value/worth *[US]*; **N.-schöpfung** *f* net value added

Nettozins|(en) *m/pl* net interest; **N.belastung** *f* net interest charges; **N.satz** *m* net interest rate; **N.spanne** *f* net interest margin

Nettozugang an liquiden Mitteln *m* cash flow

Netz *nt* 1. network; 2. ϟ / 💧 / *(Gas)* mains; **dienstintegrierendes digitales N.** integrated services digital network (ISDN); **soziales N.** welfare system; **weltumspannendes N.** global network

Netz|anschluss *m* ⚡ / 💧 / *(Gas)* mains connection; **N.aufbau** *m* network structure; **N.ausfall** *m* ⚡ power cut *[GB]*, (power) outage *[US]*; **N.betreiber** *m* network operator; **N.betriebssystem** *nt* 💻 network operating system; **N.flusstheorie** *f* network flow theory; **N.gerät** *nt* ⚡ mains-operated unit; **N.karte** *f* 🚂 rover ticket; **N.leitung** *f* ⚡ mains

Netzplan *m* *(BWL)* critical path (diagram); **N.technik** *f* critical path method

Netzspannung *f* ⚡ mains voltage

Netzwerk *nt* network; **N.schnittstelle** *f* 💻 interface

neu *adj* new, novel; **fast/wie n.** as good as new; **ganz n.** brand new; **n. für alt** new for old

Neu|abschätzung *f* reappraisal; **N.abschluss** *m* new order/business; **N.abschlüsse** new order booking; **N.ankömmling** *m* newcomer; **N.anlage** *f* new investment

Neuanschaffung *f* new acquisition; **N.skosten** *pl* replacement costs

Neu|ansiedlung *f* 🏭 new location; **n.artig** *adj* novel; **N.artigkeit** *f* novelty; **N.aufbau** *m* reorganisation; **N.auflage; N.ausgabe** *f* ✂ new edition; **N.aufnahme** *f* *(Kredit)* new borrowing; **N.auftrag** *m* new order; **N.ausleihungen** *pl* new lendings; **N.ausrüstung** *f* re-equipment; **N.ausstattung** *f* refurbishment

Neubau *m* new building; **N.gebiet** *nt* development area; **N.siedlung** *f* new housing estate; **N.tätigkeit** *f* new construction activity; **N.volumen** *nt* 1. ⚓ volume of newly built ships; 2. newly built houses; **N.vorhaben** *nt* development project; **N.wohnung** *f* new(ly built) flat

neu bearbeitet *adj* revised; **N.bearbeitung** *f* 1. *(Buch)* revised edition; 2. revision; **N.begebung** *f* *(Anleihe)* new issue; **N.beginn** *m* fresh start; **N.belebung** *f* revival; **N.besetzung** *f* replacement; **N.bestellung** *f* re-order, repeat order; **N.beurteilung** *f* reappraisal

Neubewertung *f* 1. revaluation; 2. reappraisal, reassessment; **N. der Vorräte; N. des Vorratsvermögens** revaluation of stocks; **N.sreserve; N.srücklage** *f* (special) revaluation reserve

Neu|bewilligung *f* new appropriation; **N.einführung** *f* (new product) launch; **N.einstellung** *f* 1. new appointment; 2. ⚙ readjustment; **N.einstufung; N.einteilung** *f* reclassification; **N.eintragung** *f* new registration

Neuemission *f* new issue, initial public offering (IPO); **N.smarkt** *m* new issue market

Neu|engagement *nt* *(Börse)* renewed buying; **N.entwicklung** *f* new development, redevelopment; **N.entwicklungsplan** *m* redevelopment scheme

Neuerer *m* innovator

Neu|eröffnung *f* re-opening; **N.erscheinung** *f* ✂ new publication

Neuerung *f* innovation; **kosmetische N.** facelift *(coll)*; **technische N.** technological innovation

Neu|erwerbung *f* recent acquisition; **N.fassung** *f* new/amended version

Neufestsetzung *f* reassessment; **N. der Fahrpreise** revision of fares; **~ Miete** rent review; **~ Währungsparitäten** parity realignment; **~ Wechselkurse** realignment of exchange rates

Neugeschäft *nt* 1. new business; 2. *(Vers.)* underwriting result

neu gestalten *v/t* 1. to redesign; 2. to reorganise; **N.gestaltung** *f* 1. reorganisation; 2. redesigning; **N.gewinnung** *f* *(Land)* reclamation

Neugründung *f* 1. start-up company; 2. (new) business start-up

Neuheit *f* novelty, innovation

Neuheits|beweis *m* *(Pat.)* proof of novelty; **N.mangel** *m* lack of novelty

Neuigkeit *f* 1. novelty; 2. news

Neu|investition *f* new investment; **N.kalkulation** *f* recosting; **N.kapitalisierung** *f* recapitalization; **N.konstruktion** *f* new design; **N.kreditaufnahme** *f* new borrowing(s); **N.kreditgeschäft** *nt* new lendings; **N.ling** *m* newcomer; **N.mieter** *m* incoming tenant

Neuordnung *f* reorganisation, restructuring, shake-up; **N. der Finanzen** financial restructuring; **~ Währungsparitäten** currency realignment; **kommunale N.** local government reorganisation/reform

Neu|organisation *f* reorganisation; **N.orientierung** *f* reorientation; **N.regelung** *f* reorganisation, rearrangement; **n.reich** *adj* newly rich; **N.reiche(r)** *f/m*

nouveau-riche *(frz.)*; **N.strukturierung** *f* restructuring

neutralisieren *v/t* 1. to neutralize; 2. *(Gelder)* to sterilize

Neutralität *f* neutrality; **N. der Besteuerung** neutrality of taxation; **N. des Geldes** neutrality of money

Neu|veranlagung *f* reassessment; **N.verhandlung** *f* 1. renegotiation; 2. § retrial; **N.verschuldung** *f* new borrowing(s); **geplante N.verschuldung** borrowing target; **N.verteilung** *f* redistribution

Neuwert *m* original value, value when new; **zum N.** *(Vers.)* on a new-for-old basis; **N.versicherung** *f* new-for-old insurance; **gleitende N.versicherung** floating policy

Neuzugang *m* new business; **N. an Arbeitskräften** increase in the labo(u)r force

Neuzulassung *f* new (car) registration

Nicht|ablieferung *f* non-delivery; **N.abnahme** *f* non-acceptance; **N.achtung** *f* disregard; **~ des Gerichts** § contempt of court; **n.amtlich** *adj* unofficial, inofficial; **N.anerkennung** *f (Schuld/Vertrag)* repudiation; **N.angabe** *f* non-disclosure; **N.annahme** *f* non-acceptance; **N.ansässigensteuer** *f* non-resident tax; **N.ansässige(r)** *f/m* non-resident; **N.ansässigkeit** *f* non-residence; **N.anwesenheit** *f* absence, non-attendance; **N.anzeige** *f* non-disclosure; **N.arbeitseinkommen** *nt* non-wage income; **n. ausführbar** *adj* non-executable; **N.ausführung** *f* non-performance; **N.aushändigung; N.auslieferung** *f* non-delivery; **N.ausübung** *f* non-exercise; **N.beachtung** *f* non-observance, non-compliance; **N.beantwortung** *f* failure to reply; **N.beendigung** *f* non-completion; **N.befolgung** *f* non-oberservance, non-compliance; **N.benutzung** *f* non-usage; **n.berechtigt** *adj* ineligible; **N.berücksichtigung** *f* disregard

Nichtberufs|krankheit *f* non-occupational sickness; **N.unfall** *m* non-occupational accident

Nicht|bestehen *nt* 1. non-existence; 2. *(Prüfung)* fail; **N.bezahlung** *f* failure to pay; **n. börsennotiert** *adj* unlisted; **N.-edelmetall** *nt* base metal; **N.einhaltung** *f* non-compliance, non-observance; **N.einlösung** *f* 1. non-redemption; 2. *(Wechsel)* dishonouring; **N.eintreffen** *nt* 1. *(Brief)* non-arrival; 2. *(Ereignis)* non-occurrence

Nichterfüllung *f* 1. non-compliance, non-observance, failure to perform; **wegen N. eines Vertrages klagen** to sue for breach of contract

Nicht|erscheinen *nt* 1. non-attendance; 2. *(Dienst)* absence; 3. § contempt of court; **(häufiges) ~ am Arbeitsplatz** absenteeism; **N.fachmann** *m* non-specialist, layman; **N.gebrauch** *m* disuse; **bei N.-gefallen Geld zurück** *nt* money-back guarantee; **n. gewerblich** *adj* non-commercial

nichtig *adj* void, null, null and void

Nichtigerklärung *f* nullification, annulment, invalidation

Nichtigkeit *f* 1. invalidity; 2. § (absolute) nullity

Nichtigkeits|beschwerde *f* § nullity appeal; **N.einrede** *f* § plea of nullity; **N.erklärung** *f* nullification, annulment, invalidation; **N.prozess; N.verfahren** *m/nt* nullity suit

Nicht|kapitalgesellschaft *f* non-corporate enterprise; **N.kauffrau; N.kaufmann** *f/m* non-trader; **N.kenntnis** *f* ignorance; **n.kommerziell** *adj* non-profit-making, non-commercial; **n. konvertierbar** *adj* non-convertible; **N.konvertierbarkeit** *f* non-convertibility; **N.leistung** *f* non-performance; **N.mitglied** *nt* non-member; **N.offenbarung** *f* non-disclosure; **n.öffentlich** *adj* 1. private; 2. § in camera *(lat.)*; **n. organisiert** *adj* non-union(ized); **n. recyclingfähig** *adj* non-recyclable

Nichtselbstständige(r) *f/m* employee

nicht staatlich *adj* non-governmental; **n. steuerpflichtig** *adj* non-taxable; **N.steuerpflichtiger/-zahler** *m* non-taxpayer; **n. stimmberechtigt** *adj* non-voting; **n. streitig** *adj* non-contentious

Nicht|teilnahme *f* non-attendance; **N.-übereinstimmung** *f* discrepancy; **N.-übertragbarkeit** *f* non-transferability, non-negotiability; **N.unterzeichner** *m* non-signatory

nicht verarbeitend *adj* non-manufacturing; **N.verfügbarkeit** *f* unavailability; **N.verlängerung** *f* non-renewal; **N.vermögensschaden** *m* non-pecuniary damage; **N.versicherung** *f* non-insurance; **N.vollstreckbarkeit** *f* non-enforceability; **N.vorhandensein** *nt* non-existence, absence; **N.zahlung** *f* non-payment, default; **N.zustellung** *f* non-delivery; **N.zu-**

N

treffendes streichen *nt* delete as appropriate/applicable
niederdrücken *v/t* to depress
Niedergang *m* decline; **wirtschaftlicher N.** economic decline
niederlassen *v/refl* 1. to set up (shop), to establish o.s.; 2. *(Unternehmen)* to locate; **sich geschäftlich n.** to set up in business
Niederlassung *f* establishment, branch (office/plant), representative office; **eingetragene N.** registered office
Niederlassungs|freiheit *f* freedom of establishment; **N.leiter** *m* branch manager; **N.recht** *nt* right of establishment
niederlegen *v/t* 1. § to lay/set down, to stipulate; 2. *(Amt)* resign
Niederschlag *m* 1. ☁ precipitation; 2. effect, repercussion; **n.en** *v/t* 1. to quash/dismiss; 2. *(Forderung)* to waive; **N.ung** *f* 1. quashing, dismissal; 2. waiver
niederschreiben *v/t* to put (down) in writing
Niederschrift *f* minutes, transcript, record; **N. anfertigen** to take (the) minutes; **wortgetreue N.** verbatim report
Niederstwert *m* *(Bilanz)* cost or market (value) whichever is lower; **N.prinzip** *nt* lower-of-cost-or-market principle
niedrig *adj* 1. low; 2. *(Qualität)* inferior
niedriger *adj* 1. lower, down; 2. *(Kurse)* easier; **geringfügig n.** marginally lower
Niedriglohn|gebiet *nt* low-wage area; **N.-land** *nt* low-wage country
Niedrigpreis *m* low/bargain price; **N.anbieter** *m* low-price operator; **N.geschäft** *nt* cut-price/low-price/discount store; **N.waren** *pl* low-price/bargain goods
niedrig rentierlich *adj* low-yield; **N.steuerland** *nt* low-tax country
Niedrigstkurs *m* all-time low
Niedrig|verdiener *m* low-income earner; **n. verzinslich** *adj* low-interest; **N.zinspolitik** *f* cheap-money policy; **N.zollpolitik** *f* low-tariff policy
Nießbrauch *m* beneficial use/interest, usufructuary right/enjoyment; **N. an einem Grundstück** beneficial interest in land; **N. auf Lebenszeit** life rent; **N. an einem Vermögen** beneficial property/estate
lebenslänglicher Nießbrauch life interest/tenancy; **uneingeschränkter N.** perfect usufruct
Nießbrauch|berechtigte(r) *f/m* beneficial owner/occupant, usufructuary; **N.besitzer** *m* tenant for life; **N.bestellung** *f* grant of usufruct
Nießbraucher *m* beneficial owner, usufructuary; **lebenslänglicher N.** lifeholder, life tenant
Nießbrauchrecht *nt* beneficial interest/ownership/enjoyment, usufructuary right; **lebenslängliches N.** life tenancy/tenure
Niete *f* 1. *(coll)* flop; 2. *(Produkt)* lemon *(fig)*; 3. *(Person)* rabbit *(fig)*
Nische *f* niche; **N.nmarkt** *m* niche market
Niveau *nt* level, standard; **sich auf einem niedrigeren N. einpendeln** *(Konjunktur)* to bottom out; **auf höherem N. eröffnen** *(Kurs)* to open higher; **N. halten** to maintain standards; **N. heraufsetzen** to raise standards; **auf niedrigem N. schließen** *(Börse)* to end the day at the lows; **auf gleichem N. verharren** to remain level
Niveaugrenzerträge *pl* returns to scale
nivellier|en *v/t* to level, to even out; **N.ung** *f* levelling
Nochgeschäft *nt* *(Börse)* call/put of more; **N. nach Wahl des Käufers** call-of-more option; **~ Verkäufers** put-of-more option
Nomenklatur *f* (customs) nomenclature; **N.ausschuss** *m (EU)* Nomenclature Committee
nominal *adj* nominal, at par; **N.beteiligung** *f* nominal interest; **N.betrag** *m* nominal sum; **zum N.betrag** at par; **N.-einkommen** *nt* nominal income/wages; **handelfähige N.größe** *(Börse)* board lot
Nominalkapital *nt* nominal/registered/subscribed capital; **N.verzinsung** *f* return on nominal capital
Nominal|kurs *m* nominal price; **N.lohn** *m* nominal/money wage; **N.preis** *m* nominal price; **N.rendite; N.verzinsung** *f* nominal return/yield; **N.satz** *m* nominal rate; **N.wert** *m* par/face/nominal value; **N.zins** *m* nominal rate (of interest); **N.-zinsfuß; Nominalzinssatz** *m* nominal interest; **N.zoll** *m* nominal tariff
nominell *adj* nominal, in money terms
nominier|en *v/t* to nominate/appoint/designate; **N.te(r)** *f/m* nominee; **N.ung** *f* nomination, appointment, designation
Nomogramm *nt* alignment chart
Norm *f* norm, standard; **amerikanische N.en für Transport und Werkstoffe**

N

American standards of transport and materials (ASTM); **unter der (gültigen) N.** sub-standard; **nicht der (allgemeinen) N. entsprechend** non-standard
der Norm entsprechen to comply with standards, to be up to standard
gesetzliche Norm|en legal standards; **materiell-rechtliche N.** substantive standards; **sachenrechtliche N.en** rules of substance; **technische N.** engineering standard; **zwingende N.en** mandatory rules
normal *adj* normal, common; **N.abschreibung** *f* ordinary depreciation
Normalarbeits|entgelt *nt* standard wage; **N.stunden** *pl* regular hours; **N.tag** *m* normal/standard working day; **N.zeit** *f* standard working time
Normal|ausführung *f* standard version/design; **N.ausrüstung; N.ausstattung** *f* standard equipment; **N.beschäftigung** *f* normal level of capacity utilization; **N.-bestand** *m (Waren)* basic inventory; **N.-brief** *m* standard letter; **N.einheit** *f* 1. standard unit; 2. *(Börse)* regular lot; **N.erzeugung** *f* normal output; **N.format** *nt* standard size; **N.fracht** *f* ordinary cargo; **N.gebühr** *f* standard fee; **N.gewicht** *nt* standard weight; **N.größe** *f* standard/regulation/stock size
normalisier|en *v/t* to normalize/standardize; *v/refl* to return to normal; **N.ung** *f* normalization, return to normality
Normal|kalkulation *f* standard calculation; **N.konditionen** standard terms and conditions; **N.konnossement** *nt* uniform bill of lading (B/L); **N.kontenplan** *m* standard scheme of accounts
Normalkosten *pl* standard costs; **N. pro Einheit** standard unit costs; **N.rechnung** *f* standard costing; **N.satz** *m* normal cost rate
Normal|leistung *f* standard output; **N.-lohn** *m* standard/regular wage; **N.maß** *nt* standard size; **N.post** *f* surface mail; **N.-preis** *m* regular price; **N.rechnung** *f* standard invoice; **N.rendite** *f* regular yield; **N.satz** *m* standard rate; **N.steuer(satz)** *f/m* standard rate of tax(ation); **N.tarif** *m* 1. standard rate(s); 2. ✈ scheduled air fare; **N.verbrauch** *m* average consumption; **N.verbraucher** *m* average consumer; **N.-verdiener** *m* average earner; **N.verdienst** *m* average earnings; **N.verzinsung** *f* normal return/yield; **N.zeit** *f* 1. standard time; 2. Greenwich Mean Time (GMT) *[GB]*
normativ *adj* normative; **N.bedingungen** *pl* standard conditions; **N.bestimmung** *f* standard provision
Normen|ausschuss *m* standards/standardization committee; **britisches N.institut; britische N.kontrollstelle** British Standards Institution (BSI); **N.kartell** *nt* standardization cartel; **N.kollision** *f* § conflict of laws; **N.kontrolle** *f* § judicial review; **N.verband** *m* standards association; **N.vertrag** *m* standard contract
normier|en *v/t* to standardize; **N.ung** *f* standardization
Normkontingent *nt* standard quota
Normung *f* standardization; **N.sinstitut** *nt* standards institute
Norm|verbrauch *m* average consumption; **N.vertrag** *m* standard contract; **N.vorschrift** *f* standard specification
Nostro|bestand *m* own holding(s); **N.effekten** *pl* nostro/own securities; **N.geschäft** *nt* own account business; **N.guthaben** *nt* nostro balance; **N.konto** *nt* nostro account
Not *f* 1. need, necessity; 2. *(Armut)* poverty, destitution; 3. *(Härtefall)* hardship; 4. *(Dringlichkeit)* urgency; 5. *(Gefahr)* emergency, danger; **N. leiden lassen** *(Wechsel)* to dishonour (a bill); **für Zeiten der N. zurücklegen** to put by for a rainy day *(fig)*
Nota *f* 1. invoice, bill, account; 2. note, memorandum
Not|abwurf *m* ⚓ jettison; **N.adresse** *f* emergency address; **N.akzept** *nt* collateral acceptance; **N.anzeige** *f (Wechsel)* notice of dishonour
Notar *m* notary (public); **N.anderkonto** *nt* solicitor's trust account
Notarbeiten *pl* emergency work
Notariats|büro; N.kanzlei *nt/f* notary's office; **N.gebühren** *pl* notarial fees/charges; **N.handlung** *f* notarial act; **N.-urkunde; N.vertrag** *f/m* notarial deed
notariell *adj* notarial
Not|arzt *m* emergency doctor; **N.ausgang** *m* emergency exit; **N.bedarf** *m* emergency requirements; **N.behelf** *m* makeshift, stopgap; **N.beleuchtung** *f* emergency lighting; **N.betrieb** *m* emergency operation; **N.dienst** *m* emergency/breakdown service; **n.dürftig** *adj* 1. makeshift, 2. scanty

N

Note *f* 1. note, memorandum; 2. *(Schule)* mark, grade; **N.n decken** to back notes; **~ außer Kurs setzen** to withdraw banknotes from circulation; **falsche/gefälschte N.** counterfeit/forged note
Notenausgabe *f* (bank) note issue
Notenbank *f* note-issuing/central bank; **N.ausweis** *m* bank return *[GB]*/statement *[US]*; **n.fähig** *adj* eligible for rediscount with the central bank; **N.kredit** *m* central bank loan; **N.zinsen** *pl* central bank interest (rates)
Noten|deckung *f* backing of notes; **N.-emission** *f* bank note issue; **N.stückelung** *f* denomination of bank notes; **N.-umlauf** *m* circulation of bank notes
Notetat *m* 1. emergency budget; 2. contingency/deficiency *[US]* fund
Notfall *m* emergency, contingency; **sich für einen N. eindecken; für einen N. vorsehen/Vorsorge treffen** to provide for an emergency; **für alle Notfälle sparen/vorsorgen** to put away/save for a rainy day *(fig)*
Notfall|behandlung *f* ⚕ acute care; **N.-dienst** *m* emergency service; **N.plan** *m* contingency plan; **N.reserve** *f* contingency reserve
notfalls *adv* in case of emergency
Not|fonds *m* contingency fund; **N.frist** *f* strict (statutory) time limit, peremptory term *[US]*; **N.geld** *nt* token money; **N.-groschen zurücklegen** *m* to put by for a rainy day; **N.hafen** *m* port of distress/refuge
notierbar *adj* *(Börse)* listable *[US]*, quotable *[GB]*
notieren *v/t* 1. to note, to take down; 2. *(Börse)* to list *[US]*quote *[GB]*; **fest n.** *(Börse)* to remain/firm; **höher n.** 1. to mark up; 2. to be traded higher; **unverändert n.** to remain unchanged
fester notierend *(Börse)* firmer
notiert *(Börse)* listed *[US]*, quoted *[GB]*
Notierung *f* *(Börse)* listing *[US]*, quotation *[US]*; **N. an der Börse** listing/quotation; **N. im Freiverkehr** over-the counter (OTC) quotation; **N. im Telefonhandel** off-board quotation
Notierung aussetzen to suspend dealings in shares; **N. beantragen** to seek a listing/quotation; **N. einstellen** to delist; **zur N. zulassen** to admit for quotation at the stock exchange
amtliche Notierung official listing/quotation; **fortlaufende N.** consecutive listing/quotation; **offizielle N.** official listing/quotation; **variable N.** variable quotation
Notierungsausschuss *m* listing *[US]*/quotations *[GB]* committee
Notifikation *f* 1. notification; 2. *(Wechsel)* notice of dishonour
notifizier|en *v/t* to notify; **N.ung** *f* notification
nötig *adj* necessary, required
das Nötige *(Geld)* the wherewithal
nötig|en *v/t* § to coerce; **N.ung** *f* coercion, duress
Notiz *f* 1. note; 2. memo(randum); 3. *(Börse)* quotation, price
Not|kauf *m* distress purchase; **N.klausel** *f* emergency clause
Notlage *f* 1. crisis, emergency (situation); 2. distress, hardship; **finanzielle N.** financial plight
notleidend *adj* 1. suffering, distressed, destitute; 2. *(Kredit)* non-performing, defaulting; 3. *(Wechsel)* dishonoured
Not|löschung *f* emergency discharge; **N.-lösung** *f* stopgap, makeshift; **N.maßnahmen** *pl* 1. emergency measures; 2. *(Wirtschaft)* austerity measures; **N.pfennig** *m* nest egg *(fig)*; **N.plan** *m* contingency plan; **N.ration** *f* emergency ration; **N.-rücklage** *f* contingency fund; **N.ruf** *m* emergency/distress call; **N.signal** *nt* ⚓/✈ distress signal; **N.situation** *f* emergency
Notstand *m* (state of) emergency
Notstands|abgabe *f* emergency levy; **N.-arbeit** *f* relief work; **N.arbeiter(in)** *m/f* relief worker; **N.darlehen** *nt* emergency loan; **N.fonds** *m* emergency fund; **N.gebiet** *nt* 1. distress/deprived area; 2. *(Katastrophe)* disaster area; **N.kredit** *m* relief loan; **N.maßnahme** *f* emergency measure/action; **N.paket** *nt* emergency package; **N.plan** *m* contingency/emergency plan; **N.planung** *f* contingency/emergency planning
Not|stock *m* emergency fund; **N.veräußerung; N.verkauf** *m* emergency/distress sale; **N.vorrat** *m* emergency/contingency stocks
notwendig *adj* necessary, essential
Notwendigkeit *f* necessity, need; **N.sgüter** *pl* necessities, essentials
das Notwendigste (zum Leben) the bare necessities

N

Novell|e *f* *(Gesetz)* amendment; **n.ieren** *v/t* to amend
Null *f* nil, zero, nought; **mit plus-minus N. abschließen** to break even
null *adj* nil, zero; **n. und nichtig** nul(l) and void; **für ~ erklären** to nullify
Null|basis *f* zero base; **N.bestandspolitik** *f* stockless buying; **N.bewertung** *f* zero-rating; **N.kuponanleihe; N.kuponemission** *f* non-interest bearing discount bond; **N.posten** *m* *(Bilanz)* zero item; **N.punkt** *m* 1. zero; 2. ☁ freezing point; **N.saldo** *m* zero balance; **N.summenspiel** *nt* zero-sum game; **N.wachstum** *nt* zero growth
Nummer *f* number; **N. des Versicherungsscheins** policy number
nummerier|en *v/t* to number; **N.ung** *f* numbering
Nummern|ablage *f* numerical filing; **N.-konto** *nt* nominal account; **N.prüfung** *f* 1. self-checking number; 2. *(Scheck)* check *[GB]*/cheque *[US]* number verification; **N.schild** *nt* 🚗 license *[US]*/number *[GB]* plate; **N.schlüssel** *m* (numerical) code
Nur|frachtdienst *m* all-cargo service; **N.-hausfrau** full-time housewife
nutzbar *adj* 1. useful, usable; 2. *(Boden)* fertile; 3. *(Bodenschätze)* exploitable; **N.-machung** *f* 1. utilization; 2. reclamation; 3. exploitation
nutzbringend *adj* useful, profitable
Nutzen *m* 1. use; 2. *(Nützlichkeit)* usefulness; 3. *(Vorteil)* benefit; 4. *(Gewinn)* profit, return; 5. § beneficial enjoyment; **N. abwerfen** to yield a return; **von N. sein** to be useful; **N. ziehen aus** to benefit/profit from
abnehmender Nutzen diminishing return(s); **erzielbarer N.** potential benefit; **gesamtwirtschaftlicher N.** economic benefit; **größt-/höchstmöglicher N.** maximum benefit; **mittelbarer N.** incidental benefit; **negativer N.** negative utility; **volkswirtschaftlicher N.** social benefit
nutzen *v/t* to use/utilize/harness/exploit
Nutzen|austauschverhältnis *nt* utility terms of trade; **N.entgang** *m* negative utility; **N.funktion** *f* utility function; **N.-Kosten-Analyse** *f* benefit-cost analysis; **N.-Kosten-Kennziffer** *f* benefit-cost ratio; **N.maß** *nt* measure of utility; **N.-maximierung** *f* maximization of efficiency; **N.maximum** *nt* maximum utility; **N.-schwelle** *f* break-even point; **N.theorie** *f* utility theory
Nutzer *m* user; **gewerblicher N.** commercial/industrial user; **n.freundlich; n.gerecht** *adj* user-friendly; **N.freundlichkeit** *f* user-friendliness
Nutz|fahrt *f* loaded run; **N.fahrzeug** *nt* commercial vehicle; **N.fahrzeugindustrie** *f* commercial vehicle industry; **N.-faktor** *m* utility factor
Nutzfläche *f* useful area, usable (floor) space; **gewerbliche N.** industrial floor space; **landwirtschaftliche N.** agricultural/arable land
Nutz|grenze *f* break-even point; **N.holz** *nt* timber, lumber *[US]*; **N.ladefähigkeit; N.last** *f* payload; **N.ladefaktor** *m* revenue load factor; **N.leistung** *f* 🏭 effective output
nützlich *adj* 1. useful; 2. beneficial
Nützlichkeit *f* 1. usefulness; 2. utility; **N.s-erwägungen** *pl* reasons of expediency; **N.sprinzip** *nt* utilitarian principle
nutzlos *adj* useless, futile; **N.igkeit** *f* futility, ineffectiveness
Nutznießer *m* 1. user, beneficiary, beneficial owner; **lebenslänglicher N.** life tenant
Nutznießung *f* beneficial interest/use; **N. haben** to hold in usufruct; **gemeinschaftliche N.** joint use; **N.srecht** *nt* beneficial right
Nutzschwelle *f* break-even point
Nutzung *f* 1. *(Gebrauch)* use, utilization; 2. enjoyment, profits; **N. und Besitz** use and occupation; **optimale N. der Produktionsfaktoren** optimum allocation of resources; **N. für Wohnzwecke** residential use
alleinige Nutzung sole/exclusive use; **eigene N.** own use (and benefit); **gemeinsame N.** joint use and benefit; **gewerbliche/industrielle N.** commercial/industrial use; **landwirtschaftliche N.** agricultural use; **lebenslängliche N.** life interest; **missbräuchliche N.** misuse; **ungenügende N.** underutilization; **ungestörte N.** quiet enjoyment; **wirtschaftliche N.** commercial/economic use
Nutzungs|aufgabe *f* desuetude; **N.ausfall** *m* loss of use; **N.ausfallversicherung** *f* use and occupancy insurance; **N.berechtigte(r)** *f/m* beneficiary

Nutzungsdauer *f* useful life; **abschreibungsfähige N.** depreciable asset life; **betriebsgewöhnliche N.; durchschnittliche N.** average (useful) life; **erwartete N.** expected useful life; **optimale N.** optimum economic life; **wirtschaftliche N.** economic life
Nutzungs|entgang *m* loss of use; **N.entgelt; N.entschädigung** *nt/f* 1. rental; 2. *(Grundstück)* ground rent; **N.ertrag** *m* yield, revenue; **N.gebühr** *f* user fee; **N.güter** *pl* durable goods, consumer durables; **N.jahre** *pl* years of useful life
Nutzungsrecht *nt* 1. usufruct, beneficial/usufructuary right; 2. ⚖ right of exploitation; **N. auf Lebenszeit** life interest; **alleiniges N.** exclusive use; **auf Lebensdauer beschränktes N.** life interest; **nicht mehr vorhandenes N.** expired utility
Nutzungs|schaden *m* loss of use; **N.vertrag** *m* use and occupation contract
Nutzwert *m* utility value; **an N. verlieren** to depreciate; **N.analyse** *f* cost-benefit analysis

O

oben *adv* above; **wie o. (angegeben)** as stated above; **o. erwähnt/genannt** *adj* afore-mentioned, aforesaid, above-mentioned
Ober|aufsicht *f* superindendence; **O.buchhalter** *m* chief/senior accountant
Oberfläch|e *f* surface; **o.lich** *adj* superficial
Ober|gesellschaft *f* *(Konzern)* holding/controlling/parent company; **feste O.grenze** ceiling; **O.stadtdirektor** *m* chief executive officer (CEO), town clerk *[GB]*, city manager *[US]*; **O.ziel** *nt* paramount objective
Obfrau *f* spokeswoman
Objekt *nt* 1. object, thing, item; 2. *(Immobilie)* property; **beliehenes O.** mortgaged property; **bezugsfertiges O.** vacant possession; **hochrentierliches O.** lucrative investment
objektiv *adj* objective, impartial
Objekt|kredit *m* property loan; **O.rendite** *f* property yield; **O.steuer** *f* property tax; **O.verwalter** *m* facility manager; **O.verwaltung** *f* property/facility management
Obliegenheit *f* duty, responsibility; **O.sverletzung** *f* neglect of duty
Obligation *f* (lien) bond, debenture (bond); **O. mit Dividendenberechtigung** dividend bond; **~ Gewinnbeteiligung** profit-sharing bond; **O.en der öffentlichen Hand** gilt-edged stocks *[GB]*, public bonds *[US]*; **O. mit kurzer/langer Laufzeit** short-term/long-term bond; **~ variabler Rendite** variable-yield bond; **~ Tilgungsplan** sinking fund bond; **~ aufgeschobener/steigender Verzinsung** deferred bond; **~ Vorzugsrecht** preference/preferred bond; **~ schwankendem Zinssatz** variable-interest bond
Obligationen aufrufen/kündigen to call in bonds; **O. ausgeben** to issue bonds; **O. auslosen** to draw bonds; **O. einlösen/tilgen** to redeem bonds; **O. unterbringen** to place bonds
mit Dividendenberechtigung ausgestattete Obligation dividend bond *[US]*; **ausstehende/begebene O.** outstanding bond; **bevorrechtigte O.** preferred bond; **festverzinsliche O.** fixed-interest bond; **gesicherte O.** secured bond; **erstrangig ~ O.** first-lien bond; **durch Effektenlombard ~ O.** collateral trust bond; **grundpfandmäßig/hypothekarisch ~ O.** mortgage bond; **gewinnberechtigte O.** profit-sharing bond; **indexierte O.** index-linked bond; **kommunale O.** local government stock; **konvertierbare O.** convertible bond; **kurz-/langfristige O.** short/long(-term) bond; **auf den Inhaber laufende O.** bearer bond; **~ Namen lautende O.** registered bond; **pfandgesicherte O.** secured bond; **unverzinsliche O.** non-interest-bearing bond; **zinstragende O.** interest-bearing bond
Obligationär *m* bondholder, debenture holder
Obligationen|ausgabe *f* bond issue; **O.besitzer; O.inhaber** *m* bondholder; **O.handel** *m* bond trading; **O.kurs** *m* bond price; **O.markt** *m* bond market; **O.tilgung** *f* redemption of bonds
Obligations|ausgabe *f* bond issue; **O.besitz** *m* bond holdings; **O.besitzer** *m* bondholder; **O.disagio** *nt* bond discount; **O.gläubiger; O.inhaber** *m* bondholder; **O.kapital** *nt* debenture capital; **O.markt** *m*

bond market; **O.tilgung** *f* bond redemption; **O.zinsen** *pl* bond interest
obligatorisch *adj* mandatory
Obligo *nt* liability, commitment
Obmann *m* 1. *(Betrieb)* shop steward; 2. *(Sprecher)* spokesman
Obst *nt* fruit; **O.anbau** *m* fruit farming; **O.-ernte** *f* fruit crop; **O.waggon** *m* fruit truck *[GB]*/car *[US]*
offen *adj* 1. open; 2. frank, candid; 3. *(Stelle)* unfilled, vacant; 4. *(Brief)* unsealed; 5. *(Information)* disclosed
Offene Handelsgesellschaft (OHG) *f* (general) partnership; **o.-Posten-Buchführung; ~ -Buchhaltung** *f* open-item accounting; **o.-Postenform** *f* open-item form
offenbar *adj* apparent; **o.en** *v/t* to reveal/disclose/divulge
Offenbarung *f* revelation, disclosure; **O. einer Erfindung** disclosure of an invention
Offenbarungs|eid *m* oath of disclosure/manifestation *[US]*, affidavit of means, statement of affairs; **O.pflicht** *f* disclosure duty/requirement
offenkundig *adj* obvious, manifest
offen lassen *v/t* 1. to leave open; 2. to keep in abeyance; **o.legen** *v/t* to disclose/reveal/divulge
Offenlegung *f* disclosure, publication; **O. von Beteiligungen** declaration of interests; **O. einer Erfindung** *f* disclosure of an invention; **fehlende/mangelnde O.** non-disclosure
Offenlegungs|bestimmungen *pl* disclosure provisions; **O.pflicht** *f* disclosure duty/requirement; **O.vorschriften** *pl* disclosure requirements
Offenmarkt *m* open market; **O.ausschuss** *m* open-market committee; **o.fähig** *adj* eligible for open-market operations; **O.-geschäft** *nt* open-market transaction/operation; **O.kredit** *m* open-market loan; **O.politik** *f* open-market policy
offensichtlich *adj* apparent
noch offen stehen *(Rechnung)* to be owing/outstanding; **o.stehend** *adj* outstanding, unpaid
öffentlich *adj* public; **nicht ö.** 1. private; 2. § in camera *(lat.)*; 3. *(Sitzung)* behind closed doors; **ö.-rechtlich** *adj* public-law
Öffentlichkeit *f* 1. the public (at large); 2. publicity; **nicht für die Ö. (bestimmt)** off the record
Öffentlichkeit zur Zeichnung auffordern to invite the public to subscribe; **an die Ö. bringen** to publicize; **der Ö. zur Last fallen** to be a burden on the public purse; **Ö. meiden/scheuen** to shun publicity
Öffentlichkeitsarbeit *f* P.R., public relations work; **Stück Ö.** public relations exercise; **Ö. vor der Produkteinführung** pre-launch publicity
offerieren *v/t* to offer/tender/bid
Offerte *f* 1. offer, quotation, 2. *(Ausschreibung)* tender; **O. abgeben/machen/unterbreiten** 1. to submit an offer; 2. to tender; **freibleibende/unverbindliche O.** open offer; **verbindliche O.** firm/binding offer
Offertunterlagen *pl* tender documents
offiziell *adj* official
Öffnung *f* opening, aperture; **Ö. einer Kreuzung** *(Scheck)* opening of a crossing; **Ö.szeit(en)** *f/pl* opening time/hours, hours of business
OHG *f* ↘ **Offene Handelsgesellschaft**
ohne *prep* without; **O.-Rechnung-Geschäft** *nt* non-invoiced transaction
(jdn) übers Ohr hauen *(coll)* to diddle so.; **bis über die O.en in Arbeit stecken** to be up to the eyes in work
Okkasion *f* bargain
Öko|audit *nt* eco-audit, ecological audit; **Ö.bilanz** *f* ecological balance
Ökolog|e; Ö.in *m/f* ecologist; **Ö.ie** *f* ecology; **ö.isch** *adj* ecological
Ökomanagement *nt* eco-management
Ökonom *m* economist; **Ö.etrie** *f* econometrics; **ö.etrisch** *adj* econometric
Ökonomie *f* 1. economy; 2. *(VWL)* economics
ökonomisch *adj* 1. economic; 2. *(sparsam)* economical
Öko|sphäre *f* ecosphere; **Ö.steuer** *f* ecotax
Öl *nt* oil; **nach Ö. bohren** to prospect for oil; **Ö. fördern** to extract oil; **auf Ö. stoßen** to strike oil
Öl|aktien *pl* oil shares *[GB]*/stocks *[US]*, oils; **Ö.dollar** *m* petrodollar; **Ö.einfuhren** *pl* oil imports; **Ö.export** *m* oil export(s); **Ö.exportland** *nt* oil-exporting/petroleum-exporting country; **Ö.feld** *nt* oil field; **Ö.förderland; Ö.staat** *nt/m* oil-producing country; **Ö.förderung** *f* oil production; **Ö.fund** *m* oil find/strike;

Ö.gelder *pl* petrodollars; **Ö.gesellschaft** *f* oil company

Oligopol *nt* oligopoly; **O.ist** *m* oligopolist; **o.istisch** *adj* oligopolist(ic)

Ölimport *m* oil import(s); **Ö.land** *nt* oil-importing country

Öl|industrie *f* oil industry; **Ö.konzern** *m* oil group; **Ö.krise** *f* oil crisis; **Ö.lache** *f* oil spill; **Ö.pflanze** *f* oil plant/crop; **Ö.preis** *m* oil price; **Ö.produktion** *f* oil production; **Ö.quelle** *f* oil well; **Ö.raffinerie** *f* oil refinery; **Ö.schwemme** *f* oil glut; **Ö.tanker** *m* ⚓/🚗 oil tanker; **Ö.terminmarkt** *m* oil futures market; **Ö.umschlagsstelle** *f* oil terminal; **Ö.verarbeitung** *f* oil processing; **Ö.verbrauch** *m* oil consumption; **Ö.verschmutzung** *f* oil pollution; **Ö.vorkommen** *nt* oil field; **Ö.währung** *f* petrocurrency; **Ö.werte** *pl (Börse)* oils, oil shares *[GB]*/issues/stocks *[US]*

Ombudsmann *m* ombudsman

Omnibus *m* (omni)bus, (motor) coach; **O.-befragung** *f* omnibus survey; **O.gesellschaft; O.unternehmen** *f/nt* bus company; **O.versicherung** *f* all-risks insurance

online *adj* 🖳 online; **O.-Banking** *nt* online banking; **O.-Zahlungssystem** *nt* online payments system

Operation *f* operation; **größere O.** major operation; **kosmetische O.** facelift; **offenmarktpolitische O.** open-market transaction

Opfer *nt* 1. *(Mensch)* victim, casualty; 2. *(Gabe)* sacrifice; **O. bringen** to make a sacrifice; **zum O. fallen** to fall victim to; **keine O. scheuen** to spare no sacrifice

opportun *adj* opportune

Opportunist *m* opportunist; **o.isch** *adj* opportunist

Opportunität *f* opportunity, expediency; **O.skosten** *pl* opportunity costs

Opposition *f* 1. opposition; 2. *(Scheck)* stopping; **mit O. belegen** *(Scheck)* to stop

Oppositionsliste *f* *(Scheck)* stopping list

optieren *v/i* to opt/elect

optimal *adj* optimum, optimal; **O.beschäftigung** *f* optimum level of activity; **O.leistung** *f* optimum capacity

optimieren *v/t* to optimize

Optimierung *f* optimization; **O. von Betriebsabläufen** streamlining of operations

optimistisch *adj* bullish

Optimum *nt* optimum

Option *f* 1. option; 2. § right of first refusal; **O. ausüben/wahrnehmen; von einer O. Gebrauch machen** to exercise an option; **O. einräumen** to grant an option; **O. erwerben** to take out an option

Options|anleihe *f* option bond; **O.ausübung** *f* exercise of an option; **O.bedingungen** *pl* option terms; **O.berechtigter** *m* option holder; **O.geber; O.gewährer** *m* grantor of an option; **O.geschäft** *nt* option deal(ings)/trading; **O.handel** *m* options trading; **O.händler** *m* options trader; **O.käufer; O.nehmer** *m* taker of an option; **O.klausel** *f* first refusal clause; **O.kontrakt** *m* option contract; **O.markt** *m* options market; **O.preis** *m* option price

Optionsrecht *nt* 1. option; 2. § preemptive right; 3. *(Bezugsrecht)* subscription right; **mit O.** cum rights; **ohne O.** ex rights; **O. ausüben** to exercise an option; **auf das O. verzichten** to opt out

Optionsschein *m* (option/subscription) warrant; **O. für den Bezug von Aktien** stock purchase warrant; **O.inhaber** *m* (option) warrant holder

Options|schluss *m* option contract; **O.-schuldverschreibung** *f* option bond

Order *f* commission, order; **an die O. von** to the order of; **nicht an O.** not to order; **auf O. von** on order by; **~ und Rechnung von** by order and on account of; **bis auf gegenteilige O.** unless countermanded; **~ weitere O.** pending further orders; **gemäß Ihrer O.** in compliance with your order; **zahlbar an O.** payable to order; **an O. ausgestellt** made out to order; **~ lautend** made out/payable to order

Order annullieren to cancel/rescind an order; **O ausführen** to execute an order; **O. erteilen** to (place an) order; **an jds. O. zahlen** to pay to so.'s order

begrenzte Order limited order; **feste O.** firm order; **freibleibende O.** subject order; **laufende/ständige O.** standing order; **limitierte O.** limited/stop order; **unbefristete O.** open order

Order|aufkommen *nt* level of orders; **O.-buch** *nt* order book; **O.formular** *nt* order form; **O.frachtbrief; O.konnossement; O.ladeschein** *m/nt/m* order bill of lading (B/L); **O.klausel** *f (Wechsel)* order clause; **O.lagerschein** *m* warehouse warrant (made out to order), negotiable warehouse receipt

ordern *v/t* to order

Order|papier *nt* negotiable instrument, instrument (made out/payable) to order; **O.- und Inhaberpapiere** negotiable instruments; **O.scheck** *m* order check *[US]*/cheque *[GB]*; **O.schuldverschreibung** *f* negotiable bond; **O.tätigkeit** *f* ordering (activity); **O.wechsel** *m* order bill (of exchange)

Ordinalzahl *f* ordinal number

Ordinate *f* π ordinate

ordnen *v/t* 1. to order/sort/grade; 2. to organise/arrange; 3. to regulate

Ordner *m* file

Ordnung *f* order, system, regime; **marktwirtschaftliche O.** free enterprise system; **öffentliche O.** public order; **soziale O.** social system; **wirtschaftliche O.** economic system

Ordnungs|amt *nt* Trading Standards Department *[GB]*; **O.behörden** *pl* regulatory authorities; **O.funktion** *f* regulative function; **O.geld** *nt* administrative fine; **o.gemäß** *adj* proper, correct; *adv* duly, in due form; **O.gemäßheit** *f* correctness; **o.halber** *adv* as a matter of form; **O.instanz** *f* regulatory authority; **O.maßnahme** *f* regulatory measure; **O.modell** *nt* *(VWL)* economic framework; **O.nummer** *f* reference number; **O.politik** *f* regulatory policy; **O.recht** *nt* public order law; **O.strafe** *f* administrative fine

ordnungswidrig *adj* irregular; **O.keit** *f* public order offence

Ordnungszahl *f* ordinal number

Organ *nt* 1. organ; 2. *(Unternehmen)* management body; 3. authority, agency; **ausführendes O.** executive body; **beratendes O.** advisory body; **beschließendes/beschlussfassendes O.** decision-making body; **leitendes O.** managing body

Organ|abrechnung *f* consolidated accounts; **O.aufbau** *m* organisation; **O.ertrag** *m* income from affiliates/subsidiaries; **O.gesellschaft** *f* subsidiary company *[GB]*/corporation *[US]*

Organisation *f* organisation; **O. auf Gegenseitigkeit** mutual organisation; **O. ölexportierender Länder** Organisation of Petroleum Exporting Countries (OPEC); **O. und Information (OI)** management information system (MIS); **O. für wirtschaftliche Zusammenarbeit und Entwicklung** Organisation for Economic Cooperation and Development (OECD)

Organisations|aufbau *m* organisational structure; **O.form** *f* form of organisation; **O.grad** *m (Gewerkschaft)* (level of) unionization; **O.klausel** *f (Gewerkschaft)* closed shop clause; **O.regeln** *pl* rules of organisation; **O.schaubild** *nt* organisation chart

organisieren *v/t* to organise

Organisierung *f* *(Gewerkschaft)* unionization

Organschafts|ertrag *m* income form subsidiaries; **O.verrechnung** *f* intergroup settlement

Organ|tochter *f* subsidiary; **O.träger** *m* parent company; **O.verhältnis** *nt* group relationship; **O.verlust** *m* intercompany loss

Orientierung *f* orientation, guidance

Orientierungs|daten *pl* indicators; **O.preis** *m* reference/benchmark price; **O.zeitraum** *m* reference period

Original *nt* original; **O.ausfertigung** *f* original document; **O.dividende** *f* unadjusted dividend; **O.faktura** *f* original invoice; **O.konnossement** *nt* original copy of the bill of lading (B/L); **O.police** *f* original policy; **O.quittung** *f* original receipt; **O.rechnung** *f* original invoice; **O.wechsel** *m* first bill of exchange

Ort *m* place, spot, site; **an O. und Stelle; vor O.** on site, (on the) spot, on the premises, one-stop *[US]*; **O. und Tag der Ausstellung** place and date of issue; **O. der Leistung** place of performance

Orts|abrechnung *f* *(Banken)* local clearing; **o.ansässig** *adj* resident; **O.ansässige(r)** *f/m* (local) resident; **O.bereich** *m* ☎ local area; **O.bestimmung(en)** *f/pl* local bye-law(s)/bylaw(s); **o.fremd** *adj* non-resident; **O.gebühr** *f* local rate; **O.gespräch** *nt* local call; **O.kennzahl** *f* ☎ area code; **O.krankenkasse** *f* local health insurance scheme; **O.satzung; O.statut** *f/nt* local statutes; **O.spediteur** *m* local carrier; **O.tarif** *m* local rate; **O.teilnehmer** *m* ☎ local subscriber; **O.verwaltung** *f* local administration; **O.verzeichnis** *nt* local directory; **O.zulage; O.zuschlag** *f/m* residential/weighted allowance, (local) weighting; **O.zustellung** *f* local delivery

Ostsee *f* Baltic (Sea)

Otto-Normalverbraucher *m* *(coll)* average consumer/punter *(coll)*, Joe Public/Sixpack *(coll)*

P

Pacht *f* lease(hold), tenancy; **P. auf Lebenszeit** life tenancy; **~ Zeit** term lease
gemeinsame Pacht joint tenancy; **jederzeit kündbare P.** tenancy at will
Pacht|ablauf *m* expiration of a lease; **P.-ausfallversicherung** *f* leasehold insurance; **P.bedingungen** *pl* terms of a lease; **P.beendigung** *f* termination of a lease; **P.beginn** *m* commencement of a lease
Pachtbesitz *m* lease(hold), leasehold property; **P.er** *m* leaseholder
Pacht|dauer *f* term of lease; **P.einkommen; P.einkünfte** *pl* rental income
pachten *v/t* to lease/rent/hire
Pächter *m* 1. tenant, leaseholder, lessee; 2. 🚜 tenant farmer; **gewerblicher P.** commercial tenant; **jederzeit kündbarer P.** tenant at will; **in Naturalien zahlender P.** sharecropper *[US]*
Pacht|ertrag *m* rental income/yield; **p.frei** *adj* rent-free; **P.gebühr** *f* rental (charge); **P.gesellschaft** *f* leasing company *[GB]*/ corporation *[US]*; **P.gut** *nt* 1. leasehold estate; 2. 🚜 tenanted farm; **P.herr** *m* landlord, lessor; **P.höhe** *f* rent level; **P.kündigung** *f* notice to quit; **P.land** *nt* leasehold land; **P.nachlass** *m* remission of rent; **P.-objekt** *nt* leased object; **P.preis** *m* rent
Pachtrecht *nt* law of lease; **auflösend bedingtes P.** reversionary lease
Pachtrückstände *pl* rent arrears
Pachtung *f* leasing; **gemeinsame/gemeinschaftliche P.** contenancy, tenancy in common; **nach Willkür kündbare P.** tenancy at will; **landwirtschaftliche P.** farm lease; **mit Meliorationsaufgaben verbundene P.** improvement lease
Pachtvereinbarung *f* lease agreement
Pachtverhältnis *nt* lease, tenancy; **jederzeit kündbares/widerrufliches P.** tenancy at will; **nach Ablauf der Pacht jederzeit kündbar weiterlaufendes P.** tenancy at sufferance
Pachtverlängerung *f* lease renewal
Pachtvertrag *m* (contract of) lease, lease/leasing/tenancy agreement, **P. mit Instandhaltungsklausel** repairing lease; **P. für gewerblich genutzte Räume** commercial lease
Pachtvertrag aufsetzen to draw up a lease; **P. verlängern** to renew a lease
Pacht|wert *m* rental value; **P.zins** *m* (leasehold/ground) rent, rental (tariff)
Pack *nt* pack, stack, pile; **P.abteilung** *f* packaging department
Package-Vertrag *m* package contract
Pack|anlage; P.betrieb *f/m* packing plant; **P.arbeiten** *f* packing
Päckchen *nt* (small) packet/parcel, package; **P.gebühr** *f* ✉ small packet rate *[GB]*; **P.post** *f* parcel post
Packen *m* 1. pack(age), bundle; 2. pile, stock; *nt (Verpacken)* pack(ag)ing; **P. Arbeit** load of work; **P. Briefe** bundle of letters
packen *v/t* 1. to pack; 2. *(verpacken)* to package; 3. *(Container)* to stuff
Packer *m* 1. packer, stower; 2. *(Umzug)* removal *[GB]*/moving *[US]* man; **P.ei** *f* packing department; **P.lohn** *m* package, packing charge
Pack|größe *f* packaging size; **P.kiste** *f* packing box/case; **P.leinwand** *f* packcloth; **P.liste** *f* packing list; **P.maschine** *f* packing/wrapping machine; **P.material** *nt* packing (material), wrapping; **P.papier** *nt* packing/wrapping paper; **festes P.papier** kraft paper; **P.presse** *f* packing press; **P.-raum** *m* packing room; **P.stoff** *m* packing material; **P.stück** *nt* package, parcel
Packung *f* 1. package, packet, parcel; 2. *(Zigaretten)* pack; 3. *(Aufmachung)* make-up; **durchsichtige P.** blister pack; **große P.** bulk pack; **wiederverwendbare P.** reusable package
Packungs|beilage *f* package insert; **P.-gestaltung** *f* packaging; **P.spezialist** *m* cardboard engineer
Packzettel *m* packing slip/ticket
Paket *nt* 1. parcel, packet; 2. *(Aktien)* lot; **als P.** ✉ by parcel post; **P. von weniger als 100 Aktien** fractional lot; **P. üblicher Art und Größe** ✉ standard parcel; **P. mit Eilzustellung** ✉ express parcel; **P. von Maßnahmen zur Konjunkturbelebung** pump-priming package; **~ Werbemaßnahmen** promotional package
eingeschriebenes Paket registered parcel; **gewöhnliches P.** uninsured parcel; **maßgeschneidertes P.** *(fig)* tailored package
Paket|adresse *f* label, facing slip *[US]*; **P.-annahme und -ausgabe** *f* parcel(s) office; **P.beförderung** *f* transport of parcels;

P.dienst *m* parcel service; **P.emission** *f* *(Aktien)* block issue; **P.gebühr(ensatz)** *f/m* parcel tariff; **P.handel** *m (Aktien)* block trading
paketieren *v/t* to package
Paket|inhaber *m* stakeholder; **P.lizenz** *f* package licence; **P.logistik** *f* parcels logistics; **P.lösung** *f* package solution; **P.police** *f* package policy; **P.porto** *nt* parcel postage
Paketpost *f* parcel post; **P.dienst** *m* parcel service; **P.gebühr** *f* parcel post rate; **P.zustellung** *f* parcel delivery
Paket|schalter *m* parcels window; **P.sendung** *f* parcel, package; **P.verkauf** *m (Aktien)* block transaction; **P.versicherung** *f* parcel post insurance; **P.wagen** *m* 🚃 express car *[US]*, parcels van *[GB]*; **P.zuschlag** *m (Aktien)* share *[GB]*/stock *[US]* block premium
Paketzustell|dienst *m* parcel(s) delivery service; **P.er** *m* parcel(s) delivery company/man; **P.ung** *f* ✉ parcel(s) delivery
Palette *f* 1. pallet; 2. *(fig)* range; **auf P. packen** to palletize
Paletten|beförderung *f* pallet handling; **P.einheit** *f* pallet unit; **P.größe** *f* pallet size; **P.ladung** *f* pallet(ized) load; **P.lager; P.stapel** *nt/m* pallet rack; **P.ware** *f* palletized goods
palettieren *v/t* to palletize
Panik *f* panic, scare; **P.kauf; P.käufe** *m/pl* panic buying; **P.verkäufe** *pl* panic selling/sales
Panne *f* breakdown, failure
Pannen|dienst; P.hilfe *m/f* 🚗 breakdown (and recovery) service; **P.schutz** *m (Vers.)* breakdown cover; **p.sicher** *adj* breakdown-proof; **P.versicherung** *f* breakdown insurance
Panzer *m* armour (plating); **P.schrank** *m* safe, strongbox
Papier *nt* 1. paper; 2. document, bill; 3. *(Wertpapier)* security; **P. mit schwankendem Ertrag** variable-yield security
Papiere aufrufen/einziehen to call in securities; **mit P.n versehen** to furnish with documents
begebbares Papier negotiable instrument; **bezahlt P. (bP, bp)** *(Börse)* more sellers than buyers; **börsengängiges P.** listed *[US]*/quoted *[GB]* security; **erstklassiges P.** blue chip; **festverzinsliches P.** fixed-interest security/stock; **gestrichenes P.** unquoted stock; **handelsfähiges P.** negotiable instrument; **hochwertiges P.** high-grade security; **indossables P.** negotiable instrument; **auf den Inhaber lautendes P.** instrument payable to bearer; **marktfähiges P.** marketable security; **mündelsicheres P.** gilt-edged security *[GB]*, trust stock *[US]*; **hoch rentierliches P.** high yielder; **sichere P.e** gilt-edged *[GB]*, trustee *[US]* stocks; **übertragbares/verkehrsfähiges P.** negotiable instrument; **zentralbankfähiges P.** approved *[GB]*/eligible *[US]* security
Papiergeld *nt* paper money; **P.umlauf** *m* notes in circulation; **P.währung** *f* paper currency
Papier|geschäft; P.handlung *nt/f* stationery shop *[GB]*/store *[US]*; **P.gewinn** *m* paper profit/surplus/gain; **P.korb** *m* waste paper basket; **P.korbpost** *f* junk mail; **P.recycling** *nt* (waste) paper recycling; **P.valuta; P.währung** *f* paper currency; **P.waren** *pl* stationery; **P.warengeschäft** *nt* stationer's, stationery shop *[GB]*/store *[US]*; **P.wert** *m* book value
Pappe *f* *(Karton)* (box)board, cardboard
Pappkarton *m* cardboard box
para|fiskalisch *adj* quasi-governmental, **P.-fiskus** *m* auxiliary fiscal agent
Paragraf *m* paragraph, clause, schedule
parallel *adj* parallel, concurrent; **P.e** *f* parallel
Parallel|fertigung *f* parallel production; **P.gesetzgebung** *f* concurrent legislation; **P.kredit** *m* syndicate(d)/parallel credit; **P.-übertragungsbuchung** *f* parallel posting; **P.währung** *f* parallel currency; **P.wirtschaft** *f* hidden/underground economy
Paramet|er *m* parameter; **p.risch** *adj* parametric
paratarifär *adj* para-tariff
Pari *nt* *(Börse)* par (value); **al/zu P.** at par; **über P. notieren/stehen** to quote above par, to be at a premium, ~ quoted above par; **unter P. stehen** to be quoted below par; **~ verkaufen** to sell at a discount
Pari|ausgaben; P.emission *f* par issue; **P.-kurs** *m* par (price/rate), par of exchange
Parität *f* parity; **P. der Kaufkraft** purchasing power parity; **feste P.** fixed parity; **gleitende P.** crawling peg
Paritäten|gitter; P.raster *nt* parity grid
Paritäts|änderung *f* parity change; **P.freigabe** *f* *(Wechselkurs)* floating; **P.prinzip** *nt* parity principle; **P.wert** *m* par value

PQ

Pari|wechsel *m* bill at par; **P.wert** *m* par/nominal value
Parken *nt* parking; **P. auf eigene Gefahr** parking ot owner's risk; **P. nur für Kunden** *(Schild)* patrons only
parken *v/ti* 1. to park; 2. *(Geld)* to invest temporarily
Parkett *nt* 1. parquet; 2. *(Börse)* (trading) floor; **P.broker** *m* floor broker; **P.handel** *m* floor/open-outcry trading; **P.händler** *m* floor trader
Park|gebühr *f* parking fee; **P.möglichkeit(en)** *f/pl* parking facilities; **P.platz** *m* car park, parking lot *[US]*; **P.raum** *m* parking area; **P.zone** *f* parking area
Partei *f* 1. party; 2. § party, litigant; **abgewiesene P.** unsuccessful party/plaintiff; **antragstellende P.** claimant; **im Verzug befindliche P.** defaulting party; **beklagte P.** defendant; **benachteiligte/beschwerte/geschädigte P.** aggrieved/injured party; **berechtigte P.** entitled party; **klagende/klägerische P.** plaintiff, claimant; **obsiegende P.** successful party/litigant; **prozessführende/streitende P.** litigant; **säumige P.** defaulting party; **vertragschließende P.** contracting party
Partei|abrede *f* § stipulation; **P.antrag** *m* ex parte *(lat.)* application; **P.behauptung** *f* allegation
parteifähig *adj* § suable; **P.keit** *f* suability
Parteivorbringen *nt* § judicial declaration
Parten|inhaber *m* ⚓ part-owner/co-owner (of a ship); **P.reederei** *f* shipowning partnership
Partie *f* 1. lot, batch; 2. *(Aktien)* parcel; **P. von etw. kaufen** to buy sth. as a job lot; **ungerade P.** odd lot
Partie|artikel *m* *(Buch)* remainder; **als ~ verkaufen** to remainder; **P.fertigung** *f* production in lots; **P.fracht** *f* part shipment, less-than-carload (LCL) lot; **P.-größe** *f* batch size; **P.muster** *nt* stock lot sample; **P.preis** *m* wholesale price; **P.prüfung** *f* batch testing; **P.ware** *f* job lot
Partikularhavarie *f* particular average (p.a.)
Partikulier *m* ⚓ barge owner
Partizipation *f* participation
Partizipations|geschäft *nt* joint undertaking/transaction; **P.konto** *nt* joint account
partizipieren *v/i* to participate, to take part
Partner(in) *m/f* (co-)partner, associate; **P.-gesellschaft** *f* partnership
Partnerschaft *f* partnership; **P.sunternehmen** *nt* partnership; **P.svertrag** *m* partnership contract
Parzell|e *f* plot, lot, parcel (of land), allotment; **p.ieren** *v/t* to parcel (out), to lot out *[US]*; **P.ierung** *f* parcellation, parcelling (out)
Passage *f* 1. passage (way); 2. arcade
Passagier *m* passenger; **P. auf der Warteliste** ✈ standby passenger
Passagier|abfertigung *f* passenger handling; **P.aufkommen** *nt* passenger volume/carryings; **P.geld** *nt* fare; **P.gepäck; P.gut** *nt* baggage *[US]*, luggage *[GB]*; **P.ladefaktor** *m* passenger load factor; **P.umschlag** *m* passenger handling
passen *v/i* to fit (the bill), to suit; **p.d** *adj* suitable, appropriate
passiv *adj* 1. passive; 2. *(Bilanz)* adverse, unfavourable
Passiva *pl* liabilities, accounts payable; **antizipative P.** deferred expenses, accrued liabilities
Passiv|bilanz *f* adverse/unfavourable balance; **P.bestand** *m* liabilities; **P.gelder** *pl* borrowings; **P.geschäft** *nt* 1. *(Bank)* borrowing transaction; 2. deposit business
passivier|en *v/t* to carry/show as liabilities; **P.ung** *f* carrying as liabilities
passivisch *adj* on the liabilities side
Passiv|konto *nt* liability account; **P.kredit** *m* borrowing; **P.legitimation** *f* § capacity to be sued; **P.masse** *f* liabilities; **P.posten** *m* debit item; **P.prozess** *m* litigation as a defendant
Passivsaldo *m* debit/adverse balance, deficit; **P. im Außenhandel; P. in der Handelsbilanz** (balance of) trade deficit, adverse trade balance; **P. der Zahlungsbilanz** balance of payments deficit
Passiv|schulden *pl* accounts payable; **P.-seite** *f (Bilanz)* debt/liabilities side
Passivum *nt* liability, deficit
Passivzins *m* interest due/payable
Patent *nt* (letters) patent; **P. in Aussicht; P. angemeldet** patent(s) pending
Patent anfechten to challenge a patent; **(zum) P. anmelden** to apply for/register/take out a patent; **P. auswerten/ausüben/ausnutzen** to use/exploit a patent; **P. besitzen** to hold a patent; **P. eintragen** to register a patent; **P. erteilen** to grant a

patent; **P. verfallen lassen** to abandon/drop a patent; **P. nehmen** to take out a patent; **P. nutzen/verwerten** to use/eploit a patent; **P. verlängern** to renew a patent; **P. verletzen** to infringe a patent

abgelaufenes Patent expired patent; **älteres P.** prior patent; **angemeldetes P.** patent(s) pending; **erloschenes P.** expired patent; **gemeinsames P.** joint patent; **gültiges P.** valid patent; **kollidierendes P.** interfering patent; **verfallenes P.** expired/lapsed patent

Patent|abgabe *f* royalty; **P.ablauf** *m* expiration of patent; **P.amt** *nt* patent office; **P.anmelder** *m* (patent) applicant; **P.anmeldung** *f* patent application; **P.anspruch** *m* § patent claim; **P.antrag** *m* patent application

Patentanwalt *m* patent lawyer/attorney *[US]*; **P.sbüro; P.sfirma; P.skanzlei** *nt/f* patent law firm

Patent|aufhebung *f* cancellation of a patent; **P.ausübung; P.auswertung** *f* patent exploitation; **P.beschreibung** *f* patent specification; **P.besitzer** *m* patent holder; **P.brief** *m* letters patent; **P.bruch** *m* infringement of a patent; **P.dauer** *f* life/term of a patent; **P.erneuerung** *f* renewal of a patent; **P.geber; P.gewährer** *m* patentor; **P.gericht** *nt* patent court; **p.geschützt** *adj* patented; **P.gesuch** *nt* patent application; **gegenseitige P.gewährung** cross licensing

PQ

patentieren *v/t* to patent

Patent|ingenieur *m* patent engineer; **P.-inhaber** *m* patent holder, patentee; **P.-klage** *f* patent proceedings; **P.kosten** *pl* patent charges; **P.löschung** *f* cancellation of a patent; **P.mitinhaber** *m* joint patentee; **P.prozess** *m* patent (infringement) suit

Patentrecht *nt* patent law; **P. verletzen** to infringe a patent

Patent|register; P.rolle *nt/f* patent register/roll(s) *[GB]*, register of patents *[US]*; **P.rezept** *nt (fig)* patent recipe, panacea; **P.schrift** *f* (printed) patent specification; **P.schutz** *m* patent protection; **P.streit** *m* § patent litigation; **P.träger** *m* patent holder, patentee; **P.umfang** *m* scope of a patent; **P.urkunde** *f* letters patent; **P.verfahren** *nt* patenting proceedings; **P.vergütung** *f* royalty

Patentverletzung *f* patent infringement; **P.sprozess; P.sverfahren** *m/nt* patent infringement proceedings

Patent|versagung; P.verweigerung *f* refusal of a patent; **P.vertrag** *m* patent agreement; **P.verwertung** *f* exploitation of a patent; **P.verzeichnis** *nt* register of patents; **P.verzicht** *m* abandonment of a patent; **P.vorschriften** *pl* patent regulations

Patient(in) *m/f* patient

Patronat *nt* patronage, sponsorship

Patronats|bank *f* sponsoring bank; **P.brief** *m* sponsoring letter; **P.erklärung** *f* 1. comfort letter; 2. *(Konzern)* parent guarantee; **P.institut** *nt* sponsoring institution

pauschal *adj* 1. flat(-rate); 2. all-inclusive, all-in

Pauschal|abdeckung *f* all-inclusive cover; **P.abfindung; P.abgeltung** *f* flat-rate/lump-sum compensation; **P.abschluss** *m* bulk bargain; **P.abschreibung** *f* composite-life method of depreciation, lump-sum depreciation; **P.absetzung; P.abzug** *f/m* flat-rate deduction; **P.angebot** *nt* all-inclusive/comprehensive offer; **P.beitrag** *m* flat-rate/lump-sum contribution; **P.besteuerung** *f* flat-rate taxation; **P.betrag** *m* lump sum; **P.bezahlung** *f* lump(-sum) payment; **P.bezug** *m* bulk buying; **P.-deckung** *f* all-inclusive/comprehensive cover(age)

Pauschale *f* lump sum, flat rate (payment)

Pauschal|entgelt *nt* lump-sum payment; **P.entschädigung** *f* lump-sum settlement/compensation; **P.ferienreise** *f* package holiday; **P.fracht** *f* flat-rate freight; **P.-freibetrag** *m* standard deduction *[GB]*, flat(-rate) exemption *[US]*; **P.garantie** *f* 1. overall guarantee; 2. *(Vers.)* comprehensive policy; **P.gebühr** *f* flat-rate charge

pauschalieren *v/t* *(Steuer)* to compound

Pauschal|kauf *m* bulk/wholesale purchase; **P.lohn** *m* flat-rate wage; **P.police** *f* 1. *(Vers.)* comprehensive/package/all-in policy; 2. *(Feuervers.)* blanket policy; **P.-prämie** *f* flat-rate/all-inclusive premium; **P.preis** *m* all-in/all-inclusive/lump-sum price

Pauschalreise *f* package tour/holiday; **P.nde(r)** *f/m* package tourist; **P.veranstalter** *m* package tour operator

Pauschal|satz *m* flat/all-in rate; **P.summe** *f* lump sum; **P.tarif** *m* inclusive/all-in rate; **P.urlaub** *m* package holiday; **P.urlau-**

ber(in) *m/f* package holidaymaker; **P.vereinbarung** *f* package deal; **P.vergütung** *f* lump-sum payment/remuneration; **P.versicherung** *f* comprehensive/blanket/all-in insurance; **P.versicherungspolice** *f* all-risks/comprehensive policy; **P.vertrag** *m* blanket agreement

Pauschalwert *m* lump-sum value; **P.abschreibung** *f* composite depreciation

Pauschal|zahlung *f* lump-sum payment **P.zuteilung**; **P.zuweisung; P.zuwendung** *f* block grant

Pausch|besteuerung *f* flate-rate taxation; **P.betrag** *m* 1. lump sum; 2. *(Steuer)* standard/fixed deduction; **P.satz** *m* flat/composite rate; **P.vergütung** *f* flat-rate compensation

Pause *f* 1. break; 2. *(Ruhe)* rest (period)

Pausen|regelung *f* regulation governing rest periods; **P.zone** *f* refeshment area

peinlich *adj* embarrassing; **P.keit** *f* embarrassment

pekuniär *adj* pecuniary

Pendel|arbeiter *m* commuting worker; **P.betrieb; P.dienst** *m* shuttle service; **P.flugzeug** *nt* (air) shuttle

pendeln *v/i* to commute/shuttle

Pendelverkehr *m* shuttle service

Pendler *m* commuter; **P.verkehr** *m* commuter traffic; **P.zug** *m* commuter/shuttle train

Penetrationspreispolitik *f* penetration pricing

Pension *f* 1. (old age) pension, superannuation, retirement pay; 2. guest house, boarding/rooming *[US]* house; **in P.** 1. retired; 2. *(Wertpapier)* pledged

Pension aussetzen/bewilligen to grant/settle a pension; **zu einer P. berechtigen** to carry a pension; **P. beziehen** to draw a pension; **in P. geben** *(Gelder)* to park; **~ gehen** to retire

beitragsfreie Pension non-contributory pension; **beitragspflichtige P.** contributory pension; **lebenslängliche P.** life pension; **vorzeitige/vorgezogene P.** early retirement pension

Pensionär *m* 1. pensioner, retiree; 2. boarder

pensionieren *v/t* to pension off; **p. lassen** *v/refl* to retire; **sich vorzeitig p. lassen** to take early retirement

Pensionierung *f* retirement; **P.salter** *nt* retiring/pensionable age

Pensions|alter *nt* retirement/retiring/pension(able) age; **P.anpassung** *f* pension adjustment; **P.anspruch** *m* pension entitlement; **p.berechtigt** *adj* pensionable; **P.berechtigung** *f* entitlement to a pension; **ohne P.berechtigung** non-pensionable; **P.betrag** *m* superannuation; **P.bezüge** *pl* retirement benefits; **P.dienstalter** *nt* pensionable age; **P.einkommen** *nt* retirement income; **P.empfänger** *m* pensioner; **p.fähig** *adj* pensionable; **P.fonds** *m* pension/superannuation/retirement fund; **P.geschäft** *nt* repo/overnight transaction; **P.grenze** *f* retirement age

Pensionkasse *f* pension fund; **betriebliche P.** company pension scheme

Pensions|lasten *pl* pension costs; **P.nehmer** *m* lender, creditor; **P.plan** *m* pension scheme; **P.preis** *m* (full/half) board; **P.regelung** *f* superannuation scheme; **P.rückstellung** *f* provision for pensions; **P.verpflichtungen** *pl (Bilanz)* pensions; **P.zuschuss** *m* retirement allowance; **P.zuwendung** *f* retirement benefit

perfekt *adj* perfect; **P.ion** *f* perfection; **p.ionieren** *v/t* to perfect

Perfektionis|mus *m* perfectionism; **p.tisch** *adj* perfectionist

Periode *f* period

Perioden|beitrag *m* *(Bilanz)* contribution for the period; **P.bilanz** *f* periodic statement; **P.erfolg** *m* income for a period; **P.erfolgsausweis; P.erfolgsrechnung; P.gewinnrechnung** *m/f* statement of income *[US]*, income/trading statement; **P.gewinn** *m* profit for the (given) period; **P.kosten** *pl* period/time cost; **P.rechnung** *f* periodic accounting; **P.reingewinn** *m* net profit for the accounting period, surplus net profit *[US]*

periodisch *adj* periodic

peripher *adj* peripheral; **P.ie** *f* periphery, fringe

Person *f* person; **abhängige P.** dependant; **ansässige P.** resident; **bedachte P.** beneficiary; **befragte P.** interviewee; **berechtigte/bevollmächtige P.** authorized person; **dritte P.** third party; **juristische P.** § (distinct) legal entity; **unbefugte P.** unauthorized person; **verantwortliche P.** person in charge

Personal *nt* personnel, employees, workforce, payroll; **P. im Außendienst** field staff

Personal abbauen to shed jobs, to reduce the labo(u)r force; **P. einstellen** to employ workers; **zu viel P. haben** to be overstaffed/overmanned; **zu wenig P. haben** to be understaffed/short-staffed

fest angestelltes Personal permanent staff; **ausgebildetes/gelerntes/geschultes P.** skilled/qualified personnel, trained staff; **kaufmännisches P.** office/clerical staff; **leitendes P.** executive staff; **ständiges P.** permanent/regular staff; **technisches P.** engineering personnel/staff; **überzähliges P.** redundant labo(u)r

Personalabbau *m* staff/personnel cuts, redundancies, labo(u)r shedding; **P. durch natürlichen Abgang** natural wastage

Personal|abteilung *f* staff/personnel department, human resources department; **P.akte** *f* personnel file(s)/records; **P.angelegenheit** *f* personnel/staff matter; **P.anwerber** *m* recruiter; **P.aufwand** *m* labo(u)r/payroll costs; **P.aufwendungen; P.ausgaben** *pl* 1. labo(u)r cost(s), 2. *(Bilanz)* salaries and wages; **P.ausbildung** *f* staff/manpower training; **P.ausstattung** *f* staffing/manning level; **P.auswahl** *f* employee/staff selection; **P.ausweis** *m* identity/indentification (ID) card

Personalbedarf *m* staff/personnel/manpower requirement(s); **P.splanung** *f* human resources planning; **P.sprognose** *f* human resources forecast

Personal|berater *m* personnel consultant; **P.bericht** *m* staff/personnel report

Personalbeschaffung *f* (personnel/staff) recruitment; **P.skosten** *pl* recruitment costs; **P.spolitik** *f* human resourcing policy/strategy

Personal|bestand *m* workforce, labo(u)r force, staff/manpower level(s), payroll; **P.beurteilung** *f* employee appraisal; **P.buchhaltung** *f* personnel accounting; **P.daten** *pl* personnel data; **P.einsatz** *m* deployment of labo(u)r, roster(ing); **P.einsatzplanung** *f* human resources planning; **P.einsparungen** *pl* staff cuts; **P.einstellung** *f* (personnel) recruitment, hiring; **P.engpass** *m* manpower/labo(u)r/staff shortage; **P.entwicklung** *f* personnel/staff/human resources development; **P.etat** *m* staff/manpower budget; **P.fehlbestand** *m* manpower/staff shortage; **P.fluktuation** *f* staff/labo(u)r/personnel/employee turnover; **P.fortbildung** *f* personnel training/development; **P.führung** *f* personnel/human resources management; **P.fürsorge** *f* staff welfare; **P.gemeinkosten** *pl* personnel overheads; **P.haushalt** *m* staff budget

Personalien *pl* personal data

Personal|informationssystem *nt* personnel/staff information system; **p.intensiv** *adj* labo(u)r-intensive; **P.kartei** *f* staff file(s); **P.kauf** *m* staff purchasing; **P.knappheit** *f* staff/manpower shortage

Personalkosten *pl* personnel/labo(u)r/payroll costs, salaries and wages; **allgemeine P.** indirect labo(u)r (costs)

Personalkosten|mehraufwand *m* additional labo(u)r cost; **P.zuschuss** *m* employment subsidy

Personal|leiter *m* personnel/staff manager, director of human resources; **P.leitung** *f* staff/personnel/human resources management; **P.lücke** *f* manpower deficit; **P.mangel** *m* staff/manpower/labo(u)r shortage; **~ haben; an ~ leiden** to be understaffed/undermanned; **P.nebenkosten** *pl* incidental wage costs, fringe benefits

Personalplan *m* manpower/labo(u)r budget; **P.ung** *f* personnel/manpower planning, human resources planning

Personal|politik *f* personnel policy; **P.problem** *nt* staff problem; **P.produktivität** *f* productivity of labo(u)r; **P.rabatt** *m* employee/staff discount; **P.referent; P.sachbearbeiter(in)** *m/f* personnel officer; **P.ressourcen** *pl* human resources; **P.sachbearbeiter(in)** *m/f* human resources assistant; **P.schulung** *f* staff/employee training; **P.stamm** *m* core workforce; **P.stand; P.stärke** *m/f* payroll, total labo(u)r force; **P.überhang** *m* surplus labo(u)r; **P.umbesetzung** *f* staff transfer; **P.unterlagen** *pl* personnel/staff records; **P.veränderungen** *pl* staff changes; **P.versammlung** *f* shop-floor/staff meeting; **P.versetzung** *f* staff transfer; **P.versicherung** *f* staff insurance; **P.vertreter** *m* staff representative; **P.vertretung** *f* employee/staff representation; **P.verwaltung** *f* personnel/staff/manpower management, human resources management; **P.wesen; P.wirtschaft** *nt/f* personnel management, human resources management

Personenbeförderung *f* passenger transport(ation); **P.sentgelt** *nt* (passenger) fare

Personen|fahrpreis m (passenger) fare;

P.firma *f* 1. partnership; 2. sole trader; **P.garantieversicherung** *f* fidelity/surety *[US]* insurance; **P.gesellschaft** *f* partnership; **P.kraftwagen (PKW)** *m* passenger car; **P.nahverkehr** *m* local passenger transport; **öffentlicher P.nahverkehr (ÖPNV)** public (passenger) transport; **P.rufanlage** *f* paging system; **P.rufgerät** *nt* paging device, pager; **P.schaden** *m* personal injury; **P.stand** *m* civil/marital status; **P.steuer** *f* personal tax *[US]*; **P.tarif** *m* passenger tariff/fare; **P.transport** *m* passenger transport; **P.unternehmung** *f* 1. partnership; 2. sole trader, one-man firm

Personenverkehr *m* passenger transport; **öffentlicher P.** public (passenger) transport, mass transit *[US]*

Personen|versicherung *f* personal insurance; **P.wagen** *m* 🚗 passenger car

Persönlichkeit *f* personality; **P.sbeurteilung** *f* personality appraisal; **P.sentfaltung** *f* personality development; **P.swahl** *f* direct election

pessimistisch *adj* downbeat

Petro|chemie *f* petrochemical industry; **p.chemisch** *adj* petrochemical; **P.dollar** *m* petrodollar

Petroleum *nt* 1. paraffin; 2. *(Rohöl)* petroleum

Petrowährung *f* petrocurrency

Pfad *m* path; **kritischer P.** critical path

Pfand *nt* 1. pawn, pledge, collateral; 2. *(Leergut)* deposit; 3. *(Pfandrecht)* lien; **P. auslösen** to redeem a pawn; **als P. behalten** to hold in pawn; **P. einlösen** to take out of pawn; **als P. einsetzen/geben/hinterlegen** to pawn; **gegen P. leihen** to lend on collateral; **P. nehmen** to take in pawn

Pfandabstand *m* return unsatisfied

pfändbar *adj* 1. seizable, attachable; 2. *(Grundstück)* mortgageable

Pfand|besitzer *m* pawnee; **P.besteller** *m* pawner, pawnor; **P.bestellung** *f* 1. pawning; 2. *(Hypothek)* mortgaging

Pfandbrief *m* mortgage bond; **P.anleihe** *f* mortgage loan; **P.anstalt** *f* mortgage bank; **P.besitzer** *m* bondholder; **P.darlehen** *nt* mortgage loan; **P.gläubiger(in); P.inhaber(in)** *m/f* bondholder, debenture holder; **P.institut** *nt* mortgage bank; **P.schuldner(in)** *m/f* bond debtor

Pfand|bruch *m* pound breach; **P.darlehen** *nt* collateral loan

pfänden *v/t* 1. *(Sachen)* to seize/distrain (upon)/levy; 2. *(Forderung)* to attach/garnish

Pfand|forderung *f* hypothecary claim; **P.geber** *m* pawner, pledger; **P.gegenstand** *m* pawn; **P.geschäft** *nt* pawnshop, pawnbroker's shop; **P.gläubiger(in); P.inhaber(in)** *m/f* 1. pawnee, pledgee; 2. mortgagee; **P.haus** *nt* pawnshop, pawnbroker's shop; **P.klausel** *f* mortgage/lien clause; **P.leihanstalt; P.leihe; P.leihgeschäft** *f/nt* pawnshop; **P.leiher** *m* pawnbroker

Pfandrecht *nt* lien, charge; **P. der Bank** bank/banker's lien; **P. des Frachtführers** carrier's lien; **P. an einem Grundstück** mortgage; **P. am Konsignationslager** factor's lien; **P. an beweglichen Sachen** chattel mortgage; **P. des Vermieters** lessor's/landlord's lien

Pfandrecht ausüben to exercise a lien; **P. begründen/bestellen** to create a lien; **auf ein P. verzichten** to waive a lien

älteres/bevorrechtigtes Pfandrecht prior/senior lien; **eingetragenes P.** lien of record; **erstrangiges/erststelliges P.** first lien; **gesetzliches P.** statutory lien; **gleitendes P.** floating charge; **nachrangiges/nachstehendes P.** junior/second lien; **vorrangiges P.** paramount lien

Pfandrecht|bestellung *f* creation of a lien; **p.lich** *adj* hypothecary

Pfand|sache *f* pledge, pawn; **P.schein** *m* pawn ticket; **P.schuldner** *m* pledger, lienee, mortgagor; **P.stück** *nt* pawn

Pfändung *f* seizure, attachment, distraint; **P. eines Drittschuldners** garnishment; **P. des Lohns** attachment of a wage; **P. von Sachen** attachment of property

Pfändung aufheben to lift a seizure; **P. vornehmen** to distrain

Pfändungs|anordnung *f* order of attachment; **P.anzeige** *f* notice of lien; **P.auftrag** *m* writ of attachment; **P.beschluss** *m* § writ/order of attachment; **P.- und Überweisungsbeschluss** attachment of earnings order; **P. erlassen** to levy an attachment order; **P. zustellen** to serve a writ of attachment

pfändungs|frei *adj* unattachable; **P.klage** *f* attachment proceedings; **P.schutz** *m* protection against attachment; **P.verfügung** *f* writ of attachment

Pfandurkunde *f* mortgage deed

Pfandverfall *m* forfeiture of a bond;

P.sankündigung *f* notice of foreclosure; **P.sverfahren** *nt* § foreclosure proceedings
Pfand|verfügung *f* distress warrant, garnishee order; **P.verkauf** *m* distress sale; **P.verleiher** *m* pawnbroker; **P.verschreibung** *f* bill of sale, mortgage deed; **P.verwertung** *f* realization of distrained goods
Pfennig *m* penny; **P.e** chickenfeed *(coll)*; **mit dem P. rechnen** to have to watch every penny; **jeden P. zusammenkratzen** to scrimp and scrape
Pfennigfuchser *m* pinchpenny
Pflege *f* care, nursing; **p.arm** *adj* easy-care; **P.beihilfe; P.geld** *f/nt* care allowance/grant; **P.beruf** *m* nursing/caring profession; **P.heim** *nt* nursing/convalescent home, assisted living facility *[US]*; **~ für unheilbar Kranke** hospice; **P.kasse** *f* care insurance; **P.kosten** *pl* nursing fees; **P.kostenversicherung** *f* private nursing insurance; **P.kraft** *f* nurse
pflegen *v/t* 1. to nurse; 2. to foster; 3. to service/maintain
Pflegepersonal *nt* nursing staff
Pfleger(in) *m/f* 1. ⚕ care assistant, nurse; 2. *(Gericht)* guardian; 3. *(Vermögen)* trustee
Pflege|satz *m* nursing rate; **P.versicherung** *f* nursing care insurance; **P.zulage** *f* nursing allowance
Pflegschaft *f* guardianship, curatorship
Pflicht *f* duty, obligation, liability; **P. eingehen** to enter into a commitment; **seine P. erfüllen; seine P. tun** to do one's duty; **etw. für seine P. und Schuldigkeit halten** to consider sth. one's bounden duty; **P. verletzen** to fail in one's duty; **seine P.en vernachlässigen** to be slack in one's duties
ausdrückliche Pflicht express obligation; **gesetzliche P.** statutory obligation; **stillschweigende P.** implied duty; **vertragliche P.** contractual duty/obligation
Pflicht|- mandatory, statutory; **P.beitrag** *m* statutory contribution; **P.bewusstsein** *nt* sense to duty; **P.blatt** *nt* official gazette
Pflichtenkreis *m* duties, responsibilities
pflicht|gemäß *adj* due, mandatory; **P.krankenkasse** *f* statutory health insurance (scheme); **P.leistungen** *pl (Vers.)* statutory benefits; **P.prüfung** *f* statutory/mandatory audit; **P.reserve; P.rücklage** *f* required/legal/lawful *[US]*/minimum reserve; **P.teil** *m* legal portion/share; **P.treue** *f* devotion to duty; **p.vergessen** *adj* remiss, negligent (of one's duty); **P.vergessenheit; P.versäumnis** *f/nt* dereliction of duty; **P.verletzung** *f* breach of duty; **P.versicherer; P.versicherung** *m/f* statutory (social security) insurance (scheme); **P.verteidiger** *m* assigned counsel *[GB]*, public defender *[US]*; **P.widrigkeit** *f* breach of duty
Pfund *nt* 1. pound; 2. pound (sterling) *[GB]*; **P.anleihe** *f* sterling loan; **P.guthaben** *nt* sterling deposit
Pfusch(arbeit) *m/f* poor/shoddy workmanship
Pharma|aktien *pl (Börse)* drugs, pharmaceuticals; **P.hersteller** *m* drug/pharmaceutical company; **P.industrie** *f* pharmaceutical industry; **P.produkte** *pl* pharmaceuticals, drugs; **P.referent(in)** *m/f* medical representative; **P.titel; P.werte** *pl (Börse)* ↘ **P.aktien**; **P.unternehmen** *nt* pharmaceutical/drug company
Phase *f* phase, stage
Pilot *m* pilot; **P.fertigung** *f* pilot plant production; **P.programm; P.projekt** *nt* pilot scheme; **P.studie** *f* pilot study; **P.unternehmen** *nt* pilot company
Pirat *m* pirate; **P.nware** *f* pirated goods; **P.erie** *f* piracy
pläd|ieren *v/i* to plead; **P.oyer** *nt* submission, plea
Plafond *m* 1. ceiling, limit, cap; 2. *(Kredit)* borrowing limit; **p.ieren** *v/t* to set a limit, to cap
Plage *f* plague; **p.n** *v/t* to trouble/plague/afflict
Plagi|at *nt* plagiarism, piracy; **p.ieren** *v/t* to plagiarize
Plakat *nt* poster, bill; **P.fläche** *f* hoarding *[GB]*; **p.ieren** *v/t* to post/bill; **P.kleber** *m* billposter, billsticker, placarder *[US]*; **P.standort** *m* poster site; **P.tafel** *f* billboard; **P.wand** *f* hoarding *[GB]*, billboard; **P.werbung** *f* poster/outdoor/billboard advertising
Plan *m* 1. plan, project, scheme; 2. proposal, proposition; 3. schedule, timetable; 4. *(Haushalt)* budget, estimates; **P. durchführen** to implement a scheme; **P. einreichen** to submit a plan; **im P. liegen** to be on course; **P. vereiteln** to thwart a plan; **P. einstweilig zurückstellen** to shelve a plan

PQ

Plan|abweichung *f* budget variance; **P.-ansatz** *m* budget estimate; **P.bilanz** *f* budgeted balance sheet; **P.budget** *nt* budget estimates
Plane *f* tarpaulin
planen *v/t* 1. to plan/devise; 2. to target/schedule; 3. to budget/estimate
Planer *m* planner
Planfeststellungs|antrag *m* planning application; **P.verfahren** *nt* project approval procedure
Plan|kalkulation *f* target calculation; **P.-kapazität** *f* budgeted capacity
Plankosten *pl* budget(ed)/target cost; **P.-rechnung** *f* budget/cost accounting, standard costing
Plan|leistung *f* performance target; **p.mäßig** *adj* 1. as planned, according to plan; 2. systematic, scheduled; **P.periode** *f* budgeted/planning period; **P.rechnung** *f* (budget) estimates; **P.soll** *nt* target; **P.-spiel** *nt* simulation/management game; **P.summe** *f* target total
Plantage *f* plantation; **ab P.** ex plantation
Planüberwachung *m* budget control
Planung *f* 1. planning; 2. budgeting; **P. des Arbeitskräfteeinsatzes** employment planning; **P. der Berufslaufbahn** career planning
in der Planung sein to be on the drawing board, ~ at the planning stage
betriebliche/operative Planung operational planning; **kurzfristige P.** short-term planning; **langfristige P.** long-term planning; **laufende P.** current planning; **progressive P.** bottom-up planning; **rektrograde P.** top-down planning; **unternehmerische P.** corporate planning; **volkswirtschaftliche P.** (national) economic planning
Planungs|ablauf *m* planning procedure; **P.abschnitt** *m* budget period; **P.abteilung** *f* planning department; **P.abweichung** *f* planning variance; **P.ansatz** *m* budget estimates; **P.ausschuss** *m* policy-making committee; **P.beschränkung** *f* planning restriction; **P.forschung** *f* operations research (OR); **P.phase** *f* planning stage; **P.prozess** *m* planning process; **P.rat** *m* planning commission; **P.rechnung** *f* budgetary accounting; **P.-recht** *nt* planning law; **P.ruine** *f* white elephant *(fig)*; **P.sachverständiger** *m* planning consultant; **P.stadium** *nt* planning stage; **P.vereinbarung** *f* planning agreement; **P.verfahren** *nt* planning procedure; **P.wert** *m* budgeted value; **P.zahl** *f* target (figure); **P.zeitraum** *m* planning period; **P.ziel** *nt* target
Planwirtschaft *f* (state-)controlled/command economy
Plan|zahl *f* target (figure); **P.ziel** *nt* target
Plastik *nt* plastic(s); **P.geld** *nt* plastic money; **P.tüte** *f* plastic bag
Platte *f* disc, disk
Platten|datei *f* 🖳 disc/disk file; **P.laufwerk** *nt* disc/disk drive
Plattform *f* 1. platform; 2. 🚗 floor pan; **P.-wagen** *m* 🚂 flatcar
Platz *m* 1. place; 2. spot, point, location; 3. center *[US]*, centre *[GB]*, market, 4. room, space; **P. ausfüllen** to fill a position; **P. bieten für; P. haben für** to accommodate; **P. in Anspruch nehmen** to tie up space; **P. reservieren (lassen)** to reserve/book space; **P. sparen** to save space; **am falschen P. sparen** to economize in the wrong place
Platz|abschluss *m* spot contract; **P.agent** *m* local agent; **P.akzept** *nt* local acceptance; **P.angebot** *nt* 1. spot offer; 2. accommodation; **P.bank** *f* local bank; **P.bedarf** *m* space requirements; **P.bedingung(en)** *f/pl* 1. local terms; 2. ⚓ berth terms
platzen *v/i* 1. to burst; 2. *(Scheck/Wechsel)* to bounce; 3. *(Geschäft)* to fall through
Platz|geschäft *nt* spot contract; **P.handel** *m* local trade
platzierbar *adj* placeable, negotiable
platzieren (bei) *v/t* 1. to position; 2. *(Emission)* to place (with); 3. *(Wechsel)* to negotiate
Platzierung *f* *(Anleihe)* placement; **öffentliche P.** public placement/offering flo(a)tation
Platzierungspreis *m* issue price
Platz|kosten *pl* work center *[US]*/centre *[GB]* cost(s); **P.kredit** *m* local credit; **P.-kurs** *m* spot rate; **P.makler** *m* spot broker; **P.mangel** *m* shortage/lack of space; **P.miete** *f* space rental; **P.reservierung** *f* seat reservation; **P.scheck** *m* local cheque *[GB]*, town check *[US]*; **P.spesen** *pl* local charges; **P.usancen** *pl* local customs/practices; **P.verkauf** *m* spot sale; **P.vertreter** *m* local agent; **P.wechsel** *m* local bill/draft
Plazet *nt* *(lat.)* approval

Pleite *f* *(coll)* bankruptcy, collapse, (business) failure; **p. gehen; P. machen** to go bust, to fold, to collapse/crash; **p.** *adj* 1. *(Firma)* bankrupt, bust *(coll)*; 2. *(Person)* broke *(coll)*
Pleitewelle *f* wave/spate of bankruptcies
Plomb|e *f* (lead/metal) seal; **p.ieren** *v/t* to seal
plünder|n *v/t* to loot; **P.ung** *f* looting
Plus *nt* 1. π plus; 2. increase, rise; 3. *(Vorteil)* advantage, asset; **im P.** in the black
Plus|korrektur *f* mark-up; **P.punkt** *m* *(fig)* plus, advantage
Podium *nt* 1. platform; 2. *(Diskussion)* panel
Police *f* (insurance) policy; **P. mit Gewinnbeteiligung** with-profits policy; **~ gleitendem Nennwert** new-for-old policy; **P. ohne Wertangabe** open policy
Police abtreten to surrender a policy; **P. ausfertigen/ausstellen** to issue a policy; **P. einlösen** to cash a policy; **P. erneuern** to renew a policy; **aus einer P. Ansprüche geltend machen** to claim on a policy; **P. übertragen** to assign a policy; **P. zurückkaufen** to redeem a policy
abgelaufene Police expired policy; **zeitlich befristete P.** time policy; **voll eingezahlte P.** paid-up policy; **offene P.** open policy, floater
Policen|abtretung *f* assignment of a policy; **P.besitzer(in); P.inhaber(in)** *m/f* policyholder; **P.darlehen** *nt* policy loan; **P.erneuerung** *f* policy renewal; **P.nachtrag** *m* rider; **P.rückkaufswert** *m* surrender value; **P.vermerk** *m* policy endorsement
Politik *f* 1. policy; 2. politics; **P. des Ankurbelns und Bremsens** stop-go policy; **P. ~ billigen/leichten Geldes** easy/cheap money policy; **~ knappen/teuren Geldes** dear money policy; **P. der Wirtschaftsdämpfung** contractionary policy
abwartende Politik wait-and-see policy; **industriefeindliche P.** anti-industrial policy; **industriefreundliche P.** pro-industrial policy; **nachfrageorientierte P.** *(VWL)* demand-side policy; **protektionistische P.** protectionist policy
Politökonomie *f* political economy
Polizei *f* police (force); **P.befugnisse** *pl* police powers; **P.behörde** *f* police authority; **P.razzia** *f* police raid; **P.wache** *f* police station
Polizist *m* policeman, patrolman *[US]*, police officer

PQ

Polster *nt* *(fig)* cushion *(fig)*
Polypol *nt* polypoly; **p.itisch** polypolistic
Portal|fahrzeugkran *m* straddle truck; **P.-kran** *m* gantry crane; **P.stapler** *m* straddle carrier
Portefeuille *nt* ↘ **Portfolio** portfolio, holding
Portfeuille|berater *m* investment analyst; **P.bestände** *pl* portfolio holdings; **P.effekten** *pl* portfolio securities; **P.investition** *f* portfolio investment; **P.umschichtung** *f* portfolio switching; **P.verwaltung** *f* portfolio management
Portemonnaie *nt* purse
Portfolio *nt* ↘ **Portefeuille**; **P.verkäufe** *pl* portfolio investments; **P.manager(in)** *m/f* investment manager
Portion *f* portion
Porto *nt* post(age) (rate); **P. und Verpackung** post(age) and packing; **zuzüglich P.** post(age) extra; **P. bezahlt** prepaid (ppd.); **P. im Voraus bezahlt** post(age) prepaid
Porto|auslagen *pl* post(age) incurred; **p.-frei** *adj* post(age) paid; **P.gebühren** *pl* postal rates/charges; **P.kasse** *f* petty cash; **P.rückvergütung** *f* post(age) refund; **P.-tarif** *m* postal tariff/rate; **P.zuschlag** *m* extra/additional post(age)
Position *f* 1. position, situation; 2. *(Beschäftigung)* post, job; 3. *(Bilanz)* entry, item; **P. der Baissepartei** short position; **~ Haussepartei** long postion
Position auflösen *(Börse)* to close a position; **P. bekleiden** to hold a position; **P. glattstellen** to square a position
außerordentliche Position|en *(Bilanz)* extraordinary items; **freie P.** vacancy; **höhere P.** senior post; **konkurrenzfähige P.** competitive position; **leitende P.** executive/managerial position; **offene P.** 1. open item; 2. *(Stelle)* vacancy
positiv *adj* positive, favourable; **P.liste** *f* positive list
Post *f* 1. *(Sendung)* post, mail; 2. post office; 3. postal service; **P. aufgeben** to post/mail; **P. befördern** to carry mail; **mit der P. bestellen** to order by mail; **P. zustellen** to deliver mail
ab-/ausgehende Post outgoing mail; **eingehende P.** incoming/inward mail; **elektronische P.** electronic mail, e-mail; **gewöhnliche P.** surface mail; **mit umgehender P.** by return of mail/post

Post|abfertigung *f* dispatch of mail; **P.abholung** *f* collection of letters/mail; **P.ablieferungsschein** *m* certificate of posting; **P.adresse** *f* post(al) adress

postalisch *adj* post(al)

Postamt *nt* mail station *[US]*, post office *[GB]*

Post|anschrift *f* mailing/post(al) address; **P.antwortschein** *m* international reply coupon

Postanweisung *f* 1. (post(al)) money order (M.O.); 2. *(kleinere Beträge)* post(al) order (P.O.) *[GB]*/note *[US]*

Post|arbeiter(in) *m/f* post(al) worker; **P.aufgabe** *f* mailing, posting; **P.aufgabedatum** *nt* mailing/posting date; **P.ausgang** *m* 1. outgoing mail; 2. 🖳 outbox; **P.ausgangskorb** *m* out-tray; **P.bearbeitung** *f* handling of mail, mail processing; **P.bedienstete(r)** *f/m* post(al)/post-office employee; **P.bote** *m* mailman *[US]*, postman *[GB]*; **P.botin** *f* mail carrier *[US]*, **P.dienst** *m* mail/post(al) service; **P.eingang** *m* 1. incoming mail; 2. 🖳 inbox; **P.eingangskorb** *m* in-tray; **P.einlieferungsschein** *m* post office/post(al) receipt

Posten *m* 1. *(Stelle)* position; 2. *(Buchführung)* item, entry; 3. *(Warengruppe)* batch, lot; 4. *(Ware)* article; **P. auf der Aktivseite** asset; **P. des Bestandsverzeichnisses** inventory item

Posten abhaken to tick off an item; **P. aufführen/aufgliedern** to itemize; **P. austragen** to cancel an item; **P. belasten** to debit an item; **P. buchen/eintragen** to post an item; **nach P. gliedern; P. spezifizieren** to itemize/specify; **P. stornieren/streichen/tilgen** to cancel an item; **P. vortragen** to carry forward an item

abzugsfähiger Posten *(Steuer)* deduction; **antizipative P.** *(Bilanz)* accruals; **außergewöhnlicher P.** exceptional item; **debitorischer P.** debit item; **durchlaufender P.** transitory item; **einmaliger P.** nonrecurring item; **kreditorischer P.** credit item; **offener P.** open item; **transitorische P.** 1. *(Aktivseite)* deferred expenses; 2. *(Passivseite)* deferred income; **verschiedene P.** *(Bilanz)* sundries; **vorläufiger P.** suspense item

Postenaufgliederung *f* itemization, specification

Postfach *nt* post office box (P.O. Box)

postfrei *adj* postage paid, prepaid (ppd); **P.stempler** *m* franking machine, mailer

Post|gebühr(en) *f* postage (rate), mailing rate(s) *[US]*; **P.giro** *nt* postal giro transfer; **P.karte** *f* postcard; **P.kasten** *m* letter *[GB]*/mail *[US]* box; **P.kunde** *m* post office user; **p.lagernd** *adj* to be called for, poste restante *(frz.)*, general delivery *[US]*; **P.leitzahl** *f* post(al) *[GB]*/zip *[US]* code; **P.liste** *f* mailing list; **P.monopol** *nt* post(al) monopoly/principle *[US]*; **P.nachnahme** *f* cash *[GB]*/collect *[US]* on delivery (C.O.D.); **P.paket** *nt* post(al) packet *[GB]*/package *[US]*/parcel; **P.quittung** *f* postal receipt; **P.reklame** *f* post(al) advertising

Postscheck *m* post(al) check *[US]*/cheque *[GB]*; **P.guthaben** *nt* giro balance *[GB]*, check account balance *[US]*; **P.konto** *nt* giro account; **P.überweisung** *f* giro transfer *[GB]*

Post|schließfach *nt* post office box (P.O. Box); **P.sendung(en)** *f/pl* mail, post

Postspar|buch *nt* post office savings book; **P.guthaben** *nt* post(al) savings deposit; **P.kasse** *f* Post Office Savings Bank *[GB]*; **P.konto** *nt* post office savings account

Post|spesen *pl* postage; **P.stelle** *f* mailroom; **P.stempel** *m* postmark; **P.tarif** *m* postage rate; **P.überweisung** *f* postal remittance, Girobank *[GB]*/mail *[US]* transfer

Postverkehr *m* post(al)/mail services; **elektronischer P.** electronic mail, e-mail

Postversand *m* 1. post(al) dispatch; 2. *(Versandhaus)* mail order; **P.auftrag** *m* mail order; **P.firma; P.unternehmen** *f/nt* mail-order house; **P.geschäft** *nt* mail-order business; **P.katalog** *m* mail-order catalog(ue); **P.verkauf** *m* mail-order selling

Post|vorschriften *pl* post(al) regulations; **P.werbesendung** *f* direct mail; **P.werbung** *f* 1. direct mail advertising; 2. postal advertising

Postwert|sendung *f* insured item; **P.zeichen** *nt* (postage) stamp

Post|wurfsendung *f* direct mail, mailshot; **P.zahlschein** *m* postal note *[US]*/order *[GB]*; **P.zug** *m* mail train; **P.zuschlag** *m* post(al) surchage; **P.zustellung** *f* post(al)/mail delivery

Potenz|ial *nt* potential, capacity; **p.iell** *adj* potential, prospective; **p.ieren** *v/t* π to exponentiate; **P.ierung** *f* exponentiation; **P.reihe** *f* π power series

Präambel *f* preamble
Präferenz *f* preference; **P.abkommen** *nt* preferential agreement; **P.anspruch** *m* preferential claim; **P.bedingungen** *pl* preferential terms; **p.begünstigt; p.berechtigt** *adj* preferential; **P.behandlung** *f* preferential treatment; **P.bestimmung** *f* preference clause; **P.einfuhr** *f* preferential import(ation); **P.regelung** *f* preferential arrangement; **P.satz** *m* preferential rate; **P.stellung** *f* preferential position; **P.verkehr** *m* preferential trade; **P.zoll** *m* ⊝ preferential duty/tariff
präge|n *v/t* to emboss; **P.stempel** *m* embossed stamp
Präjudiz *nt* § precedent; **P.ienrecht** *nt* case law; **p.ieren** *v/t* to set a precedent, to prejudice
präklu|dieren *v/t* § to foreclose/preclude; **P.sion** *f* foreclosure, preclusion; **P.sivfrist** *f* deadline
Praktik *f* practice(s); **P.en unlauteren Wettbewerbs** unfair competitive practices; **wettbewerbsbeschränkende P.en** restrictive practices; **verabredete P.en** concerted practices
praktika|bel *adj* feasible, viable, practicable; **P.bilität** *f* feasibility, viability, practicability
Praktikant(in) *m/f* trainee, intern *[US]*; **P.entätigkeit; P.enzeit** *f* traineeship, internship
Praktikum *nt* 1. (industrial/work) placement, internship; 2. work experience (scheme)
praktisch *adj* practical, hands-on
praktizierbar *adj* viable
praktizieren *v/t* to practise; **freiberuflich p.** to freelance
Präliminarien *pl* preliminaries, prelims
Prämie *f* 1. *(Vers.)* premium; 2. bonus; 3. *(Preis)* award; 4. *(Börse)* option money; **P. für langjährige Betriebszugehörigkeit** longevity pay; **~ unfallfreies Fahren** no-claim(s) bonus; **~ Verbesserungsvorschlag** suggestion bonus; **P. bei Vertragsverlängerung** renewal premium
Prämie abwerfen to yield a premium; **P. aussetzen** to offer a reward; **P. berechnen** to charge a premium; **P. zurückerstatten** to refund a premium
Prämien|abrechnung *f* premium statement; **P.anhebung** *f* premium increase; **P.anleihe** *f* premium bond; **P.anpassung** *f* premium adjustment; **P.auslosung** *f* premium draw; **P.befreiung** *f* waiver of premium; **P.depot** *nt (Vers.)* premium deposit; **P.einkommen; P.einnahmen** *nt/pl* premium income; **P.einziehung** *f* collection of premiums; **P.entlohnung** *f* bonus wage system; **P.erhöhung** *f* premium increase
Prämienerklärung *f* *(Börse)* declaration of options; **P.stag** *m* contango *[GB]*/option *[US]* day
Prämien|erstattung *f* premium refund; **P.festsetzung** *f* rating, rate setting; **P.geld** *nt* 1. bonus money; 2. *(Börse)* option money
Prämiengeschäft *nt* *(Börse)* option business/deal, option put and call; **P.e machen** to deal in options
Prämien|handel *m* *(Börse)* options trading; **P.händler** *m* options dealer; **P.kauf** *m* option purchase; **P.käufer** *m* option buyer; **P.kurs** *m* option price; **P.lohn** *m* bonus/incentive wage; **P.makler** *m* put and call broker; **P.markt** *m (Börse)* options market; **P.nachlass** *m* premium discount; **~ bei Schadensfreiheit** no-claim(s) discount; **P.obligation; P.pfandbrief** *f/m* premium bond; **P.rabatt** *m* premium discount; **P.rechnung** *f* premium note; **P.recht ausüben** *nt (Börse)* to exercise an option; **P.reserve** *f* premium/actuarial reserve; **P.rückerstattung; P.rückgewähr; P.rückvergütung** *f* premium refund; **P.satz** *m* 1. option *[GB]* rate, rate of consideration *[US]*; 2. *(Lebensvers.)* life rate; **P.schein; P.schuldverschreibung** *m/f* premium bond; **P.sparen** *nt* premium-aided saving; **P.spekulant** *m (Börse)* options operator; **P.stornierung; P.storno** *f/nt* cancellation of premium; **P.stücklohn** *m* piece (rate) incentive system; **P.system** *nt* 1. differential piece rate system; 2. bonus scheme; **P.tabelle** *f (Vers.)* rate schedule; **P.tarif** *m (Vers.)* tariff rate; **P.überschüsse** *pl (Lebensvers.)* net premium income; **P.verkauf** *m (Börse)* options sale; **P.verkäufer** *m* taker of an option; **P.volumen** *nt (Vers.)* total premium income; **P.wert** *m (Börse)* option stock; **P.zahler** *m* giver of the rate; **P.zahlung** *f* premium payment
prämieren *v/t* to award a prize
Prämisse *f* premise
pränumerando *adv* in advance; **P.zahlung** *f* prepayment
Präsent *nt* present, gift; **P.ant** *m* 1. *(Scheck)*

PQ

bearer; 2. *(Wechsel)* presenter; **P.ation** *f* 1. presentation; 2. *(Verpackung)* packaging; **p.ieren** *v/t* 1. to package; 2. to present

Präsenz *f* 1. presence; 2. numbers present; **P.feststellung** *f* roll call; **P.handel** *m* floor trading; **P.liste** *f* attendance list; **P.quote** *f* attendance level; **P.zahl** *f* attendance figure; **P.zeit** *f* hours of attendance

Präsident|(in) *m/f* president, chairperson; **P.schaft** *f* presidency

präsid|ieren *v/t* to chair; **P.ium** *nt* board

Praxis *f* 1. practice; 2. ⚕ surgery; 3. usage, custom; 4. experience; **ärztliche P.** medical practice; **handelsübliche P.** commercial practice

praxis|bezogen *adj* practical, hands-on; **P.-erfahrung** *f* practical experience; **p.orientiert** *adj* practice-orient(at)ed; **P.räume** *pl* 1. ⚕ consulting rooms; 2. *(Anwalt)* chambers

Präzedenz *f* § precedence; **P.entscheidung** *f* legal precedent; **P.fall** *m* (judicial) precedent, test case; **P.recht** *nt* case law

Präzision *f* precision

Präzisions|arbeit *f* precision work; **P.instrument** *nt* precision instrument; **P.mechanik; P.technik** *f* precision engineering

PR-Berater(in) *m/f* PR consultant

Preis *m* 1. price, rate; 2. *(Terminhandel)* forward quotation; 3. *(Auszeichnung)* prize, award; 4. *(Belohnung)* reward; **P. pro Anteil** unit price; **P. frei Bestimmungshafen** landed price; **P.e ohne Abzug** terms strictly cash; **P. bei Barzahlung** cash price; **P. per/pro Einheit** unit price; **P. ab Erzeuger/Fabrik** ex works/ex-factory price; **P. frei Haus** door-to-door price; **P. ab Hof** farm gate price; **~ Lager** ex-warehouse price; **P. frei Längsseite Schiff** price free alongside ship; **P. einschließlich Lieferkosten** delivered price; **P. bei sofortiger Lieferung** spot price; **P. einschließlich Mehrwertsteuer** price inclusive of V.A.T.; **~ Porto und Verpackung** price inclusive of postage and pack(ag)ing; **P. bei Ratenzahlung** *f* hire-purchase price *[GB]*, deferred payment price *[US]*; **P. pro Stück** unit price; **P. ab Werk** ex works/factory price

Preis freibleibend subject price

vom Preis abziehen to deduct from the price; **P. angeben/anzeigen** to quote a price; **P.e angleichen/anpassen** to adjust prices; **~ anheben** to raise prices; **P. aufrechterhalten** to maintain a price; **P. aushandeln** to negotiate a price; **mit einem P. auszeichnen** 1. to mark with a price; 2. to award a prize; **~ höheren/niedrigeren P. auszeichen** to mark up/down; **P. berechnen** to charge a price; **P. berichtigen** to adjust a price; **P.e diktieren** to dictate prices; **~ drücken** to depress prices; **P. empfehlen** to recommend a price; **P. erhöhen** to raise a price; **P. ermäßigen** to lower a price; **P. erzielen** to fetch a price; **P. festsetzen** to fix the price; **P.e freigeben** to decontrol prices; **P. gewinnen** to win a prize/an award; **P.e halten** to maintain prices; **P. herabsetzen** to lower a price; **P. heraufsetzen** to raise a price; **P. herunterhandeln** to get a price reduced; **P.e hoch treiben** to puff prices; **~ kappen** to slash prices; **unter P. kaufen** to buy below price; **P. manipulieren** to rig the price; **P. mindern** to reduce a price; **vom P. nachlassen** to deduct from the price; **P. nennen** to quote a price; **P. reduzieren** to reduce a price; **P. senken** to cut/reduce the price; **P. drastisch senken** to slash a price; **hoch im P. stehen** to command a high price; **P.e stützen** to peg/support prices; **~ in die Höhe treiben** 1. to send prices soaring; 2. *(Auktion)* to bid up; **~ überschreiten** to exceed prices; **P. vergeben/verleihen** to award a prize; **P. verlangen** to demand a price; **mit einem P. versehen** to price

administrierter Preis administered price; **amtlicher P.** official price; **angegebener P.** quoted price; **angemessener P.** fair price; **angestrebter/annehmbarer P.** target price; **berechneter P.** invoiced price; **durchschnittlicher P.** average price; **echter P.** economic price; **empfohlener P.** recommended price; **erschwinglicher P.** affordable price; **fakturierter P.** invoiced price; **fester P.** fixed price; **freibleibender P.** subject price; **gängiger P.** going rate; **gebotener P.** bid/offer price; **gebrochener P.** odd price; **geforderter P.** asking/asked price; **gegenwärtiger P.** current price; **in Rechnung gestellter P.** invoiced price; **gesteuerter P.** controlled price; **gestützter P.** supported price; **gültiger P.** current price; **günstiger P.** favourable price; **halber P.** half price; **handelsüblicher P.** going rate; **höchster P.**

maximum price; **hoher P.** stiff/high price; **unverhältnismäßig ~ P.** exorbitant price; **äußerst kalkulierter P.** rock-bottom price; **konkurrenzfähiger P.** competitive price; **laufender P.** current price; **nachbörslicher P.** street price; **niedriger P.** low price; **niedrigster P.** (rock-)bottom price; **notierter P.** quoted *[GB]*/listed *[US]* price; **schwankender P.** fluctuating price; **sinkender P.** falling price; **rapide/steil/sprunghaft steigender P.** soaring/spiralling price; **überhöhter P.** exorbitant/inflated price; **unverbindlicher P.** subject price; **vernünftiger P.** reasonable price; **wettbewerbsfähiger P.** competitive price; **wirtschaftlicher P.** economic price

Preis|abbau *m* price cut/reduction; **P.-Absatz-Funktion** *f* price-response function; **P.abschlag** *m* discount; **~ bei Barzahlung** cash discount; **P.absprache** *f* price (-fixing) agreement; **P.abweichung** *f* price variance

Preisänderung *f* price change; **P.en vorbehalten** prices (are) subject to change without notice

preis|anfällig *adj* price-sensitive; **P.angabe** *f* (price) quotation, quote *(coll)*; **P.angleichung** *f* price adjustment

Preisanpassung *f* price adjustment; **P.sklausel** *f* escalator clause

Preis|anstieg *m* price increase, rise in price, price hike/rise; **P.äquivalent** *nt* price equivalent; **P.aufkleber** *m* price sticker; **P.aufschlag** *m* surcharge, (price) mark-up, supplement; **P.auftrieb** *m* rise/upsurge in prices; **P.ausgleich** *m* price equalization; **P.ausschläge** *pl* price volatility/fluctuations; **P.ausschreiben** *nt* competition; **P.auszeichnung** *f* pricing, **P.behauptung** *f* price maintenance; **P.-berechnungsgrundlage; P.berechnungsmethode** *f* pricing method; **P.bereich** *m* price segment; **p.bereinigt** *adj* in real terms, price-adjusted; **P.bestandteil** *m* price element; **P.bestimmung** *f* price determination; **P.bewegung** *f* price move(ment); **P.bewirtschaftung** *f* price controls; **p.bewusst** *adj* price-conscious; **sich ~ verhalten** to shop around; **P.bewusstsein** *nt* price consciousness

Preisbildung *f* price formation/determination; **P.sfaktor** *m* price determinant

Preisbindung *f* price-fixing (agreement), retail price maintenance (RPM)

Preisbindungs|abkommen; P.absprache *nt/f* retail price maintenance agreement

Preis|brecher *m* price cutter; **p.dämpfend** *adj* price-curbing; **P.differenz** *f* price difference; **P.differenzierung** *f* price differentiation; **P.diskrepanz** *f* disparity in prices; **P.diskriminierung** *f* discrimination pricing; **P.druck** *m* (downward) pressure on prices; **P.drücker** *m* price cutter; **P.drückerei** *f* price cutting; **P.-dumping** *nt* price dumping; **P.einbruch** *m* price collapse; **P.empfehlung** *f* recommended/suggested price; **p.empfindlich** *adj* price-sensitive

preisen *v/t* to praise/extol

Preisentwicklung *f* price trend/movement

Preiserhöhung *f* increase in prices, price rise/hike *[US]*; **globale P.** accross-the-board price increase

Preis|ermäßigung *f* price cut; **P.ermittlung** *f* price determination; **P.etikett** *nt* price tag; **P.falle** *f* price trap; **P.festsetzung; P.feststellung** *f* price fixing, pricing; **P.fluktuation** *f* price fluctuation; **P.forderung** *f* asking price; **P.führer** *m* price leader; **P.führerschaft** *f* price leadership; **P.funktion** *f* price function

Preisgabe *f* 1. abandonment, surrender; 2. *(Information)* disclosure

Preis|garantie *f* price guarantee; **P.gebaren** *nt* pricing practices

preisgeben *v/t* 1. to abandon; 2. *(Information)* to disclose

Preis|gefälle *nt* price differential; **P.gefüge** *nt* price structure; **P.gestaltung** *f* pricing; **P.-Gewinn-Rate** *f (Börse)* price-earnings ratio (P/E); **P.gleitklausel** *f* (price) escalator clause; **P.grenze** *f* price limit; **P.gruppe** *f* price category; **p.günstig** *adj* low-price, cheap (at the price); **P.höhe** *f* price level; **P.index** *m* price index; **P.inflation** *f* price inflation; **P.kalkulation** *f* pricing; **P.kampf** *m* price war; **P.kartell** *nt* price cartel/ring; **P.kategorie** *f* price category; **P.klasse** *f* price bracket/range; **P.klausel** *f* price clause; **P.klima** *nt* price conditions; **P.konjunktur** *f* price(-led) boom; **P.-Konsumkurve** *f* price-consumption curve; **P.korrektur** *f* revision of prices; **P.-Kosten-Druck** *m* price-cost squeeze; **P.krieg** *m* price war; **P.kürzung** *f* price cut; **P.-Leistungsverhältnis** *nt* cost effectiveness; **P.liste** *f* price list; **P.lücke** *f* price gap; **P.marke** *f* price tag; **P.mechanismus** *m*

PQ

price mechanism; **P.messzahl; P.messziffer** *f* price index; **P.minderung** *f* price cut; **P.-Nachfragefunktion** *f* price-demand function, **P.nachlass** *m* discount, markdown, price reduction/cut; **P.niveau** *nt* level of prices, price level; **P.notierung** *f* 1. (price) quotation; 2. *(Wechselkurs)* direct quotation; **P.obergrenze** *f* price cap; **P.politik** *f* price policy; **P.rahmen** *m* price range; **P.reduktion; P.reduzierung** *f* price reduction/cut; **P.richter(in)** *m/f* judge, umpire; **P.richtlinien** *pl* price guidelines; **P.risiko** *nt* price risk; **P.rückgang** *m* downward price movement; **P.rückvergütung** *f* (price) refund; **P.schild** *nt* price tag/label; **P.schub** *m* price surge; **P.schwankung(-en)** *f/pl* price fluctuation/volatility; **P.senkung** *f* price reduction; **p.sensibel** *adj* price-sensitive; **P.sicherungsgeschäft** *nt* hedging transaction/operation; **P.skale; P.spanne** *f* price range; **P.spiegel** *m* price level; **P.spirale** *f* price(s) spiral; **P.stabilisierung** *f* stabilization of prices; **P.stabilität** *f* price stability, stable prices

Preissteigerung *f* price increase/rise; **P.s-rate** *f* rate of price increases

Preis|stellung *f* quotation (of prices); **P.-stopp** *m* price freeze; **P.strategie** *f* pricing strategy; **P.struktur** *f* price structure; **P.sturz** *m* sharp/sudden fall in prices, slump; **P.stützung** *f* price support; **P.subvention** *f* price subsidy; **P.tabelle** *f* price list; **P.tendenz** *f* price/market trend; **P.theorie** *f* price theory; **P.träger** *m* prize winner; **p.treibend** *adj* inflationary; **P.überprüfung; P.überwachung** *f* price control(s); **p.unelastisch** *adj* price-inelastic; **P.unterbieter** *m* price cutter; **P.unterbietung** *f* price cutting; **~ unter Kostenniveau** dumping; **P.unterschied** *m* price difference/differential; **P.vereinbarung** *f* price-fixing arrangement; **P.verfall** *m* slide/decline in prices; **P.vergleiche anstellen/machen** *pl* to shop around; **P.-verzeichnis** *nt* price list; **P.vorschlag** *m* suggested price; **P.vorschriften** *pl* price regulations; **P.vorteil** *m* pricing edge; **P.welle** *f* wave of rising prices

preiswert *adj* inexpensive, cheap (at the price), value for money

Preis|wucher *m* profiteering; **p.würdig** *adj* reasonably priced; **P.zettel** *m* price ticket; **P.zugeständnis** *nt* price concession

Presse *f* press; **für die P. freigeben** to release

Presse|abteilung *f* press department; **P.-agentur** *f* press/news agency; **P.ausschnitt** *m* newspaper clipping/cutting; **P.bericht** *m* press/newspaper report; **P.berichterstattung** *f* press cover(age); **P.erklärung** *f* press release; **P.freigabe** *f* press release; **P.konferenz** *f* press conference; **P.mitteilung** *f* press release

pressen *v/t* to press/squeeze

Presse|nachricht; P.notiz *f* news item; **P.-referent(in); P.sprecher(in)** *m/f* public relations officer; **P.stelle** *f* public relations office; **P.verlautbarung** *f* press release; **P.werbung** *f* newspaper advertising

Prestige *nt* *(frz.)* prestige; **P.artikel** *m* prestige item; **p.beladen; p.trächtig** *adj* prestigious; **P.unternehmen** *nt* blue-chip/prestigious company; **P.werbung** *f* image/prestige advertising; **P.wert** *m* prestige value

Prima *f* *(Wechsel)* First of Exchange; **p.** *adj* 1. first-rate, top-quality; 2. *(Schiffsklassifizierung)* A-1 (first class); **p. vista** *(ital.)* at (first) sight

Primarate *f* prime (lending) rate *[US]*

Primär|bedarf *m* primary requirements; **P.bereich** *m* primary sector; **P.daten** *pl* 📊 primary data; **P.einkommen** *nt* primary income; **P.einkünfte** *pl (VWL)* primary earnings; **P.einlagen** *pl* primary deposits; **P.energie** *f* primary (source of) energy; **P.forschung** *f* field research; **P.-geld** *nt* primary money; **P.indikator** *m* key indicator; **P.liquidität** *f* primary liquidity; **P.markt** *m* new issue market; **P.-produkt** *nt* primary product; **P.sektor** *m* primary sector; **P.wechsel** *m* primary/original *[US]* bill

Prima|ware *f* first-rate product(s); **P.wechsel** *m* First of Exchange

Prinzip *nt* principle; **P. des periodenechten Aufwands- und Erfolgsausweises** current operating income principle; **~ Bilanzkontinuität** consistency concept; **~ Einheit der Auftragserteilung** unity of command principle; **~ Kopplung von Werbeaufwand und Gewinnbetrag** advertising-to-sales principle; **~ Periodenabgrenzung** accrual basis of accounting; **P.ien der Rechnungslegung** accounting principles; **P. der formellen und materiellen Stetigkeit** *(Bilanz)* consistency concept

Priorität *f* priority, preference

Prioritäts|aktie *f* preferred share *[GB]*/ stock *[US]*; **P.anleihe** *f* preference bond; **P.dividende** *f* preferred dividend; **P.gläubiger** *m* prior/preferred creditor; **P.hypothek** *f* first mortgage; **P.obligation** *f* preference bond; **P.ordnung** *f* ranking; **P.tag; P.termin** *m* priority date

privat *adj* private, personal

Privat|abhebungen *pl* personal withdrawals; **P.abkommen; P.abmachung** *nt/f* private agreement; **P.abnehmer** *m* ⚡ / *(Gas)*/ 💧 domestic customer/user; **P.adresse** *f* home/private address; **P.anleger** *m* private/small investor; **P.anschluss** *m* ☎ private/residential line; **P.anschlussgleis** *nt* 🚂 private sidetrack *[US]*/siding *[GB]*; **P.anschrift** *f* private/home address; **P.ausgaben** *pl* personal expenditure(s); **P.bank** *f* private(-sector)/incorporated *[US]* bank; **P.bedarf** *m* personal needs; **P.benutzung** *f* private use; **P.besitz** *m* private property/ownership; **in P.besitz** privately owned; **P.betrieb** *m* private enterprise; **P.börse** *f* private exchange; **P.darlehen** *nt* personal loan; **P.diskont** *m* market discount *[GB]*, prime rate *[US]*

Privateigentum *nt* private ownership/ property; **P. an den Produktionsmitteln** private ownership of the means of production

Privat|eigentümer *m* private owner; **P.einkommen; P.einkünfte** *nt/pl* private income; **P.entnahme(n)** *f/pl* private/ personal withdrawals; **P.firma** *f* private company; **P.gebrauch** *m* private use; **P.geschäft** *nt (Bank)* retail banking; **P.gesellschaft** *f* private company *[GB]*, closed corporation *[US]*; **P.grundstück** *nt* private property; **P.haftpflichtversicherung** *f* personal liability insurance; **in P.hand** *f* privately owned; **P.haushalt** *m* private household; **P.industrie** *f* private(-sector) industry; **P.initiative** *f* private initiative; **P.investitionen** *pl* private-sector investment

privatisier|en *v/t* to privatize/denationalize; **P.ung** *f* privatization, denationalization

Privat|kapital *nt* private capital; **P.klage** *f* § civil action; **P.kläger** *m* plaintiff; **P.konto** *nt* private/personal account; **P.krankenkasse** *f* private health insurance (scheme); **P.kredit** *m* personal loan

Privatkunde *m* 1. personal/private/retail customer; 2. ⚡ /*(Gas)*/ 💧 domestic customer/user; 3. *(Bank)* personal borrower; **P.ngeschäft** *nt* 1. business-to-customer (b2c) sector; 2. *(Bank)* retail banking

Privat|kundschaft *f* personal customers; **P.makler** *m (Börse)* unofficial broker; **P.mittel** *pl* private means; **P.platzierung** *f* private placement; **P.publikum** *nt* private investors; **P.recht** *nt* civil law; **P.rente** *f* private income, personal pension; **P.schuld** *f* personal debt; **P.sekretär** *m* private secretary; **P.sektor** *m* private sector; **P.sparkonto** *nt* individual savings account (ISA) *[GB]*; **P.unternehmen** *nt* private enterprise; **P.verbrauch** *m* personal/private consumption; **P.verbraucher** *m* domestic consumer; **P.verkauf** *m* sale by private treaty; **P.vermögen** *nt* private property/assets; **P.versicherer** *m* private insurer/underwriter; **P.vertrag** *m* § private contract/treaty; **P.wirtschaft** *f* private sector/economy; **p.wirtschaftlich** *adj* private-sector

Privileg *nt* 1. privilege; 2. *(Bank)* charter; **steuerliches P.** tax privilege

pro *prep* per

Probe *f* 1. *(Stück)* sample, specimen; 2. *(Versuch)* test, trial; **auf/zur P.** on approval; **der P. entsprechend** true to sample

Probe|abschluss *m* *(Bilanz)* trial balance (sheet); **P.angebot** *nt* trial offer; **P.anstellung; P.arbeitsverhältnis** *f/nt* employment on probation; **P.auftrag; P.bestellung** *m/f* trial order; **P.betrieb** *m* trial/test operation; **P.bilanz** *f* trial balance, **P.entnahme** *f* sampling; **P.erhebung** *f* pilot survey; **P.fall** *m* test case; **p.gemäß** *adj* true/up to sample; **P.jahr** *nt* probation(ary) year; **P.kauf** *m* purchase on approval; **P.lauf** *m* dry/test/trial run; **P.muster** *nt* (reference) pattern; **P.packung** *f* sample pack; **P.sendung** *f* test shipment; **P.stück** *nt* sample, specimen; **P.untersuchung** *f* pilot study; **P.verkauf** *m* sale on approval; **p.weise** *adv* on approval; **P.zeit** *f* probation(ary) period

Problem *nt* problem, issue, question; **P. angehen/ansprechen** to tackle/approach/ address a problem; **mit einem P. ringen** to wrestle with a problem; **P. vergrößern** to compound a problem; **sich einem P. widmen/zuwenden** to address (o.s. to) a problem

finanzielles Problem financial problem;

juristisches P. legal problem; **schwieriges P.** thorny problem; **vertracktes P.** vexed issue

Problem|bereich *m* problem(atic) area; **p.-los** *adj* trouble-free; **P.lösung** *f* solution of/to a problem; **p.orientiert** *adj* problem-orien(at)ed

Produkt *nt* 1. product, commodity; 2. ⚘ produce, crop; **P. mit hohem Absatz** high-volume product; **P. in der Einführungsphase** wild cat *[US]*; **P. mit hohem relativen Marktanteil und geringem Marktwachstum** cash cow *[US]*; **~ hohem Marktwachstum** star *[US]*; **~ niedrigem Wachstum** dog *[US]*; **~ niedrigen Umsätzen** low-volume product

Produkt an den Markt bringen to market a product; **P. einführen** to launch a product; **P. vertreiben** to distribute a product

absatzstarkes Produkt high-volume item; **fehlerhaftes P.** defective product; **fertiges P.** finished product; **gesamtwirtschaftliches P.** national product; **gewerbliches P.** manufactured product; **halbfertiges P.** semi-finished product; **heimisches P.** domestic product; **immaterielles P.** intangible product; **landwirtschaftliches P.** (agricultural/farm) produce; **markenfreies/namenloses P.** no-name product; **materielles P.** tangible product; **minderwertiges P.** inferior product; **verbundene P.e** complementary products

Produkt|akzeptanz *f* product acceptance; **P.angebot** *nt* range of products; **P.auswahl** *f* product selection; **P.bereich** *m* product field; **P.beschaffenheit** *f* product quality; **P.beschreibung** *f* product specification; **p.bezogen** *adj* product-related; **P.breite** *f* range (of products); **P.-eigenschaft** *f* product feature; **P.einführung** *f* product launch

Produkten *pl* commodities; **P.börse** *f* commodity exchange; **P.markt** *f* commodity market

Produkt|entwicklung *f* product development; **P.familie** *f* product family; **P.garantie** *f* product warranty; **P.gemeinkosten** *pl* product overheads; **P.gestalter** *m* product designer; **P.gestaltung** *f* product design; **P.gewicht** *nt* product weight

Produktgruppe *f* product line/group; **ertragsstarke P.** cash cow *[US]*

Produkt|haftpflicht; P.haftung *f* product liability; **P.haftpflichtversicherung** *f* product liability insurance; **P.haftungskosten** *pl* product liability costs; **P.identität** *f* product personality; **P.image** *nt* product image; **P.information** *f* product information

Produktion *f* 1. production, output; 2. manufacture; 3. *(Abteilung)* production department; **P. am laufenden Band** assembly line production; **P. auf Bestellung** make-to-order production; **P. an der Kostengrenze** marginal production

Produktion ankurbeln to start up production; **P. aufnehmen** to come on stream; **P. ausweiten** to step up production; **P. drosseln/einschränken** to cut (down)/curb production; **P. einstellen** to stop/discontinue/cease production; **P. erhöhen** to increase production/output; **aus der P. nehmen** to discontinue a line; **P. steigern** to increase/step up output; **P. umstellen/verlagern** to switch production; **P. wieder aufnehmen** to resume production

abfallfreie Produktion waste-free production; **computergestützte P.** computer-aided manufacturing (CAM); **einheimische P.** domestic production; **gesamtwirtschaftliche P.** overall/aggregate output; **großbetriebliche P.** large-scale production; **industrielle P.** industrial output/production; **inländische P.** domestic production; **jährliche P.** annual production; **kontinuierliche P.** continuous production; **kostengünstige P.** cost-efficient production; **landwirtschaftliche P.** agricultural production; **laufende P.** current production; **saisonale/saisonbedingte P.** seasonal production; **schlanke P.** lean production; **tägliche P.** daily output; **volkswirtschaftliche P.** (gross) national product

Produktions|ablauf *m* production sequence/process; **P.abteilung** *f* production/manufacturing department; **P.anlage** *f* manufacturing facility; **P.anlauf** *m* production start-up; **heimischer P.anteil** local content; **P.arbeiter(in)** *m/f* shop-floor worker; **P.aufnahme** *f* production start-up; **P.auftrag** *m* production order; **P.aufwand** *m* production cost(s); **P.ausdehnung** *f* expansion of production; **P.ausfall** *m* loss of output/production;

P.auslastung; P.ausnutzung *f* utilization of production capacity; **P.ausstoß** *m* manufacturing output; **P.basis** *f* manufacturing base; **P.bedingungen** *pl* manufacturing conditions; **P.beginn** *m* production start-up, coming on stream; **P.bereich** *m* 1. production area, 2. manufacturing division; **P.beschränkung** *f* manufacturing restriction(s); **P.beteiligung** *f* production sharing; **P.betrieb** *m* manufacturing plant/facility; **P.bilanz** *f* output statement; **P.breite** *f* range of production; **P.dauer** *f* production period; **P.drosselung; P.einschränkung** *f* production curb/cut (back); **P.einbuße** *f* loss of output/production; **P.einheit** *f* manufacturing/production unit; **P.einrichtungen** *pl* production facilities; **P.einstellung** *f* discontinuation of production; **P.elastizität** *f* output elasticity; **P.erfahrung** *f* manufacturing know-how; **P.ergebnis** *nt* output; **P.erhöhung** *f* increase in production; **P.etat** *m* production/operational budget; **P.fähigkeit** *f* productive capacity

Produktionsfaktor *m* factor of production, production factor; **P. Arbeit** labo(u)r; **P. Boden** land; **P. Kapital** capital

Produktions|fehler *m* manufacturing defect; **P.gebiet** *nt* production area; **P.geheimnis** *nt* production secret; **P.gemeinkosten** *pl* production overheads; **P.gemeinschaft; P.genossenschaft** *f* 🚜 producers' cooperative; **landwirtschaftliche P.genossenschaft** agricultural cooperative; **P.güter** *pl* capital/producer goods; **P.höchstgrenze** *f* production ceiling; **P.höhe** *f* level of production; **P.jahr** *nt* year of manufacture/production; **P.kapazität** *f* production capacity; **P.kapital** *nt* productive capital; **P.kartell** *nt* production cartel; **P.kontingent** *nt* output/production quota; **P.kontrolle** *f* production control; **P.konzession** *f* licence to manufacture; **P.kosten** *pl* production/manufacturing/process cost(s); **P.kräfte** *pl* factors of production; **P.kurve** *f* production curve; **P.kürzung** *f* production cutback; **P.land** *nt* manufacturing country; **P.laufzeit** *f* production run; **P.leistung** *f* 1. output; 2. productive capacity; **P.leiter** *m* production manager; **P.leitung** *f* production management; **P.lizenz** *f* licence to manufacture; **P.löhne** *pl* manufacturing wages; **P.material** *nt* direct material; **P.menge** *f* (volume of) output; **P.methode** *f* production method

Produlktionsmittel *pl* means of production, capital goods; **P.industrie** *f* capital goods industry

Produktions|niveau *nt* level of output/production/activity; **P.norm** *f* production standard; **P.optimum** *nt* optimum output; **P.ort** *m* place of production/manufacture; **P.palette** *f* range of products; **P.phase** *f* stage of production; **P.plan** *m* production plan; **P.planer(in)** *m/f* production scheduler; **P.planung** *f* production planning/scheduling; **P.potenzial** *nt* productive potential; **P.prämie** *f* output bonus; **P.programm** *nt* 1. manufacturing program(me); 2. production range; **P.prozess** *m* manufacturing process; **P.quote** *f* output/production quota

produktionsreif *adj* ready for production; **P.e** *f* production stage

Produktions|reserve *f* capacity reserve(s); **P.risiko** *nt* production risk; **P.rückgang** *m* production slump; **P.rückstände** *pl* 1. production arrears; 2. production residues; **P.senkung** *f* production cut; **P.skala** *f* range of products; **P.soll** *nt* production target; **P.spitze** *f* production peak; **P.stadium** *nt* production stage; **P.stand** *m* level of production

Produktionsstätte *f* manufacturing plant/facility, production plant; **nachgelagerte P.** downstream plant; **vorgelagerte P.** upstream plant

Produktions|steigerung *f* increase in production; **P.steuerung** *f* production control

Produktionsstilllegung *f* closure; **vorübergehende P.** production shutdown

Produktions|stufe *f* stage of production; **p.synchron** *adj* just-in-time (jit); **P.technik; P.technologie** *f* production technology; **P.tempo** *nt* production rate; **P.tiefe** *f* production depth; **P.überschuss** *m* production surplus; **P.umfang** *m* volume of production; **P.umstellung** *f* production changeover; **P.unterbrechung** *f* disruption of production; **P.verbund** *m* joint production; **P.verfahren** *nt* production process; **P.verlagerung** *f* shift of production; **P.verlust** *m* loss of production; **P.vertrag** *m* production contract; **P.volumen** *nt* volume of production; **P.vorbereitung(en)** *f/pl* production/operations

PQ

scheduling; **P.wachstum** *nt* production growth; **P.weise** *f* method of production; **P.wirtschaft** *f* manufacturing industry/ sector; **P.zahlen** *pl* production figure(s); **P.zentrum** *nt* manufacturing center *[US]*/ centre *[GB]*; **P.ziel** *nt* production/output target; **P.zunahme; P.zuwachs** *f/m* increase in production/output; **P.zweig** *m* line of production

produktiv *adj* productive

Produktiv|faktor *m* factor of production; **P.genossenschaft** *f* producer cooperative; **P.güter** *pl* producer/productive goods; **P.investition(en)** *f/pl* productive investment(s)

Produktivität *f* productivity

Produktivitäts|abkommen; P.absprache *nt/f* productivity deal; **P.faktor** *m* productivity factor; **P.fortschritt** *m* productivity gain; **P.gefälle** *nt* productivity differential; **P.grenze** *f* marginal productivity; **P.kennzahl** *f* productivity ratio; **P.-niveau** *nt* level of productivity; **P.prämie** *f* productivity bonus; **P.spanne** *f* margin of productivity; **P.steigerung** *f* increase in productivity; **P.vereinbarung** *f* productivity deal/agreement; **P.vorsprung; P.vorteil** *m* productive edge; **P.wachstum** *nt* productivity growth; **P.zunahme; P.zuwachs** *f/m* productivity increase

Produktiv|kapital *nt* productive capital; **P.-kräfte** *pl* (productive) resources; **P.vermögen** *nt* productive capital

Produkt|kennzeichnung *f* product coding; **P.kennziffer** *f* product code; **P.kosten** *pl* product cost(s)

Produktleben; P.sdauer; P.sphase *nt/f* product/shelf life; **P.szyklus** *m* product life cycle

Produkt|leiter; P.manager *m* product/ brand manager; **P.merkmal** *nt* product feature; **P.muster** *nt* product sample; **P.-name** *m* product name

Produkt|palette *f* range of products; **P.platzierung** *f* product placement; **P.piraterie** *f* product piracy; **P.positionierung** *f* product positioning; **P.präsen-tation** *f* product presentation; **P.programm** *nt* product range; **P.reihe** *f* product line/range; **P.-rückruf** *m* product recall; **P.sicherheit** *f* product safety; **P.sortiment** *nt* product range; **P.strategie** *f* product strategy; **P.struktur** *f* product structure; **P.verantwortlicher** *m* product manager; **P.verbesserung** *f* product improvement/enhancement; **P.vermarktung** *f* product marketing; **P.vielfalt** *f* product variety/diversity; **P.werbung** *f* product advertising; **P.wert** *m* product value; **P.zulassung** *f* product approval; **P.zyklus** *m* product cycle

Produzent *m* producer, manufacturer

Produzenten|haftpflicht; P.haftung *f* product/producer's/manufacturer's liability; **P.kartell** *nt* producers'/manufacturers' cartel; **P.preis** *m* producer price, **P.rente** *f* producer's surplus; **P.-verband** *m* producers'/manufacturers' associaton

produzieren *v/t* to produce/manufacture; **p.d** *adj* productive, manufacturing

Profil *nt* 1. profile, outline; 2. *(Ware)* personality

Profit *m* ↘ **Gewinn** profit

profitabel *adj* profitable, remunerative

profitieren *v/i* to profit/gain/benefit

Profit|jäger; P.macher *m* profiteer; **P.-macherei** *f* profiteering; **P.rate** *f* rate of profit

Proforma|- token, pro forma; **P.bilanz** *f* pro-forma balance sheet; **P.faktura; P.rechnung** *f* pro-forma invoice (p/i); **P.verkauf** *m* fictitious sale; **P.wechsel** *m* pro-forma bill

Prognose *f* forecast, prediction, prognosis; **konjunkturelle P.** economic forecast

Prognose|fehler *m* forecast(ing) error; **P.-wert; P.zahl** *m/f* predicted figure

prognost|isch *adj* prognostic; **p.izieren** *v/t* to forecast/predict

Programm *nt* 1. program(me); 2. 🖳 program; **P. zur Konjunkturbelebung** *f* economic recovery programme

Programm|breite *f* range of production; **P.erstellung** *f* 🖳 software development

programmier|en *v/t* 🖳 to program; **P.er** *m* programmer; **P.fehler** *m* programming error; **P.sprache** *f* computer/program(ming) language

Programmierung *f* programming; **P.sfehler** *m* programming error

Programm|paket *nt* 🖳 software package; **P.straffung** *f* streamlining of the product range

Progression *f* 1. progression; 2. *(Steuer)* sliding scale; **P.ssatz** *m* rate of progression; **P.ssteuer** *f* progressive/sliding-scale tax; **P.starif** *m* progressive scale

progressiv *adj* 1. progressive; 2. *(Tarif)* sliding-scale
prohibitiv *adj* prohibitive; **P.satz** *m* prohibitive rate; **P.steuer** *f* penalty tax; **P.zoll** *m* prohibitive tariff/duty
Projekt *nt* project, scheme; **schlüsselfertiges P.** turnkey project
Projekt|abrechnung *f* project billing; **P.beauftragter; P.bearbeiter** *m* project officer; **P.berater** *m* project consultant; **p.bezogen** *adj* project-linked; **P.finanzierung** *f* project finance; **P.förderung** *f* project promotion; **p.gebunden** *adj* project-tied; **P.gemeinschaft** *f* joint venture; **P.gesellschaft** *f* joint-venture company
projektieren *v/t* to plan/project
Projekt|kosten *pl* project cost(s); **P.kredit** *m* project loan; **P.leiter** *m* project manager; **P.leitung; P.management; P.steuerung** *f* project management; **P.studie** *f* feasibility study
Pro-Kopf|- per capita; **P.-Bedarf** *m* per capita demand; **P.-Einkommen** *nt* per capita income; **P.-Leistung** *f* per capita output; **P.-Umsatz** *m* per capita sales; **P.-Verbrauch** *m* per capita consumption
Prokura *f* 1. power of attorney; 2. proxy; **per P.** per procuration *(lat.)* (p.p.)
Prokurist(in) *m/f* authorized signatory
Prolongation *f* *(Börse)* prolongation, renewal; **in P. geben** to give on stock; **~ nehmen** to take in stock
Prolongations|akzept *nt* renewal bill; **p.fähig** *adj* renewable; **P.gebühr** *f* contango (rate); **P.klausel** *f* 1. renewal clause; 2. *(Vers.)* non-forfeiture clause; **P.kosten** *pl* renewal costs; **P.kredit** *m* renewal/prolongation loan; **P.tag** *m* contango day; **P.wechsel** *m* renewal bill
prolongier|bar *adj* renewable; **p.en** *v/t* to prolong/renew; **P.ung** *f* prolongation
Promesse *f* promissory note (P/N)
prompt *adj* prompt; **P.geschäft** *nt* prompt transaction
proportional *adj* proportional, proportionate, pro rata *(lat.)*; **umgekehrt p.** inversely proportional, in inverse ratio
Proportional|bereich *m* *(Steuer)* proportional band; **P.besteuerung** *f* proportional taxation; **P.satz** *m* proportional/flat rate; **P.steuer** *f* proportional tax; **P.-zone** *f* basic rate
Propregeschäft *nt* 1. own-account business; 2. *(Makler)* broker's market
pro rata *adv* *(lat.)* pro rata *(lat.)*, proportionate
Prospekt *m* 1. brochure; 2. *(Zettel)* leaflet, flyer; 3. *(Börse)* prospectus
prospektieren *v/t* ⛏/⛰ to prospect
Prospektmaterial *nt* (sales) literature
Protektion|ismus *m* protectionism; **P.ist** *m* protectionist; **p.istisch** *adj* protectionist
Protest *m* protest, representation; **mangels P.es** in the absence of protest; **nach P.** supra protest; **ohne P.** no protest, protest waived *[US]*, not to be noted *[GB]*
Protest mangels Annahme; P. wegen Nichtannahme *(Wechsel)* protest for non-acceptance; **P. mangels Zahlung** protest for non-payment
Protest anzeigen to give notice of protest; **P. anmelden** to register a protest; **P. aufnehmen lassen** to notify a protest; **P. einlegen/erheben** *(schriftlich)* to enter a protest; **zu P. gehen lassen** to protest/dishonour (a bill)
Protest|anzeige *f* *(Wechsel)* note of protest; **P.erhebung** *f* protesting; **P.erklärung** *f* notice of dishonour; **P.erlass** *m* waiver of protest; **p.fähig** *adj* protestable; **P.frist** *f* period allowed for protest
protestieren *v/ti* to protest/object
Protest|kosten *pl* *(Wechsel)* protest charges/fees; **P.schreiben** *nt* letter of protest; **P.urkunde** *f* (bill/deed of) protest; **P.vermerk** *m* protest note
Protokoll *nt* minutes, records; **P. abfassen/aufsetzen** to write the minutes; **P. aufnehmen** to take down the minutes; **ins P. aufnehmen; im P. vermerken** to place/put on record; **P. führen** to keep the minutes
Protokollaufnahme *f* recording
protokollieren *v/ti* 1. to record, to take down in writing; 2. to keep/take the minutes
Provinz *f* province; **P.bank** *f* provincial bank; **P.börse** *f* regional stock exchange
Provision *f* 1. commission (charge), fee; 2. *(Makler)* brokerage; **P. aus Konsortialbeteiligung** underwriting commission; **P. für Überziehungskredite** overdraft commission
Provision berechnen; P. verlangen to charge (a) commission; **P. verdienen** to earn a commission; **gegen P. verkaufen** to sell on commission

Provisions|abrechnung *f* commission statement; **P.agent** *m* commission agent; **P.aufstellung** *f* commission statement; **auf P.basis** *f* on a commission basis; **P.-einkünfte; P.einnahmen** *pl* commission revenues; **P.gebühr** *f* 1. commission (fee); 2. *(Makler)* brokerage; **P.gutschrift** *f* commission note; **P.satz** *m* commission rate; **P.spanne** *f* commission margin; **P.staffel** *f* scale of commission; **P.versicherung** *f* commission insurance; **P.vertreter** *m* commission agent; **P.zahlung** *f* commission payment

provisor|isch *adj* provisional, temporary, makeshift; **P.ium** *nt* makeshift/provisional arrangement

Prozedur *f* procedure

Prozent *nt* percentage, per cent (p.c.) *[GB]*, percent *[US]*; **in P.(en)** in percentage terms

Prozent|kurs; P.notierung *m/f* percentage quotation; **P.punkt** *m* percentage point; **P.rechnung** *f* percentage calculation; **P.-satz** *m* percentage (rate); **P.spanne** *f* percentage margin

prozentual *adj* in percentage terms

Prozent|verteilung *f* 📊 percentage distribution; **P.zeichen** *nt* percentage sign

Prozess *m* 1. process; 2. § lawsuit, (legal) action/proceedings; 3. *(Strafverfahren)* criminal proceedings, trial

Prozess anfechten to contest an action; **P. anstrengen (wegen)** to go to court, to institute (legal) proceedings, to sue; **P. aussetzen** to suspend proceedings; **einem P. beitreten** to join an action; **P. betreiben** to conduct a lawsuit; **P. führen** to litigate; **P. unterbrechen** to suspend proceedings; **im P. unterliegen; P. verlieren** to lose a case

anhängiger/laufender/schwebener Prozess pending case/action; **schikanöser P.** vexatious suit

Prozess|akten *pl* case records/files; **P.aussetzung** *f* suspension of a case; **P.behauptung** *f* allegation; **P.beistand** *m* counsel; **P.beteiligte(r)** *f/m* party to a case; **p.fähig** *adj* actionable; **P.fall** *m* court case; **p.führend** *adj* litigant; **P.führer** *m* litigant, plaintiff; **P.führung** *f* conduct of a case; **P.-gegenstand** *m* subject of litigation; **p.-hängig** *adj* litigious; **P.hilfe** *f* legal aid

Prozesskosten *pl* (legal) costs; **P. auferlegen** to order to pay costs; **P.aufstellung** *f* bill of costs; **P.hilfe** *f* legal aid; **P.versicherung** *f* legal costs insurance

Prozess|mandat *nt* counsel's brief; **P.ordnung** *f* procedural rules, rules of procedure; **P.partei** *f* litigant, party (to a case); **P.recht** *nt* procedural law; **P.risiko** *nt* risk of litigation; **P.standschaftsklage** *f* class action; **p.süchtig** *adj* litigious

prozessual *adj* procedural

aktive Prozessunfähigkeit incapacity to sue; **passive P.** incapacity to be sued

Prozess|vergleich *m* court settlement; **P.-verschleppung** *f* protraction of a lawsuit/case; **P.vertreter; P.vertretung** *m/f* counsel; **P.verzicht** *m* waiver of action; **P.-vollmacht** *f* power of attorney

prozyklisch *adj* procylical

Prüf|- ↘ **Prüfungs-; P.anlage** *f* test facility, testing station; **P.attest** *nt* inspection certificate; **P.beamter** *m* inspector; **P.behörde** *f* certification/examining board; **P.belastung** *f* test load; **P.bericht** *m* 1. *(Bilanz)* (audit) report; 2. test/acceptance report

prüfen *v/t* 1. to test/check/inspect; 2. *(Bilanz)* to audit

Prüfer *m* 1. examiner; 2. inspector; 3. auditor; **betriebseigener/innerbetrieblicher P.** internal auditor; **externer/unabhängiger P.** external auditor

Prüf|gang *m* tour of inspection; **P.gebühren** *pl (Bilanz)* auditor's fees; **P.kennzeichen** *nt* test mark; **P.kosten** *pl* inspection costs; **P.phase** *f* test phase; **P.programm** *nt* test program(me); **P.stelle** *f* inspection agency; **P.stück** *nt* 1. *(Buch)* inspection copy; 2. specimen

Prüfung *f* 1. test, check, inspection; 2. audit; **P. der Arbeitsabläufe/Betriebsabläufe** operational audit(ing); **P. des Geschäftsberichts** audit of the (annual) report; **P. der Geschäftsbücher** inspection of the books; **P. vor Inbetriebnahme** pre-operation inspection; **P. des Jahresabschlusses** audit of the financial statement; **~ Konzernabschlusses** audit of the consolidated financial statement; **P. an Ort und Stelle** spot check; **P. der Vorräte** inventory audit

Prüfung ablegen to take an examination; **P. durchführen** 1. to make checks; 2. to audit; **der P. unterliegen** to be subject to inspection

amtliche Prüfung official examination;

PQ

betriebsfremde P. external audit(ing); **betriebsinterne/innerbetriebliche P.** internal audit(ing); **eingehende P.** scrutiny, close/thorough inspection; **flüchtige P.** look-over; **mündliche P.** oral (examination); **pflichtgemäße P.** statutory audit; **sorgfältige P.** careful examination; **umweltbezogene P.** eco-audit; **vorbeugende P.** preventive inspection

Prüfungs|ablauf *m* *(Revison)* audit procedure; **P.abteilung** *f* 1. inspection department; 2. auditing department; **P.amt** *nt* examination board; **P.auftrag** *m* 1. inspection order; 2. audit mandate; **P.ausschuss** *m* 1. board of examiners; 2. auditing board; **P.beamter** *m* 1. inspection officer; 2. auditor

Prüfungsbericht *m* 1. inspector's/test report; 2. *(Bilanz)* auditor's/accountant's report, audit certificate

Prüfungs|bescheinigung *f* 1. inspection/test certificate; 2. *(Bilanz)* accountant's/auditor's certificate; **P.gebühr** *f* 1. examination/inspection/survey fee; 2. audit fee; **P.gremium** *nt* board of examiners; **P.grundsätze** *pl* accounting/audit(ing) principles; **P.kommission** *f* 1. board of examiners; 2. inspection committee; **P.kosten** *pl* 1. inspection fees; 2. audit fees; **P.pflicht** *f* statutory inspection, mandatory audit; **P.protokoll** *nt* 1. test certificate; 2. auditor's report; **P.recht** *nt* 1. right of inspection; 2. audit privilege; **P.richtlinien** *pl* auditing standards; **P.stelle** *f* 1. inspection office; 2. auditing agency; **P.termin** *m* 1. examination date; 2. inspection date; 3. audit date; **P.umfang** *m* scope of audit; **P.verfahren** *nt* 1. examination prodecure; 2. appraisal procedure; 3. audit(ing) procedure

Prüfungsvermerk *m* audit/accountant's certificate; **eingeschränkter P.** qualified audit report; **uneingeschränkter P.** unqualified audit (report)

Prüfungs|vorschriften *pl* 1. examination regulations; 2. *(Abnahme)* acceptance specifications; 3. *(Bilanz)* audit(ing) standards; **P.zeit(raum)** *f/m* audit period; **P.zeugnis** *nt* examination certificate

Prüf|urteil *nt* audit opinion; **P.zeichen** *nt* test mark; **P.ziffer** *f* check digit

Pseudo|einkommen *nt* pro-forma income; **P.ertrag** *m* pro-forma yield; **P.konto** *nt* fictitious account

publik *adj* public; **p. machen** to publicize

Publikation *f* publication; **P.spflicht** *f* disclosure requirement

Publikum *nt* public

Publikums|aktie *f* popular/leading share *[GB]*/stock *[US]*; **P.aktiengesellschaft** *f* ↘ **Publikumsgesellschaft**; **P.anlage** *f* popular investment; **P.fonds** *m* retail fund; **P.geschäft** *nt (Bank)* retail banking; **P.gesellschaft** *f* public company/corporation; **in eine ~ umwandeln** to go public; **P.verkehr** *m* opening hours; **P.werte** *pl* popular stocks, leading shares

publizieren *v/t* to publish/publicize

Publizität *f* 1. publicity; 2. *(Gesellschaft)* disclosure

Publizitäts|bestimmungen; P.erfordernisse; P.pflicht; P.vorschriften *pl/f/pl* disclosure requirements; **p.pflichtig** *adj* subject to disclosure requirements

Puffer|bestände; P.lager; P.vorrat *pl/nt/m* buffer stock(s); **P.zeit** *f* slack/buffer time

auf Pump *m* *(coll)* on credit/tick *(coll)*

Punkt *m* 1. point; 2. item; **außergewöhnlicher P.** non-recurring item; **kritischer P.** peril point; **neuralgischer P.** sore point; **springender P.** salient point; **strittiger/umstrittener P.** point at issue; **unerledigte P.e** *(Geschäftsordnung)* unfinished business; **wesentliche P.e** essentials

pünktlich *adj* punctual, on time/schedule; **P.keit** *f* punctuality

Punkt|linie *f* dotted line; **P.lohnsystem** *nt* point wage system; **P.markt** *m* spot market; **P.produkt** *nt* scalar product; **P.streik** *m* selective strike

punktuell *adj* selective

Punkt|wert *m* points score; **P.wertung** *f* points rating

Q

Quadrat *nt* square; **Q.meter** *m* square metre

Qualifikation *f* 1. qualification; 2. eligibility; **berufliche Q.** job/occupational qualification; **fachliche Q.** professional qualification

Qualifikations|anforderung; Q.erfordernis *f* eligibility/qualification requirement; **Q.erweiterung** *f* skills enhancement

qualifizier|en *v/t* to qualify; *v/refl* to qualify; **Q.ung** *f* qualification

Qualität *f* quality, grade; **gute Q. und Beschaffenheit** good merchantable quality and condition

allererste/beste/erste Qualität prime/top quality, A 1, prime quality; **(aus)erlesene Q.** choice quality; **gleich bleibende Q.** consistent quality; **durchschnittliche Q.** standard/average quality;**handelsübliche/marktübliche Q.** merchantable quality; **minderwertige/niedrige/schlechte/unzureichende Q.** inferior/poor quality; **zugesicherte Q.** assured quality

Qualitäts|anforderung *f* quality requirement/standard; **Q.bescheinigung** *f* certificate of quality; **Q.beurteilung; Q.bewertung** *f* quality rating/assessment/appraisal; **Q.ingenieur** *m* quality assurance engineer; **Q.kennzeichnung** *f* grade labelling; **Q.kontrolle** *f* quality control; **Q.kreis** *m* quality circle; **Q.mangel** *m* quality defect; **Q.maßstab; Q.norm** *m/f* quality standard; **Q.merkmal** *nt* quality characteristic; **Q.produkt** *nt* high-grade product; **Q.sicherung (QS)** *f* quality assurance (QA); **Q.steuerung** *f* quality control; **Q.technik** *f* quality assurance engineering; **Q.überwachung** *f* quality control/monitoring/management; **Q.verbesserung** *f* quality enhancement; **Q.vorschrift** *f* quality specification; **Q.ware** *f* quality/high-grade goods; **Q.wettbewerb** *m* quality competition; **Q.zertifikat; Q.zeugnis** *nt* certificate of quality;**Q.zirkel** *m* quality (control) circle; **Q.zusicherung** *f* quality assurance

quantifizier|bar *adj* quantifiable; **q.en** *v/t* to quantify, to put a figure to sth.

Quantität *f* quantity; **Q.stheorie** *f* quantity theory (of money)

Quantum *nt* quantum, quota

Quarantäne *f* quarantine; **Q.bestimmungen** *pl* quarantine regulations; **Q.prüfung** *f* quarantine inspection; **Q.verletzung** *f* breach of quarantine regulations

Quartal *nt* quarter

Quartals|abrechnung;Q.abschluss;Q.ausweis *f/m* quarterly statement/account; **Q.bericht** *m* quarterly report; **Q.dividende** *f* quarterly dividend; **Q.gewinn** *m* quarterly profit; **Q.zahlen** *pl* quarterly figures; **Q.zahlung** *f* quarterly payment

Quartier *nt* accommodation

Quasi|geld *nt* quasi-money; **Q.monopol** *nt* virtual monopoly, quasi-monopoly; **q.-öffentlich** *adj* quasi-public

Quelle *f* 1. spring, well; 2. *(fig)* source, origin

Quellen|abzug *m* *(Steuer)* deduction at source, withholding, pay-as-you-earn system (PAYE) *[GB]*, pay-as-you-go system *[US]*; **Q.steuer** *f* pay-as-you-earn (PAYE)/withholding *[US]* tax

Quer|einsteiger(in) *m/f* lateral entrant; **Q.einstieg** *m* lateral entry; **Q.schnitt** *m* cross-section, **q. schreiben** *v/t* 1. *(Scheck)* to cross; 2. *(Wechsel)* to accept a bill of exchange; **sich quer stellen** *v/t (Sattelzug)* to jack-knife; **q.subventionieren** *v/t* to cross-subsidize; **Q.subventionierung** *f* cross-subsidization; **Q.summe** *f* cross total; **Q.verweis** *m* cross reference

quittieren *v/t* 1. to receipt/acknowledge; 2. *(Dienst)* to quit

Quittung *f* (acknowledgment of) receipt; **Q. ausstellen/erteilen** to (issue/make out a) receipt

löschungsfähige Quittung *(Grundbuch)* deed of release; **ordnungsgemäße/rechtsgültige/richtige Q.** proper receipt

Quittungsblankett *nt* receipt form

Quote *f* 1. quota, allocation; 2. rate, proportion

Quoten|abrechnung *f* quota account; **Q.inhaber** *m* quota holder; **Q.regelung; Q.system** *f/nt* quota regime; **Q.rückversicherung** *f* fixed-share reinsurance; **Q.vereinbarung** *f* quota agreement; **Q.zuteilung; Q.zuweisung** *f* quota allocation

Quotient *m* quotient

quotieren *v/t* 1. to allocate/allot; 2. *(Börse)* to quote/list

R

Rabatt *m* discount; **R. für Angestellte/~Firmenangehörige** employee discount; **R. bei Barzahlung** cash discount; **R. für Einzelhändler/Wiederverkäufer** trade discount; **R. bei Mengenabnahme** volume discount

Rabatt bewilligen/gewähren/zugestehen to allow/grant a discount; **handelsüblicher R.** trade discount

Rabatt|bedingungen *pl* discount terms; **R.geschäft** *nt* discount store
rabattieren *v/t* to (allow a) discount
Rabatt|kartell *nt* discount cartel; **R.laden** *m* discount store; **R.marke** *f* (trading) stamp; **R.preis** *m* discount price; **R.staffel** *f* discount schedule/table
Radio *nt* radio, wireless; **R.werbung** *f* radio advertising
Raffgier *f* greed; **r.ig** *adj* greedy, money-grubbing
Raffinerie *f* refinery; **R.erzeugnis** *nt* refined product; **R.kapazität** *f* refinery capacity
raffinieren *v/t* to refine
raffiniert *adj* 1. sophisticated; 2. ⚗ refined
Rahmen *m* 1. frame(work), structure; 2. *(Bereich)* scope, scale, purview, terms of reference; **im R. ihrer ordentlichen Geschäftstätigkeit** in the ordinary course of business; **R. des Gesetzes** scope of the law; **~ Vertrages** scope of the contract; **finanzieller R.** financial scope; **gesetzlicher R.** legal framework; **zeitlicher R.** time frame
Rahmenabkommen *nt* skeleton/umbrella agreement
Rahmenbedingungen *pl* 1. general situation, external environment; 2. terms of reference; **gesamtwirtschaftliche R.** macroeconomic environment; **konjunkturelle/wirtschaftliche R.** (prevailing) economic conditions, business environment
Rahmen|daten *pl* skeleton/outline data; **R.gesetz** *nt* skeleton law, omnibus act *[US]*; **R.kredit** *m* credit line; **R.plan** *m* skeleton/master plan; **R.planung** *f* overall planning; **R.police** *f (Lebensvers.)* master policy; **R.tarif** *m (Lohn)* skeleton wage agreement; **R.vertrag** *m* master agreement
Ramsch|artikel *m* reject; *pl* junk; **R.händler** *m* junk dealer; **R.partie** *f* job lot; **R.-verkauf** *m* jumble sale; **R.ware** *f* junk, rejects
Rand *m* 1. edge, brink; 2. fringe, periphery
Rand|- marginal, peripheral; **R.aktivitäten** *pl* fringe/peripheral activities; **R.-gebiet** *nt* fringe (area), peripheral area/region; **R.geschäft** *nt* non-core business; **R.gruppe** *f* fringe group
Rang *m* 1. status, degree, position, rank, standing; 2. preference, priority; **R. der Gläubiger** ranking of creditors
Rangfolge *f* ranking, priority, order of preference; **R. von Forderungen** priority of debts; **~ Gläubigern** ranking of creditors; **~ Konkursgegenständen** marshalling of assets; **~ Pfandrechten** marshalling of liens; **~ Sicherheiten** marshalling of securities
Rangierbahnhof *m* 🚂 marshalling/shunting *[GB]*/switch *[US]* yard
Rangieren *nt* 1. 🚂 shunting *[GB]*, switching *[US]*; 2. *(Forderungen)* marshalling; **r.** *v/t* 1. to shunt *[GB]*/switch *[US]*; 2. to marshall
Rangliste *f* ranking list
Rangordnung *f* 1. ranking, order of rank/precedence; 2. line of authority; **R. der Ansprüche** ranking of claims; **~ Bedürfnisse** scale of preferences; **~ Gläubiger** ranking of creditors; **~ Hypotheken** ranking of mortgages; **R. von Pfandrechten** ranking of liens; **~ Sicherheiten** marshalling of assets
Rang|rücktritt einer Belastung *m (Grundbuch)* postponement of a charge; **R.stelle; R.stufe** *f* rank; **R.vormerkung** *f (Grundbuch)* priority caution
Rast *f* rest, break, **r.en** *v/i* to rest, to take a break; **R.stätte** *f* 🚗 service area
Rat *m* 1. advice; 2. *(Gremium)* council; **ärztlicher R.** medical advice; **fachmännischer R.** expert advice; **juristischer R.** legal advice
Rate *f* 1. quota, ratio, rate, proportion; 2. instalment *[GB]*, installment *[US]*, part payment; **auf/in R.n** in instalments, on deferred terms *[US]*; **marginale R. des Ertragsüberschusses über die Kosten** marginal rate of return over cost
in Raten bezahlen to pay in/by instalments; **auf R. kaufen** to buy on easy terms, ~ the instalment system
bequeme Rate|n easy terms; **erste R.** *(Anzahlung)* deposit, down payment; **letzte R.** final instalment, terminal payment; **rückständige R.n** instalments in arrears
Raten|darlehen *nt* hire purchase credit *[GB]*, deferred payment credit *[US]*; **R.-(ein)kauf** *m* hire/instalment purchase, purchase on deferred terms *[US]*; **R.kredit** *m* instalment/hire purchase *[GB]* credit, ~ loan, deferred payment credit *[US]*; **R.kreditbedingungen** *pl* hire purchase terms; **R.preis** *m* hire purchase/in-

stalment price; **R.sparen** *nt* save-as-you-earn (SAYE) scheme *[GB]*; **R.verpflichtung** *f* hire purchase commitment; **R.wechsel** *m* bill payable in instalments

Ratenzahlung *f* instalment (payment), hire purchase/deferred *[US]* payment

Ratenzahlungs|bedingungen *pl* hire purchase/instalment/deferred payment *[US]* terms; **R.geschäft** *nt* hire purchase sale, deferred payment business/sale *[US]*; **R.kauf** *m* hire purchase *[GB]*, deferred payment purchase *[US]*; **R.kredit** *m* hire purchase/(retail) instalment/deferred payment *[US]* credit; **R.verkauf** *m* hire purchase/instalment/deferred payment *[US]* sale; **R.vertrag** *m* hire purchase/instalment (purchase)/deferred payment *[US]* contract

Ratgeber *m* adviser, advisor

Ration *f* ration; **R.en ausgeben** to issue rations; **~ beziehen** to draw rations; **~ kürzen** to cut rations; **in ~ zuteilen** to ration

rationalisieren *v/t* to modernize/streamline (operations)

Rationalisierung *f* streamlining (of operations)

Rationalisierungs|druck *m* pressure to improve productivity/efficiency; **R.effekt** *m* rationalization effect; **R.einsparung(en); R.erfolg; R.gewinn** *f/pl/m* efficiency gain(s); **R.fachmann** *m* efficiency engineer; **R.investition(en)** *f/pl* modernization investment; **R.kampagne** *f* efficiency drive; **R.maßnahmen** *pl* streamlining measures; **R.plan** *m* efficiency/restructuring plan; **R.potenzial** *nt* efficiency-improving potential

rationell *adj* rational, efficient

rationier|en *v/t* 1. to ration; 2. *(Aktien)* to scale down; **R.ung** *f* rationing, allocation

ratsam *adj* advisable, expedient

Ratschlag *m* (piece of) advice

Ratsentscheidung *f* *(EU)* council decision

Raub *m* robbery; **R.bau** *m* 1. *(Rohstoffe)* predatory/wasteful exploitation, overexploitation; 2. 🚜 overcropping; 3. *(Weidewirtschaft)* overgrazing; 4. 🌲 overfelling; **R.druck** *m* ✂ pirate(d) edition

rauben *v/t* to rob/raid

Räuber *m* robber

Raub|gut *nt* stolen goods, loot; **R.kopie** *f* pirate copy; **R.überfall** *m* 1. hold-up; 2. *(Straßenpassant)* mugging *[GB]*, stick-up *[US]*

Rauch *m* smoke, fume(s)

rauchen *v/i* to smoke; **R. verboten** no smoking

Rauch|fahne *f* plume of smoke; **r.frei; r.los** *adj* smokeless

Rauchgas *nt* flue gas; **R.emission** *f* flue gas emission; **R.entschwefelung** *f* (flue gas) desulphurization (DeSox); **R.reinigung** *f* flue scrubbing

Rauch|verbot *nt* ban on smoking; **R.vergiftung** *f* smoke poisoning; **R.waren** *pl* 1. tobacco products; 2. *(Pelze)* furs and hides

Raum *m* 1. space, room; 2. *(Fläche)* area; 3. *(Laderaum)* hold; 4. *(Inhalt)* volume, capacity; 5. *(Unterbringung)* accommodation; **begrenzter R.** confined space; **gewerblich genutzter R.; gewerbliche Räume** commercial/industrial premises; **leerer R.** empty space; **umbauter R.** 🏛 walled-in/enclosed space

Raum|anordnung; R.aufteilung(splan) *f/m* 🏛 floor plan; **R.ausstatter(in)** *m/f* interior decorator: **R.bedarf** *m* space requirement(s)

räumen *v/t* to clear/vacate

Raumfahrt|industrie *f* aerospace industry; **R.konzern** *m* aerospace group; **R.unternehmen** *nt* aerospace company

Raum|fracht *f* freight on a measurement basis; **R.gestalter(in)** *m/f* interior designer/decorator; **R.inhalt** *m* volume, cubic capacity; **R.kosten** *pl* space cost(s)

räumlich *adj* spatial; **R.keiten** *pl* premises

Raum|mangel *m* lack of space; **R.maße** cubic dimensions; **R.meter** *m* cubic meter *[US]*/metre *[GB]*; **R.miete** *f* space rental; **R.ordnungsbehörde** *f* regional planning authority

Raumpflege *f* cleaning; **R.rin** *f* cleaner, charwoman

Raum|plan *m* *(Haus)* layout, floor plan; **R.planung** *f* regional planning; **r.sparend** *adj* space-saving; **R.tarif** *m* bulk freight tariff; **R.temperatur** *f* room temperature; **R.tonne** *f* measured ton

Räumung *f* 1. *(Lager)* clearance; 2. § eviction, dispossession, ejection; **auf R. klagen** to sue for eviction; **zur R. zwingen** to evict

Räumungs|anordnung; R.befehl; R.beschluss *f/m* 1. § eviction order; 2. *(Hypothekengeber)* repossession order; **R.ausverkauf; R.schlussverkauf; R.-**

verkauf wegen Geschäftsaufgabe close-out *[US]*/closing-down *[GB]* sale; **R.klage** *f* action for eviction/possession; **R.verfahren** *nt* eviction proceedings

Raum|verschwendung *f* waste of space; **R.verteilungsplan** *m* floor plan

Rauschgift *nt* drugs, narcotics; **R.handel** *m* drug trafficking; **R.händler** *m* drug trafficker; **R.schmuggel** *m* drug smuggling/trafficking; **R.vergehen** *nt* drugs offence

raus|fliegen *v/i*; **r.geschmissen/r.geworfen werden** to be sacked; **r.schmeißen** *v/t (coll)* to fire/sack; **R.schmiss** *m (coll)* sack(ing)

reagieren *v/i* to react/respond

Reaktion *f* reaction, response; **(markt-)technische R.** *(Börse)* technical reaction

reaktions|freudig *adj* reactive, responsive; **R.funktion** *f* response function

reaktivier|en *v/t* to reactivate; **R.ung** *f* 1. reactivation; 2. *(Bilanz)* revaluation of assets

Reaktor *m* ⚛ reactor; **R.sicherheit** *f* reactor safety; **R.technik** *f* reactor technology

real *adj* real, effective, tangible, material; *adv* in real terms

Real|abwertung *f* effective devaluation; **R.ausgaben** *pl* real outlay; **R.einkommen** *nt* real income/earnings

Realien *pl* real estate

Realinvestition *f* fixed investment, investment in tangible assets

Realisation *f* 1. realization; 2. liquidation

Realisations|gewinn *m* liquidation gain; **R.prinzip** *nt (Bilanz)* first-in-first-out (fifo) method; **R.verkauf** *m* liquidation sale; **R.welle** *f* wave/bout of selling; **R.wert** *m* realization/salvage value

realisierbar *adj* 1. practicable, feasible; 2. realizable, convertible, marketable; **R.keit** *f* feasibility, viability

realisieren *v/t* 1. to implement/realize; 2. *(verkaufen)* to cash/liquidate/sell

Realisierung *f* 1. realization, implementation; 2. *(Verkauf)* realization, liquidation, sale; **R.swert** *m* salvage value

Realismus *m* realism

Realist|(in) *m/f* realist; **r.isch** *adj* realistic

Realität *f* reality; **R.enhändler; R.enmakler; R.envermittler** *[A] m* estate agent *[GB]*, realtor *[US]*

Real|kapital *nt* fixed/physical capital, tangible assets; **R.kosten** *pl* real cost

Realkredit *m* 1. secured credit, collateral loan; 2. *(Immobilie)* real-estate loan; **R.institut** *nt* mortgage bank

Real|last *f* 1. *(Pacht)* ground rent; 2. land charge; **R.lohn** *m* real wage(s); **R.produkt** *nt* real product; **R.steuer** *f* property tax; **R.tausch** *m* barter; **R.vermögen** *nt* real estate, property; **R.verzinsung** *f* real yield; **R.wert** *m* real value

Realzeit *f* ↘ **Echtzeit** 💻 real time, real-time; **R.zins(satz)** *m* effective interest rate

Reassekuranz *f* reinsurance, reassurance

Rechen|anlage *f* computer, data processing equipment; **R.aufwand** *m* computational effort

Recheneinheit *f* 1. unit of account (U/A); 2. data processing machine; **zentrale R.** central processing unit (CPU)

Rechen|fehler *m* computational error; **R.geschwindigkeit** *f* computing speed; **R.kapazität** *f* computer capacity; **R.operation** *f* arithmetic(al) operation

Rechenschaft *f* account; **R. (ab)legen** to render account

Rechenschaftsbericht *m* account (rendered), (directors') report, financial statement; **R. des Vorsitzenden** chairman's report; **R. und Jahresabschluss annehmen** to adopt the report and accounts; **jährlicher R.** annual report

Rechenschafts|jahr *nt* business/fiscal year; **R.legung** *f* accounting; **R.pflicht** *f* accountability, reporting requirement(s); **r.pflichtig** *adj* accountable

Rechen|schieber; R.stab *m* slide rule; **R.tafel** *f* abacus; **R.vorgang** *m* mathematical operation; **R.werk** *nt* (set of) accounts; **R.zeit** *f* computer time; **R.zentrum** *nt* computer/computing center *[US]*, ~ centre *[GB]*

Recherche *f* investigation, inquiry, search; **R.n anstellen** to make inquiries

recherchieren *v/t* to make enquiries/inquiries, to search

Rechnen *nt* arithmetic, calculating, reckoning; **des R.s kundig; sicher im R.** numerate; **kaufmännisches R.** commercial/business mathematics

rechnen *v/ti* to count/calculate/reckon; *v/refl* to work out, to add up

Rechner *m* 💻 computer, calculator; **r.gesteuert** *adj* computer-controlled, computerized; **r.gestützt** *adj* computer-aided

R

rechnerisch *adj* arithmetical, mathematical

Rechner|kapazität *f* computer capacity; **R.programm** *nt* computer program; **R.-verbund** *m* computer network

Rechnung *f* 1. count, calculation, sum; 2. invoice, bill; 3. (statement of) account; **R. über/von** account of (a/o); **auf R.** on account; **für R. von** for account of; **laut R.** as per account/invoice

auf Rechnung und Gefahr for account and risk; **nur ~ des Schecknehmers** account (A/C) payee only

in Rechnung gestellt invoiced, billed

Rechnung ablegen to render account, to account for; **R. abschließen** to close he books; **auf eigene R. arbeiten** to work on one's own account; **R. aufmachen/aufsetzen/ausfertigen/ausschreiben/ausstellen** to make out an invoice, ~ a bill; **R. ausgleichen** to balance an account; **R. zum Schein ausstellen; vorläufige R. ausstellen** to make out a pro-forma invoice; **R. in Ordnung befinden** to pass an account; **R. begleichen** to settle an invoice/account; **R. belasten** to debit an account; **auf eigene R. betreiben** to operate on one's own account; **R. bezahlen** to settle an account, to pay a bill; **R. in Ordnung bringen** to put an account right; **R.en durchgehen/durchsehen** to go through the accounts; **R. erteilen** to render account; **auf R. kaufen** to buy/purchase on account; **auf fremde R. kaufen** to buy for third account; **~ zukünftige R. kaufen** to buy on future account; **~ seine R. kommen** to get one's money's worth; **R. auflaufen lassen** to run up a bill; **R. legen** to render account; **R. liquidieren** to settle an account; **R. ohne den Wirt machen** *(coll)* to count one's chickens before they are hatched *(coll)*; **R.(en) prüfen** 1. to check an invoice/bill; 2. to audit (the accounts); **R. quittieren** to receipt a bill; **R. schreiben** to (make out an) invoice; **auf die R. setzen** to charge to an account, to put on the bill; **R. spezifizieren** to itemize an account, ~ a bill; **auf der R. stehen** to be on the bill; **in R. stellen** 1. to charge/invoice/bill; 2. *(berücksichtigen)* to allow for; **R. überprüfen** to verify an account, to check an invoice; **auf neue R. über-/vortragen** to carry forward to a new account; **auf R. verkaufen** to sell on account; **R. verlangen** to ask for the bill; **R. vorlegen** to render account; **R. zahlen** to settle an account

aufgeschlüsselte Rechnung itemized bill; **laut ausgestellter R.** as per account (rendered); **ausstehende R.en** *(Bilanz)* 1. accounts receivable; 2. accounts payable; **beglaubigte R.** certified invoice; **gemäß beigefügter R.** as per invoice enclosed; **bezahlte R.** paid invoice/bill; **auf/für eigene R.** on one's own account; **fingierte R.** pro-forma invoice; **gesamtwirtschaftliche R.** national accounts; **getrennte R.en** separate bills; **laufende R.** current/open account; **offene/offenstehende R.** 1. open/outstanding account; 2. unpaid invoice/bill; **spezifizierte R.** itemized account; **unbezahlte/unerledigte R.** unpaid invoice/bill; **volkswirtschaftliche R.** national accounts; **vorläufige R.** pro-forma invoice

Rechnungsabgrenzung *f* *(Bilanz)* accruals and deferrals; **aktive R.** accruals, accrued income; **passive R.** deferrals, deferred income

Rechnungsabgrenzungsposten *pl* 1. accruals and deferrals, accrued and deferred items; 2. *(Aktiva)* accruals, accrued items; 3. *(Passiva)* deferrals, deferred items

Rechnungs|abnahme *f* audit(ing); **R.abnehmer** *m* auditor

Rechnungsabschluss *m* 1. accounts, balance (sheet); 2. balancing of accounts

Rechnungs|abschnitt *m* 1. *(Zeit)* accounting period; 2. invoice apron; **R.abschrift** *f* duplicate invoice; **R.abteilung** *f* accounts/billing department; **R.anschrift** *f* invoice address; **R.ausgleich** *m* settlement; **R.ausstellung** *f* invoicing, billing; **R.auszug** *m* statement of account; **R.begleichung** *f* settlement of an account; **R.beleg** *m* voucher; **R.betrag** *m* invoice total/amount, amount invoiced; **R.buch** *nt* book of accounts; **R.datum** *nt* invoice/billing date; **R.doppel** *nt* duplicate invoice; **R.eingang** *m* receipt of invoice; **R.einheit (RE)** *f* unit of account (U/A)

Rechnungseinzug *m* account collection; **R.sverfahren** *nt* direct debiting (system)

Rechnungs|empfang; R.erhalt *m* receipt of invoice; **R.erteilung** *f* invoicing, billing; **R.führer** *m* bookkeeper, (chief) accountant;

R.führung *f* accounting, accountancy; **R.gebühr** *f* accounting fee/charge; **R.gewicht** *nt* billed weight; **R.gutschrift** *f* credit note; **R.hof; R.kammer** *m/f* court of auditors, audit division; **R.jahr** *nt* financial/business/fiscal *[US]* year; **R.kopie** *f* invoice copy; **R.kosten** *pl* billed costs

Rechnungslegung *f* accounting, billing, rendering of account(s); **R. nach Anschaffungskostenprinzip** historical cost accounting; **R. mit Bewertung zum unternehmenstypischen Wert; R. zum Zeitwert** current cost accounting; **R. zu den Wiederbeschaffungskosten** replacement cost accounting

zur Rechnungslegung verpflichtet accountable

Rechnungslegungs|einheit *f* profit center *[US]*/centre *[GB]*; **R.grundsätze** *pl* accounting principles; **R.norm** *f* accounting standard; **R.pflicht** *f* reporting requirement(s); **r.pflichtig** *adj* accountable; **R.regel** *f* accounting rule; **R.standard** *m* accounting standard; **R.verfahren** *nt* accounting procedure; **R.vorschriften** *pl* accounting requirements; **allgemein anerkannte ~** generally accepted accounting principles (GAAP) *[US]*

Rechnungs|nachweis *m* accounting evidence; **R.nummer** *f* invoice number; **R.periode** *f* accounting/billing period; **r.pflichtig** *adj* accountable; **R.posten** *m* item (on the account); **R.preis** *m* invoice price

R

Rechnungsprüfer *m* auditor, comptroller; **satzungsmäßiger R.** statutory auditor; **vereidigter R.** certified public accountant *[US]*

Rechnungsprüfung *f* audit, auditing; **R. durchführen/vornehmen** to audit the accounts; **innerbetriebliche R.** internal audit

Rechnungsprüfungs|amt *nt* audit office; **R.ausschuss** *m* committee of auditors

Rechnungs|stelle *f* accounts department; **R.stellung** *f* invoicing, billing; **R.summe** *f* amount invoiced; **R.tag; R.termin** *m* date of invoice; **R.überschuss** *m* accounting surplus; **R.übertrag** *m* amount carried forward; **R.unterlagen** *pl* accounting records; **R.volumen** *nt* invoice total; **R.vorgang** *m* accounting operation; **R.wert** *m* invoice(d) amount

Rechnungswesen *nt* accounting, accountancy; **R. des Gesamtunternehmens** corporate accounting; **R. zur Kontrolle der Wirtschaftlichkeit der einzelnen Verantwortungs- und Funktionsbereiche** responsibility accounting

betriebliches Rechnungswesen business accounting; **internes R.** managerial cost accounting; **kaufmännisches R.** commercial accounting; **volkswirtschaftliches R.** national/macroeconomic accounting

Rechnungszeitraum *m* accounting period

Recht *nt* 1. law; 2. right, title; **von R.s wegen** by rights

Recht auf Anhörung right to be heard; **~ Arbeit** right to work; **~ abgesonderte/vorzugsweise Befriedigung** right of preferential satisfaction; **R.e aus dem Beschäftigungsverhältnis** employment rights; **R. auf Besitz** possessive right; **R. und Billigkeit** law and equity; **R.e Dritter** third-party rights; **R. auf Einsichtnahme** right to inspect the books/documents; **~ Entnahme** right of withdrawal; **R. auf/der Freizügigkeit** freedom of movement; **R. an einem Grundstück** interest in land; **R. der Handelsvertretung** agency law; **~ fahrlässigen Handlung** law of negligence; **~ unerlaubten Handlung** law of torts; **~ Kapitalgesellschaften** company law *[GB]*; **R. des Kaufvertrages** 1. law of sales; 2. right of emption; **R. auf Klageerhebung** right to sue; **~ Lebenszeit** life interest; **R. der Niederlassung** right to establish a business; **R. und Ordnung** law and order; **R.e und Pflichten** rights and duties; **R. des Schadenersatzes** law of damages; **R. auf Schaden(s)ersatz** right to recover damages; **R. der Schuldverhältnisse** law of contract; **~ Stellvertretung** law of agency; **R. auf Streik** right to strike; **R.e der Verbraucher** consumer rights; **~ und Verpflichtungen aus einem Vertrag** rights and obligations under a contract; **R. der Vertretung** law of agency; **R. an der Ware** title to the goods; **R. des Wohnsitzes** law of domicile

Recht auf right/title/claim to; **ausschließlich aller R.e** *(Wertpapier)* ex all; **einschließlich aller R.e** cum all; **alle R.e vorbehalten** all rights reserved; **von R.s wegen** as of rights, by rights

jdm das Recht abstreiten to dispute so.'s right; **R. abtreten (an)** to assign a right (to); **sich ein R. anmaßen** to arrogate a right; **R. anwenden** to apply the law; **R. aufgeben** to relinquish a right; **R. ausüben** to exercise a right; **jds R.e beeinträchtigen** to encroach upon so.'s rights; **auf seinem R. beharren/bestehen** to insists on one's right; **R. beugen** to pervert the course of justice; **R.e einklagen** to sue for one's rights; **für R. erkennen** to find/hold; **eines R.es verlustig gehen** to forfeit a right; **R. genießen** to enjoy a right; **R. haben** to be right; **~ auf** to be entitled to;**das R. auf seiner Seite haben** to have the law on one's side; **von seinem R. Gebrauch machen** to exercise one's right; **im R. sein** to have the law on one's side, to be within one's rights; **R. sprechen** to adjudicate/judge, to dispense justice; **R. verleihen** to confer/grant a right; **R. verletzen** to infringe a right; **R. verlieren/verwirken** to forfeit a right; **auf ein R. verzichten** to waive a right

abgeleitetes Recht derived right; **absolutes R.** abolute right; **alleiniges R.** sole right; **anwendbares R.** applicable law; **ausländisches R.** foreign law; **mit Mängeln behaftetes R.** defective title; **bindendes R.** binding law; **bürgerliches R.** civil/private law; **dingliches R.** real/property right, right in rem *(lat.)*; **einklagbares R.** (legally) enforceable right; **einschlägiges R.** pertinent law; **einzelstaatliches R.** *(EU)* national/state *[US]* law; **erworbenes R.** 1. acquired right; 2. *(Vers.)* accrued right; **formelles R.** procedural/adjective law; **geltendes R.** existing/valid law; **nach geltendem R.** under the law as it stands; **gemeines R.** common law; **richterlich geschöpftes R.** case law; **geschriebenes R.** statutory law; **inländisches/innerstaatliches R.** national/domestic law; **mangelhaftes R.** defect of title; **materielles R.** substantive law; **öffentliches R.** public law; **persönliches R.** 1. private law; 2. personal right; **sachliches R.** substantive law; **subsidiäres R.** subsidiary right; **übertragbares / übertragungsfähiges R.** transferable right; **unangreifbares/unantastbares R.** indefeasible right; **uneingeschränkges R.** absolute right; **ungeschriebenes R.** unwritten law; **unübertragbares/unveräußerliches R.** inalienable right; **unvollkommenes R.** imperfect right; **verbrieftes R.** chartered right; **verfassungsmäßiges R.** constitutional right; **vertragliches R.** contractual law; **wohlerworbenes R.** acquired/vested right; **zukünftiges R.** expectant interest; **zwingendes R.** binding law; **zwischenstaatliches R.** law of nations

recht *adj* right; **r.ens** *adv* lawfully, by rights

rechtfertig|en *v/t* to justify/substantiate; *v/refl* to justify o.s.; **R.ung** *f* justification

rechtlich *adj* 1. legal; 2. lawful, judicial, in law; **r. und tatsächlich** in law and in fact

rechtmäßig *adj* lawful, rightful, legal; **R.-keit** *f* lawfulness, legitimacy, legality

Rechts|abteilung *f* legal department; **R.-abtretung** *f* assignment (of rights), cession

Rechtsanspruch *m* (legal) title/claim; **sich eines R.s begeben** to waive a claim; **R. haben auf** to have a title to, to be (legally) entitled to; **jds R. streitig machen** to dispute so.'s title/claim; **auf einen R. verzichten** to waive a claim

Rechts|anwalt; R.anwältin *m/f* lawyer, solicitor *[GB]*, barrister *[GB]*, advocate, attorney, counsellor at law *[US]*; **R. des Beklagten** counsel for the defendant; **~ Klägers** counsel for the plaintiff

Rechtsanwalts|anderkonto *nt* solicitor's trust account *[GB]*; **R.firma** *f* firm of solicitors *[GB]*; **R.gebühr(en)** *f/pl* solicitor's/lawyer's fee(s), retainer; **R.kammer** *f* the Bar *[GB]*, Law Society *[GB]*; **R.kanzlei** *f* law firm/office *[US]*; **R.sozietät** *f* law firm/partnership

Rechts|argument *nt* legal argument, point of law; **R.auskunft** *f* legal advice; **R.ausübung** *f* exercise of a right; **R.begehren** *nt* petition; **R.begriff** *m* legal term/concept; **R.behelf** *m* (legal/judicial) remedy, legal redress; **R.beistand** *m* 1. (legal) counsel, attorney (at law), solicitor; 2. legal assistance/advice; **R.belehrung** *f* 1. instructing so. on his legal rights; 2. *(Strafrecht)* caution; **R.beratung** *f* legal advice/counselling; **R.beratungskosten** *pl* legal fees; **R.beschwerde** *f* appeal on points of law; **R.verfahren** *nt* appellate procedure; **R.beugung** *f* perversion of (the course of) justice; **R.beziehung** *f* legal relationship; **R.bezirk** *m* jurisdiction;

R.brauch *m* legal custom; **R.bruch** *m* breach/infringement of the law; **R.dezernat** *nt* legal department; **R.einwand** *m* 1. objection, demurrer (at law); 2. estoppel; **r.erheblich** *adj* legally relevant, material
rechtsfähig *adj* 1. judicable; 2. *(Person)* competent; **R.keit** *f* legal capacity
Rechtsfall *m* (law/court) case; **schwebender R.** pending case
Rechtsfehler *m* ↘ **Rechtsirrtum** error in law
Rechts|figur *f* legal concept; **R.form** *f* legal form/status; **~ der Unternehmung** form of business organisation; **R.frage** *f* legal question/issue/problem; **R.gang** *m* course of law, legal procedure; **R.garantie** *f* warranty of title; **R.gedanke** *m* legal concept
Rechtsgeschäft *nt* (legal) transaction, contract; **abstraktes R.** abstract transaction; **anfechtbares R.** voidable transaction; **einseitiges R.** unilateral contract/transaction; **fiduziarisches R.** fiduciary transaction; **nichtiges R.** void transaction; **sittenwidriges R.** transaction contra bonos mores *(lat.)*; **unerlaubtes R.** illicit transaction; **unzulässiges R.** inadmissible transaction
rechts|geschäftlich *adj* contractual; **R.- und Sachmängelgewähr** *f* warranty of title and quality; **R.gewohnheit** *f* legal/judicial custom; **R.gleichheit** *f* equality before the law
Rechts|grundsatz *m* legal principle/maxim; **r.gültig** *adj* legally valid/binding, effective; **R.gutachten** *nt* counsel's opinion; **R.handel** *m* lawsuit, litigation; **R.handlung** *f* legal act/action
rechtshängig *adj* pending at law; **R.keit** *f* pendency
Rechts|hilfe *f* 1. legal aid/assistance; 2. inter-court assistance; **R.hindernis** *nt* legal impediment; **R.irrtum** *m* ↘ **Rechtsfehler** judicial error, error in law; **R.konsulent(in)** *m/f* solicitor; **R.kosten** *pl* legal costs
Rechtskraft *f* legal force/validity; **R. erlangen** to come into force
rechtskräftig *adj* (legally) valid, effective, good, final
rechts|kundig *adj* versed in law; **R.lage** *f* legal position; **nach der R.lage** as the law stands; **R.lücke** *f* deficiency/gap in the law
Rechtsmangel *m* defect in title
Rechtsmängel|garantie; **R.gewähr; R.haftung** *f* warranty of title
Rechtsmittel *nt* (legal) remedy, right of appeal; **R. der Berufung/Revision** right of appeal; **R. nach Billigkeitsrecht** equitable remedy; **durch R. anfechtbar** appealable, appellate
Rechtsmittel einlegen to (lodge an) appeal; **einem R. stattgeben** to uphold an appeal
Rechtsmittel|belehrung *f* caution; **R.einlegung** *f* lodging an appeal; **r.fähig** *adj* appealable, appellate; **R.gericht; R.instanz** *nt/f* court of appeal, appellate court; **R.verfahren** *nt* appeal/appellate procedure, ~ proceedings
Rechtsnachfolge *f* legal succession, sucession in title; **R.r(in)** *m/f* successor in title
Rechts|ordnung *f* legal system; **R.person; R.persönlichkeit** *f* (legal) entity, body corporate
Rechtspflege *f* administration of justice; **R.r** *m* judicial officer, clerk of court
Rechtspflicht *f* legal duty/obligation; **gesetzliche R.** statutory duty
Rechtspraxis *f* practice of the courts
Rechtsprechung *f* 1. jurisdiction; 2. dispensation of justice
Rechtssache *f* 1. (law) case, lawsuit, litigation; 2. judicial problem; **anhängige R.** pending case; **bürgerliche R.** civil case
Rechtsschutz *m* legal defence, protection of title, legal protection; **gewerblicher R.** protection of industrial property (rights); **R.versicherung** *f* legal protection/defence insurance
Rechts|sicherheit *f* legal security; **R.spruch** *m* judgment, award, (court) ruling, verdict; **R.stand; R.status** *m* legal status
Rechtsstreit *m* (law)suit, litigation, court case, action; **R. führen** to litigate; **anhängiger R.** pending lawsuit; **bürgerlicher R.** civil action
Rechts|subjekt *nt* legal entity; **R.system** *nt* legal system
Rechtstitel *m* (legal) title; **einwandfreier/hinreichender/unangreifbarer R.** good title; **mangelhafter R.** defective title; **zweifelhafter R.** doubtful title
Rechtsübergang *m* 1. subrogation, transfer (of title); 2. *(Erbschaft)* devolution of title
rechtsunerheblich *adj* immaterial

rechtsunfähig *adj* incapable; **R.keit** *f* (legal) incapacity

rechts|ungültig *adj* void, invalid; **R.unkenntnis** *nt* ignorance of (the) law; **r.unwirksam** *adj* invalid, void, ineffective, not binding in law; **R.urkunde** *f* legal document; **r.verbindlich** *adj* legally binding, binding in law; **R.verbindlichkeit** *f* legal force; **R.verdreher** *m* prevaricator, pettifogger; **R.verdrehung** *f* prevarication, pettifogging; **R.vereinheitlichung** *f* harmonization of law; **R.verfahren** *nt* (law)suit, action; **R.verhältnis** *nt* legal relationship; **R.verletzung** *f* violation/infringement of the law; **R.verlust** *m* loss/forfeiture of a right; **R.vermutung** *f* legal presumption; **R.verordnung** *f* decree, bylaw; **R.vertreter** *m* 1. proxy, legal representative; 2. *(Anwalt)* counsel, attorney (at law), solicitor; **R.verwirkung** *f* forfeiture (of a right); **R.verzicht** *m* disclaimer, waiver; **R.vorbehalt** *m* legal reservation; **R.vorgang** *m* legal process; **R.vorgänger(in)** *m/f* predecessor in title; **R.vorschrift** *f* legal/statutory provision; **R.vorteil** *m* legal benefit, benefit of law

Rechtsweg *m* 1. legal proceedings/action, litigation; 2. recourse to the law/courts; **R. ausschöpfen** to exhaust the judicial remedies; **R. beschreiten** to take legal action, to institute legal proceedings, to go to court, to proceed

rechts|widrig *adj* illegal, unlawful, illicit; **r.wirksam** *adj* 1. legally effective, effective in law; 2. *(Urteil)* final; **R.wirkung** *f* legal effect; **R.wissenschaft** *f* jurisprudence, law; **R.wohltat des Zweifels** *f* benefit of the doubt; **R.zuständigkeit** *f* juridical competence, jurisdiction

reycelbar *adj* recyclable; **R.keit** *f* recyclability

recyceln *v/t* to recycle

Recycling *nt* recycling; **R. von Hausmüll** domestic/household waste recycling

Recycling|anlage *f* recycling plant; **R.betrieb** *m* 1. recycling operation; 2. recycling plant; 3. recycling company; **R.produkt** *nt* recycled product; **R.wirtschaft** *f* recycling industry

Redakteur *m* editor; **R. des Wirtschaftsteils** financial/City *[GB]* editor

Redaktion *f* 1. editing; 2. editorial staff/office

Rede|pflicht des Abschlussprüfers *f* auditor's duty to report; **R.recht** *nt* right to speak; **R.zeit** *f* speaking time

redigieren *v/t* 1. to edit; 2. *(überarbeiten)* to revise

Rediskont *m* rediscount; **r.fähig** *adj* rediscountable; **r.ieren** *v/t* to rediscount; **R.-kontingent** *nt* rediscount quota; **R.linie** *f* rediscount line; **R.satz** *m* rediscount(ing) rate

Redner(in) *m/f* speaker

Reduktion *f* reduction; **R. der Belegschaft** employee cutback, staff cut; **R.swert** *m* *(Vers.)* paid-up value

redundan|t *adj* redundant; **R.z** *f* redundancy

reduzier|bar *adj* reducible; **r.en** *v/t* 1. to reduce/diminish/cut/decrease; 2. *(Aktivität)* to wind down; **r.t** *adj* reduced, cutrate

Reduzierung *f* reduction, cutback, decrease; **R. des Personals** staff cutback

Reede *f* ⚓ roadstead

Reeder *m* shipowner; **R. und Befrachter** owner and charterer

Reederei *f* shipping company/line; **R.en** *(Börse)* shipping shares *[GB]*/stocks *[US]*

Reederei|agent; R.vertreter *m* ship's/shipping agent; **R.agentur; R.vertretung** *f* shipping agency; **R.betrieb** *m* shipping operation; **R.brief** *m* certificate of registry; **R.geschäfte** *pl* shipping interests; **R.haftpflicht; R.haftung** *f* shipowner's liability; **R.vertrag** *m* contract of shipment

Reexport *m* re-export(ation); **r.ieren** *v/t* to re-export

REFA-|Fachmann *m* time and motion expert; **R.-Studie** *f* time and motion study

Refaktie *f* breakage, shrinkage

Referat *nt* 1. paper, report; 2. *(Abteilung)* department, section; **R.sleiter** *m* head of department

Referent(in) *m/f* 1. speaker; 2. *(Gutachter)* referee, expert; 3. *(Abteilung)* head of department; **persönlicher R.** private/personal secretary

Referenz *f* reference; **R.en angeben/beibringen/nennen** to furnish references; **um eine R. bitten** to ask for a reference; **geschäftliche R.** business reference; **persönliche R.** character reference

Referenz|bank *f* reference bank; **R.jahr** *nt* year under review; **R.periode** *f* reference period; **R.preis** *m* reference price; **R.-schreiben** *nt* reference, testimonial;

R.stichtag *m* reference date; **R.tarif; R.-zoll** *m* ⊖ reference tariff; **R.zeit(raum)** *f/m* reference period; **R.zins(satz)** *m* benchmark rate of interest
referieren *v/t* to report
refinanzier|bar *adj* rediscountable; **r.en** *v/t* 1. to refinance; 2. to rediscount
Refinanzierung *f* 1. refinancing; 2. rediscounting
refinanzierungs|fähig *f* rediscountable; **R.institut der letzten Instanz** *nt* lender of last resort; **R.kredit** *m* refinancing loan; **R.quote** *f* refinancing ratio; **R.rahmen** *m* rediscount line; **R.satz** *m* refinancing rate
Reflation *f* reflation; **R.smarge** *f* reflationary margin
Reflekt|ant *m* prospective buyer, prospect; **r.ieren** *v/ti* to reflect
Reform *f* reform; **R. an Haupt und Gliedern** root-and-branch reform
reformieren *v/t* to reform/overhaul
Refundierung *f* refund; **R.sanleihe** *f* refunding loan
Regal *nt* 1. *(Gestell)* shelf, rack; 2. § royalty; 3. state monopoly; **R.beschicker; R.-großhändler** *m* rack jobber; **R.fläche** *f* shelf space; **R.positionierung; R.präsentation** *f* shelf exposure
rege *adj* 1. brisk, active, busy; 2. *(Börse)* buoyant
Regel *f* rule; **R.n der Technik** *(Pat.)* state of the art; **R. aufstellen** to lay down a rule; **R. beachten** to observe a rule; **R. verletzen** to break a rule
Regel|arbeitszeit *f* normal working time/hours; **R.ausführung** *f* standard model; **R.beförderung** *f* automatic promotion; **R.leistung** *f (Krankenkasse)* normal benefit; **R.lohn** *m* regular earnings
regelmäßig *adj* regular; **R.keit** *f* regularity
regeln *v/t* to regulate/order/arrange; **außergerichtlich r.** to settle out of court; **gesetzlich r.** to provide for by law; **gütlich r.** to settle amicably; **vertraglich r.** to stipulate by contract
regel|recht *adj* 1. regular, normal; 2. proper, correct; **R.spannung** *f* ⚡ standard voltage; **R.spur** *f* 🚂 standard ga(u)ge; **R.-steuersatz** *m* standard tax rate; **R.tarif** *m* standard rate; **R.technik** *f* control engineering
Regelung *f* 1. regulation, control(ling); 2. arrangement(s); 3. regime; 4. settlement; 5. *(Vertragsbestimmung)* provision; **R. des Anspruchs** adjustment (of a claim); **~ Versicherungsfalls** claim settlement
außergerichtliche Regelung out-of-court settlement; **einstweilige R.** interim arrangement; **einvernehmliche/gütliche R.** amicable settlement; **fallweise R.** ad-hoc *(lat.)* arrangement; **gesetzliche R.** statutory provisions; **tarifvertragliche R.** wage/pay settlement; **vergleichsweise R.** § composition; **vertragliche R.** contractual settlement/arrangement
Regel|verletzung *f* infraction of the rules; **R.verstoß** *m* breach of the rules
regelwidrig *adj* 1. irregular; 2. against the rules; **R.keit** *f* 1. irregularity; 2. breach of the rules
Regen *m* rain; **warmer R.** *(fig)* windfall *(fig)*; **R.versicherung** *f* rain insurance; **R.wald** *m* rainforest; **R.zeit** *f* wet/rainy season
Regie *f* 1. administration, management; 2. monopoly; **R.betrieb** *m* publicly operated undertaking; **öffentlicher R.betrieb** public(-law) corporation; **R.kosten** *pl* overhead charges
regieren *v/ti* to govern/rule
Regierung *f* government, administration *[US]*
Regierungs|abteilung; R.amt *f/nt* government department; **R.anleihe** *f* government bond; **R.auftrag** *m* government contract; **R.ausgaben** *pl* government spending; **R.behörde** *f* government agency/authority; **R.bürgschaft** *f* government guarantee; **R.hilfe** *f* government aid; **R.investitionen** *pl* government investment; **R.stelle** *f* government agency/authority; **R.zuschuss** *m* government grant
Region *f* region, area; **benachteiligte R.** handicapped region
regional *adj* regional, provincial
Regional|analyse *f* area study; **R.behörde** *f* area board; **R.beihilfe(n); R.förderung** *f* regional grant/aid; **R.entwicklung** *f* regional development; **R.fonds** *m* regional fund; **R.leiter(in)** *m/f* divisional organiser; **R.planung** *f* regional (economic) planning; **R.verkaufsleiter** *m* area sales manager; **R.wirtschaft** *f* regional economy
Register *nt* register, roll; **R. für Aktienverkäufe** register of transfers *[GB]*; **~ Grund-**

stücksbelastungen Land Charges Register *[GB]*
zum Register anmelden to register; **in ein R. eintragen** to (make an entry in a) register; **im R. löschen** to strike off/delete from the register
Register|abschrift; R.auszug *f/m* abstract from the register; **R.amt** *nt* registration department; **R.beamter; R.führer** *m* registrar; **R.brief** *m* ⚓ certificate of registry; **R.einsicht** *f* inspection of the register; **R.eintragung** *f* registration; **R.gebühr** *f* registration fee; **R.hafen** *m* ⚓ port of register; **R.pfandrecht** *nt* lien of record; **R.schiff** *nt* registered ship; **R.schiffsraum; R.tonnage** *m/f* registered tonnage; **R.schrank** *m* filing cabinet; **R.tonne** *f* register ton
Registrator *m* registrar, recorder
Registratur *f* 1. registry; 2. archives, files; **R.angestellte(r); R.gehilfe; R.gehilfin** *f/m/f* filing/file *[US]* clerk; **R.system** *nt* filing system
registrieren *v/t* to register/record/file/enter
registrier|fähig *adj* registrable; **R.kasse** *f* cash register; **R.stelle** *f* registration office
registriert *adj* registered, listed, on record
Registrierung *f* registration, recording, filing; **R. von Aktien** inscription *[GB]*; **R. einer Gesellschaft** company registration *[GB]*, incorporation *[US]*
Registrierungs|ausweis; R.bescheinigung *m/f* certificate of registration; **R.land** *nt* country of registration
reglementier|en *v/t* 1. to regulate/control; 2. *(Preise)* to administer; **R.ung** *f* control, administration
Regress *m* § redress, recourse (to); **ohne R.** no/without recourse; **R. mangels Annahme** recourse for want of acceptance; **~ Zahlung** recourse in default of payment; **R. geltend machen** to seek recourse/redress; **R. nehmen** to have recourse
Regressanspruch *m* right of recourse; **ohne R.** without recourse; **R.ansprüche geltend machen** to seek redress/recourse; **~ verlieren** to forfeit the right of redress; **sich ~ vorbehalten** to reserve the right of redress
Regress|forderung *f* claim for compensation; **R.haftung; R.verpflichtung** *f* liability to recourse
Regression *f* regression, retrogression
regressiv *adj* regressive
Regress|klage *f* § recovery suit; **r.los** *adj* non-recourse; **ohne R.möglichkeit** *f* without recourse
Regresspflicht *f* liability to recourse, third-party indemnity; **r.ig** *adj* liable to recourse
Regress|recht *nt* right of recourse; **R.risiko** *nt* third-party risk; **R.schuldner(in)** *m/f* party liable to recourse; **R.versicherung** *f* third-party insurance
Regressverzicht *m* waiver of recourse; **R.sabkommen** *nt (Vers.)* knock-for-knock agreement
auf dem Regresswege by way of recovery
regulär *adj* regular, scheduled
Regularien *pl* rules
regulieren *v/t* 1. to regulate/control; 2. *(Vers.)* to adjust
Regulierung *f* 1. settlement, payment; 2. *(Vers.)* adjustment; **R. ohne Anerkennung einer Rechtspflicht** *(Vers.)* settlement without prejudice; **R. in bar** cash settlement; **R. eines Schadens(falls)/Versicherungsfalls** adjustment of a claim
Regulierungs|beamter; R.beauftragter *m (Vers.)* loss adjuster; **R.behörde** *f* regulator, watchdog *(coll)*
Rehabilitierung *f* rehabilitation; **R. eines Gemeinschuldners** discharge of a bankrupt; **~ Konkursschuldners** discharge in bankruptcy
Rehabilitierungs|beschluss *m* § discharge order; **R.schein** *m* bankrupt's certificate
Reibach machen *m (coll)* to make a fortune
Reibung *f* friction; **R.-sschaden** *m* chafage
reich *adj* wealthy, rich, affluent
Reichtum *m* wealth, property, affluence; **zu R. gelangen** to make a fortune; **mit seinem R. protzen; seinen R. zur Schau stellen** to flaunt one's wealth
Reichweite *f* 1. range, scope; 2. *(Werbung)* coverage *[GB]*, reach *[US]*
Reife *f* maturity; **r.n** *v/i* to mature/ripen
Reifen *m* 🚗 tire *[US]*, tyre *[GB]*; **runderneuerter R.** recap *[US]*, remould *[GB]*
Reife|phase *f* maturity stage; **R.zeit** *f* gestation period
Reihe *f* 1. row, series, sequence, set; 2. range
Reihen|abschluss *m (Börse)* chain trans-

action; **R.fabrikation; R.fertigung** *f* serial/mass/volume production; **R.eigenheim** *nt* terraced *[GB]*/row *[US]* house

Reihenfolge *f* order (of sequence); **absteigende R.** descending order; **aufsteigende R.** ascending order; **umgekehrte R.** reverse order; **zeitliche R.** chronological order

Reihenfolge|planung *f* sequencing, job shop scheduling; **R.verfahren** *nt* first-come-first-served method

Reihen|geschäft *nt* chain/serial transaction; **R.haus** *nt* terraced *[GB]*/row *[US]* house; **R.nummer** *f* serial number; **R.regress; R.rückgriff** *m (Wechsel)* recourse in order of endorsers

rein *adj* 1. clean, pure, spotless; 2. net; 3. unbiased; 4. uncontaminated, emission-free

Rein|auslagen *pl* net expenditures; **R.betrag** *m* net amount; **R.bilanz** *f* net balance; **R.dividende** *f* net dividend; **R.einkommen** *nt* net income; **R.einnahme** *f* net revenue(s); **R.ergebnis** *nt* net profit/loss; **R.erlös** *m* net proceeds

Reinertrag *m* net profit/earnings/proceeds; **R.sübersicht** *f* statement of net proceeds; **R.sverwendung** *f* application of net proceeds

Reinfall *m* non-event, flop, failure

Rein|fracht *f* dead freight; **R.gewicht** *nt* net weight (nt. wt.)

Reingewinn *m* net profit/earnings/income, earnings after tax(es); **R. nach Steuern/Versteuerung** net profit (after tax/taxation); **R. abwerfen/erzielen/haben** to net; **ausschüttungsfähiger/unverteilter R.** unappropriated net earnings

Reinheit *f* purity

reinig|en *v/t* to clean/cleanse/purify; **R.ung** *f* clean-up, purification, clean(s)ing

Rein|saldo *m* net balance; **R.überschuss** *m* net surplus; **R.umsatz** *m* net sales/turnover; **R.verdienst** *m* net earnings/income; **R.verlust** *m* net loss; **R.vermögen** *nt* net assets; **~ der Gesellschafter** shareholders' *[GB]*/stockholders' *[US]* equity

reinvest|ieren *v/t* to reinvest, to plough *[GB]*/plow *[US]* back; **R.ion** *f* reinvestment, plough(ing)-back *[GB]*, plow(ing)-back *[US]*

Reise *f* 1. journey, trip; 2. ⚓ voyage; **R.akkreditiv** *nt* traveller's letter of credit; **R.anbieter** *m* tour operator; **R.ausgaben; R.auslagen** *pl* travel spend(ing); **R.beschränkungen** *pl* travel restrictions; **R.bestimmungen** *pl* travel regulations; **R.bilanz** *f* travel account; **R.büro** *nt* travel agency/agent; **R.bus** *m* coach; **R.charter** *f* ⚓ voyage charter; **R.dienst** *m* travel service; **R.fracht** *f* ⚓ voyage freight; **R.gebiet** *nt (Vertreter)* territory; **R.geld** *nt* travel funds; **R.genehmigung** *f* travel permit

Reisegepäck *nt* (traveller's) baggage *[US]*/luggage *[GB]*; **R.versicherung** *f* baggage insurance

Reisegewerbe *nt* itinerant trading, peddling; **R.treibender** *m* itinerant trader, peddler

Reisekosten *pl* travel(ling) expenses; **R.entschädigung; R.zuschuss** *f/m* travelling allowance; **R.erstattung** *f* refund of travel expenses

Reise|kreditbrief *m* traveller's letter of credit; **R.land** *nt* holiday/tourist country

Reisen *nt* travel(ling), touring; **r.** *v/i* to travel/tour

Reisende(r) *f/m* 1. traveller, tourist; 2. representative, commercial traveller, (travelling) salesman

Reise|police *f* ⚓ voyage policy; **R.prospekt** *m* travel brochure; **R.scheck** *m* traveler's check *[US]*, traveller's cheque *[GB]*; **R.spesen** *pl* travel(ling) expenses; **R.tätigkeit** *f* travelling; **R.unfallversicherung** *f* travel accident insurance; **R.unterlagen** *pl* travel documents; **R.unterbrechung** *f* stopover; **R.unternehmen; R.unternehmer; R.veranstalter** *nt/m* tour operator

Reiseverkehr *m* 1. tourism, (tourist) travel; 2. holiday traffic

Reiseverkehrs|ausgaben *pl* tourist/travel spending; **R.bilanz** *f* tourist balance; **R.einnahmen** *pl* tourist/travel receipts

Reise|versicherung *f* 1. travel insurance; 2. ⚓ voyage policy; **R.vertrag** *m* travel contract; **R.vertreter** *m* commercial traveller, travelling salesman, rep *(coll)*; **R.zahlungsmittel** *pl* travel funds; **R.zeit** *f* 1. tourist season; 2. travel(ling) time; **R.ziel** *nt* destination; **R.zuschuss** *m* travel grant

Reißbrett *nt* drafting *[US]*/drawing board; **R.stadium** *nt* blueprint stage

R

Reißer *m* 1. *(Buch)* best-seller; 2. *(Ware)* fast-selling item
Reißwolf *m* shredder
Reitwechsel *m* kite, windbill
Reklamation *f* complaint, claim
Reklamations|abteilung; R.stelle *f* complaints/claims department; **R.brief; R.-schreiben** *m/nt* letter of complaint
Reklame *f* ↘ **Werbung** advertising, publicity, promotion
Reklame|agentur *f* advertising agency; **R.-artikel** *m* free sample/gift; **R.aufwendungen** *pl* advertising expenses; **R.broschüre** *f* advertising brochure; **R.drucksache** *f* advertising matter; **R.feldzug** *m* advertising campaign; **R.fläche** *f* billboard, hoarding; **R.geschenk** *nt* free gift; **R.sendung** *f* *(Radio/Fernsehen)* commercial (break); **R.tafel** *f* billboard; **R.träger** *m* advertising medium; **R.trommel rühren** *f (fig)* to beat the drum *(fig)*; **R.verbot** *nt* advertising ban; **R.wand** *f* billboard, hoarding; **R.-zeichner** *m* commercial artist; **R.zettel** *m* leaflet, handbill, flyer
reklamieren *v/t* 1. *(beanstanden)* to complain; 2. *(beanspruchen)* to claim; 3. *(Einspruch erheben)* to protest
Rekord *m* record, all-time high; **R.absatz** *m* record sales; **R.betrag** *m* record amount; **R.ergebnis** *nt* record result; **R.ernte** *f* bumper crop; **R.gewinn** *m* record profit
Rekordhöhe *f* all-time high; **R. erreichen** to peak
Rekord|marke; R.niveau; R.stand; R.wert *f/nt/m/m* record level, all-time high; **R.-tiefststand** *m* all-time low
rekrutieren *v/t* to recruit
Rekta|indossament *nt* *(Wechsel)* restrictive endorsement; **R.klausel** *f* non-negotiable clause; **R.konnossement** *nt* straight bill of lading; **R.lagerschein** *m* non-negotiable warehouse receipt; **R.papier** *nt* non-negotiable instrument; **R.scheck** *m* non-negotiable check *[US]*/cheque *[GB]*; **R.wechsel** *m* non-negotiable bill of exchange
rekultivieren *v/t* *(Land)* to recultivate/rehabilitate
Rekurs *m* recourse
Relation *f* 1. ratio; 2. *(Verkehr)* route; 3. relation(ship); **R.sprinzip** *nt (Inventur)* first-in-first-out (fifo) principle
relevan|t *adj* relevant, material; **R.z** *f* relevance
Rembours *m* *(Bank)* reimbursement, commercial letter of credit (L/C); **R.bank** *f* merchant bank; **R.geschäft** *nt* 1. merchant banking; 2. documentary credit transactions
Rembourskredit *m* documentary letter of credit (L/C); **R.institut** *nt* merchant bank
Rembours|linie *f* acceptance credit line; **R.regress; R.rückgriff** *m* reimbursement recourse; **R.tratte** *f* documentary draft; **R.wechsel** *m* documentary draft/bill
Remission *f* return
Remittende *f* returned article; **R.en** returns, remainders; **als R. abgeben** to remainder
Remittent *m* consignor, remitter
remittieren *v/t* 1. to remit; 2. *(Waren)* to return
Rendite *f* yield, profit, return; **R. des Eigenkapitals** return on equity (ROE); **R. nach Steuern** after-tax yield; **R. vor Steuern** pre-tax yield; **R. basierend auf abgezinsten Zahlungsströmen** cash-flow return on investment (CFROI)
angemessene Rendite fair return; **effektive R.** net yield; **feste R.** fixed yield; **laufende R.** current yield; **sinkende R.** diminishing return
Rendite|aktie *f* high-yield share *[GB]*/stock *[US]*; **R.erwartung** *f* profit expectation; **R.gefälle** *nt* yield differential; **R.-objekt** *nt (Immobilie)* high-yield property; **R.satz** *m* rate of return; **r.schwach** *adj* low-yield; **r.stark; r.trächtig** *adj* high-yield; **R.unterschied** *m* yield differential; **R.wert** *m* high-yield stock; **R.ziel** *nt* targeted yield
Renner *m* top-selling item
Renommee *nt* reputation, renown
renovier|en *v/t* to renovate/refurbish; **R.ung** *f* renovation, refurbishment
rentabel *adj* profitable, lucrative, remunerative
Rentabilität *f* return on investment (ROI), ~ capital employed (ROCE)
Rentabilitäts|grenze *f* break-even point; **R.kennzahl** *f* efficiency ratio; **R.niveau** *nt* level of profitability; **R.rechnung** *f* cost accounting, investment appraisal; **R.-schwelle** *f* break-even point; **~ erreichen** to break even; **R.vergleichsrechnung** *f* return-on-investment method; **R.ziffer** *f* break-even figure; **in der R.zone** in the black *(fig)*

Rente *f* 1. (old-age) pension, annuity; 2. economic rent; 3. *(Kapitalertrag)* yield, return; **R. ohne Beitragspflicht** non-contributory pension; **R. auf Hypothekenbasis** home income plan; **R. auf den Überlebensfall** reversionary annuity

Rente ablösen to redeem an annuity; **in R.n anlegen** to invest in bonds; **für jdn eine R. aussetzen** to settle an annuity on so.; **R. bekommen/beziehen** to draw/receive a pension; **zu einer R. berechtigen** to carry a pension; **in R. gehen** to retire (on a pension); **vorzeitig ~ gehen** to take early retirement; **R. gewähren** to pay/grant an annuity

aufgeschobene Rente deferred annuity; **ausländische R.n** foreign bonds; **bedingte R.** contingent annuity; **beitragsfreie R.** non-contributory pension; **beitragspflichtige R.** contributory pension; **dynamische R.** index-linked pension; **einkommensbezogene R.** earnings-related pension; **festverzinsliche R.n** fixed interest-bearing securities; **individuelle R.** personal pension; **kündbare R.** terminable/redeemable annuity; **lebenslängliche R.** life/perpetual annuity; **nominelle R.** *(Miete)* peppercorn rent; **ökonomische R.** economic rent; **steuerfreie R.** tax-free pension; **übertragbare R.** portable pension; **verbundene R.** joint-life annuity; **vorgezogene/vorzeitige R.** early retirement pension; **wirtschaftliche R.** economic rent

Renten|ablösung *f* commutation of a pension; **R.alter** *nt* pension(able)/retirement age; **gesetzliches R.alter** statutory pension(able)/retirement age; **R.anhebung** *f* pension increase; **R.anlage** *f* investment in bonds; **R.anpassung** *f* pension adjustment; **R.anspruch** *m* pension claim/entitlement, eligibility for a pension

Renten|antrag *m* application for a pension; **R.anwartschaft** *f* pension expectancy; **R.auszahlung** *f* pension payment; **R.bank** *f* mortgage bank; **R.beitrag** *m* pension contribution; **R.bemessung** *f* pension assessment; **R.berater(in)** *m/f* pension/retirement adviser; **r.berechtigt** *adj* pensionable, eligible for a pension; **R.besitzer(in)** *m/f* fixed-interest security holder; **R.bestand** *m* 1. *(Vers.)* annuity portfolio; 2. *(Börse)* bond holdings; **R.buch** *nt* pension book; **R.dynamik** *f* indexation of pensions; **R.einkommen** *nt* 1. *(Miete)* rental income; 2. unearned income; **R.empfänger(in)** *m/f* 1. pensioner, 2. annuitant; **R.erhöhung** *f* pension increase; **r.fähig** *adj* pensionable; **R.fonds** *m* bond fund; **R.händler** *m* bond dealer; **R.höhe** *f* pension level; **R.kapitalversicherung** *f* endowment assurance/insurance; **R.kurs** *m* bond price; **R.last** *f* pension costs; **R.leistungen** *pl* pension benefits

Rentenmarkt *m* bond/fixed-interest market; **R.titel** *m* fixed-interest security, bond

Renten|niveau *nt* pension level(s); **R.plan** *m* annuity plan; **~ mit veränderlichen Auszahlungsbeträgen** variable annuity plan; **R.papier** *nt* bond, fixed-income security; **R.portefeuille** *nt* bond holdings; **R.titel** *pl* bonds and debentures; **R.träger** *m* pension fund

Rentenversicherung *f* 1. old-age pension insurance; 2. *(privat)* retirement plan; **beitragsfreie R.** non-contributory pension scheme/plan; **beitragspflichtige R.** contributory pension scheme/plan; **berufsbezogene R.** occupational pension scheme; **einkommensbezogene R.** earnings-related pension scheme; **staatliche ~ R.** state earnings-related pension scheme (SERPS) *[GB]*

Rentenversicherungs|anspruch *m* pension entitlement; **R.beitrag** *m* national insurance contribution (NIC) *[GB]*; **R.träger** *m* pension fund

Rentenwert *m* *(Börse)* fixed-interest security, bond

Rentier *m* 1. rentier; 2. pensioner

rentier|en *v/refl* to pay, to be profitable, to yield a return, to make commercial sense; **r.lich** *adj* profitable, remunerative; **hoch ~** high-yield; **wenig ~** low-yield

Rentner *m* (old-age) pensioner (OAP), senior citizen, retiree

Reorganis|ation *f* reorganisation, restructuring; **r.ieren** *v/t* to reorganise/restructure

Reparation *f* reparation(s)

Reparatur *f* repair (work); **R. und Wartung** repair and servicing

Reparatur|auftrag *m* repair order; **R.aufwand** *m* repair costs; **r.bedürftig** *adj* in need of repair, in a state of disrepair; **R.dienst** *m* repair service; **R.kosten** *pl*

cost(s) of repairs; **R.leistungen** *pl* repairs; **R.rechnung** *f* repair bill; **R.werkstatt** *f* 🚗 garage

reparierbar *adj* repairable; **nicht r.** beyond repair

reparieren *v/t* to repair/fix

repartier|en *v/t* *(Aktien)* to apportion/(re)allot; **R.ung** *f* apportionment, (re)-allotment

repatriier|en *v/t* to repatriate; **R.ung** *f* repatriation

Repo-Geschäft *nt* *[D]* repo, repurchase agreement

Report *m* *(Kursabschlag)* contango (day); **R.arbitrage** *f* commodity arbitrage; **R.-effekten** *pl* contango securities; **R.gebühr** *f* contango rate; **R.geld** *nt* contango money; **R.geschäft** *nt* contango business

reportier|en *v/t* to trade on margin; **R.ung** *f* trading on margin

Report|makler *m* contango broker; **R.prämie; R.satz** *f* contango (rate); **R.tag; R.-termin** *m* contango/making-up day

Repo-(Zins)Satz *m* *[D]* repo rate

Repräsentant(in) *m/f* representative

Repräsentanz *f* 1. representation; 2. agency, branch

Repräsentations|aufwand; R.aufwendungen; R.kosten *m/pl* entertainment expense(s); **R.haftung** *f* vicarious liability; **R.inserat** *nt* image advertisement; **R.umfrage** *f* representative survey; **R.-werbung** *f* institutional/image advertising; **R.zulage** *f* entertainment allowance

repräsentativ *adj* representative; **R.befragung; R.umfrage** *f* sample poll; **R.erhebung** *f* sample survey

repräsentieren *v/t* to represent

Reprise *f* *(Börse)* recovery

reprivatisier|en *v/t* to (re)privatize; **R.ung** *f* (re)privatization

Reproduktion *f* 1. reproduction; 2. *(Gegenstand)* replica

Reproduktions|faktor *m* reproduction factor; **R.kosten** *pl* reproduction cost(s); **R.rate; R.ziffer** *f* reproduction rate; **R.-wert** *m* replacement value

requirier|en *v/t* to requisition; **R.ung** *f* requisition(ing)

Reserve *f* 1. reserve, stockpile; 2. reserve fund; **R. an Arbeitskräften** labo(u)r reserve; **R. für besondere Fälle** contingency fund; **R.n für zweifelhafte Forderungen** doubtful reserves

Reserven angreifen to draw on the reserves; **R. auffüllen** to replenish reserves; **R. mobilisieren** to liquidate reserves; **letzte R. verbrauchen** to scrape the barrel *(fig)*; **R. vorhalten** 1. to carry reserves; 2. to keep/maintain buffer stocks

ausgewiesene Reserve|n declared reserves; **bare R.n** cash reserves; **gesetzliche R.** *(Bank)* statutory reserve(s); **offene R.(n)** disclosed/declared reserve(s); **stille R.n** hidden/undisclosed reserves; **technische R.** *(Vers.)* technical reserve(s); **gesetzlich vorgeschriebene R.** statutory reserves

Reserve|aktivum *nt* reserve asset; **R.anlage** *f* standby plant; **R.bank** *f* reserve bank; **R.bedarf** *m* reserve requirement(s); **R.bestand** *m* buffer/safety stocks; **R.betrag für unvorhergesehene Fälle** *m* contingency fund; **R.einheit** *f* 1. reserve asset; 2. *(IWF)* reserve unit; **R.entnahme** *f* withdrawal from reserves; **R.fonds** *m* reserve fund; **R.gerät** *nt* standby (unit); **R.-guthaben** *nt (IWF)* reserve assets; **R.haltung** *f* reserve management; **R.kapazität** *f* spare capacity; **R.kapital** *nt* capital reserve; **R.lager** *nt* buffer stock(s); **R.mittel** *nt* reserve asset/facility; **R.pflicht** *f* reserve requirement; **R.position** *f (IWF)* reserve position; **R.posten** *m* reserve item; **R.soll** *nt* minimum reserve requirement; **R.vorschriften** *pl* reserve requirements; **R.währung** *f* reserve currency

reservier|en *v/t* to reserve/book; **r.t** *adj* 1. *(besetzt)* engaged, occupied; 2. *(zurückhaltend)* reserved

Reservierung *f* reservation, (advance) booking

Reservoir *nt* pool, reservoir

Resolution *f* resolution, motion

Respekt *m* respect, esteem; **R.frist** *f (Wechsel)* period/days of grace

respektieren *v/t* 1. to respect; 2. *(Wechsel)* to honour

Respekttage *pl* *(Wechsel)* days of grace

Ressort *nt* (government) department, portfolio; **R.chef** *m* head of department

ressortieren bei *v/prep* to fall within the province of

Ressort|leiter(in) *m/f* head of department; **r.übergreifend** *adj* cross-departmental

Ressourcen *pl* resources; **R.allokation** *f* allocation of resources; **R.schonung** *f*

conservation of resources; **R.verbrauch** *m* consumption of resources

Rest *m* 1. remainder; 2. balance, surplus; **R.e** *(Ware)* remains, remnants, odds and ends; **R. begleichen/bezahlen** to pay (off) the balance

Restant *m* defaulter, delinquent debtor; **R.en** *pl* 1. slow-moving items; 2. *(Buchung)* suspense items; 3. *(Effekten)* leftovers

Rest|arbeitslosigkeit *f* hard-core unemployment; **R.bestand** *m* 1. remainder, balance; 2. remaining stock; **R.betrag** *m* residual amount; **R.buchwert** *m* residual (book) value

Reste|partie *f* odd lot; **R.verkauf** *m* remnants sale; **R.waren** *pl* remnants, oddments

Rest|forderung *f* residual claim; **R.guthaben** *nt* remaining credit balance

restituieren *v/t* to restitute

Restitution *f* restitution; **R.sanspruch** *m* restitutory claim

Rest|kapital *nt* remaining/residual capital; **R.kosten** *pl* residual cost(s); **R.laufzeit** *f* unexpired term, remaining maturity/life; **R.lebensdauer** *f* unexpired life; **R.lohn** *m* outstanding wage; **R.masse** *f* remaining assets; **R.müll** *m* residual waste; **R.nutzungsdauer** *f* remaining (useful) life; **R.-partie** *f* odd lot; **R.posten** *m* 1. residual item; 2. *(Bilanz)* balancing item; **R.preis** *m* residual price

Restriktion *f* restriction; **wirtschaftliche R.en** economic constraints

restriktiv *adj* restrictive

restrukturier|en *v/t* to restructure; **R.ung** *f* restructuring

Rest|saldo *m* (remaining) balance; **R.-schuld** *f* residual/remaining debt; **R.stoff** *m* waste; **R.summe** *f* remainder, outstanding sum; **R.waren** *pl* remnants; **R.wert** *m* 1. *(Abschreibung)* residual/book value; 2. ⚓/🚗 salvage value; **R.zahlung** *f (Rate)* final instalment

Result|at *nt* result, outcome; **r.ieren aus** *v/i* to result from

Retorsionszoll *m* ⊝ retaliatory duty/tariff

Retoure *f* return, returned consignment/shipment

Retouren|buch; R.journal *nt* (sales) returns journal

Retourfracht *f* cargo homeward *[GB]*, returned shipment *[US]*

retourniert werden *(Scheck/Wechsel)* to bounce

Retour|provision *f* return commission; **R.rechnung** *f* return account; **R.scheck** *m* returned check *[US]*/cheque *[GB]*; **R.sendung** *f* cargo homeward *[GB]*, returned shipment *[US]*; **R.waren** *pl* returns; **R.-wechsel** *m* returned bill

retro|zedieren *v/t* to retrocede; **R.zession** *f* retrocession

retten *v/t* 1. to rescue/save; 2. ⚓/⛴ to salvage

Rettung *f* 1. rescue (operation); 2. salvage

Rettungsaktion *f* rescue operation; **finanzielle R.** financial rescue package

Rettungs|dienst *m* rescue service; **R.fahrzeug** *nt* rescue vehicle; **R.kolonne; R.-mannschaft; R.trupp** *f/m* rescue party; **R.lohn** *m* ⚓ salvage money; **R.maßnahme** *f* rescue operation; **R.versuch** *m* rescue bid/attempt; **R.wagen** *m* rescue vehicle; **R.weg** *m (Feuer)* fire exit/escape

Reu|fracht *f* dead freight; **R.geld** *nt* penalty

revalorisieren *v/t* to revalorize

Revers *m* 1. bond, undertaking; 2. *(Konnossement)* letter of indemnity

revidieren *v/t* 1. to review/revise; 2. to audit/check; **nach oben/unten r.** to revise upwards/downwards

Revier *nt* 1. district, area; 2. ⚒ coalfield

Revision *f* 1. review, revision; 2. *(Bilanz)* audit(ing) (of accounts); 3. § appeal, appellate proceedings; **R. der Bilanz** balance sheet audit; **~ Geschäftsbücher** inspection of the books

Revision durchführen to audit; **R. einlegen** § to (lodge an) appeal; **einer R. stattgeben** to uphold an appeal; **R. verwerfen/zurückweisen** to dismiss an appeal; **R. vornehmen** to audit; **R. zulassen** § to grant leave to appeal

außerbetriebliche/betriebsfremde/externe Revision external audit(ing); **betriebseigene/interne R.** internal audit(ing)

Revisions|abteilung *f* audit(ing) department; **R.antrag** *m* § appeal; **R.auftrag** *m* auditing order; **R.behörde** *f* review body/board; **R.bekagte(r)** *f/m* appellee; **R.bericht** *m* auditor's report; **R.beschwerde** *f* appeal; **R.entscheidung** *f* appellate decision; **r.fähig** *adj* 1. reviewable; 2. auditable; 3. § appealable; **R.frist** *f* time for appeal; **R.gericht** *nt* court of appeal; **R.-gesellschaft** *f* (firm of) auditors; **R.instanz** *f* court/stage of appeal; **R.kläger(in)** *m/f* appellant; **R.pflicht** *f* auditing requirement(s); **R.protokoll** *nt* audit certificate; **R.richtlinien; R.vorschriften** *pl* audit(ing) standards; **R.verfahren** *nt* 1. auditing procedure; 2. appeal procedure; **R.verhandlung** *f* hearing of an appeal; **R.vermerk** *m* auditor's opinion; **R.zeitraum** *m* auditing period

Revisor *m* 1. auditor, comptroller, accountant; 2. inspector; **öffentlich zugelassener R.** chartered accountant *[GB]*, certified public accountant *[US]*

revolvierend *adj* *(Kredit)* revolving

Rezens|ent(in) *m/f* reviewer; **R.ion** *f* review

Rezept *nt* 1. recipe; 2. ⚕ prescription; **R.-gebühr** *f* prescription charge

Rezeption *f* reception (desk)

Rezession *f* recession, slump, economic downturn/downswing; **anhaltende R.** lingering recession

Rezessions|- recessionary; **R.faktor** *m* recessionary factor; **R.politik** *f* contractionary policy; **R.tendenz** *f* recessionary trend; **R.tief** *nt* recessionary trough

reziprok *adj* reciprocal

Reziprozität *f* reciprocity; **R.sklausel** *f* reciprocity clause

Richt|arbeitsplatz *m* benchmark job; **R.-bestand** *m* target inventory level

richten *v/t* § judge/adjudge/adjudicate

Richter(in) *m/f* judge

Richter|amt *nt* judicial function; **R.recht** *nt* case law

Richtgröße *f* guideline, yardstick, benchmark

richtig *adj* right, proper, correct

Richtigkeit *f* accuracy, correctness, truth; **für die R. der Abschrift** certified as a true copy

richtig stellen *v/t* to rectify/correct

Richtigstellung *f* correction

Richt|kosten *pl* standard cost; **R. kurs** *m* reference rate

Richtlinie *f* guideline, directive

Richtlinien|entwurf *m* draft directive; **R.-katalog** *m* catalogue of guidelines

Richt|maß *nt* standard, ga(u)ge; **R.menge** *f* target quantity

Richtpreis *m* target/benchmark/administered *(EU)* price; **unverbindlicher R.** suggested price

Richt|satz *m* standard/target rate; **R.-schnur** *f* guide(line), yardstick

Richtung *f* direction, tendency, trend, drift

Richtungs|änderung; R.wechsel *f/m* change of direction

Richt|wert *m* standard, target, benchmark; **R.zahl** *f* index, ballpark figure *[US]*

Riesen|- jumbo, bumper; **R.containerschiff** *nt* jumbo container vessel; **R.dividende** *f* melon *(coll)*; **R.geschäft** *nt* jumbo/mega deal; **R.gewinn** *m* thumping profit; **~ machen** to make a killing *(fig)*; **R.konzern** *m* mammoth group; **R.projekt** *nt* mega-project; **R.sprung** *m* quantum leap; **R.unternehmen** *nt* corporate giant

riesig *adj* gigantic, immense, vast, huge

Rikambio(wechsel) *m* *(ital.)* redraft, reexchange

Rimesse *f* 1. remittance, 2. bill/note receivable *[US]*; **R.nkonto** *nt* remittance account, bills receivable account *[US]*

Ring *m* 1. ring, pool; 2. group, syndicate, cartel; 3. pit; **R.makler** *m* floor broker; **R.tausch** *m* 1. bartering; 2. roundabout exchange; **R.vertreter** *m* *(Börse)* market representative

Risiko *nt* risk, hazard, peril, jeopardy; **auf eigenes R.** at one's own risk; **ohne R.** no risk (n/r)

Risiko des Eigentümers owner's risk (O.R.); **~ Frachtführers** carrier's risk; **R. höherer Gewalt** fundamental risk; **auf R. des Käufers** caveat emptor *(lat.)*, let the buyer beware; **~ Spediteurs** carrier's risk; **frei von jedem R. bei gewaltsamer Wegnahme, Beschlagnahme, Aufruhr und Revolution** free of capture, seizure, riots and civil commotion (f.c.s.r. & c.c.); **(gegen) alle Risiken** against all risks (a.a.r.)

Risiko (ab)decken to cover a risk; **R. ausschalten** to eliminate a risk; **R. eingehen** to (incur/run a) risk; **kein R. eingehen** to play safe; **Risiken streuen/verteilen** to spread risks; **R. tragen** to bear the risk; **R. übernehmen** *(Vers.)* to take a line; **R. versichern** to underwrite a risk

akutes Risiko imminent risk; **berufliches R.** occupational hazard; **erhöhtes R.** aggravated risk; **finanzielles/finanzwirtschaftliches R.** financial risk; **geschäftliches R.** commercial risk; **(handels)übli-**

R

ches R. customary risk; **ungedecktes R.** uninsured risk; **unvermeidbares R.** unavoidable hazard; **versicherbares R.** insurable risk; **wirtschaftliches R.** economic risk

Risiko|abdeckung; R.absicherung *f* hedging (operation); **R.abschätzung** *f* risk appraisal/assessment; **R.abteilung** *f (Vers.)* underwriting department; **r.arm** *adj* low-risk; **R.aufschlag** *m* risk premium/surcharge; **R.ausgleich** *m* risk sharing; **R.auslese** *f* selection of risks; **R.ausschluss** *m* exclusion of risks; **R.beginn** *m* commencement of risk; **R.begrenzung** *f* risk limitation; **R.beteiligung** *f* retained/uninsured percentage (of loss); **R.beurteilung; R.bewertung; R.einschätzung** *f* risk rating/assessment; **R.faktor** *m* risk factor; **R.gewichtung** *f* risk weighting; **R.grad** *m* risk exposure

Risikokapital *nt* venture capital; **R.fonds** *m* venture capital fund; **R.geber** *m* venture capitalist; **R.gesellschaft** *f* venture capital company; **R.markt** *m* venture capital market

Risiko|klausel *f* peril clause; **R.lebensversicherung** *f* term assurance *[GB]*/insurance *[US]*; **R.papier** *nt* equity (stock); **R.prämie** *f* risk premium; **r.reich** *adj* high-risk, hazardous; **R.rücklage** *f* contingency reserve; **r.scheu** *adj* risk-averse; **R.schutz** *m (Vers.)* cover(age); **R.steuerung** *f* risk management; **R.streuung** *f* spreading of risks, risks-sharing (scheme); **r.trächtig** *adj* risk-prone; **R.übergang** *m* transfer of risk; **R.übernahme** *f* acceptance/assumption of risk; **volle R.übernahme** full cover(age); **R.unternehmen** *nt* venture capital company; **R.vermeidung** *f* avoidance of risks; **R.versicherung** *f* term assurance *[GB]*/insurance *[US]*; **R.verteilung** *f* spreading of risks; **R.vorsorge** *f* 1. provision against contingencies; 2. *(Kredit)* loan loss provisions; **R.zuschlag** *m* risk surcharge

riskant *adj* dangerous, hazardous, risky

riskieren *v/t* to risk/venture/hazard

ristornieren *v/t* to cancel

Roboter *m* robot; **R.technik** *f* robotics

roh *adj* 1. rough; 2. unrefined, crude; 3. gross

Roh|aufwand *m* gross expenditure; **R.betrag** *m* gross amount; **R.bilanz** *f* rough/trial balance; **R.einkommen; R.einkünfte; R.einnahme(n)** *nt/f/pl* gross revenue(s); **R.entwurf** *m* rough draft; **R.ergebnis** *nt* gross profit/loss; **R.erlös** *m* gross proceeds; **R.ertrag** *m* gross profit/earnings; **R.gewicht** *nt* gross weight

Rohgewinn *m* gross profit; **R.spanne** *f* gross margin

Roh|material *nt* raw material; **R.miete** *f* gross rent; **R.öl** *nt* crude (oil), petroleum; **R.produkt** *nt* primary commodity

Rohr *nt* tube, pipe; **R.bruch** *m* pipe burst, burst pipe

Roh|saldo *m* rough balance; **R.skizze** *f* rough sketch

Rohstoff *m* commodity, raw material, primary product; **R.ausfuhr** *f* raw material exports; **R.börse** *f* commodity/mercantile exchange; **R.chemikalie** *f* commodity chemical; **R.erzeugung** *f* primary production; **R.gewinnung** *f* primary production; **R.gewinnungsbetrieb** *m* extractive enterprise; **R.handel** *m* commodity trade; **R.händler** *m* commodity trader; **R.industrie** *f* extractive industry; **R.knappheit; R.mangel** *f/m* scarity of raw materials; **R.markt** *m* commodity market; **R.preis** *m* commodity price; **R.produktion** *f* primary production; **R.quellen** *pl* natural resources; **R.titel; R.wert** *pl (Börse)* commodities

Roh|überschuss *m* gross surplus; **R.übersetzung** *f* rough translation; **R.umsatz** *m* gross sales; **R.ware** *f* commodity

Rollfuhr *f* cartage; **R.dienst** *m* carting service; **R.tarif** *m* cartage rate; **R.unternehmen; R.unternehmer** *nt/m* carter

Roll|gebühr; R.geld *f/nt* cartage; **R.gut** *nt* carted goods

Rollpalette *f* roll/wheeled pallet

RoRo|-Schiff *nt* roll-on/roll-off vessel; **R.-Verkehr** *m* roll-on/roll-off service

Rotstift *m* red pencil; **R. ansetzen; mit dem R. an etw. gehen** *(fig)* to (wield the) axe *(fig)*; **R.politik** *f* cost-cutting policy

Route *f* route; **R.nplanung** *f* routing

Routine *f* routine; **R.arbeit** *f* routine job/work; **R.aufgaben** *pl* routine duties; **R.-untersuchung** *f* routine examination

Rubrik *f* column, heading, bracket

Rück|abtretung *f* reconveyance, reassignment, retrocession; **R.anspruch** *m* (right of) recourse

Rückantwort *f* reply; **R. bezahlt** ✉ reply

paid; **R.schein** *m* (international) reply coupon

Rück|assekuranz *f* reinsurance, reassurance; **R.belastung** *f* return debit; **r.buchen zu** *v/t* to write back to, to reverse an entry; **R.buchung** *f* write-back, reverse entry; **R.bürge** *m* counter-surety, counter-guarantor; **R.bürgschaft** *f* counter-guarantee, counterbond; **r.datieren** *v/t* to date back; **R.datierung** *f* backdating; **r.decken** *v/t* 1. to cover; 2. *(Vers.)* to reinsure; **R.deckung** *f* reinsurance cover(age); **r.diskontieren** *v/t* to rediscount; **R.diskontierung** *f* rediscounting; **R.fuhr** *f* reimportation

rückerstatten *v/t* to refund/reimburse

Rückerstattung *f* refund(ing), reimbursement; **R. in bar** cash refund; **R. von Steuern** tax refund

Rückerstattungs|anspruch *m* restitutory right, claim for reimbursement/restitution; **R.berechtigte(r); R.empfänger(in)** *f/m* restituee; **R.garantie** *f* money back guarantee; **R.pflichtige(r); R.verpflichtete(r)** *f/m* restitutor

Rückerwerb *m* repurchase, buy-back; **r.en** *v/t* to repurchase, to buy back

Rückfahr|karte; R.schein *f/m* return *[GB]*/round-trip *[US]* ticket

Rückfahrt *f* 1. return (trip/journey/voyage); 2. ⚓ inward voyage; **auf der R.** ⚓ inbound

Rückfall *m* 1. setback; 2. ⚕ relapse; 3. *(Heimfall)* reversion

Rückflug *m* return flight; **R.karte** *f* return (air) ticket

Rückfluss *m* reflux, reflow

Rückforderung *f* claim for recovery; **R.s-anspruch** *m* restitutory claim; **R.sklausel** *f* recovery clause

Rück|fracht *f* return cargo/freight, cargo homeward; **r.führen** *v/t* 1. to repatriate; 2. *(Kredit)* to redeem/repay

Rückführung *f* 1. repatriation; 2. *(Kredit)* repayment; **~ in den Wirtschaftskreislauf** recycling; **R.sgebühr** *f (Mietwagen)* drop-off charge; **R.splan** *m (Schulden)* redemption plan

Rückgabe *f* return, restitution; **R.recht** *nt* right of return; **mit R.recht** on sale or return; **R.schein** *m* return slip/note

Rückgang *m* 1. decline, decrease, reduction, drop(-off); 2. *(Konjunktur)* recession, downswing, downturn; **R. der Aktienkurse** stock market decline; **~ Arbeitslosigkeit** drop in unemployment; **~ Erträge** drop in earnings; **~ Nachfrage** decline in demand; **~ Wirtschaftstätigkeit** recession

ausgeprägter/deutlicher Rückgang marked decline/drop; **konjunkturbedingter/konjunktureller R.** cyclical downswing; **saisonaler/saisonbedingter R.** seasonal slump

rückgängig machen *adj* to cancel/countermand/rescind/reverse; **R.machung** *f* cancellation, rescission, reversal

Rückgarantie *f* counter-guarantee

Rückgewinnung *f* 1. recovery; 2. *(Rohstoffe)* recycling; **R.sanlage** *f* recycling plant

Rückgriff (auf) *m* recourse (to); **ohne R.** without recourse; **R. mangels Annahme** recourse for non-acceptance; **R. auf die Reserven** drawing on the reserves; **R. mangels Zahlung** recourse for want of payment

Rückgriffs|recht *nt* right of recourse

Rückgut *nt* returns

Rückhalt *m* support, backing; **finanzieller R.** financial backing

Rückhol|system; R.verfahren *nt* 1. *(Steuer)* clawback system; 2 ⊖ drawback system

Rückindossament *nt* endorsement to prior endorser

Rückkauf *m* 1. buy-back; 2. *(Einlösung)* redemption; **R.agio** *nt (Vorzugsaktie)* call premium; **r.bar** *adj* redeemable; **nicht r.bar** irredeemable; **R.disagio** *nt* redemption discount

rückkaufen *v/t* to buy back, to repurchase/redeem

Rückkaufgeschäft *nt* buy-back deal

Rückkaufs|berechtigung *f (Vers.)* surrender privilege; **R.garantie** *f* buy-back guarantee; **R.gebühr** *f (Lebensvers.)* surrender penalty; **R.kurs; R.preis** *m* buy-back price; **R.recht** *nt* right of repurchase/redemption; **R.vereinbarung** *f* buy-back agreement; **R.wert** *m* 1. *(Vers.)* surrender value; 2. redemption value

rück|koppeln *v/t* to feed back; **R.kopplung** *f* feedback; **R.kredit** *m* back-to-back loan; **R.ladung** *f* return cargo

Rücklage *f* reserve (fund); **R.n** 1. *(Firma)* (capital) reserves; 2. savings

Rücklage für Abschreibungen depreciation fund; **R.n zur Abschreibung langfristiger Anlagegüter** amortization fund; **R.n für unvorhergesehene Ereignisse** reserve(s) for contingencies; **~ Gewährleistungsansprüche** warranty reserves; **~ laufende Risiken** *(Vers.)* loss reserve; **~ unvorhersehbare Verluste** (reserve for) contingencies

Rücklagen angreifen to draw on reserves; **R. auffüllen** to replenish reserves; **R. auflösen** to liquidate reserves; **R. bilden** to create/build up reserves; **die R. einstellen** to appropriate to reserves; **R. in Kapital umwandeln** to capitalize reserves; **den R. zuführen** to transfer to reserves

ausgewiesene Rücklagen declared reserves; **außerordentliche R.** extraordinary reserves; **freie R.** uncommitted reserves; **gesetzliche R.** statutory reserves; **offene R.** general reserves; **satzungsmäßige R.** statutory reserve(s); **stille R.** hidden reserves; **zweckgebundene R.** appropriated reserves

Rücklagefonds *m* reserve fund

Rücklagen|auflösung *f* liquidation of reserves; **R.bildung** *f* creation of reserves; **R.dotierung** *f* transfer to reserves; **R.-konto** *nt* contingent account; **R.satz** *m* reserve ratio; **R.soll** *nt* reserve target; **R.-vermögen** *nt* reserve assets; **R.zuführung; R.zuweisung** *f* allocation to reserves

Rücklauf *m* response; **R.gebühr** *f* charge on returned bill/check *[US]*/cheque *[GB]*; **R.gewinn** *m (Vers.)* surrender profit

rückläufig *adj* declining, falling, decreasing

rückliefer|n *v/t* to return; **R.ung** *f* (sales) return(s)

Rückmeldung *f* acknowledgment, response

Rücknahme *f* 1. taking-back; 2. withdrawal; 3. *(Wertpapier)* redemption; **R. eines Angebots** withdrawal of an offer; **~ Auftrags** withdrawal of an order; **R. einer Klage** abandonment of an action; **~ Kündigung** withdrawal of a notice

Rücknahme|garantie *f* money-back guarantee; **R.klausel** *f* repurchase/redemption clause; **R.kurs; R.preis** *m* repurchase/redemption price; **R.recht** *nt* right of redemption; **R.system** *nt (Umwelt)* collection system; **R.wert** *m* trade-in value

Rückporto *nt* return postage

Rückprämie *f* return premium, put (option); **Rück- und Vorprämie** put and call

Rückrechnung *f* return account

Rückreise *f* return trip/journey; **auf der R. (befindlich)** homeward-bound

Rück|ruf *m* recall; **R.schau** *f* retrospect; **R.scheck** *m* returned cheque *[GB]*, rubber check *[US]*; **R.schein** *m* 1. return copy; 2. ✉ recorded delivery slip; **R.schlag** *m* setback, reversal; **R.schreiben** *nt* reply, answer; **R.schritt** *m* retrograde step; **r.-schrittlich** *adj* backward, retrograde

Rückseite *f* back, reverse (side); **auf der R. unterzeichnen/vermerken** *(Wechsel)* to endorse; **R.nvermerk** *m* endorsement

rücksend|en *v/t* to return, to send back; **R.ung** *f* return

Rücksicht *f* consideration, regard

Rückspesen *pl* return charges

Rücksprache *f* consultation(s); **nach R. mit** after consulting with; **R. halten** to confer (with so.)

Rückstand *m* 1. arrears, remainder; 2. *(Arbeit)* arrears of work; 3. *(Aufträge)* backlog; **im R.** 1. in arrears, behind schedule; 2. *(Zahlung)* delinquent

Rückstand aufarbeiten/aufholen to work off arrears, to clear the backlog; **mit der Zahlung im R. bleiben** to default; **Rückstände eintreiben** to collect/recover outstanding debts

rückständig *adj* 1. *(Rechnung)* outstanding, unpaid; 2. *(Zahlung)* overdue, delinquent; 3. *(Land)* underdeveloped

rückstellen *v/t* *(Bilanz)* to make provisions

Rückstellung *f* 1. *(Bilanz)* provision; 2. *(Bank)* loan loss reserve; **R.en** provisions (for liabilities and charges)

Rückstellungen für unvorhergesehene Ausgaben contingent fund, provisions for contingencies; **~ uneinbringliche Außenstände** bad debt provisions; **~ Beitragsrückerstattung** *(Vers.)* bonus reserves; **~ evtl. Darlehensverluste** provisions for possible loan losses; **~ Dubiosen** doubtful debt provisions; **~ dubiose/zweifelhafte Forderungen** doubtful debt provisions; **~ Konsoldierungsaufgaben** funding provisions; **~ Kreditausfälle/Kreditverluste** loan loss provisions; **~ Pensionsverpflichtungen** provisions for pensions; **~ unbekannte Risiken** contingencies; **~ zweifelhafte Schulden** doubtful debt provisions; **~ Steuern** deferred tax provisions; **~ ungewisse Ver-**

R

bindlichkeiten provisions for contingent liabilities
Rückstellungen auflösen to write back provisions; **R. bilden/machen/vornehmen** to make provisions (for)
Rücktritt *m* 1. resignation; 2. *(Vertrag)* withdrawal, rescission; **R. vom Vertrag** rescission/cancellation of contract; **R. vorbehalten** subject to withdrawal
Rücktritts|erklärung *f* 1. resignation; 2. advice of cancellation; **R.gebühr** *f* cancellation charge; **R.recht** *nt* right of rescission/cancellation; **R.versicherung** *f* cancellation cover(age); **R.vorbehalt** *m* escape clause
rückübereig|nen *v/t* *(Grundstück)* to reconvey; **R.nung** *f* reconveyance
Rückübertrag *m* carryback
Rückübertragung *f* 1. *(Grundstück)* reconveyance; 2. reassignation, retrocession
rücküberweis|en *v/t* to retransfer; **R.ung** *f* retransfer
Rückumschlag *m* (business) reply envelope; **freigemachter, adressierter R.** ✉ stamped addressed envelope (SAE)
Rück|umwandlung *f* reconversion; **R.verflechtung** *f* recartelization
rückvergüten *v/t* to refund/reimburse/repay
Rückvergütung *f* 1. refund, reimbursement, repayment; 2. *(Vers.)* rebate, reversionary bonus; 3. ⊖ drawback; **R.sgarantie** *f* money-back guarantee
rück|verlagern *v/t* *(Kapital)* to repatriate; **R.verlagerung** *f* repatriation; **r.vermieten; r.verpachten** *v/t* to lease back; **R.vermietung; R.verpachtung** *f* lease-back
Rückversicher|er *m* reinsurer; **r.n** *v/t* to reinsure; *v/refl* to take out reinsurance; **R.te(r)** *f/m* the reinsured
Rückversicherung *f* 1. reinsurance; 2. reinsurance company
Rückversicherungs|anstalt; R.gesellschaft *f* reinsurance company; **R.konsortium** *nt* reinsurance syndicate; **R.konzern** *m* reinsurance group; **R.makler** *m* reinsurance broker; **R.police** *f* reinsurance policy; **R.schutz** *m* reinsurance cover(age); **R.träger** *m* reinsurer; **R.vertrag** *m* reinsurance contract; **R.wirtschaft** *f* reinsurance industry
Rückverweis(ung) *m/f* cross-reference
Rückwälzung *f* backshifting
Rückwaren *pl* returns, returned goods; **R. und Ersatzlieferungen** returns and replacements; **R.buch** *nt (Verkäufe)* goods returned journal
rückwärts *adv* backwards; **R.bewegung** *f* retrograde movement; **R.integration** *f* backward integration
Rückwechsel *m* redraft, counter-bill
rückwirkend *adj* retroactive
Rückwirkung *f* 1. retroactive effect/force; 2. repercussion, reaction
rückzahl|bar *adj* 1. repayable, refundable, reimbursable; 2. *(Anleihe)* redeemable; **r.en** *v/t* 1. to repay/refund/reimburse; 2. *(Anleihe)* to redeem
Rückzahlung *f* 1. (re)payment, refund(ing), reimbursement; 2. *(Anleihe)* redemption; **R. eines Darlehens** repayment of a loan; **R. des Kapitals** repayment of the principal; **R. eines Kredits** repayment of a loan/credit; **R. zum Nennwert** redemption at par; **R. in gleichen Tilgungsraten** straight-line redemption
Rückzahlungs|agio *nt* redemption premium; **R.anspruch; R.antrag** *m* repayment claim; **R.aufforderung** *f* demand for repayment; **R.kurs** *m* redemption price; **R.plan** *m* repayment schedule; **R.prämie** *f* redemption premium; **R.preis** *m* redemption price; **R.rendite** *f* redemption yield; **R.termin** *m* date of repayment/redemption
Rückzoll *m* ⊖ (customs) drawback
Ruf *m* reputation, standing; **geschäftlicher/kaufmännischer R.** credit standing; **schlechter R.** *(Firma)* negative goodwill; **zweifelhafter R.** doubtful standing
Rufnummer *f* (tele)phone/call number
rufschädig|end *adj* § defamatory; **R.ung** *f* defamation, disparagement
Ruf|ton; R.zeichen *m/nt* ☎ ringing/call tone
Rüge *f* reprimand, censure; **r.n** *v/t* 1. reprimand/censure; 2. *(Mangel)* to notify a defect
Ruhegehalt *nt* (retirement) pension; **R. wegen Dienstunfähigkeit** breakdown pension
Ruhegehalts|alter *nt* retiring/pensionable age; **R.empfänger(in)** *m/f* old-age pensioner (OAP); **r.fähig** *adj* pensionable
Ruhegeld *nt* (retirement/old-age) pension
Ruhegeld|alter *nt* pensionable/retiring age; **R.anspruch** *m* pension claim; **R.anwart-**

R

schaft *f* pension entitlement; **R.bezüge** *pl* retirement income; **R.empfänger(in)** *m/f* pensioner (OAP); **r.fähig** *adj* pensionable
ruhen *v/i* 1. to rest; 2. to be at a standstill; 3. § to be in abeyance; **r.d** *adj* 1. § dormant; 2. idle
Ruhe|pause *f* rest (period); **R.posten** *m* sinecure, cushy job *(coll)*
Ruhestand *m* retirement; **in den R. treten** to retire; **~ R. versetzen** to pension off; **vorzeitiger R.** early retirement
Ruheständler *m* pensioner, retiree
Ruhestands|alter *nt* retiring/retirement age; **R.bezüge** *pl* retirement income; **R.-regelung** *f* pension scheme/plan; **R.versicherung** *f* retirement insurance; **R.versorgung** *f* retirement pension
Ruhe|tag *m* 1. day off; 2. *(Geschäft)* closing day; **R.zeit** *f* rest period; **R.zone** *f* rest area
ruhig *adj* quiet, calm; **r. und gehalten** *(Börse)* quietly steady
Ruin *m* ruin, crash; **r.ieren** *v/t* 1. to ruin/undo; 2. to bankrupt
ruinös *adj* 1. ruinous; 2. *(Preise/Wettbewerb)* cutthroat
Rumpf *m* 1. body; 2. ⚓ hull, 3. ✈ fuselage; **R.belegschaft** *f* core workforce, skeleton staff; **R.geschäftsjahr** *nt* rump year; **R.gesellschaft** *f* rump company; **R.plan** *m* skeleton plan
Rundbrief *m* 1. circular, newsletter; 2. *(Umlauf)* round robin
Runde *f* round; **jdm über die R.n helfen** to tide so. over; **über die R.n kommen** 1. to survive; 2. *(fig)* to make ends meet *(fig)*
runden *v/t* π to round (off); **nach oben r.** to round up(ward); **nach unten r.** to round down(ward)
runderneuer|n *v/t* to recap *[US]*/remould *[GB]*; **R.ung** *f* recap, remould
Rund|fahrt *f* round trip; **R.frage** *f* survey
Rundfunk *m* radio, wireless; **R.anstalt; R.-gesellschaft** *f* broadcasting corporation/company; **R.gebühr; R.genehmigung** *f* radio/wireless licence; **R.gerät** *nt* wireless set; **R.werbung** *f* radio advertising
Rund|gang *m* *(Besichtigung)* tour; **R.reise** *f* round trip; **R.schreiben** *nt* circular (letter), newsletter
Ruß *m* soot; **R.partikel** *m* soot particle
Rüsten *nt* set-up, tooling-up; **r.** *v/t* 1. to tool up; 2. 🏛 to scaffold
Rüstkosten *pl* tooling-up cost
Rüstung *f* armament
Rüstungs|aktien *pl* defence shares *[GB]*/stocks *[US]*; **R.auftrag** *m* defence contract; **R.ausgaben** *pl* defence spending; **R.betrieb; R.fabrik** *m/f* arms/ordnance *[GB]* factory; **R.etat** *m* defence budget; **R.güter** *pl* arms, armaments; **R.industrie** *f* armaments/arms industry; **R.konzern** *m* armaments group; **R.lieferant** *m* defence contractor; **R.titel; R.werte** *pl* ↘ **R.aktien; R.wirtschaft** *f* arms industry; **R.unternehmen** *nt* armaments manufacturer
Rüstzeit *f* tooling-up time; **R. bei Arbeitsbeginn** start-up time; **~ Arbeitsende** shut-down time; **R. zum Einrichten** set-up time

S

Sabot|age *f* sabotage; **s.ieren** *v/t* to sabotage
Sachanlage|(n) *f/pl* 1. investment in fixed assets; 2. *(Bilanz)* property, plant and equipment, fixed/tangible assets; **~ und immaterielle Anlagewerte** tangible and intangible assets
Sachanlagen|abschreibung *f* depreciation of fixed assets; **S.erneuerung** *f* replacement of fixed assets; **S.investition(en)** *f/pl* investment in fixed assets; **S.konto** *nt* fixed assets account; **S.zugang** *m* addition to fixed assets
Sachanlagevermögen *nt* *(Bilanz)* property, plant and equipment, fixed/tangible assets
Sach|aufwand; S.aufwendungen *m/pl* operating expenditure, expenditure on materials; **S.ausschüttung** *f* distribution in kind
Sachbearbeiter(in) *m/f* clerk, officer in charge; **S. für Öffentlichkeitsfragen** public relations officer; **~ Verkauf** sales executive; **S. eines Werbeetats** account executive
Sachbeschädigung *f* property damage; **mutwillige S.** vandalism; **schwere/vorsätzliche/strafbare S.** criminal damage
sach|bezogen *adj* relevant, pertinent; **S.-bezüge** *pl* payment/remuneration in kind; **s.dienlich** *adj* relevant, pertinent; **S.dividende** *f* dividend in kind

Sache *f* 1. matter, object; 2. affair, business; 3. case; 4. concern, point; **S.n** goods, chattels; **nach Lage der S.** as things stand; **zur S. gehörig** relevant, pertinent
sich einer Sache annehmen to attend to sth.; **zur S. kommen** to come to the point; **S. verhandeln** § to hear a case
abgekartete Sache put-up job *(coll)*; **beschlagnahmte S.** attached property; **bewegliche S.n** chattels; **einträgliche S.** money-spinner; **persönliche S.n** personal effects; **unveräußerliche S.** non-transferable property; **verkehrsfähige S.** marketable item; **versicherte S.** insured interest/item
Sach|beschädigung *f* property damage; **S.-eigentum** *nt* tangible assets; **S.einbringung; S.einlage** *f* non-cash contribution
Sachenrecht *nt* law of property
Sach|gebiet *nt* subject (area/matter), (special) field; **s.gemäß** *adj* appropriate, pertinent; **S.geschäft** *nt (Vers.)* non-life business; **S.gründung** *f* formation on the basis of non-cash capital contributions; **S.gruppe** *f* category; **S.güter** *pl* tangible assets; **S.investition(en)** *f/pl* investment in fixed assets, ~ property, plant and equipment
Sachkapital *nt* real capital; **landwirtschaftliches S.** dead stock
Sach|kenner *m* expert, authority; **S.kenntnis(se)** *f/pl* expert knowledge, expertise; **S.konto** *nt* property account; **S.kosten** *pl* material expenses/cost(s)
sachkundig *adj* informed, skilled, competent
Sachlage *f* (facts and) circumstances, situation; **nach S. entscheiden** to decide a case on its merits
Sachleistung *f* in-kind/non-cash benefit; **Sach.- und Dienstleistungskosten** cost of material and services; **S.svertrag** *m* contract for the supply of goods and services
sachlich *adj* 1. factual, real, relevant, material; 2. unbiased, objective; 3. business-like, down-to-earth, matter-of-fact
Sach|lohn *m* wage/payment in kind; **S.-mangel** *m* fault, defect; **S.mängelausschluss** *m* all faults, caveat emptor *(lat.)*; **S.mängelhaftung** *f* express warranty; **S.mittel** *pl* non-monetary/non-cash resources
Sachschaden *m* 1. property damage; 2. *(Vers.)* non-life claim; **S.risiko** *nt* property risk; **S.versicherung** *f* property damage insurance
Sach|sparte *f (Vers.)* non-life branch; **S.-spende** *f* donation in kind; **S.steuer** *f* impersonal tax; **S.vergütung** *f* payment/remuneration in kind
Sachverhalt *m* the facts of the case
Sachvermögen *nt* tangible property/assets; **S.sversicherung** *f* property insurance
Sach|versicherer *m* non-life/property insurance (company); **S.versicherung** *f* property/business/non-life/non-personal insurance
Sachver|stand *m* know-how, expert knowledge; **s.ständig** *adj* competent, skilled, expert
Sachverständigen|ausschuss; S.beirat *m* committee of experts; **S.gutachten** *nt* expertise, expert appraisal/opinion
Sachverständige(r) *f/m* 1. (technical) expert, authority; 2. *(Vers.)* surveyor, appraiser; **beeidigter S.** sworn expert/appraiser; **juristischer S.** legal expert; **medizinischer S.** medical referee
Sachwert *m* commodity/asset value; **S.-dividende** *f* dividend in kind; **S.vermögen** *nt* property, tangible assets; **S.versicherung** *f* property/non-life insurance
Sach|zuwendung *f* payment/allowance in kind; **S.zweig** *m (Vers.)* non-life branch
Sack *m* bag, sack; **S.gut** *nt* bag(ged) cargo
Saison *f* season; **s.abhängig** *adj* seasonal
Saisonarbeit *f* seasonal employment/work; **S.er(in); S.nehmer(in)** *m/f* seasonal worker; *pl* seasonal labour; **S.slosigkeit** *f* seasonal unemployment; **S.splatz** *m* seasonal job
Saison|artikel *pl* seasonal goods; **S.aufschwung** *m* seasonal upswing; **S.ausgleich** *adj* seasonal adjustment; **S.ausschläge** *pl* seasonal variations; **S.ausverkauf** *m* end-of-season (clearance) sale; **s.bedingt** *adj* seasonal; **S.bedarf** *m* seasonal requirements; **S.beginn** *m* start of the season; **s.bereinigt** *adj* seasonally adjusted; **S.bereinigung** *f* seasonal adjustment; **S.beruf** *m* seasonal occupation; **S.beschäftigung** *f* seasonal employment; **S.geschäft; S.gewerbe** *nt* seasonal trade; **S.schluss** *m* end of (the) season; **S.-schlussverkauf** *m* end-of-season sale; **S.schwankung** *f* seasonal variation;

S.verkauf *m* seasonal sale(s); **S.ware** *f* seasonal goods; **S.zuschlag** *m* seasonal supplement

Salden|abstimmung *f* balance reconciliation; **S.anerkenntnis** *f* reconciliation statement; **S.aufstellung** *f* balance of account statement; **S.ausgleich** *m* settlement of balances; **S.auszug** *m* statement (of account)

saldier|en *v/t* to balance/settle/square; **S.ung** *f* settlement, balancing of accounts

Saldo *m* 1. balance, bottom line; 2. *(Rest)* remainder; **per S.** on balance

Saldo aus Einnahmen und Ausgaben cash flow; **S. der Kapitalbilanz** balance of capital transactions; **~ Leistungsbilanz** balance on current account; **S. auf neue Rechnung** balance carried forward; **S. der Zahlungsbilanz** balance of payments surplus/deficit

Saldo anerkennen to accept a statement of account; **S. aufweisen** to show a balance; **S. ausgleichen** to clear the balance; **S. begleichen** to pay the balance; **S. übertragen** to carry over the balance; **S. überweisen** to remit the balance

berichtigter Saldo adjusted balance; **debitorischer S.** debit balance; **derzeitiger S.** current balance; **kreditorischer S.** credit balance; **negativer S.** adverse balance; **reiner S.** net balance

Saldo|anzeige; S.auszug *f/m* statement of account, account statement; **S.ausgleich** *m* settlement of an account; **S.bilanz** *f* net balance; **S.guthaben** *nt* credit balance; **S.-übertrag** *m* balance carried forward; **S.-vortrag** *m* balance carried forward/down (bal. c/d); **S.zahlung** *f* payment per account

S

Sammel|abrechnung *f* unit billing; **S.abschreibung** *f* group depreciation; **S.aktie** *f* multiple share *[GB]*/stock *[US]* certificate; **S.anschluss** *m* ☎ party line *[GB]*, collective number *[US]*; **S.anzeige** *f* composite advertisement; **S.auftrag** *m* bulk order; **S.behälter** *m (Auftrag)* assembly bin; **S.bestand** *m (Aufträge)* total orders on hand; **S.bestellung** *f* collective/omnibus order; **S.bewertung** *f* collective/group valuation; **S.bezeichnung** *f* catch-all category; **S.buchung** *f* compound (journal) entry; **S.daten** *pl* aggregate data; **S.depot** *nt* collective/joint (securities) deposit; **S.einkauf** *m* centralized/group buying; **S.fahrschein; S.fahrkarte** *m/f* party ticket; **S.fracht** *f* consolidated/group freight; **S.gespräch** *nt* ☎ conference call

Sammelgut *nt* consolidated/group(age) consignment; **S.spediteur** *m* consolidator; **S.verkehr** *m* groupage service

Sammel|inkasso *nt* centralized collection; **S.kauf** *m* bulk buying; **S.klage** *f* § group action; **S.klausel** *f* omnibus clause; **S.konnossement** *nt* groupage/omnibus/consolidated *[US]* bill of lading (B/L); **S.konto** *nt* general/omnibus account

Sammelladung *f* group(age)/consolidated consignment; **S. auflösen/zerlegen** to break bulk

Sammelladungs|agent *m* consolidator; **S.frachtrate** *f* groupage rate; **S.konnossement** *nt* combined/general bill of lading; **S.spediteur** *m* group(age) consignment/freight forwarder, consolidator; **S.tarif** *m* group rate; **S.verkehr** *m* groupage traffic

Sammel|lager *nt* general depot; **S.lebensversicherung** *f* group life assurance *[GB]*/insurance *[US]*

sammeln *v/t* to collect

Sammel|nummer *f* ☎ party line; **S.objekt** *nt* collector's item; **S.police** *f* combined/general policy; **S.posten** *m (Bilanz)* omnibus item; **S.schuldverschreibung** *f* general mortgage bond; **S.schuppen** *nt (Hafen)* consolidation shed; **S.sendung** *f* bulk shipment; **S.stelle** *f* collecting point/station, central depot; **~ für Leergut** recycling center *[US]*/centre *[GB]*; **S.tarif** *m* group rate; **S.transport** *m* group transport, consolidated shipment; **S.überweisung** *f* collective transfer; **S.unfallversicherung** *f* group accident insurance; **S.verkehr** *m (Fracht)* group transport; **S.versicherung** *f* group insurance; **S.verwahrung** *f* collective deposit/custody; **S.-werbung** *f* joint advertising; **S.wert** *m* aggregated/consolidated value

Sammler *m* collector; **S.objekt; S.stück** *nt* collector's item

Sammlung *f* collection; **S.sspediteur** *m* group carrier

Samstag *m* Saturday; **langer/verkaufsoffener S.** late-closing Saturday

sanieren *v/t* to restructure/reorganise

Sanierung *f* 1. (capital) reconstruction, reorganisation, restructuring, (rescue) operation; 2. *(Umwelt)* rehabilitation; **S. von Altlasten** reclamation/rehabilitation of contaminated sites; **S. einer Gesellschaft** company reorganisation; **S. der Kapitalverhältnisse** capital reconstruction

Sanierungs|aktion *f* rescue operation; **S.bilanz** *f* reorganisation statement; **S.-darlehen** *nt* reorganisation loan; **S.finanzierung** *f* turnaround financing; **S.fonds** *m* rescue/reorganisation fund; **S.gebiet** *nt* (re)delevopment area; **S.gesellschaft** *f* (re)development company/corporation; **S.gewinn** *m* reorganisation surplus; **S.-konzept** *nt* rescue plan; **S.kosten** *pl* 1. restructuring costs; 2. (re)development/rehabilitation costs; **S.kredit** *m* reorganisation loan/credit; **S.maßnahmen** *pl* rescue package; **S.plan** *m* 1. rescue scheme; 2. *(Kapitalumschichtung)* recapitalization plan; **S.programm** *nt* rescue package; **S.-projekt** *nt* redevelopment scheme; **S.versuch** *m* rescue bid; **S.vorhaben** *nt* redevelopment scheme/project

Sankt-Floriansprinzip *nt (coll)* not in my backyard (NIMBY), beggar-my-neighbour policy

Sanktion *f* sanction, penalty; **S.en auferlegen/verhängen** to impose sanctions; **~ aufheben** to lift sanctions

sanktionieren *v/t* to sanction

Satellitenschüssel *f* satellite disk

Sattel|anhänger; S.auflieger *m* 🚗 semi-trailer; **S.schlepper; S.zug** *m* articulated lorry/vehicle *[GB]*, semi-trailer truck *[US]*; **S.zugmaschine** *f* tractor

sättigen *v/t* *(Markt)* to saturate

Sättigung *f* saturation; **S. des Marktes** market saturation

Sättigungs|grad *m* degree of saturation; **S.phase** *f* saturation phase; **S.punkt** *m* saturation point

Satz *m* 1. *(Gebühr)* rate; 2. set; 3. § clause

Sätze unter Banken interbank rates

Satz für Tagesgeld call/overnight rate; **S. Wechsel** set of bills of exchange; **S. für Wertpapierpensionsgeschäfte** repo rate; **zu einem festen S.** at a fixed rate; **~ ermäßigten S.** at a reduced rate; **zum niedrigsten S.** *(Bilanz)* to state at the lower of cost

einheitlicher Satz flat/standard rate; **ermäßigter S.** reduced rate; **fester S.** fixed rate; **gängiger/geltender S.** going/current rate; **handelsüblicher S.** commercial rate; **höchster S.** maximum/top rate; **ortsüblicher S.** local rate; **voller S.** full set

Satzung *f* 1. statutes, regulations, (standing) rules; 2. *(Unternehmen)* articles of association, memorandum and articles

Satzungs|änderung *f* amendment of the statutes; **S.erfordernisse** *pl* statutory requirements; **S.vorschrift** *f* statutory provision; **s.gemäß** *adj* statutory; **s.widrig** *adj* contrary to the statutes; **S.zweck; S.ziel** *m/nt* statutory object

sauber *adj* 1. clean(ly), tidy; 2. unpolluted

säubern *v/t* to clean/cleanse

Säule *f* 1. 🏛 pillar; 2. mainstay; 3. *(Diagramm)* bar; **S.ndarstellung; S.ndiagramm; S.ngrafik** *f/nt/f* histogram, bar chart

säumig *adj* 1. dilatory, remiss; 2. *(Schuldner)* defaulting, in default

Säumnis *nt* 1. dilatoriness; 2. default; **S.gebühr** *f* default fee; **S.verfahren** *nt* default proceedings; **S.zuschlag** *m* default/late charge

Schachtel *f* 1. box, case; 2. *(Aktien)* parcel; **S.besitz; S.beteiligung** *m/f* (qualifying minority) holding; **S.gesellschaft** *f* consolidated corporation; **S.paket** *nt* qualifying minority stake

Schaden *m* 1. § injury; 2. damage, loss; 3. ⚓ average; 4. breakdown, fault; **mit S.** at a loss; **ohne S. für** without prejudice to; **zum S. von** to the detriment of

Schaden jeder Art *(Vers.)* loss or damage; **S. infolge höherer Gewalt** damage due to force majeure *(frz.)*; **frei von Schäden in besonderer Havarie** free of particular average (FPA)

Schaden (ab)decken to settle a claim; **S. abfinden/abwickeln** to adjust a claim; **S. abschätzen/aufnehmen/begutachten** to assess a damage/loss; **S. anrichten** to cause damage; **für einen S. aufkommen** to be accountable for a loss; **S. beheben/beseitigen** to rectify/remedy a defect; **S. ersetzt bekommen** to recover damages; **S. berechnen/bestimmen** to assess the damage/loss; **S. auf ... beziffern** to put a loss at ...; **für einen S. eintreten** to accept liability for a loss; **S. erleiden** to suffer/sustain/incur a loss; **S. ermessen/ermitteln** to assess a damage/loss; **S. ersetzen** to make good a damage/loss; **S. festset-**

zen/feststellen to asses a damage/loss; **S. haben** to suffer/sustain a loss; **S. zu vertreten haben; für Schäden haften** to be liable for damages; **S. inspizieren** to inspect the damage; **S. regulieren** to adjust a claim; **S. tragen** to pay for the damage; **mit S. verkaufen** to sell at a loss; **gegen S. versichern** to insure against loss; **S. vertreten** to answer/be liable for the damage; **S. verursachen** to cause (a) damage/loss; **S. wieder gutmachen** to make good/remedy a loss; **S. zufügen** to damage

allgemeiner Schaden general damage; **beträchtlicher S.** extensive damage; **drohender S.** imminent peril; **eigentlicher S.** *(Vers.)* actual loss; **eingetretener/entstandender/erlittener S.** loss incurred/sustained; **einklagbarer S.** actionable loss; **erheblicher S.** substantial/material damage, ~ loss; **erstattungsfähiger S.** recoverable damage or loss; **fahrlässiger S.** accidental injury/loss; **festgestellter S.** ascertained damage/loss; **in Geld feststellbarer S.; finanzieller/geldwerter S.** pecuniary loss; **fingierter S.** constructive loss; **als Totalverlust geltender S.** constructive total loss; **geringfügiger S.** negligible/insignificant damage; **ideeller/immaterieller S.** intangible damage/loss; **indirekter/mittelbarer S.** indirect/remote damage; **materieller S.** actual damage or loss; **nachgewiesener S.** proved/proven damage; **regulierter S.** *(Vers.)* settled claim; **schwebender S.** unadjusted/unsettled claim; **schwerer S.** serious/great damage; **tatsächlicher S.** actual damage/loss; **unbedeutender/unerheblicher S.** negligible/minor damage; **uneinbringlicher/unersetzbarer S.** irretrievable/irrecoverable loss; **unfallbedingter S.** accidental loss; **unmittelbarer S.** direct/actual damage; **unübersehbarer S.** incalculable loss; **versicherter S.** insured loss; **nicht wieder gutzumachender S.** irreparable loss/damage; **wirtschaftlicher S.** economic loss

schaden *v/i* to damage/injure/harm

Schadens|abfindung *f* claims adjustment; **S.aufmachung** *f* ⚓ average adjustment; **S.aufwand** *m* claims/loss expenditure; **S.bearbeitungskosten** *pl* claim processing cost(s); **s.bedingt** *adj* accidental; **S.bereinigungskosten** *pl* loss adjustment cost(s); **S.bericht** *m* loss/damage report; **S.betrag** *m* damages; **S.eintritt** *m* incidence/occurrence of loss

Schadenersatz *m* damages, redress; **S. in Geld** pecuniary damages; **S. für Spätfolgen** remote damages

Schadenersatz ausschließen to exclude damages; **S. beanspruchen/beantragen** to claim damages; **S. zugesprochen bekommen** to be awarded damages; **wegen S. belangen** to sue for damages; **S. erhalten/erlangen** to recover damages; **auf S. erkennen** to award damages; **S. fordern/verlangen** to claim damages; **auf S. (ver)klagen** to sue for damages; **S. leisten** to pay damages; **zu S. verurteilen** to order to pay damages; **S. zubilligen/zuerkennen/zusprechen** § to award damages

angemessener Schadenersatz fair damages; **pauschalierter S.** lump-sum damages; **symbolischer S.** nominal damages; **vereinbarter S.** agreed damages; **zuerkannter S.** awarded damages

Schadenersatzanspruch *m* claim for damages; **S. feststellen/regulieren** to adjust damages; **S. haben** to be entitled to damages; **S. geltend machen** to claim damages

gesetzlich begründeter Schadenersatzanspruch lawful damages; **eingetretener/entstandener S.** damages sustained

schadenersatz|berechtigt *adj* entitled to damages; **S.berechtigte(r)** *m/f* indemnitee, party entitled to damages; **S.betrag** *m* quantum of damages; **S.erklärung** *f* letter *[GB]*/bond *[US]* of indemnity; **S.forderung** *f* claim for damages; **S.höhe** *f* extent of damage/loss; **S.klage** *f* action for damages; **S.leistung** *f* indemnification, payment of damages; **S.pflicht** *f* liability to pay damages, ~ for damages; **~ ablehnen** to disclaim liability; **s.pflichtig** *adj* liable for damages; **S.prozess** *m* action for damages; **S.summe** *f* quantum of damages; **S.verpflichtung** *f* liability for damages; **S.versicherung** *f* indemnity/liability insurance

Schaden|exzedent *m* excess loss; **S.exzedentenrückversicherung** *f* excess-loss reinsurance; **S.festsetzung** *f* claims assessment; **S.freiheitsrabatt** *m* no-claim(s) bonus/discount; **S.freiheitstarif** *m* safe

S

driver plan *[US]*; **S.maximum** *nt* maximum damage; **S.quote** *f* loss ratio; **S.-rechnung** *f* claims statement; **S.rückversicherung** *f* excess-loss reinsurance

Schadens|abgeltung *f* liquidated damages; **S.abrechnung** *f* 1. adjustment of a claim; 2. claim statement; **S.abschätzer** *m* claims adjuster/appraiser; **S.abschätzung** *f* loss assessment; **S.abteilung** *f* claims department; **S.abwicklung** *f* claims adjustment; **S.anfall** *m* incidence of loss; **S.anspruch** *m* claim for damages; **S.anzeige** *f* notice of claim/loss; **S.art** *f* type of loss

Schadens|aufmachung *f* loss/average adjustment; **S.aufnahme; S.aufstellung** *f* statement of damages; **S.aufwendung** *f* compensation; **S.ausgleich** *m* claims settlement; **S.ausmaß** *nt* extent of damage/loss; **S.bearbeiter** *m* (claims/loss) adjuster; **S.bearbeitung** *f* claims/loss adjustment; **S.begleichung** *f* claims settlement; **S.begrenzung** *f* damage limitation/containment; **s.begründend** *adj* damaging; **S.begutachtung** *f* loss appraisal; **S.bemessung; S.berechnung** *f* assessment of damage; **S.bereinigung** *f* loss adjustment; **S.betrag** *m* damages; **S.büro** *nt* claims department

Schadenselbstbehalt *m* (loss) retention

Schadens|ereignis *nt* occurrence of loss; **S.erledigung** *f* claims/loss adjustment; **S.ermittlung** *f* ascertainment of damage(s)

Schadensexzedent *m* excess of loss; **S.enrückversicherung** *f* excess of loss reinsurance

Schadensfall *m* case of damage, loss, claim; **im S.** in the event of damage or loss

Schadens|festsetzung *f* loss adjustment; **S.feststeller** *m* loss adjuster; **S.feststellung** *f* assessment of damage/loss; **S.folgen** *pl* consequential damages; **S.folgenversicherung** *f* consequential loss insurance; **S.forderung** *f* claim for damages

schadensfrei *adj* no-claim(s)

Schadensfreiheitsrabatt *m* no-claim(s) bonus/discount, preferred risk plan *[US]*, safe driver plan *[US]*

Schadens|frequenz; S.häufigkeit *f* incidence of loss; **S.haftung** *f* liability for losses/damages; **S.höhe** *f* level of claims, extent of damage; **S.liquidation** *f* settlement of claims; **S.meldung; S.mitteilung** *f* notification of a claim; **S.nachweis** *m* proof of loss; **S.niveau; S.quote** *nt/f* incidence of damage; **S.rechnung** *f* statement of damage/loss; **S.regulierer** *m* claims/loss adjuster; **S.regulierung** *f* claims settlement/adjustment, loss adjustment; **S.reserve** *f* claims/underwriting reserve; **S.rückstellung** *f* provision for claims; **S.sachbearbeiter** *m* (claims/loss) adjuster; **S.sachverständiger; S.-schätzer** *m* loss appraiser; **S.schätzung** *f* appraisal of damage(s)/loss(es)

Schadens|summe *f* amount of claim; **S.teilungsvereinbarung** *f* knock-for-knock agreement; **S.umfang** *m* extent of damage/loss; **S.ursache** *f* cause of loss; **S.verhütung** *f* prevention of loss; **S.verlauf** *m* loss/claims experience, driving record

schadhaft *adj* defective, faulty

schädig|en *v/t* to damage/injure/impair; **S.ung** *f* damage, injury, impairment

schädlich *adj* 1. damaging, detrimental; 2. *(Gesundheit)* injurious; 3. *(Umwelt)* harmful/noxious

schadlos halten *adj* to hold harmless; *v/refl* to recoup one's losses

Schadlosbürgschaft *f* indemnity bond

Schadloshaltung *f* indemnification, indemnity; **S.sklausel** *f* hold harmless clause

Schadstoff *m* pollutant, harmful/noxious substance; **s.arm** *adj* low-pollutant, low-emission; **S.ausstoß; S.emission** *m/f* discharge/emission of pollutants, ~ noxious substances; **S.belastung; S.gehalt** *f/m* level of pollution; **S.fracht** *f* pollutant load; **s.frei** *adj* non-polluting

Schaffung von Arbeitsplätzen *f* job creation

Schalter *m* 1. desk, counter; 2. *(Fahrkarte)* ticket window; 3. ⚡ switch; **am S. handeln** to trade over the counter; **~ verkaufen** to sell over the counter

Schalter|- *(Börse)* over-the counter (OTC); **S.beamter** *m* 1. *(Bank)* teller, cashier; 2. booking/ticket clerk; **S.geschäft** *nt* 1. across-the-counter transaction(s); 2. *(Börse)* over-the-counter (OTC) transaction(s); **S.halle** *f* 1. *(Bank)* (banking) hall; 2. 🚂 booking hall, concourse; **S.handel** *m* over-the-counter (OTC) selling/trading; **S.personal** *nt* counter staff; **S.stunden** *pl* 1. *(Bank)*

S

banking hours; 2. opening/office hours; **S.verkauf** *m* over-the-counter (OTC) sale; **S.verkehr** *m* over-the-counter (OTC) trading

Schalt|jahr *nt* leap year; **S.kreis** *m* ⚡ circuit; **S.plan** *m* wiring diagram; **S.tafel** *f* control panel

Schank|erlaubnis *f* publican's *[GB]*/excise *[US]* licence; **S.gesetz** *nt* licensing act; **S.gewerbe** *nt* licensed trade; **S.konzession; S.lizenz** *f* publican's *[GB]*/excise *[US]* licence; **S.lokal** *nt* licensed premises *[GB]*, saloon *[US]*; **S.wirt** *m* publican *[GB]*, saloon keeper *[US]*; **S.wirtschaft** *f* public house *[GB]*, saloon *[US]*

scharf *adj* 1. sharp, severe; 2. *(Wettbewerb)* keen, tough, fierce

Schatten *m* 1. shade; 2. shadow; **S.wirtschaft** *f* black/moonlight *(fig)* economy

Schatz *m* treasure; **S.amt** *nt* Treasury *[GB]*, Exchequer *[GB]*, Treasury Department *[US]*; **S.anleihe** *f* exchequer stock *[GB]*, treasury bond *[US]*; **S.anweisung** *f* treasury bill/note

Schätz|beamter *m* assesor, appraiser; **S.betrag** *m* estimate

Schatzbrief *m* treasury bill

schätzen *v/t* 1. to estimate/assess/rate/appraise; 2. *(Person)* to esteem; **zu hoch s.** to overestimate; **zu niedrig s.** to underestimate

Schätzer *m* *(Vers.)* assessor, appraiser

Schätz|funktion *f* 📊 estimator; **S.gebühr** *f* valuation/appraisal fee

Schatz|kanzler *m* Chancellor (of the Exchequer) *[GB]*, Secretary to the Treasury *[US]*; **S.meister** *m* treasurer; **S.schein** *m* currency *[GB]*/treasury *[US]* note

S

Schätzung *f* estimate; **amtliche S.** official estimate; **angemessene S.** fair estimate; **annähernde S.** approximation; **grobe/ungefähre S.** rough estimate; **gutacht(er)liche S.** expert appraisal; **vorläufige S.** preliminary estimate; **vorsichtige S.** conservative estimate

Schätzungs|beamter *m* rating officer; **S.bericht** *m* appraisal report; **S.betrag** *m* estimated amount; **S.funktion** *f* 📊 estimator; **S.kosten** *pl* appraisal cost(s); **s.weise** *adv* approximately

Schatzwechsel *m* treasury bill/note; **laufend ausgegebene S.** tap stock *[GB]*; **kurzfristiger S.** treasury bill; **mittelfristiger S.** treasury note

Schätzwert *m* estimate, appraised/assessed value

Schau *f* show, exhibition; **S.bild** *nt* diagram, graph

Schauerleute *pl* dock workers, dockers *[GB]*, stevedores *[GB]*, longshoremen *[US]*

Schaufenster *nt* shop *[GB]*/store *[US]* window; **S. ansehen** to go window-shopping; **S.auslage** *f* window display; **S.bummel** *m* window-shopping; **S.dekoration** *f* window-dressing; **S.einbruch** *m* smash-and-grab raid; **S.reklame; S.werbung** *f* shop window advertising

Schaukelbörse *f* see-saw market

Schau|packung *f* dummy (pack(age)); **S.tafel** *f* (display) chart

Scheck *m* check *[US]*/cheque *[GB]*; **S. ohne (volle) Deckung** check/cheque without funds, rubber check *[US]*; **S. zum Inkasso** check/cheque for collection; **S. nur zur Verrechnung** crossed check/cheque

Scheck ausfüllen/ausschreiben/ausstellen to make out/issue/write a check, ~ cheque; **S. auf den Überbringer ausstellen** to make a check/cheque payable to bearer; **mit einem S. bezahlen** to pay by check/cheque; **S. durchkreuzen** to cross a check/cheque; **S. einlösen** to cash/pay/honour a check, ~ cheque; **S. bei der Bank einreichen** to present a check/cheque at the bank; **S. einziehen** to collect a check/cheque; **S. girieren** to endorse a check/cheque; **S. gutschreiben** to credit a check/cheque; **S. honorieren** to honour/pay a check/cheque; **S. kreuzen** to cross a check/cheque; **S. schreiben** to make out a check/cheque; **S. sperren** to stop a check/cheque; **S. stornieren** to cancel a check/cheque; **S. zum Einzug überreichen** to lodge a check/cheque for collection; **S. verrechnen** to clear a check/cheque; **S. mit Verrechnungsvermerk versehen** to cross a check/cheque; **S. zur Zahlung vorlegen** to present a check/cheque for payment; **per S. zahlen** to pay by check/cheque; **S. an den Aussteller zurückgeben** to refer a check/cheque to (the) drawer

abgerechneter Scheck cleared check/cheque; **bankbestätigter S.** certified check/cheque; **gekreuzter S.** crossed check/cheque; **girierfähiger S.** negotiable check/cheque; **auf den Überbringer lautender S.** bearer check/cheque; **ungedeckter S.** bouncer, bad check/cheque; **verfallener S.** overdue/stale check, ~ cheque

Scheck|abrechnung *f* check/cheque clearance; **S.aussteller** *m* maker/writer/drawer (of a check/cheque); **S.betrag** *m* amount of the check/cheque; **S.einlösegebühr** *f* check/cheque encashment charge; **S.einlösung** *f* check/cheque encashment; **S.einreichung** *f* presentation of a check/cheque; **S.einziehung; S.einzug** *f/m* collection of checks/cheques; **S.heft** *nt* check/cheque book; **S.empfänger(in)** *m/f* payee of a check/cheque; **S.-formular** *nt* blank check/cheque; **S.inhaber(in)** *m/f* bearer of a check/cheque; **S.inkasso** *nt* collection of checks/cheques; **S.inkassospesen** *pl* check/cheque collection charges; **S.karte** *f* check/cheque (guarantee) card; **S.konto** *nt* check(ing) *[US]*/cheque *[GB]* account; **S.kreuzung** *f* check/cheque crossing; **S.leiste** *f* counterfoil, stub; **S.nehmer(in)** *m/f* payee; **S.rückgabe** *f* return of unpaid check/cheques; **S.sperrung** *f* check/cheque stopping; **S.steuer** *f* stamp duty; **S.- und Wechselverkehr** *m* check/cheque and bill transactions; **S.verrechnung** *f* check/cheque clearing; **S.vordruck** *m* check/cheque form; **S.zahlung** *f* payment by check/cheque

Schein *m* 1. *(Anschein)* appearance; 2. *(Dokument)* document, certificate; 3. *(Geld)* note

Schein|aktiva *pl* fictitious assets; **S.bieter** *m* *(Auktion)* straw bidder; **S.bilanz** *f* cooked balance sheet; **S.faktura** *f* pro-forma invoice; **S.firma** *f* sham/bogus company; **S.-gebot** *nt* straw bid; **S.geschäft** *nt* paper/bogus transaction; **S.gewinn** *m* paper/fictitious profit; **S.gründung** *f* bogus (company) formation; **S.handel** *m* bogus deal, sham transaction; **S.kauf** *m* pro-forma purchase; **S.kaufmann** *m* ostensible merchant; **S.konjunktur** *f* specious boom; **S.konto** *nt* fictitious account; **S.-kranke(r)** *f/m* malingerer; **S.quittung** *f* pro-forma receipt; **S.rechnung** *f* pro-forma invoice; **S.transaktion** *f* sham/bogus transaction; **S.unternehmen** *nt* dummy company; **S.verkauf** *m* sham/pro-forma sale; **S.verlust** *m* fictitious loss; **S.vertrag** *m* fictitious contract; **S.-vollmacht** *f* apparent authority; **S.wechsel** *m* pro-forma bill; **S.wert** *m* fictitious value; **S.wettbewerb** *m* fictitious competition; **S.zahlung** *f* fictitious payment

Scheitern *nt* failure, breakdown, collapse; **s.** *v/i* to collapse/fail/flop

Schema *nt* 1. table, diagram, chart; 2. schedule, scheme; **S.brief** *m* form letter

schenken *v/t* to donate/give

Schenkung *f* donation, gift; **S. für karitative/mildtätige Zwecke** charitable donation; **steuerfreie S.** tax-free gift; **steuerpflichtige S.** taxable gift; **vorbehaltlose S.** outright gift

Schenkungs|empfänger(in) *m/f* donee; **S.geber(in)** *m/f* donor; **S.steuer** *f* gift tax; **S.urkunde; S.vertrag** *f/m* (deed of) covenant

Schicht *f* 1. layer, coating; 2. tier, level; 3. *(Bevölkerung)* rank, class; 4. *(Arbeit)* shift; **S. arbeiten** to work (in) shifts

Schichtarbeit *f* shift work; **S.er(in)** *m/f* shift worker

Schicht|betrieb *m* (multiple) shift operation; **S.führer; S.leiter; S.meister** *m* shift manager; **S.geld; S.lohn** *nt/m* shift pay

Schichtung *f* 📊 stratification

Schicht|zulage; S.zuschlag *f/m* shift allowance

schicken *v/t* forward/dispatch/consign

schieben *v/t* 1. to push; 2. *(Schwarzmarkt)* to profiteer/graft

Schieber *m* profiteer, racketeer

Schiebung *f* 1. illegal transaction, profiteering, racket(eering); 2. *(Börse)* continuation, backwardation

schiedlich *adj* by arbitration

Schieds|abkomen *nt* arbitration agreement; **S.abrede** *f* arbitration clause; **S.-ausschuss** *m* arbitration board; **S.bestimmung** *f* arbitration clause

Schiedsgericht *nt* court of arbitration; **S. anrufen** to have recourse to arbitration, to go to arbitration; **durch ein S. regeln** to settle by arbitration; **an ein S. verweisen** to refer to arbitration

Schiedsgerichts|klausel *f* arbitration clause; **S.spruch** *m* award; **S.verfahren** *nt* arbitration proceedings; **S.vertrag** *m* arbitration agreement

Schieds|gremium *nt* board of arbitration; **S.gutachter** *m* adjudicator; **S.hof; S.instanz** *m/f* court of arbitration; **S.klausel** *f*

S

arbitration clause; **S.ordnung** *f* rules of arbitration

Schiedsrichter *m* arbitrator, adjudicator; **als S. fungieren** to arbitrate/adjudicate

Schiedsspruch *m* (arbitration/arbitrator's) award; **durch S. beilegen; ~ schlichten** to settle by arbitration; **~ zuerkennen** to award

Schieds|stelle *f* board of arbitration; **S.urteil** *nt* (arbitration) award; **S.verfahren** *nt* arbitration (proceedings); **auf dem S.-wege** *m* by arbitration

Schiene *f* rail; **frei S.** free on rail (FOR)

Schienenfahrzeug *nt* rail vehicle; **S.e** *pl* rolling stock

Schienen|netz *nt* rail network; **S.transport** *m* carriage by rail, railage

Schienenverkehr *m* 1. rail(way) *[GB]*/railroad *[US]* traffic; 2. transport(ation) by rail; **S.sgesellschaft** *f* railway/railroad company

Schiene-Straße-Güterverkehr *m* intermodal/multimodal transport

Schiff *nt* ship, vessel; **ab S.** ex ship; **frei S.** free on board (FOB); **~ ans/längsseits S.** free alongside ship (FAS); **von längsseits S.** from alongside ship/vessel

Schiff ausflaggen to flag out a ship; **per S. befördern** to ship; **S. befrachten** to load/lade a ship; **S. chartern** to charter a vessel; **S. entladen** to unload a ship; **längsseits S. liefern** to deliver alongside the vessel; **S. löschen** to unload a ship; **S. verlassen** to abandon ship; **S. verschrotten** to break up a ship; **S. aus der Fahrt ziehen** to lay up a ship

abgehendes Schiff outgoing vessel; **ausfahrendes/auslaufendes S.** outward-bound vessel; **in Gefahr/Seenot befindliches S.** ship in distress; **beladenes S.** (fully) laden vessel; **im Überseeverkehr eingesetztes S.** foreign-going vessel; **im Linienverkehr fahrendes S.** liner; **nicht ~ S.** tramp; **unbeladenes S.** light vessel; **versichertes S.** interest vessel

schiffbar *adj* navigable; **S.keit** *f* navigability

Schiffbau *m* 1. shipbuilding (industry); 2. *(Technik)* naval architecture

Schiffer *m* 1. master; 2. *(Lastkahn)* bargee; **S.börse** *f* shipping exchange

Schifffahrt *f* 1. navigation; 2. shipping (industry)

Schifffahrts|agent *m* shipping agent; **S.agentur** *f* shipping agency; **S.aktien** *pl* shipping issues/shares *[GB]*/stocks *[US]*; **S.börse** *f* shipping exchange; **S.gesellschaft** *f* shipping company/line; **S.haftung** *f* marine liability; **S.recht** *nt* maritime law; **S.risiko** *nt* marine/navigation risk; **S.versicherung** *f* marine insurance; **S.weg** *m* 1. (shipping/sea) lane; 2. *(Binnenschiff)* waterway

Schiffsabfahrt *f* sailing time; **voraussichtliche S.** expected to sail (ets)

Schiffs|abgaben *pl* shipping dues; **S.-agent** *m* ship's husband; **S.agentur** *f* shipping agency; **S.befrachter** *m* charterer, freighter; **S.befrachtungsvertrag** *m* charter party, contract of affreightment; **S.beleihungsbank** *f* ship mortgage bank; **S.bergung** *f* salvage; **S.besatzung** *f* crew, ship's company/complement; **S.beschlagnahme** *f* arrest/seizure of a vessel; **S.bestand** *m* tonnage; **S.darlehen** *nt* ship loan; **S.dokumente** *pl* ship's papers; **S.-eigentümer; S.eigner** *m* shipowner; **S.-empfangsschein** *m* ship's/mate's receipt (M.R)

Schiffsfracht *f* shipload, cargo; **S.brief** *m* bill of lading (B/L); **S.vertrag** *m* charter party, contract of affreightment

Schiffs|gläubiger(in) *m/f* bottomry holder; **S.güter** *pl* shipload, cargo, freight; **S.-herr** *m* shipowner; **S.hypothek** *f* ship mortgage; **S.kapitän** *m* master, captain

Schiffskasko *m* hull; **S.versicherer** *m* hull underwriter

Schiffs|ladung *f* cargo, shipload; **S.landeplatz; S.liegeplatz** *m* quay, berth; **S.-makler** *m* ship broker; **S.manifest** *nt* (ship's) manifest; **S.messbrief; S.messschein** *m* tonnage certificate; **S.mieter** *m* charterer; **S.mietvertrag** *m* charter party; **S.papiere** *pl* 1. *(Ladung)* shipping documents; 2. ship's papers; **S.pfandbrief** *m* bottomry bond; **S.pfändung** *f* arrest/seizure of a ship; **S.police** *f* ship's policy; **S.-raum** *m* 1. shipping space; 2. tonnage; 3. *(Fracht)* hold

Schiffsreeder *m* shipowner; **S.ei** *f* shipping company

Schiffs|rumpf *m* hull; **S.sachverständiger** *m* marine surveyor; **S.transport** *m* ocean transport; **S.unfall** *m* average, loss at sea; **S.verladekosten** *pl* lading charges; **S.verschrottung** *f* shipbreaking; **S.versicherung** *f* marine insurance; **S.verzeichnis** *nt*

shipping register; **S.wechsel** *m* bottomry bond; **S.werft** *f* shipyard; **S.werte** *pl (Börse)* shipping shares *[GB]*/stocks *[US]*; **S.zahlmeister** *m* purser

Schild *nt* sign, label; **S. mit Preisangabe** price tag

Schlag *m* blow, knock, stroke; **S.anfall** *m* ⚕ stroke; **S.baum** *m* barrier

schlagen *v/t* to strike/beat/hit; **kahl s.** ♣ to clear/deforest

Schlagseite *f* ⚓ list; **S. bekommen/haben** to list

Schlag|wort *nt* slogan, catchword; **S.zeile** *f* headline

Schlamm *m* 1. mud; 2. *(Abwasser)* sludge

Schlamp|erei *f* sloppy/slipshod work; **s.ig** *adj* shoddy, slipshod

schlecht *adj* 1. bad; 2. *(Qualität)* poor, inferior; 3. *(Lebensmittel)* rotten

Schlecht|erfüllung *f* malperformance, inferior/defective performance; **S.stück** *nt* defective item, reject

Schlechtwetter|gebiet *nt* bad-weather zone; **S.geld; S.zulage** *nt/f* bad-weather allowance; **wirtschaftliche S.lage** economic depression; **S.versicherung** *f* weather insurance

Schleich|handel *m* illicit traffic/trade; **S.-händler** *m* trafficker; **S.werbung** *f* 1. camouflaged advertising; 2. *(Film)* product placement

schleppen *v/t* to tow; **s.d** *adj* 1. slow; 2. *(Absatz)* slack, sluggish

Schlepper *m* ⚓ tug(boat)

Schlepp|gebühr *f* towage; **S.kahn** *m* (canal) barge

Schleuder|angebot *nt* cut-rate offer; **S.artikel** *m* catchpenny article; **S.ausfuhr** *f* (export) dumping; **S.preis** *m* giveaway price; **zu S.preisen verkaufen** to dump; **S.verkauf** *m* 1. sale at giveaway prices; 2. *(Export)* dumping; **S.ware** *f* loss leader

Schleuse *f* lock, sluice(gate); **s.n** *v/t* 1. to sluice, 2. *(Geld)* to inject

Schleusen|gebühr; S.geld *f/nt* lock charge(s); **S.preis** *m (EU)* sluicegate/threshold price

schlicht|en *v/t* to arbitrate; **S.er** *m* arbitrator

Schlichtung *f* arbitration; **S. in Arbeitsstreitigkeiten** industrial arbitration; **zur S. (an ein Schiedsgericht) überweisen** to refer to arbitration

Schlichtungs|abkommen *nt* arbitration agreement; **S.ausschuss** *m* arbitration committee; **S.kammer** *f* court of arbitration; **S.stelle** *f* arbitration board; **S.verfahren** *nt* arbitration proceedings; **S.vertrag** *m* arbitration agreement

schließen *v/t* 1. to close/shut; 2. *(Betrieb)* to close (down *[GB]*/out *[US]*); 3. *(zeitweilig)* to shut down; 4. to discontinue; 5. *(schlussfolgern)* to conclude/infer; **fest s.** *(Börse)* to close (on a) firm (note); **schwächer s.** *(Börse)* to close lower

Schließfach *nt* 1. locker; 2. safe(-deposit) box; 3. ✉ post office box, P.O. Box; **S.aufbewahrung** *f* safe-deposit keeping; **S.-miete** *f* safe-deposit rent; **S.versicherung** *f* safe-deposit (box) insurance

Schließung *f* 1. closing (down); 2. *(Betrieb)* closure; 3. *(zeitweilig)* shutdown; **S. des Betriebs** plant closure/shutdown; **bei S. unserer Bücher** on closing our books; **saisonbedingte S.** seasonal shutdown

Schließungskosten *pl* closure costs

Schlot *m* chimney, smokestack

Schluderarbeit *f* botched-up job, slipshod work

Schlupfloch *nt (fig)* loophole

Schluss *m* 1. end, finish, close; 2. termination; 3. *(Logik)* deduction, conclusion, inference; 4. *(Börse)* bargain; **S. machen** *(coll) (Arbeit)* to call it a day *(coll)*; **zum S. notieren mit** *(Börse)* to close at; **S. vermitteln** *(Börse)* to negotiate a deal

fester Schluss *(Börse)* firm closing; **gebrochener S.** *(Börse)* odd lot; **runder/voller S.** *(Börse)* even/round lot

Schlussabnahme *f* 🏛 final acceptance

Schlussabrechnung *f (Kommissionär)* final account/billing; **S.stag** *m (Börse)* settlement day

Schluss|alter *nt (Vers.)* final age; **S.aussage** *f (Werbung)* base line; **S.ausschüttung** *f* final distribution; **S.bestand** *m* closing stock/inventory; **S.betrag** *m* final amount; **S.bilanz** *f* closing balance; **S.-brief** *m* sales *[GB]*/sold *[US]* note; **S.dividende** *f* 1. final dividend; 2. *(Vers.)* terminal bonus; **S.einheit** *f (Börse)* dealing lot; **S.einzahlung** *f (Börse)* final call

Schlüssel *m* 1. key; 2. code; 3. clue, 4. *(Verteilung)* ratio, quota; **S.arbeit** *f* key job; **S.arbeiter** *m* key worker; **S.beteiligung** *f* key holding; **S.betrieb** *m* key plant; **S.branche** *f* key/bellwether industry; **S.fähigkeit; S.fertigkeit** *f* core

S

competency; **s.fertig** *adj* turnkey, ready for use/occupation; **S.figur** *f* key figure; **S.funktion** *f* key role; **S.industrie** *f* key industry; **S.kosten** *pl* apportionable cost(s); **S.kräfte; S.personal** *pl* key staff/personnel; **S.stellung** *f* key position; **S.-technologie** *f* key technology; **S.währung** *f* key currency; **S.zahl** *f* code number

schlussfolg|ern *v/t* to conclude/deduce/infer; **S.erung** *f* conclusion, deduction, inference

Schluss|form *f* *(Brief)* ending; **S.formel** *f* 1. complimentary close; 2. § final clause

schlüssig *adj* conclusive

Schlüssigkeit *f* conclusivenes; **S. eines Anspruchs prüfen** to examine the merits of a claim

Schluss|inventar *nt* (closing) inventory; **S.inventur** *f* final stocktaking; **S.kurs** *m* close, closing price; **S.note** *f (Makler)* sales/bought note; **S.notierung; S.notiz** *f* final/last quotation; **S.prüfung** *f* final examination/inspection; **S.saldo** *m* closing balance; **S.schein** *m (Makler)* sales/bought note; **S.sitzung** *f* final/closing session; **S.-tag; S.termin** *m* deadline, closing date; **S.tendenz** *f (Börse)* final tone/note; **S.-vergütung** *f (Lebensvers.)* terminal bonus; **S.verkauf** *m* 1. end-of-season sale; 2. *(Ausverkauf)* closing/clearance sale; **~ wegen Geschäftsaufgabe** close-out *[US]*/closing-down *[GB]* sale; **S.verteilung** *f (Nachlass/Konkurs)* final settlement; **S.zahlung** *f* final/terminal payment; **S.zettel** *m* broker's/contract note

schmäler|n *v/t* 1. to curtail/reduce, to cut (down); 2. *(Ruf)* to disparage; **S.ung** *f* 1. curtailment, cut, reduction; 2. *(Ruf)* disparagement

Schmerz *m* pain; **S.grenze** *f* pain threshold; **s.haft** *adj* painful

Schmieren *nt* 1. ☼ lubrication; 2. *(Bestechung)* bribery; **s.** *v/t* 1. to lubricate; 2. *(bestechen)* to bribe

Schmier|geld *nt* bribe, slush/push *[US]* money, graft (money) *[US]*; **S.stoff** *m* lubricant; **S.ung** *f* lubrication

Schmuggel *m* smuggling; **S.gut** *nt* contraband; **s.n** *v/t* to smuggle; **S.ware** *f* contraband

Schmuggler *m* smuggler

Schmutz *m* dirt, filth, squalor; **s.ig** *adj* dirty, filthy

Schmutz|stoff *m* contaminant, pollutant; **S.wasser** *nt* (industrial/residential) sewage; **S.zulage** *f* dirt money/allowance

Schnäppchen *nt* *(coll)* (real) bargain

schnell *adj* 1. fast, rapid, swift; 2. *(Verkauf)* brisk; **so s. wie möglich** fast as can (f.a.c.), as fast as possible (asap); **~ platzüblich** fast as can as customary (f.a.c.a.c.)

Schnell|abschreibung *f* rapid depreciation; **S.dienst** *m* express service; **S.dienst-gebühr** *f* expressage; **S.dreher** *m (Produkt)* fast-selling item

Schnellgut *nt* speed goods *[GB]*, fast freight *[US]*; **S.tarif** *m* expressage

Schnell|kurs *m* crash course; **S.läufer** *m* ↘ **Schnelldreher**

Schnellpaket *nt* express parcel; **S.zustellung** *f* express delivery

Schnitt *m* 1. cut; 2. *(Durchschnitt)* average; 3. section; **S.holz** *nt* sawn wood; **S.stelle** *f* 🖳 interface

Schnittware *f* yard/piece goods; **S.nhändler** *m* draper, mercer

schnurlos *adj* ☏ cordless

schönen *v/t* *(Zahlen)* to dress up

schön|färben *v/t* *(fig)* to whitewash; **S.-färberei** *f (fig)* window-dressing, whitewash

Schonung *f* 1. 🌲 (woodland) nursery; 2. *(Geld)* economizing

Schönwetter|lage *f* *(Konjunktur)* favourable economic climate; **S.periode** *f* 1. spell of fair weather; 2. *(Konjunktur)* period of prosperity

schöpf|en *v/t* to create; **S.er(in)** *m/f* 1. creator, maker, inventor; 2. designer; **S.ung** *f* creation, invention

Schornstein *m* 1. chimney, smokestack; 2. ⚓ funnel; **in den S. schreiben** *(coll)* to write off; **S.industrie** *f* smokestack industry

schraff|ieren *v/t* to shade/hatch; **S.ur** *f* shading, hatching

Schräg|lage *f* 1. slant, tilt; 2. ⚓ list; 3. financial difficulty; **S.strich** *m* left oblique, slash, (oblique) stroke

Schranke *f* barrier

Schraube *f* 1. screw; 2. *(mit Mutter)* bolt; **S. anziehen** to tighten the screw

Schrecken *m* terror, horror; **S.sbotschaft; S.snachricht** *f* horror news

Schrei *m* cry, shout; **der letzte S. sein** to be all the rage

Schreib|arbeit *f* clerical work; **S.bedarf** *m*

stationery; **S.beihilfe** *f* secretarial allowance; **S.block** *m* writing pad; **S.büro** *nt* typing agency; **S.dienst** *m* clerical service

Schreiben *nt* 1. letter; 2. writing; **S. und Rechnen** writing and arithmetic; **bezugnehmend auf Ihr S.** referring/with reference to your letter

amtliches Schreiben official letter; **beiliegendes S.** enclosed letter; **förmliches S.** formal letter

schreiben *v/t* to write/correspond

Schreib|fehler *m* typing/clerical error, slip of the pen; **S.gebühr** *f* writing fee; **S.hilfe** *f* secretarial help

Schreib|kraft *f* (shorthand/copy) typist; **S.-kräfte** secretarial/clerical staff

Schreibmaschine *f* typewriter; **mit der S. schreiben** to type

Schreib|material *nt* stationery; **S.papier** *nt* writing paper; **S.personal** *nt* secretarial/typing staff; **S.saal** *m* typing pool; **S.-schrift** *f* handwriting; **S.-/Lesespeicher** *m* 🖳 random access memory (RAM)

Schreibtisch *m* (writing) desk, bureau *[US]*; **S.arbeit** *f* desk work; **S.tätigkeit** *f* desk/office work

Schreibwaren *pl* stationery; **S.händler** *m* stationer

Schreib|zentrale; S.zimmer *f/nt* typing/secretarial pool

Schrift *f* 1. handwriting; 2. publication; 3. ✂ type(face), font; **fette S.** bold type; **halbfette S.** secondary bold (type); **kursive S.** italics; **lichte/magere S.** light(-faced) type

Schrift|art; S.bild *f/nt* ✂ typeface, font

Schriftform *f* written form; **in S.** in writing

Schrift|führer *m* recorder, recording clerk; **S.größe** *f* type size; **S.gutachten** *nt* graphological analysis; **S.leiter** *m* editor; **S.leitung** *f* 1. editional staff/board; 2. editorship

schriftlich *adj* written, in writing

Schrift|muster; S.probe *nt/f* handwriting specimen; **S.sachverständiger** *m* graphologist; **S.satz** *m* 1. ✂ composition; 2. § brief

Schriftsteller *m* author, writer; **S.honorar** *nt* royalty

Schriftstück *nt* document, memorandum; **amtliches S.** official document; **ausgefülltes S.** completed document; **eigenhändiges S.** holograph; **maschinengeschriebenes S.** typescript; **vertrauliches S.** confidential document

Schrift|verkehr; S.wechsel *m* correspondence

Schritt *m* 1.step, move; 2. pace

Schritte einleiten/unternehmen to take steps; **gerichtliche S.** legal action/proceedings; **~ einleiten** to institute legal proceedings

Schrittmacher *m* pacemaker, pacesetter

Schrott *m* scrap (metal); **S.handel** *m* scrap trade; **S.händler** *m* scrap merchant; **S.platz** *m* scrapyard; **S.preis** *m* scrap price; **s.reif** *adj* ready for the scrap heap; **S.verarbeitung** *f* scrap processing; **S.verkäufe** *pl* scrap sales; **S.wert** *m* scrap/recovery value

schrumpfen *v/i* to contract/shrink

Schrumpfung *f* 1. contraction, shrinkage; 2. diminution, decline; **S.sprozess** *m* contractive/contractionary process; **konjunktureller S.sprozess** cyclical contraction

Schub *m* 1. push, shove; 2. *(Anzahl)* batch; **S.einheit** *f (Binnenschifffahrt)* push vessel; **S.kahn** *m* push(er) barge; **S.karre** *f* wheelbarrow, pushcart

Schublade *f* drawer; **S.nplan** *m* contingency plan

Schub|schiff *nt* push(er) barge, push vessel; **S.verband** *m* pusher unit; **s.weise** *adj* in batches

schuften *v/i* *(coll)* to slave/beaver away, to toil

Schuh *m* 1. shoe; 2. boot; **S.industrie** *f* footwear industry; **S.waren; S.werk; S.-zeug** *pl/nt* footwear

Schul|ausbildung *f* school education; **S.-ausgaben** *pl* educational expenses; **S.behörde** *f* education authority *[GB]*, school board *[US]*; **S.beispiel** *nt* test case; **S.bildung** *f* (academic/school) education

Schuld *f* ↘ **Schulden** 1. debt, liability; 2. *(Verschuldung)* indebtedness; 3. blame, fault

Schuld abarbeiten to work off a debt; **S. ablösen/abtragen/abzahlen** to redeem a debt; **S. anerkennen** 1. to acknowledge a debt; 2. § to plead guilty; **S. nicht anerkennen** 1. to repudiate a debt; 2. § to plead not guilty; **S. avalieren** to stand security for a debt; **S. begleichen** to settle/discharge/satisfy a debt; **S. beitreiben** to recover a debt; **S. bezahlen** to pay (off) a

S

debt; **für eine S. bürgen** to stand security for a debt; **S. einklagen** to sue for a debt; **S. einlösen** to redeem a debt; **für eine S. einstehen** to guarantee (for) a debt; **S. eintreiben** to collect/recover a debt; **S. entrichten** to discharge a debt; **S. erlassen** to waive/relinquish a debt; **S. konsolidieren** to fund a debt; **S. leugnen** 1. to deny responsibility; 2. § to plead not guilty; **S. löschen** to pay off a debt; **S. auf sich nehmen** to admit responsibility; **s. sein; S. tragen** to be to blame, ~ at fault; **S. tilgen** to redeem a debt; **S. umwandeln** to convert a debt; **S. zugeben** to admit responsibility; **S. zurückzahlen** to pay off a debt

abgetragene Schuld paid-up debt; **antizipative/antizipatorische S.** accrued liability; **ausstehende S.** outstanding debt/balance; **beitreibbare S.** recoverable debt; **in Schuldverschreibungen bestehende/fundierte S.** bonded debt; **bevorrechtigte S.** preferred/senior/secured debt; **buchmäßige S.** book debt; **einklagbare S.** enforceable debt; **fundierte/konsolidierte S.** funded/consolidated debt; **laufende S.** current debt; **nachrangige S.** subordinate debt; **uneinbringliche S.** bad debt; **ungedeckte/ungesicherte S.** unsecured debt; **unverzinsliche S.** non-interest-bearing debt; **verbriefte S.** bonded debt; **verwirkte S.** stale debt; **verzinsliche/zinstragende S.** interest-bearing debt

Schuld|anerkenntnis *f* acknowledgment of a debt, IOU (I owe you); **S.aufnahme** *f* borrowing; **S.befreiung** *f* discharge of a debt; **S.beitreibung** *f* collection of a debt; **S.betrag** *m* amount owing/owed; **verbleibender S.betrag** balance due

Schuldbuch *nt* debt register; **S.forderung; S.titel** *f/m* registered debt

Schulden *pl* ↘ **Schuld** debts, liabilities, arrears, accounts payable; **frei von S.** unencumbered; **mit S. belastet** encumbered

Schulden abbauen to reduce debts; **S. abschreiben** to write off debts; **S. abtragen/abzahlen** to pay off debts; **S. aufnehmen** to contract debts; **S. beitreiben** to recover debts; **S. bezahlen** to pay debts; **S. eingehen** to contract/incur debts; **S. konsolidieren** to consolidate debts; **S. auflaufen lassen** to accumulate debts; **S. machen** to contract debts; **S. niederschlagen** to waive debts; **S.tilgen** to pay off/redeem debts, **S. übernehmen** to assume debts; **S. zurückzahlen** to repay/discharge debts

antizipative Schulden accrued liabilities; **aufgelaufene S.** accumulated debts; **aufgenommene S.** borrowings; **buchmäßige S.** accounts payable; **(er-)drückende S.** crippling debts; **gerichtlich festgestellte S.** judment debts; **fundierte S.** funded debts; **gestundete S.** deferred liabilities; **uneinbringliche S.** irrecoverable debts; **ungewisse S.** contingent liabilities; **zweifelhafte S.** doubtful debts

schulden *v/t* to owe

Schulden|abbau *m* reduction of debts; **S.ablösung** *f* redemption of debts; **S.aufnahme** *f* borrowing; **staatliche S.aufnahme** public(-sector) borrowing; **S.beitreibung** *f* collection of debts; **s.belastet** *adj* encumbered; **S.belastung** *f* encumbrance; **S.beratung** *f* debt counselling; **S.berg** *m* debt burden/mountain

Schuldendienst *m* debt service/servicing; **S. leisten** to service a debt

Schulden|eintreibung; S.einziehung *f* debt collection; **S.erlass** *m* remission of debts; **s.frei** *adj* 1. free of debt; 2. *(Hypothek)* unencumbered; **S.haftung** *f* liability for debts; **S.krise** *f* debt crisis; **S.last** *f* burden of debts; **S.moratorium** *nt* debt moratorium; **S.regelung** *f* arrangement with creditors; **S.rückführung** *f* debt reduction; **S.rückstand** *m* arrears; **S.rückzahlung** *f* repayment of debts; **S.seite** *f* (the) red

Schuldentilgung *f* debt repayment; **S.sfonds; S.skasse** *m/f* sinking fund

Schulden|überhang *m* excess of debts over assets; **S.umwandlung** *f* debt rescheduling; **S.verwaltung** *f* debt management; **S.zahlung** *f* payment of debts

Schuldforderungen *pl* accounts receivable

schuldig *adj* 1. § guilty; 2. owing; **sich (nicht) s. bekennen** to plead (not) guilty

Schuldige(r) *f/m* guilty party

Schuld|kapital *nt* borrowed/debenture capital; **S.nachlass** *m* remission of debt

Schuldner(in) *m/f* debtor, borrower; **in Verzug befindlicher S.; säumiger/zahlungsunfähiger S.** defaulter; **flüchtiger S.** absconding debtor

Schuldner|vermögen *nt* debtor's property; **S.verzug** *m* default

Schuld|posten *m* debit (item); **S.recht** *nt* law of contract; **s.rechtlich** *adj* contractual; **S.saldo** *m* debit balance

Schuldschein *m* 1. promissory note (P/N), IOU (I owe you), (loan) note *[US]*; 2. *(Anleihe)* debenture, bond; **durch S. gesichert** bonded; **gesicherter S.** secured bond/note; **dinglich ~ S.** collateral note; **nachrangiger S.** junior note; **uneingeschränkter S.** absolute bond; **ungesicherter S.** unsecured bond/note

Schuldschein|forderung *f* bonded debt; **S.-inhaber** *m* bondholder

Schuld|spruch *m* § conviction, guilty verdict; **S.summe** *f* sum owed; **S.titel** *m* *(Wertpapier)* debt instrument; **S.übernahme** *f* assumption of debt/liability; **S.übertragung** *f* assignment of debt; **S.umwandlung** *f* conversion of debt; **S.urkunde** *f* bond, debt instrument; **S.-verhältnis** *nt* § contractual obligation

Schuldverschreibung *f* bond, debenture; **S. eines Amortisationsfonds** sinking-fund bond; **S. mit Bezugsrecht auf Aktien** option bond; **~ variablem Ertrag** variable-yield bond; **~ Gewinnbeteiligung** profit-sharing bond; **S. auf den Inhaber** bearer bond

Schuldverschreibung ausgeben to issue a bond; **mit S. belasten** to bond; **S.en einlösen/tilgen** to redeem bonds; **S. umwandeln** to convert a bond

ablösbare Schuldverschreibung redeemable bond; **ausstehende S.en; in Umlauf befindliche S.en** outstanding bonds; **begebbare S.** negotiable bond; **hypothekarisch besicherte S.** mortgage bond; **bevorrechtigte S.** preferred bond; **börsennotierte S.** listed *[US]*/quoted *[GB]* bond; **eingetragene S.** registered bond; **erststellige S.** senior bond; **festverzinsliche S.** fixed-interest-bearing bond; **gesicherte S.** secured bond; **hochriskante S.** junk bond; **kommunale S.** local government bond; **konvertierbare S.** convertible bond; **kündbare S.** redeemable bond; **auf den Namen lautende S.** registered bond; **mündelsichere S.** legal *[US]*/trustee *[GB]* bond; **nachrangige S.** subordinated bond; **ungesicherte S.** unsecured bond; **unkündbare S.** irredeemable bond; **verkehrsfähige S.** negotiable bond; **verzinsliche S.** interest-bearing bond;

Schuldverschreibungs|darlehen *nt* debenture loan; **S.gläubiger(in); S.inhaber(in)** *m/f* bondholder, debenture holder; **S.kapital** *nt* debenture capital

Schuld|versprechen *nt* promissory note (P/N), I.O.U.; **S.vertrag** *m* debt contract; **S.verzicht** *m* remission of debts; **S.wechsel** *m* bill payable (B/P); **S.zinsen** *pl* interest (charges)

Schule *f* school; **S. besuchen; zur S. gehen** to go to/attend school; **S. machen** *(fig)* to catch on; **berufsbildende S.** vocational school; **höhere/weiterführende S.** secondary *[GB]*/collegiate *[US]* school

schulen *v/t* to teach/train/instruct

Schul|entlassene(r) *f/m* school-leaver; **S.-entlassungsalter** *nt* school-leaving age; **S.entlassungszeugnis** *nt* school-leaving certificate

Schüler(in) *m/f* 1. pupil; 2. *(Oberschule)* student

Schulfach *nt* subject

Schulgeld *nt* school/tuition fee(s); **S.beihilfe; S.zuschuss** *f/m* tuition assistance; **S.versicherung** *f* educational endowment insurance

Schul|jahr *nt* school year; **S.leiter(in)** *m/f* headmaster *[GB]*, headmistress *[GB]*, principal

Schulung *f* training, instruction; **S. von Führungskräften** executive training; **berufliche S.** vocational/industrial/professional training; **betriebliche S.** in-plant/in-house training; **praktische S.** on-the-job training

Schulungs|einrichtungen *pl* training facilities; **S.kurs; S.lehrgang** *m* training course; **S.leiter(in)** *m/f* training manager; **S.maßnahme** *f* training scheme; **S.raum** *m* training room; **S.veranstaltung** *f* training course; **S.zentrum** *nt* training center *[US]*/centre *[GB]*

Schulzeugnis *nt* school report, report card *[US]*

Schuppen *m* shed

Schute *f* ⚓ lighter; **S.ngeld** *nt* lighterage

Schutt *m* rubbish, rubble, debris; **S. abladen** to dump/tip rubbish

Schüttgut *nt* dry bulk/cargo; **S.tarif** *m* bulk rate; **S.transporter** *m* ⚓ bulk carrier; **S.wagen** *m* 🚂 hopper car *[US]*/waggon *[GB]*, drop-bottom car *[US]*

Schutz *m* 1. protection, safeguard; 2. *(Umwelt)* conservation; **S. gewähren** 1. to af-

S

ford protection; 2. *(Vers.)* to provide cover(age)
Schutz|anzug; S.(be)kleidung *m/f* protective clothing; **S.bereich** *m* restricted/ protected area
Schutzbestimmung *f* protective clause/ provision; **S.en** safety regulations
schützen *v/t* 1. to protect/shelter; 2. *(Vers.)* to cover
Schutz|frist *f* 1. life (of a patent); 2. *(Buch)* copyright period; **S.geld** *nt* protection money; **S.gelderpressung** *f* protection racket; **S.gemeinschaft** *f* protective association; **S.helm** *m* 1. protective helmet; 2. 🏛 hard hat; 3. *(Motorrad)* crash helmet; **S.hülle** *f* wrapper, jacket; **S.klausel** *f* protective/escape clause; **S.kleidung** *f* protective clothing; **S.marke** *f* trademark, brand; **S.maßnahme** *f* preventive/protective measure; **S.raum** *m* shelter
Schutzrecht *nt* proprietary right; **gewerbliches S.** industrial property right
Schutz|verband *m* 1. trade protection society; 2. ⚕ protective bandage/dressing; **S.vereinigung für allgemeine Kreditsicherung (Schufa)** *f [D]* credit protection agency; **S.verpackung** *f* protective packing/wrapping; **S.vorkehrung; S.vorrichtung** *f* safety/protective device; **S.wall** *m* protective wall/barrier; **S.zeichen** *nt* trademark, brand
Schutzzoll *m* protective (import) duty/tariff; **S.politik** *f* protectionism; **S.tarif** *m* protective tariff
schwach *adj* 1. weak, faint; 2. *(Börse)* flagging, lacklustre; 3. *(Nachfrage)* sluggish, slack
Schwäche *f* 1. weakness, faintness; 2. *(Börse)* dullness; **zur S. neigend** *(Börse)* bearish
schwächen *v/t* to weaken/impair
Schwäche|neigung *f* *(Börse)* bearish tone/ mood; **S.tendenz** *f* bearish tendency
Schwachstelle *f* weak spot
schwanken *v/i* 1. to fluctuate; 2. *(Person)* to hesitate
schwankend *adj* *(Markt)* volatile
Schwankung *f* fluctuation, volatility, erratic movement; **S.en der (Börsen)Kurse** market volatility; **S. der Wechselkurse** exchange rate fluctuation/volatility; **konjunkturelle S.** cyclical fluctuation; **saisonale/saisonbedingte S.** seasonal fluctuation
Schwankungs|breite *f* swing; **S.kurs** *m* fluctuating rate
Schwarzarbeit *f* illicit/clandestine work, moonlighting *(coll)*; **S. machen/verrichten; s.en** *v/i* to moonlight *(coll)*; **S.er(in)** *m/f* moonlighter *(coll)*
Schwarzes Brett *nt* notice/bulletin *[US]* board
Schwarz|fahren *nt* joyriding, fare-dodging; **S.fahrer(in)** *m/f* joyrider, fare dodger
Schwarzmarkt *m* black market; **S.kurs; S.-preis** *m* black market price
Schwarz|verkauf *m* illicit sale; **S.wirtschaft** *f* black/hidden economy
Schwebe *f* suspense; **in der S.** pending, unsettled
Schweben *nt* 1. floating; 2. § pendency; **freies S. der Wechselkurse** float; **s.** *v/i* 1. to float; 2. to be pending, ~ in abeyance
schwebend *adj* 1. *(Schuld)* unfunded; 2. *(Verbindlichkeiten)* unadjusted; 3. provisional; 4. § pending
Schwebeposten *m* *(Bilanz)* suspense item
Schweigen *nt* silence; **jdn zum S. verpflichten** to enjoin so. to secrecy
schweigen *v/i* 1. to be silent; 2. to keep quiet
Schweigepflicht *f* duty of confidentiality, obligation to (perserve) secrecy, professional secrecy; **der S. unterliegen** to be sworn to secrecy
Schwelle *f* threshold, barrier
Schwellen|einkommen *nt* *(Steuer)* cut-off-point; **S.land** *nt* threshold country, newly industrialized country (NIC), emerging economy; **S.preis** *m* threshold price
Schwemme *f* glut
schwer *adj* 1. heavy; 2. serious, severe; 3. difficult; 4. § aggravated; 5. *(Boden)* rich
Schwer|arbeit *f* hard work; **s.behindert; s.beschädigt** *adj* (severely) disabled; **S.-behinderte(r); S.beschädigte(r)** *f/m* (severely) disabled person; **S.beschädigtengeld** *nt* severe disablement allowance
Schwere *f* 1. severity; 2. weight (wt.); 3. gravity
schwer|fällig *adj* 1. cumbersome; 2. clumsy; 3. *(Markt)* sluggish; **S.gewicht** *nt* 1. heavyweight; 2. emphasis, stress
Schwergut *nt* heavy goods/cargo/lift; **S.-aufschlag** *m* heavy lift charge; **S.fahrzeug** *nt* heavy goods vehicle (HGV)

S

Schwer|industrie *f* heavy/smokestack *(fig)* industry; **S.laster; S.lastwagen** *m* heavy goods vehicle (HGV); **S.maschinen** *pl* heavy equipment; **S.metall** *nt* heavy metal

Schwerpunkt *m* 1. emphasis; 2. center *[US]*/centre *[GB]* of gravity; **S.arbeitsgang** *m* key operation; **S.arbeitsplatz** *m* key work center *[US]*/centre *[US]*; **S.maßnahme** *f* priority measure; **S.ort** *m* priority location; **S.sektor** *m* key sector; **S.streik** *m* selective strike (action)

Schwer|transport *m* heavy load; **S.transporter** *m* heavy goods vehicle (HGV); **S.verletzte(r)** *f/m* seriously injured person; **s.wiegend** *adj* serious, grave

Schwester *f* 1. sister; 2. ⚕ nurse; **S.firma** *f* affiliated company; **S.gesellschaft** *f* affiliated company; **S.institut** *nt* affiliated organisation

schwierig *adj* 1. difficult, hard; 2. *(Problem)* tricky, knotty

Schwierigkeit *f* 1. difficulty; 2. problem, challenge

Schwierigkeiten beheben/bereinigen/beseitigen to iron out difficulties; **S. bereiten** to cause difficulties; **in S. sein** to be hard-pressed; **S. überwinden** to overcome difficulties; **finanzielle S.** financial/pecuniary difficulties; **technische S.** technical difficulties

schwimmen *v/i* 1. to swim; 2. *(treiben)* to float

Schwimm|fahrzeug *nt* amphibious vehicle; **S.kran** *m* floating crane

Schwindel *m* swindle, fraud, racket(eering); **S.firma; S.gesellschaft** *f* bogus firm/company *[GB]*, dummy corporation *[US]*; **S.geschäft** *nt* fraudulent/bogus transaction

schwindeln *v/i* to swindle/cheat

Schwindelunternehmen *nt* bogus company *[GB]*, dummy corporation *[US]*

Schwinden *nt* dwindling; **s.** *v/i* to dwindle, to vanish

Schwindler *m* swindler, crook, confidence trickster

Schwund *m* 1. decrease, decline; 2. shrinkage, wastage; 3. *(Behälter)* leakage, ullage; **S. des Eigenkapitals** erosion of assets

Schwund|geld *nt* scalage/scrip *[US]* money; **S.rate** *f (Arbeitsmarkt)* attrition/dropout rate

Schwung *m* momentum, drive; **an S. gewinnen** to gather momentum; **in S. halten** to keep going; **an S. verlieren** to run out of steam

schwung|haft *adj* flourishing, roaring; **S.kraft** *f* momentum

See *f* sea, ocean; *m* lake

See|- marine, maritime; **S.assekuranz** *f* marine insurance; **S.beben** *nt* seaquake; **S.beförderung** *f* ocean transport; **s.beschädigt** *adj* averaged, damaged at sea; **S.fahrt** *f* navigation; **s.fest** *adj* seaworthy; **S.flughafen** *m* seadrome; **S.flugzeug** *nt* seaplane

Seefracht *f* ocean/marine/seaborne freight, ~ cargo; **S.brief** *m* (ocean) bill of lading (B/L); **S.führer** *m* marine carrier; **S.geschäft** *nt* carriage of goods by sea, ocean shipping (trade); **S.gut** *nt* sea cargo; **S.handel** *m* ocean trade; **S.rate** *f* marine/ocean freight rate; **S.unternehmen** *nt* ocean carrier; **S.versicherung** *f* marine (cargo) insurance; **S.vertrag** *m* contract of affreightment, (voyage) charter party

See|gefahr *f* marine risk, maritime peril; **S.gericht** *nt* marine/admiralty court

Seegüter|transport *m* ocean transport; **S.versicherung** *f* marine cargo insurance

Seehafen *m* seaport, ocean/maritime port; **S.betreiber** *m* seaport operator; **S.betrieb** *m* seaport operation

Seehaftpflichtversicherung *f* marine liability insurance

Seehandel *m* ocean/sea(borne)/maritime trade; **S.güter** *pl* seaborne goods; **S.srecht** *nt* maritime law

See|kanal *m* ship canal; **S.kaskoversicherung** *f* (marine/ocean) hull insurance; **S.konnossement** *nt* marine/ocean bill of lading (B/L); **s.krank** *adj* seasick; **S.krankheit** *f* seasickness; **S.ladeschein** *m* marine/ocean bill of lading (B/L); **S.mann** *m* sailor, seaman; **s.mäßig** *adj* seaworthy; **S.meile** *f* (=1,852 km) nautical/sea mile; **S.not** *f* distress; **S.pfandrecht** *nt* maritime lien; **S.police** *f* marine (insurance) policy; **S.protest** *m* captain's/master's protest

Seerecht *nt* maritime law; **S.sfall; S.ssache** *m/f* maritime case

See|reise *f* (ocean) voyage; **S.risiko** *nt* marine risk

Seeschaden *m* average, loss at sea; **S.versicherung** *f* (ocean) marine insurance

See|schiff *nt* sea-going/ocean-going vessel; **S.spediteur** *m* ocean shipper; **S.straße** *f* ocean/sea lane

S

Seetransport *m* carriage/transport by sea, ocean/seaborne transport(ation); **S.geschäft** *nt* shipping (trade), maritime transport; **S.risiko** *nt* marine risk; **S.versicherer** *m* marine underwriter; **S.versicherung** *f* marine insurance
see|tüchtig *adj* seaworthy; **S.tüchtigkeit** *f* seaworthiness; **S.unfall** *m* disaster/accident at sea; **S.verkehr** *m* ocean/maritime traffic; **S.verpackung** *f* seaworthy packing; **S.versicherer** *m* marine underwriter/insurer
Seeversicherung *f* marine insurance; **S.s-police** *f* marine (insurance) policy; **S.s-vertrag** *m* marine insurance contract
Seewasserschaden *m* sea water damage
Seeweg *m* sea lane/route; **auf dem S.** by sea, seaborne
Gelbe Seiten ☎ Yellow Pages
Seiten|ansicht; S.aufriss *f/m* 🏛 side elevation; **S.drucker** *m* page printer; **S.einsteiger(in)** *m/f* lateral entrant; **S.einstieg** *m* lateral entry
Sekretär(in) *m/f* secretary, clerk
Sekretariat *nt* secretariat
Sekretariats|kräfte *pl* secretarial staff; **S.-tätigkeit** *f* secretarial work; **S.zuschuss** *m* secretarial allowance
Sektor *m* 1. sector, division; 2. trade, field; **gewerblicher/sekundärer S.** manufacturing/secondary sector; **öffentlicher S.** public sector; **primärer S.** primary sector; **privater/privatwirtschaftlicher S.** private sector; **tertiärer S.** service(s)/tertiary sector
Sekunda *f* *(Wechsel)* second (of exchange)
Sekundär|bedarf *m* secondary demand; **S.bereich** *m* secondary sector; **S.güterproduktion** *f* secondary production; **S.-haftung** *f* secondary liability; **S.liquidität** *f (Bank)* secondary liquidity; **S.markt** *m* secondary (trading) market; **S.rohstoff (Sero)** *m* secondary/recycled raw material; **S.wirkung** *f* secondary effect
Sekundawechsel *m* second of exchange
Selbst|abholgroßhandel *m* cash and carry wholesaler; **S.anfertigung** *f* own make; **S.anklage; S.anzeige** *f* self-incrimination; **S.auflösung** *f* voluntary liquidation
Selbstbedienung *f* self-service
Selbstbedienungs|geschäft; S.laden *nt/m* self-service shop *[GB]*/store *[US]*; **S.tankstelle** *f* self-service fillling station *[GB]*, gaseteria *[US]*; **S.warenhaus** *nt* self-service (department) store
Selbstbehalt; Selbstbeteiligung *m/f (Vers.)* retention, deductible *[US]*; **S.s-klausel** *f* deductible clause; **S.stabelle** *f (Vers.)* retention table
Selbst|beschränkung *f* self-restraint; **S.-bestimmung** *f* self-determination; **S.beteiligung** *f* 1. *(Vers.)* own risk, excess (cover(age)); 2. *(Exportkredit)* retention; **S.einschätzung** *f (Steuer)* self-assessment
selbst ernannt *adj* self-appointed; **s. erwirtschaftet** *adj (Geldmittel)* self-generated
Selbstfahrer *m* 1. owner-driver; 2. ⚓ self-propelled barge
Selbstfinanzierung *f* self-financing, own financing; **S.squote** *f* 1. self-financing ratio; 2. *(Exportkredit)* exporter's retention
selbst gefertigt *adj* company-produced; **s. gemacht** *adj* home-made; **s.haftend** *adj* at one's own risk; **S.herstellung** *f* in-firm production
Selbsthilfe *f* 1. self-help; 2. *(Schaden)* self-redress
selbst|klebend *adj* self-adhesive; **S.kontrahent(in)** *m/f* self-contracting party
Selbstkosten *pl* prime/direct/original cost, cost price; **unter S. verkaufen** to sell below cost(s); **S.beteiligung** *f (Vers.)* excess
Selbstkostenpreis *m* cost price; **zum S.** at cost
Selbstläufer *m* *(Produkt)* fast-selling item
selbstregulier|end *adj* self-regulating, self-regulatory; **S.ung** *f* self-regulation
Selbstrisiko *nt* own risk; **S.quote** *f (Exportkredit)* exporter's retention
selbstständig *adj* 1. independent; 2. self-employed; **S.e(r)** *f/m* self-employed person; **S.keit** *f* self-employment
Selbst|steuerung *f* automatic control; **s.-tragend** *adj* 1. self-supporting; 2. *(Aufschwung)* self-sustaining; **S.veranlagung** *f (Steuer)* self-assessment; **S.verpflegung** *f* self-catering; **S.versicherer** *m* self-insurer; **S.versorger sein** *m* to be self-sufficient
Selbstversorgung *f* 1. *(VWL)* self-sufficiency, autarchy, autarky; 2. *(Urlaub)* self-catering; **S.slandwirtschaft** *f* subsistence farming
Selbstvertrauen *nt* self-confidence

S

Selbstverwaltung *f* 1. self-government; 2. autonomy; **S.skörperschaft; S.sorgan** *f/nt* self-governing body

senden *c*1. *(Transport)* to forward/ship/send/despatch/dispatch/consign; 2. *(Brief)* to send; 3. *(Geld)* to remit; 4. *(Rundfunk)* to broadcast; 5. *(Fernsehen)* to screen

Sender *m* 1. forwarder, consignor, sender; 2. *(Radio)* (radio) transmitter/station

Sendezeit *f* air time; **S. für Werbung** advertising time

Sendung *f* 1. *(Partie)* consignment, shipment, batch; 2. *(Vorgang)* forwarding, despatch, dispatch; 3. *(Geld)* remittance; 4. *(Radio/Fernsehen)* transmission, broadcast(ing); **S. gegen Nachnahme** cash *[GB]*/collect *[US]* on delivery (c.o.d.); **S. des Werbefunks** commercial (broadcast)

eingeschriebene Sendung ✉ registered item; **fehlende S.** missing item; **neue S.** new shipment; **portofreie S.** prepaid consignment; **zollfreie S.** duty-free consignment

Senior *m* senior; **S.chef** *m* senior partner/director

Sendungs|empfänger(in) *m/f* consignee; **S.verfolgung** *f* tracking and tracing

senken *v/t* 1. *(Preis)* to bring/mark down, to reduce; 2. *(Kosten)* to cut (down)

Senkung *f* 1. reduction, decrease; 2. *(Preis)* marking down; 3. *(Boden)* subsidence

Sequester; Sequestor *m* sequestrator, official receiver; **S.vermögen** *nt* sequestered property; **S.verwaltung** *f* receivership

sequestrier|en *v/t* to sequester/sequestrate; **S.ung** *f* sequestration

Serie *f* 1. series, sequence; 2. 🏭 lot, batch; **in S.(en) herstellen** to mass-produce

Serien|- serial; **S.anfertigung** *f* mass/large-scale/volume production; **S.brief** *m* standard letter; **S.fabrikat** *nt* standard product; **S.fabrikation; S.fertigung** *f* mass/serial production; **S.größe** *f* batch size; **S.güter** *pl* mass-produced goods; **s.-mäßig** *adj* standard, regular; **S.modell** *nt* standard model; **S.nummer** *f* serial number; **S.produkt** *nt* standard product; **S.-produktion** *f* mass/serial production; **S.umfang** *m* batch size

Service *m* 1. service; 2. *(Geschirr)* set; **S.-leistungen** *pl* services; **S.mechaniker; S.techniker** *m* service engineer

Seuche *f* epidemic, disease

sicher *adj* 1. certain, sure; 2. safe, secure

Sicherheit *f* 1. certainty; 2. security; 3. safety; 4. guarantee; 5. *(Kredit)* security, collateral *[US]*; **S. am Arbeitsplatz** industrial/occupational safety, safety at work

Sicherheit anbieten/bieten to offer security/collateral; **S. bestellen** to put up collateral; **als S. dienen** to serve as collateral; **S. hinterlegen** to leave a deposit; **S. leisten** to furnish/provide security; **mangels S. protestieren** *(Wechsel)* to protest for lack of security; **S. stellen** to stand/furnish/provide security, ~ collateral; **S.en zusammenfassen** to tack securites

akzessorische Sicherheit collateral (security); **angemessene S.** fair/reasonable/adequate security; **berufliche S.** job security; **hypothekarische S.** mortgage security; **soziale S.** social security; **vorrangige S.** prior security; **zweitrangige S.** junior security

Sicherheits|anforderungen; S.auflagen *pl* safety standards; **S.beamter; S.beauftragter** *m* safety officer; **S.bestand** *m* buffer/safety stocks; **S.bestimmungen** *pl* 1. safety regulations/requirements; 2. security regulations; **s.bewusst** *adj* 1. safety-conscious; 2. security-conscious; **S.-depot** *nt* 1. contingency fund; 2. *(Vers.)* premium reserve; **S.einrichtungen** *pl* safety features; **S.erfordernisse** *pl* 1. safety standards; 2. *(Börse)* margin requirements; **S.faktor** *m* safety factor; **S.garantie** *f* safety guarantee; **S.ingenieur** *m* safety engineer; **S.kapital** *nt (Vers.)* surplus to policyholders; **S.lager** *m* buffer/safety stocks; **S.leistung** *f* 1. *(Börse)* margin; 2. safety bond; 3. § bail; **S.maßnahme** *f* safety measure; **S.maßregeln** *pl* precautionary measures; **S.nehmer(in)** *m/f* warrantee; **S.netz** *nt* safety net; **S.normen** *pl* safety standards; **S.prüfung** *f* safety/security check; **S.risiko** *nt* safety/security risk; **S.rücklage** *f* contingency fund/reserve; **S.schloss** *nt* safety lock; **S.-spanne** *f (Börse)* safety margin; **S.summe** *f (Börse)* margin; **S.technik** *f* safety engineering; **S.übereignung; S.übertragung** *f* collateral assignment; **S.überprüfung** *f* 1. security clearance, vetting; 2.

S

safety check; **S.ventil** *nt* safety valve; **S.-vorkehrung** *f* safety/security precaution; **S.vorrichtung** *f* safety device; **S.vorschriften** *pl* safety regulations; **S.wechsel** *m* collateral bill; **S.zuschlag** *m (Vers.)* safety loading/factor
sichern *v/t* 1. to safeguard/protect; 2. to assure/ensure/guarantee; 3. *(Kredit)* to securitze/collateralize; 4. *(Börse)* to hedge; **hypothekarisch s.** to mortgage
sicherstellen *v/t* 1. to secure; 2. to make certain/sure, to ensure; 3. to (re)cover/indemnify
Sicherstellung *f* 1. security; 2. indemnification; **S.sdepot** *nt* security *[GB]*/collateral *[US]* deposit
Sicherung *f* *(Kredit)* collateralization *[US]*, securitization *[GB]*
Sicherungs|abtretung *f* blanket bond; **S.bestimmung** *f* safeguard provision; **S.geber(in)** *m/f* provider of security; **S.gegenstand** *m* collateral; **S.geschäft** *nt* hedging (operation); **S.hypothek** *f* trust mortgage; **S.klausel** *f* escape clause; **S.-kurs** *m* hedge rate; **S.maßnahme** *f* safety/security measure; **S.nehmer(in)** *m/f* mortgagee
sicherungsübereignen *v/t* to assign as security
Sicherungsübereignung *f* collateral assignment; **S.svertrag** *m* bill of sale
Sicherungs|vorkehrungen *pl* security provisions; **S.vorrichtung** *f* safety device; **S.wechsel** *m* collateral bill
Sicht *f* 1. sight; 2. visibility; **bei S.** at sight; **30 Tage nach S.** days after sight
Sicht|akkreditiv *nt* sight letter of credit; **S.anweisung** *f* sight bill

S

Sichteinlage *f* call/demand/sight deposit; **S.nkonto** *nt* call/sight deposit account
sichten *v/t* 1. to sight; 2. to inspect/examine
Sicht|gerät *nt* 🖳 visual display unit (VDU); **S.guthaben** *nt* sight/demand balance; **S.kontrolle; S.prüfung** *f* visual check/inspection; **S.kreditbrief** *m* sight letter of credit (L/C); **S.papier** *nt* demand instrument/note; **S.prüfung** *f* visual inspection; **S.tratte** *f* sight draft (S/D)/bill, demand draft (D/D); **S.zahlung** *f* payment at sight
Sichtung *f* 1. sighting; 2. inspection, examination
Sicht|verbindlichkeiten *pl* sight/demand liabilities; **S.vermerk** *m* visa; **S.wechsel** *m* sight/demand bill, sight draft (S/D), demand draft (D/D)
Sickern *nt* leakage, seepage, **s.** *v/i* to leak/seep
Siedlung *f* 1. (land) settlement; 2. housing estate
Siedlungs|abfall *m* residential waste; **S.genossenschaft; S.gesellschaft** *f* housing association; **S.planung** *f* town and country planning
Siegel *nt* seal; **S. abnehmen/entfernen** to unseal; **S. anbringen** to affix a seal; **S. verletzen** to break a seal; **mit S. versehen** to seal
siegeln *v/t* to (affix a) seal
Signal *nt* signal, pointer; **s.isieren** *v/t* to signal
Sign|atur *f* signature; **s.ieren** *v/t* to sign/autograph
Silber *nt* silver; **S.barren** *m* silver bullion/bar; **S.börse; S.markt** *f/m* (silver) bullion market; **S.gehalt** *m* silver content; **S.währung** *f* silver currency/standard
simulieren *v/t* 1. to simulate; 2. ⚕ to malinger, to fake an illness
Simultan|arbeit *f* 1. parallel work; 2. 🖳 parallel programming; **S.dolmetschen** *nt* simultaneous interpreting; **S.verarbeitung** *f* parallel processing
sinken *v/i* 1. to sink; 2. to decrease/fall/drop
Sinn *m* 1. sense, mind; 2. meaning, significance; 3. *(Brief)* tenor; **S. des Gesetzes** spirit of the law; **S. der Rede** tenor of the speech
Sitte *f* custom, usage; **s.nwidrig** *adj* unethical
Situation *f* situation, cicumstances; **konjunkturelle/wirtschaftliche S.** economic situation; **kritische S.** critical situation; **schwierige S.** predicament
Sitz *m* 1. seat; 2. domicile, residence; 3. *(Unternehmen)* headquarters, head office; 4. *(Standort)* site, location
Sitz|gelegenheiten *f* seating (facilities); **S.kapazität** *f* seating capacity; **S.kilometer** *m* seat mile; **S.ladefaktor** *m* passenger load factor; **S.land** *nt (Firma)* country of domicile; **S.streik** *m* sit-down strike, sit-in
Sitzung *f* 1. meeting, conference, session; 2. § proceedings, hearing; **S. des Aufsichtsrats / Direktoriums / Vorstands**

board meeting; **S. hinter verschlossenen Türen** closed-door meeting

Sitzung abhalten 1. to hold a meeting; 2. *(Gericht)* to sit; **S. anberaumen/einberufen** to call a meeting; **S. beenden/beschließen** 1. to end/close a meeting; 2. *(vertagen)* to adjourn; **S. leiten** to chair/conduct a meeting; **an einer S. teilnehmen** to attend a meeting; **S. vertagen** to adjourn a meeting

außerordentliche Sitzung special/extraordinary meeting; **in öffentlicher S.** *(Gericht)* to open court; **~ nicht öffentlicher S.** *(Gericht)* in camera *(lat.) [GB]*; **satzungsmäßige S.** statutory meeting

Sitzungs|bericht; S.niederschrift *m/f* minutes (of the meeting); **S.geld** *nt* attendance allowance; **S.leiter** *m* chair, chairman (of the meeting), chairperson; **S.leiterin** *f* chairwoman; **S.leitung** *f* chair(manship); **S.periode** *f* 1. session; 2. *(Gericht)* law term *[GB]*; **S.programm** *nt* agenda; **S.saal** *m* conference room/hall; **S.tag** *m* 1. *(Gericht)* date of the hearing; 2. *(Börse)* (trading) session; **S.verlauf** *m* session

Skala *f* 1. scale; 2. *(fig)* range; **gleitende S.** sliding scale

Skalarorganisation *f* scalar organisation

Skalen|effekte; S.erträge *pl* economies of scale, scale economies; **abnehmende S.** diminishing returns; **steigende/zunehmende S.** increasing returns

Skalenfaktor *m* scale factor

Skizz|e *f* sketch, draft, outline; **s.ieren** *v/t* to outline/sketch

Sklave *m* slave; **S.narbeit** *f* slave labo(u)r

skontieren *v/t* to (allow/give a) discount

Skonto *nt/m* discount; **Skonti** discounts; **abzüglich S.** less discount; **mit S.** at a discount; **S. einräumen/gewähren** to allow/grant a discount

Skonto|abzug *m* (deduction of) discount; **S.bedingungen** *pl* discount terms; **S.erträge** *pl* discounts earned; **S.linie** *f* discount line

Skontr|ation *f* settlement (of account); **s.ieren** *v/t* to settle/clear/square

Skontrierung *f* settlement (of account); **S.stag** *m* settlement day

Sockel *m* foundation, base; **S.arbeitslosigkeit** *f* hard-core unemployment; **S.betrag** *m* basic amount; **S.gehalt** *nt* basic salary; **S.kosten** *pl* cost base; **S.rente** *f* basic pension

Sofort|abzug *m* deduction at source; **S.auftrag** *m* 1. rush job; 2. *(Börse)* fill-or-kill order; **S.bedarf** *m* immediate need(s); **S.einlagen** *pl* demand deposits; **S.hilfe** *f* emergency/relief aid; **S.kasse** *f* spot/prompt cash; **S.kauf** *m* spot purchase; **S.lieferung** *f* immediate/spot/prompt delivery; **S.maßnahme** *f* instantaneous measure; **S.programm** *nt* emergency/crash program(me); **S.verarbeitung** *f* real-time processing; **S.zahlung** *f* cash down

Software *f* software; **S.entwicklung** *f* software development; **S.paket** *nt* software pack(age); **S.unternehmen** *nt* software company

Solar|energie *f* solar energy; **S.strom** *m* solar power; **S.zelle** *f* solar cell

Solawechsel *m* sole bill (of exchange), promissory note (P/N)

Sold *m* pay

Solidar|- joint; **S.bürge** *m* joint surety/warrantor; **S.bürgschaft** *f* joint security/warranty, joint and several guarantee; **S.gemeinschaft** *f* 1. mutual benefit association; 2. the insured; **S.haftung** *f* joint (and several) liability

Solidarität *f* solidarity

Solidar|kasse *f* mutual (benefit) fund; **S.schuld** *f* joint and several debt; **S.schuldner** *pl* joint and several debtors

solide *adj* 1. sound, good; 2. respectable; 3. *(fest)* solid

Solidität *f* soundness

Soll *nt* debit; **im S.** on the debit side; **S. und Haben** 1. assets and liabilities; 2. debit(or)s and credit(or)s; **im/ins S. buchen** to debit, to enter on the debit side; **über dem S. liegen** to be above target

Soll|abgrenzungsposten *pl* accruals; **S.arbeitszeit** *f* regular working hours; **S.aufkommen** *nt* target/budgeted yield; **S.ausbringung** *f* planned/budgeted output; **S.ausgaben** *pl* budgeted expenditure(s); **S.beleg** *m* debit voucher; **S.bestand** *m* target inventory; **S.bilanz** *f* total debits; **S.buchung** *f* debit entry; **S.einnahmen** *pl* budgeted receipts; **S.-Ist-Vergleich** *m* target performance comparison; **S.kaufmann** *m* businessman by registration; **S.kosten** *pl* budgeted cost(s); **S.kostenrechnung** *f* standard/budgeted accounting; **S.leistung** *f* planned/standard output; **S.menge** *f* 1, *(Produktion)* production target; 2. standard quantity; **S.posten** *m* debit item/entry; **S.saldo** *m* debit balance; **S.seite** *f* debit side; **S.spalte** *f* debit column; **S.stärke** *f* required strength; **S.zahlen** *pl* target figures; **S.ziffer** *f* target figure

Sollzins *m* debit interest, interest charges; **Soll- und Habenzinsen** debit and credit interest; **S.fuß; S.rate; S.satz** *m/f/m* borrowing rate

Sologeschäft *nt (Börse)* outright transaction

solven|t *adj* solvent; **S.z** *f* solvency

Sommer|ferien; S.urlaub *pl/m* summer holidays *[GB]*/vacactions *[US]*; **S.schlussverkauf** *m* summer sale(s); **S.zeit** *f* summertime, daylight saving time *[US]*

Sonder|abfall; S.abfälle *m/pl* hazardous waste; **S.abgabe** *f* surcharge; **S.abnehmer** *m* special-rate consumer

Sonderabschreibung *f* extraordinary/accelerated depreciation, special write-off; **S. für Anlagevermögen** business assets relief; **~ Investitionen** investment depreciation; **~ Neuanschaffungen** initial allowance

Sonder|abteilung *f* special department; **S.anfertigung** *f* custom-built/tailor-made/customized product; **S.angebot** *nt* special offer/bargain; **S.auftrag** *m* special order; **S.aufwendung** *f* extra cost; **S.ausbildung** *f* special(ized) training

Sonderausgabe(n) *f/pl* special expenses, incidental charges/expenses

Sonderausgaben|freibetrag *m* special allowance; **S.pauschale** *f* standard tax deduction

Sonder|ausrüstung *f* special equipment; **S.ausschuss** *m* select committee; **S.ausschüttung** *f* special dividend/distribution; **S.ausstattung** *f* extras; **S.ausstellung** *f* special exhibition/show; **S.bedingungen** *pl* preferential/special terms; **S.beitrag** *m* special contribution; **S.belastung** *f* 1. *(Bilanz)* extra charge; 2. special burden; **S.beschluss** *m* special resolution; **S.bestellung** *f* special order; **S.bestimmungen** *pl* special provisions; **S.darlehen** *nt* special loan; **S.dividende** *f* extraordinary/special dividend; **S.einflüsse** *pl (Bilanz)* exceptional items, exceptionals; **S.einkünfte; S.einnahmen** *pl* extraordinary income; **S.einrichtung** *f* special feature; **S.einzelkosten** *pl* special direct costs; **S.ermächtigung** *f* special powers/authorization; **S.freibetrag** *m (Steuer)* special allowance; **S.gefahren** *pl (Vers.)* extraneous perils; **S.genehmigung** *f* special permission; **S.gewinn** *m* excess/windfall profit; **S.kasse** *f* special fund; **S.konditionen** *pl* special terms; **S.konto** *nt* special/separate account; **S.kosten** *pl* special/extra cost; **S.kurs** *m (Börse)* put-through price; **S.lieferung** *f* special delivery

Sondermüll *m* ↘ **Sonderabfall** hazardous waste; **S.deponie** *f* hazardous waste landfill

Sonder|packung *f* special pack(age); **S.plafond** *m* special line/limit; **S.posten** *m (Bilanz)* exceptional/extraordinary item; **S.preis** *m* special price; **S.prüfer** *m* special auditor; **S.prüfung** *f* special audit; **S.rabatt** *m* special discount; **S.recht(e)** *nt/pl* privilege; **S.reserve** *f (Zentralbank)* special deposit; **S.revision** *f* special audit; **S.risiko** *nt (Vers.)* special hazard; **S.rücklage** *f* special(-purpose) reserve; **S.rückstellung** *f* exceptional provision; **S.schicht** *f* extra shift; **S.sitzung** *f* extraordinary meeting; **S.steuer** *f* special tax

Sondertarif *m* special rate/tariff, preferential rate; **S.kunde** *m* ϟ /*(Gas)*/ 💧 special-rate customer

Sonder|umlage *f* special levy; **S.vergünstigungen** *pl* fringe benefits; **S.vergütung** *f* bonus, gratuity; **S.vermögen** *nt* special assets; **S.verpackung** *f* special pack(age)/packaging/wrapping; **S.versichertendividende** *f* reversionary bonus; **S.versicherungstarif** *m* preferred risks rate; **S.vertrag** *m* special contract; **S.vertretung** *f* special agency; **S.vollmacht** *f* special powers/authority; **S.vorschrift** *f* special provision; **S.werte** *pl (Börse)* special stocks; **S.zahlung** *f* special/bonus/ex gratia *(lat.)* payment; **S.ziehungsrecht** *nt (IWF)* Special Drawing Right (SDR); **S.zoll** *m* ⊖ specific duty; **S.zulage** *f* (special) bonus; **S.zustellung** *f* special delivery; **S.zuwendung** *f* bonus

sondieren *v/t* to explore/probe, to take soundings

Sondierungsgespräche *pl* exploratory talks

Sonntag *m* Sunday; **S.sarbeit** *f* Sunday work(ing); **S.sdienst** *m* Sunday duty; **S.sverkauf** *m* Sunday trading/opening

Sorge *f* 1. concern, worry; 2. care, custody; **s.n** *v/i* to take care, to make provision; **S.recht** *nt* right of custody (and care of a child)

Sorgfalt *f* care, diligence; **S. eines ordentlichen Kaufmanns** due diligence, diligence of a prudent businessman; **angemessene S.** reasonable/due care; **gebührende S.** due diligence; **zumutbare S.** reasonable care

sorgfältig *adj* careful, diligent

Sorgfaltspflicht *f* duty of care, diligence

sorgsam *adj* careful

Sorte *f* 1. sort, kind, type; 2. *(Ware)* variety, type; 3. *(Qualität)* grade, quality; 4. strain; 5. blend; **S.n** foreign (bank)notes and coins; **beste/erste/erstklassige S.** top grade/quality; **feinste S.** choice brand/grade; **minderwertige/schlechte S.** inferior quality; **prima S.** prime quality; **vertraglich vereinbarte S.** contract grade

Sorten|abteilung *f* foreign currency department; **S.fertigung** *f* batch production; **S.geschäft; S.handel** *nt/m* foreign exchange dealings; **S.kurs** *m* exchange rate; **S.liste; S.zettel** *f/m* foreign exchange list; **S.wahl** *f* grading

sortieren *v/t* to sort/grade

Sortier|fach *nt* pigeonhole; **S.maschine** *f* 1. sorter; 2. *(Größe)* sizer; **S.postamt** *nt* sorting office; **S.programm** *nt* sort program

sortiert *adj* 1. assorted; 2. graded; **gut s.** well stocked

Sortierung *f* 1. sorting; 2. grading

Sortiment *nt* 1. assortment (of goods); 2. range (of products/goods), product range; 3. set; **S. abrunden** to round off/complete the (product) range; **S. bereinigen/straffen** to streamline the (product) range; **S. umstellen/umstruktuieren** to change the product mix

ausgelaufenes Sortiment discontinued line; **breites/großer S.** wide range; **gemischtes S.** mixed assortment; **hochwertiges S.** upmarket range

Sortimenter *m* 1. retail bookseller; 2. single-line wholesaler

Sortiments|anhebung *f* trading up; **S.ausweitung** *f* diversification, broadening of the range; **S.bereinigung** *f* streamlining of the range; **S.breite** *f* range; **S.buchhändler** *m* retail bookseller; **S.buchhandlung** *f* retail bookshop/bookstore; **S.fülle** *f* wide range; **S.geschäft** *nt* single-line store; **S.handel** *m* single-line trade; **S.-politik** *f* product mix policy; **S.qualität verbessern** *f* to trade up; **~ verringern** to trade down; **S.struktur** *f* product mix; **S.vielfalt** *f* (broad) range

Sozial|- social (security) welfare; **S.abfindung** *f* redundancy pay(ment), severance pay; **S.abgaben** *pl* social security contributions/taxes *[US]*, **S.abteilung** *f* welfare department; **S.amt** *nt* social services department *[GB]*, health and welfare department *[US]*; **S.arbeit** *f* social/welfare/case work; **S.arbeiter(in)** *m/f* social/welfare/case worker; **S.aufwand; S.aufwendungen; S.ausgaben** *m/pl* social/welfare expenditure(s), social security expenditure(s); **S.beamter** *m* social security official; **S.behörde** *f* social security office *[GB]*, welfare agency *[US]*; **S.beitrag** *m* social security contribution *[GB]*, National Insurance (NI) contribution, old age benefit tax *[US]*; **S.bericht** *m* social/socio-economic/welfare report; **S.beruf** *m* caring profession; **S.bestimmungen** *pl* welfare/social security provisions; **S.betreuer(in)** *m/f* social/welfare/case worker; **S.beziehungen** *pl* industrial relations; **S.bilanz** *f* social audit; **S.budget** *nt* social security/welfare budget; **S.dienst** *m* community service; **S.einkommen** *nt* social security payment, supplementary security income *[US]*; **S.einrichtung** *f* welfare institution; **S.etat** *m* social security/welfare budget

Sozialfonds *m* welfare/social/charitable fund; **Europäischer S.** *(EU)* European Social Fund

Sozialfürsorge *f* (social) welfare (work); **S.r(in)** *m/f* social/welfare/case worker

Sozial|gericht *nt* social security tribunal; **S.gesetzgebung** *f* welfare/social legislation; **S.haushalt** *m* social security/welfare budget; **S.helfer(in)** *m/f* case/social/welfare worker

Sozialhilfe *f* 1. social/public assistance, supplementary benefit *[GB]*, welfare aid *[US]*, income support *[GB]*; 2. supplemental security income *[US]*, public aid *[US]*; **S. beantragen** to claim social security benefits; **S. beziehen** to be on social security *[GB]*, ~ welfare *[US]*

Sozialhilfe|anspruch *m* social security claim *[GB]*, welfare claim *[US]*; **S.auf-**

S

wendungen *pl* social security spending; **s.berechtigt** *adj* eligible for social security *[GB]*, ~ welfare aid *[US]*; S.betrug *m* benefit fraud; **S.empfänger(in)** *m/f* welfare/social security recipient; **S.leistungen** *pl* 1. social security *[GB]*/welfare *[US]* benefits; 2. *(Betrieb)* employee benefits

sozialisier|en *v/t* 1. to nationalize; 2. to socialize; **S.ung** *f* 1. nationalization; 2. socialization

Sozialismus *m* socialism

Sozialist|(in) *m/f* socialist; **s.isch** *adj* socialist

Sozial|kapital *nt* social capital; **S.konflikt** *m* labo(u)r conflict; **S.kontrakt** *m* social contract/compact; **S.kosten** *pl* social/welfare costs; **S.lasten** *pl* 1. social security contributions/taxes; 2. welfare/social expenditure(s)

Sozialleistung *f* social (security) benefit; **S.en** 1. social security payments, welfare payments; 2. *(Betrieb)* fringe benefits

betriebliche Sozialleistungen company benefits; **freiwillige S.** fringe benefits; **gesetzliche S.** statutory benefits; **öffentliche/staatliche S.** social security benefits

Sozial|miete *f* subsidized/council *[GB]* rent; **S.ökonomie** *f* social economics; **s.ökonomisch** *adj* socioeconomic; **S.paket** *nt* benefits pack(age); **S.parteien; S.partner** *pl* management and labo(u)r, employers and employees, both sides of industry; **S.plan** *m* redundancy scheme; **S.politik** *f* social policy; **s.politisch** *adj* socio-political

S

Sozialprodukt *nt* national product, aggregate output; **S.rechnung** *f* national product accounting

Sozial|quote *f* social expenditure ratio; **S.raum** *m* recreation room; **S.recht** *nt* welfare law; **S.referent(in)** *m/f* welfare officer; **S.reform** *f* social reform; **S.rente** *f* state/national pension *[GB]*; **S.rückstellungen** *pl* provisions for welfare expenditure; **S.staat** *m* welfare state; **S.struktur** *f* social structure; **S.system** *nt* system of social security welfare system; **S.tarif** *m* subsidized rate; **S.unterstützung** *f* social security, public assistance; **S.verbindlichkeiten** *pl* pension and welfare liabilities; **S.vermögen** *nt* national wealth

Sozialversicherung *f* National Insurance *[GB]*, Old Age, Survivors, Disability and Health Insurance (OASDHI) *[US]*

Sozialversicherungs|abgabe *f* social security contribution; **S.anspruch** *m* social security claim *[GB]*, public assistance claim *[US]*; **S.beitrag** *m* social security contribution *[GB]*/tax *[US]*; **S.empfänger(in)** *m/f* social security recipient; **S.gesetzgebung** *f* social security legislation; **S.karte** *f* National Insurance card *[GB]*, social security card *[US]*; **S.leistung** *f* (social security) benefit, national insurance benefit; **S.nummer** *f* national *[GB]*/social *[US]* insurance number; **S.stock** *m* national insurance fund

Sozialwissenschaft *f* sociology, social science(s); **S.ler(in)** *m/f* sociologist, social scientist; **s.lich** *adj* sociological

Sozialwohnung *f* subsidized flat/apartment, council flat *[GB]*

Sozietät *f* (co)partnership, non-trading/professional partnership

Soziolog|e; S.in *m/f* sociologist, social scientist; **S.ie** *f* sociology, social science(s); **s.isch** *adj* sociological

Sozio|metrie *f* sociometrics; **s.-ökonomisch** *adj* socio-economic

Sozius *m* partner

Spalte *f* column

Spaltung *f* split(ting), split-up

Spanne *f* 1. span; 2. margin, spread *[US]*; 3. *(Börse)* touch; **S. zwischen Ausgabe- und Rücknahmekurs** bid-offer spread; **~ Geld- und Briefkurs** bid-ask spread

Spannkurs *m* *(Rohstoffbörse)* spread, straddle

Spannung *f* 1. tension; 2. ⚡ voltage; **S.spreis** *m (Börse)* spread price

Spannweite *f* range, span

Spar|- savings *[GB]*, thrift *[US]*; **S.anlage** *f* savings deposit; **S.anleihe** *f* savings bond; **S.aufkommen** *nt* savings volume; **S.betrag** *m* amount saved; **S.brief** *m* savings certificate/bond, National Savings Certificate *[GB]*, U.S. Savings Bond; **S.buch** *nt* savings/bank book, passbook; **S.büchse; S.dose** *f* money/thrift box, piggy bank *(coll)*

Spareinlage *f* savings deposit, thrift/notice deposit *[US]*; **befristete S.** term/time deposit; **sofort fällige S.** demand deposit; **mündelsichere S.n** trustee savings

Spareinlagen|verzinsung *f* return on

savings; **S.zinsfuß** *m* interest rate on savings deposits
Sparen *nt* 1. saving, thrift, economy; 2. *(Einlagen)* saving; **indexiertes S.** index-linked saving; **negatives S.** dissaving, negative saving
sparen *v/t* 1. to save/economize; 2. *(Einlagen)* to save, to put aside/by
Sparer *m* 1. saver, depositor; 2. *(Fonds)* planholder; **S.genossenschaft** *f* deposit *[GB]*/thrift *[US]* society
Spar|form *f* savings facility; **S.freudigkeit** *f* propensity to save; **S.gelder** *pl* savings/ thrift deposits; **S.gewohnheiten** *pl* saving habits; **S.guthaben** *nt* savings/thrift (account) deposit; **S.haushalt** *m* austerity budget; **S.institut; S.institution** *nt/f* savings institution, thrift society *[US]*
Sparkapital *nt* savings (capital); **S.bildung** *f* savings capital formation
Sparkasse *f* savings bank, thrift institution *[US]*, trustee savings bank *[GB]*; **Spar- und Darlehenskasse** savings and loan association *[US]*; **S. auf Gegenseitigkeit** mutual savings bank; **gemeinnützige S.** mutual *[US]*/trustee *[GB]* savings bank; **genossenschaftliche S.** cooperative savings bank; **kommunale/städtische S.** municipal savings bank; **öffentliche/ öffentlich-rechtliche S.** public savings bank
Sparkassen|einlagen *pl* savings bank deposits; **S.guthaben** *nt* savings bank deposit; **S.hypothek** *f* savings bank mortgage; **S.konto** *nt* savings bank account; **S.kredit** *m* savings bank credit
Spar|klub *m* savings club; **S.kommissar** *m* hatchet man *(coll)*
Sparkonto *nt* savings *[GB]*/thrift *[US]* account; **persönliches S.** individual savings account (ISA); **steuerfreies S.** tax-exempt special savings account (TESSA) *[GB]*
Sparleistungen *pl* (total) savings
spärlich *adj* scarce, sparse
Spar|marke *f* savings *[GB]*/thrift *[US]* stamp; **S.maßnahme** *f* economy (measure), cost-cutting exercise; **S.menge** *f* volume of savings; **S.mittel** *pl* savings; **S.-neigung** *f* propensity to save; **S.politik** *f* austerity policy; **S.prämie** *f* savings bonus/premium; **S.programm** *nt* 1. savings scheme; 2. *(Politik)* austerity pack(age)/ program(me), thrift program *[US]*
Sparquote *f* savings ratio, propensity to save; **gesamt-/volkswirtschaftliche S.** aggregate/savings ratio; **marginale S.** marginal propensity to save
Sparrate *f* savings ratio
sparsam *adj* economical, thrifty, frugal; **S.-keit** *f* economy, thrift(iness)
Spar|schwein *nt* *(fig)* piggy bank; **S.tätigkeit** *f* saving(s) (activity)
Sparte *f* 1. branch, line of business; 2. *(Konzern)* division
Sparten|aufschlüsselung *f* divisional breakdown; **S.gliederung** *f* divisional structure; **S.leiter** *m* division(al) manager; **S.leitung** *f* divisional management; **S.struktur** *f* divisional structure
Spar|verein; S.vereinigung *m/f* savings association *[GB]*, thrift institution *[US]*; **S.vermögen** *nt* savings; **S.vertrag** *m* savings contract; **S.volumen** *nt* volume of savings; **S.zinsen** *pl* interest on savings (deposits)
Spätschicht *f* night/late shift
Spediteur *m* 1. (freight) forwarder, forwarding/freight/shipping agent, shipper; 2. 🚗 haulier, carrier, haulage contractor; **S.bescheinigung** *f* carrier's receipt; **S.-durchkonnossement** *nt* forwarder's through bill of lading (B/L); **S.haftung** *f* carrier's liability; **S.konnossement** *nt* forwarder's bill of lading (B/L); **S.pfandrecht** *nt* carrier's lien; **S.übernahmebescheinigung** *f* forwarder's receipt
Spedition *f* 1. (public/freight) carrier, haulage company, haulier; 2. forwarder, shipper, forwarding/shipping agency
Speditions|abteilung *f* forwarding/dispatch department; **S.agent** *m* forwarding/freight/shipping agent; **S.firma** *f* 1. forwarding agency; 2. haulage company, haulage contractor, haulier; **S.übernahmebescheinigung** *f* forwarder's receipt; **S.unternehmen** *nt* 1. carrier, haulier, truck(ing) company; 2. forwarder, shipper; **S.versicherung** *f* haulage insurance; **S.vertrag** *m* contract of carriage, shipping contract
Speicher *m* warehouse; **S.gebühren** *pl* warehousing charges; **S.kapazität** *f* storage capacity; **S.miete** *f* warehouse rent
speichern *v/t* to store, to stock (up), to warehouse
Speicher|platz *m* storage space; **S.technik** *f* storage technology

Speicherung *f* storage
Speicher|verwalter *m* warehouse keeper; **S.zeit** *f* storage time; **S.zugriff** *m* 🖳 direct memory access
Spekulant *m* 1. speculator; 2. *(Börse)* market operator; 3. *(Hausse)* bull; 4. *(Baisse)* bear; 5. *(Neuemission)* stag
Spekulation *f* 1. speculation; 2. gambling, gamble; **S. auf Baisse** bear speculation/trading; **~ Hausse** bull speculation/trading
Spekulations|aktie *f* speculative share *[GB]*/stock *[US]*; **S.bewegung** *f* speculative movement; **S.druck** *m* speculative pressure; **S.geschäft** *nt* speculative transaction/operation; **S.gewinn** *m* speculative profit/gain; **S.handel** *m* speculative trading; **S.kapital** *nt* venture capital; **S.kauf** *m* speculative purchase; **S.papier** *nt* speculative stock/security; **S.preis** *m* speculative price; **S.ring** *m* corner; **S.steuer** *f* (short-term) capital gains tax; **S.wert** *m* speculative issue/security
spekulieren *v/i* to speculate/gamble/job
Spende *f* contribution, donation, gift; **s.n** *v/t* to contribute/donate
Spenden|aktion *f* fund raising (excercise); **S.konto** *nt* subscription/donations account
Spender *m* donor, benefactor
Sperr|aktie *f* golden share *[GB]*; **S.auftrag** *m* stop (order); **S.depot** *nt* blocked (security) deposit
Sperre *f* 1. barrier; 2. *(Handel)* embargo; 3. *(Scheck)* stop; 4. *(Hindernis)* impediment, obstacle; 5. *(Verbot)* ban
sperren *v/t* 1. to close off; 2. *(Konto)* to block/freeze; 3. *(Scheck)* to stop; 4. *(Warenverkehr)* to embargo; 5. *(Verbot)* to ban
Sperr|frist *f* 1. qualifying/blocking period; 2. *(Vers.)* waiting period; 3. *(Wertpapiere)* immobilization period; **S.geld** *nt* frozen funds; **S.gut** *nt* bulky goods/freight; **S.guthaben** *nt* 1. frozen funds; 2. *(durch Forderungspfändung)* garnished account
sperrig *adj* bulky
Sperr|klausel *f* blocking/barring clause; **S.konto** *nt* frozen account; **S.minorität** *f* blocking minority; **S.müll** *m* bulky refuse/waste; **S.patent** *nt* blocking patent; **S.stück** *nt (Wertpapier)* blocked security
Sperrung *f* 1. freeze, stop(ping), closure; 2. *(Handel)* embargo, blockade; 3. *(Scheck)* stoppage; 4. *(Verbot)* prohibition, ban
Sperr|vermerk *m* non-negotiability notice/clause; **S.vermögen** *nt* frozen/blocked assets; **S.wort** *nt* password; **S.zeit** *f (Vers.)* period of disqualification; **S.zoll** *m* prohibitive tariff; **S.zone** *f* danger/exclusion zone
Spesen *pl* 1. (out-of-pocket/business) expenses; 2. bank charges; **einschließlich aller S.** including all charges; **franko S.** free of charge(s); **zuzüglich S.** plus expenses
Spesen abrechnen to account for expenses; **S. absetzen** to deduct expenses; **S. aufschlüsseln** to break down expenses; **für S. belasten** to expense; **jds S. bestreiten** to defray so.'s expenses; **S. erstatten** to refund expenses; **auf S. reisen** to travel on expenses; **S. in Rechnung stellen** to charge expenses
abzugsfähige Spesen deductible expenses; **aufgelaufene S.** accrued expenses; **diverse/verschiedene Spesen** sundries, sundry expenses; **kleine S.** petty expenses
Spesen|abrechnung *f* expense account; **nach S.abzug** *m* after allowing for expenses; **S.aufgliederung** *f* breakdown of expenses; **S.aufstellung** *f* statement of expenses; **S.belastung** *f (Vers.)* expense loading; **S.beleg** *m* expense voucher; **S.erstattung** *f* reimbursement of expenses; **S.fonds** *m* expense fund; **s.frei** *adj* free of charge; **S.kasse** *f* petty cash; **S.konto** *nt* expense account; **S.nachnahme** *f* charges forward; **S.pauschale** *f* expense allowance; **S.posten** *m* expense item; **S.rechnung** *f* 1. bill of expenses; 2. expense account; **S.ritter** *m (coll)* expense account traveller; **S.rückerstattung; S.vergütung** *f* reimbursement of expenses; **S.satz** *m* expense allowance; **S.zettel** *m* expense slip; **S.zuschuss** *m* expense allowance
Spezial|anfertigung *f* custom-built/special manufacture; **S.artikel** *m* special(i)ty; **S.ausbildung** *f* special(ized) training; **S.ausdruck** *m* technical term; **S.ausführung** *f* special model/version; **S.erzeugnis** *nt* special(i)ty product; **S.fach** *nt* speciality, special line; **S.geschäft** *nt* speciality shop *[GB]*, specialty store *[US]*; **S.indossament** *nt* special endorsement
spezialisieren (auf) *v/refl* to specialize (in)
Spezialisierung *f* specialization; **S.sgrad** *m* degree of specialization

Spezialist(in) *m/f* 1. specialist, expert; 2. $ consultant, specialist
Spezialität *f* speciality *[GB]*, specialty *[US]*
Spezial|kenntnisse *pl* know-how; **S.konto** *nt* special/separate account; **S.kraft** *f* skilled worker; **S.markt** *m* specialized market; **S.papier** *nt (Börse)* special stock; **S.preis; S.rate; S.tarif** *m/f/m* special rate; **S.verpackung** *f* special packing; **S.versicherung** *f* special insurance; **S.werte** *pl* special shares *[GB]*/stocks *[US]*; **S.wissen** *nt* expert knowledge
Spezies|sachen *pl* specified goods; **S.verkauf** *m* sale of specified goods
Spezifikation *f* 1. specification; 2. itemization; **S.skauf** *m* sale to specification(s)
spezi|fisch *adj* specific(al); **s.fizieren** *v/t* to specify/itemize/detail; **S.fizierung** *f* specification, itemization
Spiegelbildkonten *pl* suspense accounts
Spiel *nt* 1. game, play; 2. *(Wetten)* gambling, gaming; **S.bank** *f* casino; **S.einsatz** *m* stake
Spielen *nt* gaming, gambling; **s.** *v/i* 1. to gamble; 2. to play
Spieler *m* 1. gambler; 2. player
Spiel|geld *nt* play money; **S.geschäft** *nt* futures gambling; **S.gewinn** *m* gambling profit; **S.kasino** *nt* casino; **S.marke** *f* token, chip; **S.papiere** *pl* speculative securities
Spielraum *m* scope, room for manoeuvre, leeway; **finanzieller S.** financial scope; **finanzpolitischer S.** fiscal leverage
Spiel|schuld *f* gambling debt; **S.steuer** *f* gambling/gaming duty; **S.theorie** *f* game theory
Spinnerei *f* spinning mill
Spin-off-Gründung *f* spin-off flo(a)tation
Spion|age *f* espionage; **s.ieren** *v/i* to spy
Spirale *f* spiral
Spirituosen *pl* spirits
Spitze *f* 1. point, peak; 2. *(Börse)* remainder; 3. *(Führung)* lead; 4. *(Rückvers.)* excess; 5. *(Zipfel)* tip; **S.n** *(Börse)* odd lots; **S. erreichen** to peak
Spitzen|- peak, top(-level/-line); **S.absatz** *m* peak sales; **S.angebot** *nt* 1. top offer; 2. *(VWL)* marginal supply; **S.artikel** *m* first-class article; **S.ausgleich** *m* 1. *(Bezugsrechte)* settlement of fractions; 2. evening out of peaks; **S.bedarf** *m* peak demand; **S.belastung** *f* ⚡ peak load; **S.betrag** *m* maximum amount; **S.einkommen** *nt* top/peak income; **S.fabrikat** *nt* first-class product; **S.firma** *f* blue-chip company; **S.gehalt** *nt* top salary; **S.jahr** *nt* record year; **S.lage** *f (Grundstück)* prime/plum site; **S.last** *f* ⚡ peak load; **S.leistung** *f* 1. ☼ maximum/peak output; 2. *(Person)* top-rate/first-class performance; **S.marke** *f* premium brand; **S.modell** *nt* top(-of-the-line/-of-the-range) model; **S.nachfrage** *f* peak demand; **S.organisation** *f* umbrella organisation; **S.papier** *nt* leading share *[GB]*/stock *[US]*; **S.position** *f* leading position; **S.preis** *m* premium price; **S.produkt** *nt* first-rate/first-class product; **S.qualität** *f* top/prime/best quality; **S.reiter** *m* 1. leader, frontrunner; 2. *(Börse)* market leader; 3. *(Ware)* top seller; **S.rendite** *f* top yield; **S.satz** *m* top rate; **S.stand** *m (Börse)* all-time/record high; **S.stellung** *f* top/leading position; **S.steuersatz** *m* top tax rate; **S.tarif** *m* peak rate; **S.technik; S.technologie** *f* high tech(nology), hi-tech; **S.unternehmen** *nt* blue-chip/cutting-edge company; **S.verband** *m* umbrella organisation; **S.verbrauch** *m* maximum consumption; **S.verdiener** *m* top earner; **S.verdienst** *m* top salary/earnings; **S.verkehr** *m* rush-hour/peak traffic; **S.vertreter** *m* top level representative; **S.wert** *m* leading security
Spitzenzeit *f* peak time; **außerhalb der S.** off-peak
Splittingverfahren *nt* splitting method/procedure
spontan *adj* spontaneous; **S.kauf** *m* impulse buy(ing); **S.käufer** *m* impulse buyer
Sporteln *pl* emoluments
Spot *m* commercial; **S.geschäft** *nt* spot transaction; **S.kurs; S.preis** *m* spot price/rate; **S.markt** *m* spot market
spott|billig *adj* dead cheap, dirt-cheap; **S.preis** *m* bargain (basement price)
Spotware *f (Optionshandel)* cash commodity
Sprache *f* language
Sprach|gebrauch *m* usage; **s.gewandt** *adj* linguistically proficient, articulate; **S.gewandtheit** *f* linguistic proficiency; **S.kurs** *m* language course; **S.schule** *f* language school; **S.talent** *nt* gift for languages; **S.unterricht** *m* language teaching/tuition
sprechen *v/ti* to speak; **dafür s.** to have

merit, to have sth. going for it *(coll)*; **für sich selbst s.** to speak for itself; **unvorbereitet s.** to speak off the cuff

Sprecher *m* 1. spokesperson, spokesman; 2. speaker; **S.in** *f* spokeswoman

Sprech|gebühr *f* ☎ call charge; **S.stunde(n)** *f/pl* consulting hours; **S.zeit** *f* 1. ☎ speaking time; 2. consulting hours; **S.zimmer** *nt* 1. consulting room; 2. ⚕ surgery

sprießen *v/i* to sprout/burgeon

Springer *m* *(Beruf)* job hopper; *pl* call workforce

Spruch *m* 1. saying, adage; 2. § verdict, sentence; 3. *(Schiedsspruch)* award

Sprung *m* 1. jump, leap, 2. *(Riss)* crack; **s.haft** *adj* 1. erratic, volatile; 2. *(Anstieg)* rapid, sharp; **S.kosten** *pl* semi-variable cost(s); **S.regress** *m* recourse to prior endorser; **S.revision** *f* § leapfrogging; **s.weise** *adv* by leaps and bounds

Spur *f* 1. trace, track; 2. *(Aufklärung)* lead, clue; **S.weite** *f* 🚆 gage *[US]*, gauge *[GB]*

Staat *m* state, government

Staaten|haftung *f* liability of states; **s.los** *adj* stateless

staatlich *adj* state, governmental

Staats|abgaben *pl* fiscal dues; **S.angehörige(r)** *f/m* national, citizen; **S.angehörigkeit** *f* nationality, citizenship; **S.angestellte(r)** *f/m* public servant/employee; **S.anleihe** *f* government bond/loan/stock, gilt (-edged stock) *[GB]*; **S.anteil** *m* public sector share

Staatsanwalt *m* public prosecutor *[GB]*, District Attorney *[US]*; **S.schaft** *f* Director of Public Prosecution (DPP) *[GB]*, Office of District Attorney *[US]*

Staatsaufsicht *f* government/state supervision, **unter S.** state-controlled

Staatsauftrag *m* government contract/order

Staatsausgaben *pl* public/government spending, ~ expenditure; **S.kürzung** *f* public spending cut

Staats|bank *f* national/government/state bank; **S.beamter** *m* government officer; **S.bedienstete(r)** *f/m* public(-sector)/government employee; **S.behörde** *f* public authority; **S.beihilfe** *f* government aid, subsidy

Staatsbesitz *m* 1. public/state ownership; 2. public property; **in S.** state-owned, government-owned; **~ überführen** to nationalize, to bring under public ownership

Staats|beteiligung *f* state holding; **S.betrieb** *m* government(-owned)/state enterprise; **S.budget** *nt* national budget

Staatsbürger|(in) *m/f* national, citizen; **S.schaft** *f* nationality, citizenship

Staats|darlehen *nt* state loan; **S.defizit** *nt* public deficit; **S.dienst** *m* civil/public service; **S.domäne** *f* crown *[GB]*/public *[US]* land; **s.eigen** *adj* state-owned, government-owned

Staatseigentum *nt* 1. public/state ownership; 2. state/government property; **in S.** state-owned; **~ überführen** to nationalize

Staats|eingriffe; S.einmischung *pl/f* state interference; **S.einkauf** *m* public procurement; **S.einkommen; S.einkünfte; S.einnahme(n)** *nt/pl/f/pl* public/government revenue(s); **S.finanzen** *pl* public/national finance(s); **S.förderung** *f* government aid/promotion; **S.garantie** *f* government guarantee; **S.gelder** *pl* public funds/money; **S.gut** *nt* crown *[GB]*/state *[US]* property; **S.haftung** *f* public liability; **in S.hand** *f* state-owned; **S.handel** *m* state trading; **S.haushalt** *m* (national/government/state) budget; **S.hilfe** *f* government assistance/aid; **S.industrie** *f* nationalized/public-sector industry; **S.kapitalismus** *m* state capitalism; **S.kasse** *f* (public) treasury, public purse; **S.konkurs** *m* national bankruptcy; **S.kontrolle** *f* state/government control; **S.konzern** *m* government-owned group; **auf S.kosten** *pl* at public expense; **S.kredit** *m* state loan; **S.lasten** *pl* public burden; **S.lieferant** *m* government contractor; **S.mittel** *pl* public funds; **S.obligationen** *pl* government bonds/stocks

Staatspapier *nt* government bond/stock; **S.e** gilt-edged *[GB]*/federal *[US]* securities, gilts

Staats|pension *f* public service/state pension; **S.pensionär** *m* public service/state pensioner; **S.quote** *f* public share; **S.recht** *nt* constitutional law; **S.renten** *pl* government annuities; **S.rentner** *m* state pensioner; **S.säckel** *nt* public purse, (state) coffers

Staatsschuld *f* national/government debt; **S.enaufnahme** *f* public sector borrowing; **S.schein** *m* state/government note; **S.verschreibungen** *pl* government/state bonds

Staats|steuer *f* state tax; **S.titel** *pl* government bonds/securities; **S.unternehmen** *nt* state(-owned) company, public corporation; **S.unterstützung** *f* state aid/subsidy; **S.verbrauch** *m* public/government consumption; **S.vermögen** *nt* government/public/crown *[GB]* property; **S.verschuldung** *f* public/national/state debt; **S.versicherung** *f* national insurance; **S.verwaltung** *f* public/government administration; **S.wirtschaft** *f* public sector; **S.zugehörigkeit** *f* nationality, citizenship; **S.zuschuss** *m* government grant, state subsidy; **S.zuweisung** *f* government allocation

Stab *m (Personal)* staff; **S.diagramm** *nt* bar chart, histogram

stabil *adj* 1. stable; 2. *(Preis/Kurs)* steady, firm; **s.isieren** *v/t* to stabilize; *v/refl* 1. to stabilize, to level off; 2. *(Preis/Kurs)* to firm/steady

Stabilisierung *f* 1. stabilization; 2. *(Preis/Kurs)* firming; **S. der Konjunktur** economic stabilization

Stabilisierungs|faktor *m* stabilization factor; **S.fonds** *m* stabilization fund; **S.maßnahmen** *pl* anti-inflationary pack(age); **S.politik** *f* stabilization policy; **S.programm** *nt* stabilization program(me)

Stabilität *f* stability; **S. des Geldwertes** monetary stability; **außenwirtschaftliche S.** external stability; **wirtschaftliche S.** economic stability

Stabilitätsprogramm *nt* deflationary program(me)

Stablinienorganisation *f* line-and-staff organization

Stabs|abteilung *f* staff/management department; **S.angehörige(r)** *f/m* staff member; **S.assistent(in)** *m/f* staff assistant; **S.besprechung** *f* staff conference; **S.stelle** *f* staff position

Stadium *nt* stage, phase

Stadt *f* town, city; **S.anleihe** *f* local government stock, city *[US]*/municipal bond; **S.bank** *f* municipal bank

Stadtbau|amt *nt* town planning/surveyor's office; **S.ordnung** *f* building *[GB]*/zoning *[US]* code

Stadtdirektor *m* town clerk *[GB]*, chief executive *[GB]*, city manager *[US]*

Städtebau *m* town/city planning

Stadt|entwicklung *f* urban development; **S.erneuerung** *f* urban renewal; **S.filiale** *f* city branch; **S.gebiet** *nt* urban/municipal area; **S.gemeinde** *f* municipality; **S.haushalt** *m* municipal/city budget

städtisch *adj* municipal, urban

Stadt|kämmerer *m* city/borough/council treasurer *[GB]*, city chamberlain *[US]*; **S.kämmerei** *f* (city/borough) treasurer's office *[GB]*, city tax collector *[US]*; **S.lage** *f* city-(center) *[US]*/centre *[GB]*) location; **S.lager** *nt* city warehouse; **S.mitte** *f* city/town center *[US]*, ~ centre *[GB]*; **S.planung** *f* city/urban planning

Stadtrand *m* outskirts; **S.lage; S.standort** *f/m* edge-of-town location

Stadt|rat *m* city/town council; **S.sanierung** *f* urban renewal; **S.sparkasse** *f* municipal savings bank; **S.verordnung** *f* (municipal) bylaw/bye-law; **S.verwaltung** *f* local/municipal authority *[GB]*, municipal administration *[US]*; **S.werke** *pl* public utilities, municipal undertakings; **S.zentrum** *nt* town/city center *[US]*, ~ centre *[GB]*

Staffel *f* scale; **S.anleihe** *f* graduated bond; **S.begünstigung** *f (Steuer)* taper relief; **S.besteuerung** *f* progressive/sliding-scale tax(ation); **S.bestimmungen** *pl (Steuer)* tapering provisions; **S.form** *f (Bilanz)* columnar form; **S.gebühr** *f* graduated rate/tariff; **S.lohn** *m* differential wage; **S.miete** *f* graduated rent

staffeln *v/t* 1. to scale/graduate; 2. *(Arbeitszeit/Zahlungen)* to stagger

Staffel|preis *m* sliding-scale price; **S.preise** *pl* staggered prices; **S.provision** *f* staggered commission; **S.rechnung** *f* single-column account; **S.rente** *f* graduated pension; **S.steuer** *f* progressive/sliding-scale tax; **S.tarif** *m* sliding scale, graduated/differential tariff

Staffelung *f* 1. graduation, grading, differentiation; 2. *(Arbeitszeit/Zahlungen)* stagger(ing)

Staffel|vergünstigung *f (Steuer)* taper relief; **s.weise** *adv* on a sliding scale; **S.zins(en)** *m/pl* sliding-scale/graduated interest

Stagflation *f* stagflation; **verstärkte S.** slumpflation

Stagnation *f* stagnation

stagnieren *v/i* to stagnate, to be at a standstill; **s.d** *adj* stagnant, sluggish

Stahl *m* steel; **S.aktien** *pl* steel shares *[GB]*/stocks *[US]*; **S.branche** *f* steel industry;

S.erzeuger *m* steelmaker; **S.erzeugung** *f* steel production; **S.fach** *nt* strongbox; **S.handel** *m* steel trade; **S.händler** *m* steel stockholder; **S.hütte** *f* steelworks; **S.industrie** *f* steel industry; **S.konzern** *m* steel group; **S.produktion** *f* steel production; **S.produzent** *m* steel producer; **S.schrank** *m* safe; **s.verarbeitend** *adj* steel-processing; **S.verbrauch** *m* steel consumption; **S.verbraucher** *m* steel consumer; **S.walzwerk** *nt* steel (rolling) mill; **S.werk** *nt* steelworks, steel plant; **S.werte** *pl* steel shares *[GB]*/ stocks *[US]*, steels

Stamm *m* 1. *(Baum)* trunk; 2. *(Kunden)* regular customers; **Stämme** *(Aktien)* ordinary shares *[GB]*/stocks *[US]*, common stock

Stammabschnitt *m* counterfoil, stub

Stammaktie *f* ordinary share *[GB]*/stock *[US]*; **nachrangige S.n** subordinated common stock; **stimmberechtigte S.** voting common stock; **S.nkapital** *nt* ordinary share *[GB]*/stock *[US]* capital

Stamm|aktionär *m* ordinary shareholder *[GB]*/stockholder *[US]*; **S.anteil** *m* equity share; **S.anteile** (shareholders' *[GB]*/ stockholders' *[US]* equity; **S.arbeiter** *m* regular/core worker; **S.belegschaft** *f* regular/core workforce; **S.betrieb** *m* parent plant; **S.blatt** *nt* counterfoil; **S.datei** *f* master file; **S.daten** *pl* 🖳 master data; **S.dividende** *f* ordinary dividend; **S.einlage** *f* capital contribution

stammen aus/von *v/i* to orginate from

Stamm|firma *f* parent company/firm; **S.gast** *m* regular (visitor); **S.geschäft** *nt* core/bread-and-butter business; **S.gesellschaft** *f* parent company

Stammkapital *nt* equity/ordinary/subscribed *[GB]* capital, (common) capital stock *[US]*

Stamm|karte *f* master card; **S.konto** *nt* main/general account; **S.kunde** *m* regular customer; **S.kundschaft** *f* regular customers/clientele; **S.lieferant** *m* regular supplier; **S.patent** *nt* original patent; **S.personal** *nt* core workforce, permanent staff; **S.police** *f (Vers.)* master policy; **S.rolle** *f* roll, register; **S.sitz** *m* (group) headquarters; **S.vermögen** *nt* capital stock; **S.versicherungsschein** *m* master policy; **S.werk** *nt* parent plant; **S.wert** *m* original value

Stand *m* 1. place, position; 2. *(Stellung)* status, rank; 3. *(Konto)* balance; 4. *(Ausstellung)* stand; 5. *(Börse)* post, pitch; **S. der Aktiva und Passiva** statement of assets and liabilities; **S. der Dinge** state of affairs; **~ Konjunktur** state of the economy; **~ Kurse/Preise** level of prices; **~ Technik** state of the art; **~ Verhandlungen** stage of negotiations

Stand abbauen to dismantle a stand; **S. aufbauen** to put up a stand; **S. von ... aufweisen** to show a balance of ...; **auf den neuesten S. bringen** to update; **höchsten S. erreichen** to (reach a) peak; **niedrigsten S. erreichen** to touch bottom

Standard *m* standard (grade/quality); **S.abweichung** *f* standard variance/deviation; **S.aktie** *f* leading share, blue chip *(coll) [GB]*; **S.artikel** *m* standard line; **S.ausführung** *f* standard model/version; **S.brief** *m* standard letter; **S.deckung** standard cover(age); **S.einrichtung** *f* standard feature; **S.erzeugnis; S.fabrikat** *nt* standard product; **S.gemeinkosten** *pl* standard overheads; **S.gewicht** *nt* standard weight; **S.größe** *f* standard/stock size

standardisier|en *v/t* to standardize; **S.ung** *f* standardization

Standardkalkulation *f* standard costing

Standardkosten *pl* standard costs; **S.rechnung** *f* standard cost accounting; **~ auf Vollkostenbasis** standard absorption costing

Standard|kurs *m* reference price; **S.leistung** *f* standard performance; **S.lohn** *m* basic wage; **S.muster** *nt* 1. standard pattern; 2. basic grade; **S.preis** *m* regular/ standard price; **S.sorte** *f* basic/standard grade; **S.vertrag** *m* § standard form contract; **S.ware** *f* standard goods; **S.wert** *m (Börse)* leading share, blue chip *(coll)*

Standbein *nt* foothold

Standes|gericht *nt* professional tribunal; **S.organisation; S.vereinigung** *f* professional association; **S.regeln** *pl* code/rules of (professional) conduct; **S.vertretung** *f* professional body; **s.widrig** *adj* unprofessional, unethical; **S.widrigkeit** *f* malpractice, misconduct

standfest *adj* steady, firm, stable; **S.igkeit** *f* 1. stability; 2. staying power, stamina

Stand|fläche *f* *(Messe)* exhibition space; **S.gebühr** *f* stall money, stallage; **S.geld** *nt* 🚂 siding rent, demurrage

ständig *adj* 1. constant, permanent; 2. *(negativ)* persistent, chronic

Stand|inhaber *m* stallholder; **S.leitung** *f* ☏ dedicated line; **S.miete** *f* stand rent

Standort *m* (plant/store) location, site; **S. auf der grünen Wiese** greenfield site; **S. bestimmen/finden** to site/locate

Standort|analyse *f* locational analysis; **S.änderung** *f* relocation; **S.angebot** *nt* locations/sites on offer; **s.bedingt** *adj* locational; **S.bedingungen** *pl* local conditions; **S.berater** *m* site consultant; **S.beratung** *f* site/locaction consultancy (service); **S.bewertung** *f* locational evaluation; **S.daten** *pl* site/locational data; **S.entscheidung** *f* locational decision; **S.entwicklung; S.erschließung** *f* site development; **S.faktor** *m* location(al) factor; **s.günstig** *adj* favourably located; **S.nachteil** *m* locational disadvantage; **S.präferenz; S.priorität** *f* locational preference; **S.qualität** *f* locational quality; **s.spezifisch** *adj* site-specific, location-specific; **S.studie** *f* locational study; **S.veränderung; S.verlegung; S.wechsel** *f/m* relocation, change of location; **S.voraussetzung** *f* locational prerequisite(s); **S.vorteil** *m* locational advantage; **S.wahl** *f* choice of location

Stand|platz *m* 1. stand; 2. *(Börse)* trading post; **S.punkt** *m* point of view, viewpoint, stance

Stange *f* rod, pole; **von der S.** *(Konfektion)* off-the-peg, ready-to-wear; **ordentliche/ schöne S. Geld** tidy sum; **eine ~ kosten** to cost a pretty penny

Stapel *m* 1. batch; 2. pile, stack; 3. depot, store; **S.arbeit; S.betrieb** *f/m* 🖳 batch processing; **S.fernverarbeitung** *f* remote job entry; **S.güter** *pl* staple commodities/ goods

stapeln *v/t* to stack

Stapel|palette *f* stacking pallet; **S.platz** *m* entrepôt *(frz.)*, depot; **S.verarbeitung** *f* 🖳 batch processing; **S.ware** *f* staple (goods); **S.waren** staples, staple commodities

stark *adj* strong, powerful

Stärke *f* 1. strength, power; 2. strong point; **S. der Belegschaft** personnel strength; **finanzielle S.** financial muscle

stärk|en *v/t* to strengthen/fortify; **S.ung** *f* strengthening, reinforcement

starr *adj* 1. rigid, inelastic; 2. inflexible, intransigent; **S.heit** *f* 1. rigidity; 2. inflexibility

Start *m* start; **S.bedingungen** *pl* starting conditions; **S.beihilfe** *f* front-end/up-front subsidy, ~ grant

starten *v/ti* 1. to start/launch; 2. ✈ to take off

Start|finanzierung *f* start-up finance; **S.hilfe** *f* pump-priming, launch(ing)/start-up aid; **S.hilfekabel** *pl* jump leads *[GB]*, jumper cables *[US]*; **S.jahr** *nt* start-up year; **S.kapital** *nt* start-up/seed capital; **S.kosten** *pl* start-up/launching costs; **S.schwierigkeiten** *pl* start-up problems, teething troubles *(fig)*

Station *f* 1. station, stage; 2. ⚕ (hospital) ward; **s.är** *adj* 1. stationary; 2. *(Handel)* over-the-counter; 3. ⚕ in-patient

Statistik *f* 1. statistic(s); 2. *(Tabelle)* set of figures, table; **amtliche S.** official statistics; **analytische/induktive S.** inferential statistics; **betriebswirtschaftliche S.** business statistics; **geschönte S.** massaged figures *(coll)*; **verteilungsfreie S.** non-parametric statistics

Statis|tiker *m* statistician; **s.tisch** *adj* statistical

Stätte *f* place, site

statt|finden *v/i* to take place; **s. geben** *v/i* to allow/accept; **s.haft** *adj* admissible, permissible; **s.lich** *adj* impressive, handsome

statuieren *v/t* to establish, to lay down

Status *m* 1. status, standing; 2. *(Bilanz)* accounting status, statement of affairs, ~ assets and liabilities, financial statement; **finanzieller S.** financial postion; **gesetzlicher/rechtlicher S.** legal status/standing

Status|angelegenheit *f* status question; **S.prüfung** *f* status inquiry; **S.symbol** *nt* status symbol; **S.verlust** *m* loss of status; **S.zahlen** *pl* balance sheet figures

Statut *nt* 1. statute(s), rules (and regulations); 2. *(AG)* articles of incorporation and by-laws, articles of association

statutenengemäß *adj* statutory

Stau *m* 1. bottleneck, (log)jam; 2. *(Verkehr)* traffic jam, congestion

Staub *m* dust; **S.belastung** *f* dust pollution; **s.dicht** *adj* dust-proof; **S.emission** *f* dust emission; **S.filter** *m* dust filter; **S.gehalt** *m* dust content; **s.geschützt** *adj* dust-proof; **S.schicht** *f* layer of dust; **S.teilchen** *nt* dust particle

Stauen *nt* ⚓ stowage; **s.** *v/t* 1. ⚓ to stow/trim; 2. *(Fluss)* to dam; *v/refl* 1. to pile up/accumulate; 2. *(Verkehr)* to become congested; **seemäßig s.** to trim (the hold)
Stauer *m* stevedore
Stau|gebühr; S.geld *f/nt* stowage; **S.güterkontrolleur** *m* tally clerk, tallyman *(coll)*; **S.plan** *m* stowage plan; **S.raum** *m* 1. storage space, 2. ⚓ hold; 3. stowage capacity
Stauung *f* 1. ⚓ stowage; 2. hold-up; 3. *(Verkehr)* traffic jam, congestion
stechen *v/t* *(Zeituhr)* to clock in/out; **s.d** *adj* *(Geruch)* pungent
Stech|karte *f* clocking-in/time card; **S.uhr** *f* time recorder
zum Stehen bringen *nt* to bring to a halt; **~ kommen** to come to a halt
stehen *v/i* 1. to stand; 2. *(Preis/Kurs)* to rule; **wie es steht und liegt** as is; **Wie es steht und liegt-Klausel** *f* § rebus sic stantibus *(lat.)* clause
gut stehen *(Aktien)* to be firm; **hoch s.** *(Kurse)* to rule high; **niedrig s.** to be low
Stehlen *nt* thieving; **s.** *v/t* to steal
Stehvermögen *nt* staying power, stamina
Steigen *nt* rise, increase, upturn; **s.** *v/i* *(Kurs/Preis)* to rise/increase; **s. und fallen** to fluctuate; **schnell/stark s.** *(Kurs)* to move briskly ahead; **sprunghaft s.** to soar/surge/skyrocket
steigend *adj* increasing, rising
Steigern *nt* bidding; **s.** *v/t* to increase/raise; *v/refl* *(Leistung)* to increase
Steigerung *f* increase, rise, advance
Steigerungs|betrag *m* increment; **S.rate; S.satz** *f/m* growth/increment rate; **S.tendenz** *f* upward tendency
Stein *m* stone, brick; **S.bruch** *m* quarry
Steinkohle *f* pit/hard coal; **S.neinheit** *f* (SKE) energy equivalent
steinreich *adj* *(coll)* rolling in money
Stellage *f* *(Börse)* put and call, straddle, spread: **S.geschäft** *nt* *(Optionshandel)* put and call (option) (P.a.C.), straddle, spread
Stelle *f* 1. point, place, spot; 2. *(Arbeitsplatz)* position, job; 3. *(Behörde)* agency; 4. *(Zahlen)* digit; 5. *(Text)* passage; **S. mit hohen Anforderungen** high-pressure job; **S. ohne Aufstiegsmöglichkeiten** terminal/blind-alley job; **S., von der es kein Zurück mehr gibt** point of no return
Stelle|n abbauen to shed/cut jobs; **S. annehmen** to accept a job; **jdm eine S. antragen** to offer so. a position; **S. antreten** to start on a job, to take up a position; **S. aufgeben** to leave; **S. aufwerten** to upgrade a job; **S. ausschreiben** to advertise a vacancy/job/position; **S. bekommen** to get a job; **(freie) S. besetzen** to fill a post/vancancy; **sich um eine S. bewerben** to apply for a position/job; **auf der S. bleiben** to mark time; **jds S. einnehmen** to take so.'s place; **S. finden** to find employment/ a job; **S. zu vergeben haben** to have a vacancy; **S. innehaben** to hold a job; **nicht von der S. kommen** 1. *(Verhandlung)* to be in a deadlock; 2. to mark time; **an die S. setzen von** to substitute for; **an erster S. stehen** to come/rank first; **S.n streichen** to cut/shed jobs; **an die S. treten** to supersede/replace; **auf der S. treten** to mark time; **S. wechseln** to change jobs
amtliche Stelle authority, official agency; **ausgeschriebene S.** advertised job/position; **von berufener S.** on good authority; **gut bezahlte/dotierte S.** well paid/plum *(coll)* job; **an erster S.** in the first instance; **federführende S.** managing agency; **fehlerhafte S.** flaw; **freie S.** (job) vacancy, opening; **ganze S.** full-time job; **hohe/höhere S.** senior position; **Konto führende S.** account-keeping branch; **leere S.** vacancy; **leitende S.** executive/managerial position; **maßgebende S.** authoritative quarters; **nachgeordnete/nachrangige S.** subsidary body/agency; **offene S.** (unfilled) vacancy; **öffentlich/öffentlich-rechtliche S.** public body/authority; **schadhafte S.** defect, flaw; **schwache S.** weak spot; **staatliche S.** government agency/authority; **unbesetzte S.** vacancy; **undichte S.** leak; **untergeordnete S.** 1. subsidiary agency; 2. subordinate/junior position; **vorhandene S.n** available employment/jobs; **zuständige S.** proper/appropriate quarters
stellen *v/t* 1. to put/place; 2. to supply/provide; **sich besser/schlechter s.** to be better/worse off
Stellen|abbau *m* job cuts/shedding; **S.anforderungen** *pl* job requirements; **S.angebot** *nt* vacancy, jobs on offer; **S.angebote** vacancies, situations/appointments vacant; **S.anzeige** *f* job advertisement;

S.ausschreibung *f* job advertisement; **S.-beschreibung** *f* job profile/description/specification; **S.besetzung** *f* appointment; **S.bewerber(in)** *m/f* job applicant; **S.bezeichnung** *f* job title; **S.einsparung** *f* staff cut; **S.gemeinkosten** *pl* cost center *[US]*/centre *[GB]* overhead(s); **S.gesuch** *nt* job application; **S.gesuche** *(Zeitung)* situations wanted; **S.inhaber(in)** *m/f* job holder; **S.jagd** *f* job-hunting; **S.kosten** *pl* departmental cost(s); **indirekte S.kosten** cost center *[US]*/centre *[GB]* overheads; **S.kürzung** *f* staff cut, job shedding; **S.-markt** *m* employment/job market; **S.-rechnung** *f* cost center *[US]*/centre *[GB]* accounting; **S.streichung** *f* staff cut; **S.-suche** *f* job search; **s.suchend** *adj* job-seeking; **S.suchende(r); S.sucher(in)** *f/m* job seeker; **S.vermittler** *m* employment/placement officer; **S.vermittlung** *f* employment/placement agency; **S.verzeichnis** *nt* job list; **S.wechsel** *m* change of job; **S.wert** *m* importance

Stell|fläche *f* *(Laden)* shelf space; **S.geschäft** *nt (Börse)* put and call (option), spread, straddle; **S.kurs; S.preis** *m* put and call price; **S.platz** *m* 1. *(Container)* slot; 2. 🚗 (reserved) parking space

Stellung *f* ↘ **Stelle** 1. position, job, situation; 2. status, rank; **ohne S.** unemployed, jobless

Stellung annehmen to accept a job/position; **S. antreten** to start on a job; **S. aufgeben** to resign; **S. bekleiden** to fill/hold a postion; **S. bekommen; S. erhalten/erlangen** to get a job/position; **sich um eine S. bemühen/bewerben** to apply for a position; **S. für jdn besorgen** to find/get so. a job; **S. finden** to find work; **S. kündigen** to give notice; **S. nehmen** to comment; **ohne S. sein** to be out of a job; **S. verlieren** to lose one's job; **S. wechseln** to change jobs

amtliche Stellung official position; **beherrschende S.** dominant position; **besoldete S.** salaried position; **gut bezahlte S.** well paid position; **hoch dotierte S.** highly paid job; **freie S.** vacancy; **gehobene(re) S.** senior postion; **gesellschaftliche S.** social position; **hohe/höhere S.** senior position; **leitende S.** executive/managerial position; **marktbeherrschende S.** dominant market position; **rechtliche S.** legal position; **sichere S.** safe job; **unkündbare S.** (life) tenure; **untergeordnete S.** subordinate position; **verantwortungsvolle S.** responsible position; **vorübergehende S.** temporary position

Stellungnahme *f* comment, view, opinion; **S. abgeben** to give an opinion; **S. ablehnen** to decline to comment; **S. einholen** to ask for an opinion; **sich jeder S. enthalten** to refrain from commenting

ablehnende Stellungnahme rejection; **abweichende S.** dissenting opinion; **erläuternde S.** explanatory statement; **gutachterliche S.** expert appraisal; **mit Gründen versehene S.** reasoned opinion

Stellungs|gesuch *nt* application for a position; **s.los** *adj* unemployed, jobless; **S.-lose(r)** *f/m* unemployed (person), jobless (person); **S.suche** *f* job hunting; **auf ~ sein** to be looking for a job; **S.suchende(r)** *f/m* job hunter/seeker

stellvertret|end *adj* vice-, deputy, acting; **S.er(in)** *m/f* 1. deputy; 2. § attorney-in-fact; 3. *(HV)* proxy; **S.ung** *f* 1. representation, agency; 2. *(HV)* proxy

Stempel *m* 1. stamp, seal, mark; 2. ✉ postmark; 3. *(Ware)* brand; **S.abgabe; S.-gebühr** *f* stamp duty *[GB]*/tax *[US]*; **S.-geld** *nt* dole (money); **S.karte** *f* time attendance card; **S.marke** *f* (duty) stamp; **S.maschine** *f* ✉ cancelling machine, mailer

stempeln *v/t* 1. to stamp; 2. *(Arbeitsantritt/Arbeitsschluss)* to clock in/out; **s. gehen** to be/go on the dole

Stempelsteuer *f* stamp duty *[GB]*/tax *[US]*; **s.frei** *adj* exempt from stamp duty; **S.marke** *f* inland revenue stamp; **s.pflichtig** *adj* subject to stamp duty

Stempeluhr *f* time clock, attendance recorder

Steno *f* shorthand; **S.graf(in)** *m/f* stenographer; **S.grafie** *f* shorthand; **s.grafieren** *v/t* to take down in shorthand; **S.kontoristin** *f* shorthand clerk; **S.sekretärin** *f* shorthand secretary; **S.typist(in)** *m/f* (shorthand) typist

Sterbe|alter *nt* age at death; **S.beihilfe** *f* death benefit/grant

Sterbefall *m* death; **S.überschuss** *m (Vers.)* excess mortality; **S.versicherung** *f* life insurance

Sterbegeld *nt* death/funeral benefit; ~ grant; **S.versicherung** *f* death benefit insurance

Sterbe|häufigkeit *f* mortality (rate); **S.-jahr** *nt* year of death; **S.kasse** *f* funeral society/association; **S.kurve** *f* mortality curve

Sterben *nt* death; **S. ohne Hinterlassung eines Testaments** intestacy; **s.** *v/i* to die/decease; **vorher s. als** § to predecease

Sterbe|ordnung *f* *(Vers.)* life table; **S.rate** *f* death rate; **S.register** *nt* register of deaths; **S.statistik** *f* mortality statistics; **S.tafel** *f* mortality/life table; **S.urkunde** *f* death certificate; **S.versicherung** *f* funeral insurance; **S.wahrscheinlichkeit** *f* *(Vers.)* expected mortality; **S.ziffer** *f* mortality/death rate

sterblich *adj* mortal; **S.e(r)** *f/m* mortal; **S.-keit** *f* mortality; **~ nach Berufsgruppen** occupational mortality

Sterblichkeits|erwartung *f* expected mortality; **S.gewinn** *m* *(Vers.)* mortality profit; **S.kurve** *f* mortality curve; **S.quotient** *m* mortality ratio; **S.rate** *f* mortality (rate); **S.risiko** *nt* mortality risk; **S.tabelle** *f* mortality/life table; **S.überhang** *m* excess mortality; **S.verlauf** *m* *(Vers.)* mortality experience; **S.ziffer** *f* mortality (rate)

Sterling *m* sterling; **S.block; S.gebiet; S.-raum; S.zone** *m/nt/m/f* sterling area; **S.-guthaben** *nt* sterling balance; **S.wertpapier** *nt* sterling security

stetig *adj* 1. steady, consistent; 2. continuous; **S.keit** *f* 1. consistency; 2. continuity; **formelle und materielle S.keit** *(Bilanz)* consistency

Steuer *f* 1. tax, duty, levy; 2. *(coll)* the Inland *[GB]*/Internal *[US]* Revenue, the taxman *(coll)*

S

abzüglich Steuer|n less tax; **einschließlich S.** tax included; **frei von S.n** tax-exempt; **nach S.n** net of tax, after tax; **vor S.n** before tax, pre-tax; **zuzüglich S.** plus tax

Steuer|n und Abgaben taxes and dues; **S.n vom Einkommen und Ertrag** taxes on income and profit; **~ Einkommen, Ertrag und Vermögen** tax on income and property; **S. auf einbehaltene Gewinne** accumulated profits tax; **~ Grundbesitz** property tax; **~ Kursgewinne** capital gains tax; **S.n von Schenkungen** taxes on donations; **S. auf Vermögensübertragungen** capital transfer tax; **S.n, Zölle und Abgaben** taxes, duties, imposts and excises; **S. auf Zufallsgewinne** windfall (profits) tax

von der Steuer befreit tax-exempt(ed)

Steuer abführen 1. to pay tax; 2. *(Quelle)* to pay at source; **von der S. absetzen** to offset against tax; **S. abwälzen** to shift tax; **S. anrechnen** to impute (a) tax; **S. auferlegen** to impose tax; **von der S. befreien** to exempt from tax; **S. beitreiben** to collect tax; **mit S.n belasten** to burden with taxes; **~ einer S. belegen** to tax; **S. berechnen** to assess tax; **S.(n) bezahlen** to pay tax(es); **S. einbehalten** to withhold tax; **S.n einnehmen/eintreiben/einziehen** to collect tax(es); **S.(n) erhöhen** to increase taxes; **S. erlassen** to remit (a) tax; **S. ermäßigen** to cut/reduce tax; **S. hinterziehen** to evade tax; **S. legen auf** to levy/impose (a) tax on; **S.n nach(be)zahlen** to pay tax arrears; **S. rückvergüten** to refund a tax; **S.n senken** to cut/reduce taxes; **S.n sparen** to save tax(es); **S. überwälzen** to pass on/shift tax; **S. umgehen** 1. to avoid (paying) tax; 2. *(illegal)* to evade tax; **der S. unterliegen** 1. to be liable for tax; 2. *(Waren)* to attract tax/duty; **S. vermeiden** to avoid tax; **S. zahlen** to pay tax

abzuziehende Steuer tax to be deducted; **anrechenbare S.** imputable tax; **zu bezahlende S.** tax due; **direkte S.(n)** direct tax(ation)/taxes; **einbehaltene S.(n)** withheld tax; **einheitliche S.** uniform tax; **erstattungsfähige S.** refundable tax; **fällige S.** tax due; **gesparte S.n** tax savings; **heimliche S.** stealth tax; **hinterzogene S.n** evaded/defrauded tax; **indirekte S.** indirect tax, excise duty; **kommunale/örtliche S.n** rates *[GB]*, local taxes *[US]*; **persönliche S.** direct/personal tax; **progressive S.** progressive/sliding-scale tax; **rückständige S.** tax arrears; **(zu)rückvergütete S.** tax refund; **überzahlte S.** excess tax; **veranlagte S.** assessed tax; **verdeckte S.** hidden tax; **zusätzliche S.** surtax, supertax; **zweckgebundene S.** hypothecated tax

Steuer|abführung *f* tax payment; **S.ablieferung** *f* tax payment; **S.abschlag** *m* tax abatement; **S.abschreibung** *f* tax write-off; **S.abwälzung** *f* tax shift

Steuerabzug *m* tax deduction/relief/credit *[US]*; **nach S.** net of tax, post-tax; **vor S.** before tax, pre-tax; **S. für Eheleute**

marital deduction *[US]*; **S. bei Kapital-/ Lohnertrag** tax withholding; **S. an der Quelle** tax deduction at source

steuerabzugs|fähig *adj* tax-deductible; **S.-verfahren** *nt* Pay-As-You-Earn (PAYE) *[GB]*/withholding tax *[US]* system

Steuer|amnestie *f* tax amnesty; **S.amt** *nt* tax/revenue office; **S.anfall** *m* 1. tax incidence; 2. *(Ertrag)* tax yield

Steueranrechnung *f* tax imputation/ credit *[US]*

Steuer|anreiz *m* tax incentive; **S.anwalt** *m* tax lawyer; **S.arrest** *m* attachment for tax debts; **S.art** *f* type of tax; **S.aufgliederung** *f* breakdown of taxes; **S.aufkommen** *nt* tax revenue(s)/take/yield; **S.-aufschlag** *m* surtax, tax surcharge; **S.aufschub** *m* tax deferment/deferral

Steueraufsicht *f* fiscal control; **S.sbehörde** *f* fiscal authority

Steuer|aufstellung *f* tax statement; **S.aufwand** *m* tax expenditure; **S.ausfall** *m* tax/revenue deficit, revenue shortfall/ loss; **S.ausgleich** *m* revenue sharing; **S.-ausländer** *m* non-resident for tax purposes; **S.ausweis** *m* tax statement; **S.-banderole** *f* revenue stamp; **s.bar** *adj* 1. taxable, liable for taxation; 2. *(Kommunalsteuer)* rate(e)able *[GB]*; 3. dutiable; **S.basis** *f* tax base; **S.beamter** *m* tax official/officer/inspector, taxman *(coll)*; **s.befreit** *adj* tax-exempt(ed)

Steuerbefreiung *f* tax exemption/concession; **zeitweilige S.** tax break/holiday(s)

steuerbegünsti|gt *adj* tax-privileged, eligible for tax relief; **S.gung** *f* tax privilege/shelter

Steuerbehandlung *f* treatment for tax purposes

Steuerbehörde *f* 1. revenue authority, the taxman *(coll)*, Inland Revenue *[GB]*, Internal Revenue Service (IRS) *[US]*; 2. *(Kommunalsteuer)* rating authority *[GB]*

Steuerbeitreib|er *m* tax collector; **S.ung** *f* tax collection

Steuer|belastung *f* tax burden, incidence of taxation; **S.beleg** *m* tax voucher; **S.bemessung** *f* tax computation; **S.bemessungsgrundlage** *f* tax base; **S.benachrichtigung** *f* tax notice; **S.berater** *m* tax adviser/consultant/counsellor, (tax) accountant

Steuerberatung *f* tax advice/counselling *[US]*; **S.skosten** *pl* tax counsultancy costs

Steuer|berechnung *f* tax assessment/ computation; **S.berechnungsgrundlage** *f* tax base; **s.bereinigt; s.berichtigt** *adj* tax-adjusted; **S.bereinigung; S.berichtigung** *f* tax adjustment; **S.bescheid** *m* tax assessment/bill; **S.bescheinigung** *f* certificate for tax purposes; **S.bestimmungen** *pl* tax provisions; **S.betrag** *m* tax amount; **S.betrug** *m* tax evasion/fraud; **S.bevollmächtigter** *m* tax consultant; **S.bilanz** *f* tax statement; **S.bilanzgewinn** *m* taxable income; **S.buchführung; S.buchhaltung** *f* tax accounting; **S.bürger(in)** *m/f* taxpayer; **S.defizit** *nt* tax/revenue deficit, ~ shortfall; **S.degression** *f* tax degression; **S.delikt** *nt* tax/revenue/fiscal offence; **S.-diskriminierung** *f* tax discrimination; **S.distrikt** *m* tax district; **S.druck** *m* pressure of taxation, tax burden; **S.ehrlichkeit** *f* compliance *[US]*; **S.einbehaltung** *f* withholding of tax; **S.eingang** *m* tax revenues/receipts; **S.einheit** *f* taxable object; **S.einkommen; S.einkünfte** *nt/pl* 1. taxable income; 2. *(Staat)* fiscal revenue(s), tax receipts/yield; **S.einnehmer** *m* (tax) collector, taxman *(coll)*; **S.einschätzung** *f* tax assessment; **S.einsparung** *f* tax saving(s); **S.eintreiber; S.einzieher** *m* tax collector; **S.eintreibung; S.einziehung** *f* tax collection; **S.entlastung** *f* tax relief; **~ für Hypothekenzinsen** mortgage interest tax relief

Steuererhebung *f* tax collection; **S. an der Quelle; S. nach dem Quellenprinzip** taxation/collection at source, Pay-As-You-Earn (PAYE) *[GB]*/withholding *[US]* tax system

Steuererhöhung *f* tax increase

Steuererklärung *f* tax return; **S. abgeben** to file a tax return; **gemeinsame S. abgeben** to file jointly; **getrennte S.** separate (tax) return

Steuer|erlass *m* tax remission; **S.erleichterung** *f* tax relief/concession; **S. auf Arbeitseinkommen** earned income relief; **S.en für Hypothekenzinsen** mortgage interest tax relief; **~ gewerbliche Unternehmen** business relief; **~ mittelständische Unternehmen** small business (investment) relief

Steuer|ermäßigung *f* tax reduction; **S.ersparnis(se)** *f/pl* tax saving(s); **S.erstattung** *f* tax refund/rebate; **S.ertrag** *m* tax yield/take; **S.experte; S.fachmann** *m* tax expert/specialist; **S.fahnder** *m* tax investigator; **S.fahndung** *f* tax investigation; **S.ferien** *pl* tax break/holiday(s); **S.festsetzung; S.feststellung** *f* tax assessment; **S.flucht** *f* 1. *(Hinterziehung)* tax evasion; 2. *(Vermeidung)* tax avoidance; **S.flüchtiger; S.flüchtling** *m* tax exile; **S.forderung** *f* tax claim/demand; **S.formular** *nt* tax form; **S.fortwälzung** *f* tax shifting

steuerfrei *adj* 1. tax-exempt(ed), tax-free; 2. duty-free

Steuerfreibetrag *m* tax-exempt/tax-free amount, (tax/personal) allowance; **S. für mitverdienende Ehefrau** wife's earned income allowance; **~ Lebensversicherung** life assurance/insurance relief; **~ Verheiratete** married allowance

Steuerfrei|grenze *f* exemption/tax-free limit; **S.heit** *f* (tax) exemption, fiscal immunity

Steuer|gebiet *nt* tax district; **S.gefälle** *nt* tax differential; **S.gefüge** *nt* tax structure; **S.gegenstand** *m* taxable unit/event; **S.geheimnis** *nt* tax secret; **S.gelder** *pl* tax (-payers')/public money; **S.gericht** *nt* revenue tribunal; **S.geschenk** *nt* tax handout

Steuergesetz *nt* Finance *[GB]*/Revenue *[US]* Act; **S.entwurf** *m* tax bill; **S.gebung** *f* fiscal/tax legislation

Steuer|gewinn *m* taxable profit; **S.gläubiger(in)** *m/f* tax creditor; **aus S.gründen** *pl* for tax purposes; **S.grundlage** *f* tax base; **S.grundsätze** *pl* principles of taxation; **S.gruppe** *f* tax bracket; **s.günstig** *adj* tax-efficient; **S.guthaben** *nt* tax credit; **S.gutschein** *m* tax voucher/bond *[US]*; **S.gutschrift** *f* tax credit/voucher; **S.haftung** *f* tax liability; **S.harmonisierung** fiscal/tax harmonization; **S.herabsetzung** *f* tax cut/reduction; **S.hinterzieher** *m* tax evader; **S.hinterziehung** *f* tax evasion; **S.hoheit** *f* fiscal sovereignty; **S.immunität** *f* immunity from taxation; **S.inländer** *m* resident for tax purposes; **S.-inspektor** *m* tax inspector; **S.inzidenz** *f* tax incidence/burden; **S.jahr** *nt* tax/fiscal year; **S.jurist** *m* tax lawyer; **S.kennziffer** *f* tax code; **S.klasse** *f* tax bracket/band; **S.-kraft** tax base; **S.kürzung** *f* tax cut; **S.lager** *nt* excise/bonded warehouse; **S.last** *f* tax/fiscal burden, tax incidence; **S.lehre** *f* tax(ation) theory; **S.leistung** *f* tax yield; **s.lich** *adj* fiscal; **S.liste** *f* tax roll; **S.marke** *f* (internal) revenue stamp

Steuermess|bescheid *m* tax assessment notice; **S.wert** *m* 1. taxable value; 2. *(Kommunalsteuer)* rat(e)able value

Steuer|mindereinnahme(n) *f/pl* revenue shortfall; **s.mindernd** *adj* tax-reducing; **S.minderung** *f* tax reduction; **S.mittel** *pl* taxpayer's money

steuern *v/t* 1. ⚓ to navigate/steer; 2. to control

Steuer|nachlass *m* tax relief/rebate; **S.-nachzahlung** *f* payment of tax arrears; **S.-nummer** *f* tax number; **S.oase; S.paradies** *f/nt* tax haven/shelter; **S.objekt** *nt* taxable unit; **S.ordnung** *f* tax regime; **S.-paket** *nt* tax pack(age); **S.periode** *f* fiscal period

Steuerpflicht *f* liability for tax, tax liability; **der S. unterliegen** to be liable for tax

steuerpflichtig *adj* 1. liable for tax(ation); 2. dutiable; 3. *(Kommunalsteuer)* rat(e)able; **S.e(r)** *f/m* taxpayer

Steuer|politik *f* fiscal/tax(ation) policy; **S.präferenz** *f* tax preference; **S.privileg** *nt* tax privilege; **S.programm** *nt* 1. tax program(me); 2. 🖳 control program; **S.-progression** *f* tax progression, sliding scale; **S.prüfer** *m* tax investigator/inspector *[GB]*/auditor *[US]*; **S.prüfung** *f* tax investigation/inspection *[GB]*/audit *[US]*; **S.-quelle** *f* source of tax (revenue); **S.quote** *f* rate of taxation; **S.recht** *nt* tax(ation)/revenue law; **S.reform** *f* tax reform/revision *[US]*; **S.regression** *f* tax regression; **S.-revision** *f* tax inspection *[GB]*/audit *[US]*; **S.revisor** *m* tax inspector

Steuerrück|erstattung *f* tax refund/rebate; **S.lage** *f* tax(ation) reserve; **S.stellungen** *pl* provisions for tax; **S.vergütung** *f* tax refund/rebate; **S.zahlung** *f* tax refund/rebate

Steuersachverständiger *m* tax specialist/expert/counsellor

Steuersatz *m* 1. tax rate, rate/level of tax(ation); 2. ⊖ rate of duty; **anwendbarer S.** applicable tax rate; **gestaffelter S.** progressive/sliding-scale tax rate; **tatsächlicher S.** effective rate (of tax)

Steuer|schätzer *m* tax assessor; **S.schätzung** *f* tax assessment; **S.schlupfloch** *nt* tax loophole; **S.schuld(en)** *f/pl* (amount of) tax due/payable, tax liability; **S.-schuldner(in)** *m/f* tax debtor; **S.schwelle** *f* tax threshold; **S.schwindel** *m* tax ramp *(coll)*; **S.senkung** *f* tax cut/reduction; **S.-**

sitz *m* domicile/residence for tax purposes; **S.soll** *nt* revenue target; **s.sparend** *adj* tax-saving; tax-efficient; **S.sparmodell; S.sparplan** *nt/m* tax-saving scheme; **S.-spezialist** *m* tax specialist; **S.stempel** *m* revenue stamp; **S.strafe** *f* tax penalty/fine; **S.streik** *m* taxpayers' strike; **S.struktur** *f* structure of taxation; **S.stufe** *f* tax bracket; **S.stundung** *f* tax deferment/deferral *[US]*; **S.subjekt** *nt* taxpayer; **S.sünder** *m* tax offender; **S.system** *nt* tax system/regime/structure; **S.tabelle** *f* tax table/schedule; **S.tarif** *m* tax scale/rate/schedule, rate of taxation; **S.tatbestand** *m* taxable event; **S.- und Regeltechnik** *f* control engineering; **S.termin** *m* tax deadline; **S.theorie** *f* tax(ation) theory; **S.trick** *m* tax ploy; **S.überlegungen** *pl* tax considerations; **S.überprüfung** *f* tax inspection *[GB]*/audit *[US]*; **S.überwälzung** *f* tax shift(ing); **S.umgehung** *f* tax avoidance

Steuerung *f* control

Steuerungs|ausschuss *m* steering committee; **S.funktion** *f* control function; **S.-instrument** *nt* control instrument; **S.-technik** *f* control engineering

Steuer|unterschied *m* tax difference; **S.-untersuchung** *f* tax investigation; **s.unwirksam** *adj* not affecting tax

Steuerveranlagung *f* 1. tax assessment; 2. *(Kommune)* rating; **S.szeitraum** *m* assessment period

Steuer|verbindlichkeiten *pl* tax liabilities; **S.verfahren** *nt* tax (collection) procedure; **S.vergehen** *nt* tax offence

Steuervergünstigung *f* tax allowance/relief/concession; **S. für Berufstätige** earned income relief

Steuer|vergütung *f* tax rebate/refund; **S.-verkürzung** *f* 1. tax reduction; 2. *(Hinterziehung)* tax evasion; **S.verlagerung** *f* tax shift; **S.verlust** *m* tax/revenue loss; **S.vermeidung** *f* tax avoidance

Steuerverwaltung *f* tax authority, Board of Inland Revenue *[GB]*, Internal Revenue Service (IRS) *[US]*

Steuer|voranschlag; S.vorausschätzung *m/f* tax estimate; **S.vorauszahlung** *f* prepayment of tax, advance tax payment; **S.-vorschriften** *pl* tax regulations; **S.vorteil** *m* tax advantage/benefit; **S.vortrag** *m* tax carry-forward *[GB]*, tax carryover *[US]*; **S.wert** *m* 1. taxable/assessed value; 2. *(Kommunalsteuer)* rat(e)able value *[GB]*; **S.wettbewerb** *m* tax competition; **s.wirksam** *adj* tax-efficient, tax-effective; **S.wirkung** *f* tax effect/impact; **S.wohnsitz** *m* residence for tax purposes

Steuerzahl|er *m* 1. taxpayer; 2. *(Gemeinde)* ratepayer; **~ mit dem niedrigsten Steuersatz** basic-rate taxpayer; **S.ung** *f* tax payment

Steuerzuschlag *m* (tax) surcharge, surtax

stichhaltig *adj* valid, sound; **S.keit** *f* validity, soundness

Stichprobe *f* 1. random sample; 2. spot check/test; **S. (ent)nehmen/ziehen** to take/draw a sample; **S. hochrechnen** to blow up/raise a sample

Stichproben|auswahl *f* random sample selection; **S.einheit** *f* sample/sampling unit; **S.entnahme** *f* sampling; **S.erhebung** *f* sample survey; **S.kontrolle** *f* spot check; **S.methode** *f* sampling method; **S.-prüfung** *f* random test, sampling (inspection); **S.technik** *f* sampling technique; **S.untersuchung** *f* spot survey

Stichprobenverfahren *nt* sampling (method/procedure/technique); **einfaches/ungeschichtetes S.** simple sampling; **geschichtetes S.** stratified sampling; **mehrstufiges S.** multi-stage sampling; **zufallsähnliches S.** quasi-random sampling

Stichproben|verteilung *f* sampling distribution; **S.zählung** *f* sample census

Stichtag *m* 1. deadline, cut-off date; 2. date of survey/reference; 3. settlement/account day; **S.sinventur** *f* periodical/end-of-period inventory

Stichwort *nt* 1. keyword; 2. *(Wörterbuch)* headword; **S.verzeichnis** *nt* subject index

stift|en *v/t* to found/endow/donate; **S.er** *m* founder, donor, sponsor

Stiftung *f* foundation, (public) trust, endowment, donation; **S. errichten** to create/set up a foundation, ~ trust; **gemeinnützige S.** non-profit foundation; **mildtätige/wohltätige S.** charitable foundation, charity; **öffentlich-rechtliche S.** public trust

Stiftungs|beirat *m* board of trustees; **S.-fonds** *m* trust fund; **S.rat; S.vorstand** *m* board of trustees; **S.gelder; S.kapital** *pl/nt* trust capital; **S.treuhänder** *m* trustee; **S.urkunde; S.vertrag** *f/m* deed of covenant; **S.vermögen** *nt* trust fund

stillgelegt *adj* 1. *(Fabrik)* closed, disused; 2. *(Geld)* idle, tied-up; 3. 🚜 *(Fläche)* set-aside; 4. ⚓ laid-up

Stillhalteabkommen *nt* moratorium, cooling-off agreement

Stillhalten *nt* *(Löhne)* voluntary freeze; **s.** *v/i (Kredit)* to grant a respite/moratorium

Stillhalter *m* 1. grantor; 2. *(Optionsgeschäft)* seller/taker of an option *[GB]*, seller of a privilege *[US]*

Stillhaltung *f* prolongation of credits

stilllegen *v/t* 1. *(Betrieb)* to close (down); 2. *(zeitweilig)* to shut down; 3. *(Anlage)* to decommission; 4. ⚓ to lay up; 5. 🚜 *(Fläche)* to set aside

Stilllegung *f* 1. closure; 2. *(zeitweilig)* shut-down; 3. *(Anlage)* decommissioning; 4. ⚓ laying-up; 5. *(Geld)* neutralization, immobilization; 6. 🚜 *(Fläche)* set-aside

Stilllegungs|beihilfe *f* plant closure grant; **S.fläche** *f* 🚜 set-aside acreage/land; **S.-kosten** *pl* closing-down cost(s); **landwirtschaftliches S.programm** *(EU)* set-aside scheme

Stillliegekosten *pl* idle-plant costs

Stillliegen *nt* 1. ⚙ down time(s); 2. ⚓ lay-up time; **s.** *v/i* 1. to be/stand idle; 2. ⚓ to be laid up

stillschweigend *adj* 1. tacit; 2. implicit

Stillstand *m* 1. standstill; 2. *(Entwicklung)* stagnation; 3, 🏭 stoppage; 4. *(Verhandlung)* deadlock, stalemate; 6. *(Flaute)* dullness; **zum S. bringen** to bring to a standstill/halt; **~ kommen** 1. *(Verkehr)* to come to a standstill; 2. *(Verhandlungen)* to reach deadlock

Stillstands|kosten *pl* idle-time/down-time cost(s); **S.versicherung** *f* business interruption insurance; **S.zeit** *f* idle/down time

stillstehen *v/i* 1. to be at a standstill; ~ idle; 2. *(Geschäft)* to be stagnant

Stimmabgabe *f* voting, vote, poll; **S. durch Handzeichen** (vote by) show of hands; **~ Stellvertreter/Stellvertretung** proxy vote; **geheime S.** secret ballot; **kumulative/mehrfache S.** cumulative vote; **namentliche S.** roll-call vote; **postalische S.** postal ballot

stimmberechtigt *adj* 1. entitled to vote; 2. *(Aktie)* voting; **S.e(r)** *f/m* voter

Stimmberechtigung *f* right to vote

Stimmbevollmächtig|te(r) *f/m* *(HV)* proxy(holder); **S.ung** *f* proxy

Stimme *f* 1. voice, 2. vote; **S.n der Belegschaft** shop-floor vote; **(seine) S. abgeben** to (cast one's) vote; **S. durch Stellvertreter abgeben lassen** *(HV)* to vote by proxy; **sich der S. enthalten** to abstain; **um S.n werben** to canvass (for votes)

abgegebene Stimme vote cast; **abweichende S.** dissenting vote; **ausschlaggebende/entscheidende S.** casting vote; **ungültige S.** spoilt vote

stimmen *v/i* 1. to vote; 2. to be correct; 3. *(übereinstimmen)* to tally; **nicht s.** *(Kasse)* not to add up

Stimmenmehrheit *f* majority of votes; **mit S.** *(HV)* with the majority of shares; **S. haben; über eine S. verfügen** to control a majority of votes; **einfache S.** simple majority (of votes)

Stimmenthaltung *f* abstention

Stimmen|werber *m* canvasser; **S.zählung** *f* count

Stimmkarte *f* ballot paper

Stimmrecht *nt* 1. voting right; 2. *(stellvertretend)* proxy; **mit S. (ausgestattet)** *(Aktie)* voting; **jds S. aberkennen; jdm das S.entziehen** to disqualify so. from voting; **sein S. ausüben lassen** *(Stellvertreter)* to vote by proxy; **S. besitzen** to have a vote

Stimmrechts|aktie *f* voting share *[GB]*/ stock *[US]*; **S.ausübung durch Vertreter; ~ auf Grund einer Vollmacht** *f* voting by proxy; **S.bevollmächtigte(r)** *f/m* proxy; **S.ermächtigung** *f* proxy; **S.formular** *nt (HV)* proxy form; **S.karte** *f* proxy card; **s.los** *adj (Aktie)* non-voting; **S.treuhänder** *m* proxy; **S.übertragung** *f* proxy; **S.vereinbarung** *f* proxy agreement; **S.vertreter(in); S.vertretung** *m/f* proxy; **S.vollmacht** *f* (shareholder's *[GB]*/ stockholder's *[US]*) proxy

Stimmschein *m* 1. ballot (paper); 2. *(HV)* certificate of proxy

Stimmung *f* 1. mood, spirit; 2. *(Börse)* tone, sentiment; **flaue S.** *(Börse)* bearish mood; **freundliche S.** cheerful mood/ tone; **gedrückte S.** depressed mood/ tone; **in gedrückter S.** on a subdued note; **lustlose S.** lacklustre performance; **optimistische S.** bullish mood/tone; **uneinheitliche S.** mixed tendency; **vorherrschende S.** prevailing mood/tone

Stimmungs|abgabe *f* *(Börse)* impulse sel-

ling; **S.kauf** *m* impulse buying; **S.wandel; S.wechsel** *m* change of mood/tone
Stimmzettel *m* ballot (paper/form); **ungültiger S.** spoiled ballot paper
stimulieren *v/t* to stimulate
Stipendi|at(in) *m/f* scholarship holder; **S.um** *nt* scholarship
stochastisch *adj* random, stochastic
Stock *m* 1. stick; 2. *(Etage)* storey *[GB]*, story *[US]*, floor; **S.dividende** *f* stock/scrip dividend
Stocken *nt* stagnation, standstill; **ins S. geraten** to stagnate
Stockung *f* 1. stagnation, stagnancy; 2. *(Verhandlung)* breakdown, deadlock, 3. *(Handel)* slackening
Stockwerk *nt* storey *[GB]*, story *[US]*, floor; **S.seigentum** *nt* freehold flat *[GB]*, condominium *[US]*
Stoff *m* 1. cloth, fabric; 2. material, substance; 3. subject (matter), topic; **fremdbezogene S.e** bought-in materials; **gefährliche S.e** dangerous/hazardous substances
Stoff|aufwand *m* supplies; **S.einsatz** *m* materials input; **S.handel** *m* drapery *[GB]*, dry goods business *[US]*, **S.händler** *m* draper *[GB]*, dry goods dealer *[US]*; **S.kosten** *pl* cost of materials; **S.muster** *nt* pattern; **S.sammlung** *f* collection of materials; **S.verbrauch** *m* materials input; **S.wirtschaft** *f* materials distribution/management
Stop-loss|-Auftrag/Order *m/f* stop-loss order; **S.-Rückversicherung** *f* stop-loss reinsurance
stoppen *v/ti* to stop/halt
Stopp|kurs; S.preis *m* stop price
Stör|faktor *m* disrupting factor; **S.fall** *m* malfunction
Storni *pl* ↘ **Storno**
stornierbar *adj* cancellable
stornieren *v/t* 1. to cancel/countermand/rescind; 2. *(Buchführung)* to delete/reverse, to cancel an entry
Stornierung *f* 1. cancellation, withdrawal, counterorder, countermand; 2. *(Buchführung)* reversal, correcting entry; **S. eines Auftrags** cancellation of an order; **S.sbuchung; S.seintrag** *f/m* counter/contra entry; **S.sgebühr** *f* cancellation charge
Storno *nt* 1. cancellation, countermand; 2. *(Buchführung)* correcting/reversing entry, contra-entry; **S.buchung** *f* counter/contra entry; **S.gebühr** *f* cancellation charge; **S.quote** *f* cancellaton rate
Störung *f* 1. disruption; 2. disturbance; 3. ☼ fault, breakdown, malfunction, glitch *(coll)*; **S. im Besitz** § trespass; **S. des Gleichgewichts** disequilibrium, imbalance
Störung abstellen/beheben to abate a nuisance; **ohne S. verlaufen** to go off without a hitch
nervöse Störung nervous disorder; **rechtserhebliche S.** actionable nuisance; **technische S.** technical fault
Störungs|bericht *m* failure report; **S.dienst** *m* breakdown service; **s.frei** *adj* trouble-free; **S.zeit** *f* ⛟ downtime
Stoß *m* 1. knock, push; 2. rush; 3. *(Haufen)* pile, stack; **S.aktion** *f* one-shot promotion; **S.angebot** *nt (Börse)* massive offering; **S.arbeit** *f* intermittent work; **S.auftrag** *m* rush order/job; **S.bedarf** *m* pent-up demand
stoßen *v/t* to push/thrust
stoß|fest *adj* shock-proof; **S.geschäft** *nt* peak-load business; **S.kraft** *f* impact, force, thrust; **S.produktion** *f* intermittent production; **S.richtung** *f* thrust; **S.verkehr** *m* peak/rush-hour traffic; **s.weise** *adj* intermittent; **S.werbung** *f* impact advertising; **S.wirkung** *f* impact; **S.zeit** *f* peak/rush hour; **außerhalb der S.zeit(en)** off-peak
auf Stottern *nt* *(coll)* on the never-never *(coll)*
Strafandrohung *f* punitive sanction; **unter S.** under penalty of; **jdn ~ (vor)laden** to subpoena so.
Strafanzeige *f* (criminal) information; **S. erstatten/stellen** 1. to bring a charge; 2. to report an offence
strafbar *adj* punishable; **sich s. machen** to commit a criminal offence
Straf|bescheid *m* penalty notice; **S.bestimmung** *f* penalty clause/provision
Strafe *f* 1. penalty, punishment; 2. *(Geld)* fine; **bei S. von** under/on penalty of; **S. zur Bewährung aussetzen** to suspend a sentence; **S. herabsetzen** to reduce a sentence; **bei S. verboten sein** to be a punishable offence; **mit S. verbunden sein** to carry a penalty; **S. verhängen** to impose a penalty; **zu einer S. verurteilen** to sentence; **S. zahlen** to pay a fine
strafen *v/t* 1. to punish/penalize; 2. *(Urteil)* to sentence

Straffung *f* streamlining, tightening; **S. der Aktivitäten** consolidation of activities; **~ Betriebsabläufe** streamlining of operations; **S. des Programms/Sortiments** streamlining of the range
Straf|gebühr; S.geld *f/nt* penalty; **S.gericht** *nt* criminal court/division; **S.gerichtsbarkeit** *f* criminal jurisdiction; **S.-gesetzbuch** *nt* criminal/penal code; **S.klausel** *f* penalty clause
Strafmaß *nt* sentence; **wirtschaftliche S.-nahmen** economic sanctions
Straf|prozess *m* criminal proceedings; **S.-recht** *nt* criminal law; **S.register** *nt* criminal record(s); **S.tarif** *m (Steuer)* penalty rate; **S.tat** *f* crime, (criminal/indictable) offence; **S.täter** *m* offender, criminal; **S.verfahren** *nt* criminal proceedings; **S.vorschrift** *f* penal provision; **S.zins** *m* penal/negative interest; **S.zoll** *m* penal duty/tariff; **S.zuschlag** *m* penal surcharge; **S.zuständigkeit** *f* criminal jurisdiction
Strahlung *f* radiation; **S.sdosis; S.sgrad; S.sintensität** *f/m/f* radiation level; **S.s-schaden** *m* radiation damage; **s.ssicher** *adj* radiation-proof
Strand *m* beach, shore; **s.en** *v/i* ⚓ to run aground/ashore, to founder/strand; **S.-gut** *nt* flotsam and jetsam; **S.ung** *f (Vers.)* stranding, running aground
Strapaze *f* strain, exertion
strapazier|en *v/t* to strain/tax; **s.fähig** *adj* hard-wearing, durable
Straße *f* 1. road, street; 2. ⚓ straits; **per S.** by road; **auf der S. transportieren** to truck, to transport by road; **nicht befahrbare S.** impassable road; **gebührenpflichtige S.** toll road; **vorfahrtsberechtigte S.** major road
Straßen|abgaben *pl* road taxes; **S.anlieger** *m* frontager; **S.anliegergebühren** *pl* frontage assessment; **S.anschluss** *m* road link; **S.arbeiten** *pl* roadworks; **S.atlas** *m* road atlas; **S.ausbau** *m* road improvement
Straßenbahn *f* streetcar *[US]*, tram(way) *[GB]*; **S.gesellschaft** *f* streetcar corporation *[US]*, tramway company *[GB]*
Straßenbau *m* road building/construction; **S.arbeiten** *pl* roadworks; **S.behörde** *f* highways department; **S.etat** *m* road construction budget; **S.investitionen** *pl* capital expenditure on road building; **S.kosten** *pl* road construction costs; **S.unternehmen; S.unternehmer** *nt/m* road builder/contractor
Straßen|behörde *f* highway authority; **S.-benutzer** *m* road user; **S.benutzungsgebühr** *f* road toll; **S.beschaffenheit** *f* road condition; **S.börse** *f* curb *[US]*/kerb*[GB]*/street market; **S.fahrzeug** *nt* road vehicle; **S.fernverkehr** *m* long-distance road traffic; **S.fertigung** *f* assembly line production; **S.frachtführer** *m* road carrier; **S.front** *f* road frontage
Straßengüter|fernverkehr *m* long-distance road haulage/transport; **S.transport; S.verkehr** *m* road haulage/transport; **S.verkehrssteuer** *f* road haulage tax; **S.verkehrsunternehmen** *nt* road haulage company, haulier; **S.verkehrsverband** *m* road haulage association
Straßen|handel *m* street trading; **S.händler** *m* street vendor/trader/seller; **S.-markt** *m* street market; **S.netz** *nt* road network/system; **S.raub** *m* street/highway robbery, mugging; **S.reklame** *f* roadside advertising; **s.tauglich** *adj* roadworthy; **S.tauglichkeit** *f* roadworthiness
Straßentransport *m* road transport/haulage; **S.betrieb** *m* 1. *(Unternehmen)* road haulage company/operator; 2. *(Fähigkeit)* road haulage operation; **S.kosten** *pl* road haulage costs; **S.gewerbe** *nt* trucking/road haulage industry; **S.unternehmer** *m* road haulier
straßen|tüchtig *adj* roadworthy; **S.unterhaltung** *f* road maintenance; **S.verbindung** *f* road link; **S.verhältnisse** *pl* road conditions; **S.verkauf** *m* street vending/trading; **S.verkäufer** *m* street vendor/trader/seller
Straßenverkehr *m* (road) traffic
Straßenverkehrs|betrieb *m* road transport undertaking; **S.delikt** *nt* traffic/motoring offence; **S.gewerbe** *nt* road (haulage) industry; **S.netz** *nt* road network; **S.ordnung** *f* (road) traffic code, Highway Code *[GB]*; **S.regeln; S.vorschriften** *pl* road traffic regulations
Straßen|verzeichnis *nt* street directory; **auf dem S.weg** by road; **S.zoll** *m* road toll; **S.zustand** *m* road conditions; **S.zustandsbericht** *m* (road) traffic report
Strateg|ie *f* strategy; **s.isch** *adj* strategic
Strazze *f* blotter, daybook
Streben *nt* pursuit, quest; **s.** *v/i* to strive/pursue

Strecke *f* 1. route; 2. 🚂 track, permanent way; **über lange S.n transportieren** to trunk; **S. zurücklegen** to cover a distance
strecken *v/t* 1. to stretch/extend; 2. *(Ausgaben)* to space/eke out
Strecken|abschnitt *m* 1. section; 2. *(Tarif)* fare stage; **S.(benutzungs)gebühr** *f* trackage; **S.fracht** *f* distance freight; **S.führung** *f* routing; **S.geschäft; S.handel** *nt/m* drop shipment, entrepôt *(frz.)* trade; **S.kilometer** *m* kilometre/mile of track; **S.stilllegung** *f* line closure; **S.unterhaltung; S.wartung** *f* 🚂 track maintenance; **S.versand** *m* drop shipment
Streckung *f* 1. stretching; 2. *(Arbeit)* spreading
streich|en *v/t* 1. to delete, to cross out/off; 2. to axe/cut; **S.ung** *f* 1. deletion; 2. cancellation; 3. *(Geldmittel/Stellen)* cut
Streifband *nt* 1. (postal) wrapper; 2. *(Wertpapier)* jacket; **S.depot** *nt* jacket deposit
Streifen|code *m* bar code; **S.diagramm** *nt* bar chart; **S.leser** *m* bar code scanner
Streik *m* strike, stoppage (of work); **S.; Aufruhr und bürgerliche/innere Unruhen** strike, riot and civil commotion (s.r.& c.c.); **S. ohne vorherige Ankündigung** lightning strike; **S. der öffentlichen Bediensteten; S. im öffentlichen Dienst** public sector strike; **S. mit verheerenden Folgen** crippling strike (action); **~ Unterbrechungen** stop-go strike; **S. durch Verlangsamung der Arbeit** go-slow
vom Streik betroffen strike-bound
Streik abblasen/abbrechen/aufheben to call off a strike; **S. abwenden** to avert a strike; **zum S. aufrufen; S. ausrufen** to call a strike; **S. beenden** to end/call off a strike; **S. durchführen** to stage a strike; **in einen S. eintreten** to go on strike; **S. genehmigen** to authorize a strike; **S. organisieren** to organise/stage a strike; **S. schlichten** to settle a strike; **in den S. treten** to (go on) strike; **S. unterbrechen** to suspend a strike; **S. verbieten** to prohibit/ban a strike
begrenzter Streik limited strike; **gewerkschaftlich genehmigter S.** official/authorized strike; **nicht ~ S.** unofficial strike; **landesweiter S.** national strike; **organisierter S.** official strike; **nicht ~ S.** wildcat/unofficial strike; **spontaner S.** wildcat/spontaneous/lightning strike; **symbolischer S.** token strike; **totaler S.** all-out strike; **unbefristeter S.** indefinite/unlimited strike; **ungesetzlicher/widerrechtlicher S.** illegal strike; **verheerender S.** crippling strike; **wilder S.** wildcat/unofficial strike
Streik|abstimmung *f* strike ballot; **S.aktion** *f* strike action; **S.androhung** *f* strike threat; **s.anfällig** *adj* strike-prone; **S.ankündigung** *f* strike notice; **S.aufruf** *m* strike call; **S.beendigung; S.beilegung** *f* settlement of a strike; **S.bilanz** *f* strike record; **S.brecher** *m* strikebreaker, blackleg *(coll)*; **S.drohung** *f* strike threat; **S.einstellung** *f* termination of a strike
streiken *v/i* to go/be on strike, to stage a strike, to strike
Streikende *nt* end/termination of a strike
Streikende(r) *f/m* striker
Streik|fonds; S.kasse *m/f* strike fund; **S.führung** *f* 1. *(Verhalten)* conduct of a strike; 2. *(Leitung)* strike committee; **S.gefahr** *f* danger/risk of a strike; **S.geld** *nt* strike pay; **S.leitung** *f* strike committee; **S.maßnahmen** *pl* strike action; **S.posten** *m* (strike) picket; *pl* picket line; **S.recht** *nt* right to strike; **S.unterbrechung** *f* suspension of a strike; **S.unterstützung** *f* strike pay; **S.urabstimmung** *f* strike ballot
Streikverbot *nt* strike ban; **S.sklausel** *f* no-strike clause
Streik|versicherung *f* strike insurance; **S.verzichtsabkommen** *nt* no-strike agreement; **S.verzichtsklausel** *f* no-strike clause
Streit *m* row, dispute, conflict; **S. um den Zuständigkeitsbereich** demarcation dispute; **juristischer S.** legal dispute
streitbefangen *adj* in litigation
streiten *v/i* 1. to contend/dispute/argue; 2. § to litigate
Streitfall *m* 1. *(Prozess)* action, lawsuit; 2. dispute, conflict; **S. beilegen** to settle a dispute
Streit|frage *f* controversy, contentious issue; **S.gegenstand** *m* subject of action/litigation
Streitgenosse *f* joint party/litigant, co-plaintiff; **S.nschaft** *f* joinder of parties
streitig *adj* litigious, contentious
Streitigkeit *f* dispute, controversy; **arbeitsrechtliche S.** labo(u)r/industrial dispute

Streit|objekt; S.punkt *nt/m* point at issue; **S.schlichtungsverfahren** *nt* disputes procedure; **S.sache** *f* 1. matter in dispute; 2. § litigation; **S.summe** *f* amount in litigation; **S.verfahren** *nt* lawsuit; **S.wert** *m* amount in controversy

Streu|besitz *m* *(Aktien)* diversified/scattered (share)holdings; **S.diagramm** *nt* scatter diagram

streuen *v/t* to spread/scatter/disperse/diversify

Streuung *f* spread, dispersal, diversification; **regionale S.** *(Anzeige)* regional dispersion/dispersal

Streuungs|bereich *m* range; **S.breite** *f* spread; **nicht s.fähig** *adj (Risiko)* non-diversifiable; **S.kosten** *pl* cover(age) cost

Strich *m* line; **unter dem S.** *(Bilanz)* below the line; **S. durch die Rechnung machen** *(fig)* to thwart/foil (so.'s plans)

Strichcode *m* bar code; **S.lesegerät; S.leser** *nt/m* bar code scanner

Strich|kodierung *f* universal product code; **S.liste** *f* check list, tally; **S.schlüssel** *m* bar code

strittig *adj* controversial, contentious

Strohmann *m* front/straw man; **als Aktionär vorgeschobener S.** nominee shareholder *[GB]*/stockholder *[US]*

Stroh|männerfirma *f* nominee company, dummy corporation *[US]*

Strom *m* 1. ⚡ current, electricity; 2. *(fig)* flow; **S. abschalten** to cut off electricity; **S. abzapfen** to abstract electricity; **S. sparen** to save electricity/energy; **mit S. versorgen** to supply with electricity; **elektrischer S.** electric current; **güterwirtschaftliche Ströme** flow of goods

S

Strom|abfall *m* ⚡ current drop, brownout *[US]*; **S.abnehmer** *m (Verbraucher)* electricity user/consumer; **S.absatz** *m* electricity sales; **S.abschaltung** *f* power cut; **S.anschluss** *m* mains connection; **S.ausfall** *m* power failure, blackout, outage *[US]*; **S.bedarf** *m* power requirements; **S.bezug** *m* purchase of electricity; **S.durchleitung** *f* electricity transmission

strömen *v/i* to flood/flow

Strom|erlöse *pl* electricity sales proceeds; **S.erzeuger** *m* (electricity) generator, electricity-generating/power company; **S.erzeugung** *f* electricity/power generation; **S.gebühren** *pl* power/electricity charges; **S.kabel** *nt* power cable; **S.lieferung** *f* electricity/power supply; **S.markt** *m* energy/electricity market; **S.nachfrage** *f* demand for energy; **S.netz** *nt* electrical grid; **S.preis** *m* electricity/power rate; **S.produzent** *m* electricity generator; **S.rechnung** *f* electricity bill; **S.spannung** *f* voltage; **s.sparend** *adj* power-saving, energy-saving; **S.sperre** *f* power cut; **S.tarif** *m* electricity tariff; **S.transport; S.übertragung** *m/f* electricity transmission; **S.umsatz** *m* electricity sales

Strömung *f* 1. current; 2. trend, tendency

Strom|unterbrechung *f* power cut; **S.verbrauch** *m* power/electricity consumption; **S.verbraucher** *m* electricity consumer; **S.verbund** *m* electricity supply grid; **S.versorger** *m* electricity supply company, power utility

Stromversorgung *f* power/electricity supply; **S.snetz** *nt* eletric grid; **S.swirtschaft** *f* electricity supply industry

Strom|verteilung *f* electricity/power distribution; **S.wirtschaft** *f* electricity/power industry; **S.zähler** *m* electric(ity) meter; **S.zufuhr** *f* electricity/power supply

Struktur *f* structure, organisation; **wirtschaftliche S.** economic structure

Struktur|analyse *f* structural analysis; **S.änderung** *f* structural change; **S.anpassung** *f* structural adjustment; **S.aufwendungen** *pl* restructuring costs; **S.beihilfe** *f* restructuring grant

strukturell *adj* structural

Strukturhilfe *f* structural/restructuring aid

strukturier|en *v/ti* to structure/organise; **S.ung** *f* structuring

Struktur|kredit *m* structural loan; **S.krise** *f* structural crisis; **S.maßnahme** *f* structural measure; **S.nachteil** *m* structural disadvantage; **S.plan** *m* structural plan; **S.politik** *f* structural policy; **S.problem** *nt* structural problem; **S.reform** *f* structural reform; **S.unterschied** *m* structural difference; **S.veränderung; S.verschiebung; S.wandel** *f/m* structural change; **S.verbesserung** *f* structural improvement; **S.vorteil** *m* structural advantage; **S.zuschuss** *m* structural grant

Stück *nt* 1. piece, item; 2. *(Teil)* segment, portion; 3. *(Land)* plot; 4. *(Vieh)* head; **S.e** *(Wertpapiere)* securities, shares *[GB]* and stocks *[US]*; **je/per/pro S.** each, apiece

effektive Stück|e physical securities; **fehlerhaftes S.** reject, defective item; **freie S.e** *(Börse)* negotiable/sal(e)able securities

Stück|akkord(arbeit) *m/f* piecework; **S.-arbeiter** *m* pieceworker; **S.dividende** *f* dividend per share; **S.einheit** *f* unit, piece; **S.ekonto** *nt* securities account

stückel|n *v/t* 1. *(Wertpapiere)* to denominate; 2. *(Anlagefonds)* to unitize; **S.ung** *f* denomination

Stückerfolg *m* unit profit/loss; **S.srechnung** *f* job-order cost accounting

Stücke|verkehr *m* *(Börse)* physical transfer; **S.verzeichnis** *nt* 1. list of items; 2. *(Inventar)* inventory; 3. *(Sortenzettel)* bill of specie; 4. *(Börse)* statement of securities deposited

Stück|fertigung *f* job production; **S.-fracht** *f* mixed/general cargo; **S.gebühr** *f* charge per item; **S.geld** *nt* notes and coins; **S.gewicht** *nt* unit weight; **S.gewinn** *m* profit per unit

Stückgut *nt* 1. mixed/general cargo; 2. less-than-carload lot (LCL); **S.fracht; S.ladung; S.partie** *nt/f* general/mixed cargo, less-than-carload (LCL), general merchandise; **S.frachter** *m* general cargo vessel; **S.sendung** *f* pack(age) freight, less-than-carload (LCL) shipment *[US]*; **S.tarif** *m* general cargo rate, less-than-carload (LCL) lot rate(s); **S.umschlag** *m* general cargo handling/movement; **S.verkehr** *m* part load traffic, less-than-carload (LCL)/non-bulk traffic

Stück|kalkulation *f* unit costing; **S.kaufpreis** *m* unit price

Stückkosten *pl* unit/piece costs, cost per unit; **S.kalkulation** *f* unit costing; **S.rechnung** *f* unit costing; **~ für Einzelfertigung** job-order costing

Stück|kurs *m* price per share; **S.liste** *f* parts list, list of items

Stücklohn *m* piece(work) rate; **S.arbeit** *f* piecework; **S.arbeiter** *m* pieceworker; **S.-satz** *m* piece rate; **S.verdienst** *m* piecework earnings

Stück|muster *nt* sample; **S.preis** *m* unit price; **S.produktion** *f* unit production; **S.rechnung(ssystem)** *f/nt* unit cost accounting; **S.steuer** *f* specific duty; **S.tarif** *m* unit/piece rate; **S.ware** *f* piece goods; **s.-weise** *adj* piecemeal

Stückzahl *f* number (of units/items); **gerade S.** *(Börse)* round lot; **ungerade S.** odd lot

Stück|zeit *f* unit time; **S.zinsen** *pl* accrued interest; **S.zoll** *m* ⊝ specific duty

Student(in) *m/f* student

Studie *f* study, survey

Studien|beihilfe *f* grant, scholarship, studentship *[US]*; **S.gebühr** *f* tuition fee; **S.-leiter** *m* director of studies; **S.stiftung** *f* educational trust/foundation; **S.urlaub** *m* sabbatical (leave); **S.versicherung** *f* educational endowment insurance

studieren *v/t* to study

Studium *nt* study

Stufe *f* step, level, stage

Stufen|plan *m* multi-stage plan; **S.preise** *pl* staggered prices; **S.produktion** *f* staggered production; **S.tarif** *m* graduated rate/scale; **s.weise** *adj* progressive, step-by-step

Stunde *f* 1. hour; 2. *(Unterricht)* lesson

stunden *v/t* to grant/accord a respite

Stunden|durchschnitt *m* hourly average; **S.einkommen** *nt* hourly wage, wage per hour; **S.leistung** *f* ☼ hourly output/rating

Stundenlohn *m* wage(s) per hour, hourly wage; **S.satz** *m* hourly wage rate

Stunden|plan *m* timetable, schedule *[US]*; **S.satz** *m* hourly rate; **S.verdienst** *m* wage per hour, hourly wage; **s.weise** *adj* hourly, by the hour; **S.zettel** *m* time sheet

stündlich *adj* hourly, every hour

Stundung *f* 1. respite (of debts), moratorium; 2. *(Wechsel)* indulgence; **S. des Kaufpreises** deferred payment; **S. gewähren** to (grant a) respite

Stundungs|frist *f* period of grace, respite; **S.zinsen** *pl* moratorium interest

Sturm *m* storm, gale; **S.schaden; S.versicherung** *m/f* (wind)storm damage; **S.-schadenversicherung** *f* storm and tempest insurance, tornado insurance *[US]*

Sturz *m* 1. (down)fall; 2. *(Kurs/Preis)* fall

stürzen *v/ti* 1. to fall; 2. *(Kurs/Preis)* to fall/collapse/drop/slump; **nicht s.!** this side up

stutzen *v/t* 1. to trim/prune; 2. *(Lohn)* to dock

stützen *v/t* 1. to support/back/underprin; 2. to subsidize

Stütz|käufe *pl* support buying; **S.kurs; S.-preis** *m* support price

Stützung *f* support, backing; **S. der Agrar-**

S

preise farm price support; **S. des Kurses/ Preises** price support; **~ Wechselkurses** exchange rate support
Stützungs|aktion *f* support operation; **S.-kauf** *m* supporting purchase; **S.käufe** support buying; **S.kredit** *m* standby credit; **S.kurs; S.preis** *m* support price
Styropor *nt* ™ polystyrene, styrofoam
Submission *f* submission, tender; **S. ausschreiben; in S. (ver)geben; S. veranstalten** to invite tenders
Submissions|absprache *f* collusive tendering; **S.angebot** *nt* bid, tender; **S.aufforderung** *f* invitation to tender; **S.bedingungen** *pl* terms of tender; **S.bewerber** *m* bidder; **S.offerte** *f* tender, bid; **S.preis** *m* tender price; **S.vergabe** *f* award (of a contract); **S.verkauf** *m* sale by (sealed) bid; **auf dem S.weg** *m* by tender
Subordination *f* subordination; **S.skonzern** *m* subordinative group
subsidiär *adj* subsidiary, subordinate
Subsidiarität *f* subsidiarity; **S.sprinzip** *nt* subsidiarity principle
Subsidien *pl* subsidies
Subsistenz|landwirtschaft *f* subsistence farming; **S.minimum** *nt* subsistence level
Subskribent *m* subscriber; **S.en sammeln** to solicit subscriptions; **S.enliste** *f* subscription list; **S.ensammler** *m* canvasser
subskribieren *v/t* to subscribe
Subskription *f* subscription
Subskriptions|abteilung *f* subscription department; **S.angebot** *nt* subscription offer; **S.sanzeige** *f (Wertpapier)* prospectus; **S.aufforderung; S.einladung** *f* invitation of subscribe; **S.bedingungen** *pl* subscription terms; **S.frist** *f* subscription period; **S.gebühr** *f* subscription fee; **S.-liste** *f* subscription list; **S.preis** *m* subscription price; **S.schein** *m* subscription warrant; **S.verfahren** *nt* subscription process
Substanz *f* 1. substance; 2. capital assets; **S.anreicherung** *f* addition to net worth; **S.aushöhlung** *f* erosion of the real asset(s) base; **S.besteuerung** *f* taxation of property; **S.bewertung** *f* real asset valuation; **S.erhaltung** *f* maintenance of assets
substanziell *adj* substantial, material
substanziieren *v/t* to substantiate
Substanz|minderung *f* depletion; **S.schaden** *m* material loss; **S.schädigung** *f* material damage; **S.schwund** *m* dwindling assets; **S.steuer** *f* capital levy; **S. verlust; S.verzehr** *m* depletion, asset erosion; **S.-wert** *m* 1. real/(physical) asset/value, net value of tangible assets; 2. *(Fonds)* net asset value; **S.wertmethode** *f* asset value method
substituieren *v/t* to substitute
Substitut *nt* substitute (good/product); **S.(in)** *m/f (Laden)* supervisor, assistant manager
Substitution *f* substitution
Substitutions|effekt *m* substitution effect; **S.elastizität** *f* elasticity of (technical) substitution; **S.gut** *nt* substitute (good); **S.güter** substitutes; **S.kosten** *pl* substitution/opportunity cost(s); **S.produkt** *nt* substitute; **S.rate** *f* rate of (commodity) substitution
subtra|hieren *v/t* to subtract; **S.ktion** *f* subtraction
Subunternehm|en *nt* subcontractor; **S.er** *m* 1. subcontractor; 2. *(Fracht)* subcarrier; **an ~ vergeben** to outsource, to job out
Subvention *f* subsidy, grant; **staatliche S.** government grant/subsidy; **versteckte S.** hidden subsidy
subentionieren *v/t* to subsidize/support
Subventions|abbau *m* cut/reduction of subsidies; **S.betrug** *m* subsidy fraud; **S.-empfänger** *m* recipient of subsidies; **S.-konto** *nt* subsidy account
Such|e *f* search, investigation; **S.maschine** *f* 🖳 search engine
sukzessiv *adj* successive
Summe *f* sum, (sum) total; **S. der ausgegebenen Aktien** issued capital stock; **~ Aktiva** assets total; **~ laufenden Erträge** total operating income; **~ Verbindlichkeiten** *(Bilanz)* total liabilities
ansehnliche/beträchtliche Summe considerable sum; **armselige/geringfügige/ läppische S.** paltry sum; **glatte S.** round sum; **restliche S.** remainder; **veranschlagte S.** estimate
automatische Summen|anpassung *(Vers.)* indexation, index-linking; **S.exzendentenrückversicherung** *f* excess of line reinsurance; **S.rabatt** *m* quantity discount; **S.verdopplung bei Unfalltod** *f* double indemnity; **(einfacher) S.zuwachs** *m (Vers.)* (simple) reversionary bonus

S

summieren *v/t/v/refl* to add/mount up
Super|dividende *f* surplus/special dividend; **S.exzedentenrückversicherung** *f* remaining excess reinsurance
Superlativ *m* superlative; **S.werbung** *f* puff-advertising, hype
Super|markt *m* supermarket; **s.modern** *adj* ultra-modern
suspendier|en *v/t* to suspend; **S.ung** *f* suspension
Swap *nt* swap; **S.abkommen** *nt* swap agreement; **S.fazilität** *f* swap facility; **S.-geschäft** *nt (Währung)* (currency) swap; **S.kredit** *m* swap credit; **S.kurs; S.satz** *m* swap rate; **S.vereinbarung** *f* swap agreement
Synergie *f* synergy; **S.vorteil** *m* synergy benefit
Syndikat *nt* syndicate, consortium
Syndikats|bank *f* underwriting bank; **S.-mitglied** *nt (Lloyd's)* underwriting member
Syndikus *m* 1. corporate/company corporation *[US]* lawyer; 2. company secretary *[GB]*
System *nt* system, scheme, method; **S. der freien Marktwirtschaft** free enterprise system; **S. flexibler Wechselkurse** floating; **gemischtwirtschaftliches S.** mixed economy; **kapitalistisches S.** capitalist system
System|analyse *f* systems analysis; **S.anbieter** *m* systems provider; **S.auslastung** *f* system loading; **S.berater** *m* systems engineer; **S.entwickler** *m* systems developer; **S.forschung** *f* systems research; **s.immanent** *adj* inherent (in the system); **S.ingenieur** *m* systems engineer; **S.lieferant** *m* systems provider; **S.peicher** *m* 🖳 read-only memory (ROM); **S.technik** *f* systems/engineering technology; **S.techniker** *m* systems engineer; **S.theorie** *f* systems theory; **S.verwaltung** *f* systems administration

T

tabellar|isch *adj* tabular; **t.isieren** *v/t* to tabulate
Tabelle *f* 1. table, chart, diagram; 2. index, schedule; **T.nauszug** *m (Kredit)* extract from the schedule of debts; **T.nform** *f* columnar/tabular form
tabellieren *v/t* to tabulate
Tabul|ator *m* tabulator; **t.ieren** *v/t* to tabulate
Tafel *f* 1. table, board; 2. scale, schedule; **T.geschäft** *nt* over-the-counter (OTC) sale/transaction; **T.ziffer** *f (Vers.)* actuarial/standardized rate
Tag *m* day; **pro T.** per day/diem *(lat.)*; **T. der Abrechnung** settlement day; **T. vor dem Abrechnungstag** *(Börse)* ticket day; **T.e nach Akzept** days after acceptance (d/a); **T. der Ausschüttung** *(Dividende)* distribution date;**T. und Ort der Ausstellung** date and place of issue; **T. des Außerkrafttretens** expiry date; **T. nach dato** day's after date (d/d); **T. des Inkrafttretens** effective date; **T. der Lieferung** date of delivery; **~ Rechnungsstellung** invoice date; **T.e nach Sicht** days after sight (d/s)
Tag und Nacht arbeiten to work day and night, ~ round the clock; **T. bestimmen/festsetzen** to appoint/fix a day; **freien T. haben** to have a day off; **ganzen T. geöffnet sein** to be open all day; **pro T. verlangen** to charge per day
Tag|arbeit *f* daywork, day labour; **T.- und Nachtdienst** *m* 24-hour service
Tagebau *m* ⚒ *(Betrieb)* opencast *[GB]*/strip *[US]* mine
Tage|buch *nt* diary; **T.geld** *nt* 1. daily/per diem *(lat.)* allowance; 2. *(Vers.)* daily benefit
Tagelohn *m* (a) day's wage, daily wage; **im T. arbeiten** to be paid by the day
Tagelöhner *m* casual/day labo(u)rer
tagen *v/i* 1. to meet; 2. § to sit
Tages|abrechnung *f* daily settlement; **T.-abschluss** *m* daily balance; **T.ankaufskurs** *m* spot buying rate; **T.auftrag** *m (Börse)* day order; **T.ausstoß** *m* daily output; **auf T.basis** *f* on a daily/per diem *(lat.)* basis; **T.belastung** *f* daily load; **T.bericht** *m* daily report; **T.bilanz** *f* daily balance sheet; **T.durchsatz** *m* daily throughput; **T.durchschnitt** *m* daily average; **T.einlage** *f* call deposit; **T.einnahme(n)** *f/pl* day's takings; **T.fertigung; T.förderung** *f* daily output/production
Tagesgeld *nt* 1. *(Bank)* call/demand deposit; 2. *(Kredit)* demand/call loan; 3. *(Spesen)* daily/per diem *(lat.)* allowance; **T. unter Banken** interbank call money;

T

T.handel *m* 1. call money transactions; 2. *(Börse)* day trading

Tages|geschäft *nt* day-to-day operations; **T.höchstkurs** *m* day's high; **T.kasse** *f* daily cash receipts; **T.kosten** *pl* current cost

Tageskurs *m* daily/today's rate, spot (market) rate; **T.zettel** *m* (daily) official quotations

Tages|leistung *f* daily production/output; **T.lohn** *m* daily wage; **T.notierung** *f* daily quotation

Tagesordnung *f* agenda, order of the day; **von der T. absetzen** to remove from the agenda; **T. annehmen** to adopt the agenda; **die T. aufnehmen; auf die T. setzen** to put on the agenda; **T. aufstellen** to draw up the agenda; **auf der T. stehen** to be on the agenda

Tagesordnungspunkt (TOP) *m* item on the agenda

Tages|pensum *nt* daily stint; **T.post** *f* daily mail; **T.preis** *m* current/market price; **T.produktion** *f* daily output/production; **T.rate** *f* daily rate; **T.saldo** *m* daily balance; **T.satz** *m* day/daily/per diem *(lat.)* rate; **T.schicht** *f* day shift; **T.tiefstkurs** *m* day's low; **T.verbrauch** *m* daily consumption; **T.verdienst** *m* daily earnings; **T.versand** *m* daily shipment; **T.wechsel** *m* fixed-date bill; **T.wert** *m* market price; **T.zeit** *f* daytime; **T.zinsen** *pl* daily interest

tageweise *adj* by the day, per diem *(lat.)*

Tagewerk *nt* 1. day's work; 2. *(Arbeitseinheit)* manday

täglich *adj* daily, per day/diem *(lat.)*

Tagschicht *f* day shift

Tagung *f* congress, conference; **T. einberufen** to call/convene a conference; **an einer T. teilnehmen** to attend a conference

Tagungs|ablauf *m* conference proceedings; **T.bericht** *m* conference report; **T.-leitung** *f* chair(manship); **T.mitglied; T.teilnehmer(in)** *nt/m/f* conference member/delegate; **T.zentrum** *nt* conference center *[US]*/centre *[GB]*

Tagwechsel *m* day bill

Takt *m* 1. tact, discretion; 2. 🏭 phase, cycle; **T.fertigung** *f* cycle operation(s); **T.steuerung** *f* sequential control; **T.-straße** *f* assembly/transfer line; **T.zeit** *f* cycle time

Talent *nt* talent, gift, aptitude; **t.iert** *adj* talented, gifted

Talfahrt *f* 1. *(Kurs)* (downward) slide; 2. *(Konjunktur)* downswing, downturn

Talon *m* 1. talon, stub, counterfoil; 2. *(Wertpapier)* renewal coupon

Talsohle *f* *(Konjunktur)* trough, bottom; **T. erreichen** *(fig)* to touch bottom

Talzeit *f* off-peak (time/period); **T.tarif** *m* off-peak rate

Tanker *m* tanker; **T.tonnage** *f* tanker tonnage

Tank|fahrzeug; T.laster; T.lastzug *nt/m/m* (road) tanker; **T.säule** *f* petrol *[GB]*/gasoline *[US]* pump; **T.schiff** *nt* tanker

Tankstelle *f* petrol *[GB]*/gas(oline) *[US]* station; **T.npreis** *m* pump price

Tankwagen *m* 1. (road/petrol) tanker; 2. 🚂 tank wag(g)on/car

Tante-Emma-Laden *m* corner shop *[GB]*, pop and mom store *[US]*, old neighborhood store *[US]*

Tantieme *f* 1. share in profits, percentage; 2. (management) emoluments

Tara *f* tare; **T. und Gutgewicht** tare and tret; **(handelsübliche) T.** customary tare; **reine T.** net tare; **wirkliche T.** real tare

Tara|gewicht *nt* tare weight; **T.tarif** *m* tare tariff

Tarif *m* 1. *(Gas)*/⚡/💧 tariff, rate; 2. *(Gebühr)* scale (of charges); 3. *(Personenbeförderung)* fare; 4. ⊖ tariff; **T. für Durchgangsgüter** transit rate; **~ Fluggäste ohne Reservierung** standby fare; **~ Großkunden** bulk tariff; **~ gewerbliche Kunden** business tariff; **~ den Personenverkehr** passenger fare(s); **T. außerhalb der Saison** off-season fare; **T. für Sammelladungen** groupage rate; **~ Stückgüter** mixed cargo *[GB]*/carload *[US]* rate; **T. unabhängig von Warenart** freight all kinds

nach Tarif bezahlen to pay according to the (union) rate; **über/unter T. bezahlen** to pay above/below the (union) rate; **T. festlegen/festsetzen** to fix a tariff; **T.e freigeben** to deregulate tariffs; **T.e herabsetzen/senken** to cut rates

anzuwendender Tarif applicable rate; **mit der Gewerkschaft ausgehandelter T.** union rate; **ausgehender T.** ⚓ outward tariff; **besonderer T.** *(Vers.)* specific rate; **degressiver T.** tapering rate; **einheitlicher T.** standard rate; **ermäßigter T.** 1. reduced rate; 2. reduced fare; **gleitender/progressiver T.** sliding-scale tariff;

hereinkommender T. ⚓ inward tariff; **örtlicher T.** local rate; **saisonaler/saisonbedingter T.** seasonal tariff; **verbilligter T.** reduced rate; **zu verbilligtem T.** cut-rate

Tarif|abbau *m* rate cutting; **T.abkommen** *nt* 1. pay deal, wage settlement; 2. ⊖ tariff agreement; **T.abnehmer** *m* ϟ normal rate consumer; **T.abschluss** *m* pay/wage settlement; **T.änderung** *f* 1. *(Personenverkehr)* revision of fares; 2. ϟ / 💧 / ⊖ tariff revision; **T.angebot** *nt* pay offer; **T.angleichung** *f* 1. wage adjustment; 2. adjustment of tariffs; **T.anhebung** *f* tariff/wage increase; **T.aufsicht** *f (Vers.)* insurance rate regulation; **T.auseinandersetzung** *f* pay/wage/industrial dispute; **T.-ausschuss** *m* 1. tariff committee; 2. wages council; **T.autonomie** *f* freedom of collective bargaining; **T.begünstigung** *f* tariff preference; **T.berechnung** *f* rate assessment; **T.bereich** *m (Steuer)* rate band; **T.besteuerung** *f* taxation at the standard rate; **T.bestimmungen** *pl* tariff regulations; **T.bezirk** *m (Vers.)* rating area; **T.einkommen** *nt* standard earnings; **T.-einstufung** *f* salary/wage classification; **T.entgelt** *nt* standard rate of remuneration; **T.erhöhung** *f* 1. standard wage increase; 2. fare/rate increase; **T.ermäßigung** *f* tariff reduction; **T.festsetzung** *f* rating; **T.forderung** *f (Lohn)* wage demand; **T.freigabe** *f* deregulation; **T.freiheit** *f* 1. free wage bargaining; 2. *(Vers.)* rating freedom; **T.gebiet** *nt* 1. tariff zone; 2. rating area; **T.gefälle** *nt* tariff differential; **T.gefüge** *nt* rate/fare structure; **T.gehalt** *nt* standard pay, union rate; **T.grenze** *f (Personenbeförderung)* fare stage; **T.gruppe** *f* 1. wage bracket; 2. *(Einkommensteuer)* income bracket; 3. ⊖ tariff category

tarifier|en *v/t* to rate/classify; **T.ung** *f* (tariff) classification, rating

Tarif|kampf *m* 1. tariff/rate war; 2. *(Löhne)* wage dispute; **T.klasse** *f* 1. tariff class; 2. wage bracket; **T.kommission** *f* collective bargaining committee; **T.konflikt** *m (Löhne)* wage/industrial/labo(u)r dispute; **T.kunde** *m* ϟ / 💧 / *(Gas)* regular rate customer; **T.kündigung** *f* termination of a collective wage agreement; **T.kürzung** *f* 1. tariff reduction; 2. rate cutting

tariflich *adj* collectively agreed, standard

Tarifliste *f* schedule of rates

Tariflohn *m* standard wage(s), union wage rate; **gewerkschaftlich ausgehandelter T.** union wage

Tariflohn|erhöhung *f* standard wage increase; **T.satz** *m* standard wage rate; **T.vereinbarung** *f* collective wage agreement; **T.verhandlungen** *pl* collective wage negotiations

Tarif|nummer *f* ⊖ tariff heading; **T.partei** *f* party to a wage agreement; **T.parteien; T.partner** *pl* the two/both sides of industry, employers and employees; **T.politik** *f* 1. rate policy; 2. *(Löhne)* pay/wage policy; 3. ⊖ tariff policy; **T.position; T.-posten** *f/m* tariff item/heading; **T.prämie** *f* premium rate; **T.preis** *m* standard price; **T.recht** *nt* collective bargaining law; **T.reform** *f* 1. tariff reform; 2. reform of the pay structure; **T.rente** *f* collectively agreed (retirement) pension; **T.runde** *f* pay/negotiating/wage round; **T.satz** *m* standard/tariff rate; **T.schema** *nt* ⊖ nomenclature; **T.schiedsgericht** *nt* wage arbitration board; **T.schiedsspruch** *m* wage award; **T.senkung** *f* fare/tariff cut; **T.staffel** *f* scale of rates; **T.streit** *m* wage dispute; **T.struktur** *f* 1. structure of charges/rates, rate structure; 2. ⊖ tariff structure; **T.stufe** *f* 1. *(Löhne)* pay/salary grade; 2. *(Steuer)* tax band; **T.stunde** *f* standard hour; **T.tabelle** *f* scale of tariffs/rates/charges; **T.überwachung** *f* wage control; **T.unterbietung** *f (Löhne)* pay cut; **T.unterschied** *m* pay differential; **T.urlaub** *m* collectively agreed holiday; **T.verdienst** *m* standard earnings; **T.vereinbarung** *f* 1. *(Löhne)* wage agreement; 2. ⊖ tariff agreement; **T.vergünstigung** *f* ⊖ tariff preference

Tarifverhandlungen *pl* 1. pay/(wage) contract *[US]* negotiations, pay/wage talks; 2. ⊖ tariff negotiations; **freie T.** free collective bargaining

Tarifvertrag *m* (collective) wage/pay agreement

Tarifvertrags|bestimmung *f* collective agreement provision; **T.freiheit** *f* free collective bargaining; **T.klausel** *f* ⊖ tariff provision; **T.vereinbarung** *f* collective *[GB]*/contractual *[US]* bargaining agreement; **T.vorschriften** *pl* ⊖ tariff regulations; **T.wert** *m* ⊖ tariff value; **T.zone** *f* 1. ✉ zone; 2. *(Steuer)* rate band

Tasche *f* 1. pocket; 2. bag; 3. *(Aktentasche)* (brief)case; **in die eigene T. arbeiten; sich die T.n füllen** to line one's (own) pocket(s); **aus eigener T. bezahlen** to pay out of one's own pocket; **jdm in die T.n greifen** to dip into so.'s pockets; **~ auf der T. liegen** *(coll)* to live at so.'s expense; **~ etw. aus der T. ziehen** to relieve so. of sth.

Taschen|dieb *m* pickpocket; **T.geld** *nt* pocket money; **T.pfändung** *f* attachment of the debtor's purse; **T.rechner** *m* (pocket) calculator

Tastatur *f* 🖳 keyboard; **tragbare T.** keypad

Taste *f* key

Tasten|feld *nt* 🖳 keyboard; **tragbares T.-feld** keypad; **T.telefon** *nt* push-button telephone

Tat *f* 1. deed, act; 2. *(Straftat)* offence, crime

Täter(in) *m/f* offender, perpetrator; **T. mit dem weißen Kragen** white-collar criminal

tätig *adj* active, engaged (in); **beruflich t.** employed; **freiberuflich t.** freelance; **ganztägig/vollberuflich t.** full-time; **selbstständig t.** self-employed

freiberuflich tätig sein to (work) freelance; **geschäftlich t. sein** to be (engaged) in business; **t. werden** to take action

tätigen *v/t* to effect, to carry out

freiberuflich Tätige(r) *f/m* freelance

Tätigkeit *f* 1. activity, action; 2. job, occupation; **T. aufgeben** to give up a job; **T. aufnehmen** to take up one's duties; **T. wieder aufnehmen** to resume work; **T. ausüben** to be engaged in an activity; **bei seiner T. bleiben** to stick to one's business; **T. einstellen** to discontinue an activity; **keiner geregelten T. nachgehen** to have no regular occupation

angemessene Tätigkeit suitable employment/work; **anwaltliche T.** advocacy; **beratende T.** advisory capacity; **erwerbsorientierte T.** gainful employment; **freiberufliche T.** freelance work; **gefahrgeneigte/gefährliche T.** hazardous work/employment; **gesamtwirtschaftliche T.** aggregate/overall economic activity; **geschäftliche T.** commercial activity; **gewerbliche T.** industrial/commercial activity; **gewinnbringende T.** gainful occupation; **hauptberufliche T.** full-time job; **leitende T.** executive work; **mechanische T.** routine job; **nachgeschaltete T.** 🏭 downstream activity; **nebenberufliche T.** sideline (job); **schöpferische T.** creative work; **schriftstellerische T.** writing; **selbstständige T.** self-employment; **sitzende T.** sedentary work; **unproduktive T.** make-work; **unqualifizierte T.** unskilled work; **unselbstständige T.** dependent employment; **vorgeschaltete T.** 🏭 upstream activity; **werbende T.** productive activity; **wirtschaftliche T.** economic activity; **zumutbare T.** reasonable work

Tätigkeits|analyse *f* job/task analysis; **T.-anforderungen** *pl* job requirements

Tätigkeitsausweitung *f* job diversification; **horizontale T.** job enlargement; **vertikale T.** *(in vor- bzw. nachgelagerte Bereiche)* job enrichment

Tätigkeits|bereich *m* sphere/field/range of activity; **T.bericht** *m* progress report; **T.beschreibung** *f* job description; **T.erweiterung** *f* job enrichment; **T.feld; T.gebiet** *nt* businesss (sector), line; **T.gruppe** *f* job cluster; **T.merkmale** *pl* job characteristics; **T.nachweis** *m* performance record; **T.profil** *nt* job profile

Tat|kraft *f* energy, drive; **t.kräftig** *adj* energetic, vigorous

Tatsache *f* fact

tauglich *adj* 1. fit, capable; 2. ☼ serviceable, suitable

Tauglichkeit *f* 1. fitness, capability; 2. suitability; **T. zum gewöhnlichen Gebrauch** merchantable quality; **~ vertragsmäßigen Gebrauch** fitness for the agreed use; **körperliche T.** physical fitness; **T.sgewährleistung** *f* warranty of fitness

Tausch *m* 1. exchange, swap; 2. *(Naturaltausch)* barter; **in T. geben** to trade in, to give in exchange; **~ nehmen** to take in exchange

Tauschabkommen *nt* barter deal

tauschen *v/t* 1. to exchange/swap; 2. to barter

täuschen *v/t* to deceive; **t.d** *adj* deceptive

Tausch|geschäft *nt* barter deal, trade-off; **T.geschäfte machen** to swap; **T.gewinn** *m* *(Börse)* exchange gain; **T.handel** *m* barter (trade); **T.mittel** *nt* means/medium of exchange

T

Täuschung *f* 1. deception, deceit; 2. *(Betrug)* fraud, fraudulent misrepresentation
Tausch|wirtschaft *f* barter economy
Taxator *m* valuer, appraiser
Taxe *f* 1. valuation, appraisal; 2. *(Gebühr)* valuation/appraisal fee
Taxgewicht *nt* appraised weight
Taxi *nt* taxi, taxicab
taxier|bar *adj* assessable, taxable; **t.en** *v/t* to value/assess/appraise/estimate; **T.ung** *f* (e)valuation, appraisal
Taxi|konzession *f* taxi licence; **T.preis** *m* taxi fare
Tax|kurs *m* estimated price; **T.police** *f* valued policy; **T.preis** *m* assessed/estimated price; **T.wert** *m* appraised/estimated value
Technik *f* 1. technology, engineering; 2. *(Methode)* technique, method; **einfache T.** low tec; **energiesparende T.** energy-saving technology; **modernste T.** state-of-the-art technology; **umweltfreundliche T.** clean technology
Techniker *m* technician, engineer, technologist; **T.schule** *f* engineering collage
technisch *adj* technological, engineering, technical
Technisierung *f* automation, mechanization
Technokrat *m* technocrat; **T.ie** *f* technocracy
Technologe *m* technologist
Technologie *f* technology; **arbeitssparende T.** labo(u)r-saving technology; **energiesparende T.** energy-saving technology; **moderne T.** state-of-the-art technology; **saubere/umweltfreundliche T.** clean/eco-friendly technology; **umweltbelastende T.** pollutive technology
Technologie|aktie *f* *(Börse)* (hi-)tech issue/share *[GB]*/stock *[US]*; **T.fortschritt** *m* technological progress; **T.park; T.zentrum** *m/nt* science/technology park; **T.titel; T.wert** *m* *(Börse)* ↘ **Technologieaktie**
technologisch *adj* technological
Teil *m* part, share, portion, proportion; **beklagter T.** defendant; **fehlerhaftes T.** defective item; **fremdbezogene T.e** brought-in supplies; **geschädigter T.** injured party; **zu gleichen T.en** in equal parts; **größter T.** the greater part; **klagender T.** plaintiff; **schuldiger T.** *(Unfall)* party at fault; **streitender T.** litigant; **überlebender T.** *(Vers.)* surviving party; **vertragschließender T.** contracting party
teil|abgeschrieben *adj* partly written off; **T.abschnitt** *m* section, portion; **T.abschreibung** *f* write-down; **T.abtretung** *f* partial assignment; **T.akzept; T.annahme** *nt/f* partial acceptance; **T.anlieferung** *f* part shipment
Teilarbeits|gang; T.vorgang *m* (work) element
Teil|ausfall *m* partial breakdown; **T.ausgleich** *m* partial compensation
teilbar *adj* divisible
Teil|befrachtung *f* partial freighting; **T.befriedigung** *f* partial satisfaction; **T.bereich** *m* sub-section; **T.beschäftigte(r)** *f/m* part-time employee; **T.beschäftigung** *f* part-time employment; **T.besitz** *m* part-ownership; **T.besitzer(in)** *m/f* part-owner; **T.betrag** *m* fractional/partial amount, instalment; **T.betrieb** *m* division; **T.budget** *nt* sectional budget
Teilchen *nt* particle
Teildeckung *f* *(Vers.)* partial cover(age)
Teile|beschaffung *f* parts sourcing; **T.fertigung** *f* component/parts manufacture; **T.gruppe** *f* sub-group
Teileigen|tum *nt* part-ownership; **T.tümer** *m* part-owner
Teilelager *nt* parts inventory
teilen *v/t* 1. to divide/share; 2. *(Raum)* to partition
Teil|erfüllung *f* part(ial) performance; **T.-forderung** *f* part claim; **T.fracht** *f* part cargo; **T.gesamtheit** *f* ⫼ fractional population; **T.gesellschaft** *f* subsidary (company)
Teilhabe *f* share, participation; **t.n** *v/i* to share/participate
Teilhaber(in) *m/f* partner, joint partner/owner, shareholder; **T. abfinden/aus(be)zahlen** to buy out a partner; **als T. aufnehmen** to take in a partner; **T. sein** to have a share (in sth.)
aktiver Teilhaber working partner; **neu eintretender T.** incoming partner; **geschäftsführender T.** managing partner; **nicht ~ T.** dormant partner; **haftender T.** general partner; **beschränkt ~ T.** limited partner; **persönlich/unbeschränkt ~ T.** general partner; **inaktiver/passiver/stiller T.** dormant/silent partner

T

Teilhaberschaft *f* partnership, copartnership, participation; **T. auflösen** to dissolve a partnership; **T. eingehen** to enter into partnership; **jederzeit kündbare T.** partnership at will; **stille T.** dormant partnership

Teilhaber|versicherung *f* partnership insurance; **T.vertrag** *m* contract of partnership

Teil|hafter *m* limited/special partner; **T.haftung** *f* partial/limited liability; **T.haushalt** *m* departmental budget; **T.havarie** *f* ⚓ particular average (P.A.); **T.herstellungskosten** *pl* direct costs; **T.indossament** *nt* partial endorsement; **T.inhaber(in)** *m/f* part-owner; **T.invalidität** *f* partial disablement/disability; **T.kaskoversicherung** *f* 1. partial cover(age) insurance; 2. ⚓ partial hull insurance; 3. 🚗 part comprehensive cover(age); **T.konnossement** *nt* partial bill of lading (B/L)

Teil|konzern *m* sub-group; **T.kostenrechnung** *f* direct costing; **T.kündigung** *f* *(Anleihe)* part redemption; **T.ladung** *f* less than car load (LCL), part load; **T.last** *f* part load; **T.leistung** *f* part(ial) performance; **T.lieferung** *f* part/partial delivery, ~ shipment; **T.lösung** *f* partial solution; **T.markt** *m* market segment

Teilnahme *f* participation, attendance; **T. am Verlust** loss sharing; **von der T. ausschließen** to disqualify

Teilnahme|bedingungen *pl* entry conditions; **t.berechtigt** *adj* eligible; **T.berechtigung** *f* eligibility; **T.bescheinigung; T.bestätigung** *f* certificate of attendance; **T.gebühr** *f* attendance fee; **T.vergütung** *f* attendance allowance

teilnehmen *v/i* 1. to take part, to participate; 2. to attend

Teilnehmer(in) *m/f* 1. participant; 2. *(Wettbewerb)* competitor; 3. ☎ subscriber

Teilnehmer|gebühr *f* attendance fee; **T.karte** *f* admission ticket; **T.system; T.verfahren; T.verkehr** *nt/m* 💻 timesharing; **T.verzeichnis** *nt* 1. attendance register; 2. ☎ telephone directory

Teilnehmerzahl *f* attendance figure; **beschlussfähige T.** quorum; **tatsächliche T.** turnout

Teil|pacht *f* 🚜 share cropping *[US]*; **T.pächter** *m* sharecropper *[US]*; **T.pension** *f* half-board; **T.rechnung** *f* marginal costing

Teil|recht *nt* *(Aktie)* fractional interest/right; **T.revision** *f* partial audit; **T.risiko** *nt* partial risk; **~ übernehmen** *(Vers.)* to take a line; **T.rückerstattung** *f* partial refund; **T.saldo** *m* sub-total

Teilschaden *m* 1. partial loss/damage; 2. *(Seevers.)* particular average (P.A.); **mit T.; T. eingeschlossen** with (particular) aver(age) (W.(P.)A.)

Teil|schließung *f* part-closure; **T.schuldverschreibung** *f* fractional debenture; **T.sektor** *m* sub-sector; **T.sendung** *f* part(ial) shipment; **T.stilllegung** *f* partial closure; **T.storno** *nt* part(ial) cancellation; **T.strecke** *f* 1. section; 2. *(Tarif)* (fare) stage; **T.streik** *m* sectional strike; **T.stück** *nt* section, part, component; **T.summe** *f* subtotal

Teilung *f* division, separation; **T. der Kosten** cost sharing/allocation

Teil|unternehmen *nt* part enterprise; **t.-variabel** *adj* semi-variable; **T.veräußerung** *f* part disposal; **T.verkauf** *m* partial sale; **T.verlust** *m* 1. partial loss (P.L.); 2. *(Seevers.)* particular average (P.A.); **T.versand; T.verschiffung** *m/f* part(ial) shipment; **T.versicherung** *f* partial insurance; **T.vollmacht** *f* limited power of attorney; **T.waggonladung** *f* 🚂 less-than-carload (LCL) lot

Teilwert *m* fraction(al) value; **T.abschlag; T.abschreibung** *m/f* special write-off; **T.-berichtigung** *f* write-down

Teilzahlung *f* 1. part/partial payment, payment on account; 2. *(Anlagenbau)* progress/milestone payment; 3. *(Rate)* instalment *[GB]*, hire purchase *[GB]*, deferred payment *[US]*; **auf T. kaufen** to buy on hire purchase *[GB]*, ~ the instalment plan *[GB]*, ~ the deferred payment system *[US]*

Teilzahlungs|aktie *f* partly paid share *[GB]*/stock *[US]*; **T.bank** *f* (consumer-)finance company; **T.bedingungen** *pl* hire-purchase terms *[GB]*, deferred payment terms *[US]*; **T.darlehen** *nt* instalment credit; **T.einkauf** *m* instalment buying; **T.-finanzierung** *f* instalment plan/finance; **T.garantie** *f (Projekt)* progress payment guarantee; **T.geschäft** *nt* hire-purchase transaction *[GB]*, instalment/deferred payment *[US]* sale; **T.institut** *nt* finance company; **T.kauf** *m* instalment buying/sale, hire-purchase *[GB]*

T

Teilzahlungskredit *m* hire-purchase credit/loan, deferred payment loan *[US]*; **T.bank; T.institut** *f/m* finance company; **T.versicherung** *f* instalment credit insurance

Teilzahlungs|kunde *m* hire-purchase *[GB]*/deferred payment *[US]* customer; **T.plan** *m* instalment/hire-purchase plan, deferred payment *[US]* plan; **T.preis** *m* hire-purchase *[GB]*/instalment price; **T.rate** *f* hire-purchase instalment; **T.system** *nt* hire-purchase *[GB]*/deferred payment *[US]* system; **T.verkauf** *m* instalment/hire-purchase *[GB]*/deferred payment *[US]* sale; **T.vertrag** *m* hire-purchase agreement

Teilzeit|arbeit *f* part-time work(ing); **T.arbeiter(in); T.(arbeits)kraft; T.beschäftigte(r)** *m/f* part-timer, part-time employee/worker; **T.beschäftigung** *f* part-time employment

Telearbeit *f* telework(ing), telecommuting; **T.er(in)** *m/f* teleworker, telecommuter; **T.splatz** *m* teleworking job

Tele|brief *m* teletex letter, mailgram *[US]*; **T.einkauf** *m* teleshopping

Telefax *nt* tele(fax); **T.gerät** *nt* fax machine; **T.nummer** *f* fax number

Telefon *nt* telephone; **T.aktien** *pl* telephones shares *[GB]*/stock *[US]*; **T.anruf** *m* phone call

Telefonanschluss *m* telephone (connection); **gemeinsamer T.** party line; **T.gebühr** *f* connection charge

Telefonapparat *m* telephone (set)

Telefonat *nt* (telephone/phone) call

Telefon|auftrag *m* telephone order; **T.auskunft** *f* directory inquiries, information *[US]*; **T.befragung** *f* telephone survey; **T.benutzer** *m* telephone user; **T.buch** *nt* telephone directory, phone book *(coll)*; **nicht im ~ verzeichnet** ex-directory *[GB]*, unlisted *[US]*; **T.gebühren** *pl* call charges; **T.gesellschaft** *f* telephone company *[GB]*/corporation *[US]*

Telefongespräch *nt* (telephone/phone) call; **T. in der verbilligten Tarifzeit** off-peak call

Telefon|grundgebühr *f* telephone rental; **T.handel** *m (Börse)* telephone trading

telefonieren *v/i* to call, to (tele)phone

Telefon|karte *f* phone card; **T.konferenz** *f* teleconference; **T.kunde** *m* telephone subscriber; **T.leitung** *f* telephone line; **T.marketing** *nt* telephone marketing; **T.nebenstelle** *f* (telephone) extension; **T.nebenstellenanlage** *f (Firma)* private branch exchange (PBX); **T.netz** *nt* telephone network/system; **T.notrufnummer** *f* emergency number; 999 *[GB]*; **T.nummer** *f* (tele)phone/subscriber's/call number; **T.rechnung** *f* telephone bill; **T.schaltung** *f* telephone hook-up; **T.tarif** *m* telephone rates; **T.teilnehmer** *m* telephone subscriber; **T.verbindung** *f* telephone connection/link; **T.verkauf** *m* telephone selling, telemarketing; **T.verkehr** *m* 1. telephone communications/service; 2. *(Börse)* inter-office dealings/trading; **T.vermittlung** *f* telephone exchange; **T.vertrieb** *m* telemarketing; **T.verzeichnis** *nt* telephone directory; **T.werbung** *f* telephone advertising; **T.zähler** *m* telephone meter; **T.zelle** *f* telephone booth, pay station, (public) phone box; **T.zentrale** 1. operator, (telephone) exchange; 2. *(firmenintern)* private branch exchange (PBX)

Telegraf *m* telegraph; **T.ie** *f* telegraphy; **t.ieren** *v/t* to telegraph/wire/cable; **t.isch** *adj* by telegram/wire/cable

Telegramm *nt* telegram, cable(gram), wire; **T.adresse; T.anschrift** *f* cable address; **T.formular** *nt* telgram form; **T.gebühr** *f* telegram rate; **T.schlüssel** *m* telegraph(ic) code

Telekommunikation *f* telecommunications; **T.sanbieter** *m* telecommunications/telecom *(coll)* provider; **T.sbetreiber** *m* telecommunications/telecom *(coll)* operator; **T.snetz** *nt* telecommunications network; **T.stechnik** *nt* telecommunications technology; **T.sunternehmen** *nt* telecommunications company, telco *(coll)*

Telekonferenz *f* teleconference

Telekopier|er; T.gerät *m/nt* telecopier, fax (machine)

Tele|marketing *nt* telemarketing; **T.shopping** *nt* teleshopping; **T.text** *m* videotext; **T.verkauf** *m* teleselling

Telex *nt* telex; **T.anschrift** *f* telex address; **T.nummer** *f* telex number; **T.teilnehmer** *m* telex subscriber

Temperatur|messgerät *nt* temperature gauge; **T.regler** *m* thermostat

Tempo *nt* speed, pace, rate; **T. angeben** to set the pace; **T. beschleunigen/forcieren** to force the pace; **T. durchhalten** to keep up/stand the pace; **an T. gewinnen** to gather speed; **T. steigern** to speed up; **T. verlangsamen/vermindern/verringern** to slow down

Tendenz *f* 1. tendency, trend, drift; 2. *(Börse)* sentiment; **allgemeine T.** general tendency; **feste T.** firm tendency; **inflationäre/inflationistische T.** inflationary trend; **konjunkturelle T.** cyclical trend; **lustlose T.** *(Börse)* dull tone; **saisonale/saisonbedingte T.** seasonal trend; **schwache T.** *(Börse)* bearish trend; **vorherrschende T.** prevailing tendency

Tendenz|umschwung; T.wende *m/f* trend reversal

Tenderverfahren *nt* sale by tender

tendieren *v/i* to tend; **fester t.** to firm; **leichter t.** to ease; **niedriger t.** to drift lower; **nach oben t.** to tend upwards; **schwächer t.** to edge down

Termin *m* 1. appointment, engagement; 2. *(Frist)* deadline; **T. absagen** to cancel an appointment; **T. anberaumen/ansetzen** to appoint a day/date; **T. ausmachen** to make an appointment; **T. einhalten** to meet the deadline; **T. festlegen/(fest)setzen** 1. to appoint a day; 2. to fix a date/deadline; **auf/per T. kaufen** to buy/purchase forward; **T. überschreiten** to exceed a deadline; **T. vereinbaren** to make an appointment; **auf/per T. verkaufen** to sell forward, ~ for future delivery; **T. versäumen** 1. to fail to meet the deadline; 2. *(Zahlung)* to default; **T. wahren** to meet the deadline

abgelaufener Termin expired term; **zum angesetzten T.** at the appointed time; **äußerster T.** deadline; **festgesetzter T.** appointed day; **letzter T.** deadline; **vereinbarter T.** agreed date

Termin|ablage *f* tickler file; **T.abschluss** *m* futures contract; **T.auftrag** *m* forward order; **T.börse** *f* futures exchange; **T.devisen** *pl* foreign exchange futures; **T.druck** *m* time pressure; **T.effekten** *pl* forward stocks; **T.einlage** *f* term/time deposit; **T.-engagement** *nt* forward commitment/position

Termingeld *nt* time/term deposit; **T.konto** *nt* term account; **T.satz** *m* time/term deposit rate

termin|gemäß; t.gerecht *adj* in due time, on time/schedule, on the due date

Termingeschäft *nt* futures operation/transaction/contract; **T.e** futures trading

Termin|guthaben *nt* time/term deposit(s); **T.handel** *m* futures trading; **T.händler** *m* futures trader; **T.jäger** *m* (progress) chaser; **T.kalender** *m* engagement diary

Terminkauf *m* forward purchase; **Terminkäufe** futures buying; **T.absicherung; T.-deckungsgeschäft** *f/nt* long hedge

Termin|käufer *m* futures buyer; **T.kontrakt** *m* futures contract; **T.kurs** *m* 1. future(s) price; 2. *(Devisen)* forward exchange rate; **T.lieferung** *f* forward/future delivery; **T.mappe** *f* tickler file; **T.-markt** *m* futures market

Terminologie *f* terminology

Termin|notierung *f* forward/futures quotation; **T.plan** *m* time schedule; **T.planung** *f* time scheduling, timing; **T.position** *f* forward commitment; **T.preis** *m* forward/futures price; **T.sätze** *pl* forward/futures rates; **T.sicherung** *f* hedging operation; **T.überschreitung** *f* exceeding the deadline; **T.überwacher** *m* record/progress chaser; **T.überwachung** *f* progress control; **T.verkauf** *m* forward/futures sale; **T.verkaufsdeckungsgeschäft** *nt* (short) hedge; **T.verlängerung** *f* prolongation (of a term); **T.verlegung; T.verschiebung; T.vertagung** *f* postponement, adjournment; **T.versäumnis** *nt/f* failure to meet the deadline; **T.ware** *f* *(Rohstoff)* forward/future commodity; **T.wechsel** *m* time draft; **T.werte** *pl* forward securities, futures

tertiär *adj* tertiary; **T.bereich; T.sektor** *m* tertiary/service sector

Tertiawechsel *m* Third of Exchange

Tesafilm ™ scotch tape ™ *[US]*, sellotape ™ *[GB]*

Test *m* 1. test; 2. *(Erhebung)* survey

Testament *nt* (last) will, testament; **ohne T.** intestate

Testangebot *nt* trial offer

Testat *nt* 1. testimonial, certificate; 2. *(Börse)* audit/auditor's certificate, (audit) opinion; **eingeschränktes/einschränkendes T.** qualified opinion; **uneingeschränktes T.** unqualified opinion

Test|bericht *m* survey; **T.daten** *pl* test data; **T.einrichtungen** testing facilities; **T.-ergebnis** *nt* test result; **T.fall** *m* test case

Testieren *nt* attestation; **t.** *v/t* to testify/attest/certify

testiert *adj* 1. certified; 2. *(Bilanz)* audited

Test|kauf *m* test purchase; **T.marke** *f* test

brand; **T.markt** *m* test market; **T.muster** *nt* test specimen; **T.stadium** *nt* trial stage; **T.verbraucher** *m* test consumer; **T.werbung** *f* pilot advertising

teuer *adj* 1. dear, expensive, costly, high-cost; 2. precious, valuable

Teuerung *f* 1. price increase, inflation; 2. *(Knappheit)* dearth

Teuerungs|ausgleich *m* cost-of-living adjustment; **T.rate** *f* inflation rate, rate of inflation; **T.welle** *f* wave of price increases; **T.zulage** *f* cost of living bonus/allowance

Text *m* 1. text; 2. *(Wortlaut)* wording; 3. *(Werbung)* copy; 4. *(Bildunterschrift)* caption; **T.abteilung** *f (Werbung)* copy department; **T.analyse** *f (Werbung)* content analysis

texten *v/t* 1. to write/script; 2. *(Werbung)* to copywrite

Text|er *m* *(Werbung)* script-writer, copywriter; **T.erkennung** *f* optical character recognition (OCR); **T.gestaltung** *f* text layout

Textil|branche *f* 1. textile industry; 2. textile trade; **T.erzeugnisse** *pl* textiles; **T.fabrik** *f* textile mill; **T.geschäft** *nt* draper's shop, dry goods store *[US]*; **T.handel** *m* textile trade; **T.hersteller** *m* textile manufacturer

Textilien *pl* textiles, dry goods *[US]*

Textil|industrie *f* textile industry; **T.technik** *f* textile technology; **T.verarbeitung** *f* textile processing; **T.veredlung** *f* textile finishing; **T.waren** *pl* textiles, dry goods *[US]*; **T.werte** *pl (Börse)* textiles; **T.wirtschaft** *f* textile industry/trade

Textschreiber *m* *(Werbung)* script-writer, copywriter

Textverarbeitung *f* word processing; **T.sautomat** *m* word processor; **T.sprogramm; T.software** *nt/f* word processing program

Theke *f* counter; **T.nverkauf** *m* over-the-counter selling/sale(s)

Thema *nt* subject, topic, theme

Theorem *nt* theorem

theoretisch *adj* theoretical

Theorie *f* theory; **T. des allgemeinen Gleichgewichts** general equilibrium theory; **T. der Grenzproduktivität** theory of marginal productivity; **T. des Rechnungswesens** accountancy; **T. der Statistik** statistical theory; **~ vollständigen Steuerüberwälzung** diffusion theory of taxation; **~ Unternehmensführung** management theory; **~ Wertübertragung** transfer theory; **T. linearer Wirtschaftsmodelle** theory of linear economic models

volkswirtschaftliche Theorie economic theory

thesaurier|bar *adj* retainable; **t.en** *v/t (Gewinne)* to retain/hoard

Thesaurierung *f* (earnings/income) retention; **T. von Gewinnen** profit retention

Thesaurierungsfonds *m* growth/accumulation fund

Ticker *m* *(Börse)* (stock) ticker; **T.notierung** *f* ticker tape quotation

Tief *nt* depression, low; **wirtschaftliches T.** (economic) depression

Tiefbau *m* civil engineering; **T.arbeiten; T.tätigkeit** *pl/f* civil engineering work; **T.auftrag** *m* civil engineering contract; **T.ingenieur** *m* civil engineer; **T.- und Ingenieurbau** *m* civil engineering

Tiefen|analyse *f* in-depth analysis; **T.interview** *nt* depth interview

Tiefer(ein)stufung *f* demotion, relegation, downgrading

Tiefgang *m* 1. ⚓ draft *[US]*, draught *[GB]*; 2. *(beladen)* load draft *[US]*/draught *[GB]*; 3. *(leer)* light draft *[US]*/draught *[GB]*

Tief|geschoss *nt* 🏛 basement; **~ mit Sonderangeboten** *(Kaufhaus)* bargain basement; **t.greifend** *adj* far-reaching, profound; **T.konjunktur** *f* depression; **t.kühlen** *v/t* to deep-freeze

Tiefkühl|industrie *f* refrigeration industry; **T.kette** *f* frozen food chain; **T.kost** *f* frozen food; **T.lastwagen** *m* refrigeration lorry/truck *[US]*; **T.schiff** *nt* refrigerator ship, reefer *[US]*

Tiefkühlung *f* cold storage, refrigeration

Tiefkühl|waggon *m* refrigerator car, reefer *[US]*; **T.waren** *pl* frozen goods

Tief|ladeanhänger *m* low-bed trailer; **T.lader; T.ladewagen** *m* 1. 🚂 low loader; 2. 🚗 flat-bed trailer/lorry; **T.parterre** *f* 🏛 basement

Tiefpunkt *m* bottom, low (point); **absoluter T.** rock bottom

Tiefstand *m* (rock) bottom, low; **absoluter/äußerster/historischer T.** 1. all-time/record low; 2. *(Börse)* double bottom

Tiefst|kurs; T.preis *m* rock-bottom/lowest price, (all-time) low

Tier *nt* animal; **T.arzt** *m* veterinary surgeon, vet *(coll)*; **t.ärztlich** *adj* veterinary; **T.besatz** *m* animal stocking (rate); **T.bestand** *m* livestock figures/level; **T.futtermittel** *pl* animal feeds/feedstuffs; **T.haftung** *f* liability for animals; **T.halter** *m* keeper of an animal

tier|isch *adj* animal; **T.kadaver; T.körper** *m* (animal) carcase *[GB]*/carcass *[US]*; **T.mast** *f* livestock fattening; **T.mehl** *nt* meat and bone meal; **T.produktion; T.zucht** *f* livestock farming, animal husbandry; **T.transport** *m* animal transport; **T.versicherung** *f* livestock insurance

tilgbar *adj* redeemable

tilgen *v/t* *(Schuld)* to redeem/discharge, to pay off; **vorzeitig t.** to pay off early

Tilgung *f* 1. *(Rückzahlung)* redemption, repayment, discharge; 2. *(Löschung)* extinguishment; **T. einer Anleihe** bond redemption; **~ Hypothek** repayment/redemption of a mortgage; **T. eines Kredits** repayment of a credit; **T. von Schuldverschreibungen** redemption of bonds; **~ Verbindlichkeiten** discharge of liabilities, payment of debts

außerplanmäßige Tilgung extraordinary redemption (payments); **planmäßige T.** scheduled repayment; **verstärkte T.** accelerated redemption; **vorzeitige T.** premature redemption

Tilgungs|anleihe *f* sinking-fund bond; **T.aufgeld** *nt* call/redemption premium; **T.aufschub** *m* deferral of redemption payments; **T.aussetzung** *f* suspension of redemption payments; **T.bedingungen** *pl* redemptions terms; **T.bestimmungen** *pl* redemption/repayment terms; **T.betrag** *m* principal; **T.darlehen** *nt* redeemable loan; **T.dauer** *f* period of repayment/redemption; **T.dienst** *m* redemption payments/service; **T.fälligkeit** *f* redemption date

Tilgungsfonds *m* sinking fund; **T.konto** *nt* sinking-fund account; **T.versicherung** *f* sinking-fund insurance

Tilgungs|frei *adj* redemption-free; **T.gebühr** *f* redemption charge; **T.hypothek** *f* sinking-fund mortgage; **T.kapital** *nt* redemption/sinking-fund capital; **T.kasse** *f* sinking fund; **T.klausel** *f* redemption clause; **T.konto** *nt* redemption/repayment account; **T.kredit** *m* redemption term loan; **T.kurs** *m* redemption price/rate; **T.- und Zinslast** *f* debt-servicing burden; **T.modalitäten** *pl* terms of redemption, repayment terms; **T.periode** *f* repayment period; **T.plan** *m* redemption/sinking-fund plan; **T.quote** *f* redemption rate; **T.rate** *f* redemption/sinking-fund instalment; **T.rücklage** *f* sinking-fund reserve; **T.satz** *m* redemption rate; **T.schema** *nt* redemption plan

Tilgungsschuld *f* redemption loan; **T.verschreibung** *f* redemption bond

Tilgungs|stock *m* sinking fund; **T.summe** *f* principal; **T.tabelle** *f* repayment table/schedule; **T.termin** *m* redemption/repayment date; **T.vereinbarung** *f* redemption agreement; **T.verpflichtung** *f* redemption/repayment commitment; **T.versicherung** *f* mortgage protection policy; **T.zahlung** *f* redemption payment; **T.zeitraum** *m* period of redemption

Tinte *f* ink; **mit roter T. schreiben** to be in the red; **mit schwarzer T. schreiben** to be in the black

Tisch *m* table; **auf den T. des Hauses legen** *(coll)* to pay on the dot; **~ dem T. liegen** *(Angebot)* to be on offer; **bar ~ den T. zahlen** to pay on the nail

Tisch|computer; T.rechner *m* desk-top computer; **T.drucker** *m* table-top printer; **T.kalender** *m* desk diary

Titel *m* 1. title; 2. heading; 3. § title; 4. *(Liste)* item; 5. *(Wertpapier)* security; **erstklassiger T.** *(Börse)* top-grade security; **geldwerter T.** near-money; **umlaufende T.** *(Börse)* outstanding securities; **verpfändeter T.** pledged security; **vollstreckbarer T.** § enforceable legal instrument

Titel|inhaber; T.träger *m* title bearer; **T.schutz** *m* copyright

Tochter *f* 1. daughter; 2. *(Firma)* subsidiary (company), offshoot; **hundertprozentige T.** wholly-owned subsidiary

Tochterbetrieb *m* subsidiary plant

Tochtergesellschaft *f* subsidiary (company *[GB]*/corporation *[US]*), subcompany *[US]*, offshoot; **T. im Mehrheitsbesitz** majority-owned subsidiary; **ausländische T.** foreign subsidary; **gemeinsame T.** jointly-owned subsidiary; **hundertprozentige T.** wholly-owned subsidiary; **durch Mehrheitsbesitz kontrollierte T.** majority-owned subsidary

Tod *m* 1. death; 2. *(Vers.)* loss of life; **T.**

T

durch Fahrlässigkeit § negligent homicide; **~ Unfall** § accidental death; **~ Unglücksfall** death by misadventure
Todes|anzeige *f* obituary (notice) *[GB]*, funeral letter *[US]*, **T.ausfallversicherung** *f* whole-life insurance
Todesfall *m* death, fatality; **angenommener T.** *(Vers.)* expected death; **eingetretener T.** *(Vers.)* actual death
Todesfall|kapital; T.summe *nt/f* (capital) sum payable on death; **T.prämie** *f (Vers.)* mortuary *[US]*/post-mortem dividend; **T.risiko** *nt* death risk
Todesfallversicherung *f* whole-life insurance; **T. als Kreditsicherheit** credit life insurance; **abgekürzte/kurze/kurzfristige T.** term assurance
Todes|fallziffer *f* fatality rate; **T.krankheit** *f* terminal illness; **T.urkunde** *f* death certificate; **T.ursache** *f* cause of death
Todesvermutung *f* presumption of death; **gleichzeitige T.** *(Vers.)* common calamity
Todesziffer *f* death toll
tödlich *adj* fatal, deadly, lethal
Ton *m* 1. sound, ton; 2. voice
Tonnage *f* ton, tonnage
Tonne *f* ton(ne), short ton; **T. Fracht** freight ton; **T. Leergewicht** deadweight ton; **metrische T.** metric ton
Tonnen|fracht *f* ton freight; **T.gehalt** *nt* tonnage; **amtlicher T.gehalt** register tonnage; **T.geld** *nt* tonnage; **T.kilometer** *m* ton kilometre; **T.meile** *f* ton mile; **t.weise** *adj* by the ton; **T.zahl** *f* tonnage; **T.zoll** *m* tonnage duty
Torten|diagramm; T.grafik *nt/f* pie chart
tot *adj* 1. dead; 2. *(Todesfall)* deceased; 3. *(nicht investiert)* dormant; 4. *(erloschen)* extinct
total *adj* total, outright
Total|abschreibung *f* complete/total write-off; **T.ausfall** *m* 1. total loss; 2. ϟ blackout; **T.ausverkauf wegen Geschäftsaufgabe** *m* close-out *[US]*/closing-down *[GB]* sale; **T.betrag** *m* sum/grand total; **T.erlös; T.gewinn** *m* total proceeds; **T.gleichgewicht** *nt* complete equilibrium; **T.kapazität** *f* total capacity; **T.leistung** *f* gross output; **T.liquidation** *f* wholesale liquidation; **T.rechnung** *f* total-life accounting
Totalschaden *m* total loss, (complete) write-off; **nur bei T.** total loss only (TLO)
Totalstreik *m* all-out strike/stoppage
Totalverlust *m* total loss; **nur gegen T. (versichert)** total loss only (TLO); **angenommener/fingierter T.** *(Vers.)* constructive total loss; **wirklicher T.** actual total loss
Tote(r) *f/m* 1. dead person; 2. *(Leiche)* (dead) body
Tot|holz *nt* deadwood; **T.zeit** *f* 🏭 down time
Tour *f* 1. tour, trip; 2. *(Runde)* turn, round; 3. *(Trick)* trick, dodge; **auf T. gehen** *(Vertreter)* to go out on business; **auf vollen T.en laufen** to run at full speed; **es auf die sanfte T. versuchen** to try the soft sell *(coll)*
Touren|plan *m* route schedule; **T.planer(in)** *m/f* route planner; **T.planung** *f* route planning
Tourismus *m* tourism, tourist travel; **T.ausgaben** *pl* tourist/travel debits; **T.betrieb** *m* tourist operation; **T.bilanz** *f* tourist balance; **T.branche; T.geschäft; T.gewerbe** *f/nt* tourist industry/trade; **T.einnahmen** *pl* travel credits; **T.einrichtungen** *pl* tourist facilities; **T.messe** *f* tourism fair; **T.organisation** *f* tourist organisation
Tourist(in) *m/f* tourist, visitor
Touristen|ausgaben *pl* tourist expenditure; **T.bilanz** *f* tourist balance; **T.gepäckversicherung** *f* tourist baggage policy; **T.hotel** *nt* tourist hotel; **T.klasse** *f* ✈ tourist/economy class, air coach *[US]*; **T.saison** *f* tourist season; **T.tarif** *m* excursion rate; **T.visum** *nt* tourist visa; **T.werbung** *f* tourist advertising; **T.zentrum** *nt* tourist spot, tourist center *[US]*/centre *[GB]*
Touristik *f* tourism; **T.branche; T.industrie** *f* tourist industry/trade; **T.einnahmen** *pl* tourist receipts; **T.unternehmen; T.unternehmer** *nt/m* tour operator
Tradition *f* tradition, convention
Traditions|markt *m* traditional market; **T.papier** *nt* document of title, title deed, negotiable instrument
tragbar *adj* 1. portable; 2. tolerable, reasonable; **finanziell t.** affordable; **wirtschaftlich t.** (economically) viable/feasible
träge *adj* 1. idle, lazy; 2. *(Geschäft)* sluggish, dull
tragen *v/t* 1. to carry/bear/support; 2. *(Kleidung)* to wear; 3. *(Verlust etc.)*

to underwrite; 4. *(Rendite)* to yield; 5. *(Kosten)* to defray/bear; 6. *(Risiko)* to bear/take

Träger *m* 1. carrier, bearer; 2. *(fig)* vehicle; 3. *(Institution)* (supporting) institution, funding body; 4. *(Titel)* bearer, holder; 5. *(Last)* porter; **T.gesellschaft** *f* sponsoring/supporting company; **T.organisation** *f* sponsoring organisation; **T.schaft** *f* sponsorship

Trage|tasche; T.tüte *f* carrier bag, holdall *[GB]*, carryall *[US]*; **T.tier** *nt* pack animal

tragfähig *adj* 1. 🏛 load-carrying; 2. workable, acceptable; **T.keit** *f* 1. tonnage, carrying capacity, payload; 2. acceptability

Trägheit *f* 1. *(Markt)* sluggishness, dullness; 2. *(Person)* slackness; 3. *(Physik)* inertia; **T.sfaktor** *m (Verkauf)* inertia factor

Trag|kraft *f* carrying capacity; **T.last** *f* load (capacity)

Tragweite *f* scope, extent

Trampdampfer *m* ⚓ tramp (steamer)

Tramper *m* 1. hitchhiker; 2. ⚓ tramp

Tramp|(schiff)fahrt; T.geschäft; T.verkehr *f/nt/m* ⚓ tramping (trade/shipping/traffic); **T.schiff** *nt* tramp (steamer)

Tranche *f* tranche, portion

Transaktion *f* transaction, (commercial) operation, deal; **T. zwischen Banken** interbank transaction; **T. am freien Markt** open-market operation

abgeschlossene Transaktion *(Börse)* round turn; **banktechnische T.** banking transaction; **finanzielle T.** financial transaction; **kompensatorische T.** offsetting transaction; **nachbörsliche T.** aftermarket sale; **ökonomische T.** economic transaction; **schwebende T.** pending transaction; **unerlaubte T.** illegal transaction; **unsichtbare T.** invisible transaction

Transaktions|kosten *pl* transaction costs; **T.kurs** *m* transaction rate; **T.volumen** *nt* volume of transactions; **T.währung** *f* trading/transaction currency; **T.wert** *m* transaction value

Transatlantik|fracht *f* ocean freight; **T.verkehr** *m* ocean transport

transatlantisch *adj* transatlantic

Transfer *m* 1. transfer; **T. von Devisen** currency transfer; **~ Kapital** capital transfer; **~ Ressourcen** transfer of recources; **bargeldloser T.** cashless (money) transfer; **einseitiger T.** unilateral transfer

Transfer|abkommen *nt* transfer agreement; **T.ausgaben** *pl* transfer payments; **T.begünstigte(r)** *f/m* transferee, remittee; **T.bewilligung** *f* transfer permit/licence; **T.bilanz** *f* balance on transfer account; **T.dienst** *m* transfer service; **T.-einkommen; T.einkünfte** *nt/pl* transfer(red) income; **t.fähig** *adj* transferable; **T.garantie** *f* transfer guarantee; **T.gebühr** *f* transfer fee; **T.genehmigung** *f* transfer permit

transferierbar *adj* transferable; **T.keit** *f* transferability

transferier|en *v/t* 1. to transfer; 2. *(Geld ins Heimatland)* to repatriate; **T.ung** *f* transfer

Transfer|konto *nt* transfer account; **T.leistung** *f* transfer (payment); **T.leistungen der Privatwirtschaft** private transfers; **T.-preis** *m* transfer price; **T.risiko** *nt* transfer risk; **T.spesen** *pl* transfer expenses; **T.-stelle** *f* transfer agency; **T.straße** *f* 🏭 assembly line; **T.wirtschaft** *f* transfer economy; **T.zahlung** *f* transfer payment

Transformations|funktion *f* transformative function; **T.kurve** *f* trade-off curve; **T.prozess** *m* transformation process

transformieren *v/t* to transform

Transit *m* transit, through transport; **T.abfertigung** *f* ⊖ transit clearance; **T.abgabe** *f* transit duty/charge; **T.ausfuhr** *f* third-country export; **T.beförderung** *f* through transport; **T.bescheinigung** *f* transit certificate/bond; **T.deklaration; T.erklärung** *f* ⊖ transit entry/declaration; **T.einfuhr** *f* third-country import; **T.erlaubnis** *f* transit permit; **T.fracht** *f* through freight; **T.frachtsatz** *m* transit/through freight rate; **T.gebühr** *f* transit levy/charge; **T.genehmigung** *f* transit permit; **T.gut** *nt* goods/merchandise in transit; **T.hafen** *m* port of transit; **T.halle** *f (Personen)* transit lounge

Transithandel *m* transit trade

Transithandels|genehmigung *f* transit trade permit; **T.gut** *nt* goods in transit

Transit|händler *m* transit agent/trader; **T.-kapital** *nt* transit capital; **T.klausel** *f* trans(s)hipment clause; **T.konnossement** *nt* transit/through bill of lading (B/L); **T.konto** *nt* transit account; **T.ladung** *f* transit/through cargo; **T.lager** *nt* 1. transit shed/warehouse; 2. ⊖ bonded warehouse; **T.land** *nt* transit country; **T.-papiere** *pl* transit documents; **T.preis** *m* transit rate; **T.raum** *m (Personen)* transit lounge; **T.recht** *nt* right of transit; **T.reisende(r)** *f/m* transit/through passenger; **T.schalter** *m* transit desk; **T.schein** *m* transit bill; **T.sendung** *f* through shipment; **T.spediteur** *m* transit agent; **T.spesen** *pl* transit charges; **T.strecke** *f* transit route; **T.tarif** *m* transit rate; **T.transport** *m* through transport; **T.umschlag** *m* trans(s)hipment (volume); **T.verkehr** *m* through transport/traffic, transit traffic/trade; **T.versicherung** *f* transit insurance; **T.visum** *nt* transit visa; **T.waren** *pl* goods/merchandise in transit; **T.zoll** *m* transit duty

Transport *m* 1. transport(ation), carriage; 2. *(Fracht)* shipment, haul(age); **T. per Bahn** carriage/transport by rail; **~ Flugzeug** air(borne) transport(ation); **T. als Frachtgut** freight (frt.); **T. auf dem Landweg; T. zu Lande** land transport(ation); **~ Land- und Seeweg** surface transport(ation); **T. per LKW** road transport/haulage; **T. von LKW-Anhängern/LKWs per Eisenbahn** piggyback service; **T. in der Luft; T. auf dem Luftwege** air transport(ation); **T. von Massengütern** bulk transport(ation); **T. per Schiene** rail transport(ation); **~ Schiff** waterborne/seaborne transport(ation); **T. zur See** maritime transport(ation); **T. zu Wasser** waterborne/seaborne transport(ation)

beim Transport beschädigt damaged in transit; **auf dem T. verloren gegangen** lost in transit

durchgehender Transport through transport; **grenzüberschreitender T.** cross-border transport; **innerbetrieblicher T.** in-plan handling; **innergemeinschaftlicher T.** *[EU]* intra-community transport; **innerstaatlicher T.** domestic transport; **kombinierter T.** multimodal transport

Transport|abteilung *f* forwarding/shipping department; **T.abwicklung** *f* freight/passenger handling; **T.agentur** *f* transport(ation) agency; **T.anweisung** *f* forwarding/shipping instruction(s); **T.-arbeiter** *m* transport(ation) worker

Transport|art *f* mode of transport(ation); **T.aufkommen** *nt* transport(ation) volume; **T.auftrag** *m* forwarding/shipping order; **T.ausrüstung** *f* transport(ation) equipment; **T.band** *nt* conveyor belt; **T.-bedingungen** *pl* freight terms; **T.bedarf** *m* transport(ation) needs/requirements; **T.-behälter** *m* (freight) container; **T.bilanz** *f* shipping account; **T.dienstleistung** *f* transport(ation) service; **T.dokument** *nt* transport/freight document; **kombiniertes T.dokument** combined transport(ation) bill of lading (B/L); **T.einrichtung** *f* transport(ation) facility; **T.entfernung** *f* haul(age) distance

Transporter *m* 🚗 transporter, pick-up (truck)

Transport|fahrzeug *nt* commercial vehicle; **T.firma** *f* haul(age) company; **T.-flugzeug** *nt* cargo plane; **T.führer** *m* carrier; **T.gebühren** *pl* freight charges; **T.gefahren** *pl* transport(ation) risks; **T.gefäß** *nt* container; **T.genehmigung** *f* transport(ation) permit; **T.geschäft** *nt* carriage, shipping/carrying trade, haul(-age) (business); **T.gesellschaft** *f* transport/shipping/haul(age) company; **T.gewerbe** *nt* transport/haul(age)/freight industry; **T.gut** *nt* cargo, freight; **T.haftung** *f* carrier's liability

transportieren *v/t* 1. to carry/transport; 2. *(LKW)* to truck; 3. *(Rollfuhr)* to cart; 4. *(Förderband)* to move/feed

transport|intensiv *adj* transport(ation)-intensive; **T.kapazität** *f* shipping/transport/haul(age) capacity; **T.kette** *f* transport chain; **T.kosten** *pl* 1. freight/transport charges; 2. *(Zustellung)* cartage; **T.leistung** *f* transport(ation) performance; **T.leiter(in)** *m/f* transport(ation) manager; **T.leitung** *f* transport(ation) management; **T.makler** *m* forwarding/shipping agent; **T.menge** *f* transport(ation) volume; **T.mittel** *nt* means of transport(ation); **T.nachfrage** *f* demand for transport(ation) services; **T.papiere** *pl* shipping documents; **T.preis** *m* freight rate; **T.raum** *m* cargo/shipping/freight space; **T.risiko** *nt* transport(ation) risk; **T.schaden** *m* damage in transit; **T.schein** *m* waybill; **T.schiff** *nt* cargo vessel; **T.spediteur** *m* (common) carrier; **T.spesen** *pl* transport(ation) charges; **T.system** *nt* transport(ation) system; **T.tarif** *m* haul(age)/freight rate; **T.technik; T.technologie** *f* transport(ation) technology

Transportunternehmen *nt* 1. shipping company, (freight) carrier; 2. *(LKW)* haul(age) company/contractor, truckage company *[US]*

Transportunternehmer *m* (common)

carrier, haul(age) contractor; **T.haftung** *f* carrier's liability
Transport|vereinbarungen *pl* transport(ation) arrangements; **t.versichert** *adj* insured against transport(ation) risks; **T.versicherung** *f* 1. transport/cargo insurance; 2. ⚓ marine insurance; **T.vertrag** *m* contract of carriage/transport(ation); **T.verzögerung** *f* delay in transit; **T.volumen** *nt* freight volume; **T.vorschriften** *pl* shipping/forwarding instructions
Transportweg *m* route; **auf dem T.** in transit
Trass|ant *m* drawer; **T.at** *m* drawee
Trassieren *nt* *(Wechsel)* drawing; **t.** *v/t* to draw
Trassierungskredit *m* drawing/draft credit; **dokumentarisch gesicherter T.** documentary (acceptance) credit; **nicht ~ T.** clean/open credit
Tratte *f* draft; **T. zur Annahme** draft for acceptance; **T. mit Dokumenten** documentary bill; **T. ohne Dokumente** clean draft; **~ Respekttage** fixed draft; **T. des Verladers** carrier's draft
Tratte akzeptieren to accept a draft; **T. ankündigen/anmelden** to advise a draft; **T. ausstellen/begeben** to make out a draft; **T. einlösen/honorieren** to honour a draft; **T. protestieren** to have a draft protested; **T. schützen** to protect a bill; **T. mit Akzept versehen** to provide a draft with acceptance; **T. zum Akzept vorlegen** to submit a draft for acceptance
angezeigte Tratte advised draft; **dokumentäre T.** documentary draft; **nicht ~ Tratte** clean draft; **domizilierte T.** domiciled draft/bill; **reine T.** clean bill; **ungesicherte T.** unsecured draft
Tratten|ankauf *m* negotiation of a draft; **T.avis** *nt* advice of draft; **T.inkasso** *nt* collection of drafts; **T.kopierbuch** *nt* bill register/ledger, receivables ledger *[US]*; **T.umlauf** *m* bills in circulation
Trauer|anzeige *f* obituary (notice) *[GB]*, funeral letter *[US]*; **T.fall** *m* death
Traumberuf *m* plum job *(coll)*
Treffen *nt* meeting, gathering; **t.** *v/t* 1. *(Ziel)* to strike; 2. to meet (with)
Treffer *m* hit, success
treiben *v/i* 1. to drift/float; 2. *(antreiben)* to propel
Treibgut *nt* flotsam and jetsam
Treibhaus *nt* greenhouse, hothouse; **T.effekt** *m* greenhouse effect; **T.gas** *nt* greenhouse gas
Treib|holz *nt* driftwood; **T.riemen** *m* drive belt
Treibstoff *m* 1. (transport(ation) fuel; 2. ⚓ bunker fuel; **T.bedarf** *m* fuel requirements; **T.depot** *nt* fuel depot; **T.ersparnis** *f* fuel saving(s); **T.kosten** *pl* fuel costs; **T.preis** *m* fuel price; **T.rechnung** *f* fuel bill; **t.sparend** *adj* fuel saving; **T.steuer** *f* fuel tax, tax on hydrocarbon fuels; **T.verbrauch** *m* fuel consumption; **T.verknappung** *f* fuel shortage; **T.versorgung** *f* fuel supply, **T.vorräte** *pl* fuel stocks
Trend *m* trend; **T.analyse** *f* trend analysis; **T.artikel** *m* fashionable article; **T.ermittlung** *f* trend determination; **T.hochrechnung** *f* trend extrapolation; **T.schätzung** *f* trend estimation; **T.umkehr; T.wende** *f* trend reversal
trennen *v/t* to separate (from)/detach; *v/refl* 1. to separate; 2. *(Beteiligung)* to divest o.s. of sth.
Trennlinie *f* dividing line
Trennung *f* separation, severance
Trennungs|entschädigung; T.geld; T.zulage *f/nt/f* severance pay; **T.linie; T.strich** *f/m* dividing line
Trennwand *f* 🏛 dividing wall
Tresor *m* (bank) vault, strongroom; **T.abteilung** *f* safe-deposit department; **T.fach** *nt* safe (deposit), strongbox
kurz/kürzer treten *v/i* *(fig)* to economize
Treu und Glauben *f* trust, good faith; **auf/nach ~ Glauben** bona fide *(lat.)*
treu *adj* faithful, loyal; **T.bruch** *m* breach of faith/trust
Treue *f* loyalty, allegiance; **T.aktie** *f* loyalty share/stock; **T.karte** *f* loyalty card; **T.pflicht** *f* allegiance; **T.prämie** *f* loyality bonus; **T.rabatt** *m* loyalty discount
Treu|geber *m* 1. trustor, donor; 2. *(Sicherheit)* beneficial owner; **T.gut** *nt* trust capital/property
Treuhand *f* trust; **T.abkommen** *nt* trust agreement; **T.bank** *f* trustee savings bank *[GB]*, trust company *[US]*; **T.beteiligung** *f* trusteeship participation; **T.eigentum** *nt* 1. trust (property); 2. *(Sicherungsübereignung)* equitable lien; **T.eigentümer** *m* *(Liegenschaft)* statutory owner
Treuhänder *m* trustee, fiduciary, custodian; **T. bestellen/bestimmen/einsetzen/er-**

T

nennen to appoint a trustee; **T. entlasten** to discharge a trustee; **als T. verwalten** to hold on/in trust; **amtlicher/amtlich bestellter T.** judicial trustee, official receiver

Treuhänder|ausschuss; T.beirat *m* board of trustees; **T.bank** *f* trustee savings bank *[GB]*, trust company *[US]*; **T.depot** *nt* trust deposit; **T.fonds** *m* trust fund; **T.haftung** *f* trustee's liability

treuhänderisch *adj* fiduciary

Treuhänder|konto *nt* trust/nominee *[GB]* account; **T.rat** *m* board of trustees; **T.-schaft** *f* trusteeship, custodianship; **T.vertrag** *m* trust agreement

Treuhandfonds *m* trust/escrow fund; **unwiderruflicher T.** irrevocable trust fund

Treuhand|gelder *pl* trust fund(s); **T.gesellschaft** *f* trust company; **T.gut** *nt* 1. trust estate; 2. *(Sicherungsübereignung)* equitable lien; **T.guthaben** *nt* trust fund; **T.indossament** *nt* trust endorsement; **T.kapital** *nt* trust capital; **T.konto** *nt* trust/custody account; **T.nehmer(in)** *m/f* beneficiary; **T.sonderkonto** *nt* trust account; **T.verband** *m* trust association; **T.-vereinbarung** *f* trust agreement; **T.verhältnis** *nt* § fiduciary relation(ship), trust; **T.vermögen** *nt* trust (estate/fund/assets/property); **T.vertrag** *m* deed of trust, fiduciary contract; **T.verwaltung** *f* trust management, trusteeship; **T.zertifikat** *nt* trust certificate

Treunehmer *m* beneficiary

Tribunal *nt* tribunal

Trick *m* trick, gimmick, ploy

Trieb *m* instinct, impulse; **T.feder** *f* mainspring; **T.kraft** *f* driving force; **T.werk** *nt* ✈ (aircraft) engine

triftig *adj* plausible, sound, convincing

Trillion *f* trillion *[GB]*, quintillion *[US]*

Trinkgeld *nt* tip, (staff) gratuity

Trittbrett|fahren *nt* *(coll)* free riding; **T.-fahrer** *m* fare-dodger, freeloader *(coll)*

trocken *adj* dry; **T.dock** *nt* ⚓ dry dock; **T.-fracht** *f* dry cargo; **T.gewicht** *nt* dry weight; **T.gutfrachter** *m* ⚓ dry bulk carrier; **T.-zeit** *f* dry season

Trockner *m* *(Wäsche)* tumble drier *[US]*/ dryer *[GB]*

Trödel *m* jumble, junk, trash; **T.geschäft; T.laden** *m/nt* junk shop

Tropen|holz *nt* tropical timber; **T.wald** *m* tropical forest

Trümmer *pl* 1. 🚗/✈ wreckage; 2. 🏛 rubble, debris

Tuch *nt* cloth; **T.ballen** *m* bale of cloth; **T.-fabrik** *f* cloth factory; **T.geschäft; T.handlung** *nt/f* draper's shop *[GB]*, dry goods store *[US]*; **T.händler** *m* draper, cloth merchant

Tumult *m* commotion, riot; **T.schäden** *pl* riot damage; **T.versicherung** *f* riot and civil commotion insurance

Tür *f* door; **hinter verschlossenen T.en** behind closed doors

Türklinke *f* door handle; **T.n putzen** *(coll)* 1. *(hausieren)* to peddle/hawk; 2. *(werben)* to canvass

Turnus *m* rota, turn, cycle

Typ; T.e *m/f* 1. type, model; 2. person, type

Typen|bereinigung *f* production mix reduction; **T.bescheinigung des Herstellers** *f* production/maker's certificate; **T.bezeichnung** *f* type designation; **T.muster** *nt* standard sample; **T.programm** *nt* range of models; **T.prüfung** *f* type approval; **T.schema** *nt* type classification; **T.schild** *nt* identification plate

typisch *adj* typical, representative

typisieren *v/t* 1. to typify; 2. *(Produkt)* to standardize

U

Übel *nt* grievance, evil, ill; **das kleinere Ü.** the lesser evil

übel *adj* bad, ill, vile; **ü. beleumdet** *adj* ill-reputed; **ü. nehmen** *v/t* to take amiss

Übel|stand *m* grievance; **einem ~ abhelfen** to redress a grievance; **Ü.täter(in)** *m/f* wrongdoer, offender

über *prep* 1. above, exceeding; 2. *(Route)* via; 3. *(betreffend)* concerning; **ü. ... hinaus** in excess of

über|altert *adj* obsolete; **Überalterung** *f* obsolescence; **Ü.gebot** *nt* 1. glut, oversupply, surplus, excess supply; 2. overbid; **ü.anstrengen** *v/t* to stretch/overtax/overstrain; *v/refl* to overexert/overwork o.s.; **Ü.anstrengung** *f* overexertion, overwork; **ü.antworten** *v/t* 1. to commit; 2. to surrender; **Ü.antwortung** *f* 1. committal; 2. surrender

überarbeiten *v/t* to revise/redraft; *v/refl* to overwork; **technisch ü.** to re-engineer

Über|arbeitung *f* 1. (occupational) fatigue, overwork; 2. *(Text)* revision; **technische Ü.arbeitung** re-engineering; **Ü.bau** *m* superstructure; **ü.beanspruchen** *v/t* to overtax/overstrain; **ü.belasten** *v/t* 1. to overdebit/overcharge; 2. to overload; 3. to overtax/overburden; **ü.beliefern** *v/t* to oversupply; **Ü.belieferung** *f* oversupply; **ü.beschäftigt** *adj* overemployed; **Ü.beschäftigung** *f* overemployment

überbesetz|en *v/t* to overman/overstaff; **ü.t** *adj* 1. overmanned, overstaffed; 2. *(Branche)* overcrowded; **(personelle) Ü.ung** *f* overmanning, overstaffing

Über|bestand *m* 1. surplus (stock(s)), excessive stock(s); 2. *(Börse)* long position; **ü.besteuern** *v/t* to overtax; **Ü.besteuerung** *f* overtaxation; **ü.betrieblich** *adj* above plant/company level; **ü.bevorraten** *v/t* to overstock; **Ü.bevorratung** *f* overstocking

überbewert|en *v/t* to overestimate/overvalue; **ü.et** *adj* 1. overvalued; 2. *(Wertpapiere)* top-heavy; **Ü.ung** *f* 1. overestimate, overvaluation; 2. *(Wertpapiere)* top-heaviness

überbezahl|en *v/t* to overpay; **ü.t** *adj* *(Börse)* overbought; **Ü.ung** *f* overpayment

überbiet|en *v/t* to outbid/overbid; **Ü.ung** *f* overbidding, outbidding

über|bleiben *v/i* to remain; **Ü.bleibsel** *nt* remnant, remainder; *pl* leftovers, oddcome shorts

Überblick *m* 1. overview, outline; 2. survey, synopsis

überbord *adv* overboard, overside; **Ü.ablieferung** *f* overside delivery

überbringen *v/t* to deliver

Überbringer *m* 1. deliverer; 2. *(Scheck)* bearer; 3. *(Wechsel)* presenter; **an Ü.** to bearer; **Ü. dieser Dokumente/Unterlagen** § bearer of these presents; **auf den Ü. lautend** made out to bearer; **zahlbar an Ü.** payable to bearer; **Ü.klausel** *f* bearer clause; **Ü.scheck** *m* bearer check *[US]*/cheque *[GB]*

Über|bringung *f* delivery, surrender; **ü.brücken** *v/t* to bridge (over), to tide over; **Ü.brückung** *f* bridging, stopgap

Überbrückungs|abkommen *nt* standby agreement; **Ü.darlehen** *nt* bridging loan, standby credit; **Ü.finanzierung** *f* bridging finance; **Ü.geld** *nt* tide-over allowance; **Ü.hilfe** *f* temporary assistance; **Ü.kredit** *m* tide-over credit, bridging loan; **Ü.zahlung** *f* interim payment

über|buchen *v/t* to overbook; **Ü.buchung** *f* overbooking; **ü.dauern** *v/t* to survive; **ü.decken** *v/t* 1. to cover up; 2. to overlap; **Ü.deckung** *f* *(Vers.)* excess (cover); **ü.denken** *v/t* to reconsider; **ü.dimensional; ü.dimensioniert** *adj* oversized; **Ü.dividende** *f* surplus/super dividend; **Ü.dosis** *f* overdose; **Ü.druck** *m* excessive pressure; **ü.durchschnittlich** *adj* above(-)average

übereignen *v/t* to assign/convey/alienate; **sicherheitshalber ü.** to pledge as security

Übereignung *f* 1. assignment, transfer(ance) of title/ownership; 2. *(Urkunde)* bill of sale; 3. *(Grundstück)* conveyance

Übereignungs|urkunde *f* deed of conveyance; **Ü.vertrag** *m* (absolute) bill of sale

Übereinkommen *nt* ↘ **Übereinkunft** 1. agreement, accord, settlement, understanding; 2. *(Vergleich)* composition; **stillschweigendes Ü.** tacit agreement

übereinkommen *v/i* to agree/settle

Übereinkunft *f* agreement, understanding, arrangement; **Ü. mit Gläubigern** arrangement with the creditors

übereinstimmen *v/i* to correspond/tally/agree; **ü.d (mit)** *adj* 1. corresponding; 2. pursuant (to), concordant (with)

Übereinstimmung *f* 1. *(Person)* agreement, accord; 2. *(Sache)* conformity; **in Ü. mit** in conformity/compliance with; **~ bringen** 1. to harmonize; 2. *(Konten)* to reconcile

Über|emisson *f* overissue; **ü.engagiert** *adj* *(Bank)* overcommitted; **ü.erfüllen** *v/t* *(Plan/Soll)* to overfulfil; **Ü.füllung** *f* overfulfilment; **Ü.fahrt** *f* ⚓ crossing, passage

Überfall *m* *(Raub)* raid, robbery, hold-up; **Ü. im Morgengrauen** *(Aktienaufkauf)* dawn raid; **Ü. am Spätnachmittag** twilight raid

überfallen *v/t* to raid, to hold up

überfällig *adj* overdue, past due; **Ü.keiten** *pl* debt(s), arrears

Überfall|ruf *m* ☎ emergency *[GB]*/riot *[US]* call; **Ü.versicherung** *f* riot and civil commotion insurance *[GB]*, personal hold-up insurance *[US]*

Überfluss *m* 1. (over)abundance, glut,

surplus(age), oversupply; 2. *(Luxus)* affluence; **Ü.gesellschaft** *f* affluent society
überflüssig *adj* superfluous, redundant, surplus (to requirements)
über|fluten *v/t* to flood/inundate; **ü.fordern** *v/t* 1. to overcharge/overload; 2. *(Markt)* to overstrain; 3. *(Person)* to overtax; **Ü.forderung** *f* 1. excessive demand; 2. overcharge, surcharge; **Ü.fracht** *f* overfreight, excess freight; **ü.führen** *v/t* to convey/transfer
Überführung *f* *(Immobilie)* conveyance, transfer; **Ü. in städtischen Besitz** municipalization; **~ Gemeineigentum** nationalization, socialization; **Ü.skosten** *pl* haulage/forwarding charges
Über|fülle *f* glut, overabundance; **ü.füllen** *v/t* to congest/overcrowd/glut; **Ü.füllung** *f* congestion, overcrowding
Übergabe *f* surrender, delivery; **Ü. als Sicherheit** delivery by way of security; **übertragbar durch Ü.** transferable by delivery; **bei Ü. zahlbar** cash *[GB]*/collect *[US]* on delivery (c.o.d.)
Übergabe|bescheinigung; Ü.bestätigung *f* consignment note; **Ü.klausel** *f* delivery clause; **Ü.papier** *nt* document of title; **Ü.-punkt** *m* transfer point
Übergang *m* 1. transition, switch(-over); 2. § transfer; **Ü. des Eigentums** devolution of title; **Ü. der Gefahr** passage of risk; **Ü. von Vermögen** transfer of property
Übergangs|bestimmungen *pl* transition(al) provisions; **Ü.erscheinung** *f* temporary phenomenon; **Ü.finanzierung** *f* interim finance; **Ü.geld** *nt* severance pay; **Ü.konto** *nt* transit/suspense account; **Ü.-lösung** *f* interim solution; **Ü.maßnahme** *f* transitional measure; **Ü.periode** *f* interim/transition period; **Ü.phase** *f* transitional stage; **Ü.posten** *m* deferred/suspense item(s); **Ü.regelung** *f* interim/transitional arrangement; **Ü.stadium** *nt* transition(al) stage; **Ü.vorschriften** *pl* transitional provisions; **Ü.zeit** *f* transition(al) period/stage
übergeben *v/t* to surrender/transfer/deliver
Über|gebot *nt* overbid; **ü.gebührlich** *adj* undue
übergehen *v/t* 1. to pass (over); 2. to leapfrog; 3. to ignore/neglect; **ü. auf** § to devolve on/upon
über|geordnet *adj* 1. overriding; 2. senior; **Ü.gepäck** *nt* excess baggage *[US]*/luggage *[GB]*; **Ü.gewicht** *nt* excess weight; **Ü.gewinn** *m* excess profit; **ü.groß** *adj* outsized
überhandnehmen *v/i* to proliferate, to be rife/rampant
Überhang *m* 1. backlog, overhang; 2. surplus, excess; **Ü. an Arbeitskräften** surplus labo(u)r; **~ Aufträgen** backlog of orders
überhäufen *v/t* to swamp/deluge
überhitz|en *v/t* to overheat; **Ü.ung** *f* overheating
überhöht *adj* excessive, inflated
überholen *v/t* 1. to overtake/pass; 2. to outpace/outstrip; 3. ☼ to overhaul/recondition
überholt *adj* 1. obsolete, outdated; 2. ☼ reconditioned
überinvest|ieren *v/i* to overinvest; **Ü.ition** *f* overinvestment
Überkapazität *f* excess/surplus capacity, overcapacity
überkapitalisier|en *v/t* to overcapitalize; **Ü.ung** *f* overcapitalization
über|kauft *adj* *(Markt)* saturated; **ü.kompensieren** *v/t* to overcompensate
Überkreuz|beteiligung *f* cross-holding; **Ü.kompensation** *f* cross-offsetting; **Ü.-mandat** *nt (AG)* interlocking direcorate; **Ü.verflechtung** *f* interlocking relationships/shareholdings
überladen *v/t* to overload
Überland|fracht; Ü.sendung *f* trucking shipment; **Ü.netz** *nt* ϟ (national) grid; **Ü.transport** *m* long-distance transport/haulage; **Ü.verkehr** *m* overland transport; **Ü.weg** *m* overland route
überlappen *v/t* to overlap
überlassen *v/t* to surrender/relinquish/leave; **entgeltlich ü.** to sell for a consideration; **käuflich ü.** to sell; **leihweise ü.** to lend; **mietweise ü.** to let (for hire)
Überlassung *f* 1. surrender, cession, relinquishment; 2. sale; **Ü.surkunde** *f* instrument of transfer
Überlast *f* overload; **ü.en** *v/t* to overload
Überleben *nt* survival; **wirtschaftliches Ü.** economic survival
überleben *v/t* to survive
Überlebens|fall *m* case of survival; **Ü.-kampf** *m* struggle for survival; **Ü.klausel** *f* survivorship clause; **Ü.rate** *f* survival

rate; **Ü.rente** *f* survivorship annuity; **Ü.-tafel** *f* survivorship table; **Ü.vermutung** presumption of survival
überlegen *v/t* to consider/think
überlegen *adj* superior; **zahlenmäßig ü. sein** to outnumber
Überlegenheit *f* superiority
Überlegung *f* consideration; **finanzielle Ü.en** financial considerations; **steuerliche Ü.en** tax considerations
Überliege|gebühr; Ü.geld *f/nt* ⚓ demurrage
Über|maß *nt* excess; **ü.mäßig** *adj* excessive; **Ü.mittlung** *f* transmission, communication
Übernachfrage *f* excess/surplus demand; **Ü.inflation** *f* demand-pull inflation
übernachten *v/i* to stay overnight
Übernachtung *f* overnight stay; **Ü. mit Frühstück** bed and breakfast (B&B); **Ü.s-geld** *nt* overnight allowance; **Ü.smöglichkeiten** *pl* overnight accommodation; **Ü.s-zahl** *f* occupancy rate
Übernahme *f* 1. take-up, adoption; 2. *(Firma)* takeover, acquisition; 3. *(Pflicht)* assumption; 4. *(Verantwortung)* acceptance; 5. *(Risiko)* underwriting; **Ü. einer Anleihe** negotiation of a loan; **Ü. des Ausfallrisikos** assumption of the credit risk; **Ü. an Bord** taking on board; **Ü. der Haftung** assumption of liability; **Ü. durch Management** management buy-out (MBO); **Ü. eines Risikos** assumption of a risk; **Ü. des Schadens durch die jeweilige Versicherungsgesellschaft** knock-for-knock agreement; **Ü. von Schulden/Verbindlichkeiten** assumption of liabilities; **Ü. einer Versicherung** underwriting of a policy
feste Übernahme *(Emission)* underwriting guarantee; **feindliche Ü.** hostile takeover; **freundliche Ü.** friendly takeover
Übernahme|abkommen *nt* 1. takeover agreement; 2. *(Emission)* underwriting agreement; **Ü.angebot** *nt* takeover bid; **Ü.bedingungen** *pl* bid terms; **Ü.bescheinigung des Spediteurs** *f* forwarder's receipt; **Ü.beschluss** *m (AG)* takeover resolution; **Ü.betrag** *m (Börse)* subscription price; **revolvierende Ü.fazilität** revolving underwriting facility (RUF); **Ü.garantie** *f (Emission)* underwriting guarantee; **Ü.gebühr** *f (Effekten)* underwriting fee; **Ü.gewinn** *m* takeover gain; **Ü.kampf** *m* takeover battle; **Ü.konnossement** *nt* received-for-shipment bill of lading (B/L); **Ü.konsortium** *nt* 1. takeover consortium; 2. *(Vers.)* underwriting syndicate; **Ü.kurs; Ü.preis** *m* takeover price; **Ü.offerte** *f* takeover bid; **Ü.provision** *f* underwriting commission; **Ü.risiko** *nt* takeover risk; **Ü.schein** *m* 1. (certificate of) receipt; 2. ⚓ dock receipt; **Ü.schlacht** *f* takeover battle; **Ü.syndikat** *nt* underwriting syndicate; **Ü.verhandlungen** *pl* takeover negotiations; **Ü.verpflichtung** *f* underwriting commitment; **Ü.vertrag** *m* 1. takeover agreement; 2. *(Emission)* underwriting contract
übernehmen *v/t* 1. to take over; 2. *(Aufgabe)* to undertake, to take on; 3. *(Kosten)* to bear; 4. *(Ladung)* to take delivery, ~ on board; *v/refl* to overdo it, to overextend/overreach o.s.; **sich finanziell ü.** to become overextended; **voll ü.** *(Emission)* to subscribe in full
Übernehmer *m* 1. receiver; 2. *(Bezogener)* drawee; 3. *(Rechtsnachfolge)* assignee
Überpari|ausgabe; Ü.emission *f* above-par issue; **Ü.kurs** *m* above-par price
Über|preis *m* surcharge, premium/excessive price; **Ü.produktion** *f* overproduction, surplus production; **ü.produzieren** *v/t* to overproduce; **Ü.provision** *f (Vers.)* overriding commission
überprüfen *v/t* 1. to review/examine/revise/check (up); 2. *(Bilanz)* to audit; 3. *(Entscheidung)* to reconsider
überprüft *adj* audited, verified
Überprüfung *f* 1. review, revision, examination; 2. *(Bilanz)* audit; **Ü. der Betriebsabläufe** operational review; **~ Kostenrechnung** review of costs; **Ü. durch Stichproben** sampling inspection; **Ü. der Vorinstanzentscheidung** § judicial review
Überprüfungs|befugnis(se) *f* powers of audit; **Ü.behörde** *f* review board; **Ü.verfahren** *nt* review procedure
Überraschungs|angriff *m (Börse)* dawn raid; **Ü.besuch** *m* cold call; **Ü.gewinn** *m* windfall profit
überreden *v/t* to persuade
über|regional *adj* nationwide, supraregional; **ü.reichen** *v/t* to present, to hand over; **Ü.rest** *m* residue, remains, remainder
übersättig|en *v/t* to glut; **Ü.ung** *f* glut

Überschaden *m* excess of loss
überschätz|en *v/t* 1. to overestimate/overvalue/overrate; 2. *(Steuer)* to overassess; **Ü.ung** *f* 1. overvaluation, overestimate; 2. *(Steuer)* overassessment
Überschau *f* survey, overview, synopsis
Überschlag *m* rough estimate; **ü.en** *v/t* to (make an) estimate
Überschlags|rechnung *f* rough estimate; **Ü.zahlen** *pl* rough figures, ball park figures *[US]*
überschneiden *v/refl* to overlap/coincide
überschreiben *v/t* 1. to transfer/deed *[US]*; 2. 🖳 to overwrite
Überschreibung *f* 1. transfer; 2. *(Grundstück)* conveyance; **Ü.surkunde** *f* deed of conveyance
Überschreiten *nt* 1. § transgression; 2. *(Grenze)* crossing
überschreiten *v/t* 1. to exceed; 2. to surpass; 3. § to transgress; 4. to cross
Überschreitung *f* 1. overrun, excess; 2. § transgression; **in Ü. der Bestellung** in excess of order; **Ü. des Etats/Haushalts** budget overrun; **Ü. der Satzungsbefugnisse/Vollmachten** acting ultra vires *(lat.)*, exceeding one's powers
Überschrift *f* heading
überschuld|en *v/refl* to overextend os.; **ü.et** *adj* overindebted, overborrowed, debt-ridden; **Ü.ung** *f* 1. overindebtedness, excessive indebtedness/debts; 2. *(Bilanz)* excess of liabilities over assets
Überschuss *m* surplus; **Überschüsse** surplus funds
Überschuss der Aktiva über die Passiva surplus of assets over liabilities; **Ü. an Arbeitskräften** labo(u)r surplus; **Ü. der Dienstleistungsbilanz; Ü. im Dienstleistungsverkehr** surplus on invisibles; **Ü. in der Handelsbilanz** balance of trade surplus; **~ Leistungsbilanz** current account (balance) surplus; **Ü. im Warenverkehr** surplus on visibles; **Ü. der Zahlungsbilanz** balance of payments surplus
mit einem Überschuss abschließen to close with a surplus; **Ü. aufweisen/verzeichnen** to show a surplus; **Ü. erwirtschaften/erzielen** to make a surplus
buchmäßiger/rechnerischer Überschuss book surplus; **einbehaltener Ü.** retained surplus; **reiner Ü.** net surplus; **(versicherungs)technischer Ü.** technical underwriting profit

Überschuss|bestände *pl* surplus stocks; **Ü.beteiligung** *f* profit sharing; **Ü.betrag** *m* surplus amount; **Ü.güter** *pl* surplus goods
überschüssig *adj* excess, surplus, redundant
Überschuss|land *nt* surplus country; **Ü.marge** *f (Effektenkredit)* excess equity; **Ü.nachfrage** *f* excess demand; **Ü.posten** *m* surplus item; **Ü.produktion** *f* surplus production; **Ü.rechnung** *f* cash receipts and disbursements method; **Ü.reserve** *f* surplus fund(s)
überschwemmen *v/t* to flood/swamp/inundate
Überschwemmungs|katastrophe *f* flood disaster; **Ü.risiko** *nt* flood risk; **Ü.schaden** *m* flood damage; **Ü.versicherung** *f* flood insurance
Übersee|auftrag *m* overseas order; **Ü.container** *m* ISO container; **Ü.dampfer** *m* ocean-going vessel; **Ü.erzeugnis** *nt* overseas product; **Ü.filiale** *f* overseas branch; **Ü.fracht** *f* ocean freight; **Ü.geschäft** *nt* overseas transaction; **Ü.hafen** *m* ocean port; **Ü.handel** *m* overseas trade; **Ü.investition** *f* overseas investment; **Ü.markt** *m* overseas market; **Ü.schiff** *nt* ocean-going vessel; **Ü.tarif** *m* transatlantic rate; **Ü.transport** *m* ocean transport; **Ü.umsätze** *pl* overseas sales; **Ü.verkehr** *m* ocean transport; **Ü.verpackung** *f* seaworthy packing; **Ü.versicherung** *f* overseas insurance; **Ü.vertretung** *f* overseas agency
übersehbar *adj* foreseeable
übersenden *v/t* 1. to send/consign/forward; 2. *(Geld)* to remit; **anbei/an-/beiliegend/hiermit ü. wir** please find enclosed
Übersender *m* sender, forwarder, consignor
Übersendung *f* 1. forwarding, shipment; 2. *(Geld)* remittance
übersetzen *v/t* 1. to translate; 2. 🖳 to compile; **falsch ü.** to mistranslate; **wortgetreu/wörtlich ü.** to translate literally
Übersetzer(in) *m/f* 1. translator; 2. 🖳 compiler; **be-/vereidigte(r) Ü.** sworn translator; **freiberufliche(r) Ü.** freelance translator
Übersetzung *f* 1. translation; 2. ⚙ transmission; **annähernde Ü.** rough translation; **beglaubigte Ü.** certified translation; **falsche Ü.** mistranslation; **freie Ü.** free

U

translation; **genaue Ü.** accurate translation; **wortgetreue/wörtliche Ü.** literal translation

Übersetzungs|abteilung *f* translation department; **Ü.büro** *nt* translation agency; **Ü.fehler** *m* translation error; **Ü.gebühr** *f* translation charge; **Ü.programm** *nt* 💻 compiler; **Ü.rechte** *pl* translation rights; **Ü.verhältnis** *nt* ⚙ gear ratio, gearing

Übersicht *f* 1. survey, summary, overview; 2. *(Statistik)* breakdown; 3. *(Bilanz)* statement, abstract; **Ü. über Vermögenslage** § *(Konkurs)* statement of affairs

Übersichts|konto *nt* summary account; **Ü.tabelle** *f* synopsis, synoptic table; **Ü.-tafel** *f* chart; **Ü.zeichnung** *f* outline drawing

übersiedeln *v/ti* to (re-)settle

Übersiedlung *f* removal, relocation; **Ü.s-beihilfe** *f* removal/relocation allowance

über|spannt *adj* overstrained; **Ü.spannung** *f (Markt)* overstraining; **ü.springen** *v/t* to leapfrog; **ü.stehen** *v/t* to survive/weather; **ü.steigen** *v/t* to exceed, to be in excess of

übersteiger|n *v/t* to overbid/outbid; **ü.t** *adj* excessive; **Ü.ung** *f* 1. outbidding; 2. exaggeration

überstel|len *v/t* to transfer; **Ü.ung** *f* transfer

Über|sterblichkeit *f (Vers.)* excess mortality; **Ü.steuer** *f* supertax; **ü.stimmen** *v/t* to outvote

Überstunden *pl* overtime; **Ü. leisten/machen** to do/work overtime

Überstunden|arbeit *f* overtime work(ing); **Ü.bezahlung; Ü.geld; Ü.lohn; Ü.vergütung** *f/nt/m/f* overtime pay; **Ü.satz; Ü.-tarif** *m* overtime rate; **Ü.stopp; U.streik; U.verbot; Ü.verweigerung** *m/m/nt/f* overtime ban; **Ü.verdienst** *m* overtime earnings; **Ü.zeit** *f* overtime bonus; **Ü.zuschlag** *m* time and a half, overtime pay

Über|tara *f* excess (of) tare; **ü.tariflich** *adj* above the agreed scale

überteuer|t *adj (Preis)* inflated; **Ü.ung** *f* inflation

Übertrag *m* balance brought/carried forward

übertragbar *adj* 1. negotiable, transferable; 2. *(Anspruch)* portable; 3. ⚕ infectious; **nicht ü.** non-negotiable, non-transferable; **Ü.barkeit** *f* 1. negotiability, transferability; 2. portability

übertragen *v/t* 1. *(Buchung)* to carry forward/over; 2. *(Aufgaben/Amt)* to confer/assign/delegate; 3. § to devolve; 4. *(Geld)* to transfer/remit; 5. ⚕ to communicate; 6. *(Radio/Fernsehen)* to broadcast; 7. to translate; **blanko ü.** to assign in blank; **käuflich ü.** to transfer by way of sale

Übertragende(r); Überträger(in) *m/f* transferor, assignor, endorser

Übertragung *f* 1. *(Buchung)* posting; 2. *(Aufgabe)* delegation, asssignment; 3. § transfer (trf.), conveyance; 4. *(Geld)* transfer (trf.), remittance; 5. ⚕ communication; 6. *(Radio)* broadcast; 7. *(Text)* translation; 8. *(Wechsel)* negotiation; **Ü. durch Abtretung** transfer by assignment; **Ü. von Anteilen** stock transfer; **~ Aufgaben** assignment of duties; **~ Befugnissen** delegation of powers; **Ü. durch Begebung** transfer by negotiation; **Ü. von Eigentum** property transfer; **Ü. einer Forderung** assignment of a claim; **Ü. durch Giro** transfer by endorsement; **Ü. von Grundbesitz** conveyance; **Ü. eines Patents** assignment of a patent; **~ Rechts** transfer of title; **Ü. von Vermögen** transfer of assets

einseitige Übertragung unilateral transfer; **fiktive Ü.en** imputed transfers; **teilweise Ü.** partial assignment; **uneingeschränkte Ü.** absolute transfer; **unentgeltliche Ü.** gratuitous transfer; **unwiderrufliche Ü.** irrevocable assignment; **blanko vorgenommene Ü.** blank endorsement

Übertragungs|anzeige *f* notice of assignment; **Ü.bedingungen** *pl* terms of assignment; **Ü.beleg; Ü.bescheinigung** *m/f* transfer voucher; **Ü.bilanz** *f* balance on transfer account; **Ü.einkommen** *nt* transfer income; **Ü.empfänger(in)** *m/f* assignee, transferee; **Ü.erklärung** *f* deed of transfer; **ü.fähig** *adj (Wechsel/Scheck)* negotiable; **Ü.fehler** *m (Text)* transcription error; **Ü.gebühr** *f (Aktien)* registration/transfer *[US]* fee; **Ü.gewinn** *m* transfer gain; **Ü.kosten** *pl* transfer charges; **Ü.schein** *m* transfer certificate; **Ü.urkunde** *f* § deed of conveyance/assignment; **Ü.vermerk** *m (Wechsel)* endorsement; **Ü.zahlung** *f* transfer payment

übertreffen *v/t* to exceed/excel/surpass/top/outpace

übertreib|en *v/t* to exaggerate/overstate; **Ü.ung** *f* exaggeration

Übertreten *nt* contravention, trespass; **ü.** *v/t* to contravene/trespass/infringe/transgress
Übertretung *f* 1. breach, violation; 2. § trespass, infringement
über|trieben *adj* excessive, exorbitant; **ü.-verkauft** *adj (Börse)* oversold; **ü.versichern** *v/t* to overinsure; **Ü.versicherung** *f* overinsurance; **Ü.versorgung** *f* oversupply; **ü.vorteilen** *v/t* to defraud/cheat *(coll)*; **Ü.vorteilung** *f* defraudation, cheating *(coll)*
überwachen *v/t* to control/supervise/monitor
Überwachung *f* control, surveillance, monitoring; **Ü. der Betriebsabläufe** operational control; **Ü. der Mieten** rent control; **Ü. des Rechnungswesens** internal auditing; **betriebsinterne Ü.** internal/in-house control; **laufende Ü.** monitoring; **technische Ü.** engineering inspection; **zollamtliche Ü.** customs surveillance
Überwachungs|ausschuss *m* supervisory/watchdog committee; **Ü.befugnis** *f* supervisory authority; **Ü.einrichtungen** *pl* monitoring facilities; **Ü.organ** *nt* watchdog, supervisory organ; **Ü.recht** *nt* right of inspection; **Ü.tätigkeit** *f* supervisory activity; **Ü.vorrichtung** *f* monitoring device
überwälzen *v/t* 1. *(Kredit)* to roll over; 2. *(Kosten)* to pass on
überweisen *v/t* *(Geld)* to remit/transfer
Überweisung *f* 1. *(Geld)* (bank) transfer (trf.), remittance; 2. *(Vorgang)* referral; **Ü. an einen Ausschuss** referral to a committee; **Ü. von Geld** (cash) remittance, transfer; **bankmäßige Ü.** bank transfer; **bargeldlose Ü.** cashless transfer; **postalische Ü.** mail transfer *[US]*, remittance by post
Überweisungs|abschnitt *m* transfer slip; **Ü.abteilung** *f* (giro) transfer department; **Ü.auftrag** *m* remittance/transfer order; **Ü.beleg; Ü.formular** *m/nt* remittance/transfer slip; **Ü.empfänger** *m* remittee, transferee; **Ü.gebühr** *f* remittance fee; **Ü.provision** *f* transfer commission; **Ü.-spesen** *pl* transfer fee(s)/charge(s); **Ü.-träger; Ü.vordruck** *m* remittance form/slip, transfer form/slip; **Ü.verkehr** *m* transfer payments
überwiegen *v/i* to predominate/prevail; **ü.d** *adj* prevailing, predominant
Über|zahl *f* numerical superiority; **ü.zählig** *adj* superfluous, redundant, surplus
überzeichnen *v/t* *(Emission)* to oversubscribe
überzeugen *v/t* to convince/persuade
Überzeugung *f* conviction, belief, persuasion; **Ü.skraft** *f* power(s) of persuasion
überziehen *v/t* *(Konto)* to overdraw *[GB]*/overcheck *[US]*
Überziehung *f* *(Konto)* overdraft, overchecking *[US]*; **Ü.sgrenze** *f* credit line
Überziehungs|kredit *m* overdraft (facility); **Ü.möglichkeit** *f* overdraft/debt facility; **Ü.provision** *f* overdraft commission
überzogen *adj* 1. *(Forderung/Preis)* excessive, exorbitant; 2. *(Konto)* overdrawn, in the red
üblich *adj* usual, normal
übrig *adj* remaining, spare, residual
Übung *f* exercise, practice, usage, custom; **Ü.firma** *f* simulated business enterprise
Ufer *nt* 1. *(Fluss)* bank; 2. *(Meer)* shore
Ultimatum *nt* deadline, ultimatum
Ultimo *m/nt* ultimo, end of the month; **U.abrechnung; U.abschluss; U.abwicklung** *f/m/f* monthly settlement; **U.ausgleich** *m* end-of-month adjustment; **U.disposition** *f (Börse)* end-of-month transaction;
um|ändern *v/t* to alter; **U.änderung; U.-arbeitung** *f* alteration; **u.basieren** *v/t* 1. to re-base; 2. *(Bilanz)* to restate
Umbau *m* 1. conversion, reconstruction; 2. alteration(s), modification; **u.en** *v/t* 1. to convert/rebuild; 2. 🏛 to renovate
Umbruch *m* 1. upheaval; 2. ✂ page make-up
umbuch|en *v/t* 1. to rebook/repost; 2. to change a reservation; **U.ung** *f* rebooking, reposting
um|datieren *v/t* to redate; **u.dirigieren** *v/t* to redirect/reroute; **u.disponieren** *v/t* to rearrange/switch
Umfang *m* scope, extent, scale; **U. der Ausleihungen** volume of lendings; **U. des Deckungsschutzes** *(Vers.)* extent of cover(age); **U. der Ermessensbefugnis** scope of discretion; **~ Garantie** extent of warranty; **~ Haftung** extent of liability; **~ Investitionen** volume of investment; **U. eines Patents** scope of a patent; **U. der Revision** scope of audit; **U. des Schadens** extent of damage; **U. einer Versicherung** cover(age) of an insurance

in vollem Umfang haften to be fully liable

umfangreich *adj* ample, large-scale

umfassen *v/t* to comprise/cover/include; **u.d** *adj* comprehensive

Umfeld *nt* environment; **betriebliches U.** business environment; **soziales U.** social environment; **wirtschaftliches U.** economic environment

umfinanzier|en *v/t* to refinance/reschedule; **U.ung** *f* refinancing, rescheduling

um|firmieren *v/t* to rename; **u.formulieren** *v/t* to rephrase/reword

Umfrage *f* survey, (public opionion) poll; **U.daten** *pl* opinion poll data; **U.ergebnis** *nt* poll findings

Umgang *m* dealing(s)

Umgebung *f* environment, surroundings

umgehen *v/t* to avoid/evade/bypass; **u.d** *adj* prompt, immediate

Umgehung *f* 1. *(Verkehr)* bypass(ing); 2. § circumvention; **U. von Haftungsbestimmungen** avoidance of liability; **U. einer Steuer** 1. *(legal)* tax avoidance; 2. *(illegal)* tax evasion

umgestalt|en *v/t* to reorganise/transform; **U.ung** *f* reorganisation, transformation

umglieder|n *v/t* to reorganise/regroup; **U.ung** *f* reorganisation, regrouping

umgründ|en *v/t* *(Gesellschaft)* to convert/reorganise; **U.ung** *f* conversion

umgruppier|en *v/t* 1. to reclassify; 2. *(Personal)* to redeploy; **U.ung** *f* 1. reclassification; 2. *(Personal)* redeployment

umkämpft *adj* 1. contested; 2. *(Markt)* competitive

Umkehr *f* return, reversal, turn(a)round; **u.en** *v/ti* to return/reverse; **U.ung** *f* reversal; **~ der Beweislast** § reversal/shifting of the burden of proof; **U.wechsel** *m* return(ed) bill; **U.zeit** *f* ⚓ turn(a)round time

Umlade|anlage *f* trans(s)ipment facility; **U.bahnhof** *m* transfer station; **U.gebühr** *f* trans(s)hipment charge; **U.geschäft** *nt* trans(s)hipment; **U.hafen** *m* port of trans(s)hipment; **U.konnossement** *nt* trans(s)hipment bill of lading (B/L)

Umladen *nt* trans(s)hipment, transfer; **u.** *v/t* to trans(s)hip/transfer

Umladeplatz *m* trans(s)hipment/transfer point

Umladung *f* trans(s)hipment, transfer; **U.skosten** *pl* transfer/trans(s)hipment charges

Umlage *f* levy, charge; **U.schlüssel** *m* apportionment/allocation formula; **U.verfahren** *nt* 1. assessment system, (cost) allocation method; 2. *(Sozialvers.)* funding principle; **U.zeitraum** *m* assessment period

Umlauf *m* 1. circulation; 2. *(Schreiben)* circular; **in U. bringen/setzen** to put into circulation; **außer U. setzen** to withdraw from circulation

umlaufen *v/i* to circulate

umlauf|fähig *v/i* marketable, negotiable; **U.fähigkeit** *f* marketability, negotiability; **U.fonds** *m* revolving fund; **U.geld** *nt* current money; **U.geschwindigkeit** *f* *(Geld)* velocity of circulation; **U.kapital** *nt* working/current capital; **U.markt** *m* *(Börse)* secondary market; **U.material** *nt* *(Börse)* floating supply; **U.mittel** *nt* current funds; **U.rendite** *f* current yield; **U.schreiben** *nt* circular (letter); **U.vermögen** *nt* current/operating assets; **U.zeit** *f* 1. *(Transport)* transit time; 2. ⚓ turn(a)round time; **U.zettel** *m* circular

umlegen *v/t* to apportion/allocate

Umlegung *f* allocation, apportionment; **U.sschlüssel** *m* apportionment formula

umleit|en *v/t* 1. 🚗 to divert/reroute; 2. ✉ to redirect; **U.ung** *f* 1. 🚗 diversion *[GB]*, detour *[US]*; 2. ✉ re-direction

Umorgani|sation *f* reorganisation; **u.sieren** *v/t* to reorganise

Umpacken *nt* 1. repacking; 2. *(Großhandel)* breaking bulk; **u.** *v/t* 1. to repack; 2. to break bulk

umrechnen *v/t* to convert

Umrechnung *f* conversion, translation

Umrechnungs|differenz *f* translation gain/loss; **U.faktor** *m* conversion factor; **U.formel** *f* conversion formula; **U.kurs** *m* rate of exchange, (foreign) exchange rate, parity; **U.tabelle** *f* conversion table; **U.-verhältnis** *nt* exchange rate; **U.wert** *m* exchange value

Umriss *m* outline; **U.planung** *f* outline planning; **U.zeichnung** *f* outline drawing

Umrüsten *nt* tooling-up; **u.** *v/t* 1. to re-equip; 2. 🏭 to tool up

Umrüstzeit *f* tooling-up time

Umsatz *m* 1. turnover, sales; 2. *(Börse)* dealings, trading (volume); **Umsätze im Einzelhandel** retail sales; **U. im Großhandel** wholesale trading; **U. am Kassamarkt** *(Börse)* spot sales; **glänzende**

Umsätze machen to do a roaring trade; **U. erwirtschaften** to generate sales; **U. steigern** to boost/increase sales

direkter Umsatz direct sales; **fakturierter U.** invoiced sales; **fremder U.** external sales; **guter U.** brisk/buoyant sales; **interner U.** intra-group/intercompany sales; **lebhafte Umsätze** *(Börse)* brisk/heavy trading; **mengenmäßiger U.** sales volume; **reger U.** brisk/buoyant sales; **rückläufiger U.** declining sales; **schneller U.** quick turnover; **schwache Umsätze** *(Börse)* light trading; **sinkende Umsätze** declining sales; **steuerpflichtiger/zu versteuernder U.** taxable sales

Umsatz|abschwächung *f* decline in sales; **U.analyse** *f* sales analysis; **U.anstieg** *m* increase in sales; **u.arm** *adj* low-volume; **U.aufgliederung; U.aufschlüsselung; U.aufstellung** *f* sales breakdown; **U.ausfall** *m* loss of sales; **U.ausweis** *m* trading statement; **U.ausweitung** *f* sales expansion; **U.belebung** *f* increase in sales; **U.bemühungen** *pl* sales efforts; **U.beteiligung** *f* sales/seller's commission; **u.bezogen** *adj* sales-related; **U.bilanz** *f* statement of sales; **U.dynamik** *f* sales momentum; **U.einbruch; U.einbuße** *m/f* drop in sales; **U.entwicklung** *f* sales trend/pattern/development; **U.erlös; U.ertrag** *m* sales revenue(s)/proceeds; **U.erwartungen** *pl* expected sales; **U.flaute** *f* stagnating sales; **U.förderung** *f* sales promotion; **U.garantie** *f* sales guarantee; **U.geschwindigkeit** *f* velocity of turnover; **U.gewinn** *m* profit on sales, net income from sales; **U.gliederung** *f* sales breakdown; **U.häufigkeit** *f* rate of turnover; **U.index** *m* sales index; **U.kennzahl; U.kennziffer** *f* sales indicator; **U.kurve** *f* sales trend/curve; **U.planung** *f* sales budget; **U.plus** *nt* sales increase; **U.prognose** *f* sales prediction/forecast; **U.provision** *f* sales/seller's commission; **U.prozentsatz** *m* sales percentage; **U.quote** *f* turnover rate; **U.rekord** *m* sales record; **U.rendite** *f* turnover-yield ratio; **U.renner** *m* hot seller; **U.rentabilität** *f* net profit ratio; **U.rückgang** *m* decline in sales; **U.spitzenreiter** *m* volume leader, top-selling item; **u.stark** *adj* 1. fast-selling; 2. *(Börse)* actively traded; **U.statistik** *f* sales statistics; **U.steigerung** *f* increase in turnover

Umsatzsteuer *f* purchase/sales/turnover tax, output tax, VAT (value added tax); **U.aufkommen** *nt* sales tax revenue; **U.erklärung** *f* sales/turnover tax return, VAT return; **U.erstattung** *f* rebate of sales tax; **u.frei** *adj* zero-rated; **U.freibetrag** *m* sales tax relief *[US]*; **U.identifikationsnummer** *f* VAT registration number; **U.rückerstattung; U.vergütung** *f* sales/turnover tax refund, VAT refund; **U.zahlung** *f* payment of sales tax

Umsatz|struktur *f* sales pattern; **U.stufe** *f* turnover stage; **lustlose U.tätigkeit** *(Börse)* flat trading; **rege U.tätigkeit** active trading; **schwache U.tätigkeit** subdued/thin trading; **U.überschuss** *m* cash flow; **U.überschussrechnung** *f* cash flow statement; **U.volumen** *nt* sales volume; **U.wachstum** *nt* sales growth; **U.werte** *f* sales figures; **U.zuwachs** *m* sales/turnover growth

umschichten *v/t* to shift/switch

Umschichtung *f* 1. reorganisation, switching, shifting; 2. *(Personal)* redeployment; **U. von Ressourcen** reallocation of resources; **~ Verbindlichkeiten** debt rescheduling; **~ Vermögenswerten** redeployment of assets

Umschichtungs|auftrag *m* *(Börse)* switch order; **U.finanzierung** *f* debt rescheduling; **U.transaktion** *f* switching transaction

umschiff|en *v/t* 1. to circumnavigate; 2. *(Fracht)* to transfer/trans(s)hip; **U.ung** *f* 1. circumnavigation; 2. transfer, trans(s)hipment

Umschlag *m* 1. *(Brief)* envelope; 2. *(Artikel)* wrapper; 3. *(Güter)* stockturn, (cargo) handling; 4. (volume of) traffic; 5. *(Umladung)* transfer, trans(s)hipment; 6. *(Kapital)* turnover; **U. des Eigenkapitals** equity turnover; **~ Kapitals** capital turnover

frankierter Umschlag stamped/prepaid envelope; **verschlossener/versiegelter U.** sealed envelope; **wattierter U.** padded envelope

Umschlag|anlage *f* trans(s)hipment facility, cargo handling facility; **U.bahnhof** *m* 🚃 trans(s)hip/transfer station

umschlagen *v/t* to trans(s)hip/transfer

Umschlag|gebühren *pl* trans(s)hipment charges; **U.geschäft** *nt* freight handling (operations); **U.geschwindigkeit** *f* stock

U

turnover; **U.hafen** *m* port of trans(s)hipment; **U.kennziffer** *f* turnover ratio; **U.kosten** *pl* cargo handling charges; **U.platz** *m* terminal, place of trans(s)hipment

Umschlags|häufigkeit *f* turnover ratio/rate/frequency, stockturn rate; **U.kapazität** *f* handling capacity; **U.leistung** *f* volume of goods handled; **U.spediteur** *m* switching carrier; **U.spesen** *pl* handling charges; **U.station; U.stelle** *f* trans(s)hipment/transfer station, ~ terminal; **~ für Containerexpresszüge** 🚆 freightliner terminal; **~ für Hochsee-Containerschiffe** ocean container terminal; **U.technik** *f* 1. cargo handling; 2. 🏭 materials handling technology; **U.verkehr** *m* trans(s)hipment traffic; **U.zeit** *f* 1. turnover/stockturn period; 2. ⚓ turn(a)round time; **U.zentrum** *nt* trans(s)hipment center *[US]*/centre *[GB]*

Umschlagtechnik *f* materials handling technology

Umschließung *f* package, wrapping

umschreiben *v/t* 1. to transcribe/transfer; 2. *(Besitz)* to convey

Umschreibung *f* 1. transfer (trf.), transcription; 2. *(Besitz)* conveyance; **U.sgebühr** *f* 1. registration/transfer fee; 2. *(Börse)* transfer stamp day; **U.stag** *m* transfer day

umschulden *v/t* 1. to reschedule/restructure (debts); 2. *(Hypothek)* to remortgage

Umschuldung *f* rescheduling/restructuring of debts, debt rescheduling

Umschuldungs|aktion *f* rescheduling scheme; **U.anleihe** *f* conversion loan; **U.bedarf** *m* rescheduling requirement; **U.guthaben** *nt* conversion balance

umschulen *v/t* to retrain

Umschulung *f* (occupational/vocational/job) retraining

Umschulungs|beihilfe *f* (re)training allowance; **U.lehrgang; U.kurs** *m* (re)training course; **U.programm** *nt* (re)training scheme; **U.stätte; U.werkstatt** *f* rehabilitation center *[US]*/centre *[GB]*

Umschwung *m* turn, about-turn, reversal

umsetz|bar *adj* 1. sal(e)able, marketable; 2. negotiable, convertible; **u.en** *v/t* 1. to sell; 2. to transfer/convert; 3. *(Personal)* to redeploy; 4. *(Gesetz)* to implement

Umsetzung *f* 1. conversion; 2. *(Personal)* redeployment, transfer; **U.en auf der Vorstandsetage** boardroom reshuffle; **innerbetriebliche U.** intra-plant transfer

Umsicht *f* prudence, circumspection, discretion; **u.ig** *adj* prudent, circumspect, discreet

umsiedeln *v/t* to relocate

Umsiedlung *f* relocation; **U.sbeihilfe** *f* relocation allowance

umsonst *adv* 1. *(gratis)* free (of charge), gratuitous; 2. *(vergeblich)* in vain, futile

Umstand *m* circumstance, factor

außenwirtschaftliche Umstände external factors; **maßgeblicher Umstand** determining factor; **mildernde U.** mitigating circumstances, **persönliche U.** personal circumstances; **unvorhergesehene U.** unforeseen circumstances; **wirtschaftliche U.** economic circumstances

umsteig|en *v/i* 1. 🚆 to change; 2. *(Investitionen)* to switch; **U.eoperation** *f* *(Börse)* switching transaction

umstellen *v/t* 1. to convert/change; 2. to reorder/reorganise

Umstellkosten *pl* changeover cost

Umstellung *f* change, changeover, conversion, switch; **U. des Betriebes** change of operation; **U. auf Computer** computerization; **~ Containerverkehr** containerization; **~ Dauerbeschäftigung** decasualization; **~ Gelegenheitsarbeit** casualization; **~ verstärkten Inlandsanteil** indigenization; **~ Paletten** palletization; **U. im Wertpapierbesitz** portfolio switch

innerbetriebliche Umstellung internal reorganisation

Umstellungs|angebot *nt* conversion offer; **U.beihilfe** *f* conversion grant; **U.kosten** *pl* conversion costs; **U.kurs** *m* conversion price; **U.verluste** *pl* conversion losses; **U.zuschlag** *m* changeover allowance

umstoßen *v/t* 1. to upset; 2. § to overrule/overturn

umstrukturier|en *v/t* 1. to restructure/reorganise; 2. *(Personal)* to redeploy; **U.ung** *f* 1. restructuring, reorganisation; 2. redeployment

Umtausch *m* exchange, swap, conversion; **U.aktion** *f* conversion scheme; **U.angebot** *nt* conversion offer; **u.bar** *adj* convertible, exchangeable

umtauschen *v/t* to exchange/change/swap

umtausch|fähig *adj* exchangeable, convertible; **U.kosten** *pl* cost of exchange; **U.kurs** *m* exchange rate, (commercial) rate of exchange; **U.operation** *f* swap operation; **U.recht** *nt (Optionsanleihe)* conversion right; **U.relationen** *pl* terms of trade; **U.satz** *m (Währung)* conversion rate; **U.stelle** *f* conversion agent

umverteil|en *v/t* to redistribute/reallocate; **U.ung** *f* redistribution, reallocation

umwandelbar *adj* convertible; **U.keit** *f* convertibility

umwandeln *v/t* 1. to change/convert; 2. § to commute

Umwandlung *f* 1. conversion, change; 2. commutation; **U. einer Aushilfsarbeitsstelle in eine Dauerbeschäftigung** decasualization; **U. von Schulden in Eigenkapital** debt-equity swap

Umwandlungs|angebot *nt* conversion offer; **U.gewinn** *m* reorganisation gain; **U.recht** *nt* right of conversion; **U.tabelle** *f* conversion table; **U.wert** *m (Vers.)* paid-up value

Umwelt *f* environment; **U. belasten/verschmutzen** to pollute the environment

berufliche Umwelt job/working environment; **gesellschaftliche/soziale U.** social environment; **kulturelle U.** cultural environment; **natürliche U.** natural environment; **verschmutzte U.** polluted environment; **verseuchte U.** contaminated environment

Umwelt|abgabe *f* environmental levy; **U.agentur** *f* environmental agency; **U.alarm** *m* environmental alarm; **U.amt** *nt* environmental office; **U.audit** *nt* eco-audit; **U.auflagen** *pl* environmental regulations; **U.auswirkung** *f* environmental effect/impact; **U.beauftragter** *m* environment officer; **U.bedingungen** *pl* environmental conditions; **U.behörde** *f* environmental authority; **u.belastend** *adj* polluting, harmful, noxious; **U.belastung** *f* environmental pollution; **U.beratung** *f* environmental counselling; **U.bewegung** *f* eco-movement; **u.bewusst** *adj* ecology-minded; **U.bewusstsein** *nt* ecological/environmental awareness, ~ sensitivity; **U.einfluss** *m* environmental effect/impact; **U.einwirkung; U.folgen** *f/pl* environmental impact; **U.erfordernis** *f* ecological requirement; **U.erhaltung** *f* conservation; **U.etikett** *nt* eco-label; **U.frage** *f* environmental issue; **u.freundlich** *adj* environment-friendly, eco-friendly; **U.gefahr** *f* ecological hazard; **U.gesetzgebung** *f* environmental legislation; **U.hygiene** *f* environmental health; **U.katastrophe** *f* ecological disaster/catastrophe, ecocatastrophe; **U.kennzeichnung** *f* ecolabelling; **U.kontrolle** *f* pollution control; **U.krise** *f* environmental/ecological crisis, ecocrisis; **U.minister** *m* environment minister/secretary; **U.ministerium** *nt* ministry of the environment, Department of the Environment (DoE) *[GB]*; **U.nutzen** *m* environmental benefit; **U.ökonomie** *f* environmental economics; **U.planung** *f* environmental/ecological planning; **U.politik** *f* environment(al) policy; **u.politisch** *adj* ecological, ecopolitical; **U.problem** *nt* environmental problem/issue; **U.produkt** *nt* clean/eco-friendly product; **U.rechnungslegung** *f* environmental accounting; **U.recht** *nt* environmental law; **U.richtlinien** *pl* environmental guidelines; **U.risiko** *nt* environmental hazard; **U.schaden** *m* environmental damage; **u.schädigend** *adj* polluting; **u.schädlich** *adj* (ecologically) noxious/harmful; **u.schonend** *adj* clean, non-polluting, eco-friendly

Umweltschutz *m* environmental protection/conservation; **U.auflagen; U.bestimmungen** *pl* environmental regulations; **U.beauftragte(r)** *f/m* environmental protection officer; **U.behörde** *f* Environmental Protection Agency (EPA) *[US]*; **U.bewegung** *f* ecological/ecology movement

Umweltschützer(in) *m/f* environmentalist, conservationist

Umweltschutz|erfordernisse *f* environmental requirements; **U.experte; U.fachmann** *m* ecologist; **U.investition** *f* anti-pollution investment; **U.maßnahme** *f* environmental measure; **U.organisation** *f* environmental action group; **U.papier** *nt* recycled paper; **U.recht** *nt* environmental law; **U.technik; U.technologie** *f* environmental technology, pollution-control technology; **U.vorschriften** *pl* environmental standards

Umwelt|spezialist(in) *m/f* ecologist; **U.steuer** *f* ecology tax, eco-tax; **U.sünder** *m* polluter; **U.technik; U.technologie** *f* environmental technology; **U.tourismus** *m* ecotourism; **u.verschmutzend** *adj* polluting, pollutive; **U.verschmutzer** *m* polluter; **U.verschmutzung** *f* (environmental) pollution; **u.verseucht** *adj* environmentally contaminated; **U.verseuchung** *f* environmental contamination

umweltverträglich *adj* environmentally compatible, non-polluting, (environmentally) sustainable; **U.keitssprüfung** *f* eco-audit

Umwelt|zeichen *nt* eco-label; **U.zerstörung** *f* ecocide

umwidmen *v/t* *(Gebäude/Fläche)* to redesign/rezone

Umziehen *nt* removal, move; **u.** *v/i* to move, to relocate

Umzug *m* removal, relocation

Umzugs|beihilfe; U.geld; U.hilfe *f/nt/f* removal/relocation grant

Umzugskosten *pl* relocation expenses; **U.-beihilfe** *f* removal relocation/grant

Umzugs|spediteur; U.spedition; U.unternehmen; U.unternehmer *m/f/nt/m* removal firm/contractor

unab|änderlich; u.dingbar *adj* unalterable, irreversible, indespensible

unabhängig *adj* 1. independent; 2. *(Beruf)* self-supporting, freelance; 3. *(Haus)* self-contained, freestanding; **u. von** irrespective of; **U.keit** *f* 1. independence; 2. self-reliance; **wirtschaftliche U.** self-sufficiency, autarchy

unab|kömmlich *adj* busy; **u.lösbar** *adj* irredeemable; **u.sehbar** *adj* unforeseeable; **u.setzbar** *adj* *(Steuer)* non-deductible

unachtsam *adj* careless, negligent; **U.keit** *f* carelessness, negligence

unan|fechtbar *adj* 1. § incontestable, non-appealable; 2. watertight, indisputable; **u.gemessen** *adj* 1. unreasonable, undue; 2. inadequate, unsuitable, inappropriate

unauf|gefordert *adj* unsolicited; **u.lösbar; u.löslich** *adj* indissoluble

unaus|genutzt *adj* idle, unused; **u.geschüttet** *adj* *(Dividende)* unappropriated

unausgewogen *adj* unbalanced, biased; **U.heit** *f* imbalance, bias

unausweichlich *adj* inevitable, unavoidable

unbar *adj* non-cash, cashless

un|beabsichtigt *adj* unintentional, unintended; **u.bearbeitet** *adj* crude; **u.bebaut** *adj* *(Grundstück)* vacant

Unbedenklichkeits|bescheinigung; U.erklärung *f* clearance (certificate)

unbe|deutend *adj* negligible, insignificant, unimportant; **u.dingt** *adj* unconditional; **u.fangen** *adj* unprejudiced, unbiased, imperial; **U.fangenheit** *f* impartiality; **u.friedigend** *adj* unsatisfactory; **u.befristet** *adj* open-ended; **u.fugt** *adj* unauthorized; **u.grenzt** *adj* unlimited, indefinite; **u.gründet** *adj* groundless, unsubstantiated; **u.handelt** *adj* untreated; **u.nutzt** *adj* unused; **u.rechenbar** *adj* incalculable, unpredictable; **u.rechtigt** *adj* 1. *(unbefugt)* unauthorized; 2. *(grundlos)* unfounded; 3. unjustified, unwarranted; **u.schadet** *adj* notwithstanding, irrespective of; **u.schädigt** *adj* 1. undamaged; 2. unspoilt; 3. *(Vers.)* free of damage (FOD); 2. ⚓ free from aver(age); **u.schäftigt** *adj* unemployed, idle; **u.schränkt** *adj* unlimited, unrestricted; **u.soldet** *adj* unpaid; **u.ständig** *adj* volatile, instable; **u.stechlich** *adj* incorruptible

unbestimmt *adj* vague; **U.heit** *f* uncertainly

unbe|streitbar *adj* undeniable, indisputable; **u.weglich** *adj* immovable, stationary; **u.wohnt** *adj* vacant; **u.zahlbar** *adj* invaluable, priceless; **u.zahlt** *adj* unpaid

unbillig *adj* unfair, unreasonable

unbrauchbar *adj* useless, unserviceable

undurchführbar *adj* impracticable; **U.keit** *f* impracticability

unecht *adj* false, fake(d), mock

uneinbring|bar; u.lich *adj* irrecoverable, uncollectible; **U.liche** *pl* uncollectibles

unein|gelöst *adj* unredeemed; **u.geschränkt** *adj* unrestricted, unlimited; **u.-heitlich** *adj* irregular, erratic; **u.klagbar** *adj* unenforceable; **u.lösbar; u.löslich** *adj* irredeemable; **u.träglich** *adj* unprofitable; **u.treibbar** *adj* irrecoverable; **u.ziehbar** *adj* uncollectible

unent|behrlich *adj* indispensable; **u.geltlich** *adj* free, free of charge (FOC)

uner|fahren *adj* inexperienced; **u.heblich** *adj* irrelevant, negligible, immaterial; **u.-laubt** *adj* illegal, illicit, unauthorized; **u.-ledigt** *adj* 1. unfinished; 2. *(Rechnung/Auftrag)* outstanding, pending; **u.probt** *adj* untried, untested; **u.schlossen** *adj* 1. untapped; 2. *(Gelände)* undeveloped; 3. *(Boden)* unexploited; **u.schöpflich** *adj* inexhaustible; **u.schwinglich** *adj* unaffordable; **u.setzbar** *adj* irreplaceable;

U

u.träglich *adj* unbearable, intolerable; **u.-wartet** *adj* unforeeseen, unexpected

unfachmännisch *adj* unprofessional

unfähig *adj* unable, incapable; **U.keit** *f* inability, incapacity, incompetence

Unfall *m* accident; **U. ausgenommen** barring accident(s); **gegen Unfälle versichert** insured against accidents

Unfall außerhalb des Arbeitsplatzes/der Arbeitszeit non-occupational accident; **U. innerhalb der Arbeitszeit** industrial accident; **U. mit tödlichem Ausgang; ~ Todesfolge** fatal accident; **~ Verletzten** injury accident

Unfall haben to have an accident; **U. herbeiführen/verursachen** to cause an accident; **U. melden** to report an accident; **U. verhüten** to prevent an accident

außerberuflicher Unfall non-occupational accident; **betrieblicher/dienstlicher U.** industrial accident; **schwerer U.** serious accident; **tödlicher U.** fatal accident; **unvermeindlicher U.** unavoidable accident

Unfall|abteilung *f* *(Krankenhaus)* emergency/casualty ward; **U.anzeige** *f* notification of an accident; **U.ausgleich; U.-beihilfe; U.entschädigung** *m/f (Vers.)* accident benefit; **U.bericht** *m* accident report; **U.flucht** *f* hit-and-run offence, failure to stop after an accident; **U.forderung** *f* accident claim; **u.gefährdet** *adj* accident-prone

Unfallhaftpflicht *f* 1. accident liability; 2. *(Grundstück)* occupier's liability; **U. des Arbeitgebers** employer's liability

Unfall|häufigkeit(sziffer) *f* accident (frequency) rate; **U.klinik; U.krankenhaus** *f/nt* emergency/acute hospital; **U.kosten** *pl* accident costs; **U.police** *f* accident policy; **U.quote; U.rate** *f* accident rate; **U.risiko** *nt* accident risk/hazard; **U.schaden** *m* accidental loss/damage; **U.schutz** *m* protection against accidents; **U.schwerpunkt** *m* accident blackspot; **u.sicher** *adj* accident-proof; **U.station** *f (Krankenhaus)* emergency/casualty ward; **U.statistik** *f* accident statistics; **U.tod** *m* accidental death; **u.trächtig** *adj* accident-prone; **U.ursache** *f* cause of an accident; **U.vergütung** *f* industrial compensation

Unfallverhütung *f* accident prevention; **U.svorschriften** *pl* (health and) safety regulations

Unfall|verletzung *f* industrial/accidental injury; **U.verlust** *m* accidental loss; **U.vermeidung** *f* accident prevention; **U.versicherer** *m* casualty insurer

Unfallversicherung *f* accident insurance/policy, personal accident cover(age); **gesetzliche U.** statutory accident insurance

Unfallversicherungs|leistung *f* accident benefit; **U.police** *f* accident policy

Unfall|zeuge *m* witness of an accident; **U.ziffer** *f* accident (frequency) rate; **U.zulage** *f* accident benefit; **U.zusatzversicherung** *f* supplementary accident insurance; **U.zwangsversicherung** *f* statutory accident insurance

un|fertig *adj* unfinished; **u.frankiert** *adj* ✉ unstamped, unpaid; **u.frei** *adj* carriage forward (carr. fwd.; c.f.); **u.fundiert** *adj* 1. unconsolidated, unfunded; 2. *(Schuld)* floating; 3. *(Behauptung)* unfounded

unge|achtet *prep* notwithstanding, irrespective of; **u.bunden** *adj* 1. unattached; 2. *(Gelder)* footloose; **u.eignet** *adj* 1. unsuitable; 2. *(Person)* incompetent, ill-qualified; **u.kreuzt** *adj (Scheck)* open, uncrossed; **u.kündigt** *adj* not under notice; **u.kürzt** *adj* unabridged; **u.lernt** *adj* unskilled; **u.löst** *adj* unsolved; **u.nießbar** *adj* inedible; **u.nügend** *adj* insufficient, inadequate; **u.nutzt; u.nützt** *adj* unused, idle; **u.prüft** *adj* 1. untested, unexamined; 2. *(Bilanz)* unaudited; **u.rade** *adj* π odd; **u.rechtfertigt** *adj* unwarranted, unjustified; **u.setzlich** *adj* illicit, illegal, unlawful; **u.sichert** *adj* unsecured; **u.tilgt** *adj* unredeemed

ungewiss *adj* uncertain, doubtful; **U.heit** *f* uncertainty

ungleich *adj* unequal, different, disparate; **U.behandlung** *f* discrimination; **U.gewicht** *nt* disequilibrium, imbalance; **~ in der Zahlungsbilanz** balance-of-payments disequilibrium

U

Unglück *nt* 1. accident, fatality, disaster; 2. misfortune, mishap, misadventure; **U.sfall** *m* calamity, casualty, misadventure

ungültig *adj* invalid, (null and) void; **für u. erklären** to invalidate/declare void; **u. sein** to stand void; **u. werden** to expire

Ungültigkeit *f* invalidity, voidness

Ungültig|machen; U.machung *nt/f* invalidation, cancellation

ungünstig *adj* 1. adverse, unfavourable, disadvantageous; 2. *(Termin)* inconvenient

unhaltbar *adj* untenable, unsustainable
unheilbar *adj* ⚕ terminal, fatal
Union *f* union
Universalbank *f* universal/multi-purpose bank; **U.geschäft** *nt* one-stop banking *[US]*
Universal|erbe; U.erbin *m/f* sole heir, heir general *[US]*; **U.police** *f* all-risks policy; **U.rechner** *m* 🖳 mainframe (computer); **U.spediteur** *m* all-purpose shipper; **U.vermächtnis** *nt* universal legacy; **U.versicherer** *m* general insurer, composite insurer/company/office; **U.versicherung** *f* all-risks policy, comprehensive/composite insurance; **U.versicherungsgesellschaft** *f* composite/general insurance company
Universität *f* university
Universitäts|abschluss *m* university examination/degree; **U.(aus)bildung** *f* university education; **U.gebühren** *pl* university fees; **U.grad** *m* university degree; **U.prüfung** *f* university examination
unkalkulierbar *adj* incalculable
Unkenntnis *f* ignorance; **U. des Gesetzes** ignorance of the law; **sich auf die ~ berufen; U. vorgeben/vorschützen** to plead ignorance (of the law)
unkon|trolliert *adj* 1. uncontrolled; 2. *(Inflation)* unchecked, runaway; **u.ventierbar** *adj* inconvertible; **u.zessioniert** *adj* unlicensed
Unkosten *pl* ↘ **Kosten** expenditure(s), expenses
als Unkosten abbuchen to enter as expenses; **U. abziehen** to deduct expenses; **U. aufschlüsseln** to break down expenses; **U. bestreiten** to defray expenses; **U. erstatten** to refund expenses; **sich in U. stürzen** to go to a lot of expense
absetzbare Unkosten deductible expenses; **allgemeine U.** overheads, general expenses; **bare U.** out-of-pocket expenses; **diverse U.** sundry expenses; **einmalige U.** non-recurring expenses; **generelle/indirekte U.** indirect expenses; **kleine U.** petty expenses; **sonstige/verschiedene U.** sundry expenses
Unkosten|abzug *m* deduction of expenses; **U.aufgliederung** *f* cost breakdown; **U.beleg** *m* cost record; **U.beteiligung** *f* cost sharing; **U.erstattung** *f* reimbursement of expenses; **U.zuschlag** *m* *(Vers.)* (expense) loading
unkündbar *adj* 1. *(Anleihe)* irredeemable; 2. *(Stelle)* permanent, tenured; 3. *(Vertrag)* binding
unles|bar; u.erlich *adj* illegible
unlimitiert *adj* 1. unlimited; 2. *(Börse)* at the market
Unlust *f* 1. reductance; 2. *(Börse)* slackness; **u.ig** *(Börse)* dull, slack
Unmenge *f* vast quantity
un|missverständlich *adj* unmistakable; *adv* in no uncertain terms; **u.mittelbar** *adj* immediate, direct
unmöglich *adj* impossible
Unmöglichkeit *f* impossibility; **U. der Erfüllung** impossibility of performance; **absolute/faktische/materielle U.** absolute/pysical impossibility; **nachfolgende/nachträgliche U.** 1. supervening impossibility; 2. *(Schuldrecht)* supervening frustration; **objektive/tatsächliche U.** frustration
unmündig *adj* minor; **U.e(r)** *f/m* minor; **U.keit** *f* infancy, minority
unnachgiebig *adj* rigid, uncompromising, intransigent; **U.keit** *f* rigidity, intransigence
un|notiert *adj* unlisted *[US]*, unquoted *[GB]*; **u.nütz** *adj* useless, fruitless; **u.ökonomisch** *adj* uneconomic
Unordnung *f* disorder, disarray
unparteiisch *adj* neutral, impartial
unpfändbar *adj* unseizable, non-attachable, non-forteitable; **U.keit** *f* immunity/exemption from seizure
un|planmäßig *adj* unplanned, unscheduled; **u.produktiv** *adj* non-productive, idle; **u.ratsam** *adj* inadvisable
Unrecht *nt* injustice, wrong; **einem U. abhelfen; U. beseitigen/wieder gutmachen** to redress/right a wrong
unredlich *adj* dishonest, in bad faith
unregelmäßig *adj* 1. irregular; 2. improper; **U.keit** *f* 1. irregularity; 2. impropriety
unrentabel *adj* uneconomic(al), loss-making
Unruhe *f* unrest, riot; **U. in Betrieben** industrial unrest; **U. im Lande** civil commotion; **betriebliche U.** industrial unrest; **bürgerliche U.** civil commotion; **soziale U.n** social unrest
Unruhe|herd *m* troublespot; **U.stifter** *m* troublemaker
unruhig *adj* disturbed, restless
unschädlich *adj* harmless
un|schätzbar *adj* 1. invaluable, priceless;

U

2. incalculable; **u.scheinbar** *adj* inconspicuous; **u.schlüssig** *adj* 1. indecisive; 2. *(Beweis)* inconclusive
Unschuld *f* innocence; **seine U. beteuern/versichern** to protest one's innocence
unschuldig *adj* innocent, not guilty
Unschuldsvermutung *f* § presumption of innocence
un|selbstständig *adj* employed, dependent; **u.seriös** *adj* dubious, shady
unsicher *adj* uncertain, insecure; **U.heit** *f* uncertainty, insecurity
unsortiert *adj* unassorted, unsorted
Unstimmigkeit *f* 1. discrepancy, inconsistency; 2. *(Streit)* disagreement
unstreitig *adj* non-contentious, unquestionable
Unsumme *f* vast amount
untätig *adj* inactive; **U.keit** *f* idleness
untauglich *adj* unfit, unsuitable
unteilbar *adj* indivisible; **U.keit** *f* indivisibility
unten *adv/prep* below; **siehe u.** see below; **u. genannt/stehend** *adj* undermentioned (u/m), below(-mentioned)
Unter|absatz; U.abschnitt *m* subsection; **U.abteilung** *f* subdivision; **U.auftrag** *m* subcontract; **U.auslastung** *f* underutilization, underemployment; **U.belegung** *f* underoccupancy; **u.beschäftigt** *adj* 1. underemployed; 2. underutilized; **U.beschäftigung** *f* 1. underemployment; 2. underutilization; **U.besetzung** *f* undermanning, understaffing; **U.beteiligung** *f* *(Emission)* sub-underwriting; **u.bevollmächtigen** *v/t* to subdelegate; **u.bewerten** *v/t* to undervalue/underrate
unterbezahl|en *v/t* to underpay; **U.ung** *f* underpayment
unter|bieten *v/t* to undercut/underbid; **U.bilanz** *f* adverse balance; **u.brechen** *v/t* to interrupt/discontinue
Unterboden *m* 🚗 underbody
Unterbrechung *f* 1. interruption; 2. suspension; 3. *(Arbeit)* stoppage, disruption; **U. der Geschäftstätigkeit** disruption/interruption of business; **U. des Prozesses/Verfahrens** § suspension of proceedings; **U. einer Sitzung** adjournment of a meeting
Unterbreitung *f* submission; **U. eines Angebots** submission of a tender, ~ an offer
unterbringen *v/t* 1. to accommodate/lodge; 2. *(vermitteln)* to place; 3. *(Wertpapiere)* to place; 4. *(Ware)* to sell
Unterbringung *f* 1. accommodation; 2. *(Vermittlung)* placement; 3. *(Wertpapiere)* placement; 4. *(Verkauf)* sale; **U. einer Emission** placement of an issue; **U. von Wertpapieren** placement of securities
Unter|deckung *f* deficient cover, insufficient funds (I/F); **U.deklaration; U.deklarierung** *f* ⊖ short entry
Unterdrückung *f* 1. *(politisch)* oppression; 2. *(Nachricht)* suppression; **U. wesentlicher Tatsachen** concealment of material acts; **U. einer Urkunde** suppression of a document
unter|durchschnittlich *adj* sub-standard, below-average; **U.einteilung** *f* subdivision
unterentwick|elt *adj* underdeveloped; **U.lung** *f* underdevelopment
Unterfangen *nt* venture, undertaking; **mühseliges U.** uphill struggle
unterfertig|en *v/t* to undersign; **U.ter(in)** *m/f* the undersigned
Unterfrachtvertrag *m* subcharter
Untergang *m* ⚓ sinking, shipwreck; **U. von Sachen** loss of goods
Untergebot *nt* underbid
unter|gegangen *adj* ⚓ lost; **u.gehen** *v/i* to sink, to be lost; **u.geordnet** *adj* 1. subordinate, subsidiary; 2. *(Arbeit)* menial; 3. junior, secondary
Untergesellschaft *f* subsidiary (company)
untergilieder|n *v/t* to subdivide; **U.ung** *f* subdivision
Untergrund *m* 1. underground; 2. subsoil; **U.wirtschaft** *f* black economy
Unterhalt *m* upkeep, maintenance; **U. und Instandsetzung** maintenance and repair; **seinen U. bestreiten/verdienen** to earn one's living; **U. fordern** to claim maintenance; **U. gewähren** to provide maintenance; **auf U. klagen** to sue for maintenance; **U. zuerkennen** to award maintenance
unterhalten *v/t* 1. to maintain/support; 2. to run/operate
Unterhalts|anspruch *m* maintenance claim; **~ geltend machen** to claim maintenance; **U.beihilfe** *f* supplementary benefit *[GB]*, income support; **U.berechtigte(r); U.empfänger(in)** *m/f* 1. maintenance recipient; 2. *(Sozialhilfe)* welfare recipient; **U.forderung** *f* claim for maintenance;

U.klage *f* § maintenance suit; **U.kosten** *pl* maintenance cost(s); **U.leistung** *f* maintenance payment; **U.pflicht** *f* liability to provide maintenance/support; **U.sache** *f* maintenance case; **U.urteil** *nt* maintenance order; **U.verfahren** *nt* § maintenance proceedings; **u.verpflichtet** *adj* liable to pay/provide maintenance; **U.zahlung** *f* maintenance payment; **U.zuschuss** *m* maintenance grant

Unterhaltung *f* 1. maintenance, upkeep; 2. talk, conservation; 3. *(Vergnügen)* entertainment; **U. und Instandsetzung** maintenance and repair; **laufende U.** current upkeep/maintenance

Unterhaltungs|aufwand *m* maintenance costs; **U.industrie** *f* entertainment industry; **U.kosten** *pl* maintenance cost; **U.zustand** *m* state of repair

unter|handeln *v/t* to negotiate; **U.händler** *m* negotiator

Unterkapazität *f* capacity shortage

unterkapitalisier|t *adj* undercapitalized; **U.ung** *f* undercapitalization

Unter|konsorte *m* sub-underwriter; **U.konto** *nt* companion account, sub-account; **U.kontrahent** *m* subcontractor; **U.kostenstelle** *f* cost sub-center *[US]*/centre *[GB]*

Unterkunft *f* accommodation, lodging; **U. mit Selbstverpflegung** self-catering accommodation; **U. und Verpflegung** board and lodging; **ohne feste U.** of no fixed abode; **möbilierte U.** furnished accommodation

Unterlage *f* 1. record; 2. *(Sicherheit)* security; **U.n** records, data; **U.n für den Eigentumsnachweis** title deeds; **~ der Lohnbuchhaltung** payroll records

Unterlagen anfordern to ask for (the) documents; **U. beibringen/einreichen** to furnish documents

amtliche Unterlagen official documents; **buchungstechnische U.** accounting records; **geschäftliche U.** business records; **vertrauliche U.** confidential documents

unterlassen *v/i* to fail to do, to omit/neglect

Unterlassung *f* failure (to do sth.), neglect, omission; **fahrlässige U.** passive negligence *[US]*; **schuldhafte U.** culpable negligence; **vorsätzliche U.** wilful negligence

Unterlassungs|anordnung; U.befehl *f/m* § prohibitive injunction *[GB]*, cease and desist order *[US]*; **U.klage** *f* injunction suit/proceedings; **endgültiges U.urteil** final injunction; **vorbeugendes U.urteil** preventive injunction

unterlegen *v/i* *(Sicherheit)* to secure/guarantee

Unterlegung *f* provision of security

Unterlieferant *m* subcontractor, sub-supplier

unterliegen *v/i* 1. to be subject to, ~ liable for; 2. ⊖/*(Steuer)* to be dutiable/taxable

Unterlizenz *f* sublicence; **U. erteilen; (in) U. vergeben** to sublicense; **U.geber** *m* sublicensor; **U.nehmer** *m* sublicensee

untermauern *v/t* to substantiate

Untermiet|e *f* subtenancy, sublease; **U.er(in)** *m/f* lodger, subtenant; **U.verhältnis** *nt* subtenancy, sublease

Unternachfrage *f* deficiency of demand

Unternehmen *nt* 1. (business) enterprise, business; 2. operation, venture, undertaking; **U. mit öffentlichem Dienstauftrag** public-service enterprise; **~ hohem Fremdkapialanteil** highly geared/leveraged company; **U. privaten Rechts** private-law enterprise; **U. der Spitzentechnologie** high-tech enterprise

Unternehmen aufgeben to abandon an enterprise; **im U. belassen** *(Gewinn)* to plough back *(fig)*; **U. betreiben** to run a business; **in ein U. eintreten** to join a firm; **U. gründen** to start/form a company; **U. ohne Betriebsunterbrechung kaufen/verkaufen** to buy/sell a company as a going concern; **U. leiten** to manage a firm; **U. übernehmen** to take over a company; **U. verdrängen** to crowd out a company; **sich zu einem U. zusammenschließen** to merge (to form a company)

abhängiges Unternehmen dependent company; **angegliedertes U.** affiliated company; **ausländisches U.** foreign enterprise/company; **beherrschendes U.** controlling company/enterprise; **(börsen)notiertes U.** quoted company *[GB]*, listed corporation *[US]*; **dynamisches U.** go-ahead company; **einheimisches U.** indigenous/domesticenterprise; **erwerbswirtschaftliches U.** business corporation *[US]*; **gut fundiertes U.** sound firm; **gemeinnütziges U.** non-profit(-making) corporation/enterprise; **gemeinsames U.** joint-undertaking/(ad)venture; **ge-**

U

nossenschaftliches U. cooperative (association/enterprise); **gewerbliches U.** commercial establishment, trading company; **globales U.** global player; **junges U.** fledgling company; **konzessioniertes U.** licensed undertaking; **kränkelndes/krankes U.** ailing company/enterprise/firm; **lebensfähiges U.** viable enterprise; **mitbestimmtes U.** co-determined enterprise; **mittelständisches U.** small/medium-sized business; **multinationales U.** multinational enterprise (MNE); **notiertes U.** quoted company *[GB]*, listed corporation *[US]*; **öffentliches U.** public(-sector) enterprise; **riskantes/spekulatives U.** speculative venture; **solides U.** sound enterprise/company; **staatliches U.** publicly owned/state-owned enterprise, nationalized company *[GB]*, government corporation *[US]*; **verbundenes U.** associate/affiliated company; **verstaatlichtes U.** nationalized enterprise/company; **zahlungsfähiges U.** solvent firm

unternehmen *v/t* to undertake/venture

Unternehmens|abschluss *m* company's annual accounts; **U.aufkauf** *m* buyout; **U.berater** *m* management/business consultant; **U.beratung** *f* management consultancy/consulting; **U.bereich** *m* (group) division; **U.bericht** *m* company/annual report; **U.besteuerung** *f* company/corporate taxation; **U.beteiligung** *f* interest; **U.bewertung** *f* business appraisal; **U.bilanz** *f* corporate/company balance sheet; **U.ebene** *f* company/corporate level; **u.eigen** *adj* company-owned; **U.einkommen** *nt* company/corporate earnings; **U.erfolg** *m* company/corporate success; **U.ergebnis** *nt* company/corporate results; **U.erscheinungsbild** *nt* corporate identity; **U.ertrag** *m* company/corporate earnings; **u.feindlich** *adj* anti-business; **U.finanzen** *pl* company/corporate finance; **U.form** *f* type of business organisation; **u.freundlich** *adj* pro-business

Unternehmensführung *f* (business/company) management; **U. durch Ausnahmeregelung** management by exception; **~ Delegation/Delegierung** management by delegation; **~ Erfolgsmessung** management by results; **~ Kontrolle** management by control; **~ Systeme** management by systems; **~ Zielvorgaben** management by objectives

oberste Unternehmensführung top management

Unternehmens|gegenstand *m* objects of the company; **U.gewinn(e)** *m/pl* corporate *[US]*/trading/business/company *[GB]* profit(s), ~ earnings; **U.größe** *f* company size; **U.gründer** *m* company promoter

Unternehmensgründung *f* business start-up/formation, company formation; **U.sbeihilfe; U.szuschuss** *f/m* start-up grant; **U.sdarleh(e)n** *nt* start-up loan; **U.sfinanzierung** *f* start-up finance

Unternehmens|gruppe *f* group (of companies); **U.haftung** *f* corporate liability; **U.image** *nt* corporate image/identity (CI); **U.investitionen** *pl* corporate/industrial investment; **U.kapital** *nt* equity; **U.kauf durch externes Management** management buy-in (MBI); **~ vorhandenes Management** management buyout (MBO); **U.kreditgeschäft** *nt* corporate lending; **U.kultur** *f* corporate culture (CC); **U.leistung** *f* corporate performance; **U.leitbild** *nt* corporate mission; **U.leitung** *f* company management, board (of directors/management); **U.lenkung** *f* corporate governance; **U.plan** *m* corporate plan

Unternehmens|planung *f* corporate/managerial planning; **integrierte U.planung** planning-programming-budgeting system (PPBS); **U.pleite** *f* company/corporate failure; **U.politik** *f* business/corporate/company policy; **U.prospekt** *nt* company prospectus; **U.prüfung** *f* company audit; **U.rechnung** *f* management accounting; **U.recht** *nt* company/corporate law; **U.revision** *f* corporate audit; **U.risiko** *nt* business/commercial/entrepreneurial risk; **U.ruf** *m* goodwill; **U.sanierung** *f* restructuring; **U.satzung** *f* company statutes; **U.sitz** *m* headquarters, registered office; **U.statut** *nt* company statutes; **U.stil** *m* corporate identity (CI); **U.strategie** *f* corporate/business strategy; **U.struktur** *f* company/corporate structure; **U.teil** *m* business unit; **U.verband** *m* industrial/trade association; **U.vereinbarung** *f* company agreement; **U.vereinigung** *f* association of enterprises; **U.verlagerung** *f* business relocation; **U.verluste** *pl* company losses; **U.vertrag** *m* intercompany agreement; **U.verwaltung** *f* (business) management;

U.vorstand *m* board (of directors); **U.-wert** *m* value of the company, ~ as a going concern; **U.zentrale** *f* company/corporate headquarters; **U.ziel** *nt* business/corporate objective; **U.zusammenbruch** *m* business failure; **U.zusammenschluss** *m* merger; **U.zweck** *m* object of the company

Unternehmer *m* 1. industrialist; 2. employer; **U.eigenschaften** *pl* managerial qualities; **U.einkommen** *nt* business/entrepreneurial income; **u.feindlich** *adj* anti-business; **U.freiheit** *f* free enterprise; **u.freundlich** *adj* pro-business; **U.gewinn(e)** *m/pl* business/corporate profit(s); **U.haftpflicht** *f* employer's liability; **U.haftung** *f* employer's liability; **u.isch** *adj* entrepreneurial, corporate; **U.kreise** *pl* business/industrial circles; **U.lohn** *m* entrepreneurial profit/income; **U.organisation** *f* employer's federation; **U.philosophie** *f* free-enterprise philosophy; **U.risiko** *nt* entrepreneurial risk; **U.tätigkeit** *f* entrepreneurial activity

Unternehmertum *nt* 1. entrepreneurship; 2. capital; **freies U.** free/private enterprise

Unternehmer|unfallversicherung *f* employer's liability insurance; **U.verband** *m* employers'/trade association, ~ federation; **U.vertretung** *f* employers' representative/representation; **U.wagnis** *nt* entrepreneurial risk

Unternehmung *f* undertaking

Unternehmungs|form *m* form of business organisation; **U.führung** *f* (business) management; **U.verfassung** *f* corporate constitution; **U.ziel** *nt* corporate/company objective

unter|ordnen *v/t* to subordinate; **U.ordnung** *f* subordination; **U.ordnungskonzern** *m* subordinated group; **U.organisation** *f* subsidiary organisation, suborganisation; **U.pacht** *f* subtenancy, sublease; **U.pächter** *m* subtenant, sublessee; **U.pachtvertrag** *m* sublease; **U.pariausgabe; U.pariemission** *f* issue (at) below par; **U.pfand** *nt* pledge, deposit; **U.position** *f* sub-item; **U.preisverkauf** *m* sale at below cost (price); **u.proportional** *adj (Kosten)* degressive

Unterredung *f* talk, conversation, interview

Unterricht *m* lessons, classes, tuition; **u.en** *v/t* 1. to inform/advise; 2. to teach/instruct

Unterrichts|erfahrung *f* teaching experience; **U.gebühr** *f* tuition fee; **U.material** *nt* teaching material; **U.stunde** *f* lesson, period *[US]*

Unterrichtung *f* notification

untersag|en *v/t* to prohibit; **U.ung** *f* prohibition, injunction

unterschätz|en *v/t* to underestimate; **U.ung** *f* underestimation

unterscheid|en *v/t* to distinguish/differentiate; **U.ung** *f* distinction, differentiation

Unterschied *m* difference, distinction; **u.-lich** *adj* different

Unterschiedsbetrag *m* differential, difference; **~ begleichen/bezahlen** to make up the difference

unterschlagen *v/t* to embezzle/defraud/misappropriate

Unterschlagung *f* 1. *(Geld)* embezzlement, defraudation, misappropriation; 2. *(Dokument)* suppression; **U. von Geld** misappropriation of funds

Unterschlagungsversicherung *f* fidelity insurance

unter|schreiben *v/t* to sign; **u.schreiten** *v/t* to undercut

Unterschrift *f* 1. signature; 2. *(Bild)* caption; **beglaubigte U.** attested signature; **eigenhändige U.** personal signature, autograph; **faksimilierte U.** facsimile/specimen signature

Unterschrifts|befugnis; U.berechtigung *f* authority/power to sign; **u.berechtigt** *adj* authorized/entitled to sign; **U.berechtigte(r)** *f/m* authorized signatory; **U.probe** *f* specimen signature; **U.vollmacht** *f* authority to sign

Unterschuss *m* shortfall, deficit

unterstellen *v/t* 1. to impute/imply/insinuate; 2. *(unterordnen)* to subordinate

jdm unterstellt *adj* reporting to so.

Unterstellung *f* 1. imputation, implication, insinuation; 2. *(Unterordnung)* subordination

unterstreichen *v/t* 1. to underline; 2. to stress/emphasize

unterstützen *v/t* 1. to assist/support/back (up); 2. *(Antrag)* to second

Unterstützung *f* 1. support, assistance; 2. subsidization, subsidy; 3. *(sozial)* benefit, maintenance (payment); 4. *(Antrag)* secondment; **U. in Geld** cash benefit

Unterstützung beziehen to draw benefit(s); **U. gewähren; U. angedeihen las-**

sen; U. zuteil werden lassen to (grant) support; **um U. werben** to drum up/ muster support

finanzielle Unterstützung financial support/backing; **geldliche U.** pecuniary aid; **öffentliche U.** public welfare/assistance; **staatliche U.** government backing/ support; **wirtschaftliche U.** economic aid

Unterstützungs|anspruch *m (Sozialhilfe)* benefit claim; **u.bedürftig** *adj* needy, indigent; **U.einrichtung** *f* welfare fund; **U.empfänger(in)** *m/f* welfare recipient; **U.fall** *m* welfare case; **U.fonds; U.kasse** *m/f* welfare fund; **U.käufe** *pl (Börse)* support buying; **U.kasse** *f* friendly society; **U.leistung** *f* benefit; **U.leistungen** *pl (Sozialvers.)* social security/welfare benefits; **U.verein** *m* provident/benefit society, benefit club *[US]*; **~ auf Gegenseitigkeit** mutual (provident) society; **U.zahlung** *f* maintenance/welfare/benefit payment

untersuchen *v/t* 1. to look into, to examine; 2. to inspect/investigate; **sich u. lassen** to undergo a test

Untersuchung *f* 1. inspection, examination; 2. investigation, inquiry; **U. der Verbrauchergewohnheiten** (consumer) habit survey; **~ Werbewirksamkeit** impact study

amtliche Untersuchung official inquiry; **ärztliche U.** medical examination/checkup; **eingehende/genaue/gründliche U.** in-depth investigation; **nachfassende U.** follow-up investigation; **wissenschaftliche U.** scientific research; **zollamtliche U.** customs inspection

Untersuchungs|ausschuss *m* committee of investigation, fact-finding commission; **U.beamter** *m* (special) investigator; **U.befund; U.ergebnis** *m/nt* findings; **U.haft** *f* pre-trial detention *[US]*, remand; **U.richter** *m* examining magistrate

Untertage|arbeit *f* underground work; **U.arbeiter** *m* faceworker; **U.bau; U.betrieb** *m* underground mining; **U.deponie** *f* underground dump

unterteil|en *v/t* to subdivide; **U.ung** *f* subdivision

Unterver|brauch *m* underconsumption; **u.frachten** *v/t* to subcharter; **U.gabe** *f* subcontracting; **u.geben** *v/t* to subcontract

untervermiet|en *v/t* to sublet; **U.ung** *f* subletting

unterverpacht|en *v/t* to sublease; **U.ung** *f* sublease

unterverpfänd|en *v/t* to submortgage; **U.ung** *f* submortgage

unterversicher|n *v/t* to underinsure; **u.t** *adj* underinsured; **U.ung** *f* underinsurance

Unterver|sorgung *f* supply shortage; **U.trag** *m* subcontract; **~ vergeben** to contract out, to subcontract; **U.treter** *m* subagent

unterwegs *adv (Waren)* in transit

unterweis|en *v/t* to instruct; **U.ung** *f* instruction

Unterwerfungs|erklärung *f (Schuldner)* statement of confession; **U.klausel** *f (Hypothekenbrief)* sharp clause

unterworfen *adj* subject to

unterzeichn|en *v/t* to sign; **U.er(in)** *m/f* signatory, the undersigned; **der/die U.ete(n)** *m/f/pl* the undersigned

Unterzeichnung *f* signature; **U.sbevollmächtigte(r)** *f/m* authorized signatory

untilgbar *adj* irredeemable; **U.keit** *f* irredeemability

un|tragbar *adj* intolerable, unbearable; **u.trennbar** *adj* inseparable

Untreue *f* 1. breach of trust, disloyalty; 2. § embezzlement

unüber|brückbar *adj* unbridgeable; **u.tragbar** *adj* non-transferable, inalienable, non-negotiable; **u.trefflich; u.windbar** *adj* insuperable, unsurmountable; **u.troffen** *adj* unsurpassed

unum|gänglich *adj* inevitable; **u.kehrbar** *adj* irreversible; **u.stößlich** *adj* irreversible; **u.stritten** *adj* undisputed

ununterbrochen *adj* uninterrupted

unveränder|lich *adj* 1. invariable, fixed, unalterable; 2. *(Börse)* firm; **u.t** *adj* unchanged

unver|antwortlich *adj* irresponsible; **u.arbeitet** *adj* unfinished, unprocessed; **u.ausgabt** *adj* unspent; **u.äußerlich** *adj* § inalienable; **u.bindlich** *adj (Angebot)* not binding, subject to confirmation; **u.braucht** *adj* unspent; **u.brieft** *adj* unsecured; **u.verbürgt** *adj* unwarranted; **u.dient** *adj* undeserved; **u.dorben** *adj* unspoilt; **u.einbar (mit)** *adj* incompatible/inconsistent (with); **u.fälscht** *adj* genuine, unadulterated

unverhältnismäßig *adj* disproportionate; **U.keit** *f* disproportion, disparity

unver|käuflich *adj* 1. unsal(e)able, unmarketable; 2. not for sale; **u.kauft** *adj* unsold; **u.kürzt** *adj (Text)* unabridged; **u.langt** *adj* unsolicited

unvermeid|bar; u.lich *adj* unavoidable, inevitable; **U.barkeit** *f* inevitability

unver|mietet *adj* 1. untenanted; 2. *(leerstehend)* vacant; **u.mindert** *adj* undiminished, unabated

Unvermögen *nt* inability, incapacity

unver|mögend *adj* impecunious; **u.packt** *adj* loose, bulk; **u.plant** *adj* unplanned, unbudgeted; **u.schlossen** *adj* 1. unlocked; 2. *(Brief)* unsealed; **u.schuldet** *adj* 1. without debts; 2. *(Grundstück)* unencumbered; **u.sehrt** *adj* intact, safe; **u.seucht** *adj* uncontaminated, unpolluted; **u.sicherbar** *adj* uninsurable; **u.sichert** *adj* uninsured; **u.sorgt** *adj* unprovided (for)

Unverständnis *nt* lack of understanding

unver|steuert *adj* untaxed, before tax(ation); **u.teilt** *adj (Gewinn)* undistributed, retained; **u.träglich** *adj* incompatible; **u.tretbar** *adj* untenable, indefensible; **u.wechselbar** *adj* unmistakeable; **u.wertbar** *adj* unsal(e)able; **u.wertet; u.wirklicht** *adj* unrealized; **u.wüstlich** *adj* durable, indestructible; **u.zerrt** *adj* undistorted, unbiased; **u.zichtbar** *adj* indispensable; **u.zinslich** *adj* non-interest-bearing; **u.zollbar** *adj* duty-free; **u.zollt** *adj* duty unpaid/forward; **u.züglich** *adj* prompt, immediate

unvoll|endet *adj* incomplete(d), unfinished; **u.kommen; u.ständig** *adj* incomplete, imperfect; **U.kommenheit** *f* imperfection, insufficiency; **u.streckbar** *adj* § unenforceable; **u.zählig** *adj* incomplete

unvor|bereitet *adj* 1. unprepared; 2. *(Rede)* extempore; **u.eingenommen** *adj* unbiased, unprejudiced, impartial, open-minded; **U.eingenommenheit** *f* impartiality; **u.hergesehen** *adj* unforeseen; **u.hersehbar** *adj* unpredictable; **u.schriftsmäßig** *adj* improper; **u.sichtig** *adj* careless; **U.sichtigkeit** *f* carelessness; **u.stellbar** *adj* inconceivable; **u.teilhaft** *adj* disadvantageous

unwägbar *adj* imponderable; **U.keit** *f* imponderable, imponderability

unwahr *adj* untrue, false; **u.scheinlich** *adj* improbable, unlikely

unweigerlich *adj* inevitable

unwesentlich *adj* immaterial, irrelevant

unwichtig *adj* unimportant, insignificant

unwider|legbar *adj* irrefutable, irrebuttable; **u.ruflich** *adj* irreversible, irrevocable

unwiederbringlich *adj* irretrievable

unwirksam *adj* 1. ineffective, invalid; 2. § null and void; **U.keit** *f* 1. invalidity; 2. nullity

unwirtschaftlich *adj* uneconomic(al), unproductive, inefficient; **U.keit** *f* inefficiency

Unwissenheit *f* ignorance; **sich auf U. berufen; sich mit U. entschuldigen; U. als Grund vorbringen; U. vorschützen** to plead ignorance

Unzahl *f* vast number

zur Unzeit *f* ill-timed, untimely

unzer|brechlich *adj* unbreakable; **u.störbar** *adj* indestructible

unzufrieden *adj* dissatisfied; **U.heit** *f* dissatisfaction; **~ am Arbeitsplatz** job dissatisfaction

unzugänglich *adj* inaccessible

unzulänglich *adj* unsatisfactory, inadequate, insufficient; **völlig u.** wholly inadequate; **U.keit** *f* inadequacy, insufficiency

unzulässig *adj* inadmissible, undue, improper; **U.keit** *f* inadmissibility

unzu|mutbar *adj* unacceptable, unreasonable; **u.reichend** *adj* inadequate, insufficient; **U.ständigkeit** *f* 1. incompetence, incompetency; 2. § lack of jurisdiction; **u.treffend** *adj* 1. inapplicable; 2. unfounded; **U.treffendes streichen** *nt (Formular)* delete as required/applicable; **u.verlässig** *adj (Person)* unreliable

un|zweckmäßig *adj* unsuitable, inappropriate; **u.zweifelhaft** *adj* undoubted, unquestionable

üppig *adj* opulent, abundant, lavish; **Ü.keit** *f* abundance, opulence

Urablader *m* first/original shipper

Urabstimmung *f* (strike) ballot; **U. abhalten/durchführen** to (conduct a) ballot; **geheime U.** secret ballot

Urauf|schreibung; U.zeichnung *f (Lohnabrechnung)* prime/primary record

Ur|beleg *m* source document; **U.erzeuger** *m* primary producer; **U.erzeugung** *f* primary production

Urheber *m* author, originator

Urheberrecht *nt* 1. copyright; 2. *(Pat.)* patent right; **U. erwerben** to obtain a copyright; **U. verlängern** to renew a copyright; **U. verletzen** to infringe a copyright

Urheberrechts|abkommen *nt* copyright convention; **U.anspruch** *m* copyright claim; **u.fähig** *adj* copyrightable; **U.gebühr** *f* copyright fee; **U.gesetz** *nt* Copyright Act *[GB]*/Statute *[US]*; **U.inhaber(in)** *m/f* copyright holder; **U.schutz** *m* copyright protection; **U.verletzung** *f* copyright infringement; **U.verzicht** *m* waiver of copyright

Urheberschutz *m* copyright/patent protection; **u.fähig** *adj* copyrightable

Urindustrie *f* primary industry

Urkunde *f* document, deed, instrument; **U. aufsetzen/ausstellen** to draw up a document, ~ an instrument; **U. ausfertigen** to execute a document; **U. eintragen (lassen)** to register a document; **U. beglaubigen lassen** to have a document certified; **U. siegeln** to seal a document; **U. unterfertigen/unterschreiben; U. mit der Unterschrift versehen** to sign a document

amtliche Urkunde official document; **begebbare U.** negotiable document; **beglaubigte U.** certified/authenticated document; **notarielle U.** notarial deed; **unvollständige U.** 1. incomplete document; 2. *(Eigentum)* inchoate instrument/title; **vollstreckbare U.** enforceable instrument

Urkunden|anhang *m* rider; **U.ausfertigung** *f* engrossment; **U.auszug** *m* title abstract; **U.beamter; U.beamtin** *m/f* registrar; **U.beweis** *m* documentary proof/evidence; **U.einsicht** *f* inspection of documents; **U.rolle** *f* register of deeds; **U.-steuer** *f* stamp duty

urkundlich *adj* documentary; **u. dessen** § in witness/testimony whereof

Urkunds|beamter; U.beamtin; U.person *m/f* registrar, recorder

Urlaub *m* holiday, leave, vacation *[US]*; **U. antreten** to go on holiday; **U. beantragen** to apply for leave; **U. genehmigen/gewähren** to grant a holiday; **bezahlter U.** paid holiday/leave; **unbezahlter U.** leave/vacation without pay

Urlauber *m* holidaymaker, vacationist *[US]*

Urlaubs|adresse; U.anschrift *f* holiday/vacation address; **U.anspruch; U.berechtigung** *m/f* leave/holiday entitlement; **U.bezahlung; U.geld** *f/nt* holiday/vacation pay; **U.land** *nt* tourist country; **U.-ordnung; U.plan** *f/m* holiday/vacation schedule; **U.ort** *m* holiday resort; **U.quartier** *nt* holiday accommodation; **U.reisende(r)** *f/m* holidaymaker, vacationist, leisure traveller; **U.saison** *f* tourist/holiday season; **U.vertreter(in)** *m/f* holiday deputy, vacation substitute; **U.zulage; U.zuschlag** *f/m* holiday/vacation allowance

Urmaterial *nt* primary data

Urne *f* *(Wahl)* ballot box

Urprodukt *nt* primary product

Urproduktion *f* primary production; **U.s-betriebe** *pl* extractive industries

Ursache *f* cause, reason, ground(s)

Urschrift *f* original (copy/script)

Ursprung *m* origin, source, root

Ursprungs|bescheinigung *f* certificate of origin; **U.bezeichnung** *f* designation of origin; **U.erklärung** *f* ⊖ declaration of origin; **U.land** *nt* country of origin; **ins ~ zurückführen** *(Geld)* to repatriate; **U.-nachweis** *m* evidence of origin; **U.ort** *m* point/place of origin; **U.patent** *nt* original patent; **U.test** *m* source test; **U.vermerk** *m* statement of origin; **U.wert** *m* original value; **U.zeichen** *nt* mark of origin; **U.zeugnis** *nt* certificate of origin; **U.-zustand** *m* original state

Urteil *nt* 1. opinion; 2. § verdict, judgment, award, (court) ruling; **U. zu Gunsten des Beklagten** verdict for the defendant; **~ Klägers** judgment for the plaintiff

sich mit einem Urteil abfinden to accept a verdict/judgment; **U. anfechten** to appeal against a judgment; **U. aufheben** to reverse/quash a judgment; **U. aufrechterhalten/bestätigen** to uphold a verdict/judgment; **U. bestätigen** to confirm a judgment; **U. erlangen** to obtain a judgment; **U.erlassen** to pass/render judgment; **U.erwirken** to secure/obtain judgment; **U. fällen/sprechen** to render/return a verdict, to judge, to pass judgment; **U. kassieren/umstoßen** to quash a verdict/judgment; **(aus einem) U. vollstrecken** to enforce a judgment; **U. zustellen** to serve judgment

abschließendes Urteil final verdict; **abweichendes U.** dissenting opinion; **bestätigendes U.** confirmatory decision; **endgültiges/letztinstanzliches U.** final judgment; **rechtskräftiges U.** absolute/final decree; **vorläufiges U.** provisional/interim decree

U

urteilen *v/i* to judge/find, to deliver/render a judgment

Urteils|bestätigung *f* confirmation of a judgment; **U.gründe** *pl* reasons/grounds for a judgment; **U.register; U.sammlung** *nt/f* casebook; **U.schuld** *f* judgment debt(s); **U.schuldner(in)** *m/f* judgment debtor; **U.-spruch** *m* 1. finding(s); 2. *(Geschworene)* verdict; 3. *(Strafe)* sentence; 4. *(Schiedsgericht)* award; **U.summe** *f* sum awarded; **U.vermögen** *nt* discernment, power(s) of judgment; **U.vollstreckung** *f* enforcement of a judgment

Ur|text *m* original (text); **U.versender; U.-verlader** *m* first shipper; **U.wahl** *f* direct election; **U.zustand** *m* original state

Usance *f* custom (of the trade); **U.geschäft** *nt* cross deal; **U.handel** *m* cross dealing; **U.kurs** *m* cross rate

Usowechsel *m* usance bill

Usus *m* usage, custom

Utilitaris|mus *m* utilitarianism; **u.tisch** *adj* utilitarian

V

vakant *adj* vacant, unfilled

Vakanz *f* vacancy, vacant position; **V. (neu) besetzen** to fill a vacancy

validier|en *v/t* to validate; **V.ung** *f* validation

Valoren *pl* 1. securities, shares *[GB]*, stocks *[US]*; 2. *(Wertsachen)* valuables

valori|sieren *v/t* to valorize; **V.sierung; V.-sation** *f* valorization

Valuta *pl* 1. *(Datum)* availability date; 2. foreign currency/exchange; 3. *(Gegenwert)* consideration; **V. für einen Wechsel anschaffen** to give consideration for a bill; **für V. zahlen** to pay for value received; **in V. zahlen** to pay in foreign currency

Valuta|abschluss *m* currency transaction; **V.akzept** *nt* foreign currency bill/acceptance; **V.anleihe** *f* foreign currency loan; **V.bestände; V.guthaben** *pl/nt* (foreign) currency holdings; **V.geschäft** *nt* foreign currency transaction; **V.gewinn** *m* currency gain; **V.klausel** *f* currency clause; **V.konto** *nt* foreign currency account; **V.-kredit** *m* (foreign) currency loan; **V.kurs** *m* exchange rate; **V.obligation** *f* currency bond; **V.papier** *nt* foreign (currency) security

Valuta|risiko *nt* exchange/currency risk; **V.tag** *m* availability date; **V.verbindlichkeiten** *pl* currency liabilities; **V.verlust** *m* currency loss; **V.versicherung** *f* foreign currency insurance; **V.wechsel** *m* foreign currency bill/draft

Valuten *pl* ↘ **Valuta** foreign exchange/currency; **V.geschäft** *nt* foreign exchange transaction; **V.konto** *nt* foreign currency account; **V.kurs** *m* rate of exchange

valutier|en *v/t* 1. to fix a value date; 2. to value/appraise; **V.ung** *f* fixing of the value/availability *[US]* date

Vandalismus *m* vandalism

variabel *adj* variable; **V.** *f* variable

Varian|te *f* variant, version; **V.z** *f* variance

Variation *f* variation; **V.sbreite** *f* range; **V.skoeffizient** *m* variation coefficient/ratio

variieren *v/ti* to vary

Vater *m* father; **V.schaft** *f* paternity; **V.-schafturlaub** *m* paternity leave; **V. Staat** the government

Ventil *nt* 1. ☼ valve; 2. outlet; **v.ieren** *v/t* to air/ventilate

Venture|gesellschaft *f* venture capital company/corporation; **V.kapital** *nt* venture/risk capital

verabreden *v/t* 1. to arrange/appoint; 2. § to collude

Verabredung *f* 1. appointment, agreement; 2. *(Termin)* appointment, engagement; 3. § collusion; **V. zur Rechtsbeugung** conspiracy to pervert the course of justice; **V. absagen** to cancel an appointment; **V. einhalten** to keep an appointment

verabschied|en *v/t* 1. *(Gesetz)* to pass/enact; 2. *(entlassen)* to dismiss; 3. *(Haushalt)* to adopt; **V.ung** *f* 1. discharge, dismissal; 2. passage, enactment; 3. adoption

Verächtlichmachung der Konkurrenz *f* disparagement of competitors

Veralten *nt* obsolescence; **geplantes V.** built-in/planned obsolescence; **v.** *v/i* to become obsolete

veraltert *adj* 1. ☼ obsolete; 2. outmoded, out of fashion

veränder|lich *adj* changeable, variable; **v.n** *v/t* to vary/alter/change/modify

Veränderung *f* change, alteration, modification; **V. in Prozent** percentage change;

V.en nach beiden Seiten *(Börse)* up and down fluctuations; **V. des Steuersatzes** tax rate change; **V.en im Vorstand** boardroom changes

Veränderung bewirken to effect a change; **V.en in Kraft setzen** to implement changes; **~ unterliegen** to be subject to change(s)

bauliche Veränderung structural change; **jahreszeitlich bedingte V.** seasonal change; **berufliche V.** change of job; **geringfügige V.en** 1. minor modifications; 2. *(Börse)* fractional changes; 3. § coloured imitation; **konjunkturelle V.** cyclical change; **prozentuale V.** percentage change

Veränderungs|ausweis; V.bilanz *m/f* statement of changes in financial position, ~ sources and application of funds; **V.sperre** *f* 🏛 conservation order

veranlagen *v/t* 1. to rate; 2. *(Steuer)* to assess; **einkommensteuermäßig v.** to asses for income tax; **gemeinsam/zusammen v.** to assess jointly; **sich ~ lassen** to file joint returns; **getrennt v.** to assess separately; **sich ~ lassen** to file separate returns; **körperschaftssteuerlich v.** to assess for corporation tax; **neu v.** to reassess; **steuerlich v.** to assess for tax

veranlagt *adj* 1. *(Steuer)* assessed; 2. *(talentiert)* talented, gifted; **praktisch v.** practically minded

Veranlagte(r) *f/m* 1. taxpayer; 2. *(Kommunalsteuer)* ratepaper

Veranlagung *f* 1. *(Steuer)* assessment; 2. *(Neigung)* (pre)disposition; 3. *(Talent)* gift, talent; **V. zur Einkommensteuer** assessment for income tax; **anteilmäßige V.** pro-rata assessment; **gemeinsame V.** joint assessment; **getrennte V.** separate assessment; **zu niedrige V.** underassessment; **steuerliche V.** tax assessment

Veranlagungs|basis *f* tax base; **V.bescheid** *m* notice of assessment; **f.fähig** *adj* taxable; **V.jahr** *nt* year of assessment; **V.kosten** *pl* assessment costs; **V.liste** *f* tax roll; **V.objekt** *nt* taxable property/income; **V.periode** *f* assessment period; **v.pflichtig** *adj* 1. taxable; 2. *(Kommunalsteuer)* rat(e)able *[GB]*; **V.rücklage** *f* tax reserve; **V.tag** *m* date of assessment; **V.vorschriften** *pl* assessment provisions; **V.wert** *m* 1. taxable value; 2. *(Kommunalsteuer)* rat(e)able value *[GB]*; **V.zeitraum** *m* assessment/tax(able)/rating period

veranlass|en *v/t* to induce/prompt; **V.ung** *f* 1. cause, reason; 2. instigation

veranschaulichen *v/t* to illustrate/exemplify

veranschlagen *v/t* to estimate/assess/rate/appraise; **zu hoch v.** to overestimate/overrate; **zu niedrig v.** to underestimate/underrate

Veranschlagung *f* estimation, assessment, valuation

veranstalt|en *v/t* 1. to organise/arrange; 2. *(betreiben)* to operate; **V.er** *m* 1. organiser, promoter; 2. operator

Veranstaltung *f* function, event; **V.skalender** *m* calendar of events; **V.sleiter(in)** *m/f* organiser, chairperson; **V.sort** *m* venue

verantwortlich *adj* responsible, accountable; **voll v.** fully responsible; **jdn v. machen** to hold so. responsible; **v. sein für** to be responsible for, ~ in charge of; **v. gemacht werden für** to be held responsible for

die Verantwortlichen *pl* those responsible

Verantwortlichkeit *f* responsibility, accountability; **V. delegieren** to delegate responsibility; **alleinige V.** sole responsibility; **strafrechtliche V.** penal liability *[US]*, criminal responsibility *[GB]*

Verantwortung *f* responsibility; **auf eigene V.** at one's own risk; **V. ablehnen** to disclaim responsibility; **V. abschieben/abwälzen** to pass the buck *(coll)*; **jdm die V. aufbürden** to saddle so. with the responsibility; **V. haben/tragen** to be responsible/in charge; **V. übernehmen** to assume the responsibility, to take charge; **jdn zur V. ziehen** to hold so. responsible

gemeinsame/kollektive Verantwortung collective responsibility; **persönliche V.** personal responsibility; **strafrechtliche V.** penal liability *[US]*, criminal responsibility *[GB]*; **zivilrechtliche V.** liability

Verantwortungs|bereich *m* sphere of responsibility, remit; **V.bewusstsein; V.gefühl** *nt* sense of responsibility; **V.kontrollrechnung** *f* responsibility accounting; **(betriebliches) V.zentrum** *nt* responsibility center *[US]*/centre *[GB]*

verarbeit|en *v/t* 1. to use; 2. ⚙/🏭 to process; **V.er** *m* 1. processor, manufacturer; 2. ⛽ refiner

Verarbeitung *f* 1. processing; 2. *(Qualität)* workmanship, finish; **gute V.** good workmanship; **industrielle V.** manufacturing; **schub-/stapelweise V.** batch processing

Verarbeitungs|anlage *f* processing plant; **V.art** *f* processing mode; **V.bestand** *m* working stock; **V.betrieb** *m* processing/manufacturing plant, ~ facility; **V.fehler** *m* manufacturing fault; **V.geschwindigkeit** *f* processing speed; **V.industrie** *f* secondary/processing/manufacturing industry; **V.kosten** *pl* processing/manufacturing cost(s); **V.menge** *f* throughput; **V.ort** *m* place of manufacture; **V.preis** *m* manufacturing price; **V.produkt** *nt* processed product; **V.qualität** *f* workmanship, finish; **V.stufe** *f* processing/production stage; **V.zeit** *f* processing time

verärger|n *v/t* to annoy/antagonize; **V.ung** *f* annoyance, irritation

verarm|t *adj* improverished, poverty-stricken; **V.ung** *f* pauperization

Verästelung *f* ramification

verausgab|en *v/t* to expend/disburse/spend; *v/refl* to overspend; **V.ung** *f* disbursement, expenditure

verauslagen *v/t* to disburse/expend/spend

veräußer|bar *adj* sal(e)able, for sale; **V.er** *m* seller, vendor; **v.n** *v/t* to dispose of, to sell (off)

Veräußerung *f* sale, disposal, realization, alienation; **V. von Anlage-/Vermögenswerten** disposal of assets; **V. an gewerbliche Kunden** trade sale; **~ die tote Hand** *(Grundstück)* alienation in mortmain; **freie V.** open-market sale; **freihändige V.** sale by private treaty; **gerichtliche V.** judicial sale; **unentgeltliche V.** gratuitous transfer

Veräußerungs|anzeige *f* sale advertisement; **V.bedingungen** *pl* conditions of sale; **V.beschränkungen** *pl* sales restrictions; **V.erlös** *m* sales proceeds; **V.geschäft** *nt* sale; **V.gewinn** *m* gain on disposal/sale; **V.kosten** *pl* selling cost(s); **V.preis** *m* sales price; **V.recht** *nt* right of disposal; **V.termin** *m* date of sale; **V.verbot** *nt* prohibition to sell; **V.wert** *m* 1. liquidation/disposal value; 2. scrap/salvage value

Verband *m* (trade) association, (con)federation; **V. der Arbeitgeber** employers' federation; **~ britischen Versicherer** Association of British Insurers (ABI); **~ Wirtschaftprüfer** Chartered Association of Certified Accountants (CACA) *[GB]*

Verbands|absatz *m* association marketing; **V.direktor** *m* association chairman *[GB]*/president *[US]*; **V.geschäftsführer** *m* association manager; **V.klage** *f* § class/group action; **V.mitglied** *nt* member of an association; **V.mitgliedschaft** *f* association membership; **V.satzung** *f* articles of association; **V.sprecher(in)** *m/f* association spokesman/spokeswoman; **V.versammlung** *f* association meeting; **V.vertreter(in)** *m/f* association representative; **V.vertrieb** *m* association marketing; **V.vorsitzende(r)** *f/m* association chairman *[GB]*/president *[US]*; **V.zeichen** *nt* 1. collective trademark; 2. *(Artikelgruppe)* brand name; **V.zeitschrift** *f* trade paper/journal; **V.zeug** *nt* ⚕ dressing (material); **V.zugehörigkeit** *f* association membership

verbergen *v/t* to hide/conceal; **nichts zu v. haben** to have nothing to hide

verbessern *v/t* 1. to improve/upgrade; 2. to revise/amend

Verbesserung *f* 1. improvement, upgrading; 2. *(Text)* revision, amendment; **V. der Betriebsabläufe** operational improvement(s); **V. eines Fehlers** correction of a mistake; **V. der Handelsspanne** improvement of margins; **~ Rentabilität** improvement of profitability

aktivierte Verbesserung capitalized improvement; **bauliche V.** structural improvement; **betriebliche V.en** operational improvements; **technische V.** technical/technological improvement

Verbesserungs|aufwand *m* cost of improvement; **v.fähig** *adj* capable of improvement; **V.vorschlag** *m* suggestion for improvement(s); **V.vorschlagssystem** *nt* 🏭 employee suggestion scheme

verbieten *v/t* to forbid/prohibit/ban

verbillig|en *v/t* to cut/reduce the price; *v/refl (Preise)* to get/become cheaper; **v.t** *adj* reduced, lower-priced; **V.ung** *f* price cut/reduction

verbindlich *adj* 1. binding, obligatory, compulsory, mandatory; 2. *(Text)* authoritative; **allgemein v.** generally binding; **nicht v.** free, without engagement/obligation

Verbindlichkeit *f* 1. obligation, commitment; 2. *(Bilanz)* (accrued) liability, negative asset; 3. binding force/power; **V.en** liabilities, debts, creditors

Verbindlichkeiten aus Akzeptkrediten acceptance liabilities; **V. gegenüber Ban-**

ken due to banks; **V. aus dem Bankgeschäft** banking liabilities; **~ der Begebung und Übertragung von Wechseln** liabilities from the issue and endorsement of bills; **~ Bürgschaften und Gewährleistungsverträgen** liabilities arising from guarantee and warranty contracts; **V. zum Eigenkapitalverhältnis** debt(s)-equity ratio; **V. aus dem Finanzverkehr** liabilities from financial transactions; **V. einer Gesellschaft** partnership/company debts; **V. aus Gewährleistungsverträgen** liabilities under warranties; **V. gegenüber Kreditinstituten** liabilities/due to banks; **V. aus Kreditlinien** facility debts; **~ Lieferungen und Leistungen** creditors, trade accounts payable, trade payables; **V. juristischer Personen** corporate liabilities; **V. mit kurzer Restlaufzeit** maturing liabilities; **V. gegenüber verbundenen Unternehmen** payables to affiliates; **V. aus Warenlieferungen** trade accounts payable; **~ Warenlieferungen (und Leistungen)** (trade) accounts payable, trade creditors/liabilities; **~ (noch nicht eingelösten) Wechseln** bills (of exchange) payable

Verbindlichkeit|en abdecken to meet liabilities; **V.en begleichen** to discharge liabilities; **V.(en) eingehen** to incur a liability, to contract debts/liabilities; **V. erfüllen** 1. fulfil one's obligations/commitments; 2. to meet/discharge an obligation; **V. nicht erfüllen** to default; **einer V. nachkommen** to meet/discharge an obligation; **V.en übernehmen** to assume liabilities

aufgelaufene Verbindlichkeiten accrued debts/liabilities; **ausstehende V.** outstanding liabilities; **bedingte V.** contingent liabilities; **befristete V.** time/term liablities; **eingegangene V.** liabilities incurred; **entstandene (noch nicht fällige) V.** 1. accrued liabilites; 2. *(Bilanz)* accruals; **fällige Verbindlichkeit** mature(d) liability; **sofort ~ V.** sight liabilities; **täglich ~ V.** liabilities payable on demand; **fremde V.** third-pary liabilities; **gemeinsame Verbindlichkeit** joint liability; **gesamtschuldnerische Verbindlichkeit** joint and several liability; **geschäftliche V.** trade debts; **hypothekarische V.** mortgages payable, mortgage debts; **konsolidierte Verbindlichkeit** funded liability; **kurzfristige V.** short-term liabilities; **langfristige V.** long-term liabilities; **laufende V.** short-term/current liabilities; **nachrangige V.** subordinated liabilities; **offene V.** outstanding debts; **schwebende V.** unadjusted liabilities; **sonstige V.** sundry/other/miscellaneous liabilities; **ungesicherte V.** unsecured liabilities; **ungewisse V.** contingent liabilities; **vertragliche V.** contractual obligations; **verzinsliche V.** interest-bearing liabilities

Verbindung *f* 1. link(age), (inter)connection; 2. tie-up, link-up; 3. affiliation, association; 4. ☎ line; 5. 🚆/✈ service, connection; 6. § joinder; **in V. mit** § in conjunction with; **V. aufnehmen** to get in touch (with); **in V. bleiben** to keep in touch; **sich ~ setzen mit** to get in touch with; **V. unterbrechen** to sever links

briefliche Verbindung correspondence; **chemische V.** (chemical) compound

Verbindungs|ausschuss *m* liaison committee; **V.glied** *nt* (connecting) link; **V.-mann** *m* intermediary; **V.stück** *nt* joint; **V.tür** *f* communicating door

verborgen *adj* hidden, concealed

Verbot *nt* ban, prohibition; **V. aufheben** to lift a ban; **V. aussprechen/erlassen/verhängen; mit einem V. belegen** to impose a ban; **gerichtliches V.** (negative) injunction; **gesetzliches V.** statutory prohibition

verboten *adj* forbidden, prohibited; **streng/strengstens v.** strictly prohibited

Verbotsverfügung *f* § prohibitory injunction

Verbrauch *m* use, usage, (rate of) consumption; **V. im Inland** home/domestic consumption; **V. pro Kopf** per-capita consumption; **zum baldigen/sofortigen V. bestimmt** for immediate use

durchschnittlicher Verbrauch average consumption; **eigener V.** personal/own consumption; **einheimischer/inländischer V.** home/domestic consumption; **gewerblicher V.** industrial consumption; **öffentlicher V.** public/government consumption; **zum persönlichen V.** for personal use/consumption

verbrauchen *v/t* to consume, to use (up)

Verbraucher *m* consumer; **gewerblicher/industrieller V.** industrial user; **inländischer V.** domestic user

Verbraucher|analyse *f* consumer research; **V.aufnahmebereitschaft** *f* consumer acceptance; **V.ausgaben; V.aufwand** *pl/m* consumer spending/expenditure; **V.bedarf** *m* consumer demand; **V.bedürfnisse** *pl* consumer wants/needs; **V.beratung** *f* consumer counselling/advice; **V.bewegung** *f* consumer movement; **v.bewusst** *adj* consumer-conscious; **V.bewusstsein** *nt* consumer awareness/consciousness; **V.boykott** *m* consumer boycott; **V.darlehen** *nt* consumer/consumption *[US]* loan; **V.einkommen** *nt* consumer income; **v.feindlich** *adj* anti-consumer; **v.freundlich** *adj* consumer-friendly; **V.genossenschaft** *f* consumer cooperative/society; **V.geschmack** *m* consumers' taste; **V.gewohnheiten** *pl* consumer habits; **V.haushalt** *m* consumer household; **V.industrie** *f* consumer industry; **V.information(en)** *f/pl* consumer information; **V.kapital** *nt* consumer capital; **V.käufe** *pl* consumer buying; **V.kaufkraft** *f* consumer purchasing power; **V.konjunktur** *f* consumer boom; **V.konsum** *m* consumer spending; **V.kredit** *m* consumer credit/loan, personal loan; **V.land** *nt* consuming country; **V.markt** *m* hypermarket, superstore; **V.nachfrage** *f* consumer demand; **V.organisation** *f* consumer organisation; **v.orientiert** *adj* consumer-orient(at)ed, consumer-focused

Verbraucherpreis *m* consumer price; **V.index** *m* consumer/retail price index (RPI)

Verbraucherschaft *f* consuming public, consumers

Verbraucherschutz *m* consumer protection; **V.bewegung** *f* consumerism

Verbaucher|statistik *f* consumer statistics; **V.streik** *m* buyers'/consumers' strike; **V.trend** *m* consumer trend; **V.umfrage** *f* consumer survey; **V.untersuchung** *f* consumer research; **V.verband; V.vereinigung** *m/f* consumer associaton; **V.verhalten** *nt* consumer behaviour; **V.verschuldung** *f* consumer debt; **V.vertrauen** *nt* consumer confidence; **V.vertretung** *f* consumers' association; **V.werbung** *f* consumer advertising; **V.widerstand** *m* consumer resistance; **V.wirtschaft** *f* consumer economics; **V.wünsche** *pl* consumer wants; **V.zentrale** *f* consumer advice center *[US]*/centre *[GB]*

Verbrauchs|abgabe *f* excise duty; **V.abweichung** *f* budget variance; **v.arm** *adj (Treibstoff)* fuel-efficient; **V.artikel** *pl* consumer goods; **V.aufwand; V.ausgaben** *m/pl* consumer expenditure/spending; **V.bedarf** *m* consumer demand/needs; **V.bereitschaft** *f* propensity to consume; **V.einheit** *f* unit of consumption; **V.einkommen** *nt* consumer income; **V.faktor** *m* consumption factor; **v.fertig** *adj* ready for consumption; **V.forschung** *f* consumer research; **V.freudigkeit** *f* propensity to consume; **V.funktion** *f* consumption function; **V.gegenstände** *pl* consumer goods; **V.gewohnheiten** *pl* consumer habits

Verbrauchsgüter *pl* consumer/consumption goods, consumables; **dauerhafte/haltbare/langlebige/technische V.** consumer durables; **gewerbliche V.** industrial consumer goods; **handelsfähige V.** consumer tradables; **kurzlebige V.** perishables, non-durables

Verbrauchsgüter|gewerbe; V.industrie; V.sektor *nt/f/m* consumer goods industry/sector; **V.hersteller** *m* consumer goods manufacturer; **V.konjunktur** *f* consumer boom; **V.markt** *m* consumer (goods) market

verbrauchs|intensiv *adj* consumption-intensive; **V.konjunktur** *f* consumer boom; **V.land** *nt* country of consumption; **V.material** *nt* consumables; **V.nachfrage** *f* consumer demand; **V.neigung** *f* propensity to consume; **V.niveau** *nt* level of consumption; **v.orientiert** *adj* consumption-orient(at)ed; **V.ort** *m* place of consumption; **V.preis** *m* retail price; **V.quote** *f* consumption ratio; **V.rate** *f* rate of consumption; **V.rückgang** *m* drop/fall in consumption; **V.sektor** *m* consumer goods sector; **V.steigerung** *f* increase in consumption

Verbrauchssteuer *f* excise duty/tax; **V.aufkommen** *nt* excise revenue; **v.pflichtig** *adj* liable to excise duty

Verbrauchs|stoffe *pl* materials; **V.umschichtung; V.verlagerung** *f* shift in consumption; **V.verhalten** *nt* pattern of consumption; **V.waren** *pl* consumer goods; **V.werbung** *f* consumer advertising; **V.wert** *m* usage value; **V.wirtschaft** *f* consumer economics; **V.zahlen; V.ziffern** *pl* consumption figures; **V.zunahme; V.zuwachs** *f/m* increased consumption

verbraucht *adj* spent, used (up)
Verbrech|en *nt* crime; **V.er(in)** *m/f* criminal
verbreiten *v/t* 1. to spread; 2. *(Nachrichten)* to disseminate/propagate; 3. to distribute
verbreiter|n *v/t* to widen/broaden/enlarge/spread; **V.ung** *f* widening, broadening, enlargement
verbreitet *adj* common, current; **allgemein/weit v.** widespread
Verbreitung *f* 1. spread, dispersal; 2. *(Zeitung)* distribution, circulation; **V.sanalyse** *f* circulation analysis; **V.sdichte** *f* circulation density
verbrennen *v/t* to burn/incinerate
Verbrennung *f* 1. burning, incineration, combustion; 2. ⚕ burn; **V.sanlage** *f* incinerator; **V.sofen** *m* incinerator; **V.sprozess; V.svorgang** *m* combustion process
verbrief|en *v/t* 1. to guarantee; 2. *(Forderung)* to securitize/collateralize; 3. to (grant by) charter; **V.ung** *f* securitization, collateralization
verbringen *v/t* 1. *(Ware)* to transport; 2. *(Zeit)* to spend
verbuchen *v/t* to enter/book/post
Verbuchung *f* entry, posting, booking; **V.sstelle** *f* accounting title/position; **V.szeitraum** *m* accounting period
Verbund *m* 1. link; 2. association; **V.absatz** *m* cross-selling; **V.anlage** *f* compound plant; **V.betrieb** *m* compound operation; **V.effekt** *m (Werbung/Warenzeichen)* composite effect
verbunden (mit) *adj* joint, common, composite
Verbund|fertigung *f* joint production; **V.forschung** *f* joint research; **V.gesellschaft** *f* combine; **V.konzern** *m* vertical trust *[US]*; **V.marketing** *nt* joint marketing; **V.netz** *nt* ⚡ grid (system); **V.produkt** *nt* joint product; **V.produktion** *f* joint production; **V.unternehmen** *nt* group/affiliated company; **V.werbung** *f* joint/association advertising; **V.wirtschaft** *f* integrated economy
verbürgen *v/t* to guarantee/warrant, to furnish/stand security
verchartern *v/t* to charter/freight out
Verderb *m* spoilage, decay, deterioration; **v.en** *v/t* to deteriorate/decay; **v.lich** *adj (Ware)* perishable
verdichten *v/t* to compact/condense
Verdichtungsraum *m (Bevölkerung)* conurbation, agglomeration, densely populated area
verdienen *v/t* 1. to earn; 2. to merit/deserve; **brutto v.** to gross; **netto v.** to net
Verdiener *m* earner, breadwinner
Verdienst *m* 1. earnings, pay, income; 2. gains, profit; *nt* merit; **v.abhängig** *adj* earnings-related
Verdienstausfall *m* loss of earnings/income; **V.entschädigung** *f* compensation for loss of earnings; **V.versicherung** *f* loss of earnings insurance
Verdienst|bescheinigung *f* statement of earnings; **v.bezogen** *adj* earnings-related; **V.garantie** *f* guaranteed income; **V.spanne** *f* profit margin
verdient *adj* 1. earned; 2. well-deserved
verding|en *v/t* to farm/contract out, to outsource; **V.ung** *f* contracting out, outsourcing
verdopp|eln *v/t* to (re)double/duplicate; **V.(e)lung** *f* doubling, duplication
verdorben *adj* spoiled, spoilt
verdrängen *v/t* to crowd/push/squeeze out
Verdrängung *f* 1. crowding out; 2. ⚓ displacement; **V. aus dem Besitz** dispossession; **V.stonnage** *f* ⚓ displacement tonnage; **V.stonne** *f* displacement ton; **V.swettbewerb** *m* cutthroat competition
verdreifach|en *v/t/v/refl* to triple/triplicate/treble; **V.ung** *f* trebling, triplication
verdünn|en *v/t* to dilute/thin, to water down; **V.ung** *f* dilution, watering down
Veredel|er *m* processor; **v.n** *v/t* to process/finish
Vered(e)lung *f* processing, finishing; **aktive V.** inward processing; **passive V.** outward processing
Vered(e)lungs|betrieb *m* process(ing) plant; **V.erzeugnis; V.produkt** *nt* finished/processed product; **V.industrie** *f* process(ing)/finishing industry; **V.stufe** *f* processing stage; **V.verfahren** *nt* finishing process
Vered(e)lungsverkehr *m* temporary/importation for processing; **aktiver V.** temporary importation for processing; **passiver V.** temporary exportation for processing
Vered(e)lungswirtschaft *f* processing industry

vereidigen *v/t* to swear in, to put on oath
Verein *m* society, association, club; **V. auf Gegenseitigkeit** friendly/mutual society; **V. des bürgerlichen Rechts** civil-law association; **einem V. beitreten** to join a society/club; **V. eintragen lassen** to register/incorporate a club, ~ an association
eingetragener Verein registered society/association *[GB]*, incorporated society/association *[US]*; **gemeinnütziger V.** non-profit association *[GB]*/corporation *[US]*; **wohltätiger V.** charitable association, charity
vereinbar *adj* compatible
vereinbaren *v/t* to agree/stipulate/arrange; **vertraglich v.** to stipulate by contract
Vereinbarkeit *f* compatibility
vereinbart *adj* agreed, stipulated; **es gilt als v., dass** it is understood that; **falls/soweit nicht anderweitig v.** unless otherwise agreed; **vertraglich v.** contractually agreed
Vereinbarung *f* 1. agreement, contract, deal; 2. *(Detail)* stipulation; **V. auf Gegenseitigkeit** reciprocal agreement; **V. über Gewerkschaftszwang** union membership agreement (UMA) *[GB]*; **~ Preisabsprachen** price-fixing agreement; **~ Preisbindung** resale price maintenance agreement
Vereinbarung erzielen to reach agreement; **sich an eine V. halten** to abide by an agreement; **V. schließen** to enter into a contract
ausdrückliche Vereinbarung express agreement; **außergerichtliche V.** out-of-court settlement; **bindende V.** binding agreement; **gegenseitige V.** mutual agreement; **gütliche V.** amicable settlement; **mündliche V.** oral/verbal agreement; **schriftliche V.** agreement in writing; **stillschweigende V.** tacit agreement; **tarifvertragliche V.** collective agreement; **vertragliche V.** contractual obligation; **wettbewerbsbeschränkende V.** restrictive agreement
vereinbarungsgemäß *adv* as agreed
vereinfach|en *v/t* to simplify; **V.ung** *f* simplification
vereinheitlich|en *v/t* to standardize/harmonize; **V.ung** *f* standardization, harmonization
vereinigen *v/t* 1. to combine/unite/pool; 2. to consolidate/merge

Vereinigung *f* 1. union; 2. *(Fusion)* merger, consolidation; 3. association, federation; **V. der Arbeitgeber** employers' federation; **V. auf Gegenseitigkeit** mutual association, friendly society
berufliche Vereinigung professional association; **gemeinnützige V.** non-profit-making association; **rechtsfähige V.** incorporated association; **wirtschaftliche V.** commercial association; **wohltätige V.** charitable association, charity
Vereinigungs|freiheit *f* freedom of association; **V.recht** *nt* right of association
vereinnahmen *v/t* to collect/receive/take
vereinzelt *adj* single, isolated
vereitel|n *v/t* to thwart/foil/prevent/frustrate; **V.ung** *f* frustration, prevention
Verelendung *f* impoverishment, pauperization
Verengung *f* narrowing, contraction; **V. der Ertragsspanne** narrowing of margins; **V. am Geldmarkt** money market squeeze
vererben *v/t* to leave
Verfahren *nt* 1. process, practice; 2. *(Vorgehen)* procedure, technique; 3. § proceedings; **V. zur Beilegung von Arbeitskonflikten/Streitigkeiten** disputes procedure; **V. zwecks Erlass einer einstweiligen Verfügung** § injunction proceedings; **V. der Rechnungslegung** accounting procedure; **V. zur Regelung von Versicherungsansprüchen** claims procedure; **V. in Zivilsachen** § civil proceedings
Verfahren absetzen to discontinue proceedings; **V. anstrengen/einleiten** to institute proceedings; **V. aussetzen** to suspend/stay proceedings; **V. einstellen** 1. to dismiss a case; 2. *(zeitweilig)* to stay an action/the proceedings; **V. niederschlagen** to quash proceedings; **V. vereinigen/zusammenfassen** to consolidate proceedings; **V. wieder aufnehmen** to reopen a case
abgekürztes Verfahren summary proceedings; **beschleunigtes V.** fast-track procedure; **chemisches V.** chemical process; **disziplinarisches V.** disciplinary proceedings; **gerichtliches V.** legal proceedings; **gesetzlich geschütztes V.** proprietary (industrial) process; **gewerbliches V.** industrial production method; **industrielles V.** industrial process; **ord-**

nungsgemäßes/rechtsstaatliches V. due process of law; **schiedsgerichtliches/schiedsrichterliches V.** arbitration proceedings; **schwebendes V.** pending action; **strafrechtliches V.** criminal proceedings; **streitiges V.** litigation; **summarisches V.** summary proceedings; **technisches V.** technical process; **übliches V.** general/standard practice; **zivilrechtliches V.** civil proceedings

verfahren *v/i* to proceed/act

Verfahrens|art *f* mode of procedure; **V.aussetzung** *f* stay of proceedings; **V.beschluss** *m* procedural order; **V.einrede; V.einwand** *f/m* (plea of) exception; **V.einstellung** *f* dismissal/stay of proceedings; **V.eröffnung** *f (Konkurs)* institution of bankruptcy proceedings; **V.fehler** *m* procedural error; **V.frage** *f* technical/procedural question; **V.gründe** *pl* procedural grounds; **V.ingenieur** *m* process engineer; **V.ordnung** *f* rules/code of procedure; **V.recht** *nt* procedural/adjective law; **V.technik** *f* process engineering/technology; **V.techniker** *m* process engineer; **V.weise** *f* policy, practice; **V.zuschlag** *m* process allowance

Verfall *m* 1. *(Termin/Frist)* (date of) expiration/expiry; 2. *(Niedergang)* decline, slide; 3. 🏛 disrepair, dereliction; **V. einer Police** lapse of a policy

Verfall|buch *nt* 1. maturity index/tickler; 2. (bill) diary; **~ für Akzepte** acceptance diary *[GB]*, maturity tickler *[US]*

verfallen *v/i* 1. *(Termin)* to expire; 2. § to lapse; 3. 🏛 to fall into disrepair; *adj* 🏛 derelict

Verfall|erklärungsverfahren *nt (Hypothek)* foreclosure proceedings; **V.klausel** *f* forfeiture/expiration clause

Verfalls|datum *nt* 1. expiration/expiry date; 2. *(Haltbarkeit)* eat-by/use-by/best-before/sell-by *[GB]* date; **V.tag; V.termin** *m* expiry/expiration/cut-off date

Verfallzeit *f (Wechsel)* maturity

verfälsch|en *v/t* 1. *(Nachricht)* to distort; 2. *(Banknote)* to counterfeit; 3. *(Lebensmittel)* to adulterate; **V.ung** *f* 1. distortion; 2. forgery, falsification; 3. adulteration; **~ des Wettbewerbs** distortion of competition

verfass|en *v/t* to draft/compose; **V.er(in)** *m/f* author(ess), writer

Verfassung *f* 1. § constitution; 2. *(Zustand)* condition, state; 3. *(Börse)* mood; **in glänzender/guter V. sein** *(Börse)* to be strong; **~ labiler V. sein** to be weak

in bester Verfassung 1. in perfect condition; 2. ⚕ in perfect health; **beste V.** *(Börse)* firm showing; **gute V.** *(Börse)* bullish mood; **in kläglicher V.** in a sorry state; **körperliche V.** physical constitution/shape; **schwache V.** *(Börse)* bearish mood; **uneinheitliche V.** *(Börse)* volatile trading

verfaulen *v/i* to decompose/rot

Verfechter(in) *m/f* advocate, champion

Verfehlung *f* misconduct, misdemeanour

verfeinern *v/t* to refine/improve

verfertig|en *v/t* to manufacture/fabricate; **V.er** *m* fabricator, manufacturer

verflachen *v/i/refl* to level off

verflechten *v/t* to integrate/amalgamate

Verflechtung *f* amalgamation, integration; **V. von Interessen** interlocking interests; **V. internationaler Märkte** integration of international markets; **V. mit nachgelagerten Sektoren/Wirtschaftszweigen** forward linkage; **~ vorgelagerten Sektoren/Wirtschaftszweigen** backward linkage; **V. der Weltmärkte** integration of world markets, globalization

absatzmäßige Verflechtung forward linkage; **außenwirtschaftliche V.en** foreign trade links; **beschaffungsmäßige V.** backward linkage; **finanzielle V.(en)** financial links; **internationale V.en** international integration; **kapitalmäßige V.(en)** cross holdings; **wirtschaftliche V.(en)** economic integration

verflüchtigen *v/refl* 1. to evaporate; 2. to disappear

verflüssig|en *v/t (Kapital)* to liquidate/sell/realize; **V.ung** *f* liquidation, realization

verfolg|bar *adj* § actionable; **v.en** *v/t* 1. to pursue/follow; 2. *(Logistik)* to track/trace; **V.ung** *f* 1. pursuit; 2. trackig, tracing

verfrachten *v/t* to (af)freight/consign/ship

Verfrachter *m* consignor, shipper; **V. und Befrachter** owner and charterer

Verfrachtung *f* shipping, consignment

verfügbar *adj* 1. available; 2. *(Geld)* on call; **frei v.** discretionary; **kurzfristig v.** 1. available at short notice; 2. on short call; **nicht v.** non-available

Verfügbarkeit *f* availability
verfügen *v/t* to order/rule/decree; **v. über** to dispose of; **letztwillig/testamentarisch v.** to devise/bequeath
Verfügung *f* 1. § decree, order, ruling; 2. disposal; **V. aufheben** to lift an injunction; **(einstweilige) V. beantragen** to seek an injunction, to take out a writ; **~ erlassen** to grant an injunction; **~ erwirken** to obtain an injunction; **etw. zur alleinigen V. haben** to have exclusive use of sth.; **auf V. klagen** to seek an injunction; **zur V. stehen** to be available
einseitige Verfügung ex parte *(lat.)* injunction; **einstweilige V.** injunction, writ; **auf Unterlassen/Unterlassung gerichtete ~ V.** cease-and-desist order; **gerichtliche/richterliche V.** (court) injunction, writ; **letztwillige V.** (last) will; **testamentarische V.** (last) will; **zwingend vorgeschriebene V.** mandatory provision; **vorläufige V.** injunction, writ
Verfügungs|befugnis *f* power(s) of disposition; **V.berechtigung** *f* 1. power(s) of disposal; 2. *(Konto)* drawing authorization; **V.einkommen** *nt* disposable income; **V.gewalt; V.macht** *f* power(s) of disposal; **V.kredit** *m* debt overdraft facility; **V.papier** *nt* document of title; **V.recht** *nt* 1. right of disposal; 2. *(Konto)* drawing right; **V.sperre** *f* § restraining order; **V.verbot** *nt* restraining order
Vergabe *f* *(Auftrag)* award (of a contract); **V. von Unteraufträgen** subcontracting, outsourcing; **V.verfahren** *nt* tendering/bidding (procedure)
Vergangenheit *f* 1. past, history; 2. *(Person)* record; **berufliche V.** job record
vergeben *v/t* 1. *(Auftrag)* to place/award; 2. *(Stelle)* to allocate; 3. *(Arbeit)* to assign; **nach außerhalb v.** *(Auftrag)* to outsource
Vergehen *nt* § offence; **V. gegen die öffentliche Ordnung** public order offence
Vergeltung *f* 1. retaliation; 2. *(Belohnung)* reward
Vergeltungsmaßnahme *f* reprisal, retaliatory action; **wirtschaftliche V.** economic reprisal
Vergeltungszoll *m* retaliatory tariff/duty
vergesellschaft|en *v/t* to nationalize/socialize *[US]*; **V.ung** *f* 1. nationalization, socialization *[US]*; 2. *(Kommunalisierung)* municipalization
vergeud|en *v/t* to squander/waste; **V.ung** *f* squandering, wastage
Vergleich *m* 1. comparison; 2. § composition, (amicable) settlement; **V. zur Abwendung des Konkurses** arrangement with creditors; **~ Vermeidung des Rechtsweges** out-of-court settlement
Vergleich abschließen to compound, to make an arrangement; **V. mit Gläubigern abschließen** to compound with one's creditors; **V. aufheben** to set aside a composition; **sich im V. ausnehmen** to compare (with); **V. eingehen; zu einem V. gelangen/kommen** to reach a settlement; **durch V. regeln** to settle by composition; **V. schließen** to settle/compound
mit den Konkursgläubigern abgeschlossener Vergleich composition in bankruptcy; **außergerichtlicher V.** out-of-court/amicable settlement; **gerichtlicher V.** court composition/settlement; **gütlicher V.** amicable settlement
vergleichbar *adj* comparable, like-for-like
Vergleichbarkeit *f* comparability; **V. der Einkommen/Gehälter/Löhne** pay comparability
vergleichen *v/t* to compare; *v/refl* § to settle/compound; **sich v. lassen** to compare; **sich außergerichtlich v.** to make an out-of-court settlement; **sich gütlich v.** to make an amicable settlement; **postenweise v.** *(Bilanz)* to reconcile items
Vergleichs|angebot *nt* settlement offer; **V.antrag** *m* § petition for composition; **V.arbeitsplatz** *m* benchmark job; **V.gläubiger(in)** *m/f* creditor in a settlement; **V.jahr** *nt* reference year; **V.liste** *f* check list; **V.maßstab** *m* yardstick; **V.miete** *f* reference rent; **V.muster** *nt* reference sample; **V.periode** *f* reference period; **V.regelung** *f* § composition (settlement); **V.termin** *m* 1. settlement day; 2. *(Konkurs)* hearing date; **V.urkunde** *f* deed of arrangement; **V.verfahren** *nt* § composition proceedings; **V.vertrag** *m* deed of arrangement; **V.verwalter** *m* administrator/trustee (in composition proceedings); **V.vorschlag** *m* offer of a settlement; **V.wert** *m* benchmark; **V.zahl** *f* comparative/benchmark figure; **V.zeitraum** *m* reference/corresponding period; **V.ziffern** *pl* comparative figures
Vergnügen *nt* pleasure, amusement
Vergnügungs|aktien *pl* entertainment

shares *[GB]*/stocks *[US]*; **V.branche** *f* entertainment industry; **V.gelände; V.-park** *nt/m* amusement park, pleasure ground; **V.steuer** *f* entertainment tax; **V.-titel; V.werte** *pl (Börse)* entertainment shares *[GB]*/stocks *[US]*

vergriffen *adj* out of print/stock

vergrößern *v/t* 1. to increase; 2. to enlarge/magnify

Vergrößerung *f* increase, extension, enlargement; **V. des Tätigkeitsbereichs** job enlargement

Vergünstigung *f* 1. concession, benefit, perquisite, perk *(coll)*; 2. relief, allowance; 3. *(Preis)* reduction; **V.en für Mitarbeiter** employee benefits; **~ Verbraucher** consumer benefits; **steuerliche V.** tax concession; **V.starif** *m* preferential tariff

vergüten *v/t* to compensate/reimburse

Vergütung *f* 1. compensation, reimbursement, refund; 2. pay(ment), remuneration, emoluments, reward package; **gegen V.** for a consideration; **V. für leitende Angestellte** excecutive allowance; **~ den Firmenwert** goodwill allowance; **V. von Spesen** reimbursement of expenses; **~ Überstunden** overtime pay; **~ Zöllen** customs drawback

Teil der Vergütung sein to come/go with the job

angemessene Vergütung 1. fair and reasonable compensation; 2. § quantum meruit *(lat.)*; **erfolgsabhängige V.** profit-related pay (PRP); **erfolgsbezogene V.** performance-related earnings; **leistungsgerechte V.** payment by results; **tarifliche V.** standard pay; **zusätzliche V.** supplementary allowance

Vergütungs|anspruch *m* claim for compensation; **V.komponente** *f* pay component; **V.paket** *nt* pay package; **V.tabelle** *f* scale of remuneration

verhaft|en *v/t* to arrest; **V.ung** *f* arrest

Verhalten *nt* behavio(u)r, conduct; **(aufeinander) abgestimmtes V.** concerted action; **berufswidriges V.** professional misconduct; **fahrlässiges V.** negligence; **ökonomisches V.** economic behavio(u)r; **rechtswidriges V.** illegal conduct; **schuldhaftes V.** culpable conduct; **standesgemäßes V.** professional conduct; **standeswidriges V.** professional misconduct; **vertragswidriges V.** acting in breach of contract; **wettbewerbsbeschränkendes / wettbewerbsverhinderndes / wettbewerbsfeindliches / wettbewerbsschädliches / wettbewerbswidriges V.** restrictive practices, restraint of trade; **wirtschaftliches V.** economic behavio(u)r

Verhaltens|forschung *f* behavio(u)ral science; **V.kodex; V.normen** *m/pl* code of conduct/practice; **V.regel** *f* rule of conduct; **V.theorie** *f* behavio(u)ral theory; **V.weise** *f* behavio(u)r, habit, conduct

Verhältnis *nt* 1. π ratio; 2. relationship, proportion; **V.se** 1. conditions, circumstances; 2. *(Vermögen)* means

Verhältnis von Aktienkurs zu Gewinnzuwachs price-earnings growth (PEG); **V. des Aktienkurses zum Reingewinn** price-earnings ratio (p/e); **V. der Aktiva zu den Passiva** equity ratio; **~ kurzfristigen Aktiva zu den kurzfristigen Verbindlichkeiten** current ratio; **~ liquiden Aktiva zu den laufenden Verbindlichkeiten** acid test; **V. von Arbeitgebern und Arbeitnehmern** labo(u)r/industrial relations; **V. von Aufwand zu Umsatzerlös** expense ratio; **~ Eigen- zu Fremdkapital** leverage, gearing; **~ Einlagen zu Kapital** capital-deposit ratio; **V. zwischen Fremd- und Eigenkapital** debt(-to)-equity ratio; **V. von Gewinn zu Dividende** earnings-dividend ratio; **V. Gewinn-Umsatz** sales-profit ratio; **V. von Kosten und Ertrag** cost-income ratio; **V. der Standardlohneinzelkosten zu Istkosten** labo(u)r cost ratio; **V. zwischen Umlaufvermögen und kurzfristigen Schulden** current ratio; **~ Umsatzerlösen und variablen Kosten** variable cost ratio

seinen Verhältnis|sen entsprechend leben to live within one's means; **in guten V.sen leben** to be well off; **über seine V.se leben** to live beyond one's means; **seine V.se ordnen** to settle one's affairs

finanzielle Verhältnis|se financial circumstances; **gespanntes V.** strained relations; **obligatorisches V.** contractual relationship; **örtliche V.se** local conditions; **soziale V.se** social conditions; **umgekehrtes V.** inverse proportion; **im umgekehrten V.** inversely proportional; **vermögensrechtliche V.se** pecuniary circumstances; **vertragliches V.** contractual relationship; **wirtschaftliche V.se** economic situation/circumstances

verhältnismäßig *adj* proportionate, relative, pro rata
Verhältniszahl *f* ratio, coefficient, factor; **betriebliche V.en** operating ratios
verhandel|bar *adj* 1. negotiable; 2. § *(Zivilrecht)* actionable; **v.n** *v/t/i* 1. to negotiate/bargain; 2. § to hear
Verhandlung *f* 1. negotiation; 2. § hearing; **V.en auf Betriebsebene** shop-floor bargaining; **V. eines Falles** hearing of a case; **V.en zwischen den Tarif-/Sozialpartnern** collective bargaining
Verhandlung|en abbrechen to break off negotiations; **V. aussetzen** to stay proceedings; **V. eröffnen** § to open the hearing; **in V.(en) stehen** to be negotiating; **V. unterbrechen** to stay/suspend proceedings
geheime Verhandlung|en private negotiations; **gerichtliche V.** court hearing; **öffentliche V.** public hearing; **zähe V.en** tough negotiations/talks
Verhandlungs|angebot *nt* offer to negotiate; **V.auftrag** *m* negotiating mandate
Verhandlungs|bevollmächtigte(r) *f/m* plenipotentiary; **V.dolmetscher(in)** *m/f* conference interpreter; **V.erfahrung** *f* negotiating experience; **v.fähig** *adj* 1. negotiable; 2. § judicable; **V.gremium** *nt* negotiating body; **V.mandat** *nt* negotiating mandate; **V.partner** *m* negotiating partner/party; **V.position** *f* bargaining position; **V.punkt** *m* bargaining point; **V.sache** *f* 1. matter of negotiation; 2. *(Anzeige)* negotiable; **V.spielraum** *m* bargaining powers; **V.stand** *m* state of negotiations; **V.talent** *nt* negotiating skill(s); **V.tisch** *m* bargaining table
verhäng|en *v/t* *(Maßnahme)* to impose; **V.ung** *f* imposition
verhinder|n *adj* to prevent/stop; **V.ung** *f* prevention
verhökern *v/t* to peddle/hawk
verjähren *v/i* § to become statute-barred
Verjährung *f* § statutory period/limitation; **V.sfrist** *f* 1. statutory period; 2. *(Vers.)* limitation period; **V.gesetz** *nt* statute of limitation(s)
verkalkulieren *v/refl* to miscalculate
Verkauf *m* 1. sale, disposal, sell-off; 2. selling; 3. sales department; **zum V.** for sale
Verkauf auf Abzahlungsbasis instalment sale, hire purchase *[GB]*, deferred payment sale *[US]*; **Verkäufe institutioneller Anleger** *(Börse)* institutional selling; **V. gegen Anschreiben** charge sale; **V. mit Anzahlung** sale on account; **V. im Ausschreibeverfahren** sale by tender; **V. à la/auf Baisse** bear *[GB]*/short *[US]* selling; **V. gegen bar** cash sale; **V. in Bausch und Bogen** outright sale; **V. auf Besichtigung** sale on inspection; **V. am Bildschirm** teleselling; **V. ohne Deckung** short sale; **V. zu Deckungszwecken** hedging sale; **V. unter Einkaufspreis** below-cost sale; **V. im Freiverkehr** over-the-counter (OTC) sale; **V. wegen Geschäftsaufgabe** close-out *[US]*/closing-down *[GB]* sale; **V. an Gewerbetreibende** trade sale; **V. von Haus zu Haus** door-to-door selling; **V. gegen Kasse** cash sale; **V. auf Kommissionsbasis** sale on consignment; **~ Kredit(basis)** credit sale; **V. über den Ladentisch** over-the-counter (OTC) sale; **V. ab Lager** cash and carry sale; **V. von Lagerbeständen** stock sale; **V. auf Lieferung** *(Börse)* forward sale; **V. am offenen Markt** open-market sale; **V. gegen Nachnahme** cash-on-delivery *[GB]*/collect-on-delivery *[US]* sale; **V. zu herabgesetzten Preisen** bargain sale; **V. mit Preisoption** call sale; **V. auf/nach Probe** sale on approval; **V. auf Rechnung** sale on account; **V. und Rückmiete; V. mit gleichzeitiger Rückmiete** sale and leaseback; **V. nach dem Schneeballsystem** pyramid selling; **V. unter Selbstkosten** sale below cost (price); **V. zum Selbstkostenpreis** sale at cost (price); **V. durch Submission** sale by tender; **V. per Telefon** telephone selling; **V. auf Termin** forward sale; **Verkäufe zur Vermeidung von Verlusten** stop-loss selling; **V. im Wege der Versteigerung** sale by auction; **V. unter Vorbehalt** conditional sale; **V. feuerbeschädigter Waren** fire sale; **V. an Wiederverkäufer** trade sale; **V. ohne Zwischenhandel** direct selling
zum Verkauf bestimmt for sale; **~ geeignet** sal(e)able, merchantable
Verkauf abschließen to effect a sale; **zum V. anbieten** to offer for sale; **V. ankurbeln** to boost sales; **V. annullieren** to rescind a sale; **zum V. anstehen** to be up for sale; **V. fördern** to promote sales; **zum V. gelangen/kommen** to come up for sale; **~ stehen** to be up for sale; **~ stellen** to put up for sale

V

bedingter Verkauf conditional sale; **direkter V.** direct selling; **fester V.** firm sale; **freihändiger V.** open-market sale; **gemeinsamer V.** joint selling; **lebhafter V.** brisk sale; **spekulative Verkäufe** speculative selling; **technische Verkäufe** *(Börse)* technical selling; **vollständiger V.** clearance sale

verkaufen *v/t* to sell/vend/market; **alles v.** to sell up; **gegen bar v.** to sell for cash; **sich besser v. als** to outsell; **en detail v.** to retail; **freihändig v.** to sell by private treaty; **en gros v.** to sell wholesale; **sich gut v.** to sell well; **im Kleinen v.** to retail; **sich leicht v.** to sell readily; **meistbietend v.** to sell to the highest bidder; **partieweise v.** to sell in lots; **sich rasch v.** to find a ready market; **~ schwer v. lassen** to be hard to sell; **stückweise v.** to sell by the piece

Verkäufer *m* 1. seller, vendor; 2. *(Laden)* salesman, salesperson, shop/sales assistant; 3. *(Außendienst)* salesman, salesperson, representative; 4. *(Börse)* giver; **technischer V.** sales engineer

Verkäuferin *f* sales girl/woman

Verkäufermarkt *m* seller's market

verkäuflich *adj* sal(e)able, marketable, negotiable, merchantable, for/on sale; **gut/leicht v.** fast-moving, fast-selling; **schlecht/schwer v.** slow-moving, slow-selling, slow of sale

Verkäuflichkeit *f* sal(e)ability, marketability, merchantability

Verkaufs|abrechnung(en) *f/pl* 1. account sales; 2. *(Börse)* sold note; **V.abschluss** *m* sales contract; **V.abteilung** *f* sales division/department; **V.agent** *m* sales agent; **V.agentur** *f* sales agency; **V.aktion** *f* (sales) drive/campaign; **V.angebot** *nt* offer for sale; **V.anreiz** *m* selling point; **V.anstrengungen** *pl* sales effort(s); **V.apparat** *m* vending machine

Verkaufsargument *nt* selling point; **einmaliges V.** unique selling proposition (USP)

Verkaufsassistent(in) *m/f* sales assistant

Verkaufsauftrag *m* selling order; **V. zum Marktpreis** market order; **~ Mindestpreis** *(Börse)* ask; **V. mit Preisbegrenzung** stop order

Verkaufs|aufwand; V.aufwendungen; V.ausgaben *m/pl* selling expenditure; **V.außendienst** *m* sales force; **V.ausstellung** *f* (sales) exhibition; **V.automat** *m* vending machine; **V.avis** *nt (Börse)* sold note; **V.bedingungen** *pl* conditions/terms of sale; **V.befugnis** *f* authority to sell; **V.begabung** *f* sales talent; **V.bemühungen** *pl* sales efforts; **V.berater(in)** *m/f* sales/marketing consultant; **V.beschränkungen** *pl* sales restrictions; **V.bezirk** *m* sales area/territory; **V.buch** *nt* sales book/journal; **V.budget** *nt* sales budget; **V.büro** *nt* sales office; **V.chancen** *pl* sales prospects; **V.direktor** *m* sales manager/director; **V.einheit** *f* sales unit; **V.erfahrung** *f* selling experience; **V.erfolg** *m* 1. selling record; 2. *(Ware)* moneymaker; **V.ergebnis** *nt* sales result; **V.erlaubnis** *f* licence to sell; **V.erlös** *m* sale(s) proceeds; **V.fachmann** *m* marketing expert

verkaufsfähig *adj* sal(e)able, marketable, merchantable; **nicht v.** unmarketable, unsal(e)able, unmerchantable; **V.keit** *f* sal(e)ability, marketability, merchantability

Verkaufs|fahrer *m* travelling salesman; **V.faktura** *f* sales invoice; **V.feldzug** *m* sales campaign; **v.fertig** *adj* ready for sale; **V.fläche** *f (Laden)* floor area/space, selling space/area; **v.fördernd** *adj* sales-promoting; **V.förderung** *f* 1. sales promotion; 2. sales promotion department; **V.forschung** *f* marketing research; **V.gebiet** *nt* marketing area, sales territory; **V.gebühr** *f* sales/loading charge; **V.gegenstand** *m* merchandise; **V.gemeinschaft** *f* marketing association; **V.genossenschaft** *f* marketing cooperative; **V.gesichtspunkt** *m* selling point; **V.gespräch** *nt* sales talk; **V.gewandtheit** *f* salesmanship; **V.handbuch** *nt* sales manual; **V.ingenieur** *m* sales engineer; **V.instrument** *nt* selling tool; **V.jahr** *nt* year of sale; **V.jargon** *m* sales talk/patter *(coll)*; **V.kartell** *nt* marketing cartel; **V.katalog** *m* sale(s) catalogue; **V.konsortium** *nt* 1. *(Kartell)* price ring; 2. *(Emission)* underwriting syndicate; **V.kontor** *nt* sales office; **V.konzession** *f* licence to sell; **V.kosten** *pl* distribution/selling/marketing expenses; **V.kurs** *m* 1. selling rate/price; 2. *(Anleihe)* offering price; **V.lager** *nt* sales depot; **V.leistung** *f* sales performance/record; **V.leiter** *m* sales manager; **V.leitung** *f* sales management; **V.literatur** *f* sales/promotional literature; **V.lizenz** *f* licence to sell; **V.mannschaft** *f* sales team; **V.masche** *f* sales pitch/ploy; **V.menge** *f* sales volume; **V.methode** *f* selling technique; **V.neigung** *f* propensity to sell; **V.netz** *nt* distribution/sales network; **V.option** *f (Börse)* put; **V.- und Kaufoption** put and call option; **V.organisation** *f* sales/selling organisation; **V.-ort** *m* point of sale (POS); **V.personal** *nt* sales staff; **V.politik** *f* marketing policy; **V.prämie** *f* sales premium

Verkaufspreis *m* selling price; **V. mit Gewinnaufschlag auf Selbstkosten** cost-plus price

Verkaufs|produkt *nt* sal(e)able product; **V.produktion** *f* 1. marketable production; 2. 🚜 cash crop; **V.prognose** *f* sales forecast; **V.prospekt** *nt* 1. sales brochure; 2. *(Börse)* (offering) prospectus; **V.provision** *f* sales commission; **V.punkt** *m* point of sale (POS); **V.rabatt** *m* sales discount; **V.rechnung** *f* sales invoice; **V.-recht** *nt* right to sell; **v.reif** *adj* ready for sale; **V.rückgang** *m* fall/drop in sales; **V.schätzung** *f* sales estimate; **V.schlager** *m* bestseller, money-spinner, fast-moving article, top-selling item; **V.soll** *nt* sales target; **V.spezialist** *m* marketing specialist; **V.stab** *m* sales staff; **V.stand** *m* stand, pitch, stall; **v.stark** *adj* fast-selling; **V.statistik** *f* sales statistics; **V.stätte** *f* sales outlet; **V.stelle** *f* 1. *(Laden)* point of sale (POS); 2. outlet; **V.steuer** *f* purchase *[GB]*/sales *[US]* tax; **V.technik** *f* salesmanship; **V.umfang; V.volumen** *m/nt* sales volume; **V.verband** *m* marketing association; **V.verbot** *nt* prohibition to sell; **V.vertrag** *m* contract of sale; **V.vertreter** *m* sales agent/representative; **V.vorschau** *f* sales forecast; **einzigartiger V.vorteil** unique selling propostion (USP); **V.wege** *pl* channels of distribution; **V.welle** *f (Börse)* bout of selling; **V.wert** *m* market value; **V.zahlen** *pl* sales figures

Verkehr *m* 1. traffic; 2. transport, transportation; 3. *(Umlauf)* circulation; 4. trade, dealings; 5. *(Börse)* trading, dealing; **zum freien V. abfertigen** ⊖ to clear for home use; **in V. bringen** *(Geld)* to put into circulation; **im V. sein** to circulate; **in brieflichem V. stehen** to correspond; **aus dem V. ziehen** to withdraw from circulation

amtlicher Verkehr *(Börse)* official trading; **außerbörslicher V.** over-the-counter/street market; **brieflicher V.** correspondence; **in freiem V.** on the curb *[US]*/kerb *[GB]* market; **gebrochener V.** multimodal transport(ation); **gewerblicher V.** commercial transport(ation); **grenzüberschreitender/internationaler V.** international transport(ation); **kombinierter/multimodaler V.** multimodal transport(ation); **öffentlicher V.** public transport *[GB]*/transportation *[US]*

verkehren *v/i* 🚂 to run; **brieflich v.** to correspond; **pünktlich v.** to run on time *[GB]*/schedule *[US]*

Verkehrs|aktie *f* transport share *[GB]*/stock *[US]*; **V.amt** *nt* tourist bureau *[US]*/office *[GB]*; **V.anlagen** *pl* transport(ation) facilities; **V.aufkommen** *nt* volume of traffic; **V.ausgaben** *pl* travel spending; **V.auskunft** *f* traffic/tourist information; **V.beruhigung** *f* traffic calming; **V.betrieb** *m* transport(ation) company; **V.-delikt** *nt* § motoring offence; **V.dichte** *f* traffic density; **V.drehscheibe** *f* hub; **V.-einheit** *f (Börse)* unit of trade; **v.fähig** *adj* 1. *(Ware)* marketable, merchantable; 2. *(Währung)* current; 3. *(begebbar)* negotiable; **V.fähigkeit** *f* 1. marketability, merchantability; 2. currency; 3. negotiability; **V.fliegerei** *f* civil aviation; **V.flugzeug** *nt* airliner, civil aircraft; **zäher V.-fluss** slow-moving traffic; **V.gesellschaft** *f* transport company *[GB]*, transportation agency *[US]*; **V.gewerbe** *nt* transport *[GB]*/transportation *[US]* industry; **V.hof** *m* freight depot; **V.infrastruktur** *f* transport(ation) infrastructure; **V.investitionen** *pl* capital expenditure on communications; **V.lage** *f* traffic situation; **V.lärm** *m* traffic noise; **V.leistung** *f* 1. volume of traffic; 2. transport(ation) volume; **V.-minister** *m* minister of transport, transport(ation) secretary; **V.ministerium** *nt* Department of Transport (DoT) *[GB]*/Transportation *[US]*; **V.mittel** *pl* means of transport *[GB]*/transportation *[US]*; **V.nachfrage** *f* transportation needs; **V.-netz** *nt* traffic/transport(ation) network; **V.ökonom** *m* transport(ation) economist; **V.ordnung** *f* Highway Code *[GB]*; **V.polizist(in)** *m/f* traffic cop *(coll)*; **V.regeln** *pl* traffic regulations; **V.sitte** *f* (general/common) usage; **V.stau; V.stauung; V.stockung** *m/f* traffic jam; **V.steuer** *f* 1. road fund licence *[GB]*, transportation tax *[US]*; 2. transfer duty, transaction tax *[US]*, stamp duty *[GB]*; **V.system** *nt* transport(ation) system; **V.träger** *m* carrier; **v.unfähig** *adj* 1. *(nicht verkäuflich)* unmarketable, unsal(e)able; 2. *(nicht begebbar)* non-negotiable; **V.unfall** *m* road traffic accident (RTA); **V.unternehmen; V.unternehmer** *nt/m* transport company, haulage contractor; **V.volumen** *nt* volume of traffic; **V.vorschriften** *pl* traffic regulations; **V.weg** *m* traffic route; **V.-wert** *m* market value; **V.widrigkeit** *f* § motoring offence, traffic violation *[US]*; **V.wirtschaft** *f* transport(ation) industry

verklagen *v/t* § to sue, to institute legal proceedings

verklar|en *v/t* to extend protest; **V.ung** *f* ship's/captain's protest

verkleiner|n *v/t* to scale down, to downsize/reduce; **V.ung** *f* reduction, downsizing

verknapp|en *v/t* to cut back/down; **V.ung** *f* shortage

verkommen *v/i* 1. to degenerate/decay; 2. *(Lebensmittel)* to perish

verkünden *v/t* 1. to announce/notify; 2. § *(Gesetz)* to promulgate; 3. *(Urteil)* to pronounce

verkürz|en *v/t* to shorten/cut/reduce; **V.ung** *f* shortening, reduction

Verlade|anlage *f* loading facilities; **V.anweisungen** *pl* loading instructions; **V.-anzeige** *f* shipping advice; **v.bereit** *adj* ready for dispatch; **V.bescheinigung; V.-bestätigung** *f* 1. ⚓ mate's receipt (M.R.); 2. consignment note; **V.bühne** *f* loading platform; **V.dokument** *nt* freight/shipping document; **V.gewicht** *nt* loading *[GB]*/shipping *[US]* weight; **V.hafen** *m* port of loading/embarkation/shipment; **V.kosten** *pl* loading *[GB]*/shipping *[US]* cost(s); **V.liste** *f* (ship's) manifest

Verladen *nt* loading *[GB]*, lading, shipping *[US]*, stowage

Verlade|ort *m* point of shipment; **V.papiere** *pl* shipping documents

Verlader *m* shipper, consigner, forwarder

Verlade|schein *m* ⚓ bill of lading (B/L); **V.stelle** *f* loading *[GB]*/shipping *[US]* point; **V.termin** *m* date of shipment

Verladung *f* loading, lading, shipment (shpt.), forwarding; **V. auf Paletten** palletization; **für die V. schließen** to close for cargo

Verlag *m* 1. publisher(s), publishing firm/house/company; 2. *(Bier)* distributor

verlagern *v/t* 1. to shift/move; 2. *(Betrieb)* to relocate; 3. *(Produktion)* to transfer/switch

Verlagerung *f* 1. shift(ing), switch(ing); 2. relocation, transfer; **unzulässige V. von Anlagegütern** asset stripping; **V. von Arbeitsplätzen** job relocation; **~ Produktionsstätten** relocation of production facilities; **V.skosten** *pl* transfer/relocation costs; **V.szuschuss** *m* relocation grant

Verlags|agent *m* literary agent; **V.agentur** *f* literary agency; **V.anstalt; V.haus** *f/nt* publishing house/company/firm; **V.konzern** *m* publishing group; **V.ort** *m* place of publication; **V.preis** *m* publisher's price

Verlagsrecht *nt* copyright, publishing rights; **V.sinhaber(in)** *m/f* copyright holder

Verlags|unternehmen *nt* publishing company; **V.vertrag** *m* publishing contract; **V.wirtschaft** *f* publishing industry

Verlangen *nt* demand, request, desire; **auf V.** on request/demand; **v.** *v/t* to demand/request

verlängern *v/t* 1. to renew/prolong/extend; 2. *(Kredit)* to roll over

Verlängerung *f* renewal, extension, prolongation; **V. der Frist** extension of time; **~ Kreditlaufzeit** extension of credit; **~ Lieferfrist** extension of the delivery period; **V. eines Pachtvertrages** renewal of a lease; **~ Patents** renewal of a patent; **~ Wechsels** prolongation of a bill (of exchange) (B/E); **V. des Zahlungsziels** extension of credit

zur Verlängerung anstehen to be/come up for renewal; **stillschweigende V.** tacit renewal/prolongation

Verlängerungs|anzeige *f* renewal notice; **V.gebühr** *f* renewal fee; **V.klausel** *f* 1. renewal clause; 2. *(Seevers.)* prolongation clause; **V.police** *f* renewal/extension policy; **V.prämie** *f* renewal premium; **V.provision** *f* renewal commission; **V.stück** *nt* *(Wechsel)* allonge; **V.wechsel** *m* renewal/renewed bill; **V.zeit(raum)** *f/m* extra time

verlangsam|en *v/t/v/refl* to slow (down); **V.ung** *f* slow-down

verlassen *v/t* 1. to leave/quit/abandon; 2. *(Wohnung)* to vacate; 3. § to desert

verlässlich *adj* reliable, dependable; **V.keit** *f* reliability, dependability

Verlauf *m* course, development; **V. der Konjunktur** cyclical development; **~ Sterblichkeit** *(Vers.)* mortality experience
verlaufen *v/i* to go/run; **wie geplant v.** to go according to plan; **schleppend v.** *(Absatz)* to be sluggish/dull
verlautbaren *v/t* to announce/disclose/divulge
Verlautbarung *f* announcement, press release; **amtliche/offizielle V.** official statement/announcement
verlegen *v/t* 1. *(Termin)* to postpone; 2. *(Betrieb)* to transfer/relocate; 3. ✎ to publish
Verlegenheit *f* difficulty, embarrassment
Verleger *m* 1. publisher; 2. *(Getränke)* distributor
Verlegung *f* 1. *(Termin)* postponement; 2. transfer, relocation; 3. ✎ publicaton; **V. des Sitzes** *(Gesellschaft)* relocation of the registered office; **~ Unternehmens** company relocation; **~ Wohnsitzes** transfer of residence
Verleih *m* 1. rental, lending; 2. rental/hire company; **v.en** *v/t* 1. to loan; 2. to lease; 3. *(Auszeichnung)* to award; 4. *(Vollmacht)* to vest/confer; **V.er** *m* 1. lender; 2. hire/rental firm; **V.geschäft** *nt* renting; **V.gesellschaft** *f* rental company; **V.recht** *nt* lending rights; **V.ung** *f* 1. lending; 2. *(Auszeichnung)* award
verleiten *v/t* to tempt/induce
Verleitung *f* inducement; **V. zum Meineid** subornation to perjury
Verletzte(r) *f/m* § injured/aggrieved party, injured person
Verletzung *f* 1. ⚕ injury; 2. § violation, infringement; **V. der Amtspflicht** breach of duty; **~ Anzeigepflicht** non-disclosure; **~ Dienstpflichten** breach of duty; **V. des Eigentums** § trespass; **V. eines Gesetzes** breach of a law; **V. der Gewährleistungspflicht** breach of warranty; **V. des Pachtvertrages** breach of tenancy; **V. eines Patents** infringement of a patent; **V. der Schweigepflicht** breach of secrecy; **~ Treuepflicht** breach of trust; **~ Unterhaltspflicht** failure to provide maintenance, non-support *[US]*; **V. des Urheberrechts** infringement of copyright; **V. eines Vertrages; V. der Vertragspflicht** breach of contract; **V. von Vorschriften** breach of regulations; **V. von Warenzeichen** infringement of trademarks
Verletzungs|klage; V.prozess *f/m* infringement action/suit
verleumden *v/t* to slander/libel/defame
Verleumdung *f* libel, slander, defamation; **V.sklage** *f* libel/slander suit; **V.sprozess** *m* libel/slander action
verlieren *v/t* 1. to lose; 2. § *(Anspruch)* to forfeit
verlock|en *v/t* to lure/tempt/entice; **V.ung** *f* enticement, temptation
verloren *adj* 1. lost, missing; 2. *(Kredit)* non-performing; 3. *(Zahlung)* non-refundable
verlos|en *v/t* to draw/raffle; **V.ung** *f* draw, raffle, lottery
Verlust *m* 1. *(Schaden)* loss, damage; 2. *(finanziell)* deficit; 3. § forfeit(ure); **V. der Arbeitsfähigkeit/Erwerbsfähigkeit** loss of earning capacity; **V. des Arbeitsplatzes** loss of employment/job; **V. aus Darlehen/Krediten** credit loss; **V. im nicht operativen Geschäft** non-operating loss; **V. eines Glieds** loss of limb; **V. an Menschenleben** loss of life; **V. auf See; V. im Seeversicherungsgeschäft** marine loss; **V. nach Steuern** after-tax loss; **V. aus dem Versicherungsgeschäft** underwriting loss
Verlust|e abbauen to cut/trim losses; **V. abdecken** to cover/make good a loss; **mit V. abschließen** to show/report a loss; **~ absetzen** to sell at a loss; **~ arbeiten** to operate/run/trade at a loss; **ohne V. arbeiten** to break even; **V.e auffangen** to absorb/cushion losses; **für einen V. aufkommen** to be liable for a loss; **V. ausgleichen** to recoup/offset a loss; **V. ausweisen** to show/return at a loss; **mit V. betreiben** to run/operate at a loss; **V. decken** to cover a loss; **V. einfahren** to turn in a loss; **jdn für einen V. entschädigen** to compensate so. for a loss; **V. erleiden** to suffer/sustain/incur a loss; **V. ersetzen** to make up/good a loss; **für einen V. haften** to be liable for a loss; **V.e machen** to sustain losses; **sich vor V.en schützen** 1. to secure o.s. against loss; 2. *(Börse)* to hedge; **V. tragen** to bear the loss; **mit V. verkaufen** to sell at a loss; **V.e verzeichnen** to record losses; **V. vortragen** to carry forward a loss; **V. wieder gutmachen** to recoup a loss

absetzbarer/steuerlich anerkannter Verlust allowable loss; **ausgewiesener V.** reported loss; **betriebsbedingter/ betriebswirtschaftlicher V.** operating loss; **eingetretener V.** incurred loss; **erlittener V.** sustained loss; **gedeckter V.** *(Vers.)* insured loss; **mittelbarer V.** consequential loss; **operativer V.** operating loss; **reiner/saldierter V.** clear/net loss; **steuerlicher V.** tax loss; **tatsächlicher V.** actual loss; **uneinbringlicher/unersetzbarer/unwiederbringlicher V.** irretrievable loss; **unmittelbarer V.** direct loss; **versicherungstechnischer V.** underwriting loss

Verlust|abbau *m* loss reduction; **V.abzug; V.anrechnung** *m/f* loss relief; **V.artikel** *m* loss leader; **V.ausgleich** *m* loss adjustment; **V.begrenzung** *f* loss limitation; **V.bericht** *m* loss report

Verlustbeteiligung *f* loss sharing; **V. des Exporteurs** exporter's retention; **~ Garantienehmers** insured's retention; **~ Leasinggebers** lessor's retention

Verlust|betrieb *m* loss-making plant/ operation; **V.bringer** *m* loss-maker; **v.-bringend** *adj* loss-making; **V.geschäft** *nt* loss-making business; **V.jahr** *nt* deficit year; **V.konto** *nt* deficit account; **v.reich** *adj* loss-making; **V.rücklage** *f* loss reserve; **V.-rücktrag** *m* loss carryback; **V.spanne** *f* deficit margin; **V.träger** *m* loss-maker; **V.übernahme** *f* absorption/assumption of loss(es); **V.vortrag** *m* loss loss carry-over/carry-forward

Verlustzeit *f* idle/dead time; **betriebsbedingte V.** down time

in der Verlustzone *f* in the red

Verlustzuweisung *f* loss allocation

Vermächtnis *nt* legacy

Vermächtnis|berechtigte(r); V.empfänger(in); V.erbe; V.erbin; V.nehmer(in) *m/f* legatee; **V.geber(in)** *m/f* legator; **V.-steuer** *f* estate duty, inheritance tax

vermarkt|bar *adj* marketable; **v.en** *v/t* to market/merchandise; **V.ung** *f* marketing

Vermarktungs|chancen *pl* marketing prospects; **v.fähig** *adj* marketable; **V.praktiken** *pl* marketing practices; **V.rechte** *pl* marketing rights

vermehr|en *v/t* to augment/increase; **V.ung** *f* increase

vermeid|bar *adj* avoidable, preventable; **v.en** *v/t* to avoid/prevent; **V.ung** *f* avoidance, prevention

vermeintlich *adj* putative, alleged

Vermerk *m* entry, note

vermess|en *v/t* to survey; **V.ung** *f* survey

Vermessungs|amt *nt* surveyor's department; **V.arbeiten** *pl* surveying; **V.beamter; V.ingenieur** *m* surveyor; **anerkannter ~** chartered surveyor; **V.gebühr(en)** *f/pl* survey fee; **V.kosten** *pl* survey cost(s); **V.-schein** *m* survey certificate

vermiet|bar *adj* rentable, lettable; **V.en** *nt* let(ting), leasing

vermieten *v/t* to let, to rent/hire out; **zu v.** 1. for hire; 2. *(Immobilien)* to let *[GB]*, for rent *[US]*

Vermieter *m* *(Wohnung)* landlord; **~ und Mieter** landlord and tenant; **abwesender V.** absentee landlord; **V.haftpflicht** *f* landlord's liability; **V.in** *f* landlady; **V.-pfandrecht** *nt* landlord's lien

vermietet *adj* let, rented

Vermietung *f* 1. let(ting), renting; 2. *(Gegenstände)* leasing; **V.en** *(Bilanz)* rentals; **V. von Ausrüstungs-/Einrichtungsgegenständen** equipment leasing; **~ Betriebs-/Industrieanlagen** plant hire/leasing; **V. eines Fahrzeugs** car hire/leasing; **~ Fuhrparks** fleet leasing; **V. von Investitionsgütern** equipment leasing; **~ Lastkraftwagen** truck leasing; **~ Lieferwagen** van hire; **V. und Verpachtung** 1. letting and leasing; 2. *(Steuer)* rentals and royalties; **V. von Wohnraum** residential letting

Vermietungs|objekt *nt* 1. rented property; 2. hired article; **V.provision** *f* rental commission

vermindern *v/t* to reduce/diminish

Verminderung *f* reduction, decrease, diminution; **V. der Erwerbsfähigkeit** reduction of earning capacity; **V. des Gewinns** profit drop/slump

vermisch|en *v/t* to mix/blend; **V.ung** *f* 1. mixing, mixture; 2. confusion (of goods)

vermittelbar *adj* *(Person)* placeable

vermitteln *v/ti* 1. to mediate, to act as intermediary; 2. *(Kredit)* to arrange; 3. *(Wertpapiere)* to negotiate; 4. *(Stelle)* to place; **schwer zu v.** *(Arbeitsloser)* hard to place

Vermittler|(in) *m/f* 1. intermediary, mediating agent, mediator; 2. *(Makler)* broker; **als V. auftreten** to act as an intermediary; **V.amt** *nt* intermediary capacity; **V.gebühr; V.provision** *f* commission, brokerage

Vermittlung *f* 1. mediation, good offices; 2. *(Kredit)* arrangement; 3. *(Arbeit)* placement; 4. ☎ operator; **V. einer Anleihe** negotiation of a loan; **V. von Führungskräften** executive recruitment; **~ Versicherungen** insurance broking; **seine V. anbieten** to offer one's (good) services; **gewerbsmäßige V.** commercial agency

Vermittlungs|agent *m* middleman; **V.agentur** *f* agency; **V.amt** *nt* ☎ telephone exchange; **V.anlage** *f* ☎ switchboard; **private V.anlage** private branch exchange (PBX); **V.ausschuss** *m* conciliation board; **V.büro** *nt* 1. agency; 2. *(Arbeitskräfte)* employment bureau, job center *[US]*/centre *[GB]*; **v.fähig** *adj (Arbeitssuchender)* employable, placeable; **nicht v.fähig** unemployable; **V.gebühr** *f* commission; **V.geschäft** *nt* brokerage; **V.makler** *m (Börse)* unofficial broker; **V.provision** *f* (intermediary's) commission; **V.stelle** *f* 1. *(Konflikt)* mediating agency; 2. *(Arbeitsstelle)* employment agency; **V.verfahren** *nt* conciliation proceedings

Vermögen *nt* 1. fortune, wealth; 2. capital, assets, means, funds; 3. power, ability; **V. einer Aktiengesellschaft** corporate assets; **~ Bank** bank assets; **V. und Schulden** assets and liabilities; **V. der Unternehmung** *(AG)* corporate assets; **V. unter Zwangsverwaltung** sequestered estate

Vermögen ansammeln to amass a fortune; **V. aufzehren** to erode assets; **V. beschlagnahmen** to seize assets; **V. besitzen** *(Grundbesitz)* to own property; **V. einziehen** to confiscate property; **V. erben** 1. to succeed to a fortune; 2. to inherit property; **V. erwerben** to acquire property; **V. machen** to make a fortune; **V. übertragen** to transfer assets; **V. verdienen** to earn a fortune; **V. verschleudern/verschwenden** to dissipate a fortune

ausländisches Vermögen foreign assets; **beträchtliches V.** handsome fortune; **bewegliches V.** movable property; **mühsam erworbenes V.** hard-won fortune; **unrechtmäßig erworbenes V.** ill-gotten fortune; **flüssiges V.** cash (assets); **freies V.** unencumbered net assets; **gesamtes V.** entire fortune; **gewerbliches V.** industrial/commercial property; **großes V.** great fortune; **hübsches V.** handsome fortune; **immaterielles V.** intangible assets; **lastenfreies/schuldenfreies V.** unencumbered property; **öffentliches V.** public property; **persönliches V.** private property/means; **umlaufendes V.** current assets; **unbewegliches V.** real estate, realty *[US]*; **werbendes V.** earning assets

vermögend *adj* moneyed, wealthy

Vermögens|abgabe *f* capital levy/duty, wealth tax; **V.abtretung** *f* assignment of property; **V.anfall** *m* wealth accrual; **V.anlage** *f* investment; **V.anreicherung** *f* increase of net worth; **V.ansammlung** *f* capital accumulation; **V.art** *f* asset category; **V.aufstellung** *f* 1. financial statement; 2. *(Konkurs)* statement of affairs; **V.ausweis** *m* financial statement; **V.belastung** *f* encumbrance; **V.berater(in)** *m/f* investment adviser/analyst; **V.beratung** *f* investment advice/counselling; **V.beschlagnahme** *f* sequestration of assets; **V.bestandteil** *m* asset; **V.besteuerung** *f* taxation of property; **betriebliche V.beteiligung** employee capital-sharing (scheme); **V.bewegung** *f* capital transfer; **V.bewertung** *f* valuation of net assets; **V.bilanz** *f* financial statement; **v.bildend** *adj* wealth-creating

Vermögensbildung *f* capital/wealth formation, wealth creation; **~ der Arbeitnehmer** staff/employee capital formation

Vermögens|bindung *f* immobilization of funds; **V.delikt** *nt* property offence; **V.einkommen; V.ertrag; V.erträgnisse** *nt/m/pl* investment/unearned income; **V.erklärung** *f* statement of assets; **V.gegenstand** *m* asset

belastete Vermögensgegenstände encumbered assets; **bewegliche V.** fungible assets; **immaterielle V.** intangible assets; **materielle V.** tangible assets; **sicherheitsübereignete V.** hypothecated assets

Vermögens|gewinn *m* capital gain(s); **V.gewinnsteuer** *f* capital gains tax (CGT); **V.gut** *nt* asset; **V.haushalt** *m* capital budget; **V.höhe** *f (Bilanz)* net worth position; **V.konzentration** *f* concentration of wealth; **V.lage** *f* financial status/position, net worth position; **V.mehrung** *f* increase in net worth; **V.nachweis** *m* statement of financial position; **V.pfändung** *f* attachment of funds; **V.position** *f* asset position; **V.posten** *m* asset; **V.rechnung** *f* statement of net worth; **V.risiko** *nt* property risk; **V.recht** *nt* law of property; **V.rendite** *f* return on assets; **V.schaden** *m* pecuniary loss; **V.schöpfung** *f* wealth creation; **V.stand** *m* net asset position

Vermögenssteuer *f* 1. wealth tax, capital levy; 2. *(Immobilie)* property tax; **V.erklärung** *f* net worth tax return

Vermögens|stock *m* capital stock; **V.struktur** *f* financial structure; **V.stück** *nt* 1. asset; 2. property item; **V.substanz** *f* 1. total assets; 2. *(Investmentfonds)* capital assets; **V.transaktion** *f* capital transaction; **V.-transfer** *m* property/capital transfer; **V.-übergang** *m* transfer of assets; **V.überschuss** *m* assets surplus; **V.übersicht** *f* statement of affairs; **V.übertragung** *f* asset/capital transfer; **V.umschichtung; V.-umverteilung** *f* redistribution of wealth; **V.veränderung** *f* change in net assets; **V.-veranlagung** *f (Sozialhilfe)* means test

Vermögensverhältnisse *pl* financial/pecuniary circumstances; **V. offenbaren** to disclose one's assets

Vermögens|verkehrssteuer *f* capital transfer tax; **betrügerische V.verlagerung** asset-stripping *(coll)*; **V.verlust** *m* pecuniary loss; **V.vermehrung** *f* capital appreciation; **V.verschleierung** *f* concealment of assets; **V.versicherung** *f* property insurance; **V.verwalter** *m* 1. investment/portfolio/asset manager; 2. property manager; 3. *(Konkurs)* receiver

Vermögensverwaltung *f* 1. assets/portfolio management; 2. property management; 3. *(Konkurs)* receivership; **V.sgesellschaft** *f* investment management company

Vermögens|verzehr *m* depletion/erosion of assets; **V.vorteil** *m* pecuniary advantage

Vermögenswert *m* asset; **kurzfristig abnutzbarer V.** wasting asset; **bare/flüssige V.e** cash/liquid assets; **blockierte V.e** frozen assets; **fungibler V.** marketable asset; **immaterielle V.e** intangible assets, intangibles; **kurzfristige V.e** current assets; **kurzlebige V.e** wasting assets; **materieller V.** physical asset; **risikotragender V.** risk-bearing asset; **verfügbarer V.** ready asset; **verschleierte V.e** concealed assets

vermögens|wirksam *adj* asset-creating, capital-forming; **V.zunahme; V.zuwachs** *f/m* capital gain/appreciation

vermut|en *v/t* to assume/presume; **v.lich** *adj* probable, presumable; **V.ung** *f* presumption, assumption

vernachlässigen *v/t* to neglect

Vernachlässigung *f* neglect; **absichtliche V.** wilful neglect; **schuldhafte V.** culpable neglect

dem Vernehmen nach rumour has it (that)

vernetz|en *v/t* 1. to link up; 2. 🖳 to cross-link/network; **V.ung** *f* 1. link-up; 2. cross-linking, networking

vernichten *v/t* 1. to destroy/demolish/devastate; 2. *(Schädling)* to exterminate; **v.d** *adj* devastating

Vernichtung *f* destruction, devastation; **V. von Arbeitsplätzen** job destruction/killing; **~ Unterlagen** destruction of records; **~ Waren** destruction of goods

Ver|nunft *f* reason; **v.nünftig** *adj* reasonable, sensible

veröd|en *v/i* to become desolate; **V.ung** *f* desolation

veröffentlichen *v/t* to publish/release/publicize

Veröffentlichung *f* publication, disclosure; **V. einstellen** to cease publication; **V. zeitweilig einstellen** to suspend publication; **zu V. freigeben** to release (for publication); **V.unterdrücken** to suppress a publication

Veröffentlichungs|pflicht *f* statutory public disclosure; **V.srecht(e)** *nt/pl* publishing rights; **V.vorschriften** *pl* disclosure requirements

verordnen *v/t* to prescribe/decree

Verordnung *f* 1. decree, ordinance; 2. ⚕ prescription; **V. mit Gesetzeskraft** statutory instrument; **ärztliche V.** (medical) prescription; **einschränkende V.** restraining statute; **polizeiliche V.** police ordinance; **städtische V.** city by-law

Verpächter *m* landlord, lessor; **V. und Pächter** landlord and tenant

Verpachtung *f* let(ting), leasing; **V. eines Patents** lease of a patent; **gewerbliche V.** commercial lease

Verpacken *nt* packing, packaging, wrapping; **v.** *v/t* to pack(age)/wrap

Verpacker *m* packer

verpackt *adj* packed; **handelsüblich v.** packed to commercial standards; **nicht v.** loose, (in) bulk; **seemäßig v.** sea-packed

Verpackung *f* 1. packaging, wrapping; 2. package, wrapper; **ohne V.** unpacked, (in) bulk; **V. eingeschlossen; einschließlich V.** packing included; **zuzüglich V.** plus packing

äußere Verpackung external pack(ag)ing; **handelsübliche V.** customary pack(ag)ing; **mangelhafte V.** defective/faulty pack(ag)ing; **seemäßige/seetüchtige V.** seaworthy pack(ag)ing; **unsachgemäße/unzureichende V.** improper pack(ag)ing

Verpackungs|abfall *m* packaging waste; **V.abteilung** *f* pack(ag)ing department; **V.anlage** *f* packing plant; **V.anweisung** *f* pack(ag)ing instructions; **V.beilage** *f* package insert; **V.bestimmungen** *pl* pack(ag)ing instructions; **V.betrieb** *m* packing plant; **V.gewicht** *nt* tare weight; **V.hersteller** *m* packaging manufacturer; **V.konzern** *m* packaging group; **V.kosten** *pl* pack(ag)ing cost(s); **V.liste** *f* packing list; **V.material; V.mittel** *nt* pack(ag)ing material; **V.müll** *m* packaging waste; **V.-muster** *nt* package design; **V.papier** *nt* wrapping paper; **V.spezialist** *m* packaging consultant; **V.technik** *f* package engineering; **V.verordnung** *f* packaging ordinance; **V.vorschriften** *pl* pack(ag)ing instructions; **V.zettel** *m* packing slip

verpfänden *v/t* to pawn/pledge/mortgage/hypothecate; **erneut/neu/weiter/wieder v.** to remortgage, to rehypothecate

Verpfänder *m* pawner, pledger, mortgagor

verpfändet *adj* pledged, pawned, mortgaged

Verpfändung *f* pawning, pledging, hypothecation, mortgaging; **durch V. besichern** to collateralize/hypothecate/mortgage

Verpfänduns|urkunde *f* letter of hypothecation, mortgage deed; **V.wert** *m* collateral/hypothecation value

Verpflegung *f* food, board, catering; **volle V.** full board

Verpflegungs|betrieb *m* catering business; **V.einrichtungen** *pl* catering facilities; **V.-kosten** *pl* catering costs

V

verpflichten *v/t* to oblige/pledge; *v/refl* to promise/undertake; **v.d** *adj* binding, mandatory

verpflichtet *adj* obliged, committed, (duty-)bound, required; **gesamtschuldnerisch v.** jointly and severally bound; **gesetzlich/juristisch/rechtlich v.** bound by law; **vertraglich v.** 1. contractually bound; 2. *(Lehrstelle)* articled

Verpflichtete(r) *f/m* liable party

Verpflichtung *f* 1. obligation, commitment, liability, duty; 2. undertaking, promise; **V.en** liabilities payable; **~ gegenüber Dritten** liabilities to outsiders; **~ einer Gesellschaft** partnership/corporate liabilities

Verpflichtung abgelten to discharge an obligation; **V. anfechten** to dispute an obligation; **V. auferlegen** to impose an obligation; **jdn von einer V. befreien** to release/discharge so. from an obligation; **V. einhalten/einlösen** to fulfil an obligation; **jdn von einer V. entbinden** to release so. from an obligation; **sich einer V. entledigen** to discharge an obligation; **V.en erfüllen; seinen V.en nachkommen** to settle/discharge obligations, to meet one's commitments; **seine V.en nicht erfüllen; seinen V.en nicht nachkommen** to default; **V. auf sich nehmen** to incur a liability; **V. übernehmen** to assume an obligation, to undertake (to do sth.)

abstrakte Verpflichtung abstract obligation; **allfällige/bedingte V.** contingent liability; **aufgelaufene V.en** accrued liabilities; **rechtlich bindende V.** legally binding undertaking; **eingegangene V.en** liabilities incurred; **einklagbare V.** § enforceable obligation; **entstandene, aber nicht bezahlte V.en** deferred/accrued expenses; **gegenseitige V.** mutual obligation; **gesetzliche V.** statutory duty; **hypothekarische V.(en)** mortgages payable; **laufende V.en** current liabilities; **schuldrechtliche V.** civil obligation; **sonstige V.en** other liabilities;

Verpflichtungs|erklärung *f* bond, covenant; **V.ermächtigung** *f (Haushalt)* commitment appropriation; **V.- und Verfügungsgeschäft** *nt* executory agreement

Verpflichtungsschein *m* bond; **kaufmännischer V.** promissory note (P/N)

verpfuschen *v/t* to bungle/botch

verramschen *v/t* to sell off cheap

verrechenbar *adj* offsettable

verrechnen *v/t* 1. to set (off) against, to offset; 2. *(Scheck)* to clear; 3. *(Ausgaben/Kosten)* to allocate; 4. to debit/credit to an account; *v/refl* to miscalculate; **v. mit** to set off against

Verrechnung *f* 1. offset; 2. allocation; 3. *(Scheck)* clearing; 4. crediting to/debiting an account; **V. von Ansprüchen** offsetting of claims; **V. der Kosten nach Verantwortungsbereich** responsibility accounting

Verrechnungs|abkommen *nt* clearing agreement; **V.bank** *f* clearing house/ bank; **V.einheit** *f* unit of account (U/A); **V.guthaben** *nt* clearing balance; **V.konto** *nt* clearing/settlement account; **V.kurs** *m* clearing rate; **V.posten** *m* offsetting item; **V.preis** *m* transfer price; **V.saldo** *m* clearing balance; **V.scheck** *m* crossed check *[US]*/cheque *[GB]*; **V.stelle** *f* clearing house/bank; **V.tag** *m* settlement day; **V.-vorgang** *m* settlement

verrent|en *v/t* to pension off; **V.ung** *f* pensioning

verrichten *v/t* to perform/effect/discharge

Verrichtung *f* performance, discharge; **V.sgehilfe** *m* § vicarious agent

verringern *v/t* to reduce/diminish/decrease, to cut back

Verringerung *f* reduction, decrease, diminution, cutback; **V. der Belegschaft** employee/staff cutback

Verruf *m* disrepute; **in V. bringen** to bring into disrepute; **~ geraten/kommen** to fall into disrepute

Versagen *nt* 1. failure; 2. ☼ breakdown; **menschliches/persönliches V.** human error; **völliges V.** utter failure

versagen *v/i* 1. to fail/flop *(coll)*; 2. ☼ to break down; *v/t* to deny/refuse

Versager(in) *m/f* 1. failure, flop; 2. *(Produkt)* flop

Versagung *f* denial; **V. des Bestätigungsvermerks** disclaimer of opinion; **V. eines Patents** withholding of a patent

versammeln *v/t/refl* to assemble/convene

Versammlung *f* assembly, gathering, meeting, convention; **V. der Aktionäre** shareholders' *[GB]*/stockholders' *[US]* meeting; **V. der Masse** *(Konkurs)* compilation of assets; **außerordentliche V.** extraordinary meeting; **beschlussfähige V.** quorum; **konstituierende V.** 1. constituent assembly; 2. *(Firmengründung)* founders' meeting; **gesetzlich vorgeschriebene V.** statutory meeting

Versammlungs|freiheit *f* freedom of assembly; **V.leiter(in)** *m/f* chairman (of a meeting), chairperson; **V.protokoll** *nt* minutes of a meeting; **V.recht** *nt* right of assembly

Versand *m* shipment (shpt.), forwarding, dispatch; 2. transportation/shipping department; **V. gegen Nachnahme** cash *[GB]*/collect *[US]* on delivery (c.o.d.); **zum V. bringen** to dispatch; **~ gelangen** to be dispatched; **portofreier V.** free delivery; **sofortiger V.** prompt/immediate shipment

Versand|abteilung *f* forwarding/dispatch/ shipping department; **V.abwicklung** *f* dispatch (of goods); **V.anschrift** *f* forwarding address; **V.anmeldung** *f* ⊝ forwarding declaration; **V.anweisung(en)** *f/pl* shipping/forwarding instructions; **V.anzeige; V.avis; V.benachrichtigung** *f/nt/f* advice of despatch/dispatch/shipment; **V.art** *f* mode of transport; **V.bedingungen** *pl* shipping terms; **V.behälter** *m* container; **v.bereit** *adj* ready for dispatch/shipment; **V.bescheinigung** *f* shipping certificate; **V.büro** *nt* forwarding agency; **V.datum** *nt* date of dispatch/ shipment; **V.dokumente** *pl* shipping/ transport documents; **V.etikett** *nt* shipping label; **v.fertig** *adj* ready for dispatch/ shipment; **V.form** *f* mode of dispatch/ forwarding/shipment; **V.gebühren** *pl* shipping/forwarding charges; **V.geschäft** *nt* mail-order firm/business/house; **V.gewicht** *nt* shipped weight; **V.großhändler** *m* mail-order wholesaler; **V.hafen** *m* port of dispatch/loading; **V.handel** *m* mail-order trade/selling; **V.händler** *m* catalog(ue) retailer

Versandhaus *nt* mail-order firm/house, catalog(ue) retailer; **V.katalog** *m* mail-order catalog(ue); **V.konzern** *m* mail-order group

Versand|kosten *pl* forwarding/shipping charges; **V.land** *nt* country of shipment; **V.leiter** *m* shipping/dispatch manager; **V.-liste** *f* packing/shipping list; **V.menge** *f* quantity shipped; **V.mitteilung** *f* advice of shipment; **V.note** *f* dispatch note; **V.-ort** *m* point of shipment; **V.papiere** *pl* shipping documents; **gemeinschaftliches V.papier** *[EU]* Community transit document; **V.partie** *f* consignment, shipment; **V.rechnung** *f* shipping invoice; **V.scheck** *m* out-to-town check *[US]*/ cheque *[GB]*

Versandschein *m* consignment note; **gemeinschaftlicher V.** *[EU]* Community transit document

Versand|schlüssel *m* shipping code; **V.spediteur** *m* destination carrier; **V.spesen** *pl* forwarding/shipping charges; **V.stelle** *f* dispatch office/department; **V.stück** *nt* package; **V.tag; V.termin** *m* shipping/shipment date; **V.unternehmen** *nt* 1. forwarding agency, shipper; 2. mail-order business; **V.verkauf** *m* mail-order/catalog(ue) selling; **V.vorschriften** *pl* forwarding/shipping instructions; **V.weg** *m* forwarding/shipping route; **V.wert** *m* value of shipment(s); **V.zeichen** *nt* shipping mark; **V.zettel** *m* shipping note; **V.ziel** *nt* destination

versäumen *v/t* to fail/neglect

Versäumnis *nt* failure, neglect; **V.gebühr** *f* default fine; **V.urteil** *nt* § default judgment; **V.verfahren** *nt* default proceedings

verschachern *v/t* to sell/flog off

Verschachtelung *f* interlocking (relationships)

verschaffen *v/t* 1. to procure/supply/provide; 2. *(Stelle)* to find; *v/refl* to obtain

verschandel|n *v/t* to disfigure/blight; **V.ung** *f* disfigurement, blight

verschärfen *v/t* 1. to intensify/aggravate/exacerbate; 2. *(Kontrolle)* to tighten; *v/refl* 1. *(Konflikt)* to intensify; 2. *(Rezession)* to deepen

Verschärfung *f* 1. intensification, aggravation; 2. worsening, deterioration, 3. tightening

ver|schätzen *v/refl* to miscalulate/misjudge; **v.schaukeln** *v/t (coll)* to diddle *(coll)*, to take (so.) for a ride; **v.schenken** *v/t* to give away; **v.scherbeln; v.scheuern** *v/t (coll)* to flog off *(coll)*

verschicken *v/t* 1. to forward/dispatch/ship; 2. to post/mail

verschieben *v/t* 1. *(Termin)* postpone; 2. to move; 3. *(Waren)* to sell in/on the black market; 4. 🚂 to shunt *[GB]*/switch *[US]*

V

Verschiebung *f* 1. shift, switch, relocation; 2. *(Termin)* postponement; 3. *(Waren)* trafficking; **V.en** *(Zahlungsbilanz)* leads and lags; **strukturelle V.** structural shift; **zeitliche V.** time lag

verschieden *adj* 1. different, disparate; 2. various, diverse; **v.artig** *adj* various, varied; **V.artigkeit; V.heit** *f* variety, diversity; **V.es** *nt (Tagesordnung)* any other business (AOB)

verschiff|en *v/t* to ship; **V.er** *m* shipper; **V.ung** *f* shipment (shpt.)

Verschiffungs|anweisungen *pl* shipping instructions; **V.anzeige** *f* shipping advice; **V.bescheinigung** *f* certificate of shipment; **V.dokumente** *pl* shipping documents; **V.genehmigung** *f* shipping permit; **V.gewicht** *nt* shipping weight; **V.hafen** *m* port of shipment; **V.konnossement** *nt* ocean/shipped bill of lading (B/L); **V.kosten** *pl* shipping charges; **V.ort** *m* point of shipment; **V.papiere** *pl* shipping documents; **V.provision** *f* shipping commission; **V.spesen** *pl* shipping charges; **V.termin** *m* shipping date; **V.vorschriften** *pl* shipping instructions

Verschlag *m (Kiste)* crate

verschlank|en *v/t* to downsize/slenderize; **V.ung** *f* downsizing, shakeout

verschlechtern *v/refl* to worsen/deteriorate

Verschlechterung *f* 1. worsening, deterioration; 2. *(Wert)* depreciation; **V. der Finanzlage** worsening of the finanancial situation; **~ Qualität** deterioration of quality; **~ Wirtschaftslage** economic downturn; **~ Zahlungsbilanz** deterioration in the balance of payments

verschleier|n *v/t* to disguise/conceal; **V.ung** *f* 1. concealment, disguise; 2. *(Bilanz)* window-dressing

Verschleiß *m* wear (and tear); **geplanter V.** planned/built-in obsolescence; **natürlicher/technischer V.** wear and tear

Verschleiß|erscheinung *f* sign of wear; **v.fest** *adj* durable, hard-wearing; **V.festigkeit; V.freiheit** *f* durability

verschlepp|en *v/t (verzögern)* to obstruct/delay; **V.ung** *f* delay, obstruction

verschleuder|n *v/t (coll)* 1. to dump, to sell/flog off; 2. *(Vermögen)* to dissipate/squander; 3. *(Bestände)* to slaughter; **V.ung** *f* 1. dumping; 2. dissipation; 3. slaughter

verschließ|bar *adj* 1. lockable; 2. *(Behälter)* sealable; **v.en** *v/t* 1. to lock (up); 2. to close/seal

verschlimmer|n *v/t* to aggravate; *v/refl* to worsen/deteriorate; **V.ung** *f* deterioration, worsening

Verschluss *m* seal, fastening; **unter V.** sealed; **~ halten** to keep under wraps *(coll)*, ~ lock and key; **aus dem V. nehmen** ⊝ to take out of bond; **zollamtlicher V.** bond

verschlüssel|n *v/t* to code/encipher; **V.ung** *f* coding
Verschluss|mappe *f* classified file; **V.sache** *f* classified material
verschmelzen *v/t* 1. *(Organisation)* to amalgamate; 2. *(Unternehmen)* to merge
Verschmelzung *f* 1. amalgamation; 2. merger; **V. gleichartiger Firmen** horizontal merger; **V.prüfung** *f (Bilanz)* merger audit; **V.svereinbarung** *f* merger agreement
verschmutz|en *v/t* 1. to contaminate/pollute; 2. to soil; **V.er** *m* pollutant; **v.t** *adj* 1. polluted, contaminated; 2. dirty, soiled
Verschmutzung *f* pollution, contamination; **V. der Umwelt** environmental pollution; **V.szertifikat** *nt* pollution/emission permit
ver|schneiden *v/t* 1. blend; 2. *(verfälschen)* to adulterate; **V.schnitt** *m* 1. blend; 2. adulteration
ver|schonen *v/t* to spare/exempt; **v.schönern** *v/t* to brighten; **V.schönerungsarbeiten** *pl* improvements
verschreib|en *v/t* 1. ⚕ to prescribe; **V.ung** *f* prescription
verschrott|en *v/t* 1. to scrap; 2. ⚓ to break up; **V.er** *m* 1. scrap merchant; 2. shipbreaker; **V.ung** *f* 1. scrapping, junking; 2. breakup
Verschulden *nt* fault, blame; **beiderseitiges V.** mutual fault; **eigenes V.** own fault; **grobes V.** gross negligence; **konkurrierendes/mitwirkendes V.** contributory negligence
verschulden *v/t* to cause; *v/refl* to run up debts
Verschuldenshaftung *f* tortious liability, liability in tort
verschuldet *adj* indebted; **heillos v.** up to o.s. earn in debt; **stark/total/völlig v.** debt-ridden
Verschuldung *f* 1. indebtedness, level of debt; 2. contraction of debts; **V. der öffentlichen Hand** public-sector borrowing
Verschuldungs|bedarf der öffentlichen Hand *m* public-sector borrowing requirement (P.S.B.R.); **V.grad** *m* exposure, gearing, leverage, debt(-equity) ratio; **V.kennziffer** *f* debt ratio; **V.koeffizient; V.quote; V.rate** *m/f* debt-equity ratio; **V.potenzial** *nt* borrowing potential; **V.spielraum** *m* borrowing margin
Verschweigen *nt* concealment, non-disclosure; **V. wesentlicher Tatsachen; V. rechtserheblicher Umstände** material non-disclosure; **arglistiges/betrügerisches V.** fraudulent concealment
verschweigen *v/t* to conceal/hide
verschwend|en *v/t* 1. to waste; 2. *(Geld)* to squander; 3. *(Vermögen)* to dissipate; **V.er(in)** *m/f* spendthrift, wastrel; **v.erisch** *adj* 1. *(Geld)* extravagant, thriftless, profligate; 2. *(Material)* wasteful; **V.ung** *f* 1. extravagance; 2. waste, wastage; 3. *(Vermögen)* dissipation
verschwiegen *adj* secretive, discreet; **V.heit** *f* confidentiality, secrecy, discreetness; **jdm zur ~ verpflichten** to enjoin so. to secrecy
Verschwinden *nt* disappearance; **v.** *v/i* to disappear
verschwunden *adj* missing
Versehen *nt* oversight, error, mistake, negligence
versehen *v/t* 1. to provide/furnish; 2. *(Dienst)* to discharge/perform; **v.tlich** *adj/adv* inadvertent(ly)
versehrt *adj* injured, disabled; **V.e(r)** *f/m* disabled person, invalid; **V.engeld** *nt* injury benefit; **V.enrente** *f* disability pension; **V.heit** *f* disablement
versenden *v/t* 1. to dispatch/dispatch/forward/ship/consign; 2. ✉ to mail/post
Versender *m* forwarder, consignor, shipper
Versendung *f* ↘ **Versand**
Versendungs|anzeige *f* forwarding advice, dispatch note; **V.land** *nt* country of shipment/origin; **V.ort** *m* shipping point
versetzen *v/t* 1. to shift/move; 2. to transfer; 3. *(Pfand)* to (im)pawn/pledge
Versetzung *f* transfer, transferral, relocation; **V. in den Ruhestand** retirement
verseuchen *v/t* to contaminate
Verseuchung *f* contamination; **V. von Industriestandorten** contamination of industrial sites; **radioaktive V.** radioactive contamination; **V.smittel** *nt* contaminant
versicherbar *adj* insurable
Versicherer *m* 1. insurer; 2. *(Lloyd's)* underwriter, name; **V.gruppe** *f (Lloyd's)* syndicate
versichern *v/t* 1. to insure/underwrite/cover; 2. *(zusichern)* to assure/affirm; **sich ~ lassen** to take out a policy, to in-

V

sure o.s.; **eidesstattlich v.** to make a solemn declaration; **eidlich v.** to affirm upon oath; **zu hoch v.** to overinsure; **zu niedrig v.** to underinsure; **wieder v.** to reinsure

versichert *adj* insured, covered; **voll v.** fully covered

Versicherte(r) *f/m* insured, policyholder, insuree

Versicherung *f* 1. insurance; 2. insurance company; 3. *(Zusicherung)* assurance; **V. an Eides statt** statutory declaration; **V. gegen kritische Erkrankung** critical illness insurance; **V. auf den Erlebensfall** endowment insurance; **~ und Todesfall** endowment and whole-life insurance; **V. gegen Folgeschäden** consequential damage(s) insurance; **~ alle Gefahren** all-risks insurance; **V. auf Gegenseitigkeit** mutual insurance; **V. mit Gewinnbeteiligung** with-profits policy; **V. gegen Haftpflichtschäden** third-party (liability) insurance; **~ Kunstfehler** malpractice insurance; **V. für Produzentenhaftung** product liablity insurance; **V. auf den Todesfall** whole-life insurance; **~ den Todes- und Erlebensfall** endowment assurance; **~ Zeit** *(Lebensvers.)* term assurance/insurance

Versicherung abschließen/besorgen 1. to take out insurance; 2. to write insurance, to insure; **V. geben/gewähren** to write insurance; **V. verlängern** to renew an insurance (policy)

abgekürzte Versicherung term insurance; **abgelaufene V.** lapsed/expired policy; **beitragsfreie V.** paid-up insurance; **eidesstattliche V.** § statutory declaration; **eidliche V.** § affidavit; **gegenseitige V.** mutual insurance; **gesetzliche V.** statutory insurance; **laufende V.** floating policy; **prämienfreie V.** paid-up policy; **staatliche V.** state insurance, National Insurance (NI) *[GB]*; **zusätzliche V.** supplementary insurance

V

Versicherungs|ablauf *m* expiration of policy; **V.abschlüsse tätigen** *pl* to write insurance; **V.abteilung** *f* insurance department; **V.agent** *m* insurance agent; **V.-agentur** *f* insurance agency; **V.aktien** *pl* *(Börse)* insurances

Versicherungsanspruch *m* (insurance) claim; **V. befriedigen/erfüllen/regulieren** to adjust a claim

Versicherungs|anstalt *f* insurance office; **V.antrag** *m* application (for insurance), proposal form; **V.aufsicht(sbehörde)** *f* insurance regulator(s); **V.bedingungen** *pl* terms/conditions of insurance; **V.beginn** *m* commencement of cover; **V.begünstigte(r); V.berechtigte(r)** *f/m* beneficiary; **V.beitrag** *m* insurance premium, contribution; **V.bestand** *m* policies in force; **V.bestätigung** *f* cover(age) note; **V.bestimmungen** *pl* policy provisions; **V.betrag** *m* amount/sum insured; **V.betrug** *m* insurance fraud; **V.börse** *f* insurance market; **V.branche** *f* insurance industry; **V.darlehen** *nt* 1. policy loan; 2. *(Hypothek)* endowment mortgage; **V.dauer** *f* life of a policy; **V.deckung** *f* insurance cover(age); **V.ertrag** *m* underwriting yield; **v.fähig** *adj* insurable; **V.fall** *m* claim, event insured; **V.fonds** *m* insurance fund; **v.frei** *adj* exempt from insurance; **V.geber** *m* insurer, underwriter; **V.gegenstand** *m* (insurable) interest; **V.geschäft** *nt* underwriting/insurance business; **V.gesellschaft** *f* insurance company/corporation; **V.gewinn** *m* underwriting profit; **V.höchstgrenze** *f* *(Lloyd's)* line; **V.höhe** *f* amount/sum insured; **V.hypothek** *f* endowment mortgage; **V.industrie** *f* insurance industry; **V.interesse** *nt* insurable interest; **V.kalkulation** *f* actuarial calculation; **V.kalkulator** *m* actuary; **grüne V.karte** 🚗 green/international insurance card; **V.konsortium** *nt* underwriting syndicate; **V.konzern** *m* insurance group; **V.kosten** *pl* cost of insurance; **V.leistung** *f* insurance/policy benefit; **V.makler** *m* insurance/policy broker; **V.markt** *m* insurance market; **V.mathematiker** *m* actuary; **v.-mathematisch** *adj* actuarial; **V.mittler** *m* insurance intermediary; **V.nachtrag** *m* policy endorsement; **V.nehmer** *m* policyholder, the insured (person/party), insuree; **V.objekt** *nt* insurable interest; **V.-pflicht** *f* statutory insurance

Versicherungspolice *f* (insurance) policy; **V. mit Gewinnbeteiligung** with-profits policy; **~ fester Laufzeit** time/term policy; **V. abschließen** to take out a policy; **V. abtreten/zurückkaufen** to surrender a policy; **V. einlösen** to cash a policy; **V. erneuern** to renew a policy

abgelaufene Versicherungspolice expired (insurance) policy; **prämienfreie V.** paid-up (insurance) policy; **taxierte V.** valued policy; **vorläufige V.** binder

Versicherungs|prämie *f* insurance premium; **V.provision** *f* insurance commission; **V.recht** *nt* insurance law; **V.regulierer** *m* claims/loss adjuster; **V.risiko** *nt* insurable risk, risk insured; **V.rückkauf** *m (Lebensvers.)* surrender; **V.rückkauf(s)wert** *m* surrender value; **V.sachverständiger** *m* appraiser; **V.satz** *m* insurance premium

Versicherungsschaden *m* 1. loss, damage; 2. ⚓ average; **V. aufnehmen** to assess/appraise the damage, ~ loss

Versicherungsschein *m* insurance certificate/policy; **vorläufiger V.** cover(age) note

Versicherungsschutz *m* (insurance) cover/coverage; **V. gegen Naturkatastrophen** natural disaster cover(age); **pauschaler/umfassender/voller V.** comprehensive cover(age)

Versicherungs|sparte *f* line of insurance; **V.statistik** *f* actuarial statistics; **V.statistiker** *m* actuary; **v.statistisch** *adj* actuarial; **V.steuer** *f* insurance premium tax; **V.stock** *m* insurance fund

Versicherungssumme *f* sum insured; **sich die V. auszahlen lassen** to cash a policy; **doppelte V.** *(Unfalltod)* double indemnity

Versicherungs|syndikat *nt* underwriting syndicate; **V.tabelle** *f* actuarial table; **V.-tarif** *m* insurance rate; **v.technisch** *adj* actuarial; **V.träger** *m* insurer, underwriter; **V.umfang** *m* cover(age); **V.unternehmen; V.unternehmung** *nt/f* insurance company *[GB]*/corporation *[US]*; **V.urkunde** *f* insurance certificate; **V.verein auf Gegenseitigkeit (VVaG)** *m* mutual insurance association; **V.verlängerung** *f* policy renewal; **V.verlust** *m* underwriting loss; **V.vermittler** *m* insurance broker; **V.vermittlung** *f* insurance brokerage

Versicherungsvertrag *m* insurance contract, policy; **V. abschließen** to take out a policy; **vorläufiger V.** binder

Versicherungs|vertreter *m* insurance agent; **V.vertretung** *f* insurance agency

Versicherungswert *m* value insured; **V.e** *(Börse)* insurance shares *[GB]*/stocks *[US]*, insurances

Versicherungs|wirtschaft *f* insurance (industry); **V.zeitraum** *m* period of cover(age); **V.zertifikat** *nt* certificate of insurance (c/i); **V.zweig** *m* insurance branch/line

Versickern *nt* leakage; **v.** *v/i* to leak

versiegel|n *v/t* to seal (up); **v.t** *adj* sealed, under seal; **V.ung** *f* sealing

versorgen *v/t* 1. to provide/furnish/supply; 2. *(Unterhalt)* to keep/support

Versorger *m* 1. supplier; 2. ⚡/*(Gas)*/💧 utility

Versorgung *f* 1. supply, provision; 2. *(Unterhalt)* maintenance; **Ver- und Entsorgung** supply and waste disposal; **ärztliche/medizinische V.** medical service(s)

Versorgungs|aktien *pl (Börse)* utilities; **V.anspruch** *m* 1. maintenance claim; 2. pension entitlement; **V.anwartschaft** *f* eligibility for a pension; **V.ausfall** *m* supply failure; **v.berechtigt** *adj* 1. entitled to maintenance; 2. eligible for a pension; **V.-betrieb** *m* (public) utility; **V.bezüge** *pl* superannuation benefits; **V. defizit** *nt* supply deficit; **V.dienstalter** *nt* pensionable age; **V.einrichtung** *f* 1. (public) utility; 2. pension/welfare scheme; **V.-empfänger(in)** *m/f* 1. benefit/welfare recipient; 2. pensioner; **V.engpass** *m* supply bottleneck/shortage; **V.fall** *m* 1. *(Sozialfall)* public charge; 2. insured event; **V.fläche** *f* supply area; **V.fonds** *m* provident/pension fund; **V.freibetrag** *m* *(Steuer)* age relief; **V.gebiet** *nt* supply area/district; **öffentliche V.gesellschaft** public utility (company); **V.güter** *pl* supplies and materials; **V.industrie** *f* public utilities (industry); **V.infrastruktur** *f* supply infrastructure; **V.kasse** *f* pension/provident fund; **V.kette** *f* supply chain; **V.krise** *f* supply crisis; **V.lage** *f* supply situation; **V.lager** *nt* supply depot; **V.last** *f* pension charge; **V.leistung** *f* 1. (welfare) benefit; 2. pension payment; **V.leitungen** *pl* mains; **V.lücke** *f* supply gap; **V.netz** *nt* supply/distribution network; **V.niveau** *nt* 1. level of supply; 2. pension level; **V.-preis** *m* supply price; **V.problem** *nt* supply problem; **V.quelle** *f* source of supply; **V.regelung** *f* pension scheme; **V.rente** *f* annuity; **V.risiko** *nt* supply risk; **V.sache** *f* pension case; **V.satz** *m* pension/maintenance rate; **V.schwierigkeiten** *pl* supply difficulties; **V.sicherheit** *f* security of supply; **V.situation** *f* supply situation; **V.-staat** *m* welfare state; **V.störung** *f* disruption of supplies; **V.straße** *f* service road; **V.system** *nt* 1. supply system; 2. *(Sozialfürsorge)* benefit system; **V.tarif** *m* ϟ /*(Gas)*/ 💧 supply rate; **V.titel** *pl (Börse)* utilities; **V.träger** *m* pension fund; **V.unternehmen** *nt* utility; **V.vermögen** *nt* pension/provident fund; **V.werk** *nt* pension plan; **V.werte** *pl* ↘ **V.titel**; **V.wirtschaft** *f* (public) utilities; **V.zusage** *f* pension commitment

verspäten *v/refl* to be late, ~ behind schedule *[US]*

Verspätung *f* delay; **V.szinsen** *pl* interest on arrears; **V.szuschlag** *m* default fine

verspekulieren *v/refl* to miscalculate

Versprechen *nt* promise, pledge, undertaking; **ausdrückliches V.** express promise; **bedingtes V.** conditional promise; **freiwilliges V.** voluntary undertaking; **unbedingtes/vorbehaltloses V.** unconditional promise

versprechen *v/t* to promise/pledge

verstaatlich|en *v/t* to nationalize *[GB]*/ socialize *[US]*; **V.ung** *f* nationalization *[GB]*, socialization *[US]*

verständ|igen *v/t* to inform/notify/advise; *v/refl* to agree; **V.igung** *f* 1. notification; 2. agreement, understanding; **v.lich** *adj* 1. intelligible, comprehensible; 2. understandable

verstärk|en *v/t* 1. to reinforce; 2. to intensify/boost; *v/refl (Rezession)* to deepen; **V.ung** *f* 1. reinforcement; 2. intensification

verstehen *v/t* to understand/grasp/comprehend; **es versteht sich** it is understood; **~ von selbst** it goes without saying

Versteigerer *m* auctioneer

versteigern *v/t* to auction; **meistbietend v.** to auction off/sell to the highest bidder

Versteigerung *f* ↘ **Auktion** auction (sale); **zur V. anbieten** to put up for auction; **~ kommen** to come up for auction; **gerichtliche V.** judicial sale; **öffentliche V.** (open) sale, public auction

Versteigerungs|erlös *m* auction proceeds; **V.firma** *f* (firm of) auctioneers; **V.gebühren** *pl* auction fees; **V.lokal** *nt* auction/ sale room(s); **V.preis** *m* auction price

versteuer|bar *adj* taxable; **v.n** *v/t* to pay tax/duty (on); **zu v.n(d)** taxable, chargeable; **v.t** *adj* duty/tax paid; **V.ung** *f* taxation

verstorben *adj* deceased

Verstoß *m* breach, infringement; **V. gegen die Geschäftsordnung** breach of order; **~ Regeln** breach of the rules; **~ Standesregeln** unprofessional conduct; **~ einen Vertrag** breach of contract

verstoßen (gegen) *v/i* to infringe/contravene

verstreichen *v/i* to expire/lapse

Versuch *m* attempt, trial, experiment

versuchen *v/t* to attempt/try; **alles Erdenkliche v.** to make every effort

Versuchs|abteilung *f* test department; **V.-angebot** *nt* trial offer; **V.anlage** *f* pilot plant; **V.auftrag** *m* trial order; **V.ergebnis** *nt* test result; **V.fahrt** *f* trial run; **V.- und Entwicklungskosten** *pl* cost(s) of development and experiments; **V.markt** *m* test market; **V.muster** *nt* prototype; **V.-person** *f (Umfrage)* respondent; **V.produktion** *f* pilot production; **V.projekt** *nt* pilot scheme; **V.reihe; V.serie** *f* test series; **V.stadium** *nt* experimental stage; **V.werbung** *f* test marketing

Versuchung *f* temptation

vertag|en *v/t* to adjourn/postpone; *v/refl* to adjourn; **V.ung** *f* adjournment, postponement

vertauschen *v/t* to exchange/interchange

verteidig|en *v/t* to defend; **V.er(in)** *m/f* 1. defender; 2. § defence counsel

Verteidigung *f* defence *[GB]*, defense *[US]*; **V. vor Gericht** defence in court

Verteidigungs|auftrag *m* defence contract; **V.aufwand; V.ausgaben** *m/pl* defence spending; **V.etat; V.haushalt** *m* defence budget; **V.maßnahme** *f* defensive measure; **V.strategie** *f* defensive strategy

Verteil|anlage*f* sorting machine; **v.bar** *adj* distributable; **V.dienst** *m* distributive service

Verteilen *nt* distribution; **v.** *v/t* 1. to distribute; 2. *(zuteilen)* to allocate; 3. *(streuen)* to scatter; **anteilig v.** to pro-rate

Verteiler *m* 1. distributor; 2. distribution/ mailing list; **V.fahrzeug** *nt* distributing vehicle; **V.gewerbe; V.handel** *nt/m* distributive trade; **V.kartell** *nt* distribution cartel; **V.kette** *f* chain of distribution; **V.-lager** *nt* distribution depot; **V.liste** *f* distribution/mailing list; **V.netz** *nt* distribution network; **V.zentrale; V.zentrum** *f/nt* distribution center *[US]*/centre *[GB]*

verteilt *adj* distributed, allocated, apportioned

Verteilung *f* 1. distribution; 2. *(Zuteilung)* allocation, allotment, apportionment; **V. nach Berufen** breakdown by occupations; **V. einer Dividende** distribution of a dividend; **V. des Gewinns** distribution of profits; **V. der Kosten** allocation of costs; **zur V. bringen** to distribute

anteilmäßige Verteilung pro-rata distribution; **räumliche V.** spatial distribution; **statistische V.** statistical distribution; **verhältnismäßige V.** proportional distribution

Verteilungs|anlagen; V.apparat *pl/m* distribution facilities; **v.fähig** *adj* distributable; **V.funktion** *f* distributive function; **V.-kette** *f* chain of distribution; **V.kosten** *pl* distribution costs; **V.lager** *nt* distribution warehouse; **V.netz** *nt* distribution network; **V.plan** *m* scheme/plan of distribution; **V.prozess** *m* process of distribution; **V.quote** *f (Liquidation)* liquidation dividend; **V.rechnung** *f* earnings and cost approach; **V.schlüssel** *m* distribution ratio; **V.spielraum** *m* scope for distribution; **V.theorie** *f* theory of distribution; **V.zentrum** *nt* distribution center *[US]*/ centre *[GB]*/park

Verteilzeit *f (REFA)* allowance; **persönliche V.** personal (needs) allowance

verteuern *v/t* to raise/increase the price; *v/refl* to become dearer/more expensive

Verteuerung *f* price increase

vertiefen *adj* to deepen

vertikal *adj* vertical; **V.konzern** *m* vertical group; **V.konzentration; V.verbund; V.-verflechtung** *f/m/f* vertical combination/ integration

Vertrag *m* 1. contract; 2. *(Abmachung)* agreement; 3. *(Völkerrecht)* treaty; 4. *(Urkunde)* instrument; 5. *(Versicherung)* policy; **aus (einem) V.** under a contract; **V. auf Lebenszeit** life contract; **~ Werksebene** factory agreement

Vertrag (ab)ändern to modify/amend a contract; **V. abschließen** to enter into a contract, to contract; **V. anfechten** to challenge a contract; **V. annehmen** to accept a contract; **V. annullieren/aufheben** to rescind a contract; **V. aufkündigen** to give notice of termination of contract; **in den V. aufnehmen** to write into the contract; **V. aufsetzen/ausfertigen** to draw up a contract; **V. aushandeln** to negotiate a contract; **V. auslegen** to interpret/construe (the terms) of a contract; **aus einem V. aussteigen** *(coll)* to opt out of a contract; **V. beenden** to terminate a contract; **einem V. beitreten** to become party to a contract; **V. bestätigen** to confirm an agreement; **auf dem V. bestehen** to hold so. to the contract; **V. brechen** to breach a contract; **V. eingehen** to enter into an agreement; **V. einhalten** to abide by a contract; **jdn von seinem V. entbinden/entlassen** to release so. from a contract; **V. entwerfen** to draw up a contract; **V. erneuern** to renew a contract; **V. formulieren** to draw up a contract; **aus einem V. klagen** to sue under a contract; **V. kündigen/lösen; sich vom V. lossagen** to rescind/ terminate a contract; **V. schließen** to enter into a contract; **unter V. stehen** to be under contract; **V. stornieren** to rescind a contract; **V. unterzeichnen** to sign a contract; **V. verlängern** to renew a contract; **V. verletzen** to breach a contract

konkludent abgeschlossener Vertrag implied contract; **ausdrücklicher V.** express contract; **bedingter V.** conditional agreement/contract; **befristeter V.** fixed-term contract; **bestehender V.** existing contract; **bindender V.** binding agreement; **dinglicher V.** agreement in rem *(lat.)*; **einklagbarer V.** legally enforceable contract; **sich aus den Umständen ergebender V.** implied contract; **sich erneuernder V.** revolving contract; **formfreier/formloser V.** informal agreement; **gegenseitiger V.** mutual/reciprocal contract; **gemeinschaftlicher V.** joint contract; **ausdrücklich geschlossener V.** express agreement; **objektiv unmöglich gewordener V.** frustrated contract; **gültiger V.** valid contract; **kündbarer V.** terminable contract; **mündlicher V.** oral/ parol contract; **nichtiger V.** void contract; **notarieller V.** notarial deed; **rechtsgültiger/rechtsverbindlicher V.** binding contract/agreement; **schriftlicher V.** agreement/contract in writing; **stillschweigender V.** implied contract; **unbefristeter V.** open-ended contract; **unvollständiger V.** inchoate contract; **unwirksamer V.** void contract; **verbindlicher V.** binding agreement; **widerrechtlicher V.** illegal contract

vertraglich *adj* contractual
Vertrags|ablauf *m* expiration/termination of contract; **V.abnehmer** *m* contract customer; **V.abrede** *f* contractual stipulation; **V.abschluss** *m* conclusion of a contract; **V.abschrift** *f* copy of a contract; **v.ähnlich** *adj* quasi-contractual; **V.änderung** *f* modification of (a) contract; **V.angebot** *nt* (contractual) offer; **V.angelegenheit** *f* contractual matter; **V.annahme** *f* acceptance of contract; **V.annullierung** *f* cancellation of contract; **V.anspruch** *m* contractual claim; **V.arbeit** *f* contract labo(u)r; **V.artikel** *m* clause, stipulation; **V.aufhebung** *f* rescission/cancellation of contract; **V.aufkündigung** *f* notice of termination of contract; **V.auflösung** *f* termination/cancellation/rescission of contract; **V.ausfertigung** *f* copy of the contract; **V.auslegung** *f* construction/interpretation of a contract
Vertragsbedingung *f* contractual stipulation; **V.en** terms and conditions (of contract); **stillschweigend vereinbarte V.en** implied terms
Vertrags|beendigung *f* termination of contract; **V.beginn** *m* commencement of a contract, effective date; **V.bestand** *m* *(Vers.)* total policies in force
Vertragsbestimmung *f* stipulation, (contractual) provision; **V.en** terms and conditions (of a contract); **~ verletzen** to infringe the provisions of a contract
Vertrags|beteiligte(r) *f/m* party to the contract; **V.beziehung** *f* contractual relationship
Vertragsbruch *m* breach of (a) contract; **V. begehen** to break a contract
vertragsbrüchig sein *adj* to be in breach of contract; **v. werden** to breach a contract; **V.e(r)** *f/m* party in breach (of contract)
vertragschließend *adj* contracting; **V.e(r)** *f/m* contracting party
Vertragsdatum *nt* contract date
Vertragsdauer *f* term/life of (a) contract; **während der V.** during the term of the contract
Vertragsentwurf *m* draft agreement/contract
Vertragserfüllung *f* implementation/performance of the contract; **V. durch Erfüllungshilfen** vicarious performance
Vertrags|erzeugnis *nt* product furnished under contract; **V.form** *f* 1. form of contract; 2. *(Vers.)* type of cover; **V.freiheit** *f* freedom of contract; **V.garantie** *f* contractual guarantee; **V.gebiet** *nt* contract area; **V.gegenstand** *m* subject of the contract; **v.gemäß** *adj* contractual, as per contract, in accordance with the contract; **V.haftung** *f* contractual liability; **V.händler** *m* appointed/authorized dealer; **V.hindernis** *nt* frustrating event; **V.hypothek** *f* contract mortgage; **V.inhalt** *m* provisions of a contract; **V.klage** *f* action based on contract; **V.klausel** *f* contract clause, stipulation; **V.kontingent** *nt* contract quota; **V.kunde** *m* contract customer; **V.kündigung** *f* termination of (a) contract; **V.laufzeit** *f* term of a contract; **V.lieferant** *m* appointed supplier; **v.mäßig** *adj* contractual; **V.muster** *nt* specimen contract; **V.partei** *f* contracting party, party to the contract; **V.partner(in)** *m/f* party to the contract; **V.periode** *f* term of a contract; **V.pflicht** *f* contractual obligation; **V.preis** *m* contract price; **V.recht** *nt* law of contract; **V.rückkauf** *m (Vers.)* surrender of policy; **V.rücktritt** *m* rescission/revocation of contract; **V.schluss** *m* conclusion (of a contract); **vor ~** pre-contract(ual); **V.schuld** *f* contract debt; **V.schuldner(in)** *m/f* debtor under a contract; **V.sorte** *f (Ware)* contract grade; **V.spediteur; V.spedition** *m/f* contract carrier; **V.strafe** *f* (legal) penalty; **V.streitigkeit** *f* dispute arising from a contract; contractual dispute; **V.termin** *m* contract date; **V.text** *m* wording of an agreement; **V.treue** *f* compliance with a contract; **V.urkunde** *f* instrument
Vertragsverhältnis *nt* contractual relation(-ship); **stillschweigendes V.** implied contract
Vertrags|verlängerung *f* renewal of a contract; **V.verletzung** *f* breach of contract; **V.verpflichtung** *f* contractual obligation; **V.vollmacht** *f* power to contract; **V.vorbehalt** *m* proviso; **V.vorschriften** *pl* provisions of a contract; **V.ware** *f* contract goods; **V.werk** *nt* contract; **V.wert** *m* contract value; **v.widrig** *adj* contrary to the (terms of the) contract, in breach of contract; **V.widrigkeit** *f* infringement/breach of contract; **V.zeit(raum)** *f/m* contractual period; **V.zusage** *f* contractual undertaking; **V.zusatz** *m* rider

Vertrauen *nt* confidence, faith; **V. der Anleger** *(Börse)* investor confidence; **~ Gläubiger** creditor confidence; **~ Kundschaft** customer confidence; **~ Öffentlichkeit** public confidence; **~ Wirtschaft** business confidence

Vertrauen einflößen/erwecken to inspire confidence; **jds. V. genießen** to enjoy so.'s confidence

vertrauen *v/i* to trust, to have confidence (in sth./so.)

Vertrauens|arzt *m* medical examiner/referee; **V.bruch** *m* breach of trust/confidence; **V.leute** *pl* shop stewards; **V.mann** *m* shop steward; **V.person** *f* confidant(e); **V.position; V.posten** *f/m* position of trust; **V.sache** *f* 1. confidential matter; 2. matter of trust; **V.schwund** *m* loss of confidence; **V.stellung** *f* position of trust; **V.verletzung** *f* breach of confidence/trust; **V.verlust** *m* loss of confidence; **V.werbung** *f* goodwill advertising; **v.würdig** *adj* trustworthy, reliable; **V.würdigkeit** *f* trustworthiness, reliability

vertraulich *adj* confidential, off the record; **streng v.** strictly confidential

vertraut (mit) *adj* familiar (with); **V.e(r)** *f/m* confidant(e)

vertreib|en *v/t* 1. to drive away, to turn out; 2. *(Stelle)* to oust; 3. *(Menschen)* to expel; 4. *(Ware)* to sell/distribute/market; 5. *(Besitz)* to dispossess/evict; **V.er** *m* distributor; **V.ung** *f* 1. expulsion; 2. ouster; 3. *(Besitz)* dispossession, eviction

vertretbar *adj* 1. reasonable, justifiable; 2. *(Ware)* fungible; **v.e Sachen** fungible goods, fungibles

Vertretbarkeit *f* 1. justifiability; 2. fungibility; **wirtschaftliche V.** economic feasibility

vertreten *v/t* 1. to represent, to act for/on behalf of; 2. to deputize/substitute/replace, to stand in for; 3. to justify/support; 4. *(Ware/Firma)* to act as agent for; **jdn anwaltlich v.** to act as counsel for so.; **sich selbst v.** § to plead one's own case

vertreten *adj* represented; **zahlreich v.** thick on the ground

Vertreter(in) *m/f* 1. representative; 2. agent, (travelling) salesman, representative, rep *(coll)*; 3. § (authorized) agent, proxy; 4. *(Verfechter)* supporter, advocate; *pl* sales force; **V. der Anklage** counsel for the prosecution; **V. im Außendienst** field agent; *pl* field staff; **V. auf Provisionsbasis** commission agent; **V. ohne Vertretungs-/Vollmacht** unauthorized agent; **führender V. der Wirtschaft** business leader

Vertreter beschäftigen to retain an agent; **V. bestellen/ernennen** to appoint an agent; **als V. fungieren/handeln** 1. to act as agent; 2. to deputize

alleiniger Vertreter sole agent; **amtlicher V.** official representative; **bestellter V.** appointed representative/agent; **bevollmächtigter V.** authorized representative/agent/proxy; **gesetzlicher V.** statutory agent, legal representative; ; **ständiger V.** permanent representative

auf Vertreter|basis *f* on an agency basis; **V.besuch** *m* sales call; **unangemeldeter V.besuch** cold call; **V.bezirk** *m* agent's territory; **V.gebiet** *nt* sales area; **V.kosten** *pl* agency costs; **V.organisation; V.stab** *f/m* sales force; **V.provision** *f* agent's commission; **V.vertrag** *m* agency contract

Vertretung *f* 1. representation, agency; 2. replacement, substitution; 3. *(Person)* deputy; 4. proxy; **in V. (i. V.)** per pro(curationem) *(lat.)* (p. p.); **zur V. bemächtigen** to appoint so. (as) agent; **V. übernehmen** 1. to deputize; 2. to take up an agency; **alleinige/ausschließliche V.** sole/exclusive agency; **gesetzlich V.** statutory agency; **passive V.** passive agency

Vertretungs|befugnis *f* power of attorney/representation; **V.berechtigte(r)** *f/m* authorized representative/agent; **V.büro** *nt* agency

Vertretungsmacht *f* § representative authority, power of attorney; **stillschweigend angenommene V.** implied agency; **ausdrückliche V.** express authority; **gesetzliche V.** statutory agency

Vertretungs|monopol *nt* sole/exclusive agency; **V.organ** *nt* representative body; **V.vertrag** *m* contract of agency; **V.vollmacht** *f* power of attorney/agency, proxy

Vertrieb *m* 1. distribution, sale, selling, marketing; 2. sales/marketing department; **direkter V.** direct selling; **genossenschaftlicher V.** cooperative marketing

Vertriebs|abkommen *nt* marketing agreement; **V.absprache** *f* distribution agreement; **V.abteilung** *f* marketing/sales department; **V.agentur** *f* sales agency; **V.aktivitäten** *pl* marketing operations, **V.analyse** *f* marketing analysis; **V.apparat** *m* marketing organisation; **V.-aufwand; V.aufwendungen** *m/pl* distribution cost(s); **V.aussichten** *pl* sales prospects; **V.beauftragte(r)** *f/m* marketing/sales representative; **V.bedingungen** *pl* marketing conditions; **V.berater** *m* marketing consultant; **V.bereich** *m* distribution area; **V.beschränkungen** *pl* sales restrictions; **V.büro** *nt* selling agency; **V.-chef(in)** *m/f* distribution manager(ess); **V.direktor** *m* marketing manager; **V.-einheit** *f* sales unit; **V.erfahrungen** *pl* marketing experience; **V.erlös** *m* sales revenue(s); **V.fachmann** *m* marketing specialist; **v.fördernd** *adj* sales-promoting; **V.förderung** *f* sales promotion; **V.-form** *f* distribution outlet; **V.funktion** *f* marketing/distributive function; **V.gebiet** *nt* sales territory; **V.gemeinkosten** *pl* marketing/distribution overheads; **V.gemeinschaft** *f* marketing syndicate; **V.genossenschaft** *f* marketing cooperative; **V.gesellschaft** *f* sales/marketing company; **V.gewinn** *m* sales profit; **V.handbuch** *nt* sales manual; **V.händler** *m* distributor; **V.information** *f* sales information; **V.ingenieur** *m* engineer salesman; **V.instrument** *nt* marketing tool; **V.kanal** *m* channel of distribution; **V.kartell** *nt* marketing/sales cartel; **V.kette** *f* chain of distribution; **V.konsortium** *nt* trading syndicate

Vertriebskosten *pl* marketing/distribution/sales cost(s); **V.rechnung** *f* sales cost analysis

Vertriebs|kunde; V.lehre *f* marketing; **V.leiter** *m* distribution/sales/marketing manager; **V.leitung** *f* distribution/sales management; **V.netz** *nt* distribution network; **V.niederlassung** *f* sales agency; **V.organisation** *f* marketing organisation; **V.personal** *nt* sales force; **V.politik** *f* sales/marketing policy; **V.preis** *m* selling price; **V.programm** *nt* range of products; **V.provision** *f* sales/selling commission; **V.repräsentant(in)** *m/f* sales representative; **V.stelle** *f* (sales) outlet; **V.strategie** *f* marketing strategy; **V.system** *nt* distribution system; **V.technik** *f* marketing technique; **V.tochter** *f* marketing subsidiary, retail arm; **V.unternehmen** *nt* distributive undertaking; **V.vertrag** *m* marketing contract; **V.vertreter** *m* selling agent; **V.weg** *m* channel of distribution; **V.zentrum** *nt* distribution center *[US]*/centre *[GB]*

verunglimpf|en *v/t* to malign/libel/disparage/slander; **V.ung** *f* libel, disparagement, slander

Verunreinigung *f* pollution, contamination; **V.grad** *m* level of pollution/contamination

verunstalten *v/t* to disfigure/despoil

veruntreuen *v/t* to embezzle/misappropriate

Veruntreuung *f* embezzlement, misappropriation; **V.sversicherung** *f* fidelity (guarantee) insurance

verursachen *v/t* to cause/perpetrate

Verursacher *m* 1. perpetrator; 2. *(Umweltverschmutzung)* polluter; **V.prinzip** *nt (Umwelt)* polluter-pays principle (PPP)

verurteilen *v/t* to sentence/convict; **jdn kostenpflichtig v.** to award costs against so.

Verurteilung *f* conviction, sentence; **V. zu Schadenersatz** judgment for damages; **kostenpflichtige V.** judgment with costs

vervielfältig|en *v/t* 1. to multiply; 2. to mimeograph/xerox ™; **V.ung** *f* 1. duplication; 2. mimeographing, xeroxing ™

Vervielfältigungs|apparat; V.gerät; V.maschine *m/nt/f* copier, xerox ™ machine, mimeogragh; **V.recht** *nt* right of reproduction

vervierfachen *v/t; v/refl* to quadruple

vervoll|kommnen *v/t* to perfect; **v.ständigen** *v/t* to complete/complement

verwahren *v/t* to keep (safe); **sicher v.** to keep in a safe place

verwahrlos|en *v/i* 🏛 to fall into disrepair; **v.t** *adj* neglected, in a state of neglect/disrepair; **V.ung** *f* 1. neglect; 2. 🏛 dilapidation

Verwahrung *f* (safe) custody, safekeeping; **V. einlegen** to (enter a) protest; **in V. geben** to deposit/lodge; **amtliche V.** official custody; **sichere V.** safekeeping; **vorläufige/vorübergehende V.** temporary storage

Verwahrungs|bruch *m* breach of custody; **V.gebühr** *f* custody fee; **V.quittung** *f* safe-custody receipt; **V.stelle** *f* depository; **V.stück** *nt* custody item; **V.vertrag** *m* contract of custody

verwalten *v/t* 1. to manage/run/operate; 2. to administrate/administer; 3. to hold in trust; **schlecht v.** to mismanage

Verwalter *m* 1. administrator, curator; 2. (farm/estate/property) manager; **V. eines Vermögens** property/fund manager; **amtlicher V.** *(Konkurs)* official receiver; **treuhänderischer V.** trustee

Verwalteramt *nt* 1. administratorship, trusteeship; 2. *(Konkurs)* receivership

Verwaltung *f* 1. management, administration; 2. administrative department; 3. custody, custodianship; **V. der Gesellschaft** company management; **V. von Kapitalanlagen** investment management; **V. eines Vermögens** estate management; **~ Wertpapierdepots** portfolio management

mit zu großer Verwaltung top-heavy; **kommunale/städtische V.** local authority/administration; **schlanke V.** lean management

Verwaltungs|abteilung *f* administrative division/department; **V.angelegenheit** *f* administrative matter; **V.anordnung; V.-anweisung** *f* administrative order; **V.arbeit** *f* administrative work; **V.aufbau** *m* administrative structure; **V.aufgabe** *f* administrative function; **V.aufwand; V.ausgaben** *m/pl* administration cost(s); **V.beamter; V.beamtin** *m/f* government official; **V.behörde** *f* administrative body/authority; **V.bezirk** *m* administrative district; **V.büro** *nt* administrative office; **V.dienst** *m* administrative service; **V.direktor** *m* head of administration; **V.ebene** *f* level of administration; **V.einheit** *f* administrative body/entity; **V.entscheidung** *f* management decision; **V.erfahrung** *f* administrative experience; **V.funktion** *f* administrative function; **V.gebäude** *nt* administrative/office building; **V.gebühr** *f* service/administrative / management / up-front charge; **V.gemeinkosten** *pl* administrative expense(s)/overheads, management overheads; **V.gericht(shof)** *nt/m* administrative court/tribunal; **V.gesellschaft** *f* management company; **V.handlung** *f* administrative act; **V.hierachie** *f* admininstrative hierarchy; **V.honorar** *nt* management/service charge; **V.kosten** *pl* administrative cost(s)/expense(s) overheads; **V.kräfte** *pl* administrative staff/personnel; **v.mäßig** *adj* administrative, managerial; **V.maßnahme** *f* administrative action; **V.organ** *nt* administrative body; **V.personal** *nt* managerial/administrative staff; **V.prämie** *f (Kapitalanlagegesellschaft)* management fee

Verwaltungsrat *m* governing/executive council, ~ body, administrative/management board

Verwaltungsrats|mitglied *nt* board member; **V.posten** *m* directorship; **V.sitzung** *f* board meeting

Verwaltungs|recht *nt* administrative law; **V.reform** *f* administrative reform; **V.sache** *f* § administrative case; **V.sitz** *m* head office, headquarters; **V.spitze** *f* (top) management; **V.stelle** *f* administrative center *[US]*/centre *[GB]*/office/agency; **V.tätigkeit** *f* administrative function/work; **v.technisch** *adj* administrative; **V.träger** *m* executive/administrative body; **V.verfahren** *nt* 1. administrative practice(s)/procedure; 2. § administrative proceedings; **V.vertrag** *m* management contract; **V.wirtschaft** *f* managed/controlled economy; **V.zentrum** *nt* administrative center *[US]*/centre *[GB]*

verwandeln *v/t* to convert/change/transform

verwandt *adj* allied, related; **V.e(r)** *f/m* relative, relation; **V.schaft** *f* 1. relationship; 2. relations

verwarn|en *v/t* to caution/warn (off); **V.ung** *f* warning, reprimand

verwässern *v/t* to dilute, to water down

Verwässerung *f* dilution; **V. des Aktien-/Eigenkapitals** stock watering, dilution of equity

verwechsel|n *v/t* to confuse/mistake, to mix up; **V.ung** *f* confusion, mix-up

verweigern *v/t* to refuse

Verweigerung *f* refusal; **V. des Akzepts** refusal of acceptance; **V. der Annahme** non-acceptance; **V. des Bestätigungsvermerks** denial of opinion; **V. der Zahlung** refusal to pay; **~ Zeugenaussage; V. des Zeugnisses** refusal to testify, ~ give evidence

Verweil|dauer *f* 1. length of stay; 2. ⚓ turn(a)round time; 3. *(Produkt)* shelf life; **v.en** *v/i* to stay/sojourn; **V.zeit** *f* ⚓ turn(a)round time

Verweis *m* 1. reprimand, censure, rebuke;

2. *(Hinweis)* reference; **v.en (an)** to refer to

Verweisung *f* 1. reference; 2. § referral; **V. an die Berufungsinstanz** referral to a higher court

verwendbar *adj* 1. usable; 2. *(Geld)* appropriable (to); **V.keit** *f* use, application

verwenden *v/t* 1. to use/utilize/employ; 2. *(Geld)* to appropriate; **nutzbringend v.** to turn to good account; **unrechtmäßig/widerrechtlich v.** to misappropriate

Verwender *m* user

Verwendung *f* 1. utilization, use, application, employment; 2. *(Geld)* appropriation; **V. des Gewinns** profit appropriation; **V. von Haushaltsmitteln** budget appropriations; **V. von Mitteln** use of funds

ausschließliche Verwendung exclusive use; **endgültige V.** end use; **gewerbliche V.** industrial use; **missbräuchliche/ungehörige/unsachgemäße/unzulässige V.** improper use; **unrechtmäßige/widerrechtliche V.** misappropriation; **vorübergehende V.** temporary use; **wirtschaftliche V.** 1. commercial application; 2. *(sparsamer Gebrauch)* economical use; **zukünftige V.** future use

Verwendungs|bereich *m* (field/range of) application; **v.fähig** *adj* 1. usable; 2. employable; **V.fähigkeit** *f* usefulness; **V.rechnung** *f* application of funds statement, consumption plus investment method; **V.vorschriften** *pl* directions for use

Verwendungszweck *m* purpose, application, use; **V. der Geldmittel** application of funds; **vorgesehener V.** intended use

verwerfen *v/t* 1. to reject/dismiss; 2. § to disallow/dismiss/overrule; 3. *(Plan)* to discard

verwertbar *adj* 1. exploitable, usable; 2. *(verkäuflich)* marketable, sal(e)able; **V.keit** *f* 1. usability, applicability; 2. marketability

verwerten *v/t* 1. to use/utilize; 2. to sell/realize; 3. *(Altmaterial)* to recycle

Verwertung *f* 1. utilization, employment; 2. realization, marketing; 3. *(Altmaterial)* recycling; **V. eines Patents** exploitation of a patent

Verwertungs|erlös *m* 1. realization proceeds; 2. *(Patent)* royalties; **V.gesellschaft** *f* copyright association; **V.gewinn** *m* realization/liquidation gain; **V.konsortium** *nt* marketing syndicate; **V.quote** *f* recycling rate; **V.rechte** *pl* exploitation rights; **V.vertrag** *m* exploitation contract

verwirken *v/t* to forfeit

verwirklich|en *v/t* to realize/implement; **V.ung** *f* realization, implementation

Verwirkung *f* forfeit(ure)

verwüsten *v/t* to devastate, to lay waste

Verzehr *m* 1. consumption; 2. *(Vermögen)* erosion; **V. an Ort und Stelle** consumption on the premises; **zum häuslichen V.** for domestic consumption; **für menschlichen V. (un)geeignet** (un)fit for human consumption

verzehren *v/t* to consume

verzeichnen *v/t* to register/record

Verzeichnis *nt* 1. list, register; 2. directory; **V. der Aktiva und Passiva** schedule of assets and liabilities; **~ Gläubiger** schedule of creditors; **~ abzulehnenden Risiken** *(Vers.)* decline list; **~ Steuerzahler** tax roll; **V. börsengängiger Wertpapiere** official list

verzerr|en *v/t* to distort; **V.ung** *f* distortion

verzetteln *v/t* *(Geld)* to fritter away; *v/refl* to dissipate one's energy

Verzicht *m* waiver, relinquishment; **V. auf einen Anspruch** relinquishment of a claim; **~ Ersatzansprüche** waiver of claims for damages; **~ ein Recht** relinquishment of a right; **~ Steuerfreibetrag** waiver of exemption; **~ Wechselprotest** waiver of protest

ausdrücklicher Verzicht express waiver

verzichten *v/i* 1. to give up, to do/go without, to dispense with; 2. *(Recht/Anspruch)* to waive/relinquish

Verzicht|erklärung *f* waiver, disclaimer; **V.klausel** *f* waiver clause; **V.leistung** *f* waiver, disclaimer

verzins|en *v/t* to pay interest; *v/refl* to earn/yield/bear interest; **v.lich** *adj* interest-bearing, interest-yielding; **variabel ~** floating-rate

Verzinsung *f* 1. interest, yield; 2. rate of interest/return; **V. des Eigenkapitals** return on equity (ROE); **zur V. ausleihen** to put out a interest

angemessene Verzinsung fair rate of return; **durchschnittliche V.** average yield; **effektive V.** net return; **feste V.** fixed (rate of) interest; **handelsübliche/marktübliche V.** commercial (rate of) interest; **variable V.** variable yield

Verzögern *nt* delay; **schuldhaftes V.** undue, delay; **v.** *v/t* to delay

Verzögerung *f* delay; **ohne weitere V.** without further delay; **V. berücksichtigen/einkalkulieren** to allow for delay; **keine V. zulassen** to brook no delay; **betrieblich bedingte V.** inside lag; **schuldhafte V.** undue delay; **vermeidbare V.** avoidable delay; **zeitliche V.** time lag

Verzögerungstaktik *f* delaying tactics

verzollbar *adj* dutiable

verzollen *v/t* to declare, to pay duty, to clear through customs; **etw. zu v. haben** to have sth. to declare

verzollt *adj* duty paid (D/P), cleared, out of bond

Verzollung *f* (customs) clearance; **V. nach Gewicht** specific duty; **V. zum Pauschalsatz** flat-rate duty; **V. nach Wert** ad valorem *(lat.)* duty; **zur V. anmelden** to enter for customs clearance; **V. vornehmen** to clear

Verzollungs|dokumente *pl* clearance papers; **V.formalitäten** *pl* customs clearance formalities; **V.gebühren; V.kosten** *pl* (customs) clearance charges; **V.hafen** *m* port of clearance; **V.wert** *m* declared value

Verzug *m* 1. *(Zahlung)* default, arrears; 2. (undue) delay, delayed performance; **bei V.** upon default; **in V.** in arrears; **ohne V.** without delay; **in V. geraten/kommen** to default

Verzugs|aktie *f* deferred share *[GB]*/stock *[US]*; **im V.fall** *m* in case of default; **V.gebühr** *f* late fee; **V.strafe** *f* penalty for delay, ~ delayed delivery; **V.tage** *pl (Wechsel)* days of grace/respite; **V.zinsen** *pl* 1. interest on/for arrears; 2. *(Teilzahlung)* late charge

Veterinär *m* veterinary surgeon, vet *(coll)*; **v.** *adj* veterinary

Veto *nt* veto; **V. einlegen** to veto

Video|aufnahme *f* video recording; **V.gerät** *nt* video(tape) recorder; **V.konferenz** *f* video conference; **V.text** *m* videotext; **V.-überwachung** *f* closed-circuit television (CCT)

Vieh *nt* cattle, livestock; **V. züchten** to breed/raise cattle

Vieh|bestand *m* livestock (level/figures); **V.haltung** *f* livestock farming; **V.handel** *m* livestock/cattle trade; **V.händler** *m* livestock/cattle dealer; **V.markt** *m* cattle/livestock market; **V.schaden** *m* damage caused by cattle; **V.transport** *m* animal/cattle transport; **V.versicherung** *f* livestock/cattle insurance; **V.waggon** *m* cattle truck *[GB]*, stock car *[US]*; **V.weide** *f* pasture; **V.wirt** *m* stockman; **V.wirtschaft** *f* livestock farming; **V.zucht** *f* animal breeding, livestock farming/production; **V.züchter** *m* livestock farmer, stockman *[US]*, rancher *[US]*

viel|fach *adj* multiple; **V.falt** *f* variety, diversity; **v.fältig** *adj* various, diverse; **v. gepriesen** *adj* much-vaunted; **v. geschmäht** *adj* much-maligned; **v.schichtig** *adj* 1. complex; 2. *(Problem)* multifaceted; **V.schutzversicherung** *f* multiple protection insurance; **v.seitig** *adj* 1. all-round; 2. *(Person)* multi-skilled; **v.-sprachig** *adj* polyglot; **v. versprechend** *adj* encouraging, promising; **V.zweck-** multipurpose

Viereck *nt* quadrangle; **magisches V.** uneasy quadrangle, magic square (i.e. price stability, growth, full employment, external balance)

vier|fach *adj* fourfold, quadruple; **V.schichtenbetrieb** *m* four-shift operation; **v.stellig** *adj* four-digit

Viertel *nt* quarter; **V.jahr** *nt* quarter

Vierteljahres|abrechnung *f* *(Börse)* term settlement; **V.abschluss; V.ausweis; V.-bericht** *m (Bank)* quarterly statement/return; **V.bilanz** *f* quarterly balance sheet; **V.einlage** *f* three months' deposit; **V.zahlen** *pl* quarterly figures

vierteljährlich *adj* quarterly

vierzehntägig *adj* fortnightly

Vierzigstundenwoche *f* forty-hour week

vinkulier|en *v/t* *(Aktien)* to restrict shares; **V.ung** *f* restriction of transferability

Visitenkarte *f* calling card

Visum *nt* visa; **V. mit Arbeitserlaubnis** work visa; **V.sgebühr** *f* visa fee

Völkerrecht *nt* (public) international law, law of nations

Volks|bank *f* *[D]* cooperative bank; **V.eigentum** *nt* public/collective ownership; **V.einkommen** *nt* national income; **V.-hochschule** *f* adult education institute; **V.rente** *f* state pension *[GB]*; **V.schule** *f* elemantary/primary school; **V.vermögen** *nt* national wealth; **V.vermögensrechnung** *f* national income accounting

Volkswirtschaft *f* 1. national economy; 2. *(Theorie/Fach)* economics; **auf der Rohstoffproduktion beruhende V.** commodity economy

Volkswirtschaft|ler(in) *m/f* economist; **v.-lich** *adj* (macro)economic

Volkswirtschafts|lehre *f* (macro)economics; **allgemeine V.lehre; V.theorie** *f* economic theory; **V.plan** *m* national economic plan

Volks|wohl(fahrt) *nt/f* national/public welfare; **V.wohlstand** *m* national prosperity/wealth; **V.zählung** *f* (population) census

voll *adj* 1. full; 2. entire, complete; **brechend v.** packed (to capacity); **gestrichen v.** brimful

Voll|abschreibung *f* full depreciation, (immediate) write-off; **V.amortisation** *f* full amortization; **V.arbeitskraft** *f* full-time worker/employee; **V.arbeitslosigkeit** *f* full(-time) unemployment; **V.auslastung** *f* full capacity utilization; **v.automatisch** *adj* fully automatic; **v.beschäftigt** *adj* full-time; **~ sein** to work full-time

Vollbeschäftigung *f* 1. full employment; 2. full capacity utilization

Vollbeschäftigungs|garantie *f* employment gurarantee; **V.politik** *f* full employment policy; **V.ziel** *nt* full employment target

voll|besetzt *adj* packed, crammed; **V.besitz** *m* full possession; **V.bremsung** *f* emergency stop; **v.bringen** *v/t* to accomplish/achieve; **V.charter** *f* full charter (of a vessel)

Volldampf *m* ⚓ full steam/speed; **mit V. arbeiten** *(coll)* to work flat out *(coll)*

Voll|eigentum *nt* absolute ownership; **V.-eigentümer(in)** *m/f* outright/absolute owner; **V.einzahlung** *f (Kapital)* payment in full

vollend|en *v/t* to complete/accomplish; **V.ung** *f* completion, accomplishment, achievement

Voll|erwerbsbetrieb; V.erwerbshaushalt *m* 🚜 full-time farm(ing); **V.gewicht** *nt* full weight; **V.giro** *nt* direct endorsement; **v.haftend** *adj* fully liable; **V.hafter(in)** *m/f* general partner; **V.haftung** *f* unlimited liability

völlig *adj* complete, outright

Vollindossament *nt* full/unqualified endorsement; **V. mit Angstklausel/Haftungsausschluss** qualified endorsement; **~ Rektaklausel** restrictive endorsement

Voll|invalide *m* totally disabled person; **V.-invalidität** *f* total disablement; **v.jährig** *adj* adult, of age; **V.jährige(r)** *f/m* adult; **V.jährigkeit(salter)** *f/nt* age of discretion

Vollkasko *nt* comprehensive cover(age); **V.sparte** *f (Vers.)* all-in account; **V.versicherung** *f* 🚗 comprehensive (automobile/car) insurance, full cover(age) collision insurance; **~ mit Selbstbeteiligung** deductible clause collision insurance

Voll|kaufmann *m* registered trader; **v.-kommen** *adj* perfect, complete

Vollkosten *pl* full cost(s); **V.rechnung** *f* full absorption costing; **V.übernahme** *f* *(Vers.)* (provision of) comprehensive cover(age)

Voll|last; V.lauf *f/m* ⚙/⚡ full load

Vollmacht *f* 1. authority; 2. *(Urkunde)* power of atteronry, proxy; **V. zur Kreditaufnahme** borrowing powers; **V. für einen Rechtsanwalt** power of attorney; **mit V. ausstatten; V. erteilen** to authorize/empower; **in jds V. handeln** to act as so.'s agent; **seine V. überschreiten** to exceed one's powers; **V. auf jdn übertragen** to vest authority in so.; **V. widerrufen** to revoke powers

absolute Vollmacht unlimited power of attorney; **ausdrückliche V.** express authority; **beschränkte V.** limited authority; **stillschweigend erteilte V.** implied authority; **gesetzliche V.** statutory power(s); **schriftliche V.** written authority/authorization; **umfassende/unbegrenzte/unbeschränkte/uneingeschränkte V.** full powers; **unwiderrufliche V.** *(HV)* irrevocable proxy

Vollmacht|geber(in) *m/f* principal; **~ und -nehmer(in)** *m/f* principal and agent

Vollmachts|ausübung *f* exercise of power; **V.beschränkung** *f* limitation of authority; **V.besitzer(in)** *m/f* proxy-holder; **V.erklärung** *f* letter of authority; **V.formular** *nt (HV)* form of proxy; **V.inhaber(in)** *m/f* agent, proxyholder; **V.stimmrecht** *nt* proxy (voting right); **V.-überschreitung** *f* acting ultra vires *(lat.)*; **V.übertragung** *f* delegation of authority/powers; **V.urkunde** *f* deed of agency; **V.-widerruf** *m* revocation of power of attorney

Voll|mitglied *nt* full member; **V.pension** *f* full board; **V.sortiment** *nt* full range (of products)
vollständig *adj* complete, entire, full; **V.-keit** *f* entirety
vollstreckbar *adj* 1. § enforceable; 2. *(Hypothek)* foreclosable; **V.keit** *f* enforceability
vollstreck|en *v/t* to execute/enforce; **V.er** *m* executor
Vollstreckung *f* execution, enforcement; **V. durch Räumung** eviction; **V. einer Verfügung** enforcement of an order; **V. durch Versteigerung** execution sale
Vollstreckung aussetzen/vorübergehend einstellen to stay/suspend execution; **V. betreiben/durchführen** to enforce a judgment; **V. vornehmen** to levy an execution
Vollstreckungs|abwehr; V.gegenklage *f* foreclosure suit; **V.anordnung** *f* writ of execution; **V.aufschub; V.aussetzung** *m/f* stay of execution, reprieve; **V.beamter** *m* bailiff, enforcement officer; **V.befehl** *m* 1. enforcement order; 2. writ of execution; **V.behörde** *f* enforcement agency/authority; **V.bescheid; V.beschluss** *m* writ of execution; **V.einstellung** *f* stay of execution; **v.fähig** *adj* 1. enforceable; 2. *(Hypothek)* foreclosable; **V.gläubiger(in)** *m/f* 1. judgment/enforcement creditor; 2. *(Forderungspfändung)* garnisher; **V.instanz** *f* enforcement agency/authority; **V.-klage** *f* enforcement action; **V.organ** *nt* enforcement agency; **V.schuld** *f* judgment debt; **V.schuldner(in)** *m/f* judgment debtor; **V.stelle** *f* enforcement agency; **V.urteil** *nt* writ of execution; **V.-verfahren** *nt* enforcement proceedings
Voll|tagskraft *f* fulltime employee, fulltimer *(coll)*; **V.text** *m (Buchführung)* full narrative; **V.versammlung** *f* plenary meeting, general assembly; **V.wertversicherung** *f* comprehensive insurance; **v.zählig** *adj* complete
Vollzeit|arbeit *f* full-time work; **V.arbeiter(in); V.(arbeits)kraft; V.beschäftigte(r)** *f/m* full-time worker, full-timer; **V.arbeitsstelle** *f* full-time job; **V.beschäftigung** *f* full-time employment; **V.maßnahme** *f (Ausbildung)* full-time scheme
vollziehbar *adj* § enforceable; **V.keit** *f* enforceability
vollzieh|en *v/t* to carry out, to implement; **V.ung** *f* execution, implementation
Vollzug *m* execution, enforcement
Vollzugs|anordnung *f* executive order, implementing ordinance; **V.behörde** *f* enforcement agency; **V.organ** *nt* enforcement agency
Volont|är(in) *m/f* trainee; **V.ariat** *nt* traineeship
Volumen *nt* volume, capacity; **V.einheit** *f* unit of volume; **V.gewicht** *nt* volumetric weight; **V.wachstum** *nt* volume growth
Vorab|ausschüttung *f* advance distribution; **V.bericht, V.bescheid** *m* advance notice; **V.information** *f* advance information; **V.werbung** *f* pre-launch publicity
Voranfrage *f* preliminary inquiry
vorangehen *v/i* 1. to precede; 2. § to have precedence
vorankommen *v/i* to advance, to make headway; **beruflich v.** to get on in one's job; **gut v.** to make good progress
Voran|kündigung *f* advance notice; **V.melder** *m (Pat.)* prior/previous applicant; **V.-schlag** *m* (cost) estimate, calculation; **V.zeige** *f* advance notice
Vorarbeit *f* preparatory work, groundwork
Vorarbeiter *m* foreman, overseer, charge hand; **V.stelle** *f* foremanship, overseership
im Voraus in advance
Voraus|abschreibung *f* accelerated depreciation; **V.abtretung** *f* anticipatory assignment; **V.belastung** *f* front-end/up-front load; **v.bestellen** *v/t* to order/book in advance; **V.bestellung** *f* advance order/booking; **V.bewilligung** *f* advance appropriation
vorausbezahl|en *v/t* to prepay, to pay in advance; **v.t** *adj* prepaid (ppd.); **V.ung** *f* advance payment, payment in advance
Voraus|buchung *f* advance booking; **V.-buchungstarif** *m* ✈ advanced purchasing excursion (APEX) tariff; **~ für Charterflüge** ✈ advanced booking charter (ABC) tariff; **v.datieren** *v/t* to predate; **v.-disponieren** *v/t* to make advance arrangements; **V.disposition** *f* advance arrangement; **V.festsetzungsbescheinigung** *f* advance assessment; **V.information** *f* advance information; **V.kasse** *f* cash in advance; **V.kauf** *m* advance purchase; **V.kommando** *nt* advance party; **V.leis-**

V

tung *f* prepayment; **v.planen** *v/t* to plan ahead; **V.prämie** *f* advance premium; **V.-rechnung** *f* pro-forma invoice

Voraussage *f* prediction, prognosis, forecast; **v.n** *v/t* to predict/forecast

voraussetzen *v/t* 1. *(annehmen)* to presume/assume; 2. *(erfordern)* to require

Voraussetzung *f* 1. assumption; 2. requirement(s); **V. erfüllen für** 1. to meet/comply with the requirements; 2. *(Person)* to qualify, to be eligible for

erforderliche Voraussetzung *(Stelle)* required qualification; **gesetzliche V.** statutory requirements; **juristische V.en** legal requirements; **unabdingbare V.** essential condition

Voraussicht *f* foresight; **v.lich** *adj* prospective, expected

Vorauswahl *f* 1. preliminary selection; 2. *(Handel)* self-selection; 3. *(Kandidaten)* short list

Vorauszahlung *f* advance (payment), prepayment, cash in advance (c.i.a.), cash before delivery (c.b.d.), cash with order (c.w.o.)

Vor|avis *nt* advance notice; **V.bedingung** *f* prerequisite, precondition

Vorbehalt *m* reservation, proviso; **v.lich** *prep* subject to

Vorbehalts|eigentümer(in) *m/f* conditional owner; **V.kauf** *m* conditional sale; **V.käufer(in)** *m/f* conditional buyer/purchaser; **V.klausel** *f* salvo; **V.preis** *m* reserve price; **V.recht** *nt* reservation; **V.urteil** *nt* § reserved judgment; **V.verkauf** *m* conditional sale; **V.verkäufer(in)** *m/f* conditional vendor; **V.ware** *f* reserved goods

vorbe|handeln *v/t* 1. to pre-treat; 2. *(durch Lagerung)* to season; **V.behandlung** *f* pre-treatment; **v.lastet** *adj* 1. handicapped; 2. *(Grundstück)* encumbered; **V.merkung** *f* preliminary remark, prefatory note

Vorbenutz|er(in) *m/f* prior/previous user; **V.ung** *f* *(Pat.)* prior use

vorbereiten *v/t* to prepare

Vorbereitung *f* preparation

Vorbereitungs|arbeiten *pl* preparatory work; **V.kosten** *pl* preparation cost(s); **V.kurs; V.lehrgang** *m* pre-entry course

Vor|bescheid *m* § preliminary ruling; **V.-besitzer(in)** *m/f* previous/former owner; **V.besprechung** *f* briefing; **v.bestellen** *v/t* to order/book in advance; **V.bestellung** *f* advance reservation/order/booking

vorbestraft *adj* previously convicted; **v. sein** to have a (criminal/police) record

vorbeug|en *v/i* to prevent; **v.end** *adj* preventive; **V.ung** *f* prevention

Vor|bilanz *f* preliminary balance (sheet); **V.bild** *nt* example, model

Vor|börse *f* street market; **v.börslich** *adj* in pre-trading activity

Vorbringen *nt* *(Behauptung)* contention, assertion, allegation; **v.** *v/t* 1. to propose/state; 2. *(behaupten)* to allege/contend; 3. § to submit/plead

Vor|buchung *f* advance reservation; **v.datieren** *v/t* 1. to foredate; 2. *(Scheck)* to postdate

Vordermann *m* 1. predecessor; 2. *(Wechsel)* previous holder

Vor|dividende *f* interim dividend; **v.dringlich** *adj* urgent; **V.druck** *m* form, blank; **V.eigentümer(in)** *m/f* previous owner

voreingenommen *adj* prejudiced, partial; **V.heit** *f* prejudice, partiality

vorent|halten *v/t* to withhold/detain; **V.-scheidung** *f* preliminary decision; **V.-wurf** *m* rough draft

Vor|erhebung *f* preliminary investigation; **v.erwähnt** *adj* aforesaid, (a)forementioned; **V.fabrikat** *nt* primary product; **V.fahrt** *f* 🚗 right of way; **V.faktur** *f* pro-forma invoice; **V.fall** *m* incident, occurrence; **v.fällig** *adj* pre-payable; **V.-fälligkeitsentschädigung** *f* *(Kredit)* redemption penalty

vorfertig|en *v/t* to prefabricate/preassemble; **V.ung** *f* prefabrication, preassembly

vorfinanzier|en *v/t* to prefinance; **V.ung** *f* prefinancing

Vor|fracht *f* pre-carriage charges; **v.frankieren** *v/t* ✉ to prepay

vorführ|en *v/t* 1. to demonstrate; 2. ⊖ to produce; **V.er** *m* demonstrator; **V.ung** *f* demonstration, presentation; **V.wagen** *m* demonstration car

Vorgabe *f* standard, parameter; **V.kosten** *pl* budgeted standard cost; **V.minute** *f* standard minute; **V.stunde** *f* standard hour; **V.zeit** *f* allowed/standard time, time allowance

Vorgang *m* 1. operation, process, transaction; 2. *(Akte)* record; **steuerpflichtiger V.** taxable transaction

Vorgänger(in) *m/f* predecessor

vor|geben *v/t* 1. to pretend/purport; 2. *(Zeit)* ⏷ to allow; **v.gefertigt** *adj* prefabricated
Vorgehen *nt* 1. (line of) action, approach, procedure; 2. § priority/precedence; **abgekartetes V.** collusive action; **gemeinsames V.** concerted action
vorgehen *v/i* 1. to proceed; 2. *(Vorrang)* to precede; **disziplinarisch v.** to take disciplinary action; **gerichtlich v.** to institute legal proceedings, to take legal action
Vorgehensweise *f* line/course of action
vorge|lagert *adj* 1. offshore; 2. ⏷ upstream; **v.lesen, genehmigt und unterschrieben** § read out, agreed to and signed; **v.nannt** *adj* aforementioned; **v.schoben** *adj* ostensible; **v.schrieben** *adj* mandatory, required, prescribed, stipulated; **v.sehen** *adj* provided, stipulated
Vorge|sellschaft *f* predecessor company; **V.setzte(r)** *f/m* principal, senior
Vor|gespräch *nt* preliminary/exploratory talk(s); **v.greifen** *v/i* to anticipate; **V.griff** *m* anticipation
Vorhaben *nt* project, scheme; **v.** *v/t* to intend (to do)
vorhalt|en *v/t* 1. *(Kapazität)* to keep in reserve; 2. *(Vorwurf)* to rebuke/reproach; **V.ung** *f* 1. reproach; 2. ✪ provision
vorhanden *adj* 1. available, in stock; 2. existing, in existence
vorher|gehen *v/t* to precede; **v.gehend** *adj* precedent, antecedent; **v.genannt** *adj* aforesaid, above-mentioned
vorherrschen *v/i* to prevail/predominate; **v.d** *adj* prevailing
Vorhersage *f* forecast, prediction, prognosis; **v.n** *v/t* to predict/forecast
vorhersehbar *adj* predictable, foreseeable
Vor|indossant *m* previous endorser; **V.instanz** *f* § lower court
Vorjahr *nt* previous/preceding/last year
Vorjahres|ergebnis; V.gewinn *nt/m* last year's result/performance; **V.niveau** *nt* last year's level; **V.wert** *m* last year's figure; **V.zeit(raum)** *f/m* same/corresponding period last year
Vorkalku|lation *f* preliminary costing/calculation; **V.lator** *m* cost estimator; **v.lieren** *v/t* to cost
Vorkasse *f* cash in advance, cash before delivery (c.b.d.), cash with order (c.w.o.)
Vorkauf *m* pre-emption; **v.en** *v/t* to pre-empt
Vorkaufs|berechtigte(r) *f/m* pre-emptor; **V.preis** *m* pre-emption price; **V.recht** *nt* pre-emptive right, right of pre-emption, ~ first refusal; **durch ~ erwerben** to pre-empt
Vorkehrung *f* 1. precaution, preventive measure; 2. provision, arrangement; **V.en treffen** 1. to take precautions; 2. to make provision/arrangements
Vorkommen *nt* 1. incidence, occurrence, event; 2. ⚒ deposit; **v.** *v/i* to occur/happen
Vor|kommnis *nt* occurrence, incident, event; **V.kontrakt** *m (Rohstoffe)* futures contract
vorladen *v/t* § to summon/cite
Vorladung *f* § summons; **V. unter Strafandrohung** (writ of) subpoena *(lat.)*; **V. ergehen lassen/erwirken gegen jdn** to take out a summons against so.; **V. zustellen** to serve a writ/summons
Vorlage *f* 1. model, pattern; 2. *(Dokument)* submission; 3. *(Wechsel/Scheck)* presentation; 4. *(Entwurf)* draft; 5. *(Gesetzentwurf)* bill; 6. *(Geld)* advance; **V. zum Akzept; V. zur Annahme** presentation for acceptance; **V. zum Inkasso** presentation for collection; **V. zur Zahlung** presentation for payment
fällig bei Vorlage payable at sight; **zahlbar bei V.** payable on demand
bei Vorlage akzeptieren to accept upon presentation; **V. machen/unterbreiten** to make a submission; **in V. treten** to advance
Vorlagefrist *f* (time) limit for submission
Vorlast *f* § prior charge/encumbrance
Vorlauf *m* 1. run-up; 2. pre-production run; **konjunkturbedingter V.- und Nachlauf** cyclical leads and lags
Vorläufer(in) *m/f* forerunner, predecessor
Vorlauffinanzierung *f* front-end/up-front payment
vorläufig *adj* 1. temporary; 2. *(Regelung)* provisional, interim, preliminary
Vorlauf|kosten *pl* up-front/front-end costs; **V.zeit** *f* lead time
vorlegen *v/t* 1. to submit/present; 2. *(Dokument)* to tender; 3. *(Urkunde)* to produce; 4. *(Geld)* to advance; 5. *(Plan)* to submit; 6. *(zur Zahlung)* to present
Vorleger *m* *(Scheck)* presenter
Vorlegung *f* ↘ **Vorlage** presentation; **V. zum Akzept** presentation for acceptance; **V. zur Zahlung** presentation for payment

Vorlegungs|bescheinigung *f (Wechsel)* certificate of presentation; **V.frist** *f (Scheck/Wechsel)* presentation period
Vor|leistung *f (Zahlung)* advance (payment), outlay; **V.lesung** *f* 1. lecture; 2. reading; **V.liebe** *f* predilection, preference; **v.liegen** *v/i* to be available; **V.-mann** *m* 1. prior party; 2. *(Scheck/Wechsel)* previous holder; **V.material** *nt* primary/input material, feedstocks
vormerk|en *v/t* 1. to reserve; 2. *(Auftrag)* to earmark/book; **V.gebühr** *f* reservation fee; **V.kalender** *m* memo calendar, tickler
Vormerkung *f* 1. registration, reservation; 2. *(Grundbuch)* caution; **V. zum Protest** *(Wechsel)* note for protest
Vormittagsbörse *f* morning curb [US]/ kerb [GB]
Vormund *m* § guardian; **V.schaft** *f* guardianship
Vorort *m* suburb; **V.e** *pl* suburbia [GB], exurbia [US]
Vor|patent *nt* prior patent; **V.pfändung** *f* provisional garnishment
Vorprämie *f (Optionshandel)* call (premium); **V. kaufen** to give for the call; **V. nehmen/verkaufen** to take for the call; **V.ngeschäft** *nt* call option
vor|prellen; v.preschen *v/i* to bound ahead; **V.produkt** *nt* primary product, feedstocks, input material; **V.projekt** *nt* pilot study/scheme; **V.prüfung** *f* 1. preliminary examination; 2. *(Bilanz)* preliminary audit
Vorrang *m* precedence, (top) priority; **V. beanspruchen** to claim priority; **V. haben (vor)** to take priority
Vorrang|saktie *f* preference share [GB], preferred stock [US]; **V.dividende** *f* preferential dividend; **V.hypothek** *f* senior mortgage
vorrangig *adj* preferential, major
Vorrangstelllung *f* precedence, priority
Vorrat *m* stock(s) (in/on hand), stockpile; **Vorräte** stocks
Vorräte abbauen to destock; **V. auffrischen / auffüllen / aufstocken / ergänzen / erneuern** to replenish stocks, to restock; **V. einlagern** to lay in stocks; **V. verringern** to destock
ausreichende Vorräte adequate supplies; **erschöpfte V.** depleted stocks
vorrätig *adj* in stock; **nicht v.** out of stock
Vorrats|abbau *m* destocking; **V.aktie** *f* reserve share [GB]/stock [US]; **V.anfertigung** *f* production for stock; **V.auffüllung; V.aufstockung** *f* replenishment of stocks; **V.bewertung** *f* inventory valuation/pricing; **V.bewirtschaftung** *f* inventory management; **V.fertigung** *f* production for stock; **V.inventur** *f* physical inventory; **V.investitionen** *pl* investment in stocks; **V.käufe** *pl* stockbuilding purchases; **V.konto** *nt* inventory account; **V.lager** *nt* stocks (on hand), inventory, warehouse; **V.land** *nt* land bank; **V.politik** *f* stockpiling policy; **V.stelle** *f* storage/ stockpiling agency; **V.überhang** *m* surplus stock(s); **V.vermögen** *nt* inventory; **V.wirtschaft** *f* inventory control/management
Vorrecht *nt* privilege, preferential right; **V.saktie** *f* preference share; **V.sgläubiger(in)** *m/f* preferred creditor
Vor|reeder *m* ⚓ previous carrier; **V.richtung** *f* mechanism, device, gadget; **V.-ruhestand** *m* early retirement (scheme)
Vorsaison *f* early/low season; **Vor- und Nachsaison** off-season
Vor|satz *m* intention, intent; **v.sätzlich** *adj* § premeditated, wilful
vorschießen *v/t (Geld)* to advance
Vorschlag *m* 1. proposal, proposition, suggestion; 2. *(Kandidat)* nomination
vorschlagen *v/t* 1. to propose/suggest/recommend; 2. to nominate
betriebliches Vorschlagswesen employee/ company suggestion scheme
vorschreiben *v/t* to prescribe/stipulate
Vorschrift *f* 1. *(Gesetz)* regulation, rule, stipulation; 2. *(Anweisung)* order, instruction; **V.en eines Vertrages** contractual provisions; **nach V. arbeiten** to work to rule; **den V.en entsprechen** to conform to (the) regulations; **V.en verletzen** to break the rules
arbeitsrechtliche Vorschriften labo(u)r regulations; **behördliche V.** official regulations; **bilanzrechtliche V.** accounting regulations; **gesetzliche V.** statutory provisions; **zwingende V.** binding rules
vorschrifts|gemäß; v.mäßig *adj* correct, regular; **v.widrig** *adj* irregular, contrary to regulations; **V.widrigkeit** *f* irregularity
Vorschuss *m* 1. advance (payment); 2. *(Lohn)* (wage) advance; **V. in bar** cash in advance; **V. geben/gewähren** to advance

V

Vorschuss|dividende *f* interim dividend; **V.klausel** *f (Konnossement)* red clause; **V.provision** *f* overdraft commission; **V.wechsel** *m* advance bill; **V.zahlung** *f* advance payment; **V.zins** *m* advance interest

vorsehen *v/t* 1. to plan/envisage; 2. *(Geld/ Kosten)* to earmark, to set aside

Vorserie *f* pilot lot/batch

Vorsicht *f* care, caution, prudence; **V. ist besser als Nachsicht** *(prov.)* better safe than sorry; **angemessene V.** reasonable care

vorsichtig *adj* 1. cautious, careful; 2. *(Schätzung)* conservative

Vorsichts|maßnahme *f* safeguard, precautionary measure; **V.prinzip** *nt* prudence principle

Vorsitz *m* chair(manship); **V. einnehmen** to take the chair, **V. führen/(inne)haben** to preside/chair

vorsitzen *v/t* to preside (over), to chair

Vorsitzender *m* chairman; **V. der Geschäftsleitung** chief executive officer (CEO); **stellvertretender V.** deputy chairman, vice-president *[US]*

Vorsorge *f* 1. provision, precaution; 2. *(Sparen)* thrift; **V.aufwand; V.aufwendungen** *m/pl* expenses of a provident nature; **V.maßnahme** *f* precautionary measure

vorsorgen *v/i* to provide, to make provision for

Vorsorge|pauschale; V.pauschbetrag *f/m* contingency sum; **V.reserve** *f* 1. contingency reserves; 2. buffer stocks; **V.untersuchung** *f* ⚕ (prophylactic) medical check(up)

vorsorglich *adj* 1. precautionary, provident; 2. *(Sparen)* thrifty

Vor|sprung *m* advance, head start; **V.stadt** *f* suburb; **v.städtisch** *adj* suburban *[GB]*, exurban *[US]*

Vorstand *m* 1. company/management/ managing board, executive board; 2. *(Stiftung)* board of trustees; 3. *(Person)* (managing/executive) director; **in den V. aufnehmen/berufen** to appoint to the board; **~ eintreten** to join the board; **V. entlasten; dem V. Entlastung erteilen** to discharge the board; **im V. sein** to be on the board; **dem V. gegenüber verantwortlich sein** to report to the board; **in den V. wählen** to elect to the board

Vorstands|aktien *pl* management shares *[GB]*/stocks *[US]*; **V.amt** *nt* managerial/ executive position; **V.berater** *m* management consultant; **V.bericht** *m* directors'/management report; **V.beschluss** *m* management/board decision; **V.bezüge** *pl* directors' emoluments, executive/boardroom pay; **auf V.ebene** *f* at board level; **V.etage** *f* (corporate) boardroom; **V.mitglied** *nt* executive, managing director, board member; **V.position; V.posten; V.sitz** *f/m* directorship; **V.sitzung** *f* board meeting; **V.sprecher(in)** *m/f* 1. company spokesman/spokeswoman; 2. *(Bank)* chief executive officer (CEO); **V.vorsitzender** *m* managing director, president, chief executive (officer) (CEO), executive chairman; **V.wahl** *f* board/corporate *[US]* election

vorstehen *v/i* to preside/chair

vorstell|en *v/t* to present/introduce; *v/refl* to imagine/see; **v.ig werden** *adj* 1. to make representations; 2. to complain

Vorstellung *f* 1. (re)presentation; 2. idea, notion; 3. *(Person)* introduction; 4. 🚂/✈ roll-out; **V.sgespräch** *nt* (job) interview

Vorsteuer *f* *(MWSt)* input tax; **V.rendite** *f* pre-tax return

Vorstoff *m* ⚗ feedstock

Vorstrafe *f* previous conviction; **V.nregister; V.nliste** *nt/f* criminal record

vor|strecken *v/t* to advance; **V.studie** *f* pilot study

Vortag *m* previous day

Vortags|gewinn *m* yesterday's/previous day's gain; **V.schluss** *m* previous close; **V.verlust** *m* previsious day's loss(es)

Vorteil *m* advantage, benefit; **Vor- und Nachteile** pros and cons; **V. bieten** to offer advantages; **von V. sein** *(Bewerbung)* to be a plus; **mit V. verkaufen** to sell at a profit; **rücksichtslos seinen V. wahren** to drive a hard bargain; **V. ziehen aus** to benefit from

geldwerter Vorteil pecuniary advantage; **handelspolitische V.e** trade benefits; **steuerlicher V.** tax benefit

vorteil|haft *adj* advantageous; **V.snahme** *f* bribe-taking

Vortrag *m* 1. lecture, talk; 2. paper; 3. § pleadings, submission; 4. *(Buchung)* carry-forward, (balance) brought/carried forward

vortragen *v/t* 1. *(Bericht)* to report; 2.

(Fall) to present; 3. § to plead/submit; 4. *(Buchung)* to carry forward
Vortrags|posten *m* item carried forward; **V.saldo** *m* balance brought forward
vorübergehend *adj* temporary
Vor|umsatz *m* previous/prior turnover; **V.untersuchung** *f* § preliminary hearing/investigation; **V.urteil** *nt* prejudice; **v.verarbeiten** *v/t* to prefabricate; **V.verarbeitung** prefabrication; **V.verfahren** *nt* § committal proceedings
Vorverkauf *m* advance booking; **v.en** *v/t* to sell in advance; **V.skasse** *f* booking office
vor|verlegen *v/t* *(Termin)* to bring forward; **v.vermieten** *v/t* to prelet; **V.veröffentlichung** *f* prior publication; **V.versicherer** *m* previous insurer; **V.versicherung** *f* previous insurance; **V.vertrag** *m* 1. preliminary contract; 2. *(Vers.)* binder; **V.wahl** *f* ☎ area/dialling code; **V.wand** *m* pretext, pretence; **V.warnung** *f* advance warning/notice
vorwärts *adv* forward; **V.integration** *f* forward/downstream integration; **v. kommen** *v/i* 1. to make progress; 2. *(Karriere)* to get on
vorweg *adv* beforehand; **V.abzug** *m* deduction at source; **V.belastung** *f* up-front charge; **v.nehmen** *v/t* to anticipate; **V.-zahlung; V.zuwendung** *f* advance payment
vor|wiegend *adj* prevailing, predominant; **V.wurf** *m* reproach, charge
vorzeige|n *v/t* to present; **V.objekt; V.-stück** *nt* showpiece
vorzeitig *adj* premature
vorziehen *v/t* 1. to prefer; 2. to give priority to; 3. *(Termin)* to bring forward
Vorzug *m* advantage, preference; **Vorzüge** *(Börse)* preference shares
vorzüglich *adj* excellent, superior
Vorzugsaktie *f* preference share *[GB]*/stock *[US]*; **kumulative V.** cumulative preference/preferred share, ~ stock; **kündbare V.** redeemable preferred/preference share ~ stock; **nicht stimmberechtigte V.** non-voting preferred/preference share, ~ stock
Vorzugs|aktionär *m* preference/preferred shareholder *[GB]*, ~ stockholder *[US]*; **V.-bedingungen** *pl* preferential terms/conditions; **V.behandlung** *f* preferential treatment; **V.dividende** *f* preference dividend; **V.gläubiger(in)** *m/f* preferential creditor; **V.kapital** *nt* preferred stock; **V.konditionen** *pl* preferential terms; **V.-kurs** *m* preferential price/rate; **V.obligation** *f* senior bond; **V.pfandrecht** *nt* prior lien; **V.preis** *m* preferential/bargain price; **V.recht** *nt* preferential right; **V.stammaktie** *f* preferred ordinary share *[GB]*/stock *[US]*; **V.tarif** *m* preferential rate, preference tariff; **V.zins** *m* preferential interest rate; **V.zoll** *m* ⊝ preferential (rate of) duty/tariff, preference tariff
Votum *nt* vote, opinion

W

Waage *f* 1. (pair of) scales; 2. 🚗 weighbridge; **W.schein** *m* bill of weight
Wache *f* watch, (security) gard
Wach|- und Schließgesellschaft *f* security (service) company; **W.mann** *m* security guard; **W.personal** *nt* security staff
wachsen *v/i* to grow/increase
Wachstum *nt* growth, increase; **W. der Industrie** industrial growth; **W. aus eigener Kraft** self-generated growth; **W. ankurbeln/anregen** to stimulate growth; **W. beeinträchtigen** to cramp/crimp growth; **W. fördern** to boost growth
anhaltendes Wachstum sustained growth; **bereinigtes W.** net growth; **durchschnittliches W.** average growth; **exportbedingtes/exportinduziertes W.** export-led growth; **gebremstes/gedrosseltes W.** restrained growth; **geringes W.** sluggish growth; **industrielles W.** industrial growth; **inflationsfreies W.** non-inflationary growth; **konjunkturelles W.** economic growth; **nachfragegesteuertes W.** demand-led growth; **natürliches W.** organic growth; **rasantes/rasches W.** rapid growth; **reales W.** net/real growth; **verhaltenes W.** restrained growth; **(volks)wirtschaftliches W.** economic growth; **zyklisches W.** cyclical growth
Wachstums|abschwächung *f* economic slowdown; **W.abstand** *m* growth differential; **W.aktie** *f* growth share *[GB]*/stock *[US]*; **spekulative W.aktie** glamour share *[GB]*, glamor stock *[US]*; **W.aus-**

V

sichten *pl* growth prospects; **w.bedingt** *adj* growth-induced; **W.beschleunigung** *f* acceleration of growth; **W.branche** *f* growth industry; **W.erwartung** *f* expected rate of growth; **W.faktor** *m* growth factor; **W.fonds** *m* growth fund; **w.fördernd** *adj* growth-promoting; **W.gefälle** *nt* growth differential; **W.gebiet** *nt* growth area; **W.grad** *m* rate of growth; **W.industrie** *f* growth industry; **W.kräfte der Wirtschaft** *pl* forces of economic growth; **W.lokomotive; W.motor** *f/m (fig)* engine of (economic) growth; **W.markt** *m* growth/buoyant market; **W.möglichkeiten** *pl* growth opportunities; **W.papier** *nt* growth share *[GB]*/stock *[US]*; **W.pfad** *m* expansion/growth path; **W.phase** *f* growth phase; **W.potenzial** *nt* growth potential; **W.prognose** *f* growth forecast

Wachstumsrate *f* growth rate, rate of growth; **rückläufige W.** negative growth rate

Wachstums|schub *m* surge of activity; **w.schwach** *adj* slow-growing, low-growth; **W.sektor** *m* growth sector; **W.spielraum** *m* growth potential, scope for growth; **w.stark** *adj* fast-growing, high-growth; **W.tempo** *nt* growth rate; **W.vorausschätzung** *f* growth forecast; **W.wert** *m* growth share *[GB]*/stock *[US]*; **spekulativer W.wert** glamour share *[GB]*, glamor stock *[US]*; **W.ziel** *nt* growth target

Waffe *f* weapon; **W.n** arms, weapons

Waffen|ausfuhr; W.export *f/m* arms exports; **W.embargo** *nt* arms embargo; **W.fabrik** *f* ordnance factory; **W.fabrikant** *m* arms manufacturer; **W.geschäft** *nt* arms deal; **W.handel** *m* arms trade; **W.hersteller** *m* arms manufacturer; **W.verkäufe** *pl* arms sales

Wagen *m* 1. vehicle, car; 2. *(Güterwagen)* wag(g)on *[GB]*, truck, car *[US]*; 3. *(Einkauf)* trolley; **frei (auf) W.** free on wag(g)on *[GB]*/truck *[US]*

wagen *v/t* to risk/venture

Wagen|besitzer(in) *m/f* car owner; **W.ladeschein** *m* manifest; **W.ladung** *f* 1. wag(g)onload *[GB]*/carload *[US]*; 2. truckload, lorryload; **W.ladungstarif** *m* wag(g)onload tariff *[GB]*, carload lot rates *[US]*; **W.miete** *f* car rental; **W.nummer** *f* vehicle registration number; **W.papiere** *pl* vehicle documents; **W.park** *m* 1. rolling stock; 2. vehicle fleet; **W.standgeld** *nt* demurrage; **W.teilladung** *f* less-than-carload (LCL); **W.vermietung** *f* car hire/rental; **W.zulassung** *f* vehicle registration

Waggon *m* 1. *(Personen)* carriage; 2. *(Güter)* wag(g)on, truck, freight car *[US]*; **frei W. (Abgangsort)** free on rail (FOR) *[GB]*, ~ truck (FOT) *[US]*

waggon|frei *adj* free on rail (FOR)/truck (FOT); **W.ladung** *f* wag(g)onload *[GB]*, carload (c.l.) (lot) *[US]*; **W.miete** *f* wag(g)on *[GB]*/truck *[US]* hire charges; **W.standgeld** *nt* demurrage

Wagnis *nt* risk, venture, hazard; **W.finanzierung** *f* venture finance; **W.kapital** *nt* venture capital; **W.versicherung** *f* temporary life insurance *[US]*, term insurance *[GB]*; **W.zuschlag** *m* risk premium

Wahl *f* 1. *(Auswahl)* selection, choice; 2. election; 3. *(Abstimmung)* vote, ballot; **W. des Abschlussprüfers** election of the auditor; **freie W. des Arbeitsplatzes** free choice of employment; **W.(en) zum Aufsichtsrat** board election(s); **W. durch Handaufheben** vote by show of hands; **W. mit Namensaufruf** vote by roll-call; **W. des Vorstands** election of the executive; **W. in den Vorstand** election to the board

in geheimer Wahl abstimmen to vote by secret ballot; **W. anfechten** to challenge/contest an election result; **W. durchführen** to conduct a ballot; **in die engere W. einbeziehen** to shortlist; **W. fälschen** to rig the ballot; **in die engere W. kommen** to be shortlisted; **zur W. vorschlagen** to nominate

dritte Wahl third-class quality, grade three; **engere W.** short list; **erste W.** first (-class) quality; **geheime W.** secret ballot; **zweite W.** seconds

Wahl|ausgang *m* election result; **W.betrug** *m* ballot rigging; **W.bezirk** *m* electoral district

wählen *v/t* 1. to choose/select/opt (for); 2. to vote/elect; 3. to dial

Wahlenthaltung *f* abstention

Wähler(in) *m/f* voter

Wahlergebnis *nt* election result

wählerisch *adj* particular, selective, choosy *(coll)*

Wahl|fach *nt* optional subject; **W.kampf** *m* election campaign; **W.kreis** *m* election district, constituency *[GB]*, election pre-

W

cinct *[US]*; **W.liste** *f* electoral roll/register; **W.periode** *f* term (of office); **W.prüfer** *m* scrutineer; **W.prüfung** *f* scrutiny; **W.recht** *nt* 1. suffrage; 2. *(System)* voting system; **W.schein** *m* ballot paper; **W.schiebung; W.schwindel** *f/m* ballot rigging; **W.sieg** *m* election victory; **W.spende** *f* campaign contribution

Wahlstimme *f* vote; **in Vertretung abgegebene W.** proxy vote

Wahl|system *nt* voting system; **W.urne** *f* ballot box; **W.verfahren** *nt* electoral system; **W.vorschlag** *m* nomination

Wahrheit *f* truth

wahrnehm|bar *adj* noticeable, perceptable; **w.en** *v/t* to perceive

Wahrnehmung *f* perception; **W. von Aufgaben** discharge of duties/responsibilities

wahrscheinlich *adj* probable, likely; **W.keit** *f* probability, likelihood

Wahrscheinlichkeits|grad *m* degree of probability; **W.rechnung** *f* π probability calculus; **W.stichprobe** *f* probability sample

Wahrung *f* 1. protection, safeguarding; 2. *(Erhaltung)* preservation

Währung *f* currency, exchange; **W. abwerten** to devalue a currency; **W. aufwerten** to revalue a currency; **W. entwerten** to debase a currency; **W. stützen** to support a currency

ausländische Währung foreign currency/exchange; **bewirtschaftete W.** controlled currency; **feste W.** hard currency; **fremde W.** foreign currency; **gelenkte/gesteuerte W.** controlled currency; **geltende/gesetzliche W.** legal tender; **harte/stabile W.** hard/stable currency; **knappe W.** scarce currency; **konvertierbare W.** convertible currency; **starke W.** strong currency; **veränderliche W.** floating currency

Währungs|abfluss *m* currency outflow; **W.absicherung** *f* currency hedging; **W.abteilung** *f* foreign exchange department; **W.abwertung** *f* (currency) devaluation; **W.akzept** *nt* foreign currency acceptance; **W.angleichung; W.anpassung** *f* currency adjustment; **W.anleihe** *f* foreign currency loan; **W.aufwertung** *f* currency revaluation

Währungs|ausschuss *m* monetary committee; **W.bandbreiten** *pl* currency bands; **W.bank** *f* bank of issue; **W.behörde** *f* monetary authority; **W.bestände** *pl* currency reserves; **W.block** *m* currency bloc; **W.delikt** *nt* currency offence; **W.fonds** *m* currency fund; **W.gebiet** *nt* currency area; **W.gefälle** *nt* currency differential; **W.geschäft** *nt* foreign exchange transaction; **W.gewinn** *m* currency gain; **W.guthaben** *nt* currency assets; **W.händler** *m* currency dealer; **W.konto** *nt* (foreign) currency account; **W.kredit** *m* foreign currency loan; **W.krise** *f* currency crisis; **W.kurs** *m* (foreign) exchange rate; **W.parität** *f* currency parity; **W.politik** *f* currency policy; **W.reform** *f* currency reform; **W.reserven** *pl* foreign exchange/currency reserves; **W.risiko** *nt* foreign exchange/currency risk

Währungssicherung *f* safeguarding the currency; **W.sgeschäft** *nt* currency hedge operation, hedging operation

Währungs|situation *f* currency situation; **W.spekulant** *m* currency speculator; **W.spekulation** *f* currency speculation; **W.system** *nt* currency/monetary system; **W.tabelle** *f* exchange rate table; **W.umrechnung** *f* currency conversion; **W.umstellung** *f* currency changeover; **W.union; W.verbund** *f/m* monetary union; **W.zufluss** *m* currency inflow; **W.zuschlag** *m* currency surcharge

Wald *m* forest; **W.abholzung** *f* deforestation; **W.bau** *m* forestry, silviculture; **W.bewirtschaftung** *f* forest management; **W.fläche** *f* forest area; **W.nutzung** *f* forestry; **W.schaden** *m* damage to forests; **W.wirtschaft** *f* forestry, silviculture

Wandel *m* change; **W.anleihe; W.obligation; W.schuldverschreiung** *f* convertible security/bond/debenture

Wandelung *f* ↘ **Wandlung** 1. conversion; 2. § *(Rücktritt vom Kaufvertrag)* redhibition

Wandelvorzugsaktie *f* convertible preferred stock *[US]*, ~ preference share *[GB]*

Wander|arbeiter; W.arbeitnehmer *m* migrant/itinerant worker; **W.gewerbe** *nt* itinerant trade

Wanderung *f* migration; **W. der Arbeitskräfte** migration of labo(u)r; **W.sbilanz** *f* net migration

Wandlung *f* 1. change, transformation; 2.

conversion; 3. § *(Rücktritt vom Kaufvertrag)* redhibition

Ware *f* commodity, article, product; **W.n** goods, merchandise

Ware zur Ansicht goods (sent) on approval; **W.n des fallweisen Bedarfs** shopping goods; **~ und Dienstleistungen** products and services; **~ aus inländischer Produktion; ~ inländischen Produktionsquellen** home-produced goods; **~ mittlerer/zweiter Qualität** seconds; **~ für den laufenden Verbrauch** convenience goods; **~ erster Wahl** top-quality goods; **~ unter Zollverschluss** bonded goods

Waren absetzen to sell goods; **W. annehmen** to take/accept delivery; **W. ausliefern** to deliver goods; **W. auszeichnen** to price goods; **W. beschauen** to examine/inspect goods; **in W. bezahlen** to pay in kind; **W. freigeben** ⊖ to release goods; **W. führen** to stock goods; **W. lagern** to store goods; **W. liefern** to supply goods; **W. prüfen** to inspect goods; **W. umschlagen** to handle goods; **W. versenden** to consign/ship/forward goods; **W. verzollen** to clear goods (through customs); **in W. zahlen** to pay in kind; **W. zurückschicken** to return goods

absatzfähige Ware marketable commodity; **auserlesene/ausgesuchte W.** choice goods; **beanstandete W.** rejects; **bewirtschaftete W.n** rationed goods; **fehlerhafte W.** faulty/defective goods; **gängige W.** marketable goods; **gut gehende W.** fast-moving/fast-selling item; **geschmuggelte W.** ⊖ contraband; **halbfertige W.n** semi-finished goods; **heimische W.** home-produced goods; **fabrikmäßig hergestellte W.** manufactures; **knappe W.** scarce goods; **konsignierte W.** consignment/memorandum *[US]* goods; **kontingentierte W.** quota goods; **kurzlebige W.n** non-durable goods; **lose W.** bulk commodities; **schlechte W.** inferior goods; **sperrige W.** bulky goods; **unverlangte W.** unsolicited goods; **verarbeitete W.** processed goods; **vertretbare W.n** fungible goods; **weiße W.** no-name products; **zollfreie W.n** (duty-)free goods; **zurückgesandte W.** returns; **zurückgewiesene W.** rejects

Waren|absendung *f* dispatch of goods; **W.akzept** *nt* trade acceptance; **W.angebot** *nt* product range; **W.annahme** *f* 1. receipt/acceptance of goods; 2. receiving/goods-in department; **W.arbitrage** *f* commodity arbitrage; **W.aufnahme** *f* *(Markt)* product acceptance; **W.ausfuhr** *f* visible exports; **W.ausgang** *m* outgoing goods/merchandise; **W.auslage** *f* display; **W.auslieferung** *f* delivery of goods; **W.austausch** *m* 1. trading; 2. imports and exports; 3. *(Ware gegen Ware)* barter trade; **W.auswahl** *f* choice/selection of goods; **W.beförderung** *f* carriage of goods; **W.begleitschein** *m* consignment/delivery note, waybill

Warenbestand *m* stock (on/in hand); **W.sliste** *f* inventory/stock list

Warenbevorschuss|er *m* factor; **W.ung** *f* factoring

Warenbilanz *f* trade balance; **W.- und Dienstleistungsbilanz** balance of payments on current account

Waren|börse *f* commodity exchange/market; **W.durchfuhr** *f* transit of goods; **W.eingang; W.eingänge** *m/pl* goods received; **W.einkauf** *m* purchase(s); **W.einlagerung** *f* warehousing, storage of goods

Wareneinstands|kosten *pl* cost of goods purchased; **W.preis** *m* cost price

Waren|empfang *m* receipt of goods; **W.empfänger** *m* consignee; **W.entlohnung** *f* truck system *[GB]*, store pay *[US]*; **W.forderungen** *pl* (trade) accounts receivable; **W.gattung; W.gebiet** *f/nt* line of goods; **W.geschäft** *nt* commodity transaction; **W.gläubiger(in)** *m/f* (trade) creditor; **W.gruppe** *f* product line/group/category; **W.handel** *m* visible trade, trade in goods; **W.handelsbilanz** *f* balance of trade; **W.händler** *m* commodity dealer, trader

Warenhaus *nt* department *[GB]*/general *[US]* store; **W.konzern** *m* stores group

Waren|kauf *m* purchase of goods; **W.knappheit** *f* shortage of goods; **W.konto** *nt* merchandise/commodity account; **W.kontrolle** *f* inspection/examination of goods; **W.korb** *m* basket of commodities

Warenkredit *m* commercial/mercantile/trade credit; **W.brief** *m* commercial letter of credit (L/C); **W.wechsel** *m* trade note receivable *[US]*

Warenlager *nt* warehouse, stockroom; **W.ung** *f* (commercial) storage

Warenlieferung *f* delivery of goods; **W.en**

und Leistungen 1. *(aktiv)* trade receivables; 2. *(passiv)* trade payables

Waren|liste *f* stocklist; **W.lohn** *m* truck *[GB]*/store *[US]* pay; **W.nummer** *f* article number; **W.palette** *f* range (of goods); **W.pfändung** *f* distraint of goods; **W.-preis** *m* commodity price; **W.probe** *f* (trade/merchandise) sample; **W.prüfung** *f* quality control; **W.qualität** *f* product quality; **W.reste** *pl* remnants; **W.retouren** *pl* returns; **W.schein** *m* consignment note; **W.schuldner** *m* trade debtor; **W.-sendung** *f* 1. shipment (shpt.), consignment; 2. ✉ trade sample; **W.sortiment** *nt* (line of) goods; **W.tausch** *m* barter (trade)

Warentermin|börse *f* (commodity) futures exchange; **W.geschäft** *nt* (commodity) futures transaction; **W.kontrakt** *m* futures contract; **W.markt** *m* (commodity) futures market

Warentest *m* product test

Warenumschlag *m* stockturn; **W.sziffer** *m* goods turnover ratio

Waren|umschließung *f* packing, packaging, wrapping; **W.ursprung** *m* origin of goods; **W.verbindlichkeiten** *pl* trade debts *[GB]*, accounts payable *[US]*; **W.-verkaufskonto** *nt* (merchandise) sales account

Warenverkehr *m* movement of goods, visible trade; **freier W.** free trade; **grenzüberschreitender W.** 1. cross-border trade; 2. international transport

Waren|versand *m* dispatch/consignment (of goods); **W.versender** *m* consignor, shipper; **W.verzeichnis** *nt* 1. ⚓ manifest; 2. stock book; **W.vorrat** *m* stock-in-trade; **W.vorschuss** *m* advance against merchandise; **W.wechsel** *m* trade acceptance/bill; **W.wert** *m* invoiced value

Warenwirtschafts|logistik *f* supply chain management; **W.system** *nt* merchandise information system

Warenzeichen *nt* trademark, brand; **W. anmelden** to register a trademark; **W. löschen** to cancel a trademark; **W. verletzen** to infringe a trademark; **eingetragenes/(gesetzlich) geschütztes W.** registered trademark; **irreführendes/täuschendes W.** deceptive mark

Waren|zettel *m* docket; **W.zustellung** *f* delivery of goods

Wärme *f* heat; **W.behandlung** *f* heat treatment; **W.belastung** *f* thermal pollution; **w.beständig** *adj* heat-resistant; **W.energie** *f* thermal power/energy; **W.-rückgewinnung** *f* heat recovery; **W.-strom** *m* thermal electricity; **W.verlust** *m* loss of heat

Warmmiete *f* rent inclusive of/including heating

Warnanlage *f* warning device/system, alarm (system)

warnen *v/t* 1. to warn; 2. § to caution

Warn|streik *m* token strike; **W.tafel** *f* 1. warning sign; 2. 🚗 hazard warning panel

Warnung *f* 1. warning, alarm; 2. notice, caveat *(lat.)*; 3. § (word of) caution

Warte|frist *f* waiting period/time; **W.kosten** *pl* opportunity cost(s); **W.liste** *f* waiting list

warten *v/t* 1. to wait; 2. *(Geräte)* to service/maintain

Warte|schlange *f* queue *[GB]*, waiting line *[US]*; **jdn auf W.stellung schalten** *f* ☎ to put so. on hold; **W.zeit** *f* 1. standby/waiting time; 2. *(Streik)* cooling-off period

Wartung *f* maintenance, servicing; **unterlassene W. und Instandhaltung** deferred maintenance; **vorbeugende W.** preventive maintenance

Wartungs|abteilung *f* maintenance department; **W.arbeit(en)** *f/pl* maintenance work; **W.aufwand** *m* maintenance cost(s); **W.dienst** *m* maintenance service; **w.frei** *adj* maintenance-free; **W.kosten** *pl* maintenance cost(s); **W.personal** *nt* maintenance staff; **W.techniker** *m* maintenance engineer; **W.vertrag** *m* servicing contract; **W.zyklus** *m* maintenance cycle

wasch|en *v/t* to wash/launder; **W.mittel** *nt* detergent

Wasser *nt* water; **zu W. und zu Lande** by sea and land; **~ befördert** waterborne

Wasser|abgabe *f* water rate; **W.aktie** *f* watered/diluted share; **W.-und Schifffahrtsamt** *nt* waterways and shipping authority; **W.anschluss** *m* 🏛 water mains connection; **W.bau(wesen)** *m/nt* hydraulics; **W.behörde** *f* water authority; **W.druck** *m* water pressure; **W.einzugsgebiet** *nt* water catchment area; **W.entnahmerecht** *nt* water right(s); **W.fahrzeug** *nt* ⚓ vessel; **W.fracht** *f* carriage by water; **W.geld** *nt* water rate(s) *[GB]*/charges *[US]*; **W.kopf haben** *m (Bürokratie)* to be top-heavy

Wasserkraft *f* hydroelectric power; **W.-strom** *m* hydroelectric energy; **W.werk** *nt* hydroelectric power station

Wasser|leitung *f* water pipe/mains; **W.linie** *f* ⚓ water line; **W.mangel** *m* water shortage; **W.qualität** *f* water quality; **W.-recht** *nt* water right(s)

Wasserrohr *nt* water pipe; **W.bruch** *m* pipe burst

Wasser|schaden *m* damage by water; **W.-straße** *f* waterway; **W.tiefe** *f* 1. depth of water; 2. ⚓ *(Tiefgang)* draft *[US]*, draught *[GB]*; **W.transport** *m* water transport; **W.uhr** *f* water meter; **W.verbrauch** *m* water consumption; **W.verdrängung** *f* ⚓ displacement; **W.verschmutzung** *f* water pollution; **W.versorgung** *f* water supply; **W.vorrat** *m* water reserves; **W.werk** *nt* 1. waterworks; 2. *(Behörde)* water authority; **W.wirtschaft** *f* 1. water management; 2. water (supply) industry; **W.unternehmen** *nt* water company; **W.zufuhr** *f* water supply

Milliarde Watt gigawatt

wattier|en *v/t* to pad; **W.ung** *f* padding

Wechsel *m* 1. change, exchange, switch; 2. bill (of exchange) (B/E), draft; **W. des Arbeitsplatzes** change of job; **W. zum Diskont** bill for discount; **W. gegen Dokumente** bill against documents; **W. auf Sicht** sight draft; **W. im Vorstand** boardroom change; **W. in ausländischer Währung** foreign currency bill

Wechsel abweisen to reject a bill; **W. akzeptieren/anerkennen/annehmen** to accept a bill; **W. ankaufen** to discount a bill; **W. ausfertigen/ausstellen** to draw/issue a bill (of exchange); **W. avalieren; für einen W. bürgen** to guarantee a bill; **W. avisieren** to advise a bill; **W.begeben** to negotiate a bill; **W. begleichen/bezahlen** to honour a bill; **W. decken** to provide cover for a bill; **W. diskontieren** to discount a bill; **W. domizilieren** to domicile a bill; **W. einlösen** to honour/pay a bill; **W. zum Diskont einreichen** to offer a bill for discount; **W. einziehen** to collect a bill; **W. girieren** to endorse a bill; **W. zum Diskont hereinnehmen** to accept a bill for discount, to discount a bill; **~ Inkasso hereinnehmen** to accept a bill for collection; **W. honorieren** to honour a bill; **W. indossieren** to endorse a bill; **W. protestieren lassen; W. zu Protest gehen lassen** to have a bill protested; **für eine W. Bürgschaft leisten** to guarantee a bill; **W. prolongieren/verlängern** to renew/prolong a bill; **W. protestieren** to protest a bill; **W. rediskontieren** to rediscount a bill; **W. retournieren** to return a bill; **W. bei einer Bank zahlbar stellen** to make a bill payable at a bank; **W. mit Akzept versehen** to provide a bill with acceptance; **~ Bürgschaft versehen** to guarantee a bill; **~ Giro versehen** to endorse a bill; **W. zum Akzept/zur Annahme vorlegen** to present a bill for acceptance; **W. zahlen** to pay/honour a bill; **W. auf jdn ziehen** to draw a bill on so.; **W. zurückschicken** to return a bill

akzeptierter/angenommener Wechsel acceptance; **angekaufter W.** discounted bill; **ausländischer W.** foreign bill; **bankfähiger W.** bankable/discountable/eligible *[US]* bill; **diskont(ier)fähiger W.** discountable bill; **domizilierter W.** domiciled bill; **eigener W.** promissory note (P/N); **gefälligkeitshalber ausgestellter ~ W.** accommodation note; **erstklassiger W.** prime bill; **fällige W.** bills payable; **gewerblicher W.** commercial bill; **girierter W.** endorsed bill; **handelsfähiger W.** negotiable bill; **auf den Inhaber lautender W.** bill made out to bearer; **~ Order lautender W.** bill made out to order; **prima W.** prima bill; **protestierter W.** protested bill

rediskont(ierungs)fähiger/rediskontierbarer Wechsel rediscountable bill; **überfälliger W.** overdue bill; **übertragbarer W.** negotiable bill; **vorausdatierter W.** postdated bill; **zentralbankfähiger W.** eligible bill

Wechsel|akzept *nt* acceptance; **W.annahme** *f* acceptance of a bill; **W.aufbau; W.-brücke** *m/f* swapbody; **W.ausfertigung** *f* copy of a bill; **W.aussteller** *m* drawer (of a bill); **W.ausstellung** *f* drawing of a bill; **W.bank** *f* discount house; **W.begebung** *f* negotiation of a bill; **W.besitzer** *m* billholder; **W.bestand** *m* bills in hand; **W.-bezogene(r)** *f/m* drawee; **W.brücke** *f* 🚗 swapbody; **W.buch** *nt* draft/bill(s) payable book; **W.bürge** *m* guarantor; **W.bürgschaft** *f* bill guarantee; **W.courtage** *f* bill brokerage/commission; **W.debitoren** *pl* bills receivable; **W.deckung** *f* bill cover

Wechseldiskont *m* bank discount; **W.ierer** *m* bill discounter; **W.ierung** *f* bill discounting; **W.linie** *f* discount line; **W.satz** *m* bank *[GB]*/rediscount *[US]* rate

Wechsel|domizil *nt* domicile of a bill; **W.drittausfertigung** *f* third of exchange; **W.einzug** *m* bill collection; **W.erstausfertigung** *f* first of exchange; **W.finanzierung** *f* bill finance; **W.forderung** *f* claim under a bill; **(ausstehende) W.forderungen** bills receivable (B.R.); **W.geber** *m* drawer; **W.geld** *nt* (small) change; **W.geschäft** *nt* bill transaction; **W.girant** *m* endorser (of a bill); **W.giro** *nt* endorsement; **W.gläubiger(in)** *m/f* bill creditor; **W.haftung** *f* liability under a bill; **W.handel** *m* bill brokerage; **W.händler** *m* bill broker; **W.hereinnahme** *f* acceptance of a bill; **W.indossament; W.indossierung** *nt/f* bill endorsement; **W.inhaber(in)** *m/f* bill holder; **W.inkasso** *nt* collection of bills; **W.klage** *f* action on a bill of exchange; **W.kopierbuch** *nt* bills receivable journal; **W.kredit** *m* bill credit

Wechselkurs *m* exchange rate; **amtlicher W.** official rate of exchange; **fester/fixer/fixierter/starrer W.** fixed exchange rate; **flexibler/freier/gleitender/schwankender W.** flexible/floating exchange rate; **gestützter W.** pegged exchange rate

Wechselkurs|absicherung *f* (currency) hedging operation; **W.abwertung** *f* exchange rate devaluation; **W.änderung** *f* parity change; **W.anpassung** *f* exchange rate adjustment; **W.ausschläge** *pl* currency fluctuations; **W.bandbreite** *f* currency band; **W.bewegung** *f* currency movement; **W.freigabe** *f* floating; **W.gefüge** *nt* exchange rate structure; **W.gewinn** *m* currency gain; **W.klausel** *f* currency clause; **W.mechanismus** *m* exchange rate mechanism (ERM); **W.notierung** *f* exchange rate quotation; **W.relationen** *pl* currency parities; **W.risiko** *nt* foreign exchange/currency risk; **W.schwankungen** *pl* exchange rate fluctuations/volatility; **W.system** *nt* exchange rate system; **W.umrechnung** *f* currency translation; **W.verbund** *m* currency bloc; **W.verhältnis** *nt* parity; **W.verlust** *m* foreign currency/exchange loss; **W.verschiebung** *f* parity change

Wechsel|kurtage *f* bill brokerage; **W.laufzeit** *f* currency of a bill; **W.logierbuch** *nt* acceptance maturity tickler; **W.makler** *m* discount/bill broker; **W.markt** *m* discount/bill market

wechseln *v/t* 1. to change/switch; 2. to exchange

Wechsel|nehmer *m* acceptor; **W.obligo** *nt* liability on bills; **W.portefeuille** *nt* bill holdings; **W.präsentierung** *f* presentation of a bill; **W.prima** *f* first of exchange; **W.prolongation** *f* renewal/prolongation of a bill

Wechselprotest *m* (bill) protest; **W. mangels Annahme** protest for non-acceptance; **~ Zahlung** protest for non-payment; **W. einlegen/erheben** to enter protest of a bill, to protest a bill; **W.anzeige** *f* notice of protest; **W.kosten** *pl* protest fees

Wechsel|provision *f* bill commission; **W.rechnung** *f* bill account; **W.recht** *nt* bill of exchange law; **W.rediskontierung** *f* rediscounting of bills; **W.regress** *m* recourse to endorser; **W.reiter** *m* bill jobber; **W.reiterei** *f* bill jobbing; **W.rembours** *m* documentary acceptance credit; **W.respekttage** days of grace; **W.rückgabe** *f* return of a bill to drawer

Wechselschicht *f* rotating shift; **W.arbeit** *f* shift work(ing); **W.arbeiter** *m* shift worker

Wechselschuld *f* debt bill; **W.en** *pl* bills payable

wechsel|seitig *adj* mutual, reciprocal; **W.sekunda** *f* second of exchange; **W.serie** *f* set of bills of exchange; **W.skontro** *nt* bill ledger; **W.spekulant** *m* bill jobber; **W.spekulation** *f* bill jobbing; **W.spesen** *pl* bill charges; **W.steuer** *f* stamp duty; **W.strom** *m* ϟ alternating current (AC); **W.stube** *f* bureau de change *(frz.)*; **W.trassierung** *f* drawing of a bill; **W.übernehmer** *m* endorsee; **W.übertragung** *f* endorsement of a bill; **W.umlauf** *m* bills in circulation

Wechselverbindlichkeiten *pl* bills and notes payable; **W. gegenüber Banken** notes payable to banks

Wechsel|verfallbuch *nt* bill book, **W.verlängerung** *f* renewal/prolongation of a bill of exchange; **W.verpflichtete(r)** *f/m* bill debtor; **W.verpflichtung** *f* liability on a bill; **W.vorlage** *f* presentation of a bill; **W.wirtschaft** *f* 🚜 crop rotation; **W.zahlung** *f* payment by bill of exchange;

W

W.ziehung *f* drawing of a bill; **W.zweitschrift** *f* second of exchange
Weg *m* 1. way, path; 2. course, route
Wege|gebühr; W.geld *f/nt* (road) toll; **W.-kosten** *pl* transport(ation) costs; **W.netz** *nt* rail/road network; **W.recht** *nt* right of way; **W.zeit** *f* travel(ling) time; **W.zoll** *m* road toll
Wegfall *m* 1. discontinuation; 2. cancellation; **W. der Geschäftsgrundlage/Vertragsgrundlage** § frustration of contract; **w.en** *v/i* to lapse, to become void
Weg|nahme *f* 1. removal; 2. seizure; **w.-schaffen** *v/t* to remove; **w.schließen** *v/t* to lock away; **w.schmeißen** *v/t (coll)* to chuck out/away *(coll)*; **w.schnappen** *v/t* 1. to grab; 2. to snap up *(coll)*
Wegwerf|- disposable, non-returnable; **w.en** *v/t* to throw out/away, to discard; **W.güter** *pl* disposables; **W.packung** *f* one-way/disposable pack(age)
weich *adj (Währung)* soft; **W.holz** *nt* soft wood; **W.währung** *f* soft currency
Weide *f* grassland, pasture; **W.bewirtschaftung** *f* pasture farming; **W.fläche; W.land** *f/nt* grazing land; **W.wirtschaft** *f* pasture farming
Weigerung *f* refusal
Weihnachts|geld; W.gratifikation; W.prämie *nt/f* Christmas bonus; **W.geschäft** *nt* Christmas trade; **W.geschenk; W.präsent** *nt* Christmas present
Wein *m* wine; **W.anbau; W.bau** *m* wine-growing; **W.bauer** *m* wine grower; **W.-geschäft** *nt* 1. wine shop; 2. wine trade; **W.gut** *nt* wine-growing estate, winery *[US]*; **W.handel** *m* wine trade; **W.händler** *m* wine merchant; **W.steuer** *f* wine duty; **W.wirtschaft** *f* wine industry
Weißblech *nt* tinplate
Weiße-Kragen-Kriminalität *f* white-collar crime
Weisung *f* directive, instruction; **mangels gegenteiliger W.** in the absence of instructions to the contrary; **bis auf weitere W.** pending further instructions
Weisungs|befugnis *f* managerial authority, authority to give/issue instructions; **w.gebunden** *adj* reporting to; **w.gemäß** *adj* as instructed; **W.kette** *f* chain of command; **W.kompetenz** *f* managerial authority; **W.recht** *nt* right of command
Weite *f* width
weiter|arbeiten *v/i* to carry on working; **W.beförderer** *m* on-carrier; **w.befördern** *v/t* to forward; **W.beförderung** *f* on-carriage, forwarding; **w.begeben** *v/t* to renegotiate; **W.begebung** *f* renegotiation; **W.behandlung** *f* further treatment/processing; **w.beschäftigen** *v/t* to continue to employ; **W.beschäftigung** *f* continued employment; **W.bestand; W.-bestehen** *m/nt* continued existence; **w.-bestehen** *v/i* to continue to exist
Weiterbildung *f* further education/training; **berufliche W.** skill enhancement; **innerbetriebliche W.** in-service/in-house training; **W.maßnahme** *f* advanced training scheme
Weiter|entwicklung *f* (further) development; **w.führen** *v/t* 1. to continue; 2. *(Geschäft)* to carry on; **W.führung** *f* continuation
weitergeben *v/t* 1. to hand/pass on; 2. *(Arbeit)* to job out; **nach außen w.** *(Aufträge)* to farm out, to subcontract/outsource
Weiter|kommen *nt* advancement; **w.kommen** *v/i* to make headway/progress; **w.-laufen** *v/i* 1. to go on, to continue, 2. *(Gehalt)* to be continued; **w.leihen** *v/t* to on-lend; **w.leiten** *v/t* to forward; **W.leitung** *f* 1. forwarding; 2. ⚡ transmission; **w.machen** *v/t* to go on, to continue; **w.-reichen** *v/t* to pass on; **w.senden** *v/t* to forward
weiterverarbeit|en *v/t* to process; **W.er** *m* processor; **W.ung** *f* processing
weiter|veräußern *v/t* to resell; **W.veräußerung** *f* resale; **w.verfolgen** *v/t* to follow up; **W.verfrachter** *m* forwarder, on-carrier; **w.vergeben** *v/t* to subcontract/outsource; **W.verkauf** *m* resale; **w.-verkaufen** *v/t* to resell; **W.verkäufer** *m* reseller; **W.verladung** *f* onward shipment; **w.vermieten** *v/t* to sublet; **W.vermietung** *f* subletting; **W.vermittlung** *f* (call) transfer; **w.verpachten** *v/t* to sublease; **W.verpachtung** *f* sublease; **W.versand; W.versendung** *m/f* forwarding, on-carriage; **w.versenden** *v/t* to forward
weiterverwend|bar *adj* re-usable; **w.en** *v/t* to reuse; **W.ung** *f* reuse
weiterzahl|en *v/t* to continue to pay; **W.ung** *f* continuation of payment
weit|gehend *adj* extensive; **w.reichend** *adj* wide-ranging; **W.sicht** *f* foresight; **w.sichtig** *adj* far-sighted; **w. verbreitet** *adj* widespread

W

Weizen *m* wheat; **W.börse** *f* corn exchange *[GB]*, wheat pit *[US]*
Welle *f* 1. wave, flood, surge, spate; 2. ⚙ shaft; **W. von Angaben** *(Börse)* bout of selling
Well|enbewegung *f* undulating movement; **W.pappe** *f* corrugated (card-) board
Welt *f* world; **W.abschluss; W.bilanz** *m/f* worldwide consolidated accounts; **W.-arbeitsamt** *nt* International Labo(u)r Office (ILO); **W.ausstellung** *f* world fair/exhibition; **W.bank** *f* World Bank; **w.bekannt; w.berühmt** *adj* world-famous; **W.bruttosozialprodukt** *nt* gross world product; **W.gewerkschaftsbund** *m* World Federation of Trade Unions
Welthandel *m* world trade; **W.sorganisation** *f* World Trade Organisation (WTO)
Welt|konjunktur *f* world economic trend; **W.konzern** *m* global player *(fig)*; **W.konzernbilanz** *f* consolidated world accounts; **W.marke** *f* global brand
Weltmarkt *m* international/world market; **W.angebot** *nt* world market supply; **W.-anteil** *m* world market share; **W.bedingungen** *pl* world market conditons; **W.-führer** *m* world market leader; **W.kurs; W.preis** *m* world market price; **W.strategie** *f* world market strategy
Welt|patent *nt* world patent; **W.produktion** *f* world production; **W.raum** *m* (outer) space; **W.rohstoffvorräte** *pl* world resources of raw materials; **W.-schlager; W.spitze** *m/f* world leader; **W.seehandel** *m* world maritime trade; **W.sozialprodukt** *nt* gross world product; **w.umfassend; w.umspannend** *adj* worldwide, global; **W.umsatz** *m* world (group) sales; **W.vorräte** *pl (Rohstoff)* world/global resources
Weltwährungs|fonds *m* *(IWF)* International Monetary Fund (IMF); **W.system** *nt* world currency system
Weltwirtschaft *f* world/global economy; **w.lich** *adj* world-economic
Weltwirtschafts|gipfel *m* world economic summit; **W.krise** *f* 1. worldwide/world depression; 2. *(1929)* Great Depression; **W.lage** *f* world economic situation; **W.-ordnung** *f* world economic order; **W.politik** *f* world economic policy
Wende *f* change, turn(a)round; **W. in der Ertragslage** profit turn(a)round; **W.-marke** *f* turning point; **w.n** *v/ti* to turn; **W.punkt** *m* turning point
Werbe|- promotional, advertising; **W.abteilung** *f* advertising/publicity department; **W.agent** *m* publicity agent; **W.-agentur** *f* advertising agency; **W.akquisiteur** *m* canvasser; **W.aktion** *f* 1. advertising/publicity campaign; 2. *(Personal)* recruitment drive; **W.analyse** *f* advertising analysis; **W.ansprache** *f* advertising approach; **W.anstrengung(-en)** *f/pl* advertising effort(s); **W.antwortkarte** *f* ✉ business reply card; **W.anzeige** *f* advertisement, ad(vert); **W.appell** *m* advertising appeal; **W.arbeit** *f* advertising activity, promotional work; **W.artikel** *m* giveaway (article), free gift; **W.auftrag** *m* account; **W.aufwand; W.aufwendungen; W.ausgaben** *m/pl* promotional expenditure; **W.aussage** *f* sales message; **W.berater(in)** *m/f* advertising consultant; **W.beratung** *f* promotional advice; **W.botschaft** *f* sales message; **W.branche** *f* advertising industry; **W.brief** *m* sales/advertising letter; **W.broschüre** *f* advertising brochure; **W.budget** *nt* advertising budget; **W.chef(in)** *m/f* advertising manager; **W.effekt** *m* advertising effect; **W.-einkünfte; W.einnahmen** *pl* advertising revenue; **W.erfahrung** *f* advertising experience; **W.erfolg** *m* advertising success; **W.etat** *m* 1. (sales) advertising budget; 2. *(Agentur)* account; **W.fachmann** *m* advertising expert/specialist, adman; **W.feldzug** *m* publicity/advertising campaign; **W.fernsehen** *nt* commercial television; **W.film** *m* promotional film; **W.firma** *f* advertising firm; **W.fläche** *f* 1. advertising space; 2. billboard, hoarding; **W.fonds** *m* advertising budget; **W.forschung** *f* media research; **W.funk** *m* radio advertising; **W.gag** *m* publicity stunt; **W.gebühren** *pl* advertising rates; **W.gemeinschaft** *f* advertising association; **W.geschenk** *nt* free gift, give(-)away (article); **W.gestalter(in); W.grafiker(in)** *m/f* commercial artist; **W.grundsätze** *pl* advertising standards; **W.instrument** *nt* advertising medium; **W.jargon** *m* adspeak; **W.kampagne** *f* advertising/publicity campaign; **W.konzeption** *f* advertising concept; **W.kosten** *pl* advertising cost(s); **W.leiter(in)** *m/f* advertising/publicity manager; **W.masche** *f* publicity

stunt; **W.material** *nt* promotional/publicity material; **W.methode** *f* advertising method; **W.mittel** *nt* advertising medium (*pl* media); **W.motto** *nt* advertising slogan

werben *v/ti* 1. *(Kunden)* to attract/canvass; 2. *(Produkt)* to advertise/promote; 3. *(Arbeitskräfte)* to recruit; **w.d** *adj* 1. promotional; 2. *(Aktiva)* earning

Werbe|plakat *nt* advertising poster; **W.-prospekt** *m* leaflet

Werber(in) *m/f* advertiser, canvasser

Werbe|rummel *m* hype *(coll)*; **W.schlagwort** *nt* advertising slogan; **W.schrift** *f* brochure; **W.sendung** *f* 1. commercial (break/broadcast); 2. ✉ advertising mail; **W.slogan; W.spruch** *m* publicity slogan; **W.spezialist** *m* advertising agent; **W.-spot** *m* (TV) commercial; **W.sprache** *f* adspeak; **W.strategie** *f* advertising strategy; **W.tarif** *m* advertising rate; **W.tätigkeit** *f* promotional activity; **W.text** *m* (advertising) copy; **W.träger** *m* advertising medium; **W.trick** *m* publicity stunt; **W.trommel rühren** *f* to drum up business; **W.umsatz** *m* billings; **W.unterlagen** *pl* promotional material; **W.verbot** *nt* advertising/publicity ban; **W.verkauf** *m* promotional sale; **W.video** *nt* promotional video, promo *(coll)*; **W.wert** *m* publicity/attention value

werbewirksam *adj* effective; **W.keit** *f* publicity value, advertising effect/impact

Werbe|wirkung *f* advertising effect/impact; **W.wirtschaft** *f* advertising industry, adland *(coll)*; **W.woche** *f* promotional week; **W.zeichner** *m* advertising artist; **W.zeit** *f (Radio/Fernsehen)* advertising time/slot; **(kostenlose) W.zeitung** *f* freebee, freebie; **W.zettel** *m* handout; **W.zuschuss** *m* advertising allowance

Werbung *f* advertising, promotion, publicity; **W. im Einzelhandelsgeschäft; W. am Kaufort/Verkaufsort** point-of-sale (POS) advertising; **W. durch Postversand/Postwurfsendung** direct mail advertising

belehrende Werbung educational advertising; **direkte W.** direct advertising; **gemeinsame W.** association advertising; **herabsetzende W.** disparaging advertising; **irreführende W.** misleading advertising; **marktschreierische / reißerische / übertriebene / überzogene W.** puff(ing) advertising; **nachfassende W.** follow-up advertising; **täuschende W.** misleading/deceptive advertising; **überregionale W.** nationwide advertising; **unlautere W.** unfair advertising; **verdeckte W.** *(Film)* product placement; **vergleichende W.** comparative advertising

Werbungs|aufwand; W.kosten *m/pl* 1. advertising cost; 2. *(Steuer)* income-related expenses; **W.mittel; W.träger** *nt/m* advertising medium; **W.mittler** *m* publicity/advertising agent

Werdegang *m* career (progression), curriculum vitae (CV) *(lat.)*

Werft *f* shipyard, dockyard

Werk *nt* 1. work, achievement; 2. 🏭 factory, works, plant, mill; **ab W.** ex factory/works/mill; **W. demontieren** to dismantle a plant; **W. in Betrieb nehmen** to open a factory; **W. schließen/stilllegen** 1. *(zeitweilig)* to shut down a plant; 2. *(endgültig)* to close (down) a plant; **W. verlegen** to relocate a plant; **chemisches W.** chemical plant; **stillgelegtes W.** closed(-down) plant

Werk|anlage *f* manufacturing facility/plant; **W.bank** *f* (work) bench; **W.fürsorge** *f* company welfare; **W.leistung** *f* plant output; **W.lieferung** *f* contractor's labo(u)r and materials; **W.lieferungsvertrag** *m* contract for work, labo(u)r and material; **W.meister** *m* (works) superintendent; **W.preis** *m* price ex works/mill/factory

Werks|abnahme *f* quality inspection; **W.-angehörige(r)** *f/m* employee; *pl* company staff; **W.anlage** *f* manufacturing facility, (company) plant; **W.besichtigung** *f* plant/factory visit; **W.buchhaltung** *f* plant accounting (department); **W.schutz** *m* plant security; **W.direktor** *m* plant/works/factory manager; **W.erweiterung** *f* plant/factory extension; **W.ferien** *pl* plant/works/mill holidays; **W.fürsorge** *f* company welfare; **W.inspektion** *f* factory inspection; **w.intern** *adj* in(tra)-plant; **W.kapazität** *f* plant capacity; **W.-kosten** *pl* manufacturing cost(s); **W.leistung** *f* plant output; **W.leiter** *m* works/plant manager, ~ superintendent; **W.leitung** *f* plant/works management; **W.ordnung** *f* factory regulations; **W.rabatt** *m* manufacturer's rebate; **W.rente** *f* company pension; **W.selbstkosten** *pl* factory cost price; **W.sicherheit** *f* 1. plant security;

2. *(Unfälle)* industrial safety; **W.spionage** *f* industrial espionage

Werkstatt *f* workshop; **W.auftrag** *m* (job) shop order; **W.ausbildung** *f* workshop/vestibule *[US]* training; **W.fertigung** *f* job shop production; **W.leiter** *m* workshop manager; **W.montage** *f* shop assembly

Werkstoff *m* material, feedstock; **W.anforderung** *f* materials requisition; **W.-bedarf** *m* materials requirements; **W.-bedarfsplanung** *f* materials budget; **W.durchlauf** *m* materials flow; **W.einsatz** *m* materials input; **W.gemeinkosten** *pl* indirect material cost(s); **W.kontrolle; W.prüfung** *f* material(s) testing

Werkstor *nt* plant/factory gate

Werkstück *nt* workpiece

Werks|unfall *m* industrial accident; **W.verlegung** *f* plant relocation; **W.verpflegung** *f* plant catering (facilities); **W.vertreter** *m* manufacturer's agent; **W.wohnung** *f* company flat/dwelling; **W.zeitschrift; W.zeitung** *f* company magazine

Werk|tag *m* workday, working day; **W.-tätige(r)** *f/m* worker; **W.transport** *m* factory transport system; **W.vertrag** *m* contract for work and services

Werkzeug *nt* tool(s), implement(s); **W.-industrie** *f* machine tool industry; **W.-macher** *m* tool-maker

Werkzeugmaschine *f* machine tool; **W.n-hersteller** *m* machine tool manufacturer

Wert *m* 1. value, worth; 2. figure; 3. *(Banknote)* denomination; 4. *(Datum)* availability date; 5. merit, desert; **W.e** 1. assets; 2. *(Wertpapiere)* securities, stocks; 3. *(Ziffern)* figures

Wert des Aktivvermögens/Anlagevermögens asset value; **W. in bar** cash value; **W. zum Einzug/Inkasso** *(Wechsel)* value for collection; **W. in Geld** monetary value; **W. der Handelsmarke** brand value; **W. des Streitgegenstandes** amount in dispute; **~ fortgeführten Unternehmens** going-concern value; **W. bei Wiedererlangung** repossession value

W

dem Wert entsprechend ad valorem (a. v.) *(lat.)*; **W. erhalten** *(Valutaklausel)* for value received

Wert angeben to declare/state the value; **W. beeinträchtigen** to impair the value; **W. beilegen/beimessen** to attach value; **unter W. deklarieren** ⊖ to enter short; **~ einschätzen** to underestimate; **W. erhöhen** to write up, to appreciate; **W. ermitteln** to assertain/determine the value; **im W. fallen** to depreciate; **W. festsetzen** to assess the value; **an W. gewinnen** to appreciate/gain; **im W. herabsetzen** to depreciate, to write down; **W. einer Anlage heraufsetzen** to write up (the value of) an asset; **W. legen auf** to attach value/importance to; **unter W. verkaufen** to sell at a discount; **an W. verlieren** to depreciate; **im W. zunehmen** to appreciate

angegebener Wert ⊖ declared value; **angemessener W.** fair value; **angenommener W.** assumed value; **annähernder W.** approximate value; **beizulegender W.** attributable value; **börsengängiger W.** marketable security; **chemische W.e** *(Börse)* chemicals; **deklarierter/erklärter W.** ⊖ declared value; **effektiver W.** real value; **festgelegter W.** *(Vers.)* agreed value; **festverzinslicher W.** fixed-interest security; **führender W.** *(Börse)* leading share *[GB]*/stock *[US]*; **gegenwärtiger W.** current value; **im Freiverkehr gehandelte W.e** unlisted securities; **geschätzter W.** estimated value; **ideeller/immaterieller W.** *(Firma)* goodwill; **inländische W.e** domestic shares *[GB]*/stocks *[US]*; **innerer W.** intrinsic value; **notierter W.** *(Börse)* quoted *[GB]*/listed *[US]* security; **ökonomischer W.** economic value; **rechnungsfähiger/rechnungsmäßiger W.** *(Vers.)* actuarial value; **restlicher W.** residual value; **spekulativer W.** speculative share *[GB]*/stock *[US]*; **steuerbarer/steuerlicher/steuerpflichtiger W.** assessed rat(e)able/taxable value; **tatsächlicher W.** real value; **verlangter W.** assessed value; **versicherbarer W.** insurable value; **versicherter W.** insured value; **versicherungsmathematischer W.** actuarial value; **verzollter W.** ⊖ declared value; **wirklicher W.** real value; **wirtschaftlicher W.** economic value; **zollpflichtiger W.** ⊖ dutiable value; **zyklischer W.** cyclical share *[GB]*/stock *[US]*

Wert|abnahme *f* depreciation; **W.abschreibung** *f* depreciation; **W.angabe** *f* declaration of value; **W.ansatz** *m* valuation (base); **W.arbeit** *f* craftsmanship; **W.aufbewahrungsmittel** *nt* store-of-value asset; **W.aufstockung** *f* appreciation (in value); **W.berechnung** *f* valuation; **w.berichtigen** *v/t* to write up/down

Wertberichtigung *f* 1. write-up; 2. write-down; **W. für Abnutzung** adjustment for wear and tear; **W. auf uneinbringliche Forderungen** bad debt provisions; **W. für zweifelhafte Forderungen** provisions for doubtful debts; **W. auf das Umlaufvermögen** depreciation of current assets; **~ Uneinbringliche** bad debt charge, provisions for bad debts

Wert|beständigkeit *f* stability of value; **W.bestimmung** *f* (e)valuation, appraisal; **W.bezeichnung** *f* denomination; **W.brief** *m* ✉ insured letter

werten *v/t* to rate/judge/value/evaluate/appraise

Wert|entwicklung *f* *(Anlage/Fonds)* performance; **W.erhaltung** *f* maintenance of value; **W.erhöhung** *f* appreciation; **W.erklärung** *f* ⊖ declaration of value; **W.ermittlung** *f* evaluation/assessment of value, appraisal; **w.eschaffend** *adj* productive; **W.everzehr** *m* asset erosion; **W.feststellung; W.festsetzung** *f* assessment, valuation; **W.fracht** *f* ad valorem *(lat.)* freight; **w.frei** *adj* unbiased; **W.gegenstand** *m* object of value, valuable item; **W.gegenstände** *pl* valuables; **W.kette** *f* value chain; **w.los** *adj* worthless, of no value; **W.marke** *f* stamp; **w.mäßig** *adv* in terms of value; **W.maßstab; W.messer** *m* standard/measure of value

Wertminderung *f* depreciation, decrease in value, loss of value; **W. von Anlagengegenständen** fixed asset depreciation; **technisch bedingte W.** wear and tear

Wertminderungs|konto *nt* depreciation account; **W.reserve** *f* depreciation reserve; **W.rückstellung** *f* provisions for depreciation

Wertobjekt *nt* valuable item; **W.e** *pl* valuables

Wertpapier *nt* 1. *(Anlage)* security; 2. document of title; **W.e** 1. securities, stocks and shares

Wertpapier mit festem Ertrag fixed-yield securities; **~ starkem Kursausschlägen** yo-yo stock; **~ kurzer Laufzeit** short-dated stock; **~ langer Laufzeit** long-dated stock; **W.e des Umlaufvermögens** current-asset securities; **W. mit geringen Umsätzen** low-volume security

Wertpapiere abstoßen to sell stocks; **W. begeben** to float securities; **W. hinterlegen** to deposit securities; **W. lombardieren** to lend money on securities

ablösbares Wertpapier redeemable security; **absetzbares W.** marketable security; **auf den Inhaber ausgestelltes W.** bearer security; **begebbares W.** negotiable instrument; **börsengängige/börsennotierte W.e** marketable/quoted *[GB]*/listed *[US]* securities; **(nicht) diskontfähiges W.** (in)eligible security; **dividendenberechtigtes W.** dividend-bearing security; **erstklassiges W.** blue chip; **festverzinsliches W.** fixed-interest(-bearing) security; **nicht ~ W.** unlisted security; **im Freiverkehr gehandeltes W.** curb stock; **handelbares W.** negotiable security; **konvertierbares W.** convertible security; **auf den Inhaber lautendes W.** bearer security; **marktfähiges W.** marketable security; **mündelsichere W.e** giltedged *[GB]*/trustee *[US]* securities, widow and orphan stocks; **hoch rentierliches W.** high-yield security; **risikoreiche W.e** wildcat securities; **steuerfreie W.e** tax-exempted stocks/securities; **stimmberechtigte W.e** voting stocks/securities; **verzinsliches W.** interest-bearing security; **niedrig ~ W.** low-yield security; **wandelbares W.** convertible security

Wertpapier|absatz *m* security sales; **W.-abteilung** *f* securities department; **W.-analyst; W.analytiker** *m* investment/security analyst; **W.anlage** *f* investment in securities; **W.berater** *m* investment consultant; **W.beratung** *f* investment counselling; **W.besitz** *m* share/stock ownership; **W.bestand** *m* security holdings, (investment/securities/stock) portfolio; **W.börse** *f* stock exchange/market, securities exchange/market; **W.depot** *nt* securities portfolio; **W.eigengeschäfte** *pl* securities transactions for own account; **W.emission** *f* security issue/flotation; **W.experte; W.fachmann** *m* stock market analyst; **W.firma** *f* securities firm; **W.geschäft** *nt* securities deal/transaction; **W.handel** *m* securities dealings/transactions; **W.händler** *m* stockbroker, market maker; **W.haus** *nt* securities firm; **W.inhaber** *m* stockholder, bondholder

Wertpapierkauf *m* stock purchase, portfolio investment; **W. auf Einschuss** margin buying; **W.abrechnung** *f* bought note

Wertpapier|kennnummer *f* security (identification) number; **W.kommissionsgeschäft** *nt* security commission business; **W.konto** *nt* securities account; **W.kunde** *m* investor; **W.kurs** *m* stock exchange quotation; **W.kursbericht** *m* stock market report; **W.lombard** *m* lending on securities; **W.markt** *m* stock/securities market; **W.notierung** *f* stock market quotation; **W.paket** *nt* block of shares; **W.platzierung** *f* placement of securities; **W.portefeuille** *nt* investment/securities portfolio; **W.publikum** *nt* investing public; **W.rendite** *f* investment yield; **W.sammeldepot** *nt* collective security deposit; **W.-sparen** *nt* saving through investment in securities; **W.sparer** *m* portfolio investor; **W.spekulant** *m* stock market speculator; **W.spekulation** *f* stock market speculation; **W.steuer** *m* securities tax/duty; **W.-stückelung** *f* denomination (of securities); **W.tausch** *m* portfolio switching; **W.terminhandel** *m* trading in security futures; **W.übertragung; W.umschreibung** *f* stock/securities transfer; **W.umsatz** *m* trading volume; **W.umsatzsteuer** *f* securities transfer tax; **W.urkunde** *f* stock certificate

Wertpapierverkauf *m* sale of securities; **W.sabrechnung** *f* sold note

Wertpapier|verkehr *m* trading/dealing in securities; **W.verwaltung** *f* investment/portfolio management

Wert|police *f* valued policy; **W.rückgang** *m* depreciation; **W.sachen** valuables; **W.-schätzung** *f* appreciation, esteem; **W.-schöpfung** *f* (net) value added, added value

Wertschöpfungs|kette *f* value chain; **W.-rechnung** *f* value added statement; **W.-steuer** *f* value added tax (VAT)

Wert|schwankung *f* fluctuation in value; **w.stabil** *adj* inflation-proof; **W.steigerung** *f* appreciation, gain; **W.stellung** *f* availability date; **W.steuer** *f* ad valorem *(lat.)* tax/duty

Wertstoff *m* recyclable material; **W.behälter; W.tonne** *m/f* recycling bin; **W.-kreislauf; W.rückführung** *m/f* recycling

Wert|stück *nt* article of value; **W.transportunternehmen** *nt* security company

Wertung *f* (e)valuation, assessment, appraisal

Wert|urteil *nt* value judgment; **W.veränderungen** *pl (Bilanz)* additions and improvements; **W.verlust; W.verminderung; W.verschlecherung** *m/f* depreciation, loss of value; **W.versicherungspolice** *f* valued policy; **w.voll** *adj* valuable; **W.zeichen** *nt* ✉ postal stamp

Wertzoll *m* ad valorem *(lat.)* (customs) duty; **W.tarif** *m* ad-valorem *(lat.)* tariff

Wertzuwachs *m* appreciation/increase in value; **W.steuer** *f* capital gains tax (CGT)

Wettbewerb *m* competition; **W. ausschalten** to eliminate competition; **aus dem W. ausscheiden** to drop out (of a contest); **W. ausschreiben** to invite tenders; **W. beschränken/einschränken** to restrict competition; **im W. stehen** to compete; **in W. treten mit** to enter into competition with; **W. verfälschen/verzerren** to distort competition; **W. verschärfen** to intensify competition

außerpreislicher Wettbewerb non-price competition; **beschränkter/eingeschränkter W.** restricted competition; **freier W.** open/free competition, free-for-all *(coll)*; **harter W.** fierce/keen competition; **lauterer W.** fair trading; **mörderischer/ruinöser W.** cutthroat competition; **schrankenloser/ungeregelter/unkontrollierter W.** free-for-all *(coll)*; **unbeschränkter/uneingeschränkter W.** perfect/pure competition; **unlauterer W.** unfair competition; **unvollkommener/unvollständiger W.** imperfect competition; **unzulässiger W.** illicit competition; **vollkommener/vollständiger W.** perfect competition; **weltweiter W.** global competition

Wettbewerber *m* competitor

Wettbewerbs|abkommen; W.abrede *nt/f* anti-competitive agreement; **W.aufsichtsbehörde** *f* competition watchdog; **W.bedingungen** *pl* competitive conditions; **W.behörde** *f* competition authority, Office of Fair Trading (OFT) *[GB]*; **w.beschränkend** *adj* anti-competitive; **W.beschränkung** *f* restraint of trade/competition; **W.bestimmungen** *pl* competition rules; **W.druck** *m* competitive pressure

wettbewerbsfähig *adj* competitive; **W.-keit** *f* competitiveness

Wettbewerbs|faktor *m* factor of competition; **w.feindlich** *adj* anti-competitive; **W.freiheit** *f* free competition; **W.gesetz** *nt* Competition Act *[GB]*, Unfair Trade Practice Act *[US]*; **W.gewinn** *m* competitive gain; **W.hüter** *m* competition watchdog; **w.intensiv** *adj* (highly) competitive; **W.klausel** *f* no-competition clause, exclusive rights clause; **W.klima** *nt* competitive climate/environment; **W.-kommissar** *m* Competition Commissioner *[EU]* **W.kraft** *f* competitiveness; **W.lage** *f* competitive position/environment; **W.markt** *m* competitive market, free and open market; **W.normen** *pl* trading standards; **W.ordnung** *f* rules of competition; **W.politik** *f* competition policy; **W.position** *f* market position; **W.preis** *m* competitive price; **W.prinzip** *nt* principle of (free) competition, **W.recht** *nt* competition law; **W.risiken** *pl* risks of competition; **w.schädigend** *adj* anti-competitive; **W.-situation** *f* competitive position; **W.stärke** *f* competitive strength; **W.system** *nt* competitive system; **W.teilnehmer** *m* competitor, rival; **W.theorie** *f* theory of competition; **W.umfeld** *nt* competitive environment; **W.verbot** *nt* restraint of trade; **W.vereinbarung** *f* anti-competitive agreement; **W.verfälschung** *f* distortion of competition; **W.verhalten** *nt* competitive behaviour; **w.verzerrend** *adj* trade-distorting; **W.verzerrung** *f* distortion of competition; **W.vorsprung; W.-vorteil** *m* competitive advantage; **w.widrig** *adj* anti-competitive; **W.wirtschaft** *f* market/competitive economy; **freie W.-wirtschaft** free-market economy

Wettbüro *nt* betting shop *[GB]*, poolroom *[US]*

Wett|e *f* bet; **W.einsatz** *m* bet, stake

Wetten *nt* betting, gambling, gaming; **w.** *v/ti* to bet/gamble/game

Wetter *nt* weather; **W.aussichten** *pl* weather prospects/outlook; **W.bedingungen** *pl* weather/metereological conditions; **W.bericht** *m* weather report/forecast; **w.beständig** *adj* weatherproof; **W.meldung** *f* weather report; **W.schaden** *m* weather damage; **W.verhältnisse** *pl* weather conditions; **W.versicherung** *f* weather insurance

Wett|gebühr *f* 1. betting charge/levy; 2. *(Steuer)* betting tax/duty; **W.kampf** *m* competition; **W.lauf** *m* race; **W.lokal** *nt* betting shop *[GB]*, poolroom *[US]*; **w.-machen** *v/t* to offset/compensate; **W.-steuer** *f* betting duty/tax; **W.streit** *m* competition, rivalry

wünschenswert *adj* desirable

wunschgemäß *adj* requested

wichtig *adj* important; **W.keit** *f* import(ance)

Wider|klage *f* § cross action/petition; **W.-kläger(in)** *m/f* cross-petitioner

widerleg|bar *adj* refutable, rebuttable; **W.ung** *f* rebuttal

widerrechtlich *adj* unlawful, illegal

Widerruf *m* 1. revocation, recall; 2. *(Auftrag)* cancellation, rescission; 3. § avoidance; **W. eines Angebots** withdrawal of an offer; **W. des Bestätigungsvermerks** revocation of opinion; **W. einer Bestellung** 1. cancellation of an order; 2. *(Amt)* revocation of an appointment; **W. der Vertretungsvollmacht** revocation of agency; **W. einer Vollmacht** cancellation of power of attorney

(gültig) bis auf Widerruf good till cancelled

widerrufen *v/t* 1. to revoke/retract/cancel; 2. *(Termin)* to call off; 3. *(Auftrag)* to cancel/rescind/countermand; 4. § to annul/nullify

Widerrufs|befugnis *f* power of revocation; **W.klausel** *f* revocation clause

wider|spiegeln *v/t* to reflect/mirror; **w.-sprechen** *v/i* to object/oppose

Widerspruch *m* 1. objection, protest; 2. inconsistency, discrepancy; **W. einlegen/erheben** to lodge a protest, to lodge/file an objection; **im W. stehen (zu)** to be at odds/variance with; **auf W. stoßen** to meet with oppositon

Widerstand *m* resistance; **W. der Gewerkschaften** union restistance; **~ Kundschaft** customer resistance; **erbitterter/hartnäckiger W.** stiff resistance/oppostion

widerstands|fähig *adj* durable, resistant; **W.linie** *f* line of resistance

wider|stehen *v/t* to resist; **W.streben** *nt* reluctance; **w.strebend** *adj* reluctant

widmen *v/t* to dedicate/devote; *v/refl* to devote o.s. to

Widmung *f* dedication; **W.sexemplar** *nt* complimentary copy

widrig *adj* adverse, ill; **w.enfalls** *prep* failing which

Wieder|anlage *f* reinvestment; **W.anmietung** *f* leaseback; **W.anschaffung** *f* replacement; **W.anschaffungswert** *m* replacement value; **W.anstellung** *f* reinstatement

Wiederaufbau *m* reconstruction; **W. der Wirtschaft** economic reconstruction; **W.-arbeit** *f* reconstruction work; **W.baukredit** *m* reconstruction loan

wieder aufbereiten *v/t* 1. to recycle; 2. ⚛ to reprocess

Wiederaufbereitung *f* 1. recycling; 2. reprocessing

wieder auffinden *v/t* to retrieve; **w. auffüllen** *v/t* to replenish/refill; **W.auffüllung** *f* replenishment, reconstitution

Wiederaufleben *nt* revival, resurgence; **w. a. lassen** *(Vers.)* to reinstate

Wiederaufnahme *f* resumption; **W. der Arbeit** resumption of work; **~ Dividendenzahlung** resumption of dividends; **~ Geschäftstätigkeit** resumption of business

wieder aufnehmen *v/t* to resume/restart; **W.aufschwung** *m* economic revival

Wiederausfuhr *f* re-export(ation); **W.bescheinigung** *f* ⊖ re-exportation certificate

wieder ausführen *v/t* to re-export

wieder|begebbar *adj* renegotiable; **w. begeben** *v/t* to renegotiate; **W.beginn** *m* restart; **w.bekommen** *v/t* to regain; **w. beleben** *v/t* to revive

Wiederbelebung *f* revival; **W. der Wirtschaft** economic revival

wieder berufen *v/t* to reappoint; **w. beschaffen** *v/t* to replace

Wiederbeschaffung *f* replacement

Wiederbeschaffungs|kosten *pl* replacement cost(s); **W.preis** *m* replacement price; **W.rücklage** *f* replacement reserve; **W.versicherung** *f* replacement insurance; **W.wert** *m* replacement value

wieder beschäftigen *v/t* to reemploy/reinstate; **W.beschäftigung** *f* reemployment, reinstatement; **w. einbringen** *v/t* to recoup; **W.einbringung** *f* recoupment

Wiedereinfuhr *f* reimport(ation)

wieder einführen *adv* to reimport

Wiedereinführung *f* 1. reintroduction; 2. *(Produkt)* relaunch; 3. reimportation

wieder eingliedern *v/t* to reintegrate

Wiedereingliederung *f* reintegration; **W. in den Arbeitsprozess; ~ das Berufs-/Erwerbsleben** occupational rehabilitation

wieder|einlösen *v/t* to redeem; **W.einlösung** *f* redemption; **w.einsetzen** *v/t* to reinstate; **W.einsetzung** *f* reinstatement

wiedereinstel|len *v/t* to reinstate/reemploy; **W.lung** *f* reinstatement, reemployment

Wiedererkenn|en von Produkten *nt* product identification; **W.ungsverfahren** *nt* recognition test

wiedererlang|bar *adj* recoverable; **w.en** *v/t* to recover/retrieve; **W.gung** *f* recovery, retrieval

wieder ernennen *v/t* to reappoint; **w. eröffnen** *v/t* to reopen; **W.eröffnung** *f* reopening; **w.erstatten** *v/t* to refund/reimburse/repay; **W.erstattung** *f* refund, reimbursement; **W.erwerb** *m* reacquisition

Wiedergabe *f* 1. *(Bericht)* account, report; 2. *(Übersetzung)* translation

wieder|geben *v/t* 1. to give back; 2. *(zitieren)* to quote; **w.gewinnen** *v/t* to recover/retrieve

Wiedergewinnung *f* recovery, retrieval; **W. des Besitzes** repossession; **W. der Ertragskraft** return to profitability; **W.s-zeit** *f* recovery time

wieder gutmachen *v/t* to make good/up, to indemnify/compensate; **nicht w. gutzumachen** *adj* irreparable

Wiedergutmachung *f* 1. indemnification, compensation; 2. *(Rückgabe)* restitution; **W.sanspruch** *m* restitution claim; **W.s-leistung** *f* restitution

wieder herrichten *v/t* to repair; **w.herstellen** *v/t* to restore

Wiederherstellung *f* restoration; **W.skosten** *pl* repair/restoration costs

nicht wiederherzustellen irreparable

wiederholen *v/t* to repeat

Wiederholung *f* 1. repetition; 2. repeat (performance)

Wiederholungs|fall *m* in the event of repetition; **W.käufe** *pl* repeat buying

Wieder|inbesitznahme *f* § repossession; **W.instandsetzung** *f* repair; **w.kaufen** *v/t* to repurchase, to buy back; **W.käufer** *m* repurchaser; **W.kaufsrecht** *nt* redemption right

Wiederkehr *f* recurrence; **w.end** *adj* recurrent

Wieder|veräußerung *f* resale; **w.verfrach-**

ten *v/t* to reship; **W.verfrachtung** *f* reshipment; **W.verkauf** *m* resale
Wiederverkäufer *m* 1. reseller; 2. retailer; 3. *(Zwischenhändler)* middleman; **W.preis** *m* trade price; **W.rabatt** *m* trade discount
wiederverkäuflich *adj* resal(e)able
Wiederverkaufs|preis *m* resale/trade price; **W.rabatt; W.skonto** *m/nt* trade discount; **W.wert** *m* trade-in value
wieder|verladen *v/t* to reship; **W.verladung** *f* reshipment; **w. verschiffen** *v/t* to reship; **W.verschiffung** *f* reshipment
wiederverwend|bar *adj* reusable; **w.en** *v/t* to reuse; **W.ung** *f* reuse
wiederverwertbar *adj* reusable
Wiederverwertung *f* *(Altmaterial)* salvage, recycling; **W.sanlage** *f* recycling facility/plant; **W.squote** *f* recycling rate/ratio
wiederzulass|en *v/t* to readmit; **W.ung** *f* readmission
Wiege|bescheinigung *f* weight attestation; **W.geld; W.gebühr** *nt/f* weighage; **W.note; W.schein** *f/m* bill of weight; **W.zertifikat** *nt* weight certificate; **W.zettel** *m* weight slip
Wille *m* will, intent(ion); **W.nserklärung** *f* letter of intent
Willkür *f* arbitrariness; **w.lich** *adj* arbitrary
Wind *m* wind; **W.energie** *f* wind energy/power
Windhund *m* greyhound; **W.kontingent** *nt* ⊖ greyhound quota; **W.prinzip; W.verfahren** *nt* greyhound principle
Wind|kraft *f* wind power; **W.kraftwerk** *nt* wind power station; **W.schäden** *pl* wind damage; **W.stärke** *f* gale force
Winkel *m* angle; **W.advokat** *m* pettifogger; **W.börse** *f* bucket shop *(coll)*; **W.makler** *m* street broker
Winter *m* winter; **W.geld** *nt* winter bonus; **W.getreide** *nt* winter crop; **W.katalog** *m* winter catalog(ue); **W.schlussverkauf** *m* winter (clearance) sale; **W.spitze** *f* *(Nachfrage)* winter peak
Winzer *m* winegrower; **W.genossenschaft** *f* winegrowers' cooperative
wirken *v/i* 1. to act/work; 2. *(Maßnahme)* to bite
wirklich *adj* 1. real, genuine; 2. effective; **W.keit** *f* reality
wirksam *adj* efficient; **w. werden** 1. to take effect; 2. *(Maßnahme)* to begin to bite; **W.keit** *f* 1. effectiveness, impact; 2. validity, legal force
Wirkstoff *m* (effective) agent
Wirkung *f* effect, result, impact; **gegenteilige W. haben** to be counterproductive
abschreckende Wirkung deterrent effect; **aufschiebende W.** suspensory effect; **heilsame W.** salutary effect; **negative W.** adverse effect; **rechtliche W.** legal effect; **sofortige W.** immediate effect; **verheerende W.** devastating effect; **verzögerte W.** lagged effect
Wirkungs|analyse *f* impact analysis; **W.bereich; W.gebiet** *m/nt* scope of action; **W.forschung** *f* impact research; **W.grad** *m* efficiency (level); **W.intensität** *f* *(Werbung)* impact incidence; **W.kraft** *f* appeal, impact; **W.kreis** *m* 1. scope; 2. § purview; 3. sphere of activity; **W.verzögerung** *f* operational/impact lag; **W.weise** *f* mode of operation
Wirt *m* landlord, publican
Wirtschaft *f* 1. economy; 2. (trade and) industry; 3. economic activity; 4. *(Gastwirtschaft)* public house, pub, saloon *[US]*; **W. ankurbeln; W. wieder in Gang/auf Trab bringen** to boost the economy, to prime the pump *(fig)*; **W. hegen und pflegen** to nurse the economy; **W. überfordern** to overstrain the economy
angeschlagene Wirtschaft stricken economy; **autarke W.** self-contained economy; **blühende W.** flourishing economy; **einheimische W.** domestic economy; **freie W.** free/private enterprise; **staatlich gelenkte W.** command economy; **gemischte W.** mixed economy; **gewerbliche W.** manufacturing industry; **heimische W.** domestic economy; **kapitalistische W.** capitalist economy; **mittelständische W.** small and medium-sized enterprises (SMEs); **öffentliche W.** public sector; **private W.** private enterprise; **sozialistische W.** socialist economy; **transportierende W.** transport industry; **verladende W.** shipping trade
wirtschaften *v/i* to manage/economize; **sparsam w.** to husband one's resources, to economize
Wirtschaftler *m* economist
wirtschaftlich *adj* 1. economic; 2. *(sparsam)* economical; 3. profitable, remunerative

Wirtschaftlichkeit *f* 1. economics, economy; 2. economic efficiency; **W. der Betriebsführung** economy of operation

Wirtschaftlichkeits|analyse *f* feasibility study; **W.argument** *nt* economic case; **W.berechnung** *f* feasibility study; **W.-grad; W.koeffizient** *m* operating ratio; **W.grenze** *f* break-even point; **W.prüfung** *f* efficiency audit; **W.rechnung** *f* feasibility study, investment appraisal; **W.studie** *f* feasibility study

Wirtschafts|ablauf *m* trade cycle; **W.abschwung** *m* economic downturn; **W.akademie** *f* commercial college; **W.analytiker** *m* business analyst; **W.ankurbelung** *f* pump priming *(fig)*; **W.aufschwung** *m* economic upturn; **W.auskunft** *f* status inquiry; **W.auskunftei** *f* commercial/mercantile agency; **W.aussschuss** *m* economic committee; **W.- und Sozialausschuss** *[EU]* Economic and Social Committee; **W.aussichten** *pl* economic prospects; **W.bau** *m* industrial building; **W.belebung** *f* business revival; **W.berater** *m* economic adviser

Wirtschaftsberatung *f* business consulting; **W.sfirma** *f* business consultancy

Wirtschafts|bereich *m* trade, economic sector; **W.bericht** *m* business report, economic survey; **W.betrieb** *m* commercial enterprise/undertaking; **W.beziehungen** *pl* trade relations; **W.block** *m* economic bloc; **W.blüte** *f* boom, prosperity; **W.boykott** *m* trade boycott; **W.daten** *pl* economic data; **W.delegation** *f* trade delegation; **W.delikt** *nt* white-collar crime; **W.einheit** *f* economic unit; **W.englisch** *nt* Business English; **W.entwicklung** *f* economic development; **W.ergebnis** *nt* (operating) result; **W.fachmann** *m* economic expert; **W.fachsprache** *f* economic/business jargon; **W.fachverband** *m* trade association; **W.faktor** *m* economic factor; **W.fakultät** *f* business school, school of economics; **w.feindlich** *adj* anti-business; **W.flaute** *f* (economic) recession; **W.flüchtling** *m* economic refugee/migrant

Wirtschaftsförderung *f* promotion of trade and industry; **W.samt** *nt* economic/industrial development agency; **W.s-gesellschaft** *f* industrial development corporation

Wirtschafts|form *f* economic system; **W.-forschung** *f* economic research; **W.frage** *f* economic problem; **w.freundlich** *adj* pro-business; **W.führer** *m* business/industrial leader; **W.führung** *f* management; **W.gebäude** *nt* 1. commercial/industrial building; 2. ☙ farm building; **W.gebiet** *nt* economic zone/area; **W.gefüge** *nt* economic structure; **W.-gemeinschaft** *f* economic community; **W.geografie** *f* economic geography; **W.-geschehen** *nt* economic activity; **W.geschichte** *f* economic history; **W.gipfel** *m* economic summit

Wirtschaftsgut *nt* asset, commodity; **abnutzbares/kurzlebiges W.** wasting/depreciable asset; **immaterielles W.** intangible asset; **körperliches/materielles W.** tangible asset; **langlebiges W.** consumer durable

Wirtschafts|hilfe *f* economic assistance; **W.hochschule** *f* business college; **W.ingenieur** *m* industrial engineer; **W.institut** *nt* economics institute; **W.jahr** *nt* business/financial year; **W.jurist** *m* commercial/industrial lawyer; **W.kammer** *f* chamber of commerce; **W.kapazität** *f* economic resources/capacity; **W.kenntnisse** *pl* commercial knowledge; **W.klima** *nt* economic/business climate; **W.-kommission** *f* economic commission; **W.konferenz** *f* trade/economic conference; **W.korrespondent** *m* economic correspondent; **W.kraft** *f* economic power/strength; **W.kreise** *pl* business circles; **W.kreislauf** *m* trade cycle; **W.krieg** *m* economic warfare; **W.kriminalität** *f* white-collar crime; **W.krise** *f* economic crisis; **W.lage** *f* economic situation, state of the economy; **W.landschaft** *f* economic environment; **W.leben** *nt* business (life); **W.lehre** *f* economics; **W.leistung** *f* economic performance; **W.macht** *f* economic power; **W.mathematik** *f* business mathematics; **W.minister** *m* economics minister, Trade Secretary *[GB]*, Secretary of Commerce *[US]*; **W.ministerium** *nt* ministry of economic affairs, (Trade and) Industry Department *[GB]*, Commerce Department *[US]*; **W.ordnung** *f* economic system; **W.plan** *m* budget, economic plan; **W.planung** *f* economic planning

Wirtschaftspolitik *f* economic policy; **angebotsorientierte W.** supply-side economic policy; **antizyklische W.** anticyclical economic policy; **nachfrageorientierte W.** demand-orient(at)ed economic policy

wirtschafts|politisch *adj* economic; **W.-problem** *nt* economic problem

Wirtschaftsprüfer *m* (chartered) accountant, auditor, certified public accountant (CPA) *[US]*; **W.bericht** *m* audit

Wirtschaftsprüfung *f* audit(ing)

Wirtschafts|rat *m* council of economic advisers *[US]*; **W.- und Sozialrat** Economic and Social Council (ECOSOC); **W.recht** *nt* commercial law; **W.reform** *f* economic reform; **W.region** *f* economic region; **W.sachverständiger** *m* economic expert; **W.sektor** *m* economic sector; **W.sparte** *f* line of business; **W.spionage** *f* industrial espionage; **W.statistik** *f* economic statistics; **W.steuerung** *f* economic control; **W.strategie** *f* economic strategy; **W.struktur** *f* economic structure; **W.system** *nt* economic system; **W.tätigkeit** *f* economic activity; **W.teil** *m (Zeitung)* financial/City *[GB]* pages; **W.theoretiker** *m* economic theorist

Wirtschaftstheorie *f* economic theory, economics; **angebotsorientierte W.** supply-side economics; **nachfrageorientierte W.** demand-side economics

Wirtschafts|trend *m* economic trend; **W.union** *f* economic union; **W.unternehmen** *nt* business/commercial enterprise; **W.verband; W.vereinigung** *m/f* trade association; **W.verein** *m* commercial association; **W.verfassung** *f* economic constitution/system; **W.verkehr** *m* trade, commerce; **W.volumen** *nt* total economic activity; **W.wachstum** *nt* economic/industrial growth; **nachhaltiges ~** sustainable growth; **W.welt** *f* business community; **W.wert** *m* economic value

Wirtschaftswissenschaft|en *pl* economics; **W.ler(in)** *m/f* economist; **w.lich** *adj* economic

Wirtschafts|wörterbuch *nt* business dictionary; **W.wunder** *nt* economic miracle; **W.zahlen** *pl* economic data; **W.zone** *f* economic zone; **W.zweig** *m* (line of) business, industry, trade; **W.zyklus** *m* trade/business cycle

Wissen *nt* knowledge; **nach bestem W. und Gewissen** (according) to the best of my knowledge/information and belief

Wissenschaft *f* science; **W. der Unternehmensführung** management science; **W.ler(in)** *m/f* scientist; **w.lich** *adj* scientific

Witwe(r) *f/m* widow(er)

Witwen|anteil *m* § dower; **W.geld** *nt* widow's allowance/pension; **W.- und Waisenpapiere** *pl* widow and orphan stocks; **W.pension; W.rente** *f* widow's pension; **W.- und Waisenversicherung** *f* widows' and orphans' pension

Woche *f* week

Wochen|ausweis *m* weekly report/return; **W.auszug; W.beleg** *m* weekly record; **W.-geld** *nt* 1. weekly allowance; 2. *(Vers.)* weekly benefit; **W.gewinn** *m* weekly gain; **W.karte** *f* weekly season ticket; **W.-lohn** *m* weekly wage/earnings/pay; **W.-satz; W.tarif** *m* weekly rate; **W.tag** *m* weekday; **W.verdienst** *m* weekly earnings/pay

Wohl *nt* welfare; **öffentliches W.** public welfare, the public interest/weal

Wohlfahrt *f* (social) welfare, social services

Wohlfahrts|amt *nt* social security office; **W.einrichtung** *f* welfare facility; **W.empfänger(in)** *m/f* welfare recipient; **W.-fonds; W.kasse** *m/f* welfare fund; **W.-leistungen** *pl* social (security) benefits; **W.ökonomie** *f* welfare economics; **W.-pflege** *f* welfare/social work; **W.pfleger(in)** *m/f* welfare worker; **W.staat** *m* welfare/nanny *(pej.)* state; **W.tätigkeit** *f* welfare work; **W.theorie** *f* welfare economics; **W.unterstützung** *f* welfare payment(s)/relief; **W.unterstützungsempfänger(in)** *m/f* welfare recipient; **W.verband** *m* charitable organisation, charity; **W.wirkungen** *pl* welfare effects

wohlhabend *adj* wealthy, prosperous, rich, affluent

Wohlstand *m* wealth, prosperity, affluence; **W.sgesellschaft** *f* affluent society

wohltätig *adj* charitable

Wohltätigkeits|einrichtung *f* charitable institution; **W.fonds** *m* benevolent fund; **W.organisation** *f* charitable institution, charity; **W.verein** *m* charitable society, charity

Wohnbau *m* residential building; **W.darlehen** *nt* housing loan; **W.fonds** *m* housing fund; **W.leistung** *f* housebuilding output

Wohn|bevölkerung *f* resident population; **W.eigentum** *nt* residential property; **W.-einheit** *f* housing/dwelling unit

wohnen *v/i* to live/reside/dwell; **möbliert w.** to live in furnished accommodation
Wohn|erlaubnis *f* residence permit; **W.-fläche** *f* living/floor space; **W.gebäude** *nt* residential building; **W.gebiet; W.gegend** *nt/f* residential area; **W.geld(beihilfe/-zuschuss)** *nt/f/m* rent allowance/rebate *[GB]*, housing benefit; **W.gesellschaft** *f* housing association; **w.haft** *adj* resident; **W.haus** *nt* residential building; **W.heim** *nt* 1. hostel; 2. *(Student)* hall of residence; 3. *(Senioren)* residential home; **W.hochhaus** *nt* (block of) high-rise flats; **W.immobilie(n)** *f/pl* residential property; **W.lage** *f* residential area
Wohnmobil *nt* 🚗 motorhome, caravette, camper (van)
Wohnort *m* domicile, (place of) residence; **W.swechsel** *m* change of address
Wohnraum *m* (residential) accommodation, living space; **vermieteter W.** rented accommodation; **W.bedarf** *m* housing demand; **W.bewirtschaftung** *f* controlled housing; **W.nachfrage** *f* housing demand
Wohnrecht *nt* right of abode/residence
Wohnsiedlung *f* housing/residential estate; **kommunale W.** council estate *[GB]*
Wohnsitz *m* (place of) residence; **W. aufgeben** to move (away); **seinen W. haben in** to be resident in; **W. verlegen** to move
bleibender/dauernder Wohnsitz permanent residence; **fester W.** fixed/permanent address; **ohne festen W.** of no fixed address/abode; **ständiger W.** permanent residence; **steuerlicher W.** tax domicile
Wohnsitz|änderung *f* change of domicile/address; **W.erfordernis** *nt* residence qualification/requirement; **W.staat** *m* country of residence; **W.veränderung; W.verlegung; W.wechsel** *f/m* transfer/change of domicile; **W.voraussetzung** *f* residence requirement
Wohn|stätte *f* home; **W.umfeld** *nt* residential environment
Wohnung *f* flat, apartment, dwelling; **W. beschaffen** to provide accommodation; **W. beziehen** to move into a flat; **W. einrichten** to furnish a flat; **W. frei machen/räumen** to vacate a flat; **W. mieten** to rent a flat; **W. möbilieren** to furnish a flat; **W. vermieten** to let a flat; **W. wechseln** to move (house)
abgeschlossene Wohnung self-contained flat; **vom Eigentümer bewohnte W.** owner-occupied flat; **leer stehende W.** vacant flat; **möblierte W.** furnished flat
Wohnungs|amt *nt* housing department/authority; **W.anschrift** *f* address
Wohnungsbau *m* home/residential/housing construction; **öffentlicher W.** public housing
Wohnungsbau|beihilfe *f* housing subsidy/grant; **W.darlehen** *nt* home loan; **W.finanzierung** *f* housing finance; **W.-genossenschaft** *f* housing cooperative; **W.hypothek** *f* residential mortgage; **W.-investition** *f* housing investment; **W.konjunktur** *f* housing boom; **W.kredit** *m* housing loan; **W.projekt** *nt* housing scheme; **W.tätigkeit** *f* housing/residential construction; **W.wirtschaft** *f* residential construction industry
Wohnungs|bedarf *m* housing demand; **W.behörde** *f* housing authority; **W.bestand** *m* housing stock; **W.eigentum** *nt* home ownership; **W.eigentümer(in)** *m/f* owner-occupier; **W.einheit** *f* dwelling unit; **W.finanzierung** *f* housing finance; **W.geld(zuschuss)** *nt/m* housing benefit; **W.hypothek** *f* residential mortgage; **W.-inhaber** *m* 1. occupier, tenant; 2. owner-occupier; **W.knappheit; W.mangel** *f/m* housing shortage; **W.kosten** *pl* housing costs; **W.markt** *m* housing market; **W.-miete** *f* rent; **W.not** *f* housing shortage; **W.suche** *f* flat/house hunting; **W.vermittlung** *f* accommodation bureau; **W.verwalter** *m* housing manager; **W.verwaltung** *f* housing management; **W.wechsel** *m* change of address; **W.wirtschaft** *f* housing industry
Wohn|verhältnisse *pl* living/housing conditions; **W.viertel** *nt* residential area/district; **W.wagen** *m* 🚗 caravan *[GB]*, camper *[US]*, trailer *[US]*; **W.wert** *m* residential value; **W.zimmer** *nt* living/sitting room
Wolle *f* wool
Woll|ertrag *m* *(Schur)* (wool) clip; **W.handel** *m* wool trade; **W.händler** *m* wool merchant; **W.industrie** *f* wool(len) industry; **W.produzent** *m* wool grower; **W.waren** *pl* woollens
Wort *nt* word; **W.bruch** *m* breach of promise; **w.brüchig werden** *adj* to renege (on sth.)
Wörterbuch *nt* dictionary; **W. der Handels-/Wirtschaftssprache** commercial/

business dictionary; **W.verfasser** *m* lexicographer
Wörterverzeichnis *nt* glossary
Wort|führer(in) *m/f* spokesman, spokeswoman, spokesperson; **w.gewandt** *adj* eloquent, (highly) articulate
Wortlaut *m* 1. wording; 2. *(Brief)* tenor; **amtlicher W.** official/authorized version
wörtlich *adj* literal, verbal
Wort|protokoll *nt* verbatim report (of the proceedings); **W.verarbeitung** *f* 🖳 word processing; **w.wörtlich** *adj* word-for-word
Wrack *nt* ⚓ (ship)wreck; **W.gut; W.teile** *nt/pl* wreckage
Wucher *m* usury, profiteering; **W.er** *m* profiteer, usurer; **W.geschäft** *nt* usurious transcation, rip-off *(coll)*; **W.miete** *f* extortionate/rack rent; **W.preis** *m* cutthroat/exorbitant price; **~ bezahlen** to pay through the nose *(coll)*; **W.zins** *m* usurious interest
Wunsch *m* wish, request, desire, ambition; **auf W.** if requested, upon/by/on request; **auf allgemeinen W.** by popular request; **je nach W.** as desired; **einem W. entsprechen/nachkommen** to comply with a request; **nach W. verlaufen** to go according to plan
wünschen *v/t* to wish/desire/require; **nichts/viel zu w. übrig lassen** to leave nothing/much to be desired
wünschenswert *v/t* desirable, preferable; **nicht w.** undesirable; **volkswirtschaftlich w.** economically desirable
wunsch|gemäß *adj* as requested; **W.katalog; W.liste** *m/f* shopping list *(fig)*; **W.traum** *m* pipedream; **W.vorstellung** *f* wishful thinking, pie in the sky *(fig)*
zu würdigen wissen *v/t* to appreciate
Würdigung *f* appreciation, appraisal; **kritische W.** critical appraisal
Wurf *m* *(Erfolg)* success, hit; **W.sendung** *f* mailing, mailshot, direct-mail advertising
Wurzel *f* 1. ✤/π root; 2. *(Grund)* root cause; **mit der W. ausrotten** to eradicate; **W.n schlagen** to (take) root; **W.gemüse** *nt* root crop; **w.n** *v/i* to be rooted; **W.zeichen** *nt* π radical sign

X

x-Achse *f* π x-axis, abscissa
Xero|grafie; X.kopie *f* ™ xerox copy; **x.grafieren; x.kopieren** *v/t* to xerox
x-mal *adv* number of times

Y

y-Achse *f* π y-axis, ordinate
Yard (=0.914 m) *m* yard; **Y.maß; Y.stock** *nt/m* yardstick

Z

Zahl *f* number, figure; **Z. der Arbeitslosen** unemployment figures; **~ Enthaltungen** abstentions; **~ Mitarbeiter** payroll
schwarze Zahlen erreichen to break even; **Z. frisieren** *(coll)* to massage figures *(coll)*; **(nachhaltig/plötzlich) in die roten Z. geraten** to plunge into the red; **in den roten Z. sein/stecken** to be in the red; **~ schwarzen Z. sein** to be in the black
amtliche Zahl|en official figures; **in den roten Z.en** in the red; **~ schwarzen Z.en** in the black; **ungerade Z.** odd number
zahlbar *adj* payable; **z. stellen** *(Wechsel)* to make payable; **z. werden** to fall due; **postnumerando z.** payable later; **pränumerando/im Voraus z.** payable in advance
zahlen *v/t* to pay/settle; **z. Sie an mich** *(Scheck)* pay self; **bar z.** to pay cash; **sich dumm und dämlich z.** *(coll)* to pay through the nose *(coll)*; **mehr als notwendig/zu viel z.** to pay over the odds; **pränumerando z.** to pay in advance; **prompt z.** to pay promptly, ~ on the nail; **vorab/im Voraus z.** to pay in advance, ~ up front
zählen *v/t* to count/tell
Zahlen|code; Z.kode *m* numeric code; **Z.fetischist** *m* number-cruncher *(coll)*;

z.mäßig *adj* numerical; **Z.relation; Z.verhältnis** *f/nt* ratio
Zahler *m* payer; **rückständiger/säumiger Z.** defaulting/late payer
Zähler *m* 1. ⚡ meter; 2. π numerator; 3. *(Stimmen)* teller; **Z.ableser** *m* meter reader; **Z.stand** *m* meter reading
Zahl|fracht *f* cargo, payload; **Z.gast** *m* 1. fare-paying passenger; 2. paying guest; **Z.grenze** *f (Fahrpreis)* fare stage; **Z.karte** *f* 1. ✉ money order; 2. *(Postbarscheck)* postal order; **z.los** *adj* countless, innumerable; **Z.meister** *m* paymaster, purser; **Z.schein** *m* payment/deposit slip; **Z.seite** *f (Münze)* tails; **Z.stelle** *f* paying office; **Z.-tag** *m* 1. payday; 2. *(Börse)* settlement/account day
Zahlung *f* 1. payment; 2. *(Schuld)* settlement; **an Z.s Statt** in lieu of payment; **bis zur Z.** pending payment; **mangels Z.** for want/lack of payment
Zahlung ohne Anerkennung einer Rechtspflicht ex gratia *(lat.)* payment; **Z. bei Auftragserteilung/Bestellung** cash with order (c.w.o.); **Z. gegen Dokumente** cash against documents (c.a.d.); **Z. bei Erhalt der Faktura** payment on receipt of invoice; **~ Ware** payment on receipt of goods, cash *[GB]*/collect *[US]* on delivery (c.o.d.); **Z. bei Fälligkeit** payment when due; **Z. nach (Herstellungs)-Fortschritt** milestone payment; **Z. von Leistungen** *(Vers.)* payment of benefit(s); **Z. bei Lieferung; Z. gegen Nachnahme** cash *[GB]*/collect *[US]* on delivery (c.o.d.); **Z. unter Protest** payment supra protest; **Z. nach Rechnungserhalt** payment on receipt on invoice; **Z. durch Scheck** payment by check *[US]*/cheque *[GB]*; **Z. auf Verlangen** payment on demand; **Z. im Voraus** payment in advance; **Z. bei Vorlage** payment on presentation; **Z. einer Zwischendividende** interim payment
Zahlung ablehnen to refuse payment; **Z. annehmen** to accept payment; **zur Z. auffordern** to demand payment; **Z. aufschieben** to postpone payment; **Z. aussetzen** to suspend payment; **Z. beitreiben** to enforce/exact payment; **auf Z. bestehen** to insist on payment; **Z. bewirken** to effect payment; **auf Z. drängen** to push/press for payment; **Z. einstellen** 1. to suspend/stop payment; 2. *(Insolvenz)* to default; **Z. erbitten** to request payment; **Z. erzwingen** to enforce payment; **Z. fordern** to demand payment; **in Z. geben** to trade in; **auf Z. klagen** to sue for payment; **mit Z.en in Verzug kommen** to default; **Z. leisten** to effect payment, to pay; **zur Z. präsentieren** to present for payment; **Z. quittieren** to receipt payment; **Z. sperren** to stop payment; **Z. verweigern** to refuse payment; **zur Z. vorlegen** to present for payment; **~ der Kosten verurteilt werden** § to be ordered to pay costs
abschlägige Zahlung payment on account; **aufgeschobene Z.** deferred payment; **ausstehende Z.en** receivables; **bargeldlose Z.** cashless payment; **eingehende Z.en** receipts; **einmalige Z.** one-off payment; **erste Z.** down payment, deposit; **freiwillige Z.** ex gratia *(lat.)* payment; **monatliche Z.** monthly payment; **prompte/schnelle/sofortige Z.** prompt payment; **rückständige Z.** overdue payment; **rückwirkende Z.** back pay; **teilweise Z.** part payment; **verspätete Z.** late payment; **volle/vollständige Z.** payment in full
Zählung *f* 1. count; 2. *(Bevölkerung)* census
Zahlungs|abkommen *nt* monetary agreement; **Z.abschnitt** *m (Scheckleiste)* counterfoil, stub; **Z.abwicklung** *f* settlement; **Z.anordnung** *f* order to pay; **Z.anspruch** *m* claim/demand for payment; **Z.anweisung** *f* 1. ✉ money order; 2. giro/transfer order, banker's draft (B.D.); **Z.anzeige** *f* advice of payment; **Z.art** *f* mode of payment
Zahlungsaufforderung *f* demand for payment; **dringende Z.** dunning letter
Zahlungsaufschub *m* respite (of payment); **Z. bewilligen/gewähren** to grant a respite
Zahlungsausgang *m* cash disbursement
Zahlungsausgleich *m* clearance, settlement; **internationaler Z.** international settlements
Zahlungs|avis *nt* advice of payment; **Z.bedingungen** *pl* 1. terms of payment; 2. *(Lieferant)* credit terms; **Z.befehl** *m* order/notice to pay; **Z.beleg** *m* receipt; **Z.bestätigung** *f* acknowledgment of receipt; **Z.bevollmächtigte(r)** *f/m* paying agent

Zahlungsbilanz *f* balance of payments; **aktive Z.** favourable balance (of payments); **ausgeglichene Z.** balance of payments equilibrium; **defizitäre/negative/passive Z.** adverse balance of payments; **positive Z.** balance of payments surplus

Zahlungsbilanz|defizit *nt* balance of payments deficit, external deficit; **Z.gleichgewicht** *nt* balance of payments equilibrium; **Z.krise** *f* balance of payments crisis; **Z.probleme** *pl* balance of payments problems; **Z.schwankung** *f* balance of payments fluctuation; **Z.überschuss** *m* balance of payments surplus; **Z.verschlechterung** *f* deterioration in the balance of payments

Zahlungs|bürgschaft *f* payment bond; **Z.datum** *nt* date of payment; **Z.defizit** *nt* payments deficit; **Z.empfänger(in)** *m/f* payee; **Z.eingang** *m* inpayment, receipt of payment; **Z.einstellung** *f* suspension/cessation of payments; **Z.empfänger(in)** *m/f* 1. payee, remittee; 2. *(Abbuchungsverfahren)* originator; **Z.erinnerung** *f* reminder; **Z.erleichterungen** *pl* easy terms (of payment); **Z.ermächtigung** *f* authority to pay

zahlungsfähig *adj* solvent, able to pay; **Z.keit** *f* solvency, ability to pay

Zahlungs|frist *f* 1. period/time allowed for payment; 2. *(Nachfrist)* (period of) grace, respite; **Z.garantie** *f* payment guarantee; **Z.genehmigung** *f* authorization to pay; **Z.gepflogenheiten; Z.gewohnheiten** *pl* paying/payment habits; **Z.gleichgewicht** *nt* balance of payments equilibrium; **z.kräftig** *adj* solvent; **Z.leistende(r)** *f/m* payer; **Z.leistung** *f* payment; **Z.meldung; Z.mitteilung** *f* advice of payment

Zahlungsmittel *nt* means of payment, currency; *pl (Bilanz)* notes and coins; **gesetzliches Z.** lawful money *[US]*, legal tender *[GB]*; **Z.umlauf** *m* notes and coins in circulation

Zahlungs|modalitäten *pl* terms of payment; **Z.modus** *m* mode of payment; **Z.nachweis** *m* proof of payment; **Z.ort** *m* 1. place of payment; 2. *(Wechsel)* domicile; **Z.pflicht** *f* duty to pay; **z.pflichtig** *adj* obliged to pay; **Z.pflichtige(r)** *f/m* debtor, party liable for payment; **Z.rückstände** *pl* arrears of payment; **Z.saldo** *m* (net) balance of payments; **Z.scheck** *m* cross-the-counter check *[US]*, open cheque *[GB]*; **Z.sperre** *f (Scheck)* stoppage of payment; **Z.strom** *m* cash flow; **Z.tag** *m* 1. day of payment; 2. *(Börse)* settlement day; **Z.termin** *m* 1. day/date of payment; 2. *(Frist)* deadline; **Z.überschuss** *m* payments surplus

zahlungsunfähig *adj* unable to pay, insolvent; **Z.keit** *f* inability to pay, insolvency

Zahlungsverkehr *m* payments, monetary transactions; **bargeldloser Z.** cashless payments; **internationaler Z.** international settlements

Zahlungs|verpflichtung *f* obligation/liability to pay; **abstrakte ~** abstract liability to pay; **Z.versäumis** *nt* default; **Z.versprechen** *nt* promise to pay; **Z.verweigerung** *f* refusal to pay; **Z.verzug** *m* delay of payment; **Z.weise** *f* mode of payment

Zahlungsziel *nt* credit; **Z. einräumen** to grant (a) credit; **offenes Z.** open (account) terms

Zeche *f* 1. ⚒ (coal) mine, colliery; 2. *(Rechnung)* bill, check *[US]*

Zechen|gesellschaft *f* mining company; **Z.preis** *m* pithead price; **Z.stilllegung** *f* pit closure

Zedent *m* assignor, transferor, grantor

zedier|bar *adj* assignable, transferable; **z.en** *v/t* to assign/transfer

Zehntel|stelle; Z.wert *f/m* decile

zehren von *v/prep* to live off/on

Zeichen *nt* 1. *(Hinweis)* sign, signal; 2. feature; 3. symptom; 4. *(Brief)* reference; 5. *(Symbol)* logo; **Z.block** *m* drawing pad; **Z.brett** *nt* drawing board; **Z.erklärung** *f* 1. key; 2. *(Karte)* legend; **Z.geld** *nt* token money; **Z.gerät** *nt* 1. drawing instrument, 2. 🖳 plotter; **Z.leser** *m* character reader; **Z.papier** *nt* drawing paper; **Z.rolle** *f (Warenzeichen)* register of trademarks; **Z.schlüssel** *m* key; **Z.schutz** *m* protection of (registered) trademarks; **Z.setzung** *f* punctuation; **Z.sprache** *f* sign language

zeichnen *v/t* 1. to draw/design; 2. *(garantieren)* to underwrite; 3. *(Wertpapiere)* to subscribe

Zeichner *m* 1. drawer, designer; 2. *(Wertpapiere)* subscriber, investor; 3. *(Garantie)* underwriter; **technischer Z.** draftsman *[US]*, draughtsman *[GB]*

Zeichner|kreis *m* category of subscribers; **Z.liste** *f* list of subscribers

Zeichnung *f* 1. drawing, draft; 2. *(Garantie)* underwriting; 3. *(Wertpapier)* subscription; **Z. von Aktien** subscription of shares/stock subscription; **Z. einer Anleihe** subscription of a loan; **zur Z. auflegen** to offer for subscription; **Z. schließen** to close a subscription

maßstabgetreue Zeichnung scale drawing; **öffentliche Z.** public subscription; **technische Z.** technical drawing

Zeichnungs|angebot *nt* subscription offer; **Z.aufforderung** *f* invitation to subscribe; **Z.bedingungen** *pl* subscription terms; **Z.befugnis** *f* authority to sign; **z.berechtigt** *adj* authorized to sign; **Z.berechtigung** *f* 1. power of signature, authority to sign; 2. *(Emission)* subscription right; **Z.betrag** *m* amount subscribed; **Z.bevollmächtigte(r)** *f/m* (duly) authorized signatory; **Z.ergebnis; Z.erlös** *nt/m* (stock) subscription proceeds; **Z.formular** *nt* subscription blank; **Z.frist** *f* subscription period; **Z.gebühr** *f* subscription fee; **Z.grenze** *f (Vers.)* underwriting limit; **Z.höchstgrenze** *f (Vers.)* line; **Z.jahr** *nt* 1. year of subscription; 2. *(Vers.)* underwriting year; **Z.kapazität** *f (Vers.)* underwriting capacity; **Z.kapital** *nt* subscribed capital; **Z.kurs** *m* issue/subscription/offering price; **Z.liste** *f* subscription list; **Z.offerte** *f* initial public offering (IPO); **Z.preis** *m* subscription/issue price; **Z.prospekt** *m* offering prospectus; **Z.publikum** *nt* subscribing public; **Z.schein** *m* subscription form; **Z.summe** *f* amount subscribed; **Z.tag** *m* date of subscription; **Z.vertrag** *m* subscription contract; **Z.vollmacht** *f* authority/power to sign

zeigen *v/t* 1. to demonstrate/show; 2. to reflect/indicate/suggest; *v/refl* to manifest itself

Zeiger *m* 1. indicator, pointer; 2. *(Uhr)* hand

Zeile *f* line

Zeilen|abstand *m* line spacing; **Z.einzug** *m* % indentation; **Z.gebühr; Z.honorar; Z.preis; Z.satz** *f/nt/m (Werbung)* lin(e)age; **z.weise** *adj* by the line

Zeit *f* time; **auf Z.** on term/credit; **zur Z.** at the moment, currently; **Z. der Abwesenheit** period of absence; **Z. je Arbeitsvorgang** cycle time; **Z. wirtschaftlicher Blüte** boom period; **für Z.en der Not** for a rainy day *(fig)*

Zeit ist Geld time is money; **es gab mal eine Z., als ...** time was when; **die Z. wird es lehren** (only) time will tell; **alles zu seiner Z.** all in its time

seine Zeit abdienen *(Lehre)* to serve one's time; **Z. anberaumen** to stipulate a time; **reichlich Z. haben** to have ample time (on one's hands); **auf Z. kaufen** to buy forward; **sich Z. nehmen** to take one's time; **Z. gut (aus)nutzen** to make the most of one's time; **Z. schinden** to play for time; **Z. sparen** to save time; **Z. verschwenden** to waste time

in absehbarer Zeit in the not-too-distant future; **allerhöchste Z.** high time; **in angemessener Z.** within a reasonable time; **arbeitsfreie Z.** time off (duty); **nicht ausgenutzte Z.** idle time; **zur falschen Z.** ill-timed; **festgesetzte Z.** appointed time; **fragliche Z.** time in question; **freie Z.** spare time; **höchste Z.** high time; **in jüngster Z.; in der letzten Z.** lately; **schadensfreie Z.** *(Vers.)* claim-free period; **schlechte/schwere Z.en** hard times; **schwierige Z.** testing time; **steuerfreie Z.** tax holiday; **vereinbarte Z.** specified time; **verkehrsschwache Z.** off-peak time; **verkehrsstarke Z.** rush hour, peak time; **vorgegebene Z.** allowed time; **Westeuropäische Z. (WEZ)** Greenwich Mean Time (GMT); **zinsfreie Z.** interest holiday

Zeit|ablauf *m* lapse/passage of time; **Z.abschnitt** *m* (period of) time; **Z.abstand** *m* interval; **Z.abstimmung** *f* timing; **Z.akkord(lohn)** *m* time incentive wage; **Z.alter** *nt* age, era; **Z.angabe** *f* 1. date; 2. time

Zeitarbeit *f* temporary work/employment; **Z.er(in)** *m/f* agency/temporary worker, temp *(coll)*; **Z.sfirma** *f* labo(u)r agency; **Z.skräfte** *pl* temporary staff, temps *(coll)*; **Z.svertrag** *m* temporary (employment) contract

Zeit|aufstellung *f* time sheet; **Z.aufwand** *m* 1. time spent, 2. time required; **z.aufwendig** *adj* time-consuming; **Z.charter** *m/f* time charter; **Z.dauer** *f* time-span; **Z.druck** *m* pressure of time; **Z.einsparung** *f* time saving; **Z.entgelt** *nt* time wage; **Z.ermittlung** *f* time measurement; **Z.fracht** *f* time freight; **z.gemäß** *adj* up-to-date; **Z.geschäft** *nt* futures contract; **Z.geschmack** *m* prevailing taste; **Z.guthaben** *nt* time credit

Z

zeitig *adj* in good time; **z.en** *v/t* to produce, to result in

Zeit|karte *f (Nahverkehr)* season ticket; **Z.-kauf** *m* forward buying; **Z.kontrolle** *f* timekeeping; **Z.kontrolleur** *m* timekeeper; **Z.kostenrechnung** *f* time cost accounting; **Z.lohn** *m* time wage; **Z.mangel** *m* lack of time; **Z.messer** *m* 1. timekeeper; 2. *(Uhr)* chronometer; **Z.messung** *f* time keeping/measurement; **Z.nehmer** *m* ⛫ time study man, timer *(coll)*; **Z.pacht** *f* leasehold; **Z.pächter** *m* leaseholder; **Z.-personal** *nt* temporary staff, temps *(coll)*; **Z.plan** *m* timetable, timescale; **Z.planung** *f* time management; **Z.police** *f* time policy; **Z.präferenz** *f* time preference

Zeitpunkt *m* point (of time), juncture; **Z. der Anmeldung** filing date; **~ Einlösung** redemption date; **~ Fälligkeit** date of maturity; **~ Fertigstellung** *f* completion date; **Z. des Inkrafttretens** effective date; **Z. festlegen** to appoint a time

Zeit|rahmen *m* timescale; **z.raubend** *adj* time-consuming; **Z.raum** *m* period (of time)

Zeitreihe *f* 📊 time series; **wirtschaftsstatistische Z.n** economic time series

Zeitrente *f* terminable annuity

Zeitschrift *f* 1. magazine; 2. *(wissenschaftlich)* periodical, journal; **Z.enhändler** *m* newsagent; **Z.enmarkt** *m* periodicals market

Zeit|sichtwechsel *m* term bill/draft; **Z.-spanne** *f* period, time span; **z.sparend** *adj* time-saving; **Z.(- und Bewegungs)studie** *f* ⛫ time (and motion) study; **Z.uhr** *f* time clock; **Z.umstellung** *f* 1. time change; 2. ✈ jetlag

Zeitung *f* newspaper; **Z. abonnieren/beziehen** to subscribe (to) a newspaper; **Z. verlegen** to publish a newspaper; **amtliche Z.** official gazette

Zeitungs|abonnement *nt* newspaper subscription; **Z.annonce; Z.anzeige** *f* newspaper advertisement; **Z.artikel** *m* newspaper article; **Z.auflage** *f* newspaper circulation; **Z.beilage** *f* newspaper supplement; **Z.bericht** *m* newspaper report; **Z.händler** *m* newsagent *[GB]*, news dealer *[US]*; **Z.inserat** *nt* newspaper advertisement; **Z.konzern** *m* newspaper group; **Z.korrespondent(in)** *m/f* newspaper correspondent; **Z.laden** *m* newsagent's (shop); **Z.meldung; Z.nachricht; Z.notiz** *f* press report; **Z.stand** *m* news stand; **Z.-verleger** *m* newspaper publisher; **Z.vertrieb** *m* newspaper distribution; **Z.werbung** *f* newspaper advertising

Zeit|unterschied *m* time difference; **Z.vergeudung; Z.verschwendung** *f* waste of time

Zeitversicherung *f* term insurance; **Zs.police** *f* term policy

zeit|verteilt *adj* staggered; **Z.vertrag** *m* fixed-term contract

Zeit|verzögerung; Z.verzug *f/m* time lag; **Z.vorgabe** *f* time allowance; **Z.wahl** *f* timing; **Z.wechsel** *m* time bill *[US]*/draft; **Z.wert** *m* current (market) value; **Z.zuschlag** *m* time allowance; **Z.zuteilung** *f* 🖳 time-sharing

zens|ieren *v/t* 1. *(Noten)* to grade/mark; 2. to censor; **Z.ur** *f* 1. mark, grad; 2. censorship

Zentner *m* 1. hundredweight; 2. long hundredweight (*[GB]* = 50,8 kg), cental *[GB]*

zentral *adj* central; **Z.abteilung** *f* central department; **Z.amerikanische Freihandelszone** Central American Free Trade Area (CAFTA)

Zentralbank *f* 1. central bank; 2. Bank of England *[GB]*; 3. Federal Reserve Board *[US]*; **Europäische Z. (EZB)** European Central Bank (ECB)

Zentralbank|darlehen *nt* reserve bank credit; **Z.eingriffe** *pl* central bank intervention(s); **z.fähig** *adj* eligible for rediscount at the central bank; **Z.geld** *nt* central bank money; **Z.guthaben** *nt (Bank)* uncommitted reserves *[GB]*, federal funds *[US]*; **Z.rat** *m* central bank board/council; **Z.reserven** *pl* central bank reserves

Zentralbüro *nt* head/executive office, headquarters

Zentrale *f* 1. (company) headquarters, head office; 2. ☎ operator; 3. ⚙ control room

Zentral|einheit *f* 🖳 (central) processing unit (CPU); **Z.einkauf** *m* centralized buying/purchasing; **Z.kartei** *f* master file; **Z.lager** *nt* central warehouse; **Z.markthändler** *m* wholesaler; **Z.prozessor; Z.-rechner** *m* 🖳 central processing unit (CPU); **Z.register; Z.registratur** *nt/f* master file; **Z.stelle** *f* central agency; **Z.-verband** *m* umbrella organisation

Zentrum *nt* center *[US]*, centre *[GB]*

zerbrech|en *v/i* to break; **z.lich** *adj* fragile

Zerfall *m* 1. decay; 2. disintegration; **z.en** *v/i* 1. to decay; 2. to disintegrate

zerleg|en *v/t* 1. *(Kosten)* to break down; 2. ⚙ to dismantle; **Z.ung** *f* 1. dismantlement; 2. analysis, breakdown

zerreiß|en *v/t* to tear (up); **Z.probe** *f* 1. *(fig)* ordeal; 2. ⚙ tensile test

zerschlagen *v/t* to smash/crush; *v/refl (Plan)* to come to nothing

Zerschlagung *f* break-up; **Z.swert** *m* break-up value

zersetz|en *v/refl* to decompose; **Z.ung** *f* decomposition

zerspanen *v/t* to machine

zersplitter|n *v/t* to fragment; **Z.ung** *f* fragmentation

zer|springen *v/i* to burst; **z.stören** *v/t* 1. to destroy; 2. 🏛 to demolish; 3. *(verwüsten)* to ravage; **mutwillig z.stören** to vandalize

Zerstörung *f* 1. destruction; 2. 🏛 demolition; **mutwillige Z.** vandalism

zerstreuen *v/t* 1. to scatter/disperse; 2. to dissipate; 3. *(Zweifel/Angst)* to allay/dispel

Zertifi|kat *nt* 1. certificate; 2. *(Investment)* unit; **Z.zierung** *f* certification

Zession *f* assignment, transfer; **Z.ar** *m* assign(ee), transferee

Zessions|empfänger *m* assign(ee); **Z.-klausel** *f* assignment clause; **Z.urkunde** *f* (instrument of) assignment; **Z.vertrag** *m* deed of assignment

Zettel *m* 1. slip/piece (of paper); 2. *(Reklame)* handout, handbill

Zeug *nt* 1. things, stuff *(coll)*; 2. *(Ausrüstung)* gear

Zeuge; Zeugin *m/f* § witness; **Z. der Anklage** witness for the prosecution; **~ Verteidigung** defence witness

Zeugenaussage *f* 1. evidence; 2. *(schriftlich)* deposition; **auf Hörensagen beruhende Z.** hearsay evidence

Zeugnis *nt* 1. certificate, testimonial, reference; 2. *(Leistungsbild)* record; 3. § evidence; 4. *(Schule)* report; **ärztliches Z.** medical certificate

Zeugnis|abschrift *f* copy of a certificate; **Z.verweigerung** *f* refusal to give evidence

ziehen *v/t* 1. to draw/pull; 2. 🚗 to tow; 3. *(Probe)* to sample; **auf jdn z.** *(Wechsel)* to draw on so.; **nach sich z.** to involve/entail

Ziehung *f* draw(ing); **eigene Z.en** own drawings

Ziehungs|avis *nt* draft advice; **Z.ermächtigung** *f* drawing authorization; **Z.recht** *nt* drawing right

Ziel *nt* 1. target, goal, aim, object(ive); 2. *(Ort)* destination; 3. *(Zahlung)* credit period, term; **auf Z.** on credit; **Z. der Unternehmung** object(s) of the company

Ziel einräumen/gewähren to grant credit; **Z. erreichen/realisieren** to accomplish/attain a goal; **auf Z. kaufen** to buy forward; **Z. überschreiten** to overshoot a target; **Z. verfehlen** to be off target; **Z. verfolgen** to pursue a goal/an aim; **auf Z. verkaufen** to sell forward; **Z. verlängern** to extend the credit period

finanzielles Ziel financial target; **geldpolitisches Z.** monetary target; **konkurrierende Z.e** conflicting goals; **oberstes Z.** prime aim; **offenes Z.** *(Kredit)* open account terms; **steuerpolitisches Z.** fiscal objective; **vorrangiges Z.** prime objective; **wirtschaftspolitisches Z.** economic-policy goal

Ziel|ausmaß; Z.band *nt* target range; **auf Z.basis** *f* against future payment; **Z.daten** *pl* target figures

zielen (auf) *v/i* to aim (at)

Ziel|firma *f* target company; **Z.gebiet** *nt* target area; **z.gerichtet** *adj* targeted; **Z.-gewährung** *f* open account terms; **Z.-gruppe** *f* target group; **Z.hafen** *m* port of arrival/destination; **Z.kauf** *m* purchase on credit; **Z.konflikt** *m* conflicting goals; **Z.korridor** *m* target range/band; **Z.markt** *m* target market; **z.orientiert** *adj* performance-orient(at)ed; **Z.ort** *m* destination; **Z.preis** *m [EU]* target price; **Z.punkt** *m* destination; **Z.rendite** *f* target yield; **Z.-richtung** *f* thrust; **Z.spanne** *f* target range; **Z.sprache** *f* target language; **z.-strebig** *adj* determined; **Z.strebigkeit** *f* determination; **Z.variable** *f* target variable; **Z.vorgabe** *f* target(-setting); **Z. wechsel** *m* time bill; **Z.zone** *f* target zone

Ziffer *f* ↘ **Zahl** 1. number, figure; 2. digit; 3. *(Vertrag)* (sub-)section

Ziffern|anzeige *f* *(Werbung)* keyed advertisement; **Z.code** *m* numerical code; **Z.-stelle** *f* digit

zig *adj (coll)* umpteen *(coll)*; **z. Millionen** *(coll)* zillion *(coll)*
Zigarette *f* cigarette; **Z.nsteuer** *f* excise duty on cigarettes
Zimmer *nt* room; **Z. frei** *(Hotel)* vacancies; **Z.bedienung** *f* room service; **Z.bestellung** *f* hotel reservation; **Z.gebühr; Z.preis; Z.tarif** *f/m* room fee/rate; **Z.-miete** *f* room rent; **Z.nachweis; Z.vermittlung** *m/f* accommodation service; **Z.preis** *m* room rate; **Z.vermieter; Z.wirt** *m* landlord; **Z.wirtin** *f* landlady
Zink *nt* zinc
Zinn *nt* tin
Zins *m* 1. (rate of) interest; 2. *(Boden)* rent; **mit (laufenden) Z.en** cum interest; **ohne Z.en** ex interest
Zins für erste Adressen base/prime (lending) rate; **~ Ausleihungen** lending rate; **Z.en für Festgeld(anlagen)** time deposit rates; **~ aus Kapitalanlagen** interest on investments; **Z. für Spareinlagen** interest on deposit accounts; **Z.en und Tilgung** interest and repayment (of principal); **Z. und Zinseszins** compound interest
abzüglich der Zinsen less interest; **auf Z. ausgeliehen** out on interest
Zins|en abwerfen/einbringen/tragen to bear/yield/earn interest; **auf ~ ausleihen** to lend on interest; **Z. berechnen/erheben** to charge interest; **Z.en senken** to cut the rate(s) of interest; **Z. zahlen** to pay interest
abgegrenzte Zins|en accrued interest; **angefallene/angesammelte/aufgelaufene Z.en** accrued interest; **effektiver Z.** real/market rate of interest; **fällige Z.en** interest due; **fiktive Z.en** imputed interest; **gewöhnliche Z.en** simple interest; **kalkulatorische Z.en** imputed interest; **kapitalisierte Z.en** capitalized interest; **laufende Z.en** current interest; **nachschüssige Z.** interest in arrears; **prohibitive Z.en** prohibitive rates of interest; **schwankender Z.** floating (interest) rate; **überhöhte Z.en** exorbitant (rate of) interest; **variable Z.en** variable rate (of interest)
Zins|abbau *m* reduction of interest rates; **Z.abrechnung** *f* interest statement; **Z.abschlag** *m* discounted interest; **Z.abschlagssteuer** *f* tax on interest payments; **Z.abschwung** *m* downturn/easing of interest rates; **Z.abzug** *m* discount; **Z.anhebung** *f* hike in interest rates; **Z.anpassung** *f* interest rate adjustment; **Z.anstieg** *m* rise in interest rates, interest rate rise; **Z.arbitrage** *f* interest (rate)/forward arbitrage; **Z.aufstellung** *f* interest statement; **Z.auftrieb** *m* rise/upsurge in interest rates; **Z.-aufwand; Z.aufwendungen** *m/pl* interest charges; **Z.ausgaben** *pl* interest payments; **Z.ausschläge** *pl* interest rate movements; **Z.bedingungen** *pl* interest terms; **Z.belastung** *f* interest burden/charge(s); **Z.berechnung** *f* interest computation; **Z.bestandteil** *m* interest component; **Z.bindung** *f* pegging of interest rates; **z.bringend** *adj* interest-bearing, interest-yielding; **Z.darlehen** *nt* interest-bearing loan; **Z.deckung** *f* interest cover(age); **Z.differenz; Z.diskrepanz** *f* interest (rate) differential, spread; **Z.druck** *m* pressure of/on interest rates; **Z.eingänge; Z.einkünfte; Z.einnahmen** *pl* interest receipts/received/income; **Z.einlage** *f* interest-bearing deposit; **z.empfindlich** *adj* interest-sensitive; **Z.erfolgsrechnung** *f* interest income statement; **Z.erhöhung** *f* rise in interest rates; **Z.ermäßigung** *f* reduction in interest rates
Zins|ertrag; Z.erträgnisse; Z.erträge *m/pl* 1. interest (yield/income/earned/received); 2. *(Vers.)* investment income; **Z.ertragsbilanz** *f* interest income statement; **Z.eszins(en)** *m/pl* compound interest; **Z.rechnung** *f* compounding of interest; **Z.satz** *m* compound rate
Zins|fälligkeitstag; Z.fälligkeitstermin *m* interest due date; **Z.forderung** *f* interest due/receivable; **z.frei** *adj* 1. interest-free, non-interest-bearing; 2. *(Pacht)* rent-free
Zinsfuß *m* interest rate, rate of interest; **effektiver Z.** effective rate; **gesetzlicher Z.** statutory rate of interest; **interner Z.** 1. economic return; 2. *(Vers.)* actuarial (rate of) return
Zins|garantie *f* interest (payment) guarantee; **Z.gefälle** *nt* interest rate differential/gap/spread; **Z.gefüge** *nt* interest rate structure; **Z.gewinn** *m* (net) interest earnings; **Z.gleitklausel** *f* interest escalator clause; **Z.gutschein** *m* coupon; **Z.gutschrift** *f* interest warrant; **Z.höhe** *f* level of interest; **Z.hypothek (ohne Tilgung)** *f* interest-only mortgage; **Z.kapital** *nt* interest-bearing capital; **Z.klausel** *f* interest clause; **Z.klima** *nt* interest rate climate;

Z.konditionen *pl* terms of interest; **Z.-kontrakt** *m* interest rate future (contract); **Z.kupon** *m* interest coupon; **Z.last** *f* interest burden; **z.los** *adj* interest-free, non-interest-bearing; **Z.marge** *f* interest (rate) margin; **Z.nachzahlung** *f* payment of interest in arrears; **Z.nebenkosten** *pl* interest rate incidentals; **Z.niveau** *nt* interest rate level; **Z.option** *f* interest rate option; **Z.papier** *nt* interest-bearing security; **Z.periode** *f* interest period; **z.-pflichtig** *adj* interest-bearing; **Z.politik** *f* interest rate policy; **Z.rate** *f* interest rate; **z.reagibel** *adj* interest-sensitive; **Z.rechnung** *f* computation/calculation of interest; **Z.rendite** *f* interest yield; **Z.risiko** *nt* interest rate exposure; **Z.rückstände** *pl* interest arrears

Zinssatz *m* 1. rate of interest, interest rate; 2. *(Kredit)* lending rate; **Z. für erste Adressen** prime rate; **Z. unter Frankfurter Banken** Frankfurt interbank offered rate (FIBOR); **~ Londoner Banken** London interbank offered rate (LIBOR)

mit festem Zinssatz ausgestattet fixed-interest(-bearing); **~ niedrigem Z. ausgestattet** low-interest; **~ variablen Z. ausgestattet** variable-interest

Zinssatz anheben/erhöhen to increase/raise the interest rate; **derzeitiger Z.** current rate of interest; **effektiver Z.** effective rate; **fester Z.** fixed rate of interest; **handelsüblicher Z.** commercial interest rate; **schwebender/variabler Z.** floating rate of interest

Zins|schein *m* bond coupon, interest warrant; **Z.schub** *m* surge in interest rates; **Z.schwankung** *f* fluctuation in interest rates; **Z.senkung** *f* cut in interest rates, (interest) rate cut; **Z.spanne** *f* interest margin/spread; **Z.sprung** *m* jump in interest rates; **Z.steigerung** *f* increase in interest rates; **Z.stopp** *m* interest freeze; **Z.struktur** *f* interest rate structure; **Z.subvention** *f* interest subsidy; **Z.tendenz** *f* development of interest rates; **Z.termin** *m* interest (due) day; **Z.terminkontrakt** *m* interest futures contract; **Z.terminmarkt** *m* interest futures market; **Z.theorie** *f* theory of interest; **z.tragend** *adj* interest-bearing; **nicht z.tragend** non-interest-bearing; **z.unempfindlich** *adj* interest-insensitive; **Z.unterschied** *m* interest rate differential; **Z.vergünstigung** *f* interest rate relief; **Z.verlauf** *m* development of interest rates; **Z.verzicht** *m* waiver of interest; **Z.-vorauszahlung** *f* prepayment of interest; **Z.wucher** *m* usurious interest

Zinszahlung *f* interest payment; **Z.- und Tilgungszahlungen leisten** to service debts

zirka *prep* about, approximately; **Z.kurs; Z.preis** *m* approximate price

Zirkular *nt* circular; **Z.kreditbrief** *m* circular letter of credit (L/C); **Z.scheck** *m* circular check *[US]*/cheque *[GB]*

zirkulieren *v/t* to circulate

zitieren *v/t* 1. to quote; 2. § to cite

Zivilgericht *nt* civil court; **Z. für Bagatellsachen** small claims court; **Z.sbarkeit** *f* civil jurisdiction

Zivil|gesetzbuch *nt* civil code; **Z.klage** *f* civil suit/action

Zivilluftfahrt *f* civil aviation; **Z.behörde** *f* Civil Aviation Authority (CAA) *[GB]*, Civil Aeronautics Board (CAB) *[US]*

Zivilprozess *m* § civil suit/action; **Z.ordnung (ZPO)** *f* code of civil procedure; **Z.-recht** *nt* law of civil procedure

Zivilrecht *nt* civil/private law; **z.lich** *adj* civil-law

Zivil|sache *f* civil case; **Z.streitigkeit** *f* civil litigation; **Z.urteil** *nt* judgment in a civil case; **Z.verfahren** *nt* civil proceedings

Zoll *m* 1. ⊖ customs (authority); 2. (customs) duty, tariff; 3. *(Maß)* inch (in.); 4. *(Straße/Brücke)* toll

Zölle und Abgaben customs and excise duties

Zoll zu Ihren Lasten duty forward; **beim Z. abfertigen** to clear (through customs); **~ angeben/deklarieren** to enter/declare (goods); **mit Z. belegen** to impose a duty; **Z. erheben** 1. to levy customs duties, to charge duty; 2. *(Straße)* to levy a toll; **Z. erlassen** to remit (a) duty; **Z. umgehen** to avoid customs duty; **dem Z. unterliegen** to attract duty

diskriminierender Zoll discriminatory tariff; **nach Gewicht erhobener Z.** specific duty; **nach Wert ~ Z.** ad valorem (a./v.) *(lat.)* duty; **gemischter/kombinierter Z.** compound duty; **gleitender Z.** sliding-scale duty/tariff

Zollabfertigung *f* 1. customs clearance; 2. customs post/checkpoint

Zollabfertigungs|gebühren *pl* clearance charges; **Z.hafen** *m* port of clearance; **Z.-**

papier; Z.schein *nt/m* clearance certificate; **Z.stelle** *f* customs house
Zollabgabe|n *pl* (customs) duty; **z.pflichtig** *adj* dutiable
Zollabkommen *nt* tariff agreement; **Allgemeines Z.- und Handelsabkommen** General Agreement on Tariffs and Trade (GATT)
Zoll|abschätzung *f* customs valuation; **Z.agent** *m* customs broker; **z.ähnlich** *adj* quasi-tariff; **Z.amt** *nt* customs office; **Z.anmeldung** *f* (customs) entry/declaration; **Z.antrag** *m* bill of entry; **Z.aufkommen** *nt* customs revenue(s); **Z.aufschlag** *m* supplementary duty; **Z.aufseher** *m* customs inspector; **Z.aufsicht** *f* customs surveillance; **Z.ausfuhrdeklaration; Z.ausfuhrerklärung** *f* declaration outwards; **Z.auslieferungsschein** *m* customs warrant; **Z.aval** *m* customs guarantee; **Z.beamter; Z.beamtin** *m/f* customs official/officer; **Z.befreiung** *f* exemption from duty; **Z.begünstigung** *f* preferential treatment; **Z.begünstigungsliste** *f* preferential tariff list; **Z.behörde** *f* customs authority, Her Majesty's (H.M.) Customs & Excise *[GB]*, Bureau of Customs *[US]*; **Z.belastung** *f* tariff burden; **Z.bemessung; Z.berechnung** *f* assessment of duty; **Z.bescheinigung** *f* customs certificate; **Z.beschränkungen** *pl* tariff restrictions; **Z.bestimmungen** *pl* customs regulations; **Z.bewertung** *f* customs valuation; **Z.bürgschaft** *f* customs guarantee; **Z.bürgschein** *m* customs bond; **Z.deklaration** *f* bill of entry; **Z.delikt** *nt* customs offence; **Z.depot** *nt* bonded warehouse; **Z.dokument** *nt* customs document; **Z.durchgangsschuppen** *m* (customs) transit shed; **Z.durchlassschein** *m* trans(s)hipment bond; **Z.einfuhrdeklaration; Z.einfuhrerklärung; Z.eingangsdeklaration** *f* declaration inwards; **Z.einfuhrschein; Z.eingangsschein** *m* bill of entry; **Z.einnahmen** *pl* customs revenue(s); **Z.entrichtung** *f* payment of customs duty; **Z.erhebung** *f* collection of (customs) duties; **Z.erklärung** *f* customs declaration; **Z.erstattung** *f* customs drawback; **Z.fahndung** *f* customs investigation (department); **Z.faktura** *f* customs invoice; **Z.festsetzung** *f* assessment of duty; **Z.formalitäten** *pl* customs formalities
zollfrei *adj* duty-free; **Z.betrag** *m* duty-free allowance; **Z.gabe** *f* release from bond; **Z.grenze** *f* duty-free allowance; **Z.heit** *f* exemption from duty; **Z.kontingent; Z.menge** *nt/f* duty-free allowance; **Z.laden** *m* duty-free shop; **Z.lager** *nt* bonded warehouse; **ab Z.lager** ex bond; **Z.liste** *f* free list
Zoll|gebiet *nt* customs territory/area; **Z.gebühr** *f* 1. customs duty, tariff; 2. clearance charges; **Z.geleitschein** *m* customs permit; **z.geschützt** *adj* (tariff-)protected; **Z.gewahrsam** *m* customs custody; **Z.gewicht** *nt* dutiable weight
Zollgut *nt* bonded/dutiable goods; **Z.lager** *nt* bonded warehouse
Zoll|hafen *m* port of entry; **Z.halle** *f* customs shed; **z.hängig** *adj* subject to duty, dutiable; **Z.hinterziehung** *f* evasion of customs duty; **Z.höhe** *f* tariff level; **Z.information** *f* tariff information; **Z.inhaltserklärung** *f* customs declaration; **Z.kaution** *f* customs bond; **Z.kontingent** *nt* (tariff) quota; **Z.kürzung** *f* tariff reduction; **Z.lager** *nt* bonded warehouse; **Z.makler** *m* customs broker; **z.meldepflichtig** *adj* declarable
Zöllner *m* customs official/officer
Zoll|niederlage; Z.niederlassung *f* bonded warehouse; **Z.ordnung** *f* customs regulations; **Z.papier** *nt* customs document; **Z.passierschein** *m* carnet de passage *(frz.)*
zollpflichtig *adj* dutiable; **nicht z.** 1. duty-free; 2. *(Handel)* duty paid
Zoll|politik *f* tariff policy; **Z.präferenz** *f* tariff preference; **Z.rückerstattung; Z.rückvergütung** *f* customs drawback; **Z.satz** *m* tariff; **Z.schein** *m* clearance/customs receipt; **Z.schranke** *f* 1. tariff barrier; 2. 🚗 toll bar; **Z.senkung** *f* tariff reduction; **Z.siegel** *nt* customs seal; **Z.speicher** *m* bonded warehouse; **Z.stelle** *f* customs office
Zolltarif *m* (customs) tariff; **Z.abbau** *m* tariff reduction; **Z.begünstigung** *f* tariff preference; **Z.bestimmungen** *pl* tariff provisions; **Z.kennziffer** *f* tariff code; **Z.recht** *nt* tariff law; **Z.reform** *f* tariff reform
Zoll|überwachung *f* customs control; **Z.union** *f* customs union; **Z.verfahren** *nt* customs procedure; **Z.vergehen** *nt* customs offence; **Z.vergünstigung** *f* tariff

preference, preferential tariff; **Z.vergütung** *f* customs drawback; **Z.vermerk** *m* customs visa; **Z.verordnung** *f* customs regulations

Zollverschluss *m* customs seal; **Z.bescheinigung; Z.schein** *f/m* warehouse bond; **Z.ware** *f* bonded goods

Zoll|vertrag *m* tariff agreement; **Z.verwaltung** *f* customs authorities, Her Majesty's (H.M.) Customs & Excise *[GB]*, Bureau of Customs *[US]*; **Z.zuschlag** *m* supplementary duty; **Z.zuwiderhandlung** *f* infringement of customs regulations

Zone *f* zone

Zubehör *nt* accessories, attachments; **Z.-teil** *nt* component

Zubilligung *f* award, concession

Zubringer *m* 1. *(Straße)* access/approach/feeder road; 2. airport bus, shuttle (bus)

Zubrot *nt* sideline; **~ verdienen** to earn/make a bit on the side

Zucht *f* 1. cultivation; 2. *(Tier)* breeding, rearing

zücht|en *v/t* 1. to cultivate/grow; 2. *(Tier)* to breed/rear; **Z.er** *m* 1. grower; 2. *(Tier)* breeder

Zuchtvieh *nt* breeding cattle

Zucker *m* sugar; **Z.börse** *f* sugar exchange; **Z.handel** *m* sugar trade; **Z.raffinerie** *f* sugar refinery; **Z.steuer** *f* sugar tax

zuerkenn|en *v/t* 1. *(Preis)* to award/adjudicate; 2. *(Recht)* to accord/grant; 3. *(zuteilen)* to allow/allot; **Z.ung** *f* award, adjudication

Zuerst|entnahme der älteren Bestände *f (Bilanz)* first-in, first-out (fifo); **~ neuesten Bestände** last-in, first-out (lifo)

Zufahrt *f* 1. drive; 2. approaches; **Z.srecht** *nt* right of access; **Z.sstraße** *f* approach/access/feeder road

Zufall *m* 1. chance, accident, coincidence; 2. *(Vers.)* fortuitous event

zufällig *adj* chance, random, incidental; **Z.keit** *f* chance/accidental occurrence, coincidence, contingency

Zufalls|abweichung *f* random variation; **Z.ereignis** *nt* random event; **Z.folge** *f* random sequence; **Z.haftung** *f* hazardous liability; **Z.reihe** *f* random series; **Z.stichprobe** *f* random sample; **Z.variable** *f* random variable; **Z.verfahren** *nt* random sample procedure

Zuflucht *f* 1. refuge, shelter; 2. recourse

Zufluss *m* inflow, influx

zufrieden *adj* content, satisfied

Zufriedenheit *f* satisfaction; **Z. im Beruf; berufliche Z.** job satisfaction; **Z. der Kunden** customer satisfaction

zufrieden stellen *v/t* to satisfy; **schwer z. zu stellen** hard to please; **z.stellend** *adj* satisfactory; **nicht z.stellend** unsatisfactory

Zufuhr *f* supply; **Z. von Eigenkapital** capital injection

zuführen *v/t* 1. to supply; 2. *(Kapital)* to inject

Zuführung *f* 1. supply, allocation; 2. *(Kapital)* injection; **Z. neuen Eigenkapitals** injection of new equity capital; **Z. von Finanzmitteln/Kapital** provision of finance, capital injection, shot in the arm *(fig)*; **Z. zu den (offenen) Reserven/Rücklagen** appropriation to reserves

Zug *m* 1. train; 2. truck and trailer; 3. *(Person)* feature; 4. *(fig)* move

Zugabe *f* bonus, giveaway, (free) gift; **Z.-artikel** *m* free gift

Zugang *m* 1. access; 2. *(Eintritt)* admission; 3. *(Zutritt)* admittance; 4. *(Bilanz)* additions; 5. *(Lager)* receipts; 6. *(Geld)* accrual; **Z. bei Beteiligungen** additional investment(s) in subsidiaries; **Z. zum Kapitalmarkt** access to the capital market; **Zugänge im Sachanlagevermögen** additions to property, plant and equipment

Zugang zu den Büchern haben to have access to the books; **Z. verwehren/verweigern** to refuse access; **bevorrechtigter Z.** preferential access; **freier / unbeschränkter / ungehinderter Z.** unrestricted entry

zugänglich *adj* 1. accessible; 2. *(Person)* amenable

Zugangs|berechtigung *f* right of access; **Z.beschränkung** *f* restricted access; **Z.-jahr** *nt* year of acquisition; **Z.recht** *nt* right of access

Zug|anschluss *m* train connection; **Z.artikel** *m* popular article, eye-catcher *(fig)*

zugeben *v/t* 1. to acknowledge/admit/concede; 2. *(Angebot)* to throw in

Zugehörigkeit *f* 1. affiliation; 2. membership; **~ einer Gewerkschaft** union membership; **Z.sdauer** *f (Firma)* length of service

zugekauft *adj* bought-in

Zügel *m* rein(s), curb; **Z. anziehen/straffen** to tighten the reins; **am kurzen Z.**

halten to keep a tight rein; **Z. lockern** to loosen the reins

zugelassen *adj* 1. licensed, approved, authorized; 2. chartered; **amtlich z.** 1. authorized; 2. *(Börse)* officially listed *[US]*/ quoted *[GB]*

zügeln *v/t* to rein in/back

Zugeständnis *nt* concession; **handelspolitisches Z.** trade concession; **preisliches Z.** price concession; **steuerliches Z.** tax concession

zu|gestehen *v/t* to admit/acknowledge/ concede; **z.gestellt** *adj* 1. ✉ delivered; 2. § served

Zugewinn *m* gain, accrual

zügig *adj* speedy, swift

Zug|kraft *f* attraction, appeal; **Z.maschine** *f* 🚗 tractor

Zugriff *m* 1. 💻 access; 2. *(Beschlagnahme)* seizure

Zugriffs|geschwindigkeit *f* 💻 data retrieval speed; **Z.kontrolle** *f* access control; **Z.-möglichkeit** *f* accessibility; **Z.zeit** *f* access time

Zug-um-Zug|-Bedingung *f* concurrent condition; **~-Leistung** *f* contemporaneous performance

zu Händen (z.Hd.; z.H.) (for the) attention of (attn.)

Zukauf *m* 1. acquisition; 2. *(Börse)* fresh buying; **z.en** *v/t* to buy in

Zukunft *f* future; **sich für die Z. absichern** to hedge; **Z. eskomptieren** *(Börse)* to discount future developments; **für die Z. sorgen** to provide for the future

Zukunfts|aussichten; Z.chancen *pl* future prospects; **Z.branche** *f* new/sunrise industry; **z.orientiert** *adj* forwarding-looking; **Z.planung** *f* forward planning; **Z.technologie** *f* advance(d)/high technology, hi-tech *(coll)*; **Z.vorsorge** *f* provision for the future

Zulage *f* extra/additional pay, bonus

zulassen *v/t* 1. to allow/permit; 2. *(Zugang)* to admit; 3. *(amtlich)* to license/ authorize; 4. *(Börse)* to list

zulässig *adj* 1. allowed, permitted, permissible; 2. *(amtlich)* authorized; 3. § admissible; **gesetzlich/rechtlich z.** lawful, legitimate

Zulässigkeit *f* admissibility

Zulassung *f* 1. *(amtlich)* licensing, licence, permit; 2. authorization, approval; 3. 🚗 vehicle registration (document); **Z. zum Börsenhandel; Z. zur Notierung** admission to the stock exchange; **Z. der Revision** § leave to appeal

Zulassungs|antrag *m* application for admission/registration; **Z.ausschuss** *m (Börse)* listing committee *[US]*, quotations department *[GB]*; **Z.bedingungen** *pl (Börse)* listing requirements; **Z.bescheinigung** *f* certificate of approval; **Z.beschränkung** *f* barriers to entry; **Z.bestimmungen** *pl (Börse)* listing requirements; **Z.erteilung** *f* 1. admission; 2. licensing; **Z.ordnung** *f* licensing regulations; **Z.prospekt** *m (Börse)* prospectus; **Z.schild** *nt* 1. ⚙ approval plate; 2. 🚗 registration/number plate; **Z.stelle** *f (Börse)* listing committee; **Z.urkunde** *f* licensing certificate; **Z.verfahren** *nt* 1. licensing procedure; 2. *(Börse)* listing procedure; **Z.voraussetzungen** *pl* eligibility requirements

Zuliefer|ant *m* (component) supplier, sub-contractor; **Z.auftrag** *m* sub-contracting order; **Z.betriebe** ancillary industry; **Z.er** *m* component maker; **Z.firma** *f* (firm of) suppliers; **Z.industrie** *f* ancillary/components industry; **Z.kette** *f* supply chain; **Z.teil** *nt* (outsourced) component; **Z.ung** *f* supply

zu|machen *v/t* 1. to seal; 2. *(zeitweilig)* to shut down; 3. *(endgültig)* to close down; **z.messen** *v/t* 1. *(Kosten)* to allocate to; 2. *(Anteile)* to allot; **Z.messung** *f* allocation, apportionment; **z.mutbar** *adj* reasonable

Zunahme *f* increase, rise, growth; **Z. der Arbeitslosigkeit** rise in unemployment; **~ Kosten** rising costs

zunehmen *v/i* to grow/increase/rise; **z.d** *adj* incremental

Zunft *f* guild; **Z.ordnung** *f* guild regulations

zunichte machen *adj* 1. *(Anstrengung)* to frustrate/nullify; 2. *(Hoffnung)* to dash; 3. *(zerstören)* to wipe/stamp out, to wreck

sich zunutze machen *adj* to take advantage of, to use

zupacken *v/i* 1. to grab; 2. *(Arbeit)* to get/ knuckle down to doing sth.

zurech|enbar *adj* chargeable, imputable, attributable; **z.nen** *v/t* to allocate/charge/ attribute; **z.nungsfähig** *adj* 1. accountable, competent; 2. § sane; **Z.nungsfähigkeit** *f* 1. competence, accountability; 2. § criminal responsibility

Zurschaustellung *f* 1. exhibition, display; 2. ostentation, ostentatiousness

zurück *adv* back; **hin und z.** ⚓ out and home
zurück|bauen *v/i* to reconvert; **z.behalten** *v/t* to retain/withhold
Zurückbehaltungsrecht *f* lien; **Z. der Bank** bank(ers') lien; **Z. an einem bestimmten Gegenstand** specific lien; **Z. des Maklers** broker's lien; **~ Spediteurs** carrier's lien; **~ Verkäufers** vendor's/seller's lien
zurück|bekommen *v/t* to recover/recoup; **z.belasten** *v/t* to charge back; **z.bezahlen** *v/t* to repay/refund; **z.bleiben** *v/i* to stay behind; **z.datieren** *v/t* to backdate; **z.erhalten; z.erlangen** *v/t* to recover/recoup/retrieve; **Z.erlangung** *f* recovery; **z.erstatten** *v/t* 1. *(Geld)* to refund/reimburse; 2. *(Gegenstand)* to return; 3. § to restitute; **Z.erstattung** *f* 1. refund, reimbursement; 2. § restitution; **z.fahren** *v/ti* 1. to return; 2. *(Aktivität)* to cut back
Zurückfallen *nt* § reversion; **z.** *v/i* 1. to drop (behind/back), to slip; 2. § to revert
zurück|fordern *v/t* to claim back; **z.führen** *v/t (Kapital)* to repatriate; **~ auf** to attribute to; **z.geben** *v/t* 1. to hand/give back; 2. to return/restore; **z.gehen** *v/i (Preis/Kurs)* to decline/recede; **z.gesetzt** *adj (Ware)* reduced; **z.gewähren** *v/t (Geld)* to refund; **z.gewinnen** *v/t* 1. to regain/retrieve/recoup; 2. *(Altmaterial)* to reclaim; **Z.gewinnung** *f* recovery; **z.-halten** *v/t* to hold/keep back
Zurückhaltung *f* restraint; **Z. der Anleger** investors' restraint; **Z. bei Lohnforderungen** wage restraint
zurücklegen *v/t* 1. to lay/put aside; 2. *(Geld)* to put by
Zurücknahme *f* 1. withdrawal; 2. *(Entscheidung)* reversal; 3. *(Preis)* marking down
zurück|nehmen *v/t* 1. *(Ware)* to take back; 2. *(Angebot)* to withdraw; 3. *(Preis)* to mark down; 4. *(Bestellung)* to cancel; **z.rufen** *v/t* 1. to recall; 2. ☏ to phone/ring back; 3. *(Gelder)* to repatriate; **z.senden** *v/t* to return; **z.setzen** *v/ti (Preis)* to reduce, to mark down; **z.stecken** *v/i* to climb down; **z.stehen** *v/i* to take second place
zurückstell|en *v/t* 1. to put/set aside; 2. *(Entscheidung)* to put on ice *(fig)*; **Z.ung** *f* 1. *(Bilanz)* allowance; 2. postponement
zurückstuf|en *v/t* *(Person)* to downgrade; **Z.ung** *f* downgrading
zurück|treten *v/i* to resign/retire; **z.übertragen** *v/t* to reassign/retransfer; **z.überweisen** *v/t (Geld ins Heimatland)* to repatriate
zurückvergüt|en *v/t* to reimburse/refund; **Z.ung** *f* reimbursement, refund
zurückweis|en *v/t* 1. to refuse/repudiate; 2. § to dismiss; **Z.ung** *f* 1. refusal, repudiation; 2. dismissal
zurückzahl|bar *adj* repayable; **z.en** *v/t* 1. to pay back, to repay/refund/reimburse; 2. *(Anleihe)* to redeem; **Z.ung** *f* 1. repayment, refund, reimbursement; 2. *(Anleihe)* redemption
Zurückziehen *nt* withdrawal; **z.** *v/t (Auftrag)* to cancel/countermand
Zuruf *m* *(Börse)* open outcry
Zusage *f* 1. undertaking, promise; 2. *(Kredit)* commitment; **z.n** *v/ti* 1. to undertake/promise/pledge; 2. to commit/engage; **Z.rahmen** *m* commitment ceiling; **Z.volumen** *nt (Kredit)* credit line
zusammen *adv* together, jointly; **z. mit** in conjunction with
Zusammenarbeit *f* cooperation, collaboration; **z.en** *v/i* to cooperate/collaborate
Zusammen|bau *m* assembly; **z.bauen** *v/t* to assemble; **z.brechen** *v/i* 1. *(Firma)* to collapse/fail; 2. *(Verhandlung)* to break down; **z.bringen** *v/t (Geld)* to raise
Zusammenbruch *m* 1. breakdown; 2. *(Firma)* collapse, failure; **finanzieller Z.** financial collapse; **ökologischer Z.** ecological collapse
zusammenfassen *v/t* 1. to combine/aggregate; 2. *(verdichten)* to condense/summarize; **kurz z.** to recapitulate, to recap *(coll)*
Zusammenfassung *f* 1. combination, concentration, consolidation; 2. *(Text)* summary, abstract; **Z. von Hypotheken** tacking of mortgages; **kurze Z.** recapitulation
Zusammen|halt *m* cohesion; **Z.hang** *m* 1. connection; 2. context
zusammen|kaufen *v/t* to buy up; **z.kommen** *(Schulden)* to mount up, to accumulate
Zusammenkunft *f* assembly, meeting
zusammenleg|en *v/t* 1. to pool; 2. *(Aktien)* to consolidate; 3. *(Firmen)* to merge/amalgamate; **Z.ung** *f* 1. pooling; 2. *(Aktien)* consolidation; 3. *(Firmen)* merger
zusammen|packen *v/t* to pack/wrap up;

z.rechnen *v/t* to sum/add/tot *(coll)* up; **z.-schließen** *v/refl* to join forces

Zusammenschluss *m* amalgamation, merger; **nach dem Z.** post-merger; **Z. von Aktiengesellschaften** corporate merger; **freiwilliger Z.** *(Einzelhandel)* voluntary chain; **horizontaler Z.** horizontal merger; **wettbewerbsbeschränkender / wettbewerbsschädlicher Z.** combination in restraint of trade

zusammenschreib|en *v/t* to consolidate; **Z.ung** *f* consolidation

zusammensetz|en *v/t* ⚙ to assemble; **Z.ung** *f* composition, configuration

zusammensparen *v/t* to save up

Zusammenstellen *nt* assembly; **z.** *v/t* 1. to compile; 2. to assemble; 3. *(Ladung)* to group

Zusammenstellung *f* 1. composition, make-up; 2. *(Daten)* compilation; 3. *(Fracht)* groupage

Zusammenstoß *m* 1. crash, collision; 2. *(Streit)* clash; **z.en** *v/i* to collide/crash; **Z.klausel** *f* ⚓ collision clause

zusammen|streichen *v/t* to slash, to pare down; **z.tragen** *v/t* to compile/collate; **Z.-treffen** *nt* meeting, conference; **z.treten** *v/i* to meet/convene; **Z.veranlagung** *f* *(Steuer)* joint assessment; **Z.wirken** *nt* cooperation, collaboration; **z.zählen** *v/t* to sum/add/tot *(coll)* up

Zusatz *m* 1. addition; 2. *(Text)* supplement; 3. § codicil, rider, adjunct; 4. ⚗ additive; **Z.abgabe** *f* surcharge; **Z.aktie** *f* bonus share; **Z.aufwand** *m* additional expenditure; **Z.belastung** *f* additional burden; **Z.besteuerung** *f* surtax; **Z.bestimmung** *f* supplementary ordinance/provision; **Z.dividende** *f* additional dividend; **Z.einrichtung** *f* optional feature; **Z.fracht** *f* surplus freight; **Z.gebühr** *f* surcharge; **Z.klausel** *f* rider; **Z.kosten** *pl* additional cost(s); **Z.leistungen** 1. fringe benefits; 2.*(Vers.)* additional benefits

zusätzlich *adj* additional, supplementary

Zusatz|lohn *m* wage supplement; **Z.prämie** *f* extra premium; **Z.rente** *f* supplementary pension; **Z.steuer** *f* surtax; **Z.stoff** *m* addtive; **Z.urkunde** *f* rider; **Z.versicherung** *f* supplementary policy; **Z.vertrag** *m* accessory contract

Zuschauer(in) *m/f* 1. spectator; 2. *(Fernsehen)* viewer; 3. onlooker, bystander

zu|schicken *v/t* to send/forward; **z.schießen** *v/t* *(Geld)* to contribute

Zuschlag *m* 1. *(Gebühr)* surcharge, premium; 2. *(Preis)* mark-up; 3. *(Auftrag)* award (of contract); 4. *(Zuteilung)* allocation, allotment; 5. *(Auktion)* knockdown; 6. 🚂 (fare) supplement; **Z. für Erholung und persönliche Bedürfnisse** physical needs allowance; **~ Überstunden** overtime pay; **Z. erhalten** *(Auftrag)* to win a contract, to be awarded a contract; **Z. erteilen** 1. to award a contract; 2. *(Auktion)* to knock down

zuschlagen *v/t* 1. *(Auftrag)* to award (a contract); 2. *(Zuteilung)* to allocate; 3. *(Auktion)* to knock down

Zuschlags|empfänger(in) *m/f* 1. *(Ausschreibung)* successful tender(er); 2. *(Auktion)* successful bidder; **Z.erteilung** *f* 1. award of contract; 2. *(Auktion)* knockdown; **Z.fahrkarte** *f* 🚂 supplementary ticket; **Z.fracht** *f* extra freight; **Z.porto** *nt* ✉ excess postage; **Z.prämie** *f* supplementary premium; **Z.preis** *m* knock-down/striking price; **Z.steuer** *f* surtax; **Z.zoll** *m* additional duty

zuschreib|bar *adj* attributable, imputable; **z.en** *v/t* to attribute/impute; **Z.ung** *f* *(Bilanz)* addition, write-up

Zuschuss *m* 1. allowance; 2. grant, subsidy; **öffentlicher/staatlicher Z.** government subsidy/grant; **Z.betrieb** *m* loss-making operation; **Z.geschäft** *nt* loss-making business

zusend|en *v/t* to forward/send; **Z.ung** *f* forwarding

zusetzen *v/ti* *(Geld)* to shell/pay out

zusichern *v/t* to promise/assure

Zusicherung *f* promise, assurance; **Z. einer Eigenschaft** warranty of a quality; **Z. handelsüblicher Qualität** warranty of merchantability; **ausdrückliche Z.** express warranty; **positive Z.** *(Vers.)* affirmative warranty; **vertragliche Z.** contractual undertaking

zusprechen *v/t* 1. *(Preis)* to award; 2. *(Auktion)* to knock down (to so.); 3. § to adjudge/award

Zustand *m* 1. situation; 2. condition, state (of repair); **einwandfreier äußerer Z.** apparent good order and condition; **baufälliger Z.** state of disrepair; **in beschädigtem Z.** in damaged condition; **betriebsfähiger/einsatzbereiter Z.** working order; **einwandfreier Z.** perfect condition; **in gut erhaltenem Z.** in a good state (of repair); **äußerlich guter Z.** apparent good order; **in handelsfähigem Z.** in merchantable condition; **~ kläglichem Z.** in a sorry state; **~ makellosem Z.** in mint/showroom/pristine condition; **mangelhafter Z.** defective condition; **in ordnungsgemäßem Z.** in proper condition; **~ einem schlimmen Z.** in a parlous state; **~ tadellosem Z.** in mint/showroom/pristine condition; **vorzüglicher Z.** prime condition

zustande bringen *v/t* to achieve/accomplish; **z. kommen** *v/i* to materialize; **nicht z. kommen** to fail, to fall through

zuständig *adj* in charge, responsible

Zuständigkeit *f* 1. responsibility, remit; 2. § jurisdiction; **Z. überschreiten** § to act ultra vires *(lat.)*; **ausschließliche Z.** exclusive jurisdiction; **örtliche Z.** local jurisdiction; **unbeschränkte Z.** general jurisdiction

Zuständigkeits|bereich *m* 1. sphere of responsibility, remit; 2. § jurisdiction; **Z.gebiet** *nt* 1. remit; 2. jurisdiction; **Z.-klausel** *f* jurisdiction clause; **Z.streit** *m* conflict of jurisdiction; **Z.überschreitung** *f* acting ultra vires *(lat.)*

jdm zustehen *v/i* to be so.'s due

Zustell|anschrift *f* mailing address; **Z.-dienst** *m* delivery service; **z.en** *v/t* 1. to deliver; 2. § to serve; **Z.er** *m* 1. ✉ mailman *[US]*, postman *[GB]*; 2. delivery man; **Z.fahrzeug** *nt* delivery van; **Z.gebühr** *f* 1. delivery charge; 2. *(Rollfuhr)* cartage

Zustellung *f* delivery; **Z. durch Eilboten** express delivery; **Z. einer (Vor)Ladung** service of a (writ of) summons, **Z. von Paketen** parcel(s) delivery; **freie/portofreie Z.** ✉ free delivery

Zustellungs|adresse *f* 1. mailing address; 2. § address for service; **Z.beamter** *f* § bailiff; **Z.dienst** *m* delivery service; **Z.gebühr** *f* delivery charge; **Z.kosten** *pl* delivery cost(s); **Z.nachweis** *m* proof of delivery; **Z.ort** *m* place of delivery; **Z.urkunde** *f* § certificate of service; **Z.zeit** *f* delivery time

zustimmen *v/i* to agree/consent/approve

Zustimmung *f* agreement, consent, approval; **Z. finden; auf Z. stoßen** to meet with approval; **Z. verweigern/vorenthalten** to withhold one's consent

Z

allgemeine Zustimmung general consent; **amtliche/behördliche Z.** official consent; **ausdrückliche Z.** express consent; **schriftliche Z.** written consent; **stillschweigende Z.** tacit approval; **unbedingte/uneingeschränkte Z.** unqualified approval; **vorherige Z.** prior approval

zuteilen *v/t* 1. to allocate/allot/apportion; 2. *(Aufgabe)* to assign; 3. *(Mittel)* to appropriate; 4. *(Wertpapiere)* to allot

Zuteilung *f* 1. allocation, allotment, apportionment; 2. *(Aufgabe)* assignment; 3. *(Mittel)* appropriation; 4. *(Wertpapiere)* allotment; 5. *(Auftrag)* award

Zuteilungs|anzeige; Z.benachrichtigung; Z.brief *f/m* allotment certificate/letter; **z.berechtigt** *adj (Aktie)* eligible (for allotment); **Z.betrag** *m* appropriation; **Z.empfänger(in)** *m/f* allottee; **Z.fonds; Z.masse** *m/f* allocation fund; **Z.kurs; Z.preis** *m* allotment price/rate; **Z.quote** *f* allocation quota; **Z.schein** *m* allotment letter

zutreffen *v/i* 1. to be true/correct; 2. *(gelten)* to apply/obtain

Zutritt *m* 1. entrance, access; 2. *(Einlass)* entry, admission; **Z. gewähren** to grant admission; **Z. verwehren/verweigern** to refuse admission

zuverlässig *adj* reliable, dependable; **Z.-keit** *f* reliability, dependability

Zuversicht *f* confidence; **Z. der Anleger** investor confidence; **~ Unternehmer** business confidence; **z.lich** *adj* 1. confident, optimistic; 2. *(Börse)* bullish

zuvorkommen *v/i* to anticipate/preclude

Zuwachs *m* 1. increase, rise; 2. *(Wert)* appreciation; 3. *(Gewinn)* accrual; **Z.konto** *nt (Investment)* growth account; **Z.-markt** *m* growth market; **Z.rate** *f* growth rate, rate of growth; **Z.steuer** *f* (property) increment tax

zuweis|bar *adj* assignable, allocable; **z.en** *v/t* 1. to assign/allocate; 2. *(Mittel)* to appropriate

Zuweisung *f* 1. allocation, allotment; 2. *(Mittel)* appropration; **Z. von (Geld)-Mitteln** appropriation of funds; **Z. an die Reserven/Rücklagen** allocation to reserves

zuwenden *v/t* to grant/bestow

Zuwendung *f* 1. *(Zahlung)* payment; 2. *(Spende)* donation; 3. *(Zuteilung)* allocation; 4. *(Stiftung)* endowment; **bedingungslose Z.** outright gift; **freiwillige Z.** voluntary payment; **testamentarische Z.** legacy; **unentgeltliche Z.** (free) gift

Zuwendungsempfänger(in) *m/f* beneficiary

Zuwiderhandeln *nt* contravention, violation, non-compliance; **z.** *v/i* to contravene/infringe/violate; **Z.de(r)** *f/m* trespasser, offender

Zuwiderhandlung *f* non-compliance, contravention, trespass, infringement

Zu|zug *m* inflow, influx; **z.züglich** *prep* in addition, plus

Zwang *m* 1. constraint; 2. obligation; 3. force; 4. compulsion; **gesellschaftlicher Z.** social pressure; **wirtschaftlicher Z.** economic pressure/constraint(s)

zwanglos *adj* informal, casual

Zwangs|- compulsory, mandatory; **Z.abgabe** *f* statutory contribution; **Z.ankauf** *m* compulsory purchase; **Z.arbeit** *f* forced labo(u)r; **Z.auflösung** *f* compulsory winding-up; **Z.beitreibung** *f* forcible collection

zwangsbewirtschaft|en *v/t* to regulate/control; **z.et** *adj* rationed, controlled; **Z.ung** *f* rationing, control

zwangsenteign|en *nt* *(Immobilie)* to repossess; **Z.ung** *f* repossession, compulsory purchase, expropriation

Zwangs|erwerb *m* compulsory purchase; **Z.geld** *nt* penalty (payment); **Z.kurs** *m* controlled rate of exchange; **Z.lage** *f* plight, dilemma, predicament; **z.läufig** *adj* inevitable, unavoidable; **Z.liquidation; Z.liquidierung** *f* compulsory liquidation/winding-up; **Z.maßnahme** *f* coercive measure; **Z.mitgliedschaft** *f* compulsory membership; **Z.pensionierung** *f* involuntary retirement; **Z.räumung** *f* eviction, ouster; **Z.rücklagen** *pl* mandatory reserves; **Z.veranlagung** *f* compulsory assessment; **Z.veräußerung** *f* (en)forced sale; **Z.verfahren** *nt* enforcement procedure; **Z.vergleich** *m* compulsory composition; **Z.verkauf** *m* (en)forced/judicial sale; **Z.verpachtung** *f* compulsory lease; **Z.versicherung** *f* compulsory insurance; **z.versteigern** *v/t* to sell by public auction

Zwangsversteigerung *f* forced/judicial sale; **Z. aus einer Hypothek** foreclosure sale

Zwangsvollstreckung *f* 1. levy of execution, distraint; 2. *(Hypothek)* foreclosure; **Z. aus einer Hypothek** (mortgage) foreclosure; **~ dem Urteil** execution of judgment; **Z. in das bewegliche Vermögen** general execution

Zwangsvollstreckung aufschieben/aussetzen to grant (a) stay of execution; **Z. betreiben** to levy a distress; **Z. aus einer Hypothek betreiben** to foreclose on a mortgage; **der Z. unterliegen** to be subject to foreclosure

Zwangsvollstreckungs|anordnung *f* *(Hypothek)* foreclosure decree; **Z.befehl; Z.beschluss** *m* warrant of attachment; **Z.gläubiger(in)** *m/f* execution creditor; **Z.klage** *f* foreclosure action; **Z.verfahren** *nt* foreclosure proceedings; **Z.verkauf** *m* distress sale

Zwangswirtschaft *f* command/(state-)controlled economy

Zweck *m* purpose, object(ive); **angeblicher Z.** ostensible purpose; **gewerblicher Z.** commercial purpose; **karitativer/mildtätiger Z.** charitable purpose; **widerrechtlicher Z.** illegal purpose

Zweck|bestimmung *f* intended use; **z.dienlich** *adj* useful, expedient; **Z.dienlichkeit** *f* expedience, expediency; **z.entfremden** *v/t* to misappropriate/misuse; **Z.entfremdung** *f* misappropriation, misuse; **z.entsprechend** *adj* appropriate, suitable; **z.los** *adj* pointless, useless

zweckmäßig *adj* 1. useful, appropriate, expedient; 2. suitable, proper; **Z.keit** *f* usefulness, expedience, expediency

Zweck|-Mittel-Beziehung *f* means-end relation; **Z.optimismus** *m* calculated optimism; **Z.tauglichkeit** *f* fitness for the purpose; **Z.verband** *m* special-purpose association

zwei|deutig *adj* ambiguous; **Z.deutigkeit** *f* ambiguity

Zweifel *m* doubt; **begründeter Z.** reasonable doubt; **berechtigte Z.** legitimate doubts; **ohne den geringsten Z.** without the shadow of a doubt

zweifelhaft *adj* 1. doubtful, uncertain; 2. dubious

zweifeln *v/i* to doubt

zweifelsfrei *adj* § beyond reasonable doubt

Zweig|anstalt *f* branch (establishment); **Z.bank** *f* branch bank; **Z.büro** *nt* branch office; **Z.gesellschaft** *f* subsidiary; **Z.niederlassung** *f* branch (establishment/office); **Z.stelle** *f* branch (office)

Zweigstellen|bereich; Z.geschäft *m/nt (Bank)* branch operations; **Z.netz** *nt* branch network

Zweigunternehmen *nt* subsidiary

zwei|monatlich *adj* bimonthly; **Z.preissystem** *nt* two-tier pricing (system); **Z.-schichtenbetrieb** *m* double shift working; **z.seitig** *adj* bilateral; **z.sprachig** *adj* bilingual; **z.stellig** *adj* π two-digit, double-digit; **Z.stufen-; z.stufig** *adj* two-stage, two-tier

Zweit|ausfertigung *f* 1. duplicate, copy; 2. *(Wechsel)* Second of Exchange; **Z.begünstigte(r)** *f/m* second beneficiary; **Z.erwerb** *m* second-hand purchase; **Z.erwerber(in)** *m/f* subsequent buyer; **Z.exemplar** *nt* duplicate; **Z.gutachten** *nt* second opinion; **Z.-hypothek** *f* junior mortgage; **z.klassig** *adj* second-rate; **Z.marke** *f* second(ary) brand (name); **Z.markt** *m* secondary market; **z.-rangig** *adj* second-rate; **Z.rente** *f* second pension; **Z.schrift** *f* duplicate (copy); **z.-stellig** *adj* junior, second(-ranking); **Z.-wohnung** *f* second home

zwingen *v/t* to force/compel; **z.d** *adj* compulsory, mandatory

Zwischen|- intermediary, intermediate; **Z.abrechnung** *f* intermediate account; **Z.abschluss** *m* interim balance; **Z.aktie** *f* interim share *[GB]*/stock *[US]* certificate; **Z.aufenthalt** *m* stopover; **Z.bankgelder** *pl* interbank funds; **Z.bericht** *m* first-half/half-year/interim/progress report; **Z.-bilanz** *f* interim balance (sheet); **Z.dividende** *f* 1. interim (dividend); 2. *(Vers.)* interim bonus; **Z.ergebnis** *nt* 1. interim result; 2. interim findings; **Z.erzeugnis; Z.fabrikat** *nt* semi-finished article; **Z.-examen** *nt* intermediate exam(ination)

Zwischenfinanzierung *f* interim finance; **Z.skredit** *m* bridging loan

Zwischen|gesellschaft *f* intermediate company; **Z.gewinn** *m* interim profit; **Z.-halt** *m* stopover

Zwischenhandel *m* intermediate/intermediary trade, wholesalers; **Z. ausschalten** to eliminate the middleman

Zwischen|händler *m* middleman, wholesaler; **Z.konto** *nt* suspense account; **Z.lager** *nt* entrepôt *(frz.)*; **Z.ung** *f* intermediate/temporary storage; **Z.produkt** *nt* semi-finished product; **Z.prüfung** *f* intermediate examination; **Z.rendite** *f* interim yield; **Z.schein** *m* 1. interim certificate; 2. *(Börse)* scrip; **Z.summe** *f* sub-total; **Z.verkauf** *m* prior sale; **Z.v-ertrag** *m* provisional agreement; **Z.zahlung** *f* intermediate payment

Zwischenzeit *f* interim period; **in der Z.** in the meantime

Zyklus *m* cycle; **Z. Inflation-Deflation** inflation-deflation cycle; **gegenläufiger Z.** counter-cyclical/anti-cyclical pattern; **z.verstärkend** *adj* pro-cyclical

Englisch – Deutsch

A

abandon *v/t* 1. aufgeben, verlassen; 2. verzichten auf; 3. 🏭 einstellen, außer Betrieb nehmen; 4. *(Vers.)* abandonnieren; 5. § *(Klage)* zurückziehen

abandonee *n* *(Vers.)* Empfänger(in) (von abandonnierten Gegenständen) *m/f*

abandonment *n* 1. Aufgabe *f*, Verzicht *m*; 2. Abtretung *f*, Überlassung *f*; 3. 🏭 Stilllegung *f*, Außerbetriebsetzung *f*; 4. § Einstellung *f*; 5. Optionsaufgabe *f*; 6. *(Vers.)* Abandon *m*; **a. of an action** Rücknahme einer Klage; **~ production** Einstellung der Produktion, Aufgabe der Fertigung; **~ a ship/vessel** Aufgeben/Verlassen eines Schiffes; **~ a (legal) title** Verzicht auf einen Rechtsanspruch, Eigentumsverzicht *m*; **a. clause** Abandonklausel *f*; **a. cost(s)** Stilllegungs-, Schließungskosten *pl*; **a. stage** End-, Auslaufphase *f*

abate *v/ti* 1. herabsetzen, ermäßigen; 2. abnehmen, abflauen; **a.ment** *n* 1. Abnahme *f*, Verminderung *f*, Rückgang *m*; 2. Ermäßigung *f*, Herabsetzung *f*, Verbilligung *f*; **~ of debts** (teilweiser) Schuld(en)-erlass *m*

abeyance *n* 1. § Anwartschaft *f*; 2. Schwebezustand *m*; **in a.** § schwebend, in der Schwebe

ability *n* Können *nt*, Vermögen *nt*, (Leistungs)Fähigkeit *f*; **a. to compete** Wettbewerbs-, Konkurrenzfähigkeit *f*; **~ contract** Vertragsfähigkeit *f*; **~ pay** Zahlungsfähigkeit *f*, (finanzielle) Leistungsfähigkeit *f*; **~ perform** Leistungsvermögen *nt*; **~ supply** Lieferfähigkeit *f*; **~ work** Erwerbsfähigkeit *f*; **executive a.** Führungsqualität *f*, F.eigenschaft *f*; **load-carrying a.** Nutzlast *f*

able *adj* fähig, imstande, in der Lage; **a. to work** erwerbs-, arbeitsfähig

aboard *prep/adv* ⚓/✈ an Bord

abolish *v/t* abschaffen, aufheben; **to be a.ed** wegfallen

abolition *n* Beseitigung *f*, Abschaffung *f*; **a. of customs duties; ~ tariffs** Beseitigung der Zölle, Aufhebung von Zöllen

about *adv* ungefähr, etwa, zirka (ca.), fast

above *prep* über, oberhalb; **a.-average** *adj* überdurchschnittlich; **a.-mentioned (a/m)** *adj* oben aufgeführt/erwähnt

abroad *adv* im/ins Ausland; **from a.** aus dem Ausland

abrogation *n* § Aufhebung *f*, Außerkraftsetzung *f*, Widerruf(ung) *m/f*

absence *n* Abwesenheit *f*, Fehlen *nt*; **a. on business** Abwesenheit aus geschäftlichen Gründen; **a. from duty** Dienstabwesenheit *f*; **a. due to illness** Fehlen wegen Krankheit; **a. of a quorum** Beschlussunfähigkeit *f*; **~ formal requirements** Formfreiheit *f*, F.losigkeit *f*; **authorized a.** entschuldigtes Fernbleiben; **paid a.** bezahlter Arbeitsausfall; **unauthorized a.** unentschuldigtes Fehlen; **a. allowance** Abwesenheitsgeld *nt*; **a. level** Abwesenheitsquote *f*; **a. time** Abwesenheitszeit *f*

absent *adj* abwesend, nicht erschienen

absenteeism *n* (häufiges/chronisches) Nichterscheinen am Arbeitsplatz, Blaumachen *nt (coll)*, unentschuldigtes Fehlen; **a. level** Krankenstand *m*

absolute *adj* absolut, unbedingt, unabdingbar, unbeschränkt, unumschränkt

absorb *v/t* auffangen, abschöpfen; 2. *(Gesellschaft)* integrieren

absorption *n* Aufnahme *f*, Auffangen *nt*; **a. of liquidity** Liquiditätsabschöpfung *f*, L.entzug *m*; **~ losses** Verlustübernahme *f*; **~ money** Geldabschöpfung *f*; **~ purchasing power** Kaufkraftabschöpfung *f*; **a. account** Wertberichtigungs-, Sammelkonto *nt*; **a. costing** (starre) Vollkosten-, Durchschnittskostenrechnung *f*

abstain *v/i* sich (der Stimme) enthalten

abstention *n* (Stimm)Enthaltung *f*; **a.s** Zahl der (Stimm)Enthaltungen

abstract *n* Zusammenfassung *f*, Auszug *m*, Kurzfassung *f*; 2. § Grundbuch-, Katasterauszug *m*; **a. of account** Konto-, Rechnungsauszug *m*; **~ balance; ~ a balance sheet** Bilanzauszug *m*, Vermögensübersicht *f*; **a. from the land register; a. of title** Katasterauszug *m*, Auszug aus dem Grundbuch, Zusammenfassung der Grundeigentumsrechte; **statistical a.** *[US]* statistisches Jahrbuch

abstract *v/t* 1. absondern, abziehen; 2. unterschlagen, beiseite schaffen; *adj* abstrakt, theoretisch

abstraction *n* § widerrechtliche Entnahme, Beiseiteschaffen *nt*, Unterschlagung *f*

A

abund|ance *n* Überfluss *m*, Fülle *f*; **a.ant** *adj* (reichlich) vorhanden, ergiebig
abuse *n* Missbrauch *m*; **a. of authority** Überschreitung der Amtsgewalt, Amtsmissbrauch *m*; **~ discretion** Missbrauch der Ermessensfreiheit; **~ market power** Missbrauch von Marktmacht; **~ rights** Rechtsmissbrauch *m*; **~ title** Rechtsmissbrauch *m*; **a. proceedings** *(Kartellamt)* Missbrauchsverfahren *nt*
professional academy Berufsakademie *f*
accede (to sth.) *v/i* 1. zustimmen, einwilligen; 2. *(Vertrag)* beitreten
accelerat|e *v/ti* 1. (sich) beschleunigen; 2. *(Termin)* vorverlegen; 3. vorzeitig fällig stellen; **a.ing effect** *n* Beschleunigungseffekt *m*
acceleration *n* 1. Beschleunigung *f*; 2. *(Termin)* Vorverlegung *f*; 3. vorzeitige Fälligstellung; **a. in demand** Nachfragebelebung *f*; **a. of inflation** Inflationsbeschleunigung *f*; **~ losses** Verlustzunahme *f*; **~ maturity** vorzeitige Fälligstellung; **a. in prices** beschleunigter Preisauftrieb; **a. clause** Fälligkeitsklausel *f*; **a. note** Schuldschein mit dem Recht vorzeitiger Rückzahlung
accelerator *n* 1. Terminjäger *m*
accept *v/t* 1. annehmen, akzeptieren; 2. *(Auftrag)* hereinnehmen; 3. anerkennen; 4. *(Wechsel)* mit Akzept versehen; 5. *(Ware)* abnehmen; **a. in blank** blanko akzeptieren
acceptability *n* Akzeptanz *f*; **a. as collateral** Lombardfähigkeit *f*; **a. of risks** Tragbarkeit von Risiken
acceptable *adj* 1. akzeptabel, tragbar, annehmbar; 2. beleihbar, lombardfähig; **mutually a.** beiderseitig annehmbar
acceptance *n* 1. Anklang *m*; 2. Annahme *f*, Einwilligung *f*; 3. Lieferannahme *f*; 4. *(Angebot)* Zuschlag *m*, Annahme-, Zustimmungserklärung *f*; 5. (Wechsel)Akzept *nt*, A.leistung *f*, A.vermerk *m*; **against a.** gegen Annahme; **in default/for lack/for want of a.** mangels Akzept/Annahme; **upon a.** nach Annahme
acceptance of a bid *(Submission)* Zuschlag *m*, Auftragsvergabe *f*; **a. of a bill** Wechselannahme *f*, W.akzept *nt*; **to procure ~ a bill** Wechsel mit Sichtvermerk versehen lassen; **to refuse ~ a bill** Annahme eines Wechsels verweigern; **a. in blank** Blankoakzept *nt*; **a. for collection** Inkassoakzept *nt*; **a. of (a) consignment** Frachtabnahme *f*, F.annahme *f*; **~ a debt** Schuldanerkenntnis *f*; **~ goods** Warenannahme *f*; **~ a guarantee** Garantieübernahme *f*; **a. for honour** Ehrenakzept *nt*, E.annahme *f*; **a. in the marketplace** Marktakzeptanz *f*; **a. of an offer** Annahme eines Angebots; **~ an order** Auftrags-, Bestell(ungs)annahme *f*; **~ performance** Erfüllungsannahme *f*; **a. in lieu of performance** Annahme an Erfüllungs statt; **a. upon/supra protest** Interventions-, Ehrenakzept *nt*; **a. of a risk** Gefahren-, Risikoübernahme *f*; **a. without reservation** vorbehaltlose Annahme; **a. of a shipment** Frachtabnahme *f*; **~ a tender** Zuschlag *m*, Auftragsvergabe *f*
returned for want of acceptance mangels Annahme/Akzept zurück
to find acceptance *(Waren)* Anklang/Eingang finden; **to present for a.** zur Annahme vorlegen, Akzept einholen; **to refuse a.** Annahme verweigern
blank acceptance Blankowechsel *m*, B.akzept *nt*; **clean/general a.** reines/bedingungsloses Akzept; **collateral a.** Aval-, Notakzept *nt*; **commercial a.** Handelsakzept *nt*; **conditional a.** bedingtes Akzept; **cross a.** Wechselreiterei *f*; **documentary a.** Dokumentenwechsel *m*; **favourable a.** *(Produkt)* günstige Aufnahme; **final a.** Schlussabnahme *f*; **guaranteed a.** Avalakzept *nt*; **local a.** Platzakzept *nt*; **partial a.** Teilakzept *nt*; **prime a.s** Primadiskonten *pl*; **qualified a.** 1. bedingtes/eingeschränktes Akzept; 2. vorbehaltliche Annahme, Annahme mit Einschränkungen, ~ unter Vorbehalt; **refused a.** Annahmeverweigerung *f*; **unconditional/unqualified a.** unbedingtes/uneingeschränktes Akzept
acceptance bank Akzeptbank *f*; **a. bill** Akzept *nt*, Dokumententratte *f*; **a. charge** Akzeptgebühr *f*; **a. commitments** Wechselverbindlichkeiten *pl*, Akzeptumlauf *m*; **a. credit** 1. Akzept-, Rembours-, Wechselkredit *m*; 2. Dokumentenakkreditiv *nt*; **commercial a. credit** Warenbonuskredit *m*; **documentary a. credit** Akzeptkredit *m*, (Wechsel)Rembours *m*; **a. creditor** Akzeptgläubiger(in) *m/f*; **a. credit scheme** Wechselkreditverfahren *nt*; **a. debtor** *m* Akzeptschuldner(in) *m/f*; **a.**

A

house Akzept-, Diskont-, Wechselbank *f*; **a. inspection** ☼ Abnahme(prüfung) *f*; **~ by sampling** Annahmestichprobenprüfung *f*; **a. liability** Wechselobligo *nt*, Akzeptverbindlichkeit *f*; **a. line** 1. Akzept(kredit)linie *f*; **a. note** Annahmebestätigung *f*; **a.s outstanding** 1. Akzepte im Umlauf; 2. Aktivschulden *pl*; **a. register** Obligobuch *nt*; **a. report** Abnahmeprotokoll *nt*; **a. specification** Abnahmevorschrift *f*; **a. test** 1. Markt(aufnahme)test *m*; 2. ☼ Abnahme(prüfung) *f*

accepted *adj* 1. anerkannt, üblich, 2. *(Wechsel)* akzeptiert, mit Akzept versehen

access *n* 1. Zugang *m*, Zutritt *m*; 2. 🖳 Zugriff *m*; **a. to books and accounts** Bucheinsicht *f*, Einsicht in die Bücher; **~ a market** Marktzugang *m*; **~ records** Akteneinsicht *f*; **to give a. to** Zugang ermöglichen; **instant a.** direkter Zugang; *v/t* 1. Zugang/Zutritt haben; 2. 🖳 zugreifen auf; **a. control** Zugriffskontrolle *f*

accessibility *n* Zugriffsmöglichkeit *f*

accessible *adj* zugänglich, erreichbar, verkehrsgünstig

accession *n* § Bei-, Eintritt *m*; **a. to the EU** Aufnahme in die EU; **a. of property** Vermögenszuwachs *m*

accessory *n* § Beihelfer(in) *m/f*, Komplize *m*, Komplizin *f*; **accessories** Zubehör(teile) *nt/pl*; **a. after the fact** § Hehler(in) *m/f*

access road Zubringer(straße) *m/f*; **a. route** Anfahrtsweg *m*; **a. time** 🖳 Zugriffsgeschwindigkeit *f*

accident *n* Unfall *m*; **a. involving hazardous goods** Gefahrgutunfall *m*; **a. on the job; a. at work** Arbeits-, Betriebsunfall *m*; **a. to third parties** mittelbarer Unfall; **fatal a.** tödlicher Unfall; **industrial/occupational a.** Arbeits-, Betriebs-, Dienst-, Berufsunfall *m*

accident benefit Unfallentschädigung *f*; **industrial a. benefit** betriebliche Unfallentschädigung; **personal a. cover(age)** Insassenunfallschutz *m*, I.versicherung *f*, Unfallversicherung *f*; **a. frequency** Unfallhäufigkeit *f*; **a. and health insurance** Unfall- und Krankenversicherung *f*

accident insurance Unfallversicherung *f*; **industrial a. i.** gewerbliche Unfallversicherung; **personal a. i.** (private) Unfall-, Einzelunfallversicherung *f*; **third-party a. i.** Unfallhaftpflichtversicherung *f*

accident liability Unfallhaftung *f*, U.haftpflicht *f*; **a. policy** Unfallversicherung(spolice) *f*; **a. prevention** Unfallverhütung *f*, U.vermeidung *f*, Unfall-, Gefahrenschutz *m*, G.abwehr *f*; **a.-prone** *adj* unfallträchtig; **a.-proof** *adj* unfallsicher; **a. report** Unfallprotokoll *nt*; **a. risk** Unfallrisiko *nt*

accommodat|e *v/t* 1. entgegenkommen; 2. unterbringen, Platz/Raum bieten; **a.-ing** *adj* entgegenkommend, gefällig, kulant; **a.ing arrangement** Kulanz(gewährung) *f*, K.regelung *f*

accommodation *n* 1. Unterkunft(smöglichkeit) *f*, Unterbringung *f*; 2. Platzangebot *nt*; 3. Entgegenkommen *nt*; **furnished a.** möblierte Wohnung(en)/Unterkunft; **residential a.** Wohnraum *m*, Wohnungsbestand *m*; **sheltered a.** Seniorenwohnungen *pl*, betreutes Wohnen

accommodation acceptance Gefälligkeitsakzept *nt*; **a. address** Gefälligkeitsadresse *f*; **a. allowance** Trennungsentschädigung *f*; **a. bill** *[GB]* Gefälligkeits-, Kellerwechsel *m*; **a. credit** Gefälligkeitsdarlehen *nt*, Überbrückungskredit *m*; **a. endorsement** Gefälligkeitsindossament *nt*; **a. loan** Überbrückungskredit *m*; **a. note** Gefälligkeits-, Kellerwechsel *m*; **a. office** Wohnungsvermittlung *f*, W.amt *nt*; **a. road** Stich-, Privatstraße *f*

accomplice *n* § Komplize *m*, Komplizin *f*, Helfershelfer(in) *m/f*

accomplish *v/t* erreichen, bewerkstelligen, zu Stande bringen; **a.ment** *n* 1. Leistung *f*, Bewerkstelligung *f*; **~ of objectives** Zielerreichung *f*

accord *n* Abrede *f*, Absprache *f*, Übereinkunft *f*; **by common a.** in gegenseitigem Einvernehmen; **a. and satisfaction** § vergleichsweise Erfüllung; *v/t* 1. zugestehen, einräumen; 2. gewähren, zubilligen

accordance *n* Zuerkennung *f*, Übereinstimmung *f*; **in a. with** gemäß, entsprechend, in Übereinstimmung mit, nach Maßgabe von, im Einklang mit, je nach

according to *prep* gemäß, zufolge

account (a/c, A/C) *n* 1. Konto *nt*; 2. Rechnung *f*, Faktura *f*; 3. Abrechnung(speriode) *f*; 4. Bericht *m*; 5. (Werbe)Etat *m*; 6. Rechenschaft(sbericht) *f/m*, Rechnungslegung *f*; **a.s** 1. Geschäftsbücher *pl*, Buchhaltung(sunterlagen) *f/pl*; 2. Bilanz *f*;

3. Rechenwerk *nt*; **as per a.** laut Aufstellung; **for the a. of** à Konto, für Rechnung von; **on a.** auf Rechnung, als Teilzahlung

account in arrears Rechnungsrückstand *m*; **a. of charges** (Kosten)Rechnung *f*; Spesenkonto *nt*; **~ expenditures** Aufwandsrechnung *f*; **~ expenses** Spesen-, Unkostenkonto *nt*; **~ expenses and proceeds** Aufwands- und Ertragsrechnung *f*; **on/for ~ a third party** auf/für fremde Rechnung; **~ receipts and expenditures** Aufwands- und Ertragsrechnung *f*; **~ sales** Rechnungslegung *f*, Verkaufsrechnung *f*

auditing account|s Rechnungsprüfung *f*; **brought forward to new a.** Übertrag auf neue Rechnung; **making up the a.s** Rechnungsabschluss *m*; **opening an a.; setting up an a.** Kontoeröffnung *f*; **received on a.** als Akontozahlung erhalten

for another's account für fremde Rechnung; **for (one's) own a.** auf/für eigene Rechnung; **for/on a. and risk (of)** auf Rechnung/Kosten und Gefahr (von); **required to keep a.s** buchführungspflichtig

to adjust account|s Konten abstimmen/glattstellen; **to appear in the a.** auf der Rechnung stehen; **to approve an a.** Richtigkeit einer Rechnung anerkennen; **to audit the a.s** Bilanz prüfen; **to balance an a.** Konto ausgleichen/saldieren; **to buy on a.** auf Rechnung kaufen; **~ for third a.** auf fremde Rechnung kaufen; **to carry (forward) to (a) new a.** für neue Rechnung erkennen, auf neue Rechnung vortragen; **to charge (sth.) to/against an a.; to charge an a. (with sth.)** Konto (mit etw.) belasten; **to clear an a.** 1. Rechnung bezahlen; 2. Konto glattstellen; **to close an a.** Konto auflösen/schließen; **to collect an a.** Rechnungsbetrag kassieren; **~ outstanding a.s** Außenstände einziehen; **to credit an a.** Konto (an)erkennen; **~ with** einem Konto gutschreiben; **to deal on one's own a.** Insichgeschäft abschließen; **to debit an a.** Konto belasten/debitieren; **to draw on an a.** vom Konto abheben; **to freeze an a.** Konto/Guthaben sperren; **to garnish an a.** Konto/Guthaben pfänden; **to give a. of** Rechenschaft ablegen über, Bericht erstatten über; **to have an a. with a bank** Konto bei einer Bank führen; **to itemize an a.** Rechnung spezifizieren; **to keep an a.** 1. Konto führen/unterhalten; 2. Buch führen; **~ a.s** Buch/Rechnung führen; **to make out/up an a.** Rechnung ausschreiben; **to make up the a.s** Bilanz ziehen, (Jahres)Abschluss machen; **to open an a.** Konto eröffnen/einrichten/anlegen; **to overdraw an a.** Konto überziehen; **to pass an a.** Rechnung anerkennen; **to pay into an a.** auf ein Konto einzahlen; **~ on a.** Anzahlung leisten, anzahlen; **to purchase on a.** auf Rechnung kaufen; **to reconcile a.s** Konten abstimmen; **to render a.** 1. Bericht erstatten; 2. (Ab)Rechnung vorlegen; **to set up an a.** Konto einrichten/eröffnen; **to settle an a.** 1. Konto glattstellen/ausgleichen; 2. Rechnung bezahlen; **to switch an a.** (Werbe)Agentur wechseln, Werbeetat einer anderen (Werbe)Agentur übertragen; **to work on one's own a.** auf eigene Rechnung arbeiten

account carried forward Saldovortrag *m*; **a. current** Kontokorrent(auszug) *nt*/*m*; **a. rendered** vorgelegte/ausgestellte Rechnung; **(as) per a. rendered** laut vorgelegter Rechnung

annual accounts Jahres(ab)rechnung *f*, J.abschluss *m*; **to approve the ~ a.** Rechnungsabschluss feststellen/testieren; **to draw up the ~ a.** Jahresabschluss aufstellen; **to submit the ~ a.** Jahresabschluss vorlegen; **consolidated ~ a.** konsolidierter Jahresabschluss; **group's ~ a.s** Konzernjahresabschluss *m*

audited account|s geprüfter/testierter (Jahres)Abschluss; **balanced a.** ausgeglichenes Konto; **closed a.** abgeschlossenes/ausgeglichenes Konto; **collective a.** Sammelkonto *nt*; **commercial a.** Geschäftskonto *nt*; **consolidated a.s** konsolidierte Bilanz, Konzernbilanz *f*, K.abschluss *m*; **part-group ~ a.s** Teilkonzernbilanz *f*; **world-wide ~ a.s** Weltabschluss *m*, W.bilanz *f*; **contingent a.** Reserve-, Rücklagenkonto *nt*; **contra/counter a.** Gegen-, Wertberichtigungskonto *nt*

current account 1. laufendes/offenes Konto, Girokonto *nt*; 2. Bilanz der laufenden Posten; 3. *(VWL)* Leistungsbilanz *f*; **~ balance** Leistungsbilanz(saldo) *f*/*m*; **~ (balance) surplus** Leistungsbilanzüberschuss *m*; **~ credit** Kontokorrentkredit *m*;

A

~ deficit Leistungsbilanzdefizit *nt*; **~ deposit** Sichteinlage *f*; **~ holder** Kontokorrentinhaber(in) *m/f*; **~ ledger** Kontokorrentbuch *nt*; **~ liability** Kontokorrentverbindlichkeit *f*; **~ transaction** Kontokorrentgeschäft *nt*
custodial account Treuhandkonto *nt*; **dead/dormant a.** umsatzloses Konto; **doubtful a.s** 1. Dubiose *pl*; 2. uneinbringliche Forderungen; **environmental a.s** Umweltbilanz *f*; **external a.** 1. Ausländerkonto *nt*; 2. Außenwirtschaftsbilanz *f*; **final a.(s)** Schluss-, Endabrechnung *f*; **consolidated financial a.s** Konzernabschluss *m*; **fixed-rate a.** Festzinskonto *nt*; **frozen a.** Sperrkonto *nt*; **individual a.s** Einzelabschluss *m*; **institutional a.** körperschaftliches Anlagekonto, Konto einer Körperschaft; **interest-bearing a.** zinstragendes/verzinsliches Konto; **interim a.s** Zwischenabschluss *m*; **joint a.** 1. gemeinsames Konto; 2. gemeinsame Rechnung; **monthly a.** Monats(ab)rechnung *f*; **national a.s** volkswirtschaftliche Gesamtrechnung; **on new a.** auf neue Rechnung; **non-interest-bearing a.** unverzinsliches Konto; **nostro a.** Nostrokonto *nt*; **numbered a.** Nummernkonto *nt*; **open a.** 1. offene/laufende Rechnung, Kontokorrentkonto *nt*; 2. *(Kredit)* offenes (Zahlungs)Ziel; **on an ~ basis** mit offenem Zahlungsziel; **~ terms** Kontokorrentbedingungen *pl*; **outstanding a.s** (Buch)Forderungen *pl*, Außenstände *pl*; **~ receivable** ausstehende Forderungen; **overdrawn a.** überzogenes Konto; **overdue a.** überfällige Rechnung/Forderung; **~ collection** Beitreibung von Außenständen; **past-due a.** überfällige Rechnung/Forderung; **personal a.** Privat-, Einzelkonto *nt*; **public a.s** Staatshaushalt *m*, öffentliches Rechnungswesen; **published a.s** veröffentlichter (Jahres)Abschluss; **quarterly a.s** Quartals(ab)rechnung *f*, Q.-abschluss *m*; **revolving a.** 1. laufende Rechnung; 2. revolvierendes Konto; **running a.** laufende/offene Rechnung; **semi-annual a.** Halbjahresabschluss *m*; **settled a.** abgerechnetes Konto; **short a.** *(Börse)* Baisseposition *f*; **suspended a.** transitorisches/vorläufiges Konto; **third a.** fremde Rechnung; **for/on ~ a.** für/auf fremde Rechnung; **third-party a.** Treuhand-, Ander-, Fremdkonto *nt*; **unaudited a.s** ungeprüfte Bilanz; **uncollectable a.** uneinbringliche Forderung; **unsettled a.** offenstehendes Konto
account for *v/i* 1. ausmachen, betragen, sich belaufen auf; 2. (Ab)Rechnung vorlegen; 3. Rechenschaft ablegen; 4. der Grund sein für
accountability *n* 1. Verantwortlichkeit *f*, Haftung *f*; 2. Rechenschafts-, Rechnungslegungspflicht *f*; 3. Geschäftsverantwortung *f*, finanzielle Verantwortung; **a. of the vicarious agent** § Haftung des Erfüllungsgehilfen
accountable *adj* 1. verantwortlich, haftbar; 2. rechenschafts-, rechnungslegungspflichtig
account analysis Kostenanalyse *f*
accountancy *n* Rechnungswesen *nt*, R.-führung *f*, Buchhaltung *f*, Buchhaltungs- und Bilanzwesen *nt*
accountant *n* 1. (Bilanz)Buchhalter(in) *m/f*, B.führer(in) *m/f*; 2. Wirtschaftsprüfer(in) *m/f*, Revisor(in) *m/f*; 3. Steuerberater(in) *m/f*; **administrative a.** Geschäftsbuchhalter(in) *m/f*; **certified a.** Bilanz-, Wirtschaftsprüfer(in) *m/f*; **~ public a. (CPA)** Wirtschaftsprüfer(in) *m/f*; **chartered** *[GB]***/certified public** *[US]* **a.** (beeideter/geprüfter) Wirtschafts-, Bilanzprüfer *m*, vereidigter Bücherrevisor; **chief a.** Leiter(in) des Rechnungswesens; **financial a.** Finanzbuchhalter(in) *m/f*, Geschäftsbuchhalter(in) *m/f*; **a.'s certificate** Prüf(ungs)bescheinigung *f*, P.vermerk *m*, Testat *nt*; **a.'s report** Prüfungs-, Revisionsbericht *m*, Testat *nt*
account balance Kontoguthaben *nt*, K.stand *m*, Saldo *m*; **initial a. b.** Anfangskontostand *m*; **opening a. b.** Anfangskontostand *m*; **a. b. correction** Kontenstandkorrektur *f*
account billing Werbekostenabrechnung *f*; **a. book** Kontobuch *nt*; **a. category** Kontoklasse *f*; **a. class** Kontenklasse *f*; **a. classification** Konten(auf)gliederung *f*; **a.s clerk** Buchhalter(in) *m/f*, Buchhaltungssachbearbeiter(in) *m/f*; **a. collection** Rechnungseinzug *m*; **a. column** Kontenspalte *f*; **a. costing** Kontokalkulation *f*; **a. credit** Anschreibekredit *m*; **a. customer** Kreditkunde *m*; **a. day** Abrechnungstag *m*; **a.s department (dept)** Buchhaltung(sabteilung) *f*, Rechnungsstelle *f*, Abteilung

A

Rechnungswesen; **a. details** Kontoverbindungen *pl*; **a. development** Kundenakquisition *f*; **a. executive** 1. Kundenbetreuer(in) *m/f*, K.sachbearbeiter(in) *m/f*; 2. Kontoführer(in) *m/f*, Kontensachbearbeiter(in) *m/f*; 3. *(Telefonverkauf)* Kontakter(in) *m/f*; **a. fee** Konto(führungs)gebühr *f*; **a. form** *(Bilanz)* Kontenform *f*, K.blatt *nt*; **a.s framework** Kontenrahmen *m*; **a. heading** Kontobezeichnung *f*; **a. holder** Kontoinhaber(in) *m/f*

accounting *n* 1. Rechnungswesen *nt*, Buchhaltungs- und Bilanzwesen *nt*; 2. Rechnungslegung *f*, Bilanzierung *f*; **a. on an accrual basis** Aufwands- und Ertragsrechnung *f*; **a. and billing** Buchführung und Fakturierung *f*; **a. by functions** Abteilungserfolgsrechnung *f*

cash-based accounting Einnahmen- und Ausgabenrechnung *f*; **commercial a.** kaufmännische Buchführung, kaufmännisches Rechnungswesen/Rechnen; **corporate a.** Rechnungswesen des Gesamtunternehmens, Konzernrechnungswesen *nt*; **cost-benefit a.** Kosten-Nutzen-Rechnung *f*; **creative a.** beschönigende Rechnungslegung, kreative Buchführung; **(aggregate) economic a.** volkswirtschaftliche Gesamtrechnung; **environmental a.** Umweltrechnungslegung *f*; **false a.** Bilanzfälschung *f*; **financial a.** Finanzbuchhaltung *f*; **fixed-asset a.** Anlagenbuchhaltung *f*; **industrial a.** Betriebsbuchhaltung *f*; **internal a.** betriebliches Rechnungswesen; **ledgerless a.** kontenlose Buchführung; **(aggregate) macroeconomic a.** volkswirtschaftliche Gesamtrechnung; **managerial a.** betriebliches Rechnungswesen; **(aggregate) national a.** volkswirtschaftliche Gesamtrechnung; **operational a.** Betriebsbuchführung *f*; **open-item a.** Offene-Posten-Buchhaltung *f*; **social a.** Sozialbilanz *f*

accounting code Kontierungssystem *nt*; **a. conventions** Buchhaltungs-, Bilanzrichtlinien *pl*; **a. date** Bilanzstichtag *m*, Abrechnungsdatum *nt*, Abschlusszeit *f*; **a. department** Buchhaltung(sabteilung) *f*, Rechnungsstelle *f*, Abteilung Rechnungswesen; **A. Directives Act** Bilanzrichtliniengesetz *nt*; **a. entry at the close of year** Jahresabschlussbuchung *f*; **a. equation** Bilanzgleichung *f*; **a. event** Buchungsvorfall *m*; **a. expert** Bilanzfachmann *m*, B.fachfrau *f*; **a. form** Kontenblatt *nt*; **a. fraud** Bilanzdelikt *nt*, B.betrug *m*; **a. loss** buchmäßiger/rechnerischer Verlust, Buchverlust *m*; **a. method** Bilanzierungsweise *f*; **a. officer** Rechnungsführer(in) *m/f*; **a. options** Bilanzierungswahlrechte *pl*; **a. pattern** Kontierungsschema *nt*; **a. period** (Ab)Rechnungs-, Bilanz(ierungs)periode *f*; **relating to the a. period** periodenbezogen; **annual a. period** Jahresabrechnungszeitraum *m*; **a. policies** Grundsätze der Rechnungslegung; **a. policy** Bilanz(ierungs)politik *f*; **a. practice(s)** Bilanzierungsgepflogenheiten *pl*, B.praxis *f*; **a. practitioner** Bilanzfachmann *m*; **a. principle** Buchführungsprinzip *nt*; **a. principles** 1. Buchhaltungs-, Buchführungsgrundsätze *pl*; 2. Bilanz(ierungs)richtlinien *pl*; 3. Rechnungslegungsgrundsätze *pl*; **generally accepted a. principles (GAAP)** *[US]* Grundsätze ordnungsgemäßer Buchführung und Bilanzierung; **a. procedure** Rechnungslegungsverfahren *nt*; **a. profit** Buchgewinn *m*, rechnerischer Gewinn; **a. ratios** Bilanzkennzahlen *pl*; **a. record** Rechnungsbeleg *m*; **a. regulations** Bilanzierungsvorschriften *pl*; **a. rule** Bilanzierungsbestimmung *f*, Buchungs-, Rechnungslegungsregel *f*; **a. specialist** Bilanzfachmann *m*, B.fachfrau *f*

accounting standard Bilanzierungsgrundsatz *m*, Rechnungslegungsstandard *m*; **a. s.(s)** Bilanzierungsrichtlinien *pl*; **commercial a. s.s** handelsrechtliche Buchführungsvorschriften; **financial a. s.** Bilanzierungsstandard *m*; **international a. s.s (IAS)** international anerkannte Grundsätze ordnungsgemäßer Buchführung

accounting statement Rechnungsaufstellung *f*; **annual a. statement** Kontenabschluss *m*; **a. terminology** Bilanzterminologie *f*; **a. theory** Bilanztheorie *f*; **a. unit** 1. Rechnungseinheit (RE) *f*; 2. buchhalterisch selbstständige Wirtschaftseinheit; **a. valuation** Bewertung zu Herstellungs- oder Anschaffungskosten; **a. value** Buch(ungs)wert *m*; **a. voucher** Buchungs-, Buchhaltungsbeleg *m*; **a. year** Geschäfts-, (Ab)Rechnungs-, Wirtschaftsjahr *nt*, Abrechnungsperiode *f*, A.-jahr *nt*

account|-keeping *n* Kontoführung *f*; *adj*

konto-, kontenführend; **a. ledger** Kontobuch *nt*; **a. maintenance charge/fee** Kontoführungsgebühr *f*; **a. management** Kontoführung *f*

account manager 1. Kontenführer(in) *m/f*; 2. *(Bank)* (Kunden)Betreuer(in) *m/f*, K.berater(in) *m/f*; **corporate a. m.** Firmenkundenberater(in) *m/f*, F.betreuer(in) *m/f*; **general a. m.** *(Bank)* Hauptbetreuer(in) *m/f*; **key a. m.** Großkundenbetreuer(in) *m/f*, Key-Account Manager(in) *m/f*; **large a. m.** Großkundenbetreuer(in) *m/f*

account move(ment) Kontenbewegung *f*; **a. name** Kontobezeichnung *f*; **a. number** 1. Kontonummer *f*; 2. Kundennummer *f*; **a. officer** 1. Kontenführer(in) *m/f*; 2. *(Bank)* Kundenbetreuer(in) *m/f*, Kundenberater(in) *m/f*

accounts payable (for supplies/goods and services) (Waren)Verbindlichkeiten (aus Lieferungen und Leistungen) *pl*, Kreditoren *pl*; **a. p. to affiliated companies** Verbindlichkeiten gegenüber verbundenen Unternehmen; **a. p. and accounts receivable** Kreditoren und Debitoren; **a. p. accountant** Lieferanten buchhalter(in) *m/f*

account payee Gutschrift auf Konto des Zahlungsempfängers; **~ only** *(Scheck)* nur zur Verrechnung; **a. period** *(Börse)* Abrechnungsperiode *f*; **a.s plan** Kontenplan *m*; **a. purchase(s) (A/P)** Einkaufsabrechnung *f*

accounts receivable *(Bilanz)* Waren-, Buchforderungen *pl*, Debitoren *pl*; **a. r. for sales and services** Forderungen aus Lieferungen und Leistungen; **a. r. account** Debitorenkonto *nt*; **a. r. accounting** Debitorenbuchhaltung *f*; **a. r. management** Debitorenüberwachung *f*

account reconciliation Kontenabstimmung *f*; **a. sales** Verkaufsabrechnung *f*; **a. statement** Kontoabrechnung *f*, K.auszug *m*; **open a. terms** offenes Zahlungsziel; **a. title** Kontenbezeichnung *f*; **a. type** Kontenart *f*

accredit|ation *n* Akkreditierung *f*; **a.ing agency** Akkreditierungsstelle *f*

accrual *n* 1. Zugang *m*, Zufluss *m*; 2. *(Zinsen)* Ertrag *m*; 3. Rechnungsabgrenzungsposten *m*; **a.s** *(Bilanz)* antizipative Posten, entstandene (aber noch nicht fällige) Verbindlichkeiten, (Soll)Abgrenzungsposten *pl*; **a.s and deferrals** Rechnungsabgrenzung(sposten) *f/pl*; **a. of funds** Mittelaufkommen *nt*; **a.s and deferred income** passive Rechnungsabgrenzungsposten; **a. of interest** auflaufende Zinsen

accrual basis Fälligkeitsbasis *f*; **~ of accounting** periodengerechte Aufwands- und Ertragsrechnung; **a. date** Fälligkeitstermin *m*

accrue *v/i* anfallen, auflaufen; **a.d** *adj* 1. *(Zinsen)* aufgelaufen, angesammelt; 2. *(Bilanz)* antizipativ, abgegrenzt

accumulate *v/ti* 1. (sich) ansammeln, auf-, anhäufen, anwachsen; 2. aufzinsen

accumulation *n* 1. Anhäufung *f*, Ansammlung *f*; 2. Kapitalbildung *f*, Thesaurierung *f*, Aufzinsung *f*; **a. of capital** Kapitalanhäufung *f*, K.bildung *f*; **~ funds** Mittelaufkommen *nt*; **~ profits** Gewinnthesaurierung *f*; **~ savings** Sparkapital-, Spareinlagenbildung *f*; **a. fund** Thesaurierungsfonds *m*; **a. period** Zinseszinsperiode *f*

accused *n* § Angeklagte(r) *f/m*

achieve *v/t* erzielen, erreichen

achievement *n* 1. Leistung *f*, 2. Errungenschaft *f*; **a. of objectives** Zielerreichung *f*; **~ quotas** Planerfüllung *f*; **professional a.** fachliche Leistung; **technological a.** technische Errungenschaft; **a.-orient(at)ed** *adj* erfolgs-, leistungsorientiert; **a. potential** Leistungsfähigkeit *f*; **a. test** Leistungsprüfung *f*

achiever *n* Leistungsträger(in) *m/f*, Macher(in) *m/f (coll)*; **high a.** Spitzenkraft *f*

acid test 1. *(fig)* Verhältnis der liquiden Aktiva zu den laufenden Verbindlichkeiten; 2. Nagelprobe *f (fig)*; **~ ratio** Liquidität ersten Grades, Ermittlung des Verhältnisses der Barmittel und Forderungen zu den kurzfristigen Verbindlichkeiten

acknowledge *v/t* 1. anerkennen; 2. bestätigen, bescheinigen; 3. beglaubigen

acknowledgment *n* 1. Anerkennung *f*, Dank *m*; 2. Bestätigung *f*, Bescheinigung *f*; 3. (notarielle) Beglaubigung *f*; **a. of an order** Auftragsbestätigung *f*; **~ payment** Zahlungsbestätigung *f*; **~ receipt** Quittung *f*, Empfangsbestätigung *f*; **a. in writing** schriftliche Bestätigung

ACP countries *n* AKP-Länder (Afrika, Karibik, Pazifik) *pl*

A

acquir|e *v/t* erwerben, an-, beschaffen; **a.er; a.or** *n* Erwerber(in) *m/f*; **a.ing new orders** Akquisitionstätigkeit *f*
acquisition *n* 1. Erwerb(ung) *m/f*, Beschaffung *f*; 2. (Firmen)Zukauf *m*, Beteiligungserwerb *m*
acquisition from a bankrupt's estate Erwerb aus der Konkursmasse; **a. for valuable consideration** entgeltlicher Erwerb; **a. in good faith** gutgläubiger Erwerb; **a. of an interest** Erwerb einer Beteiligung; **a. in kind** Sachübernahme *f*; **a. of a right** Rechtserwerb *m*; **~ a title** § Eigentums-, Rechtserwerb *m*
to make an acquisition Erwerb tätigen
conditional acquistion bedingtes Anschaffungsgeschäft; **corporate a.** Aufkauf von Gesellschaften, Firmenaufkauf *m*; **first/original a.** Ersterwerb *m*; **new/recent a.** Neuanschaffung *f*, N.erwerbung *f*
acquisition agreement Unternehmenskaufvertrag *m*; **a. candidate** Übernahmekandidat *m*; **a. cost(s)** 1. Anschaffungskosten *pl*, Einstandswert *m*, E.kosten *pl*; 2. *(Vers.)* Abschlusskosten *pl*; **incidental a. cost** Anschaffungsnebenkosten *pl*; **a. or construction cost(s)** *(Bilanz)* Anschaffungs- oder Herstellungskosten *pl*
acquisitive *adj* erwerbsorientiert
acquit *v/t* § freisprechen, entlasten; **a.tal** *n* 1. § Freispruch *m*; 2. (Schulden)Erlass *m*
acreage *n* 🚜 Boden-, Anbau-, Betriebsfläche *f*, Agrarfläche *f*; **set-aside a.** Stilllegungsfläche *f*
across-the-board *adj* pauschal, allgemein
act *n* 1. § Tat *f*, (Rechts)Akt *m*, Handlung *f*; 2. Gesetz *nt*, Verordnung *f*
act of bankruptcy/insolvency Konkurshandlung *f*, K.vergehen *nt*; **A. of God** *[GB]*/**nature** *[US] (Vers.)* Höhere Gewalt, Elementarereignis *nt*; **a. of negligence** fahrlässige Handlung, Fahrlässigkeitsdelikt *nt*; **~ sale** Kaufvertrag *m*; **~ transfer** Abtretungserklärung *f*
to pass an act Gesetz verabschieden; **to repeal an a.** Gesetz aufheben
administrative act Verwaltungsakt *m*; **authorized a.** genehmigtes Rechtsgeschäft; **environmental a.** Umweltgesetz *nt*; **illegal a.** Rechtswidrigkeit *f*; **juristic/lawful/legal a.** Rechtsgeschäft *nt*; **notarial a.** notarielle Urkunde; **official a.** Amtshandlung *f*; **private a.** Rechtsgeschäft *nt*; **tortious a.** Straftat *f*, Delikt *nt*, unerlaubte Handlung; **unlawful a.** unzulässiges Rechtsgeschäft, gesetzwidrige Handlung
act *v/i* 1. handeln, tätig werden; 2. amtieren; **a. correctly** vorschriftsmäßig handeln; **a. negligently** fahrlässig handeln
acting *adj* 1.geschäftsführend, amtierend, verantwortlich; 2. stellvertretend
action *n* 1. Handlung(sweise) *f*, Handeln *nt*, Tätigkeit *f*; 2. § Prozess *m*, Verfahren *nt*, Klage *f*; **for further a.** zur weiteren Veranlassung
action for annulment § Anfechtungsklage *f*; **~ breach of contract** Klage auf Vertragserfüllung; **~ breach of warranty** Klage wegen Gewährleistungsbruch; **~ cancellation of contract**; **a. to dissolve a contract** Klage auf Wand(e)lung; **a. for damages** Schaden(s)ersatzklage *f*; **~ an injunction** Unterlassungsklage *f*; **~ payment** Klage auf Zahlung des Kaufpreises; **~ contractual performance** Klage auf Vertragserfüllung; **~ possession** Räumungsklage *f*; **~ a price reduction** Preisminderungsklage *f*; **~ restitution** Klage auf Herausgabe; **a. in tort** Klage aus unerlaubter Handlung; **a. of/for trespass** Eigentums-, Besitzstörungsklage *f*; **a. under a warranty** Gewährleistungsklage *f*
to abandon an action § Anklage zurückziehen; **to bring (in) an a.** Prozess/Klage anstrengen, (ver)klagen; **to contest an a.** Prozess/Klage anfechten; **to dismiss an a.** Klage abweisen; **~ with costs** Klage kostenpflichtig abweisen; **to drop an a.** Klage zurücknehmen; **to enter/file an a.** Prozess/Klage anstrengen, (ver)klagen; **to settle an a.** Verfahren durch Vergleich beilegen; **to stay an a.** Verfahren aussetzen/einstellen; **to take a.** tätig werden, Maßnahmen ergreifen; **~ industrial a.** in den Ausstand treten; **~ legal a.** gerichtlich vorgehen/belangen; **to withdraw an a.** Klage fallen lassen
administrative action Verwaltungsakt *m*; **affirmative a.** *[US]* positive Diskriminierung; **anti-trust a.** Kartellklage *f*; **civil a.** Privatklage *f*, Zivilprozess *m*; **collective a.** Sammel-, Gruppenklage *f*; **collusive a.** abgekartetes Vorgehen; **concerted a.** konzertierte Aktion, abgestimmtes Verhalten, solidarisches Handeln; **corporate a.** Klage einer Gesellschaft; **cor-**

A

rective a. Abhilfe *f*; **disruptive a.** Störaktion *f*; **follow-up a.** Folgemaßnahme *f*; **industrial a.** Ausstand *m*, Arbeitskampf (-maßnahme) *m/f*; **to take ~ a.** in den Ausstand/Streik treten; **joint a.** 1. gemeinsames Vorgehen; 2. Gemeinschaftsklage *f*; **legal a.** Rechtsweg *m*, gerichtliche Schritte, Prozess *m*; **to take ~ a.** gerichtlich vorgehen, Rechtsweg beschreiten; **pending a.** schwebendes Verfahren; **preventive a.** Fehlerverhütungsmaßnahme *f*; **recommended a.** Handlungsempfehlung *f*; **redhibitory a.** Wand(e)lungsklage *f*; **remedial a.** 1. Abhilfe *f*; 2. Sanierungsmaßnahme *f*; **representative a.** Verbandsklage *f*; **unauthorized a.** eigenmächtiges Vorgehen; **unfounded a.** unbegründete Klage

actionable *adj* (gerichtlich) verfolgbar, justiziabel

(civic) action group Aktionsgemeinschaft *f*, Bürgerinitiative *f*; **environmental a. group** Umweltschutzorganisation *f*; **a. programme** Aktionsprogramm *nt*; **a. report** Tätigkeitsbericht *m*

activate *v/t* aktivieren, in Betrieb nehmen, betätigen

active *adj* 1. aktiv, lebhaft; 2. (geschäfts)-tüchtig, 3. umsatzstark; **to be a.** *(Aktien)* lebhaft gehandelt werden; **globally a.** weltweit tätig

activity *n* Tätigkeit *f*, Betätigung *f*, Aktivität *f*, Beschäftigung *f*; 2. *(Börse)* Umsatz *m*

after-sales activity Kundendiensttätigkeit *f*; **commercial a.** gewerbliche/geschäftliche Tätigkeit; **corporate a.** Unternehmensaktivitäten *pl*; **domestic a.** Binnenkonjunktur *f*; **downstream a.** 🏭 nachgeschaltete Tätigkeit

economic activity Konjunktur(lage) *f*, K.klima *nt*; **~ a. in an industry** Branchenkonjunktur *f*; **aggregate ~ a.** gesamtwirtschaftliche Tätigkeit; **declining ~ a.** rückläufige/nachlassende Konjunktur; **domestic ~ a.** Binnen-, Inlandskonjunktur *f*; **increasing ~ a.** Konjunkturbelebung *f*, K.frühling *m*, anziehende Konjunkur

gainful activity Erwerbstätigkeit *f*; **income-seeking a.** erwerbsorientierte Tätigkeit; **industrial a.** gewerbliche Tätigkeit; **main a.** Haupttätigkeit *f*; **normal a.** Normalbeschäftigung *f*, N.auslastung *f*; **ordinary activities** normale Geschäftstätigkeit; **outside a.** außerberufliche Tätigkeit; **private-sector a.** privatwirtschaftliche Tätigkeit; **productive a.** werbende/gewinnbringende Tätigkeit; **professional a.** Berufstätigkeit *f*; **sustainable a.** *(Umwelt)* Nachhaltigkeit *f*; **upstream a.** 🏭 vorgeschaltete Tätigkeit

activity accounting Abteilungserfolgs-, Grenzplankostenrechnung *f*; **a. charge** *[US]* Kontoführungsgebühr *f*, Bankgebühren *pl*; **a. level** Beschäftigungsgrad *m*, B.niveau *nt*; **a. rating** Einstufung der Tätigkeit; **a.-related** *adj* beschäftigungsabhängig; **a. report** Tätigkeitsbericht *m*; **a. sampling** Multimomentaufnahme *f*

actual *n* Ist *nt*; **a.s** tatsächliche Zahlen; *adj* wirklich, tatsächlich; **a. versus estimated** Soll-Ist-Vergleich *m*

actuar|ial *adj* finanz-, versicherungsmathematisch; **a.y** *n* Versicherungsmathematiker(in) *m/f*

ad *n* ↘ **advert; advertisement**; **classified/small ad** Kleinanzeige *f*

adapt *v/ti* (sich) anpassen, angleichen; **a.-able** *adj* anpassungsfähig

adaptation *n* Angleichung *f*, Anpassung *f*; **a. of production** Produktionsanpassung *f*; **a. inflation** Anpassungsinflation *f*; **a. subsidy** Anpassungs(bei)hilfe *f*

add *v/t* 1. addieren, hinzuzählen; 2. hinzufügen, beipacken; 3. nachtragen; **a. up** sich rechnen, zusammenrechnen

addition *n* 1. Addition, Zusammenrechnung *f*; 2. Zusatz *m*, Ergänzung *f*; 3. *(Bilanz)* Zuschreibung *f*, Zugang (beim Anlagevermögen) *m*; **a.s** *(Lager)* Zugänge *pl*

addition|(s) to fixed assets Sachanlagenzugang *m*; **company-produced a.s to fixed assets** aktivierte Eigenleistungen; **a.s to capacity** Kapazitätserweiterung *f*; **~ capital account** Anlagenzugänge *pl*; **~ capital account and improvements** *(Bilanz)* Wertveränderungen *pl*; **~ plant and equipment** Anlagenzugänge *pl*, A.erweiterung *f*; **~ stocks** Lageraufstockung *f*, L.zugänge *pl*; **~ net worth** Substanzanreicherung *f*

additional *adj* ergänzend, zusätzlich

address *n* Adresse *f*, Anschrift *f*; **a. for service** § Gerichtsstand *m*, Zustelladresse *f*; **~ shipment** Versandanschrift *f*; **opening a.** Eröffnungsansprache *f*; **postal a.** Postanschrift *f*, P.adresse *f*; **a.** *v/t* 1. *(Brief)* senden; 2. *(Umschlag)* adressieren

A

addressee *n* Adressat(in) *m/f*, Empfänger(in) *m/f*
address file Adressdatei *f*; **(gummed/stick-on) a. label** Adressenaufkleber *m*; **a. register** Adressenverzeichnis *nt*
adequacy *n* Gebrauchstauglichkeit *f*
adequate *adj* 1. angemessen, hinreichend, ausreichend, genügend, adäquat; 2. voll-, gleichwertig, auskömmlich
adhere to *v/prep* bleiben bei, befolgen
adherence *n* Einhaltung *f*, Befolgen *nt*; **a. to a contract** Einhaltung eines Vertrages
adhesion *n* *(Vertrag)* Beitritt *m*
adjacent *adj* *(Grundstück)* benachbart, (unmittelbar) angrenzend
adjourn *v/ti* (sich) vertagen; **a.ment** *n* Aufschub *m*, Vertagung *f*; **~ of a meeting** Sitzungsunterbrechung *f*
adjudicate *v/ti* 1. § Recht sprechen; 2. als Schiedsrichter fungieren
adjudication *n* § gerichtliche/richterliche Entscheidung; **a. in bankruptcy** Konkurserklärung *f*, Eröffnungsbeschluss *m*; **a. order** 1. gerichtliche Anordnung/Verfügung; 2. Konkurseröffnungsbeschluss *m*
adjust *v/t* 1. angleichen, anpassen; 2. 📊 bereinigen; 3. *(Vers.)* Schaden abwickeln/regulieren
adjuster *n* Schadens(sach)bearbeiter(in) *m/f*, S.regulierer(in) *m/f*
adjustment *n* 1. Korrektur *f*, Anpassung *f*, Angleichung *f*; 2. 📊 Bereinigung *f*; 3. *(Konto)* Berichtigungsbuchung *f*; 4. *(Vers.)* Schadensregulierung *f*, S.festsetzung *f*; 5. Anpassungsmaßnahme *f*
adjustment of an account Kontobereinigung *f*, K.glattstellung *f*; **~ accruals** Abgrenzungsberichtigung *f*; **~ average** *(Havarie)* Regulierung *f*; **downward ~ capacity** Kapazitätsbereinigung *f*; **~ capital** Kapitalberichtigung *f*; **~ a claim/damages** Schadensregulierung *f*; **a. for depreciation** Wertberichtigung *f*; **a. of interest** Zinsausgleich *m*; **~ interest rates** Zinskorrektur *f*; **~ manning/staffing levels** Personalanpassung *f*; **~ tariffs** ⊖ Tarifanpassung *f*; **~ the terms** 1. Bedingungsanpassung *f*; 2. *(Hypothek)* Konditionsanpassung *f*; **a. to the value** Einzelwertberichtigung *f*; **~ going-concern value** Teilwertberichtigung *f*; **a. of wages** Lohnangleichung *f*; **a. for wear and tear** Wertberichtigung für Abnutzung
amicable adjustment gütliche Beilegung; **cyclical/economic a.** Konjunkturanpassung *f*; **downward a.** Kurskorrektur nach unten; **end-of-month/end-of-year a.** Ultimoausgleich *m*; **external a.** außenwirtschaftliche Anpassung; **seasonal a.** Saisonbereinigung *f*; **structural a.** strukturelle Anpassung; **upward a.** Kurskorrektur nach oben
adjustment clause Preis-, Wertanpassungsklausel *f*; **a. entry** Berichtigungseintrag *m*, B.buchung *f*; **a. inflation** Anpassungsinflation *f*; **a. item** Berichtigungsposten *m*; **a. letter** Antwort auf eine Beschwerde; **a. levy** Abschöpfungsbetrag *m*; **a. loan** Anpassungsdarlehen *nt*
ad|land *n* *(coll)* Werbewirtschaft *f*; **a.man** *n* *(coll)* Werbefachmann *m*; **a.mass** *n* *[GB]* Umworbene *pl*
administer *v/t* 1. bewirtschaften, verwalten; 2. handhaben; 3. *(Preise)* reglementieren
administration *n* 1. Verwaltung(sbehörde) *f*, Führung *f*; 2. *[US]* Regierung *f*; 3. § Nachlassverwaltung *f*; 4. Verwaltungsarbeiten *pl*
administration of assets Vermögensverwaltung *f*; **~ assets held on trust** Verwaltung von Treuhandvermögen; **~ a bankrupt's estate** Masseverwaltung *f*, Konkursabwicklung *f*; **~ an estate/inheritance** Nachlassverwaltung *f*; **~ justice** Rechtssprechung *f*, R.pflege *f*; **~ property** Vermögensverwaltung *f*; **~ taxes** Steuererhebung *f*
central administration Hauptverwaltung *f*; **fiduciary a.** Treuhandverwaltung *f*; **financial a.** Finanzverwaltung *f*; **industrial a.** Betriebswirtschaft *f*; **local/municipal a.** Stadt-, Kommunalverwaltung *f*; **public a.** öffentliche Verwaltung
administration charge Verwaltungsgebühr *f*; **a. expenditure budget** Verwaltungshaushalt *m*; **a. order** § *(Konkurs)* Konkurseröffnungsbeschluss *m*; **a. overheads** Verwaltungsgemeinkosten *pl*
administrative *adj* Verwaltungs-
administrator *n* 1. Verwalter(in) *m/f*, Geschäftsführer(in) *m/f*; 2. Nachlasspfleger(in) *m/f*; **a. of a bankrupt's estate** Konkursverwalter(in) *m/f*; **a. in composition proceedings** Vergleichsverwalter(in) *m/f*; **a. of an estate** Nachlasspfleger(in) *m/f*; **court-**

A

appointed a. gerichtlich bestellter Konkursverwalter
admission *n* 1. Zugang *m*, Zutritt *m*, Zulassung *f*; 2. *(Börse)* Zulassung(serteilung) *f*; **a. to the bar** Zulassung als Rechtsanwalt; **a. of a member** Aufnahme eines Mitglieds; **~ a partner** Aufnahme eines Gesellschafters/Teilhabers; **temporary a. for inward processing** ⊖ vorübergehende Einfuhr zur aktiven Vered(e)lung; **a. of securities** Börsenzulassung *f*; **temporary a.** ⊖ vorübergehende (zollfreie) Einfuhr; **a. charge** Eintritt(sgebühr) *m/f*; **a. fee** Aufnahme-, Zulassungsgebühr *f*
admittance *n* Zugang *m*, Zutritt *m*
adopt *v/t* 1. an-, übernehmen; 2. *(Jahresabschluss)* feststellen; 3. *(Gesetz)* verabschieden; 4. einführen
adoption *n* 1. Adoption *f*; 2. Einführung *f*; 3. *(Haushalt/Gesetz)* Verabschiedung *f*; **a. of the annual accounts** Feststellung des Jahresabschlusses; **~ the balance sheet** Genehmigung der Bilanz; **~ the budget** Feststellung des Haushalts
adspend *n* Werbeausgaben *pl*
ad valorem (ad val.) *adj* *(lat.)* ⊖ nach Wert
advance *n* 1. Fortschritt *m*, Verbesserung *f*; 2. Vorstoß *m*, Vordringen *nt*; 3. (Kurs-/Preis)Steigerung *f*, Anstieg *m*; 4. Vorschuss *m*, Kredit *m*; 5. Beförderung *f*; **in a.** vorab, im Voraus
advance on current account Kontokorrentkredit *m*; **a.s for fixed assets** Anzahlungen auf Anlagen; **a.s to customers** Kundendebitoren *pl*; **a. on goods/merchandise** Warenbevorschussung *f*; **~ salary** Gehaltsvorschuss *m*; **a.(s) on securities** Effektenbeleihung *f*, E.lombard *m*; **a. on shipping documents** Bevorschussung von Verschiffungsdokumenten; **a.(s) to suppliers** geleistete Anzahlungen
payable in advance pränumerando *(lat.)*/ im voraus zahlbar
collateral advance Lombardvorschuss *m*, Effektenlombard *m*; **repayable and interest-free a.** rückzahlbarer und unverzinslicher Vorschuss; **sharp a.** plötzlicher Anstieg; **unsecured a.** Blankovorschuss *m*
advance *v/ti* 1. vorwärtskommen, Fortschritte machen, vordringen; 2. *(Kurs/Preis)* ansteigen, anziehen; 3. *(Geld)* vorstrecken, vorschießen; 4. *(Termin)* vorverlegen; 5. vorbringen, vorschlagen, geltend machen; 6. befördern; 7. sich verbessern, aufsteigen; **a.d** *adj* 1. ausgereift; 2. fortgeschritten
advantage *n* Vorteil *m*, Nutzen *m*, Vorzug *m*; **a. in productivity** Produktivitätsvorsprung *m*; **a. of site** Standortvorteil *m*; **to take a. of sth.** sich etw. zunutze machen; **competitive a.** Wettbewerbsvorteil *m*, W.vorsprung *m*; **locational a.** Standort-, Fühlungsvorteil *m*; **pecuniary a.** geldwerter/materieller Vorteil; **undue a.** unangemessener Vorteil; **unfair a.** unrechtmäßig erlangter Vorteil
advantageous *adj* günstig, vorteilhaft
adventure *n* 1. Risiko *nt*; 2. Risiko-, Spekulationsgeschäft *nt*; **gross a.** ⚓ Bodmerei *f*; **a. tourism** Erlebnistourismus *m*
adverse *adj* 1. nachteilig, widrig; 2. *(Bilanz)* defizitär, negativ, passiv
advert *n* ↘ **advertisement**
advertise *v/ti* 1. annoncieren, werben für, inserieren; 2. *(Stelle)* ausschreiben
advertisement (ad; advert) *n* 1. (Werbe)-Anzeige *f*, Inserat *nt*, Annonce *f [frz.]*; 2. *(Stelle)* Ausschreibung *f*; **a. of a vacancy** Stellenausschreibung *f*; **to answer an a.** sich auf ein Inserat hin melden; **blind/box-number/keyed a.** Chiffre-, Kennziffernanzeige *f*; **classified a.** Kleinanzeige *f*; **a. columns** Anzeigenteil *m*; **a. hoarding** Plakatwand *f*; **a. rating** Wirksamkeitskontrolle von Anzeigen
advertiser *n* 1. Inserent *m*; 2. *(Stelle)* Ausschreiber *m*; 3. Anzeigenblatt *nt*, Annoncenzeitung *f*
advertising *n* Werbung *f*, Reklame *f*; **a. on hoardings in sports facilities** Bandenwerbung *f*
camouflaged advertising Schleichwerbung *f*; **classified a.** Kleinanzeigenwerbung *f*; **collective/combined/co-operative a.** Gemeinschafts-, Verbund-, Kollektiv-, Sammelwerbung *f*; **comparative/competitive a.** vergleichende Werbung; **corporate a.** Firmenwerbung *f*; **direct a.** Direkt-, Konsumentenwerbung *f*; **direct-mail a.** (Post)Wurfsendung *f*; **disparaging a.** herabsetzende Werbung; **educational a.** Aufklärungswerbung *f*; **follow-up a.** Nachfasswerbung *f*; **free a.** Gratiswerbung *f*; **informative a.** Auf-

A

klärungswerbung *f*; **institutional a.** Prestige-, Firmenwerbung *f*; **in-store a.** Ladenwerbung *f*; **joint a.** Gemeinschafts-, Verbundwerbung *f*; **keyed a.** Chiffre-, Kennzifferwerbung *f*; **national/nationwide a.** überregionale Werbung/Reklame, landesweite Werbung; **outdoor a.** Außen-, Plakatwerbung *f*, Werbung im Freien, Straßenreklame *f*; **persuasive a.** Überzeugungswerbung *f*; **point-of-sale a.** Werbung am Kauf-/Verkaufsort, Werbung an der Kasse; **postal a.** Postwerbung *f*, P.reklame *f*; **puff(ing) a.** reißerische Werbung; **selective/targeted a.** gezielte Werbung

advertising account 1. Kundenetat *m*; 2. Etatkunde *m*; **a. agency** 1. Werbe-, Reklameagentur *f*; 2. Anzeigenannahmestelle *f*; **a. allowance** Werbenachlass *m*; **a. appeal** Werbewirkung *f*, W.kraft *f*; **a. article** Reklamegegenstand *m*; **a. assistant** Werbeassistent(in) *m/f*; **a. audience** Werbepublikum *nt*; **a. budget** Werbeetat *m*; **a. budgeting** Planung des Werbebudgets/W.etats; **a. campaign** Werbe-, Reklamefeldzug *m*; **false/misleading a. claim** unwahre Werbeangabe; **a. columns** *(Zeitung)* Reklameteil *m*; **a. concept** Werbekonzept *nt*; **a. copy** Werbetext *m*; **a. department** Werbe-, Anzeigenabteilung *f*; **a. design** Werbegestaltung *f*; **a. display** *(Schaufenster)* Werbe-, Reklameauslage *f*; **a. effect(iveness)** Werbewirkung *f*, W.erfolg *m*; **a. effort** Werbeanstrengung *f*, W.kampagne *f*; **a. expenditure** Werbeaufwand *m*; **a. expenses** Reklameaufwendungen *pl*; **a. factor** Werbefaktor *m*; **a. folder** Werbeprospekt *m*; **a. gimmick** Werbegag *m*; **a. income** Werbeeinnahmen *pl*; **a. industry** Werbeindustrie *f*, W.branche *f*; **a. insert** Anzeigenbeilage *f*; **standard a. item** Standardwerbeartikel *m*; **a. journal** Annoncenzeitung *f*; **a. jingle** Werbesprüche *pl*; **a. leaflet** Werbebroschüre *f*; **a. letter** Werbesendung *f*, Reklamebrief *m*; **a. literature** Prospektmaterial *nt*, Werbeschriften *pl*; **a. manager** 1. Leiter(in) der Werbeabteilung; 2. Anzeigenleiter(in) *m/f*; **a. matter** ✉ Werbe-, Reklamedrucksache *f*; **a. medium (media** *pl***)** Werbemittel *nt*, W.träger *m*; **a. paper** Annoncenblatt *nt*; **a. poster** Reklame-, Werbeplakat *nt*; **a. rate** Anzeigenpreis *m*, A.tarif *m*; **a. revenue(s)** Werbeeinkünfte *pl*, W.einnahmen *pl*; **a. show** Werbeveranstaltung *f*; **a. slogan** Werbespruch *m*; **a. space** Werbe-, Reklamefläche *f*; **a. specialist** Werbesachbearbeiter(in) *m/f*; **a. spot** *(Fernsehen/Radio)* Werbedurchsage *f*, W.sendung *f*; **a. supplement** Anzeigen-, Werbebeilage *f*; **a. time** Sendezeit für Werbung

advertorial *n* Werbetext im Stil eines Zeitungsartikels

advice *n* 1. Rat(schlag) *m*; 2. Benachrichtigung *f*, Mitteilung *f*, Avis *m/nt [frz.]*

advice of acceptance Akzeptavis *m/nt*; **~ amendment** Änderungsanzeige *f*; **~ credit** Gutschriftanzeige *f*; **~ damage** Schadensmitteilung *f*, S.anzeige *f*; **~ debit** Lastschriftanzeige *f*; **~ delivery** Lieferanzeige *f*; **~ despatch/dispatch** Versand-, Verschiffungsanzeige *f*; **~ goods** Warenavis *m/nt*; **~ payment** Zahlungsanzeige *f*; **~ receipt** Empfangsschreiben *nt*; **~ shipment** Versand-, Verschiffungsanzeige *f*

financial advice Finanzberatung *f*; **legal a.** Rechtsberatung *f*, R.auskunft *f*; **technical a.** Fachberatung *f*; **written a.** schriftliche Mitteilung/Benachrichtigung

advice note Benachrichtigung(sschreiben) *f/nt*; **a. slip** Aviszettel *m*

advise *v/t* 1. empfehlen; 2. informieren, anzeigen; 3. benachrichtigen, avisieren

adviser; advisor *n* Berater(in) *m/f*; **financial a.** Finanzberater(in) *m/f*; **legal a.** 1. Rechtsberater(in) *m/f*, R.beistand *m*; 2. *(Gesellschaft)* Justiziar(in) *m/f*; **technical a.** Fachberater(in) *m/f*

advisory *adj* beratend; **A., Conciliation and Arbitration Service (ACAS)** *[GB]* Beratungs-, Schlichtungs- und Schiedsstelle *f*

advocate *n* 1. (Rechts)Anwalt *m*, Anwältin *f*; 2. Verfechter(in) *m/f*

aerospace *adj* Luft- und Raumfahrt-; **a. equipment** Erzeugnisse der Luft- und Raumfahrtindustrie; **a. group** Luft- und Raumfahrt-Gruppe *f*, (Luft- und) Raumfahrtkonzern *m*; **a. industry** Luft- und Raumfahrtindustrie *f*

affair *n* Fall *m*, Sache *f*; **financial a.s** Finanzangelegenheiten *pl*, Geldgeschäfte *pl*; **foreign a.s** Außenpolitik *f*; **economic a.s committee** Wirtschaftsausschuss *m*, W.-rat *m*

affect *v/t* 1. beeinflussen, betreffen, sich

auswirken auf; 2. beeinträchtigen; **a. adversely** beeinträchtigen

affidavit *n* § eidliche Erklärung; **a. of means** Offenbarungseid *m*; **~ service** Zustellungsurkunde *f*

affiliate *n* Verbundunternehmen *nt*, Konzerngesellschaft *f*; **a.d** *adj* angeschlossen, verbunden

affiliation *n* 1. Anschluss *m*, Angliederung *f*; 2. Mitgliedschaft *f*, Zugehörigkeit *f*, Organschaft *f*; **a. to a group** Konzernzugehörigkeit *f*; **a. fee** Mitgliedsbeitrag *m*

affirm *v/t* bestätigen, versichern; **a.ation** *n* Bestätigung *f*, Versicherung *f*; **a.ative** *adj* bestätigend, zustimmend

af|fluence *n* Wohlstand *m*, Überfluss *m*; **a.fluent** *adj* wohlhabend, reich

afford *v/t* 1. es sich leisten (können); 2. gewähren; **a.able** *adj* erschwinglich, bezahlbar, preisgünstig

afforest *v/t* aufforsten; **a.ation** *n* (Wieder)-Aufforstung *f*

affreight *v/t* befrachten, chartern; **a.ment** *n* Schiffsfrachtvertrag *m*, Befrachtung(svertrag) *f/m*

afloat (aflt.) *adj* ⚓ an Bord, schwimmend

after|-effect *n* Folgeerscheinung *f*; **a.-hours** *adj* nachbörslich, Nachbörsen-; **a.-tax** *adj* nach Steuer, versteuert

age *n* Alter *nt*, Lebensdauer *f*; **a. of consent** Volljährigkeit *f*; **average a.** Durchschnittsalter *nt*; **employable a.** erwerbsfähiges Alter; **legal a.** Volljährigkeit *f*; **old a.** Alter *nt*; **~ allowance/exemption** *(Steuer)* Altersfreibetrag *m*; **~ pension** Altersrente *f*, (Alters)Ruhegeld *nt*; **pensionable a.** Renten-, Pensionsalter *nt*; **qualifying a.** Berechtigungsalter *nt*; **retiring a.** renten-/ruhegehaltsfähiges Alter; **flexible ~ a.** flexible Altersgrenze; **of working a.** im erwerbsfähigen Alter

age allowance *[GB]* Steuerfreibetrag für Rentner, Altersfreibetrag *m*; **a. bracket/group** Altersklasse *f*, A.stufe *f*; **a. distribution/mix** Altersstruktur *f*; **a. limit** Altersgrenze *f*

agency *n* 1. Agentur *f*, Vertretung(sverhältnis) *f/nt*; 2. Filiale *f*, Repräsentanz *f*; 3. Vertretungsbüro *nt*; 4. Dienststelle *f*, Behörde *f*; **a. of necessity** § Geschäftsführung ohne Auftrag; **to establish an a.** Vertretung einrichten; **to take up an a.** Vertretung übernehmen

accrediting agency Akkreditierungsstelle *f*; **administrative a.** Behörde *f*, Verwaltungsstelle *f*; **capital-raising a.** Kapitalsammelstelle *f*; **commercial a.** (Handels)-Auskunftei *f*, H.agentur *f*, H.vertretung *f*; **exclusive a.** Generalagentur *f*, Alleinvertretung *f*; **federal a.** Bundes(dienst)stelle *f*, B.amt *nt*; **general a.** Generalagentur *f*, Bezirksdirektion *f*; **issuing a.** Ausgabestelle *f*; **regulatory a.** Kontroll-, Aufsichtsbehörde *f*; **sole a.** Alleinvertretung *f*; **sponsoring a.** Träger *m*; **supervisory a.** Aufsichtsbehörde *f*, A.organ *nt*

agency agreement Agentur-, Vertretervertrag *m*; **a. appointment** Bestellung eines Vertreters; **a. business** Kommissionshandel *m*; **a. commission** Agenturvergütung *f*; **a. distribution** Agentur-, Vertretervertrieb *m*; **a. expenses** Vertreterkosten *pl*; **a. fee** Vertreterprovision *f*; **a. goods** Agenturwaren *pl*; **a. interview** Auswahlgespräch in der Stellenvermittlungsagentur; **a. law** Recht der (Handels)-Vertretung; **a. manager** Außendienstleiter(in) *m/f*; **a. network** Vertreternetz *nt*; **a. report** Kreditauskunft(sbericht) *f/m*; **a. work** Leiharbeit *f*; **a. worker** Leih-, Zeitarbeiter(in) *m/f*

agenda *n* *(lat.)* Tagesordnung *f*

agent *n* 1. Vertreter(in) *m/f*, Bevollmächtigte(r) *f/m*; 2. Makler(in) *m/f*; 3. (Versicherungs)Vertreter(in) *m/f*; 4. Handelsvertreter(in) *m/f*, Kommissionär(in) *m/f*, Zwischenhändler(in) *m/f*; 5. *(Telefonverkauf)* (Kunden)Kontakter(in) *m/f*; 6. Geschäftsbesorger(in) *m/f*

accredited agent zugelassene(r) Vertreter(in); **authorized a.** Vertretungsberechtigte(r) *f/m*, Handlungsbevollmächtigte(r) *f/m*; **captive a.** *(Vers.)* firmeneigene Vermittlungsgesellschaft; **commercial a.** Handelsvertreter(in) *m/f*, Kommissionär(in) *m/f*; **distributing a.** 1. Großhandelsvertreter *m*; 2. ⊝ Auslieferungsagent *m*; **sole ~ a.** Alleinvertreter *m*, A.vertrieb *m*; **fiscal a.** Zahlstelle *f*; **forwarding a.** Spediteur *m*; **general a.** Generalagent(in) *m/f*, G.vertreter(in) *m/f*; *(Vers.)* Bezirksdirektor(in) *m/f*; **independent a.** selbständiger Handelsvertreter(in); **local a.** Platzagent(in) *m/f*; **mercantile a.** Handelsvertreter(in) *m/f*, Kommissionär(in) *m/f*; **overseas a.** Auslandsvertreter *m*; **paying a.** Zahlstelle *f*; **resident a.** ortsansässige(r) Vertreter(in);

underwriting a. Versicherungsagent(in) *m/f*, V.vertreter(in) *m/f*; **vicarious a.** § Erfüllungs-, Verrichtungsgehilfe *m*, V.-gehilfin *f*

agent|'s authority Vertretungsbefugnis *f*; **a.'s commission** Vertreterprovision *f*; **a.'s report** Vertreterbericht *m*; **a.'s territory** Vertreterbezirk *m*

age pattern/pyramid Altersaufbau *m*, A.struktur *f*; **a. qualification** Altersgrenze *f*; **a. relief** *(Steuer)* Altersfreibetrag *m*; **a. structure** Altersstruktur *f*

agglomeration *n* Ballungsgebiet *nt*, B.-raum *m*

aggregate *n* 1. Gesamtheit *f*; 2. volkswirtschaftliche Gesamtgröße; **in a.** zusammen; **economic a.s** makroökonomische/gesamtwirtschaftliche Größen; **monetary a.** Gesamtgeldbestand *m*, Geldaggregat *nt*; *v/ti* 1. sich insgesamt belaufen auf; 2. zusammenfassen; *adj* gesamt(wirtschaftlich), Gesamt-

aggregation *n* *(VWL)* Ermittlung gesamtwirtschaftlicher Größen

aggressive-growth *adj* *(Wertpapier)* hochrentierlich

aggrieved *adj* § geschädigt

aging *n* Altersgliederung *f*; **a. schedule** Fälligkeitsliste *f*

agio *n* Agio *nt*, Aufgeld *nt*; **remaining a.** Restagio *nt*; **a. income** Agioertrag *m*

agrarian *adj* land-, agrarwirtschaftlich

agree *v/ti* 1. vereinbaren, übereinkommen; 2. einwilligen, zustimmen; **a.d** *adj* vereinbart, anerkannt; **unless otherwise a.d** falls/soweit nicht anderweitig vereinbart, mangels anderweitiger/abweichender Vereinbarung

agreement *n* 1. (vertragliche) Abmachung *f*, Vertrag *m*, Übereinkunft *f*, Abkommen *nt*; 2. Einwilligung *f*, Zustimmung *f*; **as per a.** vertragsgemäß; **in a. with** in Übereinstimmung mit

agreement restricting competition Wettbewerbsvereinbarung *f*, W.abrede *f*; **a. to the contrary** gegenteilige Abmachung; **a. on economic cooperation** Abkommen über wirtschaftliche Zusammenarbeit; **a. in principle** Grundsatzvertrag *m*, grundsätzliche Einigung, grundlegende Vereinbarung; **a. to repurchase** Rückkaufsvereinbarung *f*; **a. on rest periods** Pausenregelung *f*; **a. in restraint of trade** Wettbewerbsabsprache *f*; **a. on targets** Zielvereinbarung *f*; **~ the terms** Konditionsabsprache *f*; **a. in writing** schriftliche Vereinbarung

to abide by an agreement sich an eine Vereinbarung/einen Vertrag halten; **to arrive at/come to an a.** zu einer Einigung gelangen; **to be in a. (with)** übereinstimmen/einig sein (mit); **to breach an a.** Vertrag brechen, vertragsbrüchig werden; **to break an a.** Abmachung verletzen; **to come to an a.** sich einigen; **to conclude an a.** Vereinbarung treffen, Vertrag schließen; **to eliminate by a.** abbedingen; **to reach (an) a.** übereinkommen, Einvernehmen/Übereinstimmung erzielen; **to terminate an a.** Vertrag (auf)kündigen; **to violate an a.** Vertrag brechen, vertragsbrüchig werden

amicable agreement gütliche Einigung; **area-wide a.** Flächentarifvertrag *m*; **basic a.** Rahmenvertrag *m*, Grundsatzabkommen *nt*; **binding a.** bindende Abmachung/Vereinbarung; **collateral a.** Nebenabrede *f*; **collective a.** Tarifvertrag *m*; **collusive a.** geheime Absprache; **contractual a.** vertragliche/schuldrechtliche Vereinbarung; **express a.** ausdrückliche Vereinbarung; **general a.** Rahmenvertrag *m*; **industrial a.** Tarifvertrag *m*; **informal a.** formlose Vereinbarung, formloser Vertrag; **mutual a.** gegenseitige Vereinbarung; **national a.** Flächentarifvertrag *m*; **oppressive a.** Knebelungsvertrag *m*; **oral a.** mündliche Vereinbarung; **outline a.** Rahmenabkommen *nt*; **parol a.** mündliche Vereinbarung; **preferential a.** Meistbegünstigungsregelung *f*; **price-fixing a.** Preiskartell *nt*; **restrictive a.** wettbewerbsbeschränkende Vereinbarung, Kartellabsprache *f*; **standard a.** Formvertrag *m*; **tacit a.** stille/stillschweigende Übereinkunft; **tying a.** Knebelungsvertrag *m*; **void a.** ungültige Vereinbarung; **written a.** schriftlicher Vertrag, schriftliche Vereinbarung

agri|business *n* *[US]* Landwirtschaft *f*, Agrarindustrie *f*; **a.cultural** *adj* land-, agrarwirtschaftlich; **a.culture** *n* Landwirtschaft *f*, Agrarsektor *m*; **~ and forestry** Land- und Forstwirtschaft *f*; **a.-product** *n* *[US]* landwirtschaftliches Produkt

agro|-industry *n* Agrarwirtschaft *f*, A.industrie *f*; **a.nomics** *n* Agrarwissenschaft *f*,

Agronomie *f*; **a.nomist** *n* Agronom *m*, Agrarwissenschaftler(in) *m/f*

ahead of *adv* vor

aid *n* 1. Hilfe *f*, (Hilfs)Mittel *nt*; 2. § Beihilfe *f*; **a. to trade** kommerzielle Dienstleistung; **to grant a.** Subvention(en) bewilligen

agricultural aid Agrarsubvention *f*; **direct a.** Direktsubvention(en) *f/pl*; **economic a.** Wirtschaftshilfe *f*; **financial a.** Kapital-, Kredithilfe *f*; **foreign a.** Entwicklungshilfe *f*; **legal a.** *[GB]* § (kostenlose) Rechtshilfe *f*, Prozess(kosten)hilfe *f*; **multilateral a.** multilaterale Hilfe; **public a.** *[US]* Sozialhilfe *f*; **regional a.** Regional(bei)hilfe *f*; **soft a.** niedrig verzinsliches Entwicklungs(hilfe)darlehen; **start-up a.** Betriebsgründungshilfe *f*; **structural a.** Strukturhilfe *f*; **technical a.** technische Hilfe; **tied a.** Entwicklungshilfe mit Lieferbindung

aid *v/t* helfen, unterstützen

aid commitment Hilfszusage *f*; **a. program(me)** Förderungsprogramm *nt*

ailing *adj* kränkelnd, marode

air *n* Luft *f*; **by a.** auf dem Luftweg, per Luftfracht; **to send/ship by a.** als Luftfracht versenden; **to transport by a.** auf dem Luftweg befördern, per Luft transportieren; **to travel by a.** fliegen

air bill *n* *[US]* Luftfrachtbrief *m*; **a.-borne** *adj* Luft-

air cargo Luftfracht *f*; **~ carrier** Luftfrachtspediteur *m*; **~ handling** Luftfrachtumschlag *m*; **~ industry** Lufttransportgewerbe *nt*; **~ insurance** Luftfrachtversicherung *f*; **~ shipment** Luftfrachtsendung *f*

air carriage Luftbeförderung *f*, L.fracht *f*; **a. carrier** Flug-, Luftverkehrsgesellschaft *f*, L.frachtführer *m*; **a. charter** Luftcharter *f/m*; **~ business** Luftfrachtgeschäft *nt*; **~ party** Luftfrachtvertrag *m*; **a. consignment note** Luftfrachtbrief *m*; **a. container** Luftfrachtcontainer *m*; **a. courier** Luftkurier *m*; **~ industry** Luftkurierdienst *m*

aircraft *n* Flugzeug(e) *nt/pl*; **free on a. (f.o.a.)** frei an Bord (des Flugzeugs); **a. crash** Flugzeugabsturz *m*; **a. hull insurance** Luft-, Flugzeugkaskoversicherung *f*; **a. industry** Flugzeug-, Luftfahrtindustrie *f*; **a. liability insurance** Lufthaftpflichtversicherung *f*; **a. manufacture/manufacturing** Flugzeugherstellung *f*, F.bau *m*; **a. manufacturer** Flugzeugbauer *m*, F.hersteller *m*; **a. production** Flugzeugproduktion *f*, F.herstellung *f*

air crew fliegendes Personal; **a. express (cargo)** *[US]* Lufteilgut *nt*, L.expressfracht *f*; **a. fare** Flugpreis *m*; **a. freight** Luft(verkehrs)fracht *f*; *v/t* per Luftfracht versenden; **~ bill** Luftfrachtbrief *m*; **a.-freighter** *n* 1. Luftfrachtunternehmen *nt*; 2. Frachtflugzeug *nt*; **a. freight forwarder** Luftfrachtführer *m*; **~ industry** Luftfrachtbranche *f*; **~ transport(ation)** Luftfrachtbeförderung *f*; **a. letter** ✉ Luftpostbrief *m*

airline *n* Flug-, Luftverkehrsgesellschaft *f*; **a. operations** Flugbetrieb *m*; **a. operator** Luftfahrtunternehmen *nt*

airliner *n* Verkehrs-, Linienflugzeug *nt*

airline ticket Flugschein *m*

airmail *n* Luftpost *f*; *v/t* per/mit Luftfracht versenden; **a. consignment** Luftpostsendung *f*; **a. rate** Luftpostgebühr *f*; **a. service** Luftpostverkehr *m*, L.dienst *m*

air passenger Fluggast *m*; **~ transport** Fluggastverkehr *m*; **a. pollution** Luftverschmutzung *f*

airport *n* Flughafen *m*; **free … a.** frei … (Ab)Flughafen; **a. of departure** Ab(gangs)flughafen *m*; **~ dispatch** Verladeflughafen *m*; **~ destination** Ziel-, Bestimmungsflughafen *m*; **a. authority** Flughafenbehörde *f*; **a. operation** Flughafenbetrieb *m*

air receipt Lufttransportbescheinigung *f*; **a. route** Flugstrecke *f*; **a. service** Luftverkehrsdienst *m*; **regular/scheduled a. service** Linienflugdienst *m*; **a. shipment** Luftfrachtsendung *f*; **a.tight** *adj* luftdicht, unter Luftabschluss; **a. tourism** Flugtourismus *m*, F.touristik *f*, Flugreisen *pl*; **a. traffic** Luft-, Flugverkehr *m*; **a. transport** Lufttransport *m*, L.verkehr *m*; **~ company** Lufttransportunternehmen *nt*, L.verkehrsgesellschaft *f*; **~ insurance** Lufttransportversicherung *f*; **a. travel** Flugtourismus *m*, F.touristik *f*, F.reisen *pl*, F.reiseverkehr *m*; **a.ways** *n* Luftverkehrs-, Fluggesellschaft *f*; **a. waybill** Flugzeug-, Luft(transport)frachtbrief *m*

aisle *n* Gang *m*

to raise the alert Alarm schlagen

alien *n* Ausländer(in) *m/f*; **a.ate** *v/t* 1. entfremden; 2. zweckentfremden; 3. *(Kunden)* abwerben

A

align (with) *v/t* anpassen, angleichen, harmonisieren; **a.ed** *adj* bündig; **a.ment** *n* Anpassung *f*, Harmonisierung *f*, Angleichung *f*
allegation *n* Be-, Anschuldigung *f*
allege *v/t* Behauptung aufstellen, behaupten
all|-in; a.-inclusive *adj* alles inbegriffen, global, Pauschal-, Global-
allocate *v/t* 1. zuteilen, zuweisen; 2. kontingentieren; 3. *(Arbeit)* einteilen; 4. aufwenden; **a. to** *(Kosten)* umlegen auf, verrechnen auf
allocation *n* 1. Zuteilung *f*, Zuweisung *f*, Verteilung *f*; 2. Kontingent *nt*, Quote *f*; 3. *(Effekten)* Repartierung *f*
allocation of cost(s) Kostenumlage *f*, K.verrechnung *f*; **~ credits** Kreditbereitstellung *f*; **~ earnings** Erfolgszurechnung *f*; **~ expenditure** Ausgabenzuweisung *f*; **~ funds** Mittel-, Finanzzuweisung *f*, Mittelverteilung *f*; **~ labour cost(s)** Lohnkostenverteilung *f*; **~ profits** Gewinnzurechnung *f*; **a. to reserves** Zuweisung an die Reserven/Rücklagen, Einstellung in die Rücklagen, Rücklagendotierung *f*, Reservenaufstockung *f*; **~ declared reserves** Einstellung in die offenen Rücklagen; **~ special reserves** Einstellung in Sonderposten mit Rücklagenanteil; **a. of responsibilities** Aufgaben-, Zuständigkeitsverteilung *f*; **~ revenue(s) and expenses to the applicable accounting period** Periodenabgrenzung(en) *f/pl*; **~ resources** Mittelverwendung *f*; **~ rights and duties** Kompetenzverteilung *f*; **~ shares** *[GB]*/**stocks** *[US]* Aktienzuteilung *f*; **a. by tender** Vergabe im Submissionswege; **a. of work** Arbeitsaufteilung *f*, A.zuteilung *f*
financial allocation Mittelzuweisung *f*; **lump-sum a.** Pauschalzuweisung *f*
allocation account Bereitstellungs-, Verrechnungskonto *nt*; **a. formula** Verteilungs-, Umlageschlüssel *m*
allot *v/t* 1. ver-, zu-, aufteilen; 2. bewilligen, zuweisen; **a.tee** *n* Zuteilungsempfänger(in) *m/f*
allotment *n* 1. Zuteilung *f*, Zuweisung *f*; 2. (Aktien)Repartierung *f*; 3. Parzelle *f*, Schrebergarten *m*; **a. of shares** *[GB]*/**stocks** *[US]* Aktienzuteilung *f*; **a. certificate/letter** Bezugsrechtszuteilung *f*; **a. price/rate** Zuteilungskurs *m*, Z.preis *m*; **a. yield** Bezugsrechtserlös *m*
allow *v/t* 1. erlauben, genehmigen; 2. gewähren, einräumen; **a. for** berücksichtigen, in Rechnung stellen
allowable *adj* 1. erlaubt, zulässig, statthaft; 2. (steuerlich) abzugsfähig
allowance *n* 1. Beihilfe *f*, Zuschuss *m*; 2. Zuteilung *f*; 3. Vergütung *f*; 4. Anrechnung *f*; 5. ⊝ zollfreie Menge; 6. (Steuer)-Freibetrag *m*; 7. Abschreibungsquote *f*, Wertberichtigungsposten *m*
allowance for bad and doubtful accounts Abschreibung auf Forderungen, Wertberichtigungen auf zweifelhafte Forderungen; **~ doubtful accounts** Pauschalwertberichtigung *f*; **~ children** Kinderfreibetrag *m*; **a. of a claim** Anerkennung einer Forderung; **a. for bad/doubtful debts** Wertberichtigung für zweifelhafte Forderungen; **~ depreciation** 1. Wertberichtigung auf das Anlagevermögen; 2. *(Steuer)* Abschreibung/Absetzung für Abnutzung (AfA); **a. of a discount** Nachlass-, Skontogewährung *f*; **a. in kind** Sachleistung *f*; **a. for losses on investments** Wertberichtigungen auf Beteiligungen; **~ possible loan losses** Wertberichtigung auf Forderungen aus Krediten; **a. against tax** steuerliche Absetzung; **a. of time** Zeitzuschlag *m*; **a. for wear and tear** 1. Wertberichtigung auf das Anlagevermögen; 2. *(Steuer)* Abschreibung/Absetzung für Abnutzung (AfA)
to claim an allowance Steuerfreibetrag in Anspruch nehmen; **to grant an a.** Zuschuss bewilligen
accelerated allowance beschleunigte Abschreibung; **annual a.** Jahresabschreibung *f*, J.freibetrag *m*; **blanket a.** Vorsorgepauschale *f*; **daily a.** Tage(s)geld *nt*, Tagesspesen *pl*; **duty-free a.** ⊝ Zollfreibetrag *m*, Z.menge *f*; **fixed/flat-rate a.** Fixum *nt*, Pauschalbetrag *m*; **married a.** Steuerfreibetrag für Verheiratete; **maximum a.** Höchstfreibetrag *m*; **minimum a.** Mindestfreibetrag *m*; **overseas a.** Auslandszulage *f*; **personal a.** *(Steuer)* Grundfreibetrag *m*; **professional a.** Werbungsaufwand *m*, W.kosten *pl*; **supplementary a.** Zusatzzahlung *f*; **special a.** 1. Sonderzuwendung *f*; 2. *(Steuer)* Sonderausgabe *f*, S.freibetrag *m*; **tax-free a.** (Steuer)Freibetrag *m*; **weighted a.** Ortszuschlag *m*

all|-purpose *adj* Allzweck-, multifunktional, universell; **a.-time** *adj* beispiellos, historisch, Rekord-
alter *v/ti* (ver)ändern
amalgamat|e *v/ti* (sich) vereinigen, (sich) zusammenlegen; **a.ion** *n* Verbindung *f*, Vereinigung *f*, Zusammenschluss *m*
ambitious *adj* 1. ehrgeizig; 2. gewagt
amelioration *n* ⚒ (Ver)Besserung *f*
amend *v/t* 1. verbessern, berichtigen; 2. ergänzen
amendment *n* 1. (Ab)Änderung *f*, Ä.santrag *m*, Berichtigung *f*; 2. Ergänzung *f*, Gesetzesänderung *f*; **a. to a contract** Vertragsänderung *f*; **a. of a policy** *(Vers.)* Zusatz zu einer Police; **~ terms** Änderung der Bedingungen
amenity *n* 1. Annehmlichkeit *f*; 2. Freizeitanlage *f*; **civic amenities** städtische Einrichtungen
American Depository Receipt (ADR) *[US]* Hinterlegungsurkunde amerikanischer Banken (für europäische und japanische Aktien); **A. Federation of Labor/Congress of Industrial Organizations (AFL/CIO)** Dachverband der amerikanischen Gewerkschaften; **A. Standards Association (ASA)** amerikanisches Normenbüro
Amex (American Stock Exchange) *n* amerikanische Aktienbörse
amicable *adj* einvernehmlich, gütlich
amortization *n* 1. Abschreibung/Absetzung für Abnutzung (AfA); 2. Amortisation *f*; 3. (Schulden)Tilgung *f*; 4. Goodwill-Abschreibung *f*; **a. of debts** periodische Rückzahlung von Schulden; **~ goodwill** Abschreibung auf den Geschäftswert; **~ interest** Zinskapitalisierung *f*; **~ a loan** 1. Darlehenstilgung *f*; 2. Anleihetilgung *f*; **a. by lot** Tilgung durch Ziehungen; **non-scheduled a.** außerplanmäßige Abschreibung
amortization fund Tilgungsfonds *m*; **a. loan** Amortisations-, Tilgungsanleihe *f*; **a. mortgage** Tilgungs-, Amortisationshypothek *f*; **a. payment** Tilgungsleistung *f*; **a. payments** Tilgungsdienst *m*; **a. rate** Tilgungsrate *f*; **a. reserve** Rückstellungen für Abschreibung; **a. term** Tilgungsfrist *f*
amortize *v/t* 1. amortisieren, abschreiben; 2. tilgen
amount *n* 1. Betrag *m*, Summe *f*; 2. *(Konto)* Stand *m*; 3. Menge *f*; **to the a. of** im Betrag/Wert von
amount|s due to affiliates Konzernverbindlichkeiten *pl*; **a. in arrears** rückständiger Betrag; **a. of cash** Bar(geld)betrag *m*, B.bestand *m*; **~ capital employed** investiertes Kapital, Kapitalanlagevolumen *nt*; **~ the claim** 1. Forderungsbetrag *m*, F.höhe *f*; 2. Schadenssumme *f*; **a. in controversy/dispute** Streitwert *m*; **a. of/permitted by a credit** Akkreditivbetrag *m*; **a. in foreign currency** Fremdwährungsbetrag *m*; **a. of the damage** Schadenshöhe *f*; **~ damages** Schaden(s)ersatzsumme *f*; **~ depreciation** Abschreibungsbetrag *m*; **a. in excess** Überschussbetrag *m*; **~ figures** Betrag in Zahlen; **a. per head** Pro-Kopf-Betrag *m*; **a. of investment** Anlagebetrag *m*; **~ invoice** Rechnungsbetrag *m*; **~ leftovers** Restantenbestand *m*; **~ a letter of credit** Akkreditivbetrag *m*; **~ loss** Schadensbetrag *m*, S.summe *f*; **a. at risk** Risikosumme *f*; **targeted a. of savings** Sparziel *nt*
amount allowed abzugsfähiger Betrag; **a. available** verfügbarer Betrag; **a. borrowed** Darlehenssumme *f*; **a. brought/carried forward** Vortrag *m*, (Rechnungs)Übertrag *m*; **a. claimed** Forderungsbetrag *m*, F.höhe *f*; **a. to be collected** Nachnahmebetrag *m*; **a. covered** *(Vers.)* Deckungs-, Versicherungssumme *f*; **a. credited** gutgeschriebener Betrag; **a. due** fällige Summe, fälliger Betrag; **a.s due to affiliates** Konzernverbindlichkeiten *pl*; **a. guaranteed** Garantie-, Haftungssumme *f*; **a. insured** *(Vers.)* Deckungs-, Versicherungssumme *f*; **a. invested** investiertes Kapital, Anlagebetrag *m*; **a. invoiced** Rechnungssumme *f*, R.betrag *m*; **a. involved** § Streitwert *m*; **a. outstanding** offener/ausstehender Betrag; **a. overdrawn** Überziehungsbetrag *m*; **a. overdue** überfälliger Betrag; **a. owing** ausstehender/geschuldeter Betrag; **a. paid out** Auszahlungsbetrag *m*; **a. payable** auszuzahlender Betrag; **a. permitted by a credit** Akkreditivsumme *f*; **a. received** Betrag erhalten; **a. refunded** *(Vers.)* Erstattungsbetrag *m*; **a. stated** ausgewiesener Betrag; **a. withheld** einbehaltener Betrag
aggregate amount Gesamtbetrag *m*; **average a.** Durchschnittsbetrag *m*; **basic a.** Sockelbetrag *m*; **budgeted a.** einge-

A

planter Betrag; **duty-free a.** ⊖ zollfreie Menge; **fixed a.** Festbetrag *m*; **invoiced a.** Rechnungsbetrag *m*; **missing a.** Fehlbetrag *m*; **partial a.** Teilbetrag *m*; **remaining a.** Restbetrag *m*; **taxable a.** Steuerbemessungsgrundlage *f*, steuerpflichtiger Betrag; **tax-exempt/tax-free a.** Steuerfreibetrag *m*; **vast a.** Unsumme *f*

amount to *v/i* betragen, sich belaufen auf, ausmachen

ample *adj* reichlich, ausreichend

amusement *n* Vergnügen *nt*; **a. tax** Vergnügungssteuer *f*

analyze *v/t* analysieren, untersuchen, auswerten

analysis *n* Analyse *f*, Untersuchung *f*; **a. of physical resources** Sachmittelanalyse *f*; **~ variance** Varianzanalyse *f*

actual state analysis Ist-Analyse *f*; **break-even a.** Deckungsrechnung *f*; **economic a.** Wirtschaftlichkeitsstudie *f*; **external a.** Betriebsvergleich *m*; **factorial a.** Faktorenanalyse *f*; **follow-up a.** Folgeanalyse *f*; **in-depth a.** gründliche Analyse; **macroeconomic a.** volkswirtschaftliche Gesamtanalyse; **operational a.** Betriebsanalyse *f*, Operations Research (OR); **sectoral a.** Branchenbericht *m*; **structural a.** Strukturanalyse *f*; **task-orient(at)ed a.** Objektanalyse *f*

analysis sheet *(Buchführung)* Bilanzzergliederungsbogen *m*; **a. technique** Analysentechnik *f*

analyst *n* Analytiker(in) *m/f*, Analyst(in) *m/f*; **financial a.** Finanzanalyst(in) *m/f*, F.experte *m*, F.expertin *f*

anchor *n* ⚓ Anker *m*; **to cast/drop a.** Anker werfen; **to weigh a.** Anker lichten; **a.-age** *n* Ankerplatz *m*; **~ dues** Anlege-, Hafen-, Ankergebühr(en) *f/pl*

animal *n* Tier *nt*; **a.s for slaughter** Schlachtvieh *nt*; **live a.s** lebende Tiere; *adj* tierisch; **a. breeding** Tier-, Viehzucht *f*; **a. feed(stuff)s** Tierfutter(mittel) *nt/pl*, Futter *nt*; **a. feedstock** Futtermittel *pl*; **a. product** tierisches Produkt; **a. transport** Viehtransport *m*

annex *[US]*/**annexe** *[GB]* *n* 1. 🏛 Anbau *m*, Nebengebäude *nt*; 2. § *(Vertrag)* Anhang *m*

anniversary *n* Jahrestag *m*, (Dienst)Jubiläum *nt*; **a. bonus** Jubiläumsgabe *f*; **a. gift/reward** Jubiläumszuwendung *f*

announce *v/t* ankündigen, bekannt machen, mitteilen; **a.ment** *n* Bekanntmachung *f*, Ankündigung *f*, Mitteilung *f*; **~ of a merger** Fusionsankündigung *f*; **official a.ment** amtliche Bekanntmachung

annual *adj* jährlich, Jahres-; **a.ization** *n* Umrechnung aufs Jahr; **a.ize** *v/t* aufs Jahr umrechnen

annuitant *n* Rentenempfänger(in) *m/f*

annuitization *n* Verrentung *f*

annuity *n* 1. (Versorgungs-/Leib-/Jahres)-Rente *f*; 2. (festes) Jahreseinkommen *nt*; **to capitalize an a.** Rente kapitalisieren; **to settle an a. on so.** für jdn eine Rente aussetzen

capitalized annuity Kapitalrente *f*; **company-paid a.** Betriebsrente *f*; **deferred a.** Anwartschaftsrente *f*; **joint and survivor a.** Rente an Ehegatten und Überlebende; **participating a.** Rente mit Gewinnbeteiligung; **perpetual a.** lebenslängliche Rente; **redeemable a.** Ablösungs-, Tilgungsrente *f*; **reversionary a.** Anwartschafts-, Heimfallrente *f*; **supplemental a.** Zusatzrente *f*

annuity assurance *[GB]*/**insurance** *[US]* (Leib)Rentenversicherung *f*; **a. bond** *[US]* Rententitel *m*, R.schuldverschreibung *f*; **a. loan** Annuitätendarlehen *nt*, A.kredit *m*; **a. mortgage** Hypothek auf Rentenversicherungsbasis; **a. payment** Rentenzahlung *f*; **variable a. plan** Rentenplan mit veränderlichen Auszahlungsbeträgen; **a. policy** Leibrentenversicherungspolice *f*; **a. portfolio** Rentenbestand *m*; **a. settlement** Rentenbestellung *f*; **a. value** Rentenrückkaufswert *m*

annul *v/t* annullieren, aufheben, widerrufen; **a.ment** *n* Annullierung *f*, Aufhebung *f*, Kraftloserklärung *f*; **a. of contract** Vertragsaufhebung *f*

per annum (p.a.) *(lat.)* per/pro Jahr, jährlich

anomaly *n* Unregelmäßigkeit *f*

answer *n* Antwort *f*, Beantwortung *f*, Bescheid *m*; *v/ti* (be)antworten; **a. for so./sth.** für jdn/etw. verantwortlich sein; **a. in the affirmative** bejahen

answer|ability *n* Verantwortlichkeit *f*; **a.able** *adj* verantwortlich, haftbar; **a.ing machine** ☎ (automatischer) Telefon-/Anrufbeantworter *m*; **a.phone** *n* ☎ Anrufbeantworter *m*

antedate *v/t* 1. zurück-, nachdatieren; 2. *(Termin)* vorverlegen, vorziehen

anti-business *adj* unternehmens-, unternehmerfeindlich

anticipat|e *v/t* 1. erhoffen, erwarten; 2. vorwegnehmen; 3. *(Börse)* eskomptieren, einpreisen; **a.ion** *n* 1. Erwartung *f*; 2. Vorgriff *m*, Vorwegnahme *f*

anti|-competitive *adj* wettbewerbsbeschränkend, w.feindlich, w.schädigend; **a.-consumer** *adj* verbraucherfeindlich; **a.-cyclical** *adj* antizyklisch; **a.-employee** *adj* arbeitnehmerfeindlich; **a.-employer** *adj* arbeitgeberfeindlich; **a.-inflationary** *adj* inflationsfeindlich, Antiinflations-; **a.-pollution** *adj* umweltfreundlich; **a.-recession** *adj* Konjunktur(förderungs)-; **a.social** *adj* unsozial; **a.trust** *adj* 1. kartellfeindlich; 2. kartellrechtlich; **a.-union** *adj* gewerkschaftsfeindlich

apartment *n* Apartment *nt*, (Etagen)-Wohnung *f*; **a. house** *[US]* Mehrfamilienhaus *nt*, Wohnblock *m*

apology *n* Entschuldigung *f*; **to offer one's apologies** sich entschuldigen

apparatus *n* Apparat *m*, Gerät *nt*; **a. engineering** Instrumentenbau *m*

apparel *n* Bekleidung *f*; **a. industry** Bekleidungsindustrie *f*

appeal *n* 1. Appell *m*, Gesuch *nt*; 2. Anziehungs-, Zugkraft *f*; 3. § Revision *f*, Berufung *f*; **to allow an a.** Berufung zulassen; **to bring/lodge an a.** Rechtsmittel einlegen; **to dismiss an a.** Berufung/Revision verwerfen; **to uphold an a.** einer Berufung/Revision stattgeben; **global a.** weltweite Attraktivität

appeal (to so.) *v/ti* 1. appellieren; 2. (bei jdm) Anklang finden; 3. § Berufung/Revision einlegen

appeal court; a.s tribunal Berufungsgericht *nt*; **a.ing** *adj* anziehend; **a. procedure** § Revisions-, Berufungsverfahren *nt*

appellant *n* § Berufungs-, Revisionskläger(in) *m/f*

appendix *n* § (Urkunden)Anhang *m*, Zusatz *m*

appliance *n* Apparat *m*, Gerät *nt*; **domestic a.** Haushaltsgerät *nt*; **~ a.s** weiße Ware; **electrical a.** Elektrogerät *nt*

applicable *adj* 1. anwendbar, verwertbar; 2. § geltend

applicant *n* 1. Antragsteller(in) *m/f*; 2. (Stellen)Bewerber(in) *m/f*; 3. (Patent)Anmelder(in) *m/f*

application *n* 1. Antrag *m*, Gesuch *nt*; 2. (Stellen)Bewerbung *f*; 3. (Patent)Anmeldung *f*; 4. § Rechtsbegehren *nt*; 5. Nutzungsmöglichkeit *f*, Verwendung *f*, Einsatzzweck *m*, E.art *f*, E.möglichkeit *f*, Applikation *f*

application for admission Aufnahmeantrag *m*, Zulassungsgesuch *nt*; **~ bankruptcy proceedings** Antrag auf Konkurseröffnung; **~ entry** Beitrittsantrag *m*; **a. of funds** Kapital-, Mittelverwendung *f*; **~ statement** Verwendungsrechnung *f*; **a. for an import licence/permit** Antrag auf Erteilung einer Einfuhrgenehmigung; **~ insurance** Versicherungsantrag *m*; **~ a job** Stellenbewerbung *f*; **~ leave** Urlaubsantrag *m*; **~ listing** Antrag auf Börsenzulassung; **~ a loan** Kreditantrag *m*; **~ membership** Aufnahmeantrag *m*; **~ a patent** Patentanmeldung *f*; **~ payment** Zahlungsaufforderung *f*; **a. to stay proceedings** § Antrag auf Einstellung des Verfahrens; **a. for quotation** Antrag auf Börsenzulassung; **~ a respite** Stundungsgesuch *nt*; **~ shares** Aktienzeichnung *f*; **~ a transfer** Versetzungsgesuch *nt*

to allow an application Antrag genehmigen; **to decline an a.** Antrag ablehnen; **to file an a.** beantragen, Antrag einreichen/stellen; **to invite a.s for** ausschreiben; **to send an a. to** Bewerbung richten an

commercial application wirtschaftliche Verwendung; **final a.** letzte Zahlungsaufforderung; **industrial a.** gewerbliche Verwertung/Nutzung; **informal a.** formloser Antrag; **possible a.(s)** Nutzungspotenzial *nt*; **suitable for practical a.** praxisgerecht; **unsolicited a.** Blind-, Initiativ-, Eigenbewerbung *f*; **written a.** schriftlicher Antrag

application date Anmelde-, Bewerbungstermin *m*; **a. development** 🖳 Anwendungsentwicklung *f*; **a. documents** Bewerbungs-, Anmeldeunterlagen *pl*; **a.s engineer** Anwendungsingenieur *m*, A.techniker *m*, Applikationsingenieur *m*; **a. fee** Anmeldegebühr *f*; **a. file** Bewerbungsunterlagen *pl*; **a. form** 1. Anmelde-, Antragsformular *nt*; 2. Personalfragebogen *m*; **a. guideline** Anwendungsleitfaden *m*; **a.-orient(at)ed** *adj* anwendungsorientiert; **a. papers** Bewerbungsunterlagen *pl*; **a. period**

A

Bewerbungsfrist *f*; **a. procedure** Antrags-, Bewerbungsverfahren *nt*; **a. process** 🖳 Anwendungsverfahren *nt*; **a. software** 🖳 Anwendungs-, Applikationssoftware *f*

apply *v/ti* 1. anwenden; 2. gelten, gültig sein; 3. Antrag stellen, sich bewerben; 4. beantragen; 5. *(Pat.)* anmelden; **a. to** 1. sich wenden an; 2. gelten für, gültig sein für

appoint *v/t* 1. anstellen, ernennen, berufen; 2. verabreden

appointment *n* 1. Ernennung *f*, Berufung *f*; 2. Verabredung *f*, Termin *m*; **a. of a date** Terminfestsetzung *f*; **~ non-executive director** Bestellung eines Aufsichtsratmitglieds; **a. for life** Ernennung/Berufung auf Lebenszeit; **a. of the manager** Bestellung des Geschäftsführers; **~ a receiver** Bestellung eines Konkursverwalters; **a. as a civil servant** Verbeamtung *f*

to arrange an appointment Termin vereinbaren/ausmachen; **to break an a.** Verabredung/Termin nicht einhalten; **to cancel an a.** Termin absagen; **to fix an a.** Termin vereinbaren; **to keep an a.** Termin wahrnehmen, Verabredung einhalten

new appointment Neueinstellung *f*; **permanent a.** Festanstellung *f*; **temporary a.** Ernennung auf Zeit

appointments book/diary Terminkalender *m*

apportion (among) *v/t* *(Kosten)* umlegen (auf)

apportionment *n* 1. Zu-, Aufteilung *f*; 2. Umlage *f*; 3. Mittelzuweisung *f*; 4. Aufschlüsselung *f*, Repartierung *f*; **a. of assets and liabilities** Vermögensauseinandersetzung *f*; **~ cost(s)** Kostenumlage *f*; **~ funds** Mittelzuweisung *f*; **a. formula** Verteilungs-, Umlageschlüssel *m*

appraisal *n* 1. (Ab)Schätzung *f*, Bewertung *f*; 2. Beurteilung *f*; **a. of damage** Schadensbegutachtung *f*; **a. by results** ergebnisbezogene Leistungsbewertung

appraisal cost(s) Schätz(ungs)kosten *pl*, Prüfkosten *pl*; **a. factor** Bewertungsmerkmal *nt*, B.faktor *m*; **a. fee** Taxe *f*, Schätzgebühr *f*; **a. interview** *(Personal)* Beurteilungsgespräch *nt*; **a. interviewing** Führung eines Beurteilungsgesprächs; **a. model** Bewertungsmodell *nt*; **a. report** Beurteilung *f*; **a. system** Beurteilungsmodell *nt*; **a. value** Schätzwert *m*, Taxpreis *m*; **a. well** ⛏ Probebohrung *f*

appraise *v/t* 1. (ab)schätzen, bewerten, beurteilen; 2. veranschlagen, taxieren; **a.-ment** *n* (Zoll)Bewertung *f*; **a.r** *n* 1. Schätzer *m*, Gutachter *m*, Taxator *m*; 2. *(Vers.)* Schadenssachverständiger *m*

appreciate *v/ti* 1. einsehen, verstehen; 2. aufwerten, Preis/Kurs/Wert erhöhen; 3. im Kurs/Wert steigen

appreciation *n* 1. Verständnis *nt*; 2. Wertsteigerung *f*, Kurs-, Preisanstieg *m*; **a. of fixed assets** Höherbewertung von Anlagegütern; **~ principal** Kapitalzuwachs *m*; **~ stocks** Höherbewertung von Lagerbeständen; **~ value** 1. Zuschreibung *f*; 2. Wertzuwachs *m*; **a. surplus** Bewertungsüberschuss *m*, B.gewinn *m*; **a. value** Wertsteigerung *f*

apprentice *n* Lehrling *m*, Auszubildende(r) *m/f*, Azubi *f/m*; **clerical/commercial a.** Bürolehrling *m*, kaufmännische(r) Lehrling/Auszubildende(r); **industrial a.** gewerblicher Lehrling, gewerbliche(r) Auszubildende(r); **a.'s pay** Lehrlings-, Ausbildungsvergütung *f*

apprenticeship *n* Lehre *f*, Ausbildung(splatz) *f/m*, A.sverhältnis *nt*; **to serve an a.** in der Lehre/Ausbildung sein, Lehre/Ausbildung machen; **commercial a.** kaufmännische Lehre/Ausbildung; **industrial a.** gewerbliche Lehre/Ausbildung; **a. pay** Ausbildungs-, Lehrlingsvergütung *f*

approach *n* 1. Annäherung *f*; 2. Vorgehen(sweise) *nt/f*, Ansatz *m*, Methode *f*; 3. Betrachtungsweise *f*; **bottom-up a.** progressives Verfahren; **case-by-case a.** Fallmethode *f*; **commercial a.** wirtschaftliche Betrachtungsweise; **macro-economic a.** gesamtwirtschaftliche Betrachtungsweise; **top-down a.** regressives Verfahren; **a. channel** Zufahrt *f*

appropriate *v/t* 1. sich aneignen, beschlagnahmen; 2. *(Geldmittel)* bereitstellen, bewilligen; *adj* angemessen, angebracht, sachgemäß, passend

appropriation *n* 1. Inbesitznahme *f*, Besitzergreifung *f*; 2. *(Geldmittel)* Bereitstellung *f*, Zuweisung *f*, Bewilligung *f*, (Haushalts-/Mittel-/Etat)Ansatz *m*; 3. *(Bilanz)* Einstellung *f*

appropriation of budget funds Zuweisung von Mitteln; **~ earnings** Ergebnis-, Gewinnverwendung *f*; **~ funds** Mittelzuweisung *f*, Kapitalbewilligung *f*; **~ net income** Ergebnis-, Gewinnverwendung *f*; **~ income statement** Gewinnverwendungsrechnung *f*; **~ profit(s)** Ergebnis-, Gewinnverwendung *f*; **a. to reserves** Zuführung zu den Reserven; **a.s to open reserves** Einstellung in offene Rücklagen

advance appropriation Vorausbewilligung *f*; **budgetary a.** Ausgabenbewilligung *f*; **itemized a.** Einzelzuweisung *f*; **statutory a.s** satzungsmäßige Rücklagen; **supplementary a.** Nach(trags)bewilligung *f*, Ergänzungszuweisung *f*; **surplus a.** Rücklagenbildung *f*, R.zuführung *f*

appropriation account 1. Bereitstellungskonto *nt*; 2. Ergebnisverwendungsrechnung *f*; **a.s commission** Bereitstellungsprovision *f*; **a. period** Bewilligungszeitraum *m*

approval *n* 1. Zustimmung *f*, Billigung *f*, Zulassung *f*, Annahme *f*; 2. *(Vorstand)* Entlastung(serteilung) *f*; 3. *(Gerät)* Abnahme *f*; **on a.** zur Ansicht, auf/zur Probe; **subject to a.** zulassungs-, genehmigungspflichtig; **a. of the minutes** Genehmigung des Protokolls; **~ annual financial statements** Feststellung des Jahresabschlusses; **to give a. to** billigen; **to seek a.** Genehmigung einholen; **to send on a.** zur Ansicht senden

conditional approval bedingte Zustimmung; **formal a.** Entlastung *f*; **official a.** amtliche Genehmigung; **qualified a.** bedingte Zustimmung; **regulatory a.** staatliche Genehmigung; **second-party a.** Genehmigung durch den Kunden; **tacit a.** stillschweigende Genehmigung; **unanimous a.** einhellige Zustimmung

approval procedure Genehmigungsverfahren *nt*; **a. sale** Kauf auf Probe

approve (of sth.) *v/t* 1. genehmigen, billigen; 2. bewilligen; **a.d** *adj* 1. zugelassen; 2. anerkannt

approximate *v/ti* 1. annähern; 2. in etwa entsprechen; *adj* ungefähr; **a.ly** *adv* ungefähr, annähernd

approximation *n* Annäherung(swert) *f/m*

apron *n* 1. Abschnitt *m*; 2. Talon *m [frz.]*; 3. Allonge *f [frz.]*

aptitude *n* Eignung *f*, Befähigung *f*; **vocational a.** berufliche Eignung; **a. check/test** Eignungsuntersuchung *f*, E.nachweis *m*

aquaculture *n* Fischzucht *f*

arable *adj* 🚜 anbaufähig, urbar

arbitrage *n* 1. Schlichtung *f*; 2. *(Börse)* Arbitrage *f [frz.]*; **a. in securities** Effektenarbitrage *f*; **a. activity/business** Arbitragegeschäft *nt*; **a. dealer/trader** Arbitragehändler *m*; **a. profit** Kursschnitt *m*; **a. trade** Arbitragehandel *m*

arbitrary *adj* willkürlich, eigenmächtig

arbitrate *v/ti* durch Schiedsspruch beilegen, schlichten, vermitteln

arbitration *n* 1. Schlichtungs-, Schieds(gerichts)verfahren *nt*, Schlichtung *f*; 2. Schiedsspruch *m*, schiedsrichterliche Entscheidung; **to go to a.** Schiedsgericht anrufen; **to refer to a.** zur Schlichtung überweisen; **to settle by a.** durch Schiedsspruch schlichten; **compulsory a.** Zwangsschlichtung *f*; **industrial a.** Schlichtung von Arbeitsstreitigkeiten

arbitration agreement Schlichtungsabkommen *nt*; **a. award** Schiedsspruch *m*, Schlichtungsvereinbarung *f*; **a. board** Einigungs-, Schlichtungsstelle *f*; **a. commission** Schiedskommission *f*; **a. committee** Vermittlungs-, Schlichtungsausschuss *m*; **a. procedure/proceedings** Schieds(gerichts)-, Schlichtungsverfahren *nt*; **a. rules** Schieds-, Schlichtungsordnung *f*; **a. tribunal** Schieds(gerichts)hof *m*, Schiedsgericht *nt*

arbitrator *n* Schiedsmann *m*, Schlichter *m*; **a.'s award** Schiedsspruch *m*

archiv|e *v/t* archivieren; **a.ing** *n* Archivierung *f*

area *n* 1. Fläche *f*; 2. (Teil)Gebiet *nt*; 3. Bereich *m*

area of application Anwendungsbereich *m*; **~ authority** Kompetenzbereich *m*, Befugnisse *pl*; **~ industrial concentration** Ballungsgebiet *nt*; **a. under crops/cultivation** 🚜 Anbaufläche *f*; **a. used for dairy farming** Milcherzeugnisfläche *f*; **a. of operation** Betriebs-, Geschäftsbereich *m*; **~ production** Produktionssparte *f*, Produktsegment *nt*; **~ responsibility** Verantwortungsbereich *m*, V.gebiet *nt*

area served ⚓ Fahrtgebiet

accessible area *(Lager)* Einfahrbereich *m*; **agricultural a.** landwirtschaftlich genutzte Fläche; **blighted a.** Sanierungsgebiet *nt*; **bonded a.** ⊝ Zollfreizone *f*; **built-up a.** geschlossene Ortschaft; **cultivated a.** 🚜 Anbaugebiet *nt*; **defective a.** Fehlerstelle *f*; **developing a.** *[US]* strukturschwaches

A

Gebiet; **distressed a.** Notstandsgebiet *nt*; **economic a.** Wirtschaftsgebiet *nt*, W.-raum *m*; **industrial a.** Industriegebiet *nt*; **inland a.** Hinterland *nt*; **inner-city a.** Innenstadtbereich *m*; **metropolitan a.** Großstadtbereich *m*; **operational a.** Einsatzgebiet *nt*; **postal a.** ✉ Zustellbezirk *m*; **preferential a.** ⊝ Präferenzgebiet *nt*; **rehabilitated a.** saniertes Baugebiet; **residential a.** Wohngegend *f*, W.gebiet *nt*; **rural a.** ländliches Gebiet; **upgraded a.** saniertes Baugebiet, sanierte Fläche; **urban a.** Großstadtgebiet *nt*; **normal working a.** natürlicher Griffbereich

area calculation Flächenbedarfsermittlung *f*; **a. code** ☎ Vorwahl(nummer) *f*, Ortskennzahl *f*; **functional a. controller** Funktionsbereichscontroller(in) *m/f*; **a. director** Gebiets-, Regionaldirektor(in) *m/f*; **a. distribution manager** Gebietsvertriebsleiter(in) *m/f*; **a. management** Bezirksgeschäftsführung *f*, Gebietsleitung *f*; **a. manager** 1. Bezirks-, Bereichsleiter(in) *m/f*, Bezirksgeschäftsführer(in) *m/f*; 2. *(Vers.)* Bezirksinspektor(in) *m/f*, B.direktor(in) *m/f*, Gebietsleiter(in) *m/f*; 3. Länderreferent(in) *m/f*; **a. needs** regionaler Bedarf; **local a. network (LAN)** ☎ Ortsnetzbereich *m*; **a. representative** Bezirksreisende(r) *f/m*, Gebietsrepräsentant(in) *m/f*; **a. sales director/manager** Bezirks-, Gebiets-, Regionalverkaufsleiter(in) *m/f*, R.vertriebsleiter(in) *m/f*; **a. sampling** Flächenstichprobenverfahren *nt*; **a.-specific** *adj* bereichs-, regionalspezifisch; **a.-wide** *adj* flächendeckend

argue *v/t* die Meinung vertreten

arithmetic *n* Arithmetik *f*, Rechnen *nt*; **commercial a.** kaufmännisches Rechnen; **fiscal a.** Finanz-, Steuerarithmetik *f*

arm *n* 1. Arm; 2. *(fig)* Zweig *m*; 3. Bereich *m*; 4. *(Firma)* Tochter(gesellschaft) *f*

armament *n* ⚔ Bewaffnung *f*, Rüstung *f*; **a.s** Waffen *pl*, Rüstungsgüter *pl*; **a.(s) industry** Rüstungsindustrie *f*, R.wirtschaft *f*; **a.s manufacturer** Rüstungsunternehmen *nt*

arms ⚔ Waffen *pl*, Rüstungsgüter *pl*; **a. conversion** Rüstungskonversion *f*; **a. dealer** Waffenhändler *m*; **a. group** Rüstungskonzern *m*; **a. industry** Rüstungsindustrie *f*, R.wirtschaft *f*; **a. maker** Rüstungsunternehmen *nt*; **a. production** Rüstungsgüterproduktion *f*, Waffenherstellung *f*

at arm's length 1. auf Armeslänge; 2. rein geschäftlich; **a. l. sale** selbstständiger Verkauf an Dritte

arms manufacturer Rüstungsfirma *f*; **a. trade** Waffenhandel *m*

arrange *v/t* 1. arrangieren, vereinbaren, verabreden; 2. vermitteln, disponieren; 3. ordnen

arrangement *n* 1. Vereinbarung *f*, Übereinkunft *f*; 2. Verabredung *f*; 3. Anordnung *f*, Gliederung *f*; 4. *(Kredit)* Bereitstellung *f*; **a.s** (Geschäfts)Dispositionen *pl*; **a. in bankruptcy** (Zwangs)Vergleich *m*; **a. with (the) creditors** Übereinkunft mit den Gläubigern, Gläubigervergleich *m*; **a. of entries** Buchungsanordnung *f*; **a. on generous terms** Kulanzregelung *f*; **to come to/make an a.** 1. sich vergleichen, Vergleich schließen; 2. Absprache treffen; **to settle by a.** durch Vergleich erledigen

advance arrangement Vorausdisposition *f*; **amicable a.** einvernehmliche Regelung, gütliche Erledigung; **contractual a.** vertragliche Vereinbarung; **informal a.** formlose Vereinbarung; **monetary a.s** Gelddisposition(en) *f/pl*; **permanent a.** Dauerregelung *f*; **preferential a.** Präferenzregelung *f*; **private a.** § gütlicher/außergerichtlicher Vergleich; **special a.** Einzelabrede *f*; **transitional a.** Übergangsbestimmung *f*

arrangement fee (Kredit)Bereitstellungsgebühr *f*

array *n* Ansammlung *f*

arrears *n* 1. Rückstände *pl*; 2. Schulden *pl*, (Zahlungs)Verzug *m*; **in a.** im Rückstand, im Verzug; **a. of interest** Zinsrückstände *pl*; **~ payment** Zahlungsrückstände *pl*; **a. in the payment of premiums** Prämienrückstand *m*, P.verzug *m*; **payable in a.** postnumerando zahlbar; **to be in a.** in Zahlungsverzug sein; **to settle a.** Rückstände begleichen; **to work off a.** Rückstände aufarbeiten/aufholen; **a. letter** Mahnung *f*, Mahnschreiben *nt*

arrest *n* 1. § Verhaftung *f*, Festnahme *f*; 2. Beschlagnahme *f*; 3. ⚓ Aufbringen *nt*; **a. of a debt** Forderungspfändung *f*; **~ goods** Warenbeschlagnahme *f*; *v/t* 1. festnehmen, verhaften; 2. in Beschlag nehmen; **a. warrant** Haftbefehl *m*

arrival *n* 1. Ankunft *f*; 2. (Waren)Eingang *m*; 3. 🚂 Einfahrt *f*; **a.s and departures** Ankunfts- und Abfahrzeiten *pl*; **a.s of goods** Wareneingang *m*
arrive *v/i* 1. ankommen, anreisen; 2. ⚓/🚂 einfahren
arts *n* Geisteswissenschaften *pl*; **a. and crafts** Kunsthandwerk *nt*, K.gewerbe *nt*
article *n* 1. Erzeugnis *nt*, Artikel *m*; 2. § Paragraf *m*
article|s of association *[GB]***/copartnership** *[US]***/incorporation** *[US]* (Firmen-/Gesellschafts)Satzung *f*, G.vertrag (mit den Teilhabern) *m*; **a. made in bulk** Massenerzeugnis *nt*; **a. of a contract** Vertragspunkt *m*; **a.s of organization** *[US]* Gründungsurkunde *f*; **~ partnership** *(OHG/KG)* Gesellschaftsvertrag einer Personengesellschaft; **a. of value** ✉ Wertstück *nt*, W.sache *f*
article made in bulk Massenerzeugnis *nt*
branded article Markenartikel *m*, M.erzeugnis *nt*; **fashionable a.** Trend-, Modeartikel *m*; **fast-moving a.** Absatzrenner *m*, Verkaufsschlager *m*, Schnelldreher *m*; **finished a.s** Fertigerzeugnisse *pl*; **giveaway a.** Werbegeschenk *nt*; **high-volume a.** Absatzrenner *m*, Verkaufsschlager *m*; **manufactured a.** gewerbliches Erzeugnis, Fabrikerzeugnis *nt*; **mass-produced a.** Massenartikel *m*, M.erzeugnis *nt*; **proprietary a.** Markenartikel *m*, M.erzeugnis *nt*; **seasonal a.** Saisonartikel *m*; **~ a.s** Saisonwaren *pl*; **semi-finished a.** Halbfertigerzeugnis *nt*; **trademarked a.** Markenartikel *m*, M.erzeugnis *nt*; **unsal(e)able a.** Ladenhüter *m (coll)*
articled *adj* 1. in der Lehre; 2. vertraglich verpflichtet
article|s list Artikelverzeichnis *nt*; **a. number** Artikelnummer *f*
artisan *n* Handwerker *m*
artist *n* Künstler(in) *m/f*; **commercial/industrial a.** Werbe-, Gebrauchsgraphiker(in) *m/f*
arts programme Kulturprogramm *nt*
ascertain *v/t* ermitteln, feststellen
ascertainment *m* 1. Ermittlung *f*, Feststellung *f*; 2. *(Ware)* Konkretisierung *f*; **a. of damage/loss** Schaden(s)feststellung *f*; **~ the facts** Feststellung des Tatbestandes; **~ value** Wertermittlung *f*
aside from *adv* neben, außer
ask *n (Börse)* Brief *m*; **a.ed** *n (Börse)* Brief *m*, geforderter Preis; *adj* angeboten; **~ and bid** *(Börse)* Brief und Geld (Angebot und Nachfrage)
assay *n* Metallprüfung *f*, (Fein)Gehaltsbestimmung *f*; **a. mark** Prüfzeichen *nt*; **a. value** Metall-, Münzwert *m*
assembl|e *v/t* montieren, zusammenbauen; *v/i* sich versammeln; **a.ing device** *n* Montagehilfe *f*
assembly *n* 1. 🏭 Fertigung *f*, Montage *f*, Zusammenbau *m*; 2. Montageergebnis *nt*; 3. Versammlung *f*; **during a.** bei Montage; **final a.** End-, Fertigmontage *f*; **general a.** Voll-, Generalversammlung *f*; **localized a.** Montage vor Ort; **progressive a.** (Fließ)Bandmontage *f*
assembly area Montagebereich *m*; **a. bay** Montagestand *m*; **a. belt** 🏭 Montage-, Fließband *nt*; **a. equipment** Montageausrüstung *f*; **a. instruction** Montagehinweis *m*
assembly line 🏭 Montage-, Fließband *nt*; **intermittent a. l.** Taktstraße *f*; **a.-l. production** Fließ(band)fertigung *f*, Bandfertigung *f*; **~ worker** Fließbandarbeiter(in) *m/f*
assembly operation Montage(tätigkeit) *f*; **a. order** Materialanforderungsschein *m*; **a. plant** Montagewerk *nt*; **a. point** Sammelplatz *m*, Sammlungspunkt *m*; **a. stand** Montagestand *m*; **a. transport** Montagetransport *m*; **a. worker** Montagearbeiter(in) *m/f*; **a. yard** Montageplatz *m*
assess *v/t* 1. beurteilen, einschätzen, messen, bewerten, taxieren; 2. *(Steuern)* veranlagen, besteuern; 3. *(Schaden)* feststellen
assessable *adj* besteuerbar, steuerpflichtig
assessment *n* 1. Schätzung *f*, Begutachtung *f*; 2. *(Steuer)* Veranlagung *f*; 3. Beurteilung *f*; 4. *(Schaden)* Feststellung *f*
assessment of the consequences of technology Technikfolgeabschätzung *f*; **~ damages** Schaden(s)feststellung *f*; **~ demand** Bedarfsermittlung *f*; **~ economic efficiency** Wirtschaftlichkeits(be)rechnung *f*; **~ income tax** Einkommen(s)steuerveranlagung *f*; **~ import duties** ⊖ Bemessung der Eingangsabgaben; **~ qualifications** Qualifikationsermittlung *f*; **a. for tax (purposes)** steuerliche Veranlagung; **a. of value** Wertermittlung *f*; **~ as a going concern** Teilwertermittlung *f*

A

advance assessment Vorausveranlagung *f*; **cost-benefit a.** Kosten-Nutzen-Analyse *f*; **ecological a.** Ökobilanzierung *f*; **general a.** *(Steuer)* Hauptveranlagung *f*, Gesamtbeurteilung *f*; **joint a.** Zusammenveranlagung *f*; **principal a.** *(Steuer)* Hauptveranlagung *f*; **subjective a.** subjektive Bewertung

assessment centre *(Bewerbung)* Assessment-Center *nt*; **a. date** Veranlagungszeitpunkt *m*; **a. notice** Steuerfestsetzung *f*, S.bescheid *m*; **a. office** Steuerveranlagungsstelle *f*; **a. period** (Steuer)-Veranlagungszeitraum *m*; **a. principle** Bewertungsregel *f*; **a. scheme** Beurteilungssystem *nt*

assessor *n* 1. Schätzer *m*, Taxator *m*, Gutachter *m*; 2. *(Vers.)* Schadensregulierer *m*, Versicherungssachverständiger *m*

asset *n* 1. Wirtschafts-, Anlagegut *nt*, Sach-, Vermögenswert *m*; 2. *(Bilanz)* Aktivposten *m*; 3. Vorzug *m*, Vorteil *m*; **a.s** 1. Betriebsvermögen *nt*; 2. *(Bilanz)* Aktiva *pl*; 3. Nachlass *m*; 4. (Konkurs)Masse *f*; **a.s in composition proceedings** Vergleichsmasse *f*; **a.s under construction** Anlagen im Bau; **a.s in foreign currency** Devisenguthaben *pl*; **a.s subject to depreciation** Nutzungsgüter *pl*; **a.s available for distribution** *(Konkurs)* Teilungsmasse *f*; **a.s of the fund** Fondsvermögen *nt*

assets and liabilities Aktiva und Passiva *pl*, Soll und Haben *nt*, Kreditoren und Debitoren *pl*; **a. and liabilities position/statement** 1. Vermögensbilanz *f*; 2. *[US]* Bilanz *f*; **a. brought in** Einlagen *pl*; **a. employed** eingesetztes Aktivvermögen, Vermögensverwendung *f*; **a. held abroad** Vermögenswerte im Ausland; **a. received** Finanzanlagenzugang *m*

to carry/recognize as assets aktivieren; **to erode a.** Vermögen/Kapital aufzehren; **to freeze a.** Guthaben blockieren; **to realize a.** Kapital/Vermögenswerte verkaufen; **to seize a.** Vermögen beschlagnahmen; **to strip a.** *(coll) (Firma)* ausschlachten; **to transfer a.s** Vermögen übertragen; **to write back as a.** Anlagen reaktivieren

active assets Aktivkapital *nt*, Betriebsaktiva *pl*; **accrued a.** antizipative Aktiva; **aggregate a.s** gesamtes Betriebsvermögen; **base a.** Betriebsvermögen *nt*; **blocked a.** Sperrvermögen *nt*; **internally produced and capitalized a.** aktivierte Eigenleistungen; **circulating a.** Umlaufvermögen *nt*; **committed a.s** Deckungsstock *m*; **company-manufactured a.** selbst erstellte Anlagen, Eigenleistungen *pl*; **corporate a.** *(AG)* Gesellschaftsvermögen *nt*; **current a.** 1. (kurzfristiges) Umlaufvermögen *nt*, Gegenstände des Umlaufvermögens, kurzfristige Aktiva; 2. *(Bilanz)* kurzfristige Forderungen; **~ ratio** Verhältnis Anlage- zum Umlaufvermögen; **depreciable a.** abschreibungsfähige Anlagegüter, abnutzbares Anlagevermögen, abnutzbare Wirtschaftsgüter; **dormant a.s** stille Reserven; **earning a.** werbende Aktiva, gewinnbringende Anlagen; **economic asset** Wirtschaftsgut *nt*; **exempt(ed) a.** pfändungsfreies Vermögen; **fiduciary a.** Treuhandvermögen *nt*; **financial a.** Kapitalvermögen *nt*, Finanzanlagen *pl*

fixed asset Gegenstand des Anlagevermögens, (unbewegliches) Anlagegut *nt*; **f. a.s** Anlagevermögen *nt*, Sachanlagen *pl*, nicht realisierbares Vermögen; **~ as shown in the balance sheet** buchmäßiges Anlagevermögen; **intangible f. a.s** immaterielles Anlagevermögen, immaterielle Vermögensgegenstände; **tangible f. a.s** Sachanlagevermögen *nt*; **f. a.s account** (Sach)Anlagenkonto *nt*; **~ depreciation** Abschreibung auf Sachanlagen; **~ investments** Anlageinvestitionen *pl*; **f.-a.s-to-net-worth ratio** Anlagendeckungsgrad *m*; **f. a.s schedule** Anlagenspiegel *m*; **~ valuation** Bewertung des Anlagevermögens; **gross ~ value** Bruttosachanlagenwert *m*

floating assets flüssige Anlagen/Mittel, flüssiges Umlaufvermögen; **foreign a.** Auslandsanlagen *pl*, A.vermögen *nt*; **free a.** 1. frei verfügbare Vermögenswerte; **frozen a.** blockierte Guthaben; **human a.** Humankapital *nt*; **individual a.** Privatvermögen der Gesellschafter; **industrial a.** gewerbliches Vermögen; **intangible asset** immaterieller Anlagegegenstand; **intangible a.** immaterielle Aktiva; **fixed ~ a.** Finanzanlagen *pl*; **interest-bearing a.** werbende/verzinsliche Aktiva; **investable a.** verfügbares Anlagekapital; **liquid a.s** 1. Umlaufvermögen *nt*; 2. *(Bilanz)* kurzfristige Forderungen; **~ ratio** Liquiditätskennziffer *f*; **long-lived a.**

langfristiges Vermögen; **marketable asset** fungibler Vermögenswert; **material a.** Vermögenssubstanz *f*, Sachwerte *pl*; **minor-value a.** geringwertige Wirtschaftsgüter; **miscellaneous a.** sonstige Vermögensgegenstände; **negative a.** Verbindlichkeiten *pl*

net asset (Netto)Forderungssaldo *m*; **n. a.s** Eigenkapital *nt*, Nettoaktiva, Kapitalvermögen *nt*; **consolidated n. a.s** konsolidiertes Eigenkapital; **n. a.(s) position** Vermögensstand *m*

nominal assets Buchwerte *pl*; **non-current a.** Anlagevermögen *nt*; **non-financial a.** Sachvermögen *nt*; **offshore a.** Guthaben im Ausland; **operating a.** Betriebsvermögen *nt*; **permanent a.** 1. Anlagevermögen *nt*; 2. Grundstücke *pl*; **personal a.** Privatvermögen *nt*; **physical asset** Sachgut *nt*, materieller Vermögenswert; **~ a.** Sachanlagen *pl*, materielle (Wirtschafts)Güter; **private a.** Privatvermögen *nt*; **productive a.** 1. Produktionsanlagen *pl*; 2. werbende Aktiva; 3. Produktivvermögen *nt*; **public(-sector) a.s** öffentliches Eigentum, Staatsvermögen *nt*; **quick a.** 1. liquide Mittel, Umlaufvermögen *nt*; 2. *(Bilanz)* flüssige Mittel und Forderungen

real asset Realwert *m*; **r. a.s** unbewegliches Vermögen, Grundbesitz *m*, Immobilien *pl*, Liegenschaften *pl*; **r. a. growth** Substanzzuwachs *m*; **~ wastage** Substanzverzehr *m*

residual assets Restvermögen *nt*; **risk-weighted a.** Risikoaktiva *pl*; **short-life asset** kurzlebiges Wirtschaftsgut; **tangible asset** materieller Vermögensgegenstand/V.wert; **~ a.** Sach(anlage)-vermögen *nt*, Realkapital *nt*, Sachanlagegüter *pl*; **total a.** 1. Gesamtvermögen *nt*, (Bilanz)Summe *f*, Vermögenssubstanz *f*; 2. Liquidationsmasse *f*; 3. Fondsvermögen *nt*; **wasting asset** kurzlebiger/abnutzbarer Vermögenswert, Wirtschaftsgut *nt*; **working a.** Umlaufvermögen *nt*

asset|s account Bestandskonto *nt*; **a. accounting** Anlagerechnung *f*; **a. addition** Anlagenzugang *m*; **a. allocation** Anlagestruktur *f*, Portefeuillestrukturierung *f*; **a. appreciation** Wertsteigerung *f*; **a. backing** Vermögenswerte pro Aktie, Unterlegung mit Sachwerten; **a. base** Substanz *f*; **a. class** Anlagekategorie *f*; **a. consumption** Substanz-, Kapitalverzehr *m*, Auszehrung des Eigenkapitals; **a. cost(s)** Anschaffungskosten *pl*; **a. depreciation range** betriebsgewöhnliche Nutzungsdauer; **a. disposal** Anlagenveräußerung *f*, A.abgang *m*, Vermögensliquidation *f*; **a. diversification** Anlagenstreuung *f*; **a. erosion** Substanzverlust *m*, S.verzehr *m*, Werteverzehr *m*; **a. growth** Anlagenzuwachs *m*; **a. inflation** Inflation an Vermögenswerten; **a. items** Gegenstände des Anlagevermögens; **a. management** Vermögensverwaltung *f*; **a. manager** Vermögensverwalter *m*; **a. mix** Anlagenstreuung *f*; **a.(s) portfolio** Vermögensportfolio *nt*; **a. retirement** Anlagevermögensabgang *m*; **a. side** *(Bilanz)* Aktivseite *f*; **a. spread** Anlagenstreuung *f*; **financial a.s statement** Geldvermögensrechnung *f*; **a.-strip** *v/t (coll)* ausschlachten; **a. stripping** *(coll)* Ausschlachtung von Anlagen, Vermögensverlagerung *f*; **a. structure** Vermögensaufbau *m*; **a.s tax** Vermögensteuer (VSt) *f*; **a. transfer** Vermögensübertragung *f*; **a. valuation** Anlagenbewertung *f*

asset|(s) value Anlage-, Buchwert *m*; **net a. v.** Nettobuchwert *m*; **initial ~ a. v.** ursprünglicher Nettowert; **material a. v. maintenance** Substanzerhaltung *f*; **a. v. method** Substanzwertmethode *f*

asset write-down Anlagenabschreibung *f*; **a. write-off** Abschreibung von Anlagewerten

assign *n* Rechtsnachfolger(in) *m/f*, Abtretungsempfänger(in) *m*, Forderungsübernehmer(in) *m/f*; *v/t* 1. anweisen; 2. zuweisen; 3. übereignen, übertragen

assignation *n* 1. *(Aufgabe)* Zuteilung *f*, Zuweisung *f*; 2. *(Forderung)* Abtretung *f*, Übertragung *f*

assigned *adj* vorgesehen; **not a.** nicht zugeordnet

assignee *n* 1. Abtretungsempfänger(in) *f/m*, Zessionar(in) *m/f*; **a. in bankruptcy** Konkursverwalter *m*

assigner; assignor *n* Zedent(in) *m/f*, Abtretende(r) *f/m*, Anweisende(r) *f/m*

assignment *n* 1. (Forderungs)Abtretung *f*, Zession *f*; 2. Vermögensübertragung *f*; 3. Aufgabengebiet *nt*

assignment of accounts receivable Sicherungs-, Forderungsabtretung *f*; **a. in blank** Blankozession *f*; **a. of a claim/**

A

debt Anspruchs-, Forderungsabtretung *f*; **a. for collection** Inkassoabtretung *f*; **a. of duties** Aufgabenzuweisung *f*; **~ funds** Mittelzuweisung *f*; **a. to a group** Gruppenzuordnung *f*; **a. of a mortgage** Hypothekenabtretung *f*; **~ a policy** Policenabtretung *f*; **~ property** Vermögensübertragung *f*; **~ salary** Gehaltsabtretung *f*; **~ wages** Lohnabtretung *f*

transferable by assignment durch Zession übertragbar

blanket assignment Global-, Mantelabtretung *f*; **collateral a.** Sicherungsübereignung *f*; **cross-sectional a.** Querschnittsaufgabe *f*; **general a.** Global-, Mantelabtretung *f*

assignment clause Zessionsklausel *f*; **a. sheet** Betriebsabrechnungsbogen *m*

assist *v/t* (aus)helfen, unterstützen, fördern

assistance *n* 1. (Bei)Hilfe *f*, Unterstützung(sleistung) *f*; 2. Zuschuss *m*; **eligible for a.** förderfähig; **to render a.** Hilfestellung leisten

economic assistance Wirtschaftshilfe *f*; **financial a.** Kapital-, Finanzhilfe *f*; **legal a.** Rechtsbeistand *m*, R.hilfe *f*; **mutual a.** gegenseitige Unterstützung; **national a.** Sozialhilfe *f*, staatliche Fürsorge; **official a.** Amtshilfe *f*; **public/social a.** Sozialhilfe *f*, staatliche Fürsorge; **regional a.** Regionalförderung *f*; **temporary a.** Überbrückungshilfe *f*

assistant *n* Assistent(in) *m/f*, Gehilfe *m*, Gehilfin *f*; **a. in the personnel department** Personal-Assistent(in) *m/f*; **clerical a.** Bürogehilfe *m*, B.gehilfin *f*; **managerial a.** Mitarbeiter(in) der Geschäftsleitung, Betriebsassistent(in) *m*; **personal a. (PA)** persönliche(r) Assistent(in)/Referent(in)

assistant buyer Einkaufssachbearbeiter(in) *m/f*; **a. controller** Controller-Assistent(in) *m/f*, Controlling-Assistent(in) *m/f*; **a. courier** Mitarbeiter(in) in der Reiseleitung; **a. manager** Direktionsassistent(in) *m/f*, Substitut(in) *m/f*

associate *n* Gesellschafter(in) *m/f*, Teilhaber(in) *m/f*, Konsorte *m*; *v/ti* verbinden, vereinigen, (sich) assoziieren; *adj* *(Gesellschaft)* nahestehend

association *n* 1. Verband *m*, Verein(igung) *m/f*; 2. Partnerschaft *f*; 3. Personengemeinschaft *f*; **A. of British Chambers of Commerce (ABCC)** Vereinigung britischer Handelskammern; **~ South-East Asian Nations (ASEAN)** Vereinigung Südostasiatischer Nationen

agrarian/agricultural association Landwirtschaftsverband *m*; **beneficiary a.** Versicherungsverein auf Gegenseitigkeit (VVaG) ; **charitable a.** Wohlfahrtsverband *m*; **commercial a.** Wirtschaftsverein(igung) *m/f*; **federal a.** Bundesverband *m*; **industrial a.** 1. Industrie-, Fachverband *m*; 2. Wirtschaftsvereinigung *f*; **municipal a.** Kommunalverband *m*; **mutual a.** Vereinigung auf Gegenseitigkeit; **non-profit(-making) a.** gemeinnütziger Verband; **professional a.** Berufsverband *m*, Standesvertretung *f*; **protective a.** Schutzgemeinschaft *f*; **provident a.** Privatkrankenkasse *f*; **registered a.** eingetragener Verein (eV); **special-purpose a.** Zweckverband *m*; **unincorporated a.** nicht eingetragener Verein; **voluntary a.** freiwilliger Zusammenschluss

association advertising Gemeinschaftswerbung *f*; **a. director/manager** Verbandsgeschäftsführer(in) *m/f*; **a. marketing** Verbandsvertrieb *m*

assorted *adj* sortiert

assortment *n* Auswahl *f*, Sortiment *nt*; **a. of goods** Sortiment *nt*; **~ merchandise** Warensortiment *nt*; **~ samples** Musterkollektion *f*; **a. analysis** Sortimentsanalyse *f*; **a. brand** Dachmarke *f*; **a. planning** *(Einzelhandel)* Sortimentsplanung *f*

assumption *n* 1. Annahme *f*, Vermutung *f*; 2. (*Verpflichtung*) Übernahme *f*; **a. of debts** Schuld-, Forderungsübernahme *f*; **~ liability** Haftungsübernahme *f*; **~ losses** Verlustübernahme *f*; **~ (a) risk** Risikoübernahme *f*

assurance *n* ↘ **insurance** 1. Ver-, Zusicherung *f*; 2. *[GB]* Lebensversicherung(sgesellschaft) *f*; **industrial a.** Kleinlebensversicherung *f*; **straight-life a.** Versicherung auf den Todesfall; **temporary a.** Risiko(lebens)versicherung *f*; **a. benefit** *[GB]* *(Lebensvers.)* Versicherungsleistung *f*; **a. company** (Lebens)Versicherungsgesellschaft *f*, Lebensversicherer *m*

assure *v/t* (ver-/zu)sichern, gewährleisten; **a. o.s.** *[GB]* (Lebens)Versicherung abschließen

assured *n* Versicherungsnehmer(in) *m/f*,

Versicherte(r) *f/m*; **you may rest a.** *(Brief)* Sie können versichert sein

attach *v/ti* 1. beifügen, beigeben, beilegen; 2. § gehören zu; 3. § beschlagnahmen, pfänden; 4. *(Vers.schutz)* beginnen

attachable *adj* pfändbar, beschlagnahmefähig

attached *adj* anbei, beiliegend, beigefügt; **a. please find** *(Brief)* beiliegend/in der Anlage übersenden wir

attachment *n* 1. § Vollstreckung *f*, Pfändung *f*, (dinglicher) Arrest *m*, Beschlagnahme *f*; 2. 🚗 Zubehör-, Anbauteil *nt*; 3. *(Brief/E-Mail)* Anlage *f*

attachment and sale of all assets Kahlpfändung *f*; **a. of a claim; ~ debts** Forderungspfändung *f*; **~ debts by garnishee order** Beschlagnahme durch Pfändungs- und Übernahmebeschluss; **~ earnings** Gehalts-, Lohnpfändung *f*; **a. by execution** Vollstreckung *f*; **a. of funds** Vermögenspfändung *f*; **~ property** Beschlagnahme des Vermögens; **~ risk** Risikobeginn *m*; **~ (a) salary** Gehaltspfändung *f*; **~ wages** Lohnpfändung *f*

judicial attachment gerichtliche Beschlagnahme

attachment order § Anordnung der Zwangsvollstreckung, Pfändungsbeschluss *m*

attend *v/ti* 1. teilnehmen, besuchen; 2. warten, (be)dienen; **a. to** sich befassen mit, sich kümmern um

attendance *n* 1. Besuch(erzahl) *m/f*, Anwesenheit *f*; 2. Bedienung *f*, Wartung *f*; **good a.** rege Beteiligung; **poor a.** schwache Beteiligung; **a. allowance** 1. Anwesenheitsprämie *f*; 2. Pflegegeld *nt*; **a. fee** Sitzungsgeld *nt*; **a. figure(s)** Teilnehmerzahl *f*; **a. list/record** Anwesenheitsliste *f*; **a. supervision** Anwesenheitskontrolle *f*; **a. time** Anwesenheitszeit *f*

attending the fair Messeauftritt *m*

attention *n* 1. Aufmerksamkeit *f*, Interesse *nt*; 2. Wartung *f*, Bedienung *f*; **a. (attn.); for the a. of** zu Händen von (z. H./Hd.); **for your kind a.** zur gefälligen Kenntnisnahme; **to come to so.'s a.** jdm zur Kenntnis gelangen; **to receive a.** *(Brief)* bearbeitet werden; **due a.** gebührende Sorgfalt; **for immediate a.** zur sofortigen Erledigung; **a. time** Überwachungszeit *f*; **a. value** Werbe-, Reklamewert *m*

attempt *v/t* versuchen

attest *v/t* (at)testieren, bestätigen, (notariell) beglaubigen; **a.ation** *n* Bestätigung *f*, Beglaubigung *f*, Testat *nt*; **~ clause** Beurkundungsvermerk *m*

attitude *n* Standpunkt *m*, Einstellung *f*, Haltung *f*; **wait-and-see a.** Attentismus *m*, abwartende Haltung

attorney (at law) *n* *[US]* § (Rechts)Anwalt *m*, Anwältin *f*; **a.-client relationship** Mandantenverhältnis *nt*; **a.-in-fact** Bevollmächtigte(r) *f/m*; **corporate a.** Justiziar *m*, Syndikus *m*; **a.'s fee** Anwaltshonorar *nt*

attract *v/t* 1. anziehen; 2. *(Kunden/Auftrag)* einwerben; **a.ion** *n* Zugkraft *f*; **a.ive** *adj* reizvoll, zugkräftig

attribut|able *adj* zurechenbar; **a.e** *n* Eigenschaft *f*; **a.e** *v/t* zurechnen; **a.e to** zurückführen auf

attrition *n* *(Personal)* natürlicher (Belegschafts)Abgang, Fluktuation *f*; **a. rate** Schwundquote *f*

auction *n* Auktion *f*, Versteigerung *f*; **to buy at a.** auf einer Auktion kaufen, ersteigern; **to come up for a.** zum Verkauf/zur Versteigerung kommen; **to put up at/for a.; to sell by a.** versteigern; **to sell by public a.** zwangsversteigern; **judicial a.** gerichtliche Versteigerung; **private a.** freiwillige Versteigerung; **public a.** öffentliche Versteigerung

auction *v/t* versteigern

auctioneer *n* Auktionator *m*, Versteigerer *m*

auction fees Versteigerungsgebühren *pl*; **a. proceeds** Versteigerungserlös *m*; **a. room** Versteigerungshalle *f*; **a. sale** Auktionsverkauf *m*, Versteigerung *f*

audit *n* 1. Prüfung *f*, Kontrolle *f*, Audit *nt*; 2. Revision *f*, Rechnungs-, Bilanzprüfung *f*; **a. of the profit and loss account** Prüfung der Gewinn- und Verlustrechnung; **~ financial records** Prüfung der Bücher; **~ the (annual) financial statements** Prüfung des Jahresabschlusses, Bilanzprüfung *f*

annual audit Jahres(abschluss)prüfung *f*, Prüfung des Jahresabschlusses; **continuous a.** laufende Buchprüfung; **environmental a.** Umweltanalyse *f*, U.verträglichkeitsprüfung (UVP) *f*; **external a.** betriebsfremde Prüfung, Außenprüfung *f*, externes Qualitätsaudit; **final a.** Abschlussprüfung *f*; **financial a.** Finanz-

A

prüfung *f*; **follow-up a.** Folgeaudit *nt*; **independent a.** betriebsfremde Prüfung, Außenprüfung *f*; **internal/operational a.** 1. Innenrevision *f*; 2. internes Qualitätsaudit; **partial a.** Teilrevision *f*; **qualified a.** einschränkendes Testat; **statutory a.** Pflichtprüfung *f*; **unqualified a.** uneingeschränktes Testat

audit *v/t* 1. (über)prüfen, kontrollieren, auditieren; 2. Bilanzprüfung/Revision durchführen, Bücher prüfen

audit certificate Prüfungsbericht *m*, P.-vermerk *m*, Testat *nt*; **qualified a. c.** einschränkendes Testat; **unqualified a. c.** uneingeschränktes Testat

audit committee Bilanzausschuss *m*; **a. court** Rechnungshof *m*; **a. department** Revisionsabteilung *f*; **a. documents** Prüfungsunterlagen *pl*; **a. fees** Kosten der Jahresabschlussprüfung; **a. finding** Auditfeststellung *f*

auditing *n* 1. (Über)Prüfung *f*, Kontrolle *f*, Auditierung *f*; 2. Rechnungs-, Buchprüfung *f*, Revision *f*; **a. of accounts** Buch-, Bilanzprüfung *f*; **operational a.** Prüfung der Arbeitsabläufe; **a. board** Prüfungsausschuss *m*; **a. company** (Wirtschafts)-Prüfungsgesellschaft *f*; **a. principles** Prüfungsgrundsätze *pl*; **a. standards** Prüfungsvorschriften *pl*, P.grundsätze *pl*

audit item Prüfungsposten *m*; **a. office** Rechnungs(prüfungs)amt *nt*; **a. opinion** Bestätigungsvermerk des Wirtschaftsprüfers

auditor *n* 1. Prüfer *m*, Kontrolleur *m*, Auditor *m*, Qualitätsauditor *m*; 2. (Buch)-Revisor *m*, (Betriebs-/Wirtschafts)Prüfer *m*; 3. Buchprüfungsunternehmen *nt*, Wirtschaftsprüfungsgesellschaft *f*; **certified a.** Wirtschaftsprüfer *m*; **independent a.** externer Prüfer; **internal a.** Innenrevisor *m*; **statutory a.** satzungsgemäßer Rechnungsprüfer; **sworn a.** vereidigter Buchprüfer

auditor|'s certificate/note/opinion Prüf(ungs)-, Bestätigungsvermerk *m*, Testat *nt*; **a.'s fees** Prüfgebühren *pl*; **a.'s report** Prüfungs-, Revisionsbericht *m*, Bestätigungsvermerk *m*

audit papers Prüfungsunterlagen *pl*; **a. period** Prüfungszeitraum *m*, Berichtsperiode *f*; **a. plan** Auditplan *m*; **a. programme** Auditprogramm *nt*; **a. report** Prüf(ungs)-, Revisionsbericht *m*; **qualified a. report** einschränkendes Testat; **unqualified a. report** uneingeschränktes Testat; **a. reporting** Berichterstattung über Qualitätsaudits; **a. requirement** Prüfungspflicht *f*; **a. result** Prüfungsergebnis *nt*; **a. scope** Prüfungsumfang *m*; **a. standards** Prüfungsvorschriften *pl*; **a. trail** Protokoll *nt*

austerity *n* Entbehrung *f*; **a. budget** Sparhaushalt *m*; **a. measures/package** Spar-, Notmaßnahmen *pl*, Not-, Sparprogramm *nt*

autarchic *adj* autark

autarchy; autarky *n* Autarkie *f*, Selbstversorgung(swirtschaft) *f*

authenticat|e *v/t* beurkunden, beglaubigen; **a.ion** *n* Beglaubigung *f*, Beurkundung *f*

authenticity *n* Echtheit *f*

author *n* Autor(in) *m/f*, Verfasser(in) *m/f*, Schriftsteller(in) *m/f*; **a. and publisher** Selbstverlag *m*; **a.ing** *n* 🖳 Entwurf/Gestaltung von Webseiten

authoritative *adj* *(Text)* maßgeblich, verbindlich; **a.ness principle** Maßgeblichkeit(prinzip) *f/nt*

authority *n* 1. Autorität *f*, (Handlungs)-Vollmacht *f*, Berechtigung *f*; 2. Amt *nt*, Behörde *f*, Organ *nt*; 3. *(Person)* Kapazität *f*, Sachverständiger *m*; **by a.** mit amtlicher Genehmigung; **as per a.** laut Vollmacht

authority in charge zuständige Behörde, Träger *m*; **a. to dispose** Verfügungsmacht *f*; **~ do sth.** Vollmacht, etw. zu tun; **~ pay** Zahlungsermächtigung *f*; **~ purchase** Ankaufsermächtigung *f*; **~ represent** Vertretungsbefugnis *f*; **~ sign** Zeichnungsberechtigung *f*, Unterschriftsvollmacht *f*

to act without authority eigenmächtig vorgehen; **to exceed one's a.** seine Befugnisse/Kompetenzen überschreiten; **to give a. to so.** jdn. bevollmächtigen; **to have legal a.** rechtsverbindlich sein

administrative authority Verwaltungsbehörde *f*; **antitrust a.** Kartellbehörde *f*; **appropriate/competent a.** zuständige Behörde/Stelle; **commercial a.** Handlungsvollmacht *f*; **controlling a.** Lenkungsorgan *nt*; **environmental a.** Umweltbehörde *f*; **federal a.** Bundesbehörde *f*; **general a.** Generalvollmacht *f*; **legal a.** 1. juristische Koryphäe; 2. Rechtsverbindlichkeit *f*

local authority 1. Kommunalbehörde *f*, Gemeinde-, Kommunalverwaltung *f*, städtische Verwaltung; 2. Gemeinde *f*, Kommune *f*; **~ bond** Kommunalobligation *f*; **~ borrowing** kommunale Verschuldung; **~ budget** kommunaler Haushalt; **~ debt** kommunale Verschuldung; **~ loan** Kommunalschuldverschreibung *f*, K.anleihe *f*, **~ employee** Kommunalangestellte(r) *f/m*; **~ worker** städtische(r) Arbeiter(in)
managerial authority Weisungsbefugnis *f*; **maritime a.** Schifffahrtsbehörde *f*; **monetary a.** Währungsbehörde *f*; **municipal a.** Kommunalbehörde *f*, städtische Verwaltung; **national a.** *[EU]* innerstaatliche Stelle; **public a.** öffentliche Hand; **regional a.** Gebietskörperschaft *f*; **regulatory a.** Aufsichts-, Ordnungs-, Regulierungs-, Kontrollbehörde *f*; **self-regulating a.** Selbstverwaltungsorgan *nt*; **special a.** Sondervollmacht *f*; **subordinate a.** nachgeordnete Behörde; **supervisory a.** Aufsichtsorgan *nt*, A.behörde *f*, Kontrollorgan *nt*; **written a.** schriftliche Vollmacht
authorization *n* Genehmigung *f*, Bewilligung *f*, Ermächtigung *f*; **a. to pay** Zahlungsvollmacht *f*; **official a.** amtliche Genehmigung; **regulatory a.** behördliche Genehmigung, Genehmigung durch die Aufsichtsbehörden; **written a.** schriftliche Vollmacht
authorize *v/t* bevollmächtigen, ermächtigen, bewilligen, befugen, erlauben
authorized *adj* befugt, ermächtigt; **a. to collect** einzugs-, inkassoberechtigt; **~ dispose** verfügungsberechtigt; **~ sign** zeichnungs-, unterschriftsberechtigt
author|'s royalties Autorenhonorar *nt*; **a.-ship** *n* Autoren-, Urheberschaft *f*
auto|-financing *n* Selbstfinanzierung *f*; **a.-maker** *n [US]* Auto-, Automobilhersteller *m*; **a.making** *n* Automobilherstellung *f*
automat *n* Verkaufsautomat *m*
automate *v/t* automatisieren, mit Automaten ausrüsten
automatic(al) *adj* automatisch, selbsttätig
automation *n* Automatisierung *f*; **a. of material flows** Materialflussautomatisierung *f*; **~ production** Fertigungsautomation *f*; **industrial a.** Prozessautomatisierung *f*, technische Automation; **a. concept** Automatisierungskonzept *nt*; **a. know-how** Automationskompetenz *f*; **a. technology** Automatisierungstechnik *f*
automobile *n* Auto(mobil) *nt*, Kraftfahrzeug (Kfz.) *nt*, Wagen *m*; **a. component(s) industry** Kraftfahrzeugzuliefer(ungs)industrie *f*; **a. engineering** Kraftfahrzeugtechnik *f*, K.bau *m*, Fahrzeugtechnik *f*; **a. industry** Kraftfahrzeug-, Auto(mobil)industrie *f*
automobile insurance Auto-, Kfz-Versicherung *f*; **comprehensive a. i.** Vollkaskoversicherung *f*; **third-party a. i.** Kfz-Haftpflichtversicherung *f*; **a. personal liability and property damage i.** Haftpflicht- mit Kaskoversicherung *f*
automobile manufacturer Fahrzeug-, Automobilhersteller *m*, A.produzent *m*; **a. show** Automobilausstellung *f*; **a. technology** Fahrzeugtechnik *f*; **a. trade** Kraftfahrzeughandel *m*, K.branche *f*
automotive *n* ↘ **automobile; a. business** Automobilbranche *f*, A.geschäft *nt*; **a. engineer** Kfz-Ingenieur *m*, Kfz-Techniker *m*
autonomy *n* Selbstverwaltung *f*; **fiscal a.** Finanzautonomie *f*, F.hoheit *f*
autoteller *n* (Bar)Geldautomat *m*
autoworker *n* Automobilarbeiter *m*
autumn *n* Herbst *m*; **a. fashion** Herbstmode *f*; **a. trade fair** Herbstmesse *f*
availability *n* 1. Verwendbarkeit *f*, Verfügbarkeit *f*; 2. Lieferbarkeit *f*, Erhältlichkeit *f*; 3. Betriebswirkungsgrad *m*; **ex-stock a.** sofortige Lieferfähigkeit; **ready a.** sofortige Verfügbarkeit; **ex-stock a.** sofortige Lieferfähigkeit; **a. date** 1. *(Datum)* Valuta *f*, Wert *m*; 2. Wertstellung *f*
available *adj* 1. verfügbar; 2. vorrätig, lieferbar; **freely a.** frei erhältlich; **not a. (na)** nicht verfügbar; **readily a.** sofort verfügbar; **a. while stocks last** nur lieferbar, solange der Vorrat reicht; **to make a.** 1. bereitstellen; 2. *(Ausrüstung)* gestellen
aval *n* Aval *m*, Wechselbürgschaft *f*
average *n* 1. ⚓ Havarie *f*; 2. (Versicherungs)Schaden *m*; 3. π Durchschnitt *m*, Mittel(wert) *nt/m*; **above a.** überdurchschnittlich; **below a.** unterdurchschnittlich; **on a.** durchschnittlich; **Mr A.** *(coll)* Durchschnittsbürger *m*, Otto Normalverbraucher *(coll)*; **free from a.** ⚓ unbeschädigt; **free of all a. (f.a.a.)** *(Vers.)* frei von Beschädigung, Havarieausschluss *m*; **with a. (w.a.)** ⚓ ohne Beschränkung,

A

mit Teilschaden; **to adjust/settle the a.** Havarie aufmachen; **to warrant free from a.** Schadensfreiheit garantieren

annual average Jahresmittel *nt*, J.durchschnitt *m*; **deductible a.** *(Vers.)* Selbstbehalt *m*; **fair a.** guter Durchschnitt; **general/gross a.** ⚓ allgemeine/große Havarie; **industrial a.** Branchendurchschnitt *m*; **mean a.** π arithmetisches Mittel; **monthly a.** Monatsdurchschnitt *m*; **national a.** Landes-, Bundesdurchschnitt *m*

particular average (loss) (p.a.) ⚓ Teilschaden(verlust) *m*; **free of p. a. (F.P.A.; f.p.a.)** frei von Beschädigung; **with p. a. (w.p.a.)** mit Teilschaden, Teilschäden eingeschlossen

petty average ⚓ kleine/besondere Havarie; **(trade-)weighted a.** *(Kurs)* gewichteter/gewogener Durchschnitt(swert), Mittelwert *m*; **yearly a.** Jahresdurchschnitt *m*, J.durchschnittswert *m*

average *v/t* durchschnittlich/im Durchschnitt betragen, sich ~ belaufen auf; **a. down** Durchschnittskosten vermindern; **a. out** mit plus-minus Null abschließen

average *adj* durchschnittlich, Durchschnitts-

average account ⚓ Havarierechnung *f*; **a. adjuster/agent** (Havarie)Dispacheur *m* *[frz.]*, Havarievertreter *m*; **a. adjustment** Dispache *f [frz.]*, Schadensregulierung *f*; **a. loss** Havarieschaden *m*; **a. statement** Dispache *f*, Schadensaufmachung *f*

averaging *n* *(Börse)* Kauf zu verschiedenen Kursen

aviation *n* Luftfahrt *f*; **civil a.** Zivilluftfahrt *f*; **commercial a.** Verkehrsfliegerei *f*, Verkehrsluftfahrt *f*; **a. industry** Flugzeug-, Luftfahrtindustrie *f*; **a. insurance** Luft(fahrt)versicherung *f*; **a. technology** Luftfahrttechnik *f*

avoidance *n* Vermeidung *f*, Umgehung *f*; **a. of bankruptcy** Konkursabwendung *f*; **~ danger/hazard** Gefahrenabwehr *f*; **~ risks** Risikovermeidung *f*; **~ a sale** § *(Rücktritt vom Kaufvertrag)* Wand(e)lung *f*; **a. strategy** *(Umwelt)* Vermeidungsstrategie *f*

award *n* 1. Auftragsvergabe *f*, A.erteilung *f*; 2. Entschädigungssumme *f*; 3. § Schieds-, Urteilsspruch *m*; 4. Vergütung *f*, Zuwendung *f*; 5. Preis(verleihung) *m/f*; **a. of a contract** Auftragserteilung *f*, Zuschlag(serteilung) *m/f*; **after ~ the contract** nach Vertragsschluss; **~ damages** Zuerkennung von Schaden(s)ersatz *m*; **arbitral a.** Schiedsurteil *nt*, S.spruch *m*; **interim a.** § vorläufige Entscheidung

award *v/t* 1. *(Auftrag)* vergeben; 2. (durch Schiedsspruch) zuerkennen, zusprechen; 3. *(Preis)* verleihen; **to be a.ed** Zuschlag bekommen

awareness of the problem *n* Problembewusstsein *nt*; **environmental a.** Umweltbewusstsein *nt*

axe *n* *(fig)* radikale Kürzung; *v/t (Arbeitsplatz)* abbauen, streichen

B

baby bond *[US]* Schuldverschreibung mit niedrigem Nennwert *(bis zu $100)*; **b. share** *[GB]* Kleinaktie *f*

Bachelor of Business Administration (BBA) graduierter Betriebswirt, Diplom-Kaufmann *m*

back *n* Rückseite *f*; *v/t* 1. (unter)stützen; 2. *(Wechsel)* indossieren, girieren; 3. decken; **b. bond** Rück-, Gegenbürgschaft *f*; **b. charges** Rückspesen *pl*; **b.date** *v/t* (zu)rückdatieren

backer *n* 1. Befürworter(in) *m/f*; 2. *(Wechsel)* Indossierer *m*, Girant *m*, Wechselbürge *m*; 3. Finanzier *m*, Geldgeber *m*, Sponsor *m*; **financial b.** Geldgeber(in) *m/f*

back freight *n* Rückfracht *f*

background *n* Hintergrund *m*, Werdegang *m*; **educational b.** Ausbildungsgang *m*; **financial b.** finanzieller Rückhalt; **professional b.** fachliche Vorbildung; **b. check** Kontrolluntersuchung *f*

backing *n* 1. (Unter)Stützung *f*, Befürwortung *f*; 2. Indossament *nt*, Giro *nt*; 3. *(Banknoten)* Deckung *f*; 4. Schützenhilfe *f*; **financial b.** finanzieller Rückhalt

back instalment rückständige Rate; **b. interest** rückständige Zinsen; **b. load** Rückfracht *f*

backlog *n* (Arbeits-/Auftrags)Rückstand *m*; **b. of investment projects** Investitionsstau *m*; **~ orders** Auftragsrückstand *m*, A.überhang *m*, A.polster *nt*; **~ payments** Zahlungsrückstände *pl*; **to clear/work off the b.** Rückstand aufarbeiten, Auftragsbestand abarbeiten; **b. demand** Nachholbedarf *m*

back-office career Innendienstkarriere *f*; **b. manager** Innendienstleiter(in) *m/f*; **b. operation** Geschäftsabwicklung *f*

back pay rückständiger Lohn; **b.room staff** *n* Hilfspersonal *nt*; **b.shift** *n* Spätschicht *f*; **b.-up** *n* Unterstützung *f*; **b.-up service(s)** ergänzende Dienstleistungen; **b.wardation** *n* *(Rohstoffbörse)* Aufpreis der Kassa-/Spotware gegenüber Terminware; 2. *(Export)* Kursabschlag *m*; **in so.'s b.yard** *n* vor der Haustür

bad *n* Defizit *nt*, Minus *nt*; **to the b.** ins Defizit/Minus; *adj* 1. schlecht; 2. *(Kunde/Wechsel)* faul

badge *n* 1. (Dienst)Abzeichen *nt*, Ausweiskarte *f*; **b. reader** Ausweisleser *m*

bag *n* Beutel *m*, Sack *m*, Tüte *f*; *v/t* in Säcke/Tüten abfüllen, einsacken; **b. cargo** Sackgut *nt*

baggage *n* *[US]* (Reise)Gepäck *nt*; **excess b.** Mehrgepäck *nt*; **b. handling** Gepäckabfertigung *f*; **b. insurance** (Reise)Gepäckversicherung *f*; **b. policy** Reisegepäckversicherung *f*

bail *n* 1. § Bürgschaft *f*, Kaution *f*, Sicherheitsleistung *f*; 2. Bürge *m*; 3. Kautionssumme *f*; **to give/provide/put up b.** Kaution hinterlegen; **to jump b.** Bürgschaft/Kaution schießen (lassen); **to stand b. for so.** für jdn Kaution stellen, für jdn Sicherheit leisten; **commercial b.** kaufmännische Bürgschaft; **b.** *v/t* Kaution leisten/stellen; **b. out** 1. *(Börse)* aussteigen; 2. *(fig)* sanieren; **b. bond** Bürgschaftsschein *m*, Wechselbürgschaft *f*

bailee *n* Pfandgläubiger(in) *m/f*, Bürgschaftsempfänger(in) *m/f*

bailiff *n* § Gerichtsvollzieher *m*, Vollstreckungsbeamter *m*

bailment *n* Kaution *f*, Bürgschaftsleistung *f*

bailor *n* Hinterleger *m*, Treugeber *m*

bail-out *n* Sanierung *f*; **b. plan** Sanierungsplan *m*

balance *n* 1. Bilanz *f*; 2. Kontostand *m*, Saldo *m*; 3. Guthaben *nt*; 4. Rest(betrag) *m*; 5. Gleichgewicht *nt*; 6. Bilanzbetrag *m*; **in b.** ausgeglichen; **on b.** per Saldo

balance of account(s) Saldo *m*, Kontenstand *m*; **~ account statement** Saldenaufstellung *f*; **b. on current account** 1. *(VWL)* (Saldo der) Leistungsbilanz *f*; 2. Bilanz der laufenden Posten; **~ financial and capital account** Kapitalbilanz *f*; **b.s with banks** Bankguthaben *nt/pl*; **b. on capital account; b. of capital transactions** Kapital(verkehrs)bilanz *f*; **b. in cash** Bar-, Kassenbestand *m*; **b. of remaining debt** Restschuldenbestand *m*; **b. in equilibrium** Bilanzgleichgewicht *nt*; **~ (one's) favour** Guthabensaldo *m*; **b. in/on hand** Bar-, Kassenbestand *m*; **b. of interest** Zinssaldo *m*; **~ invoice** Rechnungssaldo *m*; **~ visible and invisible items** *(VWL)* (Waren- und Dienst)-Leistungsbilanz *f*; **b. on merchandise account** Bilanz des Warenverkehrs, Handelsbilanz *f*

balance of payments *(VWL)* Zahlungsbilanz *f*, Außenhandelsbilanz *f*; **~ on capital account** Kapitalverkehrsbilanz *f*; **~ current account** (Waren- und Dienst)-Leistungsbilanz *f*, Bilanz der laufenden Posten; **active/favourable b. of p.** aktive Zahlungsbilanz; **adverse/unfavourable b. of p.** defizitäre/passive Zahlungsbilanz

balance of payments account Zahlungsbilanzsaldo *m*; **~ deficit** Zahlungsbilanzdefizit *nt*, passive Zahlungsbilanz; **~ (dis)equilibrium** Zahlungsbilanz(un)-gleichgewicht *nt*; **~ surplus** Zahlungsbilanzüberschuss *m*; **~ surplus on current account** Leistungsbilanzüberschuss *m*

balance on services *(VWL)* (Dienst)-Leistungsbilanz *f*; **b. of stock** Lagerbestandsbilanz *f*, Bilanz des Lagerbestands

balance of trade *(VWL)* (Waren)-Handelsbilanz *f*; **~ invisible trade** Dienstleistungsbilanz *f*; **~ visible trade** Handelsbilanz *f*; **active/favourable ~ trade** aktive Handelsbilanz; **adverse/unfavourable ~ trade** passive/defizitäre Handelsbilanz; **~ trade deficit** Handelsbilanzdefizit *nt*; **~ trade surplus** Handelsbilanzüberschuss *m*

balance of unilateral transfers Bilanz der Übertragungen, ~ unentgeltlichen Leistungen; **~ tourist travel** Reiseverkehrsbilanz *f*

balance beginning of (financial/fiscal) year *(Bilanz)* Stand Anfang des Geschäftsjahres; **b. end of (financial/fiscal) year** *(Bilanz)* Stand Ende des Geschäftsjahres; **b. brought forward (b/fwd); b. carried down/forward (bal. c/d; bal. c/fwd)** Saldovortrag *m*, Vortrag auf neue Rechnung; **b. due/outstanding** (noch)

B

ausstehender/restlicher Betrag, offener Saldo, Debetsaldo *m*; **b. to be paid** verbleibender Betrag, Restbetrag *m*, R.zahlungssumme *f*

to clear the balance Saldo ausgleichen; **to draw up a b.** Bilanz aufstellen; **to pay/settle the b.** Saldo/Differenz/Unterschiedsbetrag begleichen, Rest bezahlen; **to show a b. (of)** Saldo/Guthaben/Stand aufweisen (von); **to strike the b.** Saldo/Bilanz ziehen

active balance Aktivsaldo *m*, aktive Zahlungsbilanz; **actual b.** Istbestand *m*; **adverse b.** negativer Saldo, Passivsaldo *m*; **annual b.** Jahresabschluss *m*; **assets-side b.** Aktivsaldo *m*; **available b.** freies/verfügbares Guthaben; **budgetary b.** Haushaltsausgleich *m*; **closing/final b.** (Ab)Schlussbilanz *f*; **consolidated b.** konsolidierte Bilanz, Konzernbilanz *f*; **current b.** offener Saldo, laufende Bilanz; **declining b. method** degressive Abschreibungsmethode; **~ (method of) depreciation** degressive Abschreibung; **ecological b.** 1. ökologisches Gleichgewicht, gesunde Umweltverhältnisse; 2. Ökobilanz *f*; **ending b.** *(Bilanz)* Stand Ende Geschäftsjahr; **external b.** 1. Außenwirtschaftsbilanz *f*; 2. außenwirtschaftliches Gleichgewicht; **favourable b.** Aktivsaldo *m*, aktive Zahlungsbilanz; **final b.** (Ab)Schlussbilanz *f*; **interim b.** vorläufige Bilanz; **invisible b.** *(Außenhandel)* Dienstleistungsbilanz *f*; **net b.** Nettobilanz *f*, reiner Saldo; **opening b.** 1. Eröffnungsbilanz *f*, *(Bilanz)* Stand Anfang Geschäftsjahr; 2. Anfangsbestand *m*; **optimum b.** bestmögliches Verhältnis; **positive b.** Gewinnsaldo *m*; **preliminary b.** vorläufige Bilanz; **rough b.** Rohsaldo *m*, R.bilanz *f*; **surplus b.** Überschussguthaben *nt*; **unfavourable b.** negativer Saldo, Passivsaldo *m*; **unpaid b.** Restschuld *f*; **visible b.** Handelsbilanz *f*

balance *v/ti* 1. (sich) ausgleichen; 2. sich aufheben; 3. bilanzieren, saldieren; 4. *(Konto)* abstimmen; 5. ◼ *(Montageband)* austakten; **b. out** ausgleichen

balance date Bilanzstichtag *m*; **b. entry** Ausgleichsbuchung *f*; **b. reconciliation** Saldenabstimmung *f*

balance sheet (Geschäfts)Bilanz *f*, Rechnungs-, Jahresabschluss *m*; **~ at the beginning of the year** Eröffnungs-, Anfangsbilanz *f*; **closing ~ of the company in liquidation** Abwicklungs(schluss)-bilanz *f*; **preparing the b. s.** Bilanzerstellung *f*; **shown in the b. s.** bilanziert, bilanzmäßig

to approve the balance sheet 1. Rechnungsabschluss testieren; 2. (Jahres)Bilanz genehmigen; **to audit a b. s.** Bilanz prüfen; **to draw up/prepare a b. s.** Bilanz aufstellen, bilanzieren; **to show in the b. s.** bilanziell erfassen, in der Bilanz ausweisen

annual balance sheet Jahres(abschluss)-bilanz *f*; **approved b. s.** festgestellte Jahresbilanz; **audited/certified b. s.** geprüfte Bilanz; **closing b. s.** Schlussbilanz *f*; **commercial b. s.** Handelsbilanz *f*; **consolidated b. s.** konsolidierte Bilanz, Konzernbilanz *f*; **first b. s.** Eröffnungsbilanz *f*; **interim b. s.** Zwischen-, Halbjahresbilanz *f*; **off b. s.** außerbilanziell; **opening b. s.** Anfangs-, Eröffnungsbilanz *f*; **quarterly b. s.** Vierteljahresbilanz *f*, Quartalsabschluss *m*; **worldwide b. s.** Weltbilanz *f*

balance sheet account Bilanzkonto *nt*; **~ analysis** Bilanzanalyse *f*; **~ assets** Bilanzdeckung *f*; **~ audit** Bilanzprüfung *f*; **~ caption** Bilanzposition *f*; **~ continuity** Bilanzkontinuität *f*; **~ date** Bilanz(stich)-tag *m*; **as per ~ date** stichtagsbezogen; **~ figures** Bilanzzahlen *pl*; **major ~ and income figures** Abschlusskennzahlen *pl*; **~ format** Bilanz(ierungs)schema *nt*; **~ growth** Bilanzwachstum *nt*; **~ heading/item** Bilanzposten *m*, B.position *f*; **consolidated ~ item** Konzernbilanzposten *m*; **~ loss** Bilanzverlust *m*; **~ loss/profit** Bilanzergebnis *nt*; **~ position** Bilanzposition *f*; **~ profit** Bilanzgewinn *m*; **~ rate** Bilanzkurs *m*; **golden ~ rule** goldene Bilanzregel; **~ spread** Bilanzgliederung *f*; **~ structure** Bilanzstruktur *f*; **~ total** Bilanzsumme *f*; **~ valuation** Bilanzbewertung *f*; **~ value** Buchwert *m*

balance statement Saldoanzeige *f*

balancing *n* 1. Bilanzierung *f*; 2. (Konto)-Ausgleich *m*; 3. Saldierung *m*; **b. of an account** Kontoabschluss *m*; **~ accounts** Rechnungsabschluss *m*, Bilanzierung *f*; **b. item** Restposten *m*

bale *n* Ballen *m*; *v/t* in Ballen verpacken/pressen

ballot *n* 1. Wahl(gang) *f/m*; 2. *(Gewerkschaft)* Urabstimmung *f*; **postal b.** Brief-

wahl *f*; **secret b.** 1. geheime Wahl; 2. *(Gewerkschaft)* Urabstimmung *f*; **b.** *v/t* geheim abstimmen (lassen), Urabstimmung durchführen; **b. box** (Wahl)Urne *f*; **b. paper** Stimmzettel *m*
ball park figures 1. Überschlagszahlen *pl*; 2. *[US]* Richtwerte *pl*
ban *n* (amtliches) Verbot *nt*, Beschränkung *f*; **b. on advertising** Werbeverbot *nt*; **~ competition** Wettbewerbsverbot *nt*; **~ exports** Ausfuhrverbot *nt*; **~ imports** Import-, Einfuhrstopp *m*; **~ recruitment** Einstellungsstopp *m*; **to impose a b.** Verbot verhängen; **to lift a b.** Verbot aufheben; **b.** *v/t* verbieten
bancassurance *n* Bank mit Versicherungsgeschäft
band *n* 1. Bereich *m*; 2. *(IWF)* Bandbreite *f*, Korridor *m*; 3. (Eisen)Band *nt*; **b. of fluctuation** Schwankungsbreite *f*
bank *n* ↘ **banking** 1. Bank *f*, Geld-, Bank-, Kreditinstitut *nt*; 2. Bankgebäude *nt*; **b.s** 1. Kreditgewerbe *nt*; 2. *(Börse)* Bankwerte *pl*, B.aktien *pl*, Bankentitel *pl*; **due from b.s** Bankendebitoren *pl*; **due to b.s** Bankenkreditoren *pl*; **B. for International Settlements (BIS)** Bank für internationalen Zahlungsausgleich (BIZ); **endorsed by a b.** bankgiriert
accepting bank Remboursbank *f*; **account-managing b.** kontoführende Bank; **advising b.** *(Akkreditiv)* Korrespondenzbank *f*; **branchless b.** Bank ohne Filiale(n)
central bank Zentral-, Notenbank *f*; **~ board/council** Zentralbankrat *m*; **~ interest (rates)** Notenbankzinsen *pl*; **~ intervention** Notenbankintervention *f*; **~ loan** Notenbankkredit *m*; **~ money** Zentral-, Notenbankgeld *nt*; **~ profit** Zentralbankgewinn *m*; **~ support** Stützungskäufe der Zentralbank
chartered bank 1. zugelassene/konzessionierte Bank; 2. *[CAN]* Geschäftsbank *f*; **collecting b.** Inkassobank *f*; **commercial b.** Handels-, Geschäftsbank *f*; **confirming b.** *(Akkreditiv)* bestätigende Bank; **cooperative b.** Genossenschaftsbank *f*, Volksbank *f*; **correspondent/corresponding b.** *(Akkreditiv)* zweitbeauftragte/korrespondierende Bank; **depositary b.** Bundesbank *f [D]*; **federal b.** Bundesbank *f [D]*; **full-service b.** Allfinanzinstitut *nt*; **high-street b.** *[GB]* Geschäftsbank *f*; **intermediary b.** 1. *(Akkreditiv)* zweitbeauftragte Bank; **issuing b.** 1. eröffnende/Akkreditiv stellende Bank; 2. Emissionsbank *f*; **leading b.** (feder)führende Bank, Konsortialführer(in) *m/f*; **multi-purpose b.** Universalbank *f*; **municipal b.** Kommunalbank *f*; **national b.** *[US]* bundesstaatlich konzessionierte Bank; **note-issuing b.** Notenbank *f*; **notifying b.** *(Akkreditiv)* avisierende Bank; **opening b.** eröffnende/Akkreditiv stellende Bank; **presenting b.** Einreicherbank *f*; **public b.** öffentlich-rechtliches Kreditinstitut; **remitting b.** Einreicherbank *f*; **state-owned b.** öffentlich-rechtliche Bank; **unincorporated b.** *[US]* Privatbank *f*; **universal b.** Universalbank *f*
bank *v/ti* 1. Banktätigkeit ausüben; 2. bei einer Bank einzahlen/hinterlegen; **b. with** Konto haben bei
bank|able *adj* akzept-, diskontfähig; **b. acceptance** Bankakzept *nt*, B.wechsel *m*
bank account Bankkonto *nt*; **to open a b. a.** Konto eröffnen; **corporate b. a.** Firmenkonto *nt*; **numbered b. a.** Nummernkonto *nt*
bank advance Bankkredit *m*, B.darlehen *nt*; **b. assets** Bankvermögen *nt*; **b. balance** Bankguthaben *nt*; **b. bill** 1. Bankwechsel *m*; 2. *[US]* Kassenanweisung *f*; **b. borrowings** Verbindlichkeiten gegenüber Kreditinstituten; **b. branch** Bankfiliale *f*; **~ network** Bankzweigstellennetz *nt*; **b.'s buying rate** *(Devisen)* Bankenankaufskurs *m*; **b. card** Scheck-, Bankkundenkarte *f*; **b. certificate of deposit** Bankdepositenzertifikat *nt*; **b. charges** Kontoführungs-, Bankgebühren *pl*; **b. cheque** *[GB]*/**check** *[US]* 1. Bankscheck *m*, B.anweisung *f*; 2. *[GB]* Kassenscheck *m*; **b. client** Bankkunde *m*; **b. code (number); b. sort code** Bankleitzahl (BLZ) *f*; **b. crash** Bankzusammenbruch *m*; **b. credit** 1. Bankkredit *m*, B.darlehen *nt*; 2. Akkreditiv *nt*; **b. crisis** Bankenkrise *f*; **b. customer** Bankkunde *m*; **b. debit** Kontobelastung *f*, Lastschrift *f*; **b. deposit(s)** Bankeinlage(n) *f/pl*, B.guthaben *nt*; **b. deposit insurance** *(Bank)* Einlagenversicherung *f*; **~ money** Buch-, Giralgeld *nt*; **b. depositor** Einzahler *m*; **b. discount** Bank-, Wechseldiskont *m*, Damnum *nt (lat.)*; **b. draft (B.D.)** Bankscheck *m*, B.-tratte *f*, B.wechsel *m*; **b.-endorsed** *adj* bankgiriert; **b. enquiry** Bankauskunft *f*

B

banker *n* ↘ **bank** 1. Bankier *m*; 2. Bank *f*; 3. Bankverbindung *f*; **corporate b.(s)** Hausbank *f*; **personal b.** Kundenbetreuer(in) *m/f*

banker's bank Zentralbank *f*; **~ bill** Bankwechsel *m*; **~ call rate** Tagesgeldsatz *m*; **~ commission** Bankprovision *f*; **~ duty of secrecy** Bankgeheimnis *nt*; **~ order** Überweisungs-, Dauer-, Bankauftrag *m*; **~ trade acceptance** bankgirierter Warenwechsel

bank failure Bankzusammenbruch *m*; **b.-financed** *adj* bankfinanziert; **b. group** Bankenkonsortium *nt*; **b. guarantee** Bankbürgschaft *f*, B.aval *m/nt*; **b. holiday** *[GB]* Bankfeiertag *m*; **b. identification number** Bankleitzahl (BLZ) *f*

banking *n* ↘ **bank** Bankwesen *nt*, B.gewerbe *nt*, Kreditwesen *nt*

commercial banking Einlagen- und Kreditgeschäft *nt*; **corporate b.** Firmenkundengeschäft *nt*, Bankgeschäfte mit Unternehmen; **electronic b.** Online-Banking *nt*; **free b.** *(Bank)* Gebührenfreiheit *f*; **one-stop b.** *[US]* Universalbankgeschäft *nt*; **personal/retail b.** Klein-, Privatkundengeschäft *nt*; **wholesale b.** Firmenkundengeschäft *nt*, Bankgeschäfte mit Unternehmen

banking facilities Bankprodukte *pl*; **electronic b. facility** Online-Banking(-Dienst) *nt/m*; **b. figures** Bankbilanzen *pl*; **b. group** Bankkonzern *m*, B.engruppe *f*; **b. industry** Kreditwirtschaft *f*, K.gewerbe *nt*, Bankgewerbe *nt*, B.welt *f*, B.wirtschaft *f*, B.sektor *m*, Bankenbranche *f*, Finanzindustrie *f*; **b. job/profession** Bankberuf *m*; **automatic b. machine** Bankautomat *m*; **b. practice(s)** Bankpraxis *f*, B.usancen *pl*; **b. premises** Bankräume *pl*; **b. secrecy** Bankgeheimnis(se) *nt/pl*; **b. sector** Banken-, Finanzsektor *m*; **b. services** Bankdienstleistungen *pl*; **b. stocks** Bankaktien *pl*, B.werte *pl*, B.titel *pl*; **b. supervision** Bankenaufsicht *f*; **b. system** Bank(en)-apparat *m*; **b. trade** Kredit-, Bankgewerbe *nt*; **in the b. trade** in Bankkreisen

bank inquiry Bankauskunft *f*; **central b. intervention** Notenbankintervention *f*; **b. ledger** Kontokorrentbuch *nt*; **b. lending** Bankausleihungen *pl*; **~ rate** *[US]* Darlehenszins(satz) *m*; **b. loan** Bankkredit *m*, B.darlehen *nt*; **b. loans** Bankverbindlichkeiten *pl*; **b. management** Bankmanagement *nt*; **b. manager** Bankdirektor(in) *m/f*, Filial-, Zweigstellenleiter(in) *m/f*; **b. money** Bank-, Giral-, Buchgeld *nt*; **~ order** Bank-, Zahlungsanweisung *f*

banknote *n* Banknote *f*, Geldschein *m*; **foreign b.s and coins** Sorten *pl*; **b. issue** Notenausgabe *f*

bank official Bankangestellte(r) *f/m*; **b. overdraft** Überziehungskredit *m*, Kontoüberziehung *f*; **b. partner** Bankpartner *m*; **b. raid** Bankraub *m*, B.überfall *m*; **b. rate** Diskontsatz *m*, (amtlicher) Diskont *m*; **b. base rate** Eck-, Leitzins *m*; **b. rating** Rating der Bank; **b. reference** Bankreferenz *f*, B.auskunft *f*; **b. remittance** Banküberweisung *f*; **b. report** *[US]***/return** *[GB]* Bankausweis *m*

bankrupt *n* Konkurs-, Gemeinschuldner(in) *m/f*; **adjudicated b.** Gemeinschuldner *m*; **discharged b.** rehabilitierter Gemeinschuldner; **b.** *v/t* ruinieren, in den Konkurs treiben; **b.** *adj* zahlungsunfähig, bankrott, pleite *(coll)*; **to declare o.s. b.** Konkurs anmelden; **to go b.** in Konkurs gehen, Pleite machen *(coll)*; **b.'s assets** Konkursmasse *f*; **~ creditor** Konkursgläubiger(in) *m/f*

bankruptcy *n* ↘ **insolvency** Zahlungsunfähigkeit *f*, Konkurs *m*, Bankrott *m*, Pleite *f (coll)*; **b. of an estate** Nachlasskonkurs *m*; **to file for b.** Konkurs anmelden; **fraudulent b.** betrügerischer Bankrott; **involuntary b.** Zwangskonkurs *m*

bankruptcy assets Konkursmasse *f*; **b. claim** Konkursforderung *f*; **b. court** Konkursgericht *nt*; **b. fraud** Konkursdelikt *nt*; **b. judge** Konkursrichter *m*; **b. notice** *[GB]* Konkurs-, Bankrotterklärung *f*; **b. offence** Konkursvergehen *nt*; **b. order** § (Konkurs)Eröffnungsbeschluss *m*; **b. petition** Konkursantrag *m*; **b. proceedings** Konkursverfahren *nt*

bankrupt|('s) estate (Konkurs)Masse *f*; **b.'s liabilities** Masseschulden *pl*

bank safe; b. safety deposit box Banksafe *m*, B.schließfach *nt*; **b. secrecy** Bankgeheimnis *nt*; **b.'s selling rate** *(Devisen)* Bankenverkaufskurs *m*; **b. service charges** Bankspesen *pl*, B.gebühren *pl*; **b. sort code** Bankleitzahl (BLZ) *f*; **b. statement** 1. Konto-, Bankauszug *m*; 2. Bankausweis *m*, Geschäftsbericht einer Bank; **b. supervision** Bank(en)aufsicht *f*; **b.**

training Banklehre *f*, B.ausbildung *f*; **b. transfer** (Bank-/Giro)Überweisung *f*; **b. vault** (Bank)Tresor *m*
bar *n* *(Diagramm)* Säule *f*; **the B.** *[GB]* 1. Rechtsanwaltskammer *f*; 2. Rechtsanwaltschaft *f*, R.sberuf *m*; *v/t* ausschließen, untersagen, verbieten, verhindern
bar chart Stab-, Balken-, Säulendiagramm *nt*, Histogramm *nt*
barcode *n* Streifen-, Balkenkode *m*; **b. label** Strichcode-Etikett *nt*; **b. marking** Strichkodierung *f*, Strichcodekennzeichnung *f*; **b. reader/scanner** Barcodelesegerät *nt*, Strichcodeleser *m*; **b. scanning** Strichcode-Scanning *nt*
barcoding *n* Strichcodekennzeichnung *f*, Strichkodierung *f*
bargain *n* 1. (günstiges) Geschäft *nt*, günstiger Kauf, Sonderangebot *nt*; 2. Abschluss *m*, Übereinkunft *f*; 3. *(Börse)* Schluss *m*, Geschäft *nt*; **to be a b.** spottbillig sein; **to drive a hard b.** hart verhandeln; **to strike a b.** Handel/Geschäft abschließen; **fixed-date b.** Termingeschäft *nt*; **real b.** Schnäppchen *nt (coll)*; **special b.** Sonderangebot *nt*
bargain (for) *v/i* 1. feilschen, handeln; 2. abmachen, vereinbaren
bargain basement price Ausverkaufs-, Spottpreis *m*; **b. buy** Preisschlager *m*, Schnäppchen *nt (coll)*, Gelegenheitskauf *m*; **b. counter** Wühltisch *m*; **b. goods** Niedrigpreisartikel *pl*; **b. holiday** preisgünstiger Urlaub; **b. hunting** 1. Jagd nach Sonderangeboten, Schnäppchenjagd *f*; 2. Börsenspekulation *f*
bargaining *n* Ver-, Aushandeln *nt*; **collective b.** Tarif(vertrags)verhandlungen *pl*; **free ~ b.** Tarifautonomie *f*, T.hoheit *f*; **~ system** Tarifautonomie *f*, T.wesen *nt*; **industry-wide b.** Manteltarifvertragsverhandlungen *pl*; **national b.** Flächentarifverhandlungen *pl*; **plant-by-plant/plant-level/single-plant b.** (Lohn-/Tarif)Verhandlungen auf Betriebsebene
bargaining agent *(Tarifverhandlungen)* Verhandlungspartner *m*; **b. counter** Verhandlungsinstrument *nt*; **to weaken so's b. hand** Verhandlungsposition schwächen; **b. path** Verhandlungsverlauf *m*; **b. point** Verhandlungsobjekt *nt*; **b. powers** Verhandlungsvollmacht *f*; **b. round** Verhandlungs-, Tarifrunde *f*
bargain offer Sonder-, Billigangebot *nt*; **b. price** Niedrigpreis *m*; **b. rate** Sonderpreis *m*; **b. sale** Verkauf zu herabgesetzten Preisen
barge *n* ⚓ Lastschiff *nt*, Leichter *m*; **car-carrying b.** Binnenschiff für den Autotransport; **container-carrying b.** Binnenschiff für Containertransporte; **self-propelled b.** Selbstfahrer *m*
bargee *[GB]*; **bargeman** *n* *[US]* ⚓ Binnen-, Lastschiffer *m*
barge owner Partikulier *m*; **b. train** Schleppzug *m*
barrel *n* *(Hohlmaß für Öl = ca. 156 l)* Fass *nt*; **b.s per day (bpd)** Barrel(s) pro Tag
barren *adj* unfruchtbar, brachliegend
barrier *n* 1. Sperre *f*, Schranke *f*, Absperrung *f*, Schlagbaum *m*; 2. Schwelle *f (fig)*; **b.(s) to entry** Zugangsbeschränkung *f*, Markteintrittsbarriere *f*, M.schranken *pl*; **b.s to innovation** Innovationsschranken *pl*; **b. to investment** Investitionshemmnis *nt*; **~ trade** Handelshemmnis *nt*; **non-tariff ~ trade** nichttarifäres Handelshemmnis; **protective b.** Schutzwall *m*
barter *n* Naturaltausch *m*, Tauschhandel *m*; *v/ti* in Tausch geben/nehmen, Tauschhandel treiben
barter business/deal Kompensations-, Kopp(e)lungsgeschäft *nt*; **b. economy** Tausch-, Naturalwirtschaft *f*; **b. terms of trade** reales Austauschverhältnis; **b. trade** Tauschhandel *m*, Kompensationsverkehr *m*; **b. transaction** Tausch-, Kompensationsgeschäft *nt*
bar weight Barrengewicht *nt*
base *n* 1. Grundlage *f*; 2. Grund-, Bezugswert *m*, B.größe *f*; 3. Standort *m*; 4. Besteuerungsgrundlage *f*; **monetary b.** Geldbasis *f*, Zentralbankgeldmenge *f*; **productive b.** Produktionsstandort *m*; **taxable b.** Steuerbemessungsgrundlage *f*; **b. (on)** *v/t (Theorie)* stützen/gründen/basieren auf; **b.** *adj* unecht, unedel
based in *adj* ansässig in, mit Sitz in; **broadly b.** auf breiter Front/Basis, breit angelegt
base level Ausgangsniveau *nt*; **b. line** Vergleichsbasis *f*; **b.line year** Basisjahr *nt*; **b. loading** Grundauslastung *f*; **b. material** Grundwerkstoff *m*; **b. pay** Grundlohn *m*; **b. period** Basis-, Bezugs-, Vergleichszeitraum *m*; **b. price** 1. Grundpreis *m*; 2. *(Optionshandel)* Basispreis *m*; **b. rate** 1. Grund-, Eckzins *m*; 2. Grundlohn(satz) *m*;

B

b. stock eiserner Bestand; **b. technology** Basistechnologie *f*; **b. year** Basisjahr *nt*

basic *adj* grundständig; **b.s** *n* Grundsachverhalt *m*; **b. association** Grundverband *m*; **b. facts** Grundsachverhalt; **b. rate (of tax)** Eingangssteuersatz *m*; **b. set of components** Teilestammsatz *m*; **b. stance** Gesamttendenz *f*; **b. unit** Grundeinheit *f*

basing point *n* Paritätspunkt *m*, Frachtbasis *f*

basis *n* Sockel *m*, Basis *f*, Grundlage *f*

basis of apportionment Verteilungsschlüssel *m*; **b. for approval** Genehmigungsbasis *f*; **~ assessment** *(Steuer)* Veranlagungs-, Berechnungsgrundlage *f*; **~ the assessment of earnings** Erwerbsbemessungsgrundlage *f*; **b. of charge** Bemessungsgrundlage *f*; **~ consolidation** Konsolidierungskreis *m*; **~ quotation** Preisbasis *f*; **b. for assessing tax** *(Steuer)* Bemessungsgrundlage *f*

on a discounted basis abgezinst; **~ firm basis** auf solider Grundlage; **~ floating-rate b.** variabel verzinslich; **on a month-to-month b.** im Monatsvergleich; **on a new-for-old b.** *(Vers.)* zum Neuwert; **~ non–profit-making b.** nicht gewinnorientiert; **on a pro-forma b.** vorläufig; **statutory b.** gesetzliche Grundlage

basis point Basispunkt *m*; **b. price** Erwerbskurs *m*, Grundpreis *m*; **b. rate** Basiszins *m*; **b. year** Bezugsjahr *nt*

basket *n* Korb *m*, Gondel *f*; **b. of commodities** Warenkorb *m*; **~ currencies** Währungskorb *m*; **~ goods** Warenkorb *m*; **b. currency** Korbwährung *f*

batch *n* Los *nt*, (Liefer)Menge *f*, Posten *m*, Stapel *m*, Serie *f*; **b. card** Laufkarte *f*, L.-zettel *m*; **b. changeover allowance** Zuschlag bei Wechsel der Serie; **b. control** Chargenverfolgung *f*; **b. number** Chargen-, Losnummer *f*; **b. processing** 🖳 Stapelverarbeitung *f*; **b. production** Serienfertigung *f*; **small b. production** Kleinserienfertigung *f*; **b. size** Los-, Partiegröße *f*; **b. sizing** Losgrößenbildung *f*

battle for world markets Kampf um Weltmärkte; **distributive b.** Verteilungskampf *m*; **legal b.** Rechtsstreit *m*

bear *n* Baissier *m [frz.]*, Baissespekulant *m*, Bär *m*; **to sell a b.** auf Baisse spekulieren; *v/t* 1. (er)tragen, verkraften; 2. *(Börse)* auf Baisse spekulieren; **b. covering** Deckungskäufe (der Baissiers) *pl*

bearer *n* Träger *m*, Überbringer *m*; **b. of a bill** Wechselinhaber *m*; **~ a cheque** *[GB]*/**check** *[US]* Überbringer *m*, Scheckinhaber *m*; **made out to b.** auf den Inhaber/Überbringer lautend

bearer bond/debenture Inhaberobligation *f*, I.schuldverschreibung *f*, I.-Teilschuldverschreibung *f*; **b. convertible bond** Inhaber-Wandelschuldverschreibung *f*; **b. certificate** Inhaberzertifikat *nt*; **b. participatory certificate** Inhaber-Optionsgenussschein *m*; **b. cheque** *[GB]*/**check** *[US]* Überbringer-, Inhaberscheck *m*; **b. clause** Überbringer-, Inhaberklausel *f*; **b. instrument/paper** Inhaber-, Legitimationspapier *nt*; **b. policy** *(Vers.)* Inhaberpolice *f*; **b. securities** Inhabereffekten *pl*; **b. share** *[GB]*/**stock** *[US]* Inhaberaktie *f*

bear hug *(fig)* Übernahmeangebot ohne Vorverhandlungen, **~** zu einem erhöhten Preis

bearish *adj* *(Börse)* pessimistisch, zur Schwäche neigend, zur Baisse tendierend

bear market Baisse(markt) *f/m*, Markt mit fallenden Kursen; **b. position** Leerposition *f*, Baisseengagement *nt*; **b. purchase** Kauf à la Baisse; **b. sale/selling** Leerverkauf *m*; **b. seller** Baissier *m (frz.)*, Leerverkäufer *m*; **b. slide** Kursrutsch *m*; **b. squeeze** *(fig) (Börse)* Preissteigerung durch Kaufdruck

bed-and-breakfasting *n* Verkauf von Wertpapieren und Rückkauf am nächsten Tag

beef cattle Schlachtrinder *pl*, Mastvieh *nt*

beefing up of demand *n* Nachfragestützung *f*

beer *n* Bier *nt*; **b. tax** Biersteuer *f*; **b. wholesaler** Bierverlag *m*, B.verleger *m*

beggar-my-neighbour policy Abwälzen von Lasten, Florianspolitik *f*, St. Floriansprinzip *nt*

begging *n* Bettelei *f*; **b. letter** Bettelbrief *m*

beginning *n* Anfang *m*, Beginn *m*; **b. of the maturity period** Laufzeitbeginn *m*; **~ a period** Fristbeginn *m*; **~ the term** Laufzeitbeginn *m*; **~ work** Arbeitsaufnahme *f*, A.antritt *m*, Dienstbeginn *m*

behaviour *n* Verhalten *nt*, Führung *f*; **anti-competitive b.** wettbewerbswidriges Verhalten; **budgetary b.** Haushaltsgebaren *nt*; **competitive b.** Wettbewerbsverhalten *nt*; **concerted b.** abgestimmtes

Verhalten; **corporate b.** Unternehmensverhalten *nt*
on behalf of im Namen von, für
belongings *n* Habe *f*; **personal b.** Privateigentum *nt*, Hab und Gut *nt*, persönliche Habe
below-mentioned (b/m) *adj* unten aufgeführt/erwähnt
belt *n* Gürtel *m*, Riemen *m*; **endless b.** endloses Transportband; **industrial b.** Industriegürtel *m*; **b. conveying** Streckenförderung *f*; **b. conveyor** Band-, Gurtförderer *m*, Gurtförderband *nt*; **~ production** Fließ(band)fertigung *f*
benchmark *n* 1. Maßstab *m*, Fest-, Bezugspunkt *m*, Messlatte *f*, Richtgröße *f*; 2. Vergleichsmaßstab *m*, V.wert *m*; *adj* Referenz-, Vergleichs-; **b. bond** Referenzanleihe *f*; **b. data** Eckdaten *pl*; **b. figures** Vergleichszahlen *pl*; **b. index** Vergleichsindex *m*; **b.ing** *n* Durchführung von Vergleichsstudien; **b. interest rate** Referenzzins *m*; **b. job** Vergleichs-, Richtarbeitsplatz *m*; **b. price** Orientierungs-, Richtpreis *m*; **b. (wage) rate** Ecklohnsatz *m*
beneficial *adj* förderlich, nützlich, vorteilhaft
beneficiary *n* 1. Begünstigte(r) *f/m*, Empfänger(in) *m/f*, Nutznießer(in) *m/f*, Berechtigte(r) *f/m*; 2. Versicherungs-, Kreditnehmer(in) *m/f*; 3. Unterstützungs-, Leistungsempfänger(in) *m/f*; **b. of insurance** Versicherungsberechtigte(r) *f/m*; **~ a letter of credit** Akkreditivbegünstigte(r) *f/m*
authorized beneficiary Empfangsberechtigte(r) *f/m*; **contingent/secondary b.** Zweitbegünstigte(r) *f/m*; **first/primary b.** Erstbegünstigte(r) *f/m*; **prospective b.** Anwartschaftsberechtigte(r) *f/m*; **ultimate b.** Letztbegünstigte(r) *f/m*
benefit *n* 1. Nutzen *m*, Gewinn *m*, Vorteil *m*; 2. Versicherungsleistung *f*; 3. Krankengeld *nt*; 4. Beihilfe *f*, Unterstützung(sleistung) *f*, Leistung *f*, Dienst *m*; **b.s** Sozialleistungen *pl*; **b. in kind** Sachleistung *f*; **b.(s) for the user** Kundennutzen *m*; **eligible for b.** leistungs-, unterstützungsberechtigt; **b.s paid** *(Vers.)* Leistungsumfang *m*
to claim benefits Unterstützungsanspruch geltend machen, Sozialhilfe beantragen; **to draw b.** Unterstützung beziehen; **to pay b.** Leistungen erbringen/ausbezahlen; **to reap b. from** Gewinn/Nutzen ziehen aus
daily benefit *(Vers.)* Tagegeld *nt*; **~ b.s insurance** *(Krankenhaus)* Tagegeldversicherung *f*; **economic b.** gesamtwirtschaftlicher Nutzen; **environmental b.** Umweltnutzen *m*; **in-kind/non-cash b.** Sachleistung *f*; **marginal b.** Grenznutzen *m*; **medical b.s** Kassenleistung *f*; **non-contributory b.s** beitragsfreie Leistungen; **old-age b.** Altersruhegeld *nt*; **~ insurance** Rentenversicherung *f*; **primary b.** *(Vers.)* Grundrente *f*; **short-time b.** Kurzarbeitergeld *nt*; **social b.(s)** 1. Fürsorgeleistung(en) *f/pl*; 2. Sozialhilfe *f*, S.leistungen *pl*; 3. *(VWL)* gesamtwirtschaftlicher/volkswirtschaftlicher Nutzen; **standard b.s** *(Vers.)* Grundleistungen *pl*; **statutory b.** gesetzliche/staatliche Sozialleistung; **supplementary b.** *[GB]* Sozialhilfe *f*
benefit (from sth.) *v/i* Nutzen ziehen (aus), profitieren von
benefit association *[GB]***/club** *[US]* Versicherungsverein auf Gegenseitigkeit (VVaG), Unterstützungsverein *m*; **b. claim** Sozialanspruch *m*; **b. consideration** Nutzenbetrachtung *f*; **b.-cost analysis** Nutzen-Kosten-Analyse *f*; **b. cuts** *(Vers.)* Leistungskürzung *f*; **b. entitlement** 1. Anspruch auf Sozialhilfe; 2. *(Vers.)* Leistungsanspruch *m*; **b. fraud** Sozialhilfebetrug *m*; **b. fund** Versicherungsfonds (auf Gegenseitigkeit) *m*; **b. payment** Unterstützungszahlung *f*; **b. period** *(Vers.)* Leistungszeitraum *m*; **b. rate** *(Vers.)* Leistungshöhe *f*; **standard b. rate** Sozialhilfesatz *m*; **b. recipient** Leistungs-, Versorgungsempfänger(in) *m/f*; **b. regime** Sozialhilfeordnung *f*; **b. society** Versicherungsverein auf Gegenseitigkeit (VVaG)
berth *n* ⚓ Anker-, Liegeplatz *m*; **loading b.** (Ver)Ladeplatz *m*; **roll-on/roll-off b.** Anker-/Liegeplatz für kranlose Verladung; **unloading b.** Löschplatz *m*; **b.** *v/t* ⚓ am Kai festmachen, docken, anlegen; **b.age** *n* ⚓ Anlege-, Kaigebühr(en) *f/pl*; **b. cargo** Auffüllladung *f*; **b. freighting** Stückgutbefrachtung *f*; **b. rate** Stückguttarif *m*; **b. term(s) (b.t.)** ⚓ Platzbedingung(en) *f/pl*
best *adj* beste(s, r), äußerst; **at b.** *(Börse)*

B

1. *(Verkauf)* bestens; 2. *(Kauf)* billigst; **b. before** haltbar bis; **to close at the day's b.** *(Börse)* zu Tageshöchstkursen schließen

best-selling *adj* meistgekauft, absatzstark

bet *n* Wette *f*, Wetteinsatz *m*; *v/ti* wetten, Wette abschließen

better-than-average *adj* über dem Durchschnitt liegend, überdurchschnittlich

betterment *n* Wertzuwachs *m*, W.steigerung *f*; **b. charge** Erschließungsbeitrag *m*; **b. tax** Wertzuwachssteuer *f*

better off *adj* besser gestellt

betting *n* Wetten *nt*; **b. duty/tax** (Renn-)Wettsteuer *f*

beverage *n* Getränk *nt*; **alcoholic b. tax** Steuer auf alkoholische Getränke; **b. industry** Getränkeindustrie *f*

bias *n* 1. Befangenheit *f*, Unausgewogenheit *f*; 2. *(Zeitung)* Tendenz *f*, Ausrichtung *f*; **downward b.** Abwärts-, Baissetendenz *f*; **procedural b.** systematischer Fehler in der Erhebung; **upward b.** Verzerrung nach oben; **b.ed** *adj* voreingenommen, befangen

bid *n* 1. (Kauf)Angebot *nt*, Gebot *nt*, Offerte *f*; 2. *(Unternehmen)* Übernahmeangebot *nt*; 3. *(Börse)* Geld(kurs) *nt/m*; 4. *[US]* Lieferungsangebot *nt*, Submission(sofferte) *f*; **b. and asked** *(Börse)* Geld und Brief; **to launch a b.** Übernahmeangebot abgeben/unterbreiten

abortive bid erfolgloses Übernahmeangebot; **agreed b.** abgestimmtes Kaufangebot; **all-cash b.** reines Bargebot; **closing b.** letztes/höchstes Gebot; **firm b.** Festgebot *nt*; **higher b.** Mehrgebot *nt*; **highest b.** Höchst(an)gebot *nt*; **hostile b.** feindliches Übernahmeangebot; **lowest/minimum b.** Billigstgebot *nt*, Mindestangebot *nt*; **opening b.** *(Auktion)* erstes Gebot; **public b.** öffentliches Angebotsverfahren; **rigged b.** Scheingebot *nt*; **winning b.** Zuschlagsangebot *nt*

bid *v/ti* bieten, (Lieferungs-/Preis)Angebot machen, Gebot abgeben; **b. for** sich bewerben um; **b. up** hochbieten

bid|-ask-spread *n* *(Börse)* Geld-Brief-Spanne *f*; **b. battle** Übernahmeschlacht *f*; **b. bond** Bietungsgarantie *f*; **b. closing date** Submissionsschluss *m*

bidder *n* Bieter *m*, Submittent *m*; **to auction off/sell to the highest b.** meistbietend verkaufen/versteigern; **highest b.** Höchstbieter *m*; **successful b.** 1. *(Auktion)* Ersteher *m*; 2. erfolgreicher (An-)Bieter

bidding *n* 1. Steigern *nt*, Bieten *nt*; 2. Submissionsangebot *nt*, Abgabe eines Angebots; 3. Offertlegung *f*; **to win the b.** *(Ausschreibung)* den Zuschlag erhalten; **collusive b.** (abgekartete) Angebotsabsprache *f*; **competitive b.** Ausschreibungswettbewerb *m*; **b. period** Ausschreibungs-, Submissionsfrist *f*; **b. price** Bietungskurs *m*, Erstangebot *nt*; **b. syndicate** Bietergruppe *f*

bid opening Angebotseröffnung *f*; **b. price** 1. gebotener Preis; 2. Kaufkurs *m*; 3. *(Fonds)* Rücknahmepreis *m*; **b. and asked price** Rücknahme- und Ausgabepreis *m*; **b. processing** Angebotsabwicklung *f*; **b. terms** 1. Übernahmebedingungen *pl*; 2. Angebotsbedingungen *pl*

biggest-selling *adj* meistverkauft

big-ticket *adj* *(coll)* groß

bilateral *adj* zweiseitig, bilateral

bill *n* 1. Rechnung *f* (für Dienstleistungen); 2. Banknote *f*; 3. Tratte *f*; 4. Gesetzentwurf *m*

bill of acceptance Akzept *nt*, akzeptierter Wechsel; **b. (payable) to bearer** Inhaberwechsel *m*; **b. of charges** Gebühren-, Unkostenrechnung *f*; **b.s in circulation** Wechselumlauf *m*; **b. of clearance** ⊖ Zollabfertigungsschein *m*; **b. for/of collection** Inkasso-, Einzugswechsel *m*; **b. of complaint** § Klageschrift *f*; **~ consignment** Frachtbrief *m*; **~ conveyance** Speditionsrechnung *f*; **~ costs** *[GB]* Gebührenrechnung *f*; **b. in foreign currency** Auslandswechsel *m*; **b. against documents** Wechsel gegen Dokumente; **b. with documents attached** Wechsel mit anhängenden Papieren; **b. of emption** Kaufvertrag *m*; **~ entry** ⊖ Einfuhrerklärung *f*, (Zoll)Eingangsdeklaration *f*

bill of exchange (B/E) Wechsel *m*; **b. of e. drawn for account of a third party** Kommissionswechsel *m*; **to accept a b. of e.** Wechsel akzeptieren/querschreiben; **to draw a b. of e. on** Wechsel ziehen auf; **to endorse a b. of e.** Wechsel indossieren/girieren; **to honour a b. of e.** Wechsel honorieren

domiciled bill of exchange domizilierter Wechsel; **first b. of e.** Originalwechsel *m*, Wechselprima *f*; **guaranteed b. of e.**

Bürgschafts-, Sicherheits-, Avalwechsel *m*; **non-negotiable b. of e.** Rektawechsel *m*; **single/sole b. of e.** Eigen-, Solawechsel *m*

bill of expenses Spesenrechnung *f*; **~ fees** Honorarrechnung *f*; **~ freight** Frachtbrief *m*; **b.s in hand** Wechselportefeuille *nt*, W.bestand *m*; **b. of health** Gesundheitszeugnis *nt*; **~ indictment** § Anklageschrift *f*

bill of lading (B/L) ⚓ Konnossement *nt*, (Schiffs)Frachtbrief *m*; **~ to bearer** Inhaberkonnossement *nt*; **~ to order** Orderkonnossement *nt*

alongside bill of lading Längsseits-Konnossement *nt*; **claused b. of l.** eingeschränktes/unreines Konnossement; **clean b. of l.** echtes/reines Konnossement; **collective/consolidated b. of l.** Sammelfrachtbrief *m*; **dirty/foul b. of l.** eingeschränktes/unreines Konnossement; **negotiable b. of l.** Inhaber-/Orderkonnossement *nt*; **non-negotiable b. of l.** Namenskonnossement *nt*; **omnibus b. of l.** Sammelfrachtbrief *m*; **on-board b. of l.** Bordkonnossement *nt*; **received-for-shipment b. of l.** Übernahme-, Empfangskonnossement *nt*; **shipped b. of l.** Verschiffungskonnossement *nt*; **straight b. of l.** Namens-, Rektakonnossement *nt*; **through b. of l.** Transit-, Durchfuhrkonnossement *nt*; **unclean b. of l.** eingeschränktes/unreines Konnossement

bill of material(s) 1. Material-, Stückliste *f*; 2. Leistungsverzeichnis *nt*; **master ~ materials** Hauptstückliste *f*; **original ~ materials** Ursprungsstückliste *f*; **b. to order** Orderwechsel *m*; **b.s in portfolio** Wechselbestand *m*; **b. of quantity** 🏛 Aufmaß *nt*, Kostenvoranschlag *m*; **~ quantities** 1. Material-, Stückliste *f*; 2. Leistungsverzeichnis *nt*; **~ sale (B.S.; B/S)** 1. Übereignung *f*; 2. Kaufvertrag *m*; 3. *[US]* Liefervertrag *m*; **conditional ~ sale** Sicherungsübereignungsvertrag *m*; **b.s in a set** Wechsel in mehrfacher Ausfertigung; **b. after sight** Nachsichtwechsel *m*; **b. at sight** Sichtwechsel *m*; **b. of sight (B/St)** ⊖ Zollerlaubnisschein *m*; **~ weight** Waageschein *m*

bills accepted Wechselobligo *nt*, W.verbindlichkeiten *pl*; **b. discounted** Diskontverbindlichkeiten *pl*; **b. due** fällige Wechsel; **b. payable (B.P.)** 1. fällige Rechnungen, Kreditoren *pl*; 2. fällige Wechsel, Wechselschulden *pl*; **b. receivable (B.R.)** (ausstehende) Wechselforderungen *pl*, W.debitoren *pl*

to accept a bill Wechsel anerkennen/akzeptieren; **~ b.s for collection** (Diskont)-Wechsel zum Einzug/Inkasso hereinnehmen; **~ b.s for discount** Wechsel zum Diskont hereinnehmen; **to ask for the b.** Rechnung verlangen; **to back a b.** Wechsel indossieren; **to cash a b.** Wechsel einziehen/einlösen; **to clear a b.** Wechsel einlösen/honorieren; **to collect a b.** 1. Rechnungsbetrag (ein)kassieren; 2. Wechsel einziehen; **to cover a b.** Wechseldeckung anschaffen; **to discount a b.** Wechsel diskontieren; **to dishonour a b.** Wechsel zu Protest gehen lassen; **to draw a b. (on so.)** Wechsel (auf jdn) ziehen; **to endorse a b.** Wechsel mit Akzept/Giro versehen; **to foot the b.** Zeche bezahlen; **to guarantee a b.** Wechsel avalieren; **to have a b. collected** Wechsel zum Inkasso geben; **~ discounted** Wechsel diskontieren; **~ noted/protested** Wechsel zu Protest gehen lassen; **to honour a b.** 1. Wechsel honorieren/bezahlen; 2. Rechnung bezahlen; **to issue a b.** Wechsel ausfertigen; **to itemize a b.** Rechnung spezifizieren; **to make out a b.** fakturieren, Rechnung ausfertigen/ausstellen; **to negotiate a b.** Wechsel begeben; **to note a b.** Wechsel zu Protest gehen lassen; **to offer a b. for discount** Wechsel zum Diskont einreichen; **to pay a b.** 1. Rechnung bezahlen; 2. Wechsel einlösen/zahlen; **~ b.s online** Rechnungen elektronisch bezahlen; **to present a. b. for acceptance** Wechsel zur Annahme vorlegen; **to protest a b.** Wechsel zu Protest gehen lassen; **to receipt a b.** Rechnung quittieren; **to renew a b.** Wechsel prolongieren; **to sight a b.** Wechsel mit Sichtvermerk versehen

accepted bill (angenommenes) Akzept *nt*; **after-date b.** Datowechsel *m*; **backed b.** avalierter Wechsel; **bankable b.** diskontfähiger Wechsel; **collateral(ized) b.** Lombard-, Sicherheits-, Depotwechsel *m*; **commercial b.** Waren-, Handelswechsel *m*; **discountable b.** diskontierbarer Wechsel; **discounted b.** Diskontwechsel *m*; **dishonoured b.** Protestwechsel *m*; **documentary b.** Dokumententratte *f*;

B

domiciled b. Domizilwechsel *m*; **eligible b.** rediskontierbarer/rediskontierfähiger Wechsel; **financial b.** Finanzwechsel *m*; **foreign (currency) b.** Fremdwährungswechsel *m*; **guaranteed b.** avalierter Wechsel; **honoured b.** eingelöster Wechsel; **itemized b.** aufgeschlüsselte Rechnung; **local b.** Platzwechsel *m*; **matured b.** abgelaufener Wechsel; **ministerial b.** *(Gesetz)* Referentenentwurf *m*; **negotiable b.** übertragbarer Wechsel; **non-negotiable b.** nur durch Abtretung übertragbarer Wechsel; **noted/protested b.** protestierter Wechsel, Protestwechsel *m*; **outstanding b.** unbezahlte Rechnung; **past-due b.** verfallener Wechsel; **payable b.** fälliger Wechsel; **prime b.** Primawechsel *m*; **rediscountable b.** refinanzierungsfähiger Wechsel; **rediscounted b.** weitergegebener Wechsel; **three-month(s) b.** Dreimonatswechsel *m*; **unpaid b.** unbezahlte Rechnung

bill *v/t* fakturieren, berechnen, in Rechnung stellen, Rechnung ausstellen

bills account Wechselkonto *nt*

billboard *n* Werbe-, Reklamefläche *f*, Plakatwand *f*; **b. advertising** Plakatwerbung *f*

bill book Wechselbuch *nt*, W.kladde *f*; **b. brokerage provision** Wechselcourtage *f*; **b. charges** Wechselspesen *pl*; **b. collection** Wechseleinzug *m*; **b. cover(age)** Wechseldeckung *f*; **b. creditor** Wechselgläubiger *m*; **b. debtor** Wechselschuldner *m*; **b. discount (rate)** Wechseldiskont(satz) *m*; **b. discounting** Wechseldiskontierung *f*; **b. document** Wechselurkunde *m*

billed *adj* berechnet, in Rechnung gestellt

bill endorsement Wechselindossament *nt*; **b. finance** Wechselfinanzierung *f*; **b. guarantee** Wechselbürgschaft *f*, W.garantie *f*; **b. holdings** Akzeptbestand *m*, Wechselportefeuille *nt*

billing *n* 1. Fakturieren *nt*, Rechnungsausstellung *f*, R.ausfertigung *f*; 2. Werbung *f*; 3. Agenturumsatz *m*; **b.s** *(Werbung)* 1. (Werbe)Umsatz *m*; 2. Umsatz einer Werbeagentur; **b. of a major order** Abrechnung eines Großauftrags; **~ services** Leistungsverrechnung *f*; **final b.** Schlussabrechnung *f*; **monthly b.** monatliche Abrechnung; **b. department** Rechnungsabteilung *f*; **b. period** Rechnungsperiode *f*; **b. statement** Rechnungsauszug *m*; **b. system** Fakturierungssystem *nt*

billion (bn) *n* *[US]/[GB]* Milliarde (Mrd) *f*

bill jobbing Wechselritt *m*; **b.posting** *n* Plakatierung *f*; **b. protest** Wechselprotest *m*; **b. rate** 1. Wechseldiskontsatz *m*; 2. Zinssatz für Schatzwechsel; **b. register** Wechselverfallbuch *nt*; **b. tax** Wechselsteuer *f*; **b. transaction** Wechselgeschäft *nt*

bin *n* 1. Behälter *m*, Transporteinheit *f*; 2. Tonne *f*, Abfalleimer *m*

bind *v/t* § (durch Bürgschaft) verpflichten; **b.er** *n (Vers.)* (vorläufige) Deckung(szusage) *f*; **b.ing** *adj* bindend, verbindlich

bin management Lagerplatzverwaltung *f*; **b. number** Behälternummer *f*

bio|chemistry *n* Biochemie *f*; **b.degradable** *adj* biologisch abbaubar; **B.diversity Convention** *[UN]* Artenschutzabkommen *nt*; **b.engineering** *n* Gentechnologie *f*, Biotechnik *f*; **b.technology** *n* Biotechnologie *f*; **b.techs** Biotechnologieaktien *pl*

birth *n* Geburt *f*; **b. rate** Geburtenrate *f*, G.ziffer *f*

BIS (Bank for International Settlements) Bank für internationalen Zahlungsausgleich (BIZ)

bi-weekly *adj/adv* vierzehntägig, zweiwöchentlich

B/L ↘ **bill of lading**

black *v/t* 1. bestreiken; 2. boykottieren, auf die Schwarze Liste setzen; *adj* schwarz; **in the b.** in den schwarzen Zahlen; **to be in the b.** schwarze Zahlen schreiben; **b.ing** *n* Boykott(ierung) *m/f*; **b.list** *n* schwarze Liste; *v/t* auf die schwarze Liste setzen; **b.-marketing** *n* Schwarzhandel *m*

blank *n* 1. Zwischenraum *m*, Abstand *m*; 2. Blankoformular *nt*, Formblatt *nt*; **to fill in the b.s** *(Formular)* Lücken ausfüllen; **to leave (a) b.** unausgefüllt/leer lassen; *adj* blanko, leer

blanket(-rate) *adj* pauschal, Pauschal-, Gesamt-

bloatware *n* 💻 unnötige Software(bestandteile)

bloc *n* *(frz.)* Block *m*; **economic b.** Wirtschaftsblock *m*; **monetary b.** Währungsblock *m*

block *n* (Aktien)Paket *nt*; **b. of flats** Wohnhaus *nt*

block *v/t* 1. blockieren, hemmen; 2. *(Konto)* sperren; 3. *(Geld)* einfrieren, binden

block appropriation Globalbewilligung *f*,

G.zuweisung *f*; **b. booking** Gruppenbuchung *f*; **b.buster product** *n* Marktrenner *m*; **b. credit** Rahmenkredit *m*; **b. discounting** *(Bankdiskont)* Sammelgeschäft *nt*; **b. exemption** Gruppenfreistellung *f*; **b. grant** Global-, Pauschalzuweisung *f*

blocking *n* 1. *(Konto)* (Verfügungs)Sperre *f*; 2. *(Geld)* Festschreibung *f*; **b. of expenditure** Ausgabensperre *f*; **b. order** Verfügungssperre *f*; **b. period** 1. Bindungsdauer *f*; 2. Festlegungsfrist *f*

block insurance/policy Sammel-, Pauschalversicherung *f*; **b. stacking** Blockstapelung *f*; **b. store** Blocklager *nt*; **b. trade/trading** *(Börse)* Block-, Pakethandel *m*; **b. vote** 1. Globalbewilligung *f*; 2. geschlossene Stimmabgabe

blueprint *n* 1. Blaupause *f*; 2. Entwurf *m*, Projektstudie *f*

blurb *n* 1. Werbetext *m*; 2. ✎ Klappentext *m*, Waschzettel *m*

board *n* 1. (Anschlag)Brett *nt*, A.tafel *f*; 2. ⚓ Bord *m*, Schiffsdeck *nt*; 3. Karton *m*, Pappe *f*; 4. Kost(geld) *f/nt*, Verpflegung *f*; 5. Amt *nt*, Behörde *f*; 6. *(AG)* Unternehmensleitung *f*, Verwaltungsrat *m*, Direktorium *nt*, Vorstand und Aufsichtsrat *m*; 7. Ausschuss *m*; **across the b.** linear, pauschal; **on b.** ⚓/✈ an Bord

board of appeal § Beschwerdekammer *f*; **~ arbitration/conciliation** Schlichtungsausschuss *m*, Schiedsstelle *f*; **~ audit** (Landes)Rechnungshof *m*; **~ directors** Aufsichtsrat *m*, Vorstand *m*, Verwaltung(srat) *f/m*; **~ executive/managing directors** Vorstand *m*, Exekutivdirektorium *nt*; **~ non-executive/non-managing directors** Aufsichtsrat *m*; **~ examiners** Prüfungsausschuss *m*; **~ governors** 1. Börsenvorstand *m*; 2. Zentralbankrat *m*; **B. of Inland Revenue** *[GB]* Finanz-, Steuerverwaltung *f*; **b. and lodging** Unterkunft und Verpflegung; **b. of management** Vorstand *m*, Direktorium *nt*, Unternehmensleitung *f*; **B. of Trade** *[US]* 1. Handelskammer *f*; 2. *(Chicago)* Warenbörse *f*; 3. *[GB]* Bundesaufsichtsamt für das Kreditwesen; **b. of trustees** Aufsichtsrat *m*, Stiftungs(bei)rat *m*

free on board (FOB) frei an Bord, frei Schiff; **to ship on b.** an Bord verladen

advisory board (Verwaltungs)Beirat *m*; **executive b.** (Haupt)Vorstand *m*; **full b.** Vollpension *f*; **half b.** Halbpension *f*; **managing b.** Vorstand *m*; **supervisory b.** Aufsichtsrat *m*

board chairman Verwaltungsratspräsident *m*; **b. circular** Schreiben des Vorstands; **b. decision** Vorstands-, Aufsichtsrats-, Verwaltungsratsbeschluss *m*; **at b. level** auf Vorstands-/Aufsichtsratsebene; **b. meeting** Vorstands-, Aufsichtsrats-, Verwaltungsratssitzung *f*; **b. member** Vorstands-, Aufsichtsrats-, Geschäftsleitungs-, Verwaltungsratsmitglied *nt*

boardroom *n* Führungs-, Vorstandsetage *f*; **at b. level** auf Verwaltungsratsebene; **b. pay** Vorstandsbezüge *pl*

board secretary Vorstandssekretärin *f*; **b. spokesperson** Sprecher(in) der Geschäftsführung; **b. structure** Leitungsorganisation *f*

boat *n* Boot *nt*, Schiff *nt*; **b.load** *n* Schiffsladung *f*

body *n* 1. Körper *m*; 2. Komplex *m*, Hauptteil *m*; 3. Körperschaft *f*, Organisation *f*, Gremium *nt*; **b. of assets** Vermögensmasse *f*; **~ creditors** Gläubigergemeinschaft *f*; **~ a letter** Brieftext *m*

administrative body Verwaltungsbehörde *f*; **regional ~ b.** Gebietskörperschaft *f*; **advisory b.** beratendes Organ, (Sachverständigen)Beirat *m*; **corporate b.** § Körperschaft *f*, juristische Person; **decision-making b.** Entscheidungsinstanz *f*, Beschlussorgan *nt*; **executive b.** 1. Exekutive *f*, Exekutivorgan *nt*; 2. Geschäftsführungsorgan *nt*; **federal b.** Bundesbehörde *f*; **funding b.** Träger *m*; **governing b.** Direktorium *nt*, leitendes Organ; **legal b.** § Körperschaft *f*, juristische Person; **managing b.** Verwaltungsorgan *nt*; **professional b.** Berufsverband *m*, Standes-, Branchenorganisation *f*; **public b.** Körperschaft des öffentlichen Rechts, öffentlich-rechtliche Körperschaft; **regulatory/supervisory b.** Kontrollbehörde *f*, K.instanz *f*, Aufsichtsorgan *nt*; **self-governing b.** Selbstverwaltungsorgan *nt*

body corporate § Körperschaft *f*, juristische Person

bolster (up) *v/t* (unter)stützen, verstärken

bona fide *adj* *(lat.)* gutgläubig, auf Treu und Glauben

bond *n* 1. Bürgschaft *f*, Kaution *f*, Verpflichtung *f*, Schuldschein *m*; 2. Anleihe(titel) *f/m*, Pfandbrief *m*, Schuldverschrei-

B

bung *f*, Obligation *f*, Rentenpapier *nt*; 3. ⊖ Zollverschluss *m*; **b.s** Rentenwerte *pl*, Festverzinsliche *pl*; **in b.** ⊖ unter Zollverschluss; **out of b.** ⊖ verzollt; **b. (payable) to bearer** Inhaberschuldverschreibung *f*; **b.s and debentures** Renten(papiere) *pl*; **b. of indemnity** Ausfallbürgschaft *f*; **b. with warrant** Wandelanleihe *f*, W.schuldverschreibung *f*, Optionsschuldverschreibung *f*

to call in bond|s Obligationen kündigen; **to draw b.s** Obligationen auslosen; **to forfeit a b.** Kaution verwirken; **to issue b.s** Obligationen/Schuldverschreibungen ausgeben; **to retire a b.** Schuldverschreibung tilgen; **to subscribe a b.** Pfandbrief zeichnen; **to take out of b.** ⊖ aus dem Zollverschluss nehmen

back bond Rückbürgschaft *f*; **blanket b.** Sicherungsabtretung *f*; **callable b.** vorzeitig kündbare Schuldverschreibung; **collateral b.** wertpapiergesicherte Schuldverschreibung; **convertible b.** Wandelanleihe *f*; **corporate b.** *[US]* Unternehmens-, Industrieanleihe *f*; **equity-linked b.** Wandelschuldverschreibung *f*; **euro-denominated b.** Euro-Anleihe *f*; **federal b.** Bundesobligation (Bobl) *f*, B.anleihe *f*; **fixed-interest(-bearing) b.** festverzinsliche Anleihe/Schuldverschreibung; **floating-rate b.** (zins)variable Anleihe, Anleihe mit Zinsanpassung; **foreign b.** Auslandsanleihe *f*; **high-yielding b.** hochrentierende Anleihe; **index-linked b.** indexierte Obligation; **industrial b.** Industrieanleihe *f*; **interest-bearing b.** verzinsliche Anleihe/Schuldverschreibung; **irredeemable b.** unkündbare Obligation; **junior b.** nachrangig gesicherte Obligation; **legal b.** *[US]* mündelsichere Obligation; **mortgage-backed b.** hypothekenunterlegte Anleihe; **municipal b.** Kommunalanleihe *f*, K.obligation *f*; **negotiable b.** begebbare Schuldverschreibung; **outstanding b.s** begebene Obligationen; **partly paid b.** teileingezahlte Anleihe; **participating b.** Gewinnschuldverschreibung *f*; **personal b.** § persönliche Garantie; **public-authority/public-sector b.s** öffentliche Anleihen, Staatspapiere *pl*; **redeemable b.** kündbare/ablösbare Schuldverschreibung, ~ Obligation; **registered b.** Namensschuldverschreibung *f*; **seasoned b.** ältere Anleihe; **senior b.** Vorzugsobligation *f*; **serial b.** Serienanleihe *f*, in Serie rückzahlbare Schuldverschreibung; **subordinated b.** nachrangig besicherte Anleihe/Schuldverschreibung; **unsecured b.** ungesicherte Schuldverschreibung; **variable-rate/variable-interest b.** Anleihe/Obligation mit Zinsanpassung, variabel verzinsliche Anleihe; **zero-coupon b.** Zerobond *m*; Nullkuponanleihe *f*

bond *v/t* 1. verpfänden, hypothekisieren; 2. ⊖ unter Zollverschluss einlagern

bond capital Anleihekapital *nt*; **b. certificate** Interimsschein für Inhaberschuldverschreibung, Anleihezertifikat *nt*; **b. coupon** Zinsschein *m*; **b. creditor** Pfandbriefgläubiger *m*; **b. dealer** Rentenhändler *m*; **b. flo(a)tation** Anleiheemission *f*; **b.holder** *n* Obligationär *m*, Pfandbriefbesitzer *m*

bonding *n* ⊖ Zolleinlagerung *f*; **b. facilities** ⊖ Zolleinlagerungsstelle *f*

bond investor Rentensparer *m*; **b. issuance** Anleiheemissionen *pl*; **b. issue** Pfandbrief-, Anleiheemission *f*, Prämienausgabe *f*; **b. issuer** Anleiheemittent(in) *m/f*; **b. market** Anleihe-, Renten-, Pfandbriefmarkt *m*; **corporate b. market** Markt für Unternehmensanleihen; **b. money** Kaution(ssumme) *f*; **b. note** ⊖ Zollbegleitschein *m*; **b. offering** Anleiheangebot *nt*; **b. portfolio** Rentenbestand *m*; **b. price** Rentenkurs *m*; **b. rate** Nominalverzinsung von Anleihen/Obligationen; **b. redemption** Anleihetilgung *f*; **b. trading** Pfandbrief-, Rentenhandel *m*; **b. trustee** Anleihetreuhänder *m*; **b. warrant** ⊖ Zollbegleitschein *m*; **b. yield** Renten-, Anleiherendite *f*

bonus *n* 1. Bonus *m*, Zulage *f*, Prämie *f*, Gratifikation *f*, Tantieme *f*; 2. Leistungs-, Lohnzulage *f*; 3. Erfolgsanteil *m*, Versicherungsdividende *f*; **b. for junking used vehicles** Verschrottungsprämie *f*; **~ special risks** Risikoprämie *f*; **~ shift work** Schicht(arbeiter)zuschlag *m*, Schichtzulage *f*

compensating bonus Ausgleichsprämie *f*; **cost-of-living b.** Teuerungszulage *f*; **end-of-year b.** Abschlussvergütung *f*; **final b.** *(Vers.)* Schlussgewinnanteil *m*, S.dividende *f*; **incentive b.** Leistungszulage *f*; **no-claim(s) b.** *(Vers.)* Schaden(s)freiheitsrabatt *m*; **performance-related b.**

Erfolgsprämie *f*, leistungsbezogener Bonus; **profit-linked b.** gewinnabhängige Zulage; **reversionary b.** *(Vers.)* Summenzuwachs *m*, Beitragsrückerstattung *f*; **terminal b.** *(Vers.)* Schlussgewinnanteil *m*, S.dividende *f*

bonus commitment Jubiläumszusage *f*; **b. earnings** Prämienverdienst *m*; **b. income** Tantiemeneinkünfte *pl*; **b. increment** Akkordzuschlag *m*; **b. issue** 1. Gratisaktie *f*; 2. Ausgabe von Gratisaktien; **b. payment** Prämienvergütung *f*, (betriebliche) Sonderzahlung *f*, Bonuszahlung *f*; **b. plan** Prämiensystem *nt*; **b. savings agreement/scheme** Prämiensparvetrag *m*; **b. scheme** Prämien(lohn)-, Gratifikationssystem *nt*; **b. share** 1. *[US]* Gratis-, Berichtigungsaktie *f*; 2. Treueaktie *f*; **b. wage** Prämienlohn *m*

book *n* Buch *nt*; **b.s (of account)** Geschäftsbücher *pl*; **b. of account** Handelsbuch *nt*; **b.s and records** Bücher (und sonstige Aufzeichnungen) *pl*; **b. of samples** Musterbuch *nt*; **on balancing/closing our b.s** bei Schließung/Abschluss unserer Bücher; **on checking/inspecting our b.s** bei Durchsicht unserer Bücher

to audit the books Bücher prüfen; **to balance the b.** Bücher abstimmen/saldieren; **to carry in the b.** verbuchen; **to cook/doctor the b.** *(coll)* Bilanz verschleiern, (Geschäfts)Bücher frisieren *(coll)*; **to examine the b.** Bücher prüfen; **to make the b.** Bücher machen *(coll)*; **to square the b.** Bücher abschließen

corporate books Geschäftsbücher einer AG

book *v/t* 1. (ver)buchen; 2. reservieren, vormerken; 3. *(Auftrag)* hereinnehmen; **b. in advance** im Voraus bestellen; **b. through** 🚂 durchlösen; **b. to** verbuchen bei

book claim Buchforderung *f*; **b. club** Buchclub *m*; **b. debt** Buchschuld *f*; **b.-entry system** Verbuchungssystem *nt*

booking *n* Voranmeldung *f*, Reservierung *f*; **b.s** Auftragseingang *m*; **to balance b.s** Buchungen saldieren; **to read in b.s** Buchungen einlesen; **advance b.** 1. Vorverkauf *m*; 2. Vor(aus)bestellung *f*, Reservierung *f*

booking amount Buchungsbetrag *m*; **b. clerk** Schalterbeamter *m*, S.beamtin *f*; **b. code** Buchungsschlüssel *m*; **b. date** Buchungsdatum *nt*; **b. fee** Reservierungsgebühr *f*; **b. form** Buchungsformular *nt*; **b. office** Buchungs-, Reservierungsstelle *f*; **b. rate** Buchungskurs *m*; **b. text** Buchungstext *m*; **b. voucher** Buchungsbeleg *m*

book inventory 1. Buchbestand *m*; 2. Buchinventur *f*; **b.keeper** *n* Buchhalter(in) *m/f*, B.führer(in) *m/f*, B.haltungskraft *f*, B.haltungssachbearbeiter(in) *m/f*

bookkeeping *n* Buchführung *f*, B.haltung *f*, Rechnungswesen *nt*; **commercial b.** kaufmännische Buchführung; **double-entry b.** doppelte Buchführung, Doppik *f*; **single-entry b.** einfache Buchführung; **b. clerk** Buchhalter(in) *m/f*; **b. department** Buchhaltung(sabteilung) *f*; **b. entry** Buchungsposten *m*; **b. error** Buchungsfehler *m*; **b. loss** Buch(ungs)-verlust *m*; **b. supervisor** Buchhaltungsvorsteher(in) *m/f*

booklet *n* Broschüre *f*, Heft *nt*

book loan Buchkredit *m*; **b. loss** Buchverlust *m*, rechnerischer Verlust; **b. money** Buch-, Giralgeld *nt*; **b. profit/surplus** Buchgewinn *m*, rechnerischer/buchmäßiger Überschuss, technischer Gewinn; **b. publisher** Buchverlag *m*; **b. rate of return** (rechnerische) Rendite *f*

book value (Netto)Buchwert *m*, Inventarwert *m*; **gross b. v.** Buchwert vor Abschreibungen; **net b. v.** Restbuchwert *m*; **b. v. method** Buchwertmethode *f*

boom *n* Hochkonjunktur *f*, Hausse *f [frz.]*, (Konjunktur)Aufschwung *m*, Boom *m*; **b. in the capital goods industry** Investitionsgüterkonjunktur *f*; **~ consumer goods** Verbrauchsgüterkonjunktur *f*; **~ demand** lebhafte Nachfrage; **~ the real estate/property market** Immobilienkonjunktur *f*

cyclical boom Hochkonjunktur *f*, konjunkturbedingte Hausse *[frz.]*; **domestic b.** Inlands-, Binnenkonjunktur *f*; **faltering b.** nachlassende Konjunktur; **overheated b.** (Konjunktur)Überhitzung *f*; **runaway b.** überschäumende Konjunktur; **sectoral b.** Branchenkonjunktur *f*

boom *v/i* florieren, (Hoch)Konjunktur haben

boom conditions Klima einer Hochkonjunktur; **b.flation** *n* Inflation bei gleichzeitiger Hochkonjunktur; **b.ing** *adj* blühend, florierend; **to be b.ing** glänzend

B

B

gehen; **b.let** *n* Minikonjunktur *f*; **b. market** Haussemarkt *m*; **b. period** Zeit wirtschaftlicher Blüte; **b. phase** Hochkonjunkturphase *f*; **b. tendency** Aufschwungstendenz *f*

boost *n* Auftrieb *m*, Verstärkung *f*; **b. to domestic demand** Ankurbelung der Binnennachfrage; *v/t* ankurbeln, verstärken; **b.er** *n* ✪ Zusatzaggregat *nt*; **~ training** Auffrischungsausbildung *f*

booth *n* Ausstellungs-, (Messe)Stand *m*

border *n* Grenze *f*; **free b.** frei Grenze; **b. clearance** ⊝ Grenzabfertigung *f*; **b. control(s)** Grenzkontrolle *f*; **b. crossing** Grenzübergang *m*; **b. formalities** Grenzformalitäten *pl*; **b. levy** Grenzausgleich *m*; **b. tax(es) (on imports)** ⊝ Einfuhrausgleichsabgabe *f*

borough *n* Gemeinde *f*; **b. treasurer** Kämmerer *m*; **~'s department; b. treasury** Stadtkämmerei *f*

borrow *v/t* (aus-/ent)leihen, Kredit aufnehmen

borrower *n* Kredit-, Darlehensnehmer(in) *m/f*; **commercial b.** kommerzieller Kreditnehmer; **corporate b.** kreditaufnehmende Firma; **first-class b.** erste Adresse; **industrial b.** gewerblicher Kreditnehmer; **lesser-rated b.** weniger gute Adresse; **personal/private b.** *(Bank)* Privatkunde *m*; **prime(-rated) b.** *(Kredit)* erste Adresse; **prolific b.** Dauerschuldner *m*, D.emittent *m*; **b.'s bank** Hausbank *f*; **b.'s note** Schuldschein *m*; **b.'s note loan** Schuldscheindarlehen *nt*

borrowing *n* 1. Mittel-, Geld-, Kredit-, Kapitalaufnahme *f*; 2. Kredit-, Fremdfinanzierung *f*; **b.s** Fremdkapital *nt*, in Anspruch genommene Kredite, Finanzschulden *pl*

commercial borrowing Kreditaufnahme der Wirtschaft; **corporate b.** Kreditaufnahme der Unternehmen; **domestic b.** heimische Kreditaufnahme; **foreign b.** Auslandskredite *pl*; **fresh/new b.(s)** Neuverschuldung *f*, N.aufnahme *f*; **public(-sector) b.** Kreditaufnahme der öffentlichen Hand

borrowing capacity/power Kreditfähigkeit *f*; **b. charges** Kreditkosten *pl*; **b. costs** Kreditkosten *pl*; **b. customer** Kreditkunde *m*; **b. facility** Kreditspielraum *m*; **b. limit** Kreditlinie *f*, K.plafond *m*; **b. needs** Kreditbedarf *m*; **b. power** Kreditfähigkeit *f*; **b. projections** erwarteter Kreditaufnahmebedarf; **b. rate** Kredit-, Darlehenszinssatz *m*; **b. ratio** Fremdfinanzierungsanteil *m*; **b. requirement(s)** Kredit-, Finanzierungsbedarf *m*; **public-sector b. requirement (PSBR)** Kreditbedarf der öffentlichen Hand; **b. terms** Kreditkonditionen *pl*; **b. transaction** Passivgeschäft *nt*, passives Kreditgeschäft

bottle *n* Flasche *f*; **disposable/non-returnable b.** Einwegflasche *f*; *v/t* in Flaschen abfüllen; **b. bank** (Alt)Glascontainer *m*; **b. deposit** Flaschenpfand *nt*; **b.neck** *n (fig)* 1. Stau *m*; 2. (Kapazitäts)-Engpass *m*

bottling machine Abfüllmaschine *f*

bottom *n* 1. Boden *m*, Grund *m*, Tiefpunkt *m*; 2. Konjunkturtief *nt*; **to hit b.** Tiefstand/Talsohle *(fig)* erreichen; **b. out** *v/i* sich abflachen, sich auf niedrigem Niveau stabilisieren, tiefsten Punkt erreichen, Talsohle durchschreiten

bottom line *[US] (Bilanz)* Jahresüberschuss *m* bzw. J.fehlbetrag *m*, Saldo *m*; **b. l.s** Massen-, Grundgeschäft *nt*; **to register on the b. l.** sich auf den Gewinn auswirken

bottom price 1. Preisuntergrenze *f*; 2. *(Börse)* niedrigster Kurs, Tiefstkurs *m*

bottomry *n* ⚓ Bodmerei *f*, Schiffsverpfändung *f*; **b. bond** Schiffspfandbrief *m*; **b. insurance** Bodmereiversicherung *f*

bottom-up *adj* von unten nach oben

bought *adj* gekauft; **b. in** eingedeckt; **b. for cash** bar/gegen Kasse gekauft; **b.-in** *adj* fremdbezogen; **b. note** 1. *(Makler)* Schlussschein *m*; 2. *(Börse)* (Wertpapier) Kaufabrechnung *f*; **b. and sold note** Schlussschein *m*

bounce *n* geplatzter Wechsel; **b.** *v/i (Scheck/Wechsel)* platzen (lassen); **b. back** sich schnell erholen

boundary *n* ↘ **border, frontier** Grenze *f*

bounty *n* (Export)Prämie *f*, Subvention *f*

bourse *n* *[frz.]* (europäische) Börse *f*; **to push b.s higher** Kurse höher treiben

bout of inflation *n* inflatorischer Auftrieb; **~ selling** Verkaufswelle *f*; **~ weakness** Schwächeperiode *f*

box *n* Schachtel *f*, (kleine) Kiste *f*; **safe-deposit b.** Bank(schließ)fach *nt*; *v/t* einpacken, in Kisten/Kartons verpacken; **b. number** *(Zeitung)* Chiffre(nummer) *f*

boycott *n* Boykott *m*; *v/t* boykottieren

brainpower industry *n* Wissensindustrie *f*
branch *n* 1. Filiale *f*, Zweigstelle *f*, Niederlassung *f*; 2. *(Gewerkschaft)* Betriebs-, Ortsgruppe *f*; **b.es** Filialbereich *m*; **b. of business** Geschäftszweig *m*; **~ industry** Industrie-, Gewerbezweig *m*; **~ production** Produktionsbereich *m*
account-holding branch kontoführende (Zweig)Stelle/Filiale; **foreign b.** Auslandsvertretung *f*; **industrial b.** *(Vers.)* Industrie(versicherungs)sparte *f*; **local b.** (nächstgelegene) Zweigstelle *f*; **main b.** 1. Hauptfiliale *f*; 2. Stammgeschäft *nt*; **non-life b.** *(Vers.)* Sachzweig *m*; **overseas b.** Auslandsfiliale *f*
branch *v/i* ▣ sich verzweigen; **b. off** abzweigen; **b. out into** Geschäft ausdehnen auf, einsteigen in; **~ on one's own** sich selbstständig machen
branch bank 1. Bankfiliale *f*; 2. Filialbank *f*; **b. establishment** Zweiggründung *f*, Filiale *f*
branching out *n* Filialisierung *f*, Diversifikation *f*
branchless *adj* filiallos
branch manager Filial-, Zweigstellen-, Niederlassungsleiter(in) *m/f*; **general b.es manager** Gesamtleiter Filialen *m*; **b. network** Zweigstellen-, Filialnetz *nt*; **private b. network** ☏ Nebenstellennetz *nt*; **b. office** 1. Niederlassung *f*, Geschäfts-, Zweigstelle *f*, Filiale *f*; 2. Außenbüro *nt*; **b. operation** Zweig-, Filialbetrieb *m*; **b. organisation** Filialbereich *m*; **b. plant** Zweigwerk *nt*; **b. sales office** Verkaufsbüro *nt*; **b. system** Filialsystem *nt*
brand *n* (Handels)Marke *f*, Sorte *f*, Warenzeichen *nt*, Markenartikel *m*, Marktverkehrsname *m*; **automotive b.** Fahrzeugmarke *f*; **cheap b.** Billigmarke *f*; **in-house/own b.** hauseigene Marke, Hausmarke *f*; **leading b.** führende Marke; **no-name b.** namenlose Handelsmarke; **own b.** Eigenmarke *f*; **popular b.** gut eingeführte Marke; **proprietary b.** Markenfabrikat *nt*; **second b.** Zweitmarke *f*
brand *v/t* kennzeichnen, markieren
brand acceptance Markenakzeptanz *f*; **b. advertising** Marken(artikel)werbung *f*; **b. awareness** Markenbekanntheit *f*, M.bewusstsein *nt*; **b. development** Markenentwicklung *f*; **b. differentiation** Markendifferenzierung *f*
branded *adj* Marken-
brand equity Markenwert *m*; **b. extension** Markenerweiterung *f*; **b. family** Markenfamilie *f*; **b.-focused** *adj* markenbezogen; **b. history** Markenhistorie *f*; **b. identity** Markenidentität *f*; **b. image** Markenprofil *nt*
branding *n* Warenzeichenpolitik *f*, Markenausstattung *f*; **b. consultancy** Markenberatungsunternehmen *nt*; **corporate b. strategy** Dachnamenstrategie *f*
brand leader Markenführer *m*; **b. leadership** Markenführerschaft *f*; **b. loyalty** Markentreue *f*; **b. management** Marken-, Produktmanagement *nt*; **b. manager** Produkt(gruppen)-, Brand-, Markenmanager(in) *m/f*
brand name Markenname *m*, Gütezeichen *nt*, Markt(verkehrs)name *m*; **b.-name capital** Markenstärke *f*; **~ piracy** Markenpriaterie *f*; **~ recognition** Markenwahrnehmung *f*
brand|-new *adj* fabrikneu; **b. personality** Markenprofil *nt*; **b. preference** Markenbevorzugung *f*; **b. representative** Markenartikelreisende(r) *f/r*; **b. reputation** Markenruf *m*; **b. specialist** Markenspezialist(in) *m/f*; **b. trend survey** Markenanalyse *f*
brass plate company Briefkastenfirma *f*
breach *n* § Bruch *m*, Übertretung *f*, Verstoß *m*
breach of agreement Vertragsbruch *m*; **~ confidence** Vertrauensbruch *m*; **~ contract** Vertragsbruch *m*, Nichterfüllung eines Vertrages, positive Vertragsverletzung; **in ~ contract** vertragswidrig; **to be guilty of a ~ contract** Vertrag nicht erfüllen; **~ duty** Pflichtverletzung *f*; **in ~ good faith** wider Treu und Glauben; **~ (the) law** Gesetzesübertretung *f*; **~ regulations** Verletzung von Vorschriften; **~ the rules** Verletzung der Schweigepflicht; **in ~ the rules** vorschriftswidrig; **~ secrecy** Verletzung der Schweige-/Geheimhaltungspflicht; **~ trust** Treu-, Vertrauensbruch *m*; **~ warranty** Garantieverletzung *f*
bread *n* *(fig)* Lebensunterhalt *m*; **b.-and-butter lines** Grundgeschäft *nt*; **~ product** Grundprodukt *nt*; **b. cereal product** Brotgetreideerzeugnis *nt*; **b. cereals** Brotgetreide *nt*; **b. industry** Brotindustrie *f*; **b.line** *n* Existenz-, Lebensminimum *nt*; **b.winner** *n* Ernährer (der Familie) *m*

B

break *n* 1. Bruch *m*; 2. Rast *f*; 3. (Arbeits)-Pause *f*; **b. in prices** Kurssturz *m*; **~ the economic trend** Konjunkturumbruch *m*; **commercial b.** Werbe-, Reklamesendung *f*
break *v/ti* 1. (zer)brechen; 2. Konkurs/Bankrott machen; **b. and enter** einbrechen; **b. bulk** Sammelladung zerlegen; **b. down** 1. zusammenbrechen; 2. *(Bilanz)* aufschlüsseln, (auf)gliedern; 3. Panne haben; **b. even** Gewinnschwelle/G.zone/schwarze Zahlen erreichen, kostendeckend arbeiten, mit plus-minus Null abschließen, *(fig)* in die Gewinnzone kommen; **b. up** 1. ⚓ abwracken; 2. *(Kartell)* entflechten
breakage *n* Bruch(schaden) *m*; **b. frequency** Ausschussquote *f*
breakdown *n* 1. ⚙ Ausfall *m*, (Betriebs)-Störung *f*; 2. Aufstellung *f*, Übersicht *f*, Aufschlüsselung *f*; 3. *(Verhandlungen)* Abbruch *m*, Scheitern *nt*; **b. of accounts** Kontenaufgliederung *f*; **~ cost(s)** Kosten(auf)gliederung *f*; **b. by divisions** Spartenaufgliederung *f*; **b. of expenditure(s)** Aufschlüsselung/Aufgliederung der Ausgaben; **b. by industries** Sektoren-, Branchen(auf)gliederung *f*; **~ occupations** berufliche Gliederung; **~ size** Gliederung nach Größe
divisional breakdown Aufgliederung nach Sparten; **economic b.** wirtschaftlicher Zusammenbruch; **total b.** Totalausfall *m*
breakdown cover *(Vers.)* Pannenschutz *m*; **b. pension** Erwerbs-, Berufsunfähigkeitsrente *f*; **b. value** Substanzwert *m*
breakeven analysis Deckungsbeitragsrechnung *f*; **b. chart** Rentabilitätsgrafik *f*; **b. load** kostendeckende Ladung/Auslastung; **b. point** Rentabilitätsgrenze *f*, Gewinn-, Nutzenschwelle *f*; **b. rent** Ertragsmiete *f*; **b. result** ausgeglichenes Ergebnis
break-in *n* Einarbeitung *f*
breaking bulk *(Großhändler)* Umpacken *nt*, Zerlegen einer Sendung; **b. point** Bruchpunkt *m*; **b.-up** *n (Kartell)* Auflösung *f*
break|-proof *adj* bruchsicher; **b.-up** *n* Auflösung *f*, Zerschlagung *f*, Entflechtung *f*; **~ value** 1. Schrott-, Altmaterialwert *m*; 2. *(Zwangsauflösung)* Zerschlagungswert *m*
breeding manager 🚜 Zuchtleiter *m*; **b. programme** Zuchtprogramm *nt*; **registered b. stock** Herdbuchvieh *nt*
brew *v/t* brauen; **b.ing industry** Braugewerbe *nt*
bribe *n* Schmiergeld *nt (coll)*, Bestechung(sgeld) *f/nt*; *v/t* bestechen, schmieren *(coll)*; **b.ry** *n* Bestechung *f*
brick *n* 🏛 Ziegelstein *m*; **b. and mortar** Stein und Mörtel; **to invest in b.s and mortar** *(fig)* in Gebäude/Immobilien investieren; **b.yard** *n* Ziegelei *f*
bridge *v/t* überbrücken; **b. financing** Überbrückungsfinanzierung *f*
bridging *n* Überbrückung *f*; **b. credit/loan** Zwischenkredit *m*; **b. finance** Zwischenfinanzierung *f*
brief *n* 1. Aufgabenbereich *m*, A.gebiet *nt*; 2. Kurzbericht *m*; 3. **§** *(Anwalt)* Mandat *nt*; *v/t* einweisen, informieren; **to maintain a watching b. on sth.** etw. im Auge behalten; *adj* kurz, knapp; **b.ing** *n* Einweisung *f*, Unterrichtung *f*, Einsatzbesprechung *f*
bring *v/t* bringen, einreichen; **b. about** hervorbringen; **b. down** 1. *(Preis)* senken; 2. unter Kontrolle bringen; **b. forward** *(Termin)* vorverlegen; **b. up-to-date** aktualisieren, auf den neusten Stand bringen
brisk *adj* lebhaft, rege
British Bankers' Association britischer Bankenverband
broadband *n* 🖥 Breitband *nt*
broadcast *n* Radio-, Rundfunksendung *f*; **commercial b.** Werbesendung *f*; **b.** *v/t* ausstrahlen, senden
broaden *v/t* ausweiten
brochure *n* Prospekt *m/nt*, Broschüre *f*; **collective b.** Sammelprospekt *nt*; **glossy b.** Hochglanzbroschüre *f*
broker *n* Makler *m*, Zwischenhändler *m*; **certified/inside b.** amtlich zugelassener Makler; **official b.** *(Börse)* amtlicher (Kurs)Makler; **outside/unofficial b.** Frei(verkehrs)makler *m*
brokerage *n* 1. Maklerprovision *f*, M.gebühr *f*, (Makler)Courtage *f [frz.]*, Vermittlungsprovision *f*; 2. Maklertätigkeit *f*; **b. commission/fee** 1. Maklergebühr *f*; 2. Abfertigungsgebühr *f*; **to recoup the b. commission** Maklergebühren zurückerstatten; **b. contract** Maklervertrag *m*; **b. fee** Maklergebühr *f*, Sensalie *f [A]*, Sensarie *f [A]*; **b. house** Makler(firma) *m/f*; **b. volume** Courtagevolumen *nt*
broker|s' charges/commission Maklerge-

bühr *f*, Sensalie *f [A]*, Sensarie *f [A]*; **b.'s loan** Effektenkredit *m*; **b.'s note** Schlussschein *m*; **b.'s perfomance liability** Eigenhaftung *f*
broking *n* Makler-, Vermittlungsgeschäft *nt*
brought down *(Seitenende)* Über-, Vortrag *m*; **b. forward** *(Seitenanfang)* Vor-, Übertrag *m*
brownfield site Industriebrache *f*
browse *v/t* 1. durchblättern; 2. 🖳 durchsuchen
bubble *n* Blase *f*; **speculative b.** Spekulationsblase *f*
bucket shop *(coll)* 1. Vermittlungsagentur *f*; 2. auf dem grauen Markt tätiges Reisebüro
budget *n* (Staats)Haushalt *m*, Etat *m [frz.]*, Finanzplan *m*; **balancing the b.** Etatausgleich *m*, Haushaltssanierung *f*
to approve the budget Etat/Haushalt genehmigen; **to balance the b.** Haushalt ausgleichen; **to draw up the b.** Etat/Haushalt(splan) aufstellen; **to exceed the b.** Etat/Haushalt überschreiten; **to include in the b.** in den Haushalt einstellen, etatisieren; **to overstep the b.** Kostenrahmen überschreiten; **to slash the b.** Kürzungen im Haushalt vornehmen; **to trim the b.** Etat kürzen, Kosten senken
administrative budget Verwaltungshaushalt *m*; **annual b.** Jahresetat *m*; **departmental b.** Teilhaushalt *m*; **multi-year b.** Mehrjahresplanung *f*; **ordinary b.** ordentlicher Haushalt/Etat; **public b.** öffentlicher Haushalt; **supplementary b.** Nachtragshaushalt *m*; **unbalanced b.** defizitärer Haushalt
budget *v/t* (im Haushalt ein)planen, voraus-, verplanen; **b. for** in Ansatz bringen
budget account Kunden(kredit)konto *nt*; **b. appropriation** Ausgabenbewilligung *f*, Finanzzuweisung *f*
budgetary *adj* haushalts-, etatmäßig
budget audit Haushaltsprüfung *f*; **b. costs** Plankosten *pl*; **b. cut(s)** Etat-, Haushaltskürzung *f*; **B. Day** *[GB]* Tag der Einbringung des Haushalts; **b. deficit** Haushaltsdefizit *nt*; **b. discipline** Haushaltsdisziplin *f*; **b. draft** Haushaltsentwurf *m*; **b. estimate(s)** Haushaltsvoranschlag *m*, Planansatz *m*; **b. funds** Haushaltsmittel *pl*; **b. gap** Haushaltslücke *f*, H.defizit *nt*; **b. growth** Haushaltsausweitung *f*
budgeting *n* Haushalts-, Finanz-, Budgetplanung *f*, Haushaltsaufstellung *f*; **managerial b.** Finanzplanung der Unternehmung
budget item Haushaltstitel *m*, H.posten *m*; **b. management** Haushaltsgebaren *nt*, H.wirtschaft *f*; **functional b. plan** Funktionsplan *m*; **b.-price** *adj* preisgünstig, billig, Niedrigpreis-; **b. proposal** Haushaltsvoranschlag *m*; **b. resources** Haushaltsmittel *pl*; **b. surplus** Haushaltsüberschuss *m*; **b. total** Haushaltsvolumen *nt*; **b. trimming** Kürzung der Haushaltsausgaben
buffer *n* 1. Puffer *m*; 2. 🖳 Zwischenspeicher *m*; **work-in-process b.** Fertigungspuffer *m*; **b.ing** *n* 🖳 Zwischenspeicherung *f*; **b. pool** Ausgleichsreserve *f*; **b. stock(s)** (Rohstoff)Ausgleichslager *nt*, Pufferbestände *pl*, Ausgleichsvorräte *pl*, Reservelager *nt*; **b. storage** 🖳 1. Zwischenspeicher *m*; 2. Zwischenlager(ung) *nt/f*
build *v/t* (er-/auf)bauen; **b. up** *(Lager)* aufstocken, auffüllen
builder *n* 🏛 Bauunternehmer *m*, B.-unternehmen *nt*, B.träger *m*; **by the b.** bauseits; **b.'s estimate** Bau(kosten)-voranschlag *m*; **b.'s merchant** Baustoffhändler *m*; **b.'s risk insurance** Bau(herren)haftpflicht-, Bauträgerversicherung *f*; **b.'s services** bauseitige Leistungen
building *n* ↘ **construction** 1. Gebäude *nt*, Bau *m*, Haus *nt*; 2. Bautätigkeit *f*
building and civil engineering Bauhauptgewerbe *nt*; **b. of flats** Geschosswohnungsbau *m*; **b.s on another's land; b.s on land not owned; b.s on land of third parties** Bauten auf fremden Grundstücken; **b. for industry/trade**; **b. for trade and industry** Wirtschafts-, Gewerbebau *m*; **b.s and plants under construction** Anlagen im Bau
commercial building Geschäftshaus *nt*, Wirtschaftsgebäude *nt*; **~ and industrial b.(s)** Gewerbebau(ten) *m/pl*; **ecological b.** ökologisches Bauen; **existing b.** Altgebäude; **high-rise b.** Hochhaus *nt*; **industrial b.** 1. Fabrik-, Wirtschaftsgebäude *nt*; 2. Gewerbebau *m*; **non-residential b.** gewerblich genutztes Gebäude; **old b.** Altbau *m*; **prefabricated b.** Fertigbau *m*; **public b.** öffentliches

B

Gebäude, öffentliches Haus; **residential b.** 1. Wohngebäude *nt*; 2. Wohnungsbau *m*

B

building activity Bautätigkeit *f*, B.konjunktur *f*; **b. and loan association** *[US]* Bausparkasse *f*; **b. boom** Baukonjunktur *f*; **b. contractor** Bauunternehmer *m*, B.unternehmung *f*; **b. cooperative** Wohnungsbauvereinigung *f*; **b. costs** Baukosten *pl*; **ancillary b. costs** Baunebenkosten *pl*; **estimated b. costs** Baukosten(vor)anschlag *m*; **b. credit** Baudarlehen *nt*; **b. department** Hochbauabteilung *f*; **b. estimate** Baukosten(vor)anschlag *m*; **b. finance** Baufinanzierung *f*; **commercial b. finance** gewerbliche Baufinanzierung; **b. industry** 1. Baugewerbe *nt*; 2. Bauwirtschaft *f*; **b. inspection** Bauaufsicht *f*, B.abnahme *f*; **b. insurance** Gebäudeversicherung *f*; **b. land** Bauland *nt*; **prospective b. land** Bauerwartungsland *nt*; **b. management** Gebäudemanagement *nt*; **b. manager** Gebäudemanager *m*

building material Baustoff *m*; **primary b. material** Primärbaustoff *m*; **b. m. processing** Baustoffaufbereitung *f*; **b. m.s recycling** Baustoffrecycling *nt*

building operation(s) Bauausführung *f*; **b. permit** Baugenehmigung *f*; **b. plot** Baugrundstück *nt*; **b. products** Baustoffe und -maschinen *pl*; **b. project** Bauobjekt *nt*, B.vorhaben *nt*; **residential b. sector** Wohnungsbau(wesen) *m/nt*; **b. site** Baustelle *f*

building society *[GB]* Bausparkasse *f*; **~ deposits/funds** Bauspargelder *pl*, Bausparkassenmittel *pl*; **b. s.('s) interest rate** Bausparzins *m*; **b. s. loan** Bauspar(kassen)kredit *m*; **~ mortgage** Bauspar(kassen)hypothek *f*; **~ saver** Bausparer *m*

building starts Neubauten *pl*; **b. supplies** Baubedarf *m*; **b. trade** Baugewerbe *nt*; **ancillary b. trade** Baunebengewerbe *nt*; **primary b. trade** Rohbau-, Bauhauptgewerbe *nt*; **b. tycoon** Baulöwe *m (coll)*; **b. work** (Roh)Bauarbeiten *pl*, B.leistung *f*; **b. worker** Bauhandwerker *m*, Bau(fach)arbeiter *m*

build-up *n* 1. Aufbau *m*, Anwachsen *nt*, Anstieg *m*; 2. *(Lager)* Aufstockung *f*; **b. of reserves** Reservebildung *f*; **~ stocks** Bevorratungsmaßnahme *f*, Lageraufbau *m*; **b. phase** Aufbauphase *f*

bulk *n* Menge *f*, der größte Teil; **in b.** 1. en gros *[frz.]*, lose, ohne Verpackung; 2. in Bausch und Bogen; **to break b.** umpacken, Ladung brechen, Sammelladung auflösen; **to buy in b.** in großen Mengen/Großgebinden/en gros *[frz.]* kaufen; *adj* en gros *[frz.]*, unverpackt

bulk articles Massengüter *pl*, M.artikel *pl*; **b. business** Breiten-, Massengeschäft *nt*; **b. buyer** Großeinkäufer *m*; **b. buying** Großeinkauf *m*; **b. cargo** Massen(fracht)-, Schüttgut *nt*; **b. carrier** ⚓ Massengut-, Schüttgutfrachter *m*, Schüttgut-, Massenguttransporteur *m*; **dry b. carrier** Schüttgut-, Trockengutfrachter *m*; **~ fleet** Schüttgut-, Trockengutfrachtflotte *f*; **b. commodities/goods** lose/unverpackte Waren, Massen-, Schüttgut *nt*; **b. consignment** Massensendung *f*, lose Ladung; **b. consumer** Großverbraucher *m*, G.abnehmer *m*; **b. delivery** Großlieferung *f*; **b. discount** Mengenrabatt *m*; **b. forwarder** Massenguttransporteur *m*; **b. mail** Postwurfsendung *f*; **b. material** Schüttgut *nt;* **b. order** Großbestellung *f*, Gesamtauftrag *m*; **b. pack** Großpackung *f*, G.gebinde *nt*; **b. price** Mengenpreis *m*; **b. product** Massenerzeugnis *nt*; **b. production** Massenfertigung *f*, M.produktion *f*; **b. purchase** Groß-, Masseneinkauf *m*; **b. rate/tariff** 1. Großkunden-, Großabnehmer-, Mengentarif *m*; 2. Schüttguttarif *m*; **b. sale** Massenverkauf *m*; **b. shipment** Massengutsendung *f*; **b. storage** Massengutspeicherung *f*; **b. transport** Massen(gut)transport *m*, loser Transport

bulky *adj* massig, sperrig

bull *n* *(fig) (Börse)* Haussier *m [frz.]*, Haussespekulant *m*, Bulle *m*; **to be all b.s** haussieren; **b. account** Hausseposition *f*

bullet bond endfällige Anleihe

bulletin board advertising Großflächenwerbung *f*

bullion *n* ungemünztes Gold/Edelmetall; **b. dealing** Edelmetallhandel *m*; **b. market** Gold-, Silberbörse *f*; **b. prices** Edelmetallkurse *pl*; **b. trade** Edelmetallhandel *m*

bullish *adj* *(Börse)* haussierend, optimistisch

bull market Aktien-, Effekten-, Börsenhausse *f*, Bullenmarkt *m*, haussierender Markt, Markt mit steigenden Kursen; **b. operator** Haussier *m [frz.]*; **b. phase; b. run** Hausse *f*, Hausse-Phase *f*

bundle *n* Ballen *m*, Bündel *nt*; **b. price** Bündelpreis *m*; **b. theory** Bilanzbündeltheorie *f*
buoyancy *n* 1. *(Markt)* Elastizität *f*, steigende Tendenz, Festigkeit *f*; 2. (Hoch)-Konjunktur *f*
buoyant *adj* lebhaft, schwungvoll, steigend, blühend, florierend
to be buoyed up by gestützt werden durch
burden *n* 1. Bürde *f*, Last *f*, Belastung *f*; 2. Gemeinkosten *pl*; **b. of debt** Schuldenlast *f*; **~ proof** § Beweis(führungs)last *f*; **~ tax(ation)** Steuerbelastung *f*, S.last *f*
absorbed burden verrechnete (Fertigungs)Gemeinkosten; **departmental b.** Abteilungs-, (Kosten)Stellengemeinkosten *pl*; **environmental b.** Umweltbelastung *f*; **financial b.** finanzielle Belastung; **non-recurring b.** Einmalbelastung *f*; **permanent b.** dauernde Lasten, Dauerbelastung *f*
burden *v/t* 1. belasten, *(Last)* aufbürden; 2. besteuern
burden (absorption) rate Gemeinkostenverrechnungssatz *m*; **b. centre/department** Kostenstelle *f*; **b.-sharing** *n* Lastenverteilung *f*, L.ausgleich *m*
bureau *n* ↘ **office** 1. Amt *nt*, Geschäfts-, Dienststelle *f*; 2. Büro *nt*; 3. *[US]* Schreibtisch *m*; **b. de change** *[frz.]* Wechselstube *f*; **b. of standards** *[US]* Eichamt *nt*; **federal b.** Bundesamt *nt*
burglar *n* Einbrecher *m*, Dieb *m*; **b.ize** *v/t* einbrechen; **b.-proof** *adj* einbruch-, diebstahlsicher; **b.y** *n* § Einbruchsdiebstahl *m*; **~ insurance** Einbruchs(diebstahl)versicherung *f*
burst *n* Ausbruch *m*, plötzliches Erscheinen; **b. of inflation** Inflationsschub *m*; **~ investment** Investitionsstoß *m*
business *n* 1. Geschäft(sbetrieb) *nt/m*, Firma *f*, Unternehmen *nt*; 2. Gewerbe *nt*; 3. Wirtschaft(sleben) *f/nt*; 4. Wirtschafts-, Geschäftszweig *m*, Branche *f [frz.]*; 5. Beruf *m*; 6. *(Vers.)* Neugeschäft *nt*, Prämienvolumen *nt*; **in b.** selbständig tätig; **in the b.** in der Branche; **on b.** geschäftlich, dienstlich; **by way of b. or trade** gewerbsmäßig
business for/on one's own account Eigengeschäft *nt*; **b. in commissions** Provisionsgeschäft *nt*; **b. with customers** Kundengeschäft *nt*; **b. in force** *(Vers.)* Versicherungsbestand *m*
any other business (aob) *(Tagesordnung)* Verschiedenes *nt*; **how is b.?** wie gehen die Geschäfte?, wie läuft das Geschäft?; **open for b.** verkaufsoffen, geöffnet; **b. to be transacted** Tagesordnung *f*; **b. left unfinished** unerledigte Geschäfte; **setting up a b.** Geschäftsgründung *f*; **travelling on b.** auf Dienst-/Geschäftsreise
business to business *(Geschäftskunden)* Direktvertrieb über das Internet; **b.-to-b. (B2B) b./sector** Firmenkundengeschäft *nt*; **b.-to-b. (B2B) transaction(s)** Handel der Wirtschaft untereinander; **b.-to-consumer (B2C)** *(Privatkunden)* Direktvertrieb über das Internet; **b.-to-consumer (B2C) b./sector** Privatkundengeschäft *nt*; **b.-to-consumer (B2C) transaction(s)** Handel der Wirtschaft mit dem Verbraucher, Endkundengeschäft *nt*
to abandon a business Geschäft aufgeben; **to be in b.** Kauf-/Geschäftsmann sein; **~ away on b.** auf Geschäftsreise sein; **to chase b.** sich um Aufträge bemühen; **to commence b.** Geschäftsbetrieb aufnehmen; **to do b.** Geschäfte tätigen; **to drum up b.** Geschäft ankurbeln/anbahnen, Werbetrommel rühren; **to establish a b.** Geschäft errichten, Existenz/Unternehmen gründen; **to found a b.** Firma gründen; **to get down to b.** *(fig)* zur Sache/zum Geschäftlichen kommen; **to go about one's b.** seinen Pflichten nachgehen, sich um seine Geschäfte kümmern; **to go out of b.** Betrieb schließen, Geschäft aufgeben; **to manage a b.** Geschäft führen/leiten; **to open a b.** Betrieb eröffnen; **to pick up b.** Geschäfte/Umsatz machen, Aufträge hereinholen; **to retain b.** Kunden halten; **to retire from b.** Geschäft aufgeben, sich aus dem Geschäftsleben zurückziehen; **to run a b.** Geschäft führen/leiten; **to secure new b.** neue Abschlüsse tätigen; **to set up (in)/start (a) b.** sich selbständig machen, sich niederlassen; **to talk b.** 1. Geschäftliches besprechen; 2. *(fig)* zur Sache kommen; **to transact b.** Geschäfte abschließen; **to travel on b.** geschäftlich unterwegs sein/reisen
ancillary business Neben-, Zusatzgeschäft *nt*; **automotive b.** Automobilbranche *f*, A.geschäft *nt*, Fahrzeuggeschäft *nt*; **big b.** Hochfinanz *f*, Großkapital *nt*; **brisk b.** reges/lebhaftes Geschäft; **core b.** Haupt-

geschäftsbereich *m*, H.geschäftsfeld *nt*; **corporate b.** Firmenkundengeschäft *nt*; **cross-border b.** grenzüberschreitender Geschäftsverkehr; **current b.** laufende Geschäfte, laufender Geschäftsverkehr; **daily/day-to-day b.** laufender (Geschäfts)Betrieb, Tagesgeschäft *nt*; **domestic b.** Inlandsgeschäft *nt*; **ex-farm b.** Ab-Hof-Geschäft *nt*; **family-run b.** Familienunternehmen *nt*, F.betrieb *m*; **financial services b.** Finanzdienstleistungsgeschäft *nt*; **fixed-line b.** Festnetzgeschäft *nt*; **fledgling b.** junges Unternehmen; **flourishing b.** gut gehendes Geschäft; **foreign b.** Auslandsgeschäft *nt*; **forward b.** Termingeschäft *nt*; **industrial b.** Industriegeschäft *nt*; **in-force b.** (Versicherungs)Bestand *m*; **loss-making b.** Verlustgeschäft *nt*; **main b.** 1. Kern-, Hauptgeschäft *nt*; 2. *(Verhandlung)* Hauptpunkt *m*; **new b.** neue Aufträge/Abschlüsse, Neugeschäft *nt*; **non-core b.** Randaktivität *f*, R.geschäft *nt*; **official b.** Amts-, Dienstsache *f*; **one-man b.** Einzelfirma *f*; **online b.** Online-Geschäft *nt*; **operative b.** operatives Geschäft; **any other b. (aob)** *(Tagesordnung)* Verschiedenes; **over-the-counter (OTC) b.** außerbörslicher (Effekten)Handel, Tafelgeschäft *nt*; **paying/profitable/remunerative b.** gewinnbringendes/lohnendes Geschäft; **physical b.** Effektivgeschäft *nt*; **risky b.** riskante Angelegenheit; **seasonal b.** Saisonbetrieb *m*; **slack/sluggish b.** schleppender Geschäftsgang

small business kleines/mittelständisches Unternehmen; **s. and medium-sized b.es** Mittelstand *m*, mittelständische Wirtschaft, **s. b. loan** Mittelstandskredit *m*

sound business solides Geschäft, gesundes Unternehmen; **subsidized b.** Zuschussbetrieb *m*; **well-run b.** ordentlich/gut geführter Betrieb

business account Geschäfts-, Firmenkonto *nt*; **b. acquaintance** Geschäftsfreund *m*; **b. acquisition** Unternehmenszugang *m*

business activity Geschäftsverkehr *m*, G.tätigkeit *f*, G.gang *m*; **b. activities** Geschäftstätigkeit *f*; **high-yielding b. a.** renditeträchtiges Geschäftsfeld; **overall b. a.** Konjunktur *f*, gesamtwirtschaftliche Tätigkeit

business address Geschäftsadresse *f*, Firmenanschrift *f*; **b. administration** 1. Betriebswirtschaft(slehre) (BWL) *f*; 2. Unternehmungstheorie *f*; **b. administrator** Betriebswirt(schaftler) *m*; **b. angel** Risikokapitalgeber *m*; **b. appointment** geschäftliche Verabredung; **b. area** Geschäftsfeld *nt*; **b. assets** Betriebs-, Geschäftsvermögen *nt*; **b. associate** Geschäftspartner *m*; **b. budgeting** (Finanz)Planungsrechnung *f*; **b. call** 1. Geschäftsbesuch *m*; 2. Dienstgespräch *nt*; **b. capital** Geschäftskapital *nt*, Betriebsvermögen *nt*; **b. card** Geschäfts-, Visitenkarte *f*; **b. centre** Geschäftszentrum *nt*; **b. circles/community** Handels-, Wirtschaftskreise *pl*, Geschäfts-, Wirtschaftswelt *f*; **b. climate** Geschäftsklima *nt*; **b. climate index** Geschäftsklimaindex *m*, Konjunkturklima *nt*, Marktverfassung *f*; **b. college** *[US]* 1. Wirtschaftshochschule *f*; 2. (Höhere) Handelsschule *f*; **b. commitments** Geschäftsverpflichtungen *pl*; **b. conditions** Geschäftslage *f*; **financial and b. conditions** Finanz- und Geschäftsbedingungen *pl*; **b. conduct** Geschäftsgebaren *nt*; **b. conference** geschäftliche Besprechung; **b. confidence** Konjunkturoptimismus *m*; **b. connection** geschäftliche Beziehung; **to enter into b. connections** Geschäftsverbindung anbahnen, in ~ treten; **b. consultant** Unternehmens-, Wirtschaftsberater *m*; **b. consulting** Unternehmens-, Wirtschaftsberatung *f*; **b. contact** Geschäftsverbindung *f*, G.kontakt *m*; **b. correspondence** Geschäfts-, Handelskorrespondenz *f*; **b. custom** Geschäftsusance *f*; **b. customer** Geschäftskunde *m*, gewerblicher Kunde; **b. customers** gewerbliche Kundschaft

business cycle *(VWL)* Wirtschaftskreislauf *m*, Konjunktur(zyklus) *f/m*; **~ analyst** Konjunkturforscher *m*; **~ contraction** Abschwung(phase) *m/f*; **~ dynamics** Konjunkturdynamik *f*; **~ expansion** Aufschwung(phase) *m/f*; **~ policy** Konjunkturpolitik *f*; **~ unemployment** konjunkturelle Arbeitslosigkeit

business data Geschäftsdaten *pl*; **b. day** Geschäfts-, Handelstag *m*; **each b. day** werktäglich; **b. day convention** Terminusance *f*; **b. deal** Geschäftsabschluss *m*; **b. debts** Betriebsschulden *pl*;

b. degree Abschluss/Diplom in Wirtschaftswissenschaften

business development geschäftliche Entwicklung, Anbahnung von Geschäften; **~ costs** Anbahnungskosten *pl*; **~ plan** Geschäftsentwicklungsplan *m*; **~ process** Geschäftsentwicklungsprozess *m*

business documents Geschäftsunterlagen *pl*; **b. earnings** Unternehmergewinn *m*; **b. economics** Betriebswirtschaft(slehre) (BWL) *f*; **b. enterprise** Wirtschaftsunternehmen *nt*, gewerblicher Betrieb; **b. entity** Wirtschaftseinheit *f*; **taxable b. entity** steuerliche Betriebsstätte; **b. environment** wirtschaftliche Rahmenbedingungen, wirtschaftliches Umfeld, Geschäftsumfeld *nt*; **b. establishment** 1. Geschäftseinrichtung *f*, G.betrieb *m*; 2. Gewerbebetrieb *m*; **b. excise tax** Gewerbeertragsteuer *f*; **b. expansion** Geschäftserweiterung *f*, G.ausbau *m*; **b. expenses** Geschäftskosten *pl*, Betriebsausgaben *pl*; **b. failure** Firmen-, Unternehmenspleite *f*; **b. finance** Unternehmensfinanzierung *f*; **b. forecasting** Konjunkturprognose *f*; **b. form** Büroformular *nt*; **b. formation** Unternehmensgründung *f*; **b. friend** Geschäftsfreund *m*; **b. game** Unternehmens(plan)spiel *nt*; **low-value b. goods** geringwertige Wirtschaftsgüter; **b. hours** Geschäftszeit *f*, Öffnungszeiten *pl*; **main b. hours** Hauptverkaufszeit *f*, H.geschäftszeit *f*; **b. idea** Geschäftskonzept *nt*; **b. income** gewerbliches Einkommen, Unternehmereinkommen *nt*; **b. indicator** *(VWL)* Konjunkturindikator *m*; **b. instinct** Geschäftssinn *m*; **b. insurance** Betriebs-, Sachversicherung *f*; **b. interest** Geschäftsbeteiligung *f*, Firmenanteil *m*; **b. interruption insurance** Betriebsunterbrechungsversicherung *f*; **b. inventory** Betriebsinventar *nt*; **b. investment** betriebliche/gewerbliche Investition(en); **b. language** Geschäftssprache *f*; **b. law** Wirtschaftsrecht *nt*; **b. leader** Wirtschaftsführer *m*, führende(r) Industrielle(r); **b. letter** Geschäftsbrief *m*; **b. licence** Gewerbeschein *m*; **b.–like** *adj* geschäftstüchtig, g.mäßig; **b. lunch(eon)** Arbeitsessen *nt*; **b. magazine** Wirtschaftsmagazin *nt*; **b. mail** Geschäftspost *f*

businessman *n* Geschäfts-, Kaufmann *m*, Unternehmer *m*; **b. by registration** Sollkaufmann *m*; **prudent b.** umsichtiger Geschäftsmann; **small b.** mittelständischer Unternehmer

business management 1. Betriebs-, Unternehmensführung *f*; 2. Betriebswirtschaft(slehre) (BWL) *f*; **b. manager** kaufmännische(r) Direktor(in)/Leiter(in); **b. mathematics specialist** Wirtschaftsmathematiker(in) *m/f*; **b. matter** geschäftliche Angelegenheit; **b. measure** geschäftliche Messgröße; **b. methods** Geschäftsgebaren *nt*; **b.-minded** *adj* geschäftstüchtig; **b. name** Firmenname *f*; **b. news** Wirtschaftsnachrichten *pl*; **b. operation** Geschäft(stätigkeit) *nt/f*; **continuing b. opportunity** andauernde Geschäftsverbindung; **b. organisation** Handels-, Geschäftsorganisation *f*, Unternehmensform *f*; **b. outlook** Geschäftslage *f*; **b. pages** *(Zeitung)* Wirtschaftsteil *m*; **b. park** Einkaufs-, Gewerbezentrum *nt*, G.park *m*; **b. performance** Unternehmensleistung *f*; **b. plan** Geschäftsplan *m*; **b. planner** kaufmännischer Planer; **b. planning system** betriebswirtschaftliches Planungssystem; **b. policy** 1. Unternehmenspolitik *f*; 2. Gewerbeversicherung *f*; **b. portfolio** Geschäftsportfolio *nt*; **b. practice(s)** Wirtschaftspraxis *f*; **b. premises** Geschäftsräume *pl*, Laden-, Geschäftslokal *nt*; **b. principles** kaufmännische Grundsätze; **b. procedure** Geschäftsprozess *m*; **b. profit** Betriebs-, Unternehmensgewinn *m*, Gewerbeertrag *m*; **b. property** Geschäfts-, Betriebsgrundstück *nt*; **special b. property** Sonderbetriebsvermögen *nt*; **b. prospects** Konjunkturaussichten *pl*; **b. quarters** Wirtschaftskreise *pl*; **b. records** Geschäftsbücher *pl*; **b. reengineering** Neugestaltung der Unternehmensprozesse; **b. registration** Gewerbeanmeldung *f*

business relation Geschäftsverbindung *f*; **b. r.s** Geschäftsbeziehungen *pl*; **newly established b. r.s** neu geknüpfte Geschäftsbeziehungen

business reply ✉ Werbeantwort *f*; **b. report** Geschäfts-, Rechenschafts-, Branchenbericht *m*; **b. research** Konjunkturforschung *f*; **b. review report** Lagebericht *m*; **consolidated ~ report** Konzernlagebericht *m*; **b. revival** Konjunkturbelebung *f*; **b. risk** unternehmerisches Risiko, Betriebsrisiko *nt*;

b. school 1. Handels(hoch)schule *f*; 2. wirtschaftswissenschaftliche/betriebswirtschaftliche Fakultät; **b. science/ studies** Wirtschaftswissenschaften *pl*, Betriebswirtschaft(slehre) (BWL) *f*; **b. section** *(Zeitung)* Wirtschaftsteil *m*; **b. segment** Geschäftsfeld *nt*; **promising b. segment** zukunftsträchtiges Geschäftsfeld; **b. segment portfolio** Geschäftsfelder-Portefeuille *nt*; **b. services** Geschäftsdienstleistungen *pl*; **b. simulation** Unternehmenssimulation *f*; **~ game** Unternehmensplanspiel *nt*; **b. situation** Geschäftslage *f*; **b. start-up** Unternehmens-, Firmen-, Betriebsgründung *f*, Geschäfts(neu)gründung *f*, G.eröffnung *f*; **~ loan** Existenzgründerdarlehen *nt*; **b. statistics** Betriebs-, Wirtschaftsstatistik *f*; **b. strategy** Geschäfts-, Unternehmensstrategie *f*; **b. tax** Gewerbe(ertrags)steuer *f*; **local b. tax** Gewerbesteuer *f*; **general b. terms** allgemeine Geschäftsbedingungen (AGB); **b. transaction** Geschäft(svorgang) *nt/m*; **b. travel** Geschäftsreisen *pl*; **b. trend** Konjunktur-, Wirtschaftsentwicklung *f*, konjunkturelle Entwicklung; **b. trip** Geschäftsreise *f*; **b. undertaking/ venture** Unternehmung *f*, Geschäftsunternehmen *nt*; **b. unit** Geschäftsbereich *m*, Geschäfts-, Gewerbeeinheit *f*, Unternehmensteil *m*; **strategic b. unit** strategische Geschäftseinheit; **b. volume** Geschäftsumfang *m*; **b.woman** *n* Geschäfts-, Kauffrau *f*; **b. world** Geschäftswelt *f*; **b. year** Wirtschafts-, Geschäftsjahr *nt*

bust *adj* *(coll)* bankrott, pleite *(coll)*

busy *adj* 1. lebhaft, beschäftigt; 2. ☎ *[US]* besetzt

buy *n* (An-/Ein)Kauf *m*

buy *v/t* ↘ **purchase** (ein)kaufen, (käuflich) erwerben; **b. in bulk** en gros *(frz.)* kaufen; **b. firm** fest kaufen; **b. first-hand** aus erster Hand kaufen; **b. forward** per Termin kaufen, auf Ziel kaufen; **b. in** einkaufen, sich eindecken, Vorratskäufe tätigen; **b online** online kaufen; **b. out** frei-, aufkaufen; **b. outright** per Kasse/ gegen sofortige Lieferung kaufen; **b. second-hand** aus zweiter Hand kaufen

buy-back *n* (Anteils)Rückkauf *m*; **b. deal** Rückkauf-, Kompensationsgeschäft *nt*

buyer *n* 1. Käufer(in) *m/f*, Erwerber(in) *m/f*; 2. Einkäufer(in) *m/f*; **b.s** Abnehmerseite *f*; **let the b. beware** auf Risiko des Käufers

central buyer Zentraleinkäufer(in) *m/f*; **chief b.** Einkaufsleiter(in) *m/f*, Leiter(in) der Einkaufsabteilung; **first(-time) b.** Ersterwerber(in) *m/f*; **industrial b.** gewerblicher Abnehmer/Kunde; **potential/ prospective b.** (Kauf)Interessent(in) *m/f*, K.anwärter(in) *m/f*; **second/subsequent b.** Zweiterwerber(in) *m/f*; **wholesale b.** Großabnehmer *m*

for buyer|'s account and risk auf Rechnung und Gefahr des Käufers; **b. country** Abnehmerstaat *m*; **b.'s credit** Bestellerkredit *m*; **b. group** Käuferschicht *f*; **b.s' market** Käufer-, Nachfragemarkt *m*; **at b.'s option** nach Wahl des Käufers; **b.'s pass/permit** Einkaufs-, Einkäuferausweis *m*; **b.(s') resistance** Kaufwiderstand *m*; **b.'s risk** Käuferrisiko *nt*; **at ~ and expense** auf Rechnung und Gefahr des Käufers

buying *n* Erwerb *m*, Bezug *m*; **b. for cash** Barkauf *m*; **b. on margin** Effektenkauf mit Einschuss; **b. for a rise** Kauf auf Hausse; **b. and selling** (Ein)Kauf und Verkauf; **b. of shares** *[GB]*/**stocks** *[US]* Aktienkauf *m*; **b. on time** Kauf auf Raten

direct buying Direktbezug *m*; **follow-through b.** Anschlusskäufe *pl*; **forward b.** Zeit-, Terminkauf *m*; **impulsive b.** Impulsivkäufe *pl*; **large-scale b.** Großaufkauf *m*; **online b.** Kauf per Internet; **speculative b.** Meinungskäufe *pl*; **stockless b.** lagerlose Beschaffung; **~ policy** Nullbestandspolitik *f*; **support b.** Stützungskäufe *pl*

buying agency Einkaufsvertretung *f*; **b. agent** Einkäufer *m*; **b. behaviour** Kaufverhalten *nt*; **b. costs** Erwerbskosten *pl*; **b. desire** Konsumwunsch *m*; **b. habits** Käufergewohnheiten *pl*, K.verhalten *nt*; **b.-in** *n* 1. Aufkäufe *pl*; 2. *(Notenbank)* Stützungskäufe *pl*; **b. letter of credit** Einkaufsakkreditiv *nt*; **b. market** Beschaffungsmarkt *m*; **b. order** Kaufauftrag *m*; **b. price** 1. Kaufpreis *m*; 2. Ausgabekurs *m*; **b. rate** (Devisen)Ankaufkurs *m*; **b. spree** Kaufrausch *m*

buy order Kaufauftrag *m*, K.order *f*; **b.out** *n* (Unternehmens)Aufkauf *m*; **leveraged b.out (LBO)** Firmenkauf mit Kreditmitteln, kreditfinanzierter Firmenkauf; **b. response function** Preisbereitschaftsfunktion *f*

bye-law(s); bylaw(s) *n* § Satzung *f*, Gesellschaftsstatut *nt*, Statuten *pl*
by-product *n* Nebenerzeugnis *nt*, Neben-, Abfallprodukt *nt*; **unintended b.** unbeabsichtigtes Nebenprodukt

C

cabinet *n* Kabinett *nt*; **economic c.** Wirtschaftskabinett *nt*
cabotage *n* Kabotage *f*
cafeteria system *n* *[US]* Vergütung mit Wahl des Verhältnisses von Grundgehalt und Nebenleistungen
calamity *n* Katastrophe *f*; **c. cover(age)** *(Vers.)* Katastrophendeckung *f*; **c. wood** ♣/*(Vers.)* Kalamitätshölzer *pl*
calculate *v/t* kalkulieren, (er-/be)rechnen
calculation *n* Kalkulation *f*, Be-, Errechnung *f*
calculation of benefits Leistungsabrechnung *f*; **~ costs** Kostenkalkulation *f*; **~ earning power** Rentabilitäts(be)rechnung *f*; **~ fees** Honorarabrechnung *f*, Gebührenberechnung *f*; **~ freight (charges)** Frachtberechnung *f*; **~ interest** Zins(be)rechnung *f*; **compound ~ interest** Zinseszinsrechnung *f*; **~ profits** Gewinnermittlung *f*; **~ profits for tax purposes** steuerrechtliche Gewinnermittlung; **~ net returns** Rentabilitäts(vergleichs)rechnung *f*
approximate calculation Näherungsrechnung *f*; **rough c.** Überschlagsrechnung *f*
desk-top calculator *n* Tischrechner *m*
calendar *n* (Termin)Kalender *m*; **c. of events** Veranstaltungskalender *m*; **c. period** Kalenderzeit *f*; **c. week** Kalenderwoche (KW) *f*; **c. year** Kalenderjahr *m*
calibration *n* Kalibrierung *f*
call *n* 1. (Auf)Ruf *m*; 2. ☎ Anruf *m*, Gespräch *nt*, Telefonat *nt*; 3. Besuch *m*; 4. Zahlungsaufforderung *f*; 5. Kaufoption *f*, Vorprämie *f*; **on c.** 1. auf Abruf/tägliche Kündigung; 2. *(Personal)* in Bereitschaft; **subject to c.** täglich kündbar
call for bids Ausschreibung *f*; **~ additional cover** *(Börse)* Nachschussaufforderung *f*; **c. of more** *(Börse)* Nochgeschäft *nt*; **c. for redemption** Kündigung *f*; **c. on shares** *[GB]*/**stocks** *[US]* Aktienaufruf *m*, Aufforderung zur Einzahlung auf Aktien, Einzahlungsaufforderung auf Anteile; **c. for a strike** Streikaufruf *m*; **c. on unpaid subscriptions** Aufforderung zur Zahlung gezeichneter Aktienbeträge; **c. for tenders** Aufforderung zur Angebotsabgabe, Ausschreibung *f*
being on call Rufbereitschaft *f*; **terminable at c.** jederzeit kündbar
to borrow at call täglich kündbare Kredite aufnehmen; **to give for the c.** *(Börse)* Vorprämie kaufen; **to take for the c.** Vorprämie nehmen/verkaufen
blind call unangemeldeter Anruf/Besuch; **closing c.** *(Börse)* Schlusskurs(e) *m/pl*; **cold c.** 1. *(Vertreter)* unangemeldeter Besuch; 2. Kaltbesuch *m*; **follow-up c.** Nachfassbesuch *m*; **international c.** ☎ Auslandsgespräch *nt*; **local c.** ☎ Orts-, Nahgespräch *nt*; **long-distance c.** ☎ Ferngespräch *nt*; **off-peak c.** Telefongespräch in der verbilligten Tarifzeit; **opening c.** *(Börse)* Eröffnungskurs(e) *m/pl*; **reversed-charge c.** *[GB]* ☎ R-Gespräch *nt*; **on short c.** *(Geld)* kurzfristig verfügbar; **toll-free c.** ☎ gebührenfreier Anruf
call *v/ti* 1. rufen, nennen; 2. ☎ telefonieren, anrufen; 3. kündigen, einfordern; 4. *(Versammlung)* einberufen; **c. at** 1. ⚓ *(Hafen)* anlaufen; 2. ✈ anfliegen; 3. 🚂 (an)halten in; **c. back** zurückrufen; **c. for** erfordern; **c. in** 1. bei-, hinzuziehen; 2. *(Kredit)* (auf)kündigen; 3. rückrufen; **c. off** 1. absagen; 2. *(Streik)* beenden
callable *adj* 1. abrufbar, kündbar
call|back *n* 1. Rückruf *m*; 2. *(Vertreter)* zweiter Besuch; **c. box** ☎ Telefon-, Fernsprechzelle *f*; **c. charge** Gesprächsgebühr *f*; **c. deposit(s)** abrufbare Einlagen, täglich fälliges Guthaben, Sichteinlagen *pl*; **c. diversion** (An)Rufumleitung *f*
to be called for ✉ postlagernd
caller *n* 1. Besucher(in) *m/f*; 2. Anrufer(in) *m/f*
call forwarding ☎ Anrufumleitung *f*; **c. letter** Einzahlungsaufforderung *f*; **c. loan** täglich kündbares Darlehen, ~ abhebbares Guthaben; **c. money** Tagesgeld *nt*, Kontokorrenteinlagen *pl*, täglich fälliges Geld; **c. number** ☎ Ruf-, Telefonnummer *f*; **c.-off** *n* Abruf *m*; **~ goods** Abrufware *f*; **~ time** Abrufzeitpunkt *m*; **c. officer** Firmenkundenbetreuer(in) *m/f*;

call option Kaufoption *f*, Optionsgeschäft à la Hausse ; **long c. o.** gekaufte Kaufoption; **near-term c. o.** kurzfristige Kaufoption

call order Abrufauftrag *m*; **c.-out charge** Anfahrtpauschale *f*; **c. premium** 1. *(Optionshandel)* Vorprämie *f*; 2. *(Anleihe)* Tilgungsaufgeld *nt*; **c. price** 1. Vorprämienkurs *m*; 2. Kündigungskurs *m*; **c. privilege** *(Anleihe)* Recht zur vorzeitigen Kündigung; **c. protection** *(Anleihe)* Kündigungsschutz *m*; **c. purchase** Kauf auf Abruf; **c. rate** (Zins)Satz für Tagesgeld; **c. report** *(Vertreter)* Besuchsbericht *m*; **c. sale** Verkauf mit Preisoption; **c. service** Telefondienst(leistung) *m/f*; **c. signal** ☎ Rufzeichen *nt*; **c. transfer** ☎ Weitervermittlung *f*; **c. workforce** Betriebsreserve *f*, Springer *pl*; **c. writer** Käufer einer Kaufoption

campaign *n* Aktion *f*, Kampagne *f*, Feldzug *m*; **introductory c.** Einführungskampagne *f*; **promotional c.** Werbekampagne *f*

can *n* (Konserven)Dose *f*

canal *n* (Schifffahrts)Kanal *m*; **c. dues** Kanalgebühren *pl*, K.benutzungsgebühr *f*; **c. navigation** Kanalschifffahrt *f*; **c. port** Kanalhafen *m*; **c. toll** Kanalabgabe *f*, K.gebühr(en) *f/pl*

cancel *v/t* 1. entwerten; 2. rückgängig/ungültig machen, rückbuchen; 3. abbestellen, stornieren; 4. *(Auftrag)* kündigen; 5. 💻 abbrechen

cancellation *n* 1. Entwertung *f*; 2. Abbestellung *f*, Stornierung *f*; 3. *(Auftrag)* Kündigung *f*; 4. 🚆/✈/*(Veranstaltung)* Ausfall *m*, Streichung *f*; 5. *(Wertpapier)* Kraftloserklärung *f*

cancellation of (a) contract Vertragsauflösung *f*; **~ a debt** Schuldenerlass *m*; **~ an entry** Löschung eines Eintrags; **~ a land charge** Grundschuldlöschung *f*; **~ a licence** Lizenzentzug *m*; **~ a mortgage** Löschung einer Hypothek; **~ an order** Abbestellung *f*, Widerruf/Zurückziehung einer Bestellung, Auftragsstornierung *f*, Stornierung eines Auftrages; **~ sale** Wand(e)lung *f*

cancellation charge/fee Rücktritts-, Stornogebühr *f*; **c. clause** Kündigungs-, Rücktrittsklausel *f*; **c. cover** Rücktrittsversicherung *f*; **c. notice** Kündigung(sschreiben) *f/nt*; **c. privilege** Kündigungsrecht *nt*; **c. rate** Stornoquote *f*; **c. stamp** Entwertungsstempel *m*

cancelled *adj* 1. ungültig, gestrichen; 2. *(Fahrausweis)* entwertet; 3. *(Auftrag)* storniert; 4. *(Termin)* abgesagt

candidate *n* Bewerber(in) *m/f*, Kandidat(in) *m/f*; **c.s** Anwärterkreis *m*; **prospective c.** möglicher Bewerber; **c. profile** Bewerberprofil *nt*

cannibalize *v/t* ausschlachten

canning industry Konservenindustrie *f*

canon *n* Kanon *m*, Richtschnur *f*; **c.s of professional ethics** standesrechtliche Grundsätze

canteen *n* Kantine *f*, Gemeinschaftsküche *f*

canvass *n* 1. persönliche Werbung; 2. 📊 Befragung einer Grundgesamtheit; *v/t* 1. *(Kunden)* ansprechen; 2. *(Aufträge)* akquirieren, hereinholen; 3. *(Meinungsforschung)* befragen; **c.er** *n* Akquisiteur *m*, Vertreter(in) *m/f*

canvassing *n* 1. persönliche Werbung, (Kunden)Werbung *f*, Akquise *f (coll)*, Akquisitionstätigkeit *f*; **c. for/of new customers** Neukundengewinnung *f*; **c. for orders** (Neu)Akquisition *f* Auftragsbeschaffung *f*; **c. business** Akquisition *f*

cap *n* 1.Obergrenze *f*, Plafond *m*; 2. Deckel *m*, Verschluss *m*; **c. on prices** Preisdeckelung *f*

large cap *(Börse)* Standardaktie *f*; **small c.** Nebenwert *m*; **~ market** Markt für Nebenwerte

cap *v/t* deckeln, Höchstgrenze festsetzen

capability *n* Tauglichkeit *f*, Fähigkeit *f*, Leistungsvermögen *nt*; **operational/operative c.** betriebliches Potenzial; **real-time c.** 💻 Echtzeitfähigkeit *f*; **c. planning** Ressourcenplanung *f*; **c. profile** Leistungsprofil *nt*

capable *adj* tüchtig, (handlungs-/leistungs)fähig; **legally c.** geschäfts-, vertragsfähig

capacity *n* 1. Inhalt *m*, Volumen *nt*; 2. Kapazität *f*, Fassungs-, Leistungsvermögen *nt*; 3. Stellung *f*, Funktion *f*; 4. Ladefähigkeit *f*; 5. Tragkraft *f*; **at (full) c.** bei voller Auslastung; **c. for self-financing** Selbstfinanzierungsmöglichkeiten *pl*; **c. of production** Produktionskapazität *f*; **c. for training** Ausbildungskapazität *f*

capacity to contract; ~ act in law § Geschäftsfähigkeit *f*; **~ compete** Wettbewerbsfähigkeit *f*; **~ pay** Zahlungsfähigkeit *f*; **~ sue and be sued** § Parteifähigkeit *f*

keeping capacity available Kapazitätsvorhaltung *f*; **operating below c.** Unterbeschäftigung *f*; **with c. stretched to the limits** bei äußerster Kapazitätsauslastung

to close capacity Kapazität (endgültig) stilllegen; **to operate at full c.; to work to c.** mit voller Leistung/Kapazität arbeiten, voll beschäftigt sein; **to work near full c.** nahe an der Kapazitätsgrenze arbeiten

actual capacity 🏭 Ist-Kapazität *f*; **in an advisory c.** in beratender Funktion; **budgeted c.** Plankapazität *f*; **carrying c.** Ladefähigkeit *f*, Zuladung *f*; **economic c.** wirtschaftliche Leistungskraft; **excess c.** freie/überschüssige Kapazität, Kapazitätsüberhang *m*; **financial c.** finanzielle Leistungsfähigkeit *f*; **at full c.** voll ausgelastet, auf Hochtouren *(coll)*; **idle c.** freie/ungenutzte Kapazität; **~ costs** Kosten ungenutzterKapazität; **legal c.** Geschäfts-, Rechtsfähigkeit *f*, Rechts- und Geschäftsfähigkeit *f*; **load-carrying c.** Belastbarkeit *f*, Zuladung *f*, *(LKW)* Nutzlast *f*; **managerial c.** Leitungsfunktion *f*; **in a ~ c.** in leitender Stellung; **nominal c.** Nennkapazität *f*, N.leistung *f*; **in an official c.** in offizieller/amtlicher Eigenschaft; **productive c.** 🏭 Leistungsfähigkeit *f*, Produktions-, Produktivkapazität *f*; **spare/surplus c.** freie/überschüssige Kapazität, Kapazitätsüberhang *m*; **tax-paying c.** steuerliche Leistungsfähigkeit, Steuerkraft *f*

capacity closure Kapazitätsstilllegung *f*; **c. constraint(s)** Kapazitätsengpass *m*; **c. cost(s)** Fix-, Kapazitätskosten *pl*; **c. deficit** Kapazitätsdefizit *nt*; **c. limit** Kapazitätsgrenze *f*; **c. output** Vollbeschäftigung *f*; **c. policy** Kapazitätspolitik *f*; **c. production** Beschäftigung an der Kapazitätsgrenze; **c. reduction** Kapazitätsabbau *m*; **c. requirements planning (CRP)** Kapazitätsbedarfsplanung *f*; **c. reserve(s)** ungenutzte Kapazität; **c. restraint** Kapazitätsengpass *m*; **c. scheduling** Kapazitätsplanung *f*; **c. shortage** Unterkapazität *f*; **c. smoothing** Kapazitätsglättung *f*; **c. stage** Ausbaustufe *f*; **c. surplus** Kapazitätsüberhang *m*

capacity utilization (Kapazitäts)Auslastung *f*; **full c. u.** Vollbeschäftigung *f*; **c. u. level/ratio** (Kapazitäts)Ausnutzungs-, Beschäftigungsgrad *m*

per capita *adj (lat.)* pro Kopf/Person

capital *n* 1. Kapital *nt* (Geld)Mittel *pl*, Vermögen *nt*; 2. *(Bilanz)* Kapitalanteil *m*, Eigenkapital *nt*; 3. Produktionsfaktor Kapital; 4. Unternehmertum *nt*

C

capital ranking for dividend gewinnberechtigtes Kapital; **c. and retained earnings** Eigenkapital und Rücklagen; **~ labour** Kapital und Arbeit; **~ reserves** *(Bilanz)* Eigenkapital *nt*; **~ reserves for bank regulatory purposes** bankaufsichtsrechtliches Eigenkapital; **company-law ~ reserves** handelsrechtliches Eigenkapital; **c. at risk** Risikokapital *nt*

capital employed eingesetztes/betriebsbedingtes Kapital; **c. invested** Kapitaleinlage *f*; **c. subscribed** gezeichnetes Kapital; **~ in kind** Sachkapital *nt*

to adjust capital Kapital berichtigen; **to call in c.** Kapital einziehen; **to charge to c.** aktivieren; **to contribute c.** Kapital einbringen; **to convert into c.** kapitalisieren; **to dilute c.** (Aktien)Kapital verwässern; **to increase c.** Kapital aufstocken, Kapitalerhöhung vornehmen; **to invest c.** Kapital anlegen; **to lock up c.** Kapital festlegen/binden; **to procure c.** Kapital beschaffen; **to provide c.** Mittel/Kapital bereitstellen; **to put up/raise c.** Kapital aufnehmen/aufbringen; **to tie up c.** Kapital festlegen/binden; **to write down/off c.** Kapitalschnitt vornehmen, Kapital herabsetzen

active capital Aktiva *pl*, Betriebskapital *nt*; **authorized c.** genehmigtes/haftendes Kapital, Stammkapital *nt*; **borrowed c.** fremdes/aufgenommenes Kapital, Fremdkapital *nt*; **brought-in c.** Kapitaleinlage *f*; **called-up c.** (zur Einzahlung) aufgerufenes Kapital; **circulating c.** Umlauf-, Betriebskapital *nt*; **conditional c.** bedingtes Kapital; **cooperative c.** Genossenschaftskapital *nt*; **corporate c.** *[US]* Gesellschaftskapital *nt*; **current c.** Aktiva *pl*, Betriebskapital *nt*; **dead c.** totes/brachliegendes Kapital; **diluted c.** verwässertes Kapital; **employed c.** Produktivkapital *nt*; **fixed c.** Anlage-, Sachvermögen *nt*, Anlagekapital *nt*; **floating c.** Umlauf-, Betriebskapital *nt*; **foreign c.** Auslandskapital *nt*; **fresh c.** neues Kapital; **highly geared c.** Kapitalausstattung

C

mit hohem Fremdkapitalanteil; **human c.** Humankapital *nt*; **idle c.** totes/brachliegendes Kapital; **interest-bearing c.** verzinsliches Kapital; **invested c.** Kapitalanlage *f*, Anlagevermögen *nt*; **issued c.** begebenes Kapital; **liable c.** Hafteinlage *f*; **misappropriated c.** fehlgeleitetes Kapital; **nominal c.** Nenn-, Nominal-, Stammkapital *nt*; **non-monetary c.** Sachkapital *nt*; **operating c.** Betriebskapital *nt*; **ordinary c.** Stammkapital *nt*; **outside c.** Fremdkapital *nt*, betriebsfremde Mittel; **outstanding c.** Restschuld *f*, ausstehendes Kapital; **paid-in c.** 1. Kapitalanlage *f*, Anlagevermögen *nt*; 2. Eigenmittelzufuhr *f*, Einlagen *pl*; **(fully) paid-up c.** (voll) eingezahltes Kapital; **participatory c.** Genussscheinkapital *nt*; **physical c.** Sachanlagevermögen *nt*; **productive c.** Produktivkapital *nt*; **real c.** Sach-, Realkapital *nt*; **risk-bearing c.** Risikokapital *nt*; **runaway c.** Fluchtgelder *pl*; **spare c.** frei verfügbares Kapital; **start-up c.** Anfangs-, Startkapital *nt*

subscribed capital gezeichnetes Kapital; **~ of a joint stock corporation** Grundkapital *nt*; **~ of a limited liability company** Stammkapital *nt*; **subscribed unpaid c.** ausstehende Einlagen auf das gezeichnete Kapital

supplementary capital *(Tier II)* Ergänzungskapital *nt*; **unemployed c.** brachliegendes Kapital; **upfront c.** Startkapital *nt*; **working c.** Eigen-, Betriebskapital *nt*, (Netto)Umlaufvermögen *nt*, Betriebsmittel *pl*

capital account Kapitalkonto *nt*, K.rechnung *f*, Vermögenshaushalt *m*, V.rechnung *f*; **c. accounts** Kapitalabrechnung *f*; **total c. accounts** Summe Kapitalkonten; **c. accumulation** Kapitalansammlung *f*, K.bildung *f*; **c. addition** Anlagenzugang *m*; **c. adequacy requirement(s)** Anforderungen an die Kapitalausstattung, Mindestkapitalausstattung *f*; **c. adjustment** Kapitalberichtigung *f*; **c. aid** Kapitalhilfe *f*; **c. allowance** *[GB]* Kapitalfreibetrag *m*, steuerlich zulässige Abschreibung; **c. appreciation** Kapitalwerterhöhung *f*, K.zuwachs *m*, Vermögenszuwachs *m*; **c. appropriation** Kapitalverwendung *f*, K.einsatz *m*

capital asset Investition *f*, Anlagegegenstand *m*, Gegenstand des Anlagevermögens; **c. a.s** Sachanlagen *pl*, Anlagevermögen *nt*, (Vermögens)Substanz *f*; **c. a. account** Kapitalanlagekonto *nt*

capital backing Kapitalausstattung *f*; **c. base/basis** Kapitalbasis *f*, K.decke *f*; **c. bonus** *[GB]* Stockdividende *f*, Gratisaktie *f*; **c. budget** Investitions-, Vermögenshaushalt *m*; **c. budgeting** Investitions-, Kapitalbedarfsrechnung *f*; **c. change** Wertveränderung (im Wertpapierbestand) *f*; **c. charges** Kapitalkosten *pl*; **c. conservation** Kapitalerhaltung *f*; **c. consolidation** Kapitalzusammenlegung *f*; **c. consumption** Kapitalaufzehrung *f*, K.verzehr *m*; **c. constraints** Kapitalmangel *m*; **c. contribution** Kapitalzuschuss *m*, K.einschuss *m*, Einlage *f*; **non-cash c. contribution** Sacheinlage *f*; **c. controls** Kapitalverkehrskontrolle(n) *f/pl*; **c. cost(s)** 1. Kapitalkosten *pl*; 2. Anlagekosten *pl*; **c. cover** Kapitaldecke *f*, K.deckung *f*; **c. cushion** Eigenkapitalpolster *nt*; **c. debenture** Kapitalschuldverschreibung *f*; **c. demand** Kapitalbedarf *m*; **c. depletion** Kapitalaufzehrung *f*; **c. deposit** Vermögenseinlage *f*; **c. depreciation** Kapitalabschreibung *f*, K.verschleiß *m*, Anlage(n)abschreibung *f*; **c. dilution** Kapitalverwässerung *f*; **c. distribution** (Kapital-/Bar)Ausschüttung *f*; **c. drain** Kapitalabfluss *m*; **c. duty** Vermögensabgabe *f*; **c. and retained earnings** Kapital und Rücklagen; **c. endowment** Kapitalausstattung *f*; **c. equipment** Anlagegüter *pl*, Sachkapital *nt*; **~ industry** Produktionsgüterindustrie *f*

capital expenditure(s) 1. (Anlage)Kapitalaufwand *m*, K.kosten *pl*, Investitionsausgaben *pl*, I.aufwand *m*, I.auszahlungen *pl*; 2. *(Bilanz)* aktivierungspflichtiger Aufwand; **~ on physical assets** Sachinvestitionen *pl*; **~ on equipment** Ausrüstungsinvestitionen *pl*; **fixed c. e.** Anlageinvestitionen *pl*; **c. e. account** Investitionsrechnung *f*; **~ budget** Investitionshaushalt *m*; **~ program(me)** Investitionsprogramm *nt*; **~ ratio** Kapitalintensität *f*

capital expenses Kosten der Aktienemission, Emissionskosten *pl*; **c. export(s)** Kapitalexport *m*, K.ausfuhr *f*; **c. flow** Kapitalfluss *m*; **~ statement** Kapitalflussrechnung *f*

capital formation Kapital-, Vermögensbildung *f*; **gross domestic c. f.** Bruttoinlandsinvestitionen *pl*; **fixed c. f.** Investitionsausgaben *pl*; **real c. f.** Sachvermögensbildung *f*

capital gain (realisierter) Kursgewinn *m*, Vermögenszuwachs *m*, Kapitalertrag *m*, Veräußerungsgewinn *m*; **c. g.s** Gewinn aus der Veräußerung von Vermögen, Spekulationsgewinne *pl*; **~ and losses** Veränderungen im Anlagevermögen; **c. g. distribution** Ausschüttung realisierter Kursgewinne; **~ distribution received** ausgeschütteter Kursgewinn; **c. g.s tax (CGT)** Kapitalgewinn-, Kapitalertrags-, Spekulations-, Vermögenszwecksteuer *f*

capital gearing Fremdkapitalanteil *m*, Verschuldungsgrad *m*, Kapitalintensität *f*

capital goods Investitions-, Produktionsgüter *pl*; **fixed c. g.** Güter des Anlagevermögens; **c. g. industry** Investitionsgüterindustrie *f*; **~ investment** Kapitalgüterinvestition(en) *f/pl*; **~ marketing** Investitionsgütermarketing *nt*; **~ outlay** Investitionsgüteraufwand *m*; **~ supplier** Investitionsgüterlieferant *m*

capital grant Kapitalzuschuss *m*, K.(bei)hilfe *f*; **c. growth** Kapitalzuwachs *m*; **~ portfolio** Wertsteigerungsportefeuille *f*; **c. holding** Kapitalbesitz *m*; **c. import(s)** Kapitalimport *m*, K.einfuhr *f*; **c. income** Kapitaleinkünfte *pl*, Einkünfte aus Kapitalvermögen

capital increase Kapitalaufstockung *f*, K.erhöhung *f*; **~ for cash**; **~ against cash contribution** Barkapitalerhöhung *f*; **~ out of company funds** Kapitalerhöhung aus Gesellschaftsmitteln; **~ for consideration** Kapitalerhöhung gegen Einlagen

capital increment Vermögenszuwachs *m*; **c. inflow** Kapitalzufluss *m*, K.import *m*; **c. injection** Kapitalzufuhr *f*; **c. input** Kapitaleinsatz *m*; **c.-intensive** *adj* kapitalintensiv; **c. interest** Kapitalbeteiligung *f*

capital investment (langfristige) Kapital-, Geldanlage *f*, Anlage von Kapital; **~ company** Kapitalanlagegesellschaft *f*; **~ grant** Investitionsbeihilfe *f*; **~ planning** Investitionsplanung *f*; **~ reserves** Investitionsrücklage *f*

capitalism *n* Kapitalismus *m*

capital issue Effekten-, Aktien-, Kapitalemission *f*

capitalist *n* Kapitalist(in) *m/f*; **c.(ic)** *adj* kapitalistisch

capitalization *n* 1. Kapitalisierung *f*, Kapitalstruktur *f*, K.ausstattung *f*, Anlageintensität *f*; 2. Aktivierung *f*; **c. of profits** Gewinnaktivierung *f*; **~ reserves** Kapitalerhöhung aus offenen Rücklagen; **c. issue** Bezugsrechtsemission *f*, Ausgabe von Gratisaktien; **c. share** Gratisaktie *f*; **c. yield** Kapitalisierungszinsfuß *m*, K.rendite *f*

capitalize *v/t* 1. *(Börse)* bewerten; 2. kapitalisieren, mit Kapital ausstatten; **c. on** Nutzen ziehen aus; **heavily/highly c.d** *adj* kapitalintensiv, mit hohem Eigenkapitalanteil

capital leverage Kapitalhebelwirkung *f*, Fremdkapitalanteil *m*, Verschuldungsgrad *m*; **c. levy** Vermögensabgabe *f*; **c. liabilities** langfristige Verbindlichkeiten; **international c. links** Auslandsverflechtungen; **c. lockup** Kapitalbindung *f*; **c. loss** Kapitalverlust *m*; **c. maintenance** Kapitalerhaltung *f*

capital market Finanz-, Geld-, Kapitalmarkt *m*; **eligible for the c. m.** kapitalmarktfähig; **tapping the c. m.** Inanspruchnahme des Kapitalmarktes; **central c. m. committee** Zentraler Kapitalmarktausschuss *[D]*; **c. m. control(s)** Kapitalmarktsteuerung *f*; **~ funds** Kapitalmarktmittel *pl*; **~ issue** Kapitalmarktemission *f*; **~ rates** Kapitalmarktsätze *pl*; **~ risk** Kapitalmarktrisiko *nt*; **~ security** Kapital(markt)titel *m*; **~ stability** Finanzmarktstabilität *f*

capital movement(s) Kapitalverkehr *m*; **c. needs** Kapitalbedarf *m*; **c. outflows** Kapitalabfluss *m*, K.exporte *pl*; **c. outlay** Investition(sausgaben) *f/pl*, I.saufwand *m*, investive Ausgaben, Kapitalaufwand *m*; **~ cost(s)** Investitionskosten *pl*; **c. output ratio** Kapitalkoeffizient *m*; **c. position** Kapitaldecke *f*; **c. procurement** Kapitalbeschaffung *f*; **~ cost(s)** Kapitalbeschaffungskosten *pl*; **c. productivity** Kapitalproduktivität *f*; **c. profit** Kapital-, Veräußerungsgewinn *m*; **c. project** Investitionsobjekt *nt*, I.vorhaben *nt*; **c. ratio** Kapitalverhältnis *nt*; **c. reconstruction** (finanzielle) Sanierung (der Kapitalverhältnisse) *f*, Kapitalumstrukturierung *f*; **~ scheme** Sanierungsplan *m*; **c. redemption** Kapitalablösung *f*, K.tilgung *f*; **c. reduction** Kapitalherabsetzung *f*, K.-schnitt *m*; **~ through cancellation of**

stock Kapitalherabsetzung durch Einziehung von Aktien; **regular c. reduction** ordentliche Kapitalherabsetzung; **c. reorganisation** Neuordnung der Kapitalverhältnisse; **c. repayment** Tilgung *f*; **c. requirement(s)** Kapitalbedarf *m*, K.beanspruchung *f*, K.bedürfnisse *pl*, K.hunger *m*; **c. reserve(s)** Kapitalreserve *f*, Reservekapital *nt*, (Sonder)Rücklagen *pl*, Kapitalrücklage *f*; **c. resources** Kapitalausstattung *f*; **c. restructuring** Kapitalumschichtung *f*, Neuordnung der Kapitalverhältnisse; **c. return** Kapitalverzinsung *f*; **c. share method** Kapitalanteilsmethode *f*

capital spending Investition(saufwand) *f*/*m*, investive Ausgaben, Kapitalaufwand *m*; **~ authorization** Investitionsgenehmigung *f*; **~ program(me)** Investitionsprogramm *nt*

capital stock 1. Aktien(kapital) *pl*/*nt*, Stammkapital *nt*; 2. Grund-, Gesellschaftskapital *nt*; 3. gezeichnetes Kapital; **authorized c. s.** genehmigtes (Aktien)-Kapital; **issued c. s.** ausgegebenes/begebenes (Aktien)Kapital; **outstanding c. s.** nicht eingezahltes Grundkapital; **fully paid c. s.** voll eingezahlte Aktien; **paid-up c. s.** eingezahltes Aktienkapital; **preferred c. s.** Vorzugsaktien *pl*, bevorrechtigtes Kapital; **c. s. subscription right** Genussrecht *nt*; **~ tax** Kapital-, Vermögenssteuer *f*

capital structure Kapitalstruktur *f*; **~ policy** Kapitalstrukturpolitik *f*; **c. subscriptions receivable** ausstehende Einlagen auf das Grundkapital; **c. sum** 1. Kapitalbetrag *m*; 2. *(Vers.)* Versicherungssumme *f*; **~ insurance** Kapitalversicherung *f*; **c. supply** Kapitalaufkommen *nt*; **c. surplus** 1. Kapitalüberschuss *m*; 2. *[US]* Emissions-, Aktienagio *nt*; **c. tax** (Kapital)Vermögensabgabe *f*; **c. taxes** Substanzsteuern *pl*; **c. taxation** Vermögensbesteuerung *f*; **c. transactions** Kapital(überweisungs)verkehr *m*; **~ tax** Kapitalverkehrssteuer *f*; **c. tie-up** Kapitalbindung *f*; **~ costs** Kapitalbindungskosten *pl*; **c. transfer** Kapitalübertragung *f*, K.transfer *m*; **~ tax** 1. *[GB]* Erbschafts- und Schenkungsssteuer *f*; 2. Kapitalverkehrssteuer (KVSt) *f*; **c. turnover** Kapitalumschlag *m*; **~ rate** Kapitalumschlagshäufigkeit *f*; **c. utilization** Kapitalnutzung *f*, K.einsatz *m*; **c. value** Geldwert *m*; **c. venture** Kapitalbeteiligung *f*; **c. write-down** Kapitalschnitt *m*, K.-herabsetzung *f*; **c. write-off** Kapitalabschreibung *f*; **c. yield** Kapitalertrag *m*

capitation fee Kopfgebühr *f*; **c. tax** Kopfsteuer *f*

capping *n* Deckelung *f*, (finanzielle) Begrenzung *f*, Plafondierung *f*; **c. of prices** Preisdeckelung *f*

captain *n* (Schiffs)Kapitän *m*, S.führer *m*; **c. of industry** führender Industrieller; **c.'s copy** *(Konnossement)* Durchschrift für den Kapitän

caption *n* 1. (Bild)Unterschrift *f*, Schlagzeile *f*; 2. *(Urkunde)* Einleitungsformel *f*; 3. *(Bilanz)* Position *f*

captive *adj* industrie-, unternehmenseigen

capture *v/t* erfassen

car *n* 1. (Kraft)Wagen *m*, Auto *nt*; 2. *[US]* Güterwagen *m*, Waggon *m*; **consolidated c.** Sammelwaggon *m*; **flat c.** Niederbordwagen *m*; **used c.** Gebrauchtwagen *m*; **c. boom** Autofrühling *m (fig)*, A.mobilkonjunktur *f*; **c. boot sale** *[GB]* Kofferraumverkauf *m*, Trödelmarkt *m*; **c. component** Autozubehörteil *nt*; **c. components industry** Autozulieferindustrie *f*; **c. component supplier** Automobilzulieferer *m*

card *n* (Visiten-/Einladungs-/Mitglieds)-Karte *f*; **to ask for one's c.s** Entlassungspapiere anfordern, kündigen; **to get one's c.s** entlassen/gefeuert *(coll)* werden; **magnetic c.** Magnetkarte *f*

cardboard *n* Karton(papier) *m*/*nt*, Pappe *f*; **corrugated c.** Wellpappe *f*; **pressed c.** Presspappe *f*; **c. box** Pappkarton *m*; **c. packaging for transport** Transportkartonage *f*

car dealer Fahrzeug-, Autohändler *m*; **c. dealership** Autovertretung *f*

card holder Karteninhaber *m*; **c. withdrawals** *(Bank)* Abhebungen mittels Kundenkarte

care *n* Sorgfalt(spflicht) *f*, (Für)Sorge *f*, Pflege *f*; **c. of (c/o)** per Adresse, bei, zu Händen (z. H.) von; **with due c.** mit gebührender Sorgfalt; **with reasonable c.** mit angemessener Sorgfalt; **due c. and attention** verkehrsübliche Sorgfalt; **c. and maintenance** / Aufrechterhaltung der Betriebsfähigkeit; **Handle with**

c. *(Markierung)* Vorsicht!; **to take c.** sich kümmern; **to handle with c.** schonend/vorsichtig behandeln
customary/ordinary care verkehrsübliche Sorgfalt; **due/reasonable c.** angemessene Sorgfalt; **social c.** Fürsorgepflicht *f*; **c. allowance** Pflegezuschuss *m*
career *n* Beruf *m*, (beruflicher) Werdegang *m*, Laufbahn *f*, Lebenslauf *m*, Berufsweg *m*, B.laufbahn *f*; **professional c.** beruflicher Werdegang
career advancement Berufsförderung *f*; **c. advice** Berufsberatung *f*; **c. advisor** Berufsberater(in) *m/f*; **c. break** Unterbrechung der Berufstätigkeit, Pause im Erwerbsleben; **to take a c. break** Berufstätigkeit unterbrechen; **c. changer** Seiten-, Quereinsteiger *m*; **c. counselling** Berufsberatung *f*; **c. development** berufliche Entwicklung, beruflicher Werdegang, Berufslaufbahn *f*; **c. girl** berufstätige Frau, Karrierefrau *f*; **c. growth** berufliches Fortkommen; **c. guidance** Berufsberatung *f*; **c. management** Karriereplanung *f*; **c.s office** Stellenvermittlung *f*; **c. opportunity** Berufs-, Aufstiegsmöglichkeit *f*, Karrierechance *f*; **c. path** beruflicher Werdegang, Karriereweg *m*; **uninterrupted c. path** ununterbrochene Berufstätigkeit; **c. pattern** Berufslaufbahn *f*; **c. planning** Planung der Berufslaufbahn; **c. progression** beruflicher Werdegang; **c. prospects** Aufstiegschancen *pl*, berufliche Möglichkeiten; **c. structure** Berufslaufbahn *f*; **c. woman** berufstätige Frau, Karrierefrau *f*
care grant Pflegebeihilfe *f*; **c. insurance** Pflegeversicherung *f*, P.kasse *f*
careless *adj* fahrlässig; **c.ness** *n* Fahrlässigkeit
care policy Pflegeversicherung *f*; **c. proceedings** Sorgerechtsverfahren *nt*
carer *n* Pfleger(in) *m/f*, Pflegekraft *f*
car fleet Fuhrpark *m*
cargo *n* (See)Fracht *f*, Ladung *f*, Beförderungsgut *nt*; **to carry c.** Fracht(gut) befördern; **to close for c.** Ladeschluss haben; **to handle c.** Fracht umschlagen
bagged cargo Sackgut *nt*; **chilled c.** Kühlgut *nt*; **dry c.** Schütt-, Trockengut *nt*; **~ carrier/ship** Trockengutschiff *nt*, T.-frachter *m*; **floating c.** schwimmende Ladung; **general c.** gemischte Fracht, Stückgut *nt*, S.(gut)fracht *f*, Partiefracht *f*; **~ handling** Stückgutumschlag *m*; **~ ship** Stückgutfrachter *m*; **heavy(-lift) c.** Schwergut(fracht) *nt/f*; **inward c.** Herfracht *f*; **joint c.** Sammelladung *f*; **liquid c.** flüssige/nasse Ladung; **loose c.** bewegliche Ladung; **mixed c.** gemischte Fracht, Stückgut *nt*, S.(gut)fracht *f*, Partiefracht *f*; **outward c.** Hinfracht *f*, abgehende/ausgehende Fracht; **perishable c.** verderbliche Ladung; **short-landed c.** Fehlmenge bei Entladung; **short-shipped c.** vom Schiff nicht übernommene Ladung; **through c.** Transitladung *f*; **wheeled c.** Rollgut *nt*, rollende Fracht
cargo agent Frachtspediteur *m*; **c. airline** Luftfrachtgesellschaft *f*; **c. airport** Frachtflughafen *m*; **c. bill** Ladeliste *f*; **c. capacity** Ladefähigkeit *f*, L.kapazität *f*; **c. deck** Ladedeck *nt*; **c. damage** Fracht-, Güterschaden *m*; **c. flight** Frachtflug *m*; **c. handling** Frachtumschlag *m*; **~ charges** Umschlagkosten *pl*; **c. hold** ⚓/✈ Fracht-, Laderaum *m*; **c. insurance** Fracht-, Güter-, Transportversicherung *f*; **c. liner** ⚓ Linienfrachter *m*; **c. manifest** Ladungs-, Ladegutverzeichnis *nt*; **c. movement(s)** Frachtumschlag *m*; **conventional c. operation** konventioneller Ladungsverkehr; **open c. policy** Generalpolice *f*; **c. premium** *(Vers.)* Frachtprämie *f*; **c. rate** Frachtrate *f*; **c. shipping** Frachtschifffahrt *f*; **c. space** Fracht-, Transportraum *m*; **c. traffic** Fracht-, Ladungsverkehr *m*
car hire Autovermietung *f*; **~ company** Mietwagenfirma *f*; **c. industry** Kraftfahrzeug-, Auto(mobil)industrie *f*
caring for the environment *n* Umweltschutz *m*; **c. professions** Sozialberufe *pl*
car insurance Fahrzeugversicherung *f*; **comprehensive c. insurance** Vollkasko-, Fahrzeugvollversicherung *f*; **c. leasing** Auto-, Fahrzeugvermietung *f*
carload (c. l.) 🚃 Waggon-, Komplettladung *f*; **less than c. (LCL)** Teilladung *f*, Stückgutpartie *f*; **c. freight** Waggonfracht *f*; **c. lot** 🚃 Waggonladung *f*; **c. shipment** Waggonsendung *f*
car|maker; c. manufacturer *n* Auto(mobil)hersteller *m*; **c. manufacturing** Auto(mobil)herstellung *f*, A.produktion *f*, A.bau *m*; **c. owner** (Kraft)Fahrzeugbesitzer(in) *m/f*, (K.)Fahrzeughalter(in) *m/f*; **c. ownership** Kraftfahrzeugbestand *m*, Motorisierungsgrad *m*, Autobestand *m*;

C

c. park operator Parkplatzbetreiber *m*; **c. part** Autoteil *nt*
carpetbagger *n* *(coll)* Spekulant(in) *m/f*
car pool Fahrgemeinschaft *f*; **c. production** (Kraft)Fahrzeug-, Auto(mobil)-produktion *f*
car rental Autoverleih *m*; **~ company** Autoverleihfirma *f*; **~ market** Leihwagenmarkt *m*; **~ rate** Mietwagentarif *m*
car renter Leihwagenkunde *m*; **c. retailers federation** Verband der Autohändler
carriage *n* 1. Transport *m*, Beförderung *f*; 2. Transportkosten *pl*, Frachtgeld *nt*, F.gebühr *f*; 3. 🚃 Reisezugwagen *m*
carriage by air Luftbeförderung *f*; **c. of goods** Güter-, Warenbeförderung *f*; **~ dangerous goods** Beförderung gefährlicher Güter; **c. by land** Transport zu Lande; **~ rail** Transport per Bahn, Schienentransport *m*; **~ road** Transport per LKW, Straßentransport *m*; **~ sea** Beförderung auf dem Seewege; **~ water** Transport zu Wasser
carriage forward (carr. fwd.) unfrei, Fracht (be)zahlt Empfänger; **c. free** frachtfrei, franko; **c. inwards** Eingangsfracht *f*, Frachtspesen *pl*; **c. outwards** Versandkosten *pl*, Frachtspesen *pl*; **c. paid (c.p.; cge. paid; c/p)** Fracht (voraus)bezahlt, (fracht)frei, franko; **c. prepaid** frachtfrei, Fracht bezahlt; **c. and duty prepaid** franko Fracht und Zoll
additional carriage Frachtzuschlag *m*, F.aufschlag *m*; **outward c.** abgehende Ladung, Hinfracht *f*
carriage charge(s) Fracht(gebühr) *f*, Beförderungs-, Transportkosten *pl*; **c. insurance** Frachtversicherung *f*
carried down (c.d.) *adj* Übertrag *m*; **c. forward (c/f)/over** Vor-, Übertrag *m*
carrier *n* 1. Transportunternehmer *m*, Spediteur *m*, Spedition *f*, Frachtführer *m*, Beförderer *m*; 2. ✈ Fluggesellschaft *f*; 3. 📱 Netzbetreiber *m*; 4. Träger *m*; **free c. (FCA)** *(Incoterm)* frei Frachtführer
common carrier (öffentlicher/gewerbsmäßiger) Spediteur/Transportunternehmer *m*, bahnamtlicher Spediteur; **connecting c.** Korrespondenzspediteur *m*; **domestic c.** Inlandsspedition *f*; **marine c.** Seefrachtführer *m*; **private c.** Werksverkehr *m*, W.spedition *f*; **public c.** Spedition(sfirma) *f*; **scheduled c.** 1. ✈ Linienfluggesellschaft *f*; 2. ⚓ Linienreederei *f*; **terminal c.** Empfangsspediteur *m*
carrier bag Tragetasche *f*; **c.'s charges** Speditionsgebühren *pl*; **~ liability** Haftung/Haftpflicht des Frachtführers/Spediteurs, Frachtführerhaftung *f*; **~ lien** Zurückbehaltungsrecht des Spediteurs; **~ manifest** Ladungsverzeichnis *nt*; **~ receipt** Spediteurbescheinigung *f*; **~ risk** (C.R.) Risiko des Spediteurs/Frachtführers
carry *n* 1. Über-, Vortrag *m*; 2. 💻 Überlauf *m*; *v/t* 1. tragen, (über)bringen, transportieren, befördern; 2. *(Artikel)* führen; **c. back** zurücktragen; **c. down** *(Saldo)* vortragen; **c. forward/over** vor-, übertragen; **c. out** durchführen, abwickeln
carryback *n* Rück(über)trag *m*, Verlustrücktrag *m*
carrying *n* Transport *m*, Beförderung *f*; **c.s** Beförderungs-, Fahrgastzahlen *pl*; **c. capacity** Nutzlast *f*; **c. charges** Transport-, Beförderungskosten *pl*; **c. trade** Transportgewerbe *nt*, Speditionsgeschäft *nt*
carryover *n* (Rechnungs)Übertrag *m*, Verlustvortrag *m*; **c. stock** Übertragungsbestand *m*
cart *v/t* *(Rollfuhr)* transportieren
cartage *n* 1. Rollfuhr *f*; 2. Roll-, Fuhrgeld *nt*, (Fracht)Zustellgebühr *f*; **c. contractor** Rollfuhrdienst *m*; **c. insurance** Rollfuhrversicherung *f*; **c. rate** Rollfuhrtarif *m*; **c. service** Rollfuhr *f*
cartel *n* Kartell *nt*; **c. agreement** Kartellabsprache *f*; **c. division** § Kartellsenat *m*
cartelize *v/ti* Kartell bilden, zu einem K. vereinigen
cartel law Kartellrecht *nt*; **c. office** Kartellamt *nt*, K.behörde *f*
carter *n* Rollfuhrunternehmen *nt*
carting agent *n* Rollfuhrdienst *m*, R.-unternehmer *m*; **c. service** Rollfuhr (-dienst) *f/m*
cartload *n* Fuhre *f*
carton *n* 1. (Papp)Karton *m*; 2. *(Zigaretten)* Stange *f*
car trade Kraftfahrzeughandel *m*
cascade tax *n* Kaskadensteuer *f*, Allphasen-Umsatzsteuer *f*
case *n* 1. § (Streit)Fall *m*, Rechtssache *f*, Prozess *m*; 2. Kiste *f*, Etui *nt [frz.]*; **in c. of emergency** im Notfall, bei Gefahr; **c. of fault** Schadensfall *m*; **c. at issue/under review** vorliegender/strittiger Fall;

c. of urgency Notfall *m*, dringender Fall; **as the c. may be** je nach Sachlage, ~ Lage des Falles; **relating to a particular c.** einzelfallbezogen
to bring a case against so. § Verfahren gegen jdn einleiten; **to decide a c. on its merits** nach Sachlage entscheiden; **to dismiss a c.** Klage abweisen; **to hear a c.** in einer/über eine Sache verhandeln; **to lose a c.** Prozess verlieren; **to open a c.** Verfahren eröffnen; **to win a c.** Prozess gewinnen
civil case Zivilsache *f*, Z.prozess *m*; **commercial c.** Handelssache *f*; **contentious c.** streitige Angelegenheit; **exceptional c.** Ausnahmefall *m*; **leading c.** Präzedenzfall *m*; **non-litigious c.** nichtstreitige Sache; **pending c.** anhängige (Rechts)-Sache; **urgent c.** Dringlichkeitsfall *m*
case|-based *adj* einzelfallbezogen; **c. history** Vorgeschichte *f*; **c. law** § Fall-, Präzedenzrecht *nt*; **c. records** § Prozessakten *pl*; **c. study** Fallbeispiel *nt*; **c. worker** 1. Sachbearbeiter(in) *m/f*; 2. Sozialarbeiter(in) *m/f*
cash *n* 1. Bargeld *nt*, B.mittel *pl*, Bares, flüssige Mittel; 2. Kassenbestand *m*, Kassen-, Bankguthaben *nt*; 3. Barzahlung *f*; **c. (down); against/for c.** (gegen) bar
cash in advance (c.i.a.) Vorauszahlung *f*, Vorkasse *f*; **to insist on ~ advance** auf Vorkasse bestehen; **c. at/in bank; c. at bankers** Bankguthaben *nt/pl*, Guthaben bei Kreditinstituten; **c. at call** Kontokorrentguthaben *nt/pl*, Sichteinlagen *pl*
cash and carry Abholgroßhandel(smarkt) *m*; **~ price** Mitnahmepreis *m*; **~ store** Verbrauchermarkt *m*; **~ wholesaler** (Selbst)-Abholgrossist *m*; **~ wholsesale trade** Cash & Carry-Großhandel *m*
cash in circulation Bargeldumlauf *m*; **c. without any deductions** bar ohne jeden Abzug; **c. before delivery (c. b. d.)** Vorkasse *f*; **c. on delivery (COD; c.o.d.)** (per/gegen) Nachnahme *f*, Bar-/Bezahlung bei Lieferung, Verkauf gegen Nachnahme; **c. o. d. charges** Nachnahmespesen *pl*; **c. less discount** bar abzüglich Rabatt; **c. against documents (C/D; c.a.d.)** Dokumente gegen Kasse, Kasse gegen Dokumente; **c. and due from banks** Barmittel und Bankforderungen; **c. and equivalent** flüssige Mittel; **c. in/on hand** Barmittel *pl*, B.(geld)bestand *m*, B.guthaben *nt*, B.geld *nt*, Kassenbestand *m*, Geldbestände *pl*; **c. with order (c.w.o.)** Bezahlung bei Bestellung/Auftragserteilung
cash only nur gegen bar; **payable in c.** zahlbar in bar; **c. paid** bar bezahlt; **c. received** (Betrag) bar erhalten
to buy for cash gegen bar kaufen; **to draw (out) c.** Bargeld abheben; **to pay (in) c.** bar (be)zahlen; **to raise c.** Mittel beschaffen; **to sell for c.** gegen bar verkaufen
hard cash Bar-, Hartgeld *nt*; **net c.** netto Kasse, bar ohne Abzug; **prompt ~ c.** sofort netto Kasse; **ready c.** Bargeld *nt*; **surplus c.** Kassenüberschuss *m*
cash *v/t* (in bar) einlösen, (ein)kassieren; **c. in** einlösen; **~ on sth.** von etw. profitieren, aus etw. Kapital schlagen; **c. up** abkassieren
cash account Kassakonto *nt*; **c. accounting** Kassenführung *f*; **c. advance** Bar-, Kassenvorschuss *m*; **c. allowance** Barzuschuss *m*; **c. assets** 1. Kassenbestand *m*, K.vermögen *nt*, Bankguthaben *nt*, liquide Mittel; 2. *(Bilanz)* flüssige/bare Vermögenswerte; **c. audit** Kassenrevision *f*; **c. balance** Bar-, Kassenguthaben *nt*, K.bestand *m*; **c. base of accounting** Einnahmen- und Ausgabenrechnung *f*; **c. benefit** Bar(geld)leistung *f*; **c. bid** Bargebot *nt*; **c. bonus** *(Vers.)* Bardividende *f*, Sondervergütung in bar; **c. book** Kassenbuch *nt*; **c. budget** Kassenvoranschlag *m*; **c. call** (Bar)Geld-, Zahlungsaufforderung *f*, Aufforderung zur Kapitaleinzahlung; **c. capital** Barkapital *nt*, B.einlagen *pl*; **c. card** Geldautomatenkarte *f*; **c. component** Barkomponente *f*; **c. contribution** Bareinlage *f*; **c. costs** Kosten für liquide Mittel; **c. cow** *(coll)* 1. *[US]* ertragsstarkes Produkt; 2. Dukatenesel *m*; **c. credit** 1. Bar-, Kassen-, Konto(korrent)kredit *m*; 2. Bargutschrift *f*
cash crop 1. *[US]* 🚜 (leicht) verkäufliches Agrarprodukt; 2. Marktfrucht *f*; **~ farm** Marktfruchtbaubetrieb *m*; **~ farmimg** Marktfruchtanbau *m*; **~ yield** Marktwarenertrag *m*
cash customer Barzahlungskunde *m*; **c. deficit** Kassendefizit *nt*, K.fehlbetrag *m*; **c. deposit** 1. Bar(geld)einlage *f*; 2. Hinterlegung in bar; **~ requirements** Bardepotpflicht *f*; **c. desk** Kasse(nschalter) *f/m*, Ladenkasse *f*; **c. disbursement(s)** Zahlungsausgang *m*

C

C

cash discount Skonto *m/nt*, (Barzahlungs)-Rabatt *m*; **c. d.s paid** Kundenskonti *pl*; **~ received** Lieferantenskonti *pl*; **to allow/grant a c. d.** Skonto einräumen/gewähren

cash dispenser Bank-, (Bar)Geldautomat *m*; **automatic c. dispenser; c. dispensing machine** Bargeld(auszahlungs)automat *m*; **c. distribution/dividend** Bardividende *f*; **c. down** Bar-, Sofortzahlung *f*; **c. drain** Bargeld(ab)fluss *m*; **c. drawing** Barabhebung *f*; **c. earnings** Bareinnahmen *pl*; **c.-efficient** *adj* liquiditätsschonend; **c. expenditure(s)** Barauslagen *pl*; **up-front c. expenditure(s)** Anlauf-, Vorlaufzahlungen *pl*; **c. float** Barvorschuss *m*

cash-flow *n* betrieblicher Geldumlauf, Liquidität *f*, Cashflow *m*, Bargeldfluss *m*, Mittelzufluss *m*; **gross c. (GCF)** Brutto Cashflow (BCF) *m*; **retained c.** einbehaltene Gewinne und Abschreibungen; **c. crisis** Liquiditätskrise *f*; **c. position** Bruttoertragslage *f*, Liquiditätsposition *f*; **c. problem** Liquiditätsproblem *nt*, L.-schwierigkeiten *pl*; **c. return on investment (CFROI)** Rendite auf der Basis abgezinster Zahlungsströme; **c. statement** Kapitalabschluss-, Finanz(fluss)-, Liquiditätsrechnung *f*

cash funds Kassenvermögen *nt*; **c. generation** Geldschöpfung *f*; **c. grant** Barzuschuss *m*; **c. handout** Bargeldzuweisung *f*, B.auszahlung *f*; **c. holdings** Kassen-, Bar(geld)bestand *m*

cashier *n* (Haupt)Kassierer(in) *m/f*, Kassendisponent(in) *m/f*; **chief c.** 1. Hauptkasse *f*; 2. erster Kassierer; **c.'s cheque** *[GB]*/**check** *[US]* Kassen-, Bankscheck *m*; **c.'s desk** Kassenschalter *m*; **c.'s receipt** Kassenquittung *f*

cash incentive finanzieller Anreiz; **c. inflow** Bar(mittel)zufluss *m*; **c. injection** Finanz-, Kapitalspritze *f*; **c. inpayment** Bareinzahlung *f*; **c.-in price** Rücknahmepreis *m*; **c.less** *adj* bargeldlos, unbar; **c. limit** 1. Kreditbegrenzung *f*; 2. *(Geld)* Höchstgrenze *f*; **c. liquidity** Kassen-, Barliquidität *f*; **c. loan** Bar-, Kassendarlehen *nt*; **c. machine** Geldautomat *m*; **c. management** Kassenhaltung *f*, Gelddisposition *f*; **c. market** Kassamarkt *m*, K.handel *m*, Cash-Markt *m*; **c.omat** *n* *[US]* Geldautomat *m*; **c. needs** (Bar)-Geld-, Liquiditätsbedarf *m*; **c. offer** Bar(zahlungs)-, B.abfindungsangebot *nt*; **c. operation** Bargeschäft *nt*; **c. order** 1. Kassenanweisung *f*; 2. Sichtwechsel *m*; **c. outflow** Kapitalabfluss *m*; **c. outgoings** Barausgänge *pl*; **c. outlay** Barauslagen *pl*, B.aufwand *m*; **c. over or short** Kassendifferenz *f*

cash payment Barzahlung *f*, B.abfindung *f*; **against c. p.** gegen Geldeinlage; **c. p. order** Kassenanweisung *f*

cash point (Bar)Geldautomat *m*; **c. position** Kassen-, Liquiditätslage *f*, Geldposition *f*; **c. price** 1. Kassakurs *m*; 2. Barzahlungspreis *m*; **c. proceeds** Barerlös *m*; **c. purchase** 1. Kassakauf *m*; 2. Bar(ein)-kauf *m*; **domestic c. purchase** Inlandbarverkauf *m*; **c. quotation** Kassakurs *m*; **c. ratio** *(Bank)* Liquidität ersten Grades; **c. receipt** Kassenquittung *f*; **c. receipts** (Bar)Einnahmen *pl*, B.eingänge *pl*; **c. refund** Barvergütung *f*; **c. register** Registrier-, Ladenkasse *f*; **c. remittance** Bar(geld)sendung *f*, B.überweisung *f*; **c. report** Kassenbericht *m*; **c. requirements** (Bar)Geld-, Liquiditätsbedarf *m*

cash reserve(s) Bar-, Liquiditätsreserve(n) *f/pl*; **minimum c. r.(s)** Mindestrücklage *f*, M.reserve(n) *f/pl*; **c. r. requirement** Kassenbedarf *m*, Bedarf an Bargeldreserven

cash resources flüssige Mittel, Kassenmittel *pl*; **c.-rich** *adj* hoch liquide, zahlungs-, kapitalkräftig; **c. sale** Bar(ver)kauf *m*, Verkauf gegen bar; **c. settlement** Barzahlung *f*, B.abfindung *f*; **c. short** Kassenfehlbetrag *m*; **c. shortage** Bargeldmangel *m*, B.mittelverknappung *f*; **c. squeeze** (Bar)Geldknappheit *f*, Liquiditätsdruck *m*; **c.-starved; c.-strapped** *adj* knapp bei Kasse *(coll)*; **c. statement** Kassenabschluss *m*, K.ausweis *m*; **c. strain** Liquiditätsanspannung *f*; **c. supply** Liquiditätsangebot *nt*; **c. surplus** Kassen-, Liquiditätsüberschuss *m*; **c. surrender value** 1. Barablösungswert *m*; 2. *(Vers.-Police)* Rückkaufwert *m*; **c. takings** Bareinnahmen *pl*; **c. terminal** (Bar)-Geldautomat *m*; **c. terms** Barzahlungsbedingungen *pl*; **c. transaction** Barzahlungs-, Effektivgeschäft *nt*; **daily c. transactions** tägliche Kassageschäfte; **c. transfer** Barüberweisung *f*; **c. value** Bar-, Kapital-, Kurswert *m*; **c. withdrawal** Barentnahme *f*, B.abhebung *f*; **c. yield** Bar-, Kapitalertrag *m*

casual *n* Aushilfe *f*, Gelegenheitsarbeiter(in) *m/f*
casualty *n* (Unfall)Opfer *nt*; **c. insurance** Unfall(schaden)versicherung *f*; **c. losses** Verluste aus Schadensfällen
fat cat *(coll)* Geldsack *m (coll)*; **wild c.** *[US] (coll)* Produkt in der Einführungsphase
catalogue *[GB]*/**catalog** *n* *[US]* 1. Katalog *m*, Verzeichnis *nt*; 2. Versandhauskatalog *m*; **c. buying** Einkauf nach Katalog; **c. company** Versandhaus *nt*; **c. number** Katalognummer *f*; **c. price** Katalog-, Listenpreis *m*; **c. retailer** Versandhaus *nt*, Versandhändler *m*; **c. selling** Versandverkauf *m*; **c. showroom** Katalogschauraum *m*
catastrophe bond Katastrophen-Anleihe *f*
catch *n* *(Fisch)* Fang(ergebnis) *m/nt*; **c.-ing-up process** *n* Aufholprozess *m*; **c.-ment area** *n* Einzugsgebiet *nt*; **c. sale** Lock(vogel)angebot *nt*
category *n* Kategorie *f*, Klasse *f*, Rubrik *f*; **c. of goods** Artikelgruppe *f*; **~ dangerous goods** Gefahrgutklasse *f*; **~ products** Produktkategorie *f*; **catch-all c.** Sammelbezeichnung *f*; **occupational c.** Berufsgruppe *f*; **c. assignment** Bereichszuordnung *f*
caterer *n* Gastronom *m*, Fertiggerichtelieferant *m*, Restaurateur *m*, Caterer *m*
catering *n* Gaststättengewerbe *nt*, Gastronomie *f*, Catering *nt*; **industrial c.** Großküchen-, Gemeinschaftsverpflegung *f*; **institutional c.** Kantinenwesen *nt*; **onboard c.** ⚓/✈ Bordverpflegung *f*
catering business Gastronomiebetrieb *m*; **c. company** Caterer *m*, Cateringunternehmen *nt*; **c. establishment** Gastgewerbeeinrichtung *f*, Gastronomiebetrieb *m*; **c. industry** Gaststättengewerbe *nt*, Gastronomie *f*; **c. size** Großpackung *f*; **c. trade** (Hotel- und) Gaststättengewerbe *nt*, Cateringbranche *f*
cattle *n* Vieh *nt*, Rinder *pl*; **domestic c.** Nutzvieh *nt*; **c. breeding** Rinderzucht *f*; **c. market** Viehmarkt *m*; **c. trade** Viehhandel *m*
cause *n* (Ur)Sache *f*, Grund *m*; **c. for complaint** Beschwerde(grund) *f/m*; **~ the failure** Insolvenzursache *f*; **c. of nonconformity** Fehlerursache *f*; *v/t* veranlassen, verursachen, verschulden; **c.-and-effect model** Ursache-Wirkungsmodell *nt*
caution *n* 1. Vorsicht *f*, (Ver)Warnung *f*; 2. § Rechts(mittel)belehrung *f*; *v/t* § (ver)warnen; **c. marks** Vorsichtsmarkierungen *pl*
cautious *adj* 1. vorsichtig; 2. unverbindlich
caveat *n* *(lat.)* § Vorbehalt *m*, Einspruch *m*; **c. emptor** *(lat.)* Gewährleistungs-, Sach(mängel)ausschluss *m*
cease *v/ti* aufgeben, einstellen; **c. to apply** nicht mehr gelten, wegfallen; **c. and desist order** *[US]* § Unterlassungsanordnung *f*; **c. to manufacture** Produktion einstellen
ceiling *n* Höchstbetrag *m*, H.grenze *f*; **c. on lending** Darlehensstopp *m*; **c. price** Höchstpreis *m*; **~ policy** Höchstpreispolitik *f*; **c. rate** (Zins)Höchstsatz *m*
census *n* (Bestands)Erhebung *f*, Zählung *f*; **c. of employment** *[GB]* Arbeitsmarktstatistik *f*; **~ production** Produktionsstatistik *f*; **official c.** amtliche Erhebung
center *n* *[US]* ↘ **centre**
Central American Free Trade Area (CAFTA) Zentralamerikanische Freihandelszone; **C. Statistical Office (CSO)** *[GB]* Zentralamt für Statistik
centre *n* *[GB]* Zentrum *nt*, Mittelpunkt *m*; **c. of attraction** Anziehungspunkt *m*; **~ change** Wandlungsstab; **~ commerce** Handelszentrum *nt*; **~ distribution** Vertriebszentrum *nt*
administrative centre Verwaltungszentrum *nt*; **commercial c.** Handelszentrum *nt*; **financial c.** Finanzzentrum *nt*; **offshore ~ c.** Offshore Finanzzentrum *nt*; **offshore c.** Bankplatz für Auslandsgeschäfte; **secondary c.** Nebenzentrum *nt*; **suburban c.** Stadtteilzentrum *nt*
ceramics *n* Keramik *f*; **c. engineer** Keramik-Ingenieur *m*
cereal *n* 🚜 Korn *nt*, Getreide *nt*; **c.s** Frühstückskost (aus Getreide) *f*; **c. farming** Getreideanbau *m*
certificate *n* (amtliche) Bescheinigung *f*, Urkunde *f*, Zeugnis *nt*
certificate of acceptance Abnahmebescheinigung *f*, A.protokoll *nt*; **final ~ acceptance** Endabnahmeprotokoll *nt*; **~ acknowledgment** Beglaubigungsvermerk *m*; **~ allotment** *(Wertpapier)* Zuteilungsbenachrichtigung *f*; **~ attendance** Teilnahmebescheinigung *f*; **~ audit** Prüfvermerk *m*, Testat *nt*;

C

~ clearance inward(s) ⊖ Einfuhrbescheinigung *f*; **~ clearance outward(s)** ⊖ Ausfuhrbescheinigung *f*; **~ professional competence/competency** Befähigungsnachweis *m*; **~ good conduct** Führungszeugnis *nt*; **~ damage** Schadensattest *nt*; **~ deposit (C/D, CD)** 1. Einzahlungsbeleg *m*, Einlagen-Zertifikat *nt*; 2. Hinterlegungsschein *m*, H.urkunde *f*; **~ disability** Arbeitsunfähigkeitsbescheinigung *f*; **~ discharge** Bescheinigung der Zahlungsfähigkeit; **~ employment** Arbeitsbescheinigung *f*, Beschäftigungsnachweis *m*; **~ fitness** Tauglichkeitsbescheinigung *f*; **~ incorporation** Gründungsbestätigung *f*, Handelsregistereintragung *f*, handelsregistergerichtliche Eintragungsurkunde; **~ indebtedness** Schuldanerkenntnis *f*; **~ inspection** (Qualitäts)Abnahmeschein *m*; **~ insurance (c/i)** Versicherungsschein *m*, Deckungszusage *f*; **~ manufacture** Fertigstellungszeugnis *nt*; **~ non-toxity** *(Umweltgifte)* Unbedenklichkeitsbescheinigung *f*; **~ organization** *[US]* Gründungszeugnis *nt*; **~ origin** Herkunfts-, Ursprungszeugnis *nt*; **~ pledge** Pfandschein *m*; **~ posting** ✉ (Post)Einlieferungsschein *m*; **~ proxy** *(HV)* Stimmschein *m*; **~ qualification** Befähigungsnachweis *m*; **~ quality** Qualitätszeugnis *nt*; **~ receipt** (Spediteur)Übernahmebescheinigung *f*; **~ register** ⚓ Registerbrief *m*; **~ registration** Registerabschrift *f*; **~ registry** ⚓ Reedereibrief *m*; **~ shipment** Ladeschein *m*, Verschiffungsbescheinigung *f*; **~ trading** Gewerbeschein *m*; **~ transfer** Übertragungsurkunde *f*; **~ value** Wertbescheinigung *f*; **~ weight** Gewichtsbescheinigung *f*, G.nota *f*

to furnish a certificate Bescheinigung/Zeugnis vorlegen; **to securitize in a global c.** in einer Globalurkunde verbriefen

collateral certificate Pfandschein *m*; **consular c.** konsularische Bescheinigung; **depository c.** Hinterlegungsbeleg *m*; **global c.** Globalurkunde *f*; **to securitize in a ~ c.** in einer Globalurkunde verbriefen; **interim c.** vorläufige Bescheinigung; **medical c.** ärztliches Attest; **participatory/participating c.** Genussschein *m*; **registered c.** Namenspapier *nt*; **school-leaving c.** (Schul)Abgangs-, Entlassungszeugnis *nt*

certificate *v/t* bescheinigen

certificate holder Diplominhaber(in) *m/f*

certification *n* 1. Beurkundung *f*, (amtliche) Beglaubigung *f*, Bestätigungsvermerk *m*; 2. Ausstellen einer Bescheinigung; 3. *(Wechsel)* Garantieerklärung *f*; 4. Eignungsnachweis *m*, Zertifizierung *f*; **c. of correctness** Richtigbefund *m*; **~ signature** Unterschriftsbeglaubigung *f*

certification audit Zertifizierungsaudit *nt*; **c. body (ISO 9000)** Zertifizierungsbehörde *f*, Z.organ *nt*; **c. costs (ISO 9000)** Zertifizierungskosten *pl*; **c. mark** Gütemarke *f*, Prüfzeichen *nt*; **c. scheme/system** Kennzeichnungssystem *nt*

certified *adj* 1. (öffentlich) beglaubigt, beurkundet; 2. *(qualifiziert)* geprüft

certifier *n* *(ISO 9000)* Zertifizierungsorgan *nt*

certify *v/t* 1. (amtlich) bestätigen/beglaubigen, notariell beglaubigen; 2. Bescheinigung ausstellen, zertifizieren

cessation *n* 1. Einstellung *f*; 2. *(Prokura)* Erlöschen *nt*; **c. of business** Geschäftsaufgabe *f*; **~ payment** Zahlungseinstellung *f*

cession *n* § (Rechts)Abtretung *f*, Zession *f*

chain *n* 1. Kette *f*; 2. Einzelhandelskette *f*, Filialbetrieb *m*, Filialist *m*

chain of authority Leitungssystem *nt*, Hierarchie *f*; **~ command** Leitungsspanne *f*; **~ decision-making** Entscheidungsmechanismus *m*; **~ distribution** (Güter)Verteilungs-, Vertriebskette *f*; **~ production** Produktionszyklus *m*; **~ shops** *[GB]***/stores** *[GB]* Ladenkette *f*; **~ transportation** Transportkette *f*

cold chain Kühlkette *f*; **value-added c.** Wertschöpfungskette *f*; **voluntary c.** freiwillige (Handels)Kette

chain banking Filialbankwesen *nt*; **c. operation** Filialbetrieb *m*; **c. store** Kette(nladen) *f/m*, Filialbetrieb *m*; **~ company/operator** Filialunternehmen *nt*, Filialist *m*

chair *n* 1. Stuhl *m*; 2. Vorsitz *m*, Präsidium *nt*, Versammlungsleiter(in) *m/f*; **to be in the c.** den Vorsitz führen, Sitzung leiten; **to take the c.** Vorsitz übernehmen; *v/t* den Vorsitz führen

chairman *n* (Vorstands)Vorsitz(ender) *m*, Präsident *m*, Sitzungsleiter *m*; **c. of the board (of directors)** Verwaltungsratsvorsitzender *m*, V.präsident *m*; **c. elect** designierter Vorsitzender; **c.'s report/**

statement (Rechenschafts-/Geschäfts)-Bericht des Vorsitzenden

chair|person *n* 1. Versammlungs-, Sitzungsleiter(in) *m/f*; 2. Vorsitzende(r) *f/m*; **c.woman** *n* (Aufsichtsrats)Vorsitzende *f*

challeng|e *n* Herausforderung *f*; *v/t* herausfordern, anfechten, in Frage stellen; **c.ing** *adj* anspruchsvoll, schwierig

chamber *n* Kammer *f*; **c. of agriculture** Landwirtschaftskammer *f*; **~ auditors** Wirtschaftsprüferkammer *f*; **~ commerce** (Wirtschafts-/Handels)Kammer *f*; **foreign ~ commerce** Auslandshandelskammer (AHK) *f*; **~ handicrafts** Handwerkskammer *f*; **~ industry and commerce** Industrie- und Handelskammer (IHK) *f*; **~ lawyers** (Rechts)Anwaltskammer *f*

champerty *n* *[US]* § Erfolgsmandat *nt*

chance *n* Zufall *m*, Gelegenheit *f*; **to take a c.** Risiko eingehen; **c. customer** Laufkunde *f*

chancellor *n* Kanzler *m*; **C. of the Exchequer** *[GB]* Schatzkanzler *m*, Finanzminister *m*

change *n* 1. Wechsel *m*, Veränderung *f*; 2. (Wechsel-/Klein)Geld *nt*; **subject to c. (without notice)** 1. Änderung vorbehalten; 2. *(Angebot)* freibleibend; 3. technische Änderungen vorbehalten; 4. mit Umtauschvorbehalt

change of address Adressenänderung *f*; **c. in bank rates** Leitzinsänderung *f*; **c. of the capital market rates** Kapitalzinswende *f*; **c. in the capital structure** Kapitalveränderung *f*; **c. of climate** Klimaumschwung *m*, K.wechsel *m*; **c. in control** Kontrollwechsel *m*; **~ credit standing** Bonitätsveränderung *f*; **~ demand** Verschiebung der Nachfrage; **c. of employment** Arbeitsplatzwechsel *m*; **c. in interest rates** Zins(satz)änderung *f*; **~ inventories** Bestandsveränderungen *pl*; **c. of investment** Anlagenwechsel *m*; **~ job** Arbeitsplatzwechsel *m*; **~ legislation** Gesetzesänderung *f*; **~ location** Standortverlegung *f*; **c.s in the marketplace** Marktveränderungen *pl*; **c. of mood** *(Börse)* Stimmungsumschwung *m*; **c. in order backlog** Auftragsbewegung *f*; **c. of ownership** Besitz-, Eigentumswechsel *m*; **~ parity** *(Währung)* Paritätsneufestsetzung *f*, Änderung der Parität; **~ portfolio holdings** Bestandsumschichtung *f*; **~ position** Stellenwechsel *m*; **c. in possession** Besitz-, Eigentumswechsel *m*; **~ rates** 1. Kursänderung *f*; 2. Änderung der Zinssätze; **c. of structure** Strukturwandel *m*; **c. in supply** *(VWL)* Verschiebung der Angebotskurve; **c. of tariff heading** ⊝ Wechsel der Tarifnummer; **c. in tax law** Steuerreform *f*; **c.s in the tax ratio** Veränderungen der Steuerquote; **c. in/of title** Besitz-, Eigentumswechsel *m*; **c. of tone** *(Börse)* Klimawandel *m*, Stimmungswandel *m*; **c. in the cyclical/economic trend** Konjunkturumbruch *m*; **c. of use** Umnutzung *f*; **~ values** Wertewandel *m*; **c. in present value** Barwertveränderung *f*

to be subject to change(s) Veränderungen unterliegen, sich verändern

climatic change Klimaveränderung *f*; **cyclical c.** Konjunkturumschwung *m*; **fundamental c.** tiefgreifende/grundlegende (Ver)Änderung; **loose/small c.** Kleingeld *nt*; **profound/radical c.** durchgreifende Änderung, Umbruch *m*, transformativer Wandel; **seasonal c.** jahreszeitlich bedingte Veränderung; **structural c.** Strukturwandel *m*; **technological c.** technischer Wandel

change *v/ti* 1. (sich ver)ändern, (aus-/um)-tauschen, umstellen; 2. 🚆/✈ umsteigen; **c. beyond recognition** sich grundlegend ändern

change management Innovations-, Veränderungsmanagement *nt*; **~ skills** Kompetenz für Veränderungsmanagement; **c. order** Änderungsauftrag *m*

changeover *n* 1. Umstellung(smaßnahme) *f*, Wechsel *m*; 2. Umstellung des Betriebs; **c. allowance** Umstellungszuschlag *m*; **c. time** 🏭 Rüst-, Umrüst-, Umstellzeit *f*

change program(me) Wandlungsprogramm *nt*

channel *n* 1. (Leitungs)Kanal *m*; 2. ⚓ Fahrrinne *f*; **c. for communication** Kommunikationsweg *m*; **c. of distribution** Vertriebs-, Absatzweg *m*, A.kanal *m*; **c.s of supply** Versorgungswege *pl*; **~ trade** Handelswege *pl*; **to go through (official) c.s** Instanzen-/Dienstweg einhalten; **decision-making c.s** Instanzenzug *m*; **normal/official c.s** Instanzen-, Dienstweg *m*; **through ~ c.s** auf offiziellem Wege, auf dem Dienstweg; **to go through ~ c.s** Dienst-/Amtsweg einhalten

C

channel *v/t* kanalisieren, lenken
channel discount Großkundenrabatt *m*; **c. marketing (strategy)** Vertriebskanalstrategie *f*; **c. strategy** Vertriebsstrategie *f*
chapter *n* Kapitel *nt*, Abschnitt *m*
character *n* 1. Charakter *m*, Persönlichkeit *f*; 2. 🖳 Zeichen *nt*; **universally binding c.** Allgemeinverbindlichkeit *f*; **non-binding c.** Unverbindlichkeit *f*; **non-profit-making c.** Gemeinnützigkeit *f*
character code ✂ Zeichenkode *m*; **c. display** 🖳 Zeichenanzeige *f*; **c. reading** Beleglesung *f*; **optical c. recognition (OCR)** 🖳 optische Zeichenerkennung, Texterkennung *f*, optisch lesbare Schriften; **c. reference** persönliche Referenz; **c. reproduction** Zeichenwiedergabe *f*; **c. resolution** Zeichenauflösung *f*; **c. set** Zeichenvorrat *m*, Z.satz *m*
characteristic of design *n* Designmerkmal *nt*
charge *n* 1. Gebühr *f*, Preis *m*; 2. (finanzielle) Last *f*; 3. Berechnung *f*, in Rechnung gestellter Betrag; 4. Hypothek *f*; 5. *(Konto)* Belastung *f*; 6. § Anklage(punkt) *f/m*; **in c.** federführend, zuständig; **in c. of** verantwortlich für; **including c.s** einschließlich Spesen; **without c.(s)** kostenlos, gebührenfrei, nicht berechnet
charge|s for delivery Liefergebühren *pl*; **~ discharge** Löschgebühren *pl*; **c.s on income** Einkommensbelastung(en) *f/pl*; **c. per item** Posten-, Stückgebühr *f*; **c.s for loading** Umschlaggebühren *pl*; **c. against risks** Rückstellungen für Risiken bilden; **c.s en route** *(frz.)* Unterwegskosten *pl*; **c.s for trans(s)hipment** Umschlaggebühren *pl*
free of charge (f.o.c.) gebührenfrei, kostenlos, gratis; **less c.s** abzüglich Unkosten; **liable to c.s** gebührenpflichtig; **(at) no c.** kostenlos, gratis, ohne Berechnung, unentgeltlich; **c.s to be collected** Kostennachnahme *f*; **~ deducted** abzüglich (der) Spesen; **c.s forward (ch. fwd.)** per Nachnahme; **all c.s paid** nach Abzug aller Kosten; **c.s prepaid (ch. ppd.)** Kosten vorausbezahlt
to bring a charge against § Anklage erheben gegen; **to drop a c.** Anklage zurücknehmen/fallen lassen; **to file a c.** Anzeige erstatten (gegen); **to make a c. for** (etw.) berechnen; **to offer free of c.** gratis/kostenlos/zum Nulltarif anbieten; **to take c.** Verantwortung übernehmen; **to waive c.s** 1. § Kosten niederschlagen; 2. Gebühren erlassen; **to withdraw a c.** Anklage zurücknehmen/fallen lassen/zurückziehen
account-keeping charge|s Kontoführungsgebühr(en) *f/pl*; **accrued c.s** aufgelaufene Kosten; **additional c.** 1. Zuschlag *m*, Neben-, Mehrkosten *pl*, Nachgebühr *f*; 2. ✉ Nachentgelt *nt*; **base/basic c.** Grundgebühr *f*, G.preis *m*; **confiscatory c.s** Konfiskatgebühren *pl*; **countervailing c.** Ausgleichsabgabe *f*; **deferred c.s** *(Aktiva)* (Rechnungs)-Abgrenzungs-, Berichtigungsposten *pl*, transitorische Posten/Aktiva; **differential c.** ⊝ Gleitzoll *m*; **excess c.** 1. Gebühren-, Kostenzuschlag *m*, Nachgebühr *f*, N.porto *nt*; 2. Überforderung *f*; **extra c.** (Preis)Aufschlag *m*, Aufgeld *nt*, Nebenkosten *pl*; **extraordinary c.(s)** *(Bilanz)* außerordentliche Belastung(en)/Aufwendungen; **financial c.s** Finanzlasten *pl*; **fiscal c.s** Steuerbelastung *f*; **flat c.** Pauschalgebühr *f*, Pauschale *f*; **floating c.** schwebende Belastung; **late c.** *(Teilzahlung)* Verzugsgebühr *f*, V.zinsen *pl*; **legal c.s** Anwalts-, Prozessgebühren *pl*; **minimum c.** Mindestgebühr *f*; **nominal c.** Schutzgebühr *f*; **non-recurrent/one-off c.** 1. einmalige Gebühr; 2. einmalige Belastung; **postal c.s** Porto-, Postgebühren *pl*; **registered c.** Grundschuld *f*; **rental c.** Pacht(gebühr) *f*; **special c.** Sonderbelastung *f*; **standing c.s** dauernde Lasten; **supplementary c.** Zuschlag *m*; **up-front c.s** Verwaltungsgebühren *pl*
charge *v/t* 1. verlangen, in Rechnung stellen; 2. abbuchen, belasten; 3. *(Gebühr)* berechnen; 4. § anklagen; **c. against** verrechnen (mit); **c. back** zurückbelasten; **c. forward** nachnehmen; **c. off** ab-, ausbuchen
chargeable *adj* 1. gebührenpflichtig; 2. zu versteuern
charge account Kunden(kredit)-, Anschreibekonto *nt*; **c.-back** *n* Ausgleichsbuchung *f*; **c. card** 1. (Einkaufs)Kreditkarte *f*; 2. Abbuchungskarte *f*; **c. customer** Kreditkunde *m*; **c. hand** Vorarbeiter(in) *m/f*; **c. meter** Gebührenzähler *m*; **c.-off** *n* Abschreibung *f*, Ausbuchung *f*; **c. printer** Gebührendrucker *m*; **c. purchase** Kreditkauf *m*; **c. sale** 1.

Kreditverkauf *m*; 2. *[US]* Verkauf gegen (Zahlungs)Ziel

charging *n* 1. Verrechnung *f*; 2. ✪ Beschickung *f*; **c. of fees** Gebührenerhebung *f*

charity *n* Wohlfahrtsverband *m*, W.organisation *f*, karitativer Verband, wohltätige Vereinigung; **to contribute to c.** für wohltätige Zwecke spenden; **c. fund** Spendenfonds *m*

chart *n* Schaubild *nt*, Grafik *f*, Tabelle *f*; **c. of accounts** Kontenplan *m*; **standard ~ accounts** Kontenrahmen *m*; **c. indicating process sequence** Arbeitsablaufdarstellung *f*; **c. using a time scale** Darstellung mit Zeitskala; **break-even c.** Kostendiagramm *nt*; **multiple activity c.** Arbeitsplanungsbogen *m*; **organisational c.** Organigramm *nt*; **c. analysis** (chart)technische (Aktien)Analyse, Chart-Ansicht *f*

charter *n* 1. Charter *m*, Statut *nt*, (Gesellschafts)Konzession *f*; 2. *(Bank)* Privileg *nt*, Gründungsurkunde *f*, G.satzung *f*; 3. Chartervertrag *m*; **to hire out on c.** ⚓ verfrachten; **to operate c.s** Charterflüge durchführen

complete charter ⚓ Vollcharter *m*; **corporate c.** *(AG)* Gründungsurkunde *f*; **full c.** ⚓ Vollcharter *m*; **part(ial)/split c.** Teilcharter *m*

charter *v/t* chartern, mieten, befrachten, konzessionieren

charter business Chartergeschäft *nt*; **c. carrier** ✈ Bedarfs-, Charterfluggesellschaft *f*; **c. contract** Fracht-, Chartervertrag *m*

charterer *n* (Schiffs)Befrachter *m*; **c. pays dues (c.p.d.)** Befrachter zahlt Abgaben

charter flight Charterflug *m*

chartering *n* Schiffsvermietung *f*; **c. broker** Befrachtungs-, Schiffsmakler *m*; **c. out** Vercharterung *f*

charter operator ✈ Charterfluggesellschaft *f*; **c. party** ⚓ Frachtkontrakt *m*, Chartervertrag *m*, C.partie *f*, Schiffsbefrachtungsvertrag *m*; **c. plane** Charterflugzeug *nt*; **c. rate** Befrachtungstarif *m*; **c. terms** Charterbedingungen *pl*

charting *n* *(Börse)* technische Aktienanalyse

chartist *n* *(Börse)* Chartist *m*, Charttechniker *m*

chattel|(s) *n* § bewegliches (Sach)Vermögen/Eigentum, Mobiliar *nt*; **personal c.s** persönliche Habe; **c. loan/mortgage** Sicherungsübereignung *f*, Pfandbestellung *f*

cheap *adj* preisgünstig, p.wert, billig; **c.-ness** *n* Preiswürdigkeit *f*

check *n* *[US]* ↘ **cheque** 1. Scheck *m*, Bankanweisung *f*; 2. *[US]* *(Restaurant)* Rechnung *f*; 3. Kassenzettel *m*, Kontrollabschnitt *m*, Bon *m*; 4. (Über)Prüfung *f*, Kontrolle *f*; **by c.** unbar; **pre-delivery c.** Eingangskontrolle *f*; **random c.** Stichprobe *f*; **visual c.** Sichtkontrolle *f*

check *v/t* 1. (über-/nach)prüfen, kontrollieren; 2. eindämmen; 3. *[US]* abhaken; **c. back** sich rückversichern; **c. in** ✈ sich zur Abfertigung melden, einchecken, sich anmelden; **c. off** 1. abhaken; 2. *[US]* automatisch einbehalten; **c. out** sich abmelden; **c. up** sich rückversichern

check account *[US]* Scheck-, Girokonto *nt*; **c.able** *adj* nachprüfbar; **c. digit** Prüfziffer *f*

checker *n* Kontrolleur(in) *m/f*

check-in *n* 1. ✈ Abfertigung *f*, Anmeldung *f*, Einchecken *nt*; 2. *(Ware)* Eingangskontrolle *f*; **c. counter/desk** Abfertigungsschalter *m*

checking *n* Über-, Nachprüfung *f*, Kontrolle *f*; **c. of accounts** Buchprüfung *f*, Bücherrevision *f*, Bilanz-, Rechnungsprüfung *f*; **c. in detail** Einzelabstimmung *f*; **c. account** 1. *[US]* Scheck-, Girokonto *nt*, laufendes Konto; 2. Kontrollrechnung *f*; **c. deposits** Sichteinlagen *pl*, Giralgeld *nt*

check mark Haken *m*, Kontrollvermerk *m*; **c. method** Prüfmethode *f*; **c. number** Prüfnummer *f*; **c.-off** *n* *[US]* Beitragsabzug *m*; **c.out** *n* 1. Ausgangskontrolle *f*, Abfertigung *f*; 2. *(Hotel)* Abmeldung *f*; 3. *(Supermarkt)* Kasse *f*; **~ cashier** Kassierer(in) *m/f*; **c. period** Erhebungszeitraum *m*; **c.point** *n* Kontrollpunkt *m*, (Grenz)-Übergangsstelle *f*; **c. study** Prüfaufnahme *f*; **c. time** Vorbereitungs- und Prüfzeiten *pl*; **c.-up** *n* Nach-, Überprüfung *f*, Kontrolle *f*; **medical c.-up** ⚕ Vorsorgeuntersuchung *f*; **c. weighing** Gewichtskontrolle *f*

chemical *n* Chemieprodukt *nt*, Chemikalie *f*, chemisches Produkt; **c.s** *(Börse)* Chemieaktien *pl*, Farbenmarkt *m*, F.-nachfolger *pl [D]*; **dangerous/toxic c.** Gefahrstoff *m*; **volatile c.s** *(Schild)* gefährliche Chemikalien; **c.(s) company**

Chemieunternehmen *nt*; **c.s input** Chemikalieneinsatz *m*; **c.s plant** Chemiewerk *nt*; **c.s site** Chemiestandort *m*

chemist Chemiker(in) *m/f*; **dispensing c.** Apotheker(in) *m/f*; **c.'s shop** Drogeriemarkt *m*

cheque *n* *[GB]* ↘ **check** *[US]* Scheck *m*; **by c.** unbar; **c. to bearer** Inhaber-, Überbringerscheck *m*; **c.s in circulation** Scheckumlauf *m*; **c. without cover** ungedeckter Scheck; **c.s in hand** Scheckbestand *m*; **c. to order** Orderscheck *m*

to cancel a cheque Scheck stornieren/sperren; **to cash a c.** Scheck einlösen; **to counterfeit a c.** Scheck fälschen; **to credit a c.** Scheck gutschreiben; **to cross a c.** Scheck mit Verrechnungsvermerk versehen; **to draw a c. on** Scheck ziehen auf; **to endorse a c.** Scheck girieren; **to honour a c.** Scheck einlösen; **to issue/make out a c.** Scheck ausstellen; **to make a c. payable to bearer** Scheck auf den Überbringer ausstellen; **to pay by c.** per/mit Scheck zahlen; **to present a c. for collection** Scheck zum Einzug/Inkasso überreichen; **~ for payment** Scheck zur Zahlung vorlegen; **to send a c. in settlement** Scheck zum Ausgleich einer Rechnung übersenden; **to stop a c.** Scheck stornieren/sperren

bad cheque ungedeckter Scheck; **blank c.** Blankoscheck *m*; **bounced c.** geplatzter Scheck; **cancelled c.** eingelöster/entwerteter Scheck; **cashable c.** Zahlungs-, Kassenscheck *m*; **certified c.** bestätigter Scheck; **collection-only c.** Verrechnungsscheck *m*; **crossed c.** Verrechnungsscheck *m*; **dud c.** ungedeckter Scheck; **local c.** Platzscheck *m*; **non-negotiable c.** Rektascheck *m*, auf den Namen lautender Scheck; **open c.** Kassen-, Barscheck *m*; **postal c.** Postscheck *m*; **returned c.** Rückscheck *m*; **stale c.** verjährter/verfallener Scheck; **uncleared/uncollected c.** noch nicht verrechneter/abgerechneter Scheck; **uncovered c.** ungedeckter Scheck

cheque book Scheckheft *nt*; **c. (guarantee) card** Scheck-, Bankkundenkarte *f*; **c. certification** Scheckbestätigung *f*; **c. clearance/clearing** Scheckabrechnung(sverkehr) *f/m*; **c. collection** Scheckinkasso *nt*, S.einzug *m*; **c. counterfoil** Scheckleiste *f*; **c. cover** Scheckdeckung *f*; **c. crossing** Scheckkreuzung *f*; **c. form** Scheckformular *nt*; **c. fraud** Scheckbetrug *m*; **c. money** Buch-, Giralgeld *nt*; **c. number** Schecknummer *f*; **c. register** Scheckausgangsbuch *nt*; **c. transactions** Scheckverkehr *m*; **c. voucher** Belegabschnitt *m*

cherry|-picker *n* *(coll)* Rosinenpicker *(coll) m*; **c.-picking** *n* Rosinenpicken *nt*

chest *n* Kiste *f*, Truhe *f*

child *n* Kind *nt*; **c. allowance/relief** *(Steuer)* Kinderfreibetrag *m*; **c. benefit** Kinderzulage *f*, K.geld *nt*; **c. labour** Kinderarbeit *f*; **c. mortality** Kindersterblichkeit *f*; **c. tax credit** Steuergutschrift pro Kind

chilled *adj* gefrostet; **c. distribution** Kühltransporte und Lagerung; **~ depot** Kühltheke *f*

chip *n* 1. Mikrobaustein *m*, Chip *m*; 2. Spielmarke *f*; **blue c.** *(Börse)* Standardaktie *f*, S.wert *m*; **c. in (with ...)** *v/i (coll) (Geld)* beisteuern, sich (finanziell) beteiligen; **c. card** Chipkarte *f*

choice *n* 1. (Aus)Wahl *f*; 2. Sortiment *nt*; **c. of goods** Warenauswahl *f*; **~ location** Standortwahl *f*; **multiple c. (system)** Antwortauswahlprinzip *nt*; **c.** *adj* erstklassig, (aus)erlesen; **c. articles/goods** Qualitätsware *f*; **c. brand** feinste Sorte; **c. quality** (aus)erlesene Qualität

choke *v/t* zurückdrängen; **c. off** drosseln

choking of demand *n* Nachfragedämpfung *f*

chop *v/t* radikal kürzen

chore *n* Arbeit *f*, Last *f*, lästige Arbeit

chose in action *n* § Streitgegenstand *m*

Christmas allowance/bonus Weihnachtsgeld *nt*, W.gratifikation *f*; **C. trade** Weihnachtsgeschäft *nt*

CIF (cost, insurance and freight) Kosten, Versicherung, Fracht (CIF); **CIF delivery** CIF-Lieferung *f*; **CIF price** CIF-Preis *m*

cinema *n* Kino *nt*; **c. advertising** Kinoreklame *f*

cipher *n* Kode *m*, Chiffre *f [frz.]*; **c.ing** *n* Verschlüsselung *f*; **c. writing** Chiffreschrift *f*

circle *n* Kreis *m*, Zirkel *m*; **commercial c.s** Handels-, Kaufmannskreise *pl*; **financial c.s** Finanzkreise *pl*; **industrial c.s** Industrie-, Unternehmerkreise *pl*; **c. chart** Kreisdiagramm *nt*

circuit *n* 1. Kreis(lauf) *m*; **c. rental** Grundgebühr *f*; **closed c. television (CCTV)** interne Fernsehanlage, Videoüberwachung *f*

C

circular *n* Rundbrief *m*, R.schreiben *nt*; **c. to shareholders** *[GB]*/**stockholders** *[US]* Aktionärszeitschrift *f*, A.brief *m*; **c.-ization** *n* Drucksachenwerbung *f*, Versendung von Rundschreiben; **c.ize** *v/t* Rundschreiben versenden, benachrichtigen
circulate *v/ti* kursieren, umlaufen, in Umlauf bringen/setzen
circulation *n* 1. Umlauf *m*, Verbreitung *f*; 2. Auflage(nhöhe) *f*; **in c.** *(Geld)* umlaufend; **out of c.** außer Kurs; **c. of banknotes** (Bank)Notenumlauf *m*; **~ bills** Wechselumlauf *m*; **free ~ goods** freier Warenverkehr; **~ money** (Bar)Geldumlauf *m*; **to put into c.** in Umlauf/Verkehr bringen; **to withdraw from c.** 1. aus dem Verkehr ziehen; 2. *(Geld)* außer Kurs setzen; **economic c.** Wirtschaftskreislauf *m*; **net paid c.** verkaufte Auflage; **sold c.** Verkaufsauflage *f*; **c. capital** Umlaufkapital *nt*; **c. manager** Vertriebsleiter(in) *m/f*
circumstance *n* Lage *f*, Sachverhalt *m*, Umstand *m*; **c.s** Umstände *pl*, Verhältnisse *pl*; **~ permitting** soweit es die Umstände zulassen; **economic c.s** wirtschaftliche Lage/Umstände; **financial/ pecuniary c.s** finanzielle Verhältnisse; **personal c.s** individuelle/persönliche Situation; **unforeseen c.s** unvorhergesehene Umstände
cite *v/t* 1. zitieren, anführen, nennen; 2. § *(Gericht)* vorladen
citizen *n* (Staats)Bürger(in) *m/f*; **senior c.** Rentner(in) *m/f*; **c.ship** *n* Staatsangehörigkeit *f*
city *n* (Innen-/Groß)Stadt *f*; **the C.** *[GB]* Londoner Finanzkreise/F.welt; **inner c.** Innenstadt *f*; **car-free ~ c.** autofreie Innenstadt; **metropolitan c.** Weltstadt *f*
city bond *[US]* Stadtanleihe *f*; **c. branch** Stadtfiliale *f*; **c. break** Städteurlaub *m*; **c. bylaw/bye-law** städtische Verordnung; **c. center** *[US]*/**centre** *[GB]* Innenstadt(kern) *f/m*, Stadtzentrum *nt*; **C. editor** *[GB]* Wirtschaftsredakteur *m*; **c. logistics** City-Logistik *f*; **C. news** *[GB]* Wirtschafts-, Börsenteil *m*; **C. page** *[GB] (Zeitung)* Wirtschaftsseite *f*; **C. pages** *[GB] (Zeitung)* Wirtschafts-, Finanzteil *m*; **c. sub-branch** Stadtzweigstelle *f*; **c. terminal** ✈ Abfertigungsbüro in der Stadt; **~ service** Transport zwischen Flughafen und Stadtbüro; **c. transportation** *[US]* städtische Verkehrsmittel; **c. treasurer** Stadtkämmerer *m*
Civil Aviation Authority (CAA) *[GB]* Luftsicherheits-, Zivilluftfahrtbehörde *f*; **c.-law** *adj* § zivilrechtlich
claim *n* 1. § Anspruch *m*, Forderung *f*, Titel *m*; 2. Werbeanspruch *m*; 3. Behauptung *f*; 4. Mängelrüge *f*, Reklamation *f*; 5. Versicherungsanspruch *m*, Schaden(sfall) *m*; 6. Ersatzanspruch *m*
claim for adjustment Ausgleichsanspruch *m*; **c. in bankruptcy** Konkursforderung *f*; **c. against the bankrupt's estate** Masseforderung *f*; **c. arising from/under a bill** Wechselforderung *f*; **c. for compensation** Schaden(s)ersatz-, Haftungs-, Regressanspruch *m*, R.forderung *f*; **~ for work** Werklohnanspruch *m*; **c. of a preferential creditor** Ausfallforderung *f*; **c. by a secured creditor** Absonderungsanspruch *m*; **c. for damages** Schaden(s)ersatz-, Haftungs-, Regressanspruch *m*, R.forderung *f*; **c. against an estate** Nachlassforderung *f*; **c. of exemption** Aussonderungsanspruch *m*; **c. under a guarantee** Garantieanspruch *m*; **c. for indemnification** Schaden(s)ersatzanspruch *m*; **~ negligence** Schaden(s)ersatzforderung wegen Fahrlässigkeit; **~ payment** Zahlungsanspruch *m*; **~ performance** Erfüllungsanspruch *m*; **contractual c. to recourse** vertraglicher Regressanspruch; **c. for refund/reimbursement** (Rück)Erstattungsanspruch *m*; **c. ad rem** *(lat.)* dinglicher Anspruch; **c. in respect of a loan** Darlehensforderung *f*; **c. for restitution** (Rück)Erstattungs-, Herausgabeanspruch *m*; **c. of rights** § rechtmäßiger Anspruch, Rechtsanspruch *m*; **prior c. to satisfaction** Anspruch auf bevorrechtigte Befriedigung
entitled to a claim anspruchs-, forderungsberechtigt; **c. secured by a land charge** Grundschuldforderung *f*
to acknowledge a claim Anspruch/Forderung anerkennen; **to adjust a c.** Schaden regulieren; **to assert/bring in a c.** Anspruch/Forderung geltend machen; **to assert a c. in court** Anspruch vor Gericht geltend machen; **to assign a c.** Forderung abtreten; **to bump up a c.** Forderung höher schrauben; **to collect a c.** Forderung eintreiben; **to enforce a c.** Anspruch/Forderung durchsetzen;

C

to file a c. 1. Forderung geltend machen; 2. Schaden anmelden; **to file a c. for damages** Schaden(s)ersatzklage einreichen; **to handle c.s** *(Vers.)* Schadensfälle bearbeiten; **to lodge in/make a c.** Anspruch/Forderung geltend machen; **to offset a c.** Forderung verrechnen; **to pay a c.** Versicherungsanspruch befriedigen; **to press a c.** auf einer Forderung bestehen; **to prove a c.** Nachweis einer Forderung erbringen; **to put in a c.** Anspruch/Forderung geltend machen; **~ for damages** Schaden(s)ersatz beanspruchen; **to reject/repudiate a c.** Forderung zurückweisen; **to relinquish a c.** auf einen Anspruch verzichten; **to satisfy a c.** Forderung befriedigen; **to settle a c.** Schaden regulieren, Forderung befriedigen/regulieren; **to substantiate a c.** Nachweis einer Forderung erbringen; **to waive a c.** auf einen Anspruch verzichten

anterior claim ältere Forderung; **assigned c.** abgetretene Forderung; **civil c.** § zivilrechtlicher Anspruch; **collective c.** Gesamthandforderung *f*; **conditional/contingent c.** Eventualanspruch *m*; **conflicting c.** entgegenstehender Anspruch; **contractual c.** vertraglicher Anspruch; **enforceable c.** (ein)klagbarer/vollstreckbarer Anspruch; **equitable c.** berechtigte/billige Forderung, Billigkeitsanspruch *m*; **existing c.** Altforderung *f*; **false c.** unberechtigter Anspruch, unwahre Werbeangabe; **financial c.** Geldforderung *f*; **fraudulent c.** betrügerischer Schaden(s)ersatzanspruch; **good c.** begründeter Anspruch; **irrevocable c.** uneinbringliche Forderung; **lawful/legal c.** rechtmäßiger Anspruch; **litigious c.** § strittige Forderung; **matured c.** fällige Forderung, fälliger Anspruch; **misleading c.** unberechtigter Anspruch, unwahre Werbeangabe; **monetary/pecuniary c.** geldwerte Forderung, vermögensrechtlicher Anspruch; **old c.** betagte Forderung; **possessory c.** Besitzanspruch *m*; **preferential/preferred/prior/senior c.** bevorrechtigte/vorrangige Forderung; **principal c.** Hauptforderung *f*; **to have a prior c.** Vorrang haben; **recoverable c.** einklagbare Forderung; **residual c.** Restforderung *f*; **settled c.** *(Vers.)* regulierter Schaden; **small c.** Bagatellforderung *f*; **sound c.** begründeter Anspruch; **stale/statute-barred c.** verjährter Anspruch; **third-party c.s** Ansprüche Dritter; **unfounded/unjustified/unsubstantiated c.** unbegründeter Anspruch

claim *v/t* 1. (ein)fordern, beanspruchen; 2. *(Anspruch)* geltend machen; 3. behaupten

claims adjuster *(Vers.)* Schadensregulierer *m*, S.sachverständiger *m*; **c. adjustment** Schadensabwicklung *f*, S.regulierung *f*; **c. agent** Havariekommissar *m*; **c. settling agent** Havariekommissar mit Schadensregulierungsvollmacht

claimant *n* 1. Antrag-, Anspruchsteller(in) *m/f*, Beschwerdeführer(in) *m/f*; 2. *(Vers.)* Leistungsanwärter(in) *m/f*; **eligible c.** Erstattungsberechtigte(r) *f/m*; **c.-count unemployment** offizielle Arbeitslosigkeit, Arbeitslosigkeit auf Basis der Unterstützungsempfänger

claim|s assessment *(Vers.)* Schadenfestsetzung *f*; **c.s assessor** Schadensregulierer *m*; **c.s department** Schadensabteilung *f*; **c.(s) expenditure** Schadensaufwand *m*; **c.s experience** Schadensentwicklung *f*; **c.-free** *adj* schadensfrei; **c.s frequency** Schadenshäufigkeit *f*; **c.s handling** Schadensbearbeitung *f*

claiming *n* Geltendmachung *f*; **c. of benefits** Inanspruchnahme von Leistungen

claim|s incurred aufgetretene Schadensfälle; **c. letter** Beschwerdeschreiben *nt*, Mängelrüge *f*; **c.(s) management** Schadensbearbeitung *f*; **c.s mix/portfolio** Schadensportefeuille *nt*; **c.s office** Schadensbüro *nt*; **c.s report** Schadensanzeige *f*, S.meldung *f*; **c.(s) reserve** Schadensrückstellung *f*, S.reserve *f*; **c.(s) settlement** Regelung/Regulierung eines Versicherungsfalls, Schadensregulierung *f*; **c.(s) statement** Schadens(ab)rechnung *f*

clamp down on *v/prep* rigoros/scharf durchgreifen gegen

clampdown (on) *n* (energisches) Durchgreifen (gegen) *nt*

clarification *n* Klarstellung *f*

class *n* 1. (Regel)Klasse *f*, Gruppe *f*; 2. soziale Stellung; 3. Jahrgang *m*

class of business Geschäftszweig *m*, G.sparte *f*; **~ consumers** Verbraucherschicht *f*; **~ expenditure** Ausgabengruppe *f*; **~ goods** Warenart *f*, W.gruppe *f*,

W.gattung *f*; ~ **income** Einkunftskategorie *f*; ~ **insurance** Versicherungssparte *f*; ~ **risk** *(Vers.)* Gefahrenklasse *f*

educated class|es Bildungsbürgertum *m*; **entrepreneurial c.** Unternehmerschicht *f*; **first c.** erster Klasse, erstklassig, Ia; **middle c.** Mittelstand *m*; **the professional c.es** die höheren Berufsstände, die Freiberufler; **propertied/property-owning c.** besitzende Klasse; **social c.** gesellschaftliche Schicht; **the upper c.es** die oberen Zehntausend, obere Klassen; **working c.** arbeitende Klasse, Arbeiterklasse *f*

class *v/t* klassifizieren, gruppieren

class action (suit) § Gruppen-, Verbandsklage *f*; **c. barriers** Klassenschranken *pl*; **c. conflict** Klassenkampf *m*; **c.-conscious** *adj* klassen-, standesbewusst; **c. enemy** Klassenfeind *m*; **c. envy** Klassenneid *nt*

classification *n* 1. Anordnung *f*, Einteilung *f*, Einstufung *f*; 2. ⊖ Tarifierung *f*; 3. Sortierung *f*; **c. of the annual balance sheet** Gliederung der Jahresbilanz; ~ **expenditures** Aufschlüsselung/Gliederung der Ausgaben; ~ **goods** Wareneinstufung *f*; ~ **dangerous/hazardous goods** Gefahrguteinstufung *f*; ~ **risks** *(Vers.)* Gefahreneinteilung *f*; **industrial c.** branchenmäßige Aufgliederung; **occupational c.** berufliche Gliederung; **c. criterion** Ordnungsbegriff *m*

classify *v/t* tarifieren, klassifizieren, (ein)gruppieren, einstufen

class licence Gruppenlizenz *f*; **c. limit** *(Vers.)* Spartenlimit *nt*; **c. market** Markt für hochwertige Güter; **c. rate** Gruppenfrachtrate *f*, G.tarif *m*; **prohibited c. risks** nicht versicherbare Risiken

clause *n* § Klausel *f*, Paragraf *m*; **c. in the contract of sale** Kaufvertragsklausel *f*; **c. of the loan agreement** Kreditvertragsklausel *f*; **c. in restraint of trade** Konkurrenzklausel *f*; **c. in the sales contract** Kaufvertragsklausel *f*; **c. of warranty** Garantieklausel *f*; **c. reserving errors** Irrtumsklausel *f*; **to infringe a c.** Bestimmung verletzen

all-purpose/blanket clause Generalklausel *f*; **collateral c.** Nebenbestimmung *f*; **customary c.** handelsübliche Klausel, Usancebestimmung *f*; **deductible c.** Selbstbehaltsklausel *f*; **discretionary c.** Kannvorschrift *f*; **final c.s** Schlussbestimmungen *pl*; **get-out c.** Ausstiegsklausel *f*; **jurisdictional c.** Gerichtsstandsklausel *f*; **most-favoured-nation c.** ⊖ Meistbegünstigungsklausel *f*; **no-bailout c.** Haftungsausschlussklausel *f*; **non-negotiability c.** Sperrvermerk *m*; **non-negotiable/not-to-order c.** Rektaklausel *f*, negative Orderklausel; **offending c.** Anstoß erregende Klausel; **overriding c.** Aufhebungsklausel *f*; **penal c.** Strafklausel *f*; **protective c.** Freizeichnungsklausel *f*; **restrictive c.** Sperrklausel *f*; **terminating c.** Bestimmung über die Vertragsdauer; **tie-in** *[US]*/**tying** *[GB]* **c.** Ausschließlichkeitsklausel *f*, Knebelvereinbarung *f*; **value-safeguarding c.** Wertsicherungsklausel *f*

clawback *n* 1. *(Steuer)* (Rück)Erstattung *f*; 2. Streichung von Vergünstigungen

clean *v/t* reinigen, säubern; *adj* 1. sauber, rein(lich); 2. *(Akkreditiv)* rein; 3. umweltschonend, u.freundlich

cleaning contractor(s) Reinigungsfirma *f*

clean-up *n* Altlastbeseitigung *f*; **c. cost(s)** *(Umwelt)* Sanierungsaufwand *m*; **c. operation** Säuberungsaktion *f*

clear *v/ti* 1. (auf)räumen, ausverkaufen; 2. *(Schulden)* bezahlen; 3. ⊖ (aus)klarieren, verzollen; 4. ver-, abrechnen, glattstellen; 5. genehmigen, grünes Licht geben *(fig)*; 6. ♧ abholzen; 7. auflösen; **c. in(ward)** ⊖ einklarieren; **c. outward** ⊖ ausklarieren

clear *adj* unbelastet, schuldenfrei

clearance *n* 1. Leerung *f*, Räumung *f*; 2. ⊖ Verzollung *f*, (Zoll)Abfertigung *f*; 3. Genehmigung *f*, grünes Licht *(fig)*; 4. ♧ Abholzen *nt*; 5. Entmietung *f*; **c. of goods** Zollabfertigung *f*; **c. for home use** ⊖ Abfertigung zum Inlandsverbrauch; **c. of payments** Zahlungsausgleich *m*

clearance certificate Verzollungspapier *nt*, Zollabfertigungsschein *m*; **c. charges** Zoll(abfertigungs)gebühren *pl*; **c. height** Durchfahrthöhe *f*; **c. inwards** ⊖ Einklarierung *f*, Einfuhrabfertigung *f*; **c. outwards** ⊖ Ausklarierung *f*, Ausfuhrabfertigung *f*; **c. provisions/regulations** Verzollungs-, Abfertigungsvorschriften *pl*; **c. sale** (vollständiger) Ausverkauf *m*, Räumungs(aus)verkauf *m*; **end-of-season c. sale** Saisonschlussverkauf *m*; **c. width** Durchfahrtbreite *f*

cleared *adj* 1. freigegeben; 2. geräumt

C

C

clearer *n* 1. *[GB]* Giro-, Verrechnungsbank *f*; 2. Wertpapierabwicklungsinstitut *nt*

clearing *n* 1. Verrechnung(sverkehr) *f/m*, Giroverkehr *m*; 2. Zahlungsausgleich unter Banken; 3. Verrechnung gegenseitiger Ansprüche; 4. (Lager)Räumung *f*; 5. ⚘ Rodung *f*; **c. of an account** Kontoglattstellung *f*; **~ a debt** Schuldbegleichung *f*

clearing account Verrechungskonto *nt*; **c. agent** ⊝ Abfertigungsagent *m*; **c. balance** Verrechnungsbilanz *f*, V.guthaben *nt*, V.saldo *m*; **c. bank** Giro-, Verrechnungsbank *f*, Landeszentralbank *f [D]*; **c. centre** Clearingstelle *f*; **c. certificate** ⊝ Zollabfertigungsschein *m*; **c. charges** Klarierungskosten *pl*; **c. currency** Verrechnungswährung *f*; **c. debt** Verrechnungs-, Clearingschuld *f*; **c. dollar** Verrechnungsdollar *m*; **c. expenses** Zollgebühren *pl*, Z.spesen *pl*; **c. formalities** ⊝ Zollformalitäten *pl*; **c. house** Verrechnungsstelle *f*, Girozentrale *f*, Landeszentralbank (LZB) *f [D]*; **~ association** Giroverband *m*, Kassenverein *m*; **c. sale** Räumungs-, Ausverkauf *m*; **c. system** Verrechnungssystem *nt*, bargeldloser (Zahlungs)Verkehr, Abwicklungssystem *nt*, Zahlungsausgleichsmechanismus *m*; **c. transaction** Verrechnungsvorgang *m*; **c. transactions** Verrechnungsverkehr *m*; **c. unit** Verrechnungseinheit *f*

clear|out (of unsold stocks) *n* Lagerräumung *f*; **c.-up** *n* Bereinigung *f*; **~ of accounts** Kontenbereinigung *f*

clerical *adj* Büro-, Angestellten-

clerk *n* (Büro)Angestellte(r) *f/m*, Sachbearbeiter(in) *m/f*; **chief c.** Disponent(in) *m/f*, Bürovorsteher(in) *m/f*; **commercial c.** Handlungsgehilfe *m*, H.gehilfin *f*, Handelskaufmann *m*, H.kauffrau *f*; **postal c.** Postmitarbeiter(in) *m/f*

clerkship *n* Praktikantentätigkeit *f*, P.stelle *f*, Praktikumsplatz *m*

client *n* 1. (Geschäfts)Kunde *m*, Kundin *f*, Klient(in) *m/f*; 2. § Mandant(in) *m/f*; 3. Auftraggeber(in) *m/f*; 4. Anschlusskunde *m*; **c.s** 1. Kundschaft *f*; 2. § Mandantschaft *f*; **central c.** Zentralmandant *m*; **existing c.** Bestandskunde *m*; **industrial c.** Kunde aus der Industrie; **private c.** Privatkunde *m*; **prospective c.** Interessent(in) *m/f*, potenzieller Kunde; **high net worth c.s** oberes Kundensegment *nt*

client account Mandantenkonto *nt*; **c. base** Kundenstamm *m*; **c.-driven** *adj* kundenorientiert

clientele *n* Kunden *pl*, Abnehmerkreis *m*

client group Mandantengruppe *f*; **c. list** 1. Kundenliste *f*, K.kartei *f*; 2. § Mandantenliste *f*; **c. orientation** Ausrichtung auf den Kunden; **c. risk** Mandantenrisiko *nt*; **c. spread** Kundenstruktur *f*

cliffhanging *adj* konkursgefährdet

climate *n* Klima *nt*; **c. for growth** Wachstumsklima *nt*; **~ investment** Investitionsklima *nt*; **cyclical/economic c.** Konjunkturlage *f*, K.klima *nt*; **favourable economic c.** *(Konjunktur)* Schönwetterlage *f (fig)*; **industrial c.** soziales Klima, Betriebsklima *nt*; **inflationary c.** Inflationsklima *nt*

climate change Klimawandel *m*; **c. conference** Klimakonferenz *f*; **c. protection goal** Klimaschutzziel *nt*; **~ policy** Klimaschutzpolitik *f*; **c. summit** Klimagipfel *m*

clip *v/t* 1. (be)schneiden; 2. *(Preis)* senken

clock in *v/prep* Arbeitsantritt registrieren; **c. out** Arbeitsschluss registrieren

clocking|-in *n* (Stempeln bei) Arbeitsbeginn; **~ card** Stechkarte *f*; **c.-out** (Stempeln bei) Arbeitsende *nt*

clockwise *adj* rechtsdrehend

clog *v/t* verstopfen

close *n* 1. Schluss *m*, Ende *nt*; 2. Briefschluss *m*; **c. of exchange** Börsenschluss *m*; **at the ~ the period** am Schluss der (Ab-)Rechnungsperiode; **~ trading** *(Börse)* Handelsschluss *m*; **at the ~ trading** bei Börsenschluss, zum Ende der Börsensitzung

close *v/t* 1. (ab)schließen, stilllegen; 2. *(Konto)* auflösen; **c. down** *(Betrieb)* stilllegen, Geschäft aufgeben; **c. off** abbuchen; **c. out** 1. ausbuchen; 2. einstellen, schließen

closed *adj* 1. nichtöffentlich; 2. ge-, verschlossen; 3. *(Anlage)* stillgelegt; 4. *(Börse)* glattgestellt

close-down (of business) *n* Geschäftsaufgabe *f*

closing *n* Schließung *f*, Stilllegung *f*

closing of an account Kontoauflösung *f*; **~ accounts** Bilanz-, Rechnungsabschluss *m*; **~ books** Bücherabschluss *m*; **~ business** Geschäftsaufgabe *f*; **at the ~ business** bei Börsen(ab)schluss *m*; **c. for cargo** Ladeschluss *m*; **c. of the sale** Verkaufsabschluss *m*

on closing our books bei Abschluss unserer Bücher
annual closing Werksferien *pl*; **early/half-day c.** früher Laden-/Geschäftsschluss, verkaufsfreier Nachmittag
closing account (Ab)Schlussrechnung *f*; **c. balance** Schluss-, Endsaldo *m*; **c. bid** Höchstgebot *nt*; **c. date** 1. End-, Schlusstermin *m*, Meldeschluss *m*; 2. Einsendeschluss *m*; **c. day** 1. *(Geschäft)* Ruhetag *m*; 2. Abschluss(stich)tag *m*; **c. down** Betriebs-, Geschäftsaufgabe *f*, Betriebsauflösung *f*; **c. down sale** Räumungs-, Totalausverkauf *m*, Ausverkauf wegen Geschäftsaufgabe; **c. entry** Abschlussbuchung *f*; **c. inventory/stock** Schlussinventar *nt*, Schluss-, Endbestand *m*; **c. rate method** Stichtagskursmethode *f*; **c. statement** Endabrechnung *f*, Kontoabschluss *m*; **c. time** Laden-, Büro-, Geschäftsschluss *m*; **c. volume** Auflösungsvolumen *nt*
closure *n* ↘ **closing** 1. Stilllegung *f*, Betriebsaufgabe *f*, Geschäftsschließung *f*; 2. Produktionsaufgabe *f*, P.einstellung *f*; **c. for cargo** ⚓ (Ver)Ladeschluss *m*; **c. costs** Kosten der Geschäftsaufgabe/Betriebsschließung, Stilllegungskosten *pl*; **c. order** Stilllegungsverfügung *f*; **c. payment** Auflösungszahlung *m*; **c. portfolio** Auflösungsporfolio *nt*; **c. premium** Stilllegungsprämie *f*
cloth *n* Tuch *nt*, Stoff *m*; **c.es; c.ing** *n* (Be)Kleidung *f*; **urban c.ing** Kleidung für die Stadt
clothing industry Bekleidungsindustrie *f*; **c. manufacturer** Kleiderfabrikant *m*; **c. retailer** Textileinzelhändler *m*
cluster *n* 1. (An)Häufung *f*; 2. 📊 (geschlossene) Erfassungsgruppe *f*; **c. sample** Klumpenstichprobe *f*
clutter of advertisements *n* Anzeigenfriedhof *m*
coach *n* 1. Reisebus *m*; 2. 🚃 Reisezugwagen *m*; **c.building** *n* Karosseriebau *m*; **c. operator** Busunternehmer *m*; **c. party** Reisegesellschaft *f*; **c. tour** (Omni)Busfahrt *f*; **c. travel** Busreisen *pl*
coal *n* Kohle *f*; **brown/soft c.** Braunkohle *f*; **hard/mineral c.** Steinkohle *f*
Coal and Steel Community Montanunion *f*; **c., iron and steel company** Montangesellschaft *f*; **c. conversion** Kohlevered(e)lung *f*; **c. district; c.field** *n* (Stein)Kohlenrevier *nt*; **c.(, iron) and steel industries** Montanindustrie *f*
coaling port *n* Kohlenhafen *m*; **c. station** Kohlenstation *f*
coal|mine *n* Kohlenbergwerk *nt*, Zeche *f*; **c. mining** Kohlenbergbau *m*; **~ industry** Kohlenbergbau *m*; **c. output** Kohlenförderung *f*; **c. unit** Steinkohleneinheit (SKE) *f*
coast *n* Küste *f*; **c.al** *adj* Küsten-, an der Küste gelegen; **c.er** *n* ⚓ Küsten(motor)schiff *nt*
coasting *n* Küstenschifffahrt *f*; **c. trade** Küstenhandel *m*; **c. vessel** Küstenmotorschiff (Kümo) *nt*
co-beneficiary *n* Mitberechtigte(r) *f/m*
cocoa *n* 🚜 Kakao *m*
co|-contractor *n* Mitunternehmer(in) *m/f*; **c.-creditor** *n* Solidargläubiger(in) *m/f*
c.o.d.; C.O.D. ↘ **cash/collect on delivery** (Post)Nachnahme *f*; **C.O.D. charges** Nachnahmegebühr *f*, N.spesen *pl*; **~ consignment** Nachnahmesendung *f*
code *n* 1. Chiffre *f [frz.]*, Kode *m*; 2. ☎ Vorwahl(nummer) *f*; 3. Regelwerk *nt*
code of conduct Verhaltensnormen *pl*; **~ honour** Ehrenkodex *m*; **~ practice** 1. Verhaltensregeln *pl*, Richtlinien *pl*; 2. Praxisregelwerk *nt*; **~ civil procedure** § Zivilprozessordnung (ZPO) *f*; **~ criminal procedure** Strafprozessordnung (StPO) *f*; **~ principles of sound corporate governance** Kodex der guten Unternehmensführung
civil code Bürgerliches Gesetzbuch (BGB) *[D]*; **commercial c.** Handelsgesetzbuch (HGB) *nt [D]*; **criminal/penal c.** Strafgesetzbuch (StGB) *nt [D]*; **fiscal c.** Abgabenordnung *f*; **industrial c.** Gewerbeordnung *f*; **postal c.** *[GB]* Postleitzahl (PLZ) *f*
code *v/t* verschlüsseln
code name Deckname *f*; **c. number** Kennnummer *f*, Kontrollziffer *f*, Chiffre-, Sachnummer *f*
co-decision *n* Mitbestimmung *f*
co-determination *n* Mitbestimmung *f*; **c. at business enterprise level** Unternehmensmitbestimmung *f*; **c. at plant level** betriebliche Mitbestimmung
co-develop *v/t* gemeinsam entwickeln; **c.-ment** *n* gemeinsame Entwicklung
coding *n* Verschlüsselung *f*
co-director *n* Vorstandskollege *m*, V.kollegin *f*
c.o.d. parcel Nachnahmepaket *nt*

coefficient *n* Wirkungsgrad *m*, Koeffizient *m*
coemption *n* *(Ware)* Aufkauf des gesamten Vorrats
coerce *v/t* § nötigen, zwingen
coffee *n* Kaffee *m*; **green c.** Rohkaffee *m*; **c. exchange** Kaffeebörse *f*; **c. vending machine** Kaffeeautomat *m*

C

co|-finance *v/t* mitfinanzieren; **c.-found** *v/t* mitbegründen; **c.-founder** *n* Mitbegründer(in) *m/f*; **c.heir** *n* Miterbe *m*, M.erbin *f*; **c.-guarantor** *n* Mitbürge *m*; **c.herence** *n* Zusammenhang *m*; **c.hesion** *n* Zusammenhalt *m*; **~ fund** *[EU]* Kohäsionsfonds *m*
coin *n* (Geld)Münze *f*, Geldstück *nt*; **c.s** (Hart)Geld *nt*; **c.s in circulation** Münzumlauf *m*; *v/t (Geld)* münzen, prägen; **c. box** Telefonzelle *f*
coincide *v/i* übereinstimmen, sich überschneiden, zusammentreffen; **c. with** zusammenfallen mit
coincidence *n* Zusammentreffen *nt*, Übereinstimmung *f*, Zufälligkeit *f*;
coincidental *n* *(Radio)* Telefonbefragung *f*
coin-operated *adj* münzbetrieben, Münz-
co|-insurance *n* Mitversicherung *f*, Versicherung mit Selbstbeteiligung; **c.-insure** *v/t* mit-, rückversichern
cold *n* Kälte *f*; **c.-call** *v/t* ohne Vorwarnung anrufen/aufsuchen; **c. chain** Kühlkette *f*; **c. store** Kühlhaus *nt*; **c.-store** *v/t* kühl/im Kühlhaus lagern
collaborat|e *v/i* zusammen-, mitarbeiten; **c.ion** *n* Zusammenwirken *nt*, Z.arbeit *f*, Mitarbeit *f*
collapse *n* 1. Scheitern *nt*, Zusammenbruch *m*; 2. Pleite *f (coll)*; 3. Konkurs *m*; **c. of a bank** Bankkrach *m*; **~ the market** 1. Marktverfall *m*; 2. Börsenkrach *m*; **~ prices** Kurs-, Preissturz *m*; **~ share** *[GB]***/ stock** *[US]* **prices** Kursverfall *m*, K.sturz *m*; **financial c.** finanzieller Zusammenbruch; *v/i* 1. zusammenbrechen; 2. *(Preis)* stürzen; 3. pleite gehen *(coll)*
collapsible *adj* faltbar
collateral *n* Pfand *nt*, Sicherheit(sgegenstand) *f/m*, Bank-, Kreditsicherheit *f*; **c. for credit facility** Kreditsicherheit *f*; **c.s for third-party liabilities** Sicherheiten für fremde Verbindlichkeiten; **acceptable as c.; eligible (to serve) as c.** 1. beleihungsfähig; 2. *(Wertpapier)* deckungs(stock)fähig; **putting up c.** Bestellung von Sicherheiten
to furnish collateral Sicherheit(en) stellen; **to lend on c.** gegen Sicherheit Kredit gewähren; **to offer c.** Sicherheit bieten; **to put up c.** Sicherheit bestellen; **to secure by c.** dinglich sichern
collateral *adj* 1. dinglich; 2. *(Umstände)* begleitend
collateral|ization *n* Besicherung *f*, Bestellung von Sicherheiten, Lombardierung *f*; **c.ize; collaterate** *v/t* (durch Verpfändung) besichern, lombardieren, sichern
colleague *n* Kollege *m*, Kollegin *f*, Mitarbeiter(in) *m/f*
collect *v/t* 1. *(Geld)* (ein)kassieren, einnehmen, (ein)sammeln; 2. abholen; 3. *(Steuern)* einziehen; 4. *(Müll)* erfassen
collect call *[US]* R-Gespräch *nt*
collect on delivery (c.o.d.; C.O.D.) *[US]* (gegen) Nachnahme *f*; **c.-on-d. letter** ✉ Nachnahmebrief *m*
collectible *adj* inkassofähig, einziehbar
collecting *n* Sammeln *nt*, Einziehung *f*, Inkasso *nt*; **c. agency** Inkassostelle *f*; **c. agent** Inkassovertreter *m*; **c. clerk** Kassenbote *m*; **c. point/station** Sammelstelle *f*
collection *n* 1. (Geld)Sammlung *f*, Spende *f*; 2. Inkasso(wesen) *nt*, Einzug *m*, Mahnwesen *nt*; 3. Abholung *f*; 4. *(Steuer)* Erhebung *f*; 5. ✉ (Briefkasten)Leerung *f*; 6. Sortiment *nt*; 7. Datenerfassung *f*; 8. *(Müll)* Abfuhr *f*; **for c.** zum Einzug/Inkasso
collection of outstanding accounts; ~ accounts receivable Ein-/Beitreibung von Außenständen; **~ bills** Wechselinkasso *nt*; **~ cheques** *[GB]***/checks** *[US]* Scheckeinzug *m*; **~ data for specific statistical purposes** primärstatistische Erhebung; **~ debts** Schuldenbeitreibung *f*; **c. and delivery** Abhol- und Zustellgebühr *f*; **c. against documents** Dokumenteninkasso *nt*; **c. of duties** ⊖ Zollerhebung *f*; **~ fees** Gebührenerhebung *f*; **~ freight charges** Frachtinkasso *nt*; **~ income tax** Einkommen(s)steuererhebung *f*; **~ letters** ✉ Postabholung *f*; **~ patterns** Musterkollektion *f*; **~ receivables** Forderungs-, Geldeinzug *m*; **~ samples** Musterkollektion *f*; **c. at source** Quellenbesteuerung *f*; **c. of tax(es)** Einzug/Erhebung von Steuern; **c. from works** Abholung vom Werk
ready for collection abruf-, abholbereit;

c.s receivable Forderungen aus Inkassogeschäften
clean collection einfaches Inkasso; **enforced c.** (Zwangs)Beitreibung *f*; **late c.** ✉ Nachtleerung *f*; **paperless c.** dokumentenloses Inkasso
(commercial) collection agency (Handels)Inkassostelle *f*; **c. agent** Inkassobevollmächtigter *m*; **c. bank** Inkassobank *f*; **c. business** Inkassogeschäft *nt*; **c. centre for recoverable materials** Wertstoffinsel *f*; **c. charges** Inkassospesen *pl*; **c. container** Sammelbehälter *m*; **c. credit** Sammelgutschrift *f*; **c. date** 1. 🏛 Erhebungsstichtag *m*; 2. Abholdatum *nt*; **c. district** *(Steuer)* Erhebungsgebiet *nt*; **c. expenses** Inkassospesen *pl*; **c. facility** Sammeleinrichtung *f*; **c. fee** Abhol-, Nachnahme-, Inkasso-, Mahngebühr *f*; **c. insurance** Sammelversicherung(svertrag) *f/m*; **c. letter** Mahnbrief *m*, M.schreiben *nt*; **c. order** Inkasso-, Einziehungsauftrag *m*; **c. procedure** Inkasso *nt*, Einzugs-, Mahnverfahren *nt*; **c. rate** Mahngebühr *f*; **c. risk** Delkredere-, Inkassorisiko *nt*; **c. service** Abholservice *m*; **c. system** *(Umwelt)* Rücknahmesystem *nt*; **~ for recoverable materials** Wertstoffsammelsystem *nt*
collective *adj* gemeinsam, gemeinschaftlich
collector *n* 1. Inkassobeamter *m*, Kassierer *m*; 2. *(Ware)* Abholer *m*; **c.'s item** Liebhaberobjekt *nt*, Sammlerstück *nt*
collect shipment Frachtnachnahme *f*
college *n* Hochschule *f*, Akademie *f*; **agricultural c.** landwirtschaftliche Fach-/Hochschule; **commercial c.** Höhere Handelsschule, Wirtschaftsakademie *f*; **industrial c.** Gewerbeschule *f*; **c. place** Studienplatz *m*
collide *v/i* zusammenstoßen, kollidieren
collision *n* Zusammenstoß *m*, Kollision *f*; **c. clause** *(Vers.)* Kollisionsklausel *f*; **c. damage insurance** Kaskoversicherung *f*; **c. insurance** ⚓ Kasko-, Kollisionsversicherung *f*; **c. liability** Kollisionshaftung *f*
col|lude *v/i* in heimlichem Einverständnis stehen, unerlaubt zusammenwirken; **c.-lusion** *n* heimliche (Preis)Absprache, unerlaubte Verabredung; **c.lusive** *adj* verabredet
co-load *v/t* beiladen; **c.-l.er** *n* Beilader *m*
colour *n* Farbe *f*; *adj* farbig; **c. copier** Farbkopierer *m*; **c. graphics scanner** Farbgrafikabtaster *m*; **c. telefax** Farbfaksimile *nt*
column *n* Spalte *f*, Rubrik *f*, Sparte *f*; **c. of figures** Zahlenkolonne *f*; **financial c.s** *(Zeitung)* Wirtschaftsteil *m*; **c. heading** Spaltenbezeichnung *f*
co-maker *n* Mitunterzeichner *m*
co-manage *v/t* mitführen, einem Konsortium angehören; **c.-m.ment** *n* Mitwirkung (bei einem Konsortium) *f*, gemeinsame Federführung; **c.-m.r** *n* Konsortialmitglied *nt*
combination *n* 1. Verbund *m*, Verbindung *f*, Zusammenschluss *m*; 2. Konzern *m*, Kartell *nt*; **c. of accounts** Kontensaldierung *f*; **~ inputs** Faktorkombination *f*; **c. in restraint of competition/trade** wettbewerbsbeschränkender Zusammenschluss, Wettbewerbskartell *nt*
horizontal combination horizontaler Zusammenschluss/Konzern; **industrial c.** Industriekonzern *m*; **interindustry c.** branchenfremder Zusammenschluss; **lateral c.** horizontaler Zusammenschluss/Konzern; **loose c.** kartellähnliche Absprache; **vertical c.** vertikaler Zusammenschluss/Konzern
combination carrier ⚓ Kombischiff *nt*, Mehrzwecktransporter *m*; **c. policy** *(Vers.)* kombinierte Versicherung; **c. utility** *(Versorgungswirtschaft)* Querverbundunternehmen *nt*
combine *n* ↘ **combination** 1. Unternehmenszusammenschluss *m*, Konzern *m*, Kartell *nt*; 2. *(obs.)* Kombinat *[DDR]*; *v/ti* verbinden, (sich) vereinigen, (sich) zusammenschließen
come down to hinauslaufen auf; **c. to one's own** zeigen können/müssen, was man kann
comestibles *pl* Nahrungsmittel *pl*
comfort *n* Bequemlichkeit *f*, Komfort *m*; **c. letter** 1. *(Wertpapieremission)* Bericht über begrenzte Abschlussprüfung; 2. Patronatserklärung *f*
command *n* 1. Befehl *m*, Kommando *nt*; 2. *(fig)* Beherrschung *f*; **c. economy** Plan-, Befehls-, Kommandowirtschaft *f*; **c. line** 🖳 Befehlszeile *f*; **c. structure** Befehlsstruktur *f*, Hierarchie *f*
commencement *n* Beginn *m*, Anfang *m*; **c. of bankruptcy proceedings** Konkurseröffnung *f*; **~ business (operations)**

Aufnahme der Geschäftstätigkeit; **~ a contract** Vertragsbeginn *m*; **~ cover(age)** Versicherungs-, Deckungsbeginn *m*; **~ the limitation period** § Verjährungsbeginn *m*; **~ trading** Geschäftsaufnahme *f*; **~ work** Arbeits-, Dienstbeginn *m*

commencing date Anfangstermin *m*; **~ of employment** Beschäftigungsbeginn *m*

commensurate (with) *adj* angemessen

to decline a comment *n* Stellungnahme verweigern

commerce *n* Handel(sverkehr) *m*; **c. and industry** Handel und Gewerbe; **customary in c.** handelsüblich; **electronic c.** elektronischer Geschäftsverkehr, elektronischer Handel im Internet; **C. Department** *[US]* Handelsministerium *nt*

commercial *n* Werbe-, Reklamesendung *f*; **c.s** *(Radio/Fernsehen)* Werbeblock *m*; *adj* 1. Geschäfts-, kaufmännisch, kommerziell, handelspolitisch; 2. gewerblich (genutzt), erwerbswirtschaftlich; **in c. terms** wirtschaftlich gesehen; **to think in c. terms** kaufmännisch denken

commercialize *v/t* geschäftlich verwerten

commission *n* 1. Bestellung *f*, Auftrag *m*, Order *f*; 2. Provision *f*, Vermittlungsgebühr *f*; 3. *(Bote)* Geschäftsgang *m*; **c.s** Provisionswesen *nt*; **on c.** auf Provisionsbasis, in Kommission

commission for acceptance Akzeptprovision *f*; **~ collecting** Einzugsprovision *f*; **C. of the European Union** Kommission der Europäischen Union; **c. on overdraft** Überziehungsprovision *f*; **~ purchase** Einkaufsprovision *f*; **~ turnover** Umsatzprovision *f*

entitled to a commission provisionsberechtigt

to buy and sell on commission Provisionsgeschäfte machen; **to charge a c.** Provision berechnen; **to put into c.** in Dienst stellen; **to sell on c.** gegen Provision verkaufen

accrued commission Provisionsanspruch *m*, P.forderungen *pl*; **executive c.** Verwaltungsrat *m*, Geschäftsleitung (einer Gesellschaft) *f*; **fixed c.** Fixum *nt*; **initial c.** *(Vers.)* (Vertrags)Abschlussprovision *f*; **managing c.** geschäftsführender Ausschuss, Vorstand *m*; **standby c.** *(Kredit)* Bereitstellungsprovision *f*

commission *v/t* 1. in Auftrag geben, beauftragen; 2. ⚙/⚓ in Dienst stellen, in Betrieb nehmen

commissionable *adj* provisionspflichtig

commission account Provisionskonto *nt*; **c. agent** 1. Provisionsvertreter(in) *m/f*; 2. Kommissionshändler *m*; **c. basis** Provisionsbasis *f*; **on a c. basis** auf Provisionsbasis, konsignationsweise; **c. broker** Provisions-, Kommissionsmakler *m*; **c. business** Auftrags-, Provisionsgeschäft *nt*; **c. charge** Courtage *f [frz.]*, Provision *f*; **c. earned/earnings** Provisionsertrag *m*, P.nutzen *m*

commissioner *n* Bevollmächtigte(r) *f/m*, Kommissionsmitglied *nt*; **C. of Audits** *[GB]* Rechnungshof *m*; **general c.** Generalkommissar(in) *m/f*

commission fee Provisionsgebühr *f*; **c. house** 1. Kommissionsfirma *f*; 2. *[US]* Brokerfirma *f*; **c. income** Provisionsertrag *m*; **net c. income** Provisionsüberschuss *m*

commissioning *n* 1. Auftragsvergabe *f*; 2. ⚙/⚓ Inbetriebnahme *f*; **c. certificate** Inbetriebnahmebescheinigung *f*; **c. time** Inbetriebnahmezeit *f*

commission margin Provisionsspanne *f*; **c. merchant** (Verkaufs)Kommissionär *m*, Kommissionshändler *m*; **c. note** Provisionsgutschrift *f*; **c. paid to obtain credit** Kreditvermittlungsprovision *f*; **c.s payable** Provisionsverpflichtungen *pl*; **c. payment** Provisionszahlung *f*; **c. rate** Provisionssatz *m*; **c.s receivable** Provisionsforderungen *pl*; **c.(s) received/revenues** Provisionseinnahmen *pl*; **c. representative** Kommissionshändler *m*; **c. stocks** Kommissionslager *nt*; **c. trade** Kommissionsgeschäft *nt*, K.handel *m*

commit *v/t* 1. übertragen; 2. § begehen, verüben; **c. o.s.** sich festlegen/verpflichten

commitment *n* 1. Verpflichtung *f*, Zusicherung *f*, Zusage *f*; 2. Engagement *nt*, Motivation *f*, Wille *m*; **c. of funds** Mittelbindung *f*; **c.s and contingent liabilities** bedingte Verpflichtungen aus bestehenden Verträgen; **c.s from orders** Bestellobligo *nt*; **to enter into a c.** Verpflichtung eingehen; **to fulfil/honour/meet (one's) c.s** Verpflichtungen erfüllen/einlösen

advance commitment Kreditzusage *f*; **contractual c.** vertragliche Verpflichtung; **environmental c.** 1. Selbstverpflichtung zum Umweltschutz; 2. Umweltengagement *nt*; **financial c.** Finanzierungszusage *f*; **forward c.** Terminposition *f*; **new c. (in securities)** neu aufgenommenes Wertpapier; **open c.** offene Position; **total c.(s)** Zusagevolumen *nt*; **undrawn/unused c.** ungenutzter Kreditspielraum

commitment authorization Verpflichtungsermächtigung *f*; **c. ceiling** Zusagerahmen *m*; **c. charge** Bereitstellungsgebühr *f*; **c. credit** Bereitstellungskredit *m*; **c. deadline** Festlegungsfrist *f*; **c. fee** Kreditprovision *f*; **c. guarantee** Bereitstellungsgarantie *f*; **c. interest** Bereitstellungszinsen *pl*; **c. period** *(Zinsen/ Konditionen)* Festlegungszeit(raum) *f/m*, F.schreibungsfrist *f*, Bindungsdauer *f*, B.frist *f*; **c. risk factor** Engagementrisikofaktor *m*

committee *n* Ausschuss *m*, Kommission *f*, Komitee *nt*; **c. of auditors** Rechnungsprüfungsausschuss *m*; **~ creditors** *[GB]* Gläubigerausschuss *m*; **~ experts** Sachverständigenausschuss *m*, S.gremium *nt*; **~ inquiry** Ermittlungsausschuss *m*; **~ investigation** Untersuchungsausschuss *m*; **C. on Common Tariff Nomenclature** *[EU]* Ausschuss für das Schema des gemeinsamen Zolltarifs; **c. of representatives** Sprecherausschuss *m*

to appoint a committee Ausschuss einsetzen; **to be/sit on the c.** Mitglied des Ausschusses sein; **to refer sth. to a c.** etw. an einen Ausschuss überweisen

administrative committee Verwaltungsausschuss *m*; **advisory c.** Beirat *m*; **authorizing c.** Bewilligungsausschuss *m*; **central c.** Hauptausschuss *m*; **consultative c.** beratender Ausschuss; **disciplinary c.** Disziplinarausschuss *m*; **economic c.** Wirtschaftsausschuss *m*; **environmental c.** Umweltausschuss *m*; **executive/ managing c.** (geschäftsführender) Vorstand *m*, Leitungsausschuss *m*; **monetary c.** Währungsausschuss *m*; **presidential c.** Präsidialausschuss *m*; **select c.** Fachausschuss *m*; **standing c.** ständiger Ausschuss; **steering c.** Haupt-, Lenkungsausschuss *m*

committee meeting Ausschuss-, Arbeitssitzung *f*; **c. member** Ausschussmitglied *nt*; **c. organisation** Gremienorganisation *f*

commodity *n* 1. Ware *f*, Gut *nt*, Erzeugnis *nt*, Produkt *nt*; 2. Rohstoff *m*, R.ware *f*; **commodities** Handelsware *f*; **agricultural commodities** landwirtschaftliche Erzeugnisse/Bedarfsgüter; **basic commodities** unverarbeitete Rohstoffe; **marketable c.** gängige/absatzfähige/absetzbare Ware; **primary commodities** unverarbeitete Rohstoffe; **silvicultural commodities** forstwirtschaftliche Bedarfsgüter; **soft c.** Lebensmittelrohstoff *m*; **staple commodities** unverarbeitete Rohstoffe

commodity advance Warenlombard *m*; **c. bill** Warenwechsel *m*; **c. broker** Rohstoff-, Warenmakler *m*; **c. collateral** Warenlombard *m*; **c. credit** Warenkredit *m*; **c. forward dealings** Warenterminhandel *m*; **c. exchange/market** Waren-, Produkten-, Rohstoffbörse *f*, Rohstoff-, Produktenmarkt *m*; **c. exchange** Warenterminbörse *f*; **c. (and security) exchange price** Börsenpreis *m*; **c. future** Warenterminoption *f*; **c. futures** 1. Warentermingeschäft(e) *nt/pl*; 2. Terminkontrakte *pl*; **c. goods** Commodity-Güter *pl*; **c. group** Warenart *f*; **c. industry** Grundstoffgütergewerbe *nt*; **c. price** Rohstoff-, Warenpreis *m*; **~ index** Rohstoffpreisindex *m*; **c. rate** *[US]* Stückgut-, Einzelfrachttarif *m*; **all-c. rate** Tarif für Stückgüter; **c. tariff** Artikeltarif *m*; **c. tax** Warensteuer *f*; **c. terms of trade** Warenaustauschverhältnis *nt*; **c. trading** Rohstoff-, Warenhandel *m*; **c. forward trading** Warenterminhandel *m*

common *adj* 1. allgemein, verbreitet, alltäglich; 2. gemeinsam, gemeinschaftlich; 3. gängig

Common Agricultural Market *[EU]* Gemeinsamer Agrarmarkt; **~ Policy (CAP)** EU-Landwirtschaftspolitik *f*, gemeinsame Landwirtschaftspolitik; **C. External Tariff (CET)** *[EU]* Gemeinsamer Außenzoll; **C. Framework of Accounts for Industry** Gemeinschaftskontenrahmen der Industrie (GKR); **C. Market** *[EU]* Gemeinsamer Markt

commonplace *adj* alltäglich

civil commotion *n* bürgerliche Unruhe

communicate *v/ti* 1. übermitteln, kommunizieren; 2. in Verbindung stehen

communication *n* 1. Mitteilung *f*, Übermittlung *f*, Nachricht *f*; 2. Nachrichten-

C

verbindung *f*, Kommunikation *f*, Informationsaustausch *m*; **c.s** 1. Nachrichtenwesen *nt*; 2. Verkehrswege *pl*; 3. Informationstechnik *f*; **confidential c.** vertrauliche Mitteilung; **official c.** amtliche/dienstliche Mitteilung; **written c.** schriftliche Benachrichtigung

communication channel Kommunikationsweg *m*; **c.s engineering** Kommunikationstechnik *f*; **c.s expert** Kommunikationsspezialist(in) *m/f*; **c. gap** Informationslücke *f*; **c.s industry** Kommunikationsbranche *f*; **c.s medium** Kommunikationsmedium *nt*; **c. needs** Kommunikationsbedarf *m*; **c.s network** Kommunikations-, Nachrichtennetz *nt*, Netz der Verkehrswege und Fernmeldeverbindungen, Datenverbund *m*; **c. protocol** Kommunikationsprotokoll *nt*; **c.s service** Kommunikationsdienst *m*; **c. skills** Kommunikationsfähigkeit *f*, Kontaktstärke *f*: **c.s software** Kommunikationssoftware *f*; **c.s specialist** Kommunikationsspezialist(in) *m/f*; **c. studies** Kommunikationswissenschaften *pl*; **c.s system** 1. Nachrichtensystem *nt*; 2. Verkehrsnetz *nt*; 3. Kommunikationsmittel *nt/pl*; **c.(s) technology** Kommunikationstechnik *f*

community *n* Gemeinschaft *f*, Allgemeinheit *f*, (Orts)Gemeinde *f*; **c. of interests** Interessengemeinschaft *f*; **economic c.** Wirtschaftsgemeinschaft *f*; **financial c.** Finanzwelt *f*, F.kreise *pl*

community action group Bürgerinitiative *f*; **C. aid** *[EU]* Gemeinschaftshilfe *f*; **c. bank** örtliche Bank; **C. budget** *[EU]* Gemeinschaftshaushalt *m*; **c. care** Sozialfürsorge *f*; **c. charge** *[GB]* Bürger-, Einwohnersteuer *f*; **c. chest** *[US]* Hilfs-, Wohltätigkeitsfonds *m*; **C. currency** *[EU]* Gemeinschaftswährung *f*; **C. expenditure** *[EU]* Gemeinschaftsausgaben *pl*; **c. funds** Gemeinschaftsmittel *pl*; **C. imports** *[EU]* Gemeinschaftseinfuhr von Waren; **C. institution** *[EU]* Gemeinschaftsinstitution *f*; **c. investment** Investition(en) in Sozialeinrichtungen; **C. law** *[EU]* Gemeinschaftsrecht *nt*; **C. levy** *[EU]* Gemeinschaftsabgabe *f*; **C. preference** *[EU]* Gemeinschaftspräferenz *f*; **C. procedure** *[EU]* Gemeinschaftsverfahren *nt*; **C. product** *[EU]* Gemeinschaftserzeugnis *nt*; **C. resources** *[EU]* Gemeinschaftsmittel *pl*; **C. tariff** *[EU]* ⊖ Gemeinschaftszoll *m*; **C. transit document** *[EU]* gemeinschaftliches Versandpapier; **~ procedure** *[EU]* gemeinschaftliches Versandverfahren

commutable *adj* umwandelbar

commutation *n* 1. Pauschalierung *f*; 2. Umwandlung *f*; **c. clause** Umwandlungsklausel *f*; **c. debt** Ablösungsschuld *f*; **c. loan** Ablösungsanleihe *f*; **c. payment** Abfindung *f*; **c. ticket** *[US]* Zeitnetzkarte *f*

commute *v/ti* 1. pendeln; 2. umtauschen, umwandeln; **c. out** auspendeln

commuter *n* (Aus-/Ein)Pendler *m*; **cross-border/trans-frontier c.** Grenzgänger *m*; **c. area/belt** (städtischer) Einzugsbereich *m*; **c. traffic** Berufs-, Pendlerverkehr *m*

compact *n* 1. Vertrag *m*, Übereinkunft *f*; **inter-generation c.** *(Vers.)* Generationenvertrag *m*; **c.** *adj* dicht; **c. design** Kompaktkonstruktion *f*; **c.ness** *n* Dichte *f*

company *n* ↘ **corporation** 1. Unternehmung *f*, (Handels)Gesellschaft *f*, Firma *f*, Kapitalgesellschaft *f*; 2. ⚓ Mannschaft *f*; **c. in default** notleidende Gesellschaft; **c. under the German civil code** Gesellschaft bürgerlichen Rechts (GbR), GbR-Gesellschaft *f*; **c. in liquidation** Liquidationsgesellschaft *f*, Abwicklungsfirma *f*; **c. limited by shares** Aktiengesellschaft (AG) *f*

to control a company Gesellschaft/Unternehmen beherrschen; **to establish/form a c.** Gesellschaft gründen; **to float a c.** an die Börse gehen, Unternehmen an die Börse bringen; **to incorporate/register a c.** Gesellschaft/Firma handelsgerichtlich eintragen (lassen); **to liquidate a c.** Gesellschaft auflösen; **to start (up) a c.** Unternehmen gründen; **to turn round a c.** Unternehmen sanieren; **to take a c. to market** Unternehmen an die Börse bringen; **to wind up a c.** Firma/Gesellschaft liquidieren

absorbed company übernommenes Unternehmen; **absorbing c.** übernehmende/aufnehmende Gesellschaft; **acting c.** handelnde Gesellschaft; **affiliated c.** verbundene/angegliederte Gesellschaft, Konzerngesellschaft *f*, verbundenes Unternehmen; **associate(d) c.** Beteiligungs-, Konzerngesellschaft *f*, angegliederte Gesellschaft; **bare-shell c.** Mantelgesellschaft *f*; **bogus c.** Schwindel-,

Scheinfirma *f*; **brass-plate c.** Briefkastenfirma *f*; **captive c.** Kapitalbeteiligungsgesellschaft *f*; **civil-law c.** Gesellschaft bürgerlichen Rechts (GbR); **chartered c.** konzessionierte (Handels)Gesellschaft; **close c.** Familiengesellschaft *f*, personenbezogene Kapitalgesellschaft; **commercial c.** Handelsunternehmen *nt*; **composite c.** Universal-, Kompositversicherer *m*; **consolidated c.** 1. konsolidierte Gesellschaft; 2. Konzern *m*; **controlled c.** Tochtergesellschaft *f*, beherrschtes Unternehmen; **controlling c.** Dach-, Führungs-, Ober-, Muttergesellschaft *f*; **corporate c.** Konzerngesellschaft *f*; **cutting-edge c.** Hochtechnologieunternehmen *nt*; **dependent c.** 1. abhängige Gesellschaft; 2. Organgesellschaft *f*; **direct-writing c.** Erst-, Hauptversicherer *m*; **distributing c.** Vertriebsgesellschaft *f*; **dominant c.** Organträger *m*; **dummy c.** Briefkasten-, Scheinfirma *f*; **electricity-generating c.** Stromerzeuger *m*, S.produzent *m*, Energieversorgungsunternehmen (EVU) *nt*; **family-owned c.** Familiengesellschaft *f*; **financial services c.** Finanzdienstleistungsunternehmen *nt*; **highly geared c.** Unternehmen mit hohem Fremdkapitalanteil; **high-growth c.** *(Börse)* Wachstumswert *m*; **holding c.** ↘ **holding**; **incorporated c.** *[US]* eingetragene (Handels)Gesellschaft, Kapitalgesellschaft *f*; **individual c.** Einzelgesellschaft *f*; **industrial c.** Industrieunternehmen *nt*; **interlocking c.** Schachtelgesellschaft *f*; **international c.** Weltunternehmen *nt*; **joint-stock c.** 1. Aktiengesellschaft (AG) *f*; 2. *[GB]* Kapitalgesellschaft *f*; 3. *[US]* Gesellschaft mit beschränkter Haftung (GmbH); **collateral ~ c.** *[US]* offene Handelsgesellschaft auf Aktien; **leading c.** 1. federführendes Konsortialmitglied; 2. Dachgesellschaft *f*; 3. Spitzenunternehmen *nt*; **highly leveraged c.** Unternehmen mit hohem Fremdkapitalanteil

limited (liability) company *[GB]* Kapitalgesellschaft *f*; **private l. c. (LTD; Ltd)** Gesellschaft mit beschränkter Haftung (GmbH), Familien-AG *f*; **public l. c. (PLC; plc)** Aktien-, Publikumsgesellschaft (AG) *f*

listed company (börsen)notierte Gesellschaft; **managing c.** Betriebsführungsgesellschaft *f*; **market-leading c.** Marktführer *m*; **medium-sized c.** mittelständisches Unternehmen; **multinational c.** multinationales Unternehmen, Multi *m (coll)*; **mutual c.** Versicherungsverein auf Gegenseitigkeit (VVaG); **nationalized c.** *[GB]* staatliche/verstaatlichte Gesellschaft; **new c.** junges Unternehmen; **non-profit(-making) c.** gemeinnützige Gesellschaft; **non-trading c.** Dienstleistungsgesellschaft *f*; **offshore c.** Gesellschaft (mit Sitz) im Ausland; **one-man c.** Einzelfirma *f*; **operating c.** Betriebsgesellschaft *f*; **petrochemical c.** Erdölchemieunternehmen *nt*; **pharmaceutical c.** Arzneimittel-, Pharmahersteller *m*; **private c.** Privatfirma *f*, P.gesellschaft *f*, Gesellschaft bürgerlichen Rechts (GbR); **proprietary c.** Dach-, Holdinggesellschaft *f*; **public/publicly quoted c.** Aktien-, Kapitalmarkt-, Publikumsgesellschaft *f*; **public-law c.** öffentlich-rechtliche Gesellschaft; **receiving c.** *(Fusion)* aufnehmende Gesellschaft, Auffanggesellschaft *f*; **registered c.** eingetragene/zugelassene (Handels)Gesellschaft; **second-tier c.** nachgeschaltete Gesellschaft; **state-controlled c.** staatlich kontrolliertes Unternehmen; **state-owned c.** Staatsbetrieb *m*, S.unternehmen *nt*; **statutory c.** Körperschaft/Gesellschaft (des) öffentlichen Rechts; **sub-holding c.** Zwischenholding *f*; **subsidiary c.** Tochter-, Konzerngesellschaft *f*; **unincorporated c.** Personengesellschaft *f*; **unlimited c.** Offene Handelsgesellllschaft (OHG); **unlisted c.** nicht börsennotierte Gesellschaft

company accommodation Werkswohnung *f*; **c. account** Firmen-, Gesellschaftskonto *nt*; **c. accounts** Betriebsbuchhaltung *f*; **c.'s annual accounts** Unternehmensabschluss *m*; **Companies Act** *[GB]* Aktiengesetz *nt*; **c. address** Firmenanschrift *f*; **c. assets** Betriebs-, Firmenvermögen *nt*; **c. audit** Betriebs-, Unternehmensprüfung *f*; **c. benefits** betriebliche Sozialleistungen *pl*; **c. board** Aufsichts-, Verwaltungsrat *m*; **c. books** Geschäftsbücher *pl*; **c. borrowing** gewerbliche Kreditaufnahme; **c. capital (stock)** Unternehmens-, Firmenkapital *nt*; **c. car** Dienst-, Firmenwagen *m*; **c. certificate** Werksattest *nt*; **c. code** Firmencode *m*, Gesellschaftsnummer *f*; **c. constitution** Unternehmensverfassung *f*;

C

companies court Handelsgericht *nt*; **c. debts** Verbindlichkeiten einer Gesellschaft, Firmenschulden *pl*; **c. development** *(Produkt)* Eigenentwicklung *f*; **c. doctor** Werksarzt *m*; **c. dwelling** Werkswohnung *f*; **c. earnings** Unternehmensertrag *m*, U.gewinn *m*; **c.'s equity** Gesellschaft-, Grundkapital *nt*; **at c.'s expense** auf Firmen-/Geschäftskosten; **c. facility** werkseigene Einrichtung; **c. failure** Unternehmenspleite *f*; **c. financing** Unternehmensfinanzierung *f*; **c. formation/foundation** Unternehmens-, Firmengründung *f*; **c. funds** Gesellschafts-, Firmenmittel *pl*; **c. guarantee** Firmenbürgschaft *f*; **c. headquarters** Firmenhauptverwaltung *f*, (Firmen)Zentrale *f*; **c. health insurance (scheme)** Betriebskrankenkasse *f*; **c. incorporation** *[US]* Firmenregistrierung *f*; **c. law** Gesellschafts-, Unternehmens-, Aktienrecht *nt*; **c. lawyer** Firmenanwalt *m*, Syndikus *m*, Justiziar *m*; **c. liabilities** Gesellschafts-, Firmenverbindlichkeiten *pl*; **c. literature** Unternehmenspublikationen *pl*; **c. logo** Firmen-, Unternehmenslogo *nt*; **c. magazine** Firmen-, Werkszeitschrift *f*; **c. management** Unternehmens-, Geschäfts-, Firmenleitung *f*, Unternehmensführung *f*; **c.-manufactured** *adj* in Eigenfertigung hergestellt, selbst erstellt, eigengefertigt; **c. merger** Fusion *f*, Firmenzusammenschluss *m*; **c. name** Firmenname *m*; **c. newspaper** Firmen-, Werkszeitschrift *f*; **c. officer** Prokurist(in) *m/f*, Generalbevollmächtigte(r) *f/m*; **c. official** Firmenvertreter(in) *m/f*; **c. organ** Gesellschaftsorgan *nt*; **c.-owned** *adj* betriebs-, firmen-, unternehmenseigen; **c. outlet** unternehmenseigene Verkaufsstelle; **in c. ownership** in Firmenbesitz; **c. pay agreement** Haustarifvertrag *m*; **~ scale** Haustarif *m*

company pension Firmen-, Betriebsrente *f*, betriebliche Altersversorgung; **~ fund** Betriebsrentenkasse *f*; **~ plan/scheme** betriebliche Alters-/Zusatzversorgung, Firmen-, Betriebsrente *f*

company personnel Firmenpersonal *nt*; **c. policy** Unternehmens-, Firmenpolitik *f*; **c. premises** Firmen-, Betriebskomplex *m*, B.gelände *nt*, Geschäftsräume *pl*; **c.-produced** *adj* in Eigenfertigung hergestellt, eigengefertigt, selbst gefertigt/erstellt; **c. profile** Firmenportrait *nt*, Unternehmensprofil *nt*; **c. profit** Unternehmensgewinn *m*; **c. promoter** Unternehmens-, Firmengründer *m*; **c. property** Betriebsvermögen *nt*, Firmeneigentum *nt*; **c. record** Gesellschafterverzeichnis *nt*; **c. records** Firmenarchiv *nt*; **c. reference** *(Zeitschrift)* Firmennachweis *m*; **c. register** Firmen-, Gesellschaftsregister *nt*; **c. registration** Eintragung einer Gesellschaft, handelsgerichtliche Eintragung; **c. regulations** Betriebsordnung *f*; **c. relocation** Betriebsverlagerung *f*, Verlegung eines Unternehmens; **c. reorganisation** Sanierung *f*; **c. report** Geschäfts-, Gesellschafts-, Unternehmensbericht *m*; **c. reporting** Berichtswesen *nt*, Rechnungslegung des Unternehmens; **c. resources** Gesellschaftsmittel *pl*; **C.'s Risk (C.R.; C/R)** auf Gefahr der Firma; **c. secret** Betriebs-, Firmengeheimnis *nt*; **c. secretary** 1. Verwaltungsdirektor *m*; 2. Syndikus *m*; 3. Justiziar und Generalbevollmächtigter *m*; **c. seniority** Betriebszugehörigkeit(sdauer) *f*; **c. share** Unternehmensanteil *m*; **c.-specific** *adj* firmen-, unternehmensspezifisch; **c. spokesman** Firmen-, Unternehmenssprecher *m*; **c. stationery** Geschäftspapier *nt*; **c. structure** Gesellschafts-, Unternehmensstruktur *f*; **c. suggestion scheme** betriebliches Vorschlagswesen; **c. training** betriebliche Aus-/Fortbildung; **~ room** firmeneigener Schulungsraum; **c. transport** Werksverkehr *m*; **c. treasurer** Finanzvorstand *m*; **c.-wide** *adj* unternehmensweit

comparable *adj* gleichwertig

comparison *n* Vergleich *m*; **c. of costs** Kostenvergleich *m*; **~ inventory movements** Lagerbestandsvergleich *m*; **~ actual performances** Ist-Istvergleich *m*; **c. with the previous period** Vorperiodenvergleich *m*; **c. of plannings** Planvergleich *m*; **~ profitability** Rentabilitäts-, Vorteilsvergleich *m*; **c. between the budgeted and realized results** Soll-Ist-vergleich *m*; **c. of financial statements** Bilanzvergleich *m*; **c. with a year earlier; ~ the previous year** Vorjahresvergleich *m*

to make a comparison Vergleich anstellen

intercompany/interplant comparison Betriebsvergleich *m*; **intra-firm c.** innerbetrieblicher Vergleich; **monthly c.**

Monatsvergleich *m*; **multi-year c.** Mehrjahresvergleich *m*; **period-to-period c.** Periodenvergleich *m*; **sectoral c.** Branchenvergleich *m*; **time-series c.** Zeitreihenvergleich *m*; **year-to-year c.** Jahresvergleich *m*; **on a ~ c.** im Jahresvergleich
comparison plan Vergleichsplan *m*
compartmentalize *v/t* aufsplittern
compatibility *n* Vereinbarkeit *f*; **environmental c.** Umweltverträglichkeit *f*
compatible *adj* vereinbar, verträglich, kompatibel; **environmentally c.** umweltverträglich, u.freundlich, u.gerecht
compelling *adj* zwingend
compensate *v/t* 1. entschädigen, ersetzen, Ersatz leisten, wieder gutmachen; 2. vergüten
compensation *n* 1. Schaden(s)ersatz(leistung) *m/f*, Wiedergutmachung *f*, Abfindung *f*, Entschädigung(sleistung) *f*, Ausgleich *m*, Ersatz *m*; 2. Vergütung *f*; **as/by way of/in c.** als Ersatz/Entschädigung, zum Ausgleich
compensation in cash Barbezüge *pl*; **c. of/for (a) damage** Schaden(s)ersatz *m*; **c. for inflation** Inflationsausgleich *m*; **c. (paid) in kind** Naturalentschädigung *f*, N.ausgleich *m*; **c. for a loss** Verlustausgleich *m*; **~ loss of earnings** Verdienstausfallentschädigung *f*; **~ delayed performance** Verzugsentschädigung *f*; **~ early repayment** Vorfälligkeitsentschädigung *f*; **~ risks (incurred)** Risikovergütung *f*, R.ausgleich *m*; **~ services rendered** Leistungsausgleich *m*; **~ travel expenses** Fahrtkostenentschädigung *f*; **~ use** Nutzungsentgelt *nt*; **~ wear and tear** Abnutzungsentschädigung *f*
entitled to compensation entschädigungsberechtigt; **liable to render c.** regress-, schadenersatzpflichtig
to award compensation Entschädigung zuerkennen; **to claim c.** Entschädigung beanspruchen, Schaden(s)ersatzanspruch geltend machen; **to pay c.** Schaden(s)ersatz leisten
competitive compensation marktgerechte Bezahlung; **fair (and reasonable) c.** angemessene Entschädigung; **financial c.** Finanzausgleich *m*; **flat-rate c.** Pausch(al)vergütung *f*; **incentive-based c.** leistungsbezogene Vergütung; **industrial c.** Unfallvergütung *f*; **lump-sum c.** Pausch(al)vergütung *f*; **monetary/pecuniary c.** Barabfindung *f*; **non-cash c.** Sachbezüge *pl*, S.leistungen *pl*; **performance-based c.** leistungs- und ergebnisorientierte Vergütung; **reasonable c.** angemessene Entschädigung
compensation amount Ausgleichsbetrag *m*, Entschädigungssumme *f*; **c. claim** Schaden(s)ersatzanspruch *m*; **c. deal** Kompensationsgeschäft *nt*; **c. delivery** Ersatzlieferung *f*; **c. package** Gesamtvergütung *f*; **c. pay** Ausgleichslohn *m*; **c. payment** Augleichs-, Abfindungszahlung *f*; **managerial c. plan** Geschäftsführervergütung *f*; **c. policy** (Lohn- und) Gehaltspolitik *f*; **c. system** Vergütungsmodell *nt*, V.system *nt*; **c. transaction** Kompensationsgeschäft *nt*
compensatory *adj* Ausgleichs-
compete *v/i* konkurrieren, in Wettbewerb stehen/treten; **able to c.** konkurrenz-, wettbewerbsfähig
competence *n* 1. Fähigkeit *f*, Tüchtigkeit *f*, Befähigung *f*; 2. Befugnis *f*, Zuständigkeit *f*; 3. Zuständigkeitsbereich *m*; 4. § Geschäftsfähigkeit *f*; **exceeding one's c.** Überschreiten der Zuständigkeit; **occupational c.** berufliche Eignung; **technical c.** Fachkompetenz *f*
competent *adj* 1. zuständig, befugt; 2. befähigt, tüchtig; 3. *(Person)* maßgebend; 4. § geschäftsfähig; **functionally c.** sachlich zuständig
competing *adj* konkurrierend, rivalisierend
competition *n* 1. Konkurrenz(kampf) *f/m*; 2. Wettbewerb *m*; 3. Preisausschreiben *nt*; **the c.** die Konkurrenz/Konkurrenten; **not affecting c.** wettbewerbsneutral
to be in competition in Konkurrenz/im Wettbewerb stehen; **to block c.** Wettbewerb verhindern; **to distort c.** Wettbewerb verzerren; **to eliminate c.** Wettbewerb ausschalten; **to enter into c. with** konkurrieren mit; **to impair c.** Wettbewerb beschränken; **to meet the c.** wettbewerbsfähig sein, der Konkurrenz die Spitze bieten; **to protect o.s. against c.** sich gegen die Konkurrenz abschirmen/schützen; **to restrict c.** Wettbewerb behindern/verzerren
cutthroat competition mörderischer Wettbewerb, scharfer Konkurrenzkampf, Verdrängungswettbewerb *m*; **direct c.**

C

Wettbewerbsvergleich *m*; **distorted c.** Wettbewerbsverzerrung *f*; **fair c.** lauterer Wettbewerb; **fierce c.** harter/scharfer Wettbewerb; **foreign c.** ausländische Konkurrenz; **fraudulent c.** unlauterer Wettbewerb; **global c.** weltweiter Wettbewerb; **keen/stiff c.** harter/scharfer Wettbewerb; **open c.** freier Wettbewerb; **predatory c.** Verdrängungswettbewerb *m*; **ruinous c.** mörderischer Wettbewerb, Verdrängungswettbewerb *m*; **unbridled/unrestricted c.** hemmungsloser/uneingeschränkter Wettbewerb; **unfair c.** unlauterer Wettbewerb

competition authority Wettbewerbsbehörde *f*; **C. Commission** *[GB]* Wettbewerbskommission *f*; **C. Commissioner** *[EU]* Wettbewerbskommissar *m*; **c. investigator** Wettberwerbsaufsichtsbehörde *f*; **c. law** Wettbewerbsrecht *nt*; **c. policy** Wettbewerbspolitik *f*; **c.-restraining** *adj* wettbewerbsbeschränkend; **c. rules** Wettbewerbsbestimmungen *pl*, W.regelungen *pl*; **c. watchdog** Wettbewerbshüter *m*

competitive *adj* konkurrenz-, wettbewerbsfähig, kostengünstig; **fiercely c.** wettbewerbsintensiv; **highly c.** 1. *(Markt)* heiß umkämpft; 2. leistungs-, konkurrenzstark; **to keep/remain c.** im Wettbewerb mithalten; **c.ness** *n* Wettbewerbs-, Konkurrenzfähigkeit *f*

competitor *n* 1. Konkurrent(in) *m/f*, Wettbewerber(in) *m/f*, Konkurrenzunternehmen *nt*; 2. Mitbewerber(in) *m/f*; **c.s** Konkurrenz *f*; **to disparage a c.** Konkurrenz anschwärzen; **to eliminate c.s** Konkurrenz ausschalten; **to switch to a c.** zur Konkurrenz abwandern; **to undercut c.s** Konkurrenz unterbieten; **cut-price c.** Billiganbieter *m*; **domestic c.s** heimische Konkurrenz

compilation *n* Erfassung *f*; **c. of a catalog(ue)** Zusammen-/Erstellung eines Katalogs

compile *v/t* zusammenstellen, z.fassen; **c. time** 🖳 Kompilierungszeit *f*

complain *v/i* sich beschweren, reklamieren; **c.ant** *n* 1. Beschwerdeführer(in) *m/f*; 2. § Kläger(in) *m/f*

complaint *n* 1. Beschwerde *f*, Mängelrüge *f*, Reklamation *f*, Beanstandung *f*; 2. § Klage *f*, Beschwerdefall *m*; **c. of unfair dismissal** Kündigungsschutzklage *f*; **c. about the quality** Qualitätsbeanstandung *f*

to adjust/redress/remedy a complaint einer Beschwerde abhelfen; **to file/lodge a c.** Beschwerde einlegen, sich beschweren; **to reject/repudiate a c.** Beschwerde/Reklamation zurückweisen; **to uphold a c.** einer Beschwerde stattgeben

after-sales complaint|s Beschwerden *pl*; **justifiable/well-founded c.** berechtigte Beschwerde

complainant *n* 1. Beschwerdeführer(in) *m/f*, 2. Kläger(in) *m/f*

complaint|s box/column *(Zeitung)* Kummerkasten *m*; **c.s department** Beschwerdeabteilung *f*, Reklamationsstelle *f*; **c. letter** Beschwerdebrief *m*, Mängelrüge *f*; **c. management** Beschwerde-, Reklamationsmanagement *nt*; **c.s procedure** Beschwerde-, Reklamationsverfahren *nt*

complement *n* 1. Ergänzung *f*; 2. Komplementärgut *nt*; 3. ⚓ Besatzung *f*; *v/t* ergänzen, vervollständigen; **c.ary (to)** *adj* (sich) ergänzend

complete *v/t* 1. be-, vollenden, fertig stellen; 2. vervollständigen, abschließen; 3. *(Formular)* ausfüllen; *adj* vollständig, komplett, vollzählig, umfassend; 2. *(Arbeit)* abgeschlossen, fertig

completion *n* 1. Abschluss *m*, Vollendung *f*, Fertigstellung *f*, Vervollständigung *f*, Erledigung *f*; 2. 🏛 Baufertigstellung *f*; 3. *(Formular)* Ausfüllen *nt*; **near c.** kurz vor der Fertigstellung; **c. of contract** Vertragserfüllung *f*; **c. on schedule** fristgemäße Fertigstellung; **c. of work** Abschluss der Arbeiten; **c. bond/guarantee** Erfüllungs-, Fertigstellungsgarantie *f*; **c. date** Fertigstellungstermin *m*; **c. rate** Fertigstellungsrate *f*; **earliest c. time** *(OR)* frühester Endzeitpunkt

complex *n* Komplex *m*; **industrial c.** Industriekomplex *m*; *adj* komplex, kompliziert; **c.ity costs** Komplexitätskosten *pl*

compliance *n* 1. Erfüllung *f*, Einhaltung *f*; 2. *[US]* Steuerehrlichkeit *f*, S.moral *f*; **in c. with** gemäß, entsprechend, in Übereinstimmung mit; **c. with a/the contract** Vertragstreue *f*; **in c. with your order** auftragsgemäß; **to be in c. of sth.** etw. erfüllen; **defective c.** mangelhafte Erfüllung; **strict c.** genaue/strikte Befolgung; **c. date** Erfüllungstermin *m*

complicat|e *v/t* erschweren, komplizieren,

schwierig gestalten; **c.ion** *n* Erschwerung *f*, Verwicklung *f*; **c.ions** Weiterungen *pl*

complicity *n* § Komplizen-, Mittäterschaft *f*

compliment *n* Kompliment *nt*, Empfehlung *f*; **with c.s** zur gefälligen Kenntnisnahme; **„With C.s“ slip** Empfehlungskarte *f*

comply with *v/prep* *(Anordnung)* (be)folgen, nachkommen, Folge leisten, erfüllen, einhalten

component *n* 1. Bestandteil *m*, Komponente *f*; 2. Bau-, Fertig-, Zubehörteil *nt*; 3. Arbeitsgerät *nt*; **c. of income** Einkommensbestandteil *m*

bought-in component|s Fremdbezug *m*; **economic c.** volkswirtschaftliche Komponente; **fixed c.** fester Bestandteil; **outside c.** Fremdbauteil *nt*; **socio-cultural c.** sozio-kulturelle Komponente; **subcontracted c.** Zulieferteil *nt*; **technological c.** technologische Komponente

component|s assembly Teilemontage *f*; **c. firm** Zulieferbetrieb *m*; **c.s industry** Zulieferindustrie *f*; **c.s list** Bauteileübersicht *f*; **c. maker** Zulieferer *m*, Teile-, Komponentenlieferant *m*, Zulieferbetrieb *m*; **c. manufacturer** Komponentenbauer *m*; **c. parts** Bestückung *f*; **c. supplier** Zulieferer *m*, Teile-, Komponentenlieferant *m*, Zulieferbetrieb *m*

compose *v/t* ver-, abfassen, ausarbeiten

composite *adj* 1. Misch-, gemischt; 2. zusammengesetzt; 3. *(Vers.)* Universal-

composition *n* 1. § Vergleich *m*, gütliche/einvernehmliche Regelung; 2. Zusammensetzung *f*; **c. in bankruptcy** Konkursvergleich *m*; **c. with creditors** Gläubigervergleich *m*; **c. of imports** Importstruktur *f*; **to settle by c.** durch Vergleich regeln; **compulsory c.** Zwangsvergleich *m*

composition agreement § Vergleichsvertrag *m*; **c. material** Kunststoff *m*; **c. payment** Abfindungszahlung *f*; **c. proceedings** (Konkurs)Vergleichsverfahren *nt*; **c. settlement** Vergleichsregelung *f*

compound *n* 1. Zusammensetzung *f*; 2. Verbund *m*; 3. Areal *nt*, Anwesen *nt*, Gelände *nt*; **industrial c.** Industriekomplex *m*; *v/ti* 1. Vergleich/Übereinkunft treffen, durch Vergleich regeln; 2. aufzinsen; 3. pauschalieren; *adj* zusammengesetzt, Verbund-; **c.ing** *n* Aufzinsung *f*; **~ with creditors** Gläubigervergleich *m*

comprehensive *adj* 1. global, umfassend; 2. *(Vers.)* Vollkasko-

compris|e *v/t* einschließen, umfassen; **c.ing** *adj* bestehend aus, unter Einschluss von

compromise *n* Kompromiss *m*, vergleichsweise Regelung; **c. and settlement** § Vergleich *m*; **to reach a c.** sich vergleichen; **c. agreement** Kompromiss *m*, Vergleich *m*

comptroller *n* Rechnungsprüfer *m*, Leiter der Buchhaltung

com|pulsion *n* Zwang *m*, Erzwingung *f*; **c.pulsory** *adj* zwangsweise, obligatorisch, Zwangs-

computation *n* π Er-, Berechnung *f*; **c. of costs** Kostenberechnung *f*, K.kalkulation *f*; **~ interest** Zins(be)rechnung *f*; **~ pensions** Rentenberechnung *f*; **actuarial c.** versicherungsmathematische Berechnung; **approximate c.** Näherungsrechnung *f*; **c. base** Kalkulationsbasis *f*

compute *v/t* be-, ausrechnen

computer *n* Computer *m*, Rechner *m*, Datenverarbeitungsanlage *f*; **desk-top c.** Tischrechner *m*; **high-speed c.** Schnellrechner *m*; **lap-top c.** Laptop *m*; **on-board c.** Bordcomputer *m*; **personal c. (PC)** Personalcomputer (PC) *m*; **super c.** Großrechner *m*

computer|-aided; c.-assisted; c.-based *adj* computer-, rechnergestützt, computer-, rechnerunterstützt; **c. banking** rechnergestüzte Abwicklung der Bankgeschäfte; **c. capacity** Rechenkapazität *f*; **c. centre** Rechenzentrum *nt*; **c. consultant** DV-Berater(in) *m/f*; **c.-controlled** *adj* computer-, rechnergesteuert; **c. entry** Rechner-Eintragung *f*; **c. expert** PC-Spezialist(in) *m/f*; **c. graphics** Computergraphik *f*; **c. industry** Datenverarbeitungsindustrie *f*; **c. investment** Investition(en) in Computer

computeriz|ation *n* Umstellung auf Computer; **c.e** *v/t* auf Computer umstellen

computer language Computer-, Programmiersprache *f*; **c.-linked** *adj* durch Computer/Rechner verbunden; **c. literacy** EDV-Kenntnisse *pl*, EDV-Kompetenz *f*; **c. network** Rechnernetz *nt*, R.verbund *m*; **c.-operated** *adj* computer-, rechnergesteuert; **c. operation** Rechnerbetrieb *m*; **c. ordering system** EDV-Bestellwesen *nt*; **c. printout** Rechnerprotokoll *nt*;

C

c. professional Computerexperte *m*, C.expertin *f*; **c. program** Computer-, Rechenprogramm *nt*; **c.-savvy** *adj* etwas von Computern verstehend; **c. science(s)** Informationswissenschaft *f*, Informatik *f*; **c. scientist** Informatiker(in) *m/f*; **c. search** Rasterfahndung *f*; **c. simulation** Computersimultation *f*; **c. software** Rechnersoftware *f*; **c. specialist** Computerspezialist(in) *m/f*; **c. system** EDV-Anlage *f*, Computer-, Rechnersystem *nt*; **c. technology** Computertechnologie *f*; **c. time** Maschinen-, Rechenzeit *f*; **c. trading system** *(Börse)* Computerhandelssystem *nt*; **c. training** Computerschulung *f*

computing *n* Rechenoperation *f*; **c. error** Rechenfehler *m*; **c. software** Rechnersoftware *f*; **c. speed** Rechen-, Operationsgeschwindigkeit *f*

concede *v/t* einräumen, gewähren, zugeben, eingestehen

concentration *n* 1. Konzentration *f*; 2. Ballung *f*; **c. of banks** Bank(en)konzentration *f*; **~ capital** Kapitalkonzentration *f*; **~ the market** Marktkonzentration *f*; **~ economic power** Konzentration wirtschaftlicher Macht; **c. account** *[US]* Sammelkonto *nt*; **c. level** Konzentrationsgrad *m*

concept *n* Vorstellung *f*, Begriff *m*; **from c. to completion** von der Planung bis zur Fertigstellung

concern *n* 1. Betrieb *m*, Unternehmen *nt*, Konzern *m*; 2. Sorge *f*, Anliegen *nt*, Besorgnis *f*, Vorbehalt *m*; 3. Angelegenheit *f*, Sache *f*

big concern Großkonzern *m*; **environmental c.** Sorge hinsichtlich der Umwelt; **family-run c.** Familienunternehmen *nt*; **going c.** bestehendes Unternehmen, arbeitender/aktiver Betrieb; **to buy/sell a company as a ~ c.** Unternehmen ohne Betriebsunterbrechung kaufen/verkaufen; **~ c. principle** *(Bilanz)* Hypothese der Betriebsfortführung; **industrial c.** Industriebetrieb *m*, I.konzern *m*; **profitable c.** einträglicher Betrieb; **whole c.** Gesamtunternehmen *nt*

concern *v/t* betreffen, angehen; **to whom it may c.** *(Überschrift)* Bescheinigung *f*; **c.ed** *adj* 1. beteiligt; 2. betroffen; 3. betreffend; **those c.** die Beteiligten/Betroffenen; **c.ing** *prep* betreffs

concert *n* Konzert *nt*; **to act in c.** gemeinsam vorgehen/handeln, einvernehmlich handeln; **c.ed** *adj* (aufeinander) abgestimmt, gemeinschaftlich

concession *n* 1. Zulassung *f*, Genehmigung *f*, Gewährung *f*; 2. Entgegenkommen *nt*, Zugeständnis *nt*; 3. Sonderfreigabe *f*; **c. on interest rates** Zinszugeständnis *nt*; **c. granted to a supplier** Lieferbegünstigung *f*; **c. on terms** Minderkonditionen *pl*; **agreed c.s** erlaubte Abweichungen; **c.aire** *n* Konzessionsinhaber *m*, Vertragshändler *m*; **c.ary** *adj* 1. lizensiert; 2. verbilligt

conciliate *v/t* schlichten

conciliation *n* Schiedsspruch *m*, Schlichtung(sverfahren) *f/nt*; **mandatory c.** Zwangsschlichtung *f*; **c. agreement** Schlichtungsabkommen *nt*; **c. board/office** Schlichtungsstelle *f*, S.amt *nt*; **c. committee** Schlichtungsausschuss *m*; **c. proceedings/procedure** Schlichtungsverfahren *nt*

conciliator *n* Vermittler *m*, Schlichter *m*; **c.y** *adj* vermittelnd

concise *adj* kurz (gefasst), knapp, präzise

conclude *v/t* 1. (be)schließen, zum Abschluss bringen; 2. *(Vertrag)* abschließen; 3. (schluss)folgern

conclusion *n* 1. (Ab)Schluss *m*, Ende *nt*; 2. *(Vertrag)* Abschluss *m*; 3. Ergebnis *nt*; 4. Feststellung *f*, Schluss(folgerung) *m/f*; **in c.** zum Abschluss, abschließend; **c. of an agreement; ~ a contract** Vertragsabschluss *m*; **~ a bargain/deal** Geschäftsabschluss *m*; **~ a pay agreement** (Lohn- und Gehalts)Tarifabschluss *m*; **~ a sale** Verkaufsabschluss *m*; **~ a transaction** Abschluss eines Geschäfts

conclusive *adj* beweiskräftig, schlüssig, unwiderlegbar, stichhaltig

concord *n* Einvernehmen *nt*; **c.ance** *n* Übereinstimmung *f*

concur *v/i* 1. zustimmen, übereinstimmen; **c.rence** *n* 1. Zusammentreffen *nt*, Gleichzeitigkeit *f*; 2. § Kollision *f*, Konkurrenz *f*; 3. Zustimmung *f*, Einverständnis *nt*; 4. π Schnittpunkt *m*

concurrent *adj* 1. gleichlaufend, g.zeitig; 2. § kollidierend, konkurrierend; 3. gleichlautend, parallel

condemn *v/t* 1. verdammen, verurteilen; 2. *[US]* beschlagnahmen, enteignen; 3. Abriss verfügen

condemnation *n* 1. Verdammung *f*, Verurteilung *f*; 2. Beschlagnahme *f*, (Zwangs)Enteignung *f*; 3. 🏛 Abbruch-, Abrissverfügung *f*; **c. order** 1. Enteignungsbeschluss *m*; 2. 🏛 Abrissverfügung *f*

condense *v/t* 1. kondensieren, verdichten; 2. zusammenfassen, komprimieren

condition *n* 1. Bedingung *f*, Voraussetzung *f*, Auflage *f*; 2. Zustand *m*, Lage *f*; 3. wesentliche Vertragsbestimmung, Klausel *f*; **on c.** 1. *(Angebot)* freibleibend; 2. *(Ware)* in Kommission

conditions of acceptance Übernahmebedingungen *pl*; **~ affreightment** Befrachtungsbedingungen *pl*; **~ carriage** Beförderungsbestimmungen *pl*; **~ carriage for general cargo** Stückgutbeförderungsbedingungen *pl*; **~ competition** Wettbewerbsverhältnisse *pl*, W.bedingungen *pl*; **~ contract** Vertragsbedingungen *pl*; **~ credit** Kreditbedingungen *pl*; **~ employment** Anstellungs-, Beschäftigungsbedingungen *pl*; **~ goods delivered** Lieferzustand *m*; **~ insurance** Versicherungsbedingungen *pl*; **~ origin** Ursprungsbedingungen *pl*; **~ payment** Zahlungsbedingungen *pl*; **c. at the place of work** Arbeitsbedingungen *pl*; **c. of purchase** Einkaufskonditionen *pl*, Bezugsbedingungen *pl*; **~ sale** Verkaufsbedingungen *pl*; **General ~ Sale** Allgemeine Verkaufs- und Lieferbedingungen; **~ service** Anstellungs-, Beschäftigungsbedingungen *pl*; **~ use** Anwendungs-, Gebrauchsbedingungen *pl*

to comply with condition|s Bedingungen/Konditionen erfüllen; **to impose c.s** etw. zur Auflage machen; **to make sth. a c.** etw. zur Bedingung machen; **to satisfy a c.** Bedingung/Voraussetzung erfüllen; **to stipulate c.s** Bedingungen stellen/vereinbaren

basic condition|s Rahmenbedingungen *pl*; **competitive c.s** Wettbewerbsverhältnisse *pl*, W.bedingungen *pl*; **under fully ~ c.s** unter den Bedingungen des freien Wettbewerbs; **highly ~ c.s** scharfer Wettbewerb; **in damaged c.** in beschädigtem Zustand; **defective c.** *(Waren)* mangelhafter Zustand; **economic c.s** Konjunktur(lage) *f*, konjunkturelle Rahmenbedingungen, Konjunkturklima *nt*; **favourable c.s** günstiges Umfeld; **financial c.** Finanz-, Vermögenslage *f*; **general c.s** 1. allgemeine Geschäftsbedingungen; 2. Rahmenbedingungen *pl*; **good c.** ordentlicher Zustand; **in ~ c.** gut beschaffen/erhalten, in gutem Zustand, unversehrt; **implied c.** stillschweigende Bedingung; **legal c.** rechtliche Bedingung; **local c.s** örtliche Verhältnisse/Gegebenheiten, Standortbedingungen *pl*; **stable monetary c.s** stabile Währungsverhältnisse; **operational c.** Einsatzbedingung *f*; **~ c.s** Betriebsbedingungen *pl*; **perfect c.** einwandfreier/mangelfreier Zustand; **in poor c.** schlecht erhalten, in schlechtem Zustand; **preferential c.s** Vorzugsbedingungen *pl*; **prerequisite c.** 🖳 Voraussetzungsbedingung *f*; **in pristine c.** in tadellosem Zustand; **social c.** soziale Bedingung; **stipulated c.s** vereinbarte Bedingungen; **suspensive c.** aufschiebende Bedingung; **technical c.** technischer Zustand; **usual c.s (u. c.)** übliche Bedingungen

conditional *adj* vertragsgemäß, bedingt

conditions cartel Konditionskartell *nt*; **c. current** Bedingung der Zug-um-Zug-Erfüllung; **c. precedent** aufschiebende/vorangehende Bedingungen

condominium (condo *(coll)***)** *n* *[US]* 1. Eigentumswohnung *f*, Mitbesitz *m*; 2. Eigentumswohnungsanlage *f*

conduct *n* Führung *f*, Verhalten *nt*, Gebaren *nt*; **c. of affairs/business** Führung der Geschäfte, Geschäftsführung *f*, G.gebaren *nt*; **~ negotiations** Verhandlungsführung *f*; **financial c.** Finanzgebaren *nt*; **good c.** einwandfreie/gute Führung; **irresponsible/reckless c.** unverantwortliche Handlungsweise; **professional c.** standesgemäßes Verhalten; **unprofessional c.** standeswidriges Verhalten

conduct *v/t* führen, leiten, betreiben, durchführen

confectionery *n* Konditorei-, Süßwaren *pl*, Süßigkeiten *pl*

confederation *n* Verband *m*; **C. of British Industry (CBI)** britischer Industrie-/Unternehmerverband

confer *v/ti* 1. gewähren, erteilen; 2. **§** übertragen; **c. (cf.)** vergleiche (vgl.)

conference *n* 1. Sitzung *f*, Konferenz *f*, Kongress *m*, Tagung *f*; 2. (Dienst)-Besprechung *f*; **c. of ministers** Ministerkonferenz *f*; **C. of European Postal and Telecommunications Administrations**

C

(CEPT) Konferenz der europäischen Post- und Fernmeldeverwaltungen
annual conference Jahrestagung *f*; **economic c.** Wirtschaftskonferenz *f*; **environmental c.** Umweltkonferenz *f*; **interdepartmental c.** Ressortbesprechung *f*; **ministerial c.** Ministerkonferenz *f*; **residential c.** mehrtägige Konferenz, (mehrtätiges) Seminar *nt*, Tagung *f*; **top-level c.** Besprechung auf höchster Ebene
conference centre Kongresszentrum *nt*; **c. documents** Tagungsunterlagen *pl*; **c. interpreter** Konferenz-, Verhandlungsdolmetscher(in) *m/f*; **c. line** ⚓ Konferenzlinie *f*, K.reederei *f*; **c. manager** Konferenz-Manager(in) *m/f*, Kongressmanager(in) *m/f*; **c. member/participant** Seminar-, Tagungsteilnehmer(in) *m/f*; **c. rate** ⚓ Konferenzrate *f*, K.fracht *f*; **c. report** Tagungsbericht *m*; **c. room** Konferenz-, Besprechungszimmer *nt*, Konferenz-, Tagungsraum *m*; **c. terms (c.t.)** ⚓ Konferenzbedingungen *pl*
confidence *n* Vertrauen *nt*; **in strict c.** streng vertraulich; **c.-building** *adj* vertrauensbildend; **c. interval** Konfidenzintervall *m*; **c. trick** Bauernfängerei *f*, Trickbetrug *m*
confident *adj* zuversichtlich, sicher
confidential *adj* geheim, vertraulich; **strictly c.** streng vertraulich/geheim; **to treat as c.** vertraulich behandeln; **c.ity** *n* Vertraulichkeit *f*, Diskretion *f*, Verschwiegenheit *f*; **postal c.ity** Postgeheimnis *nt*
configuration management 🖳 Konfigurationsmanagement *nt*; **c. manager** Konfigurationsmanager(in) *m/f*
confirm *v/t* bestätigen, bekräftigen; **c. in writing** schriftlich/brieflich bestätigen
confirmation *n* Bestätigung *f*; **subject to c.** unverbindlich, vorbehaltlich der Bestätigung
confirmation of accounts receivable and payable; c. of balances Saldenbestätigung *f*, S.anerkenntnis *f*; **~ cover(age)** Versicherungs-, Deckungsbestätigung *f*; **~ execution** Ausführungsbestätigung *f*, **~ exercise** Ausübungsbestätigung *f*; **~ an order** Auftragsbestätigung *f*; **~ receipt** Eingangs-, Empfangsbestätigung *f*; **c. in writing** schriftliche Bestätigung
to deliver confirmation Bestätigung erteilen
early confirmation baldige Bestätigung; **official c.** amtliche Bestätigung; **written c.** schriftliche Bestätigung
confirmation blank Bestätigungsformular *nt*; **c. note** Bestätigungsschreiben *nt*; **c. slip** Ausführungsanzeige *f*
confiscate *v/t* beschlagnahmen, konfiszieren
confiscation *n* Beschlagnahme *f*; **c. of property** Vermögenseinziehung *f*; **c. order** Beschlagnahmeverfügung *f*; **c. risk** Beschlagnahmerisiko *nt*
conflagration *n* (Groß)Brand *m*
conflict *n* Streit *m*, Kontroverse *f*; **c. of distribution** Verteilungskampf *f*; **~ interest(s)** Interessenkollision *f*; **industrial c.** Arbeitskampf *m*; **c. with** *v/prep* im Widerspruch stehen zu; **c.ing** *adj* widersprüchlich; **c. resolution strategy** Konfliktlösungsstrategie *f*
conform *v/ti* (sich) anpassen; **c. to/with** 1. sich richten nach; 2. übereinstimmen mit, entsprechen; 3. *(Anordnungen)* nachkommen; **c.ance to standards** *n* Konformität mit Normen; **in ~ with; c.-ing to** entsprechend, gemäß
conformity *n* Übereinstimmung *f*, Konformität *f*; **in c. with** in Übereinstimmung mit; **~ the articles/statutes** satzungsgemäß; **~ the contract** vertragsgemäß; **to book/enter in c.** gleichlautend buchen
confrontation *n* Auseinandersetzung *f*
confus|e *v/t* verwechseln; **c.ion** *n* Verwechslung *f*
congest *v/t* verstopfen, überschwemmen; **to become c.ed** *(Verkehr)* sich stauen, stocken; **c.ion** *n* Verstopfung *f*, Überfüllung *f*, Stau *m*
conglomerat|e *n* (Misch)Konzern *m*; **industrial c.e** Industriekonzern *m*; **c.ion** *n* Zusammenballung *f*
congratulat|e *v/t* beglückwünschen, gratulieren; **c.ion** *n* Glückwunsch *m*
congress *n* Kongress *m*, Tagung *f*; **c. industry** Tagungswirtschaft *f*; **c. provider** Tagungsanbieter *m*
con|gruence *n* Übereinstimmung *f*; **c.-gruent** *adj* deckungsgleich
conjunction *n* Verbindung *f*; **in c. with** in Verbindung mit; **c. ticket** Verbundfahrausweis *m*
connect *v/t* 1. verbinden, anschließen; 2. ☎ durchstellen

connection *n* 1. Verbindung *f*, Beziehung *f*; 2. ☎ Fernsprechverbindung *f*; 3. 🚆/✈ Anschluss *m*; **c. by road** Straßenanschluss *m*; **wrong c.** ☎ falsche Verbindung

conniv|ance *n* (stillschweigende) Duldung *f*; **c.e at** *v/i* (stillschweigend) dulden

con|scientiously *adv* gewissenhaft; **c.secutive** *adj* aufeinander folgend

consensus *n* übereinstimmende/einhellige Meinung; **c. of opinion** allgemeine Meinung; **to reach c.** Übereinstimmung erzielen; **c. management** Führung im Konsens

consent *n* Einverständnis *nt*, Einwilligung *f*, Zustimmung *f*; **subject to your c.** vorbehaltlich Ihrer Zustimmung; **c. in writing** schriftliche Einwilligung; **failing c.** mangels Zustimmung; **requiring c.** zustimmungsbedürftig; **without requiring the c. of the court** ohne gerichtliche Mitwirkung; **implied/silent/tacit c.** stillschweigende Zustimmung; **by mutual c.** in gegenseitigem Einverständnis, einverständlich; **previous/prior c.** vorherige Zustimmung/Genehmigung; **unanimous c.** einstimmige Genehmigung; **written c.** schriftliche Einwilligung

consent *v/i* einwilligen, zustimmen

consequence *n* Folge(erscheinung) *f*, Konsequenz *f*; **to be of c.** ins Gewicht fallen; **harmful c.s** negative Folgen; **indirect c.** mittelbare Folge; **legal c.s** gerichtliches Nachspiel

consequent on *prep* infolge von; **c.ial** *adj* folgerichtig, Folge-

conservancy *n* Naturschutz *m*

conservation *n* 1. Konservierung *f*; 2. Einsparung *f*; 3. Umwelt-, Naturschutz *m*; **c. of assets** Erhaltung von Vermögenswerten; **~ resources** Ressourcenschonung *f*; **ecological/environmental c.** Umweltschutz *m*; **environmental c. and improvement measures** Vorkehrungen zur Erhaltung und Verbesserung der Umwelt; **rural c.** Landschaftspflege *f*; **c. activities** Umweltschutzaktivitäten *pl*; **c. area** Naturschutzgebiet *nt*; **c. order** 🏛 Veränderungssperre *f*; **c. technology** Umweltschutztechnik *f*

conservative *adj* vorsichtig

consider *v/t* 1. in Betracht/Erwägung ziehen; 2. berücksichtigen; **c. favourably** wohlwollend prüfen; **c.able** *adj* beträchtlich, erheblich; **c.ate** *adj* entgegenkommend, rücksichtsvoll

consideration *n* 1. Erwägung *f*, Überlegung *f*; 2. Rücksichtnahme *f*, Berücksichtigung *f*; 3. Entgelt *nt*, Vergütung *f*; 4. (Gegen)Leistung *f*; **for a c.** gegen Entgelt, entgeltlich; **c. other than cash** unbare Leistung; **c. for services rendered** Leistungsentgelt *nt*

commercial consideration|s kaufmännische Gesichtspunkte; **after due c.** nach reiflicher Erwägung/Überlegung; **economic c.s** wirtschaftliche Aspekte; **environmental c.s** Umweltaspekte *pl*; **external c.s** externe Aspekte; **pecuniary/valuable c.** geldwerte Gegenleistung, Entgelt *nt*

to be considered as gelten als etw.

consign *v/t* 1. ver-, absenden; 2. 🚆 aufgeben, verladen; 3. in Kommission geben

consignee *n* 1. Adressat *m*, Ladungs-, Fracht-, Warenempfänger *m*, (Sendungs)-Empfänger *m*; 2. Verkaufskommissionär *m*; **to collect from c.** vom Empfänger zu erheben; **at c.'s risk** auf Gefahr des Empfängers

consigner *n* ↘ **consignor**

consignment *n* 1. Lieferung *f*, (Waren)-Sendung *f*, (Versand)Partie *f*, Frachtgut *nt*; 2. Versand *m*, Verfrachtung *f*, Versendung *f*; 3. Konsignations-, Kommissionsware *f*; **on checking the c.** bei Durchsicht der Sendung

collective/consolidated/grouped/mixed consignment Sammelladung *f*; **floating c.** schwimmende Ware; **on-approval c.** Ansichtssendung *f*; **part-load c.** Partiefracht *f*, Stückgutsendung *f*; **prepaid c.** portofreie Sendung; **successive c.s** Teilsendungen *pl*; **undeliverable c.** unzustellbare Sendung; **valuable c.** Wertsendung *f*

consignment account Kommissionskonto *nt*; **to sell goods on a c. basis** Waren in Kommisssion verkaufen; **c. goods** Kommissions-, Konsignations-, Kommissionierware *f*; **c. invoice** Kommissionsrechnung *f*; **c. marketing** kommissionsweiser Verkauf; **c. note** 1. Frachtbrief *m*, Waren(begleit)schein *m*, Verladebescheinigung *f*; 2. Kommissionsschein *m*; **c. purchasing** Konsignationsbeschaffung *f*; **c. sale** Kommissions-, Konsignationsverkauf *m*; **c. stock(s)** Konsignations-,

C

Kommissionslager *nt*; **c. store** Kommissionierlager *nt*; **on c. terms** zu Kommissionsbedingungen

consignor *n* Ver-, Absender *m*, Verfrachter *m*, Verlader *m*; **c.'s inventory** Konsignationslager *nt*; **at c.'s risk** auf Gefahr des Ver-/Absenders

consistence; consistency *n* 1. Beständigkeit *f*, Stetigkeit *f*, Kontinuität *f*; 2. *(Bilanz)* Prinzip der formellen und materiellen Stetigkeit; **c. concept/principle** Grundsatz/Prinzip der (materiellen) Bilanzkontinuität

consistent *adj* beständig

consolidate *v/t* 1. konsolidieren, zusammenfassen; 2. *[US]* fusionieren; 3. *(Aktien)* zusammenlegen; **c.d** gemeinsam, konzertiert

consolidation *n* 1. Zusammenfassung *f*, Z.legung *f*; 2. Konsolidierung *f*, Konzentration *f*; 3. Fusion *f*; **c. of intra-group balances** Schuldenkonsolidierung *f*; **~ capital/investments** Kapitalkonsolidierung *f*; **~ a debt** Schuldenkonsolidierung *f*; **~ a market** Marktbefestigung *f*; **~ revenues and expenses** Aufwands- und Ertragskonsolidierung; **~ shares** *[GB]*/ **stocks** *[US]* Zusammenlegung des Aktienkapitals; **corporate c.** Fusion(ierung) von Aktiengesellschaften; **financial c.** Konsolidierung der Finanzen; **first-time c.** Erstkonsolidierung *f*

consolidation difference Konsolidierungsdifferenz *f*; **c. excess** übernommener Firmenwert; **c. loan** Fundierungsanleihe *f*; **c. profit** Fusionsgewinn *m*; **c. reserve** Konsolidierungsrücklage *f*; **c. sale** Gemeinschaftsverkauf *m*; **c. set** Konsolidierungskreis *m*; **c. warehouse** Sammellager *nt*

consolidator *n* *[US]* Sammelladungsagent *m*, S.spediteur *m*

consortium *n* Konsortium *nt*, Syndikat *nt*, Gruppe *f*; **c. of banks** Bankenkonsortium *nt*; **~ companies** (Firmen)Konsortium *nt*; **ad hoc c.** Gelegenheitsgesellschaft *f*; **c. agreement** Konsortialvertrag *m*; **c. bank** Konsortialbank *f*; **c. loan** Konsortialkredit *m*; **c. member** Konsortialmitglied *nt*, Konsorte *m*; **c. partner** Konsortialpartner *m*

constant *n* Konstante *f*, konstante Größe; *adj* konstant, dauernd

constitu|ent *n* Bestandteil *m*, Komponente *f*; **c.te** *v/t* 1. konstituieren, bilden; 2. darstellen, ausmachen; **c.tion** *n* 1. Zusammensetzung *f*; 2. Satzung *f*, Verfassung *f*; **corporate c.** Unternehmensverfassung *f*

constraint *n* 1. Zwang *m*; 2. Beschränkung *f*; 3. Befangenheit *f*; **budgetary c.** Haushaltsbeschränkung *f*; **legal c.s** gesetzliche Einschränkungen; **monetary c.** Geldmengenbeschränkung *f*

construct *v/t* 1. (er)bauen, errichten; 2. konstruieren, entwickeln

construction *n* ↘ **building** 1. (Auf)Bau *m*, Errichtung *f*; 2. Konstruktion *f*, Bauweise *f*; 3. Gebäude *nt*; 4. Bauwirtschaft *f*; 5. § Interpretation *f*, Auslegung *f*; **under c.** im Bau; **c. & engineering** Anlagenbau *m*; **c. under licence** Nachbau *m*; **c. in process/ progress** in Bau befindliche Anlage(n); **c. of the works** Bauausführung *f*

ecological construction ökologisches Bauen; **half-timbered c.** 🏛 Fachwerk *nt*; **industrial c.** Industriebau *m*; **licensed c.** Lizenzbau *m*; **lightweight c.** Leichtbau(weise) *m/f*; **modular c.** Baukastenbauweise *f*; **narrow/strict c.** § enge Auslegung; **prefabricated c.** Fertigbau (-weise) *m/f*; **residential c.** Wohnungsbau(tätigkeit) *m/f*

constructional *adj* baulich

construction boom Baukonjunktur *f*; **c. business** Baugeschäft *nt*, B.unternehmen *nt*; **c. company** Baufirma *f*, B.unternehmen *nt*, B.unternehmer *m*; **c. cost(s)** Bau-, Erstellungskosten *pl*; **c. department** Hochbauabteilung *f*; **c. deposits** Anzahlungen auf Anlagen; **c. employment** Beschäftigung in der Bauindustrie; **c. engineer** Konstruktionsingenieur *m*; **c. engineering** Hoch-, Ingenieurbau *m*; **c. expenditure** Bau-, Erstellungskosten *pl*; **c. finance** Baufinanzierung *f*; **c. industry** Bauwirtschaft *f*, B.industrie *f*; **c. job** Bauberuf *m*; **c. list** Bauliste *f*; **c. loan** Baukredit *m*, B.darlehen *nt*; **c. management** Bauleitung *f*; **c. manager** Konstruktionsleiter *m*; **c. order** Bauauftrag *m*; **c. output** Bauleistung *f*; **c. planning** Bauplanung *f*; **c. progress** Baufortschritt *m*; **c. schedule** Bauzeitenplan *m*; **c. site** Baustelle *f*; **free c. site** frei Bau(stelle); **c. start(-up)** Baubeginn *m*; **c. work** Bauleistung *f*, B.maßnahme *f*, B.aktivitäten *pl*; **c. worker** Bauhandwerker *m*, B.arbeiter *m*

constructive *adj* 1. konstruktiv; 2. fördernd; 3. baulich; 4. § angenommen

construe *v/t* § auslegen, interpretieren

con|sular *adj* Konsulats-, konsularisch; **c.sulate** *n* Konsulat *nt*

consult *v/ti* 1. um Rat fragen, zu Rate ziehen; 2. sich beraten, Rücksprache halten

consultancy *n* Beratung(sfirma) *f*, B.sbüro *nt*, B.stätigkeit *f*; **c. agreement** Beratervertrag *m*; **c. company/firm** Beratungsgesellschaft *f*; **c. service** Beratung *f*

consultant *n* 1. (Fach)Berater(in) *m/f*, Consultant *m*, Consulter *m*; 2. Gutachter(in) *m/f*; 3. *[GB]* Chefarzt *m*; **agricultural c.** Landwirtschaftsberater(in) *m/f*; **financial c.** Finanzberater(in) *m/f*; **in-house c.** interne(r) Berater(in); **organisational c.** Organisationsberater(in) *m/f*; **outside c.** unabhängige(r) Berater(in); **technical c.** technische(r) Berater(in)

consultation *n* 1. Beratung *f*; 2. Rücksprache *f*; **after c. with** nach Absprache mit; **in c. with** im Benehmen mit; **without prior c.** ohne vorherige Absprache; **c. fee** Beratungsgebühr *f*; **c. period** Anhörungsfrist *f*; **c. rights** Mitspracherechte *pl*

consultative *adj* beratend

consulting *n* Beratung *f*; **environmental c.** Umweltberatung *f*; **industrial c.** Industrieberatung *f*; **c. agency** Beraterfirma *f*; **c. engineer** beratender Ingenieur, technischer Berater; **c. firm** Beratungs-, Beraterfirma *f*; **c. hours** Sprechstunde *f*; **c. services** Consultingleistungen *pl*

consumables *n* Hilfsstoffe *pl*, Kleinmaterial *nt*, Verbrauchsartikel *m*, V.güter *pl*, V.material *nt*

consume *v/t* 1. auf-, verbrauchen; 2. *(Feuer)* vernichten

consumer *n* Verbraucher(in) *m/f*, Konsument(in) *m/f*, Abnehmer(in) *m/f*; **c.s** Verbraucherschaft *f*; **located close to the c.s** verbrauchernah

average consumer (Otto) *(coll)* Normalverbraucher *m*; **commercial c.** gewerblicher Abnehmer; **domestic c.** Privatverbraucher *m*, Kleinabnehmer *m*; **final c.** End-, Letztverbraucher *m*; **industrial c.** gewerblicher Abnehmer; **large-scale c.** Großkunde *m*; **private/small c.** Privatverbraucher *m*, Kleinabnehmer *m*; **special-rate c.** ϟ /*(Gas)*/ 💧 Sondertarifkunde *m*; **ultimate c.** End-, Letztverbraucher *m*

consumer acceptance Kaufbereitschaft *f*; **c. advice** Verbraucher-, Kundenberatung *f*; **c.(s') association** Verbrauchervereinigung *f*; **c. awareness** Verbraucherbewusstsein *nt*; **c. behaviour** Kauf-, Konsum-, Verbraucherverhalten *nt*; **~ model** Konsumentenverhaltensmodell *nt*; **c. boom** Verbraucherkonjunktur *f*; **c. buying pattern** Kundenkaufverhalten *nt*; **c. capital goods** langlebige Konsumgüter; **c. centre** Verbraucherzentrale *f*; **c. confidence** Verbraucher-, Konsumentenvertrauen *nt*; **c.-conscious** *adj* verbraucherbewusst; **c. cooperative** Konsumgenossenschaft *f*; **c. counselling** Verbraucher-, Kundenberatung *f*; **c. credit** Verbraucher-, Kunden-, Kleinkredit *m*; **~ agency/company** Kundenkredit-, Teilzahlungsbank *f*; **~ industry** Verbraucherkreditgewerbe *nt*; **c. debt** Verbraucherverschuldung *f*; **c. demand** Verbrauchernachfrage *f*; **c. disposables** kurzlebige Konsumgüter; **c. durables** dauerhafte/langlebige Verbrauchsgüter; **c. electronics** Konsumelektronik *f*; **c. expenditure** Verbraucherausgaben *pl*; **c.s' fair** Verbraucherausstellung *f*; **c. finance** Konsumfinanzierung *f*; **c.-focused** *adj* verbraucherorientiert; **c.-friendly** *adj* verbraucherfreundlich

consumer goods Konsum-, Gebrauchs-, Verbrauchsgüter *pl*; **basic c. g.** Massenbedarfsgüter *pl*, Gebrauchsartikel *pl*; **durable c. g.** langlebige Verbrauchs-, Gebrauchsgüter *pl*; **perishable c. g.** kurzlebige Konsumgüter; **c. g. industry** Konsum-, Verbrauchsgüterindustrie *f*; **~ manufacturer** Konsum-, Gebrauchs-, Verbrauchsgüterhersteller *m*; **~ marketing** Konsumgütermarketing *nt*; **~ output** Konsumgüterproduktion *f*; **~ supply** Verbraucherversorgung *f*

consumer guidance Verbraucheraufklärung *f*; **c. habits** Verbrauchs-, Kaufgewohnheiten *pl*; **c. income** Verbrauchereinkommen *nt*; **aggregate c. income** Gesamthaushaltseinkommen *nt*; **c. information** Verbraucherinformationen *pl*, V.hinweise *pl*, V.unterrichtung *f*; **c. industry** Verbrauchsgüterindustrie *f*

consumerism *n* Verbraucher(schutz)-bewegung *f*

consumer loan Anschaffungsdarlehen *nt*, A.kredit *m*; **c. loyalty** Kunden-, Konsumententreue *f*; **c. magazine** Publikums-

C

zeitschrift *f*; **c. market** Konsumgütermarkt *m*; **cut-price c. market** Verbrauchermarkt *m*; **c.-minded** *adj* verbraucherfreundlich; **c. needs** Konsumbedarf *m*, Verbraucherbedürfnisse *pl*; **c. non-durables** Verbrauchsgüter *pl*; **c. organisation** Verbraucherverband *m*; **c. preference** Bevorzugung durch den Verbraucher, Konsumentengeschmack *m*; **c. price** Verbraucherpreis *m*; **~ index (CPI)** Lebenshaltungs(preis)index *m*; **~ inflation** Inflation der Verbraucherpreise; **c. product** Konsumgut *nt*; **c. protection** Verbraucherschutz *m*; **c. purchasing power** Konsumentenkaufkraft *f*; **changing c. requirements** sich veränderndes Konsumverhalten; **c. research** Verbraucherbefragung *f*; **c. resistance** Kauf-, Verbraucherzurückhaltung *f*; **efficient c. response (ECR)** kompetente Reaktion auf Kundenwünsche, nachfrageorientierte Produktionssteuerung; **c. satisfaction** Zufriedenheit der Käufer; **c. saving(s)** Ersparnisbildung der privaten Haushalte; **c. society** Bedarfsgesellschaft *f*; **c. spending** Verbraucher-, Konsumausgaben *pl*, konsumtive Ausgaben; **~ capacity** Verbraucherkaufkraft *f*; **c. statistics** Verbraucherstatistik *f*; **c. stocks** *(Börse)* Konsumwerte *pl*; **c.s' strike** Verbraucherstreik *m*; **c. survey** Verbraucherumfrage *f*, V.befragung *f*; **c. wants** Verbraucherbedürfnisse *pl*

consumption *n* 1. Konsum *m*, Verbrauch *m*; 2. (Substanz)Verzehr *m*; **c. of goods** Güterverzehr *m*; **~ raw materials** Rohstoffverbrauch *m*; **c. on the premises** Verzehr an Ort und Stelle; **c. of resources** Ressourcenverbrauch *m*; **to enter for c.** ⊖ Abfertigung zum freien Verkehr beantragen; **to have a dampening effect on c.** verbrauchsdämpfend wirken

additional consumption Mehrverbrauch *m*; **aggregate c.** gesamtwirtschaftlicher Konsum; **annual c.** Jahresverbrauch *m*; **average c.** Durchschnittsverbrauch *m*; **deferred c.** Verbraucherverzicht *m*; **daily c.** Tagesverbrauch *m*; **domestic c.** inländischer/einheimischer Verbrauch; **final c.** Endverbrauch *m*, E.nachfrage *f*; **unfit for (human) c.** (für Menschen) ungenießbar; **industrial c.** gewerblicher Verbrauch; **per-capita c.** Pro-Kopf-Verbrauch *m*; **personal/private c.** Privat-, Eigenverbrauch *m*; **public c.** Staatsverbrauch *m*

consumption credit Kunden-, Verbraucherkredit *m*; **c. demand** Verbraucher-, Konsumgüternachfrage *f*; **c. goods** Konsum-, Verbrauchsgüter *pl*; **c. loan** *[US]* Kleinkredit *m*, Verbraucherdarlehen *nt*; **c. pattern(s)** Konsumverhalten *nt*, Verbrauchsgewohnheiten *pl*; **resource-saving c. pattern** ressourcensparendes Konsumverhalten; **c. rate** Verbrauchsmenge *f*; **c.-reducing** *adj* verbrauchsreduzierend; **c. tax** Verbrauchssteuer *f*

contact *n* 1. Beziehung *f*, Kontakt *m*; 2. Kontaktperson *f*, Ansprechpartner(in) *m/f*; **face-to-face c.** persönlicher Kontakt; *v/t* sich in Verbindung setzen mit, Verbindung/Fühlung/ aufnehmen

contain *v/t* 1. enthalten; 2. begrenzen, eindämmen; **c.able** *adj* kontrollierbar

container *n* (Groß-/Transport-/Versand)Behälter *m*, Container *m*, Transporteinheit *f*; **collapsible c.** Collico *m*; **disposable/non-returnable/one-trip c.** Einweg-, Einmal-, Wegwerfbehälter *m*, W.packung *f*; **exchangeable c.** Wechselbehälter *m*; **refrigerated c.** Kühlbehälter *m*, K.container *m*; **~ vessel** Kühlcontainerschiff *nt*; **small c.** Kleinbehälter *m*

container crane Containerladebrücke *f*, C.kran *m*; **c. depot** Containerstellplatz *m*; **c. facility** Containeranlage *f*; **c. freight** Containerfracht *f*; **~ station** Containerladestelle *f*; **c. glass** Behälter-, Hohlglas *nt*

container|ization *n* 1. Umstellung auf Containerverkehr; 2. Verpackung in Container, Versand in Containern; **c.ize** *v/t* 1. auf Behälter/Container umstellen; 2. in Containern verpacken

container load Containerladung *f*; **full c. l. (F.C.L.)** Container-Komplettladung *f*; **less than c. l. (L.C.L)** Teilladung *f*

container logistics Containerlogistik *f*; **c. operations** Container(fracht)geschäft *nt*, C.verkehr *m*; **c. port** Containerhafen *m*; **c. service** Containerverkehr *m*; **c. ship** Containerschiff *nt*; **c. shipping** Containerschifffahrt *f*; **c. terminal** Containerterminal *nt*, C.umschlagstelle *f*; **c. traffic** Container-, Behälterverkehr *m*; **c. vessel** Containerschiff *m*; **c. yard (C.Y.)** Containerdepot *nt*

contaminate *v/t* verschmutzen, verseuchen, verunreinigen

contamination *n* Verschmutzung *f*, Verseuchung *f*, Verunreinigung *f*; **c. of industral sites** Verseuchung von Industriestandorten; **environmental c.** Umweltverseuchung *f*; **industrial c.** industriebedingte Verseuchung

contango *n* 1. *(Börse)* Report(prämie) *m/f*; 2. Aufgeld *nt*; 3. *(Devisen)* Kursaufschlag *m*; *v/t* prolongieren, Reportgeschäft abschließen; **c. business** Report-, Prolongationsgeschäft *nt*; **c. rate** Report *m*, Prolongationsgebühr *f*, Aufgeld *nt*

contempt of court *n* § Missachtung des Gerichts

contender *n* (Mit)Bewerber(in) *m/f*, Wettbewerber(in) *m/f*

content|(s) *n* 1. Inhalt *m*, Fassungsvermögen *nt*; 2. Hausrat *m*; 3. Inhaltsverzeichnis *nt*; **c. of a letter** Briefinhalt *m*; **~ harmful substances** Schadstoffgehalt *m*; **domestic/local c.** (ein)heimischer Liefer-/Fertigungsanteil; **foreign c.** ausländischer Lieferanteil; **maximum c.** Höchstgehalt *m*; **minimum c.** Mindestgehalt *nt*; **paid c.** *(Internet)* Bezahl-Inhalte; **c.s insurance** Hausratversicherung *f*; **c.s management** Content-Management *nt*; **c.s manager** Medienredakteur *m*; **c.s validity** Inhaltsvalidität *f*

contention *n* § (Prozess)Behauptung *f*

contentious *adj* 1. strittig; 2. streitsüchtig

contest *n* 1. Wettbewerb *m*; 2. Streitfall *m*; **c. for market shares** Kampf um Marktanteile; **to drop out of the c.** aus dem Wettbewerb ausscheiden; *v/t* anfechten, bestreiten

contestation *n* Anfechtung *f*, Bestreiten *nt*; **c. of contract** Vertragsanfechtung *f*

contiguity *n* *(Grundstück)* Nachbarschaft *f*

continent *n* Kontinent *m*; **the C.** *[GB]* europäisches Festland, Kontinentaleuropa *nt*; **c.al** *adj* festländisch, kontinental

contingency *n* 1. Eventualfall *m*, Möglichkeit *f*; 2. Eventualverbindlichkeit *f*; 3. *(Bilanz)* Rückstellung *f*; **contingencies** Rückstellungen für unvorhersehbare Verluste, Nebenkosten *pl*

contingency account Delkrederekonto *nt*; **c. allowance** sachliche Verteilzeit, sachlicher Verteilzuschlag; **c. bond** Versicherung gegen außergewöhnliche Risiken; **c. fee** § Erfolgshonorar *nt*; **c. fund** Not-, Sicherheitsrücklage *f*, Delkredererückstellung *f*, Rückstellung für unvorhergesehene Ausgaben, außerordentliche Rücklage; **c. insurance** Ausfall-, Risikoversicherung *f*; **c. plan** Krisen-, Eventualfallplan *m*; **c. reserve** 1. Sonder-, Sicherheits-, Verlustrücklage *f*, V.rückstellung *f*, Rückstellung für Eventualverbindlichkeiten; 2. *(Vers.)* allgemeine Sicherheitsrücklage; **c. risks** außergewöhnliche Risiken; **c. stocks** Notvorrat *m*, Hilfslager *nt*

contingent (upon) *adj* abhängig (von), bedingt (durch)

continuation *n* Fortsetzung *f*, F.führung *f*; **c. of insurance** Weiterversicherung *f*; **~ operations** Betriebsfortführung *f*; **~ payment** Weiterzahlung *f*

continuation bill Prolongationswechsel *m*; **c. clause** *(Vers.)* Verlängerungsklausel *f*; **c. course** Aufbaulehrgang *m*; **c. loan** Anschlusskredit *m*; **c. policy** *(Vers.)* Erneuerungspolice *f*; **c. rate** Reportprämie *f*

continue *v/ti* 1. fortfahren, f.setzen, f.-schreiben; 2. fortbestehen, f.dauern; **c. to employ** weiterbeschäftigen; **~ pay** weiterzahlen

continuity *n* Kontinuität *f*, Stetigkeit *f*; **c. of employment** stetige Beschäftigung; **~ valuation** Bewertungskontinuität *f*

contraband (goods) *n* ⊝ Schmuggelware *f*

contract *n* 1. Abkommen *nt*, Vertrag *m*; 2. Auftrag *m*; 3. Handelseinheit *f*; 4. (Termin)Kontrakt *m*; **in accordance with the c.** vertragsgemäß; **not ~ c.** vertragswidrig; **as per c.** laut Vertrag/Kontrakt; **conforming to the c.** vertragskonform; **prior to a c.** vor Vertragsschluss; **subject to c.** § vorbehaltlich des/eines Vertragsabschlusses

contract of affreightment (Schiffs)-Befrachtungsvertrag *m*; **~ agency** 1. Agenturvertrag *m*; 2. Geschäftsbesorgungsvertrag *m*; **~ appointment** Anstellungsvertrag *m*; **~ apprenticeship** Ausbildungsvertrag *m*; **~ carriage** Beförderungsvertrag *m*; **~ carriage by sea** Seefrachtvertrag *m*; **~ delivery** Liefervertrag *m*; **c. for future delivery** Terminkontrakt *m*; **c. of limited duration** befristeter Vertrag; **~ employment** Anstellungs-, Arbeitsvertrag *m*, A.verhältnis *nt*; **~ hire** Mietvertrag *m*; **~ insurance** Versicherungsvertrag *m*; **~ lease** Miet-, Pachtvertrag *m*; **c. of/to manufacture; c. for the procurement of a product** Werkvertrag *m*; **c. of partnership**

C

C

Teilhabervertrag *m*; **c. for an indefinite period of time** unbefristeter Vertrag; **c. of purchase/sale** Kaufvertrag *m*; **~ representation** Repräsentantenvertrag *m*; **~ shipment; c. with the shipowner** Reedereivertrag *m*; **c. for series production** Serienvertrag *m*; **c. to supply** Lieferkontrakt *m*, L.vertrag *m*; **c. of traineeship** (Berufs)Ausbildungsvertrag *m*; **~ warranty** Garantievertrag *m*; **c. for work and labour; ~ works and services** Werkvertrag *m*; **c. in writing** schriftliche Abrede, schriftlicher Vertrag

covered by contract vertraglich abgesichert; **established by c.** vertraglich vereinbart; **stipulated by c.** vertraglich festgelegt

to avoid a contract Vertrag anfechten; **to award a c.** Auftrag vergeben/erteilen, Zuschlag erteilen; **to be bound by c.** vertraglich gebunden sein; **to be in breach of c.** vertragsbrüchig sein; **to breach a c.** Vertrag brechen/verletzen; **to cancel a c.** Vertrag auflösen/aufheben; **to comply with the c.** vertragsgemäß sein; **to conclude/enter into a c.** Vertrag abschließen; **to discharge a c.** Vertrag erfüllen/durchführen; **to draw up a c.** Vertrag aufsetzen; **to establish by c.** vertraglich vereinbaren; **to frustrate a c.** Vertragserfüllung unmöglich machen; **to fulfil a c.** Vertrag erfüllen/durchführen; **to hold (so.) to the c.** auf dem Vertrag bestehen; **to honour a c.** Vertrag erfüllen; **to negotiate a c.** Vertrag aushandeln; **to opt out of a c.** aus einem Vertrag aussteigen, von einem Vertrag zurücktreten; **to put out to c.** im Submissionswege vergeben; **to repudiate/rescind a c.** Vertrag widerrufen; **to secure a c.** Auftrag erhalten; **to sell a c.** *(Option)* Kontrakt verkaufen; **to sign a c.** Vertrag unterzeichnen; **to stipulate by c.** vertraglich festlegen; **to tender for a c.** sich um einen Auftrag bewerben; **to terminate a c.** Vertragsverhältnis beenden/lösen, Vertrag kündigen, sich vom Vertrag lossagen; **to win a c.** Auftrag erhalten; **to withdraw from a c.** von einem Vertrag zurücktreten

billed contract abgerechneter Auftrag; **binding c.** rechtsgültiger Vertrag; **blanket c.** Generalvertrag *m*; **closed c.** abgeschlossener Kontrakt; **cost-plus c.** Vertrag mit Preisgleitklausel; **cost-plus-fee c.** Vertrag zu Istkosten zuzüglich Gewinnzuschlag; **exclusive c.** Ausschließlichkeitsvertrag *m*; **executed c.** erfüllter Vertrag; **expiring c.** auslaufender Vertrag; **farming-out c.** Lohnauftrag *m*; **fixed-price c.** Festpreisauftrag *m*; **fixed-term c.** befristeter Vertrag, Zeitvertrag *m*; **forward c.** *(Börse)* Terminkontrakt *m*; **immoral c.** sittenwidriger Vertrag; **implied c.** stillschweigend abgeschlossener Vertrag; **indefinite-term c.** unbefristeter Vertrag; **loss-making c.** verlustbringender Auftrag; **lump-sum c.** Festpreisauftrag *m*, Pauschalvertrag *m*; **major c.** Großauftrag *m*; **multi-delivery c.** Sukzessivliefervertrag *m*; **open c.** schwebendes Geschäft; **open-end(ed) c.** unbefristeter Vertrag, Sukzessivliefervertrag *m*; **public c.** öffentlicher Auftrag; **revolving/rolling c.** sich erneuernder/automatisch verlängernder Vertrag; **standard(-form) c.** Modell-, Mustervertrag *m*; **temporary c.** Zeitarbeitsvertrag *m*; **terminable c.** kündbarer Vertrag; **tying c.** Knebelungsvertrag *m*; **uncompleted/unfilled c.** schwebendes Geschäft; **valid c.** gültiger Vertrag; **void c.** ungültiger Vertrag; **written c.** schriftlicher Vertrag

contract *v/ti* 1. sich vertraglich verpflichten; 2. schrumpfen; **c. in** *(Vertrag)* einsteigen *(coll)*; **c. out** 1. Unterauftrag vergeben, fremdvergeben, Auftrag außer Haus geben, an Fremde vergeben; 2. vertraglich ausschließen/abbedingen; 3. *(Vertrag)* aussteigen *(coll)*

contract award Zuschlag *m*, (Auftrags)-Vergabe *f*; **large c. billing** Abrechnung eines Großauftrags; **c. bond** Erfüllungs-, Leistungsgarantie *f*; **c. carrier** Vertragsspediteur *m*, V.spedition *f*; 2. ⚓ Vertragsreederei *f*; 3. 🚂 bahnamtliches Rollfuhrunternehmen; **c. claim** vertraglicher Anspruch; **technical c. conditions** technische Vertragsbedingungen; **c. costing** Auftragskalkulation *f*; **c. customer** Vertragskunde *m*; **c. date** Abschlussdatum *nt*; **before c. date** vor Vertragsablauf; **c. goods** Vertragsware *f*; **c. guarantee** Erfüllungsgarantie *f*; **annual c. hours** Jahrearbeitszeit *f*

contracting *n* Vertragswesen *nt*; *adj* 1. vertragschließend; 2. schrumpfend; **c. out** 1. Freizeichnung *f*; 2. Fremdvergabe *f*

contraction *n* 1. Schrumpfung *f*, Rückgang *m*; 2. Konjunkturabschwung *m*, Abschwächung *f*; **c. of debts** Schuldenaufnahme *f*; **c. of/in demand** Nachfrageschrumpfung *f*, N.rückgang *m*; **c. in employment** Beschäftigungsrückgang *m*; **c. of manufacturing; c. in output** Produktionsrückgang *m*; **cyclical c.** Konjunkturabschwung *m*, Rezession *f*

contract laboratory Auftragslabor *nt*; **c. labour** Leih(arbeits)kräfte *pl*, L.arbeit *f*; **c. law** § Vertrags-, Schuldrecht *nt*; **c. logistics** Kontraktlogistik *f*; **c. manufacturing** Auftrags-, Lohnfertigung *f*; **c. marketing** Kontraktmarketing *nt*, K.-vertrieb *m*; **c. negotiation** Vertragsverhandlung *f*; **c. no.** Kontrakt-Nr.; **c. note** 1. Schlussnote *f*, S.schein *m*; 2. Auftragsbestätigung *f*; 3. Abrechnung (des Börsenmaklers) *f*

contractor *n* 1. Auftragnehmer *m*, Lieferant *m*, Lieferfirma *f*; 2. Auftraggeber *m*; 3. 🏛 *(Bau)* Unternehmer *m*; 4. Vertragspartei *f*; **by the c.** bauseits; **general c.** Generalunternehmer(in) *m/f*; **main/primary/prime c.** Haupt-, Generalunternehmer *m*; **private c.** Lohnunternehmen *nt*; **c. fatality** Unfall bei Fremdfirmen; **c.'s retention** Risikobeteiligung des Auftragnehmers

contract penalty Konventionalstrafe *f*; **c. performance guarantee** Vertragserfüllungsgarantie *f*; **c. period** Laufzeit des Vertrags; **c. personnel** Leihpersonal *nt*, L.arbeitskräfte *pl*; **c. placing** Auftragsvergabe *f*; **c. price** 1. Vertrags-, Lieferpreis *m*; 2. *(Börse)* Abschlusskurs *m*; 3. *(Option)* Kontraktpreis *m*; **c. processing** Lohnvered(e)lung *f*; **c. processor** *(Veredelung)* Lohnunternehmen *nt*; **c. production** Auftrags-, Lohnfertigung *f*; **c. quantity** vertraglich vereinbarte Menge; **c. rate** *(Fracht)* Kontraktrate *f*; **c. requirements** Forderungen eines Vertrags; **c. review** Vertrags(über)prüfung *f*; **interim c. status report** Zwischenabrechnung *f*; **c. research** Auftragsforschung *f*; **c. sheet** Abrechnungsbogen *m*; **c. supplies** vertragliche Lieferungen; **c. terms** Vertragsbedingungen *pl*; **c. trading** *(Börse)* Terminhandel *m*; **c. type** Kontraktart *f*

contractual *adj* 1. vertraglich, vertragsgemäß; 2. tariflich

contract unit *(Börse)* Mindestmenge *m*, Schluss *m*; **c. value** Auftragswert *m*; **c. volume** Auftrags-, Vertragsvolumen *nt*; **c. worker** Leiharbeiter(in) *m/f*

contra|cyclical *adj* antizyklisch; **c.vene** *v/t* § zuwiderhandeln; **c.vention** *n* Zuwiderhandlung *f*, Verstoß *m*; **~ of the insider rules** Insiderverstöße *pl*

contribute *v/t* 1. beisteuern, beitragen; 2. *(Geld)* zuschießen; 3. Beiträge entrichten

contribution *n* 1. Beitrag *m*, Zuschuss *m*; 2. Gewinnbeitrag *m*, Mitwirkung *f*; 3. Spende *f*; 4. (Schadens)Beteiligung *f*; 5. Kapital-, Deckungsbeitrag *m*

contribution in arrears Beitragsrückstand *m*; **c. to general average** Havarieeinschuss *m*; **c. of/to capital** Kapitaleinlage *f*; **hidden c. of capital** verdeckte Kapitaleinlage; **c. other than cash** Sacheinlage *f*; **c. to costs** Unkostenbeitrag *m*; **~ operating income** Ergebnisbeitrag *m*; **c. in kind** Sacheinlage *f*; **c. to the partnership capital** Gesellschaftseinlage *f*; **c.s for pensions and social support** Aufwendungen für Altersversorgung und Unterstützung; **c. for the period** Periodenbeitrag *m*; **(positive) c. to profits** Gewinnbeitrag *m*

to make a contribution (to) Beitrag leisten (zu), stiften, spenden; **~ c. to capital** Einschuss leisten

charitable contribution Spende für mildtätige Zwecke; **compensatory c.** Ausgleichsbeitrag *m*; **compulsory c.** Pflichtbeitrag *m*; **financial c.** Geldbeitrag *m*; **flat-rate c.** einheitlicher Beitragssatz, pauschal(iert)er Beitrag; **graduated c.s** gestaffelte Beiträge; **in-kind/non-cash c.** Sacheinbringung *f*, S.leistung *f*; **limited-partner c.** Kommanditeinlage *f*; **lump-sum c.** Pauschalbeitrag *m*; **non-compulsory c.s** *(Vers.)* freiwillige Leistungen; **own c.(s)** Eigenleistung *f*; **pro-rata/rat(e)able c.** anteilmäßiger Beitrag; **statutory c.** Pflichtbeitrag *m*; **voluntary c.** freiwillige Spende/Beitragsleistung

contribution ceiling Beitragsgrenze *f*; **c. costing** Deckungsbeitragsrechnung *f*; **c.(s) income** Beitragsaufkommen *nt*, B.einnahmen *pl*; **c. margin** *(Gewinn)* (Kosten)Deckungsbeitrag *m*; **~ accounting** Deckungsbeitragsermittlung *f*; **c. rate** Beitragssatz *m*; **c.(s) receipts** Beitragsaufkommen *nt*, B.einnahmen *pl*; **c. refund** Beitragserstattung *f*

contributor *n* 1. Beitragszahler(in) *m/f*, B.pflichtige(r) *m/f*; 2. *(Zeitung)* Mitarbeiter(in) *m/f*; **c. of capital** Kapitaleinleger *m*; **employed c.** Pflichtversicherte(r) *f/m*; **net c.** *[EU]* Nettoeinzahler *m*, N.beitragszahler *m*

C

contributory *adj* beitragspflichtig

control *n* 1. Steuerung *f*, Leitung *f*, Lenkung *f*; 2. Kontrolle *f*, Aufsicht *f*, Beherrschung *f*; 3. (Zwangs)Bewirtschaftung *f*; 4. *(Lohn/Preis)* Begrenzung *f*; 5. Regulierung *f*

control of capital movements Kapitalverkehrskontrolle *f*; **~ final deposition** Endverbleibskontrolle *f*; **~ foreign exchange movements** Devisenbewirtschaftung *f*; **~ funds transfers** Kapitalverkehrskontrolle *f*; **~ goods processing/withdrawal** Warenausgangskontrolle *f*; **~ the market** Marktsteuerung *f*; **~ the money supply** Geldmengenregulierung *f*, G.steuerung *f*; **~ abusive practices** Missbrauchsaufsicht *f*, M.kontrolle *f*; **~ quality** Qualitätsüberwachung *f*; **~ the supply** Angebotssteuerung *f*

to keep under control im Zaume halten, zügeln; **to lift c.s** Kontrollen/Zwangsbewirtschaftung aufheben, freigeben; **to put under c.** reglementieren

budgetary control Haushaltskontrolle *f*, H.überwachung *f*; **cost-revenue c.** Erfolgskontrolle *f*; **economic c.** Wirtschaftslenkung *f*, W.steuerung *f*; **fiscal c.** Steueraufsicht *f*; **monetary c.** 1. Geldmengensteuerung *f*; 2. Devisenbewirtschaftung *f*; **overall c.** Globalsteuerung *f*; **statutory c.** gesetzliche Kontrolle; **supervisory c.** Rechtsaufsicht *f*

control *v/t* 1. (be)herrschen, kontrollieren, überwachen; 2. lenken, steuern; 3. (zwangs)bewirtschaften; 4. bereit haben

control board Aufsichtsamt *nt*; **c. chart** Regelkarte *f*; **c. engineering** Mess- und Regeltechnik *f*; **c. experiment** Kontrollversuch *m*; **c. factor** Steuerungsgröße *f*; **c. file** 🖳 Steuerdatei *f*; **c. group** 📊 Vergleichsgruppe *f*

controller *n* 1. *[US]* Leiter(in) der Abteilung Rechnungswesen; 2. Controller(in) *m/f*, Kontrollleiter(in) *m/f*; **divisional c.** Bereichscontroller(in) *m/f*, Sparten-Controller(in) *m/f*; **financial c.** Finanzcontroller(in) *m/f*

controlling *n* Controlling *nt*, Unternehmenssteuerung *f*; *adj* (be)herrschend; **actuarial c.** aktuarielles Controlling; **corporate c.** Unternehmenscontrolling *nt*; **divisional c.** Bereichscontrolling *nt*; **financial c.** Finanz-Controlling *nt*; **strategic c.** strategisches Controlling

control measure Bewirtschaftungs-, Kontrollmaßnahme *f*; **c. office** Überwachungsstelle *f*; **c. panel** Bedienpanel *nt*, Schalttafel *f*; **c. procedure** Überwachungsverfahren *nt*; **c. system** 1. Kontroll-, Bewirtschaftungssystem *nt*, Kontrollwesen *nt*; 2. Steuerung(stechnik) *f*; **c. tool** Führungsinstrument *nt*; **c. variable** Steuerungsgröße *f*

conurbation *n* Ballungsgebiet *nt*, B.raum *m*, B.zentrum *nt*, Verdichtungsgebiet *nt*

convene *v/t* einbe-, zusammenrufen

convener; convenor *n* 1. *(Versammlung)* Einberufende(r) *f/m*; 2. *[GB]* *(Gewerkschaft)* Vorsitzende(r) der Vertrauensleute

convenience *n* Komfort *m*, Annehmlichkeit *f*; **at your c.** bei Gelegenheit; **~ earliest c.** *(Brief)* sobald wie möglich; **c. food** Fertig-, Schnellgerichte *pl*; **c. goods** (Konsum)Güter des täglichen Bedarfs; **c. store** *[US]* Nachbarschaftsladen *m*

convenient *adj* 1. bequem, vorteilhaft; 2. (verkehrs)günstig

convenor *n* ↘ **convener**

convention *n* 1. Tagung *f*, Versammlung *f*, Kongress *m*; 2. Gepflogenheit *f*; 3. Übereinkunft *f*; **local c.s** Verkehrssitte *f*; **c.al** *adj* 1. üblich, gewöhnlich; 2. vertragsgemäß; **c. centre** Kongresszentrum *nt*

convergence; convergency *n* Annäherung *f*, Konvergenz(prozess) *f/m*; **c. criterion** (*pl* **criteria**) *[EU]* Konvergenzkriterium *nt*

conversation mode 🖳 Dialogbetrieb *m*

conversion *n* 1. (Um)Tausch *m*, Eintausch *m*; 2. (Währungs)Umstellung *f*; 3. (Um-/Ver)Wandlung *f*; 4. Umgründung *f*; **c. into foreign currency** Umrechnung in fremde Währung; **c. of debt(s)** Umschuldung *f*; **c. to the Euro** Umstellung auf den Euro; **c. of exchange rates** Wechselkursumrechnung *f*

conversion account Konversions-, Umstellungskonto *nt*, U.rechnung *f*; **c. agent** Wandelstelle *f*, Umtauschagent *m*; **c. analyst** Conversion-Analytiker(in) *m/f*; **c. balance** Umschuldungsguthaben *nt*; **c. bond** Wandelschuldverschreibung *f*; **c.**

cost(s) Umstellungskosten *pl*; **c. credit** Umschuldungskredit *m*; **c. factor** Anpassungskoeffizient *m*; **c. formula** Umrechnungsformel *f*; **c. gain** Wandlungsgewinn *m*; **c. grant** Umstellungsbeihilfe *f*; **c. issue/loan** Wandelanleihe *f*; **c. offer** Umtauschangebot *nt*; **c. period** Umtauschfrist *f*; **c. premium** Wandlungsaufgeld *nt*, Wandelprämie *f*; **c. price** Umrechnungs-, Wandlungspreis *m*; **c. project** Konversionsprojekt *nt*; **c. rate** 1. Umrechnungs-, Wandlungspreis *m*; 2. *(Genussschein, Aktie)* Umtauschkurs *m*; **c. ratio** Umstellungs-, Umrechnungsverhältnis *nt*; **c. right** Wandelrecht *nt*; **c. stock** Wandelanleihe *f*; **c. table** Umrechnungstabelle *f*; **c. terms** Wandlungsbedingungen *pl*

convert *v/t* 1. (um)tauschen, einwechseln, umrechnen; 2. *(Gesellschaft)* umgründen; **c. into** in umrechnen

convertibility *n* Austausch-, Konvertierbarkeit *f*; **full/unrestricted c.** uneingeschränkte Konvertierbarkeit; **limited/restricted c.** beschränkte Konvertierbarkeit

convertible *adj* umtauschbar, konvertierbar, umrüstbar; **c. market** Markt für Wandelanleihen

convey *v/t* 1. transportieren, senden, befördern; 2. § *(Grundstück)* auflassen, übertragen; 3. vermitteln

conveyance *n* 1. Beförderungs-, Transportmittel *nt*; 2. Transport *m*, Beförderung *f*; 3. § (Grundstücks)Übertragung *f*, Auflassung *f*, Umschreibung *f*; **c. of goods** Güterbeförderung *f*; **c. by land** Landfracht *f*, L.transport *m*; **c. of land** Grundbesitzübertragung *f*; **~ passengers** Personenbeförderung *f*; **~ property/real estate** Eigentums-, Grundstücksübertragung *f*; **~ title** Rechtsübertragung *f*; *v/t* § *(Besitz)* auflassen, umschreiben

conveyancing *n* § (notarielle) Eigentumsübertragung *f*

conveying machine/plant Förderanlage *f*; **c. system** Transportsystem *nt*

conveyor *n* 1. ☼ Förderanlage *f*; 2. Rollenbahn *f*, Transporteinrichtung *f*; **overhead c.** Hochtransportband *nt*; **c. belt** Fließ-, Transportband *nt*; **c. chain** Transportkette *f*; **c. system** Förderanlage *f*; **c. technology** Fördertechnik *f*

convict *v/t* für schuldig erklären/befinden; **c.ion** *n* 1. Überzeugung *f*; 2. § Schuldspruch *m*; **previous c.ion** § Vorstrafe *f*

convocation *n* Einberufung *f*, Versammlung *f*

cook *v/t* *(Bilanz)* fälschen, frisieren *(coll)*; **c.ing of accounts** *n* Bilanzfälschung *f*

cooling-off *n* Abkühlung (der Konjunktur) *f*; **c. agreement** Stillhalteabkommen *nt*; **c. period** Bedenk-, Karenz-, Wartezeit *f*

C

co-op *n* Genossenschaft *f*, Konsum *m*

cooperate *v/i* zusammen-, mitarbeiten

cooperation *n* Mit-, Zusammenarbeit *f*, Mitwirkung *f*; **consortial c.** Zusammenarbeit im Konsortium; **economic c.** wirtschaftliche Zusammenarbeit; **smooth c.** reibungslose Zusammenarbeit

cooperative *n* (Betriebs)Genossenschaft *f*, Konsum(genossenschaft) *m/f*; **agricultural c.** landwirtschaftliche Genossenschaft; **commercial c.** 1. Handelsgenossenschaft *f*; 2. Verwertungsgenossenschaft *f*; **industrial c.** gewerbliche Genossenschaft; **purchasing c.** Einkaufsgenossenschaft *f*

cooperative *adj* 1. gemeinwirtschaftlich, genossenschaftlich; 2. hilfsbereit, kooperativ; **C. Society (Co-op)** (Konsum)-Genossenschaft *f*

cooperator *n* Kooperator *m*

coordinat|e *v/t* aufeinander abstimmen, koordinieren; **c.ion** *n* Abstimmung *f*, Koordinierung *f*; **interdepartmental c.ion** ressortmäßige Abstimmung

co-owner *n* 1. Miteigentümer(in) *m/f*; 2. ⚓ Parten-, Mitreeder *m*; **c.ship** *n* Miteigentum *nt*, gemeinschaftlicher Besitz; **c. of ships/vessels** Partenreederei *f*; **c. ship-share** *n* Miteigentumsanteil *m*

copartner *n* Mitinhaber(in) *m/f*, Gesellschafter(in) *m/f*, Mitunternehmer(in) *m/f*; **c.ship** *n* Teilhaber-, Genossenschaft *f*, Sozietät *f*, Mitbeteiligung *f*

co-payment *n* 1. $ Zuzahlung *f*; 2. *(Vers.)* Selbstbeteiligung *f*

cope with *v/i* bewältigen

copier *n* Kopierer *m*, Kopierautomat *m*, Vervielfältigungsgerät *nt*; **c. market** Kopiergerätemarkt *m*

copper|-bottomed *adj* *(Finanzen)* gesund; **c. mine** Kupfermine *f*

co|-product *n* Nebenerzeugnis *nt*, Beiprodukt *nt*; **c.-production** *n* Ko-, Gemeinschaftsproduktion *f*; **c.-proprietor** *n* Miteigentümer(in) *m/f*, M.gesellschafter(in) *m/f*

copy *n* 1. Kopie *f*, Nachahmung *f*, N.bau *m*;

C

2. Duplikat *nt*, (Zweit)Ausfertigung *f*; 3. Exemplar *nt*; 4. Druckvorlage *f*; 5. Werbetext *m*; **copies to** *(Korrespondenz)* Verteiler *m*; **c. of the bill** Wechselausfertigung *f*; **~ invoice** Rechnungsdurchschlag *m*, R.doppel *nt*; **~ register** Registerauszug *m*; **to certify a c.** Kopie beglaubigen; **to write c.** Werbetexte schreiben

advance copy Vorausexemplar *nt*; **backup c.** Sicherungskopie *f*; **complimentary/free c.** *(Buch)* Frei-, Werbeexemplar *nt*; **notarized c.** notariell beglaubigte Abschrift/Kopie; **official c.** amtliche Ausfertigung/Abschrift; **original c.** Original *nt*; **~ of the bill of lading (B/L)** Originalkonnossement *nt*; **second c.** Zweitausfertigung *f*; **top c.** Original *nt*; **true c.** genaue Abschrift; **certified ~ c.** Richtigkeit der Abschrift beglaubigt

copy *v/t* 1. kopieren; 2. nachahmen, imitieren

copy|cat *n* Markenpirat *m*; **c.ing machine** Kopierer *m*; **c.-protected** *adj* kopiergeschützt; **c. protection** Kopierschutz *m*

copyright *n* Nach-, Abdruck-, Urheberrecht *nt*, Copyright *nt*, Abdruckerlaubnis *f*; **out of c.** nicht mehr urheberrechtlich geschützt; **protected by c.** urheberrechtlich geschützt; **c. reserved** Nachdruck verboten; **to infringe a c.** Urheber-/Verlagsrecht verletzen; **statutory c.** gesetzliches Urheberrecht

copyright claim Urheberrechtsanspruch *m*; **c. fee** Urheberrechtsgebühr *f*; **c. holder** Urheberrechtsinhaber(in) *m/f*; **c. infringement** Urheberrechtsverletzung *f*; **c. note** Urheberschutzvermerk *m*; **c. protection** Urheber(rechts)schutz *m*; **c. royalty** Urheberlizenz *f*

copy shop Kopierladen *m*; **c. typist** Schreibkraft *f*; **c.write** *v/t (Werbung)* texten; **c.writer** *n* Werbe-, Anzeigentexter *m*, Texter(in) *m/f*; **c.writing services** *n* Textdienstleistungen *pl*

core *n* 1. Kern *m*; 2. Kernstück *nt*; **c. activity** Haupttätigkeit *f*; **c. business** Kern-, Basisgeschäft *nt*; **~ activity** Kerngeschäftsfeld *nt*; **c. capital** *(Tier I)* Kernkapital *nt*; **c. competence/competency** Kern-, Schlüsselkompetenz *f*, Kernfähigkeit *f*; **c. currency** Hauptwährung *f*; **c. industry** Schlüsselindustrie *f*; **c. inflation** Kerninflation *f*; **~ rate** *[GB]* bereinigte Inflationsrate (ohne Hypothekenzinsen); **c. product** Hauptprodukt *nt*; **c. rate** Kern(zins)satz *m*; **c. worker** Stammarbeiter(in) *m/f*; **c. workforce** Stammbelegschaft *f*, S.personal *nt*

corn *n* 1. Korn *nt*, Getreide *nt*; 2. *[US]* Mais *m*; **C. Belt** *[US]* Getreidegürtel *m*; **c. chandler** Getreidehändler *m*

corner *n* 1. Ecke *f*, Winkel *m*; 2. Aufkäufergruppe *f*, Käufermonopol *nt*; **c. shop** *[GB]* Tante-Emma-Laden *m (coll)*, Laden an der Ecke

corn exchange Getreidebörse *f*; **c. mill** Getreidemühle *f*

corporate *n* Unternehmen *nt*; *adj* Betriebs-, Gesellschafts-, Unternehmens-, unternehmerisch,

corporation *n* ↘ **company** 1. Körperschaft *f*, juristische Person; 2. Kapitalgesellschaft *f*; 3. *[US]* Konzern *m*, Unternehmen *nt*; 4. Stadtverwaltung *f*, Gemeinde *f*; **c. under private law** Körperschaft des Privatrechts; **~ public law** Körperschaft des öffentlichen Rechts

affiliated/associated corporation angegliederte/verbundene Gesellschaft; **aggregate c.** Gesellschaft mit mehreren Teilhabern; **chartered c.** 1. *[GB]* Stiftung *f*; 2. *[US]* zugelassene Gesellschaft; **civil c.** *[US]* Gesellschaft bürgerlichen Rechts (GbR); **close(d) c.** *[US]* Gesellschaft mit beschränkter Mitgliederzahl, Familien-AG *f*; **commercial c.** Handelsgesellschaft *f*; **consolidated c.** konsolidierte Gesellschaft; **controlling c.** (be)herrschende Gesellschaft; **financial c.** aktienrechtlich organisierte Bank/Versicherung; **industrial c.** Industriekonzern *m*; **interlocking c.** Schachtelgesellschaft *f*; **joint-stock c.** *[US]* Aktiengesellschaft (AG) *f*; **listed c.** Kapitalmarktgesellschaft *f*, (börsen)-notiertes Unternehmen; **moneyed c.** 1. Kredit-, Finanzinstitut *nt*, Bank *f*; 2. Versicherung(sgesellschaft) *f*; **multinational c.** *(coll)* Multi *m*; **non-profit(-making) c.** gemeinnütziges Unternehmen; **one-man c.** Einpersonengesellschaft *f*; **open c.** *[US]* Publikums-, Aktiengesellschaft (AG) *f*; **private c.** privatrechtliche Körperschaft; **public c.** Publikumsgesellschaft *f*; **public-law c.** 1. Anstalt/ Körperschaft öffentlichen Rechts; 2. öffentliches Unternehmen, Staatsunternehmen *nt*; **quoted c.** börsennotierte

Kapitalgesellschaft; **subsidiary c.** Organ-, Tochtergesellschaft *f*

corporate-owned *adj* unternehmenseigen

corporation law Körperschaftsrecht *nt*

corporation tax Körperschaftssteuer (KSt) *f*, Gesellschaftssteuer *f*; **to be exempt from c. t.** von der Körperschaftssteuer befreit sein; **liable to c. t.** körperschaftssteuerpflichtig; **advance c. t.** Körperschaftssteuervorauszahlung *f*; **lower-rate c. t.** ermäßigte Körperschaftssteuer; **mainstream c. t.** (normale) Körperschaftssteuer auf einbehaltene Gewinne; **c. t. credit** Körperschaftssteuergutschrift *f*; **~ liability** Körperschaftssteuerschuld *f*; **~ rate** Körperschaftssteuersatz *m*

corporation transport städtische(s) Verkehrsmittel

correction *n* 1. Berichtigung *f*, Korrektur *f*; 2. *(Konto)* Bereinigung *f*; **c. key** *(Schreibmaschine)* Korrekturtaste *f*; **c. notice** Berichtigungsmitteilung *f*

correctness *n* Genauigkeit *f*

correlate *v/ti* 1. korrelieren, in Beziehung setzen; 2. sich entsprechen

correlation *n* 1. π Korrelation *f*; 2. Zusammenhang *m*; **c. coefficient** Korrelationskoeffizient *m*

correspond *v/i* korrespondieren, Briefwechsel führen; **c. to** übereinstimmen mit, entsprechen

correspondence *n* 1. Briefwechsel *m*, Schriftverkehr *m*, Korrespondenz *f*; 2. Übereinstimmung *f*; **to handle the c.** Schriftverkehr erledigen; **commercial c.** Handels-, Geschäftskorrespondenz *f*; **c. course** Fernlehrgang *m*; **c. department** Korrespondenzabteilung *f*

correspondent *n* 1. Briefpartner(in) *m/f*; 2. Geschäftsfreund(in) *m/f*; **commercial c.** Handelskorrespondent(in) *m/f*; **c. bank** *(Akkreditiv)* Korrespondenzbank *f*

corridor *n* Korridor *m*, Gürtel *m*

corroborate *v/t* bekräftigen

corrupt *v/t* korrumpieren, bestechen; *adj* korrupt, bestechlich, käuflich; **c.ion** *n* Korruption *f*, Bestechung *f*

co-signatory *n* Mitunterzeichner(in) *m/f*

cost|(s) *n* 1. Kosten *pl*, Preis *m*, Aufwand *m*; 2. § Verfahrenskosten *pl*; **after c.s** nach Abzug der Kosten; **at c.** 1. zum (Selbst)-Kostenpreis; 2. zum Ankaufskurs; **with c.s** § kostenpflichtig

cost of acquisition Beschaffungskosten *pl*; **~ acquisition or production** Anschaffungs- oder Herstellungskosten *pl*; **incidental c.s of acquisition** Anschaffungsnebenkosten *pl*; **c. per article produced** Stückkosten *pl*; **c.(s) of borrowing** Kredit (beschaffungs)kosten *pl*; **c.(s) of business start-up** Kosten der Ingangsetzung des Geschäftsbetriebs; **~ capital** Kapitalkosten *pl*; **~ capital procurement** Kosten der Kapitalbeschaffung; **~ carrying** Kosten der Lagerhaltung; **~ changeover** Rüstkosten *pl*; **~ collection** Einzugskosten *pl*; **~ communications** Kommunikationskosten *pl*; **~ conformity** Konformitätskosten *pl*; **~ delivery** Liefer-, Versandkosten *pl*; **~ development** Entwicklungsaufwand *m*; **~ disposal** Absatzkosten *pl*; **~ equity (capital)** Eigenkapitalkosten *pl*; **~ finance** Finanz(ierungs)-, Geldbeschaffungskosten *pl*; **total ~ financing** Gesamtfinanzierungskosten *pl*; **~ goods** Herstellungskosten *pl*; **c. of goods sold** Herstellungskosten des Umsatzes; **~ in-kind benefits** Sachleistungskosten *pl*; **c.s of inspection** Prüfkosten *pl*; **~ insurance** Versicherungs(un)kosten *pl*; **~ inventory** Lagerkosten *pl*; **~ labour** Lohnkosten *pl*; **overall c. of labour** Gesamtlohnkosten *pl*

cost of living Lebenshaltungskosten *pl*; **~ adjustment** Teuerungsausgleich *m*; **~ allowance** Teuerungszulage *f*; **~ escalator** Lohngleitklausel *f*; **~ index** Lebenshaltungs(kosten)index *m*

cost(s) of manufacture Herstellungs-, Selbstkostenpreis *m*

cost(s) of material(s) Materialkosten *pl*, M.aufwand *m*; **~ direct m.** Materialeinzelkosten *pl*; **~ and services** Sach- und Dienstleistungskosten *pl*; **c.(s) of input m.s** Vormaterialkosten *pl*

cost|(s) of money Geldbeschaffungskosten *pl*; **c. of temporary personnel** Fremdpersonalkosten *pl*; **~ plant and machinery** Maschinenkosten *pl*; **~ power and energy** Energieaufwand *m*; **~ production** Herstellungs-, Produktionskosten *pl*; **~ providing goods/services** Sachleistungskosten *pl*; **c.s of purchasing** Einkaufskosten *pl*; **~ raw materials** Rohstoff(beschaffungs)kosten *pl*; **~ raw materials and supplies** Aufwendungen für Roh-, Hilfs- und Betriebsstoffe;

C

C

c. of renovation Renovierungsklausel *f*; **~ rework** Nach(arbeits)kosten *pl*; **~ sales** Vertriebs-, Absatzkosten *pl*, Umsatzkosten *pl*; **~ sales method** Umsatzkostenverfahren *nt*; **~ services** Dienstleistungskosten *pl*; **c.s of further training** Weiter-, Fortbildungskosten *pl*; **~ transport(ation)** Versand-, Transportkosten *pl*; **c.s per unit (of output)** Stück-, Einheitskosten *pl*; **c. of wages and salaries** Personalaufwand *m*; **~ waste disposal** Entsorgungskosten *pl*

net of cost|(s) *(Preis)* netto; **not affecting c.s** kostenneutral; **curbing c.s** Kostendämmung *f*; **cutting c.s** Kostensenkung *f*, K.einsparung *f*; **pushing up c.s** kostentreibend; **c.s to be added** zuzüglich (der) Kosten; **c.s charged forward** unter Nachnahme aller Kosten; **all c.s deducted** nach Abzug aller Kosten; **all c.s included** mit Einschluss aller Kosten; **c.(s) incurred** angefallene Kosten; **c. or market (value) whichever is lower** *(Bilanz)* Niederstwert *m*

cost|s and earnings Aufwendungen und Erträge; **c. and freight (CFR, c&f)** *(Incoterm)* Kosten und Fracht bezahlt; **c., insurance (c.i.)** (Verlade)Kosten und Versicherung; **c., i., freight (CIF)** *(Incoterm)* (Verlade)Kosten, Versicherung und Fracht (bezahlt); einschließlich Kosten, Versicherung und Fracht

to absorb cost|(s) Kosten auffangen; **to allocate c.(s)** Kosten umlegen; **to award c.s against so.** § jdm die Kosten (des Verfahrens) auferlegen; **to bear the c.(s)** Kosten tragen/übernehmen; **to break down c.s** Kosten aufschlüsseln; **to contain c.(s)** Kosten eindämmen; **to cut c.(s)** Kosten senken/abbauen; **to deduct c.s** Kosten absetzen; **to dismiss with c.(s)** § kostenpflichtig abweisen; **to drive down c.s** Kosten senken; **to incur c.(s)** Kosten eingehen; **to itemize c.s** Kosten aufgliedern; **to meet c.(s)** Kosten begleichen; **to pass on c.(s)** Kosten weiter-/überwälzen; **to recoup c.s** Kosten wieder hereinholen; **to refund c.(s)** Kosten (zurück)erstatten/ersetzen; **to rein back c.s** Kosten unter Kontrolle bringen; **to share the c.** sich die Kosten teilen; **to value at c.** zum Einkaufswert einsetzen

absorbed cost|(s) verrechnete Gemeinkosten; **accrued c.(s)** aufgelaufene Kosten; **actual c.(s)** Ist-, Effektivkosten *pl*; **additional c.(s)** Zusatz-, Mehrkosten *pl*; **administrative c.(s)** Verwaltungskosten *pl*; **all-in c.** Gesamtkosten *pl*; **allocated c.(s)** verrechnete Kosten; **apportionable c.(s)** Gemein-, Schlüsselkosten *pl*, zurechenbare Kosten; **average c.(s) (AC)** Durchschnittsaufwand *m*; **weighted ~ c.s** gewogene Durchschnittskosten; **budgeted c.(s)** Sollkosten *pl*, veranschlagte Kosten; **capitalized c.(s)** aktivierte Kosten; **consequential c.(s)** Folgekosten *pl*; **constant c.(s)** Fixkosten *pl*; **current c.(s)** laufende Kosten, betrieblicher Aufwand, Kostenaufwand zu Marktpreisen; **decreasing c.(s)** Kostendegression *f*; **departmental c.(s)** Stellen-, Abteilungskosten *pl*; **direct c.(s)** direkte/leistungsabhängige Kosten; **initial ~ c.s** direkte Vertragsabschlusskosten; **~ c. department** Hauptkostenstelle *f*; **economic c.(s)** Anschaffungs-, Herstellungskosten *pl*; **effective c.(s)** Istkosten *pl*; **environmental c.s** Kosten des Umweltschutzes; **escalating c.(s)** Kostensteigerung *f*; **estimated c.(s)** Schätzkosten *pl*; **external c.(s)** volkswirtschaftliche Kosten; **extra c.(s)** Mehr-, Sonderkosten *pl*; **fixed c.(s)** Fix-, Gemeinkosten *pl*; **follow-up c.(s)** Folgekosten *pl*; **front-end c.(s)** Vorlaufkosten *pl*; **historic(al) c.(s)** 1. ursprüngliche Anschaffungskosten; 2. Anschaffungs- oder Herstellungskosten *pl*; **idle-capacity c.(s)** Stillstands-, Leerkosten *pl*; **imputed c.(s)** kalkulatorische Kosten; **incremental c.(s)** Grenzkosten *pl*; **indirect c.(s)** indirekte/mittelbare Kosten, Gemeinkosten *pl*, verrechnete Fertigungsgemeinkosten; **initial c.(s)** Anschaffungspreis *m*, Anlaufkosten *pl*; **inventory-carrying c.s.** Kosten der Lagerhaltung; **legal c.(s)** Rechtskosten *pl*; **logistical c.s** Logistikkosten *pl*; **marginal c.(s)** Grenzkosten *pl*; **residual materials-related c.s** reststoffverwandte Kosten; **mixed c.(s)** Mischkosten *pl*; **net c.(s)** Nettokosten *pl*, N.preis *m*; **non-budget c.(s)** außerplanmäßige Kosten; **non-labour c.s** nicht lohnbezogene Kosten; **non-recurring c.(s)** einmalige Kosten; **non-value-creating c.s** nichtwertschöpfende Kosten; **non-variable c.s** Fixkosten *pl*; **non-wage c.s** Lohnnebenkosten *pl*; **ongoing c.s** fortlaufende Kosten; **operating c.(s)**

Betriebskosten *pl*; **secondary ~ c.s** Betriebsnebenkosten *pl*; **original c.(s)** Herstell-, Einstands-, Gestehungskosten *pl*, Herstellungsaufwand *m*; **output-related c.(s)** leistungsabhängige Kosten; **overhead c.(s)** Gemeinkosten *pl*; **own c.s** interne Kosten; **primary/prime c.(s)** Herstell-, Einstands-, Gestehungskosten *pl*, Selbstkostenbetrag *m*; **promotional c.s** Werbungskosten *pl*; **rising c.(s)** steigende Kosten, Kostensteigerung *f*; **runaway c.(s)** Kostenexplosion *f*; **running c.(s)** Betriebskosten *pl*, laufende Kosten; **scheduled c.(s)** Plan-, Standardkosten *pl*; **shared c.s** Kostenbeteiligung *f*; **soaring c.(s)** sprunghaft steigende Kosten; **social c.s** Infrastrukturkosten *pl*, volkswirtschaftliche Gesamtkosten; **~ and benefits** Soziallasten *pl*; **standard c.(s)** Plan-, Standardkosten *pl*; **standby c.(s)** Bereitschafts-, Bereitstellungskosten *pl*; **sundry c.(s)** verschiedende Kosten; **sunk c.s** verlorene Kosten; **supplementary c.(s)** Preisaufschlag *m*; **supply-chain-related c.s** Logistikkosten *pl*; **total c.(s)** Gesamtkosten *pl*, Kostenvolumen *nt*; **up-front c.(s)** 1. Vorlaufkosten *pl*; 2. *(Fonds)* Ausgabeaufschlag *m*,Verwaltungskosten *pl*; **value-creating c.** wertschöpfende Kosten; **variable c.(s)** veränderliche/variable Kosten

cost *v/ti* 1. *(Preis)* (aus-/vor)kalkulieren, Kosten veranschlagen; 2. kosten

cost absorption Vollkostenrechnung *f*, Kostenübernahme *f*, K.zurechnung auf Kostenträger; **c. account** Kostenanschlag *m*; **c. accountant** *n* 1. (Betriebs)-Kostenrechner *m*, Betriebsabrechner *m*, Kostenrechnungsexperte *m*; 2. Bilanzbuchhalter *m*; 3. Preiskalkulator(in) *m/f*

cost accounting betriebliches Rechnungswesen, betriebswirtschaftliche Erfolgskontrolle, Rentabilitäts(be)rechnung *f*, Kostenermittlung *f*, Betriebskostenabrechnung *f*, kostenmäßige Bearbeitung; **c. and results a.** Kosten- und Leistungsrechnung *f*; **~ revenue a.** Kosten- und Ertragsrechnung *f*; **current c. a.** Istkostenrechnung *f*, Kalkulation zu Marktpreisen; **internal c. a.** Betriebsbuchhaltung *f*; **standard c. a.** Plankostenrechnung *f*; **c. a. department** Kalkulationsabteilung *f*, Betriebsbuchhaltung *f*; **general ~ principles** Allgemeine Grundsätze der Kostenrechnung

cost accrual Kostenanfall *m*; **c. advantage** Kostenvorteil *m*; **c. allocation** Kostenverrechnung *f*, K.zurechnung *f*; **~ base** Kostenschlüssel *m*; **c. analysis** Kostenanalyse *f*, K.aufgliederung *f*; **c. average effect** Durchschnittkosteneffekt *nt*; **c. averaging** Reduzierung der Durchschnittskosten; **c. awareness** Kostenbewusstsein *nt*; **c. base** Kostengrundlage *f*; **c. benefit** Kostenvorteil *m*; **~ analysis** Kosten-Nutzen-Analyse *f*; **c./benefit tradeoff** Kosten-Nutzen-Ausgleich *m*; **c. breakdown** Kostenaufgliederung *f*, Aufschlüsselung der Kosten; **c. budget** Kostenplan *m*

cost centre (Haupt)Kostenstelle *f*, K.träger *m*; **departmental c. c.** Nebenkostenstelle *f*; **direct/main c. c.** Hauptkostenstelle *f*; **c. c. accounting** (Kosten)Stellenrechnung *f*; **~ accountant** Kostenstellenrechner(in) *m/f*; **~ comparison** Kostenstellenvergleich *m*, K.vergleichsberechnung *f*; **~ overhead(s)** indirekte Stellenkosten

cost classification Kostenartenrechnung *f*; **c. comparison** Preisvergleich *m*, Kostenvergleich(srechnung) *m/f*; **c.-competitive** *adj* kostengünstig; **c.-conscious** *adj* kostenbewusst; **c.-consciousness** *n* Kostenbewusstsein *nt*, K.denken *nt*; **c. consideration** Kostenbetrachtung *f*; **c. control** Kostenkontrolle *f*, K.überwachung *f*; **c.-revenue control** Ergebniskontrolle *f*; **c. controller** Contolleur(in) Kostenrechnung *m/f*, (Kosten)Controller(in) *m/f*; **c. cut** Kostensenkung *f*, kostensenkende Maßnahme

cost cutting Kosteneinsparungen *pl*, K.abbau *m*; **c.-c.** *adj* kostendämpfend, k.senkend; **c. c. campaign** Kostensenkungsaktion *f*; **~ program(me)** Kostensenkungsprogramm *nt*

cost degression Kostendegression *f*; **c. department** (Haupt)Kostenstelle *f*, K.-träger *m*; **c.-income differential** Schere zwischen Kosten und Ertrag; **c.-earnings ratio** Aufwands-Ertragsverhältnis *nt*, Aufwandsrendite *f*; **c.-effective** *adj* kostenwirksam, wirtschaftlich; **c.-effectiveness** *n* Kostenwirksamkeit *f*, Wirtschaftlichkeit *f*; **c. efficiency** Kosteneffizienz *f*; **c. element** Kostenfaktor *m*;

C

C

c. estimate (Vor)Kalkulation *f*, Kostenansatz *m*, K.(vor)anschlag *m*; **rough c. estimate** Grobkostenschätzung *f*; **c. factor** (Un)Kostenfaktor *m*, K.gesichtspunkt *m*; **c. finding** Kostenerfassung *f*; **c. fixing** Kostenfestsetzung *f*; **c. focus** Kostenfokus *m*; **c. gap** Kostenschere *f*; **c. group** Kostenart *f*; **c. impact** Kostenbelastung *f*, K.druck *m*; **c.-income ratio** Kosten-Ertragsverhältnis *nt*, Aufwand-Ertrag-Relation *f*, Aufwandsrentabilität *f*, Kosten-Ertragsquote *f*, Kosten-Gewinn-Verhältnis *nt*; **c. increase** Kostensteigerung *f*; **c.-induced** *adj* kostenbedingt

costing *n* Kosten(be)rechnung *f*, Kalkulation *f*, Preis-, Rentabilitätsberechnung *f*; **actual c.** Istkostenrechnung *f*; **combined c.** Mischkalkulation *f*; **departmental c.** Kostenstellenrechnung *f*; **direct c.** Deckungsbeitragsrechnung *f*; **full c.** Vollkostenrechnung *f*; **sectional c.** Teilkostenrechnung *f*; **standard c.** 1. Plan-, Normal-, Standardkostenrechnung *f*; 2. *(Vorrat)* Bewertung zu Festpreisen

costing clerk Kalkulator *m*, Kostenrechner *m*, Kalkulationssachbearbeiter(in) *m/f*; **c. department** Kostenbuchhaltung *f*, Kalkulationsabteilung *f*; **c. model** Kalkulationsmodell *nt*; **full c. principle** Vollkostenprinzip *nt*; **c. rate** Zuschlagssatz *m*, Kalkulationszuschlag *m*; **standard c. rate** fester Gemeinkostenzuschlag; **c. system** Kostenrechnungssystem *nt*, (Preis)Kalkulation *f*; **c. unit** Kostenträger *m*

cost|-intensive *adj* kostenintensiv; **c. item** Kostenart *f*; **c. leader** Kostenführer *m*; **c. leadership** Kostenführerschaft *f*; **c. level** Kostenniveau *nt*; **c. load per unit** Stückkostenbelastung *f*; **c.ly** *adj* teuer, kostspielig; **c. management** Kostenkontrolle *f*, K.management *nt*

cost method Kosten(be)rechnungsart *f*, K.methode *f*; **all inclusive c. m.** Gesamtkostenverfahren *nt*; **average c. m.** Bewertung zu Durchschnittspreisen, Durchschnittsmethode *f*; **departmental c. m.** Abteilungskostenrechnung *f*; **entry age actual/actuarial c. m.** Teilwertverfahren *nt*; **total c. m.** Gesamtkostenverfahren *nt*

cost minimization Kostenminimierung *f*; **c. optimization** Kostenoptimierung *f*; **c.-optimized** *adj* kostenoptimiert; **c. overabsorption** Kostenüberdeckung *f*; **c. overrun/overshoot** Kostenüberschreitung *f*, K.überschuss *m*; **c.-plus** *n* Gestehungskosten plus Gewinnspanne, Lohnaufwand plus Material und Unternehmerverdienst; **c. point of view** Kostengesichtspunkt *m*; **c. position** Kostenposition *f*

cost price (Selbst)Kosten-, (Netto)Einkaufs-, Gestehungs-, Herstellungspreis *m*; **at c. p.** zum (Selbst)Kosten-/Anschaffungspreis; **below c. p.** unter (Einkaufs)-Preis

cost pricing Berechnung zum Selbstkostenpreis; **historical c. principle** Anschaffungskostenprinzip *nt*; **lowest c. principle** Niederstwertprinzip *nt*; **c. push** Kostensteigerung *f*, K.schub *m*; **~ inflation** durch Kostensteigerung bedingte Inflation; **c. rate** Gemeinkostenzuschlag *m*; **c. ratio** Kostendeckungsgrad *m*; **c. recovery** Kostendeckung *f*; **full c. recovery** volle Kostendeckung; **c. reduction** 1. Kostensenkung *f*; 2. Kosteneinsparungseffekte *pl*; **~ program(me)** Kostensenkungprogramm *nt*; **c. refund** Kosten(rück)erstattung *f*; **c. saving** Kosteneinsparung *f*, K.ersparnis *f*; **c. savings** Kosteneinsparungseffekte *pl*; **c.-saving** *adj* kostensparend, k.dämpfend; **c. schedule** Kostentabelle *f*; **c. sharing** Kostenteilung *f*, (Un)Kostenbeteiligung *f*; **c. sheet** Kostenabrechnung *f*, K.blatt *nt*; **c. squeeze** Kostendruck *m*, K.zange *f*; **c. standard** Kalkulationsnorm *f*; **c. structure** Kostenstruktur *f*, K.gefüge *nt*; **c. system** Kostenrechnung *f*; **full c. system** *(Vers.)* Vollkasko *nt*; **c. trend** Kostenverlauf *m*; **c. type** Kostenart *f*; **~ accounting** Kostenartenverteilung *f*, K.rechnung *f*; **c. underabsorption** Kostenunterdeckung *f*; **c. unit** Kostenstelle *f*, K.einheit *f*, K.träger *m*; **~ accounting** Kostenträgerrechnung *f*; **~ rate** Kostensatz *m*; **c. value** Einstands-, Anschaffungswert *m*; **c. variance** Kostenabweichung *f*

co|-subsidiary *n* Schwestergesellschaft *f*; **c.surety** *n* Mit-, Nebenbürge *m*; **c.-terminous** *adj* gleichlaufend, fristenkongruent

cottage *n* Häuschen *nt*; **c. industry** Heimarbeit *f*

cotton *n* Baumwolle *f*; **c. exchange** Baumwollbörse *f*; **c. industry** Baumwollindustrie *f*; **c. picker** Baumwollpflückmaschine *f*; **c. trade** Baumwollhandel *m*

council *n* Rat *m*, Ausschuss *m*, Gremium *nt*; **c. of economic advisers** *[US]* Wirtschaftsrat *m*; **~ economic experts** Sachverständigenrat *m [D]*; **~ governors** Gouverneursrat; **C. of Ministers** *[EU]* Ministerrat *m*; **~ the European Union** Europäischer Rat

administrative council Verwaltungsrat *m*, geschäftsführender Ausschuss; **advisory c.** (Sachverständigen-/Verwaltungs)-Beirat *m*; **economic c.** Wirtschaftsausschuss *m*; **executive c.** Exekutivausschuss *m*; **local c.** Gemeinderat *m*; **monetary c.** Währungsbeirat *m*

council chairman Ratsvorsitzender *m*; **c. building/construction** *[GB]* sozialer Wohnungsbau; **c. estate** *[GB]* kommunale Wohnsiedlung; **c. flat** *[GB]* Sozialwohnung *f*; **c. house** *[GB]* gemeindeeigenes Wohnhaus; **c. housing** *[GB]* sozialer Wohnungsbau; **c. rent** *[GB]* Sozialmiete *f*; **c. tax** *[GB]* Kommunalsteuer *f*; **c. tenant** *[GB]* Sozialmieter(in) *m/f*; **c. worker** Gemeindearbeiter(in) *m/f*

co-underwriter *n* 1. Mitkonsorte *m*; 2. Mitversicherer *m*

counsel *n* 1. Rat(schlag) *m*; 2. § Rechtsbeistand *m*; **c. for the defence** Verteidiger(in) *m/f*; **~ plaintiff** (Rechts)Anwalt des Klägers; **~ prosecution** Anklagevertreter *m*; **corporate/in-house c.** Hausjurist *m*, Justiziar *m*, Syndikus *m*; **legal c.** Rechtsbeistand *m*

counsel *v/t* (be)raten

counsel's fee Anwaltshonorar *nt*

counselling *n* Beratung *f*; **financial c.** Finanzberatung *f*; **legal c.** Rechtsberatung *f*; **start-up c.** Existenzaufbau-, Gründungsberatung *f*

counsellor *n* 1. Berater(in) *m/f*; 2. *[US]* § Rechtsbeistand *m*; **vocational c.** Berufsberater(in) *m/f*

counsel's opinion § Rechtsgutachten *nt*

count *n* 1. (Aus)Zählung *f*, (Be)Rechnung *f*; 2. § Anklagepunkt *m*; *v/t* 1. (mit-/ab)-zählen, rechnen; 2. *(Stimmen)* auszählen; **c. in** einplanen; **c. off** abzählen; **c. out** auszählen

countable *adj* zählbar

counter *n* 1. Ladentisch *m*, (Laden)Theke *f*; 2. (Bank)Schalter *m*; **over the c. (OTC)** 1. am Schalter; 2. *(Börse)* freihändig, im Freiverkehr, außerbörslich, Tafel-; 3. *(Finanzprodukt)* nicht standardisiert

counter account Gegenkonto *nt*; **c.action** *n* Gegensteuerung *f*, G.maßnahme *f*; **c.balance** *n* 1. Gegengewicht *nt*; 2. Gegen-, Rückbuchung *f*; *v/t* aufwiegen, kompensieren; **c.bid** *n* Gegen(an)gebot *nt*; *v/t* mitbieten; **c.bidder** *n* Gegenbieter *m*; **c. bill** Gegen-, Rückwechsel *m*; **c. bond** Gegensicherheit *f*, Rückschein *m*, R.bürgschaft *f*; **c. card** Thekenaufsteller *m*; **c.-check** *n* Gegenkontrolle *f*, G.probe *f*; **c. check** *[US]***/cheque** *[GB]* Kassenscheck *m*; **c.claim** *n* § Gegenanspruch *m*, G.forderung *f*; *v/t* Gegenforderung(en) stellen; **c. clerk** Schalterbeamter *m*, S.beamtin *f*; **c.-contract** *n* Gegengeschäft *nt*, G.kontrakt *m*; **c.cyclical** *adj* antizyklisch, konjunkturdämpfend; **c. display** Thekenaufstellung *f*; **c.enter** *v/t* gegenbuchen; **c.entry** *n* Gegen-, Rückbuchung *f*

counterfeit *n* Fälschung *f*, Nachahmung *f*; *v/t* (ver)fälschen, nachmachen; **c.er** *n* Fälscher *m*, Falschmünzer *m*; **c.ing** *n* (Geld-/Banknoten)Fälschung *f*

counter|foil *n* 1. Kontrollbeleg *m*, K.abschnitt *m*, Kupon *m*; 2. Belegabschnitt *m*, Scheckleiste *f*; **c.guarantee** *n* Rückbürgschaft *f*, R.garantie *f*; **c.guarantor** *n* Rückbürge *m*; **c. hall** Kassenraum *m*, Schalterhalle *f*; **c.insurance** *n* Rück-, Gegenversicherung *f*

countermand *n* 1. Widerruf(ung) *m/f*, Abbestellung *f*, Absage *f*, Annullierung *f*, Storno *m/nt*; 2. Schecksperre *f*; **c. of payments** Zahlungsstopp *m*; *v/t* aufheben, sperren, stornieren, rückgängig machen

counter|measure *n* Gegenmaßnahme *f*; **c.-offer** *n* Gegen(an)gebot *nt*; **c.order** *n* Gegenorder *f*, G.auftrag *m*, Stornierung *f*; *v/t* absagen, abbestellen, stornieren; **c.-part** *n* Gegenüber *nt*, G.stück *nt*

counterparty account Kontrahentenkonto *nt*; **external c. account** externes Kontrahentenkonto; **c. class** Kontrahentenklasse *f*; **c. group** *(Bonitäts-Management)* Kontrahentengruppe *f*; **c. limit** Kontrahentenlimit *nt*

counter|performance *n* Gegenleistung *f*; **c.productive** *adj* das Gegenteil bewirkend; **c. sales** 1. Einzelhandelsumsätze *pl*; 2. Schalterumsätze *pl*; **c. service** 1. Bedienung (an der Theke) *f*; 2. Schalterdienst *m*; **c.sign** *v/t* gegenzeichnen; **c.signature** *n*

Gegenzeichnung *f*; **c. staff** Bedienungs-, Schalterpersonal *nt*; **c.trade** *n* Tausch-, Kompensationsgeschäft *nt*, Tauschhandel *m*; **c.trading method** Countertrade-Methode *f*

C

counting *n* (Aus)Zählung *f*; **c. method** Auszählverfahren *nt*

countless *adj* unzählige

country *n* Staat *m*, Land *nt*; **across the c.** landesweit; **in the c.** auf dem Lande

country of consumption Verbrauchsland *nt*; **~ departure** Abgangsland *nt*; **~ destination** Bestimmungs-, Zielland *nt*; **~ destination principle** *[EU]* Bestimmungslandprinzip *nt*; **~ domicile** Sitzstaat *m*; **~ employment** Beschäftigungsland *nt*; **~ importation** Einfuhrland *nt*; **~ incorporation** Sitzstaat *m*; **preferred c. for new investments** bevorzugtes Investitionsland; **c. of manufacture** Hersteller-, Herstellungsland *nt*; **~ origin** Bezugs-, Herkunfts-, Ursprungsland *nt*; **~ origin principle** *[EU]* Ursprungslandprinzip *nt*; **~ registration** Registrierungsland *nt*; **~ shipment** Verschiffungs-, Absenderland *nt*; **~ source** Ursprungs-, Herkunftsland *nt*

acceding country *[EU]* Beitrittsland *nt*; **agricultural c.** Agrarland *nt*; **beneficiary c.** ⊝ präferenzbegünstigtes Land; **borrowing c.** kreditnehmendes Land; **buying c.** Käuferland *nt*; **capital-exporting c.** Kapitalausfuhrland *nt*; **capital-importing c.** Kapitaleinfuhrland *nt*; **least developed countries (LLDC)** am wenigsten entwickelte Länder; **less developed c. (LDC); developing c.** Entwicklungsland *nt*; **emerging c.** Schwellenland *nt*; **exporting c.** Export-, Ausfuhrland *nt*; **foreign c.** Ausland *nt*; **high-wage c.** Hochlohnland *nt*; **importing c.** Import-, Einfuhrland *nt*; **industrialized c.** Industrieland *nt*; **newly ~ c. (NIC)** Schwellenland *nt*; **highly inflationary c.** Hochinflationsland *nt*; **low-income c. (LIC)** Entwicklungsland mit sehr geringem Einkommen; **low-pay/low-wage c.** Niedriglohnland *nt*; **Mediterranean c.** Mittelmeer-Anrainer-Staat; **middle-income c. (MIC)** Entwicklungsland mit geringem Einkommen; **native c.** Geburtsland *nt*; **non-EU c.** *[EU]* Drittland *nt*; **non-member c.** Nichtmitgliedsland *nt*; **oil-exporting/petroleum-exporting c.** (Erd)Ölexportland *nt*; **oil-producing c.** (Erd)Ölförderland *nt*; **sending c**. Entsenderland *nt*; **soft-currency c**. Weichwährungsland *nt*; **third c.** Drittland *nt*

country *adj* länderspezifisch

country bank *[GB]* Provinzbank *f*; **c. bill** *[GB]* Provinzwechsel *m*; **c. branch** Provinzfiliale *f*; **c. code** ☎ Ländervorwahl *f*; **c. exchange** Regionalbörse *f*; **c. manager** Länderreferent(in) *m/f*, L.sachbearbeiter(in) *m/f*; **c. name** Ländername *m*; **c. planning** Landesplanung *f*; **c. rating** Länderrisikoanalyse *f*; **c.-risk assessment** Länderrisikoberwertung *f*; **c. shipper** Inlandsspediteur *m*; **c. short name** Länderkürzel *nt*; **c.side stewardship** Landschaftspflege *f*; **c.-specific** *adj* länderbezogen, l.spezifisch; **c.-wide** *adj* landesweit

county *n* 1. *[GB]* Grafschaft *f*; 2. *[US]* Landkreis *m*; **c. borough** kreisangehörige Gemeinde; **c. council** 1. *[GB]* Grafschaftsrat *m*; 2. *[US]* Kreistag *m*; **c. court** § Bezirks-, Grafschaftsgericht *nt*; **c. town** Kreis-, Grafschaftsstadt *f*

couple *n* Paar *nt*; **married c.'s allowance** *(Steuer)* Freibetrag für Verheiratete; **two-career/two-income c.** Doppelverdiener(ehepaar) *pl/nt*

coupon *n* 1. Kupon *m*, Gutschein *m*, Bezugsmarke *f*; 2. Zins(gut)-, Dividendenschein *m*; **to carry a c.** mit einem (Zins)-Gutschein ausgestattet sein; **annual c.** Jahreskupon *m*; **semi-annual c.** halbjährliche Zinszahlung; **yearly c.** Jahreskupon *m*, J.zinsschein *m*

coupon bond *[US]* Inhaberschuldverschreibung *f*, Obligation (mit Zinsschein) *f*; **c. date** Zinstermin *m*; **c. rate** Zinssatz *m*; **c. sheet** Zins(schein)-, Dividendenbogen *m*; **c. tax** Kuponsteuer *f*; **c. yield** *(Obligation)* Jahreszins *m*, laufende Verzinsung, Rendite *f*

courier *n* 1. Eilbote *m*, Kurier *m*; 2. Reiseleiter(in) *m/f*; **c. service** Boten-, Kurierdienst *m*

course *n* 1. Verfahren *nt*, Methode *f*; 2. Verlauf *m*; 3. Lehrgang *m*; 4. ⚓ Kurs *m*

course of action Verfahrensweise *f*, Aktionsplan *m*; **~ business** Geschäftsgang *m*, G.verlauf *m*; **in the normal ~ business** im gewöhnlichen Geschäftsverlauf; **~ conduct** Verhaltensweise *f*; **~ the (business/trade/economic) cycle; ~ the**

economy Wirtschafts-, Konjunkturentwicklung *f*, K.verlauf *m*; **c.s on offer** Kursangebot *nt*; **c. of study/studies** Studiengang *m*; **~ further study** Aufbaustudiengang *m*; **ordinary ~ trade** normaler Handelsverkehr; **in the ~ the week** im Wochenverlauf
to attend a course an einem Kurs(us)/ Lehrgang teilnehmen; **to be on c.** auf Kurs sein, im Plan liegen; **to enrol/sign up for a c.** sich zu einem Kurs(us) anmelden; **to organise a c.** Lehrgang einrichten; **to stay the c.** durchhalten
advanced course Aufbau-, Fortgeschrittenenkurs *m*; **introductory c.** Einführungskurs *m*; **vocational c.** Ausbildungslehrgang *m*
course attendance Kurs-, Lehrgangsteilnahme *f*; **c. fee** Kurs-, Lehrgangsgebühr *f*; **c. organiser** Lehrgangsveranstalter *m*; **c. success** Lehrgangserfolg *m*
court *n* § Gericht(shof) *nt/m*; **in c.** bei Gericht; **out of c.** außergerichtlich
court of appeal Revisionsinstanz *f*, Berufungsgericht *nt*; **~ arbitration** Schiedsgericht *nt*; **~ auditors** Rechnungshof *m*; **~ bankruptcy** Konkursgericht *nt*; **~ directors** *[GB]* Verwaltungsrat *m*; **~ honour** Disziplinar-, Ehrengericht *nt*; **~ first instance** erste Instanz; **~ last instance** letztinstanzliches Gericht; **~ jurisdiction** zuständiges Gericht; **competent ~ jurisdiction** zuständiges Gericht; **~ justice/law** Gericht(shof) *nt/m*
court above höhere Instanz; **c. below** unter(geordnete) Instanz; **pending before the c.; ~ in c.** rechtshängig
to appeal to a higher court höhere Instanz anrufen, in die Revision gehen; **to appear in c.** vor Gericht erscheinen; **to bring before a c.; to go to c.** Gericht anrufen, Rechtsweg beschreiten; **to settle out of c.** sich außergerichtlich einigen/ vergleichen; **to take to c.** vor den Richter bringen, verklagen
administrative court Verwaltungsgericht *nt*; **civil c.** Zivilgericht *nt*; **commercial c.** Handelsgericht *nt*; **competent c.** zuständiges Gericht; **criminal c.** Strafgericht *nt*, S.kammer *f*; **disciplinary c.** Disziplinar-, Ehrengericht *nt*; **federal c.** Bundesgericht *nt*; **fiscal c.** Finanzhof *m*, F.gericht *nt*; **high c.** oberster Gerichtshof; **industrial c.** Arbeitsgericht *nt*; **local c.** Amtsgericht *nt*; **lower c.** untergeordnete Instanz; **in open c.** in öffentlicher Verhandlung; **supreme c.** 1. Verfassungsgericht *nt*; 2. oberstes Bundesgericht
court action Klage(weg) *f/m*
courtage *n* Sensalie *f [A]*, Sensarie *f [A]*
court|-appointed *adj* gerichtlich bestellt, **c. award** Richterspruch *m*; **c. case** Prozess *m*, Rechtsfall *m*, Verfahren *nt*; **c. decision** Gerichtsentscheid(ung) *m/f*, Urteil *nt*; **c. division** Kammer *f*; **c. documents** Gerichtsakten *pl*
courtesy *n* Höflichkeit *f*; **c. bus** (gebührenfreier) Hotelbus *m*; **c. call/visit** Höflichkeitsbesuch *m*; **c. warranty** Kulanzleistungsverpflichtung *f*
court fees Gerichtskosten *pl*; **c. files** Gerichtsakten *pl*; **c. finding(s)** Richterspruch *m*; **c. hearing** Gerichtsverhandlung *f*; **c. injunction** gerichtliche/einstweilige Verfügung; **c. interpreter** Gerichtsdolmetscher(in) *m/f*; **c. order** richterliche Verfügung, Gerichtsbeschluss *m*; **c. practice(s)** Rechtsprechung *f*; **c. procedure/proceedings** Gerichtsverfahren *nt*; **c. protection** gerichtlicher Schutz; **to seek ~ from creditors** Vergleich beantragen; **c. record(s)** Gerichtsurkunde *f*, G.protokoll *nt*; **c.room** *n* Gerichts-, Verhandlungssaal *m*; **c. ruling** Gerichtsentscheid(ung) *m/f*, (G.)Urteil *nt*; **c. settlement** gerichtlicher Vergleich; **c. summons** Gerichtsvorladung *f*
covenant *n* § vertragliche Verpflichtung/ Zusage, Vertrag *m*; **financial c.s** Finanzauflagen *pl*; **protective c.** Vertragsschutzklausel *f*; **c.** *v/ti* vereinbaren, sich durch Vertrag verpflichten
cover *n* 1. Hülle *f*, (Brief)Umschlag *m*, Kuvert *nt*; 2. Titelblatt *nt*; 3. (Geld)-Deckung *f*, Sicherheit *f*; 4. *(Vers.)* Versicherungs-, Risikoschutz *m*; **c. of assurance** *[GB] (Lebensvers.)* Deckungskapital *nt*; **~ an insurance** Umfang einer Versicherung; **eligible as c.** deckungsfähig; **under (the) same c.** beiliegend; **under separate c.** mit getrennter Post
to cancel the cover Versicherung kündigen; **to furnish/provide c.** *(Börse)* Deckung anschaffen; **to provide c.** *(Vers.)* Deckung/Versicherungsschutz gewähren; **to serve as c.** als Deckung dienen; **to take out c.** Versicherung abschließen
all-risks/full cover volle Deckung;

C

comprehensive c. voller Versicherungsschutz, Vollkaskoversicherung *f*; **forward c.** Wechselkursabsicherung *f*; **matching c.** Deckungskongruenz *f*; **open c.** Generalpolice *f*; **part-comprehensive c.** Teilkaskoversicherung *f*; **provisional c.** *(Vers.)* vorläufige Deckung(szusage)

cover *v/t* 1. umfassen, (ab)decken; 2. (ab)sichern, versichern; 3. *(Kosten)* bestreiten; 4. einschließen, beinhalten; 5. *(Gebiet)* bearbeiten; **c. for** jdn vertreten; **c. o.s.** sich versichern; **c. forward** Deckungsgeschäft abschließen

coverage *n* ↘ **cover** 1. Versicherungs-, Deckungsschutz *m*; 2. Marktdurchdringung *f*; 3. *(Werbung)* Reichweite *f*, Verbreitung *f*, Streubreite *f*; 4. *(Presse)* Berichterstattung *f*; **comprehensive c.** Vollkasko(übernahme) *nt/f*; **part ~ c.** Teilkaskoschutz *m*; **full c.** volle Deckung/Risikoübernahme; **uninsured motorist c.** Deckung bei Unfällen mit nicht versicherten Autofahrern; **c. requirement** Deckungsanforderung *f*

cover funds Deckungsbestand *m*, D.stock *m*, D.stockvermögen *nt*; **eligible for c. f.** deckungsstockfähig

covering *n* 1. Absicherung *f*, (Ab)Deckung *f*; 2. Deckungskauf *m*; 3. Kurssicherung *f*; 4. *(Vers.)* Deckung *f*; **commercial c.** *(Außenhandel)* Kurssicherungsgeschäft *nt*; **c. letter** Begleitbrief *m*, B.schreiben *nt*; **c. note** *(Vers.)* vorläufige Deckungszusage; **c. purchase** Deckungskauf *m*

cover letter Begleitschreiben *nt*; **c. note** *(Vers.)* (vorläufige) Deckungszusage *f*, D.bestätigung *f*; **c. reserve** Deckungsrücklage *f*; **c. sheet** Deckblatt *nt*

co-worker *n* Mitarbeiter(in) *m/f*

craft *n* 1. Fahrzeug *nt*, Schiff *nt*; 2. Gewerbe *nt*, Handwerk *nt*; **c. apprentice** gewerblicher Lehrling; **c. guild** (Handwerks)Innung *f*

craftsman *n* 1. (gelernter) Facharbeiter *m*, Handwerker *m*; 2. *(Handwerk)* Gewerbetreibender *m*; **c.ship** *n* 1. handwerkliches Können, Geschicklichkeit *f*; 2. hervorragende Arbeit, Wertarbeit *f*

craft union Fach(arbeiter)gewerkschaft *f*

cranage *n* ⚓ Krangeld *nt*

crane *n* Kran *m*; **hoisting/lifting c.** Hebekran *m*; **loading c.** Ladekran *m*; **c. dues** ⚓ Krangeld *nt*

crash *n* *(fig)* 1. Zusammenbruch *m*, Ruin *m*, Pleite *f*; 2. *(Börse)* Kurseinbruch *m*; *v/i (coll)* 1. pleite/in Konkurs gehen; **c. course** Schnell-, Intensivkurs *m*; **c. diet** Radikalkur *f*

crate *n* (Bretter-/Latten)Kiste *f*, (Holz-/Latten)Verschlag *m*

crawling peg Abwertungsautomatismus *m*

cream skimming *(fig)* Rosinenpicken *nt (fig)*

create *v/t* gestalten, erzeugen, errichten, erstellen

creation *n* 1. Erzeugung *f*; 2. Gründung *f*; **c. of (new) capital** Kapitalbildung *f*; **~ credit** Kreditschöpfung *f*; **~ a demand** Bedarfsauslösung *f*; **~ employment/jobs** Arbeitsbeschaffung *f*, Schaffung neuer Arbeitsplätze; **~ money** Geld(mittel)schöpfung *f*; **~ a mortgage** Bestellung einer Hypothek; **~ needs** Bedarfsweckung *f*; **~ purchasing power** Kaufkraftschöpfung *f*; **~ reserves** Rücklagenbildung *f*; **~ training openings** Schaffung von Ausbildungsplätzen; **~ a trust** Treuhanderrichtung *f*; **c. charges** Entstehungsgebühren *pl*

creator short name Erstellerkürzel *m*

credibility gap Glaubwürdigkeitslücke *f*

credible *adj* glaubwürdig

credit *n* 1. Haben(saldo) *nt/m*, Guthaben *nt*, G.schrift *f*; 2. Kredit *m*; 3. Kreditwürdigkeit *f*; 4. Kreditbrief *m*, Akkreditiv *nt*; 5. *(Steuer)* Freibetrag *m*; **in c.** im Plus, in den schwarzen Zahlen *(fig)*

credit on current account Kontokorrent-, Buchkredit *m*; **c. against collateral** *[US]* Kredit gegen Sicherheit; **c.s and debits** Soll und Haben *nt*, Kreditoren und Debitoren *pl*, Gutschriften und Lastschriften *pl*; **c. on real estate** Bodenkredit *m*; **c. in/on goods** Warenkredit *m*; **c. to income from elimination of special reserves** Erträge aus der Auflösung von Sonderposten mit Rücklageanteil; **c. against security** Kredit gegen Sicherheit

bought on credit auf Ziel/Kredit gekauft; **granting c.** Zielgewährung *f*; **at one month's c.** auf 1 Monat Ziel

to allow a credit Darlehen/Kredit gewähren; **to amortize a c.** Kredit tilgen/zurückzahlen; **to approve a c.** Kredit zusagen; **to be in c.** schwarze Zahlen schreiben; **to buy on c.** auf Kredit kaufen; **to confirm a c.** Akkreditiv bestätigen; **to establish a c.** Akkreditiv eröffnen; **to exceed a c.** Kredit überziehen; **to extend a c.** Zahlungsziel einräumen, Akkreditiv ausstellen; **to grant (a) c.** Kredit bewilligen/zusagen; **to issue a c.** Akkreditiv eröffnen; **to obtain (a) c.** sich Kredit verschaffen; **to open a c.** Akkreditiv eröffnen; **to overdraw a c.** Kredit überziehen; **to pass to the c.** gutschreiben; **to pay to so.'s c.** zu jds Gunsten einzahlen; **to raise a c.** Kredit aufnehmen; **to redeem/repay a c.** Kredit tilgen/zurückzahlen; **to sell on c.** auf Kredit verkaufen; **to tighten c.s** Kredite verknappen

advance credit Vorauszahlung *f*, Vorschuss *m*; **agricultural c.** Boden-, Agrarkredit *m*; **blanket c.** Globalkredit *m*; **cheap c.** Billigkredit *m*; **clean c. (c/c)** 1. Barkredit *m*, 2. einfaches Akkreditiv, Bank-, Barakkreditiv *nt*; **collateral c.** *[US]* gedeckter/(ab)gesicherter Kredit; **commercial c.** (kurzfristiger) Warenkredit *m*; **~ insurance** Warenkreditversicherung *f*; **30 days c.** 30 Tage Ziel; **deferred c.** *[US]* Teilzahlungskredit *m*; **~ c.s** *(Passiva)* Rechnungsabgrenzungsposten *pl*, antizipative Guthaben; **discretionary c.** Ermessenskredit *m*; **documentary c.** (Dokumenten)Akkreditiv *nt*; **(ir)revocable ~ c.** (un)widerruflicher Kreditbrief, (un)widerrufliches Dokumentenakkreditiv; **financial c.** Barkredit *m*; **fixed-rate c.** Festsatzkredit *m*; **flat c.** zinsloser Kredit; **global c.** Rahmenkredit *m*; **guaranteed c.** Bankbürgschaft *f*, Avalkredit *m*; **interim c.** Überbrückungs-, Zwischenkredit *m*; **joint c.** Konsortialkredit *m*; **low-interest c.** (zins)verbilligter Kredit; **negotiable c.** negoziierbares Akkreditiv; **non-interest-bearing c.** zinsloses Darlehen; **open c.** Kontokorrentkredit *m*; **operational c.** Betriebsmittelkredit *m*; **personal c.** Kleinkredit *m*; **red-clause c.** Akkreditivbevorschussung *f*; **revolving c.** sich automatisch erneuernder Kredit; **secured c.** Bürgschafts-, Realkredit *m*; **small-scale c.** Klein-, Verbraucherkredit *m*; **stand-by/tide-over c.** Bereitstellungs-, Überbrückungskredit *m*, Ü.darlehen *nt*; **structured c.** strukturierter Kredit; **syndicated c.** Konsortialkredit *m*; **tied c.** gebundener Kredit, **tight c.** Kreditknappheit *f*; **uncovered/unsecured c.** Blankokredit *m*; **untied c.** nicht (zweck)gebundener Kredit

credit *v/t* gutschreiben, kreditieren, im Haben buchen, Gutschrift erteilen

credit account 1. kreditorisches Konto, Kreditkonto *nt*; 2. Aktivsaldo *m*; 3. Kreditsumme *f*; **c. advice** Haben-, Eingangsanzeige *f*, Gutschrift(sanzeige) *f*; **c. agency** (Kredit)Auskunftei *f*

credit agreement Kreditabkommen *nt*; **revolving c. a.** revolvierende Kreditzusage; **irrevocable revolving c. a.** unwiderrufliche revolvierende Kreditvereinbarung

credit allocation Kreditbereitstellung *f*; **c. amount** Kreditbetrag *m*; **c. analyst** Kreditsachbearbeiter(in) *m/f*; **c. application** Kreditantrag *m*; **c. appropriation** Kreditbewilligung *f*; **c. approval** Kredit(einräumungs)zusage *f*; **c. arrangement charges** Kreditbereitstellungsgebühren *pl*

credit association Kreditanstalt *f*, K.genossenschaft *f*; **agricultural c. a.** landwirtschaftliche Kreditgenossenschaft; **co-operative c. a.** Kreditgenossenschaft *f*

credit balance Guthaben *nt*, Aktivsaldo *m*; **initial c. b.** Anfangsguthaben *nt*; **remaining c. b.** Restguthaben *nt*

credit bank Kreditkasse *f*, K.bank *f*; **industrial c. bank** Industriekreditbank *f*; **c. bill** Finanzwechsel *m*; **c. bureau** (Kredit)Auskunftei *f*; **c. business** Kreditgeschäft *nt*

credit card Kreditkarte *f*; **by c. c.** unbar; **to carry a c. c.** Kreditkarte innehaben; **c. c. bill** Kreditkartenabrechnung *f*; **~ company** Kreditkartenorganisation *f*; **~ holder** Kreditkarteninhaber *m*

credit ceiling Kreditplafond *m*; **c. charges** Kreditkosten *pl*; **c. collection** Kreditinkasso *nt*; **c. commission** Kreditprovision *f*; **c. commitment** Kreditbewilligung *f*, K.zusage *f*, K.bereitstellung *f*; **c. committee** Kreditausschuss *m*; **c. conditions** Kreditbedingungen *pl*; **c. control(s)** Kreditkontrolle *f*, restriktive Geldpolitik; **selective c. control(s)** Kreditlenkung *f*

credit cooperative Kreditgenossenschaft *f*; **agricultural c. c.** Raiffeisenbank *f*, landwirtschaftliche Kreditgenossenschaft; **industrial c. c.** Industriekreditgenossenschaft *f*

credit cost(s) Kreditaufwand *m*, K.kosten *pl*; **c. curb** Kreditrestriktion *f*

C

C

credit demand Kreditnachfrage *f*; **business-sector c. d.** gewerbliche Kreditnachfrage; **private-sector c. d.** Kreditnachfrage der Privatkundschaft, private Kreditnachfrage

credit disbursement Kreditauszahlung *f*; **c. downgrading** Bonitätsherabstufung *f*

credited *adj* *(Konto)* gutgeschrieben, erkannt

credit entry Gutschrift *f*, Habenbuchung *f*, Kredit-, Aktivposten *m*; **c. expansion** Kreditschöpfung *f*, K.ausweitung *f*; **c. exposure** Engagement *nt*; **c. extension** Kreditausreichung *f*; **c. facility** Kreditrahmen *m*, K.linie *f*; **revolving c. facilities** revolvierende Kreditlinien; **c. finance/financing** Kreditfinanzierung *f*; **c. fraud** Kreditbetrug *m*; **c. freeze** Kreditsperre *f*; **c. guarantee** Kreditbürgschaft *f*, K.garantie *f*; **c. information** Kreditauskunft *f*; **c. injection** Kreditpritze *f*; **c. inquiry** Kreditanfrage *f*, (Bitte um) Kreditauskunft *f*; **domestic c. institute** inländisches Kreditinstitut; **c. institution** Kreditinstitut *nt*, K.anstalt *f*; **c. instrument** Kreditinstrument *nt*, K.papier *nt*, Finanzierungsmittel *nt*; **c. insurance** Darlehens-, Kredit(ausfall)versicherung *f*; **c. intake** Kreditaufnahme *f*; **c. interest** Habenzins *m*, **c. investigation** Bonitäts-, Kreditprüfung *f*; **c. item** Gutschrift-, Habenposten *m*; **c. limit/line** Kreditplafond *m*, K.(ober)grenze *f*, K.rahmen *m*; **c. loss** Kreditausfall *m*; **~ insurance** Warenkredit-, Kreditausfallversicherung *f*; **c. management system** Kreditverwaltungssystem *nt*; **c. manager** Leiter(in) der Kreditabteilung; **c. maturity** Kreditlaufzeit *f*; **c. memo** *[US]* Gutschrift(anzeige) *f*; **c. money** Buch-, Giralgeld *nt*; **c. note** (Rechnungs)Gutschrift *f*; **c. officer** Kreditbetreuer(in) *m/f*, Kreditentscheider *m*

creditor *n* (Forderungs-/Waren)Gläubiger *m*, Darlehensgeber *m*; **c.s** 1. *(Bilanz)* Haben *nt*, Kreditseite *f*; 2. Lieferverbindlichkeiten *pl*; **c. of a bankrupt's estate** Massegläubiger *m*; **c. in bankruptcy** Konkursgläubiger *m*; **~ composition proceedings** Vergleichsgläubiger *m*; **c. by priority** privilegierter/bevorrechtigter Gläubiger

to compound with one's creditor|s sich mit seinen Gläubigern vergleichen; **to satisfy a c.** Gläubiger befriedigen; **to secure a c.** Gläubiger sicherstellen

commercial creditor Gläubigerfirma *f*; **deferred/junior c.** nachrangiger (Konkurs)Gläubiger; **existing c.** Altgläubiger *m*; **general c.** Massegläubiger *m*; **joint (and several) c.** Mit-, Gesamt(hands)gläubiger *m*; **net c.** Nettogläubiger *m*; **non-priviliged c.** Massegläubiger *m*; **other c.s** *(Bilanz)* sonstige Verbindlichkeiten; **paid-off c.s** abgefundene Gläubiger; **preferred/prior/secured c.** bevorzugter/bevorrechtigter/gesicherter Gläubiger; **principal c.** Hauptgläubiger *m*; **secondary/subordinated c.** nachrangiger (Konkurs)Gläubiger; **senior c.** vorrangiger Gläubiger; **unsatisfied c.** nicht befriedigter Gläubiger; **unsecured c.** Massegläubiger *m*

creditor account Kreditoren-, Guthabenkonto *nt*; **c. bank** Gläubigerbank *f*; **c.'s call** Gläubigerkündigung *f*; **c.'s claim** Gläubigeranspruch *m*; **c. country** Gläubigerland *nt*; **c.'s delay** Abnahmeverzug *m*; **c.s' meeting** Gläubigerversammlung *f*; **c.s' protection** Gläubigerschutz *m*

credit order Kreditauftrag *m*; **c. original** Originalakkreditiv *nt*; **c. period** Zahlungsziel *nt*, Z.frist *f*; **to extend the c. period** (Zahlungs)Ziel verlängern

credit policy Kreditpolitik *f*; **easy c. p.** Politik des billigen Geldes; **restrictive/tight c. p.** restriktive Kreditpolitk

credit portfolio Kreditportefeuille *nt*; **c. procurement charges** Kreditbereitstellungsgebühren *pl*; **c. procurement fee** Kreditbeschaffungsgebühr *f*, K.provision *f*; **c. protection agency** Schutzvereinigung für allgemeine Kreditsicherung (Schufa) *[D]*; **c. purchase** Kauf auf Kredit

credit quality Bonität *f*; **external c. q.** fremde Bonität; **internal c. q.** eigene Bonität; **c. q. risk** Bonitätsrisiko *nt*

credit rate Haben(zins)satz *m*; **c. rating** Kreditbeurteilung *f*, K.würdigkeit *f*, Bonität(seinstufung) *f*, B.sbeurteilung *f*, B.sbewertung *f*, B.sgrad *m*; **c. reference agency** Kreditauskunftei *f*, Schufa *f [D]*; **c. renewal** Kreditverlängerung *f*; **c. report** Kreditauskunft *f*, K.bericht *m*; **c. restraints** Kreditrestriktionen *pl*, K.-bremse *f (fig)*; **c. restriction** Krediteinschränkung *f*, K.verknappung *f*

credit risk Kredit-, Ausfallrisiko *nt*; **to as-**

sume a c. r. Delkredere übernehmen; **c. r. analyst** Kreditanalyst(in) *m/f*; **~ factor** Kreditrisikofaktor *m*; **~ insurance** Kreditrisikoversicherung *f*; **~ management** Kreditrisikomanagement *nt*

credit rules Kreditrichtlinien *pl*; **c. sale** Kredit(ver)kauf *m*, Verkauf auf Ziel; **c. score/scoring** Bonität *f*, Kreditwürdigkeit *f*; **c. shortage** Kreditmangel *m*, K.-knappheit *f*; **c. side** 1. Aktiv-, Kredit-, Habenseite *f*; 2. *(Bilanz)* Forderungen *pl*; **to enter on the c. side** im Haben buchen

credit slip 1. Einzahlungsbeleg *m*; 2. Gutschriftanzeige *f*; **agricultural c. society** landwirtschaftliche Genossenschaftsbank, Raiffeisenbank *f*; **c. squeeze** Kreditklemme *f*, K.beschränkung *f*, K.-knappheit *f*; **c. standing/status** Bonität *f*, Kreditwürdigkeit *f*; **c. terms** 1. Kreditbedingungen *pl*; 2. *(Lieferant)* Zahlungsbedingungen *pl*; **easier c. terms** Kreditverbilligung *f*; **c. tightening** Kreditverknappung *f*; **c. transaction** Kreditgeschäft *nt*; **c. transfer** Giro-, Banküberweisung *f*; **~ instruction** Abbuchungsauftrag *m*; **c. union** *[US]* Kreditgenossenschaft *f*; **rural c. union** Raiffeisenbank *f*, R.kasse *f*; **c. voucher** Gutschriftbeleg *m*; **c.worthiness** *n* Kreditfähigkeit *f*, K.würdigkeit *f*, Bonität *f*; **c.worthy** *adj* kreditwürdig, k.fähig

creep up langsam ansteigen

crew *n* (Flugzeug-/Schiffs)Besatzung *f*, Mannschaft *f*; **c. member** Mannschafts-, Besatzungsmitglied *nt*

crime *n* Verbrechen *nt*, (Straf)Tat *f*; **to commit a c.** Verbrechen/Straftat begehen; **to constitute a c.** Tatbestand einer strafbaren Handlung erfüllen; **commercial c.** Wirtschaftsdelikt *nt*, W.straftat *f*; **~ c.s** Wirtschaftskriminalität *f*; **economic c.** Wirtschaftskriminalität *f*; **environmental c.** Umweltvergehen *nt*; **organised c.** organisiertes Verbrechen; **petty c.** Bagatellvergehen *nt*; **white-collar c.** Wirtschaftsdelikt *nt*, W.straftat *f*

criminal *n* Kriminelle(r) *f/m*, Verbrecher(in) *m/f*; **professional c.** Berufsverbrecher *m*; **white-collar c.** Wirtschaftsverbrecher *m*, Täter mit weißem Kragen; **C. Investigation Department (CID)** *[GB]* Kriminalpolizei *f*

cripple *v/t* *(fig)* lahm legen

crisis *n* Krise *f*; **ecological/environmental c.** Umweltkrise *f*; **economic c.** Wirtschafts-, Konjunkturkrise *f*; **financial c.** Finanz-, Liquiditätskrise *f*; **monetary c.** Geld-, Währungskrise *f*; **structural c.** Strukturkrise *f*; **c. area** Krisengebiet *nt*; **c. management** Krisenmanagement *nt*, K.steuerung *f*; **c.-stricken** *adj* krisengeschüttelt; **c. team** Krisenstab *m*

criss-crossing *adj* kreuz und quer verlaufend

criteria of profitability *n* Renditekriterien *pl*; **c. for success** Erfolgskriterien *pl*

croft *n* *[GB]* 🚜 1. kleines Pachtgut; 2. *[Scot.]* Zwergbetrieb *m*; **c.ing** *n* Kleinbauerntum *nt*

crop *n* 1. 🚜 Ernte(ertrag) *f/m*, E.gut *nt*; 2. (Anbau)Sorte *f*, Feldfrucht *f*; **to lift a c.** ernten; **to switch to other c.s** auf andere Sorten umstellen; **combine-harvested c.** Mährdruschfrucht *f*; **high-yield c.** ertragreiche Anbausorte; **previous c.** 🚜 Vorfrucht *f*; **c. damage** Feld-, Ernteschaden *m*; **c. failure** Fehl-, Missernte *f*; **c. insurance** Ernteversicherung *f*; **c. loss** Ernteverlust *m*; **c. prospects** Ernteaussichten *pl*; **c. reporting** Ernteberichterstattung *f*; **c. rotation (system)** Fruchtfolge *f*, Mehrfelderwirtschaft *f*; **c. season** Erntezeit *f*, Kampagne *f*; **c. spraying** Schädlingsbekämpfung *f*; **c. year** Erntejahr *nt*; **c. yield** Ernte-, Bodenertrag *m*

cross *v/t* *(Wechsel/Scheck)* querschreiben; **c. over** überqueren

cross acceptance Wechselreiterei *f*; **c. bill** Gegen-, Rückwechsel *m*; **c.-border** *adj* grenzüberschreitend; **c.-Channel** *adj* *[GB]* Kanal-; **~ traffic** Kanalverkehr *m*; **c.-check** *n* *[US]* Verrechnungsscheck *m*; *v/t* (genauestens) überprüfen; **c. default** Leistungsstörung gegenüber Dritten; **c.-departmental** *adj* fach-, geschäftsbereich(s)-, geschäftsgebiet(s)-, sektorübergreifend; **c.-entry** *n* Gegen-, Umbuchung *f*; **c. exchange** Wechselarbitrage *f*; **c.-fertilize** *v/t* kreuzbefruchten; **c.-frontier** *adj* grenzüberschreitend; **c.-functional** *adj* funktionsübergreifend; **c. holding** gegenseitige Kapitalbeteiligung, Kapitalverflechtung *f*, Überkreuzbeteiligung *f*; **c.-industry** *adj* branchenübergreifend

crossing *n* 1. *(Scheck)* Querschreiben *nt*, Kreuzung *f*; 2. *(Grenze)* Übergang *m*; **c. point** ⊖ Übergangspunkt *m*, Ü.stelle *f*

C

C

cross liability wechselseitige/beiderseitige Haftpflicht; **c. licensing** Patent-, Lizenzaustausch *m*; **c. order** Kompensationsauftrag *m*; **c.-ownership** *n* wechselseitige Beteiligung(en); **c. rate** *(Währung)* Umtauschsatz *m*, Kreuzparität *f*; **c.-reference** *n* Quer-, Rückverweis *m*; **c. section** (repräsentativer) Querschnitt *m*; **c.-sectional** *adj* branchenübergreifend; **c.-sectoral** *adj* sektorübergreifend; **c.-selling** *n* Verbundverkauf *m*, V.absatz *m*; **c.-shareholding** *n* wechselseitige Beteiligung, Kapitalverflechtung *f*; **c.-subsidization** *n* 1. indirekte Kostenüberwälzung, Quersubventionierung *f*, Q.subvention *f*, Q.subventionieren *nt*; 2. *(Konzern)* interner Verlustausgleich; **c.-subsidize** *v/t* quersubventionieren; **c.-subsidy** *n* Quersubvention *f*; **c. trade** Kompensationsgeschäft *nt*

crowd *n* (Menschen)Menge *f*; **c. out** *v/t* hinaus-, verdrängen

crowding out *n* Verdrängung *f*; **~ effect** 1. Verdrängungswettbewerb *m*; 2. *(Kreditmarkt)* Verdrängungseffekt *m*

crowd puller Attraktion *f*, Kassenmagnet *m*

crown *n* Krone *f*; **c. court** *[GB]* § Schwur-, Krongericht *nt*; **c. property** *[GB]* Staatsgut *nt*; **C. Prosecution Service (CPS)** *[GB]* Staatsanwaltschaft *f*; **c. witness** *[GB]* Zeuge/Zeugin der Anklage

crucial *adj* wichtig, ausschlaggebend

crude *n* Rohöl *nt*; *adj* roh, unverarbeitet; **c. carrier** ⚓ Öltanker *m*; **c. throughput** Rohöldurchsatz *m*

cruise *n* ⚓ Kreuzfahrt *f*, Seereise *f*; **special c.** ⚓ Sonderfahrt *f*; **c. industry** Kreuzfahrtbranche *f*; **c. market** Kreuzfahrtgeschäft *nt*

crumble *v/i* *(Preise)* abbröckeln, nachgeben

crunch *n* Knappheit *f*, Krisenlage *f*; **financial c.** Liquiditätsschwierigkeiten *pl*, L.-engpass *m*

culminat|e *v/t* Höchststand erreichen; **c.ion** *n* Höhepunkt *m*, Gipfel *m*

cultiv|able *adj* 🚜 kultivierbar, bebaubar; **c.ate** *v/t* 🚜 an-, bebauen

cultivation *n* 🚜 Feldbestellung *f*, Anbau *m*, Bewirtschaftung *f*; **c. of land** Bodenbewirtschaftung *f*; **~ the market** Marktpflege *f*; **conserving c.** schonende Bewirtschaftung; **intensive c.** intensive Bodenbewirtschaftung; **mixed c.** Mischkultur *f*; **outdoor c.** Freilandkultur *f*

culture *n* Kultur *f*; **corporate c.** 1. Unternehmenskultur *f*, U.philosophie *f*, Organisationskultur *f*; 2. *(Firma)* inneres Erscheinungsbild; **entrepreneurial c.** Gründerkultur *f*; **c. gap** Kulturgefälle *f*

cum *prep* *(lat.)* mit, inklusive; **c. all** *(Börse)* einschließlich aller Rechte; **c. dividend (cum div.)** einschließlich/mit Dividende; **c. interest** mit (laufenden) Zinsen; **c. rights** inklusive/mit Bezugsrecht

cumulat|e *v/t* kumulieren, anhäufen; **c.ion** *n* Kumulierung *f*, Anhäufung *f*; **c.ive** *adj* 1. kumulativ; 2. *(Aktie)* nachzahlbar, nachzugsberechtigt

curator *n* § (Nachlass)Pfleger *m*, Vormund *m*

curb *n* 1. Dämpfung *f*, Drosselung *f*; 2. *[US]* Nach-, Straßen-, Freiverkehrsbörse *f*; **c.s on consumption** Konsumdrosselung *f*; **c. on exports** 1. Exportbeschränkung *f*, E.bremse *f (fig)* ; 2. Dämpfung der Exportkunjunktur; **~ imports** 1. Einfuhr-, Importbeschränkung *f*; 2. Dämpfung der Importkonjunktur; **~ spending** Ausgabenbeschränkung *f*

curb *v/t* eindämmen, drosseln, einschränken

curb broker *[US]* Freiverkehrsmakler *m*; **c. exchange** *[US]* Frei(verkehrs)börse *f*, (geregelter) Freiverkehr(smarkt) *m*

curbing *n* Drosselung *f*, Dämpfung *f*; **c. the boom** *n* Konjunkturdämpfung *f*; **c. of cost increases** Eindämmung des Kostenanstiegs; **~ inflation** Inflationsdämpfung *f*

curb market *[US]* Frei(verkehrs)börse *f*, (geregelter) Freiverkehr(smarkt) *m*; **~ price** Freiverkehrskurs *m*; **c. service** *[US]* Bedienung am Auto; **c. stock** *[US]* Freiverkehrswert *m*

cure *n* ⚕ Kur *f*, Heilbehandlung *f*; **no c., no pay** *(Vers.)* kein Erfolg, keine Zahlung; *v/t (fig)* kurieren; **c. period** Nachbesserungsfrist *f*

currency *n* 1. (Geld)Währung *f*, Zahlungsmittel(umlauf) *nt/m*, Geld *nt*; 2. Geltungsbereich *m*; **currencies** Sorten *pl*, Devisen *pl*; **c. of a bill** Wechsellaufzeit *f*; **~ a contract** Vertragsdauer *f*; **~ money** Geldumlauf *m*; **~ planning** Planungswährung *f*

to debase/depreciate/devalue/downvalue a currency Währung entwerten; **to float a c.** Wechselkurs einer Währung freigeben; **to peg/prop up a c.** Währung stützen; **to revalue/upvalue a c.** Währung aufwerten

common currency *[EU]* Gemeinschaftswährung *f*; **controlled c.** bewirtschaftete Währung; **convertible c.** konvertierbare Währung; **core c.** Hauptwährung *f*; **domestic c.** Landeswährung *f*, **floating/fluctuating c.** veränderliche Währung

foreign currency ↘ **foreign exchange** Fremd-, Auslandswährung *f*, Devisen *pl*; **to pay in f. c.** in Devisen zahlen

foreign-currency *adj* Devisen-, Fremdwährungs-; **f. c. account** (Fremd)-Währungs-, Devisenkonto *nt*; **~ assets** Fremdwährungsanlagen *pl*, F.forderungen *pl*; **~ balance** Fremdwährungsguthaben *nt*; **~ bill** Fremdwährungswechsel *m*; **~ cheque** *[GB]*/**check** *[US]* Fremdwährungsscheck *m*; **~ credit** Fremdwährungskredit *m*; **~ debt(s)** Fremdwährungsschuld *f*; **~ deficit** Fremdwährungsdefizit *nt*; **~ exposure** Devisenengagement *nt*; **~ financing** Fremdwährungsfinanzierung *f*; **~ fund** Fremdwährungsfonds *m*; **~ holdings** Devisenbestand *m*; **~ liabilities** Fremdwährungsverpflichtungen *pl*; **~ loan** Fremdwährungsanleihe *f*; **~ management** Devisenmanagement *nt*; **~ market** Devisenmarkt *m*; **~ remittance** Auslandsüberweisung *f*; **~ reserves** Devisenreserven *pl*; **with low ~ reserves** devisenschwach; **~ surplus** Fremdwährungsüberschuss *m*; **~ transfer** Fremdwährungsauftrag *m*; **~ translation** Währungsumrechnung *f*

free-floating currency frei schwankende Währung; **functional c.** funktionale Währung; **hard c.** stabile Währung; **leading c.** Leitwährung *f*; **national c.** Landeswährung *f*; **non-convertible c.** nicht konvertierbare Währung; **pegged c.** künstlich gehaltene Währung; **soft c.** Weichwährung *f*; **strong c.** stabile Währung; **undervalued c.** unterbewertete Währung; **weak c.** Weichwährung *f*

currency account Währungskonto *nt*; **c. adjustment** Währungsangleichung *f*; **c. agreement** Devisen-, Währungsabkommen *nt*; **c. alignment** Währungsanpassung *f*; **c. allocation** Devisenzuweisung *f*; **c. appreciation** (Geld-/Währungs)Aufwertung *f*; **c. area** Währungsgebiet *nt*; **c. authorities** Währungsbehörden *pl*; **c. backing** Stützung der Währung; **c. balance** Währungsguthaben *nt*; **c. band** (Wechselkurs)Bandbreite *f*; **c. basket** Währungskorb *m*; **c. bill** Devisen-, Fremdwährungswechsel *m*; **c. block** Währungsblock *m*, W.verbund *m*; **c. board** Währungsausschuss *m*; **c. call** Devisen-Call *m*; **c. clause** Wechselkurs-, Valutaklausel *f*; **c. collapse** Währungszusammenbruch *m*; **c. contract** Devisenkontrakt *m*; **c. control(s)** Devisenbewirtschaftung *f*; **c. conversion** Währungsumtausch *m*, W.umrechnung *f*; **c. convertibility** Währungskonvertibilität *f*; **core c. country** Hauptwährungsland *nt*; **c. depreciation/devaluation/down-valuation** (Währungs-/Geld)-Abwertung *f*; **c. derivative** Devisenderivat *nt*; **c. differential** Währungsgefälle *nt*; **c. earner** Devisenbringer *m*; **c. effect** Währungsumrechnungs-, Wechselkurseffekt *m*; **c. erosion** Geldwertschwund *m*, G.entwertung *f*; **c. exchange** Geldumtausch *m*; **c. exposure** Währungsexposure *nt*; **c. fluctuation** Wechselkursschwankung *f*; **c. future** Devisentermingeschäft *nt*; **c. gain** Währungsgewinn *m*; **c. hedge/hedging** (Wechsel)Kurssicherung *f*, Währungssicherungsgeschäft *nt*; **c. hedging instrument** Devisensicherungsinstrument *nt*, Währungssicherungskontrakt *m*; **~ operation** (Wechsel)Kurs-, Währungssicherungsgeschäft *nt*; **c. holdings** Devisen(reserve)bestände *pl*; **c. inflow** Devisen-, Währungszufluss *m*; **c. instability** Wechselkursschwankungen *pl*; **c. link** Währungsverbund *m*; **c. loss** Währungsverlust *m*; **c. market** Devisenmarkt *m*; **forward c. market** Devisenterminbörse *f*; **c.-matching refinancing** währungskongruente Refinanzierung; **c. movements** Wechselkursbewegungen *pl*, W.schwankungen *pl*; **forward c. operation** Devisentermingeschäft *nt*; **c. option** Devisenoption(sgeschäft) *f*/*nt*; **c. outflow** Devisen-, Währungsabfluss *m*; **c. parity** Währungsparität *f*; **c. pegging** Bindung von Währungen; **c. portfolio** Währungsportfolio *nt*; **c. price** Devisenkurs *m*; **c. profits** Devisenkursgewinne *pl*; **c. put** Devisen-Put *m*; **c. rate** Devisen-, Wechselkurs *m*; **c. realignment** Wech-

C

selkursneuordnung *f*, Neuordnung des Währungssystems; **c. receipts** Deviseneinnahmen *pl*; **c. reform** Währungsreform *f*; **c. region** Währungsraum *m*; **c. regulations** Devisenbestimmungen *pl*; **c.-related** *adj* währungsbedingt; **c. reserve(s)** Devisenbestände *pl*, Währungsreserven *pl*; **c. restrictions** Devisen(verkehrs)beschränkungen *pl*; **c. revaluation** (Währungs-/Geld)Aufwertung *f*; **c. risk** Währungs-, Wechselkursrisiko *nt*; **reducing the c. risk** Reduzierung des Währungsrisikos; **c. risk control** Begrenzung des Währungsrisikos; **c. selection** Währungsauswahl *f*; **c. shortage** Devisenmangel *m*; **c. snake** *(fig) (EWS) (obs.)* Währungsschlange *f (fig)*, europäischer Wechselkursverbund; **c. speculation** Devisen-, Währungsspekulation *f*; **c. stability** Währungs-, Geldwertstabilität *f*; **c. standard** Währungseinheit *f*; **c. swap** Swapgeschäft *nt*, Devisen-, Währungsswap *m*; **c. trader** Devisenhändler *m*; **c. transaction** Währungs-, Devisengeschäft *nt*; **c. translation** Währungsumtausch *m*, W.umrechnung *f*; **~ gain** Umrechnungsgewinn *m*; **~ loss** Umrechnungsverlust *m*; **c. union** Währungsunion *f*; **c. upvaluation** (Währungs-/Geld)Aufwertung *f*

current *adj* 1. laufend, gegenwärtig; 2. aktuell; 3. umlaufend, gängig, (landes)üblich; 4. *(Ware)* leicht verkäuflich, marktgängig; 5. *(Geld)* markt-, verkehrsfähig; 6. gültig, geltend; **c.ly** *adv* zurzeit

curriculum *n* Lehr-, Studienplan *m*; **c. vitae (CV)** *(lat.)* Lebenslauf *m*

curtail *v/t* (ver)kürzen, einschränken; **c.-ing of production** *n* Produktionseinschränkung *f*; **c.ment** *n* Beschränkung *f*; **~ of expenditure** Ausgabenbeschränkung *f*

curve *n* 1. Kurve *f*; 2. 📊 Schaulinie *f*; **nominal c.** Sollkurve *f*

cushion *n* 1. *(fig)* Puffer *m*; 2. Bewertungsreserve *f*; **c. of orders (in hand)** Auftragsreserve(n) *f/pl*, A.polster *nt*; **financial c.** Finanzpolster *nt*; *v/t* abfedern, dämpfen

cushioning *n* 1. Füllmaterial *nt*; 2. Dämpfung *f*, Abfederung *f*; **social c.** soziale Absicherung; **c. effect** Dämpfung *f*

custodian *n* 1. § Vormund *m*, Sorgeberechtigte(r) *f/m*; 2. Hinterlegungs-, Verwahrungsstelle *f*; **c. account** Depot(konto) *nt*, Ander-, Treuhandkonto *nt*; **c. bank** Depotbank *f*; **c. business** Depotgeschäft *nt*; **c.ship** *n* 1. § Vormundschaft *f*; 2. Treuhänderschaft *f*; 3. *(Bank)* Effektenverwaltung *f*; **~ account** *[US]* Ander-, Depotkonto *nt*; **c. warehouse** *[US]* Konsignationslager *nt*

custody *n* 1. (Ob)Hut *f*, Verwaltung *f*, Aufbewahrung *f*; 2. § Sorge(recht) *f/nt*; **to remand in c.** (vorübergehende) Haft anordnen; **to take into c.** inhaftieren; **collective c.** *(Wertpapiere)* Sammelverwahrung *f*; **legal/official c.** amtliche Verwahrung

safe custody (Depot)Aufbewahrung *f*; **~ of securities** Verwahrung von Wertpapieren, Depotgeschäft *nt*; **~ account** Effektenkonto *nt*, E.depot *nt*; **collective ~ account** (Giro)Sammeldepot *nt*; **~ account administration** Depotverwaltung *f*; **~ charges** Depotgebühr *f*; **~ deposit** Effekten-, Wertpapierdepot *nt*

custody account Ander-, Treuhandkonto *nt*; **~ liabilities** Depotverbindlichkeiten *pl*; **~ number** Depot(konto)nummer *f*; **c. bill of lading (B/L)** Lagerhalterkonnossement *nt*; **c. costs** Depotkosten *pl*; **c. receipt** Depot-, Verwahrungsquittung *f*

custom *n* 1. Kundschaft *f*, Kunden(kreis) *pl/m*; 2. Übung *f*, Praxis *f*, Gepflogenheit *f*, Gewohnheit *f*; **c. of trade** Handelsbrauch *m*; **to attract c.** Kunden/Kundschaft anziehen; **to get so.'s c.** jdn als Kunden gewinnen; **to take one's c. elsewhere** zur Konkurrenz abwandern

commercial/mercantile custom Handelsbrauch *m*; **legal c.** Rechtsbrauch *m*, Gewohnheitsrecht *nt*; **local c.** ortsüblicher Brauch; **Uniform C.s and Practices for Commercial Documentary Credits** einheitliche Richtlinien und Gebräuche für Dokumentenakkreditive

customary *adj* gebräuchlich, (branchen-/verkehrs)üblich, gewohnheitsmäßig

custom|-build *v/t* nach Kundenangaben anfertigen; **c.-built** ↘ **custom-made** *adj* maß-, sondergefertigt, nach Kundenangaben hergestellt/angefertigt

customer *n* (Geschäfts)Kunde *m*, Kundin *f*, Abnehmer(in) *m/f*; **c.s** Kunden-, Abnehmerkreis *m*, Kundschaft *f*; **c. with lower standing** Kunde mit geringer Bonität; **required by the c.** kundenbedingt;

to canvass c.s Kunden werben; **~ on a c.** Kunden aufsuchen; **to draw/entice c.s away** Kunden abspenstig machen; **to lose c.s** Kunden verlieren; **to target c.s** Kunden gezielt ansprechen

big/large customer Großkunde *m*, G.-abnehmer *m*; **borrowing c.s** Kreditkundschaft *f*; **commercial/corporate c.** Firmenkunde *m*; **domestic c.** 1. inländischer Kunde; 2. ⚡/(*Gas*)/💧 Privatkunde *m*; **existing c.** Bestandskunde *m*; **foreign c.** Auslandskunde *m*; **industrial c.** gewerblicher Abnehmer; **irregular c.s** Laufkundschaft *f*; **main c.** Hauptkunde *m*; **major c.** wichtiger Kunde; **new c.** Neukunde *m*; **non-repeat c.** Laufkunde *m*; **old c.** Stammkunde *m*; **~ c.s** Kundenstamm *m*, Stammkundschaft *f*; **outside c.** externer Kunde; **overseas c.** ausländischer Kunde; **potential c.** möglicher/potenzieller Kunde, möglicher Abnehmer, (Kauf)Interessent *m*; **principal c.** Hauptabnehmer *m*; **private c.** Privatkunde *m*; **~ c.s** Individualkundschaft *f*; **high net-worth ~ c.** vermögender Privatkunde; **prospective c.** möglicher/potenzieller Kunde, möglicher Abnehmer, (Kauf)Interessent *m*; **regular c.** Stammkunde *m*; **~ c.s** Kundenstamm *m*, Stammkundschaft *f*; **regular-rate c.** ⚡/(*Gas*)/💧 Tarifkunde *m*; **standing c.** Stammkunde *m*; **~ c.s** Kundenstamm *m*, Stammkundschaft *f*; **transient c.** Laufkunde *m*; **would-be c.** möglicher/potenzieller Kunde, möglicher Abnehmer, (Kauf)-Interessent *m*

customer|s' accounts 1. Debitoren *pl*, Forderungen auf Waren und Leistungen; 2. Kundenbuchhaltung *f*; **private c. account manager** Privat-, Individualkundenbetreuer(in) *m/f*; **c. acquisition** Kundenwerbung *f*, Akquise *f (coll)*; **c. activity** Kundentätigkeit *f*; **c. adviser** Kundenberater(in) *m/f*; **c. after-sales service** Kundendienst *m*; **c. approval** Kundenfreigabe *f*, K.genehmigung *f*; **c. assessment** Kundenbeurteilung *f*; **c. base** Kundenbestand *m*, K.stamm *m*; **existing c. base** vorhandener Kundenstamm; **c. benefits** Kundennutzen *m*; **c. call** Kundenbesuch *m*; **c. card** Kundenkarte *f*; **c. care** Kundenbetreuung *f*; **~ system** Kundendienst *m*; **c. complaint** Kundenbeschwerde *f*, K.reklamation *f*; **c. contact** Kundenkontakt *m*; **c. data** Kundendaten *pl*; **c. database** Kundendatei *f*; **c. demand** Kundenwunsch *m*, K.nachfrage *f*; **c. demands** Kundenerwartungen *pl*; **c. department** Kunden-, Verkaufsabteilung *f*; **c.(s') deposits** Kundeneinlagen *pl*, K.-gelder *pl*; **c. design** gegebene Konstruktion; **c. document** Kundenunterlage *f*; **c. enquiry** Kundenanfrage *f*; **c. expectations** Kundenanspruch *m*, K.erwartung *f*; **c. exposure** Außenstände *pl*; **c. feedback information** Kunden-Rückinformation *f*; **c. flow analysis** Kundenstromanalyse *f*; **c. file** Kundenkartei *f*; **c. focus** Kundenorientierung *f*; **c.-focused** *adj* kundenorientiert; **c. frequency** Kundenfrequenz *f*; **c. group** Käuferschicht *f*; **outstanding c. invoice** unbezahlte Kundenrechnung; **c. liabilities** Kundenverbindlichkeiten *pl*; **c. loyalty** Konsumentenloyalität *f*, Kundentreue *f*; **c. mix** Kundenstruktur *f*; **c.s' needs** Kundenbedürfnisse *pl*, K.anforderungen *pl*, K.erfordernisse *f*; **c. number** Kundennummer *f*; **c. offer** Angebot für Kunden; **c. order processing** Kundenauftragsabwicklung *f*; **c.-orient(at)ed** *adj* kundennah, k.orientiert; **c. parking** Kundenparkplatz *m*; **c. parts list** Kundenstückliste *f*; **c. phobia** Kundenfeindlichkeit *f*; **c.-provided** *adj* vom Kunden gestellt, kundenseitig; **c. reaction** Kundenreaktion *f*; **c. receivables** Kundenaußenstände *pl*; **c. relations** Kundenbeziehungen *pl*; **c. relationship management** Kundenpflege (und -bindung) *f*; **c. request** Bitte des Kunden, Kundenwunsch; **c. requirement** Kundenforderung *f*; **c. requirements** kundenspezifische Bedürfnisse; **to meet c. requirements** Kundenbedürfnissen entsprechen; **c. returns** Kundenretouren *pl*; **c. sales** Kunden-, Drittumsatz *m*; **c. satisfaction** Kundenzufriedenheit *f*

customer service Kundenbetreuung *f*, K.-dienst *m*; **~ administrator** Kundendienstsachbearbeiter(in) *m/f*; **~ department** Serviceabteilung *f*; **~ engineer** Kundendienstingenieur *m*; **~ representative** Kundendienstberater(in) *m/f*; **~ technician** Kundendiensttechniker *m*

customer servicing Kundenbetreuung *f*; **c.-specific** *adj* kundenspezifisch; **c. support** Kundenbetreuung *f*, K.support *m*,

C

K.unterstützung *f*; **c. value** Kundennutzen *m*, K.wert *m*

customiz|ation *n* Fertigung/Herstellung nach Kundenangaben; **c.e** *v/t* gesondert/auf Bestellung anfertigen, nach Kundenangaben herstellen

customized; custom-made *adj* auf Bestellung/Maß gefertigt, Spezial-, Sonder-, nach Kundenangaben hergestellt, maßgeschneidert, kundenindividuell

customs *n* 1. Zoll(behörde) *m/f*; 2. Einfuhrzölle *pl*; 3. Zollwesen *nt*; **c. and excise (duties)** Zölle und Verbrauchssteuern; **to clear (through) c.** beim Zoll/zollamtlich abfertigen

customs agent Zollagent *m*, Z.spediteur *m*; **c. allowance** (Zoll)Freimenge *f*; **c. area** 1. Zollgebiet *nt*; 2. Zollgrenzbezirk *m*; **c. authorities** Zollverwaltung *f*; **c. barrier** Zollschranke *f*; **c. bill of entry** Zolleingangsdeklaration *f*; **c. bond** Zollkaution *f*, Z.garantie *f*; **c. broker** Zollagent *m*; **c. brokerage** Zollagententätigkeit *f*; **c. certificate** Zollbescheinigung *f*

customs clearance Verzollung *f*, Grenz-, Zollabfertigung *f*; **to enter for c. c.** zur Verzollung anmelden; **c. c. charges** Verzollungsgebühren *pl*

customs clearing Zollabfertigung *f*; **c. control(s)** Zollkontrolle *f*; **C. Cooperation Council (CCC)** *[EU]* Rat für die Zusammenarbeit auf dem Gebiete des Zollwesens, Brüsseler Zollrat; **c. custody** Zollgewahrsam *m*; **c. declarant** Zolldeklarant(in) *m/f*; **c. declaration** Zoll(inhalts)erklärung *f*; **c. deposit** Zollhinterlegung *f*; **c. district** Zoll(grenz)bezirk *m*; **accompanying c. documents** Zollbegleitpapiere *pl*; **c. documentation** Zollpapiere *pl*, Z.formalitäten *pl*; **c. drawback** Export(rück)vergütung *f*, Rückzoll *m*; **c. dues** Zollgebühren *pl*; **c. duty** Zoll(gebühr) *m/f*, Warenzoll *m*; **party responsible for c. duty** Zollschuldner *m*; **c. entry** Zollanmeldung *f*, Z.erklärung *f*; **c. evasion** Zollhinterziehung *f*; **c. examination** zollamtliche Untersuchung, Zollkontrolle *f*; **c.-exempt** *adj* zollfrei; **c. form** Zollvordruck *m*; **c. formality** Zollförmlichkeit *f*; **c. formalities** Zollformalitäten *pl*; **c. fraud** Zollhinterziehung *f*; **c. frontier** Zollgrenze *f*; **c. house** Zollamt *nt*; **c. inspection** zollamtliche Untersuchung, Zollkontrolle *f*; **c. investigation office** Zollfahndungsamt *nt*; **c. invoice** Zollfaktura *f*, Z.rechnung *f*; **c. inward** Einfuhrzoll *m*; **c. law** Zollrecht *nt*; **c. manifest** Zollladungsverzeichnis *nt*; **c. nomenclature** Zolltarifschema *nt*; **c. offence** Zolldelikt *nt*, Z.vergehen *nt*

customs office Zollamt *nt*, Z.stelle *f*; **~ of destination** Bestimmungszollstelle *f*; **~ of entry** Eingangszollstelle *f*; **inland c. o.** Binnenzollamt *nt*

customs officer/official Zollbeamter *m*, Z.beamtin *f*; **c. outward** Ausfuhrzoll *m*; **c. papers** Zollpapiere *pl*; **c. permit** Zollabfertigungs-, Zollbegleitschein *m*; **~ for temporary exportation** Zollversandschein *m*; **c. port** Zollhafen *m*; **c. procedure** Zollverfahren *nt*; **c. receipt** Zollquittung *f*; **c. refund** Zoll(rück)erstattung *f*, Rückzoll *m*; **c. regulations** zollamtliche Bestimmungen; **c. revenue(s)** Zolleinnahmen *pl*; **c. seal** Zollplombe *f*, Z.verschluss *m*; **c. search** Zolldurchsuchung *f*, Z.fahndung *f*; **c. searcher** ⊝ Durchsuchungsbeamter *m*, D.frau *f*; **c. shed** Zollschuppen *m*; **c. station** Zollstelle *f*; **c. tariff** Zolltarif *m*; **Common C. Tariff (CCT)** *[EU]* Gemeinsamer Zolltarif; **c. territory** Zollgebiet *nt*; **domestic c. territory** Zollinland *nt*; **foreign c. territories** Zollausland *nt*; **c. transit** Zollgutversand *m*; **~ shed** (Zoll)Durchgangsschuppen *m*; **c. treatment** Zollbehandlung *f*; **c. union** Zollunion *f*; **c. valuation** Zollwertfestsetzung *f*; **c. value** Zollwert *m*; **c. visa** Zollvermerk *m*; **c. (bonded) warehouse** (öffentliches) Zolllager *nt*; **c. warehousing** Zollgutlagerung *f*; **c. warrant** Zollauslieferungsschein *m*

cut *n* 1. Kürzung *f*, Senkung *f*; 2. (Personal)Abbau *m*; 3. *(coll)* (Gewinn)-Anteil *m*; 4. Haushalts-, Etat-, Budgetkürzung *f*; **c. in expenditure; ~ spending** Ausgabenkürzung *f*; **~ interest rates** Zinssenkung *f*; **~ output** Produktionskürzung *f*; **~ real wages** Reallohnsenkung *f*; **~ working hours** Arbeitszeitverkürzung *f*; **across-the-board c.** lineare/globale Kürzung

cut *v/t* 1. (ver-/ab)kürzen, reduzieren, abbauen, senken; 2. *(Kosten)* einsparen; 3. *(Arbeitsplätze)* abbauen; 4. *(Produktion)* herunterfahren; 5. hauen; **c. back/down** be-, einschränken, kürzen, beschneiden, zurücknehmen; **c. out** vermeiden

cutback *n* 1. Reduzierung *f*, Einschränkung *f*; 2. (Personal)Abbau *m*; 3. (Produktions)Kürzung *f*

cutoff *n* 1. *(Bilanz)* periodengerechte Abgrenzung; 2. Lieferstopp *m*; 3. Einstellung von Leistungen; 4. Stichtag *m*; **c. date** Ausschlusstermin *m*; **c. point** Ober-, Untergrenze *f*

cut|-price; c.-rate *adj* billig, reduziert, Billig-; **c.throat** *adj (Wettbewerb)* knallhart, ruinös

cutting-edge *adj* hochmodern

cyber|crime *n* Internetkriminalität *f*; **c.-netics** *n* Kybernetik *f*; **c.-savings** Einsparungen durch Nutzung des Internet; **c.space** *n* 🖳 Cyberspace *m*, virtueller Raum

cycle *n* 1. Zyklus *m*, Arbeitsgang *m*; 2. Arbeitsablauf *m*; **economic c.** Konjunktur(zyklus) *f/m*; **c. count of inventories** permanente Inventur; **c.graph** *n* Zyklogramm *nt*; **c. operations** 🏭 Taktfertigung *f*; **c. time** 🏭 Takt-, Umlaufzeit *f*, Zeit je Arbeitsvorgang

cyclical *adj* zyklisch, konjunkturell, Konjunktur-

D

daily *adj* täglich; **in a d. basis** tageweise

dairy *n* 1. Milchhandlung *f*; 2. Molkerei(betrieb) *f/m*; **d. farming** Milchwirtschaft *f*; **d. product** Molkereiprodukt *nt*; **d. produce/products** Milch-, Molkereierzeugnisse *pl*

damage *n* 1. Beschädigung *f*; 2. Schaden *m*, Verlust *m*; **d.s** Schaden(s)ersatz(summe) *m/f*, Entschädigung(ssumme) *f*; **d. due to an Act of God; ~ force majeure** *[frz.]* Schaden infolge höherer Gewalt; **d.s for delay** Verzugsschaden(s)ersatz *m*; **~ non-delivery** Schaden(s)ersatz wegen ausgebliebener Lieferung; **d. to the environment** Umweltschädigung *f*; **~ the goods** Güterschaden *m*; **~ so.'s health** Gesundheitsschädigung *f*; **~ property** Sach-, Vermögensschaden *m*, Sachbeschädigung *f*; **d. by sea** ⚓ Seeschaden *m*, Havarie *f*; **d. in transit** Transportschaden *m*; **d. due to wear and tear** Abnutzungsschaden *m*

answerable for (a) damage (schadens)ersatz-, entschädigungspflichtig; **causing the d.** schadensverursachend; **entitled to d.s** (schadens)ersatzberechtigt; **liable for a d.; ~ to pay d.s** (schadens)ersatz-, entschädigungspflichtig; **d.s awarded** zugesprochener Schaden(s)ersatz; **d.s incurred/sustained** eingetretener/entstandener Schaden(s)ersatzanspruch; **d. resulting from loading and unloading** Belade- und Entladeschäden *pl*

to adjust a damage/damages Schaden (-sersatzanspruch) feststellen/regulieren; **to appraise/assess a d.** Schaden festsetzen/aufnehmen; **to award d.s** Schaden(s)ersatz zuerkennen; **to be awarded d.s** Schaden(s)ersatz zugesprochen bekommen; **to claim d.s** (Schadens)Ersatz fordern/beanspruchen; **to inflict d.** Schaden zufügen; **to inspect the d.** Schaden besichtigen; **to make good a d.** Schaden wieder gutmachen/ersetzen; **to order to pay d.s** § zu(r) Schaden(s)ersatz(leistung) verurteilen; **to pay/refund/reimburse a d./d.s** Schaden(s)ersatz leisten; **to repair a d.** Schaden beheben; **to sue for d.s** wegen Schaden(s)ersatz belangen, auf Schaden(s)ersatz (ver)klagen

accidental damage Unfallschaden *m*; **actual d. (or loss)** tatsächlicher Schaden; **appropriate d.s** angemessene Enschädigung; **ascertained d.** festgestellter Schaden; **awarded d.s** zuerkannter Schaden(s)ersatz; **consequential d.(s)** Folgeschaden *m*; **~ insurance** Versicherung gegen Folgeschäden; **direct d.** unmittelbarer Schaden; **environmental d.** Umweltschaden *m*; **extensive d.** beträchtlicher Schaden; **fair d.s** angemessene Entschädigung; **intangible d.** immaterieller Schaden; **irreparable d.** nicht wiedergutzumachender Schaden; **liquidated d.s** festgesetzte Schadenssumme, Konventionalstrafe *f*; **lump-sum d.s** pauschalierter Schaden(s)ersatz; **minor d.** Bagatellschaden *m*; **non-material d.** immaterieller Schaden; **own d.** Eigenschaden *m*; **personal d.** *(Vers.)* Personenschaden *m*; **physical d.** Sachschaden *m*; **proven d.** nachgewiesene Schäden; **resulting d.** Folgeschaden *m*; **serious d.**

schwerer Schaden; **third-party d.** Drittschaden *m*; **wilful d.** vorsätzliche (Be)-Schädigung

damage *v/t* (be)schädigen, schaden

damage|(s) claim (Schadens)Ersatzanspruch *m*; **d. containment** Schadenbegrenzung *f*; **d. limitation exercise** schadenbegrenzende Maßnahme; **d. report** 1. Schadensbericht *m*; 2. ⚓ Havariebericht *m*; **d. survey** 1. Schadensuntersuchung *f*; 2. ⚓ Havariegutachten *nt*

D

danger *n* Gefahr *f*, Risiko *nt*, **deflationary d.** Deflationsgefahr *m*; **imminent d.** Gefahr im Verzug, drohende Gefahr; **lethal/mortal d.** Lebensgefahr *f*; **potential d.** Gefährdungs-, Gefahrenpotenzial *nt*; **d. area** Gefahrenbereich *m*; **d. money/pay** Gefahren-, Risikozulage *f*

data *n* Daten *pl*, Unterlagen *pl*, Informationen *pl*, Kenndaten *pl*, K.zahlen *pl*; **to access d.** auf Daten zugreifen; **to process d.** Daten verarbeiten

actual data Ist-Daten *pl*; **cross-sectional d.** Querschnittsdaten *pl*; **ecological d.** ökologische Kennzahlen; **economic d.** Konjunkturdaten *pl*, Wirtschaftszahlen *pl*; **environmental d.** Umweltdaten *pl*; **financial d.** finanzielle Angaben, Finanzdaten *pl*; **industry-level d.** Branchendaten *pl*; **production-related key d.** produktionspezifische Kennzahlen; **operational d.** Betriebsdaten *pl*; **personal d.** Personalangaben *pl*, Personalien *pl*; **planned d.** Plan(zahl)daten *pl*; **primary d.** Stammdaten *pl*; **raw d.** Original-, Ausgangsdaten *pl*; **secondary d.** Sekundärdaten *pl*; **sensitive d.** wichtige/geheime Daten; **sequential d.** Folgeangaben *pl*; **statistical d.** statistische Daten/Angaben *pl*; **synthetic d.** Richtwerte *pl*; **technical d.** technische Angaben/Daten; **user-specific d.** anwenderspezifische Daten

data acquisition Datenerfassung *f*; **d. administration** Datenverwaltung *f*; **d. analysis** Datenanalyse *f*

databank *n* Datenbank *f*; **d. expert/specialist** Datenbankspezialist(in) *m/f*; **d. hierarchy** Datenbankhierarchie *f*

database *n* Datenbank *f*; **d. access** Datenbankzugang *m*; **d. administration** Datenbankverwaltung *f*, D.administration *f*; **d. analysis** Datenbankanalyse *f*; **d. computer** Datenbankrechner *m*; **d. design** Datenbankgestaltung *f*; **d. development** Datenbankentwicklung *f*; **d. management** Stammdatenverwaltung *f*; **d. search** Datenbankrecherche *f*; **d. specialist** Datenbankspezialist(in) *m/f*

(mobile) data capture (mobile) Datenerfassung *f*; **d. carrier** Datenträger *m*; **d. collection** Datenerfassung *f*, D.sammlung *f*; **operational d. collection** Betriebsdatenerfassung *f*; **d. communication** Datenaustausch *m*, D.übermittlung *f*, D.kommunikation *f*; **d. comparison** Datenabgleich *m*; **d. display** Datenanzeige *f*; **d. entry** Dateneingabe *f*, D.erfassung *f*; **~ staff** Mitarbeiter in der Datenerfassung; **d. evaluation** Datenauswertung *f*; **d. exchange** Datenaustausch *m*; **d. file** Datei *f*; **d. flow volume** Datenflussmenge *f*; **d. gathering** Datenerfassung *f*; **d. handling** Datenverarbeitung *f*; **d. highway** Datenautobahn *f*; **d. input** Dateneingabe *f*, D.erfassung *f*; **d. interchange** Daten(aus)-tausch *m*; **d. interface** Datenschnittstelle *f*; **d.line capacity** Datenleitungskapazität *f*; **d. logging** Dateneingabe *f*, D.erfassung *f*, D.aufzeichnung *f*; **d. management** Datenverwaltung *f*, D.management *nt*; **d. manager** Datenmanager *m*; **d. medium** Datenträger *m*; **d. memory** Datenspeicher *m*; **d. output** Datenausgabe *f*

data processing Datenverarbeitung *f*; **automated d. p. (ADP)** automatisierte Datenverarbeitung (ADV); **electronic d. p. (EDP)** elektronische Datenverarbeitung (EDV); **integrated d. p.** integrierte Datenverarbeitung; **remote d. p.** Datenfernverarbeitung *f*

data processing center *[US]*/**centre** *[GB]* Rechenzentrum *nt*; **~ personnel** EDV-Personal *nt*; **~ specialist** Datenverarbeitungskaufmann *m*, D.kauffrau *f*, DV-Fachkraft *f*, DV-Spezialist(in) *m/f*, EDV-Spezialist(in) *m/f*; **~ system** EDV-, Datenverarbeitungs-, Rechensystem *nt*, Informationsverarbeitungsprozess *m*; **remote ~ terminal** Datenendgerät *nt*

data protection Datensicherung *f*, D.schutz *m*; **d. record** Datensatz *m*; **d. recorder** Datenerfassungsgerät *nt*; **d. recording program** Datenerfassungsprogramm *nt*; **d. retrieval** Datenzugriff *m*, D.abruf *m*; **d. saving** Datensicherung *f*; **d. set** 1. Datei *f*; 2. Datenbestand *m*; **d. sheet** 1. Tabelle *f*, Personalbogen *m*; 2. Datenblatt *nt*; **personal d. sheet (PDS)**

(tabellarischer) Lebenslauf *m*; **d. stock** Datenbestand *m*; **d. storage** Datenspeicherung *f*; **ecological d. system** ökologisches Kennzahlensystem; **d. terminal** 1. Datenendstelle *f*; 2. Datensichtgerät *nt*; **d. transfer** Datenaustausch *m*, D.übertragung *f*; **~ to (freight) carrier** Datenübergabe an Transporteur

data transmission Datenübertragung *f*, Nachrichtenübermittlung *f*; **broadband d. t.** Breitband-Datenübertragung *f*; **remote d. t.** Daten(fern)übertragung *f*; **online d. t.** Datendirektübertragung *f*

date *n* Datum *nt*, Zeitpunkt *m*, Termin *m*; **after d.** nach Datum; **out of d.** überholt, veraltet; **up to d.** auf dem neuesten Stand

date of application Antrags-, Bewerbungsdatum *nt*; **closing d. for applications** Bewerbungsschluss *m*; **d. of assessment** Veranlagungstag *m*; **~ balance sheet** Bilanzstichtag *m*; **~ a bill** Fälligkeit eines Wechsels; **last ~ conversion period** Umtauschfrist *f*; **~ delivery** Liefertermin *m*; **~ despatch/dispatch** Versanddatum *nt*, Absendetermin *m*; **marginal ~ disposition** Dispositionsgrenzdatum *nt*; **~ distribution** Ausschüttungsdatum *nt*; **~ drawing** Auslosungstag *m*; **~ entry** Buchungsdatum *nt*; **~ execution** Ausführungsdatum *nt*; **~ exercise** Ausübungsdatum *nt*; **~ expiry** 1. Ablauf der Vertragszeit; 2. Fälligkeitsdatum *nt*; 3. (Wechsel)Verfallstag *m*; **~ invoice** Rechnungsdatum *nt*; **~ issue** 1. Ausstellungsdatum *nt*; 2. Emissionstag *m*; **~ outward journey** Hinreisetag *m*; **~ manufacture/manufacturing** Fertigungs-, Herstellungsdatum *nt*; **~ maturity** Fälligkeitsdatum *nt*, (Wechsel)Verfallstag *m*; **~ order** Bestelldatum *nt*; **~ payment** Zahlungstermin *m*; **~ performance** Erfüllungszeitpunkt *m*; **~ production** Herstellungs-, Fertigungsdatum *nt*; **~ publication** Erscheinungsdatum *nt*; **~ purchase** Anschaffungszeitpunkt *m*, Kaufdatum *nt*; **~ receipt** Empfangsdatum *nt*; **~ reference** Stichtag *m*; **~ sailing** ⚓ Abfahrtsdatum *nt*; **~ sale** Verkaufstermin *m*; **~ shipment** Versanddatum *nt*, Absendetermin *m*; **~ the financial statements** Bilanzstichtag *m*; **closing d. for tenders** Biet(ungs)schluss *m*; **d. for tendering** Ausschreibungstermin *m*

to appoint/fix a date Termin ansetzen, Datum anberaumen; **~ for payment** Zahlungsfrist (fest)setzen; **to change a d.** Termin verlegen, umdatieren; **to set a d.** Termin festsetzen, terminieren

agreed date vereinbarter Termin; **best-before d.** Verfalls-, (Mindest)Haltbarkeitsdatum *nt*; **closing d.** Schlusstermin *m*; **contractual d.** Vertragsdatum *nt*; **cut-off d.** Verfalltag *m*; *adj* stichtagsbezogen; **due d.** 1. Fälligkeitstag *m*, Verfalldatum *nt*; 2. Abgabefrist *f*; **eat-by d.** *(Lebensmittel)* (Mindest)Haltbarkeitsdatum *nt*; **effective d.** Zeitpunkt/Tag des Inkrafttretens, Stichtag *m*; **final d.** End-, Schlusstermin *m*; **fixed d.** Fixtermin *m*; **opening d.** Anfangsdatum *nt*; **qualifying d.** Stichtag *m*; **of the same d.** gleichen Datums; **sell-by d.** *[GB] (Lebensmittel)* (Mindest)Haltbarkeitsdatum *nt*; **starting d.** Anfangstermin *m*; **use-by d.** Verfalls-, (Mindest)-Haltbarkeitsdatum *nt*

date *v/t* datieren; **d. back** zurückdatieren; **d. forward** vordatieren

date bill/draft Datowechsel *m*; **d. check** Datumsprüfung *f*; **d.less** *adj* ohne Datumsangabe, undatiert; **d. stamp** Tages-, Eingangsstempel *m*; **d. switch** Datenschalter *m*

daughter company *[US]* Tochter(gesellschaft) *f*

dawn raid *(Börse)* Überraschungsangriff *m*

day *n* Tag *m*, Termin *m*; **per d.** täglich

day|s after acceptance (d/a) Tage nach Akzept; **d. of account** Abrechnungstag *m*; **~ arrival** Anreisetag *m*, Hinreisetag *m*; **~ delivery** Liefer(ungs)termin *m*; **~ departure** (Ab)Reisetag *m*; **d.s of grace/respite** 1. Sicht-, Frist-, Verzugstage *pl*; 2. *(Wechsel)* Respektstage *pl*; **d. of issue** Emissions-, Ausgabetag *m*; **last d. for giving notice** Kündigungstermin *m*; **d. of payment** (Fälligkeits)Termin *m*; **~ settlement** Tag der Abrechnung, Abrechnungstag *m*; **d.s after sight (d/s)** *(Wechsel)* Tage nach Sicht

by the day tageweise; **d. off** Ruhe-, Urlaubstag *m*, freier Tag

to appoint a day Termin anberaumen/festlegen; **to be open all d.** den ganzen Tag geöffnet sein; **to fix a d.** Termin anberaumen/festlegen

appointed day Stichtag *m*, Termin *m*; **busy d.** arbeitsreicher Tag; **closing/final d.** Schlusstag *m*; **on a fixed d.** stichtagsbezogen; **open d.** Tag der offenen Tür;

opening d. Eröffnungstag *m*; **unpaid d.** Karenztag *m*

day bill Tag-, Datowechsel *m*; **d. book** 1. Kladde *f*, (Tages)Journal *nt [frz.]*, Strazze *f*; 2. Tagebuch *nt*; **d. labourer** Tagelöhner *m*; **d. loan** Tagesgeld *nt*; **d. lost** Ausfalltag *m*; **d.'s pay** Tagelohn *m*; **~ price** Tageskurs *m*; **d. rate** Tageskurs *m*; **d. shift** Frühschicht *f*; **d. finance status** Tagesfinanzstatus *m*; **d.time** *n* Tageszeit *f*; **d.-to-day** *adv* 1. tagtäglich; 2. Tages-, Alltags-; **d. trader** *(Börse)* Tageshändler *m*; **d. trading** Tageshandel *m*; **d.'s wage** Tagelohn *m*; **d. work** *n* Tage-, Zeitlohnarbeit *f*; **d.'s work** Tagewerk *nt*; **d.worker** *n* Tagelöhner *m*; **d.work rate** Tagelohnsatz *m*

deadline *n* 1. letzter/äußerster Termin, Stichtag *m*, Frist *f*; 2. (An)Meldeschluss *m*, Abgabe-, Einreichungsfrist *f*; **d.s** Fristigkeiten *pl*; **d. for applications** (An)Melde-, Bewerbungsschluss *m*; **~ entries** letzter Abgabetermin; **~ tenders** Ausschreibungsfrist *f*

to beat the deadline Termin einhalten; **to exceed the d.** Termin/Frist überschreiten; **to fix a d.** Frist/Termin setzen; **to meet/observe the d.** Termin/Frist einhalten; **to miss the d.** Termin/Frist überschreiten; **to set a d.** Frist/Termin setzen; **to work to a d.** unter Termindruck arbeiten

final deadline Nachfrist *f*; **main d.** Haupttermin *m*; **d. control list** Terminüberwachungsliste *f*; **d. order** Terminauftrag *m*

deadlock *n* (völliger) Stillstand *m*, toter Punkt; **d.ed** *adj* festgefahren

deadweight (dwt) *n* Leer-, Eigengewicht *nt*; **d. (loading) capacity** Tragfähigkeit *f*, Ladevermögen *nt*; **d. tonnage** Leertonnage *f*

deactivate *v/t* aussetzen

deal *n* 1. (Geschäfts)Abschluss *m*; 2. Vereinbarung *f*, Abmachung *f*; **to clinch/make/strike a d.** Geschäft/Abschluss erzielen, Geschäftsabschluss tätigen, Abkommen/Abmachung treffen; **to complete a d.** Vertag abschließen; **to conclude a d.** Geschäftsabschluss tätigen; **to reach a d.** sich einigen

fair deal reelles Geschäft; **fictitious d.** Scheingeschäft *nt*; **firm d.** fester Abschluss; **forward d.** Termingeschäft *nt*; **off-market d.** *(Börse)* außerbörslicher Abschluss; **square d.** reelles Geschäft; **three-cornered d.** Dreiecksgeschäft *nt*; **tie-in d.** Koppel(ungs)geschäft *nt*

deal *v/i* handeln, vermitteln, Geschäfte machen, Handel treiben; **d. with sth.** 1. zum Gegenstand haben; 2. sich mit etw. befassen, bearbeiten

dealer *n* Händler(in) *m/f*, Kaufmann *m*, K.frau *f*, Makler(in) *m/f*; **appointed/authorized/exclusive d.** 1. Vertragshändler *m*; 2. zugelassener Devisenhändler; **licensed d.** zugelassener Händler; **second-hand d.** Gebrauchtwagenhändler *m*

dealer|'s brand Handelsmarke *f*; **d. commission** Händlerprovision *f*; **d. financing** Händlerbestandsfinanzierung *f*; **d.'s margin** Händlerspanne *f*; **d.s' marketing** Handelsmarketing *nt*; **d. mark-up** Händlerverdienstspanne *f*; **d. network** Händlernetz *nt*; **d. organisation** Händlerzusammenschluss *m*; **d.'s price** Wiederverkaufspreis *m*; **d. reallowance** Dealer-Anteil/Makleranteil an den Ankaufskosten; **d.'s rebate** Handels-, Händlerrabatt *m*, Warenskonto *m/nt*; **authorized d.ship** *n* 🚗 Vertragshändlerschaft *f*; **d. stock(s)** Händlerlager *nt*

dealing *n* 1. (Effekten-/Wertpapier-/Börsen)Handel *m*; 2. Geschäft(sverkehr) *nt/m*; **d.s** Umsätze *pl*

dealing for one's own account Eigen-, Properhandel *m*; **d. at arm's length rule** Dritt-, Fremdvergleich *m*; **d. for cash** Kassageschäft *nt*; **d.s in foreign exchange** Währungs-, Devisengeschäft *nt*, D.handel *m*; **~ futures** Termingeschäft *nt*; **~ options** Prämiengeschäft *nt*; **d. in foreign notes and coins** Sortengeschäft *nt*, S.-handel *m*; **d.s in securities** Wertpapiergeschäft *nt*, Effektenhandel *m*; **~ shares** *[GB]*/**stocks** *[US]* Aktienhandel *m*

after-hours dealing|s Nachbörse(ngeschäfte) *f/pl*; **before-hours d.s** Vorbörse(ngeschäfte) *f/pl*; **brisk d.** lebhafter Handel, stürmische Geschäftstätigkeit; **cross d.s** Kompensationsgeschäfte *pl*; **dishonest d.s** krumme Geschäfte; **exclusive d.** Exklusivbindung *f*, **fair d.** Kulanz *f*, **interoffice d.s** *(Börse)* Telefonverkehr *m*; **official d.s** amtlicher Handel; **own-account d.** Eigenhandel *m*; **square d.** korrektes Geschäftsgebaren; **unofficial d.s** Freiverkehr *m*

dealing charge *(Börse)* Maklergebühr(en) *f/pl*; **d. charges** Börsen-, Transaktionsgebühr(en) *f/pl*; **d. commission** Maklergebühr *f*; **d. costs** Börsen-, Maklergebühren *pl*; **d. expenses** Handelsspesen *pl*; **d. instruction** Maklerauftrag *m*; **d. profits** Handelsgewinn *m*; **d. room** Börsensaal *m*; **d. unit** 1. Handelseinheit *f*; 2. Handelsbereich *m*

dearth *n* Mangel *m*; **d. of business start-ups** Gründungsmangel *m*; **~ capital** Kapitalknappheit *f*; **~ orders** Auftragsmangel *m*

death *n* Tod(esfall) *m*; **d. benefit** 1. Sterbegeld *nt*; 2. Hinterbliebenenrente *f*; **d. duty** Erbschaftssteuer *f*; **d. rate** Sterbeziffer *f*, S.rate *f*

de|basement *n* Verschlechterung *f*, Wertminderung *f*; **environmental d.bate** *n* Umweltdiskussion *f*

debenture *n* (Industrie)Obligation *f*, I.anleihe *f*, (Teil)Schuldverschreibung *f*; **d. to bearer** Inhaberschuldverschreibung *f*; **to redeem/retire d.s** Schuldverschreibungen einlösen/tilgen

convertible debenture (stock) Wandelanleihe *f*; **fixed-interest d.** festverzinsliche Schuldverschreibung; **guaranteed d.** durch Bürgschaft gesicherte Schuldverschreibung; **(ir)redeemable d.** (un)kündbare Schuldverschreibung; **mortgaged d.** grundpfandmäßig gesicherte Obligation; **participating d.** gewinnberechtigte Schuldverschreibung; **redeemable d.** tilgbare Anleihe/Obligation; **registered d.** *[GB]* Namensschuldverschreibung *f*; **simple d.** ungesicherte Schuldverschreibung; **subordinated d.** nachrangige Schuldverschreibung

debenture bond 1. Pfandbrief *m*, Obligation *f*; 2. ⊝ Rückzollschein *m*; **d. capital** 1. Fremd-, Anleihekapital *nt*; 2. *(Emission)* Anleiheerlös *m*; **d. certificate** ⊝ Zollrück(gabe)schein *m*; **d. goods** ⊝ Rückzollgüter *pl*; **d. holder** Pfandbriefinhaber(in) *m/f*; **d. income bond** Gewinnobligation *f*; **d. issue** Begebung/Emission von Schuldverschreibungen; **d. loan** Anleihe *f*; **d. stock** Schuldverschreibung *f*; **convertible d. stock** *[GB]* Optionsschuldverschreibung *f*, O.anleihe *f*; **d. yield** Rendite einer Schuldverschreibung

debit *n* 1. Soll(seite) *nt/f*, Debet(seite) *nt/f*; 2. *(Soll)* Schuldposten *m*, Debet *nt*; 3. Lastschrift *f*, Abbuchung *f*; **d.(s) and credit(s)** Soll und Haben *nt*, Lastschriften und Gutschriften *pl*, Debet und Kredit *nt/m*; **to pass to the d.** im Soll buchen; **~ of an account** Konto belasten mit; **direct d.** Lastschrift(buchung) *f*, (automatische) Abbuchung *f*; **~ form** Lastschriftformular *nt*; **~ instruction/mandate** Einzugs-, Abbuchungsermächtigung *f*, Lastschriftauftrag *m*

debit *v/t* belasten, im Soll buchen, abbuchen

debit account debitorisches/belastetes Konto, Debetkonto *nt*; **d. advice** Belastungs-, Lastschriftanzeige *f*, L.avis *m/nt*

debit balance 1. Soll-, Passivsaldo *m*, debitorischer Saldo; 2. *(VWL)* passive Zahlungsbilanz; **d. and credit b.** Finanzierungssaldo *m*; **outstanding d. b.** Debitorenstand *m*; **remaining d. b.** Restschuld *f*

debit card *(Bank)* Kunden-, Abbuchungs-, Debitkarte *f*; **d. column** Soll-, Debetspalte *f*; **d. entry** Lastschrift *f*, Sollbuchung *f*, S.posten *m*, debitorische Buchung, Abbuchung *f*; **d. and credit entries** Last- und Gutschriften *pl*

debiting *n* Einziehung *f*, Abbuchung *f*, Belastung *f*; **direct d.** Lastschrift-, Einzugs-, Abbuchungsverfahren *nt*; **~ authorization/mandate** Lastschriftauftrag *m*, Einzugsermächtigung *f*; **~ transactions** Lastschriftverkehr *m*; **d. instruction** Abbuchungs-, Lastschriftauftrag *m*

debit interest Soll-, Kreditzins(en) *m/pl*; **d. and credit interest** Soll- und Habenzinsen *pl*; **d. interest rate** Soll-, Debetzinssatz *m*; **d. item** Soll-, Debet-, Lastschriftposten *m*; **d. memo(randum)/note** Belastungs-, Lastschriftanzeige *f*

debitors and creditors ↘ **debit(s) and credit(s)**

debit rate Sollzins(satz) *m*; **d. side** Soll-, Debet-, Minusseite *f*; **on the d. side** im Soll; **d. slip** Abbuchungs-, Lastschriftbeleg *m*; **d. sum list** Soll-Summenliste *f*; **d. ticket** Belastungsaufgabe *f*, B.anweisung *f*; **automatic d. transfer (system)** Einzugs-, Lastschriftverfahren *nt*; **d. voucher** Abbuchungs-, Lastschriftbeleg *m*

debt *n* Schuld *f*, Verschuldung *f*; **d.s** 1. Schulden *pl*, Verschuldung *f*; 2. Forderungen *pl*; 3. *(Bilanz)* Verbindlichkeiten *pl*, Passiva *pl*; **free of/without d.** schuldenfrei; **in d.** verschuldet; **d. in arrears** rückständige Forderung; **d. for freight**

D

Frachtschuld *f*; **d. on mortgage** Hypothekenschuld *f*; **d. to owners' equity ratio** Verschuldungsgrad *m*; **d.s to suppliers** Lieferantenschulden *pl*

debt due (and payable) fällige Forderung; **burdened with d.s** verschuldet; **clear of (all) d.s** frei von (allen) Schulden; **d. lying in prender** Holschuld *f*; **~ render** Bringschuld *f*; **total d.s outstanding** Gesamtdebitoren(be)stand *m*; **d. secured by collateral** dinglich gesicherte Schuld; **~ real estate** Grundpfandschuld *f*; **~ mortgage** Hypothekenschuld *f*

D

to accumulate debt|s Schulden auflaufen lassen; **to amortize a d.** Schuld tilgen; **to arrest a d.** Forderung pfänden; **to be in d.** verschuldet sein; **~ liable for d.s** für Schulden haften; **~ out of d.** schuldenfrei sein; **to cancel a d.** Schuld löschen; **to charge off a d.** uneinbringliche Forderung abschreiben; **to claim a d.** Schuld einfordern; **~ against a bankrupt** Forderung gegen einen (Konkurs)Schuldner erheben; **to clear d.s** Schulden begleichen; **to collect d.s** Schulden eintreiben, Außenstände einziehen; **to contract d.s** Schulden machen, sich verschulden; **to convert a d.** umschulden; **to default on a d.** Schuld nicht bezahlen; **to discharge d.s** Schulden begleichen; **to fall into d.** Schulden machen; **to get into d.s** Schulden machen, sich verschulden; **to guarantee a d.** sich für eine Schuld verbürgen; **to honour d.s** Verbindlichkeiten begleichen; **to incur d.s** Schulden machen, sich verschulden; **to pay one's d.s** seine Schulden bezahlen/begleichen; **to pay off d.s** Schulden tilgen/abzahlen; **to prove a d.** Forderung(en) anmelden; **~ one's d.** Konkurs anmelden, Forderung zur Konkursmasse anmelden; **to recover a d./d.s** Schulden eintreiben/beitreiben, Geld/Außenstände eintreiben; **to redeem/repay d.s** Schulden tilgen/abzahlen; **to reduce d.s** Schulden abbauen; **to release (so.) from a d.** Forderung erlassen; **to reschedule d.s; to roll over d.s** umschulden; **to run into d.(s)** Schulden machen, sich verschulden; **to secure a d.** Forderung/Schuld (ab)sichern; **to service d.s** Schuldendienst/Zins- und Tilgungszahlungen leisten; **to settle a d.** Schuld begleichen; **to take on new d.s** sich neu verschulden; **to waive a d.** Schuld erlassen; **to write off d.s** Schulden/Forderungen abschreiben

accrued/accumulated debt(s) aufgelaufene Verbindlichkeit(en)/Schulden; **active d.s** ausstehende Forderungen, Außenstände *pl*; **assigned d.(s)** abgetretene Debitoren/Forderungen

bad debt faule/uneinbringliche Schuld; **b. d.s** uneinbringliche/zweifelhafte Forderungen, unsichere Außenstände, Dubiose *pl*; **b. d. allowance** *(Wertberichtigung)* Forderungsabschreibung *f*; **~ losses** Forderungsausfälle *pl*; **~ provisions** Rückstellungen für uneinbringliche Außenstände, Abschreibung auf Forderungen; **general ~ provision** Pauschalwertberichtigung *f*; **~ write-off** Abbuchung uneinbringlicher Forderungen

bonded debt Anleiheverschuldung *f*, verbriefte Schuld; **collateral d.** Lombardschuld *f*, L.verbindlichkeiten *pl*; **commercial d.** Warenschuld *f*; **contingent d.(s)** ungewisse Schulden, zweifelhafte Forderungen, Dubiose *pl*; **corporate d.s** Schulden einer AG; **current d.** kurzfristige Schulden/Verbindlichkeiten; **deferred d.s** nachrangige Konkursforderungen; **discharged d.** getilgte Schuld; **doubtful d.(s)** ungewisse Schulden, zweifelhafte Forderungen, Dubiose *pl*; **enforceable d.** einklagbare Schuld; **excessive d.s** Überschuldung *f*; **existing d.(s)** 1. bestehende Forderung; 2. Altschulden *pl*; **external/foreign d.(s)** Auslandsschulden *pl*, A.verschuldung *f*, internationale Verschuldung; **floating d.** kurzfristige Schulden/Verbindlichkeiten; **funded d.(s)** fundierte Schuld, Anleiheschuld *f*; **good d.** sichere Forderung; **heavy d.s** erhebliche/drückende Schulden; **interest-bearing d.** verzinsliche Forderung; **irrevocable d.s** uneintreibbare/uneinbringliche Schulden, verlorene Außenstände; **liquid d.** (sofort) fällige Forderung; **liquidated d.** bezahlte Schuld; **long-term d.(s)** 1. langfristige Verschuldung/Verbindlichkeiten/Debitoren, langfristiger Kredit; 2. langfristiges Fremdkapital; **matured d.** fällige Schuld; **mortgaged d.** hypothekarisch gesicherte Schuld; **municipal d.** Kommunalverschuldung *f*; **national d.** Staatsschuld(en) *f*/*pl*, S.verschuldung *f*; **net d.(s)** Nettoverbindlichkeiten *pl*, N.verschuldung *f*, Schuldenüberhang *m*;

new d.s Neuverschuldung *f*; **ordinary d.** nicht bevorrechtigte Forderung, Buchschuld *f*; **outstanding d.s** Außenstände *pl*, offene Verbindlichkeiten; **pending d.** laufende/schwebende Schuld; **preferential/preferred d.** bevorrechtigte Forderung; **principal d.** Bürgschaftsschuld *f*; **public(-authority)/public-sector d.** Verschuldung der öffentlichen Hand, öffentliche Verschuldung; **recoverable d.** beitreibbare Forderung/Schuld; **residual d.** Restschuld *f*; **running d.** laufende/schwebende Schuld; **secured d.** dinglich gesicherte Forderung; **securitized d.** verbriefte Forderung; **senior d.** bevorrechtigte Schuld; **short-term d.** kurzfristige Schuld/Verschuldung; **small d.** Bagatellschuld *f*; **stale/statute-barred d.** verjährte Forderung, verjährter Anspruch; **sundry d.s** diverse Verbindlichkeiten; **unfunded d.** schwebende Schuld; **unsecured d.** ungesicherte (Konkurs)Forderung; **~ d.s** *(Konkurs)* Masseschulden *pl*; **unserviced d.** unbediente Schuld; **unsettled d.** schwebende Schuld

debt balance Schulden-, Debet-, Sollsaldo *m*; **~ carried forward** Verlustvortrag *m*; **d. burden** Schuldenberg *m*, S.last *f*; **d. capital** Fremdkapital *nt*; **d. ceiling** Verschuldungsgrenze *f*; **d. certificate** 1. Schuldverschreibung *f*, S.urkunde *f*; 2. ⊝ Zollrückgabeschein *m*; **d. clearance** Entschuldung *f*, Schuldentilgung *f*; **d. collection** Schuldeneinziehung *f*, Forderungseinzug *m*; **~ agency** Inkassobüro *nt*; **d. costs** Schuldendienst *m*; **d. counselling** Schuldenberatung *f*; **d.-crippled** *adj* hochverschuldet; **d. crisis** Verschuldungs-, Schuldenkrise *f*; **d. discount** (Kredit)Disagio *nt*, Damnum *nt (lat.)*

debtee *n* Gläubiger(in) *m/f*, Forderungsberechtigte(r) *f/m*

debt|-equity ratio Eigenkapitalquote *f*; **~ swap** Umwandlung von Schulden in Eigenkapital; **d. expansion** Schuldenausweitung *f*; **d. facility** Dispositionskredit *m*, Kreditlinie *f*, K.rahmen *m*, Überziehungs-, Verfügungskredit *m*; **d.-financed** *adj* fremdfinanzert; **d. financing** Fremdfinanzierung *f*; **d. funds** Fremdkapital *nt*, F.mittel *pl*; **d.-income ratio** *(VWL)* Verhältnis zwischen Staatsschuld und Volkseinkommen; **d. instrument** Schuldtitel *m*, S.urkunde *f*; **d. interest** Schuldzinsen *pl*; **d. issue** Schuldverschreibung *f*; **new d. issue** Neuverschuldung (durch Begebung einer Schuldverschreibung) *f*; **d. limit** Verschuldungsgrenze *f*; **d. limitation** Begrenzung der Schuldenaufnahme; **d. load** Schuldenlast *f*; **d. loss** Forderungsausfall *m*; **d. management** Schuldenverwaltung *f*, S.politik *f*, S.management *nt*; **d. monitoring** Schuldüberwachung *f*; **mortgage-backed d. obligation** hypothekarisch besicherte Schuldverschreibung

debtor *n* Schuldner(in) *m/f*, Darlehens-, Kreditnehmer(in) *m/f*; **d.s** (Waren)-Forderungen *pl*, Debitoren *pl*; **d. in arrears/default** säumige(r) Schuldner(in); **~ composition proceedings** Vergleichsschuldner(in) *m/f*; **d.s and creditors** Forderungen und Verbindlichkeiten *pl*; **to be liable as (a) principal d.** selbstschuldnerisch haften; **to dun a d.** Schuldner bedrängen

assigned debtor Zessions-, Drittschuldner *m*; **attached d.** gepfändeter Schuldner; **bad/defaulting/delinquent d.** säumiger/zahlungsunfähiger Schuldner; **common d.** Gemeinschuldner *m*; **dubious d.** unsicherer Schuldner; **foreign d.s** Auslandsforderungen *pl*; **insolvent d.** Konkursschuldner *m*; **joint (and several) d.** Mit-, Gesamt(hands)schuldner(in) *m/f*; **other d.s** sonstige Forderungen; **primary/principal d.** Erst-, Hauptschuldner(in) *m/f*; **slow d.** säumiger Schuldner; **sundry d.s** sonstige/diverse Debitoren, ~ Forderungen; **third-party d.** Drittschuldner *m*

debtor account Debitoren-, Debetkonto *nt*; **d.'s assets** Konkursmasse *f*; **d. country/nation** Schuldnerland *nt*; **d.'s petition** Konkurseröffnungsantrag des Schuldners; **~ statement of affairs** Konkursstatus *m*, K.bilanz *f*, Offenbarungseid *m*

debt overhang Schuldenberg *m*; **d. overload** Überschuldung *f*; **d. paid** getilgte Forderung; **d.s payable** Verbindlichkeiten *pl*; **d. position** Schuldenstand *m*; **d. provisions** Rückstellungen/Wertberichtigungen für zweifelhafte Forderungen; **d.-to-equity ratio** Verschuldungsgrad *m*; **public d. rating agency** Rating-Agentur *f*; **d.s receivable** Forderungen *pl*, Außenstände *pl*; **d. recovery** Forderungseinzug *m*; **~ agency** Inkassobüro *nt*;

D

d. redemption Schuld(en)tilgung *f*; **d. reduction** Schuldenrückführung *f*, S.abbau *m*; **d. refinancing/refunding** Umschuldung *f*; **d. register** Schuldbuch *nt*; **d. relief** Schuld(en)erlass *m*, Entschuldung *f*; **d. repayment(s)** Schuld(en)tilgung *f*; **d. rescheduling/restructuring** Umschuldung *f*; **d. retirement** Schuldenabbau *m*; **d.-ridden** *adj* überschuldet; **d. service/servicing** Schulden-, Kapitaldienst *m*; **d. service payments** Schuldendienst(leistungen) *m/pl*; **d. servicing schedule** Kapitaldienstplan *m*; **d. settlement** Schuldenbereinigung *f*; **partial d. settlement** Vergleich *m*; **d. terms** Kreditbedingungen *pl*; **d. write-down** Forderungsabschreibung *f*

decapitalization *n* Kapitalschnitt *m*

decartelize *v/t* entflechten, entkartellisieren

decasualization *n* 1. Abbau von Gelegenheitsarbeit; 2. ⛴ Umstellung auf Dauerbetrieb

decay *n* 1. Verfall *m*, Verderb *m*; **urban d.** Verfall der Innenstädte; *v/i* 1. verfallen, verderben; 2. *(Lebensmittel)* schlecht werden

decentralize *v/t* dezentralisieren

decide *v/ti* (sich) entscheiden, bestimmen; **d. unanimously** einstimmig beschließen

decimal *n* Dezimalzahl *f*; *adj* Dezimal-; **floating d.** Gleitkomma *nt*; **d.ization** *n* Umstellung auf das Dezimalsystem, Dezimalisierung *f*

decision *n* 1. Entscheidung *f*, Entschluss *m*; 2. Bescheid *m*; 3. § Entscheidung *f*, Verfügung *f*; **d. by a court** gerichtliche Anordnung; **d. about the location** Standortentscheidung *f*; **d. of principle** Grundsatzentscheidung *f*; **d. to buy** Kaufentschluss *m*; **~ consume** Konsumentscheidung *f*; **~ introduce** Einführungsentscheidung *f*; **pending a d.** bis zur Entscheidung

to annul a decision Beschluss aufheben; **to appeal against/contest/dispute a d.** § Entscheidung anfechten; **to postpone/put off a d.** Entschluss/Entscheidung vertagen; **to reverse a d.** Entscheidung aufheben; **to review a d.** Entscheidung überprüfen

administrative decision Verwaltungsentscheidung *f*; **adverse d.** abschlägiger Bescheid; **alternative d.** Entscheidungsalternative *f*; **appellate d.** § Berufungsentscheidung *f*; **corporate d.** Gesellschaftsbeschluss *m*; **discretionary d.** Ermessensentscheidung *f*; **enforceable d.** § vollstreckbarer Titel; **final d.** endgültige/abschließende Entscheidung, endgültiger Bescheid; **interim d.** vorläufiger Bescheid; **judicial d.** § Gerichtsentscheidung *f*, Richterspruch *m*; **non-appealable d.** § rechtskräftige Entscheidung; **unanimous d.** einstimmige Entscheidung, einstimmiger Beschluss; **wrong d.** Fehlentscheidung *f*

decision aid Entscheidungshilfe *f*; **d. box** *(OR)* Entscheidungsknoten *m*; **d. control** Steuern des Entscheidungsprozesses; **d. exercise** Unternehmensplanspiel *nt*; **d. implementation** Entscheidungsumsetzung *f*; **d. interface** Entscheidungsschnittstelle *f*; **d.-maker** *n* Entscheidungsträger(in) *m/f*; **d.-making** *n* Entscheidungsfindung *f*, E.bildung *f*; *adj* entscheidungsfindend, Entscheidungs-; **corporate/managerial d.-making** unternehmerische Willensbildung, unternehmerischer Entscheidungsprozess; **d. model** Entscheidungsmodell *nt*; **d. right** Entscheidungsvollmacht *f*; **d. support** Entscheidungshilfe *f*; **d. tree** Entscheidungsbaum *m*

decisive *adj* 1. entscheidend, ausschlaggebend; 2. *(Person)* entschlussfreudig; **d.-ness** *n* Entschlossenheit *f*

deck *n* ⚓ (Schiffs)Deck *nt*; **to ship on d.** an Deck verladen; **dangerous d. (d.d.)** sehr gefährliche Güter - Verladung nur auf Deck; **d. cargo/load** Deckgüter *pl*, D.ladung *f*

declar|able *adj* ⊝ zoll(melde)pflichtig, verzollbar; **d.ant** *n* 1. Zoll(wert)anmelder *m*; 2. *(Erklärung)* Abgeber *m*

declaration *n* 1. Erklärung *f*; 2. ⊝ Anmeldung *f*; 3. Bekanntgabe *f*

declaration of acceptance Annahmeerklärung *f*; **~ assignment** Abtretungserklärung *f*, A.urkunde *f*; **~ backing** Patronatserklärung *f*; **~ bankruptcy** Bankrott-, Konkurserklärung *f*; **~ conformity** Konformitätserklärung *f*; **~ consignments** Anmeldung von Transporten; **~ contents** ⊝ Inhaltsangabe *f*; **d. for customs transit** ⊝ Zollanmeldung zum Zollgutverkehr; **d. of damage** Schadensmeldung *f*; **~ dispatch in transit** ⊝

Erklärung zur Durchfuhr; **~ a dividend** Dividendenbeschluss *m*; **~ export value** ⊖ Ausfuhrwerterklärung *f*; **~ goods** ⊖ Warenanmeldung *f*; **~ guarantee** Bürgschaftserklärung *f*; **~ imports** ⊖ Einfuhrerklärung *f*; **~ income** Einkommen(s)steuererklärung *f*; **~ insolvency** Insolvenzerklärung *f*, Vergleichsanmeldung *f*; **~ intent** Absichtserklärung *f*, Kaufzusage *f*; **~ interest** Interessenanmeldung *f*; **~ non-objection** Unbedenklichkeitsbescheinigung *f*; **d. in lieu of oath** eidesstattliche Erklärung; **d. on oath** eidliche Erklärung; **d. of origin** Ursprungserklärung *f*; **~ purchase** Kauferklärung *f*; **~ value** Wertangabe *f*; **~ weight** Gewichtsangabe *f*

further declaration ⊖ Nachanmeldung *f*; **maritime d.** Verklarung *f*; **solemn d.** § eidesstattliche Versicherung; **statutory d.** § Erklärung/Versicherung an Eides Statt; **written d.** schriftliche Erklärung, Revers *m*

declaration inwards ⊖ Zolleinfuhrdeklaration *f*, Z.erklärung *f*; **d. list** ⊖ Gestellungsverzeichnis *nt*; **d. outwards** ⊖ Zollausfuhrdeklaration *f*, Z.erklärung *f*; **d. period** Anmeldefrist *f*

declare *v/ti* 1. (sich) erklären; 2. bekannt machen; 3. ⊖ verzollen, (zur Verzollung) anmelden; **d. due** für fällig erklären; **d. nil/null and void** für null und nichtig erklären

decline *n* ↘ **decrease** Abschwächung *f*, Rückgang *m*, Abnahme *f*, Schrumpfung *f*, Verringerung *f*, Rückläufigkeit *f*

decline in (cyclical/economic) activity konjunkturelle Abschwächung, Konjunkturabschwung *m*, nachlassende Konjunktur, Rezession *f*; **~ business** Geschäftsabschwächung *f*; **~ demand** Nachfragerückgang *m*; **~ earnings** Ertragsminderung *f*, Erlösrückgang *m*; **~ employment** Beschäftigungseinbruch *m*, B.rückgang *m*; **~ exports** Exportrückgang *m*; **~ gross profit** Rohertragsminderung *f*; **~ imports** Importrückgang *m*; **d. of interest rates** Zinsrückgang *m*; **d. in/of investment** nachlassende Investitionstätigkeit; **d. in (new) orders** Auftragsrückgang *m*; **~ output/production** Produktions-, Ausstoßrückgang *m*, Leistungsabfall *m*; **d. in/of prices** Preis-, Kursrückgang *m*; **d. in profits** Gewinnabschwächung *f*; **d. in/of sales/turnover** Absatzeinbruch *m*, Umsatzeinbuße *f*

across-the-board/widespread decline (Preis-/Kurs)Rückgang auf breiter Front; **cyclical/economic d.** Rezession *f*, Konjunkturabschwung *m*, K.rückgang *m*; **technical d.** *(Börse)* technische Reaktion

declin|e *v/ti* 1. absagen, (höflich) ablehnen; 2. abnehmen, nachlassen, zurückgehen, sinken; 3. *(Preis/Kurs)* nachgeben, fallen; **d.ing** *adj* rückläufig, abnehmend, fallend

D

decod|e *v/t* dekodieren; **d.er** 1. Decodierer *m*; 2. 🖳 Decoder *m*; **d.ing** *n* Dekodierung *f*

decommission *v/t* stilllegen, außer Betrieb setzen; **d.ing** *n* Außerdienststellung *f*, Stilllegung *f*; **~ cost** Kosten der Außerbetriebnahme

deconcentration *n* (Konzern)Entflechtung *f*

deconsolidat|e *v/t* entflechten, entkonsolidieren; **d.ion** *n* Entkonsolidierung *f*

decontrol *n* ↘ **deregulation** Aufhebung der (Preis)Kontrolle, Freigabe *f*, Liberalisierung *f*; **d. of imports** Einfuhrliberalisierung *f*, Importfreigabe *f*; *v/t* Zwangswirtschaft abbauen, liberalisieren

decrease *n* ↘ **decline, reduction** 1. Abnahme *f*, Rückgang *m*; 2. Verminderung *f*, Reduzierung *f*, Verringerung *f*, Senkung *f*

decrease in/of earnings Erlös-, Ergebnisrückgang *m*; **d. in equity** Eigenkapitalminderung *f*; **d. of/in inventories** Lager-, Vorratsabbau *m*, Verminderung(en) des Bestandes; **without ~ pay** bei vollem Lohnausgleich; **~ prices** Kurs-, Preisrückgang *m*; **~ sales** Absatz-, Umsatzrückgang *m*; **~ staff** Personalabbau *m*, P.rückgang *m*; **d. in stocks** Lager-, Vorratsabbau *m*, Verminderung(en) des Bestandes; **d. of stocks of finished goods and work in progress** Verminderung des Bestandes an fertigen und unfertigen Erzeugnissen; **d. in tax revenue** Aufkommensrückgang *m*; **~ traffic** Verkehrsrückgang *m*; **~ turnover** Absatz-, Umsatzrückgang *m*; **~ value** Werteinbuße *f*, W.minderung *f*; **~ real wages** Reallohnsenkung *f*

decrease *v/ti* (sich) vermindern, abnehmen, zurückgehen, sinken, verringern, reduzieren, senken

decree *n* 1. (behördliche/gesetzliche/

richterliche) Verfügung *f*, Verordnung *f*, (amtlicher) Erlass *m*; 2. § (Rechts)-Entscheid *m*, Urteil *nt*; **d. in bankruptcy** Konkurseröffnungsbeschluss *m*; **administrative d.** Verwaltungsverordnung *f*; **final d.** rechtskräftiges Urteil; **interim d.** § vorläufige Entscheidung; **d.** *v/t* 1. *(Verordnung)* erlassen; 2. *(Gericht)* entscheiden

D

deduct *v/t* abrechnen, abziehen, in Abzug bringen, absetzen; **d.able** *n [US] (Vers.)* Selbstbeteiligung *f*; **d.ible** *adj* (steuerlich) abzugsfähig, absetzbar

deduction *n* 1. Abzug *m*, Rabatt *m*; 2. *(Steuer)* Absetzung *f*; 3. Lohnabzug *m*; 4. *(Steuer)* abzugsfähiger Betrag; **without any d.** rein netto

deduction for normal business wear and tear; d. for depreciation Absetzung für Abnutzung (AfA); **d. of discount** Skontoabzug *m*; **~ running expenses** Betriebsausgabenabzug *m*; **~ special expenses** Sonderausgabenabzug *m*; **~ input tax** Vorsteuerabzug *m*; **~ social insurance contributions** (Sozialversicherungs)Beitragsabzug *m*; **d. for material depletion** Absetzung für Substanzverringerung (AfS); **d. (of tax) at source** Steuererhebung an der Quelle, Quellen(steuer)abzug *m*; **d. for taxes** Abzug/Rückstellung für Steuern

allowable deduction *(Steuer)* Freibetrag *m*, abzugsfähiger Betrag; **fixed/flat-rate d.** *(Steuer)* Frei-, Pausch(al)betrag *m*; **maximum d.** Freibetragsgrenze *f*; **net d.** Nettoabzug *m*; **pre-tax d.** Vorsteuerpauschale *f*; **standard d.** *[US] (Steuer)* Frei-, Pausch(al)betrag *m*

deed *n* 1. Tat *f*, Handlung *f*; 2. (Übertragungs-/Vertrags)Urkunde *f*, Schriftstück *nt*

deed of arrangement/composition Vergleichsvereinbarung *f*, Schuldenregelungsvertrag *m*; **~ assignment** Übertragungs-, Abtretungsurkunde *f*; **~ conveyance** *(Immobilie)* Auflassungsurkunde *f*; **d.s of a house** Hauseigentumsurkunde *f*; **d. of ownership** Eigentums-, Besitzurkunde *f*; **~ partition** Teilungsurkunde *f*; **~ partnership** Gesellschaftsvertrag *m*; **~ sale** Kaufvertrag *m*; **~ transfer** Abtretungs-, Übertragungsurkunde *f*; **~ trust** Treuhandvertrag *m*

collective deed Sammelurkunde *f*; **by formal d.** urkundlich; **notarial d.** Notariatsurkunde *f*; **valid d.** rechtsgültige Urkunde

default *n* 1. Fehler *m*, Mangel *m*; 2. Unterlassung *f*, (Leistungs)Verzug *m*, (Pflicht)Versäumnis *nt*, Nichterfüllung (einer Verpflichtung) *f*; 3. Nichtzahlung *f*, Zahlungsausfall *m*, Z.unfähigkeit *f*, Z.einstellung *f*; 4. Fristversäumnis *nt*; 5. Liefer(ungs)sverzug *m*, Nichtleistung *f*; **in d.** säumig, notleidend

default of acceptance Annahmeverzug *m*; **d. in/of delivery** Liefer(ungs)verzug *m*; **d. of interest** Zinsverzug *m*; **d. in/of payment** Nichtzahlung *f*, (Zahlungs)-Verzug *m*; **d. in performance** Leistungsstörung *f*

to be in default in (Zahlungs)Verzug sein, säumig sein; **to declare d.** Zahlungsunfähigkeit erklären; **to hold so. in d.** jdn in Verzug setzen

default *v/i* 1. seinen (Zahlungs)Verpflichtungen nicht nachkommen, in Verzug kommen, säumig sein; 2. § nicht vor Gericht erscheinen

default action § Mahnverfahren *nt*; **d.er** *n* 1. säumige(r) Zahler(in)/Schuldner(in), Zahlungsunfähige(r) *f/m*, Insolvent(in) *m/f*; 2. § Nichterschienene(r) *f/m*; **d. fee/fine** Säumnisgebühr *f*; **d.ing** *adj* 1. im/in Verzug, säumig; 2. *(Kredit)* notleidend; **d. interest** Verzugszinsen *pl*; **d. proceedings** Säumnisverfahren *nt*; **d. risk** (Zahlungs)-Ausfallrisiko *nt*, A.wahrscheinlichkeit *f*

defect *n* Fehler *m*, Defekt *m*, Mangel *m*; **d. of construction** Konstruktionsfehler *m*; **d. in the goods** Mangel in der Ware; **~ material** Materialfehler *m*; **d. of quality** Sachmangel *m*; **d. in/of title** § Rechtsmangel *m*; **d. in workmanship** Bearbeitungsmangel *m*; **free from d.s** mangelfrei; **to be liable for d.s** für Mängel haften; **to make good the d.** Mangel beseitigen; **to mend/remedy a d.** Defekt/Fehler beseitigen; **to warrant for a d.** für einen Mangel haften

allowable defect|(s) zulässige Ausschusszahl; **apparent d.** offener/offensichtlicher Mangel; **ascertained d.** festgestellter Mangel; **concealed d.** versteckter Mangel; **formal d.** Formfehler *m*, F.mangel *m*; **inherent/intrinsic d.** 1. *(Vers.)* Beschaffenheitsschaden *m*; 2. *(Ware)* innerer Mangel; **latent d.** versteckter Mangel; **obvious/patent d.** offener/

offensichtlicher Mangel; **redhibitory d.** Wand(e)lungs-, Gewährleistungsfehler *m*; **remediable d.** behebbarer Mangel; **structural d.** Konstruktionsfehler *m*

defective *adj* schadhaft, beschädigt, mangelhaft

defence *[GB]*/**defense** *n* *[US]* ⨯/§ Verteidigung *f*; **to plead in d.** Einrede vorbringen, zur Verteidigung anführen/vorbringen; **court-assigned d.** Pflichtverteidigung *f*; **legal d.** Rechtsschutz *m*; **~ insurance** Rechtsschutzversicherung *f*

defence budget Verteidigungs-, Rüstungsetat *m*, Verteidigungsbudget *nt*; **d. contract** Rüstungsauftrag *m*; **d. contractor** Rüstungslieferant *m*; **d. counsel** § (Straf)Verteidiger(in) *m/f*; **d. expenditure(s)** Verteidigungsausgaben *pl*; **d. industry** Rüstungsindustrie *f*; **d. spending** Verteidigungs-, Rüstungsausgaben *pl*

defendant *n* § Be-, Angeklagte(r) *f/m*, beklagte Partei

defer *v/t* 1. ver-, aufschieben, zurückstellen; 2. *(Bilanz)* abgrenzen

deferment; deferral *n* 1. Aufschub *m*, Verschiebung *f*; 2. transitorische Rechnungsabgrenzung; **d. of payments** Zahlungsaufschub *m*, Stundung *f*; **~ redemption payments** Tilgungsaufschub *m*

deferred *adj* 1. ausgesetzt, aufgeschoben, gestundet; 2. *(Bilanz)* aktivisch abgegrenzt, transitorisch; 3. *(Aktien)* Nachzugs-; 4. *(Dividende)* nachzahlbar

deficiency *n* 1. Ausfall(betrag) *m*, Fehlbestand *m*, F.menge *f*, *(Kasse)* Manko *nt*, Minus(betrag) *nt/m*; 2. (Qualitäts)Mangel *m*, Unzulänglichkeit *f*; **d. of title** § (Rechts)Mangel *m*; **d. in weight** Gewichtsmangel *m*; **infrastructural deficiencies** Mängel in der Infrastruktur; **material d.** Sachmangel *m*

deficiency commission Ausfallprovision *f*; **d. compensation** Ausfallentschädigung *f*; **d. guarantee** Ausfall-, Schadlosbürgschaft *f*; **d. note** Fehlmengenmitteilung *f*; **d. payment** *[EU]* 🚜 Ausgleichszahlung *f*; **d. statement** Unterbilanz *f*, Verlustabschluss *m*

deficient *adj* fehlerhaft, unzureichend

deficit *n* 1. Defizit *nt*, Fehlbetrag *m*, Verlust *m*; 2. Fehlmenge *f*; 3. Mindereinnahme *f*; 4. (Haushalts)Deckungslücke *f*; 5. *(Kasse)* Minderbestand *m*; 6. Kostenunterdeckung *f*; 7. *(Konto)* Passivsaldo *m*; **in d.** defizitär, passiv, in den roten Zahlen; **d. on current/external account** Leistungsbilanzdefizit *nt*; **d. in trade in goods** Handelsbilanzdefizit *nt*; **~ trade and services** Passivsaldo im Waren- und Dienstleistungsverkehr; **d. carried forward** (steuerlicher/handelsrechtlicher) Verlustvortrag *m*

to close with a deficit mit einem Fehlbetrag abschließen; **to cover/eliminate a d.** Verlust (ab)decken; **to make good a d.** Verlust ausgleichen; **to run (up) a d.** mit Verlust arbeiten; **to show a d.** Defizit/Verlust ausweisen

annual deficit Jahresfehlbetrag *m*; **budgetary d.** Haushaltsdefizit *nt*, H.lücke *f*; **current (account) d.** Leistungsbilanzdefizit *nt*; **external d.** Zahlungsbilanzdefizit *nt*; **reduced d.** geschrumpfter Fehlbetrag

deficit account Verlustkonto *nt*; **d. balance** Fehlabschluss *m*; **d. budgeting** *(Haushalt)* Haushaltsfinanzierung durch Schuldenaufnahme; **d. financing** Defizitfinanzierung *f*; **d. guarantee** Ausfallbürgschaft *f*; **d.-ridden** *adj* defizitär, chronisch passiv; **d. spending** öffentliche Verschuldung durch Kreditaufnahme, Defizitspending *nt*

definite *adj* 1. eindeutig, endgültig; 2. *(Zusage)* bindend, fest

definition *n* Definition *f*, Erklärung *f*; **d. of powers** Kompetenzabgrenzung *f*; **~ value** ⊖ Begriffsbestimmung des (Zoll)-Wertes, Zollwertbestimmung *f*

definitive *adj* *(Text)* maßgeblich; **d.ness** *n* Eindeutigkeit *f*

deflat|e *v/t* Konjunktur dämpfen; **d.ion** *n* Deflation *f*, Inflationsabbau *m*; **d.ary** *adj* deflationistisch

deflect *v/t* ab-, umlenken

deflection *n* Um-, Ablenkung *f*; **d. in/of trade** Umlenkung der Handelsströme; **d. of traffic** Verkehrsverlagerung *f*

deforest *v/t* 🌲 abholzen, roden; **d.ation** *n* (Wald)Abholzung *f*, Kahlschlag *m*, Rodung *f*

defraud *v/t* betrügen, hinterziehen; **d.ation** *n* Betrug *m*, Unterschlagung *f*; **d.er** *n* Betrüger(in) *m/f*, Steuerhinterzieher(in) *m/f*

defray *v/t* *(Kosten)* bestreiten; **d.al** *n* Bestreitung *f*; **d.al of costs/expenses** Aufkommen für Kosten/Ausgaben

D

deglomerat|e *v/t* entflechten; **d.ion** *n* Entflechtung *f*
degradation *n* Herabstufung *f*; **d. of quality** Qualitätsminderung *f*
degree *n* 1. (akademischer) Grad *m*, Titel *m*, Diplom *nt*; 2. Stand *m*, Grad *m*
degree of automation Automatisierungsgrad *m*; **~ capacity utilization** Kapazitätsausnutzungsgrad *m*; **~ efficiency** Nutzungsgrad *m*; **~ employment** Beschäftigungsintensität *f*; **~ liquidity** Liquiditäts-, Flüssigkeitsgrad *m*; **~ purity** Sortenreinheit *f*; **~ risk** Risiko-, Gefahrenumfang *m*; **~ unionization** *(Gewerkschaft)* Organisationsgrad *m*; **~ utilization** Nutzungsgrad *m*, Auslastungsquote *f*; **~ volatility** Volatilitätsgrad *m*
degree course Studium *nt*, Studiengang *m*, Universitätskurs *m*
degression *n* Degression *f*, degressive Abnahme
degressive *adj* *(Kosten)* unterproportional, degressiv
deindustrialization *n* Entindustrialisierung *f*, Rückgang des sekundären Wirtschaftssektors
delay *n* 1. Verzögerung *f*, Verspätung *f*; 2. *(Zahlung/Lieferung)* Aufschub *m*, Säumnis *nt*, Verzug *m*; **without d.** unverzüglich, ohne Verzug; **d. in delivery** Lieferverzug *m*; **~ payment** Zahlungsverzug *m*; **~ performance** Leistungsverzögerung *f*; **~ transit** Transportverzögerung *f*; **to cause a d.** Stau/Verspätung verursachen; **to grant a d.** Fristverlängerung zugestehen; **to obtain a d.** Aufschub erwirken
delay *v/t* (ver)zögern, auf-, hinausschieben
del credere *n* Delkredere *nt*, Bürgschaft *f*; **to stand d. c.** (für einen Wechsel) Bürgschaft leisten; **d. c. agent** Provisionsagent(in) *m/f*, Delkrederevertreter(in) *m/f*; **~ bond** Garantie-, Gewährschein *m*; **~ commission** Delkrederekommission *f*, D.provision *f*; **~ insurance** Delkredereversicherung *f*; **~ liability** Delkrederehaftung *f*; **~ risk** Delkredere-, Inkassorisiko *nt*
delegate *n* Delegierte(r) *f/m*, Bevollmächtigte(r) *f/m*; *v/t* 1. beauftragen, bevollmächtigen, übertragen; 2. delegieren, entsenden; **d. down the line** weiterdelegieren; **d. office** Delegiertenbüro *nt*
delegation *n* 1. Abordnung *f*, Delegation *f*; 2. Entsendung *f*; 3. Bevollmächtigung *f*; 4. *(Aufgabe)* Übertragung *f*; **d. of authority/powers** Vollmachtserteilung *f*, V.-übertragung *f*, Übertragung von Befugnissen; **~ responsibility** Übertragung von Verantwortung
delet|e *v/t* löschen, tilgen; **d.e as appropriate** Nichtzutreffendes streichen; **d.ion** *n* Löschung *f*, Tilgung *f*, Streichung *f*
delimitation *n* Abgrenzung *f f*; **d. of powers** Kompetenzabgrenzung *f*
delinquency *n* 1. § Kriminalität *f*, Straffälligkeit *f*; 2. Zahlungsverzug *m*, Säumnis *f/nt*; **affluent d.** Wohlstandskriminalität *f*; **d. charge/fee** Säumniszuschlag *m*; **d. notice** Mahnung *f*
delinquent *adj* 1. kriminell, straffällig; 2. *(Zahlung)* rückständig, überfällig
delist *v/t* 1. *(Börse)* nicht mehr notieren, Notierung einstellen; 2. *(Lieferant/Produkt)* auslisten; **d.ing** *n* Auslistung *f*
deliver *v/t* (aus-/an)liefern, zustellen, übergeben; **d. free** frei Haus liefern; **d. late** verspätet (an-/aus)liefern; **d. later** nachliefern; **d. within the specified time** Lieferzeit einhalten
deliverability *n* Lieferfähigkeit *f*
delivered *adj* (aus)geliefert, zugestellt; **d. duty paid (DDP)** *(Incoterm)* geliefert verzollt; **~ unpaid (DDU)** *(Incoterm)* geliefert unverzollt; **d. at** franko ab; **~ frontier (named place of delivery)** geliefert Grenze (benannter Lieferort); **d. free** frei Haus; **d. ex quay (duty paid) (DEQ)** *(Incoterm)* geliefert ab Kai (verzollt); **~ ship (DES)** geliefert ab Schiff
delivery *n* 1. (An-/Aus)Lieferung *f*, Belieferung *f*, Warenanlieferung *f*; 2. Wareneingang *m*; 3. ✉ Zustellung *f*; 4. Aushändigung *f*; 5. § (Eigentums)Übergabe *f*; 6. Erfüllung(sgeschäft) *f/nt*, Her(aus)gabe *f*; **on d.** auf/bei Lieferung, ~ Empfang; **pending d.** bis zur (Ab)Lieferung/Übernahme
delivery in arrears rückständige Lieferung; **d. on/at call** Lieferung auf Abruf; **d. free of charge** kostenlose/unentgeltliche Lieferung; **d. free domicile/house** Lieferung/Zustellung frei Haus; **d. and erection** Lieferung und Aufstellung *f*; **d. of goods** Waren(aus)lieferung *f*; **d. by/in instalments** Teillieferung *f*, Lieferung in Raten; **d. at short notice** kurzfristige Lieferung; **d. against payment** Wertnachnahme *f*; **deliveries and other per-**

formances Lieferungen und sonstige Leistungen; **d. at quay** Kaianlieferung *f*; **d. upon request** Versand auf Abruf; **d. by way of security** Übergabe als Sicherheit; **d. alongside (the) ship/vessel** Längsseitslieferung *f*; **d. from stock; d. ex warehouse** Lagerauslieferung *f*; **d. at our works** (Werks)Anlieferung *f*; **d. ex works** Lieferung ab Werk, Fabrikauslieferung *f*

collect on delivery (C.O.D.; c.o.d.) *[US]* Nachnahme *f*, zahlbar bei Lieferung; **pay(able) on d. (P.O.D.)** zahlbar bei (Ab)Lieferung; **ready for d.** lieferbar, auf Abruf; **taking d.** Abnahme *f*, Warenannahme *f*

to accept delivery Lieferung/Ware annehmen, in Empfang nehmen; **to collect on d.** nachnehmen, durch Nachnahme erheben; **to effect d.** Lieferung vornehmen, liefern; **to expedite d.** (Aus)Lieferung beschleunigen; **to pay on d.** bei Empfang/Lieferung (be)zahlen; **to refuse d.** Herausgabe verweigern; **~ to accept/take d. (of the goods)** Annahme der Waren/Warenannahme verweigern; **to sell for d.** auf Abruf verkaufen; **to speed up d.** (Aus)Lieferung beschleunigen; **to take d.** Lieferung/Ware annehmen, in Empfang nehmen; **to tender d.** Lieferung anbieten

additional delivery Nachlieferung *f*; **advance d.** Vorauslieferung *f*; **attempted d.** Zustellversuch *m*; **carriage-paid d.** frachtfreie Lieferung; **consolidated d.** Sammelauslieferung *f*; **defective d.** fehlerhafte/mangelhafte Lieferung; **deferred/delayed d.** Lieferverzug *m*, L.verzögerung *f*, verspätete (Aus)Lieferung; **domestic d.** Inlandslieferung *f*; **door-to-door d.** Lieferung von Haus zu Haus; **duty-free d.** ⊝ zollfreie Lieferung; **express d.** Expresszustellung *f*, (Zustellung) durch Eilboten; **free d.** (porto)freie Zustellung, Versand frei Haus; **future d.** Lieferung per Termin; **for ~ d.** per Termin; **general d.** *[US]* ✉ postlagernd, postlagernde Sendung; **good d.** bestimmungsgemäße Ablieferung; **immediate d.** sofortige/umgehende Lieferung; **intercompany deliveries** interne Lieferungen; **internal deliveries** Konzern-, Innenumsätze *pl*; **just-in-time (JIT) d.** JIT (just-in-time)-Lieferung, fertigungs-/einsatzsynchrone/produktionsabgestimmte Anlieferung; **late d.** 1. verspätete (Ab)Lieferung; 2. ✉ Spätzustellung *f*; **less-than-carload (LCL) d.** *[US]* 🚂 Stückgutlieferung *f*; **misdirected d.** Fehllieferung *f*; **next-day d.** Lieferung am folgenden Tag, Auslieferung innerhalb von 24 Stunden; **on-time d.** zeitgenaue/pünktliche (An)Lieferung; **overdue d.** rückständige Lieferung; **overnight d.** Nachtsprung *m*; **part(ial) d.** Teil(an)-lieferung *f*; **postal d.** Postzustellung *f*; **prompt d.** Sofortlieferung *f*, sofortige/prompte Lieferung; **available for ~ d.** kurzfristig lieferbar; **for ready d.** schnell/sofort lieferbar; **regular d.** regelmäßige Belieferung; **special d.** *[US]* ✉ Eilbrief *m*, E.zustellung *f*, durch E.boten; **for subsequent d. only** nur für Nachlieferung

delivery address Lieferanschrift *f*; **d. bond** Lieferkaution *f*; **d. capacity** Lieferfähigkeit *f*; **d. carrier** zustellender Spediteur; **d. charge(s)** Zustell(ungs)gebühr *f*, Lieferspesen *pl*; **d. condition** Lieferzustand *m*; **d. cost(s)** (An)Lieferungs-, Zustellungs-, Versandkosten *pl*; **d. date** Liefertermin *m*; **d. deadline** Lieferfrist *f*; **d. delay** Lieferverzögerung *f*, L.verzug *m*; **d. frequency** Lieferrhythmus *m*; **d. guarantee** Liefer(ungs)garantie *f*; **d. instructions** Versandvorschriften *pl*, V.anweisungen *pl*; **d. item** Liefergegenstand *m*; **d. lag** Lieferverzögerung *f*; **recorded d. letter** ✉ Einschreiben (mit Empfangsbestätigung) *nt*; **d. man** Auslieferungsfahrer *m*, Zusteller *m*; **d. month** Liefermonat *m*; **d. note/sheet** Lieferschein *m*, L.anzeige *f*; **d. order (D/O)** 1. *(Anweisung)* Liefer-, Ablieferungsschein *m*; 2. Auslieferungsauftrag *m*, Konnossementanteilschein *m*; **d. period** Lieferfrist *f*; **d. post office** ✉ Zustell-(post)amt *nt*; **d. price** Liefer(ungs)preis *m*; **d. receipt** Warenempfangsschein *m*, W.-eingangsbescheinigung *f*; **d. schedule** Belieferungsplan *m*, B.zyklus *m*; **d. service** Zustell(ungs)-, Lieferdienst *m*, Anlieferung *f*; **door-to-door d. service** Haus-zu-Haus-Verkehr *m*; **special d. service** *[US]* Eilzustellung(sdienst) *f*/*m*; **d. shipside** Anlieferung an Schiffsseite; **d. shortfall** Lieferausfall *m*; **d. slip/ticket** Lieferschein *m*, L.zettel *m*; **d. and acceptance specification** Liefer- und Abnahmevorschrift *f*; **d. terms**

D

Liefer(ungs)bedingungen *pl*; **d. test** Ablieferungsprüfung *f*; **d. time** Ablieferungsfrist *f*, (effektive) Lieferzeit *f*, Zustellzeit *f*; **d. traffic** Zustellverkehr *m*; **d. truck** *[US]*/**van** *[GB]* 🚗 Lieferwagen *m*

demand *n* 1. Nachfrage(interesse) *f/nt*, Bedarf *m*; 2. Forderung *f*, Anspruch *m*; **in d.** gefragt; **in line with d.** nachfragegerecht; **on d.** auf Aufforderung/Verlangen, bei Sicht

D

demand from abroad Auslandsnachfrage *f*; **d. for capital** Kapitalbedarf *m*; **~ capital goods** Investitions(güter)nachfrage *f*; **~ consumer goods** Konsumgüternachfrage *f*; **~ credit** Kreditnachfrage *f*; **~ development land** Flächennachfrage *f*; **~ energy** Energiebedarf *m*; **~ real estate** Immobiliennachfrage *f*; **~ freight space** Nachfrage nach Schiffsraum; **~ housing** Wohnraumbedarf *m*; **d. from industry** Industrienachfrage *f*; **d. for insurance services** Nachfrage nach Versicherungsleistungen; **~ labour** Arbeitskräftenachfrage *f*; **~ office space** *(Immobilie)* Flächennachfrage *f*; **~ payment** Zahlungs(auf)forderung *f*, Mahnung *f*; **~ services** Dienstleistungsnachfrage *f*; **~ transport services** Transportnachfrage *f*; **d. in writing** schriftliche Aufforderung

demand exceeds (ability to) supply die Nachfrage übersteigt das Angebot; **affecting d.** nachfragewirksam; **due/payable on d.** zahlbar bei Verlangen/Aufforderung; **owing to a lack of d.** mangels Nachfrage; **repayable on d.** täglich fällig

to be in brisk/great/keen demand regen Zuspruch finden, gefragt sein; **to back/ beef up/bolster d.** Nachfrage stützen; **to choke off d.** Nachfrage dämpfen; **to create a d.** Nachfrage wecken; **to curb d.** Nachfrage bremsen; **to fuel d.** Nachfrage anheizen; **to match/meet (the) d.** Bedarf/Nachfrage befriedigen; **to meet the d.s** den Anforderungen entsprechen; **to settle a d.** 1. Forderung begleichen; 2. einer Aufforderung nachkommen; **to stimulate d.** Nachfrage beleben/ankurbeln

active/brisk demand starke/rege Nachfrage; **aggregate d.** (volkswirtschaftliche) Gesamtnachfrage *f*; **catch-up d.** aufgestaute Nachfrage; **current d.** laufende Nachfrage, laufender Bedarf; **deferred d.** Konsumverzicht *m*; **depressed d.** gedrückte Nachfrage; **domestic d.** Binnennachfrage *f*; **aggregate ~ d.** gesamtwirtschaftliche Binnennachfrage; **excess d.** Nachfrageüberhang *m*; **external/foreign d.** Auslandsnachfrage *f*; **falling/flagging d.** nachlassende/rückläufige/abnehmende Nachfrage, Nachfragerückgang *m*; **growing/increasing d.** steigende/sich ausweitende Nachfrage; **industrial d.** Nachfrage seitens der Industrie; **internal d.** Binnen-, Inlandsnachfrage *f*; **macroeconomic/overall d.** (volkswirtschaftliche) Gesamtnachfrage *f*; **peak d.** Nachfrage-, Bedarfsspitze *f*; **pent-up d.** Nachholbedarf *m*, aufgestaute Nachfrage; **per-capita d.** Pro-Kopf-Bedarf *m*; **poor d.** schleppende Nachfrage; **potential d.** Nachfragepotenzial *nt*; **public(-sector) d.** Nachfrage der öffentlichen Hand; **seasonal d.** jahreszeitlich bedingte/saisonbedingte Nachfrage; **slack d.** schwache/ lustlose Nachfrage; **slackening d.** nachlassende/rückläufige/abnehmende Nachfrage, Nachfragerückgang *m*; **sluggish d.** schwache/lustlose Nachfrage; **suppressed d.** Nachholbedarf *m*, aufgestaute Nachfrage; **surging d.** stark ansteigende Nachfrage; **unsatisfied d.** Bedarfslücke *f*; **weakening d.** nachlassende/rückläufige/ abnehmende Nachfrage, Nachfragerückgang *m*

demand *v/t* 1. (er)fordern; 2. anfordern; 3. Forderung geltend machen; 4. nachfragen

demand aggregate Nachfrageaggregat *nt*; **d. backlog** Nachfragestau *m*; **d. bill** Sichtwechsel *m*; **d. curve** *(VWL)* Nachfragekurve *f*; **d. density** Nachfragedichte *f*; **d. deposit(s)** täglich fälliges Guthaben, Sichteinlage *f*, Tagesgeld *nt*; **d. draft (D.D.; D/D; d./d.)** Sichtwechsel *m*; **d. expansion/growth** Nachfrageausweitung *f*, N.zuwachs *m*; **d. gap** Bedarfslücke *f*; **d.-induced** *adj* nachfragebedingt; **d. instrument** Sichtpapier *nt*; **d. loan** kurzfristiges/täglich kündbares Darlehen; **d. management** Nachfragelenkung *f*, Globalsteuerung *f*; **d. money** Tagesgeld *nt*, täglich fälliges Geld; **d. note** *[US]* Schuldschein *m*, Eigen-, Solawechsel *m*; **d. pattern** Nachfragestruktur *f*; **d. planning** Bedarfsplanung *f*; **d. pull** Nachfragesog *m*, N.dynamik *f*; **d. push** Nachfrageschub *m*; **d. shift(ing)/switching** Nachfrageverschiebung *f*; **d. shortfall**

Nachfrageausfall *m*, N.lücke *f*; **d. side** Nachfrageseite *f*; **d. trend** Bedarfsentwicklung *f*; **d. variability** Nachfrageschwankung *f*

demanning *n* Personal-, Belegschaftsabbau *m*

demarcation *n* Abgrenzung *f*; **d. dispute** Kompetenz-, Abgrenzungsstreitigkeit *f*

demerge *v/t* entflechten; **d.r** *n* (Rück)Entflechtung *f*; **~ costs** Entflechtungskosten *pl*

demise *n* 1. Niedergang *m*; 2. *(Firma)* Eingehen *nt*; **d. charter** ⚓ Chartervertrag ohne Besatzung

democracy *n* Demokratie *f*; **industrial d.** (betriebliche) Mitbestimmung *f*

demo|graphic *adj* demografisch, bevölkerungspolitisch; **d.graphy** *n* Demografie *f*, Bevölkerungswissenschaft *f*

demonetize *v/t* *(Geld)* außer Kurs setzen, entwerten

demonstrable *adj* *(Erfahrung)* nachweislich

demonstrate *v/t* 1. be-, nachweisen; 2. vorführen, zeigen

demonstration *n* 1. Beweis *m*; 2. Vorführung *f*; 3. Demonstration *f*; **to give a d.** vorführen; **d. material** Anschauungsmaterial *nt*; **d. model** Vorführgerät *nt*

demonstrator *n* 1. Beweis-, Vorführer *m*; 2. Demonstrant(in) *m/f*; **female d.** Werbedame *f*

demote *v/t* zurück-, herunterstufen

demothball *v/t* *(fig)* ⚓ entmotten *(fig)*, wieder in Dienst stellen

demotion *n* Zurück-, Tieferstufung *f*

demurrage *n* 1. *(Container)* Stand-, Lagergeld *nt*; 2. ⚓ (Über)Liegegeld *nt*; 3. 🚂 Wagenstandsgeld *nt*

demutual|ization *n* Aufhebung der Gemeinnützigkeit; **d.ize** *v/t* Gemeinnützigkeit aufheben

denational|ization *n* (Re)Privatisierung *f*, Entstaatlichung *f*; **d.ize** *v/t* (re)privatisieren, entstaatlichen

denominate *v/t* 1. benennen, bezeichnen; 2. *(Währung)* stückeln; **d.d in** *adj* lautend auf

denomination *n* 1. Benennung *f*, Bezeichnung *f*; 2. Stückelung *f*, Nennwert *m*; 3. Geldsorte *f*, Münzeinheit *f*; **in d.s of** in Stücken zu, gestückelt in; **d. of banknotes** Notenstückelung *f*; **~ securities** Wertpapierstückelung *f*

denote *v/t* be-, kennzeichnen

denseness; density *n* Dichte *f*; **d. of population** Bevölkerungsdichte *f*

dent *n* 1. *(Preis/Gewinn)* Einbruch *m*; 2. *(Grafik)* Einbruch *m*, Delle *f*

depart *v/i* 1. weg-, abfahren; 2. *(Personal)* aussscheiden; **ready to d.** abfahrbereit

department *n* 1. Abteilung *f*, Geschäftsbereich *m*; 2. Dezernat *nt*, Amt *nt*; 3. Kostenstelle *f*; 4. Ressort *nt [frz.]*; 5. Ministerium *nt*

department of agriculture Landwirtschaftsministerium *nt*; **D. of Commerce** *[US]* Handelsministerium *nt*; **~ Education** *[GB]* Erziehungs-, Unterrichtsministerium *nt*; **~ and Science** *[GB]* Unterrichts- und Wissenschaftsministerium *nt*, Ministerium für Bildung und Wissenschaft; **~ Employment** *[GB]* Arbeitsministerium *nt*, Ministerium für Arbeit; **~ Energy** *[GB]* Energieministerium *nt*; **~ the Environment (DoE)** *[GB]* Umweltministerium *nt*; **~ Health, Education and Welfare** *[US]* Gesundheitsministerium *nt*, Ministerium für Gesundheit, Soziales und Wohlfahrt; **~ Health and Social Security (DHSS)** *[GB]* Ministerium für Gesundheit und soziale Sicherheit; **d. of housing and urban development** Wohnungs- und Städtebauministerium *nt*; **D. of Industry** *[GB]* Industrie-, Wirtschaftsministerium *nt*; **~ the Interior** *[US]* Innenministerium *nt*, Ministerium des Inneren; **~ Justice** *[US]* Justizministerium *nt*; **~ Labor** *[US]* Arbeitsministerium *nt*; **~ Social Security (DSS)** *[GB]* Sozialministerium *nt*; **~ State** *[US]* Außenministerium *nt*; **~ Trade (and Industry) (DTI)** *[GB]* Ministerium für Handel und Industrie, Handels-, Wirtschafsministerium *nt*; **~ Transport** *[GB]*/ **Transportation** *[US]* **(DoT)** Verkehrsministerium *nt*

actuarial department versicherungsmathematische Abteilung; **administrative d.** Verwaltung(sabteilung) *f*; **central d.** Hauptabteilung *f*; **debt-collecting d.** Inkassoabteilung *f*; **direct d.** Hauptkostenstelle *f*; **federal d.** Bundesbehörde *f*, B.ministerium *nt*; **indirect d.** Fertigungshilfskostenstelle *f*; **legal d.** Rechtsdezernat *nt*, R.abteilung *f*; **policy-making d.** Planungsamt *nt*; **specialist/specialized d.** Fachabteilung *f*; **technical d.** technische Betriebsabteilung, Betriebsamt *nt*

departmental *adj* ressortspezifisch, ministeriell, (betriebs)intern; **d.ize** *v/t* in Abteilungen aufteilen, aufgliedern

department head/manager Abteilungsleiter(in) *m/f*; **d. store** Waren-, Kaufhaus *nt*; **~ chain** Warenhauskette *f*; **~ group** Kauf-, Warenhauskonzern *m*

D

departure *n* 1. Weg-, Abgang *m*, Versand *m*; 2. Abreise *f*, Abfahrt *f*; 3. ✈ Abflug *m*; 4. *(Personal)* Ausscheiden *nt*; 5. Abweichen *nt*; **d. point** Abgangsort *m*; **scheduled d. time** planmäßige Abfahrts-/Abflugzeit

depend on *v/prep* 1. abhängen von; 2. ankommen auf; 3. sich verlassen auf, angewiesen sein auf

dependant *n* (Familien)Angehörige(r) *f/m*, Unterhaltsberechtigte(r) *f/m*; **d.'s benefits/pension** Hinterbliebenenrente *f*

dependence; dependency *n* Abhängigkeit *f*; **d. on exports** Ausfuhr-, Exportabhängigkeit *f*; **~ raw materials** Rohstoffabhängigkeit *f*; **~ foreign trade** Außenhandelsabhängigkeit *f*; **d. report** Abhängigkeitsbericht *m*

dependent *adj* unterhaltsbedürftig, u.berechtigt; **d. on** abhängig von

deplete *v/t* 1. leeren, räumen; 2. *(Substanzverzehr)* abschreiben

depletion *n* 1. Ausschöpfung, Verringerung *f*, Verminderung *f*, (Ent)Leerung *f*, Erschöpfung *f*; 2. Substanzverzehr *m*; 3. ⚒ Abbau *m*, Förderung *f*; **d. of assets/capital** Auszehrung des Eigenkapitals, Substanz-, Kapitalverzehr *m*; **~ resources** Erschöpfung der Rohstoffvorräte; **~ shareholders'** *[GB]***/stockholders'** *[US]* **equity** Eigenkapitalauszehrung *f*; **d. allowance** Absetzung für Wertminderung/Substanzverlust

deploy *v/t* einsetzen; **d.ment** *n* Einsatz *m*; **~ of labour** Personaleinsatzplanung *f*

deport *n* *(Börse)* Kursabschlag *m*

deposit *n* 1. erste Rate, Anzahlung *f*, angezahlter Betrag; 2. Pfand(hinterlegung) *nt/f*, Sicherheit *f*, Kaution *f*, Depot *nt [frz.]*; 3. (Geld)Einlage *f*, Einzahlung *f*; 4. Flaschenpfand *nt*; 5. ⚒ Lager(stätte) *nt/f*, Vorkommen *nt*; 6. Geldanlage *f*; **d.s** (Giro)-Einlagen *pl*, Guthaben *nt/pl*; **for d. only** 1. zur Gutschrift; 2. *(Wechsel)* nur zur Sicherheit; 3. *(Scheck)* nur zur Verrechnung

deposit|s on current account Giroeinlagen *pl*; **d.s in banks** Einlagen bei Kreditinstituten; **d.s at the federal bank** Bundesbankguthaben *nt*; **~ call** Sichteinlagen *pl*, täglich fällige Gelder; **d. in cash** Bardepot *nt*; **d.s at short notice** kurzfristige Einlagen; **d. of securities** Effektendepot *nt*, Sicherheitsleistung *f*; **d.s with suppliers** geleistete Anzahlungen; **d.s and withdrawals** Einzahlungen und Abhebungen/Auszahlungen

to attract deposit|s Spareinlagen anziehen; **to leave a d.** 1. Anzahlung leisten; 2. Kaution/Sicherheit hinterlegen; **to make/pay a d.** An-/Einzahlung leisten

blocked deposit Sperrguthaben *nt*; **collective d.** Sammelverwahrung *f*, S.depot *nt*; **current d.s** Kontokorrenteinlagen *pl*; **fixed(-term) d.(s)** Kündigungs-, Festgeld *nt*, Termineinlage *f*; **foreign d.s** Auslandsguthaben *pl*; **frozen d.** gesperrtes Depot; **general d.** Streifbanddepot *nt*; **interest-bearing/interest-earning d.** verzinsliche Einlage; **irregular d.** Summendepot *nt*; **minimum d.** Mindestanzahlung *f*, M.ansparung *f*; **non-resident d.s** Auslandsguthaben *pl*; **primary d.s** Kundeneinlagen *pl*, Buchgeld *nt*

safe deposit Tresor(fach) *m/nt*, Geldschrank *m*; **~ box** Schließfach *nt*; **~ fee** Aufbewahrungsgebühr *f*; **~ rent** Depot-, Schließfachmiete *f*

special deposit 1. Sonderverwahrung *f*; 2. Einzelverwahrung *f*; **~ d.s** *[GB]* Mindestreserven *pl*, M.reservesoll *nt*; **three-months' d.** Dreimonatsgeld *nt*; **total d.s** Gesamteinlagen *f*; **workable d.s** ⚒ abbaufähige/abbauwürdige Vorräte

deposit *v/t* 1. ein-, anzahlen, deponieren, hinterlegen; 2. *(Effekten)* einliefern, aufbewahren; 3. ablagern

deposit account Depositen-, Sparkonto *nt*, Fest(geld)konto *nt*; **fixed d. a.** Festgeldkonto *nt*

depositary *n* 1. Verwahrer(in) *m/f*, Treuhänder(in) *m/f*; 2. Hinterlegungs-, Verwahr(ungs)stelle *f*; 3. Warenlager *nt*, Magazin *nt*; **official d.** amtliche Hinterlegungsstelle

deposit balance Guthabenkonto *nt*; **d. bank** Depositen-, Girobank *f*; **d. banking** Einlagen-, Depositengeschäft *nt*; **d. base** Einlagenseite *f*, E.geschäft *nt*; **d. book** Bank-, Kontobuch *nt*; **d. certificate** Depositenbescheinigung *f*, Kassenobligation *f*, K.schein *m*; **d. currency** Buchgeld *nt*; **d. expansion** Giralgeldschöpfung *f*; **d. fee** Hinterlegungsgebühr *f*; **d. funds** (Spar)Einlagen *pl*; **mature fixed d. funds** fällige Termingelder; **d.s growth** Einlagenwachstum *nt*; **d. guarantee fund** Einlagensicherungsfonds *m*; **d. insurance** Einlagenversicherung *f*; **~ fund** Einlagensicherungsfonds *m*; **~ scheme** Einlagenversicherung *f*, Feuerwehrfonds *m*

deposition *n* 1. Amtsenthebung *f*, Absetzung *f*; 2. § eidliche Aussage, Aussageprotokoll *nt*

deposit liabilities Kontokorrentverbindlichkeiten *pl*; **d. money** Giral-, Buchgeld *nt*

depositor *n* 1. Einzahler(in) *m/f*, (Kapital)-Einleger(in) *m/f*, Sparer(in) *m/f*; 2. Einlieferer(in) *m/f*, Hinterleger(in) *m/f*

depository *n* Lagerhaus *nt*

deposit payment *(Ratenkauf)* Anzahlung *f*; **d. protection** Einlagenschutz *m*; **d. rate** Haben-, Passivzinssatz *m*; **d.(s) side** Einlagenseite *f*; **d. slip** *[US]* 1. Einzahlungs-, Einlieferungsschein *m*; 2. Quittung *f*; **d. taker** Kapitalsammelstelle *f*; **d.-taking** *n* Geldannahme *f*; **big-ticket d.-taking** Großeinlagengeschäft *nt*; **d. terms** Anzahlungsbedingungen *pl*; **d. warrant** Hinterlegungsschein *m*

depot *n* Aufbewahrungsort *m*, Lager(-haus) *nt*, Magazin *nt*, Niederlage *f*; **external d.** Außenlager *nt*

depreciate *v/ti* 1. abschreiben, abwerten, Abschreibungen vornehmen; 2. im Wert/Preis fallen, an Kaufkraft verlieren

depreciation *n* 1. Wertminderung *f*; 2. (Wert)Herabsetzung *f*, Abnutzung *f*; 3. *(Bilanz)* Abschreibung(saufwand) *f/m*, Absetzung/Abschreibung für Abnutzung (AfA); 4. Kursverlust *m*; 5. Abwertung *f*, Geld-, Währungsverschlechterung *f*

depreciation of current assets Wertberichtigung auf das Umlaufvermögen; **d. on financial assets** Abschreibung auf Finanzanlagen; **d. of fixed/tangible assets** Sachanlagenabschreibung *f*, Abschreibungen auf das Sachanlagevermögen; **d. on intangible assets** Abschreibungen auf immaterielle Vermögensgegenstände; **~ buildings** Gebäudeabschreibung *f*; **~ capital** Kapitalabschreibung *f*; **d. of a currency** Währungsverfall *m*, Geldentwertung *f*; **d. on industrial equipment** Abschreibung auf Betriebsanlagen; **~ investments** Abschreibung auf Beteiligungen; **d. under commercial law** handelsrechtliche Abschreibung; **d. of/on plant** Abschreibung auf Betriebs-/Werksanlagen; **d. of (property,) plant and equipment** Abschreibung auf Betriebs-/Sachanlagen; **d. for tax purposes** steuerliche Abschreibung; **d. due to/for wear and tear** 1. verbrauchsbedingte Abschreibung; 2. *(Steuer)* Absetzung/Abschreibung für Abnutzung (AfA)

to charge depreciation Abschreibungen verrechnen

accelerated depreciation erhöhte Abschreibung; **accrued d.** Wertberichtigung *f*, passivierte Abschreibung; **annual d.** jährliche Abschreibung; **declining-balance d.** (geometrisch-)degressive Abschreibung; **direct d.** direkte Abschreibung; **exceptional d.** außerplanmäßige Abschreibung; **extraordinary d.** erhöhte Abschreibung; **flat-rate d.** lineare Abschreibung; **increasing-charge d.** progressive Abschreibung; **mandatory d.** Abschreibungspflicht *f*; **non-scheduled d.** außerplanmäßige Abschreibung; **normal/ordinary d.** *[US]* normale/planmäßige/ordentliche Abschreibung; **optional d.** Abschreibungswahlrecht *nt*; **partial d.** Teilabschreibung *f*; **reducing-balance d.** geometrisch-degressive Abschreibung; **single-asset/single-unit d.** Einzelabschreibung *f*; **statutory d.** steuerrechtliche Abschreibung; **straight-line d.** lineare Abschreibung; **systematic d.** planmäßige/systematische Abschreibung; **tax-allowable d.** steuerlich zulässige Abschreibung

depreciation account Abschreibungskonto *nt*; **d. allowance** Abschreibung(smöglichkeit) *f*; **d. charge** Abschreibungssumme *f*, A.aufwand *m*; **periodic d. charges** periodische Abschreibungen; **special d. charge** Sonderabschreibungsbetrag *m*; **d. cost(s)** Abnutzungsaufwand *m*; **d. expense(s)** Abschreibungsaufwand *m*; **d. fund** Abschreibungsrücklage *f*, A.reserve *f*; **straight-line d. method** lineare Abschreibungsmethode; **d. period** Abschreibungsdauer *f*; **d. plan** Abschreibungsplan *m*; **d. provision/reserve(s)** Wertberichtigung auf das Anlagevermögen; **d. rate** Abschreibungs(prozent)satz *m*; **d. requirements** Abschreibungsbedarf *m*;

D

d. rule Abschreibungsregel *f*; **d. shortfall** unterlassene Abschreibung; **d. spiral** Abwertungsstrudel *m*; **d. table** Abschreibungstabelle *f*
depress *v/t* 1. (be)drücken; 2. senken, herabsetzen; 3. *(Markt)* belasten; 4. *(Konjunktur)* dämpfen, abflauen lassen; **d.ant** *adj* dämpfend; **d.ed** *adj* gedrückt, geschwächt
(cyclical/economic) depression *n* Konjunkturrückgang *m*, K.tief *nt*, Rezession *f*, Wirtschaftskrise *f*; **worldwide d.** Weltwirtschaftskrise *f*
deprivation *n* Entzug *m*; **d. of power** Entmachtung *f*; **rural d.** Strukturschwäche in ländlichen Gebieten
deprive (of) *v/t* entziehen
depth *n* Tiefe *f*; **d. of range** Programm-, Sortimentstiefe *f*; **d. interview** Intensiv-, Tiefeninterview *nt*
deputize (for so.) *v/i* Vertretung übernehmen
deputy *n* Stellvertreter(in) *m/f*; *adj* stellvertretend; **d. chairman** stellvertretender Vorsitzender, Vizepräsident *m*; **d. director/manager** stellvertretende(r) Geschäftsführer(in)/Leiter(in)
derat|e *v/t* *[GB] (Kommunalsteuer)* von der Umlage befreien; **d.ing (of local taxes)** *n* Grundsteuerbefreiung *f*
deregister *v/ti* 1. im Handelsregister löschen; 2. ⚓ ausflaggen
deregistration *n* 1. Löschung im Handelsregister; 2. ⚓ Ausflaggung *f*
deregulat|e *v/t* ↘ **decontrol** *v/t* 1. liberalisieren, deregulieren, Zwangsbewirtschaftung aufheben; 2. *(Tarif)* freigeben; **d.ion** *n* 1. Liberalisierung *f*, Deregulierung *f*, Aufhebung der Zwangswirtschaft/Preiskontrollen; 2. Freigabe *f*
dereliction *n* § (schuldhafte) Vernachlässigung *f*; **d. of duty** Pflichtversäumnis *nt*; **~ land** Landverödung *f*
derestrict *v/t* Einschränkungsmaßnahmen aufheben; **d.ion** *n* Lockerung von Beschränkungen
derivative *n* 1. Derivat *nt*; 2. derivatives Finanzprodukt; *adj* derivativ; **financial d.** derivatives Finanzinstrument; **d. instruments holding; d.s holding** Bestand an derivaten Instrumenten, Derivatbestand *m*; **d.s market** Markt für Derivative; **d.s operation** Derivategeschäft *nt*; **d.s trading** Derivatenhandel *m*

describe *v/t* 1. beschreiben, schildern; 2. bezeichnen, charakterisieren
description *n* 1. Beschreibung *f*, Darstellung *f*; 2. Bezeichnung *f*; 3. (Wertpapier)-Gattung *f*; **d. of duties** Aufgabenbeschreibung *f*; **~ the goods** Warenbezeichnung *f*; **~ the securities** Wertpapiergattung *f*; **commercial d.** handelsübliche Bezeichnung; **misleading d.** missverständliche Bezeichnung; **official d.** Amtsbezeichnung *f*
deseasonalize *v/t* 📊 saisonal bereinigen
desertification *n* Wüstenbildung *f*
design *n* 1. Plan *m*, Konstruktion *f*, Entwurf *m*, Design *nt*, (grafische) Gestaltung *f*; 2. (Geschmacks-/Gebrauchs)-Muster *nt*; 3. Absicht *f*, Auslegung *f*; 4. Bauart *f*, Konstruktion *f*; **by d.** absichtlich; **d. and construction of industrial plants** Großanlagenbau *m*; **~ development** Konzeption/Konstruktion und Entwicklung; **d. of packing** Ausstattung *f*, Packungsgestaltung *f*
computer-aided design (CAD) EDV-/rechnergestützte Konstruktion; **detailed d.** Feinplanung *f*; **faulty d.** Konstruktionsfehler *m*, Fehler der Konstruktion; **industrial d.** Industrieform *f*, Geschmacksmuster *nt*; **interior d.** Innenarchitektur *f*; **modular d.** Modulbauweise *f*; **protected d.** geschütztes Geschmacks- oder Gebrauchsmuster; **registered d.** geschütztes Modell, eingetragenes Muster; **standard d.** Normalausführung *f*
design *v/t* gestalten, konstruieren, entwerfen, planen
designate *v/t* 1. bezeichnen, nennen; 2. markieren
designation *n* 1. Be-, Kennzeichnung *f*; 2. (Zweck)Bestimmung *f*; 3. Warenbenennung *f*; **d. as a beneficiary** Begünstigung *f*; **d. of origin** Ursprungsbezeichnung *f*; **official d.** amtliche/offizielle Bezeichnung; **registered d.** Geschmacksmuster *nt*
design change Designänderung *f*; **d. copyright** Musterschutz *m*; **d. department** Konstruktionsbüro *nt*; **d. documents** Konstruktionsunterlagen *pl*; **d. drawing** Konstruktionszeichnung *f*
designed (to) *adj* dafür bestimmt, darauf angelegt
design engineer Konstrukteur(in) *m/f*, Konstruktionsingenieur(in) *m/f*; **d. engineering** Konstruktion(stechnik) *f*

designer *n* 1. (Form)Gestalter(in) *m/f*; 2. Konstrukteur(in) *m(f*
design fault Konstruktionsfehler *m*, K.mangel *m*; **d. feature** Konstruktionselement *nt*; **d. part** Konstruktionsteil *nt*; **d. patent** Gebrauchs-, Geschmacksmuster *nt*; **d. specifications** ☼ Lastenheft *nt*
desirable *adj* erwünscht, erstrebenswert; **economically d.** volkswirtschaftlich wünschenswert
desist (from) *v/prep* unterlassen
desk *n* 1. Schalter *m*, Kasse *f*; 2. Schreibtisch *m*; 3. Ladentisch *m*; **check-in d.** ✈ Abfertigungsschalter *m*; **d. clerk** *[US]* Empfangschef(in) *m/f*; **d. computer** Tisch-, Arbeitsplatzrechner *m*; **d. editor** 1. *(Verlag)* Lektor(in) *m/f*; 2. *(Zeitung)* Ressortchef *m*
deskilling *n* Herabstufung von Arbeitsplätzen
desk jobber Großhändler im Streckengeschäft, Grossist ohne eigenes Lager; **d. officer** Sachbearbeiter(in) *m/f*
desktop *n* Desktop *m*; *adj* Tisch-, Arbeitsplatz-; **d. application** Desktop-Applikation *f*; **d. computer** Tischrechner *m*; **d. manager** 🖳 Desktop-Manager *m*
desk work Schreibtischarbeit *f*, S.tätigkeit *f*
despatch *v/t* ↘ **dispatch**
despoil *v/t* *(Umwelt)* zerstören, verschandeln; **d.ment; despoliation** *n* Verschandelung *f*
destination *n* 1. Bestimmungs-, Zielort *m*, Adresse *f*; 3. ✈ Bestimmungsflughafen *m*; 4. ⚓ Zielhafen *m*; 5. 🚂 Empfangsstation *f*; 6. Reiseziel *nt*; **contractual d.** 1. vereinbarter Bestimmungsort; 2. ⚓ vertraglich vereinbarter Zielhafen; **final d.** (endgültiger) Bestimmungsort *m*; **d. carrier** Versandspediteur *m*
destitut|e *adj* mittellos, unvermögend; **d.ion** *n* Mittellosigkeit *f*, Armut *f*
destock *v/t* Lager(bestand) abbauen, Lager räumen; **d.ing** *n* Lager-, Vorratsabbau *m*
destruction *n* Zerstörung *f*, Vernichtung *f*; **d. of capital** Kapitalvernichtung *f*; **~ evidence** Beweisvernichtung *f*; **~ jobs** Arbeitsplatzvernichtung *f*; **~ (so.'s) livelihood** Existenzvernichtung *f*; **~ records** Vernichtung von Akten/Unterlagen; **environmental d.** Umweltzerstörung *f*
detach *v/t* 1. (ab)trennen, absondern; 2. *(Personal)* abstellen; **d.ed** *adj* 🏛 allein-, freistehend
detail *n* Einzelheit *f*, Detail *nt*; **d.s** 1. (nähere) Angaben/Einzelheiten *pl*; 2. Buchungstext *m*; **in d.** ausführlich, detailliert; **personal d.s** Angaben zur Person; **relevant d.s** sachdienliche Angaben; **technical d.s** technische Einzelheiten; *v/t* 1. genau/ausführlich beschreiben; 2. zur Arbeit einteilen; **d. audit** Vollprüfung *f*; **d. line** Postenzeile *f*; **d. records** Einzelaufzeichnungen *pl*
detention *n* § (Schutz)Haft *f*, Festnahme *f*; **d. for debt** Schuldarrest *m*; **d. of a ship** Zurückhaltung eines Schiffes
deteriorate *v/i* 1. schlechter werden, sich verschlechtern, an Wert verlieren; 2. verderben
deterioration *n* 1. Verschlechterung *f*, Wertminderung *f*; 2. Verfall *m*, Verderb *m*
deterioration in the balance of payments Zahlungsbilanzverschlechterung *f*; **d. of earnings** Ertragsverfall *m*, Ergebnisverschlechterung *f*; **~ goods** Warenverderb *m*; **~ the market** *(Börse)* Klimaverschlechterung *f*; **d. in prices** Preisverfall *m*; **d. of profits** Ertragsverfall *m*, Gewinnrückgang *m*, Ergebnisverschlechterung *f*; **d. in quality** Qualitätsverschlechterung *f*; **d. of sentiment** *(Börse)* Stimmungsverschlechterung *f*; **~ yields** Renditeverschlechterung *f*
cyclical deterioration konjunktureller Abschwung; **ecological d.** Verschlechterung der Umweltbedingungen *pl*; **inherent d.** innerer Verderb
determination *n* 1. Bestimmung *f*, Feststellung *f*; 2. Entschlossenheit *f*
determination of the cause of loss Feststellung der Schadensursache; **~ costs** Kostenfestsetzung *f*; **~ demand** Bedarfsermittlung *f*; **~ earnings/profit** Gewinnermittlung *f*; **~ (taxable) income** Einkommensermittlung *f*; **~ the price** Preisfestsetzung *f*; **~ the optimal purchasing volume** Ermittlung der optimalen Beschaffungsmenge; **~ volume** Inhaltsberechnung *f*; **~ weight** Gewichtsermittlung *f*
determine *v/t* 1. ermitteln; 2. bestimmen, festsetzen, bemessen
deunionization *n* *[US]* Verdrängung von Gewerkschaften aus Betrieben
devaluate *v/t* ab-, entwerten
devaluation *n* (Währungs)Abwertung *f*, Entwertung *f*; **competitive d.** Abwertung

aus Wettbewerbsgründen; **d. gain/profit** Abwertungsgewinn *m*; **d. loss** Abwertungsverlust *m*; **d. rate** Abwertungssatz *m*; **d. risk** Abwertungsrisiko *nt*; **d. spiral** Abwertungsspirale *f*

devalue *v/t* ab-, entwerten, im Wert vermindern

develop *v/ti* 1. entwickeln, er-, aufschließen; 2. sich entwickeln/(heraus)bilden; **d.ed** *adj* 🏛 baureif, erschlossen; **fully d.ed** marktreif

(real estate) develop|er; d.ing company *n* Bauträger *m*, B.löwe *m (coll)*, Erschließungsgesellschaft *f*

development *n* 1. (Weiter)Entwicklung *f*; 2. Wachstum *nt*; 3. ⚒ Erschließung *f*, Aufschluss *m*; 4. 🏛 Grundstückserschließung *f*, Bebauung *f*, Bauvorhaben *nt*

development of business Geschäftsentwicklung *f*; **d. in the wrong direction** Fehlentwicklung *f*; **d. of the economy** Konjunkturverlauf *m*, konjunkturelle Entwicklung; **d. in the high street** Einzelhandelsentwicklung *f*; **~ the industry** Branchenentwicklung *f*; **d. of interest rates** Zinstendenz *f*, Z.trend *m*; **~ personnel** Personalentwicklung *f*; **~ prices** Preisentwicklung *f*; **d. in the retail sector** Einzelhandelsentwicklung *f*; **d. of sales** Absatzentwicklung *f*; **~ the trade cycle** Konjunkturverlauf *m*, konjunkturelle Entwicklung

clean development umweltverträgliche Entwicklung; **commercial d.** 1. wirtschaftliche Entwicklung; 2. Erschließung *f*; **corporate d.** Konzernentwicklung *f*; **cyclical d.** Konjunktur-, Wirtschaftsverlauf *m*; **demographic d.** demografische Entwicklung; **dynamic d.** Entwicklungsdynamik *f*; **economic d.** wirtschaftliche/konjunkturelle Entwicklung, Wirtschaftsverlauf *m*, Konjunkturzug *m (coll)*; **~ agency** Wirtschaftsförderungsamt *nt*; **~ programme** Wirtschaftsförderungsprogramm *nt*; **industrial d.** industrielle Entwicklung/Erschließung; **~ company/corporation** Wirtschafts-, Industrieförderungsgesellschaft *f*; **joint d.** Gemeinschaftsentwicklung *f*; **macroeconomic d.** gesamtwirtschaftliche Entwicklung; **new d.** 1. Neuentwicklung *f*; 2. Neubau(gebiet) *m/nt*; **professional d.** beruflicher Werdegang; **regional d.** Regionalförderung *f*, R.entwicklung *f*; **~ policy** Regionalpolitik *f*; **residential d.** Wohnungsbau(projekt) *m/nt*; **sectoral d.** Branchenentwicklung *f*; **strategic d.** Strategieentwicklung *f*; **sustainable d.** nachhaltige/zukunftsverträgliche Entwicklung; **technological d.** technische Entwicklung; **urban d.** Stadtentwicklung *f*

development activities Erschließungsmaßnahmen *pl*; **d. agency** Entwicklungsagentur *f*, E.gesellschaft *f*; **d. aid** Entwicklungshilfe *f*; **d. area** Entwicklungs-, Fördergebiet *nt*; **d. bank** Entwicklungsbank *f*; **d. company** *[GB]*/**corporation** *[US]* 1. 🏛 (Wohnungs)Baugesellschaft *f*, Bauträger *m*; 2. Wirtschaftsförderungsgesellschaft *f*; **d. cost(s)** 1. Entwicklungsaufwendungen *pl*, E.ausgaben *pl*, E.kosten *pl*; 2. Gründungskosten *pl*; 3. 🏛 Erschließungskosten *pl*, E.aufwand *m*; 4. ⚒ Aufschließungskosten *pl*; 5. 🏭 Anlaufkosten *pl*; **d. department** Entwicklungsabteilung *f*; **d. engineer** Entwicklungsingenieur(in) *m/f*; **d. expenditure/expenses** 1. Entwicklungsaufwendungen *pl*, E.ausgaben *pl*, E.-kosten *pl*; 2. Gründungskosten *pl*; 3. 🏛 Erschließungskosten *pl*, E.aufwand *m*; 4. ⚒ Aufschließungskosten *pl*; 5. 🏭 Anlaufkosten *pl*; **d. funds** Förder(ungs)mittel *pl*; **d. land** Bauerwartungsland *nt*, Entwicklungsgrundstück *nt*; **~ tax** Baulandsteuer *f*, B.erschließungsabgabe *f*; **d. loan** Entwicklungs(hilfe)-, Investitionskredit *m*; **d. location** Entwicklungsniederlassung *f*; **d. phase** Aufbauphase *f*; **d. plan** 🏛 *[GB]* Flächennutzungs-, Bebauungsplan *m*; **d. planning** Entwicklungsplanung *f*; **d. policy** Entwicklungspolitik *f*; **regional d. policy** regionale Förderungs-, Regionalpolitik *f*; **d. project/scheme** Entwicklungsvorhaben *nt*, E.projekt *nt*; **d. spending** Ausgaben für Entwicklung; **d. tax** *(Land)* Erschließungsabgabe *f*; **d. worker** Entwicklungshelfer(in)*m/f*; **d. work** Entwicklungsarbeit *f*

deviate *v/i* abweichen

deviation *n* 1. (Regel)Abweichung *f*; 2. Umleitung *f*; **d. from the index** Indexabweichung *f*; **to total d.s** Differenzen summieren; **seasonal d.s** jahreszeitlich bedingte Abweichungen, Saisonausschläge *pl*; **percentage standard d.** prozentuale mittlere Abweichung

device *n* Apparat *m*, Gerät *nt*, Vorrichtung *f*;

computational d. Computer *m*; **peripheral d.** Peripheriegerät *nt*
devise *v/t* 1. entwickeln, entwerfen; 2. § testamentarisch verfügen
devote *v/ti* widmen
devolution *n* 1. § Übertragung *f*; 2. *(Politik)* Dezentralisierung *f*; **d. of claims** Anspruchsübergang *m*; **~ an estate** Erbschaftsübergang *m*; **~ a firm** Firmenübergang *m*; **~ title** Rechtsübergang *m*, Eigentumsfolge *f*
devolve *v/ti* 1. § übergehen; 2. übertragen
diagram *n* Diagramm *nt*, Schaubild *nt*, Tabelle *f*; **actual-value d.** Ist-Aufnahme *f*; **logical d.** Funktionsplan *m*; **organisational d.** Organigramm *nt*
dial *v/t* (an)wählen; **d.ling code** Vorwahl(nummer) *f*, Orts(netz)kennzahl *f*; **d.(ling) tone** *[GB]* Amts-, Freizeichen *nt*
diary *n* Terminkalender *m*
dictate *v/t* diktieren; **d.d by ... and signed in his/her absence** *adj* nach Diktat verreist
dictating machine *n* Diktiergerät *nt*
dictation *n* Diktat *nt*; **to take d.** Diktat aufnehmen
diet *n* 1. Ständetag *m*, Parlament *nt*; 2. Nahrung *f*; **staple d.** 1. Hauptnahrungsmittel *nt*; 2. *(fig)* Kerngeschäft *nt*
differ *v/i* 1. (sich) unterscheiden; 2. geteilter/unterschiedlicher Meinung sein; 3. abweichen
difference *n* 1. Unterschied *m*, Differenz(betrag) *f/m*; 2. Saldo *m*; 3. Abstand *m*, Gefälle *nt*, Abweichung *f*
difference|s in inflation rates Inflationsgefälle *nt*; **d.s of opinion** Auffassungsunterschiede *pl*; **d. in price** Preisunterschied *m*, P.gefälle *nt*; **~ quality** Qualitätsunterschied *m*; **d.s in totals** Summenabweichung *f*; **d. in valuation** Bewertungsunterschied *m*; **~ value** Wertunterschied *m*
to adjust difference|s Unterschiede berichtigen/ausgleichen; **to make up/pay the d.** Differenzbetrag bezahlen
major difference wesentlicher Unterschied; **material d.** wesentlicher Unterschied; **minor d.** geringfügiger Unterschied; **significant d.** signifikanter/bemerkenswerter Unterschied; **social d.** sozialer Unterschied, Klassengegensatz *m*
differential *n* 1. Unterschied *m*, Gefälle *nt*; 2. Lohn-, Gehaltsdifferenz *f*; **to restore d.s** Lohngefälle wiederherstellen; **economic d.s** Wirtschaftsgefälle *nt*
differential cost Grenzkosten *pl*; **d. costing** Grenz(plan)kostenrechnung *f*; **d. duty** ⊝ Differenzialzoll *m*; **d. price** Preisspanne *f*, P.unterschied *m*; **d. tariff** ⊝ Staffeltarif *m*
difficulty *n* Schwierigkeit *f*; **to experience difficulties** Schwierigkeiten haben; **(temporary) financial/pecuniary difficulties** Geldprobleme *pl*, finanzielle Schwierigkeiten, Schieflage *f (fig)*, Zahlungsschwierigkeiten *pl*
digit *n* π (Zahlen)Stelle *f*, Ziffer(nstelle) *f*; **last d.** Endziffer *f*
digital *adj* digital; **d.ization** *n* Digitalisierung *f*
digit display Zahlenfeld *nt*
digitizat|ion *n* Digitalisierung *f*; **d.e** *v/t* digital darstellen
sum-of-the-years digit method Digitalabschreibung *f*; **multiple d. number** mehrstellige Zahl
dilatory *adj* säumig, aufschiebend; **to be d.** hinhaltend taktieren
diligence *n* Sorgfalt(spflicht) *f*; **d. of a prudent businessman** Sorgfalt eines ordentlichen Kaufmanns; **~ a prudent manager** Sorgfalt eines gewissenhaften Verwalters; **customary/due d.** 1. gebührende/verkehrsübliche Sorgfalt, Sorgfalt eines ordentlichen Kaufmanns; 2. *(Firmenübernahme)* Prüfung der Bücher; **with due d.** mit gebotener Sorgfalt; **d. requirement** Sicherheitsauflage *f*
dilute *v/t* verwässern
dilution *n* Verwässerung *f*; **d. of capital** Kapitalverwässerung *f*; **~ equity** Verwässerung des Aktienkapitals; **~ shareholding/stockholding** Verwässerung des Aktienbesitzes
dimension *n* 1. Dimension *f*, Größenordnung *f*; 2. Umfang *m*, Abmessung *f*; **d.s** 1. Größenverhältnisse *pl*; 2. Abmessungen *pl*, Maße *pl*
diminish *v/ti* 1. abnehmen, sinken, sich verringern/vermindern; 2. einschränken, verringern, vermindern, reduzieren
diminution *n* 1. Verringerung *f*, (Ver)-Minderung *f*, Abbau *m*; 2. Abnahme *f*; **d. in value** Wertminderung *f*
DIN standard *n* Deutsche Industrienorm (DIN), DIN-Norm *f*

D

dip *n* (leichter) Geschäftsrückgang *m*, Flaute *f*; **d. in prices** Preisrückgang *m*; **~ profits** Gewinn-, Ertragseinbruch *m*; **economic d.** Konjunkturtief *nt*, K.einbruch *m*; **seasonal d.** saisonbedingter/saisonaler Rückgang

dip *v/ti* sinken, zurückgehen, leicht nachgeben

diploma *n* Diplom *nt*, Zeugnis *nt*, Zertifikat *nt*

direct *v/t* 1. leiten, lenken, führen; 2. anweisen, beauftragen; *adj* 1. direkt, gerade; 2. *(Route)* direkt, durchgehend

direction *n* 1. Richtung *f*, Tendenz *f*, Kurs *m*; 2. Führung *f*, Leitung *f*; 3. (An)Weisung *f*, Richtlinie *f*; **d.s (for use)** Gebrauchsanweisung *f*; **authorized to issue d.s** weisungsberechtigt

directive *n* 1. (An)Weisung *f*, Verordnung *f*; 2. *[EU]* Richtlinie *f*; **to issue a d.** Anweisung erlassen; **administrative d.** Verwaltungsanweisung *f*; **official d.** behördliche Anordnung

director *n* 1. Direktor(in) *m/f*, Geschäftsführer(in) *m/f*; 2. Mitglied des Aufsichtsrats/Vorstands, Aufsichtsrats-, Vorstandsmitglied *nt*; **d. of engineering** technische(r) Direktor(in)/Leiter(in); **~ finance** Finanzvorstand *m*, F.direktor(in) *m/f*, F.chef(in) *m/f*, Leiter(in) des Finanzwesens; **~ operations** Betriebsleiter(in) *m/f*; **~ personnel; ~ human resources** *[US]* Personalvorstand *m*, P.chef(in) *m/f*, P.leiter(in) *m/f*; **~ sales** Verkaufsleiter(in) *m/f*, Leiter(in) des Verkaufs

commercial director kaufmännische(r) Direktor(in); **controlling d.** Aufsichtsratsmitglied *nt*; **departmental d.** Abteilungsbevollmächtigte(r) *f/m*; **divisional d.** geschäftsführende(r) Direktor(in), (geschäftsführendes) Vorstandsmitglied *nt*; **executive d.** (aktives) Vorstandsmitglied *nt*; **financial d.** Finanzvorstand *m*, F.direktor(in) *m/f*, Leiter(in) des Finanzwesens; **managing d.** geschäftsführende(r) Direktor(in), (geschäftsführendes) Vorstandsmitglied *nt*, Generaldirektor(in) *m/f*, Vorstandssprecher(in) *m*, V.vorsitzende(r) *f/m*; **non-executive/outside d.** nicht geschäftsführendes Mitglied des Verwaltungs-/Aufsichtsrats, Aufsichtsratsmitglied *nt*; **regional d.** 1. Bezirksleiter(in) *m/f*, Regionaldirektor(in) *m/f*, R.manager(in) *m/f*; **sole d.** Alleingeschäftsführer(in) *m/f*; **technical d.** technische(r) Leiter(in)/Direktor(in)

directorate *n* Direktorium *nt*, Geschäftsleitung *f*, Vorstand *m*; **interlocking d.** Schachtelaufsichtsrat *m*; **~ d.s** *(AG)* Überkreuzmandate *pl*

director|s' emoluments 1. Vorstandsvergütung *f*; 2. Aufsichtsratstantiemen *pl*, A.bezüge *pl*; **d. general** Generaldirektor(in) *m/f*, Hauptgeschäftsführer(in) *m/f*; **d.s' report** Aufsichtsrats-, Vorstandsbericht *m*; **d.ship** *n* 1. Aufsichtsratsmandat *nt*; 2. Vorstandsposten *m*

directory *n* 1. ☏ Telefonbuch *nt*; 2. (Branchen)Adressbuch *nt*; 3. (Inhalts)Verzeichnis *nt*; 4. 🖳 Datei-, Inhaltsverzeichnis *nt*; **classified d.** Branchenverzeichnis *nt*; **commercial d.** Handelsadressbuch *nt*; **d. enquiries** ☏ (Telefon)Auskunft *f*

dirt *n* Schmutz *m*, Dreck *m*; **d. allowance** Schmutzzulage *f*

disability *n* Arbeits-, Berufs-, Erwerbsunfähigkeit *f*, Invalidität *f*, Behinderung *f*; **industrial/occupational d.** Berufs-, Erwerbsunfähigkeit *f*; **legal d.** § Rechts-, Geschäftsunfähigkeit *f*; **permanent d.** (Dauer)Invalidität *f*; **temporary d. benefit** *(Vers.)* Krankengeld *nt*; **~ insurance** Krankengeldversicherung *f*; **total d.** Vollinvalidität *f*

disability allowance Invalidenunterstützung *f*; **d. benefit** Invaliditätsrente *f*; **d. insurance** Invalidenversicherung *f*; **d. pension** Invaliden-, Erwerbsunfähigkeitsrente *f*

disabled *adj* 1. ⚕ (geh-/körper)behindert; 2. erwerbs-, berufs-, arbeitsunfähig; **severely d.** schwerbehindert, s.beschädigt

disablement *n* ↘ **disability**

disadvantage *n* Nachteil *m*, Schaden *m*; **to sell at a d.** mit Verlust verkaufen; **competitive d.** Wettbewerbsnachteil *m*; **locational d.** Standortnachteil *m*; *v/i* benachteiligen; **d.ous** *adj* nachteilig, unvorteilhaft

disagio cost Disagioaufwand *m*

dis|allow *v/t* nicht anerkennen; **d.appropriate** *v/t* enteignen; **d.assemble** *v/t* zerlegen, auseinander nehmen, demontieren

disaster *n* Katastrophe *f*, Unglück *nt*; **ecological d.** Umweltkatastrophe *f*; **financial d.** Finanzmisere *f*; **natural d.** Naturkatastrophe *f*; **~ cover(age)** Versicherungsschutz gegen Naturkatastrophen; **d. con-**

trol Katastrophenschutz *m*; **d. fund** Katastrophenfonds *m*; **d. payout** Versicherungsleistung im Katastrophenfall; **d. relief** Katastrophenhilfe *f*

disburse *v/t* auszahlen; **d.ment** *n* (Aus)Zahlung *f*, (Geld)Ausgabe *f*; **~ amount** Ausgabebetrag *m*; **~ voucher** Kassenanweisung *f*

discard *v/t* 1. (als unbrauchbar) ablegen; 2. *(Plan)* verwerfen

discharge *n* 1. ⚓ Aus-, Ab-, Entladen *nt*, Löschen *nt*; 2. Entlastung(serteilung) *f*; 3. Bezahlung *f*; 4. Entlassung *f*; 5. Schadstoffausstoß *m*, S.emission *f*, S.einleitung *f*, Immission *f*

in full discharge of our accounts zum Ausgleich unserer Rechnung; **d. of a bankrupt** Entlastung eines Gemeinschuldners; **~ cargo** ⚓ Löschen der Ladung; **d. for cause** § begründete Entlassung; **d. without cause** § grundlose Kündigung; **d. of a claim** Erfüllung eines Anspruchs; **~ contract** Vertragserfüllung *f*; **~ a debt** Schuldtilgung *f*; **~ a liability/ an obligation** Erfüllung einer Verpflichtung; **~ liabilities** Tilgung/Begleichung von Verbindlichkeiten; **~ pollutants; ~ noxious/polluting substances** Schadstoffausstoß *m*, S.emission *f*

to grant a discharge Entlastung erteilen

absolute discharge bedingungslose Entlastung; **conditional d.** ⊖ Erledigung unter Vorbehalt; **free d. (f. d.)** freies Löschen; **prompt d.** sofortige Erfüllung

discharge *v/t* 1. ⚓ löschen, aus-, entladen; 2. Entlastung erteilen, entlasten; 3. entlassen, kündigen; 4. *(Arbeit)* verrichten, erfüllen; 5. *(Schuld)* tilgen, abgelten; 6. *(Schadstoffe)* ausstoßen, einleiten

discharge certificate Erledigungsbescheinigung *f*; **d. note** Erledigungsvermerk *m*; **d. order** Konkurseinstellungsbeschluss *m*; **d. permit** ⚓ Entlade-, Löscherlaubnis *f*; **d. port** ⚓ Entlade-, Löschhafen *m*; **d. voucher** ⊖ Erledigungsabschnitt *m*

discharging *n* ⚓ Löschen *nt*, Entladen *nt*, Ausschiffung *f*; **d. costs/expenses** Entlade-, Löschkosten *pl*; **d. rate** Löschleistung *f*

discipline *n* 1. Disziplin *f*, Ordnung *f*; **budgetary d.** Haushaltsdisziplin *f*; **financial d.** Finanz-, Haushaltsdisziplin *f*

disclaim *v/t* 1. bestreiten; 2. Verzicht leisten; 3. Anspruch aufgeben; **d.er** *n* 1. Widerruf *m*; 2. (Rechts)Verzicht *m*, V.leistung *f*; 3. Haftungsausschluss(erklärung) *m/f*; **~ of liability** Haftungsausschluss *m*; **to issue a d.er** Gegenerklärung abgeben

disclos|able *adj* publizitäts-, melde-, veröffentlichungspflichtig; **d. e** *v/t* offen legen, publizieren, veröffentlichen

disclosure *n* 1. Offenlegung *f*, Bekanntgabe *f*; 2. Publizität *f*; **d. of assets** Offenbarungseid *nt*; **~ earnings** Gewinnausweis *m*; **~ information** Preisgabe von Informationen; **~ interests** Mitteilung über Beteiligungen; **to make d.s** Einzelheiten mitteilen; **compulsory d.** Publizitäts-, Publikationspflicht *f*; **statutory public d.** Veröffentlichungspflicht *f*

Disclosure Act Publizitätsgesetz (PublG) *nt*; **d. duty** Publizitätspflicht *f*; **d. provisions** Publizitäts-, Offenlegungsbestimmungen *pl*; **d. requirement(s)** 1. Publizitätspflicht *f*; 2. *(Steuer)* Melde-, Anzeigepflicht *f*; 3. Berichtspflicht *f*; **subject to d. requirements** publizitäts-, mitteilungspflichtig; **d. rules** Publizitätspflicht *f*, P.vorschriften *pl*

discontinuance; discontinuation *n* 1. Einstellung *f*, Fortfall *m*; 2. *(Geschäft)* Aufgabe *f*; **d. of production** Produktionseinstellung *f*

discontinue *v/t* 1. einstellen; 2. aufgeben; 3. *(Produktion)* auslaufen lassen

discount *n* 1. Skonto *m/nt*, Rabatt *m*; 2. Abzug *m*, Nachlass *m*; 3. Diskont *m*, Disagio *nt*, (Kurs)Abschlag *m*, Abgeld *nt*, Damnum *nt (lat.)*, Zinsabzug *m*; 4. Wechselagio *nt*, W.zins *m*; **d.s** 1. Skonti *pl*; 2. diskontierte Wechsel; **after d.** nach Rabattabzug; **at a d.** 1. unter Nennwert/ Pari; 2. mit Abschlag/Skonto/Rabatt; **subject to a d.** rabattfähig; **d. on a bill** Wechseldiskont *m*; **d. for cash** Skonto *m/ nt*, Barzahlungsrabatt *m*; **d. on payment before due date** Zwischenzins *m*; **d. for resale** Wiederverkäuferrabatt *m*; **eligible for d.** diskontfähig, diskontierbar; **granting a d.** Rabattgewährung *f*; **less d.** abzüglich Skonto/Rabatt

to allow/grant a discount 1. Skonto/ Nachlass/Rabatt gewähren; 2. *(Rechnung)* skontieren, rabattieren; **to deduct a d.** Rabatt/Skonto abziehen; **to present for d.** zum Diskont einreichen; **to sell at a d.** mit Verlust verkaufen, unter (Neu)-Wert verkaufen

D

bulk-rate discount Pauschalabschlag *m*; **commercial d.** handelsüblicher Diskont/Rabatt; **functional d.** Funktions-, Handelsrabatt *m*; **introductory d.** Einführungsrabatt *m*; **lost/missed d.** nicht in Anspruch genommener Nachlass; **no-claim(s) d.** *(Vers.)* Schaden(s)freiheitsrabatt *m*; **promotional d.** Einführungsrabatt *m*; **special d.** Sonderrabatt *m*; **straight d.** Barzahlungsrabatt *m*

discount *v/t* 1. abzinsen, (dis)kontieren, abziehen; 2. nicht mitrechnen, unberücksichtigt lassen; 3. *(Börse)* berücksichtigen; 4. *(Wechsel)* hereinnehmen

discount|able *adj* diskont-, bankfähig; **d.s allowed** Skontoaufwendungen *pl*; **d. bank** Diskont-, Wechselbank *f*, diskontierende Bank; **d. bond** unverzinsliche Schuldverschreibung, abgezinste Anleihe; **d. broker** Diskont-, Wechselmakler *m*; **d. chain** Billigladenkette *f*; **d. charges** Wechselspesen *pl*; **d. credit** 1. (Wechsel)-Diskontkredit *m*; 2. Rabattgutschrift *f*; **d.(s) earned** Diskontertrag *m*, Skontoerträge *pl*; **d.ed** *adj* abgezinst; **on a d.ed basis** abgezinst

discounter *n* 1. Diskontierer *m*, Wechselmakler *m*; 2. *(Handel)* Discounter *m*, Diskont-Warenhaus *nt*

discount expenses Wechselspesen *pl*; **d.s granted** Kundenskonti *pl*; **d. holdings** Diskontbestände *pl*; **d. house ↘ discount bank** 1. Discounthaus *nt*; 2. *[US]* Billigwarenladen *m*

discounting *n* 1. Diskontierung *f*, Diskontgeschäft *nt*; 2. Skontierung *f*, Gewährung von Rabatten; **d. of bills** Wechseldiskontierung *f*, Hereinnahme von Wechseln; **competitive d.** Rabattgewährung aus Wettbewerbsgründen

discount instrument Abzinsungstitel *m*; **d. interest** Diskontzinsen *pl*; **d. limit** Wechselkontingent *nt*; **d. liquidation** Wechselabrechnung *f*; **d. loan** Teilzahlungskredit *m*; **d.s lost** nicht in Anspruch genommene Skonti; **d. new for old** Abzug für neu; **d. note** Diskontgutschrift *f*; **d. outlet** Niedrigpreisladen *m*; **d. period** Skontofrist *f*; **d. price** Rabattpreis *m*; **d. rate** Rabatt-, Diskontsatz *m*; **~ differential** Diskontgefälle *nt*; **d.s received** Diskonterträge *pl*, Lieferantenskonti *pl*; **d. retailer** Diskonter *m*; **d. shop/store** Niedrigpreis-, Rabattladen *m*, Diskont-, Niedrigpreisgeschäft *nt*; **d. sum** Disagiobetrag *m*; **d. table** Rabattstaffel *f*; **d. terms** Rabatt-, Skontobedingungen *pl*; **d. transaction** Diskontgeschäft *nt*; **d. travel** Billigreisen *pl*; **d. voucher** Rabattgutschein *m*

discovery *n* 1. Entdeckung *f*, Aufdeckung *f*; **d. of damage** Schadensfeststellung *f*; **~ a defect** Entdeckung eines Mangels

discrepancy *n* Abweichung *f*, Unstimmigkeit *f*; **d. between accounts** Kontenunstimmigkeit *f*, K.abweichung *f*; **statistical d.** statistische Abweichung; **d. note** Fehlmengenmitteilung *f*

discretion *n* Ermessen(sspielraum) *nt/m*; **at so.'s d.** nach jds freiem Ermessen; **d. to act** Handlungsermessen *nt*; **absolute/unqualified d.** uneingeschränktes Ermessen; **equitable d.** billiges Ermessen

discretionary *adj* beliebig, frei verfügbar, nach Gutdünken, ins Ermessen gestellt

discriminate *v/ti* unterschiedlich behandeln, benachteiligen

discrimination *n* 1. Diskriminierung *f*, Benachteiligung *f*, Schlechterstellung *f*; 2. Unterscheidung *f*; **positive d.** Bevorzugung (benachteiligter Gruppen) *f*; **sexual d.** Benachteiligung auf Grund des Geschlechts

discussion *n* Besprechung *f*, Diskussion *f*; **d. in principle** Grundsatzdiskussion *f*; **preliminary d.** Vorbesprechung *f*; **round-table d.** Podiumsdiskussion *f*

diseconomies of scale *n* 1. Kostenprogression *f*; 2. (Betriebs)Größennachteile *pl*; **internal d. of s.** betriebsbedingte Größennachteile

disembark *v/ti* ⚓ landen, von Bord gehen

disencumb|er *v/t* entschulden; **d.rance** *n* Entschuldung *f*

disenfranchise *v/t* Konzession entziehen; **d.ment** *n* Entzug der Konzession, Konzessionsentzug *m*

disengagement *n* Entflechtung *f*

disequilibrium *n* Ungleichgewicht *nt*; **d. in the balance of payments** Ungleichgewicht in der Zahlungsbilanz, unausgeglichene Zahlungsbilanz; **d. of the economy; economic d.** wirtschaftliches Ungleichgewicht

disflationary *adj* desinflationär

dishonest *adj* betrügerisch, unehrlich; **d.y** *n* Betrug *m*, Unehrlichkeit *f*

dishonour|(ing) *n* *(Wechsel/Scheck)* Nichteinlösung *f*; **d. by non-acceptance** Akzeptverweigerung *f*; **~ non-payment** Zahlungsverweigerung *f*; **d.** *v/t* nicht akzeptieren/bezahlen/einlösen

disincentive *n* arbeitshemmender/leistungshemmender Faktor, Leistungshemmnis *nt*

disinclination to work *n* Arbeitsunlust *f*

disincorporat|e *v/t* *[US]* 1. ausgliedern, ausgründen; 2. im Handelsregister löschen; **d.ion** *n* Ausgründung *f*

disinflation *n* Desinflation *f*, Inflationsbekämpfung *f*; **d.ary** *adj* inflationshemmend, deflatorisch

disintegrat|e *v/ti* zerfallen, sich auflösen, auseinander fallen; **d.ion** *n* 1. Zerfall *m*; 2. Auflösung *f*

disinvest *v/i* desinvestieren, Anlagekapital zurückziehen; **d.ment** *n* Investitionsabbau *m*; **~ in stocks** Lagerabbau *m*; **~ policy** Desinvestitionspolitik *f*; **~ proceeds** Desinvestitionserlös *m*

disk *n* Platte *f*, Scheibe *f*; **fixed/hard d.** 🖳 Festplatte *f*; **d. drive** Diskettenlaufwerk *nt*; **d. operating system** Diskettenbetriebssystem *nt*; **d. storage** Diskettenspeicher *m*

dislocation of markets *n* Marktzerrüttung *f*

dismantle *v/t* 1. aus-, abbauen, demontieren, auseinanderbauen; 2. ⚓ abwracken; **partly d.d** *adj* teilzerlegt; **d.ment** *n* Abbau *m*; **~ of tariffs** Zollabbau *m*

dismantling *n* Abbau *m*, Demontage *f*, Demontierung *f*; **d. of industrial plants** Abbruch von Industrieanlagen; **~ tariffs** Zollabbau *m*

dismiss *v/t* entlassen, kündigen

dismissal *n* Entlassung *f*, Kündigung *f*; **d. of (an) action** § Klage-, Prozessabweisung *f*; **d. without cause** grundlose Entlassung; **~ notice** fristlose Kündigung; **arbitrary d.** willkürliche Kündigung; **collective/wholesale d.** Massenentlassung *f*; **instant d.** fristlose/sofortige Entlassung, ~ Kündigung; **unfair/wrongful d.** grundlose/ungerechtfertigte Kündigung; **d. notice** Kündigungs-, Entlassungsschreiben *nt*; **d. pay** Entlassungsabfindung *f*; **d. period** Kündigungsfrist *f*; **d. protection** Kündigungsschutz(recht) *m/nt*

disparage *v/t* herabsetzen, verunglimpfen; **d.ment** *n* Rufschädigung *f*, Verunglimpfung *f*, Herabsetzung *f*; **~ of competitors** Herabsetzung von Mitbewerbern

disparaging *adj* herabsetzend, abschätzig

disparity *n* Ungleichheit *f*, Unterschied *m*, Missverhältnis *nt*; **d. of interest rates** Zinsgefälle *nt*; **d. in prices** Preisabstand *m*, P.gefälle *nt*

dispatch *n* ↘ **despatch** 1. Versand(abwicklung) *m/f*, Versendung *f*, (Güter)Expedition *f*; 2. Spedition *f*, Beförderung *f*; **d. by air** Versand per Luftfracht; **d. half demurrage** Eilgeld in Höhe des halben Liegegeldes; **d. of goods** Versandabwicklung *f*, Güterversand *m*; **~ mail** Post-, Briefabfertigung *f*, Versand per Post; **d. by rail** (Eisen)Bahnversand *m*; **~ ship** Verschiffung *f*; **ready for d.** versandfertig, v.bereit; **being ~ d.** Versandbereitschaft *f*; **just-in-time (JIT) d.** JIT-Versand *m*; **prompt/speedy d.** schnelle Erledigung/Abfertigung

dispatch *v/t* absenden, (ab)schicken, aufgeben, zum Versand bringen, (ver)senden

dispatch agent Abfertigungsspediteur *m*; **d. area** Verteilerzone *f*; **d. charges** Versandspesen *pl*; **d. clerk** Expedient(in) (im Versand) *m/f*; **d. container** Versandbehälter *m*; **d. department** Versandabteilung *f*, Expedition *f*; **d. documents** Versandpapiere *pl*

dispatcher *n* 1. Expedient(in) *m/f*; 2. Leiter(in) der Produktionsplanung und P.-kontrolle; 3. Disponent(in) *m/f*

dispatch fee Abfertigungsgebühr *f*; **d. goods** Eilgut *nt*; **d. industry** Versandhandel *m*

dispatching *n* Versand *m*, Güterabfertigung *f*, Warenausgang *m*; **d. station** Abgangsbahnhof *m*

dispatch manager Versandleiter(in) *m/f*; **d. money** Eilgebühr *f*; **d. note** 1. Versandanzeige *f*; 2. Frachtzettel *m*, Verladeschein *m*; **d. order** Versand-, Speditionsauftrag *m*; **d. point** Abgangsort *m*; **d. station** 🚂 Abgangs-, Verladebahnhof *m*

dispens|er *n* *(Automat)* Spender *m*; **d.ing machine** *n* Verkaufsautomat *m*

dispersion *n* 📊 Streuung *f*; **d. of outlets** Streuung der Verkaufsstätten; **regional d.** regionale Streuung

displace *v/t* 1. ersetzen, verdrängen; 2. entlassen, freisetzen; **d.ment** *n* 1. Versetzung *f*, Verlagerung *f*; 2. ⚓ (Wasser)-Verdrängung *f*, Tonnage *f*; **~ of labour/workers** Freisetzung von Arbeitskräften; **~ tonnage** Verdrängungstonnage *f*

D

display *n* Auslage *f*, Ausstellung *f*, Sortimentsdarbietung *f*, Dekoration *f*, Aufsteller *m*; **on d.** ausgestellt; **d. of samples** Musterlager *nt*; **permanent ~ samples** Fabrikmusterlager *nt*; **collective d.** Gemeinschaftsschau *f*; **digital d.** Digital-, Ziffernanzeige *f*; **graphic d.** grafische Anzeige; **visual d.** 🖳 optische Anzeige, Lichtanzeige *f*; **visual d. unit (VDU)** 🖳 Bildschirmeinheit *f*, (Daten)Sichtgerät *nt*

display *v/t* 1. ausstellen, zeigen; 2. *(Fenster)* dekorieren

display advertising Großanzeige *f*, Empfehlungswerbung *f*; **d. article** Ausstellungsstück *nt*; **d. case** Schaukasten *m*, Vitrine *f*; **d. goods** 1. Ausstellungsstücke *pl*; 2. Messegut *nt*; **d. model** Vorführmodell *nt*; **d. package** Schaupackung *f*; **d. room** Ausstellungsraum *m*; **d. unit** 1. Darstellungseinheit *f*; 2. Datensicht-, Bildschirmgerät *nt*; **d. window** Schaufenster *nt*

disposable *adj* 1. (frei) verfügbar; 2. Wegwerf-, Einweg-; **d.s** *pl* Verbrauchs-, Wegwerfgüter *pl*

disposal *n* 1. Absatz *m*, Verkauf *m*, Veräußerung *f*; 2. Verfügung(srecht) *f/nt*; 3. *(Bilanz)* (Lager)Abgang *m*; 4. *(Müll)* Entsorgung *f*, Beseitigung *f*; **d. of assets** (Finanz-/Sach)Anlagenabgang *m*; **~ recoverable material** Wertstoffentsorgung *f*; **to be at so.'s d.** jdm zur Verfügung stehen; **to hold sth. (at so.'s) d.** etw. zur Verfügung halten; **to place sth. at (so.'s) d.** etw. bereitstellen

environmentally compatible disposal umweltverträgliche Entsorgung; **final d.** Endlagerung *f*; **forced d.** Zwangsverkauf *m*; **irregular d.** unsachgemäße Entsorgung; **legal d.** ordnungsgemäße Entsorgung; **part d.** Teilveräußerung *f*

disposal business Entsorgungsunternehmen *nt*; **d. capacity** Entsorgungskapazität *f*; **d. charges** Entsorgungsgebühren *pl*; **d. costs** Entsorgungs-, Beseitigungskosten *pl*; **d. facility** (Müll)Deponie *f*; **d. firm** Entsorgungsbetrieb *m*, E.unternehmen *nt*; **d. function** Entsorgungsaufgabe *f*; **d. gains** Veräußerungsgewinn(e) *m/pl*; **d. logistics** Entsorgungslogistik *f*; **d. management** Entsorgungswirtschaft *f*; **d. operation** Entsorgungsunternehmen *nt*; **d. proceeds** Veräußerungserträge *pl*; **d. requirement** Entsorgungspflicht *f*; **d. value** Veräußerungs-, Schrottwert *m*

dispose (of sth.) *v/i* 1. veräußern, verkaufen; 2. verfügen (über); 3. *(Müll)* beseitigen, entsorgen

disposition *n* 1. Verfügung(sgewalt) *f*, Anordnung *f*; 2. Verkauf *m*, Veräußerung *f*; 3. *(Bilanz)* Abgang *m*; **d. of property** Verfügung über Sachwerte; **d. to buy** Kauflust *f*; **d. and account management** Disposition und Kontoführung; **~ settlement** Disposition und Abwicklung; **current d.** aktuelle Disposition

dispossess *v/t* enteignen; **d.ion** *n* Enteignung *f*, Besitzenthebung *f*; **~ proceedings** Räumungsklage *f*; **~ warrant** Räumungsverfügung *f*

disproportion *n* Missverhältnis *nt*; **d. of supply and demand** Missverhältnis zwischen Angebot und Nachfrage; **d.al** *adj* disproportional; **d.ate** *adj* unverhältnismäßig, unausgeglichen

dispute *n* Streit(igkeit) *m/f*, Meinungsverschiedenheit *f*; **in d.** strittig; **to settle a d.** Konflikt/Streit beilegen; **commercial d.** Handelsstreit *m*; **contractual d.** Vertragsstreit *m*; **industrial d.** Arbeitskampf *m*, Tarifkonflikt *m*, tarifpolitische Auseinandersetzung; **legal d.** Rechtsstreit *m*; **d. benefit** Streikgeld *nt*; **d. panel** Schlichtungs-, Vermittlungsausschuss *m*; **d.s procedure** Schlichtungsverfahren *nt*; **d. settlement** Schlichtung *f*

disqualification *n* 1. Ausschließung *f*, Disqualifikation *f*; 2. Entmündigung *f*; **d. of a bankrupt** § Rechtsverlust eines Konkursschuldners; **d. from (holding) public office; ~ public service** Unfähigkeit zur Bekleidung eines öffentlichen Amtes

disqualify (from) *v/t* (von der Teilnahme) ausschließen, für unfähig erklären

disregard *n* Missachtung *f*, Nichtberücksichtigung *f*; **in d. of market conditions** marktwidrig; *v/t* missachten, nicht berücksichtigen, vernachlässigen

disrepair *n* 🏛 Verfall *m*, Baufälligkeit *f*

disruption *n* Unterbrechung *f*, Störung *f*; **d. of business** Unterbrechung der Geschäftstätigkeit; **~ production** Produktionsstörung *f*; **~ commercial relations** Unterbrechung der Handelsbeziehungen; **~ trade** Unterbrechung des Handelsverkehrs; **~ traffic** Verkehrsstörung *f*

dissav|e *v/i* entsparen; **d.ing** *n* Entsparung *f*, negative Ersparnisbildung

dissemination *n* Verbreitung *f*; **d. of information** Weitergabe von Informationen
disservice *n* schlechter Dienst, Schaden *m*
dissolution *n* Auflösung *f*, Aus-, Entgründung *f*, Entflechtung *f*; **d. of a business** Geschäftsauflösung *f*; **~ a company** Auflösung einer Gesellschaft; **~ a partnership** Auflösung einer OHG/KG; **d. balance sheet** Abwicklungs-, Auseinandersetzungsbilanz *f*; **d. order** Liquidationsanordnung *f*
dissolve *v/ti* (sich) auflösen, entgründen
distance *n* Entfernung *f*, Abstand *m*, Strecke *f*; **d. in kilometres** Entfernungskilometer *m/pl*; **mean d.** mittlere Entfernung; **safe d.** Sicherheitsabstand *m*; **d. capacity** Transportleistung *f*; **d. education/learning** Fernstudium *nt*; **d. freight(-age)** Streckenfracht *f*
distort *v/t* verzerren, verfälschen; **d.ion** *n* Verzerrung *f*, Verfälschung *f*; **~ of competition** Wettbewerbsverzerrung *f*; **~ of the terms of trade** Verzerrung der Austausch-/Preisrelationen; **~ of trade** Handelsverzerrungen *pl*
distrain *v/t* § beschlagnahmen, pfänden; **d. upon** *(Schuldner)* exekutieren; **d.ee** *n* Pfändungs-, Vollstreckungsschuldner *m*; **d.er** *n* Pfändungsgläubiger *m*
distraint *n* Beschlagnahme *f*, (dinglicher) Arrest *m*, Pfändung *f*, Zwangsvollstreckung *f*; **under d.** unter Eigentumsvorbehalt; **d. of goods** Warenpfändung *f*; **to levy a d.** Pfändung/Vollstreckung betreiben; **d. order** Pfändungsbeschluss *m*
distress *n* 1. Not(lage) *f*, Misere *f*; 2. ⚓ Seenot *f*; 3. Beschlagnahme *f*, Pfändung *f*; **d. for (non-payment of) rent** Mietpfändung *f*; **~ non-payment of tax** Steuerpfändung *f*; **to levy a d. (on)** pfänden, beschlagnahmen; **economic d.** wirtschaftliche Notlage; **d. area** Notstandsgebiet *nt*; **d. marketing/sale/selling** Not-, Zwangsvollstreckungsverkauf *m*; **d. signal** ⚓ Hilfs-, Notsignal *nt*, SOS-Ruf *m*; **d. warrant** Pfändungsbeschluss *m*
distributable *adj* *(Gewinn)* ausschüttungs-, verteilungsfähig
distribute *v/t* 1. ver-, aufteilen; 2. *(Ware)* vertreiben; 3. *(Gewinn)* ausschütten
distributing depot *n* Auslieferungslager *nt*; **d. vehicle** Verteilerfahrzeug *nt*
distribution *n* 1. Ver-, Aufteilung *f*; 2. Absatz *m*, Vertrieb *m*; 3. *(Gewinn)* Ausschüttung *f*
distribution of a dividend Dividendenausschüttung *f*; **~ earnings** Gewinnausschüttung *f*, G.verteilung *f*; **~ an estate** Erbteilung *f*; **~ goods** Warenabsatz *m*; **~ goods and services** Leistungsabgabe *f*; **~ income** Einkommensverteilung *f*; **~ income and wealth** Einkommens- und Vermögensverteilung; **d. in kind** Sachausschüttung *f*; **d. and partition** Nachlassauseinandersetzung *f*; **d. of profits** Gewinnverteilung *f*, (Gewinn)Ausschüttung *f*; **hidden ~ profit** verdeckte Gewinnausschüttung; **proposed ~ profit** Gewinnverteilungsvorschlag *m*; **~ risks** Risikoverteilung *f*, R.streuung *f*; **d. to shareholders** *[GB]***/stockholders** *[US]* Ausschüttung an Aktionäre; **d. of the tax burden** (Steuer)Lastverteilung *f*; **~ turnover** Umsatzverteilung *f*; **~ wealth** Vermögensverteilung *f*
to cut the distribution *(Dividende)* Auszahlung/Ausschüttung kürzen; **to raise the d.** Auszahlung/Ausschüttung erhöhen
advance distribution Vorabausschüttung *f*; **chilled d.** Kühltransporte und Lagerung; **direct d.** Direktvertrieb *m*, Produzentenhandel *m*; **exclusive d.** Alleinvertrieb *m*; **final d.** *(Dividende)* Schlussdividende *f*; **geographic(al) d.** geografische Verteilung/Streuung; **hidden d.** *(Dividende)* verdeckte Ausschüttung; **inland d.** Inlandsvertrieb *m*; **non-cash d.** Sachausschüttung *f*; **occupational d.** berufliche Verteilung/Aufgliederung; **physical d.** 1. Warenverteilung *f*, Logistik *f*; 2. geografische Streuung; **skew d.** 📊 schiefe Verteilung; **tax-free d.** steuerfreie Ausschüttung; **uneven d.** ungleichmäßige Verteilung; **wide d.** weite Verbreitung
distribution agency Absatzvertretung *f*, Verteilungsstelle *f*; **d. agreement** 1. Vertriebsabsprache *f*; 2. Absatzvereinbarung *f*; **d. area** Absatzgebiet *nt*; **d. centre** Auslieferungslager *nt*, Absatz-, Vertriebs-, Warenverteilzentrum (WVZ) *nt*; **intermediate d. centre** Warenverteilzentrum auf der Strecke; **d. chain** Verteilerkette *f*; **d. channel** Vertriebsweg *m*; **d. company** Vertriebsgesellschaft *f*; **d. cost(s)** Verteilungs-, Vertriebskosten *pl*, V.aufwand *m*; **d. date** *(Dividende)* Ausschüttungstermin *m*;

D

D

d. depot Auslieferungs-, Verteilerlager *nt*; **d. facilities** Verteilungsapparat *m*, Vertriebs-, Versandeinrichtungen *pl*; **regional d. facility** Regionallager *nt*; **d. industry** vertreibendes Gewerbe; **d. interest** Vertriebstochter *f*; **d. list** Verteiler(liste) *m/f*; **d. logistics** Absatz-, Distributions-, Waren(verkehrs)logistik *f*; **~ specialist** Distributionslogistiker(in) *m/f*; **d. manager** Geschäftsführer(in) Vertrieb, Leiter(in) des Vertriebswesens, Vertriebschef(in) *m/f*, V.leiter(in) *m/f*; **regional d. manager** Gebietsvertriebsleiter(in) *m/f*; **d. network** Vertriebsnetz *nt*; **d. outlet** Vertriebsform *f*, V.stelle *f*; **d. overheads** Vertriebsgemeinkosten *pl*; **d. park** Einkaufszentrum *nt*, (Güter)-Verteilzentrum (GVZ) *nt*; **d. partner** Vertriebspartner *m*; **d. pattern** Vertriebsstruktur *f*; **d. plant** Versandlager *nt*; **d. requirements planning (DRP)** Warenverteilungsplanung *f*; **d. services** Distributionsdienstleistungen *pl*; **d. structure** Vertriebsstruktur *f*, V.wege *pl*; **corporate d. tax** Ausschüttungssteuersatz *m*; **d. warehouse** Auslieferungs-, Distributionslager *nt*

distributor *n* 1. Auslieferer *m*, Groß-, Zwischen-, Vertragshändler *m*; 2. *(Bier)* Verlag *m*, Verleger(in) *m/f*; 3. Vertriebsstelle *f*; **exclusive/sole d.** Alleinvertriebsberechtigte(r) *f/m*; **full-line d.** Vollsortimenter *m*; **industrial d.** *[US]* Industriebelieferer *m*; **d. discount** Händlerrabatt *m*; **d. network** Vertreibernetz *nt*

distributorship *n* Vertretung *f*; **exclusive d.** Alleinvertretung *f*; **multi-level d.** Vertrieb nach dem Schneeballsystem

district *n* Bezirk *m*, Stadtteil *m*; **administrative d.** Verwaltungsbezirk *m*; **commercial d.** Geschäftsviertel *nt*; **industrial d.** Industriebezirk *m*; **postal d.** ✉ Post(zustellungs)bezirk *m*; **residential d.** Wohngebiet *nt*, W.gegend *f*; **rural d.** Landkreis *m*; **urban d.** Stadtkreis *m*; **d. authority** Kreisbehörde *f*; **d. council** Gemeinde-, Bezirksrat *m*, Kreistag *m*; **d. court** Land-, Bezirksgericht *nt*; **d. manager** Bezirksdirektor(in) *m/f*; **d. office** Bezirksverwaltung *f*

disturbance *n* Störung(seinfluss) *f/m*; **d.(s) in/of the market** Marktstörungen *pl*; **d.-free** *adj* störungsfrei

disuse *n* Nichtgebrauch *m*, N.nutzung *f*; **d.d** *adj* 1. veraltet; 2. stillgelegt, außer Betrieb; 3. 🏛 leer stehend

disutility *n* Nutzungsentgang *m*, negativer Nutzen

dive *n* Kurs-, Preissturz *m*; *v/i (Preis)* stürzen

divergence *n* Abweichung *f*, Auseinanderklaffen *nt*, Unterschied *m*

diversification *n* 1. (Anlagen-/Risiko-/Investitions)Streuung *f*; 2. (Sortiments)-Ausweitung *f*, Produkterweiterung *f*; **d. of investments** Anlagenstreuung *f*; **~ production** Produktionserweiterung *f*, P.differenzierung *f*; **~ risk(s)** Risikostreuung *f*

diversified *adj* 1. *(Kapital)* verteilt angelegt, gestreut; 2. breit gefächert, verzweigt

diversify *v/t* 1. streuen, diversifizieren; 2. *(Sortiment)* ausweiten; 3. Risikostreuung betreiben

diversion *n* 1. 🚗 Umleitung *f*; 2. Ablenkung *f*; **d. of trade** Handelsverlagerung *f*

divert *v/t* 1. 🚗 umleiten; 2. *(Geld)* abzweigen, zweckentfremden

divest o.s. of sth. *v/refl* etw. veräußern/abstoßen; **d.iture; d.ment** *n* 1. Besitzentziehung *f*; 2. Abstoßen *nt*, Ausgliederung *f*, Veräußerung (einer Beteiligung) *f*

divide *v/t* (auf)teilen, splitten

dividend *n* 1. Dividende *f*, Gewinnanteil *m*, Ausschüttung *f*; 2. Konkursquote *f*

dividend on account Dividendenabschlag *m*, Zwischendividende *f*; **d.s from affiliates** Beteiligungserträge *pl*; **d. in/of a bankrupt's estate; d. in bankruptcy** Konkursdividende *f*, K.quote *f*; **d. in kind** Sach(wert)dividende *f*; **~ liquidation** Liquidationsdividende *f*; **~ specie** Bardividende *f*; **d. on winding up** Konkursquote *f*

eligible/qualified/ranking for dividend dividenden-, ausschüttungsberechtigt; **maintaining the d.** Beibehaltung der Dividende; **passing the d.** Ausfall der Dividendenzahlung; **d. times covered** Dividendengewinnverhältnis *nt*; **d. off** ohne/ex Dividende; **d. on** *[US]* einschließlich/mit Dividende; **d.s payable** Dividendenverbindlichkeiten *pl*; **~ receivable** Dividendenforderungen *pl*; **~ received** Dividendenertrag *m*

to declare a dividend (Ausschüttung einer) Dividende beschließen; **to distribute a d.** Dividende ausschütten/verteilen; **to pass the d.** Dividende ausfallen lassen; **to pay a d.** Kapital mit einer Dividende bedienen, Dividende ausschütten; **to rank for d.** dividendenberechtigt sein; **to return to the d. list(s)** Dividendenzahlung(en) wieder aufnehmen

accrued dividend Gewinnvortrag *m*; **additional d.** Mehr-, Zusatzdividende *f*; **annual d.** Jahresausschüttung *f*; **cumulative d.** Dividende auf kumulative Vorzugsaktien; **declared d.** festgesetzte Dividende; **deferred d.** Nachzugsdividende *f*; **distributed d.** ausgeschüttete/gezahlte Dividende; **final d.** 1. (Jahres)Schlussdividende *f*; 2. Restquote *f*; **fixed d.** feste Ausschüttung; **guaranteed d.** Garantie-, Mindestdividende *f*; **initial d.** Abschlagsdividende *f*; **interim d.** Vor-, Zwischendividende *f*, Dividendenabschlag *m*; **liquidating d.** Liquidationsdividende *f*; **national d.** Volkseinkommen *nt*; **non-cash d.** Naturaldividende *f*; **ordinary d.** Dividende auf Stammaktien; **participating/preferential/preferred d.** Vorzugsdividende *f*; **passed d.** Dividendenausfall *m*; **payable d.** fällige Dividende; **proposed d.** Dividendenvorschlag *m*; **quarterly d.** Vierteljahresdividende *f*; **reinvested d.** reinvestierte Dividende; **reversionary d.** Anwartschaftsdividende *f*; **special d.** 1. Bonus *m*; 2. Sonderausschüttung *f*; **year-end d.** Jahres(ab)schlussdividende *f*

(total) dividend amount Ausschüttungssumme *f*; **d. arrears** noch ausstehende Dividende(nzahlungen); **d.-bearing; d.-carrying** *adj* ausschüttungs-, dividendenberechtigt; **d. claim** Dividendenanspruch *m*; **d. coupon** Dividenden(gut)schein *m*, D.abschnitt *m*, (D.)Kupon *m*, Gewinnanteilschein *m*; **d. cover** Dividendendeckung *f*; **d. date** Gewinnausschüttungstermin *m*; **d. distribution** Dividendenausschüttung *f*, D.auszahlung *f*; **d. due** fällige Dividende; **d. entitlement** Dividendenanspruch *m*; **d. growth** Dividendenerhöhung *f*; **d. guarantee** Dividenden-, Ausschüttungsgarantie *f*; **d. income** Dividendenertrag *m*; **d. increase** Dividendenerhöhung *f*; **d.-linked** *adj* dividendengekoppelt; **d. payment/payout** Dividendenausschüttung *f*, D.auszahlung *f*; **to renew d. payments** Dividendenzahlungen wieder aufnehmen; **total d. payment** Dividendensumme *f*; **d. policy** Dividenden-, Ausschüttungspolitik *f*; **d. proposal** Dividendenvorschlag *m*; **d. rate** Dividendensatz *m*; **d. record** Ausschüttungspolitik *f*; **d.-reinvestment plan (DRIP)** Dividendenwiederanlageplan *m*; **d. return** Dividendenrendite *f*; **d. share** Genussaktie *f*; **d. taxation** Dividendenbesteuerung *f*; **d. voucher** Dividendengutschrift *f*, D.beleg *m*; **d. warrant** Dividenden(gut)schein *m*, D.abschnitt *m*, Gewinnanteilschein *m*, Kupon *m*; **d. yield** Effektiv-, Dividendenertrag *m*

division *n* 1. (Auf-/Ein-/Ver)Teilung *f*; 2. Ressort *nt [frz.]*, Geschäfts-, Unternehmensbereich *m*, Sparte *f*, Abteilung *f*; 3. § Senat *m*; **d. of (net) assets** (Vermögens)Auseinandersetzung *f*; **~ an estate** Teilung eines Nachlasses, Erbauseinandersetzung *f*; **~ labour** Arbeitsteilung *f*; **~ responsibilities** Geschäfts-, Aufgabenverteilung *f*

appellate division § Revisionsinstanz *f*, Berufungsgericht *nt*; **horizontal d.s** horizontale Geschäftsbereiche; **industrial d.** Industriezweig *m*, Branche *f*; **operational d.** Betriebsabteilung *f*; **territorial d.** Gebietskörperschaft *f*

divisionalization *n* Spartenorganisation *f*, Gliederung in Geschäftsbereiche

division manager Abteilungsleiter(in) *m/f*, Sparten-, (Fach)Bereichsleiter(in) *m/f*

divulg|e *v/t* bekannt machen, mitteilen; **d.ing of business/trade secrets** *n* Verletzung/Weitergabe von Betriebsgeheimnissen

DIY (do-it-yourself) store Bau-, Heimwerkermarkt *m*

dock *n* ⚓ Dock *nt*, Hafenbecken *nt*; **ex d.** *[US]* ab Kai; **~ duty (un)paid** ⊖ ab Kai (un)verzollt; **dry d.** ⚓ Trockendock *nt*; **wet d.** Flutbecken *nt*, Schleusenhafen *m*; **d.** *v/ti* 1. ⚓ (ein)docken, anlegen; 2. *(Lohn)* kürzen; 3. *(Abzüge)* einbehalten

dockage *n* 1. ⚓ Dock-, Löschgeld *nt*, Kaigebühr *f*, K.geld *nt*; 2. Lohnabzug *m*

dock area Hafengebiet *nt*; **d. charges/dues** Dock-, Hafengebühren *pl*, Dock-, Lösch-, Kaigeld *nt*; **d. company** Hafengesellschaft *f*; **d. crew** Entlademannschaft *f*

docker *n* Hafenarbeiter *m*, Schauermann *m*

docket *n* 1. Etikett *nt*, (Waren)Adress-, Packzettel *m*; 2. ⊖ Zollpassierschein *m*, Z.inhaltserklärung *f*; 3. Bestell-, Lieferschein *m*; *v/t (Waren)* etikettieren

D

dock facilities ⚓ Dockanlagen *pl*; **d. hand** Hafenarbeiter *m*
docking *n* 1. ⚓ Anlegen *nt*; 2. Lohnkürzung *f*, L.abzug *m*; **d. facilities** Dockanlagen *pl*
dock|land(s) *n* ⚓ Hafengebiet *nt*, H.viertel *nt*; **d. master** Hafenkapitän *m*; **d. railway** Hafeneisenbahn *f*; **d. receipt** Kaiannahme-, Kaiempfangsschein *m*; **d. rent** Docklagermiete *f*; **d. siding** 🚂 Kaianschlussgleis *nt*; **d. strike** Hafenarbeiterstreik *m*; **d. warrant (DW)** Kai-, Dockempfangsschein *m*; **d. worker** Hafenarbeiter *m*, Schauermann *m*; **d.yard** *n* (Schiffs-/Reparatur-)Werft *f*
doctor *n* 1. Doktor *m*; 2. Arzt *m*, Ärztin *f*; *v/t (coll)* frisieren *(coll)*; **d.'s certificate** ärztliches Attest
document *n* Dokument *nt*, Urkunde *f*, Schriftstück *nt*; **d.s** 1. Dokumentation *f*; 2. Unterlagen *pl*; 3. Versand-, Verschiffungspapiere *pl*
document|s against acceptance (D/A) Dokumente gegen Akzept; **d. of appointment** Ernennungsurkunde *f*; **d.s against cash/payment (D/P)** Dokumente gegen bar/Bezahlung, Kassa gegen Dokumente; **d. for collection** Inkassodokument *nt*; **d.s against payment (D/P)** Dokumenteninkasso *nt*; **~ presentation** Kassa gegen Dokumente; **clean d. in proof of delivery** reines Verladedokument als Liefernachweis; **d. of title** Besitz-, Eigentumsurkunde *f*, Warenpapier *nt*; **d.s of transport** Versand-, Verschiffungspapiere *pl*
to execute a document Urkunde ausfertigen; **to forge a d.** Urkundenfälschung begehen; **to furnish/hand in d.s** Dokumente/Unterlagen beibringen; **to have a d. authenticated/certified** Dokument/Urkunde beglaubigen lassen; **to lodge a d.** Urkunde hinterlegen; **to present d.s** Dokumente andienen/vorlegen; **to register a d.** Urkunde eintragen lassen; **to serve a d.** Urkunde zustellen; **to surrender d.s** Dokumente übergeben
accompanying document Warenbegleitschein *m*; **authenticated/certified d.** beglaubigte Urkunde; **clean d.** reines Verladedokument; **collective d. (of title)** Global-, Gesamturkunde *f*; **commercial d.** handelsübliches Dokument, Handelspapier *nt*; **~ d.s** geschäftliche Unterlagen; **consultative d.** Diskussions-, Arbeitspapier *nt*; **consular d.** Konsulatspapier *nt*; **descriptive d.s** *(Angebot)* Unterlagen *pl*; **engrossed d.** Erstausfertigung (einer Urkunde) *f*; **executed d.** unterzeichnete Urkunde; **key features d.s** Unterlagen mit den wichtigsten Informationen; **legal d.** Rechtsurkunde *f*; **official d.** amtliches Schriftstück/Dokument; **original d.** Originalausfertigung *f*; **supporting d.s** Unterlagen *pl*
document *v/t* dokumentieren, urkundlich belegen
documentary *adj* urkundlich, durch Urkunde belegt
documentation *n* 1. Dokumentierung *f*; 2. Dokumente *pl*, Unterlage(n) *f/pl*; **to handle the d.** Papierkrieg *(coll)*/Dokumentation abwickeln; **d. package** Unterlagenbeipack *m*
document copy Belegkopie *f*; **d. flow** Belegfluss *m*; **d. handling** Belegverarbeitung *f*; **d. management** Dokumentenverwaltung *f*; **d. printer** 💻 Belegdrucker *m*; **d. preparation** Belegaufbereitung *f*, B.-erstellung *f*; **d. reader** Belegleser *m*
dog *n* *[US] (coll)* Produkt mit niedrigem relativen Marktanteil und niedrigem Marktwachstum, Auslaufprodukt *nt*
do-it-yourself (DIY) *n* 1. Selbermachen *nt*; 2. Heimwerker-, Baumarkt *m*; **do-it-yourself (DIY) goods** Heimwerkerbedarf *m*
doldrums *pl* Flaute *f*; **in the d.** in der Flaute
dole *n* *(coll)* Arbeitslosen-, Erwerbslosenunterstützung *f*; **on the d.** arbeitslos; **to be on the d.** Arbeitslosengeld/Erwerbslosenunterstützung beziehen, als arbeitslos registriert sein; **d. fiddler** *(coll)* Unterstützungsschwindler(in) *m/f*; **d. money** Arbeitslosengeld *nt*; **d. queue** die Arbeitslosen, A.zahl *f*; **to join the d. queue** arbeitslos werden
dollar *n* Dollar *m*; **forward d.** Termindollar *m*; **green d.** grüner Dollar; **d. area** Dollarraum *m*; **d. bond** Dollaranleihe *f*; **d. decline** Dollarverfall *m*; **d.-denominated** *adj* auf Dollarbasis, Dollar-; **d. deposit** Dollarguthaben *nt*; **d. flight** Flucht aus dem Dollar; **d. holdings** Dollarbestände *pl*; **d. quotation** Dollarnotierung *f*; **d. rate** Dollarkurs *m*; **d. region** Dollarraum *m*; **d. stocks** *[GB]* US-Papiere *pl*
domain *n* (Arbeits)Feld *nt*, Fachgebiet *nt*; **public d.** 1. 💻 öffentliches Eigentum; 2. *(Software)* lizenzfrei; **to pass into the ~**

d. nicht mehr geschützt sein; **~ d. program** Public-Domain-Programm *nt*
domestic *adj* Binnen-, Inlands-, (ein)heimisch, binnenwirtschaftlich, inländisch
domicile *n* 1. (Firmen-/Gesellschafts)Sitz *m*, Niederlassung *f*; 2. (steuerlicher) Wohnsitz *m*; 3. *(Wechsel)* Erfüllungs-, Zahlungsort *m*, Z.anschrift *f*; **d. of a bill** Wechseldomizil *nt*; **free d. after customs clearance** ⊝ frei Haus verzollt; **~ not cleared through customs** frei Haus unverzollt; **commercial d.** Sitz der gewerblichen Niederlassung; **fiscal d.** Steuerwohnsitz *m*; **principal d.** Hauptwohnsitz *m*
domicile; domiciliate *v/t* *(Wechsel)* domizilieren, zahlbar stellen
domicile bill Inlandswechsel *m*; **d. clause** Domizilvermerk *m*
to be domiciled Wohnsitz haben
dominate *v/t* beherrschen
donate *v/t* spenden, stiften
donation *n* 1. Spende *f*, Stiftung *f*; 2. Schenkung *f*; **~ in kind** Sachspende *f*; **charitable d.** karitative Schenkung; **qualified d.** Schenkung unter Auflagen
done *adj* 1. getätigt, erledigt; 2. *(Urkunde)* ausgefertigt
donee *n* Schenkungsempfänger(in) *m/f*; **d. country** Empfängerland *nt*
donor *n* Schenk(end)er *m*; **d. country** Geberland *nt*
doorstep *n* (Tür)Schwelle *f*; **d. delivery** Hauszustellung *f*; **d. sales** Haustürgeschäfte *pl*; **d. salesman** Hausierer *m*; **d. selling/trading** Haus(tür)verkauf *m*, Hausieren *nt*, Haustürgeschäfte *pl*
door-to-door *adj* 1. von Haus zu Haus, Haus-zu-Haus; 2. vom Lieferanten zum Kunden
dormant *adj* untätig, (brach)liegend; **to lie d.** *(Kapital)* sich nicht verzinsen
dormitory *n* *[GB]* Schlafstadt *f*; **d. suburb/town** Wohnvorort *m*, Schlafstadt *f*
dotation *n* Dotierung *f*, Schenkung *f*
dotcom *n* 🖳 Internetfirma *f*; **d. sector** Markt für Internetunternehmen
double *n* 1. Duplikat *nt*, Kopie *f*; 2. *(Optionshandel)* Stellage *f*; *v/ti* (sich) verdoppeln; **d.-check** *v/t* nochmals prüfen; **d.-dealing** *n* Betrügerei *f*; *adj* betrügerisch; **d.-digit; d.-figure** *adj* π zweistellig
Dow Jones (Index) *n* *[US]* amerikanischer Aktienindex
down *adj* niedriger, gedrückt; **to be d.** *(Preise)* gefallen sein; **to go d.** 1. *(Preise)* fallen, sinken, nachgeben; 2. ⚓ untergehen; **to pay ... d.** ... anzahlen; **well d. on** deutlich weniger/niedriger als
down|beat *adj* pessimistisch; **d. cycle** rückläufiger Konjunkturzyklus; **d.grade** *v/t* herunter-, (zu)rückstufen, abgruppieren; **d.grading** *n* Rückstufung *f*, Abgruppierung *f*; **~ of skills** Qualifikationsrückstufung *f*; **d.-market** *n* unteres Marktsegment, untere Preisklasse; *adj* weniger anspruchsvoll; **d. payment** Anzahlung *f*; **d. period** 🏭 Stillstandszeit *f*; **d.side** *n* Kehrseite *f*; **d.size** *v/t* reduzieren, verschlanken, (gesund)schrumpfen; **d.sizing** *n* 1. Personalabbau *m*; 2. Verschlankung *f*; **d.slide** *n* Talfahrt, rückläufige Entwicklung; **d.stream** *adj* 🏭 nachgelagert; **to operate d.stream** in der Vered(e)lung(sstufe) tätig sein
downswing *n* Rückgang *m*, Abwärtsbewegung *f*; **d. of prices** Talfahrt der Kurse; **(cyclical/economic) d.** (Konjunktur)Abschwung *m*, Rezession *f*, Talfahrt *f (fig)*; **seasonal d.** saisonbedingter Abschwung
down|time *n* 🏭 (Maschinen)Ausfall-, Brach-, Stillstandszeit *f*, Ausfalldauer *f*, A.zeit *f*, Störzeit *f*; **d.town** *n* *[US]* Innenstadt *f*, Geschäftsviertel *nt*; **~ location** City-Lage *f*; **d.trend** *n* Abwärtsbewegung *f*, Abschwung *m*
downturn *n* Rückgang *m*, Abnahme *f*, Baisse *f [frz.]*; **d. in business** Geschäftsrückgang *m*; **~ demand** Nachfragerückgang *m*; **~ interest rates** Zinsabschwung *m*, Z.rückgang *m*; **~ prices** *(Börse)* Kursabschwung *m*; **~ trade** Rückgang im Außenhandel; **cyclical/economic d.** Rezession *f*, Konjunkturabschwung *m*, nachlassende Konjunktur, zyklischer Abschwung; **seasonal d.** saisonaler/saisonbedingter Geschäftsrückgang
down|-valuation *n* Abwertung *f*; **d.-value** *v/t* abwerten
DP (data processing) 🖳 DV (Datenverarbeitung) *f*; **DP appliance** DV-Anlage *f*; **DP organisation** EDV-Organisation *f*; **DP specialist** DV-Spezialist(in) *m/f*
draft (dft.) *n* 1. (gezogener) Wechsel *m*, Tratte *f*; 2. Zahlungsanweisung *f*; 3. Entwurf *m*, Skizze *f*; 4. *[US]* ⚓ Tiefgang *m*
draft for acceptance Tratte/Wechsel zur Annahme; **d.s and cheques** *[GB]***/checks**

[US] **in hand** *(Bilanz)* Wechsel- und Scheckbestand *m*; **d. of a contract** Vertragsentwurf *m*; **~ a letter** Briefentwurf *m*; **d. (payable) at sight** Sichttratte *f*, S.-wechsel *m*

to accept a draft Tratte akzeptieren; **to discharge a d.** Tratte einlösen; **to discount a d.** Wechsel ankaufen/diskontieren/hereinnehmen; **to dishonour a d.** Tratte nicht akzeptieren; **to honour a d.** Akzept/Tratte einlösen; **to meet a d.** Akzept einlösen; **to submit a d. for acceptance** Tratte zum Akzept vorlegen

after-time draft Nachsichtstratte *f*; **clean d.** reine/nicht dokumentäre Tratte; **commercial d.** Handelswechsel *m*; **documentary d.** Dokumententratte *f*; **first d.** erste Fassung; **interest-bearing d.** Tratte mit Zinsvermerk; **local d.** Platzwechsel *m*; **rough d.** 1. Entwurfsschreiben *nt*, Konzept *nt*; 2. Rohentwurf *m*; **three-months d.** Dreimonatspapier *nt*

draft *v/t* verfassen, entwerfen

draft bill gezogener Wechsel, Tratte *f*; **d. book** Wechsel(kopier)buch *nt*; **d. budget** Haushaltsentwurf *m*; **d. collection** Wechselinkasso *nt*; **d. contract** Vertragsentwurf *m*; **d. letter** Briefentwurf *m*; **d. report** Berichtsentwurf *m*; **d. stage** Entwurfszustand *m*, E.stadium *nt*

drag *n* Belastung *f*; **d. on liquidity** Liquiditätshemmung *f*; **~ the market** Marktbelastung *f*; **fiscal d.** fiskalische Bremse

drain *n* 1. (Kapital)Abfluss *m*; 2. Beanspruchung *f*; **d. of liquidity** Liquiditätsabschöpfung *f*; **d. on liquidity** Liquiditätsbelastung *f*; **d. of money** Kapital-, Geldabfluss *m*; **d. on purchasing power** Kaufkraftentzug *m*; **~ the resources** Inanspruchnahme der (Geld)Mittel; **d.** *v/t (fig)* ausplündern, ausbluten (lassen)

draper *n* Schnittwaren-, Tuchhändler(in) *m/f*; **d.y** *n* 1. Schnitt-, Textilware *f*; 2. *[GB]* Stoffhandel *m*

draw *n* 1. Attraktion *f*; 2. Verlosung *f*, Ziehung *f*; 3. Anziehungskraft *f*

draw *v/t* 1. *(Geld)* abheben; 2. *(Wechsel)* ziehen, trassieren; 3. *(Gehalt)* beziehen; 4. aus-, verlosen; **d. down** *(Geld)* entnehmen; **d. up** 1. ausarbeiten, entwerfen; 2. *(Bilanz)* aufstellen; **d. in blank** blanko trassieren

draw|back *n* 1. Nachteil *m*, Kehrseite *f*; 2. Steuerrückvergütung *f*; 3. ⊖ Rückzoll *m*; **d.down** *n* 1. Zuteilung *f*, Tranche *f*; 2. *(Geld)* Entnahme *f*; 3. Ziehung *f*; **~ request** Auszahlungswunsch *m*

drawee *n* Bezogene(r) *f/m*, Trassat *m*; **d. bank** bezogene/zahlende Bank

drawer *n* Wechselgeber *m*, (Scheck-/Wechsel)Aussteller *m*, Trassant *m*; **d. of a bill** Wechselaussteller *m*; **~ check** *[US]*/**cheque** *[GB]* Scheckaussteller *m*; **refer to d. (R.D.)** an den Aussteller zurück

drawing *n* 1. Zeichnung *f*; 2. Auslosung *f*, Ziehung *f*; 3. Abhebung *f*, Abzug *m*; 4. Inanspruchnahme *f*; 5. *(Scheck)* Ausstellen *nt*; 6. *(Wechsel)* Trassierung *f*; **d. up a balance sheet** Bilanzerstellung *f*; **d. of a bill** Wechselziehung *f*, W.trassierung *f*; **~ check** *[US]*/**a cheque** *[GB]* Scheckausstellung *f*; **~ kites** Wechselreiterei *f*; **d. on/under a (letter of) credit (L/C)** Akkreditivinanspruchnahme *f*; **partial d.** Teilinanspruchnahme *f*; **personal/private d.s** Privatentnahmen *pl*

drawing account 1. Girokonto *nt*, laufendes Konto, Kontokorrent *nt*; 2. *(Unternehmer)* Privatkonto *nt*; **Special D. Account (SDA)** *(IWF)* Sonderziehungskonto *nt*; **d. authorization** 1. Kontovollmacht *f*, Verfügungsermächtigung *f*, V.berechtigung *f*; 2. *(Wechsel)* Ziehungsermächtigung *f*; **d. credit** Trassierungs-, Wechselkredit *m*; **d. date** Auslosungstermin *m*; **d. limit** Abhebungshöchstbetrag *m*; **d. right** Abhebungs-, Verfügungsrecht *nt*; **Special D. Right (SDR)** *(IWF)* Sonderziehungsrecht (SZR) *nt*

drawing-up *n* Erarbeitung *f*; **d. of the annual accounts** Erstellung des Jahresabschlusses; **~ the minutes** Protokollierung *f*

dredg|e *v/t* ⚓ (aus)baggern; **d.ing** *n* Ausbaggern *nt*

drift *v/i* treiben; **d. down/lower** *(Kurs/Preis)* leicht nachgeben, schwächer notieren, abbröckeln

drilling *n* Bohrtätigkeit *f*; **d. right** *(Öl)* Bohr-, Schürfrecht *nt*

drive *n* 1. Energie *f*, Schwung *m*, Initiative *f*, Offensive *f*, Aktion *f*; 2. Werbefeldzug *m*, Verkaufskampagne *f*; **cost-cutting d.** Maßnahmen zur Kostensenkung; **fund-raising d.** Sammelaktion *f*

safe driver unfallfreie(r) Autofahrer(in); **~ plan** Schadenfreiheitstarif *m*

driving force treibende Kraft; **d. record** Schadensverlauf *m*

drop *n* 1. Sinken *nt*, Fallen *nt*, Rückgang *m*; 2. Belieferung *f*
drop in economic activity Konjunktur-, Beschäftigungseinbruch *m*; **~ business (activities)** Geschäftsrückgang *m*; **~ capital spending** Investitionsrückgang *m*; **~ consumption** Verbrauchsrückgang *m*; **~ demand** Nachfragerückgang *m*; **~ earnings** Ergebniseinbruch *m*, Erlöseinbuße *f*; **~ employment (figures)** Beschäftigungseinbruch *m*, Rückgang der Beschäftigtenzahl; **~ investment** Investitionsrückgang *m*; **~ orders; ~ order intake** Auftragsrückgang *m*; **~ prices** Preis-, Kursrückgang *m*; **~ production** Produktionsrückgang *m*; **~ profits** Erlös-, Gewinnrückgang *m*, Erlöseinbuße *f*; **~ purchasing power** Kaufkraftschwund *m*; **~ revenues** Einnahmerückgang *m*; **~ sales/turnover** Ab-, Umsatzrückgang *m*, Absatzeinbruch *m*; **~ spending** Ausgabenrückgang *m*; **~ unemployment** Rückgang der Arbeitslosigkeit
drop *v/ti* 1. ab-, zurückfallen; 2. *(Kurs/Preis)* nachgeben, fallen; 3. abliefern
drop|-off *n* Rückgang *m*; **d.-out rate** 1. Aussteigerquote *f*; 2. *(Studium)* Abbrecherquote *f*; **d. shipment** *[US]* Streckengeschäft *nt*, S.versand *m*, Direkt(be)lieferung *f*, Stückgutlieferung *f*, Auftragssendung *f*; **~ wholesaler/shipper** Großhändler im/mit Streckengeschäft
drug *n* ⚕ Medikament *nt*, Arznei(mittel) *f/nt*; **d. company** Pharma-, Arzneimittelhersteller *m*; **d.s industry** Pharmaindustrie *f*, pharmazeutische Industrie
drum *n* Trommel *f*; **to beat the d.** *(fig)* Reklame machen, die (Werbe)Trommel rühren; **d. up** anwerben, akquirieren; **d.-beating** *n* Intensivwerbung *f*; **d.mer** *n [US]* Handlungsreisender *m*, Vertreter *m*
dry *v/t* trocknen; *adj* trocken; **d.-bulk** *n* Schüttgut *nt*
duck *n* *(fig)* zahlungsunfähiger Spekulant; **lame d.** *[GB]* defizitärer Staatsbetrieb
dud *n* Scheck ohne Deckung; **d. loan** ungedeckter Scheck
due *n* Anspruch *m*, Recht *nt*; **d.s** (Mitglieds)Beiträge *pl*, Abgaben *pl*; *adj* fällig; **d. to** wegen; **when d.** termingerecht, bei Fälligkeit; **d. and payable** (zur Zahlung) fällig; **d. at call** täglich/jederzeit fällig; **to call d.** fällig stellen; **to fall d.** zahlbar/fällig werden; **to levy d.s** Gebühren erheben; **to pay one's d.(s)** seinen Anteil/seine Schulden bezahlen; **fiscal d.s** Staatsabgaben *pl*; **outstanding d.s** Beitragsforderungen *pl*; **d.s checkoff system** Beitragseinzugsverfahren *nt*
dull *adj* 1. matt, schwunglos; 2. *(Börse)* lustlos, gedrückt; **to be d.** *(Absatz)* schleppend verlaufen; **d.ness** *n (Markt/Börse)* Schwäche *f*, Lustlosigkeit *f*
duly *adv* ordnungsgemäß, vorschriftsmäßig
dummy *n* Versuchsmuster *nt*, Schaupackung *f*; *adj [US]* vorgeschoben, Schein-; **d. company** Briefkasten-, Scheinfirma *f*; **d. run** Probelauf *m*
dump *n* (Müll)Kippe *f*, Halde *f*; *v/t* 1. abkippen, abladen; 2. verschleudern, Dumping betreiben
dumping *n* 1. Dumping *nt*, Verschleuderung *f*, Preisunterbietung *f*; 2. Schuttabladen *nt*; **aggressive/predatory d.** räuberisches Dumping, Eroberungsdumping *nt*; **low-wage d.** Lohndumping *nt*; **social d.** Sozialdumping *nt*; **d. ground** (Schutt)-Abladeplatz *m*, (Müll)Deponie *f*; **d. practices** Dumpingpraktiken *pl*; **d. price** Dumping-, Verlustpreis *m*
dun *v/t* *(Zahlung)* (an)mahnen
dunning *n* 1. Mahnung *f*; 2. Mahnwesen *nt*; **d. charge** Mahngebühr *f*; **d. letter** Mahnbrief *m*, M.schreiben *nt*
duopoly *n* Duopol *nt*, Marktkontrolle durch zwei Unternehmen
duplicate *n* Duplikat *nt*, Doppel *nt*, Zweitschrift *f*; **in d.** in doppelter/zweifacher Ausfertigung; **d. of a bill** Wechselsekunda *f*; **to make out in d.** doppelt ausfertigen; *adj* doppelt, zweifach
durability *n* (Dauer)Haltbarkeit *f*, Beständigkeit *f*, Lebensdauer *f*, Widerstandsfähigkeit *f*
durable *n* Dauerprodukt *nt*; **d.s** Gebrauchsgüter *pl*, langlebige (Verbrauchs)Güter; *adj* 1. haltbar, langlebig; 2. ☼ beständig
duration *n* 1. Dauer *f*; 2. Schutzfrist *f*, Laufzeit *f*; **d. of the contract** Laufzeit des Vertrages; **~ cover(age)** *(Vers.)* Deckungsfrist *f*; **~ credit** Kreditlaufzeit *f*; **~ employment** Beschäftigungsdauer *f*; **~ an offer** Gültigkeit einer Offerte, **~** eines Angebots; **~ a policy** Laufzeit einer Versicherung; **~ storage** Lagerdauer *f*
duti|ability *n* ⊝ Zollpflichtigkeit *f*; **d.able** ⊝ zoll(steuer)pflichtig, verzollbar

D

duty *n* 1. Pflicht *f*, Verpflichtung *f*; 2. Aufgabe *f*; 3. Gebühr *f*; 4. Zoll(gebühr) *m/f*; 5. indirekte Steuer; **in accordance with (one's) d.** pflichtgemäß; **off d.** nicht im Dienst, frei; **on d.** im Dienst, diensthabend; **subject to d.** zoll-, abgabenpflichtig

duty per article Stückzoll *m*; **d. of confidentiality** Schweigepflicht *f*; **~ disclosure** Auskunfts-, Publizitätspflicht *f*; **~ discovery** Aufklärungspflicht *f*; **~ discretion** Schweigepflicht *f*; **d. on entry/imports** Einfuhrzoll *m*; **~ exports** Ausfuhrzoll *m*; **duties, imposts and excises** Zölle und Abgaben

duty to deliver Liefer(ungs)pflicht *f*; **~ disclose** Publizitätspflicht *f*; **~ exercise proper care** Sorgfaltspflicht *f*; **~ keep records** Belegzwang *m*; **~ offer** Andienungspflicht *f*; **~ pay** Zahlungspflicht *f*; **~ price the goods displayed** Auszeichnungspflicht *f*; **~ register** Melde-, Registrierungspflicht *f*; **~ render account** Rechnungslegungspflicht *f*; **~ report** Melde-, Berichtspflicht *f*; **~ take delivery** Abnahmepflicht *f*

exempt from duty zollfrei; **d. forward** Zoll zu Ihren Lasten; **d. paid** verzollt, zollfrei; **d. unpaid** unverzollt

to attract/carry duty 1. zollpflichtig sein; 2. einem Zoll/einer Steuer unterliegen; **to be subject to d.** dem Zoll unterliegen; **to charge d.** Zoll erheben; **to collect d.** Zoll einnehmen; **to discharge a d.** Aufgabe wahrnehmen; **to exempt from d.** vom Zoll ausnehmen; **to fail in one's d.** seine Pflicht verletzen; **to impose/levy a d. (on)** mit Zoll belegen; **to pay d. on** Zoll (be)zahlen auf, verzollen; **to perform duties** Pflichten erfüllen

ad valorem *(lat.)* **duty** Wertzoll *m*, W.-steuer *f*; **anti-dumping d.** Antidumpingzoll *m*; **clerical duties** Büroarbeiten *pl*; **contractual d.** vertragliche Pflicht; **countervailing d.** Ausgleichszoll *m*; **compound d.** Mischzoll *m*; **differential d.** gestaffelter Zoll; **financial/fiscal d.** Finanzzoll *m*; **flat-rate d.** Verzollung zum Pauschalsatz; **heavy d.** ☼ Schwerbetrieb *m*; **inland/internal d.** Binnenzoll *m*; **inward d.** Eingangs-, Einfuhrzoll *m*; **legal d.** gesetzliche Pflicht; **nil d.** Nullzoll *m*; **official d.** Dienstobliegenheit *f*, Amtspflicht *f*; **preferential d.** Präferenz-, Vorzugszoll *m*; **professional duties** Berufs-, Standespflichten *pl*; **prohibitive/protective d.** Schutzzoll *m*; **retaliatory d.** Retorsionszoll *m*; **revenue-raising d.** fiskalischer Zoll; **seasonal d.** Saisonzoll *m*; **sliding-scale d.** gleitender Zoll; **specific d.** Gewichts-, Mengen-, Stückzoll *m*; **standard/uniform d.** Einheitszoll *m*; **supplementary d.** Zollaufschlag *m*

duty assessment Zollfestsetzung *f*; **d. drawback** Zollrückerstattung *f*, Rückzoll *m*; **d. entry** Zollerklärung *f*, Z.deklaration *f*; **d. forward** unverzollt; **d.-free** *adj* zoll-, gebühren-, abgaben-, steuerfrei; **d. point** Zollpunkt *m*, Z.stelle *f*; **d. roster** Dienstplan *m*; **d. solicitor** § Pflichtverteidiger(in) *m/f*; **d. stamp** Stempelmarke *f*

dwelling *n* Wohnung *f*; **d. house** Wohnhaus *nt*

dwindle (away) *v/i* 1. schwinden, (stark) zurückgehen; 2. *(Bestände)* sich lichten

dwt (deadweight tons) ⚓ Tragfähigkeit *f*

dynamics *n* 1. Dynamik *f*; 2. Kräftespiel *nt*; **d. of the world economy** weltwirtschaftliche Dynamik

E

earmark *v/t* vormerken, vorsehen, (für einen Zweck) bestimmen; **e.ed** *adj* zurück-, bereitgestellt, zweckgebunden; **e.ing** *n* Zweckbindung *f*; **~ of funds** Bindung von Geldmitteln

earn *v/t* 1. *(Geld)* verdienen, erwirtschaften, beziehen; 2. *(Zinsen)* bringen; **e. so. respect** jdm Achtung/Anerkennung einbringen

earner *n* Verdiener(in) *m/f*, Erwerbsfähige(r) *f/m*; **average e.** Durchschnitts-, Normalverdiener(in) *m/f*; **big e.** Großverdiener *m*; **high-(income) e.** Großverdiener *m*; **low(-income) e.** Niedrigverdiener *m*; **top e.** Spitzenverdiener(in) *m/f*

earnest *n* Draufgeld *nt*; **e. of intent** Absichtserklärung *f*; **e. money** Draufgeld *nt*, Bietungsgarantie *f*

earning *n* Einkommenserzielung *f*; *adj* 1. ertragbringend; 2. *(Aktiva)* werbend

earnings *pl* ↘ **income; profit** 1.Arbeitsentgelt *nt*, A.einkommen *nt*, Bezüge *pl*,

Lohn *m*, Gehalt *nt*; 2. Einkünfte *pl*, Einnahmen *pl*, Gewinn *m*, Ertrag *m*

earnings available for distribution ausschüttungsfähiger Gewinn; **e. retained in the business** einbehaltene/thesaurierte/nicht ausgeschüttete Gewinne; **e. before interest and tax(ation) (EBIT)** Ergebnis vor Zinsen und Steuern; **e. in kind** Naturalerträge *pl*; **e. from operations** Betriebsgewinn *m*, B.ergebnis *nt*, Gewinn aus dem operativen Geschäft; **e. per share** Aktienrendite *f*, Gewinn je Aktie; **diluted ~ share** verwässerter Gewinn je Aktie; **e. after tax** Gewinn nach Steuern, versteuerter Gewinn; **net operating e. after taxes** Nettobetriebsgewinne nach Steuerabzug; **e. before tax** Vorsteuergewinn *m*, Bruttoergebnis *nt*, Gewinn vor Steuern

to dilute earnings Gewinne verwässern; **to lift e.** Betriebsergebnis/Gewinn steigern

accumulated earnings nicht ausgeschütteter Gewinn; **actual e.** Effektivlohn *m*, E.verdienst *m*; **after-tax e.** Gewinn nach Steuern; **annual e.** Jahreseinkommen *nt*, J.(arbeits)verdienst *m*; **available e.** ausschüttungsfähiger Gewinn; **average e.** Durchschnitts-, Normalverdienst *m*; **casual e.** Nebeneinkünfte *pl*; **consolidated e.** konsolidierter Ertrag/Gewinn; **corporate e.** Unternehmenseinkommen *nt*, U.ertrag *m*, U.gewinn *m*; **disposable e.** verfügbares Nettoeinkommen; **distributable e.** ausschüttungsfähiger Gewinn; **first-half e.** Gewinn im ersten Halbjahr; **first-quarter e.** Gewinn im ersten Quartal; **fixed e.** festes Einkommen; **gross e.** 1. Bruttoeinkommen *nt*, B.verdienst *m*; 2. Bruttogewinn *m*, Rohertrag *m*; **hourly e.** Stundenlohn *m*; **industrial e.** gewerbliche Einkünfte; **invisible e.** Einnahmen aus unsichtbaren Leistungen; **monthly e.** Monatseinkommen *nt*; **net e.** 1. Nettoeinkommen *nt*, N.verdienst *m*; 2. Reinertrag *m*, R.gewinn *m*; **consolidated ~ e.** Konzernbilanzgewinn *m*; **non-recurring e.** Einmalerträge *pl*; **part-time e.** Einkünfte aus Teilzeitarbeit; **performance-related e.** erfolgsabhängige Vergütung; **professional e.** Einkommen aus freier Berufstätigkeit; **real e.** Realeinkommen *nt*; **reported e.** Gewinnausweis *m*; **retained e.** thesaurierter/einbehaltener Gewinn, Rücklagen *pl*, Gewinnvortrag *m*; **six-months e.** Halbjahresergebnis *nt*; **standard e.** Tarifeinkommen *nt*; **stated e.** ausgewiesener Ertrag/Gewinn; **tax-free e.** steuerfreie Bezüge; **unappropriated e.** Gewinnrücklage *f*, G.rückstellung *f*; **weekly e.** Wochenverdienst *m*, W.lohn *m*; **yearly e.** Jahreseinkommen *nt*

earnings analysis Erfolgsanalyse *f*; **e. bracket** Verdienststufe *f*; **e. cap** Verdienst(ober)grenze *f*; **earning capacity** 1. Ertragspotenzial *nt*, E.kraft *f*, Rentabilität *f*; 2. Erwerbsfähigkeit *f*, E.potenzial *nt*; **e. ceiling** 1. Einkommensgrenze *f*; 2. *(Vers.)* Beitragsbemessungsgrenze *f*; **e. cover** Dividendendeckung *f*; **e. gap** Ertragslücke *f*, Einkommensdifferenz *f*; **e. growth** 1. Einkommenswachstum *nt*; 2. Gewinnzuwachs *m*, Ertragssteigerung *f*; **e. limit** 1. Einkommensgrenze *f*; 2. *(Vers.)* Beitragsbemessungsgrenze *f*; **e.-linked** *adj* einkommens-, ertragsabhängig; **e. multiple** Kurs-Ertragsverhältnis (KEV) *nt*, Kurs-Gewinn-Verhältnis (KGV) *nt*; **e. performance** Gewinnentwicklung *f*; **earning power** 1. Ertragspotenzial *nt*, E.kraft *f*, Rentabilität *f*; 2. Erwerbsfähigkeit *f*, E.potenzial *nt*; **~ of capital employed** Kapitalrentabilität *f*; **e. projection** Ertragsvorschau *f*; **e. prospects** Gewinnaussichten *pl*; **e. ratio** Kurs-Ertragsverhältnis (KEV) *nt*, Kurs-Gewinn-Verhältnis (KGV) *nt*; **e.-related** *adj* einkommensabhängig, verdienstbezogen; **e. retention** (Gewinn)-Thesaurierung *f*; **e. slump** Gewinneinbruch *m*; **e. stabilization** Erlös-, Ertragsstabilisierung *f*; **e. statement** Ertragsrechnung *f*, Gewinn- und Verlustrechnung (GuV) *f*, Gewinnausweis *m*; **e. status** Ertragslage *f*; **e. tax** Ertragssteuer *f*; **e. threshold** Erwerbsschwelle *f*

ease *n* Leichtigkeit *f*, Bequemlichkeit *f*; **e. of operation** Bedienungsfreundlichkeit *f*

ease *v/ti* *(Preise/Börse)* (leicht) nachgeben, (sich) abschwächen, abbröckeln, lockern

easement *n* § (Grund)Dienstbarkeit *f*

easing *n* 1. (Auf)Lockerung *f*, Entspannung *f*; 2. *(Börse)* Nachgeben *nt*; **e. of credit(s)** Krediterleichterung *f*; **~ credit restrictions** Lockerung der Kreditbeschränkungen; **~ interest rates** Zinsabschwung *m*; **~ the money market** Geldmarktverflüssigung *f*; **~ monetary policy**

Lockerung der Geldpolitik; **~ prices** Kurs-, Preisabschwächung *f*; **monetary e.** kreditpolitische Lockerung; *adj (Börse)* rückläufig, abbröckelnd; **e.-off** *n* Sinken *nt*, Abflauen *nt*
e-banking *n* Online-Banking *nt*
EBIT (earnings before interest and tax(ation)) EBIT *nt (Gewinn vor Zinsen und Steuern)*; EBITDA **(earnings before interest and tax(ation), depreciation and amortization)** EBITDA *nt (Gewinn vor Zinsen, Steuern, Abschreibung und Goodwill)*
e-business operations Internethandel *m*
eco|audit *n* Umweltverträglichkeitsprüfung (UVP) *f*; **e.-catastrophe; e.doom** *n* Umwelt-, Ökokatastrophe *f*; **e.cide** *n* Umweltzerstörung *f*; **e.culture** *n* Ökokultur *f*; **e.-friendly** *adj* umweltfreundlich; **e.-label** *n* Umweltetikett *nt*; **e.-labelling** *n* Kennzeichnung mit dem grünen Punkt; **e.logical** *adj* ökologisch; **e.logist** *n* Ökologe *m*, Ökologin *f*; **e.-logistics** *n* Ökologistik *f*; **e.logy** *n* Ökologie *f*, Umweltforschung *f*; **e.-management** *n* Ökomanagement *nt*; **e.-marketing** *n* Ökomarketing *nt*
e-commerce *n* elektronischer Handel
econometric *adj* ökonometrisch; **e.s** *n* Ökonometrie *f*
economic *adj* 1. (volks)wirtschaftlich; 2. konjunkturell, Konjunktur-; 3. wirtschaftsbezogen, w.politisch, w.wissenschaftlich; **e.al** *adj* 1. sparsam (im Gebrauch), wirtschaftlich; 2. haushälterisch
economics *n* 1. Volkswirtschaft(slehre) (VWL) *f*, Wirtschaftstheorie *f*, W.wissenschaft(en) *f/pl*; 2. Wirtschaftlichkeit *f*; **e. of aggregates** Makroökonomik *f*; **~ waste** Theorie der Abfallwirtschaft; **~ wages** Lohntheorie *f*
aggregate economics Makroökonomie *f*; **agricultural e.** Agrarwirtschaft *f*, Agronomie *f*; **demand-side e.** nachfrageorientierte Wirtschaftstheorie; **fiscal e.** Finanzwirtschaft *f*; **general e.** allgemeine Volkswirtschaftslehre (VWL); **industrial e.** Betriebswirtschaftslehre (BWL) *f*; **international e.** Weltwirtschaftslehre *f*; **mathematical e.** Ökonometrie *f*; **monetary e.** Geldwirtschaft *f*, G.stheorie *f*; **public-sector e.** öffentliche Wirtschaft; **pure e.** allgemeine Volkswirtschaftslehre (VWL); **rural e.** Agrarwirtschaft *f*; **social e.** Volkswirtschaftspolitik *f*, Sozialökonomie *f*
economics graduate Diplom-Ökonom(in) *m/f*, D.-Volkswirt(in) *m/f*; **e. minister** Wirtschaftsminister(in) *m/f*
economies *n* Einsparung(en) *f/pl*, Ersparnisse *pl*; **e. of scale (and scope)** Kostendegression (durch optimale Betriebsvergrößerung) *f*, Größen-, Massenproduktions-, Skalenvorteile *pl*, S.erträge *pl*, Degressionsgewinne *pl*; **~ scope** Verbundeffekte *pl*
economist *n* Wirtschaftswissenschaftler(in) *m/f*, (National)Ökonom(in) *m/f*; **agrarian e.** Agrarwirtschaftler(in) *m/f*, Agronom(in) *m/f*; **political e.** Volkswirt(schaftler)(in) *m/f*, Nationalökonom(in) *m/f*
economize (on sth.) *v/i* haushalten, sparsam wirtschaften/umgehen (mit), sparen
economizing *n* sparsamer Umgang, Schonung *f*; **e. on materials** Materialeinsparung *f*
economy *n* 1. (Volks)Wirtschaft *f*, Ökonomie *f*; 2. Ersparnis *f*; 3. Sparsamkeit *f*, Sparen *nt*; 4. Wirtschaftlichkeit *f*; **e. in/of operation** Wirtschaftlichkeit der Betriebsführung; **e. of scarcity** Mangelwirtschaft *f*; **for the e. as whole** gesamtwirtschaftlich; **safeguarding the e.** Konjunkturstützung *f*; **to boost/stimulate the e.** Wirtschaft ankurbeln, Konjunktur beleben; **to curb the e.** Konjunktur dämpfen; **to overheat the e.** Konjunktur überhitzen; **to prop up the e.** Konjunktur stützen
ailing economy kranke Wirtschaft; **balanced e.** konjunkturelles Gleichgewicht; **black e.** Schattenwirtschaft *f*; **booming e.** Hochkonjunktur *f*; **capitalist e.** kapitalistische Wirtschaft; **closed e.** geschlossenes Wirtschaftsgebiet; **competitive e.** freie Marktwirtschaft; **controlled e.** Planwirtschaft *f*; **cooperative e.** Gemeinwirtschaft *f*; **domestic e.** Binnenwirtschaft *f*; **emerging e.** Schwellenland *nt*; **free(-enterprise/free-market) e.** (freie) Marktwirtschaft *f*; **full-employment e.** Vollbeschäftigungswirtschaft *f*; **global e.** Weltwirtschaft *f*; **managed e.** Planwirtschaft *f*; **mixed e.** gemischte Wirtschaft(sform); **national e.** Volkswirtschaft *f*; **overheated e.** überhitzte Konjunktur; **parallel e.** Schattenwirtschaft *f*; **planned**

e. Planwirtschaft *f*; **political e.** Volkswirtschaft *f*; **private e.** Privatwirtschaft *f*; **sluggish e.** konjunkturelle Flaute; **socialist e.** sozialistische Wirtschaft, Planwirtschaft *f*; **weak e.** schwache Konjunktur

economy drive Sparprogramm *nt*; **e. fare/rate/tariff** Spartarif *m*; **e. pack/size** Groß-, Sparpackung *f*

eco|-political *adj* umweltpolitisch; **e.-politics** *n* Umweltpolitik *f*; **e.-report** *n* Ökobilanz *f*; **e.-system** *n* Naturhaushalt *m*, Ökosystem *nt*; **e.-tax** *n* Öko-, Umweltsteuer *f*; **e.-tourism** *n* Umwelttourismus *m*

ECU (European Currency Unit) basket *n* *(obs.)* Währungskorb des Europäischen Währungssystems (EWS)

edge *n* knapper Vorsprung; **competitive e.** Wettbewerbsvorsprung *m*; **e. down** *v/i* *(Kurs/Preis)* schwächer tendieren, abbröckeln, leicht abfallen; **e. forward/higher/up(wards)** *(Kurs/Preis)* langsam anziehen, leicht/langsam/geringfügig (an)steigen

edge-of-town *adj* Stadtrand-

edibles *n* Lebens-, Nahrungsmittel *pl*

edition *n* ✎ Ausgabe *f*, Auflage *f*; **copyright(ed) e.** urheberrechtlich geschützte Ausgabe; **loose-leaf e.** Loseblattsammlung *f*; **pirated e.** Raubkopie *f*

editor *n* 1. Herausgeber(in) *m/f*; 2. *(Verlag)* Lektor(in) *m/f*; 3. *(Zeitung)* Redakteur(in) *m/f*; **financial e.** Wirtschaftsredakteur(in) *m/f*

education *n* ↘ **training** 1. Erziehung *f*, Bildung *f*; 2. Erziehungswesen *nt*; **further e.** Fortbildung(sunterricht) *f/m*, Weiterbildung *f*; **higher e.** höhere Bildung; **professional/vocational e.** Berufsausbildung *f*; **public e.** öffentliches Schulwesen; **tertiary e.** Tertiärbereich *m*; **e. allowance** 1. Ausbildungsbeihilfe *f*; 2. Ausbildungsfreibetrag *m*; **e. benefit** Erziehungsgeld *nt*; **e. department** Schulverwaltung *f*; **e. spending** Bildungsausgaben *pl*

effect *n* 1. (Aus)Wirkung *f*, Folge *f*; 2. § Geltung *f*; **e.s** 1. Effekten *pl*; 2. Vermögenswerte *pl*, Habe *f*; **without e.** § unwirksam; **e. on costs** Kosteneffekt *m*; **~ employment** Arbeitsmarkt-, Beschäftigungseffekt *m*; **positive ~ jobs** Beschäftigungsimpuls *m*; **e.s on liquidity** liquiditätspolitische Einwirkungen; **e. on purchasing power** Kaufkrafteffekt *m*; **to come into/take e.** in Kraft treten; **to put into e.** in Kraft setzen

adverse effect negative (Aus)Wirkung; **beneficial e.** günstige/positive (Aus)-Wirkung; **cumulative e.** Kumulationswirkung *f*; **deterrent e.** abschreckende Wirkung; **environmental e.** Umwelteinfluss *m*; **external e.s** Externalitäten *pl*; **inflationary e.** inflatorische Wirkung; **knock-on e.** Folgewirkung *f*; **lagged e.** verzögerte Wirkung; **lasting e.** nachhaltige Wirkung; **one-time e.** Einmaleffekt *f*; **personal e.s** bewegliches Eigentum, Privateigentum *nt*, persönliche Habe; **practical e.** Nutzeffekt *m*; **with retroactive e. from** mit rückwirkender Kraft vom; **secondary e.** Nebenwirkung *f*; **trade-diverting e.** Ablenkungseffekt *m*

effect *v/t* vornehmen, verrichten, durch-, ausführen, tätigen, leisten

effective *adj* 1. effektiv, faktisch; 2. wirksam, tatsächlich; 3. § in Kraft, geltend; **e.ly** *adv* faktisch, effektiv; **e.ness** *n* Wirksamkeit *f*, Erfolg *m*

efficiency *n* Wirkungsgrad *m*, Leistung(sfähigkeit) *f*, Wirtschaftlichkeit(sgrad) *f/m*, Effizienz *f*, Produktivität *f*, Rentabilität *f*; **increasing the e.** produktivitäts-, leistungssteigernd; **economic e.** Wirtschaftlichkeit *f*; **increased e.** Leistungs-, Produktivitätssteigerung *f*; **occupational e.** berufliche Leistungsfähigkeit

efficiency audit Wirtschaftlichkeitsprüfung *f*; **e. benefits** Rationalisierungserfolge *pl*; **e. bonus** Leistungszulage *f*, L.prämie *f*; **e. contest** Leistungswettbewerb *m*; **e. control** Erfolgskontrolle *f*; **e. drive** Rationalisierungskampagne *f*; **e. gain(s)** Produktivitätszuwachs *m*, Rationalisierungsgewinn *m*, R.erfolg *m*; **e. improvement** Produktivitätssteigerung *f*; **e.-minded; e.-orient(at)ed** *adj* leistungsorientiert; **e.-related** *adj* leistungsbezogen; **e. wage** *[US]* Leistungslohn *m*

efficient *adj* leistungsfähig, wirtschaftlich, rationell, effizient

effort *n* Bemühung *f*, Aufwand *m*, Anstrengung *f*; **joint e.** 1. gemeinsame Anstrengung; 2. Gemeinschaftsarbeit *f*

effluent *n* Abwasser *nt*; **industrial e.s** Industrieabwässer *pl*; **e. discharge** Abwassereinleitung *f*

e.g. (exempli gratia) z. B. (zum Beispiel)

elapse *v/i* *(Frist)* vergehen, ablaufen

elasticity *n* Elastizität *f*; **e. of demand** Nachfrageelastizität *f*; **~ production** Produktionselastizität *f*; **~ supply** Angebotselastizität *f*

election *n* Wahl *f*; **e. of the auditor(s)** *(HV)* Wahl des Abschlussprüfers; **~ the board; corporate e.** Wahl des Verwaltungsrats, Aufsichtsrats-, Vorstandswahl *f*; **to stand for e.** sich zur Wahl stellen; **e. committee** Wahlausschuss *m*; **e. result** Wahlergebnis *nt*

electricity *n* Elektrizität *f*, Strom *m*; **to convert into e.** verstromen; **to generate e.** Elektrizität erzeugen

electricity bill Strom-, Elektrizitätsrechnung *f*; **e. consumption** Stromentnahme *f*, S.verbrauch *m*; **e. generation** Stromerzeugung *f*; **e. industry** Elektrizitätsindustrie *f*, E.wirtschaft *f*; **e. market** Strommarkt *m*; **e. output** Stromerzeugung *f*; **e. supply** Strom-, Elektrizitätsversorgung *f*; **~ company** Stromversorger *m*, Elektrizitätsversorgungsunternehmen (EVU) *nt*; **e. user** Stromverbraucher(in) *m/f*

electronic *adj* elektronisch; **e.s** *n* 1. Elektronik *f*; 2. Elektronikerzeugnisse *pl*; **e.s industry** Elektronikindustrie *f*, elektronische Industrie; **e.s waste** Elektronikschrott *m*

element *n* Element *nt*, Faktor *m*, Bestandteil *m*; **e. of costs** Kostenbestandteil *m*; **e. in demand** Nachfragekomponente *f*; **e. of the pay package** Einkommensbestandteil *m*

element breakdown ◼ Arbeitszerlegung in Teilvorgänge

white elephant *n* *(fig)* Investitions-, Planungsruine *f*, Fehlinvestition *f*

eligibility *n* 1. (Anspruchs)Berechtigung *f*, Anspruch *m*; 2. Eignung *f*, Befähigung *f*; **e. for benefit(s)** 1. Leistungs-, Unterstützungsberechtigung *f*; 2. *(Vers.)* Leistungsvoraussetzungen *pl*; **e. for assistance** Förderfähigkeit *f*; **e. (to serve) as collateral** *(Wertpapier)* Deckungsstock-, Lombardfähigkeit *f*; **e. for discount** Diskontfähigkeit *f*; **e. for a pension** Renten-, Ruhegeldanspruch *m*; **~ relief** Unterstützungsberechtigung *f*; **e. requirements** 1. Zulassungsvoraussetzungen *pl*; 2. Berechtigungsnachweis *m*; 3. Voraussetzungen für Versicherungsleistungen

eligible *adj* 1. (anspruchs-/empfangs)berechtigt; 2. qualifiziert, geeignet; 3. diskontfähig

eliminate *v/t* 1. ausschließen; 2. ausschalten, beseitigen, bereinigen

elimination *n* 1. Ausschaltung *f*; 2. Beseitigung *f*, Bereinigung *f*; **e. of competition/competitors** Verdrängungswettbewerb *m*; **~ customs duties** Zollabbau *m*; **~ jobs** Arbeitsplatzvernichtung *f*, Wegrationalisierung von Arbeitsplätzen; **~ the middleman** Ausschaltung des Zwischenhandels; **~ a risk** Risikoausschluss *m*

e-mail *n* E-Mail *f*; **~ address** E-Mail-Adresse *f*

embargo *n* Embargo *nt*, (Handels)Sperre *f*; **e. on exports** Ausfuhrsperre *f*, A.verbot *nt*; **~ imports** Einfuhrsperre *f*, E.verbot *nt*; **to impose an e.** Embargo verhängen; **to lift an e.** Embargo aufheben; **e.** *v/t* Embargo verhängen, einem E. unterwerfen; **e. list** Embargoliste *f*

embassy *n* Botschaft *f*, diplomatische Vertretung

embezzle *v/t* unterschlagen, veruntreuen; **e.ment** *n* (Geld)Unterschlagung *f*, Veruntreuung *f*

emergency *n* Ernst-, Ausnahme-, Notfall *m*, Krise *f*, Dringlichkeit *f*; **to provide for an e.** für den Ernstfall vorbeugen; **financial e.** finanzielle Notlage

emergency action Notstandsmaßnahme *f*; **e. aid** Soforthilfe *f*; **e. budget** 1. Notetat *m*; 2. Hilfs-, Krisenfonds *m*, Notstock *m*; **e. credit** Stützungskredit *m*; **e. fund** Hilfs-, Feuerwehr-, Pleitenfonds *m*; **e. levy** Not(stands)abgabe *f*; **e. loss** Elementarschaden *m*; **e. measure** Not(stands)-, Krisenmaßnahme *f*; **e. meeting** Krisensitzung *f*, Dringlichkeitstreffen *nt*; **e. package** Notstandspaket *nt*; **e. plan** Krisenplan *m*; **e. planning** Notstandsplanung *f*; **e. program(me)** Dringlichkeitsprogramm *nt*; **e. relief** Soforthilfe *f*; **e. repair** Dringlichkeitsreparatur *f*; **e. requirements** Notbedarf *m*; **e. sale** Notverkauf *m*; **e. service** Not-, Bereitschafts-, Katastrophendienst *m*; **e. spending** ganz dringende Ausgaben; **e. stocks/stockpiles** Notvorrat *m*, Krisenbestände *pl*

emission *n* 1. ↘ **issue** *(Wertpapier)* Emission *f*, Ausgabe *f*; 2. *(Umwelt)* Emission *f*, Schadstoffausstoß *m*; **e. of pollutants** Schadstoffemission *f*, S.ausstoß *m*; **to clean up e.s** Schadstoffemissionen/S.-

ausstoß filtern; **admissible e.** Emissionsgrenze *f*; **e.s charge** Emissionsabgabe *f*; **e. control(s)** Emissions-, Abgaskontrolle *f*; **e.-free** *adj* abgas-, schadstofffrei; **e. level** Emissionswert *m*; **e. levy** Emissionsabgabe *f*; **e. permit/right** Emissionsrecht *nt*; **e. reduction target** Emissionsminderungsziel *nt*; **e. standard** Emissionsrichtwert *m*; **e.s trading** Emissionshandel *m*, Handel mit Emissionsrechten

emit *v/t* 1. ↘ **issue** *(Wertpapier)* ausgeben, emittieren, abgeben; 2. ausstoßen; **e.ter** *n* ↘ **issuer** Emittent(in) *m/f*, Ausgeber(in) *m/f*

emolument(s) *n* (Dienst)Bezüge *pl*, Aufwandsentschädigung *f*, Vergütung *f*, Tantieme *f*; **lump-sum e.s** pauschalierte Aufwendungsentschädigung

emphasis *n* Schwerpunkt *m*, Betonung *f*, Gewicht *nt*

employ *n* Dienste *pl*, Beschäftigung(sverhältnis) *f/nt*; *v/t* 1. einsetzen, beschäftigen, einstellen; 2. gebrauchen, verwerten; **e.ability** *n* Vermittlungs-, Arbeitsfähigkeit *f*; **of limited e.ability** beschränkt vermittelbar/verwendbar; **e.able** *adj* verwendungs-, vermittlungs-, arbeits-, erwerbsfähig

employed *adj* 1. angestellt, berufstätig, beschäftigt; 2. ausgelastet; **the e.** die Beschäftigten; **to be gainfully e.** im Erwerbsleben stehen, erwerbstätig sein; **e. full-time** hauptberuflich tätig

employee *n* Arbeitnehmer(in) *m/f*, Beschäftigte(r) *f/m*, Mitarbeiter(in) *m/f*, Betriebsangehörige(r) *f/m*; **e.s** Beleg-, Arbeitnehmerschaft *f*, Personal *nt*; **e. of many years' standing** langjährige(r) Mitarbeiter(in); **to hire e.s** Arbeitskräfte/Personal einstellen; **to shed e.s** Arbeitskräfte/Personal abbauen

administrative employee Verwaltungsangestellte(r) *f/m*; **clerical e.** Bürokraft *f*, kaufmännische(r) Angestellte(r); **full-time e.** Vollzeit(arbeits)kraft *f*; **industrial e.** gewerbliche(r) Arbeitnehmer(in); **loaned e.s** Leiharbeitskräfte *pl*; **municipal e.** städtische(r) Angestellte(r); **non-permanent e.s** Aushilfspersonal *nt*; **part-time e.** Teilzeit(arbeits)kraft *f*, T.beschäftigte(r) *f/m*; **permanent e.** Fest-, Dauerangestellte(r) *f/m*; **public(-sector) e.** öffentliche(r) Bedienstete(r); **qualified e.** Fachkraft *f*; **retired e.** Pensionär(in) *m/f*; **salaried e.** Angestellte(r) *f/m*; **seasonal e.s** Saisonbelegschaft *f*; **wage-earning e.** gewerbliche(r) Mitarbeiter(in)

employee appraisal Personal-, Mitarbeiterbeurteilung *f*; **e. benefits** (freiwillige) Sozialleistungen *pl*; **e. buyout** Aufkauf/Übernahme eines Unternehmens durch die Belegschaft; **e. capital** Arbeitnehmerkapital *nt*; **~ sharing (scheme)** betriebliche Vermögensbeteiligung, Kapitalbeteiligung der Arbeitnehmer; **e. compensation** Arbeitnehmereinkommen *nt*; **e.(s') contribution** Arbeitnehmeranteil *m*; **e. development (measures)** 1. Personalentwicklung *f*, P.förderung *f*; 2. (Mitarbeiter)Förderungsmaßnahmen *pl*; **e. discount** Personalrabatt *m*; **e. earnings** Arbeitnehmereinkommen *nt*; **e.-friendly** *adj* arbeitnehmerfreundlich; **e. invention** Arbeitnehmererfindung *f*; **e. involvement/participation** Mitbestimmung *f*, Mitarbeiterbeteiligung *f*; **e.-owned** *adj* in Arbeitnehmerhand; **e. pension** Firmen-, Betriebsrente *f*; **~ scheme** betriebliche Altersversorgung; **e. performance** Leistung des Arbeitnehmers; **~ review** (Mitarbeiter)Leistungsbeurteilung *f*; **e. productivity** Mitarbeiterproduktivität *f*; **e. profit-sharing (scheme)** Erfolgs-/Gewinnbeteiligung der Arbeitnehmer; **e. rating** Personal-, Leistungsbewertung *f*; **e. records** Personalakte(n) *f/pl*; **e. representation** Personalvertretung *f*; **e.(s') representative** Arbeitnehmervertreter(in) *m/f*

employee's share/stock Arbeitnehmer-, Belegschaftsaktie *f*; **e. s.holder** Belegschaftsaktionär(in) *m/f*; **e. s.holding (scheme)** Beteiligung der Mitarbeiter am Unternehmen; **e. s. purchase plan** Belegschaftsaktienmodell *nt*; **~ option** Aktienoption für Arbeitnehmer

employee suggestion scheme betriebliches Vorschlagswesen; **e. training** Mitarbeiterschulung *f*, betriebliches Ausbildungswesen; **e. turnover** (Personal)-Fluktuation *f*

employer *n* Arbeitgeber(in) *m/f*, Unternehmer(in) *m/f*; **e.s** Arbeitgeberschaft *f*, A.seite *f*; **~ and employees** Tarif-, Sozialparteien *pl*, S.partner *pl*

employer|s' association/federation Arbeitgeber-, Unternehmerverband *m*; **e.'s contribution** Arbeitgeberbeitrag *m*,

A.anteil *m*; **e.'s liability** Unternehmerhaftpflicht *f*; **~ insurance** Unternehmer-, Betriebshaftpflichtversicherung *f*; **e.'s notice** arbeitgeberseitige Kündigung; **~ pension scheme** Firmenrente *f*, betriebliche Pensionskasse; **~ social security contribution** Arbeitgeberbeitrag zur Sozialversicherung; **in the e.s' time** während der Arbeitszeit

E

employer-friendly *adj* arbeitgeberfreundlich

employment *n* 1. Beschäftigung(sverhältnis) *f/nt*, Arbeits-, Dienstverhältnis *nt*, unselbstständige Arbeit/Beschäftigung; 2. Anstellung *f*; 3. Arbeitsplatz *m*, Beschäftigungsmöglichkeit *f*; 4. Beschäftigungsgrad *m*; 5. Gebrauch *m*, Nutzung *f*; **e. of capacity** Kapazitätsauslastung *f*; **~ capital** Kapitalverwendung *f*; **~ funds** Mitteleinsatz *m*; **e. on probation** Probeanstellung *f*, probeweise Beschäftigung

fit for employment erwerbsfähig; **increasing e.** beschäftigungssteigernd; **reducing e.** beschäftigungsmindernd; **seeking e.** arbeitssuchend

to change employment Stelle wechseln; **to create e.** Arbeit(splätze) schaffen; **to find e.** Stelle finden; **to look for/seek e.** auf Stellensuche sein; **to register for e.** sich arbeitslos melden; **to suspend e.** Beschäftigungsverhältnis ruhen lassen; **to terminate e.** Beschäftigungsverhältnis beendigen

alternative employment Ersatzarbeitsplatz *m*; **available e.** verfügbare Arbeitsplätze; **casual e.** Gelegenheitsarbeit *f*; **commercial e.** kaufmännische Tätigkeit; **continued e.** Weiterbeschäftigung *f*; **double e.** Schwarzarbeit *f (coll)*; **efficient e.** wirtschaftlicher Einsatz; **full e.** Vollbeschäftigung *f*; **~ economy** Vollbeschäftigungswirtschaft *f*; **~ output** Ausbringung bei Vollbeschäftigung; **full-time e.** Vollzeit-, Ganztagsbeschäftigung *f*; **gainful e.** Erwerbstätigkeit *f*, erwerbsorientierte Tätigkeit, nichtselbstständige Beschäftigung; **in ~ e.** erwerbstätig; **industrial e.** Beschäftigung in der gewerblichen Wirtschaft; **lifetime e.** Lebenszeitanstellung *f*; **limited e.** begrenztes Arbeitsverhältnis; **paid e.** unselbständige Tätigkeit, abhängiges Arbeitsverhältnis; **part-time e.** Teilzeitbeschäftigung *f*, nebenberufliche Tätigkeit, Teilzeit-, Kurzarbeit *f*; **pensionable e.** ruhegehaltsfähige Beschäftigung; **permanent e.** Dauerarbeitsverhältnis *nt*; **public(-sector) e.** Beschäftigung im öffentlichen Sektor/Dienst; **regular e.** feste Arbeit/Anstellung; **seasonal e.** Saisonbeschäftigung *f*; **temporary e.** vorübergehende Beschäftigung, befristetes Arbeitsverhältnis; Leiharbeitsverhältnis *nt*; **~ agency** Leiharbeitsfirma *f*; **~ subsidy** *[GB]* Kurzarbeitergeld *nt*; **uninsured e.** versicherungsfreie Beschäftigung

employment agency Stellenvermittlung(sbüro) *f/nt*, Arbeitsvermittlung *f*, *[US]* Arbeitsamt *nt*; **e.-boosting** *adj* beschäftigungswirksam; **e. bottleneck** Beschäftigungsengpass *m*; **e. contract** Arbeits-, Anstellungsvertrag *m*, A.verhältnis *nt*; **e. contraction** Beschäftigungsrückgang *m*; **e. corporation** Beschäftigungsgesellschaft *f*; **e. cost(s)** Personalaufwand *m*; **e.-creating** *adj* beschäftigungswirksam; **e. creation** Schaffung von Arbeitsplätzen; **e. decline** Beschäftigungsrückgang *m*; **e. effects** Auswirkungen auf den Arbeitsmarkt; **e. figures** Arbeitsmarkt-, Beschäftigtenzahlen *pl*; **e. guarantee** Beschäftigungsgarantie *f*; **e. income** 1. Arbeitseinkommen *nt*; 2. unselbstständiges Einkommen; **e.-inducing** *adj* beschäftigungsfördernd; **e. level** Beschäftigungsgrad *m*, B.niveau *nt*; **e. pattern** Beschäftigungsstruktur *f*; **e. period** Anstellungszeitraum *m*; **pensionable e. period** ruhegehaltsfähige Dienstzeit; **e. policy** 1. Arbeitsmarkt-, Beschäftigungspolitik *f*; 2. Personalpolitik *f*; **e. prospects** Beschäftigungs-, Arbeitsmarktaussichten *pl*; **e. rate** Erwerbsquote *f*; **e. record** Beschäftigungsnachweis *m*; **e.-related** *adj* beschäftigungsabhängig; **e. situation** Beschäftigungs-, Arbeitsmarktlage *f*; **e. statistics** Beschäftigungs-, Arbeitsmarktzahlen *pl*, A.statistik *f*; **e. subsidy** Lohnbeihilfe *f*; **e. target** Beschäftigungsziel *nt*; **e. trend** Arbeitsmarktentwicklung *f*

empower *v/t* bevollmächtigen; **e.ed** *adj* befugt; **e.ment** *n* Stärkung der Mitarbeiterverantwortung

empties *n* Leergut *nt*

empty *adj* 1. leer; 2. ohne Ladung

enable *v/ti* befähigen, erlauben, ermöglichen

enact *v/t* Gesetzeskraft verleihen, gesetzlich verfügen; **e.ment** *n* Verordnung *f*, Erlass *m*, gesetzliche Verfügung

encash *v/t* (in bar) kassieren, in bar einlösen; **e.ment** *n* 1. Inkasso *nt*, Einzug *m*; 2. *(Scheck)* Einlösung *f*; **~ charges** Inkassospesen *pl*; **~ credit** Überziehungskredit *m*

enclos|e *v/t* beilegen, beifügen; **e.ed** *adj* 1. anbei, in der Anlage, beiliegend, beigefügt; 2. überdacht; **e.ure (encl.)** *n* An-, Beilage *f*

encode *v/t* verschlüsseln, chiffrieren

encumber *v/t* § dinglich/hypothekarisch belasten

encumbrance *n* (dingliche) Belastung *f*, Grundpfandrecht *nt*; **e. by mortgage** Hypothekenbelastung *f*; **e. of real property** Grundschuld *f*; **free from e.s** schulden-, lastenfrei; **prior e.** vorrangige Hypothek

end *n* 1. Ende *nt*, Schluss *m*; 2. Zweck *m*

end of insurance Versicherungsablauf *m*; **bottom ~ the market** unteres Marktsegment; **long ~ the market** *(Börse)* Markt für Langläufer; **short ~ the market** *(Börse)* Markt für Kurzläufer; **~ the maturity period** Laufzeitende *nt*; **~ the month** Monatsultimo *m*; **~ the quarter** Quartalsschluss *m*; **at the top ~ the scale** am oberen Ende der Skala; **~ (the) season** Saisonschluss *m*; **bottom ~ the target range** unterer Rand des Zielkorridors; **~ (the) term** 1. Fristablauf *m*; 2. Laufzeitende *nt*; **bottom ~ the wage band** untere Lohngruppen; **~ the year** Jahresultimo *m*

end *v/i* 1. (be)enden, aufhören; 2. *(Versammlung)* aufheben

endors|able *adj* ↘ **indorsable** *(Wechsel)* begebbar, indossabel, girierbar; **e.e** *v/t* ↘ **indorse** 1. bestätigen, billigen, gutheißen; 2. *(Wechsel)* begeben, indossieren, girieren, mit Giro versehen; **e.ee** *n* ↘ **indorsee** *(Wechsel)* Girat(ar) *m*, Indossat(ar) *m*

endorsement *n* ↘ **indorsement** 1. *(Wechsel)* Indossament *nt*, Girierung *f*, (Wechsel)Giro *nt*; 2. *(Bestätigung)* Billigung *f*; 3. *(Vers.)* Nachtrag(spolice) *m/f*; **e. made out to bearer** Inhaberindossament *nt*; **e. of a bill** Wechselgiro *nt*; **e. in blank** Blankoindossament *nt*; **e. without recourse** Giro ohne Verbindlichkeit/Gewähr; **to negotiate by e.** durch Indossament übertragen

absolute/general endorsement unbeschränktes/absolutes Giro, ~ Indossament; **blank e.** Blankoindossament *nt*; **conditional/restrictive e.** bedingtes Indossament, beschränktes Giro, Rektaindossament *nt*; **full/special e.** Vollindossament *nt*; **qualified e.** Giro ohne Verbindlichkeit, Angstindossament *nt*

endorser *n* ↘ **indorser** Indossant(in) *m/f*, Girant(in) *m/f*, Wechselbürge(in) *m/f*; **prior e.** Vor(der)mann *m*; **principal e.** Erstgirant(in) *m/f*; **subsequent e.** Nachmann *m*; **e.'s liability** Wechsel-, Indossamenthaftung *f*

endow *v/t* dotieren, ausstatten

endowment *n* Ausstattung *f*, Donation *f*, Stiftung *f*; **e. assurance/insurance (policy)** Lebensversicherung auf den (Todes- oder) Erlebensfall, ~ mit festem Auszahlungstermin, (Er)Lebens-, Kapital(lebens)versicherung *f*; **e. and whole-life assurance/insurance** Versicherung auf den Erlebens- und Todesfall; **e. mortgage** Hypothek mit Kapitallebensversicherung, Versicherungsdarlehen *nt*, V.hypothek *f*

end product End-, Fertigprodukt *nt*, F.erzeugnis *nt*, Endfabrikat *nt*; **e. use** Endverbrauch *m*; **e. user** End-, Letztverbraucher(in) *m/f*

energy *n* Energie *f*, Leistung *f*; **atomic/nuclear e.** Atom-, Kernenergie *f*; **electric e.** elektrische Energie; **primary e.** Primärenergie *f*; **renewable e.** regenerative Energie; **solar e.** Sonnenenergie *f*

energy balance Energiebilanz *f*; **e. conservation** Energieeinsparung *f*; **e. consumption** Energieverbrauch *m*; **e. cost(s)** Energiekosten *pl*; **e. efficiency** 1. energetischer Wirkungsgrad; 2. Energieeinsparung *f*, bestmögliche Energienutzung; **e.-efficient** *adj* energiesparend; **e. industry** Energiewirtschaft *f*; **e. input** Energieaufwand *m*; **e. market** Strommarkt *m*; **e. needs** Energiebedarf *m*; **e. output** Energieabgabe *f*; **e. resources** Energiequellen *pl*; **e. saving(s)** Energieeinsparungen *pl*; **e.-saving** *adj* Energiespar-, stromsparend; **e. shortage** Energieknappheit *f*; **e. source** Energiequelle *f*; **e. suppliers** Versorgungswirtschaft *f*; **e. supply** Energieversorgung *f*; **~ company** Energiever-

E

sorgungsunternehmen (EVU) *nt*; **~ industry** Energiewirtschaft *f*

enforce *v/t* erzwingen, durchsetzen

enforceable *adj* durchsetz-, (ein)klag-, vollstreckbar

enforcement *n* Durchsetzung *f*, Vollstreckung *f*; **e. of a judgment** § Zwangsvollstreckung (aus einem Urteil) *f*; **~ liability** Haftungsdurchgriff *m*; **~ an order** Vollstreckung einer Verfügung; **e. by writ** Zwangsvollstreckung *f*; **e. action** Zwangsmaßnahme *f*; **e. agency/authority** Vollstreckungsbehörde *f*; **e. creditor** Vollstreckungsgläubiger(in) *m/f*; **e. debt** Vollstreckungsschuld *f*; **e. debtor** Vollstreckungsschuldner(in) *m/f*; **e. order** Vollstreckungsbescheid *m*, V.befehl *m*; **e. proceedings** Vollstreckungs-, Mahnverfahren *nt*

engage *v/t* 1. an-, einstellen, beschäftigen; 2. zusagen, sich verpflichten; **e. in (sth.)** sich beteiligen an; **e.d** *adj* 1. beschäftigt; 2. *[GB]* ☎ besetzt

engagement *n* 1. Verabredung *f*, Termin *m*; 2. *(Personal)* Ein-, Anstellung *f*; **without e.** ohne Gewähr, freibleibend, unverbindlich; **~ clause** Freizeichnungsklausel *f*; **contractual e.** vertragliche Bindung; **unilateral e.** Selbstbindung *f*; **e. book/diary** Terminkalender *m*

engine *n* 1. 🚗 Motor *m*; 2. 🚂 Lokomotive *f*; 3. ✈ Triebwerk *nt*; **e. for/of (economic) growth** *(fig)* Wachstumsmotor *m (fig)*; **~ economic recovery** Konjunkturmotor *m (fig)*, K.lokomotive *f (fig)*

engineer *n* 1. Ingenieur(in) *m/f*; 2. Techniker(in) *m/f*; **chemical e.** Chemotechniker(in) *m/f*; **chief e.** leitende(r) Ingenieur(in); **civil e.** (Tief)Bauingenieur(in) *m/f*; **consulting e.** technische(r) Berater(in); **electrical e.** Elektroingenieur(in) *m/f*; **genetic e.** Gentechniker(in) *m/f*; **industrial e.** Wirtschaftsingenieur(in) *m/f*; **mechanical e.** Maschinenbauingenieur(in) *m/f*; **qualified/academically trained e.** Diplom-Ingenieur(in) (Dipl.-Ing.) *m/f*; **structural e.** Statiker(in) *m/f*

engineer *v/t* 1. konstruieren; 2. *(fig)* bewerkstelligen, einfädeln *(fig)*

engineering *n* 1. Ingenieurwissenschaft *f*, Technik *f*; 2. Maschinenbau *m*; **agricultural e.** Agrartechnik *f*; **chemical e.** chemische Verfahrenstechnik; **civil e.** (Straßen-/Ingenieur- und) Tiefbau *m*; **electrical e.** 1. Elektrotechnik *f*; 2. Elektroindustrie *f*; **financial e.** Finanzsteuerung *f*; **genetic e.** Gentechnik *f*, G.manipulation *f*; **heavy e.** Schwermaschinenbau *m*; **high-precision e.** Feinmechanik *f*; **human e.** Ergonomie *f*, Arbeitsplatzgestaltung *f*; **hydraulic e.** Wasserbau(wesen) *m/nt*; **light e.** Leichtmaschinenbau *m*, feinmechanische Industrie; **mechanical e.** Maschinenbau (-wesen) *m/nt*; **nuclear e.** Atom-, Kerntechnik *f*; **social e.** 1. angewandte Sozialwissenschaft; **structural e.** Bautechnik *f*, B.wesen *nt*; **~ and civil e.** Hoch- und Tiefbau *m*

engineering company/firm Maschinenbaufirma *f*, M.unternehmen *nt*; **e. consultancy** technische Beratung; **e. consultants** Ingenieurbüro *nt*; **e. department** Konstruktionsbüro *nt*; **e. export(s)** Maschinenbauexporte *pl*; **e. group** Maschinenbaukonzern *m*; **e. industry** Maschinenbau *m*, M.industrie *f*; **e. product** Maschinenbauerzeugnis *nt*; **e. staff** technisches Personal; **e. work** Ingenieurleistungen *pl*; **e. worker** Techniker *m*; **e. works** Maschinenfabrik *f*

engineer salesman technischer Verkäufer, Vertriebsingenieur *m*

engross *v/t* 1. *(Urkunde)* ausfertigen; **e.ed** *adj* ausgefertigt

enhance *v/t* aufwerten, steigern; **e.ment** *n* *(Wert)* Steigerung *f*, Erhöhung *f*

enjoyment *n* § Genuss *m*, Nutzung *f*; **beneficial e.** Nießbrauch(recht) *m/nt*; **quiet e.** ungestörte Nutzung; **usufructuary e.** Nießbrauch *m*

enlarge *v/t* ausdehnen, ausweiten, erweitern; **e.ment** *n* Ausdehnung *f*, Vergrößerung *f*; **~ of production facilities** Erweiterung der Produktionsanlagen

enlist *v/ti* heranziehen, zur Mitarbeit gewinnen; **e.ment** *n* Hinzuziehung *f*, Gewinnung zur Mitarbeit

enquire *v/ti* ↘ **inquire** sich erkundigen, anfragen

enquiry *n* ↘ **inquiry** 1. *(Angebot)* Anfrage *f*; 2. Warenanfrage *f*; **e. agency** Auskunftei *f*

enrichment *n* Bereicherung *f*

enrol(l) *v/ti* 1. registrieren, verzeichnen; 2. (sich) einschreiben; **e.ment** *n* 1. Eintragung *f*, Einschreibung *f*; 2. Anmeldung *f*; 3. Teilnehmerzahl *f*

en route *adv* *(frz.)* unterwegs

ensure *v/t* 1. sicherstellen, gewährleisten, sorgen für; 2. sichern
entail *v/t* zur Folge haben, mit sich bringen
enter *v/ti* 1. betreten, eintreten; 2. sich anmelden für; 3. ⊖ anmelden, deklarieren; 4. (ver)buchen; 5. eintragen, 🖳 eingeben
enterprise *n* ↘ **company, firm** 1. Firma *f*, Unternehmung *f*, Unternehmen *nt*; 2. Initiative *f*
account-keeping enterprise buchführender Betrieb; **agricultural e.** landwirtschaftlicher Betrieb; **big e.** Großunternehmen *nt*; **commercial e.** Wirtschaftsunternehmen *nt*, kaufmännischer Betrieb; **deficient e.** Zuschussbetrieb *m*; **dependent e.** Organgesellschaft *f*; **domestic e.** inländisches/einheimisches Unternehmen; **financial e.** Finanzinstitut *nt*; **flourishing e.** blühendes Unternehmen; **free e.** freies Unternehmertum, freie (Markt)Wirtschaft; **government-owned e.** Staatsbetrieb *m*; **high-tech e.** Hochtechnologieunternehmen *nt*; **industrial e.** Industriebetrieb *m*, gewerblicher Betrieb; **majority-owned e.** Unternehmen im Mehrheitsbesitz; **marginal e.** unrentables Unternehmen; **medium-sized e.** mittlerer Betrieb, mittelständisches Unternehmen; **municipal e.** Kommunalbetrieb *m*; **nationalized e.** staatliches Unternehmen, volkseigener Betrieb (VEB) *(obs.) [DDR]*; **non-profit-making e.** gemeinnütziger Betrieb; **private e.** Privatwirtschaft *f*, freie Marktwirtschaft; **proprietary e.** Eigenbetrieb *m*; **public(-sector) e.** öffentlicher Betrieb; **small e.** kleiner/mittelständischer Betrieb; **~ and medium-size e.s (SMEs)** kleine und mittlere Unternehmen (KMUs), mittelständische Unternehmen, der Mittelstand; **state-run e.** Regiebetrieb *m*; **strike-bound e.** bestreiktes Unternehmen; **unincorporated e.** Unternehmen ohne eigene Rechtspersönlichkeit; **viable e.** lebensfähiges Unternehmen
enterprise economy Unternehmerwirtschaft *f*; **e. zone** Gewerbegebiet *nt*
enterprising *adj* unternehmerisch, geschäftstüchtig
entertain *v/t* 1. bewirten; 2. unterhalten
entertainment *n* 1. Bewirtung *f*; 2. Vergnügung *f*; 3. Unterhaltungsindustrie *f*; **e. of customers** Kundenbewirtung *f*; **e. account** Aufwandskonto *nt*; **e. allowance** Aufwandsentschädigung *f*; **e. expenses** Bewirtungskosten; **e. issues** Vergnügungsaktien *pl*, V.werte *pl*; **e. tax** Vergnügungssteuer *f*
entice away *v/t* *(Kunden)* abwerben; **e.-ment** *n* An-, Verlockung *f*; **~ of customers** Kundenabwerbung *f*
entitle *v/ti* 1. berechtigen; 2. bevollmächtigen; **e.d** *adj* berechtigt, ermächtigt, befugt, bevollmächtigt; **to be e.d (to)** Anrecht/Anspruch haben (auf), berechtigt sein zu; **e.d to sign** unterschriftsberechtigt
entitlement *n* Anrecht *nt*, Anspruch(sberechtigung) *m/f*; **e. to benefits** Leistungsanspruch *m*; **~ damages** Anspruch auf Schaden(s)ersatz; **~ a dividend** Dividendenberechtigung *f*; **~ a pension** Rentenanwartschaft *f*, Versorgungsanspruch *m*; **~ welfare benefits** Sozialhilfe-, Fürsorgeanspruch *m*; **fractional e.** Bruchteilrecht *nt*; **~ e.s** *(Aktien)* Bezugsrechtsspitzen *pl*
(legal) entity *n* § juristische Person, Rechtspersönlichkeit *f*; **corporate e.** Körperschaft *f*; **distinct legal e.** juristische Person; **local e.** kommunale Körperschaft; **public-sector e.** 1. Kommune *f*; 2. Körperschaft des öffentlichen Rechts; **taxable e.** Steuersubjekt *nt*; **territorial e.** Gebietskörperschaft *f*
entrance *n* Ein-, Zugang *m*, Einfahrt *f*; **e. duty** ⊖ Eingangszoll *m*; **e. fee** Eintrittsgeld *nt*, E.gebühr *f*; **e. qualification** Eingangsqualifikation *f*; **e. requirements** Zulassungsvoraussetzungen *pl*
entrant *n* Bewerber(in) *m/f*, neues Mitglied; **lateral e.** Seiten-, Quereinsteiger *m*; **would-be e.** *(Mitgliedschaft)* Bewerber(in) *m/f*
entrepot *n* *[frz.]* 1. Transit-, Zwischenlager *nt*; 2. ⊖ Zollniederlage *f*; **e. trade** Transit-, Zwischenhandel *m*, Streckengeschäft *nt*
entrepreneur *n* *[frz.]* (Privat)Unternehmer(in) *m/f*; **young e.** Jungunternehmer *m*; **e.ial** *adj* unternehmerisch; **e.'s profit** Unternehmerlohn *m*; **~ withdrawal** *(Gewinn)* Unternehmerentnahme *f*
entry *n* 1. Ein-, Beitritt *m*; 2. (Ver)Buchung *f*; 3. ⊖ Einklarierung *f*, Zolldeklaration *f*; 4. ⚓ Einlaufen *nt*; 5. Vermerk *m*; 6. Marktzutritt *m*

E

E

entry in the accounts Buchung *f*; **e. under bond** ⊖ Einfuhr unter Zollvormerkschein; **e. for consumption; ~ release for free circulation** Zollanmeldung/Antrag auf Abfertigung zum freien Verkehr; **(up)on e. into force** bei In-Kraft-Treten; **e. for home use** ⊖ Zollantrag für Inlandsverbrauch; **e. in the land register** Grundbucheintragung *f*; **free e. into a market** freier Marktzutritt; **e. in the commercial register** Handelsregistereintragung *f*

to adjust an entry Buchung berichtigen; **to cancel an e.** (Buchung) stornieren; **to file an e.** Antrag stellen; **to reverse an e.** Buchung stornieren, rückbuchen

adjusting entry Berichtigungsbuchung *f*; **balancing e.** Ausgleichsbuchung *f*; **closing e.** (Ab)Schlussbuchung *f*; **compound e.** Sammelbuchung *f*; **contra e.** Storno *m*/*nt*, Gegenbuchung *f*; **correcting e.** Storno *m*/*nt*, Korrekturposten *m*; **credit(-side) e.** kreditorische Buchung; **debit(-side) e.** debitorische Buchung; **duty-free e.** ⊖ zollfreie Einfuhr; **duty-paid e.** ⊖ Einfuhr nach Verzollung; **final e.** (Ab)-Schlussbuchung *f*; **free e.** ⊖ zollfreie Einfuhr; **home-use e.** ⊖ Einfuhr zum eigenen Gebrauch; **lateral e.** Seiten-, Quereinstieg *m*; **offsetting e.** Gegenbuchung *f*; **reversing e.** Rückbuchung *f*, Storno(buchung) *m*/*nt*/*f*; **subsequent e.** nachträgliche Buchung; **unrestricted e.** freier Zugang; **wrong e.** falsche Buchung, Fehlbuchung *f*

entry certificate ⊖ Einfuhrbescheinigung *f*; **e. costs** Markteintrittskosten *pl*; **e. form** Anmeldeformular *nt*; **e. inwards** Einfuhrdeklaration *f*, E.erklärung *f*; **e. outwards** Ausfuhrdeklaration *f*, A.erklärung *f*; **e. permit** 1. Einreisebewilligung *f*; 2. Passier-, Einlassschein *m*; **e. price** ⊖ Einfuhrpreis *m*

envelope *n* (Brief)Umschlag *m*, (Brief)-Kuvert *nt*; **padded e.** wattierter Umschlag; **prepaid/reply-paid e.** ✉ Freiumschlag *m*, frankierter Umschlag; **self-addressed e. (SAE)** adressierter Rückumschlag; **stamped, addressed e. (SAE)** freigemachter, adressierter Rückumschlag

environment *n* 1. Umgebung *f*, Umwelt *f*; 2. Umfeld *nt*; **detrimental/harmful to the e.** umweltbelastend, u.schädlich; **to harm/pollute the e.** Umwelt belasten/verschmutzen

anti-business environment unternehmensfeindliches Klima; **competitive e.** Wettbewerbslage *f*; **contaminated e.** verseuchte Umwelt; **economic e.** wirtschaftliches Umfeld; **external e.** Rahmenbedingungen *pl*; **inflationary e.** Inflationsklima *nt*; **pro-business e.** unternehmensfreundliches Klima; **social e.** soziales Umfeld; **working-class e.** Arbeitermilieu *nt*

environmental *adj* umweltbedingt, u.politisch, Umwelt-; **E. Protection Agency (EPA)** *[US]* Umweltschutzbehörde *f*; **e.ist** *n* Umweltschützer(in) *m*/*f*, Grüne(r) *f*/*m*

environmentalism *n* Umweltbewegung *f*

environment|-conscious; e.-orient(at)ed *adj* umweltbewusst

envisage *v/t* planen, beabsichtigen

EPOS (electronic point of sale) elektronische Ladenkasse

equal *adj* gleich, g.mäßig

equality *n* Gleichheit *f*, Parität *f*, Gleichberechtigung *f*; **e. of opportunity** Chancengleichheit *f*, **~ treatment** Gleichbehandlung *f*

equalization *n* (Devisen)Ausgleich *m*; **e. of conditions of competition** Angleichung der Wettbewerbsbedingungen; **~ risks** Gefahrenausgleich *m*; **e. claim** Ausgleichsforderung *f*; **e. fund** Ausgleichsfonds *m*; **e. payment** Ausgleichszahlung *f*

equal-ranking *adj* gleichberechtigt, g.rangig

equation *n* π Gleichung *f*; **e. of supply and demand** Gleichgewicht von Angebot und Nachfrage; **cost-benefit e.** Kosten-Nutzen-Vergleich *m*

equilibrium *n* Gleichgewicht *nt*, Balance *f* *[frz.]*; **e. on current account** Leistungsbilanzausgleich *m*; **e. of supply and demand** Ausgleich von Angebot und Nachfrage; **ecological e.** ökologisches Gleichgewicht; **economic e.** wirtschaftliches Gleichgewicht; **external e.** außenwirtschaftliches Gleichgewicht; **financial e.** finanzielles Gleichgewicht; **monetary e.** monetäres Gleichgewicht; **unique steady-state e.** goldener Wachstumspfad; **e. level** Gleichgewichtszustand *m*

equip *v/t* (aus)rüsten, ausstatten

equipment *n* 1. *(Vorgang)* Ausrüstung *f*, Ausstattung *f*; 2. Ausrüstung(sgüter) *f*/*pl*,

Geräte *pl*; 3. Investitionsgüter *pl*, Maschinen-, Gerätepark *m*; **e. and fittings** *(Bilanz)* Betriebs- und Geschäftsausstattung *f*

basic equipment Grundausstattung *f*; **electrical e. industry** Elektroindustrie *f*; **electronic e.** elektronische Geräte; **industrial e.** Industrieanlagen *pl*, I.ausrüstung *f*; **original e.** Erstausrüstung *f*; **~ manufacturer (OEM)** Erstausrüster *m*; **peripheral e.** 🖳 Zusatzgeräte *pl*; **related e.** Zubehör *nt*; **standard e.** Normalausstattung *f*; **standby e.** Ersatzgeräte *pl*; **time-recording e.** Zeiterfassungsgeräte *pl*

equipment account Maschinenerneuerungskonto *nt*; **e. expense** Aufwendungen für Geschäftsausstattung; **e. failure** Betriebsstörung *f*; **e. goods** Ausrüstungs-, Investitionsgüter *pl*; **e. investment(s)/spending** Ausstattungs-, Ausrüstungsinvestitionen *pl*; **e. leasing** Vermietung von Ausrüstungsgegenständen; **e. manufacturer/producer** Gerätehersteller *m*; **e. rental** Gerätemiete *f*

equitable *adj* billig, gerecht

equity *n* 1. Gerechtigkeit *f*, Gleichbehandlung *f*; 2. § Billigkeit(srecht) *f/nt*; 3. Stammaktie *f*, Risikopapier *nt*; 4. Eigenkapital *nt*; **equities** (Stamm)Aktien *pl*, Dividendenpapiere *pl*

corporate/total equity haftendes Gesamtvermögen, Eigenkapital *nt*; **industrial equities** *(Börse)* Industrieaktien *pl*, I.werte *pl*; **leading e.** führender Aktienwert, Standard-, Spitzenwert *m*; **negative e.** den Marktwert der Immobilie übersteigende Verschuldung; **available net e.** verwendbares Eigenkapital; **outside e.** Beteiligungskapital *nt*; **proprietary e.** 1. Grundbesitz *m*, Grund und Boden *m*; 2. Gesellschaftsvermögen *nt*

equity account (Eigen)Kapitalkonto *nt*; **e. base** Eigenkapitalbasis *f*, E.ausstattung *f*; **e. capital** Anteils-, Aktien-, Risikokapital *nt*, haftendes Kapital; **e. and debt capital** Eigen- und Fremdkapital *nt*; **liable e. capital** haftendes Eigenkapital; **e. capital cover** Eigenkapitaldecke *f*; **e. capitalization/equipment** Eigenkapitalausstattung *f*; **e. dilution** Verwässerung des Eigenkapitals; **e. exposure** *(Depot/Fonds)* Aktienanteil *m*; **e. finance** Eigenmittel *pl*, Finanzierung über Aktien; **start-up e. finance** Unternehmensgründungsfinanzierung auf Aktienbasis; **e. financing** Eigen(kapital)finanzierung *f*, Kapitalbeschaffung durch Aktienausgabe; **~ ratio** Eigenfinanzierungsquote *f*; **e. fund** Beteiligungs-, Aktienfonds *m*; **e. funding requirement** Erfordernis zur Eigenkapitalbeschaffung; **e. gap** Eigenkapitalmangel *m*; **e. holder** Anteilseigner(in) *m/f*, Aktionär(in) *m/f*; **e. holding/interest** 1. Beteiligung am Aktienkapital; 2. Kapitalbeteiligung *f*; **(new) e. injection** Eigenkapitalzufuhr *f*; **e. investment** Kapitalbeteiligung *f*, K.investition(en) *f/pl*; **e. investor** Kapitalanleger *m*, Aktiensparer *m*; **e. issue** 1. Aktienemission *f*, Begebung von Stammaktien; 2. Dividendenwert *m*; **e. market** Aktienmarkt *m*; **e. participation** Kapitalbeteiligung *f*; **personal e. plan (PEP)** *[GB]* Aktiensparplan *m*; **e. portfolio** Aktienportefeuille *nt*, A.depot *nt*; **e. price** Aktienkurs *m*; **e. ratio** Eigenkapitalquote *f*; **e. resources** Eigenkapital *nt*; **e. return** Eigenkapitalrentabilität *f*; **e. saving** Beteiligungs-, Aktiensparen *nt*; **e. share** *[GB]***/stock** *[US]* Stamm-, Kapitalanteil *m*, Stammaktie *f*, Risikopapier *nt*; **e. stake** Aktienpaket *nt*, Kapitalbeteiligung *f*; **e. values** Aktien *pl*, Dividendenpapiere *pl*

equivalent *n* Entsprechung *f*, Gegenwert *m*; **the e. of** umgerechnet

erection *n* Montage *f*, Aufbau *m*; **e. cost** Montagekosten *pl*; **e. and assembly insurance** Montageversicherung *f*

ergonomic(al) *adj* ergonomisch, arbeitswissenschaftlich; **e.s** *n* Ergonomie *f*, Arbeitswissenschaft *f*

ERM ↘ **exchange rate mechanism**

erode *v/t* 1. aushöhlen, beeinträchtigen; 2. *(Gewinn)* aufzehren

erosion *n* 1. Abnutzung *f*, Verschleiß *m*; 2. Substanzverzehr *m*; 3. *(Gewinn)* Aushöhlung *f*, Verwässerung *f*; **e. of assets/the asset base** Vermögensaufzehrung *f*, Substanzverzehr *m*; **~ differentials** Aushöhlung des Lohn-/Gehaltsgefälles; **~ earnings capacity** Auszehrung der Ertragskraft; **~ purchasing power** Kaufkraftschwund *m*; **~ profits** Gewinnschmälerung *f*; **monetary e.** Geldentwertung *f*

erratic *adj* uneinheitlich, sprunghaft

error *n* 1. Irrtum *m*, Versehen *nt*; 2. Fehler *m*; **e. of estimation** Schätzfehler *m*; **e.s and omissions (e. & o.) (item)** *(Bilanz)* Rest-

E

posten *m*, Saldo nicht aufgliederbarer Transaktionen; **~ omissions excepted (E. & O. E.)** Irrtümer und Auslassungen vorbehalten; **saving ~ omissions (SEAO)** Freizeichnungsklausel *f*; **e. of reference** Zuordnungsfehler *m*; **e. in survey** Erhebungsfehler *m*; **to trace an e.** Fehler feststellen/aufspüren

accumulated error aufgelaufener Fehler; **clerical e.** Schreibfehler *m*; **cumulative e.** systematischer Fehler; **formal e.** Formfehler *m*; **gross e.** grober Fehler; **human e.** menschliches Versagen; **offsetting e.** ausgleichender Fehler; **procedural e.** § Verfahrensfehler *m*, V.mangel *m*; **repetitive e.** wiederholt auftauchender Fehler; **slight e.** kleiner Fehler

error analysis Fehleranalyse *f*; **e. detection** Fehlererkennung *f*; **e. frequency** Fehlerhäufigkeit *f*; **e. probability** Fehlerwahrscheinlichkeit *f*; **e.-prone** *adj* fehleranfällig

escalate *v/ti* 1. (sich) sprunghaft erhöhen; 2. eskalieren, (stark) ansteigen

escalation *n* (starker) Anstieg *m*; **e. clause** (Preis)Angleichungs-, Gleitklausel *f*; **e. price** Gleitpreis *m*

escalator *n* Rolltreppe *f*; **e. adjustment** 1. automatische Anpassung; 2. *(Renten)* Dynamik *f*; **e. clause** (Preis)Gleitklausel *f*; **e. tariff** ⊖ Gleitzoll *m*

escape *n* 1. Flucht *f*; 2. Ausweichmöglichkeit *f*; **e. clause** 1. § salvatorische Klausel; 2. Rücktrittsvorbehalt *m*; **e. period** Rücktrittsfrist *f*

escrow *n* § 1. Übertragungsurkunde *f*; 2. Aufbewahrung durch einen Dritten, Drittverwahrung *f*; **to hold in e.** treuhänderisch halten; **e. account** 1. Treuhand-, Hinterlegungskonto *nt*; 2. *(Notar)* Anderkonto *nt*; **e. department** *(Bank)* Hinterlegungsabteilung *f*; **e. deposit** Treuhandkonto *nt*; **e. fund(s)** Treuhandfonds *m*

essential *adj* wesentlich, unerlässlich, wichtig; **e.s** *n* 1. das Wesentliche; 2. Güter des täglichen Bedarfs

establish *v/t* 1. er-, einrichten, etablieren; 2. gründen, ansiedeln; 3. § feststellen, Nachweis erbringen; **e. o.s. (as)** 1. sich niederlassen als; 2. Geschäft begründen; **e.ed** *adj* 1. feststehend; 2. *(Geschäft)* eingeführt, alteingesessen; 3. etabliert

establishment *n* 1. (Geschäfts)Gründung *f*, Errichtung *f*, Eröffnung *f*, Ansiedlung *f*; 2. Firma *f*, Unternehmen *nt*

establishment of a business Geschäftseröffnung *f*, Existenzgründung *f*; **~ a company** *[GB]***/corporation** *[US]* Gesellschafts-, Firmengründung *f*; **~ industries** Industrieansiedlung *f*; **~ a partnership** (Be)Gründung einer Offenen Handelsgesellschaft (OHG), ~ einer Kommanditgesellschaft (KG), Gesellschaftsgründung *f*

commercial establishment kaufmännischer Betrieb; **educational e.** Bildungseinrichtung *f*, B.stätte *f*; **industrial e.** Industrieunternehmen *nt*, Gewerbebetrieb *m*; **permanent e.** Betriebsstätte *f*; **private e.** Privatunternehmen *nt*

estate *n* 1. (Grund)Besitz *m*, Anwesen *nt*, Landsitz *m*; 2. (Wohn)Siedlung *f*; 3. Vermögen *nt*; 4. Erbe *nt*, Nachlass *m*; **e. in receivership** zwangsverwaltetes Vermögen; **~ joint tenancy** gemeinschaftlicher Besitz

to administer an estate Nachlass verwalten; **to disencumber an e.** Grundstück lastenfrei machen; **to encumber an e.** Grundstück belasten; **to prove against the e. of a bankrupt** Forderung zur Konkursmasse anmelden; **to register an e.** Grundstück im Grundbuch eintragen; **to settle an e.** Nachlass ordnen; **to wind up an e.** Nachlass abwickeln

complete estate Gesamtnachlass *m*; **encumbered e.** belasteter Grundbesitz, belastetes Vermögen; **freehold e.** Eigentumsrecht am Grundstück; **general e.** *(Vermögen)* Gesamt-, Hauptmassse *f*; **industrial e.** Gewerbegebiet *nt*, Industriegelände *nt*, I.park *m*; **insolvent e.** Konkursmasse *f*; **intestate e.** Nachlass ohne letztwillige Verfügung; **joint e.** Gemeinschaftsbesitz *m*, Gütergemeinschaft *f*; **landed e.** Grundbesitz *m*, Liegenschaften *pl*; **large e.** 🚜 Großbetrieb *m*; **movable e.** Mobiliarvermögen *nt*; **personal e.** persönliches Eigentum

real estate Grund und Boden *m*, Immobilien *pl*, Grundstücke *pl*, Immobiliarvermögen *nt*; **commercial r. e.** Gewerbeimmobilie(n) *f/pl*; **r. e. business** Immobiliengeschäft *nt*; **~ company** Immobilienfirma *f*; **~ credit** Immobiliarkredit *m*; **~ developer** Erschließungsgesellschaft *f*, Baulöwe *m (coll)*; **~ development** Baulanderschließung *f*; **~**

development company Bauträger(gesellschaft) *m/f*; **~ finance/financing** Immobilienfinanzierung *f*; **~ firm** Immobiliengesellschaft *f*

real estate (investment) fund Grundstücks-, Immobilienfonds *m*; **closed-end ~ f.** geschlossener Immobilienfonds; **open-end(ed) ~ f.** offener Immobilienfonds; **~ f. certificate** Immobilienzertifikat *nt*

real estate holdings Grundstücksbeteiligungen *pl*, G.besitz *m*; **~ institution** Bodenkreditanstalt *f*; **~ investment** Immobilienanlage *f*, Investitionen im Immobilienbereich; **~ investment trust (REIT)** Immobilienfonds *m*; **~ loan** Realkredit *m*; **~ management** Immobilienwirtschaft *f*; **~ mortgage** (Grundstücks)-Hypothek *f*; **~ office** Liegenschaftsamt *nt*; **~ portfolio** Immobilienportfolio *nt*; **~ recording** *[US]* Grundbucheintragung *f*; **~ register** *[US]* Grundbuch *nt*, Kataster *nt*; **~ transfer** Grundstücksveräußerung *f*

residential estate Wohnsiedlung *f*; **residual/residuary e.** Restnachlass *m*; **solvent e.** liquider Nachlass; **taxable e.** steuerpflichtiges Vermögen

estate agency *[GB]* Immobilien(makler)-büro *nt*; **e. agent** Grundstücks-, Immobilien-, Häusermakler *m*; **e.-bottled** *adj (Wein)* Erzeuger-, Originalabfüllung *f*; **e. contract** Grundstückskaufvertrag *m*; **e. duty** Erbschafts-, Nachlasssteuer *f*; **e. management** 1. Vermögensverwaltung *f*; 2. Grundstücks-, Gutsverwaltung *f*; **e. manager** (Guts)Verwalter *m*; **e. register** Grundbuch *nt*, Kataster *nt*; **e. tax** Erbschafts-, Nachlasssteuer *f*

estimate *n* 1. (Ein)Schätzung *f*; 2. (Kosten)Voranschlag *m*, Hochrechnung *f*, Berechnung *f*; 3. *(Haushalt/Plan)* Soll *nt*; **e.s** Haushaltsvoranschlag *m*, Etatentwurf *m*; **e. of expenditures** Kosten(vor)anschlag *m*; **~ value** Werttaxe *f*; **to exceed an e.** (Haushalts-/Kosten)Voranschlag überschreiten; **to prepare the e.s** Etat/Haushalt aufstellen; **to upgrade e.s** Schätzungen nach oben korrigieren

budgetary estimate|s Haushalts-, Etatvoranschlag *m*, Haushaltsentwurf *m*; **conservative e.** vorsichtige Schätzung; **official e.** amtliche Schätzung; **preliminary e.** (Kosten)Voranschlag *m*; **rough e.** Überschlagsrechnung *f*; **supplementary e.s** Nachtragshaushalt *m*

estimat|e *v/t* (ein-/ab)schätzen, veranschlagen, kalkulieren; **e.ion** *n* Schätzung *f*, Hochrechnung *f*

corporate ethics *n* Unternehmensethik *f*; **professional e.** Berufsethos *nt*

EU (European Union) EU (Europäische Union); **~ country** EU-Staat *m*; **~ institution** EU-Behörde *f*; **~ member state** EU-Mitgliedsland *nt*; **~ official** EU-Beamter/Beamtin *m/f*; **~ regime** EU-Marktordnung *f*

Euribor (Euro interbank offered rate) Euribor *(Zinssatz unter Banken der Euro-Zone)*

Euro|bond *n* Euroanleihe *f*; **~ market** Euro(bond)markt *m*; **E.cheque** *n* Euroscheck *m*; **E.crat** *n* Europabeamter *m*, E.beamtin *f*; **E.land** *n (coll) (Länder der Euro-Zone)* Euroland *nt*; **E. market** Euromarkt *m*

European Central Bank (ECB) Europäische Zentralbank (EZB); **E. Coal and Steel Community (ECSC)** Montanunion *f*; **E. Commission** Europäische Kommission; **E. Community (EC)** Europäische Gemeinschaft (EG); **E. Court of Justice (ECJ)** Europäischer Gerichtshof (EGH); **E. Currency Union (ECU)** Europäische Währungsunion (EWU); **E. Customs Union** Europäische Zollunion; **E. Development Fund (EDF)** Europäischer Entwicklungsfonds; **E. Economic Area (EEA)** Europäischer Wirtschaftsraum; **~ Community (EEC)** Europäische Wirtschaftsgemeinschaft (EWG); **E. Free Trade Association (EFTA)** Europäische Freihandelsgemeinschaft/F.zone; **E. Investment Bank (EIB)** Europäische Investitionsbank; **E. Monetary System (EMS)** Europäisches Währungssystem (EWS); **E. Parliament (EP)** Europäisches Parlament; **E. Recovery Program (ERP)** Europäisches Wiederaufbauprogramm; **E. Regional Development Fund** Europäischer Fonds für regionale Entwicklung; **E. Social Charter** Europäische Sozialcharta; **E. Trade Union Confederation (ETUC)** Europäischer Gewerkschaftsbund (EGB); **E. Union (EU)** Europäische Union (EU); **E. Unit of Account (EUA)** Europäische Rechnungseinheit (ERE)

euro-zone *n* Euroland *nt (coll)*

EU standard EU-Norm *f*; **EU unit of account** EU-Rechnungseinheit *f*

evade *v/t* 1. ausweichen, sich entziehen; 2. *(Steuer)* hinterziehen
evaluate *v/t* 1. abschätzen, (aus-/be)werten; 2. auswerten
evaluation *n* 1. Aus-, Bewertung *f*; 2. Begutachtung *f*, Beurteilung *f*; 3. (Daten)-Auswertung *f*; **e. of (economic) efficiency** Wirtschaftlichkeitsberechnung *f*; **locational e.** Standortbewertung *f*; **statistical e.** statistische Auswertung; **e. period** Auswertungszeitraum *m*
evasion *n* *(Steuer)* Vermeidung *f*, Hinterziehung *f*; **e. of (customs) duty** ⊖ Zollhinterziehung *f*; **~ social insurance contributions** *(Sozialvers.)* Beitragshinterziehung *f*; **~ tax; fiscal e.** Steuerhinterziehung *f*
even *adj* eben, glatt; **to break e.** mit plusminus Null abschließen, die Gewinnzone/G.schwelle erreichen
evening *n* Abend *m*; **e. shift** Spätschicht *f*
evening-up *n* 1. Ausgleich *m* (durch Kauf und Verkauf); 2. *(Option)* Glattstellung *f*, Spitzenregulierung *f*
event *n* 1. Ereignis *nt*, Vorfall *m*; 2. Fall *m*; 3. Veranstaltung *f*; **in the e. of** im Falle; **e. of damage/loss** Versicherungsfall *m*
accountable event Buchungsvorgang *m*, Geschäftsvorfall *m*; **contingent e.** unvorhersehbares Ereignis; **damaging e.** Schaden(s)ereignis *nt*, S.sfall *m*; **fortuitous e.** *(Vers.)* unvorhergesehenes/zufälliges Ereignis, höhere Gewalt; **insured e.** Versicherungsfall *m*; **loss-entailing e.** Schaden(s)ereignis *nt*, S.sfall *m*; **principal e.** Hauptereignis *nt*; **social e.** gesellschaftliches Ereignis; **taxable e.** Steuertatbestand *m*
eventuality *n* Möglichkeit *f*, Ausnahme-, Eventualfall *m*
evict *v/t* 1. *(Besitz)* entsetzen; 2. *(Wohnung)* ausweisen
eviction *n* *(Wohnung)* (Zwangs)Räumung *f*, Ausweisung *f*; **forcible e.** gewaltsame Räumung; **e. costs** Entmietungskosten *pl*; **e. order** § Räumungsbeschluss *m*
evidence *n* 1. § Beweis(material) *m/nt*; 2. Beleg *m*, Nachweis *m*; **e. of despatch** Versandnachweis *m*; **~ export/shipment** Ausfuhrnachweis *m*; **~ health** Gesundheitsnachweis *m*; **(documentary) ~ origin** Ursprungsnachweis *m*; **~ (formal) qualification** Befähigungsnachweis *m*; **~ quality** Qualitätsnachweis *m*; **~ shipment** Verladenachweis *m*; **~ title** Rechtsausweis *m*, Eigentumsnachweis *m*; **~ value** Wertnachweis *m*; **to furnish/produce/submit e.** Nachweis erbringen; **to state in e.** zum Beweis anführen
complete evidence lückenlose Nachweise; **documentary e.** 1. dokumentarischer Beleg, Urkundenbeweis *m*; 2. Rechnungsbeleg *m*; **factual e.** Tatsachenmaterial *nt*, T.beweis *m*; **material e.** belastendes Beweismaterial; **statistical e.** statistische Anhaltspunkte, statistischer Nachweis; **written e.** schriftliches Beweismaterial, Urkundenbeweis *m*
evidence *v/t* 1. be-, erweisen, bestätigen; 2. bescheinigen
evolution *n* Entwicklung(sablauf) *f/m*
evolve *v/ti* sich entwickeln, herausbilden
ex *prep* *(lat.)* 1. ab, von; 2. ohne; **e. all** ohne alle Dividendenrechte
exacerbate *v/t* verschärfen
exact *v/t* eintreiben, fordern; **e.ion** *n* Eintreiben *nt*, Beitreibung *f*
exagger|ate *v/t* übertreiben, übertrieben darstellen; **e.ation** *n* Übertreibung *f*
examination *n* 1. Examen *nt*, Prüfung *f*; 2. (Über)Prüfung *f*, Untersuchung *f*, Inspektion *f*, Einsichtnahme *f*; **public e. of the bankrupt** *(Konkurs)* öffentliche gerichtliche Vernehmung; **e. of professional competence** berufliche Eignungsprüfung; **~ the goods (received)** Waren(eingangs)kontrolle *f*; **~ the risk to be covered** Risikobesichtigung *f*
careful/close examination eingehende/sorgfältige Prüfung; **comprehensive e.** umfassende Prüfung; **cursory e.** flüchtige Überprüfung; **detailed e.** lückenlose (Über)Prüfung; **medical e.** ärztliche Untersuchung; **official e.** amtliche Prüfung; **on-the-spot e.** 1. Besichtigung an Ort und Stelle; 2. *(Konkurs)* Prüfungstermin *m*; **professional e.** Fachprüfung *f*; **public e.** *(Konkurs)* Prüfungstermin *m*; **qualifying e.** Eignungs-, Auswahlprüfung *f*; **summary e.** abgekürzte (Außen)Prüfung; **year-end e.** Jahresabschlussprüfung *f*
examination certificate Prüfungszeugnis *nt*; **e. cost(s)** Prüfungsaufwand *m*; **e. procedure** Prüfungsverfahren *nt*
examine *v/t* (über)prüfen, kontrollieren, durchsehen, begutachten; **e. in detail** näher untersuchen; **e.r** *n* 1. Prüfer(in) *m/f*;

2. *(Pat.)* Vorprüfer *m*, Gutachter(in) *m/f*; 3. Prüfungsstelle *f*

ex bond ⊖ ab Zollfreilager; **e. bonus** ex/ohne Gratisaktien; **e. cap(italization)** ex/ohne Bezugsaktien

exceed *v/t* überschreiten, ü.steigen, ü.treffen; **e.ing** *prep* mehr als, über; **not e.ing** höchstens, bis zur Höhe von

except (from) *v/t* ausnehmen/ausschließen (von); **e.ing** *prep* außer, mit Ausnahme von

exception *n* Ausnahme(regelung) *f*, (Risiko)Ausschluss *m*, Sonder-, Ausnahmefall *m*; **e.s** außergewöhnliche Belastungen/Posten; **by way of e.** ausnahmsweise; **with the e. of** mit Ausnahme von; **e. clause** Ausnahmeklausel *f*; **e. principle** Ausnahmeprinzip *nt*; **e. rate** Ausnahmetarif *m*

excerpt *n* Auszug *m*, Exzerpt *nt*; **e. from the commercial register** Handelsregisterauszug *m*; **~ the land register** Grundbuchauszug *m*

excess *n* 1. Mehr(betrag) *nt/m*, Überschuss *m*; 2. *(Vers.)* Überdeckung *f*, Selbst-, Exzedentenbeteiligung *f*; **in e.** überzählig; **~ of** mehr als, über (... hinaus)

excess of authority Vollmachts-, Kompetenzüberschreitung *f*; **e. arising in consolidation** Konsolidierungsausgleichsposten *m*; **e. of debt (over assets)** Schuldenüberhang *m*; **~ demand** Nachfrageüberhang *m*; **~ deposits over lendings** Einlagenüberhang *m*; **~ expenditure (over receipts)** Mehrausgaben *pl*; **~ imports** Einfuhrüberschuss *m*; **~ liabilities over assets** Überschuldung *f*; **~ loss** Schaden(s)überschuss *m*, S.exzedent *m*; **~ loss insurance** Schadensexzedentenversicherung *f*; **~ purchasing power** Kaufkraftüberhang *m*; **~ supply** Angebotsüberhang *m*; **~ weight** Mehrgewicht *nt*

to be in excess of übersteigen, hinausgehen über; **e. charge** 1. Nachgebühr *f*; 2. ✉ Nachporto *nt*; **e. clause** *(Vers.)* Sicherheitszuschlag *m*

excessive *adj* 1. übermäßig, ü.trieben, ü.zogen, ü.höht, unverhältnismäßig, zu hoch; 2. überschüssig

exchange *n* 1. (Aus-/Ein-/Um)Tausch *m*, Tauschgeschäft *nt*; 2. Wechsel(kurs) *m*; 3. Börse *f*, Markt *m*; 4. Devisen *pl*; 5. ☎ Vermittlung *f*, (Telefon)Zentrale *f*; **in e. for** für, gegen, als Entgelt/Gegenleistung für

exchange of accounts outstanding Forderungstausch *m*; **~ assets** Tausch von Wirtschaftsgütern; **~ goods** Waren-, Güteraustausch *m*; **~ goods and services** Waren- und Dienstleistungsverkehr *m*; **~ information** Informationsaustausch *m*; **e. for the purchase and sale of waste** Abfallbörse *f*; **e. of shares** *[GB]* **/stocks** *[US]* Aktien(um)tausch *m*

first of exchange Wechselerstausfertigung *f*, W.prima *f*; **second of e.** Wechselzweitausfertigung *f*, W.sekunda *f*

to give in exchange eintauschen; **to take in e.** in Tausch nehmen

cross exchange Wechselarbitrage *f*; **direct e.** *(Devise)* fester Umrechnungskurs

foreign exchange ausländische Währung, Fremdwährung *f*, Devisen *pl*, Sorten *pl*; **short of f. e.** devisenschwach; **blocked f. e.** eingefrorene/blockierte Devisen; **forward f. e.** Termindevisen; **rate-hedged f. e.** kursgesicherte Devisen

foreign exchange account 1. Fremdwährungskonto *nt*; 2. Devisenbilanz *f*; **~ adjustment** Devisenwertberichtigung *f*; **~ allocation** Devisenkontingentierung *f*; **~ assets/balance(s)** Währungsguthaben *nt/pl*; **~ bank** Wechselbank *f*; **~ bill** Fremdwährungswechsel *m*; **~ broker** Devisenmakler(in) *m/f*; **~ business** Devisen(handels)geschäft *nt*, D.handel *m*; **~ clearing** Devisenabrechnung *f*; **~ commitments** Devisenengagements *pl*; **~ control(s)** Devisenkontrolle *f*, D.bewirtschaftung *f*; **~ cover** (Wechsel)Kurssicherung *f*; **~ credit** Devisenkredit *m*; **~ dealer** Devisenhändler(in) *m/f*; **~ dealings** Devisen-, Sortenhandel *m*; **~ dealings for own account** Deviseneigenhandel *m*; **~ derivative** Devisenderivat *nt*; **~ draft** Devisenwechsel *m*; **~ earner** Deviseneinnahmequelle *f*, D.bringer *m*; **~ earnings** Deviseneinkünfte *pl*, Währungsgewinne *pl*; **~ future** Devisenterminkontrakt *m*; **~ futures** Termindevisen *pl*; **~ futures market** Devisentermin-, Währungsmarkt *m*; **~ hedging** (Devisen)Kurssicherung *f*; **~ hedging operation/transaction** Kurssicherungsgeschäft *nt*; **~ holdings** Devisenguthaben *nt*, D.bestände *pl*; **net ~ liabilities** Nettodevisenverbindlichkeiten *pl*;

E

~ list Sortenliste *f*; **~ loss** Fremdwährungsverlust *m*; **~ market** Devisenmarkt *m*, D.börse *f*; **~ movement(s)** Devisenbilanz *f*; **~ proceeds** Deviseneinnahmen *pl*, D.erlös *m*; **~ profits** Währungsgewinne *pl*; **~ rate** Devisen-, Umrechnungs-, Wechselkurs *m*, Parität *f*; **~ regulations** Devisenbestimmungen *pl*; **~ reserves** Devisenbestände *pl*, Währungsreserven *pl*; **~ restrictions** Devisenbeschränkungen *pl*; **~ risk** (Wechsel)Kurs, Währungsrisiko *nt*; **~ speculation** Devisen-, Währungsspekulation *f*; **~ spot market** Devisenkassamarkt *m*; **~ spot transactions** Devisenkassahandel *m*; **~ surplus** Devisenüberschuss *m*; **~ swap** Devisenswapgeschäft *nt*; **~ trade/trading** Devisenhandel *m*, D.geschäft(e) *nt/pl*; **~ trader** Devisenhändler(in) *m/f*; **~ transaction** Devisen-, Währungsgeschäft *nt*; **forward ~ transaction** Devisentermingeschäft *nt*

forward exchange 1. Termindevise *f*; 2. Devisenterminmarkt *m*; **~ contract** Devisentermingeschäft *nt*; **~ cover(ing)** Kurssicherung am Devisenterminmarkt; **~ dealings/trading** Devisentermingeschäfte *pl*, D.handel *m*; **~ market** Devisenterminmarkt *m*; **~ transactions** Devisentermingeschäfte *pl*; **mercantile e.** Waren-, Rohstoffbörse *f*

exchange *v/t* (aus-/um)tauschen, (aus-/ein-/um)wechseln

exchangeable *adj* (aus-/um)tauschbar

exchange arbitrage/arbitration Währungs-, Devisenarbitrage *f*; **e. broker** Börsenmakler(in) *m/f*; **e. clearing** Devisenclearing *nt*; **e. commitments** Devisenengagement *nt*; **e. control(s)** Währungs-, Devisenkontrolle *f*, D.bewirtschaftung *f*; **e. cover** Devisendeckung *f*; **~ facilities** Kurssicherungsfazilitäten *pl*; **e. dealer** Devisenhändler *m*; **e. dealings** Devisenhandel *m*; **e. economy** Tauschwirtschaft *f*; **e. embargo** Devisensperre *f*; **e. equalization** Währungsausgleich *m*; **~ fund** Devisenausgleichsfonds *m*; **e. expenditure** Devisenaufwand *m*; **e. fluctuations** Börsen-, Kursschwankungen *pl*; **e. futures** Devisentermingeschäfte *pl*; **e. gain(s)** 1. Devisen-, (Fremd)Währungsgewinn *m*; 2. Kursgewinn *m*; **e. guarantee** Währungsgarantie *f*, Devisenkurssicherung *f*; **e. hedging** *(Devisen)* Kurssicherung *f*; **e. holdings** Devisenbestände *pl*; **bilateral e. limits** bilaterale Interventionspunkte; **e. line** (Telefon)Anschluss *m*; **e. list** (Devisen)-Kurszettel *m* **e. listing** Börsennotierung *f*; **e. loss** (Fremd)Währungs-, Devisenverlust *m*, Kurseinbuße *f*, K.verlust *m*; **e. market** Devisenmarkt *m*; **e. parity** (Wechsel)Kursparität *f*; **e. price** 1. Kurswert *m*, Börsenkurs *m*; 2. Umtauschpreis *m*; **e. profits** Börsen-, Kurs-, Währungsgewinne *pl*

exchange rate Wechsel-, Devisen-, Sortenkurs *m*; **stabilizing the e. r.** Wechselkursstabilisierung *f*; **supporting the e. r.** Kursstützung *f*

annual average exchange rate Jahresdurchschnittswechselkurs *m*; **fixed e. r.** fester Wechselkurs; **floating e. r.** gleitender/schwankender Wechselkurs; **forward e. r.** *(Devisen)* Terminkurs *m*; **multiple e. r.** mehrfacher/gespaltener Wechselkurs; **official e. r.** amtlicher Wechselkurs; **par e. r.** Parisatz *m*, P.kurs *m*, Wechsel(kurs)parität *f*; **pegged e. r.** (an eine andere Währung) gebundener Wechselkurs; **trade-weighted e. r.** gewogener Außenwert (einer Währung); **year-end e. r.** Jahresschlusskurs *m*

exchange rate adjustment(s) Wechselkursanpassung *f*; **~ cover(ing)** Devisenkurs-, Wechselkursabsicherung *f*; **~ depreciation/devaluation/down-valuation** Wechselkursabwertung *f*; **~ differential** Kursgefälle *nt*; **~ equation** Wechselkursgleichung *f*; **~ fixing** Devisenkursfeststellung *f*; **~ fluctuations** Wechsel-, Devisenkursschwankungen *pl*; **~ guarantee** (Wechsel)Kursgarantie *f*; **~ hedging** Wechsel-, Devisenkurssicherung *f*; **e. r.-induced** *adj* wechselkursbedingt; **e. r. mechanism** Wechselkursmechanismus *m*; **~ movement** Wechselkursänderung *f*; **~ parity** Wechselkursparität *f*; **~ quotations** Kurszettel *m*, (Devisen)Kursnotierung *f*; **~ realignment** Wechselkursberichtigung *f*, W.anpassung *f*; **~ risk** (Wechsel)Kursrisiko *nt*; **~ structure** Wechselkursgefüge *nt*; **~ support** Stützung des Wechselkurses; **~ volatility** Kursschwankungen *pl*

exchange ratio Austauschrelation *f*, Austausch-, Umrechnungsverhältnis *nt*; **e. regulations** Börsen-, Devisenbestimmungen *pl*; **e. reserves** Währungs-,

Devisenreserven *pl*; **e. restrictions** Devisen(verkehrs)beschränkungen *pl*, Beschränkungen des Zahlungsverkehrs; **e. risk** (Wechsel)Kurs-, Währungsrisiko *nt*; **e. shortage** Devisenknappheit *f*; **e. stability** Kurs-, Währungsstabilität *f*; **e. stringency** Devisenknappheit *f*; **e. surplus** Devisenüberschuss *m*; **e. transaction** Devisen-, Börsengeschäft *nt*; **e. value** Markt-, Kurs-, Umrechnungswert *m*

exchequer *n* Staatskasse *f*, Fiskus *m*; **the E.** *[GB]* Finanzministerium *nt*; **e. bill** *[GB]* (kurzfristige) verzinsliche Schatzanweisung, Schatzwechsel *m*; **e. bond** *[GB]* (langfristige) Schatzanweisung *f*; **e. stock** *[GB]* Schatzanleihe *f*

excisable *adj* verbrauchssteuerpflichtig

excise *n* 1. Verbrauchs-, Waren-, Monopolsteuer *f*; 2. Finanzverwaltung *f*; **e. department** Amt für Verbrauchssteuern; **e. duty** Verbrauchs-, Warensteuer *f*; **e. duties** Verbrauchsabgaben *pl*; **exempt from e. duty** verbrauchssteuerfrei; **liable to e. duty** verbrauchssteuerpflichtig; **e. office** Amt für Verbrauchssteuern; **e. revenue(s)** Verbrauchssteueraufkommen *nt*; **e. tax** Verbrauchs-, Warensteuer *f*; **e. warehouse** Steuerlager *nt*, S.depot *nt*

exclusion *n* 1. Ausschluss *m*; 2. Versicherungsbegrenzung *f*; **e. of benefits** *(Vers.)* Leistungsausschluss *m*; **e. from/of liability** Haftungsausschluss *m*; **e. of risks** Risikoausschluss *m*; **~ the subscription right** Bezugsrechtsausschluss *m*; **~ warranty** Garantieausschluss *m*; **contractual e.s** vertraglich festgelegte Ausschlüsse

exclusive *adj* ausschließlich, exklusiv

excursion *n* Ausflug *m*, Sonderfahrt *f*; **e. rate** Touristentarif *m*

ex distribution ohne Ausschüttung; **e. dividend (xd)** ohne/abzüglich Dividende (eD); **e. dock** ab Kai; **e. due** ex/ohne Bezugsrecht

execute *v/t* 1. aus-, durchführen; 2. (zwangs)vollstrecken; 3. *(Urkunde)* ausfertigen

execution *n* 1. Aus-, Durchführung *f*; 2. (Zwangs)Vollstreckung *f*; 3. *(Urkunde)* Ausfertigung *f*; **subject to e.** pfändbar; **by way of e.** im Wege der Pfändung

execution of contract Vertragserfüllung *f*; **~ a deed** Unterzeichnung einer Urkunde; **~ a document** Ausstellung einer Urkunde; **~ duty** Erfüllung einer Amtspflicht; **~ a mortgage** Hypothekenbestellung *f*; **~ an order** Auftragsabwicklung *f*, A.erledigung *f*, Ausführung eines Auftrags; **e. in part** Teilvollstreckung *f*; **e. of payments** Abwicklung des Zahlungsverkehrs; **~ a sentence** Strafvollstreckung *f*; **~ a will** Testamentsvollstreckung *f*

to advise the execution of an order Ausführung eines Auftrags anzeigen; **to apply for/seek e.** Vollstreckung beantragen; **to levy an e.** (Zwangs)Vollstreckung verfügen; **to stay the e.** Zwangsvollstreckung aufschieben

faulty execution mangelhafte Ausführung; **immediate e.** Sofortvollzug *m*

execution creditor (Zwangs)Vollstreckungsgläubiger(in) *m/f*; **e. debtor** Vollstreckungsschuldner(in) *m/f*; **e. deed** vollstreckbare Urkunde; **e. order** Ausführungsbeschluss *m*; **e. phase** Ausführungsphase *f*; **e. proceedings** (Zwangs)Vollstreckungsverfahren *nt*; **e. sale** Zwangsversteigerung *f*

executive *n* leitende(r) Angestellte(r), Führungskraft *f*, Direktor(in) *m/f*, Vorstand(smitglied) *m/nt*, Geschäftsführer(in) *m/f*; **chief e. (officer) (CEO)** 1. Vorstandsvorsitzende(r) *f/m*, Hauptgeschäftsführer(in) *m/f*, Generaldirektor(in) *m/f*, G.bevollmächtigte(r) *f/m*; 2. (Ober)Stadtdirektor(in) *m/f*; **financial e.** Finanzvorstand *m*; **junior e.** Nachwuchskraft *f*; **senior e.** leitende(r) Angestellte(r)/Mitarbeiter(in), Führungskraft *f*; **top e.** Spitzenmanager(in) *m/f*, Mitglied der Geschäftsführung; **young e.s** Führungskräftenachwuchs *m*

executive *adj* 1. geschäftsführend, (g.)-leitend; 2. ausführend

executive development Weiterbildung von Führungskräften; **e. duties** Führungsaufgaben *pl*; **e. floor** Vorstandsetage *f*, V.ebene *f*, Chefetage *f*; **e. function** Führungsaufgabe *f*, Leitungsfunktion *f*; **e. game** Unternehmensplanspiel *nt*; **e. management** Geschäftsleitung *f*, Direktorium *nt*; **e. position/post** leitende Stellung, Führungsposition *f*; **e. recruitment** Anwerbung/Vermittlung von Führungskräften; **e. search consultant** Personal-, Unternehmensberater *m*, Kopfjäger *m* *(coll)*; **e. staff** Führungskräfte *pl*, leitendes Personal; **e. team** Führungsgruppe *f*,

E

F.mannschaft *f*; **e. training** Nachwuchsausbildung *f*

executor *n* (Testaments)Vollstrecker(in) *m/f*; **e. and trustee** Testamentsvollstrecker und Vermögensverwalter *m*; **~ department** Treuhandabteilung *f*; **sole e.** alleiniger Testamentsvollstrecker; **e.ship** *n* Testamentsvollstreckung *f*

exempt *v/t* befreien, freistellen; *adj* befreit

exemption *n* 1. Befreiung *f*, Ausnahme(-genehmigung) *f*; 2. *(Steuer)* Freibetrag *m*, F.grenze *f*

exemption from charges/dues Kosten-, Gebührenfreiheit *f*; **~ contributions** Beitragsbefreiung *f*, B.freiheit *f*; **~ corporation tax** Körperschaftssteuerbefreiung *f*; **~ costs** Kostenerlass *m*; **~ customs (duty)** ⊖ Zollfreistellung *f*; **~ duties and taxes** Befreiung von Abgaben; **~ import duties** Einfuhrabgabenbefreiung *f*; **~ liability** Haftungsausschluss *m*; **~ prosecution** § Unverfolgbarkeit *f*; **~ sales tax** Umsatzsteuerfreiheit *f*; **~ tax(es)** Abgaben-, Steuerbefreiung *f*; **~ VAT (value added tax)** Mehrwertsteuerbefreiung *f*

blanket/flat exemption pauschaler Freibetrag; **partial e.** teilweise Abgabenbefreiung; **personal e.** persönlicher (Steuer)Freibetrag; **total e.** vollständige Abgabenbefreiung

exemption limit (Steuer)Freigrenze *f*; **e. order** Freistellungsverfügung *f*

exercise *n* Ausübung *f*, Anwendung *f*; **e. of discretion** Ermessensgebrauch *m*; **~ an option** Optionsausübung *f*; **~ one's profession** Berufsausübung *f*; **~ a subscription right** Ausübung des Bezugsrechts; **cash-raising/fund-raising e.** Kapital-, Geldbeschaffungsmaßnahme *f*, Aktion zur Kapitalbeschaffung, (Durchführung einer) Kapitalerhöhung *f*; **cost-cutting/cost-saving e.** Sparmaßnahme *f*, Maßnahme zur Kostensenkung; **e. price** Optionspreis *m*, Kurs bei Optionsausübung; **e. date** *(Option)* Ausübungsdatum *nt*; **e. price** Ausübungs-, Optionspreis *m*

exercising of an option *n* Optionsausübung *f*

exertion *n* (Kraft)Anstrengung *f*; **financial e.** finanzieller Kraftakt

ex factory ab Werk/Fabrik; **~ price** Preis ab Werk

ex gratia *(lat.) (Zahlung)* ohne Anerkennung einer Rechtspflicht, auf dem Kulanzwege

exhaust *v/t* 1. aus-, erschöpfen, aufbrauchen; 2. *(Geldmittel)* ganz ausgeben; **e.-ible** *adj* erschöpfbar; **e. emission control** ☼ Abgasentgiftung *f*; **~ standards** Abgasnormen *pl*; **e. fumes** 🚗 Auspuff-, Abgase *pl*

exhaustion *n* 1. Erschöpfung *f*; 2. Ausschöpfung *f*; **e. of (legal) remedies/rights** § Ausschöpfung des Rechtsweges, ~ der Rechtsmittel; **unconsidered e.** Raubbau *m*

exhaust|ive *adj* 1. Abbau-, erschöpfbar; 2. erschöpfend, vollständig; **e. pollution** (Umwelt)Verschmutzung durch Auspuffgase

exhibit *n* 1. Ausstellungsstück *nt*, Exponat *nt*; 2. § Beweisgegenstand *m*; *v/t (Ware)* ausstellen, auslegen

exhibition *n* ↘ **fair** 1. Ausstellung *f*, Messe *f*, Schau *f*; 2. *(Urkunde)* Einreichung *f*, Vorlage *f*; **competitive e.** Leistungsschau *f*; **industrial e.** Industrie-, Gewerbeausstellung *f*; **permanent e.** Dauerausstellung *f*; **special e.** Sonderausstellung *f*, S.schau *f*

exhibition board Ausstellungsleitung *f*; **e. booth** Ausstellungs-, Messestand *m*; **e. centre** *[GB]*/**center** *[US]* Messeplatz *m*, M.zentrum *nt*; **e. goods** Ausstellungsgut *nt*; **e. grounds/site** Ausstellungs-, Messegelände *nt*; **e. hall** Ausstellungs-, Messehalle *f*; **e. room** Ausstellungsraum *m*; **e. stand** Ausstellungs-, Messestand *m*

exhibitor *n* Aussteller(in) *m/f*, Messeteilnehmer(in) *m/f*

exigence; exigency *n* Dringlichkeit *f*, Zwangslage *f*

ex interest ex (Stück)Zinsen

existence *n* 1. Bestehen *nt*; 2. Existenz *f*; 3. Vorliegen *nt*

exit *n* 1. Abgang *m*, Ausscheiden *nt*; 2. Ausgang *m*; 3. Ausreise *f*; 4. Ausstieg *m*; **green e.** ⊖ grüner Ausgang; **red e.** ⊖ roter Ausgang; **e. charge** Verkaufsgebühr *f*; **e. point** 1. ⊖ Ausfuhrort *m*; 2. Ausgangszollstelle *f*; **e. price** (Anlage)Wert bei Außerbetriebnahme; **(current) e. value** Veräußerungspreis *m*

ex mill ab Werk/Fabrik; **e. officio** *(lat.)* von Amts wegen

exodus *n* Massenflucht *f*; **e. of capital** Kapitalflucht *f*; **rural e.** Landflucht *f*

exogenous *adj* exogen, außen erzeugt

exonerat|e *v/t* § entlasten; **e.ion** *n* Freizeichnung *f*, Entlastung *f*; **e. clause** Freizeichnungsklausel *f*

exorbitant *adj* maßlos, überhöht, übertrieben, überzogen

expand *v/ti* 1. ausdehnen, ausweiten; 2. expandieren, erweitern, größer werden

expansion *n* (Wirtschafts)Ausweitung *f*, Ausbau *m*, Erweiterung *f*, Ausdehnung *f*, Wachstum *nt*

expansion of business activity Geschäftsausweitung *f*; **~ capacity** Kapazitätsausweitung *f*; **~ capital stock** Kapitalaufstockung *f*; **~ credit** Kreditausweitung *f*; **~ demand** Nachfrageausweitung *f*; **~ economic activity** Geschäftsausweitung *f*; **~ the economy** Konjunkturauftrieb *m*, konjunkturelles Wachstum; **~ liquidity** Liquiditätsausweitung *f*; **~ money supply** Geldmengenwachstum *nt*; **~ operations** Ausweitung der Aktivitäten; **~ plant facilities** Kapazitätserweiterung *f*; **~ production** Produktionsausweitung *f*; **~ sales** Absatzausweitung *f*; **~ trade** Handelsausweitung *f*

cyclical/economic expansion konjunktureller/wirtschaftlicher Aufschwung; **downstream e.** Erhöhung der Verarbeitungstiefe, Vorwärtsintegration *f*; **horizontal e.** horizontale Integration; **monetary e.** Geld(mengen)ausweitung *f*; **upstream e.** Rückwärtsintegration *f*; **vertical e.** vertikale Integration

expansion path Expansions-, Wachstumspfad *m*, Faktoranpassungskurve *f*; **e. scheme** Erweiterungsplan *m*

expansive *adj* expansionsfreudig, expansiv

expatriate (expat) *n* 1. Ausgebürgerte(r) *f/m*; 2. ausländische(r) Mitarbeiter(in); 3. im Ausland lebende(r) Staatsbürger(in); **e. worker** ausländische(r) Arbeiter(in)

expectancy *n* Erwartung *f*, Anwartschaft(srecht) *f/nt*

expectation *n* Erwartung *f*; **e. of life** Lebenserwartung *f*; **~ loss** Schadenserwartung *f*; **high e.s** Erwartungsdruck *m*

expedience; expediency *n* Zweckdienlichkeit *f*, Z.mäßigkeit *f*

expedient *n* Behelf(smittel) *m/nt*, Notbehelf *m*; *adj* (zweck)dienlich, angebracht

expedite *v/t* beschleunigt abfertigen, beschleunigen; **e.r** *n* Terminjäger *m*, T.-überwacher *m*

expediting *n* 1. Expedition *f*; 2. Terminüberwachung *f*; **e. control** Terminverfolgung *f*

expend *v/t* aufwenden, ausgeben, verauslagen; **e.able** *adj* entbehrlich, überflüssig

expenditure(s) *n* ↘ **cost(s)** (Geld-/Kosten)Aufwand *m*, Aufwendungen *pl*, Auslagen *pl*, (Un)Kosten *pl*, Ausgaben(volumen) *pl/nt*

expenditure on building Bauinvestitionen *pl*; **public ~ building** öffentliche Bauaufwendungen; **~ consumption** konsumtive Ausgaben; **public ~ goods and services** öffentlicher Verbrauch; **e. in kind** Sachaufwendungen *pl*; **e. on machinery and equipment** Ausrüstungsinvestitionen *pl*; **~ materials** Stoffeinsatz *m*; **~ personnel** Personalausgaben *pl*; **e. for plant and equipment** Anlageinvestitionen *pl*; **~ repairs** Instandsetzungskosten *pl*

to contain expenditure(s) Ausgaben begrenzen; **to control e.(s)** Ausgaben überwachen/steuern; **to cut e.(s)** Ausgaben reduzieren/verringern; **to reduce e.(s)** Ausgaben vermindern

additional expenditure Mehrausgaben *pl*, M.aufwand *m*; **administrative e.** Verwaltungsaufwand *m*; **total authorized e.** Ausgabenrahmen *m*; **budgeted e.** veranschlagte Ausgaben, Ausgabenansatz *m*; **capitalized e.** aktivierte Aufwendung(en); **corporate e.** Unternehmensaufwand *m*; **current/fixed e.(s)** laufende Ausgaben; **financial e.** Finanz-, Finanzierungsaufwand *m*; **follow-up e.** Folgeausgaben *pl*; **gross e.** Rohaufwand *m*; **input-related e.** Vorleistungen *pl*; **net e.** Nettoaufwand *m*; **non-recurrent/non-recurring/one-off e.** außerordentliche Aufwendungen; **ordinary e.** ordentliche/laufende Ausgaben; **planned e.** Haushalts-, Etatansatz *m*; **productive e.** werbende Ausgaben; **professional e.** Werbungskosten *pl*; **projected e.** veranschlagte Ausgaben, Ausgabenansatz *m*; **promotional e.** Werbeaufwand *m*; **public(-sector) e.** öffentliche Ausgaben, Staatsausgaben *pl*; **pump-priming e.** konjunkturfördernde Ausgaben; **social e.(s)** Sozialaufwand *m*, S.leistung(en) *f/pl*; **start-up e.** Gründungskosten *pl*; **statutory e.** gesetzlich vorgeschriebene Ausgaben; **supplementary e.** Mehrausgaben *pl*; **total e.** Gesamtausgaben *pl*; **turnover-**

related e. umsatzbedingte Aufwendungen; **unbudgeted e.** außerplanmäßige Ausgaben

expenditure appropriation Ausgabenansatz *m*; **e. approval** Ausgabenbeschluss *m*; **e. authorization** Ausgabenbewilligung *f*; **e. ceiling** Ausgabenrahmen *m*, A.plafond *m*; **e.-consumption curve** Ausgaben-Konsum-Kurve *f*; **e. cut(s)** Ausgabenbeschränkung *f*, A.kürzung *f*; **e. growth/increase** Ausgabensteigerung *f*, A.anstieg *m*; **e. item** Ausgabenposten *m*; **e. shortfall** Minderausgaben *pl*; **e. switching** Ausgabenumschichtung *f*

expense|s *n* ↘ **cost(s)** (Un)Kosten *pl*, Aufwendungen *pl*, Spesen *pl*, Auslagen *pl*; **at one's own e.** auf eigene Kosten; **accrued e.s and deferred charges** *(Bilanz)* Rechnungsabgrenzung(sposten) *f/pl*; **e.s for management and administration** Betriebs- und Verwaltungskosten *pl*; **~ of a provident nature** Vorsorgeaufwand *m*; **e.s for premises** Raumkosten *pl*

expenses deducted nach Abzug der Kosten; **e. incurred** Kostenaufwand *m*, entstandene (Un)Kosten; **all eexpense paid** nach Abzug aller Unkosten; **after allowing for e.** nach Spesenabzug; **cutting e.** Einsparung *f*; **including e.** unter Einschluss der Spesen; **less e.** abzüglich (der) Kosten/Spesen; **plus e.** zuzüglich Spesen

to break down expense|s (Un)Kosten/Spesen aufschlüsseln; **to charge to e.(s)** als Aufwand verbuchen; **to defray e.s** Kosten bestreiten; **to incur e.s** Unkosten haben; **to involve much e.** mit großen Kosten verbunden sein; **to itemize e.s** Einzelnachweis führen; **to meet the e.s** für die Kosten aufkommen; **to reduce e.s** Kosten/Ausgaben verringern; **to refund/reimburse e.s** Auslagen/(Un)Kosten erstatten; **to settle e.s** Spesen begleichen

absorbed expenses verrechnete Gemeinkosten; **accrued e.** *(Aktiva)* antizipative Posten, Rechnungsabgrenzungsposten *pl*; **additional e.** Sonderausgaben *pl*, Nebenkosten *pl*; **administrative e.** Verwaltungs(gemein)kosten *pl*, V.aufwand *m*; **allowable e.s** *(Steuer)* abzugsfähige Ausgaben; **capitalized e.** aktivierte Eigenleistungen; **closing-down e.** Stilllegungskosten *pl*; **commercial e.** Betriebsausgaben *pl*; **current e.** laufende Kosten; **deductible e.** absetzbare Ausgaben, (steuer)abzugsfähige Aufwendungen; **deferred e.** *(Passiva)* transitorische Aktiva/Posten, Rechnungsabgrenzungsposten *pl*; **departmental e.** Abteilungskosten *pl*; **direct e.(s)** direkte Kosten; **distribution-related e.** Vertriebskosten *pl*; **extraordinary e.** außergewöhnliche Belastungen; **financial e.** Finanzierungskosten *pl*; **fixed e.** laufende Kosten; **general e.** (Verwaltungs)Gemeinkosten *pl*; **incidental e.** Sonder-, Nebenausgaben *pl*; **incurred e.** entstandene Kosten; **indirect e.** allgemeine Geschäftsunkosten; **interest-related e.** zinsähnliche Aufwendungen; **legal e.** Rechtsberatungskosten *pl*; **~ cover/insurance** Rechtsschutzversicherung *f*; **miscellaneous e.** sonstige Aufwendungen; **non-operating/other e.** betriebsfremde Aufwendungen; **non-recurring e.** einmalige Aufwendungen; **ordinary e.** laufende Kosten; **out-of-pocket e.** Spesen *pl*, Baraufwendungen *pl*, (Bar)Auslagen *pl*; **overhead e.** Gemeinkosten *pl*; **preliminary e.** Gründungs-, Vor(lauf)kosten *pl*; **prepaid e.** *(Bilanz)* Rechnungsabgrenzungsposten *pl*, transitorische Aktiva; **productive e.** werbende Ausgaben; **at public expense** aus öffentlichen Geldern; **reimbursable e.** erstattungsfähige Auslagen; **sundry e.s** *(Bilanz)* sonstiger Aufwand; **tax-deductible e.** abzugsfähige Ausgaben; **variable e.** leistungsabhängige Kosten

expense *v/t* als Aufwand verbuchen

expense account Spesenkonto *nt*, S.(ab)rechnung *f*; **departmental e. account** Kostenstellenkonto *nt*; **e. allowance** Aufwandsentschädigung *f*, Spesenpauschale *f*; **e. budget** Aufwandsbudget *nt*; **e. claim** Erstattungsantrag *m*; **e. distribution** Kostenverrechnung *f*; **e. loading** *[US] (Vers.)* Spesenbelastung *f*; **e.s processing** Spesenabrechnung *f*; **e. ratio** Verhältnis Aufwand zu Umsatzerlös; **e. record/slip** Spesenabrechnung *f*, Ausgaben-, Spesenzettel *m*

expensive *adj* teuer, kostspielig, aufwändig

experience *n* 1. Erfahrung *f*, Fachkenntnis *f*; 2. *(Vers.)* Schadensverlauf *m*; **commercial e.** Berufserfahrung *f*; **demonstrable e.** nachweisliche Erfahrung;

industrial e. Industrieerfahrung *f*; **managerial e.** Erfahrung in der Betriebsführung; **occupational/professional e.** Berufserfahrung *f*; **previous e.** Vorkenntnisse *pl*; **proven e.** nachweisliche Erfahrung; **relevant e.** einschlägige Erfahrung

experience *v/t* erleben, erfahren; **e.d** *adj* (berufs)erfahren, versiert

experience rating *(Vers.)* Prämienfestsetzung nach Schadensverlauf

expert *n* Experte *m*, Expertin *f*, Fachmann *m*, F.frau *f*, Autorität *f*, Gutachter(in) *m/f*, Sachverständige(r) *f/m*; **by e.s** von Fachseite; **to appoint an e.** Sachverständigen bestellen; **to be an e.** vom Fach sein; **to call for/in an e.; to consult an e.** Sachverständigen/Gutachter beiziehen/zu Rate ziehen

officially appointed expert amtliche(r) Sachverständige(r); **ecological e.** Umweltschutzexperte *m*, U.expertin *f*; **economic e.** Wirtschaftsexperte *m*, W.expertin *f*; **financial e.** Finanzsachverständige(r) *f/m*; **monetary e.** Währungsfachmann *m*; **technical e.** Sachverständige(r) *m/f*

expert *adj* fachkundig, f.männisch, f.gemäß, gutachterlich

expert advice fachmännische/f.liche Beratung, fachmännischer Rat; **e. appraisal** (Sachverständigen)Gutachten *nt*; **e. committee/group** Sachverständigengruppe *f*; **e. guidance** sachkundige/fachmännische Beratung

expertise *n* 1. Fach-, Sachkenntnis *f*; 2. (Sachverständigen)Gutachten *nt*

expert knowledge Fachkenntnis *f*, F.wissen *nt*, Sachkenntnis *f*, S.verstand *m*; **e. opinion** (Sachverständigen)Gutachten *nt*, gutachterliche Stellungnahme; **to deliver an e. opinion** begutachten; **decisive e. opinion** Obergutachten *nt*; **e.('s) report** fachmännisches Gutachten, Sachverständigen-, Fachgutachten *nt*

expiration *n* Ende *nt*, Ablauf *m*, Fälligkeit *f*, Verfall *m*, Erlöschen *nt*; **e. of contract** Vertragsablauf *m*; **~ the deadline/term** Fristablauf *m*; **~ the notice period** Ablauf der Kündigungsfrist; **~ policy** Versicherungsablauf *m*; **e. clause** Verfallklausel *f*; **e. date** Verfallsdatum *nt*, V.tag *m*

expire *v/i* ablaufen, fällig werden, außer Kraft treten, Gültigkeit verlieren, erlöschen, verfallen; **e.d** *adj* 1. ungültig, abgelaufen, verstrichen; 2. *(Vers.)* erloschen

expiry *n* ↘ **expiration** Ablauf *m*, Verfall *m*, Erlöschen *nt*; **on e.** bei Erlöschen/Ablauf; **e. of the period** Ablauf der Frist; **~ the transitional period** Ende der Übergangszeit; **~ a term** Fristablauf *m*, Termin *m*; **e. date/day** Verfalltag *m*, V.sdatum *nt*

explain *v/t* erklären, erläutern

explanation *n* 1. Erklärung *f*, Erläuterung *f*, Begründung *f*; 2. Buchungstext *m*; **to demand an e.** Rechenschaft verlangen; **written e.** schriftliche Begründung

exploit *v/t* 1. ausbeuten, verwerten, nutzen; 2. ⚒ abbauen; **e.able** *adj* ⚒ abbaufähig, a.würdig; **commercially/economically e.able** wirtschaftlich abbaubar/verwertbar

exploitation *n* 1. Ausbeutung *f*, Verwertung *f*; 2. ⚒ Abbau *m*; **e. of mineral deposits; ~ natural resources** ⚒ Ausbeutung/Erschließung von Bodenschätzen; **~ a licence** Lizenzverwertung *f*; **~ a patent** Patentverwertung *f*; **wasteful e.** Raubbau *m*

exploration *n* Erforschung *f*, Erkundung *f*; **e. and mining lease** ⚒ Schürf- und Abbaukonzession *f*; **e. concession/licence** Bohrkonzession *f*; **e. project** Explorationsvorhaben *nt*

exploratory *adj* 1. sondierend, untersuchend; 2. ⛫ Bohr-

explore *v/t* 1. erforschen, sondieren; 2. ⚒ schürfen (nach)

export *n* (Waren)Ausfuhr *f*, Export *m*; **e.s** 1. Exporte *pl*; 2. Exportgüter *pl*, Ausfuhr(waren) *f/pl*; **e. of capital** Kapitalausfuhr *f*, Geldexport *m*; **~ commodities** Ausfuhr von Waren/Rohstoffen; **net e.s of goods and services** Exportquote *f*; **top-heavy in e.s** exportlastig

agricultural export|s Agrarexporte *pl*, A.-ausfuhren *pl*; **automotive e.s** Export von Autoteilen; **direct e.(s)** Direktexport(e) *m/pl*; **indirect e.(s)** mittelbare Ausfuhr; **industrial/manufactured e.s** Ausfuhr/Export von Industriegütern; **invisible e.s** unsichtbare Ausfuhr/Exporte, Dienstleistungsausfuhr(en) *f/pl*; **net e.s** Nettoexport *m*; **third-country e.** Transitausfuhr *f*; **total e.s** Ausfuhrvolumen *nt*; **visible e.s** Warenausfuhr(en) *f/pl*, W.-export(e) *m/pl*, Güterexport *m*, sichtbare Ausfuhren/Exporte

E

export *v/t* ausführen, exportieren

export agent Exportvertreter(in) *m/f*; **e. approval** Ausfuhrbewilligung *f*

exportation *n* (Waren)Ausfuhr *f*, Export *m*; **e. and importation of goods for processing purposes** Vered(e)lungsverkehr *m*; **temporary e. for (outward) processing** vorübergehende Ausfuhr zur passiven Vered(e)lung, (passiver) Vered(e)lungsverkehr *m*; **prior e.** vorzeitige Ausfuhr

export authorization Ausfuhrgenehmigung *f*; **e. ban** Ausfuhrverbot *nt*; **e. bank** Außenhandelsbank *f*; **e. barrier** Exporterschwernis *f*; **e. bill of lading** Ausfuhr-, Exportkonnossement *nt*; **e. bonus** Export-, Ausfuhrprämie *f*; **e. boom** Exportkonjunktur *f*; **e. bounty** Exportprämie *f*; **e. business** Exportgeschäft *nt*; **e. capacity** Exportkraft *f*; **e. cargo shipping instructions** Exportversandanweisungen; **e. certificate** Ausfuhrbescheinigung *f*; **e. clearance** ⊖ Ausfuhrabfertigung *f*; **e. clerk** Exportsachbearbeiter(in) *m/f*; **e. commission agent/house** Ausfuhr-, Exportkommissionär *m*; **e. commodities** Ausfuhrgüter *pl*; **e. contract** Auslands-, Exportauftrag *m*; **e. controls** Ausfuhr-, Exportbeschränkungen *pl*

export credit Export-, Ausfuhrkredit *m*; **~ guarantee** Exportkreditgarantie *f*, Hermes(exportkredit)bürgschaft *f [D]*; **E. C.s Guarantee Department (ECGD)** *[GB]* Ausfuhrkreditversicherungsanstalt *f*; **e. c. insurance** Ausfuhr-, Exportkreditversicherung *f*; **~ risk** Ausfuhr-, Exportkreditrisiko *nt*

export declaration ⊖ Ausfuhr-, Zollerklärung *f*; **e. department** Ausfuhr-, Exportabteilung *f*; **e.-dependent** *adj* ausfuhr-, exportabhängig; **e. destinations** Zielländer der Ausfuhren; **e. division** Exportabteilung *f*; **e. document** Ausfuhrpapier *nt*, A.dokument *nt*; **e. drive** Exportanstrengung *f*, E.offensive *f*; **e.-driven** *adj* exportbedingt; **e. duty** ⊖ Ausfuhrzoll *m*, A.abgabe *f*; **e. earner** Exportartikel *m*, E.schlager *m (coll)*; **e. earnings** Ausfuhr-, Exporterlöse *pl*; **e. effort** Exportanstrengung *f*; **e. embargo** Ausfuhrembargo *nt*, A.sperre *f*

exporter *n* Exporteur *m*; **e.s** exportierende Wirtschaft; **e.'s retention** *(Exportkredit)* Eigen-, Selbstfinanzierungsquote *f*

export expansion Ausfuhr-, Exportausweitung *f*; **e. figures** Ausfuhr-, Exportzahlen *pl*; **e. finance** Ausfuhr-, Exportfinanzierung *f*; **e. firm/house** Exportfirma *f*, Exporteur *m*; **e. goods** Exportgüter *pl*, E.waren *pl*; **e. growth** Exportwachstum *nt*; **e. guarantee** Ausfuhrbürgschaft *f*, A.garantie *f*; **e. incentive scheme** Ausfuhr-, Exportförderungsprogramm *nt*; **e. income ratio** Ausfuhr-, Exportquote *f*; **e. industry** Exportindustrie *f*, E.wirtschaft *f*

exporting *n* Exporttätigkeit *f*, Ausfuhr *f*; *adj* ausfuhr-, exportorientiert; **heavily e.** exportintensiv

export|-intensive *adj* ausfuhr-, exportintensiv; **e. item** Ausfuhr-, Exportartikel *m*, E.erzeugnis *nt*; **e.-led** *adj* exportbedingt, e.gestützt; **e. letter of credit** Exportakkreditiv *nt*; **e. levy** Ausfuhrabschöpfung *f*, A.abgabe *f*; **e. licence/permit** Ausfuhrgenehmigung *f*; **e. manager** Exportleiter(in) *m/f*; **e. manifest** ⚓ Exportversandliste *f*; **e. market** Ausfuhr-, Auslandsmarkt *m*; **e. merchant** Exportkaufmann *m*, E.kauffrau *f*; **e. notification** ⊖ Ausfuhr(an)meldung *f*; **e. order** Export-, Ausfuhr-, Auslandsauftrag *m*; **e. order book** (Bestand an) Auslandsaufträge(n); **e.-orient(at)ed** *adj* export-, ausfuhrorientiert; **e. pack(ag)ing** Exportverpackung *f*; **e. performance** Exportleistung *f*, E.ergebnis *nt*; **e. permit** Ausfuhrgenehmigung *f*, A.bewilligung *f*; **e. premium** Ausfuhrprämie *f*; **e. price** Export-, Ausfuhrpreis *m*; **~ index** Ausfuhrpreisindex *m*; **e. proceeds** Export-, Ausfuhrerlös(e) *m/pl*; **e. product** Ausfuhr-, Exporterzeugnis *nt*, E.artikel *m*; **e. promotion** Export-, Ausfuhrförderung *f*; **e. quota** Export-, Ausfuhrkontingent *nt*; **e. rate** Ausfuhrtarif *m*; **e. ratio** Exportintensität *f*, E.quote *f*; **e. receipts** Export-, Ausfuhrerlöse *pl*; **e. refund** Ausfuhrrückerstattung *f*; **e. restitution** Exporterstattung *f*; **e. restraints** Ausfuhr-, Exportbeschränkungen *pl*; **e. restrictions** Ausfuhrbeschränkungen *pl*; **e. revenue(s)** Exporteinnahme(n) *f/pl*; **e. rights** Ausfuhr-, Exportrechte *pl*; **e. risk** Ausfuhr-, Exportrisiko *nt*; **e. sales** Auslandsabsatz *m*; **e. share** Ausfuhr-, Exportanteil *m*, E.quote *f*; **e. specification** ⊖ Ausfuhrdeklaration *f*; **e. statistics** Ausfuhr-, Exportstatistik *f*; **e. subsidy** Ausfuhr-, Exportsubvention *f*, Ausfuhrbeihilfe *f*; **e. surplus** Außenhandelsüberschuss *m*, aktive Handelsbilanz; **e. tariff** ⊖ Ausfuhrzoll(tarif) *m*; **e. tax** Ausfuhrsteuer *f*; **e. terms** Ausfuhr-, Exportbedingungen *pl*; **e. trade** Export(wirtschaft) *m/f*, Auslandsgeschäft *nt*, Außenhandel *m*; **e. value** Ausfuhr-, Exportwert *m*; **e. volume** Außenhandelsvolumen *nt*

exposure *n* 1. *(Geld)* Engagement *nt [frz.]*, Anlagerisiko *nt*; 2. *(Vers.)* Risiko *nt*; 3. Verschuldungsgrad *m*; 4. Forderungen *pl*; 5. *(Vers.)* Risiko(umfang) *nt/m*; 6. Ausgesetztsein *nt*; **e. to risks** Risikoanfälligkeit *f*; **heavy e.** starke Verschuldung

express *n* 1. ✉ Eilzustellung *f*; 2. durch Eilboten; 3. Expressbrief *m*; **by e.** per Eilboten, als Eil-/Expressgut

expressage *n* *[US]* Eil(gut)-, Expresszustellgebühr *f*

express agent *[US]* Spediteur *m*; **e. carriage** Eilgutbeförderung *f*; **e. consignment** Expressgut *nt*; **e. delivery** ✉ Eil-, Schnellpaketzustellung *f*; **by e. delivery** per Eilboten; **e. freight** Eilfracht *f*; **e. freighter** ⚓ Eilfrachter *m*; **e. goods** Eil-, Expressgut *nt*; **e. messenger** ✉ Eilbote *m*; **e. package** *[US]*/**parcel** *[GB]* ✉ Eilpaket *nt*, Expressgut *nt*; **e. tariff** Eilguttarif *m*

expropriat|e *v/t* enteignen; **e.ion** *n* (Zwangs)Enteignung *f*; **~ proceedings** Enteignungsverfahren *nt*

ex quay ab Kai; **e. rights** ohne/ex Bezugsrecht (xB); **e. scrip** ex Gratisaktien; **e. ship/steamer** ab Schiff; **e. store** ab Lager

extend *v/t* 1. ausdehnen, ausweiten, weiter verbreiten; 2. ausbauen; 3. *(Frist)* verlängern, einräumen

extension *n* 1. Ausdehnung *f*, Erweiterung *f*; 2. (Zahlungs)Aufschub *m*, Fristverlängerung *f*; 3. ☎ Nebenanschluss *m*, N.stelle *f*, Durchwahl *f*

extension of contract Vertragsverlängerung *f*; **~ coverage** *(Vers.)* Deckungserweiterung *f*; **~ credit** Kreditverlängerung *f*, K.gewährung *f*; **~ the delivery period** Verlängerung der Lieferfrist; **~ demand** Nachfrageausweitung *f*; **~ liability** Haftungserweiterung *f*; **~ a loan** Kreditbereitstellung *f*; **e. for payment** Stundung *f*; **e. of the original term** Nachfrist *f*; **~ time** Frist(verlängerung) *f*, Nachfrist *f*

extension fee Kreditverlängerungsgebühr *f*; **e. number** ☎ Nebenanschluss *m*, Durchwahl *f*; **e. policy** Verlängerungspolice *f*

extensive *adj* ausgedehnt, umfassend, weitverzweigt

extent *n* Ausmaß *nt*, Umfang *m*; **to the full e.** in vollem Umfang, völlig; **e. of cover(age)** *(Vers.)* Deckungsumfang *m*; **~ damage/loss** Schadensausmaß *nt*, S.-umfang *m*; **~ liability** Haftungsumfang *m*; **~ liquidity** Liquiditätsdecke *f*; **~ utilization** Auslastung *f*; **~ warranty** Garantieumfang *m*; **to be liable to the e. of one's investment** bis zur Höhe seiner Einlage haften; **~ property** mit seinem ganzen Vermögen haften

external *adj* außerbetrieblich, außenwirtschaftlich, extern, ausländisch, Außen-; **e.ities** *pl* Externalitäten *pl*, externe Effekte

extinct *adj* *(Firma)* erloschen

extinction *n* (Aus)Löschung *f*, Tilgung *f*; **e. of debts** Schuldentilgung *f*; **~ a mortgage** Löschung einer Hypothek; **~ a right** Erlöschen eines Rechts

extinguish *v/t* (aus)löschen, tilgen; **e.ment** *n* 1. § Aufhebung *f*; 2. Löschung *f*; 3. Tilgung *f*; **~ of a copyright** Erlöschen des Urheberrechts; **~ of a debt** Schulderlass *m*

extort *v/t* erpressen, erzwingen

extortion *n* 1. Erpressung *f*; 2. *(Preis)* Wucher *m*; **e.ate** *adj* 1. erpresserisch; 2. wucherisch

extra *n* Sonderleistung *f*, S.dividende *f*, Zuschlag *m*; **e.s** Nebenausgaben *pl*, N.-kosten *pl*

extract *n* Auszug *m*, Abriss *m*; **e. of account** Rechnungsauszug *m*; **~ the register** Registerabschrift *f*, R.auszug *m*; **e.s from the commercial register** Auszug aus dem Handelsregister; *v/t* 1. Auszug machen; 2. ⚒ fördern, gewinnen

extracting plant *n* Gewinnungsanlage *f*

extraction *n* 1. Auszug *m*; 2. ⚒ Abbau *m*, Gewinnung *f*; **e. of raw materials** Rohstoffgewinnung *f*; **e. cost** 1. ⚒ Förderkosten *pl*; 2. 🌲 Rückekosten *pl*; **e. plant** ⚒ Förderanlage *f*; **e. rate** Fördermenge *f*

extractive *adj* rohstoffgewinnend

extraperiodic *adj* überperiodisch

ex warehouse ab Lager; **e. wharf** ab Kai; **e. works (EXW)** *(Incoterm)* ab Werk

eye|-catcher *n* Blickfang *m*, Zugartikel *m*; **at e. level** in Augenhöhe

E

F

fabric *n* 1. Stoff *m*, Gewebe *nt*; 2. Gefüge *nt*, Struktur *f*; **f.s** Textilien *pl*, Textilwaren *pl*

fabricat|e *v/t* 1. herstellen, (ver)fertigen; 2. erfinden, fälschen; **f.ion** *n* 1. Fertigung *f*, Fabrikation *f*, Herstellung *f*; 2. Fälschung *f*; **f.or** *n* 1. Hersteller *m*, Fabrikant *m*; 2. Schwindler *m*, Fälscher *m*

face *n* Vorderseite *f*; **f. amount** Nennwert *m*; **~ of a bill** Wechselbetrag *m*; **f. value** Nenn-, Nominalwert *m*; **at f. value** zu pari, zum Nennwert

facilitate *v/t* erleichtern, fördern

facility *n* 1. Vorteil *m*, Möglichkeit *f*, Einrichtung *f*; 2. *(Kredit)* Fazilität *f*, Kredit(rahmen) *m*, K.linie *f*; 3. (Betriebs)Anlage *f*, Betrieb(sstätte) *m/f*; **facilities** 1. Vergünstigungen *pl*, Erleichterungen *pl*; 2. 🏭 Anlagen *pl*, Betriebsmittel *pl*

financial facilities Finanzierungsmöglichkeiten *pl*, F.instrumente *pl*; **idle f.** stillliegende Betriebsanlagen; **industrial f.** Industrieanlagen *pl*; **marginal f.** Kapazitätsobergrenzen *pl*; **municipal f.** städtische Einrichtungen; **operational facility** Betriebsstätte *f*, B.anlage *f*; **productive facility** Produktionsanlage *f*; **public f.** öffentliche Einrichtungen; **recreational f.** Freizeiteinrichtungen *pl*; **roll-on/roll-off f.** ⚓ Anlagen für Direktverladung, ~ kranlose Verladung; **shared f.** gemeinsam genutzte (System)Einrichtungen; **syndicated facility** Konsortialkredit *m*

facility debts Verbindlichkeiten aus Kreditlinien; **f. expansion** Betriebsstättenerweiterung *f*; **f. location** Betriebsstandort *m*; **f. management** *(Immobilien)* Immobilien-, Objektverwaltung *f*, O.bewirtschaftung *f*

facsimile *n* 1. Kopie *f*, genaue Nachbildung, Faksimile *nt*; 2. Fax *nt*; **f. device/transmitter** Faxgerät *nt*

fact *n* Tatsache *f*; **f.s** 1. Daten, Sachverhalt *m*; 2. § Tatbestand *m*; **commercial f.s** ⊖ handelsmäßige Tatsachen; **economic f.** wirtschaftliche Tatsache; **established f.** feststehende Tatsache; **material/relevant f.** § rechtserhebliche/wesentliche Tatsache; **f. finding** Tatsachenfeststellung *f*

factor *n* 1. Faktor *m*; 2. Makler(in) *m/f*, (Verkaufs)Kommissionär *m*; 3. *(VWL)* Produktionsfaktor *m*; 4. π Faktor *m*; **f. of competition** Wettbewerbsfaktor *m*; **f. affecting/in costs** Kosteneinflussgröße *f*, K.faktor *m*; **f. of demand** Bedarfsfaktor *m*; **~ the economy** Wirtschaftsfaktor *m*; **~ performance** Erfolgsfaktor *m*; **~ production** Produktions-, Produktivfaktor *m*; **~ value** Wertfaktor *m*

bearish/depressive factor *(Börse)* Belastungstendenz *f*, Baissefaktor *m*; **contributory f.** Mitursache *f*; **cyclical f.** Konjunkturfaktor *m*; **deciding/decisive f.** Entscheidungskriterium *nt*; **deflationary f.** Deflationsfaktor *m*; **determining f.** Bestimmungsgröße *f*; **economic f.** Wirtschaftsfaktor *m*, konjunktureller Faktor; **environmental f.s** Umwelteinflüsse *pl*, Umgebungsfaktoren *pl*; **expansive f.s** Auftriebsfaktoren *pl*; **external f.** außerbetrieblicher Faktor; **~ f.s** außenwirtschaftliche Umstände; **human f.** menschlicher Faktor; **~ engineering** Ergonomie *f*; **inflationary f.** preistreibender Faktor; **locational f.** Standortfaktor *m*; **one-off f.** einmaliger Faktor; **price-raising f.** Preisauftriebsfaktor *m*; **productive f.** Produktionsfaktor *m*; **recessionary f.** Rezessionsfaktor *m*; **stabilizing f.** *(Börse)* Kursstützungsfaktor *m*, stabilisierendes Element

factor *v/t* 1. Schulden aufkaufen; 2. auf Kommissionsbasis verkaufen

factorage *n* Provision *f*, Kommissionsgebühr *f*, K.geschäft *nt*

factor analysis Faktorenanalyse *f*; **f.'s commission** Factoringgebühr *f*; **f. comparison** Merkmalsvergleich *m*; **f. cost** Faktorkosten *pl*; **f. demand** Nachfrage nach Produktionsfaktoren *pl*; **f. earnings** Faktoreinkommen *nt*; **f. income** Faktor-, Leistungseinkommen *nt*

factoring *n* 1. Factoring(geschäft) *nt*; 2. Aufkauf von Buch-/Warenforderungen; 3. Forderungsveräußerung *f*; **f. of receivables** Factoring *nt*, Forderungsverkauf *m*; **f. company** Faktor-, Factoring-Gesellschaft *f*; **f. transaction** à-forfait-Geschäft *nt*

factor input Faktoreinsatz *m*; **f. mix** Faktorkombination *f*; **f. movements** Produktionsfaktorwanderungen *pl*; **f. payments** Faktoreinkommen *nt*, F.entlohnung *f*; **f. price** Faktorpreis *m*; **total f. productivity**

Gesamtproduktivität *f*; **f. quality** Faktorqualität *f*; **f. rating** Leistungsbewertung nach Einzelfaktoren; **f. substitution** Faktorsubstitution *f*

factory *n* Fabrik *f*, Werk *nt*, Fertigungsstätte *f*; 2. Fabrikgebäude *nt*; **ex f.** ab Werk/Fabrik; **to close a f.** Fabrik stilllegen/schließen

Factory Act *[GB]* Arbeitsschutzgesetz *nt*; **f. building** Fabrik-, Werksgebäude *nt*, Werks-, Fabrikationshalle *f*; **f.-built** *adj* fabrikfertig; **f. capacity** Werks-, Betriebskapazität *f*; **f. costs** Herstellungs-, Fertigungskosten *pl*; **f. equipment** Fabrik-, Betriebseinrichtung *f*; **f. and office equipment** Betriebs- und Geschäftsausstattung *f*; **f. expense(s)** Fertigungsgemeinkosten *pl*; **f. farming** 🚜 1. *(Tiere)* Intensivhaltung *f*; 2. *(Boden)* Intensivbewirtschaftung *f*; **f. floor** Betrieb *m*; **~ management system** Betriebsdatenerfassung (BDE) *f*; **f. foreman** Industrie-, Werkmeister *m*; **f. gate** Werks-, Fabriktor *nt*; **~ output price** Preis ab Werk; **~ price inflation** Erzeugerpreisinflation *f*; **f. inspection** Gewerbeaufsicht *f*; **f. inspectorate** Gewerbeaufsicht(samt) *f/nt*; **f. legislation** Arbeitsschutz-, Industriegesetzgebung *f*; **at f. level** auf Betriebs-/Werksebene; **f. management** Betriebs-, Werksleitung *f*; **f. manager** Betriebs-, Werksleiter(in) *m/f*; **f. meeting** Betriebsversammlung *f*; **f. operating rate** Fabrik-, Betriebsauslastung *f*; **f. order** Innenauftrag *m*; **f. outlet** Fabrikladen *m*, F.geschäft *nt*; **~ center** *[US]*/**centre** *[GB]* **(FOC)** Fabrikverkaufszentrum *nt*; **f. output** Industrieproduktion *f*; **f. overhead(s)** Betriebs-, Werksgemeinkosten *pl*; **f. owner** Fabrikbesitzer(in) *m/f*, Fabrikant(in) *m/f*; **f.-packed** *adj* originalverpackt; **f. premises** Fabrik-, Betriebs-, Werksgebäude *nt*; **f. price** Hersteller-, Fabrikpreis *m*, Preis ab Werk; **f.-provided** *adj* werksseitig; **f. rejects** Ausschuss(ware) *m/f*; **f. relocation** Betriebsverlagerung *f*, B.umsiedlung *f*; **f. safety** Betriebssicherheit *f*; **f. security** Werksschutz *m*; **f. ship** Fabrik-, Fischverarbeitungsschiff *nt*; **f. siding** *[GB]*/**sidetrack** *[US]* 🚆 Werksanschluss (-gleis) *m/nt*; **f. site** Fabrik-, Werksgelände *nt*; **f. stocks** Fabrikbestände *pl*; **f. supplies** Hilfs- und Betriebsstoffe *pl*; **f. tour/visit** Betriebs-, Werksbesichtigung *f*; **f. vessel** ⚓ Fabrik-, Fischverarbeitungsschiff *nt*; **f. work** Fabrikarbeit *f*; **f. worker** Fabrikarbeiter(in) *m/f*

factsheet *n* Tatsachendokument *nt*, Info(rmations)blatt *nt*

fail *v/ti* 1. scheitern, fehlschlagen, misslingen, nicht zustande kommen; 2. nicht bestehen/durchkommen; 3. Bankrott/Konkurs machen; 4. versäumen, unterlassen; **f.ing** *prep* mangels, in Ermangelung; **f.-safe** *adj* ausfallsicher, absolut sicher

failure *n* 1. Fehlschlag *m*, Misserfolg *m*, Fiasko *nt*, Reinfall *m (coll)*; 2. Versäumnis *nt*, Unterlassung *f*; 3. ☼/ϟ Störung *f*, Ausfall *m*; 4. Insolvenz *f*, Bankrott *m*, Konkurs *m*; **f. of crops** 🚜 Missernte *f*, Ernteausfall *m*; **~ performance** § Nichterfüllung *f*, Erfüllungsmangel *m*

failure to complete Nichtfertigstellung *f*; **~ comply with the/a contract** mangelnde Vertragserfüllung; **~ deliver** Lieferverzug *m*; **~ disclose** mangelnde Offenlegung; **~ inform** Nichtanzeige *f*; **~ instruct** Unterlassung der Unterrichtung; **~ keep the delivery date; ~ meet the deadline** Fristüberschreitung *f*; **~ meet an obligation** Leistungsverzug *m*; **~ pay** Nichtzahlung *f*; **~ perform** Nichterfüllung *f*, mangelnde Vertragserfüllung; **~ reply** Nichtbeantwortung *f*; **~ report** Unterlassung der Meldung/Berichterstattung; **~ take delivery** Nichtannahme *f*

commercial failure Insolvenz *f*, Konkurs *m*, Bankrott *m*; **corporate f.** Unternehmenspleite *f*, Firmenzusammenbruch *m*; **human f.** menschliches Versagen

failure cause Ausfallursache *f*; **f. frequency** Ausfallhäufigkeit *f*; **f. rate** 1. Ausfallrate *f*, A.quote *f*; 2. Konkursquote *f*; **f. report** Störungsbericht *m*

fair *n* Messe *f*, (Verkaufs)Ausstellung *f*; **to attend a f.** Messe/Ausstellung besuchen; **to participate in a f.** Messe beschicken; **agricultural f.** Landwirtschaftsausstellung *f*, L.schau *f*; **commercial f.** Handelsmesse *f*; **industrial f.** Industriemesse *f*, I.ausstellung *f*

fair *adj* 1. fair, anständig, kulant; 2. *(Preis)* angemessen, markt-, leistungsgerecht; 3. risikogerecht; 4. aussichtsreich; 5. *(Kenntnisse)* fortgeschritten; **f. and proper** recht und billig; **~ reasonable** § angemessen

F

fair attendance Messe-, Ausstellungsbesuch *m*; **f. authority** Messeleitung *f*; **f. directory** Ausstellungsverzeichnis *nt*; **f.-goer** *n* Ausstellungs-, Messebesucher *m*; **f. ground/site** Ausstellungs-, Messegelände *nt*; **f. hall** Messehalle *f*; **f. management** Ausstellungs-, Messeleitung *f*

fair merchantable/middling (quality) (f.m.) gute Durchschnittsware/D.qualität

fairness *n* Angemessenheit *f*, Kulanz *f*

F

fair pass Messeausweis *m*; **f. pavilion** Messehalle *f*; **f. site** Ausstellungs-, Messegelände *nt*; **f. visitor** Messebesucher *m*, M.gast *m*; **f.way** *n* ⚓ Fahrwasser *nt*, F.rinne *f*

faith *n* Glaube *m*, Vertrauen *nt*; **in bad f.** unredlich; **in good f.** in gutem Glauben; **f.ful** *adj* gewissenhaft, pflichttreu; **yours f.fully** *adv (Brief)* mit freundlichen Grüßen

fake *n* Fälschung *f*, Imitation *f*; *v/ti* fälschen, nachahmen

fall *n* 1. Fall *m*; 2. Rückgang *m*, Kursabschwächung *f*, K.sturz *m*, K.einbruch *m*

fall in consumption nachlassender Verbrauch, Verbrauchsrückgang *m*; **~ demand** Nachfragerückgang *m*; **~ exports** Exportrückgang *m*; **~ interest rates** Zinsrückgang *m*; **~ output** Produktionsrückgang *m*; **f. in/of prices** Kurs-, Preisrückgang *m*, Kurs-, Preiseinbruch *m*; **f. in production** Produktionsrückgang *m*; **~ profits** Gewinnrückgang *m*, G.abnahme *f*, Erlöseinbuße *f*; **~ sales** Absatzeinbruch *m*; **~ sales revenues** Erlöseinbuße *f*

to cushion the fall Kurssturz auffangen; **to operate for a f.** auf Baisse spekulieren; **heavy/sharp f.** 1. starker/scharfer Rückgang; 2. *(Börse)* Baisse *f (frz.)*

fall *v/i* *(Preis/Kurs)* nachgeben, fallen, sinken; **f. back** zurückgehen, z.fallen; **f. behind** 1. in Rückstand geraten; 2. *(Zahlung)* säumig werden; **f. due** verfallen, fällig werden; **f. off** 1. *(Nachfrage)* nachlassen; 2. *(Preis/Kurs)* nachgeben

fallacious *adj* irrig, abwegig

fallacy *n* Trug-, Fehlschluss *m*; **statistical f.** statistischer Fehlschluss

fall-back *n* Rückgang *m*, Abschwächung *f*

falling *adj* rückläufig, nachgebend

fall-off *n* Rückgang *m*, Abnahme *f*; **f. in orders** Auftragsrückgang *m*, Verschlechterung der Auftragslage; **~ production** Produktionsrückgang *m*; **~ sales** Absatz-, Umsatzrückgang *m*

fallow *n* 🚜 Brache *f*, brachliegendes Land; *adj* brach(liegend); **to lie f.** brachliegen

falsi|fication *n* (Ver)Fälschung *f*; **~ of accounts** Buchfälschung *f*; **~ of the balance sheet** Bilanzfälschung *f*; **f.ify** *v/t* (ver)fälschen

familiar *adj* vertraut; **f.ization** *n* Einarbeitung *f*; **f.ity** *n* Vertrautheit *f*; **f.ize** *v/t* einweisen; **~ o.s. with** sich vertraut machen mit

family *n* Familie *f*; **single-parent f.** Alleinstehende(r) mit Kind(ern); **two-earner/two-income f.** Doppelverdiener(haushalt) *pl/m*

family allowance Familienbeihilfe *f*, Kindergeld *nt*; **f. brand** Dachmarke *f*; **f. business/concern/enterprise** Familienbetrieb *m*, F.unternehmen *nt*; **f.-controlled** *adj* im Familienbesitz; **f. economy** Familienwirtschaft *f*; **f. farm** landwirtschaftlicher Familienbetrieb; **f. grant** Familienbeihilfe *f*; **f. income** Haushaltseinkommen *nt*; **~ supplement** Familiensozialhilfe *f*; **f. insurance** Familienversicherung *f*; **f. interests** Familienbesitz *m*; **f.-orient(at)ed** *adj* familienfreundlich; **f.-owned** *adj* im Familienbesitz; **f. pack** Groß-, Haushaltspackung *f*; **f. partnership** Familiengesellschaft *f*, F.unternehmen *nt*; **f. residence** Einfamilienhaus *nt*; **f. savings** Ersparnisse der privaten Haushalte; **f. size** 1. Haushaltsgröße *f*; 2. Groß-, Haushaltspackung *f*; **f. status** Familienstand *m*; **f. taxation** Familienbesteuerung *f*; **f. welfare** Familienfürsorge *f*

famine *n* Hungersnot *f*; **f. relief** Hungerhilfe *f*

fancy *n* Laune *f*; **f. articles/goods** Mode-, Geschenkartikel *pl*; **f. price** Liebhaberpreis *m*

fanfold *n* *(Papier)* Zickzacklage *f*; **continuous f. paper** Endlospapier *nt*

fare *n* 1. Fahr-, Flugpreis *m*; 2. Beförderungsgebühr *f*, B.entgelt *nt*; 3. *(Taxi)* Fahrgast *m*

concessionary fare ermäßigter Fahrpreis; **cut-price f.** Billigtarif *m*; **full f.** voller Fahrpreis; **off-peak f.** Talzeittarif *m*; **off-season f.** Tarif außerhalb der Saison; **reduced f.** ermäßigter Fahrpreis/Tarif, Fahrpreisermäßigung *f*; **supplementary f.** Zuschlag *m*

fare cut Tarifsenkung *f*; **f. dodging/evasion** Fahrgeldhinterziehung *f*, Schwarzfahren *nt (coll)*; **f. refund** Fahrgelderstattung *f*; **f. stage** Tarif-, Zahlgrenze *f*

farm *n* (Bauern)Hof *m*, landwirtschaftlicher Betrieb; **arable f.** Ackerbaubetrieb *m*; **collective f.** *(obs.)* landwirtschaftliche Produktionsgenossenschaft (LPG) *[DDR]*, Kolchose *f (UdSSR)*; **full-time f.** Voll(erwerbs)betrieb *m*; **part-time f.** Nebenerwerbsbetrieb *m*; **small f.** Kleinbetrieb *m*; **tenanted f.** ver-/gepachteter Bauernhof

farm *v/ti* bewirtschaften, kultivieren; **f. out** 1. verpachten; 2. *(Aufträge)* an Subunternehmer weitergeben, fremdvergeben

farm aid(s) Agrarsubventionen *pl*; **f. budget** *[EU]* Agrarhaushalt *m*; **f. building** Wirtschaftsgebäude *nt*; **f. commissioner** *[EU]* Agrarkommissar *m*; **f. cooperative** *(obs.)* landwirtschaftliche (Produktions)-Genossenschaft (LPG) *[DDR]*, Kolchose *f (UdSSR)*; **f. economist** Agronom *m*; **f. enterprise** landwirtschaftlicher Betrieb

farmer *n* Landwirt *m*, Bauer *m*; **large f.** Großlandwirt *m*; **organic f.** Bio-Bauer *m*; **small-scale f.** Kleinerzeuger *m*; **f.s' association/union** Bauernverband *m*; **f.s' cooperative** Erzeugergemeinschaft *f*, landwirtschaftliche Genossenschaft

farm exports Agrarexporte *pl*, A.ausfuhren *pl*; **f.-gate price** Preis ab Hof; **~ sale** Verkauf ab Hof; **f. holding** (Bauern)-Hof *m*, Gut *nt*; **f. imports** Agrarimporte *pl*, A.einfuhren *pl*; **f. income** landwirtschaftliches (Betriebs)Einkommen

farming *n* Land-, Agrarwirtschaft *f*; **intensive f.** Intensivbewirtschaftung *f*, I.-kultur *f*; **mixed f.** Mischlandwirtschaft *f*; **organic f.** biologischer Anbau, Bio-Landwirtschaft *f*; **f. land** Agrarfläche *f*; **f. policy** Agrar-, Landwirtschaftspolitik *f*; **f. product** Agrarerzeugnis *nt*; **f. stock** landwirtschaftliches Betriebsvermögen

farm input landwirtschaftliche Betriebsmittel; **f. labourer** Landarbeiter(in) *m/f*

farmland *n* Ackerland *nt*, landwirtschaftliche Nutzfläche; **abandoned f.** aufgegebene landwirtschaftliche Nutzfläche; **f. consolidation** Flurbereinigung *f*

farm loan Landwirtschaftskredit *m*; **f. management** landwirtschaftliche Betriebsführung; **f. mechanization** Mechanisierung der Landwirtschaft; **f. price** Agrarpreis *m*, landwirtschaftlicher Erzeugerpreis; **~ regime** *[EU]* Agrarpreisordnung *f*; **~ subsidy** Agrarpreissubvention *f*; **~ support** Agrarpreisstützung *f*; **f. produce/product(s)** landwirtschaftliche(s) Erzeugnis(se)/ Produkt(e), Agrarerzeugnis(se) *nt/pl*; **f. production** Agrarproduktion *f*; **f. rent** Pacht(zins) *f/m*; **f. spending** Agrarausgaben *pl*; **f. stock** landwirtschaftliches Inventar; **f. support price** *[EU]* Agrarstützpreis *m*; **f. surplus** landwirtschaftliche Überproduktion; **f. worker** Landarbeiter *m*; **f.yard** *n* Hof *m*; **free at f.yard** frei Hof

far-reaching *adj* weitreichend, tief-, durchgreifend

fashion *n* Mode *f*; **f. fair** Modemesse *f*; **f. goods** Modeartikel *pl*; **young f. market** Markt für junge Moden; **f. producer** Modehersteller *m*

fast *adj* schnell; **f.-growing** *adj* wachstumsstark; **f.-selling** *adj (Ware)* mit schnellem Umschlag, umsatzstark

fatality *n* Todesopfer *nt*; **industrial f.** tödlicher Arbeitsunfall

fatigue *n* 1. Müdigkeit *f*, Ermüdung *f*; 2. Materialermüdung *f*; **occupational f.** Überarbeitung *f*; **f. allowance** *(REFA)* Erholungszuschlag *m*

fatstock *n* Mast-, Schlachtvieh *nt*

fault *n* 1. (Fabrikations-/Herstellungs)-Fehler *m*; 2. ☼ Schaden *m*, Defekt *m*, Störung *f*; 3. Schuld *f*, Verschulden *nt*; **without f.** unverschuldet; **with all f.s** ohne Mängelgewähr; **to find f.s** Mängel beanstanden; **to remedy a f.** Störung abstellen/beheben; **mutual f.** beiderseitiges Verschulden; **own f.** eigenes Verschulden; **technical f.** technische Störung; **f.-less** *adj* fehler-, einwandfrei; **f. time** *(Maschine)* Ausfallzeit *f*

faulty *adj* fehlerhaft, nicht einwandfrei, schadhaft

favour *n* Gefallen *m*, Gefälligkeit *f*; **in f. of** zugunsten von; *v/t* befürworten, unterstützen; **f.able** *adj* 1. günstig, vorteilhaft; 2. *(Zahlungsbilanz)* aktiv; **f.ed** *adj* bevorzugt; **most f.ed** ⊝ meistbegünstigt

fax; FAX *n* (Tele)Fax *nt*; *v/t* faxen *(coll)*; **f. machine** Faxgerät *nt*; **f. message** Fax(-Nachricht) *nt/f*; **f. number** Faxnummer *f*

feasibility *n* Aus-, Durchführbarkeit *f*, Machbarkeit *f*; **f. study** Projekt-, Machbarkeitsstudie *f*, Durchführbar-

F

keitsuntersuchung *f*, Wirtschaftlichkeitsberechnung *f*; **economic f. study** Wirtschaftlichkeitsstudie *f*

feasible *adj* (praktisch) durchführbar, machbar

featherbedding *n* 1. *(fig)* (personelle) Überbesetzung *f*; 2. Herabsetzung der Sollvorgaben

federal *adj* bundeseigen, b.staatlich, Bundes-

Federal Aviation Authority (FAA) *[US]* (Zivil)Luftfahrtbehörde *f*, Luftfahrtbundesamt *nt [D]*; **F. Bank** Bundesbank *f [D]*; **F. Bureau of Statistics** Statistisches Bundesamt *nt [D]*; **F. Deposit Insurance Corporation (FDIC)** *[US]* Bundesversicherungsanstalt für Bankeinlagen; **F. Home Loan Bank** *[US]* Bausparkassenzentralbank *f*; **F. Insurance Contribution (FIC)** Pflichtversicherungsbeitrag *m*; **F. Mediation and Conciliation Service** *[US]* Schlichtungsbehörde *f*; **F. Open Market Committee** *[US]* Offen-Markt-Ausschuss der US-Zentralbank; **F. Register** *[US]* Staatsanzeiger *m*; **F. Reserve Bank** *(Fed) [US]* Zentral(noten)bank der USA, amerikanische Zentralbank; **~ Board** *[US]* Bundesschatzamt *nt*, US-Zentralbank *f*; **~ System (FRS)** *[US]* Zentralbanksystem *nt*; **F. Savings and Loan Insurance Corporation** *[US]* Bundesversicherungsanstalt für das Bausparkassenwesen; **F. Trade Commission (FTC)** *[US]* Kartellamt *nt*

federation *n* Verband *m*, Vereinigung *f*

fee *n* Gebühr *f*, Honorar *nt*, Vergütung *f*; **f.s and expenses** Gebühren und Auslagen; **to charge/levy a f.** Gebühr erheben; **to fix f.s** Gebühren festsetzen; **to pay f.s** Gebühren entrichten

administrative fee Verwaltungsgebühr *f*; **annual f.** Jahresgebühr *f*; **basic f.** Fixum *nt*, Grundgebühr *f*; **contingent f.** § Erfolgshonorar *nt*; **flat/lump-sum f.** Pauschalgebühr *f*; **late f.** Verzugsgebühr *f*; **legal f.s** Anwalts-, Gerichtsgebühren *pl*; **safe-custody/safe-deposit f.** Safegebühr *f*, S.miete *f*, Depot-, Schließfachgebühr *f*; **supplementary f.** Nebengebühr *f*

feed *n* 1. 🚜 Futter *nt*; 2. *(Maschine)* Transport *m*, Zuführung *f*, Vorschub *m*; *v/ti* 1. verpflegen, (er)nähren; 2. versorgen, alimentieren; 3. ⚙ zuführen, transportieren; 4. 🖳 eingeben; **f. in** 🖳 einspeichern; **f. through** (voll) durchschlagen (auf); **f.-back** *n* Rückkoppelung *f*, (Informations)-Rückfluss *m*

feeder *n* Zubringer(straße) *m/f*, Z.linie *f*; **f. airline** Zubringerfluggesellschaft *f*; **f. line** Zubringerlinie *f*, Z.strecke *f*; **f. service** ✈ Zubringerdienst *m*; **f. traffic** Zubringerverkehr *m*

feed|stock(s) *n* 1. Werkstoff *m*, Einsatzgut *nt*; 2. ⚗ Vorstoff *m*, Vormaterial *nt*

fee income Gebührenaufkommen *nt*, G.einnahmen *pl*; **f. scale** Gebührenordnung *f*; **f. simple** § unbelastetes Grund(stücks)eigentum, unbeschränktes Eigentumsrecht (an Grundbesitz); **f. structure** Gebühren-, Honorarstruktur *f*; **f. tail** § beschränkt vererblicher Grundbesitz

fell *v/t* 🌲 fällen, roden; **f.ing (of trees)** *n* Rodung *f*, Einschlag *m*

fellow *n* 1. (Berufs)Kollege *m*; 2. *(Gesellschaft)* Mitglied *nt*; **f. contractor** *(Konsortium)* Mitkonsorte *m*; **f. creditor** Mitgläubiger(in) *m/f*; **f. debtor** Mitschuldner(in) *m/f*; **f. member** Mitkonsorte *m*; **f. partner** Mitgesellschafter(in) *m/f*; **f. subsidiary** Schwestergesellschaft *f*; **f. underwriter** *(Konsortium)* Mitkonsorte *m*; **f. worker** Arbeitskollege *m*, A.kollegin *f*

feme merchant/trader § Handels-, Kauffrau *f*

ferry *n* ⚓ Fähre *f*, Fährschiff *nt*; **roll-on/roll-off (Ro-Ro) f.** Fährschiff mit Auffahrrampe; **f. crossing** Überfahrt (mit der Fähre) *f*; **f. dues** Fährgeld *nt*; **f. operator** Fährgesellschaft *f*, F.betrieb *m*; **f. service** Fährbetrieb *m*; **f. traffic** Fährverkehr *m*

fertil|e *adj* 🚜 fruchtbar, ertragreich; **f.ity** *n* 1. 🚜 Fruchtbarkeit *f*; 2. Geburtenhäufigkeit *f*

fetch *v/t* 1. *(Preis)* erzielen; 2. *(Zinsen)* (ein)bringen

fever *n* ⚕ Fieber *nt*; **inflationary f.** Inflationsfieber *nt*

FIBOR (Fankfurt interbank offered rate) Zinssatz unter Frankfurter Banken

FICA (Federal Insurance Contribution Act) taxes *n* *[US]* Beiträge zur gesetzlichen Sozialversicherung

fictitious *adj* 1. fiktiv, frei erfunden; 2. kalkulatorisch

fiddle *n* *(coll)* Manipulation *f*, Schiebung *f*; *v/t (coll)* frisieren *(coll)*, manipulieren

fidelity *n* Redlichkeit *f*, (Pflicht)Treue *f*; **f. bond** Kautionsversicherung(spolice) *f*, Kaution gegen Veruntreuung; **f. clause** Vertrauensschutz *m*; **f. discount/rebate** Treuerabatt *m*; **f. guarantee** Personenkautionsversicherung *f*; **f. insurance** Kautionsgarantie-, Vertrauensschadensversicherung *f*

fiduciary *n* Treuhänder *m*; *adj* treuhänderisch

field *n* 1. Feld *nt*; 2. Arbeits-, Fachgebiet *nt*; 3. Bereich *m*, Sparte *f*; **in the f.** 1. im Außendienst, an der Front *(fig)*; 2. in der Praxis; **f. of action** Arbeitsfeld *nt*; **~ activity** Arbeits-, Betätigungsbereich *m*; **~ application** Anwendungs-, Einsatzgebiet *nt*, E.möglichkeit *f*; **~ interest** Interessengebiet *nt*; **~ reference** Sachgebiet *nt*; **~ responsibility** Kompetenzbereich *m*; **~ work** Arbeitsbereich *m*, Sachgebiet *nt*; **to narrow the f.** aus dem Bewerberfeld auswählen; **to test in the f.** in der Praxis/vor Ort ausprobieren; **to work the f.** *(Außendienst)* Kunden betreuen; **green f.** *(Industrieansiedlung)* grüne Wiese; **special f.** Sach-, Spezialgebiet *nt*, Fachbereich *m*

field agent Vertreter(in) (im Außendienst) *m/f*; **f. assembly** Außenmontage *f*; **~ operations** Montagearbeiten *pl*; **f. auditing** *(Steuer)* Außenprüfung *f*; **f. auditor** Außenrevisor *m*; **f. crop** 🚜 Feld-, Ackerfrucht *f*; **f. damage** Flurschaden *m*; **f. experience** praktische Erfahrung; **f. inventories** Außenlager *nt*; **f. office** Außen-, Geschäftsstelle *f*; **f. organisation** Außen(dienst)organisation *f*; **f. personnel** Außendienstpersonal *nt*; **f.-proven** *adj* praxiserprobt; **f. representative** Außendienstmitarbeiter(in) *m/f*; **f. research** Primärerhebung *f*, Feldforschung *f*; **f. service** Außendienst(tätigkeit) *m/f*; **~ manager** Kundendienstleiter(in) *m/f*; **~ report** Außendienstbericht *m*; **~ technician** Außendiensttechniker *m*; **f. staff** Außendienstmitarbeiter *pl*, Verkaufsaußendienst *m*, Mitarbeiter im Außendienst; **f. study** Feldstudie *f*; **f. survey** Marktforschung an Ort und Stelle; **f. warehouse** Außenlager *nt*; **f. work** Außendienst(tätigkeit) *m/f*; **f. worker** Außendienstmitarbeiter(in) *m/f*; **f. workers** Verkaufsaußendienst *m*

FIFO (first-in-first-out) *(Bilanz)* Zuerstentnahme der älteren Bestände, Inventarbewertung nach dem ‚first in-first out' Prinzip

fight *n* Kampf *m*; **f. against inflation** Inflationsbekämpfung *f*; **f. for survival** Kampf ums Überleben; **f. against unemployment** Bekämpfung der Arbeitslosigkeit

figure *n* 1. Figur *f*; 2. π Ziffer *f*, Zahl *f*; 3. Betrag *m*; **f.s** Zahlenmaterial *nt*, Z.werk *nt*, Z.angaben *pl*; **to express in round f.s** (ab-/auf)runden; **to go over the f.s** durchrechnen; **to massage f.s** *(coll)* Zahlen frisieren *(coll)*

black figure|s schwarze Zahlen; **to write ~ f.s** im Plus/in der Gewinnzone sein; **budgeted f.** Budgetsoll *nt*; **comparative f.** Vergleichszahl *f*; **cumulative f.s** aufgelaufene Beträge; **end-of-month f.s** Ultimo-, Monatsendstand *m*; **half-year(ly)/interim f.s** Halbjahres-, Zwischenergebnis *nt*; **ahead of ~ f.s** in Erwartung des Zwischenberichts; **median f.** Mittelwert *m*; **odd f.** ungerade Zahl; **official f.s** amtliche Zahlen/Ziffern; **projected f.** Planzahl *f*; **provisional f.s** vorläufiges Ergebnis; **quarterly f.s** Quartals-, Vierteljahreszahlen *pl*; **red f.s** rote Zahlen; **to write ~ f.s** rote Zahlen schreiben, im Minus sein; **round f.** glatte Zahl; **in ~ f.s** (ab-/auf)gerundet

file *n* 1. Akte *f*, Vorgang *m*; 2. 🖳 Datei *f*; **f.s** 1. Ablage *f*, Archiv *nt*; 2. Registratur *f*; **to inspect the f.s** Akten einsehen; **to put on f.** zu den Akten nehmen

circulating/flip-flop file Umlaufmappe *f*; **follow-up f.** Wiedervorlagemappe *f*; **pending f.s** Unerledigtes *nt*; **personal f.** Personalakte *f*; **transparent f.** Klarsichthülle *f*

file *v/t* 1. ablegen, ab-, einheften; 2. einreichen; 3. registrieren; 2. 🖳 speichern; **f. for** beantragen; **f. with** hinterlegen bei

file access 🖳 Dateizugriff *m*; **f. editing** 🖳 Dateiaufbereitung *f*; **f. index** Aktenverzeichnis *nt*; **f. maintenance** *(Datei)* Fortschreibung *f*; **f. management** 1. Registratur *f*; 2. 🖳 Dateiverwaltung *f*; **f. manager** 🖳 Dateiverwaltungsprogramm *nt*; **f. name** Dateibezeichnung *f*, D.name *m*; **f. number** Geschäfts-, Aktenzeichen *nt*; **f. organisation** Dateiorganisation *f*; **f. protection** Dateischutz *m*; **f. retention period** Aufbewahrungszeitraum *m*; **f. size** 🖳 Dateiumfang *m*

F

filing *n* 1. Registrierung *f*, Registratur *f*, Archivierung *f*; 2. (Patent)Anmeldung *f*; **f. of the action** § Einreichung der Klage; **~ an application** Antragstellung *f*; **~ a claim** Forderungsanmeldung *f*; **~ joint returns** gemeinsame Steuererklärung

filing clerk Registrator(in) *m/f*, Archivar(in) *m/f*; **f. date** Anmeldedatum *nt*, Abgabetermin *m*; **latest f. date** Anmeldeschluss *m*; **f. department** Registratur *f*; **f. fee** Anmeldegebühr *f*; **f. period** Anmeldefrist *f*; **~ for taxpayers** Abgabefrist für die Steuererklärung; **f. system** Registratur-, Ablagesystem *nt*; **f. tray** Ablage(korb) *f/m*

F

fill *v/t* 1. füllen; 2. *(Stelle)* besetzen; **f. in** *[GB]***/out** *[US] (Formular)* ausfüllen

filling *n* Füllung *f*, Einlage *f*; **f. of an order** Auftragserledigung *f*; **~ a vacancy** Stellenbesetzung *f*

film *n* 1. Film *m*; 2. Folie *f*, Schicht *f*; **promotional f.** Werbefilm *m*; **transparent f.** Klarsichtfolie *f*; **f. distribution** Filmverleih *m*; **f.ing** *n* Verfilmung *f*; **f. industry** Filmindustrie *f*; **f. rental** Filmverleih *m*

filter *v/t* filtern; **f. through** durchsickern, allmählich bekannt werden

final *adj* 1. End-, Schluss-, endgültig; 2. § *(Urteil)* rechtskräftig; **to become f. and absolute** § Rechtskraft erlangen; **f.-finish** *v/t* endbearbeiten

final|ization *n* 1. Beendigung *f*; 2. endgültige Festlegung; **f.ize** *v/t* 1. abschließen, beenden; 2. letzte Vorbereitungen treffen; 3. abschließend beraten

finance *n* 1. Finanzwesen *nt*, F.wirtschaft *f*, Finanzen *pl*, Geldwesen *nt*; 2. Finanzwissenschaft *f*; 3. Finanzierung *f*; **f.s** 1. Einkünfte *pl*; 2. Finanzen *pl*, Finanzlage *f*

additional finance zusätzliche Geldbeträge/Finanz(ierungs)mittel; **corporate f.** 1. Unternehmensfinanzen *pl*; 2. Unternehmensfinanzierung *f*; 3. betriebliche Finanzwirtschaft; **external f.** Fremdkapital *nt*, F.mittel *pl*; **fresh f.** zusätzliche Mittel; **initial f.** Anfangsfinanzierung *f*; **joint f.** Mitfinanzierung *f*; **outside f.** Fremdfinanzierung *f*, F.mittel *pl*; **point-of-sale f.** Konsum-, Verbraucherkredite *pl*; **public f.(s)** öffentliches/staatliches Finanzwesen; **sound f.s** geordnete Finanz- und Kapitalverhältnisse; **start-up f.** Anschubfinanzierung *f*, Betriebsgründungshilfe *f*; **strained f.s** angespannte Finanzlage; **temporary f.** Zwischenfinanzierungsmittel *pl*

finance *v/t* finanzieren, Kapital beschaffen, Mittel bereitstellen

finance act Steuergesetz *nt*; **f. bill** 1. *[GB]* Steuer-, Haushaltsvorlage *f*; 2. Finanz(ierungs)wechsel *m*; **(commercial) f. company** Finanz(ierungs)gesellschaft *f*, Kredit-, Finanzinstitut *nt*, Kundenkreditbank *f*; **industrial f. company** Industriekreditbank *f*; **personal f. company** Teilzahlungskreditinstitut *nt*; **f. court** Finanzgericht *nt*; **f. debt** Finanzschulden *pl*; **f. department** 1. Finanzabteilung *f*; 2. *[US]* Finanzverwaltung *f*; **f. director** Finanzvorstand *m*; **f. engineering** Steuerung der Liquiditätsströme; **f. gap** Finanzierungslücke *f*; **f. holding** Finanzierungsholding *f*; **(commercial) f. house** Finanz(ierungs)gesellschaft *f*, Kredit-, Finanzinstitut *nt*, Kundenkreditbank *f*; **f. industry** Finanzwirtschaft *f*; **f. leasing** Finanzierungsleasing *nt*, Lang(zeit)vermietung *f*; **f. loan** Finanzierungskredit *m*; **f. management** Finanzwirtschaft *f*; **f. market** Finanzmarkt *m*; **f. minister** Finanzminister(in) *m/f*; **f. package** Finanzierungspaket *nt*, F.instrument(arium) *nt*; **f. requirements** Finanzbedarf *m*

financial *adj* Finanz-, finanziell, geldlich, finanzwirtschaftlich, f.politisch; **f.s** *n (Aktien)* Finanztitel *pl*, F.werte *pl*; **small f.s** *pl (Finanzausstattung)* kleine Verhältnisse; **F. Times Stock Exchange index (FT/FTSE index)** *[GB]* britischer Aktienindex, Footsie *m (coll)*

externally financed *adj* fremdfinanzert

financier *n* Finanzier *m*, Kapitalgeber *m*

financing *n* Finanzierung *f*; **f. of capital projects** Investitionsfinanzierung *f*; **f. to completion** Durch-, Endfinanzierung *f*; **f. by customer advances** Vorauszahlungsfinanzierung *f*; **f. with internally generated funds/from own resources** Eigenfinanzierung *f*; **f. of innovation** Innovationsfinanzierung *f*; **~ foreign trade** Außenhandelsfinanzierung *f*

to procure adequate financing Finanzierung sichern

advance financing Vorfinanzierung *f*; **complete f.** Vollfinanzierung *f*; **corporate f.** Unternehmensfinanzierung *f*; **coterminous f.** kongruente Finanzierung;

external f. Fremdfinanzierung *f*; **follow-up f.** Anschlussfinanzierung *f*; **highly-geared f.** Finanzierung mit hohem Anteil von Fremdmitteln; **industrial f.** Industriefinanzierung *f*; **interim f.** Zwischenfinanzierung *f*; **internal f.** Eigenfinanzierung *f*; **joint f.** Mischfinanzierung *f*; **long-term f.** langfristige Finanzierung; **low-interest f.** zinsgünstige Finanzierung; **outside f.** Fremdfinanzierung *f*; **own f.** Eigenfinanzierung *f*; **reduced-interest f.** zinsgünstige Finanzierung; **short-term f.** kurzfristige Finanzierung, Zwischenfinanzierung *f*; **start-up f.** Anschubfinanzierung *f*; **wholesale f.** Großkreditgeschäft *nt*

financing agency Finanzierungsgesellschaft *f*; **f. arrangements** Finanzierungsmodalitäten *pl*; **f. business** Finanzierungsgeschäft *nt*; **f. charge(s)/costs** Finanzierungskosten *pl*; **f. company** Finanzierungsgesellschaft *f*; **f. facility** Finanzierungsfazilität *f*; **easy f. facilities** bequeme Finanzierung; **f. instrument** Finanzierungsinstrument *nt*; **f. method** Finanzierungsform *f*; **f. mix** Kapitalstruktur *f*; **f. package** (Gesamt)Finanzierung *f*; **f. plan** Finanzierungsplan *m*; **f. power** Finanzierungsvermögen *nt*; **f. ratio** Finanzierungskennzahl *f*, finanzwirtschaftliche Kennzahl; **external f. ratio** Fremdfinanzierungsanteil *m*; **internal/self-generated f. ratio** Innenfinanzierungsquote *f*; **f. requirements** Finanzierungsbedarf *m*; **f. rule** Finanzierungsregel *f*; **f. services** Finanzierungsfazilitäten *pl*; **f. sources** Finanzquellen *pl*; **f. terms** Finanzierungsmodalitäten *pl*; **f. transaction** Finanzierungsgeschäft *nt*

finding *n* § Urteil *nt*; **f.s** Feststellungen *pl*, Tatbestand *m*, Untersuchungsergebnis *nt*; **f. of means** Geld-, Kapitalbeschaffung *f*; **f. costs** *(Öl)* Prospektierungskosten *pl*

fine *n* (Geld)Strafe *f*, Buß-, Ordnungsgeld *nt*; **to impose a f.** Geldstrafe/G.buße auferlegen; **to remit a f.** Geldstrafe erlassen/niederschlagen; **administrative f.** Ordnungsstrafe *f*, O.geld *nt*, Geldbuße *f*; **coercive f.** Zwangsgeld *nt*; **maximum f.** Höchststrafe *f*; **minimum f.** Mindeststrafe *f*; *v/t* Geldstrafe/Bußgeld verhängen

fineness *n* Feinheit(sgrad) *f/m*, Feingehalt *m*

fine proceedings § Bußgeldverfahren *nt*

fine-tune *v/t* 1. feinsteuern; 2. *(Konzept)* weiterentwickeln

finish *n* 1. Schluss *m*; 2. Verarbeitung(squalität) *f*; *v/t* 1. erledigen, (ab)schließen; 2. (weiter)verarbeiten, veredeln; 3. fertig bearbeiten, feinbearbeiten, abschließend behandeln

finishing *n* 1. Vered(e)lung *f*, Fertigverarbeitung *f*, Endbearbeitung *f*; 2. Endfertigung *f*; 3. ⌂ Ausbau *m*; **f. industry** verarbeitende Industrie; **f. process** Vered(e)lungsverfahren *nt*, Endfertigung *f*; **f. shop** ⚒ Zurichterei *f*; **f. trade** ⌂ Ausbauhandwerk *nt*, A.gewerbe *nt*

finite *adj* π endlich, begrenzt

fire *n* Feuer *nt*, Brand *m*; **commercial f.** Gewerbefeuerversicherung *f*; **industrial f.** *(Vers.)* Industriefeuergeschäft *nt*; **major f.** Großbrand *m*; *v/t (coll)* entlassen, feuern *(coll)*

fire cover(age) (insurance) Feuerversicherung(sschutz) *f/m*; **f. department** Feuerversicherungsabteilung *f*; **f. hazard** Feuer-, Brandgefahr *f*; **f. insurance** Feuer(schutz)-, Brandversicherung *f*; **industrial f. insurance** Industrie-Feuerversicherung *f*; **f. insurance company; f. insurer** Feuerversicherungsgesellschaft *f*, F.versicherer *m*; **f. loss** Feuer-, Brandschaden *m*; **~ adjuster** Brandschätzer *m*; **f. office** Feuerversicherung(sgesellschaft) *f*, Brandkasse *f*; **f. policy** Feuer-, Brandversicherungspolice *f*; **industrial f. policy** Industriefeuerversicherung *f*; **f. prevention** Feuer-, Brandverhütung *f*; **f. protection** Feuer-, Brandschutz *m*; **f. regulations** Feuer-, Brandverhütungsvorschriften *pl*; **f. risk** Brand-, Feuergefahr *f*; **f. service** Feuerwehr *f*; **f. underwriter** Feuerversicherer *m*, F.versicherungsgesellschaft *f*

firing *n* *[US] (coll)* Entlassung *f*, Rausschmiss *m*

firm *n* 1. Firma *f*, Betrieb *m*, Unternehmen *nt*; 2. Personengesellschaft *f*

firm of auditors Wirtschafts-, Buchprüfungsgesellschaft *f*; **~ builders and contractors** Bauunternehmen *nt*; **~ consultants** Unternehmensberatung(sfirma) *f*; **~ engineers** Ingenieurbüro *nt*; **~ exporters** Export(handels)unternehmen *nt*, E.gesellschaft *f*; **~ importers** Import(handels)unternehmen *nt*, I.gesellschaft *f*; **~ good repute** renommierte Firma; **~ solicitors**

F

Anwaltskanzlei *f*, Sozietät *f*; **f. and style** Firma *f*

to join a firm in eine Firma eintreten; **to trade under the f. of** firmieren als

ailing firm kränkelnde/marode *(coll)* Firma; **associated f.** verbundenes Unternehmen; **bogus f.** Scheinfirma *f*; **commercial f.** Handelsfirma *f*, H.haus *nt*; **contracting f.** Vertragsfirma *f*; **debt-collecting f.** Inkassounternehmen *nt*; **established f.** (alt)eingesessenes Unternehmen, (gut) eingeführte Firma; **industrial f.** Industriefirma *f*, gewerbliches Unternehmen; **leading f.** führendes Unternehmen/Haus; **local f.** ortsansässige Firma; **medium-sized f.** Mittelbetrieb *m*, mittelständisches Unternehmen; **old-established f.** alteingesessene Firma, alteingesessenes Unternehmen; **one-man f.** Personen-, Einmannfirma *f*, Einzelkaufmann *m*, E.unternehmen *nt*; **reliable f.** seriöse Firma; **respectable f.** angesehene Firma; **small f.** 1. kleiner Betrieb; 2. mittelständisches Unternehmen; **~ (and medium-sized) f.s** Mittelstand *m*, mittelständische Unternehmen, kleine und mittlere Unternehmen (KMUs); **sound f.** solide Firma, gut fundiertes Unternehmen; **supplying f.** Zulieferbetrieb *m*; **ultra-small f.** Kleinst-, Zwergbetrieb *m*; **unincorporated f.** *[US]* Personengesellschaft *f*; **well-established f.** alteingesessene/gut eingeführte Firma

firm *v/i* *(Börse)* sich (be)festigen, fester tendieren, anziehen; *adj* 1. fest, sicher; 2. verbindlich

firming *n* 1. *(Preis)* Festigung *f*, Stabilisierung *f*; 2. *(Börse)* Anziehen *nt*, Tendenzbesserung *f*; **f. of the economy** Stabilisierung der Konjunktur; **~ interest rates** Anziehen der Zinssätze; **~ the market/prices** Kurs(be)festigung *f*

firm name (Handels)Name *m*, Firmenname *m*, Firma *f*; **f.'s owner** Betriebsinhaber(in) *m/f*; **~ representative** Firmenvertreter(in) *m/f*

first (of exchange) *n* Wechselerstausfertigung *f*, W.prima *f*; *adj* erste(r, s), erststellig; **f.-in, f.-out (FIFO)** *(Bilanz)* Zuerstentnahme der älteren Bestände; **f.-class; f.-rate** *adj* erstklassig, ausgezeichnet; **f. come, f. served** der Reihe nach; **on a ~ basis** *(Bestellung)* in der Reihenfolge des Eingangs, der Reihe nach, im Windhundverfahren; **~ method/principle** Reihenfolge-, Windhundverfahren *nt*; **f.-half** *adj* im ersten Halbjahr; **f.-quarter** *adj* im ersten Quartal; **f.-rate** *adj* erstklassig, ausgezeichnet; **f.-time** *adj* erstmalig; **f. timer** *n* Berufseinsteiger *m*

fiscal *n* *[US]* Geschäfts-, Finanz-, Haushalts-, Wirtschaftsjahr *nt*; *adj* steuerlich, fiskalisch, finanziell, finanzpolitisch

fishery *n* Fischfang *m*; **inshore fisheries** küstennahe Fischerei; **offshore fisheries** Hochseefischerei *f*; **f. factory ship/vessel** Fischereifabrikschiff *nt*; **f. industry** Fischereiindustrie *f*

fish farm Fischzuchtbetrieb *m*; **f. farming** Fischzucht *f*

fishing *n* Fischfang *m*, Fischerei *f*; **coastal/inshore/local f.** Küsten-, Nahfischerei *f*; **deep-sea/deep-water f.** Hochseefischerei *f*; **industrial f.** gewerblicher Fischfang; **offshore f.** Hochseefischerei *f*

fishing agreement Fischereiabkommen *nt*; **f. ban** Fangverbot *nt*; **f. fleet** Fischfangflotte *f*; **f. ground(s)** Fischgrund *m*; **f. industry** Fischerei(wirtschaft) *f*; **f. port** Fischereihafen *m*; **f. quota** Fischereiquote *f*; **f. regime** *[EU]* Fischereiordnung *f*; **f. rights** Fisch-, Fangrechte *pl*; **f. vessel** Fangschiff *nt*, Fischerboot *nt*

fish market Fischmarkt *m*; **f.monger** *n* Fischhändler(in) *m/f*; **f. processing** Fischverarbeitung *f*; **f. resources/stocks** Fischbestände *pl*

fishyback service ⚓ Transport von LKW-Anhängern auf Fährschiffen, Ro-Ro-Verkehr *m*

fit *v/t* ⚙ einbauen, installieren; *adj* geeignet, tauglich

fitness *n* Eignung *f*, Tauglichkeit *f*; **f. for storage** Lagerfähigkeit *f*; **~ work** Erwerbs-, Arbeitsfähigkeit *f*

fitter *n* Monteur *m*, Installateur *m*

fitting *n* Montage *f*, Installation *f*; **f.s** Ausstattung *f*, Zubehör *nt*, Ausrüstung(sgegenstände) *f/pl*

fixed *adj* 1. fest(stehend); 2. unveränderlich; **f.-interest(-bearing)/f.-yield** *adj* festverzinslich; **f.-location** *adj* stationär; **f.-priced** *adj* preisgebunden; **f.-rate** *adj* festverzinslich

fixing *n* 1. Festlegung *f*, F.schreibung *f*; 2. amtliche Feststellung der Devisenkurse, Fixing *nt*; 3. Montage *f*, Montieren *nt*; **f. of a deadline** Befristung *f*; **~ export**

quotas Exportkontingentierung *f*; **~ quotas** (Zwangs)Bewirtschaftung *f*, Kontingentierung *f*; **~ rents** Miet(preis)festsetzung *f*; **official f.** *(Währung)* amtliche Kursfestsetzung, amtliches Fixing

fixture *n* festes Inventar, Ausstattungsgegenstand *m*; **f.s** Inventar *nt*, Zubehör *nt*, fest eingebaute Anlagen; **~ and fittings** bewegliche und unbewegliche Einrichtungsgegenstände, Einbauten (und Zubehör); **~ , fittings, tools and equipment** Betriebs- und Geschäftsausstattung *f*; **f. list** Terminliste *f*

flag *n* 1. Fahne *f*, Flagge *f*; 2. Kennzeichen *nt*; **f. of convenience** ⚓ Billigflagge *f*; **to fly a f.** ⚓ 1. unter einer Flagge fahren; 2. *(fig)* national denken; **to transfer to a foreign f.** ⚓ ausflaggen

flag *v/i* nachlassen, nachgeben

flag carrier ✈ nationale Flug-/Luftverkehrsgesellschaft; **f. fleet** nationale Schifffahrtsgesellschaft *f*

flagging *n* Abflachen (der Konjunktur) *nt*; *adj* nachgebend, gedrückt

flagrant *adj* offenkundig

flagship *n* 1. ⚓ Flaggschiff *nt*; 2. *(fig)* Aushängeschild *nt (fig)*

flammable *adj* feuergefährlich

flash *n* 1. Blitzstrahl *m*; 2. *(Nachrichten)* Blitz-, Kurzmeldung *f*; **f. item** Artikel im Sonderangebot; **f. message** Blitzmeldung *f*; **f. report** Vorabbericht *m*, Blitzmeldung *f*

flat *n* 1. (Etagen)Wohnung *f*; 2. Pauschbetrag *m*; **freehold/owner-occupied f.** Eigentumswohnung *f*; **rented f.** Mietwohnung *f*; **self-contained f.** abgeschlossene Wohnung, Wohnung mit separatem Eingang; **shared f.** Gemeinschaftswohnung *f*; **subsidized f.** Sozialwohnung *f*; **vacant f.** leer stehende Wohnung

flat *adj* *(Börse)* lustlos, geschäftslos, gedrückt; **quoted f.** ohne Zinsen notiert

flat|car *n* *[US]* 🚂 Plattform-, Flachwagen *m*; **f.-growth** *adj* wachstumsschwach; **f.ness** *n* *(Börse)* Lustlosigkeit *f*, matte Haltung, Flauheit *f*; **f.-rate** *adj* pauschal

flaw *n* Defekt *m*, Fehler *m*, Fehler-, Schwachstelle *f*; **f.ed** *adj* fehlerhaft; **f.less** *adj* fehler-, makellos

fledgling company *n* neues/junges Unternehmen; **f. recovery** zögernde Erholung

fleet *n* 1. (Fahrzeug)Flotte *f*; 2. 🚗 Fuhrpark *m*; **f. of lorries** *[GB]***/trucks** *[US]* (LKW-)Fuhrpark *m*; **ocean-going f.** ⚓ Hochseeflotte *f*; **f. car** Firmenfahrzeug *nt*; **f. insurance** Kraftfahrzeug-, Kfz-Sammelversicherung *f*; **f. management** Fuhrparkmanagement *nt*; **f. manager** Fuhrparkleiter(in) *m/f*, F.-Disponent(in) *m/f*; **f. operating costs** Fuhrparkkosten *pl*; **own-f. operator** Firma mit eigenem Fuhrpark

flexibility *n* Flexibilität *f*, Beweglichkeit *f*; **f. of demand** Nachfrageelastizität *f*

flex(i)time *n* gleitende/flexible Arbeitszeit, Gleitzeit *f*

flight *n* 1. ✈ Flug *m*, F.strecke *f*; 2. Flucht *f*; **f. into real assets** Flucht in die Sachwerte; **f. of capital** Kapitalflucht *f*; **f. out of money** Abkehr von der Geldhaltung; **domestic f.** Inlandsflug *m*; **international f.** Auslandsflug *m*; **regular/scheduled f.** Linienflug *m*; **f. capital** Fluchtkapital *nt*; **f. handling** Flugabfertigung *f*; **f. insurance** Flugversicherung *f*; **f. schedule** Flugplan *m*

float *n* 1. freies Schweben der Wechselkurse; 2. Börseneinführung *f*; 3. Startkapital *nt*, Kassenvorschuss *m*; 4. Wechselgeld *nt*, kleine Kasse; **free f.** in Umlauf befindliche Aktien, Streubesitz *m*; **f.** *v/ti* 1. schweben, umlaufen; 2. *(Firma)* gründen, an die Börse gehen; 3. *(Kurs)* freigeben; 4. *(Wertpapier)* emittieren, begeben

floatation *n* 1. *(Wertpapier)* Ausgabe *f*, Begebung *f*, Emission *f*; 2. *(AG)* Börseneinführung *f*; 3. *(Firma)* Gründung *f*; 4. *(Wechsel)* Begebung *f*

floater *n* 1. *(Vers.)* Abschreibepolice *f*, offene Police; 2. Gelegenheitsarbeiter(in) *m/f*, Springer(in) *m/f*; 3. Anleihe mit variabler Verzinsung; **f. policy** laufende Versicherung

floating *n* *(Währung)* (Kurs-/Paritäts)-Freigabe *f*, System flexibler Wechselkurse; *adj* 1. fluktuierend; 2. *(Schuld)* schwebend; 3. *(Geld)* umlaufend; 4. *(Zins)* variabel, flexibel; **f. of a loan** Anleihebegebung *f*; **free f.** Kursfreigabe *f*; **f.-rate** *adj* variabel verzinslich, mit Zinsanpassung

float|-off *n* *(AG)* Ausgründung *f*; **f. system** Kassenvorschusssystem *nt*; **f. time** *(OR)* Pufferzeit *f*

flock *v/i* in Scharen reisen; **f. back** zurückströmen

flog off *v/t* *(coll)* losschlagen, verscherbeln *(coll)*

F

flood|(s) *n* Flutwelle *f*, Hochwasser *nt*; **f. of demand** Nachfragestoß *m*; **~ imports** Importflut *f*; **~ money** Geldflut *f*; **~ orders** Auftragsflut *f*; *v/t* überschwemmen, überfluten; **f. damage** Hochwasser-, Überschwemmungsschaden *m*; **f.ing** *n* Überschwemmung *f*; **f. insurance** Hochwasserversicherung *f*; **f. risk** Hochwasserrisiko *nt*

floor *n* 1. 🏛 (Fuß)Boden *m*; 2. Etage *f* *[frz.]*, Geschoss *nt*; 3. Börsensaal *m*, (Börsen)Parkett *nt*; 4. Untergrenze *f*; **to trade off the f.** außerbörslich handeln

F

floor area 1. Geschossfläche *f*; 2. *(Laden)* Verkaufsfläche *f*; **f. broker** auf eigene Rechnung arbeitender Makler, Parkettbroker *m*; **f. commission** Maklercourtage *f*; **f. manager** *(Laden)* Abteilungsleiter(in) *m/f*; 2. Vorarbeiter *m*; **f. member** Börsenmitglied *nt*; **f. plan** 🏛 Grundriss *m*, Raumaufteilung(splan) *f/m*; **f. price** Mindestpreis *m*; **f. sales** Abschlüsse an Ort und Stelle; **f. space** Ausstellungs-, Lager-, Laden-, Verkaufsfläche *f*; **industrial f. space** gewerbliche (Nutz)Fläche; **usable f. space** Nutzfläche *f*; **f. trader** Parketthändler *m*, auf eigene Rechnung spekulierendes Börsenmitglied; **f. trading** Handel im Börsensaal, Parketthandel *m*; **f.walker** *n [US] (Einzelhandel)* (Laden)-Aufseher(in) *m/f*, (Laden)Aufsicht *f*

flop *n* *(coll)* Fehlschlag *m*, Misserfolg *m*, Reinfall *m (coll)*, Fiasko *nt*, Schlag ins Wasser *(fig)*; **to be a f.** mit einem Fiasko enden, sich als Fehlschlag erweisen; **f. rate** Misserfolgs-, Ausfallquote *f*, Floprate *f*

florist trade Blumenhandel *m*

flotation *n* ↘ **floatation**

flotsam *n* Treibgut *nt*; **f. and jetsam** Strand-, Treibgut *nt*

flourish *v/i* florieren, gedeihen; **f.ing** *adj* gut gehend, florierend, schwunghaft

flow *n* (Durch)Fluss *m*, Umlauf *m*, (Wanderungs)Strom *m*

flow of capital Kapitalwanderung *f*, K.verkehr *m*; **~ commodities** Warenverkehr *m*, W.strom *m*; **~ customers** Anzahl von Kunden, Kundenstrom *m*; **~ demand control** Bedarfssteuerung *f*; **~ funds** Kapitalfluss *m*, Geldstrom *m*; **~ funds analysis** (volkswirtschaftliche) Finanzierungsbilanz *f*, F.rechnung *f*, Bewegungsbilanz *f*; **~ funds statement** Finanzfluss-, Kapitalbewegungsrechnung *f*; **~ goods** Warenstrom *m*; **~ goods and services** Leistungsstrom *m*; **circular ~ goods (and services)** Güterkreislauf *m*; **~ imports** Import-, Einfuhrstrom *m*; **(circular) ~ income** Einkommenskreislauf *m*; **~ information** Informations-, Nachrichtenfluss *m*; **~ material(s)** Materialfluss *m*; **~ money** Geldstrom *m*, G.bewegung *f*; **circular ~ money** Geldkreislauf *m*; **speculative ~ money** vagabundierende Gelder; **~ new orders** Auftragswelle *f*; **~ traffic** Verkehrsfluss *m*; **~ work** Arbeitsanfall *m*; **~ work study** Arbeitsablaufstudie *f*

circular flow (Wirtschafts)Kreislauf *m*; **~ scheme** Kreislaufschema *nt*, K.modell *nt*; **~ theory** Kreislauftheorie *f*; **financial f.** Finanzierungsstrom *m*; **~ statement** Finanz-, Kapitalflussrechnung *f*, Bewegungsbilanz *f*; **in-plant/interplant f.** Betriebsablauf *m*; **net f.s** Netto(kapital)-leistungen *pl*

flow *v/i* fließen, strömen; **f. back** zurückströmen, z.fließen; **f. out** abfließen

flow chart Ablauf-, Flussdiagramm *nt*; **f. control** Ablaufkontrolle *f*; **f. diagram** Arbeitsflussdarstellung *f*; **f. figure** Bewegungszahl *f*; **f. graph** Flussgraph *m*; **f. line** Ablauf *m*; **f. principle** 🏭 Prozessfolgeprinzip *nt*; **f. process** Fließverfahren *nt*; **~ chart** Arbeitsablaufbogen *m*, A.diagramm *nt*; **f. (shop) production** Reihen-, Fließfertigung *f*; **f. sheet** Verarbeitungsdiagramm *nt*; **(financial) f. statement** Finanz-, Kapitalflussrechnung *f*, Bewegungsbilanz *f*; **f. time** Durchlaufzeit *f*

fluctuat|e *v/i* fluktuieren, schwanken; **f.ing** *adj* veränderlich, schwankend

fluctuation *n* 1. Fluktuation *f*, Auf und Ab; 2. *(Preis/Kurs)* Schwanken *nt*, Schwankung *f*; 3. *(Preis)* Ausschlag *m*; **f.s** Marktbewegungen *pl*

fluctuation|s in activity Beschäftigungsänderungen *pl*; **f. of costs** Kostenbewegung *f*; **f.s of currencies** Währungsschwankungen *pl*; **f.s in demand** Nachfrageschwankungen *pl*; **f. in earnings** Ertragsschwankung *f*; **f.s in the exchange rate** (Wechsel)Kursschwankungen *pl*; **~ prices** Preisschwankungen *pl*; **~ quality** Qualitätsschwankungen *pl*

cyclical/economic fluctuation|s Konjunkturschwankungen *pl*; **end-of-month f.s** Ultimoausschläge *pl*; **intra-day f.s**

Tageschwankungen *pl*; **monetary f.s** Geldwert-, Währungsschwankungen *pl*; **seasonal f.** saisonale/jahreszeitlich bedingte Schwankung; **up and down f.s** *(Börse)* Veränderungen nach beiden Seiten

fluctuation band *(Währung)* Bandbreite für Kursschwankungen; **f.-induced** *adj* fluktuationsbedingt; **f. inventory** Sicherheitsbestand *m*; **f. margins** *(IWF)* Bandbreiten *pl*; **f. reserve** Fluktuationsreserve *f*

fluent *adj* 1. fließend; 2. *(Sprache)* verhandlungssicher

fluidity of labour *n* Arbeitskräftemobilität *f*

flurry *n* *(Börse)* plötzliche Belebung; **f. of buying** Kaufwelle *f*

flush *adj* hochliquide

flutter *n* Spekulation(sbewegung) *f*

fly|er *n* Prospekt *m*, Flugblatt *nt*; **f.sheet** *n* 1. Handzettel *m*; 2. Gebrauchsanweisung *f*, Anleitung *f*; **f.-posting** *n* illegales Plakatkleben; **f.-tipping** *n* illegales Müllabladen

f.o.a. (free on airplane) frei Flugzeug

FOB (free on board) *(Incoterm)* FOB, frei an Bord; **~ airport** frei Abflughafen

focus *n* (Tätigkeits)Schwerpunkt *m*; **f. of activity/operation** Tätigkeitsschwerpunkt *m*; **f. (on)** *v/ti* in den Mittelpunkt rücken, sich konzentrieren auf; **f. strategy** Fokussierungsstrategie *f*

fodder *n* 🚜 Futter(mittel) *nt*; **f. plant** Futterpflanze *f*

foil *n* Folie *f*; **transparent f.** Klarsichtfolie *f*

fold *n* Knick *m*, Falz *m*; *v/ti* 1. falten, knicken; 2. pleite gehen *(coll)*; **f. up** *(coll)* bankrott gehen, eingehen

folder *n* 1. Mappe *f*, Ordner *m*, Akte *f*; 2. Faltprospekt *m*, F.blatt *nt*

follow *v/ti* 1. folgen, sich ergeben; 2. verfolgen; 3. *(Beruf)* ausüben; 4. befolgen, sich anlehnen an, sich richten nach; **f. through** von Anfang bis Ende verfolgen; **f. up** nachfassen, weiterverfolgen, nachstoßen

following *adj* (nach)folgend, unten-, nachstehend; *prep* nach, im Anschluss an; **in the f.** nachstehend

follow-up *n* nachfassende Tätigkeit; **f. of invoices** Überwachung des Zahlungseingangs; **~ orders** Terminüberwachung *f*; *adj* Anschluss-, Nachfolge-

food *n* Nahrung *f*, Essen *nt*; **f.s** Nahrungs-, Lebensmittel *pl*; **F. and Agriculture Organisation (FAO)** *(UN)* Ernährungs- und Landwirtschaftsorganisation *f*; **f., beverages and tobacco** Nahrungs- und Genussmittel *pl*; **~ industry** Nahrungs- und Genussmittelindustrie *f*

added-value food|s *(Fertig- bzw. Halbfertiggerichte)* höherwertige Lebensmittel; **canned f.** Dosen-, Lebensmittelkonserven *pl*; **fast f.** Schnellgericht(e) *nt/pl*; **~ business** Schnellimbiss(betrieb) *m*; **fresh f.** Frischwaren *pl*; **frozen/frosted f.** Tiefkühlkost *f*; **~ chain** Tiefkühlkette *f*; **genetically manipulated/modified (GM) f.** gentechnisch veränderte Lebensmittel; **natural f. store** *[US]* Naturkostladen *m*, Reformhaus *nt*; **perishable f.** leicht verderbliche Lebensmittel; **preserved f.** Konserven *pl*; **seasonal f.** saisonbedingte Nahrungsmittel; **staple f.** Grund-, Hauptnahrungsmittel *pl*; **tinned f.** Dosen-, Lebensmittelkonserven *pl*, Dosennahrung *f*

food additive Lebensmittelzusatz *m*; **f. allowance** Nahrungsmittel-, Verpflegungszuschuss *m*; **f. chain** 1. Nahrungskette *f*; 2. *(Handel)* Lebensmittelkette *f*; **f. coupon** Lebensmittelkarte *f*, L.marke *f*; **f. consumption** Nahrungsmittelverbrauch *m*; **f. control** Lebensmittelüberwachung *f*; **f. department** Lebensmittelabteilung *f*; **f. distribution** Lebensmittelvertrieb *m*; **f. expenditure** Ausgaben für Lebensmittel; **f. exports** Lebensmittelausfuhr(en) *f/pl*, L.export(e) *m/pl*; **f. and drink group** Nahrungsmittelkonzern *m*; **f. imports** Lebensmitteleinfuhr(en) *f/pl*, L.import(e) *m/pl*; **f. industry** Lebensmittel-, Nahrungsmittelindustrie *f*; **f. and allied industries** Nahrungs- und Genussmittelindustrie *f*; **f. labelling** Lebensmittelkennzeichnung *f*; **f. logistics** Lebensmittellogistik *f*; **f. manufacturer** Lebensmittelfabrikant *m*; **f. manufacturing** Lebensmittelherstellung *f*; **f. multiple** Lebensmittelfilialist *m*; **f. needs** Nahrungsmittelbedarf *m*; **f. plant** 1. 🚜 Nahrungspflanze *f*; 2. Lebensmittelbetrieb *m*; **f. price** Lebensmittelpreis *m*; **f. processing** Nahrungsmittelherstellung *f*, Lebensmittelverarbeitung *f*; **~ industry** Nahrungs-, Lebensmittelindustrie *f*; **natural f. production** 🚜 biologische Anbaumethode; **f. raw material** Nahrungsmittelrohstoff *m*; **f. requirements** Lebensmittel-, Nahrungsmittelbedarf *m*;

f. retail(ing) Lebensmitteleinzelhandel *m*; **f. retailer** Lebensmitteleinzelhändler *m*; **f. shop** *[GB]*/**store** *[US]* Lebensmittelgeschäft *nt*, L.laden *m*; **f. shortage** Lebensmittelknappheit *f*, L.mangel *m*; **f. spending** Ausgaben für Lebensmittel; **f. stocks** Lebensmittelvorräte *pl*; **f. store** Lebensmittelgeschäft *nt*; **f.stuff(s)** *n* Nahrungs-, Lebensmittel *pl*; **basic f.stuff** Nahrungsmittelrohstoff *m*; **f. subsidy** Nahrungsmittelzuschuss *m*; **f. supply** Lebensmittel-, Nahrungsmittelversorgung *f*; **f. surplus** Lebensmittelüberschuss *m*; **f. trade** Lebensmittel(groß)handel *m*

F

foot|hold *n* Stützpunkt *m*; **~ in the market** sichere Marktposition; **f.ing** *n* Basis *f*, Grundlage *f*; **firm f.ing** sichere Marktposition; **f.loose** *adj (Gelder)* vagabundierend; **f.print** *n* Spur *f*, Einwirkung *f*; **environmental f.print** Umweltfolgen *pl*

Footsie *n* *(coll)* ↘ **Financial Times Stock Exchange index**

footwear *n* Schuhwerk *nt*, Fußbekleidung *f*; **f. industry** Schuhindustrie *f*

FOR (free on rail) frei Waggon

for and on behalf of *prep* in Vertretung von, für

force *n* 1. Kraft *f*, Gewalt *f*; 2. Macht *f*; 3. § Kraft *f*, Geltung(sdauer) *f*; **in f.** in Kraft, geltend, gültig; **not in f.** außer Kraft; **f. of demand** Nachfragedynamik *f*; **f.s of integration** Integrationsdynamik *f*; **~ production** Produktionskräfte *pl*; **~ economic recovery** (konjunkturelle) Auftriebskräfte *pl*

to be in force § in Kraft sein, gelten; **to come into f.** in Kraft treten; **to have legal f.** rechtskräftig sein; **to pool f.s** Kräfte gemeinsam einsetzen; **to remain in f.** in Kraft/gültig bleiben, Geltung behalten; **~ in full f. and effect** voll wirksam/verbindlich bleiben

binding force bindende Kraft, Verbindlichkeit *f*; **cyclical/economic f.** Konjunkturdynamik *f*; **inflationary f.s** Inflationskräfte *pl*, I.druck *m*; **legal f.** § Rechtskraft *f*, R.wirksamkeit *f*; **productive f.s** Produktivkräfte *pl*; **self-regulating f.** Selbstheilungskraft *f*

force *v/t* 1. zwingen; 2. erzwingen; **f. down** (herunter)drücken; **f. through** durchsetzen, durchdrücken; **f. up** nach oben/in die Höhe treiben

force majeure *[frz.]* *(Vers.)* höhere Gewalt, Elementarereignis *nt*

forecast *n* 1. Vorher-, Voraussage *f*; 2. Geschäftsprognose *f*; **f. of market response** Wirkungsprognose *f*; **~ volume demand** Nachfrageprognose *f*; **demographic f.** Bevölkerungsprognose *f*; **economic f.** Wirtschafts-, Konjunkturprognose *f*; **financial f.** Finanzplanung *f*; **long-range/long-term f.** Langzeitprognose *f*, L.gutachten *nt*; **sectoral f.** Branchenvorausschau *f*; *v/t* 1. voraus-, vorhersagen, prognostizieren; 2. hoch-, vorausberechnen

(economic) forecaster *n* Konjunkturberater(in) *m/f*, K.experte *m*, K.expertin *f*, K.beobachter(in) *m/f*

forecast(ing) error Prognosefehler *m*

forecasting *n* 1. Vorher-, Voraussage *f*; 2. Geschäftsprognose *f*; **f. of manpower requirements** Personal(bedarfs)planung *f*; **~ material requirements** Materialbedarfsvorhersage *f*; **economic f.** Konjunkturvorhersage *f*, Wirtschafts-, Konjunkturprognose *f*; **financial f.** Finanzplanung *f*

foreclose *v/t* 1. *(Hypothek)* aufkündigen; 2. Zwangsvollstreckung betreiben

foreclosure *n* 1. *(Hypothek)* Kündigung *f*; 2. Zwangsvollstreckung *f*; **f. action/proceedings/suit** (Zwangs)Vollstreckungsklage *f*; **f. sale** Zwangsversteigerung *f*

foreign *adj* ausländisch, auswärtig; **f.-going** *adj* ⚓ auf großer Fahrt; **f.-made** *adj* im Ausland hergestellt; **f.-owned** *adj* in ausländischem Eigentum/Besitz

foreman *n* 🏭 Vorarbeiter *m*, Meister *m*; **f.'s allowance** Vorarbeiterzulage *f*; **~ certificate** Meisterbrief *m*; **~ qualifying examination** Meisterprüfung *f*

forest *n* Wald *m*, Forst *m*; **f.s** Waldbestand *m*; **dying f.s** Waldsterben *nt*

forestall *v/t* 1. vorbeugen, unterbinden; 2. aufkaufen; **f.ing** *n* antizyklische Wirtschaftspolitik

forestation *n* Aufforsten *nt*, Auf-, Beforstung *f*

forest authority Forstamt *nt*; **f. conservancy** Walderhaltung *f*; **f. cropping/harvesting** Holzernte *f*; **f. damage** Wald-, Forstschaden *m*; **f.icide** *n* Waldsterben *nt*; **f. inspectorate** Forstaufsicht *f*; **f. land** Waldland *nt*, W.bestand *m*; **f. management** ⇞ Waldbewirtschaftung *f*; **f. product** forstwirtschaftliches Produkt; **f. property** Waldbesitz *m*

forestry *n* Forstwirtschaft *f*, F.wesen *nt*; **f. operation** forstwirtschaftlicher Betrieb; **f. worker** Forst-, Waldarbeiter *m*
forest yield Waldertrag *m*
forewoman *n* Vorarbeiterin *f*
forex (foreign exchange) ↘ **foreign exchange** Devisen-; **f. dealer** Devisenhändler(in) *m/f*; **f. dealings/trade** Devisen-, Sortenhandel *m*; **f. transaction** Devisentransaktion *f*
forfait|er *n* Forfaitierer *m*; **f.ing house transaction** Forfaitierungsgeschäft *nt*
forfeit *v/t* verlieren, verlustig gehen; **f.ed** *adj* verwirkt, verfallen
forfeiture *n* § 1. (Anspruchs-/Rechts)-Verwirkung *f*, Verlust (eines Anspruchs) *m*, Verfall *m*; 2. Kaduzierung *f*, Verlustigerklärung *f*; **f. of a lease** Pachtverfall *m*; **~ a patent** Patentlöschung *f*; **~ pension rights** Verlust des Pensionsanspruches; **~ a right** Rechtsverwirkung *f*; **~ shares** *[GB]*/**stocks** *[US]* Aktienkaduzierung *f*; **f. clause** Verfall-, Verwirkungsklausel *f*
forge *v/t* (ver)fälschen, nachmachen; **f. ahead** entschlossen fortfahren, Fortschritte machen; **f.-proof** *adj* fälschungssicher
forgery *n* (Ver)Fälschung *f*, Nachahmung *f*; **f. of banknotes** Banknotenfälschung *f*; **~ bills** Wechselfälschung *f*; **~ cheques** *[GB]*/**checks** *[US]* Scheckfälschung *f*; **~ documents/instruments** Urkundenfälschung *f*
form *n* 1. Form *f*; 2. Formular *nt*, Vordruck *m*; 3. Fragebogen *m*
standard form of accounts Kontenrahmen *m*; **f. of address** Anrede *f*; **~ application** Antrags-, Anmeldeformular *nt*; **~ business/company organisation; ~ enterprise** Rechtsform der Unternehmung, Unternehmensform *f*; **~ credit** Kreditform *f*; **~ employment** 1. Beschäftigungsart *f*; 2. Einsatzform *f*; **~ financing** Finanzierungsform *f*; **alternative ~ financing** Finanzierungsalternative *f*; **standard ~ financing** Standardfinanzierung *f*; **~ organisation** Organisationsform *f*; **~ payment** Zahlungsart *f*, Z.modus *m*; **~ trading** Handelsform *f*; **~ use** Nutzungsart *f*
as a matter of form der Ordnung halber; **correct as to f.** formgerecht
to complete/fill in *[GB]*/**out** *[US]* **a form** Vordruck/Formular ausfüllen
blank form (Blanko)Formular *nt*; **columnar f.** Tabellenform *f*; **corporate f.** Gesellschaftsform *f*; **due f.** vorgeschriebene/gehörige Form; **in ~ f.** vorschriftsmäßig, ordnungsgemäß; **in ~ f. and time** form- und fristgerecht; **legal f.** vorgeschriebene Form, Rechtsform *f*; **multi-part f.** Vordrucksatz *m*; **official f.** amtlicher Vordruck; **printed f.** Vordruck *m*; **single f.** Einzelbeleg *m*; **standard f.** Einheitsformblatt *nt*, E.vordruck *m*; **statutory f.** gesetzliche Form; **tabular f.** *(Kostenplanung)* Stufen-, Tabellenform *f*; **in ~ f.** tabellarisch; **written f.** Schriftform *f*
form *v/ti* 1. formen, bilden; 2. gründen
formal *adj* 1. formal, formgerecht; 2. förmlich, formell; 3. offiziell, vorschriftsmäßig
formality *n* Formalität *f*, Formvorschrift *f*; **formalities of the contract** Vertragsformalitäten *pl*; **administrative formalities** Verwaltungsformalitäten *pl*; **legal formalities** Rechtsformalitäten *pl*; **technical f.** technische Formalität
format *n* Format *nt*; **basic f.** Grundformat *nt*; **loose-leaf f.** Loseblattform *f*; **standard f.** Einheits-, Standardformat *nt*; **vertical f.** Hochformat *nt*; **f.** *v/t* 🖳 formatieren; **f.(t)ing** *n* Formatierung *f*
formation *n* 1. Gründung *f*, Errichtung *f*; 2. (Personal)Weiterbildung *f*; 3. Ausgestaltung *f*
formation of tangible assets Sachvermögensbildung *f*; **f. on the basis of cash and non-cash contributions** Sach-Bargründung *f*; **f. of a business enterprise** Geschäftsgründung *f*; **~ a company** Firmen-, Unternehmensgründung *f*; **~ (market) prices** (Markt)Preisbildung *f*; **~ property** Eigentumsbildung *f*; **~ rates** Kursbildung *f*; **~ reserves** Bildung von Rücklagen; **~ wealth** Vermögensbildung *f*
bogus/fictitious formation Scheingründung *f*
formation audit Gründungsprüfung *f*; **f. cost(s)/expense(s)** *(Unternehmen)* Gründungs-, Errichtungskosten *pl*; **f. deed** Gründungsurkunde *f*; **f. report** Gründungsbilanz *f*
formative *adj* formend, bildend
form filling Ausfüllen eines Formulars; **f. layout** Formular-, Vordruckgestaltung *f*; **f.less** *adj* formlos; **f.lessness** *n* Formlosigkeit *f*; **f. letter** Form-, Schemabrief *m*;

f. requirement Formerfordernis *nt*; **f. set** Belegsatz *m*; **multi-part f. set** Durchschreibesatz *m*
formula *n* Formel *f*, Schema *nt*; **computational f.** Berechnungsformel *f*; **legal f.** Gesetzesformel *f*
formulat|e *v/t* formulieren; **f.ion** *n* Formulierung *f*, Fassung *f*
forthcoming *adj* 1. bevorstehend; 2. entgegenkommend; 3. mitteilungsfreudig
fortu|itous *adj* zufällig, zufallsbedingt; **f.-ity** *n* Zufall *m*, Zufälligkeit *f*

F

fortune *n* Vermögen *nt*, Besitz *m*; **to make a f.** Vermögen erwerben; **f.-hunter** *n* Mitgift-, Glücksjäger *m*
forum *n* Forum *nt*; **f. of choice** § Wahlgerichtsstand *m*
forward *v/t* ab-, weiter-, nach-, übersenden, abschicken, weiterleiten, w.befördern; **please f.** ✉ bitte nachsenden; *adv* auf Ziel/Zeit/Termin; **to buy f.** auf Lieferung/Termin kaufen; **to sell f.** Termingeschäfte abwickeln, auf Termin verkaufen; **brought/carried f.** Vor-, Übertrag *m*; **f. bought** auf Termin gekauft
forwarder *n* *(Fracht)* Spediteur *m*, Speditionsunternehmen *nt*, Weiterverfrachter *m*, Verlader *m*, Versender *m*; **f.s** Speditionsfirma *f*; **receiving f.** Empfangsspediteur *m*; **f.'s agent** Speditionsagent *m*; **~ bill of lading** Spediteurkonnossement *nt*; **~ through bill of lading** Spediteurdurchkonnossement *nt*; **~ certificate/receipt** Übernahmebescheinigung des Spediteurs, Spediteur-, Speditionsübernahmebescheinigung *f*; **~ collective consignment** Spediteursammelgut *nt*; **~ note (of charges)** Speditions-, Spediteurrechnung *f*
forwarding *n* Versand *m*, Verladung *f*, Weiterbeförderung *f*, Nachsendung *f*; **f. by rail** Bahnversand *m*
forwarding address 1. Versandadresse *f*, V.anschrift *f*; 2. Nachsendeadresse *f*; **f. advice** Versandanzeige *f*; **f. agency** Spedition(sfirma) *f*, Versandunternehmen *nt*; **f. agent** Spediteur *m*, Spedition(sagent) *f/m*; **f. agent's certificate of receipt** internationales Spediteurdurchkonnossement, S.übernahmebescheinigung *f*, **~ collective shipment** Spediteursammelgutverkehr *m*; **f. charge** Nachsendegebühr *f*; **f. charges** Versandspesen *pl*; **f. commission** Speditionsprovision *f*; **f. company** Spedition(sbetrieb) *f/m*; **f. conditions** Beförderungsbedingungen *pl*; **f. contract** Beförderungsvertrag *m*; **f. department** Speditions-, Versandabteilung *f*; **f. document** Frachtdokument *nt*; **f. expense(s)** Versandspesen *pl*; **f. instructions** Liefer-, Versandvorschriften *pl*, V.anweisungen *pl*; **f. note** Speditionsauftrag *m*, Frachtbrief *m*; **f. office** Speditionsbüro *nt*, Expedition *f*; **f. order** Transportauftrag *m*; **f. point** Absendeort *m*; **f. route** Versandweg *m*; **f. service** Speditionsleistung(en) *f/pl*; **f. station** 🚂 Versandbahnhof *m*; **f. trade** Speditionsgewerbe *nt*
FOT (free on truck) *[US]* 🚂 frei Waggon
foul *adj* *(Konnossement)* unsauber, fehlerhaft, unrein
found *v/t* 1. (be)gründen, errichten; 2. stiften
foundation *n* 1. (Be)Gründung *f*, Errichtung *f*; 2. Stiftung *f*; **f. of a business** Geschäftsgründung *f*; **charitable f.** milde/mildtätige/wohltätige Stiftung; **incorporated f.** Stiftung des bürgerlichen Rechts; **legal f.** Rechtsgrundlage *f*; **non-profit f.** gemeinnützige Stiftung; **f. audit** Gründungsprüfung *f*; **f. charter** Stiftungs-, Gründungsurkunde *f*; **f. syndicate** Gründungskonsortium *nt*
founder *n* (Be)Gründer(in) *m/f*, Stifter(in) *m/f*; **f. of a company** Firmengründer(in) *m/f*; **joint f.** Mitbegründer(in) *m/f*
founder *v/i* 1. ⚓ auflaufen, auf Grund laufen; 2. *(Gespräche)* scheitern
founder|'s family Gründerfamilie *f*; **f.s' liability** Gründerhaftung *f*; **~ meeting** Gründungsversammlung *f*; **f. member** Gründungsmitglied *nt*; **f.('s) share** Gründeraktie *f*, G.anteil *m*
general founding partner Gründungskomplementär *m*; **limited f. p.** Gründungskommanditist *m*
four|-digit *adj* π vierstellig; **f.fold** *adj* vierfach
Fourth Directive *[EU]* Bilanzrichtlinie *f*; **f.-quarter** *adj* im vierten Quartal
fraction *n* π Bruch(teil) *m*; **f. of what it costs** Bruchteil der Kosten; **f.al** *adj* 1. bruchteilig, Bruchteils-; 2. kleingestückelt
fragile *adj* zerbrechlich; **F.-with care** *(Markierung)* Vorsicht! Zerbrechlich
fragment *n* Bruchstück *nt*, B.teil *m*; *v/t*

auf-, zersplittern, zerschlagen; **f.ation** *n* Zersplitterung *f*, Zerschlagung *f*
frame *n* 1. Rahmen *m*; 2. 📊 *(Stichprobe)* Erhebungsgrundlage *f*; **f. of reference** Bezugssystem *nt*, B.rahmen *m*; **~ a writ** § Formen einer gerichtlichen Verfügung; **f. guarantee** Mantelgarantie *f*
framework *n* Gefüge *nt*, Rahmen(werk) *m/nt*; **economic f.** wirtschaftliche Rahmenbedingungen; **legal f.** gesetzlicher Rahmen; **f. agreement** Rahmenabkommen *nt*
franchise *n* Konzession *f*, Lizenz *f*, Alleinverkaufsrecht *nt*; *v/t* konzessionieren, verpachten; **f. agent** Lizenzvertreter(in) *m/f*; **f. clause** *[GB]* Bagatellklausel *f*; **f. company** Lizenzvergabegesellschaft *f*; **f. contract** Franchisevertrag *m*; **franchisee; f. holder** *n* Konzessionsinhaber(in) *m/f*, Lizenz-, Konzessionsnehmer(in) *m/f*, Konzessionär(in) *m/f*; **f. partner** Vertragspartner(in) *m/f*
franchiser *n* Franchise-, Konzessions-, Lizenzgeber(in) *m/f*
franchise tax Konzessionssteuer *f*, K.abgabe *f*
franchising *n* Konzessionierung *f*, Lizenzvergabe *f*; **f. company** Lizenzgeber(in) *m/f*
franchisor *n* ↘ **franchiser**
franco *adj* frei, franko; **f. domicile; f. buyer's store/warehouse** frei Haus; **f. frontier** frei Grenze; **f. quay** frei längsseits Schiff; **f. wag(g)on** frei auf Waggon
frank *v/t* ✉ frankieren, freimachen; **f.ing** *n* Freistempelung *f*; **~ machine** (Brief)Frankiermaschine *f*, Freistempler *m*; **~ regulations** Frankaturvorschrift *f*
fraud *n* § Betrug *m*, Unterschlagung *f*, (arglistige) Täuschung *f*, Wirtschaftskriminalität *f*; **to obtain by f.** auf betrügerische Weise erlangen, sich erschleichen; **attempted f.** Betrugsversuch *m*; **f. squad** *[GB]* Betrugsdezernat *nt*
fraudulent *adj* betrügerisch, arglistig
free *v/t* befreien, liberalisieren
free *adj* 1. frei, offen; 2. umsonst, gratis; 3. ✉ franko; 4. § unverbindlich; 5. freihändig; **for f.** gratis, kostenlos; **f. in and out (f.i.o.)** frei ein und aus; **delivered f.** frei Haus; **f. and clear** frei und unbelastet; **~ unencumbered** hypothekenfrei; **f. on aircraft (f.o.a.)** frei an Bord des Flugzeugs, frei Flugzeug; **f. from alongside (ffa; f.f.a.)** frei von längsseits des Schiffes; **f. alongside quay (f.a.q.)** frei Längsseite Kai (des Abgangshafens); **~ ship (FAS)** *(Incoterm)* (Lieferung) frei längsseits/Längsseite Schiff; **f. of average (f.o.a.; F.O.A.)** frei von Havarie; **~ particular average (f.p.a.; F.P.A.)** frei von (Schäden in) besonderer Havarie; **f. on board (FOB)** *(Incoterm)* (Lieferung) frei an Bord, FOB, frei Schiff; **f. from breakage** frei von Bruch; **f. buyer's store** frei Haus; **f. carrier (FCA)** *(Incoterm)* frei Frachtführer; **f. of charge** frei, kostenlos, gratis; **delivered ~ charge** kostenlose Lieferung; **~ damage** unbeschädigt; **~ deductions** frei von Abzügen; **f. delivered/destination** frei/franko Bestimmungsort; **f. domicile** frei Haus; **f. of duty** ⊖ zollfrei; **f. farmyard** frei Hof; **f. frontier** frei Grenze; **f. of income tax** einkommensteuerfrei; **f. on quay (f.o.q.)** frei (auf) Kai; **~ rail (FOR; f.o.r.)** frei (Eisen)Bahn, frei Waggon Abgangsort; **f. ex ship** frei ab Schiff; **f. on ship/steamer (FOS; f.o.s.)** frei (in) Schiff; **f. shipping port** frei (Verlade)Hafen; **f. site** frei Baustelle; **f. (at) station** franko/frei Bahnhof; **f. on truck (FOT; f.o.t.)/wag(g)on (f.o.w.)** 🚂 frei Waggon/Güterwagen; **f. at wharf** frei längsseits Schiff
free|bee; f.bie *n* *(coll)* (kostenlose) Werbezeitung *f*, Anzeigenblatt *nt*
freedom *n* Freiheit *f*, Freiraum *m*
freedom of action Handlungs-, Dispositionshoheit *f*; **~ the air** Freiheit des Luftraums; **f. from average** *(Vers.)* Integralfranchise *f*; **f. of collective bargaining** Tarifautonomie *f*; **~ competition** Wettbewerbsfreiheit *f*; **~ decision-making** Entscheidungsfreiheit *f*; **~ establishment** Niederlassungsfreiheit *f*; **~ exchange movements** Freizügigkeit des Devisenverkehrs; **~ form** Formfreiheit *f*; **~ management** unternehmerische Freiheit; **~ movement** (Recht auf/der) Freizügigkeit *f*; **~ movement for persons** freier Personenverkehr; **~ price-fixing** Preishoheit *f*; **~ economic pursuit** Gewerbefreiheit *f*; **~ trade** 1. Freizügigkeit *f*; 2. Gewerbefreiheit *f*
freedom to choose a career; ~ take up any profession or trade Berufsfreiheit *f*, Freiheit der Berufswahl; **~ provide services** freier Dienstleistungsverkehr
commercial freedom unternehmerische

Freiheit; **economic f.** 1. wirtschaftliche Freiheit; 2. Gewerbefreiheit *f*; **organisational f.** Gestaltungsfreiheit *f*

free-enterprise *adj* marktwirtschaftlich; **f.-for-all** *n (coll)* freier/hemmungsloser/unbeschränkter Wettbewerb

freehold *n* unbeschränktes Eigentumsrecht an Grundbesitz; **f.er** *n* uneingeschränkter Eigentümer; **f. flat** Eigentumswohnung *f*; **f. property** freies Grundstück, Kaufeigentum *nt*

freeing of interest rates *n* Zinsfreigabe *f*

F

freelance *n* Freiberufler(in) *m/f*, freie(r) Mitarbeiter(in); *v/i* freiberuflich tätig sein; *adj* freiberuflich (tätig); **f.r** *n* Freiberufler(in) *m/f*

free|loader *n [US] (coll)* Schnorrer(in) *m/f (coll)*, Trittbrettfahrer(in) *m/f (coll)*; **f.-market** *adj* marktwirtschaftlich; **f.post** *adv* ✉ Gebühr bezahlt Empfänger; **f.-range** *adj* 🚜 Freiland-; **f.-rider** *n* Trittbrettfahrer(in) *m/f*; **f.sheet** *n* Gratiszeitung *f*, Anzeigenblatt *nt*; **f.-spending** *adj* ausgabe-, konsumfreudig

freeze *n* 1. Einfrieren *nt*, (Lohn- und Preis)Stopp *m*; 2. *(Konto)* Sperrung *f*; *v/t* 1. *(Kapital)* blockieren, festlegen; 2. (ge-/ein)frieren; 3. binden

freezer center *[US]***/centre** *[GB]* Einkaufszentrum für Tiefkühlkost

freezing *n* Bindung *f*; **f. of an account** Sperrung eines Kontos; **~ assets** Vermögenssperre *f*; **~ funds** Sperrung von Geldern

freight *n* 1. Fracht(gut) *f/nt*, Ladung *f*; 2. Frachtgebühr *f*; **f. and carriage** Seefracht und Landfracht; **f. by distance; f. pro rata** Distanzfracht *f*; **f. and demurrage** Fracht- und Liegegeld *nt*; **~ insurance** Fracht und Versicherung; **f. by weight; f. on a weight basis** Gewichtsfracht *f*

freight back and forth Hin- und Herfracht *f*; **f. (to) collect/forward (frt. fwd.)** Frachtkosten zu bezahlen, unfrei, Fracht zahlt Empfänger; **f. in(ward)** Frachtspesen *pl*, Eingangsfracht *f*; **f. out(ward)** Frachtspesen *pl*, Ausgangsfracht *f*; **f. (and carriage) paid** frachtfrei, Fracht bezahlt, franko; **f. and charges paid** fracht- und spesenfrei; **f. prepaid (frt. ppd.)** Fracht vorausbezahlt

to book freight Frachtraum belegen/buchen; **to group f.** Fracht/Sammelladung(en) zusammenstellen; **to handle f.** Fracht umschlagen; **to haul f.** Güter/Frachtgut befördern; **to send as f.** als Frachtgut schicken; **to transport f.** Güter befördern

additional freight Frachtaufschlag *m*, F.-zuschlag *m*; **airborne f.** Luftfracht *f*; **bulky f.** Sperrgut *nt*; **consolidated f.** Sammelfracht *f*; **containerized f.** Containerfracht *f*; **dead f.** ⚓ Leerfracht *f*; **domestic f.** Inlandsfracht *f*; **dry f.** Trockengut *nt*, T.fracht *f*, Schüttgut *nt*; **excess/extra f.** Frachtzuschlag *m*; **fast f.** *[US]* Schnellgut *nt*, Eilfracht *f*; **flat-rate/lump-sum f.** Total-, Pauschalfracht *f*; **homeward/inward f.** Rückfracht *f*; **outbound/outward f.** Ausgangs-, Hinfracht *f*; **prepaid f.** vorausbezahlte Fracht; **seaborne f.** Seefracht *f*; **by slow f.** als Frachtgut; **through f.** Durch(gangs)fracht *f*; **ad valorem (a. v.)** *(lat.)* **f.** ⊝ Wertfracht *f*

freight *v/t* 1. beladen, ver-, befrachten, befördern; 2. ⚓ verschiffen; **f. out** verchartern

freight account Fracht-, Transportkostenrechnung *f*

freightage *n* Fracht(kosten) *f/pl*

freight agent Frachtenmakler(in) *m/f*, Spediteur *m*; **f. bill** Frachtrechnung *f*; **f. booking** Frachtbuchung *f*; **f. business** Frachtgeschäft *nt*; **f. capacity** Frachtkapazität *f*; **f. car** *[US]* 🚂 Waggon *m*, Güterwagen *m*; **~ reservation** Waggonbestellung *f*; **f. carried** Frachtleistung *f*, F.aufkommen *nt*; **f. carrier** Frachtführer *m*, Transportunternehmen *nt*; **general f. carrier** Stückgutspediteur *m*; **f. center** *[US]***/centre** *[GB]* Güterumschlagszentrum *nt*; **f. charges** Frachtkosten *pl*; **f. clause** Frachtklausel *f*; **f. conference** Schifffahrtskonferenz *f*; **f. consolidation (operation)** Frachtbündelung *f*, Erstellung von Sammelladungen; **f. container** Fracht-, Transportbehälter *m*; **f. contract** Frachtvertrag *m*; **tonnage-space f. contract** Raumfrachtvertrag *m*; **f. contracting** Befrachtung *f*; **f. declaration** ⊝ Anmeldung der Ladung; **f. delivery** Frachtzustellung *f*; **f. depot** 1. *[US]* 🚂 Güterbahnhof *m*; 2. 🚗 Verkehrshof *m*; **f. document** Fracht-, Transportdokument *nt*; **f. earnings** Frachtleistungen *pl*

freighter *n* 1. ⚓ Frachter *m*, Frachtschiff *nt*; 2. ✈ Frachtflugzeug *nt*; 3. Verlader *m*, (Schiffs)Befrachter *m*, Spediteur *m*

freight exchange Frachtbörse *f*; **f. forwarder** (Güter-/Fracht-/Sammelladungs-)Spediteur *m*, Spedition(sunternehmen) *f*/*nt*, Frachtführer *m*; **f. handling** Frachtabfertigung *f*, F.umschlag *m*; **~ facility** Güterverkehrs-, Güterverladeanlage *f*; **~ operation** Umschlag(sgeschäft) *m*/*nt*; **f. home** Her-, Rückfracht *f*; **f. hub** 🚂 Güterverkehrsknotenpunkt *m*; **f. industry** Transportgewerbe *nt*, T.branche *f*

freighting *n* Schiffsvermietung *f*, Be-, Verfrachtung *f*; **general/mixed f.** Stückgutfrachtgeschäft *nt*, S.befrachtung *f*; **partial f.** Teilbefrachtung *f*

freight insurance Güter(transport)-, Frachtversicherung *f*

freightliner service *n* 🚂 Containerexpresszugverbindung *f*; **f. terminal** Umschlagsstelle für Containerexpresszüge; **f. traffic** Frachtverkehr *m*

freight list (Ver)Ladeliste *f*, L.verzeichnis *nt*; **f. management** Transportdisposition *f*; **f. note** Frachtbrief *m*, LKW-Ladeschein *m*; **f. office** 1. Güterannahmestelle *f*; 2. *[US]* Güterabfertigungsstelle *f*; **f. operator** Fuhrunternehmer *m*; **f. package** Frachtangebot *nt*; **f. plane** Fracht-, Transportflugzeug *nt*; **f. planning** Transportdispositionen *pl*; **f. policy** *(Vers.)* Frachtpolice *f*

freight rate Beförderungs-, Frachttarif *m*, F.satz *m*, F.rate *f*; **heavy f. r.** Hochgewichtsrate *f*; **marine f. r.** Seefrachtrate *f*; **minimum f. r.** Minimalfracht(satz) *f*/*m*

freight rebate (begrenzte) Frachtrückerstattung *f*; **f. receipt** Frachtempfangsbescheinigung *f*; **f. reduction** Frachtvergünstigung *f*; **f. revenue(s)** Frachteinkünfte *pl*; **f. saving** Frachtkostenersparnis *f*; **f. service** Frachtverkehr *m*; **mulitmodal f. service** kombinierter (Ladungs)Verkehr (KLV); **one-stop f. service** Frachtdienstleistungen aus einer Hand; **scheduled f. service** Frachtliniendienst *m*; **f. space** Fracht-, Transportraum *m*; **f. surcharge** Frachtzuschlag *m*; **f. tariff** Fracht-, Gütertarif *m*; **f. terms** Transport-, Frachtbedingungen *pl*; **f. tonnage** Frachtraum *m*, Nutztragfähigkeit *f*

freight traffic Frachtumschlag *m*, Güterverkehr *m*; **domestic intercity f. t.** inländischer zwischenstädtischer Güterverkehr; **long-distance/long-haul f. t.** Güterfernverkehr *m*; **private f. t.** werkseigener Güterverkehr, Werksverkehr *m*; **short-distance/short-haul f. t.** Güternahverkehr *m*

freight train 🚂 Güterzug *m*; **f. village** Güterverkehrszentrum (GVZ) *nt*; **f. volume** Transportvolumen *nt*, Frachtaufkommen *nt*; **f. waybill** Frachtbrief *m*; **f. yard** *[US]* 🚂 Güterbahnhof *m*

frequency *n* Frequenz *f*, Häufigkeit *f*; **f. of deliveries/drops** Lieferfrequenz *f*; **~ ordering** Bestellhäufigkeit *f*; **f. distribution** 📊 Häufigkeitsverteilung *f*

friendly *adj* freundlich; **environmentally f.** umweltfreundlich, u.schonend

no frills keine/ohne Extras, keine Extraleistungen

fringe *n* Rand(zone) *m*/*f*, R.gebiet *nt*; **f. bank** Teilzahlungsbank *f*; **f. benefits** freiwillige Sozialleistungen, ~ betriebliche Leistungen, Lohnnebenleistungen *pl*, L.kosten *pl*; **f. costs** Personal-, Lohnnebenkosten *pl*; **f. location** Randlage *f*; **f. time** Gleitzeit(bereich) *f*/*m*

front *n* 1. Vorderseite *f*; 2. 🏛 Fassade *f*; 3. *(fig)* Strohmann *m*; **to pay up f.** vorab/im Voraus zahlen; **f. counter** Kundenschalter *m*; **f. desk** Empfang *m*, Rezeption *f*

frontier *n* ↘ **border** Grenze *f*; **delivered at f. (DAF)** *(Incoterm)* geliefert Grenze; **external f.** *[EU]* Außengrenze *f*; **internal f.** *[EU]* Binnengrenze *f*; **f. (customs) clearance** 🚂 Zollabfertigung an der Grenze; **f. region** Grenzregion *f*

front man Strohmann *m*; **f. money** Vorschuss *m*

fruit *n* 1. Obst *nt*, Frucht *f*; 2. *(fig)* Gewinn *m*, Nutzen *m*; **f. farm/ranch** *[US]* 🚜 Obstplantage *f*; **f. farming** Obstanbau *m*; **f. import business/trade** Obst-, Fruchtimporthandel *m*; **f. trade** Obsthandel *m*

frustrat|e *v/t* vereiteln, verhindern; **f.ion** *n* 1. Vereitelung *f*; 2. § Leistungsstörung *f*; **~ of (a) contract** § Fortfall/Wegfall der Geschäftsgrundlage

fuel *n* 1. Treib-, Brennstoff *m*; 2. Energieträger *m*; **alternative f.** alternative Energie; **fossil f.** fossiler Brennstoff; **liquid f.** flüssiger Brennstoff; **primary f.** Primärenergieträger *m*; **f.** *v/t* 1. (auf-/be)tanken; 2. ⚓ einbunkern; 3. antreiben; **fossil f.** fossiler Brennstoff

fuel bill Heizkosten-, Treibstoffrechnung *f*; **f. conservation** Brennstoffeinsparung *f*;

f. consumption Kraftstoffverbrauch *m*; **f. economy** Brennstoffeinsparung *f*; **f.-efficient** *adj* energiesparend, verbrauchsarm, sparsam (im Verbrauch); **f. price** Benzin-, Treibstoffpreis *m*; **f. pump** Zapfsäule *f*; **f. savings** Brennstoff-, Treibstoffersparnis *f*; **f. shortage** Brennstoffknappheit *f*; **f. stocks** Brennstoff-, Treibstoffvorräte *pl*; **f. supply** Brennstoff-, Treibstoffversorgung *f*; **f. tax** Treibstoffsteuer *f*

fulfil *v/t* *(Vertrag)* erfüllen

F

full *adj* 1. voll; 2. vollständig; **in f.** in voller Höhe; **f.-scale** *adj* in vollem Umfang; **f.-service** *adj* mit umfassendem (Dienst)-Leistungsangebot; **f.-time** *adj* hauptamtlich, h.beruflich, ganztägig (tätig); **f.-timer** *n* Vollzeit-, Ganztagskraft *f*

function *n* 1. Funktion *f*; 2. Tätigkeit *f*, Aufgabe *f*; 3. Veranstaltung *f*; **administrative f.** Verwaltungsfunktion *f*, V.tätigkeit *f*; **advisory f.** beratende Funktion; **cross-departmental f.** Querschnittsfunktion *f*; **distributive f.** Verteiler-, Distributionsfunktion *f*; **income-demand f.** Einkommens-Nachfragefunktion *f*; **income-consumption f.** Einkommens-Konsumfunktion *f*; **managerial f.** Führungsfunktion *f*; **price-demand f.** Preis-Nachfragefunktion *f*; **top-executive f.** Vorstandsfunktion *f*; **f. chart** Darstellung des Operationsablaufs, Funktionsschema *nt*

fund *n* 1. (Anlage)Fonds *m*; 2. Geldmittel *pl*; **f.s** 1. Kapital *nt*, Gelder *pl*; 2. Finanzmittel *pl*; 3. Staatspapiere *pl*, Wertpapiere der öffentlichen Hand; **in f.s** *(Geld)* liquide; **out of f.s** ohne Guthaben

fund of fund|s Dachfonds *m*; **f.s (available) for investment** anlagefähige Mittel, Anlagegelder *pl*; **~ in portfolio investments** Portfoliokapital *nt*; **~ raised in the market** Kapitalmarktmittel *pl*

no fund|s (N/F) keine Deckung, kein Guthaben; **short of f.s** knapp (bei Kasse)

to advance funds Mittel vorschießen, in Vorlage treten; **to allocate/appropriate f.** Gelder bewilligen, Mittel bereitstellen; **to commit f.** Mittel bereitstellen; **to earmark f.** Gelder zweckbestimmen; **to launder f.** *(fig)* Geld waschen *(fig)*; **to liquidate a fund** Fonds auflösen; **to lock up f.** (Geld)Mittel binden/festlegen; **to misappropriate f.** Gelder unterschlagen; **to pool f.** Gelder zusammenlegen; **to procure f.** Geld(mittel) beschaffen; **to provide f.** finanzieren, Mittel zur Verfügung stellen; **to raise f.** Geld aufbringen; **to release f.** Gelder/Mittel freigeben; **to set aside f.** Geldmittel bereitstellen; **to switch f.** umfinanzieren; **to tie up f.** (Geld)Mittel binden/festlegen

accumulating fund thesaurierender (Investment)Fonds; **appropriated f.s** bewilligte/bereitgestellte Mittel; **available f.s** flüssige/verfügbare Mittel; **borrowed f.s** Fremdfinanzierungs-, Kreditmittel *pl*; **closed(-end) f.** geschlossener (Investment)Fonds; **company-generated f.s** Eigenmittel *pl*; **contingent f.** Sicherheitsrücklage *f*, Rückstellung(en) für unvorhergesehene Ausgaben; **corporate f.s** *[US]* Gesellschaftsmittel *pl*; **covering f.s** Deckungsmittel *pl*; **cumulative f.** Wachstumsfonds *m*, thesaurierender (Investment)Fonds; **current f.s** Aktiva *pl*, Umlaufvermögen *nt*; **deposited f.s** Einlagen *pl*; **earmarked f.s** zweckgebundene Mittel; **external f.s** Fremdkapital *nt*, F.(finanzierungs)mittel *pl*; **federal f.s** *[US]* Zentralbankguthaben *nt*; **flexible f.** (Investment)Fonds mit veränderlichem Portefeuille; **floating f.s** fluktuierendes Kapital; **footloose f.s** vagabundierende Gelder; **internally generated f.s** Eigen-, Selbstfinanzierungsmittel *pl*; **idle f.s** totes Kapital, nicht angelegte Gelder; **index-tracking f.** Indexfonds *m*; **insufficient f.s (I/F)** *(Konto)* ungenügende Deckung; **liquid f.s** verfügbare/flüssige Mittel; **long-term f.s** langfristige Mittel; **managed f.** (Investment)Fonds mit auswechselbarem Portefeuille; **mutual f.** 1. Gemeinschaftsfonds *m*; 2. Kapitalanlagegesellschaft *f*; **no-dividend f.** thesaurierender Fonds; **no-load f.** aufgeldfreier Fonds; **offshore f.** Investmentgesellschaft mit Auslandssitz; **open-end(ed) f.** offener Investmentfonds; **outside f.s** Fremdkapital *nt*, F.(finanzierungs)mittel *pl*; **overnight f.s** Tagesgelder *pl*, kurzfristige Kredite; **own f.s** Eigenmittel *pl*, eigene Mittel; **provident f.** Fürsorge- und Hilfskasse *f*; **public f.s** öffentliche Gelder, die öffentliche Hand; **short-term f.s** kurzfristige Mittel

sinking fund Amortisations-, Tilgungsfonds *m*; **s.-f. capital** Tilgungskapital *nt*;

~ depreciation (method) progressive Abschreibung; **~ instalment** (Schulden)-Tilgungsrate *f*; **~ loan** Tilgungsanleihe *f*; **~ reserve** Amortisations-, (Schulden)-Tilgungsrücklage *f*

social fund Sozialfonds *m*; **sufficient f.s** genügende/ausreichende Deckung; **surplus f.** Reserve-, Überschussfonds *m*; **~ f.s** Liquiditätsüberschuss *m*, überschüssige Mittel; **tied-up f.s** festliegende Mittel; **unappropriated f.s** nicht verteilte/frei verfügbare Mittel

fund *v/t* aufbringen, finanzieren, kapitalisieren

fund administration Fonds-, Kapitalverwaltung *f*; **f. assets** Fondsvermögen *nt*

fundamental *adj* grundlegend, g.ständig

funded *adj* kapitalisiert, dotiert; **well f.** kapitalkräftig, gut dotiert

funds flow Kapitalfluss *m*, K.ströme *pl*; **~ analysis/statement** Bewegungs-, Kapitalflussrechnung *f*

funding *n* Konsolidierung *f*, Finanzierung *f*, Kapitalausstattung *f*; **f. of floating debts** Konsolidierung schwebender Schulden; **commercial f.** Kreditfinanzierung *f*; **external f.** Fremdmittelbeschaffung *f*; **initial f.** Anschubfinanzierung *f*; **minimum f.** Mindestausstattung *f*; **nonmatched f.** nichtkongruente Finanzierung; **own f.** Eigenbeteiligung *f*, Selbstfinanzierung *f*

funding arrangements Kredit-, Finanzierungsvereinbarungen *pl*; **f. body** Träger *m*; **f. cutback** Mittelkürzung *f*; **f. loan** Umschuldungs-, Kapitalisierungsanleihe *f*; **f. manager** Fondsmanager(in) *m/f*; **f. needs** Fremdmittel-, Kapitalbedarf *m*; **f. offer** Finanzierungsangebot *nt*; **f. operation** Umschuldungsaktion *f*, U.vorgang *m*, Fundierungstransaktion *f*; **f. practice(s)** Finanzierungspraxis *f*; **f. requirement(s)** Finanzierungs-, Kapitalbedarf *m*; **f. sources** Finanzierungsreserven *pl*

fund investment Fondsanlage *f*; **f. management** Fondsverwaltung *f*; **~ company** Fonds-, Kapitalanlagegesellschaft *f*; **f. manager** Fondsverwalter(in) *m/f*, F.manager(in) *m/f*; **f. performance** Fondsentwicklung *f*; **f. raiser** Kapitalnehmer(in) *m/f*, Geldbeschaffer(in) *m/f*; **f. raising** Kapital-, Mittelbeschaffung *f*; **f.s statement** Kapital-, Finanzflussrechnung *f*

funds transfer Mittelumschichtung *f*; **electronic f. t. (eft)** belegloser Überweisungsverkehr; **~ at the point of sale (eftpos)** elektronische Geldüberweisung an der Ladenkasse; **f. t. business** Kapitalüberweisungsverkehr *m*

fun|gibility *n* Fungibilität *f*; **f.gible** *adj* (überall) marktgängig

furnish *v/t* 1. einrichten, ausstatten; 2. bereitstellen, gestellen; 3. *(Dokumente)* beibringen, vorlegen

furnishing *n* Einrichtung *f*, Ausstattung *f*; **f.s** Hauseinrichtung(sgegenstände) *f/pl*, Mobiliar *nt*; **f. of collateral/security** Sicherheitsleistung *f*; **f.s and fixtures** Inventar *nt*

furniture *n* Möbel *pl*, Mobiliar *nt*; **f. and equipment** *(Bilanz)* Geschäftsinventar *nt*; **~ fixtures** Betriebs- und Geschäftsausstattung *f*; **flatpack f.** zerlegbare Möbel, Mitnahmemöbel *pl*; **f. industry** Möbelindustrie *f*

future *n* Zukunft *f*; **f.s** 1. *(Börse)* Termingeschäfte *pl*, T.handel *m*; 2. Liefer(ungs)-geschäft *nt*; **financial f.** Finanzterminkontrakt *m*; **~ f.s** *(Börse)* Geldtermingeschäfte *pl*, Finanztitel *pl*, F.terminkontrakte *pl*; **~ f.s market** Finanzterminbörse *f*

futures buying Terminkauf *m*; **f. contract/deal** *(Börse)* Lieferungsvertrag *m*, Termingeschäft *nt*; **future deal** Fixkauf *m*; **~ delivery** Terminlieferung *f*; **f. exchange** (Waren)Terminbörse *f*; **f. hedging** Terminsicherung *f*; **future interest** *(Vers.)* Anwartschaft *f*; **f. market** (Waren)-Terminmarkt *m*; **f. month** Terminmonat *m*; **f. operation** Termingeschäft *nt*; **f. price** Terminkurs *m*, T.preis *m*; **future prospects** Zukunftsaussichten *pl*; **f. quotation** Terminnotierung *f*; **f. sale** Terminverkauf *m*; **f. speculation** Terminspekulation *f*; **f. trading** Börsentermin-, (Waren)Terminhandel *m*; **f. transaction** Termingeschäft *nt*; **future trend(s)** zukünftige Entwicklung

FX (foreign exchange) expert Währungsspezialist(in) *m/f*

G

gain *n* ↘ **increase** 1. (Zu)Gewinn *m*, Zuwachs *m*, Zunahme *f*, (Wert)Steigerung *f*; 2. Vorteil *m*, Nutzen *m*; **for g.** erwerbsmäßig
gain|s on disposal Veräußerungsgewinn *m*; **g. in efficiency/productivity** Produktivitätsgewinn *m*, P.zuwachs *m*; **g. on redemption** Tilgungsgewinn *m*; **g.s from the sale of fixed assets** Erträge aus Anlageabgängen; **g. on securities** Wertpapiergewinn *m*; **g.s from trade** Außenhandelsgewinn(e) *m/pl*; **g. in volume** Mengenzuwachs *m*, M.wachstum *nt*
to consolidate gains Kursgewinne sichern
across-the-board gain|s *(Börse)* Kursgewinne auf breiter Front; **early g.s** *(Börse)* Anfangsgewinne *pl*; **extraordinary g.(s)** außerordentlicher Ertrag; **good g.s** *(Börse)* beträchtlicher Anstieg, ansehnlicher Gewinn; **modest g.s** *(Börse)* leichter Anstieg/Gewinn; **monetary g.** geldwerter Vorteil; **one-off/one-time g.s** Einmalerträge *pl*, außerorderdentliche Erträge; **speculative g.** Spekulationsgewinn *m*; **taxable g.** steuerpflichtiger Gewinn; **weekly g.** Wochengewinn *m*
gain *v/t* 1. bekommen, erhalten, gewinnen; 2. *(Börse)* anziehen
gainful *adj* gewinnbringend, einträglich
gains tax Gewinnabgabe *f*
gallop ahead *v/i* vorauseilen
gamble *n* Spekulation(sgeschäft) *f/nt*, Risiko *nt*; *v/i* spielen, riskieren, spekulieren, wetten
gambling *n* Spielen *nt*, Wetten *nt*; **g. on the exchange** Börsenspekulation *f*; **g. in futures** Terminspekulation *f*
game *n* Spiel *nt*; **operational g.** Unternehmensplanspiel *nt*; **zero-sum g.** Nullsummenspiel *nt*
gang *n* (Arbeits)Kolonne *f*, Rotte *f*; **g. boss/leader** Vorarbeiter *m*, Rottenführer *m*; **g. job card** Gruppenakkordkarte *f*; **g. work** Kolonnenarbeit *f*
gap *n* 1. Lücke *f*, Kluft *f*, Abstand *m*; 2. Schere *f (fig)*
gap in earnings Ertragsloch *nt*; **~ interest rates** Zinsgefälle *nt*; **~ the market** Markt-, Angebotslücke *f*; **g. between productivity levels** Produktivitätsgefälle *nt*; **g. in yields** Renditedifferenz *f*
to bridge a gap in the market Marktlücke schließen; **to narrow the g.** Kluft verringern; **to widen the g.** Kluft verbreitern
demand-supply gap Differenz zwischen Angebot und Nachfrage; **financial g.** Finanzloch *nt*; **technological g.** technischer Rückstand; **wage-earnings g.** Lohndrift *f*
gap analysis Marktlückenanalyse *f*; **g. phasing** Ablaufplan mit Einzelphasen
recommended garage *n* Vertragswerkstatt *f*
garbage *n* *[US]* ↘ **waste** Müll *m*, Abfall *m*; **g. collection; g. removal** Müllabfuhr *f*; **g. incineration plant** Müllverbrennungsanlage *f*
garment *n* Kleidungsstück *nt*, Bekleidung(sartikel) *f/m*; **g. industry** Bekleidungs-, Konfektionsindustrie *f*
garnish *v/t* § vorladen, (drittschuldnerisch) pfänden; **g.ee** *n* Vorgeladene(r) *f/m*; **~ order** Pfändungs- und Überweisungsbeschluss *m*; **g.er** *n* Forderungs(pfand)-gläubiger(in) *m/f*
garnishment *n* § Zahlungsverbot *nt*, Pfändung eines Drittschuldners; **g. of incomes** Einkommenspfändung *f*; **~ a salary** Gehaltspfändung *f*; **~ a wage** Lohnpfändung *f*; **g. order** Pfändungs- und Überweisungsbeschluss *m*
gas *n* 1. Gas *nt*; 2. *[US]* Benzin *nt*; **natural g.** Erdgas *nt*; **liquefied natural/petroleum g. (LNG/LPG)** Flüssiggas *nt*; **noxious g.es** schädliche Abgase; **g. comsumption** 1. Gasverbrauch *m*; 2. *[US]* 🚗 Benzinverbrauch *m*; **g. industry** Gasindustrie *f*, G.wirtschaft *f*
gasoline *n* *[US]* ↘ **petrol** 🚗 Benzin *nt*, Kraftstoff *m*
gas pipeline Ferngasleitung *f*; **g. station** *[US]* 🚗 Tankstelle *f*; **g. supply** Gasversorgung *f*
gate *n* 1. Tor *nt*, Pforte *f*; 2. ✈ Flugsteig *m*; **g.keeper** *n* Informationsregulator *m*; **g.way** *n* Toreinfahrt *f*; **~ airport** Luftverkehrsknotenpunkt *m*
gather *v/ti* 1. (auf)sammeln, erfassen; 2. *(Steuern)* einziehen; **g.ing** *n* Zusammenkunft *f*, Versammlung *f*

gauge *n* *[GB]* 1. Richt-, Eichmaß *nt*; 2. 🚂 Spurweite *f*; *v/t* (ab)messen, abschätzen
gazette *n* Amts-, Gesetz-, Verordnungsblatt *nt*; **federal g.** Bundesanzeiger *m*; **financial g.** Börsenzeitung *f*; **official g.** Amts-, Pflichtblatt *nt*
GDP (gross domestic product) Bruttoinlandsprodukt (BIP) *nt*; **GDP growth** Wachstum des Bruttoinlandsprodukts
gear up *v/t* *(Produktion)* hochfahren; **highly g.ed** mit hohem Fremdkapitalanteil, stark fremdfinanziert
gearing *n* 1. Verschuldungsgrad *m*; 2. Verhältnis von Eigen- zu Fremdkapital; **financial g.** Kapitalausstattung *f*; **high g.** Überkapitalisierung *f*, hoher Fremdkapitalanteil; **low g.** Unterkapitalisierung *f*, niedriger Fremdkapitalanteil; **g. ratio** Verhältnis von bevorrechtigtem Kapital zu Stammaktien
general *adj* allgemein(gültig), üblich; **G. Agreement on Tariffs and Trade (GATT)** *(obs)* Allgemeines Zoll- und Handelsabkommen; **G. Business Conditions** Allgemeine Geschäftsbedingungen (AGB); **G. Delivery** *[US]* ✉ postlagernd; **g.-purpose** *adj* Allzweck-, Universal-
generat|e *v/t* 1. erwirtschaften; 2. ⚡ erzeugen; **g.ion** *n* 1. Generation *f*; 2. ⚡ Erzeugung *f*; **~ of electricity/power** Strom-, Krafterzeugung *f*; **g.or** *n* *(Unternehmen)* Stromerzeuger *m*; **~ country** Herkunftsland *nt*
generic *adj* nicht geschützt
gene technology Gentechnik *f*, G.technologie *f*
genuine *adj* echt, rein; **warranted g.** garantiert echt; **g.ness** *n* Echtheit *f*
geography *n* Geografie *f*; **commercial/economic g.** Wirtschaftsgeografie *f*
German bund market Markt für deutsche Staatsanleihen; **G. commercial code** Handelsgesetzbuch (HGB) *nt*
gestat|e *v/i* reifen; **g.ion** *n* Reifung(sprozess) *f/m*; **~ period** 1. Ausreifungszeit des Kapitals 2. Entwicklungszeit *f*
get|-out clause Ausstiegsklausel *f*; **g.-together** *n* Treffen *nt*, Zusammenkunft *f*; **g.-up** *n* *(Ware)* Aufmachung *f*, Ausstattung *f*
giant *n* 1. Riese *m*, Koloss *m*; 2. Großunternehmen *nt*; **commercial g.** Handelsriese *m*; **corporate g.** Riesenunternehmen *nt*; **industrial g.** Industriegigant *m*; **g. combine/concern** Riesenkonzern *m*, Mammutunternehmen *nt*; **g. merger** Elefantenhochzeit *f (fig)*
gift *n* 1. Schenkung *f*; 2. Geschenk(artikel) *nt/m*; 3. Spende *f*; 4. Begabung *f*, Talent *nt*; **g. of money** Geldgeschenk *nt*, G.zuwendung *f*; **charitable g.** wohltätige Spende; **free g.** Werbe-, Reklamegeschenk *nt*; **taxable g.** steuerpflichtige Zuwendung/Schenkung
gift advertising Zugabewerbung *f*; **g. coupon** Geschenkgutschein *m*; **g. hamper** Geschenkkorb *m*; **g. item** Geschenkartikel *m*; **g. tax** Schenkungssteuer *f*; **g. token** Geschenkgutschein *m*; **g.ware** *n* Geschenkartikel *pl*
gilt|s *n* *[GB]* Staatspapiere *pl*, S.anleihen *pl*, mündelsichere Wertpapiere; **g.-edged** *adj* *(Wertpapier)* mündelsicher
girl Friday *(coll)* Sekretärin *f*, Schreibkraft *f*
giro *n* *[GB]* Postscheckdienst *m*, P.verkehr *m*; **postal g.** Postscheckverkehr *m*; **g. account** Giro-, Postscheckkonto *nt*; **g. (account) balance** Postscheckguthaben *nt*; **g. slip** Überweisungsformular *nt*; **g. transfer** Postscheck-, Banküberweisung *f*; **~ system** Verrechnungssystem *nt*, Überweisungsverkehr *m*
give *v/ti* 1. geben; 2. schenken, spenden; 3. *(Börse)* auf Talfahrt sein *(fig)*; **g. way** *(Kurs)* abnehmen, zurückgehen, nachgeben
give|away *n* Zugabe *f*, Geschenk *nt*, Werbeartikel *m*; **g.-back** *n* *[US]* Verzicht auf Ansprüche aus dem Arbeitnehmerverhältnis, Lohnverzicht *m*
giver *n* 1. Schenker *m*, Spender *m*; 2. *(Wechsel)* Aussteller *m*; **g. for a call** Vorprämienkäufer *m*; **g. of an option** Prämienkäufer *m*, Optionsgeber *m*; **g. for a put** Rückprämienverkäufer *m*
giving for a call *n* Erwerb einer Kaufoption
glamour *n* Glanz *m*; **g. stock** spekulativer Wachstumswert, Börsenliebling *m*
glass *n* Glas *nt*; **G., handle with care** *(Markierung)* Vorsicht! Glas!; **waste g.** Altglas *nt*; **g. breakage** Glas(bruch)schaden *m*; **~ insurance** Glas(bruch)versicherung *f*; **g. container** 1. Behälterglas *nt*; 2. Glascontainer *m*; **g. industry** Glasindustrie *f*; **g. insurance** Glasversicherung *f*; **g. recycling** Altglasverwertung *f*; **g. works** Glashütte *f*

global *adj* global, weltumfassend, w.weit; **g.ize** *v/t* weltweit ausdehnen, globalisieren; **g.ization** *n* Globalisierung *f*, weltweite Ausdehnung
gloss *n* 1. (Hoch)Glanz *m*; 2. Beschönigung *f*
glossary *n* Glossar *nt*, Wörterverzeichnis *nt*
glossy *adj* auf Glanzpapier gedruckt, (Hoch)Glanz-
glut *n* (Markt)Sättigung *f*, Schwemme *f*, Überangebot *nt*; **g. in the market** Marktschwemme *f*; **g. of money** Geldflut *f*, G.überhang *m*; **g.** *v/t* übersättigen, ü.-schwemmen

G

gnomes of Zurich *pl* *(coll)* Zürcher Finanzexperten/F.welt
GNP (gross national product) Bruttosozialprodukt (BSP) *nt*; **GNP growth** BSP-Wachstum *m*
go *n* *(coll)* Tatkraft *f*; **to have a g. at a market** Vorstoß auf einen Markt machen; **to make a g. of sth.** etw. zum Erfolg verhelfen
go *v/i* fahren, gehen; **g. against** ungünstig verlaufen; **g. down** *(Preis)* nachlassen, n.geben, sinken; **g. through** 1. durchgehen, d.fahren; 2. *(Maßnahme)* durchkommen; 3. *(Geschäft)* zustande kommen; 4. *(Akten)* durchforsten; **g. up** *(Preis)* in die Höhe gehen, steigen
go-ahead *n* Zustimmung *f*, grünes Licht *(fig)*; *adj* modern, progressiv, fortschrittlich
goal *n* Ziel(setzung) *nt/f*, Zweck *m*; **to pursue a g.** Ziel verfolgen; **compatible/complementary g.s** Zielharmonie *f*, Z.-kompatibilität *f*; **conflicting g.s** konkurrierende Ziele, Zielkonflikt *m*; **corporate g.** Unternehmensziel *nt*; **environmental g.** Umweltschutzziel *nt*; **operational g.** Operationsziel *nt*; **statutory g.** gesetzlich verankertes Ziel; **targeted g.** Planzahl *f*; **g. achievement** Zielerreichung *f*; **g. analysis** Zielanalyse *f*; **g. conflict** Zielkonflikt *m*
go|-between *n* Vermittler *m*, Unterhändler *m*; **g.-getting** *adj* unternehmungslustig, draufgängerisch
going *adj* in Betrieb; **g., g., gone!** *(Auktion)* zum Ersten, zum Zweiten, zum Dritten!; **g. over** Unter-, Durchsuchung *f*; **g. short** Baissespekulation *f*
gold *n* Gold *nt*; **g. and foreign exchange reserves** Gold- und Devisenbestände *pl*; **backed by g.** goldgedeckt; **monetary g.** Währungsgold *nt*
gold auction Goldauktion *f*; **g.-backed** *adj* goldgesichert; **g. backing** Golddeckung *f*; **g. bar** Goldbarren *m*; **g. bullion** Barrengold *nt*, ungemünztes Gold; **~ standard** Gold(kern)währung *f*; **g. content** Goldgehalt *m*; **g. cover** Golddeckung *f*; **g. currency** Goldwährung *f*; **g. dollar** Golddollar *m*; **g. export(s)** Goldausfuhr *f*; **g. export point** oberer Goldpunkt; **g. field** Goldfeld *nt*; **g.-guaranteed** *adj* goldgesichert; **g. holdings** Goldbestand *m*, G.-reserve(n) *f/pl*; **g. market** Goldmarkt *m*; **g. mine** 1. Goldgrube *f*; 2. *(fig)* Bombengeschäft *nt*; **g.-mining** *n* Goldabbau *m*; **g. parity** Goldparität *f*; **g. point** Gold(einfuhr)punkt *m*; **two-tier g. price** gespaltener Goldpreis; **g. quotation/rate** Goldnotierung *f*, G.kurs *m*; **g. reserve(s)** Goldbestand *m*, G.reserve(n) *f/pl*; **g. standard** Goldstandard *m*; **g. stocks** Goldvorrat *m*; **g. strike** Goldfund *m*
gondola *n* (Einkauf-/Waren)Gondel *f*
good *n* Gut *nt*; **g.s** 1. Güter *pl*, Waren *pl*, Erzeugnisse *pl*; 2. Güterladung *f*
goods (sent) on approval Ware zur Ansicht, Ansichtsware *f*; **g. in bond** ⊝ Zollgut *nt*, unter Zollverschluss liegende Ware; **g. and chattels** § Hab und Gut, bewegliches Vermögen; **g. in free circulation** Ware im freien Verkehr; **g. on commission/consignment** Konsignationsgüter *pl*, Kommissionsware *f*; **g. for consumption** Verbrauchs-, Konsumgüter *pl*; **g. from third countries** Drittlandsware *f*; **g. in customs transit** ⊝ Zollversandgut *nt*; **g. to declare** ⊝ anmeldepflichtige Ware; **g. for despatch/dispatch** Versandgut *nt*; **g. on display** Ausstellungs-, Dekorationsware *f*; **g. for export** Exportwaren *pl*, E.güter *pl*; **g. on hand** Lager-, Warenbestand *m*; **g. in bad order (g. b. o.)** Waren in schlechtem Zustand; **g. on order** bestellte Ware; **g. in process/progress** Halbfabrikate *pl*, halbfertige Erzeugnisse; **g. of first class quality** erstklassige Ware, Qualitätsware *f*; **g. (purchased) for resale** Handelsware *f*; **g. for sale** (ver)käufliche Ware; **g. on sale or return** Kommissionsware *f*; **g. and services** Güter und Dienstleistungen *pl*; **~ for own account** eigene Leistungen; **g. (carried) in stock** Lagerbestand *m*; **g. fit**

for/in storage Lagergut *nt*; **g. in general supply** gängige Ware(n); **~ short supply** Mangelware *f*; **~ transit** Transitgut *nt*, T.ware(n) *f/pl*; **~ common use** Gebrauchsartikel *pl*; **~ warehouse** eingelagerte Ware

handling stolen goods Hehlerei *f*; **the g. complained about** die beanstandete Ware; **g. are at buyer's risk** der Käufer trägt die Gefahr

to accept goods Ware(n) abnehmen; **to appropriate g.** Güter konkretisieren; **to book g. to so.'s account** jdm Waren in Rechnung stellen; **to carry g.** Fracht führen; **to clear/declare g. (through customs)** ⊝ Ware(n) verzollen; **to confiscate g.** Ware(n) beschlagnahmen; **to consign g.** Ware(n) versenden; **to deliver g.** Ware(n) ausliefern; **to dispatch g.** Ware(n) versenden; **to display g.** Ware(n) auslegen; **to distrain on g.** Ware(n) pfänden/beschlagnahmen; **to dump g.** Ware(n) zu Schleuderpreisen verkaufen; **to forward g.** Ware(n) versenden; **to handle g.** Ware(n) umschlagen/führen; **to inspect g.** Ware(n) prüfen; **to land g.** ⚓ Güter löschen; **to order g.** Ware(n) bestellen; **to price g.** Ware(n) auszeichnen; **to return g.** Ware zurückgehen lassen; **to sell g.** Ware(n) absetzen; **~ on a consignment basis** Ware(n) in Kommission verkaufen; **to ship g.** Ware(n) versenden; **to stock g.** Ware(n) führen; **to store g.** Ware(n)/Güter lagern; **to supply g.** Ware(n) liefern; **to unload g.** ⚓ Güter löschen; **to withdraw g. from a warehouse** Ware(n) auslagern

actual goods (for immediate delivery) Effektivware *f*; **barrelled g.** Faßware(n) *f/pl*; **basic g.** Grundstoffe *pl*; **~ industry** Grundstoffindustrie *f*; **~ sector** Grundstoffwirtschaft *f*; **bonded g.** ⊝ Zollgut *nt*; **bought-in g.** bezogene Ware(n); **branded g.** Markenartikel *pl*, M.fabrikate *pl*; **bulky g.** Sperrgut *nt*, sperrige Güter/Ware(n); **canned g.** Konserven *pl*; **carted g.** Rollgut *nt*; **cleared g.** ⊝ verzollte Ware(n); **collective g.** *(VWL)* Gemeinschafts-, Kollektivgüter *pl*; **commercial g.** Handelsware(n) *f/pl*; **common good** (All)Gemeinwohl *nt*; **competing/competitive g.** Konkurrenzgüter *pl*; **conforming g.** vertragsgerechte Ware(n), vertragsgemäße Güter; **cut-price** *[GB]*/ **cut-rate** *[US]* **g.** reduzierte Ware(n), Billig-, Schleuderware *f*; **damaged g.** 1. verdorbene/beschädigte Ware(n); 2. ⚓ Havarieware(n) *f/pl*; **dangerous g.** Gefahrgut *nt*; **~ logistics** Gefahrgutlogistik *f*; **defective g.** Ausschussware *f*; **displayed g.** Schaufensterware *f*; **distrained g.** gepfändete Ware(n); **dry g.** *[US]* 1. Textilwaren *pl*, Textilien *pl*; 2. trockene Ladung; **durable g.** haltbare Güter, Verbrauchs-, (langlebige) Gebrauchsgüter; **dutiable g.** ⊝ Zollgut *nt*; **~ list** Negativliste *f*; **duty-bearing g.** zollpflichtige Ware(n); **duty-free g.** zollfreie Ware(n), Freigut *nt*; **electrical g.** Elektroartikel *pl*; **essential g.** lebensnotwendige Güter, Güter des täglichen Bedarfs; **ethical g.** patentgeschützte Ware(n); **express g.** Expressgut *nt*; **~ operations/traffic** Expressgutverkehr *m*; **fast-moving/fast-selling g.** leicht verkäufliche Ware, Ware mit hoher Umsatzgeschwindigkeit; **faulty g.** fehlerhafte Ware; **finished g.** Fertigerzeugnisse *pl*, F.ware(n) *f/pl*; **~ industry** Fertiggüterbranche *f*; **foreign g.** Ware ausländischer Herkunft; **fragile g.** zerbrechliche Ware(n); **free g.** zollfreie Ware(n); **frozen g.** Tiefkühlware *f*; **generic g.** Gattungsware(n) *f/pl*; **hard g.** Gebrauchsgüter *pl*, Hartwaren *pl*

hazardous goods Gefahrstoffe *pl*, gefahrbringende Güter; **~ container** Gefahrgutgebinde *nt*; **~ logistics** Gefahrgutlogistik *f*; **~ management** Gefahrgutmanagement *nt*; **~ transport** Gefahrguttransport *m*

heavy goods Schwergut *nt*; **~ transport** Schwer(last)transport *m*; **~ vehicle (HGV)** (schwerer) Lastkraftwagen *m*; **high-priced g.** Ware(n) der gehobenen Preislage; **high-quality g.** erstklassige Ware(n), Qualitätsware(n) *f/pl*; **high-tech g.** Hochtechnologiewaren *pl*; **home-made/home-produced g.** heimische Ware(n)/Fabrikate, Inlandsprodukte *pl*; **imported g.** Importgüter *pl*, Einfuhrwaren *pl*, Einfuhren *pl*; **incoming g.** eingehende Ware, Wareneingang *m*; **~ department** Warenannahme *f*; **industrial g.** 1. Industriegüter *pl*, I.erzeugnisse *pl*, gewerbliche Erzeugnisse; 2. Anlageinvestitions-, Produktionsgüter *pl*; **inferior g.** minderwertige Ware(n)/Güter;

G

intangible g. *(Bilanz)* immaterielle Güter; **intermediate g.** Zwischenprodukte *pl*; **~ supplier** Halbfabrikatelieferant *m*; **invoiced g.** fakturierte Ware; **joint g.** Komplementärgüter *pl*; **(price-)labelled g.** ausgezeichnete Ware; **loose g.** lose Ware(n); **low-price(d) g.** Billigpreis-, Niedrigpreisware(n) *f/pl*; **manufactured g.** Industrieerzeugnisse *pl*, Fertigware(n) *f/pl*, fabrikmäßig hergestellte Ware(n); **marketable g.** Handelsware *f*; **medium-priced g.** Ware(n) mittlerer Preislage/Preisklasse; **movable g.** bewegliches Vermögen, bewegliche Güter *pl*; **no-name g.** weiße Ware; **non-contractual g.** nicht vertragsgemäße Ware(n); **non-defective g.** Gutware *f*; **non-durable g.** (kurzlebige) Verbrauchsgüter *pl*; **non-originating g.** Ware(n) ohne Ursprungseigenschaft; **optical g.** optische Geräte/Instrumente; **outgoing g.** Warenausgang *m*; **~ customs office** ⊖ Abgangs-, Grenzzollstelle *f*; **packaged g.** abgepackte Ware(n); **palletized g.** Palettenware *f*, palettierte Güter; **perishable g.** (leicht) verderbliche Ware(n); **(price-)labelled g.** ausgezeichnete Ware; **processed g.** verarbeitete/veredelte Ware(n); **internally produced g.** Eigenerstellung *f*; **productive g.** Produktivgüter *pl*; **proprietary g.** Markenartikel *pl*; **public good** Gemeinwohl *nt*; **quasi-private g.** meritorische Güter; **regulated g.** Marktordnungsgüter *pl*; **reimported g.** ⊖ Reimporte *pl*; **returned g.** Rückwaren *pl*, Retouren *pl*; **scarce g.** Mangelware(n) *f/pl*; **seaborne g.** Seehandelsgüter *pl*; **seasonal g.** Saisonware(n) *f/pl*, S.artikel *pl*; **second-hand g.** Gebrauchtware(n) *f/pl*; **semi-finished/semi-manufactured g.** Halbfabrikate *pl*, H.zeug *nt*; **semi-finished g. supplier** Halbfabrikatelieferant *m*; **series-produced g.** Seriengüter *pl*; **~ business** Seriengeschäft *nt*; **slow-moving/slow-selling g.** schwer verkäufliche Ware(n), Ware(n) mit geringer Umsatzgeschwindigkeit; **smuggled g.** Schmuggelware *f*, S.gut *nt*; **soft g.** Textilware(n) *f/pl*, Textilien *pl*; **standard(ized) g.** Standardware(n) *f/pl*, genormte Güter; **staple g.** Standard-, Stapelware *f*; **stolen g.** Diebesgut *nt*; **storable g.** lagerfähige Ware(n); **substandard g.** unterdurchschnittliche Ware; **substitute g.** Ersatzware *f*, Substitutionsgüter *pl*; **tangible g.** materielle Güter; **unascertained/unspecified g.** Gattungsware(n) *f/pl*; **unbranded g.** weiße Ware; **uncollected g.** nicht abgeholte Ware; **undeclared g.** Schmuggelware *f*; **unentered g.** ⊖ unverzollte Ware; **unprocessed g.** Rohware *f*; **unsound g.** schlechte/verdorbene Ware(n); **unsal(e)able g.** unverkäufliche Ware(n); **warehoused g.** eingelagerte Ware(n); **white g.** 1. Haushaltsgeräte *pl*; 2. weiße Ware; **zero-rated g.** unbesteuerte Ware(n)

good *adj* 1. gut, solide; 2. solvent, kreditfähig; 3. § rechtsgültig; **g. till cancelled/countermanded** bis auf Widerruf; **to make g.** ersetzen, (wieder)gutmachen

goods afloat schwimmende Ware(n); **g. declaration inwards/outwards** ⊖ Anmeldung der Wareneinfuhr/Warenausfuhr; **g. department** Güterabfertigungsstelle *f*; **g. distribution** Warenverteilung *f*; **~ centre** Warenverteilzentrum *nt*; **g. flow** Güterstrom *m*; **g. handling** Güterumschlag *m*; **g.-in department** Warenannahme *f*; **g. inward** Wareneingang *m*; **g. inward(s) inspection** Wareneingangsprüfung *f*; **g. issued note** Warenausgangsmeldung *f*; **g. management** Warendisposition *f*; **g. manifest** ⚓ Ladungsverzeichnis *nt*; **g. offered at reduced prices** reduzierte Ware; **g. office** Güterabfertigung *f*; **g. production** Gütererzeugung *f*, warenproduzierendes Gewerbe; **g. purchased** (Waren)Bezüge *pl*; **~ abroad** Auslandsbezug *m*; **g. receipt** Warenannahme *f*; **g. received** Wareneingang *m*; **g. receiving department** Warenannahme *f*; **g. receipt** Warenempfangsschein *m*; **g. required** Warenbedarf *m*; **g. returned** (Waren)Retouren *pl*, Rücksendungen *pl*; **g. shed** Güterschuppen *m*; **g. storage** Güterlagerung *f*; **g. tariff** Gütertarif *m*; **g. terminal** Güterumschlagstelle *f*; **g. trade** Warenverkehr *m*; **g. traffic** Güter-, Frachtverkehr *m*, Güterversand *m*; **g. train** 🚂 Güterzug *m*; **(commercial) g. transport** (gewerblicher) Güterverkehr *m*; **g. truck/wag(g)on** 🚂 Güterwagen *m*; **g. turnover** Waren-, Güterumschlag *m*; **g. van/wag(g)on** 🚂 Güterwagen *m*, Waggon *m*; **g. vehicle** 🚗 Nutzfahrzeug *nt*; **heavy g. vehicle (HGV)** Lastkraftwagen (LKW) *m*, Schwerlaster *m*; **g. yard** 🚂 Güterbahnhof *m*

goodwill *n* 1. (immaterieller) Firmenwert *m*, Goodwill *m*; 2. (Stamm)Kundschaft *f*; 3. Kulanz *f*; **consolidated g.** konsolidierter Firmenwert, Firmenwert eines Konzerns; **created/developed/self-generated/unpurchased g.** originärer Firmenwert; **negative g.** *(Firma)* schlechter Ruf; **g. advertising** Image-, Vertrauenswerbung *f*; **g. amortization/write-off** Firmenwertabschreibung *f*, Abschreibung von Goodwill

go-slow *n* Bummelstreik *m*, Arbeitsverlangsamung *f*

govern *v/ti* 1. herrschen, regieren; 2. *(Gesetz)* bestimmen, regeln

governance *n* Regierungsform *f*, R.system *nt*; **corporate g.** Unternehmensführung *f*, U.lenkung *f*, U.verfassung *f*

government *n* 1. Regierung *f*; 2. Regierungsform *f*; 3. öffentliche Haushalte; **federal g.** Bundesregierung *f*; **incoming g.** neue Regierung

local government Gemeinde-, Stadt-, Kreis-, Kommunalverwaltung *f*; **~ association** Kommunalverband *m*; **~ authority** Kommunalbehörde *f*; **~ bond (issue)/stock** Kommunalanleihe *f*; **~ employee** Kommunalbedienstete(r) *f/m*; **~ enterprise** Kommunalbetrieb *m*; **~ officer** Gemeinde-, Kommunalbeamter *m*; **~ reform** Kommunal-, Gebietsreform *f*; **~ unit** Gemeinde *f*, Kommune *f*

municipal government *[US]* Stadt-, Kommunalverwaltung *f*

government accounting kameralistische Buchführung; **g. agency** Regierungsbehörde *f*, staatliche Stelle; **g. aid** Subvention *f*, staatliche Unterstützung; **g.al** *adj* Regierungs-, Staats-, staatlich, regierungsamtlich; **g. assistance** Subvention *f*, staatliche Unterstützung; **g. authority** (staatliche) Behörde *f*; **g. banker** Zentralbank *f*; **g. bond** Staats-, Regierungsanleihe *f*; **g. borrowing** staatliche/öffentliche Kreditaufnahme; **~ requirements** staatlicher Kreditbedarf; **g. broker** amtlicher Makler; **g. budget** Staatshaushalt *m*; **~ deficit** Deckungslücke im Staatshaushalt; **g. capital expenditure** Regierungsinvestitionen *pl*, Investitionen der öffentlichen Hand; **g. consumption** Staatsverbrauch *m*; **g. contract** öffentlicher Auftrag; **g. contracting** Vergabe von Staatsaufträgen; **g. control** staatliche Leitung/Kontrolle; **g. corporation** Körperschaft des öffentlichen Rechts; **g. debt** Staatsschuld(en) *f/pl*; **g. deficit funding needs** Kreditbedarf der öffentlichen Hand; **g. demand** staatliche Nachfrage; **g. department** Behörde *f*, Ministerium *nt*; **g. enterprise** Regie-, Staatsbetrieb *m*; **g. expenditure(s)** öffentliche Ausgaben, Staatsausgaben *pl*; **~ rate** Staatsquote *f*; **g. export credit insurance** staatliche Ausfuhrkreditversicherung; **g. financing** Staatsfinanzierung *f*; **g.-funded** *adj* staatlich finanziert; **g. funding** Finanzierung der Staatsausgaben; **g. funds** staatliche Mittel; **g. gilts** Staatsanleihen *pl*; **g. grant** staatliche Subvention, staatlicher Zuschuss; **g. guarantee** staatliche Garantie; **g. investment** staatliche Investition; **g. loan** Staatsanleihe *f*; **g. monopoly** Staatsmonopol *nt*; **g. office** amtliche Stelle; **g. official** Regierungsbeamter *m*, R.beamtin *f*; **g.-owned** *adj* staatseigen; **g. procurement** öffentliches/staatliches Beschaffungswesen; **g. promotion** staatliche Förderung; **g. property** Staatsvermögen *nt*, S.eigentum *nt*; **g. purchases of goods and services** öffentliches Beschaffungswesen; **g. regulation** behördliche Anordnung; **g. representative** Regierungsvertreter(in) *m/f*; **g. revenue(s)** Staatseinnahme(n) *f/pl*; **g. spending** Regierungs-, Staatsausgaben *pl*, öffentliche Ausgaben; **~ cuts** Etatkürzungen *pl*; **g.-sponsored** *adj* staatlich gefördert; **g. stock** öffentliche Anleihe; **g. storage agency** staatliche Vorratsstelle; **g. subsidy** öffentlicher/staatlicher Zuschuss; **g. transfers; g. transfer payments** staatliche (Einkommens)Übertragungen, Transferzahlungen (des Staates) *pl*; **g. unit** Gebietskörperschaft *f*

governor *n* Gouverneur *m*; **G. of the Bank of England** *[GB]* Gouverneur der Bank von England

grace (period) Aufschub *m*, (Nach-/Zahlungs)Frist *f*; **~ on repayments** tilgungsfreie Jahre

gradation *n* Gradeinteilung *f*; **g. in value** Wertabstufung *f*

grade *n* 1. Sorte *f*, (Handels-/Güte)Klasse *f*; 2. Rang *m*; 3. (Lohn-/Gehalts-/Tarif)-Gruppe *f*; 4. Position *f*, Stellung *f*; **average g.** Durchschnittsqualität *f*; **basic g.** Standardsorte *f*; **superior g.** Qualitätssorte *f*; **top g.** beste Qualität, feinste

Sorte; **g.** *v/t* ab-, einstufen, sortieren; **g. label** Qualitätskennzeichen *nt*; **g. labelling** Güte-, Qualitätskennzeichnung *f*

grading *n* Klassifizierung *f*, Einstufung *f*, Eingruppierung *f*, Güte(klassen)einteilung *f*; **g. down** Abgruppierung *f*

graduate *n* Hochschulabgänger(in) *m/f*, (H.)Absolvent(in) *m/f*; **g. in business administration/management** (Diplom-)Betriebswirt(in) *m/f*, D.-Kaufmann *m*, D.-Kauffrau *f*; **~ economics** Diplom-Ökonom(in) *m/f*, D.-Volkswirt(in) *m/f*; **~ industrial engineering** Diplom-Wirtschaftsingenieur *m*; **g.** *v/i* (Hochschulprüfung) absolvieren, akademischen Grad erlangen, Hochschulabschluss/Examen machen; *adj* mit Hochschulabschluss; **g. employment** Beschäftigung(smöglichkeit) für Hochschulabsolventen; **g. recruitment** Anwerbung/Einstellung von Hochschulabsolventen; **g. training programme** Traineeprogramm für Hochschulabsolventen; **g. unemployment** Arbeitslosigkeit bei Hochschulabsolventen, Akademikerarbeitslosigkeit *f*

grain *n* Korn *nt*, Getreide *nt*; **staple g.** wichtigste Getreidesorte, Hauptgetreidesorte *f*; **g. crop** 1. Getreideernte *f*; 2. Getreidefrucht *f*, G.sorte *f*; **g. farming** Getreideanbau *m*; **g. harvest** Getreideernte *f*; **g. merchant** Getreidehändler *m*; **g. price** Getreidepreis *m*; **g. trade** Getreidehandel *m*

grand *n* *(coll)* *[US]* 1 000 Dollar

granny bond *n* *(coll)* *[GB]* indexgebundener Sparbrief; **g. flat** Einliegerwohnung *f*

grant *n* 1. Gewährung *f*, Bewilligung *f*; 2. Zuschuss *m*, Subvention *f*; 3. Stipendium *nt*, (Studien)Beihilfe *f*; **eligible for a g.** zuschussberechtigt

grant of delay Stundung *f*; **~ discharge** Entlastung *f*; **~ a lease** Pachtgewährung *f*; **~ a licence** Lizenzerteilung *f*; **~ a mortgage** Hypothekenbewilligung *f*; **~ an option** Optionserklärung *f*; **~ a patent** Erteilung eines Patents

annual grant Jahreszuschuss *m*; **federal g.** Bundeszuschuss *m*; **general g.** *[GB]* Pauschalzuweisung *f*; **operational g.** Betriebskostenzuschuss *m*; **structural g.** Strukturzuschuss *m*; **supplementary g.** Nachbewilligung *f*, Ergänzungszuweisung *f*

grant *v/t* 1. bewilligen, zugestehen; 2. *(Kredit)* auslegen; **to take for g.ed** als selbstverständlich hinnehmen

grant|ee *n* 1. (Zuschuss)Empfänger(in) *m/f*; 2. Lizenznehmer(in) *m/f*, Konzessionär(in) *m/f*; **g.er; g.or (of a licence)** *n* Gewährer *m*, Lizenzgeber(in) *m/f*; **g. of an option** Optionsgeber(in) *m/f*, O.gewährer(in) *m/f*; **g.-in-aid** *n* *[US]* (öffentlicher) Zuschuss *m*

granting of aids *n* Gewährung von Beihilfen; **~ an allowance** Gewährung einer Zulage; **~ cash benefits** Gewährung von Geldleistungen; **~ credit** Kreditgewährung *f*, K.einräumung *f*; **~ a licence** Lizenzgewährung *f*, L.vergabe *f*; **~ a loan** Kredit-, Darlehensgewährung *f*; **~ a mortgage** Bestellung einer Hypothek; **~ a patent** Patentierung *f*, Erteilung eines Patents

graph *n* 1. Graph *m*, Kurve *f*; 2. Diagramm *nt*, Schaubild *nt*, Grafik *f*; **g.ic** *adj* 1. grafisch; 2. anschaulich

grassland *n* 🚜 Grünland *nt*, Weide(land) *f/nt*; **g. farming** Grün-, Weidewirtschaft *f*

gratification *n* 1. Befriedigung *f*; 2. Gratifikation *f*, Belohnung *f*

gratis *adv* gratis, kostenlos

gratuitous *adj* unentgeltlich, frei, kostenlos, gratis

gratuity *n* Abfindung *f*, Zuwendung *f*, Gratifikation *f*

Great Depression *[US]* Weltwirtschaftskrise (von 1929) *f*

greed *n* (Hab-/Raff)Gier *f*; **g. for gain** Profitgier *f*; **~ money** Geldgier *f*; **~ profit** Gewinnstreben *nt*

green|back *n* *[US]* Dollarnote *f*; **g.field** *adj* unerschlossen; **~ site** Standort/(Bau)-Grundstück auf der grünen Wiese; **g.-grocer** *n* Obst- und Gemüsehändler *m*; **g.house** *n* 🚜 Gewächs-, Treibhaus *nt*; **~ effect** Treibhauseffekt *m*; **~ gas** Treibhausgas *nt*; **G. Insurance Card** Grüne Versicherungskarte; **g.shoe (shares)** *n* *(Aktienemission)* Mehrzuteilungsreserve *f*; **g.shoots of economic recovery** *pl* *(fig)* erste Anzeichen konjunktureller Erholung

greyhound *n* Windhund *m*; *adj* der Reihenfolge nach; **g. principle** Windhundprinzip *nt*; **g. quota** Windhundkontingent *nt*

grid *n* 1. Raster *nt*, Planquadrat *nt*; 2. ⚡ Versorgungsnetz *nt*; **electric(al) g.**

Stromverbund *m*; **local g.** ϟ Ortsnetz *nt*; **managerial g.** Verhaltensgitter *nt*; **g. method** Gitter-, Rasterverfahren *nt*; **g. sampling** 📊 Gitter-, Stichprobenverfahren *nt*
grievance *n* Missstand *m*, Beschwerde (-grund) *f/m*; **to raise a g.** Beschwerde vorbringen; **to redress/remedy a g.** Beschwerde abstellen; **g. committee** Beschwerde-, Schlichtungsausschuss *m*; **g. procedure** Beschwerde-, Schlichtungsverfahren *nt*
grocer *n* Lebensmittel(einzel)händler *m*; **multiple g.** Lebensmittelfilialist *m*; **g.'s shop** *[GB]***/store** *[US]* Lebensmittelgeschäft *nt*, L.laden *m*; **g.ies** *n* Lebensmittel *pl*; **g.y outlet/shop** *n* Lebensmittelladen *m*
gross *n* *(12 Dutzend)* Gros *nt [frz.]*; *adj* brutto, Brutto-; *v/t* brutto verdienen/erbringen; **g.ing up** *n* Bruttoberechnung *f*
ground *n* 1. Grund *m*, Ursache *f*; 2. Grundbesitz *m*, Boden *m*; **g.s for appeal** § Beschwerde-, Revisionsgrund *m*; **g. for complaint** Beschwerdegrund *m*; **g.s for discharge/dismissal** Entlassungs-, Kündigungsgrund *m*; **~ exemptions** Befreiungsgründe *pl*; **~ opposition** *(Pat.)* Einspruchsbegründung *f*; **g. for winding up** Liquidationsgrund *m*; **to break fresh/new g.** *(fig)* neue Wege beschreiten, Neuland erschließen; **to gain g.** Fortschritte machen; **to get off the g.** *(fig)* in Gang bringen/kommen, realisieren; **to prepare the g. for a deal** Geschäft anbahnen; **common g.** gemeinsame Basis/Grundlage; **open g.** freies/unbebautes Gelände; **open-air g.** Freigelände *nt*
ground *v/t* 1. *(Personal)* einführen, einweisen; 2. ⚓ stranden; 3. ✈ Startverbot erteilen
ground annual Jahrespacht *f*; **g. floor** *[GB]* 🏛 Erdgeschoss *nt*, Parterre *nt [frz.]*
grounding *n* 1. Einführung *f*; 2. ⚓ Stranden *nt*; 3. ✈ Startverbot *nt*; 4. 🏛 Fundament *nt*
at ground level zu ebener Erde, ebenerdig; **g. plan** 🏛 Grundriss *m*, Lageplan *m*; **g. rent** Boden-, Grundrente *f*, Pacht-, Bodenzins *m*; **g. staff** ✈ Bodenpersonal *nt*; **g. traffic** Bodenverkehr *m*; **g. transport (operations)** Transport(geschäft) zu Land; **g.work** *n* Vorarbeit(en) *f/pl*, Grundlagenarbeit *f*
group *n* 1. Gruppe *f*, Klasse *f*; 2. Konzern(verbund) *m*, Organkreis *m*; **g. of banks** Bankenkonsortium *nt*; **~ companies** Konzern(verbund) *m*; **~ experts** Fachgremium *nt*; **G. of Ten** *(IWF)* Zehnergruppe *f*, Pariser Club
advisory group Beratergruppe *f*; **affiliated g.** Konzern *m*; **chemical g.** Chemiekonzern *m*; **combined g.** Gesamtkonzern *m*, Konzernverbund *m*; **consolidated g.** Konzern(gruppe) *m/f*, Konsolidierungskreis *m*; **environmental g.** Umweltschutzgruppe *f*; **financial g.** Finanzkonzern *m*; **horizontal g.** Horizontal-, Gleichordnungskonzern *m*; **industrial g.** Industriekonzern *m*; **diversified ~ /mixed g.** Mischkonzern *m*; **vertically integrated g.** Unterordnungskonzern *m*; **low-wage g.** Leichtlohngruppe *f*; **multinational g.** Multi *m* *(coll)*; **professional g.** 1. Berufsgruppe *f*; 2. Fachgruppe *f*; **subordinated/vertical g.** Unterordnungskonzern *m*, mehrschichtiger Konzern; **transnational g.** grenzüberschreitender Konzern; **voluntary g.** Einkaufsverband *m*
group *v/t* 1. (ein)gruppieren, klassifizieren; 2. *(Ladung)* zusammenstellen; 3. *(Informationen)* bündeln
group account Konzernkonto *nt*; **g. a.s** Konzernbilanz *f*, konsolidierte Bilanz; **g. consolidated profit and loss a.** konsolidierte Gewinn- und Verlustrechnung
group accounting Konzernbuchhaltung *f*, K.rechnungslegung *f*; **g. advertising** Sammelwerbung *f*; **g. action** § Sammelklage *f*
groupage *n* Gruppierung *f*; **g. bill of lading** Sammelkonnossement *nt*; **g. consignment** Sammelladung *f*; **g. freight** Sammelfracht *f*; **g. rate** Tarif für Sammelladungen; **g. service/traffic** Sammel(gut)verkehr *m*, S.ladungsverkehr *m*
group assets Konzernvermögen *nt*; **g. consolidated balance sheet** konsolidierte Konzernbilanz; **g. (executive) board** Konzernvorstand *m*; **g. supervisory board** Konzern-, Gesamtaufsichtsrat *m*; **g. buyer** Gemeinschafts(ein)käufer *m*; **g. buying** Gemeinschafts(ein)kauf *m*; **g. cash flow statement** Konzernkapitalflussrechnung *f*; **g. executive committee** Konzernvorstand *m*; **g. consignment** Sammelladung *f*; **~ forwarder** Sammelladungsspediteur *m*; **g. depre-**

G

ciation Pauschal-, Sammelabschreibung *f*; **g. discount** Gruppenermäßigung *f*; **g. division** Unternehmensbereich *m*; **g. chief executive** Vorstandsvorsitzender des Konzerns; **g. financing** Gemeinschaftsfinanzierung *f*; **g. funds** Konzerneigenmittel *pl*; **g. headquarters** Konzern(haupt)verwaltung *f*; **g. holding** Konzernbeteiligung *f*; **~ company** Ober-, Dachgesellschaft *f*, Konzern-Holding *f*; **g. net income** Konzernreingewinn *m*

grouping *n* 1. Gruppenbildung *f*, Einteilung in Gruppen; 2. *(Fracht)* Zusammenstellung *f*, Bündelung *f*

G

group insurance Gemeinschafts-, Gruppen-, Sammelversicherung *f*; **g. integration** Konzernverflechtung *f*; **g. item** *(Bilanz)* Sammelposten *m*; **at g. level** im Konzern; **g. liabilities** Konzernverbindlichkeiten *pl*; **g. life assurance** *[GB]*/**insurance** *[US]* Gruppen-, Sammellebensversicherung *f*; **g. loss** Konzernverlust *m*; **g. management** Konzernleitung *f*; **g. manager** Gruppenleiter(in) *m/f*; **g. performance** Konzernergebnis *nt*; **g. piece(work) rate** Gruppenakkordlohn *m*; **g. profit** Konzerngewinn *m*; **g. profitability** Konzernrentabilität *f*; **g. purchasing** Gemeinschaftsbeschaffung *f*; **g. rate** Sammel(ladungs)tarif *m*; **g. reporting** Konzernberichtswesen *nt*; **g. sales/turnover** Konzernabsatz *m*, K.umsatz *m*; **g.-specific** *adj* (ziel)gruppenspezifisch; **g. (financial) statement** 1. Konzernabschluss *m*, K.ausweis *m*, K.bilanz *f*; 2. konsolidierte Bilanz, konsolidierter Abschluss; **g. structure** Konzernstruktur *f*; **g. tax audit** *(Steuer)* Konzern(betriebs)-prüfung *f*; **g. technology** Fertigung durch Arbeitsgruppen, Werkstattfertigung *f*; **g. transport** Sammelverkehr *m*, S.transport *m*; **g. valuation** *(Abschreibung)* Pauschalbewertung *f*; **g. work** Gruppenarbeit *f*; **g. works council** Konzernbetriebsrat *m*

grow *v/ti* 1. 🚜 anbauen, züchten; 2. (an)-wachsen, zunehmen; **g.er** *n* 🚜 (An)-Bauer *m*, Pflanzer *m*, Züchter *m*; **g.ing** *n* 🚜 Anbau *m*, Züchtung *f*

growth *n* Wachstum *nt*, Zunahme *f*, Zuwachs *m*, (Aufwärts)Entwicklung *f*

growth in economic activity Konjunkturbelebung *f*; **g. of the balance sheet total** Bilanzsummenwachstum *nt*; **~ business** Geschäftszuwachs *m*; **~ demand** Nachfrageausweitung *f*; **overall ~ the national economy** volkswirtschaftliches Wachstum; **~ employment** Beschäftigungswachstum *nt*; **g. of public expenditure** Anwachsen/Anstieg der öffentlichen Ausgaben; **~ exports** Exportausweitung *f*; **~ imports** Einfuhrdynamik *f*; **~ income(s)** Einkommensentwicklung *f*; **~ lending** Kreditausweitung *f*; **~ the money supply** Geldmengenwachstum *nt*; **~ output** Ausstoßzuwachs *m*; **g. in percentage terms** prozentualer Anstieg; **g. of premium income** *(Vers.)* Beitragszuwachs *m*; **g. in (unit) sales** Umsatzsteigerung *f*

to boost growth Wachstum fördern; **to stimulate g.** Wachstum anregen/ankurbeln

annual growth Jahreswachstum *nt*; **average g.** durchschnittliches Wachstum; **cyclical g.** zyklisches Wachstum; **demand-led g.** nachfragegesteuertes Wachstum; **economic g.** Wirtschaftswachstum *nt*, konjunkturelles Wachstum; **sustained ~ g.** nachhaltiges Wirtschaftswachstum; **export-led g.** exportinduziertes Wachstum; **industrial g.** Wirtschaftswachstum *nt*; **monetary g.** Geldmengenwachstum *nt*; **negative g.** Minuswachstum *nt*, Schrumpfung *f*; **net g.** bereinigtes/reales Wachstum; **nil g.** Nullwachstum *nt*; **non-inflationary g.** inflationsfreies Wachstum; **restrained g.** gedämpftes Wachstum; **sectoral g.** Branchenentwicklung *f*; **slow/sluggish g.** geringes/langsames Wachstum; **slower g.** verlangsamtes Wachstum; **steady/sustained g.** stetiges/gleichmäßiges Wachstum; **year-to-year g.** jährlicher Anstieg, Jahressteigerung *f*; **zero g.** Nullwachstum *nt*, Wachstumsstillstand *m*

growth area Entwicklungsgebiet *nt*; **g. centre** Entwicklungsschwerpunkt *m*; **g. cycle** Wachstumszyklus *m*; **g. differential** Wachstumsgefälle *nt*; **g. expectation** Wachstumserwartung *f*; **g. forecast** Wachstumsprognose *f*; **g. fund** Wachstums-, Thesaurierungsfonds *m*; **g.-induced** *adj* wachstumsbedingt; **g. industry** Wachstumsindustrie *f*, W.branche *f*, zukunftsträchtige Branche; **g. objective** Wachstumsziel *nt*; **g. opportunity**

Wachstumschance *f*; **g. path** Wachstumspfad *m*; **g.-producing; g.-promoting** *adj* wachstumsfördernd; **g. prospects** Wachstumsaussichten *pl*; **g. rate** Wachstumstempo *nt*, Steigerungs-, Zuwachsrate *f*; **~ for the year** Jahreswachstumsrate *f*; **negative g. rate** rückläufige Wachstumsrate; **g. sector** Wachstumsbranche *f*, W.industrie *f*; **g. target** Wachstumsziel *nt*

guarantee *[GB]*; **guaranty** *n* *[US]* 1. Garantie *f*, Bürgschaft *f*, Kaution *f*, Haftungszusage *f*; 2. Aval *nt*, Delkredere *nt*

guarantee of a bill of exchange Aval *nt*, Wechselbürgschaft *f*; **~ durability** Haltbarkeitsgarantie *f*; **g. for loss** Ausfallbürgschaft *f*; **g. against defective material and workmanship** (Gewähr)-Leistungsgarantie *f*; **g. of payment** Zahlungsgarantie *f*; **g. to purchase** Abnahmegarantie *f*; **g. of quality** Qualitätsgarantie *f*; **~ tender** Submissionsgarantie *f*; **~ warranty** Haftung *f*

to furnish (a) guarantee Garantie leisten/übernehmen; **to honour a g.** einer Garantie-/Gewährleistungspflicht nachkommen; **to make a g. stick** Garantieanspruch durchsetzen; **to stand g. for** haften für

back-to-back guarantee Rückbürgschaft *f*; **blanket g.** Mantelgarantie *f*; **collateral g.** Solidarbürgschaft *f*; **conditional g.** Ausfallbürgschaft *f*; **contractual g.** Vertragsgarantie *f*; **expired g.** abgelaufene Garantie; **general g.** Globalgarantie *f*; **joint g.** Mit-, Gesamtbürgschaft *f*; **~ and several g.** Solidarbürgschaft *f*, gesamtschuldnerische Bürgschaft; **limited g.** Höchstbetragsbürgschaft *f*, beschränkte Nachschusspflicht; **money-back g.** Rückerstattungsgarantie *f*, bei Nichtgefallen Geld zurück; **no-quibble g.** Umtausch jederzeit möglich; **statutory g.** gesetzliche Garantie; **unconditional g.** unbedingte Garantie; **unlimited g.** unbeschränkte Nachschusspflicht

guarantee *v/ti* garantieren, (ver)bürgen, gewährleisten, Bürgschaft übernehmen

guarantee authorization Garantiezusage *f*; **g. bond** Garantieerklärung *f*; **g. capital** haftendes Kapital; **g. collateral** Garantiesicherheit *f*; **~ account** Garantiesicherheitskonto *nt*; **g. commission** Delkredereprovision *f*; **g. creditor** Bürgschaftsnehmer(in) *m/f*; **g. deposit** Sicherheitshinterlegung *f*; **g. fund** Bürgschafts-, Feuerwehrfonds *m*, Deckungskapital *nt*, Garantiemittel *pl*, haftende Mittel; **g. holder** Garantienehmer(in) *m/f*; **g. insurance** Bürgschafts-, Garantieversicherung *f*; **commercial g. insurance** Vertrauensschaden(s)versicherung *f*; **g. limit/line** Bürgschaftsrahmen *m*; **g. period** Gewährleistungsfrist *f*, Garantiezeit *f*; **g. risk** Bürgschaftsrisiko *nt*; **g. undertaking** Garantieversprechen *nt*, G.zusage *f*

guarantor *n* (Aval-/Wechsel)Bürge *m*, Garant *m*; **g. of collection** Ausfallbürge *m*; **~ credit** Kreditbürge *m*; **chief g.** Hauptbürge *m*; **collateral g.** Nachbürge *m*; **joint g.** Mitbürge *m*; **~ g.s** Bürgen-, Garantiegemeinschaft *f*; **~ and several g.s** gesamtschuldnerische Bürgen

guaranty *n* *[US]* ↘ **guarantee**

guardian *n* § Vormund *m*, Sorgeberechtigte(r) *f/m*; **g. of the currency** Währungshüter *m*

guesswork *n* Ratespiel *nt*

guestimate *n* *(coll)* grobe Schätzung; *v/t* grob (voraus)schätzen

guest worker Gastarbeiter(in) *m/f*

guidance *n* (An)Leitung *f*, Unterweisung *f*, Rat *m*; **occupational/vocational g.** Berufsberatung *f*; **~ service** Berufsberatungsdienst *m*

guide *n* 1. Führer(in) *m/f*; 2. Wegweiser *m*, Leitfaden *m*; 3. Anhaltspunkt *m*, Richtschnur *f*

guideline *n* Richtlinie *f*, R.schnur *f*, R.wert *m*, Orientierungshilfe *f*; **g.s** Orientierungsrahmen *m*, Leitfaden *m*; **g. datum** Orientierungsgröße *f*; **g. price** Richtpreis *m*

guild *n* Zunft *f*, Gilde *f*, (Handels-/Handwerks)Innung *f*

guru *n* Vordenker *m*, Guru *m*

H

habeas corpus *(lat.)* **(proceedings)** *n* § Haftprüfungsverfahren *nt*

haberdasher *n* 1. *[GB]* Kurzwarenhändler *m*; 2. *[US]* Herrenausstatter *m*; **h.y** *n* 1. *[GB]* Kurzwaren *pl*; 2. Herren(mode)artikel *pl*

H

habit *n* (An)Gewohnheit *f*; **h.s of consumption** Konsum-, Verbrauchsgewohnheiten *pl*
habitat *n* *(lat.)* ⚘ Lebensraum *m*
habitation *n* Wohnstätte *f*; **unfit for h.** unbewohnbar
habit survey Untersuchung über Verbrauchergewohnheiten
hagg|le *v/i* feilschen, handeln; **h.ling** *n* Gefeilsche *nt*, Feilschen *nt*
half *n* Hälfte *f*, Halbzeit *f*, H.jahr *nt*; **h.-board** *n* Halbpension *f*; **h.-pay** *n* halbes Gehalt, halber Lohn; **h.-price** *adj* zum halben Preis; **h.-time** *n* halbe Arbeitszeit; **~ job** Halbtagsarbeit *f*, H.beschäftigung *f*; **h.-timer** *n* Halbtagskraft *f*; **h.-year** *n* Halbjahr *nt*; **~ under review** Berichtshalbjahr *nt*; **h.-year** *adj* Halbjahres-; **h.-yearly** *adj* halbjährlich, im Halbjahresrhythmus
hall *n* 1. Halle *f*; 2. Schalterraum *m*
hallmark *n* 1. Güte-, Kennzeichen *nt*; 2. *(Edelmetall)* Feingehaltsstempel *m*
hall plan Hallenplan *m*
halt *n* 1. Pause *f*, Stillstand *m*; *v/ti* (auf-/an)halten, einstellen
hamper *n* Geschenkkorb *m*; *v/t* hemmen, (be-, ver)hindern
hand *n* 1. Hand *f*; 2. Handschrift *f*; 3. (angelernter) Arbeiter *m*; 4. ⚓ Besatzungsmitglied *nt*; **by h.** 1. manuell; 2. durch Boten; **in h.** unter Kontrolle; **on h.** vorrätig, vorliegend; **out of h.** außer Kontrolle; **left on h.** auf Lager geblieben; **short of h.s** knapp an Arbeitskräften
to be in hand in Arbeit sein; **~ on h.** auf Lager sein; **to change h.s** Eigentümer/Besitzer wechseln; **to obtain (at) first h.** direkt beziehen; **to place a matter into so.'s h.s** jdm eine Angelegenheit übertragen; **~ sth. in the h.s of the solicitor** etw. dem Rechtsanwalt übergeben; **to put a matter in h.** etw. in Angriff nehmen, Auftrag bearbeiten; **~ into the h.s of the receiver** Angelegenheit dem Konkursverwalter übertragen
hired hand Lohnarbeiter(in) *m/f*; **(at) second h.** aus zweiter Hand
hand back heraus-, zurückgeben; **h. in** einreichen; **~ later** nachreichen; **h. over** aushändigen, übergeben
hand assembly manuelle Fertigung; **h. baggage** *[US]* Hand-, Kabinengepäck *nt*; **h.bill** *n* Reklame-, Handzettel *m*; **h.book** *n* Leitfaden *m*, Handbuch *nt*; **h.crafted** *adj* kunstgewerblich, handgemacht; **h.-finish** *v/t* mit der Hand nacharbeiten
handicap *n* 1. Behinderung *f*; 2. Belastung *f*, Benachteiligung *f*
handicraft *n* 1. (Kunst)Handwerk *nt*; 2. handwerklicher Beruf, handwerkliches Gewerbe; **h. business/enterprise** Handwerksbetrieb *m*; **h. production** handwerkliche Fertigung; **h. trade** handwerkliche Tätigkeit
handing back *n* Heraus-, Rückgabe *f*; **h. in** Einlieferung *f*, Einreichung *f*; **h. over** Übergabe *f*, Aushändigung *f*
handle *v/t* 1. handhaben; 2. erledigen; 3. bearbeiten; 4. abfertigen; 5. umladen, umschlagen; 6. befördern
handling *n* 1. Handhabung *f*; 2. Erledigung *f*; 3. (Sach)Bearbeitung *f*; 4. Abfertigung *f*; 5. Umladung *f*, Umschlag *m*; 6. Beförderung *f*; **h. of business** Geschäftsabwicklung *f*; **~ flights** ✈ Flugabfertigung *f*; **~ goods** Güterumschlag *m*; **~ goods in storage** Lagerumschlag *m*; **~ stolen goods** Hehlerei *f*; **~ mail** Postbearbeitung *f*; **improper h.** unsachgemäße Behandlung; **in-plant h.** innerbetrieblicher Transport; **proper h.** sachgemäße Behandlung; **rough h.** *(Transport)* mangelnde Vorsicht; **unitized h.** Transport per Container
handling capacity Umschlagskapazität *f*; **h. charge(s)** Verwaltungs-, Bearbeitungs-, Abfertigungsgebühr *f*; **h. costs** Bearbeitungskosten *pl*; **h. equipment** Transportanlage *f*, Fördersystem *nt*; **h. facilities** Umschlaganlagen *pl*; **h. fee** Bearbeitungs-, Verwaltungsgebühr *f*; **h. time** *(Auftrag)* Abwicklungszeit *f*, Bearbeitungsdauer *f*
hand|made *adj* handgearbeitet; **h.-operated** *adj* handbetrieben; **h.out** *n* 1. Hand-, Werbezettel *m*; 2. Unterstützung *f*, Zuwendung *f*; **h.-over** *n* Übergabe *f*; **h.-picked** *adj* handverlesen; **h. sale** Kaufabschluss durch Handschlag; **golden h. shake** *n (coll)* (großzügige) Abfindung *f*, Abfindungsbetrag *m*, A.zahlung *f*
hands-on *adj* 1. straff geführt; 2. praktisch, praxisbezogen
hand|writing *n* (Hand-/Schreib)Schrift *f*; **~ specimen** Handschriftenprobe *f*; **h.-written** *adj* handschriftlich, h.geschrieben

handyman *n* Gelegenheitsarbeiter *m*, Handlanger *m*
hanging file Hängeordner *m*
haphazard *adj* zufällig, planlos, unkontrolliert
harassment *n* Belästigung *f*
harbor *[US]*; **harbour** *[GB] n* ↘ **port** ⚓ Hafen *m*; **h. and terminal** Hafen und Umschlaganlagen; **inner h.** Binnenhafen *m*; **outer h.** Vor-, Außenhafen *m*; **h. board** Hafen(meister)amt *nt*, H.behörde *f*; **h. dues** Hafengebühren *pl*; **h. facilities** Hafenanlagen *pl*; **h.master** *n* Hafenmeister *m*; **h. station** (See)Hafenbahnhof *m*
hard *adj* hart, mühevoll; **h. to place** *(Arbeitsloser)* schwer vermittelbar; **h. to satisfy** schwer zufrieden zu stellen; **h. to sell** schlecht verkäuflich, schwer zu verkaufen
hard|-currency *adj* valutastark, Hartwährungs-; **h.-earned** *adj* schwer verdient
harden *v/i* *(Preise/Kurse)* anziehen, fester tendieren; **h.ing** *n (Börse)* Befestigung *f*, Anstieg *m*; **~ of interest rates** Zinsbefestigung *f*; **~ of prices** Kursfestigung *f*
hard|-hitting *adj* zupackend, drastisch
hardship *n* Bedrängnis *f*, Härte *f*, (wirtschaftliche) Not(lage) *f*; **financial h.** finanzielle Misere; **h. allowance** Härteausgleich *m*; **h. clause** Härteklausel *f*; **h. pay** Erschwerniszulage *f*
hardware *n* 1. Metall-, Eisen-, Haushaltswaren *pl*; 2. 🖳 Hardware *f*, Gerät(e) *nt/pl*; 3. Maschinenausrüstung *f*; **h. failure** Maschinenstörung *f*; **h. industry** *[US]* Metallwarenindustrie *f*; **h. merchant** Eisenwarenhändler *m*; **h. shop** *[GB]*/**store** *[US]* Haushalts-, Metallwarengeschäft *nt*
hard|-wearing *adj* strapazierfähig, verschleißfest; **h.-working** *adj* fleißig, leistungsfähig
harm *n* 1. $ / § Verletzung *f*; 2. Schaden *m*, Schädigung *f*; *v/t* 1. verletzen; 2. schaden, schädigen
harmful *adj* 1. (gesundheits)schädlich, gefährlich; 2. umweltschädigend; **ecologically h.** umweltfeindlich, u.belastend
harmless *adj* ungefährlich, unschädlich; **to hold h.** schadlos halten
harmonization *n* Harmonisierung *f*, Angleichung *f*, Vereinheitlichung *f*; **h. of the conditions of competition** Angleichung der Wettbewerbsbedingungen; **~ customs duties** Zollharmonisierung *f*; **~ laws** *[EU]* Rechtsangleichung *f*, R.vereinheitlichung *f*; **~ rates and tariffs** Tarifharmonisierung *f*; **~ taxation/taxes** Steuervereinheitlichung *f*, S.harmonisierung *f*
harmonize *v/t* harmonisieren, vereinheitlichen
harvest *n* 🚜 Ernte(zeit) *f*, E.ertrag *m*; *v/t* ernten; **h.ing** *n* 1. Ernte(arbeit) *f*; 2. *(fig) (Marketing)* Melkstrategie *f (fig)*; **h. yield** Ernteergebnis *nt*
haul *n* 1. Transport(weg) *m*; 2. Fang *m*, Fischzug *m*; **long h.(s)** 1. Güterfernverkehr *m*; 2, Fernreise *f*; **short h.(s)** Nahtransport *m*, N.verkehr *m*; **h.** *v/t* befördern, transportieren
haulage *n* 1. Beförderung *f*, Transport (-geschäft) *m/nt*; 2. Transportkosten *pl*, Spedition(sgebühren) *f/pl*; **heavy h.** Schwerguttransport *m*; **long-distance h.** Güterfern-, Fernfrachtverkehr *m*; **road-rail h.** Rollfuhrdienst *m*; **short-distance h.** Güternahverkehr *m*
haulage business Transport-, Fuhr-, Speditionsgeschäft *nt*; **h. company/firm** Fracht-, Transportunternehmen *nt*, (LKW-)Transportfirma *f*, Spedition(sfirma) *f*; **h. contractor** Fracht-, Transportunternehmer *m*, Frachtführer *m*; **h. cost(s)** Speditions-, Transportkosten *pl*; **h. fleet** Fahrzeugpark *m*; **h. industry** Transport-, Speditionsgewerbe *nt*, Straßengüterverkehr *m*; **h. operation** Fuhrbetrieb *m*, F.geschäft *nt*; **h. rate/tariff** Transporttarif *m*; **h. trade** Transport-, Speditionsgewerbe *nt*, Straßengüterverkehr *m*; **~ tax** Straßengüterverkehrssteuer *f*
haulier *n* ↘ **haulage contractor**
haven investment sichere Anlage
hawk *v/t* hausieren, (ver)hökern; **h.er** *n* fliegender Händler, Hausierer *m*; **h.ing** *n* Hausieren *nt*, Straßenverkauf *m*
hazard *n* Wagnis *nt*, Risiko *nt*, Gefahr *f*; **commercial h.** unternehmerisches Risiko, Unternehmerwagnis *nt*; **ecological h.** Umweltgefahr *f*; **occupational h.** Berufs-, Arbeitsplatzrisiko *nt*; **operational h.** Betriebsgefahr *f*; **h. bonus** Risikoprämie *f*, Gefahrenzulage *f*; **h.ous** *adj* gefahrgeneigt, g.bringend, gefährlich
head *n* 1. Kopf *m*; 2. (Ober)Haupt *nt*; 3. Chef(in) *m/f*, Direktor(in) *m/f*, Leiter(in) *m/f*; **h.s** *(Münze)* Kopf-, Wappenseite *f*; **per h.** pro Kopf/Person

head of accounting; ~ the accounting department; ~ bookkeeping Leiter(in) der Buchhaltung, ~ Abteilung Rechnungswesen; **~ administration** Verwaltungsdirektor(in) *m/f*; **~ the advertising department** Werbeleiter(in) *m/f*; **~ communications** Leiter(in) der Abteilung für Öffentlichkeitsarbeit; **~ (the) department** Referats-, Abteilungsleiter(in) *m/f*, A.vorstand *m*; **~ distribution** Vertriebschef(in) *m/f*; **~ division** Abteilungs-, Spartenleiter(in) *m/f*; **~ the export department** Exportleiter(in) *m/f*; **~ finance** Leiter(in) des Finanzwesens; **~ the household** Haushalt(ung)svorstand *m*; **~ personnel; ~ the personnel department** Personalleiter(in) *m/f*; **~ purchasing; ~ the purchasing department** Einkaufsleiter(in) *m/f*; **~ research** Leiter(in) der Forschungsabteilung; **~ the sales department** Verkaufsleiter(in) *m/f*; **~ the transport department** Transportleiter(in) *m/f*, Leiter(in) der Transportabteilung

head *v/t* leiten, (an)führen, lenken, vorstehen; **h. off** abwehren, abwenden

head agency Generalvertretung *f*; **h. branch** Kopf-, Hauptfiliale *f*; **h. buyer** Einkaufsleiter(in) *m/f*; **h. clerk** Bürovorsteher(in) *m/f*; **h.count** *n* 1. Kopfzählung *f*; 2. Mitarbeiterzahl *f*; **~ reduction** *[US]* Personalabbau *m*

header information Vorlaufinformation *f*

head-hunt|(ing) *n* *(fig)* Jagd auf Führungspersonal, Abwerbung *f*; **h.-h.** *v/t (fig)* abwerben; **h.-h.er** *n* Kopfjäger *m*, Abwerber *m*

heading *n* 1. Briefkopf *m*; 2. Überschrift *f*; 3. Rubrik *f*; 4. Kategorie *f*; **general h.** Sammelüberschrift *f*; **statistical h.** statistische Stelle

head lease Hauptmietvertrag *m*; **h. lessee** Hauptmieter *m*, H.pächter *m*

headline *n* 1. Schlagzeile *f*, Überschrift *f*; 2. schlagzeilenartige Meldung; **h. figure** veröffentlichter Betrag/Wert; **h. inflation** Kerninflation *f*; **h. profit** ausgewiesener Gewinn

head|man *n* *[GB]* Vorarbeiter *m*; **h. money** Kopfgeld *nt*; **h. office** 1. Zentrale *f*, Hauptverwaltung *f*, H.geschäftsstelle *f*, Verwaltungssitz *m*; 2. Generaldirektion *f*; **regional h. office** Bezirksdirektion *f*; **h.-on** *adj* frontal; **h. organisation** Dach-, Spitzenverband *m*, Dachorganisation *f*; **h. post office** Hauptpostamt *nt*; **h.quartered in** *adj* mit Hauptsitz/Firmensitz/der Zentrale in

headquarters *n* Hauptverwaltung *f*, H.geschäftsstelle *f*, H.sitz *m*, Zentrale *f*, Firmen-, Unternehmenssitz *m*; **corporate h.** Unternehmenszentrale *f*, Hauptverwaltung *f*; **h. staff** Personal in der Hauptverwaltung

head|ship *n* oberste Leitung/Stelle; **h. start** (Start)Vorsprung *m*; **h. tax** *[US]* Kopfsteuer *f*

health *n* Gesundheit *f*; **h. of the market** Marktverfassung *f*; **for reasons of ill h.** krankheitshalber, aus Gesundheitsgründen

environmental health Umwelthygiene *f*; **~ office** Umwelthygieneamt *nt*; **industrial h.** betriebliches Gesundheitswesen; **national h.** Volksgesundheit *f*; **public h.** öffentliches Gesundheitswesen

health authority Gesundheitsbehörde *f*; **local h. authority** Gesundheitsamt *nt*

health care Gesundheitsfürsorge *f*, Krankenpflege *f*; **industrial h. c.** betriebliches Gesundheitswesen; **h. c. insurance** Krankenversicherung *f*; **~ system** Gesundheitswesen *nt*

health centre *[GB]* Gemeinschaftspraxis *f*; **h. certificate** Gesundheitsattest *nt*, G.-zeugnis *nt*; **h. and safety code** Gesundheits- und Sicherheitsbestimmungen *pl*; **H. Department** *[US]* Gesundheitsamt *nt*; **H. and Welfare Department** *[US]* Sozialamt *nt*; **h. hazard** Gesundheitsrisiko *nt*, G.gefährdung *f*

health insurance Krankenversicherung *f*, K.kasse *f*; **comprehensive h. i.** Krankheitskostenvollversicherung *f*; **private h. i.** Privatkrankenkasse *f*, private Krankenversicherung; **statutory h. i. fund/scheme** gesetzliche Krankenversicherung, Pflichtkrankenkasse *f*; **h. i. contribution** Krankenkassenbeitrag *m*

health maintenance organization (HMO) *[US]* vom Arbeitgeber getragene Krankenversicherung; **h. office** Gesundheitsbehörde *f*; **h. protection** Gesundheitsschutz *m*; **h. resort** Kurort *m*; **h. risk** Gesundheitsrisiko *nt*; **h. and safety legislation** Arbeitsschutzgesetze *pl*, A.gesetzgebung *f*; **~ regulations** Arbeitsschutzbestimmungen *pl*; **h. service**

benefit Krankenkassenleistung *f*; **~ charge** Krankenkassengebühr *f*; **~ patient** *[GB]* Kassenpatient(in) *m/f*; **h. spending** Gesundheitsausgaben *pl*
hear *v/t* § *(Gericht)* anhören, verhandeln
hearing *n* 1. § Termin *m*, Verhandlung *f*, Sitzung *f*; 2. Anhörung(sverfahren) *f/nt*; **h. of an appeal** Revisions-, Berufungsverhandlung *f*; **~ the case** Verhandlung des Falles
heartland *n* 1. Kernland *nt*; 2. Hauptabsatzgebiet *nt*
heavy|-duty *adj* strapazier-, hochleistungsfähig, Hochleistungs-; **industrial h.weight** Groß-, Mammutkonzern *m*, Großunternehmen *nt*
hectare (ha.) *n* Hektar *(10 000 m^2)*; **h. yield** Hektarertrag *m*
hedge *n* (Preis-/Kurs)Absicherung *f*, Deckungs-, Sicherungsgeschäft *nt*; **h. against inflation** Absicherung gegen die Inflation; **~ risks** Risikoausgleich *m*
hedge (against) *v/ti* 1. (sich) absichern, *(Risiko)* eingrenzen; 2. *(Börse)* Sicherungsgeschäft abschließen
hedge buying 1. Deckungs-, Sicherungskauf *m*; 2. *(Börse)* Vorratskäufe *pl*; **h. clause** Kurssicherungs-, Schutzklausel *f*; **h. fund** *(Investment)* spekulativer Fonds; **h. gain/loss** Gewinn/Verlust aus Sicherungsgeschäften; **h. pricing** Preisfestsetzung mit Berücksichtigung der Inflation; **h. selling** Deckungs-, Sicherungsverkauf *m*; **h. transaction** Hedge-, Kurssicherungsgeschäft *nt*
hedging *n* ↘ **hedge** Kurs-, Preis(ab)sicherung(sgeschäft) *f/nt*, Deckungs-, Sicherungskäufe *pl*, Abschluss von Deckungsgeschäften; **cross h.** wechselseitige Kurssicherung; **financial h.** Finanzhedging *nt*; **h. operation** (Devisen-/Kurs-/Preis(ab))Sicherungsgeschäft *nt*; **h. sale** Deckungsverkauf *m*; **h. strategy** *(Börse)* Absicherungsstrategie *f*
heir *n* Erbe *m*, Erbin *f*, Erbberechtigte(r) *f/m*; **forced h.** Pflichtteilsberechtigte(r) *f/m*; **immediate h.** nächster Erbe; **joint h.** Miterbe *m*, Miterbin *f*; **~ h.s** Erbengemeinschaft *f*; **lawful/rightful h.** rechtmäßiger Erbe; **principal h.** Haupterbe *m*; **second h.** Nacherbe *m*; **testamentary h.** testamentarischer Erbe; **universal h.** Alleinerbe *m*
help *n* 1. Hilfe *f*, Unterstützung *f*, Beihilfe *f*; 2. Gehilfe *m*, Gehilfin *f*; **trained clerical h.** Bürofachkraft *f*; **outside h.** zusätzliche Arbeitskräfte; **secretarial h.** Schreibhilfe *f*
helper *n* Helfer(in) *m/f*, Gehilfe *m*, Gehilfin *f*; **h.s** Hilfspersonal *nt*
helpline *n* 1. Notruf *m*; 2. Info-Telefon *nt*; **h. service** Hotlineservice *m*
help wanted ad Stellenanzeige *f*
herald *v/t* einläuten
hereditaments *n* vererbliche Vermögensgegenstände
heritage *n* Erbe *nt*, Erbgut *nt*; **national h.** nationales Erbe/Kulturgut
heteroscedastic *adj* streuungsungleich
hierarchic(al) *adj* hierarchisch
hierarchy *n* Rangordnung *f*, Hierarchie *f*; **h. of authority** Entscheidungshierarchie *f*; **~ goals** Rangordnung der Ziele, Zielsystem *nt*; **~ needs** Präferenzordnung *f*, Bedürfnispyramide *f*, B.hierarchie *f*; **administrative h.** Verwaltungshierarchie *f*; **corporate h.** betriebliche Hierarchie, Unternehmenshierachie *f*; **decision-making h.** Entscheidungshierarchie *f*; **departmental h.** Abteilungshierarchie *f*; **h. level** Hierachieebene *f*
high *n* Höchstkurs *m*, H.stand *m*; **all-time/historical/record h.** absoluter/historischer Höchststand; **all-year h.** Jahreshöchststand *m*; **interim h.** Zwischenhoch *nt*; **intra-day h.** Tageshöchststand *m*
High Authority *[EU]* Hohe Behörde; **h.-bay** *n* Hochregal *nt*; **~ store** Hoch(regal)lager *nt*; **h.-cost** *adj* 1. teuer, kostenintensiv; 2. hochwertig; **h.-coupon** *adj* hochverzinslich, h.rentierlich; **h.-earning** *adj* 1. hochbezahlt; 2. sehr profitabel; **h.-efficiency** *adj* Hochleistungs-; **h.-end** *adj [US]* hochwertig, im oberen Marktsegment
higher|-coupon; h.-yield(ing) *adj* höherverzinslich; **the h.-paid** *n* Besserverdienende *pl*; **h.-priced** *adj* teurer, im oberen Preissegment; **h.-ranking** *adj* höherstehend; **h.-value** *adj* höherwertig, übergeordnet
highest|-bidding *adj* meistbietend; **h.-ranking** *adj* ranghöchst
high|flier; h.flyer *n* *(fig)* 1. Senkrechtstarter *m (fig)*, Überflieger *m*; 2. Börsenfavorit *m*; **h.-freight** *adj* frachtintensiv; **h.-grade** *adj* erstklassig, hochwertig; **h.-growth** *adj* wachstumsstark;

h.-income *adj* 1. hochrentierlich; 2. einkommensstark; **h.-interest(-yielding)** hochverzinslich
highlight *n* Höhe-, Glanzpunkt *m*; **corporate h.s** wichtigste Jahresergebnisse; *v/t* hervorheben, unterstreichen
high|-margin *adj* gewinnträchtig, mit hoher Gewinnspanne, lukrativ; **h.-performance** *adj* 1. Hochleistungs-; 2. hochrentierlich; **h.-powered** *adj* 1. hochkarätig *(fig)*, anspruchsvoll; 2. leistungsstark; **h.-priced** *adj* 1. teuer, kostspielig; 2. *(Börse)* hoch bewertet; 3. *(Aktie)* schwer; **h.-profit** *adj* gewinnträchtig; **h.-quality** *adj* hochwertig, von hoher Qualität; **h.-ranking** *adj* hochstehend; **h.-rated** *adj* hoch bewertet/tarifiert; **h.-return** *adj* hochrentierlich; **h.-risk** *adj* risikoreich, hochriskant; **h.-tech (hi-tech)** *n* Zukunfts-, Spitzentechnologie *f*, modernste Technologie; *adj* technologisch hochwertig, Hochtechnologie-; **h.-value** *adj* hochwertig; **h.-value-added** *adj* mit hoher Wertschöpfung; **h.-volume** *adj* umsatzstark, aufkommensstark; **h.-wage** *adj* lohnintensiv, Hochlohn-
highway *n* *[US]* Fern-, Bundesstraße *f*; **h. code** *[GB]* Straßenverkehrsordnung (StVO) *f*; **h. engineering** Straßenbau (-wesen) *m/nt*; **h. (user) tax** *[US]* Straßenbenutzungsgebühr *f*
high-yield(ing) *adj* hoch rentierlich, h.verzinslich, rendite(n)-, ertragsstark
hike *n* *(coll)* Steigerung *f*, Preisanstieg *m*; **h. in interest rates** Zinsanhebung *f*
hinterland *n* Hinterland *nt*, Landesinnere *nt*
hire *n* 1. (Sach)Miete *f*, Mietpreis *m*; 2. (Arbeits)Lohn *m*; **for h.** zu (ver)mieten; **to let for h.** mietweise überlassen
hire *v/t* 1. (an)mieten, pachten; 2. *(Personal)* einstellen; **h. out** verleihen, vermieten; **h. and fire** (an)heuern und feuern
hire agreement Mietvertrag *m*; **h. business** Verleih *m*; **h. charge(s)/costs** 1. Miete *f*; 2. 🚗 Leihgebühr *f*; **h. company** Verleiher *m*
hire purchase (H.P.; h.p.) *[GB]* Abzahlungs-, Miet-, Teilzahlungs-, Ratenzahlungskauf *m*; **to buy on h. p.** auf Ab-/Teilzahlung kaufen
hire purchase agreement Abzahlungs-, Teilzahlungsvertrag *m*; **~ buyer** Mietkäufer(in) *m/f*; **~ charges** Abzahlungskosten *pl*; **~ commitments/debts** Ratenzahlungs-, Abzahlungsverpflichtungen *pl*; **~ company** Abzahlungsgesellschaft *f*; **~ credit** Teilzahlungs-, Ratenkredit *m*; **~ customer** Mietkäufer(in) *m/f*, Teilzahlungskunde *m*, T.kundin *f*; **~ finance company** Abzahlungsbank *f*, Teilzahlungskreditbank *f*; **~ instalment** Teilzahlungsrate *f*; **~ loan** Raten-, Teilzahlungskredit *m*; **~ payment** Ratenzahlung *f*; **~ price** Ratenpreis *m*; **~ sale** Abzahlungsgeschäft *nt*, Ratenzahlungsverkauf *m*; **~ terms** Raten(kredit)-, Teilzahlungsbedingungen *pl*
hiring *n* 1. Anmietung *f*; 2. (Personal)-Einstellung *f*, Anwerbung *f*; **h. age** Einstellungsalter *nt*; **h. charge** Mietgebühr *f*; **h. contract** Anstellungsvertrag *m*; **h. interview** Einstellungsgespräch *nt*; **h. out** Ausleihung *f*; **~ of employees** Arbeitnehmerverleih *m*, A.überlassung *f*; **h. practice(s)** Einstellungspraxis *f*
histogram *n* 📊 Säulen-, Stabdiagramm *nt*, Säulengrafik *f*
history *n* 1. (Vor)Geschichte *f*; 2. Werdegang *m*; **h. of business cycles** Konjunkturgeschichte *f*; **economic h.** Wirtschaftsgeschichte *f*; **monetary h.** Währungsgeschichte *f*; **personal h.** Lebenslauf *m*, beruflicher Werdegang
hit *n* *(fig)* *(Absatz)* Renner *m*, Publikumserfolg *m*, Verkaufsschlager *m*; *adj* getroffen; **to be h.** betroffen sein, beeinträchtigt werden
hitch *n* *(coll)* Stockung *f*, (technische) Störung *f*; **technical h.** technische Schwierigkeit, technisches Problem
hi-tech *n* ↘ **high-tech** *(coll)* Spitzen-, Zukunftstechnologie *f*; **h. issue/share/stock** *(Aktie)* Technologiewert *m*
hive off *v/t* *(coll)* *(Firmenteil)* verkaufen, abstoßen, ausgliedern, (in eine neue Gesellschaft) ausgründen
hiving-off *n* *(Firmenteil)* Ausgliederung *f*, Ausgründung *f*, Verkauf *m*
hoard *n* Hort *m*, Schatz *m*; *v/t* horten, hamstern *(coll)*; **h.ing** *n* 1. Anschlag-, Reklametafel *f*, Plakatwand *f*; 2. Hortung *f*, Hamstern *nt (coll)*; **~ of money** Geldhortung *f*; **~ purchase** Hortungskauf *m*
hog *n* 🚜 Mast-, Schlachtschwein *nt*
hold *n* 1. ⚓ (Ver)Lade-, Schiffs(lade)-, Frachtraum *m*; 2. Einfluss *m*, Macht *f*; **to keep one's h. on the market** sich auf

dem Markt (weiter) behaupten; **to put on h.** verschieben; **to strengthen one's h. on the market** Marktposition stärken

hold *v/ti* 1. (ent)halten, Platz bieten für; 2. *(Amt)* bekleiden; 3. § für Recht erkennen; **h. beneficially** *(Wertpapiere)* in Eigenbesitz haben; **h. one's own** sicht (gut) behaupten; **h. over** verschieben, stunden; **h. up** *(Preis/Nachfrage)* sich halten

holdback pay *[US]* einbehaltene Lohngelder

holder *n* 1. Inhaber(in) *m/f*, Besitzer(in) *m/f*, Berechtigte(r) *f/m*; 2. *(Effekten)* Eigentümer(in) *m/f*

holder of a bank account Kontoinhaber(in) *m/f*; **~ bills** Wechselinhaber(in) *m/f*; **~ a cheque** *[GB]***/check** *[US]* **card** Scheckkarteninhaber(in) *m/f*; **~ a claim** Forderungsinhaber(in) *m/f*; **h. in due course** rechtmäßige(r) Inhaber(in)/Eigentümer(in); **h. of employee stocks** *[US]* Belegschaftsaktionär(in) *m/f*; **h. in good faith** gutgläubiger Besitzer/Inhaber; **h. of an interest** Anteilsinhaber(in) *m/f*, Miteigentümer(in) *m/f*; **~ a licence** Konzessionsinhaber(in) *m/f*; **h. for life** Besitzer(in) auf Lebenszeit; **h. of securities** Wertpapierinhaber(in) *m/f*; **~ shares** *[GB]***/stocks** *[US]* Aktienbesitzer(in) *m/f*; **~ convertible stock** Inhaber von Wandelschuldverschreibungen

bona-fide *(lat.)* **holder** gutgläubige(r) Inhaber(in)/Besitzer(in); **joint h.** Mitinhaber(in) *m/f*; **lawful h.** rechtmäßige(r) Besitzer(in)/Inhaber(in); **mala-fide** *(lat.)* **h.** bösgläubige(r) Inhaber(in); **previous h.** 1. Vorbesitzer(in) *m/f*; 2. *(Wechsel)* Vordermann *m*; **registered h.** eingetragene(r) Inhaber(in); **subsequent h.** Nachmann *m*, nachfolgender Inhaber; **true h.** rechtmäßige(r) Inhaber(in)

holding *n* 1. Anteil *m*, (Unternehmens)-Beteiligung *f*; 2. Lager *nt*, Vorrat *m*; 3. (Aktien)Besitz *m*; 4. Grundbesitz *m*; 5. Holding *f*, Ober-, Beteiligungsgesellschaft *f*; **h.s** 1. Effektenportefeuille *nt*; 2. Beteiligungen *pl*, Beteiligungsvermögen *nt*; **h.s of currency/foreign exchange** Währungsreserven *pl*, Devisen-, Währungsbestände *pl*; **~ gold** Goldbestand *m*, G.reserve *f*; **~ securities** Wertpapierbestand *m*; **~ stocks** Lagerhaltung *f*

to dilute a holding Beteiligung verwässern; **to increase a h.** Beteiligung aufstocken

average holding Durchschnittsbestand *m*; **beneficial h.s** Wertpapiere in Eigenbesitz; **controlling h.** Mehrheitsbeteiligung *f*; **diversified h.s** Streubesitz *m*; **financial h.** Finanzholding *f*; **~ h.s** (finanzielle) Beteiligungen *pl*; **foreign h.s** Auslandsbesitz *m*; **indirect h.** mittelbare Beteiligung; **industrial h.** Industriebeteiligung *f*; **interlocking h.s** kapitalmäßige Verflechtung; **joint h.** Rechtsgemeinschaft *f*; **overseas h.s** Auslandsbesitz *m*, A.beteiligungen *pl*; **scattered h.s** Streubesitz *m*; **small h.** 🚜 Klein-, Nebenerwerbsbetrieb *m*; **speculative h.s** spekulative Anlagen

holding company Holding *f*, Beteiligungs-, Dach-, Obergesellschaft *f*; **h. costs** Lagerhaltungskosten *pl*; **h. fund** Dachfonds *m*; **h. period** Sperrfrist *f*; **h. level** Lagerbestand *m*, Bestandshöhe *f*

H

hold order Arbeitsunterbrechungsanweisung *f*; **h.over** *n* 1. übertragene Konzession; 2. *[US]* nicht einlösbares Papier; **h.-up** *n* Verzögerung *f*, Stockung *f*; **~ in payments** Zahlungsstockung *f*

holiday *n* 1. Urlaub *m*, Ferien *pl*; 2. Feiertag *m*; **on h.** im Urlaub; **h. on interest and capital repayments** zins- und tilgungsfreie Jahre

(collectively) agreed holiday|s Tarifurlaub *m*; **annual h.** Jahresurlaub *m*; **half h.** freier Nachmittag; **legal/national/official/public/statutory h.** gesetzlicher/staatlicher Feiertag; **statutory minimum h.** gesetzlicher Mindesturlaub; **paid h.** bezahlter Urlaub

holiday allowance Urlaubsgeld *nt*; **h. closing** Feiertagsruhe *f*; **h. country** Urlaubs-, Reiseland *nt*; **h. deputy** Urlaubsvertreter(in) *m/f*; **h. entitlement** *[GB]* Urlaubsanspruch *m*; **h. insurance** Ferien-, Urlaubsversicherung *f*; **h. job** Ferienarbeit *f*; **h.maker** *n* Urlauber(in) *m/f*; **h. pay** Urlaubsgeld *nt*; **h. period/season** Ferien-, Urlaubszeit *f*; **h. replacement** Urlaubsvertretung *f*; **h. resort** Ferien-, Urlaubsort *m*; **h. shutdown** urlaubsbedingte Schließung; **h. travel** Ferien-, Urlaubsreisen *pl*; **~ company** Reiseveranstalter *m*

home *n* Heim *nt*, Haus *nt*, Wohnung *f*; **at h.** im Lande, im Inland; **~ and abroad** im In- und Ausland; **to bring h.** repatriieren, heimführen; **owner-occupied h.** Eigenheim *nt*, Wohneigentum *nt*; **permanent h.** ständiger Wohnsitz; **principal h.**

Erstwohnung *f*; **h.** *adj* inländisch, (ein)-heimisch, Binnen-

home address Heimatadresse *f*, Privatanschrift *f*; **h. banking** elektronisches Banking; **h. buyer** Hauskäufer(in) *m/f*, Eigenheimerwerber *m*; **h. construction** Eigenheimbau *m*; **h. consumption** einheimischer/inländischer Verbrauch; **h. contents insurance** Hausrat(s)versicherung *f*; **h. decoration** Wohnungsausstattung *f*; **h. delivery** Hauszustellung *f*; **h. demand** Binnennachfrage *f*; **h. economics** Hauswirtschaft(slehre) *f*; **h. financing** Eigenheimfinanzierung *f*; **h.-grown** *adj* ⚘ selbst gezogen/angebaut; **h. improvement loan** *(Haus)* Instandsetzungs-, Modernisierungsdarlehen *nt*; **h. income plan** Rente auf Hypothekenbasis; **h. industry** 1. einheimische Industrie; 2. Heimarbeit *f*; **h. insurance** Hausversicherung *f*; **h. lender** Hypothekenbank *f*; **h. loan** Eigenheimhypothek *f*; **~ and savings contract** Bausparvertrag; **h.-made** *adj* 1. selbst gemacht, hausgemacht; 2. inländisch, einheimisch; **h. market** Binnen-, Inlandsmarkt *m*; **h. mortgage** Eigenheimhypothek *f*; **h. owner** Eigenheimbesitzer(in) *m/f*; **h. ownership** Wohn(ungs)eigentum *nt*; **h. produce** ⚘ Landeserzeugnisse *pl*; **h.-produced** *adj* im Inland/Lande erzeugt; **h. purchase** Eigenheimerwerb *m*; **h. sales** 1. Inlandsgeschäft *nt*; 2. Verkauf von Wohnungen/Eigenheimen; **h. shopping** 1. Telekauf *m*; 2. Katalogkauf *m*, Versandhandel *m*; **h. trade** 1. Binnenwirtschaft *f*, B.handel *m*; 2. ⚓ kleine Fahrt, Küstenhandel *m*, K.-schifffahrt *f*; **to clear for h. use** ⊖ zum freien Verkehr abfertigen; **h.ware** *n* Haushaltswaren *pl*; **h.work(ing)** *n* Heimarbeit *f*; **h.worker** *n* Heimarbeiter(in) *m/f*

honour *n* Ehre *f*; *v/t (Scheck/Wechsel)* akzeptieren, einlösen; **h.s degree** *[GB]* Hochschulabschluss *m*; **h.ing (a bill of exchange)** *n* Aufnahme einer Tratte, (Wechsel)Einlösung *f*

hope *n* Hoffnung *f*, Zuversicht *f*; **economic h.s** Konjunkturhoffnungen *pl*

economic horizon Konjunkturhorizont *m*, K.himmel *m*

horrendous *adj* *(Preis)* horrend

horti|cultural *adj* gärtnerisch, Gartenbau-; **h.culture** *n* Gartenbau *m*

hospital *n* ⚕ Krankenhaus *nt*, Klinik *f*; **h. benefit insurance** Krankenhausversicherung *f*, Versicherung für stationäre Krankenhausbehandlung, Krankenhaus(kosten)versicherung *f*; **h. bill** Krankenhausrechnung *f*; **h. charges/cost(s)/expense(s)** Krankenhaus(pflege)kosten *pl*

hospitalization *n* Krankenhausaufnahme *f*; **h. (benefit) insurance** *[US]* ↘ **hospital benefit insurance**

hospital management Krankenhausverwaltung *f*; **h. staff** Krankenhauspersonal *nt*; **h. treatment** Krankenhausbehandlung *f*

host *n* 1. Gastgeber(in) *m/f*; 2. Menge *f*, Masse *f*, *v/t* 1. Gastgeber sein (bei); 2. *(Veranstaltung)* ausrichten

hotbed *n* *(fig)* Brutstätte *f*, Nährboden *m* *(fig)*; **h. of corruption** Korruptionssumpf *m*

hotel *n* Hotel *nt*, Beherbergungsbetrieb *m*; **h.s and restaurants; h. and catering trade** Hotel- und Gaststättengewerbe *nt*; **commercial** *[GB]*/**transient** *[US]* **h.** Hotel für Geschäftsreisende; **residential h.** Familienhotel *nt*; **h. accommodation** Hotelunterbringung *f*; **h. bill** Hotelrechnung *f*; **h. business/industry** Hotellerie *f*, Hotel-, Beherbergungsgewerbe *nt*; **h. manager** Hoteldirektor(in) *m/f*; **h. operation** Hotelbetrieb *m*; **h. trade** Hotelgewerbe *nt*

hot|line *n* Telefonberatung *f*, Info-Telefon *nt*; **h.-selling** *adj (Verkauf)* reißend weggehend

hour *n* Stunde *f*; **after h.s** 1. nach Feierabend; 2. nach Betriebs-/Geschäfts-/Ladenschluss; 3. nach Börsenschluss, nachbörslich; **before h.s** vor Börsenbeginn, vorbörslich; **by the h.** stundenweise; **h.s of attendance** Anwesenheitszeit *f*; **~ business** 1. Öffnungs-, Geschäftszeiten *pl*; 2. *(Bank)* Schalterstunden *pl*; **~ work** Arbeitszeit *f*; **scheduled ~ work** festgesetzte/geregelte Arbeitszeit; **h.s absent** Fehlstunden *pl*, F.zeiten *pl*; **h.s worked** verfahrene Stunden, Arbeitsstunden; **actual h.s worked** tatsächliche Arbeitszeit; **to be paid by the h.** stundenweise bezahlt werden; **to work long h.s** lange arbeiten; **~ short h.s** kurzarbeiten

actual hours (tatsächliche) Arbeitsstunden *pl*; **agreed h.** tariflich festgelegte Arbeitszeit; **contractual h.** tariflich festgelegte Arbeitszeit; **flexible h.** Gleitzeit *f*;

normal h. normale/betriebsübliche Arbeitszeit; **official h.** Amts-, Börsenstunden *pl*, B.zeit *f*; **off-peak h.** 1. verkehrsschwache Zeit/Stunden; 2. ϟ Talzeit *f*; **peak h.** 1. Hauptgeschäfts-, Hauptverkehrs-, Stoßzeit *f*; 2. ϟ Spitzenbelastungszeit *f*; **~ hour traffic** Berufsverkehr *m*; **reduced h.** verkürzte Arbeitszeit; **regular h.** normale/betriebsübliche Arbeitszeit; **standard h.** Tarif-, Vorgabestunden, normale Arbeitszeit; **unsocial h.** unzumutbare Zeit

hours reduction Arbeitszeitverkürzung *f*

house *n* Haus *nt*, Wohnung *f*; **to mortgage a h.** Hypothek auf ein Haus aufnehmen; **owner-occupied h.** Eigenheim *nt*; **h.** *v/t* unterbringen, beherbergen, Wohnung beschaffen

house brand Haus-, Eigenmarke *f*; **h. builder** Bauherr(in) *m/f*; **h. building** Haus-, Wohnungsbau *m*; **~ output** Wohnungsbauleistung *f*; **h. buyer** Eigenheim-, Hauserwerber(in) *m/f*; **h. contents** Hausrat *m*; **~ insurance** Hausrat(s)-versicherung *f*

household *n* Haushalt *m*; **private h.** Privathaushalt *m*; **single-person h.** Einpersonenhaushalt *m*

household account *(Vers.)* Hausrat(s)-versicherungssparte *f*; **h. appliance** Haushaltsgerät *nt*; **h. appliances manufacturer** Haushaltsgerätehersteller *m*; **h. articles** Haushaltswaren *pl*; **h. budget** Haushaltskasse *f*; **h. contents insurance** Hausrat(s)versicherung *f*; **h. durables** Haushaltsgeräte *pl*; **h. effects** Hausrat *m*

householder *n* Hausinhaber(in) *m/f*, H.-halt(ung)svorstand *m*; **h.'s comprehensive insurance** Hausratsversicherung *f*; **h.'s policy** Hausratsversicherung *f*

household expenditure(s) Haushalt(ung)skosten *pl*; **h. furnishings** Wohnungseinrichtung *f*; **h. goods** Hausrat *m*, H.haltsartikel *pl*; **h. income** Haushaltseinkommen *nt*; **h. (and personal effects) insurance** ↘ **house(hold) contents insurance**; **h. name** *(fig)* geläufiger/überall bekannter Name; **h. refuse** Haushaltsmüll *m*; **h. tariff** ϟ Privattarif *m*; **h. waste** Haushaltsmüll *m*

house insurance Gebäudeversicherung *f*; **h.keeping** *n* Haushaltsführung *f*; **~ allowance/money** Haushalt(ung)s-, Wirtschaftsgeld *nt*; **h.-letting** *n* Hausvermietung *f*; **h. price** Hauspreis *m*; **h. purchase** Hauskauf *m*, Eigenheimerwerb *m*; **h. sale** Hausverkauf *m*; **h. tax** Gebäudesteuer *f*; **h.work** *n* Hausarbeit *f*

housing *n* 1. Unterbringung *f*, U.kunft *f*, Wohnraum *m*; 2. Wohnungsbau *m*, W.-wesen *nt*; **newly constructed h.** Wohnungsneubau(ten) *m/pl*; **privately financed h.** freier/frei finanzierter Wohnungsbau; **high-density h.** verdichtete Bauweise; **low-density h.** aufgelockerte Bauweise; **public(-sector) h.** öffentlicher/sozialer Wohnungsbau; **residential h.** Wohnungsbau *m*; **sheltered h.** Seniorenwohnungen *pl*, betreutes Wohnen

housing allocation Wohnungszuweisung *f*; **h. allowance** Mietzuschuss *m*, Wohngeld *nt*; **h. association** Wohnungs(bau)-, Siedlungsgenossenschaft *f*; **h. authority** Wohnungsamt *nt*; **h. benefit** Wohngeld(beihilfe) *nt/f*, Mietzuschuss *m*; **h. company** Siedlungsgesellschaft *f*; **h. construction** Wohnungsbau(tätigkeit) *m/f*; **h. control(s)** Wohnraumbewirtschaftung *f*; **h. demand** Wohnraumbedarf *m*; **h. density** Wohn-, Besiedlungsdichte *f*; **h. department** Wohnungsamt *nt*; **h. development** Wohnsiedlung *f*; **h. estate** (Wohn)Siedlung *f*; **h. finance** Wohnungs(bau)finanzierung *f*; **h. industry** Wohnungswirtschaft *f*; **h. loan** Wohnungsbaudarlehen *nt*; **h. market** Wohnungsmarkt *m*; **total h. output** (Volumen der) Wohnungsbauleistung *f*, W.volumen *nt*; **h. program(me)** Wohnungs(bau)-programm *nt*; **h. project/scheme** Wohnungs(bau)projekt *nt*; **h. shortage** Wohnungsnot *f*, Wohnraummangel *m*, W.defizit *nt*; **h. start** *(Haus)* Baubeginn *m*; **h. stock** Wohnungsbestand *m*

hub *n* 1.Verkehrsknotenpunkt *m*, verkehrsgeografischer Mittelpunkt; 2. Zentrum *nt*; **h. airport** ✈ Luft(dreh)kreuz *nt*, L.verkehrsknotenpunkt *m*; **h. depot** Niederlassung an einem verkehrsgünstigen Standort

hull *n* (Schiffs-/Flugzeug)Rumpf *m*; **h. coverage/insurance** (Luft-/Schiffs)Kaskoversicherung *f*; **h. policy** Kaskopolice *f*; **h. underwriter** (Schiffs)Kaskoversicherer *m*

humanization *n* Humanisierung *f*; **h. of jobs/work** Humanisierung der Arbeit(splätze)

hundredweight *n* (50,8 kg) *[GB]*/(45,4 kg) *[US]* Zentner *m* (50 kg) *[D]*/(100 kg) *[A/CH]*

hurdle *n* Hürde *f*, Hindernis *nt*; **antitrust h.** *[US]* Kartellhürde *f*, kartellrechtliche Hürde; **procedural h.** Verfahrenshürde *f*

husband *n* (Ehe)Mann *m*; **h. and wife** Eheleute *pl*; **working h.** mitarbeitender Ehegatte; *v/t* haushalten, sparsam/pfleglich umgehen mit; **h.ry** *n* 1. 🚜 (Boden)-Bewirtschaftung *f*, Landwirtschaft *f*; 2. Sparsamkeit *f*, Wirtschaftlichkeit *f*

hygiene *n* Hygiene *f*, Gesundheitspflege *f*; **industrial h.** Arbeits-, Industriehygiene *f*; **public h.** Sozialhygiene *f*

H

hype *n* *(coll)* Werberummel *m*; **h. (up)** *v/t* hochjubeln *(coll)*

hyper|employment *n* Übervollbeschäftigung *f*; **h.inflation** *n* galoppierende Inflation, Hyperinflation *f*; **h.market** *n* Verbraucher(groß)-, Einkaufsmarkt *m*

hypo *n* *[US]* *(coll)* Konjunkturspritze *f*

hypothecate *v/t* 1. *(Grundstück)* dinglich belasten; 2. *[US]* verpfänden; 3. ⚓ verbodmen

hypothecation *n* 1. (Grundstücks)Beleihung *f*; 2. *[US]* Verpfändung *f*; 3. ⚓ Verbodmung *f*; **h. letter** Hypothekenbrief *m*; **h. value** *[US]* Beleihungs-, Verpfändungswert *m*

I

ID (identity) card *n* Personal-, Dienstausweis *m*

idea *n* 1. Idee *f*, Gedanke *m*; 2. Konzept *nt*, Anregung *f*; **European i.** Europagedanke *m*; **i.s man** *[GB]* *(Werbung)* Ideenanreger *m*, I.gestalter *m*

identification *n* Identifizierung *f*, Kennzeichnung *f*; **i. of goods** Warenbeschreibung *f*, W.bezeichnung *f*; **i. (ID) card** (Personal-/Dienst)Ausweis *m*; **i. character** Kennung *f*; **i. letter** Kennbuchstabe *m*; **i. mark** Erkennungszeichen *nt*; **i. number** Kenn-, Identnummer *f*; **personal i. number (PIN)** *(Bank)* Geheimzahl *f*; **i. paper** Legitimations-, Ausweispapier *nt*

identify *v/t* 1. identifizieren, erkennen, herausfinden; 2. kennzeichnen; 3. *(Güter)* konkretisieren

identity *n* 1. Identität *f*; 2. Nämlichkeit *f*; **i. of goals** Zielidentität *f*; **~ maturities** Fristen-, Laufzeitkongruenz *f*; **corporate i.** einheitliches äußeres (und inneres) Erscheinungsbild einer Unternehmung, Unternehmensstil *m*; **i. (ID) card** Ausweis (-karte) *m/f*, Dienst-, Personalausweis *m*; **~ check/control** Ausweiskontrolle *f*; **personal i. number** Geheimnummer *f*

idle *adj* 1. inaktiv, unproduktiv, unbeschäftigt, brachliegend, stillgelegt; 2. *(Kapital)* ungenutzt, nicht angelegt

I/F (insufficient funds) ungenügende Deckung

ill|-balanced *adj* einseitig, unausgewogen; **i.-effect** *n* nachteilige Folge

illegal *adj* illegal, ungesetzlich, rechtlich unzulässig; **i.ity** *n* Ungesetzlichkeit *f*, Rechtswidrigkeit *f*

ill-equipped *adj* schlecht ausgerüstet/ausgestattet; **i.-health** *n* Krankheit *f*

illicit *adj* ungesetzlich, unerlaubt

illiquid *adj* illiquide, nicht flüssig; **i.ity** *n* mangelnde Liquidität, Illiquidität *f*

ill|ness *n* Krankheit *f*, Erkrankung *f*; **i.-planned** *adj* schlecht geplant; **i.-timed** *adj* zur falschen Zeit

illustrat|e *v/t* bebildern, illustrieren, bildlich darstellen; **i.ion** *n* 1. Abbildung *f*, Beispiel *nt*, Anschauungsmaterial *nt*; 2. Erläuterung *f*

ILO (International Labour Organisation) Internationale Arbeitsorganisation

image *n* (Erscheinungs)Bild *nt*, Image *nt*; **corporate i.** *(Firma)* äußeres Erscheinungsbild, Firmenimage *nt*; **environmental i.** Umweltimage *nt*; **occupational i.** Berufsbild *nt*; **i. advertising** Prestige-, Repräsentationswerbung *f*; **i. building** Imagepflege *f*; **i.-building** *adj* zur Verbesserung des Ansehens; **i. promotion** Imagewerbung *f*

imbalance *n* Ungleichgewicht *nt*, Unausgewogenheit *f*, Missverhältnis *nt*; **i. of investment** ungleichgewichtige Kapitalbestandsvergrößerung; **~ the market** Marktungleichgewicht *nt*; **budgetary i.** Haushaltsungleichgewicht *nt*; **commercial i.** Ungleichgewicht der Handelsbilanz; **external i.** außenwirtschaftliches Ungleichgewicht; **structural i.s** strukturelle Ungleichheiten/Unausgewogenheiten

IMF (International Monetary Fund) Internationaler Währungsfonds (IWF)
imitation *n* Nachahmung *f*, N.bildung *f*, Kopie *f*; **i. of trademarks** Nachahmung von Warenzeichen; **coloured i.** *(Warenzeichen)* geringfügige Veränderung; **i. goods** Nachahmungen *pl*, nachgemachte Waren
im|material *adj* unwesentlich, unerheblich; **i.mature** *adj* unreif, unausgereift; **i.miser(iz)ation** *n* Verelendung *f*
immobilization *n* 1. Lahmlegung *f*, Stilllegung *f*, Immobilisierung *f*; 2. *(Kapital/Geld)* Festlegung *f*, Bindung *f*; **i. of capital** Kapitalfestlegung *f*, K.bindung *f*; **i. period** *(Kapital)* Festlegungsdauer *f*, Sperrfrist *f*
immobilize *v/t* 1. lahmlegen, immobilisieren; 2. *(Geld)* aus dem Verkehr ziehen, binden, festlegen
immovable *adj* unbeweglich, unverrückbar; **i.s** *pl* Immobilien *pl*, Liegenschaften *pl*, unbewegliches Gut/Vermögen
immunity *n* § Immunität *f*, Befreiung *f*; **i. from prosecution** § Straffreiheit *f*; **~ taxation/taxes** Abgabenbefreiung *f*, A.freiheit *f*; **fiscal i.** Steuerfreiheit *f*
impact *n* 1. (Ein-/Aus)Wirkung *f*; 2. Stoßkraft *f*; **i. on demand** Nachfrageeffekt *m*; **~ the economy** konjunkturpolitischer Effekt; **~ employment** Beschäftigungseffekt *m*; **i. of inflation** Folge der Inflation; **i. on liquidity** Liquiditätseffekt *m*; **i. of productivity** Produktivitätseffekt *m*; **~ tax** Steuerbelastung *f*; **environmental i.** Umwelteinfluss *m*; **inflationary i.** inflatorische Kräfte
impact *v/t* *[US]* beeinflussen, sich auswirken auf; **i. on** sich auswirken auf
impact advertising Stoßwerbung *f*; **i. analysis/study** Werbewirksamkeitsanalyse *f*; **i. effect** Anstoßwirkung *f*; **i. lag** Wirkungsverzögerung *f*; **environmental i. statement** Umwelterklärung *f*; **i. test** (Werbe)Wirksamkeitsprüfung *f*
impair *v/t* beeinträchtigen, schwächen, nachteilig beeinflussen
impairment *n* Beeinträchtigung *f*, Schmälerung *f*; **i. of earning capacity** Minderung der Erwerbsfähigkeit; **~ capital** Überschuldung *f*; **~ value** Wertbeeinträchtigung *f*
impecunious *adj* mittellos, unbemittelt
impede *v/t* (be)hindern, beeinträchtigen
impediment *n* § Hindernis *nt*, Hemmnis *nt*; **i. to growth** Wachstumsbremse *f*; **i.s to imports** Einfuhrhemmnisse *pl*; **i. to trade** Handelshemmnis *nt*
impetus *n* Anstoß *m*
implement *n* (Arbeits)Gerät *nt*, Werkzeug *nt*; *v/t* 1. aus-, durchführen; 2. *(Gesetz)* umsetzen
implementation *n* Ausführung *f*, Vollzug *m*, (praktische) Durchführung *f*; **i. of the budget** Ausführung des Haushalts; **~ a contract** Durchführung/Erfüllung eines Vertrages; **~ a guarantee** Erfüllung einer Garantiepflicht; **i. order** Durchführungsverordnung *f*; **i. phase/stage** Aus-, Durchführungsphase *f*
implication *n* Auswirkung *f*, Begleiterscheinung *f*, Folge *f*; **i.s** Bedeutung *f*, Tragweite *f*
import *n* Einfuhr *f*, Import *m*; **i.s** Import-, Einfuhrartikel *pl*, Importgüter *pl*; **i. of capital** Kapitalimport *m*, K.einfuhr *f*; **i.s and exports** Ein- und Ausfuhr *f*, Außenhandel *m*; **invisible ~ exports** Dienstleistungsverkehr *m*, D.bilanz *f*
to curb import|s Import(e)/Einfuhr drosseln; **to restrict i.s** Import/Einfuhr beschränken
agricultural import|s Agrarimporte *pl*, A.einfuhren *pl*; **cheap i.s** Billigimporte *pl*; **commercial and industrial i.s** gewerbliche Einfuhren; **duty-free i.s** zollfreie Einfuhren/Importe; **invisible i.s** unsichtbare Einfuhren/Importe; **liberalized i.s** erleichterte Einfuhr; **non-quota i.s** kontingentfreie Einfuhren/Importe; **preferential i.s** ⊝ (präferenz)begünstigte Einfuhren/Importe; **temporary i.** vorübergehende Einfuhr; **visible i.s** sichtbare Einfuhren/Importe
import *v/t* einführen, importieren
import agency Einfuhrstelle *f*; **i. and stockpiling/storage agency** *[EU]* Einfuhr- und Vorratsstelle *f*; **i. agent** Importagent *m*; **i. arrangements** Einfuhrdispositionen *pl*
importation *n* 1. Import *m*, Einfuhr *f*; 2. ⊝ Verbringung von Waren in das Zollgebiet; **i. in bond** ⊝ Einfuhr unter Zollverschluss/Z.vormerkschein; **i. of goods** Wareneinfuhr *f*; **temporary i. for processing** (aktiver Lohn)Vered(e)lungsverkehr *m*; **duty-free i.** zollfreie Einfuhr; **duty and tax-free i.** abgabenfreie Einfuhr

IJ

import authorization Einfuhrgenehmigung *f*, E.bewilligung *f*; **i. ban** Einfuhr-, Importverbot *nt*; **i. barrier** Einfuhr-, Importhemmnis *nt*; **i. bill** Höhe der Einfuhren/Importe; **i. business** Importgeschäft *nt*; **i. ceiling** Einfuhrplafond *m*; **i. certificate** Einfuhr-, Importbescheinigung *f*; **i. clearance** ⊖ Einfuhrabfertigung *f*; **i. commission agent/merchant** Einfuhr-, Importkommissionär *m*; **i. consignment** Einfuhrsendung *f*; **i. controls** Einfuhr-, Importkontrolle *f*; **i. control declaration** Einfuhrkontrollmeldung *f*; **i. customs office** Eingangszollstelle *f*; **i. declaration** ⊖ Import(zoll)deklaration *f*; **i. dependency** Einfuhr-, Importabhängigkeit *f*; **i. document** Einfuhrpapier *nt*; **i. dues** Einfuhrabgaben *pl*; **i. duty** ⊖ Einfuhr-, Importzoll *m*; **i. embargo** Einfuhrembargo *nt*; **i. entry** ⊖ Import(zoll)-deklaration *f*; **i. equalization levy** Einfuhrausgleichsabgabe *f*

importer *n* 1. Importeur *m*, Importfirma *f*; 2. Importland *nt*; **sole i.** Alleinimporteur *m*; **i.'s bank** Importeurbank *f*; **~ bonded warehouse** ⊖ Zolleigenlager *nt*

import|-export trade Außenhandel *m*; **i. figures** Einfuhrzahlen *pl*; **i. finance** Importfinanzierung *f*; **i. formalities** Einfuhrformalitäten *pl*

importing *n* Einfuhr *f*, Importtätigkeit *f*; **i. company** Einfuhr-, Importfirma *f*; **i. country** Einfuhr-, Käuferland *nt*

import|-intensive *adj* importintensiv; **i. levy** ⊖ (Einfuhr)Abschöpfung *f*, E.abgabe *f*; **price-adjusting i. levies** Abschöpfungssystem *nt*; **i. licence** Einfuhrgenehmigung *f*; **i. licensing** Einfuhrgenehmigungsverfahren *nt*; **i. free list** ⊖ Einfuhrfreiliste *f*; **i. merchant** Importeur *m*, Importkaufmann *m*, I.kauffrau *f*; **i. and export merchant** Außenhandelskaufmann *m*, A.kauffrau *f*; **i. merchants** Außenhandelsunternehmen *nt*; **i. penetration** Importanteil *m*; **~ ceiling** Importquote *f*; **i. permit** Einfuhrgenehmigung *f*; **i. price** Einfuhr-, Importpreis *m*; **~ adjustment** Einfuhr-, Importausgleich *m*; **~ elasticity** Importpreiselastizität *f*; **i. pull** Einfuhr-, Importsog *m*; **i. quota** Einfuhr-, Importkontingent *nt*, mengenmäßige Einfuhrbeschränkung; **imposing i. quotas** Einfuhrkontingentierung *f*; **i.-GNP ratio** Importquote (im Verhältnis zum Bruttosozialprodukt) *f*; **i. regulations** Einfuhrbestimmungen *pl*; **i. restriction** Import-, Einfuhrbegrenzung *f*, E.beschränkung *f*; **i. rules** Einfuhrregelungen *pl*; **i. share** Importquote *f*; **i. substitution** Importersatz *m*; **i. surcharge** ⊖ Einfuhrsonderzoll *m*, E.zusatzabgabe *f*; **i. surplus** Einfuhr-, Importüberschuss *m*; **i. tariff** ⊖ Einfuhr-, Importzoll *m*, Einfuhrabgabe *f*; **i. tax** Einfuhr-, Importsteuer *f*; **i.s total** Gesamteinfuhr *f*, G.import *m*; **i. trade** Einfuhr-, Importhandel *m*; **i.-export trade** Ein- und Ausfuhr *f*, Außenhandel *m*; **i. transaction** Einfuhr-, Importgeschäft *nt*; **i. turnover tax** Einfuhrumsatzsteuer *f*; **i. value** Import-, Einfuhrwert *m*; **i. volume** Import-, Einfuhrumfang *m*

impose *v/t* verhängen, verfügen, auferlegen

imposition *n* Auferlegung *f*; **i. of customs fines and penalties** ⊖ Verhängung von Zollstrafen; **~ import quotas** Importkontingentierung *f*; **~ taxes** Besteuerung *f*

impossibility *n* Unmöglichkeit *f*; **i. of performance** § Unmöglichkeit der Erfüllung

im|post *n* 1. Abgabe *f*, Steuer *f*; 2. ⊖ (Einfuhr)Zoll *m*; **i.pound** *v/t* § beschlagnahmen, pfänden; **i.pounding** *n* Beschlagnahmung *f*; **i.poverished** *adj* verarmt

imprest *n* Kassen-, Spesenvorschuss *m*, Vorschuss aus öffentlichen Mitteln; **i. fund** Sonderfonds *m*, kleine Kasse

im|print *n* 1. (Stempel)Aufdruck *m*; 2. Abdruck *m*; 3. Impressum *nt*; **i.probability** *n* Unwahrscheinlichkeit *f*; **i.proper** *adj* unzulässig, unsachgemäß, missbräuchlich

improve *v/ti* 1. auf-, verbessern; 2. sich erholen; 3. (im Kurs/Preis) steigen

improvement *n* Verbesserung *f*, Erholung *f*, Steigerung *f*

improvement of earnings Ergebnis-, Ertragsverbesserung *f*, Gewinnanstieg *f*, G.-steigerung *f*; **~ efficiency** Rationalisierungserfolg *m*, Effizienzsteigerung *f*; **~ interest rates** *(Zins)* Konditionenverbesserung *f*; **~ market sentiment** *(Börse)* Stimmungsbesserung *f*; **i. in margins** Verbesserung der Zins-/Handelsspanne; **i. of materials** Materialvered(e)lung *f*; **~ output** *(Produktion)* Leistungsoptimierung *f*; **~ performance** Leistungsoptimierung *f*; **i. in pay** Gehaltsaufbesserung *f*; **~**

prices Preis-, Kursanstieg *m*; **~ productivity** Produktivitätsfortschritt *m*; **~ profitability** Rentabilitätsverbesserung *f*; **~ profits** Ergebnis-, Ertragsverbesserung *f*, Gewinnanstieg *m*, G.steigerung *f*; **~ quality** Qualitätsverbesserung *f*; **i. of risks** Risiko(ver)minderung *f*; **~ the economic situation** konjunktureller Aufschwung; **~ terms** Konditionenverbesserung *f*

cost-reducing improvement|s kostensparende/k.senkende Maßnahmen; **environmental i.** Umweltverbesserung *f*; **marked i.** nachhaltige Besserung; **operational i.** Verbesserung des Betriebsablaufs; **public i.s** Erschließungsanlagen *pl*; **significant i.** durchgreifende/nennenswerte Verbesserung; **structural i.** Strukturverbesserung *f*; **sustained i.** anhaltende/nachhaltige Verbesserung; **technological i.** technischer Fortschritt

improvement area Erschließungsgebiet *nt*; **industrial i. area** industrielles Sanierungsgebiet; **i. grant** Modernisierungsbeihilfe *f*, M.zuschuss *m*; **i. industry** Vered(e)lungswirtschaft *f*; **environmental i. programme** Programm zur Umweltverbesserung

improver *n* Praktikant(in) *m/f*, Volontär(in) *m/f*, Anlernling *m*

impulse *n* Impuls *m*, Anstoß *m*; **to buy on i.** spontan kaufen; **i. buy/purchase** Impulsiv-, Spontankauf *m*; **i. buying** Meinungs-, Stimmungskäufe *pl*; **i. goods/items** Impuls(kauf)güter *pl*; **i. selling** *(Börse)* Meinungs-, Stimmungsabgabe(n) *f/pl*

imputation *n* Zuschreibung *f*, Zu-, Anrechnung *f*; **i. of corporation tax** Körperschaftssteueranrechnung *f*; **i. period** Zurechnungszeit *f*; **i. system** *(Steuer)* Anrechnungssystem *nt*, A.verfahren *nt*

impute *v/t* zuschreiben, beimessen

in and out *(Börse)* Kauf und späterer Verkauf

inability *n* Unfähigkeit *f*, Unvermögen *nt*; **i. to pay** Zahlungsunfähigkeit *f*; **~ take delivery** Annahmeverhinderung *f*

in|active *adj* 1. untätig; 2. *(Börse)* flau, lustlos; **i.admissible** *adj* unzulässig, unstatthaft; **i.appropriate** *adj* unangebracht, unangemessen; **i.bound** *adj* 1. ⚓ auf der Heim-/Rückfahrt (befindlich); 2. eingehend; **i.-built** *adj* 1. eingebaut, integriert; 2. systemimmanent; **i.capable** *adj* unfähig, untauglich, **~ of contracting** geschäftsunfähig; **~ of working** arbeitsunfähig

incapacitated *adj* behindert, arbeitsunfähig; **i. for work** arbeitsunfähig; **partially i.** teilarbeitsunfähig

incapacity *n* 1. Unvermögen *nt*, Unfähigkeit *f*; 2. Erwerbs-, Berufsunfähigkeit *f*; **i. to contract** § Geschäftsunfähigkeit *f*; **~ sue** § aktive Prozessunfähigkeit; **~ be sued** § passive Prozessunfähigkeit; **i. for work** Arbeitsunfähigkeit *f*; **contractual i.** Geschäftsunfähigkeit *f*; **legal i.** mangelnde Geschäftsfähigkeit

incentive *n* 1. (Leistungs)Anreiz *m*; 2. Förderungsinstrument *nt*; **i. to buy** Kaufanreiz *m*; **~ invest** Investitionsimpuls *m*, I.anreiz *m*; **~ save** Sparanreiz *m*; **~ work** Arbeitsanreiz *m*; **competitive i.** wettbewerblicher Anreiz; **financial i.** finanzieller Anreiz; **fiscal i.** Steueranreiz *m*

incentive bonus Leistungsprämie *f*, L.zulage *f*; **i. fee** Erfolgshonorar *nt*; **i. pay** leistungsbezogene Entlohnung, Prämien-, Leistungslohn *m*; **i. payment** Gratifikation *f*, Erfolgsprämie *f*; **i. scheme** Leistungslohnsystem *nt*; **i. time** Vorgabe-, Akkordzeit *f*; **i. trip** Incentivereise *f*

incentive wage leistungsbezogene Entlohnung, Prämien-, Leistungslohn *m*; **monetary i. w.** Geldakkord *m*; **i. w. earner** Leistungslohnempfänger(in) *m/f*

inception *n* Beginn *m*, Anfang *m*; **i. of the lease** Mietbeginn *m*; **~ a period** Fristbeginn *m*; **i. date** Versicherungsbeginn *m*

incidence *n* 1. Vorkommen *nt*, Auftreten *nt*, Vorkommnis *nt*; 2. (statistische) Häufigkeit *f*; **i. of customs duties** ⊖ Zollbelastung *f*; **~ damage** Schadensquote *f*; **~ loss** Schadenshäufigkeit *f*, S.anfall *m*; **~ taxation** Verteilung der Steuerlast, Steuerbelastung *f*

incident *n* 1. Vorfall *m*, Zwischenfall *m*; 2. Ereignis *nt*; **i.al** *adj* 1. zufällig; 2. akzessorisch; 3. beiläufig; **i.als** *n* Nebenkosten *pl*; **i. case method** Vorfallmethode *f*; **i. report** technischer Arbeitsbericht

incinerat|e *v/t* verbrennen; **i.ion** *n* Verbrennung *f*; **~ plant; i.or** *n* Verbrennungsanlage *f*

inclination *n* Neigung *f*, Veranlagung *f*; **i. to buy** Kauflust *f*; **~ invest** Investitionsfreudigkeit *f*; **~ sell** *(Börse)* Abgabebereitschaft *f*

IJ

includ|e *v/t* einschließen, enthalten, hinzufügen, hinzurechnen; **i.ing (incl.)** *prep* einschließlich, inklusive

inclusion *n* Einbeziehung *f*, Erfassung *f*, Berücksichtigung *f*; **i. as assets** *(Bilanz)* Aktivierung *f*; **mandatory i. (as assets)** Aktivierungspflicht *f*; **optional i. (as assets)** Aktivierungswahlrecht *nt*; **prohibited i. (as assets)** Aktivierungsverbot *nt*

inclusive *adj* einschließlich, inbegriffen

income *n* 1. Einkommen *nt*, Einkünfte *pl*, Bezüge *pl*, Verdienst *m*; 2. Einnahmen *pl*; 3. Erträge *pl*, Gewinn *m*

income from abroad ausländische Einkünfte; **~ affiliates** Organerträge *pl*, Erträge aus Beteiligungen; **i. in arrears** rückständige Einkünfte; **i. from business** Gewinn aus Gewerbebetrieb; **~ capital** Einkünfte aus Kapitalvermögen; **~ employment** Erwerbs-, Arbeitseinkommen *nt*; **~ paid employment** Einkünfte/Einkommen aus nicht selbstständiger Beschäftigung; **i. and expenditure** Einnahmen und Ausgaben; **~ expense(s)** Aufwendungen und Erträge; **i. from interest** Zinseinnahmen *pl*, Z.einkünfte *pl*; **~ investments** Kapitalerträge *pl*, Erträge aus Beteiligungen; **~ investments in affiliated companies** Organerträge *pl*, Erträge aus Beteiligungen; **i. paid in kind** Naturaleinkommen *nt*, N.einkünfte *pl*, Sachbezüge *pl*; **i. from lettings** Mieteinnahmen *pl*; **~ loss absorption** Ertrag aus Verlustübernahme; **i. of a period** Periodenerfolg *m*; **i. from profit-transfer agreements** Erträge aus Gewinnabführungsverträgen; **i., profit and net worth** Einkommen, Ertrag und Vermögen; **i. from property** Ertrag aus Grund und Boden; **~ rent and lease** Einkommen aus Vermietung und Verpachtung; **~ royalties** Lizenzeinnahmen *pl*; **~ sales** Erträge aus Warenverkäufen; **~ securities/security holdings** Wertpapiererträge *pl*, Einkünfte aus Wertpapiervermögen; **i. per share** Gewinn pro Aktie; **i. from sources other than employment** Nebeneinkünfte *pl*; **~ subsidiaries** Organ(schafts)ertrag *m*; **i. after tax** Einkommen/Gewinn nach (Abzug der) Steuern, Nachsteuergewinn *m*; **i. before tax** Gewinn vor (Abzug der) Steuern, Vorsteuergewinn *m*; **i. for the year** Jahresarbeitsentgelt *nt*

not affecting income ergebnisneutral
to declare one's income sein Einkommen angeben; **to generate i.** Gewinn erwirtschaften; **to supplement one's i.** sein Einkommen aufbessern, zusätzlich verdienen; **to tax i.** Einkommen besteuern

accrued income *(Bilanz)* antizipative Aktiva, aktive Rechnungsabgrenzung, (Rechnungs)Abgrenzungsposten *m*; **accumulated i.** nicht ausgeschütteter Gewinn; **additional i.** Nebeneinnahmen *pl*, N.verdienst *m*; **aggregate i.** 1. Gesamteinkommen *nt*, G.betrag der Einkünfte; 2. *(VWL)* Volkseinkommen *nt*; **agricultural i.** Agrareinkommen *nt*; **~ and forestry i.** land- und forstwirtschaftliches Einkommen; **annual i.** Jahreseinkommen *nt*; **assessable i.** veranlagungspflichtiges Einkommen; **available i.** (frei) verfügbares Einkommen; **average i.** Durchschnittseinkommen *nt*; **chargeable i.** steuerbares Einkommen; **combined i.** gemeinsames Einkommen; **corporate i.** Einkommen einer AG, Gewinne einer Kapitalgesellschaft; **current i.** Periodenertrag *m*, laufende Erträge; **deferred i.** *(Passivseite)* antizipatorisches Einkommen, passive Rechnungsabgrenzung, (Rechnungs)Abgrenzungsposten *m*

disposable income (frei) verfügbares Einkommen; **gross national ~ i.** verfügbares Bruttovolkseinkommen; **personal ~ i.** verfügbares Einkommen der privaten Haushalte; **real ~ i.** verfügbares Realeinkommen

earned income Arbeits-, Erwerbseinkommen *nt*, Einkünfte aus selbstständiger und nicht selbstständiger Beschäftigung; **~ allowance/relief** (Einkommen(s))-Steuerfreibetrag für Arbeitnehmer; **~ credit (EIC)** *[US]* Steuergutschrift für Arbeitseinkommen

eligible income versicherungspflichtiges Entgelt/Einkommen; **entrepreneurial i.** Unternehmereinkommen *nt*, U.lohn *m*; **extraordinary i.** Sondererträge *pl*; **financial i.** Finanzerträge *pl*; **fixed i.** festes Einkommen; **gross i.** Brutto-, Roheinkommen *nt*, R.ertrag *m*; **~ margin** Bruttoverdienst-, Bruttoertragsspanne *f*; **guaranteed i.** Einkommensgarantie *f*; **industrial i.** gewerbliches Einkommen; **joint i.** gemeinsames Einkommen; **low i.**

niedriges Einkommen; **marginal i.** Bruttogewinnspanne *f*, Grenzergebnis *nt*; **maximum i.** Höchsteinkommen *nt*; **middle(-bracket) i.** mittleres Einkommen; **national i.** Volkseinkommen *nt*, Nettosozialprodukt zu Faktorpreisen; **~ i. theory** volkswirtschaftliche Einkommenstheorie

net income 1. Netto-, Reingewinn *m*, R.ertrag *m*, Betriebsergebnis *nt*, Jahresüberschuss *m*, Bilanzgewinn *m*; 2. Nettoeinkommen *nt*, N.verdienst *m*; **~ retained in the business** einbehaltener/thesaurierter Gewinn; **~ after tax** Jahresüberschuss nach Steuern; **~ before tax** Jahresüberschuss vor Steuern; **affecting n. i.** ertrags-, ergebniswirksam; **unappropriated n. i.** Ergebnisvortrag *m*; **n. i. percentage of sales** Umsatzrendite *f*

non-operating income betriebsfremde/b.-neutrale/sonstige Erträge; **non-recurring i.** einmalige Einnahmen, außerordentlicher Ertrag; **non-taxable i.** steuerfreie Einnahmen; **one-time i.** Einmalertrag *m*; **operating i.** Betriebsergebnis *nt*; **outside i.** betriebsfremde Erträge; **pensionable i.** ruhegehaltsfähiges Einkommen; **per-capita i.** Pro-Kopf-Einkommen *nt*; **personal i.** persönliches Einkommen; **~ distribution** private Einkommensverteilung; **post-tax i.** Gewinn nach Steuern; **prepaid i.** *(BWL)* transitorische Passiva; **pre-tax i.** Vorsteuergewinn *m*, Einkommen/Gewinn vor Steuerabzug, Gewinn vor Steuern; **professional i.** Einkommen aus freier Berufstätigkeit, Einkünfte aus freiberuflicher Tätigkeit; **qualified i.** *[US]* steuerpflichtiges Einkommen; **real i.** effektives Einkommen; **regular i.** festes Einkommen; **rental i.** Einkünfte aus Vermietung und Verpachtung; **residual i.** Nettoeinkommen *nt*; **retained i.** Gewinnrücklage *f*, thesaurierter Gewinn; **self-employed (earned) i.** Einkommen aus selbstständiger Tätigkeit; **small i. relief** Steuererleichterung für kleine Einkommen; **supplementary i.** Nebenverdienst *m*; **targeted (net) i.** geplantes Betriebsergebnis; **taxable i.** steuerpflichtiges/zu versteuerndes Einkommen, steuerlicher Gewinn; **taxed i.** versteuertes Einkommen; **tax-exempt(ed) i.** steuerfreies Einkommen; **top i.** Spitzeneinkommen *nt*; **unearned i.** Einkommen aus Vermögen, Einkünfte aus Kapitalvermögen, Kapitaleinkommen *nt*; **yearly i.** Jahreseinkommen *nt*, J.einkünfte *pl*

income account Ertragskonto *nt*, Einnahmeseite *f*; **i. and expenditure account** *(gemeinnütziges Unternehmen)* Gewinn- und Verlustrechnung (GuV) *f*; **national i. accounts/accounting** volkswirtschaftliche Gesamtrechnung, Volksvermögensrechnung *f*; **i. analysis** Einkommens- und Beschäftigungstheorie *f*; **i. averaging** 1. Durchschnittsbesteuerung *f*; 2. Einkommensverteilung auf mehrere Jahre; **i. band** Einkommens-, Gehaltsstufe *f*; **i. bond** *[US]* Gewinnobligation *f*, G.schuldverschreibung *f*; **i.-boosting** *adj* einkommenssteigernd; **i. bracket** 1. Einkommenskategorie *f*, E.höhe *f*, E.gruppe *f*; 2. Einkommen(s)-steuerklasse *f*, E.steuerstufe *f*

IJ

income ceiling Höchsteinkommen *nt*; **i. component** Einkommensbestandteil *m*; **i.-consumption curve** Einkommenskonsumkurve *f*; **i. determination** Gewinnfeststellung *f*, Erfolgsermittlung *f*; **i. development** Einkommensentwicklung *f*; **i. distribution** 1. Einkommensverteilung *f*; 2. Gewinnausschüttung *f*

income earner Einkommensbezieher(in) *m/f*; **big/high i. e.** Großverdiener *m*; **low i. e.** Kleinverdiener *m*; **~ e.s** die Einkommensschwachen *pl*

income|-elastic *adj* einkommenselastisch; **i. elasticity** Einkommenselastizität *f*; **~ of demand** Einkommenselastizität der Nachfrage

income equalization Einkommensnivellierung *f*; **i. (and expenditure) equation** *(VWL)* Volkseinkommensgleichung *f*; **circular i. flow** Einkommenskreislauf *m*; **i. fund** Renditefonds *m*; **i. gap** Einkommensabstand *m*, E.schere *f*; **i. gearing** Fremdkapitalwirkung auf die Eigenkapitalrentabilität; **i. group** Einkommensklasse *f*, E.gruppe *f*; **i. growth** Ertragszunahme *f*, E.wachstum *nt*, Gewinnzunahme *f*, G.wachstum *nt*; **i.-increasing** *adj* einkommenssteigernd; **i. increment** Einkommenssteigerung *f*; **i.-induced** *adj* einkommensbedingt; **i. inflation** Einkommensinflation *f*; **i. item** *(Bilanz)* Ertragsposten *m*; **i. level** Einkommenshöhe *f*; **i. limit** Einkommensgrenze *f*; **i. loss** Einkommensverlust *m*,

Verdienstausfall *m*; **i.s policy** Lohn- und Einkommenspolitik *f*; **i.-producing** *adj* ertragbringend; **i. pyramid** Einkommenspyramide *f*; **i. redistribution** Einkommensumverteilung *f*; **i.-reducing** *adj* einkommensmindernd; **i.-related** *adj* lohnbezogen, einkommensabhängig; **i. retention** Gewinneinbehaltung *f*, (G.)-Thesaurierung *f*; **i. security** *[US]* Ruhegeldsicherung *f*; **i. shift** Einkommensverschiebung *f*

income statement *[US]* 1. Einkommen(s)-steuererklärung *f*; 2. Gewinn- und Verlustrechnung (GuV) *f*, Aufwands- und Ertragsrechnung *f*; **all-inclusive i. s.** Einkommensübersicht *f*; **comparative i. s.** *[US]* vergleichende Gewinn- und Verlustrechnung; **consolidated i. s.** Konzernerfolgs-, Konzernertragsrechnung *f*; **gross i. s.** Bruttoerfolgsrechnung *f*; **national i. s.** volkswirtschaftliche Gesamtrechnung; **i. s. charges to reserves** Rücklagenvortrag in der Gewinn- und Verlustrechnung

income statistics Einkommensstatistik *f*; **i. supplement** Einkommensbeihilfe *f*; **i. support** *[GB]* Sozialhilfe *f*; **i. switching** Einkommensverlagerung *f*

income tax Einkommen(s)-, Lohn-, Körperschaftssteuer *f*; **~ on wages (and salaries)** Lohnsteuer *f*; **deductible from i. t.** einkommen(s)steuerabzugsfähig; **exempt from i. t.** einkommen(s)-, lohnsteuerfrei; **liable for/to i. t.** lohn-, einkommen(s)steuerpflichtig

to assess for income tax zur Einkommen(s)steuer veranlagen; **to avoid i. t.** Einkommen(s)steuer umgehen; **to evade i. t.** Einkommen(s)steuer hinterziehen; **to exempt from i. t.** von der Einkommen(s)steuer befreien; **to impose i. t.** Einkommen(s)steuer erheben; **to withhold i. t.** Einkommen(s)steuer einbehalten

corporate income tax *[US]* Körperschaftssteuer *f*; **deferred i. t.** Rückstellung(en) für Einkommen(s)steuer; **earned i. t.** Arbeitsertragssteuer *f*; **progressive/sliding-scale i. t.** progressive Einkommen(s)-steuer

(annual) income tax adjustment Lohnsteuer(jahres)ausgleich *m*; **i. t. allowance** *[US]* Einkommen(s)steuerfreigrenze *f*, E.freibetrag *m*; **~ assessment** Einkommen(s)steuerveranlagung *f*, E.bescheid *m*; **~ base** Einkommen(s)steuerbemessungsgrundlage *f*; **~ bracket** Lohn-, Einkommen(s)steuerstufe *f*; **~ computation** Lohn-, Einkommen(s)steuerberechnung *f*; **~ credit** *[US]* Einkommen(s)-steuerfreigrenze *f*, E.freibetrag *m*; **~ cut** Lohn-, Einkommen(s)steuerkürzung *f*; **~ deduction** Lohn-, Einkommen(s)steuerabzug *m*; **end-of-year ~ equalization** Lohnsteuerjahresausgleich *m*; **~ exemption** Steuerbefreiung *f*; **~ indexation** *[AUS]* Indexbindung der Einkommen(s)-steuer; **~ law** Lohn-, Einkommen(s)-steuerrecht *nt*; **~ liability** Einkommen(s)steuerschuld *f*; **~ payer** Lohn-, Einkommen(s)steuerbezahler *m*; **~ payment** Einkommen(s)steuerzahlung *f*; **i. t.-privileged** *adj* ertragssteuerbegünstigt; **~ progression** *adj* Lohn-, Einkommen(s)steuerprogression *f*; **~ rate** Einkommen(s)steuertarif *m*, E.satz *m*; **top ~ rate** Spitzensteuersatz *m*; **i. t. refund** Lohn-, Einkommen(s)steuerrückerstattung *f*; **~ relief** Einkommen(s)steuerermäßigung *f*, E.freibetrag *m*

income tax return *[GB]* Einkommen(s)-steuererklärung *f*; **to file an ~ r.** Einkommen(s)steuererklärung abgeben; **to prepare an ~ r.** Einkommen(s)steuererklärung ausfüllen; **federal ~ r.** *[US]* Lohn-, Einkommen(s)steuer-, Körperschaftsteuererklärung *f*

income tax revenue(s) Einkommen(s)-steueraufkommen *nt*; **i. t. scale** Lohn-, Einkommen(s)steuertabelle *f*; **~ schedule** *[US]* Einkommen(s)steuerformular *nt*; **~ splitting** Familiensplitting *nt*; **~ statement** *[US]* Einkommen(s)steuererklärung *f*; **to file an ~ statement** Lohn-/Einkommen(s)steuererklärung abgeben; **~ surcharge** Ergänzungs-, Ausgleichsabgabe *f*; **~ table** Lohn-, Einkommen(s)-steuer(berechnungs)tabelle *f*

income threshold 1. Einkommensschwelle *f*; 2. *(Sozialvers.)* Beitragsbemessungsgrenze *f*, **i. transfer** (öffentliche) Einkommensübertragung *f*; **i. value** Ertragswert *m*; **i. yield** Einkommensertrag *m*; **i.-yielding** *adj* ertragbringend, rentierlich

in|coming *adj* einlaufend, eingehend; **i.comings** *n* Eingänge *pl*, Einkünfte *pl*; **i.-company** *adj* innerbetrieblich, betriebsintern, eigen, Haus-; **i.competent** *adj* 1. unfähig, untauglich; 2. nicht zuständig; **legally i.competent** nicht geschäftsfähig; **i.conceivable** *adj* unvorstellbar; **i. consistent** *adj* widersprüchlich; **~ with** unvereinbar mit; **i.contestability** *n* Unanfechtbarkeit *f*; **i.contestable** *adj* nicht anfechtbar; **i.convenience** *n* Unannehmlichkeit *f*; *v/t* Unannehmlichkeiten bereiten; **i.convenient** *adj* unpassend, ungelegen, lästig, schwierig; **i.convertible** *adj* unkonvertierbar

incorporat|e *v/t* 1. gründen, vereinigen; 2. *[US]* als Kapitalgesellschaft/AG/GmbH eintragen; 3. eingemeinden, eingliedern; 4. umfassen, einschließen; **i.ed** *adj [US]* (handelsgerichtlich/amtlich) eingetragen; **i.ion** *n* 1. Eingliederung *f*, Zusammenschluss *m*; 2. *[US]* Gesellschaftsgründung *f*, (handelsgerichtliche) Eintragung (als AG) *f*; **~ certificate** *[US]* Gründungsurkunde *f*; **i.or** *n [US]* Gründer(in) *m/f*, Gründungsmitglied *nt*

Incoterms (International Commercial Terms) *n* international anerkannte/vereinbarte Lieferklauseln

increase *n* 1. Zunahme *f*, Zuwachs *m*, Wachstum *nt*, Anstieg *m*; 2. *(Preis)* Anziehen *nt*, Steigerung *f*, Erhöhung *f*; 3. Vergrößerung *f*, Aufstockung *f*; 4. *(Bilanz)* Zugang *m*, Aktivierung *f*

increase in total assets and liabilities Bilanzverlängerung *f*; **i. of the balance sheet total** Bilanzsummenwachstum *nt*; **~ the bank rate** Diskonterhöhung *f*; **~ business activity** Konjunkturbelebung *f*; **~ capacity** Kapazitätserweiterung *f*; **i. in/of capital** Kapitalerhöhung *f*, K.aufstockung *f*; **~ c. employed** Kapitalintensivierung *f*; **i. in capital investments** Erweiterungsinvestitionen *pl*; **~ the capital stock** Kapitalerhöhung *f*; **~ charges** Gebührenerhöhung *f*; **~ commodity prices** Rohstoffverteuerung *f*; **~ comsumption** Verbrauchssteigerung *f*; **~ costs** Kostensteigerung *f*, K.anstieg *m*; **~ credit cost(s)** Kreditverteuerung *f*; **~ demand** Nachfragesteigerung *f*, N.belebung *f*; **~ the discount rate** Diskonterhöhung *f*; **~ earnings** Ertragssteigerung *f*, Einkommensanstieg *m*; **~ efficiency** Effizienzsteigerung *f*; **~ employment** Beschäftigungswachstum *nt*; **~ energy/fuel prices** Energieverteuerung *f*; **~ equity (capital)** Eigenkapitalerhöhung *f*, E.stärkung *f*; **~ expenditure(s)** Ausgabenzuwachs *m*; **~ exports** Exportausweitung *f*, Ausfuhrwachstum *nt*; **~ freight rates** Frachterhöhung *f*; **~ imports** Importausweitung *f*, I.wachstum *nt*; **~ income** Einkommenszuwachs *m*; **~ interest rates** Zinserhöhung *f*, Z.anstieg *m*; **~ inventories** Bestandszuwachs *m*, B.erhöhung *f*, Lagerzugänge *pl*; **~ jobs** Beschäftigungswachstum *nt*; **~ labour costs** Lohnkostenanstieg *m*; **~ the labour force** Personalaufstockung *f*; **~ the money supply** Geldausweitung *f*; **~ orders** Auftragsanstieg *m*, A.zuwachs *m*; **~ output** Produktionszuwachs *m*, P.ausweitung *f*, P.steigerung *f*; **~ percentage terms** prozentualer Anstieg; **~ portfolio holdings** *(Wertpapiere)* Bestandsaufstockung *f*; **~ prices** Preisanstieg *m*, P.erhöhung *f*; **~ production** Produktionszuwachs *m*, P.ausweitung *f*, P.steigerung *f*; **~ productivity** Produktivitätssteigerung *f*, P.fortschritt *m*; **~ profitability** Rentabilitätszuwachs *m*; **i. in/of purchasing power** Kaufkraftzuwachs *m*; **~ base/prime rates** Leitzinsanhebung *f*, L.erhöhung *f*; **~ receipts** Mehreinnahme(n) *f/pl*; **~ minimum reserves** Mindestreservenerhöhung *f*; **i. in sales** Absatzbelebung *f*, A.erhöhung *f*, Umsatzbelebung *f*; **~ the share capital** Kapitalerhöhung *f*, K.aufstockung *f*; **~ the standard of living** Steigerung des Lebensstandards; **~ stocks** Bestandszuwachs *m*, B.erhöhung *f*, Lagerzugänge *pl*; **~ tax revenue** Aufkommenszuwachs *m*; **~ real terms** realer Zuwachs; **~ turnover** Absatz-, Umsatzsteigerung *f*, U.wachstum *nt*; **~ value** Wertzuwachs *m*, W.-steigerung *f*; **~ the volume of traffic** erhöhtes Verkehrsaufkommen; **~ working hours** Verlängerung der Arbeitszeit; **i. in/of net worth** Vermögensmehrung *f*

across-the-board-increase lineare/allgemeine Erhöhung; **annualized i.** Zuwachs aufs Jahr berechnet; **catch-up i.** ausgleichende Lohnerhöhung; **cyclical i.** konjunkturell bedingte Zunahme; **flat-rate i.** Pauschalerhöhung *f*; **fourfold i.** Vervierfachung *f*; **hefty i.** starker Anstieg, saftige Erhöhung *(coll)*; **inflationary/inflation-based i.** inflationsbedingte Steigerung, inflationsbedingter Zuwachs; **net i.** 1. Nettoerhöhung *f*; 2. *(Vers.)* Netto-

IJ

geschäft *nt*; **one-off/one-shot i.** einmalige Erhöhung

increase *v/ti* 1. vergrößern, erweitern; 2. anheben, hinauf-, heraufsetzen; 3. *(Gehalt)* erhöhen, aufbessern, aufstocken; 4. zunehmen, zulegen, größer werden, sich erhöhen/vergrößern; 5. *(Preis)* steigen, anziehen; 6. sich verstärken/verschärfen

increasing *adj* zunehmend, steigend; **i.ly** *adv* in zunehmendem Maße

increment *n* 1. (Wert)Zuwachs *m*, Steigerung *f*; 2. (automatische) Gehaltserhöhung *f*; **i.al** *adj* automatisch steigend; **i. income tax** Gewinnzuwachs-, Mehreinkommen(s)steuer *f*; **i. rate** Steigerungs-, Zuwachsrate *f*; **i. value** Wertzuwachs *m*; **~ duty** Wertzuwachssteuer *f*

incur *v/t* *(Kosten)* entstehen; **i.red** *adj* *(Kosten)* entstanden

indebted *adj* verschuldet; **heavily i.** stark verschuldet; **highly i.** hoch verschuldet

indebtedness *n* Verschuldung(sgrad) *f/m*, Schuld *f*; **i. to banks** Bankschulden *pl*; **corporate i.** Unternehmensverschuldung *f*; **net external i.** Nettoauslandsverschuldung *f*; **long-term i.** langfristige Kredite/Verbindlichkeiten; **per-capita i.** Pro-Kopf-Verschuldung *f*

indemnification *n* Entschädigung(sleistung) *f*, Schaden(s)ersatz *m*, Wiedergutmachung *f*; **i. in cash** Barabfindung *f*; **partial i.** Teilentschädigung *f*; **i. guarantee** Freistellungsgarantie *f*

indemnificatory *adj* sicherstellend, entschädigend

indemni|fy (against) *v/t* 1. abgelten, entschädigen, (wieder) gutmachen, Schaden(s)ersatz leisten; 2. sicherstellen, sichern (gegen); 3. *(Ausgaben)* erstatten; **i.tee** *n* Entschädigungsberechtigte(r) *f/m*; **i.tor** *n* Regresspflichtige(r) *f/m*

indemnity *n* 1. Abfindung *f*, Schaden(s)ersatz *m*, Entschädigung(ssumme) *f*, Wiedergutmachung *f*; 2. Abfindungs-, Abstandssumme *f*; 3. Risikogarantie *f*; 4. *(Vers.)* Leistung *f*, Garantieversprechen *nt*; **i. against liability** Haftungsausschluss *m*, Freistelllung von Haftung; **i. for loss of income** Entschädigung für entgangene Einnahmen; **to sue for i.** auf Schaden(s)ersatz klagen

aggregate indemnity maximale Schadens(ersatz)leistung; **commercial i.** Schaden(s)ersatz des Verkehrswertes; **double i.** *(Lebensvers.)* Summenverdopp(e)lung bei Unfalltod; **financial i.** Kapitalabfindung *f*; **professional i. (cover)** Berufshaftplichtversicherung *f*; **third-party i. (cover)** (gesetzliche) Haft-, Regresspflicht *f*

indemnity agreement Gewährleistungsvertrag *m*, **i. bond** Ausfallbürgschaft *f*, Garantieverpflichtung *f*; **i. claim** Schaden(s)ersatzanspruch *m*; **i. clause** Haftungsfreistellungsklausel *f*; **i. contract** Garantievereinbarung *f*; **i. insurance** Schadens(ersatz)-, Haftpflichtversicherung *f*; **i. payment** Versicherungsleistung *f*, Abstand(szahlung) *m/f*; **i. period** *[US]* Leistungs-, Haftungsdauer *f*

indent *n* 1. Auslands-, Einkaufsauftrag *m*; 2. § Vertrag(surkunde) *m/f*; 3. ✂ (Zeilen)Einzug *m*, Einrückung *f*; **closed/specific i.** Auslandsbestellung für ein Markenprodukt; **open i.** Auslandsbestellung ohne Markenspezifierung; **i.** *v/t* 1. als Lehrling verpflichten; 2. *(Waren)* bestellen; 3. § förmlich vereinbaren; 4. ✂ einrücken, Zeile einziehen; **i.ation** *n* ✂ (Zeilen)Einzug *m*

indenture (deed) *n* 1. Vertrag (in doppelter Ausfertigung) *m*, V.surkunde *f*; 2. Lehr-, (Berufs)Ausbildungsvertrag *m*; **i. of mortgage** Hypothekenbewilligungsurkunde *f*; *v/t* 1. durch Lehrvertrag binden; 2. vertraglich verpflichten

independ|ence *n* Selbst-, Eigenständigkeit *f*; **i.ent** *adj* 1. selbst-, eigenständig; 2. konzernfrei, ungebunden

in-depth *adj* detailliert, eingehend

index (indices *pl***)** *n* 1. Kartei *f*; 2. Tabelle *f*, Index *m*, (Sach)Register *nt*; 3. Richt-, Kennzahl *f*

index of general business activity Konjunkturindex *m*; **~ consumer sentiment** Index des Verbraucherverhaltens; **~ labour productivity** Index der Arbeitsproduktivität; **~ orders booked** Auftragsindex *m*, Index des Auftragseingangs; **~ net industrial output** Index der industriellen Nettoproduktion; **~ manufacturing prices** Index der Erzeugerpreise; **~ industrial production** Index der industriellen Produktion; **~ retail prices** Einzelhandels(preis)index *m*; **~ shares** *[GB]***/stocks** *[US]* Aktien(markt)index *m*; **~ volume** Beschäftigungsindex *m*; **~**

wholesale prices Großhandels(preis)-index *m*
to outperform the index *(Fonds)* sich besser entwickeln als der Index; **to track the i.** Index nachbilden
seasonally adjusted index saisonbereinigter Index; **cost-of-living i.** Lebenshaltungs(kosten)index *m*; **cyclical i.** Konjunkturindex *m*; **economic i.** *(lat.)* Konjunkturkennzahl *f*, K.ziffer *f*; **industrial i.** Branchen-, Industrieindex *m*; **trade-weighted i.** nach Handelsvolumen gewichteter Index
index *v/t* dynamisieren, indexieren
indexation *n* 1. Indexierung *f*, Indexverbindung *f*; 2. *(Sozialleistungen)* Dynamisierung *f*; 3. *(Vers.)* (automatische) Summenanpassung *f*; **~ of pensions** Rentendynamik *f*; **i. uplift** indexgebundene Wertsteigerung
index|-based *adj* indexiert, indexgebunden, dynamisiert, Index-; **i. certificate** Indexzertifikat *nt*; **i. figure** Mess-, Indexziffer *f*; **i. future** Indexterminkontrakt *m*; **i. gain** Indexgewinn *m*; **i. household** Indexhaushalt *m*; **i.ing; i.-linking** *n* 1. Indexierung *f*, Indexbindung *f*, Dynamisierung *f*; 2. *(Vers.)* (automatische) Summenanpassung *f*; **i.-linked** *adj* indexiert, indexgebunden, dynamisiert, Index-; **i. loan** Indexanleihe *f*; **i. number** Katalog-, Indexziffer *f*; **i. tracker (fund)** Indexfonds *m*, dynamischer Fonds; **i. weight** Indexgewicht *nt*
indicate *v/t* 1. bezeichnen, zeigen, angeben; 2. andeuten, darauf hindeuten, erkennen lassen, anzeigen; 3. signalisieren; **i.d** *adj* angegeben
indication *n* 1. Anzeichen *nt*, Hinweis *m*, Anhaltspunkt *m*; 2. ☼ Anzeige *f*; **i. of (the country of) origin** Ursprungsangabe *f*; **~ weight** Gewichtsanzeige *f*
indicator *n* 1. Indikator *m*, Kennziffer *f*, Barometer *nt*, Gradmesser *m*; 2. Indiz *nt*; 3. Konjunkturindikator *m*, K.barometer *nt*; **i. of growth** Wachstumsindikator *m*; **~ performance** Erfolgsmaßstab *m*; **cyclical/economic i.** Konjunkturindikator *m*; **~ i.s** Konjunkturdaten *pl*; **early/forward/leading i.** Frühindikator *m*; **lagging/late i.** nachhinkender Indikator, Spätindikator *m*; **i. board** Anzeigetafel *f*; **i. diagram** Leistungsdiagramm *nt*; **i. price** Richt-, Orientierungspreis *m*
indigen|ization *n* ♛ Umstellung auf (verstärkten) Inlandsanteil, Erhöhung des einheimischen Fertigungsanteils; **i.ize** *v/t* Inlandsanteil erhöhen, (verstärkt) auf Inlandsbezug/I.produktion umstellen; **i.ous** *adj* (ein)heimisch
indis|criminate *adj* ohne Unterschied, willkürlich; **i.pensable** *adj* unabdingbar, unentbehrlich, unverzichtbar; **i.putable** *adj* unbestreitbar, unanfechtbar
individual *n* Individuum *nt*, Privatperson *f*; **i.s** Private *pl*; *adj* 1. einzeln; 2. einzelwirtschaftlich
indivisibility *n* Unteilbarkeit *f*; **i. of factors** Unteilbarkeit der (Produktions)-Faktoren
indorse *v/t* ↘ **endorse; i.ment** *n* ↘ **endorsement**
induce *v/t* bewegen, veranlassen; **cyclically i.d** *adj* konjunkturbedingt; **domestically i.d** inlandsbedingt; **i.ment** *n* Beweggrund *m*, Anlass *m*, Anreiz *m*; **~ to buy** Kaufanreiz *m*; **~ to invest** Investitionsanreiz *m*; **fraudulent i.ment** betrügerisches Zustandekommen eines Vertrages; **i.ment article** Anreizartikel *m*
induction *n* (Amts)Einführung *f*, Einarbeitung(szeit) *f*; **i. course** Einführungslehrgang *m*; **i. training** (Mitarbeiter)-Einweisung *f*
industrial *adj* 1. industriell, Industrie-; 2. gewerblich, arbeitsrechtlich; **i.s** *(Börse)* Industriewerte *pl*, I.aktien *pl*; **I. Arbitration Board** *[GB] (Tarifkonflikt)* Schlichtungsstelle *f*; **I. Development Authority (IDA)** *[IRL]* Behörde für Industrieansiedlung; **I. Training Board** *[GB]* Ausbildungskammer *f*
industrialist *n* Fabrikant(in) *m/f*, (Groß)-Industrielle(r) *f/m*, Unternehmer(in) *m/f*
industrial|ization *n* Industrialisierung *f*; **i.ize** *v/t* industrialisieren; **highly i.ized** *adj* hochindustrialisiert
industrious *adj* arbeitsam, strebsam
industry *n* Industrie *f*, Branche *f*, Gewerbe-, Wirtschafts-, Produktionszweig *m*, Wirtschaftssektor *m*, die Wirtschaft; **both/the two sides of i.** Arbeitgeber und Arbeitnehmer *pl*; **common in i.** industrieüblich; **customary in the i.** branchenüblich; **having little i.** industrieschwach
to make industry lean Industrie gesundschrumpfen lassen; **to nanny an i.**

Industrie gängeln; **to nationalize an i.** Industrie verstaatlichen; **to privatize an i.** Industrie privatisieren; **to relocate an i.** Industrie verlagern; **to revive an i.** Industrie beleben; **to work in i.** in der Industrie tätig sein

agricultural industry Landwirtschaft *f*; **ailing i.** notleidende Branche, notleidender Wirtschaftszweig/Sektor; **aircraft-making i**. Flugzeugindustrie *f*; **airfreight i.** Luftfrachtbranche *f*; **allied i.** verwandte Industrie; **ancillary i.** Zulieferindustrie *f*, Z.betriebe *pl*; **automotive i.** Automobil-, Kraftfahrzeugindustrie *f*; **basic i.** Grundstoff(güter)-, Schlüsselindustrie *f*; **capital-intensive i.** kapitalintensive Industrie; **chemical i.** chemische Industrie, Chemieindustrie *f*; **crisis-ridden i.** Krisenbranche *f*; **cyclical i.** 1. konjunkturabhängige Industrie/Branche; 2. konjunkturabhängiger Wirtschaftszweig; **declining i.** niedergehende/schrumpfende Industrie; **domestic i.** (ein)heimische Industrie; **downstream i.** weiterverarbeitende/nachgelagerte Industrie; **electrical i.** Elektroindustrie *f*; **expanding i.** Wachstumsindustrie *f*, W.branche *f*; **export-orient(at)ed i.** exportintensive Industrie; **extractive i.** Abbauwirtschaft *f*, Grundstoffsektor *m*; **finishing i.** Ved(e)lungsindustrie *f*; **flat-growth i.** wachstumsschwache Branche; **fledgling i.** junger Industrie-/Wirtschaftszweig; **food-retailing i.** Lebensmitteleinzelhandel *m*; **food-processing i.** Nahrungs- und Genussmittel-, Lebensmittelindustrie *f*; **heavy i.** Schwerindustrie *f*; **high-tech i.** Hochtechnologiebranche *f*, H.industrie *f*; **high-wage i.** Hochlohnindustrie *f*; **house-building i.** Wohnungsbauwirtschaft *f*; **indigenous i.** (ein)-heimische Industrie; **infant i.** junger Industrie-/Wirtschaftszweig; **iron-working i.** Eisen verarbeitende Industrie; **labour-intensive i.** lohnintensive Industrie; **leather-processing i.** Leder verarbeitende Industrie; **light i.** Leichtindustrie *f*; **local i.** heimische Industrie; **metal-processing/metal-working i.** Metall verarbeitende Industrie; **nationalized i.** verstaatlichte Industrie; **non-cyclical i.** nicht konjunkturabhängige Branche; **non-manufacturing i.** Dienstleistungsgewerbe *nt*; **optical i.** optische Industrie; **paper-processing i.** Papier verarbeitende Industrie; **petrochemical i.** Petrochemie *f*, Mineralölindustrie *f*; **pharmaceutical i.** Pharmaindustrie *f*, Arznei(mittel)hersteller *pl*, pharmazeutische Industrie; **plastics-processing i.** Kunststoff verarbeitende Industrie; **primary i.** Grundstoffindustrie *f*, G.sektor *m*; **private(-sector) i.** Privatwirtschaft *f*; **regulated i.** staatlich kontrollierte Industrie; **secondary i.** weiterverarbeitende Industrie, Weiterverarbeitung *f*; **sheltered i.** (durch Zölle) geschützter Industriezweig/Handel; **small(-scale) i.** Kleinindustrie *f*; **stagnant i.** wachstumsschwache Industrie/Branche; **staple i.** Hauptindustriezweig *m*; **steel-using i.** Stahl verarbeitende Industrie; **supplying i.** Zuliefer(ungs)industrie *f*; **tertiary i.** Tertiärsektor *m*, Dienstleistungsbereich *m*, D.gewerbe *nt*; **upstream i.** vorgelagerte Industrie/Branche; **wood-processing/wood-working i.** Holz verarbeitende Industrie

industry accident Arbeits-, Betriebsunfall *m*; **i. analyst** Branchenkenner(in) *m/f*; **i. average** Branchendurchschnitt *m*; **i. code** Branchenkode *m*, B.schlüssel *m*; **i. leader** Branchenführer *m*; **i. location** Industriestandort *m*; **i. output** Industrieproduktion *f*; **i. overcapacity** branchenweite Überkapazität; **i. portfolio** *[GB] (Ministerium)* Wirtschaftsressort *nt*; **i. ratio** Branchenkennziffer *f*; **i. regulator** Aufsichtsamt für einen Wirtschaftszweig; **i. representative** Industrie-, Branchenvertreter *m*; **i.-specific** *adj* branchenüblich, Branchen-; **i. statistics** Branchenstatistik *f*; **i. study/survey** Branchenanalyse *f*; **i. trend** sektoraler Trend, Branchentrend *m*; **i.-wide** *adj* branchenweit

in|effective *adj* unwirksam, wirkungslos, unergiebig; **i.efficiency** *n* Unwirtschaftlichkeit *f*, mangelnde Produktivität; **i.efficiencies of scale** Größennachteil(e) *m/pl*; **i.efficient** *adj* unwirksam, unzulänglich, leistungsschwach, unproduktiv, unwirtschaftlich; **i.eligibility** *n* Nichtberechtigtsein *nt*; **i.eligible** *adj* nicht berechtigt; **i.equality** *n* Ungleichheit *f*; **~ principle** *(Bilanz)* Imparitätsprinzip *nt*

inertia *n* Trägheit *f*, Beharrungsvermögen *nt*; **i. factor** *(Verkauf)* Trägheitsfaktor *m*; **i.**

IJ

selling Verkauf ohne Bestellung, ~ durch Zusendung unverlangter Ware(n)

in|expedient *adj* unzweckmäßig, untunlich; **i.expensive** *adj* billig, nicht teuer, preiswert; **i.experienced** *adj* unerfahren, ohne Erfahrung; **i.expert** *adj* unfachmännisch, unsachgemäß; **i.feeding** *n* *(fig)* Eigenverbrauch von Gütern und Dienstleistungen; **i.ferior** *adj* 1. minderwertig, mittelmäßig; 2. nachrangig; **i.fertile** *adj* ertragsarm, unfruchtbar; **i.flammable** *adj* entzündbar, entflammbar, feuergefährlich; **highly i.flammable** 1. leicht entflammbar/entzündlich; 2. Vorsicht Feuergefahr!; **i.flate** *v/t* 1. *(Preise)* steigern, überteuern; 2. *(Währung)* aufblähen; 3. *(Geldumlauf)* in die Höhe treiben

inflation *n* 1. Inflation *f*, Teuerung *f*, (Geld)Entwertung *f*; 2. *(Währung)* Aufblähung *f*; **after i.; adjusted for i.** inflationsbereinigt; **to boost i.** Inflation anheizen; **to curb i.** Inflation eindämmen; **to fight i.** Inflation bekämpfen

accelerating inflation sich beschleunigende Inflation; **camouflaged/concealed i.** verdeckte Inflation; **cost-induced/cost-push i.** Kosten(druck)inflation *f*; **creeping i.** schleichende Inflation; **demand-induced/demand-pull i.** Nachfrageinflation *f*; **double-digit i.** zweistellige Inflation(srate); **galloping i.** zügellose Inflation; **hidden i.** verdeckte Inflation; **home-grown i.** hausgemachte Inflation; **latent i.** schleichende Inflation; **pent-up i.** aufgestaute Inflation; **raging/runaway i.** galoppierende Inflation; **rising i.** steigende Inflation; **single-figure i.** einstellige Inflation; **spiralling i.** Inflationsspirale *f*; **supply-push i.** Angebotsinflation *f*; **suppressed i.** verdeckte Inflation; **wage-fuelled i.** durch Lohnsteigerung angeheizte Inflation; **wage-push i.** lohninduzierte Inflation; **year-on-year i.** Inflation im Jahresvergleich

inflation accounting inflationsneutrale Rechnungslegung, Substanzerhaltungsrechnung *f*; **i.-adjusted** *adj* inflationsbereinigt; **i.ary** *adj* inflationär, inflatorisch, preistreibend; **i.-deflation cycle** Zyklus Inflation-Deflation; **i. differential(s)** Inflationsgefälle *nt*; **i.-driven** *adj* inflationsbedingt; **i. factor** 🏢 Hochrechnungsfaktor *m*; **i. gain** Inflationsgewinn *m*; **i. hedge** Absicherung gegen die Inflation; **i. index** Inflationsindex *m*; **i. indexation** Bindung an die Preisentwicklung; **i.-induced** *adj* inflationsbedingt; **i.ist** *adj* inflatorisch, inflationistisch, inflationär; **i. mentality** Inflationsmentalität *f*; **i. potential** inflatorisches Potenzial; **i. pressure** Inflationsdruck *m*; **i.-prone** *adj* inflationsanfällig; **i.-proof** *adj* inflationssicher; **i. proofing** Absicherung gegen die Inflation; **i. rate** Inflations-, Teuerungs-, Preissteigerungsrate *f*; **i. relief** Inflationsausgleich *m*; **i. spiral** Inflationsspirale *f*; **i. surcharge** Teuerungszuschlag *m*; **i. target** Inflationsziel *nt*

inflexibility *n* Unnachgiebigkeit *f*, Starrheit *f*; **downward i. of prices** Preisstarrheit nach unten

inflow *n* Zufluss *m*, Zustrom *m*; **i. of capital** Kapitalzufluss *m*; **~ foreign currency/exchange** Devisenzuflüsse *pl*; **~ funds** Mittelzufluss *m*, M.aufkommen *nt*; **~ liquidity** Liquiditätszufuhr *f*; **~ orders** Auftragseingang *m*; **net monetary i.s** Nettoeinzahlungen *pl*

influence *n* Einfluss *m*, Einwirkung *f*; **cyclical i.** Konjunktureinfluss *m*; **deflationary i.s** deflationistische Einflüsse; **environmental i.s** Umwelteinflüsse *pl*; **monetary i.s** Währungseinflüsse *pl*; **outside i.s** äußere Einflüsse; **recessionary i.** Rezessionseinfluss *m*; **seasonal i.** saisonbedingter Einfluss; **upward i.** *(Konjunktur)* Antriebskraft *f*

influx *n* ↘ **inflow**

inform *v/t* mitteilen, informieren, unterrichten, benachrichtigen; **i. by/in writing** schreiben, schriftlich mitteilen

informatics *n* Informatik *f*, Informationswissenschaft *f*; **commercial/economic i.** Wirtschaftsinformatik *f*

information *n* Information(en) *f/pl*, Auskunft *f*, Nachricht *f*; **i. and communication (I & C)** Information und Kommunikation (IuK) *f*; **according to the best of my i. and belief** nach bestem Wissen und Gewissen; **i. in writing** schriftliche Mitteilung; **entitled to receive i.** auskunftsberechtigt; **liable to provide i.** auskunftspflichtig

to circulate information Informationen verbreiten; **to collect i.** Informationen sammeln; **to decline i.** Auskunft verweigern; **to disclose/divulge i.** Auskünfte/

IJ

Information(en) preisgeben; **to exchange i.** Informationen austauschen; **to furnish i.** Auskunft erteilen; **to obtain i.** Auskunft einholen; **to provide i.** Auskunft erteilen; **to request i.** um Auskunft bitten; **to retrieve i.** 🖳 Daten abrufen; **to supply i.** Auskunft erteilen; **to suppress i.** Informationen vorenthalten/zurückhalten

additional information Zusatzinformation *f*, ergänzende Mitteilung; **advance i.** Vorab-, Vorausinformation *f*, V.benachrichtigung *f*; **confidential i.** vertrauliche Information; **detailed i.** Einzelheiten *pl*, ausführliche Informationen; **factual i.** Sachinformation(en) *f/pl*; **favourable i.** günstige Auskunft; **first-hand i.** Information(en) aus erster Hand; **in-depth i.** detailllierte Informationen; **legal i.** Rechtsauskunft *f*; **official i.** amtliche (statistische) Angaben; **price-sensitive i.** kursbeeinflussende Information(en); **unfavourable i.** ungünstige Auskunft; **up-to-date i.** aktuelle Daten

information bank Daten-, Informationsbank *f*; **i. bureau** Auskunftei *f*, Auskunftsbüro *nt*, Informationsstelle *f*; **i. center** *[US]*/**centre** *[GB]* Verkehrsamt *nt*, Informationszentrale *f*; **i. channel** Informationsweg *m*; **i. desk** Auskunft(sschalter) *f/m*, Information *f*; **i. disclosure** Berichtswesen *nt*; **i. flow** Informationsfluss *m*; **i. gathering** Informationsbeschaffung *f*; **i. management** *(Unternehmen)* Informationspolitik *f*; **~ system (IMS)** Datenverwaltungssystem *nt*; **i. office** Pressestelle *f*, Auskunftsbüro *nt*; **i. processing** 🖳 Datenverarbeitung *f*; **i. provider** Datenlieferant *m*; **i. provision** Bereitstellung von Informationen; **i. retrieval** 🖳 Datenabruf *m*; **i. science(s)** Informatik *f*, Informationswissenschaft *f*; **i. service** Auskunfts-, Informationsdienst *m*; **i. sharing/swap** Informationsaustausch *m*; **i. superhighway** Datenautobahn *f*; **i. supply** Informationsversorgung *f*; **online i. system** Sofortinformationssystem *nt*; **i. technology (IT)** Informationstechnik *f*, I.technologie *f*, Informatik *f*; **i. transfer** Informationsübertragung *f*

informative *adj* aufschlussreich, informativ, aussagekräftig, instruktiv

info|switch *n* 🖳 Datentausch *m*; **i.tainment** *n* Infotainment *nt*

infra|-structural *adj* infrastrukturell, Infrastruktur-; **i.structure** *n* Infrastruktur (-einrichtungen) *f/pl*

infringe *v/t* 1. beeinträchtigen; 2. § *(Gesetz)* brechen; 3. *(Vertrag)* verletzen

infringement *n* 1. Beeinträchtigung *f*; 2. § (Rechts)Bruch *m*, (Rechts)Verletzung *f*, Verstoß *m*; **i. of the agreement** Vertragsverletzung *f*; **~ a contract** Vertragsbruch *m*, V.verletzung *f*; **~ a copyright** Verletzung des Urheberrechts; **~ customs regulations** ⊖ Zollvergehen *nt*; **~ a patent** Patentverletzung *f*; **~ property rights** Eigentumsstörung *f*; **~ trade customs** Handelsmissbrauch *m*; **~ a trademark** Warenzeichenverletzung *f*

infusion *n* *(Kapital)* Einschuss *m*; **i. of management talent** Zuführung von potenziellen Führungskräften; **~ money** Geldzufluss *m*, G.zufuhr *f*

INGO (International Non-Government Organisation) *[GB]* übernationale halbstaatliche Organisation

ingredient *n* Bestandteil *m*

ingress (into) *n* Eintritt (in) *m*, Zutritt (zu) *m*; **free i. and egress** ⊖ freier Einlauf und Auslauf

inhabitant *n* Einwohner(in) *m/f*

inherit *v/t* (be)erben; **i.ance** *n* Erbe *nt*, Nachlass *m*, Erbschaft *f*; **~ tax** Erbschafts-, Nachlasssteuer *f*

in-house *adj* innerbetrieblich, (betriebs)intern, hausintern, firmeneigen, (firmen)intern

initial *n* Initiale *f*, Paraphe *f*; *v/t* abzeichnen, paraphieren; *adj* anfänglich, ursprünglich, Anfangs-

initiat|e *v/t* anregen, einleiten, in die Wege leiten; **i.ion** *n* Einleitung *f*, Beginn *m*; **~ of a transaction** Geschäftsanbahnung *f*

initiative *n* Initiative *f*, Unternehmungsgeist *m*; **environmental i.** Umweltinitiative *f*; **private i.** persönliche Initiative, Privatinitiative *f*

initiator *n* Initiator(in) *m/f*, Urheber(in) *m/f*

inject *v/t* *(Kapital)* zuführen, einschießen

injection *n* *(Kapital)* Zuführung *f*, Zufuhr *f*; **i. of capital** Kapitalzufuhr *f*, K.spritze *f*; **~ capital spending** Investitionsstoß *m*; **~ new equity capital/finance** Zuführung von neuem Eigenkapital, Eigenkapitalzufuhr *f*; **~ (fresh/new) funds** Kapital-,

Mittelzuführung *f*, Finanzspritze *f*; **~ money** Geld-, Finanzspritze *f*

injunction *n* § (einstweilige) Verfügung *f*; **to grant an i.** (einstweilige) Verfügung erlassen; **to obtain an i.** einstweilige Verfügung erwirken; **to seek an i.** (einstweilige) Verfügung beantragen; **interim/preliminary/provisional/temporary i.** einstweilige Verfügung; **i. proceedings/suit** Unterlassungsklage *f*, Klage auf Erlass einer einstweiligen Verfügung

injured *adj* ge-, beschädigt; **i. party/person** Geschädigte(r) *f/m*

injury *n* 1. (Personen)Schaden *m*; 2. (Rechts)Verletzung *f*; 3. Nachteil *m*; **i. to life and property** Personen- und Sachbeschädigung *f*; **~ a person** Personenschaden *m*; **bodily i.** Personenschaden *m*; **~ insurance** private Unfallversicherung; **industrial i.** Berufs-, Arbeits-, Betriebsunfall *m*; **~ benefit/insurance** Berufs-, Betriebsunfallrente *f*; **~ compensation** Arbeitsunfallentschädigung *f*; **~ pension** Berufsunfähigkeitsrente *f*; **material i.** Sachschaden *m*; **occupational i.** Berufs-, Arbeits-, Betriebsunfall *m*; **~ benefit/insurance** Berufs-, Betriebsunfallrente *f*; **personal i.** (Körper)Verletzung *f*, Personenschaden *m*; **~ policy** Personenversicherungspolice *f*; **~ protection** Insassenhaftpflicht *f*, Unfallversicherung *f*, U.schutz *m*; **physical i.** Körperverletzung *f*; **serious i.** schwere Verletzung; **wilful i.** vorsätzliche Verletzung; **i. benefit** Unfall-, Schmerzensgeld *nt*

ink *n* Tinte *f*; **to write with black i.** *(fig)* schwarze Zahlen schreiben *(fig)*, mit Gewinn arbeiten/abschließen; **~ red i.** *(fig)* rote Zahlen schreiben *(fig)*, mit Verlust arbeiten/abschließen

inland *adj* inländisch, binnen-, Binnen-; **I. Revenue Department** *[GB]* (Einkommen(s))Steuerbehörde *f*

innovation *n* Neuheit *f*, Neuerung *f*, Neuentwicklung *f*; **i. diffusion** Innovationsbreite *f*, I.spektrum *nt*; **i. potential** Innovationsfähigkeit *f*, I.potenzial *nt*; **i. research** Innovationsforschung *f*; **i. risk** Innovationsrisiko *nt*

in|novative *adj* innovativ, innovationsfreudig; **i.operable** *adj* betriebsunfähig, nicht praktizierbar; **i.operative** *adj* 1. funktionsunfähig, nicht in Betrieb; 2. § (rechts)unwirksam, ungültig; **i.payment** *n* 1. Einzahlung *f*; Zahlungseingang *m*; **i.-plant** *adj* innerbetrieblich, betriebs-, werksintern

input *n* 1. (Energie-/Material)Einsatz(menge) *m/f*, Betriebsmittel *pl*, Vorleistung(en) *f/pl*; 2. 🖳 Eingabe *f*; 3. Einsatz *m*; **i.s** Faktoreinsatzmengen *pl*, Produktionsfaktoren *pl*; **i. of goods** Wareneinsatz *m*; **~ resources** Faktoreinsatz(menge) *m/f*; **direct i.** 🖳 Direkteingabe *f*; **intermediate i.** Vorleistung *f*; **primary i.** Primäraufwand *m*; **remote i.** 🖳 Ferneingabe *f*

input buffer Eingabepuffer *m*; **i. cost(s)** Einstands-, Einsatzkosten *pl*; **i. data** 🖳 Eingabedaten *pl*; **i. distribution** Aufteilung der Einsatzfaktoren; **i. factor** Einsatzfaktor *m*; **i. level** Faktorwert *m*; **i. market** Beschaffungs-, Faktormarkt *m*; **i. material** Vorprodukt *nt*; **i. materials** Vormaterial *nt*, Vorstoffe *pl*, Einsatzgüter *pl*; **i.-output ratio** Betriebskoeffizient *m*; **~ table** volkswirtschaftliche Verflechtungsmatrix; **i. price** Einstands-, Faktorpreis *m*; **i. quality** Produktionsfaktorqualität *f*; **i. system** Produktionsfaktorsystem *nt*; **i. tax** *[GB] (Mehrwertsteuer)* Vorsteuer *f*; **~ deduction** Vorsteuerabzug *m*; **i. unit** 🖳 Eingabeeinheit *f*

inquire (into) *v/ti* untersuchen, erfragen, (nach)fragen, sich erkundigen (nach)

inquiry *n* ↘ **enquiry** 1. *(Ware)* Anfrage *f*; 2. Nachforschung *f*, Untersuchung *f*; **on/upon i.** auf Nachfrage/Anfrage; **i. about prices** Preisanfrage *f*; **to make inquiries** Erkundigungen einziehen, Nachforschungen anstellen, sich umhören; **judicial i.** § Ermittlungsverfahren *nt*; **official i.** amtliche Untersuchung; **public i.** öffentliche Untersuchung; **i. agency** (Handels/Kredit)Auskunftei *f*; **i. agent** Privatdetektiv *m*

inroad *n* Einfall *m*, Übergriff *m*; **i. into the market** Markteinbruch *m*; **to make i.s (into/on)** Marktanteile gewinnen, auf dem Markt Fuß fassen, Einbrüche erzielen

insert *n* 1. Inserat *nt*, Anzeige *f*; 2. *(Zeitung)* Beilage *f*; **loose i.** lose Beilage; **i.** *v/t* 1. *(Anzeige)* einrücken lassen, aufgeben, inserieren; 2. *(Münze)* einwerfen; **i.ion** *n* 1. Inserat *nt*, Anzeige(nplatzierung) *f*, Inserierung *f*; 2. *(Zeitung)* Beilage *f*; 3. *(Münze)* Einwurf *m*

IJ

inshore *adj* an der Küste, Küsten-
inside *adj* innen, (betriebs)intern
insider *n* Eingeweihte(r) *f/m*; **i.s** eingeweihte Kreise; **i. dealings** *(Börse)* Insidergeschäfte *pl*, I.handel *m*; **i. information** vertrauliche Information(en), Insiderwissen *nt*; **i. rules** Insiderregeln *pl*; **i. trading** *(Börse)* Insidergeschäfte *pl*, I.handel *m*
insolvency *n* Zahlungsunfähigkeit *f*, Insolvenz *f*, Konkurs *m*, Bankrott *m*; **to declare one's i.** Konkurs anmelden; **fraudulent i.** betrügerischer Bankrott; **open i.** Nichteröffnung des Konkursverfahrens mangels Masse
insolvency administrator Insolvenzverwalter *m*; **i. estate** Konkursmasse *f*; **i. insurance** Insolvenzversicherung *f*; **i. law** Insolvenzrecht *nt*; **i. petition** Konkursantrag *m*, Antrag auf Eröffnung des Insolvenzverfahrens; **i. proceedings** Vergleichsverfahren *nt*; **i. protection** Insolvenzschutz *m*; **i. rate** Insolvenzquote *f*
insolvent *n* Zahlungsunfähige(r) *f/m*; *adj* zahlungsunfähig, insolvent, bankrott; **to declare o.s. i.** sich für zahlungsunfähig erklären
insourcing *n* Eigenerstellung *f*
inspect *v/t* 1. begutachten, prüfen, untersuchen, inspizieren; 2. sichten, Einsicht nehmen
inspection *n* 1. (Über)Prüfung *f*, Begutachtung *f*; 2. Einsicht(nahme) *f*, Durchsicht *f*; 3. Qualitätskontrolle *f*, Inspektion *f*; 4. ⊖ Beschau *f*; 5. ☼ Abnahme *f*
inspection and approval Gebrauchsabnahme *f*; **i. of (the) books (and records)** Einsicht in Bücher; **~ files** Akteneinsicht *f*; **~ goods** Warenkontrolle *f*; **~ incoming goods** Wareneingangskontrolle *f*; **~ incoming material** Materialprüfung *f*; **final ~ outgoing products** Endabnahme *f*; **~ records** Akteneinsicht *f*; **~ the commercial register** Handelsregistereinsicht *f*
for your kind inspection zur gefälligen Durchsicht; **open for i.** zur Besichtigung/Einsichtnahme freigegeben; **ready for i.** abnahmefähig; **subject to i.** Nachprüfung/Besichtigung vorbehalten
to be available for inspection zur Einsicht ausliegen; **~ subject to i.** der Prüfung unterliegen; **to buy subject to i.** auf Besicht kaufen; **to submit for i.** zur Einsicht vorlegen
on close inspection bei näherer Prüfung/Durchsicht; **final i.** 1. Endprüfung *f*, E.-kontrolle *f*, E.abnahme *f*, Schlussprüfung *f*; 2. 🏛 (Bau)Abnahme *f*; **incoming i.** Wareneingangskontrolle *f*; **in-process i.** Zwischenabnahme *f*; **on-site i.** Besichtigung an Ort und Stelle; **outgoing i.** Warenausgangskontrolle *f*; **pre-delivery i.** Warenkontrolle vor Auslieferung; **pre-operation i.** Prüfung vor Inbetriebnahme; **regular i.** laufende Kontrolle; **sampling i.** Teilprüfung *f*; **statutory i.** Prüfungspflicht *f*; **visual i.** Sichtprüfung *f*, Beschau *f*
inspection agency/authority Prüfstelle *f*, P.behörde *f*; **i. certificate** Prüf-, Abnahmebescheinigung *f*; **i. and test certificate** Güteprüfbescheinigung *f*; **i. company** Abnahmegesellschaft *f*; **i. copy** *(Buch)* Prüf-, Ansichtsexemplar *nt*; **i. fee** Prüfungsgebühr *f*; **i. item** Prüfungsposten *m*; **i. officer** Prüfungsbeamter *m*, Kontrolleur *m*; **i. procedure** Kontrollverfahren *nt*; **i. report** Abnahmeprotokoll *nt*, Prüfbericht *m*; **i. sample** Ansichtsmuster *nt*; **i. stamp** Kontrollmarke *f*, Prüfstempel *m*; **i. test** Abnahme-, Güteprüfung *f*; **i. tour** Besichtigungsfahrt *f*, Kontrollgang *m*
inspector *n* 1. Inspektor(in) *m/f*, Prüfer(in) *m/f*, Revisor(in) *m/f*, Inspizient(in) *m/f*; 2. ☼ Abnahmebeauftragte(r) *f/m*; **i. of factories** Gewerbeaufsicht *f*; **~ taxes** Steuerinspektor(in) *m/f*
inspector|ate *n* Aufsichtsamt *nt*; **i.'s report** Abnahme-, Prüf(ungs)bericht *m*
inst. ↘ **instant**
instability *n* Unbeständigkeit *f*, Instabilität *f*; **cyclical i.** konjunkturelle Instabilität; **monetary i.** Währungsturbulenz *f*
install *v/t* aufstellen, installieren, montieren, einbauen
installation *n* Anlage *f*, Einrichtung *f*, Montage *f*, Einbau *m*; **i. charges** Montagekosten *pl*; **i. loan** Einrichtungskredit *m*; **i. wages** Montagelöhne *pl*
instalment *[GB]*; **installment** *n* *[US]* 1. Rate *f*, Teilbetrag *m*; 2. Teil-, Raten-, Abschlagszahlung *f*; 3. Teillieferung *f*; **by/in i.s** auf/in Raten; **payable in i.s** zahlbar in Raten; **to meet the i.s** Teilzahlungen einhalten; **to pay in i.s** abzahlen, in Raten (be)zahlen
final instal(l)ment 1. letzte Rate, Schlussrate *f*; 2. Abschlusszahlung *f*; **first i.** Anzahlung *f*, erste Rate; **monthly i.** Monats-

rate *f*, monatliche Rate; **outstanding i.** rückständige Rate; **past-due i.** überfällige Rate; **quarterly i.** Vierteljahresbetrag *m*

instal(l)ment arrears Ratenrückstand *m*, R.verzug *m*; **i. business** Abzahlungs-, Teilzahlungs-, Ratengeschäft *nt*; **i. buying** Ab-, Raten-, Teilzahlungskauf *m*; **i. collection** Inkasso von Ratenzahlungen; **i. commitments** Abzahlungs-, Ratenzahlungsverpflichtungen *pl*; **i. contract** Raten-, Teilzahlungsvertrag *m*; **i. credit** Abzahlungs-, Teilzahlungs-, Ratenzahlungskredit *m*; **~ institution** Teilzahlungsbank *f*; **~ insurance** Teilzahlungskreditversicherung *f*; **~ terms** Teilzahlungsbedingungen *pl*; **i. debts** Abzahlungs-, Ratenzahlungsverpflichtungen *pl*; **i. finance** Teilzahlungsfinanzierung *f*; **i. house** *[US]* Kundenkreditbank *f*; **i. lending (business)** Teilzahlungs(kredit)geschäft *nt*; **i. loan** Abzahlungsdarlehen *nt*, Raten(zahlungs)kredit *m*; **i. mortgage** Abzahlungs-, Amortisationshypothek *f*; **i. note** *[US] (Teilzahlung)* Schuldschein mit Unterwerfungsklausel; **i. payment** Ratenzahlung *f*; **i. plan** Teilzahlungs-, Abzahlungsplan *m*; **to buy on the i. plan** auf Abzahlung kaufen; **i. price** Teilzahlungs-, Abzahlungspreis *m*; **i. purchase** Ratenkauf *m*, Kauf auf Raten; **i. rate** Amortisationsquote *f*, A.rate *f*; **first i. rate** Ratenbeginn *m*; **fixed i. rate** linearer Abschreibungssatz; **i.receivables** *[US] (Bilanz)* ausstehende Raten-/Teilzahlungen; **i. sale** Ab-, Teil-, Ratenzahlungsgeschäft *nt*; **i. sales financing** Absatzfinanzierung *f*; **i. saving** Ratensparen *nt*; **i. terms** Ratenzahlungsbedingungen *pl*; **i. transaction** Ab-, Raten-, Teilzahlungsgeschäft *nt*

instance *n* § (Gerichts)Instanz *f*; **at the i. of** auf Veranlassung von; **appellate i.** Berufungs-, Revisionsinstanz *f*; **first i.** erste Instanz; **higher/second i.** Berufungs-, Revisionsinstanz *f*

instant *n* Moment *m*; *adj* sofort(ig), unmittelbar, Instant-; **i. (inst.)** des/dieses Monats

instinct *n* Instinkt *m*; **i. for business** Geschäftssinn *m*

institute *n* Institut *nt*, Anstalt *f*; **I. of Directors (IoD)** brit. Arbeitgeberverband; *v/t* 1. einsetzen, einrichten; 2. § *(Prozess)* anstrengen; **i. cargo clause** *(Vers.)* Klausel für die Seeschaden(s)versicherung

institution *n* 1. Einrichtung *f*, Institution *f*, Anstalt *f*, Organ *nt*; 2. *(Börse)* institutioneller Anleger, Kapitalsammelstelle *f*; **i. of an action** § Klageerhebung *f*; **~ bankruptcy proceedings** Einleitung/Eröffnung des Insolvenzverfahrens; **~ composition proceedings** Eröffnung des Vergleichsverfahrens; **I.s of the European Communities** Organe der Europäischen Gemeinschaften; **i. of (legal) proceedings** § Klageerhebung *f*, Einleitung gerichtlicher Schritte

charitable institution Wohltätigkeitsorganisation *f*; **deposit-taking i.** Kapitalsammelstelle *f*; **federal i.** Bundesanstalt *f*; **financial i.** Kredit-, Geld-, Finanzinstitut *nt*, Bank *f*; **monetary i.** Währungseinrichtung *f*, W.behörde *f*; **~ i.s** Banken *pl*; **non-profit(-making) i.** gemeinnützige Einrichtung; **public(-law) i.** Anstalt des öffentlichen Rechts

institutional *adj* institutionell

in-store *adj* ladeneigen

instruct *v/t* 1. (be)lehren, unterweisen; 2. anweisen, beauftragen, Auftrag erteilen; **as i.ed** vorschrifts-, weisungs-, auftragsgemäß

instruction *n* 1. Auftrag *m*, Anordnung *f*, (An)Weisung *f*, Vorschrift *f*, Dienstanweisung *f*, Befehl *m*; 2. Schulung *f*; **i.s** 1. Richtlinien *pl*; 2. Bedienungsanleitung *f*; **in accordance with/in compliance with/according to your i.s** gemäß/entsprechend Ihren Anweisungen; **as per i.s** laut Weisung, weisungsgemäß; **contrary to i.s** auftragswidrig; **pending i.s** bis zum Eintreffen von Anweisungen; **pursuant to your i.s** gemäß Ihren Weisungen/Instruktionen

instruction to a bank Bankauftrag *m*; **in the absence of i.s to the contrary** mangels gegenteiliger Weisung; **i. to pay** Zahlungsanweisung *f*; **i.s for use** Gebrauchsanweisung *f*

to comply with instructions Anordnungen befolgen; **to disregard i.** gegen Weisungen handeln; **to issue i.** Weisungen erteilen; **to observe i.** Anweisungen befolgen/einhalten

administrative instruction Verwaltungsanordnung *f*; **general i.** allgemeine Anordnung; **implementing i.** Durch-

IJ

führungsbestimmung *f*; **standing i.** Dienstanweisung *f*; **strict i.** ausdrückliche Anweisung; **technical i.** Fachunterricht *m*

instruction book(let)/manual Gebrauchsanweisung *f*, Bedienungsanleitung *f*; **i. leaflet** Beipackzettel *m*

instructor *n* Ausbilder(in) *m/f*

instrument *n* 1. Schriftstück *nt*, Dokument *nt*; 2. § (Vertrags)Urkunde *f*; 3. Rechtstitel *m*; **i.s** 1. Instrumentarium *nt*; 2. Papiere *pl*

instrument of acceptance Annahmeurkunde *f*; **~ assignment** Abtretungsurkunde *f*; **i. (payable) to bearer** Inhaberpapier *nt*; **i. of control** Kontrollinstrument *nt*; **~ indebtedness** Schuldtitel *m*, S.urkunde *f*; **i. (made out/payable) to order unless otherwise stated** geborenes Orderpapier; **i.s of economic policy** wirtschaftspolitische Maßnahmen, wirtschaftspolitisches Instrumentarium; **~ monetary policy** währungspolitisches Instrumentarium; **i. of title** Eigentumstitel *m*; **~ transfer** Überlassungs-, Übertragungsurkunde *f*; **executed ~ transfer** unterzeichnete Überlassungs-/Übertragungsurkunde; **i. in writing** beurkundeter Vertrag

assignable instrument Orderpapier *nt*, übertragbare Urkunde, begebbares Wertpapier; **collective i.** Sammelurkunde *f*; **commercial i.** Urkunde des Handelsverkehrs, kaufmännisches Wertpapier; **enforceable i.** 1. vollstreckbare Urkunde; 2. § (vollstreckbarer) Titel *m*; **financial i.** Finanzierungs-, Kreditinstrument *nt*; **derivative ~ i.** derivatives Finanzinstrument; **fiscal i.** fiskalisches Mittel; **high-yield i.** hochverzinsliches Wertpapier; **managerial i.** Führungsinstrument *nt*; **marketable i.** marktgängiges Instrument; **negotiable i.** verkehrsfähiges Papier, begebbares/übertragbares (Wert)Papier, Orderpapier *nt*; **non-negotiable i.** nicht begebbares/übertragbares Wertpapier; **short-term i.** kurzfristige Anlageform; **transferable title-conferring i.** Dispositions-, Traditionspapier *nt*; **transferable i.** Namens-, Rektapapier *nt*

instrumental *adj* behilflich, mitwirkend; **to be i.** (wesentlich) beitragen, beteiligt sein

IJ

instrumentation technology *n* Mess- und Regeltechnik *f*

instrument(s) engineering Mess- und Regeltechnik *f*, Apparatebau *m*

insulate *v/t* isolieren, abschotten

insurable *adj* versicherbar, versicherungsfähig

insurance *n* 1. Versicherung *f*; 2. Versicherungswesen *nt*, V.branche *f*, Assekuranz *f*

insurance against breakage Bruchschadenversicherung *f*; **i. for legal costs** Rechtsschutz(versicherung) *m/f*; **i. against loss** Ausfall-, Schaden(s)-versicherung *f*; **i. of merchandise** Frachtversicherung *f*; **i. against all risks** Versicherung gegen alle Gefahren; **i. of future risks** Vorsorgeversicherung *f*; **i. against theft** Diebstahlversicherung *f*; **i. of value** Wertversicherung *f*; **i. at full value** Vollwertversicherung *f*; **i. of the vessel** Schiffsversicherung *f*

to arrange/contract/procure/take out insurance (sich) versichern (lassen), Versicherung abschließen; **to effect/write i.** Versicherung geben, versichern

additional insurance Zusatz-, Extraversicherung *f*; **all-in/all-loss/blanket i.** Global-, Pauschal-, Gesamt(schadens)-versicherung *f*, Versicherung gegen alle Gefahren; **all-risk(s) i.** Einheitsversicherung *f*; **collateral i.** Zusatzversicherung *f*; **collective i.** Gruppen-, Sammelversicherung *f*; **commercial i.** Vertrauensschaden-, Garantieversicherung *f*; **composite/comprehensive i.** 1. Universalversicherung *f*; 2. 🚗 (Voll)Kaskoversicherung *f*; **compulsory i.** Pflicht-, Zwangsversicherung *f*; **direct i.** Erst-, Direktversicherung *f*; **equity-linked i.** fondsgebundene Lebensversicherung; **excess i.** Selbstbehalt *m*; **excess-loss i.** Schaden(s)exzedenten-, S.rückversicherung *f*; **fixed-sum i.** Summenversicherung *f*; **free i.** beitragsfreie Versicherung; **full-value i.** Vollversicherung *f*; **index-linked i.** Indexversicherung *f*; **industrial i.** Gewerbeunfall-, Arbeitgeberhaftpflichtversicherung *f*; **legal i.** Rechtsschutzversicherung *f*; **loss-of-trade i.** Geschäftsausfallversicherung *f*; **marine i.** 1. Schifffahrts-, (See(schadens))Transportversicherung *f*; 2. Seeassekuranz *f*; **~ company/underwriter** Seeversicherungsgesellschaft *f*; **matured i.** fällige

Versicherung; **medical i.** Krankenversicherung *f*, K.kasse *f*; **private ~ i.** private Krankenkasse/K.versicherung; **minimum i.** Mindestversicherung *f*; **multi(ple)-line i.** Mehrspartengeschäft *nt*; **mutual i.** Versicherung auf Gegenseitigkeit

national insurance *[GB]* Sozialversicherung *f*; **~ benefits** Sozialversicherungsleistungen *pl*; **~ card** Sozialversicherungsausweis *m*; **~ contribution (NIC)** Sozialversicherungsbeitrag *m*

new-for-old insurance Neuwertversicherung *f*; **no-fault i.** 1. Versicherung für Personenschäden; 2. *[US]* Vollkaskoversicherung *f*; **non-life/non-personal i.** Sach(wert)versicherung *f*; **optional i.** freiwillige Versicherung; **original i.** Direkt-, Erstversicherung *f*; **paid-up i.** beitrags-/prämienfreie Versicherung; **participating/with-profits i.** (Lebens)-Versicherung mit Gewinnbeteiligung; **personal i.** Personenversicherung *f*; **professional i.** Berufsversicherung *f*; **reciprocal i.** Versicherung auf Gegenseitigkeit; **residual-value i.** Restwertversicherung *f*; **single-life i.** *(Lebensvers.)* Individualversicherung *f*

social insurance Sozialversicherung *f*; **~ contribution** Sozialversicherungsbeitrag *m*; **~ number** *[US]* Sozialversicherungsnummer *f*; **~ pension** Sozialrente *f*; **~ tax** *[US]* Sozialversicherungssteuer *f*

statutory insurance Pflichtversicherung *f*; **stop-loss i.** Gesamtschaden(s)exzedentenrückversicherung *f*; **supplementary i.** Zusatzversicherung *f*; **third-party i.** (private) Haftpflichtversicherung *f*; **voluntary i.** freiwillige Versicherung; **with-profits i.** Lebensversicherung mit Gewinnbeteiligung

insurance agent Versicherungsvertreter(in) *m/f*; **mutual i. association** Versicherungsverein auf Gegenseitigkeit (VVaG); **i. benefit** Versicherungsleistung *f*; **standard i. benefits** Pflichtleistungen *pl*; **i. binder** Deckungszusage *f*; **i. branch** Versicherungszweig *m*, V.sparte *f*; **i. broker** Versicherungsbüro, V.makler(in) *m/f*

insurance business Versicherungswirtschaft *f*, V.geschäft *nt*; **to write i. b.** versichern, Versicherungsabschlüsse tätigen; **new i. b.** Versicherungsneugeschäft *nt*; **prime i. b.** Erstversicherungsgeschäft *nt*

international insurance card 🚗 grüne Versicherungskarte; **i. carrier** Versicherungsträger *m*, Versicherer *m*; **i. certificate** Versicherungs(anteil)schein *m*; **i. charge** Versicherungsgebühr *f*

insurance claim Versicherungs-, Schadensanspruch *m*; **to adjust/settle an i. c.** Versicherungsanspruch regulieren; **i. c.(s) adjuster** Versicherungssachverständige(r) *f/m*, Schadensregulierer(in) *m/f*

insurance clause Versicherungsklausel *f*; **i. clerk** Versicherungsangestellte(r) *f/m*; **i. commission** Versicherungsprovision *f*; **I. Commissioner** *[US]* Bundesaufsicht(samt) für das Versicherungswesen

insurance company Versicherung(sgesellschaft) *f*, V.anstalt *f*, Versicherer *m*; **all-lines i. c.** Allbranchenversicherer *m*; **composite/general i. c.** *[US]* Universalversicherung(sgesellschaft) *f*; **mutual i. c.** Versicherungsverein auf Gegenseitigkeit (VVaG)

insurance contract Versicherungsvertrag *m*; **i. contribution** Versicherungsbeitrag *m*; **i. control(s)** Versicherungsaufsicht *f*; **i. corporation** *[US]* Versicherungsgesellschaft *f*; **i. cover(age)** Deckungs-, Versicherungsschutz *m*; **i. fraud** Versicherungsbetrug *m*; **i. fund** Versicherungsstock *m*, V.fonds *m*; **i. group** Versicherungskonzern *m*; **i. holder** Versicherungsnehmer(in) *m/f*; **i. industry** Assekuranz *f*, Versicherungswirtschaft *f*, V.branche *f*; **i. intermediary** Versicherungsmittler *m*; **i. law** Versicherungsrecht *nt*; **compulsory/statutory i. limit** Versicherungspflichtgrenze *f*; **i. line** Versicherungssparte *f*; **i. number** Versicherungsnummer *f*; **i. package** Versicherungspaket *nt*; **i. papers** Versicherungsunterlagen *pl*; **i. payout** Versicherungsleistung *f*; **i. plan** Versicherung *f*

insurance policy Versicherungspolice *f*, V.schein *m*; **to effect/take out an i. p.** Versicherung abschließen/besorgen, (sich) versichern (lassen); **all-risks i. p.** globale Risikoversicherungspolice; **comprehensive i. p.** Kasko(versicherungs)-police *f*; **expired i. p.** abgelaufene Versicherungspolice; **paid-up i. p.** beitrags-/prämienfreie Versicherungspolice; **participating i. p.** Versicherungspolice mit Gewinnbeteiligung; **transferable i. p.** übertragbare Versicherungspolice; **i. p. number** Versicherungsschein-Nummer *f*

insurance portfolio Versicherungsbestand *m*; **i. premium** Versicherungsprämie *f*, V.beitrag *m*; **~ tax** Versicherungssteuer *f*; **i. protection** Deckungs-, Versicherungsschutz *m*; **i. records** Versicherungsunterlagen *pl*; **i. regulators** Versicherungsaufsicht(samt) *f/nt*; **i. relief** *(Steuer)* Freibetrag für Versicherungen; **i. renewal** Erneuerung der Versicherung; **i. reserve** Deckungsrücklage *f*; **i. scheme** Versicherung(smöglichkeit) *f*; **i. sector** Assekuranz *f*, Versicherungssektor *m*; **mutual i. society** Versicherungsverein auf Gegenseitigkeit (VvaG); **i. tax** Versicherungssteuer *f*; **i. terms and conditions** Versicherungsbedingungen *pl*; **i. underwriter** Versicherer *m*, Versicherungsgesellschaft *f*; **i. value** Versicherungswert *m*

IJ

insure *v/t* 1. versichern, gewährleisten; 2. sich versichern (lassen), Versicherung abschließen; 3. Versicherung nehmen/geben

insured *n* 1. Versicherungsnehmer(in) (VN) *m/f*, Versicherte(r) *m/f*; 2. Solidargemeinschaft *f*; **i.'s (legal) liability** Haftpflicht des Versicherten; **i.'s retention** 1. Risikobeteiligung des Garantienehmers; 2. Eigen-, Selbstbeteiligung *f*

insuree *n* Versicherungsnehmer(in) *m/f*, Versicherte(r) *m/f*

insurer *n* 1. Versicherer *m*, Versicherungsgeber *m*, V.gesellschaft *f*; 2. Garantiegeber *m*; **captive i.** konzern-/unternehmenseigenes Versicherungsunternehmen; **composite/general i.** Universalversicherer *m*; **direct i.** Erstversicherer *m*; **marine i.** Seeversicherer *m*; **previous i.** Vorversicherer *m*

intact *adj* 1. ganz, intakt, unbeschädigt; 2. ⊖ unverletzt, unversehrt

intake *n* 1. Auf-, Abnahme *f*; 2. *(Aufträge)* Eingang *m*; **i. of funds** Einlagenhöhe *f*; **~ (new) orders** Auftragseingang *m*; **per capita i.** Pro-Kopf-Verbrauch *m*; **i. interview** Aufnahmeinterview *nt*, A.gespräch *nt*

intangible *adj* immateriell; **i.s** immaterielle Anlagen/Güter

integrate *v/t* integrieren, eingliedern, vernetzen

integration *n* 1. Integration *f*, Eingliederung *f*, Verflechtung *f*, Vernetzung *f*, Einbindung *f*; 2. Vereinigung *f*, Zusammenschluss *m*, Z.fassung *f*, Konzentration *f*; **i. into the labour force** Eingliederung ins Erwerbsleben, **~** in den Arbeitsprozess, berufliche Eingliederung; **i. of markets** Marktverflechtung *f*

backward integration Rückwärtsintegration *f*; **downstream/forward i.** Integration in nachgelagerte Produktionsstufen, Vorwärtsintegration *f*; **economic i.** wirtschaftlicher Zusammenschluss, wirtschaftliche Verflechtung; **horizontal/lateral i.** Verschmelzung gleichartiger Firmen; **occupational i.** Eingliederung in den Arbeitsprozess, **~** das Arbeitsleben; **upward i.** vertikale Integration/Konzentration; **vertical i.** Vertikalverflechtung *f*

integration aid/assistance Eingliederungshilfe *f*; **i. loan** Eingliederungsdarlehen *nt*, E.kredit *m*

integrity *n* 1. Integrität *f*; 2. Unversehrtheit *f*; **territorial i.** territoriale Unversehrtheit

intelligence *n* 1. Intelligenz *f*, (rasche) Auffassungsgabe *f*; 2. Informationen *pl*, Nachricht(en) *f/pl*; **i. satellite** Nachrichtensatellit *m*; **i. service** Nachrichten-, Sicherheitsdienst *m*

intend *v/t* beabsichtigen, vorhaben; **i. to defraud** in Betrugsabsicht handeln; **i.ed for** *adj* bestimmt für

intens|e *adj* 1. intensiv, stark; 2. *(Wettbewerb)* (knall)hart; **i.ification** *n* Verschärfung *f*, Verstärkung *f*; **~ of consumption** Verbrauchsintensivierung *f*

intent *n* § Absicht *f*, Wille *m*; **with i.** vorsätzlich; **i. to defraud** Betrugsabsicht *f*, betrügerische Absicht; **~ realize a profit** Gewinnerzielungsabsicht *f*; **corporate i.** Organwille *m*; **with criminal i.** in verbrecherischer Absicht, mit Vorsatz und Überlegung; **fraudulent i.** Betrugsabsicht *f*, betrügerische Absicht; **gainful i.** Gewinnabsicht *f*

intention *n* Absicht *f*, Vorhaben *nt*; **i. to buy** Kaufabsicht *f*; **~ deceive** Täuschungsabsicht *f*; **i. of the parties** § Parteiwille *m*

inter|act *v/i* sich gegenseitig beeinflussen; **~ with** wechselseitig einwirken auf: **I.-American Development Bank** Interamerikanische Entwicklungsbank; **i. bank** *adj* unter Banken, interbankmäßig; **i.change** *n* 1. Austausch *m*; 2. Schnittstelle *f*; **i.company** *adj* konzernintern, überbetrieblich; **i.connection** *n* ⚡

Durchleitung *f*; **i.department(al)** *adj* ressort-, abteilungs-, bereichsübergreifend

interdependence *n* Verflechtung *f*, gegenseitige Abhängigkeit; **i. of foreign trade** außenwirtschaftliche Verflechtung; **economic i.** Wirtschaftsverflechtung *f*

inter|dependent *adj* wechselseitig abhängig; **i.disciplinary** *adj* fachübergreifend, interdisziplinär; **i.divisional** *adj* geschäftsbereich(s)übergreifend

interest *n* 1. Interesse *nt*, Belang *m*; 2. Vorteil *m*, Nutzen *m*; 3. Zins(fuß) *m*; 4. Verzinsung *f*, (Berechnung von) Zinsen *pl*; 5. (Kapital)Beteiligung *f*, (Geschäfts)-Anteil *m*; 6. Versicherungsgegenstand *m*; **cum i.** mit Stückzinsen; **ex/without i.** ohne (Stück)Zinsen; **free of i.** zinsfrei, nicht verzinslich; **of i.** interessant; **out at/on i.** verzinslich ausgeliehen

interest on current account Kontokorrentzinsen *pl*; **~ arrears** Verzugszinsen *pl*; **~ bonds** Zinsen aus Teilschuldverschreibungen, Anleihezinsen *pl*; **~ borrowings** Schuld-, Kreditzinsen *pl*; **~ capital** Kapitalzinsen *pl*, K.verzinsung *f*; **~ borrowed capital** Fremdkapitalzinsen *pl*; **(material) i. in a company** (wesentliche) Beteiligung an einer Gesellschaft; **i. on credits** Schuldzinsen *pl*; **i. after due date** Fälligkeitszinsen *pl*; **i. on debit balances** Debet-, Sollzinsen *pl*; **~ debt capital** Fremdkapitalzinsen *pl*; **i. for default** Verzugszinsen *pl*; **i. for/on deposits** Einlagenzinsen *pl*, Habenzins *m*; **i. on equity (capital)** Eigenkapitalverzinsung *f*; **i.s in equity shares** Kapitalbeteiligungen *pl*; **i. on indebtedness** Schuldzinsen *pl*; **~ investments** Zinsen aus Kapitalanlagen; **i. in land** Recht an einem Grundstück; **beneficial ~ land** Nießbrauch an einem Grundstück; **i. on loan capital** Darlehens-, Kreditzinsen *pl*; **i. at market rates** marktüblicher Zins(satz); **i. on overdraft** Überziehungs(kredit)zinsen *pl*; **i. in property** vermögensrechtlicher Anspruch; **i. at the rate of** Zins zum Satz von; **i. and repayments (of principal)** Zinsen und Tilgung; **outside i. in the result** Gewinnanteile Dritter, Dritten zustehender Gewinn; **i. on savings (deposits)** Sparzinsen *pl*; **i. on securities** Effektenzinsen *pl*, Zinserträge aus Wertpapieren; **in the i. of shareholders** *[GB]***/stockholders** *[US]* aktionärsfreundlich; **i. in a vessel** Schiffsbeteiligung *f*

and interest plus Stückzinsen; **free of i.** zinsfrei, z.los; **acquiring an i.** Beteiligung(serwerb) *f/m*; **bearing/yielding i.** verzinslich, zinsbringend

to acquire an interest Beteiligung erwerben, sich beteiligen; **~ in a firm** sich an einer Firma beteiligen; **to carry/earn i.** Zinsen (ein)bringen/abwerfen, sich verzinsen; **to charge i.** Zinsen belasten/berechnen; **to compute the i.** Zinsen berechnen; **to credit the i.** Zinsen gutschreiben; **to have an i. (in sth.)** beteiligt sein an, teilhaben an; **~ in a company** an einem Unternehmen/einer Firma beteiligt sein; **to invest at i.** verzinslich anlegen; **to pay i.** verzinsen, Zinsen zahlen; **to purchase an i.** Kapitalanteil kaufen; **to put out at i.** verzinslich anlegen; **to raise the i.** Zins(fuß) erhöhen; **to rank for i.** zinsberechtigt sein; **to represent so.'s i.s** jds Interessen wahrnehmen, jds Belange vertreten; **to sell off an i.** Beteiligung abgeben/verkaufen; **to yield i.** Zinsen tragen, sich verzinsen

accrued interest aufgelaufene Zinsen, Stückzinsen *pl*; **accruing i.** anfallende Zinsen; **assurable i.** versicherbares Interesse; **beneficial i.** 1. Nutznießung *f*, Nießbrauch(recht) *m/nt*; 2. Versicherungsanspruch *m*; **capitalized i.** kapitalisierte Zinsen; **commercial i.** 1. geschäftliches Interesse; 2. handelsübliche Verzinsung; **compound i.** (Zins und) Zinseszins *m*; **computed i.** kalkulatorische Verzinsung; **conflicting i.s** kollidierende/konkurrierende Interessen; **continuous i.** fortlaufende Verzinsung; **contributing i.s** Havariegenossen *pl*, Gefahrengemeinschaft *f*; **controlling i.** maßgebliche Beteiligung, Kapitalmehrheit *f*, Mehrheitsbeteiligung *f*; **cumulative i.** (Zins und) Zinseszins *m*; **current i.** Marktzins *m*, marktüblicher Zins; **discounted i.** Zinsabschlag *m*; **economic i.** 1. wirtschaftliches Interesse; 2. *(Unternehmen)* wirtschaftliches Eigentum; **~ i.s** wirtschaftliche Belange, Wirtschaftsinteressen *pl*; **effective i.** Effektivzins *m*, effektiver Jahreszins; **equitable i.** billiger Anspruch; **exact i.** Zinsen auf 365 Tage-Basis; **excessive/exorbitant i.** Wucherzins *m*; **financial i.s** finanzielle

Beteiligungen; **fixed(-rate) i.** Festzins *m*; **foreign i.s** Auslandsbeteiligungen *pl*; **graduated i.** Staffelzinsen *pl*; **gross i.** Bruttozins(en) *m/pl*; **guaranteed i.** Zinsgarantie *f*; **implicit i.** kalkulatorische Zinsen; **imputed i.** fiktive Zinsen; **insurable i.** Versicherungsgegenstand *m*, versicherbarer Gegenstand; **insured i.** versicherte Sache; **interim i.** Zwischenzins *m*; **interlocking i.** Schachtelbesitz *m*, S.beteiligung *f*; **lawful/legal i.** 1. rechtliches Interesse, Anrecht *nt*; 2. gesetzlicher Zinssatz; **legitimate i.** schutzwürdiges/berechtigtes Interesse; **limited i.** beschränktes Recht; **material i**. wesentliche/erhebliche Beteiligung; **moneyed i.s** Finanzwelt *f*; **negative i.** Strafzins *m*; **net i.** Nettozinsen *pl*; **nominal i.** Nominalzins(fuß) *m*; **notional i.** Anerkennungszinsen *pl*; **occupational i.** Berufsinteresse *nt*; **open i.** *(Börse)* offene Positionen; **ordinary i.** Zinsen auf 360 Tage-Basis; **outside i.s** Fremdanteil *m*, F.beteiligungen *pl*; **overriding i.** ausschlaggebendes Interesse; **participating i.s** Beteiligungen *pl*; **preferential i.** Vorzugszins *m*; **professional i.** berufliches Interesse; **prohibited i.** nicht versicherungsfähiges Interesse; **proprietary i.** 1. Eigentums-, Vermögensrecht *nt*; 2. Eigenanteile *pl*, E.kapitalanteil *m*; **public i.** öffentliches Interesse/Wohl; **in the ~ i.** gemeinnützig, im Interesse der Allgemeinheit; **reversionary i.** Anwartschaft(srecht) *f/nt*; **running i.** Stückzinsen *pl*, laufende Zinsen; **short i.** *(Börse)* Baisse-Engagement *nt (frz.)*; **sliding-scale i.** Staffelzinsen *pl*; **standard i.** Eckzins *m*; **statutory i.** gesetzlicher Zinssatz; **substantial i.** maßgebliche Beteiligung; **unearned i.** *(Bilanz)* transitorische Zinserträge; **unpaid i.** rückständige Zinsen; **up-front i.** vorschüssiger Zins; **usurious i.** Wucherzinsen *pl*; **variable i.** Gleitzins *m*; **vested i.** verbrieftes Recht; **~ i.s** Besitzstand *m*; **wholly-owned i.** 100-prozentige Beteiligung

interest account 1. Zins-, Prozentrechnung *f*; 2. Zins(en)konto *nt*; **i. accrued** aufgelaufene Zinsen; **i. adjustment** Zinsregulierung *f*; **i. arrears** Zinsrückstände *pl*; **i. balance** Zinssaldo *m*; **i.-bearing** *adj* zinstragend, verzinslich; **i. bill** Zinsrechnung *f*, Z. aufwand *m*; **i. burden** Zinsbelastung *f*; **i. calculation** Zins(be)rechnung *f*; **~ list** Zinsstaffel *f*; **i. charge(s)** Zinskosten *pl*, Z.belastung *f*, **fictitious/imputed i. charges** kalkulatorische Zinsen; **i. computation** Zins(be)rechnung *f*; **i. cost(s)** Schuldzinsen *pl*, Zinsaufwand *m*; **i. coupon** 1. Ertragsschein *m*; 2. *(Obligation)* Zinsschein *m*, Z.abschnitt *m*, Kupon *m*; **yearly i. coupon** Jahreszinsschein *m*, Kupon mit jährlicher Zinszahlung; **i. cover(age)** Zinsdeckung *f*; **i. differential(s)** Zinsdifferenz *f*, Z.gefälle *nt*; **i.(s) due** fällige Zinsen, Schuldzinsen *pl*; **~ date** Zinstermin *m*; **i. earned/earnings** Zinsertrag *m*, Z.einkünfte *pl*, Z.einnahmen *pl*, Guthabenzinsen *pl*; **i.-elastic** *adj* zinselastisch; **i. elasticity** Zinselastizität *f*; **i. equalization tax** Zinsausgleichssteuer *f*; **i. expenditures** Zinslast *f*, Z.aufwand *m*; **average i. expense** durchschnittlich anfallende Zinskosten; **i. floor** Zinsuntergrenze *f*; **i.-free** *adj* zinslos, unverzinslich; **i. freeze** Zinsstopp *m*; **i. future** Zinsterminkontrakt *m*; **i. guarantee** Zinsgarantie *f*; **i. hedge** Zinssicherungsgeschäft *nt*; **i. group** Interessengruppe *f*; **i.s held** Beteiligungen *pl*, Beteiligungsportefeuille *nt*; **i. holiday** zinsfreie Zeit; **i. income** Zinsertrag *m*, Z.einkünfte *pl*, Z.einnahmen *pl*; **net i. income** Zinsergebnis *nt*; **i.-induced** *adj* zinsbedingt; **i.-inelastic** *adj* zinsunelastisch; **i. inflation** Zinsinflation *f*; **i.-insensitive** *adj* zinsunempfindlich; **i. instalment** Zinsrate *f*; **i.-like** *adj* zinsähnlich; **i. load** Zinslast *f*, Z.aufwand *m*; **i. margin** Zinsspanne *f*; **i. owing** Sollzinsen *pl*; **i. paid** Zinslast *f*, Z.aufwand *m*; **i. parity** Zinsparität *f*; **i. payable** Habenzinsen *pl*; **i. payment** Zinszahlung *f*; **i. penalty** Strafzins *m*; **i. period** Zinsperiode *f*; **i. and repayment instalment** Zins- und Tilgungsanteil *m*; **~ plan** Zins- und Tilgungplan *m*; **i. pro and contra** Soll- und Habenzinsen *pl*; **i. profit** Zinsgewinn *m*

interest rate Zinssatz *m*, Z.rate *f*, Z.fuß *m*; **~ of return** interner Zinsfuß; **~ for savings accounts; ~ on savings deposits** Sparzinsen *pl*, S.einlagenzinsfuß *m*; **commercial i. r.** handelsüblicher Zinssatz; **effective i. r.** Effektivzins *m*; **fixed i. r.** Festzins(satz) *m*; **fixed-period i. r.** Festgeldzins *m*, Zinssatz für Festgelder;

floating i. r. variabler Zinssatz, Gleitzins *m*; **high i. r. policy** Hochzinspolitik *f*; **overnight interbank i. r.s** Tagesgeldzinssatz unter Banken; **long-term i. r.** Kapitalzins *m*; **low i. r. policy** Niedrig-, Billigzinspolitik *f*; **at a reduced i. r.** zinsverbilligt; **at stable i. r.s** zinskonstant; **variable i. r.** variabler Zinssatz, Gleitzins *m*; **at ~ r.s** zinsvariabel

interest rate adjustment Zinsanpassung *f*; **~ arbitrage** Zinsarbitrage *f*; **~ ceiling** Maximalzins *m*, Zinshöchstsätze *pl*; **~ competition** Zinswettbewerb *m*; **~ cut** Zinssenkung *f*; **~ differential** Zinsgefälle *nt*; **~ elasticity** Zinselastizität *f*; **~ expectations** Zinsfantasie *f*; **~ exposure** Zinsrisiko *nt*; **~ fluctuation** Zinsschwankung *f*; **~ futures (contracts)** Zins(termin)kontrakte *pl*; **~ futures market** Zinsterminmarkt *m*; **~ gap** Zinsgefälle *nt*; **~ guarantee** Zinsfestschreibung *f*, Z.garantie *f*; **~ hedging instrument** Zinssicherungskontrakt *m*; **~ margin** Zinsmarge *m*; **~ policy (**Kapital)Zinspolitik *f*; **~ relief** Zinsvergünstigung *f*; **~ rise** Zinsanstieg *m*; **~ risk** Zinsrisiko *nt*; **~ spread** Zinsgefälle *nt*, Z.fächer *m*; **inverse ~ structure** inverse Zinsstruktur; **~ swap** Zinsswap *m*

interest rebate Zinsnachlass *m*, Z.verbilligung *f*; **i. rebound** Zinsumkehr *f*, Z.umschwung *m*; **i. receipts** Zinseingänge *pl*, Z.einnahmen *pl*; **i. receivable** Soll-, Aktivzinsen *pl*, Zinsforderung *f*; **i. received** Zinseingänge *pl*, Z.einnahmen *pl*; **net i. received** Zinsüberschuss *m*; **i. reduction** Zinsnachlass *m*; **i. relief** Steuererleichterung für Zinsaufwendungen; **gross i. return** Bruttoverzinsung *f*; **net i. return** Nettoverzinsung *f*; **i. revenue** Zinseingänge *pl*, Z.einnahmen *pl*; **i.-sensitive** *adj* zinsempfindlich, z.reagibel; **i. share** Beteiligungsquote *f*; **i. spread** Zinsspanne *f*; **i. statement** Zinsabrechnung *f*; **i.-subsidized** *adj* zinsverbilligt, z.begünstigt, **i. subsidy** Zinszuschuss *m*, Z.beihilfe *f*; **i. surplus** Zinsüberschuss *m*; **i. table** Zinsstaffel *f*; **i. trend reversal** Zinsumkehr *f*; **i. yield** Zinsertrag *m*, Z.rendite *f*; **effective annual i. yield** Effektivverzinsung *f*; **i.-yielding** *adj* verzinslich

interface *n* 1. 🖳 Schnitt-, Nahtstelle *f*; 2. Grenzbereich *m*; **i. with customers** Kundenschnittstelle *f*; **home-work i.** Verhältnis von Familie und Beruf

interfere *v/i* 1. eingreifen, sich einmischen; 2. behindern

interference *n* (störender) Eingriff *m*, Eingreifen *nt*, Einmischung *f*; **i. with interest rates** Zinsintervention *f*; **outside i.** Einmischung von außen; **i. allowance** 🏭 Zuschlag für Brachzeiten bei Mehrmaschinenbedienung; **i. threshold** Eingriffsschwelle *f*; **i. time** Brachzeit bei Mehrstellenarbeit

intergroup *adj* konzernintern

interim *n* Abschlags-, Zwischendividende *f*, Dividendenabschlag *m*; **to pay an i.** Zwischendividende zahlen

interlacing *n* Verzahnung *f*; **i. of capital interests** Kapitalverflechtung *f*

interlink *v/ti* verzahnen; **i.ing** *n* Verflechtung *f*

interlocking *n* Verschachtelung *f*; **~ of capital** Kapitalverflechtung *f*

intermediary *n* (Ver)Mittler(in) *m/f*, Mittelsmann *m*, M.person *f*, Zwischenhändler(in) *m/f*; **financial i.** Finanzmakler(in) *m/f*; **i.'s commission** Vermittlungsprovision *f*

inter|mediate *adj* mittelfristig, Zwischen-; **i.ministerial** *adj* interministeriell, ressortübergreifend

internal *adj* 1. einheimisch, binnenwirtschaftlich, Binnen-, Inlands-; 2. innerbetrieblich, (betriebs)intern; **I. Revenue Service (IRS)** *[US]* Steuerbehörde *f*, S.-verwaltung *f*

international *adj* international, weltpolitisch; **I. Air Transport Association (IATA)** Internationaler Luftverkehrsverband; **I. Chamber of Commerce (ICC)** Internationale Handelskammer; **~ Shipping** Internationale Schifffahrtskammer; **I. Court of Justice** Internationaler Gerichtshof; **I. Development Association (IDA)** Internationale Entwicklungsorganisation; **I. Energy Agency (IEA)** Internationale Energieagentur

international|ization *n* Internationalisierung *f*; **i.ize** *v/t* internationalisieren

International Labour Office/Organization (ILO) Internationales Arbeitsamt, Weltarbeitsamt *nt*; **I. Marketing Association (IMA)** Internationale Absatzwirtschaftliche Vereinigung; **I. Monetary Fund (IMF)** Internationaler Währungsfonds (IWF), Weltwährungsfonds *m*; **I. Organization for Standardization**

IJ

Internationaler Normenausschuss; **I. Shipping Federation** Internationaler Reederverein; **I. Standards Organisation (ISO)** Internationale Standardisierungsorganisation; **I. Telecommunications Union (I.T.U.)** Internationaler Fernmeldeverein

internet *n* Internet *nt*; **to surf the i.** im Internet surfen; **i. access** Internetzugang *m*; **i.-compatible** *adj* internetfähig; **i. connection** Internetverbindung *f*; **i. inquiry** Internetabfrage *f*; **i. page** Internetseite *f*; **i. provider** Internetdienstleister *m*; **i. publishing** Internetpublishing *nt*, Publizieren im Internet; **i. retailer** Netzeinzelhändler *m*; **i. shopping** Einkaufen über das Internet; **i. user** Internetbenutzer(in) *m/f*; **i.working** *n* Netzverbund *m*, Vernetzung mehrerer LANs

IJ

internship *n* 1. Praktikumsplatz *m*; 2. (Betriebs)Praktikum *nt*

inter|penetration *n* Verflechtung *f*; **~ of national economies** Verflechtung von Volkswirtschaften; **i.plant** *adj* über-, zwischenbetrieblich

interpretation *n* Auslegung *f*, Deutung *f*, Interpretation *f*; **i. of (a) contract** Vertragsauslegung *f*; **authoritative i.** maßgebliche/verbindliche Auslegung; **judicial i.** richterliche Interpretation/Auslegung; **legal i.** Rechtsauslegung *f*; **statutory i.** § (rechts)verbindliche Auslegung

interpreter *n* Dolmetscher(in) *m/f*; **to act as an i.** dolmetschen; **sworn i.** beeidete(r)/vereidigte(r) Dolmetscher(in)

interrelation *n* Wechselbeziehung *f*, Verflechtung *f*; **domestic economic i.s** binnenwirtschaftliche Verflechtung; **financial i.** Kapitalverflechtung *f*

interrogate *v/t* befragen

interruption *n* (Arbeits)Unterbrechung *f*, (Betriebs)Störung *f*; **i. of business** Betriebs-, Geschäftsunterbrechung *f*; **~ earnings** Verdienstausfall *m*; **~ the limitation period** § Unterbrechung der Verjährung; **i. in supply** Lieferunterbrechung *f*; **i. of a term** Fristunterbrechung *f*; **i. insurance** Betriebsunterbrechungsversicherung *f*

inter|sect *v/t* schneiden; **i.supplies** *pl* konzerninterne Lieferungen; **i.-union** *adj* zwischengewerkschaftlich

interval *n* (Zeit)Abstand *m*, Pause *f*, Unterbrechung *f*; **at regular i.s** regelmäßig

intervene *v/i* 1. eingreifen; 2. vermitteln

intervention *n* 1. Eingreifen *nt*; 2. Vermittlung *f*; **i. in the capital market** Kapitalmarktintervention *f*; **~ market** Markteingriff *m*; **i. agency/board** *[EU]* Interventionsstelle *f*; **i. board for agricultural produce** *[EU]* Einfuhr- und Vorratsstelle für landwirtschaftliche Erzeugnisse; **i. buying** Interventionskäufe *pl*; **i. point** Interventionspunkt *m*; **i. price** *[EU]* Ankaufs-, Interventionspreis *m*; **i. stocks** Interventionslager *nt*, I.bestände *pl*

interview *n* 1. Vor-, Einstellungsgespräch *nt*; 2. Interview *nt*, (persönliche) Befragung *f*; **face-to-face i.** persönliches Vorstellungsgespräch; **follow-up i.** Nachfassinterview *nt*; **multi-stage i.** Mehrstufenbefragung *f*; **point-of-purchase i.** Kaufortinterview *nt*; **qualitative i.** offenes Interview; **unstructured i.** freies Interview

interview *v/t* 1. interviewen, (persönlich) befragen; 2. Vorstellungsgespräch (mit jdm.) führen

interviewee *n* Befragte(r) *m/f*, befragte Person; **i.er** *n* Fragesteller(in) *m/f*, Interviewer(in) *m/f*

interview expenses Vorstellungskosten *pl*

intra|-bloc *adj* Binnen-; **i.-brand** *adj* markenspezifisch; **i.-class** *adj* innerhalb der Klassen; **i.-Community** *adj [EU]* innergemeinschaftlich; **i.-company; i.-firm** *adj* Innen-, innerbetrieblich, firmen-, unternehmensintern; **i.-department(al)** *adj* abteilungsintern; **i.-group** *adj* konzernintern; **i.-industry** *adj* branchenintern; **i.net** *n* 🖳 Intranet *nt*; **i.-plant** *adj* werksintern, innerbetrieblich

in-tray *n* (Post)Eingangskorb *m*

intrinsic *adj* inner, innerlich

intro|duce *v/t* 1. einführen, in Verkehr bringen; 2. *(Person)* vorstellen; 3. § in Kraft setzen; **i.duction** *n* 1. Einführung *f*; 2. *(Person)* Vorstellung *f*; 3. Einleitung *f*; **~ of a new product** Produkteinführung *f*; **~ price** Einführungspreis *m*; **i.ductory** *adj* einleitend, einführend, Einführungs-

in|trude *v/i* sich aufdrängen, eindringen; **i.trusion** *n* 1. Störung *f*, Eindringen *nt*; 2. Einmischung *f*

inun|date *v/t* überfluten, überschwemmen; **i.dation** *n* Überflutung *f*, Überschwemmung *f*

invalid *n* Invalide *m*, Invalidin *f*, Körperbehinderte(r) *m/f*; *adj* 1. § ungültig, (rechts)unwirksam, nichtig; 2. körperbehindert; **i.ate** *v/t* außer Kraft setzen, für ungültig erklären, entwerten; **i.ation** *n* Annullierung *f*, Kraftloserklärung *f*, Entwertung *f*

invalidity *n* 1. Ungültigkeit *f*; 2. § Rechtsunwirksamkeit *f*; 3. Invalidität *f*; **partial i.** 1. Teilinvalidität *f*; 2. Teilunwirksamkeit *f*; **permanent i.** Dauerinvalidität *f*; **total i.** Totalinvalidität *f*; **i. allowance** Invalidenfreibetrag *m*; **i. benefit** Arbeitsunfähigkeits-, Invaliditätsbeihilfe *f*; **i. pension** Invaliden-, Berufsunfähigkeitsrente *f*

invaluable *adj* unschätzbar

invariable *adj* beständig, unveränderlich, gleichbleibend

invasion *n* Invasion *f*; **i. of personal liberty** Beeinträchtigung der persönlichen Freiheit; **~ privacy** Verletzung der Intimsphäre

invent *v/t* erfinden

invention *n* Erfindung(sgegenstand) *f/m*; **i. under contract** Auftragserfindung *f*; **to exploit an i.** Erfindung (be)nutzen/verwerten; **commissioned i.** Auftragserfindung *f*; **exploited i.** verwertete Erfindung; **in-house i.** Betriebserfindung *f*; **patentable i.** patentfähige Erfindung

inventive *adj* erfinderisch, schöpferisch

inventor *n* Erfinder(in) *m/f*; **sole i.** Einzelerfinder *m*, alleiniger Erfinder; **i. award system; i. compensation scheme** Erfindervergütungssystem *nt*

inventoriable *adj* inventarisierbar

inventor's right Erfinderrecht *nt*; **safeguarding i.s' rights** Erfinderschutz *m*; **i.'s royalties** Lizenz-, Patentgebühr(en) *f/pl*

inventory *n* 1. Inventar(verzeichnis) *nt*, (Lager-/Waren)Bestand *m*, Vorräte *pl*, Vorratsvermögen *nt*; 2. Bestandsaufnahme *f*; 3. Bestandsliste *f*, Stückverzeichnis *nt*; **inventories** Vorratsvermögen *nt*, Lagerbestände *pl*, Warenbestand *m*, W.vorräte; **i. at cost** Warenbestand/Inventar zum Anschaffungspreis; **i. of finished goods** Fertigwarenlager *nt*, Bestand an fertigen Erzeugnissen; **~ semi-finished goods** Bestand an unfertigen Erzeugnissen; **~ property** (Konkurs)Masseverzeichnis *nt*

to build up an inventory Vorräte aufstocken; **to compile an i.** Lagerbestand aufnehmen; **to cut/deplete/reduce inventories** Lager/Bestände abbauen; **to draw up/prepare an i.; to take i.** Inventur machen; **to rebuild/replenish inventories** Lager auffüllen/aufstocken

annual inventory Jahresinventur *f*; **basic i.** *(Waren)* Normalbestand *m*; **beginning/initial i.** Anfangsbestand *m*; **closing i.** 1. End-, Schlussbestand *m*; 2. Schlussinventur *f*; **continuous i.** (fort)laufende/permanente Inventur; **ending/end-of-period i.** Schluss-, Stichtagsinventur *f*; **incoming i.** (Lager)Zugang *m*; **in-process i.** Bestand an unfertigen Gütern/Erzeugnissen; **lean inventories** geringe Lagerbestände; **minimum i.** Mindestbestand (an Vorräten) *m*; **opening/original i.** Anfangs(waren)-, Eröffnungsbestand *m*; **periodical i.** Stichtagsinventur *f*; **permanent/running i.** (fort)laufende/permanente Inventur, Bestandsfortschreibung *f*; **physical i.** Bestands-, Lageraufnahme *f*; **prescribed i.** Sollbestand *m*; **protective i.** Mindest-, Meldebestand *m*; **standard i.** Durchschnittsbestand *m*

inventory account Lager-, (Waren)-Bestandskonto *nt*; **i. accounting** Lagerabrechnung *f*, L.bestands(buch)führung *f*; **i. accumulation** Lageraufbau *m*; **i. additions** Materialzugang *m*; **i. adjustments** Bestandsberichtigungen *pl*; **i. analysis** Lagerhaltungsanalyse *f*; **i. asset account** Lager-, Inventurprüfung *f*; **i. audit** Bestandsprüfung *f*; **i. availability** Lieferbereitschaft *f*; **i. book** Lagerbestandsbuch *nt*; **i. buffer** Sicherheitsbestand *m*; **i. build-up** Lagerauffüllung *f*, L.aufstockung *f*; **i. carrying costs** Bestandsführungskosten *pl*; **i. change** Bestandsänderung *f*; **i. checker** Bestandsprüfer(in) *m/f*; **i. clearance** Lagerräumung *f*; **i. clerk** Lagersachbearbeiter(in) *m/f*, L.verwalter(in) *m/f*; **i. control** Bestands-, Lagerkontrolle *f*, L.wirtschaft *f*; **~ system** Lagerhaltungs-, Warenwirtschaftssystem *nt*; **i. (carrying) cost(s)** Lager(haltungs)kosten *pl*; **cyclical i. count** Periodeninventur *f*; **rotating i. count** permanente Inventur; **i. cutting** Lagerabbau *m*; **i. cycle** Lager(haltungs)zyklus *m*; **i. damage** Lagerschaden *m*; **i. data** Bestands-, Lagerdaten *pl*, Bestandsdatei *f*; **i. date** Inventurstichtag *m*; **i. decrease** Vorrats-, Lagerabbau *m*, Bestandsverringerung *f*, B.(ver)minderung *f*;

IJ

i. discrepancy Bestands-, Inventurdifferenz *f*; **i. disinvestment** Bestandsabbau *m*; **i. entry** Bestandszugang *m*; **i. financing** Lagerfinanzierung *f*; **i. fluctuations** Lagerhaltungs-, Bestandsschwankungen *pl*; **phantom i. gains** Scheingewinne aus Vorrats-/Lagerhaltung; **i. growth** Bestandszuwachs *m*, B.zunahme *f*; **i. holding** Lager-, Vorratshaltung *f*; **i. increase** Lageraufstockung *f*, Bestandserhöhung *f*; **i.ing** *n* Inventarisierung *f*; **i.-intensive** *adj* vorratsintensiv; **i. investment** Vorratsinvestition(en) *f/pl*; **i. item** Bestandsposten *m*; **inactive/slow-moving i. item** Ladenhüter *m (coll)*; **i. lead time** Beschaffungszeit *f*

inventory level Lagerbestand *m*; **excessive i. l.s** Lagerdruck *m*; **maximum i. l.** Maximalbestand *m*; **minimum i. l.** Sicherheitsbestand *m*

IJ

inventory list Warenbestandsliste *f*; **i. loss** Bestands-, Lagerverlust *m*; **i. management** Vorrats-, Lagerhaltung *f*, L.verwaltung *f*, Materialwirtschaft *f*, V.wirtschaft *f*; **~ system** Bestandsführungssystem *nt*; **i. monitoring** Lagerbestandsführung *f*; **i. number** Inventarnummer *f*; **i. period** Inventurfrist *f*; **i. pile-up** Zunahme der Lagebestände; **i. planning** Materialdisposition *f*; **i. pricing** Vorratsbewertung *f*; **i. record** Lagerkartei *f*, Inventar-, Bestandsverzeichnis *nt*; **i. records** Lagerbuchhaltung *f*; **i. record card** Bestandskarte *f*; **i. reduction** Vorrats-, Lagerabbau *m*, Bestandsverringerung *f*, B.(ver)minderung *f*; **i. replenishment** Lagerauffüllung *f*; **i. reserve** Sicherheits-, Mindestbestand *m*; **periodic i. review system** Bestellrhythmussystem *nt*; **i. rundown/runoff** Abbau von Lagerbeständen, Lagerabbau *m*; **i. safety stock(s)** Mindest-, Sicherheitsbestand *m*; **i. sales ratio** Umschlagshäufigkeit des Warenbestandes; **i. scheduling** Lagerhaltungsplanung *f*; **i. sheet** Lagerkartei *f*, Inventar-, Bestandsverzeichnis *nt*; **i. shortage** Bestands-, Inventurfehlbetrag *m*; **i. shrinkage** 1. Bestandsverlust *m*; 2. *(Bestände)* Schwund *m*; **i. status report** Lagerbestandsverzeichnis *nt*; **i. stocks** Vorräte *pl*, Bestände *pl*; **i. taking** Inventur *f*, Bestandsaufnahme *f*; **i. turnover** Lagerumschlag *m*, Umschlagshäufigkeit des Warenbestandes; **~ rate** Bestandsumschlagshäufigkeit *f*; **i. unit cost(s) value** Bestandsstückwert *m*; **i. update/updating** Bestandsfortschreibung *f*

inventory valuation Vorrats-, Bestandsbewertung *f*; **~ at acquisition or production cost** Bestandsbewertung zur Anschaffungs- oder Herstellungskosten; **~ at average prices** Durchschnittsbewertung *f*, D.methode *f*; **~ adjustment** Wertberichtigung auf Vorratsvermögen

inventory value Inventar-, Lagerbestandswert *m*; **i. write-down** (Waren)Bestandsabschreibung *f*

invers|e *adj* umgekehrt; **i.ion** *n* Umkehrung *f*

invest *v/t* anlegen, investieren; **ready to i.** investitionsfreudig; **i. long-term** langfristig anlegen; **i. safely** sicher anlegen; **i. short-term** kurzfristig anlagen; **i. temporarily** *(Geld)* parken *(fig)*; **i.ed** *adj* investiert, angelegt; **fully i.ed** 1. *(Bank)* ohne Überschussreserven; 2. *(Fonds)* voll angelegt

investigate *v/t* untersuchen, ermitteln, (über)prüfen

investigation *n* Untersuchung *f*, Ermittlung *f*, Überprüfung *f*; **to conduct/make an i.** Untersuchung(en) anstellen; **to start i.s** Ermittlungen aufnehmen; **disciplinary i.** Disziplinaruntersuchung *f*; **preliminary i.** Voruntersuchung *f*; **special i.** Sonderprüfung *f*

investigator *n* (Schadens)Ermittler(in) *m/f*

investing *n* Kapital-, Wertpapieranlage *f*

investment *n* 1. (Geld-/Kapital-/Vermögens)Anlage *f*, Investition(en) *f/pl*, Investitionstätigkeit *f*, I.ausgaben *pl*; 2. Beteiligung *f*; **i.s** *(Bilanz)* Beteiligungen *pl*, Wertpapiere (des Anlagevermögens) *pl*

investment|s held as current assets Wertpapiere des Umlaufvermögens; **i. in financial assets** Finanzanlageinvestition(en) *f/pl*; **~ fixed/material assets** (Sach)Anlageinvestition(en) *f/pl*; **~ bonds** Rentenanlage *f*; **~ capital goods** Anschaffung von Investitionsgütern; **~ companies** 1. Beteiligung an Gesellschaften; 2. Beteiligungsbestand *m*; **i.(s) in foreign countries** Auslandsinvestition(en) *f/pl*; **i. in expansion** Erweiterungsinvestition *f*; **i. of surplus funds** Anlage überschüssiger Mittel; **i. in gilts** *[GB]***/government bonds** Anlage in Staatspapieren; **~ infrastructure** Infrastrukturinvestitionen *pl*; **~ inventories** Lager-, Vorratsinvestitionen *pl*; **~ kind** Sacheinlage *f*; **~ plant and equipment** 1. Ausrüstungsinvestitionen *pl*; 2. Betriebsausstattung *f*; **~ property** Immobilienanlage *f*; **~ human resources** Humankapitalinvestitionen *pl*; **~ securities** Effekten-, Wertpapieranlage *f*; **~ shares** *[GB]*/**stocks** *[US]* Aktienanlage *f*; **i.s in subsidiaries and associated companies** *(Bilanz)* Beteiligungen *pl*; **i. in unit trusts** Investment(fonds)anlage *f*; **i. of venture capital** Risikokapitalanlage *f*

investment to clear a bottleneck Engpassinvestition *f*; **~ diversify operations** Diversifizierungsinvestition *f*; **~ ensure the future development** Zukunftsinvestition *f*; **i.s to improve the infrastructure** Infrastrukturinvestitionen *pl*

seeking investment *(Mittel)* anlagebereit

to cut back on investment Investitionstätigkeit verringern; **to make i.s** Investitionen vornehmen, investieren; **to starve (sth.) of i**. notwendige Investitionen unterlassen, unzureichend investieren

alternative investment Anlagealternative *f*; **anti-pollution i.** Umweltinvestitionen *pl*; **bad i.** Fehlinvestition *f*; **capital-forming i.** vermögenswirksame Anlage; **corporate i.** Unternehmensinvestionen *pl*, Investitionstätigkeit der Unternehmen, Investitionen der Firmen; **crisis-proof i.** krisensichere Anlage; **cross-border i.** Auslandsinvestition(en) *f*/*pl*; **current i.** Wertpapiere des Umlaufvermögens; **direct i.** Direkt-, Beteiligungsinvestition(en) *f*/*pl*; **domestic i.s** Investitionen im Inland; **downstream i.s** Investitionen in nachgelagerte(n) Produktionen; **eligible i.** *[US]* mündelsichere (Kapital)Anlage; **equity-based i.** Aktienanlage *f*; **external i.** Fremdinvestition *f*; **financial i.(s)** Kapital-, Finanzanlage(n) *f*/*pl*, Beteiligungen *pl*; **fixed i.** Sach(anlage)investition(en) *f*/*pl*, (Sach)Anlagevermögen *nt*; **fixed-deposit i.s** Termingeldanlagen *pl*; **fixed-interest(-bearing)/fixed-yield i.** festverzinsliche Investition/Anlage; **follow-up i.** (Nach)Folgeinvestition *f*; **foreign i.** 1. Auslandsinvestition(en) *f*/*pl*; 2. Auslandsbeteiligung *f*; **high-yielding i.** hoch rentierliche Anlageform; **human i**. Investitionen in Menschen; **industrial i.** 1. gewerbliche Investitionstätigkeit, Industrieinvestitionen *pl*; 2. (Vermögens)-Anlage in Industriewerten; **initial i.** Anfangs-, Startkapital *nt*, Gründungseinlage *f*; **institutional i.** institutionelle Kapitalanlage; **intangible i.** immaterielle Investition; **interest-bearing/interest-earning i.** verzinsliche Kapitalanlage; **interim i.** Zwischenanlage *f*; **inward i.** Investition(en) von/durch Ausländer(n), Ausländeranlage *f*; **legal i.s** *[US]* mündelsichere Anlagepapiere; **liquid i.s** liquide Anlagen; **long-term i.** langfristige (Kapital)-Anlage; **lucrative i.** 1. hoch rentierliche Investition; 2. Renditeobjekt *nt*; **minimum i.** Mindestanlage *f*; **misdirected i.** Kapitalfehlleitung *f*, Fehlinvestition *f*; **non-cash i.** Sacheinlage *f*; **non-productive i.** nichtproduktive Investition; **non-resident i.s** Geld-/Kapitalanlagen von Gebietsfremden; **offshore i.(s)** Auslandsinvestition(en) *f*/*pl*; **one-off i**. Einmalanlage *f*; **original i.** Anfangs-, Startkapital *nt*, Gründungseinlage *f*, Anschaffungskosten *pl*; **outward/overseas i.** Investition(en) im Ausland, Auslandsinvestition(en) durch Inländer; **paying i.** gewinnbringende (Kapital)Anlage/Investition; **per-capita i.** Pro-Kopf-Investition *f*; **permanent i.s** 1. langfristige (Kapital)Anlagen; 2. Wertpapiere des Anlagevermögens; **plant-expanding i.** Erweiterungsinvestition(en) *f*/*pl*; **prime i**. erstkassige Kapitalanlage; **private-sector i.** Privatinvestition(en) *f*/*pl*; **productive i.** Produktivinvestition(en) *f*/*pl*, Sachvermögensbildung *f*; **profitable i.** lohnende Investition, rentierliche/werbende Anlage; **public(-sector) i.** staatliche Investitionstätigkeit; **quoted i.s** Beteiligungen an börsennotierten Unternehmen; **residential i.s** Investitionen im Wohnungsbau; **safe/secure i.** sichere (Kapital)Anlage; **short-term i**. kurzfristige (Kapital)-Anlage; **sound i.** solide Kapitalanlage; **speculative i.** spekulative Anlage(form); **temporary i.s** Wertpapiere des Umlaufvermögens; **total i.s** (Kapital)Anlagevolumen *nt*; **unprofitable i.** Fehlinvestition *f*; **unproductive i.** nichtproduktive Investition; **upstream i.s** Investitionen auf der vorgelagerten Wirtschaftsstufe; **variable-yield i.s** Anlagen mit variabler Verzinsung

investment abroad Auslandsanlage *f*,

A.investition *f*; **i. account** Anlage-, Beteiligungskonto *nt*; **i. activity** Investitionstätigkeit *f*; **i. advice** Vermögensberatung *f*, Anlageempfehlung *f*; **i. adviser/advisor** Effekten-, Anlageberater(in) *m/f*; **i. aid** Investitionsbeihilfe *f*; **i. allowance** 1. Investitionsabschreibung *f*, I.freibetrag *m*, I.zulage *f*; 2. *(Steuer)* Abschreibung für Investitionen; **i. analysis** Finanzanalyse *f*; **i. analyst** Anlage-, Vermögensberater(in) *m/f*; **i. appraisal** Anlagebewertung *f*, Investitionsrechnung *f*; **i. backlog** Investitionsstau *m*; **i. bank** 1. Effekten-, Finanzierungsbank *f*; 2. *(Effekten)* Emissionsbank *f*, E.haus *nt*; **i. banking** Anlage-, Emissions-, Konsortialgeschäft *nt*; **i. behaviour** Anlageverhalten *nt*; **i. bond** festverzinsliches Anlagepapier; **i. bonus** Investitionszulage *f*; **i. budget** Investitionshaushalt *m*; **i. capital** Investitionskapital *nt*, investives Kapital; **~ funds** Kapitalanlage(n) *f/pl*; **i. climate** Investitionsklima *nt*

investment company Investment-, (Kapital)Anlage-, Beteiligungsgesellschaft *f*; **closed-end i. c.** geschlossene Investmentgesellschaft; **open-end(ed) i. c.** offene Investmentgesellschaft

investment confidence Anlage-, Investitionsbereitschaft *f*; **i. consultant/counsellor** Anlage-, Wertpapierberater(in) *m/f*; **i. corporation** *[US]* Kapitalanlage-, Investment-Gesellschaft *f*; **i. counselling** Effekten-, Vermögens-, Anlageberatung *f*; **i. currency** Anlagewährung *f*; **i. cycle** Investitionszyklus *m*; **i. decision** Anlage-, Investitionsentscheidung *f*; **i. demand** Investitionsnachfrage *f*, Anlegerinteresse *nt*; **i. department** Effektenabteilung *f*; **i. disincentive** Investitionshemmnis *nt*; **i. diversification** Anlagestreuung *f*; **i. earnings** Anlage-, Kapitalerträge *pl*, Beteiligungsertrag *m*; **i. expenditure** Investitionsausgaben *pl*, I.aufwand *m*; **i. failure** Fehlinvestition *f*; **i. finance/financing** Investitions-, Anlagefinanzierung *f*; **i. form** Anlageform *f*, **i. fraud** Kapitalanlagebetrug *m*

investment fund ↘ investment trust (Anlage-/Beteiligungs-/Investment)-Fonds *m*; **closed-end i. f.** geschlossener Investmentfonds; **open-end(ed) i. f.** offener Investmentfonds; **i. f. certificate** Investmentpapier *nt*

investment goal Anlageziel *nt*; **i. goods** Investitions-, Kapitalgüter *pl*; **i. grant** Investitionsbeihilfe *f*, I.zuschuss *m*; **i. holdings** Anlagebesitz *m*, A.nbestand *m*; **i. horizon** Anlagezeitraum *m*, A.horizont *m*; **i. incentive** Investitionsanreiz *m*

investment income 1. Kapitaleinkommen *nt*, K.erträge *pl*, Beteiligungsertrag *m*; 2. *(Vers.)* Zinserträge *pl*; 3. Einkommen aus Kapitalvermögen, Erträge aus Finanzanlagen; **franked i. i.** körperschaftssteuerfreie Kapitaleinkünfte; **i. i. ratio** Investitionsquote *f*; **~ surcharge** Ergänzungsabgabe auf Kapitaleinkünfte; **~ tax** Kapitalertragssteuer *f*

investment management Anlage-, Effekten-, Vermögensverwaltung *f*; **~ service** Effektenverwaltung *f*; **i. manager** Anlageberater(in) *m/f*, Vermögensverwalter(in) *m/f*; **i. mathematics** Finanzmathematik *f*; **i. medium** Anlageinstrument *nt*; **i. mix** Anlagestruktur *f*; **i. objective** Anlagezweck *m*, A.ziel *nt*; **i. opportunity** Anlagechance *f*; **i. performance** Anlageergebnis *nt*, A.erfolg *m*; **i. period** Anlagezeitraum *m*; **i. plan** 1. Investitionsvorhaben *nt*; 2. Sparvertrag *m*; **i. policy** Anlagepolitik *f*; **i. portfolio** Beteiligungs-, Effektenportefeuille *nt*, Wertpapierbestand *m*, W.vermögen *nt*; **i. premium** Investitionszulage *f*; **i. priority** Investitionsschwerpunkt *m*; **i. productivity** Kapitalproduktivität *f*; **i. profit** Erträge/Gewinn aus Beteiligungen; **i. program(me)** Investitionsprogramm *nt*; **i. project** Investitionsvorhaben *nt*, I.projekt *nt*; **for i. purposes** als Kapitalanlage; **i. ratio** Investitionsquote *f*, I.rate *f*; **i. recovery** Rückgewinnung des investierten Kapitals; **i. regulations** Anlagevorschriften; **i. requirements** Anlage-, Investitionsbedarf *n*; **i. reserve** Wertberichtigung auf Beteiligungen, Rücklage für Kursverluste und Kursschwankungen, Kapitalreserve *f*; **i. resources** Anlage-, Investitionsmittel *pl*; **i. restrictions** Anlagebeschränkungen *pl*; **i. return** Anlageertrag *m*, Kapitalrendite *f*; **i. returns** Kapitalerträge *pl*; **i. revenue** Kapitaleinkommen *nt*, K.verzinsung *f*; **i. risk** Anlage-, Investitionsrisiko *nt*; **i. saver** Effekten-, Wertpapiersparer(in) *m/f*; **i. saving** Effekten-, Wertpapier-, Beteiligungssparen *nt*; **i. securities** Anlagewerte *pl*, Wertpapiere des Anlagevermögens;

i.-seeking *adj* anlageinteressiert, a.bereit; **i. advisory service** Anlageberatung *f*; **i. share of the budget** Investitionsanteil *m*; **i. spending** investive Ausgaben, Investitionsaufwand *m*; **i. stocks** Anlagepapiere *pl*; **i. strategy** Anlagepolitik *f*; **i. subsidy** Investitionszuschuss *m*; **i. surge** Investitionsschub *m*, I.stoß *m*; **i. tax** Investitionsabgabe *f*, I.steuer *f*; **~ credit** Investitionsprämie *f*, steuerliche Erleichterungen für Investitionen; **i. tool** Anlageinstrument *nt*

investment trust Kapitalanlage-, Investmentgesellschaft *f*, I.fonds *m*; **closed-end i. t.** geschlossener Investmentfonds; **fixed i. t.** *[US]* Fonds mit unveränderlichem Portefeuille; **open-end(ed) i. t.** offener Investmentfonds; **i. t. certificate** Investmentzertifikat *nt*; **~ company** Kapitalanlagegesellschaft *f*; **~ unit** Fonds-, Investmentanteil *m*

investment value Wert der Anlage/Beteiligung; **i. vehicle** Anlageform *f*, A.instrument *nt*; **i. volume** Gesamthöhe der Investitionen, Investitionsvolumen *nt*; **i. write-down** Abschreibung auf Investitionen; **i. yield** 1. Wertpapier-, Kapitalrendite *f*, K.ertrag *m*; 2. *(Gewinn)* Anlageerfolg *m*

investor *n* (Geld-/Kapital)Anleger *m*; **i.s** Anlagepublikum *nt*, Anlegerkreise *pl*; **i. in shares** *[GB]*/**stocks** *[US]* Aktienanleger *m*, A.sparer *m*; **institutional i.** Kapitalsammelstelle *f*, institutioneller Anleger; **locked-in i.** Anleger ohne Gewinnrealisierungsmöglichkeit; **private i.s** Privatpublikum *nt*; **prospective i.** Anlageinteressent(in) *m/f*; **small i.** Kleinanleger *m*

investor confidence Vertrauen der Anleger; **i.s' guide** Wertpapierinformation(en) *f/pl*; **i. protection** Anlegerschutz *m*; **i. relations** Aktionärspflege *f*; **i.s' restraint** Anlegerzurückhaltung *f*

invisible *adj* unsichtbar; **i.s** *n* unsichtbare Einkünfte, unsichtbarer Handel, Dienstleistungen *pl*, (unsichtbare) Ein- und Ausfuhren *pl*

invitation *n* 1. Einladung *f*; 2. Ausschreibung *f*; **i. to apply/bid/tender** Ausschreibung *f*, Submission *f*; **~ subscribe** Zeichnungsaufforderung *f*; **public i.** öffentliche Ausschreibung

invoice *n* (Einkaufs-/Waren)Rechnung *f*, Faktura *f*; **as per i.** laut Rechnung; **i. in duplicate** Rechnung in doppelter Ausfertigung; **as per i. enclosed** gemäß beigefügter Rechnung; **to make out an i.** Rechnung ausstellen; **to settle an i.** Rechnung begleichen

collective invoice Sammelrechnung *f*, S.-faktura *f*; **commercial i.** Handelsfaktura *f*, Warenrechnung *f*; **consular i. (C.I.)** Konsulatsfaktura *f*; **duplicate i.** Rechnungsdoppel *nt*; **original i.** Originalfaktura *f*, O.rechnung *f*; **outstanding i.** unbezahlte/offene Rechnung; **pro-forma i.** vorläufige Rechnung, Proformarechnung *f*; **unpaid i.** unbezahlte/offene Rechnung

invoice *v/t* 1. Rechnung ausstellen/schreiben, fakturieren; 2. in Rechnung stellen

invoice amount Rechnungsbetrag *m*; **i. copy** Rechnungskopie *f*; **i.d** *adj* in Rechnung gestellt, berechnet; **i. date** Rechnungsdatum *nt*; **i. number** Rechnungsnummer *f*; **i. price** Rechnungspreis *m*; **i. total** Rechnungs-, Gesamtbetrag *m*

invoicing *n* Fakturieren *nt*, Rechnungsausstellung *f*; **i. of freight charges** Frachtabrechnung *f*; **i. currency** Rechnungswährung *f*

involve *v/t* zur Folge haben, mit sich bringen, beinhalten, mit einbeziehen; **to be i.d in** beteiligt sein bei; **i.ment** *n* Engagement *nt [frz.]*, Beteiligung *f*

inward *adj/adv* 1. einwärts, inländisch; 2. innerlich; **i.-bound** *adj* ⚓ auf der Rückreise (befindlich)

IOU (I owe you) *n* Schuldschein *m*

IPO (initial public offering) Erstemission von Aktien, *(Firma)* Börsengang *m*; **IPO market collapse** Zusammenbruch des Marktes für Börsenneulinge; **IPO price** Emissionskurs *m*

iron *n* Eisen *nt*; **crude i.** Roheisen *nt*; **i. industry** eisenschaffende Industrie; **i. and steel(-producing) industry** Eisen- und Stahlindustrie *f*; **i. ore** ⚒ Eisenerz *nt*; **i.works** *n* Eisenhütte(nwerk) *f/nt*; **i. and steel works** Hüttenwerk *nt*

ir|reconcilable *adj* unüberbrückbar; **i.recoverable** *adj* uneinbringbar, uneintreibbar; **i.redeemable** *adj* nicht einlösbar/tilgbar/rückkaufbar; **i.regular** *adj* regel-, vorschriftswidrig, uneinheitlich, unregelmäßig, unstatthaft, form-, ordnungswidrig; **i.regularity** *n* 1. Unregelmäßigkeit *f*; 2. Formmangel *m*, F.fehler *m*, Verstoß *m*, Zuwiderhandlung *f*; **i.reparable** *adj* nicht wieder gutzumachen; **i.respective of** unabhängig von, gleichgültig; **i.responsible** unverantwortlich; **i.retrievable** *adj* unwiederbringlich, unersetzbar, nicht wieder gutzumachen(d); **i.reversible** *adj* unabänderlich, unumstößlich; **i.revocable** *adj* unwiderruflich

issuance *n* ↘ **issue** 1. Emission *f*, Begebung *f*; 2. (Lizenz)Vergabe *f*; 3. Materialausgabe *f*

issue *n* 1. (Sach-/Streit)Frage *f*, Problem *nt*; 2. (Akkreditiv)Ausstellung *f*, Ausfertigung *f*; 3. (Wertpapier)Emission *f*, Begebung *f*; 4. (Material)Ausgabe *f*; 5. Erteilung *f*; 6. Ausgang *m*, Ende *nt*; 7. *(Zeitschrift)* Heft *nt*, Ausgabe *f*

issue of banknotes Emission/Ausgabe von Banknoten; **~ bonus shares** Ausgabe von Gratis-/Berichtigungsaktien; **~ a certificate** Erteilung einer Urkunde; **~ a guarantee** Erstellung einer Garantie; **~ a letter of credit** Akkreditiveröffnung *f*; **~ a licence** Konzessionsvergabe *f*, K.erteilung *f*; **~ a loan** Begebung einer Anleihe; **i. above par; i. at a premium** Überpariausgabe *f*; **i. of a patent** Patenterteilung *f*; **~ a policy** *(Vers)* Ausfertigung einer Police; **~ securities** Ausgabe/Emission von Wertpapieren, Effektenemission *f*; **~ shares** *[GB]*/**stocks** *[US]* Ausgabe von Aktien, Aktienemission *f*; **i. from stock/store** Lagerabgang *m*

to be at issue strittig sein; **to float/launch an i.** Anleihe/Emission begeben; **to manage an i.** Anleihekonsortium führen; **to place an i.** Emission platzieren/unterbringen; **to underwrite an i.** Emission garantieren/fest übernehmen

authorized issue zur Ausgabe zugelassene Aktie; **constant i.** Daueremission *f*; **corporate i.** *[US]* Emission einer AG; **crucial i.** Kernproblem *nt*; **direct i.** Direktemission *f*; **domestic i.** Inlandsemission *f*; **environmental i.** Umweltfrage *f*, U.problem *nt*; **five-year i.** Anleihe mit einer Laufzeit von fünf Jahren; **fixed-interest(-bearing) i.** festverzinsliches Wertpapier; **fixed-rate i.** Festzinsemission *f*; **floating-rate i.** Emission mit variablem Zinssatz; **high-coupon i.** hochverzinslicher Wert; **municipal i.** Kommunalemission *f*

new issue Neuemission *f*; **~ calendar** Emissions(fahr)plan *m*; **~ market** (Neu)-Emissionsmarkt *m*; **~ rate (for bonds)** Emissionsrendite (für Pfandbriefe) *f*

outstanding issue fällige Emission; **to retire an ~ i.** fällige Emission zurückkaufen; **par i.** Pariemission *f*, Emission zum Nennwert; **secondary i.** *(Börse)* Nebenwert *m*; **speculative i.** Spekulationswert *m*

issue *v/t* 1. ausstellen, emittieren; 2. *(Anleihe)* begeben; 3. *(Wechsel/Kreditbrief)* ausfertigen; 4. *(Material)* ausgeben; 5. *(Lizenz)* erteilen

issue broker Emissionsmakler *m*; **i. calendar** Emissionskalender *m*; **i. desk** Ausgabeschalter *m*; **i. market** Emissionsmarkt *m*; **i. par** Emissions-, Ausgabekurs *m*; **i. price** Ausgabe-, Emissions-, Zeichnungspreis *m*; **i. proceeds** Emissionserlöse *pl*; **i. prospectus** Zeichnungs-, Emissionsprospekt *m*

issuer *n* 1. *(Wertpapier)* Emittent(in) *m/f*; 2. *(Dokument)* Aussteller(in) *m/f*

issue volume Emissionsvolumen *nt*; **i. yield** Emissionsrendite *f*

issuing *n* Ausgabe *f*; **i. (of) a check** *[US]*/**cheque** *[GB]* Scheckausstellung *f*; **i. bank/company** Emissionbank *f*, E.haus *nt*; **i. business** Emissionsgeschäft *nt*; **i. costs** Emissionskosten *pl*; **i. currency** Emissionswährung *f*; **i. date** Ausstellungstag *m*; **i. discount** Emissionsdisagio *nt*, E.abgeld *nt*; **i. house** Emissionbank *f*, E.haus *nt*; **i. premium** Emissionsaufgeld *nt*, E.agio *nt*, Ausgabeaufschlag *m*; **i. price** Emissions-, Ausgabekurs *m*; **i. proceeds** Emissionserlös *m*; **i. prospectus** Zeichnungs-, Emissionsprospekt *m*

IT (information technology) Informationstechnik *f*

item *n* 1. (Buchungs-/Rechnungs)Posten *m*, Titel *m*; 2. Verkaufsgegenstand *m*; 3. (Wert)Gegenstand, Stück *nt*, Artikel *m*; 4. (Programm-/Tagesordnungs)Punkt (TOP) *m*; **i. on the account** Rechnungsposition *f*, R.posten *m*; **i. of/on the agenda** Tagesordnungspunkt (TOP) *m*; **i. of the balance sheet** Bilanzposten *m*; **i. free of charge** Frei-, Frankoposten *m*; **equalizing i. on consolidation** Konsolidierungsausgleichsposten *m*; **i. of equipment** Anlagegut *nt*; **i.s on hand for collection** Inkassobestand *m*; **i. in transit** Durchlauf-, Durchgangsposten *m*, durchlaufender Posten

item carried forward Vortragsposten *m*; **i. made to order** Sonder(an)fertigung *f*; **i.s sent for collection** Einzugs-, Inkassopapiere *pl*

to balance one item against another Posten gegenseitig aufrechnen; **to book an i.** Posten buchen/eintragen; **to cancel an i.** Posten austragen; **to carry over/forward an i.** Posten übertragen/vortragen; **to credit an i.** gutschreiben; **to debit an i.** Posten belasten; **to deduct i.s from an account** Rechnungsposten abziehen; **to post an i.** Posten buchen; **to reconcile i.s** Posten vergleichen

above-the-line item|s *(Bilanz)* periodengerechte Posten; **accommodating i.s** Restposten *pl*; **accrued (and deferred) i.s** *(Aktiva)* Rechnungsabgrenzungsposten *pl*; **adjusting i.** (Rechnungs)Abgrenzungsposten *m*; **any other i.s** *(Tagesordnung)* Verschiedenes *nt*; **balancing i.** *(Bilanz)* Rest-, Differenzposten *m*; **budgetary i.** Etatposten *m*; **commercial i.** ✉ Geschäftsdrucksache *f*; **custom-made i.** Sonderfertigung *f*; **defective i.** Mangel-, Schlechtstück *nt*, fehlerhaftes Stück; **defective i.s** Ausschuss *m*; **deferred i.** *(Passiva)* Rechnungsabgrenzungsposten *m*; **end-of-year i.** Abschlussposten *m*; **exceptional i.** außergewöhnlicher Posten; **expendable i.s** Verbrauchsmaterial *nt*; **extraordinary i.** Sonderposten *m*; **~ i.s** einmalige Erträge, Sondererträge *pl*; **fast-moving/fast-selling/high-volume i.** gut gehende Ware, gut gehender/gängiger/umsatzstarker Artikel; **hard-to-sell i.** schwer verkäuflicher Artikel; **high-value i.** hochwertiges Gut; **high-volume/hot i.** absatzstarkes Produkt, Umsatzrenner *m (coll)*; **imputed i.** kalkulatorischer Posten; **in-process i.s** unfertige Güter; **invisible i.s** 1. unsichtbare Bilanzposten; 2. *(Handel)* unsichtbare Ein- und Ausfuhren; **loose i.s** lose/nicht abgepackte Ware; **low-price i.** Pfennigartikel *m*; **mass-produced i.(s)** Dutzendware *f*; **miscellaneous i.s** 1. verschiedene Posten; 2. *(Tagesordnung)* Verschiedenes; **non-fungible i.s** nicht verwertbare Sachen; **non-recurring i.** einmaliger (Rechnungs)Posten; **offsetting i.** Verrechnungsposten *m*; **open i.** 1. offener Posten; 2. *(Rechnung)* offenstehender Betrag; **out-of-stock i.** ausgegangener/nicht vorrätiger Artikel; **outstanding i.** offener Posten; **residual i.** 1. Restposten *m*; 2. statistische Differenz; **self-balancing i.** Durchlaufposten *m*; **standard i.** Standarderzeugnis *nt*; **top-selling i.** Verkaufsschlager *m*, Umsatzrenner *m*; **transitory i.s** durchlaufende Mittel/Posten; **unpaid i.** offener Posten; **valuable i.** Wertgegenstand *m*; **visible i.s** sichtbare Ein- und Ausfuhren

item card Artikelkarte *f*; **i. charge** Postengebühr *f*; **i. costing** Posten-, Stück(kosten)kalkulation *f*; **i. covered/insured** Versicherungs-, Deckungsgegenstand *m*

item|ization *n* Spezifierung *f*, (Posten)-Aufgliederung *f*; **~ of costs** Aufgliederung der Kosten; **i.ize** *v/t* aufgliedern, (einzeln) auflisten

item|-by-item method Postenmethode *f*; **i. numbering** Belegnummerierung *f*

itiner|ant *adj* ambulant, fahrend; **i.ary** *n* Fahrstrecke *f*, Weg *m*, (Reise)Route *f*

IJ

J

jacket *n* 1. Umschlag *m*, Schutzhülle *f*; 2. *(Wertpapier)* Streifband *nt*

jargon *n* Jargon *m*, Berufs-, Fachsprache *f*; **commercial j.** Handelssprache *f*; **economic j.** Wirtschaftssprache *f*; **in-house j.** Firmenjargon *m*; **legal j.** Rechtssprache *f*; **occupational j.** Fachjargon *m*; **technical j.** Fachchinesisch *nt (coll)*

Jason clause *n* ⚓ Versicherung gegen verborgene Mängel

jeopard|ize *v/t* gefährden; **j.y** *n* Gefahr *f*, Risiko *nt*

jet *n* ✈ Düsenflugzeug *nt*; **j. freighter** Düsenfrachtflugzeug *nt*; **j.liner** *n* Düsen(verkehrs)flugzeug *nt*; **j.sam (of cargo)** *n* ⚓ Seewurf *m*, über Bord geworfenes Gut; **~ and floatsam** Strandgut *nt*

jettison *n* ⚓ *(Ladung)* See-, Not(aus)wurf *m*; *v/t* über Bord werfen

jetty *n* ⚓ Anlege-, Landebrücke *f*, L.steg *m*

JIT (just-in-time) *adj* beständelos, einsatzsynchron

jingle *n* Werbelied *nt*

job *n* 1. Arbeit *f*; 2. Arbeitsplatz *m*, (A.)-Stelle *f*, Beschäftigung(sverhältnis) *f/nt*;

3. Aufgabe *f*, Pflicht *f*; 4. (Fertigungs-/Arbeits)Auftrag *m*; **on the j.** am Arbeitsplatz; **out of a j.** *adj* arbeits-, beschäftigungslos; **j. in industry** Industriearbeitsplatz *m*; **j. for life** Lebens(zeit)stelle *f*; **j. in the media** Medienberuf *m*; **j.s on offer** freie/offene Stellen, Arbeitsplatzangebot *nt*; **j.s for women** Frauenarbeitsplätze *pl*

to accept a job Arbeit/Stelle/Stellung annehmen; **to add j.s** (neue) Arbeitsplätze schaffen; **to advertise a j.** Stelle ausschreiben; **to apply for a j.** sich um eine Stelle bewerben; **to axe a j.** Arbeitsplatz/Stelle streichen; **to be paid by the j.** pro Auftrag bezahlt werden; **to change j.s** Stelle/Arbeitsplatz wechseln; **to cost a j.** Kostenaufwand berechnen; **to create j.s** Arbeitsplätze schaffen; **to cut j.s** Arbeitsplätze streichen/abbauen; **to destroy j.s** Arbeitsplätze vernichten; **to find/get a j.** Stelle/Stellung bekommen; **to go with the j.** im Zusammenhang mit dem Arbeitsverhältnis stehen; **to look for a j.** Arbeit/Stelle suchen; **to move j.s** (häufiger) seinen Arbeitsplatz wechseln; **to provide j.s** Arbeitsplätze schaffen; **to safeguard j.s** Stellen/Arbeitsplätze sichern; **to shed/slash j.s** Arbeitskräfte freisetzen, Arbeitsplätze streichen/abbauen; **to take up a j.** Beruf ergreifen; **to undertake a j.** Arbeit übernehmen; **to upgrade a j.** Arbeitsplatz aufwerten

available job verfügbare Stelle; **blue-collar/industrial j.** gewerblicher Arbeitsplatz, Industriearbeitsplatz *m*; **casual j.** Gelegenheitsarbeit *f*; **clerical j.** Büroarbeitsplatz *m*; **dead-end j.** Stellung ohne Aufstiegsmöglichkeiten; **full-time j.** Ganztagsbeschäftigung *f*; **high-pressure j.** Stelle mit hohen Anforderungen; **menial j.** einfache Arbeit; **new j.** neuer Arbeitsplatz; **odd j.** 1. Gelegenheitsauftrag *m*; 2. Gelegenheitsbeschäftigung *f*, G.arbeit *f*; **part-time j.** Teilzeit-, Halbtagsbeschäftigung *f*; **permanent j.** Dauerarbeitsplatz *m*; **rush j.** Eil-, Sofortauftrag *m*; **seasonal j.** Saisonarbeitsplatz *m*; **spare-time j.** Nebenbeschäftigung *f*; **temporary j.** Aushilfsstelle *f*, befristete Tätigkeit; **trendy j.** Modeberuf *m*; **vacant j.** freie/offene Stelle; **white-collar j.** Büroarbeitsplatz *m*

job *v/ti* 1. Gelegenheitsarbeiten verrichten, jobben; 2. *(Börse)* mit Aktien handeln, makeln, als Makler tätig sein

job advertisement Stellenanzeige *f*, S.-ausschreibung *f*; **j. allocation** Aufgabenzuweisung *f*, A.verteilung *f*; **j. analysis** Arbeits(platz)analyse *f*; **j. applicant** (Stellen)Bewerber(in) *m/f*; **j. application** Stellengesuch *nt*, Bewerbung *f*

jobber *n* 1. Aktien-, Eigen-, Effektenhändler *m*; 2. Zwischenhändler *m*; 3. Gelegenheitsarbeiter(in) *m/f*; **first j.** Berufsanfänger(in) *m/f*; **second j.** Person mit Berufserfahrung

jobbing *n* 1. Maklergeschäft *nt*, Effekten-, Börsenhandel *m*; 2. Zwischenhandel *m*; 3. Gelegenheitsarbeit *f*; **j. production** Auftragsfertigung *f*, Kleinserienproduktion *f*; **j. work** Auftrags-, Akzidenzarbeit *f*

job card Arbeitszettel *m*; **j. centre** *[GB]***/ center** *[US]* Stellenbörse *f*, S.nachweis *m*, Arbeitsvermittlung *f*; **j. change** Stellen-, Arbeitsplatzwechsel *m*; **j. changeover** Auftragswechsel *m*; **j. content** Arbeitsinhalt *m*; **j. contract** Lohn(fertigungs)-auftrag *m*; **j. cost(s)** Auftragskosten *pl*; **j. costing** Auftragskostenrechnung *f*, A.-kalkulation *f*; **j. counselling** Berufsberatung *f*; **j. counsellor** Berufsberater(in) *m/f*; **j.-creating** *adj* Arbeitsplätze schaffend; **j. creation** Schaffung von Arbeitsplätzen; **j. cuts** Stellenstreichung *f*, S.abbau *m*; **j. description** Stellen-, Arbeits(platz)beschreibung *f*; **j. destruction** Arbeitsplatzvernichtung *f*; **j. dilution** Überspezialisierung *f*; **j. discrimination** berufliche Diskriminierung, D. am Arbeitsplatz; **j. dislocation** Arbeitsplatzverlust durch Fortschritt; **j. dissatisfaction** Arbeitsunlust *f*; **j. engineering** Arbeitsplatzgestaltung *f*; **j. enlargement** Aufgabenerweiterung *f*, Erweiterung des Aufgabenbereichs; **j. enrichment** Arbeitsplatzaufwertung *f*, Ausweitung des Tätigkeitsbereichs, Humanisierung des Arbeitsplatzes; **j. entrant** Berufsanfänger(in) *m/f*; **j. environment** Arbeitsumgebung *f*, A.umfeld *nt*; **j. evaluation** Arbeits(platz)bewertung *f*; **j. expectations** Karriereerwartungen *pl*; **j. experience** Berufserfahrung *f*; **j. familiarization** Einarbeitung *f*; **j. file** *(Auftrag)* Vorgang *m*; **j. freeze** Einstellungssperre *f*; **j. grade** Lohngruppe *f*; **j. growth** Beschäftigungszuwachs *m*; **j. guarantee**

Arbeitsplatz-, Beschäftigungsgarantie *f*; **j. history** beruflicher Werdegang, bisherige Stellen; **j. holder** Stelleninhaber(in) *m/f*; **j.-hop** *v/i (coll)* häufig Arbeitsplatz/Stelle/Stellung wechseln; **j. hopping** häufiger Stellenwechsel; **j. hunt** Stellen-, Arbeits(platz)suche *f*; **j. hunter** Arbeit-, Stellensuchende(r) *f/m*; **j. inspection** Auftragskontrolle *f*; **j. instruction** Arbeitsanweisung *f*; **j. interview** Bewerbungs-, Vorstellungs-, Einstellungsgespräch *nt*; **j. killer** Arbeitsplatzvernichter *m*; **j. layout** Arbeitsplatzgestaltung *f*

the jobless *n* Arbeits-, Erwerbslose *pl*; *adj* arbeits-, erwerbslos; **j. count/rate** Arbeitslosenzahl *f*, A.quote *f*; **j. total** Gesamtzahl der Arbeitslosen, Arbeitslosenzahl *f*

job loss Arbeitsplatzverlust *m*; **j. lot** Ramschpartie *f*, Partieware *f*; **to buy as a j. lot** als Partie kaufen; **j. lot system** Zuschlagskalkulation *f*; **j. market** Stellen-, Arbeitsmarkt *m*; **j. mobility** berufliche Mobilität; **j. mover** Stellenwechsler *m*; **j. offer; j.s offered** Beschäftigungs-, Stellen-, Arbeitsplatzangebot *nt*; **j. opening** Arbeitsplatz *m*, offene Stelle, Vakanz *f*; **j. opportunity** Beschäftigungsmöglichkeit *f*, Berufschance *f*, freie Stelle

job order Arbeits-, (Lohn)Fertigungsauftrag *m*; **~ cost(s)** Auftragskosten *pl*; **estimated ~ costs** kalkulierte Auftragskosten; **~ cost accounting/costing** Stückkostenrechnung *f*; **~ manufacturing/production** Auftragsfertigung *f*; **~ planning** Auftragsplanung *f*

job orient(at)ed *adj* aufgaben-, projektorientiert; **j. outlook** Beschäftigungsaussichten *pl*; **j. performance** Arbeitsleistung *f*, berufliche Leistung; **j. placement** Stellenvermittlung *f*; **j. pricing** Lohnkostenkalkulation *f*; **j. processing** 1. Auftragsabwicklung *f*; 2. Lohnvered(e)lung *f*; **j. production** Einzel-, (Lohn)Auftrags-, Stückfertigung *f*; **j. profile** Arbeits-, Tätigkeitsprofil *nt*, Stellenbeschreibung *f*; **j. prospects** Beschäftigungschancen *pl*, Arbeitsmarktaussichten *pl*; **j. protection** Sicherung des Arbeitsplatzes; **j. ranking** Einstufung der Tätigkeit; **j. rate** 1. Tarifgrundlohn *m*; 2. Akkordlohnsatz *m*; **j. rating** Arbeits(platz)bewertung *f*; **j. record** berufliche Vergangenheit, beruflicher Werdegang; **j.-related** *adj* arbeitsplatzbezogen; **j. release scheme** *[GB]* Vorruhestandsregelung *f*; **j. relocation** Verlagerung von Arbeitsplätzen; **j. requirements** Stellen-, Arbeits(platz)anforderungen *pl*, Anforderungsprofil am Arbeitsplatz; **j. responsibility** berufliche Verantwortung; **j. risk** Arbeitsplatzrisiko *nt*; **j. rotation** Stellenrotation *f*, (systematischer) Arbeitsplatzwechsel *m*; **j. safety** Sicherheit am Arbeitsplatz, Arbeitsschutz *m*; **~ provisions** Arbeitsschutzvorschriften *pl*; **j. satisfaction** berufliche Zufriedenheit; **j. search** Arbeitsplatz-, Stellensuche *f*; **j. security** Arbeitsplatzgarantie *f*, A.sicherheit *f*; **j. seeker** Arbeits-, Stellungssuchende(r) *f/m*; **j.-seeking** *adj* stellensuchend; **j. segment** Aufgabenbereich *m*; **j. sequence** Arbeitsfolge *f*; **j. sharing** Arbeitsplatzteilung *f*; **j. shedding** (Stellen)Freisetzung *f*, S.abbau *m*

job shop 1. Betrieb für Auftragsfertigung; 2. Werkstattfertigung *f*; **~ order** Werkstattauftrag *m*; **~ production** Werkstattfertigung *f*; **~ scheduling** Maschinenbelegungsplan *m*

job shortage Arbeits(platz)mangel *m*; **j. site** Baustelle *f*; **~ accounting** Baustellenbuchhaltung *f*; **~ production** Baustellenfertigung *f*; **j. situation** Beschäftigungs-, Arbeitsplatzsituation *f*, A.marktlage *f*; **j.-specific** *adj* arbeitsplatzspezifisch; **j. specification** Anforderungsprofil *nt*, Stellenbeschreibung *f*; **j. splitting** Arbeitsplatzteilung *f*; **j. start** Berufsbeginn *m*; **j. study** Arbeitsanalyse *f*; **j. ticket** Akkord-, Arbeits(lauf)zettel *m*; **j. time** Auftrags-, Stückzeit *f*; **j. title** Arbeitsplatz-, Stellenbezeichnung *f*; **j. tracking** Auftragsverfolgung *f*; **j. vacancy** offene/freie Stelle, Vakanz *f*; **j. wage** Akkordlohn *m*; **j. work** 1. Akkordarbeit *f*; 2. Einzelanfertigung *f*

Joe Bloggs/Public/Sixpack *n [US] (coll)* Otto Normalverbraucher

join *v/t* 1. bei-, eintreten, Mitglied werden; 2. (miteinander) verbinden, zusammenfügen

joint *adj* gemeinsam, gemeinschaftlich; **j. and several** § gesamtschuldnerisch

journal *n* 1. (Fach)Zeitschrift *f*, Journal *nt [frz.]*; 2. Kladde *f*, Tagebuch *nt*; **federal j.** Bundesanzeiger *m*; **official j.** *[EU]* Amts-, Pflichtblatt *nt*; **specialist j.** Fachblatt *nt*, F.zeitschrift *f*; **j. entry** Journalbuchung *f*; **j. voucher** Buchungsbeleg *m*

IJ

journey *n* Reise *f*, Fahrt *f*; **j. there and back** Hin- und Rückreise/R.fahrt *f*; **empty j.** Leerfahrt *f*; **inward j.** Rück-, Heim-, Herfahrt *f*; **outward j.** Hinreise *f*, H.-fahrt *f*

joy rider *n* Schwarz-, Trittbrettfahrer(in) *m/f*; **j.-riding** *n* Schwarzfahren *nt*

judge *n* Richter(in) *m/f*; **j. in bankruptcy** Konkursrichter(in) *m/f*; **appellate j.** Berufungsrichter(in) *m/f*; **competent j.** zuständige(r) Richter(in); **presiding j.** vorsitzende(r) Richter(in); **professional j.** Berufsrichter(in) *m/f*; **summary j.** Ermittlungsrichter(in) *m/f*

judge *v/ti* 1. (be)urteilen, bewerten; 2. richten

judg(e)ment *n* 1. (Prozess-/Gerichts)-Urteil *nt*, richterliche Entscheidung; 2. Entscheidungsfähigkeit *f*; 3. Ermessen *nt*; 4. Meinung *f*; **j. on appeal; j. of the appeal court** Berufungsurteil *nt*; **j. in a civil case** Zivilurteil *nt*; **j. with costs** kostenpflichtige Verurteilung; **j. for damages** Verurteilung zu Schaden(s)ersatz; **j. in default** Abwesenheitsurteil *nt*; **j. of the first instance** erstinstanzliches Urteil; **j. against the plaintiff** Klageabweisung *f*; **j. for the plaintiff** Urteil zu Gunsten des Klägers

to appeal against a judg(e)ment Rechtsmittel/Revision einlegen; **to award by j.** durch Urteil zuerkennen; **to confirm a j.** Urteil bestätigen; **to enforce a j.** aus einem Urteil vollstrecken, Urteil vollstrecken (lassen); **to execute a j.** Urteil vollstrecken; **to hand down a j.** Urteil verkünden; **to invalidate a j.** Urteil für nichtig erklären; **to pronounce j. (on)** Urteil sprechen/verkünden (über); **to quash a j.** Urteil aufheben, ~ für ungültig erklären; **to render (a) j.** Urteil sprechen; **to reverse a j.** Urteil aufheben; **to secure j.** Urteil erwirken; **to uphold a j.** Urteil bestätigen

civil judg(e)ment zivilrechtliches Urteil; **commercial j.** kaufmännisches Urteilsvermögen; **enforceable j.** vollstreckbares Urteil; **erroneous j.** rechtsfehlerhaftes Urteil; **final j.** letztinstanzliches/rechtskräftiges Urteil; **non-appealable j.** rechtskräftiges Urteil; **summary j.** 1. Urteil im abgekürzten Verfahren; 2. Mahnbescheid *m*; **void j.** nichtiges Urteil; **voidable j.** anfechtbares Urteil

judg(e)ment creditor Urteilsgläubiger(in) *m/f*; **j. debt** Urteils-, Vollstreckungsschuld *f*; **j. debtor** Urteilsschuldner(in) *m/f*; **j. note** Schuldanerkenntnisschein *m*

judicial *adj* gerichtlich, rechtlich

judiciary *n* Justiz(wesen) *f/nt*, J.gewalt *f*; *adj* richterlich, gerichtlich

jumble *n* Trödel *m*; **j. sale** Flohmarkt *m*

jumbo container vessel Riesencontainerschiff *nt*; **j. deal** Großgeschäft *nt*; **j. scheme** Großprojekt *nt*

jump *n* sprunghafter Anstieg

jump in costs Kostensprung *m*; **~ earnings** sprunghafter Ertragsanstieg; **~ exports** Exportanstieg *m*; **~ imports** Importanstieg *m*; **~ interest rates** scharfer Zinsanstieg; **~ orders** Auftragsanstieg *m*; **~ prices** sprunghafter Preisanstieg; **~ sales/turnover** Umsatzsprung *m*

jump *v/i* stark/sprunghaft ansteigen

junior *adj* 1. jüngere(r,s); 2. Junior-, Nachwuchs-, niedriger; 3. *(Hypothek)* zweit-, nachstellig, nachrangig

junk *n* Plunder *m*, Ramsch *m*, Kitsch *m*; **j. bond** ungesicherte/hochriskante Schuldverschreibung; **j. mail** Reklamesendung(en) *f/pl*; **j. shop** Ramsch-, Trödelladen *m*

jurisdiction *n* 1. Gerichtsbarkeit *f*, Rechtsprechung *f*; 2. Gerichtsstand *m*; 3. Kompetenz-, Verantwortungs-, Aufgabenbereich *m*

jurisdiction of civil courts Zuständigkeit der Zivilgerichte; **j. at the place of performance** Gerichtsstand des Erfüllungsortes; **j. in rem** *(lat.)* sachliche Zuständigkeit; **j. of the tax courts** Steuergerichtsbarkeit *f*; **~ professional tribunals** Standesgerichtsbarkeit *f*

to come under the jurisdiction of unter die Zuständigkeit fallen von; **to decline j.** sich für unzuständig erklären; **to have j.** zuständig sein; **to stipulate j.** Gerichtsstand vereinbaren

administrative jurisdiction Verwaltungsgerichtsbarkeit *f*; **appellate j.** Berufungsgerichtsbarkeit *f*; **commercial j.** Handelsgerichtsbarkeit *f*; **criminal j.** Strafgerichtsbarkeit *f*, Zuständigkeit in Strafsachen; **direct j.** unmittelbare Zuständigkeit; **exclusive j.** ausschließliche Zuständigkeit; **federal j.** Bundeszuständigkeit *f*, B.gerichtsbarkeit *f*; **fiscal j.** Steuer-, Finanzhoheit *f*; **industrial j.**

Arbeitsgerichtsbarkeit *f*; **maritime j.** Seegerichtsbarkeit *f*; **original j.** erstinstanzliche Rechtsprechung; **penal j.** Strafgerichtsbarkeit *f*; **supervisory j.** Aufsichtsinstanz *f*; **territorial j.** örtliche Zuständigkeit

jurisprudence *n* Rechtswissenschaft *f*

juror *n* Geschworene(r) *f/m*, Schöffe *m*, Schöffin *f*

jury *n* 1. Schöffen(bank) *pl/f*, Geschworene *pl*; 2. Preisgericht *nt*; 3. Jury *f [frz.]*; **j. award** § Geschworenenspruch *m*; **j. verdict** Urteil des Schwurgerichts

just *adj* (ge)recht, angemessen; **j. and equitable** recht und billig

justice *n* 1. Justiz *f*; 2. Richter(in) *m/f*; 3. Gerechtigkeit *f*; **to evade j.** sich der gerichtlichen Verfolgung entziehen; **to obtain j.** sich Recht verschaffen; **chief j.** *[GB]* Oberrichter(in) *m/f*, *[US]* Oberste(r) Bundesrichter(in)

justifiable *adj* gerechtfertigt, vertretbar; **economically j.** wirtschaftlich vertretbar

justification *n* 1. Rechtfertigung *f*, Berechtigung *f*, Begründung *f*; 2. 🖳 Randausgleich *m*; **j. and privilege** Wahrnehmung berechtigter Interessen

justified *adj* begründet, berechtigt

justify *v/t* rechtfertigen, berechtigen

just-in-time (JIT) *adj* *(Anlieferung)* einsatz-, produktionssynchron, termin-, taktgenau, beständelos

K

keen *adj* 1. eifrig, lebhaft, einsatzfreudig; 2. *(Preis)* knapp kalkuliert

keep *n* (Lebens)Unterhalt *m*; *v/ti* 1. (er)halten, (auf)bewahren, verwahren; 2. *(Bücher)* führen; 3. *(Waren)* auf Lager halten; **k. down** niedrig/unter Kontrolle halten; **k. up** aufrecht-, beibehalten; **K. dry** Trocken aufbewahren!; **k. fresh** frisch halten

keeper *n* Verwahrer(in) *m/f*, Halter(in) *m/f*; **k. of an account** Kontoführer *m*; **~ (the) records** 1. Archivar *m*; 2. Registerführer *m*, Urkundenbeamter *m*

keeping (up) *n* Beibehaltung *f*; **k. (of) the minutes** Protokollführung *f*; **k. of records** 1. Registerführung *f*; 2. Führung von Geschäftsbüchern; **k. for sale** Feilhalten *nt*; **k. in stock** Lagerhaltung *f*; **k. period** Aufbewahrungsfrist *f*

kerb *n* ↘ **curb** *[GB]* Vor-, Nachbörse *f*; **in the late k.** nachbörslich; **k. broker** Freiverkehrsmakler *m*; **k. market** Frei(verkehrs)börse *f*, F.verkehrsmarkt *m*; **on the k. market** im freien Verkehr, außerbörslich

key *n* 1. Schlüssel *m*; 2. Kennziffer *f*, Chiffre *f [frz.]*; 3. Taste *f*; **k. of ratings** Bewertungsschlüssel *m*; **share-out k.** Verteiler(schlüssel) *m*; **k. (in)** *v/t* 🖳 eingeben, eintippen; *adj* Schlüssel-, Haupt-

key account *(Werbung)* Haupt-, Großkunde *m*; **~ manager** Großkundenbetreuer *m*; **k.board** *n* 🖳 Tastatur *f*; **k.boarding skill(s)** Fähigkeiten in der Texterfassung; **k. costs** Haupt(un)kosten *pl*; **k. industrial country** führendes Industrieland; **k. currency** Schlüssel-, Leitwährung *f*; **k. customer** wichtiger Kunde, Haupt-, Großkunde *m*; **k. data** Eckwerte *pl*, Schlüsselziffern *pl*, Eckdaten *pl*; **k. economic data** gesamtwirtschaftliche Eckdaten; **k. date** Stichtag *m*; **~ for the balance sheet** Bilanzstichtag *m*; **k. employee** leitende(r) Angestellte(r); **k. factor** wichtigster Faktor; **k. figure** 1. Schlüsselfigur *f*; 2. Schlüsselzahl *f*; **k. indicator** Primärindikator *m*; **k. industry** Schlüsselindustrie *f*, S.branche *f*

keying (of advertisements) *n* Kennwort-, Kennziffermethode *f*; **k. in** 🖳 Eingabe *f*; **k. error** (Ein)Tast-, Tippfehler *m*

key (interest) rate Leitzins(satz) *m*; **k. job** Richtarbeitsplatz *m*; **~ rate** Schlüssellohnsatz *m*; **k. money** 1. Abstandsgeld *nt*; 2. Mietvorschuss *m*

keynote *n* 1. Schwerpunkt *m*, Grundgedanke *m*; 2. *(Werbung)* Hauptgedanke *m*; **k. idea** 1. Grundidee *f*; 2. *(Werbung)* Hauptmotiv *nt*; **k. speech** Grundsatzreferat *nt*, G.rede *f*, programmatische Rede

key number Kontrollnummer *f*; **k.-operated** *adj* 🖳 mit Tastenbedienung; **k. operating area** Hauptgeschäftsbereich *m*; **k. period rate** Schlüsselzins für Termingelder; **k. personnel** Stamm-, Kernbelegschaft *f*; **k. plant** Schlüsselbetrieb *m*; **k. position** Schlüsselposition *f*, S.stellung *f*; **k. qualification** Schlüsselqualifikation *f*; **k. rate** 1. *[GB]* Leitzins(satz) *m*; 2. *(Vers.)* Grundprämie *f*; **k. responsibility area**

Hauptverantwortungsbereich *m*; **k. ring** Schlüsselring *m*; **k. sales message** Verkaufsslogan *m*; **k. staff** Stamm-, Kernbelegschaft *f*; **k. strike** Schwerpunktstreik *m*; **k. technology** Schlüsseltechnologie *f*; **k. worker** Schlüsselarbeiter(in) *m/f*

kickback *n* *(coll)* 1. Auswirkung *f*, 2. Nebeneinnahme *f*

kind *n* 1. Art *f*, Sorte *f*; 2. Naturalien *pl*; **in k.** in natura *(lat.)*/Naturalien, als Sachleistung; **of average k. and quality** von mittlerer Art und Güte; **to pay in k.** in Naturalien (be)zahlen, als Sachleistung zahlen

kiosk *n* Verkaufspavillon *m*, (Zeitungs)-Kiosk *m*

kite *n* 1. Gefälligkeitswechsel *m*; 2. ungedeckter Scheck; 3. Versuchsballon *m*; **k. flying** Wechselreiterei *f*; **k. mark** *[GB]* Qualitäts-, Gütezeichen *nt*

kiting *n* Wechselreiterei *f*; **k. of stocks** Kurstreiberei *f*

K

kitty *n* *(coll)* gemeinsame/kleine *(coll)* Kasse

white knight *n* *(fig)* *(Firmenübernahme)* Retter in höchster Not, rettender Engel

knitwear *n* Strickwaren *pl*; **k. factory** Wirkerei *f*; **k. industry** Strickwarenindustrie *f*

knock *v/ti* (an)klopfen; **k. down** 1. *(Auktion)* zuschlagen; 2. *(Kurs)* drücken; **k. off** *(Preis)* ab-, nachlassen, Nachlass gewähren

knock-down *n* *(Auktion)* Zuschlag(serteilung) *m/f*; **k. price** 1. *(Auktion)* Zuschlags-, Mindestpreis *m*; 2. Schleuderpreis *m*

knocked down (k.d.) *adj* zerlegt; **completely k. d. (c.k.d.)** vollständig zerlegt

knock-for-knock *n* *(Vers.)* gegenseitige Aufrechnung

knock-on *n* Preisaufschlag *m*; **~ effect** Dominoeffekt *m*

know-how *n* Know-how *nt*, Fachwissen *nt*, Sachverstand *m*, fachmännisches Können; **industrial k.** Betriebserfahrung *f*; **k. agreement** Lizenzvertrag *m*

knowledge *n* (Fach)Kenntnis(se) *f/pl*, Wissen *nt*; **to the best of my k. and belief** nach bestem Wissen und Gewissen; **k. of the goods** Warenkenntnisse *pl*; **~ languages** Sprachkenntnisse *pl*; **usual ~ a man skilled in the art** fachmännisches/fachliches Können; **~ the trade** Branchenkenntnisse *pl*

commercial knowledge Wirtschaftskenntnisse *pl*; **detailed k.** Detailkenntnisse *pl*; **extensive k.** umfassende Kenntnisse; **in-depth k.** gründliche Kenntnisse; **industrial k.** gewerbliche Kenntnisse; **spezialized k.** Fachwissen *nt*; **technical k.** technische Kenntnisse, Fachwissen *nt*

knowledge industry Informationsindustrie *f*

L

label *n* ↘ **brand** 1. Etikett *nt*, Zettel *m*, Schild(chen) *nt*; 2. Kennzeichnung *f*; 3. (Schutz)Marke *f*; **adhesive l.** Haftetikett *nt*, (Auf)Klebezettel *m*; **environmental l.** Umweltzeichen *nt*, U.engel *m*; **private l.** Eigen-, Hausmarke *f*; **l.** *v/t* kennzeichnen, beschriften, etikettieren, mit einem Schild/Etikett versehen; **l. information** Etikettangaben *pl*

label *v/t* etikettieren, bezeichnen

labelling *n* (Preis-/Waren)Auszeichnung *f*, Etikettierung *f*; **descriptive l.** ausführliche Kennzeichnung; **environmental l.** Umweltkennzeichnung *f*; **l. instructions/requirements/rules** Auszeichnungs-, Kennzeichnungsbestimmungen *pl*, K.-vorschriften *pl*

labour *[GB]*/**labor** *n* *[US]* 1. Produktionsfaktor Arbeit; 2. (Hand)Arbeit *f*; 3. Arbeiter *pl*, Arbeitskräfte *pl*, Arbeitnehmer *pl*; **l. and management** Tarifpartner *pl*, T.-parteien *pl*; **~ material(s)** Löhne und Materialkosten

to charge (for) labour Arbeitsstunden berechnen; **to dilute l.** ungelernte Arbeitskräfte einstellen; **to hire/recruit/take on l.** Arbeitskräfte einstellen; **to redeploy l.** Arbeitskräfte umgruppieren; **to shed l.** Arbeitskräfte freisetzen/abbauen

black labour 1. Schwarzarbeit *f*; 2. Schwarzarbeiter *pl*; **casual l.** 1. Gelegenheitsarbeit *f*; 2. Aushilfsarbeiter *pl*; 3. Leih(arbeits)kräfte *pl*; 4. Leiharbeit *f*; **cheap l.** billige Arbeitskräfte; **direct l.** Fertigungs-, Fabrikationslöhne *pl*, unmittelbarer Arbeitsaufwand; **~ slip** Fertigungslohnzettel *m*; **female l.** weibliche Arbeitskräfte; **foreign l.** ausländische

Arbeiter/Arbeitskräfte; **free l.** nicht organisierte Arbeiterschaft; **hired l.** Fremdarbeitskräfte *pl*; **human l.** menschliche Arbeitsleistung; **indigenous l.** einheimische Arbeitskräfte; **indirect/non-productive l.** Fertigungsgemeinkosten *pl*; **manual l.** 1. Handarbeit *f*; 2. ungelernte Arbeitskräfte; **non-union(ized) l.** (gewerkschaftlich) nicht organisierte Arbeitnehmer; **organised l.** (gewerkschaftlich) organisierte Arbeitnehmer; **outside l.** Fremdarbeitskräfte *pl*; **productive l.** Fertigungslöhne *pl*; **qualified l.** geschulte Arbeitskräfte; **redundant l.** Arbeitskräfteüberschuss *m*, überzähliges Personal; **seasonal l.** Saisonarbeiter *pl*; **semi-skilled l.** angelernte Arbeitskräfte; **skilled l.** Facharbeiter *pl*, ausgebildete Arbeitskräfte; **~ shortage** Facharbeitermangel *m*; **surplus l.** Arbeitskräfte-, Personalüberhang *m*; **temporary l.** Leih(arbeits)kräfte *pl*; **unionized l.** (gewerkschaftlich) organisierte Arbeitnehmer; **unskilled l.** Hilfsarbeiter *pl*, ungelernte Arbeiter

labour *v/i* schwer arbeiten

(collective) labour agreement Tarifvertrag *m*; **l. bottleneck** Arbeitskräfteengpass *m*; **l. charge(s)/content** Lohnkosten (-anteil) *pl/m*; **l. conflict** Arbeitskampf *m*, Tarifauseinandersetzung *f*, T.konflikt *m*; **(collective) l. contract** *[US]* Arbeits-, Tarifvertrag *m*, T.abschluss *m*

labour cost|(s) Arbeits-, Lohn-, Personalkosten *pl*, Lohn- und Gehaltskosten *pl*; **~ per unit of output** Lohnkosten je Ausbringungseinheit; **direct l. c.(s)** Fertigungs-, Fabrikationslöhne *pl*; **indirect l. c.(s)** Lohnnebenkosten *pl*; **l. c. advantage** Lohnkostenvorteil *m*; **~ level** Lohnkostenniveau *nt*; **~ subsidy** Lohnkostenzuschuss *m*

labour court Arbeitsgericht *nt*; **l. cutback** Arbeitsplatzabbau *m*; **Labor Day** *[US]* Tag der Arbeit; **Labor Department** *[US]* Arbeitsministerium *nt*; **l. deployment** Personaleinsatz *m*; **l. dispute** Arbeitskampf *m*, A.konflikt *m*, arbeitsrechtliche/tarifliche Auseinandersetzung; **l. economics** 1. Arbeitsökonomie *f*, A.wissenschaft *f*; 2. Arbeitsmarkttheorie *f*, A.forschung *f*; **l. efficiency** Arbeitsproduktivität *f*; **~ standard** Arbeitszeitvorgabe *f*

labourer *n* ungelernte(r) Arbeiter(in) *m/f*, Hilfsarbeiter(in) *m/f*; **agricultural l.** Landarbeiter(in) *m/f*; **casual l.** Gelegenheitsarbeiter(in) *m/f*; **manual l.** Handarbeiter(in) *m/f*

labour exchange Arbeitsamt *nt*, A.vermittlung *f*

labour force 1. Arbeitskräfte *pl*, Belegschaft *f*, Personal(bestand) *nt/m*, die Beschäftigten *pl*, B.zahl *f*; 2. Erwerbsbevölkerung *f*; **joining the l. f.** Eintritt ins Erwerbsleben; **to reduce the l. f.** Arbeitskräfte abbauen, Belegschaft verringern; **potential l. f.** die Erwerbsfähigen, Beschäftigungspotenzial *nt*; **seasonal l. f.** Saisonarbeitskräfte *pl*; **total l. f.** Gesamtbelegschaft *f*; **l. f. statistics** Arbeitsmarkt-, Arbeitskräfte-, Erwerbsstatistik *f*; **~ survey** Arbeitsmarkterhebung *f*, A.-studie *f*

labour grading Arbeitsbewertung *f*; **l. hoarding** Horten von Arbeitskräften; **l.ing class** Arbeiterklasse *f*, A.schaft *f*; **l. input** 1. Arbeitsaufwand *m*, A.kräfteeinsatz *m*; 2. Lohnkosten *pl*; **l.-intensive** *adj* arbeits(kosten)-, personal-, lohnintensiv; **l. law** Arbeitsrecht *nt*, A.gesetz(gebung) *nt/f*; **l. leader** Arbeiter-, Gewerkschaftsführer *m*; **(joint) l.-management committee** gemeinsamer Betriebsausschuss; **~ contract** Betriebsvereinbarung *f*

labour market Arbeitsmarkt *m*; **regular l. m.** regulärer Arbeitsmarkt; **sectoral l. m.** Teilarbeitsmarkt *m*; **tight l. m.** Arbeitskräftemangel *m*; **l. m. data** Arbeitsmarktdaten *pl*; **~ equilibrium** Arbeitsmarktgleichgewicht *nt*; **~ levy** Arbeitsmarktabgabe *f*; **~ policy** Arbeitsmarktpolitik *f*; **~ research** Arbeitsmarktforschung *f*; **~ situation** Beschäftigungssituation *f*; **~ statistics** Arbeitsmarktstatistik *f*

labour mobility Mobilität der Arbeitskräfte; **l. movement** Arbeiter-, Gewerkschaftsbewegung *f*; **l. office** Arbeitsamt *nt*, A.verwaltung *f*, A.vermittlung *f*; **standard l. output** Arbeitsnorm *f*; **l. performance standard** Arbeitszeitvorgabe *f*; **l. permit** Arbeitsgenehmigung *f*, A.erlaubnis *f*; **l. piracy/poaching** Abwerbung von Arbeitskräften; **l. productivity** Arbeitsproduktivität *f*, A.leistung *f*; **l. protection** Arbeitsschutz *m*; **l. rate standard** Lohnsatzvorgabe *f*; **l. relations** Verhältnis zwischen den Tarifparteien, soziales Klima; **peaceful l. relations**

Arbeitsfrieden *m*; **l. representation** Arbeitervertretung *f*; **l. requirements** (Arbeits)Kräftebedarf *m*; **l. resources** verfügbare Arbeitskräfte; **l. rundown** Abbau von Arbeitskräften; **l.-saving** *adj* arbeits(kräfte)sparend; **l. shedding** Personalabbau *m*; **l. shortage** Personal-, (Arbeits)Kräftemangel *m*; **l. statistics** Arbeits(markt)statistik *f*; **l. supply** verfügbare Arbeitskräfte; **l. surplus** Arbeitskräfteüberangebot *nt*; **l. time standard** Arbeitszeitvorgabe *f*; **l. turnover** (Personal)Fluktuation *f*; **labor union** *[US]* (Arbeiter)Gewerkschaft *f*; **l. value theory** Arbeitswertlehre *f*; **l. wastage** Personal-, Arbeitskräfteabgang *m*

lack *n* Mangel *m*, Fehlen *nt*; **for l. of** in Ermangelung von

lack of authority mangelnde Vollmacht; **~ buying orders** *(Börse)* Käufermangel *m*; **~ capital** Kapitalmangel *m*; **~ cash** Liquiditätsknappheit *f*; **~ competence** Unzuständigkeit *f*; **~ competitiveness** Wettbewerbsdefizit *nt*; **~ demand** fehlende Nachfrage; **~ due diligence** mangelnde Sorgfalt; **~ foreign exchange** Devisenknappheit *f*, D.mangel *m*; **~ funds** Mangel an Geld(mitteln), Kapitalmangel *m*; **~ housing** Wohnungsnot *f*; **~ information** Informationsdefizit *nt*; **~ interest** Desinteresse *nt*; **~ jobs** Arbeitsplatzmangel *m*; **~ jurisdiction** § Unzuständigkeit *f*; **~ leadership** Führungsschwäche *f*; **~ liquidity** mangelnde Liquidität, Liquiditätsmangel *m*; **~ money** Geldmangel *m*; **~ orders** Auftragsmangel *m*; **~ qualifications** Qualifikationsmängel *pl*; **~ quorum** *(lat.)* Beschlussunfähigkeit *f*; **~ support** mangelnde Unterstützung; **~ title** § mangelnder Rechtsanspruch/R.titel; **~ transport** fehlende/mangelnde Transportmöglichkeiten; **~ work** Arbeitsmangel *m*; **~ skilled workers** Facharbeitermangel *m*

lacklustre *adj* *(Börse)* lustlos

ladder *n* Leiter *f*; **l. of/to success** *(fig)* Karriere-, Erfolgsleiter *f (fig)*; **corporate l.** Unternehmenshierarchie *f*

fully laden *adj* voll beladen

lading *n* Ver-, Beladung *f*; **l. port** Verladehafen *m*

lag *n* Zurückbleiben *nt*, Rückstand *m*, Verzögerung *f*; **cyclical l.** zyklische Phasenverschiebung; **inside l.** betrieblich bedingte Verzögerung; *v/ti* zurückbleiben; **l. behind** hinterherhinken; **l. distribution** Verzögerungsverteilung *f*

laggard *n* 2. Spätindikator *m*

lag|ged *adj* verzögert; **l.ger** *n* Spätindikator *m*, nachlaufender Konjunkturindikator; **l.ging** *adj* spätzyklisch

laid|-off *adj* freigestellt; **l.-up** *adj* 1. stillgelegt; 2. ⚓ eingemottet *(fig)*

laisser-faire; laissez-faire *n* *[frz.]* Laisser-faire *nt*, wirtschaftlicher Liberalismus

land *n* 1. Grund und Boden *m*, Land *nt*, (Produktionsfaktor) Boden *m*; 2. *(Bilanz)* Grundstücke *pl*; **l. and buildings** *(Bilanz)* Grundstücke und Gebäude *pl*, unbebaute und bebaute Grundstücke; **l. for industrial building** gewerbliche Baufläche; **l. for residential development** Land für Wohnbebauung; **l. and real property rights** Grundstücke und grundstücksgleiche Rechte

to convey land § Grundstück auflassen; **to cultivate l.** Land urbar machen; **to develop l.** Bauland/Grundstück erschließen; **to farm the l.** Hof/Land bewirtschaften; **to lease l.; to take l. on lease** Grundstück pachten; **to mortgage l.** Grundstück (hypothekarisch) belasten; **to open up new l.** Bauland erschließen; **to reclaim l.** (Neu)Land gewinnen; **to rehabilitate l.** Land rekultivieren; **to work the l.** Hof/Land bewirtschaften

agricultural land landwirtschaftlich genutztes Land, ~ genutzter Boden; **arable l.** Ackerland *nt*; **built-up l.** bebautes Land; **cultivated l.** landwirtschaftlich genutztes/bestelltes Land, Anbaufläche *f*; **derelict l.** Brachfläche *f*, Brache *f*, Ödland *nt*; **developable l.** Bauerwartungsland *nt*; **developed l.** erschlossenes Grundstück; **freehold l.** Grundstück/Land ohne Eigentumsbeschränkung; **industrial l.** gewerblich genutzte Fläche; **derelict ~ l.** Industriebrache *f*, industrielle Altlast; **~ l. contamination** industrielle Altlast; **marginal l.** Grenzertragsboden *m*; **open l.** Freilandfläche *f*; **owner-occupied l.** eigengenutztes Grundstück; **public l.s** Staatsländereien *pl*; **serviced l.** 🏛 erschlossenes Land; **set-aside l.** 🚜 Stilllegungsfläche *f*; **unimproved l.** unbebautes Land; **waste l.** Brachfläche *f*, Brache *f*, Ödland *nt*

land *v/ti* 1. ⚓ anlegen, ankommen; 2. ✈

landen; 3. *(Ladung)* löschen; 4. finden, anwerben

land acquisition Land-, Grunderwerb *m*; **l. agency** *[US]* Immobilien(makler)büro *nt*; **l. agent** *[US]* Grundstücksmakler *m*; **l. bank** 1. Bodenkreditanstalt *f*, Hypothekenbank *f*; 2. *[US]* Landwirtschaftsbank *f*; 3. Vorratsland *nt*; **l. carriage** Landtransport *m*, Transport zu Lande

land charge § Grunddienstbarkeit *f*, G.-schuld *f*; **registered l. c.** bestellte Grundschuld; **senior l. c.** erststellige Grundschuld; **l. c. certificate** Grundschuldbrief *m*; **l. c.s register** *[GB]* Hypothekenregister *nt*

land consolidation Flurbereinigung *f*; **industrial l. contamination** Bodenverseuchung durch Industrie; **l. credit** Immobiliarkredit *m*; **l. development** Bauland-, Grundstückserschließung *f*; **~ plan** Bebauungsplan *m*

landed *adj* 1. *(Ladung)* gelöscht; 2. grundbesitzend

landfill *n* (Auffüll)Deponie *f*, Müllhalde *f*; *v/t (Abfall)* deponieren; **l. (disposal) site** 1. (Abfall)Deponie *f*; 2. Deponiestandort *m*; **l.ing** *n* Deponierung *f*

land frontier ⊖ grüne Grenze; **l. grabbing** spekulativer Landaufkauf; **l. grant** *[US]* staatliche Landzuteilung, L.schenkung *f*; **l. hoarding** Grundstückshortung *f*; **~ charge/tax** Baulandsteuer *f*; **l.holder** *n* Grundbesitzer *m*, G.eigentümer *m*; **l.-holding(s)** *n* Land-, Grundbesitz *m*; **l. improvement** (Grundstücks)Melioration *f*; **l. improvements** Aufschließungsmaßnahmen *pl*, Erschließungsanlagen *pl*

landing *n* 1. ✈ Landen *nt*, Landung *f*; 2. ⚓ (An)Landen *nt*, Ausladen *nt*, Löschen *nt*; **l. agent** ⚓ *(Reederei)* Anlandevertreter *m*; **l. certificate** Lande-, Löschschein *m*; **l. charges** 1. ✈Landegebühr *f*; 2. ⚓ Löschgebühren *pl*; **l. order/permit** 1. ⚓ Löscherlaubnis *f*; 2. ✈ Landeerlaubnis *f*; **l. stage** ⚓ Anlandebrücke *f*, (Schiffs)A.-stelle *f*

land investment Grundstücksanlage *f*, G.investition *f*; **l.lady** *n* 1. (Zimmer)Vermieterin *f*; 2. Wirtin *f*; **l.-locked** *adj* ohne Zugang zum Meer

landlord *n* 1. Grund-, Hauseigentümer *m*, Hauswirt *m*, Miets-, Pachtherr *m*; 2. Wirt *m*; **~ and tenant** Mieter und Vermieter *m*; **l.'s liability** Vermieterhaftpflicht *f*

land|mark *n* 1. Grenzstein *m*, G.zeichen *nt*; 2. *(fig)* Wendepunkt *m (fig)*, Meilenstein *m (fig)*; **l. mortgage bank** Bodenkreditbank *f*, B.anstalt *f*

landowner *n* Grundbesitzer(in) *m/f*, Grundstückseigentümer *m*; **adjoining l.** Grundstücksnachbar *m*; **big/great l.** Großgrundbesitzer *m*; **l.ship certificate** Grundbuchauszug *m*

land|-owning *adj* grundbesitzend; **l. price** Grundstückspreis *m*; **l. purchase** Grundstücks-, Landerwerb *m*; **l. records** Grundstücksregister *nt*; **~ office** Grundbuchamt *nt*; **l. reclamation** 1. 🚜 Urbarmachung *f*; 2. 🏭 Altlastenbeseitigung *f*; **l. reform** Boden-, Landreform *f*; **l. register** Grundbuch *nt*, Kataster *nt*; **l. registration** Grundbucheintragung *f*; **~ office; l. registry** Grundbuch-, Katasteramt *nt*; **l. rent** Grundpacht *f*; **l. reserve policy** Bodenvorratspolitik *f*; **l. retirement program(m)e** 🚜 landwirtschaftliches Stilllegungsprogramm; **l. revenue(s)** Grundstückseinkünfte *pl*; **l. route** Landweg *m*; **l. sale** Grundstücksverkauf *m*

landscape *n* Landschaft(sbild) *f/nt*; **economic l.** *(fig)* Wirtschaftslandschaft *f (fig)*; **industrial l.** Industrielandschaft *f*; **l. protection** Landschaftsschutz *m*; **~ ordinance** Landschaftsschutzverordnung *f*

landscaping *n* Landschaftsgestaltung *f*, L.entwicklung *f*

land settlement Siedlung *f*, (ländliches) Siedlungswesen *nt*; **~ scheme** Siedlungsprogramm *nt*; **l. speculation** Grundstücks-, Bodenspekulation *f*; **l. survey** Landvermessung *f*; **~ office** Katasteramt *nt*; **l. surveying** Landvermessung *f*; **l. surveyor** Land(ver)messer *m*, Katasterbeamter *m*; **l. tax** Grund(stücks)steuer *f*; **l. tenancy/tenure** Grundstücks-, Landpacht *f*; **l. transport(ation)** Landtransport *m*, Transport auf dem Landwege; **l. transfer tax** Grunderwerbssteuer *f*; **l. use/utilization** Boden-, Grundstücks-, Landnutzung *f*, Flächenverbrauch *m*, F.nutzung *f*; **l. valuation** Grundstücksbewertung *f*; **l. value** Grundstückswert *m*; **l. warrant** *[US]* Grundbuchauszug *m*; **l. zoning** Flächennutzungsplanung *f*

lane *n* 1. 🚗 Fahrbahn *f*, F.streifen *m*; 2. ⚓ Schifffahrtsweg *m*; 3. ✈ Flugroute *f*

language *n* Sprache *f*; **commercial l.** Handelssprache *f*; **foreign l. correspondent**

Fremdsprachenkorrespondent *m*; **official l.** Amts-, Verkehrssprache *f*; **l. allowance** Sprachzulage *f*; **l. department/service** Sprachendienst *m*; **computer-aided l. translation** rechnergestützte Sprachübersetzung

lap *n* *(Wettkampf)* Runde *f*, Etappe *f*; **l. phasing** Anlaufplanung mit Phasenüberlappung; **l.ping** *n* Aufschieben von Kasseneinnahmen

lapse *n* 1. *(Vers.)* Erlöschen *nt*, Verfall *m*; 2. Wegfall *m*; 3. Irrtum *m*, Versäumnis *nt*; **l. of a contract** Erlöschen eines Vertrages; **~ duty** Pflichtversäumnis *nt*; **~ a policy** *(Vers.)* Policenverfall *m*; **~ a right; ~ title** Rechtsverlust *m*; **~ time** Fristablauf *m*; **l.** *v/i* 1. weg-, entfallen, erlöschen; 2. *(Angebot)* gegenstandslos werden, verfallen; **l. notice** Verfallsmitteilung *f*; **l. profit** Stornogewinn *m*; **l. provision** Stornoklausel *f*

larceny *n* § Diebstahl *m*

large|-scale *adj* umfangreich, umfassend, großflächig, g.technisch, Groß-; **l.-size(d)** *adj* groß(formatig)

largest-selling *adj* meistverkauft

last in first out (lifo) *(Bilanz)* Lifo-Methode *f*, Zuerstentnahme der neueren Bestände

latency time 💻 Zugriffs-, Wartezeit *f*

not later than innerhalb der Frist

Latin American Free Trade Association (LAFTA) Lateinamerikanische Freihandelszone

lattice *n* Gitter *nt*; **l. sampling** 📊 Gitterauswahl-, Stichprobenverfahren im Gittermuster

launch *n* 1. *(Produkt)* (Neu)Einführung *f*, Markteinführung *f*; 2. *(Firma)* Gründung *f*; *v/t* 1. auf den Markt bringen, einführen; 2. *(Firma)* gründen; 3. einrichten; **l. ad** Einführungsanzeige *f*; **l. advertising** Einführungswerbung *f*; **l. capital** Startkapital *nt*; **l. customer** Pilotkunde *m*; **l. date** Einführungsdatum *nt*

launching *n* 1. Start *m*; 2. *(Produkt)* Einführung *f*; **l. of a brand** Markeneinführung *f*; **l. finance** Anschubfinanzierung *f*

launder *v/t* waschen; **l.er** *n (fig)* Geldwäscher *m (fig)*; **l.ing (of money)** *n* (Geld)-Wäsche *f*

law *n* Recht *nt*, Gesetz *nt*, Rechtswissenschaft *f*; **in accordance with the l.** dem Gesetz entsprechend, gesetzmäßig; **by l.** von Rechts/Gesetzes wegen, gesetzlich; **contrary to l.** rechts-, gesetzwidrig; **in l.** rechtlich, gesetzlich; **outside the l.** außerhalb des Gesetzes, ~ der Legalität, außergesetzlich

law of agency Recht der Vertretung; **~ association(s)** Gesellschaftsrecht *nt*; **~ collective bargaining** Tarifvertragsrecht *nt*; **~ carriage by sea** Seefahrtsrecht *nt*; **l. relating to public limited companies** Aktienrecht *nt*; **l. of competition** Wettbewerbsrecht *nt*; **~ contract** Vertrags-, Schuldrecht *nt*; **~ damages** Recht des Schaden(s)ersatzes; **~ economics** ökonomisches Gesetz; **~ employment** Arbeitsrecht *nt*; **~ equity** Billigkeitsrecht *nt*; **~ exchange** Wechselrecht *nt*; **l. in force** geltendes Recht; **l. pertaining/relating hazardous goods** Gefahrgutrecht *nt*; **~ groups of companies** Konzernrecht *nt*; **the l. of the land** geltendes Recht; **~ landlord and tenant** Miet- und Pachtrecht *nt*; **l. concerning liability** Haftungsrecht *nt*; **l. of the market** *(VWL)* Marktgesetz *nt*; **~ mass production** *(VWL)* Gesetz der Massenproduktion; **~ nations** Völkerrecht *nt*; **~ negligence** Recht der fahrlässigen Handlung; **l. and order** Sicherheit und Ordnung, öffentliche Ordnung; **l. of partnerships and corporations** Gesellschaftsrecht *nt*; **l. on planning** Planungsrecht *nt*; **l. of precedent** Fallrecht *nt*; **~ diminishing marginal productivity; ~ variable proportions** *(VWL)* Gesetz des/vom abnehmenden Ertragszuwachs(es); **~ property** Eigentums-, Vermögensrecht *nt*; **~ diminishing marginal rates of substitution** *(VWL)* Gesetz der abnehmenden Grenzrate der Substitution; **l.s and regulations** Gesetze und Verordnungen *pl*; **l. of diminishing returns** Gesetz vom abnehmenden (Boden)Ertrag; **~ equi-marginal returns** Gesetz vom Grenznutzenausgleich; **~ sales** Kauf(vertrags)recht *nt*; **~ satiation/satiety** *(VWL)* Gesetz vom abnehmenden Grenznutzen, Sättigungsgesetz *nt*; **L. of the Sea Convention** Seerechtsabkommen *nt*; **l. of cooperative societies** Genossenschaftsrecht *nt*; **l. governing stock exchange transactions** Börsenrecht *nt*; **l. of supply and demand** Gesetz von Angebot und Nachfrage; **~**

taxation Steuerrecht *nt*; **~ tenancy** Miet-, Pachtrecht *nt*; **~ torts** Recht der unerlaubten Handlungen, Schaden(s)ersatzrecht *nt*; **~ diminishing marginal utility** *(VWL)* Gesetz vom abnehmenden Grenznutzen

according to the law as it stands nach geltendem Recht; **binding in l.** rechtsverbindlich; **bound by l.** gesetzlich verpflichtet; **forbidden by l.** gesetzlich verboten; **pending at l.** rechtshängig; **permitted by l.** gesetzlich/rechtlich zulässig; **prescribed by l.** gesetzlich vorgeschrieben; **protected by l.** gesetzlich geschützt (ges. gesch.); **(as) required by l.** den gesetzlichen Bestimmungen gemäß; **valid in l.** rechtgültig

to abide by the law Gesetz beachten; **to bend the l.** Recht beugen; **to breach/infringe the l.** Gesetz übertreten/verletzen; **to comply with the l.** Gesetz beachten, sich an die gesetzlichen Vorschriften halten; **to enforce the l.** Recht durchsetzen; **to go to l.** vor Gericht gehen, Klageweg beschreiten, Prozess anstrengen; **to invalidate a l.** Gesetz außer Kraft setzen; **to provide for by l.** gesetzlich regeln; **to repeal a l.** Gesetz außer Kraft setzen; **to sue so. at l.** jdn belangen/verklagen

administrative law Verwaltungsrecht *nt*; **anti-trust l.** Kartellgesetz *nt*; **civil l.** Zivil-, Privatrecht *nt*, bürgerliches Recht; **commercial l.** Handelsrecht *nt*; **common l.** Gewohnheitsrecht *nt*; **contractual l.** Vertragsrecht *nt*; **corporate l.** *[US]* Aktien-, Gesellschaftsrecht *nt*; **criminal l.** Strafrecht *nt*; **economic l.** 1. Wirtschaftsrecht *nt*; 2. ökonomisches/volkswirtschaftliches Gesetz; **environmental l.** Umwelt(schutz)recht *nt*; **European l.** Europarecht *nt*; **existing l.** geltendes Recht; **under ~ l.** nach geltendem Recht; **federal l.**1. Bundesrecht *nt*; 2. Bundesgesetz *nt*; **financial l.** Finanzrecht *nt*; **fiscal l.** Finanz-, Steuerrecht *nt*; **industrial l.** Arbeits-, Gewerberecht *nt*; **maritime l.** See(handels)recht *nt*; **national l.** *[EU]* einzelstaatliches Recht; **private l.** Privat-, Zivilrecht *nt*, bürgerliches Recht; **procedural l.** Verfahrens-, Prozessrecht *nt*; **public l.** öffentliches Recht; **rental l.** Mietrecht *nt*; **statutory/written l.** geschriebenes Recht; **supplementary l.** (Gesetzes)Novelle *f*

law|breaking *n* Gesetzesübertretung *f*, Rechtsverletzung *f*; **l. cost(s)** Kosten des Rechtsstreits; **l. enforcement** Gesetzesvollzug *m*; **l. firm** (Anwalts)Sozietät *f*; **l.ful** *adj* rechtmäßig, gesetzlich, recht(lich); **l. merchant** Handelsrecht *nt*; **l. partnership** (Rechts)Anwaltssozietät *f*; **l. practice** Anwaltspraxis *f*; **l.suit** *n* Klage *f*, Gerichtsverfahren *nt*; **to file a l.suit** klagen, Prozess anstrengen

lawyer *n* Jurist(in) *m/f*, (Rechts)Anwalt *m*, (R.)Anwältin *f*; **to brief/instruct a l.** Anwalt bestellen; **to retain a l.** sich einen Anwalt nehmen; **to put the matter into the hands of a l.** Sache einem Rechtsanwalt übergeben; **commercial/industrial l.** Wirtschaftsjurist(in) *m/f*; **corporate/in-company/in-house l.** Firmenjurist *m*, Justitiar *m*, Syndikus *m*; **l.'s office** Anwaltskanzlei *f*

lay *v/t* legen; **l. aside** zurücklegen, z.stellen; **l. down** bestimmen, vorschreiben; **l. in** (ein)lagern; **l. off** *(Mitarbeiter)* vorübergehend entlassen, freisetzen; **l. on** 💧/ *(Gas)* anschließen; **l. out** 1. auslegen, verausgaben; 2. planen; **l. up** ⚓ stilllegen, einmotten *(coll)*

lay days ⚓ Lösch-, Liegetage *pl*

layer *n* Schicht *f*, Lage *f*; **l. of hierachy** Hierarchiebene *f*, H.stufe *f*; **~ management** Führungs-, Leitungsebene *f*; **second ~ management** zweite Führungsebene *f*

lay-off *n* *(Arbeitskräfte)* vorübergehende Entlassung, (Personal)Freisetzung *f*; **temporary l.** zeitweise Beurlaubung; **l. benefit** Entlassungsabfindung *f*; **l. notice** Entlassungsschreiben *nt*; **l. period** Feierschicht *f*

layout *n* 1. Anordnung *f*, Gestaltung *f*, Anlage *f*, Aufmachung *f*; 2. Entwurf *m*, Planung *f*; **l. of the annual accounts** Gliederung des Jahresabschlusses; **~ the annual balance sheet** Gliederung der Jahresbilanz; **~ a letter** Briefgestaltung *f*; **~ the workplace** Arbeitsplatzgestaltung *f*; **general l.** Gesamtplanung *f*; **organisational l.** Organisation(sstruktur) *f*

lay time ⚓ Liegezeit *f*

L/C (letter of credit) Akkreditiv *nt*, Kreditbrief *m*

lead *n* 1. Führung *f*, Leitung *f*; 2. Vorsprung *m*; 3. Hinweis *m*, Anhaltspunkt *m*; **l. in efficiency** Produktivitäts-,

L

Leistungsvorsprung *m*; **l.s and lags** 1. Phasenverschiebung *f*; 2. *(Außenhandel)* kurzfristige Änderungen der Zahlungsgewohnheiten; **~ lags of trade** Schwankungen im Handelsverkehr; **cyclical ~ lags** konjunkturbedingter Vor- und Nachlauf; **competitive l.** Wettbewerbsvorsprung *m*; **l. bank** *(Emission)* Konsortialführerin *f*; **l. contractor** Generalunternehmer(in) *m/f*

leader *n* 1. Führer(in) *m/f*, Leiter(in) *m/f*; 2. federführendes Konsortialmitglied; 3. Spitzenreiter(in) *m/f*; 4. *(Börse)* Spitzenwert *m*; 5. Lockvogel *m (fig)*; 6. Frühindikator *m*; 7. Leitartikel *m*; **l. of a consortium** Konsortialführerin *f*, führende Bank; **industrial l.** 1. *(Börse)* führender Industriewert; 2. Wirtschaftsführer *m*, führender Industrieller

leadership *n* Führung *f*, Leitung *f*; **economic l.** Wirtschaftsführung *f*; **strong l.** Führungsstärke *f*; **l. abilities** Führungsqualitäten *pl*; **l. principle** Führerprinzip *nt*; **l. style** Führungsstil *m*; **team-focused l. style** teamorientierter Führungsstil

L

lead hand Vorarbeiter *m*; **l.ing-edge** *adj* führend; **l. investor** Hauptkapitalgeber *m*; **l.-manage** *v/t* Konsortium führen, Konsortialführer(in) sein; **l.-management** *n* Feder-, Konsortialführung *f*; **l. manager** Konsortialführer(in) *m/f*, Führungsbank *f*; **l. time** Vorlaufzeit *f*; **l. underwriter** Erstversicherer *m*; **l.-up (period)** *n* Vorbereitungsphase *f*

leaflet *n* Faltprospekt *m*, (Werbe)Prospekt *m*, Broschüre *f*

league *n* Liga *f*, Bündnis *nt*; **commercial l.** Handelsunion *f*; **marine l.** große Seemeile *(3 sm)*

leak *n* Leck *nt*; *v/ti* nicht dicht sein, lecken, auslaufen, Flüssigkeit abgeben; **l.age** *n* Verlust *m*, Schwund(verlust) *m*, Sickerquote *f*; **~ and breakage** Leckage und Bruch

lean *adj* 1. dürftig; 2. schlank; 3. straff organisiert; 4. durchrationalisiert

leap *n* Sprung *m*; **l. ahead** Wachstumssprung *m*; **l. in the career** Karrieresprung *m*; **l. in sales** Umsatzsprung *m*; **l.** *v/i* springen; **l. at sth.** sich auf eine Gelegenheit stürzen, sofort zugreifen; **l. up** scharf/sprunghaft ansteigen; **l.frog** *v/ti* sich gegenseitig überbieten; **l.frogging** *n* 1. *(Lohn)* Hinaufschaukeln *nt*; 2. Überspringen *nt*, Ü.gehen *nt*

learner allowance Einarbeitungszuschlag *m*

lease *n* 1. Miete *f*, Pacht(besitz) *f/m*; 2. Pachtverhältnis *nt*, P.vertrag *m*, Mietverhältnis *nt*, Leasingvertrag *m*; **l. in perpetuity** Erbpacht *f*

to cancel/rescind a lease Pacht-/Mietverhältnis aufheben; **to extend//renew a l.** Mietverhältnis/Pachtvertrag verlängern; **to grant a l.** Pachtbesitz einräumen; **to let on/put out to l.** verpachten, vermieten; **to sign a l.** Mietvertrag abschließen; **to terminate a l.** Mietvertrag kündigen

commercial lease 1. Miet-/Pachtvertrag für gewerblich genutzte Räume; 2. gewerbliche Vermietung/Verpachtung; **fixed(-term) l.** Miet-/Pachtvertrag mit festem Zins, Zeitpacht *f*; **funded l.** eigenmittelfinanziertes Leasing; **interim l.** zwischenzeitliche Vermietung/Verpachtung; **long(-term) l.** langfristiger Miet-/Pachtvertrag; **percentage l.** Umsatzpacht *f*; **standard-form l.** Formularmietvertrag *m*; **temporary l.** kurzfristige Vermietung; **written l.** schriftlicher Miet-/Pachtvertrag

lease *v/t* 1. pachten, (an)mieten; 2. vermieten, verpachten

lease agreement Pachtvereinbarung *f*, Mietvertrag *m*; **l.back** *n* 1. Wiederanmietung *f*; 2. Rückverpachtung *f*; **l. deed** Miet-, Pachtvertrag *m*

leasehold *n* (Zeit-/Erb)Pacht *f*, P.besitz *m*; **l. building** Miet-, Pachtgebäude *nt*; **l. deed** Pacht-, Mietvertrag *m*; **l.er** *n* Mieter(in) *m/f*, Pächter(in) *m/f*, Pachtbesitzer(in) *m/f*, Erbbauberechtigte(r) *f/m*; **l. insurance** Pachtausfallversicherung *f*; **l. land** Pachtland *nt*; **l. property** (Erb)-Pachtgrundstück *nt*; **l. rent** Pachtzins *m*; **l. tenure** Pachtdauer *f*

lease payment Pachtzahlung *f*; **l. receivables** Leasingforderungen *pl*

leaser *n* Mieter(in) *m/f*, Pächter(in) *m/f*

leasing *n* 1. Verpachtung *f*, Vermietung *f*; 2. Leasing *nt*, Anmietung *f*, Anpachtung *f*; **l. of capital assets** Anmietung/Vermietung von Industriegütern; **financial l.** Finanzierungsleasing *nt*; **l. agreement** Pacht-, Mietvertrag *m*; **l. company** *[GB]* Leasinggesellschaft *f*; **l. finance** Leasingfinanzierung *f*; **l. rental** Pachtertrag *m*

leather goods *n* Lederwaren *pl*; **~ industry** Lederindustrie *f*

leave *n* 1. Urlaub *m*; 2. Erlaubnis *f*, Bewilligung *f*; **l. of absence** Beurlaubung *f*; **l. to appeal** § Zulassung der Revision; **l. with pay** bezahlter Urlaub; **l. without pay** unbezahlter Urlaub; **to be absent without l.** unentschuldigt fehlen/fernbleiben; **to go on l.** Urlaub antreten; **to grant l.** beurlauben

additional/extra leave zusätzlicher Urlaub, Sonderurlaub *m*; **annual l.** Jahresurlaub *m*; **educational l.** Bildungsurlaub *m*; **paid l.** bezahlter Urlaub; **parental l.** Erziehungs-, Mutterschaftsurlaub *m*; **prenatal l.** Schwangerschaftsurlaub *m*; **sick l.** Krankheitsurlaub *m*; **on ~ l.** krankgeschrieben; **terminal l.** Resturlaub *m*

leave *v/ti* 1. (be)lassen; 2. abfahren, abreisen; 3. Stelle aufgeben; 4. vererben

leave bonus Urlaubsgeld *nt*; **l. claim/entitlement** Urlaubsanspruch *m*

ledger *n* Haupt-, Geschäftsbuch *nt*; **to balance the l.** Hauptbuch saldieren/(ab)-schließen; **auxiliary/subsidiary/supporting l.** Skontration *f*, Hilfs-, Nebenbuch *nt*

ledger account Sachkonto *nt*; **l. clerk** Hauptbuchführer(in) *m/f*; **l.less** *adj* kontenlos; **l. posting** Hauptbucheintragung *f*; **l. records** Hauptbücher *pl*

legacy *n* 1. § Vermächtnis *nt*, Hinterlassenschaft *f*, Erbschaft *f*; 2. Geschichte *f*

legal *adj* gesetzlich, rechtlich, legal; **l.ity** *n* Rechtmäßigkeit *f*, R.sgültigkeit *f*; **l.ization** *n* Beglaubigung *f*, Beurkundung *f*; **l.ize** *v/t* amtlich/notariell beglaubigen

legislate *v/i* Gesetze verabschieden

legislation *n* Gesetzgebung *f*; **l. on competition** Wettbewerbsrecht *nt*

anti-cartel/anti-trust *[US]* **legislation** (Anti)Kartellgesetzgebung *f*; **anti-pollution l.** Gesetz gegen Umweltverschmutzung; **concurrent l.** konkurrierende Gesetzgebung; **economic l.** Wirtschaftsgesetzgebung *f*; **environmental l.** Umweltschutzgesetzgebung *f*; **federal l.** Bundesgesetzgebung *f*; **fiscal l.** Steuer-, Finanzgesetzgebung *f*; **industrial l.** Arbeitsgesetzgebung *f*; **national l.** *[EU]* einzelstaatliches Recht; **retroactive/retrospective l.** rückwirkende Gesetzgebung

legitimate *adj* gesetzlich (erlaubt)

leisure *n* Freizeit *f*; **l. activity** Freizeitgestaltung *f*; **l. amenities/facilities** Freizeitangebot *nt*, F.einrichtungen *pl*; **l. company/enterprise** Freizeitgesellschaft *f*; **l. group** Freizeitkonzern *m*; **l. industry** Freizeitindustrie *f*; **l. market** Freizeitsektor *m*, F.markt *m*; **l. time** Freizeit *f*; **l. traveller** Urlaubsreisende(r) *f/m*

lend *v/t* (aus-/ver)leihen, Darlehen gewähren; **l. itself to** sich eignen für

lender *n* Darlehens-, Kreditgeber(in) *m/f*; **l. of capital** Kapital-, Geldgeber(in) *m/f*; **~ last resort** letztinstanzlicher Kapitalgeber; **marginal l.** Grenzanbieter von Kapital

lending *n* 1. (Aus-/Ver)Leihen *nt*, Ausleihung *f*; 2. Kreditgewährung *f*, K.vergabe *f*; 3. Debitorengeschäft *nt*; **l.s** 1. Ausleihungen *pl*; 2. *(Kredit)* Geldabgabe *f*; 3. *(Bank)* Aktivgeschäft *nt*

lending on bills Wechsellombard *m*; **l.s to customers** Kundenkreditvolumen *nt*; **l. on goods** Warenlombard *m*, W.kredit *m*; **l. to house-builders** Wohnungsbaudarlehen *pl*, Kreditgewährung an den Wohnungsbau; **l. without recourse** Kreditvergabe ohne Rückgriffsmöglichkeit auf den Schuldner; **l. on securities** (Wertpapier)Lombard *m*, L.geschäft *nt*; **~ ships** Schiffskredit *m*, Bodmerei *f*

corporate lending *(Bank)* Firmen-, Unternehmenskreditgeschäft *nt*; **foreign/international l.(s)** Auslandskredite *pl*; **gross l.(s)** Bruttokreditvergabe *f*; **large-scale l.** Großkreditgeschäft *nt*; **long-term l.(s)** langfristige Ausleihungen; **new l.(s)** Neukreditgeschäft *nt*; **short-term l.(s)** kurzfristige Kredite, Kassenkredite *pl*; **syndicated l.** Konsortial(kredit)-geschäft *nt*; **total l.(s)** Kreditvolumen *nt*

lending activity Kreditgeschäft *nt*; **l. business** Kreditgeschäft *nt*, K.wesen *nt*; **l. capacity** Kreditspielraum *m*; **l. ceiling** Beleihungsgrenze *f*; **l. commitment** Kreditzusage *f*; **l. control(s)** Kreditbeschränkung *f*; **l. demand** Kreditnachfrage *f*; **l. institution** Kreditinstitut *nt*; **l. margin** Kreditrente *f*, K.zinsen *pl*; **l. operation(s)** Kreditgewährung *f*; **l. policy** Kredit(vergabe)politik *f*

lending rate Kreditzins *m*, Lombardzinssatz *m*; **base l. r.** Mindestzinssatz *m*; **minimum l. r. (MLR)** *[GB]* Mindestdiskontsatz *m*; **prime l. r.** Sollzins(fuß) für erste Adressen

lending ratio Ausleih(ungs)quote *f*; **l. restrictions** Kreditbeschränkungen *pl*;

l. target geplantes Kreditvolumen; **l. terms** Zinskonditionen *pl*, Kreditbedingungen *pl*; **l. value** Beleihungswert *m*; **l. volume** Beleihungshöhe *f*

length *n* Dauer *f*, Länge *f*; **l. of credit** Kreditdauer *f*; **~ life** Lebensdauer *f*, L.erwartung *f*; **~ service** (Firmen-/Betriebs)Zugehörigkeit *f*; **~ unemployment** Dauer der Arbeitslosigkeit

less *adv* 1. weniger; 2. abzüglich

lessee *n* Mieter(in) *m/f*, Pächter(in) *m/f*, Leasingnehmer(in) *m/f*

lessen *v/ti* 1. verringern, abmildern, (ver)mindern; 2. nachlassen; **l.ing** *n* 1. Nachlassen *nt*, Rückgang *m*; 2. *(Nachfrage)* Beruhigung *f*

lessor *n* Verpächter(in) *m/f*, Vermieter(in) *m/f*, Leasinggeber(in) *m/f*; **l. of equipment** Gerätevermieter *m*; **l's retention** Risikobeteiligung des Leasinggebers

less-than|-carload (L.C.L.) *n* Stückgut (-fracht) *nt/f*, S.ladung *f*, Partiefracht *f*; **~-truckload** *n [US]* LKW-Teilladung *f*

L

let *n* 1. Vermietung *f*, Verpachtung *f*; 2. Mietdauer *f*; *v/t* vermieten, verpachten; **l. accommodation** vermietete Wohnung, Mietobjekt *nt*

let-down *n* Rückgang *m*, Abnahme *f*; **l. in sales** Absatzrückgang *m*

lettable *adj* vermietbar

letter *n* Schreiben *nt*, Brief *m*; **by l.** schriftlich

letter of acceptance Annahmeerklärung *f*; **~ acknowledgment** Bestätigungsschreiben *nt*; **~ advice** Benachrichtigungsschreiben *nt*, Versandanzeige *f*; **~ allotment** Bezugsrechtsmitteilung *f*; **~ apology** Entschuldigungsbrief *m*; **~ application** Bewerbungsschreiben *nt*; **~ authority** Vollmachtserklärung *f*, Ermächtigungsschreiben *nt*; **~ complaint** Beschwerdebrief *m*, Mängelrüge *f*; **~ confirmation** Bestätigungsschreiben *nt*, schriftliche Bestätigung

letter of credit (L/C) Akkreditiv *nt*, Kreditbrief *m*; **opening a ~ c.** Akkreditivstellung *f*, Kreditbrieferöffnung *f*; **to confirm a ~ c.** Akkreditiv bestätigen; **to open a ~ c.** Akkreditiv eröffnen

clean letter of credit einfaches Akkreditiv, Akkreditiv ohne Dokumente; **commercial l. of c.** (Waren)Akkreditiv *nt*, W.kreditbrief *m*; **confirmed l. of c.** bestätigter Kreditbrief, bestätigtes Akkreditiv; **documentary l. of c.** dokumentarischer Kreditbrief *m*, Dokumentenakkreditiv *nt*; **irrevocable l. of c.** unwiderrufliches Akkreditiv, unwiderruflicher Kreditbrief; **confirmed ~ l. of c.; ~ and confirmed l. of c.; straight l. of c.** bestätigtes unwiderrufliches Akkreditiv; **revocable l. of c.** widerrufliches Akkreditiv; **revolving l. of c.** sich automatisch erneuerndes Akkreditiv; **unconfirmed l. of c.** unbestätigtes Akkreditiv

letter of deposit Hinterlegungsurkunde *f*; **~ dismissal** Kündigungsschreiben *nt*, K.-mitteilung *f*; **~ enquiry** Anfrage *f*; **~ grant** Bewilligungsbescheid *m*; **~ indemnity** (schriftliche) Garantieerklärung *f*, Ausfallbürgschaft *f*; **~ intent** Kaufzusage *f*, (schriftliche) Willenserklärung *f*; **~ introduction** Empfehlungsschreiben *nt*; **~ licence** Erlaubnis zur Geschäftsführung; **~ notification** Benachrichtigungsschreiben *nt*; **~ recommendation** Empfehlungsschreiben *nt*; **~ renunciation** Verzichterklärung *f*; **~ resignation** Rücktrittsschreiben *nt*; **~ responsibility/sponsorship/support** Patronatserklärung *f*; **l. to shareholders** *[GB]*/**stockholders** *[US]* Aktionärsbrief *m*; **l. of tender** *(Ausschreibung)* Offerte *f*; **~ understanding** Vorvertrag *m*; **~ undertaking** Verpflichtungserklärung *f*

to answer a letter Brief beantworten; **to collect l.s** Briefkasten leeren; **to confirm by l.** brieflich/schriftlich bestätigen; **to deliver l.s** Post zustellen; **to dispatch a l.** Brief abschicken/absenden; **to draft a l.** Brief aufsetzen; **to exchange l.s** korrespondieren; **to forward a l.** Brief nachsenden; **to learn from a l.** (aus) einem Brief entnehmen; **to mail** *[US]*/**post** *[GB]* **a l.** Brief aufgeben/abschicken; **to postdate a l.** Brief mit späterem Datum versehen; **to write in printed l.s** in Druckschrift schreiben

accompanying letter Begleitschreiben *nt*, B.brief *m*; **circular l.** (Werbe)Rundschreiben *nt*, Briefdrucksache *f*; **commercial l.** Geschäftsbrief *m*; **confidential l.** vertraulicher Brief; **covering l.** Begleitschreiben *nt*, B.brief *m*; **dunning l.** Mahnschreiben *nt*, Mahnung *f*; **express l.** Eilbrief *m*; **follow-up l.** Nachfassbrief *m*, Erinnerungsschreiben *nt*; **incoming l.s** Post-, Briefeingang *m*; **insured l.** Wertbrief *m*; **introductory l.** Einführungs-, Empfehlungsschreiben *nt*; **official l.** amtliches Schreiben; **personal/private l.** persönlicher/vertraulicher Brief; **registered l.** ✉ Einschreibebrief *m*, Einschreiben *nt*; **separate l.** getrenntes Schreiben; **set-form/set-pattern l.** Formschreiben *nt*, Schemabrief *m*; **stamped l.** frankierter Brief; **standard l.** Standardbrief *m*; **strongly worded l.** geharnischter Brief

letter balance/scales Briefwaage *f*; **l. book** Brieftagebuch *nt*; **l. box** Briefkasten *m*; **~ company** Briefkastengesellschaft *f*; **l.head** *n* 1. Geschäftsbogen *m*; 2. Briefkopf *m*

lettering *n* Aufdruck *m*, Beschriftung *f*

letter|s patent Patent *nt*; **l. post** ✉ Briefpost *f*; **l. rate** Briefporto *nt*; **l.s received** Brief-, Posteingang *m*; **l.s testamentary** § Erbschein *m*

letting *n* Vermietung *f*; **l. and leasing** Vermietung und Verpachtung; **l. business** Vermietungsgeschäft *nt*; **l. time** Mietdauer *f*

level *n* Niveau *nt*, Höhe *f*, Stand *m*

level of absenteeism Abwesenheitsquote *f*; **~ accounts receivable** Debitorenbestand *m*; **~ activity** Beschäftigungsgrad *m*, Kapazitätsauslastung *f*; **budgeted ~ activity** geplante Auslastung; **~ authority** Hierarchiestufe *f*; **~ capacity utilization** Kapazitätsauslastung *f*; **~ charge** Gebührenhöhe *f*; **~ claims** *(Vers.)* Schadenshöhe *f*; **~ commodity prices** Rohstoff-, Rohwarenpreisniveau *nt*; **~ contribution** Beitragshöhe *f*; **~ costs** Kostenhöhe *f*; **~ debt** Verschuldungsgrad *m*; **~ demand** Nachfragevolumen *nt*; **~ earnings** 1. Einkommenshöhe *f*; 2. Ertragsniveau *nt*; **~ education** Bildungsstand *m*, B.grad *m*; **~ employment** 1. Beschäftigungslage *f*; 2. Erwerbsquote *f*; **~ female employment** Frauenerwerbsquote *f*; **~ hierarchy** Hierarchieebene *f*; **~ income** Einkommenshöhe *f*, E.niveau *nt*; **~ inflation** Inflationsniveau *nt*; **~ interest (rates)** Zinsniveau *nt*, Z.höhe *f*; **~ management** Leitungsebene *f*; **~ orders** Auftragsbestand *m*; **~ incoming orders** Auftragslage *f*; **~ output** Produktionsniveau *nt*; **~ pollution** Verunreinigungsgrad *m*, Schadstoffbelastung *f*; **~ prices** Preis-, Kursniveau *nt*; **~ production** Produktionsniveau *nt*; **~ productivity** Produktivitätsniveau *nt*; **~ profitability** Rentabilitätsniveau *nt*; **~ prosperity** Wohlstandsniveau *nt*; **~ qualification** Qualifikationsprofil *nt*; **~ sales** Absatz(volumen) *m/nt*; **~ satisfaction** Nutzenniveau *nt*, Versorgungsgrad *m*; **~ service** Dienstleistungsumfang *m*; **~ taxation** Höhe der Besteuerung, Steuerlastquote *f*; **~ training** Ausbildungsstand *m*; **~ unemployment** (Grad der) Arbeitslosigkeit *f*, A.losenquote *f*; **~ unionization** (gewerkschaftlicher) Organisationsgrad *m*

commercial level Handelsstufe *f*; **competitive l.** wettbewerbsfähiges Niveau; **at corporate l.** auf Unternehmensebene *f*; **highest l.** Höchststand *m*; **intermediate l.** Zwischenstufe *f*; **managerial l.** Führungsebene *f*, F.etage *f*; **at national l.** auf Landes-/Bundesebene; **operational l.** Betriebsebene *f*; **peak l.** Spitzenstand *m*; **present l.** jetziger Stand; **last year's l.** Vorjahresstand *m*; **yesterday's l.** Vortagsstand *m*

level *v/t* nivellieren, gleichmachen; **l. off** 1. (sich) abflachen; 2. *(Preise/Nachfrage)* sich abschwächen, abflauen; **l. up** 1. *(Preise)* hinaufschrauben; 2. *(Löhne)* erhöhen

levelling *n* Nivellierung *f*; **l. down of interest rate differentials** Einebnung des Zinsgefälles; **l. of economic activity** konjunkturelle Abflachung; **~ incomes** Einkommensnivellierung *f*; **l. off** Abschwächung *f*; **~ of economic growth** Abflachung des Wirtschaftswachtsums

level-peg *v/i* auf gleicher Höhe sein

leverage *n* 1. Hebelwirkung (der Finanzierungsstruktur) *f*; 2. Verhältnis von Eigen- zu Fremdkapital, Fremdfinanzierungsgrad *m*; **financial l.** finanzwirtschaftliche Hebelwirkung, Kapitalstrukturrisiko *nt*; **fiscal l.** finanzpolitischer Spielraum/Hebel; **l.d** *adj* fremdfinanziert; **to be highly l.d** hohen Verschuldungsgrad/Fremdkapitalanteil aufweisen; **l. effect** Hebelwirkung *f*, H.effekt *m*; **l. ratio** Kapitalstrukturkennziffer *f*; **l. risk** Kapitalstruktur-, Verschuldungsrisiko *nt*

levy *n* 1. (Steuer)Abgabe *f*, Belastung *f*, Umlage *f*; 2. Beschlagnahme *f*; **l. on operating assets** Abgabe auf das Betriebsvermögen; **~ capital** Vermögen(s)steuer *f*; **l. of execution** Pfändung *f*, Zwangsvollstreckung *f*, Vollstreckung in bewegliche Sachen; **~ by private creditors**

Privatpfändung *f*; **~ on movable property** Zwangsvollstreckung in das bewegliche Vermögen; **renewed l. of execution** Nachpfändung *f*; **unproductive l. of execution** fruchtlose Pfändung; **l. on storage** Lagerkostenabgabe *f*

additional levy Zusatzabschöpfung *f*; **agricultural l.** (Agrar)Abschöpfung *f*; **compensatory l.** *[EU]* Ausgleichsabgabe *f*; **environmental l.** Umweltabgabe *f*; **lump-sum l.** Pauschalabgabe *f*; **one-off l.** einmalige Umlage; **political l.** *[GB] (Gewerkschaft)* Parteiumlage *f*; **special l.** Sonder-, Ergänzungsabgabe *f*; **statutory l.** Zwangsabgabe *f*; **supplementary l.** Ergänzungsabgabe *f*

levy *v/t* 1. beschlagnahmen, pfänden; 2. *(Abgaben)* erheben; 3. besteuern

levying of tax *n* Besteuerung *f*, Erhebung von Steuern; **l. period** Erhebungszeitraum *m*

liability *n* 1. Haftung(sverhältnis) *f/nt*, Haftpflicht *f*; 2. Verbindlichkeit *f*; 3. Verpflichtung *f*; 4. *(Vers.)* Leistungspflicht *f*; **liabilities** Verbindlichkeiten *pl*, Passiva *pl*

liabilities on (account of) acceptances Wechselhaftung *f*, Verbindlichkeiten aus Akzeptverpflichtungen; **liability on current account** Kontokorrentverbindlichkeit *f*; **liabilities to banks** Verbindlichkeiten gegenüber Kreditinstituten; **l. on/under a bill** Wechselhaftung *f*, W.obligo *nt*; **liabilities on bills discounted** Verbindlichkeiten aus diskontierten Wechseln; **~ for negotiated bills** Verbindlichkeiten für weitergegebene Wechsel; **l. for breach of warranty** Gewährleistungshaftung *f*; **~ business debts** Haftung für Geschäftsschulden; **l. to pay compensation** Entschädigungs-, (Schadens)Ersatzpflicht *f*; **l. in contract** vertragliche Haftung; **l. to pay contributions** Beitrags-, Nachschusspflicht *f*; **l. for corporation tax** Körperschaftssteuerpflicht(igkeit) *f*; **~ damages; l. to pay damages** Schaden(s)ersatzpflicht *f*; **l. for defects** (Sach)Mängelhaftung *f*; **l. under a guarantee** Garantiehaftung *f*; **l. for faults** Mängel-, Verschuldenshaftung *f*; **~ income tax** Einkommen(s)steuerpflicht *f*; **l. to make good a loss** Schaden(s)ersatzpflicht *f*; **l. because of/for negligence** zu vertretende Fahrlässigkeit, Verschuldungshaftung *f*; **l. of partners** Haftung der Gesellschafter; **l. for property** Vermögenshaftung *f*; **l. to recourse** Regresshaftung *f*, R.pflicht *f*; **liabilities and shareholders'** *[GB]*/**stockholders'** *[US]* **equity** Verbindlichkeiten und Eigenkapital; **~ payable at sight** Sichtverbindlichkeiten *pl*; **l. for tax(a)tion** Steuer-, Abgabepflicht *f*; **l. in tort** Haftung aus unerlaubter Handlung

to accept/assume a liability Haftung/Verbindlichkeit übernehmen, haften; **to carry as liabilities** passivieren, auf der Passivseite führen; **to contract a l.** Haftung eingehen; **to decline l.** *(Vers.)* Haftung ablehnen; **to deny l.** Haftung bestreiten; **to disclaim l.** Schaden(s)ersatzpflicht ablehnen; **to discharge a l.** einer Verbindlichkeit nachkommen; **to exempt from l.** von der Haftung ausnehmen; **to have (un)limited l.** (un)beschränkt haften; **to honour/meet liabilities** Verbindlichkeiten begleichen, Verpflichtungen erfüllen, seinen Verbindlichkeiten nachkommen; **to incur a l.** Haftung eingehen; **to limit l.** Haftung beschränken; **to rule out l.** Haftung ausschließen; **to satisfy liabilities** Schulden tilgen

absolute liability Gefährdungshaftung *f*; **accrued liabilities** antizipative Schulden/Passiva; **aggregate/collective l.** Kollektivhaftung *f*; **contingent l.** Eventualverbindlichkeit *f*; **contractual l.** vertragliche Haftpflicht; **corporate l.** Unternehmenshaftung *f*; **~ liabilities** Verbindlichkeiten juristischer Personen; **current liabilities** kurzfristige/laufende Verbindlichkeiten; **deferred l.** langfristige Verbindlichkeit; **delictual l.** § Haftung aus unerlaubter Handlung; **direct l.** unbestimmte und unbedingte Verbindlichkeit; **financial l.** Vermögenshaftung *f*; **fiscal liabilities** Steuerschulden *pl*; **fixed liabilities** langfristige Verbindlichkeiten; **floating l.** kurzfristige Verbindlichkeit; **full l.** unbedingte/unbeschränkte Haftung; **funded liabilities** langfristige/konsolidierte Verbindlichkeiten; **indirect l.** Eventualverbindlichkeit *f*; **individual l.** persönliche Haftung; **interest-bearing liabilities** verzinsliche Passiva; **joint (and several) l.** solidarische Haftung, gesamtschuldnerische Verbindlichkeit; **intra-group liabilities** Konzernverbindlichkeiten *pl*; **joint (and several) l.** § Solidarhaftung *f*; **legal l.** Haftungspflicht *f*, gesetzliche Haftung; **limited l.** beschränkte Haftung; **~ capital** haftendes Kapital, Haft-, Kommanditkapital *nt*; **~ company** *[GB]* 1. Aktiengesellschaft (AG) *f*; 2. Gesellschaft mit beschränkter Haftung (GmbH); **long-term liabilities** 1. langfristige Verbindlichkeiten; 2. langfristiges Fremdkapital; **maximum l.** Haftpflichthöchstgrenze *f*; **net liabilities** Nettoverbindlichkeiten *pl*, Passivsaldo *m*; **personal liabilities** Privatschulden *pl*; **~ l. insurance** (Privat)Haftpflichtversicherung *f*; **primary l.** selbstschuldnerische Haftung; **public l.** Staats-, Amtshaftung *f*; **reserve-carrying liabilities** (mindest)-reservepflichtige Verbindlichkeiten; **secondary l.** subsidiäre Haftung; **secured liabilities** abgesicherte Verbindlichkeiten; **short-term liabilities** laufende/kurzfristige Verbindlichkeiten; **stated liabilities** in der Bilanz ausgewiesene Verbindlichkeiten; **statutory l.** gesetzliche Haftung/Haftpflicht; **subordinated liabilities** im Rang nachgestellte Verbindlichkeiten; **third-party l.** Haftung gegenüber Dritten; **insured against ~ l.** haftpflichtversichert; **~ l. car/motor insurance** Kraftfahrzeug-, Kfz-, Autohaftpflichtversicherung *f*; **~ l. claims** Haftungsansprüche Dritter; **total liabilities** Fremdkapital *nt*; **tortious l.** deliktische Haftung, Delikthaftung *f*; **unlimited l.** unbeschränkte Haftung, Vollhaftung *f*; **unsecured l.** ungesicherte Verbindlichkeit; **vicarious l.** Haftung für fremdes Verschulden, ~ den Erfüllungsgehilfen

liability account Passivkonto *nt*; **l. bond** Haftungserklärung *f*; **l. business** *(Vers.)* Haftpflichtgeschäft *nt*; **l. capital** Hafteinlage *f*, H.kapital *nt*; **l. claim** *(Vers.)* Haftpflicht-, Haftungsanspruch *m*; **l. costs** Produkthaftungskosten *pl*; **l. cover(age)** Haftungssumme *f*, Haftpflichtdeckung *f*; **liabilities incurred** (eingegangene) Verbindlichkeiten *pl*

liability insurance Haftpflichtversicherung *f*; **general l. i.** allgemeine Betriebshaftpflichtversicherung; **personal l. i.** (Privat)Haftpflichtversicherung *f*; **professional l. i.** Berufshaftpflichtversicherung *f*; **statutory l. i.** Haftpflichtzwangsversicherung *f*

liability insured Deckungsumfang *m*; **l. limit** Haftungsgrenze *f*; **l. loss** Haftungsschaden *m*; **l. policy** Haftpflicht(versicherungs)police *f*; **l. provisions** Haftungsvorschriften *pl*; **l. reserves** Rückstellungen für ungewisse Verbindlichkeiten; **l. risk** Haftungsrisiko *nt*; **liabilities side** *(Bilanz)* Passivseite *f*

liable *adj* 1. haftend, (finanziell) haftbar; 2. verantwortlich; **to be l.** haften; **~ l. for** *(Steuer)* pflichtig sein, unterliegen; **~ contingently l.** bedingt haften; **directly l.** selbstschuldnerisch (haftbar); **fully l.** voll haftbar/haftend; **to be ~ l.** uneingeschränkt/voll haften; **jointly (and severally) l.** gemeinsam/gesamtschuldnerisch (haftbar); **to be ~ l.** § solidarisch/gesamtschuldnerisch haften; **to be personally l.** persönlich haften; **severally l.** individuell haftbar; **to be vicariously l.** § für den Erfüllungsgehilfen haften; **to hold so. l.** jdn haftbar machen

libel *n* § (schriftliche) Verleumdung *f*, üble Nachrede

liberalization *n* Liberalisierung *f*; **l. of imports** Einfuhrliberalisierung *f*, Importfreigabe *f*; **~ the movement of capital** Kapitalverkehrslockerung *f*; **~ trade** Handelsliberalisierung *f*

liberalize *v/t* freigeben, liberalisieren

LIBOR *n* ↘ **London interbank offered(ed)/overnight rate**

licence *[GB]*/**license** *n* *[US]* Erlaubnis(bescheid) *f/m*, Lizenz *f*, Konzession *f*, Genehmigung *f*, Berechtigung *f*; **subject to a l.** konzessionspflichtig; **under l.** mit Genehmigung; **l. to manufacture** Produktionslizenz *f*; **~ operate** Betriebsgenehmigung *f*; **~ trade** Gewerbeschein *m*

to apply for a licence Konzession/Lizenz beantragen; **to award/grant a l.** Lizenz gewähren; **to build/manufacture under l.** in Lizenz bauen, nachbauen; **to issue a l.** Lizenz/Konzession erteilen; **to renew a l.** Lizenz erneuern/verlängern; **to take out a l.** Lizenz erwerben

exclusive licence ausschließliche Lizenz; **general l.** Generallizenz *f*, Sammel(ausfuhr)genehmigung *f*; **open ~ l.** *(Einfuhr)* allgemeine Rahmeneinfuhrgenehmigung; **individual l.** Einzelgenehmigung *f*; **multiple l.** Mehrfachlizenz *f*; **official l.** behördliche Genehmigung; **professional l.**

Genehmigung zur Ausübung eines Berufs; **statutory l.** gesetzliche Lizenz

licence agreement Lizenzvertrag *m*, L.abkommen *nt*; **l. application** Konzessionsantrag *m*; **l. award** Konzessions-, Lizenzvergabe *f*; **l. duty** 1. Lizenzgebühr *f*, Konzessionsabgabe *f*; 2. 🚗 Kfz-Steuer *f*; **l. fee** Lizenzgebühr *f*; **l. holder** Lizenzinhaber(in) *m/f*, L.nehmer(in) *m/f*; **l. renewal** Lizenzerneuerung *f*; **l. royalties** Lizenz-, Konzessionsgebühren *pl*; **l. tax** Lizenzgebühr *f*, Konzessionssteuer *f*

license *v/t* lizensieren, konzessionieren, Lizenz/Konzession vergeben

licens|ee *n* Lizenzinhaber(in) *m/f*, L.nehmer(in) *m/f*, Konzessionär(in) *m/f*; **l.er; l.or** *n* Konzessionsvergeber(in) *m/f*, Lizenz(ver)geber(in) *m/f*

licensing *n* Zulassung(serteilung) *f*, Lizenz-, Konzessionsgewährung *f*, K.vergabe *f*, Konzessionierung *f*; **l. agreement** Lizenzvertrag *m*; **l. application** Zulassungsantrag *m*; **l. authority** Genehmigungsbehörde *f*; **l. certificate** Zulassungsurkunde *f*; **l. income** Lizenzeinnahmen *pl*; **l. practice(s)** Genehmigungspraxis *f*; **l. procedure** Zulassungsverfahren *nt*; **l. provisions/regulations** Zulassungsbestimmungen *pl*; **l. requirements** Genehmigungsvorschriften *pl*; **l. restrictions** Lizenzauflagen *pl*, L.beschränkungen *pl*

lien *n* Pfand(recht) *nt*, Zurückhaltungsrecht *nt*; **l. secured by property** Grund(buch)pfandrecht *nt*, dingliche Sicherheit; **to create a l.** Pfand(recht) bestellen; **to exercise a l.** Pfandrecht ausüben

contractual lien Vertragspfand(recht) *nt*; **equitable l.** Treuhandgut *nt*, sicherungsübereignete Gegenstände, treuhänderisches Eigentum; **maritime l.** Seepfandrecht *nt*; **mercantile l.** kaufmännisches Zurückbehaltungsrecht; **paramount l.** vorrangiges Pfandrecht; **prior/senior l.** bevorrechtigtes Pfandrecht; **second l.** nachrangiges Pfandrecht

lien bond Schuldverschreibung *f*, Obligation *f*; **l. creditor; l. holder** Pfandinhaber(in) *m/f*, P.gläubiger(in) *m/f*

in lieu of *prep* anstelle von

life *n* 1. Leben *nt*; 2. Lebenserwartung *f*; 3. Nutzungs-, Lebensdauer *f*; 4. Gültigkeitsdauer *f*; 5. *(Anleihe)* Laufzeit *f*; 6. Haltbarkeit *f*; **during the l.** während des Bestehens; **for l.** auf Lebenszeit

life of a company Totalperiode *f*; **~ contract** Vertragsdauer *f*; **~ lease** Mietvertrags-, Pachtdauer *f*; **~ letter of credit** Gültigkeitsdauer/Laufzeit eines Akkreditivs; **~ loan** Kreditlaufzeit *f*; **l. to maturity** Endlaufzeit *f*; **l. of a patent** (Geltungs)-Dauer/Laufzeit eines Patents; **~ policy** Versicherungslaufzeit *f*

to appoint for life auf Lebenszeit anstellen/ernennen/berufen; **to insure one's l.** sein Leben versichern

actual life tatsächliche Nutzungsdauer; **assured l.** versichertes Leben; **average l.** Durchschnittslaufzeit *f*, durchschnittliche Laufzeit/Lebensdauer; **economic l.** (wirtschaftliche) Nutzungsdauer *f*; **expected l.** gewöhnliche Nutzungsdauer; **impaired l.** *(Lebensvers.)* erhöhtes Risiko; **insured l.** versichertes Leben; **legal l.** gesetzlich festgelegte Nutzungsdauer; **limited l.** begrenzte Lebensdauer; **long l.** *(Anleihe)* lange Laufzeit; **minimum l.** *(Waren)* Mindesthaltbarkeit *f*; **physical l.** Gesamtnutzungsdauer *f*; **private l.** Privatleben *nt*; **professional l.** Berufs-, Arbeitsleben *nt*; **remaining l.** Restlaufzeit *f*, R.nutzungsdauer *f*; **standard l.** *(Lebensvers.)* durchschnittliche Lebensdauer; **useful l.** (betriebsgewöhnliche) Nutzungsdauer *f*; **average ~ l.** durchschnittliche (betriebsgewöhnliche) Nutzungsdauer; **remaining ~ l.** Restnutzungsdauer *f*

life annuity Lebens-, Leibrente *f*; **to settle a l. a.** Leibrente aussetzen; **deferred l. a.** aufgeschobene Leibrente; **temporary l. a.** abgekürzte Leibrente

life assurance/insurance *[GB]* Lebens-, Sterbefallversicherung *f*

deferred life assurance/insurance aufgeschobene Lebensversicherung; **extended l. a./i.** beitraglos gestellte Lebensversicherung; **industrial l. a./i.** Kleinlebensversicherung *f*; **limited payment l. a./i.** Lebensversicherung mit abgekürzter Prämienzahlung; **mutual l. a./i. company** Lebensversicherungsgesellschaft/L.verein auf Gegenseitigkeit; **ordinary l. a./i.** Großlebensversicherung *f*, Lebensversicherung auf den Todesfall; **paid-up l. a./i.** prämienfreie Lebensversicherung; **participating l. a./i.** Lebensversicherung mit Gewinnbeteiligung; **straight l. a./i.** Todesfall-, Großlebensversicherung *f*; **temporary l. a./i.** Risikolebensversicherung *f*; **unit-linked l. a./i.** Lebensversicherung mit Anlage in Investmentzertifikaten; **whole l. a./i.** (Lebens)Versicherung auf den Todesfall; **with-profits life a./i.** Lebensversicherung mit Gewinnbeteiligung

life assurance/insurance company Lebensversicherungsgesellschaft *f*; **~ premium** Lebensversicherungsprämie *f*

life assurer/insurer *[GB]* Lebensversicherung(sgesellschaft) *f*; **l.blood** *n* Haupterwerbszweig *m*; **l.boat** *n (fig)* Auffanggesellschaft *f*; **l. branch** Lebensversicherungsabteilung *f*; **l. business** Lebensversicherungsgeschäft *nt*; **l. company** Lebensversicherungsgesellschaft *f*; **industrial l. company** Kleinlebensversicherungsgesellschaft *f*; **l. contract** 1. Lebensversicherung(svertrag) *f/m*; 2. Vertrag auf Lebenszeit; **l. cover(age)** Lebensversicherungsschutz *m*; **l. cycle** Produkt-, Lebenszyklus(dauer) *m*; **~ analysis (LCA)** Ökobilanz *f*; **~ costs** *(Produkt)* Lebenszykluskosten *pl*

life expectancy Lebenserwartung *f*, (wahrscheinliche/voraussichtliche) Lebensdauer *f*; 2. geschätzte Nutzungsdauer; **average l. e.** durchschnittliche Lebenserwartung; **reduced l. e.** abgekürzte Lebenserwartung; **remaining l. e.** Restlebensdauer *f*; **useful l. e.** betriebsgewöhnliche Nutzungsdauer

life expectation Lebenserwartung *f*; **l. insurance** *[US]* ↘ **l. assurance**; **l. interest** 1. Leibrente *f*, Lebensversicherung *f*; 2. Nutzungsrecht auf Lebenszeit, lebenslängliche Nutznießung/Nutzung; **l. manager** Leiter(in) der Lebensversicherungsabteilung; **l. member** Mitglied auf Lebenszeit; **l. office** Lebensversicherungsgesellschaft *f*, L.versicherer *m*; **l. pension** Pension auf Lebenszeit; **l.-period method** arithmetisch-degressive Abschreibung, Digitalabschreibung *f*

life policy Lebensversicherung(spolice) *f*; **industrial l. p.** Kleinlebensversicherungspolice *f*; **joint l. p.** verbundene Lebensversicherung; **limited-payment l. p.** Lebensversicherung mit abgekürzter Prämienzahlung; **l. p. proposal** Antrag auf Lebensversicherung

life premium Lebensversicherungsprämie *f*; **l. science(s)** Biowissenschaft(en) *f/pl*, B.technologie *f*; **l. span** Lebensdauer *f*; **l.style** *n* Lebensstil *m*, L.art *f*; **~ draw** Attraktivität der Lebensqualität; **l. table** *(Lebensvers.)* Sterblichkeitstabelle *f*, Sterbetafel *f*; **l. tenancy** Pacht auf Lebenszeit; **l. tenant** Pächter auf Lebenszeit; **l. tenure** lebenslängliche Anstellung; **l.-threatening** *adj* lebensbedrohend

lifetime *n* Lebenszeit *f*; **l. employment** Lebenszeitbeschäftigung *f*; **l. income** Lebenseinkommen *nt*; **l. yield** Lebensleistung *f*

life underwriter Lebensversicherer *m*, L.versicherungsgesellschaft *f*

lifo; LIFO (last in first out) 1. *(Vorratsbewertung)* Lifo-Methode *f*; 2. *(Lager)* Zuerstentnahme der neuen Bestände

heavy lift Schwergut *nt*; **~ transport** Schwerguttransport *m*

lift *v/t* 1. (an)heben; 2. *(Dividende)* erhöhen; 3. 🚜 *(Bodenfrüchte)* roden, (ab)ernten; 4. *(Öl)* fördern; 5. *(Bestimmung)* aufheben

lifting *n* 1. *(Öl)* Förderung *f*; 2. 🚜 *(Bodenfrüchte)* Ernte *f*, Rodung *f*; 3. *(Bestimmung)* Aufhebung *f*; **l. of controls** Liberalisierung *f*, Freigabe *f*; **~ restrictions** Beseitigung/Aufhebung von Beschränkungen; **l. costs** ⛏ Förderkosten *pl*; **l. time** 🚜 *(Bodenfrüchte)* Erntezeit *f*

lighten *v/t* ausladen, löschen (lassen)

lighter *n* ⚓ Leichter(schiff) *m/nt*, Lastkahn *m*; *v/i* auf Leichter umladen; **l.age** *n* ⚓ Leichtergeld *nt*, L.lohn *m*; **l.-aboard-ship (lash) method** Lash-Verfahren *nt*; **l.-ing** *n* ⚓ Leichtern *nt*

light-industrial *adj* leichtindustriell

lightning *n* Blitz *m*; **l. damage** Blitzschaden *m*; **l. strike** spontaner Streik, Blitzstreik *m*

light pen 🖳 Lichtstift *m*, L.griffel *m*; **l.-weight** *n* Leichtgewicht *nt*

like-for-like *adj* entsprechend, analog, vergleichbar

likelihood *n* Wahrscheinlichkeit *f*

limit *n* 1. (Preis)Grenze *f*, Höchstbetrag *m*, Rahmen *m*; 2. Begrenzung *f*, Beschränkung *f*

limit of compensation Höchstentschädigung *f*; **~ credit** Kredit-, Beleihungsgrenze *f*; **~ indemnity** Haftungs-, Entschädigungsgrenze *f*; **~ liability** Haftungsgrenze *f*, H.begrenzung *f*; **~ plant capacity** 🏭 Kapazitätsgrenze *f*; **l.s of taxation** Grenzen der Besteuerung; **to fix a l.** Limit

L

(fest)setzen; **to keep within l.s** in Grenzen halten

financial limit|s finanzieller Spielraum; **legal l.** *(Vers.)* Deckungsgrenze *f*; **maximum l.** obere Grenze, Höchstgrenze *f*; **minimum l.** untere Grenze; **statutory l.** Pflichtgrenze *f*, gesetzlich zulässiges Maß; **twelve-mile l.** ⚓ Zwölfmeilenzone *f*; **upper l.** Obergrenze *f*

limit *v/t* befristen, begrenzen, beschränken

limitation *n* Ein-, Beschränkung *f*, Begrenzung *f*; **l. of authority** Vollmachtsbeschränkung *f*; **~ claims** Anspruchsverjährung *f*; **~ consumption** Konsumbeschränkung *f*; **~ imports** Einfuhrbeschränkung *f*; **~ indemnity** Deckungssummenbegrenzung *f*; **~ liability** Haftungsbegrenzung *f*, H.beschränkung *f*; **~ liability in time** Verjährung *f*; **~ the range of goods** Angebotsbegrenzung *f*; **~ risks clause** Risikobegrenzungsklausel *f*; **~ spending** Ausgabenbegrenzung *f*; **l. in time** Verjährung *f*; **l. period** § Verjährungsfrist *f*

limit ceiling Limitkurs *m*

limited (Ltd.) *adj* 1. limitiert, begrenzt, beschränkt; 2. mit beschränkter Haftung

limit order *(Börse)* limitierter Auftrag, Limitauftrag *m*; **l. price** Limitkurs *m*

line *n* 1. Linie *f*, Strich *m*; 2. Zeile *f*; 3. (Artikel-/Waren)Sortiment *nt*; 4. Fertigungs-, Lieferprogramm *nt*; 5. 🚂 Strecke *f*, Trasse *f*; 6. (Fach)Gebiet *nt*, Branche *f*; 7. *(Lloyd's)* Versicherungshöchstgrenze *f*; **below the l.** unter dem Strich; **down the l.** nachgeordnet; **in l. with** in Übereinstimmung mit, parallel zu; **on l.** in Betrieb; **up the l.** vorgeordnet

line of acceptance Akzeptlimit *nt*; **l.(s) of authority** Leitungsstruktur *f*, Führungshierarchie *f*; **conflicting l.s of authority** Kompetenzstreitigkeit *f*; **l. of business** (Industrie)Sparte *f*, Geschäftszweig *m*, Branche *f*; **in the same ~ business** branchengleich; **customary in this ~ business** branchentypisch; **~ business reporting** Branchenberichterstattung *f*; **l.(s) of command** Leitungsstruktur *f*, Führungshierarchie *f*; **l. of communication** Verkehrsweg *m*; **~ credit** Kreditlinie *f*, K.-spielraum *m*, K.rahmen *m*; **~ goods/merchandise** Artikelserie *f*, (Waren)Sortiment *nt*; **~ insurance** Versicherungssparte *f*; **~ products** Produktgruppe *f*, P.sortiment *nt*; **~ production** Produktionssparte *f*, P.zweig *m*; **~ vehicles** Fahrzeugkolonne *f*

to bring into line angleichen; **to come off the l.** 🏭 vom Band rollen; **to come/go on l.** 🏭 in Betrieb gehen; **to discontinue a l.** etw. aus der Produktion nehmen; **to hold the l.** ☎ am Apparat bleiben; **to show below the l.** unter dem Strich ausweisen; **to specialize in a l.** sich (auf eine Artikelgruppe) spezialisieren; **to take a l.** *(Vers.)* (Teil)Risiko übernehmen

base line *(Werbung)* Schlussaussage *f*; **bottom l.** Hauptsparte *f*, H.umsatzträger *m*, Kerngeschäft *nt*; **~ performance** Ertragskraft im Kerngeschäft; **busy** *[US]***/engaged** *[GB]* **l.** ☎ besetzte Leitung; **discontinued l.** ausgelaufenes Sortiment, Auslaufmodell *nt*; **dotted l.** gepunktete Linie; **iso-cost l.** Isokostengerade *f*; **iso-revenue l.** Isogewinngerade *f*; **lead l.** umsatzstarke Artikelgruppe; **main l.s** Breitengeschäft *nt*; **organisational l.s** betriebliche Instanzen, Dienstweg *m*; **total l.** Summenzeile *f*; **unbalanced l.** 🏭 nicht ausgetaktetes Montageband; **vacant l.** ☎ freie Leitung; **well-running l.** gutgehendes Produkt/Sortiment

line *v/t* 1. linieren; 2. *(Kiste)* auskleiden, füttern

line activity Linientätigkeit *f*; **l. assembly** Bandmontage *f*; **l. balancing** 🏭 (Fließ)-Band-, Taktabstimmung *f*, Bandabgleichung *f*; **l. chart** Linienschaubild *nt*; **l. control** Leitungssteuerung *f*; **l. function** Linienfunktion *f*; **l. graph** Liniendiagramm *nt*; **l. management** Fachgebietsleitung *f*; **l. manager** Fachgebietsleiter(in) *m/f*; **first l. manager** Werksleiter(in) *m/f*; **l. operative** Beschäftigte(r) in Linienfunktion; **l. (and staff) organisation** Stablinienorganisation *f*, Linien- und Staborganisation *f*; **l. position** Linienstelle *f*

liner *n* ⚓ Linienschiff *nt*; **l. company** Linienreederei *f*; **l. conference** Linien-, Schifffahrtskonferenz *f*; **l. (freight) rates** Linien(fracht)raten *pl*; **l. service** Liniendienst *m*, L.verkehr *m*; **l. terms** Linienschifffahrtsbestimmungen *pl*; **l. trade/traffic** Linienfahrt *f*, L.verkehr *m*, L.-schifffahrt *f*; **l. transport** Linienfahrt *f*; **l. waybill** Linienfrachtbrief *m*

line sampling Linienstichprobenverfahren *nt*; **l. speed** Bandgeschwindigkeit *f*; **l.-staff relationship** Stab-Linien-Verhältnis *nt*

lining *n* *(Kiste)* Auskleidung *f*

link *n* (Binde-/Ketten)Glied *nt*, Verbindung *f*; **l. of distribution** Abnehmerstufe *f*; **direct l.** Direktverbindung *f*; **economic l.s** Wirtschaftsbeziehungen *pl*; **financial l.s** finanzielle Verflechtung

link *v/t* verflechten, verbinden, verketten; **l. up** 1. verketten, vernetzen; 2. sich zusammenschließen

linkage *n* Verflechtung *f*, Verkettung *f*; **l. between capital markets** Kapitalmarktverflechtung *f*; **l. of risks** Risikoverbindung *f*; **backward l.** Verflechtung mit vorgelagerten Sektoren; **economic l.** wirtschaftliche Verflechtung; **forward l.** Verflechtung mit nachgelagerten Sektoren; **organisational l.** Organisationsverbund *m*

linking *n* Verkettung *f*; **l. to the share** *[GB]***/stock** *[US]* **price** Bindung an den Aktienkurs

link-up *n* 1. Verbindung *f*, Verknüpfung *f*; 2. Zusammenschluss *m*, Fusion *f*

liquid *n* Flüssigkeit *f*, F.stoff *m*; *adj* 1. flüssig; 2. *(Finanzlage)* kapitalkräftig, liquide, solvent, flüssig *(coll.)*; **l.ate** *v/t* 1. flüssig machen, verflüssigen, abwickeln, liquidieren; 2. Schulden abtragen; 3. saldieren, *(Konto)* abrechnen; 4. *(Börse)* glattstellen

liquidation *n* 1. Tilgung *f*; 2. *(Konto)* Abrechnung *f*; 3. Abwicklung *f*, Liquidation, Verflüssigung (von Vermögenswerten) *f*, Realisierung *f*; 4. *(Börse)* Glattstellung *f*; **in l.** in Abwicklung/Liquidation

liquidation by arrangement gütliche Liquidation; **l. of a bankrupt's estate** Konkursabwicklung *f*; **~ a damage** Schadensliquidation *f*; **~ debts** Schuldenbegleichung *f*; **~ inventories/stocks** Lagerabbau *m*, L.auflösung *f*; **~ reserves** Rücklagenauflösung *f*

to put into liquidation liquidieren, abwickeln

compulsory liquidation Zwangsauflösung *f*; **general l.** *(Börse)* Glattstellung *f*; **long l.** *(Börse)* Glattstellung einer Hausseposition; **short l.** *(Börse)* Glattstellung einer Baisseposition; **voluntary l.** freiwillige Liquidation

liquidation account Abwicklungskonto *nt*; **l. balance sheet** Abwicklungs-, Liquidationsbilanz *f*; **l. certificate** Liquidationsanteilschein *m*; **l. dividend** Vergleichs-, Schlussquote *f*; **l. gain** Verwertungsgewinn *m*; **l. payment** Tilgungszahlung *f*; **l. rights** *(Konkurs)* Liquidationsansprüche *pl*; **l. sale** Verkauf wegen Geschäftsaufgabe; **l. value** Liquidations-, Veräußerungswert *m*

liquidator (in bankruptcy) *n* (Konkurs)-Abwickler(in) *m/f*, Masse-, Konkursverwalter(in) *m/f*; **official l.** gerichtlich bestellter Konkursverwalter

liquidity *n* 1. (Geld)Flüssigkeit *f*, Liquidität *f*, Zahlungsbereitschaft *f*; 2. Geldmenge M1; **l. of money** Liquidität *f*, Flüssigkeit des Geldes; **to absorb/soak up l.** Liquidität abschöpfen; **to increase l.** Liquidität anreichern; **to tighten l.** Liquidität beschränken

corporate liquidity Liquidität einer AG/GmbH; **excess/surplus l.** Liquiditätsüberhang *m*; **immobilized l.** gebundene Mindestreserven; **instant l.** *(Geldanlage)* sofortige Verfügbarkeit; **primary l.** Primärliquidität *f*, Liquidität erster Klasse; **sufficient l.** Liquiditätsdecke *f*

liquidity|-absorbing *adj* liquiditätsabschöpfend; **l. arrangements** Liquiditätsdispositionen *pl*; **l. audit** Liquiditätsprüfung *f*; **(net) l. balance** Liquiditätsbilanz *f*, L.saldo *m*; **l. build-up** Liquiditätsanstieg *m*; **l. ceiling** Liquiditätsrahmen *m*; **l. creation** Geld-, Liquiditätsschöpfung *f*; **l. crisis** Liquiditätskrise *f*; **l. drain** Liquiditätsentzug *m*; **l. equalization** Liquiditätsausgleich *m*; **l. flow** Liquiditätsstrom *m*; **l. freezing** Liquiditätsbindung *f*; **l. improvement** Liquiditätsverbesserung *f*; **l.-induced** *adj* liquiditätsinduziert, l.bedingt; **l. injection** Liquiditätshilfe *f*; **l. level** Liquiditätsniveau *nt*; **l. loss** Liquiditätsentzug *m*; **l. maintenance** Liquiditätsgebaren *nt*; **l. management** Liquiditätssteuerung *f*, L.politik *f*; **l. manager** Gelddisponent(in) *m/f*; **l. margin** Liquiditätsspielraum *m*; **l. needs** Liquiditätsbedarf *m*; **l. planning** Liquiditätsplanung *f*; **l. pooling** *(Konzern)* Liquiditätsausgleich *m*; **l. position** Liquiditätsstatus *m*; **l. ratio** Liquiditätskennzahl *f*, L.koeffizient *m*, Deckungsgrad *m*; **~ of the economy** volkswirtschaftliche Liquiditätsquote;

l. requirements Liquiditätsbedarf *m*, L.erfordernisse *pl*; **l. reserve** Liquiditätspolster *nt*; **l. shortage/squeeze** Liquiditätsknappheit *f*, L.engpass *m*; **l. shortfall** Liquiditätsdefizit *nt*; **tight l. situation** Kapitalknappheit *f*, Liquiditätsengpass *m*; **l. surplus** Liquiditätsüberhang *m*; **l. target** Liquiditätsziel *nt*

list *n* 1. Liste *f*, Aufstellung *f*, Auflistung *f*, Verzeichnis *nt*; 2. Liste der börsenfähigen Wertpapiere

list of applicants Bewerber-, Interessentenliste *f*; **~ assets** Vermögensverzeichnis *nt*; **~ benefits** *(Vers.)* Leistungskatalog *m*; **candidates** Bewerberliste *f*; **~ charges** Gebührenverzeichnis *nt*; **~ creditors** Gläubigerverzeichnis *nt*; **~ customers** Kundenkartei *f*; **~ dealers** Händlerverzeichnis *nt*; **~ defects/faults** Mängelliste *f*; **~ events** Veranstaltungskalender *m*, Messeprogramm *nt*; **~ (foreign) exchange** Devisenkurszettel *m*; **~ goods** Warenaufstellung *f*, W.liste *f*; **fixed ~ g.** Warenkorb *m (fig)*; **~ non-liberalized goods** ⊝ Negativliste *f*; **~ tax-free goods** ⊝ (Zoll)Freiliste *f*; **~ investments** Vermögensaufstellung *f*; **~ materials** Materialverzeichnis *nt*; **~ offers** Angebotsverzeichnis *nt*; **~ orders** Bestellliste *f*; **~ paying agents** Zahlstellenverzeichnis *nt*; **~ prices** Preisliste *f*, P.verzeichnis *nt*; **~ quotations** (Wertpapier)Kurszettel *m*; **~ shareholders** *[GB]*/**stockholders** *[US]* Aktionärsverzeichnis *nt*, A.register *nt*; **~ subscribers** Zeichnerliste *f*; **~ suppliers** Lieferantenliste *f*; **~ tariffs** Gebührenliste *f*, Tarifaufstellung *f*

to compile a list Liste zusammenstellen, Verzeichnis anlegen; **to head the l.** Liste anführen; **to pay l.** Listenpreis zahlen; **to strike off the l.** von der Liste streichen

black list schwarze Liste; **computerized l.** EDV-Liste *f*; **free l.** ⊝ (Zoll)Freiliste *f*; **itemized l.** Einzelaufstellung *f*; **official l.** amtlicher Kurszettel, Verzeichnis börsengängiger Wertpapiere; **recommended l.** Vorschlagsliste *f*; **short l.** engere Wahl, Vorauswahl *f*

list *v/t* 1. aufführen, verzeichnen, listenmäßig erfassen; 2. *(Handel)* listen; 3. *(Börse)* zulassen, (amtlich) notieren

list broker Adressenverlag *m*

listed *adj* 1. *(Handel)* gelistet; 2. börsengängig, b.fähig, b.notiert; **to be l.** *(Börse)* notiert werden; **~ consecutively** fortlaufend notiert werden; **officially l.** amtlich zugelassen/notiert

listing *n* 1. Auflistung *f*; 2. *(Handel)* Listung *f*; 3. Börsenzulassung *f*, B.einführung *f*, B.notierung *f*; 4. *(Börse)* Titel *m*, Wert *m*; **l. of assets and liabilities** *(Bilanz)* Inventar *nt*; **to seek a l.** *(Börse)* an die Börse gehen; **new l.** Börsenneuling *m*; **official l.** offizielle Zulassung (zum Börsenhandel); **l. committee** (Börsen)Zulassungsausschuss *m*; **l. procedure** (Börsen)-Zulassungsverfahren *nt*; **l. prospectus** (Börsen)Einführungs-, (B.)Zulassungsprospekt *m*; **l. requirements** Zulassungsbedingungen *pl*

listless *adj* *(Börse)* lustlos

list price 1. Listen-, Katalogpreis *m*; 2. *(Börse)* Kurswert *m*; **l. processing** Listenbearbeitung *f*; **l. structure** Listenbild *nt*

literature *n* 1. (Fach)Literatur *f*; 2. Prospekte *pl*, Informations-, Prospektmaterial *nt*; **economic/industrial l.** Wirtschaftsschrifttum *nt*; **free l.** kostenloses Informationsmaterial; **promotional l.** Verkaufsliteratur *f*, Werbeprospekte *pl*; **l. rack/stand** Prospektständer *m*

liti|gant *n* § (Prozess)Partei *f*; **l.gate** *v/i* prozessieren, Prozess anstrengen/führen; **l.gation** *n* Klage(weg) *f/m*, Prozess *m*, Rechtsstreit *m*, R.weg *m*; **to resort to l. gation** Klageweg beschreiten, Prozess anstrengen; **l.gious** *adj* strittig, streitig

litter *n* Unrat *m*, (Papier)Abfall *m*

livelihood *n* (Lebens)Unterhalt *m*, Auskommen *nt*, Existenz(grundlage) *f*, Erwerbsgrundlage *f*; **to earn one's l.** seinen (Lebens)Unterhalt verdienen

livestock *n* 🐄 Vieh(bestand) *nt/m*; **l. farming** Viehzucht *f*, V.wirtschaft *f*; **l. fattening** Tiermast *f*; **l. market** Viehmarkt *m*; **l. products** tierische Produkte; **l. production** Vieh-, Tierzucht *f*; **l. trade** Viehhandel *m*; **l. trader** Viehhändler *m*

living *n* (Lebens)Unterhalt *m*, Existenz *f*; **to earn one's l.** seinen Lebensunterhalt verdienen; **l. conditions** Lebens-, Existenzbedingungen *pl*; **l. costs/expenses** Lebenshaltungskosten *pl*; **l. standard** Lebensstandard *m*; **l. wage** Existenzminimum *nt*

load *n* 1. Last *f*, Fracht *f*; 2. Ladungs-, Ladegewicht *nt*; 3. *(Investmentfonds)* Provisionsbelastung *f*

base load ⚡ Grundlast *f*; **complete/full l.** volle Ladung, Komplettladung *f*; **daily l.** Tagesbelastung *f*; **dead l.** Totlast *f*; **front-end l.** *(Gebühr)* Anfangsbelastung *f*; **heavy l.** Schwertransport *m*; **less-than-car l. (L.C.L.)** 🚃 (Wagen)Teilladung *f*; **live l.** in Arbeit befindliche Aufträge; **maximum l.** Höchstladegewicht *nt*, H.last *f*; **net l.** Nutzlast *f*; **palletized l.** Palettenladung *f*; **part l.** Partiefracht *f*, Stückgut *nt*; **~ traffic** Stückgutverkehr *m*; **peak l.** 1. Spitzenbelastung *f*; 2. ⚡ Höchstlast *f*; **~ business** Stoßgeschäft *nt*; **permanent l.** ☼ Dauerbeanspruchung *f*; **safe l.** zulässige Belastung; **unitized l.** Einheitsladung *f*; **maximum useful l.** Höchstzuladung *f*

load *v/t* 1. laden, be-, ein-, verladen; 2. bepacken, befrachten; 3. *(Vers.) (Prämie)* mit einem Aufschlag versehen; **l. in** ein-, zuladen; **l. out** ausladen

load capacity Trag-, Ladefähigkeit *f*, maximale Nutzlast; **l.-carrying** *adj* tragfähig; **l. compartment** *(LKW)* Laderaum *m*; **l. displacement** ⚓ Wasserverdrängung bei voller Beladung

loader *n* (Be-/Auf)Lader *m*, Verladearbeiter *m*; **chief l.** Lademeister *m*, Verladeaufseher *m*

load factor 1. Lade-, Belastungsfaktor *m*; 2. Kapazitätsauslastung(sgrad) *f/m*; 3. Belastungsfähigkeit *f*

loading *n* 1. (Auf-/Ein)Laden *nt*, Be-, Verladung *f*; 2. Verwaltungskosten-, Unkostenzuschlag *m*; 3. *(Vers.)* Zuschlag für Verwaltungskosten und Gewinn; 4. 📊 Gewichtung *f*; **l. for contingencies** *(Vers.)* Sicherheitszuschlag *m*; **~ expenses** Betriebskostenzuschlag *m*; **l. and unloading** Be- und Entladen *nt*; **ready for l.** ladebereit; **to be l.** Ladung nehmen; **base l.** Grundauslastung *f*; **front-end l.** 1. *(Kredit)* Anfangsbelastung *f*, Provisionsbelastung bei Kreditaufnahme; 2. *(Investmentfonds)* Provisionsbelastung bei Ersterwerb/Anteilskauf; **off-peak l.** Talzeitauslastung *f*

loading area 1. Ladefläche *f*; 2. Ladezone *f*; **l. capacity** Ladefähigkeit *f*, Zuladung *f*; **l. charge** *(Fondsanteil)* Ausgabegebühr *f*; **l. charges** Verladungskosten *pl*, Ladespesen *pl*; **l. cost(s)** Verlade-, Beladungskosten *pl*; **l. crew** Verlademannschaft *f*; **l. date** Beladetermin *m*; **l. days** Ladefrist *f*; **l. documents** Verladedokumente *pl*; **l. facility** Verladeeinrichtung *f*; **l. fee** *(Fondsanteil)* Ausgabegebühr *f*; **l. gear** Ladevorrichtung *f*, L.geschirr *nt*; **l. instructions** Verladeanweisungen *pl*; **l. operation** Ladevorgang *m*, L.geschäft *nt*; **l. list** Lade-, Schiffsliste *f*; **l. officer** Lademeister *m*; **l. operations** Ladungsarbeiten *pl*; **l. planning** 1. Ladungsdisposition *f*; 2. Kapazitätsplanung *f*; **l. platform** (Ver)-Laderampe *f*; **l. point** (Ver)Ladestelle *f*; **l. port** ⚓ (Ver)Ladehafen *m*; **l. quay** ⚓ (Ver)Ladekai *m*; **l. ramp** (Ver)Laderampe *f*; **l. space** Ladefläche *f*, L.raum *m*; **l. supervisor** Lademeister *m*; **l. tackle** Ladevorrichtung *f*, L.geschirr *nt*; **l. time** Ladefrist *f*, L.zeit *f*; **l. weight** (Ver)Ladegewicht *nt*; **l. wharf** ⚓ (Ver)Ladekai *m*

load line ⚓ Lade(wasser)linie *f*; **~ mark** Lademarke *f*; **l. platform** Ladefläche *f*; **l. run** Nutzfahrt *f*; **l. unit** Ladeeinheit *f*

loan *n* ↘ **credit** 1. Darlehen *nt*, Kredit *m*; 2. Leihgabe *f*; 3. Anleihe *f*; **l.s** Verbindlichkeiten *pl*, Ausleihungen *pl*

loan for third-party account Treuhandkredit *m*; **l. on bottomry** ⚓ Bodmereikredit *m*; **l.s to business** Wirtschaftskredite *pl*; **l.s to small and medium-sized businesses** Mittelstandskredite *pl*; **l. at call** Darlehen mit täglicher Kündigung; **l. against/on collateral** besichertes Darlehen; **l.s to customers** Kundendarlehen *pl*, K.kredite *pl*; **l.s and discounts** Lombard- und Diskontgeschäft *nt*; **l. to employees** Arbeitnehmerdarlehen *nt*; **l. by the employer** Arbeitgeberdarlehen *nt*; **l.s to industry** Industriekredite *pl*; **l. repayable by instalments** Amortisationskredit *m*; **l. from an insurance company** Versicherungsdarlehen *nt*; **l. on movables; ~ personal property** Mobiliarkredit *m*; **l. at notice** kündbares Darlehen; **l. on overdraft** Kontokorrentkredit *m*; **l. made by a partner** Gesellschafterdarlehen *nt*; **l. and savings bank** Spar- und Darlehensbank/D.kasse *f*; **l. against/on securities** Effektenlombard(kredit) *m*; **l. on the security of accounts receivable** durch Forderungsabtretung gesichertes Darlehen; **~ collateral securities** Wertpapierdarlehen *m*, Lombardkredit *m*; **l.s for a term of** Ausleihungen mit einer Laufzeit von; **l.s to trade and industry** gewerbliche Kredite

to apply for a loan Kredit/Darlehen beantragen; **to arrange a l.** Kredit vermitteln/bereitstellen; **to call (in) a l.** Kredit kündigen; **to collateralize a l.** Kredit besichern; **to contract a l.** Kredit aufnehmen; **to cover a l.** Darlehen/Kredit besichern; **to declare a l. overdue** Kredit für notleidend erklären; **to draw a l.** sich einen Kredit auszahlen lassen; **to extend a l.** Kredit verlängern; **to grant a l.** Kredit/Darlehen gewähren; **to float a l.** Anleihe begeben; **to fund a l.** Anleihe konsolidieren; **to issue a l.** Anleihe auflegen; **to liquidate a l.** Kredit abwickeln; **to negotiate/place a l.** Anleihe unterbringen/platzieren; **to offer a l. for subscription** Anleihe zur Zeichnung auflegen; **to pay off a l.** Kredit/Darlehen/Anleihe zurückzahlen, ~ tilgen; **to process a l.** Kredit abwickeln; **to raise a l.** Kredit/Darlehen aufnehmen; **to renew a l.** Kredit erneuern; **to repay/redeem/retire a l.** Kredit/Darlehen/Anleihe zurückzahlen, ~ tilgen; **to securitize a l.** Kredit besichern; **to service a l.** Anleihe bedienen, Schuldendienst leisten; **to subscribe a l.** Anleihe zeichnen; **to syndicate a l.** Anleihe-/Kreditkonsortium zusammenbringen

actuarial loan Versicherungsdarlehen *nt*; **agricultural l.** Landwirtschaftskredit *m*; **amortizable l.** Tilgungsanleihe *f*; **bad l.** notleidender Kredit; **below-market l.** *[US]* zinsverbilligter Kredit; **bridging l.** Überbrückungsdarlehen *nt*, Ü.kredit *m*; **callable l.** (täglich) kündbares Darlehen; **collateral(ized) l.** Lombard-, Wertpapierkredit *m*, besichertes Darlehen, gesicherte Anleihe; **commercial l.** Geschäfts-, Warenkredit *m*; **convertible l.** Wandelanleihe *f*, W.obligation *f*, W.schuldverschreibung *f*; **corporate l.** Industrieschuldverschreibung *f*; **covered l.** besicherter Kredit; **day-to-day l.** Tagesgeld *nt*, täglich fälliges Geld; **delinquent l.** notleidender Kredit; **federal l.** Bundesanleihe *f*; **fiduciary l.** ungesichertes Darlehen; **financial l.** Finanzkredit *m*; **fixed-interest/fixed-rate l.** Festzinsdarlehen *nt*; **fixed-term l.** Kredit mit fester Laufzeit; **floating-rate l.** Kredit mit variabler Verzinsung, ~ Zinsanpassung; **follow-up l.** Anschlusskredit *m*; **foreign l.** Auslandsanleihe *f*; **guaranteed l.** Bürgschaftskredit *m*; **high-coupon l.** hochverzinsliche Anleihe; **index-linked l.** Indexanleihe *f*; **industrial l.** Industriekredit *m*, I.anleihe *f*, gewerblicher Kredit; **infrastructure-financing l.** Infrastrukturkredit *m*; **intercompany/intergroup l.** Konzernkredit *m*; **interest-bearing l.** verzinsliche Anleihe, verzinsliches Darlehen; **interest-only l.** tilgungsfreies Darlehen; **irredeemable l.** unkündbare Anleihe; **jumbo l.** Jumbo-Anleihe *f*, Großkredit *m*; **long-term l.s** langfristige Verbindlichkeiten; **low-interest l.** 1. niedrig verzinsliche Anleihe; 2. (zins)verbilligter Kredit; **marginal l.** risikobehafteter Kredit; **maritime l.** Bodmereikredit *m*; **maturing l.** fällig werdender Kredit; **medium-term l.** mittelfristige Anleihe; **monthly l.s** Monatsgeld *nt*; **non-performing l.** notleidender Kredit; **non-recourse l.** projektgebundenes Darlehen; **outstanding l.s** Kreditbestand *m*; **overnight l.** Tagesgeld *nt*; **oversubscribed l.** überzeichnete Anleihe; **participating l.** Konsortialkredit *m*; **personal l.** Anschaffungsdarlehen *nt*, Kleinkredit *m*, persönlicher (Bar)Kredit, persönliches Darlehen; **~ company** *[US]* Abzahlungsgesellschaft *f*; **project-tied l.** 1. projektgebundene Anleihe; 2. projektgebundener Kredt; **public(-authority) l.** öffentliche Anleihe, Staatsanleihe *f*; **redeemable l.** 1. kündbare Anleihe; 2. Tilgungsdarlehen *nt*; **rescheduling l.** Tilgungsstreckungsdarlehen *nt*; **residual l.** Restdarlehen *nt*, R.kredit *m*; **roll-over l.** revolvierender Kredit; **secured l.** gedeckter/(ab)gesicherter/besicherter Kredit, Bürgschaftskredit *m*; **short l.** Überbrückungskredit *m*; **sinking-fund l.** Tilgungsanleihe *f*; **small l.** Klein-, Teilzahlungskredit *m*; **soft l.** Kredit zu verbilligtem Zinssatz, (zins)verbilligter Kredit; **standby l.** Beistandskredit *m*; **start-up l.** Existenzgründungsdarlehen *nt*; **straight l.** Kredit mit gleichbleibendem Zins; **subordinated l.** nachrangig besichertes Darlehen; **syndicated l.** Konsortialkredit *m*; **tax-exempt/tax-free l.** steuerfreie Anleihe; **tax-favoured l.** steuerbegünstigte Anleihe; **tied l.** (projekt)gebundener/zweckgebundener Kredit; **uncallable l.** 1. unkündbares Darlehen; 2. unkündbare Anleihe; **unsecured l.** 1. unbesicherte Anleihe; 2.

L

ungesichertes Darlehen; **variable-interest l.** Kredit mit variabler Verzinsung, ~ Zinsanpassung

loan *v/ti* (aus)leihen, verleihen

loan agreement Kreditvereinbarung *f*; **l. amount** Darlehensbetrag *m*, Kreditsumme *f*; **l. application** Kredit-, Darlehensantrag *m*; **to process a l. application** Kredit(antrag) bearbeiten; **l. appraisal** Kredit-, Bonitätsprüfung *f*; **l. appropriation** Darlehensbereitstellung *f*; **l. arrangement fee** Kreditbereitstellungsgebühr *f*; **l. association** Kreditgenossenschaft *f*; **l. bank** Kreditanstalt *f*, Darlehensbank *f*; **l. business** *(Bank)* Aktivgeschäft *nt*; **l. and overdraft business** debitorisches Geschäft; **l. capital** Fremd-, Anleihekapital *nt*; **l. ceiling** Kreditplafond *m*; **l. claims** Kreditforderungen *pl*; **l. commitment/covenant** 1. Kredit, Darlehenszusage *f*; 2. *(Bausparkasse)* Zuteilung *f*; **l. committee** Kredit-, Anleiheausschuss *m*; **l. commitment fee** Kreditbereitstellungsprovision *f*; **l. creditor** Kreditgeber(in) *m/f*; **l. debtor** Anleihe-, Darlehensschuldner(in) *m/f*; **l. demand** Kreditnachfrage *f*; **l. department** Kreditabteilung *f*; **l. documentation** Beschaffung von Kreditunterlagen; **l. drawdown** Darlehens-, Kreditinanspruchnahme *f*; **l. extension** Kreditgewährung *f*, K.vergabe *f*; **l. facility** Kreditrahmen *m*, K.linie *f*; **l. fee** Kreditbearbeitungsgebühr *f*; **l. finance/financing** Fremd-, Anleihefinanzierung *f*; **l. guarantee** Kreditbürgschaft *f*; **l. insurance** Kreditversicherung *f*; **l. issue** Anleiheemission *f*; **l. liabilities** Darlehensverbindlichkeiten *pl*; **l. loss** Kreditverlust *m*, K.ausfall *m*; **~ provision** Kreditausfallrücklage *f*; **~ ratio** Kreditausfallquote *f*; **l. management** Kreditabwicklung *f*; **l. manager** Leiter(in) der Kreditabteilung; **l. maturity** Kreditlaufzeit *f*; **l. note** Schuldschein *m*; **l. officer** Kredit(sach)bearbeiter(in) *m/f*; **l. origination fee** Kreditbereitstellungsprovision *f*; **l. payout** Kreditauszahlung *f*; **l. placement** Anleiheunterbringung *f*; **l. portfolio** 1. Kreditvolumen *nt*; 2. Anleihenportefeuille *nt*; **l. principal** Darlehensbetrag *m*, D.summe *f*; **l. proceeds** Anleiheerlös *m*, Auszahlungswert *m*; **l. processing** Kreditbearbeitung *f*; **~ charge/fee** Kreditgebühr *f*, K.bearbeitungsprovision *f*; **l. procurement fee** Kreditbereitstellungsgebühr *f*; **l. provision** Darlehensbereitstellung *f*; **l. rate (of interest)** 1. Darlehens(zins)satz *m*; 2. Anleihezinssatz *m*; **l. redemption** Anleihetilgung *f*; **l. repayment** Darlehensrückzahlung *f*, D.tilgung *f*; **l. rescheduling** Kreditumschuldung *f*; **l. service/servicing** (Tilgungs- und) Zinsendienst *m*, Schuldendienst *m*; **l. shark** *(pej.)* Kredithai *m (pej.)*; **l. society** Kredit-, Darlehenskasse *f*; **industrial l. society** gewerblicher Kreditverein; **mutual l. society** *[GB]* Kreditgenossenschaft *f*

loan stock Anleihe *f*, A.papier(e) *nt/pl*; **convertible l. s.** Wandelanleihe *f*, W.-schuldverschreibung *f*; **secured l. s.** besicherte Anleihe; **unsecured l. s.** ungesicherte/nicht besicherte Schuldverschreibung, ~ Anleihe

loan subscriber Anleihezeichner(in) *m/f*, A.nehmer(in) *m/f*; **l. subscription** Anleihezeichnung *f*; **l. syndicate** Anleihe-, Kreditkonsortium *nt*; **l. terms** Kredit-, Anleihebedingungen *pl*; **l. underwriting** Anleiheübernahme *f*; **l. write-offs** Debitorenausfälle *pl*

lobby *n* Lobby *f*, Interessengruppe *f*

local *n* Einheimische(r) *f/m*; *adj* örtlich, ortsansässig, einheimisch

localization *n* Lokalisierung *f*, Dezentralisierung *f*; **l. of industry** regionale/örtliche Konzentration von Industrien; 2. Industrieansiedlung *f*

localize *v/t* lokalisieren, örtlich beschränken, dezentralisieren; **l.d** *adj* 1. örtlich begrenzt; 2. partiell, teilweise

locate *v/ti* 1. ermitteln, ausfindig machen; 2. *(Industrie)* ansiedeln, sich niederlassen; 3. errichten; **l.d** *adj* gelegen, ansässig; **favourably l.d** standortgünstig

location *n* 1. Lage *f*, Platz *m*, Standort *m*; 2. Ansiedlung *f*; **l. of industry** Industriestandort *m*, I.ansiedlung *f*; **safeguarding/securing a l.** Standortsicherung *f*

central location verkehrsgünstige Lage; **city-centre l.** City-Lage *f*; **edge-of-town l.** Stadtrandlage *f*; **greenfield/out-of-town l.** Standort auf der grünen Wiese; **industrial l.** Industriestandort *m*; **new l.** Neuansiedlung *f*; **prime l.** 1a-, Spitzenlage *f*; **residential l.** Wohnlage *f*

locational *adj* standortbedingt

location analysis Standortanalyse *f*; **l. card** Lagerplatzkarte *f*; **~ index** Lagerplatzkartei *f*;

L

l. factor Standortfaktor *m*; **l.-specific** *adj* standortspezifisch
lock up *v/t* 1. abschließen; 2. *(Geld)* festlegen; 3. *(Kapital)* binden
locking-up *n* *(Geld)* Festschreibung *f*, F.legung *f*; **~ of capital** Kapitalbindung *f*; **~ of money** Geldstilllegung *f*
lockout *n* Aussperrung *f*
loco *adv* *(lat.)* loco, ab hier, ab Werk; **l. price** Lokopreis *m*
lodge *v/t* 1. *(Geld)* deponieren; 2. *(Gegenstand)* hinterlegen; 3. *(Antrag/Beschwerde)* einreichen; **l.r** *n* (Unter)Mieter(in) *m/f*
lodging *n* 1. Unterkunft *f*; 2. *(Beschwerde)* Einlegung *f*; **l.s** möblierte(s) Zimmer; **l. of a claim** Erhebung eines Anspruchs; **~ a security** Hinterlegung einer Sicherheit; **l. allowance** Wohngeld(zuschuss) *nt/m*
lodgment *n* Deponierung *f*, Hinterlegung bei Gericht; **l. of the customs declaration** ⊖ Abgabe der Zollerklärung; **l. voucher** Einlieferungsbeleg *m*
log *n* Aufzeichnungen *pl*; *v/t* aufzeichnen; **l. onto** *(Internet)* hineingehen; **l. book** 🚗 Fahrtenbuch *nt*
logging *n* Holzeinschlag *m*, H.ernte *f*
logistics *n* Logistik *f*; **l. of distribution** Vertriebs-, Distributionslogistik *f*; **~ production** Produktionslogistik *f*; **l. in transport** Transport-, Verkehrslogistik *f*; **end-to-end l.** (Gesamt)Logistik-, Gesamtprozesskette *f*; **industrial l.** betriebliche Logistik; **just-in-time l.** Just-in-time-Logistik *f*; **urban l.** City-Logistik *f*; **l. chain** Beförderungs-, Logistikkette *f*; **l. company/operator** Logistikunternehmen *nt*; **l. industry** Logistikbranche *f*; **l. performance measurement** Logistikcontrolling *nt*; **l. pipeline** Logistikkette *f*; **l. service provider** Logistikdienstleister *m*; **l. specialist** Logistiker *m*, Logistikfachkraft *f*
logo *n* Logo *nt*, Firmensymbol *nt*, Namens-, Firmenschriftzug *m*
lombard facility/window Lombardfenster *nt*; **l. (lending) rate** Lombardzins(satz) *m*; **l. loan** Lombardkredit *m*
London Commodity Exchange (LCE) Londoner Rohstoff-/Produktenbörse; **L. International Financial Futures Exchange (LIFFE)** Londoner Finanzterminmarkt *m*; **L. interbank offered/overnight rate (LIBOR)** Angebotszinssatz Londoner Banken; **L. Metal Exchange (LME)** Londoner Metallbörse; **L. Stock Exchange (LSE)** Londoner Börse
long *n* 1. *(Börse)* langfristige Anleihe, Langläufer *m*; 2. Haussespekulant *m*; **l.s and shorts** 1. Hausse- und Baissegeschäfte *pl*; 2. *(Anleihen)* Kurz- und Langläufer *pl*
long|er-term *adj* längerfristig; **l.est-serving** *adj* dienstältest; **l.-established** *adj* alteingesessen; **l.-run** *adj* langzeitig, l.-fristig; **l.-running** *adj* lang anhaltend; **l.-standing** *adj* langjährig; **l.-term** *adj* langfristig, auf lange Sicht
loophole *n* Schwachstelle *f*, Lücke *f*; **l. in a/the contract** Vertragslücke *f*
loose-leaf *n* Einlege-, Einlageblatt *nt*; *adj* Loseblatt-
loosening *n* (Auf)Lockerung *f*
lorry *n* *[GB]* 🚗 Lastkraftwagen (LKW) *m*; **articulated l.** *[GB]* Sattelschlepper *m*, S.zug *m*; **flat-bed l.** Tieflader *m*; **long-distance l.** Fernlastwagen *m*; **l. fleet** Fuhrpark *m*; **l. load** (Last)Wagenladung *f*; **l. toll** Straßenbenutzungsgebühr für LKW
loss *n* 1. Verlust *m*, Schaden *m*, Einbuße *f*; 2. Mindererlös *m*, M.ertrag *m*; 3. Versicherungsschaden *m*; 4. ⚓ Untergang *m*; **at a l.** mit Verlust; **in the event of l.** bei Eintritt des Schadensfalls
loss of assets Vermögensverlust *m*; **l. due to bankruptcy** Konkursverlust *m*; **l. of business** Geschäftsverlust *m*; **~ capital** Kapitalverlust *m*; **~ cargo** Ladungsverlust *m*; **~ custom** Kundenschwund *m*, K.verlust *m*; **l. or damage** Schaden jeder Art; **l.es from/on bad debts** Forderungsverluste *pl*; **l.es from the disposal of fixed assets** Verluste aus Anlageabgängen; **l. on disposal** Veräußerungsverlust *m*; **l. in earnings** Ertragseinbuße *f*; **l. of earning capacity** Verlust der Erwerbsfähigkeit; **~ earnings** Einkommensverlust *m*, Verdienstausfall *m*; **~ earnings insurance** Verdienstausfallversicherung *f*; **~ employment** Arbeitsplatzverlust *m*; **l. on exchange** (Wechsel)Kursverlust *m*; **l.es of foreign exchange** Devisenverluste *pl*; **l. by fire** Feuerschaden *m*; **l. and gain** Gewinn und Verlust; **l. of income** Einkommensverlust *m*, E.einbuße *f*; **l. through inflation** Inflationsverlust *m*; **l. of interest** Zinsverlust *m*; **~ a job** Arbeitsplatzverlust *m*; **~ jobs** Verlust von

L

Arbeitsplätzen; **l. by leakage** Verlust durch Auslaufen, Leckageverlust *m*; **l. of life** 1. Verluste an Menschenleben; 2. *(Vers.)* Tod *m*; **l.es on loans** Wertberichtigungen im Kreditgeschäft; **l. of limb** Verlust eines Glieds; **~ market share(s)** Marktanteilsverlust *m*; **~ materials** Materialverlust *m*; **~ money** Geldverlust *m*; **~ output/production** Produktionseinbuße *f*, P.ausfall *m*; **~ pay** Lohn-, Verdienstausfall *m*; **~ profit** Gewinnausfall *m*, entgangener Gewinn; **~ profits insurance** Gewinnausfall-, Betriebsunterbrechungsversicherung *f*; **~ property** Besitz-, Vermögensverlust *m*, V.einbuße *f*; **~ purchasing power** Kaufkraftminderung *f*, K.verlust *m*; **~ receivables** Forderungsausfall *m*; **~ rent** Mietausfall *m*; **~ expected returns** entgangener Gewinn; **~ revenue** Ertragseinbuße *f*; **~ sales** Umsatzrückgang *m*, U.ausfall *m*; **estimated ~ service life** geschätzter Wertminderungsverlust; **l. at sea** Schiffsunfall *m*; **l. of a ship at sea** Schiffsverlust *m*; **~ shipping** Tonnageverlust *m*; **~ takings** Einnahmeausfall *m*; **~ time** Zeitverlust *m*; **l. in transit** Verlust auf dem Transport (-wege); **l. of use** Nutzungsausfall *m*; **~ insurance** Betriebsunterbrechungsversicherung *f*; **l. in/of value** Wertminderung *f*, W.verlust *m*; **~ upon resale** Verlust bei Veräußerung; **l. of volume** Mengenverlust *m*; **~ wages** Lohn-, Verdienstausfall *m*; **~ weight** Gewichtsabgang *m*, G.verlust *m*; **~ workers due to natural wastage** Fluktuationsabgang *m*; **~ working hours** Arbeits(zeit)ausfall *m*; **l. for the year** Ergebnis des Geschäftsjahres

loss brought/carried forward Verlustvortrag *m*; **prior year's ~ forward** Verlustvortrag aus dem Vorjahr; **total l. only (t. l. o.)** nur bei Totalschaden

to answer for a loss für einen Schaden eintreten; **to assess a l.** Versicherungsschaden aufnehmen; **to carry back a l.** Verlustrücktrag vornehmen; **~ forward a l.** Verlust vortragen; **to close at a l.** mit Verlust abschließen; **to compensate so. for a l.** jdn für einen Verlust entschädigen; **to contain l.es** Verluste unter Kontrolle bringen; **to cushion l.es** Verluste auffangen; **to cut l.es** Verluste abbauen; **~ one's l.es** Schaden begrenzen; **to experience a l.** Verlust/Schaden erleiden; **to incur a l.** Verlust/Schaden erleiden; **to inflict a l.** Verlust/Schaden zufügen; **to operate at a l.** mit Verlust arbeiten/betreiben; **to post a l.** Verlust ausweisen; **to recoup a l.** Verlust ausgleichen; **to report a l.** Verlust ausweisen; **to run at a l.** mit Verlust arbeiten/betreiben; **to sell at a l.** mit Verlust verkaufen; **to show a l.** Verlust ausweisen; **to stem l.es** Verluste eindämmen; **to suffer/sustain a l.** Verlust/Schaden erleiden; **to work at a l.** mit Verlust arbeiten

accidental loss Unfallverlust *m*; **accumulated l.** Verlustvortrag *m*; **actionable l.** einklagbarer Schaden; **actual l.** tatsächlicher/eingetretener Verlust; **after-tax l.** Verlust nach Steuern; **allowable l.** steuerlich anerkannter Verlust; **annual l.** Jahres-, Bilanzverlust *m*; **consequential l.** Folgeschaden *m*; **~ insurance** Folge-, Vermögensschaden(s)versicherung *f*; **consolidated l.** (negatives) Konzernergebnis *nt*, K.verlust *m*; **corporate l.** Unternehmens-, Gesellschaftsverlust *m*; **cumulative l.es** aufgelaufener Verlust; **deductible l.** Verlustabzug *m*; **economic l.** wirtschaftlicher Schaden, Vermögensschaden *m*; **excess l.** Schadensexzedent *m*; **~ insurance** Exzedentenrückversicherung *f*; **financial l.** Vermögensschaden *m*, finanzieller Verlust; **gross l.** Rohverlust *m*, R.ergebnis *nt*; **immaterial/intangible l.** ideeller Schaden; **indirect l.** Folgeschaden *m*; **insured l.** *(Vers.)* versicherter Schaden; **irreparable l.** uneinbringlicher Schaden, unersetzlicher Verlust; **marine l.** Verlust im Seeversicherungsgeschäft, ~ auf See; **minor/petty l.** Bagatell-, Kleinschaden *m*; **net l.** Netto-, Bilanzverlust *m*; **non-operating l.** Verlust im nichtoperativen Geschäft, neutrales Ergebnis; **non-recurring l.** einmaliger Verlust; **operational l.** Betriebsverlust *m*; **partial l.** Teilschaden *m*; **pecuniary l.** Vermögensnachteil *m*, geldwerter Schaden; **proportional l.** anteiliger Verlust; **recoverable l.** erstattungsfähiger Schaden; **reported l.** ausgewiesener Verlust; **severe l.** 1. empfindlicher Verlust; 2. *(Vers.)* Großschaden *m*; **speculative l.** Spekulationsverlust *m*; **start-up l.es** Anlaufverluste; **total l.** Totalschaden *m*, T.ausfall *m*; **uninsured l.** 1. nicht versicherter Schaden; 2. ungedeckter Verlust

loss adjuster Schadens(sach)bearbeiter(in) *m/f*, S.regulierer(in) *m/f*; **l. adjustment** Schadensaufmachung *f*, S.aufstellung *f*, S.abwicklung *f*, S.regulierung *f*; **l. apportionment** Verlustumlage *f*; **l. appraisal/assessment** Schadensbegutachtung *f*, S.abschätzung *f*; **l. assessor** 1. Schadens-, Regulierungsbeauftragte(r) *f/m*; 2. ⚓ Havarieexperte *m*; **l. assumption** Verlustübernahme *f*; **l. carry-back** Verlustrücktrag *m*; **l. carry-forward** Verlustvortrag *m*; **l. and damage claim** Transportschadensforderung *f*; **l. department** Schadensabteilung *f*; **l. equalization reserve** Schwankungsrückstellung *f*, S.reserve *f*; **l. excess cover(age)** Schaden(s)exzedentendeckung *f*; **l. expenditure** Schadensaufwand *m*; **l. experience** Schadensanfall *m*, S.verlauf *m*; **l. exposure** Risiko *nt*; **l. leader** Lockartikel *m*, L.vogel(angebot) *m/nt*; **l.-maker** *n* Verlustträger *m*, V.bringer *m*; **l.-making** *adj* verlustreich, defizitär, unrentabel; **l. participation** Teilnahme am Verlust; **l. prevention** Schadensverhütung *f*; **l. provisions** Verlustrückstellungen *pl*; **l. rate/ratio** Ausfall-, Verlust-, Schadensquote *f*; **l. relief** Verlustabzug *m*; **l. report** Schadensbericht *f*; **l. reserve** Schadensreserve *f*, S.rückstellung *f*, Verlustrücklage *f*, Rücklage für laufende Risiken; **l. retention** Schaden(s)selbstbehalt *m*; **l. sharing** Verlustbeteiligung *f*; **l. transfer** Verlustübernahme *f*

lot *n* 1. Losgröße *f*; 2. (Liefer-/Waren)-Posten *m*, Partie *f*; 3. Handelseinheit *f*; 4. Bau-, Fertigungslos *nt*; 5. Grundstück *nt*; 6. Aktienpaket *nt*

broken lot nicht handelsübliche Losgröße; **even/round l.** *(Börse)* voller Schluss, Abschlusseinheit *f*; **fractional l.** *(Börse)* Paket von weniger als 100 Aktien; **incoming l.** eingehende Ware; **less-than-carload l. (LCL)** *[US]* 🚂 Stückgut *nt*, Partiefracht *f*, Teilwaggonladung *f*; **odd l.** ungerade/gebrochene Menge, Restpartie *f*; **~ l.s** Restanten *pl*; **rejected l.** zurückgewiesene Lieferung; **split l.** Teilgröße *f*

incoming lot control Wareneingangskontrolle *f*; **outgoing l. control** Warenausgangskontrolle *f*; **l. number** Losnummer *f*; **l. order production** Serienfertigung *f*; **l. sampling** losweise Stichprobenprüfung; **l. size** Losgröße *f*

lottery *n* Lotterie *f*, Verlosung *f*; **l. sample** 📊 Lotteriestichprobe *f*

low *n* Tief(stand) *nt/m*, Tiefstkurs *m*, Talsohle *f (fig)*; **all-time l.** absoluter/historischer Tiefststand *m*; **interim l.** Zwischentief *nt*; **seasonal l.** Saisontief *nt*; **yearly l.** Jahrestiefstkurs *m*; **l.** *adj* niedrig, tief

low|-budget *adj* preiswert, billig; **l.-cost** *adj* 1. billig, preiswert; 2. wirtschaftlich, kostengünstig; **L. Countries** Niederlande und Belgien; **l.-coupon** *adj* niedrig verzinslich; **l.-duty** *adj* niedrig besteuert; **l.-emission** *adj* schadstoffarm; **l.-end** *adj [US]* im unteren Marktsegment

lower *v/t* senken, reduzieren, heruntersetzen, ermäßigen; **l. of cost or market principle** *(Bilanz)* Niederstwertprinzip *nt*

lowering *n* Senkung *f*, Herabsetzung *f*, Reduzierung *f*, Ermäßigung *f*; **l. of interest rates** Zinssenkung *f*; **~ the retirement age** Herabsetzung der Altersgrenze; **~ trade barriers** Abbau der Handelsschranken

low|-freight *adj* frachtgünstig; **l.-geared; l.-lever(ag)ed** *adj* mit niedrigem Fremdkapitalanteil, mit hohem Eigenkapitalanteil; **l.-grade** *adj* minderwertig; **l.-income** *adj* einkommensschwach; **l.-interest** *adj* niedrig verzinslich, mit einem niedrigen Zinssatz; **l.-loader** *n* Tieflader *m*; **l.-margin** *adj* scharf kalkuliert, mit niedriger Gewinnspanne; **l.-paid** *adj* niedrig bezahlt; **l.-performing** *adj* leistungsschwach; **l.-pollutant; l.-pollution** *adj* schadstoffarm, umweltschonend; **l.-price(d)** *adj* preisgünstig, p.wert; **l.-profit** *adj* mit geringer/niedriger Gewinnspanne; **l.-quality** *adj* minderwertig; **l.-residue** *adj* abfallarm; **l.-revenue** *adj* einnahmeschwach; **l.-risk** *adj* risikoarm; **l.-tax(ed)** *adj* niedrig besteuernd/besteuert; **l.-volume** *adj* 1. umsatzarm; 2. 🏭 Kleinserien-; **l.-waste** *adj* abfallarm; **l.-yield(ing)** *adj* 1. ertragsschwach; 2. niedrig verzinslich

loyalty card Kundenkarte *f*

luggage *n* *[GB]* (Reise)Gepäck *nt*; **excess l.** Übergepäck *nt*; **l. allowance** ✈ Freigepäck *nt*; **l. handling** Gepäckabfertigung *f*; **l. insurance** (Reise)Gepäckversicherung *f*

lull *n* Flaute *f*, Stagnation *f*; **l. in economic activity** Konjunkturflaute *f*; **~ business** Geschäftsflaute *f*

L

lumber *n* *[US]* (Bau-/Nutz)Holz *nt*; **l. industry** Holzwirtschaft *f*; **l. trade** Holzhandel *m*
lump *n* Masse *f*, Menge *f*; **l. allowance** Pauschalabschreibung *f*; **l. freight** Pauschalfracht *f*; **l. labour** nicht registrierte Arbeitskräfte, Schwarzarbeiter *pl*; **l. sum** Pauschalbetrag *m*, P.summe *f*, Pauschbetrag *m*, Pauschale *f*; **~ payment** Pauschalzahlung *f*, einmalige Zahlung
lunch *n* Mittagsmahlzeit *f*, M.essen *nt*; **l. break** Mittagspause *f*; **l.eon** *n* Mittagsmahlzeit *f*; **~ voucher (LV)** Essensgutschein *m*, E.marke *f*
lure *v/t* anlocken
luxury *n* Luxus *m*, Aufwand *m*; **luxuries; l. goods** Luxusartikel *pl*, L.güter *pl*; **l. foods/foodstuffs** Genussmittel *pl*; **l. goods industry** Luxusgüterindustrie *f*; **l. tax** Luxussteuer *f*

M

machine *n* Maschine *f*, Apparat *m*, Automat *m*; **m.s and equipment** ◣ Betriebsmittel *pl*; **coin-operated m.** Münzautomat *m*; **m.** *v/t* (maschinell) bearbeiten
machine availability Geräteverfügbarkeit *f*; **m. accounting/bookkeeping** Maschinenbuchhaltung *f*; **m. failure** Maschinenausfall *m*; **m.-finished** *adj* maschinell hergestellt; **m. hour** Maschinen-, Betriebsstunde *f*; **m. idle time** ablaufbegingte Brachzeit; **m. insurance** Maschinenversicherung *f*; **m. load(ing)** Maschinenbelastung *f*; **m. loading and scheduling** Maschinenbelegung *f*; **m.-made** *adj* maschinell hergestellt; **m. operator** Maschinist(in) *m/f*; **m. overhead rate** Maschinenkostensatz *m*; **m. population** Maschinenbestand *m*; **m. processing** maschinelle Verarbeitung; **m. production** maschinelle Produktion; **m.-readable** *adj* computer-, maschinenlesbar; **m. rental** Maschinenmiete *f*; **m. run** Maschinen(durch)lauf *m*
machinery *n* 1. Maschinen(park) *pl/m*, maschinelle Anlagen; 2. Mechanismus *m*; **m. and equipment** *(Bilanz)* Maschinen- und (Betriebs)Ausrüstung *f*; **consultative m.** Konsultationsverfahren *nt*; **official m.** Behördenapparat *m*; **procedural m.** Verfahren *nt*; **m. breakdown** Maschinendefekt *m*, Anlagenausfall *m*; **m. insurance** Maschinen(haftpflicht)versicherung *f*
machine scheduling Maschinenbelegung *f*; **m. set-up** Einrichtung *f*; **m. shop** 1. Maschinenhalle *f*; 2. (Reparatur)Werkstatt *f*
machine time 1. Maschinen(lauf)-, Nutzungszeit *f*; 2. 🖳 Rechenzeit *f*; **m. available t.** nutzbare Betriebsmittelzeit; **m. down/idle t.** ablaufbedingte Brachzeit, Maschinenausfall-, M.stillstandszeit *f*; **m. running t.** Maschinenlaufzeit *f*
machine tool Werkzeugmaschine *f*; **~ (engineering) industry** Werkzeug(maschinen)industrie *f*; **~ manufacturer** Werkzeugmaschinenhersteller *m*; **m. translation** maschinelle Übersetzung; **m. utilization** Maschinenauslastung *f*
machining *n* maschinelle Bearbeitung; **m. production** spanabhebende Fertigung
macro|economic *adj* volks-, gesamtwirtschaftlich, makroökonomisch; **m.economics** *n* Volkswirtschaftlehre (VWL) *f*, Makroökonomie *f*; **m.-environment** *n* Gesamtumfeld *nt*; **m.-location** *n* Makrostandort *m*
made *adj* hergestellt; **m. out to** *(Wechsel)* ausgestellt/lautend auf; **m.-to-order** *adj* kundenspezifisch, auf Bestellung
magazine *n* 1. (Waren)Speicher *m*, W.-lager *nt*; 2. Zeitschrift *f*; **in-house m.** Firmenzeitung *f*, Werkszeitschrift *f*
magistrate *n* *[GB]* § Amts-, Einzelrichter(in) *m/f*; **m.s' court** Amtsgericht *nt*
industrial magnate *n* Großindustrieller *m*, Industriebaron *m*
magnitude *n* Ausmaß *nt*, Größenordnung *f*; **planned m.** Plangröße *f*
mail *n* ↘ **post** Post(sendung) *f*; **by m.** per Post; **by return of m.** mit umgehender Post, umgehend, postwendend; **by the same m.** mit gleicher Post; **to order by m.** mit der Post bestellen
certified mail *[US]* Einschreibesendung *f*; **daily m.** Tagespost *f*; **direct m. (item)** Postwerbesendung *f*; **~ advertising** (Werbung durch) Postwurfsendung *f*, Drucksachenwerbung *f*; **domestic m.** Inlandspost *f*; **electronic m.** elektronische Post, elektronischer Briefverkehr; **express m.** Eilsendung *f*; **first-class m.** bevorzugt abgefertigte Briefpost; **incoming m.** Posteingang *m*; **inland m.**

Inlandspost *f*; **interoffice m.** Hauspost *f*; **outgoing m.** Postausgang *m*, Ausgangspost *f*; **registered m.** Einschreibesendung *f*; **by separate m.** mit getrennter Post

mail *v/t* 1. (Post) aufgeben/einwerfen; 2. E-Mail senden, (jdn.) anmailen

mail|bag *n* Postsack *m*; **electronic m.box** 💻 elektronischer Briefkasten; **m. delivery** Brief-, Postzustellung *f*; **m. distribution** Postvertrieb *m*; **~ company** Postvertriebsunternehmen *nt*

mailer *n* 1. Versender *m*; 2. Frankierautomat *m*; 3. Adressiermaschine (Adrema) *f*

mailing *n* 1. (Post)Einwurf *m*, Einlieferung *f*, Versendung *f*; 2. Werbebrief *m*, Rundschreiben *nt*; **follow-up m.** Erinnerungspostwurfsendung *f*; **unsolicited m.** Zusendung ohne Aufforderung; **m. address** Post-, Zustellanschrift *f*; **m. date** Postaufgabedatum *nt*; **m. department** Postabteilung *f*; **m. list** Adressenliste *f*, Verteiler-, Anschriftenverzeichnis *nt*; **m. machine** Frankierautomat *m*; **m. office** Aufgabepostamt *nt*

mailman *n* *[US]* Briefträger(in) *m/f*

M

mail order Postversand(auftrag) *m*, Versandhandel *m*; **~ business** Versandhandel *m*, Postversandgeschäft *nt*; **~ buying** Versandbestellung *f*; **~ catalogue** Versand(haus)katalog *m*; **~ firm/house** Versandhaus *nt*; **special-line ~ house** Spezialversender *m*; **~ industry** Versandhandel *m*; **~ selling/trade** Versandhandel *m*

mail|room *n* Poststelle *f*; **m. routing** Postlauf *m*; **m. service** Postdienst *m*; **(direct) m.shot** *n* Haus-, (Post)Wurfsendung *f*; **m. transfer** briefliche Auszahlung, postalische Überweisung; **electronic m. transfer** elektronische Postüberweisung

main|frame (computer) *n* 💻 Groß-, Zentralrechner *m*; **m.stay** *n* Hauptstütze *f*, Rückgrat *nt*; **~ of the business** Stütze des Geschäfts; **~ of sales** (Haupt)Umsatzträger *m*; **m.stream product** Hauptprodukt *nt*

maintain *v/t* 1. aufrechterhalten; 2. *(Preis)* stabil halten; 3. instand halten, warten; 4. gewährleisten, garantieren; 5. versorgen

maintenance *n* 1. Beibehaltung *f*; 2. Instand-, Unterhaltung *f*, Wartung *f*; 3. Aufwendungen für Instandhaltung; 4. § Unterhalt *m*; **m. of the asset base** Substanz-, Vermögenserhaltung *f*; **~ capital** Kapitalerhaltung *f*; **~ liquidity** Liquiditätsvorsorge *f*; **~ purchasing power** Erhaltung der Kaufkraft; **m. and repairs** Instandhaltung und Reparaturen, Unterhaltung und Instandsetzung; **m. of value** Werterhaltung *f*; **deferred m.** unterlassene Wartung und Instandhaltung; **preventive m.** vorbeugende Wartung/Instandhaltung; **third-party m.** Wartung durch Fremdfirmen

maintenance allowance Unterhaltsbetrag *m*, U.geld *nt*; **m. bond** *[US]* (Gewähr)Leistungsgarantie *f*; **m. budget** Wartungsetat *m*; **m. charges** Wartungs-, Unterhaltungskosten(umlage) *pl/f*; **m. claim** § Unterhaltsanspruch *m*; **m. contract** Wartungsvertrag *m*; **m. cost(s)** Instandhaltungskosten *pl*, Wartungsaufwand *m*; **m. cycle** Wartungs-, Unterhaltungszyklus *m*; **m. engineer** Wartungs-, Kundendiensttechniker *m*; **m. expenditure** Erhaltungsaufwand *m*; **m. expense** Unterhaltungskosten *pl*; **~ account** Instandhaltungskonto *nt*; **m.-free** *adj* wartungsfrei, pflegeleicht; **m. guarantee** (Gewähr)Leistungsgarantie *f*; **m. interval** Wartungsintervall *nt*; **m. order** § Unterhaltsurteil *nt*; **m. personnel** Wartungstechniker *pl*; **m. requirements** Instandhaltungsbedarf *m*; **m. reserve** Instandsetzungsrücklage *f*; **m. service** Wartungsdienst *m*; **m. shop** Reparaturwerkstatt *f*; **m. staff** Wartungspersonal *nt*; **m. suit** § Unterhaltsklage *f*; **m. vehicle** Werkstattwagen *m*; **m. work** Instandhaltungsarbeit(en) *f/pl*

major *n* 1. Großunternehmen *nt*; 2. *[US]* Hauptfach *nt*; **industrial m.** *(Börse)* führender Industriewert; *adj* groß, bedeutend, Haupt-, Groß-

majority *n* 1. Mehrheit *f*, M.zahl *f*, Majorität *f*; 2. Volljährigkeit *f*; **m. of shares** *[GB]*/**stocks** *[US]* Aktien-, Kapitalmehrheit *f*; **to control a ~ votes** über eine Stimmenmehrheit verfügen; **controlling m.** *(Aktien)* Kapitalmehrheit *f*, Mehrheitspaket *nt*

majority decision Mehrheitsentscheidung *f*; **m. holding/interest(s)** Mehrheitsbeteiligung *f*, Kapital-, Aktienmehrheit *f*; **m.-owned** *adj* im Mehrheitsbesitz; **m. ownership** Mehrheitsbesitz *m*; **m. participation** Mehrheitsbeteiligung *f*; **m.**

partner Mehrheitsgesellschafter(in) *m/f*; **m. shareholder** *[GB]***/stockholder** *[US]* Mehrheitsaktionär(in) *m/f*; **m. shareholding(s)** *[GB]***/stake/stockholding(s)** *[US]* Mehrheitsbeteiligung *f*

make *n* Marke *f*, Fabrikat *nt*, Typ *m*, Bauart *m*; **m. or buy** Eigenfertigung oder Fremdbezug; **foreign m.** ausländische Marke; **own m.** Eigenfabrikat *nt*, E.anfertigung *f*; **popular m.** gut eingeführte Marke; **standard m.** Markenartikel *m*

make *v/t* 1. machen, herstellen; 2. *(Geld)* verdienen; **m. for** ⚓ Kurs haben auf; **m. out** *(Scheck)* ausstellen, ausschreiben; **~ in blank** blanko ausstellen; **m. over** abtreten, übertragen; **m. up** zusammenstellen, ausfertigen, ausmachen, bilden

maker *n* 1. Erzeuger(in) *m/f*, Hersteller(in) *m/f*; 2. *(Wechsel)* Aussteller(in) *m/f*, Trassant(in) *m/f*; **m. of a check** *[US]***/ cheque** *[GB]* Scheckaussteller *m*; **~ draft** Aussteller eines Wechsels; **m.'s certificate** ☼ Typenbescheinigung (des Herstellers) *f*

make|shift *n* Behelf *m*, Notlösung *f*; *adj* provisorisch, notdürftig; **m.-to-order** *n* Auftragsfertigung *f*; **m.-to-stock** *n* Lagerfertigung *f*; **m.-up** *n* Aufbau *m*, Zusammensetzung *f*, Ausstattung *f*, (Ver)Packung *f*; **m.-work** *n* unproduktive Tätigkeit; **~ program(me)** Arbeitsbeschaffungsmaßnahme (ABM) *f*

making *n* Herstellung *f*, Produktion *f*

maladjustment *n* Fehlanpassung *f*, Unausgeglichenheit *f*; **cyclical m.** konjunkturelle Fehlanpassung; **structural m.** strukturelle Fehlanpassung

mala fide *adj* *(lat.)* § bösgläubig

malfunction *n* (Funktions)Störung *f*, Defekt *m*

mall *n* überdachtes Einkaufszentrum

malperformance *n* Schlechterfüllung *f*

malpractice *n* § (Amts)Missbrauch *m*, A.vergehen *nt*, standeswidriges Verhalten; **m. insurance** Haftpflichtversicherung für freie Berufe

malversation *n* Veruntreuung *f*, Unterschlagung im Amt

man *n* 1. Mensch *m*; 2. Mann *m*; **m. of business** Geschäftsmann *m*; **~ enterprise** Mann mit Unternehmungsgeist; **average m.** Durchschnittsbürger *m*; **economic m.** homo oeconomicus *(lat.)*; **odd-job m.** Gelegenheits-, Aushilfsarbeiter *m*; **professional m.** Fachmann *m*, freiberuflich Tätiger

man *v/t* *(Arbeitsplatz)* besetzen

manage *v/t* 1. leiten, führen, verwalten, (Geschäftsführung) ausüben, managen; 2. bewirtschaften; 3. bewerkstelligen; 4. bewältigen; **m.able** *adj* handhab-, überschau-, machbar

management *n* 1. (Betriebs-/Geschäfts-/Unternehmens)Führung *f*, (Betriebs-/Geschäfts-/Unternehmens)Leitung *f*, Management *nt*; 2. Vorstand *m*; 3. Handhabung *f*

management of the business/company Führung der Gesellschaft, Geschäftsführung *f*; **~ change** Veränderungsmanagement *nt*; **m. by delegation** (Unternehmens)Führung durch Aufgabendelegation; **m. of demand** *(VWL)* Globalsteuerung *f*, Nachfragelenkung *f*; **~ the economy** Wirtschaftslenkung *f*, Konjunkturpolitik *f*; **~ finances** Finanzgebaren *nt*; **m. and labour/the unions** Sozial-, Tarif(vertrags)partner *pl*, T.parteien *pl*, Arbeitgeber und A.nehmer *pl*; **m. of the money supply** *(VWL)* Geldmengensteuerung *f*; **m. by objectives** Führung durch Zielvorgaben; **~ perception** (Unternehmens)Führung durch Erkenntnis; **m. of property** Vermögensverwaltung *f*; **m. by results** Führung durch Erfolgsmessung, ergebnisorientierte Kontrolle; **m. of stock(s)** Bestandsverwaltung *f*

agricultural management landwirtschaftliche Betriebsführung; **Caesarean m.** autokratische (Unternehmens)Führung; **collegiate m.** Kollegialführung *f*; **commercial m.** kaufmännische Geschäftsführung; **competitive m.** operatives Management; **corporate m.** Firmen-, Geschäftsleitung *f*; **divisional m.** Bereichs-, Spartenleitung *f*; **economic m.** *(VWL)* Konjunktursteuerung *f*; **financial m.** 1. Finanzgebaren *nt*, F.wirtschaft *f*; 2. Haushaltsführung *f*; **first-line m.** unterste Führungs-/Leitungsebene; **front-line m.** operative Führungsebene; **general m.** allgemeine Verwaltung; **hands-on m.** straffe Führung; **industrial m.** 1. Betriebswirtschaft(slehre) (BWL) *f*; 2. Betriebsführung *f*; **joint m.** 1. gemeinsame Leitung; 2. betriebliche Mitbestimmung; **junior m.** Führungsnachwuchs *m*;

M

macroeconomic m. Konjunktursteuerung *f*; **middle(-level) m.** mittlere Führungsebene, mittleres Management; **to be under new m.** neue Leitung haben; **operational m.** Betriebsführung *f*; **environmentally orient(at)ed m.** umweltbewusste Unternehmensführung; **professional m.** fachkundige Leitung; **senior m.** obere Leitungsebene, Geschäftsleitung *f*; **sustainable m.** nachhaltige Bewirtschaftung; **top m.** oberste Leitungsebene, Unternehmensleitung *f*

management accounting betriebliches/internes Rechnungswesen; **m. action** Führungsmaßnahme *f*; **m. assistant** Direktions-, Vorstandsassistent *m*; **m. audit** Prüfung der Geschäftsführung und Organisation; **m. board** (geschäftsführender) Vorstand *m*, Führungsgremium *nt*; **m. body** Leitungsorgan *nt*; **m. bonus** Tantieme *f*; **m. buy-in (MBI)** Unternehmensaufkauf durch externes Führungspersonal; **m. buyout (MBO)** Firmenaufkauf durch vorhandenes Führungspersonal; **leveraged m. buyout (LBO)** kredit-/fremdfinanzierter Firmenaufkauf durch das Führungspersonal; **m. capability** Führungsfähigkeit *f*; **m. chain of command** Leitungssystem *nt*; **m. charge(s)** 1. Verwaltungsgebühr *f*; 2. Konsortialgebühr *f*; **m. company** Betriebsführungsgesellschaft *f*; **m. consultant** Betriebs-, Unternehmensberater(in) *m/f*; **m. consulting** Unternehmens-, Betriebsberatung *f*; **m. costs** Bewirtschaftungskosten *pl*; **m. decision** Vorstands-, Direktionsbeschluss *m*, Unternehmensentscheidung *f*; **m. (decision) game** Unternehmensplanspiel *nt*; **m. department** Stabsabteilung *f*, Vorstandsressort *nt*; **general m. department/division** Hauptabteilung *f*; **m. duty** Führungsfunktion *f*, F.aufgabe *f*; **m. expenses** 1. Verwaltungskosten *pl*; 2. Unkosten der Geschäftsführung; **m. fee** 1. Verwaltungskosten *pl*; 2. *(Konsortialkredit)* Führungsprovision *f*; **m. game** Unternehmens(plan)spiel *nt*; **m. group** Konsortium *nt*; **m. hierarchy** Führungshierarchie *f*; **m. information system (MIS)** Managementinformationssystem (MIS) *nt*; **m. instrument** Führungsinstrument *nt*; **m. level** Führungsebene *f*; **m. objective** Betriebsziel *nt*; **m. organisation** Betriebsorganisation *f*; **m. overheads** Verwaltungsgemeinkosten *pl*; **m. planning** Betriebs-, Unternehmensplanung *f*; **m. qualities** Führungsbefähigung *f*; **m. report** Lagebericht *m*; **m. reporting** Berichtswesen *nt*; **m. resources** Führungskräftepotenzial *nt*; **m. responsibility** Führungsverantwortung *f*; **m. science/studies** Betriebswirtschaft(slehre) (BWL) *f*; **m. style** Führungsstil *m*; **abrasive m. style** autoritärer Führungsstil; **participative m. style** mitarbeiterfreundlicher Führungsstil; **m. takeover** Übernahme durch das Management; **m. team** Führungsmannschaft *f*; **m. technique/tool(s)** Führungsinstrument *nt*; **m. trainee** Nachwuchskraft *f*; **m. training** Ausbildung von Führungskräften; **m. trust** Kapitalanlagegesellschaft (mit offener Anlagepolitik) *f*

manager *n* 1. Geschäftsführer(in) *m/f*, Leiter(in) *m/f*, Direktor(in) *m/f*; 2. Disponent(in) *m/f*; **m. in bankruptcy** Konkursverwalter *m*; **m. in charge** geschäftsführende(r) Leiter(in); **m. with sole power of representation** alleinvertretungsberechtigte(r) Geschäftsführer(in)

administrative manager Verwaltungschef(in) *m/f*, V.direktor(in) *m/f*; **commercial m.** kaufmännisches Vorstandsmitglied; **departmental m.** Abteilungsleiter(in) *m/f*; **divisional m.** Abteilungs-, Bereichs-, Spartenleiter(in) *m/f*; **executive m.** Generalbevollmächtigte(r) *f/m*, Vorstandsmitglied *nt*; **financial m.** Finanzdirektor(in) *m/f*, Leiter(in) des Finanzwesens; **first-line m.** Führungskraft der untersten Ebene; **general m.** Generaldirektor(in) *m/f*, G.bevollmächtigte(r) *f/m*, Hauptgeschäftsführer(in) *m/f*; **junior m.** Nachwuchskraft *f*; **operational m.** Betriebsleiter(in) *m/f*; **regional m.** Bezirksdirektor(in) *m/f*, Gebietsleiter(in) *m/f*; **senior m.** obere Führungskraft; **sole m.** Alleingeschäftsführer *m*; **technical m.** technische(r) Leiter(in)/Direktor(in); **top m.** Spitzenmanager(in) *m/f*

manager|'s commission (Konsortial-)Führungsprovision *f*; **m.ess** *n* (Geschäfts-)Leiterin *f*, Filialleiterin *f*; **m.ial** *adj* 1. betrieblich; 2. (geschäfts)führend, leitend; 3. betriebswirtschaftlich; **m.'s interests**

M

Vorstandsbeteiligungen *pl*; **m.-owner of a ship** *n* Korrespondenzreeder *m*; **m. ship** *n* Geschäftsführertätigkeit *f*
managing *adj* leitend, (geschäfts)führend
Manchester capitalism Frühkapitalismus *m*
man costs Personalkosten *pl*
mandarin *n* *(coll)* hoher Funktionär
mandate *n* 1. Mandat *nt*; 2. Vollmacht *f*; 3. § Geschäftsbesorgungsvertrag *m*
mandatory *adj* obligatorisch, verbindlich
man|-day *n* Arbeitstag *m*; **m.-hour** *n* Arbeiter-, Arbeits-, Mannstunde *f*; **~ output** Produktionsleistung je Arbeitsstunde; **~ rate** Arbeitsstundensatz *m*; **~ recording** Stundenerfassung *f*
manifest *n* 1. ⚓ (Schiffs)Ladungsverzeichnis *nt*, Frachtliste *f*; 2. ⊖ Zolldeklaration *f*; **m. of cargo** Ladungsmanifest *nt*; **bonded m.** ⊖ Freigutliste *f*; **m.** *adj* offenkundig; **m. ton** Ladungstonne *f*
manipulate *v/t* 1. beeinflussen, manipulieren; 2. handhaben
manipulation *n* 1. (Kurs)Beeinflussung *f*; 2. Handhabung *f*, Manipulation *f*; **m. of accounts** Falschbuchungen *pl*; **fraudulent m.** betrügerisches Geschäftsgebaren
manit (= man-minute) *n* Arbeitsminute *f*
mankind *n* Menschheit *f*
man|load planning *n* Arbeitseinsatzplanung *f*; **m.-made** *adj* künstlich; **m. management** Personal-, Mitarbeiterführung *f*; **m.-month** *n* Mannmonat *m*
manner *n* Weise *f*, Art (und Weise) *f*; **m. of work** Arbeitsstil *m*
manning *n* 1. (personelle) Besetzung *f*; 2. ⚓ Bemannung *f*; **m. costs** 1. Lohnaufwand *m*, Personalkosten *pl*; 2. ⚓ Heueraufwendung *f*; **m. level** Personalausstattung *f*, P.stärke *f*
manpower *n* 1. (menschliche) Arbeitskraft *f*; 2. Personal(bestand) *nt/m*; **surplus m.** Überangebot an Arbeitskräften, Personalüberhang *m*
manpower bottleneck Personalmangel *m*, Arbeitskräfteengpass *m*; **m. budgeting** Personal(bedarfs)planung *f*; **m. changes** personelle Veränderungen; **m. dislocation** Umsetzung von Arbeitskräften; **m. inventory/level(s)** Personalbestand *m*; **m. management** 1. Arbeits(kräfte)einsatz *m*; 2. Personalverwaltung *f*; **m. needs/requirements** (Arbeits)Kräfte-, Personalbedarf *m*; **m. planning** Personal(bedarfs)planung *f*; **m. reduction** Arbeitskräfte-, Belegschafts-, Stellenabbau *m*; **m. reserve(s)** Beschäftigungsreserve *f*; **m. resources** Arbeitskräftepotenzial *nt*, verfügbare Arbeitskräfte; **m. shortage** Arbeitskräfte-, Personalmangel *m*; **m. situation** Arbeitsmarktlage *f*; **m. strength** Belegschaftsstärke *f*; **m. supply** Arbeitskräfteangebot *nt*
manual *n* Handbuch *nt*, Leitfaden *m*; **m.-ly** *adv* von Hand
manufacture *n* 1. Produkt *nt*, Fabrikerzeugnis *nt*, Fabrikat *nt*; 2. Herstellung *f*, Produktion *f*, Erzeugung *f*, Fertigung *f*; **m.s** Industrieprodukte *pl*, I.güter *pl*, gewerbliche Erzeugnisse; **m. under licence** Lizenzfertigung *f*; **m. to order** Bestellproduktion *f*; **m. of parts** Teilefertigung *f*
finished manufacture|s Fertigwaren *pl*, F.-produkte *pl*; **foreign m.** Fremdfabrikat *nt*; **large-scale m.** Massenherstellung *f*, M.-produktion *f*; **local m.** einheimische Produktion; **outside m.** Fremdfertigung *f*; **semi-finished m.s** halbfertige Erzeugnisse
manufacture *v/t* fabrikmäßig/maschinell herstellen
manufacturer *n* Hersteller(firma) *m/f*, Fabrikant *m*, Produzent *m*; **m. of goods** Güterhersteller *m*; **~ branded/proprietary goods** Markenartikelhersteller *m*; **direct-selling m.** direkt absetzender Hersteller; **domestic m.** einheimischer Erzeuger; **leading m.** führender Hersteller; **m.'s brand** Hersteller-, Fabrikmarke *f*; **~ code/marking** Herstellerzeichen *nt*; **~ guarantee** Herstellergarantie *f*, Garantie der Herstellerfirma; **~ liability** Produzentenhaftpflicht *f*; **~ price** Erzeugerpreis *m*; **~ risk** Herstellerrisiko *nt*; **~ own shop** betriebseigene Verkaufsfiliale; **~ warranty** Herstellergarantie *f*, Garantie der Herstellerfirma
manufacturing *n* 1. Fertigung *f*, Herstellung *f*, Produktion *f*; 2. gewerbliche Industrie; **m. under licence** Lizenzfertigung *f*; **m. in series** Serienproduktion *f*; **computer-aided/computer-assisted m. (CAM)** computergestützte Fertigung; **farmed-out m.** Lohnfertigung *f*; **industrial m.** industrielle Fertigung; **light m.** Leichtindustrie *f*; **near-market m.** marktnahe Fertigung; **m.** *adj* (Güter) produzierend, Gewerbe treibend, gewerblich

M

manufacturing abroad Auslandsfertigung *f*; **m. base** 1. Produktionsstätte *f*; 2. industrielle Basis; **m. belt** Industriegürtel *m*; **m. bill** Fertigungsablaufplan *m*; **~ of materials** Fertigungsstückliste *f*; **m. capacity** Produktionskapazität *f*; **m. cell** Fertigungsinsel *f*; **m. center** *[US]*/**centre** *[GB]* Industriezentrum *nt*; **m. company** Herstellungsfirma *f*, Hersteller *m*; **m. conditions** Fertigungsbedingungen *pl*; **m. cost(s)** Fabrik-, Herstellungs-, Produktionskosten *pl*; **m. country** Herstellungsland *nt*; **m. cycle** Fertigungszeit *f*; **m. data sheet** Fertigungsablaufplan *m*; **m. defect** Fabrikations-, Produktionsfehler *m*; **m. department/division** *(Abteilung)* 1. Produktion *f*, Produktions-, Herstellungsabteilung *f*; 2. Hauptkostenstelle *f*; **m. district** Industrieviertel *nt*; **m. enterprise/establishment** Produktionsbetrieb *m*, gewerbliches Unternehmen; **m. expense** Fertigungskosten *pl*; **m. exports** Ausfuhr von Industrieerzeugnissen; **m. facility** Werk *nt*, Fabrik(anlage) *f*, Produktionsstätte *f*, P.einrichtung *f*; **m. fault** Fabrikations-, Herstellungsfehler *m*; **m. firm** Herstellerfirma *f*; **m. imports** Einfuhr von Industrieerzeugnissen; **m. industry** verarbeitende Industrie, gewerbliche Wirtschaft, produzierendes Gewerbe; **m. investment** gewerbliche Investition(en); **m. job** Industriearbeitsplatz *m*; **m. know-how** Produktionserfahrung *f*; **m. labour costs** Fertigungslöhne *pl*; **m. licence** Herstellungslizenz *f*; **m. location** Produktionsstandort *m*; **m. loss** Betriebsverlust *m*; **m. lot** Fertigungslos *nt*; **m. operation** Fabrikationsbetrieb *m*; **m. order** Fabrikauftrag *m*; **m. output** Fabrikausstoß *m*, Industrieproduktion *f*; **m. overheads** Fertigungs-, Herstellungsgemeinkosten *pl*; **m. penetration** Wertschöpfungstiefe *f*; **m. plant** Produktionsstätte *f*, Fertigungsanlage *f*, Industriebetrieb *m*; **m. price** Herstellungspreis *m*, Macherlohn *m*; **m. process** Herstellungsverfahren *nt*, Produktionsprozess *m*; **m. production** gewerbliche Erzeugung, Industrieproduktion *f*; **economic m. quantity** optimale Fertigungsmenge; **m. range** Lieferprogramm *nt*; **m. rights** Herstellungsrechte *pl*; **m. risk** Fertigungsrisiko *nt*; **m. schedule** Fertigungsprogramm *nt*; **m. sector** gewerbliche Wirtschaft, gewerblicher Sektor; **m. sequence** Fertigungsablauf *m*; **m. supplies** Hilfs-, Betriebsstoffe *pl*; **m. technology** Fertigungstechnik *f*; **m. town** Industriestadt *f*; **m. unit** Produktionsbetrieb *m*; **m. wage(s)** Fertigungslohn *m*; **bonded m. warehouse** ⊖ Fabrik zur Bearbeitung von Waren unter Zollaufsicht; **m. yield** Produktionsertrag *m*

man-year of work *n* jährliche Arbeitsleistung pro Person, Mannjahr *nt*

map *n* 1. (Land)Karte *f*; 2. 🏛 Katasterplan *m*; **aerial m.** Luftbildkarte *f*; **cadastral m.** Flurbuch *nt*, Katasterkarte *f*; **marine m.** Seekarte *f*; **m.** *v/t* vermessen; **m.ping** *n* Kartografie *f*

margin *n* 1. Marge *f*, Spanne *f*, Bandbreite *f*; 2. Gewinn-, Handelsspanne *f*, Überschuss *m*; 3. Kursunterschied *m*; 4. *(Börse)* (Bar(geld))Einschuss *m*, Sicherheitsleistung *f*; 5. ✂ (Seiten)Rand *m*

margin of spare capacity ungenutzte Kapazität; **m. over costs** Gewinnspanne *f*; **m. of discount** Rabattspanne *f*; **~ error** Fehlermarge *f*; **~ fluctuation** Band-, Schwankungsbreite *f*; **m. for interest rate cuts** Zinssenkungspotenzial *nt*; **m. of profit** Gewinn-, Verdienstspanne *f*; **~ safety** Sicherheitsfaktor *m*

to buy on margin *(Börse)* gegen Sicherheit(sleistung) kaufen; **to erode m.s** Gewinnspannen drücken; **to sell on m.** *(Börse)* gegen Sicherheit(sleistung) verkaufen; **to slash m.s** Gewinn-/Handelsspannen kürzen

distributive margin Verteilungsspielraum *m*; **financial m.** Finanzierungsspielraum *m*; **gross m.** Bruttogewinn-, Handelsspanne *f*; **inflationary m.** Inflationsrate *f*; **with a low m.** knapp/scharf kalkuliert; **narrow m.** geringe Spanne; **m. account** Einschuss-, Effektenkreditkonto *nt*

marginal *adj* 1. geringfügig, knapp, Grenz-; 2. kostendeckend

margin business (Effekten)Differenzgeschäft *nt*; **m. buying** Wertpapierkauf auf Einschuss; **m. call** Nach(schussauf)forderung *f*; **m. debt** Nachschussverbindlichkeit(en) *f/pl*; **m. payment** Nachschussleistung *f*; **m. rate** Margentarif *m*; **m. requirements** Einschussbedarf *m*, E.forderung *f*, E.pflicht *f*; **m. trading** Effektendifferenzgeschäft *nt*

maritime *adj* Schifffahrts-, See-

mark *n* 1. (Kenn-/Waren)Zeichen *nt*, Kennzeichnung *f*; 2. Markierung(sstrich) *f/m*; **m. of origin** Herkunftsbezeichnung *f*, Ursprungszeichen *nt*; **~ quality** Qualitätsmarke *f*, Gütezeichen *nt*; **collective m.** Kollektiv-, Verbandsmarke *f*; **deceptive/misleading m.** irreführendes Waren-/Kennzeichen

mark *v/t* kenntlich machen, kennzeichnen; **m. down** 1. *(Preis)* billiger auszeichnen, (im Preis) herabsetzen; 2. *(Börsenkurs)* zurücknehmen, niedriger notieren; **m. up** 1. *(Preis)* erhöhen, mit einem höheren Preis auszeichnen; 2. *(Börsenkurs)* höher notieren

mark|-down *n* 1. Preissenkung *f*, P.nachlass *m*; 2. Minuskorrektur *f*; **m.er** *n* Wegweiser *m*; **~ price** Orientierungs-, Richtpreis *m*

market *n* 1. Markt(platz) *m*, M.halle *f*; 2. Markt *m*, Absatzgebiet *nt*; 3. Wirtschaftsraum *m*; 4. Absatz *m*, Verkauf *m*; 5. Markt-, Wirtschaftslage *f*; **at the m.** 1. zum Börsenkurs/Marktpreis; 2. *(Verkauf)* bestens; 3. *(Kauf)* billigst; **in the m.** auf dem Markt; **m. for future delivery** Terminmarkt *m*; **m. after official hours** Nachbörse *f*; **m. before official hours** Vorbörse *f*; **m. short of stock** enger/leer gefegter Markt

conforming to the market marktgemäß; **controlling the m.** marktbeherrschend; **opening (up) a m.** Markterschließung *f*; **ready for the m.** marktreif; **sounding out the m.** Markterkundung *f*; **tapping a new m.** Markterschließung *f*; **usual in the m.** marktüblich

to be in the market for Bedarf haben an, (etw.) kaufen (wollen), als Käufer auftreten; **~ on the m.** im Handel sein, angeboten werden; **to bear the m.** Kurse/Preise drücken; **to boom/bull the m.** (Börsen)Kurse/Preise in die Höhe treiben; **to bring to m.** vermarkten; **to come into/on(to) the m.** auf den Markt/in den Handel kommen; **to create a m.** Nachfrage erzeugen; **to depress the m.** *(Börse)* Kurse drücken; **to dominate the m.** Markt beherrschen; **to drop out of the m.** aus dem Markt ausscheiden; **to enter (into) a m.** auf den Markt kommen, als Konkurrent auftreten; **to establish o.s. in the m.** sich am Markt durchsetzen; **to find a (ready) m.** sich (gut) verkaufen lassen; **to flood a m.** Markt überschwemmen; **to make a m.** in Aktien handeln, geordneten Markt in Gang halten; **to meet with a ready m.** sich gut/rasch verkaufen lassen; **to nurse a m.** Markt pflegen; **to open (up) a m.** Markt erschließen; **~ new m.s** neue Märkte erobern; **to operate in the m.** am Markt sein; **to outperform the m.** sich überdurchschnittlich (gut) entwickeln; **to penetrate a m.** in einen Markt eindringen; **to place in/on the m.** *(Wertpapiere)* auf den Markt bringen; **to pull out of a m.** sich aus einem Markt zurückziehen; **to put on the m.** *(Artikel)* auf den Markt bringen, einführen; **to rig the m.** Markt manipulieren; **to saturate the m.** Markt sättigen/überschwemmen; **to sell in the m.** am Markt unterbringen; **to serve a m.** Markt versorgen; **to supply a m.** Markt bedienen/beschicken/versorgen/beliefern; **to swamp the m.** Markt überschwemmen; **to take off the m.** aus dem Markt nehmen; **to tap a/the m.** 1. Markt erschließen; 2. (Kapital)Markt in Anspruch nehmen; **to underperform the m.** *(Börse)* sich unterdurchschnittlich entwickeln; **to withdraw from the m.** sich aus dem Markt zurückziehen; **to work a m.** Markt bearbeiten

advancing market feste Börse; **agricultural m.** Agrarmarkt *m*; **bearish m.** (Aktien-/Effekten)Baisse *f*, Baissemarkt *m*

black market Schwarzmarkt *m*, S.handel *m*; **~ operation** Schwarzmarktgeschäft *nt*; **~ operator** Schwarz(markt)händler *m*, Schieber *m*; **~ price** Schwarzmarktpreis *m*; **~ rate** Schwarzmarktkurs *m*

brisk market lebhafte Börse/Umsätze; **bullish m.** Aktien-, Effektenhausse *f*, Haussemarkt *m*, haussierender Markt; **captive m.** monopolisierter Markt, Markt eines Monopolanbieters; **chief m.** Hauptabsatzgebiet *nt*; **commercial m.** Waren- und Dienstleistungsmarkt *m*; **competitive m.** umkämpfter Markt, Wettbewerbsmarkt *m*; **covered m.** Markthalle *f*; **declining m.** *(Börse)* nachlassende/rückläufige/nachgebende Kurse; **depressed m.** 1. gedrückter Markt; 2. gedrückte Börse; **domestic m.** Binnenmarkt *m*; **DIY (do-it-yourself) m.** Heimwerker-, Baumarkt *m*; **door-to-door m.** Hausverkauf *m*; **dull m.** flauer/lustloser

M

Markt; **emerging m.** aufstrebender Markt; **empty m.** *(Börse)* ausgetrockneter/leer gefegter Markt, Materialmangel *m*; **single European m.** europäischer Binnenmarkt; **expansive m.** Wachstumsmarkt *m*; **external m.** Außenmarkt *m*; **financial m.** Finanzmarkt *m*; **firm m.** fester Markt, feste Marktverfassung; **fixed-interest m.** Rentenmarkt *m*; **flat m.** *(Börse)* lustloser/umsatzloser Markt; **foreign m.** Auslandsmarkt *m*; **forward m.** Terminmarkt *m*, T.börse *f*; **free m.** freie Marktwirtschaft, freier Markt; **glutted m.** übersättigter Markt; **industrial m.** Investitionsgütermarkt *m*; **inofficial m.** Nach-, Freiverkehrsbörse *f*, F.markt *m*; **international m.** Weltmarkt *m*; **jumpy m.** Markt mit starken Schwankungen; **mature m.** gesättigter Markt; **narrow m.** enger Markt, Marktenge *f*; **national m.** *[EU]* Inlandsmarkt *m*; **official m.** *(Börse)* amtlicher Markt; **oligopolistic m.** oligopolistisch strukturierter Markt

open market freier/offener Markt, Freiverkehr(smarkt) *m*, freier Kapitalmarkt; **o.-m. committee** Offenmarktausschuss *m*; **~ operation/transaction** Geschäft am offenen Markt, Offenmarktgeschäft *nt*; **~ policy** Offenmarktpolitik *f*

M

over-the-counter (OTC) market *(Börse)* Freiverkehr(smarkt) *m*; **overcrowded m.** überbesetzter Markt; **overseas m.** Auslandsmarkt *m*; **oversold m.** *(Börse)* leerer/leer gefegter Markt; **overtapped m.** überbeanspruchter (Kapital)Markt; **parallel m.** Parallel(devisen)markt *m*; **pegged m.** gestützter Markt; **physical m.** Kassamarkt *m*; **poor m.** schleppender Absatz; **on the preliminary m.** vorbörslich; **primary m.** *(Börse)* Markt für Neuemissionen; **prime/principal m.** Haupt(absatz)markt *m*; **ready m.** aufnahmefähiger Markt, schneller Absatz; **residential m.** Wohnungsmarkt *m*; **rising m.** Kursanstieg *m*; **saturated m.** gesättigter Markt; **secondary m.** Zweitmarkt *m*; **short m.** Baissemarkt *m*; **shrinking m.** 1. schrumpfender Markt; 2. rückläufiger Aktienmarkt; **sick/slack/sluggish m.** *(Börse)* uneinheitlicher/lustloser Markt; **stagnant m.** 1. stagnierender Markt; 2. stagnierende Kurse; **subdued m.** gedrückte Börsenstimmung; **third m.** *(Börse)* Telefonverkehr *m*; **tight m.** enger Markt; **traditional m.** angestammter Markt; **untapped m.** unerschlossener Markt; **unofficial m.** *(Börse)* Freiverkehr(smarkt) *m*; **volatile m.** unübersichtliche Marktverhältnisse, schwankende Kurse; **weak m.** 1. schwacher Markt; 2. Kursabschwächung *f*; **weekly m.** Wochenmarkt *m*

market *v/ti* 1. vermarkten, auf den Markt bringen, verkaufen; 2. sich verkaufen/absetzen lassen

market|ability *n* Verkehrs-, Börsen-, Absatz-, Marktfähigkeit *f*, M.gängigkeit *f*; **m.able** *adj* absetz-, (ver)marktbar, (markt)gängig, börsenfähig, fungibel

market acceptance Marktaufnahme *f*, Absatzfähigkeit *f*; **m. activities** Markt-, Börsengeschehen *nt*; **m. adjustment** Marktbereinigung *f*; **m. analysis** 1. Markt-, Absatzanalyse *f*, Marktbeurteilung *f*; 2. Börsenanalyse *f*; **m. analyst** 1. Marktbeobachter(in) *m/f*; 2. Börsenbeobachter(in) *m/f*; **m. approach** Marktauftritt *m*; **m. average** Durchschnittskurs *m*, D.preis *m*; **m. barometer** Börsenbarometer *nt*; **m. basket** Warenkorb *m*; **m. borrowing** Inanspruchnahme der Kreditmärkte; **m. capacity** Marktaufnahmefähigkeit *f*; **m. capitalization** Börsenkapitalisierung *f*, B.wert (eines Unternehmens) *m*; **m. channel** Absatzweg *m*, A.kanal *m*; **m. close** Börsenschluss *m*; **m. collapse** 1. Marktverfall *m*; 2. Kurs-, Börsensturz *m*; **central m. committee** Zentralmarktausschuss *m*; **m. competition** marktwirtschaftlicher Wettbewerb; **m. condition(s)** 1. Marktverfassung *f*, M.lage *f*; 2. Absatzverhältnisse *pl*; 3. Börsenklima *nt*; **in line with m. conditions** marktgerecht, m.konform; **adverse m. conditions** schwierige Marktverhältnisse; **m. cost(s)** Anschaffungswert *m*, Niederstwertprinzip *nt*; **m. coverage** Absatz-, Marktanteil *m*; **m. crisis** Krisenverfassung der Märkte; **m. data** Marktdaten *pl*; **m. demand** Markt-, Gesamtnachfrage *f*; **m. depression** 1. Preisdruck *m*; 2. *(Börse)* Baisse *f*; **m. development** Marktentwicklung *f*, M.-erschließung *f*; **m. disturbance** Marktstörung *f*; **m. domination** Marktbeherrschung *f*; **m.-dominating** *adj* marktbeherrschend; **m. drag** Marktbelastung *f*; **m.-driven** *adj* marktorientiert; **m. economy** Markt-, Wettbewerbswirtschaft *f*; **free m. economy** freie Marktwirtschaft

to be marketed *adj* in den Handel kommen, vermarktet werden

marketeer *n* Verkäufer(in) *m/f*, Händler(in) *m/f*; **black m.** Schwarzmarkthändler *m*

market elasticity Marktelastizität *f*; **m. entry** Markteintritt *m*; **~ strategy** Markteintrittsstrategie *f*; **m. equilibrium** Marktgleichgewicht *nt*

marketer *n* Verkäufer *m*, Anbieter *m*

market exit Marktaustritt *m*; **m. expert** Marktkenner(in) *m/f*; **m. exploration** Markterkundung *f*; **m. favourite** Börsenliebling *m*; **m. float/flo(a)tation** Börsengang *m*, öffentliche Platzierung; **m. fluctuation(s)** Konjunkturbewegung *f*, K.schwankung *f*, Marktschwankungen *pl*; **m. force** Markteinfluss *m*; **m. forces** Marktkräfte *pl*, Kräfte des Marktes; **m. forecasting** Börsenprognose *f*; **m. garden** Gartenbau-, Gemüseanbaubetrieb *m*, Gärtnerei *f*; **m. growth** Marktwachstum *nt*; **m. hours** Börsensitzung *f*, B.stunden *pl*; **m. indicator** Börsen-, Kurs-, Marktbarometer *nt*; **m. information** Markt-, Börseninformation(en) *f/pl*

marketing *n* 1. Marketing *nt*, Marktforschung *f*, Absatz(wesen) *m/nt*, A.förderung *f*, A.wirtschaft *f*, A.politik *f*, Absatz und Vertrieb *m*, Inverkehrbringen *nt*; 2. Verwertung *f*; **cooperative m.** Genossenschaftsvertrieb *m*; **direct m.** Direktvertrieb *m*; **joint m.** Gemeinschaftsvertrieb *m*

marketing activity Vertriebstätigkeit *f*, Absatzaktivität *f*; **orderly m. agreement** Selbstbeschränkungsabkommen *nt*; **m. association** Markt-, Absatzverband *m*, A.genossenschaft *f*; **m. board** Einfuhr- und Vorratsstelle *f*; **m. budget** Werbeetat *m*; **m. campaign** Absatzfeldzug *m*, Werbekampagne *f*; **m. channel** Absatzweg *m*, A.kanal *m*; **m. company** Vertriebsgesellschaft *f*; **m. control** Vertriebssteuerung *f*; **m. cooperative** Vertriebs-, Absatzgenossenschaft *f*; **m. cost(s)** Absatz-, Marketing-, Vertriebskosten *pl*; **m. department/division** Vertrieb(sabteilung) *m/f*, Marketingabteilung *f*; **m. exercise** Verkaufsaktion *f*; **m. intermediary** Absatzmittler *m*; **m. logistics** Marketinglogistik *f*; **m. management** Vertriebsleitung *f*; **m. manager** Marketing-, Vertriebsleiter(in) *m/f*; **m. mix** Marketinginstrumentarium *nt*; **m. network** Vertriebsnetz *nt*; **m. objective** Absatzziel *nt*; **m. organisation** Vertriebsapparat *m*, Absatz-, Vertriebsorganisation *f*; **m. policy** Vertriebs-, Absatzpolitik *f*; **m. record** Absatzbilanz *f*, Verkaufsleistung *f*; **m. research** (Absatz)-Marktforschung *f*; **m. rights** Vermarktungsrechte *pl*; **m. specialist** Absatzforscher(in) *m/f*, Fachmann/Fachfrau für Absatzförderung; **m. strategy** Marketing-, Vertriebsstrategie *f*; **m. subsidiary** Vertriebstochter *f*; **m. territory** Absatzregion *f*; **m. tool** Vertriebsinstrument *nt*

market inquiry Marktanalyse *f*; **m. interest rate** Marktzinssatz *m*; **m. intervention** Marktpflege *f*; **m. investigation** Marktbeobachtung *f*; **m. knowledge** Marktkenntnis *f*; **m. leader** 1. Markt-, Branchenführer *m*; 2. *(Börse)* führender Wert; **m. letter** 1. Marktbericht *m*; 2. Börsenbrief *m*; **m. liberalization** Marktöffnung *f*; **m. maker** Marktmacher *m*, Börsenhändler *m*; **m. member** Marktteilnehmer *m*; **m. needs** Markterfordernisse *pl*, M.bedürfnisse *pl*; **m. news** Marktnachrichten *pl*; **m. offering** Markt-, Materialangebot *nt*; **m. operator** *(Börse)* Börsianer(in) *m/f*, Berufsspekulant(in) *m/f*, Marktteilnehmer *m*; **m. order** 1. *(Börse)* *(Verkauf)* Best(ens)auftrag *m*; 2. *(Kauf)* Billigstauftrag *m*; **m. outlet** Absatzventil *nt*, Vertriebsform *f*; **m. participant** Marktteilnehmer *m*; **m. penetration** Marktdurchdringung *f*, M.anteil *m*; **m. performance** Markt-, Absatzentwicklung *f*, A.leistung *f*

marketplace *n* Markt(platz) *m*; **competitive m.** wettbewerbsintensiver Markt; **financial m.** Finanzmarkt *m*; **in the global m.** auf dem Weltmarkt; **m. requirement** Marktforderung *f*

market pointer Tipp für den Markt, Börsentipp *m*; **m. position** Marktstellung *f*, Wettbewerbsposition *f*; **dominant m. position** beherrschende Marktstellung, marktbeherrschende Stellung; **m. potential** Marktpotenzial *nt*; **to exhaust the m. potential** Absatzmöglichkeiten ausschöpfen; **m. practices** Börsenpraxis *f*; **m. presence** Marktpräsenz *f*

market price 1. Marktpreis *m*, M.wert *m*, handelsüblicher Preis; 2. *(Börse)* Tageskurs *m*, T.satz *m*, Kurswert *m*, (Börsen)-Kurs *m*; 3. *(Bilanz)* Wert nach dem Niederstwertprinzip; **current m. p.** Börsen- oder Marktpreis *m*; **at the ~ m. p.** zum Tageskurs; **fair m. p.** marktgerechter Preis; **going m. p.** gängiger Marktpreis; **middle m. p.** Mittelkurs *m*; **official m. p.** *(Börse)* amtlicher Mittelkurs

market process Marktgeschehen *nt*; **m. professional** *(Börse)* Berufshändler *m*; **m. profit** Konjunkturgewinn *m*; **m. prospects** Kurs-, Absatzerwartungen *pl*; **m. quotation** Börsennotierung *f*, B.kurs *m*; **middle m. quotation** Mittelkurs *m*; **m. rally** 1. Markterholung *f*; 2. *(Börse)* Kurserholung *f*

market rate Marktpreis *m*, Kurswert *m*, Tages-, Börsenkurs *m*; **~ of interest** Geldmarktsatz *m*, Marktzins *m*; **floating m. r.** flexibler Marktzinssatz *m*; **m. closing r.** Schlusskurs *m*

market rating Börsenbewertung *f*; **m. recovery** Kurs-, Markterholung *f*; **m. regime** *[EU]* Marktordnung *f*; **m. regulation** Marktregulierung *f*, M.regelung *f*; **m. regulator** Aufsichtsbehörde *f*; **m. report** 1. Preis-, Marktbericht *m*; 2. Konjunkturbericht *m*; 3. Börsenbericht *m*; **m. requirement** Markterfordernis *nt*

market research Markt-, Absatzforschung *f*; **~ data** Marktforschungsdaten *pl*; **m. r.er** Marktforscher(in) *m/f*; **m. r. institute** Marktforschungsinstitut *nt*; **~ specialist** Marktforscher *m*

market resistance Marktwiderstand *m*; **m. rigging** Kurs-, Börsenmanipulation *f*; **m. risk** Marktrisiko *nt*; **m. saturation** Markt(über)sättigung *f*; **m. sector/segment** Marktsegment *nt*, Teilmarkt *m*; **m. sentiment** Börsenstimmung *f*, B.klima *nt*; **basic m. sentiment** Grundhaltung *f*; **m. shakeout** Marktbereinigung(sprozess) *f/m*; **m. share** Marktanteil *m*; **to maintain the m. share** Marktanteil halten; **m. sharing** Marktaufteilung *f*; **m. situation** Markt-, Absatzlage *f*; **m. stagnation** Absatzflaute *f*; **m. stall** Marktstand *m*; **m. strategy** Marktstrategie *f*; **m. strength** haussierende Börse; **m. supply** Marktversorgung *f*; **m. support** 1. Marktstützung *f*, M.pflege *f*; 2. *(Börse)* Kursstützung *f*, K.-pflege *f*; **m. survey** Marktanalyse *f*; **m. target price** Marktrichtpreis *m*; **m. trader** Markthändler *m*; **m. trend** 1. Absatz-, Preistendenz *f*, Marktentwicklung *f*; 2. Börsentendenz *f*, B.klima *nt*; **m. turmoil** *(Börse)* Marktbeunruhigung *f*; **m. upturn** 1. Markterholung *f*; 2. Kursaufschwung *m*, K.erholung *f*; **m. valuation** 1. Bewertung zum Verkehrswert; 2. Börsenbewertung *f*

market value 1. Markt-, Verkehrswert *m*; 2. Kurswert *m*; **fair m. v.** angemessener Marktwert; **open m. v.** Verkehrswert *m*; **m. v. appraisal** Verkehrswertermittlung *f*

market volatility (Börsen)Kursschwankungen *pl*; **m. volume** Marktvolumen *nt*; **m. weakness** Marktschwäche *f*

marking *n* 1. Kennzeichnung *f*, (Waren)-Auszeichnung *f*; 2. Markierung *f*; **m.-down** *n* (Preis)Senkung *f*; **m. requirements** Kennzeichnungsvorschriften *pl*; **m.-up** *n* (Preis)Anhebung *f*

mark|-on *n* Preisaufschlag *m*; **m.-up** *n* 1. *(Preis)* Heraufsetzung *f*, (Preis)Erhöhung *f*, Aufgeld *nt*, Zuschlag *m*; 2. (Gewinn)-Spanne *f*, (Roh)Gewinnaufschlag *m*; 3. (Plus)Korrektur *f*; **~ pricing** Vollkostenkalkulation *f*

marriage *n* Heirat *f*, Ehe(schließung) *f*; **m. allowance** *(Steuer)* Ehegattenfreibetrag *m*; **m. grant** Ehestandsdarlehen *nt*, Heiratsbeihilfe *f*; **m. property law** Ehegüterrecht *nt*; **m. settlement** Ehevertrag *m*, vertraglicher Güterstand

marshall *v/t* 1. gliedern; 2. *(Forderungen)* rangieren

marshalling *n* *(Forderungen)* Rangieren *nt*; **m. of assets** Rangordnung der Sicherheiten; **~ creditors** Rangbestimmung von Gläubigern; **~ preferences** Aufstellung einer Präferenzordnung; **~ securities** *(Konkurs)* Ordnung/Rangfolge der Sicherheiten; **m. yard** 🚃 Rangierbahnhof *m*

mart *n* 1. Markt *m*; 2. Auktionsraum *m*

mass *n* Masse *f*, Menge *f*; **critical m.** Mindestanzahl *f*; **m. business** Massen-, Mengengeschäft *nt*; **m. circulation** *(Zeitung)* Massenauflage *f*; **m. consumption** Massenkonsum *m*; **m. dismissal** Massenentlassung *f*; **m. income** Masseneinkommen *nt*; **m. layoff** (zeitweilige) Massenentlassung *f*; **m. market** Massenmarkt *m*; **m. marketing** Vertrieb von Massenprodukten; **m. media** Massenmedien *pl*; **m.-produce** *v/t* fabrikmäßig/in großen Mengen herstellen; **m. product** Massenprodukt *nt*, Serienerzeugnis *nt*; **m. production** Massenfertigung *f*, M.herstellung *f*, Großserienfertigung *f*; **m. purchasing power** Massenkaufkraft *f*; **m. redundancies** Massenentlassungen *pl*; **m. selling** Massenabsatz *m*; **m. transit** *[US]* öffentlicher Personen(nah)verkehr

master *n* 1. (Handwerks-/Lehr)Meister *m*; 2. ⚓ Kapitän *m*; **M. of Business Administration (M.B.A.)** Diplom-Betriebswirt(in) *m/f*, Diplom-Kaufmann/K.frau *m/f*; **~ Economics** Diplom-Volkswirt(in) *m/f*; **~ Science (Industrial Engineering)** Diplom-Wirtschaftsingenieur(in) *m/f*

master account *(Kunde)* Stammnummer *f*; **m. agreement/contract** Mantelvertrag *m*; **m. bill of material(s)** Stückliste *f*; **m. copy** Original *nt*; **M.'s Copy (of a B/L)** ⚓ Konnossement für den Kapitän, Kapitänskopie *f*; **m. craftsman** (Handwerks)Meister *m*; **m. data** Stammdatei *f*, S.daten *pl*; **m. mechanic** Vorarbeiter(in) *m/f*, Werkmeister(in) *m/f*; **m. operations list** Fertigungs(ablauf)plan *m*; **m. planning** Globalplanung *f*; **m. policy** *(Vers.)* Stamm-, Rahmenpolice *f*; **m. record** Bestandssatz *m*; **m. sample** 🏭 feste Ausgangsstichprobe; **m. schedule** Gesamtplan *m*; **m. scheduling** Erstellung eines Fertigungs-/Terminplans; **m. tradesman** (Handwerks)Meister *m*

mastery *n* Beherrschung *f*

matching *n* Zusammenbringen *nt*; **m. of buyer and seller** Zusammenbringen von Käufer und Verkäufer; **~ maturities** Laufzeiten-, Fristenkongruenz *f*; **m.** *adj* (zusammen)passend

mate *n* 1. Geselle *m*, Arbeitskollege *m*; 2. ⚓ Steuermann *m*, Maat *m*; **m.'s receipt (M.R.; m/r)** ⚓ Verlade-, Bordbescheinigung *f*

material *n* Material *nt*, (Bau-/Werk)Stoff *m*; **m.s** Roh-, Verbrauchsstoffe *pl*; **~ on hand** Materialbestand *m*; **~ and labour** *(Bilanz)* Material und Arbeitslöhne; **~ on order** bestelltes Material; **~ not in stock** Auftragsmaterial *nt*; **~ and supplies** (Roh-,) Hilfs- und Betriebsstoffe *pl*; **receiving m.s** Materialeingang *m*

allocated/apportioned material auftragsgebundenes Material; **auxiliary m.** Hilfs- und Betriebsstoffe *pl*; **recycled ~ m.** Kreislaufmaterial *nt*; **available m.** frei verfügbare Lagerbestände; **basic m.** Grundstoff *m*; **~ m.s industry** Grundstoffindustrie *f*; **bought-in m.s** Fremdbezüge *pl*; **dangerous m.** Gefahrgut *nt*; **defective/faulty m.** fehlerhaftes Material, Materialschaden *m*; **~ and workmanship** Material- und Herstellungsfehler *pl*; **direct m.(s)** Materialeinzel-, Fertigungsmaterialkosten *pl*, Produktionsmaterial *nt*; **hazardous m.** Gefahrgut *nt*; **indirect m.** Materialgemeinkosten *pl*; **long leadtime m.s** Material mit langen Beschaffungszeiten; **loose m.** Schüttgut *nt*; **primary m.** Vormaterial *nt*, Rohstoff *m*; **~ m.(s) production** Rohstoffproduktion *f*; **promotional m.** Werbeunterlagen *pl*, W.beilage *f*; **purchased m.** Fremdmaterial *nt*, F.bezüge *pl*

raw material Grund-, Rohstoff *m*; **r. m.s and consumables/supplies** *(Bilanz)* Roh-, Hilfs- und Betriebsstoffe *pl*; **industrial r. m.** Industrierohstoff *m*; **recycled/ secondary r. m.** Sekundärrohstoff (Sero) *m*; **secondary r. m.s extraction** Sekundärrohstoffgewinnung *f*

raw material cost(s) Kosten für Rohstoffe; **r. m. country** Rohstoffland *nt*; **r. m.(s)-intensive** *adj* rohstoffintensiv; **r. m. market** Rohstoffmarkt *m*; **~ stocks** Rohstoffbestände *pl*; **~ supplies** Rohstoffvorräte *pl*

recoverable material Wertstoff *m*; **secondary m.** *(Wertstoff)* Sekundärmäterial *nt*; **substitute m.** Ersatzstoff *m*; **sundry m.s** (diverses) Kleinmaterial *nt*

material *adj* § (beweis-/rechts)erheblich

material|s account Materialrechnung *f*; **~ accounting** Materialabrechnung *f*; **m.(s) budget** Materialkostenplan *m*, Werkstoffbedarfsplanung *f*; **m.s consumed** verwendetes Material; **m. consumption** Materialverbrauch *m*; **m.s control** Materialwirtschaft *f*; **m. cost(s)** Material-, Sachkosten *pl*; **direct m. costs** unmittelbarer Materialaufwand; **m. costing** Materialkostenermittlung *f*; **m.s cost pressure** Materialkostendruck *m*; **m.s cycle** Materialkreislauf *m*; **m. damage** Sachschaden *m*; **m.s distribution** Stoffwirtschaft *f*; **m.s engineering** Werkstofftechnik *f*; **m. expenditure(s)** Sachaufwand *m*; **m.s flow** Materialfluss *m*; **~ planning** Materialflussplanung *f*; **m.s handling** Materialwirtschaft *f*, innerbetriebliches Transport- und Lagerwesen; **intra-plant**

M

m.s handling innerbertriebliches Transportwesen; **m.s input** Stoffeinsatz *m*, Materialaufwand *m*; **~ input-output statement** Materialbilanz *f*; **~ inspection** Materialprüfung *f*; **m.-intensive** *adj* materialintensiv; **m.s issue** Materialausgabe *f*; **~ slip** Materialausgabeschein *m*

materiality *n* *(Bilanz)* Wesentlichkeitsgrundsatz *m*

materialize *v/i* sich bewahrheiten

material|s list Materialliste *f*; **m.s management (and logistics)** Materialwirtschaft *f*, Logistik *f*; **m.s manager** Leiter(in) der Materialverwaltung *f*; **~ overheads** Materialgemeinkosten *pl*; **consumption-driven ~ planning** verbrauchsgesteuerte Disposition; **~ price** Materialpreis *m*; **~ purchases** Materialbezüge *pl*; **~ purchasing** Materialeinkauf *m*; **~ received note** Materialempfangsbescheinigung *f*; **~ receiving** Materialannahme *f*; **~ requirement(s)** Materialbedarf *m*; **~ requirement management/planning** Bedarfsmengen-, Materialbedarfsplanung *f*, M.steuerung *f*, Lagerplanung *f*, L.wirtschaft *f*; **~ requisition** Material-, Werkstoffanforderung *f*; **~ saving** Materialeinsparung *f*; **m. supplies** Materialvorrat *m*; **m.s testing** Werkstoffprüfung *f*; **~ usage** Materialverbrauch *m*; **~ used** Materialaufwand *m*

M

maternity *n* Mutterschaft *f*; **m. benefit/grant** Geburtsbeihilfe *f*, Mutterschaftsgeld *nt*; **m. protection/rights** Mutter(schafts)schutz *m*

mathematician *n* Mathematiker(in) *m/f*

mathematics (maths) *n* Mathematik *f*, Rechnen *nt*

matrix *n* Matrix *f*; **~ of opportunity costs** Opportunitätskostenmatrix *f*; **m. balance sheet** Bilanz in Matrizenform; **m. structure** Matrixstruktur *f*

matter *n* Sache *f*, Angelegenheit *f*, Materie *f*, Fall *m*; **m.s of common concern** gemeinsame Belange; **m. in controversy/dispute** § Streitsache *f*; **m. of discretion** Ermessenssache *f*; **m. at issue** Verhandlungsgegenstand *m*; **a m. of urgency** dringende Angelegenheit

administrative matter Verwaltungsangelegenheit *f*; **budgetary m.s** Haushaltsfragen *pl*; **commercial m.s** Handelsfragen *pl*; **contractual m.** Vertragsangelegenheit *f*; **in economic m.s** auf wirtschaftlichem Gebiet; **financial m.s** Finanzangelegenheiten *pl*; **maritime m.** Seerechtssache *f*, Schifffahrtsangelegenheit *f*; **monetary m.s** Geldangelegenheiten *pl*; **personal m.** persönliche Angelegenheit, Privatangelegenheit *f*; **postal m.** Postsache *f*, P.gut *nt*; **printed m.** 1. ✂ Druckerzeugnis *nt*; 2. ✉ (Brief)Drucksache *f*; **residual m.** Reststoff *m*

mature *v/i* 1. fällig werden, verfallen; 2. reifen; *adj* fällig

maturity *n* 1. Fälligkeit(sdatum) *f/nt*, Verfall(zeit) *m/f*; 2. *(Anleihe)* Laufzeit *f*, L.(en)bereich *m*; **at/on/upon m.** bei Fälligkeit; **to pay at m.** bei Fälligkeit zahlen; **~ before m.** vorzeitig/vor Fälligkeit zahlen

of concordant maturity laufzeit(en)-kongruent; **fixed m.** feste Laufzeit; **of identical m.** laufzeit(en)konform, l.kongruent; **matching maturities** Laufzeitkongurenz *f*; **maximum m.** Höchstlaufzeit *f*; **remaining m.** Restlaufzeit *f*

maturity date Fälligkeitsdatum *nt*, F.termin *m*, Ende der Laufzeit; **m. distribution** *(Anleihen)* Laufzeitenstruktur *f*; **m. dividend** *(Lebensvers.)* fällige Prämienbeteiligung; **m. limit** Laufzeitbegrenzung *f*; **maturities mismatch** Inkongruenz (der Fälligkeitstermine/Laufzeiten) *f*; **m. mix** Fristigkeits-, Laufzeitenstruktur *f*; **m. period** Laufzeit *f*; **maturities schedule** Fälligkeitsplan *m*; **m. value** Fälligkeitswert *m*; **m. yield** Rendite einer langfristigen Anlage

maverick *n* 📊 Ausreißer *m*

maximiz|ation *n* Maximierung *f*; **~ of efficiency** Nutzenmaximierung *f*; **m.e** *v/t* maximieren, bestmögliche/günstigste ... wählen

maximum *n* Höchstmaß *nt*, H.satz *m*; *adj* maximal, größtmöglich, Höchst-

max-min system Bestellpunktsystem *nt*

meal *n* Mahl(zeit) *nt/f*; **m. allowance** Essensgeld *nt*; **m. ticket** *[US]* Essensgutschein *m*, E.marke *f*

mean *n* π/📊 Mittel(wert) *nt/m*, Durchschnitt(szahl) *m/f*; **arithmetic m.** arithmetisches Mittel; **monthly m.** Monatsmittel *nt*; **weighted m.** gewogener Mittelwert

means *n* 1. (Geld)Mittel *pl*, Kapital *nt*, Vermögen *nt*; 2. Instrument *nt*, Möglichkeiten *pl*, Mittel *nt*; **within one's m.**

erschwinglich; **without m.** ohne Geld, mittellos, unversorgt

means of advertising Werbemittel *nt/pl*; **~ borrowing** Kreditinstrument *nt*; **~ communication** Verkehrs-, Kommunikationsmittel *nt/pl*; **~ consumption** Verbrauchsgüter *pl*; **~ conveyance** Beförderungs-, Transportmittel *nt/pl*; **~ exchange** Tauschmittel *nt/pl*; **~ livelihood** Lebensgrundlage *f*; **~ mass transportation** Massenbeförderungsmittel *nt*; **~ payment** Zahlungsmittel *nt/pl*; **~ production** Produktionsmittel *nt/pl*; **~ transport** Verkehrsträger *m*, Beförderungs-, Transportmittel *nt/pl*

to be within one's means im Rahmen der finanziellen Möglichkeiten liegen; **to have m.** über Mittel verfügen

available means verfügbare Mittel; **financial m.** Kapitalmittel *nt/pl*, Gelder *pl*; **insufficient m.** nicht ausreichende Mittel; **private m.** Privatvermögen *nt*; **public m.** öffentliche Gelder; **scarce m.** knappe Mittel; **sufficient m.** ausreichende/hinreichende Mittel

means|-ends dichotomy Zielmitteldichotomie *f*; **~ relation** Zweck-Mittelbeziehung *f*; **m. test(ing)** 1. *[GB]* Bedürftigkeitsnachweis *m*; 2. Kreditprüfung *f*; 3. Vermögensveranlagung *f*, Mittelnachweis *m*; **m.-test** *v/t* Bedürftigkeit überprüfen; **m.-tested** *adj* einkommensabhängig

measure *n* 1. Maß *nt*; 2. Maßnahme *f*; 3. Maßstab *m*

measure of adjustment Anpassungsmaßnahme *f*; **~ concentration** Konzentrationsmaß *nt*; **~ constraint** Zwangsmaßnahme *f*; **m.s to increase demand** Nachfrageprogramm *nt*; **m. of total income** Gesamteinkommensgröße *f*; **m. to improve the infrastructure** Infrastrukturmaßnahme *f*; **~ procure liquidity** Liquiditätsbeschaffungsmaßnahme *f*; **~ open up a market** Markterschließungsmaßnahme *f*; **m. of performance** Leistungsgröße *f*; **~ production** Maßgröße der Produktion; **m.s to protect trade** handelspolitische Schutzmaßnahmen

made to measure maßgeschneidert, m.-gefertigt; **to buy to m.** nach Maß kaufen; **to enact/introduce/take m.s** Maßnahmen ergreifen; **to sell by m.** nach Maß verkaufen

absolute measure 🕮 dimensionslose Maßzahl; **accompanying m.** flankierende Maßnahme; **administrative m.** verwaltungstechnische Maßnahme; **anticyclical m.** konjunkturdämpfende Maßnahme; **belt-tightening m.** Sparmaßnahme *f*; **confidence-building m.** vertrauensbildende Maßnahme; **cost-cutting/cost-saving m.** kostensenkende/k.dämpfende Maßnahme, Sparmaßnahme *f*; **credit-tightening m.** Maßnahme zur Kreditverknappung; **cyclical m.** konjunkturpolitische Maßnahme; **defensive m.** Abwehr-, Schutzmaßnahme *f*; **deflationary m.** konjunkturdämpfende Maßnahme; **dirigist(ic) m.** dirigistische Maßnahme; **energy-saving m.** Energiesparmaßnahme *f*; **environmental m.** Umweltschutzmaßnahme *f*; **expansionary m.** Ankurbelungsmaßnahme *f*; **fiscal m.** steuerpolitische Maßnahme; **interim m.** einstweilige Anordnung; **labour-saving m.(s)** Rationalisierung *f*; **monetary m.(s)** geldpolitische Maßnahme; **preventive m.** Vorbeuge-, Vorsichtsmaßnahme *f*; **pro-cyclical m.** konjunkturfördernde Maßnahme; **promotional m.** Maßnahme zur Absatzförderung; **protectionist m.** handelspolitische Schutzmaßnahme; **reflationary m.** konjunkturfördernde Maßnahme; **regulatory m.** Lenkungsmaßnahme *f*; **restrictive m.** Restriktionsmaßnahme *f*; **retaliatory m.** Vergeltungsmaßnahme *f*; **short-term m.** kurzfristige Maßnahme; **standard m.** Originalmaß *nt*; **stop-gap m.** Behelf(slösung) *m/f*; **temporary m.** vorübergehende Maßnahme

measure *v/t* 1. (ver-/be-/ab)messen; 2. betragen

measurement *n* 1. Maß *nt*; 2. Messung *f*; **m.s** Abmessungen *pl*, Ausmaße *pl*, Größe(nangaben) *f/pl*; **m. of results** Erfolgsmessung *f*; **m. goods** Maßgüter *pl*; **m. technology** Messtechnik *f*

measuring *n* Messen *nt*; **m. and controlling devices** Mess- und Regelgeräte *pl*

meat *n* (essbares) Fleisch *nt*; **m. industry** Fleischwirtschaft *f*, F.warenindustrie *f*; **m. inspection** Fleischbeschau *f*; **m. products** Fleisch- und Wurstwaren *pl*

mechanic *n* Mechaniker(in) *m/f*, Monteur(in) *m/f*; **m.al** *adj* mechanisch, maschinell, automatisch

M

mechanism *n* Maschinerie *f*, Mechanismus *m*; **compensatory m.** Ausgleichsmechanismus *m*; **monetary m.** Währungsapparat *m*; **regulatory m.** Interventionsmechanismus *m*

mechaniz|ation *n* Mechanisierung *f*, Automatisierung *f*; **m.e** *v/t* mechanisieren, automatisieren; **fully m.ed** *adj* vollautomatisiert

media *n* Medien *pl*; **to work in the m.** im Mediensektor tätig sein; **outdoor m.** Medien der Außenwerbung; **m. advertising** Medienwerbung *f*, Ausschreibung in den Medien; **m. allocation** Aufteilung auf verschiedene Werbeträger; **m. analysis** Werbeträgeranalyse *f*; **m. briefing** Pressekonferenz *f*, P.mitteilung *f*; **m. campaign** Medienfeldzug *m*; **m. combine/group** Medienkonzern *m*; **m. coverage** Berichterstattung in den Medien; **m. environment** Medienlandschaft *f*; **m. manager** Medienleiter(in) *m/f*; **m. mix planner** Mediaplaner *m*

median *n* π Zentralwert *m*, Mittel(wert) *nt/m*; *adj* durchschnittlich, mittlere(r,s), Mittel-

M

media planner Medienplaner *m*; **m. reach** Medienreichweite *f*; **m. research** Werbeträgeranalyse *f*; **m. scheduling** Werbestreuung *f*; **m. studies** Medienwissenschaft *f*; **m. target group** Medienzielgruppe *f*

mediate *v/ti* vermitteln, schlichten

mediation *n* Vermittlung *f*, Schlichtung(sverfahren) *f/nt*; **m. board/committee** Vermittlungs-, Schlichtungsausschuss *m*; **m. proposal** Schlichtungsvorschlag *m*

mediator *n* (Ver)Mittler *m*, Schlichter *m*; **m.y** *adj* vermittelnd

media tycoon Werberiese *m*

Medicare *[US]* staatliche Krankenversicherung für Bürger über 65 Jahre

medicine *n* 1. Medizin *f*; 2. Arznei(mittel) *f/nt*; **industrial/occupational m.** Arbeits-, Betriebsmedizin *f*; **preventive m.** Gesundheitsvorsorge *f*

medium *n* Medium *nt*, Mittel *nt*; **m. of exchange** Tauschmittel *nt*; **~ investment** Anlageinstrument *nt*

medium *adj* mittlere(r, s), mittelfein; **m.-grade** *adj* von mittlerer Qualität; **m.-priced** *adj* in der mittleren Preisklasse/P.lage; **m.-range** *adj* 1. in der mittleren Preisklasse; 2. ✈ Mittelstrecken-; 3. mittelfristig; **m.-run; m.-term** *adj* mittelfristig; **m.-size(d)** *adj* mittelgroß, mittlere(r,s)

meet *v/ti* 1. (sich) treffen, tagen, Sitzung abhalten; 2. *(Aufgaben/Ansprüche)* erfüllen, befriedigen, entsprechen

meeting *n* 1. Sitzung *f*, Konferenz *f*; 2. Versammlung *f*, Treffen *nt*, Beratung *f*

meeting of the board of directors Sitzung des Verwaltungsrates; **~ creditors** Gläubigerversammlung *f*; **~ incorporators** *[US]* Gründerversammlung *f*; **~ manpower requirements** Personalbedarfsdeckung *f*; **~ partners** Gesellschafterversammlung *f*; **~ shareholders** *[GB]*/**stockholders** *[US]* 1. Haupt-, Aktionärsversammlung *f*; 2. *(GmbH)* Gesellschafterversammlung *f*

to adjourn a meeting Sitzung unterbrechen/verlegen/vertagen, Versammlung vertagen; **to attend a m.** an einer Sitzung teilnehmen; **to call/convene a m.** Sitzung/Versammlung einberufen; **to chair a m.** Versammlung/Sitzung leiten; **to schedule a m.** Sitzung ansetzen

annual meeting Jahres-, Hauptversammlung *f*; **closed-door m.** Klausurtagung *f*; **corporate m.** *[US]* 1. Vorstandssitzung *f*; 2. Gesellschafter-, Gesellschafts-, Hauptversammlung (HV) *f*; **departmental m.** Abteilungsversammlung *f*; **extraordinary m.** 1. Sondersitzung *f*; 2. außerordentliche Hauptversammlung; **final m.** Schlussbesprechung *f*; **full m.** Vollversammlung *f*; **general m.** Hauptversammlung *f*; **annual ~ m. (AGM) (of shareholders** *[GB]*/**stockholders** *[US]* (Jahres)Hauptversammlung (HV) (der Aktionäre) *f*; **extraordinary ~ m. (EGM)** außerordentliche Hauptversammlung; **informal m.** informelles Treffen; **kick-off m.** *(coll)* Eröffnungsveranstaltung *f*; **ministerial m.** Ministertreffen *nt*; **opening m.** Eröffnungssitzung *f*; **ordinary m.** ordentliche Sitzung; **preparatory m.** Vorbereitungstreffen *nt*; **public m.** öffentliche Versammlung; **regular m.** turnusmäßige Sitzung; **shop-floor m.** Betriebsversammlung *f*; **statutory m.** satzungsmäßig vorgeschriebene Versammlung

mega|deal *n* Riesengeschäft *nt*; **m.-merger** *n* Großfusion *f*, Elefantenhochzeit *f* *(fig)*; **m. resort** Riesen-Freizeitanlage *f*

member *n* Mitglied *nt*, Angehörige(r) *f/m*; **m. of the board** Aufsichtsrats-, Vorstands-, Verwaltungsratsmitglied *nt*; **~ a company** Gesellschafter(in) *m/f*; **~ a course** Lehrgangsteilnehmer(in) *m/f*; **~ the family** Familienangehörige(r) *f/m*; **~ staff** Belegschaftsmitglied *nt*, Mitarbeiter(in) *m/f*

associate member angeschlossenes Mitglied; **contributing m.** zahlendes Mitglied; **ex officio** *(lat.)* **m.** Mitglied kraft Amtes; **full m.** Vollmitglied *nt*; **managing m.** Gesellschafter(in) als Geschäftsführer(in) *m/f*; **paying m.** zahlendes Mitglied; **permanent m.** ständiges Mitglied; **registered m.** eingetragenes Mitglied; **sponsoring m.** förderndes Mitglied; **voting m.** stimmberechtigtes Mitglied; **working m.** aktives Mitglied

member bank Mitgliedsbank *f*; **~ of a consortium** Konsortialbank *f*; **m. country** Mitgliedsland *nt*, M.staat *m*; **m. firm** Mitgliedsfirma *f*; **m.'s liability** Haftung des Gesellschafters; **m.s' loan** Gesellschafterdarlehen *nt*; **~ meeting** Gesellschafter-, Mitglieder-, Vertreterversammlung *f*; **~ representative board** Mitgliedervertretung *f*; **m.'s share** Konsortialquote *f*; **m.s' shareholding** Gesellschafteranteil *m*

membership *n* Mitgliedschaft *f*, Zugehörigkeit *f*; **compulsory m.** Zwangs-, Pflichtmitgliedschaft *f*, Beitrittspflicht *f*; **dual m.** Doppelmitgliedschaft *f*; **full m.** Vollmitgliedschaft *f*; **paid-in/paid-up m.** zahlende Mitglieder; **total m.** Mitgliederbestand *m*; **m. dues** Mitgliedsbeiträge *pl*; **~ to trade or professional organisations** Beiträge zu Berufsverbänden; **m. fee** 1. Mitgliedsbeitrag *m*; 2. Beitragssatz *m*; **m. number** Mitgliedsnummer *f*; **m. rights** Gesellschaftsrechte *pl*

member state Mitgliedsstaat *m*, M.land *nt*; **m.'s subscription** Mitgliedsbeitrag *m*

memo *n* ↘ **memorandum** (Gesprächs)-Notiz *f*, (innerbetriebliche) Mitteilung *f*; **interoffice m.** innerbetriebliche Mitteilung

memorandum *n* **(***pl* **memoranda)** 1. Aktennotiz *f*, A.vermerk *m*, Memo *nt*; 2. Vereinbarung *f*

memorandum of agreement Vertragsniederschrift *f*; **m. and articles (of association)** Statut *nt*, Satzung *f*; **m. of association** Gründungsurkunde *f*, Gesellschaftsvertrag *m*; **~ deposit** Hinterlegungsurkunde *f*; **~ satisfaction** § *(Grundbuch)* Löschungsantrag *m*; **~ understanding** Absichtserklärung *f*

memorandum billing Ausstellung eines Frachtbriefes; **m. book** Notizbuch *nt*, Kladde *f*; **m. buying** Kauf mit Rückgaberecht; **m. clause** Ausschlussklausel *f*; **m. goods** *[US]* Kommissionsware *f*; **m. item** Erinnerungsposten *m*; **m. sale** *[US]* Konsignationsgeschäft *nt*, Kommissionsverkauf *m*

memory *n* 1. Erinnerung(svermögen) *f/nt*; 2. 🖳 (Dauer)Speicher *m*; 3. 📱 Nummernspeicher *m*; **external m.** Externspeicher *m*; **read-only m. (ROM)** Nur-Lesespeicher *m*; **m. access** 🖳 Speicherzugriff *m*; **m. address** Speicheradresse *f*; **m. management** Speicherverwaltung *f*; **m. size** Speicherkapazität *f*

menu *n* 1. Menü *nt*, (Speise)Karte *f*; 2. 🖳 Inhaltsverzeichnis *nt*, Menü *nt*; **drop-down m.** Einblendmenü *nt*; **m. display** Menüanzeige *f*; **m.-driven** *adj* 🖳 menügesteuert

mercan|tile *adj* geschäftlich, kaufmännisch; **m.tilistic** *adj* merkantilistisch

merchandise *n* (Handels)Ware *f*, Gut *nt*, (Wirtschafts)Güter *pl*, Artikel *m/pl*, Verkaufsgegenstand *m*, Transportgut *nt*; **m. on hand** Warenbestand *m*; **m. for resale** Handelsware *f*; **m. in transit** Transitwaren *pl*

branded merchandise Markenerzeugnis *nt*; **competing m.** Konkurrenzware(n) *f/pl*; **general m.** Gemischtwaren *pl*; **inferior m.** minderwertige Ware(n), Schund *m* *(coll)*; **outgoing m.** Warenausgang *m*; **~ inventory** Warenausgangslager *nt*; **returned m.** Retouren *pl*

merchandise *v/t* handeln, vermarkten, kaufen und verkaufen

merchandise account Warenkonto *nt*; **m. accounting** Warenbuchhaltung *f*; **m. balance** Warenbilanz *f*; **m. broker** Produktenmakler(in) *m/f*; **m. exports** Warenexporte *pl*, W.ausfuhr(en) *f/pl*; **m. financing** Warenfinanzierung *f*; **m. imports** Wareneinfuhr *f*, W.importe *pl*; **m. information system** Warenwirtschaftssystem *nt*; **m. inventory** Warenbestand *m*; **m. management** Warenwirtschaftssystem *nt*

M

merchandiser *n* Experte für Verkaufsförderung; **general m.** Großhändler mit breitem Sortiment

merchandise sample Warenprobe *f*; **m. trade** Warenhandel *m*, Güterverkehr *m*; **m. turnover** Warenumsatz *m*, Lagerumschlag *m*; **m. underwriter** Warenversicherer *m*

merchandising *n* Absatz-, Verkaufsförderung *f*, V.politik *f*; **m. chain** Vertriebskette *f*; **m. costs** Vertriebskosten *pl*; **m. fair** Warenmesse *f*; **m. group** Handelskonzern *m*; **m. organisation** Handelsunternehmen *nt*; **m. risk** Absatzrisiko *nt*

merchant *n* Händler(in) *m/f*, Kaufmann *m*, K.frau *f*; **general m.** Vollkaufmann *m*, V.kauffrau *f*; **ostensible m.** Scheinkaufmann *m*, S.kauffrau *f*; **wholesale m.** Großhändler(in) *m/f*, Großhandelskaufmann *m*, G.kauffrau *f*

merchant|ability *n* Verkäuflichkeit *f*, Marktgängigkeit *f*; **m.able** *adj* verkäuflich, marktgängig, verkaufsfähig; **m. bank** Akzept-, Diskonthaus *nt*, Außenhandelsbank *f*; **m.'s clerk** Handlungsgehilfe *m*; **m. flag** Handelsflagge *f*; **m. fleet** Handelsflotte *f*; **m. guild** Kaufmannsgilde *f*; **m.ing (trade)** *n [GB]* Transithandel *m*; **m. marine/navy** Handelsmarine *f*; **m. ship/vessel** Handelsschiff *nt*; **m. shipping** Handelsschifffahrt *f*; **m. trade** Transithandel; **m. wholesaler** Großhandelsunternehmen *nt*

merge *v/ti* fusionieren, sich zusammenschließen, verschmelzen, vereinigen

merger *n* Fusion *f*, (Firmen)Zusammenschluss *m*, Verschmelzung *f*, Vereinigung *f*; **m.s and acquisitions (M&A)** Unternehmenskäufe und -zusammenschlüsse *pl*; **m. of companies** Firmenzusammenschluss *m*, Fusion *f*

conglomerate merger Fusion/Zusammenschluss branchenfremder Unternehmen; **corporate m.** Unternehmenszusammenschluss *m*, Zusammenschluss von (Aktien)Gesellschaften; **downstairs m.** Fusion der Mutter- mit der Tochtergesellschaft; **giant/mega(dollar) m.** *[US]* Mammutfusion *f*, Elefantenhochzeit *f* *(fig)*; **horizontal m.** horizontaler Zusammenschluss; **vertical m.** vertikaler Zusammenschluss; **backward ~ m.** Rückwärtsintegration *f*; **forward ~ m.** Vorwärtsintegration *f*

merger audit Verschmelzungsprüfung *f*; **m. bid** Fusionsangebot *nt*; **m. contest** Übernahmeschlacht *f*; **m. control** Fusions-, Zusammenschlusskontrolle *f*; **m. project** Fusionsvorhaben *nt*; **m. talks** Fusionsverhandlungen *pl*; **m. wave** Fusionswelle *f*

merging *n* Zusammenlegung *f*, Verschmelzung *f*; **m. of operations** Zusammenlegung von Betriebsabteilungen

merit *n* Verdienst *nt*, Leistung *f*; **(up)on its m.s** für sich allein (betrachtet), sachgerecht; **m.s of a case** wesentliche Punkte eines Falles; *v/t* verdienen, einer Sache wert sein; **m. bonus** Leistungszulage *f*; **m. good** meritorisches Gut; **m. increase** leistungsbezogene Gehaltssteigerung

meritocracy *n* Leistungsgesellschaft *f*, Meritokratie *f*

merit pay(ment) Leistungslohn *m*; **m. rate** Leistungszulage *f*; **m. rating** Personal-, Leistungsbeurteilung *f*

message *n* Meldung *f*, Mitteilung *f*, Nachricht *f*; **to leave a m.** Mitteilung/Nachricht hinterlassen; **to take a m.** etw. ausrichten; **incoming m.** eingehende Nachricht; **urgent m.** eilige Nachricht

messenger *n* (Kassen-/Büro)Bote *m*; **express** *[GB]***/special** *[US]* **m.** ✉ (Eil-)Kurier *m*, E.zusteller *m*, E.bote *m*

Messrs. (Messieurs) *n [frz.] (Anrede in Anschrift an Personengesellschaft)* Fa.

metal *n* Metall *nt*; **base m.** Nichtedelmetall *nt*; **forward m.** Terminmetall *nt*; **light m.** Leichtmetall *nt*; **~ m.(s) industry** Leichtmetallindustrie *f*; **non-ferrous m.** Nichteisen-, Buntmetall *nt*, NE-Metall *nt*; **precious m.** Edelmetall *nt*; **~ trading** Edelmetallhandel *m*; **primary m.** Primärmetall *nt*; **standard m.** Währungsmetall *nt*

metal content Metallgehalt *m*; **m. exchange** Metallbörse *f*; **m. industry** Metallindustrie *f*, M.branche *f*; **m. manufactures** Metallwaren *pl*; **m. price** Metallpreis *m*, M.notierung *f*; **m. processing** Metallverarbeitung *f*; **m.-processing** *adj* metallverarbeitend; **m. trade** Metallhandel *m*; **m.worker** *n* Metallarbeiter(in) *m/f*

meter *n [US]* ↘ **metre** 1. Meter *m/nt*; 2. Messgerät *nt*

method *n* Methode *f*, System *nt*, Arbeitsweise *f*, Technik *f*

method of application Anwendungsverfahren *nt;* **~ assistance** Förderungsmodus *m;* **~ compensation** Ausgleich(ung)srechnung *f*

method of depreciation Abschreibungsmethode *f;* **composite-life ~ d.** Pauschal-, Gruppenabschreibung *f;* **reducing-/declining-/decreasing-balance ~ d.** Buchwertabschreibung *f,* degressive Abschreibung; **flat-rate ~ d.** lineare Abschreibung; **indirect ~ d.** passive Abschreibung; **reducing-fraction ~ d.** Restwertabschreibungsmethode *f,* degressive Abschreibung; **sinking-fund ~ d.** progressive Abscreibung; **straight-line ~ d.** lineare Abschreibung

method of determining taxable profit Gewinnermittlungsart *f;* **~ estimation** Schätzmethode *f;* **~ itemization** Gliederungsschema *nt;* **~ manufacture** Herstellungsverfahren *nt;* **~ payment** Zahlungsweise *f;* **m.s and procedures** Ablauforganisation *f;* **m. of production** Produktionsweise *f;* **~ shipment/transport** Versand-, Transportart *f;* **~ taxation** Besteuerungsverfahren *nt*

actuarial method Tafelmethode *f;* **bottom-up m.** Aggregationsmethode *f;* **commodity-service m.** Entstehungsrechnung *f;* **completed-contract m.** Schlussabrechnungsverfahren *nt;* **consistent m.** einheitliche Methode; **consumption-savings m.** Verwendungsrechnung *f;* **cost-plus m.** Kostenaufschlags-, Selbstkostenpreismethode *f;* **empirical m.** empirisches Verfahren; **first-in-first-out (FIFO) m.** *(Bilanz)* Realisationsprinzip *nt,* FIFO-Methode *f;* **free-hand m.** Freihandverfahren *nt;* **high-low points m.** mathematische Kostenauflösung; **linear m.** lineare (Abschreibungs)Methode; **last-in-first-out (LIFO) m.** *(Bilanz)* LIFO-Methode *f;* **straight-line m.** lineare Abschreibung; **time-adjusted m.** dynamische Methode

method studies Arbeitsablaufstudien *pl;* **m.s time measurement (MTM)** Arbeitszeitermittlung *f*

metre *n* *[GB]* 1. Meter *m/nt;* 2. Messgerät *nt;* **cubic m.** Fest-, Raummeter *m;* **running m.** laufender Meter; **square m.** Quadratmeter *m*

metric *adj* metrisch; **m.ation** *n* Einführung des metrischen Systems

micro|- 1. Millionstel-; 2. Mikro-; **m.chip** *n* Mikrochip *m,* M.prozessor *m;* **m.-credit** *n* Kleinst-, Mikrokredit *m;* **m. economic** *adj* mikroökonomisch, betriebswirtschaftlich; **m.economics** *n* Betriebswirtschaftslehre (BWL) *f,* Mikroökonomie *f,* M.theorie *f;* **m.electronics** *n* Mikroelektronik *f;* **m.-location** *n* Mikrostandort *m;* **m.processor** *n* Mikroprozessor *m;* **m.structure** *n* Feingefüge *nt*

middleman *n* 1. Mittelsperson *f,* Mittler *m,* Makler *m;* 2. Groß-, Zwischenhändler *m;* **to cut out/eliminate the m.** Zwischenhandel ausschalten, Großhändler umgehen

middle-of-the-road *adj* *(fig)* durchschnittlich, Durchschnitts-

middling *adj* mittelfein; **good m.** gute Durchschnittsqualität

midget firm Zwergbetrieb *m*

mid|-market *adj* im mittleren Marktsegment; **m.point** *n* mittlerer Punkt; **at m.point** zur Jahresmitte; **m.-price** *adj* in der mittleren Preisklasse/P.kategorie; **at m.session** nach der ersten Hälfte des Handelstages; **m.-value** *n* Klassenmitte *f;* **m.week** *adv* in der Wochenmitte; **m.year** *n* Jahresmitte *f*

migrant *n* Wanderarbeiter *m;* **economic m.** Wirtschaftsflüchtling *m;* **m.'s remittance** Gastarbeiterüberweisung *f;* **m. worker** 1. Wanderarbeiter *m;* 2. Gastarbeiter *m*

migrate *v/i* wandern, fortziehen

migration *n* (Ab)Wanderung *f;* **m. of capital** Kapitalabwanderung *f;* **~ companies** Ab- und Zuzug von Unternehmen; **~ labour** Arbeitskräftewanderung *f;* **net m.** Wanderungsgewinn *m;* **outward m.** Abwanderung *f;* **m. balance** Wanderungssaldo *m;* **m. gain** Wanderungsgewinn *m;* **m. loss** Wanderungsverlust *m*

mile *n* Meile *f;* **freight-ton m.** Frachttonnenmeile *f*

mileage *n* Kilometerzahl *f,* K.geld *nt;* **m. allowance** Kilometergeld(erstattung) *nt/f,* K.pauschale *f;* **m. rate** Kilometersatz *m,* K.tarif *m;* **flat m. rate** Kilometerpauschale *f*

milestone *n* Kilometer-, Meilenstein *m;* **m. payment** Zahlung nach Bau-/Herstellungsfortschritt; **m. report** Fortschrittsbericht *m*

milking *n* *(fig)* Ausbeutung *f,* Ausnutzung *f*

mill *n* 1. Fabrik *f*, Werk *nt*; 2. (Getreide)-Mühle *f*; 3. ⌂ Walzwerk *nt*; 4. Spinnerei *f*, Weberei *f*; **ex m.** ab Fabrik; **m. certificate** Werksbescheinigung *f*; **standard m. cost** Standardselbstkosten *pl*
million (m) *n* Million (Mio) *f*; **thousand m.** Milliarde (Mrd) *f*
mine *n* ⚒ Bergwerk *nt*, Zeche *f*; **ex m.** ab Zeche; **deep/underground m.** Untertagebetrieb *m*; **drift m.** Stollenbetrieb *m*; **opencast m.** Tagebau *m*
mine *v/t* abbauen, fördern
min(e)|ability *n* Abbaufähigkeit *f*; **m.able** *adj* abbaufähig, a.würdig
mine operator Bergbauunternehmer *m*; **m.-owned** *adj* zecheneigen
miner *n* ⚒ Bergarbeiter *m*; **m.s' provident fund** Knappschaftskasse *f*; **m.s' (social) insurance** Knappschaft(sversicherung) *f*; **~ pension** Knappschaftsrente *f*; **~ union** Bergarbeitergewerkschaft *f*
mineral|s *n* Bodenschätze *pl*, Erze *pl*; **m.s extraction** Abbau von Bodenschätzen; **m. rights** Schürfrechte *pl*; **m. spring** Mineralquelle *f*, M.brunnen *m*
mine survey Grubenvermessung *f*; **m. worker** *n* ⚒ Bergarbeiter *m*
mini-budget *n* *[GB]* Nachtragshaushalt *m*
minimiz|ation *n* Minimierung *f*; **m.e** *v/t* minimieren, auf ein Minimum reduzieren
minimum *n* Mindestbetrag *m*, Minimum *nt*; **m. of absolute/average total costs** Betriebsoptimum *nt*, Gewinnschwelle *f*; **~ average variable costs** Betriebsminimum *nt*, Produktionsschwelle *f*; **statutory m.** gesetzliches Minimum; **m.** *adj* minimal, Mindest-
mining *n* ⚒ Bergbau *m*; **opencast m.** Tagebau *m*; **underground m.** Untertagebetrieb *m*
mining area/district Bergbaugebiet *nt*; **m. claim** Schürfrecht *nt*; **m. company** *[GB]*/**corporation** *[US]* Bergbaugesellschaft *f*, B.unternehmen *nt*; **m. concession** Abbaukonzession *f*, A.recht *nt*; **m. damage** Bergschaden *m*; **m. district** Kohlenrevier *nt*; **m. industry** Bergbau(industrie) *m/f*; **m. operation** Bergwerksbetrieb *m*; **m. output** Förderung *f*; **m. right** Abbaukonzession *f*, A.recht *nt*; **m. royalty** Förderabgabe *f*; **m. share** *[GB]*/**stock** *[US]* *(Börse)* Montanaktie *f*
minister *n* Minister(in) *m/f*; **M. of Agriculture and Fisheries** *[GB]* Minister für Landwirtschaft und Fischerei; **m. of state** Staatsminister(in) *m/f*; **~ transport** Verkehrsminister *m*
ministry *n* ↘ **department** Ministerium *nt*; **m. of transport** Verkehrsministerium *nt*; **M. of Transport (M.O.T.) test** *[GB]* Kraftfahrzeugabnahme *f*
minor *n* Minderjährige(r) *f/m*; *adj* 1. klein(er), geringfügig; 2. minderjährig
minority *n* 1. Minderheit *f*; 2. Minderjährigkeit *f*; **m. of votes** Stimmenminderheit *f*; **blocking m.** Sperrminorität *f*; **m. holder** Minderheitsaktionär *m*; **m. holding** Minderheitsbeteiligung *f*; **m. interest/participation** Minderheitsbeteiligung *f*; **m. interests** *(Bilanz)* Anteile/Gewinnansprüche Dritter; **m. investment** Minderheitsbeteiligung *f*; **m. partner** Minderheitsgesellschafter(in) *m/f*; **m. report** Sondergutachten *nt*; **m. shareholder** *[GB]*/**stockholder** *[US]* Minderheitsaktionär *m*; **m. stake** Minderheitsbeteiligung *f*, M.anteil *m*; **qualifying m. stake** Schachtel(paket) *f/nt*
mint *n* Münz-, Prägeanstalt *f*; *v/t* prägen
minus *n* Minus(punkt) *nt/m*; *prep* abzüglich, minus; **m. growth** negatives Wachstum
minute *n* Minute *f*; **commercial m.** *(Radio/Fernsehen)* Werbeminute *f*
minutes *n* Niederschrift *f*, (Sitzungs)-Protokoll *nt*; **m. of the meeting** Besprechungsprotokoll *nt*; **~ proceedings** Verhandlungsniederschrift *f*; **to draw up the m.** Protokoll aufsetzen; **to keep/take the m.** (Sitzungs)Protokoll führen
miracle *n* Wunder *nt*; **economic m.** Wirtschaftswunder *nt*
mis|address *v/t* falsch adressieren; **m.adventure** *n* Unglück(sfall) *nt/m*; **m.allocation of capital** *n* Kapitalfehlleitung *f*; **~ resources** Faktorfehlleitung *f*; **m.application** *n* 1. falscher Gebrauch; 2. Veruntreuung *f*; **~ of funds** Fehlleitung/F.-lenkung von Kapital; **m.appropriate** *v/t* zweckentfremden, unterschlagen, veruntreuen; **m.appropriation (of funds)** *n* Zweckentfremdung *f*, Unterschlagung *f*, Veruntreuung *f*; **m.branding (of goods)** *n* Falschbezeichnung (von Waren) *f*; **m.calculation** *n* Fehlkalkulation *f*; **m.cellaneous** *n* 1. *(Tagesordnung)* Verschiedenes; 2. *(Bilanz)* sonstige Aufwendungen/Erträge; *adj* verschieden(artig); **m.conduct** *n*

1. Fehlverhalten *nt*; 2. standeswidriges Verhalten; **gross m.conduct** schwere Verfehlung; **professional m.conduct** berufswidriges/standeswidriges Verhalten; **m.construction** *n* § Fehlinterpretation *f*; **m.count** *n* Rechenfehler *m*, fehlerhafte Zählung; *v/t* sich verrechnen/verzählen; **m.deliver** *v/t* falsch liefern; **m.direct** *v/t* ✉ fehlleiten, falsch adressieren; **m.direction** *n* Fehlleitung *f*, falsche Adressierung; **~ of capital** Kapitalfehlleitung *f*; **~ of goods** Fehlverladung *f*; **m.entry** *n* Falschbuchung *f*; **m.file** *v/t* falsch ablegen/abheften; **m.handle** *v/t* falsch behandeln; **m.handling** *n* falsche Behandlung/Handhabung; **m.information** *n* falsche Auskunft, Fehlinformation *f*; **m.interpret** *v/t* falsch auslegen; **m.interpretation** *n* Miss-, Fehldeutung *f*; **m.investment** *n* Fehlinvestition *f*; **m.leading** *adj* irreführend; **m.manage** *v/t* schlecht wirtschaften; **m.management** *n* Misswirtschaft *f*; **m.match** *n* Fehlanpassung *f*; **~ of maturities** Fristeninkongruenz *f*; **m.performance** *n* § Schlechterfüllung *f*; **m.price** *v/t* mit falschem Preis auszeichnen; **m.represent** *v/t* falsch darstellen, verdrehen; **m.representation** *n* § falsche Darstellung, Verdrehung *f*; **fraudulent m.representation** (arglistige) Täuschung *f*; **material m.representation** Verschweigen wichtiger Umstände; **m.routing** *n* Fehlleitung *f*

missing *adj* fehlend, verschwunden

mission *n* 1. Auftrag *m*, Aufgabe *f*; 2. Gesandtschaft *f*; **commercial m.** Handelsmission *f*; **consular m.** konsularische Vertretung; **corporate m.** Unternehmensleitlinien *pl*, U.leitbild *nt*; **m. budgeting** aufgabenorientierte Budgetaufstellung; **m. statement** *(Unternehmen)* Grundsatzerklärung *f*, G.papier *nt*; **corporate m. statement** Unternehmensleitsätze *pl*, U.philosophie *f*

misstatement *n* falsche Darstellung; **~ of facts** falsche Sachdarstellung;

mistake *n* ↘ **error** Fehler *m*, Irrtum *m*, Versehen *nt*; **by m.** irrtümlich, aus Versehen; **negligible m.** Bagatellfehler *m*; *v/t* 1. missverstehen; 2. verwechseln

misunderstand *v/t* missverstehen; **m.ing** *n* Missverständnis *nt*

misuse *n* Missbrauch *m*, Zweckentfremdung *f*; **m. of authority** Amtsmissbrauch *m*; **~ public funds** Missbrauch öffentlicher Gelder; **~ (discretionary) powers** Missbrauch der Ermessensfreiheit, E.missbrauch *m*; **m.** *v/t* missbrauchen, zweckentfremden

mitigat|e *v/t* mildern, abschwächen; **m.ion** *n* Milderung *f*, Abschwächung *f*; **~ of damage** Verlust-, Schadensmilderung *f*

mix *n* Mischung *f*, Zusammensetzung *f*; **m. of services** (Dienst)Leistungsangebot *nt*; **fiscal and monetary m.** Bündel geld- und steuerpolitischer Maßnahmen; **m.** *v/t* mixen, vermischen, (ver)mengen

mixed *adj* *(Börse)* uneinheitlich; **m.-use** *adj* (für) gemischte Nutzung

mixing *n* (Ver)Mischung *f*; **m. quota** Verhältnis von Auslands- und Inlandsproduktbestandteilen

mobile *n* 📱 Handy *nt*; *adj* beweglich, fahrbar

mobility *n* Beweglichkeit *f*, Mobilität *f*, Flexibilität *f*; **m. of labour** berufliche Mobilität; **executive/managerial m.** Mobilität von Führungskräften; **geographic(al) m.** örtliche Mobilität; **industrial m.** Freizügigkeit der Arbeitnehmer; **interplant m.** zwischenbetriebliche Mobilität; **occupational m.** berufliche Mobilität; **social m.** soziale Mobilität; **spatial m.** räumliche Mobilität; **upward/vertical m.** soziale Aufstiegsmöglichkeit(en); **m. allowance** Fahrtkostenzuschuss *m*; **m. bonus** Mobilitätsprämie *f*

mobiliz|ation *n* 1. Mobilisierung *f*; 2. *(Kapital)* Verflüssigung *f*; **m. of resources** Mittelaufbringung *f*; **m.e** *v/t* 1. mobilisieren; 2. flüssig machen

mock-up *n* Simulation *f*, simulierte Bedingungen

mode *n* Methode *f*, Verfahren *nt*; **m. of allocation** Zuteilungsmodus *m*; **~ calculation** Berechnungsart *f*; **~ carriage** Beförderungs-, Versandart *f*; **~ dispatch** Beförderungs-, Versandart *f*; **~ operation** Arbeits-, Funktionsweise *f*; **~ optimization** Optimierungsmodell *nt*; **~ payment** Zahlungsweise *f*; **~ shipment** Beförderungs-, Versandart *f*; **~ transport** Beförderungs-, Transport-, Versandart *f*; **conversational/interactive m.** 💻 Dialogbetrieb *m*; **operating m.** 💻 Betriebsart *f*

model *n* 1. Modell *nt*, Typ *m*; 2. Muster *nt*, Ausführung *f*; 3. Leitbild *nt*, Vorlage *f*; **m. of the business cycle** Konjunktur-

M

modell *nt*; **~ interrelationship** Verbundmodell *nt*
aggregative model makroökonomisches Modell; **competitive m.** Konkurrenzmodell *nt*; **cyclical m.** Konjunkturmodell *nt*; **economic m.** ökonomisches Modell; **end-of-range m.** auslaufendes Modell; **macroeconomic m.** makroökonomisches Modell; **queuing-line/waiting-line m.** Warteschlangenmodell *nt*; **standard m.** Einheitsmodell *nt*, Standardausführung *f*; **top(-of-the-line/range) m.** Spitzenmodell *nt*
model *v/t* modellieren
model agreement Mustervertrag *m*; **m. balance sheet** Bilanz(ierungs)schema *nt*; **m. costing account** Kalkulationsschema *nt*; **m. employment contract** Musterarbeitsvertrag *m*; **m. factory** Musterbetrieb *m*; **m. farm** (landwirtschaftlicher) Musterbetrieb *m*; **m. form of contract** Formularvertrag *m*; **m. letter** Muster-, Schemabrief *m*
modelling *n* Modellplanung *f*; **financial m.** Finanzplanung *f*
model plant Musterbetrieb *m*; **m. range** Modellreihe *f*
moderat|e *v/ti* 1. mäßigen; 2. moderieren, Versammlung leiten; *adj* maßvoll, mäßig; **m.ion** *n* Mäßigung *f*, Maßhalten *nt*
modernization *n* 1. Modernisierung *f*; 2. Altbausanierung *f*; **m. investment** Modernisierungs-, Rationalisierungsinvestition(en) *f/pl*; **m. programme** Modernisierungs-, Rationalisierungsvorhaben *nt*
modernize *v/t* modernisieren, rationalisieren
modification *n* (Ab-/Ver)Änderung *f*, Umstellung *f*, Modifizierung *f*, Umgestaltung *f*; **subject to m.s** Änderungen vorbehalten; **m. note/notice** Veränderungsmitteilung *f*
genetically modified (GM) *adj* genetisch modifiziert/verändert
modify *v/t* (ab-/ver-/um)ändern, umstellen, modifizieren, umgestalten
modular *adj* modular, Baukasten-; **m.ize** *v/t* modularisieren
module *n* 1. Baustein *m*, B.teil *nt*; 2. Modul *nt*
moist *adj* feucht; **m.ure** *n* Feuchtigkeit *f*; **~ certificate** Feuchtigkeitsbescheinigung *f*; **~ content** Feuchtigkeitsgehalt *m*
momentum *n* Schwung(kraft) *m/f*, Wucht *f*, Stoßkraft *f*; **m. of growth** Wachstumsdynamik *f*; **to gain/gather m.** an Fahrt/Schwung gewinnen; **upward m.** Auftrieb(stendenz) *m/f*
monetar|ism *n* Monetarismus *m*; **m.ist** *n* Monetarist *m*, Geldtheoretiker *m*; **m.y** *adj* 1. monetär, geldwirtschaftlich, währungspolitisch; 2. finanziell, Geld-
monetiz|ation *n* Monetisierung *f*, Münzprägung *f*; **m.e** *v/t* zu Münzen prägen, monetisieren
money *n* 1. Geld *nt*, Zahlungsmittel *nt*; 2. Vermögen *nt*, Reichtum *m*; **at the m.** *(Börse)* zum Kassakurs; **for m.** gegen Entgelt; **in the m.** *(Börse)* im Geld; **out of m.** *(Börse)* aus dem Geld; **with m. to spend** kaufkräftig
money in account Buchgeld *nt*, bargeldlose Zahlungsmittel; **m. of account** Landes-, Rechnungswährung *f*; **m. on account** Guthaben *nt*; **m. back** Geldrückgabe *f*; **~ if not satisfied; ~ guarantee** bei Nichtgefallen Geld zurück; **m. at call** Tagesgeld *nt*; **m. in cash** Kassenbestand *m*, Bargeld *nt*; **~ circulation** Geldumlauf *m*; **m. on deposit** (Kunden)Einlagen *pl*; **m. and finance** Geld- und Kreditwirtschaft *f*; **m. in/on hand** Kassenbestand *m*, Bargeld *nt*; **m. at notice** Geld auf Kündigung; **monies at long term** langfristige Gelder; **~ short term** kurzfristige Gelder; **m. in trust** Treuhandgelder *pl*
money put aside erspartes Geld; **m. received** Geldeingang *m*; **~ and expended** vereinnahmtes und verausgabtes Geld; **flush with m.** gut bei Kasse, flüssig, hochliquide; **hard-pressed for m.** knapp bei Kasse; **rolling in m.** *(coll)* steinreich *(coll)*; **short of m.** knapp/schlecht bei Kasse
to advance money on goods Geld auf Waren leihen; **~ on securities** Effekten beleihen/lombardieren; **to appropriate m.** Geld bereitstellen; **to back with m.** finanziell unterstützen; **to borrow m.** Geld aufnehmen; **to bring in m.** Geld einbringen; **to buy for ready m.** gegen bar kaufen; **to call in m.** Geld kündigen; **to change m.** Geld wechseln; **to come into m.** Vermögen erben; **to cost m.** Kosten verursachen; **to create m.** Geld schöpfen; **to disburse m.** Geld verauslagen; **to draw m.** Geld abheben; **to earn**

M

m. Geld verdienen; **~ good m.** gut verdienen; **to embezzle m.** Geld unterschlagen; **to find m.** Geld beschaffen; **to grant m.** Geld bewilligen; **to have m. on one** Geld bei sich haben; **~ m. owing** Geld ausstehen haben; **to hoard m.** Geld horten; **to immobilize m.** Geld stilllegen; **to invest m.** Geld investieren/anlegen; **to launder m.** *(fig)* Geld waschen *(fig)*; **to leave m. to so.** jdm Geld vermachen; **to lend m.** Geld (aus)leihen; **~ m. at interest** Geld auf/gegen Zinsen (ver)leihen; **~ m. against security** Geld gegen Sicherheit ausleihen; **to live on one's m.** von seinem Geld leben; **to lose m.** Geld verlieren, Verlust machen; **to make m.** Geld verdienen/machen; **to owe m.** Geld schulden; **to pool m.** Geld zusammenlegen; **to procure m.** Geld beschaffen; **to provide m.** Geld bereitstellen; **to put m. by (for a rainy day)** Geld auf die Seite/hohe Kante legen *(coll)*; **~ out at interest** Geld verzinslich anlegen; **to raise m.** Geld aufnehmen/beschaffen; **to remit m.** Geld überweisen; **to repatriate m.** Geld (ins Heimatland) zurücktransferieren; **to require m.** Geld kosten; **to run out of m.** *(Geld)* ausgehen, illiquide werden; **to sink m. into sth.** Geld in etw. hineinstecken; **to skim off m.** Geld abschöpfen; **to spend m.** Geld ausgeben; **to squander m.** Geld verschwenden; **to squeeze m. out of so.** jdn schröpfen *(coll)*; **to stake m. on sth.** Geld auf etw. setzen; **to take m. out of circulation** der Wirtschaft Geld entziehen; **to tie up m.** Geld fest anlegen/binden; **to transfer m.** Geld überweisen; **to turn into m.** zu Geld machen; **to unlock m.** Geld freimachen; **to withdraw m.** Geld abheben

active money umlaufende (Geld)Mittel; **big m.** *(coll)* das große Geld *(coll)*; **black m.** Schwarzgeld *nt*, durch Schwarzarbeit verdientes Geld; **borrowed m.** Fremdgeld *nt*, F.mittel *pl*, aufgenommene(s) Geld(er); **cheap m.** billiges Geld; **~ policy** Niedrigzinspolitik *f*, Politik des leichten Geldes; **counterfeit m.** Falschgeld *nt*; **to put ~ into circulation** Falschgeld in Umlauf bringen; **current m.** Bar-, Umlaufgeld *nt*; **day-to-day m.** Tagesgeld *nt*; **dead/dormant m.** brachliegendes/totes Kapital; **dear m.** teures Geld; **~ policy** Hochzinspolitik *f*, Politik des teuren Geldes; **easy m.** leicht verdientes Geld; **~ policy** Niedrigzinspolitik *f*, Politik des leichten Geldes; **electronic m.** Computergeld *nt*; **excess m.** Geldüberschuss *m*; **false m.** Falschgeld *nt*; **floating m.** vagabundierende Mittel; **footloose m.** vagabundierendes Geld; **foreign m.** Auslandsgeld *nt*, ausländisches Geld, Sorten *pl*; **forfeit m.** Abstandssumme *f*; **forged m.** Falschgeld *nt*; **funk m.** Fluchtgeld *nt*; **good m.** richtiges Geld; **hard m.** *[US]* Hart-, Münzgeld *nt*; **hard-earned m.** schwer verdientes Geld; **hot m.** *(coll)* Fluchtgeld *nt*, F.kapital *nt*; **idle/inactive m.** brachliegendes/totes Kapital; **safely invested m.** sicher angelegtes Geld; **laundered m.** gewaschenes Geld; **lawful m.** *[US]* gesetzliche(s) Zahlungsmittel; **locked-up m.** Festgeld *nt*; **long-term m.** langfristige Mittel; **near m.** Quasigeld *nt*; **non-physical m.** Geldsurrogat *nt*; **one-month's m.** Monatsgeld *nt*; **one-year m.** Jahresgeld *nt*; **outside m.** Außengeld *nt*; **outstanding m.** Geldforderung *f*; **overnight m.** Tagesgeld *nt*; **plastic m.** Plastikgeld *nt*; **ready m.** Bargeld *nt*, flüssige Mittel; **without ~ m.** bargeldlos; **short-term m.** kurzfristige Mittel; **short-time m.** Kurzarbeitergeld *nt*; **six-month m.** Halbjahres-, Sechsmonatsgeld *nt*; **soft m.** Papiergeld *nt*; **sound m.** stabiles Geld; **stable m.** stabile Währung; **substitute m.** Geldersatz(mittel) *m/nt*; **three-month m.** Dreimonatsgeld *nt*; **tied-up m.** Festgeld *nt*; **tight m.** knappes Geld; **~ policy** restriktive Geld(markt)politik, Politik des teuren Geldes; **twelve-month m.** Jahresgelder *pl*

money access centre Geld(ausgabe)automat *m*; **m. allowance** Geldzuschuss *m*; **m. asset** Geldwert *m*; **m.-back guarantee** bei Nichtgefallen Geld zurück; **m. box** *n* 1. Sparbüchse *f*, S.dose *f*; 2. Geldkassette *f*; **m. broker** Finanz-, Geldmakler(in) *m/f*; **m. capital** Geld-, Finanzkapital *nt*; **m. center** *[US]* Bank im Einkaufszentrum; **m.changer** *n* Geldwechsler *m*; **m. claim** Bar-, Kapitalforderung *f*; **m. constraint** Liquiditätsengpass *m*; **m. cost(s)** Geld(beschaffungs)kosten *pl*; **m. creation** Geldschöpfung *f*; **m. dealer** Geld-, Devisenhändler(in) *m/f*; **m. dealings** Geldgeschäfte *pl*; **m. debt(s)**

Geldschuld *f*; **m. deposited** Hinterlegungssumme *f*; **m. drain** Geldabfluss *m*; **m. earner** Geldbringer *m*; **m. economy** Geld(tausch)wirtschaft *f*

moneyed *adj* vermögend, begütert

money equivalent monetärer Gegenwert, Gegenwert in Geld; **m. factor** Geld-, Nominalfaktor *m*; **m. flow** Geldstrom *m*, Kapitalfluktuation *f*; **~ analysis** Bewegungsbilanz *f*, gesamtwirtschaftliche Finanzierungsrechnung; **m. fund** Geldfonds *m*; **m. gift** Geldspende *f*; **m. growth** Geld(mengen)zuwachs *m*; **m.-grubbing** *n* Geld-, Raffgier *f*; *adj* profitgierig; **m. holdings** Geldbestände *pl*, Kassenhaltung *f*; **m. income** Geldeinkommen *nt*; **m. inflow** Geldzufluss *m*; **m. instrument** Geldpapier *nt*; **m. interest** Geldzins *m*; **m. jobber** Geldmakler(in) *m/f*; **m. laundering** Geldwäsche *f*; **m.lender** *n* Geldverleiher(in) *m/f*, G.geber(in) *m/f*; **m.lending** *n* Geldverleih *m*; **m.less** *adj* mittellos, unvermögend; **m. loan** Geldkredit *m*, Kassendarlehen *nt*; **m.-losing** *adj* verlustbringend, defizitär; **m. machine** *(coll)* Dukatenesel *m (coll)*; **m.maker** *n* 1. Geldverdiener(in) *m/f*; 2. *(Ware)* Verkaufserfolg *m*, Umsatzrenner *m*; **m.making** *n* Gelderwerb *m*; **m. management** Geld-, Kassendisposition *f*; **~ instrument** *(VWL)* Instrument der Geldpolitik; **m. manager** Gelddisponent(in) *m/f*

money market Finanz-, Geld(anlagen)-, Kapitalmarkt *m*; **m. and capital m.** Kreditmarkt *m*; **to tap the m. m.** Geldmarkt in Anspruch nehmen; **open m. m.** freier Kapitalmarkt; **tight m. m.** Verknappung am Geldmarkt; **wholesale m. m.** Geldmarkt für Großanleger

money market borrowing *(Kapitalaufnahme)* Geldmarktkredite *pl*; **~ committee** Kapitalmarktausschuss *m*; **~ instrument** Geldmarkttitel *m*; **~ interest rate** Geldmarktzins *m*; **~ investment** Geldmarktanlage *f*; **~ lending** *(Kreditvergabe)* Geldmarktkredite *pl*; **~ liquidity** Flüssigkeit des Geldmarktes; **~ paper** Geldmarktpapier *nt*; **~ rate** Geldmarktsatz *m*, G.zins *m*; **~ securities** Geldmarktpapiere *pl*; **~ squeeze** Geldmarktverknappung *f*; **~ trading** Geldmarktdispositionen *pl*; **~ transaction** Geldmarktoperation *f*

money matters Geldangelegenheiten *pl*; **m. order (M.O.)** *[GB]* ✉ Zahlungs-, Postanweisung *f*; **m. outflow** Mittelabfluss *m*; **m. owing** Schuld *f*; **m. paid in** Einzahlung(en) *f/pl*; **m. raising** Geldbeschaffung *f*; **m. rate** *(Zins)* Geldkurs *m*; **m. reserve** Geldreserve *f*; **m. scarcity** Geldknappheit *f*, G.(markt)verknappung *f*; **m. shop** Teilzahlungsbank *f*; **m. source** Geldquelle *f*; **m.-spinner** *n* Kassen-, Verkaufsschlager *m*; **m. squeeze** Geldmangel *m*, Liquiditätsbeschränkung *f*; **m. standard** Währung *f*; **m. stock** Geldmenge *f*

money supply *(VWL)* Geldmenge *f*, G.-angebot *nt*; **to control the m. s.** die Geldmenge steuern; **narrowly defined m. s.** Geldmenge M1 *f*; **excess m. s.** Kaufkraft-, Geldüberhang *m*; **m. s. aggregate** Geldmengen-, Geldversorgungsaggregat *nt*; **~ growth** Geldmengenwachstum *nt*; **~ (growth) target** Geldmengenvorgabe *f*, G.ziel *nt*

quantitive money target Geldmengenziel *nt*; **in m. terms** zu jeweiligen Preisen; **m. token** Ersatzgeld *nt*; **m. transactions** Geldverkehr *m*; **m. transfer** Zahlungs-, Geldverkehr *m*, (G.)Überweisung *f*, bargeldlose Überweisung; **m. transmission** Geldverkehr *m*; **non-cash m. transmission** bargeldloser Zahlungsverkehr; **m. transport** Geldtransport *m*; **m. wage** Nominallohn *m*; **m.-wise** *adj* finanziell (gesehen), in geldlicher/finanzieller Hinsicht; **m.'s worth** Geld(es)wert *m*, monetärer Gegenwert

monitor *n* 🖳 Bildschirm *m*, Monitor *m*; *v/t* (laufend) überwachen, kontrollieren

monitoring *n* Überwachung *f*, Kontrolle *f*; **financial m.** Finanzkontrolle *f*; **m. body** Kontrollorgan *nt*; **m. station** Messwarte *f*

mono|culture *n* 🚜 Monokultur *f*; **m.polism** *n* Monopolwirtschaft *f*; **m.polist** *n* Monopolist(in) *m/f*; **m.polistic** *adj* marktbeherrschend

monopoly *n* Monopol *nt*, Alleinherstellungsrecht *nt*, A.verkaufsrecht *nt*, A.vertrieb *m*, Regie *f*; **m. of banknote issue** Monopol der (Bank)Notenausgabe; **~ production** Produktionsmonopol *nt*; **~ supply** Angebotsmonopol *nt*

financial monopoly Finanzmonopol *nt*; **fiscal m.** Steuer-, Finanzmonopol *nt*; **industrial m.** Industriemonopol *nt*, Kartell *nt*; **perfect m.** totales Monopol; **reve-**

M

nue-producing m. Steuer(erhebungs)-monopol *nt*

monopoly agreement Kartellabsprache *f*; **m. authority** Monopol-, Kartellbehörde *f*; **m. buyer** Nachfragemonopolist *m*; **m. charge** *[GB]* Kartell(amts)verfahren *nt*; **Monopolies and Mergers Commission (MMC)** *[GB]* Monopolkommission *f*, Kartellamt *nt*; **m. company** Monopolgesellschaft *f*; **m. power** Monopolstellung *f*; **m. price** Monopolpreis *m*; **m. profits** Monopolgewinne *pl*; **m. tax** Monopolabgabe *f*

monopso|nist *n* Nachfragemonopolist *m*; **m.ny** *n* Nachfragemonopol *nt*, Monopson *nt*

monostructure *n* Monostruktur *f*; **economic m.** wirtschaftliche Monostruktur

month *n* Monat *m*; **by the m.** monatlich; **per m.** im Monat; **within a m.** binnen Monatsfrist

month|(s) after date (m/d) Monat(e) nach Datum; **~ payment (m/p)** Monat(e) nach Zahlung; **m. under review** Berichtsmonat *m*; **m.(s) after sight (m/s)** Monat(e) nach Sicht; **same m. last year; the ~ a year ago** Vergleichsmonat im Vorjahr, Vorjahresmonat *m*

to give a month's notice zum nächsten Ersten/mit Monatsfrist kündigen

closing month Abschlussmonat *m*; **current m.** laufender Monat; **intervening m.** Zwischenmonat *m*; **overlap/subsequent m.** Nachmonat *m*; **previous m.** Vormonat *m*

month|-end *n* Monatsultimo *m*; **m.ly** *adj* monatlich, jeden Monat; **one m.'s notice** monatliche Kündigung; **~ period** Monatsfrist *f*; **a m.'s supply** Monatsvorrat *m*, M.bedarf *m*

mood *n* 1. Börsenstimmung *f*, Marktverfassung *f*; 2. Geschäftsklima *nt*; **general m. of the market** allgemeine Marktstimmung/M.verfassung; **bearish m.** Baissestimmung *f*, schwache Verfassung; **bullish m.** Haussestimmung *f*, gute Verfassung; **dull m.** zurückhaltende Stimmung; **prevailing m.** 1. vorherrschende Stimmung; 2. *(Börse)* Grundton *m*; **underlying m.** Grundstimmung *f*, G.tendenz *f*

moonlight *v/i* *(coll)* schwarzarbeiten, Nebenbeschäftigung ausüben; **m. economy** *n* Schattenwirtschaft *f*; **m.er** *n* Schwarzarbeiter(in) *m/f*; **m.ing** *n* Schwarzarbeit *f*

mooring dues Anlege-, Liegeplatzgebühr(en) *f/pl*

mopping up *n* *(Liquidität)* Abschöpfung *f*

moratorium *n* 1. Stundung *f*, Zahlungsaufschub *m*; 2. Stillhalteabkommen *nt*; **m. on principal and interest payments** Aussetzung des Schuldendienstes; **m. interest** Stundungszinsen *pl*

morbidity *n* Erkrankungsziffer *f*; **m. table** Krankenstatistik *f*

morning *n* Morgen *m*, Vormittag *m*; **m. break** Frühstückspause *f*; **m. curb** *[US]*/**kerb** *[GB]* Vormittagsbörse *f*, vorbörslicher Telefonverkehr; **m. loan** Tagesgeld *nt*; **m. shift** Früh-, Morgenschicht *f*

mortality *n* 1. Sterblichkeit *f*; 2. Sterblichkeitsziffer *f*; **excess m.** Sterblichkeitsüberhang *m*; **expected m.** Sterbewahrscheinlichkeit *f*; **occupational m.** Sterblichkeit nach Berufsgruppen; **m. chart** Sterbetafel *f*; **m. curve** Sterblichkeitskurve *f*; **m. experience** Sterblichkeitsverlauf *m*; **m. rate** Sterblichkeitsrate *f*; **m. statistics** Sterbestatistik *f*; **m. table** Sterbetafel *f*

mortgage *n* Hypothek *f*, Grundschuldbrief *m*; **m. on real estate** Hypothek auf Immobilien; **~ industrial sites** Industriehypothek *f*; **m. of a vessel** Schiffshypothek *f*; **secured by m.** grundpfandrechtlich/hypothekarisch gesichert

to assume a mortgage *[US]* Hypothek aufnehmen/übernehmen; **to borrow on m.** auf Hypothek leihen; **to call in a m.** Hypothekenschuld kündigen; **to cancel a m.** Hypothek löschen; **to charge by/create a m.** Hypothek bestellen; **to discharge a m.** Hypothek tilgen/zurückzahlen; **to foreclose a m.** Hypothek für verfallen erklären, aus einer Hypothek (zwangs)vollstrecken; **to grant a m.** Hypothek bewilligen; **to pay off a m.** Hypothek tilgen/zurückzahlen; **to place a m. on a property** Immobilie mit einer Hypothek belasten; **to raise a m.** *[US]* Hypothek aufnehmen/übernehmen; **to redeem a m.** Hypothek tilgen/zurückzahlen; **to register a m.** Hypothek im Grundbuch eintragen (lassen); **to release a m.** Hypothek löschen; **to repay a m.** Hypothek tilgen/zurückzahlen; **to secure by m.** hypothekarisch/dinglich sichern; **to take up a m.** Hypothek aufnehmen

adjustable-rate mortgage Hypothek mit variablem Zinssatz, ~ Zinsanpassung; **blanket m.** Globalhypothek *f*; **buy-to-let m.** Hypothek für den Kauf eines Mietobjekts; **capped-rate m.** Festzinshypothek *f*; **cautionary m.** Sicherungshypothek *f*; **collective/comprehensive m.** *[US]* Gesamthypothek *f*; **defaulted m.** verfallene Hypothek; **deferred-interest m.** Hypothek mit aufgeschobener Zinszahlung; **deferred-payment m.** Hypothek mit aufgeschobener Tilgung; **discharged m.** gelöschte Hypothek; **domestic m.** Eigenheimhypothek *f*; **first m.** erststellige/erstrangige Hypothek, erstrangiges Grundpfandrecht; **fixed m.** Fest(geld)hypothek *f*; **fixed-rate m.** Festzinshypothek *f*; **floating m.** Gesamthypothek *f*; **industrial m.** gewerbliche Hypothek; **interest-only m.** Hypothek ohne Tilgung; **irredeemable m.** unablösliche/unkündbare Hypothek; **junior m.** nachrangige Hypothek; **secured by ~ m.** nachrangig besichert; **low-start m.** Hypothek mit Tilgungsstreckung; **non-recourse m.** Grundschuld *f*; **paid-off m.** abgelöste Hypothek; **prior m.** erststellige/erstrangige Hypothek; **recorded m.** *[US]* eingetragene Hypothek; **redeemable m.** Tilgungshypothek *f*; **registered m.** eingetragene Hypothek; **residential m.** Wohnungs(bau)hypothek *f*; **second(ary)/subordinated m.** nachrangige Hypothek; **self-certified m.** Hypothek ohne Eigentumsnachweis; **senior m.** erststellige/erstrangige Hypothek; **sinking-fund m.** Tilgungshypothek *f*; **variable-rate m.** Hypothek mit variablem Zinssatz

mortgage *v/t* hypothekarisch absichern/belasten, Hypothek bestellen/aufnehmen auf

mortgage|able *adj* hypothekarisch belastbar; **m. advance** Hypothek(endarlehen) *f/nt*; **m. application** Antrag auf Hypothekendarlehen; **m. approval** Bewilligung einer Hypothek; **m.-backed** *adj* hypothekarisch gesichert; **m. bank** Hypotheken-, Boden(kredit)bank *f*, Realkreditinstitut *nt*; **agricultural m. bank** landwirtschaftliche Rentenbank

(collateral) mortgage bond (Hypotheken)Pfandbrief *m*, hypothekarisch gesicherte Obligation, hypothekarisch gesicherter Pfandbrief; **first m. b.** erstrangiger Hypothekenpfandbrief; **general m. b.** Sammelschuldverschreibung *f*; **registered m. b.** Namenspfandbrief *m*; **m. b. issue** Pfandbriefanleihe *f*; **~ saver** Pfandbriefsparer *m*

mortgage-backed *adj* hypothekenunterlegt; **m. book** Hypothekenbestand *m*; **m. borrowing** 1. Hypothekenaufnahme *f*; 2.Hypothekarverschuldung *f*; **m. broker** Hypothekenmakler(in) *m/f*; **m. business** Hypothekengeschäft *nt*; **m. certificate** Grundpfand-, Hypothekenbrief *m*; **m. charge** hypothekarische Belastung; **m. claim** Grundpfand-, Hypothekenforderung *f*; **m. commitment** Hypothekenzusage *f*; **m. contract** Hypothekenbestellung *f*; **m. credit** Hypothekenkredit *m*; **m. creditor** Hypothekengläubiger(in) *m/f*

mortgaged *adj* dinglich/hypothekarisch belastet

mortgage debenture Hypothekenpfandbrief *m*, hypothekarisch gesicherte Schuldverschreibung/Obligation; **m. debt** Hypothekenschuld *f*; **m. debtor** Hypothekenschuldner(in) *m/f*; **m. deed** Hypotheken-, Grundschuldbestellungsurkunde *f*

mortgagee *n* Hypothekar *m*, Hypotheken(pfand)gläubiger(in) *m/f*

mortgage finance/financing Hypothekenfinanzierung *f*; **m. foreclosure** Zwangsvollstreckung aus einer Hypothek; **m. guarantee** Hypothekengarantie *f*; **~ insurance** Hypothekarversicherung *f*; **m. holder** Hypothekengläubiger(in) *m/f*; **m. indemnity insurance** Hypotheken(ausfall)versicherung *f*; **m. instrument** Hypothekenurkunde *f*; **m. interest** Darlehens-, Hypothekenzinsen *pl*; **~ payment** Hypothekenzins(zahlung) *m/f*; **~ rate** Hypothekenzinssatz *m*; **~ relief** Steuerentlastung für Hypothekenzinsen; **m. lender** Hypothekengeldgeber(in) *m/f*; H.bank *f*, Bausparkasse *f*; **m. lending** Hypothekengeschäft *nt*; **~ business** Hypothekenkreditgeschäft *nt*; **m. lien** Hypothekenpfandrecht *nt*; **m. loan** Hypothek *f*, Hypothekenkredit *m*; **fixed-date m. loan** Festhypothek *f*; **m. loan application** Hypothekenantrag *m*; **~ rate** Hypothekenzins *m*; **m. loss** Hypothekenausfall *m*; **m. market** Hypothekenmarkt *m*;

m. note Schuldbrief *m*; **collateralized m. oblogation (CMO)** hypothekenbesicherte Anleihe; **m.s payable** *(Bilanz)* Hypothekenschulden *pl*; **m. period** Hypothekenlaufzeit *f*; **m. protection policy** (Hypotheken)Tilgungsversicherung *f*; **m. rate** Hypothekenzins(satz) *m*

mortgager; mortgagor *n* Pfand-, Hypotheken-, Grundschuldner(in) *m/f*

mortgage redemption/repayment Hypothekenablösung *f*, H.tilgung *f*; **m. register** Hypotheken-, Grundbuch *nt*; **m. registration** Hypothekeneintragung *f*; **m. relief** steuerliche Abzugsfähigkeit von Hypothekenzinsen; **m. security** hypothekarische Sicherheit; **m. tax relief** Steuererleichterung für Hypothekenschulden; **m. term** Laufzeit einer Hypothek

most-favoured *adj* meistbegünstigt; **m.-f.-nation clause** ⊖ Meistbegünstigungsklausel *f*; **~ rate** Meistbegünstigungssatz *m*; **~ status** Meistbegünstigungsstellung *f*; **~ tariff** Meistbegünstigungszoll *m*; **~ treatment** Meistbegünstigung *f*

motability allowance *n* *(Invalidität)* Beihilfe für die Haltung eines Kraftfahrzeuges

mothballed *adj* *(fig)* ⚓ stillgelegt, eingemottet *(fig)*

mother company *[US]* Mutter(gesellschaft) *f*

motion *n* Antrag *m*, Entschließung(santrag) *f/m*; **m. for judgment** Antrag auf gerichtliche Entscheidung; **to adopt a m.** Antrag annehmen; **to bring forward a m.** Antrag einbringen; **to carry/pass a m.** Antrag annehmen; **to defeat/reject a m.** Antrag ablehnen; **to second a m.** Antrag unterstützen; **to table a m.** Antrag einbringen; **to withdraw a m.** Antrag zurücknehmen/zurückziehen

motivat|e *v/t* motivieren, anspornen; **m.ion** *n* Motivation *f*, Leistungsbereitschaft *f*, Ansporn *m*

motor *n* 1. Motor *m*; 2. *(fig)* Triebkraft *f*; **m.s** *(Börse)* Automobilwerte *pl*, Autoaktien *pl*; **economic m.** *(fig)* Konjunkturmotor *m (fig)*, K.lokomotive *f (fig)*; **m. accident** Auto-, Kraftfahrzeugunfall *m*; **m. account** Kraftfahrzeugversicherung(ssparte) *f*

motorcar *n* Kraftfahrzeug (Kfz) *nt*; **m. dealer** Automobilhändler *m*; **m. insurance** Auto-, Kraftfahrzeugversicherung *f*

motor claim Kraftfahrzeughaftpflichtschaden *m*; **m. components industry** Autozulieferindustrie *f*; **m. group** Automobilkonzern *m*; **m. industry** Automobil-, Kraftfahrzeugindustrie *f*, Autobranche *f*, Fahrzeugbau *m*

motoring accident Autounfall *m*; **m. information** Verkehrsinformation(en) *f/pl*

motor insurance Automobil-, (Kraft)Fahrzeugversicherung *f*, Kfz.-Versicherung *f*; **comprehensive m. i.** Kfz.-Vollkaskoversicherung *f*; **third-party m. i.** Kfz.-Haftpflichtversicherung *f*; **m. i. company** Kraftfahrzeugversicherungsgesellschaft *f*; **~ policy** Kraftfahrzeug(versicherungs)-police *f*, Kfz-Versicherung *f*

motor insurer Kraftfahrzeug-, Kfz.-Versicherer *m*

motorist *n* Auto-, Kraftfahrer(in) *m/f*, Fahrzeughalter(in) *m/f*

motorization *n* Motorisierung(sgrad) *f/m*

motor manufacturer Kraftfahrzeug-, Auto(mobil)hersteller *m*; **m. ship/vessel (MS; MV)** ⚓ Motorschiff *nt*; **m. trade** (Kraft)Fahrzeug-, Auto(mobil)handel *m*; **m. trader** (Kraft)Fahrzeug-, Auto(mobil)händler *m*; **m. transport** Straßengüterverkehr *m*; **commercial m. transport** gewerblicher Kraft(fahrzeug)verkehr *m*; **m. transport industry** Straßengütertransportgewerbe *nt*; **m. truck** *[US]* Lastkraftwagen (LKW) *m*; **m. underwriting** *(Vers.)* Kraftfahrzeugsparte *f*, K.versicherung(sgeschäft) *f/nt*

motor vehicle Auto *nt*, Kraftfahrzeug *nt*; **~ density** Fahrzeugdichte *f*; **~ documents** Kraftfahrzeugpapiere *pl*; **~ (excise) duty** Kraftfahrzeugsteuer *f*; **~ industry** Auto(mobil)-, Kraftfahrzeugindustrie *f*, Fahrzeugbau *m*; **~ insurance** Kraftfahrzeugversicherung *f*; **~ insurance premium** Kraftfahrzeugsversicherungsprämie *f*; **~ third-party liability** Kraftfahrzeughaftpflicht *f*, K.haftung *f*; **~ passenger insurance** (Kraft)Fahrzeuginsassenversicherung *f*; **~ registration** Kraftfahrzeuganmeldung *f*, Zulassung eines Kraftfahrzeugs

motorway *n* *[GB]* Autobahn *f*; **m. network** Autobahnnetz *nt*

mounting *adj* zunehmend

movable *adj* beweglich; **m.s** *n* bewegliche Sachen, Mobiliar(vermögen) *nt*; **m.s leasing** Mobilienleasing *nt*

M

move *n* 1. Maßnahme *f*, Schritt *m*; 2. Umzug *m*; 3. (Stellen)Wechsel *m*; **on the m.** in Bewegung, im Umbruch; **m. into a market** Vorstoß auf einen Markt; **m. up and down** Auf- und Abbewegung *f*; **m.** *v/t* 1. bewegen, betreiben; 2. versetzen, verlagern, transportieren; *v/i* 1. umziehen, umsiedeln; 2. vorschlagen, beantragen; **m. up sharply** *(Preise)* stark ansteigen

move card innerbetrieblicher Transportauftrag; **m. downwards** *(Börse)* Abwärtsbewegung *f*

movement *n* 1. Bewegung *f*, Entwicklung *f*; 2. Warenbewegung *f*; 3. *(Güter)* Beförderung *f*

movement of accounts Kontenbewegung *f*; **~ capital** Kapitalverkehr *m*; **free ~ capital** Freizügigkeit des Kapitalverkehrs; **m.s in foreign exchange rates** Wechselkursänderungen *pl*; **m. of freight** Güterverkehr *m*; **~ goods** Gütertransport *m*, Güter-, Warenverkehr *m*, W.beförderung *f*; **free ~ goods** Freizügigkeit im Warenverkehr; **~ goods and capital** Waren- und Kapitalverkehr *m*; **~ goods and services** Waren- und Dienstleistungsverkehr *m*; **free ~ labour** freie Wahl des Arbeitsplatzes; **free ~ persons** freier Personenverkehr; **~ prices** 1. *(Börse)* Kursgeschehen *nt*, K.entwicklung *f*; 2. Preisentwicklung *f*; **m.s of services** Dienstleistungsströme *pl*; **~ ships** Schiffsbewegungen *pl*; **free m. of workers** Freizügigkeit der Arbeitnehmer

bearish movement *(Börse)* Baissebewegung *f*; **cooperative m.** Genossenschaftsbewegung *f*, G.wesen *nt*; **cyclical/economic m.(s)** Konjunkturverlauf *m*, K.schwankung *f*, K.entwicklung *f*; **downward(s) m.** Abwärtsbewegung *f*, Abschwung *m*, Kursrückgang *m*; **erratic m.** Schwankung(en) nach beiden Seiten; **underlying m.** Grundtendenz *f*; **upward m.** Aufwärtsbewegung *f*, A.trend *m*, Kurssteigerung *f*

mover *n* 1. Antragsteller(in) *m/f*; 2. Möbelspediteur *m*; **fast m.** *(Produkt)* Schnelldreher *m*

movie *n* *[US]* Film *m*; **m. advertising** Kinoreklame *f*; **m. industry** Filmindustrie *f*

multi|- viel-, multi-; **m.-access** *n* 🖳 Mehrfachzugriff *m*; **m.-digit** *adj* π mehrstellig; **m.-forecasting** *n* Prognose oberer und unterer Grenzwerte; **m.-functional** *adj* funktionsübergreifend; **m.-industry** *adj* branchenübergreifend, mehrere Branchen umfassend; **m.-level** *adj* mehrschichtig; **m.national** *n* multinationaler Konzern, multinationales Unternehmen, Multi *m (coll)*; **m.pack** *n* Mehrstückpackung *f*, Multipack *nt*; **m.-part** *adj* mehrteilig; **m.-period** *adj* mehrperiodig, Mehrperioden-

multiple *n* 1. Vielfache *nt*; 2. Filialist *m*, Kettenunternehmen *nt*; **price-earnings m.** Kursertragsmultiplikator *m*

multiplicity *n* Vielzahl *f*; **m. of tasks** Aufgabenvielfalt *f*

multi|processing *n* 🖳 Rechnerverbundbetrieb *m*; **m.-purpose** *adj* Mehrzweck-; **m.-stage** *adj* mehrstufig

municipal *adj* (inner)städtisch, kommunal, Gemeinde-, Stadt-; **m.ization** *n* Überführung in städtischen Besitz; **m.ize** *v/t* unter städtische Verwaltung bringen, kommunalisieren; **m.ity** *n* Stadt *f*, S.gemeinde *f*, S.verwaltung *f*, Kommunalbehörde *f*, Kommune *f*

muscle *n* 1. Muskel *m*; 2. *(fig)* Macht *f*, Stärke *f*, Kraft *f*; **financial m.** *(fig)* Finanzstärke *f*, F.kraft *f*; **industrial m.** 1. *(Gewerkschaft)* Durchsetzungsvermögen *nt*; 2. wirtschaftlicher Einfluss

mutual *adj* wechsel-, gegenseitig; **m.ity** *n* Gegenseitigkeit *f*; **m.ize** *v/t (Unternehmen)* als gemeinnützig organisieren

N

n/a (not applicable) entfällt (entf.); **(not available)** nicht verfügbar

N/A (no account) kein Konto

name *n* 1. Name *m*, Bezeichnung *f*; 2. *(Lloyd's)* Versicherer *m*; **n. of account** Kontenbezeichnung *f*; **~ the company** 1. Firma einer Gesellschaft/AG; 2. Firmenname *m*; **~ the maker** *(Wechsel)* Name des Ausstellers; **in one's own n. and on one's own account** im eigenen Namen und auf eigene Rechnung

to be made out in the name (of) auf den Namen lauten; **to change the n.** umfirmieren; **to contract in one's own n.** in eigenem Namen abschließen; **to put one's n. down** sich anmelden (für), sich

vormerken lassen; **to strike off a n.** Namen streichen; **to trade under a n.** (unter einem Namen) firmieren
commercial name Firma *f*; **corporate n.** *[US]* Firma einer AG, handelsgerichtlich eingetragener Name, Unternehmensname *m*; **first n.** Rufname *m*; **full n.** Vor- und Zuname *m*; **generic n.** Gattungsbezeichnung *f*; **given n.** *[US]* Rufname *m*; **last n.** Zuname *m*; **prime n.** erste Adresse; **proprietary n.** Markenname *m*, gesetzlich geschützter Name; **registered n.** *[GB]* handelsgerichtlich eingetragener Name; **specific n.** Gattungsname *m*
name *v/t* 1. benennen; 2. bezeichnen; **n. and shame** öffentlich brandmarken
name|plate *n* 1. (Firmen)Schild *nt*; 2. ☼ Typenschild *nt*; **n. supplier** Adressenlieferant *m*; **n. tag** Namensschildchen *nt*
narrow *v/i* geringer werden, sich verringern; *adj* eng; **n.ing** *n* Ein-, Verengung *f*; **~ of interest rate differentials** Abflachung des Zinsgefälles; **~ of margins** Verengung der Ertragsspanne
NASDAQ (National Association of Securities Dealers Automatic Quotation) *[US]* computergestützte Kursnotierung des nationalen Verbandes von Wertpapierhändlern
nation *n* Nation *f*, Volk *nt*; **developing n.** Entwicklungsland *nt*; **industrial n.** Industrienation *f*; **trading n.** Handelsnation *f*
national *n* Staatsbürger(in) *m/f*, S.angehörige(r) *f/m*; *adj* national, staatlich, einzel-, innerstaatlich, inländisch
National Audit Office *[GB]* (staatlicher) Rechnungshof *m*; **N. Consumer Council** *[GB]* Verbraucherzentrale *f*; **N. Debt Register** *[US]* Staatsschuldbuch *nt*; **N. Farmers' Union (NFU)** *[GB]* Bauernverband *m*; **N. Giro** *[GB]* Postscheckdienst *m*; **N. Health Service (NHS)** *[GB]* staatlicher Gesundheitsdienst; **N. Insurance (N.I.)** *[GB]* Sozialversicherung *f*; **~ Card** *[US]* Sozialversicherungskarte *f*; **~ contribution (NIC)** *[GB]* Sozialversicherungsbeitrag *m*
nationality *n* Staatsangehörigkeit *f*
national|ization *n* Verstaatlichung *f*; **n.ize** *v/t* verstaatlichen
National Lottery *[GB]* Lotto *nt*; **N. Savings** *[GB]* staatliche Schatzbriefe; **~ bond** steuerfreier Schuldschein; **~ certificate** Sparbrief *m*
nationwide *adj* landesweit, im ganzen Land
native *n* Inländer(in) *m/f*; *adj* inländisch, heimisch
nature *n* Natur *f*, Art *f*, Beschaffenheit *f*, Eigenschaft *f*; **n. of goods** Beschaffenheit der Ware(n); **~ the ground** Geländebeschaffenheit *f*; **not of a commercial n.** gemeinnützig, nicht gewinnorientiert; **fiscal n.** fiskalischer Charakter; **stimulative n.** *(Werbung)* Aufforderungscharakter *m*; **n. conservancy** Natur-, Umweltschutz *m*
navi|cert (navigation certificate) *n* ⚓ Warenpass *m*, Unbedenklichkeitsbescheinigung *f*; **n.gable** *adj* befahrbar, schiffbar; **n.gate** *v/t* fahren, steuern
navigation *n* Schifffahrt *f*; **commercial n.** Handelsschifffahrt *f*; **inland n.** Binnenschifffahrt *f*; **n. risk** Schifffahrtsrisiko *nt*
navy *n* Flotte *f*, Marine *f*
near *adv/prep* nahe(gelegen); **n.-collapse** *n* Beinahezusammenbruch *m*; **n.-consumer** *adj* konsum-, verbrauchernah; **n.-money** *n* Geldsurrogat *nt*; **n.-monopoly** *n* Quasimonopol *nt*; **n.-operating** *adj* betriebsnah; **n.-recession** *n* Minirezession *f*
necess|aries *n* Bedarfsgüter *pl*, B.gegenstände *pl*, Güter des täglichen Bedarfs; **n.itate** *v/t* erfordern; **n.ity** *n* Notwendigkeit *f*, Erfordernis *nt*; **n.ities** *n* Güter des täglichen Bedarfs; **~ of life** lebenswichtiger Bedarf, materielle Bedürfnisse
need *n* Bedarf *m*, Nachfrage *f*, Notwendigkeit *f*, Bedürftigkeit *f*; **n. for action** Handlungsbedarf *m*; **n. for change** Veränderungsbedarf *m*; **in n. of repair** reparaturbedürftig; **to cater/provide for a n.** Bedürfnis befriedigen; **to meet the n.s** 1. Bedarf decken; 2. den Erfordernissen entsprechen; **basic n.** Grundbedürfnis *nt*; **~ n.s** Grundbedarf *m*; **changing n.s** veränderte Bedarfssituation; **dire n.** dringende Not(wendigkeit); **financial n.** Geldnot *f*, G.knappheit *f*; **local n.s** örtlicher Bedarf; **personal n.s** Privatbedarf *m*; **n.s allowance** Bedürftigkeitsbeihilfe *f*; **n.-based** *adj* bedarfs-, bedürfnisorientiert; **n.s economy** Bedarfswirtschaft *f*; **n. satisfaction** Bedürfnisbefriedigung *f*
negative *adj* negativ, abschlägig
neglect *n* Vernachlässigung *f*, Versäumnis *nt*, Nachlässigkeit *f*; **n. of duty** Pflichtverletzung *f*; **wilful n.** § vorsätzliche Unterlassung

N

negligence *n* 1. Fahrlässigkeit *f*; 2. § (fahrlässiges) Verschulden *nt*; 3. Verletzung der Sorgfaltspflicht

contributory negligence Mitverschulden *nt*; **culpable n.** schuldhafte Fahrlässigkeit; **gross n.** grobe Fahrlässigkeit; **passive n.** schuldhaftes Unterlassen; **statutory n.** Verletzung einer gesetzlichen Sorgfaltspflicht; **wilful n.** grobe Fahrlässigkeit

negligence claim Schaden(s)ersatzforderung wegen Fahrlässigkeit, Klage auf Schaden(s)ersatz wegen Fahrlässigkeit

negligent *adj* nachlässig, fahrlässig

negligible *adj* unerheblich, geringfügig

negotiability *n* 1. Verwertbarkeit *f*; 2. Verkehrsfähigkeit *f*; 3. Börsen-, Bankfähigkeit *f*; 4. Begebbarkeit *f*

negotiable *adj* 1. negoziierbar, verkäuflich, marktfähig; 2. bank-, börsenfähig; 3. akzeptfähig, abtret-, übertrag-, indossierbar; 4. *(Anzeige)* Verhandlungsbasis *f*, (ver)handelbar; **not n.** nicht übertragbar, nur zur Verrechnung

negotiate *v/t* 1. aus-, verhandeln; 2. *(Vertrag)* abschließen; 3. negoziieren; 4. *(Wechsel)* platzieren; **n. os. into** durch Verhandlungen erreichen, dass

negotiating brief Verhandlungsmandat *nt*; **n. hand** Verhandlungsposition *f*; **n. machinery** Verhandlungsprozedur *f*; **n. package** Verhandlungspaket *nt*; **n. skill** Verhandlungsgeschick *nt*; **n. team** Verhandlungsdelegation *f*

negotiation *n* 1. Verhandlung *f*; 2. *(Wechsel)* Übertragung *f*; 3. *(Wertpapier)* Begebung *f*; **by (way of) n.** auf dem Verhandlungswege; **n. of bills (of exchange)** Wechseldiskontierung *f*; **~ business transactions** Vermittlung von Geschäften; **~ a loan** Anleiheplatzierung *f*

to adjourn negotiation|s Verhandlungen unterbrechen; **to begin/enter into/start n.s** in Verhandlungen eintreten, Verhandlungen aufnehmen; **to break off n.s** Verhandlungen abbrechen; **to resume n.s** Verhandlungen wieder aufnehmen; **to settle by n.** durch Verhandlungen beilegen; **to terminate n.s** Verhandlungen beenden

collective negotiations Tarifverhandlungen *pl*; **ongoing n.** laufende Verhandlungen; **preliminary n.** Vorverhandlungen *pl*; **protracted n.** langwierige Verhandlungen; **top-level n.** Verhandlungen auf höchster Ebene

negotiation credit Negoziierungsakkreditiv *nt*; **n. price** Übernahmekurs *m*, Ü.-preis *m*

negotiator *n* Unterhändler(in) *m/f*, Verhandlungspartner(in) *m/f*; **chief/senior n.** Verhandlungsführer(in) *m/f*

neighbourhood *n* Nachbarschaft *f*; **n. shop** Nachbarschaftsladen *m*; **old n. store** *[US]* Tante-Emma-Laden *m (coll)*

neo|liberalism *n* Neoliberalismus *m*; **n.-mercantilism** *n* Neomerkantilismus *m*

neon advertising Leuchtwerbung *f*, L.reklame *f*; **n. light(s)/sign** Neonreklame *f*

nerve center *[US]***/centre** *[GB]* *(fig)* Schaltzentrale *f*

nervousness *n* Nervosität *f*; **~ about the economic outlook** Konjunkturnervosität *f*

nest *n* 1. Nest *nt*; 2. Schachtelung *f*

net *n* 1. Netz(werk) *nt*; 2. Reingewinn *m*, R.ertrag *m*; **social n.** soziales Sicherheitsnetz; *v/t* 1. Reingewinn erzielen; 2. netto verdienen; *adj* netto (Kasse ohne Abzug), frei von Abzügen; **n. of** abzüglich, nach Abzug von; **strictly n.** ohne jeglichen Abzug

netback *n* Umrechnung/Rückrechnung von brutto auf netto

netting of positions *n* Verrechnung von Positionen; **n. out** Saldierung *f*

network *n* 1. Netz(werk) *nt*; 2. Leitungs-, Übertragungsnetz *nt*; 3. Netzplan *m*; **n. of branches; ~ branch offices** Filial-, Niederlassungsnetz *nt*; **~ distribution** Verteilungsnetz *nt*; **fixed n.** Festnetz *nt*; **global n.** weltumspannendes Netz; **in-house n.** internes Netz; **local-area n. (LAN)** lokales Netzwerk; **multi-computer n.** Rechnerverbundsystem *nt*; **private-line n.** privates Fernsprechnetz

network *v/ti* (sich) vernetzen

network analysis Netzplananalyse *f*; **n. configuration** Netzaufbau *m*; **n.ing** *n* Vernetzung *f*, Rechnerverbund *m*; **~ strategy** *(Franchising)* Netzwerkstrategie *f*; **n. layout** Netzaufbau *m*; **n. management** *(Franchising)* Netzwerkführerschaft *f*; **~ system** Netzplantechnik *f*; **n. operation** Netz(werk)betrieb *m*; **n. operator** Netzbetreiber *m*

neutrality *n* Neutralität *f*; **n. of money** Neutralität des Geldes; **~ taxation** Neutralität der Besteuerung

neutraliz|ation *n* 1. Neutralisation *f*; 2. *(Geld)* Stilllegung *f*; **n.e** *v/t* neutralisieren
new|-economy *adj* neu, hochmodern; **N. Manchester School** Neoliberalismus *m*; **n.ly-rich** *adj* neureich
news *n* Nachricht *f*; **n. in brief** Kurznachrichten *pl*; **financial n.** Wirtschaftsnachrichten *pl*, Börsenbericht *m*; **n. agency** Nachrichtenagentur *f*; **n.agent** *[GB]*; **n.dealer** *n [US]* Zeitschriften-, Zeitungshändler *m*; **n. bulletin** Kurznachrichten *pl*; **n. conference** Pressekonferenz *f*; **n. coverage** Berichterstattung *f*; **n. item** Nachricht *f*; **n.letter** *n* Informationsblatt *nt*, I.brief *m*, Rundschreiben *nt*; **n. magazine** Nachrichtenmagazin *nt*
newspaper *n* Zeitung *f*; **national n.** überregionale Zeitung; **provincial n.** *[GB]* Regionalzeitung *f*; **n. ad** Zeitungsanzeige *f*; **n. advertisement** Zeitungsannonce *f*, Z.inserat *nt*; **n. advertising** Zeitungs-, Pressewerbung *f*; **n. announcement** Pressenotiz *f*; **n. circulation** (Zeitungs)-Auflage *f*; **n. distribution** Zeitungsvertrieb *m*; **n. group** Zeitungskonzern *m*; **n. office** Redaktion *f*; **n. publishing company** Zeitungs-, Presseverlag *m*; **n. report** Zeitungsbericht *m*; **n. publishing company** Zeitungs-, Presseverlag *m*; **n. story** (Zeitungs)Bericht *m*
news|print *n* Zeitungspapier *nt*; **n.room** *n* Nachrichtenredaktion *f*; **n.sheet** *n* Mitteilungs-, Informationsblatt *nt*; **n. value** Neuigkeitswert *m*; **n.worthy** *adj* berichtenswert
N/F (no funds) *(Konto)* keine Deckung
NHS (National Health Service) *[GB]* Nationaler Gesundheitsdienst
NIC (National Insurance contribution) *[GB]* Sozialversicherungsbeitrag *m*
niche *n* Nische *f*; **n. in the market** Marktnische *f*; **specialist n.** Marktnische für Spezialanbieter; **n. market** Nischenmarkt *m*
night *n* Nacht *f*; **n. depository/safe** Nachttresor *m*; **n. desk** Nachtschalter *m*; **n. duty** Nachtdienst *m*, N.schicht *f*; **n. school** Abendschule *f*; **n. shift** Nacht-, Spätschicht *f*; **~ bonus** Nachtschichtvergütung *f*; **n. work** Nachtarbeit *f*; **~ bonus** Nachtarbeitszuschlag *m*
nil *n* Null *f*; *adj* null; **n.-paid** *adj* gratis, unbezahlt; **n. rate/tariff** Nulltarif *m*; **n.-return** *n* Fehlanzeige *f*
nine-to-five *adj (Beruf)* Büro-
no|-claim(s) *adj (Vers.)* schaden(s)frei; **~ bonus** Schaden(s)freiheitsrabatt *m*; **n.-competition clause** Konkurrenz-, Wettbewerbsklausel *f*; **n.-fault** *adj [US] (Vers.)* Vollkasko-; **n.-frills** *adj* ✈ ohne Sonderleistungen
noise *n* Lärm *m*; **industrial n.** Gewerbe- und Industrielärm *m*; **n. abatement** Lärmbekämpfung *f*; **~ zone** Lärmschutzbereich *m*; **n. level** Lärmpegel *m*; **n. pollution** Lärmbelästigung *f*; **n. reduction** Schalldämpfung *f*
nomenclature *n* 1. Terminologie *f*; 2. ⊖ (Zoll)Tarifschema *nt*
nominal *adj* 1. nominal, nominell; 2. *(Teilhaber)* nicht aktiv
nominate *v/t* benennen, nominieren, (zur Wahl) vorschlagen
nomination *n* Benennung *f*, Nominierung *f*, (Wahl)Vorschlag *m*; **~ of a beneficiary** *(Lebensvers.)* Einsetzung eines Begünstigten
nominee *n* 1. Kandidat(in) *m/f*; 2. Bevollmächtigte(r) *f/m*; 3. Spendenempfänger(in) *m/f*; **n. account** *[GB]* Ander-, Treuhandkonto *nt*; **n. company** Briefkastengesellschaft *f*; **n. holder** Fremdbesitzer(in) *m/f*; **n. (share-/stock)holding** Strohmannbeteiligung *f*, anonymer Aktienbesitz
non-acceptance *n* 1. Akzeptverweigerung *f*; 2. Nichtannahme *f*; **protested for n.-a.** mangels Akzepts protestiert; **returned for n.-a.** mangels Akzept/Annahme zurück
non-admissible *adj* unzulässig
no-name *adj (Ware)* markenlos, weiß
non|-appealable *adj* § formal rechtskräftig; **n.-arrival** *n (Dienst)* Nichterscheinen *nt*; **n.-assessable** *adj* nicht steuerpflichtig; **n.-attachable** *adj* unpfändbar; **n.-attendance** *n* Nichterscheinen (zum Dienst) *nt*; **n.-availability** *n* 1. Unerhältlich-, Nichtverfügbarkeit *f*; 2. Unabkömmlichkeit *f*; **~ of credit** Kreditknappheit *f*; **n.-banks** *pl* Nichtbanken(sektor) *pl/m*; **n.-binding** *adj* nicht bindend; **n.-branded** *adj* markenfrei; **n.-bulk** *n* Stückgut *nt*; **n.-business** *adj* nicht geschäftlich, privat; **n.-callable** *adj (Anleihe)* nicht (vorzeitig) kündbar; **n.-calling period** *n* Kündigungssperre *f*; **n.-capitalized** *adj* nicht aktivierungspflichtig; **n.-cash** *adj*

unbar, bargeldlos; **n.-certificated; n.-certified** *adj* (staatlich) nicht anerkannt; **n.-chargeable** *adj (Steuer)* umsatzsteuerfrei; **n.-collectable** *adj* nicht eintreibbar; **n.-commercial** *adj* nichtkommerziell, n.gewerblich; **n.-competing** *adj* nicht konkurrierend; **n.-competition clause** *n* Wettbewerbsabrede *f*; **n.-completion** *n* Nichtfertigstellung *f*; **n.-compliance** *n* Nichterfüllung *f*, Zuwiderhandlung *f*; **in case/in the event of n.-compliance** im Unterlassungsfall; **n.-conforming** *adj (Ware)* nicht vertragsgemäß, fehlerhaft; **n.-contentious** *adj* § nicht streitig; **n.-contractual** *adj* nicht-, außervertraglich; **n.-contributory** *adj* nicht beitragspflichtig, beitragsfrei; **n.-convertible** *adj* nicht konvertierbar; **n.-core** *adj* nicht zum Kerngeschäft gehörend; **n.-creditable** *adj (Steuer)* nicht anrechenbar; **n.-customer** *n* Nichtkunde *m*; **n.-cyclical** *adj* azyklisch; **n.-deductible** *adj* nicht absetzbar; **n.-defaulting** *adj* vertragstreu; **n.-degradable** *adj* nicht abbaubar; **n.-delivery** *n* Nicht(aus)lieferung *f*, N.erfüllung *f*; **n.-discharge** *n* Nichterledigung *f*; **n.-disclosure** *n* § Nichtanzeige *f*, mangelnde Offenlegung; **n.-discrimination** *n* Gleichbehandlung *f*; **n.-discriminatory** *adj* nicht diskriminierend; **n.-distributed** *adj (Gewinn)* unverteilt; **n.-durable** *adj (Ware)* kurzlebig, nicht dauerhaft, Verbrauchs-; **n.-durables** *n* (kurzlebige) Verbrauchsgüter *pl*; **n.-dutiable** *adj* ⊖ unverzollbar; **n.-economic** *adj (Güter)* nicht wirtschaftlich; **n.-eligible** *adj* nicht berechtigt; **n.entity** *n* unbedeutende Person; **n.essentials** *pl* nicht lebensnotwendige Güter; **n.-executive** *adj* ohne Geschäftsbereich, Aufsichts-; **n.-exempt** *adj* 1. pfändbar; 2. *(Steuer)* nicht befreit; **n.-exercise** *n* Nichtausübung *f*; **n.-exhaustive** *adj* nicht erschöpfbar; **n.-financial** *adj* nichtfinanziell, paramonetär; **n.-firm** *n* Nichtunternehmer *m*; **n.-foods** *n* Verbrauchsgüter *pl*, Waren außer Lebensmittel; **n.-fulfilment** *n* Nichterfüllung *f*; **n.-gaming** *adj* nicht im Glücksspiel tätig; **n.-government** *adj* Nichtregierungs-; **n.-income-related** *adj* ertragsunabhängig; **n.-industrial** *adj* nicht industriell; **n.-inflammable** *adj* nicht feuergefährlich; **n.-inflationary** *adj* inflationsneutral, nicht-inflationär; **n.-insurable** *adj* nicht versicherungsfähig/versicherbar; **n.-interest-bearing** *adj* zinslos, unverzinslich; **n.-labour** *adj* nicht lohnbezogen; **n.-liability** *n* Freizeichnung *f*, Haftungsausschluss *m*; **~ clause** Haftungsausschluss-, Freizeichnungsklausel *f*; **n.-liable** *adj* mit Ausschluss der Haftung; **n.-liquid** *adj* illiquide; **n.-marketable** *adj* nicht börsen-/marktfähig; **n.-matched; n.-matching** *adj (Finanzierung)* nicht kongruent; **n.-member** *n* Nichtmitglied *nt*; **n.-monetary** nicht-, paramonetär; **n.-mortgageable** *adj (Grundstück)* nicht pfändbar; **n.-negotiability** *n* Nichtübertragbarkeit *f*; **n.-negotiable** *adj* 1. nicht übertrag-/negoziier-/begebbar; 2. unabdingbar, nicht verhandelbar; **n.-notification** *n* Nichtbenachrichtigung *f*; **~ factoring** verdecktes Factoring; **n.-obligatory** *adj* freiwillig; **n.-observance** *n* Nicht(be)achtung *f*, N.erfüllung *f*; **n.-occupational** *adj* berufsfremd; **n.-official** *adj* inoffiziell; **n.-operating** *adj* betriebsneutral; **n.-operational** *adj (Ausgaben)* außerbetrieblich; **n.-par** *adj* nennwertlos; **n.-participation** *n* 1. Nichtbeteiligung *f*; 2. *(Vers.)* ohne Gewinnbeteiligung; **n.-participating** *adj (Vers.)* nicht gewinnbeteiligt; **n.-payment** *n* Nichterfüllung *f*, Zahlungsverweigerung *f*; **n.-pensionable** *adj* nicht pensionsberechtigt; **n.-performance** *n* Nichterfüllung *f*, N.leistung *f*, Lieferausfall *m*; **~ of a contract (of sale)** Nichterfüllung eines (Kauf)Vertrags; **n.-performing** *adj (Kredit)* notleidend; **n.-perishable** *adj* dauerhaft, (unbegrenzt) haltbar; **n.-permanent** *adj* befristet; **n.-polluting** *adj* umweltfreundlich; **n.-preferred** *adj* nicht bevorrechtigt; **n.-productive** *adj* unproduktiv; **n.-professional** *adj* nicht fachmännisch; **n.-profit-earning; n.-profit-making** *adj* 1. gemeinwirtschaftlich, g.nützig; 2. nicht auf Gewinn gerichtet, nicht gewinnorientiert; **to be n.-profit-making** keinen Erwerbszweck verfolgen; **n.-profit-related** *adj* ertragsunabhängig; **n.-qualification** *n* Nichteignung *f*; **n.-recourse** *adj* regresslos; **n.-recurrent; n.-recurring** *adj* einmalig, Einmal-; **n.-recyclable** *adj* nicht-recyclingfähig; **n.-redemption** *n* Nichteinlösung *f*; **n.-refillable** *adj* Wegwerf-; **n.-refundable** *adj* nicht erstattungsfähig; **n.-renewable** *adj (Rohstoff)* nicht erneuerbar; **n.-renewal** *n* Nichterneuerung *f*; **n.-repayable** *adj* nicht erstattungsfähig/rückzahlbar

non-resident *n* Gebietsfremde(r) *f/m*, Nichtansässige(r) *f/m*; **~ for tax purposes** Steuerausländer(in) *m/f*; *adj* ortsfremd, gebietsfremd; **n.-r.s' deposits** Auslandseinlagen *pl*; **~ investments** ausländische Investitionen; **~ purchases** Erwerb durch Gebietsfremde; **~ tax** Fremdensteuer *f*

non|-returnable *adj* Wegwerf-, Einweg-; **n.-sal(e)able** *adj* unverkäuflich; **n.-schedule(d)** *adj* außerplanmäßig, unprogrammgemäß; **n.-seasonal** *adj* saisonunabhängig, ganzjährig; **n.-seller** *n* Ladenhüter *m*; **n.-signatory** *n* Nichtunterzeichner(in) *m/f*; **n.-solvency** *n* Zahlungsunfähigkeit *f*; **n.-standard** *adj* nicht üblich; **n.-standardized** *adj* ungenormt; **n.suit** *n* § Klagezurückweisung *f*; **n.-tariff** *adj* nicht-, paratarifär, außertariflich; **n.-tax** *adj* nicht steuerlich; **n.-taxable** *adj* steuerfrei, von der Steuer befreit; **n.-taxation** *n* Nichtbesteuerung *f*; **n.-taxpayer** *n* Nichtsteuerpflichtige(r) *f/m*; **n.-trading** *adj* nicht kaufmännisch/gewerblich tätig; **n.-transferability** *n* 1. Nichtübertragbarkeit *f*; 2. Nichtversetzbarkeit *f*; **n.-union(ized)** *adj* nicht organisiert, gewerkschaftsfrei; **n.-usage** *n* Nichtgebrauch *m*; **n.-vocational** *adj* nicht berufsorientiert; **n.-volume** *adj* mengen-, beschäftigungsunabhängig; **n.-voting** *adj* nicht stimmberechtigt, stimmrechtlos; **n.-warranty** *n* Haftungsausschluss *m*, Ausschluss der Gewährleistung; **~ clause** Freizeichnungsklausel *f*; **n.-working** *adj* 1. dienstfrei; 2. nicht erwerbs-/berufstätig

norm *n* Norm *f*; **n.s of competition** Wettbewerbsnormen *pl*; **environmental n.s** Umweltnormen *pl*; **procedural n.** § Verfahrensnorm *f*

north *n* Norden *m*; *adv* nach Norden; **N.-South divide** Nord-Süd-Gefälle *nt*

nose-dive *n* ✈ Sturzflug *m*; **n. of interest rates** Zinssturz *m*; **~ prices** Kurssturz *m*; *v/i (fig)* rapide/stark fallen, abstürzen

no-strike clause Streikverbotsklausel *f*

nostro account *n* Nostroguthaben *nt*; **n. liabilities** Nostroverpflichtungen *pl*

notable *adj* bemerkenswert, auffallend

notari|al *adj* § notariell, vor einem Notar; **n.zation** *n* notarielle Beurkundung/Beglaubigung; **n.ze** *v/t* notariell beurkunden/beglaubigen

notary (public) *n* Notar(in) *m/f*, Urkundsbeamter *m*, U.beamtin *f*; **n.'s authentication** notarielle Beglaubigung; **n. fees** Notar(beratungs)kosten *pl*; **n.'s office** Notariat *nt*

notation *n* 1. Schreibweise *f*, Zeichensystem *nt*; 2. Vermerk *m*, Aufzeichnung *f*; **n. of a bill** *(Wechsel)* Protestvermerk *m*

note *n* 1. Notiz *f*, Aufzeichnung *f*, Nachricht *f*; 2. Banknote *f*, (Geld)Schein *m*; 3. Rechnung *f*; 4. *[US]* Schuldschein *m*; **n.s** 1. Erläuterungen *pl*; 2. *(Geschäftsbericht)* Anhang *m*

note of acceptance *(Wechsel)* Annahmevermerk *m*; **n.s on/to the accounts** Erläuterungen zur Bilanz und zur Gewinn- und Verlustrechnung, ~ zum Jahresabschluss, Anhang *m*; **~ payable to banks** 1. Wechselverbindlichkeiten gegenüber Banken; 2. *(Bilanz)* Akzepte *pl*; **n. of charges** Gebühren-, Kostenrechnung *f*; **n.s in circulation** (Bank)Notenumlauf *m*; **~ and coins** Zahlungsmittel *pl*; **n. and coin circulation** (Bar)Geldumlauf *m*; **n. of disbursements** Auslagenrechnung *f*; **~ dispatch** Versandanzeige *f*; **~ fees** Gebühren(ab)rechnung *f*, Liquidation *f*; **~ hand** Eigen-, Solawechsel *m*; **n. in the minutes** Protokollnotiz *f*; **n. for protest** *(Wechsel)* Vormerkung zum Protest; **n. of protest** Protestnote *f*, P.anzeige *f*; **~ purchase** Kassenzettel *m*, K.bon *m*; **n.s payable to trade** Wechselverbindlichkeiten aus Lieferungen und Leistungen

collateral note dinglich gesicherter Schuldschein; **commercial n.** Handels-, Warenwechsel *m*; **covering n.** 1. (vorläufige) Deckungszusage *f*; 2. Begleitschreiben *nt*; **discounted n.** abgezinster Schuldschein; **explanatory n.s** Erläuterung *f*; **false/forged n.** falsche/gefälschte Note; **floating-rate n.** Schuldschein mit Zinsanpassung; **joint and several n.** gesamtschuldnerisches Zahlungsversprechen; **promissory n. (P/N)** Promesse *f*, Schuldschein *m*, Sola-, Eigenwechsel *m*; **prompt n.** Mahnung *f*, Mahnschreiben *nt*; **quick n.** Kurzbrief *m*; **ready-for-shipment n.** Versandmeldung *f*, V.mitteilung *f*; **retaining n.** schriftlicher Eigentumsvorbehalt; **short-term n.** kurzfristige

Kassenobligation; **straight n.** ungesicherter Schuldschein; **tax-exempt n.** *[US]* steuerfreier Schuldschein; **unsecured n.** ungesicherter Schuldschein; **urgent n.** Dringlichkeitsvermerk *m*

note *v/t* 1. ver-, bemerken; 2. zur Kenntnis nehmen

note|book *n* 1. Notizbuch *nt*, Kladde *f*; 2. 🖳 Notebook *nt*; **n. broker** *[US]* Wechselmakler(in) *m/f*; **n.s due** *[US]* fällige Wechsel; **n.holder** *n* Schuldscheininhaber(in) *m/f*, Wechselbesitzer(in) *m/f*; **n. issue** (Bank)Notenausgabe *f*; **headed n.paper** *n* Briefpapier mit aufgedrucktem Firmenkopf; **n.s payable** Wechselverbindlichkeiten *pl*, W.schulden *pl*; **n. press** (Bank)Notenpresse *f*; **n.s receivable** Wechselforderungen *pl*, (zu erwartende) Eingänge aus Akzepten; **n.worthy** *adj* beachtens-, berichtenswert

notice *n* 1. Bekanntmachung *f*, B.gabe *f*, Ankündigung *f*, Aushang *m*; 2. Merkblatt *nt*; 3. Kündigung *f*; 4. Warnung *f*; **subject to n.** kündbar; **~ on either side** beiderseitig kündbar; **under n.** *(Personal)* gekündigt; **without n.** fristlos, ohne Kündigungsfrist; **without further n.** ohne weitere Ankündigung

N

notice of acceptance Annahmeerklärung *f*; **~ action** § Klagemitteilung *f*; **to give ~ appeal** § Berufung einlegen; **~ arrival** Eingangsbestätigung *f*; **~ assessment** 1. (Steuer)Festsetzungsbescheid *m*; 2. ⊖ Zollbescheid *m*; **~ assignment** Abtretungs-, Übertragungsanzeige *f*; **~ cancellation** Kündigung(smitteilung) *f*; **~ (a) claim** Schadensanzeige *f*; **~ damage** Schadensmeldung *f*, S.anzeige *f*; **~ defect (in quality)** Mängelanzeige *f*, M.rüge *f*; **~ delivery** *[US]* Zustellungsurkunde *f*, Empfangsbestätigung *f*; **~ departure** Abmeldung *f*; **~ deposit** Hinterlegungsbescheid *m*; **~ disclaimer** Verzichtserklärung *f*; **~ dishonour** *(Wechsel)* Protesterklärung *f*; **~ dismissal** Kündigung *f*; **~ dismissal with option of reengagement on changed conditions** Änderungskündigung *f*; **~ dividend** Dividendenbekanntmachung *f*; **~ error** Berichtigungsanzeige *f*; **~ exemption** *(Steuer)* Freistellungsbescheid *m*; **~ a fine** Bußgeldbescheid *m*; **~ liability** Haftungsbescheid *m*; **~ (a) loss** Verlustanzeige *f*, Schadensmeldung *f*; **~ meeting** Einberufung der Hauptversammlung; **n. to pay** Zahlungsaufforderung *f*, Z.befehl *m*; **n. of protest** *(Wechsel)* Protestanzeige *f*; **~ purchase** Kaufmitteilung *f*; **n. to quit** Kündigung (des Miet-/Pachtverhältnisses) *f*, Kündigung einer Wohnung; **n. of readiness** Bereitschaftserklärung *f*; **~ receipt** Empfangsbestätigung *f*; **~ rejection** Ablehnungsbescheid *m*; **~ repayment** Erstattungsbescheid *m*; **~ resignation** Kündigung des Arbeitsverhältnisses durch den Arbeitnehmer; **~ rights** Bezugsrechtsankündigung *f*; **~ termination** Kündigung(sschreiben) *f/nt*; **~ termination of contract; n. to terminate a contract** Vertragsaufkündigung *f*, Kündigung eines Vertrags; **~ termination of employment** Kündigung eines Arbeitsverhältnisses; **~ withdrawal** 1. Kündigung zur Rückzahlung; 2. Kündigung(sbenachrichtigung) *f*, K.sschreiben *nt*; 3. *(Spareinlage)* Kündigung eines Guthabens; **~ withdrawal period** Kündigungssperrfrist *f*; **n. in writing** schriftliche Mahnung/Kündigung, Kündigungsschreiben *nt*

available at short notice kurzfristig verfügbar; **pending/until further n.** bis auf weiteres, ~ Widerruf

to discharge/dismiss without notice fristlos entlassen/kündigen; **to give n.** 1. Kündigung einreichen, (Arbeitsverhältnis/Stelle) kündigen; 2. anzeigen; **~ due n.** ordnungsgemäß/fristgerecht kündigen; **~ the employer n.** dem Arbeitgeber kündigen; **~ n. of claim** Schaden anmelden; **~ n. of protest** *(Wechsel)* Protest anzeigen; **~ n. to quit** Miete/Pacht kündigen; **~ n. of withdrawal of deposits** Einlagen kündigen; **~ n. in writing** schriftlich kündigen; **~ official/public n.** öffentlich bekannt machen; **~ a month's n.** zum nächsten Ersten kündigen, mit Monatsfrist kündigen; **to post/put up a n.** Anschlag machen; **to receive n.** Nachricht erhalten; **to serve n. on so.** 1. § jdn (gerichtlich) vorladen; 2. jdm (schriftlich) kündigen; 3. jdn abmahnen; **~ formal n. of default** (jdn) in Verzug setzen; **to terminate without n.** fristlos kündigen; **to waive n.** auf die Einhaltung der Kündigungsfrist verzichten

advance notice Vorankündigung *f*, V.meldung *f*, Vorausinformation *f*, vorherige

Benachrichtigung; **seven days' n.** wöchentliche Kündigung(sfrist) *f*; **due n.** 1. rechtzeitige Benachrichtigung; 2. fristgemäße Kündigung; **to give (so.) ~ and proper n.** 1. ordnungsgemäße Kündigung; 2. frist- und formgerechte Mitteilung; **final n.** letzte Aufforderung; **lawful n.** ordnungsgemäße Kündigung; **legal n.** gesetzliche Kündigungsfrist; **a month's n.** monatliche Kündigung(sfrist); **non-negotiability n.** Sperrvermerk *m*; **prior n.** Voranzeige *f*, vorherige Benachrichtigung; **without ~ n.** ohne vorherige Ankündigung; **proper n.** vorschriftsmäßige Kündigung; **public n.** öffentliche/amtliche Bekanntmachung; **reasonable n.** 1. angemessene/termingerechte Kündigung(sfrist); 2. langfristige Vorwarnung; **special n.** 1. *(HV)* Mitteilung über die Einberufung zur Hauptversammlung; 2. § qualifizierte Ladungsfrist; **statutory n.** gesetzliche Kündigung(sfrist); **written n.** schriftliche Kündigung

notice *v/t* 1. (be)merken, feststellen; 2. zur Kenntnis nehmen; 3. anzeigen, melden

notice account Konto mit Kündigungsfrist; **n. board** Anschlagtafel *f*, Schwarzes Brett; **n. deposit(s)** *[US]* Spareinlagen *pl*; **n. period** Kündigungsfrist *f*

notification *n* Bekanntmachung *f*, B.gabe *f*, Mitteilung *f*, Benachrichtigung *f*; **exempt from n.** anzeigefrei; **n. of approval** Bewilligungsbescheid *m*; **~ balances** Meldung der Bestände; **~ a claim/loss** Schaden(s)meldung *f*; **~ dividend** Dividendenbekanntmachung *f*; **~ extension** Verlängerungsanmeldung *f*; **official n.** amtlicher Bescheid; **provisional n.** Zwischenbescheid *m*; **public n.** öffentliche Zustellung; **n. factoring** offenes Factoring; **n. period for defects** Mängelfrist *f*

notify *v/t* benachrichtigen, informieren, mitteilen, avisieren; **~ promptly in writing** unverzüglich schriftlich benachrichtigen; **n. address/party** Benachrichtigungsadresse *f*

noting of a bill *n* Protestaufnahme *f*; **n. and protest** Protesterhebung *f*; **no n.** Wechselprotest nicht möglich

not-in-my-backyard (NIMBY) principle St. Floriansprinzip *nt*

notional *adj* angenommen, fiktiv, symbolisch

not-too-distant *adj* nicht zu fern

notwithstanding *prep* ungeachtet gegenteiliger Bestimmungen

no-value *adj* wertlos

novation *n* § Umschuldung *f*

novel *adj* neuartig; **n.ty** *n* Neuheit *f*; **promotional n.ty** Werbeneuheit *f*

novice *n* Anfänger(in) *m/f*, Neuling *m*

noxious *adj* 1. (umwelt)schädlich; 2. umweltbelastend

n/r (no risk) ohne Risiko

nuisance *n* Belästigung *f*, Ärgernis *nt*, Missstand *m*; **to abate a n.** Ärgernis abstellen; **environmental n.** Umweltbeeinträchtigung *f*; **n. tax** Bagatellsteuer *f*

null *adj* § unwirksam, ungültig; **n. and void** (null und) nichtig; **n.ification** *n* Aufhebung *f*; **n.ify** *v/t* aufheben; **n.ity** *n* Ungültigkeit *f*

number *n* Zahl *f*, Ziffer *f*, Nummer *f*, Stück-, Anzahl *f*

number of new contracts Zahl der Neuabschlüsse; **~ employees** Belegschaft *f*, Mitarbeiterstand *m*; **~ items** Stückzahlen *pl*; **~ layoffs** negativer Personalnettobedarf; **~ passengers carried** 1. Fahrgastaufkommen *nt*, Beförderungsfälle *pl*; 2. ✈ Fluggastaufkommen *nt*; **~ people/persons employed** Beschäftigtenzahl *f*, Personalstand *m*; **~ pensions (awarded)** Rentenfälle *pl*; **~ persons insured** Versichertenbestand *m*; **~ overnight stays** Übernachtungsziffer *f*; **~ units** Stückzahl *f*; **~ working days lost through industrial action** verlorene Streiktage; **~ years' service in a firm** Firmenzugehörigkeit

to dial a number ☎ (Ruf)Nummer wählen

average number Durchschnittszahl *f*; **fixed-point n.** Festkommazahl *f*; **floating-point n.** Gleitkommazahl *f*; **opposite n.** *(Person)* Gegenüber *nt*; **random n.s** 📊 Zufallszahlen *pl*; **running n.** laufende Zahl/Nummer; **square n.** Quadratzahl *f*; **tax-identifying n.** Steuernummer *f*; **total n.** Gesamtzahl *f*; **wrong n.** ☎ falsch verbunden

number *v/t* nummerieren, zählen; **n. consecutively** fortlaufend nummerieren

number account Nummernkonto *nt*; **n.s attending/present** Präsenzzahl *f*, Zahl der Anwesenden; **n. cruncher** *(coll)* Zahlenfetischist *m*

numbering *n* Nummerierung *f*, Bezifferung *f*

N

numerate *adj* sicher im Rechnen
numerous *adj* zahlreich
nurse *n* Krankenschwester *f*, K.pfleger(in) *m/f*
nursery *n* ⚘ Gärtnerei *f*, Baumschule *f*; **n. factory** ⌂ Klein-, Modellbetrieb *m*; **n. finance** Kredite an junge Unternehmen; **n. school** Kindergarten *m*; **n. unit** ⌂ Kleinbetrieb *m*
nursing *n* (Kranken)Pflege *f*; **n. allowance** Pflegezulage *f*; **n. benefit** Stillgeld *nt*; **n. insurance** Pflege(kosten)versicherung *f*; **n. rate** Pflegesatz *m*
nutri|ent *n* Nährmittel *nt*, N.stoff *m*; **n.-tion** *n* Ernährung *f*; **n.ous** *adj* nahrhaft

O

oath *n* Eid *m*, Schwur *m*; **in lieu of an o.** eidesstattlich; **under o.** unter Eid, eidlich; **o. of office** Dienst-, Amtseid *m*; **to declare under/depose on o.** unter Eid erklären; **to be on/under o.** unter Eid stehen; **to put on o.** vereidigen; **to take the o.** vereidigt werden; **official o.** Amtseid *m*; **solemn o.** feierlicher Eid

N

object *n* 1. Sache *f*, Gegenstand *m*; 2. Ziel *nt*, Absicht *f*
object of the company Unternehmens-, Gesellschaftszweck *m*; **~ the contract** Vertragsgegenstand *m*; **~ the enterprise** Unternehmensziel *nt*; **~ exchange** Tauschgegenstand *m*; **~ the invention** Erfindungsgegenstand *m*; **~ negotiations** Verhandlungsgegenstand *m*; **~ purchase/sale** Kaufgegenstand *m*; **~ value** Wertgegenstand *m*
found object Fund(gegenstand) *m*, F.sache *f*; **leased o.** Pachtgegenstand *m*; **pawned/pledged o.** Pfandsache *f*; **statutory o.** Satzungszweck *m*; **taxable o.** steuerpflichtiger Gegenstand, Steuereinheit *f*
object (to) *v/i* einwenden, Einspruch erheben
object|s clause (Gewerbe)Zweckbestimmungsklausel *f*; **o. insured** Versicherungsgegenstand *m*
objection *n* § Einrede *f*, Einwand *m*; **to file/lodge an o.** Einspruch einlegen; **to make o.s** Einwände vorbringen; **to raise an o.** Einspruch erheben, Einwand geltend machen; **to withdraw an o.** Einspruch zurückziehen; **technical o.** formaler Einwand; **o.able** *adj* unannehmbar, anstößig, störend
objective *n* Zweck *m*, Ziel(setzung) *nt/f*, Unternehmens-, Operationsziel *nt*; **o. of the audit** Prüfungsziel *nt*; **to attain the o.** Ziel erreichen; *adj* objektiv, sachlich
corporate objective(s) *[US]* Unternehmensziel *nt*, Gesellschaftszweck *m*; **demand-channelling o.** *(BWL/VWL)* Bedarfslenkungsziel *nt*; **demand-covering o.** *(BWL/VWL)* Bedarfdeckungsziel *nt*; **economic o.s** wirtschaftliche Zielsetzung(en); **financial o.** Finanzziel *nt*; **fiscal o.** fiskalisches Ziel; **managerial o.** Führungsziel *nt*; **operational o.** Betriebs-, Operationsziel *nt*; **primary/prime o.** vorrangiges Ziel; **short-term o.** Nahziel *nt*
obligation *n* Verpflichtung *f*, (Leistungs)-Pflicht *f*, Schuld(verhältnis) *f/nt*; **no/without o.** freibleibend, unverbindlich; **under an o.** pflichtig
obligation to accept Annahmepflicht *f*; **~ advertise vacancies** Stellenausschreibungspflicht *f*; **~ attend** Anwesenheitspflicht *f*; **~ buy** Bezugspflicht *f*, Kaufverpflichtung *f*, K.zwang *m*; **with no ~ buy** ohne Kaufzwang; **o.s of the buyer** Pflichten des Käufers; **o. to compensate** Schaden(s)ersatzpflicht *f*; **~ deliver** Liefer(ungs)pflicht *f*; **~ disclose; o. of disclosure** Auskunftspflicht *f*; **o. to file for bankruptcy** Konkursantragspflicht *f*; **~ insure** Versicherungspflicht *f*; **~ issue a prospectus** *(Börse)* Prospektzwang *m*; **~ keep business records** Aufbewahrungspflicht *f*; **~ maintain secrecy** Geheimhaltungs-, Schweigepflicht *f*;**~ minimize the loss** Schaden(s)minderungspflicht *f*; **~ offer for sale** Angebotspflicht *f*; **statutory ~ operate** *(Versorgungsbetrieb)* Betriebspflicht *f*; **~ pay** Zahlungspflicht *f*, Z.verpflichtung *f*; **financial ~ pay** Zahlungsverpflichtung *f*; **~ pay further capital** Nachschusspflicht *f*; **~ pay compensation** Ersatzpflicht *f*; **~ pay contributions** Beitragspflicht *f*; **~ perform** Erfüllungs-, Leistungspflicht *f*; **~ prevent a loss** Schaden(s)abwendungspflicht *f*; **~ provide information** Auskunftspflicht *f*; **~ publish** Publizitäts-

pflicht *f*; **~ refund/reimburse/repay** Rückerstattungspflicht *f*; **~ remedy defects; ~ repair** Nachbesserungspflicht *f*; **~ render compensation** Ersatzpflicht *f*; **~ supply** Lieferungsverpflichtung *f*; **~ take back** Rücknahmepflicht *f*; **~ take delivery** Annahmeverpflichtung *f*; **o. under a warranty** Gewährleistungspflicht *f*

to accept/assume an obligation Verpflichtung übernehmen, Verbindlichkeit eingehen; **to carry out o.s** Verpflichtungen erfüllen; **to default on one's o.s** seinen (Zahlungs)Verpflichtungen nicht nachkommen; **to discharge an o.** Verpflichtung erfüllen; **to fail in one's o.s** seinen Verpflichtungen nicht nachkommen; **to fulfil/honour o.s** Schulden/Verbindlichkeiten begleichen; **to incur an o.** Verpflichtung übernehmen; **to meet one's o.s** seinen Verpflichtungen nachkommen; **to put under o.** verpflichten; **to release so. from an o.** jdn von einer Verpflichtung befreien; **to settle o.s** Verpflichtungen erfüllen, Schulden begleichen; **to take on o.s** Verbindlichkeiten eingehen

contractual obligation vertragliche Verpflichtung, Vertragspflicht *f*; **depositary o.s** Einzahlungsverpflichtung(en) *f/pl*; **enforceable o.** rechtlich durchsetzbare Verpflichtung; **financial o.** finanzielle Verpflichtung; **implied o.s** stillschweigend vereinbarte Leistungspflichten; **joint (and several) o.** Gesamt(hands)verpflichtung *f*, Solidarhaftung *f*; **legal o.** Rechtspflicht *f*; **long-term o.** langfristige Verbindlichkeit; **outstanding o.s** ausstehende Verbindlichkeiten; **pecuniary o.** Zahlungspflicht *f*; **personal o.** persönliche Schuld(verpflichtung); **public-service o. (PSO)** *(Verkehr/Post)* Beförderungs-, Leistungspflicht *f*; **reciprocal o.** gegenseitige Verpflichtung; **statutory o.** gesetzliche Pflicht; **unilateral o.** einseitige Verpflichtung

obligatory *adj* verpflichtend, bindend, (rechts)verbindlich

oblige *v/t* verpflichten, binden, (jdm) einen Gefallen tun; **o.d** *adj* 1. verpflichtet, gehalten; 2. dankbar

obligee *n* (Forderungs)Berechtigte(r) *f/m*, Gläubiger(in) *m/f*

obligor *n* Haftende(r) *f/m*, (Obligations)-Schuldner(in) *m/f*

(left) oblique *n* ✎ Schrägstrich *m*

observance *n* Beachtung *f*, Einhaltung *f*; **o. of the contract** Vertragstreue *f*; **~ the deadline** Fristwahrung *f*; **~ the law** Einhaltung der Gesetze; **~ secrecy** Geheimhaltung *f*

observation *n* 1. Beobachtung *f*; 2. Bemerkung *f*; 3. 📊 statistische Einheit; **written o.s** schriftliche Stellungnahme; **o. period** Beobachtungszeitraum *m*

observer *n* 1. Beobachter(in) *m/f*; 2. 📊 Ermittler(in) *m/f*; **economic o.** Wirtschaftsbeobachter *m*; **industrial o.** Branchenbeobachter *m*

obsolescence *n* Überalterung *f*, (technische) Veralterung *f*, Verschleiß *m*; **o. of stocks** Lagerveralterung *f*; **built-in/planned o.** geplanter Verschleiß; **economic o.** wirtschaftliches Veralten; **physical o.** technische Überholung

obsolete *adj* veraltet, überholt, unbrauchbar; **to render o.** überflüssig machen

obstacle *n* 1. Hindernis *nt*, Hürde *f*; 2. Hinderungsgrund *m*; **o. to delivery** Ablieferungshindernis *nt*; **~ performance** Erfüllungshindernis *nt*

obstruct *v/t* (be)hindern, blockieren

obstruction *n* Behinderung *f*, Hemmnis *nt*; **o. of acceptance** Annahmeverhinderung *f*; **~ bankruptcy** Behinderung des Konkursverfahrens; **~ traffic** Verkehrsbehinderung *f*; **visual o.** Sichtbehinderung *f*

obtain *v/ti* 1. erhalten, bekommen; 2. beziehen, erwerben, beschaffen; 3. *(Auftrag)* hereinholen

occasion *n* 1. Gelegenheit *f*, Anlass *m*; 2. Möglichkeit *f*; **on the o. of** aus Anlass von, anlässlich; **o.ed by** *adj* verursacht/hervorgerufen durch

occupancy *n* 1. Belegung *f*, Inanspruchnahme *f*; 2. Besitz *m*; **ready for o.** schlüsselfertig; **gross o.** Bruttobelegungsquote *f*; **o. charge** Benutzungsentgelt *nt*; **o. level/rate** Auslastung(squote) *f*, Belegungsrate *f*, Übernachtungszahl *f*

occupant *n* 1. Inhaber(in) *m/f*; 2. Insasse *m*, Insassin *f*; 3. (Haus)Bewohner(in) *m/f*; 4. 🚗 Mitfahrer(in) *m/f*

occupation *n* 1. Besetzung *f*, Besitz(ergreifung) *m/f*; 2. Beschäftigung *f*, Beruf *m*, (Berufs)Tätigkeit *f*, Gewerbe *nt*; **by o.** von Beruf; **outside one's o.** berufsfremd; **o. held** ausgeübter Beruf; **ready for o.** 🏛 bezugsfertig, schlüsselfertig

apprenticeable occupation Ausbildungsberuf *m*; **chief o.** Hauptberuf *m*; **clerical o.** Büroberuf *m*; **commercial o.** kaufmännische Tätigkeit *f*; **female o.** Frauenarbeit *f*; **full-time o.** Ganztagsbeschäftigung *f*; **gainful o.** Erwerbstätigkeit *f*; **hazardous o.** gefährlicher Beruf, gefahrgeneigte Beschäftigung; **(for) immediate o.** 🏛 sofort zu beziehen; **industrial o.** gewerblicher Beruf/Arbeitsplatz; **light o.** leichte Beschäftigung; **main o.** Hauptberuf *m*; **manufacturing o.** gewerbliche Tätigkeit; **non-insurable o.** nicht versicherungspflichtige Beschäftigung; **professional o.s** freie Berufe; **regular o.** 1. ständiger/fester Beruf; 2. Hauptberuf *m*; **remunerative o.** Erwerbstätigkeit *f*; **seasonal o.** Saisonbeschäftigung *f*; **secondary o.** Nebenerwerb *m*, N.tätigkeit *f*; **sedentary o.** sitzende Tätigkeit; **semiskilled o.** Anlernberuf *m*; **skilled o.** Facharbeiterberuf *m*; **white-collar o.** Angestellten-, Büroberuf *m*

occupational *adj* beruflich, berufsbedingt, Berufs-

occupation code Berufsgruppenschlüssel *m*; **o. profile** Beschäftigungsprofil *nt*

occupier *n* Besitzer(in) *m/f*, Inhaber(in) *m/f*, Bewohner(in) *m/f*; **o.'s liability** Haftung des Grundstückseigentümers

O

occupy *v/t* 1. besetzen, Besitz ergreifen, beziehen; 2. bewohnen; 3. innehaben

occur *v/i* 1. geschehen, eintreten, sich ereignen; 2. *(Fehler)* unterlaufen

occurrence *n* Begebenheit *f*, Geschehen *nt*, Ereignis *nt*, Vorfall *m*; **o. of the event** Ereigniseintritt *m*; **~ the damaging event** Schadenseintritt *m*; **~ the event insured against** Eintritt des Versicherungsfalls; **~ loss/risk** Schadensfall *m*, S.eintritt *m*; **exceptional o.** außergewöhnliches Ereignis; **loss-entailing o.** Schaden(s)ereignis *nt*

ocean *n* Ozean *m*, (Hoch)See *f*

ocean bill of lading (B/L) Seekonnossement *nt*, S.frachtbrief *m*; **on-board ~ lading (B/L)** Bordkonnossement *nt*; **o. carrier** 1. Seefrachtunternehmen *nt*, S.spediteur *m*; 2. Hochseereederei *f*; **o. container berth/terminal** Liegeplatz für Hochsee-Containerschiffe; **o. freight** (Über)See-, Hochsee-, Transatlantikfracht *f*; **~ rate** Seefrachtsatz *m*; **o.-going** *adj* hochseetüchtig, Hochsee-; **o. hull business** *(Vers.)* Seekaskogeschäft *nt*; **~ insurance** Seekaskoversicherung *f*; **o. lane** Schifffahrtsroute *f*; **o. marine insurance** See(schadens)-, S.transportversicherung *f*; **o. navigation** Hochseeschifffahrt *f*; **o. pollution** Meeresverschmutzung *f*; **o. port** (Über)Seehafen *m*; **o. shipping (industry/trade)** Hochseeschifffahrt *f*, Seefrachtgeschäft *nt*; **o. technology** Meerestechnik *f*; **o. terminal** Tiefseehafen *m*; **o. trade** See(fracht)handel *m*; **o. traffic** Seeverkehr *m*; **o. transport(ation)** (Über)Seetransport *m*; **o. vessel** Hochseeschiff *nt*

odd-come-shorts *pl* Reste *pl*

oddment *n* Rest *m*; **o.s** Reste(waren) *pl*, Restposten *pl*, Ramschware *f*; **o.s sale** Ramschverkauf *m*

off|-balance-sheet *adj* bilanzunwirksam, außerbilanziell; **o.-carriage** *n* Nachlauf *m*; **o.-duty** *adj* dienstfrei, außerdienstlich

offence *n* § Vergehen *nt*, Verstoß *m*, Rechts-, Ordnungswidrigkeit *f*, Delikt *nt*; **to commit an o.** Straftat begehen; **to report an o.** Strafanzeige stellen

commercial offence|s Wirtschaftskriminalität *f*; **criminal o.** Straftat *f*; **disciplinary o.** Dienstvergehen *nt*; **environmental o.** Umweltvergehen *nt*; **fin(e)able o.** mit Geldstrafe bedrohtes Vergehen; **fiscal o.** Zoll-, Steuervergehen *nt*; **joint o.** gemeinsam begangene Straftat; **legal o.** strafbare Handlung; **minor/petty o.** Bagatelldelikt *nt*; **public-order o.** Ordnungswidrigkeit *f*; **punishable o.** strafbare Handlung; **statutory o.** Tatbestand einer strafbaren Handlung; **summary o.** Bußgeldsache *f*

offender *n* Rechtsbrecher(in) *m/f*; **environmental o.** Umweltsünder(in) *m/f*; **joint o.** Teilnehmer(in) an einer strafbaren Handlung; **principal o.** Haupttäter(in) *m/f*

offer *n* 1. (An)Gebot *nt*, Offerte *f*; 2. *(Börse)* Briefkurs *m*; **on o.** im Angebot; **to be on o.** angeboten werden

offer and acceptance Angebot und Annahme; **o. to buy** Kaufangebot *nt*, K.offerte *f*; **o. subject to confirmation; o. without engagement** unverbindliches/freibleibendes Angebot; **o. of composition (payment)** Abfindungs-, Vergleichsangebot *nt*; **o. at below cost price** Angebot unter Selbstkostenpreis; **o. of employment** Stellenangebot *nt*; **~**

money Geldangebot *nt*; **o. to negotiate** Verhandlungsangebot *nt*; **~ perform; o. of performance** Erfüllungs-, Leistungsangebot *nt*; **o. for sale** Verkaufsangebot *nt*; **~ by competitive bidding** Ausschreibung *f*; **~ by tender** Ausschreibung im Tenderverfahren; **o. of settlement** Vergleichsvorschlag *m*; **o. for subscription** Zeichnungsangebot *nt*; **o. to supply** Lieferangebot *nt*; **o. in writing** schriftliches Angebot

to accept an offer Angebot annehmen; **to be on o.** angeboten werden; **to decline an o.** Angebot ablehnen; **to hold open an o.** Angebot aufrechterhalten; **to invite an o.** zur Abgabe einer Offerte/eines Angebots auffordern; **~ o.s** Angebote einholen; **to jump/leap at an o.** sich auf ein Angebot stürzen; **to make an o.** Angebot abgeben; **~ a firm o.** fest anbieten; **to prepare an o.** Angebot ausarbeiten; **to reject an o.** Angebot ablehnen/zurückweisen; **to take up an o.** von einem Angebot Gebrauch machen; **to withdraw an o.** Angebot zurückziehen

all-inclusive offer Pauschalangebot *nt*; **alternative o.** Alternativangebot *nt*; **attractive o.** günstiges Angebot; **best o.** Höchst-, Meistgebot *nt*; **binding o.** festes/verbindliches Angebot, Festangebot *nt*; **not ~ o.** unverbindliches/freibleibendes Angebot; **competing/competitive o.** 1. Konkurrenzangebot *nt*; 2. preisgünstiges Angebot; **comprehensive o.** Pauschalangebot *nt*; **conditional o.** unverbindliches/freibleibendes Angebot; **contractual o.** Vertragsangebot *nt*; **customized o.** maßgeschneidertes Angebot; **cut-price o.** Billig-, Schleuderangebot *nt*; **favourable o.** günstiges Angebot; **firm o.** festes/verbindliches Angebot, Festangebot *nt*; **flat** *[US]*/**open** *[GB]* **o.** freibleibendes/unverbindliches Angebot; **initial o.** erstes Angebot; **preferential o.** Vorzugsangebot *nt*; **qualified o.** abgeändertes Angebot; **special o.** Sonderangebot *nt*; **subject o.** unverbindliches/freibleibendes Angebot; **tailor-made o.** maßgeschneidertes Angebot; **time-limited o.** befristetes Angebot; **unconditional o.** vorbehaltloses Angebot; **unsolicited o.** unverlangtes Angebot; **written o.** schriftliches Angebot

offer *v/t* (an)bieten, darbieten; **o. subject to confirmation** freibleibend anbieten; **o. firm** fest anbieten; **o.ed** *adj* 1. angeboten; 2. *(Börse)* Briefkurs *m*

offer document Angebotsdokument *nt*

offeree *n* Angebotsempfänger(in) *m/f*

offering *n* (Emissions)Angebot *nt*; **o.s** *(Börse)* Angebot *nt*, (Umlauf)Material *nt*; **direct o.** freihändiger Verkauf; **new/primary o.** (zum Verkauf angebotene) Neuemission *f*; **public o.** öffentliches (Zeichnungs)Angebot; **initial ~ o. (IPO)** Börsengang *m*, Erstemission *f*; **secondary o.** Platzierung außerhalb der Börse

offering circular Kurzprospekt *m*; **o. premium** Ausgabeaufgeld *nt*, Emissionsagio *nt*; **o. price** 1. Angebotspreis *m*; 2. *(Investmentzertifikat)* Ausgabe-, Verkaufspreis *m*; **initial o. price** Erstausgabepreis *m*; **o. prospectus** *(Börse)* Verkaufs-, Zeichnungsprospekt *m*; **o. terms** Emissionsbedingungen *pl*

offeror *n* Anbieter(in) *m/f*

offer price 1. Angebotspreis *m*; 2. Ausgabe-, Verkaufspreis *m*; 3. *(Börse)* (Brief)-Kurs *m*

off-floor *adj/adv* außerbörslich

office *n* 1. Büro *nt*, Dienst-, Arbeitszimmer *nt*; 2. Amt *nt*, (Dienst)Stelle *f*, Geschäfts-, Zweigstelle *f*; 3. Versicherungsgesellschaft *f*

office of destination ⊖ Bestimmungszollstelle *f*; **~ entry en route** *(frz.)* ⊖ Eingangs-, Durchgangszollstelle *f*; **~ exit** ⊖ Ausgangszollstelle *f*; **O. of Fair Trading (OFT)** Wettbewerbsaufsichtsbehörde *f*, Kartellamt *nt*; **o. of mediator** Vermittlerrolle *f*; **~ posting** ✉ Einlieferungspostamt *nt*; **O. for National Statistics** Zentrales Amt für Statistik, Statistisches (Bundes)Amt

to continue in office im Amt (ver)bleiben; **to hold (an) o.** Amt/Stellung bekleiden; **to maintain an o.** Büro unterhalten; **to leave o.** Amt niederlegen; **to resign from one's o.** sein Amt niederlegen; **to take o.** Amt antreten

administrative office Verwaltungsstelle *f*; **back o.** Innendienst *m*; **central o.** Zentrale *f*, Hauptverwaltung *f*; **composite o.** Universal-, Kompositversicherer *m*; **corporate o.** *[US]* Gesellschafts-, Firmensitz *m*; **federal o.** Bundesamt *nt*; **landscaped o.** Bürolandschaft *f*; **local o.** örtliche Niederlassung; **main o.** Hauptverwaltung *f*,

H.sitz *m*, H.geschäftsstelle *f*; **municipal o.** städtisches Amt; **open(-plan) o.** Großraumbüro *nt*; **principal o.** Hauptverwaltung *f*, H.sitz *m*, H.geschäftsstelle *f*; **public o.** 1. öffentliches Amt, öffentliche Dienststelle; **registered o.** Sitz *m* (der Gesellschaft/Firma), Firmensitz *m*; **representative o.** Repräsentanz *f*, Niederlassung *f*; **statistical o.** statistisches Amt; **supervisory o.** Aufsichtsamt *nt*

office accommodation *(Immobilienmarkt)* Büroraum *m*; **o. automation** Büroautomatisierung *f*; **o. bearer** Amtsinhaber(in) *m/f*; **o. block** Bürohochhaus *nt*, B.trakt *m*; **o. building** Bürogebäude *nt*; **o. clerk** Kontorist(in) *m/f*, Sachbearbeiter(in) *m/f*; **o. closing time** Büroschluss *m*; **o. communication** Bürokommunikation *f*; **o. copy** Dienstexemplar *nt*; **o. equipment (and furnishings)** Büroeinrichtung *f*, B.ausstattung *f*; **o. expenditure/expense(s)** Büroaufwand *m*; **o. fixtures** Büroinventar *nt*; **o. furniture** Büromöbel *pl*; **~ and equipment** (Büro)Inventar *nt*; **o. girl** Bürogehilfin *f*; **o. holder** Amtsinhaber(in) *m/f*; **o. hours** Amts-, Büro-, Dienst-, Schalterstunden *pl*, Büro-, Geschäftszeit(en) *f/pl*; **o. job** Büroberuf *m*, B.tätigkeit *f*; **o. landscape** Großraumbüro *nt*; **o. landscaping** Bürogestaltung *f*; **o. location** Bürostandort *m*; **o. machines** Bürotechnik *f*; **o. management** Büroorganisation *f*; **o. manager** Bürovorsteher(in) *m/f*, B.leiter(in) *m/f*; **o. personnel** Büroangestellte *pl*; **o. property** Büroimmobilie *f*

officer *n* 1. Beamter *m*, Beamtin *f*, Angestellte(r) *f/m*; 2. Vorstandsmitglied *nt*, leitende(r) Angestellte(r); **o.s** Präsidium *nt*, Vorstand *m*; **o. in charge** Sachbearbeiter(in) *m/f*; **o. of a company** *[GB]*/**corporation** *[US]* Vorstandsmitglied *nt*; **o.s of a company** *[GB]*/**corporation** *[US]* Vorstand/Geschäftsleitung einer Gesellschaft

administrative officer (Verwaltungs)Beamter *m*, (V.)Beamtin *f*; **chief executive o. (CEO)** 1. (Vorstands)Vorsitzender *m*, Generaldirektor(in) *m/f*, Hauptgeschäftsführer(in) *m/f*; 2. (Ober)Stadtdirektor(in) *m/f*; **financial o.** Kämmerer *m*; **chief ~ o. (CFO)** Finanzvorstand *m*; **medical o.** Amtsarzt *m*; **municipal o.** Kommunalbeamter *m*, K.beamtin *f*; **chief operating o. (COO)** technischer Vorstand; **senior o.** leitende(r) Angestellte(r)

office relocation Büroumsiedlung *f*; **o. rent** Büromiete *f*; **o. space** Bürofläche *f*; **o. staff** Büropersonal *nt*, B.angestellte *pl*; **o. supervisor** Büroleiter(in) *m/f*, B.vorsteher(in) *m/f*; **o. supplies** Bürozubehör *nt*, B.material *nt*; **o. technology** Büro- und Organisationstechnik *f*, mittlere Datentechnik; **o. wing** Bürotrakt *m*; **o. work** Büroarbeit *f*, B.tätigkeit *f*; **o. worker** Büroangestellte(r) *f/m*

official *n* Beamter *m*, Beamtin *f*, Funktionär(in) *m/f*; **o. in charge** zuständiger Beamter; **top(-level) o.** Spitzenfunktionär(in) *m/f*, S.beamter *m*, S.beamtin *f*; **o.** *adj* 1. behördlich, amtlich; **o.dom** *n* 1. Bürokratismus *m*; 2. Beamtentum *nt*; **o.-ese** *n* Amtssprache *f*; **O. List** *[GB] (Börse)* amtliches Kursblatt

off|-line *adj* 🖳 off-line, unabhängig, im Inselbetrieb; **o.list** *n* Nachlass vom Listenpreis; **o.load** *v/t* 1. abladen, entladen; **o.-peak** *adj* außerhalb der Stoßzeiten, Talzeit-; **o.-season** *n* Vor- und Nachsaison *f*

offset *n* Ausgleich *m*, Verrechnung *f*, Kompensation *f*; *v/t* 1. (sich) ausgleichen; 2. auf-, gegen-, verrechnen; 3. kompensieren; 4. *(Steuer)* absetzen; **o. account** Verrechnungskonto *nt*; **o. balance** Verrechnungssaldo *m*; **o. deal** Kompensationsgeschäft *nt*; **o. payments** Ausgleichszahlungen *pl*; **o. tax** Kompensationssteuer *f*

offsetting *n* 1. Auf-, Verrechnung *f*, Saldierung *f*; 2. Devisenausgleich *m*; **o. of claims** Verrechnung von Ansprüchen; **~ losses** Verlustausgleich *m*; **o. item** Korrektur-, Verrechnungsposten *m*; **o. transaction** Kompensationsgeschäft *nt*

off|shoot *n* Konzern-, Tochtergesellschaft *f*; **o.shore** *adj* 1. küstennah; 2. im Ausland, Auslands-; **o.-site** *adj* extern; **o.take** *n* (Waren)Einkauf *m*, Abnahme *f*; **o.-the-board** *adj* außerbörslich; **o.-the-job** *adj* außerbetrieblich

oil *n* (Erd)Öl *nt*; **to extract o.** (Erd)Öl fördern; **to prospect for o.** nach Öl suchen; **crude o.** Erd-, Rohöl *nt*; **light o.** Leichtöl *nt*; **mineral o.** Erd-, Mineralöl *nt*; **~ tax** Mineralölsteuer *f*; **refined o.** Raffinerieöl *nt*

oil|-based *adj* auf Ölbasis; **o. company** (Mineral)Ölgesellschaft *f*; **o. consumption** Ölverbrauch *m*; **o. deposit** Ölvor-

O

kommen *nt*, Öllagerstätte *f*; **o. disaster** Ölkatastrophe *f*; **o. drilling** Ölproduktion *f*, Ölsuche *f*; **o. exploration** Ölsuche *f*; **o.-exporting** *adj* Erdöl exportierend; **o. extraction** Ölförderung *f*; **o.field** *n* (Erd-)Ölfeld *n*; **o. future** Ölterminkontrakt *m*; **o. futures market** Ölterminmarkt *m*; **o.-importing** *adj* (Erd)Öl importierend; **o. industry** (Mineral)Ölindustrie *f*; **o. issues** Ölaktien *pl*; **o. market** (Erd)Ölmarkt *m*; **o. merchant** Ölhändler *m*; **o. output** Ölförderung *f*; **o. pollution** Ölverschmutzung *f*; **o. price** Ölpreis *m*; **o. processing** (Erd)Ölverarbeitung *f*; **o.-producing** *adj* (Erd)Öl produzierend; **o. production** Ölförderung *f*, Ölgewinnung *f*; **o. refinery** Ölraffinerie *f*; **o. refining** (Erd)Ölverarbeitung *f*; **o. slick** Ölteppich *m*; **o. spill** Ölverschmutzung *f*; **o. supply** Öllieferung *f*; **o. well** (Erd)Ölquelle *f*

old|-established *adj* alt eingesessen; **o.-fashioned** *adj* altmodisch

oligop|olist *n* Oligopolist *m*; **o.olistic** *adj* oligopolistisch; **o.oly** *n* Oligopol *nt*; **o.sony** *n* Oligopson *m*

ombudsman *n* Ombudsmann *m*, Schiedsstelle *f*, Bürgerbeauftragter *m*

omission *n* 1. Auslassung *f*; 2. Versäumnis *nt*; 3. § Unterlassung(sdelikt) *f/nt*

omit *v/t* unterlassen, ver(ab)säumen

omnibus *n* (Omni)Bus *m*; **o. account** Gemeinschafts-, Sammelkonto *nt*; **o. clause** Generalklausel *f*; **o. item** Sammelposten *m*

on|-balance-sheet *adj/adv* bilanzwirksam; **o.-board** *adj* 1. ⚓/✈ Bord-; 2. *(Wertpapier)* börsennotiert; **o.-carriage** *n* 1. Weiterbeförderung *f*, W.transport *m*, Nachlauf *m*; **o.-carrier** *n* Anschlussfrachtführer *m*, Weiterverfrachter *m*; **o.-cost(s)** *n [GB]* 1. Regie-, Gemeinkosten *pl*, Kostenzuschlag *m*; 2. Folgekosten *pl*

one|-digit; o.-figure *adj* π einstellig; **o.-off** *adj* einmalig, Einmal-; **o.-size-fits-all** Einheits-, Standard-; **o.-stop** *adj [US]* an Ort und Stelle, aus einer Hand; **o.-trip** *adj* Einweg-, Wegwerf-

ongoing *adj* fortlaufend, f.dauernd, kontinuierlich

online *adj* 🖳 online, elektronisch verbunden; **to work o.** online arbeiten; **o. banking** elektronisches Bankgeschäft; **o. brokerage** elektronischer Handel mit Aktien; **o. data transmission** Datendirektübertragung *f*; **o. documentation** Online-Dokumentation *f*; **o. publishing** Publizieren über Datennetze; **o. trading** Internet-Handel *m*

on|-sale *n* Weiterverkauf *m*; **o.set** *n* Beginn *m*, Anfang *m*; **o.-shipment** *n* Weiterversand *m*; **o.shore** *adj* an Land, landwärts, Binnen-; **o.-site** *adj* 1. vor Ort; 2. 🏛 auf der Baustelle; **o.-trade** *n* Weiterverkauf *m*, Zwischenhandel *m*

onus *n* Last *f*, Verpflichtung *f*

onward-carriage *n* Weiterbeförderung *f*, W.transport *m*, Nachlauf *m*

open *v/ti* (er)öffnen, aufmachen

open *adj* 1. offen, geöffnet; 2. unverpackt; 3. *(Stelle)* frei, offen; **to be o.** 1. gelten, gültig sein; 2. *(Geschäft)* aufhaben, geöffnet sein; **o.-end(ed)** *adj* unbegrenzt, offen

opening *n* 1. Öffnung *f*; 2. offene/freie Stelle; 3. (Verkaufs)Möglichkeit *f*, Gelegenheit *f*; 4. Eröffnung *f*; **o. of an account** Kontoeröffnung *f*; **o. for business** gute Geschäftsmöglichkeiten; **o. of a business** Geschäftseröffnung *f*; **~ a (letter of) credit** Eröffnung/Gestellung eines Akkreditivs, Krediteröffnung *f*; **~ a crossing** *(Scheck)* Öffnung einer Kreuzung; **~ a market** Markterschließung *f*; **~ the season** Saisoneröffnung *f*; **firm o.** *(Börse)* feste Eröffnung; **late o.** Abendverkauf *m*

opening balance Anfangssaldo *m*, Eröffnungsbilanz *f*; **o. bid** erstes Gebot; **o. date** Submissionstermin *m*; **o. capital** Anfangskapital *nt*; **o. hours** Laden-, Öffnungszeit(en) *f/pl*, Schalterstunden *pl*; **o. inventory/stock** Anfangsbestand *m*; **o. price** Eröffnungskurs *m*; **o. time** Öffnungszeit *f*; **o.-up** *n* Erschließung *f*

open|-market *adj* offenmarktfähig, Offenmarkt-; **o.-plan** *adj (Büro)* Großraum-

operate *v/t* 1. ⚙ bedienen; 2. betreiben; 3. *(Konto)* verfügen über; 4. funktionieren; 5. aktiv/tätig sein; **o. at break-even** kostendeckend arbeiten; **o. profitably** in der Gewinnzone arbeiten; **safe to o.** betriebssicher

operating *adj* tätig, betrieblich, in Betrieb; **to start o.** operatives Geschäft aufnehmen

operating account Betriebsrechnung *f*; **o. area** Betriebsgebiet *nt*, Geschäftsbereich *m*; **o. assets** produktives Betriebsvermögen; **o. budget** Haushalt(sansatz) für Betriebsmittel; **(full) o. capacity** (volle) Betriebskapazität *f*; **o. capital** Betriebskapital *nt*;

O

o. centre Betriebseinheit *f*; **o. company** Betreiber(gesellschaft) *m/f*, Betriebs(kapital)gesellschaft *f*; **o. condition(s)** Betriebsverhältnisse *pl*; **o. cost(s)** 1. Betriebskosten *pl*; 2. betriebliche Aufwendungen; **~ and revenue statement** *(Abschluss)* Betriebsabrechnung *f*; **o. costing** Stückkostenrechnung *f*; **o. cost ratio** Verhältnis betriebliche Aufwendungen zu Nettoerlösen; **o. cycle** Betriebszyklus *m*, Ablaufprogramm *nt*; **o. data** betriebswirtschaftliche Daten; **o. deficit** Betriebsverlust *m*; **o. earnings** Betriebsertrag *m*; **o. efficiency** Gesamtrentabilität *f*; **o. environment** Betriebskonfiguration *f*; **o. expenditure/expense(s)** Betriebsausgaben *pl*, B.aufwand *m*, B.kosten *pl*, Sachaufwand *m*; **general o. expense(s)** Vertriebs- und Verwaltungsgemeinkosten *pl*; **o. expense ratio** Betriebskennzahl *f*; **o. experience** Betriebserfahrung *f*; **o. facilities** Betriebseinrichtungen *pl*; **o. figures** Betriebskennzahlen *pl*; **o. grant** Betriebs(mittel)zuschuss *m*

operating income Betriebseinkommen *nt*, B.ergebnis *nt*; **net o. i.** Nettobetriebserfolg *m*; **other o. i.** *(Bilanz)* sonstige Erträge; **o. i. statement** Betriebsergebnisrechnung *f*

operating instructions Betriebsanleitung *f*, B.vorschriften *pl*; **o. level** Kapazitätsauslastung *f*; **o. leverage** leistungswirtschaftliche Hebelwirkung, Produktionsstrukturrisiko *nt*; **o. licence** Betriebsgenehmigung *f*; **o. life** Betriebs-, Nutzungsdauer *f*; **~ expectancy** erwartete wirtschaftliche Nutzungsdauer; **o. loan** Betriebs(mittel)kredit *m*; **o. loss** betriebsbedingter Verlust, Betriebsverlust *m*; **net o. loss** Nettobetriebsverlust *m*; **o. manager** Betriebsleiter(in) *m/f*; **o. manual** Betriebsanleitung *f*, B.handbuch *nt*; **o. margin** (Betriebs)Handels-, Gewinnspanne *f*; **o. materials** Betriebsstoffe *pl*; **chief o. officer (COO)** 1. Betriebsdirektor(in) *m/f*, B.leiter(in) *m/f*; 2. Hauptgeschäftsführer(in) *m/f*; **o. overheads** Betriebs(gemein)kosten *pl*; **o. performance** Betriebsleistung *f*; **o. period** Betriebszeit *f*, B.dauer *f*; **o. personnel** Betriebs-, Bedienungspersonal *nt*; **o. plan** Geschäftsplan *m*; **o. procedure/process** Betriebsweise *f*; **o. profit** Betriebs-, Geschäftsergebnis *nt*, B.(rein)gewinn *m*, Ergebnis des laufenden Geschäfts; **full o. profit** Konzernbetriebsergebnis *nt*; **partial o. profit** Teilbetriebsergebnis *nt*; **o. rate** Beschäftigungsgrad *m*, Kapazitätsauslastung(sgrad) *f/m*; **peak o. rate** maximale Kapazitätsauslastung *f*; **o. ratio** Leistungsgrad *m*, Wirtschaftlichkeitskoeffizient *m*, Erfolgskennziffer *f*; **o. requirement(s)** Betriebsanforderungen *pl*; **o. reserve** Betriebsreserve *f*; **general o. reserve** Dispositionsreserve *f*; **o. result** Betriebs-, Geschäftsergebnis *nt*, B.(rein)gewinn *m*; **full o. result** Konzernbetriebsergebnis *nt*; **partial o. result** Teilbetriebsergebnis *nt*; **o. return** Betriebsrentabilität *f*; **o. revenue(s)** Betriebseinnahmen *pl*; **other o. revenue(s)** sonstige betriebliche Erträge; **o. risk** Betriebsrisiko *nt*; **o. staff** Betriebs-, Bedienungspersonal *nt*; **o. statement** Betriebsbilanz *f*, B.(ergebnis)rechnung *f*; **o. subsidy** Betriebs(mittel)zuschuss *m*; **o. supplies** Betriebsstoffe *pl*; **o. surplus** Betriebsgewinn *m*, B.überschuss *m*; **o. unit** Betriebsanlage *f*, B.stätte *f*; **o. year** Betriebsjahr *nt*

operation *n* 1. Aktivität *f*; 2. Betrieb *m*, Geschäft *nt*, Unternehmen(sbereich) *nt/m*, Unternehmung *f*; 3. Arbeits(vor)gang *m*, Verfahren *nt*; 4. ▟ Betrieb *m*, Funktionieren *nt*; 5. Bedienung *f*, Handhabung *f*; 6. § Geltung *f*; **o.s** 1. Betriebszweig *m*; 2. Arbeitsablauf *m*; 3. operatives Geschäft; **in o.** 1. in Betrieb; 2. in Kraft; **o. of a rule** Regelanwendung *f*; **o.s in securities** Effekten-, Wertpapiergeschäfte *pl*; **putting into o.** 1. Inbetriebsetzung *f*, I.nahme *f*, Ingangsetzen *nt*, I.setzung *f*; 2. § Inkraftsetzung *f*; **ready for o.** betriebsfertig

to come into operation § in Kraft treten; **to expand o.s** Betrieb ausdehnen, Kapazität erweitern; **to go into o.** in Betrieb gehen; **to limit o.s** Aktivitäten beschränken; **to put into o.** in Betrieb setzen; **to resume o.s** Geschäftsverkehr/Betrieb wieder aufnehmen; **to streamline o.s** (Betrieb/Abläufe) rationalisieren

fully automatic operation Vollautomatik *f*, voll automatisierter Betrieb; **bearish o.** *(Börse)* Baissespekulation *f*; **commercial o.** geschäftliche Unternehmung, Geschäftsbetrieb *m*; **continuing o.** laufendes Geschäft; **continuous o.** Dauerbetrieb *m*; **current o.s** laufendes

Geschäft; **day-to-day o.s** Tagesgeschäft *nt*; **downstream o.s** Weiterverarbeitung *f*, nachgelagerte Produktion; **economic o.** sparsamer/wirtschaftlicher Betrieb; **efficient o.s** wirtschaftliche Betriebsabläufe; **financial o.** Finanztransaktion *f*; **forward/future o.s** Termingeschäfte *pl*, T.handel *m*; **intermodal o.** kombinierter Ladungsverkehr (KLV); **joint o.** Betriebsgemeinschaft *f*; **large-scale o.** Großbetrieb *m*; **mainstream o.s** Haupttätigkeitsgebiet *nt*, Kerngeschäft *nt*; **manual o.** ⚙ Handbetrieb *m*; **multimodal o.** kombinierter Ladungsverkehr (KLV); **multiple-shift o.** (Mehr)Schichtbetrieb *m*; **one-man o. (O.M.O); one-person o. (O.P.O.)** Einmannbetrieb *m*; **overseas o.s** Auslandsgeschäft *nt*; **own-fleet o.** *(LKW)* Werksverkehr *m*; **profitable o.** rentabler Betrieb; **progressive o.s** 🏭 Fließfertigung *f*; **real-time o.** 🖳 Echtzeitbetrieb *m*; **scheduled o.s** ⚓/✈ Liniendienst *m*; **single-shift o.** einschichtiger Betrieb; **three-shift o.** Dreischichtenbetrieb *m*; **trouble-free o.** störungsfreier Betrieb; **upstream o.s** Rohstoffgewinnung *f*, vorgelagerte Produktion

operational *adj* 1. betrieblich, betriebstechnisch; 2. einsatz-, betriebsbereit, b.-fertig; 3. in Betrieb

operation analysis Betriebsanalyse *f*; **o.s audit** Unternehmensbewertung *f*; **o. chart** Fertigungsablaufplan *m*; **o. cycle** Arbeitszyklus *m*; **o.s department** Führungsabteilung *f*; **~ engineer** Arbeitsvorbereiter *m*; **~ flow chart** Arbeitsflussdiagramm *nt*; **o. layout** Arbeitsplan *m*; **o.s management** 1. Betriebsleitung *f*; 2. Produktionssteuerung *f*; **~ manager** Betriebsleiter(in) *m/f*; **o. manual** Betriebsanleitung *f*; **o.s planning** Ablaufplanung *f*; **~ research (OR)** (betriebliche) Verfahrensforschung *f*, Operations Research *nt*; **~ routing sheet** Arbeitsdurchlaufkarte *f*; **~ scheduler** Ablauforganisator(in) *m*; **~ scheduling** Arbeits-, Produktionsvorbereitung *f*; **~ sequencing** Betriebsablaufplanung *f*; **o. sheet** 1. Betriebsabrechnungsbogen *m*; 2. Fertigungsablaufplan *m*; **standard o. time** Vorgabezeit *f*; **o. time standard** Arbeitszeitvorgabe *f*

operative *n* Maschinist *m*, (Fabrik-/Maschinen)Arbeiter(in) *m/f*; *adj* 1. betriebsfähig; 2. tätig; 3. (rechts)wirksam

operator *n* 1. Betreiber(gesellschaft) *m/f*; 2. (Reise)Veranstalter *m*; 3. Betriebsinhaber(in) *m/f*; 4. Maschinist *m*, Maschinenarbeiter(in) *m/f*, Techniker(in) *m/f*; 5. *(Börse)* Marktteilnehmer *m*, Börsenmakler *m*; 6. ☎ (Telefon)Vermittlung *f*; **o. in a market** *(Börse)* Marktteilnehmer *m*, Spekulant *m*; **multiple o.** Filialist *m*, Filialkette *f*, F.betrieb *m*; **o. instructions** Bedienungsanleitung *f*; **o.'s licence** Betriebsgenehmigung *f*; **o. performance** *(REFA)* Leistung(sergebnisgrad) (des Arbeitnehmers) *f/m*; **o. prompting** 🖳 Bedienerführung *f*

opinion *n* 1. Meinung *f*, Ansicht *f*; 2. (Fach-/Rechts)Gutachten *nt*; 3. *(Bilanz)* Bestätigungsvermerk *m*, Testat *nt*; **to ask for an expert o.** Gutachten einholen; **to furnish an o.** Gutachten erstellen; **to give an o.** begutachten; **to render/submit an o.** Gutachten erstatten

authoritative opinion maßgebliche Meinung; **biased o.** Interessentenmeinung *f*; **dissenting o.** abweichende Stellungnahme; **favourable o.** positive Stellungnahme; **legal o.** § Rechtsgutachten *nt*; **opposing o.** Gegengutachten *nt*; **public o.** öffentliche Meinung; **to conduct a ~ survey** Meinungsumfrage durchführen; **qualified o.** *(Bilanz)* eingeschränkter Bestätigungsvermerk; **second o.** Zweitgutachten *nt*; **unqualified o.** *(Bilanz)* uneingeschränkter Bestätigungsvermerk; **with-the-exception-of o.** *(Bilanz)* eingeschränktes Testat

opinion former Meinungsbildner *m*; **o. leader** Meinungsführer *m*; **o. poll** Meinungsumfrage *f*; **public o. poll** demoskopische Untersuchung; **o. poll data** Umfragedaten *pl*; **o. rating** Meinungsbewertung *f*; **(public) o. research** Meinungsforschung *f*, Demoskopie *f*; **o. research institute** Meinungsforschungsinstitut *nt*, demoskopisches Institut; **o. survey** Meinungsbefragung *f*

opponent *n* (Prozess)Gegner(in) *m/f*, gegnerische Partei

opportunity *n* 1. Gelegenheit *f*; 2. Möglichkeit *f*; **o. to buy** Kaufgelegenheit *f*; **o. for development** Entwicklungschance *f*; **~ work** Arbeitsgelegenheit *f*; **at your earliest o.** *(Brief)* bei erster/nächster Gelegenheit; **to avail o.s. of an o.** Gelegenheit

O

nutzen; **to seize/take an o.** Gelegenheit/ Chance ergreifen; **equal opportunities** Chancengleichheit *f*; **occupational opportunities** berufliche Möglichkeiten; **o. cost(s)** Opportunitätskosten *pl*

opposition *n* Opposition *f*, Widerstand *m*, Anfechtung *f*; **o. patent** Einspruchspatent *nt*; **o. period** Einspruchsfrist *f*

opt (for) *v/t/prep* wählen, sich entscheiden (für); **o. in** *(Vertrag)* beitreten; **o. out** *(Vertrag)* aussteigen *(fig)*

optimalization; optimization *n* Optimierung *f*; **o. of operations** Betriebsoptimierung *f*

opting out *n* Freizeichnung *f*

option *n* 1. Option(sgeschäft) *f/nt*; 2. Vorkaufsrecht *nt*; 3. Wahl(möglichkeit) *f*; 4. Börsentermingeschäft *nt*; 5. Zusatzeinrichtung *f*; **o. to buy** Kaufanwartschaft *f*; **o. of repayment** Rückzahlungsoption *f*; **o. to subscribe for shares** Bezugsrecht auf neue Aktien; **o. of withdrawal** Rücktrittsvorbehalt *m*

to abandon an option Optionsrecht nicht ausüben; **to call an o.** *(Börse)* Prämiengeschäft eingehen; **to deal in o.s** Prämiengeschäfte machen; **to exercise an o.** *(Börse)* Option/Bezugsrecht ausüben; **to grant an o.** Option/Wahlrecht einräumen; **to let an o. slide** Option verfallen lassen; **to reserve the o. (to acquire)** sich das Vorkaufsrecht sichern; **to sell at o.** 1. auf Prämie verkaufen; 2. *(Prämiengeschäft)* stillhalten; **to take out an o.** Option erwerben; **~ up an o.** *(Börse)* Option/Bezugsrecht ausüben

call-of-more option *(Börse)* Nochgeschäft (nach Wahl des Käufers) *nt*; **double o.** *(Optionshandel)* Stellage(geschäft) *f/nt*, Kauf- und Verkaufsoption *f*; **financial o.** 1. Finanzterminkontrakt *m*; 2. *(Börse)* Finanzoption *f*; **put-of-more o.** *(Börse)* Nochgeschäft (nach Wahl des Verkäufers) *nt*; **traded o.** gehandelte Option

optional *adj* fakultativ, wahlweise

option bond Bezugsrechtsobligation *f*, Optionsanleihe *f*; **o. business** Optionshandel *m*; **o. buyer** *(Börse)* Prämienkäufer *m*; **o. contract** Option(sgeschäft) *f/nt*, O.skontrakt *m*; **o. (declaration) day** Prämienerklärungstag *m*; **o. dealings** Options-, Prämiengeschäft *nt*; **o.s exchange** Options-, Terminbörse *f*, T.markt *m*; **o. holder** Optionsberechtigte(r) *f/m*; **o. money** *(Börse)* Prämiengeld *nt*, Prämie *f*; **o. operator** *(Börse)* Prämienspekulant *m*; **o. payment** Optionszahlung *f*; **o. price** Optionspreis *m*; **o. put and call** Prämiengeschäft *nt*; **o. right** Optionsrecht *nt*; **o. sale** Prämienverkauf *m*; **o.s trader** Options-, Terminhändler(in) *m/f*; **o.(s) trading** Options-, Terminhandel *m*, T.-geschäft *nt*; **o. warrant** Options-, Bezugsrechtsschein *m*

orchestrate *v/t* *(Maßnahmen)* aufeinander abstimmen

order *n* 1. (Geschäfts)Auftrag *m*, Bestellung *f*, Kommission *f*; 2. Erlass *m*, Anweisung *f*, Anordnung *f*; 3. Vorschrift *f*, Verordnung *f*; 4. Reihenfolge *f*; 5. Rang *m*, Grad *m*; 6. Klasse *f*

on account of my order aus meinem Auftrag; **by o.** im Auftrag (i.A.); **~ and for account of** im Auftrag und für Rechnung von; **in compliance with your o.** gemäß Ihrer Order; **on o.** 1. auf/bei Bestellung; 2. bestellt; **out of o.** ☼ außer Betrieb, defekt; **till further o.s** bis auf weitere Weisung; **to o.** auftragsgemäß, auf Bestellung, nach Maß; **with o.** bei Auftragserteilung

order from abroad Auslandsauftrag *m*; **o. in advance** Vorausbestellung *f*; **o. of attachment** § Pfändungsbeschluss *m*; **~ and transfer of garnished claim** § Pfändungs- und Überweisungsbeschluss *m*; **o. at best** *(Börse)* 1. *(Verkauf)* Bestensauftrag *m*; 2. *(Kauf)* Billigstensauftrag *m*; **o. of business** Tagesordnung *f*; **o. subject to cancellation** Auftrag mit Rückgaberecht; **o. for collection** Inkassoauftrag *m*; **o. at below cost price** Verlustauftrag *m*; **o. of the court** § Gerichtsbeschluss *m*; **by ~ court** aufgrund gerichtlicher Verfügung; **o.s in excess of** Bestellungen von mehr als; **o.s on hand** Auftragsbestand *m*; **o. at the market** *(Börse)* 1. *(Verkauf)* Bestensauftrag *m*; 2. *(Kauf)* Billigstensauftrag *m*; **o. to open a credit** Akkreditivauftrag *m*; **~ pay** Zahlungsbefehl *m*; **o. for payment against documents** Dokumentenauftrag *m*; **o. of precedence/preference** Rangordnung *f*, R.folge *f*; **o. at the best price** *(Börse)* 1. *(Verkauf)* Bestensauftrag *m*; 2. *(Kauf)* Billigstensauftrag *m*; **o. to purchase** Kaufauftrag *m*; **o. for remittance** Überweisungsauftrag *m*; **negotiable o. of withdrawal** begebbarer

O

Abhebungsauftrag; **~ (NOW) account** *[US]* laufendes Konto mit Zinsertrag; **o. in writing** schriftlicher Auftrag

by order and for account of im Auftrag und für Rechnung von; **made out to o.** an Order ausgestellt; **payable to o.** zahlbar an Order; **placing an o.** Auftragserteilung *f*

to accept an order Auftrag/Bestellung annehmen; **to acknowledge an o.** Annahme einer Bestellung/Auftrag(sannahme) bestätigen; **to book an o.** Auftrag buchen; **to cancel an o.** Auftrag/Bestellung stornieren; **to canvass o.s** Aufträge hereinholen; **to carry out an o.** *[US]* Auftrag ausführen/abwickeln; **to change an o.** umbestellen; **to collect o.s** Aufträge hereinholen; **to complete an o.** Bestellung ausführen; **to confirm an o.** Annahme einer Bestellung/Auftrag(sannahme) bestätigen; **to countermand an o.** Auftrag/Bestellung stornieren; **to decline an o.** Bestellung ablehnen; **to execute/fill** *[US]* **an o.** Auftrag ausführen/abwickeln; **to invoice an o.** Auftrag abrechnen; **to make/manufacture to o.** auf Bestellung (an)fertigen, nach Maß anfertigen; **to meet an o.** Auftrag ausführen/erledigen; **to negotiate an o.** über einen Auftrag verhandeln; **to place an o.** bestellen, Auftrag erteilen; **to process an o.** Auftrag bearbeiten; **to rescind/reverse an o.** Auftrag/Bestellung stornieren, ~ annullieren; **to secure an o.** Auftrag hereinholen; **to solicit o.s** um Aufträge werben, akquirieren; **to supply to (an) o.** auf (Grund einer) Bestellung liefern; **to take in an o.** Auftrag hereinnehmen; **to win an o.** Auftrag hereinholen/erhalten; **to work to o.** auf Bestellung arbeiten

additional order Zusatzauftrag *m*; **advance o.** Vor(aus)bestellung *f*; **back o.** nicht rechtzeitig ausgeführter Auftrag; **~ o.s** Auftragsbestand *m*, unerledigte Aufträge; **binding o.** fester Auftrag, Festbestellung *f*, F.auftrag *m*; **blank o.** Blankoauftrag *m*; **conditional o.** bedingter/freibleibender Auftrag; **contingent o.** *(Börse)* limitierter Auftrag; **discretionary o.** *(Börse)* Bestensauftrag *m*; **domestic o.** Inlandsbestellung *f*; **express o.** Eilbestellung *f*, E.auftrag *m*; **falling o.s** Auftragsrückgang *m*, nachlassende Aufträge; **firm o.** fester Auftrag, Festbestellung *f*, F.auftrag *m*; **first o.** Erstbestellung *f*; **follow-up o.** Anschlussauftrag *m*, Nachbestellung *f*; **forward o.** Terminauftrag *m*; **in good o. (and condition)** in gutem/einwandfreiem Zustand; **good-till-cancelled o.** Auftrag gültig bis zum Widerruf; **incoming o.s** Auftrags-, Bestelleingang *m*; **initial o.** Erstbestellung *f*; **interim o.** 1. § einstweilige Verfügung; 2. Vorbescheid *m*, Zwischenverfügung *f*; **joint o.** Sammelbestellung *f*; **large(-volume) o.** Großauftrag *m*; **limited(-price) o.** Limitauftrag *m*; **minimum o.** Mindestbestellung *f*; **new o.s** Auftrags-, Bestelleingang *m*; **offshore o.** Auslandsauftrag *m*; **off-the-shelf o.** Bestellung auf Abruf; **one-off o.** Einmal-, Einzelauftrag *m*; **online o.** Online-Bestellung *f*; **open o.** freihändiger Auftrag; **outstanding o.s** unerledigte Aufträge, Auftragsbestand *m*, A.überhang *m*; **overseas o.** Auslandsbestellung *f*; **postal o. (P.O.)** Postanweisung *f*, P.barscheck *m*; **provisional o.** § einstweilige Verfügung; **public o.** öffentliche Ordnung; **single-batch o.** Einzelbeschaffung *f*; **spoiled-work o.** Nachbesserungsauftrag *m*; **standing o.** 1. Dauerauftrag *m*; 2. laufende Bestellung; **stop-gap o.** Füllauftrag *m*; **stop-payment o.** (Aus)Zahlungssperre *f*; **subsequent o.** Folgeauftrag *m*, Nachbestellung *f*; **substantial o.** Großauftrag *m*; **supplementary o.** Nachbestellung *f*; **unconditional o.** unbedingte Anweisung; **unfilled o.s** unerledigte Aufträge, Auftragsbestand *m*, A.überhang *m*; **unlimited o.** Wertpapierauftrag ohne Limit; **urgent o.** Eilauftrag *m*, E.bestellung *f*; **written o.** schriftliche Bestellung; **in working o.** funktionsfähig

order *v/t* 1. bestellen, Bestellung aufgeben, Auftrag erteilen; 2. verfügen; 3. gliedern, ordnen; 4. beauftragen, anweisen; **o. in advance** vor(aus)bestellen; **ready to o.** dispositionsfreudig

order accounting Auftragsabrechnung *f*; **o. backlog** Auftragsbestand *m*, A.polster *nt*; **o. bill of lading (B/L)** Orderkonnossement *nt*; **~ of materials** Materialbestimmungskarte *f*

order book 1. Auftrags-, Bestellbuch *nt*; 2. Auftragsbestand *m*, A.polster *nt*, unerledigte Aufträge; **long/strong o. b.** hoher Auftragsbestand; **thin/weak o. b.**

niedriger/geringer Auftragsbestand, schlechte Auftragslage; **well-filled o. b.s** prall gefüllte Auftragsbücher; **o.s booked** Auftragseingang *m*, A.bestand *m*

order booking Bestellwesen *nt*; **o. b.s** Auftrags-, Bestelleingang *m*

order book position Auftragslage *f*; **~ value** Auftragsbestandswert *m*; **o. cancellation** Auftragsstornierung *f*; **o. card** Bestellkarte *f*; **o. check** *[US]*/**cheque** *[GB]* Orderscheck *m*; **o. clause** *(Wechsel)* Orderklausel *f*; **o. code** Bestellnummer *f*; **o. coupon** Bestellabschnitt *m*; **o. cycle** Bestellrhythmus *m*; **o. date** Bestell-, Auftragsdatum *nt*; **o. deadline** Bestellfrist *f*

as ordered *adj* laut Auftrag/Order

order filling Auftragserledigung *f*; **o. form** Auftrags-, Bestellformular *nt*; **o. handling** Auftragsabwicklung *f*; **o. inflow** Bestell-, Auftragseingang *m*

ordering *n* Bestellabwicklung *f*, B.wesen *nt*; **on/when o.** bei Auftragserteilung; **online o.** Online-Bestellung(en) *f/pl*; **o. activity** Bestelltätigkeit *f*; **o. intervals** Bestellabstände *pl*; **o. levels** Auftragshöhe *f*; **o. period** Bestellzeitraum *m*; **o. quantity** Bestellmenge *f*; **o. system** Bestellwesen *nt*

order intake Bestell-, Auftragseingang *m*; **o. level** Auftragshöhe *f*; **o. number** Auftrags-, Bestellnummer *f*; **o. paper** Tages-, Sitzungsprogramm *nt*; **o. picker** Kommissionierer(in) *m/f*; **o. picking** Kommissionieren *nt*; **o. placing** Auftragsvergabe *f*, A.erteilung *f*; **o. planning** Fertigungsplanung *f*; **o. point** Bestellpunkt *m*, kritischer Lagerbestand; **o. portfolio/position** Auftragsbestand *m*; **o. processing** Auftragsbearbeitung *f*, A.-abwicklung *f*; **o. quantity** Bestellmenge *f*; **o.s received** Auftrags-, Bestelleingang *m*; **o. register** Auftrags-, Bestellbuch *nt*; **o. routing** Bestellweg *m*; **o.s secured** *(Aufträge)* Geschäftsabschlüsse; **o. service** Bestelldienst *m*; **o. servicing** Auftragsbearbeitung *f*; **o. sheet** Bestellformular *nt*, B.schein *m*; **o. shortage** Auftragsmangel *m*; **o. situation** Auftragslage *f*; **o. size** Auftragsgröße *f*, Bestellmenge *f*; **o. slip** Bestellzettel *m*; **o. status** Auftragsstatus *m*; **~ information** Auftragsbestandsübersicht *f*; **o. stock** Auftragsbestand *m*; **o. tracing** Auftragsverfolgung *f*; **o. value** Auftrags-, Bestellwert *m*

O

ordinance *n* Ver-, Anordnung *f*, Verfügung *f*, Erlass *m*

ore *n* ⚒ Erz *nt*; **o. mining** Erzabbau *m*

organ *n* 1. Organ *nt*; 2. Publikation *f*; **o. of a company** Gesellschaftsorgan *nt*; **administrative o.** Verwaltungsorgan *nt*; **controlling/directing o.** Lenkungs-, Leitungsorgan *nt*; **executive o.** Exekutive *f*; **supervisory o.** Aufsichtsorgan *nt*

organigram *n* Organisationsplan *m*, Organigramm *nt*

organisation *n* 1. Organisation(swesen) *f/nt*, Aufbau *m*, (An)Ordnung *f*, Gliederung *f*, Struktur *f*; 2. Körperschaft *f*, Apparat *m*; 3. Verband *m*; **O. for Economic Cooperation and Development (OECD)** Organisation für wirtschaftliche Zusammenarbeit und Entwicklung; **~ European Economic Cooperation (OEEC)** Organisation für europäische wirtschaftliche Zusammenarbeit; **O. of Petroleum-Exporting Countries (OPEC)** Organisation Erdöl exportierender Länder; **o. of work** Arbeitsgestaltung *f*

central organisation Dach-, Spitzenverband *m*; **charitable o.** Wohlfahrtsorganisation *f*, W.verband *m*; **departmental o.** Abteilungsorganisation *f*; **distributing o.** Verteilerorganisation *f*; **divisional o.** Spartenorganisation *f*; **flat o.** Organisation mit großer Leitungsspanne; **industrial o.** Betriebsorganisation *f*; **mutual o.** Organisation auf Gegenseitigkeit; **narrow o.** Organisation mit kurzer Leitungsspanne; **non-government o. (NGO)** Nichtregierungsorganisation *f*; **non-profit(-making) o.** gemeinnützige Organisation; **operational o.** Ablauforganisation *f*; **professional o.** berufsständische Vertretung, Standesvertretung *f*; **public-sector o.** öffentlich-rechtliche Organisation; **regulatory o.** Aufsichtsbehörde *f*; **shallow o.** Organisation mit großer Leitungsspanne; **sponsoring/supporting o.** Träger *m*; **streamlined o.** gestraffte Organisation; **subsidiary o.** Unterorganisation *f*

organisation chart Geschäftsverteilungs-, Organisationsplan *m*; **o. cost(s)/expenses** Gründungsaufwand *m*; **o. manual** Organisationshandbuch *nt*; **o. structure** Aufbauorganisation *f*

organise *v/t* 1. organisieren, gestalten; 2. gründen; 3. *(Veranstaltung)* ausrichten

organiser *n* 1. Organisator *m*, Veranstalter *m*; 2. Gründer *m*
orientation *n* Orientierung *f*, Kurs *m*; **new o.** Neuausrichtung *f*; **o. course** Einführungsseminar *nt*; **o. period** Einarbeitungszeit *f*
origin *n* Ursprung *m*, Herkunft *f*; **o. of goods** Warenursprung *m*; **o. and use of capital resources** Mittelherkunft und -verwendung *f*; **o. of a product** Ursprung einer Ware
original *n* Original *nt*, Urschrift *f*, Erstausfertigung *f*
origination *n* Entstehung *f*; **o. of income** Einkommensentstehung *f*
originator *n* 1. Urheber(in) *m/f*, (Be)Gründer(in) *m/f*; 2. *(Abbuchungsverfahren)* Einzugsberechtigte(r) *f/m*; 3. Projektentwickler *m*; **o.-must-pay principle** Kostenverursachungsprinzip *nt*
ounce (oz.) *n* Unze *f (= 28,35 g)*
oust *v/t* *(Wohnung)* ausweisen, (aus dem Besitz/der Immobilie) vertreiben; **o.er** *n* *(Wohnung)* Ausweisung *f*, Zwangsräumung *f*, Besitzvertreibung *f*
outage *n* ⚒ Ausfall *m*; **o. cost(s)** Ausfallkosten *pl*
out|bid *v/t* überbieten, mehr bieten als; **o. bidding** *n* höheres Gebot; **o.bound** *adj* ausgehend; **o.break** *n* Ausbruch *m*; **o. class** *v/t* weit übertreffen; **o.clearance** *n* ⊖ Ausklarieren *nt*; **o.come** *n* Ergebnis *nt*, Folge *f*; **final o.come** Endergebnis *nt*, E.-resultat *nt*; **open o.cry** *(Börse)* (Abschluss durch) Zuruf *m*; **o.dated** *adj* nicht mehr zeitgemäß, veraltet; **o.distance** *v/t* übertreffen, überflügeln; **o.fall** *n* 1. Ausfluss *m*; 2. Abwasser *nt*
outfit *n* Einrichtung *f*, Ausrüstung *f*; **o. allowance** Ausstattungszuschuss *m*, Bekleidungszulage *f*; **o.ter** *n* Ausrüstungslieferant *m*, Ausrüster *m*
outflow *n* Aus-, Abfluss *m*; **o. of capital** Kapitalabfluss *m*; **~ cash** Geld-, Liquiditätsabfluss *m*; **~ (foreign) exchange** Devisenabfluss *m*; **~ funds** Mittelabfluss *m*; **~ liquidity** Liquiditätsabfluss *m*; **~ reserves** Reserveabgänge *pl*
outgoings *n* Ausgaben *pl*, Ausgänge *pl*
outlay *n* Aufwand *m*, Aufwendungen *pl*, Ausgaben *pl*, Kosten(aufwand) *pl/m*; **o. for inventories** Lageraufwand *m*; **actual o.** Istausgaben *pl*; **additional o.** Mehraufwand *m*; **initial o.** Anfangsausgabe *f*; **total o.** Gesamtaufwand *m*; **o. contour** Istkostenkurve *f*; **o. cost(s)** Istkosten *pl*; **current o. cost(s)** Aufwandskosten *pl*; **o. curve** Ausgabe(n)kurve *f*; **o. tax** Aufwandsteuer *f*
outlet *n* 1. Absatzmöglichkeit *f*, A.markt *m*; 2. *(Handel)* (Betriebs)Form *f*, Geschäfts-, Verkaufsstelle *f*, Einzelhandelsgeschäft *nt*, Vertriebsform *f*; 3. Ventil *nt*; **o. market** Absatzmarkt *m*
outline *n* Ab-, Grundriss *m*, Übersicht *f*, Ü.blick *m*; *v/t* 1. erläutern, darlegen; **o. agreement** Rahmenvereinbarung *f*; **o. data** Rahmendaten *pl*; **o. planning** Grobplanung *f*; **o. permission** 🏛 vorläufige Baugenehmigung
out|look *n* Ausblick *m*, Aussicht(en) *f/pl*; **economic o.look** Konjunkturaussichten *pl*; **o.migration** *n* Abwanderung *f*; **o.number** *v/t* zahlenmäßig überlegen sein; **o.-pace** *v/t* übertreffen, ü.steigen; **o.payment** *n (Geld)* Auszahlung *f*, Zahlungsausgang *m*, Abdisposition *f*; **o.payments** Auszahlungsverkehr *m*; **net o.payments** Auszahlungsüberschuss *m*; **o.perform** *v/t* (leistungsmäßig) übertreffen, besseres Ergebnis erzielen als, sich besser entwickeln als; **o.performance** *n* bessere/günstigere Entwicklung, überdurchschnittliches Wachstum; **o.place** *[US]* *(Führungskräfte)* weitervermitteln; **o.-placement** *n [US]* Weitervermittlung von Führungskräften
output *n* 1. Ausstoß *m*, Produktion *f*, Ausbringung *f*; 2. ⚒ Förderung *f*, Förderleistung *f*; 3. ☼ Leistung(sabgabe) *f*; **o. per man-hour** Leistung pro Arbeitsstunde; **~ man-shift** Schichtleistung *f*; **o. of services** erbrachte Dienstleistungen, Leistungserstellung *f*; **o. per unit** Stückleistung *f*; **to curb/reduce o.** Förderung drosseln/zurückfahren; **to expand o.** Förderung/Produktion ausweiten
actual output Istausbringung *f*, I.leistung *f*; **aggregate o.** 1. Gesamtausstoß *m*; 2. *(VWL)* Sozialprodukt *nt*, gesamtwirtschaftliche Produktion; **agricultural o.** landwirtschaftliche Erträge; **annual o.** Jahresproduktion *f*; **booming o.** Mengenkonjunktur *f*; **per-capita o.** Pro-Kopf-Leistung *f*; **daily o.** Tagesfertigung *f*, T.leistung *f*, T.förderung *f*, T.produktion *f*; **domestic o.** Inlandserzeugung *f*; **economic o.** 1. Wirtschaftsleistung *f*; 2.

O

Güterproduktion *f*; **excess o.** Überschussproduktion *f*; **flat o.** stagnierende Produktion; **gross o.** Bruttoproduktion(swert) *f/m*; **increased o.** Leistungssteigerung *f*, Produktionsausweitung *f*; **industrial o.** Industrieerzeugung *f*, I.produktion *f*; **made-to-stock o.** Lagerleistungen *pl*; **man-hour o.** Ausstoß pro Arbeitsstunde; **national o.** volkswirtschaftliche Gesamtproduktion; **optimum o.** Produktionsoptimum *nt*; **overall o.** 1. Gesamtproduktion *f*; 2. *(VWL)* gesamtwirtschaftliche Produktion; **peak o.** Spitzenproduktion *f*; **planned o.** Sollleistung *f*; **real o.** Istausstoß *m*; **surplus o.** Produktionsüberschuss *m*, Mehrförderung *f*; **total o.** Gesamtproduktion *f*, G.leistung *f*; **yearly o.** Jahresproduktion *f*

output *v/t* 🖳 ausgeben

output accounting Leistungsrechnung *f*; **o. bonus** Förder-, Leistungsprämie *f*; **o. budgeting** Produktionsplanung *f*; **o. capacity** Förder-, Produktionskapazität *f*; **o.-capital ratio** Kapitalproduktivität *f*; **o. cost(s)** Produktionskosten *pl*; **o. costing** Produktionskalkulation *f*; **o. data/figures** Produktions-, Förder-, Leistungszahlen *pl*; **o. growth** Produktionszunahme *f*; **o. limitation** Produktionsbeschränkung *f*; **o. maximum** Leistungsgrenze *f*; **o.-orient(at)ed** *adj* produktions-, leistungsorientiert; **o. price** Herstellungs-, Gestehungspreis *m*; **o. projection** Produktionsplanung *f*; **o. quota** Produktions-, Förderkontingent *nt*; **o. record** Produktionsrekord *m*, P.spitze *f*; **o.-related** *adj* leistungsbezogen, produktionsabhängig; **o. schedule** Produktionsplan *m*; **o. target** Plan-, Fördersoll *nt*, Produktionsziel *nt*; **o. tax** Produktions-, Umsatzsteuer *f*, Mehrwertsteuer (des Unternehmens) *f*; **o. value** Produktionswert *m*; **o. volume** Produktionsumfang *m*, P.menge *f*

out|sell *v/t* mehr verkaufen als; **o.side** *adj* 1. Fremd-, Dritt-, (betriebs-/konzern)-fremd; 2. fremdfinanziert; **o.sider** *n* Außenseiter *m*, Dritter *m*, Betriebs-, Branchenfremder *m*, betriebsfremde Person; **~ rates** ⚓ Outsiderfrachten *pl*; **o.skirts** *n* Außenbezirk(e) *m/pl*, Stadtrand *m*

outsourc|e *v/t* fremdvergeben, an Dritte/nach außerhalb/nach außen vergeben, auslagern; **o.ing** *n* Fremdvergabe *f*, F.bezug *m*

out|standing *adj* 1. hervor-, herausragend; 2. aus-, offenstehend, fällig; 3. im Umlauf; 4. *(Obligation)* ungetilgt; **o.standings** *n* Außenstände *pl*; **o.strip** *v/t* überholen, ü.treffen, größer sein als; **o.trade** *v/t* bessere Geschäfte machen als; **o.-tray** *n* (Post)Ausgangskorb *m*; **o.turn** *n* 🏭 Ertrag *m*, Ausstoß *m*, Istleistung *f*; **o.weigh** *n* Aufwiegen *nt*; *v/t* überwiegen

outworker *n* Außen-, Heimarbeiter(in) *m/f*

over|absorption (of costs) *n* (Kosten)-Überdeckung *f*; **~ of overheads** Gemeinkostenüberdeckung *f*; **o.abundant** *adj* überreichlich, ü.mäßig; **o.age** *n* 1. Mehrbetrag *m*; 2. (Bestands-/Waren)-Überschuss *m*; **o.alls** *n* Arbeitsanzug *m*, A.kleidung *f*; **o.banked** *adj* mit Banken überversorgt; **o.bid** *n* Mehrgebot *nt*; **o.bidding** *n* Überbietung *f*; **o.book** *v/t* überbuchen, ü.belegen; **o.borrowed** *adj* überschuldet; **o.budget** *n* Budgetüberschreitung *f*; **o.burden** *n* 1. Überlast(ung) *f*; 2. zu große Ladung; *v/t* überladen, ü.bürden, ü.(be)lasten; **o.capacity** *n* Überkapazität *f*; **o.capitalization** *n* Überkapitalisierung *f*; **o.carriage** *n* zu weit beförderte Ladung; **o.certification** *n* Ausstellung/Bestätigung eines Überziehungsschecks; **o.charge** *n* 1. Überpreis *m*; 2. Überladung *f*; *v/t* 1. zuviel belasten/berechnen; 2. überladen; **o.check** *[US]*; **o.cheque** *[GB]* *n* Überziehungsscheck *m*; **o.check** *v/t* *[US]* überziehen; **o.checking** *n* *[US]* (Konto)Überziehung *f*; **o.come** *v/t* überwinden, ausräumen; **o.consumption** *n* zu starker Verbrauch; **o.covering** *n* *(Vers.)* Überdeckung *f*; **o.credit** *v/t* zu viel Kredit gewähren; **o.crop** *v/t* 🚜 Raubbau betreiben; **o.cropping** *n* 🚜 Raubbau *m*; **o.crowded** *adj* überfüllt; **o.debit** *v/t* zu viel belasten; **o.demand** *n* Übernachfrage *f*; **o.development** *n* Überentwicklung *f*, Zersiedlung (der Landschaft) *f*

overdraft *n* Bar-, Bankkredit *m*, Kontoüberziehung *f*, Überziehungskredit *m*; **o. on current account** Kontokorrentkredit *m*; **temporary o.** kurzfristige Kontoüberziehung; **o. business** Kontokorrentgeschäft *nt*; **o. credit/facility** Dispositions-, Überziehungskredit *m*, Ü.möglichkeit *f*; **o. cost(s)** Kosten für Kontenüberziehung; **o. interest** Überziehungszinsen *pl*; **o. limit** Überziehungsgrenze *f*, Ü.limit *nt*; **o. rate** Zinssatz für Kontoüberziehung

over|draw *v/t* überziehen; **o.drawing of an account** *n* Kontoüberziehung *f*; **o.-drawn** *adj (Konto)* überzogen; **o.due** *adj* 1. überfällig, verfallen; 2. *(Kredit)* notleidend; **o.employed** *adj* überbeschäftigt; **o.employment** *n* Überbeschäftigung *f*; **o.estimate** *v/t* überbewerten, zu hoch veranschlagen; **o.expenditure** *n* Mehrausgaben *pl*; **o.exploit** *v/t* ⛏ Raubbau betreiben; **o.exploitation** *n* ⛏ Raubbau *m*; **o.exposure** *n (Kredit)* zu hohes Engagement; **o.extend o.s.; to become o.extended** *v/refl* sich (finanziell) übernehmen/ü.schulden; **o.freight** *n* Überfracht *f*; **o.fulfilment of production targets** *n* Planübererfüllung *f*; **o.hang** *n* Überhang *m*, Überangebot *nt*; **o.haul** *n* 1. Überprüfung *f*, Revision *f*; 2. ⚙ (General)Überholung *f*; *v/t* 1. überprüfen, revidieren; 2. generalüberholen; **o.head** *n* Folie *f*

overheads *n* Fest-, Fix-, Gemeinkosten *pl*, fortlaufende Kosten

absorbed overheads verrechnete Gemeinkosten; **administrative o.** (Betriebs)Verwaltungsgemeinkosten *pl*; **capitalized o.** aktivierungspflichtige Gemeinkosten; **departmental o.** (Kosten)Stellengemeinkosten *pl*; **direct o.** Fertigungsgemeinkosten *pl*; **fixed o.** fixe Gemeinkosten *pl*; **unabsorbed o.** nicht verrechnete Gemeinkosten

overhead absorption Gemeinkostenverrechnung auf den Kostenträger; **o. allocation sheet** Betriebsabrechnungsbogen *m*; **o. center** *[US]*/**centre** *[GB]* Gemeinkostenstelle *f*; **o. charge(s)** Regiekosten *pl*, Gemeinkostenzuschlag *m*; **o. cost(s)** Gemeinkosten *pl*, indirekte Kosten; **o. cost allocation/distribution** Gemeinkostenumlage *f*; **o. expenses** Gesamtkosten *pl*; **to allocate o. expenses** Gemeinkosten verrechnen; **absorbed o. expenses** verrechnete (Fertigungs)Gemeinkosten; **o. rate** Gemeinkosten(zuschlag)satz *m*; **plant-wide o. rate** Gemeinkostenzuschlag für den Gesamtbetrieb; **o. surcharge** Gemeinkostenzuschlag *m*; **o. wages** Gemeinkostenlöhne *pl*

overheating (of the boom/economy) *n* (Konjunktur)Überhitzung *f*; **o. of demand** Nachfrageüberhitzung *f*

over|indebted *adj* überschuldet; **o.inflation** *n* Überteuerung *f*; **o.insurance** *n* Überversicherung *f*; **o.insure** *v/t* zu hoch versichern; **o.investment** *n* Investitionsüberhang *m*; **o.land** *adj* auf dem Landweg; **o.lap** *n* Überschneidung *f*; *v/t* sich teilweise decken, sich überschneiden; **o.load** *n* 1. Überlast *f*; 2. Überbelastung *f*, Ü.beanspruchung *f*; *v/t* über(be)lasten, ü.laden, zu viel laden; **o.loading** *n* Über(be)lastung *f*

overman *v/t* *(Personal)* überbesetzen; **to be o.ned** *adj* eine zu große Belegschaft haben; **o.ning** *n* personelle Überbesetzung, Arbeitskräfteüberhang *m*, Überhang an Arbeitskräften

over|paid *adj* zu hoch bezahlt; **o.pay** *v/t* zuviel (be)zahlen; **o.payment** *n* 1. Über(be)zahlung *f*; 2. zu viel gezahlter Betrag; **o.perform** *v/i* mehr als gefordert leisten; **o.populated** *adj* über(be)völkert; **o.price** *v/t* 1. zu hohen Preis verlangen; 2. überbewerten; **o.production** *n* Überproduktion *f*; **o.rate** *v/t* überbewerten, ü.schätzen; **o.regulation** *n* (zu starker) Dirigismus; **o.riding** *adj* vorrangig, vordringlich; **o.rule** *v/t* § aufheben, verwerfen, nicht stattgeben; **o.run** *n* 1. Überziehung *f*; 2. (Zeit)Überschreitung *f*; **~ in expenditures** Etatüberziehung *f*; **o.seas** *adj* 1. Übersee-, überseeisch; 2. *[GB]* Auslands-, im Ausland; **o.seer** *n* (Ober)Aufseher(in) *m/f*, Vorarbeiter(in) *m/f*; **o.sell** *v/ti* über den Bestand verkaufen, über die Lieferungsfähigkeit hinaus verkaufen; **o.shoot(ing)** *n* (Ziel)Überschreitung *f*; **o.sight** *n* Versehen *nt*; **o.size** *n* Übergröße *f*; **o.sized** *adj* überdimensioniert; **o.sold** *adj (Börse)* überverkauft; **o.spend** *v/ti* sich (übermäßig) verausgaben; **o.spending** *n* Etatüberschreitung *f*; **o.spill** *n* Bevölkerungsüberschuss *m*; **~ area** *(Siedlung)* Entlastungsgebiet *nt*; **~ town** Trabantenstadt *f*; **o.staffed** *adj* überbesetzt; **o.staffing** *n* personelle Überbesetzung, Überhang an Arbeitskräften; **o.stock** *v/t* zuviel (Waren) einlagern/auf Lager haben; **o.-stocking** *n* Überbevorratung *f*, zu hohe Vorratshaltung; **o.strain** *n* Überhitzung *f*; **cyclical o.strain** Konjunkturüberhitzung *f*; **o.stretch o.s.** *v/refl* sich finanziell übernehmen; **o.subscribe** *v/t (Emission)* überzeichnen; **o.subscription** *n* Überzeichnung *f*; **o.supply** *n* Überangebot *nt*, Angebotsüberhang *m*; *v/t* zuviel liefern; **o.take** *v/t* überholen; **o.tax** *v/t* 1. zu hoch besteuern; 2. überfordern, ü.beanspruchen, ü.(be)lasten; **o.taxation** *n* zu hohe Besteuerung, Überbesteuerung *f*; **o.-the-counter (OTC)** *adj* 1. *(Handel)* stationär; 2. *(Börse/Bank)* außerbörslich, Schalter-, Tafel-

overtime *n* 1. Überstunde(n) *f/pl*, Mehrarbeit(szeit) *f*; 2. Überstundenzuschlag *m*; **paid o.** bezahlte Überstunden; **o. allowance/bonus** Überstundenzulage *f*, Ü.zuschlag *m*; **o. earnings** Überstundenverdienst *m*; **o. hour** Mehrarbeitsstunde *f*; **o. hours** Überstundenzeit *f*; **~ worked** verfahrene Überstunden; **o. pay** Überstundenzulage *f*, Ü.zuschlag *m*; **o. rate** Überstundensatz *m*, Ü.tarif *m*

over|trade *v/i* über die eigenen Zahlungs-/Verkaufsmöglichkeiten hinaus Handel treiben; **o.trading** *n (Börse)* Überspekulation *f*, übermäßige Spekulation; **o.turn** *v/t* § zu Fall bringen, außer Kraft setzen; **o.use** *n* Überbeanspruchung *f*; **~ of resources** übermäßige Inanspruchnahme der Ressourcen; **o.valuation** *n* Überbewertung *f*; **o.weight** *n* Mehrgewicht *nt*; **o.whelm** *v/t* überwältigen; **o.withhold** *v/t* zu viel einbehalten; **o.work** *n* Überarbeitung *f*, Ü.anstrengung *f*

owe *v/t* schulden, schuldig sein

owing *adj* zu zahlen, noch offenstehend

own *v/t* besitzen; **o. outright** voll und ganz besitzen

own *adj* (firmen-/haus)eigen; **o.-brand** *adj* Hausmarken-, Eigenmarken-

owner *n* Eigentümer(in) *m/f*, Eigner(in) *m/f*, Inhaber(in) *m/f*, Besitzer(in) *m*; **o. of a business** Geschäfts-, Firmen-, Betriebsinhaber(in) *m/f*; **o. and charterer** ⚓ Reeder/Verfrachter und Befrachter; **o. of (the) goods** Wareneigentümer *m*; **~ the shipment** Ladungseigentümer *m*; **~ the trademark** Träger des Markenrechts

absolute owner unbeschränkte(r) Eigentümer(in), Volleigentümer(in) *m/f*; **beneficial o.** verfügungsberechtigte(r) Eigentümer(in), Nutznießer(in) *m/f*; **bona-fide** *(lat.)* **o.** gutgläubige(r) Eigentümer(in); **joint o.** 1. Mitbesitzer(in) *m/f*, Miteigentümer(in) *m/f*; 2. ⚓ Parten-, Mitreeder *m*; **lawful/legal o.** rechtmäßige(r) Eigentümer(in); **outright o.** Volleigentümer(in) *m/f*; **part o.** 1. Miteigentümer(in) *m/f*; 2. ⚓ Partenreeder *m*; **registered o.** eingetragene(r) Eigentümer(in); **rightful o.** rechtmäßige(r) Besitzer(in)/Eigentümer(in); **sole (and unconditional) o.** Alleineigentümer(in) *m/f*

owner|'s capital/equity Eigenkapital *nt*; **o. cultivation** 🚜 Eigenbewirtschaftung *f*; **o.'s land charge** Eigentümergrundschuld *f*; **~ liability** Eigentümerhaftpflicht *f*; **o.-manager** *n* Einzelkaufmann *m*, E.kauffrau *f*; **o.-occupancy** *n* 1. Eigenheimbesitz *m*; 2. 🚜 Eigen-, Selbstbewirtschaftung *f*; **o.-occupied** *adj* vom Eigentümer bewohnt; **o.-occupier** *n* 1. Eigenheimbesitzer(in) *m/f*, (Wohnungs)-Eigentümer(in) *m/f*; 2. 🚜 Eigenbewirtschafter(in) *m/f*; **o.-operator** *n* Eigenbetrieb *m*; **o.'s rights** Eigentümerrechte *pl*; **~ risk (O.R.)** Gefahr beim Eigentümer; **at ~ risk** auf eigene Gefahr

ownership *n* Eigentum(srecht) *nt*; **o. in common; o. by fractional shares** § Miteigentum nach Bruchteilen, Bruchteilseigentum *nt*; **to claim o. (of)** Eigentumsrechte geltend machen; **to transfer o.** Eigentum übertragen

absolute ownership unbeschränktes Eigentumsrecht; **beneficial o.** materielles Eigentumsrecht, wirtschaftliches Eigentum; **collective o.** Gemein(schafts)-eigentum *nt*, Gesamthand *f*; **common o.** Gemeineigentum *nt*; **exclusive/sole o.** Alleineigentum *nt*; **fractional o.** Bruchteilseigentum *nt*; **joint o.** gemeinschaftliches Eigentum; **outside o.** Fremdbesitz *m*; **part o.** 1. Teilbesitz *m*, Bruchteilseigentum *nt*; 2. ⚓ Partenreederei *f*; **private o.** Privateigentum *nt*; **to return to ~ o.** reprivatisieren; **public o.** Gemeinbesitz *m*, Staats-, Kollektiveigentum *nt*; **to bring under/take into ~ o.** verstaatlichen, in Gemeineigentum überführen, kollektivieren; **~ o. company** Betrieb der öffentlichen Hand; **sole o.** Alleineigentum *nt*

ownership account Kapitalkonto *nt*; **o. claim** Eigentumsanspruch *m*; **o. mix** Eigentümerzusammensetzung *f*; **o. right** Eigentumsrecht *nt*; **o. structure** Eigentumsverhältnis *nt*; **o. transfer** Eigentumsübertragung *f*

owner-user *n* Eigentumsbenutzer(in) *m/f*, Eigennutzer(in) *m/f*

ozone *n* Ozon *nt*; **o.-friendly** *adj* ozonfreundlich, FCKW-frei; **o.-depleting** *adj* ozonschädlich; **o. depletion** Ozonabbau *m*; **o. gap/hole** Ozonloch *nt*; **o. layer** Ozonschicht *f*; **o. level** Ozonwert *m*; **o. pollution** Ozonbelastung *f*; **o. shield** Ozonschild *m*

P

PA (personal assistant) persönliche(r) Assistent(in); **(public address system)** Lautsprecheranlage *f*

pace *n* Gang(art) *m/f*, Tempo *nt*; **p. of expansion** Expansionstempo *nt*; **~ (economic) growth** Wachstumstempo *nt*; **~ inflation** Inflationstempo *nt*; **~ investment** Investitionstempo *nt*; **~ spending** Ausgabentempo *nt*; **~ work** Arbeitstempo *nt*; **p.setter** *n* ⛏ Akkordrichtarbeiter *m*

pack *n* Paket *nt*, Ballen *m*, Packung *f*; **airtight p.** Frischhaltepackung *f*; **disposable/non-returnable/one-way p.** Einmal-, Einweg-, Wegwerfpackung *f*; **dummy p.** Mogelpackung *f*, Attrappe *f*; **see-through/transparent p.** Klarsichtpackung *f*; **p.** *v/t* (ab-/ver-/ein)packen

package *n* 1. Paket(sendung) *nt/f*, Packung *f*, Päckchen *nt*; 2. Fracht-, Versandstück *nt*, Gebinde *nt*, Kollo *nt*; 3. Verpackung *f*; 4. ⊖ Umschließung *f*; 5. Maßnahmenkatalog *m*, M.bündel *nt*; 6. Pauschalreise *f*; **in p.s** packweise; **p. of austerity measures** Paket von Sparmaßnahmen; **p. included** einschließlich Verpackung; **each p. separately insured** *(Vers.)* jedes Kollo eigene Taxe

anti-inflationary package Stabilisierungsmaßnahmen *pl*; **anti-recession p.** Konjunkturprogramm *nt*; **consolidated p.** Sammelladung *f*; **~ delivery service** Sammelladungszustelldienst *m*; **deceptive/dummy p.** Mogel-, Schaupackung *f*; **disposable p.** Einmal-, Einweg-, Wegwerf(ver)packung *f*; **economic p.** Maßnahmenbündel zur Konjunkturbelebung; **empty p.** Leerpackung *f*; **family-size p.** Groß-, Familienpackung *f*; **financial p.** Finanzierungspaket *nt*; **non-returnable/one-way p.** Einmal-, Einweg-, Wegwerf(ver)packung *f*; **pump-priming p.** Maßnahmenpaket zur Konjunkturbelebung; **reusable p.** Mehrwegpackung *f*

package *v/t* verpacken

package advertising Versandwerbung *f*; **p. company** Veranstalter von Pauschalreisen; **p. contracting** Pauschalvergabe *f*; **p. deal** Kopp(e)lungsgeschäft *nt*, Pauschalvereinbarung *f*; **p. delivery** Paketauslieferung *f*; **p. freight** Stückgut-, Partiefracht *f*; **p. goods** abgepackte Ware; **p. holiday** Pauschalreise *f*; **p. holidaymaker** Pauschalurlauber(in) *m/f*; **p. insert** Beipackzettel *m*; **p. insurance** Pauschalversicherung *f*; **p. pay** Lohn/Gehalt plus Nebenleistungen; **p. shipment** *[US]* 1. Paketbeförderung *f*; 2. Paketsendung *f*; **p. tour** Pauschalreise *f*; **p. tourist** Pauschalreisende(r) *f/m*; **p. tour operator** Pauschalreiseveranstalter *m*

packaging *n* 1. (Waren)(Ver)Packung *f*; 2. (Ver)Packen *nt*; 3. Packungsgestaltung *f*; 4. Verpackungsmaterial *nt*; **plus p.** zuzüglich Verpackung; **seaworthy p.** seetüchtige/seemäßige Verpackung

packaging costs Verpackungskosten *pl*; **p. engineering** Verpackungstechnik *f*; **p. instructions** Verpackungsbestimmungen *pl*; **p. material** Verpackungsmaterial *nt*, V.mittel *nt/pl*; **p. ordinance** *[EU]* Verpackungsverordnung *f*; **p. waste** Verpackungsabfall *m*, V.müll *m*; **~ management** Entsorgung von Verpackungsmüll

packed *adj* abgepackt, verpackt

packer *n* 1. (Ab-/Ver)Packer(in) *m/f*; 2. Verpackungsfirma *f*

packet *n* Paket *nt*, Päckchen *nt*; **airtight p.** Frischhaltepackung *f*; **postal p.** *[GB]* Postpaket *nt*; **registered p.** ✉ Einschreibepaket *nt*; **small p.** ✉ Päckchen *nt*; **p. switching** 1. *(Aktie)* Pakettausch *m*

packing *n* 1. (Ver)Packen *nt*; 2. Verpackungsmaterial *nt*; **p. in conformity with instructions** vorschriftsmäßige Verpackung; **p. at cost** Verpackung zum Selbstkostenpreis; **p. extra; not including p.** ohne Verpackung, Verpackung nicht inbegriffen; **p. free** Verpackung frei; **p. included** Verpackung eingeschlossen, einschließlich Verpackung

careless/faulty packing mangelhafte/unsachgemäße/unzureichende Verpackung; **customary p.** handelsübliche Verpackung; **defective p.** mangelhafte/unsachgemäße Verpackung; **improper p.** unsachgemäße Verpackung; **individual p.** Einzelverpackung *f*; **non-returnable p.** Einweg-, Wegwerfpackung *f*; **original p.** Fabrik-, Originalverpackung *f*; **outer p.**

äußere Verpackung; **reusable p.** Mehrwegpackung *f*; **seaworthy p.** (Über)-Seeverpackung *f*, seemäßige Verpackung

packing agent Verpacker *m*; **p. case** Packkarton *m*; **p. charge** Packerlohn *m*; **p. charges/costs** Verpackungskosten *pl*; **p. credit** Vorauszahlung der Akkreditivsumme; **p. house** 1. Abpackbetrieb *m*; 2. Warenlager *nt*; 3. *[US]* Großschlächterei *f*, Fleischfabrik *f*; **p. instructions** Verpackungsanweisung(en) *f/pl*; **p. list** Pack-, Versandliste *f*; **p. material** Verpackungsmaterial *nt*; **p. plant** 1. Abpackbetrieb *m*; 2. Warenlager *nt*; 3. *[US]* Großschlächterei *f*, Fleischfabrik *f*; **p. room** Packraum *m*; **p. sheet** Packleinwand *f*; **p. slip** Packzettel *m*; **p. unit** Verpackungseinheit *f*

pad *n* Schreibblock *m*; **p. of forms** Belegblock *m*; **~ order forms** Bestellblock *m*; **p.ded** *adj* mit Einlage, wattiert, gefüttert; **p.ding** *n* Füllmaterial *nt*

page *n* ✂ Seite *f*, Blatt *nt*; **financial p.(s)** Wirtschaftsseite(n) *f/pl*, W.teil *m*; **yellow p.s** Gelbe Seiten, Branchentelefonbuch *nt*; **p. format** Seitenformat *nt*; **p. layout** Seitengestaltung *f*; **p. rate** Seitentarif *m*, S.preis *m*

paid (pd) *adj* bezahlt; **p. in** einbe-, eingezahlt; **fully p.(-up)** voll eingezahlt/bezahlt; **until ~ p.** bis zur endgültigen Bezahlung; **partly p.** teilweise eingezahlt; **p.-off** *adj* ausbezahlt, abgefunden; **p.-up** *adj* 1. einbezahlt; 2. *(Schulden)* abgetragen; **to make p.-up** *(Vers.)* beitragsfrei stellen

pallet *n* Palette *f*, Laderost *m*; **captive p.** hauseigene Palette; **flat p.** Flachpalette *f*; **one-way p.** Einwegpalette *f*; **p. allowance** Palettenrabatt *m*; **p. handling** Palettenbeförderung *f*; **p. industry** Palettenindustrie *f*; **p.ization; p.izing** *n* Verladung/Verpackung/Versand auf Paletten; **p. live store** Palettendurchlauflager *nt*; **p. load** Palettenladung *f*; **p. rack/shelf** Palettenregal *nt*; **~ storage** Palettenregallager *nt*

palmtop computer Handteller-, Mini-Computer *m*

panel *n* 1. Gremium *nt*, Ausschuss *m*, Forum *nt*; 2. ⚙ Instrumentenbrett *nt*; 3. 🖳 Anzeige *f*; 4. 📊 permanente Stichprobe; **p. of experts** Sachverständigenrat *m*; **p. control** 🖳 Schalttafelsteuerung *f*; **p. discussion** Podiumsdiskussion *f*; **p. envelope** Fenster(brief)umschlag *m*; **p. interview** Panelerhebung *f*; **p. report** Ausschussbericht *m*

panic *n* *(Börse)* Panik *f*, Kurssturz *m*; **p. buying** Panik-, Angstkäufe *pl*; **p. sale** Angst-, Notverkauf *m*; **p. saving** Angstsparen *nt*; **p. selling** Panikverkäufe *pl*

paper *n* 1. Papier *nt*; 2. Wertpapier(e) *nt/pl*; 3. Zeitung *f*; 4. Referat *nt*, Vortrag *m*; 5. Schriftstück *nt*; **p.s** 1. Akten *pl*, Unterlagen *pl*; 2. Dokumente *pl*; 3. *(Wertpapier)* Titel *pl*; 4. Personal-, Ausweispapiere *pl*; **p. for collection** Inkassopapier *nt*

acceptable paper rediskontfähiges Papier; **bankable p.** bankfähiges Papier; **commercial p.** 1. Handels-, Waren-, Finanzwechsel *m*; 2. Inhaber-, Wertpapier *nt*, kurzfristige Schuldverschreibung; **corporate p.** *[US]* begebbares Papier einer Gesellschaft; **daily p.** Tageszeitung *f*; **eligible p.** zentralbankfähiges Wertpapier; **financial p.** Finanz-, Wirtschaftszeitung *f*; **fine/first-class p.** erstklassiger/prima Wechsel; **headed p.** Firmenbriefpapier *nt*; **marketable p.** marktfähiges Wertpapier; **mercantile p.** Warenpapier *nt*; **negotiable p.** begebbares Wertpapier; **printed p.** ✉ Drucksache *f*; **~ rate** Drucksachenporto *nt*; **recycled p.** Umwelt(schutz)-papier *nt*; **rediscountable p.** Rediskontpapier *nt*; **short-term p.** kurzfristiges Geldmarktpapier; **single-name p.** Eigen-, Solawechsel *m*

paper assets Papierwerte *pl*; **p.board** *n* Pappe *f*, Karton *m*; **waste p. collection** Altpapiersammlung *f*; **p. company** Scheinfirma *f*; **p. credit** (offener) Wechselkredit *m*; **p. currency** Banknoten *pl*, Papiergeld *nt*; **p. gain** Buchgewinn *m*; **p. industry** Papierindustrie *f*; **p. loss** Buchverlust *m*; **p. money** Banknoten *pl*, Papiergeld *nt*; **p. profit** Papier-, Scheingewinn *m*; **(waste) p. recycling** Papierrecycling *nt*; **p. securities** Effekten *pl*; **p. transaction** Scheingeschäft *nt*; **p.work** *n* Papierkram *m (coll)*

par *n* Parikurs *m*, P.-, Nennwert *m*; **above p.** über pari/dem Nennwert; **at p.** zum Nennwert, zu pari; **below p.** unter pari/(dem) Nennwert; **to issue at p.** zu pari begeben; **to quote at p.** pari notieren; **nominal p.** Nenn-, Pariwert *m*

paragraph *n* 1. Absatz *m*, Abschnitt *m*; 2. (Gesetzes)Paragraf *m*

PQ

para|lyzation *n* Lahmlegung *f*; **p.lyze** *v/t* lahmlegen
parameter *n* 1. π Parameter *m*; 2. (Richt)-Größe *f*
parcel *n* 1. (Post)Paket *nt*, Päckchen *nt*; 2. Packung *f*; 3. *(Aktien)* Paket *nt*, Posten *m*, Schachtel *f*; **p.s** Stückgüter *pl*; **in p.s** in kleinen Posten; **p. of goods** Warenpartie *f*; **~ land** Stück Land, Parzelle *f*
c.o.d. parcel Nachnahmepaket *nt*; **express p.** Paket mit Eilzustellung, Schnellpaket *nt*; **marketable p.** Handelseinheit *f*; **postal p.** Postpaket *nt*; **insured p.** Wertpaket *nt*; **registered p.** eingeschriebenes Paket; **small p.** Päckchen *nt*
parcel (out) *v/t* 1. *(Konkurs)* aussondern; 2. *(Grundstück)* parzellieren
parcel|s book Paketbuch *nt*; **p. carrier** Paketdienst *m*; **p.s counter** Paketschalter *m*; **p.(s) delivery** Paket(post)-, Stückgutzustellung *f*; **express p.s delivery** Eilpaketauslieferung *f*; **p.s depot** Stückgutlager *nt*; **p.(s) office** ✉ Paket(post)amt *nt*, P.annahme und -ausgabe *f*; **p. post** Paket-, Päckchenpost *f*; **~ shipment** Paketversand *m*; **p. postage** Paketporto *nt*; **p. receipt** Paketempfangsschein *m*; **p.(s) service** (Post)Paketdienst *m*; **p.s traffic** Stückgutverkehr *m*
pare down *v/t* gesundschrumpfen
parent (company) *n* Mutter-, Ober-, Dachgesellschaft *f*; **p. enterprise** Dachunternehmen *nt*, Stammfirma *f*; **p. plant** Stammwerk *nt*, S.betrieb *m*; **p. population** ılı Ausgangsgesamtheit *f*; **p. organisation** Spitzen-, Dachorganisation *f*
parity *n* 1. Parität *f*, (amtlicher) Wechselkurs *m*; 2. Pariwert *m*; 3. Gleichrang *m*; **parities** *(Währung)* Kursrelationen *pl*; **at the p. of** zum Umrechnungskurs von; **p. of pay** Lohngleichheit *f*; **~ treatment** Gleichbehandlung *f*; **commercial p.** Handelsparität *f*; **fixed p.** feste Wechselkursparität; **gliding p.** gleitende Bandbreiten; **monetary p.** Währungsparität *f*; **sliding p.** schrittweise Wechselkursanpassung
parity band *(Währung)* Bandbreite *f*; **p. change** Wechsel(kurs)änderung *f*; **p. claim** *(Lohn)* Forderung nach Gleichstellung; **p. grid (system)** Währungsgitter *nt*, Wechselkursmatrix *f*; **p. payment** Ausgleichszahlung *f*; **p. point** Paritätspunkt *m*; **p. price** Pari(täts)kurs *m*; **p. rate** mittlerer Kurs, Mittelkurs *m*; **p. realignment** Neufestsetzung der Währungsparitäten
park *n* Park *m*; **industrial p.** Industriepark *m*, Gewerbegebiet *nt*; *v/t (fig)* 1. *(Wertpapier)* in Pension geben; 2. *(fig)* deponieren, lagern
part *n* 1. Bestandteil *m*, Teil(stück) *nt*, Zulieferteil *nt*; 2. Partie *f*, Lieferung *f*; 3. Teilbetrag *m*, Tranche *f (frz.)*; **p.s and accessories** Teile und Zubehör; **p. of earnings** Einkommensbestandteil *m*; **~ a group** Konzernteil *m*; **p. subject to wear and tear** Verschleißteil *nt*; **to pay in p.** auf Abschlag zahlen
automotive part|s Automobilzubehör *nt*, A.zulieferteil(e) *nt*/*pl*; **bought-in p.s** *(Produktion)* Fremdanteil *m*; **bought-out p.** Fertigteile *pl*; **expendable p.** Verschleißteil *nt*; **finished p.s** Fertigteile *pl*; **fractional p.** π Bruchteil *m*; **integral p.** integraler/fester Bestandteil; **permanent p.** fester Bestandteil; **prefabricated p.** Fertigteil *nt*; **purchased p.** fremdbezogenes Teil; **spare p.** Ersatzteil *nt*; **supplied p.** Zulieferteil *nt*
part credit (note) Teilgutschrift *f*; **p. delivery** Teil(aus)leiferung *f*; **p.s delivery system** Ersatzteilbelieferung *f*; **p. group** Teilkonzern *m*
participant *n* 1. Teilnehmer(in) *m*/*f*, Beteiligte(r) *f*/*m*; 2. Teilhaber(in) *m*/*f*; **p. in a fair** Messeteilnehmer(in) *m*/*f*; **~ the market** Marktteilnehmer(in) *m*/*f*
participat|e *v/i* 1. teilnehmen, mitwirken, sich beteiligen; 2. teilhaben; **p.ing** *adj* 1. teilnehmend, beteiligt; 2. anteils-, gewinnberechtigt
participation *n* 1. Teilnahme *f*, Beteiligung *f*; 2. Mitbestimmung *f*; 3. Teilhaberschaft *f*, Unternehmensbeteiligung *f*; **p.s** Beteiligungsbesitz *m*, Anteile *pl*; **p. in outside capital** Fremdkapitalbeteiligung *f*; **p. by employees** Belegschaftsbeteiligung *f*; **p. in a fair** Messebeteiligung *f*; **~ the profits** Gewinnbeteiligung *f*
direct participation unmittelbare Beteiligung; **financial p.** Kapitalbeteiligung *f*; **foreign p.s** Auslandsbeteiligung(en) *f*/*pl*; **industrial p.** Industriebeteiligung *f*; **public p.** Bürgerbeteiligung *f*; **shop-floor p.** Mitbestimmung am Arbeitsplatz
participation bond Bietungsgarantie *f*; **p. certificate** *[US]* Genussschein *m*; **p. loan** Konsortialkredit *m*; **p. model**

Mitbestimmungsmodell *nt*; **p. wage** Investivlohn *m*

particulars *n* 1. Einzelheiten *pl*; 2. nähere Angaben; **p. of sale** detaillierte Objektbeschreibung; **to furnish p.** Einzelheiten angeben; **further p.** weitere Angaben, nähere Einzelheiten

part interest Teilanspruch *m*; **p. inventory** Teilelager *nt*

partition *n* 1. (Unter)Teilung *f*, Absonderung *f*; 2. (Markt)Abschottung *f*

part|s list Stück-, Teileliste *f*; **p. load** Teilladung *f*, Partiefracht *f*; **p.s management** Ersatzteilverwaltung *f*

partner *n* (Geschäfts)Partner(in) *m/f*, Teilhaber(in) *m/f*, Gesellschafter(in) *m/f*, Sozius *m*, Mitinhaber(in) *m/f*; **p. in the consortium** Konsortialpartner *m*; **p. with limited liability** *(KG)* Kommanditist(in) *m/f*; **~ unlimited liability** *(KG)* Komplementär(in) *m/f*; **to admit as a p.** Partner/Gesellschafter als Teilhaber aufnehmen; **to become a p.** *(Firma)* als Teilhaber eintreten, einsteigen *(fig)*; **to buy out a p.** Gesellschafter/Teilhaber abfinden

acting/active partner persönlich haftender/geschäftsführender Gesellschafter; **associated p.** voll haftender Teilhaber, Vollhafter *m*; **chief p.** Hauptgesellschafter *m*; **defaulting p.** zahlungsunfähiger Teilhaber; **dormant p.** stiller Teilhaber/Gesellschafter; **former p.** ausgeschiedener Teilhaber

full/general partner *(KG)* Komplementär *m*, persönlich haftender Gesellschafter, Vollhafter *m*; **~ p.'s contribution** Komplementäreinschuss *m*; **~ p.'s interest** Komplementäranteil *m*; **~ p.'s share** Einlage des persönlich haftenden Gesellschafters

inactive partner nicht tätiger/stiller Gesellschafter; **incoming p.** neu eintretender Gesellschafter; **junior p.** Juniorpartner *m*; **(personally) liable p.** (persönlich) haftender Gesellschafter; **limited p.** *(KG)* Kommanditist *m*; **~ p.'s holding/share** Kommanditeinlage *f*; **managing p.** Gesellschafter-Geschäftsführer *m*, geschäftsführender Gesellschafter; **nominal/ostensible p.** Strohmann *m*; **ordinary p.** *(KG)* Komplementär *m*; **outgoing/retiring p.** ausscheidender Gesellschafter; **responsible p.** Vollhafter *m*, persönlich (unbeschränkt) haftender Gesellschafter; **risk-bearing p.** haftender Gesellschafter; **senior p.** Altgesellschafter *m*, Seniorchef *m*; **silent/sleeping p.** stiller Teilhaber/Gesellschafter; **solvent p.** vom Konkurs nicht betroffener Gesellschafter; **special p.** *(KG)* Kommanditist *m*; **subordinate p.** *[GB]* nicht persönlich haftender Gesellschafter; **undisclosed p.** stiller Teilhaber/Gesellschafter; **unlimited p.** Vollhafter *m*, persönlich (unbeschränkt) haftender Gesellschafter

partner|'s capital *(KG)* Kommanditkapital *nt*; **~ contribution** Gesellschaftereinlage *f*; **~ interest/investment/share** Gesellschafteranteil *m*, G.einlage *f*; **~ liability** Gesellschafterhaftung *f*; **p.s' meeting** Gesellschafterversammlung *f*; **~ remuneration** Teilhabervergütung *f*; **~ resolution** Gesellschaftsbeschluss *m*

partnership *n* 1. (Personen)Gesellschaft *f*, offene Handelsgesellschaft (OHG); 2. Sozietät *f*; **p. in commendam** *(lat.)* stille Gesellschaft; **p. partly limited by shares** Kommanditgesellschaft auf Aktien (KGaA); **p. at will** *[US]* Gesellschaft bürgerlichen Rechts (GbR)

to dissolve a partnership Gesellschaft auflösen; **to enter into/join a p.** in eine Gesellschaft eintreten; **to establish a p.** Gesellschaft gründen; **to set up a p.** Gesellschaft errichten; **to withdraw from a p.** aus einer Gesellschaft ausscheiden

civil(-law) partnership BGB-Gesellschaft *f*, Gesellschaft bürgerlichen Rechts (GbR); **dormant p.** stille Beteiligung; **general p.** offene Handelsgesellschaft (OHG); **industrial p.** Mitbestimmung der Arbeitnehmer; **limited p.** Kommanditgesellschaft (KG) *f*; **~ p. interest** Kommandit(isten)anteil *m*; **non-trading p.** Sozietät *f*; **ordinary p.** offene Handelsgesellschaft (OHG); **private p.** BGB-Gesellschaft *f*, Gesellschaft bürgerlichen Rechts (GbR); **sleeping p.** stille Teilhaberschaft; **ship-owning p.** Partnerreederei *f*; **social p.** Sozialpartnerschaft *f*; **trading p.** Handelsgesellschaft *f*; **unlimited p.** offene Handelsgesellschaft (OHG)

partnership account Teilhaberkonto *nt*; **p. agreement** Beteiligungs-, Gesellschaftsvertrag *m*; **p. assets** Gesellschaftsvermögen *nt*; **p. capital** Gesellschaftskapital *nt*;

PQ

p. debts Schulden/Verbindlichkeiten einer Gesellschaft; **p. firm** Kommanditgesellschaft (KG) *f*; **p. insurance** Teilhaberversicherung *f*; **p. interest** Teilhaber-, Gesellschafteranteil *m*; **p. property** Gesellschaftsvermögen *nt*; **p. share** Teilhaberanteil *m*

part number Teilenummer *f*; **p.-owner** *n* Teilinhaber(in) *m/f*; **p. payment** Teilzahlung *f*; **in p. payment** zur teilweisen Begleichung; **p. performance** Teilleistung *f*; **p.s requisition (slip)** Materialanforderungsschein *m*; **p.s and materials scheduling** Arbeitsvorbereitung *f*; **p. shipment** Teillieferung *f*; **p.s sourcing** Teilebeschaffung *f*; **p.s stock** Teilelager *nt*; **p.s supply** Ersatzteilversorgung *f*; **p.s warehousing** Ersatzteillagerung *f*; **p.-time** *adj* nebenamtlich, n.beruflich, Teilzeit-; **p.-timer** *n* Teilzeitkraft *f*

party *n* 1. § (Vertrags)Partei *f*; 2. Gruppe *f*

party to an action § prozessführende Partei; **~ an agreement** Vertragspartei *f*; **~ a bill** Wechselbeteiligte(r) *f/m*; **p. liable to pay compensation** Entschädigungspflichtige(r) *f/m*; **p. to the contract** Vertragspartei *f*; **p. liable for costs** kostenpflichtige Partei; **p. entitled to damages** Schaden(s)ersatzberechtigte(r) *f/m*; **p. in default** säumige/in Verzug befindliche Partei; **p. at fault** Schuldige(r) *f/m*; **p. in interest** Konkursbeteiligte(r) *f/m*, K.-gläubige(r) *f/m*; **p. to a letter of credit** Akkreditivpartei *f*; **p. entitled to payment** Zahlungsberechtigte(r) *f/m*; **p. liable for payment** Zahlungspflichtige(r) *f/m*; **~ to recourse** Regresspflichtige(r) *f/m*

acquiring party Erwerber(in) *m/f*, Käufer(in) *m/f*; **aggrieved/injured p.** geschädigte Partei, Beschwerdeführer(in) *m/f*; **appealing p.** *(Revision)* Beschwerdeführer(in) *m/f*; **co-contracting p.** beteiligte Vertragspartei; **competent p.** geschäftsfähige Partei; **contracting p.** Vertragspartner *m*, V.partei *f*; **defaulting p.** säumige/in Verzug befindliche Partei; **defeated p.** unterlegene Partei; **entitled p.** Anspruchsberechtigte(r) *f/m*; **injured p.** Geschädigte(r) *f/m*; **insured p.** Versicherungsnehmer(in) *m/f*; **interested p.** 1. Mitbeteiligte(r) *f/m*; 2. Interessent(in) *m/f*; **liable p.** Haftpflichtiger *m*; **notifying p.** mitteilende Partei; **self-contracting p.** Selbstkontrahent(in) *m/f*; **successful p.** obsiegende Partei; **third p.** Dritter *m*; **~ party policy/insurance** 🚗 Haftpflichtversicherung *f*; **working p.** Arbeitsgruppe *f*

par value 1. Nenn-, Nominalwert *m*; 2. Währungsparität *f*; **minimum p. v.** Mindestnennbetrag *m*; **p. v. share** *[GB]*/ **stock** *[US]* Aktie mit Nennwert

pass *n* (Dienst)Ausweis *m*, Passierschein *m*

pass *v/ti* 1. genehmigen; 2. *(Eigentum)* übergeben, übertragen; 3. überholen; 4. *(Prüfung)* bestehen; 5. *(Gesetz)* verabschieden; **p. on** *(Kosten)* überwälzen

passage *n* 1. Fahrpreis *m*, F.geld *nt*; 2. *(Gesetz)* Annahme *f*; 3. ⊝ Transit(genehmigung) *m/f*; **p. of ownership/title** Eigentumsübergang *m*; **~ risk** Risikoübergang *m*

passbook *n* Bank-, Sparbuch *nt*; **p. account** Sparkonto *nt*; **p. balance** Sparbuchsaldo *m*; **p. saving** Kontensparen *nt*; **p. savings** Sparleistungen *pl*

passenger *n* 1. Passagier *m*, Fahrgast *m*; 2. ✈ Fluggast *m*; 3. Insasse *m*, Insassin *f*; **fare-paying p.** Zahlgast *m*

passenger accident insurance 🚗 Insassenunfallversicherung *f*; **p. capacity** Fahr-/Fluggastkapazität *f*; **p. car** 🚗 Personen(kraft)wagen (PKW) *m*; **p. carryings** Beförderungsfälle *pl*, Fahrgastzahlen *pl*, Fahrgast-, Fluggastaufkommen *nt*; **p. density** Verkehrsdichte im Personenverkehr; **p. fare** Personen(beförderungs)tarif *m*; **p. figures** Beförderungsfälle *pl*, Fahrgastzahlen *pl*, Fahrgast-, Fluggastaufkommen *nt*; **p. handling** Fluggast-, Passagierabfertigung *f*; **p. kilometre** Bahn-, Flug-, Passagierkilometer *m*; **p. list** Passagierliste *f*; **p. load factor** Sitzladefaktor *m*; **p. negligence** Fahrlässigkeit von Beifahrern/Insassen; **p. revenue(s)** Einkünfte/Einnahmen aus dem Personenverkehr; **p. tariff** Personen(beförderungs)tarif *m*; **p. traffic** Personenverkehr *m*; **short-distance p. traffic** Personennahverkehr *m*; **p. transport(ation)** (öffentlicher) Personenverkehr *m*, P.beförderung *f*; **public p. transport** öffentlicher Personennahverkehr (ÖPNV); **p. vehicle** Personenfahrzeug *nt*

passing *n* *(Gesetz)* Verabschiedung *f*; **p. on** 1. *(Kosten)* Überwälzung *f*; 2. Weitergabe *f*; **p. of claims** Anspruchsübergang *m*; **p. on of costs** Kostenabwälzung *f*; **p. of a dividend** Dividendenausfall *m*;

~ ownership/title Eigentumsübergang *m*; **p. on of prices; ~ price increases** Preisüberwälzungsprozess *m*; **~ risk** Gefahr(en)-übergang *m*

password *n* Kennwort *nt*; **p. protection** 🖳 Kennwortdateischutz *m*

pasture *n* 🚜 Weideland *nt*; **p. farming** Weidewirtschaft *f*

patent *n* 1. Patent *nt*; 2. Patentschrift *f*; **protected by p.** patentrechtlich geschützt, patentgeschützt

to apply for a patent Patent anmelden; **to challenge/contest a p.** Patent anfechten; **to exploit a p.** Patent verwerten; **to grant a p.** Patent erteilen, patentieren; **to register a p.** Patent eintragen/anmelden; **to take out a p.** Patent anmelden

active patent gültiges Patent; **blocking p.** Sperrpatent *nt*; **defective p.** mangelhaftes Patent; **expired/extinct p.** abgelaufenes Patent; **joint p.** Gemeinschaftspatent *nt*; **lapsed p.** abgelaufenes/erloschenes/verfallenes Patent; **universal p.** Weltpatent *nt*

patent *v/t* patentieren, patentrechtlich schützen

patent and licences account Patent- und Lizenzbilanz *f*; **p. agent/attorney** Patentanwalt *m*, P.anwältin *f*; **p. application** Patentanmeldung *f*; **p. claim** Patentanspruch *m*; **p.(s) court** Patentgericht *nt*; **p. ed** *adj* gesetzlich/patentrechtlich geschützt; **p.ee** *n* Patentinhaber(in) *m/f*; **p. examination** Prüfung des Erfinderanspruchs; **p. exploitation** Patentausübung *f*, P.verwertung *f*; **p. fee** Patent(erteilungs)-gebühr *f*; **p. foods** Markennahrungsmittel *pl*; **p. holder** Patentinhaber(in) *m/f*; **p. infringement** Patentverletzung *f*; **p. lawyer** Patentanwalt *m*, P.anwältin *f*; **p. office** Patentamt *nt*; **p.or** *n* Patentgeber(in) *m/f*; **p. pending** Patent angemeldet; **p. proceedings** § Patentsache *f*; **p. protection** Patent-, Urheberschutz *m*; **p. register** Patentrolle *f*; **p. rights** Patentrecht *nt*; **p. royalties** Patentgebühren *pl*; **p. specification** Patentschrift *f*; **p. suit** Patentklage *f*

path *n* Pfad *m*, Weg *m*; **critical p.** 🏭 kritischer Weg/Pfad; **~ method** Netzplan(technik) *m/f*; **upward p.** Aufwärtsentwicklung *f*

patron *n* 1. (Stamm)Kunde *m*, (S.)Kundin *f*, (S.)Gast *m*; 2. Förderer *m*, Schirmherr(in) *m/f*

PQ

patronage *n* 1. Protektion *f*, Gunst *f*, Begünstigung *f*; 2. Schirmherrschaft *f*, Patronat *nt*; 3. *(Kunde)* Kauf *m*, Besuch *m*; **p. discount** Treuerabatt *m*; **p. refund** Kundenrabatt *m*

patronize *v/t* 1. unterstützen, fördern; 2. (Stamm)Kunde sein bei

pattern *n* 1. (Waren)Probe *f*, (Gattungs-/Stoff)Muster *nt*, Modell *nt*; 2. Aufbau *m*, Struktur *f*

pattern of competition Wettbewerbsstruktur *f*; **~ consumption** Verbrauchsstruktur *f*, V.verhalten *nt*; **~ demand** Nachfragestruktur *f*; **~ exchange rates** Wechselkursgefüge *nt*; **~ expenditure** Ausgabenstruktur *f*; **~ goods** Warenstruktur *f*; **~ interest rates** Zinsgefüge *nt*; **~ leadership/management** Führungsstil *m*; **~ maturities** Fristigkeitsstruktur *f*; **~ retailing** Einzelhandelsstruktur *f*; **p.s of trade** Handelsstruktur *f*, H.ströme *pl*

anti-cyclical pattern gegenläufiger Zyklus; **cyclical p.** zyklische (Verlaufs)-Struktur; **locational p.** Standortstruktur *f*; **occupational p.** Berufsstruktur *f*; **registered p.** eingetragenes Muster; **standard p.** Standardmuster *nt*

pattern approval Bauartzulassung *f*; **p. bargaining** Vorreitersystem bei Tarifverhandlungen; **p. book** Musterbuch *nt*; **p. card** Musterkarte *f*; **p. design** Modell-, Musterzeichnung *f*; **p. infringement** Gebrauchsmusterverletzung *f*; **p. sample** Verkaufsmuster *nt*; **p. shop** 🏭 Modellabteilung *f*, M.schreinerei *f*

pauperization *n* Verelendung *f*, Verarmung *f*

pawn *n* Pfand(gegenstand) *nt/m*; **in p.** verpfändet; *v/t* verpfänden, als Pfand hinterlegen

pawn|able *adj* verpfändbar; **p.broker** *n* Pfandleiher(in) *m/f*, P.hausbesitzer(in) *m/f*; **p.broker's shop; p.shop** *n* Pfand-, Leihhaus *nt*; **p.ed** *adj* verpfändet, versetzt; **p.ee** *n* Pfandbesitzer(in) *m/f*, P.gläubiger(in) *m/f*, P.inhaber(in) *m/f*; **p.er; p.or** *n* Pfandgeber(in) *m/f*, P.besteller(in) *m/f*; **p.ing** *n* Pfandstellung *f*, Verpfändung *f*; **p. money** Pfandgebühr *f*; **p. ticket** Pfandschein *m*

pay *n* Lohn *m*, Gehalt *nt*, Bezüge *pl*, Bezahlung *f*, Einkommen *nt*, Verdienst *m*; **without p.** unbezahlt; **p. according to performance; p. by results** leistungsbezogener Lohn; **equal p. for equal work** Lohngleichheit *f*; **extra p. for dirty work** Schmutzzulage *f*; **to dock so.'s p.** jds Lohn kürzen

additional pay Lohn-, Gehaltszulage *f*; **advance p.** Lohn-, Gehaltsvorschuss *m*, Abschlag *m*; **agreed p.** Tariflohn *m*; **ancillary p.** Lohnnebenleistungen *pl*; **average p.** Durchschnittslohn *m*, D.gehalt *nt*; **back p.** (Lohn-/Gehalts)Nachschlag *m*; **base/basic p.** Grundlohn *m*, G.gehalt *nt*; **continued p.** Lohn-, Gehaltsfortzahlung *f*; **effective p.** Effektivlohn *m*, tatsächliches Gehalt; **end-of-service p.** Überbrückungsgeld *nt*; **face-to-face p.** Lohn für Tätigkeit am Arbeitsplatz; **fall-back p.** *(Akkord)* garantierter Mindestlohn; **full p.** volles Gehalt, voller Lohn; **gross p.** Brutto(arbeits)lohn *m*, B.gehalt *nt*, B.bezüge *pl*; **lost p.** Lohnausfall *m*, Gehaltseinbuße *f*; **make-up p.** Lohn-, Gehaltsausgleich *m*; **minimum p.** Mindestlohn *m*; **monthly p.** Monatseinkommen *nt*; **overtime p.** Überstundenlohn *m*, Ü.vergütung *f*; **pensionable p.** ruhegehaltsfähiger Lohn, ruhegehaltsfähiges Gehalt; **performance-linked/performance-related p.** Leistungslohn *m*; **profit-related p. (PRP)** *[GB]* Beteiligungslohn *m*, gewinnbezogener Lohnanteil; **standard p.** Tariflohn *m*, T.gehalt *nt*; **take-home p.** Netto-, Effektivlohn *m*, Nettoverdienst *m*; **weekly p.** Wochenverdienst *m*, W.lohn *m*

pay *v/t* 1. (be)zahlen, Zahlung leisten; 2. besolden, entlohnen, vergüten; *v/i* sich lohnen/bezahlt machen; **unable to p.** zahlungsunfähig; **p. back** zurück(be)zahlen, rückvergüten, tilgen; **p. down** Anzahlung leisten, anzahlen; **p. for itself** sich selbst tragen; **p. in** einzahlen; **~ full** voll bezahlen; **p. off** 1. auszahlen, abfinden; 2. *(Schulden)* abbezahlen; **p. online** elektronisch bezahlen; **p. out** auszahlen; **p. promptly** pünktlich zahlen; **p. up** voll bezahlen; **p. well** guten Ertrag abwerfen, viel eintragen, sich (gut) rentieren

payable *adj* 1. (zur Zahlung) fällig; 2. *(Steuer)* abführungspflichtig; **p. in advance** vorzeitig zahlbar; **p. to** zahlbar an, lautend auf; **p. net cash** zahlbar netto (gegen) Kasse; **p. within 90 days** zahlbar bei 90 Tagen Ziel; **p. when due** bei Fälligkeit zahlbar; **to make p.** *(Wechsel)* zahlbar stellen, *(Scheck)* ausstellen auf; **p.s** *n* Verbindlichkeiten *pl*, Kreditoren *pl*

pay advance Lohn-, Gehaltsvorschuss *m*; **(collective) p. agreement** (Lohn-/Gehalts)Tarifvertrag *m*; **p. arrears** Lohn-, Gehaltsrückstände *pl*; **p.-as-you-earn (PAYE)** *[GB]*/**p.-as-you-go** *[US]* **(system)** *n* Abzug der Sozialbeiträge vom Lohn/Gehalt; **~ deduction** Lohn-, Einkommensteuerabzug *m*; **p. award** 1. Lohn-, Gehaltserhöhung *f*; 2. Tarifabschluss *m*

payback *n* 1. Rückzahlung *f*, R.erstattung *f*; 2. Rendite *f*; 3. Kaptalrückfluss *m*, Amortisation *f*; **p. period** 1. Amortisationszeit (-raum) *f/m*; 2. Tilgungsdauer *f*; **p. rate** Tilgungs-, Rückzahlungsrate *f*; **p. time** Tilgungszeitraum *m*

pay bargaining Tarifverhandlungen *pl*; **p. bed** *[GB]* Krankenhausbett für Privatpatienten; **p. bracket** Besoldungs-, Gehalts-, Lohngruppe *f*; **p. check** *[US]* 1. Lohn-, Gehaltsscheck *m*; 2. Lohnstreifen *m*; **p. cheque** *[GB]* Lohn-, Gehaltsscheck *m*; **p. claim** Tarif-, Lohn-, Gehaltsforderung *f*; **p. clerk** Lohnbuchhalter(in) *m/f*; **p. component** Lohnbestandteil *m*; **p. curb** Lohnrestriktion *f*; **p. cut** Lohn-, Gehaltskürzung *f*; **p. date/day** Zahltag *m*, Auszahlungstermin *m*; **p. deal** Lohn-, Tarifabschluss *m*; **p. deductions** Lohn-, Gehaltsabzug *m*; **p. desk** Kassenschalter *m*; **p. differential(s)** Lohngefälle *nt*; **p. dispute** Tarif-, Lohnkonflikt *m*, Tarifauseinandersetzung *f*; **p. docket** Lohn-, Gehaltsliste *f*

payee *n* 1. Zahlungsempfänger(in) *m/f*, Z.berechtigte(r) *f/m*; 2. Scheck-, Wechselnehmer(in) *m/f*; 3. *(Akkreditiv)* Begünstigte(r) *f/m*

pay element Lohn-, Gehaltsbestandteil *m*

payer *n* 1. Zahler(in) *m/f*, Schuldner(in) *m/f*; 2. *(Wechsel)* Bezogene(r) *f/m*, Trassat *m*; **p. of a bill** Wechselschuldner(in) *m/f*; **~ freight** Frachtzahler *m*; **defaulting/late p.** säumige(r) Zahler(in); **good/prompt p.** prompte(r)/pünktliche(r) Zahler(in)

pay freeze Lohnstopp *m*; **p. grade** (Lohn-/Gehalts)Tarifstufe *f*; **p. increase** Lohn-, Gehaltserhöhung *f*

paying *adj* einträglich, rentabel; **p. agent** Zahlungsbevollmächtigte(r) *f/m*, Zahlstelle *f*; **p. back** Tilgung *f*; **p. habits** Zahlungsmoral *f*; **p.-in book** Einzahlungsbuch *nt*; **~ slip** Einzahlungsschein *m*; **p. off** 1. Auszahlung *f*; 2. Abfindung *f*;

3. *(Hypothek)* Tilgung *f*; **p. office** Zahlstelle *f*

pay item 1. kostenpflichtiger Posten; 2. Lohn-, Gehaltsbestandteil *m*; **p. league** Lohn-, Einkommensskala *f*; **p. level** Lohn-, Gehaltsniveau *nt*

payload *n* 1. Lohnkosten(anteil) *pl/m*; 2. Nutzlast *f*, Zuladung *f*; **p. capacity** Ladefähigkeit *f*; **p. space** nutzbarer Laderaum

payment *n* 1. Aus-, Be-, Ein-, Rückzahlung *f*; 2. Entgelt *nt*, Lohn *m*, Gehalt *nt*; 3. Vergütung *f*; 4. *(Wechsel)* Einlösung *f*; **p.s** Zahlungsströme *pl*; **against p.** entgeltlich; **in p. of** zur Begleichung von; **in default of p.** mangels Zahlung; **pending p.** bis zur Zahlung; **without p.** gratis, umsonst

payment of accounts Begleichung von Verbindlichkeiten, Rechnungsausgleich *m*; **in ~ our account** zum Ausgleich unseres Kontos; **p. into an account** Kontoeinzahlung *f*; **p. on account** (geleistete) Anzahlung *f*, Akontozahlung *f*; **p. in advance** Vorauszahlung *f*, Vorkasse *f*; **p. of arrears** Nach(trags)-, Rückstandszahlung *f*; **~ the balance** Restzahlung *f*; **~ a bill (of exchange)** Wechseleinlösung *f*; **~ call** Nachschuss *m*; **p. in cash** Barzahlung *f*; **p. by check** *[US]*/**cheque** *[GB]* Zahlung durch Scheck; **p. of (customs) duty** ⊖ Zollentrichtung *f*; **~ damages** Schaden(s)ersatzleistung *f*; **p. within 10 days = 3 p.c. discount** Zahlung innerhalb von 10 Tagen = 3% Skonto; **p. of a debt** Schuld(en)begleichung *f*; **p. against delivery** Lieferung gegen Nachnahme; **p. on delivery** Lieferung gegen bar, Zahlung bei Lieferung; **~ demand** Zahlung auf Verlangen; **p. against documents** Zahlung gegen Dokumente; **~ 3 months' draft** Zahlung gegen 3-Monats-Wechsel; **p. when due** Zahlung bei Fälligkeit; **p. in full** vollständige Bezahlung; **pending ~ full** bis zur vollständigen Bezahlung; **p. by instalment(s)** Abschlags-, Ratenzahlung *f*; **p. of interest** Verzinsung *f*; **~ interest in arrears** Zinsnachzahlung *f*; **~ invoices** Bezahlung/Begleichung von Rechnungen; **p. in kind** Sachbezüge *pl*, S.leistung *f*; **p. with order** Zahlung bei Auftragserteilung; **p. in lieu of performance** Leistung an Erfüllungs statt; **p. of (the) principal** Tilgung(szahlung) *f*; **p. on receipt of goods** Zahlung bei Erhalt der Ware; **~ invoice** Zahlung bei Erhalt der Rechnung; **p. at maturity** Einlösung bei Fälligkeit; **p. received with thanks** Betrag dankend erhalten; **p. by results** Leistungslohn *m*; **p. at sight** Sichtzahlung *f*; **p. of tax** Steuerentrichtung *f*; **~ tax arrears** Steuernachzahlung *f* **~ wages** Lohnauszahlung *f*; **continued ~ wages** Lohnfortzahlung (im Krankheitsfall) *f*

due for payment zahlungsfällig; **p. countermanded** Scheck gesperrt; **p. received** Betrag erhalten

to acknowledge payment|s received eingegangene Zahlungen/Zahlungseingang bestätigen; **to anticipate p.** vor Fälligkeit zahlen; **to apply for p.** mahnen; **to default in p.** mit der Zahlung im Rückstand bleiben, mit den Zahlungen in Verzug geraten (sein); **to defer p.** Zahlung aufschieben/stunden; **to demand p.** mahnen; **to effect p.** Zahlung leisten, zahlen; **to enforce p.** Zahlung gerichtlich eintreiben; **to guarantee p.(s)** das Delkredere übernehmen; **to make p.** Zahlung leisten, zahlen; **~ p.s** Zahlungen abwickeln; **to present for p.** zur Einlösung/Zahlung/zum Inkasso vorlegen; **to press for/request p.** mahnen, Zahlung verlangen/anmahnen; **to receipt p.** Zahlung quittieren; **to stop/suspend p.** Zahlung einstellen

additional payment Nach-, Zuschlagszahlung *f*, Nachschuss *m*, Mehr-, Nebenleistung *f*; **to make an ~ p.** nachzahlen; **advance p.** Vorschuss *m*, Vorkasse *f*; **anticipating p.** Vorauszahlung *f*; **back p.** Nachzahlung *f*; **capital-forming p.(s)** vermögenswirksame Leistungen; **cash-down p.** Barzahlung *f*; **cashless p.** bargeldlose Zahlung; **clearing p.** Schlusszahlung *f*; **compensatory p.** Ausgleichszahlung *f*; **current p.s** laufende Zahlungen

deferred payment *[US]* Ab-, Ratenzahlung *f*; **to grant d. p.** Zahlungsaufschub bewilligen; **d. p. business** Ratenzahlungsgeschäft *nt*; **~ commitments** Ab-, Teilzahlungsverpflichtungen *pl*; **~ contract** Ratenzahlungsvertrag *m*; **~ credit** 1. Akkreditiv mit aufgeschobener Zahlung; 2. Teilzahlungs-, Raten(zahlungs)kredit *m*; **~ customer** Teilzahlungskunde *m*; **~ loan** Teilzahlungskredit *m*; **~ price**

Abzahlungspreis *m*; **~ purchase** Ratenzahlungskauf *m*; **~ sale** Teilzahlungsverkauf *m*; **~ terms** Ratenzahlungsbedingungen *pl*

domestic payment|s Inlandszahlungsverkehr *m*; **down p.** An-, Vorauszahlung *f*, erste Rate; **to make a ~ p.** Anzahlung leisten, anzahlen; **easy p.** Abzahlung in bequemen Raten; **electronic p.** elektronische Zahlung; **~ p.s** elektronischer Zahlungsverkehr; **end-of-year p.** Jahresabschlusszahlung *f*; **ex gratia** *(lat.)* **p.** 1. freiwillige (Sonder)Zahlung, Gratifikation *f*; 2. *(Vers.)* freiwillige Leistung, Kulanzleistung *f*, Entschädigung(sleistung) *f*; **final p.** (Ab)Schlusszahlung *f*, Restquote *f*; **flat-rate p.** (Zahlung einer) Pauschale; **foreign p.s** Auslandszahlungsverkehr *m*; **fresh p.** Nachschusszahlung *f*; **front-end p.** *(Fonds)* Verkaufsprovision *f*; **half-yearly p.** Halbjahreszahlung *f*; **immediate p.** sofortige Zahlung; **late p.** Zahlungsverzug *m*; **long-service p.** Jubiläumszuwendung *f*; **lump-sum p.** Pauschalentgelt *nt*, P.vergütung *f*, Pauschbetrag *m*; **monthly p.** Monatsrate *f*, monatliche Zahlung; **net p.s** Nettoaufwendungen *pl*, Einzahlungsüberschuss *m*; **one-off p.** 1. einmaliger Betrag, einmalige Zahlung; 2. einmalige Bezüge; **outgoing p.s** Ausgaben; **overdue p.** rückständige Zahlung; **part(ial) p.** An-, Abschlags-, Teilzahlung *f*; **performance-based p.** leistungsbezogene Bezahlung; **profit-sharing p.** Erfolgs-, Gewinnbeteiligung *f*; **pro-rata p.** anteilige Zahlung; **quarterly p.** Vierteljahresrate *f*; **recurrent/regular p.s** regelmäßig wiederkehrende Zahlungen; **staggered p.s** gestaffelte Zahlungsweise; **unilateral p.s** Transfer-, Übertragungsbilanz *f*; **upfront p.** *(Fonds)* Verwaltungsgebühr *f*; **voluntary p.** freiwillige Leistung

payment|s arrangement Zahlungsvereinbarung *f*; **p. arrangements** Zahlungsmodalitäten *pl*; **p. authorization** Zahlungsermächtigung *f*; **p.s balance** Zahlungsbilanz *f*; **p. behaviour** Zahlungsmoral *f*; **p. date** Zahlungs-, Tilgungstermin *m*; **p. deadline** Zahlungstermin *m*, Z.frist *f*; **p.s deficit** Zahlungs(bilanz)defizit *nt*; **~ (dis)equilibrium** Zahlungsbilanz(un)gleichgewicht *nt*; **p. guarantee** Zahlungsgarantie *f*; **p. habits** Zahlungsgewohnheiten *pl*; **p.s imbalance** Zahlungsungleichgewicht *nt*; **p. instruction** Zahlungsanweisung *f*; **p. medium** Zahlungsmittel *nt*; **p. order** 1. Zahlungsauftrag *m*, Z.anweisung *f*; 2. Überweisungsauftrag *m*; **p. pattern** Zahlungsrhythmus *m*; **p. risk** Ausfallrisiko *nt*; **p. stop** 1. Zahlungsstopp *m*; 2. Schecksperre *f*; **p.s surplus** Zahlungs(bilanz)überschuss *m*; **p. terms** Zahlungsbedingungen *pl*; **p. transaction** Zahlungsvorgang *m*; **p. transactions** Zahlungsverkehr *m*

pay|off *n* 1. Auszahlung *f*; 2. Bestechungsgeld *nt*; 3. Abfindung *f*; 4. Amortisation *f*; **p. offer** Lohn-, Tarifangebot *nt*; **p.off period** Amortisationszeitraum *m*

payout *n* 1. Auszahlung *f*; 2. *(Dividende)* Ausschüttung *f*; **p. in cash** Barausschüttung *f*; **net p.** Nettoausschüttung *f*; **p. date** Dividendentermin *m*; **p. policy** Ausschüttungs-, Dividendenpolitik *f*; **p. rate** Ausschüttungs-, Dividendensatz *m*

pay package Gehalt und Nebenbezüge, Vergütung *f*, (Gesamt)Vergütungspaket *nt*; **p. packet** Lohntüte *f*; **p. parity** Lohngleichheit *f*; **p.phone** *n* ☎ Münztelefon *nt*, öffentlicher Fernsprecher; **p. policy** Lohn-, Gehalts-, Tarifpolitik *f*; **p. rate** Lohn- und Gehaltstarif *m*; **effective p. rate** Effektivlohn *m*; **p. reduction** Gehalts-, Lohnkürzung *f*; **p. rise** Lohn-, Gehaltserhöhung *f*; **across-the-board p. rise** lineare Lohn-/Gehaltserhöhung *f*

payroll *n* 1. Lohn-, Gehaltsliste *f*; 2.Belegschaft *f*; 3. Belegschafts-, Beschäftigtenzahl *f*, Zahl der Mitarbeiter/Beschäftigten; **off the p.** arbeitslos; **total p.** Bruttolohnsumme *f*; **p. accounting** Lohn- und Gehaltsabrechnung *f*; **p. clerk** Lohnbuchhalter(in) *m/f*; **p. costs** Lohn-, Personalkosten *pl*, P.aufwand *m*; **p. deductions** Lohn-, Gehaltsabzüge *pl*; **p. office** Lohnbüro *nt*; **p. period** Lohn-, Gehaltsabrechnungszeitraum *m*; **p. records** Lohn(- und Gehalts)aufzeichnungen *pl*; **p. tax** *[US]* Lohn(summen)steuer *f*; **p. television** *[US]* Kabel-, Satellitenfernsehen *nt*

pay round Lohn-, Tarifrunde *f*; **p. scale/schedule** Lohntarif *m*, Gehaltsskala *f*; **p. settlement** Tarifabschluss *m*; **p. slip** Lohn-, Gehaltsstreifen *m*, Lohn-, Gehaltsabrechnung *f*; **p. supplement** Lohn-, Gehaltszulage *f*; **p. talks** Lohn-, Tarifverhandlungen *pl*

peace *n* Frieden *m*; **industrial p.** Arbeitsfrieden *m*, sozialer Frieden; **P. Corps** *[US]* Entwicklungsdienst *m*; **~ worker** Entwicklungshelfer(in) *m/f*
peak *n* 1. Spitze *f*, Gipfel *m*, Scheitel-, Höhepunkt *m*; 2. Höchststand *m*; 3. Konjunkturgipfel *m*; **p. of inflation** Inflationsgipfel *m*; **all-time p.** absoluter/historischer Höchststand; **interim p.** Zwischenhoch *nt*; **seasonal p.** Saisonspitze *f*; **p.** *v/i* Höchststand/höchsten Punkt erreichen; *adj* Spitzen-, Haupt-, Höchst-; **p. capacity** Spitzenkapazität *f*; **p. period** Hochsaison *f*, Stoßzeit *f*
pecuniary *adj* geldlich, Geld-
ped|dle *v/t* hausieren; **(itinerant) p.dler** *[US]***/p.lar** *[GB] n* Hausierer(in) *m/f*, ambulante(r) Händler(in)
pedestrian *n* Fußgänger(in) *m/f*; **p. mall** *[US]***/precinct** *[GB]* Fußgängerzone *f*, F.bereich *m*
peer *n* Gleichrangige(r) *f/m*; **p. review** betriebsfremde Prüfung der Arbeitsqualität
peg *n* Kurs-, Markt-, Preisstützung *f*; **off the p.** von der Stange; **adjustable p.** *(Währung)* veränderliche Parität; **crawling p.** gleitende Parität/Bandbreiten; **p. (to)** *v/t* 1. *(Währung)* festsetzen; 2. anbinden an
pegging *n* Preis-, Kursstützung *f*; **p. of exchange rates** Kursbindung *f*; **~ interest rates** Zinsbindung *f*; **~ prices** Preis-, Kursstützung *f*
penalty *n* § (gesetzliche) Strafe *f*, Geld-, Konventionalstrafe *f*, Bußgeld *nt*; **on/under p. of** bei Strafe von; **p. for breach/non-fulfilment/non-performance of contract** Vertrags-, Konventionalstrafe *f*; **~ delay/delayed delivery** Verzugsstrafe *f*; **~ a tax offence** Steuerstrafe *f*; **to carry a p.** strafbar sein
administrative penalty § Zwangsgeld *nt*, Ordnungsstrafe *f*; **contractual/conventional p.** Konventional-, Vertragsstrafe *f*; **financial/pecuniary p.** Geldstrafe *f*; **late-payment p.** Verspätungszuschlag *m*; **legal p.** Vertrags-, Konventionalstrafe *f*
penalty clause/provision Strafbestimmung *f*; **p. cost** Fehlmengenkosten *pl*; **p. notice** Bußgeld-, Strafbescheid *m*; **p. payment** Zahlung der Konventionalstrafe, Zwangsgeld *nt*; **p. surcharge** Säumniszuschlag *m*; **p. tax** Prohibitivsteuer *f*
pending *adj* § (an)hängig, schwebend; *prep* während, bis zu

PQ

penetrate *v/t* eindringen in, durchdringen
penetration *n* 1. Durchdringung *f*; 2. Marktanteil *m*; **p. of the market** Marktanteil *m*; **p. price strategy; p. pricing** auf Marktdurchdringung gerichtete Preispolitik, Niedrigpreisstrategie *f*
penny *n* Pfennig *m*, Groschen *m*; **p. share** *[GB]***/stock** *[US]* Kleinaktie *f*; **p. shop/store** Kleinpreis-, Billigwarengeschäft *nt*
pension *n* Pension *f*, (Alters)Rente *f*, Ruhegehalt *nt*, R.geld *nt*; **p.s** 1. Rentenbezüge *pl*; 2. *(Bilanz)* Pensionsverpflichtungen *pl*; **p. and retirement plans** *(Bilanz)* Pensionsverpflichtungen *pl*; **eligible for a p.** pensions-, rentenberechtigt, ruhegehaltsfähig
to carry a pension *(Anstellung)* zu einer Pension berechtigen; **to draw a p.** Rente beziehen; **to qualify for a p.** rentenberechtigt sein; **to receive a p.** Rente beziehen; **to retire on a p.** in Rente/Pension gehen, sich pensionieren lassen
basic pension Grundrente *f*; **contributory p.** beitragspflichtige Rente; **earnings-related p.** einkommensbezogene Rente; **existing p.** Bestandsrente *f*; **graduated p.** Staffelrente *f*; **index-linked/indexed p.** dynamische/dynamisierte Rente; **industrial p.** Betriebsrente *f*; **new p.** Zugangsrente *f*; **non-contributory p.** beitragsfreie Rente; **occupational p.** Betriebsrente *f*; **old-age p.** (Alters)Rente *f*, A.versorgung *f*; **portable p.** übertragbare Rente; **second p.** Zweitrente *f*; **supplementary p.** Zusatzrente *f*; **wage-related p.** lohnbezogene Rente
pension off *v/t* in den Ruhestand versetzen
pensionable *adj* anrechnungs-, renten-, ruhegehaltsfähig
pension accrual Pensionsrückstellung *f*; **p. adjustment** Rentenanpassung *f*; **statutory p. age** gesetzliches Rentenalter; **p. annuity** Altersrente *f*; **p. applicant** Rentenantragsteller(in) *m/f*; **p. assessment** Rentenbemessung *f*; **p. benefits** Rentenleistungen *pl*; **p. commitment** Pensionszusage *f*; **p. contribution** Rentenbeitrag *m*; **state earnings-related p. contributions** *[GB]* Beiträge zur gesetzlichen Rentenversicherung; **p. entitlement** Rentenanspruch *m*
pensioner *n* 1. Rentner(in) *m/f*; 2.

Renten-, Ruhegeldempfänger(in) *m/f*, Ruheständler(in) *m/f*; **old-age p. (OAP)** (Alters)Rentner(in) *m/f*; **p. household** Rentnerhaushalt *m*

pension fund Rentenversicherung(sträger) *m*, Pensionskasse *f*; **p. increase** Rentenerhöhung *f*; **p.s insurance** Rentenversicherung *f*; **statutory ~ fund** gesetzliche Rentenversicherung; **p. level** Rentenhöhe *f*; **p. notice** Rentenbescheid *m*; **p. payment** Rentenzahlung *f*, Versorgungsleistung *f*; **p. plan** Rentenversicherung *f*, Altersversorgung *f*, Ruhegehaltsregelung *f*; **industrial p. plan** betriebliche Altersversorgung; **p. prospect** Rentenanwartschaft *f*; **p. provision(s)/reserve** Pensionsrückstellung *f*; **p. rights** Renten-, Ruhegeld-, Ruhegehaltsanspruch *m*

pension scheme Rentenversicherung *f*; **contributory p. s.** beitragspflichtige Rentenversicherung; **earnings-related p. s.** einkommensbezogene Altersversorgung/ Rentenversicherung; **state ~ p. s. (SERPS)** *[GB]* staatliche einkommensbezogene Rentenversicherung; **occupational p. s.** betriebliche Altersversorgung; **statutory p. s.** gesetzliche Rentenversicherung; **voluntary p. s.** freiwillige Altersversorgung

people *n* Leute *f*; **gainfully employed p.** Erwerbs-, Berufstätige *pl*; **moneyed p.** reiche Leute; **professional p.** Angehörige der freien Berufe, Akademiker *pl*; **p. management** Personalwesen *nt*, P.führung *f*

peppercorn rent *n* 1. nomineller/symbolischer Pachtzins; 2. symbolische Miete

per annum (p.a.) *(lat.)* jährlich, pro Jahr

p/e (price/earnings) ratio Kurs-Gewinn-Verhältnis *nt*

people-based *adj* mit Menschen

per capita *adj* *(lat.)* pro Kopf; **p. cent** Prozent *nt*; prozentig

percentage *n* 1. Prozent(satz) *nt/m*; 2. Provision *f*, Gewinnbeteiligung *f*; **p. of defective items** Ausschussanteil *m*; **~ sales** Umsatzbeteiligung *f*; **average p.** Durchschnittsprozentsatz *m*; **retained/ uninsured p. (of loss)** Haftungs-, Verlustbeteiligung *f*

on a percentage basis prozentual; **p. change** Veränderung in Prozent; **p. defective** Ausschussprozentsatz *m*; **p. distribution** 📊 Prozentverteilung *f*, prozentuale Verteilung; **p. excess** *(Vers.)* Selbstbeteiligung *f*; **p. lease** Mietvertrag mit Umsatzanteil; **p. point** Prozentpunkt *m*; **p. premium** Anteilsprämie *f*; **annual(ized) p. rate (APR) (of interest)** Jahreszins(satz) *m*; **p. return on total capital employed** Gesamtkapitalrentabilität *f*; **~ on sales** Gewinn in Prozent des Umsatzes; **p. share** prozentualer Anteil; **in p. terms** prozentual, in Prozent ausgedrückt

per contra als Gegenbuchung; **~ item** Gegen-, Ausgleichsposten *m*; **p. diem** *(lat.)* pro Tag

perequation levy *n* *[EU]* Ausgleichsumlage *f*; **p. payment** Ausgleichszahlung *f*

perform *v/ti* 1. (Leistung) erbringen; 2. leisten; 3. sich entwickeln; 4. ⚙ funktionieren, arbeiten

performance *n* 1. (Arbeits-/Betriebs)Leistung *f*, Leistungserstellung *f*, L.erfüllung *f*, Effizienz *f*; 2. *(Aufgabe)* Verrichtung *f*, Ausführung *f*; 3. *(Investition)* Erfolg *m*, Ergebnis *nt*, Entwicklung *f*, Anlageerfolg *m*; 4. § (Vertrags)Erfüllung *f*

performance of contract Vertragserfüllung *f*; **~ a contract of sale** Erfüllung eines Kaufvertrages; **p. and counterperformance** Leistung und Gegenleistung; **p. of a/one's duty** Pflichterfüllung *f*; **p. in kind** Sachlieferung *f*, S.leistung *f*; **~ lieu of payment** Leistung an Zahlungs statt; **p. of a sale** Erfüllung eines Kaufvertrags; **~ shares** *[GB]***/stocks** *[US]* *(Börse)* Kursentwicklung *f*

to guarantee performance Delkredere übernehmen; **to improve p.** Leistung verbessern; **to refuse p.** Leistung verweigern; **to tender p.** Leistung anbieten/andienen

actual performance Istleistung *f*; **average p.** Durchschnittsleistung *f*; **budgeted p.** geplante Leistung; **contractual p.** Vertragserfüllung *f*; **corporate p.** Unternehmensentwicklung *f*; **defective p.** Schlechterfüllung *f*, Leistungsstörung *f*; **delayed p.** Verzug *m*; **divisional p.** Spartenergebnis *nt*; **economic p.** Wirtschaftsleistung *f*; **environmental p.** umweltbewusstes Verhalten; **financial p.** finanzielles Abschneiden; **improved ~ p.** verbessertes Finanzergebnis; **increased p.** Mehrleistung *f*; **industrial p.** wirtschaftliche Leistung; **lacklustre p.** 1. schwache Leistung; 2. *(Börse)* lustlose Stimmung; **managerial p.** Leistung der

Unternehmensführung; **on-the-job p.** Arbeitsleistung *f*; **operational p.** Wirtschaftlichkeit *f*, Rentabilität *f*; **overall p.** Gesamterfolg *m*; **own p.** Eigenleistung *f*; **capitalized ~ p.** aktivierte Eigenleistung; **part p.** Teilerfüllung *f*, T.leistung *f*; **standard p.** Planleistung *f*; **last year's p.** Vorjahresergebnis *nt*

performance accounting Leistungsrechnung *f*; **p. appraisal** Personal-, Leistungsbeurteilung *f*; **p. bid** *[US]* Liefergarantie *f*; **p. bond** (Gewähr)Leistungs-, Liefergarantie *f*; **p. bonus** Leistungsprämie *f*, L.zulage *f*; **p. check** Effizienzkontrolle *f*; **p. data** Leistungsangaben *pl*; **p. date** Erfüllungstag *m*; **p.-geared** *adj* leistungsorientiert; **p. guarantee** (Gewähr)Leistungs-, Liefergarantie *f*; **p. improvement** Ergebnis-, Ertrags-, Leistungssteigerung *f*; **p. incentive** Leistungsanreiz *m*; **p. indicator** Leistungsmaßstab *m*; **p. level** Leistungsgrad *m*, L.niveau *nt*; **p.-linked** *adj* leistungsbezogen; **p. measurement** Leistungs(be)messung *f*; **p.-minded** *adj* leistungsorientiert; **p. pay** leistungsbezogene Vergütung; **p. rate** Anlageerfolgsziffer *f*; **p. rating** Leistungs(be)messung *f*; **p. record** Leistungs-, Tätigkeitsnachweis *m*, Leistungsbilanz *f*; **p.-related** *adj* leistungsbezogen; **p. review** Erfolgskontrolle *f*; **p. standard** Leistungsnorm *f*, L.standard *m*; **p. target** Planleistung *f*, Vorgabe *f*; **p. warranty** (Gewähr)Leistungs-, Erfüllungsgarantie *f*

performer *n* Erfolgsaktie *f*; **high p.** 1. Erfolgsaktie *f*; 2. Leistungsträger *m*; **top p.** Spitzenwert *m*, Börsenliebling *m*

peril *n* Gefahr *f*, Risiko *nt*; **p.s of the seas** Seerisiken *pl*; **common p.** *(Vers.)* gemein(sam)e Gefahr

period *n* Periode *f*, Zeitabschnitt *m*, Laufzeit *f*, Dauer *f*; **within the p. stipulated** fristgerecht

period set for acceptance Annahmefrist *f*; **p. of amortization** Abschreibungszeit *f*; **~ assessment** Veranlagungszeitraum *m*; **p. under audit** *(Revision)* Prüfungsabschnitt *m*; **p. of benefit** 1. *(Zahlungen)* Begünstigungszeitraum *m*; 2. *(Vers.)* Leistungsdauer *f*; **p. (allowed) for cancellation** Rücktrittsfrist *f*; **p. for claims/complaints** Rügefrist *f*; **p. of collection** *(Steuer)* Erhebungszeitraum *m*; **p. fixed for completion** Fertigungs-, Fertigstellungsfrist *f*; **p. of consolidation** Konsolidierungsphase *f*; **~ cover(age)** Versicherungszeitraum *m*, V.dauer *f*; **~ credit** Zahlungsziel *nt*, Z.frist *f*; **~ delay** Wartefrist *f*; **~ disability** Dauer der Arbeitsunfähigkeit; **~ employment** Beschäftigungsdauer *f*, B.zeit *f*; **~ grace** Frist *f*, (Zahlungs)Aufschub *m*; **~ guarantee** Gewährleistungs-, Garantiefrist *f*; **~ high interest (rates)** Hochzinsperiode *f*; **lock-down p. for interest rates** Zinsbindungsdauer *f*; **p. of a loan** Laufzeit einer Anleihe; **~ maturity** Fristigkeit *f*; **~ the mortgage** Laufzeit der Hypothek; **~ notice** Kündigungsfrist *f*; **statutory ~ notice** gesetzliche Kündigungsfrist; **p. allowed for filing a notice of defect** Mängelrügefrist *f*; **p. for objection** Einspruchsfrist *f*; **p. of payment; p. allowed for payment** Zahlungsziel *nt*, Z.frist *f*; **p. of redemption/repayment** Tilgungsdauer *f*; **~ registration** Anmeldefrist *f*; **~ respite** Zahlungsaufschub *m*; **p. under review** Berichtszeit(raum) *f/m*; **p. of service** Dienstzeit *f*; **p. for shipment** Ladeschluss *m*; **p. of stockholding** Lagerzeit(raum) *f/m*; **p. for taking delivery** Abnahmefrist *f*; **p. of transport** Beförderungszeit *f*; **~ validity** Gültigkeitsdauer *f*

the same period last month Vormonatszeitraum *m*; **~ last year** Vorjahresperiode *f*, V.zeitraum *m*

base period Basiszeitraum *m*; **bonded p.** ⊖ Zolllagerfrist *f*; **budgeted p.** Planperiode *f*; **claim-free p.** *(Vers.)* schadensfreie Zeit; **comparable/corresponding p.** Vergleichszeitraum *m*; **contractual p.** Vertragsdauer *f*, V.zeitraum *m*; **eligible p.** Versicherungszeit *f*; **formative p.** *(Firma)* Gründungsphase *f*; **idle p.** ⚙ Leerlauf-, Stillstandszeit *f*; **interim p.** Übergangszeit *f*; **lead-in p.** Einarbeitungszeit *f*; **lean p.** Durststrecke *f (fig)*; **loss-making p.** Verlustzeitraum *m*; **non-contributory p.s** *(Sozialvers.)* beitragsfreie Zeiten; **one-year p.** Jahresfrist *f*; **probationary p.** Probezeit *f*; **qualifying p.** 1. Probe-, Wartezeit *f*; 2. *(Vers.)* Karenz(zeit) *f*, Sperrfrist *f*; **redemption-free p.** tilgungsfreie Jahre/Zeit; **within the set p.** fristgerecht; **statutory p.** 1. gesetzliche Frist; 2. Verjährungsfrist *f*; **taxable p.** Veranla-

PQ

gungszeitraum *m*; **waiting p.** Sperrfrist *f*, Wartezeit *f*; **year-ago p.** Vorjahreszeitraum *m*
period analysis Periodenanalyse *f*; **p. cost(s)** Periodenkosten *pl*
periodical *n* Zeitschrift *f*
period insured Versicherungsdauer *f*; **p. output** Periodenleistung *f*
perishable *adj* leicht verderblich, begrenzt haltbar; **p.s** *n* kurzlebige/verderbliche Konsumgüter
perk *n* *(coll)* Zuwendung *f*, Nebenleistung *f*, Vergünstigung *f*; **p.s** freiwillige Sonder-/Sozialleistungen
permanent *adj* 1. ständig, dauerhaft, fortlaufend; 2. unkündbar
permission *n* Erlaubnis *f*, Genehmigung *f*; **p. to trade** Zulassung zum Gewerbebetrieb; **to grant p.** Genehmigung erteilen; **to refuse p.** Genehmigung verweigern; **by special p.** mit besonderer Genehmigung/Erlaubnis
permit *n* 1. Genehmigung *f*, Erlaubnis *f*; 2. Ausweis *m*, Passierschein *m*; 3. ⊖ Zoll(abfertigungs)schein *m*; **official p.** behördliche Genehmigung; **p. holder** Erlaubnisscheininhaber *m*; **p. number** Zulassungsnummer *f*
per pro(curationem) (p.p.) *(lat.)* im Auftrage (i.A.), in Vertretung (i.V.)
perquisite(s) *n* Nebenbezüge *pl*
person *n* Person *f*, Persönlichkeit *f*; **p.s of employable age** Erwerbspersonenpotenzial *nt*; **p. in charge** (Sach)Bearbeiter(in) *m/f*, Verantwortliche(r) *f/m*; **p. authorized to take delivery** Empfangsbevollmächtigte(r) *f/m*; **p. in gainful employment** Erwerbsperson *f*; **p.s on fixed income** Bezieher fester Einkommen; **p. in law** § juristische Person, Rechtspersönlichkeit *f*; **p. held liable** Haftungsschuldner(in) *m/f*; **p. out of/without work** Erwerbslose(r) *f/m*
assessed person Veranlagte(r) *f/m*; **authorized p.** Ermächtigte(r) *f/m*, bevollmächtigte Person; **eligible p.** (Anspruchs)Berechtigte(r) *f/m*; **employable p.** Erwerbsfähige(r) *f/m*; **gainfully employed p.** Berufs-, Erwerbstätige(r) *f/m*; **entitled p.** Anspruchsberechtigte(r) *f/m*; **insured p.** Versicherungsnehmer(in) *m/f*; **jobless p.** Arbeits-, Erwerbslose(r) *f/m*; **legal p.** juristische Person, Rechtspersönlichkeit *f*; **natural/physical p.** natürliche Person; **responsible p.** verantwortliche Person; **self-employed p.** Selbstständige(r) *f/m*, Freiberufler(in) *m/f*; **taxable p.** Steuerpflichtige(r) *f/m*; **unemployed p.** Arbeitslose(r) *f/m*
personal *adj* persönlich, individuell, personengebunden
personality *n* 1. Persönlichkeit *f*; 2. *(Ware)* Profil *nt*; **corporate/legal p.** § juristische Person, Rechtspersönlichkeit *f*, juristisch selbstständige Körperschaft
personalize *v/t* persönlich/individuell gestalten
personnel *n* ↘ **staff** (Betriebs)Personal *nt*, Belegschaft *f*, Mitarbeiter *pl*, Beschäftigte *pl*
administrative personnel Verwaltungskräfte *pl*; **executive/managerial p.** Führungskräfte *pl*, leitende Angestellte; **permanent p.** fest angestelltes Personal; **professional p.** Fachpersonal *nt*; **salaried p.** Gehaltsempfänger *pl*, Angestellte *pl*; **skilled p.** geschultes Personal, Fachkräfte *pl*; **supervisory p.** Aufsichtskräfte *pl*, A.personal *nt*; **temporary p.** Aushilfspersonal *nt*, A.kräfte *pl*
personnel accounting Gehalts-, Lohnbuchhaltung *f*; **p. administration** Personalbereich *m*; **p. consultant** Personalberater(in) *m/f*; **p. costs** Personalaufwand *m*, Lohnkosten *pl*; **p. cutback** Personal-, Belegschaftsabbau *m*; **p. department** Personalabteilung *f*, P.büro *nt*; **p. director** Personalleiter(in) *m/f*, P.chef(in) *m/f*, Leiter(in) der Personalabteilung; **p. function** Personalbereich *m*; **p. information system (PIS)** Personalinformationssystem *nt*; **p. management** Personalwesen *nt*, P.-, Mitarbeiterführung *f*; **p. manager** Personalleiter(in) *m/f*, P.chef(in) *m/f*, Leiter(in) der Personalabteilung; **p. mobility** Personalfluktuation *f*; **p. office** Personalbüro *nt*; **p. officer** Personalsachbearbeiter(in) *m/f*; **p. placement** Personaleinsatz *m*; **p. planning** Personalplanung *f*; **p. recruitment** Personalbeschaffung *f*; **p. reduction** Stellenabbau *m*; **p. strength** Belegschaftsstärke *f*; **p. training** Personalfortbildung *f*; **p. turnover** Personalfluktuation *f*
per|suade *v/i* überreden; **p.suasion** Überzeugung *f*, Ausrichtung *f*; **p.suasive** *adj* überzeugend, Überredungs-; **p.tinent** *adj* 1. einschlägig, sachdienlich; 2. angemessen

petition *n* 1. § Antrag *m*; 2. Gesuch *nt*; **p. in bankruptcy** Konkurs(eröffnungs)antrag *m*; **p. for cancellation** Löschungsklage *f*; **~ composition** Vergleichsantrag *m*; **p. in insolvency** Konkursklage *f*; **p. for the winding up (of a company)** Liquidationsantrag *m*; **~ the compulsory winding-up** Antrag auf Zwangsliquidation; **to enter/file a p.** Antrag/Gesuch einreichen; **~ in bankruptcy** Konkurs anmelden, Konkursantrag stellen; **to grant a p.** einem Antrag stattgeben; **to refuse a p.** Gesuch ablehnen; **p.** *v/t* Eingabe machen, Gesuch einreichen; **p.er** *n* Antragsteller(in) *m/f*

petro|chemical *n* Mineralölerzeugnis *nt*; *adj* petrochemisch; **p.currency** *n* Petro-, Ölwährung *f*; **p.dollar** *n* Öldollar *m*

petrol *n* *[GB]* Benzin *nt*, Kraftstoff *m*; **lead-free/unleaded p.** bleifreies Benzin; **p. duty** Benzinsteuer *f*

petroleum *n* Roh-, Erd-, Mineralöl *nt*; **liquefied p. gas (LPG)** Flüssiggas *nt*; **p. (revenue) tax** Mineralölsteuer *f*

petrol retailer Tankstellenbetreiber *m*; **p. station** Tankstelle *f*; **p. tax** Benzinsteuer *f*

pharmaceutical|s *n* 1. Pharmaprodukte *pl*, Arzneimittel *pl*; 2. *(Börse)* Pharmawerte *pl*, P.aktien *pl*, P.titel *pl*; **p.s group** Arzneimittelkonzern *m*; **p.(s) industry** pharmazeutische Industrie

phase *n* 1. Phase *f*, Stadium *nt*; 2. Entwicklungsabschnitt *m*; 3. *(Fertigung)* Takt *m*; **p. of a cycle** Konjunkturphase *f*; **~ financing** Finanzierungsabschnitt *m*; **downward p.** Abschwungphase *f*; **high-interest p.** Hochzinsphase *f*; **pre-contractual p.** Planungsphase *f*; **start-up p.** Anlaufphase *f*; **upward p.** Aufschwungphase *f*

phase *v/t* stufenweise abwickeln/einführen; **p. in** (schrittweise) einführen; **p. out** (schrittweise) abbauen, auslaufen lassen, abwickeln

phase|-in *n* (schrittweise) Einführung *f*; **p.-out** *n* (schrittweiser) Abbau *m*

phasing *n* Synchronisierung *f*, Gleichschaltung *f*

phone *n* Telefon *nt*, Fernsprecher *m*; **by p.** telefonisch, fernmündlich; **on the p.** am Apparat; **p.** *v/t* anrufen, telefonieren; **cellular/mobile p.** Funk-, Mobiltelefon *nt*, Handy *nt (coll)*; **p. card** Telefonkarte *f*; **p. number** Telefon-, Fernsprechnummer *f*

phrase *n* Phrase *f*, Ausdruck *m*; **opening p.** *(Brief)* Eingangsformel *f*

pick *v/t* 1. aussuchen, auswählen; 2. kommissionieren; 3. pflücken, ernten

picket *n* Streikposten *m*; **secondary p.** betriebsfremder Streikposten; *v/t* Streikposten stehen/aufstellen, bestreiken; **p.-ing** *n* Aufstellung von Streikposten, Bestreiken *nt*; **secondary p.ing** Bestreiken eines mittelbar betroffenen Betriebs; **p. line** Streikpostenkette *f*

picking *n* 1. *(Lager)* Kommissionieren *nt*, Auftragszusammenstellung *f*; 2. Lese *f*, Ernte *f*; **p.s** *(fig)* Gewinn(e) *m/pl*; **p. up of orders** Belebung des Auftragseingangs; **p. area** *(Lager)* Griffbereich *m*; **p. costs** Kommissionierkosten *pl*; **p. store** Kommissionierlager *nt*

pick-up *n* 1. *(Konjunktur)* (Wieder)Anstieg *m*, Erholung *f*; 2. Kleinlieferwagen *m*, K.transporter *m*; **p. in economic activity** wirtschaftliche/konjunkturelle Erholung; **p. and delivery** Abholung und Auslieferung *f*; **p. in demand** Nachfragebelebung *f*; **~ orders** Verbesserung der Auftragslage; **p. truck** Klein-, Leichtlastwagen *m*, (Klein)Transporter *m*

pie *n* Kuchen *m (fig)*; **economic p.** *(fig)* (verteilbares) Sozialprodukt *nt*

piece *n* Stück *nt*, S.einheit *f*, S.zahl *f*; **p. of equipment** Ausrüstungsgegenstand *m*; **to be paid by the p.** im Akkord bezahlt werden, Akkordlohn erhalten; **to sell by the p.** en detail *[frz.]*/stückweise verkaufen; **p. costs** Stückkosten *pl*; **p. goods** Meter-, Stückware *f*; **p. incentive system** Prämienstücklohn *m*

piece rate Akkord-, Stücklohn(satz) *m*; **standard p. r.** Akkordrichtsatz *m*; **p. r. bonus/earnings** Akkordlohn *m*; **~ work** Akkordarbeit *f*

piecework *n* Akkordarbeit *f*; **p. bonus** Akkordzuschlag *m*; **p. earnings** Akkord-, Stücklohnverdienst *m*; **p.er** *n* Akkordarbeiter(in) *m/f*; **p. rate** Akkord-, Stücklohn(satz) *m*

pie chart/diagram Tortengrafik *f*, Kreisdiagramm *nt*

pier *n* Kai *m*, Pier *m/f*; **p. dues** Hafen-, Kaigeld *nt*

pigeonhole *n* (Abhol-/Ablage)Fach *nt*; *v/t* zu den Akten legen

piggy|back (service) *n* / Kombi-, Huckepack-, Ro-Ro-Verkehr *m*, kombinierter Ladungsverkehr (KLV); **~ transport** Huckepackverkehr *m*; **p. bank** Sparbüchse *f*, S.dose *f*, S.schwein *nt*

pile *n* Stapel *m*, Stoß *m*, großer Haufen; **p. (up)** *v/ti* (auf)stapeln, (auf)schichten; **p.-up of resources** *n* Mittelstau *m*; **~ investment projects** Investitionsstau *m*

pilfer *v/t* klauen *(coll)*; **p.age; p.ing** *n* Bagatell-, Kleindiebstahl *m*, (geringfügiger) Diebstahl *m*

pilot *n* 1. ⚓ Lotse *m*; 2. ✈ Pilot(in) *m/f*, Flugzeugführer(in) *m/f*; **p. advertising** Testwerbung *f*; **p. company** 1. Musterbetrieb *m*; 2. Pilotunternehmen *nt*; **p. farm** 🚜 landwirtschaftlicher Musterbetrieb; **p. interview(ing)** Pilotbefragung *f*; **p. lot** 🏭 Null-, Vorserie *f*; **p. plant** 🏭 Musterbetrieb *m*, Demonstrationsanlage *f*; **p. product** *[EU]* Leiterzeugnis *nt*; **p. scheme** Versuchsprojekt *nt*, Pilotprogramm *nt*; **p. series** Vor-, Nullserie *f*; **p. stage** Entwicklungsstadium *nt*, Erprobungsstufe *f*; **p. study** Leit-, Modellstudie *f*; **p. survey** Voruntersuchung *f*, Testerhebung *f*

PIN number *(Bank)* Geheimnummer *f*

pioneer *n* Pionier(in) *m/f*, Vorreiter(in) *m/f*; *v/t* Pionierarbeit leisten, bahnbrechend sein; **p.ing** *adj* bahnbrechend, innovativ

pipeline *n* Rohrleitung *f*; **in the p.** *(fig)* 1. in Vorbereitung; 2. unterwegs, auf dem Transport; **long-distance p.** Rohrfernleitung *f*

piracy *n* ✂ Plagiat *nt*, Raubdruck *m*

pirate *v/t* plagiieren, unerlaubt nachdrucken; **p.-proof** *adj* raubdrucksicher

pit *n* 1. ⚒ Bergwerk *nt*; 2. *[US]* Börsensaal *m*, Maklerstand *m*

pitch *n* 1. Maklerstand *m*; 2. aggressives Verkaufsgespräch

pithead *n* ⚒ Schachteingang *m*; **p. price** Preis ab Zeche; **p. stocks** Kohlenhalden *pl*, Haldenbestände *pl*

pit trader *(Börse)* Makler für eigene Rechnung

p & l (profit and loss) Gewinn und Verlust (GuV); **p & l account** GuV-Rechnung *f*; **p & l item** *(Bilanz)* Posten in der Gewinn- und Verlustrechnung (GuV); **p & l sheet** Gewinn- und Verlustrechnung (GuV) *f*

place *n* 1. Ort *m*, Platz *m*, Stelle *f*; 2. *(Unternehmen)* Sitz *m*

place of activity Wirkungsstätte *f*; **~ administration** Verwaltungssitz *m*; **~ business** 1. Geschäftssitz *m*; 2. Produktions-, Betriebsstätte *f*; 3. (Handels)Niederlassung *f*; **principal ~ business** Haupt(betriebs)sitz *m*, H.niederlassung *f*; **~ consumption** Verbrauchsort *m*; **~ delivery** Lieferort *m*; **~ departure** Abgangsort *m*; **~ destination** Ziel-, Bestimmungsort *m*; **~ discharge** Löschplatz *m*; **~ dispatch** Versandort *m*; **~ employment** Arbeitsplatz *m*; **~ establishment** Ort der Niederlassung; **p. (and date) of issue** Ort (und Tag) der Ausstellung; **p. of jurisdiction/litigation** Gerichtsstand *m*; **~ lodg(e)ment** Hinterlegungsort *m*; **~ manufacture** Betriebsstätte *f*; **~ origin** Aufgabe-, Ursprungsort *m*; **~ payment** 1. Erfüllungsort *m*; 2. *(Wechsel)* Domizilort *m*; **~ performance** Erfüllungsort *m*; **~ presentation** Vorlageort *m*; **~ production** Betriebsstätte *f*; **~ residence** Wohnsitz *m*; **~ shipment** Verladestation *f*; **~ trans(s)hipment** Umschlagplatz *m*; **~ unloading** Entladeort *m*; **~ work** Arbeitsstätte *f*

to be in place gültig sein, vorhanden sein

place *v/t* 1. platzieren, unterbringen; 2. *(Anzeige)* aufgeben; **p. so.** *(Stelle)* jdn vermitteln

placement *n* 1. *(Emission)* Platzierung *f*, Unterbringung *f*; 2. *(Arbeit)* Vermittlung *f*, Einstellung *f*; **p. of an issue** Unterbringung/Platzierung einer Emission; **~ labour** Vermittlung von Arbeitskräften; **direct p.** *(Emission)* Direktplatzierung *f*; **industrial p.** Betriebspraktikum *nt*; **private p. business** *(Emission)* Privatplatzierungsgeschäft *nt*; **~ market** privater Kapitalmarkt; **public p.** öffentliche Platzierung; **p. agency** Stellenvermittlung(sbüro) *f/nt*; **p. fee** 1. Vermittlungsgebühr *f*; 2. Kreditvermittlungsprovision *f*; **p. officer** Stellenvermittler(in) *m/f*; **p. service** Arbeits-, Stellenvermittlung *f*; **p. volume** Platzierungsvolumen *nt*

placing *n* *(Emission)* Platzierung *f*, Unterbringung *f*; **p. of a loan** Begebung einer Anleihe; **~ an order** Auftragsvergabe *f*; **initial p.** Erstplatzierung *f*; **private p.** private Unterbringung; **public p.** öffentliche Platzierung; **p. price** Emissionskurs *m*; **p. volume** Platzierungsvolumen *nt*

plagiarism *n* Plagiat *nt*, Diebstahl geistigen Eigentums

plaintiff *n* § (Privat)Kläger(in) *m/f*; **to find for the p.** zu Gunsten des Klägers entscheiden; **chief/principal p.** Hauptkläger(in) *m/f*; **joint p.** Nebenkläger(in) *m/f*; **p.'s counsel** Prozessbevollmächtigte(r) *f/m*; **~ title** klägerischer Rechtstitel

plan *n* Plan *m*, Programm *nt*, Entwurf *m*; **p. to work from** Arbeitsvorlage *f*; **to implement a p.** Plan ausführen; **to shelve a p.** Plan einstweilig zurückstellen

corporate plan Firmen-, Konzernplan *m*; **economic p.** Wirtschaftsplan *m*; **five-year p.** Fünfjahresplan *m*; **incentive p.** Anreizsystem *nt*; **long-range p.** langfristiger Plan; **medium-term p.** mittelfristiger Plan; **operational p.** Operationsplan *m*; **phased p.** Stufenplan *m*; **short-range p.** Plan für die unmittelbare Zukunft; **structural p.** Strukturkonzept *nt*, S.plan *m*

plan *v/t* vorsehen, planen, projektieren

plan|holder *n* 1. Versicherungsnehmer *m*; 2. *(Investmentfonds)* Anleger *m*; **p. manager** (Fonds)Verwalter *m*

planning *n* Planung *f*, Disposition *f*, Projektierung *f*, Bewirtschaftung *f*; **p. of activity levels** Beschäftigungsplanung *f*; **~ funding requirements** Mittelplanung *f*; **~ personnel requirements** Personalbedarfsplanung *f*

aggregate planning Globalplanung *f*; **bottom-up p.** progressive Planung; **corporate p.** betriebliches Planungswesen, Unternehmensplanung *f*; **detailed p.** Feinplanung *f*; **economic p.** Wirtschaftsplanung *f*, volkswirtschaftliche Gesamtplanung; **environmental p.** Umweltgestaltung *f*; **financial/fiscal p.** Finanzplanung *f*; **fine-tune(d) p.** Detail-, Feinplanung *f*; **governmental p.** Wirtschaftslenkung *f*; **least-cost p.** *[US]* integrierte Bedarfsplanung; **locational p.** Standortplanung *f*; **managerial p.** Unternehmensplanung *f*; **operational p.** betriebliche Planung; **outline p.** Grobplanung *f*; **regional p.** Raumordnung *f*; **strategic p.** strategische Planung; **urban p.** Stadtplanung *f*

planning agreement Investitionslenkung *f*; **p. application** 🏛 Antrag auf Erteilung einer Baugenehmigung; **p. authority** Bau(planungs)amt *nt*; **p. competence** Planungshoheit *f*; **p. control** 1. Planungskontrolle *f*; 2. 🏛 Bauaufsicht *f*; **p. cost(s)** Projektierungskosten *pl*; **p. department** (Bau)Planungsabteilung *f*; **p. documents** Dispositionsunterlagen *pl*; **p. engineer** Verfahrenstechniker *m*; **p. mistake** Fehlplanung *f*; **p. period** Plan(ungs)periode *f*; **p. permission** 1. 🏛 Bau-, Bebauungsgenehmigung *f*; 2. Planfestsetzung *f*; **restricted p. permission** Teilerrichtungsgenehmigung *f*; **p. procedure** 🏛 Planfeststellungsverfahren *nt*; **p.-programming-budgeting system (PPBS)** integrierte Unternehmensplanung; **p. regulations** Bebauungsvorschriften *pl*; **p. requirement(s)** Planauflage *f*; **p. restriction** Bau-, Planungsbeschränkung *f*; **p. scheme** Erschließungsvorhaben *nt*; **p. stage** Planungs-, Entwurfsstadium *nt*; **p. variance** Planungsabweichung *f*

plant *n* Betrieb *m*, Fabrik *f*, Werk *nt*, Fertigungs-, Produktionsstätte *f*; **ex p.** ab Fabrik/Werk; **p. and equipment** *(Bilanz)* Sachanlagevermögen *nt*, Maschinen und Anlagen *pl*, Betriebs- und Geschäftsausstattung *f*; **industrial ~ equipment** gewerbliche Anlagen; **~ equipment financing** Anlagenfinanzierung *f*; **~ equipment investment** Anlagen- und Ausrüstungsinvestitionen *pl*; **~ fixtures** Betriebsausstattung *f*; **~ machinery** Sachanlagen *pl*, Maschinen und Anlagen *pl*; **~ maintenance engineer** Betriebsingenieur *m*

to close (down) a plant Betrieb/Fabrik/Werk stilllegen; **to dismantle a p.** Werk demontieren, Fabrik abreißen; **to load p.s** Fabriken auslasten

ancillary plant Zweigwerk *nt*; **fully automatic p.** vollautomatische Fabrik; **compound p.** Verbundanlage *f*; **downstream p.** nachgelagerte Produktionsstätte; **entire p.** Großanlage *f*; **full-scale p.** großtechnische Anlage; **industrial p.** Fabrik-, Industrieanlage *f*; **in-bond p.** ⊖ Betrieb im Zollfreigebiet; **large/major p. business** (Groß)Anlagengeschäft *nt*; **loss-making p.** Verlustbetrieb *m*; **make-to-order p.** Betrieb mit Kundenauftragsfertigung; **make-to-stock p.** Betrieb mit Lagerfertigung; **multi-stage p.** mehrstufiger Betrieb; **single-stage p.** einstufiger Betrieb; **subsidiary p.** Zweigwerk *nt*; **turnkey p.** schlüsselfertige Anlage; **upstream p.** vorgelagerte Produktionsstätte

plant accounting (department) Betriebsbuchhaltung *f*; **p. agreement** Betriebsvereinbarung *f*

plan target Planziel *nt*, P.soll *nt*

plant assets Betriebsanlagen *pl*

plantation *n* 🚜 Pflanzung *f*, Plantage *f*

plant bargaining Verhandlungen auf Betriebsebene; **p. capacity** Anlage-, Betriebs-, Werkskapazität *f*; **p. closure** Werks-, Fabrik-, Betriebsschließung *f*; **p. construction** Anlagenbau *m*; **p. contractor** Anlagenbauer *m*; **p. director** Werks-, Betriebsleiter(in) *m/f*; **p. downtime** Anlagenstillstand *m*; **p. engineer** Betriebsingenieur(in) *m/f*; **p. engineering** Anlagenbau *m*; **p. equipment** Betriebsausstattung *f*; **p. expansion** Betriebsvergrößerung *f*; **p. facilities** Betriebsanlagen *pl*; **to close down p. facilities** Kapazität stilllegen; **p. hire** Vermietung von Betriebs-/Industrieanlagen, (Industrie)Anlagenvermietung *f*; **p. hygiene** Betriebshygiene *f*; **p. inspection** Betriebsaufsicht *f*; **p. inspectorate** Gewerbeaufsicht(samt) *f/nt*; **p. interruption** Betriebsunterbrechung *f*; **p. and machinery investment** Investitionen in Maschinen und Anlagen; **p. layout** Fabrikplanung *f*, innerbetriebliche Standortplanung; **p. leasing** Vermietung von Betriebs-/Industrieanlagen, (Industrie)Anlagenvermietung *f*; **at p. level** auf Betriebsebene; **p. loading** Kapazitätsauslastung *f*; **p. location** (Betriebs-/Produktions)Standort *m*; **p. maintenance** Anlagenerhaltung *f*; **p. management** Betriebs-, Werksleitung *f*; **p. manager** Betriebs-, Werksleiter(in) *m/f*; **p. operating time** Betriebszeit *f*; **p. output** Ausstoß pro Betrieb; **p. overheads** Fabrikationsgemeinkosten *pl*; **p. premises** Werksgelände *nt*; **improved p. productivity** betriebliche Leistungssteigerung; **p. records** Betriebsunterlagen *pl*; **p. relocation** Betriebsverlagerung *f*; **p. renewal** Anlagenerneuerung *f*; **p. sales** Anlagenverkäufe *pl*; **p. scheduling** Produktionsplanung *f*; **p. security** Werksschutz *m*; **p. set-up** Betriebsstruktur *f*; **p. shutdown** (zeitweilige) Betriebsschließung *f*; **p. site** Betriebs-, Fabrik-, Werksgelände *nt*; **p. size** Betriebsgröße *f*; **p. structure** Betriebsstruktur *f*; **p. superintendent** Werks-, Betriebsleiter(in) *m/f*; **p. utilization** Betriebs-, Kapazitätsauslastung *f*; **~ rate** Kapazitätsauslastungsgrad *m*; **p. visit** Werks-, Betriebsbesichtigung *f*; **p. write-down** Abschreibung auf Anlagen

platform *n* (Arbeits)Bühne *f*, Rampe *f*

player *n* 1. Mitwirkende(r) *f/m*; 2. Marktteilnehmer *m*; **global p.** Weltunternehmen *nt*; **major p.** bedeutender Anbieter

plea *n* 1. Gesuch *nt*; 2. § Plädoyer *nt*, Einrede *f*; **p. of lapse of time** Einrede der Verjährung; **~ non-performance** Einrede des nicht erfüllten Vertrages; **to enter a p.** Einwand geltend machen; **to make a p.** Einspruch erheben

plead *v/ti* 1. sich einsetzen (für), argumentieren; 2. § plädieren, vorbringen

pledge *n* Pfand(gegenstand) *nt/m*; **to secure by p.** dinglich sichern; **p.** *v/ti* 1. (sich) verpflichten, (fest) zusagen; 2. verpfänden

pledgee *n* Pfandgläubiger(in) *m/f*, P.nehmer(in) *m/f*

pledging *n* Pfandbestellung *f*, Verpfändung *f*; **p. of securities** Beleihung/Verpfändung von Effekten

pledgor *n* Pfandschuldner(in) *m/f*, P.geber(in) *m/f*

plot *n* Flur-, Grundstück *nt*, Parzelle *f*; **p. of land** Grundstücksparzelle *f*, Stück Land; **vacant p.** unbebautes Grundstück

plough *v/t* *[GB]* 🚜 pflügen; **p. back** *(fig)* *(Gewinn)* reinvestieren, einbehalten, thesaurieren; **p.-back; p.ing-back** *n* Wiederanlage *f*, Reinvestition *f*; **~ of profits** Einbehaltung von Gewinnen (zu Investitionszwecken)

plummet *v/i* *(Preis/Kurs)* kräftig/stark fallen

plunge *n* *(fig)* (Kurs-/Preis)Sturz *m*; *v/i* plötzlich/stark (im Wert) fallen

plurality *n* Vielzahl *f*; **p. of creditors** Gesamtgläubiger *pl*; **~ debtors** Gesamtschuldner *pl*; **~ debtors and creditors** Mehrheit von Schuldnern und Gläubigern

plus *n* Plus(punkt) *nt/m*; *prep* zuzüglich, plus

plutocracy *n* Plutokratie *f*, Finanzaristokratie *f*, F.adel *m*

ply *v/ti* 1. ⚓ befahren; 2. (regelmäßig) verkehren, pendeln

p. m. (post meridiem) *(lat.)* nachmittags

poaching *n* 1. Wilderei *f*; 2. *(Arbeitskräfte)* Abwerbung *f*; **p. of customers** Kundenabwerbung *f*; **~ labour** Abwerbung von Arbeitskräften

pocket *n* 1. Tasche *f*; 2. Ablage(fach) *f/nt*; **average p.** *(fig)* Durchschnittseinkommen *nt*; **p. book** Notiz-, Taschenbuch *nt*; **p. money** Taschengeld *nt*

point *n* 1. (Zeit)Punkt *m*; 2. Standpunkt *m*; 3. Indexpunkt *m*; 4. Kernpunkt *m*, K.frage *f*; **beside the p.** nicht zur Sache gehörig, irrelevant; **to the p.** zur Sache gehörig

point of acceptance (Waren)Annahmestelle *f*; **turning ~ economic activity** konjunktureller Wendepunkt; **~ contact** Berührungspunkt *m*; **~ the contract** Vertragspunkt *m*; **high p. in the cycle** Konjunkturhoch *nt*; **low p. in the cycle** Konjunkturtief *nt*; **p. of delivery** Lieferort *m*; **~ departure** Ausgangspunkt *m*; **~ destination** Bestimmungsort *m*; **~ entry** ⊝ Eingangsort *m*; **~ exit** ⊝ Austrittsort *m*; **p. at/of issue** Streitfrage *f*, S.punkt *m*; **p. of order** Geschäftsordnungsfrage *f*; **on a ~ order** zur Geschäftsordnung; **~ origin** Herkunfts-, Ursprungsort *m*; **~ purchase** Verkaufsort *m*; **~ sale (POS)** Kaufort *m*, Einkaufsplatz *m*, Laden *m*, Geschäft *nt*; **electronic ~ sale (EPOS)** elektronische Ladenkasse; **~ sale (POS) terminal** 🖳 (Daten)Kasse *f*, Kassenterminal *nt*; **~ shipment** Versand-, Verschiffungsort *m*

to gain ... points *(Kurs)* sich um … Punkte verbessern

base point Basispunkt *m*; **extra p.** Pluspunkt *m*; **fixed p.** π Festkomma *nt*; **floating p.** Fließ-, Gleitkomma *nt*; **high p.** Höhepunkt *m*; **low p.** Tiefstand *m*; **nodal p.** Knotenpunkt *m*; **terminal p.** Endpunkt *m*; **weak p.** Schwachstelle *f*; **~ analysis** Schwachstellenanalyse *f*

pointer *n* 1. Hinweis *m*, Anzeichen *nt*; 2. Barometer *nt (fig)*; **cyclical/economic p.** Konjunktursignal *nt*, K.indikator *m*

point sampling 📊 Punkt-, Stichprobenverfahren *nt*; **p. wage system** Punktlohnsystem *nt*

police *n* (Schutz)Polizei *f*; **sanitary p.** Gesundheitspolizei *f*; **p. investigation** polizeiliche Untersuchung; **p. officer** Polizeibeamter *m*, P.beamtin *f*

policing *n* Überwachung *f*, Beaufsichtigung *f*

policy *n* 1. Politik *f*, Verfahrensweise *f*, Strategie *f*, Taktik *f*; 2. *(Vers.)* Police *f*, Versicherungsschein *m*; **p. of confrontation** Konfliktstrategie *f*; **~ deflation** Deflationspolitik *f*; **~ expansion** Expansionspolitik *f*; **p. in force** gültige Versicherung; **p. of high interest (rates)** Hochzinspolitik *f*; **~ low interest (rates)** Niedrigzinspolitik *f*; **~ intervention** Interventionismus *m*

to assign a policy Police übertragen; **to borrow on a p.** Police beleihen; **to cancel a p.** Versicherungsvertrag kündigen; **to cash a p.** sich die Versicherungssumme auszahlen lassen; **to claim on a p.** aus einer Police Ansprüche geltend machen; **to hold a p.** versichert sein; **to lend on a p.** Police beleihen; **to pay up a p.** Versicherung/Prämien voll einzahlen; **to redeem a p.** Police zurückkaufen; **to reinstate a (lapsed) p.** (abgelaufene) Versicherung wieder aufleben lassen; **to renew a p.** (Versicherungs)Police erneuern; **to surrender a p.** (Versicherungs)-Police abtreten; **to take out a p.** Versicherung(svertrag) abschließen

agricultural policy Agrar-, Landwirtschaftspolitik *f*; **common ~ policy (CAP)** *[EU]* gemeinsame Agrarpolitik; **all-in/all-risks p.** Global-, Pauschal-, Universal(versicherungs)police *f*; **anticyclical p.** (antizyklische) Konjunkturpolitik *f*; **anti-inflation p.** Antiinflationspolitik *f*; **anti-trust p.** Kartellpolitik *f*; **blank p.** Blanko-, Generalpolice *f*; **blanket p.** Global-, Pauschal(versicherungs)police *f*, Kasko-, Mantelversicherung *f*; **budgetary p.** Haushaltspolitik *f*; **collective/combined p.** Kollektiv-, Sammelpolice *f*; **comprehensive p.** 1. Global-, Pauschal(versicherungs)police *f*; 2. *[GB]* Vollkaskoversicherung *f*; 3. *[US]* Kasko-, Mantelversicherung *f*; **corporate p.** Unternehmenspolitik *f*; **~ objectives** unternehmenspolitische Ziele; **cost-cutting p.** Kostensenkungs-, Rotstiftpolitik *f (fig)*; **countercyclical p.** (antizyklische) Konjunkturpolitik *f*; **cyclical p.** Konjunkturpolitik *f*; **deflationary p.** Deflationspolitik *f*; **demand-side p.** *(VWL)* nachfrageorientierte (Wirtschafts)Politik; **distributional p.** Verteilungspolitik *f*

economic policy Wirtschafts-, Konjunkturpolitik *f*; **anticyclical ~ p.** antizyklische Wirtschaftspolitik; **demand-side ~ p.** nachfrageorientierte Wirtschaftspolitik; **interventionist ~ p.** interventionistische Wirtschaftspolitik; **supply-side ~ p.** angebotsorientierte Wirtschaftspolitik; **~ p. instrument** konjunkturpolitisches

Instrument; **~ p. mix/tools** wirtschaftspolitisches Instrumentarium

environmental policy Umwelt(schutz)politik *f*; **expansionary p.** Wachstumspolitik *f*; **expired p.** abgelaufene Police; **financial/fiscal p.** Finanz-, Fiskalpolitik *f*; **interventionist ~ p.** interventionistische Finanzpolitik; **floating p.** laufende Police/Versicherung, gleitende Neuwertversicherung; **free p.** beitragsfreie Versicherung; **lapsed p.** abgelaufene/verfallene (Versicherungs)Police; **limited p.** Police/Versicherung mit beschränktem Risiko; **marine p.** Seetransport-, Seeversicherungspolice *f*; **mixed p.** kombinierte Police

monetary policy Geld(mengen)politik *f*; **to ease m. p.** Geldpolitik lockern; **to tighten m. p.** Geldpolitik verschärfen; **expansive m. p.** expansive Geld(mengen)politik; **tight(er) m. p.** Politik des knappen Geldes; **m. p. goal** geldpolitisches Ziel

new-for-old policy *(Vers.)* Police mit gleitendem Nennwert; **non-participating p.** Police/Versicherung ohne Gewinnbeteiligung; **open p.** Police ohne Wertangabe; **open-market p.** Offenmarktpolitik *f*; **operational p.** operative Planung; **original p.** Hauptpolice *f*; **(fully) paid-up p.** beitrags-/prämienfreie Versicherung; **participating p.** Versicherung mit Gewinnbeteiligung; **protectionist p.** Schutzzollpolitik *f*; **reflationary p.** Ankurbelungspolitik *f*; **regional p.** Regionalpolitik *f*; **registered p.** Namenspolice *f*; **regulatory p.** Ordnungspolitik *f*; **restrictive p.** Restriktionskurs *m*; **short-term p.** Kurzpolice *f*; **single-premium p.** Police mit einmaliger Prämienzahlung; **standard p.** Einheitsversicherung *f*, E.police *f*; **stop-go p.** Schaukelpolitik *f*; **structural p.** Strukturpolitik *f*; **supplementary p.** Zusatz-, Nachtrags-, Ergänzungspolice *f*; **supply-side p.** *(VWL)* Angebotspolitik *f*; **third-party (risks) p.** Haftpflichtversicherung *f*; **unlimited p.** Generalpolice *f*; **unvalued p.** Police ohne Wertangabe; **valued p.** Police mit Wertangabe; **with-profits p.** Versicherung mit Gewinn-/Überschussbeteiligung

policy allowance betrieblich vereinbarter Zuschlag; **p. benefit** Versicherungsleistung *f*; **p. borrowing** Policenbeleihung *f*; **p. change** Kursänderung *f*; **p. decision** Grundsatzentscheidung *f*; **p. department** Grundsatzabteilung *f*; **p. dividend** *(Vers.)* Gewinnanteil *m*; **p. duty** Versicherungssteuer *f*; **p. endorsement** Versicherungsnachtrag *m*; **p. exception/exclusion** Risikoausschluss *m*; **p. goal** Zielvorstellung *f*; **p.holder** *n* Versicherte(r) *f/m*, Versicherungsnehmer(in) *m/f*; **p. issue** Grundsatzfrage *f*; **p. limit** Garantie-, Haftungshöchstbetrag *m*; **p. loan** Policenbeleihung *f*, Versicherungsdarlehen *nt*; **p. mix** Kombination politischer Mittel, Maßnahmenbündel *nt*; **p. number** Policennummer *f*, Nummer des Versicherungsscheins; **p. paper** Strategiepapier *nt*; **p. period** Laufzeit der Police/Versicherung; **p. provisions** Versicherungsbestimmungen *pl*; **p. renewal** Versicherungsverlängerung *f*; **p. statement** Grundsatzerklärung *f*; **(total) p. value** Deckungssumme *f*, Versicherungswert *m*; **p. year** Versicherungsjahr *nt*

politics *n* Politik *f*

poll *n* 1. (Meinungs)Umfrage *f*, Befragung *f*; 2. Wahl *f*; **p. of business enterprises** Unternehmensbefragung *f*; **p. findings/ratings** Umfrageergebnisse *pl*; **p.ster** *n* Meinungsforscher(in) *m/f*, Demoskop(in) *m/f*

pollutant *n* Schad-, Schmutzstoff *m*; **industrial p.** Industrieemission *f*; **p. load** Schmutzfracht *f*

pollut|e *v/t* *(Umwelt)* belasten, verschmutzen, kontaminieren; **p.ed** *adj* umweltgeschädigt, u.verschmutzt; **highly p.ed** hoch belastet; **p.er** *n* Umweltsünder(in) *m/f*, U.verschmutzer(in) *m/f*, Verursacher(in) *m/f*; **p.er-pays principle (PPP)** Verursacherprinzip *nt*; **p.ing** *adj* umweltfeindlich, (u.)belastend

pollution *n* (Umwelt)Verschmutzung *f*, Verseuchung *f*, Verunreinigung *f*, Belastung *f*, Kontamination; **p. of the air** Luftverschmutzung *f*; **~ the soil** Bodenverschmutzung *f*; **~ fresh water supplies** Süßwasserverschmutzung *f*

agricultural pollution Umweltverschmutzung durch die Landwirtschaft; **atmospheric p.** Luftverschmutzung *f*; **environmental p.** Umweltverschmutzung *f*; **marine p.** Meeresverschmutzung *f*; **residual p.** Altlast(en) *f/pl*; **thermal p.** Wärmebelastung *f*

pollution abatement Verringerung der Umweltverschmutzung; **p. certificate** Verschmutzungszertifikat *nt*; **p. control(s)** Immissions-, Umweltschutz *m*; **~ tax credit** *[US]* Steuerfreibetrag für Umweltschutzmaßnahmen; **p. input** Immission *f*; **~ reduction** Imissionsminderung *f*; **p. load** 1. Schadstoffbelastung *f*; 2. *(Fluss)* Schmutzfracht *f*; **p. protection** Immissionsschutz *m*

pool *n* 1. Interessengemeinschaft *f*, Kartell *nt*; 2. gemeinsamer Fonds; **p. of labour** Arbeitskräftereservoir *nt*; **~ savings** Spareinlagen *pl*; **secretarial p.** Schreibzimmer *nt*; **p.** *v/t* 1. zusammenfassen; 2. gemeinsam einsetzen; 3. Kartell bilden

pooling *n* Zusammenschluss *m*; **p. of accounts** Kontenzusammenlegung *f*; **~ interests** Interessenvereingung *f*; **~ profits** Gewinnteilung *f*; **~ risks** Risikostreuung *f*, R.verteilung *f*

pool quota Kartellquote *f*; **p. selling** Kartellvertrieb *m*

pop and mom store *n* *(coll) [US]* Tante-Emma-Laden *m (coll)*, kleiner Familienbetrieb

populated *adj* bevölkert; **densely p.** dicht bevölkert/besiedelt, bevölkerungsreich; **sparsely/thinly p.** dünn besiedelt, bevölkerungsarm

population *n* 1. Bevölkerung *f*, Einwohner *pl*; 2. 📊 Grundgesamtheit *f*, (statistische) Masse *f*; **active p.** Erwerbsbevölkerung *f*; **declining p.** rückläufige Bevölkerungsentwicklung; **gainfully employed p.** Gesamtzahl der Erwerbstätigen; **local p.** ortsansässige Bevölkerung; **rural p.** ländliche Bevölkerung; **urban p.** städtische Bevölkerung; **working p.** Erwerbsbevölkerung *f*, die Erwerbstätigen *pl*; **p. decline** Bevölkerungsrückgang *m*; **p. explosion** Bevölkerungsexplosion *f*; **p. growth/increase** Bevölkerungsanstieg *m*, B.wachstum *nt*; **p. statistics** Bevölkerungsstatistik *f*; **p. survey** Totalerhebung *f*

port *n* Hafen *m*

port of arrival Ankunfts-, Zielhafen *m*; **~ call** Anlaufhafen *m*; **~ clearance** ⊖ Abfertigungs-, Verzollungshafen *m*; **~ delivery** Auslieferungs-, Entladehafen *m*; **~ departure** Abgangshafen *m*; **~ destination** Bestimmungs-, Zielhafen *m*; **~ discharge** Löschhafen *m*; **~ dispatch** Verschiffungshafen *m*; **~ distress** Nothafen *m*; **~ entry/importation** Eingangs-, Einfuhrhafen *m*; **~ exit/export(ation)** Ausfuhrhafen *m*; **~ lading/loading** (Ver)Ladehafen *m*; **~ register/registration** Register-, Heimathafen *m*; **to transfer to a foreign ~ registration** (Schiff) ausflaggen; **~ shipment** Verlade-, Verschiffungshafen *m*; **~ trans(s)hipment** Umlade-, Umschlaghafen *m*; **~ unloading** Entlade-, Löschhafen *m*

bonded port ⊖ Hafen mit Zolllager; **domestic p.** Inlandshafen *m*; **estuarine p.** Mündungshafen *m*; **free p.** ⊖ (Zoll)-Freihafen *m*; **~ processing trade** Freihafen-, Vered(e)lungsverkehr *m*; **inland p.** Binnenhafen *m*; **intermediate p.** Transit-, Zwischenhafen *m*; **maritime p.** Seehafen *m*

portability *n* Übertragbarkeit (eines Anspruchs) *f*; **p. of a pension** Übertragbarkeit einer Rente

portable *adj* übertragbar

portage *n* 1. Beförderung *f*; 2. Rollgeld *nt*

port agent Hafenvertreter *m*; **p. area** Hafengebiet *nt*; **p. authority** Hafenverwaltung *f*, H.behörde *f*; **p. bill of lading** Hafenkonnossement *nt*; **p. charges/dues (PD)** Hafengebühren *pl*; **p. clearance** Ausklarierung *f*; **p. congestion** Überfüllung des Hafens; **p. customs** Hafenusancen *pl*; **~ office** ⊖ Hafenzollamt *nt*

porterage *n* Beförderungentgelt *nt*, Rollgeld *nt*

port facilities Hafenanlagen *pl*

portfolio *n* 1. (Aktien-/Effekten-/Wertpapier)Bestand *m*, (Wertpapier)Portefeuille *nt*, Depot *nt*, (Aktien-/Effekten-/Wertpapier)Besitz *m*; 2. (Rück)Versicherungsbestand *m*; **p. of brands** Markenportfolio *nt*; **~ business** Geschäftsbereiche *pl*; **~ insurance** *(Vers.)* Bestand *m*; **~ investment** Anlageportefeuille *nt*; **~ orders** Auftragsbestand *m*; **~ products** Produktsortiment *nt*; **~ securities** Wertpapierbestand *m*; **~ shares** *[GB]*/**stocks** *[US]* Aktienbestand *m*; **aggressive p.** auf Wertsteigerung angelegtes Depot; **fixed-income p.** Renten-, Anleihedepot *nt*; **high-yield p.** hoch rentierliches Depot/Portefeuille

portfolio analysis Fundamentalanalyse *f*; **p. balancing** Gestaltung des Risikoausgleichs; **p. breakdown** Depotaufgliederung *f*; **p. buying** *(Börse)* Anlegerkäufe *pl*;

p. change Bestandsveränderung *f*; **p. diversification** Portefeuillediversifizierung *f*; **p. holdings** Depotbestand *m*; **p. investment(s)** Aktien-, Wertpapieranlage *f*, W.kauf *m*; **p. investor** Effekten-, Wertpapiersparer *m*; **p. management** Vermögens-, Wertpapierverwaltung *f*, Anlageberatung *f*; **p. manager** Depot-, Effektenverwalter *m*; **p. mix** Depotmischung *f*; **p. selection** Depotzusammensetzung *f*; **p. switch(ing)** Depot-, Portefeuilleumschichtung *f*;e **p. value** Depotwert *m*; **p. writedown** Abschreibung auf Wertpapiere

port handling facilities Hafenumschlagseinrichtungen *pl*

portion *n* 1. Portion *f*, (An)Teil *m*; 2. Teilgesamtheit *f*, Menge *f*; **p. of overall cost(s)** Teilkosten *pl*; **~ income** Einkommensbestandteil *m*

aggressive portion *[US] (Kapitalanlage)* risikoreicher (Effektenbestand)Teil; **defensive p.** *[US] (Kapitalanlage)* risikoarmer (Effektenbestand)Teil; **fixed p.** fester Teil; **guaranteed/insured p.** *(Exportfinanzierung)* Deckungs-, Garantiequote *f*; **tear-off p.** Abriss *m*

portion out *v/t* auf-, verteilen

port operation Hafenbetrieb *m*; **p. risk** Hafengefahr *f*; **p. tariff** Hafentarif *m*; **p. traffic** Hafenumschlag *m*

position *n* 1. Position *f*, Stelle *f*, Platz *m*, Stand(ort) *m*; 2. Arbeitsplatz *m*; **p. in the market** Markt-, Wettbewerbsstellung *f*; **p. on offer** freie/ausgeschriebene Stelle; **p. of trust** Vertrauensstellung *f*

to advertise a position Stelle ausschreiben; **to apply for a p.** sich um eine Stelle bewerben; **to close a p.** *(Börse)* (sich) glattstellen; **to hold a p.** Position/Stellung bekleiden; **to liquidate a (speculative) p.** *(Börse)* Engagement lösen, (sich) glattstellen; **to open a p.** *(Börse)* Position aufbauen; **to redefine/redesign a p.** Stelle neu beschreiben; **to resign one's p.** von seinem Posten zurücktreten; **to rise to a higher p.** in eine höhere Stelle aufrücken; **to square a (speculative) p.** *(Börse)* Engagement lösen, (sich) glattstellen; **to take up a p.** Stelle/Stellung antreten

budgetary position Haushaltslage *f*; **competitive p.** Wettbewerbslage *f*, Konkurrenzfähigkeit *f*; **end-of-month p.** Monatsendstand *m*; **executive p.** leitende Stellung, Führungsposition *f*; **financial p.** Finanz-, Vermögenslage *f*; **(properly) balanced ~ p.** finanzielles Gleichgewicht; **sound ~ p.** geordnete Finanz- und Kapitalverhältnisse; **forward p.** Terminengagement *nt*; **inferior p.** untergeordnete Stellung; **junior p.** untergeordnete Stelle; **leading p.** Spitzenstellung *f*; **legal p.** Rechtslage *f*; **long p.** *(Börse)* Hausseposition *f*; **managerial p.** leitende Stellung, Führungsposition *f*; **open p.** 1. freie Stelle; 2. *(Börse)* ungedecktes Engagement; **oversold p.** *(Börse)* Minusposition *f*; **permanent p.** Dauerstellung *f*, feste Stellung; **salaried p.** Angestelltenstelle *f*; **senior p.** leitende Stellung, Führungsposition *f*; **short p.** *(Börse)* Baisseengagement *nt*; **subordinate p.** untergeordnete Stelle; **temporary p.** vorübergehende Stellung; **vacant p.** freie/offene Stelle; **well-paid p.** gut bezahlte Stelle

position *v/t* aufstellen, verankern, stationieren, platzieren, anordnen; **p. o.s.** sich positionieren

positioning *n* (Anzeigen)Platzierung *f*; **p. in the internet** Internetauftritt *m*; **free p.** *(Container)* freie Gestellung

position squaring *(Börse)* Positionsbereinigung *f*, Glattstellung *f*

possess *v/t* besitzen, (inne)haben

possession *n* 1. Besitz(tum) *m/nt*, Eigentum *nt*; 2. Inbesitznahme *f*; **p.s** Habe *f*; **to acquire p.s** Besitz erwerben; **to claim p.** Herausgabe verlangen; **to resume p.** wieder in Besitz nehmen; **to take p. (of)** Besitz antreten; **adverse p.** Ersitzung *f*; **direct p.** unmittelbarer Besitz; **joint p.** Mitbesitz *m*; **lawful p.** rechtmäßiger Besitz; **sole p.** Alleinbesitz *m*; **vacant p.** 1. bezugsfertiges Objekt; 2. *(Anzeige)* sofort beziehbar, bezugsfertig

possessor *n* Besitzer(in) *m/f*, Inhaber(in) *m/f*

possibility *n* Möglichkeit *f*; **p. of intervention** Eingriffsmöglichkeit *f*

post *n* 1. Post(sendung(en)) *f/pl*; 2. Post(amt) *f/nt*; 3. Position *f*, Stelle *f*, Posten *m*; 4. Buch(ungs)posten *m*; **by p.** mit der Post; **p. paid (p.p.)** franko, Gebühr bezahlt; **to abolish a p.** Stelle streichen; **to fill a p.** Stelle besetzen; **to send by p.** mit der Post schicken; **to take up a p.** (neue) Aufgabe übernehmen

administrative post Verwaltungsposten *m*; **advertised p.** ausgeschriebene Stelle; **established p.** (Dauer)Planstelle *f*; **permanent p.** Dauerstellung *f*, Planstelle *f*; **by registered p.** ✉ per Einschreiben; **salaried p.** Angestelltenstelle *f*; **by the same p.** mit gleicher Post; **by separate p.** mit getrennter Post

post *v/t* 1. ✉ aufgeben, versenden, verschicken, einliefern; 2. *(Personal)* versetzen; 3. (öffentlich) bekanntgeben; 4. *(Kostenrechnung)* (ver)buchen

postage *n* ✉ Porto *nt*; **p. free** portofrei, franko; **p. and packing** Porto und Verpackung; **additional p.** Nachporto *nt*; **domestic/inland p.** Inlandsporto *nt*; **excess p.** Nachporto *nt*; **foreign/international p.** Auslandsporto *nt*

postage envelope Freiumschlag *m*; **p. expenses** Portoauslagen *pl*; **p. included** einschließlich Porto; **p. paid (p.p.)** (porto-/post)frei, franko; **p. prepaid (ppd)** Porto im voraus bezahlt; **p. refund** Portorückvergütung *f*; **p. stamp** Frei-, Briefmarke *f*, Postwertzeichen *nt*

postal *adj* postalisch, postamtlich

post|bag *n* Postsack *m*, P.beutel *m*; **p.box** *n* Brief-, Postkasten *m*; **p.code** *n* Postleitzahl (PLZ) *f*; **p.-contractual** *adj* nach Vertragsabschluss; **p.date** *v/t* nach-, rückdatieren; **p.entry** *n* 1. nachträgliche (Ver)Buchung; 2. ⊖ Nachverzollung *f*

poster *n* Plakat *nt*; **p. advertising** Plakatwerbung *f*

PQ

post free franko, portofrei; **p.graduate** *n* Hochschulabsolvent(in) *m/f*

posting *n* 1. ✉ Brief-, (Post)Aufgabe *f*, Einlieferung *f*; 2. *(Personal)* Versetzung *f*; **on-line p.** 🖳 Direktbuchung *f*; **p. date** 1. Postaufgabedatum *nt*; 2. Buchungsdatum *nt*; **p. reference** Buchungsvermerk *m*

post|mark *n* Brief-, Poststempel *m*; **p.-note** *n [US]* Ladezettel *m*

post office Postamt *nt*; **general p. o. (GPO)** Hauptpost(amt) *f/nt*; **p. o. (giro) account** Postscheckkonto *nt*; **~ box (P. O.B.; P.O. Box)** Postfach *nt*, (Post)Schließfach *nt*; **~ check** *[US]***/cheque** *[GB]* Postscheck *m*; **~ counter** Postschalter *m*; **~ employee** Postbedienstete(r) *f/m*, Postler *m (coll)*; **~ savings account** *[GB]* Postsparkonto *nt*; **~ savings bank** Postsparkasse *f*; **~ user** Postkunde *m*, P.benutzer *m*

post|-paid (p.p.) *adj* portofrei; **p.pone** *v/t* auf-, hinausschieben, verschieben

postponement *n* Terminverlegung *f*, T.-verschiebung *f*, Vertagung *f*; **p. of a charge/priority** Rangrücktritt einer Belastung; **~ maturity** Fälligkeitsaufschub *m*

post|script (P.S.) *n* Nachschrift *f*, N.wort *nt*; **p.-tax** *adj* Nachsteuer-, nach Steuern; **p.-termination** *adj* nach Vertragsablauf

potential *n* Potenzial *nt*, Leistungsvermögen *nt*; **downside p.** Abschwächungstendenz *f*; **economic p.** Wirtschaftspotenzial *nt*; **industrial p.** Industriepotenzial *nt*; **productive p.** Produktionspotenzial *nt*; **upside p.** Kurs(steigerungs)chance *f*

poultry *n* Geflügel *nt*; **p. farming** Geflügelzucht *f*

poundage *n* ⊖ Gewichtszoll *m*

pound sterling britisches Pfund

poverty *n* Not *f*, Armut *f*; **p. area** Armutsgebiet *nt*; **p. relief** Armenhilfe *f*; **p. trap** Armutsfalle *f*

power *n* 1. Macht *f*; 2. Leistung(svermögen) *f/nt*; 3. ☼/ϟ Energie *f*; 4. § (Handlungs)Vollmacht *f*; **p. to act** Handlungsbefugnis *f*; **p. of agency** § (Handlungs)-Vollmacht *f*, Vertretungsbefugnis *f*

power of attorney § (Handlungs)Vollmacht *f*, Prokura *f*, Vollmachtserklärung *f*; **~ to close a deal** Abschlussvollmacht *f*; **authenticated/certified p. of a.** beglaubigte Vollmacht; **blank p. of a.** Blankovollmacht *f*; **full/general/unlimited p. of a.** Blankovollmacht *f*; **limited p. of a.** Teilvollmacht *f*; **written p. of a.** schriftliche Vollmacht

power to collect Inkassobefugnis *f*; **p. of command** Befehlsgewalt *f*; **p. to compete** Wettbewerbsfähigkeit *f*; **~ contract** Abschluss-, Vertragsvollmacht *f*; **p. of control** Verfügungsgewalt *f*; **p. to direct** Leitungsmacht *f*; **p. of disposal** 1. Verfügungsgewalt *f*; 2. Veräußerungsbefugnis *f*; **~ endorsement** Indossamentsvollmacht *f*; **~ the law** Rechts-, Gesetzeskraft *f*; **~ procuration** § (Handlungs)Vollmacht *f*, Prokura *f*, Vollmachtserklärung *f*; **~ representation** § (Handlungs)Vollmacht *f*, Vertretungsbefugnis *f*; **individual ~ representation** Einzelvollmacht *f*; **sole ~ representation** Alleinvertretungsbefugnis *f*, A.recht *nt*; **p.s and responsibilities** Rechte und Pflichten; **p. of revocation**

Widerrufsrecht *nt*; **~ sale; p. to sell** Verkaufsvollmacht *f*; **p. to sign; p. of signature** Unterschriftsbefugnis *f*, Zeichnungsvollmacht *f*; **p. to appoint and dismiss staff** Personalhoheit *f*; **p. of supervision** Überwachungsbefugnis *f*; **p. to (levy) tax** Steuerhoheit *f*

to confer/delegate power|s Vollmacht übertragen; **to exceed one's p.s** seine Machtbefugnis überschreiten; **~ discretionary p.s** seine Machtbefugnisse überschreiten, seinen Ermessensspielraum missbrauchen; **to have full p.** Vollmacht haben; **to misuse p.s** Ermessen/Vollmacht missbrauchen; **to revoke p.s** Vollmacht entziehen/widerrufen

binding power Verbindlichkeit *f*; **budgetary p.s** Haushaltsbefugnis(se) *f/pl*; **commercial p.** Handlungsvollmacht *f*; **competitive p.** Wettbewerbsfähigkeit *f*; **corporate p.s** Satzungsbefugnisse einer juristischen Person, satzungsgemäße Befugnis; **decision-making p.s** Entscheidungsbefugnis(se) *f/pl*; **delegated p.** Ermächtigung *f*; **disciplinary p.s** Disziplinarbefugnis *f*; **discretionary p.s** Ermessensbefugnis *f*, E.spielraum *m*, Entscheidungsfreiheit *f*; **economic p.** Wirtschaftskraft *f*; **error-reducing p.** Maß der Glättungsfähigkeit; **executive p.** ausführendes Organ; **financial p.** Finanzkraft *f*; **fiscal p.** Fiskalhoheit *f*; **full p.s** umfassende Vollmachten; **general p.** Generalvollmacht *f*; **innovative p.** Innovationskraft *f*; **managerial p.s** Dispositionsbefugnis *f*; **notarial p.** notarielle Vollmacht; **note-issuing p.** Banknotenausgaberecht *nt*; **official p.(s)** Amtsgewalt *f*; **regulative p.** Ordnungsmacht *f*; **relative p.s** Stärkeverhältnis *nt*; **revenue-raising p.s** Steuer(ertrags)hoheit *f*; **sovereign p.** Hoheitsbefugnis *f*; **special p.s** Sondervollmacht *f*; **statutory p.s** satzungsmäßige Befugnisse; **supervisory p.** Kontrollbefugnis *f*; **supreme p.** Hoheit *f*, oberste Gewalt; **tax-raising p.s** Steuerhoheit *f*; **unlimited p.s** uneingeschränkte Vollmacht

power base Hausmacht *f*; **p. company** Elektrizitätsversorgungsunternehmen (EVU) *nt*, Stromerzeuger *m*; **p. consumption** Stromverbrauch *m*; **p. demand** Energiebedarf *m*; **p. engineering** Energietechnik *f*; **p. generation company** Energieunternehmen *nt*; **(electric) p. industry** Elektrizitäts-, Stromwirtschaft *f*; **p. output** Abgabe-, Ausgangs-, Stromleistung *f*, Leistungsabgabe *f*; **p. plant/station** Elektrizitäts-, Kraftwerk *nt*; **nuclear p. plant/station** Atomkraftwerk (AKW) *nt*, Kernkraftwerk (KKW) *nt*; **p. rate** Strompreis *m*, S.tarif *m*; **p. resources** Energiequellen *pl*; **p. source** Energie-, Treibstoffquelle *f*; **p. supply** Energie-, Stromversorgung *f*; **large p. user** ⚡ Großabnehmer *m*; **p. utility** Elektrizitätsversorgungsunternehmen (EVU) *nt*

P.R. (public relations) *n* Öffentlichkeitsarbeit *f*; **~ consultant** PR-Berater *m*

practicability *n* Praktibilität *f*, Realisierbarkeit *f*

practicable *adj* praktisch, praktikabel, ausführbar

practical *n* (Betriebs-/Berufs)Praktikum *n*; *adj* praktisch, praxisbezogen

practice *n* 1. Praxis *f*, Verfahrensweise *f*, Verfahren *nt*; 2. Gewohnheit *f*, Übung *f*; 3. *(Beruf)* Ausübung *f*, Erfahrung *f*; **p.s** Praktiken *pl*, (Geschäfts)Gebaren *nt*, Usancen *pl (frz.)*; **p. of finance** Finanzierungspraxis *f*

anti-competitive practice|s wettbewerbswidriges Verhalten; **best p.** gute/beste fachliche Praxis; **collusive p.s** unerlaubte Absprachen; **commercial p.** Handelsbrauch *m*, Geschäftspraxis *f*; **unfair ~ p.s** unsaubere Geschäftsmethoden; **common p.** allgemein üblich, gebräuchlich; **competitive p.s** Wettbewerbsmethoden *pl*; **unfair ~ p.s** unlautere Wettbewerbspraktiken *pl*; **established p.** feststehende Rechtsprechung; **fraudulent p.s** betrügerische Machenschaften; **improper p.s** unlautere Geschäftsmethoden; **joint p.** Gemeinschaftspraxis *f*; **judicial p.** Praxis der Rechtsprechung; **local p.s** 1. Platzusancen *pl*, örtliche Praxis; **in accordance with ~ p.s** ortsüblich; **restrictive p.s** wettbewerbsfeindliche/w.beschränkende Maßnahmen; **~ court** *[GB]* Kartellgericht *nt*; **sharp/unfair p.s** unsaubere Geschäftsmethoden, unlauteres Geschäftsgebaren; **standard p.** Gepflogenheit

practitioner *n* Praktiker *m*, Fachmann *m*; **legal p.** Jurist(in) *m/f*, Rechtsanwalt *m*, R.anwältin *f*

P.R. (public relations) consultant P.R.-Berater(in) *m/f*

preassem|ble *v/t* vorfertigen, vormontieren; **p.bly** *n* Vormontage *f*

precaution *n* 1. Vorkehrung *f*; 2. Vorsichtsmaßnahme *f*; **as a p.** vorsichtshalber

precede *v/t* 1. vor(an)-, vorausgehen; 2. Vorrang haben

precedence *n* Vorrang(stellung) *m/f*, Vorrecht *nt*, Präzedenz *f*; **p. rating** Dringlichkeits-, Prioritätsstufe *f*

precedent *n* § Präzedenzfall *m*; **to constitute a p.** Präzedenzfall abgeben/darstellen; **to create/to set a (legal) p.** Präzedenzfall schaffen; **judicial/legal p.** Präzedenzfall *m*

preceding *adj* vorhergehend

precinct *n* Einkaufs-, Geschäftsviertel *nt*

precision *n* Genauigkeit *f*, Präzision *f*; **p. engineering** 1. Feinmechanik *f*; 2. feinmechanische Industrie; **~ industry** feinmechanische Industrie; **p. instrument** feinmechanisches Produkt; **p. mechanics** Feinmechanik *f*; **p. sample** gezielte Stichprobe

pre|-clearance *n* ⊖ Vorverzollung *f*; **p.-condition** *n* Vorbedingung *f*; **p.-contract** *adj/adv* vor Vertrags(ab)schluss; **p.date** *v/t* vor(aus)datieren; *v/i* aus der Zeit vor … stammen

predecessor *n* (Amts)Vorgänger(in) *m/f*; **p. in title** Rechtsvorgänger *m*; **p. company** übertragende Gesellschaft, Vorgesellschaft *f*

predict *v/t* voraus-, vorhersagen, prognostizieren

prediction *n* Voraus-, Vorhersage *f*, Prognose *f*; **economic p.s** Konjunkturprognosen *pl*; **p. interval** Prognosekorridor *m*

pre|dominant *adj* vorherrschend; **p.dominate** *v/t* dominieren, vorherrschen, stark geprägt sein durch

pre-empt *v/t* durch Vorkaufsrecht erwerben; **p.-e.ion (right)** *n* Vorkauf(srecht) *m/nt*; **~ clause** Vorkaufsklausel *f*; **~ price** Vorkaufspreis *m*; **p.-e.ive** *adj* vorbeugend

pre|-entry *adj* vor Eintritt; **p.-existing** *adj* bereits vorhanden; **p.fabricated** *adj* vorgefertigt, in Fertigbauweise erstellt

prefer *v/t* 1. vorziehen, bevorzugen; 2. § *(Klage)* einreichen, erheben

preference *n* 1. Vorzug *m*, Präferenz *f*, (Meist)Begünstigung *f*; 2. *(Gläubiger)* Konkursvorrecht *nt*; **p. in bankruptcy** Konkursvorrecht *nt*; **fraudulent p. of a creditor** Gläubigerbegünstigung *f*; **p. of debtors** Schuldnerbegünstigung *f*; **locational p.** Standortpräferenz *f*; **social p.s** sozial bedingte Präferenzen

preference bond Vorzugsobligation *f*; **p. capital** Vorzugskapital *nt*; **p. claim** Vorzugsrecht *nt*; **p. creditor** Vorrechtsgläubige(r) *f/m*; **p. dividend** Vorzugsdividende *f*; **p. freight** zu Vorzugsbedingungen beförderte Fracht

preference share *[GB]***/stock** *[US]* Vorzugsaktie *f*; **convertible p. s.** Wandelvorzugsaktie *f*; **participating p. s./s.** Vorzugsaktie mit zusätzlicher Gewinnbeteiligung; **redeemable p. s.** rückkaufbare/rückzahlbare Vorzugsaktie

preference shareholder *[GB]***/stockholder** *[US]* Vorzugsaktionär(in) *m/f*; **p. tariff** ⊖ Vorzugszoll *m*

pre|ferential; p.ferred *adj* bevorzugt, b.-rechtigt, Vorzugs-; **p.finance** *v/t* vorfinanzieren; **p.implementation stage** *n* Projektreife *f*; **p.investment analysis** Rentabilitätsrechnung *f*; **~ study** Vor-, Projektstudie *f*

prejudice *n* Befangenheit *f*, Schaden *m*, Nachteil *m*; **without p.** ohne Verbindlichkeit/Obligo, freibleibend; **~ to our rights** unter Wahrung unserer Rechte; **financial p.** finanzieller Schaden/Nachteil; **legal p.** Rechtsnachteil *m*; **p.** *v/t* beeinträchtigen, benachteiligen

pre|liminary *adj* vorläufig; **on the p.-market** *n* vorbörslich, im vorbörslichen Handel

premises *n* 1. Geschäfts-, Gewerberäume *pl*, (Geschäfts-/Laden)Lokal *nt*; 2. Areal *nt*, Grundstück *nt*, Betriebsgelände *nt*; **on the p.** an Ort und Stelle; **commercial/industrial p.** Gewerbebauten *pl*; **rented p.** Mieträume *pl*

premium *n* 1. (Versicherungs)Prämie *f*, V.satz *m*; 2. Bonus *m*, Zuschlag *m*, Bonifikation *f*; 3. Aufpreis *m*, Aufgeld *nt*, Agio *nt*; **at a p.** mit einem Aufpreis/Aufschlag

premium in arrears rückständige Prämie; **p. on bonds** Anleiheagio *nt*; **p. for the call** Vorprämie *f*; **p. on capital stock** Agio aus Aktienemissionen; **p. out and home** ⚓ (Versicherungs)Prämie für Hin- und Rückreise; **p. for the put** Rückprämie *f*; **~ special risks** Risikoprämie *f*; **p. on shares** *[GB]***/stocks** *[US]* Aktien-, Effektenagio *nt*

eligible for a premium prämienberechtigt; **free of p.** prämienfrei; **p. paid in advance** Vorausprämie *f*
to assess the premium Prämie(nsatz) ermitteln/festsetzen; **to be at a p.** 1. über Pari/hoch im Kurs stehen; 2. sehr gesucht sein; **to buy at a p.** über pari kaufen; **to charge a p.** 1. Prämie berechnen; 2. Aufgeld verlangen; **to command a p.** hoch im Kurs stehen; **to raise the p.** Prämie erhöhen; **to refund a p.** Prämie zurückerstatten; **to sell at a p.** über (Nenn)Wert/mit Agio verkaufen, mit Gewinn absetzen; **to write p.s** Versicherungen abschließen
additional premium Zusatzprämie *f*; **advance p.** Vorausprämie *f*, Prämienvorauszahlung *f*; **all-inclusive p.** Pauschalprämie *f*; **annual p.** Jahresprämie *f*; **basic p.** Grundprämie *f*; **deferred p.** noch nicht fällige Prämie; **extra p.** Sonder-, Zusatzprämie *f*; **flat(-rate) p.** pauschale Prämie; **fluctuating p.** veränderliche Prämie; **gross p.** Bruttoprämie *f*; **half-yearly p.** Halbjahresprämie *f*; **level p.** gleichbleibende Prämie; **monthly p.** Monatsprämie *f*; **net p.** Nettoprämie *f*; **outstanding p.s** Prämienrückstände *pl*; **quarterly p.** Vierteljahresprämie *f*; **single p.** Einmalbetrag *m*, E.prämie *f*; **sliding(-scale) p.** gleitende/progressive Prämie; **unchanged p.** Beitragsstabilität *f*; **unearned p.** unverbrauchte Prämie, Prämienübertrag *m*
premium *adj* Höchst-
premium account *(Bilanz)* Agiorücklage *f*; **p. adjustment** Beitrags-, Prämienangleichung *f*; **p. bond** Prämienpfandbrief *m*; Lotterieanleihe *f*; **p. brand** Spitzenmarke *f*, Markenerzeugnis *nt*; **p. draw(ing)** Gewinnziehung *f*; **p. due** fällige Prämie; **total p.s earned** Gesamtprämienaufkommen *nt*; **p. income** Beitrags-, Prämienaufkommen *nt*; **non-life p. income** Prämienaufkommen aus der Sachversicherung; **total p. income** Gesamtprämienaufkommen *nt*; **p. increase** Beitrags-, Prämienerhöhung *f*, P.anpassung *f*; **p. level** Prämienhöhe *f*; **p. offer** Zugabeangebot *nt*; **p. payment** Beitragszahlung *f*, B.leistung *f*; **p. price** Spitzen-, Höchstpreis m; **p. rate** 1. Überstundengeld *nt*; 2. Prämiensatz *m*; **(no-claims) p. rebate/refund** Beitragsrückvergütung *f*, B.rückerstattung *f*; **p.s received** Prämienaufkommen *nt*; **p. reserve** 1. Deckungsrücklage *f*; 2. Kapitaldeckungsstock *m*; **p. savings** Prämienspargelder *pl*; **~ account** Prämiensparkonto *nt*; **p. system** Prämien(lohn)system *nt*; **level p. system** Kapitaldeckungsverfahren *nt*; **p. tax** Versicherungssteuer *f*
prenotification *n* Vorankündigung *f*
prepack *n* Fertigpackung *f*; **p.ed** *adj* fertig verpackt, abgepackt
prepaid (ppd.) *adj* frei(gemacht), franko; **not p.** unfrei
preparation *n* 1. Auf-, Vor-, Zubereitung *f*, Erstellung *f*; 2. *(Bilanz)* Aufstellung *f*; **p. of a balance sheet** Bilanzaufstellung *f*, B.erstellung *f*; **~ a budget** Haushaltsaufstellung *f*; **~ offer(s)** Angebotsausarbeitung *f*, A.erstellung *f*
prepay *v/t* 1. im voraus/vor Fälligkeit/pränumerando (be)zahlen; 2. ✉ freimachen, (vor)frankieren; **p.able** *adj* im voraus zahlbar
prepayment *n* Pränumerando-, Vorauszahlung *f*, Vorkasse *f*; **p. of freight** Frankatur *f*; **~ interest** Zinsvorauszahlung *f*; **~ penalty** Aufschlag für vorzeitige Tilgung; **~ postage** ✉ Freimachen *nt*; **~ tax** Steuervorauszahlung *f*
pre|qualification *n* Eignungs-, Leistungsnachweis *m*; **p.requisite** *n* (Grund)-Voraussetzung *f*; **p.-retirement** *n* Vorruhestand *m*; **p.rogative** *n* Vorrecht *nt*, Privileg *nt*; **fiscal p.rogative** Finanzhoheit *f*; **p.season** *adj* Vorsaison-
prescription *n* 1. § Ersitzung *f*, Verjährung *f*; 2. ⚕ Rezept *nt*; **p. of tax payments** *(Steuer)* Zahlungsverjährung *f*; **negative p.** Verjährung *f*
preselect *v/t* Vorauswahl treffen; **p.ion** *n* Vorauswahl *f*
presence *n* Anwesenheit *f*; **p. in the market** Marktpräsenz *f*; **up-market p.** Stellung im oberen Marktsegment
present *n* Geschenk *nt*, Präsent *nt*
present *v/t* 1. vorzeigen, vorstellen; 2. übergeben, ü.reichen; 3. unterbreiten, vorlegen
present *adj* 1. anwesend, erschienen; 2. gegenwärtig, jetzig; 3. vorhanden, vorliegend
presentation *n* 1. Darbietung *f*, Präsentation *f*, Aufmachung *f*; 2. Darstellung *f*, Darlegung *f*; 3. Vorlage *f*; **p. for acceptance** Einreichen/Vorlage zum Akzept;

PQ

p. of a check *[US]*/**cheque** *[GB]* Scheckeinreichung *f*; **p. for collection** Vorlage zum Inkasso; **p. of documents** Dokumentenvorlage *f*; **~ goods** Warenausstattung *f*; **~ the annual report** Vorlage des Geschäftsberichts; **due on p.** fällig bei Vorlage; **p. copy** ✂ Frei-, Gratisexemplar *nt*; **p. pack** Geschenkpackung *f*; **p. period** *(Scheck)* Vorlegungsfrist *f*

presenter *n* *(Scheck/Wechsel)* Überbringer(in) *m/f*, Einreicher(in) *m/f*

presentment for acceptance *n* Akzepteinholung *f*; **p. of a bill** Wechselvorlage *f*

preservation *n* 1. (Be)Wahrung *f*; 2. Konservierung *f*; **p. of corporate assets** Kapitalerhaltung *f*; **~ the environment** Umweltschutz *m*; **~ jobs** Arbeitsplatzerhaltung *f*; **~ price stability** Erhaltung der Preisstabilität; **p. order** Veränderungssperre *f*

preside (over) *v/i* Vorsitz haben/führen (über)

presidency *n* Vorsitz *m*, Präsidentschaft *f*

president *n* Präsident(in) *m/f*, (Aufsichtsrats-/Vorstands-/Verwaltungsrats)Vorsitzende(r) *f/m*; **p. of the central bank** Notenbankchef *m*, N.gouverneur *m*; **~ the council** *[EU]* Ratspräsident *m*; **~ the Federal Reserve Board** *[US]* Notenbankchef *m*, N.gouverneur *m*

pre|-slump *adj* vor der Rezession; **p.-sort** *v/t* vorsortieren

press *n* Presse(wesen) *f/nt*, Zeitungswesen *nt*; **financial p.** Wirtschaftspresse *f*; **p. advertisement** Zeitungsanzeige *f*; **p. advertising** Anzeigenwerbung *f*; **p. briefing** Pressekonferenz *f*; **p. communiqué** *(frz.)* Pressemitteilung *f*; **p. conference** Pressekonferenz *f*; **p. coverage** (Presse)Berichterstattung *f*; **p. officer** Pressesprecher(in) *m/f*, P.referent(in) *m/f*; **p. release** Presseveröffentlichung *f*, P.mitteilung *f*; **p. report** Pressebericht *m*, Zeitungsmeldung *f*

pressure *n* Druck *m*, Belastung *f*

pressure of business Geschäftsandrang *m*; **~ competition** Wettbewerbsdruck *m*; **p. on costs** Kostendruck *m*; **p. of demand** Nachfragedruck *m*; **p. to export** Exportdruck *m*; **p. of imports** Importdruck *m*; **~ inflation** Inflationsdruck *m*; **p. on interest rates** Zinsdruck *m*; **~ labour costs** Lohnkostendruck *m*; **~ liquidity** Liquiditätsanspannung *f*; **~ margins** Margendruck *m*; **p. to perform** Leistungsdruck *m*; **p. on prices** Preisdruck *m*; **p. of taxation** Steuerlast *f*; **~ work** Arbeitsüberlastung *f*

to bring pressure to bear Druck ausüben; **to come under p.** unter Druck geraten; **to put p. on** belasten

competitive pressure Konkurrenz-, Wettbewerbsdruck *m*; **cost-push p.** Kostendruck *m*; **deflationary p.** Deflationsdruck *m*; **inflationary p.** Inflationsdruck *m*; **regulatory p.** strenge Auflagen; **upward p.** Auftrieb(stendenz) *m/f*

pressure group Interessengemeinschaft *f*, I.verband *m*; **p. situation** Stresssituation *f*

prestige *n* Prestige *nt*, Ansehen *nt*; **p. advertising** Sympathiewerbung *f*; **p. goods** Luxusgüter, L.ware(n) *f/pl*

presumption *n* Vermutung *f*, Annahme *f*, Unterstellung *f*; **p. of a fact** Tatsachenvermutung *f*; **~ innocence** Unschuldsvermutung *f*; **legal/statutory p.** Rechtsvermutung *f*

pre-tax *adj* unversteuert, vor (Abzug der) Steuern

pretence *[GB]*; **pretense** *n* *[US]* Vorwand *m*

pretest *n* Vor-, Markttest *m*

prevailing *adj* vorherrschend, handelsüblich

prevalence *n* 1. Übergewicht *nt*, weite Verbreitung; 2. *(Mode)* Beliebtheit *f*

prevent *v/t* ver-, behindern, nicht zulassen/erlauben, hindern an, abwehren

prevention *n* Verhinderung *f*; **p. of accidents at work** Verhütung von Arbeitsunfällen; **~ air pollution** Luftreinhaltung *f*; **~ water pollution** Gewässerschutz *m*

preventive *adj* vorbeugend, prophylaktisch

price *n* 1. Preis(angabe) *m/f*; 2. (Aktien-/Börsen)Kurs *m*, Notierung *f*, Kursnotiz *f*; **p. paid by the consumer** Verbraucherpreis *m*; **p. of the credit** Kreditzins *m*; **p. for input materials** Vorproduktpreis *m*; **p. per item** Stückpreis *m*; **p. of labour** Arbeitskosten *pl*; **p. in the open market** Freimarktpreis *m*; **p. of raw materials** Rohstoffpreis *m*; **~ money** Kapitalmarktzins(en) *m/pl*; **p. per piece** Stückpreis *m*; **~ share** *[GB]*/**stock** *[US]* Stückkurs *m*; **~ unit** Stückpreis *m*

price|s subject to change without notice; p.s without engagement Preise freibleibend, Preisänderungen vorbehalten,

PQ

unverbindliches Preisangebot; **p. ex factory/mill/works** Fabrik(abgabe)preis *m*, Preis ab Werk; **p. including freight** Frankopreis *m*; **p. excluding pack(ag)ing** Preis ohne Verpackung; **p. inclusive of postage and packaging** Preis einschließlich Porto und Verpackung; **~ V.A.T.** Preis einschließlich Mehrwertsteuer (MWSt)

adjusted for price|(s) preisbereinigt; **not affecting p.s** preisneutral; **(not) included in the p.** im Preis (nicht) enthalten; **p. charged** angewandter/berechneter Preis; **p. negotiable** Preis Verhandlungssache; **p. realized** erzielter Preis

to adjust price|s Preise angleichen/anpassen; **to agree upon a p.** Preis vereinbaren; **to bring p.s down** Preise/Kurse drücken; **to buy below p.** unter Preis kaufen; **to charge a p.** Preis berechnen; **to cut/mark down the p.** Preis senken; **to decrease a p.** Preis ermäßigen/senken; **to deduct from the p.** vom Preis abziehen; **to demand a p.** Preis verlangen; **to exceed p.s** Preise überschreiten; **to fetch a p.** Preis erzielen; **to fix a p.** Preis/Kurs festsetzen; **to force down the p.** Preis/Kurs drücken; **to increase/mark up/raise the p.** Preis erhöhen/heraufsetzen/verteuern; **to hold p.s down** Preise niedrig halten; **to lower the p.** Preis senken; **to mark down a p.** 1. Preis senken; 2. Kurs zurücknehmen; **to pass on to p.s** auf die Preise abwälzen; **to peg p.s** Preise stützen; **to quote a p.** Preisangebot machen; **to recommend a p.** Preis empfehlen; **to reduce a p.** Preis senken; **to rig p.s** Preise/Kurse manipulieren; **to slash p.s** Preise stark senken; **to state the p.** Preis angeben; **to steady p.s** Kurse/Preise stabilisieren; **to support a p.** Kurs/Preis stützen; **to undercut a p.** Preis unterbieten

actual price 1. Tages-, Marktpreis *m*; 2. Tageskurs *m*; **administered p.** amtlich festgesetzter Preis; **affordable p.** erschwinglicher Preis; **agreed p.** vereinbarter Preis; **all-in(clusive) p.** Gesamt-, Pauschalpreis *m*; **asked p.** 1. geforderter Preis; 2. *(Börse)* Briefkurs *m*; **asking p.** Angebotspreis *m*, geforderter Preis, Preiserwartung *f*, P.forderung *f*; **attractive p.** 1. günstiger Preis; 2. günstiger Kurs; **average p.** 1. Durchschnittspreis *m*; 2. Mischkurs *m*; **basic p.** Grundpreis *m*; **buy-back p.** Rückkaufpreis *m*; **closing p.** Schlussnotierung *f*, S.kurs *m*; **commercial p.** echter Preis; **competitive p.** konkurrenzfähiger Preis; **composite p.** Mischkurs *m*; **controlled p.** gebundener Preis; **cost-covering p.** kostendeckender Preis; **current p.** Markt-, Tagespreis *m*; **customary p.** gewöhnlicher Preis; **cut-rate p.** Billigpreis *m*; **cutthroat p.** Kampfpreis *m*; **delivered(-in)/door-to-door p.** Preis einschließlich Lieferkosten, ~ frei Haus; **domestic p.** inländischer Preis; **double p.** *(Börse)* Ankaufs- und Verkaufskurs *m*; **estimated p.** Schätz-, Taxkurs *m*, T.preis *m*; **ex-farm p.** Preis ab Hof; **ex-works p.** Preis ab Werk; **existing p.s** gegenwärtiges Preisniveau; **exorbitant/extortionate p.** überhöhter/unverhältnismäßig hoher Preis, Wucherpreis *m*; **ex-warehouse p.** Preis ab Lager; **fair p.** marktgerechter Preis; **falling p.s** rückläufige/sinkende Preise, ~ Kurse; **favourable p.** günstiger Preis; **firm p.** 1. Vertragspreis *m*; 2. fester Kurs; **fixed p.** Festpreis *m*; **~ order** Festpreisauftrag *m*; **flat p.** Pauschal-, Einheitspreis *m*; **fluctuating p.** schwankender Preis/Kurs; **FOB p.** FOB-Preis *m*; **forward p.** Terminkurs *m*; **free-at-frontier p.** Preis frei Grenze; **frozen p.** eingefrorener Preis; **giveaway p.** Schleuder-, Dumpingpreis *m*; **going p.** Marktpreis *m*; **graduated p.** Staffelpreis *m*; **gross p.** Bruttopreis *m*; **guaranteed p.** garantierter Preis; **inclusive p.** Pauschalpreis *m*; **index-linked p.** Indexpreis *m*; **industrial p.s** Preise für Industrieerzeugnisse; **introductory p.** Einführungspreis *m*; **invoiced p.** in Rechnung gestellter Preis, Rechnungspreis *m*; **keen p.** scharf kalkulierter Preis; **knockdown p.** Schleuderpreis *m*; **liquidating p.** Abrechnungskurs *m*; **listed p.** Listenpreis *m*; **low p.** Niedrigpreis *m*, niedriger Preis; **lump-sum p.** Pauschalpreis *m*; **maximum p.** Höchstkurs *m*, H.-preis *m*; **minimum p.** Mindestkurs *m*, M.-preis *m*; **~ policy** Mindestpreispolitik *f*; **mixed p.** 1. Mischpreis *m*; 2. Mischkurs *m*; **net p.** Nettopreis *m*; **nominal p.** Nominalpreis *m*; **offered p.** 1. gebotener Preis; 2. *(Börse)* Geldkurs *m*; **official p.** 1. amtlicher Preis; 2. *(Börse)* amtliche Notierung/Notiz; **off-the-board p.** *(Börse)*

Freiverkehrskurs *m*, außerbörslicher Kurs; **opening p.** 1. Einführungspreis *m*; 2. *(Börse)* Eröffnungs-, Anfangskurs *m*; **pegged p.** gestützter Preis; **highest possible p.** optimaler Preis; **posted p.** ausgezeichneter Preis, Listenpreis *m*; **at present p.s** beim heutigen Preisniveau; **prohibitive p.** unerschwinglicher Preis; **quoted p.** 1. angegebener Preis, Angebotspreis *m*; 2. *(Börse)* Kursnotierung *f*; **recommended p.** (unverbindliche) Preisempfehlung *f*, empfohlener Preis; **reduced p.** ermäßigter Preis; **regular p.** Normalpreis *m*; **rising p.s** 1. Preissteigerung *f*, Teuerung *f*; 2. steigende Kurse; **rock-bottom p.** Niedrigst-, Schleuderpreis *m*; **rocketing p.s** Preis-, Kurssprünge *pl*; **ruling p.** gegenwärtiger/geltender (Markt)Preis; **seasonal p.** saisonbedingter Preis; **sliding(-scale) p.** gleitender Preis, Staffelpreis *m*; **soaring p.** *(Börse)* haussierender Kurs; **~ p.s** *(Börse)* Hausse *f*; **stable p.** stabiler Preis; **~ p.s** Preisstabilität *f*; **staggered p.s** Staffelpreise *pl*; **standard p.** Einheits-, Richtpreis *m*; **steady p.s** 1. Preisstabilität *f*; 2. stabile Kurse; **stiff p.** hoher/gesalzener Preis *(coll)*; **subject p.** freibleibender/unverbindlicher Preis, Preis freibleibend; **top p.** Höchst-, Spitzenpreis *m*; **two-way p.** *(Börse)* Geld- und Briefkurs *m*; **variable p.** *(Börse)* variabler Kurs; **weak p.** gedrückter Preis/Kurs; **wholesale p.** Einkaufspreis *m*

PQ

price (out) *v/t* mit einem Preis auszeichnen, Preis festsetzen; **p. higher** zu einem höheren Preis anbieten

price|-adjusted *adj* preisbereinigt; **p. adjustment** Preisanpassung *f*, P.korrektur *f*; **p. advance** Preisanstieg *m*; **p. advantage** Preisvorteil *m*; **p. agreement** Preisabsprache *f*; **p. barrier** Preisgrenze *f*; **p. behaviour** Preisverhalten *nt*; **p. bracket** Preisklasse *f*; **p. cartel** Preiskartell *nt*; **p. category** Preisklasse *f*; **p. ceiling** Preisobergrenze *f*; **p. chart** Kursdiagramm *nt*; **p. collapse** 1. Preisverfall *m*; 2. Kursverfall *m*; **p. collusion** Preisabsprache *f*; **p. comparison** Preisvergleich *m*; **p. competition** Preiswettbewerb *m*; **p.-competitive** *adj* preiswürdig; **p. concession** Preiszugeständnis *nt*; **p.-conscious** *adj* preisbewusst; **p. control(s)** Preisbewirtschaftung *f*, P.kontrolle *f*; **p.-cost gap** Preis-Kosten-Schere *f*; **p.s current** Preisliste *f*; **p. cut** Preissenkung *f*, P.nachlass *m*; **p. cutting** Preissenkung *f*

priced *adj* (mit einem Preis) ausgezeichnet; **competitively p.** preisgünstig; **reasonably p.** zu vernünftigen Preisen, vergleichsweise günstig

price decline 1. Preisverfall *m*; 2. Kurs(ab)fall *m*; **p.-demand curve** Preis-Absatzkurve *f*; **p. development** 1. Preisentwicklung *f*; 2. Kursverlauf *m*; **p. differential** 1. Preisgefälle *nt*; 2. Kursdifferenz *f*; **p. distortion** Preisverzerrung *f*; **p. elasticity** Preiselastizität *f*; **~ of demand** Nachfrageelastizität *f*; **~ supply** Angebotselastizität *f*; **p. equalization** Preisausgleich *m*; **p. expectations** *(Börse)* Kursfantasie *f*

price fall Preissturz *m*; **p.-fixing** *n* Preisabsprache *f*, P.bindung *f*; **~ agreement** Preisabsprache *f*; **p. floor** Preisuntergrenze *f*; **p. fluctuation** 1. Preisfluktuation *f*, P.ausschlag *m*; 2. Kursschwankung *f*; **p. formation** Preisbildung *f*; **p. free frontier** Frei-Grenz-Preis *m*; **p. gain** Kursgewinn *m*; **p. gap** 1. Preisdifferenz *f*, P.spanne *f*; 2. Kursdifferenz *f*; **p. guarantee** Preisgarantie *f*; **p. guideline** Preisrichtlinie *f*

price increase 1. Preisanstieg *m*, P.erhöhung *f*; 2. Kursanstieg *m*; **to pass on p. i.s** Preiserhöhungen weiterwälzen; **across-the-board p. i.** allgemeine Preiserhöhung; **home-made p. i.** hausgemachter Preisauftrieb

price index 1. Preisindex *m*; 2. Kursindex *m*; **p. inflation** Preisaufblähung *f*, P.steigerung(srate) *f*; **p. label** Preisschild *nt*

price level 1. Preishöhe *f*, P.niveau *nt*; 2. *(Börse)* Kursniveau *nt*; **average p. l.** durchschnittliches Preis-/Kursniveau; **stable p. l.** stabiles Preisniveau; **p. l. stability** Preisstabilität *f*

price limit 1. Preisbegrenzung *f*; 2. (Kurs)-Limit *nt*; **to exceed the p. limit** Preisgrenze überschreiten; **p. list** 1. Preisliste *f*, P.verzeichnis *nt*; 2. Kurszettel *m*; **p. maintenance** Preisbindung *f*; **p. margin** Preisspanne *f*; **p. mark-down** 1. Preissenkung *f*; 2. Kursabschlag *m*; **p. mark-up** 1. Preisanhebung *f*; 2. Kursaufschlag *m*; **p. movement** 1. Kursentwicklung *f*; 2. Preisentwicklung *f*; **p. multiple** Preis-, Kursvielfaches *nt*; **p. pattern** Preisgefüge *nt*; **p. pegging** 1. Preisbindung *f*; 2. Kursstützung *f*; **p. performance** Kursentwicklung *f*; **p. policy** Preispolitik *f*; **p.s and incomes policy** Lohn- und Preispolitik *f*; **p. push** Preisschub *m*; **p. quotation** Preisspielraum *m*; **p.-raising** *adj* preissteigernd; **p. range** 1. Preislage *f*; 2. Kursbildung *f*; **graduated p. range** Preisstaffel *f*; **p. recovery** Kurserholung *f*; **p. reduction** Preisnachlass *m*, P.senkung *f*; **p. regulations** Preisvorschriften *pl*; **p. restraint** Preisdisziplin *f*; **p. rigging** Preisabsprache *f*; **p. ring** Preiskartell *nt*; **p. rise** Preisanstieg *m*, P.erhöhung *f*; **across-the-board p. rise** 1. Preiswelle *f*; 2. Kursanstieg auf breiter Front; **p.-sensitive** *adj* 1. preisempfindlich; 2. kursempfindlich; **p.(s) spiral** Preisspirale *f*; **p. spread** 1. Preisspanne *f*; 2. *(Börse)* Spanne zwischen Geld- und Briefkurs; **p. stability** Preisstabilität *f*; **p. stabilization** 1. Preisberuhigung *f*; 2. Kursstabilisierung *f*; **p. strategy** Preispolitik *f*; **p. structure** Preisgefüge *nt*; **p. support** *(Börse)* Markt-, Kursstützung *f*; **~ measures** Preis-, Kursstützungsmaßnahmen *pl*; **~ operation** Kurssicherungsgeschäft *nt*; **p. swing** Preisschwankung *f*; **p. tag/ticket** Preisschild *nt*; **p. turnabout/turn(a)round** 1. Preiswende *f*; 2. Kurswende *f*; **p. trend** 1. Preisentwicklung *f*, P.tendenz *f*; 2. Kursentwicklung *f*; **p. volatility** 1. Preisausschläge *pl*, P.schwankung *f*; 2. Kursausschläge *pl*, K.schwankung(en) *f/pl*; **p. war** Preiskrieg *m*

pricing *n* Preisfestsetzung *f*, P.kalkulation *f*, P.politik *f*; **aggressive p.** preisaggressives Verhalten; **collusive p.** (geheime) Preisabsprache *f*; **cost-plus p.** Aufschlagskalkulation *f*; **differential p.** diskriminierende Preisgestaltung; **full-cost p.** Vollkostenkalkulation *f*; **intercompany p.** Konzernverrechnung *f*, interne Preisstellung; **mark-up p.** Spannenkalkulation *f*; **open p.** transparente Preisgestaltung; **predatory p.** aggressive Preisgestaltung; **rate-of-return p.** Preisfestsetzung unter Berücksichtigung einer Rendite; **two-tier p.** Zweipreissystem *nt*

pricing agreement Preisabsprache *f*; **p. edge** Preisvorteil *m*; **p. margin** Kalkulationsspanne *f*; **p. policy** Gebühren-, Preispolitik *f*; **p. practice(s)** Preisgebaren *nt*; **p. strategy** Preisstrategie *f*; **p. structure** Preisstruktur *f*

primage *n* ⚓ Frachtzuschlag *m*, F.anteil *m*

primary *adj* 1. hauptsächlich, Grund-; 2. ursprünglich, originär

prime *v/t* 1. vorbereiten, betriebsfertig machen; 2. investieren

prime *adj* 1. hautpsächlich, Haupt-; 2. hochwertig, erst(klassig), herausragend

principal *n* 1. Vorgesetzte(r) *f/m*, Chef(in) *m/f*; 2. Geschäftsinhaber(in) *m/f*; 3. Auftraggeber(in) *m/f*; 4. 🏛 Bauträger(in) *m/f*; 5. Kredit-, Kapitalsumme *f*; **p. and agent** Auftraggeber und A.nehmer *m*; **~ charges** Kapital und Spesen; **~ interest** Kapital und Zinsen; **to act as ~ agent** § mit sich selbst kontrahieren; **p. repayment** Kapitalzurückzahlung *f*, Tilgung *f*

principle *n* Grundsatz *m*, Prinzip *nt*

principle of authority Autoritätsprinzip *nt*; **~ balance sheet consistency** Bilanzkontinuität *f*; **~ caution** Vorsichtsprinzip *nt*; **~ adjustable contributions** Umlageprinzip *nt*; **~ income-source neutrality** *(Doppelbesteuerung)* Wohnsitzprinzip *nt*; **~ organisation** Organisationsprinzip *nt*; **p.s of economic policy** wirtschaftpolitische Grundsätze; **p. of making the polluter pay** Verursacherprinzip *nt*; **~ unambiguous presentation** Bilanzklarheit *f*; **~ prudence** Bilanzierungsgrundsatz der kaufmännischen Vorsicht; **~ reasonableness** Verhältnismäßigkeitsgrundsatz *m*; **~ representation** Vertretungsgrundsatz *m*; **~ the rule of the law** Rechtsstaatlichkeit *f*; **~ stock corporation law** aktienrechtliche Grundsätze; **~ taxation** Steuerprinzip *nt*; **~ equal tax treatment** Grundsatz der steuerlichen Gleichbehandlung; **~ equal treatment** Gleichbehandlungsgebot *nt*; **~ valuation** Bewertungsprinzip *nt*

ability-to-pay principle Grundsatz der steuerlichen Leistungsfähigkeit; **applicable p.** maßgebliche Norm; **commercial p.s** kaufmännische Gesichtspunkte; **corporate p.s** Unternehmensleitsätze *pl*; **cost-plus p.** Lohnaufwandsprinzip *nt*; **economy-of-effort p.** Wirtschaftlichkeitsprinzip *nt*; **expectancy-cover(age) p.** Deckungsprinzip *nt*; **first-in-first-out (fifo) p.** *(Inventur)* Realisationsprinzip *nt*; **guiding p.** Richtlinie *f*; **legal p.** Rechtsgrundsatz *m*; **overriding p.** maßgebliches Prinzip

print *n* Druck(schrift) *m/f*; **fine** *[US]*/

small *[GB]* **p.** Kleingedrucktes *nt*; *v/ti* 1. drucken; 2. gedruckt werden; **p. advertising** Zeitungswerbung *f*

printer *n* Drucker *m*; **p.s** Druckerei *f*; **p. and publisher** Drucker und Verleger *m*; **p.'s copy** Druckexemplar *nt*

print file Druckdatei *f*

printing *n* 1. Druck(legung) *m/f*; 2. Druckereigewerbe *nt*; 3. Auflage(nhöhe) *f*; **p. and allied trades** graphische Berufe; **ready for p.** druckreif; **four-colour p.** Vierfarbendruck *m*; **p. error** Druckfehler *m*; **p. frame** Kopierrahmen *nt*; **p. industry** Druckindustrie *f*; **p. office** Druckerei *f*; **p. operator** Drucker *m*; **p. plant** Druckerei(betrieb) *f/m*; **p. shop** Druckerei *f*; **p. trade** grafisches Gewerbe; **p. worker** Drucker *m*

print instruction 🖳 Druckbefehl *m*; **p.out** *n* 🖳 Ausdruck *m*; **p. run** (Druck)Auflage *f*; **p. union** Druckergewerkschaft *f*

priori|tization *n* Priorisierung *f*; **p.tize** *v/t* Priorität einräumen

priority *n* 1. (Vor)Rang *m*, Rangfolge *f*; 2. Dringlichkeit(sstufe) *f*; **p. of a claim** Vorrang eines Anspruchs; **~ creditors** Gläubigervorrang *m*; **~ a debt** Rang einer Forderung; **to be given p.** bevorzugt abgefertigt werden; **to give p. to** Vorrang einräumen; **first p.** erste Priorität, rangerst; **lower p.** Nachrangigkeit *f*; **overriding p.** höchste Dringlichkeit; **top p.** wichtigstes Ziel

priority *adj* Vorzugs-; **p. caution** *(Grundbuch)* Rangvormerkung *f*; **p. claim** Prioritätsanspruch *m*; **p. debt** bevorrechtigte (Konkurs)Forderung; **p. delivery** Vorzugsbelieferung *f*, bevorzugte Lieferung; **p. entry** Rangvermerk *m*; **p. holder** Bevorrechtigte(r) *f/m*; **p. list** Dringlichkeitsliste *f*; **p. notice** *(Grundbuch)* Vormerkung *f*; **~ of conveyance** Auflassungsvormerkung *f*; **p. rating** Dringlichkeitsstufe *f*; **p. routing** Reihenfolgeplanung *f*; **p. schedule** Dringlichkeitsfolge *f*; **p. share** *[GB]*/**stock** *[US]* Vorzugsaktie *f*; **p. treatment** Vorzugsbehandlung *f*

privacy *n* Schutz der Persönlichkeit; **in strict p.** streng vertraulich; **p. concern** Sorgen wegen des Datenschutzes

private *adj* privat, persönlich; **p. and confidential** streng vertraulich; **p.ly** *adv* 1. *(Verkauf)* unter der Hand; 2. freihändig, auf privater Basis; **p.-sector** *adj* privatwirtschaftlich

privation *n* Armut *f*, Entbehrung *f*

privatiz|ation *n* Privatisierung *f*, Entstaatlichung *f*; **p.e** *v/t* privatisieren, entstaatlichen

privilege *n* Privileg *nt*, Nutzungs-, Vorrecht *nt*; **p. of non-disclosure** Auskunftsverweigerungsrecht *nt*; **~ note issue** Notenausgabe-, Notenbankprivileg *nt*; **to accord/grant a p.** Vorrecht einräumen/gewähren; **commercial p.** Konzession *f*; **intercompany** *[GB]*/**intercorporate** *[US]* **p.** Schachtelvergünstigung *f*; **note-issuing p.** Notenausgabeprivileg *nt*; **professional p.** berufliches Aussageverweigerungsrecht; **p. tax** Konzessionssteuer *f*

privity of contract *n* vertragliches Treueverhältnis

prize *n* 1. Auszeichnung *f*, (Ehren)Preis *m*; 2. Lotteriegewinn *m*; **to award a p.** Preis verleihen; **p.** *v/t* 1. (hoch)schätzen, würdigen; 2. einschätzen; **p. open** *[US]* *(Kiste)* aufbrechen; **p. bond** Prämien-, Losanleihe *f*; **p. draw** (Gewinn)Auslosung *f*, Lotterie *f*; **p. money** Geldpreis *m*; **p. winner** Preisträger(in) *m/f*

the pros and cons Vor- und Nachteile *pl*

proactive *adj* vorausschauend, offensiv

probability *n* Wahrscheinlichkeit *f*; **p. of the event** Ereignis-, Eintrittswahrscheinlichkeit *f*; **~ failure** Störanfälligkeit *f*, Ausfallwahrscheinlichkeit *f*; **~ loss** *(Vers.)* Schadens(eintritts)wahrscheinlichkeit *f*; **~ occurrence** Ereigniswahrscheinlichkeit *f*; **p. calculus** π Wahrscheinlichkeitsrechnung *f*; **p. distribution** Wahrscheinlichkeitsverteilung *f*; **p. sample** Wahrscheinlichkeitsstichprobe *f*; **p. theory** Wahrscheinlichkeitsrechnung *f*

probate *n* § (gerichtliche) Testamentsbestätigung *f*, Erbschein *m*; **p. of a will** Testamentseröffnung *f*; **to obtain p.** Testamentsbestätigung erwirken; **p. court** Nachlassgericht *nt*; **p. duty** Erbschaftssteuer *f*; **p. register** Testamentshinterlegungsstelle *f*

probation *n* Probezeit *f*; **to engage on p.** auf Probe einstellen; **p.er** *n* Anwärter(in) *m/f*, Angestellte(r) auf Probe; **p. period** Probezeit *f*; **p. year** Probejahr *f*

probe *n* Sondierung *f*, Untersuchung *f*; *v/t* sondieren, erforschen

problem *n* Problem *nt*, Schwierigkeit *f*; **p.**

of finance Finanzschwierigkeit *f*; **to approach a p.** Problem angehen; **to experience/face p.s** mit Problemen konfrontiert sein; **to master a p.** Problem meistern; **to tackle a p.** Problem angehen

basic problem Grundproblem *nt*; **economic p.** Wirtschaftsfrage *f*; **environmental p.** Umwelt(schutz)problem *nt*; **financial p.** finanztechnisches/finanzielles Problem; **logistic(al) p.** logistisches Problem; **monetary p.s** Währungsmisere *f*; **operational p.** Betriebsproblem *nt*; **structural p.** Strukturproblem *nt*

problem area Problembereich *m*; **p. definition/identification** Problembeschreibung *f*; **p.-orient(at)ed** *adj* problembezogen; **p.-plagued** *adj* problemträchtig; **p. solving** Problemlösung *f*

pro-business *adj* wirtschafts-, unternehmer-, unternehmensfreundlich

procedural *adj* verfahrenstechnisch

procedure *n* 1. Verfahren *nt*, Vorgehen(sweise) *nt/f*; 2. Handlungsweise *f*; **administrative p.** Verwaltungsverfahren *nt*; **appellate p.** § Berufungs-, Revisionsverfahren *nt*; **arbitral p.** Schiedsverfahren *nt*; **civil p.** Zivilverfahren *nt*; **contract-awarding p.** Vergabeverfahren *nt*; **disciplinary p.** Disziplinarverfahren *nt*; **fast-track p.** beschleunigtes Verfahren; **follow-up p.** Nachfassaktion *f*; **operational p.** Betriebsablauf *m*; **proper p.** angemessenes Verfahren; **simplified p.** *[EU]* vereinfachtes Verfahren; **summary p.** § Schnellverfahren *nt*, abgekürztes Verfahren; **wage-fixing p.** Lohnfestsetzungsverfahren *nt*; **p.s manual** Arbeitsablaufhandbuch *nt*

proceed *v/i* 1. verfahren; 2. vorgehen; **p. with** fortfahren mit

proceedings *n* 1. Beratung(en) *f/pl*; 2. § Prozess *m*, (Gerichts)Verhandlung *f*; **p. by third parties** Klagen Dritter; **p. for restitution** Restitutionsklage *f*; **p. in tort** Verfahren wegen unerlaubter Handlung; **pending the p.** für die Dauer des Verfahrens

to bar (legal) proceedings den Rechtsweg ausschließen; **to commence/institute (legal) p.** gerichtliche Schritte unternehmen, Verfahren einleiten/anhängig machen, Prozess anstrengen; **to conduct p.** Verfahren durchführen; **to institute (legal) p.** (Gerichts)Verfahren/Klage anhängig machen; **to start p. against** gerichtlich vorgehen gegen; **to stay p.** Verfahren aussetzen, Prozess unterbrechen; **to waive p.** auf ein Verfahren verzichten

administrative proceedings Verwaltungsverfahren *nt*; **appellate p.** Berufungs-, Revisionsverfahren *nt*; **arbitral p.** Schieds(gerichts)verfahren *nt*; **civil p.** Zivilsache *f*; **criminal p.** Strafverfahren *nt*; **disciplinary p.** Disziplinarverfahren *nt*; **fiscal p.** Finanzgerichtsverfahren *nt*; **legal p.** Rechtsweg *m*; **preliminary p.** Ermittlungsverfahren *nt*; **principal p.** Hauptverfahren *nt*

proceeds *n* Erlös *m*, Einnahme(n) *f/pl*, Ertrag *m*; **p. from collection** Inkassobeträge *pl*; **~ disposal/divestments** Veräußerungserlös *m*, V.erträge *pl*; **~ an issue** Emissionserlös *m*; **~ a loan** Kreditvaluta *f*; **~ (the) rights issue** Mittel aus der Kapitalerhöhung; **~ sale** Verkaufserlös *m*; **to credit the p.** den Gegenwert gutschreiben; **gross p.** Bruttoerlös *m*, Rohertrag *m*; **net p.** Nettoerlös *m*, N.ertrag *m*; **surplus p.** Mehrerlös *m*; **total p.** Gesamterlös *m*

process *n* Verfahren *nt*, Prozess *m*; **in p.** in Bearbeitung; **in the p. of construction** im Bau; **p. of distribution** Verteilungsprozess *m*; **~ law** Rechtsweg *m*; **~ production** Herstellungsvorgang *m*, (Produktions)Verfahren *nt*; **~ readjustment** Umstellungsprozess *m*

clean process umweltfreundliches Verfahren; **continuous p.** Fließfertigung *f*, durchgehender Betrieb; **controlled p.** beherrschter Fertigungsprozess; **decision-making p.** Entscheidungsablauf *m*, E.prozess *m*, E.verfahren *nt*, E.verlauf *m*; **economic p.** Wirtschaftsablauf *m*, W.-kreislauf *m*; **industrial p.** industrielles Verfahren; **innovative p.** Innovationsprozess *m*; **macroeconomic p.es** gesamtwirtschaftliche Abläufe; **patentable p.** patentfähiges Verfahren; **productive p.** Herstellungsprozess *m*; **technical p.** technisches Verfahren; **value-adding p.** Wertschöpfungsprozess *m*

process *v/t* 1. bearbeiten, (weiter)verarbeiten, veredeln; 2. abfertigen, handhaben

process account Fabrikationskonto *nt*; **p. allowance** *(REFA)* Verfahrenszuschlag *m*; **p. average** ⊔ durchschnittliche Fertigungsqualität; **~ defective** durchschnittlicher Fehleranteil; **p. capability** erreichbare Fertigungsgenauigkeit/F.qualität; **p. chart** (Arbeits)Ablaufdiagramm *nt*; **p. computer** Prozessrechner *m*; **p. control** Fertigungssteuerung *f*, F.kontrolle *f*; **p. cost(s)** Produktionskosten *pl*; **p. costing** Stückkostenrechnung für Massenfertigung; **p. energy** Prozessenergie *f*; **p. engineer** Verfahrenstechniker *m*; **p. engineering** 1. Verfahrenstechnik *f*; 2. verfahrenstechnische Industrie; **p. goods** ⊖ unveredelte Waren; **p. industry** Fertigungs-, Vered(e)lungsindustrie *f*

processing *n* 1. 🏭 (Weiter)Verarbeitung *f*, Vered(e)lung *f*; 2. Abfertigung *f*, Handhabung *f*

processing of applications Antragsbearbeitung *f*; **p. in bond** ⊖ Zollvered(e)lung *f*; **p. of claims** Schadensbearbeitung *f*; **p. (carried out) under contract** (Auftrags-/Werk)Lohnverfahren *nt*; **p. of a credit application** Kreditbearbeitung *f*; **~ goods for foreign account** aktive Lohnvered(e)lung; **~ dutiable goods** ⊖ Zollgutvered(e)lung *f*; **~ material** Materialverarbeitung *f*; **~ products** Produktverarbeitung *f*, P.vered(e)lung *f*; **p. on the spot** Verarbeitung an Ort und Stelle

advance processing Vorverarbeitung *f*; **distributed p.** dezentrale Verarbeitung; **further p.** Weiterverarbeitung *f*; **inward p.** ⊖ aktiver Vered(e)lungsverkehr; **off-line p.** systemunabhängige Verarbeitung; **on-line p.** 🖳 systemabhängige Verarbeitung, Online-Verarbeitung *f*; **on-the-spot p.** Verarbeitung an Ort und Stelle; **outward p.** ⊖ passive Vered(e)lung, passiver Vered(e)lungsverkehr; **parallel p.** 🖳 Simultanverarbeitung *f*; **real-time p.** 🖳 Echtzeitverarbeitung *f*; **remote p.** (Daten)Fernverarbeitung *f*; **serial p.** 🖳 Stapelbetrieb *m*

processing area Verarbeitungsbereich *m*; **p. capacity** Verarbeitungskapazität *f*; **p. costs** Bearbeitungs-, Verarbeitungskosten *pl*; **p. fee** Bearbeitungsgebühr *f*; **p. industry** Verarbeitungs-, Vered(e)lungsindustrie *f*; **p. language** 🖳 Prozesssprache *f*; **p. mode** Verarbeitungsart *f*; **p. operation** Bearbeitungsvorgang *m*; **p. performance** Verarbeitungsleistung *f*; **p. plant** Verarbeitungsbetrieb *m*, Aufbereitungs-, Vered(e)lungsanlage *f*; **p. sequence** Arbeitsablauf *m*; **p. ship** Fabrikschiff *nt*; **p. stage** Veredelungsstufe *f*; **p. time** Bearbeitungsdauer *f*, Verarbeitungszeit *f*; **p. trade/traffic** Vered(e)lungsverkehr *m*; **p. unit** 🖳 Prozessor *m*; **(central) p. unit (CPU)** 🖳 Zentralrechner *m*

process innovation Verfahrensinnovation *f*; **p. logistics** Prozesslogistik *f*; **p. materials** 🏭 Zwischenprodukte *pl*; **p. optimization** Prozessoptimierung *f*

processor *n* 1. (Weiter)Verarbeiter *m*; 2. 🖳 Rechner *m*

process organisation Ablauforganisation *f*; **p. planning** Arbeits-, Produktionsvorbereitung *f*; **p. plant** Verarbeitungsbetrieb *m*, Produktionsstätte *f*; **~ engineering** Anlagenbau *m*; **p. production** Fließfertigung *f*; **p. structure** Ablaufstruktur *f*; **p. technology** Verfahrenstechnik *f*; **p. time** Bearbeitungszeit *f*; **total p. time** Auftragszeit *f*

pro-competition *adj* wettbewerbsfördernd

procuration *n* (Handlungs)Vollmacht *f*, Prokura *f*; **by/per p. (p.p.)** per Prokura (ppa); **p. fee** Kreditprovision *f*, Vermittlungsgebühr *f*

procure *v/t* 1. beschaffen, disponieren, beziehen; 2. *(Geld)* aufbringen

procurement *n* Beschaffung(swesen) *f/nt*, Bezug *m*; **p. of capital** Kapitalbeschaffung *f*; **~ outside capital** Fremdkapitalbeschaffung *f*; **~ commodities/goods** Warenbezug *m*; **~ credit** Kreditbeschaffung *f*; **~ equity** *(AG)* Kapitalaufnahme *f*; **~ labo(u)r** Anwerbung von Arbeitskräften; **~ liquidity** Liquiditätsbeschaffung *f*; **~ a loan** Kreditbeschaffung *f*; **~ materials** Materialbeschaffung *f*; **external p.** Fremdbezug *m*; **public p.** öffentliche Auftragsvergabe, öffentliches Beschaffungswesen

procurement agency Beschaffungsstelle *f*; **p. channels** Beschaffungskanäle *pl*; **p. cost(s)** Beschaffungskosten *pl*; **p. cycle** Beschaffungszeit *f*, B.rhythmus *m*; **p. fee** *(Kredit)* Bereitstellungsgebühr *f*; **p. list** Beschaffungsliste *f*; **p. logistics expert** Beschaffungslogistiker *m*; **p. manager** Leiter(in) der Beschaffungsabteilung, Disponent(in) *m/f*; **p. planning** Beschaffungsplanung *f*; **p. policy** Einkaufspolitik *f*

procyclical *adj* prozyklisch, zyklusverstärkend

produce *n* 🚜 landwirtschaftliches Erzeugnis/Produkt; **p. of the soil** Bodenertrag *m*;

agricultural p. landwirtschaftliches Erzeugnisse; **dairy p.** Milch-, Molkereiprodukte *pl*; **fresh p.** Frischwaren *pl*
produce *v/t* 1. herstellen, produzieren, erzeugen; 2. ⛏ fördern, gewinnen; 3. *(Dokument)* vorlegen; 4. *(Gewinn)* erzielen, erwirtschaften; 5. *(Zahlen)* auswerfen, ergeben
produce exchange Produkten-, Warenbörse *f*; **p. market** Produktenmarkt *m*
producer *n* ↘ **manufacturer** 1. Hersteller(firma) *m/f*, Produzent *m*; 2. 🚜 Erzeuger *m*; **p. of branded goods** Markenartikler *m*; **domestic p.** einheimischer Erzeuger; **high-cost p.** mit hohen Kosten arbeitender Produzent; **large(-scale)/major p.** Großhersteller *m*, G.erzeuger *m*; **low-cost p.** mit niedrigen Kosten arbeitender Produzent; **marginal p.** Grenzbetrieb *m*
producer advertising Herstellerwerbung *f*; **p.s' association** Erzeugergemeinschaft *f*; **p.'s brand** Fabrikmarke *f*; **p.s' cooperative** Produktionsgenossenschaft *f*; **p. country** Erzeugerland *nt*; **p. goods** Investitions-, Produktionsgüter *pl*; **~ industry** Produktionsgüterindustrie *f*; **p.'s liability** Produzentenhaftung *f*; **p.(s') price** Erzeugerpreis *m*; **industrial p. prices** Industrieerzeugerpreise *pl*; **p. price guarantee** Erzeugerpreisgarantie *f*; **~ inflation** Erzeugerpreisinflation *f*; **p.'s risk** Erzeuger-, Herstellerrisiko *nt*
produce trade 🚜 Produktenhandel *m*
producing industries Produktionswirtschaft *f*
product *n* Produkt *nt*, Ware *f*, Erzeugnis *nt*; **p. furnished under this contract** Vertragserzeugnis *nt*; **p.s of undetermined origin** Waren unbestimmten Ursprungs; **p. of first-stage processing** Produkt der ersten Verarbeitungsstufe; **p.s and services** Waren/Güter und Dienstleistungen
to charge to product|s *(BWL)* auf Erzeugnisse verrechnen; **to launch a p.** Produkt auf den Markt bringen; **to market a p.** 1. Produkt auf den Markt bringen; 2. Produkt vermarkten/vertreiben, Erzeugnis absetzen; **to push a p.** für ein Produkt (nachhaltig) werben
agricultural product Agrarerzeugnis *nt*, landwirtschaftliches Erzeugnis; **allied p.** verwandtes Produkt; **branded p.** Markenerzeugnis *nt*, M.artikel *m*; **chemical p.** Chemieprodukt *nt*; **chilled p.(s)** Kühlgut *nt*; **clean p.** umweltverträgliches Produkt; **commercial p.s** Handelsware *f*; **company-manufactured p.** Eigenerzeugnis *nt*; **competing p.** Konkurrenzartikel *m*; **cyclical p.** konjunkturabhängiges Erzeugnis; **dairy p.** Milchprodukt *nt*, Molkereierzeugnis *nt*; **disposable p.s** Wegwerfgüter *pl*
domestic product einheimisches Erzeugnis/Fabrikat; **gross ~ p. (gdp)** *(VWL)* Bruttoinlandsprodukt (BIP) *nt*; **gross ~ p. at factor cost** Bruttoinlandsprodukt zu Faktorkosten; **net ~ p.** Nettoinlandsprodukt *nt*
durable product langlebiges Erzeugnis; **eco-friendly p.** umweltverträgliches Produkt; **faulty p.** fehlerhaftes Erzeugnis; **financial p.** Finanzprodukt *nt*; **finished p.** Fertig-, Enderzeugnis *nt*; **~ p.s** Fertigwaren *pl*; **~ p. warehouse** Vollgutlager *nt*; **flat p.** Flachprodukt *nt*; **foreign p.** ausländisches Fabrikat/Erzeugnis; **generic p.s** 1. weiße Ware; 2. ⚕ Generika *pl*; **half-finished p.** Halbfabrikat *nt*; **high-quality p.** Qualitätserzeugnis *nt*; **high-volume p.** Umsatzrenner *m (coll)*, Massenartikel *m*; **home-grown p.** inländisches (Agrar)Erzeugnis; **home-produced p.(s)** Inlandsware *f*; **horticultural p.** 🚜 Garten(bau)erzeugnis *nt*; **incoming p.** Zulieferprodukt *nt*; **industrial p.** Industrieerzeugnis *nt*, I.produkt *nt*, gewerbliches Erzeugnis; **innovative p.** Innovationsprodukt *nt*; **intermediate p.** Zwischenerzeugnis *nt*; **joint p.** Kuppelprodukt *nt*; **low-volume p.** Artikel mit geringen Umsätzen; **main p.** Hauptartikel *m*, Leitprodukt *nt*; **marginal-value p.** Grenzerlösprodukt *nt*; **marketable p.** marktfähiges Produkt; **manufactured p.** Industrieerzeugnis *nt*, I.produkt *nt*, gewerbliches Erzeugnis; **mature p.** (markt)reifes Produkt; **me-too p.** Nachahmerprodukt *nt*
national product 1. *(VWL)* Sozialprodukt *nt*, gesamtwirtschaftliche Leistungserstellung; 2. *[EU]* einheimisches Erzeugnis; **gross ~ p. (gnp)** Bruttosozialprodukt (BSP) *nt*; **gross ~ p. at market prices** Bruttosozialprodukt zu Marktpreisen; **net ~ p.** Nettosozialprodukt *nt*
net product Wertschöpfung *f*; **no-name p.** weiße Ware; **non-originating p.** *[EU]*

Nichtursprungsware *f*; **overseas p.** Auslandserzeugnis *nt*; **own(-brand) p.** Eigenmarke(nartikel) *f/m*; **pioneering p.** Pionierprodukt *nt*; **polluting p.** umweltschädliches Produkt; **primary p.** Ausgangserzeugnis *nt*, Vorprodukt *nt*, Grund-, Rohstoff *m*; **processed p.** Vered(e)lungserzeugnis *nt*; **proprietary p.** Markenerzeugnis *nt*; **real p.** reales Bruttosozialprodukt; **refined p.** Raffinerieerzeugnis *nt*; **residual p.** Nebenprodukt *nt*; **run-of-the-mill p.** Durchschnittserzeugnis *nt*; **sal(e)able p.** verkaufsfähiges Erzeugnis; **seasonal p.** Saisonartikel *m*; **semi-finished p.** Halbfabrikat *nt*, H.fertigprodukt *nt*; **~ p.s** Halbzeug *nt*; **staple/standard(ized) p.** Standard-, Serienerzeugnis *nt*; **superior p.** höherwertiges Erzeugnis; **tailor-made p.** Spezialanfertigung *f*; **unfinished p.s** unfertige Erzeugnisse; **white p.(s)** weiße Ware; **up-market** *[GB]***/upscale** *[US]* **p.** hochwertiges Produkt

product acceptance Produktakzeptanz *f*; **p. account** Produktionskonto *nt*; **p. advertising** Produktwerbung *f*; **p. assortment** Produktangebot *nt*; **p.-based** *adj* produktbezogen; **p. classification** Artikel-, Warenverzeichnis *nt*; **European p. coding** Europäische Artikelnummerierung (EAN); **p. cost** Produktkosten *pl*; **~ accounting** Erzeugniskostenrechnung *f*; **p. costing** Stückkostenrechnung *f*; **p. customization** Anpassung des Produkts an Kundenbedürfnisse; **p. cycle** Produktzyklus *m*; **p. design** Produktgestaltung *f*; **p. development** Produktentwicklung *f*; **p. diversification** Produktdiversifikation *f*; **p. diversitiy** Produktvielfalt *f*; **p.-driven** *adj* produktorientiert; **p. engineering** Fertigungstechnik *f*; **p. family** Artikel-, Produktgruppe *f*; **p. group** Artikelgruppe *f*; **~ cost** Fabrikategemeinkosten *pl*; **~ manager** Fabrikategruppenleiter(in) *m/f*; **~ pricing** Gruppenpreisverfahren *nt*; **p. identification** Produkt-, Artikelidentifizierung *f*; **p. information** Produktinformation *f*; **p. innovation** Produkterneuerung *f*, P.innovation *f*; **p. inventory control** Warenbestandsführung *f*

production *n* 1. Herstellung *f*, Fertigung *f*, Produktion *f*, Erzeugung *f*; 2. Ertrag *m*, Ausbringung *f*; 3. ⛏ Förderung *f*; 4. Vorlage *f*; 5. Dokument *nt*; **p. in bulk** Massenproduktion *f*; **p. of capital goods** Investitionsgüterproduktion *f*; **~ goods** Gütererzeugung *f*, G.produktion *f*; **~ goods and services** Leistungserstellung *f*; **~ income** Einkommensbildung *f*; **p. for inventory** Vorratsproduktion *f*, Lager(an)fertigung *f*; **p. to order/specification** Auftragsproduktion *f*, Stückfertigung *f*; **in-firm p. or outside purchases** Eigenfertigung oder Fremdbezug; **p. for stock** Vorratsproduktion *f*, Lager(an)fertigung *f*

ready for production fertigungs-, produktions-, serienreif

to cripple production Produktion lähmen; **to curb p.** Fertigung/Produktion drosseln; **to discontinue p.** Fertigung/Produktion einstellen; **to diversify p.** Produktionsprogramm auffächern; **to go into p.** Produktion aufnehmen; **to halt p.** Produktion (zeitweilig) stilllegen; **to indigenize p.** einheimischen Fertigungsanteil erhöhen; **to keep p. going** Produktion aufrechterhalten; **to resume p.** Produktion wieder aufnehmen; **to start (up) p.** Betrieb/Produktion aufnehmen; **to step up p.** Produktion ausweiten; **to take sth. out of p.** etw. nicht mehr herstellen/produzieren

agricultural production landwirtschaftliche Erzeugung; **annual p.** Jahresproduktion *f*; **bench-scale p.** Pilotfertigung *f*; **commercial p.** großtechnische Fertigung; **continuous/conveyor-belt p.** Fließ(band)fertigung *f*; **cost-efficient p.** kostengünstige Produktion; **customized p.** Auftragsfertigung *f*; **daily p.** Tagesförderung *f*, T.leistung *f*; **demand-orient(at)ed p.** bedarfsorientierte Fertigung; **diversified p.** reichhaltiges Produktionsprogramm; **domestic p.** Inlandsproduktion *f*; **excess p.** Überproduktion *f*; **flow-line p.** Fließ(band)fertigung *f*; **individual p.** Einzelfertigung *f*; **industrial p.** Industrieproduktion *f*; **in-firm/in-house p.** Eigenfertigung *f*; **job-order p.** Auftragsfertigung *f*; **joint p.** Verbundfertigung *f*; **large-scale/mass p.** Massen-, Serienfertigung *f*; **lean p.** schlanke Fertigung; **licensed p.** Lizenzfertigung *f*; **linked p.** Kuppelproduktion *f*; **made-to-order p.** Auftragsfertigung *f*; **made-to-stock p.** Vorratsproduktion *f*; **manual p.** handwerkliche Fertigung; **multi-stage p.** mehrstufige Produktion; **one-off p.** Auftrags-, Werkstattfertigung *f*; **own p.** Eigenfertigung *f*, E.herstellung *f*; **part p.** Teil(e)fertigung *f*; **primary p.** Rohstoffgewinnung *f*, Urerzeugung *f*, Grundstoff-, Primärgüterproduktion *f*; **sales-based p.** absatzgesteuerte Produktion; **seasonal p.** saisonbedingte Produktion; **secondary p.** Sekundärgüterproduktion *f*, gewerbliche Erzeugung; **serial p.** Fließ(band)-fertigung *f*; **single-unit p.** Einzelanfertigung *f*; **staggered p.** Stufenproduktion *f*; **standardized p.** Fließ(band)fertigung *f*; **stockless p.** lagerlose Fertigung; **surplus p.** Über(schuss)produktion *f*; **tertiary p.** Erbringung von Dienstleistungen; **wage-band p.** Lohnfertigung *f*; **waste-free p.** abfallfreie Produktion

production account Produktionskonto *nt*; **p. area** 1. Produktionsbereich *m*; 2. 🚜 Anbaugebiet *nt*; **surplus p. area** Überschussgebiet *nt*; **p. ban** Produktionsverbot *nt*; **p. batch** (Fertigungs)Los *nt*; **p. bonus** Leistungsprämie *f*; **p. capacity** Produktions-, Fertigungskapazität *f*, Leistungspotenzial *nt*; **p. ceiling** Produktionsbeschränkung *f*; **p. center** *[US]*/ **centre** *[GB]* Fertigungs-, Kostenstelle *f*; **p. changeover** Produktionsumstellung *f*; **agricultural p. cooperative** landwirtschaftliche Produktionsgenossenschaft (LPG) *[DDR]*

production cost|(s) 1. Erzeuger-, Fertigungs-, Gestehungskosten *pl*; 2. *(Vers.)* Vermittlerprovision *f*; **aggregate p. c.(s)** volkswirtschaftliche Produktionskosten; **net p. c.s** Betriebsselbstkosten *pl*; **p. c. accounting** Fertigungskostenrechnung *f*; **~ analysis** Wirtschaftlichkeitsrechnung *f*; **~ center** *[US]*/**centre** *[GB]* (Fertigungs)-Hauptkostenstelle *f*; **~ control** Fertigungskostenkontrolle *f*

production credit Produktionskredit *m*; **p. cycle** 1. Konjunktur-, Produktionszyklus *m*; 2. Fertigungszeit *f*; **p. data sheet** Fertigungsdatenblatt *nt*; **p. department** Fertigungsabteilung *f*; **p. downtime** Produktionsausfall *m*; **p. efficiency** Produktivität *f*; **p. engineer** Betriebsingenieur(in) *m/f*; **p. engineering** Fertigungstechnik *f*; **p. equipment (and facilities)** Produktionsanlagen *pl*; **p. facility** Produktions-, Fertigungsstätte *f*, Werk *nt*; **p. factor** Produktionsfaktor *m*; **p. flow** Produktionsablauf *m*; **p.-geared** *adj* produktionsgerecht; **p. growth** Produktionssteigerung *f*; **p. index** Produktionsindex *m*, P.kennziffer *f*; **p. industry** Fertigungsindustrie *f*; **p. job** Fertigungsberuf *m*; **p. layout** innerbetriebliche Standortplanung; **p. lead time** Fertigungszeit *f*; **p. level** Produktionsniveau *nt*; **p. line** Fließ-, Montageband *nt*; **p. link** Produktionsverbund *m*; **p. loading** Auslastungsgrad der Fertigung; **p. loan** Produktionskredit *m*; **p. location** Produktionsstandort *m*; **p. loss** 1. Fertigungs-, Produktionsausfall *m*; 2. ⚒ Förderausfall *m*; **p. lot** Fertigungslos *nt*; **p. management** Fertigungsplanung und -steuerung *f*; **p. manager** Produktions-, Betriebsleiter(in) *m/f*; **p. method** Herstellungsverfahren *nt*, Fertigungstechnik *f*; **resource-conserving p. method** Rohstoff sparendes Produktionsverfahren; **p. mix** Fertigungssortiment *nt*; **p. order** Produktionsauftrag *m*; **~ accounting** Zuschlagskalkulation *f*; **p. overheads** Fabrikations-, Fertigungsgemeinkosten *pl*; **allocated p. overheads** Fertigungsgemeinkostenzuschlag *m*; **unabsorbed p. overheads** Fertigungsgemeinkostenunterdeckung *f*; **p. peak** Leistungs-, Produktionsspitze *f*; **p. performance** Produktionsleistung *f*; **p. period** Fertigungs-, Produktionsdauer *f*; **p. planning** Fertigungs-, Produktionsplanung *f*; **p. plant** Produktions-, Fertigungsstätte *f*; **p. process** Herstellungs-, Produktionsverfahren *nt*, P.technik *f*, Herstellungsvorgang *m*; **p. program(me)** Fertigungs-, Herstellungs-, Produktionsprogramm *nt*; **to streamline a p. program(me)** Produktionsprogramm bereinigen; **p. quota** Förderquote *f*; **p. range** Fertigungsprogramm *nt*; **p. rate** Produktionsleistung *f*, Fertigungstempo *nt*; **p.-related** *adj* produktionsbezogen; **p. release** Fertigungsfreigabe *f*; **p. requisition** Produktionsanforderung *f*; **p. residues** Produktionsrückstände *pl*; **p. run** (Fertigungs)Serie *f*, Stückzahl *f*; **long p. run** hohe Stückzahl/Auflage, große Serie; **p. schedule** Arbeits-, Fertigungs-, Produktionsprogramm *nt*; **p. scheduling** Arbeits-, Produktionsvorbereitung *f*, P.planung *f*; **p. sequence** Produktionsablauf *m*; **p. sequencing** Fertigungs-, Produktionssteuerung *f*; **p. shop** Montagehalle *f*;

p. shortfall Produktionsausfall *m*; **p. site** Fabrik *f*, Fertigungsstätte *f*, Produktionsstandort *m*, Werk *nt*; **p. slump** Produktionsabfall *m*; **p. smoothing** Produktionsglättung *f*; **p. stage** 1. Verarbeitungsstufe *f*; 2. Produktions-, Serienreife *f*; **p. start-up** Produktionsanlauf *m*, P.beginn *m*; **p. study** Fertigungsablaufstudie *f*; **p. target** Produktionsziel *nt*, Ausbringungs-, Leistungssoll *nt*; **p. technology** Fertigungstechnik *f*; **p. time** Fertigungs-, Herstellungzeit *f*; **p. unit** Produktionsanlage *f*; **p. volume** Fertigungsvolumen *nt*, Ausbringungsmenge *f*; **p. waste** Produktionsausschuss *m*; **p. worker** Industriearbeiter(in) *m/f*

productive *adj* 1. erzeugend, produzierend; 2. ergiebig, produktiv; 3. rentabel, gewinnbringend

productivity *n* Produktivität *f*, Rentabilität *f*, Ertragsfähigkeit *f*; **aggregate p.** *(VWL)* Gesamtproduktivität *f*; **corporate p.** *(BWL) (Unternehmen)* Gesamtproduktivität *f*; **economic p.** volkswirtschaftliche Produktivität; **increased p.** Produktivitätssteigerung *f*; **marginal p.** *(VWL)* Grenzproduktivität *f*; **~ of capital** Grenzproduktivität des Kapitals; **~ of labour** Grenzproduktivität der Arbeit; **per-capita p.** Arbeitsproduktivität *f*

productivity agreement/deal Produktivitätsabkommen *nt*; **p. bonus** Leistungsprämie *f*; **p. constraint** Produktivitätsengpass *m*; **p. differential/gap** Produktivitätsgefälle *nt*; **p. gain** Produktivitätsfortschritt *m*; **p. growth/increase** Produktivitätsanstieg *m*; **p. improvement** Rationalisierung *f*, Produktivitätssteigerung *f*; **p.-increasing** *adj* leistungsteigernd; **p. management** Produktivitätskontrolle *f*; **p. payment** Produktivitätszulage *f*; **p. slowdown** Produktivitätsrückgang *m*

product launch Produkteinführung *f*; **new p. launch** (Produkt)Neueinführung *f*; **p. liability** Produzenten-, Produkthaftung *f*; **~ insurance** Produzentenhaftpflichtversicherung *f*; **p. life** Produktleben(sdauer) *nt/f*; **~ cycle** Produktlebenszyklus *m*; **p. line** Artikel-, Warengruppe *f*; **to trim back p. lines** Sortiment straffen; **p. l. expansion** Sortimentsausweitung *f*; **~ manager** Produktgruppenleiter(in) *m/f*; **p. manager** Markenbetreuer(in) *m/f*; **p. marketing** Produktvermarktung *f*

product mix (Fertigungs)Sortiment *nt*; **to change the p. m.** Sortiment umstellen; **p. m. audit** Sortimentskontrolle *f*; **~ reduction** Sortimentsbereinigung *f*

product number Artikelnummer *f*; **p. overheads** Produktgemeinkosten *pl*; **p. personality** Produktprofil *nt*; **p. piracy** Produktpiraterie *f*; **p. placement** Schleichwerbung *f*, Produktplatzierung *f*; **p. planning** Produktplanung *f*; **p. portfolio** Sortiment *nt*, Produktpalette *f*; **p. positioning** Warenplatzierung *f*; **p. price** Produktpreis *m*; **p. promotion** Absatzförderung *f*; **p. quality** Produkt-, Warenqualität *f*

product range Sortiment *nt*, Produktpalette *f*; **streamlined p. r.** straffes Sortiment; **p. r. extension** Sortimentsausweitung *f*; **~ simplification** Sortimentsbereinigung *f*

product re-launch Produktneueinführung *f*; **p. requirements** Qualitätsforderungen an Produkte; **p. research** Waren-, Produktforschung *f*; **p. streamlining** Produktstraffung *f*; **p. styling** Produktgestaltung *f*; **p. support** Produktpflege *f*; **p. test** Warentest; **competitive p. test** vergleichender Warentest; **p. testing** Produktprüfung *f*; **p. tree** Produktstammbaum *m*; **p. unit costing** Stück(kosten)-kalkulation *f*; **p. update** Produkterneuerung *f*; **p. warranty** Produktgarantie *f*

pro-employee *adj* arbeitnehmerfreundlich

profession *n* 1. (akademischer) Beruf, freiberufliche Tätigkeit; 2. Berufsstand *m*; **the p.** die Fachwelt; **the p.s** die akademischen Berufe; **by p.** von Beruf; **legal p.** (Rechts)Anwaltsberuf *m*; **medical p.** Arztberuf *m*

professional *n* Fachmann *m*, Experte *m*, Expertin *f*; **p.s** Fachleute *pl*, Profis *pl*; *adj* 1. fachmännisch, sachverständig; 2. (frei)beruflich; **p.ize** *v/t* professionalisieren; **p.ism** *n* 1. Fachwissen *nt*, Spezialistentum *nt*, (fachliches) Können *nt*; 2. Berufsethos *nt*

proficien|cy *n* Fertigkeit *f*, Tüchtigkeit *f*; **p.t** *adj* sachkundig

profile of company strengths and weaknesess *n* *(BWL)* Stärken-Schwächen-Profil *nt*; **locational p.** Standortprofil *nt*;

personal p. 1. Persönlichkeitsbild *nt*; 2. Lebenslauf *m*

profit *n* (Geschäfts)Gewinn *m*, Ertrag *m*, Rendite *f*; **at a p.** mit Gewinn; **p. on asset disposal** Gewinn aus Anlagenverkauf; **p.s from business** Gewinn aus Gewerbebetrieb; **p. retained in the business** einbehaltener/thesaurierter Gewinn; **p. from disposals** Gewinn aus Veräußerungen; **p. available for distribution** ausschüttungsfähiger Gewinn; **p. from interest** Zinsgewinn *m*; **~ interests** Beteiligungsertrag *m*

profit and loss (p&l) Gewinn und Verlust (GuV) *m*; **~ account/statement** Gewinn- und Verlustrechnung (GuV) *f*, Erfolgsbilanz *f*; **annual ~ account** Jahreserfolgsrechnung *f*; **consolidated ~ account/statement** konsolidierte Gewinn- und Verlustrechnung, Konzerngewinn- und Verlustrechnung *f*; **~ forecast** Ergebnisvorschau *f*; **~ item** Erfolgsposten *m*; **~ pooling** Gewinngemeinschaft *f*; **~ transfer agreement** Ergebnisabführungsvereinbarung *f*

profit or loss *(Gewinn- und Verlustrechnung)* Erfolg *m*

profit due to minority shareholders Gewinn(anteile) der Minderheitsaktionäre; **p. from operations** Betriebs-, Unternehmensgewinn *m*; **~ continuing operations** Gewinn aus dem laufenden Geschäft; **p. for the quarter** Quartalsgewinn *m*; **p. on sales** Umsatzrendite *f*; **p. after tax(ation)** Gewinn nach (Abzug der) Steuern, versteuerter Gewinn; **p. before tax(ation)** Gewinn vor (Abzug der) Steuern, unversteuerter Gewinn, Vorsteuergewinn *m*; **p. for the year** Jahresgewinn *m*

profit brought/carried forward Gewinnvortrag *m*; **~ from the previous year** Gewinnvortrag aus dem Vorjahr

to be back into profit|(s) wieder in der Gewinnzone sein; **to capitalize p.s** Gewinne aktivieren; **to distribute a p.** Gewinn ausschütten; **to earn p.s** Gewinne erzielen; **to erode p.s** Gewinn schmälern; **to leave a p.** Gewinn abwerfen; **to operate at a p.** mit Gewinn arbeiten, Gewinn erzielen; **to plough back p.s** *(fig)* Gewinne reinvestieren; **to pool p.s** Gewinn teilen; **to post/show a p.** Gewinn ausweisen; **to render a p.** Gewinn abwerfen; **to repatriate p.s** Gewinne transferieren; **to run/trade at a p.** mit Gewinn betreiben/arbeiten; **to sell at a p.** mit Gewinn verkaufen; **to yield a p.** Gewinn abwerfen

accumulated profit thesaurierter/nicht ausgeschütteter Gewinn; **adjusted p.s** bereinigter Gewinn; **after-tax p.** Nachsteuergewinn *m*; **annual p.** Jahresgewinn *m*; **appropriated p.s** den Rücklagen zugewiesene Gewinne; **attributable p.** verteilungsfähiger Gewinn; **before-tax p.** Vorsteuergewinn *m*, Bruttoertrag *m*; **consolidated p.(s)** Konzernergebnis *nt*; **corporate p.(s)** Unternehmensgewinn *m*; **declared p.** Bilanzgewinn *m*, ausgewiesener Gewinn; **distributable p.** ausschüttungsfähiger Gewinn; **distributed p.** ausgeschütteter Gewinn; **economic p.** Grenzkostenergebnis *nt*; **entrepreneurial p.** Unternehmerlohn *m*; **extraordinary p.** außerordentliches Ergebnis; **fair p.** angemessener Gewinn; **first-quarter p.s** Gewinn im ersten Quartal; **gross p.** Bruttogewinn *m*, Rohertrag *m*; **healthy p.** schöner Gewinn; **imputed p.** kalkulatorischer Gewinn; **intercompany p.** Organgewinn *m*; **intra-group p.** Gewinn aus konzerninternen Geschäften; **net p.** Bilanz-, Netto-, Reingewinn *m*; **~ for the accounting period** Periodenreingewinn *m*; **~ after/before taxes** Nettogewinn nach/vor Steuern; **non-distributed p.(s)** einbehaltener Gewinn; **non-operating p.** neutraler Gewinn, neutrales Ergebnis; **non-recurring/one-off p.(s)** einmalige Erträge; **operational p.** Betriebsgewinn *m*; **pre-tax p.(s)** Vorsteuergewinn *m*; **quarterly p.** Quartalsgewinn *m*; **retained p.(s)** einbehaltener/thesaurierter Gewinn; **speculative p.(s)** Spekulationsgewinn *m*; **taxable p.** zu versteuernder Gewinn; **unappropriated/undistributed p.** ausschüttungsfähiger/einbehaltener/unausgeschütteter Gewinn

profit *v/i* profitieren; **p. from sth.** aus etw. Nutzen ziehen

profitability *n* Rentabilität *f*, Wirtschaftlichkeit *f*, Ertragskraft *f*; **to achieve p.** Ertragsschwelle überschreiten, rentabel werden; **to improve p.** Ertragskraft stärken; **to return to p.** wieder mit Gewinn arbeiten; **marginal p.** Grenzrentabilität *f*; **p. analysis** Rentabilitätsanalyse *f*; **p. calculation/estimate** Rentabilitäts-, Wirtschaftlichkeitsrechnung *f*; **p. objective** Rentabilitätsziel *nt*; **p. ratio** Renditekennziffer *f*, Rentabilitätsgröße *f*; **p. study** Rentabilitäts-, Wirtschaftlichkeitsstudie *f*

profitable *adj* 1. rentabel, rentierlich, gewinnbringend, ertragsstark; 2. vorteilhaft, nützlich

profit appropriation Gewinnverwendung *f*; **~ statement** Gewinnverwendungsbilanz *f*; **p. breakdown** Gewinnaufschlüsselung *f*; **p. centre** (Geschäfts)Bereich mit Gewinnverantwortung; **~ accounting** Abteilungserfolgsrechnung *f*; **p. commission** Gewinnbeteiligung *f*, G.provision *f*; **p. contribution** Deckungsbeitrag *m*; **to turn the p. corner** *(fig)* die Gewinnschwelle überschreiten; **p. distribution** Gewinnausschüttung *f*, Erfolgs-, Gewinnverwendung *f*; **p. earner** Gewinnbringer *m*; **p.-earning** *adj* rentabel, gewinnbringend

profiteer *n* *(pej.)* Geschäftemacher *m*, Schieber *m (pej.)*; **p.ing** *n (pej.)* Preistreiberei *f*, (Preis)Wucher *m*

profit erosion Gewinnschmälerung *f*; **p. estimate** Gewinnschätzung *f*; **p. explosion** Gewinnexplosion *f*; **p. forecast** Gewinnprognose *f*; **p.-generating** *adj* gewinnbringend; **p.(s) growth/increase** Gewinnzuwachs *m*; **p. insurance** Betriebsunterbrechungsversicherung *f*; **p. maker** Gewinnbringer *m*; **p.-making** *adj* gewinnbringend, einträglich, rentabel

profit margin Ertrags-, Gewinn-, Handelsspanne *f*; **~ on sales/turnover** Absatz-, Umsatzrendite *f*; **bottom-line p. m.** Nettogewinnspanne *f*; **item-related p. m.** Artikel-, Stückspanne *f*; **narrow p. m.** schmale Gewinnspanne

profit mark-up Gewinnzuschlag *m*; **p. opportunity** Gewinnchance *f*; **p.-orient(at)ed** *adj* gewinnorientiert; **p. outlook** Gewinnaussichten *pl*; **p. participation** Gewinnbeteiligung *f*; **~ right** Genussrecht *nt*; **p. performance** Gewinnentwicklung *f*; **p. pool(ing)** Gewinn(abrechnungs)gemeinschaft *f*; **p. potential** Gewinnchance *f*, G.möglichkeit *f*; **p.-push inflation** Gewinninflation *f*; **p. ratio** Betriebsergebnisquote *f*, Rentabilität *f*; **p.-related** *adj* gewinn-, erfolgsabhängig; **p. retention** Gewinnthesaurierung *f*; **p. rise** Gewinnsteigerung *f*; **p.-seeking** *adj* gewinnorientiert; **p.-sharing** *n* Erfolgs-, Gewinnbeteiligung *f*; **~ plan for employees** *(Arbeitnehmer)* Erfolgsbeteiligung *f*; **~ scheme** (Gewinn)Beteiligungsmodell *nt*; **p. shift(ing)/switch(ing)** Gewinnverlagerung *f*; **p. shortfall** Gewinn-, Ertragsrückgang *m*; **p. showing** Gewinnausweis *m*; **p.-taking** *n (Börse)* Gewinnmitnahme *f*; **p. target** Ertragsziel *nt*; **p.s tax** Gewinnsteuer *f*; **corporate p. tax** *(Kapitalgesellschaft)* Körperschaftssteuer *f*; **p.(s) transfer** Gewinnabführung *f*; **~ agreement** Gewinnabführungsabkommen *nt*; **p. turn(a)round** Wende in der Ertragslage; **p.s warning** Gewinnwarnung *f*; **p.-yielding** *adj* gewinnbringend, einträglich, rentabel

pro-forma *adj/adv* vorläufig

prognosis *n* Prognose *f*, Vorausschau *f*

program *n* *[US]* 🖳 Programm *nt*; *v/t* programmieren; **p. control** Programmsteuerung *f*; **p. cycle** Verarbeitungszyklus *m*; **p. function key** Funktionstaste *f*; **p. language** Programmiersprache *f*

programme *n* *[GB]* 1. Programm(atik) *nt/f*, Plan *m*; **p. of delivery** Lieferprogramm *nt*

anticyclical programme Konjunkturprogramm *nt*; **anti-inflation p.** Inflationsbekämpfungsprogramm *nt*; **comprehensive p.** umfassendes Programm; **cost-cutting p.** Sparprogramm *nt*; **economic p.** Wirtschaftsprogramm *nt*; **environmental p.** Umweltprogramm *nt*; **follow-up p.** Nachfolgeprogramm *nt*; **job-creating/make-work p.** Arbeitsbeschaffungs-, (unproduktives) Beschäftigungsprogramm *nt*; **reflationary p.** Konjunktur(förderungs)programm *nt*; **selectively targeted p.** gezieltes Programm

program(me) aid Programmhilfe *f*; **p.-based** *adj* programmgebunden; **p. flow** Programmablauf *m*; **p. package** Programmpaket *nt*

programmer *n* 🖳 Programmierer(in) *m/f*

program(me) run Programm(ab)lauf *m*; **p. trading** *(Börse)* Programmhandel *m*; **p. unit** Programmbaustein *m*

programming *n* 🖳 Programmierung *f*; **p. error** Programmierungsfehler *m*; **p. language** Programmiersprache *f*

progress *n* Fortschritt *m*; **in p.** im Gang; **p. of the arts** technischer Fortschritt, Stand der Technik; **to make good p.**

guten Verlauf nehmen; **~ slow p.** langsam vorankommen; **economic p.** wirtschaftlicher Fortschritt; **scientific p.** wissenschaftlicher Fortschritt; **technological p.** technischer Fortschritt

progress *v/ti* 1. vorankommen, Fortschritte machen; 2. vorantreiben

progress billing (Projekt)Abrechnung nach Baufortschritt; **p. chaser** Terminüberwacher(in) *m/f*; **p. control** Terminkontrolle *f*

progression *n* 1. (Weiter)Entwicklung *f*; 2. Fortbewegung *f*

progressive *adj* 1. fortlaufend, schrittweise; 2. fortschrittlich

progress payment Zahlung nach (Bau)-Fortschritt; **p. planning** Arbeitsplanung *f*; **p. report** Tätigkeitsbericht *m*

prohibit *v/t* verbieten, untersagen

prohibition *n* Verbot *nt*; **p. of capital transfers** Kapitaltransferverbot *nt*; **~ competition** Wettbewerbsverbot *nt*; **~ discrimination** Diskriminierungsverbot *nt*; **~ employment** Arbeits-, Beschäftigungsverbot *nt*; **~ merger(s)** Fusionsverbot *nt*; **~ Sunday trading** Sonntagsverkaufsverbot *nt*; **~ trading** Gewerbeverbot *nt*; **~ transfer** Veräußerungsverbot *nt*; **~ work on Sundays** Sonntagsarbeitsverbot *nt*; **p. order** Untersagungsverfügung *f*; **p. sign** Verbotsschild *nt*

project *n* Projekt *nt*, Vorhaben *nt*; **to implement a p.** Plan/Projekt ausführen; **to cost a p.** Projekt durchkalkulieren; **to launch a p.** Projekt starten; **financial p.** Finanzierungsvorhaben *nt*; **large(-scale)/major p.** Großprojekt *nt*; **turnkey p.** schlüsselfertiges Projekt

project *v/t* planen, entwerfen

project aid Projekthilfe *f*; **p. approval** Projektbewilligung *f*; **p. billing** Projektabrechnung *f*; **p. consultant** Projektberater(in) *m/f*; **p. cost(s)** Projektkosten *pl*; **p. engineer** Projektingenieur(in) *m/f*; **p. finance/financing** Projekt-, Objektfinanzierung *f*

projection *n* Prognose *f*, Fortschreibung *f*; **p. of costs to completion** geschätzte Gesamtprojektkosten; **financial p.** Finanzvorschau *f*

project life Projektdauer *f*; **p.-linked** *adj* objektbezogen, projektgebunden; **p. loan** Projektkredit *m*; **p. management** Projektleitung *f*; **p. manager** Projektleiter(in) *m/f*; **p. period** Projektzeitraum *m*; **p. scheduling** Projektplanung *f*; **p. site** Baustelle *f*; **p.-tied** *adj* objektbezogen, projektgebunden; **p. tying** Projekt-, Zweckbindung *f*; **p. work** Projektarbeit *f*

proliferat|e *v/i* wuchern, um sich greifen; **p.ion** *n* Ausuferung *f*, Wildwuchs *m*

prolong *v/t* 1. verlängern; 2. *(Wechsel)* prolongieren

prolongation *n* Verlängerung *f*, Prolongat(ion) *nt/f*; **p. of a credit** Stillhaltung eines Kredits; **~ debts** Stundung von Forderungen; **~ payment** Zahlungsaufschub *m*; **~ a term; ~ a time limit** Termin-, Fristverlängerung *f*; **p. business** Prolongationsgeschäft *nt*; **p. period** Belassungsfrist *f*

pro memoria *(lat.)* pro Memoria; **~ item** Merkposten *m*

promise *n* (Schuld)Versprechen *nt*, Zusage *f*; **p. of a credit** Kreditzusage *f*; **~ delivery** Auslieferungsversprechen *nt*; **p. to finance** Finanzierungszusage *f*; **p. of a loan** Kredit-, Darlehenszusage *f*; **~ a mortgage (loan)** Hypothekenzusage *f*; **p. to pay** Zahlungsversprechen *nt*; **~ perform** Leistungszusage *f*; **to show industrial p.** *(Technologie)* industriell verwertbar sein; **binding p.** bindende Zusage; **conditional p.** bedingtes Versprechen; **contractual p.** Vertragsversprechen *nt*; **firm p.** konkrete Zusage

promise *v/t* versprechen, sich verpflichten, zusagen

promising *adj* erfolgversprechend, zukunftsträchtig, aussichts-, chancenreich

promissory note (P.N.) Schuldschein *m*, Eigen-, Solawechsel *m*

promo (promotional video) *n* *(coll)* Werbevideo *nt*

promote *v/t* 1. fördern, werben für; 2. befördern; 3. organisieren

promoter *n* 1. Auftraggeber(in) *m/f*, Bauherr(in) *m/f*; 2. Veranstalter(in) *m/f*; 3. Förderer *m*, Förderin *f*; 4. Gründer(in) *m/f*; **p. of a company** Firmengründer *m*

promotion *n* 1. Werbung *f*, Reklame *f*, (Verkaufs)Förderung *f*, Werbekampagne *f*; 2. Gründung *f*; 3. *(Personal)* Beförderung *f*

promotion of small (and medium-sized) businesses Mittelstandsförderung *f*; **~ competition** Wettbewerbsförderung *f*; **~ economic development** Wirtschaftsförderung *f*; **~ employment** Beschäfti-

gungsförderung *f*; **~ exports** Export-, Ausfuhrförderung *f*; **~ industry** Industrieförderung *f*; **~ high technology** Technologieförderung *f*; **~ trade (and industry)** Wirtschaftsförderung *f*; **~ industrial/occupational training** (Berufs)Ausbildungsförderung *f*
to get promotion befördert werden; **direct-mail p.** Direktwerbung *f*; **one-shot p.** *(Werbung)* Stoßaktion *f*
promotional *adj* (verkaufs)fördernd, Werbe-
promotion article Werbeartikel *m*; **p. budget** Werbeetat *m*; **p. costs/expense(s)** Gründungskosten *pl*; **p. exercise** Werbeaktion *f*; **p. manager** Werbeleiter(in) *m/f*; **p. matter** Werbematerial *nt*; **p. prospects** Aufstiegsmöglichkeiten *pl*; **p. scheme** Förderprogramm *nt*
prompt *v/t* veranlassen; *adj* sofort (lieferbar), umgehend; **p. note** *n* Mahnschreiben *nt*, Mahnung *f*
prone *adj* geneigt; **p. to** anfällig für
proof *n* Beleg *m*, Beweis *m*, Nachweis *m*
proof of authority Berechtigungsnachweis *m*; **p. (of debt) in bankruptcy** Anmeldung einer Konkursforderung; **p. of claim** Forderungsanmeldung *f*; **~ competence** Befähigungsnachweis *m*; **~ debt** Nachweis einer Forderung; **~ delivery** Auslieferungsnachweis *m*, Nachweis der Lieferung; **~ disposal** Entsorgungsnachweis *m*; **~ earnings** Einkommensnachweis *m*; **~ export shipment** Ausfuhrnachweis *m*; **~ the inability to pay** Nachweis der Zahlungsunfähigkeit; **~ loss** Schadens-, Verlustnachweis *m*; **~ origin** Herkunfts-, Ursprungsnachweis *m*; **~ ownership** Eigentumsnachweis *m*; **~ payment** Zahlungsnachweis *m*; **~ performance** Leistungsnachweis *m*; **~ qualification** Befähigungsnachweis *m*; **~ title** Nachweis des Eigentumsrechts
failing proof mangels Nachweises; **requiring p.** belegpflichtig; **to furnish p.** Nachweis erbringen; **factual p.** faktischer Beweis; **living p.** sichtbarer Beweis; **positive p.** eindeutiger Beweis; **tangible p.** konkreter Beweis
propensity *n* Hang *m*, Neigung *f*; **p. to buy** Kauflust *f*; **~ consume** Konsumbereitschaft *f*, K.neigung *f*; **~ invest** Anlage-, Investitionsbereitschaft *f*; **~ save** Sparneigung *f*, S.quote *f*; **~ spend** Ausgabeneigung *f*
proper *adj* angemessen, sachgerecht
property *n* 1. Besitz(tum) *m/nt*, Eigentum *nt*, Immobilie *f*, Grundbesitz *m*, (Haus)-Objekt *nt*; 2. Eigenschaft *f*, Merkmal *nt*, Beschaffenheit *f*
property of the bankrupt Konkursmasse *f*; **p. in land** Grundbesitz *m*; **p. of material** Werkstoffeigenschaft *f*; **p., plant and equipment** Sachanlagen *pl*, S.anlagevermögen *nt*; **~ and intangibles** Sachanlagen und immaterielle Anlagewerte; **p. in the form of shares** *[GB]*/**stocks** *[US]* Aktienvermögen *nt*
secured by property dinglich gesichert
to assess property Vermögen bewerten; **to convey/transfer p.** Eigentum/Vermögen übertragen; **to distrain p.** Eigentum pfänden; **to encumber p.** Eigentum/Grundstück belasten; **to own p.** Eigentum/Vermögen besitzen
agricultural property landwirtschaftlicher Besitz; **assigned p.** abgetretenes Vermögen; **collective p.** Gemeinschaftseigentum *nt*; **commercial p.** gewerblich genutztes Objekt/Grundstück; **corporate p.** Gesellschaftsvermögen *nt*; **depreciable p.** abschreibungsfähige Anlagegüter; **developed p.** erschlossenes Grundstück; **domestic p.** *(Steuer)* Inlandsvermögen *nt*; **eligible p.** beleihbares Objekt; **empty p.** leer stehendes Gebäude; **exempt p.** unpfändbare Vermögensgegenstände; **income-producing p.** Renditeobjekt *nt*; **industrial p.** Industriegrundstück *nt*, gewerblich genutztes Objekt/Grundstück; **~ right** gewerbliches Schutzrecht; **joint p.** Eigentum zur gesamten Hand; **landed p.** Grundbesitz *m*; **leased p.** Mietgegenstand *m*, M.objekt *nt*; **mixed p.** gemischt genutztes Grundstück; **mortgaged p.** (hypothekarisch) belastetes Objekt; **movable p.** bewegliches Vermögen; **non-exempt p.** pfändbares Vermögen; **personal p.** bewegliches Eigentum; **physical p.** stoffliche Eigenschaft; **pledged p.** Pfandgegenstand *m*; **prime p.** erstklassige Immobilie; **private p.** Privatbesitz *m*, P.eigentum *nt*; **productive p.** Erwerbs-, Produktivvermögen *nt*; **public p.** öffentliches Eigentum; **rat(e)able p.** der Besteuerung unterliegendes Vermögen, (grund)steuerpflichtiges Grundstück;

PQ

real p. Grundeigentum *nt*, G.besitz *m*, Grund und Boden *m*, Liegenschaft *f*; **~ insurance** Grundstücks-, Immobiliarversicherung *f*; **~ right** Grundstücksrecht *nt*; **~ tax** Grundsteuer *f*; **rental p.** Mietobjekt *nt*; **residential p.** Wohn(ungs)eigentum *nt*; **~ market** Wohnungsmarkt *m*; **second-hand p.** Gebrauchtimmobilie *f*; **tangible p.** materieller (Vermögens)-Gegenstand; **third-party p.** fremdes Eigentum; **urban p.** städtisches Grundstück; **vacant p.** leer stehende Immobilie

property account Anlage-, Immobilienkonto *nt*; **p. acquisition** Immobilienerwerb *m*; **p. assets** Vermögenswerte *pl*, Immobilienvermögen *nt*; **p. balance** Vermögensbilanz *f*; **p. boom** Immobilienhausse *f*; **p. business** *(Vers.)* Sachsparte *f*; **p. company** Grundstücks-, Immobiliengesellschaft *f*; **p. damage** Gebäude-, Sachschaden *m*; **~ insurance** Sachschaden(s)versicherung *f*; **~ liability** Haftpflicht für Vermögensschäden; **p. deed** Eigentumsurkunde *f*; **p. developer** 1. Erschließungsgesellschaft *f*; 2. Bauträger(in) *m/f*; **p. development** Grundstückserschließung *f*; **p. disposal** Immobilien-, Grundstücksverkauf *m*; **p. dividend** Sachwertdividende *f*; **p. finance/financing** Immobilienfinanzierung *f*; **p. fund** Immobilienfonds *m*; **p. income** Einkommen aus (Grund)Besitz; **p. insurance** Gebäude-, Sachversicherung *f*; **p. investment** Immobilieninvestition(en) *f/pl*, Anlagevermögen *nt*; **~ company** Vermögensverwaltungsgesellschaft *f*; **p. leasing** Immobilien-Leasing *nt*; **p. levy** Vermögensabgabe *f*; **p. management** Anlagen-, Haus-, Objekt-, Vermögensverwaltung *f*; **p. manager** Immobilien-, Vermögensverwalter(in) *m/f*; **p. market** Grundstücks-, Immobilienmarkt *m*; **p. owner** Grundstücks-, Hausbesitzer(in) *m/f*; **p. portfolio** Immobilienbestand *m*; **p. purchase** Immobilienkauf *m*; **p. right** Eigentumsrecht *nt*; **p. risk** Sachschaden-, Vermögensrisiko *nt*; **p. sale** Immobilien(ver)kauf *m*; **p. shares** *[GB]*/**stocks** *[US]* Immobilienaktien *pl*; **p. statement** Vermögensaufstellung *f*; **p. tax** Grund-, Objekt-, Vermögenssteuer *f*; **~ assessment** Grundsteuerveranlagung *f*; **~ exemption** Grundsteuerbefreiung *f*; **p. transfer** Übertragung von Eigentum; **p. unit** Immobilienzertifikat *nt*; **p. user** Objektnutzer *m*; **p. valuation** Grundstücksbewertung *f*; **p. value** Eigentums-, Gebäude-, Grund(stücks)wert *m*; **p. yield** Objekt-, Immobilienrendite *f*

proportion *n* 1. (An)Teil *m*; 2. (Größen)-Verhältnis *nt*, Quote *f*; **p. of defectives** 🏭 Ausfallrate *f*; **~ exports to output** Exportintensität *f*; **~ freight charges** Frachtanteil *m*; **~ imports to exports** Austauschverhältnis *nt*; **~ profit** Gewinnanteil *m*; **~ profit distributed** Ausschüttungsquote *f*; **~ wage costs** Lohnintensität *f*

proportionate *adj* anteil-, verhältnismäßig, anteilig

proposal *n* Antrag *m*, Vorschlag *m*, Angebot *nt*; **p. bond** Bietungsgarantie *f*; **p. form** Antragsformular *nt*, Versicherungsantrag *m*

propose *v/t* vorschlagen; **p.r** *n* Antragsteller(in) *m/f*

proposition *n* 1. Antrag *m*; 2. Vorschlag *m*; 3. Kaufobjekt *nt*; **paying p.** lohnendes Geschäft

proprietary *adj* 1. firmeneigen; 2. gesetzlich/patentamtlich geschützt

proprietor *n* Besitzer(in) *m/f*, Eigentümer(in) *m/f*, Inhaber(in) *m/f*; **p. of a company/firm** Firmen-, Geschäfts-, Betriebsinhaber *m*; **joint p.** Mitinhaber(in) *m/f*, Teilhaber(in) *m/f*; **private p.** Privateigentümer *m*; **sole p.** Allein-, Einzelinhaber(in) *m/f*, E.kaufmann *m*, E.kauffrau *f*, E.unternehmer(in) *m/f*; **p.s' capital** Eigen-, Gesellschaftskapital *nt*; **~ loan** Gesellschafterdarlehen *nt*

proprietorship *n* Eigentum *nt*, E.besitz *m*; **single/sole p.** Einzelfirma *f*, Einpersonengesellschaft *f*; **p. account** *[US]* Kapitalkonto *nt*

pro rata *adj/adv* *(lat.)* anteil-, quotenmäßig, anteilig; **p.rate** *v/t* anteilmäßig aufgliedern/aufteilen/umlegen; **p.secute** *v/t* § strafrechtlich verfolgen

prosecution *n* 1. strafrechtliche Verfolgung; 2. Staatsanwaltschaft *f*; **criminal p. of a tax offence** Steuerstrafverfahren *nt*; **liable/subject to p.** verfolgbar, strafbar; **criminal p.** strafrechtliche Verfolgung

prospect *n* 1. Aussicht *f*, Erwartung *f*; 2. potenzielle(r) Abnehmer(in)/Kunde/Kundin, Interessent(in) *m/f*; **p.s** 1. *(Stelle)*

PQ

Aufstiegs-, Beförderungsmöglichkeiten *pl*; 2. Entwicklungsfähigkeit *f*; **p.s for growth** Wachstumsaussichten *pl*; **commercial p.s** Geschäftsaussichten *pl*; **economic p.s** Konjunkturaussichten *pl*; **good p.s** *(Beruf)* Aufstiegsmöglichkeiten *pl*

prospect *v/i* ⛏ nach Bodenschätzen suchen, schürfen

prospecting *n* ⛏ Schürfen *nt*, Exploration *f*; **p. for oil** Ölsuche *f*; **p. company** Schürfgesellschaft *f*; **p. operation(s)** Exploration *f*

prospective *adj* voraussichtlich, zukünftig, potenziell, möglich, angehend

prospectus *n* 1. Börsen(zulassungs)-, Emissionsprospekt *m*, Subskriptionsanzeige *f*; 2. Unterrichtsprogramm *nt*, Kurs-, Veranstaltungsverzeichnis *nt*; 3. (Werbe)-Prospekt *m*; **p. liability** *(Börse)* Prospekthaftung *f*

prosper *v/i* Erfolg haben, florieren; **p.ity** *n* Wohlstand *m*, Reichtum *m*; **~ index** Wohlstandsindex *m*; **p.ous** *adj* wohlhabend, reich

protection *n* 1. Schutz *m*; 2. (Interessen)-Wahrung *f*; 3. Versicherungsschutz *m*

protection of a bill Wechseleinlösung *f*; **~ capital** Kapitalschutz *m*; **p. by copyright** Schutz geistigen Eigentums, Urheberschutz *m*; **p. of creditors** Gläubigerschutz *m*; **~ data** Datenschutz *m*; **~ deposits** *(Bank)* Einlagensicherung *f*; **~ industrial/registered (patterns and) designs** Modell-, (Gebrauchs)Musterschutz *m*; **p. against unfair dismissal** Kündigungsschutz *m*; **p. of interests** Wahrung der Interessen; **~ an invention** Erfinder-, Gebrauchsmusterschutz *m*; **~ investors** Anlegerschutz *m*; **~ patterns and designs** (Gebrauchs)Musterschutz *m*; **~ property** Eigentumsschutz *m*; **~ proprietary rights** Markenschutz *m*; **~ savers** Einlegerschutz *m*; **~ title** Rechts-, Besitzschutz *m*; **~ trademarks** (Waren)Zeichenschutz *m*

contractual protection vertraglicher Schutz; **environmental p.** Umweltschutz *m*; **~ objective** Umweltschutzziel *nt*; **~ policy** Umweltschutzpolitik *f*; **industrial p.** Arbeitsschutz *m*

protection and indemnity insurance Reedereihaftpflichtversicherung *f*

protectionism *n* Schutzzollpolitik *f*

protection money Bestechungs-, Schutzgeld *nt*; **p. racket** Schutzgelderpressung *f*

protective *adj* Schutz-

protest *n* 1. Protest(urkunde) *m/f*; 2. Wechselprotest *m*; **p. for non-acceptance** (Wechsel)Protest mangels Annahme; **~ non-payment** (Wechsel)Protest mangels Zahlung; **p. waived** *(Wechsel)* ohne Protest; **to enter a p.** Protest einlegen; **to go to p.** zu Protest gehen; **to lodge p.** Widerspruch einlegen; **to notify p.** Protest aufnehmen lassen; **due p.** rechtzeitiger Protest

protest *v/i* 1. protestieren, Einspruch erheben; 2. beteuern

protest certificate Protesturkunde *f*; **p. charges/fees** Protestkosten *pl*

prototype *n* Prototyp *m*, Versuchsmuster *nt*

protract *v/t* hinaus-, verzögern, verschleppen; **p.ion** *n* Verzögerung *f*, Verlängerung *f*, Verschleppung *f*

prove *v/t* 1. be-, nachweisen; 2. sich erweisen, herausstellen; 3. *(Konkurs)* geltend machen; **p.n** *adj* 1. nachweislich; 2. bewährt

provide *v/t* 1. (be)liefern, beschaffen, (zur Verfügung) stellen, bereitstellen; 2. § bestimmen, vorschreiben; **p. for** 1. Vorsorge treffen für; 2. in Rechnung stellen

provider *n* Beschaffer(in) *m/f*, Lieferant(in) *m/f*, Dienstleister *m*; **p. of capital** Kapital-, Sicherungsgeber(in) *m/f*; **~ logistics services** Logistikdienstleister *m*, L.anbieter *m*; **~ services** Dienstleistungserbringer(in) *m/f*, Dienstleister(in) *m/f*; **~ transport services** Transportdienstleister *m*

province *n* 1. Provinz *f*, Gebiet *nt*; 2. (Aufgaben)Bereich *m*, Fachgebiet *nt*

provincial *adj* Provinz-, regional

provision *n* 1. Anschaffung *f*, Bereitstellung *f*, Gestellung *f*; 2. § Bestimmung *f*, Bedingung *f*; 3. *(Bilanz)* Rückstellung *f*, R.lage *f*; **p.s** 1. Lebens-, Nahrungsmittel *pl*; 2. Rücklagen *pl*

provision for one's old age Alterssicherung *f*; **p. of bank guarantees** Besicherung *f*; **~ capital** Kapitalbeschaffung *f*; **p. for claims** Schadensrückstellung *f*; **p. against/for contingencies** Rückstellungen für unvorhergesehene Ausgaben; **p.s of a contract** Vertragsbestimmungen; **p. of cover(age)** Deckungsanschaffung *f*; **p. for bad debts** Rückstellung für uneinbringliche Forderungen; **~ doubtful debts** Abschreibung auf Forderungen; **~**

PQ

depreciation Wertberichtigung auf das Anlagevermögen; **p. of employment** Arbeitsbeschaffung *f*; **p. for exchange risks** Rückstellung für Währungsrisiken; **p. of funds** Kapitalbeschaffung *f*; **~ goods** Bereitstellung von Gütern; **~ housing** Wohnraumbeschaffung *f*; **p. for uncertain liabilities** Rückstellung für ungewisse Verbindlichkeiten; **p.s for losses** Abdeckung von Verlusten; **~ loans and advances** *(Bank)* Risikovorsorge *f*; **~ contingent losses** Delkredere *nt*; **p. of materials** Materialgestellung *f*, Beistellung *f*; **p.s of a collective pay agreement** Tarifbestimmungen *pl*; **p.(s) for pension fund liabilities** Pensionsrückstellungen *pl*; **p. against/for risks** Risikovorsorge *f*; **p. of security** (Be)-Sicherung *f*; **~ services** Erbringung von Dienstleistungen; **p.s for welfare expenditures** Sozialrückstellungen *pl*

notwithstanding any provisions to the contrary ungeachtet gegenteiliger Bestimmungen

to apply a provision Bestimmung anwenden; **to lift p.s** Bestimmungen aufheben; **to make p.s** 1. Rückstellungen machen; 2. vorsorgen; **to violate the p.s of a law** gegen ein Gesetz verstoßen

budgetary provision|s Haushaltsvorschriften *pl*; **contractual p.** vertragliche Bestimmung; **discretionary p.** Kannvorschrift *f*; **exceptional p.** 1. Ausnahmebestimmung *f*; 2. Sonderrückstellung *f*; **final p.s** Schlussbestimmungen *pl*; **legal p.** gesetzliche Bestimmung; **mandatory p.** zwingende Bestimmung; **non-recurrent p.** Einmalrückstellung *f*; **overall p.** Pauschalwertberichtigung *f*; **restrictive p.s** einschränkende Bestimmungen; **special p.** Sonderregelung *f*; **statutory p.** Satzungsbestimmung *f*, Rechtsvorschrift *f*; **supplementary p.** Zusatzbestimmung *f*; **temporary p.s** Übergangsbestimmungen *pl*; **transitional p.(s)** Übergangsbestimmungen *pl*; **under/with the usual p.s** unter dem üblichen Vorbehalt

proviso *n* (Vertrags)Vorbehalt *m*; **subject to the p.** mit der Maßgabe, unter dem Vorbehalt; **legal p.** Rechtsvorbehalt *m*

proximity *n* Nähe *f*

proxy *n* 1. (Handlungs-/Stimmrechts-/Vertretungs)Vollmacht *f*, (Depot)Stimmrecht *nt*, Stimmrechtsermächtigung *f*; 2. Prokura *f*; 3. Bevollmächtigte(r) *f/m*, Stellvertreter(in) *m/f*; **by p.** vertretungsweise, in Vertretung; **per p.** per Prokura (ppa); **to appoint a p.** sich vertreten lassen; **to stand p. for** Stellvertretung ausüben; **to vote by p.** sich bei der Abstimmung vertreten lassen; **general p.** Generalvollmacht *f*; **special p.** Sonder(vertretungs)vollmacht *f*

proxy agent bevollmächtigte(r) Vertreter(in); **p. form** Stimmrechtsformular *nt*; **p.holder** *n* Vollmachtsinhaber(in) *m/f*; **p. signature** Unterschrift als Stellvertreter(in); **p. statement** Bevollmächtigung *f*; **p. vote** Stimmabgabe durch Stellvertreter

prudence *n* Sorgfalt *f*, Umsicht *f*

prudent *adj* umsichtig, vorsichtig

public *n* Allgemeinheit *f*, Öffentlichkeit *f*, Publikum *nt*; **in p.** öffentlich; **going p.** Gang an die Börse, Börsengang *m*; **to make p.** bekannt geben, veröffentlichen; **consuming p.** Abnehmerkreis *m*; **insuring p.** Versicherungsnehmer *pl*; **investing p.** Anlagepublikum *nt*; **shopping p.** (Einzelhandels)Kunden *pl*

public *adj* öffentlich(-rechtlich), gemeinnützig, staatlich; **ready to go p.** börsenreif

publication *n* 1. Bekanntmachung *f*, B.gabe *f*, Offenlegung *f*; 2. *(Verlag)* Veröffentlichung *f*, Publikation *f*; **p. of the annual report and accounts** Veröffentlichung des Jahresabschlusses; **first p.** Erstveröffentlichung *f*; **free p.** Gratiszeitschrift *f*; **special p.** Sonderausgabe *f*; **p. advertising** Zeitungs- und Zeitschriftenwerbung *f*; **p. price** Ladenpreis *m*

publicity *n* Publizität *f*, Öffentlichkeitsarbeit *f*; **adverse p.** schlechte Presse; **prelaunch p.** Vorabwerbung *f*

publicity build-up Werbekampagne *f*; **p. campaign** Werbefeldzug *m*; **p. effect** Werbewirkung *f*; **p. instrument** Werbemittel *nt*; **p. leaflet** Werbeprospekt *m*; **statutory p. requirements** Publizitätsvorschriften *pl*; **p. sign** Werbe-, Reklameschild *nt*; **p. slogan** Werbeslogan *m*; **p. value** Werbewert *m*

publicize *v/t* veröffentlichen, bekannt geben

public-sector *adj* öffentlich, Staats-

publish *v/t* veröffentlichen, publizieren; **p.er** *n* Verleger(in) *m/f*, Verlag *m*

publishing *n* 1. Herausgabe *f*, Veröffentlichung *f*; 2. Verlagswesen *nt*; **p. company/house** *(Buch)* Verlag(sanstalt) *m/f*; **p. director** Verlagsleiter(in) *m/f*; **p. industry** Verlagswirtschaft *f*; **p. rights** Veröffentlichungs-, Verlagsrechte *pl*; **p. trade** Verlagsbuchhandel *m*

puff *n* aufdringliche Reklame; *v/i* marktschreierisch werben

pull *n* Zug-, Werbekraft *f*; **locational p.** Standortbindung *f*; **upward p.** Aufwärtssog *m*; **p. date** *[US]* Haltbarkeitsdatum *nt*; **p.-out** *n* Ausstieg *m*, Rückzug *m*; **p.(ing) strategy** kundenorientierte Herstellerwerbung

pump *n* Pumpe *f*; **to prime the p.** *(fig)* Wirtschaft/Konjunktur ankurbeln; **p. price** Tankstellenpreis *m*; **p. priming** *(fig)* Ankurbelung(smaßnahme) *f*, Konjunkturspritze *f*

punch line *(Werbung)* Pointe *f*

pundit *n* 1. Experte *m*; 2. *(coll)* Konjunkturbeobachter *m*, K.sachverständiger *m*

punish *v/t* ahnden, (be)strafen; **p.ment** *n* Ahndung *f*, Bestrafung *f*

punter *n* *(coll)* (Börsen)Spekulant *m*

purchase *n* Anschaffung *f*, Beschaffung, (Ein)Kauf *m*, Erwerb *m*, Bezug *m*; **p.s** 1. Wareneingänge *pl*; 2. Anlagekäufe *pl*

purchase on account Kreditkauf *m*, Kauf auf Rechnung; **p. for own account** Kauf auf eigene Rechnung; **p. of accounts receivable** Forderungs(auf)kauf *m*; **p. on third account** Kauf auf fremde Rechnung; **~ approval** Probekauf *m*; **p. of assets** Kauf von Wirtschaftsgütern; **p. in bulk** Kauf in Bausch und Bogen; **p. on commission** Kommissionskauf *m*; **~ credit** Zielkauf *m*; **p. for future delivery** Terminkauf *m*; **p. by description** Gattungskauf *m*; **p. of real estate** Immobilienkauf *m*; **~ goods and services** Bezug von Waren und Dienstleistungen; **~ an interest** Beteiligungserwerb *m*; **p. in the open market** Offenmarktkauf *m*; **p. at market prices** freihändiger Ankauf; **p. of materials** Materialbeschaffung *f*; **~ property** Immobilien-, Grundstückserwerb *m*; **p. and sale** Kauf und Verkauf *m*; **p. of securities** Wertpapierkauf *m*; **p. on the instalment/deferred payment system** Raten-, Teilzahlungs-, Abzahlungskauf *m*

to complete a purchase Kauf abschließen/tätigen

additional purchase Zukauf *m*; **conditional p.** Kauf mit Vorbehalt; **fixed-date p.** Fixgeschäft *nt*; **forward p.** Terminkauf *m*; **local p.** örtliche Beschaffung; **net p.s** Nettoeinkaufswert *m*; **non-local p.** Distanzkauf *m*; **returned p.s** Retouren *pl*; **second-hand p.** Kauf aus zweiter Hand; **short p.** Kauf à la baisse *[frz.]*; **speculative p.** Spekulations-, Meinungskauf *m*

purchase *v/t* (käuflich) erwerben, (auf-/ein)kaufen, beschaffen; **p. forward** auf Termin kaufen

purchase account Einkaufs-, Wareneingangskonto *nt*; **p. agreement** Kaufvertrag *m*; **p. allowances** Preisnachlässe (von Lieferanten) *pl*; **p. approval** Ankaufsgenehmigung *f*; **p. budget** (Material)Beschaffungshaushalt *m*; **p. clerk** Disponent(in) *m/f*; **p. commitment** Abnahmeverpflichtung *f*; **p. contract** Bezugs-, Kaufvertrag *m*; **p. cost(s)** Erwerbskosten *pl*; **p. date** Kaufdatum *nt*, Bestell(ungs)termin *m*; **p. decision** Kaufentscheidung *f*; **p. discount** Einkaufsrabatt *m*, Skonto *nt/m*; **p. form** Bestellformular *nt*; **p.s ledger** Kreditorenbuch *nt*; **p. money** (An)Kaufsumme *f*, K.preis *m*; **p. obligation** Kaufverpflichtung *f*; **p. order** Bestellung *f*, Kaufauftrag *m*; **~ form** Bestellformular *nt*; **~ processing** Auftragsbearbeitung *f*; **p. plan** Beschaffungsplan *m*; **p. planning** Beschaffungsplanung *f*; **p. price** 1. Bezugs-, Einstands-, Kaufpreis *m*; 2. Kauf-, Erwerbskurs *m*

purchaser *n* Erwerber(in) *m/f*, Käufer(in) *m/f*; **bona-fide** *(lat.)* **p.** gutgläubiger Erwerber, Käufer auf gut Glauben; **ultimate p.** Letztkäufer *m*; **would-be p.** Kaufinteressent(in) *m/f*

purchase returns Warenrücksendungen *pl*; **~ account** Retourenkonto *nt*; **p. sum** Kaufsumme *f*; **p. tax** Einkaufs-, (Waren)-Umsatzsteuer *f*; **p. value** Kaufwert *m*

purchasing *n* (An-/Ein)Kauf *m*, Erwerb *m*, Beschaffung *f*; **outside p.** Fremdbezug *m*

purchasing agent Einkäufer(in) *m/f*, Einkaufssachbearbeiter(in) *m/f*; **p. agreement** Kaufvertrag *m*; **p. association/group** Einkaufsverband *m*; **p. authorization** Bezugsgenehmigung *f*; **p. budget** Beschaffungsetat *m*; **p. company** *(Fusion)* übernehmende Gesellschaft; **p. cycle** Beschaffungszeit *f*; **p. decision** Kaufentscheidung *f*; **p. department** Beschaffungsabteilung *f*; **p. guarantee** Abnahmegarantie *f*; **p. lead time** Beschaffungszeit *f*; **p. management** Beschaffungswesen *nt*; **p. manager** Einkaufsleiter(in) *m/f*, Leiter(in) der Einkaufsabteilung, Einkäufer(in) *m/f*, Disponent(in) *m/f*; **p. officer** (Ein)-Käufer *m*, Disponent(in) *m/f*; **p. order** (Kauf)Auftrag *m*, Bestellung *f*; **p. pattern** Kaufverhalten *nt*; **p. policy** Beschaffungspolitik *f*

purchasing power Kaufkraft *f*; **to siphon off p. p.** Kaufkraft abschöpfen; **domestic p. p.** Binnenkaufkraft *f*; **dwindling p. p.** Kaufkraftschwund *m*; **surplus p. p.** Kaufkraftüberhang *m*; **p. p. abroad** *(Währung)* Außenwert *m*; **~ index** Kaufkraftindex *m*; **~ parity** Kaufkraftparität *f*

purchasing quantity/volume Beschaffungsmenge *f*; **p. strategy** Ankaufspolitik *f*

purpose *n* Absicht *f*, Zweck(bestimmung) *m/f*, Verwendungszweck *m*; **p. of the company** Unternehmenszweck *m*; **~ expenditure** Ausgabezweck *m*; **commercial p.** gewerblicher Zweck; **for industrial p.s** zur kommerziellen Verwertung; **public-benefit p.** gemeinnütziger Zweck; **p.-built/made** *adj* sonder-, einzelgefertigt

purse *n* Geldbeutel *m*, G.börse *f*; **public p.** Staatskasse *f*

pursue *v/t* 1. *(Beruf)* ausüben; 2. betreiben; 3. verfolgen

pursuit *n* 1. *(Beruf)* Ausübung *f*; 2. Streben *nt*; **p. of profit** Gewinnstreben *nt*; **~ a trade** gewerbliche Tätigkeit

purveyor *n* *(Lebensmittel)* Lieferant(in) *m/f*; **p. of goods** Warenlieferant *m*; **~ stolen goods** Hehler(in) *m/f*

push *n* Schub *m*, Kampagne *f*; **inflationary p.** Inflationsschub *m*; **p.** *v/ti* 1. intensiv werben; 2. forcieren; **p. for** drängen auf; **p. money** Verkaufsprämie *f*; **p. overseas** Drang ins Ausland, Vorstoß in ausländische Märkte; **p. vessel** Schubschiff *nt*

put *n* *(Börse)* Verkaufsoption *f*, Rückprämie(n)geschäft *nt*

put through *v/t* durchsetzen, d.bringen

put and call *(Börse)* Stellage(geschäft) *f/nt*; **~ option** Stell(age)geschäft *nt*, Kauf-Verkaufsoption *f*; **~ price** Stell(age)kurs *m*; **p. option** *(Börse)* Verkaufsoption *f*; **p. premium** Rückprämie *f*; **p. writer** Käufer einer Verkaufsoption

pyramid *n* (Produktions)Pyramide *f*; **p. of authority** Instanzenaufbau *m*; **p. financing** Kaskadenfinanzierung *f*; **p. selling (scheme)** Schneeballverkaufssystem *nt*

puzzle *n* Rätsel *nt*

Q

q1/2/3/4 erstes/zweites/drittes/viertes Quartal

quadruple; quadrupliate *v/t/v/refl* (sich) vervierfachen; **in quadruplicate** in vierfacher Ausfertigung

qualification *n* 1. Qualifikation *f*, (berufliche) Eignung *f*, Erfordernis *nt*, Voraussetzung *f*; 2. Einschränkung *f*; 3. Vorbehalt *m*; 4. *(Bilanz)* Einschränkung des Bestätigungsvermerks; **q. of opinion** *(Bilanz)* Einschränkung des Bestätigungsvermerks; **managerial q.** Führungsqualifikation *f*; **occupational/professional q.** berufliche Qualifikation/Eignung; **vocational q.** Berufsabschluss *m*; **q. shares** *[GB]***/stocks** *[US]* *(Vorstand)* Pflichtaktien *pl*

qualified *adj* 1. geeignet, befähigt; 2. befugt; 3. ausgebildet; **fully q.** voll ausgebildet, mit abgeschlossener Berufsausbildung; **less q.** minderqualifiziert; **q. person** Fachkraft *f*

qualify *v/ti* 1. sich qualifizieren; 2. Voraussetzungen erfüllen; 3. berechtigen, befähigen; 4. einschränken

quality *n* 1. Güte *f*, Qualität *f*; 2. Ausführung *f*, Sorte *f*; 3. Beschaffenheit *f*; **q. of materials** Materialqualität *f*, M.beschaffenheit *f*; **~ production** Produktionsgüte *f*; **~ service** 1. Leistungsstandard *m*; 2. Service-, Dienstleistungsqualität *f*; **~ work** Arbeitsqualität *f*

minimum acceptable quality Mindestqualität *f*; **assured q.** zugesicherte Qualität; **average q.** Mittelsorte *f*, Durchschnittsqualität; **fair ~ q. (f.a.q.)** gute Durchschnittsware; **commercial q.** handelsübliche Qualität; **defective q.** mangelhafte Qualität; **first-class/first-rate q.** erstklassige Qualität; **guaranteed q.** zugesicherte Qualität; **inferior q.** minderwertige Qualität; **managerial qualities** Führungseigenschaften *pl*; **marketable**

q. handelsübliche Qualität; **(of) merchantable q.** (von) mittlere(r) Art und Güte; **good and ~ q. condition** handelsübliche Güte und Beschaffenheit; **poor q.** minderwertige Qualität; **prime q.** erste Wahl, Spitzenqualität *f*; **promised q.** zugesicherte Qualität; **standard q.** durchschnittliche Güte/Qualität; **top(-grade) q.** Spitzenqualität *f*; **warranted q.** zugesicherte Qualität

quality assessment Qualitätsbeurteilung *f*; **q. assurance (QA)** Güte-, Qualitäts(zu)sicherung *f*; **~ engineer** Qualitätsingenieur *m*; **~ standard** Qualitätssicherungsnorm *f*; **q. audit** Qualitätsprüfung *f*, Q.audit *nt*; **q. circle** Qualitätszirkel *m*; **q.-conscious** *adj* qualitätsbewusst; **q. control** Abnahme-, Gütekontrolle *f*; **q. defect** Qualitätsmangel *m*; **q. engineer** Qualitätstechniker *m*, Güteprüfer *m*; **q. engineering** Qualitätstechnik *f*; **q. grading** Qualitätsbestimmung *f*; **q. improvement** Qualitätsverbesserung *f*; **q. inspection** (Werks)Abnahme *f*; **acceptable q. level (a.q.l.)** zulässiges Qualitätsniveau; **q. management** Qualitätsüberwachung *f*, Q.sicherung *f*; **total q. management (TQL)** Qualitätssicherung *f*; **q. manual** Qualitätshandbuch *nt*; **q. mark** Gütezeichen *nt*; **q. mark-up** Qualitätszuschlag *m*; **q. monitoring** Qualitätsüberwachung *f*; **q. product** Qualitätsprodukt *nt*; **q. protection** Qualitätsschutz *m*; **q. rating** Qualitätsbeurteilung *f*; **q. requirements** Qualitätsvorgaben *pl*; **q. specification** Güte-, Qualitätsvorschrift *f*; **q. standard** Qualitätsnorm *f*; **q. target** Qualitätsziel *nt*; **q. warrant** Garantieverpflichtung *f*

quango (quasi-autonomous non-governmental organisation) *n [GB] (pej.)* halbstaatliche Organisation

quanti|fiable *adj* messbar, quantifizierbar; **q.fy** *v/t* quantifizieren, mengenmäßig bestimmen

quantile *n* Häufigkeitsstufe *f*, Quantil *nt*

quantitative *adj* quantitativ, zahlenmäßig

quantity *n* Menge *f*, An-, Stückzahl *f*; **q. of goods** Warenmenge *f*

quantities available lieferbare Mengen; **quantity contracted** Vertragsmenge *f*; **q. delivered** Liefermenge *f*; **q. ordered** Bestellmenge *f*; **q. purchased** Abnahmemenge *f*; **q. received** (Material)Zugang *m*; **p. shipped** Versandmenge *f*; **q. sold** Absatz-, Verkaufsmenge *f*; **q. supplied** Liefermenge *f*

average quantity Durchschnittsmenge *f*; **commercial q.** handelsübliche Menge; **guaranteed q.** Garantiemenge *f*; **in large quantities** in Massen, in großen Mengen; **maximum q.** Höchstmenge *f*; **mean q.** Durchschnittswert *nt*; **minimum q.** Mindestmenge *f*; **planned q.** Sollmenge *f*; **recording q.** Meldebestand *m*; **required q.** Nachfragemenge *f*; **standard q.** Sollmenge *f*

quantity buyer Großabnehmer(in) *m/f*; **q. demand** mengenmäßige Nachfrage; **q. discount** Mengenrabatt *m*; **annual q. discount** Jahres-, Umsatzbonus *m*; **q. manufacturing** Herstellung von Massengütern; **q. market tendencies** Mengenkonjunktur *f*; **q. production** Massenerzeugung *f*, M.produktion *f*; **q. rebate** Mengenrabatt *m*; **q. standard** Mengenvorgabe *f*; **q. surveyor** 🏛 Aufmaßtechniker(in) *m/f*; **q. theory of money** Quantitätstheorie des Geldes; **q. throughput** Mengendurchsatz *m*; **q. variance** Mengenabweichung *f*

quarantine *n* ⚕ Quarantäne *f*; **to be in q.** in Quarantäne liegen; **q. flag** ⚓/⚕ Quarantäneflagge *f*; **q. port** Quarantänehafen *m*; **to lift q. regulations** Quarantäne aufheben

quarrying *n* Gewinnung von Steinen und Erden; **q. industry** Industrie der Steine und Erden

quarter *n* 1. Jahresviertel *nt*, Vierteljahr *nt*, Quartal *nt*; 2. Viertel *nt*; **q. under review** Berichtsquartal *nt*; **q. of the financial year** Rechnungsquartal *nt*; **closing/final q.** Schlussquartal *nt*; **financial q.s** Finanzkreise *pl*; **proper q.s** zuständige Stelle(n); **year-earlier q.** Vorjahresquartal *nt*; **q.ly** *adj* vierteljährlich, Quartals-; **q.-point** *adj* (um einen) Viertelpunkt *m*

quasi|-banking *adj* bankähnlich; **q.-capital** *adj* (eigen)kapitalähnlich; **q.-corporation** *n* gesellschaftsähnliche Organisation; **q.-monetary** *adj* geldähnlich; **q.-partner** *n* Scheingesellschafter(in) *m/f*; **q.-tariff** *adj* zollähnlich

quay *n* ⚓ Kai(anlage) *m/f*, Anlegestelle *f*; **free alongside q. (f.a.q.)** frei Längsseite Kai; **q.age; q. dues** *n* Dock-, Löschgeld *nt*; **q. insurance** Kaiversicherung *f*; **q. rent** Kailagergeld *nt*

query *n* (Rück)Frage *f*; *v/t* in Frage stellen, Rückfrage halten
question *n* 1. (An)Frage *f*; 2. Frage *f*, Problem *nt*; **in q.** fraglich; **q. of currency** Währungsfrage *f*; **closed-end q.** geschlossene Frage; **crucial q.** entscheidende Frage; **open(-ended) q.** offene Frage; **procedural/technical q.** Verfahrensfrage *f*
questionnaire *n* Erhebungs-, Fragebogen *m*
queue *n* (Warte)Schlange *f*; *v/i* Schlange stehen
queuing *n* Schlangestehen *nt*; **q. loss** Warteschlangenverlust *m*; **q. theory** Warteschlangenmodell *nt*, W.theorie *f*
quicken *v/ti* (sich) beschleunigen; **q.ing of expansion** *n* Beschleunigung der Expansion; **~ inflation** Beschleunigung der Inflation
quinquennial *adj* Fünfjahres-, fünfjährig
quit *v/t* *(coll)* aus dem Dienst scheiden; **q. rate** Fluktuation(srate) *f*
quorum *n* 1. beschlussfähige Anzahl; 2. Beschlussfähigkeit *f*; **q. of directors** beschlussfähiger Vorstand; **to have a q.** beschlussfähig sein; **to muster a q.** Beschlussfähigkeit herbeiführen
quota *n* 1. Kontingent *nt*, Quote *f*, Stückzahl *f*; 2. (Verteilungs)Schlüssel *m*; 3. mengenmäßige Beschränkung, Mengenbegrenzung *f*; **subject to q.** kontingentiert; **q. of expenditure** Ausgabenquote *f*; **~ goods** Warenkontingent *nt*; **to allocate q.s** Kontingente aufteilen; **to exceed a q.** Kontingent überziehen; **to exhaust/use up a q.** Kontingent erschöpfen; **to limit by q.** kontingentieren; **additional q.** Zusatzkontingent *nt*; **annual q.** Jahreskontingent *nt*; **country-by-country q.s** Länderquoten *pl*; **tariff-rate q.** ⊖ Zollkontingent *nt*
quota agreement Quotenvereinbarung *f*; **q. allocation** Kontingentzuweisung *f*; **q. ceiling** Höchstkontingent *nt*; **q. cut** Kontingentskürzung *f*; **q.-fixing** *n* Kontingentierung *f*; **q.-free** *adj* kontingentfrei; **q. goods** bewirtschaftete Waren; **q. imports** kontingentierte Einfuhren; **q. limit** Kontingent-, Quotenbeschränkung *f*; **q. policy** Höchstmengenpolitik *f*; **q. regime** Quotenregelung *f*; **q. restriction** Mengenbeschränkung *f*, Kontingentierung *f*; **q. setting** Kontingentierung *f*; **q. share** 1. ⊖ Kontingents-, Quotenanteil *m*; 2. Selbstbehaltquote *f*; **q. stocks** Lagerkontingent *nt*; **q. system** Quotensystem *nt*, Q.regelung *f*
quotation *n* 1. Effekten-, Kursnotierung *f*; 2. (Preis)Angebot *nt*, P.angabe *f*, (Kosten)-Voranschlag *m*; **q. for forward delivery** Terminnotierung *f*; **q. of foreign exchange rates** Devisennotierung *f*; **~ prices** Preisstellung *f*
to admit for quotation at the stock exchange zur (Börsen)Notierung zulassen; **to ask for a q.; to invite q.s** Angebot einholen, Preis erfragen; **to obtain a q.** an der Börse einführen; **to submit a q.** Preisangebot machen
bid and asked quotation|s Geld- und Briefkurs *m*; **competitive q.** wettbewerbsfähiges (Preis)Angebot; **daily q.** Tagesnotierung *f*, Kassa-, Tageskurs *m*; **double-barrelled q.** Angabe von Ankaufs- und Verkaufskurs; **favourable q.** günstiges Angebot; **final q.** Schlusskurs *m*; **first q.** Anfangsnotierung *f*; **floating q.** variable Notierung; **forward q.** Terminnotierung *f*; **last/late q.** Schlussnotierung *f*; **off-board q.** Notierung im Telefonhandel; **opening q.** Eröffnungs-, Anfangskurs *m*; **over-the-counter (OTC)/unlisted/unofficial q.** Freiverkehrskurs *m*; **split q.** uneinheitliche (Kurs)Notierung
quotation(s) board Kurstabelle *f*, K.tafel *f*; **q.s department** Abteilung für Börsenzulassung; **~ list** Kurszettel *m*
quote *n* *(coll)* Preisangabe *f*, (P.)Angebot *nt*; *v/t* 1. *(Börse)* notieren; 2. zulassen; 3. *(Preis)* ansetzen; **q. clean** ex Dividende notieren; **q. officially** amtlich notieren; **q. at par** pari/zum Nennwert notieren
quoted *adj* ↘ **listed** 1. börsennotiert; 2. börsenfähig, b.gängig; **q. consecutively** fortlaufend/variabel notiert; **q. flat** ohne Zinsen/Dividende notiert

R

rack *n* Gestell *nt*, Regal *nt*, (Verkaufs)-Ständer *m*
racket *n* *(coll)* Schwindel *m*
racking *n* Regal *nt*; **high-bay r.** Hochregallager *nt*

rack jobber Strecken(groß)händler(in) *m/f*, Regalbeschicker(in) *m/f*; **r.-jobbing** *n* 1. Streckengeschäft *nt*; 2. Regalbeschickung *f*, R.bestückung *f*; **r. merchandising** Regalgroßhandel *m*

radical *adj* durchgreifend, radikal, einschneidend

radio *n* (Rund)Funk *m*, Radio *nt*; **r. advertising** Rundfunkwerbung *f*; **r. commercials** Werbefunk *m*

raid *n* Angriff *m*, Überfall *m*; *v/t* 1. angreifen, überfallen; 2. (aus)plündern; 3. auf die Preise drücken

raider *n* Räuber *m*, Plünderer *m*; **corporate r.** Unternehmens-, Firmenaufkäufer *m*

rail *n* 1. 🚂 (Eisenbahn)Schiene *f*; 2. (Eisen)Bahn *f*; **by r.** mit der/per Bahn; **free on r. (f.o.r.)** frei Bahn; **r. versus road competition** Wettbewerb zwischen Straße und Schiene; **to despatch/forward/send by r.** mit der Bahn senden/befördern

rail *v/t* 🚂 mit der Bahn schicken

rail|age *n* 1. 🚂 Bahn-, Schienentransport *m*; 2. Frachtkosten *pl*; **r.-borne** *adj* schienengebunden; **r. cargo** Bahnfracht(gut) *f/nt*; **r. carriage** Bahnfracht *f*; **r. carrier** Bahnspediteur *m*; **r. charge(s)** Bahnfracht(gebühren) *f/pl*, B.tarif *m*; **r. consignment note** (Eisen)Bahnfrachtbrief *m*; **r. delivery** Bahnzustellung *f*; **r. development project** Schienenverkehrsprojekt *nt*; **r. express parcels service** Expressgutverkehr *m*; **r. forwarding** 1. Bahnfrachtgeschäft *nt*; 2. Bahnversand *m*, Versand per Bahn; **~ agent** Bahnspediteur *m*; **r. franchise** Lizenz für den Bahnbetrieb; **r. freight** Bahnfracht *f*; **~ charges** Bahnfrachtkosten *pl*; **~ rate** Bahnfrachttarif *m*; **~ traffic** Eisenbahngüterverkehr *m*; **r.-head** *n* 🚂 Endbahnhof *m*; **r. junction** (Eisen)Bahnknotenpunkt *m*; **r. link** (Eisen)Bahnverbindung *f*; **r. network** Eisenbahn-, Schienennetz *nt*; **r. operation** (Eisen)Bahnbetrieb *m*; **r. regulator** *[GB]* Aufsichtsbehörde für das Eisenbahnwesen

railroad *n* *[US]* ↘ **railway** (Eisen)Bahn *f*; **r. bill (of lading); r. waybill** (Eisen)Bahnfrachtbrief *m*; **r. corporation** Eisenbahngesellschaft *f*

rail shipment Bahnversand *m*, Versand per Bahn; **r. siding** *[GB]*/**sidetrack** *[US]* Gleisanschluss *m*; **r. traffic** (Eisen)Bahnverkehr *m*; **r.-trailer shipment** Huckepackverkehr *m*; **r. transport** Beförderung/Transport per Bahn, (Eisen)-Bahnfracht(geschäft) *f/nt*; **local ~ service** Schienennahverkehr *m*; **long-distance ~ service** Schienenfernverkehr *m*; **r. vehicle** Schienenfahrzeug *nt*

railway *n* (Eisen)Bahn *f*; **r. advice** (Eisen)-Bahnavis *m/nt*; **r. bill (of lading); r. consignment note** (Eisen)Bahnfrachtbrief *m*; **r. company** Eisenbahngesellschaft *f*; **r. consignment** 1. Bahnsendung; 2. Bahnlieferung *f*, B.versand *m*; **r. employee** Bahnangestellte(r) *f/m*; **r. express agency** *[GB]* bahnamtlicher Spediteur; **r. freight rates** Bahnfrachtsätze *pl*; **r. goods traffic** Eisenbahngüterverkehr *m*; **r. junction** (Eisen)Bahnknotenpunkt *m*; **r. network** (Eisen)Bahn-, Streckennetz *nt*; **r.-owned** *adj* bahneigen; **r.('s) receipt (R/R)** Eisenbahnübernahmebescheinigung *f*; **r. track** Gleis-, Bahnkörper *m*; **r. truck** (Eisenbahn)Waggon *m*, Güterwagen *m*; **r. worker** Eisenbahner(in) *m/f*; **r. yard** Rangier-, Verschiebebahnhof *m*

rain forest Regenwald *m*; **r. insurance** Regenversicherung *f*

raise *n* *[US]* 1. Erhöhung *f*, Aufstockung *f*; 2. Gehaltserhöhung *f*; 3. betrügerische Nennwerterhöhung; *v/t* 1. erhöhen, heraufsetzen; 2. *(Geld)* aufbringen, beschaffen; 3. *(Gehalt)* aufbessern

raising *n* 1. *(Kapital)* Aufbringung *f*, Aufnahme *f*; 2. 🐄 *(Vieh)* Aufzucht *f*; **r. of the bank rate** Leitzinserhöhung *f*; **~ capital/funds/money** Kapitalaufbringung *f*, K.-aufnahme *f*, Geldbeschaffung *f*

rake *n* *[US] (coll)* Provision *f*, Gewinnbeteiligung *f*; **r. in** *v/t (coll)* einsacken, scheffeln; **r.-off** *n (coll)* 1. Gewinnanteil *m*, Prozente *pl*; 2. Absahnen *nt (coll)*

rally *n* *(Börse)* (Kurs-/Markt)Erholung *f*; **to stage a (good) r.** *(Börsenkurs)* sich erholen; **sustained r.** anhaltende (Kurs)-Erholung; **technical r.** (markt)technische Erholung; **year-end r.** Jahresendspurt *m*; **r.** *v/i* sich erholen/verbessern

random *adj* zufallsbedingt, Zufalls-

range *n* 1. Bereich *m*, Umfang *m*; 2. Angebot *nt*, Sortiment(sbreite) *nt/f*, Kollektion *f*, Palette *f*; 3. 🚗 Bau-, Modellreihe *f*; 4. 📊 Toleranz-, Streuungsbreite *f*; 5. Kursschwankung *f*

range of activity Betätigungsfeld *nt*; **~**

R

application Verwendungsbereich *m*; **~ benefits** *(Vers.)* Leistungsumfang *m*; **~ customers** Käuferkreis *m*; **~ fluctuations** Bandbreite der Wechselkurse; **~ fresh food** Frischsortiment *nt*; **~ goods** Kollektion *f*, Sortiment *nt*, Warenangebot *nt*; **vertical ~ manufacture** Fertigungstiefe *f*; **~ models** Typenprogramm *nt*; **~ products** Produkt(ions)palette *f*; **~ sample** Stichprobenumfang *m*; **~ services** Dienstleistungsangebot *nt*

broad range Sortimentsvielfalt *f*, S.breite *f*, breites Sortiment, große Auswahl; **full r.** Vollsortiment *nt*; **interquartile r.** ⫼ Quartilabstand *m*; **medium-price(d) r.** mittlere Preisklasse; **random r.** Zufallsstreubereich *m*; **highly specialized r.** tiefes Sortiment; **vertical r.** Sortimentstiefe *f*; **wide r.** Sortimentsvielfalt *f*, S.-breite *f*, breites Sortiment, große Auswahl

rank *n* 1. Rang(stelle) *m/f*; 2. Klasse *f*, Stand *m*; 3. Schicht *f*, Reihe *f*; **r. of debt** Rang(stelle) einer Forderung; **r. and file** *(Gewerkschaft)* Basis *f*; **r. of a mortgage** Hypothekenrang *m*; **of prior r.** *(Grundbuch)* ranghöher; **of second r.** zweitrangig

rank *v/ti* 1. Rang einnehmen, rangieren; 2. *(Insolvenz)* bevorrechtigt sein; 3. einstufen; **r. after/behind** im Rang nachgehen; **r. before** im Rang vorgehen; **r. pari passu** *(lat.)* gleichberechtigt sein; **r. prior to** (im Rang) vorgehen

ranking *n* Rangeinteilung *f*, R.liste *f*, R.folge *f*; **r. of claims** Rangordnung der Ansprüche; **~ creditors** Rang(folge) der Gläubiger; **~ mortgages** Rangordnung der Hypotheken; **r. list** Rangliste *f*

ransom *n* Lösegeld *nt*; *v/t* gegen Lösegeld freikaufen; **r. money** Lösegeld *nt*; **r. price** Wucherpreis *m*

rate *n* 1. Rate *f*, Betrag *m*; 2. Grad *m*; 3. (Börsen)Kurs *m*, Preis *m*, Tarif *m*; 4. Steuer *f*; 5. Zins(fuß) *m*; 6. Fracht(rate) *f*; **r.s** *[GB]* Gemeinde-, Kommunalsteuern *pl*; **at a r. of** um

rate of absenteeism Abwesenheitsrate *f*, A.quote *f*, Fehlzeitenquote *f*; **~ activity** Beschäftigungsgrad *m*; **~ capacity utilization** Kapazitätsauslastungsgrad *m*; **~ capital expenditure** Investitionsquote *f*; **~ charges** Gebührensatz *m*; **~ commission** Provisionssatz *m*; **~ consumption** Verbrauch(srate) *m/f*; **~ contribution** Beitragssatz *m*; **~ conversion** Umrechnungssatz *m*, U.kurs *m*; **~ prime costs** Selbstkostenbetrag *m*; **~ the day** Tageskurs *m*, T.satz *m*; **~ decline** Rückgang(stempo) *m/nt*; **~ delivery** Auslieferungsrhythmus *m*; **~ depreciation** 1. Abschreibungssatz *m*; 2. Geldentwertungsrate *f*; **~ discount** Diskontsatz *m*; **~ duty** 1. Abgabenquote *f*; 2. ⊖ Zoll(an)satz *m*

rate of exchange Devisen-, Wechsel-, Umtausch-, Umrechnungskurs *m*; **fixed ~ e.** starrer/fester Wechselkurs; **official ~ e.** amtlicher Wechselkurs; **split ~ e.** gespaltener Wechselkurs

rate of expansion Wachstumsrate *f*; **~ exploitation** ⚒ Ausbeutungstempo *nt*; **~ growth** Expansions-, Steigerungs-, Wachstums-, Zuwachsrate *f*; **~ increase** Wachstums-, Zuwachsrate *f*; **~ inflation** Inflations-, Teuerungsrate *f*; **underlying ~ inflation** Kerninflationsrate *f*

rate of interest Zins(satz) *m*; **to cut/lower the ~ i.** Zinssatz herabsetzen, Zins(en) senken; **to increase the ~ i.** Zinsen/Zinsfuß/Z.satz heraufsetzen; **base ~ i.** Eckzins *m*; **commercial ~ i.** marktübliche Verzinsung; **conventional ~ i.** Kalkulationszinsfuß *m*; **customary r.s of i.** marktübliche Zinsen; **effective ~ i.** Effektivzins(satz) *m*; **favourable ~ i.** günstiger Zinssatz; **fixed ~ i.** fester Zinssatz, Festzins *m*; **floating ~ i.** variabler Zins; **nominal ~ i.** Nominalzins(en) *m/pl*; **real ~ i.** Effektivzins(satz) *m*; **staggered ~ i.** Staffelzins *m*; **standard ~ i.** Eckzins *m*

rate of inventory turnover Lagerumschlag *m*, Umschlag(s)häufigkeit *f*; **~ investment** Investitionsquote *f*; **~ issue** Ausgabe-, Emissionskurs *m*; **~ mortality** Sterblichkeitsrate *f*; **~ operation** Beschäftigungsgrad *m*; **~ pay** Bezahlung *f*, Lohn(höhe) *m/f*; **flat ~ pay** Pauschallohn *m*; **initial ~ pay** Anfangsgehalt *nt*; **~ postage** Porto-, Gebührensatz *m*; **~ premium** Prämiensatz *m*; **~ price increases** Preissteigerungs-, Teuerungsrate *f*; **~ productivity** Produktivitätsrate *f*; **~ profit** Gewinnsatz *m*; **~ profitability** Rentabilität *f*; **~ redemption** Rückzahlungskurs *m*; **~ refund** Erstattungssatz *m*; **~ remuneration** Tarifentgelt *nt*

rate of return Rendite *f*, Verzinsung *f*; **~ r.**

R

on equity (ROE) Eigenkapitalrentabilität *f*; **~ r. on investment** Kapitalzins *m*, (Investitions)Rendite *f*; **actuarial ~ r.** *(Vers.)* interner Zinsfuß; **fair ~ r.** angemessene Verzinsung; **minimum/required ~ r.** Mindestrendite *f*; **proper ~ r.** angemessene Rendite

rate of saving Sparquote *f*; **~ selling** Absatzgeschwindigkeit *f*; **~ stockturn** Lagerumschlagsgeschwindigkeit *f*; **~ subscription** Zeichnungskurs *m*; **r.s and taxes** Gebühren und Abgaben *pl*

rate of tax(ation) Steuertarif *m*, S.satz *m*; **marginal ~ t.** Grenzsteuersatz *m*; **progressive/sliding-scale ~ t.** progressiver Steuersatz; **standard ~ t.** Grundsteuertarif *m*, Einheitssteuersatz *m*

rate of turnover Umsatzgeschwindigkeit *f*; **~ unemployment** Erwerbslosen-, Arbeitslosenquote *f*; **~ unionization** gewerkschaftlicher Organisationsgrad; **~ usage** 1. Nutzungsfrequenz *f*; 2. Lagerabgangsrate *f*; **~ wages** Lohn-, Gehaltssatz *m*; **~ wastage** Schwundsatz *m*, S.rate *f*; **~ natural wastage** *(Personal)* Fluktuation(srate) *f*; **~ wear** Verschleißgeschwindigkeit *f*

minimum acceptable rate Mindestverzinsung *f*, Kalkulationszinsfuß *m*; **above/beyond the agreed r.** über-, außertariflich; **all-in(clusive) r.** 1. Bruttozinssatz *m*; 2. Pauschalsatz *m*; **annual(ized) r.** Jahres(zins)satz *m*; **average r.** Durchschnitts(zins)satz *m*; **base/basic r.** 1. Grundgebühr *f*, G.tarif *m*; 2. Grund-, Ecklohn *m*; 3. Leitzins *m*; 4. *(Steuer)* (unterer) Proportionalsatz *m*; **blanket r.** 1. Gruppen-Frachtrate *f*; 2. *(Vers.)* Prämie für Pauschalpolice; **cheap r.** Billigtarif *m*; **CL (carload lot) r.** *[US]* 🚂 Wagenladungstarif *m*; **commercial r.** handelsüblicher Satz; **~ r.s** Gewerbesteuer *f*; **competitive r.** *(Frachttarif)* Kampfrate *f*; **compound r.** Zinseszinssatz *m*; **current r.** Tageskurs *m*, Marktpreis *m*; **daily r.** Tagessatz *m*; **decreasing r.** gleitender Tarif; **domestic r.s** *[GB]* Kommunalsteuer(n) *f/pl*, Hausbesitzerabgaben *pl*; **falling r.** fallender Kurs; **fixed r.** 1. fester Satz; 2. Festkurs *m*; 3. Festzins *m*; **flat r.** 1. Pauschale *f*, Pauschalpreis *m*, P.tarif *m*; 2. *(Steuer)* Proportionalsatz *m*; **floating r.** Gleitzins *m*, variabler/schwankender Zins, ~ Kurs; **~ note (FRN)** variabel verzinsliche Anleihe, Anleihe mit Zinsanpassung; **fluctuating r.** schwankender Kurs; **forward r.** Terminkurs *m*; **going r.** (markt)üblicher Satz; **graduated r.** Stufentarif *m*, Staffelgebühr *f*; **hourly r. (of pay)** Stundenlohn *m*, S.satz *m*; **incentive r.** Leistungslohn(satz) *m*; **industrial r.** ⚡/*(Gas)* Industrietarif *m*; **inland r.** 2. ✉ Inlandsporto *nt*; **less-than-carload lot (LCL) r.** *[US]* 🚂 Stückguttarif *m*; **local r.** Ortstarif *m*, ortsüblicher Satz; **~ r.s** *[GB]* Gemeinde-, Kommunalsteuern *pl*; **marginal r.** 1. Grenzsteuersatz *m*; 2. Margentarif *m*; **middle r.** (Devisen)Mittelkurs *m*; **minimum r.** Mindestprämie *f*, M.satz *m*; **multiple r. system** System gespaltener Wechselkurse; **municipal r.s** Gemeinde-, Kommunalabgaben *pl*; **nominal r.** Nominalzins *m*; **overhead r.** Gemeinkostensatz *m*; **par r.** Parikurs *m*; **part-load r.** 🚂 Stückguttarif *m*; **postal r.** ✉ Postgebührensatz *m*, Porto *nt*; **preferential r.** 1. Vorzugstarif *m*; 2. ⊝ Präferenzzollsatz *m*; **prevailing r.** geltender Lohnsatz; **prime r.** 1. Eck-, Leitzins(satz) *m*, Zinssatz für erste Adressen, *[US]* Mindestausleihesatz *m*; **pro-rata r.** *(Vers.)* anteilige Prämie; **reduced r.** ermäßigter/verbilligter Tarif; **regular r.** 1. Regelsatz *m*; 2. Normalsteuersatz *m*; **scheduled r.** *(Vers.)* Tarifprämie *f*; **short r.** Zins(satz) für kurzfristige Schuldverschreibungen; **special r.** Sondertarif *m*; **standard r.** Einheitstarif *m*, Tarifsatz *m*, T.lohn *m*; **taxed at the ~ r.** tarifbesteuert; **through r.** Durchfracht-, D.fuhrtarif *m*; **valid r.** geltender/gültiger Tarif; **variable r.** variabler Kurs/Zins; **year-end r.** Stichtagskurs *m*; **yearly r.** Jahresrate *f*

rate *v/t* 1. (be)werten, beurteilen, schätzen, veranlagen; 2. *(Kommunalsteuer)* Einheitswert festsetzen

rat(e)a|bility *n* 1. ⊝ Zollpflichtigkeit *f*; 2. *[GB]* (Kommunal)Steuerpflicht *f*; **r.ble** *adj* 1. ⊝ zollpflichtig; 2. *[GB]* (kommunal)steuerpflichtig

rate|s assessment *[GB]* Kommunalsteuerveranlagung *f*; **r.-averaging** *n* Festsetzung von Durchschnittstarifen; **r. band** 1. *(Steuer)* Tarifzone *f*; 2. *(EWS)* Kursband *nt*; **r. competition** Zinswettbewerb *m*; **r. cut** Zinssenkung *f*; **r.-cutting** *n* 1. Lohndrückerei *f*; 2. Fracht-, Tarifunterbietung *f*; **r.-exempted** *adj [GB]* von der

R

Kommunalsteuer befreit; **r.-fixing** *n* 1. Akkordfestsetzung *f*; 2. Kursfestsetzung *f*; **r.-hedged** *adj* kursgesichert; **r. hedging** (Devisen)Kurssicherung *f*; **r.-making** *n* 1. Tarifbildung *f*; 2. Prämienfestsetzung *f*; **r.s office** *[GB]* Gemeindesteueramt *nt*; **r.payer** *n* Kommunalsteuerpflichtige(r) *f/m*; **r. rebate** *[GB]* Kommunalsteuerermäßigung *f*; **r. scale** Tarifstaffelung *f*; **r. schedule** *(Vers.)* Prämientabelle *f*; **r.-setting** *n* Gebührenfestsetzung *f*; **r. structure** Gebühren-, Tarifstruktur *f*; **r. support grant** *[GB]* Schlüssel-, Kommunalzuweisung *f*

ratification *n* Ratifizierung *f*; **r. of the acts of management** Entlastung des Vorstands

rating *n* 1. (Ab-/Ein)Schätzung *f*, (Beitrags)Bemessung *f*; 2. (Leistungs)Bewertung *f*, Einstufung *f*; 3. Tarifierung *f*; 4. Bonität(sprüfung) *f*; 5. *[GB]* kommunale Besteuerung, Veranlagung *f*; 6. *(Vers.)* Prämienfestsetzung *f*; 7. ⚓ Matrose *m*; 8. ⚙ Maschinenleistung *f*; **r. of risks** Risikoeinstufung *f*; **individual r.** *(Vers.)* Prämienanpassung an das konkrete Risiko; **peer r.** Beurteilung durch Gleichgestellte; **retrospective r.** *(Vers.)* Prämienfestsetzung nach Schadenshäufigkeit

rating agency Rating-Agentur *f*; **r. agreement** *(Fracht)* Tarifvereinbarung *f*; **r. key** Bewertungsschlüssel *m*; **r. limit** Beitragsbemessungsgrenze *f*; **r. office** 🏭 Akkord-, Stücklohnbüro *nt*; **r. period** Beurteilungszeitraum *m*; **r. standard** Bonitätsmaßstab *m*; **r. system** 1. Beurteilungssystem *nt*; 2. Tarifsystem *nt*; 3. *[GB]* Kommunalsteuersystem *nt*

ratio *n* 1. (Größen-/Wert-/Zahlen)Verhältnis *nt*, Koeffizient *m*; 2. (Verteiler)-Schlüssel *m*, Anteil *m*, Quote *f*; 3. *(BWL)* Kennziffer *f*

ratio of financial current assets to current liabilities Liquidität zweiten Grades; **r. between balance sheet items** Bilanzrelationen *pl*; **r. of capital to fixed assets** Verhältnis von Kapital zu Anlagevermögen; **~ earnings to equity** Eigenkapitalrendite *f*; **~ exports to total sales** Exportquote *f*; **~ gross investment to GNP** Investitionsquote *f*; **~ gross margin to sales** Istspanne *f*; **~ returns** Rücklaufquote *f*; **~ sales to total capital employed** Umschlag des investierten Kapitals

cost-benefit ratio Kosten-Nutzen-Verhältnis *nt*; **cost-income r.** Verhältnis von Kosten und Ertrag; **cost-performance r.** Kosten-Leistungsverhältnis *nt*; **cost-sale price r.** Kosten-Erlös-Relation *f*; **current r.** Liquiditätsgrad *m*, L.kennzahl *f*; **quick ~ r.** Liquidität ersten Grades; **debt-to-equity/equity-debt r.** Verschuldungsgrad *m*; **dividend-price r.** Dividendenrendite *f*; **earnings-cost r.** Ertragskostenrelation *f*; **earnings-dividend r.** Verhältnis Gewinn zu Dividende; **earnings-equity r.** Eigenkapitalrendite *f*; **equity-assets r.** Anlagendeckung *f*; **financial r.s** finanzwirtschaftliche Kennzahlen; **liquid r.** Liquidität ersten Grades; **loan-to-capital r.** Verhältnis (von) Fremd- zu Eigenmittel(n); **price-earnings r. (p/e)** Kurs-Gewinnverhältnis (KGV) *nt*; **profit-earnings r.** Gewinnmultiplikator *m*; **profit-sales r.** Umsatzrendite *f*; **quick r.** Verhältnis des Umlaufvermögens zu den laufenden Verbindlichkeiten; **statistical r.** Kennquote *f*

ratio analysis Bilanz-, Kennziffernanalyse *f*

ration *n* Ration *f*, Zuteilung *f*; *v/t* rationieren, bewirtschaften

rationalization *n* Rationalisierung *f*; **r. of transport** Transportrationalisierung *f*; **r. board** Rationalisierungskuratorium *nt*; **r. costs** Rationalisierungskosten *pl*; **r. expenditure(s)** Rationalisierungsaufwand *m*

rationalize *v/t* rationalisieren, wirtschaftlich gestalten

rationing *n* Rationierung *f*, Kontingentierung *f*, (Zwangs)Bewirtschaftung *f*; **r. of goods** Warenbewirtschaftung *f*; **~ imports** Einfuhrkontingentierung *f*; **~ supplies** Angebotskontingentierung *f*

ratio pyramid *(BWL)* Kennzahlenhierarchie *f*

R. D.; r.d. (refer to drawer) *(Scheck/Wechsel)* zurück an Aussteller

R & D (research and development) Forschung und Entwicklung (F & E; FE)

re *(Brief)* betrifft, betreff, Bezug

reach *n* Reichweite *f*, Spielraum *m*, Aktionsradius *m*; **within easy r.** leicht zugänglich

read *v/t* 1. lesen; 2. studieren; **r. in** 🖳 einlesen

reader *n* Leser(in) *m/f*; **r. advertisement**

R

Textanzeige *f*; **r.ship analysis/survey** Leser(schafts)analyse *f*
readiness *n* Bereitschaft *f*; **r. to deliver** 1. Lieferbereitschaft *f*; 2. ⚓ Löschbereitschaft *f*; **~ discharge** ⚓ Löschbereitschaft *f*; **~ invest** Anlage-, Investitionsbereitschaft *f*; **~ load** ⚓ Ladebereitschaft *f*; **~ sell** Verkaufs-, Abgabebereitschaft *f*; **~ supply** Lieferbereitschaft *f*; **~ take risks** Risikobereitschaft *f*
readjust *v/t* 1. (wieder) anpassen; 2. sanieren, umstrukturieren; **r.ment** *n* 1. Anpassung *f*, 2. Sanierung *f*, Umstrukturierung *f*; **~ of capital stock** Kapitalberichtigung *f*
ready *adj* 1. bereit; 2. *(Markt)* aufnahmefähig; **r.-made; r.-to-use** *adj* (gebrauchs)fertig
realign *v/t* neu festsetzen; **r.ment** *n* Neufestsetzung *f*; **~ of currencies/exchange rates/parities** Wechselkursanpassung *f*; **~ of prices** Preisanpassung *f*; **monetary r.ment** Neuordnung der Währungsparitäten
reality *n* Wirklichkeit *f*, Realität *f*; **economic realities** wirtschaftliche Gegebenheiten
realization *n* 1. Verwirklichung *f*, Realisierung *f*; 2. Verkauf *m*, Veräußerung *f*, Gewinnmitnahme *f*; 3. *(Börse)* Glattstellung *f*; **r. of assets** Veräußerung von Anlage-/Vermögenswerten; **~ a bankrupt's estate** Konkursverkauf *m*; **~ distrained goods** Pfandverwertung *f*; **~ orders** Auftragsausführung *f*; **~ profits** Gewinnmitnahme *f*; **~ securities** Verwertung von Sicherheiten
realization cost(s) Verwertungskosten *pl*; **r. gain/proceeds** Veräußerungsgewinn *m*, Verwertungserlös *m*; **r. loss** Veräußerungsverlust *m*; **r. order** *(Börse)* Glattstellungsauftrag *m*; **r. proceds** Liquidationserlös *m*; **r. profit/surplus** Liquidationsüberschuss *m*; **r. value** Veräußerungswert *m*
realize *v/t* 1. erkennen; 2. aus-, durchführen; 3. veräußern, verkaufen
reallocat|e *v/t* neu zu-/verteilen; **r.ion** *n* Neu-, Umverteilung *f*; **~ of resources** Umschichtung von Ressourcen
real|tor *n* *[US]* Grundstücks-, Immobilienmakler(in) *m/f*; **r.ty** *n* *[US]* Immobilie(n-objekt) *f/nt*, Liegenschaft *f*; **r.ty transfer tax** Grunderwerbssteuer *f*

re|-apply *v/ti* 1. erneut beantragen; 2. sich neu bewerben; **r.appraisal** *n* Neu(ab)-schätzung *f*, N.bewertung *f*; **r.arrange** *v/t* neu (an)ordnen, umdisponieren, umorganisieren; **r.arrangement** *n* Änderung *f*, Neuordnung *f*; **~ of holdings** Beteiligungsumschichtung *f*; **~ of investments** Kapitalumdispositionen
reason *n* 1. (Beweg)Grund *m*, Ursache *f*; 2. Begründung *f*; **r.s for the application** Antragsgrund *m*; **r. for cancellation** Stornogrund *m*; **~ complaint** Grund zur Klage/Beschwerde; **r.s of equity/fairness** Billigkeitsgründe *pl*; **to give r.s** (etw.) begründen
reasonable *adj* angemessen, zumutbar, gerechtfertigt
reassess *v/t* 1. *(Steuer)* neu veranlagen/festsetzen; 2. neu bewerten; **r.ment** *n* Neuveranlagung *f*, N.bewertung *f*
reassign *v/t* zurückübertragen, z.abtreten; **r.ment** *n* Rückabtretung *f*, R.übertragung *f*
reassur|ance *n* 1. Bestätigung *f*; 2. Rückversicherung *f*, Reassekuranz *f*; **r.e** *v/t* 1. bestätigen; 2. rückversichern
re|-audit *v/t* nachprüfen; **r.balance** *v/t* neu bilanzieren/saldieren; **r.base** *v/t* umbasieren, umrechnen
rebate *n* 1. (Preis)Nachlass *m*, Abzug *m*, Rabatt *m*; 2. Erstattung *f*; **r. of customs duty** ⊖ Zollermäßigung *f*; **r. on purchased goods** Warenrückvergütung *f*; **r. of sales tax** Umsatzsteuererstattung *f*; **r. system** Rabattregelung *f*
re-billing cost(s) *n* *(Zahlung)* Mahnkosten *pl*
rebound *n* *(Börse/Konjunktur)* Umschwung *m*, Erholung *f*; **r. of the economy** wirtschaftliche Erholung; **technical r.** *(Börse)* technische Reaktion; **r.** *v/i* *(Konjunktur)* sich erholen
rebuilding *n* 1. Wiederaufbau *m*; 2. Umorganisation *f*; **r. of stocks** Lagerauffüllung *f*
rebuy *n* Rück-, Wiederkauf *m*
recall *n* 1. Rückruf *m*; 2. Zurücknahme *f*; 3. *(Kapital)* Aufkündigung *f*; **aided r.** *(Werbung)* Erinnerungshilfe *f*; **r.** *v/t* 1. zurückrufen; 2. *(Person)* abberufen; 3. *(Kapital)* aufrufen, aufkündigen; **until r.ed** bis auf Widerruf; **r. campaign** Rückrufaktion *f*; **r. test** 1. 2. Gedächtnistest *m*
recapitalization *n* Neukapitalisierung *f*, (finanzielle) Sanierung *f*; **r. gain** Sanierungsgewinn *m*; **r. plan** Sanierungsplan *m*

R

recapitalize *v/t* *(finanziell)* sanieren
recede *v/i* nachlassen, zurückgehen
receipt *n* 1. Empfang *m*, Erhalt *m*; 2. Quittung *f*, Empfangsbestätigung *f*; **r.s** Einnahmen *pl*, Eingänge *pl*; **against r.** gegen Quittung; **on r.** bei/nach Erhalt
receipt for the balance Quittung über die Restzahlung; **r. to bearer** Legitimationsschein *m*, Bezugsausweis *m*; **r. of delivery** Ablieferungsbescheinigung *f*; **r.s and disbursements/expenditures** Einnahmen und Ausgaben; **r. of goods (rog)** Warenannahme *f*; **~ invoice** Rechnungseingang *m*; **~ (an) order** Auftragseingang *m*; **~ payment** Zahlungseingang *m*; **r.s from tourism** Fremdenverkehrseinnahmen *pl*
payable on receipt bei Erhalt zahlbar, zahlbar bei Erhalt/Empfang
to acknowledge receipt Empfang/Eingang bestätigen; **to make out a r.** quittieren
advance receipt|s Vorauszahlungen *pl*; **daily r.s** Tageseinnahme *f*; **depository r. (D/R)** *[US]* Hinterlegungsschein *m*, Inhaber-, Einlagenzertifikat *nt*; **final r.** Schlussquittung *f*; **gross r.s** Gesamt-, Bruttoeinnahmen *pl*, Rohertrag *m*; **original r.** Originalquittung *f*; **net r.s** Nettoeinkünfte *pl*, N.einkommen *nt*; **postal r.** ✉ Posteinlieferungsschein *m*; **sundry r.s** sonstige Einnahmen; **total r.s** Gesamteingänge *pl*
receipt *v/t* quittieren, Empfang bescheinigen
receivables *n* 1. Außenstände *pl*, Debitoren *pl*, (Buch)Forderungen *pl*; 2. *[US]* (Bilanz)Guthaben *nt*; **r. and payables** Forderungen und Verbindlichkeiten *pl*
accrued receivables antizipative Aktiva; **contingent r.** ungewisse Forderungen, Dubiose *pl*; **current r.** Umlaufvermögen *nt*, flüssige Aktiva; **delinquent r.** zweifelhafte Forderungen; **discounted r.** abgetretene Forderungen; **doubtful r.** ungewisse Forderungen, Dubiose *pl*; **other r.** sonstige Forderungen; **outstanding r.** ausstehende Debitoren; **uncollectible r.** *(Bilanz)* uneinbringliche Forderungen/Außenstände
receivables collection Forderungseinzug *m*; **r. financing** Forderungsfinanzierung *f*; **r. management** Forderungsverwaltung *f*
receive *v/t* erhalten, empfangen
receiver *n* 1. Empfänger(in) *m/f*; 2. Konkurs-, Masse-, Zwangsverwalter *m*, Abwickler *m*; 3. ☎ Hörer *m*; **r. in bankruptcy** Insolvenzverwalter *m*; **r. of stolen goods** Hehler(in) *m/f*; **to appoint/call in a r.** Liquidator/Insolvenzverwalter bestellen; **official r.** amtlich/gerichtlich bestellter (Konkurs)Verwalter
receiver|'s bond Kaution des Insolvenzverwalters; **r.-manager** *n* Vergleichsverwalter mit Geschäftsführerfunktion; **r.-ship** *n* Insolvenz-, Zwangsverwaltung *f*; **in/under r.ship** in Konkurs
receiving *n* Wareneingang *m*; **r. agent** Annahmestelle *f*, Empfangsbevollmächtigte(r) *f/m*; **r. center** *[US]*/**centre** *[GB]* Annahmestelle *f*; **r. company** Auffanggesellschaft *f*; **r. department** Warenannahme(stelle) *f*; **r. inspection** 🏭 Eingangsprüfung *f*; **r. order** § Konkurseröffnung(sbeschluss) *f/m*; **to make (out) a r. order** Konkurseröffnung verfügen; **r. report** (Waren)Eingangsmeldung *f*; **r. room** Warenannahme *f*; **r. slip** Material-, Warenannahmeschein *m*
reception *n* 1. Empfang *m*; 2. *(Hotel)* Rezeption *f*, Anmeldung *f*; **r. desk** 1. Empfang(sschalter) *m*; 2. *(Hotel)* Rezeption *f*; **r.ist** *n* Vorzimmer-, Empfangsdame *f*, E.chef *m*
recession *n* (Konjunktur)Rückgang *m*, Rezession *f*; **to expand into the r.** antizyklisch investieren; **economic r.** Konjunktur-, Wirtschaftsflaute *f*; **r.ary** *adj* rückläufig, Rezessions-; **r.-hit** *adj* von der Rezession betroffen; **r.-induced** *adj* rezessionsbedingt; **r.-proof** *adj* rezessions-, konjunkturunempfindlich
recessive *adj* rückläufig, Rezessions-
recharter *n* 1. Weiterbefrachtung *f*; 2. Zurückchartern *nt*; *v/t* 1. weiterbefrachten; 2. zurückchartern
recipient *n* Empfänger(in) *m/f*; **r. of benefits** Leistungsempfänger(in) *m/f*; **~ (a) payment** Zahlungsempfänger(in) *m/f*; **~ a pension** Rentner(in) *m/f*; **~ subsidies** Subventionsempfänger(in) *m/f*
reciprocity *n* (Grundsatz der) Gegenseitigkeit *f*; **r. business** *(Vers.)* Gegengeschäft *nt*; **r. contract** Gegenseitigkeitsvertrag *m*
recirculation *n* Rückführung in den Wirtschaftskreislauf
reckon *v/t* (be)rechnen, kalkulieren; **r. with** 1. rechnen (da)mit, dass; 2. davon

ausgehen, dass; **r.able** *adj* anrechnungsfähig

reclaim *n* 1. Rückforderung *f*; 2. Zurückgewinnung *f*; *v/t* zurückverlangen, z.fordern; **r.able** *adj* 1. *(Forderung)* (ver)besserungsfähig; 2. *(Steuer)* erstattungsfähig; 3. *(Altmaterial)* wiedergewinnbar

reclamation *n* 1. Einspruch *m*, Rückforderung *f*; 2. *(Altmaterial)* Wieder-, Rückgewinnung *f*; **r. of industrial wasteland** Altlastenbeseitigung *f*

recognition *n* Anerkennung *f*, Bestätigung *f*; **r. of a debt/liabilities** Schuldanerkenntnis *f/nt*

recognize *v/t* anerkennen

recommend *v/t* empfehlen, befürworten; **r.ation** *n* Empfehlung *f*, Vorschlag *m*, Befürwortung *f*

recompense *n* Wiedergutmachung *f*; *v/t* wiedergutmachen, entschädigen

reconcentration *n* Rückentflechtung *f*

reconcile *v/t* *(Konten)* abstimmen

reconciliation *n* *(Konten)* Abstimmung *f*; **r. of accounts** Kontenabstimmung *f*; **~ interests** Interessenausgleich *m*; **r. account** Berichtigungskonto *nt*; **r. date** *(Konten)* Abstimmungstermin *m*; **r. statement** Saldenanerkenntnis *nt*

reconsign *v/t* *(Waren)* an neue Adresse weiter(ver)senden; **r.ment** *n* Weitersendung *f*, W.versand *m*

reconstruct *v/t* 1. rekonstruieren, sanieren; 2. wiederaufbauen

reconstruction *n* 1. Sanierung *f*; 2. Wiederaufbau *m*; **financial r.** Kapitalsanierung *f*; **r. accounts** Sanierungsbilanz *f*; **r. balance sheet** Sanierungsstatus *m*; **r. credit** 1. Wiederaufbaukredit *m*; 2. Sanierungsdarlehen *nt*; **r. package** Sanierungskonzept *nt*

re|conversion *n* Rückbau *m*; **r.convert** *v/t* rückbauen

record *n* 1. Nachweis *m*, Beleg *m*; 2. Eintrag *m*; 3. (persönliche) Vergangenheit *f*; **r.s** (Rechnungs)Unterlagen *pl*, Akten *pl*; **from the r.s** aus den Unterlagen; **on r.** aktenkundig

record of earnings Ertragsaufstellung *f*; **~ the findings** Ergebnisdokumentation *f*; **~ income** Erträgnisaufstellung *f*; **~ (the) proceedings** Verhandlungsniederschrift *f*; **~ shareholders** *[GB]*/**stockholders** *[US]* Aktionärsregister *nt*, A.verzeichnis *nt*; **(proven) ~ success** Erfolgsbilanz *f*, E.-nachweis *m*; **r.s and vouchers** Buchungsunterlagen *pl*, B.belege *pl*

to enter in the record|s (buchhalterisch) erfassen; **to examine (the) r.s** Akten sichten; **to keep r.s** 1. Belege bearbeiten; 2. Unterlagen/Akten aufbewahren; **to place/put on r.** zu Protokoll geben, aktenkundig machen

clean record einwandfreie Vergangenheit; **commercial r.s** Geschäfts-, Handelsbücher *pl*; **financial r.s** Finanzunterlagen *pl*; **medical r.** ärztliche Unterlegen, Krankenakte *f*; **monthly r.** Monatsausweis *m*; **supporting r.s** Belege *pl*

record *v/t* auf-, verzeichnen, (ver)buchen, protokollieren, notieren

record amount Rekordbetrag *m*; **r. attendance** Rekordbesuch *m*; **r. consumption** Rekordverbrauch *m*; **r. crop** 🚜 Rekordernte *f*; **r. date** (Bezugsrechts)Stichtag *m*

recorder *n* Protokoll-, Schriftführer(in) *m/f*

record gain Rekordzuwachs *m*; **r. growth** Rekordwachstum *nt*; **r. high** historischer Höchststand

recording *n* Eintragung *f*, Beurkundung *f*, Verbuchung *f*; **r. of business transactions** Erfassung von Geschäftsvorfällen; **r. agent** *(Vers.)* Abschlussagent *m*; **r. clerk** ↘ **recorder**; **r. error** Aufzeichnungsfehler *m*; **r. officer** *[US]* Grundbuchbeamter *m*, G.beamtin *f*

record interest rate Höchstzinssatz *m*; **r. keeping** Dokumentation *f*, Buchhaltung *f*, Aktenführung; **r. level** Rekordhöhe *f*, R.stand *m*, Höchststand *m*; **r. low** absoluter/historischer Tiefstand, Rekordtiefstand *m*; **r. office** 1. Archiv *nt*, Registratur *f*; 2. *[GB]* Grundbuchamt *nt*; **r. performance** Rekord-, Spitzenleistung *f*; **r. price** Höchstpreis *m*; **r. profit** Rekordgewinn *m*; **r. result** Rekordergebnis *nt*; **r. year** Spitzenjahr *nt*; **r. yield** Rekordaufkommen *nt*, R.ertrag *m*

recost *v/t* neu berechnen/kalkulieren; **r.-ing** *n* Neukalkulation *f*

recount *n* Nachzählung *f*; *v/t* nachzählen

recoup *v/t* wieder einbringen, hereinholen, zurückbekommen, z.erlangen; **r.-ment** *n* Schadlos-, Zurückbehaltung *f*

recourse (to) *n* 1. Rückgriff (auf) *m*; 2. Regress *m*; **without r.** ohne Regress(anspruch)/Obligo/Haftung/Gewähr; **r. to the capital market** Kapitalmarktbe-

R

anspruchung *f*; **~ credit** Kreditbeanspruchung *f*; **~ endorser** Wechselregress *m*; **~ (the) law** § Rechtsweg *m*; **~ the market** Marktbeanspruchung *f*; **r. for non-acceptance** Rückgriff mangels Annahme; **~ want of payment** Rückgriff mangels Zahlung; **liable to r.** regresspflichtig; **no r.** Ausschluss jeglicher Haftung; **r. claim** Regressforderung *f*; **r. liability** Durchgriffshaftung *f*

recover *v/t* 1. wieder-, zurückerlangen; 2. *(Schulden)* beitreiben; 3. *(Konkurs)* aussondern; *v/i* sich erholen; **r.able** *adj* 1. bei-, eintreibbar, erstattungsfähig; 2. wiedergewinnbar; 3. ⚒ abbaufähig; **r.ed** *adj* erholt

recovery *n* 1. Erholung *f*, Gesundung *f*, Aufschwung *m*; 2. *(Schulden)* Einziehung *f*, Beitreibung *f*; 3. *(Konkurs)* Aussonderung *f*

recovery of damages Erlangung eines Schaden(s)ersatzes; **~ debts** Eintreibung von Schulden; **~ outstanding debts** Inkasso von Außenständen; **r. in/of demand** Nachfragebelebung *f*; **r. of investments** Belebung der Investitionstätigkeit; **~ the market** Markterholung *f*; **~ prices** Preis-, Kurserholung *f*

to fuel the recovery Konjunktur weiter anheizen; **to seek r.** Regress nehmen; **to stage a r.** sich erholen

cyclical recovery konjunkturelle Erholung; **domestic r.** Belebung der Binnenkonjunktur; **economic r.** Konjunktur-, Wirtschaftsbelebung *f*, konjunkturelle Erholung/Belebung; **consumer-led ~ r.** konsuminduzierter Aufschwung; **marked r.** *(Börse)* kräftige Erholung; **modest r.** *(Börse)* leichte Erholung; **seasonal r.** saisonbedingter Aufschwung

recovery cost(s) Wiederbeschaffungskosten *pl*; **commercial r. operation** ⚒ kommerzieller Abbau; **r. period** Desinvestitionsperiode *f*; **r. plan** Sanierungskonzept *nt*; **full r. principle** Kosten(deckungs)prinzip *nt*; **r. rate** Recyclingquote *f*; **r. strategy** Sanierungskonzept *nt*; **r. time** Amortisationsdauer *f*; **r. value** Rest-, Veräußerungswert *m*

recreation *n* Erholung *f*, Entspannung *f*; **r. facilities** Freizeiteinrichtungen *pl*; **r. room** Sozialraum *m*

recruit *n* Neueinstellung *f*, neue(r) Mitarbeiter(in); **r.s** Kandidaten *pl*, (neue) Mitarbeiter *pl*; *v/t (Arbeitskräfte)* anwerben, einstellen; **r.er** *n* Personalvermittler(in) *m/f*

recruiting *n* Anwerbung (von Arbeitskräften) *f*; **r. age** Einstellungsalter *nt*; **r. officer** Personalsachbearbeiter(in) *m/f*

recruitment *n* Mitarbeiter-, Personalbeschaffung *f*, Einstellung *f*; **fresh r.** Neueinstellung *f*; **r. advertising** Stellenausschreibung *f*; **commercial r. agency** private Stellenvermittlung(sagentur); **r. assignment** Tätigkeit in der Personalbeschaffung; **r. consultant** Personalberater(in) *m/f*; **r. costs** Personalbeschaffungskosten *pl*; **r. drive** Anwerbungskampagne *f*; **r. industry** Zunft der Personalberater; **r. officer** Sachbearbeiter(in) für Personaleinstellungen; **r. policy** Einstellungspolitik *f*; **r. process** Einstellungsverfahren *nt*; **r. website** Webseite für freie Stellen

rectification *n* 1. Richtigstellung *f*, Berichtigung *f*; 2. *(Missstand)* Behebung *f*; **r. of an entry** Korrektur einer Buchung

recur *v/i* wiederkehren, wieder auftreten

recyclable *adj* wieder verwertbar, recycelbar, r.fähig

recycle *v/t* (wieder) verwerten/aufbereiten, recyclen

recycling *n* Wieder-, Abfall-, Müllverwertung *f*, Recycling *nt*; **r. of recoverable/reusable materials** Wertstoffrecycling *nt*; **~ refuse** Müllaufbereitung *f*; **~ waste materials** Rückführung von Altprodukten; **r. bank** Wertstoffsammelstelle *f*; **r. industry** Entsorgungsbranche *f*; **r. operation** Recyclingbetrieb *m*; **r. plant** Rückgewinnungsanlage *f*; **r. system** Wiederverwertungskreislauf *m*

red *n* Schulden-, Debetseite *f*; **in the r.** in den roten Zahlen, im Minus

redeem *v/t* ab-, einlösen, amortisieren, tilgen; **r.able** *adj* 1. ablös-, einlös-, amortisierbar, tilgbar; 2. *(Anleihe)* rückzahlbar; **~ at par** rückzahlbar zum Nennwert

redefine *v/ti* (sich) neu definieren

redeliver *v/t* zurückgeben, z.erstatten; **r.y** *n* Rückgabe *f*, R.erstattung *f*

redemption *n* Tilgung *f*, Amortisation *f*, Ab-, Einlösung *f*, Rückzahlung *f*; **r.s in arrears** Tilgungsrückstand *m*; **r. of bonds/debentures** Einlösung/Tilgung von Schuldverschreibungen; **~ capital** Kapitaltilgung *f*; **~ a debt** Forderungstilgung *f*; **~ a loan** Einlösung einer Anleihe;

R

r. at maturity Einlösung bei Fälligkeit; **~ par** Einlösung zu pari; **r. of shares** *[GB]*/ **stocks** *[US]* Aktieneinziehung *f*; **r. at term** Rückzahlung bei Endfälligkeit

early redemption vorzeitige Rückzahlung/Tilgung; **final r.** Rückzahlung bei Endfälligkeit; **optional r.** vorzeitige Rückzahlung; **prior r.** vorzeitige Einlösung/Tilgung; **straight-line r.** Rückzahlung in gleichen Tilgungsraten

redemption account Amortisations-, Tilgungskonto *nt*; **r. amount** *(Vers.)* Einlösungsbetrag *m*, Ablösungssumme *f*; **r. arrears** rückständige Tilgungszahlungen; **r. bond** Tilgungsanleihe *f*, T.schuldverschreibung *f*; **r. capital** Tilgungskapital *nt*; **r. date** Tilgungs-, Rückzahlungstermin *m*; **r.-free** *adj* tilgungsfrei; **r. fund** Amortisations-, Tilgungsfonds *m*; **r. guarantee** Rücknahmegarantie *f*; **r. loan** Amortisations-, Tilgungsanleihe *f*; **r. loss** Tilgungsverlust *m*; **r. payment** Amortisations-, Tilgungszahlung *f*; **r. period** Laufzeit *f*; **r. plan** Tilgungsplan *m*; **r. premium** Ablösungs-, Tilgungsprämie *f*; **r. price** Rücknahmepreis *m*, Tilgungskurs *m*; **r. rate** Amortisationsrate *f*, Tilgungssatz *m*; **r. reserve** Tilgungsrücklage *f*; **r. service** Tilgungsdienst *m*; **r. term** Tilgungsdauer *f*; **r. value** Amortisations-, Rückkaufs-, Tilgungswert *m*; **r. yield** Effektivverzinsung *f*

redeploy *v/t* 1. *(Kapital)* umschichten; 2. *(Personal)* um(be)setzen; **r.ment** *n* 1. *(Kapital)* Umschichtung *f*; 2. *(Personal)* Um(be)setzung *f*; **~ of assets** Umschichtung von Vermögenswerten; **~ of production** Produktionsverlagerung *f*

redevelopment *n* Neuentwicklung *f*, Sanierung *f*; **urban r.** Stadterneuerung *f*

redhibition *n* *(Rücktritt vom Kaufvertrag)* Wand(e)lung *f*, Minderung (des Kaufpreises) *f*

rediscount *n* (Re)Diskont *m*; **eligible for r.** zentralbankfähig; *v/t* 1. rediskontieren; 2. *(Wechsel)* weitergeben; **r. ceiling** Rediskontkontingent *nt*; **r. credit** Refinanzierungskredit *m*; **r. facilities** Rediskontrahmen *m*; **r.ing** *n* *(Wechsel)* Rediskontierung *f*; **eligible for r.ing** rediskontfähig; **r. line** Rediskontlinie *f*, Refinanzierungsrahmen *m*; **r. quota** (Re)Diskontkontingent *nt*; **r. rate** *[US]* 1. (Re)Diskontsatz *m*; 2. Wechseldiskontsatz *m*

redispatch *n* Weiterversendung *f*, W.versand *m*; *v/t* weiterversenden

redistribute *v/t* umverteilen, neu verteilen

redistribution *n* Neu-, Umverteilung *f*; **r. of capital** Kapitalumschichtung *f*; **~ income(s)** Einkommensumschichtung *f*; **~ wealth** Vermögensumverteilung *f*; **r. policy** Transferpolitik *f*

redraft *n* Rück-, Retourwechsel *m*

redress *n* 1. Abhilfe *f*; 2. *(Fehler)* Behebung *f*, Beseitigung *f*; **to seek r.** Regressanspruch geltend machen; **~ in court** gerichtliche Hilfe in Anspruch nehmen; **r.** *v/t* 1. *(Missstand)* beseitigen; 2. *(Schaden)* wieder gutmachen

reduce *v/t* 1. verringern, vermindern, kürzen, senken, ermäßigen, abbauen, reduzieren, drosseln; 2. *(Personal)* einsparen

reduction *n* 1. Verringerung *f*, Verminderung *f*, Kürzung *f*, Senkung *f*, Ermäßigung *f*, Abbau *m*, Drosselung *f*, Reduzierung *f*, Reduktion *f*; 2. Abnahme *f*, Rückbildung *f*, R.führung *f*

reduction of the bank rate Diskontsenkung *f*; **~ capacity** Kapazitätsabbau *m*; **~ capital stock** Kapitalschnitt *m*, K.herabsetzung *f*; **r. for cash** Barzahlungsrabatt *m*; **r. of costs** Kosten(ver)minderung *f*, Einsparung *f*; **~ damage** Schadensminderung *f*; **~ debts** Schuldenabbau *m*; **~ demand** Nachfragerückgang *m*; **~ the discount rate** Senkung des Diskontsatzes; **~ the dividend** Dividendenkürzung *f*; **r. in/of earnings** Einkommens-, Erlösschmälerung *f*; **r. of employment** Beschäftigungsrückgang *m*; **~ freight** Frachtermäßigung *f*; **r. in gearing** Rückführung des Fremdkapitalanteils; **r. of hours** Arbeitszeitverkürzung *f*; **~ import prices** Einfuhr-, Importverbilligung *f*; **~ income** Einkommensminderung *f*; **~ interest (rates)** Zinssenkung *f*; **~ net interest charges** Verminderung der Zinslast; **~ jobs** Stellenabbau *m*; **~ liquidity** Liquiditätsabschöpfung *f*; **~ the money supply** Verringerung der Geldmenge; **~ output** Produktionsminderung *f*; **~ pollution** Schadstoffminderung *f*; **r. in price** Preisermäßigung *f*, P.senkung *f*; **r. of profit(s)** Gewinnrückgang *m*; **~ the purchase price** Minderung des Kaufpreises; **~ purchasing power** Kaufkraftminderung *f*; **~ salary** Gehaltskürzung *f*; **~ the share capital** Kapitalschnitt *m*,

R

K.herabsetzung *f*; **~ stocks** Lager-, Vorratsabbau *m*; **~ unemployment** Abbau der Arbeitslosigkeit; **~ wages** Lohnkürzung *f*; **~ the workforce** Personalabbau *m*; **~ working hours** Arbeitszeitverkürzung *f*

redundancy *n* Entlassung (mangels Beschäftigung) *f*, (Personal)Freisetzung *f*; **compulsory r.** Zwangsentlassung *f*; **voluntary r.** freiwilliges Ausscheiden; **r. compensation/pay** Entlassungsabfindung *f*; **r. notice** Entlassungsschreiben *nt*, Kündigung *f*; **r. scheme** Sozialplan *m*; **~ costs** Sozialplanaufwendungen *pl*

redundant *adj* freigesetzt, arbeits-, beschäftigungs-, erwerbslos

reefer *n* *[US]* 1. Kühlcontainer *m*; 2. ⚓ (Tief)Kühlschiff *nt*; 3. 🚂 Kühlwagon *m*; **r. cargo** Kühlgut *nt*

re|-employ *v/t* wieder anstellen/einstellen; **r.employment** *n* Wiederanstellung *f*; **r.-engineer** *v/t* technisch überarbeiten; **r.-entry** *n* ⊖ Wiedereinfuhr *f*; **r.-equipment** *n* Ersatzausrüstung *f*

re-export *v/t* wieder ausführen; **r.(ation)** *n* Wiederausfuhr *f*; **~ clearance** ⊖ Wiederausfuhrbehandlung *f*; **r. trade** Wiederausfuhrhandel *m*

refer *v/t* über-, verweisen; **r. to** 1. Bezug nehmen auf, sich beziehen auf; 2. verweisen an/auf; **r.ee** *n* Gewährsmann *m*, Sachverständiger *m*

reference *n* 1. Hinweis *m*, Verweis *m*; 2. Empfehlung(sschreiben) *f/nt*; 3. Auskunft *f*, Gutachten *nt*, Referenz(schreiben) *f/nt*; 4. Aktenzeichen *nt*; 5. *(Brief)* Betreff *m*, Bezug *m*; **(re.; Ref.; ref.)** *(Brief)* Betreff (Betr.), Bezug (Bez.), betreffend; **our/your r.** *(Brief)* unser/Ihr Zeichen; **for your r.** zu Ihrer Information, für Ihre Akten; **r.s available on request** Referenzen können auf Wunsch angegeben werden; **to check/take up a r.** Referenz/Auskunft einholen; **to quote r.s** Referenzen benennen/angeben; **excellent r.s** ausgezeichnete Zeugnisse; **personal r.** persönliche Empfehlung

reference base/basis Bezugsbasis *f*; **r. currency** Bezugs-, Basiswährung *f*; **r. date** Stichtag *m*; **r. figure** Bezugsgröße *f*, Eckwert *m*; **r. initials** Diktatzeichen *nt*; **r. interest rate** Referenzzinssatz *m*; **r. level** Vergleichsniveau *nt*; **r. month** Vergleichsmonat *m*; **r. number (Ref. No.)** 1. Bezugs-, Ordnungsnummer *f*; 2. Akten-, Geschäftszeichen *nt*; **r. period** Bezugs-, Referenz-, Vergleichsperiode *f*, Orientierungs-, Vergleichszeitraum *m*; **r. price** Orientierungs-, Richtpreis *m*; **r. rate** Richtkurs *m*; **r. sample** Ausfall-, Vergleichsmuster *nt*; **r. value** Bezugswert *m*; **r. wage** Eck-, Bezugslohn *m*; **r. year** Vergleichsjahr *nt*

referral *n* Verweisung *f*; **r. to arbitration** Verweisung an ein Schiedsgericht; **r. leads** Interessentenhinweise von Kunden

referred to *adj* erwähnt; **~ above** oben genannt; **~ below** unten genannt

referring to *adj* bezugnehmend/unter Bezugnahme auf

refinance *n* Refinanzierung *f*; *v/t* umschulden, neu finanzieren, umfinanzieren

refinancing *n* Refinanzierung *f*, Umschuldung *f*; **r. facility** Refinanzierungskredit *m*, R.möglichkeit(en) *f/pl*; **r. limit** Refinanzierungsrahmen *m*; **r. quota** Refinanzierungskontingent *nt*; **r. ratio** Refinanzierungsrate *f*

refine *v/t* raffinieren; **r.ry** *n* Raffinerie *f*

refining *n* 1. Raffinade *f*; 2. Verfeinerung *f*; **r. capacity** Raffineriekapazität *f*

reflat|e *v/t* Konjunktur beleben/ankurbeln; **r.ion** *n* Konjunkturbelebung *f*; **r.ionary** *adj* konjunkturbelebend, k.fördernd

refloat *v/t* *(fig)* sanieren

reflux *n* Rückfluss *m*; **r. of capital** Kapitalrückfluss *m*; **~ funds** Mittelrückfluss *m*

reform *n* Reform *f*, Neuordnung *f*; **in need of r.** reformbedürftig; **r. of accounting principles** Bilanzreform *f*; **~ pay structures** Tarifreform *f*; **administrative r.** Verwaltungsreform *f*; **agricultural r.** Bodenreform *f*; **economic r.** Wirtschaftsreform *f*; **monetary r.** Währungsreform *f*; **structural r.** Strukturreform *f*

reform *v/t* 1. reformieren, verbessern; 2. *(Gesellschaft)* umgründen

reformat *v/t* 🖳 neu formatieren, umformatieren

reformation *n* 1. Umgestaltung *f*; 2. Umgründung *f*; **r. report** Nachgründungsbericht *m*

reform package Reformpaket *nt*, Bündel von Reformvorschlägen

reforward *v/t* ✉ nachsenden; **r.ing** *n* Nachsendung *f*

refresher *n* *[GB]* § Extrahonorar *nt*; **vocational r. course** Berufsaufbaulehrgang *m*; **r. training** auffrischende Ausbildung

R

refund *n* (Rück)Erstattung *f*, R.vergütung *f*, (Geld)Rückgabe *f*; **r. of charges** Gebührenerstattung *f*; **~ costs** Kostenerstattung *f*; **r. for empties** Vergütung für Leergut; **r. on exportation** Erstattung bei der Ausfuhr; **r. of premium** Prämienrückgewähr *f*, P.(rück)erstattung *f*; **~ the purchase price** Kaufpreisrückerstattung *f*; **~ tax** Steuer(rück)erstattung *f*; **~ travel/travelling expenses** Reisekostenerstattung *f*; **partial r.** Teilrückerstattung *f*
refund *v/t* 1. (zurück)erstatten, (rück)vergüten; 2. *(Schuld)* neu fundieren
refund claim (Rück)Erstattungsantrag *m*
refunding *n* ↘ **refund** 1. (Rück)Erstattung *f*; 2. Umschuldung *f*, 3. *(Schuld)* Konsolidierung *f*; **r. of a debt** Schuldablösung *f*; **r. credit** Umschuldungskredit *m*; **r. loan** Refinanzierungsanleihe *f*
refund voucher Rückzahlungsgutschein *m*, Erstattungsbeleg *m*, Gutschriftanzeige *f*
refurbish *v/t* renovieren, modernisieren; **r.ing; r.ment** *n* Renovierung *f*, Modernisierung(smaßnahme) *f*
refusal *n* (Ver)Weigerung *f*, Ablehnung *f*, abschlägige Antwort, abschlägiger Bescheid; **r. to accept/take delivery; r. of acceptance** Nichtabnahme *f*, Annahmeverweigerung *f*; **r. of credit** Kreditverweigerung *f*; **r. to deliver** Auslieferungsverweigerung *f*; **~ pay** Zahlungsverweigerung *f*; **r. of performance** Leistungsverweigerung *f*; **r. to sell** Liefersperre *f*; **first r.** Vorkaufsrecht *nt*; **r. rate** Ausfallrate *f*
refuse *n* ↘ **waste** Abfall(stoff) *m*, Ausschuss *m*, Müll *m*; **to recycle r.** Abfälle verwerten; **domestic r.** Haushaltsmüll *m*; **industrial r.** Gewerbe-, Industriemüll *m*; **organic r.** organischer Abfall; **special r.** Sondermüll *m*
refuse *v/t* ablehnen, verweigern
refuse collection Müllabfuhr *f*; **r. disposal** Abfall-, Müllbeseitigung *f*; **~ plant** Müll-, Abfallbeseitigungsanlage *f*; **~ site** Müllhalde *f*, Deponie *f*; **r. dump/tip** (Müll)-Deponie *f*, M.halde *f*; **r. incineration** Müllverbrennung *f*; **r. treatment** Abfallbehandlung *f*
regain *v/t* wiedergewinnen
regardless of *adj* gleichgültig ob, ungeachtet
regenerate *v/ti* erneuern, umgestalten
regeneration *n* 1. Erneuerung *f*; 2. Wiedergewinnung *f*; **economic r.** wirtschaftliche Erneuerung; **urban r.** Stadterneuerung *f*
regime *n* (Markt)Ordnung *f*, System *nt*; **economic r.** Wirtschaftsordnung *f*
region *n* Gegend *f*, Gebiet *nt*, Bezirk *m*, Region *f*; **depressed r.** Notstandsgebiet *nt*; **less developed r.** weniger entwickeltes/unterentwickeltes Gebiet; **economic r.** Wirtschaftsregion *f*; **industrial r.** Industriegebiet *nt*; **structurally weak r.** strukturschwache Region
register *n* Register *nt*, Verzeichnis *nt*; **on the r.** arbeitslos (gemeldet)
register of (land) charges Hypothekenregister *nt*; **~ companies** Gesellschafts-, Handelsregister *nt*; **~ deeds** *[US]* Grundbuch *nt*; **~ designs** Geschmacksmusterregister *nt*; **~ members** Mitgliederverzeichnis *nt*, Verzeichnis der Mitglieder; **~ merchandise received** Eingangsbuch *nt*; **~ patents** Patentregister *nt*; **~ securities** Effekten-, Wertpapierdepot *nt*; **~ shareholders** *[GB]*/**stockholders** *[US]* Aktionärsbuch *nt*, A.verzeichnis *nt*; **~ shipping** Schiffsregister *nt*; **~ trademarks** (Waren)Zeichenrolle *f*
to leave the register *(Arbeitsloser)* Anstellung finden
commercial register Gesellschafts-, Handelsregister *nt*; **maritime r.** Schiffsregister *nt*; **official r.** Liste der börsengängigen Wertpapiere/Effekten, amtlicher Kurszettel
register *v/t* 1. anmelden, eintragen (lassen), registrieren, listenmäßig erfassen; 2. sich anmelden; 3. 🚗 zulassen; **r.ed** *adj* 1. (handelsgerichtlich) eingetragen; 2. gesetzlich geschützt (ges. gesch.); 3. ✉ (per) Einschreiben *nt*
register office Handelsregisteramt *nt*; **r. ton** ⚓ Registertonne *f*
registrar *n* 1. Registerbeamter *m*, R.beamtin *f*; 2. *[US]* Führer des Aktionärsregisters; 3. Registeramt *nt*, R.stelle *f*; **r. in bankruptcy** *[GB]* Konkursrichter *m*; **R. of Companies** *[GB]* Handelsregister *nt*, Registergericht *nt*; **r. of trademarks** *(Warenzeichen)* Patentamt *nt*
registration *n* 1. Erfassung *f*, Registrierung *f*; 2. amtliche/handelsgerichtliche Eintragung
registration of a business name Firmeneintragung *f*; **~ (land) charges** Eintragung von Belastungen; **~ a company** Handelsregistereintragung einer Gesell-

R

schaft, handelsgerichtliche Anmeldung einer Firma; **~ a firm** Handelsregistrierung einer Firma; **~ title** Grundbucheintrag(ung) *m/f*; **~ a trade** Gewerbeanmeldung *f*; **~ a trademark** Eintragung/Anmeldung eines Warenzeichens; **~ vessels** ⚓ Schiffsregistrierung *f*

to cancel a registration 1. Eintragung löschen; 2. Anmeldung zurückziehen

compulsory/mandatory registration 1. (An)Meldepflicht *f*; 2. Registerzwang *m*; **new r.** 1. 🚗 Neuzulassung *f*; 2. *(Firma)* Neueintragung *f*

registration certificate Eintragungsbescheinigung *f*; **r. department** Melde-, Registrieramt *nt*; **r. fee** Anmelde-, Eintragungsgebühr *f*; **r. form** (An)Meldeformular *nt*, Anmeldevordruck *m*; **r. list** (An)-Meldeliste *f*; **r. office** 1. (An)Melde-, Erfassungsstelle *f*; 2. 🚗 Zulassungsstelle *f*; **r. procedure** Anmeldeverfahren *nt*; **r. statement** *(Unternehmen)* Gründungsbilanz *f*

registry *n* Register *nt*, Verzeichnis *nt*; **r. of deeds** *[US]* Grundbuchamt *nt*; **r. court** Registergericht *nt*; **marine r. office** ⚓ Schiffsregisteramt *nt*

re|grade *v/t* neu einstufen, umgruppieren; **r.gress** *n* Rückschritt *m*; **r.gression** *n* 1. rückläufige Entwicklung; 2. 📊 Regression *f*; **~ computing** Regressionsrechnung *f*

regroup *v/t* umgruppieren, neu gruppieren, umschichten; **r.ing** *n* 1. Um-, Neugruppierung *f*; 2. Konzernumschichtung *f*; **~ of assets** Vermögensumschichtung *f*; **~ of capital** Kapitalumgruppierung *f*; **~ of investments** Anlagenumschichtung *f*, Anlagewechsel *m*

regular *adj* 1. regulär, ordnungs-, satzungsgemäß, vorschriftsmäßig, ständig; 2. *(Personal)* fest (angestellt); 3. *(Beschäftigung)* geregelt

regulate *v/t* 1. regeln, regulieren; 2. zwangsbewirtschaften

regulation *n* Bestimmung *f*, Vorschrift *f*; **r.s** Satzung *f*, Statuten *pl*; **r. of business** wirtschaftlicher Dirigismus; **~ credit** Kreditregulierung *f*; **r.s in force** geltende Vorschriften; **r. of prices** Preislenkung *f*

to abide by/comply with/conform to the regulations sich an die Vorschriften halten; **to break/contravene r.s** Bestimmungen übertreten/verletzen, sich vorschriftswidrig verhalten; **to impose r.s** Vorschriften/Verordnung erlassen; **to suspend a r.** Verordnung zeitweilig aufheben

administrative regulation|s Verwaltungsvorschriften *pl*; **budgetary r.s** haushaltsrechtliche Bestimmungen; **environmental r.s** Umweltschutzbestimmungen *pl*; **financial r.s** Haushaltsordnung *f*; **general r.s** Rahmenvorschriften *pl*; **official r.s** amtliche Bestimmungen; **restrictive r.s** einschränkende Bestimmungen; **statutory r.** gesetzliche Regelung

regulator *n* Aufsichtsbehörde *f*, A.amt *nt*; **r.y** *adj* aufsichtsrechtlich

rehabilitat|e *v/t* 1. wieder (ins Berufsleben) eingliedern; 2. *(Betrieb)* sanieren, modernisieren

rehabilitation *n* 1. Wiedereingliederung (ins Berufsleben) *f*; 2. 🏛 Altbausanierung *f*; 3. *(Betrieb)* Sanierung *f*; 4. Modernisierung *f*; **industrial/occupational/vocational r.** Wiedereingliederung in den Arbeitsprozess, Umschulung *f*; **r. center** *[US]*/**centre** *[GB]* Umschulungsstätte *f*; **r. loan** Aufbaudarlehen *nt*; **r. plan** Sanierungsplan *m*

reimburse *v/t* rückvergüten, (rück)erstatten, entschädigen

reimbursement *n* (Rück)Vergütung *f*, R.-erstattung *f*, Entschädigung *f*; **r. of cash outlay** Ersatz von Barauslagen; **~ charges** Spesenvergütung *f*; **~ a damage** Schaden(s)ersatz *m*; **~ expenses** Ausgaben-, Kosten-, Spesen(rück)erstattung *f*; **r. credit** Rembourskredit *m*

reimport *v/t* wieder einführen; **r.ation** *n* Wiedereinfuhr *f*

reimpose *v/t* *(Kontrolle)* wieder einführen

rein back/in *v/t* unter Kontrolle bringen

reinstal|(l) *v/t* wieder einsetzen; **r.lation** *n* Wiedereinbau *m*; **r.ment value insurance** *n* Neuwertversicherung *f*

reinstate *v/t* wieder einsetzen/einstellen; **r.ment** *n* 1. Wiedereinsetzung *f*, W.einstellung *f*; 2. *(Altlasten)* Rekultivierung *f*; **~ of a policy** Wiederaufleben einer Versicherung; **~ insurance/policy** *(Feuervers.)* (gleitende) Neuversicherung *f*; **~ value** Neuwert *m*

reinsurance *n* Rückversicherung *f*, Reassekuranz *f*; **to buy r.** rückversichern; **to effect/take out r.** Rückversicherung abschließen; **r. business** Rückversicherungsgeschäft *nt*; **r. company** Rückver-

R

sicherungsgesellschaft *f*; **r. cover(age)** Rückdeckung *f*; **r. group** Rückversicherungskonzern *m*; **r. premium** Rückversicherungsprämie *f*

reinsure *v/t* rückversichern; **r.r** *n* Rückversicherer *m*

reintegrat|e *v/t* wiedereingliedern; **r.ion** *n* Wiedereingliederung *f*; **industrial/professional r.ion** Wiedereingliederung in das Berufsleben

reinvest *v/t* wieder anlegen, reinvestieren; **r.ment** *n* Neu-, Wiederanlage *f*; **~ of distributed earnings** Wiederanlage von Ausschüttungen; **~ discount** Wiederanlagerabatt *m*

reissue *n* Neuauflage *f*, Wiederausgabe *f*; *v/t* neu auflegen/herausgeben

reject *n* Ausschussartikel *m*, fehlerhaftes Stück; **r.s** Ausschuss(ware) *m/f*; *v/t* 1. ablehnen, beanstanden, zurückweisen; 2. aussondern, aussortieren; **r. allowance** Zeitzuschlag für Ausschuss; **r. frequency** Ausschussquote *f*; **r. goods** Ausschuss-, Ramschware *f*

rejection *n* 1. Ablehnung *f*, Absage *f*; 2. Ausmusterung *f*; **r. by counter-offer** Ablehnung durch Gegenangebot; **r. letter** Absagebrief *m*; **r. slip** Absage *f*

reject rate Ausschussquote *f*

relate to *v/i* sich beziehen auf, betreffen; **r.d** *adj* 1. (branchen-/fach)verwandt; 2. zusammengehörig

relating to *adv* in Bezug auf, betreffend

relation *n* Beziehung *f*, Verbindung *f*; **in r. to** in Bezug auf; **to break off (all) r.s** (alle) Beziehungen abbrechen; **to enter into r.s (with so.)** Beziehungen aufnehmen/anknüpfen

R

commercial relations Geschäftsverbindungen *pl*, geschäftliche Beziehungen; **contractual r.s** Vertragsverhältnis *nt*; **economic r.s** Wirtschaftsbeziehungen *pl*; **human r.s** *[US]* Menschenführung *f*; **industrial r.s** Arbeitgeber-Arbeitnehmerbeziehungen *pl*, Verhältnis zwischen den Sozialpartnern/Tarifparteien; **~ law** Arbeitsrecht *nt*; **~ tribunal** Arbeitsgericht *nt*; **intercompany r.s** Konzernbeziehungen *pl*; **monetary r.s** Währungsbeziehungen *pl*; **public r.s (P.R.)** Öffentlichkeitsarbeit *f*; **~ exercise** öffentlichkeitswirksame Maßnahme, Stück Öffentlichkeitsarbeit; **~ officer (PRO)** Leiter(in) der (Abteilung) Öffentlichkeitsarbeit

relationship *n* Verhältnis *nt*, Beziehung *f*; **r. of personal confidence/trust** Vertrauensverhältnis *nt*; **r. between costs and selling prices** Kosten-Erlös-Relation *f*; **r. of dependence** Abhängigkeitsverhältnis *nt*; **strategic r.** strategische Allianz; **contractual r.** Vertragsverhältnis *nt*; **external r.** Außenverhältnis *nt*; **interlocking r.s** Konzernverflechtung *f*; **r. banking** Hausbankbeziehung *f*; **r. management** Kundenbetreuung *f*; **r. manager** Kundenbetreuer(in) *m/f*

relative to im Verhältnis/Vergleich zu

re-launch *n* (Produkt)Wiedereinführung *f*

relax *v/i* lockern

relaxation *n* Lockerung *f*; **r. of credit restrictions** Lockerung der Kreditbremse; **~ monetary policy** Lockerung der Geldpolitik; **~ price controls** Lockerung von Preiskontrollen; **monetary r.** Lockerung der Geldpolitik

release *n* 1. Freigabe *f*, Veröffentlichung *f*; 2. Freistellung *f*; 3. Entlastung *f*; 4. *(Reserven)* Auflösung *f*; **r. of capital** Kapitalfreisetzung *f*; **~ debt(s)** Schuldenerlass *m*; **~ an easement** Löschung einer Dienstbarkeit; **~ funds** Mittelfreigabe *f*; **r. for import** ⊖ Einfuhrfreigabe *f*; **r. from liability** Haftungsfreistellung *f*; **~ an obligation** Befreiung von einer Verbindlichkeit; **~ work** Freistellung (von der Arbeit) *f*; **early r.** Vorruhestand *m*; **~ scheme** Vorruhestandsregelung *f*; **industrial r.s** *(Schadstoffe)* industrielle Emissionen; **unconditional r.** völlige Freistellung

release *v/t* 1. (zur Veröffentlichung) freigeben, veröffentlichen; 2. entlasten; 3. *(Reserven)* auflösen; 4. *(Arbeit)* freistellen, f.setzen

release data *(Umwelt)* Emissionsdaten *pl*; **r. note** Freigabebescheinigung *f*

relet *v/t* weitervermieten; **r.ting** *n* Weiter-, Wiedervermietung *f*

reliability *n* 1. Zuverlässigkeit *f*; 2. Kreditwürdigkeit *f*, Bonität *f*; **r. of the accounting records** Ordnungsgemäßheit der Buchführung; **~ operation; operational r.** Betriebssicherheit *f*; **due-date r.** Termintreue *f*; **statistical r.** statistische Zuverlässigkeit

reliable *adj* 1. zuverlässig; 2. kreditwürdig; 3. ☼ betriebssicher

relief *n* 1. Erleichterung *f*; 2. Entlastung *f*;

3. (Steuer)Freibetrag *m*; 4. Fürsorge *f*, Unterstützung *f*, (Sozial)Hilfe *f*; **r. from duties** ⊖ Abgabenbefreiung *f*; **~ double taxation** Anrechnung ausländischer Steuern; **eligible for r.** sozialhilfeberechtigt; **compensatory r.** Steuerausgleichsbetrag *m*; **conditional r.** bedingte Befreiung; **environmental r.** Umweltentlastung *f*; **legal r.** Rechtsschutz *m*

relief action Hilfsmaßnahmen *pl*; **r. expenditure(s)** Unterstützungsaufwendungen *pl*; **r. fund** Unterstützungsfonds *m*, U.kasse *f*; **r. operation** Hilfsaktion *f*, H.-maßnahme *f*; **r. organisation** Hilfswerk *nt*, H.organisation *f*; **r. program(me)** Notstandsprogramm *nt*; **r. work** Arbeitsbeschaffung *f*; **r. worker** Ersatzarbeiter(in) *m/f*

relieve *v/t* 1. erleichtern; 2. entlasten

relinquish *v/t* aufgeben, verzichten auf; **r.-ment** *n* Preisgabe *f*, Verzicht *m*; **~ of a right** Rechtsverzicht *m*; **~ of title** Eigentumsverzicht *m*

reload *v/t* umschlagen, neu beladen; **r.ing** *n* Umladung *f*; **~ charges** Umladegebühren *pl*

relocate *v/t* 1. umsiedeln, neu ansiedeln, verlagern; 2. *(Personal)* um-, versetzen; *v/i* Standort verändern, sich (neu) ansiedeln

relocation *n* 1. Umsiedlung *f*, Umzug *m*; 2. *(Personal)* Um-, Versetzung *f*; 3. ▲ Geschäfts-, Betriebsverlagerung *f*; **r. of a business** Geschäftsverlegung *f*; **~ an enterprise** Betriebsverlagerung *f*; **~ industry** Industrieverlagerung *f*; **~ production** Produktionsverlagerung *f*; **r. allowance/grant** Umzugsbeihilfe *f*; **r. cost(s)/expenses** Verlagerungskosten *pl*

reluctance *n* Widerwille *m*, Abneigung *f*; **r. to deliver/supply** Lieferzurückhaltung *f*; **~ export** Exportmüdigkeit *f*; **~ import** Importmüdigkeit *f*; **~ invest** Investitionsmüdigkeit *f*

remainder *n* 1. Rest(bestand) *m*, R.summe *f*; 2. Partieartikel *m*; **r. of a debt** Restschuld *f*; **~ stock** Restbestand *m*; **r.** *v/t* als Partieartikel verkaufen

remargin *v/t* *[US]* nachschießen, n.zahlen; **r.ing** *n* Nachschuss *m*, N.zahlung *f*

remedy *n* Abhilfe *f*, (Hilfs)Mittel *nt*; **r. in law** Rechtsbehelf *m*; **legal r.** Rechtsmittel *nt*, R.behelf *m*; **r.** *v/t* Abhilfe schaffen

remind *v/t* erinnern, mahnen

reminder *n* Erinnerung(sbrief) *f/m*, E.s-schreiben *nt*, Mahnschreiben *nt*, Zahlungserinnerung *f*; **final(-notice) r.** letzte Mahnung; **r. advertisement** Erinnerungsanzeige *f*; **r. advertising** Erinnerungswerbung *f*; **r. value** Erinnerungsposten *m*, E.wert *m*

remission *n* *(Schulden)* Erlass *m*, Nichterhebung *f*; **r. of charges/fees** Gebührenerlass *m*; **~ a claim** Forderungsverzicht *m*; **~ debt** Schuld(en)erlass *m*; **~ import duties and taxes** Erlass der Eingangsabgaben; **~ (a) tax** Erlass einer Steuer

remit *n* 1. Aufgabe(nbereich) *f/m*, Verantwortungsbereich *m*; *v/t* 1. über-, anweisen; 2. *(Schuld/Steuer)* erlassen

remittance *n* (Geld)Überweisung *f*, (G.)Anweisung *f*, Rimesse *f*, Überweisungsbetrag *m*; **r. by post; postal r.** Postanweisung *f*; **to make a r.** Überweisung vornehmen; **r. advice** Zahlungsmitteilung *f*, Z.avis *m/nt*; **r. charge(s)/fee** Überweisungsgebühr *f*; **r. form/slip** 1. Überweisungsträger *m*; 2. ✉ Zahlkarte *f*; **r. order** Überweisungsauftrag *m*; **r. statement** Zahlungsliste *f*

remit|tee *n* (Zahlungs)Empfänger(in) *m/f*; **r.ter** Geld-, Übersender(in) *m/f*, Auftraggeber(in) *m/f*

remnant *n* Rest *m*; **r.s** (Waren)Reste *pl*, Restposten *m/pl*; **r.s sale** Resteverkauf *m*; **r.s store** Resteladen *m*

removal *n* 1. Entfernung *f*, Beseitigung *f*, Abbau *m*; 2. Aus-, Umzug *m*; 3. *(Person)* Entlassung *f*; **r. of barriers (to trade)** Abbau von (Handels)Schranken/Hindernissen; **~ credit controls** Aufhebung von Kreditkontrollen; **r. from office** Amtsenthebung *f*; **r. of restrictions** Aufhebung von Beschränkungen; **~ tariffs** ⊖ Aufhebung/Beseitigung der Zölle; **r. contractor** Umzugsspedition *f*

remove *v/t* 1. entfernen, beiseite schaffen; 2. abtransportieren

remunerate (for) *v/t* ent-, belohnen (für), vergüten, bezahlen, dotieren

remuneration *n* (Arbeits)Vergütung *f*, Entgelt *nt*, Besoldung *f*, Bezüge *pl*, Honorar *nt*; **r. for the auditors** *(Bilanz)* Honoraraufwand für die Wirtschaftsprüfer; **r. of managing directors** Vorstandsbezüge *pl*; **r. in kind** Sachbezüge *pl*; **entrepreneurial r.** Unternehmerlohn *m*; **fixed r.** feste Vergütung; **lump-sum r.** Pauschal-

R

vergütung *f*; **managerial r.** Vergütung der Führungskräfte; **r. package** Gesamtbezüge *pl*
remunerative *adj* einträglich, lohnend, lukrativ
renational|ization *n* erneute Verstaatlichung; **r.ize** *v/t* wieder verstaatlichen
render *v/t* *(Dienst)* leisten, erbringen; **r.-ing** *n* Wiedergabe *f*, Übersetzung *f*; **~ an/ of account** Rechnungslegung *f*; **r. of services** Erbringung von Leistungen
renegoti|able *adj* wiederbegebbar; **r.ate** *v/t* 1. erneut/neu verhandeln; 2. zurück-, weiterbegeben; **r.ation** *n* 1. Weiterbegebung *f*; 2. Neuverhandlung *f*
renew *v/t* 1. erneuern; 2. verlängern; 3. *(Kredit)* prolongieren; **r.able** *adj* 1. erneuerbar, verlängerbar; 2. *(Kredit)* prolongierbar
renewal *n* 1. Erneuerung *f*, Wiederbeschaffung *f*; 2. Verlängerung *f*; 3. Prolongation *f*; **r.s** Neuanschaffungskosten *pl*; **r. of a bill (of exchange)** Wechselprolongation *f*; **~ contract** Vertragsverlängerung *f*; **~ credit/a loan** Kreditprolongation *f*; **~ an order** Auftragserneuerung *f*; **~ a patent** Patenterneuerung *f*; **~ a policy** Erneuerung einer Police; **~ title** Erneuerung eines Eigentumsanspruchs; **to be/ come up for r.** zur Verlängerung anstehen
renewal bill Verlängerungs-, Prolongationswechsel *m*; **r. bonus** *(Vers.)* Erneuerungsprämie *f*; **r. certificate** Erneuerungsschein *m*; **r. charge** Prolongationsgebühr *f*; **r. cost(s)** Prolongationskosten *pl*; **r. coupon** (Zins)Erneuerungsschein *m*; **r. fee** Erneuerungs-, Verlängerungsgebühr *f*; **r. fund** Wiederbeschaffungsrücklage *f*; **r. invoice** Rechnung für Erneuerungsauftrag *m*; **r. notice** Verlängerungsanzeige *f*, V.mitteilung *f*; **r. order** Anschlussauftrag *m*; **r. papers** Unterlagen für die Policenverlängerung; **r. policy** Verlängerungspolice *f*; **r. premium** Prämie bei Vertragsverlängerung; **r. rate** Prolongationssatz *m*; **r. reserve** Erneuerungsrücklage *f*
renounce *v/t* verzichten auf
renowned *adj* berühmt
rent *n* 1. (Wohnungs)Miete *f*, Mietzins *m*, M.preis *m*; 2. Pacht(zins) *f/m*; **r.s** *(Bilanz)* Einkünfte aus Vermietung und Verpachtung; **to let for r.** vermieten
back rent rückständige Miete, Mietrückstände *pl*; **commercial/cost-covering/ economic r.** Kostenmiete *f*; **comparative r.** Vergleichsmiete *f*; **contractual r.** vertraglich vereinbarte Miete; **controlled r.** bewirtschaftete/gebundene Miete; **current r.** ortsübliche Miete, Marktmiete *f*; **fixed r.** Festmiete *f*; **local r.** ortsübliche Miete; **monthly r.** Monatsmiete *f*; **open-market r.** verkehrsübliche Miete; **subsidized r.** Sozialmiete *f*
rent *v/t* 1. vermieten, verpachten; 2. (an)-mieten; **r. out** vermieten
rent advance Mietvorauszahlung *f*
rental *n* 1. Miete *f*, Mietpreis *m*, M.zins *m*; 2. Pacht(zins) *f/m*; **r.s** *(Bilanz)* Einkünfte aus Vermietung und Verpachtung; **r. of real property** Verpachtung von Grundstücken; **net r.** 1. Nettomiete *f*; 2. *(Grundstück)* Nettoertrag *m*; **r. business** Mietanlagengeschäft *nt*; **r. charge** Mietpreis *m*; **r. earnings/income** *(Bilanz)* Mieteinkünfte *pl*, M.einnahmen *pl*, Einkünfte aus Miete und Pacht, ~ Vermietung und Verpachtung; **r. equipment** Mietanlagen *pl*; **r. growth** Mietanstieg *m*; **r. period** Mietdauer *f*; **r. tariff** Mietzins *m*; **r. value** Miet(ertrags)-, Pachtwert *m*; **r. yield** Miet-, Pachtertrag *m*
rent allowance Miet(kosten)beihilfe *f*, Wohngeld *nt*; **r. arrears** Miet-, Pachtrückstand *m*; **r. ceiling** Höchstmiete *f*; **r.(s) charge** Grunddienstbarkeit *f*; **r. collection** Mieteinzug *m*; **r. control** Mietpreisbindung *f*; **r. due** Mietschuld *f*; **r. guarantee** Mietgarantie *f*
rentier *n* *(frz.)* Rentenempfänger(in) *m/f*
rent income Pacht-, Mieteinkünfte *pl*, M.-einnahmen *pl*
renting *n* 1. Anmietung *f*, Anpachtung *f*; 2. Vermietung *f*, Verpachtung *f*
rent rebate Mietrückzahlung *f*, Wohngeld (-zuschuss) *nt/m*; **r. receipts** Miet-, Pachteinnahmen *pl*; **r. review** Mietanpassung *f*; **r. yield** Miet-, Pachtaufkommen *nt*
renunciation *n* Verzicht(erklärung) *m/f*; **r. of a claim** Verzicht auf einen Anspruch; **~ a right** Rechtsverzicht *m*
reorder *n* Nach-, Neubestellung *f*; *v/t* nach-, neu bestellen
reordering *n* Nachbestellung *f*, Wiederbeschaffung *f*; **r. cycle** Wiederbeschaffungszyklus *m*; **r. level** Lagerbestand bei/vor Nachbestellung; **r. quantity** Bestell-, Meldebestand *m*

reorder point Bestell-, Meldebestand *m*; **r. system** Bestellsystem *nt*
reorganisation *n* 1. Neu-, Umorganisation *f*, Umstrukturierung *f*; 2. *(Gesellschaft)* Umgründung *f*, Umwandlung *f*, Sanierung *f*; **r. of a company** Sanierung einer Gesellschaft; **~ loans** Umschuldung *f*; **~ production** Fertigungs-, Produktionsneuordnung *f*; **financial r.** Unternehmenssanierung *f*; **internal r.** innerbetriebliche Umstellung; **r. credit/loan** Sanierungsdarlehen *nt*; **r. scheme** Sanierungsprogramm *nt*; **r. surplus** Sanierungsgewinn *m*
reorganise *v/t* 1. reorganisieren, umwandeln, umstrukturieren; 2. *(Gesellschaft)* umgründen; 3. sanieren
reorien|tate *v/t* umorientieren; **r.tation** *n* Neu-/Umorientierung *f*
rep. *n* *(coll)* (Außendienst)Vertreter(in) *m/f*
repack *v/t* um-, wiederverpacken; **r.ing** *n* Neuverpackung *f*, Umpacken *nt*
repair *n* Reparatur *f*, Ausbesserung *f*, Instandsetzung *f*; **r. and servicing** Reparatur und Wartung; **in need of r.** reparaturbedürftig; **in bad r.** 🏛 baufällig; **in good r.** in gutem Zustand; **running r.s** laufende Reparaturen
repair *v/t* reparieren, in Stand setzen
repair bill Reparaturrechnung *f*; **r. cost(s)** Reparaturaufwand *m*; **r. order** Instandsetzungsauftrag *m*; **r. service** Reparaturdienst *m*; **r. (work)shop** Reparaturwerkstatt *f*
reparcelling of land *n* 🚜 Flurbereinigung *f*
repartition *n* (Gewinn)Verteilung *f*
repatriate *v/t* *(ins Ursprungsland)* transferieren, zurücküberweisen
repatriation *n* 1. Rückführung *f*; 2. Repatriierung *f*; **r. of capital** Kapitalrückführung *f*; **~ foreign exchange** Devisenrücküberweisung *f*; **~ profits** Gewinntransfer *m*
repay *v/t* 1. zurückzahlen, z.erstatten; 2. *(Schulden)* abdecken, abtragen, tilgen
repayment *n* 1. (Zu)Rückzahlung *f*, (Rück)Erstattung *f*, Amortisation *f*; 2. Tilgung(sleistung) *f*
repayment of capital Kapitalrückzahlung *f*; **r. in cash** Barablösung *f*; **r. of a credit** Tilgung eines Kredits; **~ a debt** Rückzahlung einer Kapitalschuld; **~ debts** Schuldentilgung *f*; **r. by/in instalments** Rückzahlung in Raten; **r. of a loan** Tilgung eines Kredits; **~ a mortgage** Tilgung/Rückzahlung einer Hypothek; **~ the principal** Kapitalrückzahlung *f*
advance/anticipated repayment vorzeitige Tilgung, Einlösung vor Fälligkeit; **partial r.** Teilrückzahlung *f*; **scheduled r.** planmäßige Tilgung
repayment account Tilgungskonto *nt*; **r. claim** Erstattungsantrag *m*, Rückzahlungsanspruch *m*; **r. commitment** Tilgungsverpflichtung *f*; **r. date** Rückzahlungstermin *m*; **r. holiday** *(Kredit)* tilgungsfreie Zeit; **r. instalment** Rückzahlungs-, Tilgungsrate *f*; **r. mortgage** Abzahlungs-, Tilgungshypothek *f*; **r. order** Rückzahlungsanweisung *f*; **r. period** Tilgungszeitraum *m*; **r. schedule** Tilgungsplan *m*; **r. terms** Tilgungsmodalitäten *pl*
repeat *n* Wiederholung *f*; **r. buying** Wiederholungskäufe *pl*; **r. customer** Dauerkunde *m*; **r. order** Nachbestellung *f*, Anschlussauftrag *m*; **r. purchase** Nachkauf *m*
replace *v/t* auswechseln, erneuern, ersetzen
replacement *n* 1. Ersatz(beschaffung) *m/f*, Umtausch *m*, Wiederbeschaffung *f*; 2. Ersatzteil *nt*; 3. Erneuerung *f*, Auswechslung *f*; 4. Aus-, Umtausch *m*; 5. *(Personal)* Neubesetzung *f*; **r.s** Fluktuationsersatz *m*; **r. of fixed assets** Sachanlagenerneuerung *f*; **r. free of charge** unentgeltliche Nachlieferung, kostenlose Ersatzlieferung; **r. in kind** Naturalersatz *m*; **r. of plant** Ersetzung von Anlagen
replacement cost(s) Wiederbeschaffungskosten *pl*; **r. cost accounting** Rechnungslegung zu Wiederbeschaffungskosten; **r. demand** Ersatzbedarf *m*; **r. fund** Wiederbeschaffungsrücklage *f*; **r. guarantee** Ersatzgarantie *f*; **r. investment** Erhaltungsinvestitionen *pl*; **r. method of depreciation** Abschreibung auf Grundlage der Wiederbeschaffungskosten; **r. needs/requirements** Ersatzbedarf *m*; **r. order** Auftrag zur Bestandsauffüllung; **r. part** Ersatzteil *nt*; **r. price** Wiederbeschaffungspreis *m*; **r. purchase** Ersatzbeschaffung *f*; **r. reserve(s)** Wiederbeschaffungsrücklage *f*; **r. value** Wiederbeschaffungswert *m*
replenish *v/t* ergänzen, wieder auffüllen, aufstocken
replenishment *n* Ergänzung *f*, Ersatz *m*, Auffüllung *f*; **r. of inventories** Bestandsaufbau *m*; **~ stocks** Bestandsauffüllung *f*,

Lageraufstockung *f*; **r. cycle** Bestellintervall *nt*; **r. order** Nachbestellung *f*

reply *n* (Rück)Antwort *f*, Beantwortung *f*, Gegendarstellung *f*; **looking forward to your r.** *(Brief)* in Erwartung Ihrer Antwort; **in r. to your letter** *(Brief)* in Beantwortung/Erwiderung Ihres Schreibens; **r. by return of mail/post** postwendende/umgehende Antwort; **affirmative r.** positive Antwort; **immediate r.** sofortige Antwort; **prepaid r.** ✉ Freiantwort *f*; **prompt r.** umgehende Antwort

reply *v/t* (be)antworten, entgegnen

reply coupon ✉ (Rück)Antwortschein *m*; **r. envelope** Rückumschlag *m*; **r. paid** ✉ (Rück)Antwort bezahlt, Antwort zahlt Empfänger

repo rate (securities repurcharse rate) *n* Lombard-, Repo-Zinssatz *m*; **r. transaction** Wertpapierpensionsgeschäft *nt*

report *n* 1. Bericht *m*, Meldung *f*; 2. Gutachten *nt*, Prüf-, Rechenschaftsbericht *m*; 3. *(Bilanz)* (Geschäfts)Abschluss *m*, (Finanz)Ausweis *m*

report and accounts Geschäfts-, Rechenschaftsbericht *m*; **r. on damage(s)** Schadens(an)meldung *f*; **r. of the directors** Vorstandsbericht *m*; **clean ~ findings** Prüfungsbericht ohne Beanstandungen; **~ the proceedings** Bericht über die Beratungen; **r. on staff and welfare** Sozialbericht *m*

to adopt the report and accounts *(HV)* Rechenschaftsbericht und Jahresabschluss annehmen; **to compile/draw up/prepare a r.** Bericht erstellen/abfassen; **to give/make a r.** Bericht erstatten

annual report Abschluss-, Jahresbericht *m*, J.abschluss *m*; **~ and accounts** Geschäftsbericht *m*; **commercial r.** Wirtschaftsbericht *m*; **condensed r.** zusammenfassender Bericht; **consolidated r.** Konzerngeschäftsbericht *m*; **corporate r.** *[US]* Geschäftsbericht *m*; **detailed r.** ausführlicher Bericht; **annual economic r.** Jahreswirtschaftsbericht *m*; **final r.** (Ab)Schlussbericht *m*; **financial r.** Finanz-, Geschäftsbericht *m*, Abschluss *m*; **first-half/half-year(ly)/interim r.** Halbjahresabschluss *m*, H.bericht *m*, Zwischenbericht *m*; **long-form r.** ausführlicher Bericht; **monthly r.** Monatsausweis *m*; **preliminary r.** Zwischenbericht *m*; **qualified r.** *(Bilanz)* eingeschränkter Bestätigungsvermerk, eingeschränktes Testat; **quarterly r.** Vierteljahres-, Quartalsbericht *m*; **social r.** Sozialbilanz *f*; **stock-status r.** Lagerbestandsaufstellung *f*; **summary r.** zusammenfassender Bericht; **yearly r.** Jahresbericht *m*

report *v/t* 1. berichten; 2. bilanzieren, ausweisen; 3. § anzeigen; **r. back** Bericht erstatten; **r. to so.** jdm unterstellt sein, jdm unterstehen, an jdn berichten

reporting *n* 1. Rechnungslegung *f*; 2. Berichtswesen *nt*; **r. to so.** jdm unterstellt, jdm organisatorisch zugeordnet; **corporate r.** betriebliches Berichtswesen; **divisional r.** Segmentberichterstattung *f*; **environmental/green r.** Umweltbericht (-erstattung) *m/f*; **financial r.** Rechnungslegung *f*; **social r.** gesellschaftsbezogene Berichterstattung

reporting date Berichtstermin *m*, Bilanz(ierungs)stichtag *m*; **r. period** Berichts-, Bilanzierungszeit(raum) *f/m*; **r. requirements** Publizitätspflicht *f*; **r. rules** Publizitätsvorschriften *pl*; **r. standards** Berichtsnormen *pl*

reposition *n* Lagerung *f*; *v/t* verlagern; **strategic r.ing** *n* strategische Neuorientierung

repository *n* Deponie *f*, Endlagerstätte *f*

repossess *v/t* § wieder in Besitz nehmen; **r.ion** *n* Wiederinbesitznahme *f*; **~ order** *(Hypothekengeber)* Räumungsanordnung *f*; **~ suit** Räumungsklage *f*

represent *v/t* 1. vertreten, repräsentieren; 2. ausmachen, betragen

representation *n* 1. (Stell)Vertretung *f*; 2. Protest *m*; 3. Erklärung (einer Vertragspartei) *f*; 4. Repräsentanz *f*; **r. of the company** Vertretung der Gesellschaft; **~ interests** Wahrnehmung von Interessen; **account-type r.** kontenmäßige Darstellung; **exclusive r.** ausschließliche Vertretung; **fraudulent r.s** irreführende Angaben; **joint r.** Gemeinschaftsvertretung *f*; **misleading r.s** irreführende Angaben; **occupational/professional r.** Berufs-, Standesvertretung *f*; **sole r.** Allein-, Einzelvertretung *f*; **r. allowance** Aufwandsentschädigung *f*; **r. expenditure** Repräsentationsaufwand *m*

representative *n* 1. Stellvertreter(in) *m/f*; 2. Außendienstmitarbeiter(in) *m/f*; **r. of industry** Industrievertreter(in) *m/f*; **appointed r.** bestellte(r) Vertreter(in);

authorized r. Bevollmächtigte(r) *f/m*; **commercial r.** Handelsvertreter(in) *m/f*; **general r.** Generalvertreter(in) *m/f*, G.bevollmächtigte(r) *f/m*; **lawful r.** gesetzliche(r)/rechtmäßige(r) Vertreter(in); **official r.** amtliche(r) Vertreter(in); **professional r.** Standesvertreter(in) *m/f*; **travelling r.** Vertreter(in) *m/f*, Handlungsreisende(r) *f/m*

repric|e *v/t* 1. *(Waren)* neu auszeichnen; 2. neue Preise festsetzen; **r.ing** *n* 1. Neuauszeichnung *f*; 2. Neufestsetzung von Preisen

reprimand *n* Verweis *m*, Rüge *f*; **to issue a r.** Rüge/Tadel aussprechen, verwarnen; **r.** *v/t* rügen, tadeln, Verweis erteilen

reprisal *n* Repressalie *f*; **economic r.s** Wirtschaftssanktionen *pl*; **r. action** Vergeltungsaktion *f*

reprivatiz|ation *n* (Re)Privatisierung *f*; **r.e** *v/t* (re)privatisieren

reprocess *v/t* wieder aufbereiten/verwerten; **r.ing** *n* Wiederaufbereitung *f*, W.verwertung *f*; **~ plant** Wiederaufbereitungsanlage *f*

reproduction *n* 1. Ab-, Nachbildung *f*; 2. Nachbau *m*; **unauthorized r.** ✎ unbefugter Abdruck; **current r. cost(s)** Wiederbeschaffungskosten *pl*

repub|lication *n* ✎ Neu-, Wiederauflage *f*; **r.lish** *v/t* wieder auflegen

repudiat|e *v/t* ab-, zurückweisen; **r.ion** *n* 1. Zurückweisung *f*; 2. *(Vertrag)* (Erfüllungs)Verweigerung *f*, Unwirksamkeitserklärung *f*; **~ of contract** Rücktritt vom Vertrag

repurchase *n* Rückkauf *m*, R.nahme *f*; **r. in the open market** freihändiger Rückkauf; **r. of securities** Wertpapierrückkauf *m*

repurchase *v/t* (zu)rückkaufen, z.nehmen

repurchase agreement Rückkaufvereinbarung *f*, Repo-Geschäft *nt*; **r. clause** Rücknahmeklausel *f*; **r. cost(s)** Wiederbeschaffungskosten *pl*; **r. guarantee** Rücknahmegarantie *f*; **r. operation** Umtauschoperation *f*; **r. period** Rückkaufsfrist *f*; **r. price** Rücknahmepreis *m*; **r. value** Rückkauf(s)wert *m*

reputation *n* Ansehen *nt*, Ruf *m*; **damaging to the r. of a firm** geschäftsschädigend; **commercial r.** geschäftliches Ansehen; **professional r.** berufliches Ansehen

request *n* 1. Bitte *f*, Wunsch *m*, Gesuch *nt*; 2. Antrag *m*; **at the r. (of)** auf Verlangen von; **(up)on r.** auf Wunsch

request for arbitration Schiedsantrag *m*; **~ conversion** Umwandlungsantrag *m*; **~ credit** Kreditgesuch *nt*; **~ delivery (of goods)** Warenanforderung *f*; **~ information** Auskunftsersuchen *nt*; **~ labour** *(Arbeitsamt)* Vermittlungsauftrag *m*; **~ listing** *(Börse)* Zulassungsantrag *m*; **~ a loan** Kreditantrag *m*; **~ payment** Mahnschreiben *nt*; **~ overdue performance** Inverzugsetzung *f*; **~ a quotation** Preisanfrage *f*, Aufforderung zur Abgabe eines Angebots; **~ reimbursement** (Rück)-Erstattungsantrag *m*; **~ a respite** Stundungsantrag *m*; **r. in writing** schriftliche Aufforderung

to accede to a request; to comply with a r. einer Bitte entsprechen; **to refuse/turn down a r.** Gesuch abschlägig bescheiden

express request ausdrückliches Verlangen; **formal r.** förmliche Aufforderung; **judicial r.** gerichtliche Aufforderung; **urgent r.** dringende Bitte/Mahnung

request *v/t* (er)bitten, ersuchen um, auffordern; **as r.ed** *adj* wunschgemäß

require *v/t* 1. benötigen, brauchen; 2. verlangen; 3. voraussetzen, erfordern; **r.d** *adj* erforderlich, vorgeschrieben; **as r.d** nach Bedarf; **if and when r.d** im Bedarfsfall; **to be r.d to** verpflichtet sein

requirement *n* 1. Erfordernis *nt*, Voraussetzung *f*; 2. Bedarf *m*, Bedürfnis *nt*; 3. Forderung *f*; **essential r.s of form** wesentliche Formvorschriften; **statutory r. to furnish information** Informationspflicht *f*; **r. to make good a loss** Schadensbehebungspflicht *f*; **r.s as to quality** Qualitätsanspruch *m*

to conform to requirement|s; to comply with r.s den Bestimmungen/Erfordernissen entsprechen; **to cover r.s** Bedarf decken; **to impose r.s** etw. zur Auflage machen; **to meet r.s** Auflagen/Voraussetzungen erfüllen, den (An)Forderungen entsprechen, Bedarf decken; **to satisfy a r.** Auflage erfüllen

additional requirement(s) Mehrbedarf *m*; **anticipated r.s** voraussichtlicher Bedarf; **current r.s** Finanz-, Kapitalbedarf *m*; **daily r.** Tagesbedarf *m*; **domestic r.s** *(Handel)* Inlandsbedarf *m*; **ecological r.** Umwelterfordernis *nt*; **end-of-month r.s**

Ultimoanforderungen *pl*; **financial r.s** Finanz-, Kapitalbedarf *m*; **~ planning** Finanzbedarfsplanung *f*; **in-house r.s** Eigenbedarf *m*; **legal r.s** Rechtsvorschriften *pl*, gesetzliche Auflagen; **mark-of-origin r.s** ⊖ (Zoll)Kennzeichnungsvorschriften *pl*; **minimum r.s** Mindesterfordernisse *pl*; **monetary r.s** Finanz-, (Geld)Mittelbedarf *m*; **monthly r.(s)** Monats-, Ultimobedarf *m*; **operational r.s** betriebliche Erfordernisse; **own/personal r.s** Eigenbedarf *m*; **public r.s** öffentlicher Bedarf; **regulatory r.** behördliche Forderung; **seasonal r.s** Saisonbedarf *m*; **statutory r.s** gesetzliche Vorschriften; **total r.s** Gesamtbedarf *m*

requirements planning (Material)Bedarfsplanung *f*

requisite *adj* erforderlich, notwendig

requisition *n* 1. (Liefer-/Material)Anforderung *f*; 2. Beschlagnahme *f*; *v/t* 1. anfordern; 2. beschlagnahmen; **r.ing** *n* 1. Beschlagnahme *f*; 2. Anforderung *f*; **~ of materials** Materialanforderung *f*; **r. note** Anforderungsschein *m*; **r. order** Beschlagnahmeanordnung *f*, B.verfügung *f*; **r. sheet** Fertigungsmaterialschein *m*

rerat|e *v/t* neu bewerten; **r.ing** *n* Neubewertung *f*

rerout|e *v/t* 1. umlenken; 2. ✉ nachsenden; **r.ing request** Nachsendeantrag *m*

resale *n* Wieder-, Weiterverkauf *m*, W.-veräußerung *f*; **not for r.** nicht zum Weiterverkauf bestimmt, unverkäufliches Muster; **r. price** Wiederverkaufspreis *m*; **fixed r. price** Mindestverkaufspreis *m*; **r. price maintenance** (vertikale) Preisbindung *f*, Preisbindung der zweiten Hand, Einzelhandelspreisbindung *f*; **r. value** Wiederverkaufswert *m*

R

reschedule *v/t* umfinanzieren, umschulden

rescheduling *n* Umfinanzierung *f*, Umschuldung *f*; **r. of debts** Tilgungsstreckung *f*; **~ investment** Verlagerung/Umschichtung von Investitionen; **r. loan** Umschuldungsdarlehen *nt*; **r. operation** Umschuldungsaktion *f*

rescind *v/t* aufheben, stornieren, widerrufen, außer Kraft setzen, zurücktreten von

rescission *n* § Rücktritt *m*, Widerruf *m*, Unwirksamkeitserklärung *f*; **r. of bankruptcy** Konkursanfechtung *f*; **~ contract** Vertragsanfechtung *f*, V.rücktritt *m*, Rücktritt vom Vertrag

rescue *n* 1. Rettung *f*; 2. Sanierung *f*; *v/t* 1. retten; 2. sanieren; **r. bid** Rettungs-, Sanierungsversuch *m*; **r. company** Auffanggesellschaft *f*; **r. deal** Sanierungsplan *m*; **r. operation** 1. Rettung(saktion) *f*, Hilfsaktion *f*; 2. Sanierung(smaßnahme) *f*; **r. organisation** Rettungsdienst *m*; **r. package** Sanierungsprogramm *nt*; **r. plan/scheme** Sanierungsplan *m*, S.konzept *nt*

research *n* Forschung(sarbeit) *f*, Untersuchung *f*; **r. into consumer habits** Verbraucherforschung *f*; **r. and development (R & D)** Forschung und Entwicklung (FE; F & E); **~ costs** Forschungs- und Entwicklungsaufwand *m*; **~ risk** Entwicklungsrisiko *nt*; **~ spending** Ausgaben für Forschung und Entwicklung; **r. in progress** laufende Forschung

applied research angewandte Forschung; **basic r.** Grundlagenforschung *f*; **committed r.** Auftragsforschung *f*; **economic r.** Wirtschafts-, Konjunkturforschung *f*; **empirical ~ r.** empirische Wirtschaftsforschung; **~ institute** Konjunktur(forschungs)-, Wirtschaftsforschungsinstitut *nt*; **environmental r.** Umweltforschung *f*; **first-hand r.** Primärforschung *f*; **industrial r.** Industrie-, Konjunkturforschung *f*; **occupational r.** Berufsforschung *f*; **operational r.** Operations Research (OR); **pure/uncommitted r.** Grundlagenforschung *f*, (zweck)freie Forschung

research *v/t* (er)forschen

research activity Forschungstätigkeit *f*; **r. budget** Forschungshaushalt *m*, F.etat *m*; **r. contract** Forschungsauftrag *m*; **r. department** Entwicklungsabteilung *f*

researcher *n* Forscher(in) *m/f*

research establishment Forschungsstätte *f*; **r. expenditure(s)** Forschungsaufwand *m*; **r. funds** Forschungsgelder *pl*; **r. grant** Forschungsbeihilfe *f*; **r. institute** Forschungsanstalt *f*; **r.-intensive** *adj* forschungsintensiv; **r. plant** Forschungsanlage *f*; **r. project** Forschungsvorhaben *nt*; **r. report** Forschungsbericht *m*; **r. spending** Forschungsausgaben *pl*; **r. team** Forschungsgruppe *f*; **r. work** Forschung(stätigkeit) *f*

resell *v/t* wieder-, weiterverkaufen; **r.ing** *n* Wieder-, Weiterverkauf *m*; **~ price** Wiederverkaufspreis *m*

reservation *n* 1. Reservierung *f*, Buchung *f*, (Vor)Bestellung *f*; 2. § Vorbehalt *m*, Einschränkung *f*; **without r.** ohne Vorbehalt, vorbehaltlos; **r. of price** Preisvorbehalt *m*; **~ property/title (to goods)** Eigentumsvorbehalt *m*; **to cancel a r.** abbestellen, Buchung stornieren; **to change a r.** umbuchen; **to make r.s** Vorbehalte anmelden; **r.s manager** Reservierungssachbearbeiter(in) *m/f*; **r. price** Mindestpreis *m*

reserve *n* Reserve *f*, Rückstellung *f*; **r.s** Rücklagen *pl*

reserve for doubtful accounts Wertberichtigung für zweifelhafte Forderungen; **~ amortization** Rückstellung für Anlagenerneuerung; **~ outstanding claims** Rückstellung für schwebende Schäden; **r. against/for contingencies** Rückstellungen für unbekannte Risiken, **~** Eventualverbindlichkeiten; **r. for bad debts** Rückstellungen für uneinbringliche Außenstände, Abschreibung auf Forderungen; **~ depletion** Rückstellungen für Substanz(ver)minderungen; **~ depreciation** Wertberichtigung auf das Anlagevermögen; **~ depreciation and amortization of intangibles** Wertberichtigung auf immaterielle Anlagewerte; **~ depreciation of property, plant and equipment** Wertberichtigung auf das Sachanlagevermögen; **~ sinking fund** Tilgungsrücklage *f*; **~ contingent liabilities** Rückstellung für zweifelhafte Schuldner; **~ loan losses** Sammelwertberichtigungen *pl*; **~ overheads** Gemeinkostenausgleichsrücklage *f*; **~ pensions** Pensionsrückstellung *f*; **~ price increases** Rücklage für Preissteigerungen; **~ price reductions** Rückstellung für Preisnachlässe; **~ renewals and replacements** Erneuerungsrücklage *f*; **~ special risks** Gefahrenrückstellung *f*; **r. of supplies** Angebotsreserve *f*; **r. for taxes** Steuerrückstellungen *pl*; **~ warranties** Rückstellung für Gewährleistungen

to appropriate to reserves den Rücklagen zuweisen, in die Rücklagen einstellen; **to build up r.s** Reserven aufstocken, Rücklagen bilden; **to capitalize r.s** Rücklagen in Kapital umwandeln; **to carry to r.s** den Rücklagen zuführen, Rücklagen dotieren; **to disclose r.s** Rücklagen offenlegen; **to draw on the r.s** Rücklagen angreifen; **to increase r.s** Rücklagen stärken; **to liquidate r.s** Rücklagen auflösen; **to retransfer r.s** Rücklagen auflösen; **to transfer to r.s** den Rücklagen zuführen, Rücklagen dotieren

actuarial reserve versicherungstechnische Rücklage; **appropriated r.s** zweckgebundene Rückstellungen; **available r.s** freie Rücklage; **consolidated r.s** Konzernrücklagen *pl*; **contingent r.s** Rückstellungen für ungewisse Verbindlichkeiten; **declared/disclosed r.(s)** offene/ausgewiesene Rücklage(n); **doubtful r.s** Rücklage/Reserve für zweifelhafte Forderungen; **excess r.s** Überschussreserve *f*; **extraordinary r.s** außerordentliche Rücklagen; **financial r.** Finanzierungsreserve *f*; **general r.** Sammelwertberichtigung *f*; **~ r.s** offene Rücklagen; **hidden/latent r.s** stille Reserven; **legal r.** gesetzlich vorgeschriebene Reserve, Pflichtreserve *f*; **lump-sum r.** Pauschalwertberichtigung *f*

minimum reserve|(s) Mindestrücklage *f*, M.reserven *pl*; **required ~ r.s** Mindestreservesoll *nt*; **~ deposits** Mindestreserveeinlagen *pl*; **~ r. requirement** Mindestreservesatz *m*

monetary reserve|(s) Währungsbestände *pl*; **non-operating r.s** außerbetriebliche Rückstellungen; **open r.s** offene Rücklagen; **proven r.s** / nachgewiesene Reserven/Vorkommen; **published r.s** ausgewiesene Rücklagen; **qualifying r.** Wertberichtigungskonto *nt*; **recoverable r.s** abbaubare/abbauwürdige Vorräte; **required r.(s)** Pflichtreserve *f*, Mindestreserven *pl*; **secret r.s** stille Reserven; **standby r.** Eingreifreserve *f*; **statutory r.s** gesetzliche Reserve(n), Mindestreserve *f*, satzungsmäßige Rücklage(n); **surplus r.s** 1. *(Gewinn)* Rücklagen, überschüssige Reserven, Gewinnrückstellung *f*; 2. *[US]* zweckgebundene/außerordentliche Rücklage(n); **undisclosed r.s** stille Reserven; **unearned r.** *(Vers.)* Prämiendepot *nt*; **unrestricted r.s** freie Rücklagen

reserve *v/t* 1. vormerken, vorbestellen, reservieren (lassen); 2. sich vorbehalten

reserve account Rücklagen-, Rückstellungskonto *nt*; **r. allocation** Rückstellungszuführung *f*, Dotierung der Rücklagen; **r. assets** Währungsguthaben *nt/pl*; **blocked r. assets** stillgelegte Reserven; **r. asset holdings** Währungsreserven *pl*; **r. balance** 1. Rücklageguthaben *nt*; 2. *(Banken)* Mindesteinlagen *pl*; 3. Wäh-

R

rungsreserven *pl*; **r. bank** Reservebank *f*; **~ credit** Zentralbankdarlehen *nt*; **r. capacity** Leistungsreserve *f*; **r. capital** nicht eingezahltes Kapital; **r.-carrying** *adj* mindestreservepflichtig; **r. currency** Leit-, Reservewährung *f*; **r. deposits** Reserveguthaben *nt/pl*; **r. fund** Reserve(fonds) *f/m*, Kapitalreserve *f*; **r. holding(s)** *(IWF)* Reserveguthaben *nt/pl*, Währungsreserven *pl*; **r. instrument** Reserveinstrument *nt*; **r. inventory cost(s)** Bereitstellungskosten *pl*; **r. item** Rückstellungsposten *m*; **r. liability** *[GB] (Lebensvers.)* Nachschusspflicht *f*; **r. management** Reservedisposition *f*, R.haltung *f*; **r. price** *(Auktion)* Mindestgebot *nt*; **r. ratio** Liquiditätssatz *m*, Deckungsrate *f*; **minimum (legal/required) r. ratio** Mindestreservesatz *m*; **r. requirements** (Mindest)Reservevorschriften *pl*; **legal/statutory r. requirements** gesetzlich vorgeschriebenes Deckungsverhältnis; **r. stock(s)** Reservelager *nt*, eiserner Bestand; **r. target** Rücklagensoll *nt*; **r. transfers** Veränderung der Rücklagen

resettlement *n* Wiederansiedlung *f*; **r. allowance** Umsiedlungsbeihilfe *f*

reship *v/t* wieder verfrachten/verladen; **r.-shipment** *n* Wiederverschiffung *f*, W.-verfrachtung *f*

residence *n* 1. Amts-, Wohnsitz *m*; 2. Sitz *m*; **consortial r.** Sitz des Konsortiums; **official r.** *(Behörde)* Dienstsitz *m*; **r. certificate** Aufenthaltsbescheinigung *f*; **r. permit** Aufenthaltserlaubnis *f*; **r. taxation** Wohnsitzbesteuerung *f*

residency *n* *[US]* (Firmen)Sitz *m*

resident *n* (Haus-/Heim)Bewohner(in) *m/f*, Einwohner(in) *m/f*; *adj* wohnhaft, ansässig; **r. convertibility** Inländerkonvertibilität *f*; **r.s' investments abroad** inländische Investitionen im Ausland

residue *n* Rest(betrag) *m*; **r.s** Rückstände *pl*, Rest-, Abfallstoffe *pl*; **r. of profit** Restgewinn *m*

resign *v/i* 1. ausscheiden; 2. *(Stellung)* aufgeben, zurücktreten, Amt niederlegen; **r.ation** *n* Rücktritt *m*, Kündigung *f*, Entlassungsgesuch *nt*, (Amts)Niederlegung *f*; **to hand in one's r.ation** Rücktritt erklären, sein Amt zur Verfügung stellen

resili|ence *n* Unverwüstlichkeit *f*, Elastizität *f*; **r.ent** *adj* elastisch, unverwüstlich

resolution *n* Entschließung *f*, Beschluss *m*; **r. for the appropriation of profits** *(HV)* Gewinnverwendungsbeschluss *m*; **r. by simple majority** Beschlussfassung mit einfacher Mehrheit; **r. in general meeting** Hauptversammlungsbeschluss *m*; **r. adopted by the partners** Teilhaber-, Gesellschafterbeschluss *m*; **to adopt/carry a r.** Beschluss fassen, beschließen; **to annul a r.** Beschluss aufheben; **to pass a r.** Beschluss fassen; **to reject a r.** Antrag ablehnen; **corporate r.** Gesellschaftsbeschluss *m*; **ordinary r.** ordentlicher Beschluss, Beschluss mit einfacher Mehrheit; **unanimous r.** einstimmiger Beschluss

resort *n* 1. Erholungs-, Urlaubsort *m*; 2. Freizeitkomplex *m*; **r. to the courts** Rechtsweg *m*; **r. to** *v/i* Gebrauch machen von

resource *n* Hilfsmittel *nt*; **r.s** 1. (Boden)-Schätze *pl*, Ressourcen *pl*; 2. (Geld)Mittel *pl*; 3. Aktiva *pl*, Deckungsmittel *pl*; 4. Leistungs-, Produktionsfaktoren *pl*; **to allocate r.s** Mittel zuweisen; **to finance from one's own r.s** selbst finanzieren; **to pool r.s** Geldmittel zusammenlegen

borrowed resources Fremdkapital *nt*; **budgetary r.** Haushaltsmittel *pl*; **committed r.** gebundene Mittel; **economic r.** volkswirtschaftliche Ressourcen; **financial r.** finanzielle Mittel, Mittelausstattung *f*

human resources (HR) Arbeitskräfte(potenzial) *pl/nt*, Humankapital *nt*, Personal *nt*; **~ department** *[US]* Personalabteilung *f*; **~ development** Personalentwicklung *f*; **~ management (HRM)** Personalwesen *nt*, P.führung und -entwicklung *f*; **~ manager** *[US]* Personalleiter(in) *m/f*, P.chef(in) *m/f*; **~ officer** Personalsachbearbeiter(in) *m/f*; **~ planning** Personal(bedarfs)planung *f*

internal resources Eigen(finanzierungs)mittel *pl*; **limited r.** beschränkte Mittel; **liquid r.** flüssige Mittel; **material r.** Sachwerte *pl*; **mineral r.** Bodenschätze *pl*; **natural r.** natürliche Rohstoffe, Bodenschätze *pl*, Grundstoffe *pl*, originäre Produktionsfaktoren; **~ industry** Grundstoffindustrie *f*; **non-cash r.** Sachmittel *pl*; **own r.** Eigenmittel *pl*; **productive r.** Produktivkräfte *pl*, Produktionsfaktoren *pl*; **proved/proven r.** nachgewiesene Reserven; **scarce r.** spärliche/knappe Mittel;

surplus r. Mittelüberhang *m*; **untapped r.** ungenutzte Rohstoffquellen
resource *v/t* 1. mit Mitteln ausstatten; 2. beschaffen
resource allocation (Betriebs-/Geld)-Mittelzuweisung *f*; **r. availability** Mittelverfügbarkeit *f*; **r. conservation** Ressourcenerhaltung *f*; **r.-hungry** *adj* rohstoffhungrig, mit hohem Rohstoffverbrauch; **r. input** (Geld)Mitteleinsatz *m*; **r.-intensive** *adj* 1. kapitalintensiv; 2. arbeits-, rohstoff-, materialintensiv; **r. management** Betriebsmittelverwaltung *f*; **r. market** Faktormarkt *m*; **r. prices** Faktorpreise *pl*; **r.-saving** *adj* ressourcenschonend; **r. scheduling** Faktoreinsatzplanung *f*; **r. utilization** Mittelverwendung *f*
resourcing *n* Mittel-, Ressourcenbereitstellung *f*, (Mittel)Beschaffung *f*; **human r.** Personalbeschaffung *f*; **outside r.** Fremdversorgungswirtschaft *f*
respect|able *adj* ansehnlich, solide, angesehen; **r.ive** *adj* einschlägig, jeweilig; **r.ively** beziehungsweise
respite *n* (Nach-/Zahlungs)Frist *f*, Fristverlängerung *f*, (Zahlungs)Aufschub *m*; **r. on debts; r. for payment** Zahlungsaufschub *m*; **r. on payment of purchase money** Kaufgeldstundung *f*; **to apply for a r.** um Aufschub bitten; **to grant a r.** (Zahlungs)Aufschub bewilligen/gewähren, Zahlungsziel einräumen, Nachfrist setzen; **final r.** letzte Frist
respond (to) *v/i* reagieren auf
respondent *n* Interviewte(r) *f/m*, Befragte(r) *f/m*
response *n* 1. Antwort *f*, Erwiderung *f*; 2. Reaktion *f*; 3. Anklang *m*; **quantal r.** Ja-Nein-Reaktion *f*; **coded r. message** verschlüsselte Antwort; **r. rate** Rücklaufquote *f*; **r. research** Wirkungsforschung *f*; **r. time** Reaktionszeit *f*
responsibility *n* 1. Verantwortung *f*, Verantwortlichkeit *f*; 2. Aufgabe(n)kreis *m*, Zuständigkeit *f*; 3. Zahlungsfähigkeit *f*, Solidität *f*; **without any r.** ohne Gewähr (o.G.); **r. for labelling/marking** Kennzeichnungspflicht *f*; **responsibilities of office** Amts-, Dienstpflichten *pl*
to accept/assume a responsibility Aufgabe/Gewährleistung/Haftung/Verantwortung übernehmen; **to be the r. of so.** in jds Verantwortung liegen; **to decline r.** Haftung ablehnen; **to delegate r.** Verantwortung/Kompetenz delegieren; **to disclaim r.** Schuld/Verantwortung leugnen; **to take (on) the r.** Verantwortung/Haftung übernehmen
administrative responsibility Amtshaftung *f*, behördliche Verantwortung; **criminal r.** § Strafmündigkeit *f*; **environmental r.** Umweltverantwortung *f*; **financial r.** finanzielle Haftung; **joint and several r.** § Solidarhaftung *f*; **managerial r.** Unternehmerverantwortung *f*; **own r.** Eigenverantwortung *f*; **social r.** soziale Verantwortung; **third-party r.** Fremdverschulden *nt*
responsibility accounting Rechnungswesen zur Kontrolle der Wirtschaftlichkeit der einzelnen Verantwortungs- und Funktionsbereiche
responsible *adj* verantwortlich, federführend, zuständig; **r. to a limited extent** beschränkt geschäftsfähig; **fully r.** voll verantwortlich; **jointly and severally r.** gesamtschuldnerisch (haftend); **legally r.** haftbar; **solely r.** allein verantwortlich
rest *n* 1. Ruhe(pause) *f*, Erholung *f*; 2. Rest(menge) *m/f*, Saldo *m*
restack *v/t* umschichten
rest area Ruhezone *f*
restarting *n* Wiederingangsetzung *f*; **r. costs** Wiederanlaufkosten *pl*
restate *v/t* 1. umformulieren; 2. *(Bilanz)* umbasieren; **r.ment** *n* Umbasierung *f*
rest break *n* Ruhepause *f*; **r. capital** Reservefonds *m*, R.kapital *nt*; **r. cure** Erholungskur *f*; **r. day** Ruhetag *m*; **~ working** Feiertagsarbeit *f*
restitute *v/t* (zu)rückerstatten, rückgewähren, zurückgeben, wiederherstellen
restitution *n* 1. (Zu)Rückerstattung *f*, Rückgabe *f*, Erstattung *f*; 2. Schaden(s)-ersatz *m*, Wiedergutmachung(szahlung) *f*; **r. of/for a damage** Schaden(s)ersatz *m*; **r. of property** Vermögensrückgabe *f*; **~ the purchase price** Kaufpreiserstattung *f*; **to make r.** (Schaden(s))Ersatz leisten; **liable ~ r.** schaden(s)ersatz-, rückerstattungspflichtig; **r. claim** Schaden(s)ersatzanspruch *m*; **r. payment** Wiedergutmachungszahlung *f*
restock *v/t* (Bestand/Lager/Vorrat) wieder auffüllen, ~ aufstocken; **r.ing** *n* Lager-, Bestandsauffüllung *f*, B.erneuerung *f*
restoration *n* 1. Wiederherstellung *f*; 2.

Rückerstattung *f*; 3. 🏛 Instandsetzung *f*; **r. of goods in distraint** Pfandrückgabe *f*

restore *v/t* 1. wiederherstellen; 2. (zurück)erstatten, rückgewähren; 3. 🏛 in Stand setzen

rest period Arbeits-, Erholungs-, Ruhepause *f*

restrain *v/t* hemmen, drosseln; **r.ing clause** *n* Konkurrenzklausel *f*

restraint *n* 1. (Verfügungs)Beschränkung *f*, Zwang *m*; 2. ⚓ Beschlagnahme *f*; **r. on alienation** Veräußerungsverbot *nt*; **r. of competition** Wettbewerbsbeschränkung *f*; **~ price(s)** (Preis)Embargo *nt*; **~ a ship** ⚓ Schiffsarrest *m*; **~ trade** Handels-, Wettbewerbsbeschränkung *f*; **budgetary r.** Haushaltsbeschränkung *f*; **economic r.s** Wirtschaftsrestriktionen *pl*; **fiscal r.** zurückhaltende Steuerpolitik; **monetary r.** Geldverknappung *f*, restriktive Geldpolitik; **voluntary r.** freiwillige (Selbst)Beschränkung

restrict *v/t* ein-, beschränken, begrenzen

restriction *n* Ein-, Beschränkung *f*, Begrenzung *f*

restriction on advertising Werbebeschränkung *f*; **r.s on capital movements** Beschränkungen des Kapital-/Zahlungsverkehrs; **r. of competition** Wettbewerbsbeschränkung *f*, Einschränkung des Wettbewerbs; **~ consumption** Konsumbeschränkung *f*; **~ credit** Kreditverknappung *f*; **~ exports** Ausfuhrbeschränkung *f*; **~ imports** Einfuhrbeschränkung *f*; **~ investments** Investitionsbeschränkung *f*; **~ loans** Kreditverknappung *f*, K.kontingentierung *f*; **~ the money supply** Beschränkung der Geldmenge; **r. on shares** Vinkulierung von Aktien; **r. of trade** Handelsbeschränkung *f*

to ease monetary restriction|s geldpolitische Zügel lockern; **to impose/place r.s (on)** (Handels)Beschränkungen festsetzen/auferlegen; **to lift/remove r.s** (Handels)Beschränkungen aufheben/beseitigen; **to tighten (up) r.s** Beschränkungen verschärfen

environmental restrictions Umweltauflagen *pl*; **financial r.** finanzielle Beschränkungen; **quantitative r.** mengenmäßige Beschränkungen

restriction note Sperrvermerk *m*

restrictive *adj* (wettbewerbs)beschränkend; **R. Practices Court** *[GB]* Gericht für Wettbewerbsbeschränkungen, Kartellgericht *nt*

rest-room *n* Aufenthalts-, Sozialraum *m*

restructure *v/t* 1. umstrukturieren, neu ordnen, reorganisieren; 2. *(Unternehmen)* sanieren, umschulden; 3. *(Portefeuille)* umschichten

restructuring *n* 1. Um-, Neustrukturierung *f*, Neuordnung *f*, Reorganisation *f*; 2. Sanierung *f*; 3. Strukturbereinigung *f*; 4. Umschuldung; 5. *(Portefeuille)* Umschichtung *f*; **r. of assets** Vermögensumschichtung *f*; **~ debts** Umschuldung *f*; **corporate r.** Unternehmenssanierung *f*; **financial r.** Kapitalsanierung *f*, finanzielle Konsolidierung; **r. aid** Struktur(bei)hilfe *f*; **r. costs** Restrukturierungsaufwand *m*; **r. package** Maßnahmenbündel zur Sanierung

result *n* 1. Ergebnis *nt*, Folge *f*, (Aus)Wirkung *f*; 2. Gewinn-, Wirtschaftsergebnis *nt*, Abschluss *m*; **r.s** Erfolgszahlen *pl*; **by r.** leistungsgerecht, l.bezogen; **r. from ordinary activities** Ergebnis der gewöhnlichen Geschäftstätigkeit; **r. on the relevant date** Stichtagsergebnis *nt*; **net r. from investments** Beteiligungsergebnis *nt*; **r.s of operations** Betriebsergebnis *nt*; **r. for the year before** Vorjahresergebnis *nt*; **to pay by r.s** nach Leistung (be)zahlen; **to show a r.** Ergebnis ausweisen; **to turn in a r.** Ergebnis erzielen

aggregate result(s) Gesamtergebnis *nt*; **average r.** Durchschnittsergebnis *nt*; **balanced/break-even r.** ausgeglichenes Ergebnis, ausgeglichene Bilanz; **consolidated r.s** Konzernbilanz *f*, K.ergebnis *nt*; **corporate r.s** Unternehmensergebnis *nt*, U.leistung *f*; **divisional r.** Teilbetriebsergebnis *nt*; **financial r.** Rechnungsergebnis *nt*; **unaudited ~ r.s** ungeprüfte Bilanz; ; **half-term/interim r.(s)** Halbjahres-, Zwischenergebnis *nt*; **net r.** Nettoergebnis *nt*; **non-operating r.** neutrales Ergebnis, Ergebnis aus dem nichtoperativen Geschäft; **overall r.** Gesamtergebnis *nt*; **preliminary/provisional r.(s)** vorläufiges Ergebnis

result (from) *v/i* sich ergeben (aus); **r. in** hinauslaufen auf, führen zu, zur Folge haben

results accounting Leistungsrechnung *f*; **r. announcement/presentation** Bilanzpressekonferenz *f*; **r. season** Bilanzsaison *f*

R

résumé *n* *[frz.]* (tabellarischer) Lebenslauf *m*
resume *v/t* wiederaufnehmen
resumption *n* Wiederaufnahme *f*; **r. of business** Wiederaufnahme der Geschäftstätigkeit; **~ dividends** Wiederaufnahme der Dividendenzahlung; **~ work** Wiederaufnahme der Arbeit
retail *n* Einzelhandel *m*; **to sell (at) r.** im Einzelhandel verkaufen, wieder verkaufen; **r.** *v/t* im Einzelhandel verkaufen; **r. at** im Einzelhandel kosten
retail arm Einzelhandels-, Vertriebstochter *f*; **r. association** Einzelhandelsverband *m*; **r. banking** Klein(kunden)-, Massengeschäft *nt*; **r. bookseller** Sortimentsbuchhändler *m*, Sortimenter *m*; **r. brand** Einzelhandelsmarke *f*; **r. business** 1. Einzelhandelsgeschäft *nt*, E.betrieb *m*; 2. *(Bank)* Privat-, Kleinkundengeschäft *nt*; **r. chain** Einzelhandelskette *f*; **r. company** Einzelhandelsgesellschaft *f*; **r. consultancy** Einzelhandelsberatung(sunternehmen) *f/nt*; **r. consumer** End-, Letztverbraucher *m*; **r. cooperative** Einzelhandelseinkaufsgenossenschaft *f*; **r. credit** Kundenkredit *m*; **~ transaction** Kundenkreditgeschäft *nt*; **r. customer** 1. Einzelhandelskunde *m*; 2. *(Bank)* Privatkunde *m*; **r. deposit rate** Einlagenzins(satz) für Kleinkunden; **r. enterprise** Einzelhandelsunternehmen *nt*, E.firma *f*
retailer *n* Einzelhändler *m*, Wiederverkäufer *m*; **blue-chip r.** *[GB]* führender Einzelhändler; **high-street r.** Einzelhändler in der Innenstadt; **independent r.** selbstständiger Einzelhändler; **multiple r.** Einzelhandelskette *f*; **out-of-town r.** Einzelhändler auf der grünen Wiese; **premier-league r.** *[GB]* führender Einzelhändler; **specialist/specialized r.** Facheinzelhändler *m*
retail group (Einzel)Handelsgruppe *f*, E.-konzern *m*; **r. industry** Einzelhandel *m*
retailing *n* Einzelhandel *m*; **r. business** Einzelhandelsgeschäft *nt*; **r. group** Einzelhandelskonzern *m*; **r. space** Verkaufsfläche *f*
retail instalment financing Teilzahlungsfinanzierung *f*; **r. inventories** Lagerbestände des Einzelhandels; **r. margin** Einzelhandelsspanne *f*; **r. marketing** Einzelhandelsvertrieb *m*; **r. merchant** Einzelhändler(in) *m/f*, Einzelhandelskaufmann *m*, E.kauffrau *f*; **r. mix** *(Einzelhandel)* Branchenbesatz *m*; **r. operation** Einzelhandelsunternehmen *nt*, E.betrieb *m*; **r. outlet** 1. (Einzelhandels)Geschäft *nt*, E.verkaufsstelle *f*; 2. Einzelhandelsbetriebsform *f*, Vertriebsform *f*; **r. park** Einkaufszentrum *nt*; **changing r. pattern** Strukturwandel im Einzelhandel; **r. pie** Einzelhandelskuchen *m*
retail price Einzelhandels-, Laden(verkaufs)preis *m*; **recommended r. p.** empfohlener Einzelhandelspreis; **r. p. index** Einzelhandels(preis)-, Verbraucherpreisindex *m*; **~ inflation** Inflationsrate der Einzelhandelspreise; **~ level** Einzelhandels-, Verbraucherpreisniveau *nt*; **~ maintenance** Einzelhandelspreisbindung *f*, Preisbindung der zweiten Hand
retail purchase (Ein)Kauf *m*; **r. representative** Einzelhandelsvertreter *m*; **r. sale** Einzelhandelsverkauf *m*; **r. sales** Einzelhandelsumsätze *pl*; **~ tax** Endverbrauchs-, Einzelhandelsumsatzsteuer *f*; **r. selling** Einzelhandels-, Ladenverkauf *m*
retail shop/store Einzelhandelsgeschäft *nt*, E.betrieb *m*; **independent(ly owned) r. s.** unabhängiger Einzelhandelsbetrieb; **single-line r. s.** Einzelhandelsfachgeschäft *nt*
retail spending konsumtive Ausgaben; **~ boom** Einzelhandelskonjunktur *f*
retail trade Einzelhandel(sgewerbe) *m/nt*; **over-the-counter r. t.** stationärer Einzelhandel; **specialized r. t.** Facheinzelhandel *m*; **r. t. association** Einzelhandelsverband *m*
retail trader Einzelhändler *m*, Einzelhandelskaufmann *m*, E.kauffrau *f*; **r. trading** Einzelhandel *m*; **r. turnover** Einzelhandelsumsatz *m*
retain *v/t* 1. (ein)behalten; 2. *(Gewinne)* thesaurieren; **to be r.ed** zum Verbleib; **r.er** *n* § vorläufiges (Anwalts)Honorar
retaliat|e *v/t* Gegenmaßnahmen ergreifen; **r.ion** *n* Vergeltung(smaßnahme) *f*, Gegenmaßnahme *f*
retention *n* 1. Zurückbehaltung *f*, Rückbehaltungsrecht *nt*; 2. Gehaltsabzug *m*; 3. *(Vers.)* Eigen-, Selbstbehalt *m*, S.beteiligung *f*; 4. § *(Anwalt)* Beauftragung *f*, Mandat *nt*; **r.s** *(Bilanz)* einbehaltene/thesaurierte Gewinne; **r. of earnings** Gewinneinbehaltung *f*, G.thesaurierung *f*; **~ goods** Zurückbehaltungsrecht *nt*; **~ payment** Zahlungsverweigerungsrecht *nt*;

R

~ **title** § Eigentumsvorbehalt *m*; **r. money** *(Geld)* Rückbehalt *m*, einbehaltene Garantiesumme; **r. period** *(Akte)* Aufbewahrungszeitraum *m*; **r. rate** Verhältnis einbehaltene Gewinne zu Gewinn nach Steuern

retire *v/i* ausscheiden, in den Ruhestand treten, sich pensionieren lassen; *v/t* 1. *(Wechsel)* einziehen; 2. *(Kredit)* tilgen; 3. außer Betrieb nehmen; **r. early** 1. *(Anleihe)* vorzeitig tilgen; 2. sich vorzeitig pensionieren lassen; 3. (jdn) vorzeitig in den Ruhestand versetzen; **r.d** *adj* im Ruhestand, pensioniert; **r.e** *n* Pensionär(in) *m/f*, Rentner(in) *m/f*, Ruheständler(in) *m/f*

retirement *n* 1. Ausscheiden *nt*, Pensionierung *f*; 2. Ruhestand *m*; 3. Einziehung *f*, Einzug *m*; 4. *(Bilanz)* Abgang *m*; 5. Tilgung *f*, Rückkauf *m*; **r.s** Anlagenabgänge *pl*

retirement of assets Anlagenabgang *m*, Abgang aus dem Anlagevermögen; ~ **bonds/debentures** Einlösung/Tilgung von Schuldverschreibungen; **r. from business** Geschäftsaufgabe *f*; **r. of a partner** Ausscheiden eines Gesellschafters; **r. by rotation** turnusmäßiges Ausscheiden; **r. of securities** Aufruf von Wertpapieren; ~ **shares** Einzug von Aktien

eligible for retirement pensions-, rentenberechtigt

to go into retirement sich pensionieren lassen; **to reach r.** Pensionsalter erreichen

compulsory retirement 1. Zwangspensionierung *f*; 2. *(Aktie)* Zwangseinziehung *f*; **early r.** Vorruhestand *m*, vorgezogene Altersgrenze, Frühpensionierung *f*; ~ **scheme** Vorruhestandsregelung *f*; **voluntary r.** freiwilliges Ausscheiden

R

retirement account Sparkonto zur Alterssicherung; **r. age** Renten-, Ruhestands-, Pensionsalter *nt*; **flexible r. age** gleitende Altersgrenze; **statutory r. age** gesetzliches Rentenalter; **r. benefits** Altersversorgung *f*, A.ruhegeld *nt*, A.bezüge *pl*, Pension *f*; **r. eligibility** Pensionsberechtigung *f*; **r. fund** Alters-, Pensionskasse *f*; **r. income** Alters(renten)einkommen *nt*, Ruhestandsbezüge *pl*; **r. insurance** Alters-, Ruhestandsversicherung *f*; **r. offer** Abfindungsangebot *nt*; **r. pay** Altersversorgung *f*, A.ruhegeld *nt*, A.bezüge *pl*, Pension *f*; **r. pension** (Alters)Ruhegeld *nt*, Altersrente *f*, A.versorgung *f*; ~ **for civil servants** Beamtenversorgung *f*, B.pension *f*; ~ **expectancy** Rentenanwartschaft *f*; **r. plan** (private) Rentenversicherung *f*

retiring age *n* Renten-, Ruhestands-, Pensionsalter *nt*

retool *v/t* neu ausrüsten, umrüsten; **r.ing** *n* ☼ Umrüstung *f*

retract *v/t* zurücknehmen, z.ziehen

retrain *v/t* umschulen; *v/i* sich umschulen lassen

retraining *n* Umschulung *f*; **vocational r.** (berufliche) Umschulung *f*; **r. allowance** Umschulungsbeihilfe *f*; **r. scheme** Umschulungsmaßnahme *f*, Weiterbildungsprogramm *nt*

retransfer *n* 1. Rückschleusung *f*, R.überweisung *f*; 2. *(Reserven)* Auflösung *f*; *v/t* 1. (zu)rückübertragen, rücküberweisen; 2. *(Reserven)* auflösen

retreat *n* 1. Rückzug *m*; 2. *(Börse)* allgemeiner Kursrückgang; *v/i (Kurse)* nachgeben

retrench *v/ti* 1. ein-, beschränken; 2. *(Personal)* verringern, abbauen; 3. Sparmaßnahmen durchführen; **r.ment** *n* 1. Ein-, Beschränkung *f*, Verminderung *f*; 2. Betriebsverkleinerung *f*; 3. Personalabbau *m*

retrial *n* § Wiederaufnahmeverfahren *nt*

retriev|al *n* 1. Wiedergewinnung *f*, W.herstellung *f*; 2. 🖳 Abruf *m*; 3. (Produkt)Entnahme *f*; **r.e** *v/t* 1. wieder(auf)finden, w.gewinnen; 2. 🖳 abfragen, abrufen

retro|active *adj* rückwirkend; **r.cede** *v/t* zurückabtreten; **r.cession** *n* Rückabtretung *f*, R.übertragung *f*; **r.fit** *n* ☼ nachträglicher Einbau, Nachrüstung *f*; **r.grade** *adj* rückschrittlich; **r.gress** *v/i* sich zurückentwickeln; **r.gression** *n* Rückentwicklung *f*

return *n* 1. Rendite *f*, Ertrag *m*, (Bruttoumsatz)Erlös *m*, Verzinsung *f*, Gewinn *m*; 2. Herausgabe *f*, Rückerstattung *f*; 3. Rücksendung *f*, R.fracht *f*, Retoure *f*; 4. (Bestands)Meldung *f*; 5. Steuererklärung *f*; **r.s** 1. (amtlicher) Ausweis/Bericht *m*; 2. *(Bücher)* Remittenden *pl*; 3. *(Ware)* Retouren *pl*, Rückwaren *pl*; **by r. (of mail/post)** postwendend, umgehend, sofort; **in r.** im Gegenzug; ~ **for** als Entgelt/Gegenleistung für, (im Gegenzug) für

return on assets Betriebsrendite *f*; **gross ~ total assets** Gesamtkapitalrentabilität *f*; **r. of a bill to drawer** Wechselrückgabe *f*; **r. on capital (employed/invested)**

(ROCE) Kapitalverzinsung *f*, K.rendite *f*; **r. of check** *[US]*/**cheque** *[GB]* **for lack of funds** Scheckrückgabe mangels Deckung; **r. to the dividend list** Wiederaufnahme der Dividendenzahlung; **~ private enterprise** (Re)Privatisierung *f*; **r. on equity (ROE)** (Eigen)Kapitalrendite *f*, Verzinsung des Eigenkapitals, Rentabilität *f*; **r. on funds employed** Kapitalverzinsung *f*, K.ertrag *m*, K.rendite *f*; **r. of goods** Warenrückgabe *f*; **r. on investment (ROI)** Anlageertrag *m*, Kapitalrendite *f*; **~ investment analysis** Rentabilitätsanalyse *f*; **r. to private ownership** (Re)Privatisierung *f*; **r. of premium** *(Vers.)* Beitragsrückvergütung *f*, B.rückerstattung *f*; **r. to profitability** Wiedererlangung der Rentabilität; **r.s and replacements** Retouren/Rückwaren und Ersatzlieferungen *pl*; **r. on sales** Umsatzrendite *f*; **r.s to scale** Skalenerträge *pl*; **decreasing/diminishing ~ scale** abnehmende Skalenerträge; **increasing ~ scale** steigende/zunehmende Skalenerträge; **r. on shares** *[GB]*/ **stocks** *[US]* Aktienrendite *f*; **r. after tax** Rendite nach Steuern; **r. to work** Wiederaufnahme der Arbeit, Reintegration in den Erwerbsprozess; **r. on net worth** Eigenkapitalrendite *f*

yielding a high return ertragsstark; **~ a low r.** ertragsschwach

to file joint return|s gemeinsame Einkommen(s)steuererklärung abgeben; **to maximize r.s** Erträge steigern; **to yield a r.** sich verzinsen/rentieren

annual return|(s) 1. Jahresbericht *m*, J.ausweis *m*; 2. Jahresaufstellung *f*; **average r.** Durchschnittsrendite *f*; **consolidated r.s** Konzerngeschäftsbericht *m*; **current r.s** laufende Erträge; **daily r.s** Tageseinnahme *f*; **diminishing r.(s)** abnehmender Ertrag, Ertragsrückgang *m*; **economic r.** Rendite *f*; **fair r.** angemessene Rendite; **financial r.** Finanzbericht *m*; **joint r.(s)** gemeinsame Steuererklärung, Zusammenveranlagung *f*; **marginal r.** Grenzprodukt *nt*, G.ertrag *m*; **monthly r.** Monatsübersicht *f*, M.ausweis *m*; **net r.** effektive Verzinsung; **net-of-tax r.** Gewinn nach Steuern, Nettoertrag *m*; **nominal r.** Nominalverzinsung *f*, N.rendite *f*; **official r.s** amtliche (statistische) Angaben *pl*; **pre-tax r.** Vorsteuerrendite *f*; **quarterly r.(s)** 1. Vierteljahresausweis *m*, V.bericht *m*; 2. Quartalsergebnis *nt*; **reasonable r.(s)** angemessene Rendite; **separate r.s** getrennte Steuererklärung/Veranlagung; **social r.s** volkswirtschaftlicher Ertrag

return *v/ti* 1. zurückbringen; 2. zurückerstatten; 3. rücksenden; 4. abwerfen, einbringen

returnable *adj* 1. rückzahlbar; 2. rückgabepflichtig; 3. mit (Flaschen)Pfand, Mehrweg-; **not r.** keine Rücknahme, Einweg-

return account Retourenkonto *nt*; **r. assignment** Rückabtretung *f*; **r.s book** Retourenbuch *nt*; **r. business** Gegengeschäft *nt*; **r. cargo** Rückfracht *f*, R.sendung *f*; **r. charges** Rückspesen *pl*; **r. consignment** Rückfracht *f*, R.sendung *f*; **r. copies** Remittenden *pl*; **r. coupon** Einsendeabschnitt *m*; **r. date** 1. Termin für die Rücksendung; 2. Meldestichtag *m*; 3. *(Bank)* Ausweisstichtag *m*; 4. Berichtstermin *m*; **r. delivery** Rücklieferung *f*; **r. flow** Rückfluss *m*; **~ of funds** Mittelrückfluss *m*; **r. freight** Rückfracht *f*, R.-sendung *f*

returning empty leer zurück

return|s inwards Retouren *pl*; **r.s journal** Retourenjournal *nt*; **r. load** Rückfracht *f*, R.ladung *f*; **r.s outwards** Retouren an Lieferanten; **r. premium** rückvergütete Prämie; **r. privilege** Rückgaberecht *nt*; **r. ratio** Rückflussquote *f*; **r. shipment** Rücklieferung *f*; **r. slip** Rückgabeschein *m*; **r. target** Renditeziel *nt*; **r. transport** Rücktransport *m*; **r. unsatisfied** *(Insolvenz)* mangels Masse

re|usable *adj* wiederverwendbar, w.verwertbar, Mehrweg-; **r.use** *n* Wiederverwendung *f*; **~ of packages** Wiederverwendung von Verpackungen; **r.use** *v/t* wieder verwenden/verwerten

reutiliz|ation *n* Wiederverwendung *f*; **r.e** *v/t* wieder verwenden

re|validate *v/t* erneut in Kraft setzen; **r.-valorization** Aufwertung *f*

revaluation *n* 1. Neubewertung *f*, N.berechnung *f*, Wertberichtigung *f*, Zuschreibung *f*; 2. Aufwertung *f*; **r. of assets** Neubewertung des Anlagevermögens; **~ currencies** Aufwertung von Währungen; **~ stocks** Neubewertung der Vorräte; **upward r.** Aufwertung *f*; **r. gain(s)** Aufwertungsgewinn *m*; **r. loss** Aufwertungsverlust *m*; **r. rate** Aufwertungssatz *m*;

r. reserves/surplus Neubewertungsrücklage *f*
revalue *v/t* 1. neu bewerten; 2. aufwerten; **r. upward** aufwerten
revenue|(s) *n* 1. Einkünfte *pl*, Einkommen *nt*; 2. (Staats)Einnahmen *pl*, (Steuer)Aufkommen *nt*; 3. (Umsatz)Erlös(e) *m/pl*; 4. Finanzverwaltung *f*, F.amt *nt*; **r. from capital employed** Anlage-, Vermögensertrag *m*; **r.s and expenditures** (Staats)Einnahmen und (S.)Ausgaben *pl*; **surplus r.s over current expenditures** Einnahmeüberschuss über laufende Ausgaben; **r. and expense** Aufwand und Ertrag; **r.(s) from rents** Mieteinkünfte *pl*, M.erträge; **~ external sales** Außenumsatz *m*; **~ taxation** Steuereinnahmen *pl*, S.aufkommen *nt*; **to defraud the r.** Steuer(n) hinterziehen; **to tax r. at source** Einkünfte an der Quelle besteuern/steuerlich erfassen
accrued revenue|(s) *(Bilanz)* antizipative Aktiva; **additional r.(s)** Mehreinnahme(n) *f/pl*; **declared r.(s)** ausgewiesene Einkünfte; **deferred r.(s)** transitorische Passiva; **earned r.** realisierter Gewinn; **extraordinary r.s** außerordentliche Erträge; **fiscal r.s** Steuereinnahmen *pl*; **gross r.(s)** Rohertrag *m*, Bruttoerlös *m*, B.einnahmen *pl*; **inland** *[GB]***/internal** *[US]* **r.** Steuereinnahmen *pl*, Staatsabgaben *pl*; **Inland R.** *[GB]*; **Internal R. (Service) (IRS)** *[US]* Steuerbehörde *f*, Fiskus *m*; **local r.(s)** Kommunalsteueraufkommen *nt*; **lost r.** Steuer-, Einnahmeverlust *m*; **marginal r.** *(VWL)* Grenzerlös *m*; **~ product** Grenzerlösprodukt *nt*; **miscellaneous r.s** sonstige Einkünfte; **non-operating r.(s)** betriebsfremde Einkünfte, neutrale Erträge, Einkünfte aus dem nicht operativen Geschäft; **public r.** Staatseinkünfte *pl*, Einkünfte der öffentlichen Hand; **recurring r.s** wiederkehrende Einkünfte; **surplus r.(s)** Mehreinnahmen *pl*; **total r.** 1. Gesamterlös *m*, Mittel-, Finanzaufkommen *nt*; 2. Steueraufkommen *nt*; **unearned r.(s)** Einkünfte aus Kapitalanlagen
revenue account Einnahme-, Erlöskonto *nt*, Gewinn- und Verlustkonto *nt*; **r. accounting** Ertrags-, Erlösrechnung *f*; **r. and expense accounts** Erfolgskonten *pl*, Aufwands- und Ertragskonten *pl*; **r. authority** Finanz-, Steuerbehörde *f*; **r. bond** kurzfristige Schatzanweisung, kurzfristiger Finanzwechsel; **industrial r. bond** *[US]* Industrieobligation *f*; **r. classification** Einnahmeaufgliederung *f*; **r. deficit** Steuerfehlbetrag *m*, S.ausfall *m*; **r. earner** Erfolgsprodukt *nt*; **r.-earning** *adj* gewinnbringend, einträglich; **r. expenditure(s)** erfolgswirksame Kosten; **r. freight** zahlende Fracht/Ladung; **r. growth** Ertragswachstum *nt*; **r. increase** Aufkommenszuwachs *m*; **r. item** Einnahme-, Ertragsposten *m*; **r. and expense item** Ertrags- und Aufwandsposten *m*; **r. load factor** Nutzladefaktor *m*; **r. loss** 1. Steuerausfall *m*, S.verlust *m*; 2. Erlösausfall *m*; **r.-neutral** *adj* aufkommensneutral; **r. offence** Steuerdelikt *nt*, S.strafsache *f*; **r. office** Steuer-, Finanzamt *nt*; **r. officer/official** Finanzbeamter *m*, F.beamtin *f*, Steuerbeamter *m*, S.beamtin *f*; **r. passenger** Zahlgast *m*, zahlender Passagier; **r. producer** 1. Einnahmequelle *f*; 2. Steuerquelle *f*; **r.-reducing** *adj* 1. steuermindernd; 2. erlösmindernd; **r. reserve(s)** Ertragsrücklage *f*; **r. shortfall** Einnahme-, Steuerausfall *m*, (Steuer)-Mindereinnahme *f*; **r. stamp** Gebühren-, Steuermarke *f*; **r. surplus** Steuer-, Einkommensüberschuss *m*; **r. tribunal** Steuergericht *nt*; **r. yield** 1. Mittelaufkommen *nt*; 2. Steueraufkommen *nt*
reversal *n* 1. Umkehr *f*; 2. Storno *m/nt*, Stornierung(sbuchung) *f*, Gegen-, Rückbuchung *f*; **r. of entries** Fehlbuchung *f*; **~ the growth trend** Wachstumsumschwung *m*; **r. in prices** Preisumschwung *m*; **r. entry** Stornoeintrag *m*; **r. voucher** Stornobeleg *m*
reverse *n* Rückseite *f*; **on the r.** umstehend, umseitig; **r.** *v/ti* 1. rückgängig machen, stornieren, zurückbuchen; 2. **§** aufheben
reversion *n* 1. Umkehr *f*, Rückfall *m*; 2. Anwartschaft(srente) *f*; **r.ary** *adj* anwartschaftlich
revert (to) *v/i* 1. heimfallen (an); 2. zurückkehren (zu)
review *n* 1. Nach-, Überprüfung *f*, Revision *f*; 2. Überblick *m*; 3. Bilanz *f*, Bestandsaufnahme *f*; **r. of costs** Überprüfung der Kostenrechnung; **~ public expenditure** Ausgabenüberprüfung *f*; **~ the market** Markt-, Börsenbericht *m*
annual review Jahresbilanz *f*, J.übersicht *f*;

R

financial r. finanzielle Bestandsaufnahme, Kassensturz *m (coll)*; **judicial r.** § Revision *f*, gerichtliche Nachprüfung, Normenkontrolle *f*; **monthly r.** Monatsbericht *m*; **operational r.** Überprüfung der Betriebsabläufe; **sweeping r.** Reform an Haupt und Gliedern

review *v/t* 1. nach-, überprüfen; 2. § revidieren; **r.ing** *n* Überwachung *f*; **r. period** Berichtszeitraum *m*

revise *v/t* 1. revidieren, überprüfen; 2. nach-, über-, umarbeiten; **r. down(wards)/up(wards)** nach unten/oben korrigieren

revision *n* 1. Nach-, Überprüfung *f*; 2. Über-, Umarbeitung *f*; 2. Neufassung *f*, Revision *f*; **subject to r.** Änderungen/Berichtigung vorbehalten; **r. of charges** Tarifreform *f*; **~ prices** Preisberichtigung *f*, P.korrektur *f*; **downward r.** Minuskorrektur *f*; **upward r.** Pluskorrektur *f*

revival *n* 1. (Wieder-/Neu)Belebung *f*; 2. Erholung *f*, (Wirtschafts-/Konjunktur)-Aufschwung *m*; **r. of business** Geschäftsbelebung *f*; **~ demand** Nachfragebelebung *f*; **~ a policy** *(Vers.)* Wiederaufleben einer abgelaufenen Police; **~ sales** Absatzbelebung *f*; **cyclical/economic r.** Konjunkturaufschwung *m*, konjunkturelle Belebung

revive *v/t* wieder/neu beleben; *v/i* sich erholen

revocation *n* Widerruf *m*, Aufhebung *f*, Annullierung *f*; **r. of an authority** Widerruf einer Vollmacht; **~ a contract** Vertrags(auf)kündigung *f*, Rücktritt vom Vertrag; **~ a guarantee** Annullierung einer Bürgschaft; **~ a letter of credit** Akkreditivwiderruf *m*; **~ an offer** (Zu)-Rücknahme eines Angebots

revoke *v/t* annullieren, aufheben, widerrufen, stornieren

revolution *n* 1. Revolution *f*; 2. ☼ Umdrehung *f*; **industrial r.** industrielle Revolution; **r.ary** *adj* umwälzend, revolutionär, bahnbrechend

revolv|e *v/i* 1. *(Lagerbestand)* sich periodisch erneuern; 2. *(Kredit)* erneuern; **r.-ing** *adj* revolvierend

reward *n* Prämie *f*, Belohnung *f*, Entgelt *nt*; **financial/monetary r.** geldliche/finanzielle Vergütung; **r.** *v/t* belohnen; **r. package** (Gesamt)Vergütung *f*, Vergütungspaket *nt*

rework *n* Nacharbeit *f*, N.besserung *f*; *v/t* nach-, überarbeiten; **r. order** Nachbearbeitungs-, Nachbesserungsauftrag *m*

rezone *v/t* Flächennutzungsplan ändern

rich *adj* 1. reich, wohlhabend; 2. ergiebig; **r.es** *pl* Reichtümer *pl*, Schätze *pl*; **to amass (great) r.es** Reichtümer/Schätze ansammeln

ride *n* Fahrt *f*; **free r.** Freifahrt *f*

rider *n* 1. Zusatz(klausel) *m/f*, (Policen)-Nachtrag *m*; 2. (Wechsel)Anhang *m*; 3. Reiter(chen) *m/nt*; **free r.** *(pej.)* Trittbrettfahrer(in) *m/f (pej.)*; **~ problem** Mitnahmeeffekt *m*; **r.ship (figures)** *n [US]* Fahrgast-, Beförderungszahlen *pl*, B.leistung *f*

rig *v/t* *(coll)* manipulieren

right *n* 1. (An)Recht *nt*, Berechtigung *f*; 2. Bezugsrecht *nt*; 3. *(Vers.)* (Leistungs)-Anspruch *m*; **as of r.; by r.(s)** rechtmäßig, von Rechts wegen; **cum r.s (cr); r.s on** *(Aktie)* inklusive/mit Bezugsrecht; **ex r. (xr)** *(Aktie)* ohne/ex Bezugsrecht

right of appeal Beschwerde-, Einspruchsrecht *nt*, Rechtsmittel *nt*; **~ assignment** Abtretungsrecht *nt*; **~ (free) association** Koalitions-, Organisationsrecht *nt*; **~ attachment** Pfändungs-, Forderungspfandrecht *nt*; **~ avoidance** Rücktrittsrecht *nt*; **r. to benefits** Leistungsanspruch *m*; **~ inspect books (and records)** Recht auf Prüfung/Einsicht der Bücher; **~ establish a business; r. of establishment** Niederlassungsrecht *nt*, N.freiheit *f*; **r.s of the buyer** Rechte des Käufers; **r. to cancel; r. of cancellation** Rücktritts-, Kündigungsrecht *nt*; **r. to capitalize** *(Bilanz)* Aktivierungsrecht *nt*; **r. of command** Weisungsbefugnis *f*, W.recht *nt*; **r. to compensation** Vergütungsanspruch *m*; **r. of control** Aufsichts-, Kontrollrecht *nt*; **~ conversion** (Um)Wandlungsrecht *nt*; **r. to (recover) damages** Recht auf Schaden(s)ersatz, Ersatzanspruch *m*; **~ delivery** Auslieferungsanspruch *m*; **r. of disposal/disposition** Veräußerungs-, Verfügungsrecht *nt*; **r. to (receive) a dividend** Dividendenanspruch *m*, D.berechtigung *f*; **r.s and duties** Rechte und Pflichten *pl*; **r. of emption** Recht des Kaufvertrags; **~ enjoyment** Genussrecht *nt*; **r. and equity** Recht und Billigkeit; **r. of exemption** Befreiungsanspruch *m*; **r. to indemnification** Entschädigungsanspruch *m*; **r. of indemnity**

Schaden(s)ersatzanspruch *m*; **r. to (demand) information** Auskunftsrecht *nt*; **~ inspect** Prüfungsrecht *nt*, Recht auf Einsichtnahme; **~ issue instructions** Weisungsbefugnis *f*, W.recht *nt*, Direktionsrecht *nt*; **r.s and liabilities** Rechte und Pflichten *pl*; **r. to carry as liability** *(Bilanz)* Passivierungsrecht *nt*; **r. to extract/work minerals** ⚒ Bergwerks-, Schürfrecht *nt*; **r. of (free) movement** Freizügigkeit *f*; **~ notice** Kündigungsrecht *nt*; **r.s and obligations** Rechte und Pflichten *pl*; **r. of option** Bezugs-, Optionsrecht *nt*; **~ ownership** Besitz-, Eigentumsrecht *nt*; **r. to reserve ownership** Eigentumsvorbehaltsrecht *nt*; **r. of participation** Mitsprache-, Mitwirkungsrecht *nt*; **~ passage** Durchfuhrrecht *nt*; **r. to a pension** Renten-, Ruhegeldanspruch *m*; **~ performance** Erfüllungsanspruch *m*; **~ demand contractual performance** Recht auf Leistung; **r. of/to possession** Besitz-, Eigentumsanspruch *m*; **r. of pre-emption** Vorkaufsrecht *nt*; **r. to participate in the profits** Recht auf Gewinnbeteiligung; **r. of purchase** (An)Kaufrecht *nt*; **~ recourse** Regressrecht *nt*, R.anspruch *m*; **~ recovery** Schaden(s)ersatzanspruch *m*; **~ redemption** Tilgungs-, Ablösungsrecht *nt*; **r. to refund** Rückerstattungsanspruch *m*; **r. of first refusal** Vorkaufsrecht *nt*; **r. to relief** Rückgriffsrecht *nt*, Regressanspruch *m*; **r. of renewal** Prolongationsrecht *nt*; **r. to call for repayment** *(Kredit)* Kündigungsrecht *nt*; **r. of repurchase** Wiederkaufs-, Rückkaufsrecht *nt*; **r. to resell** Wiederverkaufsrecht *nt*; **~ (claim) restitution** Anspruch auf Herausgabe; **r. of retention** Zurückbehaltungsrecht *nt*; **~ sale; r. to sell** Verkaufs-, Vertriebsrecht *nt*; **r. to set-off** Aufrechnungsanspruch *m*; **r. of settlement** Niederlassungsrecht *nt*, N.freiheit *f*; **r. to strike** Streikrecht *nt*; **~ subscribe** Bezugs-, Optionsrecht *nt*; **~ (impose) tax** Besteuerungsrecht *nt*; **r. of tender** Andienungsrecht *nt*; **~ termination** Kündigungsrecht *nt*; **~ transit** Durchfuhrrecht *nt*; **~ use (and enjoyment)** Nutzungsrecht *nt*; **~ verification** Kontrollrecht *nt*; **~ way** Wegerecht *nt*; **~ withdrawal** *(Konto)* Verfügungsgewalt *f*; **r. to withhold** Zurückbehaltungsrecht *nt*; **~ work** Recht auf Arbeit

having exclusive rights alleinberechtigt; **all r. reserved** alle Rechte vorbehalten

to abandon a right Recht aufgeben; **to acquire a r.** Recht erwerben; **to assign a r. (to)** Recht/Anspruch abtreten; **to be within one's r.s** im Recht sein; **to challenge a r.** Recht bestreiten; **to curtail a r.** Recht schmälern; **to demand one's r.** sein Recht fordern; **to establish a r.** Recht begründen; **to exercise a r.** Recht ausüben, von einem R. Gebrauch machen; **to forfeit a r.** Recht verwirken; **to grant the exclusive r. of sale** Alleinverkaufsrecht vergeben; **to infringe (upon) a r.** Recht verletzen; **to reinstate so. in one's r.s** jdn in seine Rechte wieder einsetzen; **to relinquish a r.** auf ein Recht/eine Forderung verzichten; **to reserve the r.** sich das Recht vorbehalten; **to safeguard one's r.s** seine Rechte wahren; **to violate a r.** Recht verletzen; **to waive a r.** auf ein Recht/eine Forderung verzichten

accrued right|s *(Vers.)* erworbene Rechte; **acquired r.s** (wohl)erworbene Rechte, Besitzstand *m*; **assignable r.** übertragbares Recht; **beneficial r.** Nutznießungsrecht *nt*, Nießbrauch(srecht) *m/nt*; **contingent r.** Anwartschaft(srecht) *f/nt*; **contractual r.** verbrieftes Recht, Vertragsrecht *nt*; **customary r.** Gewohnheitsrecht *nt*; **deferred r.s** Nachzugsrechte *pl*; **dispositive r.** Verfügungsrecht *nt*; **(legally) enforceable r.** einklagbares Recht; **exclusive r.** Allein-, Ausschließlichkeitsrecht *nt*; **~ r.s clause** Alleinvertriebs-, Wettbewerbsklausel *f*; **industrial r.** (gewerbliches) Schutzrecht *nt*; **lapsed r.** erloschenes Recht; **legal r.** Rechtsanspruch *m*; **managerial r.s** Befugnisse/Kompetenzen der Unternehmensleitung; **mineral r.** Abbau-, Schürfrecht *nt*; **participating r.s** Gewinnberechtigung *f*; **possessive/possessory r.** Recht auf Besitz, Besitzrecht *nt*; **pre-emptive r.** 1. Vorkaufsrecht *nt*; 2. *(Aktie)* Optionsrecht *nt*; **preferential r.** Vor(zugs)recht *nt*, Absonderungsanspruch *m*; **proprietary r.** Eigentums-, (Marken)Schutz-, Urheberrecht *nt*; **protective r.** Schutzrecht *nt*; **sole r.** alleiniges Recht, Alleinberechtigung *f*; **statute-barred r.** verjährter Rechtsanspruch; **statutory r.** (gesetzlich) verbrieftes Recht; **third-party r.s** Rechte Dritter; **unchallengeable r.** unbestreitbarer Anspruch; **usufructuary r.**

Nießbrauch(srecht) *m/nt*; **vested r.s** Besitzstand *m*
rights issue Bezugsrechtsemission *f*; **~ price** Bezugsrechtspreis *m*; **r. market** Markt für Bezugswerte; **r. offer(ing)** Bezugs(rechts)angebot *nt*
right-size *v/t* richtig dimensionieren
rigidity *n* Starrheit *f*; **downward r. of real wages** Starrheit der Reallöhne nach unten
ripple effect Nachwirkungen *pl*
rise *n* 1. (Kurs-/Lohn-/Preis)Anstieg *m*, Erhöhung *f*, Zunahme *f*; 2. *(Börse)* Befestigung *f*, Hausse *f [frz.]*
rise in the bank rate Zins-, Diskonterhöhung *f*; **r. in costs** Kostenanstieg *m*; **~ employment** Beschäftigungsanstieg *m*; **~ expenditure** Ausgabenzuwachs *m*; **~ imports** Einfuhr-, Importanstieg *m*; **~ interest rates** Zinsauftrieb *m*, Z.anstieg *m*; **~ output** Produktionsanstieg *m*; **~ prices** Preisanstieg *m*, P.auftrieb *m*; **~ sales** Absatz-, Umsatzwachstum *nt*; **~ unemployment** Zunahme der Arbeitslosigkeit; **~ volume (terms)** Mengenzuwachs *m*
to buy/operate for a rise auf Hausse spekulieren; **to show a r.** Steigerung verzeichnen
across-the-board rise allgemeine Erhöhung/Aufwärtsentwicklung; **inflationary r.** verstärkter Inflationsauftrieb; **widespread r.** (Kurs)Anstieg auf breiter Front
rise *v/i* (an)steigen, anziehen
risk *n* (Versicherungs)Risiko *nt*, Wagnis *nt*, Deckungsgegenstand *m*; **at one's own r.** auf eigene Gefahr
risk|s of competition Wettbewerbsrisiken *pl*; **r. of default/non-payment** Ausfallrisiko *nt*; **~ inflation** Inflationsgefahr *f*; **~ loss(es)** Verlustrisiko *nt*; **~ spoilage** Ausschussrisiko *nt*
to accept/bear a risk Risiko übernehmen; **to carry at one's own r.** auf eigenes Risiko befördern; **to cover a r.** Risiko abdecken; **to incur a r.** Risiko eingehen; **to insure o.s. against a r.** sich gegen ein Risiko versichern; **to place a r. (with)** Risiko versichern (bei); **to reduce the r.** Risiko eingrenzen; **to spread r.s** Risiken streuen; **to underwrite a r.** Risiko versichern
all risk|s (a/r; A/R) alle Risiken/Gefahren; **against ~ r.s (a.a.r.)** gegen alle Risiken/Gefahren; **attendant r.** Begleitrisiko *nt*; **bad r.** 1. zweifelhaftes Risiko; 2. *(Kredit)* schlechte Bonität; **commercial r.** Geschäftsrisiko *nt*; **coverable r.** deckungsfähiges Risiko; **downside r.** *(Börse)* Kursrisiko *nt*; **entrepreneurial r.** Unternehmenswagnis *nt*; **environmental r.** Umweltrisiko *nt*; **excepted/excluded r.** unversichertes/ausgeschlossenes Risiko; **fair r.** versicherbares Risiko; **financial r.** finanzielles Risiko; **fundamental r.** Katastrophenrisiko *nt*; **good r.** 1. versicherbares/vertretbares Risiko; 2. *(Kredit)* gute Bonität; **high r.** *(Kredit)* risikoreiche Adresse; **identical r.s** *(Vers.)* Gefahrengemeinschaft *f*; **imputed r.** kalkulatorisches Wagnis; **insurable r.** versicherbares Risiko; **insured r.** versichertes Wagnis; **marine/maritime r.** Seegefahr *f*, See(transport)risiko *nt*; **occupational r.** Berufsrisiko *nt*; **own r.** Selbstbehalt *m*, S.beteiligung *f*; **personal r.** Personenrisiko *nt*; **poor r.** unkalkulierbares/schlechtes Risiko; **professional r.** Berufsrisiko *nt*; **retained r.** nicht rückversicherter Teil eines Risikos; **speculative r.** Spekulationsrisiko *nt*; **substandard r.** schlechtes Risiko; **third-party r.** Haftpflichtrisiko *nt*; **uncovered r.** verbleibendes Risiko; **unexpired r.** noch bestehendes Risiko; **unexperienced/uninsured r.** ungedecktes Risiko
risk appraisal/assessment Risikobewertung *f*; **r. assumption** Deckungsübernahme *f*; **r.-averse** *adj* risikoscheu; **r.-bearing** *adj* risikotragend; **r. capital** Risiko-, Haft-, Wagniskapital *nt*; **~ financing** Risikokapitalfinanzierung *f*; **r. category** Gefahrenklasse *f*; **r. cover(age)/covering** Risikoabsicherung *f*; **r. covered** gezeichnetes/gedecktes Risiko; **r. exposure** 1. Risikograd *m*; 2. Kreditrisiko *nt*; **r. insured** gezeichnetes/gedecktes Risiko; **r. investment** risikobehaftete Anlage; **r. limitation** Risikoabgrenzung *f*; **r. management** Risikovorsorge *f*, R.management *nt*; **r. mark-up** Risikozuschlag *m*; **r. money** Kaution *f*; **r. premium** Gefahren-, Risikoprämie *f*, Wagniszuschlag *m*; **r.-prone** *adj* risikoträchtig; **r. reduction** Risikominderung *f*; **r. sharing (scheme); r. spreading** Risikoausgleich *m*, R.streuung *f*; **r.-taking** *n* Risikobereitschaft *f*; **r. underwriting** Risikoversicherung *f*
rival *n* 1. Rivale *m*, Rivalin *f*; 2. Konkur-

rent(in) *m/f*, Wettbewerbsteilnehmer(in) *m/f*; *v/t* konkurrieren, in Wettbewerb treten; **r. bid** Konkurrenzangebot *nt*; **r. brand** Konkurrenzmarke *f*; **r. company** Konkurrenzgesellschaft *f*, K.firma *f*; **r. demand** konkurrierende Nachfrage; **r. firm** Konkurrenzfirma *f*; **r. goods** Konkurrenzartikel *pl*; **r. product** Konkurrenzerzeugnis *nt*, K.produkt *nt*; **r. supply** Konkurrenzangebot *nt*

river *n* Fluss *m*, Strom *m*; **r. bill of lading** Flussladeschein *m*; **r. craft** Flussfahrzeug *nt*; **r. port** Flusshafen *m*; **r. transport(ation)** Flusstransport *m*

road *n* Straße *f*; **by r.** per Straße, im Straßentransport; **r. versus rail** Wettbewerb zwischen Schiene und Straße

road|building *n* Straßenbau *m*; **r. charge** Straßenbenutzungsgebühr *f*, Maut *f*; **r. construction** Straßen-, Wegebau *m*; **r. contractor** Straßenbauunternehmer *m*; **r. fund licence** *[GB]* Kraftfahrzeugsteuer *f*, Kfz-Steuer *f*

road haulage Straßentransport *m*, S.güterverkehr *m*, Transport per LKW; **~ association** Straßengüterverkehrsverband *m*; **~ company/contractor** Spediteur *m*, Straßengüterverkehrs-, Straßentransportunternehmen *nt*; **~ industry** Straßenverkehrsgewerbe *nt*; **~ tax** Straßengüterverkehrssteuer *f*

road haulier Spediteur *m*, Straßengüterverkehrs-, Straßentransportunternehmen *nt*; **r. network** Straßennetz *nt*; **r. pricing** Erhebung/Festsetzung von Straßenbenutzungsgebühren; **r.-rail link** Straße-Schiene-Verbund *m*; **r. tax** Kraftfahrzeugsteuer *f*, Kfz-Steuer *f*; **r. toll** Straßenbenutzungsgebühr *f*, Maut *f*; **r. traffic** Fahrzeugverkehr *m*; **~ accident** Verkehrsunfall *m*; **~ licensing department** Straßenverkehrsamt *nt*; **~ regulations** Straßenverkehrsordnung (StVO) *f*; **r. transport** Straßentransport *m*, S.güterverkehr *m*, Transport per LKW; **r. vehicle** Straßenfahrzeug *nt*; **commercial r. vehicle** Nutzfahrzeug *nt*

robbery *n* Raub *m*, räuberischer Diebstahl

rock-bottom *n* absoluter Tiefpunkt, Tiefststand *m*; *adj (Preis)* äußerst niedrig

rocket *v/i* 1. *(Preis)* in die Höhe gehen, stark ansteigen; 2. *(Kurse)* haussieren

rogue *n* Gauner *m*; **r. business** unseriöses Unternehmen

roll *n* 1. (Namens)Verzeichnis *nt*; 2. (Steuer)Liste *f*; **r.back (of prices)** *n [US]* Preissenkung *f*; **r.-on/roll-off (RoRo) facility** RoRo-Rampe *f*, Verladerampe für Straßen- und Schienenfahrzeuge

room *n* Zimmer *nt*; **r. for manoeuvre** Bewegungs-, (Handlungs)Spielraum *m*; **r. to negotiate** Verhandlungsspielraum *m*; **commercial r.** *(Hotel)* Besprechungs-, Konferenzzimmer *nt*; **r. rate** Zimmerpreis *m*; **r. total** Gesamtbestand an Zimmern

root *n* 1. Wurzel *f*; 2. Ursprung *m*; **r.s of inflation** Inflationsursachen *pl*; **r. cause** Hauptursache *f*

roster *n* Dienst-, (Personal)Einsatzplan *m*; **r.ing** *n* Personaleinsatz(planung) *m/f*

rota *n* Dienstplan *m*, Turnus *m*

rotate *v/i* turnusmäßig wechseln

rotation *n* Wechsel *m*; **in/by r.** der Reihe nach; **r. of crops** Fruchtwechsel *m*; **~ staff** Stellenrotation *f*

rotten *adj (Lebensmittel)* verdorben, schlecht

round *n* Runde *f*; **r. of farm prices** *[EU]* Agrarpreisrunde *f*; **~ interest rate cuts** Zinssenkungsrunde *f*; **~ price cuts** Preis(senkungs)runde *f*; **~ price increases** Preis(steigerungs)runde *f*, Teuerungswelle *f*; **~ wage claims** Lohn-, Tarifrunde *f*; **~ wage increases** Lohnrunde *f*

roundabout *n* 1. Karussell *nt*; 2. Kreisverkehr *m*

round down(ward) *v/t* π nach unten runden, abrunden; **r. off** (auf-/ab)runden; **r. up** aufrunden

rounding (off) *n* π (Ab)Rundung *f*; **r. up** Aufrunden *nt*; **r. error** Rundungsfehler *m*

route *n* 1. Route *f*, Beförderungs-, Transportweg *m*; 2. Tour *f*; *v/t* 1. *(Ware)* befördern; 2. dirigieren, leiten

route card Laufkarte *f*; **r. diagram** Flussbild *nt*, Ablaufdiagramm *nt*; **r. instruction** Leitvermerk *m*; **r. planner** Reise-, Tourenplaner *m*; **r. planning** Reise-, Tourenplanung *f*; **r. salesman** Fahrverkäufer *m*; **r. schedule** Tourenplan *m*; **r. scheduling** Tourenplanung *f*; **split r. scheduling** Arbeitsaufteilung auf mehrere Maschinen; **r. sheet** Arbeitsablaufkarte *f*; **master r. sheet** Fertigungsablaufplan *m*; **r. slip** Laufzettel *m*, L.karte *f*; **r. system** Streckennetz *nt*; **r.way** *n* Verkehrsweg *m*

routine *n* (Geschäfts)Routine *f*; **daily r.**

Arbeitsalltag *m*; **r. business** normale Geschäftssache, Routineangelegenheit *f*; **r. duties** Routineaufgaben *pl*; **r. inspection** planmäßige Prüfung; **r. job/work** regelmäßig anfallende Arbeit

routing *n* 1. Routenplanung *f*; 2. Routenverlauf *m*, Streckenführung *f*; 3. *(Logistik)* Tourenzusammenstellung *f*, T.planung *f*; 4. ⚒ Ablaufplanung *f*; **r. instructions** Verteilerhinweise *pl*; **direct r. opportunity** Möglichkeit des Direktversands; **r. slip** Laufzettel *m*

royalty *n* Autoren-, Erfinder-, Erfolgsanteil *m*, Lizenz-, Patentabgabe *f*, Honorar *nt*; **royalties** Lizenzeinkünfte *pl*, Konzessionseinnahmen *pl*, Urheberrechtslizenzen *pl*; **net royalties** Lizenzbilanz *f*; **per-unit r.** Stücklizenz *f*; **r. charge** Patentgebühr *f*; **r. fees** Lizenz-, Patentgebühren *pl*; **r. income** Lizenzeinnahmen *pl*; **r. payment** Lizenzzahlung *f*; **r. tax** Tantiemenabgabe *f*

R.S.V.P. (répondez s'il vous plaît) *[frz.]* um Antwort wird gebeten (u.A.w.g.)

rubber *n* Gummi *m/nt*, Kautschuk *m*; **r. check** *[US]* ungedeckter Scheck; **r. exchange** Kautschukbörse *f*; **r.-stamp** *v/t* (routinemäßig) abstempeln, genehmigen

rubbish *n* ↘ **refuse, waste** 1. Abfall *m*, Müll *m*; 2. Ramsch *m*, wertloses Zeug; **r. bin** Mülltonne *f*; **r. dump/tip** Müllhalde *f*, M.kippe *f*

ruin *n* Ruin *m*, Untergang *m*, Zusammenbruch m; *v/t* ruinieren, zerstören; **r.ous** *adj* ruinös, halsbrecherisch

rule *n* 1. Regel *f*, Norm *f*, Grundsatz *m*; 2. Verfügung *f*, Vorschrift *f*

rule|s of competition Wettbewerbsordnung *f*; **~ conduct** Verhaltens(maß)regeln *pl*; **~ professional conduct** Standesregeln *pl*; **r.s for the conduct of business** Geschäftsbestimmungen *pl*; **~ disclosure** Publizitätsbestimmungen *pl*; **r. of law** Rechtsstaatlichkeit *f*; **r.s of organisation** Organisationsregeln *pl*; **~ practice** Verfahrensvorschriften *pl*; **~ procedure** Geschäfts-, Verfahrensordnung *f*; **r.s and regulations** 1. Durchführungsbestimmungen *pl*; 2. Geschäftsordnung *f*, G.bedingungen *pl*; **r. of thumb** *(fig)* Faustregel *f*; **r.s of work** Arbeitsrichtlinien *pl*, A.ordnung *f*

to act according to the rule|s nach den Bestimmungen verfahren; **to break/contravene a r.** gegen eine Vorschrift/ein Gebot verstoßen; **to comply with the r.s** den Vorschriften genügen; **to infringe a r.** gegen eine Regel verstoßen; **to observe a r.** Regel beachten; **to relax r.s** Bestimmungen lockern; **to work to r.** nach Vorschrift arbeiten, Dienst nach Vorschrift tun

administrative rule Verwaltungsvorschrift *f*; **binding r.s** zwingende Vorschriften; **contractual r.** vertragliche Regelung; **disciplinary r.s** Dienstordnung *f*; **hard and fast r.** feste/verbindliche Regel; **procedural r.s** Geschäftsordnung *f*; **shop-floor r.s** Betriebssatzung *f*; **standing r.** feste Regel; **uniform r.s** einheitliche Richtlinien

rule *v/ti* 1. anordnen, bestimmen, verfügen; 2. entscheiden, vorschreiben; 3. in Kraft sein; 4. *(Preis/Kurs)* notieren, liegen

rule book Betriebsordnung *f*

ruling *n* § (Gerichts)Entscheidung *f*, Urteil *nt*; **to deliver a r.** Urteil fällen; **administrative r.** Verwaltungsverfügung *f*, V.-entscheidung *f*; **definitive r.** endgültiges Urteil; **legal r.** Gerichtsentscheid *m*

ruling *adj* 1. (vor)herrschend; 2. *(Preis)* notiert, gängig

rummage *n* Ausschuss *m*, Ramsch *m*; **r. (around)** *v/i* (durch)stöbern, (d.)wühlen; **r. goods** Ramsch(ware) *m/f*, Ausschussware *f*; **r. sale** Ramschverkauf *m*

rump business Rumpfgeschäft *nt*; **r. company** Rumpfgesellschaft *f*; **r. year** Rumpfgeschäftsjahr *nt*

run *n* 1. Fahrt *f*; 2. große/stürmische Nachfrage, Ansturm *m*; 3. ⚒ Serie *f*, Sorte *f*; 4. (Maschinen)Durchlauf *m*; **r. on a bank** Bankpanik *f*; **r. of business** 1. Geschäftsgang *m*; 2. Konjunkturverlauf *m*; **empty r.** Leerfahrt *f*; **short r.** kleine Serie

run *v/ti* 1. (ver)laufen, fahren; 2. leiten; 3. (be)wirtschaften, betreiben; **r. back** *(Produktion)* zurückfahren; **r. down** herunterwirtschaften

rundown *n* 1. Geschäftsauflösung *f*, Abwicklung *f*, Stilllegung *f*; 2. (Personal)-Verminderung *f*; 3. Abbau *m*, Senkung *f*; 4. Übersicht *f*, Zusammenfassung *f*; **r. of production** Produktionskürzung *f*; **~ stocks** Lager-, Vorratsabbau *m*; **r.** *adj* heruntergekommen, h.gewirtschaftet

runner *n* 1. Bote *m*, Laufbursche *m*; 2. Verkaufsschlager *m*, gängiger Artikel

running *n* Betrieb(sführung) *m/f*, Leitung *f*; **r. of a period/term** Lauf einer Frist; **r. expenses** laufende Kosten, Betriebsaufwendungen; **in r. order** betriebs-, fahrbereit; **r. time** 1. Fahrzeit *f*; 2. (Maschinen)-Laufzeit *f*

rush *n* (Massen)Andrang *m*, Ansturm *m*, Hochbetrieb *m*, stürmische Nachfrage; **r. of business** Geschäftsdrang *m*; **~ customers** Käuferandrang *m*, K.ansturm *m*; **~ orders** Auftragsschub *m*, A.stoß *m*, rege Nachfrage

rush *v/ti* 1. *(Kurse)* in die Höhe treiben; 2. überstürzen; **r. through** schnell erledigen, durchjagen, d.peitschen

rush delivery Eilzustellung *f*; **r. hour** Hauptverkehrs-, Stoßzeit *f*; **r. job** 1. Dringlichkeits-, Stoßauftrag *m*; 2. Schluderarbeit *f*; **r. order** Eil-, Stoßauftrag *m*, dringende Bestellung

rust *n* Rost *m*; **r.belt** *n [US]* altes Industriegebiet; **~ industry** Altindustrie *f*

ruthless *adj* rücksichtslos

S

sabotage *n* Sabotage *f*; **economic s.** Wirtschaftssabotage *f*

sack *n* 1. Sack *m*, Beutel *m*; 2. *(coll)* Rausschmiss *m (coll)*; *v/t* 1. in Säcke/Tüten abfüllen; 2. *(coll)* entlassen, feuern *(coll)*; **s.ing** *n (coll)* Entlassung *f*, Rausschmiss *m (coll)*

safe *n* Tresor *m*, Geldschrank *m*, Bank(schließ)fach *nt*, Panzerschrank *m*; *adj* sicher, gefahrlos; **to keep s.** (sicher) aufbewahren; **s. box** Schließfach *nt*; **s. custody ↘ custody** (Depot)Aufbewahrung *f*

safeguard *n* 1. Vorkehrung *f*, Vorsichtsmaßnahme *f*; 2. Garantie *f*; *v/t* sicherstellen, gewährleisten, garantieren; **s. clause** Sicherungs-, Schutzklausel *f*

safeguarding *n* (Ab)Sicherung *f*; **s. of credits** Kreditbesicherung *f*; **~ the currency** Währungssicherung *f*; **~ interests** Wahrnehmung/Wahrung von Interessen; **~ jobs** Arbeitsplatzsicherung *f*; **~ rights** Wahrung der Rechte

safekeeping *n* (sichere) Verwahrung *f*, Aufbewahrung *f*; **s. of documents** Urkundenaufbewahrung *f*; **~ securities** Effektenverwahrung *f*; **s. period** Aufbewahrungsfrist *f*

safety *n* Sicherheit *f*, Schutz *m*; **s. at work; industrial s.** Arbeitsschutz *m*; **maritime s.** Sicherheit zur See; **operational s.** Betriebssicherheit *f*

safety bond Kaution *f*, Sicherheitsleistung *f*; **s. check** Sicherheitsprüfung *f*; **s. deposit** Kaution *f*; **s. engineer** Sicherheitsingenieur(in) *m/f*; **s. engineering** Sicherheitstechnik *f*; **s. guarantee** Sicherheitsgarantie *f*; **s. hazard** Gefahrenquelle *f*; **s. level** Sicherheitsbestand *m*, eiserner Bestand; **s. loading** *(Vers.)* Sicherheitszuschlag *m*; **s. net** Sicherheitsnetz *nt*; **s. officer** Sicherheitsbeauftragte(r) *f/m*; **s. regulations** Sicherheitsbestimmungen *pl*, Unfallverhütungsvorschriften *pl*; **s. standards** Sicherheitsanforderungen *pl*, S.standards *pl*; **s. stock(s)** 1. Sicherheitsbestand *m*; 2. eiserner Bestand

sail *v/i* ⚓ (ab)fahren, auslaufen; **ready to s.** auslaufbereit; **s.ing** *n* Abfahrt *f*, Auslaufen *nt*; **~ date** Abfahrts-, Auslaufdatum *nt*

salability *n* ↘ **saleability**

salable *adj* ↘ **saleable**

salary *n* Gehalt *nt*, Besoldung *f*, Vergütung *f*, Dienstbezüge *pl*; **s. and benefits package** Gehalt und sonstige Zuwendungen; **salaries and wages** *(Bilanz)* Personalkosten *pl*, Löhne und Gehälter *pl*; **s. negotiable** *(Anzeige)* Gehalt Verhandlungssache; **accrued salaries** Gehaltsrückstand *m*; **annual s.** Jahresgehalt *nt*, J.verdienst *m*; **base/basic s.** Grund-, Sockelgehalt *nt*, Fixum *nt*; **commencing/initial s.** Anfangsgehalt *nt*; **gross s.** Bruttogehalt *nt*; **maximum s.** Höchstgehalt *nt*; **starting s.** Anfangsgehalt *nt*; **total salaries** Bruttogehaltssumme *f*

salary account Gehaltskonto *nt*; **s. advance** Gehaltsvorschuss *m*; **s. bonus** Gehaltszulage *f*; **s. bracket** Gehaltsstufe *f*, Besoldungsgruppe *f*; **s. claim/demand** Gehaltsforderung *f*, G.anspruch *m*; **s. continuation** Gehaltsfortzahlung *f*; **s. cut** Gehaltskürzung *f*; **s. details** Gehaltsvorstellungen *pl*; **s. earner** Gehaltsempfänger(in) *m/f*, Angestellte(r) *f/m*; **s. grade** Besoldungs-, Tarifstufe *f*; **s. group** Gehaltsstufe *f*, Besoldungsgruppe *f*; **s. increase** Gehaltserhöhung *f*; **s. increment** automatische Gehaltserhöhung; **s. level**

R

Gehaltsstufe *f*, Besoldungsgruppe *f*; **s. package** (Gesamt)Vergütung *f*; **s. scale** Gehaltstabelle *f*; **s. statement** Gehaltsabrechnung *f*; **s. structure** Gehaltsgefüge *nt*

sale *n* 1. Verkauf *m*, Kaufabschluss *m*, Absatz *m*, Vertrieb *m*; 2. Aus-, Schlussverkauf *m*; **s.s** 1. Absatz *m*, Umsatz *m*, (Umsatz)Erlöse *pl*, Handelsvolumen *nt*; 2. *(Börse)* Abgaben *pl*; **for/on s.** zu verkaufen, im Angebot; **r. for sale** verkaufsfertig

sale for the account Verkauf gegen (Zahlungs)Ziel; **s. on account** Verkauf mit Anzahlung/auf Rechnung; **~ approval** Kauf auf/nach Probe; **s. of assets** Vermögensveräußerung *f*, Anlagenabgang *m*; **s. by auction** Auktion *f*; **~ the bulk** (Ver)Kauf in Bausch und Bogen; **s. of business** Geschäfts-, Betriebsveräußerung *f*; **~ a business as a going concern** Geschäftsveräußerung im ganzen; **s. against cash in advance** Vorauszahlungsgeschäft *nt*; **s. on commission** Kommissionsverkauf *m*; **s. by private contract** Frei(hand)verkauf *m*; **s. (at) below cost price** Unterpreisverkauf *m*, Verkauf unter Selbstkosten(preis); **s. on credit (terms)** Verkauf auf Ziel; **s. for immediate delivery** Verkauf zur sofortigen Lieferung; **s. by description** Gattungs-, Spezifikationskauf *m*; **s. or exchange** Kauf mit Umtauschrecht; **s. with all faults** Kauf wie es steht und liegt; **s. of goods** Güterverkauf *m*, Warenabsatz *m*; **s. on hire purchase terms** Teilzahlungsverkauf *m*; **~ inspection** Kauf wie besehen; **s. of land** Landverkauf *m*; **s. and leaseback** Verkauf mit Rückmiete; **s. by lot** Partiekauf *m*; **s. in the open market** freihändiger Verkauf, freie Veräußerung; **s. to pattern** Kauf nach Muster; **s. of a plant** Betriebsveräußerung *f*; **s. and repurchase transaction** (Wertpapier)Pensionsgeschäft *nt*; **s. or return** Kauf mit Rückgaberecht; **on a ~ basis** auf Kommissionsbasis; **s. by/to sample** Kauf nach Muster, Probeverkauf *m*; **s. of securities** Effekten-, Wertpapierverkauf *m*; **s.s to staff** Personalverkäufe *pl*; **s. subject to existing tenancies** § Kauf bricht nicht Miete; **s. by tender** Submissionsverkauf *m*; **s. only to the trade** Verkauf nur an Wiederverkäufer; **s. of trade investments** Veräußerung von Beteiligungen; **s. by private treaty** Frei(hand)verkauf *m*; **s. by vending machines** Automatenverkauf *m*

not for sale unverkäuflich, nicht verkäuflich; **on s. or return** in Kommission, mit Rückgaberecht; **going cheap for a quick s.** umständehalber billig abzugeben; **slow of s.** schwer/schlecht verkäuflich; **s. as seen** Kauf wie besehen

to be (up) for sale zum Verkauf (an)stehen; **to boost s.s** Umsatz/Absatz steigern; **to cancel a s.** Kauf rückgängig machen, vom Kaufvertrag zurücktreten; **to conclude a s.** Kauf abschließen; **to find no s.** keine Abnehmer finden; **~ a ready s.** guten Absatz finden, sich gut verkaufen lassen; **to increase s.s** Absatz/Umsätze steigern; **to offer for s.** zum Kauf anbieten, zum Verkauf stellen; **~ subject to change without notice; ~ without obligation** freibleibend zum Verkauf stellen; **to promote s.s** Absatz/Verkauf fördern; **to put up for s.** zum Verkauf anbieten; **to suspend s.s** Verkauf einstellen

aggregate sale|s Gesamtumsatz *m*; **annual s.s** Jahresabsatz *m*, J.umsatz *m*; **bearish s.** *(Börse)* Baisse-, Leerverkauf *m*; **brisk s.(s)** lebhafter/reger Absatz; **budgeted s.s** Umsatzvorgabe *f*; **bulk s.** Massenabsatz *m*, (Ver)Kauf in Bausch und Bogen; **closing-down s.** Totalausverkauf (wegen Geschäftsaufgabe) *m*, Räumungs(aus)verkauf *m*; **conditional s.** (Ver)Kauf unter Vorbehalt; **continental s.s** Absatz in Europa (außer GB); **corporate s.s** *[US]* Firmenumsatz *m*; **declining/dwindling s.s** Absatzrückgang *m*, A.schwund *m*, rückläufige Umsatzentwicklung; **direct s.** Direktverkauf *m*, D.vertrieb *m*; **doorstep s.s** Haustürgeschäft *nt*; **end-of-season s.** (Saison)-Schlussverkauf *m*; **enforced s.** Zwangsverkauf *m*; **exclusive s.** Alleinverkauf *m*, A.vertrieb *m*; **external s.s** Außen-, Fremdumsatz *m*; **falling/flagging s.s** Absatzrückgang *m*, A.schwund *m*, rückläufige Umsatzentwicklung; **flat s.s** gedrückte Umsätze; **fluctuating s.s** Absatzschwankungen *pl*; **forced s.** Zwangsverkauf *m*; **foreign s.s** Auslandsumsatz *m*; **forward s.** *(Börse)* Terminverkauf *m*; **gross s.s** Roh-, Bruttoumsatz *m*; **heavy s.s** *(Börse)* umfangreiche Abgaben; **higher s.s** Umsatzplus *m*; **high-street s.s** Einzelhandelsumsätze *pl*;

home s.s Verkäufe auf dem heimischen Markt, Inlandsgeschäft *nt*; **incremental s.s** Absatzwachstum *nt*; **intercompany s.s** Innenumsätze *pl*; **invoiced s.s** abgerechnete Leistungen; **net s.s** Nettoumsatzerlöse *pl*; **one-off s.** Einmalverkauf *m*; **overseas s.s** Absatz im Ausland; **outright s.** (Ver)Kauf in Bausch und Bogen; **over-the-counter s.** *(Börse)* Verkauf im Freiverkehr, Schalter-, Tafelgeschäft *nt*; **prior s.** Zwischenverkauf *m*; **subject to ~ s.** Zwischenverkauf vorbehalten; **quick/ready s.** schneller/flotter Absatz; **seasonal s.** Saisonschlussverkauf *m*; **short s.** *(Börse)* Baisse-, Leerverkauf *m*; **slow/sluggish s.** schlechter/schleppender Absatz; **total s.s** Gesamtabsatz *m*, G.umsatz *m*; **uninvoiced s.s** verrechnete Leistungen

sale|ability *n* Verkäuflichkeit *f*, Marktfähigkeit *f*, M.gängigkeit *f*; **s.able** *adj* verkäuflich, marktfähig, m.gängig

sales abroad Auslandsabsatz *m*, A.umsatz *m*; **s. account** Verkaufsabrechnung *f*; **s. activities** Vertriebsaktivitäten *pl*; **s. agency** 1. Vertriebs-, Verkaufsstelle *f*; 2. *(Bier)* Verlag *m*; **s. agent** (Handels-/Verkaufs)Vertreter *m*; **s. agreement** Kauf(vertrag) *m*; **s. allowance(s)** 1. (nachträglich gewährte) Preisnachlässe *pl*; 2. Rückstellungen für Garantie-/Kulanzleistungen; **s. area** 1. Verkaufsfläche *f*; 2. Vertretergebiet *nt*, V.bezirk *m*; **s. assistant** Kaufmannsgehilfe *m*, K.gehilfin *f*, Verkäufer(in) *m/f*; **s. boom** Absatzkonjunktur *f*; **s. branch** Verkaufsniederlassung *f*, V.stelle *f*; **s. breakdown** Absatz-, Umsatzgliederung *f*, U.aufschlüsselung *f*; **s. brochure** Verkaufsprospekt *m*; **s. call** Vertreterbesuch *m*; **s. campaign** Werbefeldzug *m*, W.aktion *f*; **s. channel** Vertriebs-, Absatzweg *m*, Vertriebs-, Absatzkanal *m*; **s. commission** Absatz-, Umsatzprovision *f*; **s. commissions** Provisionserträge *pl*; **s. commitment** Lieferverpflichtung *f*; **s. company** Verkaufsfirma *f*, Vertriebsgesellschaft *f*; **s. conditions** Absatzbedingungen *pl*; **s. contract** (Kauf)Vertrag *m*; **s. cost(s)** Vertriebskosten *pl*; **s. cost accounting** Vertriebskostenrechnung *f*; **s. credit** Absatzkredit *m*; **s. department** Verkauf *m*, Vertriebsabteilung *f*; **s. development** Umsatz-, Absatzentwicklung *f*; **s. director** Verkaufsdirektor(in) *m/f*, Vertriebsleiter(in) *m/f*; **s. discount** Skonto *m/nt*; **s. division** Verkaufs-, Vertriebsabteilung *f*; **s. drive** Absatzkampagne *f*; **s. effort(s)** Absatz-, Verkaufsanstrengungen *pl*; **s. engineer** Verkaufsingenieur *m*; **s. engineering** 1. technische Vertriebsunterstützung; **s. executive** Sachbearbeiter(in) im Verkauf, Verkäufer(in) *m/f*; **s. expansion** Absatz-, Umsatzausweitung *f*; **s. expectations** Absatzerwartungen *pl*; **s. figures** Verkaufs-, Absatzzahlen *pl*; **s. finance/financing** Absatzfinanzierung *f*; **s. fluctuations** Umsatzschwankungen *pl*; **s. force** Verkaufs-, Vertriebspersonal *nt*, Außendienst(organisation) *m/f*; **s. forecast** Umsatzprognose *f*; **s. forecasting** Absatzplanung *f*; **s.girl** *n* Verkäuferin *f*; **s. growth** Absatz-, Umsatzwachstum *nt*; **s. incentive** Verkaufsanreiz *m*; **s. information** Vertriebsinformation *f*; **s. interview** Verkaufsgespräch *nt*; **s.lady** *n* Verkäuferin *f*; **s. ledger** Debitorenbuch *nt*; **s. letter** Werbebrief *m*, W.schreiben *nt*; **s. literature** Verkaufsprospekte *pl*, Prospektmaterial *nt*; **s. location** Vertriebsstandort *m*; **(travelling) s.man** *n* Vertreter *m*, Handelsreisender *m*, Verkäufer (im Außendienst) *m*; **trained s.man** Fachverkäufer *m*; **s. management** Vertriebs-, Verkaufsleitung *f*; **s. manager** Verkaufs-, Vertriebsleiter(in) *m/f*; **s.man's commission** Vertreterprovision *f*; **s.manship** *n* Verkaufstechnik *f*, V.talent *nt*; **s. manual** Vertriebshandbuch *nt*; **s. mix** Absatzprogramm *nt*, Sortiment *nt*; **s. network** Vertriebsnetz *nt*; **s. note** Verkaufsabrechnung *f*; **s. office** Vertriebsstelle *f*, Fabrikniederlassung *f*; **s. organisation** Verkaufs-, Vertriebsorganisation *f*; **s. outlet** Verkaufsstätte *f*, Vertriebsstelle *f*, Absatzventil *nt*; **s. outlook** Absatzerwartungen *pl*; **s. package/packaging** Verkaufsverpackung *f*; **s. patter** *(coll)* Verkaufsgespräch *nt*; **s. pattern** Käuferverhalten *nt*; **s.people** *pl* Verkaufspersonal *nt*; **s. pitch** Verkaufstechnik *f*, V.masche *f (coll)*; **s. policy** Vertriebspolitik *f*; **s. potential** Aufnahmefähigkeit des Marktes

sale price (Aus)Verkaufspreis *m*; **s.s p.** Veräußerungs-, (End)Verkaufspreis *m*; **ex works s.s p.** Fabrikabgabepreis *m*

sales proceeds Verkaufserlös *m*; **s. pro-**

S

jections Absatzplanung *f*; **s. promotion** Absatz-, Vertriebsförderung *f*; **~ expenditure(s)** Werbeaufwendungen *pl*; **s. prospects** Absatzchance(n) *f/pl*, A.erwartungen *pl*; **s. publicity** Absatzwerbung *f*; **s. record** Verkaufserfolg *m*, Vertriebsergebnis *nt*; **s. recovery** Absatzbelebung *f*; **s. representative** (Handels)Vertreter(in) *m/f*; **s. restrictions** Vertriebs-, Absatzbeschränkungen *pl*; **s. result(s)** Umsatz-, Vertriebsergebnis *nt*; **s. returns** Rücksendungen *pl*, Retouren *pl*; **s. revenue(s)** Umsatz-, Absatzergebnis *nt*, Verkaufserlös *m*; **s.room** *n* 1. Verkaufsraum *m*; 2. Auktionsraum *m*; **s. shortfall** Absatz-, Umsatzausfall *m*; **s. slip** Kassenbon *m*; **s. slump** Absatzrückgang *m*; **s. space** Verkaufsfläche *f*; **s. staff** Verkaufspersonal *nt*; **s. statistics** Absatz-, Umsatz-, Verkaufsstatistik *f*; **high-pressure s. tactics** aggressive Verkaufsmethode(n); **s. talk** Verkaufs-, Werbegespräch *nt*

sales tax (Waren)Umsatz-, Verkaufssteuer *f*; **exempted from s. t.** umsatzsteuerbefreit; **liable to s. t.** umsatzsteuerpflichtig; **s. t. refund** Umsatzsteuerrückerstattung *f*

doorstep sales team Drückerkolonne *f (pej.)*; **s. territory** Vertriebs-, Verkaufsgebiet *nt*; **s. trend** Absatz-, Umsatzentwicklung *f*; **s. volume** Absatz-, Verkaufsvolumen *nt*, Mengenabsatz *m*; **s. worldwide** Weltumsatz *m*

salvage *n* 1. ⚓ (Schiffs)Bergung *f*; 2. *(Altmaterial)* Wiedergewinnung *f*; *v/t* 1. bergen, retten; 2. *(Altmaterial)* verwerten; **s. company** Bergungsgesellschaft *f*; **s. money** Bergungslohn *m*; **s. value** Rest-, Veräußerungs-, Realisationswert *m*; **s. work** Bergungsarbeiten *pl*

sample *n* 1. (Material-/Waren)Probe *f*, (Prüfungs-/Stück-/Waren)Muster *nt*, Musterstück *nt*; 2. 📊 (Flächen)Stichprobe *f*, Auswahl *f*; **s. on approval** Ansichtssendung *f*; **s. of goods** Warenkorb *m*; **s. without value; s. of no value** Muster ohne (Handels)Wert

inferior to sample schlechter als das Muster; **not to s.** nicht dem Muster entsprechend; **true/up to s.** mustergetreu, dem Muster/der Probe entsprechend

to buy according to sample nach Muster kaufen; **to draw s.s** Probe(n) (ent)nehmen; **to sell by s.** nach Muster verkaufen

average sample 📊 repräsentative Stichprobe; **commercial s.** Warenmuster *nt*; **defective s.** 📊 unvollständige Stichprobe; **free s.** Freistück *nt*, Gratisprobe *f*, G.muster *nt*; **matching s.** 📊 Vergleichs(stich)probe *f*; **mixed s.** gemischte Stichprobe; **random s.** 📊 (zufällig gewählte) Stichprobe *f*; **representative s.** 1. Serien-, Durchschnittsmuster *nt*; 2. 📊 repräsentative Stichprobe

sample *v/t* 1. kosten, probieren; 2. bemustern

sample advertising Werbung durch Muster; **s. book** Musterbuch *nt*; **s. consignment** Mustersendung *f*; **s. inquiry/poll** 📊 Repräsentativumfrage *f*; **s. period** Untersuchungszeitraum *m*; **s. population** Stichprobenpopulation *f*; **s. room** Musterlager *nt*; **s. size** 1. Mustergröße *f*; 2. 📊 Stichprobenumfang *m*; **s. survey** Repräsentativerhebung *f*; **s. testing** Stichprobenprüfung *f*

sampling *n* 1. Muster-, (Stich)Probenentnahme *f*; 2. Musterkollektion *f*; 3. 📊 (Repräsentativ)Auswahl *f*, Stichprobenverfahren *nt*; **haphazard s.** Stichprobenbefragung *f*; **multiple/multi-stage s.** Mehrfachstichprobenentnahme *f*; **nested s.** Klumpenstichprobenverfahren *nt*; **quasi-random s.** zufallsähnliches Stichprobenverfahren; **random s.** Stichprobenerhebung *f*, Zufallsauswahl *f*

sampling inspection Stichprobenprüfung *f*; **s. inventory** Stichprobeninventur *f*; **s. procedure** Stichproben-, Auswahlverfahren *nt*; **s. unit** Stichprobeneinheit *f*

sanction *n* 1. (nachträgliche) Genehmigung *f*, Billigung *f*; 2. Zwangsmaßnahme *f*; **to impose s.s** Sanktionen auferlegen/verhängen; **to lift s.s** Sanktionen aufheben; **economic s.s** Wirtschaftssanktionen *pl*

sanction *v/t* genehmigen, billigen

satellite *n* Satellit *m*; **s.-based** *adj* satellitengestützt; **s. office** kleine Zweigstelle, Außenstelle *f*; **s. store** *(Laden)* Anhängefiliale *f*, Außenstelle *f*, Dependance *f [frz.]*; **s. town** Trabantenstadt *f*

satisfaction *n* 1. Befriedigung *f*; 2. Schadensabfindung *f*, Wiedergutmachung *f*; 3. *(Hypothek)* Löschung *f*; **s. of a claim** Befriedigung/Erfüllung eines Anspruchs; **~ creditors** Gläubigerbefriedigung *f*; **~ demand** Bedarfsbefriedigung *f*, Nachfragedeckung *f*; **~ a mortgage** Hypothekenlöschung *f*, H.tilgung *f*; **to enter s.** Hypothek im Grundbuch löschen lassen; **to give s.** (jdn) zufrieden stellen; **s. level** Nutzenniveau *nt*; **s. scale** Zufriedenheitsskala *f*

satisfactory *adj* zufriedenstellend

satisfy *v/t* 1. befriedigen, zufrieden stellen; 2. *(Gläubiger)* abfinden; 3. *(Schuld)* tilgen, abgelten

saturate *v/t* sättigen

saturation *n* Sättigung(sgrenze) *f*; **s. of consumption** Konsumsättigung *f*; **~ demand** Bedarfssättigung *f*; **~ the market** Marktsättigung *f*; **s. level/point** Sättigungsgrenze *f*, S.grad *m*

late-closing Saturday; S. afternoon opening langer/verkaufsoffener Sonnabend/Samstag

save *v/t* (er)sparen, einsparen; **s. up** zusammen-, ansparen

save-as-you earn (SAYE) *[GB]*/**save-as-you-go** *[US]* **scheme** Ratensparvertrag *m*

saver *n* Sparer(in) *m/f*; **small s.** Kleinsparer(in) *m/f*

saving *n* Sparen *nt*, (Kosten)Einsparung *f*, (Geld)Ersparnis *f*; **s.s** 1. Spareinlagen *pl*, S.guthaben *nt/pl*, S.kapital *nt*, Ersparnisse *pl*, Erspartes *nt*; 2. Einsparungen *pl*; **s. with a building society** Bausparen *nt*; **s. through insurance** Versicherungssparen *nt*; **~ investments in securities** Wertpapiersparen *nt*; **s.s and loan association/institution (s. & l.)** *[US]* (gemeinnützige) Spar- und Darlehenskasse *f*, (genossenschaftliche) Bausparkasse *f*; **~ industry** die Bausparkassen; **s. of material** Materialersparnis *f*; **s.s on materials** Materialeinsparung *f*

to encourage saving Spartätigkeit fördern; **to withdraw s.s** Ersparnisse abheben

aggregate saving|s volkswirtschaftliche Ersparnisse; **compulsory/forced s.** Zwangssparen *nt*, Sparzwang *m*; **contractual s.** Vertrags-, Prämiensparen *nt*; **domestic s.s** *(VWL)* private Sparleistung; **fixed-rate s.** Festzinssparen *nt*; **negative s.** Entsparung *f*; **personal/private s.(s)** private Spartätigkeit; **postal s.s** Postspareinlagen *pl*, P.guthaben *nt/pl*; **potential s.s** Einsparmöglichkeiten *pl*; **ready s.s** verfügbare Spareinlagen; **total s.s** Gesamtersparnis *f*, Sparaufkommen *nt*

savings account Sparkonto *nt*; **individual s. account (ISA)** *[GB]* steuerbegünstigtes Privatsparkonto; **tax-exempt special s. account (TESSA)** *[GB]* steuerfreies Sparkonto; **s. accumulation** Ersparnisbildung *f*; **s. bank** Sparkasse *f*; **postal s. bank** Postsparkasse *f*; **s. behaviour** Sparverhalten *nt*; **s. bond** 1. Sparbrief *m*; 2. *[US]* festverzinsliche Staatsanleihe, Schatzbrief *m*; **s. bonus** Sparprämie *f*, S.bonus *m*, S.zulage *f*; **s. book** Sparbuch *nt*; **s. capital** Sparkapital *nt*; **s. certificate** Spar(kassen)brief *m*; **s. component** Sparkomponente *f*; **s. deposit** Sparkonto *nt*, S.einlage *f*; **s. deposits** Sparguthaben *nt/pl*, S.einlagen *pl*; **s. deposit rate** Zinssatz für Spareinlagen; **s. formation** Ersparnisbildung *f*; **s. institution** Sparinstitut(ion) *nt/f*; **s. instrument** Sparform *f*; **s. period** Ansparzeit *f*; **s. rate/ratio** Sparquote *f*; **s. scheme** Sparplan *m*; **s. target** Sparziel *nt*; **s. tax** Steuer auf Zinserträge; **s. volume** Sparaufkommen *nt*; **s. withdrawals** Abhebungen von Sparkonten

Say's Law *(VWL)* Gesetz der Absatzwege

scale *n* 1. Skala *f*, Maßstab *m*; 2. Größenordnung *f*, Umfang *m*, Ausmaß *nt*; **s. of benefits** *(Vers.)* Leistungstabelle *f*; **~ business** Geschäftsvolumen *nt*; **~ charges/fees** Preisliste *f*, Gebührentabelle *f*, G.ordnung *f*; **~ commissions** Provisionsstaffel *f*; **~ operation(s)** Betriebsumfang *m*, B.größe *f*; **~ premiums** *(Vers.)* Prämientarif *m*; **~ production** Produktionsumfang *m*; **~ rates** Tariftabelle *f*; **~ wages** Lohntabelle *f*; **graduated s.** Stufentarif *m*; **on a large s.** in großem Umfang; **progressive s.** Progression(starif) *f/m*; **sliding s.** 1. gleitende Skala, Staffeltarif *m*, Mengenstaffel *f*; 2. Steuerprogression *f*

scale *v/t* staffeln; **s. down** 1. *(Preis/Menge)* herab-, heruntersetzen, reduzieren; 2. *(Aktien)* repartieren; **s. up** *(Preis/Menge)* heraufsetzen, erhöhen, aufstocken; **s. to new levels** zu neuen Höhen bringen

scale benefits/economies Größenvorteile *pl*, Degressionsgewinne *pl*, Skalenerträge *pl*; **s. effects** Kostendegressionseffekte *pl*; **s. elasticity** Skalenelastizität *f*; **s. order** *(Börse)* Kaufauftrag zu unterschiedlichen Kursen; **s. rate** Tarifpreis *m*; **s. wage** *[US]* Tariflohn *m*

scaling of yields *n* Renditestaffelung *f*

scaling down *(Wertpapier)* Zuteilung *f*,

Repartierung *f*; **s. up** Korrektur nach oben
scan *v/t* 🖳 scannen, (ein)lesen, abtasten; **s. in** einlesen, einscannen
scanner *n* 1. 🖳 Scanner *m*, Lesegerät *nt*; 2. Lesestift *m*; **s. checkout** Scanner-Kasse *f*
scanning *n* Scannen *nt*, Einlesen *nt*, Abtasten *nt*; **s. device** Scanner *m*, Lesegerät *nt*; **s. field** Bildraster *nt*, B.tafel *nt*; **s. line** Bildzeile *f*
scarce *adj* knapp, selten; **to be s.** Mangelware sein
scarcity *n* Mangel *m*, Knappheit(serscheinung) *f*; **s. of capital** Kapitalmangel *m*; **~ funds** Mittelknappheit *f*; **~ goods** Warenverknappung *f*; **~ labour** Arbeitskräftemangel *m*; **~ money** Geldmangel *m*; **~ workers** Arbeitskräftemangel *m*; **s. price** Mangelwarenpreis *m*
scenario *n* *(fig)* Szenario *nt*, Ausgangslage *f*; **economic s.** Wirtschaftslandschaft *f*; **worst-case s.** größter anzunehmender Unfall (GAU)
scepticism *n* Skepsis *f*
schedule *n* 1. (Ablauf-/Arbeits-/Fahr-/Produktions-/Termin)Plan *m*, Programm *nt*; 2. Tabelle *f*, Verzeichnis *nt*, Liste *f*; 3. Formular *nt*, Formblatt *nt*; 4. tabellarische Anordnung/Aufstellung; 5. *(Gesetz/Vertrag)* Anhang *m*; 6. Einkommenssteuergruppe *f*; **according to s.** termingerecht, planmäßig; **ahead of s.** vorzeitig, vor Fälligkeit; **behind s.** im Rückstand; **on s.** pünktlich, fahrplanmäßig, termingemäß
schedule of accounts Kontenrahmen *m*; **~ accounts payable** *[US]* Kreditorenverzeichnis *nt*; **~ assets and liabilities** Verzeichnis der Aktiva und Passiva; **~ a bankrupt's estate** *(Konkurs)* Forderungsverzeichnis *nt*; **~ charges** Gebührentabelle *f*, G.tarif *m*, G.ordnung *f*; **~ creditors** Gläubigerliste *f*, G.verzeichnis *nt*; **~ due dates** Fälligkeitsplan *m*; **~ debts** Schuldenverzeichnis *nt*; **~ expenses** Ausgabenverzeichnis *nt*; **~ fees** Gebührentabelle *f*, G.tarif *m*, G.ordnung *f*; **~ liabilities** Liste der Verbindlichkeiten; **~ prices** Preisliste *f*; **~ property** Vermögensaufstellung *f*
to fall behind schedule hinter einem Plan zurückbleiben; **to operate on s.** planmäßig arbeiten
schedule *v/t* 1. (terminlich) festlegen, terminieren; 2. planen, disponieren; **s.d** *adj* 1. regulär, (fahr)planmäßig; 2. termingebunden
scheduler *n* Disponent(in) *m/f*
schedule rating *(Vers.)* Prämienfestsetzung nach Schadensverlauf
scheduling *n* 1. Ablauf-, Fertigungs-, Prozessplanung *f*; 2. Disposition *f*, Transportsteuerung *f*; **s. costs** Dispositionskosten *pl*
scheme *n* Schema *nt*, Plan *m*, Entwurf *m*, Projekt *nt*, Einrichtung *f*, Vorhaben *nt*; **s. of accounts** Kontenrahmen *m*; **~ arrangement/composition** (Gläubiger)Vergleich *m*; **~ distribution** Verteilungsplan *m*; **to implement a s.** Vorhaben verwirklichen; **contractual s.** vertragliche Regelung; **fund-raising/money-raising s.** Geldbeschaffungsmaßnahme *f*; **environmental s.** Umweltprojekt *nt*; **tax-saving/tax-efficient s.** Steuersparmodell *nt*
school *n* 1. Schule *f*; 2. Fakultät *f*; **s. of economics** Wirtschaftshochschule *f*, W.-fakultät *f*; **~ economic thought** wirtschaftliche Lehrmeinung
commercial school Handelsschule *f*; **professional s.** *[US]* Fachhochschule (FH) *f*; **technical s.** Gewerbe-, Berufsfachschule *f*; **vocational s.** Fach-, Berufsschule *f*, berufsbildende Schule; **s. certificate** Schulzeugnis *nt*; **s. education** Schulausbildung *f*; **s. fee(s)** Schulgeld *nt*; **s. leaver** Schulabgänger *m*
science *n* (Fach-/Natur)Wissenschaft *f*; **s. of business/industrial administration** Betriebswirtschaft(slehre) (BWL) *f*; **~ management and administration** Verwaltungslehre *f*; **~ transport management** Transportbetriebslehre *f*; **actuarial s.** Versicherungsmathematik *f*; **administrative s.** Verwaltungswissenschaft *f*; **empirical s.** empirische Wissenschaft; **industrial s.** 1. Industriebetriebslehre *f*; 2. Arbeitswissenschaft *f*; **occupational s.** Arbeitswissenschaft *f*; **s. park** Technologiepark *m*, T.zentrum *nt*
scientific *adj* (natur)wissenschaftlich
scientist *n* (Natur)Wissenschaftler(in) *m/f*, Experte *m*, Expertin *f*
scope *n* 1. (Handlungs-/Entscheidungs)-Spielraum *m*, Rahmen *m*, Umfang *m*; 2. Aufgabenkreis *m*; 3. Anwendungs-, Gültigkeitsbereich *m*; 4. Zuständigkeitsbereich *m*

scope of economic activity wirtschaftliche Bewegungsfreiheit; **s. for advancement** Aufstiegschancen *pl*; **s. of audit** Prüfungsumfang *m*; **~ authority** Zuständigkeit *f*; **~ business** Geschäftsbereich *m*; **~ consolidation** Konsolidierungs-, Organkreis *m*; **~ a contract** Vertragsumfang *m*; **~ discretion** Ermessensspielraum *m*; **s. for distribution** Verteilungsspielraum *m*; **s. of duties** Aufgabenbereich *m*; **~ (the) guarantee** Garantieumfang *m*; **~ inspection** Abnahmeumfang *m*; **~ interest rates** zinspolitischer Spielraum; **~ a law** Rahmen eines Gesetzes, Anwendungsbereich *m*; **~ liability** Haftungsumfang *m*; **~ a patent** Patentumfang *m*; **~ policy** Versicherungsumfang *m*; **s. for price increases** Preis(erhöhungs)spielraum *m*; **s. of risk** Risikoumfang *m*; **~ services** Leistungsumfang *m*; **~ supplies** Lieferumfang *m*

budgetary scope Haushalts-, Etatspielraum *m*; **economic s.** wirtschaftspolitischer Handlungsspielraum; **financial s.** finanzpolitischer/finanzieller Spielraum

scramble *n* heftige Nachfrage; **s. for wealth** Jagd nach Reichtum; **s.** *v/t* verschlüsseln, chiffrieren

scrap *n* Schrott *m*, Abfall *m*; *v/t* verschrotten, ausmustern; **s. metal** Schrott *m*, Altmetall *nt*

scrappage *n* *[US]* ⚒ Ausschuss *m*

scrapping *n* ⚒ Ausmusterung *f*; **s. premium** ⚓ Abwrackprämie *f*

scrap rate Ausschussanteil *m*; **s. sales** Schrottverkäufe *pl*; **s. trade** Schrotthandel *m*; **s. value** Schrott-, Restnutzungswert *m*

S

screen *n* (Bild)Schirm *m*, Leinwand *f*; *v/t* 1. überprüfen, durchleuchten; 2. *(Personen)* einer Auswahlprüfung unterziehen; **s. advertising** Film- und Fernsehwerbung *f*

scrip *n* Bezugs-, Berichtigungs-, Interims-, Zwischenschein *m*; **s. bonus** Gratisaktie *f*; **s. certificate** 1. *[GB]* Interimsschein *m*; 2. *[US]* Anteilsschein *m*; **s. company** *[US]* Kommanditgesellschaft auf Aktien (KGaA); **s. dividend** Stockdividende *f*; **s. holder** Interimscheininhaber(in) *m/f*, Inhaber(in) eines Zwischenscheins; **s. issue** Emission/Ausgabe von Gratis-/Berichtigungsaktien

script *n* (Radio)Werbetext *m*

sea *n* See *f*, Meer *nt*; **by s.** auf dem Seeweg, per Schiff; **~ and land** zu Wasser und zu Lande; **s. bill of lading** Seekonnossement *nt*, S.frachtbrief *m*; **s.borne** *adj* auf dem Seewege; **s. cargo** (Hoch)Seefracht *f*; **s.-damaged** *adj* seebeschädigt, havariert; **s. freight** (Hoch)Seefracht *f*; **s.-going** *adj* seetüchtig, Hochsee-

seal *n* Verschluss *m*, Siegel *nt*, Plombe *f*; **to affix a s.** (ver)siegeln, Plombe anbringen; **to take off the s.** ⊝ Plombe entfernen; **official s.** Dienstsiegel *nt*; **s.** *v/t* 1. plombieren, (ver)siegeln; 2. *(Brief)* zukleben, verschließen; **s.able** *adj (Behälter)* verschließbar

sea lane ⚓ Schifffahrtsweg *m*

sealing *n* (Ver)Siegelung *f*; **s.-off tendency** Abschottungstendenz *f*

sea|-packed *adj* ⚓ seemäßig verpackt; **s.-port** *n* 1. Seehafen *m*; 2. Hafenstadt *f*

SEAQ *[GB]* ↘ **Stock Exchange Automated Quotations**

search *n* Suche *f*, Durchsuchung *f*; **s. for a job** Stellensuche *f*; **~ a location** Standortsuche *f*; **s. and seizure** § Durchsuchung und Beschlagnahme *f*; **s.** *v/t* (ab-/durch)suchen; **s. warrant** § (Haus)Durchsuchungsbefehl *m*

sea route Seeverbindung *f*, S.weg *m*

season *n* Jahreszeit *f*, Saison *f*; **busy/peak s.** Hauptsaison *f*; **dead/dull s.** ruhige Jahreszeit, geschäftslose Zeit; **off s.** Nachsaison *f*; **low s.** Vor- und Nachsaison *f*; **slack s.** Flaute *f*; **s.al** *adj* saisonabhängig, s.üblich, jahreszeitlich (bedingt), saisonal (bedingt), Saison-

seat *n* 1. Sitz(platz) *m*; 2. Börsensitz *m*; **s. on the board** Sitz im Verwaltungsrat, Aufsichtsratssitz *m*, Vorstandsposten *m*; **s. of business** Niederlassung *f*, Firmen-, Geschäftssitz *m*; **s. load factor** ✈ Sitzladefaktor *m*

sea trade Seehandel *m*; **s. transport** Seetransport *m*; **~ document** Seefrachtpapier *nt*; **s. waybill** Seefrachtbrief *m*; **s.-worthiness** *n* Seetüchtigkeit *f*; **s.worthy** *adj* seetüchtig, s.mäßig

second; S. of Exchange *n* *(Wechsel)* Zweitausfertigung *f*, Sekunda(wechsel) *f/m*; **s.s** zweite Wahl

second *v/i* 1. beistehen; 2. *(Antrag)* unterstützen; 3. *(Person)* abstellen, abordnen

second|-hand *adj* aus zweiter Hand, gebraucht; **s.ment** *n* Abstellung *f*, Abordnung *f*; **on s.ment (from)** abgeordnet (von); **s.-rate** *adj* zweitrangig, mittelmäßig

secrecy *n* Geheimnis *nt*, Geheimhaltung *f*, Verschwiegenheit *f*; **corporate s.** Firmengeheimnis *nt*; **fiscal s.** Steuergeheimnis *nt*; **postal s.** Postgeheimnis *nt*; **professional s.** Berufsgeheimnis *nt*

secret *n* Geheimnis *nt*; **commercial s.** Geschäftsgeheimnis *nt*; **industrial s.** Betriebsgeheimnis *nt*; **operational s.** Betriebsgeheimnis *nt*; **professional s.** Berufsgeheimnis *nt*

secretari|ate *n* Sekretariat *nt*; **s.al** *adj* Sekretärinnen-, Schreib-, Sekretariats-

secretary *n* 1. Sekretär(in) *m/f*; 2. Verwaltungsdirektor(in) *m/f*; 3. Syndikus *m*; 4. Minister(in) *m/f*; **S. of Commerce** *[US]* Handels-, Wirtschaftsminister *m*; **~ Labor** *[US]* Arbeitsminister *m*; **~ the Treasury Department** *[US]* Finanzminister *m*; **personal s.** Chefsekretärin *f*; **s. general** Generalsekretär(in) *m/f*

section *n* 1. Sektion *f*, (Unter)Abteilung *f*, Fachgruppe *f*, Referat *nt*; 2. (Teil)Abschnitt *m*, T.bereich *m*, Bestandteil *m*; **s. of the market** Marktbereich *m*, M.segment *nt*; **large s.s of the population** breite Schichten der Bevölkerung; **cross s.** Querschnitt *m*; **financial s.** *(Zeitung)* Wirtschaftsteil *m*; **s. head/manager** Referent(in) *m/f*, Bereichsleiter(in) *m/f*

sector *n* Gebiet *nt*, (Wirtschafts)Bereich *m*, Sektor *m*, (Industrie)Branche *f*, I.zweig *m*; **s. of the economy** Wirtschaftszweig *m*; **~ industry** Industriezweig *m*

agricultural sector Agrarsektor *m*; **corporate s.** 1. Firmenkundschaft *f*; 2. Unternehmenssektor *m*; **economic s.** Branche *f*, Wirtschaftszweig *m*; **financial s.** Finanzsektor *m*; **goods-producing s.** güter-/warenproduzierender Bereich; **industrial s.** Industriesektor *m*, Wirtschaftszweig *m*, Branche *f*; **manufacturing s.** verarbeitendes Gewerbe, verarbeitende Industrie; **non-profit-making s.** Gemeinwirtschaft *f*; **personal s.** Privatkunden *pl*, P.kundschaft *f*; **primary s.** Primärbereich *m*, Grundstoffindustrie *f*, Urproduktion *f*; **private s.** Privatwirtschaft *f*, privatwirtschaftlicher Sektor; **processing s.** Vered(e)lungsindustrie *f*

public sector öffentliche Hand; **p.-s. borrowing requirement (PSBR)** Kredit-/Verschuldungsbedarf der öffentlichen Hand; **~ employee** Staatsbedienstete(r) *f/m*, Beschäftigte(r) im öffentlichen Dienst; **~ employer** öffentliche(r) Arbeitgeber(in); **~ pay** Vergütung im öffentlichen Dienst; **~ union** Gewerkschaft für den öffentlichen Dienst

secondary sector Fertigungsbereich *m*, verarbeitende Industrie, Produktionswirtschaft *f*; **tertiary s.** Dienstleistungssektor *m*, Dienstleistungs-, Tertiärbereich *m*; **wealth-creating s.** produktiver Sektor

sectoral *adj* branchenspezifisch, Branchen-

sector analysis Branchenanalyse *f*; **s. performance** Branchenentwicklung *f*

secur|e *v/t* 1. absichern, (be)sichern, garantieren, decken, gewährleisten; 2. beschaffen, erwerben; 3. *(Preis)* erzielen; **s.ing of hazardous goods** *n* Gefahrgutsicherung *f*

securitiz|ation *n* Forderungs(be)sicherung *f*, Verbriefung von Forderungen/Schulden, (Kredit-/Darlehens)Besicherung *f*; **s.e** *v/t (Forderungen)* verbriefen

security *n* 1. Sicherheit *f*, Garantie *f*, (Kredit)Sicherung *f*; 2. Deckung *f*, Bürgschaft *f*; 3. Wertpapier *nt*, Schuldverschreibung *f*; 4. Anlage(titel) *f/m*; **securities** Effekten *pl*

security by bond Sicherheitsleistung durch Bürgschaft; **~ for borrowing** Darlehensbesicherung *f*; **s. for credit** Kreditunterlage *f*; **~ a debt** Sicherheit für eine Forderung; **s. of employment** Sicherheit des Arbeitsplatzes; **securities in hand** *(Bilanz)* Bestand an Effekten, Wertpapierbestand *m*; **s. for a loan** Sicherheit für einen Kredit; **securities on offer** *(Börse)* (Material)Angebot *nt*; **s. of supply** Versorgungssicherheit *f*; **~ tenure** 1. Kündigungsschutz *m*; 2. *(öffentlicher Dienst)* Arbeitsplatzgarantie *f*

eligible as security beleihbar; **pledged as s.** sicherungsübereignet; **providing/putting up s.** Kautions(ge)stellung *f*, Bestellung einer Sicherheit; **suitable as s.** beleihungsfähig; **securities traded for cash** Kassapapiere *pl*

to assign for/as security zur Sicherheit abtreten/übereignen/ü.tragen; **to call in securities** Papiere aufrufen; **to demand s.** Kaution fordern; **to deposit s.** Kaution stellen, Bürgschaft leisten; **~ securities** Wertpapiere hinterlegen; **to draw securi-**

S

ties by lot Papiere auslosen; **to float a s.** 1. Wertpapier begeben; 2. Sicherheit auswechseln; **to furnish s.** verbürgen, Sicherheit/Bürgschaft leisten; **to hold securities for safekeeping** Effekten verwahren; **to list/quote securities** Wertpapiere notieren; **to pledge as s.** sicherheitshalber übereignen; **to provide s.** verbürgen, Sicherheit/Bürgschaft leisten; **to register a s.** Sicherheit bestellen; **to release a s.** Sicherheit freigeben; **to stand s.** Kaution leisten/bereitstellen, verbürgen, Sicherheit/Bürgschaft leisten

adequate security angemessene Sicherheit; **approved s.** zentralbankfähiges Wertpapier; **asset-backed s. (ABS)** forderungsbesichertes Wertpapier; **bankable s.** bankmäßige Sicherheit; **collateral s.** dingliche Sicherheit, Lombarddeckung *f*, Kreditsicherung *f*; **contractual s.** vertragliche Sicherheit; **convertible s.** wandelbares Wertpapier; **current-asset securities** Wertpapiere des Umlaufvermögens; **direct s.** persönlich gestellte Kreditsicherheit; **dividend-bearing/dividend-earning s.** Dividendenwert *m*, D.papier *nt*; **eligible s.** 1. geeignete Sicherheit; 2. lombardfähiges Wertpapier; **fixed-income/fixed-interest(-bearing)/fixed-yield s.** festverzinsliches Wertpapier, Rentenwert *m*; **floating s.** Gesamtschuld *f*; **gilt-edged s.** *[GB]* Staatspapier *nt*, mündelsicheres Wertpapier; **forward s.** Terminwert *m*; **heavy-priced/high-priced s.** schweres (Wert)Papier; **high-yield(ing) s.** hoch rentierliches Wertpapier; **industrial s.** Industriewert *m*; **interest-bearing s.** verzinsliches Wertpapier; **junior s.** nachrangige Sicherheit; **legal s.** *[US]* Staatspapier *nt*, mündelsicheres Wertpapier; **listed s.** börsengängiges/b.notiertes Wertpapier; **long-dated s.** Langläufer *m*; **low-priced s.** leichtes Wertpapier; **low-volume s.** Wertpapier mit geringen Umsätzen; **low-yielding s.** niedrig verzinsliches Wertpapier; **marketable s.** börsengängiges/marktfähiges Wertpapier; **municipal s.** Kommunalschuldverschreibung *f*, K.anleihe *f*; **negotiable securities** *(Börse)* freie Stücke, marktfähige Effekten; **off-board s.** nicht notiertes Wertpapier; **on-board s.** börsennotiertes Wertpapier; **outstanding securities** umlaufende Titel; **personal s.** nicht dinglich abgesicherte Bürgschaft; **pledged s.** *(Börse)* verpfändetes Papier; **quoted s.** börsengängiges/b.notiertes Wertpapier; **real s.** Grundpfand *nt*, dingliche Sicherheit; **registered s.** Namenstitel *m*

social security 1. soziale Sicherheit; 2. Sozialversicherung *f*; **to claim s. s.** Sozialhilfe beantragen; **s. s. benefits/payments** Sozial(hilfe)leistungen *pl*; **earnings-related ~ benefits** lohnabhängige Sozialversicherungsleistungen; **~ budget** Sozialetat *m*; **~ contribution** Sozialversicherungsbeitrag *m*; **~ costs** soziale Aufwendungen; **~ payments** Sozialleistungen *pl*; **~ recipient** Sozialhilfeempfänger(in) *m/f*; **~ system** soziales Sicherheitsnetz; **~ tax** Sozialbeitrag *m*

supplemental security income *[US]* Sozialhilfe *f*; **top-grade s.** erstklassiges Wertpapier; **transferable s.** übertragbares Wertpapier; **underlying s.** dingliche Sicherheit; **unlisted s.** Freiverkehrswert *m*; **~ securities market (USM)** Freiverkehr(smarkt) *m*; **voting s.** stimmberechtigtes Wertpapier

security adviser Sicherheitsberater(in) *m/f*; **s. analyst** Effekten-, Kapitalanlageberater(in) *m/f*, Marktbeobachter(in) *m/f*; **securities broker** Effekten-, Wertpapiermakler *m*; **s. check** Sicherheitskontrolle *f*; **s. clearance** Sicherheitsüberprüfung *f*; **Securities and Exchange Commission (SEC)** 1. *[US]* Börsenaufsicht(sbehörde) *f*; 2. *[GB]* Börsen(- und Wertpapier)kommission *f*; **s. company** Wach- und Schließgesellschaft *f*; **securities dealer** Börsen-, Effektenhändler(in) *m/f*; **~ dealing** Effekten-, Wertpapierhandel *m*; **~ dealings** Wertpapiergeschäft *nt*; **s. deposit** Wertpapierdepot *nt*, Kaution *f*; **s. discount(ing)** Effektendiskont *m*; **s. holder** Wertpapierbesitzer(in) *m/f*; **s. holdings** Effektenbestand *m*, Wertpapierbesitz *m*; **securities house** Effektenbank *f*; **s. identification number** Wertpapierkennnummer (WKN) *f*; **securities issue** Wertpapieremission *f*; **~ ledger** Effektenbuch *nt*; **~ loan** Effektenkredit *m*; **~ collateral loan** Lombardkredit *m*; **~ management** Wertpapier-, Effektenverwaltung *f*; **~ market** Wertpapiermarkt *m*, W.börse *f*, Effektenbörse *f*; **s. measure** Sicherheitsmaßnahme *f*; **s. officer** Sicher-

S

heitsbeauftragte(r) *f/m*; **securities operation** Wertpapiergeschäft *nt*; **~ option** Wertpapieroptionsgeschäft *nt*; **~ portfolio** Wertpapier-, Effektenportefeuille *nt*, Wertpapierdepot *nt*; **s. price** Effekten-, Wertpapierkurs *m*; **s. principle** Vier-Augen-Prinzip *nt*; **s. risk** Sicherheitsrisiko *nt*; **s. system** Sicherheitsanlage *f*; **securities tax** Wertpapiersteuer *f*; **~ trading/transactions** Effekten-, Wertpapierhandel *m*, W.geschäft *nt*; **s. van** Geldtransportfahrzeug *nt*; **s. write-off** Wertpapierabschreibung *f*; **s. zone** Sicherheitsbereich *m*

seed *n* Samen *m*, Saatgut *nt*; **s. financing** *(Firma)* Anfangsfinanzierung *f*; **s. phase** Gründungsphase *f*

seek *v/t* bestrebt sein

seesaw market Schaukelbörse *f*

segment *n* Segment *nt*, Abschnitt *m*, Teil *m*; **s. of the market** Marktsegment *nt*; **down-market s.** unteres Marktsegment; **up-market s.** oberes Marktsegment; **s. marketing (strategy)** Segmenterschließungsstrategie *f*; **s. reporting** Segmentberichterstattung *f*

segregation *n* (Ab)Trennung *f*, Aussonderung *f*

seize *v/t* § beschlagnahmen, pfänden, einziehen

seizure *n* § Beschlagnahme *f*, Pfändung *f*, Einzug *m*; **s. of crops** Pfändung der Ernte; **s. by way of execution** Zwangsvollstreckung *f*; **s. of movables** Mobiliarpfändung *f*; **s. for security** Sicherheitspfändung *f*; **s. of a ship** Schiffsarrest *m*

select *v/t* auswählen

selection *n* (Aus)Wahl *f*, Auslese *f*, Musterung *f*; **s. of samples** Mustersendung *f*, M.kollektion *f*; **s. committee** Auswahlausschuss *m*; **s. criterion** Auswahlkriterium *nt*; **s. interview** Vorstellungsgespräch *nt*

selective *adj* wählerisch, selektiv

self *pron* selbst; **s.-acting** *adj* selbsttätig; **s.-addressed** *adj* ✉ an sich selbst adressiert; **s.-adjusting** *adj* sich selbst regulierend; **s.-assessment** *n* Selbstveranlagung *f*; **s.-constructed** *adj* selbst erstellt; **s.-contracting; s.-dealing** *n* Insichgeschäft *nt*, Selbstkontrahieren *nt*; **s.-correcting** *adj* selbstregulierend; **the s.-employed** *n* Selbstständige *pl*, Freiberufler *pl*; *adj* freiberuflich, selbstständig (tätig); **s.-employment** *n* selbstständige (Erwerbs)-Tätigkeit, freiberufliche Tätigkeit; **~ income** Einkünfte aus selbstständiger Arbeit; **s.-financing** *n* Eigen-, Selbstfinanzierung *f*; *adj* sich selbst finanzierend, kostenneutral; **~ ability** Selbstfinanzierungskraft *f*; **s.-generated** *adj (Geldmittel)* selbsterwirtschaftet, Eigen-; **s.-governed** *adj* selbstverwaltet; **s.-help** *n* Selbsthilfe *f*; **s.-inflicted** *adj* hausgemacht *(coll)*; **s.-insurance** *n* Eigen-, Selbstversicherung *f*; **s.-insurer** *n* Selbstversicherer *m*; **s.-interest** *n* Eigen-, Selbstinteresse *nt*; **s.-made** *adj* handgemacht; **s.-mailer** *n* ✉ Drucksache ohne Umschlag, Werbe(druck)sache mit Rückantwort; **s.-manufacture** *n* Selbstanfertigung *f*; **s.-motivating** *adj* dynamisch, eigeninititativ; **s.-production** *n* Eigenleistung *f*; **s.-provided** *adj* selbst erstellt; **s.-regulating** *adj* selbstregulierend; **s.-restraint** *n* Selbstbeschränkung *f*; **s.-selection** *n* Selbstbedienung *f*, Vorauswahl *f*; **s.-service** *n* Selbstbedienung *f*; **~ shop** *[GB]***/store** *[US]* Selbstbedienungsgeschäft *nt*, S.laden *m*; **s.-starter** *n* dynamische Persönlichkeit; **s.-sufficiency** *n* Autarkie *f*, Selbstversorgung *f*; **s.-sufficient** *adj* autark, selbstversorgend; **s.-supporting** *adj* finanziell/wirtschaftlich unabhängig

sell *n* Verkaufstaktik *f*, V.methode *f*; **hard s.** aggressive Absatzmethode; **soft s.** argumentative Verkaufstechnik

sell *v/ti* 1. verkaufen, veräußern, um-, absetzen, vertreiben; 2. *(Waren)* führen; 3. sich absetzen/verkaufen lassen; **s. by** *(Auszeichnung)* Mindesthaltbarkeit(sdatum) *f/nt*; **hard to s.** schlecht/schwer verkäuflich, schwer zu verkaufen; **s. at best; s. on a best effort basis** zum Höchstpreis/H.kurs/bestens verkaufen; **s. briskly** reißenden Absatz finden; **s. cheap** billig abgeben/verkaufen; **s. forward** per/auf Termin verkaufen, auf Ziel verkaufen; **s. off** veräußern, abstoßen; **s. online** online verkaufen; **s. out** (aus)verkaufen, Lager räumen; **s. outright** fest verkaufen; **s. readily** sich gut/leicht verkaufen (lassen); **s. short** *(Börse)* fixen, ohne Deckung verkaufen; **s. up** (alles) verkaufen; **s. well** glänzend gehen, sich gut verkaufen (lassen)

seller *n* Händler(in) *m/f*, Verkäufer(in) *m/f*;

more s.s than buyers bezahlt Papier (bP; bp)/Brief (bB; bb); **s. of an option** *[GB]* Stillhalter *m*; **~ a put and call; ~ a spread** Stellagegeber *m*

bad seller schlecht verkäuflicher/gehender Artikel, schlecht gehende Ware; **fast s.** gut gehende Ware, Schnelldreher *m*; **prospective s.** Verkaufsinteressent *m*; **slow s.** schlecht verkäuflicher/gehender Artikel, schlecht gehende Ware

seller's commission Umsatzbeteiligung *f*, U.provision *f*; **~ lien** Zurückhaltungsrecht des Verkäufers; **~ market** verkaufsgünstiger Markt, Verkäufermarkt *m*; **~ option** Wahl des Verkäufers; **at ~ risk and expense** auf Kosten und Gefahr des Verkäufers; **~ warranties** Mängelhaftung *f*, Gewährleistung(spflicht) des Verkäufers

selling *n* 1. Verkauf *m*, Verkäufe *pl*, Absatz *m*; 2. *(Börse)* Materialabgabe *f*

direct selling Direktverkauf *m*, D.vertrieb *m*, Fabrikabsatz *m*; **door-to-door s.** Verkauf von Haus zu Haus; **heavy s.** *(Börse)* größere/umfangreiche Abgaben; **forced s.** Zwangsversteigerung *f*; **joint s.** Gemeinschaftsabsatz *m*; **over-the-counter s.** Schalterhandel *m*, Tafelgeschäft(e) *nt/pl*; **promotional s.** Werbeverkauf *m*; **speculative s.** Meinungsverkäufe *pl*; **stop-loss s.** *(Börse)* Glattstellung *f*

selling activity 1. Verkaufstätigkeit *f*; 2. Absatzfunktion *f*; **s. agency** Vertriebsbüro *nt*; **s. agent** Verkaufsvertreter(in) *m/f*, Vertriebshändler(in) *m/f*; **s. aid** Verkaufshilfe *f*; **s. area** Verkaufsfläche *f*; **s. brokerage/commission** 1. Verkaufsprovision *f*; 2. Bonifikation *f*; **s. costs/expense(s)** Absatz-, Vertriebskosten *pl*, Verkaufsspesen *pl*; **s. effort** Verkaufsanstrengung *f*; **s. licence** Verkaufslizenz *f*; **s. order** Verkaufsauftrag *m*; **s. organisation** Verkaufs-, Vertriebs-, Absatzorganisation *f*, Vertrieb(sgesellschaft) *m/f*; **s. overheads** Vertriebsgemeinkosten *pl*; **s. point** Verkaufsargument *nt*; **s. pressure** Verkaufs-, Abgabedruck *m*; **s. price** Vertriebs-, Verkaufs-, Abgabepreis *m*; **unique s. proposition (USP)** einmaliges/einzigartiges Verkaufsargument; **s. rate** *(Börse)* 1. Briefkurs *m*; 2. Verkaufskurs *m*; 3. Absatzgeschwindigkeit *f*; **s. restrictions** Verkaufsbeschränkungen *pl*; **s. right** Verkaufs-, Absatzrecht *nt*; **exclusive/sole s. r.s** Alleinverkaufsrecht *nt*; **s. space** Verkaufsfläche *f*; **s. tool** Verkaufsinstrument *nt*, absatzpolitisches Instrument; **mobile s. unit** ambulante Verkaufsstelle

sell-off; sell-out *n* (Aus)Verkauf *m*

semi Halb-; **s.s** *pl (coll)* halbfertige Waren, Halbzeug *nt*

semi|-annual *adj* halbjährlich, Halbjahres-; **s.-finished** *adj* halbfertig, H.zeug-, H.fertig-; **s.-fixed** *adj* teilvariabel; **s.-manufactures; s.-products** *n* Halbfabrikate *pl*, H.zeug *nt*; **s.-official** *adj* halbamtlich; **s.-private** *adj* gemischtwirtschaftlich, halbstaatlich; **s.-public** *adj* halbstaatlich; **s.-skilled** *adj* angelernt; **s.-trailer** *n* 🚗 (Sattel)Auflieger *m*

send *v/t* 1. (über-/zu-/ab)senden, anliefern; 2. versenden; **s. back** zurückschicken, z.gehen lassen; **s. down** 1. *(Preise)* drücken, fallen lassen; **s. up** *(Preise)* hoch treiben; **s.er** *n* 1. (Ver)Sender(in) *m/f*; 2. Absender(in) *m/f*; **return to s.er** ✉ an den Absender zurück

senior *n* Vorgesetzte(r) *f/m; adj* 1. leitend, übergeordnet; 2. vorgesetzt, ranghöher, vorrangig

seniority *n* 1. höheres Amts-/Dienstalter, höherer Rang, (Dauer der) Betriebszugehörigkeit *f*; 2. Vorrang *m*; **s. benefit** Alterszulage *f*, Treuebonus *m*

sense *n* 1. Sinn *m*; 2. Vernunft *f*; **s. of achievement** Erfolgserlebnis *nt*; **~ duty** Pflichtgefühl *nt*, P.bewusstsein *nt*; **~ responsibility** Verantwortungsgefühl *nt*

sensitive *adj* 1. *(Börse)* unsicher; 2. (fracht)empfindlich; 3. anfällig; **cyclically s.** konjunkturempfindlich

sensible *adj* vernünftig, zweckmäßig

sensitivity *n* Anfälligkeit *f*; **s. to economic conditions/cyclical influences** Konjunktursensibilität *f*, K.anfälligkeit *f*; **s. of demand** Nachfrageempfindlichkeit *f*; **environmental s.** Umweltbewusstsein *nt*

sentence *n* § (Freiheits)Strafe *f*, Urteil *nt*; **to pass s.** Urteil verkünden; **to remit a s.** Strafe erlassen; **custodial s.** Freiheits-, Haftstrafe *f*; **lenient s.** mildes Urteil; **non-custodial s.** Strafe ohne Freiheitsentzug; **penal s.** Gefängnisstrafe *f*; **suspended s.** (Freiheits)Strafe auf Bewährung; **s.** *v/t* verurteilen

sentiment *n* *(Börse)* Stimmung(slage) *f*, Verfassung *f*, Tendenz *f*

separate *v/ti* trennen, absondern,

(aus)gliedern; *adj* 1. getrennt, gesondert; 2. Einzel-, einzeln

separation *n* 1. (Ab)Trennung *f*, Absonderung *f*, Ausgliederung *f*; 2. *(Konkurs)* Aussonderung *f*; **s. of a partnership** Auflösung einer (Handels)Gesellschaft

sequence *n* (Ab-/Reihen)Folge *f*; **s. of operations** Arbeits(gang)folge *f*; **continuous ~ operations** Fließarbeit *f*; **~ registration** Reihenfolge der Eintragungen; **operational s.** Arbeits-, Betriebsablauf *m*; **timed s.** Takt *m*; **s. chart** Folgediagramm *nt*

sequencing *n* Arbeitsfolge *f*, Reihenfolgeplanung *f*

sequestrate *v/t* § beschlagnahmen

sequestration *n* Beschlagnahme *f*, Zwangsvollstreckung *f*; **s. of assets** Vermögensbeschlagnahme *f*; **s. order** Beschlagnahmeanordnung *f*, B.verfügung *f*

sequestrator *n* Zwangsverwalter *m*, Gerichtsvollzieher *m*

serial *n* Serie *f*, Reihe *f*; *adj* serienmäßig, Serien-; **s. production** Serienproduktion *f*

series *n* 1. Folge *f*, Reihe *f*, Serie *f*; 2. 📊 Entwicklungs-, Zahlenreihe *f*; **s. of payments** Zahlungsreihe *f*; **~ tests** Testreihe *f*; **lagging s.** nachlaufende/spätzyklische Reihe; **statistical s.** statistische Reihe, Datenreihe *f*; **s. discount** *(Anzeige)* Wiederholungsrabatt *m*; **s. production** Serienproduktion *f*

SERPS (state earnings-related pension scheme) *[GB]* staatliche einkommensbezogene Rentenversicherung

servant *n* § Verrichtungsgehilfe *m*; **civil s.** (Ministerial)Beamter *m*, (M.)Beamtin *f*; **public s.** Angestellte(r) im öffentlichen Dienst

serve *v/ti* 1. (be)dienen; 2. abfertigen; 3. nützen, fungieren als; **s. as** fungieren als, die Rolle einnehmen von

service *n* 1. Dienst(leistung) *m/f*; 2. Kundendienst *m*; 3. *(Anleihe)* Bedienung *f*, Zinsendienst *m*; 4. § Zustellung *f*; **s.s** 1. Dienstleistungen *pl*; 2. Dienstleistungsbereich *m*; 3. Verkehr *m*; **s. of capital** Kapitaldienst *m*; **s. to customers** Kundendienst *m*; **s. of notice** Zustellung einer Kündigung; **~ default** Inverzugsetzung *f*; **s. in return** Gegenleistung *f*; **s.s rendered** erbrachte (Dienst)Leistungen

to have in service in Betrieb haben; **to invoice s.s** Leistungen abrechnen; **to market a s.** Dienstleistung anbieten; **to operate a s. to** 1. ✈ anfliegen; 2. ⚓ anlaufen; **to pay for s.s rendered** Leistungen abgelten; **to perform s.s** Dienstleistungen erbringen; **to proffer (one's) s.s** (seine) Leistungen anbieten; **to put into s.** in Dienst stellen; **to render a s.** (Dienst)-Leistung erbringen; **to take out of s.** außer Dienst stellen; **to tender (one's) s.s** (seine) Leistungen anbieten

additional service Nebenleistung *f*; **advisory s.** Beratungsdienst *m*; **after-sales s.** Kundendienst *m*, K.betreuung *f*; **~ company** Servicegesellschaft *f*; **answering s.** Antwortdienst *m*

civil service 1. Staats-, Verwaltungsdienst *m*, Ministerialbürokratie *f*; 2. öffentlicher Dienst; **permanent ~ s.** Berufsbeamtentum *nt*; **senior ~ s.** höherer (Verwaltungs)-Dienst; **~ pay** Beamtenbesoldung *f*; **~ status** Beamtenstatus *m*

clerical service Büro-, Schreibdienst *m*; **commercial s.s** gewerbliche Leistungen; **contracted s.** vereinbarte Leistung; **corporate s.s** Dienstleistungen der Firma; **delivery-by-hand s.** Hauszustellung *f*; **door-to-door s.** Haus-zu-Haus-Verkehr *m*; **essential s.s** lebenswichtige Betriebe; **express s.** *[GB]* Eil(zustellungs)dienst *m*; **financial s.s** Finanz-, Bankdienstleistungen *pl*; **~ group** Finanzgruppe *f*; **~ provider** Finanzdienstleister *m*; **free/gratuitous s.** unentgeltliche Leistung; **intergroup s.s** konzerninterne Leistungen; **intermodal/multimodal s.** kombinierter Ladungsverkehr (KLV); **medical s.(s)** medizinische Versorgung, Gesundheitsdienst *m*; **municipal s.** städtische/kommunale Dienstleistung; **net s.s** Dienstleistungsbilanz *f*; **online s.** Online-Dienst *m*; **outside/outsourced s.s** Fremdleistungen *pl*; **pensionable s.** ruhegehaltsfähige Dienstjahre; **postal s.** Post(dienst) *f/m*; **~ s.s** Postverkehr *m*; **post-sales s.** Kundendienst *m*; **primary s.** Primarleistung *f*; **productive s.s** Faktorleistungen *pl*; **professional s.** Dienstleistungen (der freien Berufe) *pl*; **public s.** öffentlicher Dienst; **~ s.s** der öffentliche Sektor; **~ s. obligation (PSO)** 1. öffentlicher Dienstleistungsauftrag; 2. Beförderungspflicht *f*; **regular s.** Linienverkehr *m*, L.dienst *m*; **roll-on/roll-off s.** ⚓/🚗 RoRo-Verkehr *m*; **scheduled s.** Linienverkehr *m*, L.dienst *m*, fahrplanmäßiger Dienst; **social s.s** Sozialleistungen *pl*, S.wesen *nt*; **~ department** Sozialamt *nt*; **technical s.** technischer Dienst, Betriebsdienst *m*; **total s.s** Leistungsvolumen *nt*; **24-hour s.** Tag- und Nachtdienst *m*; **value-added s.(s)** Mehrwert schaffende Dienstleistungen

service *v/t* 1. (im Kundendienst) betreuen, warten, instand halten; 2. *(Kredit)* bedienen

service|s account Dienstleistungsbilanz *f*; **s. agreement** 1. Dienst(leistungs)vertrag *m*; 2. Wartungsvertrag *m*; **s. area** *(Gas/Wasser)* ⚡ Versorgungsgebiet *nt*; **s. brief** Dienstleistungspflichtenheft *nt*; **s. business** Dienstleistungsgeschäft *nt*, D.unternehmen *nt*; **s. centre** Kundendienststelle *f*; **s. charge** 1. Bearbeitungs-, Vermittlungs-, Verwaltungsgebühr *f*; 2. *(Bank)* Kontoführungsgebühr *f*; **initial s. charge** *(Fonds)* Ausgabeaufschlag *m*; **s. company** Dienstleistungsbetrieb *m*, Kundendienstgesellschaft *f*; **s. contract** 1. Dienst-, Anstellungs-, Arbeitsvertrag *m*; 2. Wartungsvertrag *m*; **s. contractor** Wartungsunternehmen *nt*; **s. corporation** *[US]* Dienstleistungsunternehmen *nt*; **s. cost(s)** Kosten des Schuldendienstes; **~ centre** Hilfskostenstelle *f*; **s. costing** Dienstleistungskalkulation *f*; **s.s deficit** negative Leistungsbilanz, (Handelsbilanz)Defizit im Dienstleistungsverkehr; **s. degree** Lieferbereitschaftsgrad *m*; **s. delivery** Leistungserbringung *f*; **s. depot** 1. Außen-, Kundendienststelle *f*; 2. Reparaturlager *nt*; **s. department** 1. Kundendienstabteilung *f*; 2. allgemeine Kostenstelle; **s. economy** Dienstleistungsgesellschaft *f*; **s. employment** Beschäftigung im Dienstleistungsgewerbe; **s. engineer** *n* Kundendiensttechniker *m*; **s. facility** Schalter *m*; **s. firm** Dienstleistungsunternehmen *nt*; **s.-focused** *adj* dienstleistungsorientiert; **s. income** Arbeitseinkommen *nt*; **s. industry** Dienstleistungsgewerbe *nt*, D.branche *f*, D.sektor *m*, tertiärer Sektor; **s. instruction** Dienstanweisung *f*; **s. lease** Wartungsvertrag *m*; **s. level** Leistungsumfang *m*; **s. life** Nutzungs-, Betriebs-, Lebensdauer *f*; **s.man** *n [US]* Kundendiensttechniker *m*; **s. order** Dienst(leistungs)auftrag *m*; **s. package** Leistungspaket *nt*, Dienstleistungsangebot *nt*; **s. portfolio** Dienstleistungsangebot *nt*; **s. producer/provider** Dienstleister *m*, (Dienst)Leistungserbringer *m*; **s. rating** Leistungsbeurteilung *f*; **s. report** Wartungs-, Montagebericht *m*; **s. sector** Dienstleistungsgewerbe *nt*, D.-branche *f*, D.sektor *m*, tertiärer Sektor; **s. station** 1. [car] Reparatur-, Kundendienstwerkstatt *f*; 2. *(Verkehr)* Raststätte *f*, Tankstelle *f*; 3. Abfertigungsanlage *f*; **s. till** 1. (Bank)Schalter *m*; 2. Bankautomat *m*; **s. trade** Dienstleistungsgewerbe *nt*, D.verkehr *m*; **s. transactions** Dienstleistungsgeschäfte *pl*, D.verkehr *m*

servicing *n* Betreuung *f*, Kundendienst *m*, Wartung *f*; **s. of loans** Anleihedienst *m*; **s. contract** Kundendienst-, Wartungsvertrag *m*; **s. network** Kundendienstnetz *nt*; **s. work** Wartungsarbeiten *pl*

serving *n* 1. Bedienen *nt*; 2. Zustellung *f*

servitude *n* § (Grund)Dienstbarkeit *f*; **landed/real s.** Grunddienstbarkeit *f*; **personal s.** persönliche Dienstbarkeit

session *n* 1. Sitzung(speriode) *f*; 2. Börsensitzung *f*; **constituent s.** konstituierende Sitzung; **extraordinary s.** außerordentliche Sitzung; **open s.** öffentliche Sitzung

set *n* 1. Reihe *f*, Satz *m*; 2. Kollektion *f*, Sortiment *nt*; **s. of bills of exchange (B/E)** Wechselserie *f*; **(full) ~ bills of lading (B/L)** Konnossement mit Kopien; **basic ~ components** Teilestammsatz *m*; **~ data** Datenkranz *m*; **~ entries** Buchungssatz *m*; **~ exchange** Wechsel mit mehreren Ausfertigungen, Wechselserie *f*; **~ figures** Statistik *f*; **~ forms** Formularsatz *m*; **~ measures** Maßnahmenpaket *nt*; **~ objectives** Zielkatalog *m*; **~ skills** Fertigkeiten *pl*; **~ statistics** Statistik *f*

set *v/t* (fest)setzen, f.legen; **s. aside** 1. *(Geld)* bereitstellen; 2. [tractor] *(Fläche)* stilllegen; **s. forth** 1. dartun; 2. *(Gesetz)* niederlegen; **s. off** an-, gegen-, aufrechnen, saldieren, absetzen; **s. out** 1. darlegen, beschreiben; 2. *(Gesetz)* niederlegen; **s. up** 1. errichten, montieren, einrichten; 2. *(Firma)* gründen; 3. ansiedeln, sich niederlassen; 4. *(Fonds)* auflegen

set-aside *n* [tractor] (Flächen)Stilllegung *f*; *adj* [tractor] *(Flächen)* stillgelegt

setback *n* 1. Rückschlag *m*; 2. *(Börse)* Einbruch *m*; **to suffer a s.** Fehlschlag erleiden

set-off *n* Aufrechnung *f*, Entschädigung *f*; **s. claim** Aufrechnungsanspruch *m*

setting *n* 1. Hintergrund *m*, Kulisse *f*; 2. ⚙ Einstellung *f*; **s. of objectives** Zielfestsetzung *f*

setting up 1. Montage *f*, Aufstellung *f*; 2. Gründung *f*; **~ of business** Betriebserrichtung *f*, B.begründung *f*; **~ of a company** Unternehmensgründung *f*; **~ on one's own** Schritt in die Selbstständigkeit; **~ time** ⚒ Montage-, Rüstzeit *f*

settle *v/ti* 1. sich niederlassen; 2. errichten, gründen; 3. abrechnen, ausgleichen, (be)zahlen, tilgen, regulieren; 4. abschließen, endgültig entscheiden, erledigen; 5. *(Anspruch)* befriedigen; 6. *(Rente)* aussetzen; **s. amicably** gütlich beilegen; **s. for good** endgültig regeln

settled *adj* 1. abgemacht, beschlossen, erledigt; 2. abgerechnet, beglichen, bezahlt

settlement *n* 1. (An)Siedlung *f*; 2. Abrechnung *f*, (Be)Zahlung *f*, (Rechnungs)Ausgleich *m*, Erledigung *f*, Verrechnung(svorgang) *f/m*, Saldierung *f*; 3. Schlichtung *f*, Abmachung *f*, Vergleich *m*; 4. (Vermögens)Übertragung *f*; 5. *(Rente)* Aussetzung *f*; **in s.** zum Ausgleich (einer Rechnung); **pending s.** bis zur Erledigung

settlement of an account Kontoregulierung *f*, Bezahlung einer Rechnung; **~ account(s)** Rechnungs-, Saldenausgleich *m*; **in ~ our accounts** zum Ausgleich unserer Rechnung, ~ unseres Kontos; **~ outstanding accounts** Ausgleich der offen stehenden Beträge; **s. by arbitration** Schiedsvergleich *m*; **s. of average** ⚓ Havarieaufmachung *f*; **~ balances** Saldenausgleich *m*; **~ a claim** 1. Befriedigung/Erfüllung einer Forderung; 2. Schadensregulierung *f*; **in ~ all claims** zum Ausgleich aller Forderungen; **preferential ~ a claim** abgesonderte Befriedigung; **~ costs** Kostenregulierung *f*; **s. out of court** außergerichtliche Beilegung, außergerichtlicher Vergleich; **s. with the creditors** Abkommen/Vergleich mit den Gläubigern, Gläubigervergleich *m*; **s. of debt(s)** Schuldbegleichung *f*; **s. in full** vollständige/volle Bezahlung; **s. of invoices** Bezahlung von Rechnungen; **in ~ your invoice** zum Ausgleich Ihrer Rechnung; **s. in kind** Ausgleich durch Sachleistungen, Naturalausgleich *m*; **s. of obligations** Regelung von Verbindlichkeiten; **~ a strike** Streikbeendigung *f*, S.-beilegung *f*

to effect settlement Zahlung leisten; **to negotiate a s.** Regelung aushandeln; **to reach a s.** sich einigen

amicable settlement gütliche Regelung, gütlicher Vergleich; **annual s.** Jahresabrechnung *f*; **compulsory s.** Zwangsvergleich *m*; **contractual s.** vertragliche Regelung; **end-of-month s.** Monatsultimo(ausgleich) *m*; **final s.** vollständige Erledigung; **friendly s.** gütliche Beilegung; **full s.** vollständiger Ausgleich; **in ~ s.** zum Ausgleich aller Forderungen; **international s.s** internationaler Zahlungsverkehr; **intra-group s.s** Konzernverrechnungsverkehr *m*; **lump-sum s.** Pauschalentschädigung *f*; **monthly s.** monatliche Abrechnung, Ultimoliquidation *f*, U.abrechnung *f*; **out-of-court s.** außergerichtliche Einigung, außergerichtlicher Vergleich; **periodical s.** periodische Abrechnung; **preferential s.** (ab)gesonderte Befriedigung; **prompt s.** sofortige Erledigung/Bezahlung; **residential s.** Wohnsiedlung *f*; **terminal s.** Schlusszahlung *f*; **urban s.** Stadtsiedlung *f*; **voluntary s.** außergerichtliche Einigung, außergerichtlicher Vergleich; **yearly s.** Jahresabrechnung *f*

settlement account Ausgleichs-, Verrechnungskonto *nt*; **s. arrangement** Vergleichslösung *f*; **s. clause** Zahlungsklausel *f*; **s. currency** Abrechnungswährung *f*, A.valuta *f*; **s. date** Erfüllungstermin *m*, Fälligkeit *f*; **s. day** 1. (Schluss)Abrechnungstag *m*; 2. Zahltag *m*, Fälligkeitstermin *m*; **s. discount** Skonto *m/nt*; **s. fraction** Abrechnungsspitze *f*; **s. note** Abschlussrechnung *f*; **s. offer** Abfindungs-, Vergleichsangebot *nt*; **s. package** 1. Vergleich *m*; 2. Tarifabschluss *m*; **s. period** Abrechnungsperiode *f*, A.zeitraum *m*; **s. price/rate** *(Börse)* Abrechnungskurs *m*; **s. proposal** Vermittlungsvorschlag *m*; **s. terms** Abrechnungs-, Zahlungsbedingungen *pl*

settler *n* 1. Siedler *m*; 2. Treugeber *m*

settling account *n* *(Bilanz)* Abschlussrechnung *f*; **s. agent** *(Vers.)* Schadensregulierer *m*; **s. day** Abrechnungstag *m*; **s. period** Abwicklungszeitraum *m*; **s. transaction** Ausgleichsoperation *f*

set-up *n* 1. Anordnung *f*, Aufbau *m*, Gliederung *f*, Struktur *f*; 2. Einrichtung *f*; 3. ⚒ Einstellung *f*, (Um)Rüsten *nt*; **contractual s.** Vertragskonstellation *f*; **s. cost(s)**

1. Gründungs-, Anlaufkosten *pl*; 2. ⚒ Rüstkosten *pl*; **s. time** (Um)Rüstzeit *f*

severalty *n* Bruchteilseigentum *nt*; **s. owner** Bruchteilseigentümer(in) *m/f*

severance *n* (Ab)Trennung *f*; **voluntary s.** freiwilliges Ausscheiden; **s. benefit** Trennungsentschädigung *f*; **s. claim** Abfindungsanspruch *m*; **s. costs/expenses** Abfindungskosten *pl*; **s. pay(ment)** Abfindung(szahlung) *f*, Entlassungsgeld *nt*; **s. terms** Abfindungsbedingungen *pl*; **voluntary s. terms** freiwillige Abfindungsvergütung; **s. wage** Entlassungsabfindung *f*

sewage *n* Abwasser *nt*; **raw s.** ungeklärtes Abwasser; **s. discharge** Abwassereinleitung *f*; **s. disposal** Abwasserbeseitigung *f*; **s. sludge** Klärschlamm *m*; **~ incineration** Klärschlammverbrennung *f*; **s. treatment** Abwasseraufbereitung *f*

sewerage *n* 1. Kanalisationsnetz *nt*; 2. Abwasserbeseitigung *f*, Kläranlage *f*

shake out *v/ti* bereinigen, Ballast abwerfen *(fig)*

competitive shake|down *n* Marktbereinigung *f*; **s.-out** *n* 1. Bereinigung *f*; 2. Personalabbau *m*; 3. Gesundschrumpfung *f*; **s.-up** *n* 1. Umstrukturierung *f*, Umorganisation *f*, Umschichtung *f*, Neuordnung *f*; 2. *(Personal)* Umbesetzung *f*

sham *n* Täuschung *f*, Schein *m*; **s. bid** fingiertes Angebot; **s. business** Scheingeschäft *nt*; **s. company** Scheinfirma *f*; **s. formation** Scheingründung *f*; **s. package** Mogelpackung *f*; **s. purchase** Scheinkauf *m*; **s. sale** Scheinverkauf *m*; **s. transaction** Scheingeschäft *nt*

shape *n* 1. Form *f*; 2. Gestalt *f*; **structural s.** Konstruktionsform *f*, Struktur *f*

S

share *n* ↘ **stock** 1. (An)Teil *m*; 2. Geschäfts-, Fonds-, Genossenschafts-, Gesellschafter-, Kapitalanteil *m*; 3. Anteilschein *m*, Beteiligung(squote) *f*, Kapitaleinlage *f*; 4. (Konkurs)Quote *f*; 5. *(AG)* Aktie *f*

share in a business Geschäftsbeteiligung *f*, G.anteil *m*; **s. of the capital** Kapitalanteil *m*; **s.s in affiliated companies** Anteile an verbundenen Unternehmen; **s. of (the) costs** Kostenanteil *m*; **s. at a discount** Aktie unter pari/Nennwert; **s. in a fund** Fondsanteil *m*; **s. in/of the market** Marktanteil *m*, M.position *f*; **s. in ownership** Anteilseigentum *nt*; **s. of no par value** nennwertlose Aktie; **~ company-produced products** Eigenfertigungsanteil *m*; **public-sector ~ the gross national product** *(VWL)* Staatsquote *f*; **s. of/in the profit** Gewinnbeteiligung *f*, G.anteil *m*; **~ profit paid out to employees** Erfolgsbeteiligung *f*; **entitled to a ~ profit(s)** gewinnanteilberechtigt; **s. of the responsibility** Mitverantwortung *f*; **s. in a ship/vessel** Schiffspart *m*, S.anteil *m*; **s.s listed** *[US]***/quoted** *[GB]* **on the stock exchange** börsengängige/b.notierte Aktien; **s. of turnover** Umsatzanteil *m*; **s. of work** Leistungsanteil *m*, Teil der Arbeit; **s. in/of the world market** Weltmarktanteil *m*

dealing in own share|s Handel mit eigenen Aktien; **limited by s.s** *(Haftung)* auf die Einlage beschränkt

to allocate/allot shares Aktien zuteilen; **to apply for s.s** Aktien zeichnen; **to buy s.s** Aktien erwerben/kaufen; **to call in s.s** Aktien einziehen; **to dilute s.s** *[GB]* Aktienkapital verwässern; **to float s.s** Aktien an der Börse einführen; **to have a s. (in)** teilhaben, beteiligt sein (an), Teilhaber sein; **to hold s.s (in)** Aktionär sein, Anteile halten (an); **to introduce s.s on the market** Aktien an der Börse einführen; **to issue s.s** Aktien ausgeben/begeben; **to list/quote s.s** Aktien notieren; **to place s.s** Aktien platzieren; **to puff s.s** *(coll)* Aktien hochjubeln *(coll)*; **to realize s.s** Aktien veräußern; **to restrict s.s** Aktien vinkulieren; **to split s.s** Aktien splitten/teilen; **to subscribe (for)/take up s.s** Aktien zeichnen

active share|s lebhaft gehandelte Aktien; **common s.** Stammaktie *f*; **~ s.s outstanding** ausstehende (Stamm)Aktien; **concessionary s.** Aktie mit Vergünstigungen; **consolidated s.s** Konzernanteile *pl*; **contractual s.** Vertragsanteil *m*; **cyclical s.** zyklischer Wert; **deferred s.** Nachzugsaktie *f*; **diluted s.** verwässerte Aktie; **distributive s.** Verteilungsquote *f*; **dividend-bearing s.** Dividendenpapier *nt*; **in equal s.s** zu gleichen Teilen; **existing s.** Altaktie *f*; **fractional s.** Bruchteilsaktie *f*; **~ s.s** Spitzen *pl*; **free s.** Gratisaktie *f*; **golden s.** *[GB]* Vetostimmrechts-, Sperraktie *f*; **high-yield s.** hoch rentierende Aktie; **industrial s.** Industrieaktie *f*; **interest rate-sensitive s.** zinsreagible Aktie; **issued s.s** ausgegebene/begebene Aktien, ausgegebenes/begebenes Aktienkapital; **leading**

s. Standardwert *m*; **listed s.** an der Börse eingeführte Aktie, börsennotierte/amtlich notierte Aktie; **lock-up s.** Aktie ohne Kurssteigerungspotenzial; **new s.** junge Aktie; **nil-paid s.** Gratisaktie *f*; **nominal s.** Stamm-, Gründungsaktie *f*; **no(n)-par(-value) s.** nennwertlose Aktie; **non-voting s.** stimmrechtslose/nicht stimmberechtigte Aktie; **ordinary s.** Stammaktie *f*; **original s.** Stammeinlage *f*; **outstanding s.s** ausgegebene/begebene Aktien, ausgegebenes/begebenes Aktienkapital; **own s.** 1. eigene Aktie; 2. *(Exportkredit)* Selbstbeteiligung *f*; 3. Eigenanteil *m*; **(fully) paid(-up) s.** voll eingezahlte Aktie; **participating s.** Dividendenaktie *f*, gewinnberechtigte Aktie; **par-value s.** Nennbetragsaktie *f*; **personal s.** Namensaktie *f*; **proportional/proportionate s.** Quote *f*, (Verhältnis)Anteil *m*; **pro-rata s.** anteilmäßige Quote; **public-sector s.** Staatsanteil *m*; **qualifying s.s** Pflichtaktien *pl*; **quoted s.** an der Börse eingeführte Aktie, börsennotierte/amtlich notierte Aktie; **registered s.** Namensaktie *f*; **restricted ~ s.** vinkulierte Namensaktie; **small s.** Kleinaktie *f*; **subscribed s.** gezeichnete Aktie; **most actively traded s.** Umsatzspitzenreiter *m*; **unvalued s.** Aktie ohne Nennwert; **voting s.** stimmberechtigte Aktie; **watered(-down) s.** verwässerte Aktie

share *v/t* teilen, teilhaben; **s. in** teilhaben/t.nehmen an, beteiligt sein an; **s. out** ver-, austeilen

share account Aktienkonto *nt*; **s. allocation** Aktienzuteilung *f*; **s. applicant** Aktienzeichner(in) *m/f*; **s. block** Aktienpaket *nt*; **s. bonus** Aktienbonus *m*; **s. buy-back** *(durch AG)* Aktienrückkauf *m*

share capital Aktien-, Gesellschafts-, Grund-, Eigen-, Stammkapital *nt*; **to increase the s. c.** (Aktien)Kapital erhöhen; **to reduce the s. c.** (Aktien)Kapital herabsetzen; **diluted s. c.** verwässertes Aktienkapital; **issued/outstanding s. c.** ausgegebenes/begebenes Aktienkapital; **ordinary s. c.** Stamm(aktien)kapital *nt*; **participating s. c.** dividendenberechtigtes Aktienkapital

share certificate Aktienzertifikat *nt*, Anteilschein *m*; **individual s. certificate** Stückaktie *f*; **multiple s. certificate** Globalaktie *f*; **s.-cropping** *n* 🚜 Natural-, Teilpacht *f*; **s. deal** Aktiengeschäft *nt*; **s. dealer** Aktienhändler *m*; **s. dealing(s)** Aktienhandel *m*; **s. denomination** Aktienstückelung *f*; **s. discount** Aktien-, Emissionsdisagio *nt*; **s. dividend** Aktiendividende *f*; **fractional s. entitlement** Bezugsrechtsspitze *f*; **s.-farming (system)** *n* 🚜 Natural-, Teilpacht *f*; **s. flo(a)tation** Aktienemission *f*, A.ausgabe *f*; **s. fraction** Bruchteilsaktie *f*, Aktienspitze *f*

shareholder *n* 1. Anteilsinhaber(in) *m/f*, Anteils-, Kapitaleigner(in) *m/f*; 2. *(AG)* Aktionär(in) *m/f*; 3. *(GmbH)* Gesellschafter(in) *m/f*, Teilhaberin(in) *m/f*; **s. of record** (im Aktienbuch) eingetragener Aktionär

common shareholder Stammaktionär(in) *m/f*; **controlling s.** Mehrheitsaktionär(in) *m/f*; **existing s.** Altaktionär(in) *m/f*, A.-gesellschafter(in) *m/f*; **free s.** freier Aktionär; **main s.** Hauptaktionär *m*; **major s.** Großaktionär(in) *m/f*; **ordinary s.** Stammaktionär(in) *m/f*; **preferred s.** Vorzugsaktionär *m*; **principal s.** Haupt-, Großaktionär *m*; **registered s.** Inhaber von Namensaktien; **small s.** Kleinaktionär(in) *m/f*

shareholder|'s action § Aktionärsklage *f*; **s.s' protective association** Aktionärsschutzvereinigung *f*; **~ committee** *(GmbH)* Gesellschafterausschuss *m*; **~ decision** Gesellschafterbeschluss *m*; **s.-employee** *n* Belegschaftsaktionär(in) *m/f*; **s.s' equity** 1. Aktienkapital *nt*; 2. *(Bilanz)* Eigenkapital *nt*; **~ funds** Eigenkapital *nt*, E.mittel; **s. information** Aktionärsinformationen *pl*; **s.s' ledger** 1. *(AG)* Aktien-, Aktionärsbuch *nt*; 2. *(GmbH)* Gesellschafterverzeichnis *nt*; **~ loan** Gesellschafterdarlehen *nt*; **~ meeting** 1. Aktionärs-, Hauptversammlung (HV) *f*; 2. Gesellschafterversammlung *f*; **s. newsletter** Aktionärsbrief *m*; **s.s' register** 1. *(AG)* Aktien-, Aktionärsbuch *nt*; 2. *(GmbH)* Gesellschafterverzeichnis *nt*; **~ representative** Kapitalvertreter(in) *m/f*, Aktionärssprecher(in) *m/f*; **~ resolution** 1. *(AG)* Hauptversammlungsbeschluss *m*; 2. *(GmbH)* Gesellschafterbeschluss *m*; **to have a fragmented s. structure** *(Aktien)* im Streubesitz sein; **s. value** Shareholder value *m*, Unternehmenswert für den Aktionär; **~ strategy** wertorientierte Unternehmensstrategie

shareholding *n* Aktienanteil *m*, A.besitz *m*, A.paket *nt*, Beteiligung *f*; **s.s** Anteilsbesitz *m*; **s.s in outside companies** Beteiligungen; **to dilute a s.** Aktienbesitz streuen; **interlocking s.(s)** Kapital-, Überkreuzverflechtung *f*; **widely spread/ widespread s.(s)** (Aktien)Streubesitz *m*; **s. block** Aktienpaket *nt*

share index Aktienindex *m*; **s. issue** Aktienausgabe *f*, A.emission *f*; **s.s issued and outstanding** emittierte/begebene Aktien; **s. list** (Aktien)Kurszettel *m*; **s. listing** Aktiennotierung *f*, Kursnotiz *f*; **s. offering price** Aktienemissionskurs *m*; **s. option** Bezugsrecht *nt*, Aktienoption *f*; **~ right** Aktienbezugsrecht *nt*; **s.-out** *n* Ver-, Austeilung *f*, Ausschüttung *f*; **s.s outstanding** Anteilsumlauf *m*, umlaufende Aktien; **s. ownership** Aktienbesitz *m*; **s. placing** Aktienplatzierung *f*; **s. premium** Emissionsagio *nt*, Aktienaufgeld *nt*; **~ account** Agiorücklage *f*; **s. price** Aktienpreis *m*, A.kurs *m*; **~ collapse** Kurssturz *m*; **s. (price) index** (Aktien)Kursindex *m*; **s. purchase** Aktienkauf *m*; **s. quotation** Aktienpreis *m*, A.kurs *m*; **s. rating** Bewertung einer Aktie; **s. register** Aktienverzeichnis *nt*, A.buch *nt*; **s. reinsurance** Rückversicherung mit Selbstbehalt; **s. savings scheme** Aktiensparplan *m*; **s. stake** Aktienanteil *m*; **s. subdivision** Aktiensplitt *m*; **s. subscription** Aktienzeichnung *f*; **s. split(ting)** Aktiensplit (-ting) *m/nt*; **s. support operation** Kursstützungsmaßnahme *f*; **s. swap** Aktien(um)tausch *m*; **s. trader** Aktienhändler *m*; **s. trading** Aktienhandel *m*; **s. warrant** Aktienurkunde *f*, A.zertifikat *nt*; **~ to bearer** Inhaberzertifikat *nt*, I.aktie *f*

S

sharing *n* Beteiligung *f*; **s. of loss** Verlustbeteiligung *f*, Beteiligung am Verlust; **~ markets** Marktaufteilung *f*

shark *n* *(fig)* Schwindler *m*, Betrüger *m*; **financial s.** Finanzhai *m*

sharp *adj* 1. scharf, spitz; 2. *(pej.)* raffiniert; 3. *(Anstieg)* sprunghaft

shave *v/ti* *(fig)* *(Kosten)* senken

shed *v/t* abstoßen, abspecken *(fig)*

sheep *n* Schaf *nt*; **s.-farmer** *n* Schafzüchter *m*; **s.-farming** *n* Schafzucht *f*

sheet *n* Bogen *m*, Blatt *nt*

shelf *n* (Laden)Regal *nt*, Gang *m*; **off the s.** ab Lager; **to buy off the s.** direkt beim Hersteller kaufen; **to remain on the s.** unverkauft bleiben; **s. exposure** *(Produkt)* Regalpositionierung *f*; **s. life** 1. Haltbarkeit *f*; 2. Verweildauer (von Waren) im Regal; 3. Produktlebensdauer *f*; **s. space** Regal-, Stellfläche *f*; **s. warmer** *(coll)* Ladenhüter *m (coll)*

shell *n* *(fig)* Firmenmantel *m*; **s. of the company** (Gesellschafts)Mantel *m*; **s. building** leer stehendes/bezugsfertiges Gebäude; **s. company** Auffang-, Mantelgesellschaft *f*

shelter *v/t* schützen

shift *n* 1. (Arbeits)Schicht *f*; 2. Verlagerung *f*, Verschiebung *f*, Umdisposition *f*; 3. Veränderung *f*, Wechsel *m*

shift of capital Kapitalverlagerung *f*; **s. in consumption** Verbrauchsumschichtung *f*; **~ demand** Nachfrageverschiebung *f*; **s. of deposits** Einlagenumschichtung *f*; **s. in income distribution** Einkommensverschiebung *f*; **~ the market** Marktveränderung *f*; **s. of prices** *(Börse)* Kursverschiebung *f*; **~ production** Produktionsverlagerung *f*; **s. in the product mix/range** Sortimentsverschiebung *f*; **s. of resources** Faktorverlagerung *f*; **s. in risk sentiment** Stimmungsumschwung *m*; **~ competitive strength** Wettbewerbsverschiebung *f*; **~ supply** Angebotsverschiebung *f*

to drop a shift Feierschicht einlegen; **to work s.s** Schicht arbeiten

additional shift Sonderschicht *f*; **alternate/alternating s.** Wechselschicht *f*; **back s.** Spät-, Mittagsschicht *f*; **double s.** Doppelschicht *f*; **dropped/idle s.** Fehl-, Feierschicht *f*; **early s.** Frühschicht *f*; **extra s.** Sonderschicht *f*; **free s.** Freischicht *f*; **late s.** Spät-, Mittagsschicht *f*; **second s.** Spät-, Mittagsschicht *f*; **structural s.** strukturelle Verschiebung; **third s.** Nachtschicht *f*

shift *v/ti* 1. (sich) verschieben/verlagern; 2. ab-, überwälzen; 3. umschichten, umladen; 4. umwechseln, auswechseln; 5. *(Ladung)* verrutschen

shift allowance Schichtzulage *f*; **s. change** Schichtwechsel *m*; **s. differential** Schichtausgleich *m*; **s. foreman** Schichtmeister *m*, S.führer *m*

shifting *n* Umschichtung *f*, Verlagerung *f*; **s. of capital** Kapitalumschichtung *f*; **~ the demand curve** Verschiebung der Nachfragekurve; **~ funds** Kapitalverlagerung *f*; **~ a risk** Risikoabwälzung *f*; **~ target dates** Terminverlagerung *f*; **~ taxes** *(Steuer)* Überwälzung *f*

shift manager Schichtführer(in) *m/f*, S.-meister(in) *m/f*; **s. operation** Schichtbetrieb *m*; **fully continuous s. operation** Contischicht *f*; **multiple s. operation** Mehrschichtenbetrieb *m*; **s. pay** Schichtlohn *m*, S.geld *nt*; **s. schedule** Schichtplan *m*; **s. work** Schichtarbeit *f*; **to do s. work** Schicht arbeiten; **s. worked** verfahrene Schicht; **s. worker** (Wechsel)-Schichtarbeiter(in) *m/f*; **s. working** (Wechsel)Schichtarbeit *f*, S.betrieb *m*

ship *n* ⚓ Schiff *nt*; **on behalf of the s.** bordseitig; **s. under average; s. in distress** Schiff in Seenot, havariertes Schiff; **free alongside s. (FAS)** frei längsseits Schiff

to break up a ship Schiff abwracken; **to build a s.** Schiff bauen; **to charter a s.** Schiff in Fracht nehmen; **to clear a s. of her cargo** Schiff entladen; **to freight out a s.** Schiff verchartern; **to lade/load a s.** Schiff befrachten/beladen; **to launch a s.** Schiff vom Stapel (laufen) lassen; **to unload a s.** Schiff entladen/löschen

cargo-carrying ship Frachtschiff *nt*, Frachter *m*; **dry s.** Trockengutfrachter *m*; **foreign-going s.** Schiff auf großer Fahrt; **lighter-on-board-s. (LASH)** Lash-Schiff *nt*; **ocean-going/sea-going s.** (Hoch)Seeschiff *m*; **roll-on/roll-off (Ro-Ro) s.** Ro-Ro-Schiff *nt*; **seaworthy s.** seetüchtiges Schiff

ship *v/t* 1. verschiffen, (ab-/ver)senden, verladen; 2. transportieren, befördern

ship|'s agent Reedereivertreter *m*; **~ articles** Heuervertrag *m*; **~ bill** Bordkonnossement *nt*; **s. broker** Schiffs-, Frachtenmakler *m*; **s.builder** *n* Schiffbauer *m*

shipbuilding; s. industry *n* Schiffbau(industrie) *m/f*; **s. yard** Werft *f*

ship canal Schifffahrtskanal *m*; **s. chandler** Schiffs(bedarfs)lieferant *m*; **s.'s days** Liegetage *pl*; **at s.'s expense** auf Kosten der Reederei; **s.'s husband** Korrespondenzreeder *m*; **s.load** *n* (volle) Schiffsladung *f*; **s. loan** Schiffsdarlehen *m*; **s.'s manifest** Schiffsladungsverzeichnis *nt*

shipment (shpt.) *n* 1. Beförderung *f*, Transport *m*; 2. Verladung *f*, Verschiffung *f*, Versand (der Ware) *m*; 3. (Waren)-Sendung *f*, (Schiffs)Ladung *f*, Fracht *f*, (Aus)Lieferung *f*, Versandpartie *f*; **on s.** bei Versand; **s. on deck** Deckverladung *f*; **s. of goods** Gütertransport *m*; **s. by land** Versand per Land; **~ rail** Versand per Schiene; **~ inland waterway** Binnenschiffstransport *m*

ready for shipment versandbereit, v.fertig, verschiffungsbereit; **received for s.** empfangen zur Verschiffung

to consolidate shipment|s Fracht/Sammelladungen zusammenstellen; **to effect/handle the s.** Transport abwickeln; **to reroute a s.** Sendung umleiten

combined/consolidated shipment Sammel(gut)ladung *f*; **direct s.** Direkt(be)lieferung *f*; **for immediate s.** zur sofortigen Lieferung; **intergroup s.s** konzerninterner Lieferungs- und Leistungsverkehr; **less-than-carload (LCL) s.** Stückgutversand *m*; **onward s.** Weiterverladung *f*; **part(ial) s.** 1. Partiefracht *f*; 2. Teilverschiffung *f*, T.versand *m*; **returned s.** Retourfracht *f*, R.sendung *f*, Retoure *f*; **short s.** Minderlieferung *f*; **subsequent s.** Nachlieferung *f*; **through s.** Transitsendung *f*, Durchfracht *f*; **wrong s.** Falschlieferung *f*

shipment operation Frachtbetrieb *m*; **s. weight** Versandgewicht *nt*

ship mortgage Schiffshypothek *f*; **~ bond** Schiffspfandbrief *m*; **s.'s officer** Schiffsoffizier *m*; **~ option** Wahlrecht des Schiffseigners; **s.owner** *n* (Schiffs)Reeder *m*; **~ user** Reedereikunde *m*; **s. and cargo owners** Havariebeteiligte *pl*; **s.'s liability** Reedereihaftpflicht *f*; **~ papers** Bord-, Schiffspapiere *pl*; **~ passport** Schiffsbrief *m*

shipped *adj* verschifft, versandt

shipper *n* 1. Versender *m*, (Güter)Verlader *m*, Verschiffer *m*; 2. Spediteur *m*, Spedition(sfirma) *f*; **original s.** Urversender *m*; **s.'s manifest** Verladeliste *f*

ship's personnel (Schiffs)Besatzung *f*, S.-mannschaft *f*

shipping *n* 1. Schifffahrt *f*; 2. Verschiffung *f*, Verladung *f*, Versand *m*; 3. Transport *m*, Spedition(sgeschäft) *f/nt*; **coastal s.** Küstenschifffahrt *f*; **commercial s.** Handelsschifffahrt *f*; **direct s.** Direktversand *m*; **seaborne s.** (Hoch)Seeschifffahrt *f*; **short-sea s.** kleine Fahrt

shipping account Transportbilanz *f*; **s. advice** Versand-, Lieferungsanzeige *f*,

S

Versandavis *m/nt*; **s. agency** Schiffsagentur *f*, Reedereivertretung *f*, Speditionsbüro *nt*; **s. agent** Schiffsagent *m*, S.makler *m*, Reedereivertreter *m*, (Seehafen)Spediteur *m*; **s. arrangements** Versandvereinbarungen *pl*; **s. articles** Heuervertrag *m*; **s. bill** Manifest *nt*, Warenbegleitschein *m*, Versandliste *f*; **s. capacity** Transportkapazität *f*; **s. charges** Versandkosten *pl*, V.spesen *pl*, V.gebühren *pl*; **s. clerk** Expedient(in) *m/f*; **s. company** 1. (Schiffs-)Reederei *f*, Schifffahrtsgesellschaft *f*; 2. *[US]* Transportunternehmen *nt*, Seespediteur *m*; **s. conference** Schifffahrtskonferenz *f*; **s. contract** Beförderungsvertrag *m*; **s. costs** Versandkosten *pl*, V.spesen *pl*; **s. crate** Versandkiste *f*; **s. date** Versandtermin *m*; **s. department** Versand(abteilung) *m/f*, Expedition(sabteilung) *f*; **s. documents** Verschiffungs-, Verlade-, Versandpapiere *pl*; **s. exchange** Fracht(en)börse *f*; **s. foreman** Versandmeister *m*; **s. instructions** Liefer-, Versandanweisungen *pl*, Transportvorschriften *pl*; **s. intelligence** Meldungen für die Schifffahrt; **s. interest(s)** Reedereibeteiligung(en) *f/pl*; **s. invoice** Versandrechnung *f*; **s. label** Versandetikett *nt*; **s. lane** Schifffahrtsstraße *f*; **s. law** See(handels)recht *nt*

shipping line Reederei *f*, Schifffahrtslinie *f*; **~ bill of lading (B/L)** Linienkonnossement *nt*; **~ service** Linienschifffahrt *f*, L.dienst *m*

shipping list Schiffs(abfahrts)liste *f*, S.verzeichnis *nt*, Abgangsmanifest *nt*; **s. manager** Versandleiter(in) *m/f*, Schiffsdisponent(in) *m/f*; **s. marks** Markierungs-, Versandzeichen *nt*; **s. movements** Schiffsverkehr *m*; **s. note (s.n.)** Verladeschein *m*, Versandanzeige *f*; **~ made out to order** Orderladeschein *m*; **s. operation** Reedereibetrieb *m*; **s. order** Fracht-, Versand-, Transportauftrag *m*; **s. papers** Verlade-, Versandpapiere *pl*; **s. point** Versandort *m*; **s. port** Versand-, (Ver)Ladehafen *m*; **s. price** Verladepreis *m*; **s. rate** (See)Frachtrate *f*; **s. route** Schifffahrtsroute *f*, Versandweg *m*; **s. service** Schifffahrtslinie *f*; **s. services** 1. Schiffsfrachten *pl*; 2. Transportleistungen *pl*; **s. slip** Packzettel *m*; **s. space** Fracht-, Transportraum *m*; **s. store** Versandlager *nt*; **s. terms** Lieferklauseln *pl*, Versandbedingungen *pl*; **s. trade** (See)Transportgeschäft *nt*, verladende Wirtschaft; **s. traffic** Schiffsverkehr *m*; **s. weight** Verschiffungs-, (Ver)Ladegewicht *nt*

ship|'s policy Schiffspolice *f*; **~ protest** Verklarung *f*, Havarieerklärung *f*; **~ receipt** Schiffsempfangsschein *m*; **~ register** Schiffsregister *nt*, Registerbrief *m*; **s.side** *n* Schiffsseite *f*; *adj* schiffseitig; **s.wreck** *n* 1. Schiffbruch *m*; 2. Wrack *nt*; **s.yard** *n* (Schiffs)Werft *f*

shock *n* Erschütterung *f*; **s.-proof** *adj* stoßfest; **s. worker** Stoßarbeiter *m*

shoot up *v/i* sprunghaft steigen, scharf ansteigen, in die Höhe schnellen

shop *n* ↘ **store** 1. (Kauf)Laden *m*, (Geschäfts)Lokal *nt*; 2. Betrieb *m*, Werk (-statt) *nt/f*; **to keep (a) s.** Geschäft/Laden führen; **to set up s.** Geschäft errichten/begründen, sich niederlassen; **to shut up s.** Geschäft/Laden schließen

closed shop gewerkschaftsgebundener Betrieb; **counter-service s.** Laden mit Bedienung; **cut-price s.** Discountladen *m*; **duty-free s.** Zollfreiladen *m*; **general s.** Gemischtwarenladen *m*; **local s.** Nachbarschaftsladen *m*; **mobile s.** Verkaufswagen *m*, mobile Verkaufsstelle; **multiple s.** Filialgeschäft *nt*, Kettenladen *m*; **one-line s.** *[GB]* Fachgeschäft *nt*; **one-price s.** Einheitspreisgeschäft *nt*; **open s.** gewerkschaftsfreier Betrieb; **second-hand s.** Gebrauchtwarengeschäft *nt*; **special(ized) s.** Spezial-, Fachgeschäft *nt*; **travelling s.** fahrender Laden, Verkaufswagen *m*

shop *v/ti* (ein)kaufen, Einkäufe machen; **s. around (for)** Preisvergleiche anstellen

shop accounting Betriebsabrechnung *f*; **s. agreement** Betriebsvereinbarung *f*; **s. assembly** Werkstattmontage *f*; **s. assistant** Verkäufer(in) *m/f*; **s. closing hours** Ladenschlusszeiten *pl*; **s. discipline** Arbeitsdisziplin *f*; **s. equipment** Geschäftseinrichtung *f*; **s. fittings** Ladeneinrichtung *f*, Geschäftsausstattung *f*; **s. floor** Fabrik *f*, Werkstatt *f*, Produktionsstätte *f*; **on the s. floor** im Betrieb, am Arbeitsplatz; **s. floor bargaining** Verhandlungen auf Betriebsebene; **s. foreman** (Werk)Meister *m*; **s. front** Ladenfront *f*, Fassade *f*; **s.girl** *n* Verkäuferin *f*; **s.keeper** *n* Geschäftsinhaber(in) *m/f*, Ladenbesitzer(in) *m/f*

shoplift *v/i* Ladendiebstahl begehen; **s.er** *n*

Ladendieb *m*; **s.ing** *n* Laden-, Warenhausdiebstahl *m*

shop loyalty Ladentreue *f*; **s. manager** Filialleiter *m*; **s. opening** Geschäftseröffnung *f*; **~ hours** Ladenöffnungszeiten *pl*; **s. order** Arbeits-, Werkstattauftrag *m*; **s. owner** Geschäfts-, Ladeninhaber(in) *m/f*

shopper *n* (Ein)Käufer(in) *m/f*, Kunde *m*, Kundin *f*

shopping *n* Einkauf *m*; **cashless s.** bargeldloser Einkauf; **one-stop/single-stop s.** alles unter einem Dach; **postal s.** Versandbestellung *f*

shopping arcade Einkaufspassage *f*; **s. bag** Einkaufstasche *f*; **s. basket** 1. Einkaufskorb *m*; 2. 🖳 Warenkorb *m*; **central s. district** Hauptgeschäftsgegend *m*; **s. expedition** Einkaufsbummel *m*; **s. goods** Waren des fallweisen Bedarfs; **s. habit** Kaufgewohnheit *f*; **s. hours** Geschäftszeiten *pl*; **s. list** Einkaufsliste *f*; **s. mall** *[US]* Einkaufszentrum *nt*, Ladenpassage *f*; **s. parade** Einkaufszentrum *nt*, Ladenstraße *f*; **s. precinct** Einkaufs-, Geschäftsviertel *nt*; **s. premises** Ladenlokal *nt*; **s. spree** Einkaufsbummel *m*; **s. street** Geschäfts-, Einkaufsstraße *f*; **s. trip** Einkaufstour *f*; **s. trolley** Einkaufswagen *m*; **s. voucher** Geschenk-, Warengutschein *m*

shop premises Ladenlokal *nt*; **s. prices** Einzelhandelspreise *pl*; **s. rules** 🏭 Fabrikordnung *f*, Betriebsverfassung *f*; **s. sales** Einzelhandelsumsätze *pl*; **s. site** Ladenlokal *nt*; **s.soiled; s.worn** *adj* angestaubt, angeschmutzt; **s. steward** (Betriebs)Obmann *m*, (gewerkschaftlicher) Vertrauensmann *m*; **s. stewards' committee** *[GB]* Vertrauensleutegremium *nt*; **s. traveller** Materialbegleitkarte *f*; **s.walker** *n* Ladenaufsicht *f*; **s. window** Schaufenster *nt*; **s.worker** *n* 1. Werkstattarbeiter *m*; 2. Ladenarbeiter *m*

shore staff an Land tätiges Personal

short *n* 1. *(Börse)* Kurzläufer *m*, kurzfristige Anleihe; 2. Baissier *m [frz.]*; 3. Fehlbetrag *m*, Manko *nt*; **s.s** ohne Deckung verkaufte Waren; **s.s and overs** Überschüsse und Fehlbeträge

short *adj* 1. kurz; 2. knapp; 3. ungedeckt, ohne Deckung; **to be s. of sth.** Mangel haben an etw., mit etw. nicht eingedeckt sein; **to go s.** *[US]* in der Baisse *(frz.)* verkaufen, leer verkaufen; **to sell s.** in/auf Baisse *(frz.)* spekulieren, fixen

shortage *n* Knappheit *f*, Mangel(erscheinung) *m/f*, Defizit *nt*, Manko *nt*, Fehlbetrag *m*

shortage of capital Kapitalknappheit *f*; **~ cash** Kassendefizit *nt*; **~ delivery** Fehlmenge bei Lieferung; **~ goods** Warenknappheit *f*; **~ labour/personnel** Arbeitskräfte-, Personalmangel *m*; **~ liquidity** Mittel-, Liquiditätsverknappung *f*; **~ material** Materialverknappung *f*; **~ money** Geldknappheit *f*; **~ offerings** *(Börse)* Materialmangel *m*; **~ orders** Auftragslücke *f*, A.mangel *m*; **~ personnel** Personalmangel *m*; **~ staff** Arbeitskräftemangel *m*; **~ supply** Versorgungsengpass *m*; **s. in weight** Gewichtsmanko *nt*

serious shortage Mangellage *f*; **s. cost(s)** Fehlmengenkosten *pl*; **s. weight** Mindergewicht *nt*

short covering Deckungskäufe *pl*; **s.-dated** *adj* 1. kurzfristig, auf kurze Sicht; 2. mit kurzer Fälligkeit/Laufzeit

shorten *v/t* (ver)kürzen, vermindern; **s.-ing** *n* (Ver)Kürzung *f*, (Ver)Minderung *f*; **~ of delivery periods** Verkürzung der Lieferfristen

shortfall *n* Defizit *nt*, Fehlbetrag *m*, Manko *nt*, Deckungslücke *f*, Differenz *f*; **s. in demand** Unternachfrage *f*; **~ sales** Absatz-, Umsatzrückgang *m*; **~ supply** Angebotsverknappung *f*

short|-haul *adj* Kurzstrecken-; **s.list** *n* *(Bewerber)* Vorauswahl *f*, engere Auswahl; *v/t* in die engere Wahl ziehen, Auswahl treffen; **s.-lived** *adj* von kurzer Dauer, kurzlebig; **s.-range** *adj* Kurzstrecken-, K.zeit-; **s. sale** Leerverkauf *m*; **s.sell** *v/t* blanko/ohne Deckung verkaufen; **s.-selling** *n* Leerverkauf *m*, Baissespekulation *f*; **s.-shipped** *adj* nicht zur Verladung gekommen, zu knapp geliefert; **s.-staffed** *adj (Personal)* unterbesetzt, knapp an Arbeitskräften; **s.-term** *adj* kurzfristig, auf kurze Sicht; **s.-timer** *n* Kurzarbeiter(in) *m/f*

shot *n* Schuss *m*; **s. in the arm** *(fig)* Konjunkturspritze *f*

show *n* Messe *f*, Ausstellung *f*; **on s.** ausgestellt, zu besichtigen; **s. of hands** Abstimmung durch Handzeichen; **agricultural s.** Landwirtschaftsausstellung *f*, landwirtschaftliche Leistungsschau; **s.** *v/t* 1. zeigen, aufweisen; 2. ausstellen; 3. *(Bilanz)* ausweisen; 4. vorführen; **s. business**

S

Showgeschäft *nt*, Unterhaltungsindustrie *f*; **s.card** *n* 1. Muster-, Geschäftskarte *f*; 2. *(Schaufenster)* Aufstellplakat *nt*; **s.-ground** *n* Ausstellungsgelände *nt*

showing *n* 1. Vorführung *f*; 2. Zustand *m*; 3. Leistung *f*; **firm s.** *(Börse)* feste Verfassung

show|piece *n* 1. Ausstellungsstück *nt*; 2. Aushängeschild *nt (fig)*; **s.room** *n* Ausstellungs-, Verkaufsraum *m*

shrink *v/i* (zusammen)schrumpfen; **s.age** *n* Schwund *m*, Rückgang *m*; **s.-wrap** *n* Schrumpffolie *f*, Vakuum(ver)packung *f*; *v/t* einschweißen, mit einer Schweißfolie verpacken

shunting *n* 1. 🚂 Rangieren *nt*; 2. *(fig)* Arbitrage *f (frz.)*

shut *v/t* zumachen, schließen; **s. down** *(Betrieb)* (zeitweilig) stilllegen/schließen

shutdown *n* (zeitweilige) Betriebseinstellung/Schließung *f*; **seasonal s.** saisonbedingte Schließung; **temporary s.** Produktionspause *f*

shuttle *n* Pendelflugzeug *nt*, P.bus *m*, P.-zug *m*; *v/t* hin- und herfahren; **s. service** Pendelverkehr *m*, P.betrieb *m*

sick *adj* krank; **s. benefit** Krankengeld *nt*; **s. certificate** Krankmeldung *f*, (ärztliches) Attest *nt*; **s. insurance** Krankenversicherung *f*, K.kasse *f*; **s. leave** Krankheits-, Erholungsurlaub *m*; **to be on s. leave** krankgeschrieben sein; **s. leave benefit** Krankengeld *nt*; **s.-list** *v/t* krankschreiben

sickness *n* Krankheit *f*, Erkrankung *f*; **s. absence** krankheitsbedingte Abwesenheit; **s. allowance** *[US]* Leistungen im Krankheitsfall, Krankengeld *nt*; **s. benefit** Krankengeld *nt*; **~ payment** Krankengeldleistung *f*; **s. cover(age)** Krankenversicherungsschutz *m*; **s. figures/rate** Krankenstand *m*; **s. insurance** Krankenversicherung *f*; **supplementary s. insurance** Krankenzusatzversicherung *f*

sick note Krankmeldung *f*, (ärztliches) Attest *nt*; **s. pay** Krankengeld *nt*; **statutory s. pay** gesetzliche Lohnfortzahlung im Krankheitsfall; **s. rate** Krankenziffer *f*, K.stand *m*

side *n* Seite *f*; **both/the two s.s of industry** Tarifparteien *pl*, Sozialpartner *pl*, Arbeitnehmer und Arbeitgeber *pl*; **This s. up!** Nicht stürzen!; **both s.s** beide Parteien/Teile; **s. agreement** Sonderabmachung *f*, Nebenabrede *f*; **s.line** *n* Nebenzweig *m*, N.geschäft *nt*, N.erwerb *m*; **s. business** Nebengeschäft *nt*; **s. employment/job** Nebenbeschäftigung *f*, nebenberufliche Tätigkeit; **s. payments** Ausgleichszahlungen *pl*; **s.track** *n* ↘ **siding** *[US]* 🚂 Anschlussgleis *nt*

siding *n* 🚂 Anschlussgleis *nt*; **industrial/private s.** Fabrik-, Werksanschluss(gleis) *m/nt*; **s. rent** Gleismiete *f*, Wagenstand(s)-geld *nt*

sight *n* Sicht *f*, Präsentation *f*; **after s.** nach Sicht; **at s.** nach/bei Sicht, täglich fällig; **payable after s.** zahlbar nach Sicht; **~ at s.** zahlbar bei Sicht/Vorlage

sight balance(s) Sichtguthaben *nt*; **s. bill/draft (S.D.)** Sichtwechsel (vor Akzept) *m*; **s. credit** Kontokorrentkredit *m*; **s. deposits** Sichteinlagen *pl*, täglich fällige Gelder; **s. letter of credit (L/C)** Sichtakkreditiv *nt*; **s. liabilities** sofort fällige Verbindlichkeiten; **s. test** Sichtprüfung *f*, oberflächliche Prüfung

sign *n* 1. (Kenn)Zeichen *nt*; 2. Schild *nt*; **s. of wear (and tear)** Abnutzungserscheinung *f*

sign *v/t* unterzeichnen, u.schreiben; **s. in blank** blanko unterschreiben; **~ full** mit seinem vollen Namen unterschreiben; **s. on** sich (an)melden/eintragen für; **s. up** 1. anheuern; 2. sich verpflichten, beitreten; **~ for** sich entscheiden für, teilnehmen an

signal *n* Signal *nt*, Zeichen *nt*

signatory *n* (Mit)Unterzeichner(in) *m/f*, Vertragspartner(in) *m/f*; **s. to a contract** Vertragsunterzeichner(in) *m/f*; **(duly) authorized s.** (Handlungs)Bevollmächtigte(r) *f/m*, Prokurist(in) *m/f*; **sole ~ s.** Alleinvertretungsberechtigte(r) *f/m*; **joint s.** Mitunterzeichner(in) *m/f*; **s. power** Unterschriftsvollmacht *f*, Zeichnungsberechtigung *f*

signature *n* Unterschrift *f*; **s. in blank** Blankounterschrift *f*; **to authenticate a s.** Unterschrift beglaubigen; **personal s.** eigenhändige Unterschrift; **s. authorization** Zeichnungsberechtigung *f*

signed *adj* gezeichnet, unterschrieben; **duly s.** ordnungsgemäß unterschrieben; **s. personally** eigenhändig unterschrieben

significance *n* 1. Bedeutung *f*, Bedeutsamkeit *f*, Wichtigkeit *f*

S

significant *adj* 1. bedeutend; 2. bezeichnend; **s.ly** *adv* bezeichnenderweise
signing *n* Unterzeichnung *f*, Unterschrift(sleistung) *f*
silver *n* Silber *nt*; **s. bullion** Barrensilber *nt*; **s. standard** Silberwährung *f*
silvi|cultural *adj* ⯭ forstwirtschaftlich, waldbaulich; **s.culture** *n* Forst-, Waldwirtschaft *f*, W.bau *m*
simplicity *n* 1. Einfachheit; 2. einfache Struktur
simulation (game) *n* Sandkastenspiel *nt*, (Unternehmens)Planspiel *nt*
sincere *adj* aufrichtig; **yours s.ly** *adv (Brief)* mit freundlichen Grüßen
single *n* Alleinstehende(r) *f/m*; **s. allowance** Steuerfreibetrag für Ledige; **s.-figure** *adj* π einstellig; **s.-industry** *adj* monoindustriell; **S. Market** *(EU)* einheitlicher Markt; **s.-shift** *adj* Einschicht-; **s.-tier** *adj* einstufig; **s.-use** *adj* Einmal-, Wegwerf-
sink *v/ti* 1. *(Hypothek)* tilgen, amortisieren; 2. *(Preis)* sinken, fallen; **s.ing** *n* (Schulden)Tilgung *f*, Amortisation *f*
sister company/corporation Schwestergesellschaft *f*; **s. department** Nachbarressort *nt*
site *n* 1. 🏛 Baustelle *f*, Grundstück *nt*; 2. Sitz *m*; 3. (Stand)Ort *m*; **s. for final disposal** Endlager(stätte) *nt/f*; **s. of an industry** Standort/Sitz einer Industrie
contaminated site verseuchtes Areal, Altlast *f*; **greenfield s.** Industriegelände/I.-grundstück/Standort auf der grünen Wiese; **improved s.** erschlossenes Grundstück; **industrial s.** Industriegelände *nt*, I.grundstück *nt*, I.areal *nt*; **open-air s.** Freigelände *nt*; **out-of-town s.** außerstädtischer Standort; **vacant s.** unbebautes Grundstück
site data Standortdaten *pl*; **s. density** 🏛 Bebauungsdichte *f*; **s. development** Grundstücks-, Geländeerschließung *f*; **s. inspection** Kontrolle vor Ort; **s. management** Bau(stellen)leitung *f*; **s. manager** Bau(stellen)leiter *m*; **s. plan** Lageplan *m*; **s. selection** Standortwahl *f*
sitting *n* Sitzung *f*
situation *n* 1. Position *f*; 2. Stelle *f*, Stellung *f*, Situation *f*, Lage *f*; **s. in the industry** Branchensituation *f*; **s. on the labour market** Arbeitsmarkt-, Beschäftigungslage *f*; **s.s vacant (sit. vac.)** *(Zeitung)* Stellenangebote *pl*; **~ wanted** Stellengesuche *pl*
competitive situation Wettbewerbslage *f*; **cost-earnings s.** Kosten-Erlös-Situation *f*; **current s.** Ausgangssituation *f*; **cyclical/economic s.** Konjunktur(lage) *f*, K.klima *nt*; **financial s.** Vermögensverhältnisse *pl*, V.lage *f*; **general s.** Gesamtlage *f*, wirtschaftliche Rahmenbedingungen; **permanent s.** Dauerstellung *f*; **social s.** soziale Lage; **underlying s.** Rahmenbedingungen *pl*
size *n* Größe *f*, Format *nt*, Umfang *m*, Volumen *nt*; **s. of a credit** Kreditumfang *m*; **~ a loan** Anleihevolumen *nt*; **average ~ loss** durchschnittliche Schadenshöhe; **~ an order** Auftragsgröße *f*, A.umfang *m*, A.volumen *nt*; **~ the order book** Höhe des Auftragsbestands; **~ stock** Bestandsgröße *f*; **commercial s.** marktgängige Größe; **manageable s.** überschaubare Größe; **standard s.** Standard-, Einheitsgröße *f*; **viable s.** wirtschaftlich vertretbare Größe
skeleton *n* Skelett *nt*, Gerippe *nt*; **s. account** T-Konto *nt*; **s. agreement** Rahmenabkommen *nt*; **s. contract** Rahmenvertrag *m*; **s. data** Rahmendaten *pl*; **s. organisation** Rahmenorganisation *f*; **s. staff** Stammpersonal *nt*, Rumpfbelegschaft *f*; **s. tariff** Rahmentarif *m*
skill *n* Fertigkeit *f*, Fähigkeit *f*, Kompetenz *f*; **communicative s.s** kommunikative Kompetenz; **entrepreneurial s.** unternehmerisches Geschick; **high-tech s.s** Kompetenz in moderner Technologie; **interpersonal s.s** Kontaktfähigkeit *f*; **managerial s.s** Führungsqualitäten *pl*; **occupational/professional s.** Berufsqualifikation *f*; **specialized s.s** besondere Kenntnisse
skill|(s) base Angebot an Facharbeitern; **s.ed** *adj* gelernt, ausgebildet; **s. enhancement** berufliche Fort-/Weiterbildung; **s.s gap** Facharbeitermangel *m*; **~ shortage** Facharbeitermangel *m*; **~ updating** Weiterbildung *f*; **~ upgrading scheme** Qualifizierungsoffensive *f*
skim (off) *v/t* abschöpfen
skimming|-off *n* Abschöpfung *f*; **~ of liquidity** Liquiditätsabschöpfung *f*; **s. pricing** Hochpreisstrategie *f*
sky-rocket *v/i* sprunghaft ansteigen

S

slack *n* Konjunkturflaute *f*; **organisational s.** Leerlauf *m*, Effizienzmangel (in der Organisation) *f*; **seasonal s.** jahreszeitlich bedingte Flaute; *adj* flau, lustlos; **s.en (off)** *v/ti* 1. nachlassen, (sich) abflachen, flau werden; 2. lockern

slackening *n* 1. Dämpfung *f*, Nachlassen *nt*, Abflachung *f*; 2. *(Nachfrage)* Beruhigung *f*; 3. Lockerung *f*; **s. of economic activity** Konjunkturabschwächung *f*; **~ demand** Nachfrageberuhigung *f*; **s. in orders** nachlassender Auftragseingang

slackness *n* Flaute *f*, Geschäftslosigkeit *f*; **s. of business** Geschäftsflaute *f*; **s. in sales** Absatzschwäche *f*

slander *n* üble Nachrede, Verleumdung *f*; **s. of goods** Geschäftsschädigung *f*

slash *v/t* drastisch kürzen; **s.ing** *n* starke Reduzierung; **~ of fixed costs** Fixkostenabbau *m*

slaughter *v/t* *(fig)* verschleudern, unter Preis verkaufen

slice *n* 1. Stück *nt*, Scheibe *f*; 2. *(Anleihe)* Teilausgabe *f*, Tranche *f (frz.)*; **s. of a loan** Tranche einer Anleihe; **to carve out a ~ a market** Marktanteil gewinnen

slide *n* *(Kurs)* Talfahrt *f (fig)*, Abwärtsbewegung *f*, Verfall *m*, Preiseinbruch *m*; **s. in/of interest rates** Zinsrutsch *m*; **s. in prices** Kurs-, Preisrutsch *m*, P.verfall *m*; **downward s.** Talfahrt *f*; **s.** *v/i* 1. (ab)rutschen, fallen, nachgeben; 2. *(Börse)* auf Talfahrt sein

slim *v/ti* 1. Ballast abwerfen *(fig)*, schrumpfen; 2. *(fig)* Personal abbauen; **s.ming of the workforce** *n* Belegschafts-, Personalabbau *m*; **s.ming-down (process)** *n* Schrumpfung(sprozess) *f/m*; **s.ming operation** Gesundschrumpfen *nt*

S

slip *n* Zettel *m*, (Kontroll)Abschnitt *m*, Beleg *m*; **„With Compliments" s.** Empfehlungskarte *f*; **paying-in s.** Einzahlungs-, Einlieferungsschein *m*

slippage in margins *n* Schrumpfen der Spannen/Margen

slipping *adj* nachgebend, rückläufig

slot *n* 1. Schlitz *m*; 2. *(Automat)* Geldeinwurf *m*; 3. (Container)Stellplatz *m*; 4. Zeitfenster *nt*

slow *v/ti* (sich) verlangsamen; **s. down** 1. Geschwindigkeit herabsetzen/vermindern/drosseln; 2. *(Konjunktur)* sich abschwächen

slow *adj* langsam, schleppend; **to go s.** Bummelstreik machen; **painfully s.** außerordentlich langsam

slow-down *n* Nachlassen *nt*, Abschwächung *f*; **s. of economic activity; ~ the economy** Konjunkturabschwächung *f*, konjunkturelle Abkühlung; **s. in demand** Nachfrageberuhigung *f*; **~ growth** Wachstumsabschwächung *f*; **s. of inflation** nachlassender Preisauftrieb; **s. in investment** nachlassendes Investitionstempo, nachlassende Investitionstätigkeit; **~ orders** Auftragsrückgang *m*; **cyclical/economic s.** konjunkturelle Abkühlung, Konjunkturabschwächung *f*, K.rückgang *m*

slowing-down *n* Verlangsamung *f*; **s. of the economy** Abflachen der Konjunkturkurve, Abkühlung der Konjunktur; **~ wage increases** Abflachung der Lohnkurve

slow-selling *adj* schwer/schlecht verkäuflich, ~ absetzbar

sluggish *adj* 1. lustlos, schleppend, flau; 2. *(Nachfrage)* schwach, gedrückt; **s.ness** *n* Flaute *f*, Stagnation *f*; **~ of business/the market** Geschäftsflaute *f*

sluice *n* Schleuse *f*; *v/t* schleusen; **s.-gate** *n* Schleusentor *nt*; **~ price** *[EU]* Schleusen-, Einschleusungspreis *m*

slump *n* 1. (Wirtschafts)Krise *f*, Rezession *f*, (Konjunktur)Rückgang *m*; 2. *(Börse)* Baisse *f (frz.)*, (Preis-/Kurs)Sturz *m*; **s. in demand** Nachfrageeinbruch *m*; **~ earnings** Ertragseinbruch *m*; **~ prices** Preis-, Kurssturz *m*; **~ profits** Rückgang der Gewinne, Gewinneinbruch *m*, G.rückgang *m*; **~ sales** Absatzkrise *f*; **cyclical/economic s.** Konjunktureinbruch *m*; **seasonal s.** saisonbedingter (Geschäfts)Rückgang; **s.** *v/i* stark fallen, stürzen; **s.-flation** *n* Inflation bei gleichzeitiger Rezession

small-business *adj* Kleinunternehmens-, mittelständisch

smooth *adj* 1. glatt, reibungslos; 2. bequem, einfach; **s. out** *v/t* verstetigen, glätten; **s.ing** *n* (Kurs)Glättung *f*; **~ operation** *(Markt)* (Kurs)Glättung *f*, Maßnahmen zur Kursberuhigung

snake *n* Schlange *f*; **s. in the tunnel** *(obs.)* *(EWS)* Währungsschlange *f*; **s. currency** *(obs.)* Schlangenwährung *f*

snapshot *n* oberflächlicher Eindruck

snowball *n* Schneeball *m*; *v/i* sich lawinenartig entwickeln; **s. growth** Selbstverstärkung *f*; **s. sales system** Schneeballsystem *nt*

soak up 1. abschöpfen; 2. aus dem Markt nehmen; **s.ing up of liquidity** *n* Liquiditätsabschöpfung *f*

soar *v/i* 1. schnell/sprunghaft/steil (an)-steigen, in die Höhe schnellen; 2. *(Börse)* haussieren

social *adj* sozial, gesellschaftlich; **s.ism** *n* Sozialismus *m*; **s.ist** *n* Sozialist(in) *m/f*; **s.ization** *n* Vergesellschaftung *f*, Verstaatlichung *f*, Sozialisierung *f*; **~ of risks** Risikosozialisierung *f*; **s.ize** *v/t* vergesellschaften, verstaatlichen, sozialisieren

society *n* Verein *m*, Gesellschaft *f*; **affluent s.** Überfluss-, Wohlstandsgesellschaft *f*; **agrarian s.** Agrargesellschaft *f*; **charitable s.** Wohltätigkeitsverein *m*; **classless s.** klassenlose Gesellschaft; **co-operative s.** Genossenschaft *f*; **agricultural ~ s.** landwirtschaftliche (Produktions)Genossenschaft (LPG); **registered ~ s.** eingetragene Genossenschaft; **friendly s.** gemeinnütziges Unternehmen, Versicherungsverein auf Gegenseitigkeit (VVaG), Unterstützungskasse *f*, gemeinnütziger Verein; **incorporated (Inc.) s.** *[US]* 1. eingetragene Gesellschaft; 2. Aktiengesellschaft *f*; **industrial s.** Industriegesellschaft *f*; **mutual s.** Verein auf Gegenseitigkeit; **provident s.** *[GB]* Versicherungsverein (auf Gegenseitigkeit) *m*, Hilfs-, Unterstützungsverein *m*; **registered s.** eingetragener Verein (e.V.)

socio-economic *adj* sozioökonomisch

soften *v/ti* 1. *(Preise/Konjunktur)* nachgeben, sich abschwächen; 2. lockern; **s.ing** *n* 1. Lockerung *f*; 2. Kursabschwächung *f*

software *n* 🖳 Software *f*, Betriebsprogramm *nt*; **packaged s.** Standardsoftware *f*; **s. company** Softwarehaus *nt*; **s. house/supplier** Software-, Programmanbieter *m*

soil *n* Boden *m*, Erdreich *nt*; **contaminated s.** verseuchter Boden; **fertile s.** fruchtbarer/ertragreicher Boden; **productive s.** ertragreicher Boden; **s. contamination** Bodenverseuchung *f*, Altlast *f*; **s. erosion** Bodenerosion *f*; **s. pollution** Bodenverunreinigung *f*

sold note *adj* *(Börse)* Verkaufsabrechnung *f*; **s. out** ausverkauft, vergriffen

solicit *v/t* 1. erbitten; 2. umwerben

solicitation *n* Kundenwerbung *f*; **s. of customers** Kundenwerbung *f*; **~ orders** Auftragswerbung *f*

solicitor *n* § (Rechts)Anwalt *m*, (R.)-Anwältin *f*; **to brief/instruct a s.** Anwalt bestellen/anweisen; **to put a matter in the hands of a s.** Angelegenheit einem Anwalt übergeben

solution *n* Lösung *f*; **industry-specific s.** Branchenlösung *f*; **makeshift s.** Verlegenheitslösung *f*; **workable s.** brauchbare Lösung

solvency *n* Zahlungsfähigkeit *f*, Kreditwürdigkeit *f*, Liquidität *f*, Bonität *f*, Solvenz *f*; **s. margin** Liquiditätsmarge *f*, L.spanne *f*; **s. regulations** Liquiditätsbestimmungen *pl*

solvent *adj* zahlungsfähig, liquide, solvent

sophisticated *adj* 1. hoch entwickelt, technisch ausgereift; 2. ausgeklügelt, anspruchsvoll

sort *n* 1. Sorte *f*, Klasse *f*; 2. Sortieren *nt*; **fine s.** *(Belege)* Feinsortierung *f*; **s.** *v/t* sortieren, nach Güteklassen einstufen; **s. code** Bankleitzahl *f* (BLZ); **s. criterion** Sortierkriterium *nt*

sorting *n* Sortieren *nt*; **s. capability** Sortiermöglichkeit *f*, S.anlagen *pl*; **s. code** Bankleitzahl (BLZ) *f*; **(postal) s. office** ✉ Verteilungs(post)amt *nt*

sought-after *adj* begehrt, gesucht, gefragt

sound *adj* 1. solide, seriös, stattlich; 2. solvent, kreditwürdig; **financially s.** kapitalkräftig, finanziell gesund; **s.ness** *n* 1. Solidität *f*; 2. Kreditwürdigkeit *f*, Bonität *f*, Solvenz *f*, **~ of financial management** Wirtschaftlichkeit der Haushaltsführung

source *n* Herkunft *f*, (Einkaufs-/Bezugs)-Quelle *f*

source and application of funds Mittelherkunft und -verwendung *f*; **~ statement** Bewegungsbilanz *f*, Kapitalflussrechnung *f*; **s. of capital** Kapitalquelle *f*, Mittelherkunft *f*; **~ energy** Energieträger *m*, E.quelle *f*; **~ finance/financing** Finanz(ierungs)quelle *f*; **~ funding/funds** Kapitalquelle *f*, Mittelherkunft *f*; **~ income** Einkommens-, Einnahme-, Erwerbsquelle *f*; **main ~ income** Haupteinnahmequelle *f*; **~ pollution** Verursacher *m*; **~ revenue** Einnahme-, Steuerquelle *f*; **~ supply** Beschaffungs-, Bezugsquelle *f*; **s.s of supply** Bezugsquellennachweis *m*; **s. of tax (revenue)** Steuer(einnahme)-quelle *f*

deducted at source an der Quelle abgezogen, quellenbesteuert

to buy at source an der Quelle kaufen; **to finance from outside s.s** fremdfinanzieren; **to levy/tax at s.** an der Quelle erheben/besteuern, Quellensteuer erheben
reliable source authentische/verlässliche Quelle
source *v/t* 1. beziehen, beschaffen; 2. finanzieren, Mittel bereitstellen
source country Herkunfts-, Ursprungs-, Abgabeland *nt*; **s. data** Primärmaterial *nt*; **s. material** Ausgangsstoff *m*; **s. population** Kundenreservoir *nt*; **s.s and uses statement** Bewegungsbilanz *f*
sourcing *n* 1. Herkunft *f*; 2. Bezug *m*, Beschaffung *f*; 3. Finanzierung *f*; **global s.** weltweite Beschaffung; **in-house s.** Eigenfertigung *f*; **offshore s.** Produktionsverlagerung in Niedriglohnländer; **single s.** Bezug aus einer Quelle; **s. overseas** (Waren)Bezug aus dem Ausland; **s. system** Beschaffungsverfahren *nt*
sovereignty *n* Souveränität *f*; **fiscal s.** Finanz-, Steuerhoheit *f*; **monetary s.** Währungshoheit *f*
space *n* Raum *m*, Platz *m*, (Ausstellungs)-Fläche *f*; **to apply for s.** sich zur Messe anmelden; **confined s.** beschränkter Platz; **open s.** Grünfläche *f*, unbebautes Gelände; **open-air s.** Freigelände *nt*; **rented s.** Mietfläche *f*, angemietete Fläche
space out *v/t* räumlich verteilen
space allocation Fracht(raum)zuteilung *f*; **s. buyer** Werbungsmittler(in) *m/f*, Mediadisponent(in) *m/f*; **s. industry** Raumfahrtindustrie *f*; **s. rent** Platz-, Standmiete *f*; **s. requirement(s)** Flächenbedarf *m*; **s.-saving** *adj* platzsparend
S
span *n* Spanne *f*; **s. of command/control** Führungs-, Leistungsspanne *f*
spare *adj* überschüssig; **s. part** Ersatzteil *nt*
sparing *adj* schonend, sparsam
sparse *adj* spärlich; **s.ness** *n (Besiedlung)* geringe Dichte
spate *n* Flut *f*, Welle *f*; **s. of bankruptcies** Konkurs-, Pleitewelle *f*; **~ buying** Kaufwelle *f*; **~ demand** Nachfragestoß *m*, N.-schub *m*; **~ new issues** Emissionswelle *f*; **~ mergers** Fusionswelle *f*; **~ selling** *(Börse)* umfangreiche Abgaben
speaking *adj* ☎ am Apparat
special *adj* Sonder-, speziell; **s.-grade** *adj* hochwertig, Spezial-
specialist *n* Fachmann *m*, F.frau *f*, Spezialist(in) *m/f*, Experte *m*, Expertin *f*; **financial s.** Finanzexperte *m*; **s. buyer** Facheinkäufer *m*; **s. department** Fachabteilung *f*; **s. retailer** (Einzelhandels)-Fachgeschäft *nt*; **s. shop** Spezial-, Fachgeschäft *nt*
special(i)ty *n* Spezialartikel *m*, Neuheit *f*, Spezialität *f*; **s. dealers' range** Fachhandelssortiment *nt*; **s. product** Spezialerzeugnis *nt*; **s. shop** *[GB]*/**store** *[US]* Fachgeschäft *nt*; **s. supplier** Spezialanbieter *m*
specialization *n* Spezialisierung *f*; **s. of labour** Arbeitsteilung *f*; **industrial s.** Branchenspezialisierung *f*
specie *n* Hart-, Münzgeld *nt*; **s.s** Tier- und Pflanzenart *f*; **s. payment** Barzahlung *f*, Zahlung in (Hart)Geld
specific *adj* spezifisch, speziell, besonders
specification *n* 1. (Einzel)Aufstellung *f*, E.-nachweis *m*, Spezifizierung *f*; 2. Bedarfsbeschreibung, Leistungsverzeichnis *nt*; 3. Postenaufgliederung *f*; **s.s** technische Daten, genaue Angaben; **s. and schedule of prices** Leistungsverzeichnis *nt*; **~ terms** Ausschreibungsunterlagen *pl*; **made to s.** Einzel-, Sonderanfertigung *f*
specified *adj* bestimmt
specify *v/t* 1. einzeln angeben/aufführen, spezifizieren; 2. nach Posten gliedern, postenweise aufführen
specimen *n* 1. Muster *nt*, Probe(exemplar) *f/nt*; 2. Warenprobe *f*; **s. of a signature** Unterschriftenprobe *f*; **~ an economic trend** Konjunkturmodell *nt*; **s. contract** Mustervertrag *m*; **s. copy** 1. Beleg-, Probeexemplar *nt*; **s. letter** Musterbrief *m*; **s. signature** Unterschriftsprobe *f*
speculate *v/i* spekulieren
speculation *n* Spekulieren *nt*, Spekulation *f*; **s. in futures** Terminspekulation *f*; **~ securities** Effektenspekulation *f*; **~ shares** *[GB]*/**stocks** *[US]* Aktienspekulation *f*
speculative *adj* spekulativ, spekulationsbedingt
speculator *n* Spekulant(in) *m/f*; **s. for a fall** Baissespekulant(in) *m/f*, Baissier *m [frz.]*; **~ rise** Haussespekulant(in) *m/f*, Haussier *m [frz.]*
speed *n* Geschwindigkeit *f*, Tempo *nt*; **s. of operations** Verarbeitungsgeschwindigkeit *f*; **~ turnover** Umschlagsgeschwindigkeit *f*; **s. up** *v/ti* beschleunigen; **s. goods** *[GB]* Schnellgut *nt*

spend *v/t* ausgeben, aufwenden, verauslagen, verbrauchen; **ready to s.** ausgabefreudig
spending *n* Ausgabe(n) *f/pl*, Aufwendungen *pl*, Ausgabenpolitik *f*; **s. on advertising** Werbeausgaben *pl*; **~ consumption** konsumtive Ausgaben; **~ materials** Materialausgaben *pl*; **~ research and development** Forschungs- und Entwicklungsaufwand *m*; **~ travel** Reiseausgaben *pl*
to curb/reduce spending Ausgaben kürzen/reduzieren/drosseln; **to control s.** Ausgaben überwachen; **to step up s.** Ausgaben erhöhen/steigern
agricultural spending Agrarausgaben *pl*; **credit-financed s.** kreditfinanzierte Ausgaben; **federal s.** Ausgaben des Bundes; **governmental s.** Staatsausgaben *pl*, öffentliche Ausgaben; **heavy s.** hohe Aufwendungen; **planned s.** Haushalts-, Etatansatz *m*; **promotional s.** Werbeausgaben *pl*; **public s.** öffentliche Ausgaben, Ausgaben der öffentlichen Hand; **~ commitment** Ausgabeverpflichtung der öffentlichen Hand; **~ estimates** Haushaltsvoranschlag *m*; **social s.** Sozialbudget *nt*, S.ausgaben *pl*; **total s.** Gesamtausgabenvolumen *nt*
spending authorization Ausgabenermächtigung *f*; **s. curb** Ausgabenbeschränkung *f*; **s. cut** Haushalts-, Etat-, Ausgabenkürzung *f*; **s. freeze** Ausgabensperre *f*; **s. growth** Ausgabenwachstum *nt*; **s. slowdown** Ausgabenstreckung *f*; **s. spree** Einkaufsbummel *m*, Ausgabenrausch *m*, Konsumwelle *f*; **s. surge** (starker) Ausgabenanstieg *m*; **s. target** geplante Ausgabenhöhe
spendthrift *adj* verschwenderisch, ausgabenfreudig
sphere *n* (Dienst-/Sach)Bereich *m*; **s. of activities** Aufgabenbereich *m*; **~ business** 1. Geschäftsbereich *m*; 2. Branche *f*; **~ operations** Arbeitsgebiet *nt*, Tätigkeitsbereich *m*; **~ responsibility** Zuständigkeitsbereich *m*; **economic s.** Wirtschaftsleben *nt*, die Wirtschaft; **financial s.** Finanzbereich *m*, F.wesen *nt*
spillover *n* Nebenwirkung *f*, Überschuss *m*; **s.s** Externalitäten *pl*; **pecuniary s.** monetärer externer Effekt; **s. effect** Anstoß-, Überlaufeffekt *m*
spinning off *n* *(Unternehmen)* Abspaltung *f*
spin-off (product) *n* 1. Zusatzgeschäft *nt*; 2. Abfall-, Nebenprodukt *nt*; 3. Firmenableger *m*, Ausgliederung *f*; **s. company** Spin-off-Unternehmen *nt*, ausgegliedertes/verselbstständigtes Unternehmen; **s. product** Abfallprodukt *nt*, Parallelerzeugnis *nt*
spiral *n* Spirale *f*; **s. of interest rate increases** Zinsspirale *f*; **deflationary s.** Deflationsspirale *f*; **inflation(ary)/wage-price s.** Lohn-Preis-Spirale *f*
spirits *n* alkoholische Getränke, Spirituosen *pl*
spirit of competition Wettbewerbsgeist *m*; **~ the enterprise** Geist des Unternehmens; **commercial s.** Geschäftssinn *m*; **entrepreneurial s.** Unternehmergeist *m*; **speculative s.** Spekulationslust *f*
split *n* (Auf)Spaltung *f*, Teilung *f*; **operational s.** Betriebsaufspaltung *f*; **s. (up)** *v/ti* (auf)spalten, (auf)teilen; **s.-level** *adj* auf zwei Ebenen; **s.-off** *n* 1. Spaltung *f*, Aufteilung *f*; 2. Ausgliederung *f*
splitting *n* 1. Spaltung *f*; 2. (Aktien-/Einkommens)Teilung *f*; 3. *(Steuer)* getrennte Veranlagung
spoil *v/ti* 1. verderben; 2. *(Landschaft)* zersiedeln
spoilage *n* Ausschuss *m*, Makulatur *f*, Materialabfall *m*, Verlust *m*; **s. of goods** Warenverderb *m*; **planned s.** Ausschussplanung *f*; **s. rate** Ausschussquote *f*
spokesperson *n* Sprecher(in) *m/f*
sponsor *n* Auftrag-, Geldgeber(in) *m/f*, Konsortialführer(in) *m/f*, Förderer(in) *m/f*, Träger(in) *m/f*, Patronatsfirma *f*; *v/t* bürgen, fördern, befürworten; **s.ship** *n* Bürgschaft *f*, Förderung *f*, Trägerschaft *f*, Fördertätigkeit *f*
spot *n* 1. Stelle *f*, Platz *m*; 2. Werbespot *m*, kurze Werbedurchsage; **s.s** *(Börse)* sofort lieferbare Ware; **on the s.** loko, an Ort und Stelle; **s. and forward** loko und auf Termin; **to buy s.** *(Börse)* gegen sofortige Lieferung/per Kasse kaufen; **to sell s.** per Kasse verkaufen; **commercial s.** *(Radio/Fernsehen)* Werbeminute *f*, W.sendung *f*
spot *adj* sofort lieferbar/zahlbar, loko, per Kasse
spot advertisement Werbespot *m*; **s. business** Bar-, Loko-, Platzgeschäft *nt*; **s. cash** (sofortige) Barzahlung/Kasse *f*; **for s. cash** gegen sofortige Bezahlung, sofort zahlbar; **s. check** Stichprobe(nkontrolle) *f*;

s.-check *v/t* Stichproben machen; **s. commodities** Kassawaren *pl*; **s. deal** Loko-, Kassageschäft *nt*; **s. delivery** Kassahandel *m*, sofortige Lieferung

spot (foreign) exchange Kassadevisen *pl*; **~ market** Devisenkassamarkt *m*; **~ transaction** Devisenkassageschäft *nt*

spot goods sofort lieferbare Ware(n); **s. market** Loko-, Kassamarkt *m*; **~ price/rate** Platz-, Tageskurs *m*; **s. offer** Platzangebot *nt*; **s. payment** sofortige Zahlung; **s. price/rate** Kassapreis *m*, K.kurs *m*; **s. purchase** Kassageschäft *nt*, Platzkauf *m*; **s. quotation** *(Devisen)* Kassanotierung *f*, K.kurs *m*; **s. sale** Kassageschäft *nt*, Platzverkauf *m*; **s. securities** Kassawerte *pl*; **s. test** Stichprobe *f*; **s. trading** Kassageschäfte *pl*, Lokohandel *m*; **s. transaction** Kassageschäft *nt*; **s. value** Kassakurs *m*

urban sprawl *n* Zersiedelung (der Landschaft) *f*

spread *n* 1. Spanne *f*, Marge *f*, Differenz *f*; 2. Streuung *f*, Verteilung *f*, Bandbreite *f*, Streuungs-, Schwankungsbreite *f*; 3. Marktdurchdringung *f*; 4. *(Börse)* Stellage (-geschäft) *f/nt*; 5. Konsortialspanne *f*, K.-provision *f*; 6. *(Rohstoffbörse)* Kursspanne *f*; 7. Überhandnehmen *nt*; 8. *(Zeitung)* ganzseitige Anzeige

spread of interest rates Zinsspanne *f*; **~ prices** Preisspanne *f*; **~ risk** Risikostreuung *f*, R.verteilung *f*; **~ shareholdings** *[GB]*/**stockholdings** *[US]* Aktienstreubesitz *m*

spread *v/ti* 1. ausbreiten, (aus)streuen; 2. *(Risiko)* streuen, verteilen; 3. überhand nehmen

spreading *n* 1. Streuung *f*, Verteilung *f*, Aus-, Verbreitung *f*; 2. *(Arbeit)* Streckung *f*; **s. of costs** Kostenstreuung *f*; **~ investments** Anlagenstreuung *f*; **~ risks** Risikostreuung *f*

spreadsheet *n* 1. Kalkulationsbogen *m*; 2. 🖳 Tabellenkalkulation *f*

spurt *n* 1. plötzliches Anziehen; 2. *(Börse)* Kurssprung *m*; **s. of demand** Konsumspritze *f*

spying *n* Spionage *f*; **economic s.** Wirtschaftsspionage *f*; **industrial s.** Industriespionage *f*

squander *v/t* verschwenden, vergeuden; **s.ing** *n* Verschwendung *f*, Vergeudung *f*; *adj* verschwenderisch

square *n* *(allg.)* Quadrat *nt*, Viereck *nt*; **magic s.** *(VWL)* magisches Viereck; **s.** *v/t* ausgleichen, saldieren; **the S. Mile** *[GB]* Londoner City/Finanzzentrum

squaring *n* *(Konto)* Ausgleich *m*; **s. of accounts** Kontenausgleich *m*, K.abstimmung *f*; **~ the balance of payments** Ausgleich der Zahlungsbilanz; **~ payments position** Zahlungsausgleich *m*; **intercompany s.** Konzernausgleich *m*

squeeze *n* 1. Engpass *m*; 2. Geldknappheit *f*; 3. Liquiditätsmangel *m*; **s. on margins** *(Zins)* Druck auf die Zinsspannen, ~ Handelsspanne, Margendruck *m*; **~ profits** Ertragsdruck *m*; **cost-price s.** Kosten-Preis-Schere *f*; **financial s.** Geldknappheit *f*, G.verknappung *f*; **inflationary s.** Inflationsdruck *m*

squeeze *v/t* unter Druck setzen; **s. out** 1. aus dem Geschäft drängen, verdrängen; 2. *(Markt)* hinausdrängen

stability *n* Stabilität *f*, Standfestigkeit *f*, Stetigkeit *f*; **s. of money** Geld(wert)-stabilität *f*; **~ prices** Kursstabilität *f*; **~ purchasing power** Kaufkraftstabilität *f*; **economic s.** wirtschaftliche Stabilität; **external s.** außenwirtschaftliche Stabilität; **monetary s.** Währungs-, Geld(wert)-stabilität *f*; **to safeguard ~ s.** Geldwertstabilität sichern

stability|-conscious *adj* stabilitätsbewusst; **s. differential** Stabilitätsgefälle *nt*; **s. levy** Stabilitätszuschlag *m*

stabilization *n* Stabilisierung *f*, Festigung *f*; **s. of earnings/profits** Ertragsstabilisierung *f*; **~ interest rates** Verstetigung des Zinsniveaus; **~ prices** Preisstabilisierung *f*; **(economic) s. policy** Stabilitäts-, Konjunkturpolitik *f*

stabilize *v/ti* (sich) stabilisieren, (sich) festigen

stable *adj* stabil, beständig, (krisen)fest

stack *v/t* (auf)stapeln, (auf)schichten; **s.ing** *n* 1. Stapelung *f*, Schichtung *f*; 2. *(Vers.)* Verkauf von Mehrfachpolicen

staff *n* ↘ **employee, job, personnel** 1. (Betriebs-/Geschäfts)Personal *nt*, Belegschaft *f*, Mitarbeiter *pl*, Angestellte *pl*; 2. Stab(skräfte) *m/pl*; **short of s.** knapp an Arbeitskräften/Personal; **to recruit s.** Personal einstellen

administrative staff Verwaltungspersonal *nt*; **ancillary/back-up s.** Hilfspersonal *nt*; **casual s.** Aushilfskräfte *pl*, A.personal *nt*; **clerical s.** Büropersonal *nt*; **executive s.**

leitende Mitarbeiter; **indoor s.** Mitarbeiter im Innendienst; **junior s.** Nachwuchskräfte *pl*; **managerial s.** Führungskräfte *pl*, leitende Angestellte; **non-union s.** nicht organisierte Belegschaft(smitglieder); **outdoor s.** Außendienst(mitarbeiter) *m/pl*; **permanent/regular s.** Stammpersonal *nt*; **point-of-contact s.** Kundenbetreuer *pl*; **professional and managerial s.** Führungskräfte *pl*, leitende Angestellte; **salaried s.** Angestellte *pl*, Gehaltsempfänger *pl*; **secretarial s.** Schreibpersonal *nt*; **senior s.** leitende Angestellte, leitendes Personal; **skilled/specialist s.** Fachpersonal *nt*, F.kräfte *pl*; **supervisory s.** Aufsichtspersonal *nt*; **supporting s.** Hilfspersonal *nt*; **technical s.** technisches Personal; **tech-support s.** technische Kundenberater; **temporary s.** Zeitarbeitskräfte *pl*

staff *v/t* mit Personal ausstatten/besetzen, personell besetzen

staff administration Personalverwaltung *f*; **s. appraisal** Mitarbeiterbeurteilung *f*; **s. benefits** betriebliche Sozialleistungen; **s. capital formation** betriebliche Vermögensbildung; **s. changes** Personalbewegung *f*; **s. costs** Personalkosten *pl*, P.aufwand *m*; **s. council** Personalvertretung *f*; **s. cut(s)** Belegschafts-, Personal-, Stellenabbau *m*; **s. decisions** Personalentscheidungen *pl*; **s. department** 1. Personalabteilung *f*; 2. Stabsstelle *f*; **s. development** Personalförderung *f*, P.entwicklung *f*; **s. discount** Personalrabatt *m*

well staffed *adj* gut besetzt

staffer *n* Angestellte(r) *f/m*

staff employment policy Personaleinsatzplanung *f*; **s. establishment** betriebliche Sozialeinrichtung; **s. expenses** Personalaufwand *m*; **s. and material expenses** Personal- und Sachaufwand *m*; **~ other operating expenses** Verwaltungsaufwand *m*; **s. file(s)** Personalakte *f*; **s. provident fund** Wohlfahrtsfonds *m*, Unterstützungskasse *f*; **s. information system** Personalinformationssystem *nt*

staffing (level) *n* 1. Personalausstattung *f*; 2. Stellen-, Personalbesetzung *f*; **s. costs** Personalkosten *pl*; **s. problem** Problem der Stellenbesetzung; **s. schedule** Stellenplan *m*

staff level(s) Personalbestand *m*; **s. manager** Personalleiter(in) *m/f*, Leiter(in) der Personalabteilung; **s. matter** Mitarbeiterangelegenheit *f*; **s. meeting** Personal-, Belegschafts-, Mitarbeiterversammlung *f*; **s. member** Mitarbeiter(in) *m/f*, Belegschaftsangehörige(r) *f/m*; **full-time s. member** hauptamtliche(r) Mitarbeiter(in), Vollzeitkraft *f*, V.beschäftigte(r) *f/m*; **s. number** Belegschaft *f*, Personalbestand *m*, Zahl der Mitarbeiter/Beschäftigten; **s. officer** Personalreferent(in) *m/f*; **s. pension** Betriebsrente *f*; **s. profit-sharing scheme** Mitarbeitergewinnbeteiligung *f*; **s. purchasing** Belegschafts-, Personalkauf *m*; **s. recruitment** Personal-, Arbeitskräftebeschaffung *f*; **s. reduction(s)** Personal-, Stellenabbau *m*, S.kürzung *f*; **s. regulations** Personalstatut *nt*; **s. representative** Personalvertreter(in) *m/f*; **s. requirements** Personalbedarf *m*; **s. rotation** Stellenrotation *f*; **s. shares** *[GB]*/ **stocks** *[US]* Belegschaftsaktien *pl*; **s. shortage** Arbeitskräfte-, Personalmangel *m*; **s. supervision** Überwachung der Mitarbeiter; **s. training** Belegschafts-, Mitarbeiter-, Personalschulung *f*; **s. turnover** (Personal)Fluktuation *f*

stag *n* *(fig) (Börse)* Konzertzeichner(in) *m/f*

stage *n* Stadium *nt*, Phase *f*, Stufe *f*; **s. of completion** Fertigungsgrad *m*; **~ consumption** Verbrauchsstufe *f*; **~ development** Entwicklungsstand *m*; **~ manufacture** Verarbeitungsstufe *f*; **~ production** Fertigungs-, Produktionsstufe *f*; **s. by s.** schrittweise; **experimental s.** Versuchsstadium *nt*; **final s.** Endstufe *f*; **at the halfway/interim s.** zur Halbzeit/Jahresmitte, nach dem ersten Halbjahr; **preliminary s.** Vorstufe *f*

stagflation *n* wirtschaftlicher Stillstand bei gleichzeitiger Stagnation

stagger *v/t* *(Arbeitszeit/Zahlungen)* staffeln, versetzt anordnen, (zeitlich) entzerren; **s.ing** *n* Staffelung *f*, (zeitliche) Entzerrung

stagnant *adj* 1. stagnierend, stockend; 2. *(Börse)* lustlos

stagnate *v/i* stagnieren, stillstehen, stocken

stagnation *n* Stagnation *f*, (Geschäfts)-Stockung *f*, Stillstand *m*; **s. of orders** Auftragsflaute *f*; **~ sales** Umsatzstagnation *f*; **economic s.** Wirtschaftsstockung *f*

stake *n* Einsatz *m*, (Kapital)Einschuss *m*, Anteil *m*, (Unternehmens)Beteiligung *f*; **s. in the equity capital** (Eigen)Kapitalbeteiligung *f*; **to build up a s.** seinen (Beteiligungs)Anteil aufstocken; **to take a s. in** Anteil/Beteiligung erwerben an; **controlling s.** Mehrheitsbeteiligung *f*; **minor s.** Minderheitsbeteiligung *f*; **s.-building** *n (Börse)* Paketbildung *f*; **s.holder** *n* 1. Anteilseigner *m*; 2. Paketinhaber *m*; 3. Interessengruppe *f*

stale *adj* 1. *(Markt)* lustlos, flau; 2. § verjährt

stall *n* Messe-, Ausstellungs-, Verkaufsstand *m*; **s. holder** Standinhaber(in) *m/f*; **s.keeper** *n* Standinhaber(in) *m/f*

stamp *n* 1. (Brief)Marke *f*, Rabatt-, Wertmarke *f*; 2. Stempel *m*; **s. of quality** Gütesiegel *nt*; **to affix a s.** Brief frankieren/freimachen; **to cancel a s.** (Brief)Marke entwerten/stempeln; **official s.** Amtsstempel *m*, Dienstsiegel *nt*

stamp *v/t* freimachen, frankieren, (ab)stempeln

stamp duty Stempelgebühr *f*, S.steuer *f*, Kapitalverkehrs-, Banderolensteuer *f*; **exempt from/free of s. d.** börsenumsatzsteuerfrei; **s. d. on bills of exchange** Wechselstempelsteuer *f*; **~ new issues** Emissionsabgabe *f*; **~ securities** Effektenstempelsteuer *f*

stand *n* Messe-, Ausstellungs-, Verkaufsstand *m*; **joint s.** *(Messe)* Gemeinschaftsstand *m*; **s. out** *v/i* sich auszeichnen

stand-alone *adj* 🖳 unabhängig

standard *n* 1. Standard *m*, Maßstab *m*, Norm *f*; 2. Münzwährung *f*; **s.s** Anforderungen *pl*; **above s.** überdurchschnittlich; **below s.** unterdurchschnittlich; **up to s.** vollwertig, normgerecht; **not ~ s.** den Anforderungen nicht entsprechend, nicht der Qualität entsprechend

standard of acceptability Annahmekriterium *nt*; **generally accepted s.s for auditing financial statements** Grundsätze ordnungsgemäßer Durchführung von Abschlussprüfungen; **prudential s. of liquidity** vorsichtige Liquiditätshaltung; **s. of living** Lebensstandard *m*; **minimum ~ living** Existenzminimum *nt*; **~ performance** Leistungsmaßstab *m*; **~ prices** Preisniveau *nt*; **s.s of quality** Güte-, Qualitätsanforderung *f*, Q.standard *m*

packed to commercial standards handelsüblich verpackt

to comply with a standard der Norm entsprechen; **(not) to reach the required s.** den Anforderungen (nicht) entsprechen; **to set the s.(s)** Richtlinien aufstellen

commercial standard Warennorm *f*; **environmental s.s** Umweltschutzvorschriften *pl*; **industrial s.** Industrienorm *f*; **legal s.s** gesetzliche Normen; **statutory minimum s.** gesetzliche Mindestanforderung; **monetary s.** Münzfuß *m*, Währungsstandard *m*; **professional s.(s)** standesrechtliche Richtlinien; **regulatory s.s** staatlich festgelegte Normen; **substantive s.s.** materiell-rechtliche Normen; **temporary s.** vorläufige Vorgabezeit

standard *adj* 1. einheitlich, (handels)üblich; 2. serienmäßig, Einheits-; 3. durchschnittlich, Durchschnitts-; 4. *(Lohn)* tariflich, Tarif-

standardization *n* 1. Standardisierung *f*; 2. Norm(ier)ung *f*, Harmonisierung *f*, Vereinheitlichung *f*; **s. of commodities** Warennormung *f*; **~ tariffs** Tarifvereinheitlichung *f*

standardize *v/t* 1. standardisieren; 2. normieren, harmonisieren; 3. vereinheitlichen

standby *n* 1. Beistand *m*; 2. ☼ Reservegerät *nt*; 3. Betriebsbereitschaft *f*; *adj* Reserve-, Ersatz-

standby agreement Bereitschafts(kredit)abkommen *nt*; **s. capacity** Reservekapazität *f*; **s. commitment** Eventualverpflichtung *f*; **s. cost(s)** Kosten der Betriebsbereitschaft; **s. credit** Beistands-, Zwischenkredit *m*; **s. duty** Bereitschaftsdienst *m*; **s. equipment** Notaggregat *nt*; **s. facilities** *(Kredit)* Stillhaltezusage *f*; **s. loan** Kreditbereitstellung *f*, Bereitschaftskredit *m*; **s. time** Wartezeit *f*

stand-in *n* *(Personal)* Springer *m*

standing *n* 1. Ansehen *nt*, Ruf *m*; 2. Bonität *f*, Kreditwürdigkeit *f*; 3. Status *m*, Rang *m*; **financial s.** Kreditfähigkeit *f*, Bonität *f*, Kapitalkraft *f*, Vermögenslage *f*; **professional s.** berufliches Ansehen; **s. charges** ϟ /*(Gas)*/ 💧 Grundgebühr *f*; **s. committee** ständiger Ausschuss; **s. order** Dauer(überweisungs)auftrag *m*; **to place a s. order** Dauerauftrag erteilen/einrichten

stand|off *n* Pattsituation *f*; **s. space** Ausstellungs-, Standfläche *f*; **s.still** *n* Stillstand *m*, Stockung *f*

S

staple *n* 1. Haupthandels-, Massenware *f*, Haupterzeugnis *nt*, Stapelware *f*; 2. Handelszentrum *nt*, H.niederlassung *f*; 3. (Heft)Klammer *f*; **s.s** 1. Stapelartikel *pl*, S.güter *pl*; **s.** *v/t* klammern, heften; *adj* marktgängig, Standard-; **s.r** *n* 1. Stapelkaufmann *m*, Sortierer *m*; 2. Heftmaschine *f*, Klammeraffe *m (coll)*; **s. right** Marktgerechtigkeit *f*; **s. trade** Stapelhandel *m*

start *n* 1. Anfang *m*, Beginn *m*; 2. Inbetriebnahme *f*; **s. of building** Baubeginn *m*; **~ the period** Periodenbeginn *m*; **~ season** Saisonbeginn *m*; **at the ~ the session/trading** bei Börsenbeginn; **~ work** Arbeitsbeginn *m*; **to make a s.** anfangen

start *v/ti* 1. anfangen, beginnen; 2. *(Betrieb)* anlaufen; **s. up** Betrieb aufnehmen

starting *n* Anfang *m*, Beginn *m*; **s. condition(s)** Ausgangsbedingungen *pl*; **s. date** Einstellungstermin *m*; **s. period** Anlaufzeit *f*; **s. price** 1. Ausgangs-, Eröffnungskurs *m*; 2. *(Auktion)* Ausgangsgebot *nt*; **s. salary** Anfangsgehalt *nt*

start-up *n* 1. Anlaufen *nt*, Anlaufzeit *f*, Aufnahme des Betriebs; 2. (Neu)Gründung *f*, neu gegründetes/junges Unternehmen; **s. of production** Produktionsanlauf *m*

start-up aid Starthilfe *f*; **s. balance** Gründungsbilanz *f*; **s. company** neu gegründetes/junges Unternehmen, Neugründung *f*; **s. cost(s)/expenses** 1. Anlaufkosten *pl*; 2. Gründungsaufwand *m*, G.kosten *pl*; 3. Betriebseinrichtungskosten *pl*; **s. finance/financing** Anschub-, Gründungsfinanzierung *f*; **s. grant** Unternehmensgründungsbeihilfe *f*, U.zuschuss *m*; **s. investment** Anfangs-, Startkapital *nt*; **s. loan** (Unternehmens)Gründungsdarlehen *nt*; **s. loss** Anlaufverlust *m*; **s. period** Anlaufzeit *f*, A.phase *f*

starvation *n* 1. (Ver)Hungern *nt*; 2. Aushungern *nt*; **s. wage** Hungerlohn *m*

state *n* 1. Staat(swesen) *m/nt*, Bundesland *nt*, B.staat *m*; 2. Zustand *m*, Lage *f*, Verfassung *f*

state of the art (neuester) Stand der Technik; **~ the balance of payments** Stand der Zahlungsbilanz; **~ business** Geschäftslage *f*; **~ disrepair** baufälliger Zustand; **~ the economy** Konjunkturlage *f*, (gesamt)wirtschaftliche/konjunkturelle Lage; **~ emergency** Ausnahmezustand *m*; **~ liquidity** Liquiditätsstatus *m*; **~ the market** Marktlage *f*, M.verfassung *f*; **~ origin** Ursprungsstaat *m*; **~ repair** Erhaltung(szustand) *f/m*

basic state *(Markt)* Grundverfassung *f*; **constitutional s.** Rechtsstaat *m*; **crude s.** Rohzustand *m*; **federal s.** 1. Bundesstaat *m*; 2. Land *nt [D]* ; **littoral s.** Anrainer-, Küstenstaat *m*; **participating s.** Teilnehmerstaat *m*

state *v/t* 1. feststellen, f.legen; 2. *(Rede)* erklären, ausführen

state aid staatliche (Bei)Hilfe/Unterstützung; **s.-aided** *adj* staatlich gefördert/subventioniert; **s.-approved** *adj* staatlich anerkannt; **s. auditor** Rechnungshof *m*; **s. bank** 1. Staats-, Landesbank *f*; 2. *[US]* einzelstaatlich konzessionierte Bank; **s. benefit** staatliche Leistung, Sozialleistung *f*; **across the s. border** jenseits der Staatsgrenze; **s. budget** Staatshaushalt *m*; **s. capitalism** Staatskapitalismus *m*; **s. company** Staatsunternehmen *nt*; **s. control** 1. Staatskontrolle *f*; 2. Interventionismus *m*; **s.-controlled** *adj* staatlich gelenkt, unter Staatsaufsicht; **s. debt** Staatsverschuldung *f*, S.schuld *f*; **s. employment** Beschäftigung im Staatsdienst; **s.-financed** *adj* staatlich finanziert; **s. grant** staatlicher Zuschuss; **s. guarantee** Staatsbürgschaft *f*; **s. holding** Staatsbeteiligung *f*; **s. industry** verstaatlichte/staatliche Industrie; **s. insurance** staatliche Versicherung; **s. loan** Staatsanleihe *f*, S.kredit *m*

statement *n* 1. Äußerung *f*, Erklärung *f*, Verlautbarung *f*; 2. (Geschäfts)Bilanz *f*, Übersicht *f*, Aufstellung *f*, Geschäftsbericht *m*, (Jahres-/Monats-/Quartals)Abschluss *m*; 3. (Konto)Auszug *m*

statement of account Bank-, Rechnungs-, Konto(korrent)auszug *m*; **~ account for the year ended ...** Jahresabschluss zum ...; **consolidated ~ account** Konzernabschluss *m*; **~ account transactions** Umsatzbilanz *f*; **~ accruals and deferrals** Abgrenzungsrechnung *f*; **~ affairs** Liquidationsbilanz *f*, Vermögensaufstellung *f*; **~ (sources and) application of funds** Bewegungsbilanz *f*, Kapitalflussrechnung *f*; **~ assets** Vermögensbestandsrechnung *f*; **~ assets and liabilities** Bilanz(aufstellung) *f*, Aufstellung der Aktiva und Passiva; **~ net assets** Vermögensaufstellung *f*;

S

~ **average** *(Vers.)* Havarieschadensaufmachung *f*; ~ **bankrupt's assets and liabilities** Konkursbilanz *f*; ~ **capital employed** Vermögens- und Kapitalübersicht *f*; ~ **changes in financial position** Veränderungsbilanz *f*, Kapitalflussrechnung *f*; ~ **changes in stocks** Bestandsänderungsrechnung *f*; ~ **charges** Kostenrechnung *f*, K.aufstellung *f*; ~ **financial condition** Bilanzaufstellung *f*; ~ **costs** Kostenaufstellung *f*; ~ **credit position** Kreditbilanz *f*, K.status *m*; ~ **damage(s)** Schadensaufstellung *f*; ~ **earnings** Gewinn- und Verlustrechnung (GuV) *f*, Ertragsausweis *m*; ~ **enterprise growth** Finanzierungs- und Investitionsrechnung *f*; ~ **expenses** Auslagen-, Spesenabrechnung *f*; ~ **flows** Strom(größen)rechnung *f*; ~ **total gains and losses** Ergebnisrechnung *f*; ~ **income** *[US]* Periodenausweis *m*, Gewinn- und Verlustrechnung (GuV) *f*; **consolidated s.s of income** Konzern-Gewinn- und Verlustrechnung *f*; **s. of intent** Absichtserklärung *f*; ~ **outturn** Liste der gelöschten Ladungsmengen; ~ **particulars** Spezifikation *f*; ~ **financial position** Vermögensnachweis *m*; **combined** ~ **financial position** konsolidierte Vermögens- und Kapitalübersicht; ~ **results** Ergebnisübersicht *f*; ~ **revenue(s) and expenditure(s)** Gewinn- und Verlustrechnung (GuV) *f*, Einnahmen- und Ausgabenrechnung *f*; ~ **securities (deposited)** Depotaufstellung *f*; ~ **sources and application of funds** Kapitalflussrechnung *f*, Bewegungsbilanz *f*; ~ **net worth** Vermögensrechnung *f*

to draw up the statement 1. *(Vers.)* Dispache aufmachen; 2. Bilanz/Jahresabschluss erstellen; **to prepare a s.** *(Buchhaltung)* Status erstellen

annual statement Jahresabschluss *m*, J.-auszug *m*, J.ausweis *m*; **closing s.** 1. Abschlussbericht *m*; 2. Kontoabschluss *m*; **comparative s.s** Vergleichsabschlüsse *pl*; **consolidated s.** konsolidierte Bilanz; **corporate s.** Bilanz einer AG/GmbH; **daily s. (of account)** (Konto)Tagesauszug *m*

financial statement 1. (Finanz)Status *m*; 2. *(Bilanz)* (Jahres)Abschluss *m*, Rechenschaftsbericht *m*; 3. *(Firma)* Handelsbilanz *f*; **to approve the annual f. s.(s)** Jahresabschluss feststellen; **to prepare the (annual) f. s.s** Jahresabschluss aufstellen; **annual f. s.** Jahresabschluss *m*, J.ausweis *m*; **certified f. s.** testierter Abschluss; **consolidated f. s.** Konzernabschluss *m*, K.-bilanz *f*, konsolidierte Bilanz; **provisional f. s.** vorläufiger Abschluss; **worldwide f. s.s** Weltabschluss *m*; **f. s.s analysis** Bilanzanalyse *f*

flow-of-funds statement Kapitalflussrechnung *f*, Bewegungsbilanz *f*; **fraudulent s.** betrügerische Bilanzverschleierung; **inconsistent s.s** widersprechende Angaben; **interim s.** Zwischen-, Halbjahresabschluss *m*, H.bericht *m*, Zwischenbericht *m*; **monthly s.** Monatsbericht *m*, M.ausweis *m*; **operational s.** Leistungsübersicht *f*; **quarterly s.** Vierteljahresabschluss *m*, V.bericht *m*, Quartalsausweis *m*; **statistical s.** statistische Aufstellung

statement analysis Bilanzanalyse *f*; **s. printer** Kontoauszugsdrucker *m*

state monopoly Staatsmonopol *nt*; **s.-of-the-art** *adj* (hoch)modern(st), allerneuest, dem Stand der Technik entsprechend Spitzen-; **s.-owned** *adj* staatseigen, im Staatsbesitz; **s. pension** Einheitsrente *f*, staatliche Rente/Altersversorgung; ~ **fund** staatliche Rentenkasse; ~ **scheme** staatliche Altersversorgung; **s.-run** *adj* 1. vom Staat finanziert; 2. Regie-; **s.-subsidized** *adj* öffentlich/staatlich subventioniert; **s. subsidy** staatliche Subvention; **s. support** staatliche Unterstützung; **s. tax** *[US]* einzelstaatliche Steuer; **s. trading** Staatshandel *m*; ~ **company** staatliche Handelsgesellschaft; ~ **country** Staatshandelsland *nt*

station *n* 1. Station *f*, Stelle *f*; 2. 🚂 Bahnhof *m*; **s. of destination** Bestimmungsbahnhof *m*; ~ **despatch/dispatch** Versand-, Absendestelle *f*; **monitoring s.** Messwarte *f*; **receiving s.** Empfangsstation *f*

stationary *adj* gleichbleibend, stationär

stationer *n* Papier-, Schreibwarenhändler(in) *m/f*; **s.'s (shop)** Schreibwarenhandlung *f*, S.geschäft *nt*; **s.y** *n* Schreib-, Bürobedarf *m*, Briefpapier *nt*

statistic *n* 📊 statistische Maßzahl; **s.s** *n* Statistik *f*, Erhebungen *pl*, Zahlenmaterial *nt*; **to compile s.s** Statistiken zusammenstellen

actuarial statistics Versicherungsstatistik *f*; **commercial s.** Handelsstatistik *f*; **economic s.** Konjunktur-, Wirtschaftsstatis-

S

tik *f*; **federal s.** Bundesstatistik *f*; **~ office** Statistisches Bundesamt *[D]*; **financial s.** Finanzstatistik *f*; **monetary s.** währungsstatistische Daten; **official s.** amtliche Statistik; **operational s.** Betriebsstatistik *f*; **vital s.** Bevölkerungsstatistik *f*

status *n* Zustand *m*, Status *m*, (Rechts)-Stellung *f*; **s. of affairs** *(Insolvenz)* Inventar-, Masseverzeichnis *nt*, Konkurs-, Liquidations-, Vergleichsbilanz *f*, Vermögensaufstellung *f*; **s. in law** Rechtscharakter *m*

civil status Personen-, Familienstand *m*; **competitive s.** Konkurrenzfähigkeit *f*; **equal s.** gleicher Rang; **financial s.** Vermögens-, Finanzlage *f*; **legal s.** Rechtsstand *m*, R.persönlichkeit *f*; **occupational s.** Berufsstellung *f*; **pecuniary s.** Vermögensstand *m*; **personal s.** Personen-, Familienstand *m*; **professional s.** Berufsstellung *f*

status agency (Kredit)Auskunftei *f*; **~ report** Auskunfteibericht *m*; **s. enquiry/inquiry** (Bitte um) Kredit-/Vermögensauskunft *f*; **s. report** 1. Lage-, Fortschritts-, Zustandsbericht *m*; 2. Finanz-, Kreditauskunft *f*

statute *n* Gesetz(esbestimmung) *nt/f*; **s.s** Satzung *f*, Statuten *pl*; **s. of limitation** (Gesetz über) Verjährung *f*; **amending s.** Novelle *f*; **local s.(s)** Ortssatzung *f*; **repealing s.** aufhebendes Gesetz; **s.-barred** *adj* verjährt; **s. book** Gesetzbuch *nt*, Gesetzessammlung *f*; **s. law** kodifiziertes Recht

statutory *adj* gesetzlich (verankert/vorgeschrieben), satzungsmäßig, Pflicht-, Zwangs-

stay *n* Suspendierung *f*, Aufschub *m*; **s. of execution** § Vollstreckungsaufschub *m*, Aussetzung der Vollstreckung; **~ the period of limitation** § Hemmung der Verjährung; **~ proceedings** Aussetzung des Verfahrens; **s.** *v/ti* 1. bleiben; 2. § *(Verfahren)* einstellen, aussetzen

steady *v/ti* (sich) festigen, sich behaupten; *adj* 1. konstant, gleichbleibend, (be)ständig, stetig; 2. *(Börse)* behauptet, gehalten

steadying *n* Beruhigung *f*; **s. of business activity** Konjunkturberuhigung *f*; **~ prices** Preisberuhigung *f*; **~ the tone** *(Börse)* Stabilisierung *f*

stealth tax heimliche Steuer

steamer *n* ⚓ Dampfer *m*; **s. pays dues (s.p.d.)** alle Abgaben werden vom Schiff getragen

steam navigation ⚓ Dampfschifffahrt *f*

steamship (SS) *n* ⚓ Dampfschiff *nt*, Dampfer *m*; **s. company** Schifffahrtsgesellschaft *f*, Reederei *f*; **s. conference** Schifffahrtskonferenz *f*

steel *n* ⌂ Stahl *m*; **crude s.** Rohstahl *m*; **~ production** Rohstahlerzeugung *f*; **fine/special s.** Edelstahl *m*; **stainless s.** rostfreier Stahl

steel complex integriertes Stahlwerk, Stahlkombinat *nt*; **s. group** Stahl-, Montankonzern *m*; **s. mill/plant** Stahlwerk *nt*; **s. production** Stahlproduktion *f*, S.erzeugung *f*; **s. stockholder** Stahl(groß)händler *m*; **s. trade** Stahlhandel *m*; **s.works** *n* Stahlwerk *nt*

steering *n* Steuern *nt*, Steuerung *f*, Lenkung *f*; **s. of capacities** Kapazitätslenkung *f*; **~ demand** Nachfrageregulierung *f*, N.lenkung *f*; **s. committee** Lenkungsausschuss *m*

step *n* Maßnahme *f*, (Arbeits)Schritt *m*, Stufe *f*; **in s.** im Gleichschritt, synchron; **to take s.s** Schritte unternehmen, Maßnahmen treffen; **immediate s.s** Sofortmaßnahmen *pl*; **s. down** *v/i* zurücktreten; **s.-by-s.** *adj* schrittweise; **~ performance** Leistung Zug um Zug; **s. rate** *(Vers.)* Stufensatz *m*

steriliz|ation *n* *(Gelder)* Bindung *f*; **~ of inflows** Stilllegung von Geldzuflüssen; **s.e** *v/t (Gelder)* neutralisieren

sterling *n* *[GB]* (Pfund) Sterling *nt*; **s. account** Pfundkonto *nt*; **s. area** Sterlingblock *m*; **s. balance/deposit** Sterling-, Pfundguthaben *nt*; **s. security** Sterlingwertpapier *nt*

stevedore *n* 1. Hafenarbeiter *m*, Schauermann *m*; 2. Verladegesellschaft *f*

stevedoring *n* ⚓ Verladung *f*, Stauerei *f*; **s. company** Verlader *m*, Verladegesellschaft *f*

stewardship *n* Verwalteramt *nt*; **s. of management** Unternehmensführung *f*; **financial s.** Vermögensverwaltung *f*

stick by *v/i* festhalten an

sticker *n* An-, Aufkleber *m*, Klebezettel *m*

stiff *adj* 1. *(Markt)* stabil, unnachgiebig; 2. *(Preis)* hoch; 3. *(Wettbewerb)* hart, scharf; **s.ening** *n* Verhärtung *f*, Versteifung *f*; **~ of prices** Anziehen der Preise

stimulant *n* Auftriebsimpuls *m*, Konjunkturspritze *f*

S

stimulate *v/t* beleben, ankurbeln

stimulation *n* 1. Anreiz *m*, Belebung *f*; 2. *(Wirtschaft)* Ankurbelung *f*; **s. of economic activity** Konjunkturförderung *f*; **~ demand** Nachfrageimpuls *m*, N.belebung *f*; **~ investment activity** Belebung der Investitionstätigkeit, Investitionsförderung *f*

stimulus *n* (An)Reiz *m*, Impuls *m*; **s. to growth** Wachstumsanstoß *m*; **economic s.** Konjunkturimpuls *m*; **fiscal s.** steuerlicher Anreiz; **s. program(me)** (Konjunktur)Ankurbelungsprogramm *nt*

stipulate *v/t* 1. sich (vertraglich) ausbedingen, (vertraglich) festlegen/regeln/vereinbaren, bestimmen; 2. fordern, verlangen; **s. in writing** schriftlich vereinbaren

stipulation *n* 1. (vertragliche) Abmachung *f*, (Vertrags)Bestimmung *f*, Bedingung *f*, (Vertrags)Klausel *f*; **s.s of a contract** Vertragsabreden *pl*; **s. to the contrary** gegenteilige Bestimmung; **s. of payment** Zahlungsvereinbarung *f*; **s. in restraint of trade** Konkurrenzklausel *f*; **contractual s.** Vertragsabrede *f*, V.bedingung *f*; **express s.** ausdrückliche Bestimmung; **restrictive s.** einschränkende Bedingung

stock *n* 1. (Waren)Bestand *m*, Lager(bestand) *nt/m*, Inventar *nt*; 2. (Roh)Material *nt*, Grundstoff *m*; 3. (Aktien-/Gesellschafts)Kapital *nt*, Staatsanleihe *f*; 4. *[US]* Aktie *f*; **s.s** 1. Inventar *nt*, (Lager)Bestände *pl*, Vorrats-, Warenlager *nt*; 2. Effekten *pl*, Wertpapiere *pl*; 3. Schuldverschreibungen *pl*; **from s.** ab Lager; **in s.** auf Lager, vorrätig; **out of s.** nicht auf/am Lager, nicht vorrätig, vergriffen

stock of capital Kapitalstock *m*; **s.(s) of imported goods** Importlager *nt*; **~ goods on hand** Bestand an Waren; **s.(s) on/in hand** Vorratsvermögen *nt*, Vorräte *pl*, Bestand *m*, Warenlager *nt*, W.bestand *m*; **s. of materials** Materialbestand *m*; **~ raw materials** Rohstofflager *nt*; **~ money** Zahlungsmittelbestand *m*; **~ spare parts** Ersatzteillager *nt*; **s.s in process** in der Verarbeitung befindliches Material; **s. of finished and unfinished products** Erzeugnisbestand *m*; **~ samples** Musterkollektion *f*; **s.s and shares** Wert-, Kapitalmarktpapiere *pl*, Effekten *pl*, Aktien und Obligationen; **s. in transit** Transitbestand *m*; **s. at works** Werksbestand *m*; **s.s and work in progress** Vorräte und in Arbeit befindliche Erzeugnisse

to assign stock|s Aktien übertragen; **to be in s.** vorrätig/auf Lager sein; **~ out of s.** *(Waren)* nicht mehr führen, ~ vorrätig haben; **to buy for s.** auf Vorrat disponieren; **to carry s.s** (Konsignations)Lager unterhalten; **to clear s.s** Bestände/Läger räumen; **to deliver from s.** vom/ab Lager liefern; **to dilute s.s** Aktienkapital verwässern; **to draw from s.** dem Lager entnehmen; **to hold s.s** Aktien besitzen; **to list s.s** Aktien notieren/zulassen; **to make/manufacture for s.** auf Lager/Vorrat produzieren; **to move/offload s.(s)** Lager räumen; **to replenish s.s** Bestände/Lager(bestand)/Vorräte auffüllen; **to reduce/run down s.s** Warenlager verringern, Lager/Vorräte abbauen; **to sell s.s** Aktien/Wertpapiere abstoßen; **to subscribe (for)/take up s.s** Aktien zeichnen; **to supply from s.** ab Lager liefern; **to take s.** Inventur machen, (Lager)Bestand aufnehmen; **to turn (over) s.** Lager(bestand)/Warenlager umschlagen

active stock lebhaft gehandelter Wert; **well assorted s.s** reich sortiertes Lager; **authorized s.** *[US]* genehmigtes Kapital; **average s.** Durchschnittsbestand *m*; **back-up s.** Reservebestand *m*; **bankrupt s.** Restlager aus dem Konkurs; **base s.** Grundbestand *m*; **closing s.** End-/Schlussbestand *m*; **commercial s.s** *(Waren)* Handelsbestände *pl*; **common s.** Stammaktie *f*; **non-voting ~ s.** nicht stimmberechtigte Stammaktie; **subordinated ~ s.** nachrangige Stammaktie; **compulsory s.** Pflichtlager *nt*; **concessionary s.** Aktie mit Sondervergünstigungen; **convertible s.s** konvertierbare Wertpapiere; **corporate s.** 1. Aktie(n) einer AG; 2. Kommunalschuldverschreibungen *pl*, K.obligationen *pl*; **current s.s** Lagerbestände *pl*; **cyclical s.s** konjunkturempfindliche Aktien; **dead s.** 1. totes Inventar; 2. 🚜 landwirtschaftliche Geräte; **defensive s.** Aktie mit gleichbleibender Dividende; **deferred s.** Nachzugsaktie *f*; **diluted s.** verwässerte Aktie(n); **dividend-paying s.** Dividendenpapier *nt*; **domestic s.s** inländische Werte; **end-of-period s.** End(be)stand *m*; **existing s.** 1. Altaktie *f*; 2. Altbestände *pl*;

fixed-interest s. festverzinsliches Papier, Rentenpapier *nt*; **gilt-edged s.s** mündelsichere/deckungsstockfähige Anleihen, Staatsanleihen *pl*; **guaranteed s.** Aktie mit garantierter Dividendenzahlung; **widely held s.** *(Aktien)* Streubesitz *m*; **higher-coupon s.** höher verzinsliche Anleihe; **high-volume s.** lebhaft gehandelte/umsatzstarke Aktie; **high-yield s.** Renditewert *m*; **hot s.** spekulative Aktie; **incoming s.s** Lagerzugänge *pl*; **industrial s.** Industrieaktie *f*, I.wert *m*; **initial s.** *(Lager)* Anfangsbestand *m*; **interest-rate-sensitive s.** zinsreagible Aktie; **issued s.** begebene Aktien, begebenes Kapital; **joint s.** Aktien-, Gesellschafts-, Stammkapital *nt*; **leading s.** Publikumsaktie *f*, Spitzenwert *m*; **listed s.s** Börsenpapiere *pl*, börsennotierte Aktien/Werte; **long-dated s.** Langläufer *m*; **medium-dated s.** Wertpapier mit mittlerer Laufzeit; **minimum s.** Mindest(lager)bestand *m*; **non-voting s.** stimmrechtlose/nicht stimmberechtigte Aktie; **no-par s.** nennwertlose Aktie; **opening s.** Anfangs-, Eröffnungsbestand *m*; **ordinary s.** Stammaktie *f*; **outstanding s.** Aktienkapital in Publikumsbesitz, begebenes Aktienkapital; **paid-up s.s** eingezahlte/bezahlte Aktien; **participating s.** dividendenberechtigte Aktie; **preferred s.** Vorzugsaktie *f*; **participating ~ s.** Vorzugsaktie mit zusätzlicher Gewinnbeteiligung; **primary s.s** Rohstoffvorräte *pl*; **quoted s.** amtlich notierte/börsennotierte Aktie; **redeemable s.** rückzahlbarer Wert; **registered s.** Namensaktie *f*; **remaining s.** Restbestand *m*; **rolling s.** 🚂 rollendes Material; **rundown s.s** niedrige Lagerbestände; **short-dated s.** Kurzläufer *m*; **slow-moving s.** Waren/Vorräte mit geringer Umsatzgeschwindigkeit; **speculative s.** 1. spekulative Aktie, Hoffnungswert *m*; 2. spekulativer Bestand; **surplus s.(s)** Überschussbestände *pl*; **undiluted s.** unverwässertes Aktienkapital; **unissued s.** noch nicht ausgegebene Aktie(n); **vetoing s.** Sperrminorität *f*; **voting s.** Stimmrechtsaktie *f*

stock *v/t* (ein)lagern, auf Lager haben/nehmen, vorrätig haben, führen; **s. up** auf Lager nehmen, sich eindecken

stock account 1. Effekten-, Kapital-, Aktienkonto *nt*; 2. (Waren)Bestandskonto *nt*; **s. accounting** Lagerbuchhaltung *f*, Bestandsbuchführung *f*; **s. accumulation** Lagerauffüllung *f*; **s. adjustment** Lagerbereinigung *f*; **s. allotment** Aktienzuteilung *f*; **s. analyst** Aktienanalyst *m*; **s. appraisal** Bewertung des Lagerbestandes; **s. appreciation** 1. Kapitalwerterhöhung *f*; 2. Vorratsbewertung *f*; 3. Wertzuwachs der Lagerbestände; **s. assessment** Bestandsbewertung *f*; **s. bid** Aktienangebot *nt*; **s. book** 1. Lagerbuch *nt*, Waren-, Bestandsverzeichnis *nt*; 2. Aktienbuch *nt*; **s. boom** Effektenhausse *f*; **s. breeding** 🐄 Vieh-, Tierzucht *f*; **s.broker** *n* Börsen-, Wertpapier-, Effektenmakler *m*; **s. broking** *n* Effektengeschäft *nt*, Börsen-, Wertpapierhandel *m*; **s.building** *n* Lagerbildung *f*, L.aufbau *m*, Bestandsaufstockung *f*; **s. capital** (Aktien)Kapital *nt*; **s. card** Inventarkarte *f*; **s. certificate** Aktienzertifikat *nt*, A.urkunde *f*, A.mantel *m*; **~ to bearer** Inhaberaktie *f*; **s. change** (Lager)Bestandsveränderung *f*, L.bewegung *f*; **(joint) s. company/corporation** Aktien-, Kapitalgesellschaft *f*, Gesellschaft mit beschränkter Haftung (GmbH); **s. control** Lager(bestands)kontrolle *f*, L.wirtschaft *f*; **s. cycle** Lagerzyklus *m*; **s. depreciation** 1. Kapitalwertverlust *m*; 2. niedrigere Lagerbewertung; **s. dividend** Gratis-, Berichtigungsaktie *f*, Stockdividende *f*

stock exchange (Aktien)Börse *f*, Wertpapier-, Effektenbörse *f*; **to list/quote at the s. e.** an der Börse handeln/notieren

stock exchange average Börsenindex *m*; **~ committee** Börsenvorstand *m*; **S. E. Council (SEC)** *[GB]* Börsenausschuss *m*; **s. e. crash** Börsenkrach *m*; **~ dealings** Börsenhandel *m*; **official ~ dealings** amtlicher Börsenhandel; **~ favourite** Börsenfavorit *m*; **~ fluctuations** Kursschwankungen *pl*; **~ index** Börsenindex *m*; **~ list** Börsen-, Kurszettel *m*; **~ listing** Börsennotierung *f*; **~ manoeuvre** Börsenmanöver *nt*; **~ mood** Börsenklima *nt*, Stimmung *f*, Marktverfassung *f*; **~ operation** Börsentransaktion *f*; **~ operator** Börsenspekulant *m*; **~ order** Börsenauftrag *m*; **~ quotation** Wertpapier-, Börsenkurs *m*; **to seek a ~ quotation** an die Börse gehen; **to suspend the ~ quotation** Aktiennotiz aussetzen; **~ rumour** Marktgerücht *nt*; **~ security** Börsenwert *m*, börsengängiges Wertpapier; **~ specula-**

tor Börsenspekulant *m*; **~ trading** Börsenhandel *m*, B.umsatz *m*; **~ transaction** Börsenabschluss *m*, B.geschäft *nt*; **~ turnover tax** Börsenumsatzsteuer *f*

stock farm 🚜 (Vieh)Zuchtbetrieb *m*; **s. financing** Finanzierung des Lagers; **s. flo(a)tation** Wertpapier-, Aktienemission *f*; **s. flow** Lagerbestandsbewegung *f*; **s. goods** Lagerware *f*

stockholder *n* 1. Anteilsinhaber(in) *m/f*, Aktienbesitzer(in) *m/f*, Aktionär(in) *m/f*, Kapitaleigner(in) *m/f*, Gesellschafter(in) *m/f*; 2. Lagerhalter(in) *m/f*, Großhändler(in) *m/f*, Grossist *m*; **s. of record** Namensaktionär(in) *m/f*; **controlling/ major s.** Mehrheits-, Großaktionär(in) *m/f*; **convertible s.** Inhaber/Besitzer von wandelbaren Vorzugsaktien; **ordinary s.** Stammaktionär *m*; **preferred s.** Vorzugsaktionär *m*; **small s.** Kleinaktionär *m*

stockholder|'s action Aktionärsklage *f*; **s.s' equity** 1. Aktienkapital *nt*; 2. Reinvermögen der Gesellschafter; 3. *(Bilanz)* Eigenkapital *nt*; **~ as a percentage of total assets** Eigenkapitalquote *f*; **~ ledger** Aktionärsbuch *nt*; **~ meeting** Hauptversammlung (HV) *f*; **s. newsletter** Aktionärsbrief *m*; **s.'s proxy** Stimmrechtsvollmacht *f*; **s.s' representatives** Aktionärs-, Kapitalvertreter *pl*; **~ resolution** Gesellschafter-, Hauptversammlungsbeschluss *m*; **s.'s rights** Aktionärsrechte *pl*

stockholding|(s) *n* 1. Wertpapier-, Effektenbesitz *m*, Aktienbestand *m*; 2. Lagerbestand *m*; **s. gain** *(Lager)* Wertzuschreibung *f*; **s. loss** *(Lager)* Wertminderung *f*; **s. period** Lagerdauer *f*

stock increase Bestandszuwachs *m*; **s. information** Lagerbestandsmeldung *f*; **s.ing-up** *n* Lager-, Bestandsaufbau *m*; **s.-in-trade** *n* 1. Warenbestand *m*, Vorratsvermögen *nt*, Handelsvorrat *m*; 2. Betriebsmittel *pl*, Arbeitsmaterial *nt*, Handwerkszeug *nt*; 3. *(fig)* fester Bestandteil; **s. issue** Wertpapier-, Aktienausgabe *f*, Wertpapier-, Aktienemission *f*; **s. investment** 1. Kapitalanlage *f*; 2. Lagervorrat *m*; 3. Vorratsinvestition *f*

stockist *n* Fachhändler(in) *m/f*, F.geschäft *nt*

stock|jobber *n* Effekten-, Börsenhändler(in) *m/f*, B.spekulant(in) *m/f*; **s.jobbing** *n* Effektengeschäft *nt*, Aktienhandel *m*, A.spekulation *f*; **s.keeper** *n* Lagerist(in) *m/f*, Lagerverwalter(in) *m/f*; **s.keeping** *n* Warenlager-, Vorratshaltung *f*; **~ unit (SKU)** Lager *nt*; **s. ledger** Inventar-, Lagerbuch *nt*; **~ accounting** Inventarbuchhaltung *f*

stock level Bestandshöhe *f*, Lagerumfang *m*, L.bestand *m*; **excessive s. l.s** Lagerdruck *m*, überhöhte Bestände; **low s. l.s** geringe Lagerbestände

stock list 1. Aktien(kurs)-, Börsen(kurs)-zettel *m*; 2. Waren(bestands)liste *f*, Lagerverzeichnis *nt*; **s. location** Lagerort *m*; **s. loss** Lagerverlust *m*; **s. lot** Lagerpartie *f*; **s.man** *n* 1. Lagerist *m*, Lagerverwalter *m*; 2. 🚜 *[US/AUS]* Viehwirt *m*, V.züchter *m*; **s. management** Bestandsverwaltung *f*, Lagerhaltung *f*; **s. manager** Lagerverwalter(in) *m/f*

stock market (Aktien-/Wertpapier-/ Effekten)Börse *f*, Aktien-, Wertpapiermarkt *m*; **to play the s. m.** an der Börse spekulieren; **to tap the s. m.** an die Börse gehen

stock market boom Aktienhausse *f*; **~ crash** Börsenkrach *m*, B.zusammenbruch *m*; **~ decline** Rückgang der (Aktien)-Kurse; **~ flo(a)tation** Gang an die Börse, Börsengang *m*; **~ gain** Kursgewinn *m*; **~ information** Börsenbrief *m*; **~ listing** (Börsen)Notierung *f*; **~ newcomer** Börsenneuling *m*; **~ price** Börsen-, Effektenkurs *m*; **~ rally/rebound** Kurs-, Börsenerholung *f*; **~ report** Börsenbericht *m*; **~ slump** starker Kurseinbruch; **~ speculation** Börsen-, Wertpapierspekulation *f*; **~ speculator** Börsen-, Wertpapierspekulant(in) *m/f*; **~ value** Börsen-, Kurswert *m*

stock monitoring Lager-, Bestandsüberwachung *f*; **s. option** Aktienoption *f*, A.-bezugsrecht *nt*; **s. order** Lagerauftrag *m*

stockout *n* Fehlbestand *m*; **s. cost** Fehlmengenkosten *pl*

stock overhang Bestandsüberhang *m*; **s.s outstanding** Anteilsumlauf *m*; **s. owner** Aktien-, Anteilsbesitzer(in) *m/f*; **s. ownership** Aktien-, Anteilsbesitz *m*; **s. picking** *(Börse)* Aktienauswahl *f*

stockpile *n* Vorrat *m*, Reserve *f*, Halde *f*, Lager(bestand) *nt/m*; **strategic s.** strategische Reserve; **s.** *v/t* bevorraten, aufhalden, (ein)lagern

stock|piling *n* Vorratswirtschaft *f*, (Waren)-Bevorratung *f*, Aufhaldung *f*, Lagerbildung *f*, Vorratseinkäufe *pl*; **s. portfolio** Aktien-, Wertpapierbestand *m*, Effekten-

S

portefeuille *nt*; **s. premium** Aktien-, Emissionsagio *nt*; **s. price** Aktien-, Börsenkurs *m*; **s. profits** Neubewertungsgewinn *m*; **s. purchase** Wertpapierkauf *m*; **s. qualification** Zahl der Pflichtaktien; **s. quantity** (Lager)Bestandsmenge *f*; **s. quotation** Aktiennotierung *f*, Effektenkurs *m*; **s. receipt** Wareneingang *m*; **s. record** Aktienregister *nt*; **~ system** Lagerbuchhaltung *f*; **s. reduction** Lagerabbau *m*; **s. register** 1. Inventarverzeichnis *nt*, Lagerliste *f*; 2. Aktienbuch *nt*; **s. relief** Abschreibung auf Lagerbestände; **s. renewal** Bestandserneuerung *f*; **s. replenishment** Bestands-, Lagerauffüllung *f*; **s. report** Bestandsmeldung *f*; **s. requisition** Materialentnahme *f*; **~ note** (Material)-Entnahmeschein *m*; **s.room** *n* Vorrats-, Lagerraum *m*, Lager *nt*; **s. sale** 1. Verkauf von Lagerbeständen; 2. Aktien-, Effektenverkauf *m*; **s. shortage** 1. *(Börse)* Marktenge *f*; 2. Material-, Lagerknappheit *f*, Minusbestand *m*; **s. situation** Lagerposition *f*; **s. size** Standard-, Normalgröße *f*; **s. split** Aktienteilung *f*; **s. subscription** Aktienbezugsrecht *nt*, Bezugsrecht auf Aktien; **s. swap** Aktientausch *m*

stocktaking *n* Inventar-, (Waren)Bestandsaufnahme *f*, Inventur *f*; **continuous s.** laufende Inventur; **final s.** Schlussinventur *f*; **total s.** Vollinventur *f*

stock trading Wertpapier-, Aktien-, Effektenhandel *m*; **s. transfer** Aktien-, Wertpapierübertragung *f*; **s. trend** Kursentwicklung *f*; **s.turn; s. turnover** *n* (Waren)Umsatz *m*, Warenumschlag *m*, Lagerumschlag(shäufigkeit) *m/f*; **s. unit** Lagereinheit *f*; **s. valuation** Vorrats-, Bestandsbewertung *f*; **s. value** 1. Lagerwert *m*; 2. Kurswert *m*; **s. warrant** Aktienbezugsrechtsschein *m*; **s. write-down** Bestandsabschreibung *f*, Abschreibung auf Lagerbestände

stop *n* 1. Anhalten *nt*, Stillstand *m*; 2. Aufenthalt *m*, Fahrtunterbrechung *f*; 3. Halteplatz *m*; 4. Sperrung *f*; *v/ti* 1. (an)halten, unterbinden; 2. *(Scheck)* sperren; 3. zum Erliegen kommen, stoppen

stopgap *n* Ersatz *m*, Notlösung *f*; **s. advertisement** *(Anzeige)* Füller *m*; **s. loan** Überbrückungskredit *m*

stop|-go policy Politik des Vor und Zurück

stop-loss *adj* *(Maßnahme)* zur Vermeidung weiterer Verluste; **~ order** *(Börse)* Limit-, Glattstellungsauftrag *m*; **~ selling** Glattstellung(en) *f/pl*

stop order (Kauf-/Verkaufs)Auftrag mit Preisbegrenzung

stoppage *n* 1. Sperrung *f*; 2. (Arbeits)-Unterbrechung *f*, A.niederlegung *f*; 3. Betriebsstörung *f*; 4. Zahlungseinstellung *f*; 5. Gehalts-, Lohnabzug *m*; **s. of credit** Kreditsperre *f*; **~ pay** Einbehaltung des Lohns, Gehaltsabzug *m*; **~ payment** Zahlungssperre *f*; **s. at source** Quellenabzug *m*, Q.besteuerung *f*, Erfassung an der Quelle; **s. of work** Ausstand *m*, Streik *m*

stop payment *(Scheck)* Zahlungssperre *f*, Auszahlungsverbot *nt*

stor|ability *n* Lagerfähigkeit *f*; **s.able** *adj* lagerfähig

storage *n* 1. (Ein)Lagerung *f*, Aufbewahrung *f*, Lagerhaltung *f*; 2. Lager(raum) *nt/m*; 3. Lagerkosten *pl*, L.miete *f*, L.gebühren *pl*; 4. 🖳 Speicher *m*; **s. under bond** ⊖ Lagerung unter Zollverschluss; **s. of goods** Lagerung von Waren; **s. and retrieval (operation)** Kommissionieren *nt*; **point-of-sale back-up s.** Verkaufslager *nt*; **cold s.** Kühlhaus-, Kühlraumlagerung *f*; **commercial s.** Warenlagerung *f*; **high-bay s.** Hochregellagerung *f*; **open-air s.** Freilager(ung) *nt/f*; **temporary s.** 1. Zwischenlagerung *f*; 2. Zwischenspeicher *m*

storage agency Vorratsstelle *f*; **s. area** Lagerfläche *f*, L.raum *m*; **s. building** Lagergebäude *nt*; **s. capacity** Speicher-, Lagerkapazität *f*; **s. charge(s)** Lagergebühren *pl*, L.spesen *pl*; **s. container** Lagerbehälter *m*; **s. costs** Lagerungs-, Lager(haltungs)kosten *pl*; **s. credit** Einlagerungskredit *m*; **s. depot/facility** Lager(haus) *nt*; **s. facilities** Lagermöglichkeiten *pl*; **s. feature** Speicher *m*; **s. loss** Lagerschwund *m*; **s. management** Lagerwirtschaft *f*, L.bestandsführung *f*; **s. medium** Datenträger *m*; **s. rack** Regal *nt*; **live s. racking** Durchlaufregal *nt*; **s. shed** Lagerschuppen *m*; **s. space** 1. Lager-, Speicherraum *m*; 2. Speicherkapazität *f*; **s. time** Verweildauer *f*; **s. warehouse** Vorrats-, Zwischenlager *nt*

store *n* 1. (Vorrats)Lager *nt*, Magazin *nt*, Speicher *m*; 2. Vorrat *m*; 3. Laden *m*, Geschäft(slokal) *nt*, Warenhaus *nt*; 4. 🖳 (Daten)Speicher *m*; **s.s** Materialvorrat *m*,

S

Lagerbestand *m*; **ex s.** ab Lager; **in s.** auf Lager; **s. of materials and supplies** Materiallager *nt*; **~ value** Wertaufbewahrungsmittel *nt*; **to keep a s.** Ladengeschäft betreiben; **to take into s.** auf Lager nehmen; **~ out of s.** auslagern

cold store Kühlhaus *nt*; **cut-price s.** Billigladen *m*, B.warengeschäft *nt*; **general s.** Gemischtwarenladen *m*; **high-bay/high-rise s.** Hochregallager *nt*; **low-price s.** Kleinpreisgeschäft *nt*; **multiple s.** Filialkette *f*, Kettenladen(unternehmen) *m/nt*; **one-line/single-line s.** Fach-, Sortiments-, Spezialgeschäft *nt*; **over-the-counter s.** Laden mit Fremdbedienung; **self-service s.** Selbstbedienungsladen *m*

store *v/t* (ein)lagern, aufbewahren; **s. outside** auslagern; **s. temporarily** zwischenlagern

store|(s) accounting Lager-, Materialbuchführung *f*; **s. brand** Hausmarke *f*; **s. card** *(Kaufhaus)* Kundenkreditkarte *f*; **s.s card** Lagerkarte *f*; **s. credit** *[US]* (kurzfristiger) Kundenkredit *m*; **s.s file** Lagerkartei *f*; **s. fittings/fixtures** Ladeneinrichtungen *pl*; **s. front** Ladenfront *f*; **s.s group** Warenhauskonzern *m*; **s.house** *n* Lager(haus) *nt*; **s.keeper** *n* 1. Lager-, Magazinverwalter(in) *m/f*; 2. Ladenbesitzer(in) *m/f*; **s. layout** Ladenanordnung *f*; **s.s ledger** Lager(haupt)buch *nt*; **s. location** Geschäftsstandort *m*, G.lage *f*; **s. loyalty** Kundentreue *f*; **s.s management** Lagerverwaltung *f*; **s. manager** Geschäftsführer(in) *m/f*, Filialleiter(in) *m/f*; **s.s material requisition slip** Materialanforderungsschein *m*; **s. network** Filial-, Ladennetz *nt*; **s. opening hours** Ladenöffnungszeiten *pl*; **s.s order** Lagerbestellung *f*; **s. owner** Laden-, Geschäftsinhaber(in) *m/f*; **s.s requisition** Lageranforderung(sschein) *f/m*; **~ slip** Materialentnahme-, Lagerbezugsschein *m*; **s. supplies** Lagerlieferungen *pl*

storing *n* Lagerung *f*, Bevorratung *f*

storm *n* Unwetter *nt*, Sturm *m*; **s. damage** Sturm-, Unwetterschäden *pl*; **s. and tempest insurance** Sturm-, Elementarschädenversicherung *f*

stow *v/t* ⚓ *(Ladung)* (ver)stauen; **s.age** *n* 1. Laderaum *m*; 2. Staugeld *nt*; **~ capacity** Stauraum *m*; **~ plan** Stauplan *m*

straddle *n* 1. *(Börse)* Stellage(geschäft) *f/nt*; 2. *(Rohstoffbörse)* Spannkurs *m*

strain *n* Belastung *f*, Beanspruchung *f*; **s. on liquidity** Liquiditätsbeengung *f*; **~ the market** Marktbelastung *f*; **~ financial resources** finanzielle Anspannung; **economic s.** wirtschaftliche Anspannung; **financial s.** finanzielle Belastung; **monetary s.** Geldmarkt-, Liquiditätsanspannung *f*

strait(s) *n* ⚓ Straße *f*, Meerenge *f*; **financial s.s** Finanznot *f*, Geldklemme *f*

stranglehold *n* *(fig)* Machtposition *f*; **to have a s. on the market** Markt total beherrschen

corporate strategist *n* Unternehmensstratege *m*

strategy *n* Strategie *f*, Marschroute *f*; **to shape strategies** Strategien beeinflussen; **competitive s.** Wettbewerbsstrategie *f*; **corporate s.** Firmen-, Unternehmenspolitik *f*, Konzernstrategie *f*; **economic s.** Wirtschaftspolitik *f*; **financial s.** Finanzplanung *f*; **low-price s.** Niedrigpreisstrategie *f*; **promotional s.** Verkaufsförderungsstrategie *f*

stratification *n* 1. (soziale) Schichtung *f*; 2. 📊 Schichtenbildung *f*

straw *n* Stroh *nt*; **s. bid** Scheingebot *nt*; **s. bond** wertlose Bürgschaft; **s. poll** Blitzumfrage *f*

stream *n* 1. Fluss *m*; 2. 💻 Datenreihe *f*; **s. of cash inflows** Einnahmestrom *m*; **~ earnings/income** Einkommensstrom *m*; **~ investment** Investitionskette *f*; **coming on s.** 🏭 Produktionsbeginn *m*; **putting on s.** Betriebsauf-, Inbetriebnahme *f*; **to be on s.** in Betrieb sein; **to come on s.** in Betrieb gehen; **to put on s.** Betrieb aufnehmen; **to take off s.** aus der Produktion nehmen

streamline *v/t* (durch)rationalisieren, straffen, bereinigen, verschlanken

streamlining (of operation(s)) *n* (Durch)-Rationalisierung *f*, Strukturbereinigung(sprozess) *f/m*, Optimierung von Betriebsabläufen; **s. of the product range** Sortimentsbereinigung *f*, S.straffung *f*

street *n* Straße *f*; **the S.** *[US]* ↘ **Wall Street** *(coll)* New Yorker Börsenviertel; **high** *[GB]***/main** *[US]* **s.** (Haupt)Geschäftsstraße *f*, *(Zentrum)* Einkaufsstraße *f*, Geschäftsviertel *nt*

street broker freier Makler, Freimakler *m*, Freiverkehrshändler *m*; **s. customer** Laufkunde *m*; **s. hawker** Straßenhändler(in)

S

m/f; **s. market** 1. Straßenmarkt *m*; 2. Freiverkehrsmarkt *m*; **s. price** außer-/nachbörslicher Kurs, Freiverkehrskurs *m*; **s. sale** Straßenhandel *m*, S.verkauf *m*; **s. seller/vendor** Straßenhändler *m*, fliegender Händler; **s. selling/vending** Straßenverkauf *m*, S.handel *m*

strength *n* 1. Stärke *f*, Kraft *f*; 2. *(Wirtschaft)* Gesundheit *f*, Stabilität *f*; **s. of demand** Nachfrageintensität *f*; **~ the market** feste Marktverfassung/Börsentendenz; **~ the recovery** Wachstumspotenzial *nt*, Intensität der Belebung; **~ financial recources** Kapitalkraft *f*; **competitive s.** Wettbewerbsfähigkeit *f*; **economic s.** Wirtschaftspotenzial *nt*, W.kraft *f*; **financial s.** Kapitalkraft *f*, finanzielle Leistungsfähigkeit; **structural s.** struktruelle Stärke; **underlying s.** feste Grundhaltung

strenghten *v/t* (ver)stärken, festigen, intensivieren; *v/i* erstarken, stärker werden

strengthening *n* (Ver)Stärkung *f*, Erstarkung *f*, Intensivierung *f*; **s. of competition** Wettbewerbsstärkung *f*; **~ prices** Kursbefestigung *f*, Anziehen der Preise/Kurse; **~ the cyclical upswing** konjunkturelles Wachstum

stress *n* Belastung *f*, Beanspruchung *f*; **s. of competition** Wettbewerbsdruck *m*; **environmental s.** Umweltbelastung *f*; **s. disease** Stress-, Managerkrankheit *f*; **(highly) s.-resistant** *adj* (hoch) beanspruchbar

stretch *n* 1. Spanne *f*; 2. Ausdehnung *f*; **at full s.** mit voller Kapazität; **to be ~ s.** voll ausgelastet sein, auf Hochtouren laufen *(coll)*; **s. into** *v/i* (sich) ausdehnen auf; **s.-out** *n* Arbeitsintensivierung *f*, Produktionssteigerung (ohne Lohnmehrkosten) *f*

strife *n* Streit *m*, Unfriede *m*; **industrial s.** Auseinandersetzungen der Tarifparteien

strike *n* Streik *m*, Ausstand *m*, Arbeitsniederlegung *f*; **s., riot and civil commotion (s. r. & c. c.)** *(Vers.)* Streik, Aufruhr und innere Unruhen; **to be on s.** streiken, sich im Streik befinden; **to break a s.** Streik brechen; **to call a s.** Streik ausrufen; **~ off a s.** Streik abbrechen; **to lift/terminate a s.** Streik(maßnahmen) beenden; **to suspend a s.** Streik unterbrechen

all-out strike totaler Streik; **area-wide s.** Flächenstreik *m*; **deterrent s.** Warnstreik *m*; **general s.** Generalstreik *m*; **go-slow s.** Bummelstreik *m*, planmäßiges Langsamarbeiten; **hit-and-run s.** kurzer Warnstreik; **indefinite s.** unbefristeter Streik; **jurisdictional s.** *[US]* Zuständigkeits-, Anerkennungsstreik *m*; **negative s.** ⛏ Fehlbohrung *f*; **protracted s.** langwieriger Streik; **rolling/rotating/selective/staggered s.** (Schwer)Punktstreik *m*; **stop-go s.** Bummelstreik *m*; **wildcat s.** wilder/spontaner Streik

strike *v/t* 1. *(Münzen)* prägen; 2. *(Öl)* fündig werden; *v/i* in den Streik treten; **s. off** 1. aus-, wegstreichen; 2. *(Schuld)* tilgen, löschen

strike action Streikmaßnahme(n) *f/pl*; **s. ballot** Streik-, Urabstimmung *f*; **s. benefit(s)** *[US]* Streikbeihilfe *f*, S.geld *nt*; **s.-bound** *adj* bestreikt, vom Streik betroffen; **s.breaker** *n* Streikbrecher(in) *m/f*; **s. call** Streikaufruf *m*; **s. fund** Streikkasse *f*; **s.-hit** *adj* bestreikt; **s. leadership** Streikleitung *f*; **s. meeting** Streikversammlung *f*; **s. pay** Streikbeihilfe *f*, S.geld *nt*; **s. price** *(Optionshandel)* Einstiegs-, Abschlusspreis *m*; **s.-prone** *adj* streikanfällig; **s. threat** Streik(an)drohung *f*

striker *n* Streikende(r) *f/m*

strike resolution Streikbeschluss *m*; **s. statistics** Streikstatistik *f*; **s. vote** Urabstimmung *f*; **s.-weary** *adj* streikmüde

striking *adj* bemerkenswert, eindrucksvoll, auffällig; **s. of a balance** *n* Bilanzierung *f*, Saldierung *f*; **s. price** 1. Zuschlag(s)preis *m*; 2. *(Börse)* Basispreis *m*

stringency *n* Strenge *f*, Schärfe *f*; **s. of money** Geldknappheit *f*; **economic s.** strenge Sparmaßnahmen

strip *n* 1. Streifen *m*; 2. Streifenanzeige *f*; 3. *(Börse)* Stellagegeschäft mit Kaufoption; **magnetic s.** Magnetstreifen *m*; **s. mine** *[US]* ⚒ Tagebau(betrieb) *m*

strong *adj* 1. stark, intensiv; 2. *(Bilanz)* gesund; 3. marktstark; **to be s.** *(Börse)* in glänzender Verfassung sein; **economically s.** wirtschaftsstark, wirtschaftlich bedeutend; **financially s.** finanzkräftig; **s.box** *n* (Stahl)Kassette *f*, S.fach *nt*; **s.-room** *n* Stahlkammer *f*, Tresor(raum) *m*

structural *adj* 1. strukturell, strukturbedingt, Struktur-; 2. 🏛 baulich, konstruktionstechnisch

structure *n* 1. Struktur *f*, Gefüge *nt*; 2. Aufbau *m*; 3. Konstruktion *f*; 4. Rahmen *m*; **s. of the balance sheet** Bilanzstruktur *f*;

S

~ charges/rates Konditionengefüge *nt*, Gebühren-, Tarifstruktur *f*; **~ industry** Industriestruktur *f*; **~ interest rates** Zinsstruktur *f*, Z.gefüge *nt*; **~ collective pay scales** Tarifstruktur *f*
corporate structure Konzern-, Unternehmensaufbau *m*; **demographic s.** Bevölkerungsaufbau *m*, B.struktur *f*; **divisional s.** Abteilungs-, Bereichs-, Spartenstruktur *f*; **economic s.** Wirtschaftsstruktur *f*, W.system *nt*; **financial s.** Kapital-, Vermögensstruktur *f*; **industrial s.** Industriestruktur *f*; **managerial s.** Leitungs-, Führungsstruktur *f*; **operational s.** Betriebsorganisation *f*
structure *v/t* strukturieren, gliedern
structuring *n* Anordnung *f*, Strukturierung *f*; **s. of operations** (technische) Ablauforganisation *f*; **~ work** Arbeitsstrukturierung *f*
struggle *n* Auseinandersetzung *f*, Kampf *m*
stub *n* Kontroll-, Scheck-, Zahlungs-, Belegabschnitt *m*, Scheckleiste *f*
student *n* Student(in) *m/f*; **s. of economics** Student(in) der Wirtschaftswissenschaften; **s. apprentice/employee** Volontär(in) *m/f*, Praktikant(in) *m/f*
study *n* 1. Studium *nt*; 2. Untersuchung *f*, Studie *f*; 3. Arbeitszimmer *nt*; **s. of economics** Studium der Wirtschaftswissenschaften; **country-by-country s.** Länderstudie *f*; **cross-sectional s.** Querschnittsuntersuchung *f*; **ecological/environmental s.** Umweltstudie *f*; **financial s.** Finanzstudie *f*; **intra-industrial studies** Betriebsvergleich *m*; **economic s. committee** wirtschaftswissenschaftlicher Ausschuss; **s. group** Arbeitsausschuss *m*, A.kreis *m*; **s. trip/visit** Studienreise *f*, S.-aufenthalt *m*
stuff *v/t* *(Container)* beladen; **s.ing** *n* 1. *(Container)* Beladung *f*; 2. Füllmaterial *nt*; 3. Einkuvertieren *nt*
style *n* 1. Stil *m*; 2. Firma *f*, Firmenbezeichnung *f*; **cooperative s. of leadership** kooperativer Führungsstil; **directive s. of leadership** autoritärer Führungsstil; **s. of management; managerial s.** Führungsstil *m*
styling *n* (industrielle) Formgebung *f*
sub|account *n* Unterkonto *nt*; **s.agent** *n* Unteragent(in) *m/f*, U.vertreter(in) *m/f*; **s.assembly** *n* ◾ Teilmontage *f*, Baugruppe *f*
subber (sub-supplier) *n* *(coll)* Unterlieferant *m*, Subunternehmer *m*
sub|branch *n* Zweig-, Nebenstelle *f*; **s.-budget** *n* Teilhaushalt *m*; **s.carrier** *n* *(Transport)* Subunternehmer *m*; **s.commissioning** *n* Erteilung von Unteraufträgen; **s.company** *n* *[US]* Tochtergesellschaft *f*
subcontract *n* Neben-, Zulieferungsvertrag *m*; *v/t* 1. Unter-/Zulieferungsauftrag/im Lohnauftrag vergeben; 2. *(Auftrag)* fremd-, untervergeben; **s.or** *n* Neben-, Subunternehmer(in) *m/f*, Zulieferer *m*
sub|division *n* Auf-, Untergliederung *f*, Parzellierung *f*; **s.-economy** *n* Schattenwirtschaft *f*; **s.-forwarder** *n* Unterspediteur *m*; **s.group** *n* 1. Unter-, Teilgruppe *f*; 2. Teilkonzern *m*; **s.-holding** *n* Zwischenholding *f*
subject *n* 1. Gegenstand *m*, Thema *nt*; 2. (Studien)Fach *nt*, Sachgebiet *nt*; 3. Grund *m*, Anlass *m*; 4. *(Brief)* Betreff (Betr.) *m*; **s. of audit** Prüfgegenstand *m*; **~ the contract** Vertragsgegenstand *m*; **~ taxation** Steuergegenstand *m*; **~ trading** Handelsobjekt *nt*; **economic s.** Wirtschaftssubjekt *nt*
subject to *prep* abhängig, vorbehaltlich, unter Vorbehalt; **to be s. to** 1. ausgesetzt sein; 2. *(Steuer)* unterliegen
subject area Sachgebiet *nt*; **s. matter** Materie *f*, Thema *nt*; **~ of an action** § Klage-, Prozessgegenstand *m*; **~ of a contract** Vertragsgegenstand *m*; **~ of a sale** Kaufgegenstand *m*
sub|lease *n* Untermiete *f*, U.vermietung *f*, U.verpachtung *f*; *v/t* untervermieten, u.-verpachten, weitervermieten, w.verpachten; **s.lessee** *n* Untermieter(in) *m/f*, U.pächter(in) *m/f*; **s.lessor** *n* Untervermieter(in) *m/f*, U.verpächter(in) *m/f*; **s.let** *v/t* unter-, weitervermieten; **s.-marginal** *adj* nicht mehr rentabel; **s.-market** *n* Teilmarkt *m*
submission *n* Vorlage *f*, Einreichung *f*; **s. of accounts** Rechnungsvorlage *f*; **~ an offer** Unterbreitung eines Angebots; **~ samples** Mustervorlage *f*; **~ tender** Einreichen eines Angebots; **s. date** Submissions-, Angebotseröffnungstermin *m*; **s. period** Einreichungsfrist *f*
submit *v/t* einreichen, unterbreiten, vorlegen; **s. in writing** schriftlich einreichen

S

sub|ordinate *n* Untergebene(r) *f/m*; *v/t* unterordnen, u.stellen; *adj* nach-, untergeordnet; **s.-participation** *n* Unterbeteiligung *f*; **s.partner** *n* nicht persönlich haftender Teilhaber; **s.partnership** *n* Unterbeteiligung *f*; **s.plan** *n* Teilhaushalt *m*; **s.purchaser** *n* Unterabnehmer *m*, mittelbarer Käufer; **s.-quality** *adj* minderwertig; **s.rogation** *n* § Forderungsübergang *m*, Rechtsnachfolge *f*; **s.sample** *n* Teilstichprobe *f*; **s.scribe** *v/t* 1. *(Wertpapiere)* zeichnen, beziehen; 2. *(Kapital)* aufbringen; 3. *(Zeitschrift)* abonnieren

subscriber *n* 1. (Anteils)Zeichner(in) *m/f*, Gründungsgesellschafter(in) *m/f*; 2. Abonnent(in) *m/f*; 3. (Fernsprech)-Teilnehmer(in) *m/f*; **s. of shares** *[GB]***/ stocks** *[US]* Aktienzeichner(in) *m/f*; **domestic s.** Privatanschluss *m*; **s. capital** gezeichnetes Kapital; **s.'s number** Telefon-, Ruf-, Fernsprechnummer *f*

subscription *n* 1. (Anteils-/Kapital)Zeichnung *f*; 2. Abonnement *nt [frz.]*; **s. of capital** Kapitalzeichnung *f*; **s.(s) in cash** Barzeichnung *f*; **s. of a loan** Zeichnung einer Anleihe; **~ shares** *[GB]***/stocks** *[US]* Aktienzeichnung *f*; **to be open for s.** zur Zeichnung aufliegen; **to invite s.s for a loan** Anleihe zur Zeichnung auflegen; **to offer for s.** 1. zur Zeichnung auflegen; 2. *(Aktie)* zum Bezug anbieten; **to take out a s.** abonnieren

annual subscription Jahresbeitrag *m*, J.abonnement *nt*; **excess s.** Überzeichnung *f*; **initial s.** Erstzeichnung *f*; **minimum s.** *(Wertpapier)* Mindestzeichnung(sbetrag) *f/m*

subscription agency Bezugsstelle *f*; **s. blank** Zeichnungsformular *nt*; **s. capital** Zeichnungskapital *nt*; **s. certificate** Bezugsschein *m*; **s. ledger** Aktienzeichnungsbuch *nt*; **s. level** Zeichnungsergebnis *nt*; **s. offer** Zeichnungsangebot *nt*; **s. period** Options-, Zeichnungsfrist *f*, Bezugsdauer *f*; **s. premium** Zeichnungsagio *nt*; **s. price** Options-, Zeichnungs-, Bezugspreis *m*, Zeichnungskurs *m*; **s. privilege** Bezugsrecht *nt*; **s. proceeds** Zeichnungsergebnis *nt*; **s. prospectus** Zeichnungsprospekt *m*; **s. right** Bezugs-, Zeichnungsrecht *nt*; **s. slip** Zeichnungsschein *m*; **s. terms** Zeichnungsbedingungen *pl*; **s. value** Bezugsrechtswert *m*; **s. warrant** 1. Options-, Bezugsrechtsschein *m*; 2. *(Aktie)* Bezugsangebot *nt*

subsequent *adj* (nach)folgend, nachträglich

subsidiarity *n* Subsidiarität *f*

subsidiary *n* Tochter(unternehmen) *f/nt*, T.gesellschaft *f*, Organ-, Untergesellschaft *f*; **due from subsidiaries and affiliated companies** Forderungen an verbundene Unternehmen; **consolidated s.** konsolidierte Tochtergesellschaft; **fully-owned/ wholly-owned s.** 100-prozentige Tochter(gesellschaft)/Beteiligung; **majority-owned s.** Mehrheitsbeteiligung *f*

subsidize *v/t* subventionieren, fördern, bezuschussen

subsidy *n* Subvention *f*, Zuschuss (der öffentlichen Hand) *m*; **eligible for a s.** zuschussfähig, förderungswürdig; **granting a s.** Bewilligung *f*; **to pay subsidies** subventionieren; **location-specific s.** standortgebundene Subvention; **maximum s.** Förder(ungs)höchstgrenze *f*; **s. payment** Subventionszahlung *f*

subsistence *n* Existenz *f*, Auskommen *nt*, Lebensunterhalt *m*; **s. agriculture/farming** Selbstversorgungslandwirtschaft *f*, Eigenversorgung *f*; **s. allowance** *[US]* Verpflegungszuschuss *m*; **s. economy** Bedarfs(deckungs)wirtschaft *f*; **s. farm** bäuerlicher Familienbetrieb; **s. level** Existenzminimum *nt*; **s. wage** Mindestlohn *m*, Existenzminimum *nt*

substance *n* 1. Substanz *f*, Material *nt*; 2. Gehalt *m*; **s. of the action** § Klagegegenstand *m*; **harmful s.** Schadstoff *m*; **hazardous/noxious s.** Schad-, Gefahrstoff *m*; **~ s.s** Gefahrgut *nt*

substandard *adj* unterdurchschnittlich, minderwertig

substanti|al *adj* 1. erheblich, beträchtlich; 2. wesentlich; 3. *(Geldbetrag)* namhaft; 4. kapitalkräftig, vermögend; 5. § materiell-rechtlich; **s.ate** *v/t* 1. begründen, rechtfertigen, erhärten; 2. beweisen; **s.-ation** *n* 1. Begründung *f*, Erhärtung *f*; 2. Beweis *m*

substitute *n* 1. Ersatz(artikel) *m*, E.erzeugnis *nt*; 2. Vertreter(in) *m/f*, Ersatzmann *m*; *v/t* ersetzen, vertreten

substitution *n* 1. (Stell)Vertretung *f*; 2. Ersatz *m*, Austausch *m*; **s. of costs** Kostensubstitution *f*; **~ debt** Schuldauswechslung *f*; **~ goods** Warensubstitution *f*; **~ materials** Materialsubstitution *f*, M.austausch *m*

sub|structure *n* 1. 🏛 Unterbau *m*, Fundament *nt*; 2. Infrastruktur *f*; **s.-subsidiary** *n* Enkelgesellschaft *f*; **s.supplier** *n* Unter-, Zulieferant *m*; **s.tenancy** *n* Untermiete *f*, U.pacht *f*; **s.tenant** *n* Untermieter(in) *m/f*; **s.underwriter** *n* Unterversicherer *m*; **s.underwriting** *n* Übernahme einer Versicherung als Unterversicherer; **s.unit** *n* Untereinheit *f*

suburb *n* Vorstadt *f*; **s.an** *adj* vorstädtisch; **s.anization** *n* Eingemeindung *f*; **~ of manufacturing** Produktionsverlagerung in die Stadtrandlagen; **s.ia** *n* Vorstadtbereich *m*

subvention *n* ↘ **subsidy** Subvention *f*, (staatlicher) Zuschuss *m*

success *n* Erfolg *m*; **s. of a brand** Markenerfolg *m*; **s. in achieving greater efficiency** Rationalisierungserfolg *m*; **~ stabilizing the economy** Stabilitätserfolg *m*; **commercial s.** Geschäftserfolg *m*, geschäftlicher Erfolg; **corporate s.** Unternehmenserfolg *m*; **s. fee** Erfolgs-, Leistungshonorar *nt*

succession *n* (Erb-/Nach)Folge *f*; **s. in title** § Rechtsnachfolge *f*; **legal s.** 1. Rechtsnachfolge *f*; 2. gesetzliche Erbfolge; **s. duty** *[US]* Erbschaftssteuer *f*

successive *adj* (aufeinander) folgend

successor *n* (Geschäfts-/Rechts)Nachfolger(in) *m/f*; **s. in title; legal s.** Rechtsnachfolger(in) *m/f*; **universal s.** Gesamt(rechts)nachfolger(in) *m/f*, Alleinerbe *m*, A.erbin *f*; **s. company** Nachfolgefirma *f*, N.gesellschaft *f*

success rate Erfolgsquote *f*

sue (for) *v/ti* § (ein-/ver)klagen, gerichtlich verfolgen; **s. and be s.d** klagen und verklagt werden; **entitled to s.** klageberechtigt, aktiv legitimiert; **liable to be s.d** passiv legitimiert

suffer *v/t* hinnehmen, zulassen, dulden

sufficient *adj* hin-, ausreichend, auskömmlich, genügend

sugar *n* Zucker *m*; **s. refinery** Zuckerraffinerie *f*

suggest *v/t* vorschlagen, anregen; *v/i* vermuten lassen, den Schluss zulassen

suggestion *n* Vorschlag *m*, Anregung *f*; **s. for improvement(s)** Verbesserungsvorschlag *m*; **s. bonus** Prämie für Verbesserungsvorschlag; **s. scheme** (betriebliches) Vorschlagswesen *nt*

suit *n* ↘ **case, litigation, proceedings** § (Zivil)Prozess *m*, Rechtsstreit *m*, Klage *f*, Verfahren *nt*; **s. for damages** Schaden(s)ersatzklage *f*; **to bring a s. (against)** Prozess anstrengen (gegen), verklagen; **to dismiss a s.** Klage zurück-/abweisen; **to drop a s.** Klage fallen lassen; **to file a s.** Klage einreichen/anhängig machen; **ancillary s.** § Nebenprozess *m*, N.klage *f*; **antitrust s.** *[US]* Kartellklage *f*, K.verfahren *nt*; **civil s.** Zivilklage *f*; **penal s.** Strafverfahren *nt*

suitability *n* Eignung *f*

suitable *adj* geeignet, tauglich

sum *n* Summe *f*, Betrag *m*; **s. of money** Geldbetrag *m*, G.summe *f*; **to deposit a s.** Summe/Betrag hinterlegen; **to pay (over) a s.** Betrag/Summe abführen; **contractual s.** Vertragssumme *f*; **inclusive s.** Pauschale *f*; **nominal s.** Nominalbetrag *m*; **outstanding s.** Restbetrag *m*; **remaining s.** Restbetrag *m*; **vast s.** Unsumme *f*

sum up *v/t* zusammenrechnen, z.zählen, addieren

sum assured Versicherungssumme *f*; **s. borrowed** Kreditsumme *f*; **s. due** ausstehender/fälliger Betrag; **s. insured** Deckungs-, Versicherungssumme *f*

summary *n* zusammenfassende Darstellung, Zusammenfassung *f*, Kurzbericht *m*; **s. of assets and liabilities** Bilanzauszug *m*, verkürzte Bilanz

summer prices Sommerpreise *pl*; **s. stockpiling** Sommerbevorratung *f*

summit *n* Gipfelkonferenz *f*; **economic s.** Wirtschaftsgipfel *m*

summon *v/t* 1. auffordern; 2. § (vor Gericht) laden; **s.s** *n* § gerichtliche Vorladung; **to issue a s.s** gerichtlich laden, vorladen

sum-of-the-years-digit method of depreciation digitale Abschreibungsmethode

sum owed/owing geschuldeter Betrag; **s. payable** ausstehender/geschuldeter/fälliger Betrag; **s. total** Gesamtsumme *f*, G.-betrag *m*, Endsumme *f*

Sunday *n* Sonntag *m*; **S. closing** Sonntagsruhe *f*; **S. duty** Sonntagsdienst *m*; **S. opening/trading** verkaufsoffener Sonntag; **S. work(ing)** Sonntagsarbeit *f*

sundown industry *n* *[US]* Altindustrie *f*, niedergehende Industrie

sundries *n* 1. Gemischt-, Kurzwaren *pl*; 2. Kleinmaterial *nt*; 3. diverse/verschiedene Posten; 4. Auslagen *pl*; **s. account** Konto „Verschiedenes“/für Diverse

S

sunrise industry *n* *[US]* neue/aufstrebende Industrie
superannuated *adj* pensioniert, im Ruhestand
superannuation *n* 1. Pensionierung *f*, (Versetzung in den) Ruhestand *m*; 2. Ruhegehalt *nt*, (Alters)Rente *f*; **s. allowance** Alterszulage *f*; **s. benefits** Versorgungsbezüge; **s. scheme** Ruhegeldordnung *f*
super|cargo *n* ⚓ Ladeoffizier *m*; **s.dividend** *n* Sonderdividende *f*; **s.intend** *v/t* beaufsichtigen; **s.intendent** *n* (Betriebs)-Leiter *m*, Werkmeister *m*, Aufsicht(sbeamter) *f/m*
superior *n* (Dienst)Vorgesetzte(r) *f/m*
super|market *n* Supermarkt *m*, Lebensmittelselbstbedienungsgeschäft *nt*; **financial s.market** *[US]* Bank für Laufkundschaft; **s.store** *n* Verbrauchermarkt *m*; **s.structure** *n* ⚓/*(LKW)* Aufbauten *pl*; **s.tax** *n* Ergänzungsabgabe *f*, Einkommen(s)steuerzuschlag *m*; **s.vise** *v/t* beaufsichtigen, kontrollieren; **s.vision** *n* (Dienst)Aufsicht *f*, Kontrolle *f*, Überwachung *f*; **s.visor** *n* Aufseher(in) *m/f*, Aufsicht(sbeamter) *f/m*, Meister *m*, Vorarbeiter *m*; **s.visory** *adj* Aufsichts-, Kontroll-
supplement *n* 1. (Preis)Zuschlag *m*, P.aufschlag *m*; 2. Anhang *m*, Nachtrag *m*; 3. ✂ Beiheft *nt*, Beiband *m*; **cost-of-living s.** Teuerungszulage *f*; **night-time s.** Nachtzuschlag *m*; **seasonal s.** Saisonzuschlag *m*; **s.** *v/t* 1. ergänzen; 2. *(Zuschuss)* aufstocken; **s.ary** *adj* Zusatz-, zusätzlich; **s.ation** *n* Ergänzung *f*, Nachtrag *m*
supplier *n* 1. Lieferant *m*, (Zu)Lieferer *m*, Zulieferbetrieb *m*, Auftragnehmer(in) *m/f*; 2. Anbieter(in) *m/f*; 3. Vorlieferant *m*; **s.s** *(Bilanz)* Verbindlichkeiten aus Warenlieferungen; **s. of a credit** Kreditgeber *m*; **~ goods** Warenlieferant *m*; **~ branded goods** Markenlieferant *m*; **~ materials** Materiallieferant *m*; **~ services** Leistungsanbieter *m*; **s. and vendor** Vorlieferant *m*; **payable to s.s** *(Bilanz)* Warenlieferungen *pl*
appointed supplier Vertragslieferant *m*; **approved s.** zugelassener Lieferant; **competing s.** Konkurrenzanbieter *m*; **cut-price s.** Billiganbieter *m*; **industrial s.** Industrielieferant *m*; **main/principal s.** Hauptanbieter *m*, H.lieferant *m*; **outside s.** Zulieferer *m*; **second-source s.** Zweitlieferant *m*; **specialist s.** Fachhändler *m*; **third-party s.** 1. Drittanbieter *m*; 2. Lieferant *m*
supplier|'s account Lieferanten(kredit)-konto *nt*; **s. competition** Angebotswettbewerb *m*; **s.'s credit/loan** Liefer(anten)-kredit *m*; **~ invoice** Lieferantenrechnung *f*; **~ market** Anbietermarkt *m*; **s.s' monopoly** Angebotsmonopol *nt*; **s.'s price** Lieferantenpreis *m*; **s. relationship** Lieferantenbeziehung *f*; **s.'s risk** Lieferantenrisiko *nt*
supply *n* 1. *(VWL)* Angebot(smenge) *nt/f*; 2. Lieferung *f*, Versorgung *f*, Bereitstellung *f*; **supplies** Lieferungen *pl*, Bezüge *pl*, Hilfsstoffe *pl*, Warenbestände *pl*, Vorräte *pl*, Nachschub *m*, Warenlieferung *f*; **s. of capital** Kapitalbereitstellung *f*; **s. and demand** *(VWL)* Angebot und Nachfrage; **~ erection** Lieferung und Aufstellung; **s. of goods** Warenangebot *nt*, Güterversorgung *f*; **~ and services** Sachleistung *f*, Waren- und Dienstleistungsangebot *nt*; **supplies and materials** Versorgungsgüter *pl*; **s. of materials** Material(an)lieferung *f*, M.beistellung *f*
to be in short supply nur in beschränkter Anzahl vorhanden sein; **to cut off supplies** Zufuhr/Lieferungen sperren; **to outstrip s.** das Angebot übersteigen; **to replenish supplies** Vorräte erneuern; **to stop supplies** Zufuhr/Lieferungen sperren
in abundant supply reichlich/in Mengen vorhanden; **aggregate s.** *(VWL)* gesamtwirtschaftliches Angebot; **bought-in supplies** fremdbezogene Teile, Fremdbezug *m*; **competitive s.** Konkurrenzangebot *nt*; **daily s.** Tagesvorrat *m*; **deficient s.** Unterversorgung *f*; **direct s.** Direktlieferung *f*; **excess(ive) s.** Angebotsüberhang *m*, Überangebot *nt*; **external s.** fremdbezogene Teile, Fremdbezug *m*; **floating s.** 1. *(Börse)* Umlaufmaterial *nt*; 2. flottierender Bestand; **fresh supplies** Nachschub *m*, neue Lieferungen; **intergroup supplies** konzerninterner Liefe-rungs- und Leistungsverkehr; **initial s.** Erstausstattung *f*; **insufficient s.** Unterangebot *nt*; **in limited s.** begrenzt lieferbar; **medical supplies** medizinische Güter; **outside s.** Fremdbezug *m*; **plentiful s.** reichhaltiges Angebot; **in short s.** knapp, Mangelware *f*; **surplus s.** Angebotsüber-

S

schuss *m*, A.überhang *m*; **synchronized s.** einsatzsynchrone Anlieferung

supply *v/t* (an-/be)liefern, (bei)stellen, be-, versorgen

supply area Versorgungsgebiet *nt*; **interconnected s. arrangement** Verbundwirtschaft *f*; **s. bond** Erfüllungs-, Leistungsgarantie *f*; **s. bottleneck** Versorgungs-, Lieferengpass *m*; **s. chain** Warenfluss-, Liefer-, Versorgungskette *f*; **~ management** Logistikprozess *m*, Warenwirtschaftslogistik *f*, Prozessketten-management *nt*; **s. channel** Lieferweg *m*; **s. contract** Liefervertrag *m*; **s. crisis** Versorgungskrise *f*; **s. curve** *(VWL)* Angebotskurve *f*; **s. deficit** *(VWL)* Angebotsmangel *m*; **s. depot** Auslieferungslager *nt*; **s. difficulty** Versorgungsproblem *nt*; **s. elasticity** *(VWL)* Angebotselastizität *f*; **s. failure** Lieferausfall *m*; **s. gap** *(VWL)* Angebotslücke *f*; **s. goods** Versorgungsgüter *pl*; **s. guarantee** Liefergarantie *f*; **s. industry** Zuliefer(ungs)industrie *f*; **s. inflation** *(VWL)* Angebotsinflation *f*; **s. logistics** Beschaffungslogistik *f*; **s. management** 1. *(VWL)* Angebotssteuerung *f*; 2. Logistik-Management *nt*; **s. market** Beschaffungsmarkt *m*; **s. monopoly** Versorgungsmonopol *nt*; **s. network** Versorgungsnetz *nt*, V.infrastruktur *f*; **s. price** Angebots-, Lieferpreis *m*; **s. push** *(VWL)* (inflationärer) Angebotsschub *m*; **s. restriction** 1. Angebotsbeschränkung *f*; 2. Lieferbeschränkung *f*; **s. risk** Beschaffungs-, Versorgungsrisiko *nt*; **s. schedule** Belieferungsfolge *f*; **s. service** 1. Auslieferung *f*; 2. Kundendienst *m*; **s. shortage** Lieferengpass *m*, Versorgungsmangel *m*, Unterversorgung *f*; **s. side** *(VWL)* Angebotsseite *f*; **s.-side** *adj* angebotsorientiert; **s. situation** *(VWL)* Angebotsbedingungen *pl*; **s. syndicate** Liefergemeinschaft *f*; **s. system** Versorgungswesen *nt*; **s. theorist** *(VWL)* Angebotstheoretiker(in) *m/f*

support *n* (Unter)Stützung *f*, Beistand *m*; **s. for the economy** Konjunkturstütze *f*; **s. of prices** Preisstützung *f*; **economic s.** Wirtschaftshilfe *f*; **financial s.** finanzielle Unterstützung; **monetary s.** Währungsbeistand *m*; **official s.** Stützungskäufe *pl*; **promotional s.** verkaufsfördernde Unterstützung

support *v/t* 1. (ab-/unter)stützen, fördern, subventionieren; 2. befürworten

support buying *(Börse)* (Kurs)Stützungskäufe *pl*, Kurspflege *f*; **s. commitment** Stützungsverpflichtung *f*; **s. facility** *(EWS)* Beistandsfazilität *f*; **s. fee** Avalprovision *f*; **s. industry** nachgelagerte Industrie; **s. measures** (Kurs)Stützungsmaßnahmen *pl*; **s. mechanism** Beistandsmechanismus *m*; **s. operation** Stützungsaktion *f*; **s. price** Stütz(ungs)preis *m*, S.kurs *m*, *[EU]* Marktordnungspreis *m*; **s. purchases** Stützungskäufe *pl*; **s. service** 1. Nebenleistung *f*; 2. Nebenbetrieb *m*; **s. worker** Aushilfskraft *f*

suppression *n* Unterdrückung *f*, U.schlagung *f*; **s. of competition** Ausschaltung des Wettbewerbs; **~ evidence** Unterdrückung/U.schlagung von Beweismaterial

surcharge *n* 1. (Fracht-/Gebühren-/Preis-/Tarif)Aufschlag *m*, Ergänzungsabgabe *f*, Aufgeld *nt*, Zuschlag *m*; 2. Sondergebühr *f*, Zusatzsteuer *f*; **countercyclical s.** Konjunkturzuschlag *m*; **seasonal s.** Saisonaufschlag *m*; **s.** *v/t* zusätzlich belasten, aufschlagen, Nachgebühr erheben

surety *n* Sicherheit *f*, Garantieleistung *f*, Kaution(ssumme) *f*, Delkredere *nt*; 2. Aval(bürge) *nt/m*, Garant *m*, (Ausfall)-Bürge *m*; **to offer s.** Kaution anbieten; **to stand s.** Bürgschaft leisten, Delkredere übernehmen; **collateral s.** Neben-, Rückbürge *m*; **s. bond** Kautionsurkunde *f*, Bürgschein *m*, Bürgschaft(serklärung) *f*; **s. business** Kautionsversicherungsgeschäft *nt*; **s. losses** Verluste aus Bürgschaftsverpflichtungen; **s.ship** *n* Bürgschaft(svertrag) *f/m*, Garantie(leistung) *f*; **s. warrant** Bürgschaftserklärung *f*

surf *v/t* *(Internet)* surfen

surface *n* 1. (Ober)Fläche *f*; 2. (Land)-Fläche *f*; **s. mail** ✉ gewöhnliche Post, Standardsendung *f*; **s. mining** ⚒ Tagebau (-betrieb) *m*; **s. structure** Oberflächenstruktur *f*; **s. transport(ation)** Land-, Bodentransport *m*, Transport auf dem Land- und Seeweg; **s. workers** Übertagebelegschaft *f*

surge *n* steiles Ansteigen, rascher Anstieg, Auftrieb *m*; **s. of activity** Wachstumsschub *m*; **~ buying** *(Börse)* Kaufwelle *f*; **~ demand** Nachfragestoß *m*, N.boom *m*; **s. in exports** Exportaufschwung *m*; **~ imports** Einfuhrschub *m*; **~ interest rates** Zinsschub *m*, starker Zinsanstieg; **~**

S

orders Auftragsstoß *m*; **s.** *v/i* rasch/steil ansteigen
surpass *v/t* übersteigen, ü.treffen
surplus *n* 1. Mehr(wert) *nt/m*, M.betrag *m*, Überschuss *m*; 2. Überhang *m*, Ü.bestand *m*; 3. zu viel gelieferte Menge; 4. Gewinnreserve *f*; 5. Kostenüberdeckung *f*
surplus on current account; ~ goods and services *(Außenhandel)* Leistungsbilanzüberschuss *m*, aktive Leistungsbilanz; **net s. available for appropriation** verteilungsfähiger Gewinn; **s. of assets over liabilities** *(Bilanz)* Überschuss der Aktiva über die Passiva; **s. of deposits** Einlagenüberschuss *m*; **s. on invisibles** Überschuss der Dienstleistungsbilanz; **s. of offers** Angebotsüberhang *m*; **~ receipts over expenditures** Einnahmeüberschuss *m*; **s. on visible trade; ~ visibles** Außenhandels-, Handelsbilanzüberschuss *m*
to show a surplus Überschuss/Gewinn verzeichnen, ~ ausweisen
accumulated surplus Gewinnvortrag *m*, thesaurierter Gewinn; **annual s.** Jahresüberschuss *m*; **consolidated s.** Konzernüberschuss *m*; **earned s.** unverteilter (Rein)Gewinn; **~ statement** Gewinnverwendungsrechnung *f*; **economic s.** Differenzialrente *f*; **external s.** Zahlungsbilanzüberschuss *m*; **financial s.** Finanzierungsüberschuss *m*; **free s.** (zur Ausschüttung) frei verfügbarer Gewinn; **quarterly s.** Quartalsgewinn *m*; **retained s.** einbehaltener Überschuss; **unappropriated s.** allgemeine/freie Rücklage
surplus analysis Gewinnanalyse *f*; **s. dumping** Überschussdumping *nt*; **s. statement** Gewinnübersicht *f*, Erfolgsbilanz *f*
surprise *n* Überraschung *f*; **s. dividend** Bonus *m*, außerordentliche Dividende
surrender *n* 1. Preis-, Herausgabe *f*, Auslieferung *f*, Überlassung *f*; 2. Versicherungsrückkauf *m*; 3. *(Dokument)* Hinterlegung *f*; 4. *(Gewinn)* Abführung *f*; **s. of documents** Dokumentenaushändigung *f*; **~ profits agreement** Gewinnabführungs-, Ergebnisabführungsvertrag *m*; **~ a right** Aufgabe/Abtretung eines Rechts; **~ shares** *[GB]*/**stocks** *[US]* Aktienrückgabe *f*
surrender *v/t* 1. abtreten, aushändigen; 2. *(Dokumente)* hinterlegen
surrender privilege Rückkaufberechtigung *f*; **s. profit** Rückkaufgewinn *m*; **s. value** *(Lebensvers.)* Rückkaufwert *m*
surroundings *n* Umgebung *f*
surtax *n* Ergänzungsabgabe *f*, (Einkommen)Steueraufschlag *m*
survey *n* 1. Umfrage *f*, Befragung *f*, Studie *f*; 2. Gutachten *nt*, (Prüfungs)Bericht *m*; 3. Inspektion *f*, Prüfung *f*; 4. Vermessung *f*; 5. Übersicht *f*, Gesamtschau *f*; 6. Vergleich der Konditionen
annual survey Jahreserhebung *f*; **commercial s.** Marktanalyse *f*; **economic s.** Wirtschafts-, Konjunkturbericht *m*; **exploratory s.** Vorerhebung *f*; **fact-finding s.** Lagebericht *m*; **multi-stage s.** mehrstufige Untersuchung; **representative s.** Repräsentativerhebung *f*, R.umfrage *f*; **statistical s.** statistische Erhebung
survey *v/t* 1. untersuchen, befragen, prüfen; 2. überwachen; 3. *(Grundstück)* ver-, ausmessen
survey analysis Erhebungsanalyse *f*; **s. cost(s)** Vermessungskosten *pl*; **s. data** Erhebungsdaten *pl*
surveying *n* Vermessung(sarbeiten) *f/pl*; **s. company** Abnahmegesellschaft *f*
surveyor *n* 1. (Be)Gutachter(in) *m/f*, (technische(r) Sachverständige(r) *f/m*; 2. *(Vers.)* Schadensexperte *m*; 3. 🏛 Vermessungsingenieur(in) *m/f*; 4. Baugutachter(in) *m/f*
survey population 📊 Untersuchungspopulation *f*; **s. questionnaire** *(Umfrage)* Fragebogen *m*; **s. report** 1. Besichtigungsprotokoll *nt*; 2. Schadensgutachten *nt*; **s. unit** Erhebungseinheit *f*
survival *n* Überleben *nt*, Fortbestand *m*; **economic s.** wirtschaftliches Überleben; **s. benefit** *(Vers.)* Erlebensfallleistung *f*; **minimal s. needs** Existenzminimum *nt*
survive *v/t* überleben
survivor *n* Überlebende(r) *f/m*, Hinterbliebene(r) *f/m*; **s.s' allowance** Hinterbliebenengeld *nt*; **s.s pension** Hinterbliebenenrente *f*
survivorship *n* Überlebensfall *m*; **s. annuity** Hinterbliebenenrente *f*, (einseitige) Überlebensrente *f*; **s. insurance** Überlebensversicherung *f*; **s. table** Überlebenstafel *f*
suspend *v/t* 1. zeitweilig aufheben, (vorübergehend) außer Kraft setzen, suspendieren; 2. *(Zahlung)* aussetzen

suspense *n* Aufschub *m*, Schwebe *f*; **to hold/keep in s.** 1. *(Gläubiger)* hinhalten; 2. *(Wechsel)* Not leiden lassen; **s. account** Interims-, Zwischenkonto *nt*, transitorisches Konto; **s. entry** transitorische Buchung; **s. file** Terminmappe *f*; **s. item** Durchlaufposten *m*; **s. items** 1. Rechnungsabgrenzungsposten *pl*; 2. *(Buchung)* Restanten *pl*; **s. liabilities** transitorische Passiva

suspension *n* 1. (vorläufige/vorübergehende) Aussetzung/Einstellung *f*, Außerkraftsetzung *f*; 2. zeitweilige Beurlaubung; 3. *(Börse)* Aussetzung der amtlichen Notierung

suspension of business Einstellung der Geschäftstätigkeit; **(temporary) ~ customs duties** ⊝ (zeitweilige) Zollaussetzung *f*; **~ dealings** *(Börse)* Einstellung/Aussetzung des Handels; **s. from duty** Beurlaubung vom Dienst; **s. of execution** 1. § Aussetzung der Strafvollstreckung; 2. Aussetzung der Zwangsvollstreckung; **s. from office** Beurlaubung *f*; **s. of operations** Betriebsstilllegung *f*; **~ payment** Zahlungseinstellung *f*; **~ proceedings** § Unterbrechung des Verfahrens; **~ a quotation** *(Börse)* Kursaussetzung *f*, Aussetzung der Notierung; **~ redemption payments** Tilgungsaussetzung *f*; **~ a share** *[GB]*/**stock** *[US]* Aussetzung der (Börsen)Notierung; **~ a strike** Streikunterbrechung *f*; **~ the time limit** Fristhemmung *f*; **~ trading** *(Börse)* Kursaussetzung *f*, Aussetzung der Notierung/des Handels

suspension file Hängeablage *f*; **s. price** *(Börse)* Kurs bei Aussetzung der Notierung

S

sustainability *n* Nachhaltigkeit *f*; **environmental s.** Umweltverträglichkeit *f*

sustainable *adj* *(Umwelt)* nachhaltig, umweltverträglich; **environmentally s.** umweltverträglich

swamp *v/t* 1. überschwemmen; **to be s.ed** *(Aufträge)* eingedeckt sein

swap *n* 1. (Ein-/Um)Tausch *m*, Tauschhandel *m*; 2. *(Börse)* Swap(geschäft) *m/nt*; *v/t* (ein-/aus)tauschen; **s. agreement** Swapabkommen *nt*; **s. body** 🚗 Wechselaufbau *m*; **s. credit** Swapkredit *m*; **s. facility** Swaprahmen *m*; **s. liabilities** Swapverbindlichkeiten *pl*; **s. market** Swapmarkt *m*; **s. offer** Umtauschangebot *nt*; **s. operation** (Um)Tauschoperation *f*; **s.-ping** *n* Tauschen *nt*; **s. rate** Swap-, Umtauschsatz *m*; **s. transaction** Umtauschaktion *f*, Swapabschluss *m*

sweeping *adj* durchgreifend, grundlegend

swindle *n* Schwindel *m*, Betrug *m*; *v/t* betrügen, (be-/er)schwindeln; **s.r** *n* Schwindler(in) *m/f*, Betrüger(in) *m/f*

swindling *n* Hochstapelei *f*

swing *n* 1. Swing *m*, Kreditmarge *f*; 2. *(Handel)* Überziehungskredit *m*; 3. Schwankungsbreite *f*; 4. Umschwung *m*; 5. (Pendel)Ausschlag *m*; **cyclical s.** Konjunkturwende *f*, K.schwankung *f*; **s. credit** kurzfristiger (Auslands)Kredit; **s. overdraft** Swingüberschreitung *f*; **s. shift** Spät-, Wechselschicht *f*; **s. transaction** Swing-Geschäft *nt*

switch *n* 1. Verschiebung *f*, Wechsel *m*, Umstellung *f*, Verlagerung *f*; 2. Kompensations-, Tauschgeschäft *nt*; *v/t* (um)schalten, umstellen, umdisponieren, umschichten, verlagern; **s. to** wechseln zu; **three-way s. deal** Dreiecksgeschäft *nt*; **s. dealings** Switchgeschäfte *pl*; **s. funds** Anlagemittel *pl*

switching *n* (Portefeuille)Umschichtung *f*, Verlagerung *f*; **s. deal** Tauschgeschäft *nt*; **s. operation** Tauschoperation *f*, Portefeuilleumschichtung *f*; **s. transaction** Umschichtungstransaktion *f*, Arbitrageoperation *f*

switch premium Switchprämie *f*; **s. transaction** Switchgeschäft *nt*

synchroniz|ation *n* Gleichlauf *m*, zeitliche Übereinstimmung; **s.e** *v/ti* aufeinander abstimmen

syndic *n* Syndikus *m*, Rechtsberater(in) *m/f*

syndicate *n* 1. Konsortium *nt*, Interessengemeinschaft *f*; 2. *(Lloyd's)* Versicherergruppe *f*, Syndikat *nt*; 3. Verband *m*, Absatzkartell *nt*; **financial/financing s.** Finanz(ierungs)-, Kreditkonsortium *nt*; **issuing s.** Emissionskonsortium *nt*; **underlying s.** Übernahmekonsortium *nt*; **s.** *v/t* Konsortium bilden

syndicate account Beteiligungs-, Konsortialkonto *nt*; **s. agreement** Konsortialvertrag *m*; **s. banking** Konsortial(bank)geschäft *nt*; **s. business** (Wertpapier)Konsortialgeschäft *nt*; **s. buying** Konzerneinkauf *m*; **s. credit** Konsortialkredit *m*

syndicated *adj* Konsortial-

syndicate holdings Konsortialbeteiligungen *pl*; **s. leader** Konsortial-, Federführer *m*; **s. lendings** Konsortialkredite *pl*; **s. management** Konsortialführung *f*; **s. manager** *(Emission)* führende Konsortialbank; **s. member** Konsorte *m*, Konsortialmitglied *nt*; **s. quota/share** Konsortialanteil *m*

syndication *n* Syndikats-, Konsortialbildung *f*, Platzierung durch ein Konsortium

synergy *n* Synergie *f*; **s. benefit** Synergievorteil *m*

system *n* System *nt*, Verfahren *nt*, Schema *nt*; **s. of accounts** Kontenrahmen *m*; **~ classification** Ordnungssystem *nt*; **~ private enterprise** Privatwirtschaft *f*; **~ exchange controls** Devisenverkehrskontrollsystem *nt*; **~ a free market economy** (freie) Marktwirtschaft *f*; **consensus ~ planning** konsensorientiertes Planungssystem; **~ preferences** Präferenzsystem *nt*; **~ quotas** Quotensystem *nt*; **~ restraint** Beschränkungsprogramm *nt*; **~ supply** Beschaffungswesen *nt*; **~ taxation** Besteuerungssystem *nt*; **s.s of transportation** Beförderungstechnik *f*

budgetary system Haushaltssystem *nt*; **capitalist(ic) s.** kapitalistisches System; **competitive s.** Wettbewerbsordnung *f*, W.system *nt*; **directional s.** Leitungssystem *nt*; **economic s.** Wirtschaftsordnung *f*, W.system *nt*; **executive s.** Betriebssystem *nt*; **financial s.** Finanzverfassung *f*; **fiscal s.** Steuersystem *nt*, S.wesen *nt*; **free-enterprise s.** freie Marktwirtschaft; **in-plant s.** innerbetriebliches System; **interlinked s.** Verbundwirtschaft *f*; **legal s.** Rechtssystem *nt*; **modular s.** Baukastensystem *nt*; **monetary s.** Währungs-, Geldsystem *nt*, Geld- und Währungsordnung *f*; **multi-media s.** Medienverbund *m*; **multi-shift s.** Mehrschichtbetrieb *m*; **one-crop s.** 🚜 Monokultur *f*; **open-item s.** Offene-Posten-Buchhaltung *f*; **pay-as-you-earn (PAYE) s.** *(Arbeitnehmer)* Steuererhebung an der Quelle; **point-of-sale (POS) s.** Datenerfassungskasse *f*; **queuing s.** Wartesystem *nt*; **real-time s.** 💻 Echtzeit-, Sofortverarbeitungssystem *nt*; **single-crop s.** 🚜 Monokultur *f*; **social s.** Sozial-, Gesellschaftsordnung *f*; **three-field s.** 🚜 Dreifelderwirtschaft *f*; **value-added s.** Wertschöpfungssystem *nt*; **wage-fixing s.** Lohnfindung(sverfahren) *f/nt*

system|s business 🏭 Anlagengeschäft *nt*; **s. configuration** Anlagenkonfiguration *f*; **s. contracting** einsatzsynchrone Anlieferung, Nullbestandspolitik *f*; **s. development** Systementwicklung *f*; **s. downtime** Stillstand der Anlage; **s. engineer** Systemberater(in) *m/f*; **s. engineering** Systemberatung *f*, Großanlagenbau *m*; **s. failure** Systemausfall *m*; **s. furniture** Systemmöbel *pl*; **s. loading** Systemauslastung *f*; **s. operator** Anlagebetreiber *m*; **s.s provider/supplier** Systemanbieter *m*; **s.s seller** Systemanbieter *m*; **s. solution** Systemlösung *f*; **s.-specific** *adj* systemeigen; **s. technology** Systemtechnik *f*

T

tab *n* (Namens)Schild *nt*, Etikett *nt*; **to keep t.s (on)** beobachten, im Auge behalten; **to pick up the t. (for sth.)** *(coll)* Rechnung (be)zahlen

table *n* (tabellarische) Aufstellung *f*, Statistik *f*, Tabelle *f*, Liste *f*; **t. of charges/costs** Gebührenverzeichnis *nt*; **~ contents** Inhaltsverzeichnis *nt*; **~ exchange rates** Kurs-, Umrechnungstabelle *f*; **~ freight rates** ⚓ Ratenspiegel *m*; **~ prices** Preisaushang *m*, P.tabelle *f*; **~ wages** Lohntabelle *f*; **actuarial t.** Versicherungstabelle *f*, Sterblichkeitstafel *f*; **statistical t.** statistische Aufstellung/Übersicht

table *v/t* 1. Tabelle/Verzeichnis anlegen; 2. *(Antrag)* einbringen

table entry/item Tabelleneintrag(ung) *m/f*; **t. format** Tabellenform *f*; **t. program** Tabellenprogramm *nt*; **t. work** Tabellensatz *m*

tabulat|e *v/t* tabellarisieren, tabellarisch (an)ordnen; **t.ion** *n* tabellarische Darstellung/Anordnung

tackle *n* Ausrüstung *f*; *v/t* (her)angehen, Hebel ansetzen *(fig)*

tag *n* Anhänger *m*, (Anhänge)Schildchen *nt*, Etikett *nt*

tailor *v/t* zuschneiden; **t. to** abstellen auf; **t.ed (to)** *adj* abgestimmt auf, kundenspezifisch; **t.-made** *adj (fig)* maßgeschneidert, nach Maß (gefertigt), nach Kundenangaben hergestellt, kundenspezifisch

economic tailspin *n* *(fig)* konjunkturelle Talfahrt *(fig)*
take *n* 1. Einnahme *f*, Kasse *f*; 2. *(Fischerei)* Fang *m*
take *v/t* nehmen; **t. back** zurücknehmen; **t. down** 1. notieren; 2. *(Personalien)* aufnehmen; **~ in writing** mitschreiben, notieren; **t. firm** fest übernehmen; **t. home** netto verdienen; **t. in** 1. hereinnehmen; 2. *(Geld)* einnehmen; 3. *(Börse)* in Kost nehmen; 4. in Zahlung nehmen; **t. off** *(Preis)* nachlassen; **t. on** 1. in Angriff nehmen; 2. *(Aufgabe)* übernehmen; 3. *(Personal)* ein-, anstellen; **t. out** 1. *(Geld)* abheben; 2. *(Vers.)* abschließen; **t. over** übernehmen, aufkaufen; **t. up** 1. übernehmen, aufgreifen, aufnehmen; 2. *(Aktien)* beziehen; 3. abnehmen
takeoff *n* *(fig)* wirtschaftlicher Aufschwung
takeover *n* (Betriebs)Übernahme *f*, (Unternehmens)Aufkauf *m*; **friendly t.** freundliche Übernahme; **hostile t.** unfreundliche/feindliche Übernahme; **reverse t.** Übernahme eines großen Unternehmens durch ein kleineres; **t. battle** Übernahmekampf *m*, Ü.schlacht *f*; **t. bid/offer** Abfindungs-, Übernahmeangebot *nt*; **t. consortium** Übernahmekonsortium *nt*; **t. price** Übernahmekurs *m*; **t. syndicate** Ankaufs-, Übernahmekonsortium *nt*; **t. target** Übernahmekandidat *m*; **t. wave** Fusionswelle *f*
taker *n* 1. Abnehmer(in) *m/f*, Kunde *m*, Kundin *f*, Käufer(in) *m/f*; 2. Wechselnehmer(in) *m/f*; 3. Optionsgeber(in) *m/f*; **t. of a bill** Wechselnehmer *m*; **t. for a call** Verkäufer(in) einer Rückprämie; **~ put** Käufer(in) einer Rückprämie; **~ put and call** Käufer(in) einer Stellage; **first t.** Ersterwerber *m*; **subsequent t.** Nacherwerber *m*
take-up *n* 1. Inanspruchnahme *f*, Aufnahme *f*; 2. Ankauf *m*; **t. rate** Annahmequote *f*
taking *n* Inbesitznahme *f*; **t.s** (Geld-/Kassen)Einnahme(n) *f/pl*, Losung *f*; **t. for a call** Verkauf einer Rückprämie; **t. (out) of a mortgage** Hypothekenaufnahme *f*; **t. into operation** Inbetriebnahme *f*; **t. for a put** Kauf einer Rückprämie; **daily t.s** Tageseinnahme(n) *f/pl*, T.losung *f*; **surplus t.s** Mehreinnahmen *pl*
taking back Rücknahme *f*; **t.-over** *n* Übernahme *f*; **t. up** Aufnahme *f*; **~ (of) a loan** Kreditaufnahme *f*
talent *n* Talent *nt*, Begabung *f*, Fähigkeit *f*; **entrepreneurial t.** unternehmerische Begabung; **executive t.** Führungseigenschaften *pl*; **managerial t.** Führungsbefähigung *f*
tale quale (t/q) *adv* *(lat.) (Ware)* gemäß Muster
talk *n* 1. Gespräch *nt*, Aussprache *f*; 2. Vortrag *m*; **t.s** Verhandlungen *pl*; **exploratory t.s** Sondierungsgespräche *pl*, Sondierungen *pl*; **financial t.s** Finanzbesprechung *f*; **top-level t.s** Verhandlungen auf höchster Ebene
tally *n* 1. Kupon *m*, Etikett *nt*, Kontrollzeichen *nt*; 2. Strichliste *f*, (Waren)Liste *f*, Aufstellung *f*; 3. Nach-, Überprüfung *f*; *v/ti* 1. etikettieren, kontrollieren, abhaken; 2. *(Konten)* abstimmen; **t. up** Kasse(nsturz) machen; **t. clerk** (Fracht-/Ladungs)-Kontrolleur *m*; **t. roll** Kassenrolle *f*; **t. sheet** Kontroll-, Strichliste *f*; **t. shop** *[GB]* Abzahlungsgeschäft *nt*; **t. system/trade** Ab-, Teilzahlungsgeschäft *nt*
talon *n* Talon *m*, Erneuerungsschein *m*, Zinskupon *m*
tank *n* Flüssigkeits-, Großbehälter *m*
tanker *n* 1. ⚓ Tanker *m*, Tankschiff *nt*; 2. 🚗 Tanklastwagen *m*; 3. 🚆 Kesselwagen *m*; **t. tonnage** Tankertonnage *f*; **t. trade/traffic** Tankerfahrt *f*
tank farm Tanklager *nt*; **t. wagon** 🚆 Tankwagen *m*
tap *n* (Zapf)Hahn *m*; **on t.** *(fig) (Wertpapiere)* jederzeit unbegrenzt lieferbar; **t.** *v/t* entnehmen, erschließen; **t. issue** 1. Daueremission *f*; 2. *[GB]* Regierungsanleihe *f*, laufend ausgegebene Schatzwechsel; **t. issuer** Daueremittent *m*; **t. rate** *[GB]* Diskontsatz für kurzfristige Schatzwechsel; **t. stock** 1. Daueremission *f*, Geldmarktpapier *nt*; 2. *[GB]* Regierungsanleihe *f*, laufend ausgegebene Schatzwechsel
taper(ing) *adj* degressiv
tare *n* Tara *f*, Leer-, Verpackungsgewicht *nt*; **t. and tret** Tara und Gutgewicht; **customary t.** (handels)übliche Tara; **t. weight** Tara-, Verpackungsgewicht *nt*
target *n* (Plan)Ziel *nt*, (Soll)Vorgabe *f*, Planungsansatz *m*; **t. for growth** Wachstumsziel *nt*; **short of the t.** hinter dem Ziel/Soll zurück; **to meet a t.** Ziel erreichen; **to overshoot the t.** Ziel über-

schreiten; **to undershoot a t.** hinter dem Ziel zurückbleiben

economic target wirtschaftspolitische Zielsetzung; **environmental t.** Umweltziel *nt*; **financial t.** Finanzziel *nt*; **medium-term t.** mittelfristiges Ziel; **monetary t.** Geldmengenvorgabe *f*, G.ziel *nt*; **set t.** Planziel *nt*, Sollvorgabe *f*; **short-term t.** kurzfristiges Ziel; **upside t.** Kursziel *nt*

target *v/t* 1. Ziel bestimmen; 2. als Zielgruppe haben/wählen; 3. *(Kunden)* ansprechen

target amount Richtsumme *f*; **t. band** Zielkorridor *m*; **t. company** für die Anlage in Frage kommende Gesellschaft; **t. and performance comparison** Soll-Ist-Vergleich *m*; **t. cost(s)** Plan-, Sollkosten *pl*; **t. costing** Kostenkalkulation *f*; **t. customers** *(Kunden)* Zielgruppe *f*; **t. date** (Liefer)Termin *m*, Stichtag *m*; **t. figure** Plan(ungs)zahl *f*, Zielgröße *f*; **t. group** Zielgruppe *f*, Adressatenkreis *m*; **t. inventory (level)** Ziel-, Richtbestand *m*; **t. market** Zielmarkt *m*; **t. performance** Sollleistung *f*; **t. planning** Zielplanung *f*; **t. population** ⚅ Zielgesamtheit *f*; **t. price** (Markt)Richt-, Orientierungspreis *m*; **t. production** Sollmenge *f*; **t. quantity** Richtmenge *f*; **t. range** Zielkorridor *m*, Z.spanne *f*; **t. rate** Richtsatz *m*; **~ of return** Rentabilitätsziel *nt*; **t. value** Soll-, Planungs-, Richtwert *m*; **t. yield** 1. Sollaufkommen *nt*; 2. Zielrendite *f*

tariff *n* 1. (Fracht)Tarif *m*, Gebühren-, Preisverzeichnis *nt*; 2. ⊖ Zolltarif(satz) *m*; **t. of charges** Gebührentabelle *f*; **to fix a t.** Tarif festsetzen; **to harmonize t.s** Tarife angleichen

ad-valorem *(lat.)* **tariff** ⊖ Wertzolltarif *m*; **common (external) t.** *[EU]* gemeinsamer Außenzoll(tarif); **compensatory t.** Ausgleichszoll *m*, A.abgabe *f*; **compound t.** Mischzoll *m*; **domestic t.** 1. Binnentarif *m*; 2. *(Gas/💧/ϟ)* Haushaltstarif *m*; **external t.** Außenzoll(tarif) *m*; **graduated t.** Staffeltarif *m*; **mixed t.** Mischzoll *m*; **most-favoured-nation t.** ⊖ Meistbegünstigungstarif *m*; **preferential t.** Präferenz-, Vorzugszoll *m*; **protective t.** Schutzzoll(tarif) *m*; **single-schedule t.** Einheits(zoll)tarif *m*; **sliding(-scale) t.** degressiver/progressiver Tarif; **special t.** Sondertarif *m*; **standard/uniform t.** 1. ⊖ Einheitszoll *m*; 2. Einheitstarif *m*; **two-column t.** Zweispaltentarif *m*

tariff adjustment 1. Zoll(tarif)angleichung *f*; **t. agreement** 1. Zollabkommen *nt*, Z.vereinbarung *f*; 2. Tarifabkommen *nt*, T.vereinbarung *f*; **t. association** Tarifverband *m*; **t. barrier** Zollschranke *f*; **t. barriers (to trade)** tarifäre Handelshemmnisse; **t. category** Tarifgruppe *f*; **t. ceiling** Zollplafond *m*; **t. charge** Tarifgebühr *f*; **t. classification** 1. Tarifierung *f*; 2. zolltarifliche Einstufung; **t. concession(s)** Zollkonzession *f*; **t. cut** Zoll(tarif)senkung *f*; **t. differential** Tarifgefälle *nt*, Zollunterschied *m*; **t. duty** Tarifzoll *m*; **t. harmonization** Zollharmonisierung *f*; **t. heading** Zoll-, Tarifposition *f*; **t. increase** Zollerhöhung *f*; **t. item** Zoll-, Tarifposition *f*; **t. level** Gebühren-, Tarifhöhe *f*; **t. liberalization** Liberalisierung der Zölle; **t. nomenclature** Zolltarifschema *nt*, Z.warenverzeichnis *nt*; **t. policy** 1. Gebührenpolitik *f*; 2. (Zoll)Tarifpolitik *f*; **t. preference** Zollpräferenz *f*; **t.-protected** *adj* zollgeschützt; **t. protection** Zoll-, Außenschutz *m*; **t. quota** Zollkontingent *nt*; **t. rate** 1. Tarif-, Zollsatz *m*; 2. Tariffracht *f*; 3. *(Vers.)* Prämientarif *m*; **t. reduction** Zollermäßigung *f*; **t. regime** Zollordnung *f*; **t. revision** Tarifänderung *f*; **t. scale** Tarifstaffelung *f*; **t. schedule** Zolltarif *m*; **t. structure/system** Zoll-, (Zoll)-Tarifsystem *nt*; **t. treaty** Zollabkommen *nt*; **t. union** Zollunion *f*

task *n* (Arbeits)Aufgabe *f*, Auftrag *m*; **to perform a t.** Aufgabe erfüllen, Arbeit verrichten; **cross-departmental/cross-sectional t.** Querschnittsaufgabe *f*; **special t.** Sonderaufgabe *f*

task|-focused sachzielorientiert; **t. force** Arbeitsgruppe *f*; **t. management** 1. Aufgabenverwaltung *f*; 2. 🖳 Prozesssteuerung *f*; **t.-orient(at)ed** *adj* sachbezogen, aufgabenorientiert; **t. structuring** Aufgabenstrukturierung *f*; **t. wage** Akkordlohn *m*; **t. work** Akkord-, Stückarbeit *f*; **t. worker** Akkordarbeiter(in) *m/f*

tax *n* Steuer *f*, Abgabe *f*, Gebühr *f*

after tax nach Steuerabzug, versteuert, nach (Abzug der) Steuern, netto; **before t.** vor (Abzug der) Steuern, vor Steuerabzug, unversteuert, brutto; **exempt from t.** steuerfrei; **less t.(es)** abzüglich Steuer(n);

plus t. zuzüglich Steuer; **subject to t.** steuerpflichtig

tax on alcohol/beverages Alkohol-, Getränkesteuer *f*; **~ capital** Vermögenssteuer *f*; **~ capital income** Kapitalertrag(s)steuer *f*; **t.es and other fiscal charges** Steuern und Abgaben; **t. on consumption** Aufwand-, Verbrauchssteuer *f*; **~ corporations** Körperschaft(s)steuer *f*; **t.es and dues** Steuern und Abgaben; **~ duties** Zölle und Steuern; **t. on earnings** Ertrag(s)-, Gewinnsteuer *f*; **~ hydrocarbon fuels** Mineralölsteuer *f*; **~ income** Einkommen(s)-, Gewinnsteuer *f*; **t.es on income and profit** Steuern vom Einkommen und Ertrag, ertragsabhängige Steuern; **t. on increment value** Wertzuwachssteuer *f*; **~ land** Grundsteuer *f*; **~ profits** ertragsabhängige Steuer; **~ property and transactions** Besitz- und Verkehr(s)steuern *pl*; **t. (deducted) at source** Quellensteuer(abzug) *f/m*; **t. on turnover** Umsatzsteuer *f*

tax to be deducted abzuziehende Steuer; **t. deducted at source** Quellensteuer(abzug) *f/m*; **t. due** Steuerschuld *f*; **t.es incurred** entstandene Steuern; **~ levied** erhobene Steuern; **t. paid** versteuert, nach (Abzug der) Steuern; **t.(es) payable** Steuerschuld *f*; **not affecting/attracting t.** steuerunschädlich, s.neutral; **clear/free of t.** abgaben-, steuerfrei; **liable to t.** steuer-, veranlagungspflichtig; **net of t.** versteuert, nach (Abzug von) Steuern

to allow against tax von der Steuer absetzen; **to assess t.** Steuer berechnen/festsetzen; **~ for t.** steuerlich veranlagen; **~ t. at a flat rate** Steuer pauschalieren; **to be liable/subject to t.** der Besteuerung/Steuer(pflicht) unterliegen; **to calculate t.** Steuern berechnen; **to charge a t. on** besteuern; **to collect t.es** Steuer(n) einziehen; **to deduct t. at source** Steuerabzug an der Quelle vornehmen; **to evade t.** Steuer(n) hinterziehen; **to exempt from t.(es)** von der Steuer befreien; **to impose/levy a t. (on sth.)** Steuern erheben, (etw.) besteuern; **to offset/set off against t.** von der Steuer/steuerlich absetzen; **to pass on t.** Steuer überwälzen; **to pay t.(es)** Steuer(n) abführen/(be)zahlen; **to raise t.** Steuer erhöhen; **~ t.es** Steuern einnehmen; **to reduce t.** Steuer ermäßigen; **to refund t.(es)** Steuer(n) (zurück)erstatten/rückvergüten; **to save t.(es)** Steuern sparen; **to set off against t.** steuerlich/von der Steuer absetzen; **to withhold t.** Quellensteuer erheben, Steuer einbehalten; **to write off against t.** steuerlich abschreiben

accrued tax|es 1. angefallene Steuern; 2. *(Bilanz)* Rückstellungen für Steuern; **ad-valorem** *(lat.)* **t.** Wertsteuer *f*; **assessed t.** veranlagte Steuer; **back t.es** Steuerrückstand *m*; **basic-rate t.** Eingangssteuer *f*; **cascading t.** Kaskadensteuer *f*, Allphasen-Umsatzsteuer *f*; **composite-rate t. (CRT)** *[GB]* Quellensteuer auf Zinserträge; **deferred t.es** *(Bilanz)* latente Steuern/Steuerschulden; **defrauded t.** hinterzogene Steuer; **delinquent t.** rückständige Steuer; **direct t.** direkte Abgabe/Steuer; **dividend-withholding t.** Kuponsteuer *f*; **environmental t.** Öko-, Umweltsteuer *f*; **excess t.** überzahlte/zuviel bezahlte Steuer; **federal t.** Bundessteuer *f*; **flat(-rate) t.** Einheitssteuer(tarif) *f/m*; **graduated t.** progressive/gestaffelte Steuer; **indirect t.** indirekte Steuer; **industrial t.** Gewerbesteuer *f*; **local t.** Gemeindesteuer *f*, Kommunalabgabe *f*; **lump-sum t.** Steuerpauschale *f*; **non-personal t.** Objektsteuer *f*; **non-resident t.** Nichtansässigensteuer *f*; **one-stage t.** Einphasensteuer *f*; **other t.es** *(Bilanz)* ertragsunabhängige Steuern; **overpaid t.** zu viel bezahlte Steuer; **payable t.** fällige Steuer; **pay-as-you-earn (PAYE) t.** *[GB]* Quellensteuer *f*, einbehaltene (Lohn)-Steuer; **personal t.** persönliche Steuer, Subjektsteuer *f*; **progressive t.** Progressions-, Staffelsteuer *f*; **pro-rata t.** anteilmäßige Steuer; **refundable t.** (rück)-erstattungsfähige Steuer; **refunded t.** (zu)rückvergütete Steuer; **sliding-scale t.** Progressions-, Staffelsteuer *f*; **standard t.** Einheitssteuer *f*; **supplementary t.** Zusatzsteuer *f*, Ergänzungsabgabe *f*; **uncollectible t.es** uneinbringliche Steuerforderungen; **uniform t.** Einheitssteuer *f*; **unpaid t.es** rückständige Steuern; **value-added t. (VAT)** Mehrwertsteuer (MWSt) *f*

tax *v/t* besteuern, steuerlich belasten/veranlagen

tax abatement Steuernachlass *m*; **t.ability** *n* (Be)Steuerbarkeit *f*, S.pflicht *f*; **t.able** *adj* abgaben-, gebühren-, steuerpflichtig, zu versteuern(d); **t. accountant**

Steuerberater(in) *m/f*, S.buchhalter(in) *m/f*; **t. accounting** Steuerbuchhaltung *f*; **t.-adjusted** *adj* steuerbereinigt; **t. advantage** Steuervorteil *m*; **t. advice** Steuerberatung *f*; **t. accruals** Steuerrückstellungen *pl*; **t. adviser** Steuerberater(in) *m/f*; **t.-affecting** *adj* steuerwirksam; **t.-allowable** *adj* steuerlich absetzbar; **t. allowance** (persönlicher) Freibetrag *m*, Steuerfreibetrag *m*; **personal t. allowance** persönlicher Steuerfreibetrag; **t. amendment** Steueränderungsgesetz *nt*; **t. amount** Steuerbetrag *m*; **t. arrears** rückständige Steuern; **t. assessment** Steuerveranlagung *f*, S.festsetzung *f*, S.bescheid *m*; **~ note** Veranlagungs-, Steuerbescheid *m*

taxation *n* ↘ **tax** Besteuerung *f*, Versteuerung *f*, Steuerwesen *nt*

taxation of capital Versteuerung von Vermögen; **~ corporations** Körperschaftsbesteuerung *f*; **t. in the country of origin** Ursprungsbesteuerung *f*; **t. of earnings** Ertragsbesteuerung *f*; **~ income(s)** Einkommensbesteuerung *f*; **~ pensions** Rentenbesteuerung *f*; **~ profits** Gewinnbesteuerung *f*; **~ property** Vermögens-, Substanzbesteuerung *f*; **t. at flat rates** Besteuerung nach Durchschnittssätzen, Pauschalierung *f*; **~ the standard rate** Tarifbesteuerung *f*; **~ source** Quellenbesteuerung *f*; **t. of beneficial use** Nutzungswertbesteuerung *f*

to exempt from taxation von der Besteuerung ausnehmen

corporate taxation 1. Körperschaftsbesteuerung *f*; 2. betriebliche Steuerlehre; **deferred t.** Steuerstundung *f*; **direct t.** direkte Steuern/Besteuerung; **double t.** Doppelbesteuerung *f*; **~ agreement** Doppelbesteuerungsabkommen *nt*; **~ relief** Anrechnung im Ausland gezahlter Steuern; **equitable t.** Steuergerechtigkeit *f*; **flat-rate t.** Pauschalbesteuerung *f*; **indirect t.** indirekte Besteuerung; **lump-sum t.** Steuerpauschalierung *f*; **minimum t.** Mindeststeuersatz *m*; **personal t.** Individual-, Einkommensbesteuerung *f*; **progressive t.** Steuerprogression *f*; **prohibitive t.** hohe Steuerbelastung; **standard t.** einheitliche Besteuerung; **supplementary t.** zusätzliche Besteuerung

taxation capacity steuerliche Belastungsgrenze; **t. equalization reserve** Steuerausgleichsrücklage *f*; **t. privilege** Steuervergünstigung *f*; **t. schedule** *[GB]* Steuerart *f*; **t. system** Steuersystem *nt*; **t. treatment** steuerliche Behandlung

tax attorney Steueranwalt *m*, S.anwältin *f*; **t.-attracting** *adj* steuerpflichtig; **t. audit** Steuerprüfung *f*, (steuerliche) Betriebsprüfung *f*; **t. auditor** *(Steuer)* Betriebs-, Steuerprüfer(in) *m/f*; **t. authority/authorities** Steuerbehörde *f*, Finanz-, Steuerverwaltung *f*; **t. avoidance** Steuerumgehung *f*, (legale) Steuervermeidung *f*; **t. balance (sheet)** Steuerbilanz *f*; **t. band** Steuerklasse *f*, Tarifstufe *f*; **t. barrier** Steuerhemmnis *nt*; **t. base** Besteuerungs-, Steuer(bemessungs)grundlage *f*; **t. benefit** Steuervergünstigung *f*, steuerlicher Vorteil; **t. bill** 1. Steuerbescheid *m*; 2. Steuergesetz(entwurf) *nt/m*, S.novelle *f*; **t. bracket** Steuerstufe *f*, S.klasse *f*; **t. break** (befristete) Steuervergünstigung *f*, S.entlastung *f*, S.vorteil *m*; **t. burden** Steuerbelastung *f*, S.last *f*, Abgabenlast *f*, steuerliche Belastung; **equitable t. burden** Steuergerechtigkeit *f*; **t. calculation** Steuerberechnung *f*; **t. charge** Steuerbelastung *f*, S.last *f*; **t. claim** Steuerforderung *f*, S.anspruch *m*; **deferred t. claim** latente Steuerforderung; **t. code** Steuerschlüssel *m*; **t. collection** Steuereinziehung *f*, S.beitreibung *f*; **~ office** Steuereinzugsstelle *f*; **t. collector** Steuereinnehmer(in) *m/f*, S.beamter *m*, S.beamtin *f*; **t. computation** Steuerberechnung *f*; **t. concession** Steuervergünstigung *f*, S.erleichterung *f*, S.befreiung *f*; **~ period** Begünstigungszeitraum *m*; **t. consultant/counsellor** Steuerberater(in) *m/f*; **t. counselling** Steuerberatung *f*; **t. court** Finanzgericht *nt*; **t. credit** Steuergutschrift *f*, S.vergünstigung *f*, Anrechnung gezahlter Steuern; **t. crime** Steuerkriminalität *f*; **t. cut** Steuersenkung *f*; **t.-deductible** *adj* steuerlich abzugsfähig/absetzbar; **t. deduction** Steuereinbehaltung *f*, S.abzug *m*; **~ at source** Steuerabzug an der Quelle; **t. deferment/deferral** Steuerstundung *f*; **t. demand** Steuerbescheid *m*; **t. discrimination** Steuerdiskriminierung *f*; **t. dodge** Trick zur Steuerumgehung; **t. dodger** Steuerhinterzieher(in) *m/f*; **t. domicile** steuerlicher Geschäftssitz

taxed *adj* nach (Abzug der) Steuern, ver-,

besteuert; **to be t. separately** getrennt veranlagt

tax|-effective; t.-efficient *adj* steuerwirksam, s.sparend, Steuerspar-; **t. efficiency** Steuerwirksamkeit *f*; **t. equalization** (horizontaler) Finanzausgleich *m*; **t. estimate** Steuervoranschlag *m*; **t. evader** Steuerhinterzieher(in) *m/f*; **t. evasion** Abgaben-, Steuerhinterziehung *f*; **t.-exempt** *adj* steuer-, gebühren-, abgabenfrei, von der Steuer befreit; **t.-exempted** *adj* steuerbefreit; **t. exemption** Steuer-, Gebühren-, Abgabenbefreiung *f*; **personal t. exemption** persönlicher Freibetrag; **t. exile** 1. Steuerexil *nt*; 2. Steuerflüchtiger *m*; **t. exposure** (Ausmaß der) Steuerbelastung *f*; **t.-favourable** *adj* steueroptimierend; **t.-favoured** *adj* steuerbegünstigt; **t. form** Steuerformular *nt*, S.vordruck *m*; **t. fraud** Steuerbetrug *m*, S.hinterziehung *f*; **t.-free** *adj* abgaben-, steuerfrei, nicht steuerpflichtig; **t.-gathering** *n* Steuereinziehung *f*; **t. handout** Steuergeschenk *nt*; **t. harmonization** Steuerharmonisierung *f*, S.anpassung *f*; **t. haul** Steueraufkommen *nt*; **t. haven** Steueroase *f*, S.paradies *nt*; **t. hike** *(coll)* Drehen an der Steuerschraube; **t. holidays** Steuerfreijahre *pl*; **t. imputation** Steueranrechnung *f*; **t. incentive** Steueranreiz *m*, steuerlicher Anreiz; **t. incidence** Steuerlast *f*, S.belastung *f*; **t. increase** Steuererhöhung *f*

taxing authority 1. Steuerbehörde *f*; 2. Steuerhoheit *f*; **t. power(s)** Besteuerungs-, Steuerhoheit *f*

tax inspection Steuer(über)prüfung *f*; **t. inspector** Steuerfahnder(in) *m/f*, Finanzbeamter *m*, F.beamtin *f*; **t. intake** Steueraufkommen *nt*, S.einnahmen *pl*; **t. investigation** Steuerfahndung *f*, S.prüfung *f*; **t. investigator** Steuerfahnder *m*, S.prüfer *m*; **t. item** Steuerposten *m*; **t. law** 1. Steuergesetz *nt*; 2. Steuerrecht *nt*; **t. lawyer** Steueranwalt *m*, S.anwältin *f*; **t. liability** Steuerschuld *f*, S.pflicht *f*; **upper t. limit** Besteuerungsgrenze *f*; **t. load** Steuerbelastung *f*; **~ ratio** Steuerlastquote *f*; **gross ~ ratio** Bruttosteuerbelastung *f*; **t. loophole** Steuerschlupfloch *nt*; **t. loss** steuerlicher Verlust; **~ carry-forward/carry-over** *[US]* Steuerverlustvortrag *m*; **~ company** (Steuer)Abschreibungsgesellschaft *f*; **t.man** *n (coll)* das Finanzamt; **t. matter** Steuerangelegenheit *f*; **t. offence** § Steuerdelikt *nt*; **t. offender** Steuersünder *m*; **t. office** Finanzamt *nt*; **local t. office** zuständiges Finanzamt; **t. officer/official** Steuerbeamter *m*, S.beamtin *f*; **t. offset** *[US]* Steuergutschrift *f*; **t. papers** Steuerunterlagen *pl*

taxpayer *n* Steuerzahler(in) *m/f*, S.pflichtige(r) *f/m*, S.subjekt *nt*; **corporate t.** steuerpflichtige Körperschaft; **legal t.** Steuerpflichtige(r) *f/m*; **non-resident t.** im Ausland wohnhafte(r) Steuerpflichtige(r); **resident t.** Steuerinländer(in) *m/f*, inländische(r) Steuerpflichtige(r); **at t.'s expense** auf Kosten des Staates/Steuerzahlers; **t.'s money** Steuergelder *pl*

tax|-paying *adj* steuerlich veranlagt; **t. payment** Steuerzahlung *f*, S.abführung *f*; **~ date** Steuer-, Abgabentermin *m*; **t. penalty** Steuersäumniszuschlag *m*, S.strafe *f*; **t. period** Besteuerungszeitraum *m*; **t. prepayment** (Steuer)Vorauszahlung *f*; **t. privilege** Steuervorteil *m*, S.vergünstigung *f*, S.privileg *nt*; **t.-privileged** *adj* steuerbegünstigt; **t. probe** Steuerprüfung *f*; **t. proceeds** Steueraufkommen *nt*, S.mittel *pl*; **t. progression** Steuerprogression *f*; **t. purpose** Steuerzweck *m*; **for t. purposes** aus steuerlichen Gründen

tax rate Steuer-, Besteuerungssatz *m*, Steuertarif *m*; **applicable t. r.** anwendbarer Steuersatz; **average t. r.** Durchschnittsbesteuerung *f*, D.steuersatz *m*; **basic t. r.** Standardsteuersatz *m*; **flat/lump-sum t. r.** einheitlicher Steuersatz; **marginal t. r.** Grenzsteuersatz *m*; **progressive t. r.** gestaffelter Steuersatz; **sliding-scale t. r.** Progressionssatz *m*

tax reappraisal Steuernachveranlagung *f*; **t. reasons** steuerliche Gründe; **t. rebate** Steuerrückzahlung *f*; **t. receipts** Steuereinnahmen *pl*, S.aufkommen *nt*; **t.-reducing** *adj* steuermindernd, s.optimierend; **t. reduction** Steuersenkung *f*, S.ermäßigung *f*; **t. reform** Steuerreform *f*; **~ package** Steuerreformpaket *nt*; **t. refund** Steuer(rück)erstattung *f*, S.rückzahlung *f*; **~ claim** Steuerrückerstattungsantrag *m*; **t. regime** Steuersystem *nt*; **t. regulations** Besteuerungs-, Steuervorschriften *pl*

tax relief Steuererleichterung *f*, S.vergünstigung *f*, steuerliche Entlastung; **eligible for t. r.** steuerabzugsfähig, s. begünstigt, steuerlich absetzbar; **to claim**

T

t. r. Steuervergünstigung in Anspruch nehmen; **to qualify for t. r.** steuerbegünstigt sein; **t. r. scheme** Steuersparmodell *nt*

tax reminder Steuermahnung *f*; **t. remission** Steuererlass *m*; **t. reserve(s)** Steuerrückstellungen *pl*; **t. residence** steuerlicher Wohnsitz

tax return Steuererklärung *f*; **to file/submit a t. r.** Steuererklärung abgeben/einreichen; **joint t. r.** gemeinsame Steuererklärung; **t. r. form** Steuerformular *nt*

tax revenue(s) Steueraufkommen *nt*, S.einnahmen *pl*; **defrauding the t. r.** Steuerhinterziehung *f*; **higher t. r.** Steuermehreinnahmen *pl*; **lower t. r.** Steuermindereinnahmen *pl*

tax review *[US]* Steuerreform *f*, **t. roll** Steuer(hebe)-, Veranlagungsliste *f*; **t. rule** Steuerrichtlinie *f*; **t. saving(s)** Steuerersparnis(se) *f/pl*; **t.-saving** *adj* steuersparend; **~ scheme** Steuersparmodell *nt*; **t. scale/schedule** Steuertarif *m*, S.tabelle *f*; **t. screw** *(fig)* Steuerschraube *f (fig)*; **t. secret** Steuergeheimnis *nt*; **t. shelter** 1. Steuerbegünstigung *f*; 2. Steueroase *f*; **t. shelters** 1. steuerbegünstigte Wertpapiere; 2. steuerbegünstigte Investitionen; **t.-sheltered** *adj* steuerbegünstigt; **t. shift(ing)** Steuerverlagerung *f*, S.überwälzung *f*; **t. shortfall** Steuerausfall *m*, S.defizit *nt*; **t. solicitor** Steueranwalt *m*; **t. statement** Steuerausweis *m*, S.bilanz *f*; **t. structure** Steuersystem *nt*; **t. surcharge** Steuerzuschlag *m*, S.aufschlag *m*, Ergänzungsabgabe *f*; **t. switching** Portefeuilleumschichtung aus Steuergründen; **t. system** Steuersystem *nt*, Abgabenordnung *f*; **t. table** Steuer-, Grundtabelle *f*; **t. take** Steuereinnahmen *pl*, S.aufkommen *nt*; **t. threshold** Steuerschwelle *f*; **t. treatment** Besteuerung *f*, steuer(recht)liche Behandlung; **favourable t. treatment** Steuervergünstigung *f*; **t. tribunal** Finanzgericht *nt*; **t. valuation** steuerlicher Wertansatz; **t. voucher** Steuergutschein *m*, S.gutschrift *f*; **t. waiver** Steuerverzicht *m*; **t. withholding** Quellensteuerabzug *m*

tax write-off Steuerabschreibung *f*, steuerlich zulässige Abschreibung; **accelerated t. w.** steuerliche Sonderabschreibung; **t. w. facilities** steuerliche Abschreibungsmöglichkeiten

tax year *(Steuer)* Veranlagungs-, Steuer-, Rechnungsjahr *nt*; **t. yield** Steueraufkommen *nt*

team *n* Arbeitsgemeinschaft *f*, A.stab *m*, Gruppe *f*, Team *nt*; **t. of specialists** Fachgruppe *f*; **hand-picked t.** sorgfältig zusammengestellte Mannschaft; **t. effort** gemeinsame Anstrengung; **t. focus** Teamorientierung *f*; **t. leader** Gruppenleiter(in) *m/f*; **t. organisation** teamorientierte Organisationsform; **t.work** *n* Teamarbeit *f*, T.work *nt*

tech issue *n* *(Börse)* Technologiewert *m*, T.aktie *f*

technical *adj* fachlich, f.spezifisch; **t.ity** *n* Formalität *f*

technician *n* technische(r) Angestellte(r), Techniker(in) *m/f*

technique *n* Verfahren *nt*, Methode *f*, Technik *f*

techno|crat *n* Technokrat(in) *m/f*; **t.-economic** *adj* wirtschaftlich-technisch

technology *n* Technologie *f*, Technik *f*; **advance(d)/cutting-edge t.** Hoch-, Spitzentechnologie *f*; **clean t.** umweltfreundliche Technik, saubere Technologie; **energy-efficient/energy-saving t.** energiesparende Technologie; **environmental t.** Umwelttechnik *f*; **high t. (hi-tech; high-tech)** Hoch-, Spitzentechnologie *f*; **labour-saving t.** arbeitssparende Technologie; **pollutive t.** umweltbelastende Technologie; **small-scale/soft t.** weiche Technologie; **state-of-the-art t.** Hoch-, Spitzentechnologie *f*; **t. group** Technologiekonzern *m*; **chief t. officer** technische(r) Leiter(in); **t. park** Technologiepark *m*, T.zentrum *nt*; **high t. product** Spitzenprodukt *nt*; **t. stock market** Technologiebörse *f*; **t. transfer** Technologietransfer *m*

teenage unemployment Jugendarbeitslosigkeit *f*

teething problems/troubles Anfangs-, Anlaufschwierigkeiten *pl*

telecommunication *n* Nachrichtenaustausch *m*, N.übertragung *f*; **t.s** Fernmeldewesen *nt*, Nachrichtentechnik *f*; **~ carrier** Kommunikationskanalbetreiber *m*; **~ engineer** Fernmeldeingenieur *m*, F.techniker *m*; **~ equipment** Fernmeldeausrüstung *f*; **~ facilities** Fernmeldeeinrichtungen *pl*; **~ industry** Fernmeldeindustrie *f*; **~ network** Fernmelde-, Datenfernübertragungsnetz *nt*

tele|commuter *n* Telearbeiter(in) *m/f*; **t.-commuting** *n* Telearbeit *f*; **t.computing** *n* Datenfernverarbeitung *f*; **t.copy** *v/t* fernkopieren; **t.course** *n* 1. Fernsehkurs *m*; 2. Fernlehrgang *m*; **t.marketing** *n* Telefonverkauf *m*, T.vertrieb *m*; **t.matics** *n* Telematik (Telekommunikation + Informatik) *f*; **t.order** *v/t* elektronisch bestellen

telephone *n* 1. Telefon *nt*, Fernsprecher *m*; 2. Telefonanschluss *m*; **to inquire by t.** telefonisch erfragen; **to order by t.** fernmündlich/telefonisch bestellen; **cellular/mobile t.** Autotelefon *nt*, Mobiltelefon *nt*, Handy *nt*; **cordless t.** drahtloses Telefon; **public t.** öffentlicher Fernsprecher

telephone advertising Telefonwerbung *f*; **t. answering machine** automatischer Anrufbeantworter; **t. carrier** Telefonnetzbetreiber *m*; **t. company** *[GB]*/**corporation** *[US]* Telefongesellschaft *f*; **t. desk** Telefonannahme *f*; **t. directory** Telefon-, Fernsprechbuch *nt*, F.verzeichnis *nt*; **t. interview** telefonische Befragung; **t. link** Telefonverbindung *f*; **t. marketing** Telefonmarketing *nt*; **t. order** telefonische Bestellung; **(direct) t. sale** Telefonverkauf *m*; **t. salesman** Telefonverkäufer *m*; **t. selling** Telefonverkauf *m*; **t. solicitation** telefonische Kundenwerbung; **t. subscriber** Fernsprechteilnehmer(in) *m/f*; **t. trading** Telefonhandel *m*

tele|phony *n* Fernsprechwesen *nt*; **t.print** *v/t* fernschreiben; **t.printer** *n [US]* Fernschreiber *m*; **t.processing** *n* 🖳 (Daten)-Fernverarbeitung *f*, D.fernübertragung *f*; **~ network/system** Datennetz *nt*; **t. sales marketing** Telefonverkauf *m*; **~ people** Telefonverkäufer *pl*; **t.-selling** *n* Verkauf am Bildschirm; **t.shopping** *n* Kauf am Bildschirm

television *n* Fernsehen *nt*; **closed-circuit t. (CCTV/cctv)** Videoüberwachung *f*; **commercial t.** Werbefernsehen *nt*, kommerzielles Fernsehen; **t. advertising** Fernsehwerbung *f*, F.reklame *f*; **t. commercial** (Fernseh)Werbesendung *f*, W.spot *m*; **t. company/corporation** Fernsehgesellschaft *f*; **t. franchise** Fernsehkonzession *f*; **t. set** Fernsehgerät *nt*; **t. transmission** Fernsehübertragung *f*

tele|work(ing) *n* 🖳 Heim-, Telearbeit *f*; **t.worker** *n* 🖳 Heim-, Telearbeiter(in) *m/f*; **t.working job** Telearbeitsplatz *m*

teller *n* (Bank)Kassierer(in) *m/f*, Schalterbeamter *m*, S.beamtin *f*, Kassendisponent(in) *m/f*; **automated t.** Bankautomat *m*; **drive-in t.** *(Bank)* Autoschalter *m*; **t.'s counter** Kassenschalter *m*; **automated t. machine (ATM)** Geld(ausgabe)-, (Bar)Geldautomat *m*; **t.'s window** Kassenschalter *m*

tel quel *adv [frz.]* wie besehen; **~ rate** Nettokurs *m*

pro tem(pore) *(lat.)* vorläufig, zur Zeit

temp *n (coll) (Büro)* Aushilfskraft *f*, Zeitarbeiter(in) *m/f*; *v/i* Zeitarbeit machen; **t.(ing) agency** Zeitarbeitsfirma *f*; **t.ing** *n* Leih-, Zeitarbeit *f*

template *n* Schablone *f*

temporary *n* Aushilfskraft *f*, Aushilfe *f*; *adj* zeitweilig, vorübergehend, befristet

tenancy *n* Pacht-, Mietverhältnis *nt*, M.-zeit *f*, Pachtdauer *f*; **t. in common** Bruchteilseigentum *nt*, Eigentum zur gesamten Hand; **t. for life** Pachtung auf Lebenszeit; **t. at sufferance/will** jederzeit kündbares Miet-/Pachtverhältnis; **commercial/industrial t.** gewerbliches Mietverhältnis; **fixed-term t.** befristetes Mietverhältnis; **long t.** Dauermiete *f*; **t. agreement/contract** Pacht-, Mietvertrag *m*

tenant *n* Mieter(in) *m/f*, Pächter(in) *m/f*, Mietpartei *f*; **to give a t. notice** einem Mieter kündigen; **commercial/industrial t.** gewerbliche(r) Mieter(in); **incoming/new t.** neue(r) Mieter(in), Nachmieter(in) *m/f*; **outgoing t.** ausziehende(r) Mieter(in); **sitting t.** Altmieter(in) *m/f*; **subsequent t.** Nachmieter(in) *m/f*; **t.'s contribution** Mieterzuschuss *m*; **t. farm** 🚜 Pachtbetrieb *m*; **t.'s liability** Mieterhaftpflicht *f*; **t. protection** Mieterschutz *m*

tendency *n* (allgemeine) Richtung *f*, Tendenz *f*; **t. to buy** Kaufbereitschaft *f*; **tendencies of the market** Börsentendenz *f*, Markttrend *m*; **t. to sell** *(Börse)* Abgabeneigung *f*

bearish tendency *(Börse)* Schwäche-, Baissetendenz *f*; **bullish t.** *(Börse)* Hausseneigung *f*, H.stimmung *f*; **depressive/downward t.** Schwäche-, Baissetendenz *f*; **dull t.** lustlose Tendenz; **firm t.** *(Börse)* feste Tendenz; **prevailing t.** (vor)herrschende Tendenz; **seasonal t.** saisonbedingte Tendenz; **underlying t.** Grundtendenz *f*; **upward t.** 1. Auftriebs-, Aufschwungstendenz *f*; 2. *(Börse)* Hausseneigung *f*, Kursauftrieb *m*

tender *n* (Leistungs-/Lieferungs-/Submissions)Angebot *nt*, Submission *f*, Offerte *f*; **by t.** durch Ausschreibung; **t. of delivery** Lieferangebot *nt*; **~ documents** Vorlage von Dokumenten; **~ a loan** Darlehensangebot *nt*

to accept a tender Zuschlag erteilen; **to invite t.s; to put out to t.** zur Angabe von Angeboten auffordern, Angebote einholen, Ausschreibung veranstalten; **to make/put in a t.** Angebot einreichen; **to sell by t.** durch Ausschreibung verkaufen

collusive tender abgesprochenes Angebot; **competitive t.** echte Ausschreibung; **lawful/legal t.** gesetzliches Zahlungsmittel; **public t.** öffentliche Ausschreibung, Submissionsverfahren *nt*; **winning t.** erfolgreiches Angebot

tender *v/ti* 1. (an)bieten, (Lieferungs)-Angebot unterbreiten, sich an einer Ausschreibung beteiligen, (An)Gebot abgeben; 2. *(Dokument)* vorlegen; 3. *(Geld)* zahlen

tender agreement Submissionsvertrag *m*; **t. date** Ausschreibungstermin *m*, Bietungsschluss *m*; **t. documents** Angebots-, Ausschreibungsunterlagen *pl*; **t.ee** *n* Angebotsempfänger(in) *m/f*

tenderer *n* (An)Bieter(in) *m/f*, Submittent(in) *m/f*; **qualified t.** zugelassene(r) (An)Bieter(in); **successful t.** Zuschlagsempfänger(in) *m/f*

tender guarantee Angebots-, Bietungsgarantie *f*

tendering *n* 1. Angebotsabgabe *f*, A.erstellung *f*; 2. Angebotswesen *nt*; **collusive t.** Angebots-, Submissionsabsprache *f*; **competitive t.** freihändige Vergabe, echte Ausschreibung; **t. date** Angebotseröffnungs-, Submissionstermin *m*; **t. procedure** Ausschreibungsverfahren *nt*

tender letter Angebotsschreiben *nt*; **t. offer** Ausschreibungsangebot *nt*; **t. period** Ausschreibungs-, Submissionsfrist *f*; **t. price** Angebotspreis *m*; **t. specifications** Lastenheft *nt*; **t. terms** Ausschreibungs-, Submissionsbedingungen *pl*; **minimum t. volume** Mindestbietungsbetrag *m*

tenement (building/house) *n* Mietshaus *nt*

tenor *n* 1. Tenor *m*, Inhalt *m*; 2. Wortlaut *m*; 3. (Wechsel)Frist *f*, Lauf-, Verfallzeit *f*

tenure *n* 1. Besitz(dauer) *m/f*; 2. Pachtverhältnis *nt*; 3. Amts-, Dienstzeit *f*; 4. Anstellung auf Lebenszeit; **t. of office** Amtsperiode *f*; **t. track** *(Stelle)* Laufbahn *f*

term *n* 1. Fachausdruck *m*, Bezeichnung *f*; 2. Laufzeit *f*, Frist *f*; 3. (Gültigkeits)Dauer *f*; **t.s** 1. Bedingungen *pl*, Konditionen *pl*; 2. *(Anleihe)* Ausstattung *f*; 3. Preis *m*; **during the t.** während der Laufzeit; **for a t. of** für die Dauer von; **under the t.s of** auf Grund der Bestimmungen von

term for acceptance Annahme-, Akzeptfrist *f*; **t.s of the agreement** Vertragsbedingungen *pl*; **~ an award** Inhalt eines Schiedsspruchs; **~ a bid** Angebotsbedingungen *pl*; **t. of a bill of exchange** Laufzeit eines Wechsels; **t.s of business** Abschluss-, Geschäftsbedingungen *pl*, Konditionen *pl*

terms and conditions (Verkaufs)Bedingungen *pl*; **~ of business** (allgemeine) Geschäftsbedingungen *pl*; **~ of the contract** Vertragsbedingungen *pl*; **~ of employment** Anstellungsvertragsbedingungen *pl*; **~ of sale** Bezugs-, Lieferbedingungen *pl*; **general/standard t. and c.** allgemeine (Geschäfts)Bedingungen

term of (a/the) contract Vertragslaufzeit *f*, V.dauer *f*; **t.s of credit** Kreditbedingungen *pl*; **~ delivery** Lieferbedingungen *pl*; **~ employment** Beschäftigungsbedingungen *pl*, Anstellungsverhältnis *nt*; **t. for filing** Einreichungsfrist *f*; **t.s of financing** Finanzierungskonditionen *pl*; **~ forwarding** Versand-, Spediteurbedingungen *pl*; **t. of insurance** Versicherungsdauer *f*; **t.s of insurance** Versicherungsbedingungen *pl*; **~ interest** Zinskonditionen *pl*; **t. of lease** Pachtdauer *f*; **~ the licence** Lizenzdauer *f*; **t.s of a licence** Lizenzbestimmungen *pl*; **t. of a loan** Anleihelaufzeit *f*; **t.s of a loan** Kreditbestimmungen *pl*, Anleihebedingungen *pl*; **t. of maturity** Fristigkeit *f*, Laufzeit *f*; **~ notice** Kündigungsfrist *f*, K.termin *m*; **~ office** Amtsperiode *f*, A.dauer *f*; **~ a patent** Patentschutzfrist *f*

term of payment Zahlungstermin *m*, Z.ziel *nt*, Z.frist *f*; **t.s of payment** Zahlungsbedingungen *pl*, Z.frist *f*; **easy ~ p.** günstige Zahlungsbedingungen, Z.erleichterungen *pl*; **~ p. and delivery** Liefer(ungs)- und Zahlungsbedingungen *pl*

term|s of a policy *(Vers.)* Versicherungsbedingungen *pl*; **~ reference** Aufgaben-

T

bereich *m*, Vorgaben *pl*, Rahmenbedingungen *pl*; **within the ~ reference** im Rahmen der Aufgabe(n)/Zuständigkeit; **~ sale** Verkaufsbedingungen *pl*; **~ shipment** *(Versand)* Lieferbedingungen *pl*; **t. of tenancy** Mietlaufzeit *f*, M.dauer *f*; **t.s of trade** (reale) Austauschrelationen *pl*, A.verhältnisse im Außenhandel, Terms of Trade; **~ transport(ation)** Beförderungs-, Transportbedingungen *pl*

terms strictly cash Preise ohne (jeden) Abzug

to agree term|s sich (über die Bedingungen) einigen; **to buy sth. on easy t.s** etw. auf Raten kaufen; **to come within the t.s of the contract** unter die Vertragsbedingungen fallen; **to come to t.s with one's creditors** Vergleich mit Gläubigern abschließen; **to comply with a t.** Frist wahren; **~ the t.s of a contract** Vertragsbedingungen erfüllen; **to extend a t.** Frist/Termin verlängern; **to fix a t.** befristen, Frist (fest)setzen; **to grant reciprocal t.s** Gegenseitigkeit gewähren; **to keep/observe a t.** Frist wahren; **to lay down t.s** Bedingungen festlegen; **to quote t.s** Bedingungen angeben; **to set a t.** Termin festlegen; **to stipulate t.s** Bedingungen/Konditionen festlegen

on accommodating term|s unter annehmbaren Bedingungen; **commercial t.s** Lieferklauseln *pl*; **fair and reasonable ~ t.s** angemessene Lieferklauseln; **international ~ t.s (Incoterms)** internationale Lieferklauseln, ~ Regeln für handelsübliche Vertragsformen; **concessional/concessionary t.s** günstige Bedingungen, Sonderkonditionen *pl*; **contractual t.** vereinbarte Laufzeit; **~ t.s** Vertragsbedingungen *pl*; **on deferred t.s** auf Raten; **easy t.s** Zahlungserleichterung *f*, günstige (Zahlungs)Bedingungen; **the exact t.s** der genaue Wortlaut; **favourable t.s** günstige Bedingungen; **fixed t.** Festlaufzeit *f*, Frist *f*; **full t.s (ft.)** volle (übliche) Bedingungen; **for the ~ t.** für die volle Laufzeit; **inclusive t.s** Pauschalpreis *m*; **local t.s** Platzbedingungen *pl*; **in the long t.** langfristig (gesehen), auf lange Sicht; **in the medium t.** mittelfristig, auf mittlere Sicht; **net t.s** Nettokonditionen *pl*; **open t.s** offenes Zahlungsziel; **preferential t.s** Vorzugskonditionen *pl*; **in quantitative t.s** mengenmäßig; **quarterly t.s** vierteljährliche Zahlungsweise; **in real t.s** real, preisbereinigt; **reasonable t.s** vernünftige Preise, günstige Bedingungen; **residual t.** Restlaufzeit *f*; **in the short t.** kurzfristig, auf kurze Sicht; **special t.s** Sonderbestimmungen *pl*, S.konditionen *pl*; **within the specified t.** innerhalb der angegebenen Frist; **stipulated t.** vereinbarte Frist; **technical t.** Fachausdruck *m*; **unexpired t.** Restlaufzeit *f*; **unfavourable t.s** ungünstige Bedingungen; **usual t.s (u. t.s)** übliche Bedingungen

term account Festgeldkonto *nt*; **t. assurance** Kurz-, Risikolebens-, Wagnisversicherung *f*; **t. bill/draft** Nachsicht-, Zeitsichtwechsel *m*; **t. deposit** Terminguthaben *nt*, T.geldeinlage *f*

terminable *adj* *(Vertrag)* auflösbar, (auf)kündbar, befristet

terminal *n* 1. ✈ Abfertigungsgebäude *nt*; 2. ⚓ Umschlagplatz *m*, Verladestation *f*, V.anlage *f*, Be- und Entladeanlage *f*; 3. 💻 (Daten)Endgerät *nt*; **marine t.** *(Öl)* Verladehafen *m*; **receiving t.** Empfangsstation *f*; **t. charge** Abfertigungs-, Zustellgebühr *f*; **t. station/unit** Datenstation *f*

terminal *adj* Abschluss-, End-

terminate *v/ti* 1. (be)enden; 2. *(Vertrag)* ablaufen, (auf)kündigen

termination *n* 1. Ende *nt*, Beendigung *f*; 2. *(Vertrag)* (Auf)Kündigung *f*, Ablauf *m*

termination of a business Betriebsaufgabe *f*; **t. for cause** § Kündigung aus wichtigem Grund; **t. of (a) contract** Vertragskündigung *f*, V.auflösung *f*, V.ablauf *m*; **~ employment** Beendigung des Arbeits-/Beschäftigungsverhältnisses; **t. without notice** fristlose Kündigung; **t. of production** Produktionseinstellung *f*; **~ a contractual relationship** Beendigung eines Vertragsverhältnisses; **~ a strike** Streikende *nt*; **~ tenancy** Mietbeendigung *f*

to give notice of termination of contract Vertrag (auf)kündigen

advance/premature termination vorzeitige Kündigung

termination agreement Abfindungs-, Aufhebungsvertrag *m*; **t. clause** Kündigungsklausel *f*; **t. compensation/pay** (Entlassungs)Abfindung *f*, E.geld *nt*; **t. date** Kündigungstermin *m*; **voluntary t. program(me)** freiwillige Abfindungsaktion

term lending befristete/kurzfristige Kre-

T

dite; **t. liabilities** befristete Verbindlichkeiten; **t. (life) insurance** Zeit-, Kurz-, Risikolebensversicherung *f*; **t. loan** langfristiges/befristetes Darlehen; **t. money** Termin-, Festgeld *nt*; **t. policy** Zeitversicherungspolice *f*; **t. structure** Laufzeitenstruktur *f*

territory *n* 1. Hoheitsgebiet *nt*, Land *nt*; 2. *(Vertreter)* Reise-, Vertretungsgebiet *nt*; **t. of application** Geltungsgebiet *nt*, Anwendungsbereich *m*; **t. covered** (örtlicher) Geltungsbereich *m*; **contractual t.** Vertragsgebiet *nt*; **t. assignment** Gebietsaufteilung *f*; **t. protection** *(Vertreter)* Gebietsschutz *m*

tertiarization *n* Übergang in die Dienstleistungsgesellschaft

tertiary *adj* tertiär

test *n* 1. (Eignungs)Kontrolle *f*, (Stich)Probe *f*; 2. Test(verfahren) *m/nt*, Versuch *m*; **to undergo a t.** sich untersuchen lassen; **fair and reasonable t.** Inhaltskontrolle von Allgemeinen Geschäftsbedingungen; **operational t.** Funktionsprüfung *f*; **random t.** Stichprobe(nprüfung) *f*; **t.** *v/t* erproben, testen, prüfen

testament *n* Testament *nt*

test brand Testmarke *f*; **t. case** § Musterprozess *m*; **t. certificate** Abnahmezeugnis *nt*, Prüfungsprotokoll *m*; **t. consumer** Testverbraucher(in) *m/f*; **t. documents** Prüfunterlagen *pl*; **t. facility** Versuchs-, Prüfanlage *f*

testi|fy *v/ti* § beurkunden, (als Zeuge) aussagen; **t.monial** *n* Referenz-, Empfehlungsschreiben *nt*; **t.mony** *n* 1. § Beweis *m*; 2. Anhörung *f*

testing *n* Erprobung *f*, Testen *nt*

test interview Probebefragung *f*; **t. inventory** *(Stichprobe)* Teilinventur *f*; **t. mark** Prüfzeichen *nt*; **t. market** Test-, Versuchsmarkt *m*; **t.-market** *v/t* am Markt erproben; **t. marketing** Markterprobung *f*; **t. operation** Probelauf *m*; **t. package** Probepackung *f*; **t. purchase** Kontroll-, Testkauf *m*; **t. report** Prüfungs-, Abnahmebericht *m*; **t. result** Prüfergebnis *nt*; **t. sample** Analysenprobe *f*; **t. shipment** Probesendung *f*; **t. specimen** Testmuster *nt*

text *n* Text *m*, Wortlaut *m*; **t. of a contract** Vertragstext *m*; **authoritative t.** maßgeblicher Text, verbindliche Fassung

textile *n* Faser(stoff) *f/m*, Gewebe *nt*; **t.s** Textilien *pl*, Textilwaren *pl*; **t. company** Textilfirma *f*; **t. industry** Bekleidungs-, Textilindustrie *f*, **t. manufacturer** Textilfabrikant *m*, T.hersteller *m*; **t. mill** Textilfabrik *f*; **t. trade** Textil(fach)handel *m*, T.branche *f*

text input 🖳 Texterfassung *f*; **t. processing** Textverarbeitung *f*

texture *n* Gewebe *nt*, Maserung *f*, Struktur *f*

theft *n* Diebstahl *m*; **t., pilferage, non-delivery (t. p. n. d.)** *(Vers.)* Diebstahl, Beraubung, Nichtauslieferung; **t. from automatic vending machines** Automatendiebstahl *m*; **commercial t.** Wirtschaftskriminalität *f*; **petty t.** Bagatell-, Gelegenheitsdiebstahl *m*; **t. insurance** Diebstahlversicherung *f*; **t.-proof** *adj* diebstahlsicher; **t. risk** Diebstahlgefahr *f*

theorist *n* Theoretiker(in) *m/f*; **economic t.** Wirtschaftstheoretiker(in) *m/f*

theory *n* Theorie *f*, These *f*

theory of the business cycle Konjunkturtheorie *f*; **~ competition** Wettbewerbstheorie *f*; **~ consumer preferences** Theorie der Verbraucherpräferenzen; **~ costs** Kostentheorie *f*; **~ demand** Nachfrage-, Haushaltstheorie *f*; **~ distribution** Distributionstheorie *f*; **~ finance** Finanz(wirtschafts)lehre *f*, F.theorie *f*; **~ managerial finance** Finanzierungstheorie *f*; **~ public goods** Theorie öffentlicher Güter; **~ economic growth** Wachstumstheorie *f*; **~ income and employment** Beschäftigungstheorie *f*; **~ inflation** Inflationstheorie *f*; **~ interest** Zinstheorie *f*; **~ interest rate parity** Zinsparitätentheorie *f*; **~ management** Betriebslehre *f*; **~ linear economic models** Theorie linearer Wirtschaftsmodelle; **~ money** Geldtheorie *f*; **commodity ~ money** Geldwerttheorie *f*; **~ portfolio selection** Portfoliotheorie *f*; **~ prices** Preistheorie *f*; **~ production cost** Produktionskostentheorie *f*; **~ marginal productivity** Theorie der Grenzproduktivität; **~ purchasing-power parity** Kaufkraftparitätentheorie *f*; **~ statistics** statistische Methodenlehre; **~ economic systems** System-, Ordnungstheorie *f*; **economic ~ taxation** Steuerwirtschaftslehre *f*; **~ surplus value** Mehrwerttheorie *f*

aggregative theory Makrotheorie *f*, gesamtwirtschaftliche Theorie; **economic**

t. (Volks)Wirtschaftstheorie *f*, (allgemeine) Volkswirtschaftslehre (VWL) *f*; **fiscal t.** Finanzwirtschaftslehre *f*; **macroeconomic t.** Makrotheorie *f*, gesamtwirtschaftliche Theorie; **monetary t.** Geld(- und Kredit)theorie *f*; **statistical t.** Theorie der Statistik

thinking *n* 1. Denken *nt*; 2. Meinung *f*; **t. in terms of costs** Kostendenken *nt*; **~ earning power/profitability** Rentabilitätsdenken *nt*; **~ growth** Wachstumsdenken *nt*; **~ profit/yield** Ertrags-, Renditedenken *nt*; **entrepeneurial t.** unternehmerisches Denken; **forward t.** Planungsdenken *nt*

think tank *(fig)* Planungsstab *m*

third of exchange (Wechsel)Drittausfertigung *f*; **t. party** § dritte Person, Dritte(r) *m/f*; **t.-quarter** *adj* im dritten Quartal

threat *n* (An-/Be)Drohung *f*, Gefahr *f*; **t. to competition** Wettbewerbsgefährdung *f*; **~ jobs** Gefährdung von Arbeitsplätzen; **~ the livelihood** Existenzgefährdung *f*; **t. of strike** Streikandrohung *f*; **to pose a t.** Drohung darstellen; **inflationary t.** Inflationsdrohung *f*

three|-month *adj* Dreimonats-; **t.-shift** *adj* Dreischichten-

threshold *n* 1. (Tür)Schwelle *f*; 2. Eingangssteuersatz *m*; **t. amount** Höchstbetrag *m*; **t. country** Schwellenland *nt*; **t. payment** indexgebundene Lohnerhöhung; **t. price** *[EU]* Eingangs-, Einschleusungs-, Schwellenpreis *m*; **t. tariff** *[EU]* ⊖ Eingangs(zoll)tarif *m*; **t. value** Grenzwert *m*

thrift *n* 1. Sparen *nt*, Sparsamkeit *f*; 2. *[US]* Sparinstitution *f*, S.kasse *f*, Genossenschaftsbank *f*, Bausparkasse *f*; **t. account** *[US]* Sparkonto *nt*; **~ deposits** Sparguthaben *nt*, S.einlagen *pl*; **~ holder** Sparkontoinhaber(in) *m/f*; **t. deposit** Sparkonto *nt*; **t. deposits** Spargelder *pl*, S.einlagen *pl*; **t. industry** die Sparkassen; **t. institution** Sparverein *m*, S.kasse *f*; **t. price** Niedrig-, Sparpreis *m*; **t. society** *[US]* Spargesellschaft *f*, S.institut(ion) *nt/f*, S.genossenschaft *f*

thrifty *adj* sparsam, wirtschaftlich, ökonomisch

thriv|e *v/i* gedeihen; **t.ing** *adj* gut/flott gehend, florierend

throughput *n* 1. ⛴ Durchgang *m*, D.satz *m*, Verarbeitungsmenge *f*, Leistung *f*; 2. 🖳 Datendurchlauf *m*; **t. of material** Materialdurchsatz *m*; **t. capacity** Durchsatzkapazität *f*; **t. rate** Durchsatzmenge *f*

throwaway *n* 1. Hand-, Reklamezettel *m*; 2. Wurfsendung *f*; *adj* Einweg-, Wegwerf-; **t. price** Schleuderpreis *m*; **t. society** Wegwerfgesellschaft *f*

thrust *n* Stoß(kraft) *m/f*; **t. of economic growth** Wachstumsschub *m*

tick *n* 1. Abhakungszeichen *nt*, Häkchen *nt*; 2. *(coll)* Kredit *m*; **on t.** auf Pump *(coll)*/Kredit; **t.** *v/t* ankreuzen, abhaken

ticket *n* 1. (Eintritts-/Fahr-/Flug)Karte *f*; 2. Schild(chen) *nt*; 3. Etikett *nt*; 4. Wertmarke *f*; **concessionary t.** ermäßigte Fahr-/Flugkarte; **supplementary t.** Zuschlagskarte *f*; **t. day** *(Börse)* Tag vor dem Abrechnungstag; **electronic t.ing** *n* elektronischer Fahrkartenverkauf; **t. office** Fahrkartenschalter *m*

tickler *n* *(coll)* Fristkalender *m*, Terminkartei *f*; **t. file** Wiedervorlage-, Terminmappe *f*

tide *n* Gezeiten *pl*; **rising t. of wages** Lohnwelle *f*; **t. over** *v/t* überbrücken; **t.-over allowance** Überbrückungsbeihilfe *f*, Ü.geld *nt*; **~ credit** Überbrückungskredit *m*

tie (up) *v/t* *(Geld)* binden, festlegen; **t.d** *adj* (projekt-/zweck)gebunden; **~ up** *(Kapital)* fest angelegt, stillgelegt

tie-in *n* 1. Verbund *m*; 2. Kopplungsgeschäft *nt*; **t. product** Koppelprodukt *nt*

tier *n* Stufe *f*, Ebene *f*; **t.ed** *adj* gestaffelt, (ab)gestuft

tie-up *n* 1. Bindung (an Auflagen) *f*; 2. (Unternehmens)Zusammenschluss *m*; 3. Stillstand *m*, Betriebsunterbrechung *f*

tight *adj* 1. dicht; 2. angespannt, knapp, restriktiv

tightening (up) *n* Verschärfung *f*, Straffung *f*; **t. of the capital markets** Anspannung an den Finanzmärkten; **~ credit policy** Anziehen der Kreditzügel; **~ labour market conditions** Arbeitsmarktverengung *f*; **~ tax screw** *(fig)* Anziehen der/Drehen an der Steuerschraube *(fig)*; **monetary t.** Geldverknappung *f*

tight-fisted *adj* *(fig)* knauserig; **to be t.** sparsam sein

tightness *n* Knappheit *f*, Enge *f*; **t. of the market** Marktanspannung *f*, M.enge *f*; **~ money** Geldknappheit *f*; **~ the money market** Verknappung am Geldmarkt

till *n* Geld-, Ladenkasse *f*; *v/t* 🚜 bebauen,

bestellen, kultivieren; **laser-scan t.** Laserkasse *f*; **t.age** *n* ⚘ Anbau *m*, Ackerbau *m*, Bodenbearbeitung *f*; **t. book** Kassenstrazze *f*; **t. money** Kassenbestand *m*; **t. shortage** Kassenfehlbestand *m*

timber *n* *[GB]* (Bau-/Nutz-/Schnitt)Holz *nt*; **commercial t.** Nutzholz *nt*; **standing t.** Nutzwald *m*; **tropical t.** Tropenholz *nt*; **t. exchange** Holzbörse *f*; **t. grade** Holzsorte *f*; **t. harvesting** Holzernte *f*; **t. industry** Holzwirtschaft *f*; **t. mill** Sägewerk *nt*; **t. stocks** Holzvorrat *m*; **t. trade** Holzhandel *m*; **t.yard** *n* Bauhof *m*

time *n* Zeit(dauer) *f*, Z.abschnitt *m*, Frist *f*; **in t.** rechtzeitig; **on t.** pünktlich, rechtzeitig, termin-, fristgerecht

time of arrival Ankunftszeit *f*; **actual ~ arrival (ata)** tatsächliche Ankunftszeit; **expected ~ arrival (eta)** voraussichtliche Ankunftszeit; **~ collection** Abrufzeitpunkt *m*; **t. for complaint** Reklamationsfrist *f*; **~ completion** Fertigstellungsfrist *f*; **~ consideration** Bedenkfrist *f*; **t. of decision-making** Entscheidungszeitpunkt *m*; **~ delivery** Empfangs-, Lieferzeit *f*; **~ departure** Abfahrtszeit *f*; **actual ~ departure (atd)** tatsächliche Abfahrtszeit; **estimated/expected ~ departure (etd)** voraussichtliche Abfahrtszeit; **~ despatch/dispatch** Aufgabezeit *f*; **~ disposal** Zeitpunkt der Veräußerung; **t. and a half** fünfzigprozentiger Überstundenzuschlag; **t. of investment** Einstiegszeitpunkt *m*; **t. off in lieu** Freizeitausgleich *m*; **t. allowed for payment** Zahlungsziel *nt*; **t. of/for performance** Erfüllungszeit(-punkt) *f/m*; **at the t. of printing** zur Zeit der Drucklegung; **t. of purchase** Erwerbszeitpunkt *m*; **~ redemption; t. for repayment** Tilgungs-, Rückzahlungsfrist *f*; **t. of validity** Geltungsdauer *f*

time runs Frist läuft; **t. agreed upon** vereinbarte Frist; **t.s covered** Verhältnis von Gewinn zu Dividende; **t. required** veranschlagte/benötigte Zeit; **t. saved** Zeitersparnis *f*

to allow time Aufschub gewähren, stunden; **~ for payment** Zahlungsziel einräumen; **to appoint a t.** Termin/Zeitpunkt festlegen; **to ask for t.** um Aufschub bitten; **to be on short t.** kurzarbeiten; **to buy t.** *(Werbung)* Sendezeit belegen; **~ on t.** auf Kredit kaufen; **to deliver on t.** pünktlich liefern; **to finish on t.** termingerecht fertig stellen; **to mark t.** 1. auf der Stelle treten, stocken; 2. *(Börse)* tendenzlos sein, stagnieren; **to pay on t.** pünktlich zahlen; **to run on t.** pünktlich/fahrplanmäßig verkehren; **to sell on t.** auf Ziel verkaufen; **to stipulate a t.** Zeit/Termin anberaumen; **to take t. off** sich frei nehmen

additional time Zusatzfrist *m*; **allowed t.** Vorgabe *f*, Akkordzeit *f*; **appointed t.** festgesetzte Zeit, Termin *m*; **compensatory t.** Überstundenausgleich *m*; **dead t.** Stillstands-, (Maschinen)Ausfallzeit *f*; **door-to-door t.** Durchlaufzeit *f*; **double t.** Zuschlag für Sonntags-, Feiertags- und Nachtarbeit; **down t.** Stillstands-, (Maschinen)Ausfallzeit *f*; **in due t.** termingerecht; **earliest expected t.** *(OR)* frühest möglicher Zeitpunkt; **expired t.** abgelaufene Frist; **finishing t.** Arbeitsschluss *m*; **home-to-office t.** Wegezeit *f*; **idle t.** Stillstands-, (Maschinen)Ausfallzeit *f*; **~ cost(s)** Stillstandskosten *pl*; **lost t.** Stillstands-, (Maschinen)Ausfallzeit *f*; **occupied t.** *(REFA)* Tätigkeitszeit *f*; **off-peak t.** Talzeit *f*; **operating t.** Betriebszeit *f*; **in one's own t.** in der Freizeit; **peak t.** verkehrsstarke Zeit; **prime t.** Hauptsendezeit *f*; **probationary t.** Probezeit *f*; **real t.** Echt-, Realzeit *f*; **reasonable t.** angemessene Frist; **within a ~ t.** innerhalb einer angemessenen Frist, in angemessener Frist; **regular t.** Normalarbeitszeit *f*; **serviceable t.** nutzbare/verfügbare (Betriebs)Zeit; **short t.** Kurzarbeit *f*; **spare t.** Freizeit *f*; **standard t.** Einheits-, Normal-, Vorgabezeit *f*; **targeted t.** Sollzeit *f*; **unattended/unused t.** Ruhezeit *f*; **unoccupied t.** arbeitsablaufbedingte Wartezeit; **wasted t.** Leerzeit *f*

time *v/ti* zeitlich abstimmen, terminieren

time absent Fehlzeit(en) *f/pl*; **t. allowance** Zeitvorgabe *f*, Vorgabezeit *f*; **t. bar** Verjährungsfrist *f*; **t.-barred** *adj* § verjährt; **t. bill** Nachsicht-, Zeitwechsel *m*; **t. charter** ⚓ Zeitfrachtvertrag *m*; **t. clock** Kontroll-, Stechuhr *f*; **t. contract** Terminkontrakt *m*; **t. cost(s)** Fixkosten *pl*, zeitabhängige Kosten; **t. credit** Zeitguthaben *nt*

time deposit Fest-, Termin-, Kündigungsgeld *nt*, Terminguthaben *nt*; **t. d.s** Fristeinlagen *pl*, Einlagen mit fester Laufzeit; **t. d. account** Fest-, Termingeldkonto *nt*;

t. d.s and savings accounts Bucheinlagen; **t. d. rate** Termingeldsatz *m*

time draft Zeitwechsel *m*, Z.tratte *f*; **t. and motion expert** REFA-Fachmann *m*; **t.-to-maturity factor** Fristigkeit(sfaktor) *f*/*m*; **t. frame** Zeitrahmen *m*, Z.fenster *nt*; **t. freight** 1. Zeitfracht *f*; 2. *[US]* Eilfracht *f*; **t.keeper** *n* Zeitmesser *m*, Lohnbuchhalter *m*; **t.-keeping** *n* Zeiterfassung *f*, Z.-messung *f*; **t.-lag** *n* (Zeit)Verzögerung *f*, Z.verschiebung *f*, zeitliche Verzögerung *f*; **t. liabilities** Terminverbindlichkeiten *pl*

time limit Frist *f*, Zeitraum *m*, Schlusstermin *m*, Fristablauf *m*; **within the t. l.** fristgemäß; **t. l. for acceptance** Annahmefrist *f*; **~ payment** Zahlungsfrist *f*; **setting a t. l.** Befristung *f*; **to exceed a t. l.** Termin überschreiten; **to set a t. l.** befristen, Frist (fest)setzen; **legal/statutory t. l.** gesetzliche Frist; **maximum t. l.** Höchstdauer *f*; **minimum t. l.** Mindestdauer *f*

time loan befristeter Kredit, befristetes Darlehen; **t. management** Zeitplanung *f*; **t. measurement** Zeiterfassung *f*, Z.messung *f*; **t. money** Festgeld *nt*, Termineinlagen *pl*, T.geld *nt*; **t. monitoring** Zeiterfassung *f*

time off Ausfall-, Fehlzeit *f*, Arbeitsbefreiung *f*, Beurlaubung *f*; **~ in lieu** Überstundenzeitausgleich *m*; **to be given t. o.** freigestellt werden; **to take t. o.** sich freinehmen

time out *[US]* Arbeitsunterbrechung *f*, Pause *f*; **t. pay** Zeitlohn *m*; **t. policy** *(Vers.)* (zeitlich) befristete Police; **t. purchase** Fix-, Terminkauf *m*; **t. rate** Zeitlohn(satz) *m*; **standard t. rate** Normalstundentarif *m*; **t. record(s)** Arbeitszeitaufzeichnungen *pl*; **t. recorder** Stechuhr *f*, Arbeitszeiterfassungsgerät *nt*; **t.-saving** *adj* zeitsparend; **t. scale** Zeitplan *m*, Z.rahmen *m*; **t. schedule** Zeit-, Lieferplan *m*; **t. series** 📊 Zeitreihe *f*; **t. sharing** 💻 Teilnehmerverkehr *m*, zeitlich verzahnte Verarbeitung; **t. sheet** Arbeits-, Lohn-, Stundenzettel *m*; **t. standard** Zeitvorgabe *f*; **t. study** Zeitstudie *f*; **t. and motion study** REFA-Studie *f*, Zeit-, Bewegungsstudie *f*; **t.table** *n* 1. Fahr-, Flugplan *m*; 2. Zeitplan *m*; **t.-taker** *n* Lohnbuchhalter(in) *m*/*f*; **t. value** Zeitwert *m*; **t. wage** Stunden-, Zeitlohn *m*; **t.work** *n* Zeit-, Stunden-, Zeitlohnarbeit *f*; **t. worker's bonus** Akkordausgleich *m*; **t.-work rate** Stundenlohnsatz *m*

timing *n* Zeitabstimmung *f*, Wahl des (richtigen) Zeitpunkts, Terminierung *f*; **t. of expenditure** Ausgabenrhythmus *m*; **cumulative t.** Fortschrittszeitverfahren *nt*; **t. difficulty** Terminschwierigkeit *f*; **t. factor** Zeitfaktor *m*; **t. trouble** Terminnot *f*

tin *n* 1. Zinn *nt*; 2. Blech *nt*; *v*/*t* eindosen; **t. buffer stocks** Zinnpufferpool *m*

tinning *n* *[GB]* Konservenfabrikation *f*; **t. factory** Konservenfabrik *f*; **t. industry** Konservenindustrie *f*

tip *n* 1. Hinweis *m*, Rat(schlag) *m*; 2. (Börsen)Tipp *m*; 3. Schutt-, Müllhalde *f*; **t.-off** *n* gezielter Hinweis

title *n* 1. Titel *m*, Name *m*, (Amts-/Dienst)-Bezeichnung *f*; 2. § Rechtstitel *m*, Recht(s-anspruch) *nt*/*m*

title of account Kontenbezeichnung *f*; **t. to benefits** *(Vers.)* Bezugsberechtigung *f*; **~ goods** Eigentum(srecht) an Waren; **~ money** Anspruch auf Geld; **~ property** Eigentumsanspruch *m*; **t. by purchase** Eigentumserwerb durch Kauf; **t. to a trademark** Markenrecht *nt*

to acquire a title Eigentumsrecht erwerben; **to have a t. to** (Rechts)Anspruch haben auf; **to pass t.** Eigentum übertragen; **to reserve t. to the goods delivered pending payment in full** sich das Eigentum an den gelieferten Waren bis zur vollständigen Bezahlung vorbehalten

bad/defective title § Rechtsmangel *m*, mangelhafter Rechtstitel; **budgetary t.** Haushaltstitel *m*; **clear t.** einwandfreier Rechtsanspruch; **good t.** begründeter Anspruch; **lawful/legal t.** Rechtsanspruch *m*, rechtmäßiges Eigentum; **marketable/merchantable t.** Eigentumsrecht ohne Rechtsmängel; **official t.** Amtsbezeichnung *f*; **possessory t.** Besitztitel *m*, B.urkunde *f*; **qualified t.** bedingtes Eigentum(srecht); **senior t.** im Rang vorgehendes Recht; **unmarketable t.** unverkäufliches Wertpapier; **valid t.** gültiger Rechtsanspruch

title abstract Urkundenauszug *m*; **t. deed** Besitz-, Eigentums-, Grundstücksurkunde *f*, Traditionspapier *nt*; **t. holder** Eigentümer *m*; **t. records** Grundstücksunterlagen *pl*; **t. suit** Eigentumsfeststellungsklage *f*

token *n* 1. Zeichen *nt*, Symbol *nt*; 2. Gut-

T

schein *m*; **t. lockout** Warnaussperrung *f*; **t. money** Geldersatz *m*, G.surrogat *nt*, Ersatz-, Notgeld *nt*; **t. payment** Teilzahlung als Anerkennung einer Verpflichtung; **t. profit** symbolischer Gewinn; **t. strike** Warnstreik *m*

toll *n* 1. Abgabe *f*, (Straßenbenutzungs)Gebühr *f*, Maut *f*; 2. *[US]* Fernsprechgebühr *f*

tollable *adj* ⊖ zollpflichtig

toll bridge Mautbrücke *f*; **t. call** ☎ *[US]* Ferngespräch *nt*; **t. charge** (Maut)Gebühr *f*; **t.-free** *adj [US]* ☎ gebührenfrei; **t. road** Mautstraße *f*

ton(ne) *n* Tonne *f*, Tonnage *f*; **t.s per annum** *(lat.)* **(tpa); ~ year** Jahrestonnen (jato) *pl*; **~ day (tpd)** Tagestonnen *pl*; **gross (registered) t. (grt)** ⚓ Bruttoregistertonne *f*

tone *n* 1. *(fig)* Klima *nt (fig)*; 2. *(Börse)* Stimmung *f*, Grundverfassung *f*; **t. of the market** Börsenklima *nt*, B.verfassung *f*; **bearish t.** *(Börse)* Baissetendenz *f*; **bullish t.** Haussetendenz *f*; **cheerful t.** freundliche Stimmung; **depressed t.** gedrückte Stimmung; **dull t.** lustlose Stimmung; **prevailing/underlying t.** Grundhaltung *f*, G.stimmung *f*

toner *n* 💻 Toner *m*; **t. cartridge** Tonerpatrone *f*, T.kassette *f*

ton kilometre Tonnenkilometer *m*; **t. kilometres performed** verkaufte/geleistete Tonnenkilometer; **t. mile** Tonnenmeile *f*

tonnage *n* (Schiffs)Tonnage *f*, Lade-, Schiffsraum *m*; **deadweight t.** Eigen-, Totgewicht *nt*; **gross t.** Bruttoraumgehalt *m*, B.(register)tonnage *f*; **short t.** Ladungsmanko *nt*; **surplus t.** Ladungsüberschuss *m*; **t. affreightment** Raumcharter *f*; **t. certificate** Schiffsmessbrief *m*; **t. loaded** Ladungsaufkommen *nt*; **t. output** Tonnenleistung *f*

tool *n* Werkzeug *nt*; **t.s** 1. Werkzeug(e) *nt/pl*, Arbeitszeug *nt*; 2. Instrumentarium *nt*; **to down t.s** *(Streik)* Arbeit einstellen/niederlegen, in den Ausstand treten

toolbar *n* 💻 Symbolleiste *f*

tooling *n* Werkzeugherstellung *f*; **t.s, furniture and fixtures** *(Bilanz)* Werkzeuge, Betriebs- und Geschäftsausstattung *f*; **t.-up** *n* (Aus-/Um)Rüsten *nt*; **~ cost(s)** (Um)Rüstkosten *pl*

tool|maker *n* 1. Werkzeugmacher *m*, W.-maschinenhersteller *m*; 2. Werkzeugfabrik *f*; **t.room** *n* Werkstatt *f*; **t.setter** *n* Maschineneinrichter *m*; **t. wear** Maschinenverschleiß *m*

top *n* Spitze *f*, Gipfel *m*, Höchststand *m*; *v/t* überragen, ü.treffen; **t.-grade** *adj* erstklassig; **t.-heavy** *adj* 1. kopflastig; 2. *(Wertpapier)* überbewertet; 3. überkapitalisiert; 4. mit zuviel Verwaltungspersonal; **t.-level** *adj* höchst, Spitzen-; **t.-quality** *adj* erstklassig; **t.-ranking** *adj* Spitzen-; **t.-selling** *adj* meistverkauft; **t.-up** *n* 1. Höherbewertung *f*; 2. Aufstockung *f*

tort *n* § unerlaubte Handlung, (zivilrechtliches) Delikt *nt*, Rechtswidrigkeit *f*; **t. of fraud** Betrugsdelikt *nt*; **~ negligence** Fahrlässigkeitsdelikt *nt*; **actionable t.** zivilrechtliches Delikt, unerlaubte Handlung; **t. action** deliktische Klage; **t. claim** Anspruch aus unerlaubter Handlung; **t.feasor** *n* Schaden(s)ersatzpflichtige(r) *f/m*, Täter(in) *m/f*; **t. law** § Schaden(s)ersatzrecht *nt*; **t. liability** deliktische Haftung

total *n* Gesamtbetrag *m*, G.summe *f*, Endbetrag *m*; **t. shown** Bestandsangabe *f*; **annual t.** Jahresgesamtbetrag *m*; **combined t.** Gesamtsumme *f*; **grand t.** Gesamtbetrag *m*, G.summe *f*; **intermediate t.** Zwischensumme *f*; **non-balanced t.** unsaldierte Summe; **year-end t.** Bestand am Jahresende

total *v/ti* 1. insgesamt betragen, sich belaufen auf; 2. zusammenzählen, addieren

total *adj* gesamtwirtschaftlich

totalling *adj* im Gesamtbetrag von

touch screen *n* 💻 Sensorbildschirm *m*; **t.-type** *v/ti (Schreibmaschine)* blind schreiben; **t.-typing** *n* Zehnfingersystem *nt*

tour *n* Rundreise *f*, Sonderfahrt *f*, Tour *f* *(frz.)*; **t. of inspection** Besichtigungsrundgang *m*; **~ the plant** Betriebsbesichtigung *f*; **all-in(clusive) t.** Pauschalreise *f*; **conducted/guided t.** Führung *f*, Besichtigung *f*; **fact-finding t.** Informationsreise *f*; **t.** *v/ti* 1. Rundfahrt machen; 2. besichtigen; **t. guide** Reiseleiter(in) *m/f*

tourism *n* Fremdenverkehr(swesen) *m/nt*, Touristik *f*, Tourismus *m*; **soft t.** sanfter Tourismus; **t. account** Reiseverkehrsbilanz *f*; **t. fair** Tourismusmesse *f*

tourist *n* Tourist(in) *m/f*, Reisende(r) *f/m*, Urlauber(in) *m/f*

tourist accommodation Urlaubsquartiere *pl*; **t. account** Reise-, Fremdenverkehrsbilanz *f*; **t. advertising** (Fremden)Verkehrs-, Touristenwerbung *f*; **t. agency** Reise-, Fremdenverkehrsbüro *nt*; **t. area** Urlaubsgebiet *nt*; **t. balance** Fremdenverkehrs-, Tourismusbilanz *f*; **adverse t. balance** Defizit im Reiseverkehr; **favourable t. balance** Überschuss im Reiseverkehr; **t. board** Fremdenverkehrsbehörde *f*, Verkehrsverein *m*; **t. business** Tourismus *m*, Fremdenverkehr *m*; **t. center** *[US]*/ **centre** *[GB]* Fremdenverkehrs-, Touristenzentrum *nt*; **t. country** Urlaubsland *nt*; **t. credits** *(Bilanz)* Überschuss im Reiseverkehr, Fremdenverkehrs-, Tourismuseinnahmen *pl*; **t. debits/disbursements/ expenditure(s)** Fremdenverkehrs-, Tourismusausgaben *pl*; **t. deficit** Defizit im Reiseverkehr; **t. earnings** Einkünfte aus dem Fremden-/Reiseverkehr; **t. facilities** Fremdenverkehrseinrichtungen *pl*; **t. guide** Fremdenführer(in) *m/f*; **t. industry** Fremdenverkehrs-, Tourismusgewerbe *nt*, Touristik(branche) *f*; **t. information** Verkehrsauskunft *f*; **~ office** Verkehrsbüro *nt*, V.verein *m*, (Fremden)Verkehrsamt *nt*; **t. payments media** Reisezahlungsmittel *pl*; **t. policy** Reiseversicherung *f*; **t. rate** *(Währung)* Touristenkurs *m*; **t. receipts/ revenue(s)** Einnahmen aus dem Tourismus, Fremdenverkehrseinnahmen *pl*; **t. resort** Ferien-, Urlaubs-, Fremdenverkehrsort *m*; **t. season** Hauptreisezeit *f*, Urlaubssaison *f*; **t. statistics** Fremdenverkehrsstatistik *f*; **t. surplus** Überschuss im Reiseverkehr; **t. trade** Fremdenverkehrswirtschaft *f*, F.gewerbe *nt*, Tourismus *m*, Touristik(branche) *f*; **t. travel** Urlaubsreisen *pl*, Reiseverkehr *m*, Tourismus *m*

tour operator Reiseveranstalter *m*, Reise-, Touristikunternehmen *nt*

tout *n* *(coll)* 1. Kundenfänger *m*; *v/ti* verhökern, schwarz verkaufen, aufdringliche Werbung treiben, auf Kundenfang sein

tow *v/t* abschleppen

town *n* Stadt *f*; **industrial t.** Industriestadt *f*; **new t.** Satelliten-, Trabantenstadt *f*; **residential t.** Wohnstadt *f*; **t. clearing** *(Schecks)* örtlicher Abrechnungsverkehr; **t. hall** 1. Rathaus *nt*; 2. Stadt-, Kommunalverwaltung *f*; **t. and country planning** Regionalplanung *f*, Raumordnung *f*; **t.scape** *n* Stadtlandschaft *f*

toxic *adj* giftig; **deadly t.** hochgiftig; **t. substance** Giftstoff *m*

toxin *n* Giftstoff *m*

trace *v/t* verfolgen, auffinden, ausfindig machen

tracer *n* Laufzettel *m*; **t. note** *(Steuer)* Kontrollmitteilung *f*

tracing *n* 1. Ausfindigmachen *nt*; 2. *(Sendung)* Verfolgung *f*; **t. of maturities** Terminüberwachung *f*; **t. order** *(Bank)* Suchauftrag *m*

track *n* Strecke *f*, (Bahn)Gleis *nt*, Schienenstrang *m*; **on t.** auf Kurs; **to keep t.** nachhalten, überwachen; **t.** *v/t (Index)* nachbilden

tracker fund Indexfonds *m*; **t. mortgage** indexierte Hypothek

tracking and tracing *n* Sendungsverfolgung *f*

track record bisherige Entwicklung/Berufslaufbahn; ; **proven t. r.** *(fig)* nachgewiesene Erfahrung, nachweislicher Erfolg

tractor *n* Zugmaschine *f*; **t.-trailer unit** Lastzug *m*

trade *n* 1. Gewerbe(betrieb) *nt/m*, Handwerk(szweig) *nt/m*, Branche *f*; 2. Beruf(s-stand) *m*; 3. Handel(sverkehr) *m*, (Güter)-Austausch *m*; **by t.** von Beruf; **in the t.** in der Branche, in Branchenkreisen

trade and commerce Handel(sverkehr) *m*; **t. in goods** Warenhandel *m*, W.austausch *m*; **t. and industry** Handel und Gewerbe; **t. and services** Handel und Dienstleistungen; **~ transactions** Waren- und Dienstleistungsverkehr *m*

customary/usual in the trade branchenüblich, handelsüblich; **good for t.** gut für das Geschäft; **supplying to the t. only** Lieferung nur an Wiederverkäufer

to follow/ply/pursue a trade Gewerbe betreiben/ausüben, einem Beruf nachgehen; **to learn a t.** Gewerbe/Handwerk erlernen; **to register a t.** Gewerbe anmelden; **to sell/supply to the t.** an Wiederverkäufer/Gewerbetreibende liefern

ancillary trade Zubringerindustrie *f*; **apprenticeable t.** Ausbildungsberuf *m*; **balanced t.** außenwirtschaftliches Gleichgewicht; **brisk t.** lebhafter Handel; **carrying t.** Transportgewerbe *nt*; **coastal/coasting t.** Küsten(fracht)fahrt *f*; **cross-frontier/cross-border t.** grenzüberschreitender Handel/Warenverkehr, Außenhandel *m*; **distributive t.** Absatzwirtschaft *f*, Verteilergewerbe *nt*, V.handel *m*; **domestic t.** Binnenhandel *m*; **external t.** 1. Außenwirtschaft *f*, A.handel *m*; 2. *[EU]* außergemeinschaftlicher Handel; **fair t.** Freihandel auf Gegenseitigkeitsbasis; **flourishing t.** blühendes Geschäft

foreign trade Außenhandel *m*; **~ balance** Außenhandelsbilanz *f*; **adverse ~ balance** Außenhandelsdefizit *nt*; **favourable ~ balance** Außenhandelsüberschuss *m*; **~ bank** Außenhandelsbank *f*; **~ company** Außenhandelshaus *nt*; **~ dealings** Außenhandelsgeschäfte *pl*; **~ deficit** Außenhandelsdefizit *nt*; **~ figures** Außenhandelsziffern *pl*, A.zahlen *pl*; **~ finance/financing** Außenhandels-, Import- und Exportfinanzierung *f*; **~ firm** Außenhandelsunternehmen *nt*; **~ legislation** Außenwirtschaftsrecht *nt*; **~ and payments transactions** Außenwirtschaftsverkehr *m*; **~ policy** Außenhandelspolitik *f*; **~ provisions** Außenwirtschaftsbestimmungen *pl*; **~ restriction** Außenhandelsbeschränkung *f*; **~ risk** Außenhandelsrisiko *nt*; **~ statistics** Außenhandelsstatistik *f*; **~ surplus** Außenhandelsüberschuss *m*; **~ transactions** Außenwirtschaftsverkehr *m*; **~ volume** Außenhandelsvolumen *nt*

free trade Freihandel *m*; **~ area/zone** Freihandelszone *f*; **~ association** Freihandelsgemeinschaft *f*; **illegal/illicit t.** Schwarzhandel *m*; **intermediary t.** Zwischenhandel *m*; **internal t.** 1. Binnenhandel *m*; 2. *[EU]* innergemeinschaftlicher Handel; **international t.** internationaler/zwischenstaatlicher Handel, Welthandel *m*; **intra-Community/intra-EU** *[EU]* innergemeinschaftlicher Handel; **intra-company t.** Innenumsatz *m*; **invisible t.** unsichtbarer Handel(sverkehr), Dienstleistungen *pl*, Dienstleistungsverkehr *m*; **itinerant t.** ambulanter Handel, ambulantes Gewerbe; **licensed t.** 1. konzessionierter Handel; 2. konzessioniertes Gewerbe; **local t.** Platzhandel *m*; **outward t.** Ausfuhrhandel *m*; **overseas t.** Außen-, Überseehandel *m*; **over-the-counter t.** *(Börse)* Tafel-, Schaltergeschäft *nt*, Telefonhandel *m*; **roaring t.** *(coll)* blühender/schwunghafter Handel, glänzendes Geschäft, glänzende Umsätze; **seaborne t.** Seehandel *m*; **seasonal t.** Saisongeschäft *nt*; **single-line t.** Fach-, Sortimentshandel *m*; **skilled t.** Fach(arbeiter)-, Handwerksberuf *m*, Beruf mit Fachausbildung, Lehrberuf *m*; **small(-scale) t.** Handwerk *nt*, Kleingewerbe *nt*; **take-home t.** Mitnahmegeschäft *nt*; **third-country t.** Transithandel *m*; **two-way t.** bilateraler Handel; **unskilled t.** Hilfsarbeiterberuf *m*

visible trade sichtbarer Handel, Warenaustausch *m*, Waren-, Güterverkehr *m*; **~ balance** Bilanz des Warenhandels; **~ deficit** Handels-, Warenbilanzdefizit *nt*; **~ surplus** Handels-, Warenbilanzüberschuss *m*

trade *v/ti* 1. *(Bilanz)* arbeiten; 2. verkehren, handeln; **t. down** mit Billigerzeugnissen handeln, sich in ein niedrigeres Marktsegment begeben; **t. in** in Zahlung geben/nehmen; **t. up** mit höherwertigen Erzeugnissen handeln, sich in ein höheres Marktsegment begeben; **t. profitably** mit Gewinn arbeiten

trade acceptance Handels-, Kundenakzept *nt*, Warenwechsel *m*

trade account 1. *(VWL)* Handelsbilanz *f*; 2. Kundenkonto *nt*; **t. a.s payable** Verbindlichkeiten aus Lieferungen und Leistungen; **~ receivable** Forderungen aus (Waren)Lieferungen und Leistungen

trade advertising Branchenwerbung *f*; **t. agreement** Handelsabkommen *nt*; **restrictive t. agreement** Kartell(vereinbarung) *nt/f*; **t. allowance** Großhandels-, Wiederverkäuferrabatt *m*; **t. association** (Arbeitgeber-/Fach-/Wirtschafts)Verband m, Berufsgenossenschaft *f*, Wirtschaftsvereinigung *f*

trade balance Handels-, Warenbilanz *f*; **active/favourable t. b.** Aktivsaldo/Überschuss im Außenhandel, aktive/positive Handelsbilanz; **adverse/unfavourable t. b.** Passivsaldo/Defizit im Außenhandel, passive/defizitäre Handelsbilanz

trade barrier Handelsschranke *f*, H.hemmnis *nt*; **to dismantle t. b.s** Handelsschranken abbauen; **non-tariff t. b.** nicht tarifäre Handelsschranke

trade bill Handels-, Kunden-, Warenwechsel *m*; **t. boycott** Wirtschaftsboykott *m*; **t. brand** Handelsmarke *f*; **t. buyer** gewerblicher Kunde; **t. center** *[US]***/centre** *[GB]* Handels-, Wirtschaftszentrum *nt*, Umschlagplatz *m*; **t. certificate** Gewerbebescheinigung *f*, G.schein *m*; **in t. circles** in Händler-/Branchenkreisen; **t. channel**

Absatz-, Beschaffungs-, Vertriebsweg *m*; **t. concession** handelspolitisches Zugeständnis; **t. conference** 1. Handels-, Wirtschaftskonferenz *f*; 2. Fachtagung *f*; **t. conglomerate** Handelskonzern *m*, H.gruppe *f*; **t. credit** Lieferanten-, Warenkredit *m*; **~ financing** Finanzierung mit Lieferantenkredit; **~ insurance** Warenkreditversicherung *f*; **t. creditor** Lieferant(in) *m/f*, Lieferanten-, Warengläubiger(in) *m/f*; **t. creditors** *(Bilanz)* Lieferantenverbindlichkeiten *pl*, Verbindlichkeiten aus (Waren)Lieferungen und Leistungen; **t. custom** Handels-, Branchenbrauch *m*; **t. customs** Handelsusancen *pl*; **t. cycle** Konjunktur-, Wirtschaftszyklus *m*, W.kreislauf *m*, Konjunktur(verlauf) *f/m*

trade debt|s Handels-, Lieferanten-, Warenschulden *pl*; **outstanding t. d.s** Forderungen aus (Waren)Lieferungen und Leistungen; **t. d. collection** Inkasso von Lieferantenschulden

trade debtor Kontokorrent-, Warenschuldner(in) *m/f*; **t. debtors** *(Bilanz)* Warenforderungen *pl*, Liefer- und Leistungsforderungen *pl*, Forderungen aus (Waren)Lieferungen und Leistungen; **t. deficit** (Außen)Handelsdefizit *nt*, Passivsaldo im Außenhandel; **t. delegation** Handelsdelegation *f*; **t. description** Warenbezeichnung *f*; **t. destocking** Lagerabbau des Handels; **t. directory** Branchenverzeichnis *nt*; **t. discount** (Groß)Handels-, Wiederverkaufsrabatt *m*; **t. dispute** Handelsstreitigkeit *f*; **t.-distorting** *adj* wettbewerbsverzerrend; **t.-diverting** *adj* handelsverzerrend; **t. document** Warenpapier *nt*; **t. earnings tax** Gewerbeertrag(s)steuer *f*; **t. experience** Branchenerfahrung *f*; **t. expert** Branchenkenner(in) *m/f*

trade fair ↘ **fair** (Handels-/Fach)Messe *f*, Fach-, Verkaufsausstellung *f*; **general/universal t. f.** Universalmesse *f*; **t. f. discount** Messerabatt *m*; **~ participation** Messeteilnahme *f*

trade figures Außenhandelsdaten *pl*, A.wirtschaftszahlen *pl*; **t. financing** Handelsfinanzierung *f*; **t. flows** Handelsströme *pl*; **t.-focused** *adj* außenhandelsorientiert; **t. gap** Außenhandels-, Handelsbilanzdefizit *nt*; **t. growth** Außenhandelswachstum *nt*; **t. guild** Handwerksinnung *f*; **t. imbalance** (Außen)Handelsungleichgewicht *nt*, (A.)Handelsdefizit *nt*; **t.-in** *n* 1. Inzahlungnahme *f*; 2. in Zahlung gegebener Gegenstand; **t. indemnity insurance** Warenkreditversicherung *f*; **t. information** Informationsdienst *m*; **t. inquiry** Auskunftsersuchen *nt*; **t. investment** 1. Beteiligungsbesitz *m*, geschäftliche Investitionen; 2. *(Bilanz)* Finanzanlagen *pl*; **t. journal** Berufs-, Fachzeitschrift *f*; **t. law** 1. Handelsrecht *nt*; 2. Gewerbeordnung *f*; **t. liabilities** Verbindlichkeiten aus (Waren)Lieferungen und Leistungen; **t. libel** Geschäftsschädigung *f*; **t. licence** Gewerbeschein *m*; **t. links** Handelsbeziehungen *pl*; **t. magazine** Fachzeitschrift *f*; **t. magazines** Fachpresse *f*; **t. margin** Handelsspanne *f*

trademark *n* Waren-, Firmenzeichen *nt*, Markenname *m*, (Handels-/Schutz)-Marke *f*; **to infringe a t.** Warenzeichen verletzen; **to register a t.** Schutzmarke/Warenzeichen eintragen, ~ anmelden; **deceptive t.** täuschendes Warenzeichen; **non-distinctive t.** Warenzeichen ohne Unterscheidungskraft; **registered t.** eingetragene/geschützte Marke, Schutzmarke *f*, eingetragenes Warenzeichen

trademark infringement Warenzeichenmissbrauch *m*; **t. name** Markenname *m*; **t. owner** Warenzeicheninhaber *m*; **t. piracy** Markenpiraterie *f*; **t. protection** Markenschutz *m*; **t. registration** Warenzeichen-, Markeneintragung *f*

trade mart Großhandelszentrum *nt*; **t. monopoly** Handelsmonopol *nt*; **t. multiple** Handelsfilialist *m*; **t. name** 1. (handelsgerichtlicher) Firmenname *m*; 2. Warenbezeichnung *f*, Handelsmarke *f*; **t. newsletter** Branchenbrief *m*; **t. notes receivable** Wechselforderungen *pl*; **t.-off** *n* 1. Gegen-, Tauschgeschäft *nt*, Kompensation *f*; 2. Handelsobjekt *nt*; 3. *(VWL) (Philipskurve)* (feste) Austauschbeziehung *f*; **t. offensive** Handelsoffensive *f*; **t. organisation** 1. Handelsorganisation *f*; 2. Fach-, Berufsverband *m*; **t. paper** 1. Fach-, Verbandszeitschrift *f*; 2. Handelswechsel *m*; **t. pattern(s)** Außenhandelsstruktur *f*; **t. payables** 1. Liefer- und Leistungsverbindlichkeiten *pl*; 2. *(passiv)* Warenlieferungen und -leistungen *pl*; **t. policy** (Außen)Handelspolitik *f*

trade practice(s) Handelsbrauch *m*,

H.praktiken *pl*, Geschäftsgebaren *nt*; **restrictive t. p.s** wettbewerbsbeschränkende Geschäftspraktiken; **unfair t. p.s** unlauteres Geschäftsgebaren

trade premises Geschäftsräume *pl*; **t. press** Fachpresse *f*; **t. price** (Groß)Handels-, Wiederverkaufspreis *m*; **t. promotion** Handelsförderung *f*; **t. prospects** Handelsaussichten *pl*; **t. protection association/society** (Gläubiger)Schutzvereinigung *f*; **t. protocol** Handelsabkommen *nt*; **t. publication** Fachzeitschrift *f*; **t. publications** Fachpresse *f*; **t. purchase** Kauf durch Wiederverkäufer

trader *n* (Waren)Händler(in) *m/f*, Gewerbetreibende(r) *f/m*; **independent t.** unabhängige(r) Händler(in); **itinerant t.** ambulante(r) Händler(in), Hausierer(in) *m/f*; **large-lot t.** *(Aktien)* Pakethändler *m*; **petty t.** Kleingewerbetreibende(r) *f/m*; **professional t.** *(Börse)* Berufshändler *m*; **~ t.s** (Berufs)Handel *m*; **small t.** 1. Kleingewerbetreibende(r) *f/m*; 2. Mittelständler *m*, Kleinunternehmer *m*; **~ t.s** mittelständischer Handel; **sole t.** Einzelfirma *f*, E.unternehmer(in) *m/f*, E.kaufmann *m*, E.kauffrau *f*, Alleininhaber(in) *m/f*, Einpersonengesellschaft *f*; **specialized t.s** Fachhandel *m*

trade receivables Warenforderungen *pl*, Forderungen aus (Waren)Lieferungen und Leistungen; **t. reference** Geschäftsempfehlung *f*; **t. refuse** gewerblicher Abfall; **t. regulations** Handelsbestimmungen *pl*; **t. relations** Wirtschafts-, Handelsbeziehungen *pl*; **t. reprisals** handelspolitische Gegenmaßnahmen; **t. restrictions** Handelsbeschränkungen *pl*, H.hemmnisse *pl*; **t. reprisals** handelspolitische Gegenmaßnahmen; **t. route** Handelsstraße *f*, H.weg *m*

trader's stock Vorratsvermögen *nt*, Absatzlager *nt*

trade secret Berufs-, Geschäftsgeheimnis *nt*; **T. Secretary** *[GB]* Wirtschafts-, Handelsminister *m*; **t. show** Fachmesse *f*; **t.sman** *n* Lieferant *m*, Händler *m*; **t.smen** Geschäftsleute *pl*; **t. sources** Branchenvertreter *pl*, B.kreise *pl*; **t.speople** *pl* Geschäftsleute *pl*; **t. statistics** Handelsstatistik *f*; **t. surplus** Handels(bilanz)-, Außenhandelsüberschuss *m*; **t. talks** Handels-, Wirtschaftsgespräche *pl*; **t. tax** Gewerbesteuer *f*; **t. terms** 1. Vertrags-, Handelsbedingungen *pl*; 2. Lieferklauseln *pl*; **t. test** Gesellenprüfung *f*; **t. ties** Handelsbeziehungen *pl*, Geschäftsverbindungen *pl*

trade union ↘ **union** Gewerkschaft *f*; **~ activity** gewerkschaftliche Betätigung; **local ~ branch** örtliche Gewerkschaft; **~ dues** Gewerkschaftsbeiträge *pl*; **~ executive** Gewerkschaftsvorstand *m*; **~ funds** Gewerkschaftsmittel *pl*; **~ headquarters** Gewerkschaftszentrale *f*

trade unionist Gewerkschaftler(in) *m/f*, Gewerkschaftsmitglied *nt*

trade union leader Gewerkschaftsführer(in) *m/f*; **~ leadership** Gewerkschaftsführung *f*; **~ member** Gewerkschaftler(in) *m/f*, Gewerkschaftsmitglied *nt*; **~ movement** Gewerkschaftsbewegung *f*; **~ official** Gewerkschaftsfunktionär(in) *m/f*; **~-owned** *adj* gewerkschaftseigen; **~ rank and file** Gewerkschaftsbasis *f*; **~ statute(s)** Gewerkschaftsstatut *nt*

trade usage Geschäftsusancen *pl*, Handelsbrauch *m*; **t. visitor** *(Messe)* Fachbesucher *m*; **t. volume** Handelsvolumen *nt*; **t. war** Handels-, Wirtschaftskrieg *m*; **t.-weighted** *adj* gewichtet nach Handelsvolumen; **t. weighting** *(Währung)* Indexierung des Außenwerts

trading *n* 1. Handel *m*, Handelsverkehr *m*, Warenaustausch *m*; 2. Geschäftstätigkeit *f*

trading on own account Eigenhandel *m*; **t. in calls** Vorprämiengeschäft *nt*; **t. for cash** Kassahandel *m*; **~ future delivery; t. in futures** Terminhandel *m*; **t. in foreign exchange** Devisenhandel *m*; **t. on the internet** Internethandel *m*; **~ margin** 1. Reportierung *f*; 2. *(Waren/Effekten)* Kreditkauf *m*; **t. in options** Optionshandel *m*; **~ puts** Rückprämiengeschäft *nt*; **~ rights** Bezugsrechtshandel *m*; **~ securities** Wertpapier-, Effektenhandel *m*

to cease/stop trading Geschäftsbetrieb/G.tätigkeit einstellen; **to commence t.** Geschäftsbetrieb/G.tätigkeit aufnehmen; **to resume t.** *(Börse)* Handel wiederaufnehmen; **to start t.** Geschäftstätigkeit aufnehmen; **to suspend t.** *(Börse)* Handel aussetzen

active/brisk trading lebhaftes Geschäft, lebhafter Handel; **after-hours t.** Nachbörse *f*, nachbörslicher Handel; **black t.** Schwarzhandel *m*; **competitive t.** Wettbewerb *m*; **computerized t.** *(Börse)* elektronischer Handel; **continuous t.** *(Börse)* fortlaufender Handel; **direct-to-customer t.** Streckenhandel *m*; **dull t.** schleppendes Geschäft; **early t.** *(Börse)* Eröffnungsgeschäft *nt*; **fair t.** lauterer Handel/Wettbewerb; **forward t.** (Börsen)Terminhandel *m*; **heavy t.** 1. lebhafter Handel; 2. *(Börse)* starke Umsätze; **interoffice t.** Telefonhandel *m*; **itinerant t.** Reise-, Wandergewerbe *nt*; **lacklustre/listless t.** *(Börse)* lustloses Geschäft; **light t.** schwache Umsätze; **odd-lot t.** *(Börse)* Effektenhandel mit Kleinaufträgen; **off-(the-)board/off-(the-)floor t.** *(Börse)* freier Markt, (ungeregelter) Freiverkehr *m*; **official t.** *(Börse)* amtlicher Handel; **over-the-counter (OTC) t.** Schalterverkehr *m*, Tafelgeschäft *nt*; **own-account/proprietary t.** *(Börse)* Eigenhandel *m*; **pre-market t.** vorbörslicher Handel; **quiet t.** 1. schwaches Geschäft; 2. *(Börse)* geringe Geschäftstätigkeit; **round-lot t.** *(Börse)* variabler Handel; **speculative t.** spekulativer Handel; **subdued t.** lustloses Geschäft; **thin t.** geringe Geschäftstätigkeit, geringe Umsätze; **unlisted t.** Freiverkehr *m*; **unofficial t.** außerbörslicher Handel; **virtual t.** virtueller Handel; **volatile t.** *(Börse)* uneinheitliche Verfassung

trading activity ↘ **trade** Geschäftstätigkeit *f*, Handel *m*; **t. area** Absatzgebiet *nt*, Wirtschaftsraum *m*, Handelszone *f*; **t. arm** *(Tochtergesellschaft)* Handelsgesellschaft *f*; **t. association** Wirtschafts-, Handelsvereinigung *f*; **t. branch** Handelsfiliale *f*; **t. center** *[US]*/**centre** *[GB]* Handelszentrum *nt*; **t. certificate** Gewerbeschein *m*; **t. chain** Handelskette *f*; **t. climate** Geschäftsklima *nt*; **t. company** Handelsorganisation *f*, H.haus *nt*, gewerbliches Unternehmen; **t. conditions** Geschäfts-, Handelsbedingungen *pl*; **t. cooperative** Handelsgenossenschaft *f*; **t. currency** Handels-, Transaktionswährung *f*; **t. deficit** Betriebsverlust *m*; **t. department** Börsenabteilung *f*; **t. down** Verkauf von Billigwaren; **t. empire** Handelsimperium *nt*; **t. enterprise** Handelsunternehmen *nt*; **t. environment** Geschäftsklima *nt*; **t. establishment** Handelsniederlassung *f*; **t. estate** Gewerbegebiet *nt*, Industriepark *m*; **t. firm** Handelsunternehmen *nt*; **t. floor** (Börsen)Parkett *nt*; **t. group** Handelsgruppe *f*, H.konzern *m*; **t. hours** 1. Börsenzeit *f*, B.stunden *pl*; 2. Geschäftszeiten *pl*; **t. income** Einkommen aus Gewerbebetrieb; **t. interests** 1. Handelsinteressen *pl*; 2. Handelsbeteiligungen *pl*; **t. level** Umfang der Geschäftstätigkeit; **t. licence** Gewerbeschein *m*; **t. limit** Kurslimit *nt*; **t. loss** Betriebs-, Geschäftsverlust *m*, negatives Betriebsergebnis; **t. margin** (Betriebs)Handelsspanne *f*; **(state-controlled) t. monopoly** (staatliches) Außenhandelsmonopol *nt*; **t. name** Firmenname *f*; **t. nation** Handelsnation *f*; **t. operation** operatives Geschäft, Tauschgeschäft *nt*; **t. outlook** Geschäftsaussichten *pl*; **t. partner** (Außen)Handelspartner *m*; **t. partnership** 1. Handelsaustausch *m*; 2. offene Handelsgesellschaft (OHG); **t. post** Handelsniederlassung *f*; **t. practices** Handelsusancen *pl*, H.praktiken *pl*; **t. profit(s)** Betriebs-, Geschäfts-, Unternehmensgewinn *m*, Ergebnis aus Gewerbetätigkeit; **gross t. profit** Bruttobetriebsergebnis *nt*; **net t. profit** Nettobetriebsergebnis *nt*; **t. prospects** Geschäftsaussichten *pl*; **t. receipts** Betriebs-, Geschäftseinnahmen *pl*; **t. restriction** Handelsbeschränkung *f*; **t. room** Börsensaal *m*; **high-street t. scene** Geschäftslage des Einzelhandels; **t. slump** Geschäftsrückgang *m*; **t. stamp** Rabattmarke *f*; **t. standards authority** Gewerbeaufsicht(samt) *f*/*nt*; **t. subsidiary** konzerneigene Handelsgesellschaft; **t. surplus** Handelsüberschuss *m*, Reingewinn *m*; **t. syndicate** Vertriebskonsortium *nt*; **t.-up** *n* Sortimentsanhebung *f*; **t. volume** 1. (Wertpapier)Umsatz *m*, Handelsvolumen *nt*; 2. Geschäftsvolumen *nt*; **t. year** Geschäftsjahr *nt*

traffic *n* 1. Verkehr(saufkommen) *m*/*nt*; 2. Vertrieb *m*, Güteraustausch *m*, Handel(sverkehr) *m*; **to attract t.** Kunden gewinnen

coastal traffic ⚓ Küstenschifffahrt *f*; **cross-border/cross-frontier t.** Grenzverkehr *m*, grenzüberschreitender (Waren)-Verkehr; **domestic/inland/internal t.** Binnenverkehr *m*; **foreign t.** Auslandsverkehr *m*; **grouped t.** Sammelladungsverkehr *m*; **intercompany t.** Werksverkehr *m*; **intermodal t.** kombinierter (Ladungs)Verkehr (KLV); **less-than-carload (LCL) t.** 🚂 Stückgutverkehr *m*,

S.aufkommen *nt*; **local and short-haul t.** Orts- und Nahverkehr *m*; **long-distance/long-haul t.** (Güter)Fernverkehr *m*; **plant-operated ~ t.** Werksfernverkehr *m*; **multimodal t.** kombinierter (Ladungs)-Verkehr (KLV); **non-scheduled t.** Charterverkehr *m*; **ocean-going t.** ⚓ Seeschiffsverkehr *m*; **rail-road t.** Schiene-Straße-Verkehr *m*; **regular/scheduled t.** Linienverkehr *m*; **rendez-vous** *(frz.)* **t.** Begegnungsverkehr *m*; **short-distance/short-haul t.** Güternahverkehr *m*; **interworks/plant-operated ~ t.** Werksnahverkehr *m*; **through(-going) t.** ⊖ Verkehr mit ungebrochener Fracht, Durchfuhrverkehr *m*; **tramping t.** ⚓ Trampverkehr *m*; **local trans-frontier t.** kleiner Grenzverkehr

traffic (in) *v/i* handeln (mit), Handel treiben (mit)

traffic|-calmed *adj* verkehrsberuhigt; **t. calming** Verkehrsberuhigung *f*; **t. circulation** Verkehrsfluss *m*; **t. conditions** Verkehrslage *f*; **t. handling** Verkehrsabwicklung *f*

traffick|er *n* (Schwarz)Händler *m*, Schieber *m (pej.)*; **t.ing** *n* Schwarz(markt)-handel *m*, Schieberei *f (pej.)*

traffic law(s) Verkehrsrecht *nt*; **t. logistics** Verkehrslogistik *f*; **t. management** Verkehrsüberwachung *f*; **t. manager** 1. Verkehrsdezernent(in) *m/f*; 2. *(Versand)* Terminüberwacher *m*; **t. net(work)** Verkehrs(wege)netz *nt*; **t. performance** Beförderungs-, Verkehrsleistung(en) *f/pl*; **t. regulations** (Straßen)Verkehrsregeln *pl*, S.verkehrsordnung (StVO) *f*; **t. requirements** Verkehrsbedarf *m*, Transportnachfrage *f*; **t. restrictions** Verkehrsbeschränkungen *pl*; **t. route** Verkehrsweg *m*; **t. situation** Verkehrslage *f*; **t. statistics** Verkehrsstatistik *f*; **t. volume** Verkehrsaufkommen *nt*

trailer *n* 1. (Last(kraft)wagen)Anhänger *m*; 2. Werbedurchsage *f*; **t. on flat car (TOFC)** 🚂 Huckepackverkehr *m*

train *n* 🚂 Zug *m*; *v/ti* 1. ausbilden, schulen; 2. einarbeiten; **t.ed** *adj* ausgebildet, gelernt, mit abgeschlossener Berufsausbildung

trainee *n* Praktikant(in) *m/f*, Auszubildende(r) *f/m*, Azubi *f/m (coll)*; **t. manager** Management-Trainee *m*, Nachwuchskraft *f*; **t.ship** *n* 1. Ausbildungsplatz *m*, Lehrstelle *f*; 2. Volontariat *nt*; 3. Praktikantentätigkeit *f*; **~ abroad** Auslandspraktikum *nt*; **t. status** Ausbildungsverhältnis *nt*

trainer *n* Ausbilder(in) *m/f*, Schulungsleiter(in) *m/f*, Trainer(in) *m/f*

training *n* Ausbildung(swesen) *f/nt*, Schulung *f*, Volontariat *nt*

academic training wissenschaftliche Ausbildung, (Hochschul)Studium *nt*; **advanced t.** (Berufs)Fort-, Weiterbildung *f*; **all-round t.** vielseitige Ausbildung; **commercial t.** kaufmännische Ausbildung; **continuing t.** Weiterbildung *f*; **extra-plant t.** überbetriebliche Ausbildung; **further t.** (Berufs)Fort-, Weiterbildung *f*; **hands-on t.** praktische Ausbildung; **in-company/in-house/in-plant/in-service t.** (inner)betriebliche Ausbildung; **industrial t.** betriebliche/gewerbliche Ausbildung; **initial t.** Erstausbildung *f*; **occupational t.** berufliche (Aus)Bildung; **off-the-job/outside t.** außerbetriebliche Weiterbildung; **on-the-job t.** Ausbildung am Arbeitsplatz; **practical t.** 1. Volontariat *nt*; 2. (Betriebs)Praktikum *nt*; **professional t.** Berufs(aus)bildung *f*; **secretarial t.** Sekretärinnenausbildung *f*; **technical t.** Fachausbildung *f*; **vocational t.** Berufs-, Fach(schul)ausbildung *f*; **advanced ~ t.** Berufsfortbildung *f*; **~ center** *[US]***/centre** *[GB]* Berufsbildungszentrum *nt*

training adviser/counsellor Ausbildungsberater(in) *m/f*; **t. allowance** Ausbildungszuschuss *m*; **t. body** Ausbildungsstätte *f*, Bildungsträger *m*; **t. centre** 1. Ausbildungs-, Schulungszentrum *nt*; 2. Lehrwerkstatt *f*; **t. company** Ausbildungsbetrieb *m*; **t. course** Schulungs-, Ausbildungskurs *m*, (A.)Lehrgang *m*; **in-service t. course** Fortbildungskurs *m*, F.lehrgang *m*; **t. establishment** Ausbildungseinrichtung *f*, Ausbildungs-, Schulungsstätte *f*; **t. facilities** Ausbildungseinrichtungen *pl*; **t. grant** Ausbildungsbeihilfe *f*; **t. manager** Ausbildungs-, Schulungsleiter(in) *m/f*; **t. officer** Ausbildungsleiter(in) *m/f*, Ausbilder(in) *m/f*; **t. period** Ausbildungsdauer *f*, A.zeit *f*; **t. requirements** Fortbildungsbedarf *m*; **advanced/further t. scheme** Weiterbildungsmaßnahme *f*; **t. (work)shop** Ausbildungs-, Lehr(lings)werkstatt *f*;

t. standard(s) Ausbildungsniveau *nt*; **t. wage** Ausbildungsvergütung *f*
trainload *n* Zugladung *f*
tramp *n* ⚓ Trampschiff *nt*; **t.ing (trade)** *n* Trampgeschäft *nt*, T.schifffahrt *f*; **t. shipping** Trampschifffahrt *f*
transact *v/t* *(Geschäft)* tätigen, abwickeln
transaction *n* 1. Abwicklung *f*, Durchführung *f*, Geschäft(sabschluss) *nt/m*, (Geschäfts)Vorgang *m*; 2. Bankauftrag *m*; **t.s** 1. Geschäfte *pl*, Umsätze *pl*; 2. *(Geld)* Leistungsverkehr *m*; 3. § Verhandlungen *pl*, Protokoll *nt*
transaction for cash Kassageschäft *nt*; **t. on a commission basis** Provisionsgeschäft *nt*; **t. for actual delivery** Effektivhandel *m*; **~ forward/future delivery** Termingeschäft *nt*; **t. in foreign exchange** Devisengeschäft *nt*
blank transaction Blankogeschäft *nt*; **bogus t.** Scheingeschäft *nt*; **commercial t.** Geschäftsvorfall *m*, G.vorgang *m*; **conditional t.** bedingtes Rechtsgeschäft; **domestic t.s** Inlandszahlungsverkehr *m*; **dummy t.** Scheingeschäft *nt*; **end-of-month t.** Ultimodisposition *f*; **external t.** Außenhandelsgeschäft *nt*
financial/monetary transaction Geld-, Finanzgeschäft *nt*; **follow-up t.** Nachgeschäft *nt*; **foreign t.s** Zahlungsverkehr mit dem Ausland; **forward t.** (Devisen)-Termingeschäft *nt*; **illegal t.** Schieberei *f*; **intercompany/intergroup t.s** Konzerngeschäfte *pl*; **internal t.** Binnenvorfall *m*; **legal t.** Rechtsgeschäft *nt*; **linked t.** Kopplungsgeschäft *nt*; **mercantile t.** Handelsgeschäft *nt*; **new t.** Neuabschluss *m*; **offsetting t.** Gegengeschäft *nt*; **over-the-counter t.** Schalter-, Tafelgeschäft *nt*; **pending t.** schwebendes Geschäft; **reversed t.** Rückabwicklung *f*; **third-party t.** Drittgeschäft *nt*; **underlying t.** zugrunde liegendes Geschäft; **unilateral t.** einseitiges Rechtsgeschäft; **unlawful t.** unzulässiges Rechtsgeschäft; **void t.** nichtiges Rechtsgeschäft; **voidable t.** anfechtbares Rechtsgeschäft
transaction charge Transaktions-, Buchungsgebühr *f*; **t. costs** Abwicklungskosten *pl*; **t. currency** Transaktionswährung *f*; **t. fee** Bearbeitungsgebühr *f*; **t. slip** *(Börse)* Abschlussbestätigung *f*; **t. tax** Verkehr(s)steuer *f*; **t. value** Geschäftswert *m*

trans-border *adj* grenzüberschreitend
transcript *n* Ab-, Niederschrift *f*, (Verhandlungs)Protokoll *nt*
transfer *n* 1. (Eigentums)Übertragung *f*, Transfer(leistung) *m/f*; 2. Überweisung *f*, Giro *nt*, Umbuchung *f*; 3. *(Bilanz)* Einstellung *f*; 4. *(Personal)* Um-, Versetzung *f*; 5. *(Betrieb)* Verlegung *f*, Verlagerung *f*; 6. Umladung *f*, Umladevorgang *m*
transfer to another account Kontoumbuchung *f*; **t. of (all) assets and liabilities** Vermögensübertragung *f*; **t. by assignment and delivery** § schuldrechtliche Übertragung; **t. of a balance** Übertragung eines Saldos; **t. in blank** Blankozession *f*; **t. by endorsement** Girierung *f*; **t. of a claim** Forderungsübertragung *f*; **~ costs** Kostenübergang *m*; **t. to a foreign flag** ⚓ Ausflaggen *nt*, Ausflaggung *f*; **t. of income** (öffentliche) Einkommensübertragung *f*; **~ land** Grundstücksübertragung *f*; **~ liquidity** Liquiditätsumschichtung *f*; **~ ownership** Eigentumsübertragung *f*; **~ payments** (öffentliche) Einkommensübertragung *f*; **t. in lieu of payment** Hingabe an Zahlungs Statt; **t. of the place of business** Sitzverlegung *f*; **~ a plant** Betriebsverlagerung *f*; **~ possession** Besitzübertragung *f*, B.umschreibung *f*; **~ property** Eigentums-, Vermögensübergang *m*; **t. from reserves** Entnahme aus den Rücklagen; **t. of reserves** Umbuchung vorhandener Reserven; **t. to reserves** Einstellung in die Rücklage(n); **t. of the risk** Gefahren-, Risikoübergang *m*; **~ securities** Wertpapierübertragung *f*, Effektengiro *nt*; **~ stock** Bestandsübertragung *f*; **~ title** Eigentumsübertragung *f*, E.übergang *m*, Sicherungsübereignung *f*; **t. for use** Gebrauchsüberlassung *f*; **t. of voting rights** Stimmrechtsübertragung *f*
blank transfer Blankozession *f*; **cashless t.** bargeldlose Überweisung; **collective t.** Sammelüberweisung *f*; **direct t.** Direktüberweisung *f*; **internal t.** Kontoübertrag *m*; **intra-group t.s** Konzernverrechnungsverkehr *m*; **postal t.** Postschecküberweisung *f*; **telegraphic t.** telegrafische Überweisung; **unilateral t.** einseitige Übertragung, unentgeltliche Leistung; **voucherless t.(s)** belegloser Überweisungsverkehr
transfer *v/t* 1. übertragen, überweisen,

T

umschreiben, umbuchen, transferieren, abtreten; 2. *(Personal)* versetzen, überstellen; 3. *(Produktion)* verlagern; 4. *(Bilanz)* einstellen; 5. *(Mittel)* abführen, abdisponieren; 6. umladen, umschiffen, umschlagen; 7. *(Grundstück)* auflassen

transferable *adj* übertragbar, begebbar

transfer account Kontokorrent-, Girokonto *nt*; **t. agent** Bevollmächtigte(r) für den Verkauf von Aktien; **t. bank** Girobank *f*; **t. charges** Umlade-, Umschlagkosten *pl*; **t. commission** Überweisungsprovision *f*; **t. deed** Auflassungsurkunde *f*; **t. duty** Börsenumsatzsteuer *f*; **t. economy** Transferwirtschaft *f*

transferee *n* (Abtretungs-/Übertragungs-/Überweisungs)Empfänger(in) *m/f*, Zessionar(in) *m/f*, Rechtsnachfolger(in) *m/f*

transfer entry Übertragungsvermerk *m*; **t. equipment** Umschlaggerät *nt*; **t. expenditure(s)** Transferausgaben *pl*; **t. fee** Übertragungs-, Umschreibungsgebühr *f*; **t. form** Überweisungsvordruck *m*, Ü.träger *m*; **t. income** Transfereinkünfte *pl*, Sozialeinkommen *nt*; **t. note** Überweisungsschein *m*; **t. office** *(Wertpapiere)* Umschreibungsstelle *f*

transferor *n* 1. Zedent *m*, Indossant *m*; 2. Rechtsvorgänger(in) *m/f*, Veräußerer(in) *m/f*

transfer order Übertragungsanweisung *f*, Überweisungsauftrag *m*; **t. payment** Transferzahlung *f*, T.leistung *f*; **cashless t. payments** bargeldloser Überweisungsverkehr; **t. point** Umschlagplatz *m*; **t. price** Transfer-, Veräußerungspreis *m*; **t. pricing** 1. pretiale Lenkung; 2. Konzernverrechnung *f*; **t. rate** Übertragungsgeschwindigkeit *f*; **t. risk** Transfer-, Konvertierungsrisiko *nt*; **t. slip** Überweisungsträger *m*, Ü.beleg *m*, Ü.formular *nt*; **t. stamp** Girostempel *m*; **~ duty; t. tax** Börsenumsatz-, Kapitalverkehrssteuer *f*; **t. station** Umladebahnhof *m*, Übergangsstation *f*; **t. value** Übergabewert *m*; **t. voucher** Überweisungsträger *m*, Ü.beleg *m*, Ü.formular *nt*

trans|former *n* Transformator; **t.-frontier** *adj* grenzüberschreitend; **t.hip** *v/t* ↘ **t.(s)hip**; **t.hipment** *n* ↘ **t.(s)hipment**; **t.ire** *n (lat.)* ⊖ Zollbegleit-, Z.passierschein *m*

transit *n* 1. ⊖ Transit *m*, Durchfuhr *f*; 2. Beförderung *f*, Transport *m*; **in t.** unterwegs, während des Transports; **t. of goods** Warendurchfuhr *f*; **damaged in t.** unterwegs beschädigt; **inward t.** Eingangsversand *m*; **outward t.** Ausgangsversand *m*

transit agent Transitspediteur *m*; **t. bill** Durchfuhr-, Transitschein *m*; **~ of lading (B/L)** Transitkonnossement *nt*; **t. cargo/consignment/freight** Durch(fuhr)-, Transitfracht *f*, T.ladung *f*; **t. charge** Transitgebühr *f*; **t. clearance** ⊖ Transitabfertigung *f*; **t. consignment** Durchfuhrsendung *f*; **t. country** Transit-, Durchgangsland *nt*; **t. declaration** Versandanmeldung *f*, Transiterklärung *f*; **t. document** Versandschein *m*; **t. duty** ⊖ Transitzoll *m*; **t. entry** ⊖ Durchfuhr-, Transiterklärung *f*; **t. freight** Durch(fuhr)-, Transitfracht *f*; **t. goods** Durchfuhr-, Transitwaren *pl*; **t. insurance** (Güter)Transportversicherung *f*

transition *n* Übergang(sphase) *m/f*, Überleitung *f*; **t. period** Übergangszeit *f*

transit item durchlaufender Posten; **t. licence/permit** Durchfuhr-, Transitgenehmigung *f*; **t. operation** 1. Warenversand *m*; 2. ⊖ Versandverfahren *nt*; **t. point** Transitstelle *f*; **t. port** ⚓ Durchgangs-, Transithafen *m*; **t. rate** Durchfrachtsatz *m*, Tarif für Durchgangsgüter; **t. right** Durchfahrtsrecht *nt*; **t. route** Transitstrecke *f*; **t. shed** 1. Transitlager *nt*; 2. ⊖ (Zoll)Durchgangsschuppen *m*; **t. storage** Vor-, Zwischen- und Nachlagerung *f*; **t. time** Beförderungs-, Umschlagszeit *f*; **t. trade** Durchfuhr-, Transithandel *m*; **~ permit** Transithandelsgenehmigung *f*; **t. traffic** Durchfuhr-, Durchgangs-, Transitverkehr *m*; **t. transport** Durchgangstransport *m*; **t. warehouse** Transit-, Durchgangslager *nt*

translate *v/t* *(Währung)* umrechnen, konvertieren, umsetzen

translation *n* (Wechselkurs)Umrechnung *f*; **t. of foreign currencies** (Fremd)Währungsumrechnung *f*; **~ earnings** Gewinnübertragung *f*; **t. gain/loss** Umrechnungsdifferenz *f*; **t. gains** Umrechnungs-, Wechselkursgewinne *pl*; **t. losses** Wechselkurs-, Umrechnungsverluste *pl*

transmission *n* 1. Versand *m*, Übermittlung *f*, Weitergabe *f*; 2. ⚡ Durchleitung *f*; **t. of goods** Warenversand *m*; **~ information** Informationsübertragung *f*;

T

~ securities Wertpapierübertragung *f*; **t. control** Datenübertragungskontrolle *f*; **t. error** Übermittlungs-, Übertragungsfehler *m*; **t. tax** Verkehr(s)steuer *f*

transmit *v/t* 1. übertragen, ü.mitteln; 2. ⚡ durchleiten

transport *n* 1. Transport(wesen) *m/nt*, T.gewerbe *nt*, T.wirtschaft *f*; 2. Verkehr(swirtschaft) *m/f*; 3. Verkehrsmittel *nt*; 4. *[US]* ⚓ (Schiffs)Fracht *f*, Ladung *f*

transport by air Transport in der Luft, Lufttransport *m*; **t. at buyer's risk** Transport auf Gefahr des Bestellers; **t. of general cargo** Beförderung von Stückgut; **t. under customs seal** ⊖ Beförderung unter Zollverschluss; **t. of goods** Fracht-, Warentransport *m*; **t. by land** Transport zu Lande; **~ rail** Transport per Bahn/Schiene; **~ road** Straßenverkehr *m*, Transport per LKW; **~ sea** Transport zur See; **~ water** Transport zu Wasser; **~ inland waterway** Transport auf Binnenwasserstraßen

airborne transport Lufttransport *m*; **bimodal t.** bimodaler Transport; **combined t.** kombinierter (Ladungs)Verkehr (KLV), multimodaler Verkehr; **~ operator (CTO)** Gesamtbeförderer *m*; **commercial t.** gewerblicher Verkehr; **cross-border t.** grenzüberschreitender Verkehr; **door-to-door t.** Haus-zu-Haus-Transport *m*; **heavy-lift t.** Schwerguttransport *m*; **in-house t.** innerbetrieblicher Transport; **integrated/intermodal t.** kombinierter (Ladungs)Verkehr (KLV), multimodaler Verkehr; **inter-company t.** zwischenbetrieblicher Transport; **international t.** grenzüberschreitender Verkehr; **interstate t.** *[US]* Binnenverkehr *m*; **local t.** (Güter)Nahverkehr *m*; **long-distance t.** (Güter)Fernverkehr *m*; **maritime t.** Transport zur See, Seetransport *m*; **multimodal t.** kombinierter (Ladungs)-Verkehr (KLV), multimodaler Verkehr; **overland t.** Überlandverkehr *m*; **overnight t.** Nachtsprung *m*; **own t.** Werk(s)-verkehr *m*; **private t.** Individualverkehr *m*; **public t.** öffentlicher Personennahverkehr (ÖPNV); **regional t.** Regionalverkehr *m*; **seaborne t.** Transport zur See, Seetransport *m*; **short-haul t.** Güternahverkehr *m*; **temperature-controlled t.** temperaturgeführter Transport; **through t.** (Beförderung im) Transitverkehr *m*; **urban t.** städtischer Verkehr; **waterborne t.** Beförderung/Transport auf dem Wasserwege

transport *v/t* befördern, transportieren

transport agency Spedition *f*; **t. agent** Spediteur *m*, Transporteur *m*; **t. area** Verkehrsfläche *f*; **t. arrangements** Transportvereinbarungen *pl*

transportation *n* ↘ **transport**

combined transport bill (of lading) Durchfrachtkonnossement *nt*; **t. capacity** Verkehrsleistung *f*, Transportkapazität *f*, T.raum *m*; **t. chain** Transportkette *f*; **t. charges** Beförderungsentgelt *nt*, Verkehrstarife *pl*; **t. company** Transport-, Verkehrsgesellschaft *f*, V.unternehmen *nt*; **t. contract** Beförderungsvertrag *m*; **t. contractor** Transportunternehmer *m*; **t. cost(s)** Beförderungs-, Transportkosten *pl*; **t. damage** Transportschaden *m*; **t. development** Verkehrsentwicklung *f*; **t. distance** Versandweite *f*; **t. document** Transport-, Versanddokument *nt*; **t. economist** Verkehrswirtschaftler(in) *m/f*; **t. equipment** Transportausrüstung *f*; **t. facility** Transportausrüstung *f*, T.gerät *nt*; **t. facilities** Beförderungs-, Verkehrseinrichtungen *pl*; **t. fleet** Fuhrpark *m*; **t. industry** Transport-, Verkehrsgewerbe *nt*, V.wirtschaft *f*; **t. insurance** Transportversicherung *f*; **~ policy** Transportversicherungspolice *f*; **t.-intensive** *adj* transportintensiv; **t. link** Verkehrsverbindung *f*; **t. management** 1. Transportleitung *f*, T.-disposition *f*; 2. Transportbetriebslehre *f*; **t. manager** Leiter(in) der Transportabteilung; **t. mode** Transport-, Beförderungsart *f*; **t. network** Verkehrsinfrastruktur *f*; **t. operation** Transportvorgang *m*; **t. operations** Beförderungsleistungen *pl*; **t. operator** Spediteur *m*, Transporteur *m*; **t. option** Transportalternative *f*; **t. packaging** Transportverpackung *f*; **t. pallet** Transportpalette *f*; **t. permit** Transportgenehmigung *f*; **t. pool** Verkehrsverbund *m*; **t. rate** Beförderungsentgelt *nt*; **t. requirements** Transportbedarf *m*; **t. risks** Transportgefahren *pl*, T.risiken *pl*; **t. secretary** Verkehrsminister *m*; **t. service** Speditions-, Verkehrsleistung *f*; **t. services provider** Erbringer von Transportleistungen; **t. system** 1. Transportsystem *nt*; 2. Verkehrswesen *nt*, V.infrastruktur *f*; **t. undertaking** Transportunternehmen *nt*;

t. unit Transportabteilung *f*; **t. volume** Transport-, Verkehrsaufkommen *nt*, Beförderungsvolumen *nt*; **t. worker** Transportarbeiter(in) *m/f*

trans(s)hip *v/t* umladen, umschlagen; **t.-ment** *n* Umladen *nt*, Umschlag *m*; **~ bill of lading (B/L)** Umladekonnossement *nt*; **~ center** *[US]*/**centre** *[GB]* Umschlagszentrum *nt*; **~ charges** Umladungskosten *pl*; **~ facility** Umschlaganlage *f*; **~ point** Umladeplatz *m*; **~ traffic** Umschlag-, Umladeverkehr *m*; **~ volume** Transitumschlag *m*

trap *n* Falle *f*; **to fall into the t.** dazu verleitet werden

trash *n* *[US]* Abfall *m*, Müll *m*; **t.ing** Abfallproduktion *f*

travel *n* (Reise)Verkehr *m*, Tourismus *m*; **corporate t.** Geschäftsreiseverkehr *m*, G.reisen *pl*; **foreign/international t.** Auslandstourismus *m*, (grenzüberschreitender) Reiseverkehr *m*; **individual t.** Individualreiseverkehr *m*

travel *v/ti* 1. reisen; 2. Vertreter(in)/Reisende(r) sein

travel account Reise(verkehrs)bilanz *f*; **t. advance** Reisekostenvorschuss *m*; **t. agency** Reisebüro *nt*; **t. agent** 1. Reisebüro *nt*; 2. Reisebürokaufmann *m*, R.kauffrau *f*; **t. allowance** Reisekostenzuschuss *m*, R.entschädigung *f*; **t. arrangements** Reiseplanung *f*; **international t. cover** Auslandsschutzbrief *m*; **t. credits ↘ tourist credits** Einnahmen aus dem Tourismus, Fremdenverkehrseinnahmen *pl*; **t. debits ↘ tourist debits** Ausgaben für den Tourismus, Fremdenverkehrsausgaben *pl*; **t. documents** Reiseunterlagen *pl*; **t. expenses** Reise(un)kosten *pl*, R.spesen *pl*; **t. funds** Reisedevisen *pl*, R.zahlungsmittel *pl*; **t. and vacation industry** Touristik *f*; **t. insurance** Reiseversicherung *f*

traveller *[GB]*/**traveler** *n* *[US]* 1. Reisende(r) *f/m*; 2. (Außen)Vertreter(in) *m/f*; **commercial t.** (Geschäfts-/Handels)Reisende(r) *f/m*, (Handels)Vertreter(in) *m/f*; **t.'s check** *[US]*/**cheque** *[GB]* Reise-, Travellerscheck *m*; **t.'s payment media** Reisezahlungsmittel *pl*; **t. receipts/revenue(s)** Einnahmen aus dem Tourismus, Fremdenverkehrseinnahmen *pl*

travelling *n* Reisetätigkeit *f*, Reisen *nt*; **t. allowance** Reisekostenentschädigung *f*, R.pauschale *f*; **t. expenses** Reise-, Fahr(t)-kosten *pl*

travel report Besuchs-, Reisebericht *m*; **t. spending** Reiseausgaben *pl*

trawl *v/t* absuchen; **t.ler** *n* ⚓ Fischereifahrzeug *nt*, Fangschiff *nt*

tray *n* Ablagekorb *m*

treasurer *n* 1. Kassenwart *m*, K.führer(in) *m/f*, Schatzmeister(in) *m/f*; 2. Leiter(in) der Finanzabteilung, Kämmerer *m*, Kämmerin *f*; 2. *(Bank)* Anlagenverwalter(in) *m/f*; **corporate t.** Finanzdirektor(in) *m/f*, F.vorstand *m*

treasury *n* 1. Fiskus *m*, öffentliche Hand; 2. *[GB]* Schatzministerium *nt*, S.amt *nt*; **to pay to the T.** *[GB]* an den Fiskus abführen; **t. bill** *[US]* Kassenschein *m*, Schatzwechsel *m*, S.brief *m*, S.anweisung *f*, (kurzfristige) Schatzanleihe *f*; **t. instruments** finanzpolitisches Instrumentarium; **t. loan** *[GB]* Schatzamtsanleihe *f*; **t. market** *[US]* Markt für Staatspapiere; **t. note** Schatzschein *m*, S.anweisung *f*; **t. stock** Staatsanleihen *pl*

treat *v/t* 1. behandeln, bearbeiten; 2. *(Gewerbe)* ausrüsten

treatment *n* Behandlung *f*, Handhabung *f*, Be-, Verarbeitung *f*; **t. for tax(ation) purposes** steuerliche Behandlung; **equal t.** Gleichbehandlung *f*; **exemptive t.** Ausnahmebehandlung *f*; **final t.** Endbehandlung *f*; **most-favoured-nation t.** ⊝ Meistbegünstigung *f*; **preferential/preferred t.** 1. Vorzugsbehandlung *f*; 2. ⊝ (Zoll)Begünstigung *f*; **unfavourable t.** Benachteiligung *f*

treaty *n* § (völkerrechtlicher) Vertrag *m*; **t. of accession** Beitrittsvertrag *m*; **~ association** Assoziierungsvertrag *m*; **T. of Rome** *[EU]* Römischer Vertrag; **commercial t.** Wirtschafts-, Handelsvertrag *m*; **private t.** Privatvertrag *m*; **by ~ t.** im Freihandel (verkauft), freihändig; **retroactive t.** rückwirkender Vertrag; **t.-based** *adj* auf Verträgen basierend

tremendous *adj* riesig, enorm

trend *n* Richtung *f*, Tendenz *f*, Trend *m*

trend of economic activity Beschäftigungstrend *m*; **general ~ economic activity** Gesamtkonjunktur *f*; **~ demand** Nachfrageentwicklung *f*; **t. in exports** Exportkonjunktur *f*; **~ lending** Kreditentwicklung *f*; **t. of the market** Börsen-, Markttendenz *f*; **~ prices** Preistendenz *f*, P.entwicklung *f*; **upward ~ prices** Preisauftrieb *m*; **~ sales** Umsatzkurve *f*; **~ spending** Ausgabenentwicklung *f*

to buck the trend gegen den Trend verlaufen; **to reverse the t.** Trend umkehren

cyclical trend Konjunkturverlauf *m*, K.entwicklung *f*, konjunkturelle Entwicklung; **responsive to ~ t.s** konjunkturreagibel; **demographic t.** Bevölkerungsentwicklung *f*; **domestic t.** binnenwirtschaftliche Entwicklung; **downward t.** 1. rückläufige Tendenz, Abschwächung *f*; 2. *(Börse)* Baissetrend *m*; **economic t.** Konjunkturverlauf *m*, K.entwicklung *f*, konjunkturelle Entwicklung; **broad ~ t.s** allgemeine wirtschaftliche Tendenzen; **favourable t.** günstige Entwicklung; **inflationary t.s** Inflationsprozess *m*; **recessionary t.** Rezessionstendenz *f*; **sectoral t.** Branchenkonjunktur *f*; **underlying t.** Grundtendenz *f*; **upward t.** Aufwärtsbewegung *f*, steigende Tendenz, *(Preis)* Auftrieb *m*

trend analysis Konjunkturuntersuchung *f*; **t. reversal** Trendumkehr *f*; **t. survey** Konjunkturumfrage *f*

trespass *n* 1. § Übertretung *f*, Eigentumsverletzung *f*; 2. Besitzstörung *f*; **t. (upon)** *v/ti* unbefugt/widerrechtlich betreten; **t.ing** *n* § unbefugtes Betreten

trial *n* 1. Versuch *m*, Probe(lauf) *f/m*; 2. § (Gerichts)Verfahren *nt*, Prozess *m*; **on t.** auf/zur Probe

trial balance (sheet) (Betriebs)Probe-, Rohbilanz *f*; **t. delivery** Probesendung *f*, P.lieferung *f*; **t. offer** Probe-, Versuchsangebot *nt*; **t. operation** Versuchsbetrieb *m*; **t. order** Probeauftrag *m*; **t. package** Probepackung *f*; **t. period** Probezeit *f*; **t. phase** Erprobungsphase *f*; **t. run** ☼ Probelauf *m*; **t. shipment** Probelieferung *f*

tribunal *n* § Gericht(shof) *nt/m*, Schiedsgericht *nt*; **industrial t.** Arbeits-, Sozialgericht *nt*; **professional t.** Standesgericht *nt*

trick *n* Trick *m*, Manöver *nt*; **financial t.s** Finanzakrobatik *f*; **t.y** *adj* schwierig

trigger *n* Auslöser *m*, auslösender Faktor; **t. price** Schwellenpreis *m*; **~ system** Mindestpreissystem *nt*

trillion (trn) *n* 1. *[GB]* Trillion *f*; 2. *[US]* Billion *f*

trim *v/t* 1. ⚓ (ver)stauen; 2. verringern, kürzen

trip *n* Reise *f*; **round t.** Rundreise *f*, Hin- und Rückfahrt *f*

triplicate *n* Drittausfertigung *f*; **in t.** in dreifacher Ausfertigung

trolley *n* Einkaufswagen *m*

trouble *n* 1. Mühe(waltung) *f*; 2. Unannehmlichkeiten *pl*; **industrial t.** Arbeitsunruhen *pl*; **t.ed** *adj* in Schwierigkeiten befindlich; **t.-free** *adj* störungsfrei, reibungslos; **t.shooter** *n* Krisenmanager *m*; **t.shooting** *n* 1. Fehlersuche *f*; 2. Krisenmanagement *nt*

trough *n* Konjunkturtief *nt*, K.tal *nt*, Talsohle *f (fig)*; **t. of economic depression; ~ the recession; cyclical t.** Wellental der Konjunktur, Konjunkturtief *nt*

truck *n* 1. 🚗 Last(kraft)wagen (LKW) *m*, L.zug *m*; 2. 🚂 Güterwagen *m*, Waggon *m*; 3. Eintausch *m*; **by t.** per/mit LKW; **free on t. (f.o.t.)** frei Waggon; **t. and trailer** Lastwagen mit Anhänger, Zugmaschine und Hänger; **covered t.** 🚂 gedeckter Güterwagen; **flatback t.** 🚗 Pritschenwagen *m*; **heavy(-duty) t.** Schwertransporter *m*; **pick-up t.** Pritschenwagen *m*; **semi-trailer t.** Sattelschlepper *m*

truck *v/ti* auf der Straße/mit Lastwagen befördern

truck advertising LKW-Werbung *f*

truckage *n [US]* Lastwagenbeförderung *f*, Rollgeld *nt*; **t. company** Transportunternehmen *nt*

truck carrier *[US]* Lasttransportunternehmen *nt*, Spedition(sfirma) *f*; **t. economy** Tauschwirtschaft *f*

trucker *n [US]* 1. Fuhrunternehmer *m*, Spediteur *m*; 2. LKW-Fahrer *m*

truck farm/garden 🚜 *[US]* Gemüse-, Handelsgärtnerei *f*, Gartenbaubetrieb *m*; **t. farming** Gemüse-, Erwerbsgartenbau *m*; **t. fleet** *[US]* Fuhrpark *m*, Lieferwagenflotte *f*; **t. haulage** Güterkraftverkehr *m*, Straßentransport *m*

trucking *n* LKW-Transport *m*, Güterkraftverkehr *m*; **t. company** LKW-Transportunternehmen *nt*; **~'s bill of lading (B/L)** Ladeschein von Kraftverkehrsunternehmungen; **t. industry** Straßentransportgewerbe *nt*; **t. operation** Straßentransport *m*

truck|load *n* Fuhre *f*, Wagenladung *f*, LKW-Ladung *f*; **t. rental** Lastwagenvermietung *f*

true *adj* wahr, original, authentisch

yours (very) truly; (very) t. yours *[US] (Brief)* mit freundlichen Grüßen

trunk *n* ⚘ (Baum)Stamm *m*; **t. line** 🚂 Hauptstrecke *f*; **t. road** 🚗 Fern(verkehrs)straße *f*; **t. route** Hauptverkehrsader *f*

trust *n* 1. Vertrauen *nt*, Treu und Glauben *m*; 2. *[US]* Trust *m*, Konzern *m*; 3. Stiftung *f*, Treuhand(anstalt) *f*; **on t.** *[US]* auf Kredit, treuhänderisch

closed-end trust geschlossener Fonds; **fixed t.** *[US]* Fonds mit unveränderlichem Portefeuille; **flexible t.** *[US]* Fonds mit veränderlichem Portefeuille; **industrial t.** 1. Industriesyndikat *nt*; 2. *[US]* Finanzierungsgesellschaft für Industriebedarf; **mutual t.** Investmentfonds *m*; **open-end t.** offener Investmentfonds; **private t.** Familienstiftung *f*; **public t.** öffentlich-rechtliche Stiftung; **spread t.** Fonds mit Risikostreuung; **testamentary t.** Nachlassstiftung *f*

trust account Ander-, Treuhandkonto *nt*; **t. administration** Treuhandverwaltung *f*; **t. agency** Treuhandanstalt *f*, T.stelle *f*; **t. assets** Treuhandvermögen *nt*; **t. business** Vermögensverwaltung *f*; **t. busting** *(coll)* Entflechtung *f*; **t. capital** Treuhand-, Stiftungskapital *nt*; **collateral t. certificate** *[US]* Investmentzertifikat *nt*; **t. company** Treuhandgesellschaft *f*; **t. corporation** *[GB]* öffentliche Treuhandstelle; **t. deed** Treuhand-, Stiftungsurkunde *f*; **t. deposit** Anderdepot *nt*

trustee *n* (Stiftungs)Treuhänder(in) *m/f*, (Vermögens-/Vergleichs-/Konkurs)Verwalter(in) *m/f*; **t. and beneficiary** Treugeber(in) und -nehmer(in) *m/f*; **t. in bankruptcy** Masseverwalter(in) *m/f*; **t. under a deed** urkundlich bestellter Treuhänder; **t. of an estate** Nachlassverwalter(in) *m/f*

trustee bond *[GB]* mündelsichere Schuldverschreibung; **t. company** Treuhandgesellschaft *f*; **t.'s liability** Treuhänderhaftung *f*; **t. security** *[US]* erstklassige Sicherheit; **t. securities/stocks** mündelsichere (Wert)Papiere; **t.ship** *n* Treuhand-, Treuhänderschaft *f*, Treuhand(verwaltung) *f*

trust estate Treuhand-, Stiftungsvermögen *nt*; **t. fund** Treuhandfonds *m*, treuhänderisch verwaltetes Vermögen; **t. and agency fund** Treuhand(sonder)vermögen *nt*; **t. income** Treuhand-, Stiftungseinkünfte *pl*; **t. investment** Fondsanlage *f*; **t. investor** Treuhandanleger(in) *m/f*; **t. liability** Treuhandverpflichtung *f*; **t. management** Treuhand-, Vermögensverwaltung *f*; **t. manager** Fondsverwalter(in) *m/f*; **t. money** Stiftungs-, Treuhandgelder *pl*; **t. property** Treu(hand)gut *nt*, Stiftungs-, Treuhandvermögen *nt*; **t. securities/stock** mündelsichere (Wert)Papiere; **t.worthy** *adj* vertrauenswürdig, zuverlässig

TUC (Trades Union Congress) *[GB]* Dachverband der britischen Gewerkschaften

tuition *n* Unterricht *m*; **t. assistance** *[US]* Schulgeldbeihilfe *f*; **t. fee** Studiengebühr *f*, Schulgeld *nt*

to the tune of *n* *(coll)* in Höhe von

turn *n* 1. Runde *f*, Turnus *m*, Umschwung *m*; 2. Kursgewinn *m*, K.spanne *f*; **in t.** der Reihe nach; **t. in the market** Markt-, Stimmungsumschwung *m*; **~ the stock cycle** Umkehr des Lagerzyklus; **to earn one's t.** Kursgewinn erzielen; **round t.** 1. *(Börse)* An- und Verkauf *m*; 2. *(Rohstoffbörse)* abgeschlossene Transaktion

turn down *v/t* ablehnen, absagen; **t. in** *(Gewinn)* einfahren; **t. out** 🏭 produzieren, erzeugen; **t. over** umsetzen, umschlagen

turnabout *n* Wende *f*, Wendung *f*; **t. of the market** *(Börse)* Marktwende *f*, Stimmungsumschwung *m*; **economic t.** Konjunkturwende *f*

turnaround *n* 1. (Tendenz)Wende *f*, (Trend)Umkehr *f*; 2. Wendepunkt *m*; 3. ⚓/🚂/✈ Wendezeit *f*; **t. in economic activity** Konjunkturumschwung *m*; **~ interest rates** Zinswende *f*; **t. cost(s)** ⚓ Umschlagkosten *pl*; **t. time** ⚓ Liege-, Umschlagszeit *f*, Verweildauer *f*

turning-down of an offer *n* Ablehnung eines Angebots

turnkey *adj* bezugs-, schlüsselfertig; **t. contract** Auftrag für die Lieferung einer schlüsselfertigen Anlage

turnout *n* 1. Beteiligung *f*, Teilnahme *f*; 2. 🏭 Produktion *f*, Ausstoß *m*

turnover *n* 1. (Geschäfts)Umsatz *m*, U.erlös *m*, Umschlag *m*; 2. (Arbeitskräfte)-Fluktuation *f*; **t. of assets** Kapitalumschlag *m*; **~ goods** Güter-, Warenumschlag *m*; **~ inventory** Lagerumschlag *m*; **~ personnel** Personalfluktuation *f*; **t. in the retail trade** Einzelhandelsumsatz *m*;

contracting t. sinkender Umsatz; **daily t.** Tagesumsatz *m*; **higher t.** Umsatzplus *nt*; **intercompany/internal t.** Konzern-, Binnenumsätze *pl*
turnover allowance Umsatzbonifikation *f*; **t. cost(s)** allgemeine Betriebskosten; **t. figure** Umsatzziffer *f*; **t. frequency** Umschlagshäufigkeit *f*; **t. growth** Umsatzzuwachs *m*, U.wachstum *nt*; **t. increase** Umsatzplus *nt*; **t. inventory** Grundbestand *m*; **t. level** (Personal)Fluktuationsquote *f*; **t. rate/ratio** Umschlag-, Umsatzhäufigkeit *f*; **t. tax** (Waren)-Umsatzsteuer *f*; **~ on imports** Einfuhrumsatzsteuer *f*; **~ refund** Umsatzsteuerrückvergütung *f*; **~ revenues** Umsatzsteuererträge *pl*; **t.-yield ratio** Umsatzrendite *f*
turnround *n* 1. Umkehr *f*, Wende *f*; 2. ⚓ Umschlag (eines Schiffs) *m*, Be- und Entladen *nt*
TV (television) Fernsehen *nt*; **~ advertisements/commercials** Werbefernsehen *nt*; **~ presenter** Fernsehredakteur(in) *m/f*, F.moderator(in) *m/f*
twilight *n* Dämmerung *f*; **t. shift** 1. Spätschicht *f*; 2. *(coll)* Schwarzarbeit *f*
two|-digit *adj* π zweistellig; **t.fold** *adj* zweifach; **t.-stage** *adj* Zweistufen-; **t.-tier** *adj* zweistufig
tycoon *n* Großindustrieller *m*, G.unternehmer *m*; **financial t.** Finanzmagnat *m*
tying up *n* Blockierung *f*; **~ of assets** Vermögensbindung *f*; **~ of capital** Kapitalfestlegung *f*, K.bindung *f*; **~ of funds** Mittelbindung *f*
type *n* 1. Art *f*, Typ *m*; 2. Marke *f*, Modell *nt*
type of of audit Prüfungsart *f*; **~ business (organisation)** Unternehmensform *f*, Rechtsform der Unternehmung; **~ cost(s)** Kostenart *f*; **~ cover(age)** *(Vers.)* Vertragsform *f*; **~ expenditure** Aufwandsart *f*; **~ income** Einkommensart *f*; **~ investment** Anlageart *f*, A.form *f*; **~ product** Produkttyp *m*; **~ securities deposit** Depotverwahrungsart *f*; **~ commercial undertaking** Unternehmensform *f*
type *v/ti* mit der (Schreib)Maschine schreiben, tippen; **t. in** 🖳 eingeben
type approval Musterabnahme *f*; **t. label** Typenaufkleber *m*; **t.writer** *n* Schreibmaschine *f*; **t.writing** *n* Maschinenschreiben *nt*
typist *n* Schreibkraft *f*

T

U

ultimately *adv* letztlich
ultra vires *adj/adv* *(lat.)* § außerhalb der Vollmacht, unbefugt; **acting u. v.** Überschreitung der Satzungsbefugnis
umbrella *n* Schirm *m*; **u. agreement** Rahmenabkommen *nt*, R.übereinkunft *f*; **u. brand** Dachmarke *f*; **u. company** Dach-, Obergesellschaft *f*; **u. logo** Konzernlogo *nt*; **u. marketing** Gemeinschaftswerbung *f*; **u. organisation** Dach-, Spitzen-, Hauptverband *m*, Dach-, Spitzenorganisation *f*
unable *adj* 1. ungeeignet, untauglich; 2. außer Stande; **u. to contract** geschäftsunfähig; **~ pay** zahlungsunfähig
un|accounted *adj* nicht bilanziert; **u.adjusted** *adj* 1. unbereinigt; 2. *(Verbindlichkeiten)* schwebend; **u.affected** *adj* nicht betroffen; **u.affiliated** *adj* 1. selbstständig; 2. *(Gesellschaft)* nicht eingegliedert; **u.affordable** *adj* unerschwinglich; **u.alterable** *adj* unveränderbar; **u.allocated; u.allotted** *adj* nicht zugewiesen/zugeteilt; **u.amortized** *adj* *(Bilanz)* nicht abgeschrieben
unanim|ity *n* Einstimmigkeit *f*, Einmütigkeit *f*; **u.ous** *adj* einstimmig, einmütig
un|appropriated *adj* *(Gewinn)* unausgeschüttet, nicht verteilt; **u.approved** *adj* nicht genehmigt; **u.assessed** *adj* *(Steuer)* nicht veranlagt; **u.attachable** *adj* pfändungsfrei; **u.attached** *adj* nicht organisiert; **u.audited** *adj* 1. ungeprüft; 2. *(Abschluss)* nicht testiert; **u.authorized** *adj* unbefugt, nicht bevollmächtigt, eigenmächtig; **u.available** *adj* nicht verfügbar/erhältlich; **u.availability** *n* Nichtverfügbarkeit *f*; **u.bankable** *adj* nicht bank-/diskontfähig; **the u.banked** *n* Personen ohne Bankkonto; **u.branded** *adj* markenlos, markenfrei; **u.budgeted** *adj* *(Ausgabe)* außerplanmäßig; **u.businesslike** *adj* nicht geschäftsmäßig, unkaufmännisch; **u.callable** *adj* *(Kredit)* unkündbar; **u.called** *adj* *(Kapital)* nicht aufgerufen
uncertainty *n* Unsicherheit *f*; **economic u.** Konjunkturunsicherheit *f*; **monetary u.** Währungsunsicherheit *f*

un|certificated; u.certified *adj* nicht beglaubigt, unbeglaubigt; **u.changed** *adj* unverändert; **u.charged** *adj* unberechnet, nicht in Rechnung gestellt; **u.claimed** *adj* 1. *(Sendung)* notleidend, nicht abgeholt; 2. *(Recht)* nicht beansprucht; **u.charted** *adj (fig)* unerforscht; **u.clean** *adj (Konnossement)* fehlerhaft, unrein; **u.cleared** *adj* 1. unbezahlt, nicht bereinigt; 2. ⊖ zollhängig, unverzollt; **u.collectable; u.-collectible** *adj (Forderung)* uneinbringlich; **u.collectibles** *n* Uneinbringliche *pl*, uneinbringliche Forderungen; **u.committed** *adj* nicht (zweck)gebunden, frei verfügbar; **u.competitive** *adj* 1. nicht wettbewerbsfähig; 2. *(Preis)* nicht marktgerecht; **u.conditional** *adj* bedingungslos, uneingeschränkt; **u.confirmed** *adj* unbestätigt; **u.consumed** *adj* unverbraucht; **u.convertible** *adj* nicht konvertierbar; **u.cover** *v/t* ent-, aufdecken; **u.covered** *adj* ohne Deckung, ungedeckt; **u.credited** *adj* nicht gutgeschrieben; **u.-damaged** *adj* unversehrt, unbeschädigt; **u.dated** *adj* undatiert, ohne Datum; **u.-declared** *adj* unverzollt; **u.deliverable** *adj* unzustellbar

under|achievement *n* schwache Leistung; **u.assessment** *n* zu niedrige Veranlagung; **u.bidder** *n* Unterbieter(in) *m/f*; **u.bidding** *adj* Preis unterbietend; **u.bill** *v/t* zu wenig berechnen; **u.capitalization** *n* Kapitalunterdeckung *f*, Unterkapitalisierung *f*; **u.charge** *n* zu wenig berechneter Betrag; *v/t* zu wenig berechnen/in Rechnung stellen; **u.consumption** *n* mangelnder Verbrauch; **u.covering** *n (Vers.)* Unterdeckung *f*; **u.cut** *v/t* unterbieten; **u.cutting** *n* (Preis)Unterbietung *f*; **u.developed** *adj* rückständig, unterentwickelt; **industrially u.developed** industrieschwach; **u.employed** *adj* unterbeschäftigt, nicht ausgelastet; **u.employment** *n* 1. Unterbeschäftigung *f*, Teilarbeitslosigkeit *f*, leichte Beschäftigung; 2. Unterauslastung *f*, mangelnde Auslastung; **u.estimate** *v/t* unterschätzen, u.bewerten; **u.financing** *n* Unterfinanzierung *f*; **u.fund** *v/t* finanziell unzureichend ausstatten; **u.funded** *adj* unterkapitalisiert, unzureichend finanziert, mit zu geringen Mitteln ausgestattet; **u.funding** *n* Unterkapitalisierung *f*

underground *n* Untergrund *m*; **u. economy** Schattenwirtschaft *f*; **u. mining** ⚒ Untertagebau *m*; **u. worker** Untertagearbeiter *m*

under|insurance *n* Unterversicherung *f*; **u.insure** *v/t* unterversichern, zu niedrig versichern; **u.investment** *n* zu geringe/mangelnde Investitionstätigkeit; **u.lease** *n* Unterverpachtung *f*, U.miete *f*; **u.let** *v/t* unter-, weitervermieten; **u.manned** *adj* unterbesetzt; **u.manning** *n* Personalmangel *m*, P.knappheit *f*; **u.mentioned (u/m)** *adj* unten erwähnt/aufgeführt; **u.-mine** *v/t* untergraben; **u.pay** *v/t* schlecht bezahlen/entlohnen; **u.payment** *n* Unterbezahlung *f*, zu geringe Bezahlung; **u.-perform** *v/i* sich schlechter entwickeln als, hinter dem Durchschnitt zurückbleiben, den Anforderungen nicht gerecht werden; **u.price** *v/t* zu billig/unter Preis anbieten; **u.priced** *adj* zu niedrig bewertet; **u.privileged** *adj (sozial)* benachteiligt; **u.produce** *v/t* zu wenig produzieren; **u.qualified** *adj* unterqualifiziert; **u.quote** *v/t* 1. unterbieten; 2. *(Preis)* niedriger berechnen; **u.rate** *v/t* unterschätzen, unterbewerten; **u.-researched** *adj* nicht hinreichend erforscht; **to be u.-retailed** zu wenig Einzelhandelsgeschäfte haben; **u.run** *n (Haushalt)* Nichtausschöpfung *f*; **u.sell** *v/t* unterbieten, verschleudern; **u.selling** *n* (Preis)Unterbietung *f*, Verschleuderung *f*; **u.shoot** *n* Unterschreitung *f*; *v/t* 1. Unterschuss machen; 2. *(Ziel)* nicht erreichen, unterschreiten; **u.-signed** *adj* unterschrieben; **the u.signed** *n* der/die Unterzeichner; **u.sized** *adj* unterdimensioniert; **u.spend** *v/t* zu wenig ausgeben; **u.spending** *n* Minderausgaben *pl*, Etatunterschreitung *f*; **u.staffed** *adj* unterbesetzt, knapp an Arbeitskräften

understanding *n* Übereinkunft *f*, Absprache *f*; **to come to an u.** zu einer Einigung kommen; **contractual u.** vertragliches Abkommen; **tacit u.** stillschweigendes Einvernehmen

under|state *v/t* zu niedrig ansetzen/ausweisen; **u.stock** *v/t* zu wenig einlagern, zu kleines Lager unterhalten; **u.stretched** *adj* nicht voll ausgelastet; **u.subscribed** *adj* nicht in voller Höhe gezeichnet; **u.take** *v/t* 1. unternehmen; 2. *(Verpflichtung/Aufgabe)* übernehmen; 3. sich verpflichten, zusagen; 4. leisten

undertaking *n* 1. Unternehmen *nt*, Unternehmung *f*, Betrieb *m*, Geschäft *nt*; 2.

Zusicherung *f*, Verpflichtung *f*; **u. of guarantee** Garantieleistung *f*; **to give an u.** Zusage machen, Verpflichtung eingehen; **commercial u.** Handelsunternehmen *nt*, Gewerbe-, Wirtschaftsbetrieb *m*; **contractual u.** vertragliche Zusicherung, vertragliches Versprechen; **distributive u.** Vertriebsunternehmen *nt*; **industrial u.** Industrieunternehmen *nt*, I.betrieb *m*; **municipal u.** Kommunalbetrieb *m*; **other u.s** *(Bilanz)* sonstige Gewährleistungen; **public(-sector) u.** öffentliches Unternehmen; **speculative u.** Risikogeschäft *nt*

under|utilization *n* Unterbeschäftigung *f*, ungenügende Auslastung/Nutzung; **u.-utilized** *adj* nicht voll ausgenutzt; **u.valuation** *n* Unter-, Minderbewertung *f*; **u.value** *v/t* unterbewerten, zu niedrig bewerten; **u.weight** *n* Fehl-, Mindergewicht *nt*; **u.write** *v/t* 1. versichern, (Risiko) abdecken, Versicherung übernehmen für; 2. *(Emission)* garantieren; 3. den Vertrieb übernehmen

underwriter *n* 1. (Privat)Versicherer *m*, Versicherungsgeber *m*, V.träger *m*; 2. *(Emission)* (Anleihe)Garant(in) *m/f*; **u.s** 1. Versicherungsgesellschaft *f*; 2. Emissions-, (Platzierungs)Konsortium *nt*; **direct u.** Erstversicherer *m*; **individual u.** Einzelversicherer *m*; **leading u.** 1. Direkt-, Erstversicherer *m*; 2. Konsortialführer(in) *m/f*; **managing u.** geschäftsführende Emissionsgesellschaft; **marine u.** See(transport)versicherer *m*; **multiple-line u.** Komposit-, Universalversicherer *m*; **principal u.** Alleinvertriebsgesellschaft *f*; **u.'s commission** Konsortialmarge *f*; **~ slip** Versicherungsabschlussbeleg *m*

underwriting *n* 1. Versicherung(sgeschäft) *f/nt*, Risikoübernahme *f*, (Risiko) Absicherung *f*; 2. (Emissions)Garantie *f*, Wertpapierkonsortialgeschäft *nt*; **u.s** Beteiligung an syndizierten Krediten; **u. of new issues** Garantie der Unterbringung; **corporate u.** Übernahme von Industrieschuldverschreibungen; **joint u.** *(Vers.)* Mitzeichnung *f*; **non-life u.** Sachversicherung(sgeschäft) *f/nt*

underwriting agent Versicherungsagent(in) *m/f*, V.vertreter(in) *m/f*; **u. bank** Syndikatsbank *f*; **u. business** 1. Versicherungsgeschäft *nt*; 2. Emissions-, Konsortialgeschäft *nt*; **u. commission** Bonifikation *f*, Konsortial-, Übernahmeprovision *f*; **u. commitment** Konsortialverpflichtung *f*; **u. conditions** Zeichnungsbedingungen *pl*; **u. costs** *(Kapital)* Emissions-, Kapitalkosten *pl*; **u. department** 1. *(Vers.)* Risikoabteilung *f*; 2. *(Emission)* Garantieabteilung *f*; **u. gain** Versicherungsgewinn *m*; **u. group** 1. Versicherungskonsortium *nt*; 2. Emissionskonsortium *nt*; **u. guarantee** *(Emission)* Übernahmegarantie *f*; **u. limit** *(Vers.)* Zeichnungsgrenze *f*; **u. loss** 1. Versicherungsverlust *m*, Verlust aus dem Versicherungsgeschäft; 2. Emissionsverlust *m*; **u. member** *(Lloyd's)* Konsortial-, Syndikatsmitglied *nt*; **u. obligation** Übernahmeverpflichtung *f*; **u. premium** Emissionsagio *nt*; **u. price** Übernahmekurs *m*; **u. profit** 1. Versicherungsgewinn *m*; 2. Emissionsgewinn *m*; **u. result** 1. Ergebnis aus dem Versicherungsgeschäft; 2. Ergebnis aus dem Emissionsgeschäft; **u. risk** 1. Versicherungsrisiko *nt*; 2. Emissionsrisiko *nt*; **u. syndicate** 1. Versicherungskonsortium *nt*; 2. Emissions-, Übernahmekonsortium *nt*

un|developed *adj* *(Grundstück)* unbebaut, unerschlossen; **u.discharged** *adj* 1. nicht entlastet; 2. nicht abgeladen/entladen; 3. unbezahlt; **u.disclosed** *adj* nicht genannt/veröffentlicht; **u.distributed** *adj* 1. unverteilt; 2. *(Gewinn)* thesauriert, einbehalten; **u.earned** *adj* nicht erarbeitet/verdient; **u.economic(al)** *adj* unwirtschaftlich, unrentabel; **u.employable** *adj* arbeitsuntauglich, nicht vermittlungsfähig

the unemployed *n* die Arbeits-, Erwerbs-, Stellungslosen *pl*; **the long-term u.** Langzeitarbeitslose *pl*; *adj* unbeschäftigt, arbeitslos, erwerbslos

unemployment *n* Arbeits-, Erwerbslosigkeit *f*

aggregate unemployment konjunkturelle Arbeitslosigkeit; **camouflaged u.** versteckte/verdeckte Arbeitslosigkeit; **casual u.** Fluktuationsarbeitslosigkeit *f*; **claimant-count u.** offizielle Arbeitslosigkeit; **chronic u.** Dauerarbeitslosigkeit *f*; **concealed u.** versteckte/verdeckte Arbeitslosigkeit; **cyclical u.** konjunkturbedingte Arbeitslosigkeit; **deficient-demand/demand-deficient u.** nachfragebedingte Arbeitslosigkeit; **female u.** Frauenarbeitslosigkeit *f*; **fluctuating u.**

U

Fluktuationsarbeitslosigkeit *f*; **general u.** Massenarbeitslosigkeit *f*; **hard-core u.** Sockelarbeitslosigkeit *f*, chronische Arbeitslosigkeit; **hidden u.** versteckte/verdeckte Arbeitslosigkeit; **intermittent u.** wiederkehrende Arbeitslosigkeit; **persistent u.** Dauerarbeitslosigkeit *f*; **registered u.** offizielle Arbeitslosigkeit/A.losenzahlen; **residual u.** Restarbeitslosigkeit *f*; **seasonal u.** saisonale/jahreszeitlich bedingte Arbeitslosigkeit; **structural u.** strukturelle/strukturbedingte Arbeitslosigkeit; **temporary u.** vorübergehende Arbeitslosigkeit

unemployment aid Arbeitslosenhilfe *f*; **u. benefit** Arbeitslosengeld *nt*, A.unterstützung *f*; **u. compensation** *[US]* Arbeitslosengeld *nt*; **u. figure(s)** Arbeitslosenziffer *f*, A.statistik *f*; **u. insurance** Arbeitslosenversicherung *f*; **statutory u. insurance** Arbeitslosenpflichtversicherung *f*; **u. insurance contribution** Arbeitslosenversicherungsbeitrag *m*; **u. pay** Arbeitslosengeld *nt*; **u. rate** Arbeitslosenquote *f*; **u. register** Arbeitslosenzahl *f*; **to be on the u. register** als arbeitslos gemeldet sein; **u. relief** Arbeitslosenhilfe *f*, A.fürsorge *f*; **u. tax** *[US]* Arbeitslosenversicherungsbeitrag *m*; **u. total** Gesamtarbeitslosigkeit *f*

un|encumbered *adj* hypotheken-, schulden-, lastenfrei; **u.enforceable** *adj* nicht eintreibbar/vollstreckbar; **u.ethical** *adj* standes-, sittenwidrig; **u.expired** *adj* noch nicht abgelaufen, noch gültig; **u.exploited** *adj* 1. ungenutzt; 2. *(Ressourcen)* nicht erschöpft; **u.fair** *adj* unlauter, unangemessen; **u.favourable** *adj* 1. ungünstig, negativ; 2. *(Bilanz)* passiv; **u.filled** *adj* 1. *(Auftrag)* unerledigt; 2. *(Stelle)* offen, vakant, frei

unfit *adj* ungeeignet, unqualifiziert; **u. for use** unbrauchbar; **~ work** arbeitsunfähig; **u.ness** *n* Untauglichkeit *f*, mangelnde Eignung; **~ for work** Arbeitsunfähigkeit *f*

un|foreseen *adj* unvorhergesehen, außerplanmäßig; **u.founded** *adj* unbegründet, grundlos; **u.franked** *adj* ✉ nicht freigemacht; **u.funded** *adj* 1. nicht konsolidiert; 2. *(Schuld)* schwebend; **u.furnished** *adj* unmöbliert; **u.hampered** *adj* ungehindert

uniform *n* Uniform *f*, Dienstkleidung *f*; *adj* einheitlich, gleichmäßig

uniformity *n* Einheitlichkeit *f*, Gleichmäßigkeit *f*; **u. of customs systems** Einheitlichkeit der Zollsysteme; **u. and equality of taxation** Gleichmäßigkeit der Besteuerung

unilateral *adj* einseitig

un|impaired *adj* unbeeinträchtigt; **u.improved** *adj* 1. unveredelt; 2. 🚜 unbebaut; **u.incorporated** *adj* nicht eingetragen/rechtsfähig; **u.insurable** *adj* unversicherbar; **u.insured** *adj* nicht versichert, unversichert, ungedeckt; **u.intentional** *adj* unbeabsichtigt; **u.interrupted** *adj* ununterbrochen, kontinuierlich

union *n* ↘ **labor union; trade union** 1. Vereinigung *f*, Verbindung *f*, Zusammenschluss *m*, (Zweck)Verband *m*; 2. Gewerkschaft *f*; **the u.s and the employers; u.s and management** Tarif-, Sozialpartner *pl*, Tarifparteien *pl*

affiliated union Einzel-, Mitgliedsgewerkschaft *f*; **blue-collar u.** Arbeitergewerkschaft *f*; **economic u.** Wirtschaftsgemeinschaft *f*; **~ and monetary u.** Wirtschafts- und Währungsunion *f*; **industrial u.** Industrie-, Einheitsgewerkschaft *f*; **monetary u.** Währungsunion *f*; **occupational u.** Berufsgewerkschaft *f*; **single-industry u.** Einzelgewerkschaft *f*; **white-collar u.** Angestelltengewerkschaft *f*; **yellow u.** *(pej.)* Betriebsgewerkschaft *f*

union affiliation Gewerkschaftszugehörigkeit *f*; **u. branch** Ortsgruppe der Gewerkschaft; **u. card** Mitgliedsausweis *m*; **u. contract** (Gewerkschafts)Tarifvertrag *m*, T.abschluss *m*; **u. contribution/dues** Gewerkschaftsbeitrag *m*; **u. delegation** Gewerkschaftsvertretung *f*; **u. demands** Gewerkschaftsforderungen *pl*; **u. enterprise** gewerkschaftseigenes Unternehmen; **u. funds** Gewerkschaftskasse *f*, G.gelder *pl*; **u. headquarters** Gewerkschaftszentrale *f*

union|ization *n* gewerkschaftlicher Organisationsgrad; **u.ism** *n* Gewerkschaftswesen *nt*, G.bewegung *f*; **u.ist** *n* Gewerkschaftsangehörige(r) *f/m*, G.mitglied *nt*, Gewerkschaftler(in) *m/f*; **u.ize** *v/t* gewerkschaftlich organisieren

union leader Gewerkschaftsführer(in) *m/f*; **u. member** Gewerkschaftler(in) *m/f*, Gewerkschaftsangehörige(r) *f/m*, G.mitglied *nt*; **u. membership** Gewerkschaftsmitgliedschaft *f*, G.zugehörigkeit *f*;

~ **agreement** *[GB]* Vereinbarung über Gewerkschaftszwang; **u. movement** Gewerkschaftsbewegung *f*; **u. official** Gewerkschaftsfunktionär(in) *m/f*; **u. rights** Gewerkschaftsrechte *pl*; **u. shop** Betrieb mit gewerkschaftlicher Zwangsmitgliedschaft; **the u. side** Gewerkschaftsvertreter *pl*; **u. wage** Tariflohn *m*, von der Gewerkschaft ausgehandelter Lohn; ~ **policy** gewerkschaftliche Tarifpolitik

unique *adj* einzigartig

unit *n* 1. Einheit *f*, Stück *nt*; 2. (Fonds-/Investment)Anteil *m*, Zertifikat *nt*

unit of account (U/A) (Ver)Rechnungseinheit *f*; **European ~ account (U/A)** Europäische Rechnungseinheit; **~ activity** Kostenstelle *f*; **~ consumption** Verbrauchseinheit *f*; **~ manufacture** Fertigungseinheit *f*; **~ organisation** Organisationseinheit *f*; **~ output/production** Erzeugungs-, Produkt(ions)einheit *f*, Kostenträger *m*; **~ product method (of depreciation)** leistungsproportionale Abschreibung; **~ reference** Bezugsgröße *f*; **~ sampling** Stichproben-, Auswahleinheit *f*; **~ trade** *(Börse)* Handels-, Verkehrseinheit *f*; **~ trading** Mindestmenge *f*, Schluss *m*; **~ value** Wert-, Währungseinheit *f*; **~ work** Arbeitseinheit *f*

decision-making unit Entscheidungsträger *m*; **defective u.** Schlechtstück *m*, fehlerhaftes Stück; **economic u.** Wirtschaftssubjekt *nt*, W.abteilung *f*; **functional u.** Funktionseinheit *f*; **governmental u.** Gebietskörperschaft *f*; **industrial u.** Industrie-, Produktionsbetrieb *m*; **interchangeable u.** Wechselbrücke *f*; **separate legal u.** rechtliche Einheit, juristische Person; **monetary u.** Währungseinheit *f*; **organisational u.** Organisationseinheit *f*, organisatorische Einheit; **peripheral u.** Anschlussgerät *nt*; **political u.** Gebietskörperschaft *f*; **self-contained u.** in sich selbständige/abgeschlossene Einheit; **square u.** Flächeneinheit *f*; **statistical u.** statistische Einheit; **viable u.** lebensfähige Betriebseinheit

unit bank *[US]* Bank ohne Zweigstellen, Einzelbank *f*; **u. banking** Einzelbankwesen *nt*; **u. billing** Sammel(ab)rechnung *f*, S.faktura *f*; **u. certificate** Anteilsschein *m*, Investmentzertifikat *nt*; **u. construction principle** Baukastenprinzip *nt*

unit cost Kosteneinheit *f*; **u. c.s** Stück-, Einzelkosten *pl*; **u. c. accounting; u. c.-ing** Stück(kosten)kalkulation *f*

unit depreciation Einzelabschreibung *f*

United Kingdom (UK) Vereinigtes Königreich

United Nations (UN) Vereinte Nationen; **~ Conference on Trade and Development (UNCTAD)** Welthandels- und Entwicklungskonferenz der Vereinten Nationen; **~ Food and Agricultural Organization (FAO)** Organisation der Vereinten Nationen für Ernährung und Landwirtschaft; **~ Industrial Development Organization (UNIDO)** Organisation der Vereinten Nationen für industrielle Entwicklung

unit fee Gebühr pro Einheit; **u. growth** Wertzuwachs eines Fondsanteils; **u. holder** *n* (Fonds)Anteilschein-, Investment(zertifikats)besitzer *m*; **u. investment trust** Kapitalanlage-Gesellschaft *f*

unitiz|ation *n* 1. Umwandlung in eine Kapitalanlagegesellschaft; 2. Zergliederung in Einheiten; 3. Zertifikatsausstellung *f*; **u.e** *v/t* 1. in Einheiten zergliedern; 2. *(Ladung)* optimal zusammenstellen; 3. *(Anlagefonds)* Zertifikate ausgeben

unit labour cost(s) Lohnstückkosten *pl*, Lohnkosten je Ausbringungseinheit; **u.-linked** *adj* fondsgebunden; **u. load** 1. Stückgut *nt*; 2. Ladeeinheit *f*; **u. loss** Verlust pro Stück; **u. price** 1. Einzel-, Stückpreis *m*; 2. *(Fonds)* Preis pro Anteil, Anteilspreis *m*; **u. pricing** Einheitspreisfestsetzung *f*; **u. production** Einzelfertigung *f*, Stückproduktion *f*; **u. profit** Gewinn pro Stück; **u. rate** 1. Stücktarif *m*; 2. Einheitsrate *f*; **u. sales** 1. verkaufte Stückzahl, (Stück)Absatz *m*; 2. Verkauf von Fondsanteilen; **non-par-value u. share** nennbetraglose Stückaktie

unit trust Kapitalanlagegesellschaft *f*, Investmentfonds *m*, I.trust *m*; **accumulating u. t.** Thesaurierungsfonds *m*; **u. t. certificate** Investmentzertifikat *nt*

unit valuation *(Abschreibung)* Einzelbewertung *f*; **u. value** *(Fonds)* Anteilswert *m*; **u. wage costs** Lohnstückkosten *pl*; **u. weight** Stückgewicht *nt*

unity *n* Einheit *f*; **u. of command** Einheit der Auftragserteilung; **economic u.** wirtschaftliche Einheit

universe *n* statistische Masse

university *n* Universität *f*, Hochschule *f*; **u. training** Hochschul-, Universitätsausbildung *f*

un|justified *adj* ungerechtfertigt, unberechtigt; **u.laden** *adj* unbeladen, leer; **u.-labelled** *adj* nicht gekennzeichnet/markiert; **u.lawful** *adj* unerlaubt, widerrechtlich, unzulässig; **u.lettable** *adj* nicht vermietbar; **u.levied** *adj* unerhoben; **u.likely** *adv* unwahrscheinlich; **to be ~ to do sth.** etw. wohl nicht tun; **u.liquidated** *adj (Schaden)* nicht festgestellt; **u.listed** *adj* 1. nicht verzeichnet; 2. *[US] (Börse)* unnotiert, nicht börsenfähig; **u.-load** *v/t* 1. ab-, aus-, entladen, Ladung löschen; 2. verkaufen, auf den Markt werfen

unloading *n* 1. Ab-, Aus-, Entladen *nt*; 2. ⚓ Löschen *nt*; 3. *(Börse)* stoßartiger Verkauf; **u. berth** ⚓ Löschplatz *m*; **u. charge** Entladegebühr *f*; **u. charges** Löschkosten *pl*, L.geld *nt*; **u. date** Entladetermin *m*; **(stipulated) u. period** Entladefrist *f*; **u. risk** Löschrisiko *nt*; **u. time** Löschzeit *f*

un|managed *adj* unbewirtschaftet; **u.-manned** *adj* unbesetzt; **u.marketable; u.merchantable** *adj* unverkäuflich, nicht zum Verkauf geeignet; **u.mortgaged** *adj* unbelastet, hypothekenfrei; **u.navigable** *adj* ⚓ nicht schiffbar/befahrbar; **u.occupied** *adj* unbesetzt, frei, leer stehend; **u.official** *adj* 1. inoffiziell, nicht genehmigt; 2. außerbörslich; **u.packed** *adj* unverpackt, lose; **u.paid** *adj* 1. unbezahlt, rückständig; 2. ✉ nicht freigemacht/frankiert; 3. *(Scheck)* nicht eingelöst; **u.-precedented** *adj* beispiellos, ohnegleichen; **u.productive** *adj* unergiebig, unproduktiv, unwirtschaftlich; **u.profitable** *adj* unrentabel, verlustbringend; **u.protected** *adj* 1. schutzlos; 2. *(Wechsel)* nicht gedeckt; 3. *(Vers.)* ohne Deckung; **u.-quoted** *adj* nicht (börsen)notiert; **u.-realizable** *adj* nicht verwertbar, nicht zu verkaufen; **u.realized** *adj (Gewinn)* nicht realisiert; **u.receipted** *adj* ohne Quittung, nicht quittiert; **u.redeemable** *adj (Kredit/Anleihe)* unkündbar, untilgbar; **u.redeemed** *adj* ungetilgt, nicht zurückgezahlt; **u.registered** *adj (Warenzeichen)* gesetzlich nicht geschützt; **u.regulated** *adj* ungeregelt, unreguliert; **u.reliable** *adj* unzuverlässig; **u.remunerative** *adj* nicht lohnend, unwirtschaftlich; **u.rest** *n* Unruhe *f*; **industrial u.rest** Arbeitskampf *m*, A.auseinandersetzung *f*; **u.restricted** *adj* unbeschränkt, freizügig; **u.returnable** *adj* Einweg-, Wegwerf-; **u.rivalled** *adj* unerreicht; **u.safe** *adj* gefährlich, nicht sicher; **u.sal(e)able** *adj* unverkäuflich, nicht marktgängig; **u.salaried** *adj* ehrenamtlich; **u.sealed** *adj* unversiegelt, unverschlossen; **u.secured** *adj (Kredit)* ungedeckt, ungesichert, unverbrieft; **u.serviceable** *adj* unbrauchbar, gebrauchsunfähig; **u.skilled** *adj* ungelernt; **u.sold** *adj* 1. unverkauft; 2. *(Emission)* unbegeben; **u.solicited** *adj* unaufgefordert, unverlangt; **u.sophisticated** *adj* einfach; **u.sorted** *adj* unsortiert; **u.sound** *adj* 1. unsolide; 2. *(Firma)* ungesund; **u.spent** *adj* nicht verausgabt; **u.suitable** *adj* untauglich, ungeeignet; **u.tapped** *adj* unerschlossen; **u.taxed** *adj* unbesteuert, steuerfrei; **u.tenanted** *adj* unbewohnt, leer(stehend); **u.trained** *adj* ungeschult, ungelernt; **u.transferable** *adj* nicht übertragbar; **u.treated** *adj (Produkt)* unbehandelt; **u.used** *adj* ungebraucht, ungenutzt, brachliegend; **u.-waged** *adj* arbeitslos; **u.warranted** *adj* ohne Garantie/Gewähr(leistung); **u.-workable** *adj* 1. undurchführbar; 2. ⚒ nicht abbaubar

up *v/t* erhöhen, heraufsetzen; **well up (on)** beträchtlich/deutlich höher (als)

up-and-coming *adj* aufstrebend

ups and downs *n* Auf und Ab *nt*, Auf- und Abbewegung *f*; **cyclical ~ downs** Konjunkturschwankungen *pl*

up|beat *adj* optimistisch; **u.coming** *adj* bevorstehend; **u.date** *n* Modernisierung *f*, Aktualisierung *f*; *v/t* auf den neuesten Stand bringen, aktualisieren, modernisieren; **u.dating** *n* 1. Modernisierung *f*; 2. Aktualisierung *f*; **u.-front** *adj (Zahlung)* Voraus-, vorschüssig, *(Gebühren)* Verwaltungs-; **u.grade** *n* 1. Nachrüstung *f*, Modernisierung *f*; 2. Aktualisierung *f*; *v/t* 1. verbessern, modernisieren; 2. aktualisieren, auf den neuesten Stand bringen; **u.grading** *n* Höher(ein)stufung *f*, H.(ein)-gruppierung *f*, Beförderung *f*; **u.keep** *n* Wartung(skosten) *f/pl*, Instandhaltung *f*; **~ cost** Unterhaltungskosten *pl*; **u.-market; u.-scale** *adj* hochwertig, anspruchsvoll, im oberen Marktsegment; **u.-market presence** Stellung im oberen Marktsegment; **u.rate** *v/t* 1. *(Leistung)* steigern; 2. höher bewerten; **U.right!** Nicht stürzen!; **u.shift** *n* Erhöhung *f*; **u.-side** *n* Plusseite *f*, Vorteil *m*; **u.stream** *adj (fig)* vorgelagert

upsurge *n* 1. Wachstumsschub *m*, steiler Anstieg; 2. Eskalation *f*; **u. in inflation** Inflationsstoß *m*; **~ interest rates** Zinsauftrieb *m*; **~ prices** Preisaufschwung *m*, P.auftrieb *m*, P.welle *f*; **~ share** *[GB]*/ **stock** *[US]* **prices** Aktienhausse *f*, Kursanstieg *m*

upswing (in economic activity); cyclical/economic u. *n* Konjunkturanstieg *m*, (K.)Aufschwung *m*, K.belebung *f*, Belebung der Konjunktur, konjunkturelle Erholung; **seasonal u.** Saisonaufschwung *m*, saisonale Belebung; **u. forces** Auftriebskräfte *pl*

up|take *n* Aufnahme *f*, Akzeptanz *f*; **u.-time** *n* Betriebszeit *f*; **u.thrust** *n* Aufwärtsdruck *m*

up-to-date *adj* modernst

uptrend *n* 1. Aufwärtstrend *m*, A.tendenz *f*, steigende Tendenz; 2. *(Börse)* Kursauftrieb *m*, Hausseneigung *f*

upturn *n* 1. Aufwärtsbewegung *f*, A.trend *m*, Anstieg *m*, Aufschwung *m*, Belebung *f*; 2. *(Börse)* Kurssteigerung *f*; **u. in the building industry** Bauaufschwung *m*; **~ business (activity)** Geschäfts-, Absatzbelebung *f*; **~ demand** Nachfragebelebung *f*; **~ interest rates** Zinsauftrieb *m*; **~ prices/quotations** Kursaufschwung *m*, K.anstieg *m*; **cyclical/economic u.** Konjunkturauftrieb *m*, K.aufschwung *m*, konjunkturelle Belebung, Anspringen der Konjunktur

up|valuation *n* Aufwertung *f*, Höherbewertung *f*; **u.value** *v/t* aufwerten, höher bewerten

urban *adj* städtisch, Stadt-; **u.ization** *n* Verstädterung *f*, Großstadtbildung *f*, Urbanisierung *f*; **u.ized** *adj* verstädtert

urgen|cy *n* Eile *f*, Dringlichkeit *f*; **u.t** *adj* eilig, dringend

usable *adj* brauchbar, verwendbar, verwertbar, in gebrauchsfähigem Zustand

U.S. accounting principles (US-GAAP) Bilanzierungsgrundsätze der Vereinigten Staaten

usage *n* Brauch *m*, Gepflogenheit *f*, Praxis *f*, Usance *f (frz.)*; **u. of the market** Handelsbrauch *m*; **commercial/mercantile u.** Handelsbräuche *pl*, H.usancen *pl*; **in accordance with commercial u.** handelsüblich; **u. charge** Benutzungsgebühr *f*; **u. rate** Lagerabgangs-, Verbrauchsrate *f*; **u. value** Gebrauchswert *m*

use *n* 1. Gebrauch *m*, Verwendung(smöglichkeit) *f*, V.szweck *m*, Inanspruchnahme *f*; 2. *(Gas/Wasser/⚡)* Entnahme *f*, Verbrauch *m*; **unfit for u.** unbrauchbar

use and benefit for life lebenslängliche Nutzung; **u. of capacity** Kapazitätsauslastung *f*; **multiple ~ capital** Mehrfachbelegung des Eigenkapitals; **~ funds** Mittelverwendung *f*; **economical ~ funds** wirtschaftlicher Mitteleinsatz; **~ information** Informationsverwendung *f*; **~ the internet** Internetnutzung *f*; **~ land** Boden-, Landnutzung *f*; **u. and occupancy insurance** Betriebsunterbrechungs-, Stillstandsversicherung *f*; **u. of a patent** Verwertung eines Patents

ready for use gebrauchs-, einsatzbereit, gebrauchsfertig

to change the use umnutzen; **to fall/go out of u.** veralten

agricultural use landwirtschaftliche Nutzung; **beneficial u.** Nutz(nieß)ung *f*, Nießbrauch *m*; **commercial u.** gewerbliche/wirtschaftliche Nutzung; **contractual u.** bestimmungsgemäßer Gebrauch; **daily u.** tägliche Betriebszeit; **economic u.** wirtschaftliche Nutzung/Verwendung, sparsamer Gebrauch; **excessive u.** übermäßiger Gebrauch; **exclusive u.** alleinige Nutzung; **for immediate u.** zum sofortigen Verbrauch bestimmt; **improper u.** unsachgemäßer Gebrauch, mißbräuchliche Nutzung; **industrial u.** gewerbliche/industrielle Nutzung; **intended u.** Zweckbestimmung *f*, Einsatzzweck *m*; **mixed u.** Nutzungsmischung *f*; **multiple u.** Mehrfachnutzung *f*; **personal/private u.** Eigengebrauch *m*, persönlicher Gebrauch, Privat-, Eigennutzung *f*; **best possible u.** optimale Nutzung; **proper u.** ordnungsgemäße Benutzung; **sole u.** Nutzungsmonopol *nt*; **temporary u.** vorübergehende Verwendung; **unauthorized u.** unbefugter Gebrauch, Missbrauch *m*

use *v/t* (ab)nutzen, benutzen, (ge)brauchen, verwenden, verwerten; **u. up** aufbrauchen, aufzehren; **ready for u.** gebrauchsfertig; **u.d** *adj* gebraucht, aus zweiter Hand; **industrially u.d** industrieüblich; **u.ful** *adj* zweckmäßig, nützlich

usefulness *n* Nützlichkeit *f*, Zweckmäßigkeit *f*, Brauchbarkeit *f*; **economic u.** gesamtwirtschaftlicher Nutzen; **lost u.** Wert-, Brauchbarkeitsminderung *f*

user *n* 1. Benutzer(in) *m/f*, Anwender(in) *m/f*, Verbraucher(in) *m/f*; 2. Nutznießer(in) *m/f*; **commercial/industrial u.** gewerbliche(r) Nutzer(in); **domestic u.** Privatverbraucher(in) *m/f*; **ultimate u.** Letzt-, Endverbraucher(in) *m/f*

user acceptance Benutzerakzeptanz *f*; **u. charge/fee** Benutzergebühr *f*; **u. cost(s)** kalkulatorische Abschreibung; **u. data** Benutzerdaten *pl*; **u.-definable** benutzerdefinierbar; **u. feedback** Rückmeldung von den Nutzern; **u. file** Anwenderdatei *f*; **u.-friendliness** *n* Anwender-, Benutzerfreundlichkeit *f*; **u.-friendly** *adj* anwender-, benutzer-, bedienungsfreundlich; **u. guide** Benutzerhandbuch *nt*; **u. identification** Benutzeridentifikation *f*; **u. industry** Verbraucherindustrie *f*; **u. inquiry** Benutzerabfrage *f*; **u. instructions** Gebrauchsanleitung *f*; **u. interface** Benutzer-, Bedieneroberfläche *f*, B.schnittstelle *f*, Benutzerschnittstelle *f*; **u.'s manual** Benutzerhandbuch *nt*; **u. name** Anwendername *m*; **u. object** Benutzerobjekt *nt*; **u. privilige** Benutzer-Privileg *nt*; **u. profile** Benutzer-Profil *nt*; **u. resistance** Verbraucherwiderstand *m*; **u. service** Benutzerservice *m*; **u. software** Anwendersoftware *f*; **u. support** Benutzerunterstützung *f*; **u. surface** Benutzeroberfläche *f*; **u. task group** Arbeitskreis der Nutzer; **u. terminal** Benutzerstation *f*

use tax *[US]* Aufwands-, Verbrauchssteuer *f*

U.S. Government securities US Staatspapiere *pl*

usufruct *n* (Sach)Nießbrauch *m*, Nutznießung *f*; **u.uary** *n* Nießbrauchberechtigte(r) *f/m*, Nießbraucher(in) *m/f*

usurious *adj* wucherisch, Wucher-

usury *n* (Geld-/Kredit-/Zins)Wucher *m*

utility *n* 1. Nutzen *m*, Nützlichkeit *f*; 2. Versorgungsbetrieb *m*, V.unternehmen *nt*; **electric u.** Stromversorger *m*; **expired u.** aufgelaufene Abschreibungen; **final/marginal u.** Grenznutzen *m*; **marginal u. of labour** Grenznutzen der Arbeit; **~ of money** Grenznutzen des Geldes; **~ school** Grenznutzenschule *f*; **~ theory** Grenznutzenlehre *f*, G.theorie *f*; **public u. (company)** öffentlicher/gemeinnütziger Versorgungsbetrieb; **social u.** gesamtwirtschaftlicher/gesellschaftlicher Nutzen; **total u.** Gesamtnutzen *m*

utility analysis Nutzwertanalyse *f*; **u. charges** Energiekosten *pl*; **u. factor** Nutzfaktor *m*; **u. goods** (einfache) Gebrauchsgüter *pl*; **u. maximization** Nutzenmaximierung *f*; **u. model** *[GB]* Gebrauchsmuster *nt*; **u. patent** Gebrauchsmuster *nt*, Verwertungspatent *nt*; **u. program** Hilfs-, Dienstprogramm *nt*; **u. share** Versorgeraktie *f*; **u. value** Gebrauchs-, Nutzwert *m*; **u. vehicle** Mehrzweck-, Nutzfahrzeug *nt*

utilization *n* Einsatz *m*, (Aus)Nutzung *f*, Verwendung *f*, Verwertung *f*

utilization of capacity Beschäftigungsgrad *m*, Kapazitätsauslastung *f*; **~ facilities** Auslastung *f*; **~ land** Land-, Bodennutzung *f*; **~ loan funds** Kreditverwendung *f*; **~ manufacturing capacity** Ausnutzung der Produktionskapazität; **~ materials** Materialverwertung *f*; **u. by third parties** Fremdnutzung *f*; **u. of existing plant; ~ plant capacities** Anlagenauslastung *f*; **~ production capacity** Produktionsauslastung *f*; **~ storage capacity** Lagerauslastung *f*; **~ waste** Abfallverwertung *f*; **~ waste products** Abfallwirtschaft *f*

commercial utilization gewerbliche Nutzung/Verwertbarkeit; **effective u.** rationelle Ausnutzung; **standard u.** Normalauslastung *f*

utilization rate (Kapazitäts)Auslastungsgrad *m*; **u. rights** Verwertungsrechte *pl*

utilize *v/t* benutzen, (aus)nutzen, verwenden, verwerten

V

vacancy *n* 1. freie/offene Stelle, Vakanz *f*; 2. (*Zimmer*) Leerstand *m*; **vacancies** 1. Arbeitsplatz-, Stellenangebot *nt*; 2. *(Hotel)* Zimmer frei; **to advertise a v.** Stelle ausschreiben; **to fill a v.** (freie) Stelle besetzen; **to have a v.** Stelle zu vergeben/besetzen haben; **unfilled v.** offene Stelle; **v. level/rate** Leerstandsquote *f*

vacant *adj* unbesetzt, offen, frei(stehend)
vacate *v/t* 1. freimachen, *(Wohnung)* räumen; 2. *(Stelle)* aufgeben
vacation *n* 1. Räumung *f*; 2. *[US]* ↘ **holiday** Ferien *pl*, Urlaub *m*; **annual v.** Jahresurlaub *m*; **~ with pay** bezahlter Jahresurlaub; **v. allowance/benefit** Urlaubsgeld *nt*, U.vergütung *f*; **v. back pay** Nachgewährung von Urlaubsansprüchen; **v. eligibility** Urlaubsanspruch *m*; **v. industry** Ferien-, Urlaubsindustrie *f*; **v. pay(ment)** Urlaubsgeld *nt*, U.vergütung *f*; **v. job** Ferienarbeit *f*; **v. replacement/ substitute** Urlaubsvertretung *f*; **v. schedule** Ferien-, Urlaubsordnung *f*; **v. shutdown** Werksferien *pl*; **v. work** Ferienarbeit *f*
vacuum *n* Vakuum *nt*; **v. pack** Frischhalte-, Vakuum(ver)packung *f*; **v.-packed** *adj* vakuumverpackt; **v.-sealed** *adj* luftdicht verschlossen
valid *adj* 1. geltend, (voll)gültig; 2. § rechtskräftig; **v. until cancelled/recalled** gültig bis auf Widerruf; **v.ate** *v/t* (rechts)gültig/rechtswirksam machen, bestätigen; **v.ation** *n* Inkraftsetzung *f*, Bestätigung *f*
validity *n* 1. Gültigkeit(sdauer) *f*, Laufzeit *f*; 2. Stichhaltigkeit *f*; 3. Rechtskraft *f*; **v. of a claim** Anspruchsberechtigung *f*, Rechtmäßigkeit eines Anspruchs; **~ a contract** Vertragsgültigkeit *f*; **~ a guarantee** Gültigkeit(sdauer) einer Garantie; **v. in law** Rechtsgültigkeit *f*; **legal v.** Rechtskraft *f*; **v. period** Laufzeit *f*
valuable *adj* wertvoll, kostbar; **v.s** *n* Wertsachen *pl*, W.gegenstände *pl*
valuate *v/t* bewerten, (ab)schätzen, taxieren
valuation *n* 1. (Be)Wertung *f*, Beurteilung *f*, Einschätzung *f*; 2. Wert(ansatz) *m*, W.festsetzung *f*, Schätzwert *m*, Preis *m*, Taxe *f*; 3. *(Gutschrift)* Wertstellung *f*; 4. Bilanzierung *f*
valuation of (net) assets Bewertung von Aktiva; **assessed ~ company assets** Einheitsbewertung des Betriebsvermögens; **~ a balance sheet item** Bilanzansatz *m*; **~ claims** Bewertung von Forderungen; **~ the company as a going concern** Gesamtbewertung (eines Betriebs) *f*; **v. at cost** Bewertung zu Gestehungskosten; **~ cost or market whichever is the lower** Bewertung nach dem Niederstwertprinzip; **v. for customs purposes** ⊖ Zollbewertung *f*; **v. at market** Bewertung zum Marktpreis; **v. of receivables** Forderungsbewertung *f*; **v. at replacement cost** Bewertung zum Wiederbeschaffungspreis
to adjust valuations Wertberichtigungen vornehmen
actuarial valuation versicherungstechnische Bewertung; **aggregate/collective v.** Sammel-, Gruppenbewertung; **conservative v.** vorsichtige Bewertung/ Schätzung; **discretionary v.** Bewertungswahlrecht *nt*; **global v.** Gruppenbewertung *f*; **going-concern v.** Gesamtbewertung (eines Betriebs) *f*; **increased v.** Höherbewertung *f*; **individual/separate v.** Einzelbewertung *f*; **item-by-item v.** Einzelbewertung *f*; **net v.** Nettobewertung *f*; **uniform v.** einheitliche Bewertung
valuation account Wertberichtigung(skonto) *f/nt*; **v. adjustment** Wertberichtigung *f*; **lump-sum ~ on receivables** Pauschalwertberichtigung auf Forderungen; **v. allowance** Wertberichtigung *f*; **v. band** *[GB]* Bewertungsbereich *m*; **v. base** Bewertungs-, Bemessungsgrundlage *f*, Wertansatz *m*; **v. data** Bewertungsunterlagen *pl*; **v. date** Bewertungsstichtag *m*; **v. deduction** Bewertungsabschlag *m*; **v. difference** Bewertungsunterschied *m*; **v. estimate** Schätzung *f*, Taxierung *f*; **v. fee** Schätzgebühr *f*; **v. item** Wertberichtigungsposten *m*; **v. limit** Bewertungsgrenze *f*; **v. method** Berechnungsmethode *f*; **v. model** Bewertungsmodell *nt*; **v. principle** Bewertungsgrundsatz *m*; **basic v. principles** Bewertungsgrundsätze *pl*; **v. reserves** (Rückstellungen für) Wertberichtigungen *pl*; **flat v. reserve** Pauschalwertberichtigung *f*; **v. rules** Bewertungsvorschriften *pl*; **v. standard** Bewertungsmaßstab *m*
value *n* 1. (Tausch-/Verkehrs)Wert *m*, Wertstellung *f*, Preis *m*, Valuta *f*; 2. Wechselbetrag *m*; **at v.** zum Tageskurs; **for v.** gegen Entgelt; **in terms of v.; in v. terms** wertmäßig, w.bezogen
final value of an annuity Rentenendwert *m*; **v. of fixed assets** Wert des Anlagevermögens; **net ~ tangible assets** Substanzwert *m*; **~ (a business) as a going concern** Unternehmenswert *m*,

V

(Geschäfts)Wert eines Unternehmens; **~ the company** Unternehmenswert *m*; **v. for customs purposes** ⊝ Zollwert *m*; **aggregate v. of exports** Gesamtwert der Ausfuhr; **v. as per invoice** Rechnungswert *m*; **v. of the matter in controversy** § Streitwert *m*; **v. for money** preiswert, (preis)günstig; **v. of money** Geldwert *m*, Kaufkraft *f*; **v. when new** Neuwert *m*; **v. of output/production** Produktionswert *m*; **v.-at-risk** Value-at-Risk *m*; **v. of sales** Wertumsatz *m*, Absatzwert *m*; **v. for tax purposes** Versteuerungs-, Steuerwert *m*; **v. before use** Neuwert *m*; **v. in use** Gebrauchswert *m*

for value received 1. als Gegenwert; 2. *(Quittung)* Betrag erhalten; **no v.** ohne Wertangabe

to assess the value Wert festsetzen/ermitteln; **to be v. for money; ~ good v.** preiswert/(p.)günstig sein; **to compute the v.** Wert berechnen; **to declare the v. (of the goods)** ⊝ (Güter-/Waren)Wert angeben; **to determine the v.** Wert ermitteln; **to pay for v. received** für Valuta zahlen; **to take for v.** entgeltlich erwerben

accumulated value Endwert *m*; **actual v.** Ist-, Realwert *m*; **actuarial v.** versicherungsmathematischer Wert; **added v.** Mehrwert *m*, Wertzuwachs *m*, W.schöpfung *f*; **annual v.** Jahreswert *m*; **appraised v.** Schätz-, Taxwert *m*; **approximate v.** (An)Näherungswert *m*; **assessed v.** Tax-, Steuer-, Schätzwert *m*; **lower attributable v.** niedrigerer beizulegender Wert; **average v.** Durchschnitts-, Mittelwert *m*; **break-up v.** Zerschlagungswert *m*; **capitalized v.** (Kapital)Ertragswert *m*; **commercial v.** Handels-, Marktwert *m*; **actuarially computed v.** versicherungsmathematisch berechneter Wert; **constant v.** Festwert *m*; **contractual v.** Auftragswert *m*; **corporate v.** Unternehmenswert *m*; **current v.** Tages-, Zeit-, Verkehrs-, Marktwert *m*; **damaged v.** Wert in beschädigtem Zustand; **declared v.** ⊝ angegebener/verzollter Wert, Zollwert *m*; **domestic v.** Binnenwert *m*; **economic v.** Zeit-, Wirtschaftswert *m*; **estimated v.** Schätz-, Taxwert *m*; **external v.** *(Währung)* Außenwert *m*; **extra v.** Zusatznutzen *m*; **fair and equitable v.** Billigkeitswert *m*; **fixed v.** Festwert *m*; **fractional v.** Bruchteilswert *m*; **going(-concern) v.** Buchwert bei Unternehmensfortführung; **good v.** preiswert; **incremental v.** Wertzuwachs *m*; **insurable v.** Versicherungswert *m*; **insured v.** Versicherungssumme *f*; **intrinsic v.** innerer/eigentlicher Wert, Eigenwert *m*; **invoiced v.** Faktura-, Rechnungswert *m*; **of lasting v.** wertbeständig; **liquidating v.** Liquidationswert *m*; **strict lower v. principle** strenges Niederstwertprinzip; **lump-sum v.** Pauschalwert *m*; **marketable v.** Markt-, Verkaufswert *m*; **monetary v.** Geldwert *m*; **nominal v.** Nenn-, Nominalwert *m*, Nennbetrag *m*; **notional v.** fiktiver Wert; **optimum v.** Bestwert *m*; **original v.** Ausgangs-, Ursprungs-, Anschaffungswert *m*; **paid-up v.** *(Vers.)* Umwandlungswert *m*; **part-of-the-whole v.** Teilwert *m*; **present v.** Gegenwartswert *m*; **preset v.** vorgegebener Wert; **rat(e)able v.** *(Kommunalsteuer)* Einheitswert *m*; **real v.** effektiver Wert, Realwert *m*; **net realisable v.** Erlöswert *m*; **residential v.** Wert von Wohnungseigentum; **residual v.** Restwert *m*; **~ v. shown; stated ~ v.** Restwertansatz *m*; **~ v. risk** Restwertrisiko *nt*; **sal(e)able v.** Verkaufs-, Verkehrswert *m*; **second-hand v.** Gebrauchswert *m*; **sentimental v.** Liebhaberwert *m*; **set v.** Sollwert *m*; **of stable v.** wertstabil; **stable v. clause** Wertsicherungsklausel *f*; **standard v.** Normal-, Festwert *m*; **stated v.** Nominalwert *m*, Nennbetrag *m*; **statutory v.** gesetzlich festgesetzter Wert; **surplus v.** Mehrwert *m*; **tangible v.** materieller Wert; **taxable v.** Versteuerungs-, Steuer(mess)wert *m*; **trade-in v.** Rücknahme-, Wiederverkaufswert *m*; **trade-weighted v.** *(Währung)* Handelswert *m*; **weighted v.** gewogener/gewichteter Wert; **written-down v.** Abschreibungs-, Buchwert *m*

value *v/t* (ein-/ab)schätzen, veranschlagen, valutieren, taxieren

value added Wertschöpfung *f*, W.zuwachs *m*, Mehrwert *m*; **~ by processing** Ver-ed(e)lungswert *m*; **aggregate v. a.** volkswirtschaftliche Wertschöpfung; **gross v. a.** Bruttowertschöpfung *f*; **total v. a.** Wertschöpfungsvolumen *nt*; **v.-a. chain** Wertschöpfungskette *f*; **~ quota** Wertschöpfungsquote *f*; **~ system** Wertschöpfungssystem *nt*; **v. a. tax ↘ VAT** Mehrwertsteuer (MWSt) *f*; **liable to ~ tax**

mehrwertsteuerpflichtig; **~ tax rebate** Mehrwertsteuererstattung *f*

value-adding *adj* wertsteigernd; **~ system** Wertschöpfungssystem *nt*; **~ transformation** Wertsteigerungs-Transformation *f*

value adjustment (Einzel)Wertberichtigung *f*; **v. a.s** Preisänderungsrücklage *f*; **v. a. for imported goods** Importwarenabschlag *m*; **collective/global/lump-sum v. a.** Sammel-, Pauschalwertberichtigung *f*; **v. a. account** Wertberichtigungskonto *nt*

value|-based *adj* *(gewichtet)* nach Wert, wertorientiert; **v. bill** Konsignationswechsel *m*; **v. chain** Wertschöpfungskette *f*; **v.-creating** *adj* wertschöpfend; **v. creation** Wertschöpfung *f*; **v.d** *adj* bewertet, veranschlagt, wichtig; **v. date** 1. Wertstellung(sdatum) *f/nt*, Valuta *f*; 2. *(Scheck)* Eingangsdatum *nt*, Valutierungstermin *m*; **forward v. date** Termin Valuta, Terminvalutierung *f*; **v. delivered** Lieferwert *m*; **v. driver** Werttreiber *m*; **v. guarantee** Wertsicherung *f*; **v. increase process** wertorientierte Unternehmenssteuerung; **v. insured** Versicherungswert *m*; **v. management** Wertmanagement *nt*; **present v. method** Barwertmethode *f*; **net ~ method (NPV)** *(Rendite)* Kapitalwertmethode *f*; **v. offer** preiswertes Angebot; **v. period** Valutazeitraum *m*; **v. policy** Versicherungspolice mit Wertangabe; **lowest v. principle** Niederstwertprinzip *nt*

valuer *n* (Be)Gutachter(in) *m/f*, Taxator *m*, Sachverständige(r) *f/m*; **v.'s report** Schätzgutachten *nt*

value stocks Aktien, die sich durch Ertragskraft und Substanz auszeichnen

van *n* Liefer-, (Klein)Lastwagen *m*

vanguard *n* Vorhut *f*, Spitze *f*; **in the v.** führend

variable *n* veränderlicher Faktor, Variable *f*; **critical v.** kritischer Wert; **fixed-point v.** Festkommavariable *f*; **lagged v.** verzögerte Variable; **leading v.** Leitvariable *f*; **monetary v.** währungspolitische Größe; **random v.** Zufallsvariable *f*; **v.** *adj* 1. veränderlich, wechselnd; 2. *(Zins)* beweglich; **v.-interest** *adj* mit Zinsanpassung

variance *n* Abweichung *f*, Unstimmigkeit *f*, Schwankung *f*; **budgeted v.** erwartete Abweichung; **gross v.** *(Kosten)* Gesamtabweichung *f*; **v. analysis** Analyse der Kostenabweichung

customer-specific variant *n* kundenbezogene Variante

variation *n* Veränderung *f*, Abweichung *f*; **v.s in the market price** Kursschwankungen *pl*; **v. in quality** Qualitätsabweichung *f*; **~ value** Wertschwankung *f*; **seasonal v.** Saisonschwankung *f*; **sectoral v.** sektorale Abweichung, Branchenabweichung *f*

variety *n* 1. Auswahl *f*, Vielfalt *f*, V.zahl *f*; 2. Reihe *f*, Sorte *f*; **large v. of goods** großes Sortiment; **v. of models** Typenvielfalt *f*; **v. reduction** Typenbeschränkung *f*; **v. shop** *[GB]*/**store** *[US]* Gemischtwarenladen *m*, Einheitspreisgeschäft *nt*

vary *v/t* (ab-/ver)ändern, variieren; *v/i* sich verändern, schwanken; **v.ing** *adj* sich ändernd

VAT *n* ↘ **value added tax** Mehrwertsteuer (MWSt) *f*; **VAT assessment** Mehrwertsteuerveranlagung *f*; **VAT-exempt** *adj* mehrwertsteuerfrei; **VAT refund** Umsatzsteuervergütung *f*; **VAT return** Umsatzsteuererklärung *f*

VDU (visual display unit) Bildschirm-, Datensichtgerät *nt*

vehicle *n* 1. (Kraft)Fahrzeug *nt*; 2. *(fig)* Träger *m*, Medium *nt*; **v. for advertising** Werbemittel *nt*; **articulated v.** Gelenkfahrzeug *nt*, Sattelschlepper *m*; **commercial v.** Nutzfahrzeug *nt*

vehicle builder Fahrzeugunternehmen *nt*; **v. building/construction** Automobil-, (Straßen)Fahrzeugbau *m*; **v. business** Fahrzeuggeschäft *nt*; **v. currency** Leitwährung *f*; **v. excise duty** *[GB]* Kraftfahrzeugsteuer *f*, Kfz-Steuer *f*; **v. emissions** Fahrzeugemissionen *pl*; **v. insurance** (Kraft)Fahrzeugversicherung *f*; **third-party v. insurance** Kfz-Haftpflichtversicherung *f*; **v. licence tax** Kraftfahrzeugsteuer *f*, Kfz-Steuer *f*; **v. log** Fahrtenbuch *nt*; **commercial v.s market** Nutzfahrzeugmarkt *m*; **v. manufacture** Automobil-, (Straßen)Fahrzeugbau *m*; **v. owner** (Kraft)Fahrzeughalter *m*; **v. population** Fahrzeugbestand *m*; **v. registration** (Kraft)Fahrzeugzulassung *f*; **v. sale(s)** Autoverkauf *m*, A.mobilvertrieb *m*; **v. tax** Auto-, (Kraft)Fahrzeugsteuer *f*

velocity *n* Geschwindigkeit *f*; **v. of money circulation** (Geld)Umlaufgeschwindigkeit *f*; **~ turnover** Umsatz-, Umschlaggeschwindigkeit *f*

vend *v/t* verkaufen; **v.ee** *n* (An)Käufer *m*, Erwerber *m*
vending *n* Automatenverkauf *m*; **v. machine** (Verkaufs)Automat *m*
vendor *n* Verkäufer(in) *m/f*, Lieferant(in) *m/f*; **v. agreement** Lieferantenvertrag *m*; **v. appraisal** Lieferantenbeurteilung *f*; **v. credit** Lieferantenkredit *m*; **v. inspection** Besichtigung durch den Lieferanten; **v. lead time** Beschaffungszeit *f*; **v. literature** Informationsmaterial des Herstellers; **v. selection** Lieferantenauswahl *f*
vendue *n* Auktion *f*, öffentliche Versteigerung
venture *n* Wagnis *nt*, Risiko *nt*, Spekulation *f*, S.sobjekt *nt*, Projekt *nt*; **commercial v.** Handelsspekulation *f*; **cooperative v.** Gemeinschaftsunternehmen *nt*; **corporate v. capital** von Unternehmen bereitgestelltes Risikokapital
joint venture 1. Gemeinschaftsunternehmen *nt*, G.projekt *nt*, Arbeits-, Projektgemeinschaft *f*; 2. Beteiligungsgeschäft *nt*; 3. BGB-Gesellschaft *f*; **contractual j. v.** Projektkooperation *f*; **j, v. account** Beteiligungskonto *nt*; **~ capital** Beteiligungskapital *nt*; **~ company** Gemeinschaftsfirma *f*, Projekt-, BGB-Gesellschaft *f*
speculative venture spekulatives Unternehmen; **successful v.** erfolgreiches Unternehmen
venture *v/t* riskieren, wagen
venture capital Beteiligungs-, Risiko-, Wagniskapital *nt*; **~ company** Wagnisfinanzierungs-, Risikokapitalgesellschaft *f*, R.firma *f*; **v. capitalist (VC)** Risikokapitalgeber *m*; **v. capital market** Risikokapitalmarkt *m*; **v. financing** Wagnis-, Risikofinanzierung *f*; **v. management** Projektleitung *f*; **v.some** *adj* risikobereit, r.freudig
venue *n* 1. § Gerichtsstand *m*; 2. Tagungs-, Veranstaltungsort *m*; **to specify/stipulate the v.** Gerichtsstand bestimmen; **legal v.** Gerichtsstand *m*; **v. clause** Gerichtsstandsklausel *f*; **v. date** Veranstaltungstermin *m*
verdict *n* § (Straf)Urteil *nt*, (Rechts-/Urteils)Spruch *m*; **to reach a v.** (Straf)-Urteil fällen; **quashed v.** aufgehobenes Urteil
verification *n* 1. Bestätigung *f*, Beglaubigung *f*; 2. Prüfung der Richtigkeit; 3. *(Bilanz)* Bereinigung *f*; 5. Feststellung der Echtheit; **v. of an account** Bestätigung eines Kontoauszuges; **~ authenticity** Prüfung der Echtheit; **~ documents** Belegprüfung *f*; **~ quantity** Mengenprüfung *f*; **v. statement** Kosten-, Saldenbestätigung *f*
verify *v/t* beglaubigen, (nach)prüfen
version *n* Fassung *f*, Wortlaut *m*; **authoritative/authorized v.** maßgebliche Fassung, amtlicher Wortlaut; **official v.** amtlicher Wortlaut, amtliche Darstellung; **original v.** Originalfassung *f*; **revised v.** revidierte Fassung; **scaled-down v.** Miniaturausgabe *f*; **standard v.** Normal-, Standardausführung *f*
vessel *n* ⚓ Schiff *nt*, Fahrzeug *nt*; **f.o.b. v.** fob Schiff; **to board/enter a v.** Schiff entern, an Bord (eines Schiffes) gehen; **to charter a v.** Schiff chartern; **to deliver alongside the v.** Längsseite Schiff liefern; **to freight out a v.** Schiff verchartern; **cold-storage/refrigerated v.** (Gefrier)Kühlschiff *nt*; **idle/laid-up v.** außer Dienst gestelltes Schiff; **ocean-going/sea-going v.** (Über)See-, Hochseeschiff *nt*
vesting *n* § Verleihung *f*, Übertragung *f*; **v. date/day** Tag der Besitzübertragung; **v. order** (gerichtliche) Besitzeinweisung *f*
vet *v/t* 1. genau prüfen/untersuchen; 2. *(Person/Sicherheit)* überprüfen
veto *n* Veto *nt*, Einspruch *m*; **suspensive v.** aufschiebendes Veto; **v.** *v/t* Veto einlegen, Einspruch erheben gegen
via *prep* per
viability *n* 1. Brauchbar-, Durchführbarkeit *f*; 2. Lebens-, Existenzfähigkeit *f*; **economic v.** Eigenwirtschaftlichkeit *f*, Rentabilität *f*; **v. study** Machbarkeitsstudie *f*, Wirtschaftlichkeitsberechnung *f*
viable *adj* 1. mach-, durchführbar; 2. lebens-, existenzfähig; **economically v.** rentabel
vicarious *adj* stellvertretend
vice *n* Fehler *m*; **apparent v.** offensichtlicher Fehler; **inherent v.** verborgener Mangel
vice|- stellvertretend; **v.-chairman** *n* stellvertretende(r) Vorsitzende(r); **v.-president** *n [US]* Bereichsleiter(in) *m/f*, Vizepräsident(in) *m/f*, stellvertretende(r) Vorsitzende(r); **executive v. president** geschäftsführende(r) Vizepräsident(in), stellvertretende(r) Generaldirektor(in)

to sweep to victory leicht einen hohen Sieg erringen

video *n* Video(film) *m*; **v. conference** Videokonferenz *f*; **v. conferencing** Durchführung von Videokonferenzen; **v. data terminal** Datensichtgerät *nt*; **v. telephone** Bild(schirm)telefon *nt*; **v.telephony** *n* Bildfernsprechen *nt*; **(interactive) v.-tex(t)** *n* Bildschirmtext (Btx) *m*

view *n* 1. Ansicht *f*; 2. Blick(winkel) *m*; 3. Sicht(weise) *f*; **on v.** zur Besichtigung freigegeben, ausgestellt; **v. of the market** Marktübersicht *f*; **dissenting v.** abweichende Meinung; **prevailing v.** vorherrschende Meinung; **reasoned v.** begründete Meinung; **true and fair v.** *(Bilanzprüfung)* ein den tatsächlichen Verhältnissen entsprechendes Bild

viewing *n* Besichtigung *f*; **v. rate(s)** *(Fernsehen)* Einschaltquote *f*; **v. time** *(Auktion)* Besichtigung(szeiten) *f/pl*; **peak/prime v. time** *(Fernsehen)* Hauptsendezeit *f*

violate *v/t* verletzen, brechen, übertreten

violation *n* ↘ **breach** Verletzung *f*, Verstoß *m*, Übertretung *f*; **v. of the border** Grenzverletzung *f*; **~ contract** Vertragsbruch *m*; **in ~ contract** vertragswidrig; **~ duty** Pflichtverletzung *f*; **~ the duty of care** Verletzung der Sorgfaltspflicht; **~ supervisory duties** Aufsichtspflichtverletzung *f*; **~ foreign exchange regulations** Devisenvergehen *nt*; **~ a law** Rechtsverletzung *f*; **~ a property right** Verletzung eines gewerblichen Schutzrechtes; **~ the rules** Regelwidrigkeit *f*; **anti-competitive v.** Wettbewerbsverstoß *m*; **fiscal v.** Steuerordnungswidrigkeit *f*

violator *n* Zuwiderhandelnde(r) *f/m*

visibility of shipments *n* (Möglichkeit der) Sendungsverfolgung *f*; **door-to-door v.** vollständige Sendungsverfolgung

visible *adj* sichtbar; **v.s** *n* sichtbare Ein- und Ausfuhren, Waren-, Güterverkehr *m*

vision *n* Leitbild *nt*; **corporate v.** Unternehmensvision *f*

visit *n* Besuch *m*; **v. of inspection** Kontrollgang *m*; **fact-finding v.** Informationsbesuch *m*; **follow-up v.** *(Vertreter)* nachfassender Besuch

visiting card *n* *[GB]* Visitenkarte *f*; **v. round** Inspektionsgang *m*

visitor *n* Besucher(in) *m/f*; **v. of a fair** Messebesucher *m*; **commercial v.** Geschäftsbesucher(in) *m/f*

viticulture *n* Wein(an)bau *m*

vocation *n* Beruf *m*; **v.al** *adj* beruflich, Berufs-

in vogue *adv* aktuell, en vogue *(frz.)*

voice *n* Stimme *f*; **v. communication** Sprechverbindung *f*; **v. input** 🖳 Spracheingabe *f*; **v. output** Sprachausgabe *f*; **v. recognition** 🖳 Sprach-, Stimmerkennung *f*

void *v/t* ungültig machen, aufheben, annullieren; *adj* nichtig, (rechts)unwirksam, (rechts)ungültig; **to become v.** verfallen; **to declare v.** für nichtig/ungültig erklären; **to stand v.** ungültig sein; **v.ability** *n* Anfechtbarkeit *f*; **v.able** *adj* anfechtbar

volatile *adj* unbeständig, schwankend, flüchtig

volatility *n* 1. Schwankung(sbreite) *f*, Unbeständigkeit *f*; 2. *(Börse)* Kursschwankungen *pl*, K.ausschläge *pl*, Volatilität *f*; **v. of exchange rates** Wechselkursschwankungen *pl*; **v. in the markets** Unruhe in den Märkten, Kursschwankungen *pl*

volume *n* 1. Umfang *m*, Volumen *nt*, Größe *f*; 2. Aufkommen *nt*; 3. 🏭 Beschäftigung *f*; **by v.** der Menge nach

basic volume of activity Basisbeschäftigung *f*; **v. of benefits** *(Vers.)* Leistungsvolumen *nt*, L.umfang *m*; **~ business** Geschäftsvolumen *nt*, G.umfang *m*; **~ construction output** Bauvolumen *nt*; **~ credit** Kreditvolumen *nt*; **~ demand** Nachfragevolumen *nt*; **~ employment** Beschäftigungsvolumen *nt*; **~ expenditure** Ausgabenvolumen *nt*; **~ freight/goods carried** (Güter)Transport-, Güterverkehrsleistung *f*; **~ goods handled** Umschlagsleistung *f*; **~ goods sold** Absatzvolumen *nt*; **~ imports and exports** Außenhandels-, Austauschvolumen *nt*; **~ investments** Investitionsvolumen *nt*; **~ liquidity** Liquiditätsmenge *f*; **~ recoverable materials** Wertstoffmenge *f*; **~ money** Geldvolumen *nt*, G.menge *f*; **~ operations** Beschäftigungsgrad *m*; **~ orders** Auftrags-, Ordervolumen *nt*; **~ orders on hand** Auftragsbestand *m*; **~ output/production** Produktionsumfang *m*, Ausbringungs-, Produktionsmenge *f*; **~ sales** Verkaufs-, Absatzvolumen *nt*, Mengenabsatz *m*; **~ savings** Sparvolumen *nt*; **~ services** Leistungsvolumen *nt*; **~ shipments** Versandleistung *f*; **~ supply**

T.konflikt *m*; **w. docket** Lohnzettel *m*; **w. drift** Lohnauftrieb *m*

wage earner Lohnempfänger(in) *m/f*, L.-arbeiter(in) *m/f*; **w. e.s** Gewerbliche *pl*; **w. and salary e.s** Lohn- und Gehaltsempfänger *pl*, Arbeiter und Angestellte *pl*, Arbeitnehmer *pl*, abhängig Beschäftigte; **standard w. e.** Tarifangestellte(r) *f/m*

wage employment Erwerbstätigkeit *f*, entgeltliche Beschäftigung; **w. entitlement(s)** Lohnanspruch *m*; **w. fixing** Lohnbildungsprozess *m*; **w. freeze** Lohnstopp *m*; **w.(s) and price(s) freeze** Lohn- und Preisstopp *m*; **w. gap** Gefälle zwischen Tarif- und Reallöhnen; **w. grade** Lohnstufe *f*; **w. group** Tarif-, Lohngruppe *f*; **w. guarantee** Lohngarantie *f*; **w. incentive** Lohnanreiz *m*

wage increase Tarif-, Lohnanhebung *f*, L.erhöhung *f*; **across-the-board w. i.** allgemeine Lohnerhöhung; **retroactive w. i.** rückwirkende Lohnerhöhung

wage index Lohn(kosten)index *m*; **w.-induced** *adj* lohnkostenbedingt; **w. inflation** Lohninflation *f*; **w. leader** Lohnführer *m*; **w. level** Lohnhöhe *f*; **w. negotiations** Lohn(- und Tarif)verhandlungen *pl*; **w. package** Vergütungspaket *nt*; **w. payment** Lohnzahlung *f*; **w. plan** Lohnsystem *nt*; **w.(s) policy** Lohn-, Tarifpolitik *f*; **w. pressure** Lohn(kosten)druck *m*; **w.-price controls** Lohn- und Preiskontrollen *pl*; **~ spiral** Lohn-Preisspirale *f*

wage rate Lohntarif *m*; **basic w. r.** Grundlohn(tarif) *m*; **hourly w. r.** Stundenlohnsatz *m*; **standard w. r.** Tariflohn(satz) *m*; **top w. r.** Höchst-, Spitzenlohn *m*

wage ratio Lohnquote *f*; **w.-related** *adj* lohnabhängig; **w. restraint** Lohndisziplin *f*; **w. rise** Lohnerhöhung *f*; **across-the-board w. rise** allgemeiner Lohnanstieg; **w. round** Lohn-, Tarifrunde *f*; **w. scale** Lohntarif *m*, L.skala *f*; **w. settlement** (Lohn-/Tarif)Abschluss *m*; **w. share** Lohnquote *f*; **w. slave** Lohnsklave *m*, L.sklavin *f*; **w. slip/statement** Lohnbescheinigung *f*, L.streifen *m*; **w. talks** Lohn-, Tarifverhandlungen *pl*; **w. tax** Lohnsteuer *f*; **~ liability** Lohnsteuerpflicht *f*; **~ refund** Lohnsteuerrückvergütung *f*; **w. tribunal** Lohninstanz *f*; **w. work** Lohnarbeit *f*; **w. worker** Lohnempfänger(in) *m/f*, gewerbliche(r) Arbeitnehmer(in)

wag(g)on *n* 🚂 Güterwagen *m*, Waggon *m*; **ex w.** ab Waggon; **free on w. (f.o.w.)** *[GB]* frei (auf) Wagen/Waggon, waggonfrei; **flatbed w.** Flachwagen *m*; **w.load** *n* Fuhre *f*, Waggonladung *f*; **by the w.load** waggonweise

waiting *n* Warten *nt*; **w. allowance** Karenzentschädigung *f*; **w. list** Warte-, Vormerkliste *f*; **w. period** Sperr-, Wartezeit *f*; **w. time** Bereitschaftszeit *f*, Wartedauer *f*

waive *v/t* 1. § verzichten auf; 2. *(Forderung)* niederschlagen, erlassen

waiver *n* § (Forderungs-/Rechts)Verzicht *m*, V.erklärung *f*; **w. of a claim** Anspruchsverzicht *m*; **~ claims for damages** Verzicht auf Ersatzansprüche; **~ debts outstanding** Forderungsverzicht *m*; **~ fees** Gebühren-, Kostenerlass *m*; **~ import duties** ⊖ Befreiung von Eingangsabgaben; **~ liability** Haftungsverzicht *m*; **~ notice** 1. Verzicht auf die Einhaltung vorgeschriebener Fristen; 2. Verzicht auf Mitteilung; **~ premium** Beitrags-, Prämienbefreiung *f*; **~ recourse** Regressverzicht *m*; **~ legal remedy** § Rechtsmittelverzicht *m*

walk *n* *(fig)* Arbeitsgebiet *nt*, A.bereich *m*; **random w.** Zufallspfad *m*, zufallsbedingte Kursentwicklung; **w.** *v/i* gehen; **w. out** Arbeit niederlegen/einstellen; **w.out** *n* Ausstand *m*, Arbeitsniederlegung *f*, Streik *m*

Chinese wall|s *(fig)* Informationsbarriere *f*; **w. chart** Plantafel *f*

Wall Street *[US]* New Yorker Börse/Finanzmarkt

want *n* 1. Mangel *m*; 2. Bedarf *m*, Bedürfnis *nt*; 3. Not *f*

for want of acceptance *(Wechsel)* mangels Akzept; **w. of capital** Kapitalmangel *m*; **~ (proper) care** Fahrlässigkeit *f*; **~ consideration** fehlende Gegenleistung; **~ legal form** Formmangel *m*; **~ funds** Kapitalmangel *m*; **w.s of life** Lebensansprüche *pl*; **for w. of payment** mangels Zahlung; **~ proof** mangels Beweises; **in w. of repair** reparaturbedürftig

basic wants Grundbedürfnisse *pl*; **public/social w.s** öffentliche Bedürfnisse, Kollektivbedürfnisse *pl*

want ad 1. Stellengesuch *nt*, S.anzeige *f*; 2. Kaufanzeige *f*

wantage *n* Fehlbetrag *m*, Defizit *nt*

wanted *n* Geld(kurs) *nt/m*; **w. (by)** *adj* sucht, gesucht; **w. ad** Suchanzeige *f*

W

want|s list Fehlliste *f*; **w. satisfaction** Bedürfnisbefriedigung *f*
war *n* Krieg *m*; **w. bond** Kriegsanleihe *f*; **w. boom** Kriegskonjunktur *f*; **w. chest** *(fig)* Kriegskasse *f (fig)*
ward *n* 1. (Wahl)Bezirk *m*, Stadtviertel *nt*; 2. § Mündel(verhältnis) *m/nt*, Vormundschaft *f*; 3. *(Krankenhaus)* Station *f*, Abteilung *f*; **w. of court** § Amtsmündel *m*
war debt(s) Kriegsschuld(en) *f/pl*
ware *n* Ware *f*, (Handels)Artikel *m/pl*; **w.s** Waren *pl*, Erzeugnisse *pl*
warehouse *n* (Großhandels-/Waren)Lager *nt*, L.halle *f*, Magazin *nt*; **ex w. (EXW)** ab Lager; **free w.** frei Lager; **(from) w. to w.** von Lager zu Lager; **to deliver/supply ex w.** ab Lager liefern; **to manufacture for w.** auf Lager produzieren; **to withdraw from a w.** auslagern, aus dem Lager nehmen
bonded warehouse ⊝ (privates) Zoll(verschluss)lager *nt*, Zollfrei-, Transitlager *nt*; **central w.** Zentrallager *nt*; **high-bay/high-rise w.** Hochregallager *nt*; **licensed w.** *[US]* ⊝ Lagerhaus für zollpflichtige Güter; **low-storage w.** Flachlager *nt*; **order-picking w.** Kommissionierlager *nt*; **own w.** Eigenlager *nt*; **private w.** (firmen)eigenes Lager; **public w.** öffentliches Lagerhaus; **refrigerated w.** Kühlhaus *nt*; **regional w.** Regionallager *nt*; **single-storey w.** Flachlager *nt*; **temperature-controlled w.** temperaturgeführtes Lager
warehouse *v/t* (ein)lagern, auf Lager bringen/nehmen
warehouse bill *[US]* Einlagerungswechsel *m*; **w. bond** 1. Lagerschein *m*; 2. ⊝ Zollverschlussbescheinigung *f*; **w. charges** Lagergeld *nt*, L.gebühren; **w. company** Lagerhausgesellschaft *f*; **w. cost(s)** Kosten der Lagerhaltung; **w. goods** Waren auf Lager; **w. insurance** Lagerversicherung *f*; **w. keeper** Lagerverwalter(in) *m/f*, L.halter(in) *m/f*; **w. loan** Einlagerungskredit *m*; **w. location** Standort des Außenlagers; **w. logistics** Lagerlogistik *f*; **w.man** *n* Lagerverwalter(in) *m/f*, L.halter(in) *m/f*; **w. manager** Magazin-, Lagerverwalter(in) *m/f*, L.leiter(in) *m/f*, L.chef(in) *m/f*, Magazinleiter(in) *m/f*; **w. operative** Lagerarbeiter(in) *m/f*
warehouse receipt Lagerempfangsbescheinigung *f*, L.empfangsschein *m*; **negotiable w. r.** Lagerschein *m*; **w. r. made out to bearer** Inhaberlagerschein *m*; **~ made out to order** Orderlagerschein *m*; **non-negotiable w. r.** nicht begebbarer Lagerschein
warehouse rent Lagergeld *nt*, Speichermiete *f*; **w. shopping** Ab-Lager-Verkauf *m*; **w. stocks** Lagerbestände *pl*; **w. warrant** (Order)Lager-, Lagerpfand-, Zolllagerschein *m*; **~ to bearer** Inhaberlagerschein *m*; **~ to order** Orderlagerschein *m*; **w. worker** Lagerarbeiter(in) *m/f*
warehousing *n* Lagerung *f*, Lagerwesen *nt*, L.haltung *f*, L.betrieb *m*, Warenlagerhaltung *f*; **w. business** Lagerbetrieb *m*, L.geschäft *nt*; **w. charges** Lagerungs-, Speichergebühren *pl*; **w. company** Lagerhausgesellschaft *f*; **w. costs** Lagerhaltungskosten *pl*; **w. credit** Warenumschlagskredit *m*; **w. operations** Lagertechnik *f*; **w. throughput** Lagerdurchsatz *m*
war loan Kriegsanleihe *f*
global warming *n* Erderwärmung *f*
warn *v/t* androhen, (ver)warnen, abmahnen
warning *n* 1. (Ab)Mahnung *f*, (Ver)Warnung *f*, Androhung *f*, Bescheid *m*; 2. Warnhinweis *m*; **to give so. fair w.** 1. jdn rechtzeitig verständigen; 2. jdm rechtzeitig kündigen; **early w.** frühzeitige Warnung; **written w. notice** Abmahn(ungs)schreiben *nt*; **w. strike** Warnstreik *m*
war pension Kriegs(opfer)rente *f*; **w. plant** Kriegsbetrieb *m*
warrant *n* 1. Garantie(erklärung) *f*; 2. Berechtigung *f*, Vollmacht *f*; 3. § richterlicher Befehl; 4. *(Aktie)* (Dividenden)-Gutschein *m*; 5. Optionsschein *m*; **w. of arrest** § 1. Beschlagnahmeverfügung *f*, Zwangsvollstreckungsbefehl *m*; 2. Haftbefehl *m*; **~ attachment** Beschlagnahmeverfügung *f*; **~ execution** § Vollstreckungsbefehl *m*; **w. for goods** Lagerpfandschein *m*; **covered w.** gedeckter Optionsschein; **judicial w.** richterliche Anordnung, richterlicher Befehl; **part w.** Teillagerschein *m*
warrant *v/t* 1. befugen, bevollmächtigen; 2. garantieren, gewährleisten
warrant|ed *adj* garantiert, mit/unter Garantie; **~ for one year** 1 Jahr Garantie; **not w.ed** ohne Gewähr; **w.ee** *n* Sicherheitsempfänger(in) *m/f*, Garantieinha-

W

ber(in) *m/f*; **w.er; w.or** *n* Garant(in) *m/f*, Sicherheitsgeber(in) *m/f*, Bürge *m*, Bürgin *f*; **w. issue** Optionsanleihe *f*

warranty *n* 1. Gewährleistung(spflicht) *f*, (Mängel)Garantie *f*, Garantieleistung, Haftung für zugesicherte Eigenschaften; 2. (Wechsel)Bürgschaft *f*; 3. Vollmacht *f*

warranty of authority Ermächtigung *f*; **~ fitness** Gewähr für zugesicherte Eigenschaften; **~ fitness for contractual use** Haftung für vertragsgemäßen Gebrauch; **~ merchantability** Gewährleistung der Durchschnittsqualität, Zusicherung handelsüblicher Qualität; **~ a quality** Zusicherung einer Eigenschaft; **~ title** Rechtsgarantie *f*, R.mängelhaftung *f*; **~ title and quality** Rechts- und Sachmängelgewähr *f*

contractual warranty vertragliche Garantie; **express w.** ausdrückliche Garantie/Zusicherung, Gewährleistung für zugesicherte Eigenschaften; **implied w.** *[US]* gesetzliche/stillschweigende Gewährleistung; **joint w.** Solidarbürgschaft *f*; **maximum w.** Höchsthaftung *f*; **statutory w.** gesetzliche Gewährleistung

warranty adjustment Garantieleistung *f*; **w. certificate** Garantieschein *m*; **w. claim** Garantie-, Mängelanspruch *m*, Garantieantrag *m*; **w. clause** Garantie-, Gewährleistungsklausel *f*; **w. costs** Garantieaufwendungen *pl*; **w. contract** Gewährleistungsvertrag *m*; **w. deed** Bürgschaftsurkunde *f*; **w. guarantee** Gewährleistungsgarantie *f*; **w. guarantees** Verbindlichkeiten aus Gewährleistungsverträgen; **w. payment** Garantieleistung *f*; **w. period** Gewährleistungs-, Garantiefrist *f*, G.zeitraum *m*; **w. work** Garantiearbeiten *pl*

war risk Kriegsgefahr *f*; **~ clause** Kriegs(risiko)klausel *f*; **~ cover(age)** Kriegsrisikoschutz *m*; **w. r.(s) insurance** Kriegs(risiko)versicherung *f*

wastage *n* 1. (Material)Verlust *m*, (M.)-Schwund *m*; 2. Verschwendung *f*; 3. Ausschuss *m*, Abfall *m*; **natural w.** natürliche (Personal)Fluktuation *f*, natürlicher (Belegschafts)Abgang; **w. rate** 1. Personalabgangsrate *f*; 2. Ausschuss-, Verlustquote *f*

waste *n* 1. (Material)Abfall *m*, Ausschuss *m*, Schwund(verlust) *m*; 2. Müll *m*; 3. Verschwendung *f*; **w.s** Abfallstoffe *pl*, Rückstände *pl*; **w. of public funds** Verschwendung öffentlicher Gelder; **~ natural resources** Raubbau *m*; **to deposit w.** Abfälle (ab)lagern/deponieren; **to dispose of w.** Abfall beseitigen/entsorgen; **to lie w.** brachliegen; **to treat w.** Abfälle behandeln

commercial waste Gewerbemüll *m*; **domestic w.** Haushaltsmüll *m*, H.abfälle *pl*; **fertile w.s** aufbereitungsfähige Rückstände; **hazardous w.** Gefahr-, Sondermüll *m*; **~ disposal** Sondermüllentsorgung *f*; **industrial w.** Gewerbeabfall *m*, Industriemüll *m*; **nuclear w.** Atommüll *m*; **organic w.** organische Abfallstoffe; **recyclable w.** wieder verwertbare Reststoffe; **residential w.** Haushaltsmüll *m*; **residual w.** Reststoff *m*; **arising ~ w.** Restmüllaufkommen *nt*; **~ w. bin** Restmüllbehälter *m*; **reusable w.** wieder verwendbare Reststoffe; **solid w.** Festmüll *m*; **mixed synthetic w.** Mischkunststoffabfälle *pl*; **toxic w.** Giftmüll *m*

waste *v/ti* vergeuden, verschwenden

waste avoidance Abfallvermeidung *f*; **w. collection** Müllabfuhr *f*; **w. discharge** Abwassereinleitung *f*

waste disposal Abfall-, Müllbeseitigung *f*, Abfallentsorgung *f*; **~ charge(s)** Entsorgungsabgabe(n) *f/pl*, E.gebühr(en) *f/pl*; **~ cost(s)** Abfallbeseitigungskosten *pl*; **~ facility** Entsorgungsbetrieb *m*; **~ industry** Entsorgungswirtschaft *f*; **~ infrastructure** Entsorgungsinfrastruktur *f*; **~ levy** Entsorgungsabgabe *f*; **~ management** Abfallbeseitigung *f*, Entsorgung(swirtschaft) *f*; **~ plant** Entsorgungsbetrieb *m*; **~ site** Entsorgungsfläche *f*, E.park *m*, (Müll)Deponie *f*; **~ technology** Entsorgungstechnik *f*

waste energy Abfallenergie *f*; **residual w. flow** Restabfallstrom *m*; **w.ful** *adj* verschwenderisch; **w. gas** Abgas *nt*; **w. heat** Abwärme *f*; **~ recovery** Abwärmerückgewinnung *f*; **w. incineration** Müllverbrennung *f*; **hazardous w. incineration** Sondermüllverbrennung *f*; **~ incineration plant** Sondermüllverbrennungsanlage *f*; **w.land** *n* Brache *f*, Ödland *nt*; **industrial w.land** Industriebrache *f*, industrielle Altlast; **hazardous w. landfill** Sondermülldeponie *f*

waste management Abfallwirtschaft *f*, (Müll)Entsorgung *f*, Abfallbeseitigung,

Entsorgungswirtschaft *f*; **residual w. m.** Reststoffmanagement *nt*; **w. m. company** Entsorgungsfirma *f*; **~ licence** Entsorgungsgenehmigung *f*; **~ officer** Entsorgungsbeauftragte(r) *f/m*

waste material Abfallmaterial *nt*; **w. materials exchange** Abfallbörse *f*; **w. minimization** Abfallminimierung *f*, A.reduzierung *f*, Müllreduzierung *f*; **w. paper** Altpapier *nt*; **~ collection** Altpapiersammlung *f*; **w. pipe** Abflussrohr *nt*; **w. processing** Müllaufbereitung *f*; **w. product** Abfallprodukt *nt*; **hazardous w. ratio** Sondermüllquote *f*; **residual w. ratio** Restmüllquote *f*; **w. reclamation/recycling** Müllverwertung *f*, M.aufbereitung *f*; **w. recycling centre** Reststoffverwertungszentrum *nt*; **w. reduction** Abfallreduzierung *f*, A.minimierung *f*; **w. tourism** Abfalltourismus *m*; **w. treatment** Müllverwertung *f*, M.aufbereitung *f*; **w. volume** Abfallaufkommen *nt*; **residual w. volume** Restmüllmenge *f*

watchdog *n* *(fig)* Regulierungs-, Aufsichtsbehörde *f*, A.organ *nt*

water *n* Wasser *nt*; **w.s** Gewässer *nt/pl*

coastal water|s Küstengewässer *nt/pl*; **deep w. port** Tiefwasserhafen *m*; **general-purpose/industrial w.** Brauchwasser *nt*; **inland/internal w.s** Binnengewässer *nt/pl*; **inland w. navigation** Binnenschifffahrt *f*; **inshore w.s** schiffbare Gewässer; **national w.s** Hoheitsgewässer *nt/pl*; **navigable w.** Fahrwasser *nt*; **~ w.s** schiffbare Gewässer; **territorial w.s** Küsten-, Hoheitsgewässer *nt/pl*; **waste w.** Abwasser *nt*; **industrial ~ w.** Industrieabwasser *nt*; **~ w. treatment plant** Kläranlage *f*

water *v/t* wässern; **w. down** verwässern, abschwächen

water authority/board Wasserbehörde *f*, W.(wirtschafts)amt *nt*; **w. carriage** Wassertransport *m*; **w. company** Wasserwirtschaftsunternehmen *nt*; **w. conservation** 1. Gewässerreinhaltung *f*, G.schutz *m*; 2. Wassereinsparung *f*; **w. consumption** Wasserverbrauch *m*; **w. contamination** Wasserverschmutzung *f*; **w. damage** Wasserschaden *m*; **~ insurance** Wasserschaden-, Leitungswasserversicherung *f*; **w. engineering/management** Wasserwirtschaft *f*; **w. farm** Fischzuchtbetrieb *m*; **w.front facilities** Kaianlagen *pl*; **w. industry** Wasserwirtschaft *f*; **mineral w. industry** Brunnenindustrie *f*

W

watering *n* Verwässerung *f*; **w. of prices** Kursverwässerung *f*; **~ stock** Kapitalverwässerung *f*

water line ⚓ Lademarke *f*, L.linie *f*; **w. main(s)** (Haupt)Wasserleitung *f*; **w. pollution** Gewässerverunreinigung *f*, Wasserverschmutzung *f*; **~ control** Gewässerschutz *m*; **w. power** Wasserkraft *f*; **w.proof** *adj* wasserdicht; **w. resources** Wasservorrat *m*; **w. supply** Wasserversorgung *f*; **w.tight** *adj (fig)* hieb- und stichfest, einwandfrei; **w. transport(ation)** 1. Wassertransport *m*; 2. Transport zu Wasser; **inland w. transportation** Binnenschifffahrt *f*; **w. treatment** Wasseraufbereitung *f*

waterway *n* 1. Schifffahrtsstraße *f*, S.weg *m*, Wasserstraße *f*; 2. Fahrrinne *f*; **inland w.** Binnenwasserstraße *f*; **~ bill of lading** Binnenschifffahrts-, Flusskonnossement *nt*; **~ carrier** Binnenschifffahrtsunternehmen *nt*; **w.s construction** Wasserstraßenbau *m*; **w.s department** Wasserstraßenverwaltung *f*; **inland w.s system** Binnenwasserstraßennetz *nt*; **inland w. transport(ation)** Binnenschifffahrt *f*

wave *n* 1. Welle *f*, Woge *f*; 2. *(fig)* Schub *m*; **w. of bankruptcies; ~ business failures** Insolvenz-, Konkurswelle *f*; **~ cost increases** Kostenflut *f*; **~ expenditure** Ausgabenflut *f*; **~ rising prices; ~ price increases** Preis-, Teuerungswelle *f*; **~ strikes** Streikwelle *f*

way *n* 1. Art *f*, (Art und) Weise *f*; 2. Weg *m*; **by w. of** als, durch; **in the w. of business** geschäftlich, auf dem üblichen Geschäftsgang; **w. of production** Produktionsmethode *f*, P.verfahren *nt*; **~ selling** Verkaufsmethode *f*; **w. ahead** weit voraus; **w. below** erheblich unter; **to be under w.** *(Verhandlung)* gegenwärtig laufen, im Gange sein; **to buy one's w. into** sich einkaufen in/bei; **permanent w.** 🚆 Gleisoberbau *m*, Strecke *f*; **~ department** Bahnmeisterei *f*; **w.bill** *n [US]* (Durchgangs)Frachtbrief *m*, F.konnossement *nt*, Warenbegleitschein *m*; **~ accounting** Frachtbriefabrechnung *f*

weak *adj* 1. (nachfrage)schwach; 2. *(Börse)* flau, lustlos; **financially w.** finanzschwach; **structurally w.** strukturschwach; **w.-currency** *adj* valuta-, währungsschwach

weaken *v/ti* 1. sich abschwächen; 2. *(Kurs)* nachgeben, zurückgehen

weakening *n* Abschwächung *f*, Verflachung *f*; **w. in demand** Nachfrageabschwächung *f*; **w. of earnings/profits** Verschlechterung der Gewinnsituation; **~ the market** Marktabschwächung *f*

weakness *n* *(Kurs)* Schwäche *f*; **w. of economic activity** Konjunkturschwäche *f*; **w. in/of demand** Nachfrageschwäche *f*; **w. in earning power** Ertragsschwäche *f*; **~ the market** *(Börse)* Abgleiten der Kurse, schlechte Marktverfassung

wealth *n* Reichtum *m*, Wohlstand *m*; **industrial w.** Industrievermögen *nt*; **material w.** Sachvermögen *nt*; **monetary w.** Geldvermögen *nt*; **personal w.** Privatvermögen *nt*; **w.-creating** *adj* vermögensbildend; **w. formation** Vermögensbildung *f*; **private w. management** Vermögensverwaltung *f*; **w. sharing** Vermögensbeteiligung *f*; **w. statement** Vermögensrechnung *f*; **w. tax** Kapital-, Vermögensabgabe *f*; **w.y** *adj* reich, vermögend, wohlhabend

wear *n* 1. Abnutzung *f*, Verschleiß *m*; 2. (Be)Kleidung *f*; **w. and tear** 1. (natürliche) Abnutzung *f*, (technischer) Verschleiß *m*; 2. Abschreibung für Abnutzung (AfA)/Wertminderung; **physical ~ tear** substanzielle Abnutzung; **~ tear parts** *(Verschleiß)* Ersatzteile *pl*; **liable/subject to w.** abnutzbar; **casual w.** Freizeitkleidung *f*; **w.** *v/i* sich abnutzen; **w. test** Verschleißprüfung *f*

weather *n* Wetter *nt*, Witterung *f*; **bad w. allowance** Schlechtwettergeld *nt*; **w. insurance** (Schlecht)Wetterversicherung *f*

weaving *n* Weberei *f*; **w. mill** (Tuch)Weberei *f*

web *n* Gewebe *nt*, Netz(werk) *nt*; **w. design** Gestaltung von Internetanwendungen; **w. designer** Gestalter(in) von Internetanwendungen; **w. directory** Internet-, Webverzeichnis *nt*; **w.master** *n* technische(r) Verantwortliche(r) für die Webseiten; **w. page** Internet-, Web-Seite *f*, Seite im WWW; **w.publishing** *n* Internet-, Webpublishing *nt*, Veröffentlichungen im Netz/Internet; **w. safe** *adj (Darstellungsform)* websicher, internettauglich; **w. server** Rechner im Internet; **w. site** *n* Web-, Internet-Seite *f*

week *n* Woche *f*; **w. under review** Berichtswoche *f*; **to give four w.s' notice** mit einer Frist von vier Wochen kündigen; **five-day w.** Fünftagewoche *f*; **guaranteed w.** garantierter Wochenlohn; **promotional w.** Werbewoche *f*; **w.day** *n* Werk-, Wochentag *m*; **to balance w.end positions** *(Börse)* sich zum Wochenschluss glattstellen; **w.ly** *n* Wochenzeitung *f*; *adj* wöchentlich

weigh *v/t* (aus)wiegen, gewichten; **w. down** drücken, belasten; **w.bridge** *n* (Brücken)Waage *f*; **w.house** *n* öffentliche Waage; **w.ing** *n* 1. Wiegen *nt*; 2. *(fig)* Abwägung *f*

weight (wt.) *n* Gewicht *nt*, G.seinheit *f*; **w. in wet condition** Nassgewicht *nt*; **w. of contents** *(Konserven)* Einwaage *f*; **w. on the hoof** *(Vieh)* Lebendgewicht *nt*; **w. or measurement (W/M)** Frachtberechnung nach Gewicht oder Maß; **w. of taxation** Steuerlast *f*; **to exceed the w. (limit)** Gewicht überschreiten; **to sell by w.** nach Gewicht verkaufen

additional weight Gewichtszuschlag *m*; **appraised w.** Taxgewicht *nt*; **billed w.** Rechnungsgewicht *nt*; **chargeable w.** frachtpflichtiges Gewicht; **commercial w. (c/w)** Handelsgewicht *nt*; **dead w.** Gewichts-, Reinfracht *f*, Totlast *f*; **delivered w.** Ablade-, Auslieferungsgewicht *nt*; **dry w.** Trockengewicht *nt*; **dutiable w.** ⊝ Zollgewicht *nt*, zollpflichtiges Gewicht; **empty w.** Leer-, Eigengewicht *nt*; **excess w.** Mehr-, Übergewicht *nt*; **gross/laden w.** Brutto-, Gesamtgewicht *nt*; **landed w.** Anlandegewicht *nt*; **maximum w.** Höchst-, Maximalgewicht *nt*; **permissible ~ w.** höchstzulässiges Gesamtgewicht; **minimum w.** Mindestgewicht *nt*; **net w. (nt. wt.)** Netto-, Reingewicht *nt*; **short w.** Minimum-, Untergewicht *nt*; **standard w.** Soll-, Einheitsgewicht *nt*; **surplus w.** Mehr-, Übergewicht *nt*; **tare w.** Eigen-, Leergewicht *nt*; **total w.** Gesamtgewicht *nt*; **unitary w.** Gewichtseinheit *f*; **unladen w.** Eigen-, Leergewicht *nt*, Gewicht unbeladen; **gross ~ w.** Bruttoleergewicht *nt*

weight *v/t* gewichten, bewerten

weight allowance Freigewicht *nt*; **w. attestation/certificate** Gewichts-,

Wiegebescheinigung *f*; **w. category** Gewichtsklasse *f*; **w. check/control** Gewichtskontrolle *f*; **w. certificate** Wiegezertifikat *nt*; **w. delivered** Eingangsgewicht *nt*

weighted *adj* gewogen, gewichtet

weight guaranteed (w.g.) garantiertes Gewicht

weighting *n* 1. Gewichtung *f*; 2. Zulage *f*, Ortszuschlag *m*; **w. coefficient** Gewichtungsfaktor *m*; **w. figure** Gewichtungsziffer *f*

weight limit Gewichtsgrenze *f*; **w. note** Gewichtsbescheinigung *f*; **w. range** Gewichtsbereich *m*; **w. rate** Gewichtsfracht *f*; **w. restriction** Gewichtsbeschränkung *f*; **w. saving** Gewichtsersparnis *f*; **w. slip** Gewichtsbescheinigung *f*

welfare *n* Wohlfahrt *f*, (soziale) Fürsorge *f*; **industrial w.** betriebliche Sozialfürsorge; **national/public w.** öffentliche Wohlfahrt; **~ service** gemeinnützige Einrichtung; **social w.** Sozialhilfe *f*, S.fürsorge *f*; **~ benefits** Sozialhilfe(leistungen) *f/pl*; **~ expenditure** sozialer Aufwand; **~ fund** Sozialkasse *f*

welfare agency *[US]* Sozial(versicherungs)amt *nt*; **w. aid** *[US]* Sozialhilfe *f*; **w. benefits** Sozial-, Fürsorgeleistungen *pl*; **w. charges** Sozialabgaben *pl*; **statutory social w. contributions** Sozialabgaben *pl*; **w. costs** Sozialkosten *pl*; **w. cuts** Kürzung der Sozialausgaben; **w. department** Sozialamt *nt*, Fürsorgestelle *f*; **w. economics** Wohlfahrtstheorie *f*; **w. expenditure(s)** Fürsorge-, Sozialaufwand *m*; **statutory w. expenditure(s)** gesetzliche Sozialleistungen; **w. facility** Fürsorge-, Sozialeinrichtung *f*; **w. fund** Fürsorge- und Hilfskasse *f*, Unterstützungseinrichtung *f*; **w. housing** *[US]* 1. Sozialwohnungswesen *nt*; 2. Sozialwohnungen *pl*; **w. institution** Fürsorge-, Sozialeinrichtung *f*, S.werk *nt*; **w. legislation** Sozialgesetze *pl*, S.gesetzgebung *f*; **w. net** soziales Netz; **w. officer** Sozialarbeiter(in) *m/f*; **w. organisation** Wohlfahrtsverband *m*; **w. payment(s)** Sozialfürsorge *f*, Unterstützungszahlung *f*; **w. program(me)** Sozialhilfe-, Wohlfahrtsprogramm *nt*; **w. recipient** Sozialhilfe-, Fürsorgeempfänger(in) *m/f*; **w. relief** Fürsorge-, Wohlfahrtsunterstützung *f*; **w. services** soziale Einrichtungen; **w. spending** Fürsorge-, Sozialausgaben *pl*; **w. state** Wohlfahrts-, Sozialstaat *m*; **w. system** Sozialsystem *nt*; **w. work** Sozialarbeit *f*, S.fürsorge *f*; **w. worker** Sozialarbeiter(in) *m/f*

well|-assorted *adj* reich sortiert, r.haltig; **w.-balanced** *adj* 1. ausgewogen; 2. ausgeglichen; **w.-developed** *adj* gut entwickelt, ausgeprägt; **w.-equipped** *adj* gut ausgestattet/ausgerüstet; **w.-established** *adj* gut fundiert, alt(eingesessen); **w.-placed** *adj* in guter Position; **w.-positioned** *adj* in einer günstigen Ausgangslage; **w.-staffed** *adj* gut mit Personal ausgestattet, (personell) gut besetzt; **w.-stocked** *adj* gut bestückt, mit gutem Sortiment

wharf *n* ⚓ Kai(anlagen) *m/nt/pl*, Löschplatz *m*; **ex w.** ab Kai; **~ duty paid** ⊝ ab Kai verzollt; **~ duty unpaid** ⊝ ab Kai unverzollt; **free w.** Freiladekai *m/nt*

wharfage *n* ⚓ Kaigeld *nt*, K.gebühr *f*, Landungszoll *m*, Löschgeld *nt*

wharf bill of lading ⚓ Kaikonnossement *nt*; **w. charges** Kaigeld *nt*

wharfinger *n* ⚓ Kaimeister *m*; **w.'s certificate** Kaiquittung *f*; **~ note/receipt** Kaiablieferungs-, K.annahmeschein *m*

wheat *n* ⚘ Weizen *m*; **durum** *(lat.)***/hard w.** Hartweizen *m*; **w. pit** *[US]* Weizenbörse *f*

wheel *n* Rad *nt*; **w. of retailing** Dynamik der Einzelhandelsbetriebsformen; **w.er-dealer** *n (coll)* Geschäftemacher *m*, gerissener Geschäftsmann; **w.ing and dealing** *n (coll)* Geschäftemacherei *f*

white-collar *adj* Angestellten-, Büro-, im Büro angestellt

wholesale *n* 1. Großhandel(sverkauf) *m*, Engroshandel *m*; 2. Gruppenversicherung *f*; **to buy w.** en gros *(frz.)*/zu Großhandelspreisen (ein)kaufen; **to sell w.** en gros *(frz.)*/im Großhandel verkaufen; *adj* 1. en gros *(frz.)*, im Großhandel; 2. pauschal, massiv, generell; **w.** *adv (fig)* 1. in Bausch und Bogen; 2. im Großhandel

wholesale association Großhandelsverband *m*; **w. bank** Universalbank *f*; **w. banking** Groß(kunden)-, Firmenkundengeschäft *nt*; **w. business** Großhandelsgeschäft *nt*, G.betrieb *m*; **w. buyer** Großhandelseinkäufer(in) *m/f*, Engroskäufer(in) *m/f*; **w. buying** Engrosbezug *m*, E.einkauf *m*; **w. cooperative (society)** Einkaufsgenossenschaft *f*; **w. credit** 1.

W

Großhandelskredit *m*; 2. *(Bank)* Großkredit *m*; **w. discount** Großhandelsrabatt *m*; **w. distribution** Großvertrieb *m*; **w. establishement** Großhandelsbetrieb *m*; **w. firm** Großhandelsfirma *f*; **w. funding** *(Bank)* Großkreditaufnahme *f*; **w. goods** Großhandelserzeugnisse *pl*, G.güter *pl*; **w. importer** Importgroßhändler(in) *m/f*; **w. insurance** Gruppenversicherung *f*; **w. lot** Großhandelspartie *f*; **w. margin** Großhandelsspanne *f*; **w. market** 1. Groß(handels)markt *m*; 2. *(Bank)* Markt für Großanleger, Firmenkundenmarkt *m*; **w. merchant** Großhändler(in) *m/f*, Großhandelskaufmann *m*, G.kauffrau *f*, Grossist(in) *m/f*; **w. money market** Finanz-, Kapital-, Interbankgeldmarkt *m*; **w. price** 1. Großhandels(abgabe)-, Engrospreis *m*; 2. *(Börse)* Freiverkehrskurs *m*; **~ index** Großhandels(preis)index *m*; **~ inflation** Inflation der Großhandelspreise; **w. purchasing company** Großeinkaufsgesellschaft *f*

wholesaler *n* Großhändler(in) *m/f*, Großhandelskaufmann *m*, G.kauffrau *f*, Grossist(in) *m/f*; **w.s** Zwischenhandel *m*; **to eliminate the w.(s)** Großhandel umgehen; **full-function w.** Großhändler mit eigenem Lager; **limited-function w.** Großhändler mit eingeschränktem Kundendienst; **pharmaceutical w.** Pharma-Großhändler *m*; **single-line w.** Sortimenter *m*, Sortimentsgroßhändler(in) *m/f*; **specialized w.** Fachgroßhändler(in) *m/f*

cooperative wholesale society *[GB]* (Groß)Einkaufsgenossenschaft *f*; **w. stock** Großhandelslager *nt*; **w. trade** Großhandel(sverkauf) *m*, Sortimentshandel *m*; **specialized w. trade** Fachgroßhandel *m*; **w. trader** Grossist(in) *m/f*, Großhändler(in) *m/f*; **w. trading** Groß-, Engroshandel *m*

wholesaling *n* Großhandel *m*

wide *adj* weit(gehend), groß, umfangreich; **w.-ranging** *adj* umfassend, breitgefächert, weitreichend; **w.spread** *adj* 1. weit verbreitet; 2. breit gestreut

wife *n* Ehefrau *f*; **working w.** (mit)arbeitende/mitverdienende Ehefrau; **w.'s earned income allowance** Steuerfreibetrag für mitverdienende Ehefrau

wildcat *adj* riskant, spekulativ; **w. company** Schwindelfirma *f*; **w. security** risikoreiches Wertpapier; **w. stocks** hoch spekulative Aktien; **w. strike** wilder Streik

wilful *adj* vorsätzlich

will *n* (letzter) Wille *m*, Testament *nt*; **last w. and testament** Testament *nt*, letztwillige Verfügung; **terminable at w.** jederzeit kündbar; **to draw up/make a w.** Testament aufsetzen; **bad w.** negativer Firmenwert

willingness *n* Bereitschaft *f*; **w. to assume responsibility** Verantwortungsbereitschaft *f*; **~ buy** Kaufbereitschaft *f*; **~ negotiate** Verhandlungsbereitschaft *f*; **~ pay** Zahlungswille *m*; **~ sell** Abgabeneigung *f*; **~ work** Leistungsbereitschaft *f*

wind *v/ti* winden, spulen; **w. down** 1. *(Geschäft)* auflösen; 2. *(Aktivität)* reduzieren, verringern; **w. up** 1. *(Geschäft)* auflösen, liquidieren, abwickeln; 2. *(Produktion)* auslaufen lassen

wind bill Gefälligkeitswechsel *m*

windfall *n* *(fig)* unerwarteter Glücksfall/Gewinn; **w. gain/profits** Zufallsgewinne *pl*, unerwartete Gewinne; **w. profits tax** Steuer auf Zufallsgewinne; **w. tax** Steuer auf außergewöhnlich hohe Gewinne

wind farm Windkraftanlage *f*

winding-up *n* Liquidation *f*, Geschäfts-, Gesellschaftsauflösung *f*, Liquidierung *f*, Abwicklung *f*; **w. (of) a company** Liquidation/Abwicklung einer Gesellschaft; **w. by creditors** Liquidationsvergleich *m*; **compulsory w.** Zwangsliquidation *f*, Z.-abwicklung *f*; **voluntary w.** freiwillige Abwicklung/Auflösung

winding-up accounts Abwicklungsbilanz *f*; **w. costs** Liquidationskosten *pl*; **w. losses** Insolvenzverluste *pl*; **w. order** (gerichtlicher) Liquidationsbeschluss *m*; **w. period** Abwicklungszeitraum *m*; **w. petition** Antrag auf Liquidation; **w. proceedings** Liquidationsverfahren *nt*; **w. proceeds** Liquidationserlös *m*; **w. profit** Liquidationsgewinn *m*; **w. sale** (Total)Ausverkauf *m*, Räumungsverkauf *m*

window *n* (Sprech)Fenster *nt*, Schalter *m*; **drive-in/drive-up w.** Autoschalter *m*, A.-bank *f*; **w. display** Schaufensterauslage *f*, S.dekoration *f*; **w.-dress** *v/t (coll) (Bilanz)* frisieren *(coll)*; **w.-dressing** *n* 1. (Schaufenster)Dekoration *f*; 2. *(coll)* Bilanzfälschung *f*, B.verschönerung *f*; **w. envelope** Fenster(brief)umschlag *m*; **w.-shop** *v/i* Schaufensterbummel machen

wind park Windkraftanlage *f*

wine *n* Wein *m*; **sparkling w.** Schaumwein *m*, Sekt *m*; **w.grower** *n* Winzer(in) *m/f*; **w.grower's cooperative** Winzergenossenschaft *f*; **w.growing** *n* Weinbau *m*; **w. merchant** Weinhändler(in) *m/f*; **w. trade** Weinhandel *m*

winner *n* 1. (Kurs)Gewinner(in) *m/f*; 2. Verkaufsschlager *m*, Publikumserfolg *m*

winter *n* Winter *m*; **w. peak** *(Nachfrage)* Winterspitze *f*; **w. (clearance) sale(s)** Winterschlussverkauf *m*

wipe *v/t* wischen; **w. off** 1. *(Schuld)* abschreiben; 2. löschen; **w. out** *(Verlust)* ausgleichen

withdraw *v/ti* 1. rückgängig machen; 2. stornieren, kündigen; 3. *(Geld)* abheben, zurückziehen, z.nehmen

withdrawal *n* 1. (Zu)Rücknahme *f*, Rücktritt *m*, Widerruf *m*; 2. *(Geld)* (Konto)Abhebung *f*; 3. Storno *m/nt*, Kündigung *f*; 4. Lagerentnahme *f*

withdrawal of an action § Klage(zu)rücknahme *f*; **~ benefits** Leistungsentzug *m*; **~ capital** Kapitalentnahme *f*; **~ cash** Bar-, Geldabhebung *f*; **w. from a contract** Rücktritt vom Vertrag; **w. of deposits** Einlagenabzug *m*; **~ a non-managing director** Abberufung eines Aufsichtsratsmitgliedes; **~ funds** Bar-, Geldabhebung *f*; **~ material** Materialentnahme *f*; **~ a notice** Rücknahme einer Kündigung; **~ an offer** Rücknahme/Widerruf eines Angebots; **~ an order** Rücknahme/Stornierung eines Auftrags; **~ a partner** Ausscheiden eines Gesellschafters; **w. from reserves** Reserveentnahme *f*

withdrawal facility Abhebungs-, Rückzahlungsmöglichkeit *f*; **w. limit** Höchstgrenze für (Geld)Abhebungen; **w. notice** Kündigungsfrist *f*; **w. period** *(Bank)* Kündigungsfrist *f*; **automatic w. plan** automatisches Abhebungskonto; **w. slip** Auszahlungsschein *m*

withhold *v/t* zurückhalten, einbehalten

withholding *n* Zurück-, Einbehaltung *f*, Quellenabzug *m*; **w. of income tax** Lohnsteuerabzug *m*, L.einbehaltung(sverfahren) *f/nt*; **w. from the market** Nichtvermarktung *f*; **w. of payment** Zahlungsverweigerung *f*; **w. at source** Quellen(steuer)abzug *m*; **w. of tax** Steuereinbehaltung *f*; **w. rate** Lohnsteuer-, Kapitalertragssteuersatz *m*; **w. tax** Lohn-, Quellensteuer *f*; **foreign w. tax** ausländische Quellen-/Abzugssteuer

witness *n* § Zeuge *m*, Zeugin *f*; **in w. whereof** urkundlich dessen; **w.** *v/t* 1. § bezeugen; 2. (Augen)Zeuge sein

woman *n* Frau *f*; **working w.** berufstätige Frau

wood *n* 1. Wald *m*; 2. Holz *nt*; **coniferous w.** 1. Nadelholz *nt*; 2. Nadelwald *m*; **deciduous w.** 1. Laubholz *nt*; 2. Laubwald *m*; **w.-processing** *adj* holzverarbeitend; **w. pulp** Zellstoff *m*

wool *n* Wolle *f*; **w. mill** Tuchfabrik *f*; **w. trade** Wollhandel *m*

word *n* Wort *nt*; **in w.s** in Buchstaben; **w.s per minute (wpm)** Wörter/Silben pro Minute

wording *n* Wortlaut *m*, Fassung *f*; **w. of an agreement; ~ a contract** Vertragstext *m*; **~ a bill** Wechseltext *m*; **corporate w.** Firmenterminologie *f*, Unternehmenssprache *f*

word processing 🖳 Textverarbeitung *f*; **~ program/software** Textverarbeitungsprogramm *nt*; **w. processor** Textautomat *m*

work *n* 1. Arbeit *f*, Berufstätigkeit *f*, Beschäftigung *f*; 2. Werk *nt*; **w.s** ↘ **works**; **at w.** bei der Arbeit, am Arbeitsplatz; **out of w.** arbeitslos, ohne Beschäftigung, erwerb-, beschäftigungslos

work in arrears Arbeitsrückstände *pl*, unerledigte Arbeit; **~ the field** Außendienst *m*, praktische Arbeit; **w. on hand** gegenwärtiger Auftragsbestand; **w. from home** Heimarbeit *f*; **w. out of hours** Tätigkeit außerhalb der Dienststunden; **w. in process/progress** *(Bilanz)* unfertige/halbfertige Erzeugnisse, Erzeugnisse in der Fabrikation, Halbfabrikate *pl*, H.zeug *nt*; **~ inventory** Bestandsaufnahme der laufenden Arbeiten, Bestand an halbfertigen Erzeugnissen; **w. to rule** Arbeit/Dienst nach Vorschrift

available for work für den Arbeitsmarkt verfügbar; **capable of w.** arbeits-, erwerbsfähig; **fit for w.** arbeits-, dienst-, erwerbsfähig; **unfit for w.** arbeits-, dienst-, erwerbsunfähig

to be completely off work (am Arbeitsplatz) fehlen; **to contract/farm out w.** Arbeiten (im Lohnauftrag) vergeben; **to find w.** Arbeit/Stelle finden; **~ for so.** jdn vermitteln; **to get w.** Arbeit erhalten, Stelle finden; **to look for w.** auf Arbeits-/Stellensuche sein; **to provide w.** Arbeitsplätze schaffen; **to put out of w.** arbeitslos machen; **~ w. out to tender** Arbeiten ausschreiben; **to report for w.** sich zur Arbeit melden; **to return to w.** Arbeit wiederaufnehmen; **to start w.** Arbeit aufnehmen; **to stop w.** Arbeit niederlegen/einstellen; **to turn up for w.** zur Arbeit erscheinen

allocated work zugewiesene Arbeit; **ancillary w.** mittelbare Arbeit; **back-office w.** Verwaltungstätigkeit *f*, administrative Abwicklung; **bad w.** Ausschuss *m*, fehlerhafte Arbeit; **casual w.** Gelegenheitsarbeit *f*; **clerical w.** Schreib-, Büroarbeit *f*; **controlled w.** durch Zeitrichtwerte/Z.-studien erfasste Arbeit; **dead w.** vorbereitende/unproduktive Arbeit; **direct w.** produktive Arbeit; **excess w.** Mehrarbeit *f*; **executive w.** leitende Tätigkeit; **follow-up w.** Nacharbeit *f*; **freelance w.** freiberufliche Tätigkeit; **full-time w.** Vollzeitarbeit *f*; **goal-oriented w.** zielorientiertes Arbeiten; **hazardous w.** gefährliche Tätigkeit; **industrial w.** Industriearbeit *f*; **intellectual w.** geistige Arbeit; **light w.** leichte Arbeit; **long-term w.** Dauereinsatz *m*; **low-grade w.** untergeordnete Arbeit; **make-ready w.** vorbereitende Arbeiten; **manual w.** Handarbeit *f*, körperliche Arbeit; **menial w.** einfache Arbeit; **non-manual w.** Büro-, Verwaltungstätigkeit *f*; **non-manufacturing w.** Hilfsarbeiten *pl*; **out-of-cycle w.** Arbeit außerhalb des Arbeitstaktes; **overtime w.** Überstundenarbeit *f*; **own w.** innerbetriebliche Leistung(en), Eigenleistung(en) *f/pl*; **~ capitalized** aktivierte Eigenleistung(en); **paid w.** bezahlte Arbeit; **part-time w.** Halbtags-, Teilzeitarbeit *f*, T.beschäftigung *f*; **productive w.** unmittelbare Arbeit; **public w.s** öffentliche Arbeiten/Bauten; **seasonal w.** Saisonarbeit *f*; **scheduled w.** Terminarbeit *f*; **secretarial w.** Büro-, Sekretariatstätigkeit *f*; **short-time w.** Kurzarbeit *f*; **social w.** Sozialarbeit *f*; **spare-time w.** Nebentätigkeit *f*; **temporary w.** zeitweilige Arbeit, Aushilfstätigkeit *f*, Zeit-, Leiharbeit *f*; **uncontrolled w.** nicht durch Zeitstudien erfasste Arbeit; **unrestricted w.** ungebundene Arbeit; **unskilled w.** Hilfsarbeit *f*, ungelernte Arbeit; **white-collar w.** Büroarbeit *f*

work *v/i* 1. arbeiten, sich betätigen; 2. funktionieren; *v/i* 1. 🚜 bestellen; 2. ⚙ bedienen, handhaben; 3. ⚒ ausbeuten, abbauen; **w. off** 1. erledigen, aufarbeiten; 2. *(Aufträge)* abbauen, abwickeln; **w. out** 1. aus-, erarbeiten; 2. aus-, berechnen; 3. *(Rechnung)* aufgehen; **w. full-time** ganztägig arbeiten, vollbeschäftigt sein; **w. half-time** halbtags arbeiten; **w. part-time** Nebentätigkeit ausüben, teilzeitbeschäftigt sein; **w. in spasms** sporadisch arbeiten

work|able *adj* 1. funktionstüchtig, praktizierbar; 2. ⚒ abbauwürdig; **w.aday** Alltags-

excess/extra work allowance Verfahrenszuschlag *m*, Zuschlag für zusätzliche Arbeiten; **w. area** Arbeitsbereich *m*; **w. assignment** Arbeitszuweisung *f*, A.anweisung *f*, A.auftrag *m*; **w. balancing** Leistungsabstimmung *f*; **w. break** Arbeitspause *f*; **w. centre** Arbeitsbereich *m*, Kostenstelle *f*; **w. climate** Arbeits-, Betriebsklima *nt*; **w. clothing** Arbeitskleidung *f*; **w. content** Arbeitsinhalt *m*; **w. creation programme** Arbeitsbeschaffungsmaßnahme *f*; **w. cycle** Arbeitstakt *m*, A.vorgang *m*; **w.day** *n* Arbeits-, Werktag *m*, Arbeitszeit pro Tag; **w. efficiency** Arbeitsproduktivität *f*; **w. element** Arbeitselement *nt*, Teilarbeits(vor)gang *m*; **w. environment** Arbeitsumfeld *nt*, A.bedingungen *pl*

worker *n* 1. Arbeiter(in) *m/f*, Werktätige(r) *f/m*, Arbeitskraft *f*; 2. Mitarbeiter(in) *m/f*; **w.s** Arbeitnehmerschaft *f*, Belegschaft *f*, Personal *nt*

to dismiss workers Arbeitskräfte entlassen; **to lay off w.** Personal (vorübergehend) entlassen; **to make w. redundant** Arbeiter/Arbeitskräfte/Personal entlassen, **~** freisetzen; **to place w.** Arbeitskräfte vermitteln; **to recruit w.** Arbeitskräfte anwerben; **to take on new w.** Mitarbeiter/Arbeitskräfte einstellen

all-shift worker Kontiarbeiter *m*; **ancillary w.** Hilfsarbeiter(in) *m/f*; **blue-collar w.** Arbeiter(in) *m/f*, gewerbliche(r) Arbeitnehmer(in), gewerbliche Arbeitskraft; **casual w.** Gelegenheitsarbeiter(in) *m/f*; **clerical w.** Büroangestellte(r) *f/m*, kaufmännische(r) Angestellte(r); **expatriate/foreign w.** Fremd-, Gastarbeiter(in) *m/f*; **free-lance w.** *(Zeitung)* freie(r) Mitarbeiter(in); **full-time w.**

volle Arbeitskraft, Vollzeit(arbeits)kraft *f*; **industrial w.** gewerbliche(r) Arbeitneh-mer(in), Industriearbeiter(in) *m/f*; **man-ual w.** (ungelernte(r)) Arbeiter(in) *m/f*; **migrant w.s** Wanderarbeiter *pl*; **part-time w.** Teilzeitkraft *f*; **temporarily posted w.** befristet abgeordnete(r) Mitar-beiter(in); **public-sector w.** Beschäftig-te(r) im öffentlichen Dienst; **qualified w.** qualifizierte(r) Arbeiter(in); **representa-tive w.** repräsentative(r) Arbeiter(in); **salaried w.** Angestellte(r) *f/m*, Gehalts-empfänger(in) *m/f*; **seasonal w.** Saison-arbeiter(in) *m/f*; **semi-skilled w.** ange-lernte(r) Arbeiter(in); **short-time w.** Kurzarbeiter(in) *m/f*; **skilled w.** Fachar-beiter(in) *m/f*, gelernte(r) Arbeiter(in), gewerbliche Fachkraft; **social w.** Sozial-arbeiter(in) *m/f*; **temporary w.** Aushilfs-kraft *f*, A.arbeiter(in) *m/f*, Aushilfe *f*, Zeitarbeiter(in) *m/f*; **unskilled w.** Hilfs-arbeiter(in) *m/f*, ungelernte(r) Arbeiter(in); **white-collar w.** (Büro)Angestellte(r) *f/m*, kaufmännische(r) Angestellte(r)

work experience Arbeits-, Berufserfah-rung *f*, B.praxis *f*; **~ scheme** (Betriebs)-Praktikum *nt*

work flow Arbeitsfluss *m*, A.ablauf *m*; **~ list** Workflow-Liste *f*; **~ management** Workflow-Management *nt*; **~ organisa-tion** Arbeitsablauforganisation *f*; **~ plan-ning** Arbeitsablaufplanung *f*; **~ struc-turing** Arbeitsablaufgestaltung *f*

workforce *n* Belegschaft *f*, Personal *nt*, Arbeitskräfte *pl*, Beschäftigte *pl*, Er-werbstätige *pl*; **to downsize/slim the w.** Personal abbauen; **to join the w.** ins Er-werbsleben eintreten; **non-manual w.** die Angestellten; **regular w.** Dauer-, Stammbelegschaft *f*; **w. representative** Arbeitnehmervertreter(in) *m/f*; **w. size** Zahl der Mitarbeiter

work group Arbeitsgruppe *f*; **autono-mous w. g.** autonome/selbststeuernde Arbeitsgruppe

working *n* 1. Arbeitsweise *f*; 2. Funk-tionieren *nt*; 3. ☼ Bearbeitung *f*; 4. ⚒ Ausbeutung *f*; **w. of the economy** Wirtschaftsablauf *m*; **w. in teams** Gruppenarbeit *f*

working *adj* berufs-, erwerbstätig; **w. to capacity** voll ausgelastet; **w. for export** exportorientiert; **w. from home** Heimar-beit *f*; **w. ahead of schedule** Terminun-terschreitung *f*; **to be w.** in Betrieb sein; **to start w.** Arbeit/Betrieb aufnehmen; **to stop w.** Arbeit/Betrieb einstellen; **goal-oriented w.** zielorientiertes Arbei-ten; **part-time w.** Teilzeitarbeit *f*; **short-time w.** Kurz(zeit)arbeit *f*; **temporary w.** Zeitarbeit *f*

working area Arbeits-, Griffbereich *m*, Arbeitsfläche *f*; **w. assets** Betriebs-, Um-laufvermögen *nt*, Betriebskapital *nt*; **re-duced w. capacity** Erwerbsminderung *f*;

working capital 1. Betriebs-, Geschäfts-, Umlaufkapital *nt*; 2. Nettoumlaufvermö-gen *nt*; **~ loan** Betriebs(mittel)kredit *m*; **~ needs/requirement** Betriebsmittelbe-darf *m*; **~ turnover** Verhältnis Nettoum-satz zu Nettoumlaufvermögen; **w. class** Arbeiterklasse *f*, Arbeitnehmerschaft *f*; **~ area** Arbeiterviertel *nt*; **~ household** Arbeiterhaushalt *m*; **w. climate** Arbeits-atmosphäre *f*, A.klima *nt*; **w. couple** Doppelverdiener *pl*; **w. credit** Betriebs-kredit *m*; **w. day** Werk-, Arbeitstag *m*; **per/each w. day** arbeits-, werktäglich; **w.-day** *adj* arbeitstäglich; **w. dinner** Ar-beitsessen *nt*; **w. efficiency** Arbeitspro-duktivität *f*; **w. environment** Arbeitsum-gebung *f*, A.umfeld *nt*; **w. expense(s)** Betriebskosten *pl*, Aufwendungen *pl*; **w. fund(s)** Betriebsgelder *pl*; **w. funds al-location** Betriebsmittelzuweisung *f*; **~ statement** Betriebsmittelrechnung *f*; **w. group** Arbeitskreis *m*

working hour Arbeitsstunde *f*; **w. h.s** Ar-beits-, Dienstzeit *f*; **during w. h.s** wäh-rend der Arbeitszeit; **to cut/reduce w. h.s** Arbeitszeit (ver)kürzen; **agreed w. h.s** tarifvertraglich vereinbarte/tarifliche Ar-beitszeit; **annual w. h.s** Jahresarbeitszeit *f*; **flexible w. h.s** flexible/gleitende Arbeits-zeit, Gleitzeit *f*; **individual w. h.s** persön-liche Arbeitszeit; **regular w. h.s** normale Arbeitszeit, Sollarbeitszeit *f*; **total w. h.s** Gesamtarbeitszeit *f*

working instructions Betriebsanleitung *f*; **w. inventory** Grundbestand *m*; **w. knowledge** *(Sprachen)* Grundkenntnisse *pl*; **w. life** 1. Arbeits-, Berufsleben *nt*; 2. Le-bensarbeitszeit *f*; 3. ☼ Nutzungsdauer *f*; **w. load** Betriebslast *f*; **w. loss** Betriebs-verlust *m*; **w. lunch** Arbeitsessen *nt*; **w. materials** Betriebsstoffe *pl*; **w.-off** *n* *(Rückstand)* Abbau *m*; **w. order** Betriebs-, Funktionsfähigkeit *f*; **in w. order** betriebsfähig, funktionstüchtig, f.fähig; **w. partner** aktiver Teilhaber; **w. party** Fach-, Arbeitsgruppe *f*, A.gemeinschaft *f*; **w. people** Berufstätige *pl*; **w. population** arbeitende/erwerbstätige Bevölkerung; **w. practice(s)** Arbeitsweise *f*; **w. profit** Betriebsgewinn *m*; **w. schedule** Arbeitsplan *m*, A.sprogramm *nt*; **w. site** 🏛 Montage-, Arbeitsstelle *f*; **w. speed** Arbeitsgeschwindigkeit *f*; **w. stock** Betriebsmittelvorrat *m*; **w. tax credit** Steuergutschrift für Arbeitnehmer

working time Arbeitszeit *f*; **contractual w. t.** (tarif)vertraglich vereinbarte Arbeitszeit; **standard w. t.** Normal-, Regelarbeitszeit *f*; **real w. t.** effektiv gearbeitete Zeit; **w. t. legislation** Arbeitszeitgesetzgebung *f*; **w. t. pattern** Arbeitszeitstruktur *f*

working title Arbeitstitel *m*; **w. visit** Arbeitsbesuch *m*; **w. week** Arbeitswoche *f*, Wochenarbeitszeit *f*; **standard w. week** normale Arbeitswoche

work injury Arbeits-, Betriebsunfall *m*; **w. instruction** Arbeitsanweisung *f*; **w. label** Laufzettel *m*; **w. layout** Arbeitsdisposition *f*

workload *n* 1. Arbeitsbelastung *f*, Aufgabengebiet *nt*; 2. Be-, Auslastung *f*; **daily w.** Tagesleistung *f*; **heavy w.** hohe Arbeitbelastung; **steady w.** gleichbleibende Beschäftigung(slage)

workman *n* Arbeiter *m*, Handwerker *m*

workmanship *n* (Arbeits)Ausführung *f*, Verarbeitung(squalität) *f*; **defective/faulty w.** fehlerhafte/mangelhafte Ausführung, Fehler in der Ausführung; **excellent w.** hervorragende Verarbeitung, Wertarbeit *f*; **poor w.** schlechte Qualität

workmate *n* Kollege (am Arbeitsplatz) *m*

work measurement *(REFA)* Arbeitszeit-, Vorgabezeitermittlung *f*, Zeitstudium *nt*; **~ data** Zeitstudienwerte *pl*; **~ specialist** Zeitrechner(in) *m/f*; **~ technique** Zeitstudientechnik *f*

work opportunity mögliche Ausbringung; **w. order** Arbeitsauftrag *m*; **~ number** (Arbeits)Auftragsnummer *f*; **w. organisation** Arbeitsorganisation *f*; **w. output** Arbeitsleistung *f*; **w. pacing** Arbeitstempo *nt*; **w. permit** Arbeitserlaubnis *f*; **w.piece** *n* Arbeits-, Werkstück *nt*; **w.place** *n* Arbeitsplatz *m*; **ergonomic ~ design** ergonomische Arbeitsplatzgestaltung; **~ layout** Arbeitsplatzanordnung *f*; **w. planning** 1. Arbeitsplanung *f*; 2. Ablauforganisation *f*; **w. procurement** Arbeitsbeschaffung *f*

works *n* Betrieb *m*, Fabrik *f*, Werk *nt*; **ex w. (EXW)** *(Preis)* ab Werk; **~ price** Fabrikabgabepreis *m*, Preis ab Werk; **assembled in w.s** Werksmontage *f*; **main w.** Hauptwerk *nt*; **public w.** öffentliche Arbeiten/Bautätigkeit

work safety requirements Arbeitssicherheit *f*; **w. sampling** Multimomentaufnahme *f*, Kennenlernen der Arbeitswelt

works area Werksgelände *nt*; **w. canteen** Betriebskantine *f*, Personalrestaurant *nt*

work schedule Arbeitsorganisation *f*; **w. scheduler** Arbeitsplaner *m*; **w. scheduling** Arbeitsplanung *f*, A.vorbereitung *f*

works clerk Betriebs-, Werkstattleiter(in) *m/f*; **w. convenor** *[GB]* Vorsitzende(r) der Betriebsobleute; **w. council** Betriebsrat *m*, Belegschaftsvertretung *f*

work security Werkschutz *m*; **w. sequence** Arbeitskette *f*; **w. shadowing (scheme)** (Berufs-/Betriebs)Praktikum *nt*; **w. sharing** Arbeits(ver)teilung *f*; **w. shed** Fabrik-, Werkshalle *f*; **w. sheet** Arbeitszettel *m*

works holidays Werks-, Betriebsferien *pl*

work|shop *n* 1. Betrieb *m*, Werkstatt *f*; 2. Seminar *nt*; **sheltered w.shop** Behindertenwerkstatt *f*; **w. shortage** Arbeitsmangel *m*; **w. site** Baustelle *f*; **w. skill** berufliche Fertigkeit; **w. slip** Arbeitszettel *m*

works magazine Betriebs-, Werkszeitung *f*, W.zeitschrift *f*; **w. management** Werks-, Betriebsleitung *f*; **w. manager** Betriebs-, Fabrik-, Werk(s)leiter *m*

work specification Arbeitsbeschreibung *f*; **w. s.s** Arbeitsanweisung *f*

works pension Betriebs-, Firmenrente *f*; **w. premises** Werksgelände *nt*; **w. railway** Werksbahn *f*; **w. rules** Betriebsordnung *f*; **w. security** Betriebssicherheit *f*, Werksschutz *m*

work standard Werknorm *f*

work|station *n* (Computer)Arbeitsplatz *m*; **~ handling data and text processing** Mischarbeitsplatz *m*; **w. stoppage** Arbeitsniederlegung *f*

works superintendent Betriebsleiter(in) *m/f*, Werkmeister(in) *m/f*, Werk(s)leiter *m*; **w. traffic** Baustellen-, Werksverkehr *m*

work study Arbeits-, Zeitstudie *f*, Arbeitsstudium *nt*; **~ officer** REFA-Sachbearbeiter(in) *m/f*; **w. style** Arbeitsstil *m*; **w. system** Arbeitssystem *nt*; **w. ticket** Arbeitskarte *f*; **w.time** *n* Betriebsstunden *pl*; **~ study** Arbeitszeitstudie *f*; **w. visa** Arbeitsvisum *nt*; **w.wear** *n* Arbeitskleidung *f*

world *n* Welt *f*; **w. of business** Geschäftswelt *f*; **~ commerce** Geschäfts-, Handelswelt *f*; **~ high finance** Hochfinanz *f*; **~ work** Arbeitswelt *f*; **commercial w.** Geschäfts-, Handelswelt *f*; **financial w.** 1. Finanzwesen *nt*; 2. Finanzkreise *pl*; **professional w.** Berufswelt *f*; **third w.** dritte Welt

world consolidated accounts Weltkonzern-, Konzernweltbilanz *f*; **W. Bank** Weltbank *f*; **w. commodity market** Weltwarenmarkt *m*; **w. depression** Weltwirtschaftskrise *f*; **w. economy** Weltwirtschaft *f*; **w. exhibition/fair** Weltausstellung *f*; **w. group** Weltkonzern *m*; **~ sales** Weltumsatz *m*; **w. market** Weltmarkt *m*; **~ commodities** Welthandelswaren *pl*; **~ leader** Weltmarktführer *m*; **~ price/rate** Weltmarktpreis *m*; **~ supply** Weltmarktangebot *nt*

world economic order Weltwirtschaftsordnung *f*; **w. patent** Weltpatent *nt*; **w. population** Weltbevölkerung *f*; **w. production** Weltproduktion *f*; **w. sales** Weltumsatz *m*; **w. standing** Weltgeltung *f*; **w. economic summit** Weltwirtschaftsgipfel *m*; **w. trade** Welthandel *m*; **W. Trade Organisation (WTO)** Welthandelsorganisation (WHO) *f*; **w. trading currency** Welthandelswährung *f*; **w.wide** *adj* global, weltweit, weltumspannend

worsen *v/ti* (sich) verschlechtern; **w.ing** *n* Verschlechterung *f*, Verschlimmerung *f*, Zuspitzung *f*

worsted *n* Kammgarn *nt*

worst-hit *adj* am Schlimmsten betroffen

worth *n* Wert *m*, Preis *m*, Betrag *m*; **net w.** Rein-, Eigenvermögen *nt*, E.kapital (-basis) *nt/f*, innerer Wert, Nettovermögen *nt*, N.wert *m*; **corporate ~ w.** Eigenkapital *nt*; **tangible ~ w.** Eigenkapital minus Firmenwert; **~ w. tax** Vermögenssteuer *f*; **present w.** Bar-, Gegenwartswert *m*; **w.less** *adj* wertlos; **w.while** *adj* erstrebens-, lohnenswert

would-be *adj* angehend, zukünftig

wrap *v/t* einschlagen, verpacken, umhüllen; **w.page** *n* Umschlag *m*, Verpackung *f*; **w.per** *n* Schutzumschlag *m*, (Schutz)-Hülle *f*

wrapping *n* (Waren)Verpackung *f*, (W.)-Umschließung *f*, Packmaterial *nt*; **protective w.** Schutz(ver)packung *f*; **w. material** Verpackungsmaterial *nt*; **w. paper** (Ein)Packpapier *nt*

wreck *n* ⚓ (Schiffs)Wrack *nt*; *v/t* 1. zerstören, demolieren

wreckage *n* 1. ⚓ Wrackgut *nt*; 2. 🏛 Trümmer *pl*; 3. 🚗 Unfallfahrzeug(e) *nt/pl*

wrecker *n* 1. ⚓ Bergungsunternehmen *nt*; 2. ⚓ Bergungsschiff *nt*

writ *n* § gerichtliche Anordnung/Verfügung; **w. of attachment** Pfändungsbeschluss *m*; **~ execution** Vollstreckungsanordnung *f*; **~ possession** Besitzeinweisung *f*; **~ summons** (Vor)Ladung *f*; **to issue a w.** einstweilige Verfügung erlassen; **to put a w. on sth.** etw. beschlagnahmen; **to serve a w.** Vorladung/Verfügung zustellen; **to take out a w.** einstweilige Verfügung beantragen

write *v/t* schreiben; **w. down** *(Bilanz)* abschreiben, wertberichtigen; **w. off** (vollständig) abschreiben, aus-, abbuchen; **w. out** *(Scheck)* ausschreiben, ausstellen; **w. up** *(Bilanz)* hochschreiben, wertberichtigen, höher an-/einsetzen/bewerten; **w.-back** *n* Storno-, Rückbuchung *f*

write-down *n* 1. (Teil)Abschreibung *f*, T.wertberichtigung *f*; 2. Abwertung *f*; **w. of assets** Anlagenabschreibung *f*; **~ investments** Abschreibung auf Finanzanlagen; **~ uncollectible receivables** Forderungsabschreibung *f*; **~ trade investments** Abschreibungen auf Beteiligungen; **w. to going-concern value** Teilwertabschlag *m*; **w. value** Buchwert *m*

write-off *n* 1. Sofort-/(Voll)Abschreibung *f*, Absetzung *f*, Ausbuchung *f*; 2. Totalschaden *m*; **w.s and adjustments** Abschreibungen und Wertberichtigungen; **w. of low-cost assets** Abschreibung geringfügiger Wirtschaftsgüter; **w. for non-marketability** Gängigkeitsabschreibung *f*; **w.s for property abandoned** Abschreibungen für aufgegebene Vermögenswerte; **accelerated/faster w.** verkürzte Sonderabschreibung, vorzeitige Abschreibung(smöglichkeit); **fraudulent w.** Abschreibungsbetrug *m*; **special w.** Sonderabschreibung *f*; **tax-allowable w.**

steuerlich zulässige Abschreibung; **w. facilities** Abschreibungsmöglichkeiten *pl*

writer of a check *[US]*/**cheque** *[GB] n* Scheckaussteller *m*

write-up *n (Bilanz)* Höherbewertung *f*, Zuschreibung *f*

writing *n* 1. Schreiben *nt*, Schriftstück *nt*; 2. Schrift *f*; 3. *(Scheck)* Ausstellung *f*; **in w.** schriftlich, in Schriftform; **to confirm in w.** schriftlich bestätigen; **to stipulate in w.** schriftlich vereinbaren; **to take down in w.** zu Protokoll nehmen; **w. back** 1. Auflösung von Rückstellungen; 2. Wertaufholung *f*

writing down *(Bilanz)* Abschreibung *f*; **~ to market value** Kurswertabschreibung *f*; **~ allowance(s)** Abschreibungsfreibetrag *m*, Absetzung für Abnutzung (AfA); **w.-d. period** Abschreibungszeitraum *m*

writing speed Schreibgeschwindigkeit *f*

wrong *n* Unrecht *nt*, Delikt *nt*; **to redress a w.** Unrecht beseitigen; **civil w.** § unerlaubte Handlung; **w.doer** *n* Gesetzesübertreter(in) *m/f*, G.brecher(in) *m/f*; **w.-ful** *adj* widerrechtlich, unrechtmäßig

X

x-axis *n* π x-Achse *f*, Abszisse *f*

xerox *n* ™ Fotokopie *f*; *v/t* vervielfältigen; **x.ing** *n* Vervielfältigen *nt*

x. in. ↘ **ex interest**

x. r. ↘ **ex rights**

Y

yard *n* 1. Yard *m (=0,914m)*; 2. ⚓ Werft *f*; **y. boss/supervisor** Hof-, Platzmeister(in) *m/f*; **y. goods** Meter-, Schnittware *f*; **y.-man** *n* Werft-, Rangier-, Platzarbeiter *m*; **y.stick** *n* 1. Zollstock *m*; 2. *(fig)* (Vergleichs)-Maßstab *m*, Richtgröße *f*

y-axis *n* y-Achse *f*, Ordinate *f*

year *n* Jahr *nt*; **in the y.s ahead** in den nächsten Jahren

year of acquisition Anschaffungs-, Zugangsjahr *nt*; **~ assessment** Steuer-, Veranlagungsjahr *nt*; **~ construction** Baujahr *nt*; **~ contribution** Beitragsjahr *nt*; **~ cover(age)** Versicherungsjahr *nt*; **y.s of employment** Betriebszugehörigkeit *f*; **~ experience** langjährige Erfahrung(en); **y. of formation** Gründungsjahr *nt*; **~ issue** Ausgabejahr *nt*; **y.s of useful life** Nutzungsjahre *pl*; **~ manufacture/production** Bau-, Modell-, Herstellungs-, Produktions-, Fabrikationsjahr *nt*, Jahr der Herstellung; **~ purchase** Anschaffungs-, Beschaffungsjahr *nt*; **~ operation** Betriebsjahr *nt*; **y. under review** Berichts-, Referenzjahr *nt*; **y. of service** Berufsjahr *nt*; **y.s of service** Dienstalter *nt*, D.jahre *pl*, (Dauer der) Betriebszugehörigkeit *f*; **y. of training** Ausbildungsjahr *nt*

year-on-year *adj* im Vergleich zum Vorjahr, im Jahresvergleich, innerhalb von 12 Monaten, gegenüber dem Vorjahr; **this y. to date** von Jahresbeginn bis heute

budgetary year Etat-, Haushaltsjahr *nt*; **current y.** laufendes (Haushalts)Jahr; **financial/fiscal y.** Etat-, Haushalts-, Finanz-, Geschäfts-, Rechnungs-, Wirtschaftsjahr *nt*; **abbreviated/short ~ y.** Rumpfgeschäftsjahr *nt*, R.periode *f*; **current ~ y.** laufendes Haushalts-/Rechnungsjahr; **full y.** Gesamtjahr *nt*, ganzes Jahr

last year (im) Vorjahr *nt*; **compared with ~ y.** im Vorjahresvergleich; **~ y.'s amount** Vorjahresbetrag *m*; **~ y.'s figure** Vorjahreswert *m*, Vergleichszahl des Vorjahres; **~ y.'s level** Vorjahresstand *m*

preceding/previous/prior year 1. Vorjahr *nt*, Jahr zuvor; 2. Vorjahres-; **redemption-free y.** (Tilgungs)Freijahr *nt*; **taxable y.** Steuerjahr *nt*; **transitional y.** Übergangsjahr *nt*

year|-ago *adj* Vorjahres-; **y.'s budget appropriation** Jahres(haushalts)ansatz *m*; **y.'s earnings** Jahresertrag *m*, J.überschuss *m*

year-end *n* Jahresende *nt*, J.schluss *m*; **~ adjustment** Jahresausgleich *m*, Berichtigungsbuchung am Jahresende; **~ bonus** Abschlussgratifikation *f*; **~ dividend** Abschlussdividende *f*; **~ inventory** Schluss-, Jahresinventur *f*; **~ result** Jahresergebnis *nt*; **~ statement** 1. *(Konto)* Jahresabrechnung *f*; 2. Rechnungsabschluss *m*; **~ financial statement** *(Bilanz)* Jahresabschluss *m*; **~ stocks** Jahresendbestand *m*

year's high Jahreshöchststand *m*; **~ low** Jahrestiefststand *m*; **~ profit** Jahresgewinn *m*, J.überschuss *m*; **prior ~ profit brought forward** Gewinnvortrag aus dem Vorjahr; **last y.'s result** Vorjahresergebnis *nt*

yellow book *[GB]*; **Y. Book** *[US]* Gelbe Seiten *[D]*, Branchenverzeichnis *nt*

yield *n* 1. Ertrag *m*, Ergebnis *nt*, Gewinn *m*; 2. (Dividenden-/Kapital)Rendite *f*, Kapital-, Zinsertrag *m*, Effektivverzinsung *f*; 3. Steueraufkommen *nt*; 4. 🚜 Ernte(ertrag) *f/m*

yield per annum *(lat.)* Jahresaufkommen *nt*; **y. to call** Rendite auf früheste Kündigung; **y. in the capital market** Kapitalmarktrendite *f*; **gross y. from investment** Bruttoertrag *m*; **y. to average life** Rendite auf die durchschnittliche Laufzeit; **~ maturity** Ablaufrendite *f*, Rendite auf Endfälligkeit; **y. on price** Kursrendite *f*; **~ savings** Spareinlagenverzinsung *f*; **current y. of fixed-interest securities** Umlaufrendite festverzinslicher Wertpapiere; **y. on shares** *[GB]*/**stocks** *[US]* Aktienrendite *f*; **y. after tax(ation)** Nachsteuerrendite *f*; **y. before tax(ation)** Gewinn vor Steuern, unversteuerter Ertrag, Vorsteuergewinn *m*, V.rendite *f*; **y. per unit of area** 🚜 Flächenertrag *m*

actuarial yield Rendite auf rechnerische Laufzeit; **after-tax y.** Gewinn nach Steuern, Nachsteuergewinn *m*, versteuerter Gewinn; **average y.** Durchschnittsverzinsung *f*, D.ertrag *m*, D.rendite *f*; **budgeted y.** Sollaufkommen *nt*; **compound y.** Gesamtrendite *f*; **current y.** laufende Erträge/Rendite, Umlaufrendite *f*; **effective (annual) y.** Effektivverzinsung *f*; **financial y.** Finanzertrag *m*; **fixed y.** feste Rendite; **flat y.** laufende Verzinsung; **gross y.** Bruttorendite *f*, B.ertraggsziffer *f*; **maximum y.** Höchstertrag *m*, H.rendite *f*; **minimum y.** Mindestgewinn *m*, M.rendite *f*; **net y.** effektive Verzinsung/Rendite, Effektivverzinsung *f*, Nettoertrag *m*, Umlaufrendite *f*; **initial ~ y.** Nettoanfangsrendite *f*; **nominal y.** Nominalverzinsung *f*, N.rendite *f*; **overall y.** Gesamtrendite *f*; **pre-tax y.** Gewinn vor Steuern, Vorsteuergewinn *m*, unversteuerter Gewinn; **projected y.** Renditeprognose *f*; **regular y.** Normalrendite *f*; **rental y.** Mietertrag *m*; **running y.** laufende Verzinsung; **sustained y.** nachhaltig erzielbare Rendite; **targeted y.** Renditeziel *nt*; **top y.** Renditespitze *f*, Spitzenrendite *f*; **true y.** Effektivverzinsung *f*; **running y.** laufende Verzinsung; **variable y.** variable Verzinsung

yield *v/t* *(Ertrag/Gewinn)* abwerfen, (er)bringen, sich verzinsen; *v/i* nachgeben, weichen

yield adjustment Renditeanpassung *f*; **y. advantage** Renditevorsprung *m*; **y. capacity** Ertragspotenzial *nt*; **y.-conscious** *adj* renditebewusst; **y. considerations** Ertragserwägungen *pl*; **y. curve** Rendite-, (Zins)Ertragskurve *f*; **inverse y. curve** inverse Zinsstruktur; **y. difference** Renditeabweichung *f*; **y. differential** Ertrags-, Renditedifferenz *f*, R.unterschied *m*; **rising y. environment** Umfeld zunehmender Erträge

high yielder *n* hochverzinsliches/h.rentierliches (Wert)Papier; **low y.** niedrigverzinsliches/n.rentierliches (Wert)-Papier

yield forecasting Ertragsvorschau *f*; **y. gap** Ertragslücke *f*, Renditegefälle *nt*; **reverse y. gap** negatives/umgekehrtes Renditegefälle; **y. level** Renditeniveau *nt*; **y. method** interne Zinsfußmethode; **y. projection** Renditeprognose *f*; **y. rate** Effektivverzinsung *f*, effektiver Zins; **y. spread** Renditenspanne *f*; **y. spreads** Renditeunterschiede *pl*; **y. structure** Renditenstruktur *f*

your|s faithfully *(Brief)* mit freundlichen Grüßen; **y.s sincerely** *(Brief)* mit freundlichen Grüßen

youth *n* 1. Jugend *f*; 2. Jugendliche(r) *f/m*; **y. employment** Beschäftigung von Jugendlichen; **y. market** Markt für Jugendliche; **Y. Training Scheme (YTS)** *[GB]* Ausbildungsförderungsprogramm für Jugendliche; **y. unemployment** Jugendarbeitslosigkeit *f*

Z

zero *n* 1. Null *f*; 2. Nullpunkt *m*; **z. balance** Nullsaldo *m*, ausgeglichene Bilanz; **z. bond** Null-Kupon-Anleihe *f*, unverzinsliche Schuldverschreibung/Anleihe; **z.**

coupon bond Zerobond *m*; **z. growth** Nullwachstum *nt*; **z. item** *(Bilanz)* Nullposten *m*; **z. load** Nulllast *f*; **z. rate** ⊝ Nullsatz *m*, Steuer-/Zollsatz Null; **z.-rate** *v/t* nicht besteuern; **z.-rated** *adj* abgabenfrei, mehrwertsteuerfrei, unbesteuert; **z.-rating** *n* Mehrwertsteuerbefreiung *f*

zip (zone improvement plan) code *[US]* ✉ Postleitzahl (PLZ) *f*

zone *n* Zone *f*, Abschnitt *m*; **economic z.** Wirtschaftszone *f*; **European ~ z.** Euro-Wirtschaftsraum *m*; **free z.** ⊝ Freizone *f*, Zollfreigebiet *nt*; **free-trade z.** Freihandelszone *f*; **peripheral z.** Randzone *f*; **protected z.** Schutzzone *f*; **short-haul z.** Nahverkehrszone *f*; **three-mile z.** ⚓ Dreimeilenzone *f*; **200-mile z.** 200-Meilenzone *f*

zone *v/t* in Zonen aufteilen/einteilen

zone price Zonenpreis *m*; **z. pricing** Zonenpreissystem *nt*, Z.preisstellung *f*

zoning *n* Gebiets-, Flächenaufteilung *f*, Bauleitplanung *f*; **z. area** Bebauungsplangebiet *nt*; **z. code** *[US]*/**ordinance** Stadtbau-, Staffelbauordnung *f*; **z. plan** Bebauungs-, Flächennutzungsplan *m*; **z. regulations** Bebauungsvorschriften *pl*; **z. restrictions** Bau-, Bebauungsbeschränkungen *pl*

Z

Anhang

Britische und amerikanische Maße und Gewichte

Längenmaße	**1 line** = 2,12 mm **1 inch = 12 lines** = 2,54 cm **1 foot = 12 inches** = 0,3048 m **1 yard = 3 feet** = 0,9144 m **1 (statute) mile = 1760 yards** = 1,6093 km **1 (land) league = 3 (statute) miles** = 4,827 km **1 hand = 4 inches** = 10, 16 cm **1 rod (perch, pole) = 5 ½ yards** = 5,029 m **1 chain = 4 rods** = 20,117 m **1 furlong = 10 chains** = 201,168 m
Nautische Maße	**1 fathom = 6 feet** = 1,829 m **1 cable's length = 100 fathoms** = 182,9 m *[GB]* = **608 feet** = 185,3 m *[US]* = **720 feet** = 219,5 m **1 nautical mile = 10 cable's length** = 1,853 or 1,852 km = **1.158 (statute) miles** **1 marine league = 3 nautical miles** = 5,56 km **6 nautical miles** = 1 Längengrad am Äquator
Flächenmaße	**1 square inch** = 6,452 cm^2 **1 square foot = 144 square inches** = 929,029 cm^2 **1 square yard = 9 square feet** = 8361,260 cm^2 **1 acre = 4840 square yards** = 4046,8 m^2 **1 square mile = 640 acres** = 259 ha = 2,59 km^2 **1 square rod (pole/perch) = 30 ¼ square yards** = 25,293 m^2 **1 rood = 40 square rods** = 1011,72 m^2 **1 acre = 4 roods** = 4046,8 m^2
Raummaße	**1 cubic inch** = 16,387 cm^3 **1 cubic foot = 1728 cubic inches** = 0,02832 m^3 **1 cubic yard = 27 cubic feet** = 0,7646 m^3
Schiffsmaße	**1 register ton = 100 cubic feet** = 2,8317 m^3 **1 freight/measurement/shipping ton** = *[GB]* **40 cubic feet** = 1,133 m^3 *[US]* **42 cubic feet** = 1,189 m^3 **1 displacement ton = 35 cubic feet** = 0,991 m^3

Hohlmaße GB	**1 fluid ounce** = 0,0284 l
	1 gill = 5 fluid ounces = 0,142 1
	1 pint = 4 gills = 0,568 l
	1 (imperial) quart = 2 pints = 1,136 l
	1 (imperial) gallon = 4 quarts = 4,5459 l
	1 peck = 2 gallons = 9,092 l
	1 bushel = 4 pecks = 36,368 l
	1 quarter = 8 bushels = 290,935 l
	1 barrel = 36 gallons = 163,656 l
Hohlmaße US	**1 gill** = 0,1183 l
	1 pint = 4 gills = 0,4732 l
	1 quart = 2 pints = 0,9464 l
	1 gallon = 4 quarts = 3,7853 l
	1 peck = 2 gallons = 8,8096 l
	1 bushel = 4 pecks = 35,2383 l
	1 barrel = 31.5 gallons = 119,228 l
	1 hogshead = 2 barrels = 238,456 l
	1 barrel petroleum = 42 gallons = 158,97 l
Handelsgewichte	**1 grain** = 0,0648 g
	1 dram = 27.3438 grains = 1,772 g
	1 ounce = 16 drams = 28,35 g
	1 pound = 16 ounces = 453,59 g
	1 hundredweight
	= 1 quintal *[GB]* **= 112 pounds** = 50,802 kg
	[US] **= 100 pounds** = 45,359 kg
	1 long ton [GB] = 20 hundredweights = 1016,05 kg
	[US] **= 20 hundredweights** = 907,185 kg
	1 stone = 14 pounds = 6,35 kg
	1 quarter *[GB]* **= 28 pounds** = 12,701 kg
	[US] **= 25 pounds** = 11,339 kg
	[US] **1 bushel wheat = 60 pounds** = 27,216 kg
	[US] **1 bushel rye/corn = 56 pounds** = 25,401 kg
	[US] **1 bushel barley = 48 pounds** = 21,772 kg
	[US] **1 bushel oats = 32 pounds** = 14,515 kg